D1684045

Hennenhöfer/Mann/Pelzer/Sellner

Atomgesetz
mit Pariser Atomhaftungs-Übereinkommen

Atomgesetz

mit Pariser Atomhaftungs-Übereinkommen

Kommentar

Herausgegeben von

Gerald Hennenhöfer
Ministerialdirektor a.D., Rechtsanwalt, Berlin

Prof. Dr. Thomas Mann
Professor an der Georg-August-Universität Göttingen

Dr. Norbert Pelzer
Akademischer Oberrat a.D., Georg-August-Universität Göttingen
Former Honorary Lecturer University of Dundee, Schottland

Dr. Dieter Sellner
Rechtsanwalt, Fachanwalt für Verwaltungsrecht, Berlin

2021

C.H.BECK

Zitiervorschlag:
Bearbeiter in HMPS AtG § 1 Rn. 1

www.beck.de

ISBN 978 3 406 73491 5

© 2021 Verlag C. H. Beck oHG
Wilhelmstraße 9, 80801 München

Druck: Beltz Grafische Betriebe GmbH
Am Fliegerhorst 8, 99947 Bad Langensalza

Satz: Jung Crossmedia Publishing GmbH, Lahnau

Umschlaggestaltung: Druckerei C. H. Beck, Nördlingen

CO_2 neutral

chbeck.de/nachhaltig

Gedruckt auf säurefreiem, alterungsbeständigem Papier
(hergestellt aus chlorfrei gebleichtem Zellstoff)

Vorwort

Das Atomgesetz bildet in Deutschland seit 1960 die Rechtsgrundlage für die Nutzung der Kernenergie, den Schutz vor ihren Gefahren und den Ausgleich dadurch verursachter Schäden. Das Gesetz wurde seither vielfach novelliert, seine Auslegung durch die Rechtsprechung, die Wissenschaft und die Behördenpraxis fortentwickelt. An seinen wesentlichen Inhalten hat sich jedoch nichts geändert: Der praktische Ausschluss von Gefahren und Risiken als grundlegender Sicherheitsmaßstab, die dynamische Festlegung von Sicherheitsanforderungen durch unbestimmte Rechtsbegriffe, die Kontrolle ihrer Einhaltung durch Hinzuziehung unabhängiger Sachverständiger, die Zweistufigkeit des Regulierungsapparates in Form der Bundesauftragsverwaltung und die unbegrenzte Haftung für Schadensfälle prägen das deutsche System und sind in mancher Hinsicht weltweit einmalig. Wir verfügen über ein kerntechnisches Sicherheitsrecht, das den internationalen Vergleich nicht zu scheuen braucht.

Die Beendigung der Kernenergienutzung zur gewerblichen Stromerzeugung in Deutschland bildet eine Zäsur auch in der Entwicklung des Atomrechts. Mit diesem Kommentar möchten wir seinen nunmehr erreichten Stand dokumentieren. Denn das Atomgesetz ist ein Vorbild für andere Sicherheits- und Umweltgesetze gewesen und wird es bleiben. Außerdem brauchen wir auch in Zukunft ein erprobtes nukleares Regulierungssystem, wenn wir in der internationalen und vor allem der europäischen Sicherheitsdiskussion erfolgreich mitwirken wollen. Deutschland wird auch weiterhin von bestehenden oder sogar noch im Bau befindlichen Kernkraftwerken umgeben sein und ist daher gut beraten, über die Ablehnung der Kernkraft hinaus seine Erfahrungen und Vorstellungen vom sicheren Betrieb dieser Anlagen und ihrer behördlichen Überwachung zur Geltung zu bringen.

Heute stehen die Regelungen zur Entsorgung im Mittelpunkt der atomrechtlichen Praxis. Zwischenlagerung, Transporte und die Zulassung der Endlager benötigen neben den notwendigen technischen Lösungen einen stabilen Rechtsrahmen, der auf den grundlegenden Anforderungen der Anlagensicherheit aufbaut. Die neu gebildeten staatlichen Verantwortungsträger mit der Funktionstrennung zwischen Betreiber und Aufsichtsbehörde müssen in ihre Aufgaben und das Zusammenwirken hineinwachsen. Die Suche nach einem geeigneten Endlagerstandort in Deutschland, sowie die aufkommende Diskussion in unseren Nachbarstaaten wird auch langfristig atomrechtlichen Sachverstand erfordern.

Dauerhaft benötigt wird das nukleare Haftungs- und Entschädigungsrecht, ein Schwerpunkt dieses Kommentars. Auch wenn sich die Schadensrisiken durch die Abschaltung der Kernkraftwerke in Deutschland vermindern, bestehen sie doch wegen der Anlagen in unserer Nachbarschaft sowie im Hinblick auf sonstige nukleare Einrichtungen und Strahlenquellen fort. Das deutsche Haftungsrecht beruht vollständig auf internationalen Verträgen und muss sachkundig mit den internationalen Partnern fortentwickelt werden. Wegen des hier zugrunde gelegten Vertragsstandes wird auf S. 675 verwiesen.

Unser Ziel war es, die dogmatischen Grundzüge des Atomrechts herauszuarbeiten. Auf eine eigenständige Kommentierung der Nebengesetze haben wir daher verzichtet, aber auf rechtliche und technische Einführungen für in dem Gebiet nicht erfahrene Leser Wert gelegt. Um möglichst viele praktische Erfahrungen

Vorwort

mit dem Atomrecht einfließen zu lassen, haben wir ausschließlich auf Autoren zurückgegriffen, die mit der Anwendung des Atomgesetzes befasst waren oder sind. Wir danken allen Verfassern für ihre gründliche Arbeit und besonders dem Verlag C. H. Beck für seine Geduld und sein Verständnis. Zu ganz besonderem Dank sind wir der wissenschaftlichen Mitarbeiterin Frau Dipl.-Juristin Laura Wolfstädter verpflichtet, ohne deren unermüdlichen Einsatz in der Redaktion die Herausgabe dieses Kommentars nicht möglich gewesen wäre.

Berlin und Göttingen im Januar 2021

Gerald Hennenhöfer
Thomas Mann
Norbert Pelzer
Dieter Sellner

Bearbeiterverzeichnis

Dr. Lothar Brandmair	Ministerialdirigent a. D.; Rechtsanwalt, München
Linda Compagnini	Oberregierungsrätin, Ministerium für Wirtschaft, Innovation, Digitalisierung und Energie des Landes Nordrhein-Westfalen, Düsseldorf
Prof. Dr. Wolfgang Ewer	Rechtsanwalt, Fachanwalt für Verwaltungsrecht, Kiel; Honorarprofessor an der Christian-Albrechts-Universität zu Kiel
Fraucke V. Hainz	Rechtsanwältin, Bundesgesellschaft für Endlagerung mbH (BGE), Peine
Gerald Hennenhöfer	Ministerialdirektor a. D.; Rechtsanwalt, Berlin
Jennifer Hippler	Rechtsanwältin (Syndikusrechtsanwältin), Bundesgesellschaft für Endlagerung mbH (BGE), Peine
Wolfgang Kalz	Vorsitzender Richter am Niedersächsischen Oberverwaltungsgericht a. D.; Rechtsanwalt, Hamburg
Dr. Ulrich Karpenstein	Rechtsanwalt, Berlin
Prof. Dr. Markus Ludwigs	Universitätsprofessor, Lehrstuhl für Öffentliches Recht und Europarecht, Julius-Maximilians-Universität Würzburg
Prof. Dr. Thomas Mann	Universitätsprofessor, Lehrstuhl für Öffentliches Recht, insbes. Verwaltungsrecht, Georg-August-Universität Göttingen; Richter am Niedersächsischen Oberverwaltungsgericht a. D.
Dr. Norbert Pelzer	Akademischer Oberrat a. D., Georg-August-Universität Göttingen; Former Honorary Lecturer University of Dundee, Schottland
Dr. Herbert Posser	Rechtsanwalt, Fachanwalt für Verwaltungsrecht, Düsseldorf
Dr. Dieter Sellner	Rechtsanwalt, Fachanwalt für Verwaltungsrecht, Berlin
Verena Stein, LL.M.	Regierungsdirektorin, Bundesministerium der Justiz und für Verbraucherschutz, Berlin
Dr. Axel Vorwerk	Ministerialdirigent, Bundesministerium für Umwelt, Naturschutz und nukleare Sicherheit, Bonn
Ulrich Waas	Diplom-Physiker, Mitglied der Reaktor-Sicherheitskommission, Bonn; bis 2012 Chief Advisor bei AREVA NP GmbH

Inhaltsverzeichnis

Vorwort V
Bearbeiterverzeichnis VII
Abkürzungsverzeichnis XIII

Einführung *(Sellner/Waas/Hennenhöfer/Karpenstein)* 1

Gesetz über die friedliche Verwendung der Kernenergie und den Schutz gegen ihre Gefahren (Atomgesetz)

Erster Abschnitt Allgemeine Vorschriften

§ 1	Zweckbestimmung des Gesetzes *(Mann)*	83
§ 2	Begriffsbestimmungen *(Sellner)*	95
§ 2a	Umweltverträglichkeitsprüfung *(Posser)*	112
§ 2b	Elektronische Kommunikation *(Mann)*	114
§ 2c	Nationales Entsorgungsprogramm *(Mann)*	119
§ 2d	Grundsätze der nuklearen Entsorgung *(Mann)*	130

Zweiter Abschnitt Überwachungsvorschriften

§ 3	Einfuhr und Ausfuhr *(Compagnini)*	134
§ 4	Beförderung von Kernbrennstoffen *(Kalz/Vorwerk)*	140
§ 4a	Deckungsvorsorge bei grenzüberschreitender Beförderung *(Pelzer)*	153
§ 4b	Beförderung von Kernmaterialien in besonderen Fällen *(Kalz)*	158
§ 5	Berechtigung zum Besitz von Kernbrennstoffen; staatliche Verwahrung *(Posser)*	160
§ 6	Genehmigung zur Aufbewahrung von Kernbrennstoffen *(Posser/Vorwerk)*	167
§ 7	Genehmigung von Anlagen *(Posser/Vorwerk)*	179
§ 7a	Vorbescheid *(Posser)*	241
§ 7b	Einwendungen Dritter bei Teilgenehmigung und Vorbescheid *(Posser)*	243
§ 7c	Pflichten des Genehmigungsinhabers *(Posser)*	245
§ 7d	Weitere Vorsorge gegen Risiken *(Posser)*	253
§ 7e	Ausgleich für Investitionen *(Ludwigs)*	261
§ 7f	Ausgleich für Elektrizitätsmengen *(Ludwigs)*	272
§ 7g	Verwaltungsverfahren *(Ludwigs)*	284
§ 8	Verhältnis zum Bundes-Immissionsschutzgesetz und zum Produktsicherheitsgesetz *(Posser)*	288
§ 9	Bearbeitung, Verarbeitung und sonstige Verwendung von Kernbrennstoffen außerhalb genehmigungspflichtiger Anlagen *(Posser)*	291
§ 9a	Verwertung radioaktiver Reststoffe und Beseitigung radioaktiver Abfälle *(Hennenhöfer)*	292
§ 9b	Zulassungsverfahren *(Hainz/Hippler/Vorwerk)*	310
§ 9c	Landessammelstellen *(Kalz)*	334
§ 9d	Enteignung *(Mann)*	335

Inhaltsverzeichnis

§ 9e	Gegenstand und Zulässigkeit der Enteignung; Entschädigung *(Mann)*	340
§ 9f	Vorarbeiten an Grundstücken *(Mann)*	348
§ 9g	Veränderungssperre *(Mann)*	352
§ 9h	Pflichten des Zulassungsinhabers *(Mann)*	359
§ 9i	Bestandsaufnahme und Schätzung *(Mann)*	362
§ 10	[Ermächtigung zur Zulassung von Ausnahmen] *(Posser)*	364
§ 10a	Erstreckung auf strahlenschutzrechtliche Genehmigungen; Ausnahmen vom Erfordernis der Genehmigung *(Brandmair)*	366
§ 11	Ermächtigungsvorschriften (Genehmigung, Anzeige, allgemeine Zulassung) *(Brandmair)*	369
§ 12	Ermächtigungsvorschriften (Schutzmaßnahmen) *(Brandmair)*	370
§ 12a	Ermächtigungsvorschrift (Entscheidung des Direktionsausschusses) *(Pelzer)*	388
§ 12b	Überprüfung der Zuverlässigkeit von Personen zum Schutz gegen Entwendung oder Freisetzung radioaktiver Stoffe *(Hennenhöfer)*	389
§ 13	Vorsorge für die Erfüllung gesetzlicher Schadensersatzverpflichtungen *(Pelzer)*	393
§ 14	Haftpflichtversicherung und sonstige Deckungsvorsorge *(Pelzer)*	402
§ 15	Rangfolge der Befriedigung aus der Deckungsvorsorge *(Pelzer)*	403
§ 16	(weggefallen)	405
§ 17	Inhaltliche Beschränkungen, Auflagen, Widerruf, Bezeichnung als Inhaber einer Kernanlage *(Ewer)*	406
§ 18	Entschädigung *(Ewer)*	424
§ 19	Staatliche Aufsicht *(Ewer)*	433
§ 19a	Überprüfung, Bewertung und kontinuierliche Verbesserung kerntechnischer Anlagen *(Ewer)*	464
§ 20	Sachverständige *(Ewer)*	471
§ 21	Kosten *(Stein)*	478
§ 21a	Kosten (Gebühren und Auslagen) oder Entgelte für die Benutzung von Anlagen nach § 9a Abs. 3 *(Stein)*	487
§ 21b	Beiträge *(Stein)*	490
§ 21c	Öffentlich-rechtlicher Vertrag *(Stein)*	494

Dritter Abschnitt Verwaltungsbehörden

Vor §§ 22–24b	Vorbemerkung zu den Verwaltungsbehörden *(Brandmair)*	495
§ 22	Zuständigkeit für grenzüberschreitende Verbringungen und deren Überwachung *(Brandmair)*	507
§ 23	[aufgehoben] *(Brandmair)*	513
§ 23a	Zuständigkeit des Bundesverwaltungsamtes *(Brandmair)*	513
§ 23b	[aufgehoben] *(Brandmair)*	514
§ 23c	[aufgehoben] *(Brandmair)*	514
§ 23d	Zuständigkeit des Bundesamtes für die Sicherheit der nuklearen Entsorgung *(Brandmair)*	514
§ 24	Zuständigkeit der Landesbehörden *(Brandmair)*	524
§ 24a	Information der Öffentlichkeit; Informationsübermittlung *(Compagnini)*	537
§ 24b	Selbstbewertung und internationale Prüfung *(Brandmair)*	540

Inhaltsverzeichnis

Vierter Abschnitt Haftungsvorschriften

Vor §§ 25–40c	Vorbemerkung zu den Haftungsvorschriften *(Pelzer)*	546
§ 25	Haftung für Kernanlagen *(Pelzer)*	555
§ 25a	Haftung für Reaktorschiffe *(Pelzer)*	560
§ 26	Haftung in anderen Fällen *(Pelzer)*	565
§ 27	Mitwirkendes Verschulden des Verletzten *(Pelzer)*	578
§ 28	Umfang des Schadensersatzes bei Tötung *(Pelzer)*	581
§ 29	Umfang des Schadensersatzes bei Körperverletzung *(Pelzer)*	582
§ 30	Geldrente *(Pelzer)*	582
§ 31	Haftungshöchstgrenzen *(Pelzer)*	585
§ 32	Verjährung *(Pelzer)*	593
§ 33	Mehrere Verursacher *(Pelzer)*	601
§ 34	Freistellungsverpflichtung *(Pelzer)*	604
§ 35	Verteilungsverfahren *(Pelzer)*	613
§ 36	[aufgehoben] *(Pelzer)*	617
§ 37	Rückgriff bei der Freistellung *(Pelzer)*	617
§ 38	Ausgleich durch den Bund *(Pelzer)*	620
§ 39	Ausnahmen von den Leistungen des Bundes *(Pelzer)*	625
§ 40	Klagen gegen den Inhaber einer Kernanlage, die in einem anderen Vertragsstaat gelegen ist *(Pelzer)*	626
[§ 40a	*Gerichtsstand für Schadensersatzklagen gegen den Inhaber einer Kernanlage] (Pelzer)*	628
[§ 40b	*Gerichtsstand bei Klagen auf Freistellung nach § 34] (Pelzer)*	629
[§ 40c	*Staatenklagerecht] (Pelzer)*	630
§§ 41 bis 44 (weggefallen)		631
§ 44b	Meldewesen für Sicherheit in der Informationstechnik *(Mann)*	631

Fünfter Abschnitt Bußgeldvorschriften

§ 45	(weggefallen)	635
§ 46	Ordnungswidrigkeiten *(Mann)*	635
§§ 47 und 48 (weggefallen)		643
§ 49	Einziehung *(Mann)*	644
§§ 50 bis 52 (weggefallen)		647

Sechster Abschnitt Schlußvorschriften

§ 53	Erfassung von Schäden aus ungeklärter Ursache *(Pelzer)*	647
§ 54	Erlaß von Rechtsverordnungen *(Brandmair)*	648
§ 55	(Aufhebung von Rechtsvorschriften) *(Brandmair)*	649
§ 56	Genehmigungen auf Grund Landesrechts *(Brandmair)*	650
§ 57	Abgrenzungen *(Brandmair)*	651
§ 57a	Überleitungsregelung aus Anlaß der Herstellung der Einheit Deutschlands *(Brandmair)*	652
§ 57b	Betrieb und Stilllegung der Schachtanlage Asse II *(Hainz/Hippler)*	654
§ 58	Übergangsvorschriften *(Brandmair)*	666

Inhaltsverzeichnis

§ 58a [aufgehoben] 670
§ 59 (Inkrafttreten) *(Brandmair)* 670
Anlage 1 Begriffsbestimmungen nach § 2 Abs. 4 *(Sellner)* 671
Anlage 2 Haftungs- und Deckungsfreigrenzen *(Pelzer)* 672
Anlage 3 (zu § 7 Absatz 1a) Elektrizitätsmengen nach § 7 Absatz 1a *(Posser)* 673
Anlage 4 Sicherheitsüberprüfung nach § 19a Abs. 1 *(Posser)* 674

Übereinkommen vom 29. Juli 1960
über die Haftung gegenüber Dritten auf dem Gebiet der Kernenergie
in der Fassung des Zusatzprotokolls vom 28. Januar 1964,
des Protokolls vom 16. November 1982
und des Änderungsprotokolls vom 12. Februar 2004

Vorbemerkung zum Pariser Übereinkommen *(Pelzer)* 675
Präambel *(Pelzer)* 684
Artikel 1 [Begriffsbestimmungen] *(Pelzer)* 687
Artikel 2 [Geographischer Geltungsbereich] *(Pelzer)* 704
Artikel 3 [Grund, Art und Umfang der Haftung] *(Pelzer)* 710
Artikel 4 [Beförderung von Kernmaterialien] *(Pelzer)* 716
Artikel 5 [Kernmaterialien in verschiedenen Kernanlagen] *(Pelzer)* 724
Artikel 6 [Haftungskanalisierung] *(Pelzer)* 728
Artikel 7 [Haftungsbetrag] *(Pelzer)* 737
Artikel 8 [Zeitliche Befristung von Ersatzansprüchen] *(Pelzer)* 744
Artikel 9 [Haftungsausschluss bei Ereignissen qualifizierter höherer Gewalt] *(Pelzer)* 749
Artikel 10 [Pflicht zur Deckungsvorsorge] *(Pelzer)* 751
Artikel 11 [Haftungsausfüllung durch innerstaatliches Recht] *(Pelzer)* 754
Artikel 12 [Freier Geldtransfer] *(Pelzer)* 756
Artikel 13 [Ausschließlicher Gerichtsstand] *(Pelzer)* 757
Artikel 14 [Diskriminierungsverbot] *(Pelzer)* 767
Artikel 15 [Erhöhung des Entschädigungsbetrags] *(Pelzer)* 769
Artikel 16 [Entscheidungen des Direktionsausschusses] *(Pelzer)* 771
Artikel 16bis [Völkerrechtliche Haftung] *(Pelzer)* 771
Artikel 17 [Streitbeilegung] *(Pelzer)* 772
Artikel 18 [Vorbehalte] *(Pelzer)* 773
Artikel 19 [Ratifikation, Inkrafttreten] *(Pelzer)* 774
Artikel 20 [Änderungen des Übereinkommens] *(Pelzer)* 775
Artikel 21 [Beitritt von Nichtunterzeichnerstaaten] *(Pelzer)* 775
Artikel 22 [Geltungsdauer] *(Pelzer)* 776
Artikel 23 [Geltung im Mutterland und in abhängigen Gebieten der Vertragsparteien] *(Pelzer)* 777
Artikel 24 [Pflichten des Generalsekretär] *(Pelzer)* 778
Anhang I [Liste der genehmigten Vorbehalte] *(Pelzer)* 778
Anhang II *(aufgehoben)* 779

Sachverzeichnis 781

Abkürzungsverzeichnis

aA	anderer Ansicht/Auffassung
AbfallR	Zeitschrift für das Recht der Abfallwirtschaft
abgedr.	abgedruckt
ABl.	Amtsblatt
abl.	ablehnend
Abs.	Absatz
aE	am Ende
aF	alte Fassung
AIDN	Association internationale du droit nucléaire
allg.	allgemein
Alt.	Alternative
amtl.	amtlich
ÄndG	Änderungsgesetz
Anm.	Anmerkung
AöR	Archiv des öffentlichen Rechts
Art.	Artikel
AtAV	Verordnung über die Verbringung radioaktiver Abfälle oder abgebrannter Brennelemente (Atomrechtliche Abfallverbringungsverordnung)
AtDeckV	Verordnung über die Deckungsvorsorge nach dem Atomgesetz (Atomrechtliche Deckungsvorsorge-Verordnung)
AtEV	Verordnung über Anforderungen und Verfahren zur Entsorgung radioaktiver Abfälle (Atomrechtliche Entsorgungsverordnung)
AtG	Gesetz über die friedliche Verwendung der Kernenergie und den Schutz gegen ihre Gefahren (Atomgesetz)
AtKostV	Kostenverordnung zum Atomgesetz und zum Strahlenschutzgesetz
AtRS	Deutsches Atomrechtssymposium, regelmäßig erscheinender Tagungsband
AtRT	Deutscher Atomrechtstag, regelmäßiger erscheinender Tagungsband
AtSMV	Verordnung über den kerntechnischen Sicherheitsbeauftragten und über die Meldung von Störfällen und sonstigen Ereignissen (Atomrechtliche Sicherheitsbeauftragten- und Meldeverordnung)
AtVfV	Verordnung über das Verfahren bei der Genehmigung von Anlagen nach § 7 des Atomgesetzes (Atomrechtliche Verfahrensverordnung)
atw	International Journal for Nuclear Power
AtZüV	Verordnung für die Überprüfung der Zuverlässigkeit zum Schutz gegen Entwendung oder Freisetzung radioaktiver Stoffe nach dem Atomgesetz (Atomrechtliche Zuverlässigkeitsprüfungs-Verordnung)
ausf.	ausführlich
BAFA	Bundesamt für Wirtschaft und Ausfuhrkontrolle
BASE	Bundesamt für die Sicherheit der nuklearen Entsorgung
BauR	baurecht – Zeitschrift für das Baurecht
BayVBl.	Bayerische Verwaltungsblätter
BB	Betriebs-Berater
BDN	Bulletin de droit nucléaire
BeckOK GG	Epping/Hillgruber, Beck'scher Online-Kommentar Grundgesetz

Abkürzungsverzeichnis

BeckOK UmweltR	Giesberts/Reinhardt, Beck'scher Online-Kommentar Umweltrecht
BeckOK VwGO ...	Posser/Wolff, Beck'scher Online-Kommentar VwGO
BeckOK VwVfG ...	Bader/Ronellenfitsch, Beck'scher Online-Kommentar VwVfG
Beschl.	Beschluss
BfE	Bundesamt für Entsorgungssicherheit
BfS	Bundesamt für Strahlenschutz
BGBl.	Bundesgesetzblatt
BGE	Bundesgesellschaft für Endlagerung mbH
BGZ	Gesellschaft für Zwischenlagerung mbH
BHR EnergieR I ...	Büdenbender/Heintschel von Heinegg/Rosin, Energierecht, Band I: Recht der Energieanlagen, 1999
BMI	Bundesministerium des Innern
BMU	Bundesministerium für Umwelt, Naturschutz und Reaktorsicherheit
BMUB	Bundesministerium für Umwelt, Naturschutz, Bau und Reaktorsicherheit (umbenannt in BMU seit 14.3.2018)
Bq	Becquerel
BR-Drs.	Bundesratsdrucksache
BRS	Baurechtssammlung
BSIG	Gesetz über das Bundesamt für Sicherheit in der Informationstechnik (BSI-Gesetz)
Bsp.	Beispiel
bspw.	beispielsweise
BT-Drs.	Bundestagsdrucksache
BVerfG	Bundesverfassungsgericht
BVerfGE	Entscheidungen des Bundesverfassungsgerichts
BVerwG	Bundesverwaltungsgericht
BVerwGE	Entscheidungen des Bundesverwaltungsgerichts
BWNotZ	Zeitschrift für das Notariat in Baden-Württemberg
BZÜ 1963	[Brüsseler] Zusatzübereinkommen vom 31.1.1963 zum Pariser Übereinkommen idF der Bekanntmachung vom 5.2.1976 (BGBl. 1976 II 310, 318) und des Protokolls vom 16.11.1982 (BGBl. 1985 II 690)
BZÜ 2004	[Brüsseler] Zusatzübereinkommen vom 31.1.1963 zum Pariser Übereinkommen idF der Bekanntmachung vom 5.2.1976 (BGBl. 1976 II 310, 318) und der Protokolle vom 16.11.1982 (BGBl. 1985 II 690) und vom 12.2.2004 (BGBl. 2008 II 902 – noch nicht in Kraft)
bzw.	beziehungsweise
ca.	circa
Calliess/Ruffert	Calliess/Ruffert, EUV/AEUV, Kommentar, 5. Aufl. 2016
CNRA	Committee on Nuclear Regulatory Activities
CNS	Convention on Nuclear Safety (Internationales Übereinkommen über nukleare Sicherheit)
CSC	1997 Convention on Supplementary Compensation for Nuclear Damage
CSNI	Committee on the Safety of Nuclear Installations
DBE	Deutsche Gesellschaft für den Bau und Betrieb von Endlagern für Abfallstoffe mbH
ders.; dies.	derselbe; dieselbe
dh	das heißt
DM	Deutsche Mark

Abkürzungsverzeichnis

DÖV	Die öffentliche Verwaltung
Dreier	Dreier, Grundgesetz, Kommentar, 3. Aufl., Band 1 (2013), Band 2 (2015), Band 3 (2018)
DRiZ	Deutsche Richterzeitung
Drs.	Drucksache
DVBl.	Deutsches Verwaltungsblatt
DWR	Druckwasserreaktor
EAG	Europäische Atomgemeinschaft (auch: Euratom)
EAGV	Vertrag zur Gründung der Europäischen Atomgemeinschaft (Euratom)
EFP BesVerwR II	Ehlers/Fehling/Pünder, Besonderes Verwaltungsrecht, Band 2, 2013
EGMR	Europäischer Gerichtshof für Menschenrechte
EGV	Vertrag zur Gründung der Europäischen Gemeinschaft
Einf.	Einführung
Einl.	Einleitung
endg.	endgültig
Endlagerkommission	Kommission „Lagerung hoch radioaktiver Abfälle" nach § 3 StandAG-2013
EndlagerVlV	Verordnung über die Vorausleistungen für die Einrichtung von Anlagen des Bundes zur Sicherstellung und zur Endlagerung radioaktiver Abfälle (Endlagervorausleistungsverordnung)
ENSREG	European Nuclear Safety Regulators Group (Europäische Arbeitsgruppe für nukleare Sicherheit)
EntsorgFondsG	Gesetz zur Errichtung eines Fonds zur Finanzierung der kerntechnischen Entsorgung (Entsorgungsfondsgesetz)
EntsÜG	Gesetz zur Regelung des Übergangs der Finanzierungs- und Handlungspflichten für die Entsorgung radioaktiver Abfälle der Betreiber von Kernkraftwerken (Entsorgungsübergangsgesetz)
Epping/Hillgruber	Epping/Hillgruber, Grundgesetz, Kommentar, 3. Aufl. 2020
Erbs/Kohlhaas	Erbs/Kohlhaas, Strafrechtliche Nebengesetze, mit Straf- und Bußgeldvorschriften des Wirtschafts- und Verwaltungsrechts, Kommentar, Bände I–IV, Loseblatt.
ESK	Entsorgungskommission
et	Energiewirtschaftliche tagesfragen – Zeitschrift für Energiewirtschaft Recht Technik und Umwelt
etc	et cetera
EuG	Gericht der Europäischen Union
EuGH	Europäischer Gerichtshof
EuGRZ	Europäische Grundrechte-Zeitschrift
EUR	Euro
Euratom	Europäische Atomgemeinschaft (auch: EAG)
EVU	Energieversorgungsunternehmen
f., ff.	folgende Seite(n) bzw. Randnummer(n)
Fischerhof Dt. AtomG	Fischerhof, Deutsches Atomgesetz und Strahlenschutzrecht, Kommentar, 2. Aufl. 1978
Fischerhof Dt. AtomG I, 1. Aufl. 1962	Fischerhof, Deutsches Atomgesetz und Strahlenschutzrecht, Kommentar, Band I, 1. Aufl. 1962

Abkürzungsverzeichnis

Fischerhof
Dt. AtomG II,
1. Aufl. 1966 . . . . . . Fischerhof, Deutsches Atomgesetz und Strahlenschutzrecht, Kommentar, Band II I, 1. Aufl. 1966
Fn. . . . . Fußnote

GAU . . . . größter anzunehmender Unfall
geänd. . . . . geändert
gem. . . . . gemäß
GG . . . . Grundgesetz für die Bundesrepublik Deutschland
ggf. . . . . gegebenenfalls
Göppner
AtG-Vorgeschichte . . Göppner, Vorgeschichte und Entstehung des Atomgesetzes, 2013
GorlebenVSpV . . . . Verordnung zur Festlegung einer Veränderungssperre zur Sicherung der Standorterkundung für eine Anlage zur Endlagerung radioaktiver Abfälle im Bereich des Salzstocks Gorleben (Gorleben-Veränderungssperren-Verordnung)
GP . . . . Gemeinsames Protokoll vom 21.9.1988 über die Anwendung des Wiener Übereinkommens und des Pariser Übereinkommens
GRS . . . . Gesellschaft für Anlagen- und Reaktorsicherheit

Haedrich AtG . . . . . Haedrich, Atomgesetz mit Pariser Atomhaftungsübereinkommen, Kommentar, 1986
hL . . . . herrschende Lehre
hM . . . . herrschende Meinung
Hs. . . . . Halbsatz

IAEA . . . . International Atomic Energy Agency
IAEO . . . . Internationale Atomenergie-Organisation
ICRP . . . . International Commission on Radiological Protection
idF . . . . in der Fassung
ieS . . . . im engeren Sinne
INES . . . . International Nuclear and Radiological Event Scale
INLA . . . . Regelmäßig erscheinender Tagungsbericht der AIDN/INLA-Regionaltagung
insbes. . . . . insbesondere
iSd . . . . im Sinne des
iSv . . . . im Sinne von
iVm . . . . in Verbindung mit

Jarass BImSchG . . . . Jarass, Bundes-Immissionsschutzgesetz: BImSchG, Kommentar, 13. Aufl. 2020
Jarass/Petersen . . . . . Jarass/Petersen, Kreislaufwirtschaftsgesetz, Kommentar, 2014
Jarass/Pieroth . . . . . Jarass/Pieroth, Grundgesetz, Kommentar, 16. Aufl. 2020
JR . . . . Juristische Rundschau
JURA . . . . Juristische Ausbildung
JuS . . . . Juristische Schulung
JW . . . . Juristische Wochenschrift
JZ . . . . Juristenzeitung

Kap. . . . . Kapitel
KFK . . . . Kommission zur Überprüfung der Finanzierung des Kernenergieausstiegs

Abkürzungsverzeichnis

KKW	Kernkraftwerk(e)
Kloepfer UmweltR	Kloepfer, Umweltrecht, 4. Aufl. 2016
Kopp/Ramsauer	Kopp/Ramsauer, Verwaltungsverfahrensgesetz, Kommentar, 21. Aufl. 2020
Kopp/Schenke	Kopp/Schenke, Verwaltungsgerichtsordnung, Kommentar, 26. Aufl. 2020
krit.	kritisch
KTA	Kerntechnischer Ausschuss
Landmann/Rohmer UmweltR	Landmann/Rohmer, Umweltrecht, Kommentar, Bände I–IV, Loseblatt.
Leidinger EnergieanlagenR	Leidinger, Energieanlagenrecht, 2007
lit.	litera
LKV	Landes- und Kommunalverwaltung
LWR	Leichtwasserreaktor
mAnm	mit Anmerkung
Mattern/Raisch	Mattern/Raisch, Atomgesetz, Kommentar, 1961
Maunz/Dürig	Maunz/Dürig, Grundgesetz, Kommentar, Bände I–VII, Loseblatt.
MDR	Monatsschrift für deutsches Recht
Mio.	Millionen
MKS	von Mangoldt/Klein/Stark, Grundgesetz, Kommentar, 7. Aufl. 2018
Mrd.	Milliarden
mSv	Millisievert
mSv/a	Millisievert pro Jahr
MüKoBGB	Münchener Kommentar zum BGB
mwN	mit weiteren Nachweisen
NaPro	Nationales Entsorgungsprogramm
NEA	Nuclear Energy Agency
nF	neue Fassung
NJ	Neue Justiz
NJW	Neue Juristische Wochenschrift
NJW-CoR	Neue Juristische Wochenschrift – Computerreport
NJW-RR	Neue Juristische Wochenschrift – Rechtsprechungsreport
NJW-Spezial	Neue Juristische Wochenschrift – Spezial
NK-AtomR	Frenz, Atomrecht. Atomgesetz und Ausstiegsgesetze, 2019
NK-VwVfG	Mann/Sennekamp/Uechtritz, Verwaltungsverfahrensgesetz, Kommentar, 2. Aufl. 2019
NLB	Nuclear Law Bulletin
NuR	Natur und Recht
NVwZ	Neue Zeitschrift für Verwaltungsrecht
NVwZ-RR	Neue Zeitschrift für Verwaltungsrecht – Rechtsprechungs-Report
NWVBl.	Nordrhein-Westfälische Verwaltungsblätter
oÄ	oder Ähnliches
Odendahl AtomR	Odendahl, Internationales und europäisches Atomrecht, 2013
OECD	Organisation for Economic Co-operation and Development
OEEC	Organisation for European Economic Co-operation
OVG	Oberverwaltungsgericht
OVGE	Entscheidungen der Oberverwaltungsgerichte

Abkürzungsverzeichnis

ppm	parts per million
PSA	Probabilistische Sicherheitsanalyse
PSM	Posser/Schmans/Müller-Dehn, Atomgesetz, Kommentar zur Novelle 2002, 2003
PSÜ	Periodische Sicherheitsüberprüfung
PTB	Physikalisch Technische Bundesanstalt
PÜ	[Pariser] Übereinkommens über die Haftung gegenüber Dritten auf dem Gebiet der Kernenergie idF vom 16.11.1982 (BGBl. II 1985, 963 (964))
PÜ 2004	[Pariser] Übereinkommen vom 29.7.1960 über die Haftung gegenüber Dritten auf dem Gebiet der Kernenergie idF der Bekanntmachung vom 5.2.1976 (BGBl. II 310, 311) und der Protokolle vom 16.11.1982 und vom 12.2.2004 (BGBl. 2008 II 902 – noch nicht in Kraft)
RDB	Reaktordruckbehälter
RdE	Recht der Energiewirtschaft
RdU	Recht der Umwelt
Rehbinder/Schink UmweltR	Rehbinder/Schink, Grundzüge des Umweltrechts, 5. Aufl. 2018
Rn.	Randnummer
RSK	Reaktor-Sicherheitskommission
Rspr.	Rechtsprechung
S.	Satz
S.	Seite
s.	siehe
Sachs	Sachs, Grundgesetz, Kommentar, 8. Aufl. 2018
SBS	Stelkens/Bonk/Sachs, Verwaltungsverfahrensgesetz, Kommentar, 9. Aufl. 2018
Schärf EU-AtomR	Schärf, Europäisches Atomrecht, 2. Aufl. 2012
SEV UmweltR	Sparwasser/Engel/Voßkuhle, Umweltrecht, 5. Aufl. 2003
SEWD-Richtlinie	Richtlinie für den Schutz von Kernkraftwerken gegen sonstige Einwirkungen Dritter
Slg.	Sammlung der Rechtsprechung des Europäischen Gerichtshofes und des Gerichts Erster Instanz
sog.	sogenannt
SRÜ	Seerechtsübereinkommen der Vereinten Nationen
SSA	Sicherheitsstatusanalyse
SSB	Schoch/Schneider/Bier, VwGO, Kommentar, 27. Aufl. 2019
SSK	Strahlenschutzkommission
SSSJ EnergieR	Stuhlmacher/Stappert/Schoon/Jansen, Grundriss zum Energierecht, 2. Aufl. 2015
StandAG	Gesetz zur Suche und Auswahl eines Standortes für ein Endlager für Wärme entwickelnde radioaktive Abfälle (Standortauswahlgesetz)
Stellungn.	Stellungnahme
StrlSchG	Gesetz zum Schutz vor der schädlichen Wirkung ionisierender Strahlung (Strahlenschutzgesetz)
StrlSchV	Verordnung über den Schutz vor Schäden durch ionisierende Strahlen (Strahlenschutzverordnung)
StrlSchV 1960	Erste Strahlenschutzverordnung vom 24.6.1960
stRspr	ständige Rechtsprechung
Sv	Sievert

Abkürzungsverzeichnis

SWR	Siedewasserreaktor
SZR	Sonderziehungsrechte des Internationalen Währungsfonds
Theobald/Kühling	Theobald/Kühling, Energierecht, Bände I–VI, Loseblatt.
ThürVBl.	Thüringer Verwaltungsblätter
ua	unter anderem
uÄ	und Ähnliches
UAbs.	Unterabsatz
UIG	Umweltinformationsgesetz
UN	United Nations (auch: Vereinte Nationen (VN))
UPR	Umwelt- und Planungsrecht
Urt.	Urteil
USD	US-Dollar
usw	und so weiter
uU	unter Umständen
UVP	Umweltverträglichkeitsprüfung
UVPG	Gesetz über die Umweltverträglichkeitsprüfung
UVP-RL	Richtlinie 2011/92/EU des Europäischen Parlament und des Rates vom 13. Dezember 2011 über die Umweltverträglichkeitsprüfung bei bestimmten öffentlichen und privaten Projekten
v.	vom, von
v. Münch/Kunig	von Münch/Kunig, Grundgesetz, Kommentar, Bände I–II, 6. Aufl. 2012
va	vor allem
VBlBW	Verwaltungsblätter für Baden-Württemberg
VERW	Die Verwaltung
VerwArch	Verwaltungsarchiv
VG	Verwaltungsgericht
VGH	Verwaltungsgerichtshof
vgl.	vergleiche
VN	Vereinte Nationen
VwGO	Verwaltungsgerichtsordnung
VwVfG	Verwaltungsverfahrensgesetz
WENRA	Western European Nuclear Regulators Association
Winters	Winters, Atom- und Strahlenschutzrecht, 1978
WÜ	Wiener Übereinkommen vom 21.5.1963 über die zivilrechtliche Haftung für nukleare Schäden idF des Protokolls vom 12.9.1997 (BGBl. 2001 II 202, 207)
WÜ 1963	Wiener Übereinkommen vom 21.5.1963 über die zivilrechtliche Haftung für nukleare Schäden
WVK	Wiener Übereinkommen über das Recht der Verträge (auch: Wiener Vertragsrechtskonvention)
zB	zum Beispiel
zF	zukünftige Fassung
ZfV	Zeitschrift für Verwaltung
ZNER	Zeitschrift für Neues Energierecht
zT	zum Teil
zul.	zuletzt
ZUR	Zeitschrift für Umweltrecht
zust.	zustimmend
zzt.	zurzeit

Einführung

Übersicht

	Rn.
I. Historische Entwicklung	1
1. Vorbemerkungen	1
2. Entdeckung der Kernenergie	3
3. Einführung der friedlichen Nutzung der Kernenergie in Deutschland – Atomgesetz 1959 – und erste Entsorgungsregelungen	5
4. Genehmigung von kerntechnischen Anlagen – Reaktion der Rechtsprechung – Gerichtliche Kontrolldichte	11
5. Gesellschaftliche und exekutive Gegenbewegung	17
6. Ausstieg aus der friedlichen Nutzung der Kernenergie – Ausstiegsvereinbarung 2001 und Ausstiegsnovelle 2002	26
7. Änderung der Ausstiegsnovelle 2010 – Verlängerung der Laufzeiten von Kernkraftwerken als Brückentechnologie	35
8. Fukushima und die Wiederbeschleunigung des Ausstiegs – 2011	40
9. Neuer Fokus auf alte Entsorgungsprobleme	44
10. Loslösung des Strahlenschutzrechts	51
II. Technisch-naturwissenschaftliche Aspekte der Kernenergienutzung	52
1. Grundbegriffe und Grundlagen der Kerntechnik	52
a) Kernphysik	53
b) Biologische Wirkungen von Strahlung	55
c) Kernkraftwerk (KKW), Kraftwerksprozess	62
d) Kernbrennstoffkreislauf	69
2. Technisches Sicherheitskonzept zur Erfüllung der Schutzanforderungen	80
a) Fehlerverzeihendes Sicherheitskonzept für Kernkraftwerke	83
b) Sicherheitskonzept bei Behandlung oder Lagerung radioaktiver Stoffe	117
3. Maßstab der praktischen Vernunft aus technischer und gesellschaftlicher Sicht	138
a) Subjektivität von Risikowahrnehmung und -bewertung	139
b) Einschätzung von Unwahrscheinlichkeiten	144
c) Abwägen des Nutzen-Aufwand-Verhältnisses	153
d) Fazit	156
III. Internationale, europa- und verfassungsrechtliche Grundlagen	157
1. Internationale Grundlagen	157
a) Allgemeines	157
b) Förderung der Kernenergieentwicklung	159
c) Nichtverbreitung von Kernwaffen und spaltbarem Material	162
d) Sicherheit von Kernkraftwerken	166
e) Sicherung von Kernbrennstoffen und Transporten	169
f) Haftung	170
g) Grenznahe Zusammenarbeit	171
h) Internationale Institutionen	172
2. Europarecht	177
a) Einführung	177

Einführung

		Rn.
b)	Ziele und Zuständigkeiten von Euratom	182
c)	Einzelne Regelungsgegenstände	208
d)	Zukunft des europäischen Atomrechts	234
3.	Verfassungsrechtliche Grundlagen	237
a)	Einführung	237
b)	Bundesstaatliche Kompetenzverteilung	240
c)	Grundrechtsschutz im Atomrecht	247
d)	Endlagerung radioaktiver Abfälle	269

I. Historische Entwicklung

Literatur: *Däuper/Dietzel* in NK-AtomR EntsorgFondsG Vorbemerkung Rn. 1 ff.; *Ethik-Kommission Sichere Energieversorgung,* Deutschlands Energiewende – Ein Gemeinschaftswerk für die Zukunft, 30.5.2011; *Fischerhof,* Deutsches Atomgesetz und Strahlenschutzrecht, 2. Aufl. 1978, Einführung Rn. 27 ff.; *Göppner,* Vorgeschichte und Entstehung des Atomgesetzes, 2013; *Haedrich* AtG Einführung S. 61 ff.; *Hennenhöfer* in PSM Einführung S. 1 ff.; *Hennenhöfer/Schneider,* 50 Jahre Atomgesetz – Eine Zwischenbilanz, in Dolde u. a. FS Sellner, 2010, 347; *Hohmuth,* Die atomrechtspolitische Entwicklung in Deutschland seit 1980, 2014; *International Atomic Energy Agency,* The Fukushima Daiichi Accident, 2015; *Kischel,* Der Atomkonsens als rechtsverbindlicher Vertrag, 2017; *Kommission Lagerung hoch radioaktiver Abfallstoffe,* Abschlussbericht, Verantwortung für die Zukunft, Ein faires und transparentes Verfahren für die Auswahl eines nationalen Endlagerstandortes, K-Drs. 268, 2016; *Kommission zur Überprüfung der Finanzierung des Kernenergieausstiegs (KFK),* Abschlussbericht, Verantwortung und Sicherheit – Ein neuer Entsorgungskonsens, 26.5.2016; *Müller,* Geschichte der Kernenergie in der Bundesrepublik Deutschland, Bände 1–3, 1990/1996/2001; *Odendahl,* Internationales und europäisches Atomrecht, 2013; *OECD,* International Nuclear Law: History, Evolution and Outlook, 2010; *Rodi,* Grundlagen und Entwicklungslinien des Atomrechts, NJW 2000, 7; *Schneehain,* Der Atomausstieg, 2005; *Sellner/Hennenhöfer,* Atom- und Strahlenschutzrecht, in Rehbinder/Schink UmweltR § 12 Rn. 20 ff.; *Wollenteit* in NK-AtomR StandAG Einführung Rn. 1 ff.

1. Vorbemerkungen

1 Fast ein halbes Jahrhundert – vom Ersten Atomgesetz 1959 bis zum Ausstiegsgesetz 2002 – dauerte es, bis der Gesetzgeber in Deutschland sich entschloss, die ursprünglich mit Euphorie begonnene Erzeugung von Elektrizität in Kernkraftwerken wieder aufzugeben und den Neubau von Kernkraftwerken zu untersagen. In etwa zwei Jahren – Ende 2022 – werden die letzten Kernkraftwerke in Deutschland ihren Betrieb aufgeben müssen. Die Geltungszeit des Atomgesetzes war gekennzeichnet durch eine kurze Periode, in der die ersten Genehmigungsentscheidungen ergingen und mit der Errichtung der Kernkraftwerke begonnen wurde. Am Ende dieser Periode – um 1970 – begannen aber schon die ersten gerichtlichen Auseinandersetzungen um die Kernenergie. Der Streit um die Technologie wurde nie abgeschlossen, griff auf weite Teile der Bürger und auf die politischen Parteien über. Die gerichtlichen Entscheidungen, die Genehmigungen von Kernkraftwerken betrafen, bestätigten durchweg die erteilten Genehmigungen. Doch verschiedene Störfälle im Ausland gaben Anlass dazu, dass sich insbesondere in den politischen Parteien die ablehnende Haltung gegenüber der friedlichen Nutzung der Kernenergie verstärkte. Die Geschichte der Nutzung der Kernenergie ist mit ihrem Auf und Ab sehr kompliziert und singulär und verdient, nachgezeichnet zu werden.

Einführung

Das Atomgesetz wird auch nach 2022 anzuwenden sein für die Stilllegung und 2 den Rückbau von Kernkraftwerken, für die Zwischenlagerung radioaktiver Abfälle, für Transporte und für die Bereitstellung von Endlagern. Bedeutung wird das Atomgesetz weiterhin für Forschungsreaktoren und sonstige kerntechnische Einrichtungen haben. Auch das Haftungsrecht bleibt aufgrund des nach dem Maßstab praktischer Vernunft weiterhin verbleibenden Restrisikos nuklearer Schäden weiter relevant.

2. Entdeckung der Kernenergie

Die **erste Atomkernspaltung** gelang Otto Hahn und Fritz Strassmann durch 3 Neutronenbeschuss des Atomkerns von Uran 235 am 17.12.1938 im Kaiser-Wilhelm-Institut in Berlin Dahlem. Sie wurde von Lise Meitner und Otto Frisch 1939 beschrieben (s. ua *Hahn/Strassmann* Die Naturwissenschaften 27 (1939), 11; *Meitner/Frisch* Nature 143 (1939), 239; *Meitner/Frisch* Nature 143 (1939), 471). In der Folge wendete sich Albert Einstein 1939 in einem Brief an den US-amerikanischen Präsidenten Franklin D. Roosevelt. Er informierte ihn über die Möglichkeit einer nuklearen Kettenreaktion und seine Befürchtung, dass eine solche für „extremely powerful bombs of a new type" nutzbar gemacht werden könnte. Daraufhin wurden in den USA intensive Forschungen hierzu betrieben und am 2.12.1942 die **erste künstliche nukleare Kettenrektion** durch eine Gruppe von Kernphysikern um Enrico Fermi ausgelöst. Das „Uranprojekt" in Deutschland bewegte die USA dazu, ihre Forschungen zunächst auf den militärischen Bereich und die **Entwicklung von Kernwaffen** zu konzentrieren. Im Rahmen des durch die USA mit etwa 1,9 Mrd. Dollar finanzierten Manhatten-Projekts wurde eine Reihe von praktischen Tests mit Atombomben durchgeführt, die mit dem „Trinity-Test" 430 km südlich von Los Alamos (New Mexico, USA) am 16.7.1945 begann und später unter anderem auf dem Eniwetok-Atoll und dem Bikini-Atoll (Marshallinseln) mit verheerenden Auswirkungen auf Natur und teilweise auch auf Menschen fortgesetzt wurde. Der Abwurf der Kernspaltungsbomben über Hiroshima und Nagasaki am 6. und 9.8.1945 markiert den folgenschweren Höhepunkt von Kernwaffenexplosionen.

Die Forschung der **zivilen Verwendung von Kernenergie** entwickelte sich 4 nach dem Zweiten Weltkrieg parallel zur militärischen Forschung. In seiner „Atoms for Peace"-Rede vom 8.12.1953 vor der UN-Vollversammlung verkündete US-Präsident Eisenhower seinen Plan einer friedlichen Verwendung von Kernenergie und der Gründung einer internationalen Organisation. Dies war der Startschuss für eine Intensivierung der internationalen Zusammenarbeit. Insbesondere die zahlreichen bilateralen Programme der USA und der UdSSR ertüchtigten zahlreiche Staaten zur friedlichen Nutzung von Kernenergie. Am 29.7.1957 wurde schließlich die **Internationale Atomenergie-Organisation** (International Atomic Energy Agency (IAEA)) gegründet, die bis heute die Verbreitung von Kernwaffen verhindern und die Nutzung der Atomenergie zu friedlichen Zwecken, für Gesundheit und Wohlstand weltweit fördern soll. Am 20.12.1951 wurden im Forschungsreaktor EBR1 in Idaho (USA) zum ersten Mal vier Glühbirnen durch elektrischen Strom aus Kernenergie erleuchtet. Die weltweit ersten KKW zur Erzeugung elektrischer Energie gingen 1954 mit dem KKW Obninsk bei Moskau (Sowjetunion) und 1955 mit dem KKW Calder Hall in Sellafield (England) in Betrieb.

Einführung

3. Einführung der friedlichen Nutzung der Kernenergie in Deutschland – Atomgesetz 1959 – und erste Entsorgungsregelungen

5   Die friedliche Nutzung der Kernenergie in Deutschland war bei Einführung des Grundgesetzes noch nicht vorgesehen. Nach Beendigung der Besatzung durch die Alliierten und einer „Zeit der wissenschaftlichen und wirtschaftlichen Unfreiheit" (*Fischerhof* NJW 1960, 317 (318) mit Verweis auf das Gesetz Nr. 22 über die Überwachung von Stoffen, Einrichtungen und Ausrüstungen auf dem Gebiet der Atomenergie, AHK, Abl. 122, 882, 1361) wurde in Deutschland die Forderung, die friedliche Nutzung der Kernenergie zu entwickeln, laut (ausführlich zur Kernenergieforschung während der Besatzungszeit *Göppner* AtG-Vorgeschichte 11 ff.; siehe auch *Rodi* NJW 2000, 7). Unter dem ersten deutschen Atomminister Franz-Josef Strauß wurde 1955 das **Deutsche Atomprogramm,** ein staatliches Forschungsprogramm zur friedlichen Nutzung der Kernenergie, ins Leben gerufen. Die Energieversorgungsunternehmen blieben aber lange Zeit skeptisch. Der erste deutsche Atomforschungsreaktor, das „Atom-Ei" an der TU München, wurde 1957 in Betrieb genommen. Es herrschte insbesondere auf politischer Ebene eine wahre Kernenergieeuphorie. Die neue Technologie war mit großen Erwartungen aller Parteien in Deutschland verbunden.

6   Nach mehreren gescheiterten Gesetzesentwürfen im Vorlauf wurde die **Einführung der friedlichen Nutzung der Kernenergie in der Bundesrepublik** schließlich am 3.12.1959 im Bundestag ohne Gegenstimme beschlossen (Gesetz über die friedliche Verwendung der Kernenergie und den Schutz gegen ihre Gefahren (Atomgesetz) vom 23.12.1959, BGBl. I 814; – weitestgehend – in Kraft getreten am 1.1.1960; spätere Neubekanntmachungen in BGBl. 1976 I 3053 und BGBl. 1985 I 1565). Atomgesetze, die im „Wettrennen um die Kernenergie" schon zuvor in einigen Bundesländern vorläufig erlassen worden waren, sollten durch das bundeseinheitliche AtG abgelöst werden (vgl. § 55 Abs. 1 Nr. 2–8; zu den verschiedenen Reglungen der Länder *Fischerhof* DÖV 1958, 16). Da das Grundgesetz aber nach dem Zweiten Weltkrieg keine **Gesetzgebungskompetenz des Bundes** hierfür vorsah, wurde diese zeitgleich mit dem Erlass des AtG durch Einfügung eines Art. 74 Nr. 11a GG geschaffen (BGBl. 1959 I 813). Diese „Staatspraxis nach 1949", Gesetze gleichzeitig mit ihrer Kompetenzgrundlage zu erlassen, erklärte das BVerfG später in anderem Zusammenhang und für die Zukunft für verfassungswidrig und forderte den Gesetzgeber auf, den verfassungsrechtlichen Mangel unverzüglich „in Ordnung zu bringen" (BVerfGE 34, 9 (21 ff., 25 f.) = VerwRspr 1973, 391; zur Bereinigung des Verfahrensmangels BGBl. 1974 I 769). Die Erzeugung und Nutzung von Kernenergie zu friedlichen Zwecken ist Gegenstand ausschließlicher Gesetzgebung des Bundes (Art. 73 Abs. 1 Nr. 14 GG; hierzu *Pieroth* in Jarass/Pieroth GG Art. 73 Rn. 43 f.), die in Bundesauftragsverwaltung durch die Länder durchgeführt wird (Art. 87 c GG; → AtG § 24 Rn. 7 ff.).

7   Die friedliche Nutzung der Kernenergie zur Stromerzeugung war von Anfang an privatwirtschaftlich organisiert. Hierzu hatte man sich nach ersten Debatten über einen staatlichen Betrieb von KKW – hiervon versprach man sich insbesondere schnellere Fortschritte im Bereich der Kernenergienutzung – bei Einführung des **ersten Atomgesetzes** entschieden. Es wurden auch keine Maßnahmen staatlicher Forschungs- oder Wirtschaftslenkung gesetzlich verankert (*Fischerhof* Dt. AtomG Einf. Rn. 34). Aufgrund der Risiken der Kernenergie wurden strenge Genehmigungs- und Überwachungsvorschriften und eine Zweckbestimmung vor-

Einführung

gesehen, die sowohl auf die Förderung der Forschung als auch auf die Beherrschung der Risiken abzielte (§ 1). Die haftungsrechtlichen Bestimmungen wurden durch internationales Atomrecht beeinflusst (etwa die Staatshaftung im Katastrophenfall (§ 36), vgl. *Fischerhof* NJW 1960, 317 (319), oder die Haftungsgrenzen aus den Vorarbeiten zum PÜ, vgl. *Göppner* AtG-Vorgeschichte 37; →AtG Vor §§ 25–40 c Rn. 3; →PÜ Vor Rn. 1 ff.). Mangels umweltrechtlicher Regelungen, die als Vorlage hätten dienen können, wurde das AtG in seinem verwaltungsrechtlichen Teil dem System der Gewerbeaufsicht nachgebildet (zu den Berührungspunkten mit dem damaligen Energiewirtschaftsrecht *Fischerhof* BB 1955, 1113). § 7 war die zentrale Genehmigungsnorm, die aufgrund der Besonderheiten des Atomrechts jedoch keinen Rechtsanspruch auf Genehmigungserteilung, sondern nur auf ermessensfehlerfreie Entscheidung gewährte (zur Rechtsnatur der Genehmigung →AtG § 7 Rn. 35 ff.). Bedingung für die Erteilung einer Genehmigung war auch der Nachweis der Vorsorge, etwaige Schadensersatzansprüche decken zu können (Vorbilder waren hier § 43 LuftVG und die Pflichtversicherung für Kfz-Halter, vgl. *Fischerhof* NJW 1960, 317 (319)). Der offen formulierte § 7 Abs. 2 Nr. 3 AtG war fortan Anknüpfungspunkt für Verwaltungsnormen und umfangreiche Rechtsprechung. Für Genehmigung und Aufsicht von Anlagen nach § 7 sind bis heute die Landesministerien als oberste Landesbehörden zuständig (§ 24 Abs. 2). Diese dem Atomrecht eigene Struktur der Landesbehörden als Genehmigungsbehörden unter Aufsicht des Bundes sollte der schnellen und sicheren Entwicklung der Kernenergienutzung dienen. Da hierfür erheblicher technischer Sachverstand notwendig ist, der über den Rahmen der Landesministerien hinausging, wurde in Anlehnung an das Gewerberecht den Sachverständigen eine tragende Rolle zugeschrieben (siehe hierzu ausführlich *Sellner/Hennenhöfer* in Rehbinder/Schink UmweltR § 12 Rn. 220 f.; SHSS Gutachten). Es existiert ein umfassendes untergesetzliches Regelwerk zur Konkretisierung der Genehmigungs- und Überwachungsvorschriften des AtG, das durch das Bundesumweltministerium und seine sachverständigen Beratergremien (RSK, SSK, ESK, KTA) erarbeitet wurde. Entsorgungsfragen wurden im ersten AtG noch nicht geregelt; solche fanden sich erstmals im AtG von 1976 (→Rn. 10; siehe zum Ganzen ausführlich *Göppner* AtG-Vorgeschichte).

In der Bundesrepublik Deutschland begann der **kommerzielle Betrieb der Kernenergie** im Februar 1962 (KKW Kahl; eine Übersicht zu Typ, Leistung, Inbetriebnahme und Abschaltung aller KKW in Deutschland findet sich bei *John* in KHR UmweltR-HdB § 10 Rn. 8). Der schnelle Ausbau der Kernenergietechnik gelang durch die enge Verflechtung von Staat und Atomwissenschaft und umfangreiche Subventionen. In der DDR ging das KKW Rheinsberg am 11.10.1966 in den kommerziellen Betrieb, es folgte am 12.7.1974 das KKW Greifswald. 8

Die **ersten Änderungen des Atomgesetzes** betrafen im Wesentlichen die Neuregelungen zu ortsveränderlichen Anlagen (Erstes Gesetz zur Änderung und Ergänzung des Atomgesetzes vom 23.4.1963, BGBl. I 201; Anlass war der vorgesehene Besuch des US-Atomhandelsschiffs Savannah in deutschen Häfen, vgl. *Göppner* AtG-Vorgeschichte 263 f.), die Einführung von Vorbescheid und Öffentlichkeitsbeteiligung und geänderter haftungsrechtlicher Vorschriften (Zweites Gesetz zur Änderung und Ergänzung des Atomgesetzes vom 28.8.1969, BGBl. I 1429) sowie die erneute Anpassung des Haftungsrechts an die internationalen Übereinkommen (Drittes Gesetz zur Änderung des Atomgesetzes vom 15.7.1975, BGBl. 1975 I 1885 idF des Gesetzes zur Änderung des Dritten Gesetzes zur Änderung des Atomgesetzes, BGBl. 1975 I 3162). Dem Dritten Änderungsgesetz gingen erhebliche juristische Meinungsverschiedenheiten voraus, welche schließlich aber 9

Einführung

im Sinne einer ausschließlichen Haftung (Gefährdungshaftung) des Anlageninhabers entschieden wurden (vgl. *Fischerhof* Dt. AtomG Einf. Rn. 34). Nach dem Abklingen der anfänglichen Euphorie um die Kernenergie und ihre friedliche Nutzung war die **Sorge vor Energieknappheit** eine Triebfeder der nuklearen Forschung. Durch die Ölpreiskrise von 1973 wurden die neue Leitlinie „Weg vom Öl" und der Rückgriff auf die Kernenergie noch einmal beflügelt (*Endlager-Kommission,* Abschlussbericht 2016, 83).

10   Vor einer Regelung der Entsorgung sollte die Endlagerung erprobt werden. Nach ersten Vorschlägen der Bundesanstalt für Bodenforschung zur Lagerung in tiefen Gesteinsformationen veröffentlichte der Arbeitskreis 4 der Deutschen Atomkommission (DAtK) im Januar 1962 eine Empfehlung zur Beseitigung radioaktiver Abfälle in unterirdischen geologischen Schichten, insbesondere in Salzstöcken und aufgelassenen Salzbergwerken. Trotz vorliegender „Hinweise auf eine Schwächung der unverfüllten Abbaukammern durch den Gebirgsdruck, Rissbildungen in der Tübbingsäule und dort auftretende Wasserzuflüsse" (siehe ausführlich den Bericht des 21. Parlamentarischen Untersuchungsausschusses des Niedersächsischen Landtages, 18.10.2012, LT-Drs. 16/5300, 38 ff.) kaufte der Bund 1965 das als Versuchsendlager dienende **Salzbergwerk Asse II.** Zwischen 1967 und 1978 wurde im Großteil des schwach- und mittelradioaktiven Abfalls in der Asse II eingelagert (*König/Hoffmann* ZUR 2009, 353). Man begnügte sich mit einer strahlenschutzrechtlichen Genehmigung, da das AtG eine verfahrensrechtliche Regelung nicht vorsah. Mit der vierten AtG-Novelle von 1976, der sog. „Entsorgungsnovelle" (Viertes Gesetz zur Änderung des Atomgesetzes vom 30.8.1976, BGBl. I 2573), wurde erstmalig auch die Entsorgung verfahrensmäßig im AtG geregelt. Bei der Entsorgung radioaktiver Abfälle sollte der Bund für die Errichtung eines Endlagers (§ 9a Abs. 3 S. 1 Hs. 2, § 9b) und die Länder für die Errichtung von Landessammelstellen (§ 9a Abs. 3 S. 1 Hs. 2, § 9c) zuständig sein. Der Bund konnte sich bei der Errichtung eines Endlagers eines privaten Dritten bedienen. Die **Wiederaufarbeitung** (→ Rn. 23, 30, 74 f.; → § 9a Rn. 4, 16 f.) hatte den Vorrang vor der direkten Endlagerung. Die einzige in Deutschland vorgesehene kommerzielle WAA in Wackersdorf (die speziell für den Thorium-Kreislauf konzipierte WAA in Jülich (JUPITER) ging wegen Fehlern im Aufbau der Kugelbrennelemente nicht in Betrieb; die WAA am Forschungsreaktor Karlsruhe diente lediglich als Pilotprojekt, um Betriebserfahrungen zu sammeln) wurde jedoch 1989 aufgegeben. Der Anteilseigner VEBA sowie die anderen EVU zogen eine Aufarbeitung in Frankreich vor. Seitdem wurden bis zum Verbot der Wiederaufarbeitung im Jahr 2005 abgebrannte Brennstäbe mit einem Gesamtinhalt an Schwermetall von 6.077 Tonnen ins Ausland (insbesondere La Hague, Frankreich, und Sellafield, Großbritannien) geliefert und im Anschluss an die Wiederaufarbeitung zurück nach Deutschland transportiert. Die Verpflichtung der Bundesrepublik betraf die Zurücknahme von 128 Castor-Behältern mit hochradioaktiven Abfällen und 157 Behältern mit verglasten oder kompaktierten mittelradioaktiven Abfallstoffen aus der Wiederaufarbeitung (*Endlager-Kommission,* Abschlussbericht 2016, 94 f.). Insgesamt wurden bislang **vier Standorte** als Endlagerstandorte benannt: Hierzu zählt neben dem vom Bund 1965 angekauften Salzbergwerk Asse II auch die ab 1970 als Endlager der DDR ausgebaute Schachtanlage Bartensleben in Morsleben, ab Einstellung des Erzabbaus 1976 die Eisenerzgrube Konrad in Salzgitter und der 1977 als Standort für ein Nukleares Entsorgungszentrum (NEZ) vorgeschlagene Salzstock Gorleben im Landkreis Lüchow-Danneberg. Nach starken Bürgerprotesten wurde der Plan eines NEZ mit Wiederaufbereitungsanlage, Brennelementefabrik und Endlager 1979 wieder aufgegeben und es folgte

Einführung

die Erkundung des Salzstocks Gorleben als Endlager. Trotz teilweise konkreter Vorarbeiten an mehreren Standorten kam es aber bisher zu keiner Entscheidung über einen Endlagerstandort für hochradioaktive Abfälle (zum Ganzen *Endlager-Kommission,* Abschlussbericht 2016, 88 ff.).

4. Genehmigung von kerntechnischen Anlagen – Reaktion der Rechtsprechung – Gerichtliche Kontrolldichte

Zu den besonders diskutierten ersten gerichtlichen Auseinandersetzungen gehörten die Verfahren zur Genehmigung des KKW Würgassen (BVerwG NJW 1972, 1292 = DVBl. 1972, 678), des Schnellen Brüters in Kalkar, des KKW Wyhl, des KKW Grafenrheinfeld sowie des KKW Brokdorf. Die Rechtsprechung hatte zu klären, ob die Genehmigung eines Kernkraftwerkes nur unter der Voraussetzung erfolgen dürfe, dass mit **absoluter Sicherheit** ein Schadensereignis durch Errichtung oder Betrieb ausgeschlossen werden kann; das VG Freiburg forderte, dass die Schadensvorsorge nur dann als ausreichend anzusehen sei, wenn die Gefahr einer Berstkatastrophe „auf Null" reduziert sei. In seinem Urteil vom 14.3.1977 hob das Gericht die erteilte erste Teilgenehmigung für das KKW **Wyhl** auf, weil dieser Sicherheitsmaßstab durch die Genehmigung nicht eingehalten worden sei (VG Freiburg NJW 1977, 1645 = DVBl. 1977, 363). Maßgeblich waren für das VG Freiburg Art und Ausmaß der potentiellen Schadensfolgen. Wenn das „theoretische Gefährdungspotential" eine Katastrophe verursachen könne, die möglicherweise mehreren tausend Menschen das Leben kosten könne, dann reiche es nicht aus, sich auf eine noch so geringe Wahrscheinlichkeit zu verlassen (VG Freiburg NJW 1977, 1645 (1648)). Abweichend entschied das VG Würzburg am 25.3.1977 (NJW 1977, 1649). Es folgte der Forderung des VG Freiburg zum absoluten Schadensausschluss nicht. Kurz nach dieser Entscheidung hatte sich das Bundesverfassungsgericht auf einen Vorlagebeschluss des OVG Münster vom 18.8.1977 hin (OVG Münster NJW 1978, 439) mit der Problematik des Sicherheitsmaßstabes, der von Exekutive und Judikative bei der Genehmigung von Kernkraftwerken zu beachten ist, zu befassen. Es entschied in seinem **Kalkar**-Beschluss vom 8.8.1978 (BVerfGE 49, 89 = NJW 1979, 359 – Kalkar I), der Gesetzgeber habe durch die in § 1 Nr. 2 und in § 7 Abs. 2 AtG niedergelegten Grundsätze der bestmöglichen Gefahrenabwehr und Risikovorsorge einen Maßstab aufgestellt, der Genehmigungen nur dann zulasse, wenn es nach dem Stand der Wissenschaft und Technik praktisch ausgeschlossen sei, dass Schadensereignisse eintreten werden. Ungewissheiten jenseits der Schwelle praktischer Vernunft hätten ihre Ursache in den Grenzen des menschlichen Erkenntnisvermögens; sie seien unentrinnbar und insoweit als sozial adäquate Lasten von allen Bürgern zu tragen. Die Ausgestaltung des Atomrechts lasse insoweit eine Verletzung von Schutzpflichten durch den Gesetzgeber nicht feststellen.

Diese wichtige Grundsatzentscheidung des Bundesverfassungsgerichts griff der VGH München in seiner Entscheidung vom 9.4.1979 auf und lehnte den angestrebten Betriebsstopp des KKW **Grafenrheinfeld** ab (VGH München DVBl. 1979, 673).

Im gleichen zeitlichen Zusammenhang hatte das VG Schleswig über die Genehmigung für das KKW **Brokdorf** zu entscheiden. In seinem Urteil vom 17.3.1980 fand es in der Rechtsprechung des Bundesverfassungsgerichts die Argumente für eine Zurückhaltung in der gerichtlichen Kontrolle (VG Schleswig NJW 1980, 1296).

Einführung

14 Von da an festigte sich die Rechtsprechung zur gerichtlichen Kontrolldichte. In seiner **Sasbach**-Entscheidung vom 8.7.1982 (BVerfGE 61, 82 = NJW 1982, 2173) nahm das Bundesverfassungsgericht ausdrücklich Bezug auf die Entscheidung des VG Schleswig zum Kernkraftwerk Brokdorf und betonte, die Gerichte hätten Feststellungen und Bewertungen der Exekutive zur Schadensvorsorge nur auf ihre Rechtmäßigkeit hin zu überprüfen, nicht aber ihre Eigenbewertungen an deren Stelle zu setzen.

15 Diese Grundlagen der verwaltungsgerichtlichen und verfassungsgerichtlichen Rechtsprechung griff das Bundesverwaltungsgericht in seiner **Wyhl**-Entscheidung vom 19.12.1985 auf (BVerwGE 72, 300 (317) = NVwZ 1986, 208). Von da an war der verwaltungsgerichtliche Prüfmaßstab, der im Hinblick auf Kernkraftwerksgenehmigungen gelten sollte, als geklärt anzusehen.

16 Die Rechtsprechung zur Kontrolldichte wurde in den Folgejahren vom Bundesverwaltungsgericht auch auf andere kerntechnische Anlagen, insbesondere auf Standortzwischenlager übertragen (vgl. zur Aufbewahrung nach § 6 Abs. 2 Nr. 4 AtG im Standortzwischenlager Unterweser: BVerwGE 142, 159 = NVwZ 2012, 750). Der Verwaltungsbehörde wurde in diesem Zusammenhang mit neuer Begrifflichkeit ein **exekutiver Funktionsvorbehalt** zugesprochen (ausführlich hierzu *Sellner/Hennenhöfer* in Rehbinder/Schink UmweltR Kap. 12 Rn. 139 ff.; siehe auch *Sellner*, 14. AtRS 2013, 140 ff.). Die Auseinandersetzung um das Standortzwischenlager Unterweser ist noch nicht beendet, weil bislang eine endgültige Entscheidung des Gerichts an der noch ungeklärten Frage scheitert, wie zu verfahren ist, wenn die Verwaltungsakten dem Gericht nicht vorgelegt werden können (hierzu *Sellner* EurUP 1, 2018).

5. Gesellschaftliche und exekutive Gegenbewegung

17 Die gerichtlichen Verfahren um die Kraftwerksgenehmigungen waren begleitet von starken Protesten in der Zivilgesellschaft gegen die friedliche Nutzung der Kernenergie. Nicht zuletzt der Vorfall im Kernkraftwerk **Three Mile Island** in der Nähe von Harrisburg (Pennsylvania, USA) am 28.3.1979, bei dem es infolge eines technischen Fehlers zu einer teilweisen Kernschmelze kam (INES-Stufe 5; siehe zur INES-Skala *John* in Koch UmweltR-HdB § 10 Rn. 9), ließ eine breite **„Anti-Atomkraft"-Bewegung** in Deutschland entstehen.

18 Trotz der wachsenden Widerstände in der Bevölkerung hielt die Bundesregierung aber zunächst an ihrer Energiepolitik fest. Durch die Gründung der Partei Die Grünen am 13.1.1980 (nach Vereinigung mit Bündnis 90 im Jahre 1993 Bündnis 90/Die Grünen) und deren Wahl als Oppositionspartei in den Bundestag 1983 fand die Debatte jedoch Einzug in die Politik. Die Fraktion Die Grünen forderte mit ihrem Entwurf eines „Atomsperrgesetzes" vom 29.8.1984 (BT-Drs. 10/1913) die sofortige Stilllegung aller Anlagen und ein Neubauverbot.

19 Es entwickelte sich darüber hinaus eine Praxis der Vollzugsbehörden der Bundesländer, die der Atompolitik des Bundes entgegenlief. Man sprach von **„ausstiegsorientiertem Gesetzesvollzug"**, der in den 1980er Jahren die Genehmigung von KKW behinderte (siehe hierzu *Lange* NJW 1986, 2459; *Posser* in EFP BesVerwR § 52 Rn. 2; *Rodi* NJW 2000, 7 (11); *Schmidt-Preuß* NJW 1995, 985; *Sellner/Hennenhöfer* in Rehbinder/Schink UmweltR § 12 Rn. 26 ff. – im Einzelnen; *Breuer* NVwZ 1990, 211 (218); *Sendler* DÖV 1992, 181; *Wagner* NJW 1987, 411). Diesem Verhalten einiger Länderbehörden begegnete die Bundesregierung mit **Weisungen** (hierzu BVerfGE 81, 310 = NVwZ 1990, 955; BVerfGE 84, 25

Einführung

= NVwZ 1991, 870; siehe auch *Lange,* Das Weisungsrecht des Bundes in der atomrechtlichen Auftragsverwaltung, 1990).

Die gesetzlichen Neuregelungen der Folgejahre erhöhten die Anforderungen, die die EVU zu erfüllen hatten. Durch die „Kostennovelle" (Gesetz zur Änderung von Kostenvorschriften des Atomgesetzes vom 20. 8. 1980, BGBl. I 1556) wurden die Kostenregelungen entlang des Verursacherprinzips der §§ 21–21b eingeführt. In Umsetzung des Änderungsprotokolls von 1982 zum PÜ wurde mit der Haftungsnovelle (Gesetz zur Änderung haftungsrechtlicher Vorschriften des Atomgesetzes (Haftungsnovelle) vom 22. 5. 1985, BGBl. I 781) unter anderem die Haftungshöchstgrenze für KKW-Inhaber in § 31 aufgehoben. Im Anschluss hieran wurde das AtG neu bekanntgemacht (BGBl. 1985 I 1565); diese Bekanntmachung ist bis heute gültig. Außerdem wurde durch Organisationserlass des Bundeskanzlers vom 5. 6. 1986 (BGBl. I 864) die Zuständigkeit für die Sicherheit kerntechnischer Anlagen und den Strahlenschutz aus dem Geschäftsbereich des BMI auf den des BMU übertragen. 20

Die Explosion in dem graphitmoderierten RBMK-Reaktor in **Tschernobyl** (nahe Prypjat, Ukraine) am 26. 4. 1986, die den Austritt radioaktiver Partikel, die sich über ganz Europa verteilten, zur Folge hatte (INES-Stufe 7; → Rn. 101, 111f.), führte zum Bedürfnis einer bundeseinheitlichen Regelung zur Bewertung von Radioaktivität in der Umwelt für Schutzmaßnahmen. Es kam zum Erlass eines Strahlenschutzvorsorgegesetzes (StrVG, BGBl. 1986 I 2610; aufgehoben mit Wirkung vom 1. 10. 2017 durch Art. 4 des Gesetzes zur Neuordnung des Rechts zum Schutz vor der schädlichen Wirkung ionisierender Strahlung, BGBl. 2017 I 1966; → Rn. 51). Mit Gesetz über die Errichtung eines Bundesamtes für Strahlenschutz (BfS) vom 9. 10. 1989 (BGBl. I 1830) wurde außerdem das BfS gegründet, das den internationalen Abkommen infolge des Tschernobyl-Unglücks → Rn. 167). 21

Nach der **Wiedervereinigung 1990** fiel dem Bund die Verantwortung für fünf Leistungsreaktoren (in Rheinsberg und Greifswald), drei Forschungsreaktoren (am Zentralinstitut für Kernforschung (ZfK) in Dresden/Rossendorf) und sechs KKW in Errichtung (in Greifswald und Stendal) aus der ehemaligen DDR zu. Anlage I Kapitel XII Sachgebiet B Abschnitt II Nr. 1 des Einigungsvertrages (BGBl. 1990 II 889) fügte zur Klärung der Rechtslage § 57a Abs. 1 in das AtG ein. Die nach (ehemaligem) DDR-Recht erteilten atomrechtlichen Genehmigungen galten hiernach bis zum 30. 6. 1995 fort; anschließend bedurften sie einer Genehmigung nach dem AtG (siehe zum Ganzen Roßnagel LKV 1991, 90). Damit konnten die fünf Druckwasserreaktoren russischen Typs in Greifswald und Rheinsberg theoretisch mit einer Vollbetriebsgenehmigung nach § 7 weiterbetrieben werden. Sie wurden gleichwohl 1990 wegen Sicherheitsbedenken stillgelegt bzw. nicht zu Ende gebaut und ab 1995 zurückgebaut. Das Projekt in Stendal wurde 1991 eingestellt. Genehmigungen für das **Endlager Morsleben** sind ebenfalls befristet und kraft Gesetzes auf das Bundesamt für Strahlenschutz (BfS) in Salzgitter übergegangen. Eine Klage hiergegen blieb erfolglos (zuletzt BVerwGE 90, 255 = BeckRS 9998, 41213); das BVerfG hielt dieses Urteil für verfassungsgemäß, da die Vorschriften des AtG über Widerruf, nachträgliche Auflagen und sonstige Maßnahmen zur Vermeidung etwaiger Sicherheitsrisiken anwendbar seien und die befristete Weitergeltung der atomrechtlichen Genehmigungen der DDR unter dieser Maßgabe der Schutzpflicht aus Art. 2 Abs. 2 S. 1 GG genüge (BVerfG NuR 1994, 131 = RdE 1994, 229; eine weitere Einlagerung schwachradioaktiver Abfälle im Ostfeld des Atommülllagers Morsleben bis 2005 untersagte das OVG Magdeburg NVwZ 1999, 93). 22

Sellner 9

Einführung

23 Vor dem Hintergrund der (gescheiterten) energiepolitischen Konsensgespräche wurden in den 1990er Jahren einige Umstrukturierungen in der Entsorgungsfrage und Regelungen zur Verbesserung der Sicherheit für zukünftige Reaktoren notwendig. Durch das Siebte Gesetz zur Änderung des Atomgesetzes vom 19.7.1994 (BGBl. I 1618 (1622)) wurde die **direkte Endlagerung** als ein möglicher Entsorgungsweg neben der schadlosen Verwertung zugelassen. Beide Wege galten als gleichrangig. Damit wurde der Vorrang der Wiederaufarbeitung der vierten Novelle (→ Rn. 10) revidiert, wobei der Gesetzgeber annahm, dass mittelfristig im Wesentlichen von der direkten Endlagerung Gebrauch gemacht werden würde (vgl. Begründung BT-Drs. 12/6908, 12). Mit dem neuen § 7 Abs. 2a mussten künftige Reaktoren **zusätzlichen Risikovorsorgeanforderungen** entsprechen. Über die erforderliche Vorsorge gegen Schäden nach § 7 Abs. 2 Nr. 3 hinaus war für die Erteilung einer Genehmigung notwendig, dass „auf Grund der Beschaffenheit und des Betriebs der Anlage auch Ereignisse, deren Eintritt durch die zu treffende Vorsorge gegen Schäden praktisch ausgeschlossen ist, einschneidende Maßnahmen zum Schutz vor der schädlichen Wirkung ionisierender Strahlen außerhalb des abgeschlossenen Geländes der Anlage nicht erforderlich machen würden" (§ 7 Abs. 2a S. 1 Hs. 1). Die bei der Auslegung der Anlage zugrunde zu legenden Ereignisse waren durch das BMU näher zu bestimmen (§ 7 Abs. 2a S. 1 Hs. 2; diese Ermächtigung des BMU erklärte das BVerfG für verfassungswidrig und nichtig, da allgemeine Verwaltungsvorschriften für den Gesetzesvollzug in Bundesauftragsverwaltung gem. Art. 85 Abs. 2 S. 1 GG ausschließlich von der Bundesregierung als Kollegium mit Zustimmung des Bundesrates erlassen werden können, BVerfGE 100, 249 = NVwZ 1999, 977).

24 Das Achte Gesetz zur Änderung des Atomgesetzes vom 6.4.1998 (BGBl. I 694) diente der Umsetzung der RL 92/3/Euratom zur Überwachung und Kontrolle der Verbringung radioaktiver Abfälle von einem Mitgliedstaat in einen anderen, in die Gemeinschaft und aus der Gemeinschaft (ABl. 1992 L 35, 24), indem entsprechende Verordnungsermächtigungen und Änderungen der **Einfuhr- und Ausfuhrbestimmungen** in das AtG eingefügt wurden. Hinzu kamen Sicherheitsverbesserungen bei KKW (§ 7 Abs. 2 S. 2) und ein Prüfverfahren für die Weiterentwicklung der Sicherheitstechnik (§ 7c). § 9a Abs. 3 S. 3 enthielt die gesetzgeberische Absicht, zur Stärkung des Verursacherprinzips die Aufgabe der Errichtung und Endlagerns einem öffentlich-rechtlichen Verband in Form einer bundesunmittelbaren öffentlichen Körperschaft des öffentlichen Rechts zu übertragen. Dies konnte nun auch durch die Zuhilfenahme eines Dritten im Wege der **Beleihung** geschehen (§ 9a Abs. 4 S. 1). Es wurde ein zweistufiges Konzept der verstärkten Einbindung der Abfallverursacher verfolgt, das zunächst die Übertragung der Durchführung auf einen Beliehenen und als Endziel die Übertragung auf einen **Verband der Abfallverursacher** anstrebte (vgl. Begründung BT-Drs. 13/8641, 12 f.). Entsprechend sollten die neuen Enteignungsvorschriften §§ 9d–9g (→ Rn. 30, 39) den für die Erfüllung der staatlichen Endlagererrichtungsaufgabe notwendigen Zugriff auf private Rechte ermöglichen.

25 Trotz der zivilgesellschaftlichen und exekutiven Widerstände, die nur teilweise durch die gesetzlichen Neustrukturierungen abgefangen werden konnten, waren Ende der 1990er Jahre in Deutschland 20 Kernkraftwerksblöcke mit einer Gesamtleistung (Bruttonennleistung) von ca. 22.000 MW in Betrieb.

Einführung

6. Ausstieg aus der friedlichen Nutzung der Kernenergie – Ausstiegsvereinbarung 2001 und Ausstiegsnovelle 2002

Der **Regierungswechsel** 1998 brachte eine Kehrtwende. Der Konsens zwischen den großen Parteien war zwar schon mit dem Nürnberger Parteitag der SPD 1986 fraglich geworden. Hier hatte die SPD in Reaktion auf den Unfall in Tschernobyl die Beendigung der Kernenergienutzung binnen der nächsten 10 Jahre beschlossen (siehe den anschließenden Entwurf der Bundestagsfraktion der SPD für ein „Kernenergieabwicklungsgesetz" vom 19.2.1987, BT-Drs. 11/13). Die Koalition aus CDU/CSU und FDP unter Kohl hatte jedoch im Wesentlichen an ihrer energiepolitischen Grundüberzeugung festgehalten. Die 1998 gewählte Bundesregierung aus SPD und BÜNDNIS 90/DIE GRÜNEN verfolgte dagegen den **Ausstieg aus der friedlichen Nutzung der Kernenergie als politisches Ziel.** Hinsichtlich der Entsorgung vereinbarten die Parteien unter anderem ein „**Ein-Endlager-Konzept",** nach dem alle verschiedenen Arten von Abfällen gemeinsam in tiefen geologischen Formationen gelagert werden sollen (siehe hierzu auch AkEnd, Auswirkungen des Ein-Endlager-Konzeptes auf die Entwicklung und Durchführung des Auswahlverfahrens für Endlagerstandorte, 2002; Antwort der Bundesregierung, BT-Drs. 15/2908). Das im Koalitionsvertrag vorgesehene 100-Tage-Gesetz zur Novellierung des AtG (Koalitionsvereinbarung zwischen der SPD und BÜNDNIS 90/DIE GRÜNEN vom 20.10.1998, Aufbruch und Erneuerung – Deutschlands Weg ins 21. Jahrhundert, IV.3.2.) wurde jedoch nicht weiterverfolgt. Stattdessen wurden **Verhandlungen** mit den vier großen EVU über einen Ausstieg aufgenommen. 26

Zwischenzeitlich wurden die Voraussetzungen zur Umsetzung von EU-Richtlinien und völkerrechtlichen Verträgen geschaffen. Die **Euratom-Grundnormen-Richtlinie** (RL 96/29/Euratom, ABl. 1996 L 159, 1; heute RL 2013/59/Euratom, ABl. 2014 L 13, 1) sollte einen europäisch einheitlichen Schutz vor ionisierender Strahlung gewährleisten. Im Gesetz zur Änderung atomrechtlicher Vorschriften für die Umsetzung von EURATOM-Richtlinien zum Strahlenschutz vom 3.5.2000 (BGBl. I 636) wurden hierfür die Ermächtigungsgrundlagen und Zuständigkeitsvorschriften des AtG geändert. Dabei wurden außerdem Voraussetzungen zur Kostenerhebung geschaffen (insbes. § 21 Abs. 1a in Reaktion auf BVerwGE 108, 364 = NVwZ 2000, 77, vgl. Begründung BT-Drs. 14/2443, 13). Haftungsrechtliche Änderungen, insbesondere zugunsten des Opferschutzes, ergaben sich aus dem **Gemeinsamen Protokoll** über die Anwendung des Wiener Übereinkommens und des Pariser Übereinkommens vom 21.9.1988 (BGBl. 2001 II 202, 203), das zur Anpassung des AtG durch das Neunte Gesetz zur Änderung des Atomgesetzes vom 5.3.2001 (BGBl. I 326) führte. Hierdurch wurde im Sinne einer Reziprozität die Haftung eines Kernanlageninhabers im Falle eines nuklearen Ereignisses gegenüber Opfern in anderen Vertragsstaaten neu geregelt (vgl. Begründung BT-Drs. 14/3950, 6). 27

Die Verhandlungen der neuen Bundesregierung von 1998 mit VIAG und VEBA (fusionierten am 27.9.2000 zu E.ON), RWE und EnBW – später auch mit HEW – führten zu einer Vereinbarung, die am 14.6.2000 paraphiert und am 11.6.2001 unterzeichnet wurde (sog. „Atomkonsens"; abgedruckt in PSM Anhang Nr. 2, 285 ff.; hierzu ausführlich *Hennenhöfer* in PSM Einführung). Gemäß dieser Vereinbarung akzeptierten die EVU die geordnete **Beendigung der Kernenergienutzung** und erhielten im Gegenzug die Zusicherung, dass der politisch **ungestörte Betrieb** der KKW bis zum Beendigungszeitpunkt gewährleistet werde. Hierzu wur- 28

Einführung

den Reststrommengen – auf Basis der Annahme einer Regellaufzeit von 32 Jahren (siehe zu den verschiedenen Zeitraum-Forderungen SEV UmweltR § 7 Rn. 130) – errechnet und vereinbart, dass nach deren Verstromung der Betrieb der jeweiligen KKW einzustellen ist. Bund-Länder-Streitverfahren gegen den Atomkonsens in Bezug auf den Grundsatz des bundesfreundlichen Verhaltens und auf die Sachkompetenz im Rahmen der Bundesauftragsverwaltung blieben für die antragstellenden Länder Bayern und Hessen erfolglos (BVerfGE 104, 238 = NVwZ 2002, 591; BVerfGE 104, 249 = NVwZ 2002, 585). Die Rechtsnatur der Vereinbarung von 2001 war lange Zeit umstritten. Zumindest in Bezug auf Anlage 2 zur Vereinbarung stellte das BVerfG fest, dass es sich um „typische und politisch übliche Absichtserklärungen [handele], an denen kein vernünftig und verantwortlich Handelnder ein ‚Tau festbinden' würde" (BVerfGE 104, 249 (268) = NVwZ 2002, 585); dies relativierend BVerfGE 143, 246 Rn. 343 = NJW 2017, 217; siehe auch abweichende Meinungen der Richter *Di Fabio* und *Mellinghoff* in BVerfGE 104, 249 (273, 277ff.) = NVwZ 2002, 585; *Degenhart*, 11. AtRS 2002, 369 (377f.); *Frenz* NVwZ 2002, 561 (562); *Huber*, 11. AtRS 2002, 329ff.; *Kischel*, Der Atomkonsens, 2017; *Klöck* NuR 2001, 1 (3f.); *Langenfeld* DÖV 2000, 929 (936f.); *Schneehain*, Atomausstieg, 2005, 29ff.; *Schorkopf* NVwZ 2000, 1111; *Wagner* NVwZ 2001, 1089 (1090)).

29 Mit dem „Gesetz zur geordneten Beendigung der Kernenergienutzung zur gewerblichen Erzeugung von Elektrizität" vom 22.4.2002 (BGBl. 2002 I 1351, sog. „Ausstiegsnovelle") setzte der Bundestag die Vereinbarung des Atomkonsenses um (ausführlich hierzu *Gierke/Paul* in Theobald/Kühling AtG Vor Rn. 31 ff.; mit Bedenken hinsichtlich der Einbeziehung und Entscheidungsfreiheit des Parlaments *Pasemann/Baufeld* ZRP 2002, 119; dagegen mit der Kritik, die EVU hätten sich einer politischen Nötigung gegenüber gesehen Posser in EFP BesVerwR § 52 Rn. 3). Den Ausstieg markierte die neue und bis heute geltende **Zweckbestimmung** des § 1 Nr. 1, „die Nutzung der Kernenergie zur gewerblichen Erzeugung von Elektrizität geordnet zu beenden und bis zum Zeitpunkt der Beendigung den geordneten Betrieb sicherzustellen". § 7 Abs. 1 S. 2 bestimmt, dass für die Errichtung und den Betrieb neuer KKW **keine Genehmigungen** mehr erteilt werden – hiervon nicht betroffen sind Genehmigungen für Forschungsreaktoren und wesentliche Änderungen noch in Betrieb befindlicher KKW. Außerdem wurde geregelt, dass die Berechtigung zum Leistungsbetrieb bei Erreichen einer jeweils festgelegten erzeugten Elektrizitätsmenge erlöschen soll. Die noch zu verstromenden **Reststrommengen** finden sich in § 7 Abs. 1a iVm Anlage 3 (siehe hierzu aber BVerfGE 143, 246 = NJW 2017, 217). Allerdings können gem. § 7 Abs. 1b vorgesehene Elektrizitätsmengen ganz oder teilweise auf andere Anlagen übertragen werden (hierzu *Sellner* NVwZ 2007, 44). Schon zu diesem Zeitpunkt gab es Debatten über die Verfassungsmäßigkeit eines Ausstiegs aus der Kernenergie im Allgemeinen und dessen konkreten Regelungsinhalt (ausführlich SEV UmweltR § 7 Rn. 134ff. mwN). Zur Feststellung des aktuellen Sicherheitsstandes und um möglicherweise bisher nicht erkannte Schwachstellen zu finden und neue Betriebserfahrungen und technische Entwicklungen berücksichtigen zu können (vgl. BT-Drs. 14/6890, 25), wurde als Ergänzung zur laufenden aufsichtlichen Überprüfung der KKW die gesetzliche Verpflichtung der Betreiber zur **Sicherheitsüberprüfung** eingeführt (§ 19a und Anlage 4).

30 Auch in Bezug auf die Entsorgungsfrage ergaben sich durch die Atomkonsensvereinbarung von 2001 und das nachfolgende Beendigungsgesetz Neuausrichtungen. Die Abgabe abgebrannter Brennstäbe zur **Wiederaufarbeitung** (→ Rn. 10, 23, 74f.; → § 9a Rn. 4, 16f.) ist aufgrund des eingefügten § 9a Abs. 1 S. 2 seit dem

Einführung

1.7.2005 nicht mehr zulässig. Abgebrannte Brennstäbe sind bis zur Findung eines Endlagers nicht mehr in den zentralen Lagern Ahaus und Gorleben, sondern an den Standorten der KKW **dezentral zwischenzulagern** (zur Verfassungsmäßigkeit der dezentralen Zwischenlagerung BVerfG NVwZ 2009, 171). In § 9a Abs. 1b wurde der bis dahin übliche **Entsorgungsvorsorgenachweis** auf Zwischenlager beschränkt gesetzlich geregelt. Die **Enteignungsvorschriften** (§§ 9d–9f; → Rn. 24, 39) wurden aufgehoben. Die umstrittene Genehmigungsfortgeltung für nach **DDR-Recht** genehmigte Zwischen- und Endlager durch das Achte Änderungsgesetz (→ Rn. 24) wurde – in Bezug auf den die Annahme oder Einlagerung weiterer Abfälle gestattenden Teil – zurückgenommen (§ 57a Abs. 1 Nr. 4). Dies betraf etwa das Endlager Morsleben, das ab dem 27.2.2002 zur Annahme von weiteren radioaktiven Stoffen oder Abfällen zur Aufbewahrung, Lagerung oder Endlagerung nicht mehr berechtigt ist (BT-Drs. 14/6890, 26). In der Atomkonsensvereinbarung wurde außerdem ein Erkundungsmoratorium für den Endlagerstandort Gorleben für mindestens drei und längstens 10 Jahre vereinbart und als Anlage 4 eine Erklärung des Bundes angefügt, wonach aber „die bisher gewonnenen geologischen Befunde einer Eignungshöffigkeit des Salzstockes Gorleben […] nicht entgegen[stehen]" (abgedruckt in PSM Anhang Nr. 2, 297).

Da nach einer Studie der Europäischen Kommission in der gesamten EU etwa **31** 30.000 der etwa 500.000 seit den 1950er Jahren in Verkehr gebrachten Strahlenquellen „verloren gegangen" sind (siehe näher die in der Gesetzesbegründung aufgezählten Unfälle aus dem UNSCEAR-Bericht, BT-Drs. 15/5284, 47), wurde vom Rat die RL 2003/122/Euratom zur Kontrolle hoch radioaktiver umschlossener Strahlenquellen und herrenloser Strahlenquellen (ABl. 2003 L 346, 57 – nicht mehr in Kraft) erlassen. In Umsetzung dieser RL wurde nach dem Gesetz zur Kontrolle hochradioaktiver Strahlenquellen vom 12.8.2005 (BGBl. I 2365) ein **Register über hochradioaktive Strahlenquellen** beim BfS (§ 12d) errichtet, mit dem die Verfügbarkeit radioaktiver Stoffe, die missbräuchlich genutzt werden könnten, eingeschränkt wird.

Mit der Zurückweisung der Nichtzulassungsbeschwerden durch das BVerwG **32** vom 26.3.2007 (BVerwG NVwZ 2007, 833, 837 und 841) wurde der lange Streit (zuletzt OVG Lüneburg DVBl 2006, 1044 und 1058; siehe auch VerfGH München BayVBl. 1993, 559; zur Weisungsbefugnis des Bundes im Planfeststellungsverfahren BVerfGE 84, 25 = NVwZ 1991, 870; auch *Ossenbühl* DVBl 1991, 83; *Schmidt-Eriksen* KJ 1992, 347; *Goring* JZ 1992, 308) um den Planfeststellungsbeschluss vom 22.5.2002 für **Schacht Konrad** beendet. Seither wird das ehemalige Eisenerzbergwerk als Endlager für schwach- und mittelradioaktive Abfälle umgerüstet.

Durch Gesetz zur Änderung haftungsrechtlicher Vorschriften des Atomgesetzes **33** und zur Änderung sonstiger Rechtsvorschriften vom 29.8.2008 (BGBl. I 1793) wurde das atomrechtliche **Haftungsrecht** grundlegend novelliert. Diese Änderung des AtG geht auf Änderungen des Pariser Übereinkommens (PÜ) und des Brüsseler Zusatzübereinkommens (BZÜ) vom 12.2.2004 zurück (BGBl. 2008 II 902). Jedoch tritt diese Gesetzesänderung erst an dem Tag in Kraft, an dem das ihr zugrundeliegende Protokoll vom 12.2.2004 zur Änderung des PÜ in Kraft tritt. Dies erfordert die – für die EU-Mitgliedstaaten gleichzeitige (siehe Entscheidung des Rates 2004/294/EG, ABl. 2004 L 97, 53) – Hinterlegung der Ratifikationsurkunde aller Vertragsstaaten und ist bisher nicht geschehen. Da Italien als letzter ausstehender Vertragsstaat die innerstaatlichen Prozesse zur Ratifizierung nun eingeleitet hat, wird mit einem Inkrafttreten des 2004-Protokolls sowie des 2008-Gesetzes bis Ende 2022 gerechnet.

Einführung

34 Die Terroranschläge am 11.9.2001 und in der Folgezeit veränderten die Beurteilung der Sicherheitslage und waren Anlass dafür, dass der Gesetzgeber mit dem Zehnten Gesetz zur Änderung des Atomgesetzes vom 17.3.2009 (BGBl. I 556) die Möglichkeiten erweiterte, **Informationen über die Zuverlässigkeit des Personals** in kerntechnischen Anlagen im Rahmen des § 12b und der AtZüV zu erlangen und zu verwenden. Am 5.11.2008 hatte das Bundeskabinett beschlossen, den Betrieb der Schachtanlage Asse II zum 1.1.2009 von der Forschungseinrichtung Helmholtz Zentrum München auf das BfS zu übertragen. Mangels Überleitungsregelung fanden die durch die Entsorgungsnovelle (→ Rn. 10) eingeführten §§ 9a und 9b auf die **Stilllegung der Asse II** keine unmittelbare Anwendung. Für die Beseitigung radioaktiver Abfälle in der Asse II waren Genehmigungen nach § 3 StrlSchV und § 6 AtG erteilt worden. Mit der 10. AtG-Novelle wurde das AtG mit seinen Endlagervorschriften – insbesondere hinsichtlich eines erforderlichen Planfeststellungsbeschlusses (§ 9b) für die Stilllegung – für anwendbar erklärt (§ 57b Abs. 1 S. 1). Genehmigungen zur Einlagerungen weiterer radioaktiver Abfälle bis zum Erlass des Planfeststellungsbeschlusses waren gem. § 57b Abs. 2 ausgeschlossen. Damit kann über die Endlagerung der bereits in der Anlage befindlichen Abfälle später im Rahmen des atomrechtlichen Planfeststellungsverfahrens entschieden werden (vgl. Begründung BT-Drs. 16/11609, 13).

7. Änderung der Ausstiegsnovelle 2010 – Verlängerung der Laufzeiten von Kernkraftwerken als Brückentechnologie

35 Mit der im Oktober 2009 gebildeten schwarz-gelben Bundesregierung wurde ein neues energiepolitisches Konzept verfolgt, das den beschlossenen Ausstieg aus der Kernenergienutzung verzögern sollte. Im Zusammenhang mit dieser Entwicklung entstand der Begriff **„Brückentechnologie"**, was zum Ausdruck bringen sollte, dass zwar grundsätzlich am Ausstieg festzuhalten sei – so blieb es auch beim Genehmigungsverbot des § 7 Abs. 1 S. 2 –, bis zum Ausbau und der vollständigen Umstellung auf erneuerbare Energien jedoch die Kernenergie im Strommix Deutschlands als eine „Brücke" fungieren müsse Andererseits sollten aus einer verlängerten Nutzung der Kernenergie finanzielle Mittel gewonnen werden, um Investitionen im Bereich erneuerbarer Energien und Energieeffizienz tätigen zu können (siehe BT-Drs. 17/3051).

36 Entsprechend wurde mit dem Elften Gesetz zur Änderung des Atomgesetzes vom 8.12.2010 (BGBl. I 1814) die im Atomkonsens errechnete und vereinbarte **Reststrommenge vergrößert,** indem in Anlage 3 „zusätzliche Elektrizitätsmengen" in einer vierten Spalte hinzugefügt wurden. Der zulässige Betrieb der KKW verlängerte sich damit um durchschnittlich 12 Jahre. Die formelle Verfassungsmäßigkeit dieses Gesetzes, das als Einspruchsgesetz erlassen wurde, wurde heftig diskutiert und von mehreren Bundesländern für das BVerfG gebracht (siehe hierzu ausführlich *Gierke/Paul* in Theobald/Kühling AtG Vor Rn. 49 ff.; für eine Zustimmungspflicht: *Däuper/Michaels/Ringwald* ZUR 2010, 451; *Frenz* ZNER 2011, 277; *Frenz/Ehlenz* ZNER 2010, 539; *Gaßner/Kendzia* ZUR 2010, 456; *dies.* ZUR 2010, 583; *Kendzia* DÖV 2010, 713; *Roßnagel/Hentschel* UPR 2011, 1; *Wieland* ZNER 2010, 321; gegen eine Zustimmungspflicht: *Degenhart* atw 2010, 684; *Herrmann* BayVBl. 2011, 257; *Moench/Ruttloff* DVBl 2010, 865; *dies.* DÖV 2011, 354; *Rebentisch* UPR 2010, 361; *de Witt* NVwZ 2010, 1467; differenzierend: *Papier* NVwZ 2010, 1113; *Wissenschaftliche Dienste des Bundestages*, 5.5.2010, Az. WD 3 – 3000 – 138/10).

Einführung

Die Gewinne aus der Betriebszeitverlängerung sollten entsprechend einer zu schließenden vertraglichen Vereinbarung mit den EVU (Förderfondsvertrag vom 10.1.2011) in einen **„Energie- und Klimafonds"** (Gesetz zur Errichtung eines Sondervermögens „Energie- und Klimafonds" (EKFG), BGBl. 2010 I 1807) in Form eines Sondervermögens fließen (§ 4 Abs. 1 Nr. 1 iVm Abs. 3 EKFG), das dem Zweck dient, zusätzliche Programmausgaben zur Förderung einer umweltschonenden, zuverlässigen und bezahlbaren Energieversorgung zu ermöglichen (vgl. § 1 Abs. 1 EKFG). 37

Daneben sollte die Erzeugung von Elektrizität aus Kernenergie von nun an über eine Kernbrennstoffsteuer besteuert werden. Dieses Geld sollte vor dem Hintergrund der notwendigen Sanierung der Schachtanlage Asse II zur Haushaltskonsolidierung beitragen (siehe Begründung des Gesetzesentwurfs BT-Drs. 17/3054; zu den Einnahmen aus der Kernbrennstoffsteuer auch BT-Drs. 17/4832). Das KernbrennstoffsteuerG (BGBl. 2010 I 1804) wurde aber trotz Unionsrechtskonformität (EuGH NVwZ 2015, 1122; siehe hierzu *Fischer* ZfZ 2015, 198; *Kahl/Bews* NVwZ 2015, 1081; zur vorangehenden Debatte *Englisch* StuW 2012, 318; *Gärditz* ZfZ 2014, 18; *Kube* IStR 2012, 553; *Kühling* EWS 2013, 113) mangels Gesetzgebungskompetenz des Bundes für verfassungswidrig erklärt (BVerfG NVwZ 2017, 1037; mAnm *Bopp* HFR 2017, 772; *Henneke* DVBl 2017, 897; *Hey* DVBl 2017, Heft 25 M4; *Hummel* DVBl 2017, 1151; *Möckel* NVwZ 2017, 1055; *Rüsken* ZfZ 2017, 193; *Weschpfennig* DVBl 2017, 899; *Wienbracke* BB 2017, 1832; *Ziehm* ZNER 2017, 265; siehe auch *Ludwigs* NVwZ 2017, 1509). 38

Gleichzeitig mit der 11. AtG-Novelle wurde auch das Zwölfte Gesetz zur Änderung des Atomgesetzes (BGBl. 2010 I 1817) beschlossen, das der Umsetzung der RL 2009/71/Euratom (ABl. 2009 L 172, 18) diente, die ein **europäisch einheitliches hohes Niveau nuklearer Sicherheit** in kerntechnischen Anlagen zum Ziel hatte. Neben den Definitionen der Richtlinie (§ 2 Abs. 3a) wurden die materiellen Pflichten der Kernanlagenbetreiber zur Bereitstellung einer angemessenen personellen und finanziellen Ausstattung und kontinuierlicher Aus- und Fortbildung des Personals (§ 7c) sowie die Verpflichtung des zuständigen Bundesministeriums zur Selbstbewertung und internationalen Überprüfung (§ 24b) in deutsches Recht übertragen. Außerdem wurden Regelungen zur **weiteren Vorsorge gegen Risiken** und zur **kontinuierlichen Verbesserung** der Anlage normiert, die vom Inhaber eines KKW zusätzlich zu den bestehenden Anforderungen des § 7 Abs. 2 Nr. 3 zu beachten sind (§§ 7d und 19a). Wie insbesondere die weitere Vorsorge des § 7d in die Dogmatik der Schadensvorsorge im Rahmen von § 7 Abs. 2 Nr. 3 einzuordnen ist, wurde in der Literatur breit diskutiert (ua *Arndt* RdE 2012, 81; *Fetzer* NVwZ 2013, 1373; zur Entwicklung der Schadensvorsorge *Hennenhöfer/Schneider* in FS Sellner 2010, 347 (350ff.); *Renneberg* ZNER 2011, 106; *Roller* NVwZ 2011, 1431; *Roßnagel/Hentschel* ZNER 2011, 7). Außerdem wurden die **Enteignungsvorschriften** wiedereingeführt. Die §§ 9d–9f waren bereits vorher Bestandteil des AtG (→ Rn. 24), wurden aber im Zuge der Ausstiegsgesetzgebung abgeschafft (→ Rn. 30), da für die Erkundung von Endlagerstandorten eine auf Akzeptanz gerichtete Vorgehensweise in Verbindung mit dem erlassenen Moratorium zur Erkundung des Salzstocks Gorleben für ausreichend erachtet wurde (BT-Drs. 14/6890, 24). Nunmehr sollen die §§ 9d–9f im Falle eines Scheiterns einer einvernehmlichen Einigung über einen Endlagerstandort als Instrumente zur Sicherung der Endlagerverpflichtung des Bundes aus § 9a Abs. 3 dienen (siehe Begründung BT-Drs. 17/3052, 8). 39

Einführung

8. Fukushima und die Wiederbeschleunigung des Ausstiegs – 2011

40 Am 11.3.2011 kam es vor der Küste Japans zu einem verheerenden Erdbeben. Ein nachfolgender Tsunami führte dazu, dass das **Kernkraftwerk Fukushima Daiichi** teilweise überflutet und schwer beschädigt wurde. Dies hatte einen Ausfall der Stromversorgung im KKW und deshalb teilweises Kernschmelzen und eine Knallgasexplosion zur Folge. Vier Reaktoren waren betroffen (ausführlich hierzu die mehrbändige Publikation der IAEA, The Fukushima Daiichi Accident, 2015; → Rn. 111 ff., 167 f.; → § 7 Rn. 49; → Vor §§ 25–40c Rn. 18). Obwohl sich durch dieses Ereignis die Kenntnis- und Sicherheitslage in Deutschland nicht veränderte, beschloss die Bundesregierung eine Sicherheitsüberprüfung aller deutschen KKW und ordnete an, dass auf Grundlage des § 19 Abs. 3 AtG die acht ältesten deutschen KKW für die Dauer der Überprüfung stillgelegt werden sollten (sog. **„Moratorium"**). Die Anordnungen der dreimonatigen Betriebseinstellung der KKW Biblis A und B hielt die Rechtsprechung für rechtswidrig (VGH Kassel EnWZ 2013, 233, die Nichtzulassungsbeschwerde blieb erfolglos, BVerwG DVBl 2014, 303; hierzu *Battis/Ruttloff* NVwZ 2013, 817; kritisch auch *Cosack/Enders* DVBl 2011, 1446; *Ewer/Behnsen* NJW 2011, 1182; *Posser* in EFP BesVerwR § 52 Rn. 5; *Rebentisch* NVwZ 2011, 533; *Schwarz* BayVBl 2013, 65 (66)); für die Rechtmäßigkeit der zumindest vorübergehenden Stilllegung *Frenz* NVwZ 2011, 522 (525); zur Verfassungswidrigkeit der Ankündigung durch die Bundeskanzlerin siehe *Kloepfer* UPR 2012, 41 (45)).

41 Die Ereignisse boten nach einer Phase interner politischer Auseinandersetzungen Anlass, abschließende Regelungen zum Ausstieg aus der Kernenergie zu finden. Hierzu sollten die **Sicherheit** und die **ethische Bewertung** der Nutzung der Kernenergie erneut überprüft werden. Die **Reaktor-Sicherheitskommission (RSK)** kam mit ihrem Bericht vom 16.5.2011 zu dem Ergebnis, dass die deutschen Anlagen einen hohen Robustheitsgrad aufweisen und „hinsichtlich der Stromversorgung und der Berücksichtigung externer Überflutungsereignisse für deutsche Anlagen eine höhere Vorsorge festzustellen" sei. Außerdem habe die Bewertung der KKW bei ausgesuchten Einwirkungen gezeigt, dass „abhängig von den betrachteten Themenfeldern über alle Anlagen kein durchgehendes Ergebnis in Abhängigkeit von Bauart, Alter der Anlage oder Generation auszuweisen" sei (437. RSK, Stellungnahme, Anlagenspezifische Sicherheitsüberprüfung (RSK-SÜ) deutscher Kernkraftwerke unter Berücksichtigung der Ereignisse in Fukushima-I (Japan), 16.5.2011, 15). Die **Ethikkommission „Sichere Energieversorgung"** stellte fest: „Die Risiken der Kernenergie haben sich mit Fukushima nicht verändert, wohl aber die Risikowahrnehmung." Insbesondere im Vergleich zu ihrer Entstehungszeit, als die Kernenergie für viele ein Versprechen für Fortschritt, Wohlstand und nahezu unbegrenzte Energie bei beherrschbaren Risiken darstellte, habe sich die Bewertung der Kernenergie inzwischen verändert (*Ethik-Kommission*, Energiewende 2011, 11 f.). Zusätzlich zu den Sicherheitsüberprüfungen der RSK wurden auf europäischer Ebene durch die European Nuclear Safety Regulators Group (ENSREG) **„Stresstests"** erarbeitet. Für alle kerntechnischen Anlagen der EU sollte laut Erklärung des Europäischen Rates vom 24. und 25.3.2011 eine umfassende und transparente Risiko- und Sicherheitsbewertung („Stresstest") vorgenommen werden (Dok. EUCO 10/11, Nr. 31). Die Zusammenfassung der Ergebnisse dieser Stresstests durch gegenseitige Überprüfung in Review Teams aus technischen Experten der Aufsichtsbehörden der Mitgliedstaaten wurde im April 2012 von der ENSREG verabschiedet (ENSREG, Peer review report, Stress tests

Einführung

performed on European nuclear power plants, abrufbar unter http://www.ensreg.eu/sites/default/files/EU%20Stress%20Test%20Peer%20Review%20Final%20Report_0.pdf, zuletzt abgerufen am 18.2.2020); siehe auch Mitteilung der Kommission an den Rat und das Europäische Parlament vom 4.10.2012, COM(2012) 571 final) und zusammen mit den 17 nationalen Berichten veröffentlicht (siehe für Deutschland: ENSREG, Germany, Peer review country report, Stress tests performed on European nuclear power plants, abrufbar unter http://www.ensreg.eu/sites/default/files/Country%20Report%20DE%20Final.pdf, zuletzt abgerufen am 18.2.2020).

Im Ergebnis verabschiedete der Bundestag am 31.7.2011 das Dreizehnte Gesetz zur Änderung des Atomgesetzes (BGBl. I 1704). Mit ihm wurden die zusätzlichen Elektrizitätsmengen von 2010 in Anlage 3 Spalte 4 (→ Rn. 36) gestrichen und stattdessen durch Änderung des § 7 Abs. 1 a S. 1 für alle 17 in Betrieb befindlichen KKW **feste Abschaltfristen** normiert. Den acht Moratoriums-KKW wurde dabei die Berechtigung zum Leistungsbetrieb mit sofortiger Wirkung vollständig entzogen. Gegen diese politische Kehrtwende wurden vielfach verfassungsmäßige Zweifel geäußert (für eine Verfassungsmäßigkeit: *Däuper/Michaels/Voß* ZNER 2011, 375; *Enzensperger* DÖV 2016, 939; *Ewer* NVwZ 2011, 1035; differenzierend: *Bruch/Greve* DÖV 2011, 794; *Kersten/Ingold* ZG 2011, 350; dagegen: *Posser* in Arbeitsmaterialien der 18. Jahresarbeitstagung Verwaltungsrecht 2012, 135 (162 ff.); *Sellner/Fellenberg* NVwZ 2011, 1025 (1027 f.); *de Witt* in Arbeitsmaterialien der 18. Jahresarbeitstagung Verwaltungsrecht 2012, 119). E.ON, RWE und Vattenfall erhoben schließlich Verfassungsbeschwerde. Die Rügen von RWE und Vattenfall, dass ihre Investitionen, die sie im Vertrauen auf die 2002 normierte geordnete Beendigung tätigten, hierdurch hinfällig seien, hatten weitgehend Erfolg (BVerfGE 143, 246 = NJW 2017, 217; mAnm *Frenz* DVBl 2017, 121; *Wienbracke* EWiR 2017, 195; *Ziehm* ZUR 2017, 172; außerdem *Börner* RdE 2017, 119; *Burgi* NVwZ 2019, 585; *Däuper* NuR 2017, 169; *Frenz* in NK-AtomR Grundlagen C Rn. 3 ff.; *Froese* NJW 2017, 444; *Leidinger* atw 2017, 26; *Ludwigs* NVwZ-Beilage 1/2017, 3; *Muckel* JA 2017, 234; *Roller* ZUR 2017, 277; *Roßnagel/Hentschel/Emanuel* UPR 2017, 128; *Sachs* JuS 2017, 569; *Schmitz/Helleberg/Martini* NVwZ 2017, 1332; *Schmitt/Werner* NVwZ 2017, 21; *Shirvani* DÖV 2017, 281; siehe zum Ganzen auch → AtG § 7 Rn. 18 ff.). Der Gesetzgeber wurde vom BVerfG aufgefordert, die Verfassungswidrigkeit – eine durch eine Entschädigungsklausel – zu beheben. Mit dem Sechzehnten Gesetz zur Änderung des Atomgesetzes (BGBl. 2018 I 1122) wurden hierfür §§ 7e–g eingefügt, die den Ausgleich von Investitionen und Elektrizitätsmengen sowie das hierfür erforderliche Verwaltungsverfahren regeln (hierzu *Burgi* NVwZ 2019, 585 (588 ff.); *Leidinger* atw 2018, 440; *Ludwigs* NVwZ 2018, 1268; zum fehlenden Inkrafttreten *Ludwigs* NVwZ 2019, 1501). Ein zusätzliches Verfahren in Bezug auf die durch das 13. AtGÄndG verlorenen Investitionen von Vattenfall gegen die Bundesregierung vor einem internationalen Schiedsgericht ist hierzu noch anhängig (ICSID Case No. ARB/12/12; hierzu *Gundel* EnWZ 2016, 243). Mit Beschluss vom 29.9.2020 (1 BvR 1550/19) erklärte das BVerfG, dass die §§ 7e–g nicht in Kraft getreten sind. Der Bundesgesetzgeber habe die Verpflichtung, ausgesprochen im Urteil des BVerfG vom 6.12.2016 (BVerfGE 143, 246 = NJW 2017, 217), zur Beseitigung bestimmter Verfassungsverstöße im Atomrecht trotz Ablaufs der dafür geltenden Frist noch nicht erfüllt.

Nach der nunmehr geltenden Rechtslage werden die letzten drei KKW – Isar 2, Emsland, Neckarwestheim 2 – ihre Berechtigung zum Leistungsbetrieb spätestens am 31.12.2022 verlieren (vgl. im Einzelnen § 7 Abs. 1 a S.1).

Einführung

9. Neuer Fokus auf alte Entsorgungsprobleme

44 Seit gesetzlich festgeschrieben ist, dass die Stromerzeugung durch Kernenergie in Deutschland mit dem Jahr 2022 beendet sein wird (zur verbleibenden, parallelen Frage des Vorgehens gegen den Betrieb ausländischer KKW siehe ausführlich *Westen* in NK-AtomR Grundlagen B Rn. 13 ff.), konzentriert sich die deutsche kernenergiepolitische Debatte auf Entsorgungsfragen. Das ehemalige Eisenerzbergwerk Schacht **Konrad** (→ Rn. 10, 23; → § 9b Rn. 54 ff.; → § 58 Rn. 7), wird derzeit zum Endlager für schwachradioaktive Abfälle umgerüstet. In **Morsleben** (→ Rn. 10, 22, 30; → § 58 Rn. 8 f.) sind 36.754 m³ schwach- und mittelradioaktive Abfälle endgelagert, jedoch noch nicht definitiv eingeschlossen. Die Erkundungsarbeiten am Standort **Gorleben** (→ Rn. 10, 30, 39, 46; → § 9a Rn. 19, 31, 34 f.) als in Frage kommendes Endlager wurden aufgrund von Protesten der Bevölkerung mehrfach unterbrochen und mit In-Kraft-Treten des StandAG am 27.7.2013 beendet (siehe zum aktuellen Stand der vier (potentiellen) Endlager Konrad, Morsleben, Asse II und Gorleben die Website der BGE, www.bge.de, zuletzt abgerufen am 18.2.2020). Probleme mit den bisher in Betracht kommenden Standorten führten dazu, dass derzeit kein Endlager für schwach- oder mittelradioaktive Abfälle im Einlagerungsbetrieb ist. Ein **Endlager,** in dem hochradioaktive Abfälle aus der zivilen Nutzung der Kernenergie sicher verwahrt werden können, gibt es bisher weltweit noch nicht; in Finnland soll ein solches (Endlager ONKALO) jedoch ab 2020 in Betrieb gehen (vgl. *Endlager-Kommission,* Abschlussbericht 2016, 87; siehe auch die Informationen auf der Website des Betreibers Posiva Oy, abrufbar unter http://www.posiva.fi/en/final_disposal/onkalo, zuletzt abgerufen am 18.2.2020). Hochradioaktiver Abfall hat einen Anteil von unter zehn Prozent an allen radioaktiven Abfallstoffen, enthält aber gleichzeitig über 99 Prozent der gesamten Radioaktivität. Es ergibt sich ein geschätztes Gesamtvolumen endzulagernder hochradioaktiver Abfälle von 27.000 m³ (Endlager-Kommission, Abschlussbericht 2016, 86 f.).

45 Mit gesetzlicher Einzelfallregelung wurde der dringlichen Lage in der **Schachtanlage Asse II** (→ Rn. 10, 34) am 20.4.2013 durch das Gesetz zur Beschleunigung der Rückholung radioaktiver Abfälle und der Stilllegung der Schachtanlage Asse II (BGBl. I 921) begegnet (siehe hierzu *Gaßner/Buchholz* ZUR 2013, 336; *König* EnWZ 2013, 145; *König/Hoffmann* ZUR 2009, 353; → AtG § 57b Rn. 2). Während des Betriebs als Forschungsbergwerk für Endlagerung wurden ca. 126.000 Gebinde (ca. 47.000 m³) mit schwach- und mittelradioaktiven Abfällen eingelagert, die seit 1988 täglich ca. 12,5 m³ zutretendem Grundwasser aus dem Deckgebirge ausgesetzt sind (*BGE,* Schachtanlage Asse II, Stand der Arbeiten zur Rückholung, Stand: Juli 2018, abrufbar unter https://www.bge.de/fileadmin/user_upload/Publikationen/Asse/20180802-BGE_Asse_Broschuere_barrierefrei.pdf, zuletzt abgerufen am 18.2.2020); *Gaßner/Buchholz* ZUR 2013, 336). Die zurückgeholten Abfälle sollen aufgrund des Fehlens eines Endlagers zunächst in geeigneten Zwischenlagern an der Tagesoberfläche aufbewahrt werden. Die besondere Situation der Schachtanlage Asse II, „die von einem schlechten bergtechnischen Zustand geprägt ist, so dass alle Maßnahmen zur Sicherung der Grube und zur Vorbereitung der Rückholung sehr schnell getroffen werden müssen", erforderten aus Sicht der Bundesregierung eine erhöhte Flexibilität und Beschleunigung in den Verwaltungsverfahren (BT-Drs. 17/12298, 8). Die aus der notwendigen Sanierung der Schachtanlage Asse II entstehende Haushaltsbelastung sollte unter anderem durch die Kernbrennstoffsteuer kompensiert werden (BT-Drs. 17/3054), welche jedoch für verfassungswidrig erklärt wurde (→ Rn. 38).

Einführung

Nach dem Einvernehmen aller politischen Parteien über die Beendigung der Kernenergienutzung gab es auch eine Verständigung über eine **neue Endlagersuche**. Mit dem Standortauswahlgesetz (StandAG) vom 23.7.2013 (BGBl. I 2553; hierzu *Hennenhöfer* in FS Dolde, 2014, 209 ff.; *Posser* in FS Dolde, 2014, 251 ff.) sollte eine Suche auf der „weißen Landkarte" in einem transparenten Verfahren im Dialog mit der Öffentlichkeit begonnen werden. Dabei verlor der Standort Gorleben seine Vorrangstellung. Gemäß § 3 Abs. 2, § 4 StandAG 2013 hat eine „Kommission Lagerung hochradioaktiver Abfallstoffe" (**Endlager-Kommission**) das vorläufige StandAG evaluiert und Handlungsempfehlungen erteilt (siehe auch Antrag vom 7.4.2014, BT-Drs. 18/1068). Um in der Zeit zwischen den Ergebnissen der Kommission (Übergabe des Berichts an den Bundestagspräsidenten am 5.7.2016) und dem Inkrafttreten des neuen Standortauswahlgesetzes keinen Abbruch des Dialogs mit der Öffentlichkeit entstehen zu lassen, wurde mit dem Gesetz zur Neuordnung der Organisationsstruktur im Bereich der Endlagerung vom 26.6.2016 (BGBl. I 1843) ein **Nationales Begleitgremium** (§ 8 StandAG 2013) eingesetzt, das zunächst als eine „Brücke" fungieren sollte (BT-Drs. 18/8704, 5). Hierauf aufbauend wurde das Verfahren zur Suche eines Endlagerstandortes mit dem Gesetz zur Fortentwicklung des Gesetzes zur Suche und Auswahl eines Standortes für ein Endlager für Wärme entwickelnde radioaktive Abfälle mit 5.5.2017 endgültig novelliert (BGBl. 2017 I 1074; hierzu *Durner*, 15. AtRS 2019, 311 ff.; *Fillbrandt* NVwZ 2017, 855; *Kürschner*, Legalplanung, 2020, 173 ff.; *Rehbinder* EurUP 2018, 61; *Schlacke*, 15. AtRS 2019, 374 ff.; *Smeddinck* in Kluth/Smeddinck, Bürgerpartizipation, 2019, 149 ff.; zum Barrierenkonzept des Endlagers → Rn. 123 ff.). Gorleben wird diesem Prüfverfahren wie jeder andere Standort unterzogen und soll nicht als Referenzstandort gelten. Der Bürgerbeteiligung wird in dem neuen Suchverfahren umfangreich Rechnung getragen (ausführlich zum Ganzen *Wollenteit* in NK-AtomR StandAG Einführung Rn. 1 ff.). Am 28.9.2020 wurde der Zwischenbericht über den derzeitigen Arbeitsstand der BGE veröffentlicht. Hierüber soll mit Bürgern, Wissenschaftlern und Vertretern der Kommunen diskutiert werden (Interview mit *Wolfram König* im Tagesspiegel vom 12.7.2020, S. 3). Das am 30.6.2020 in Kraft getretene Geologiedatengesetz (GeolDG, BGBl. 2020 I 1378) soll unter anderem das Standortauswahlverfahren durch die Veröffentlichung von geologischen Daten transparenter gestalten. 46

Darüber hinaus wurden mit dem Vierzehnten Gesetz zur Änderung des Atomgesetzes (BGBl. 2015 I 2053) die deutschen Entsorgungsvorschriften an die europarechtliche **RL 2011/70/Euratom** angepasst. In den neu eingefügten §§ 2c und 2d wird vom Bund die Aufstellung eines Nationalen Entsorgungsprogramms sowie in § 9i alle drei Jahre eine nationale Bestandsaufnahme und Schätzung der radioaktiven Abfälle und in § 24b eine Selbstbewertung gefordert. Außerdem werden die Pflichten aus §§ 7c und 19a Abs. 3 und 4 auch auf Betreiber von Anlagen, die ihren Schwerpunkt im Bereich der Entsorgung radioaktiver Abfälle haben (§ 9h), ausgeweitet (siehe hierzu die Begründung in BT-Drs. 18/5865). 47

Die Entwicklungen des Energiemarktes seit der „Energiewende" machten es notwendig, die **Finanzierung der Entsorgung** durch Neuorganisation abzusichern. Durch die Begrenzung der Laufzeiten der KKW verkürzte sich für die EVU die verbleibende Zeit zur Vermögenserwirtschaftung. Gleichzeitig fiel der Strompreis an den Börsen aufgrund neuer Akteure am Energiemarkt, insbesondere im Bereich der erneuerbaren Energien. Die Kosten für Erkundung, Errichtung und Unterhaltung der Anlagen zur sicheren Lagerung tragen jedoch die **Verursacher** des radioaktiven Abfalls, also die EVU (§§ 21a, 21b; §§ 28 ff. StandAG; zur Finanzierung der Standort- 48

Einführung

suche *Däuper/Bosch/Ringwald* ZUR 2013, 329) Sie hatten zum 31.12.2014 hierfür zwar Rückstellungen iHv 38,3 Mrd. EUR gebildet, diese fielen aber in eine anhaltende Niedrigzinsphase und fußten auf einer Berechnung, die mit „erheblichen Schätzunsicherheiten" verbunden war (*Warth & Klein Grant Thornton,* Gutachtliche Stellungnahme zur Bewertung der Rückstellungen im Kernenergiebereich, 9.10.2015, S. 5 und 19, abrufbar unter www.bmwi.de/Redaktion/DE/Down loads/S-T/stresstestkernenergie.pdf?__blob=publicationFile&v=3, zuletzt abgerufen am 18.2.2020). Es bestand die Sorge, dass die EVU versuchten, sich durch Gründung von Tochterunternehmen ihrer Haftung zu entziehen (siehe zum Ganzen *KFK,* Abschlussbericht 2016, 5 ff.). Um einen Rückfall der Finanzierung auf die Steuerzahler zu vermeiden, setzte die Bundesregierung durch Kabinettsbeschluss vom 14.10.2015 eine **„Kommission zur Überprüfung der Finanzierung des Kernenergieausstiegs (KFK)"** ein, die ihren Bericht im April 2016 vorlegte (*KFK,* Verantwortung und Sicherheit – Ein neuer Entsorgungskonsens, Abschlussbericht der Kommission zur Überprüfung der Finanzierung des Kernenergieausstiegs, 25.5.2016; hierzu *Däuper/Dietzel* in NK-AtomR EntsorgFondsG Vorbemerkung Rn. 1 ff.)

49 Auf Grundlage der KFK-Ergebnisse wurde mit dem Gesetz zur Neuordnung der Verantwortung in der kerntechnischen Entsorgung vom 27.1.2017 eine Lösung gefunden (BGBl. I 114, hierin ua das Entsorgungsfondsgesetz (EntsorgFondsG), das Entsorgungsübergangsgesetz, das Transparenzgesetz und das Nachhaftungsgesetz; siehe hierzu die Kommentierungen im NK-AtomR; *Frenz* RdE 2017, 393; *Dietzel/Däuper* EnWZ 2016, 542; *Hofmann* ZfU 2017, Heft 02 Beilage, 9; *Krieger* ZfU 2017, Heft 02 Beilage, 25; *Leidinger* NVwZ 2015, 1564; *Schmitz/Helleberg/Martini* NVwZ 2017, 1332; *Uwer* ZfU 2017, Heft 02 Beilage, 2; *Wieland* ZfU 2017, Heft 02 Beilage, 25, 42; zur vorausgehenden Debatte über die verschiedenen Lösungsmöglichkeiten der Finanzierungsfrage *Däuper/Bosch/Ringwald* ZUR 2013, 329; *Schmitz/Grefrath* NVwZ 2015, 169). Die Neuordnung der Entsorgungsfinanzierung ermöglicht es den EVU nun, sich durch einmalige Einzahlung in einen **Entsorgungsfonds** von weiteren Beitragsansprüchen zu befreien. Eine entsprechende Einzahlung iHv rund 24,1 Mrd. EUR wurde am 3.7.2017 durch die Betreiber der deutschen KKW fristgerecht und vollständig geleistet (*BMWi,* Pressemitteilung vom 3.7.2017, abrufbar unter www.bmwi.de/Redaktion/DE/Pressemitteilungen/2017/20170703-kern kraftbetreiber-haben-einzahlungen-an-nuklearen-entsorgungsfonds-in-hoehe von-24-mrd-euro-geleistet.html, zuletzt abgerufen am 18.2.2020). Die EVU sind entsprechend § 2 Abs. 1 Entsorgungsübergangsgesetz berechtigt, ihre radioaktiven Abfälle an einen vom Bund mit der Wahrnehmung der Zwischenlagerung beauftragten Dritten abzugeben, sodass die Entsorgungspflicht nach § 9a Abs. 1 S. 1 auf diesen übergeht. Die Verantwortung für Durchführung und Finanzierung der Zwischen- und Endlagerung liegt damit beim Bund, der hierfür privatrechtlich organisierte Dritte zu Hilfe nimmt. Dritter iSv § 2 Abs. 1 Entsorgungsübergangsgesetz ist die **Gesellschaft für Zwischenlagerung mbH (BGZ).** Sie ist am 1.8.2017 in den hundertprozentigen Besitz des Bundes übergegangen. Der beliehene Dritte iSv § 9a Abs. 3 S. 3 ist die **Bundesgesellschaft für Endlagerung mbH (BGE),** der mit Wirkung ab dem 25.4.2017 die Wahrnehmung der Aufgaben des Bundes nach § 9a Abs. 3 S. 1 übertragen wurde. Im Zuge des StandAG 2013 wurde bereits das Bundesamt für kerntechnische Entsorgung errichtet (BGBl. 2013 I 256; BAnz AT 27.8.2014 B4; später umbenannt in Bundesamt für kerntechnische Entsorgungssicherheit (BfE), BGBl. 2016 I 1843, 1845; heute **Bundesamt für die Sicherheit der nuklearen Entsorgung (BASE),** BGBl. 2019 I 2510; → AtG § 23d Rn. 1 ff.),

Einführung

das nun Aufsichtsbehörde über die bundeseigenen Entsorgungseinrichtungen ist. Die KKW-Betreiber bleiben hingegen für die gesamte Abwicklung und Finanzierung von Stilllegung, Rückbau und Verpackung der radioaktiven Abfälle verantwortlich. Mit dieser Neuordnung hat der Gesetzgeber Handlungsverantwortung und Pflicht der Finanzierungssicherung im Bereich der kerntechnischen Entsorgung zusammengeführt (vgl. BT-Drs. 18/10353, 2; ausführlich zur Entsorgung *Hennenhöfer/Sellner* in Rehbinder/Schink UmweltR Kap. 12 Rn. 280ff.). Seit nachträglicher Einfügung des § 21c (BGBl. 2019 I 2510) kann zur Ablösung der nach §§ 21a und 21b zu erhebenden Kosten, Entgelte und Beiträge auch ein öffentlich-rechtlicher Vertrag geschlossen werden, was insbesondere die Verursacher radioaktiver Abfälle außerhalb von KKW betrifft.

Mit dem Fünfzehnten Gesetz zur Änderung des Atomgesetzes vom 1.6.2017 (BGBl. 2017 I 1434) wurden die umsetzungsbedürftigen Regelungsinhalte der **Richtlinie 2014/87/Euratom,** die die RL 2009/71/Euratom ergänzt, in deutsches Recht transformiert. Hierbei ging es im Wesentlichen um die Erweiterung der Verantwortung des Genehmigungsinhabers im Rahmen von § 7c auf Auftragnehmer und Unterauftragnehmer und um die Veröffentlichung von Mindestinformationen und internationale technische Selbstbewertungen (Peer Reviews) durch §§ 24a und 24b. 50

10. Loslösung des Strahlenschutzrechts

Ebenfalls in Umsetzung von EU-Vorgaben (RL 2013/59/Euratom) wurde mit dem Gesetz zur Neuordnung des Rechts zum Schutz vor der schädlichen Wirkung ionisierender Strahlung vom 27.6.2017 (BGBl. I 1966) ein neues **Strahlenschutzgesetz (StrlSchG)** geschaffen und damit das Strahlenschutzrecht grundlegend novelliert und endgültig vom Atomrecht losgelöst (→ AtG § 2 Rn. 7; hierzu ausführlich *Akbarian,* 15. AtRS 2019, 213). Das StrlSchG soll inhaltlich das StrVG, die alte StrlSchV und die RöV weitgehend ablösen und steht nun eigenständig neben dem AtG. Dem liegt der Gedanke der Konzentration strahlenschutzrechtlich relevanter Normen in einem Gesetz zugrunde (*Mann* in Ziegler/Mann, Atomrecht und Strahlenschutz, Gesetzessammlung, 36. Aufl. 2019, Einführung S. 29). Es ist am 31.12.2018 vollständig in Kraft getreten. Für die verbleibenden, auf Verordnungsebene zu regelnden Bereiche ist als Art. 1 der Verordnung zur weiteren Modernisierung des Strahlenschutzrechts (BGBl. I 2034) am 29.11.2018 eine neue **Strahlenschutzverordnung (StrlSchV)** erlassen worden, die ebenfalls am 31.12.2018 in Kraft getreten ist. 51

II. Technisch-naturwissenschaftliche Aspekte der Kernenergienutzung

Literatur: *RSK,* Stellungnahme Anlagenspezifische Sicherheitsüberprüfung (RSK-SÜ) deutscher Kernkraftwerke unter Berücksichtigung der Ereignisse in Fukushima-I (Japan) vom 16.5.2011; *dies.,* Stellungnahme Ausfall der Primären Wärmesenke, Anlage 1 zum Ergebnisprotokoll der 446. Sitzung der Reaktor-Sicherheitskommission (RSK) am 5.4.2012; *dies.,* Empfehlungen zur Robustheit der deutschen Kernkraftwerke, Anlage 1 zum Ergebnisprotokoll der 450. Sitzung der Reaktor-Sicherheitskommission (RSK) am 26./27.9.2012; *dies.,* Verständnis der Sicherheitsphilosophie, Anlage zum Ergebnisprotokoll der 460. Sitzung der Reaktor-Sicherheitskommission (RSK) am 29.8.2013; *dies.,* Zusammenfassende Stellungnahme der

Einführung

RSK zu zivilisatorisch bedingten Einwirkungen, Flugzeugabsturz, Anlage zum Ergebnisprotokoll der 499. Sitzung der Reaktor-Sicherheitskommission (RSK) am 6.12.2017; *Volkmer,* Kernenergie Basiswissen, Deutsches Atomforum e.V., Berlin, 2013, abrufbar unter https://www.kernd.de/kernd-wAssets/docs/service/018basiswissen.pdf, zul. abgerufen am 24.10.2020; *Waas/Sellner,* Sicherheitskonzept deutscher Kernkraftwerke zum Ausschluss von Schäden in der Umgebung, 2000; *Öko-Institut e.V./GRS mbH,* Endlagerung wärmeentwickelnder radioaktiver Abfälle in Deutschland, Hauptband, GRS-247, September 2008; Verordnung über Sicherheitsanforderungen an die Endlagerung hochradioaktiver Abfälle (Endlagersicherheitsanforderungsverordnung – EndSiAnfV) vom 6.10.2020 (BGBl. I 2094); *Renn,* Das Risikoparadox: Warum wir uns vor dem Falschen fürchten, 2014; *Gigerenzer,* Risiko: Wie man die richtigen Entscheidungen trifft, 2013.

1. Grundbegriffe und Grundlagen der Kerntechnik

52 Mit Blick auf ein Grundverständnis der bei der Nutzung der Kernenergie relevanten naturwissenschaftlichen Gegebenheiten und der dazu verwendeten technischen Prozesse werden einige grundlegende Zusammenhänge und Begriffe stark vereinfacht erläutert (ausführlichere, aber immer noch für Nicht-Naturwissenschaftler weitgehend verständliche Darstellung: *Volkmer,* Kernenergie Basiswissen, Deutsches Atomforum e.V., 2013).

53 **a) Kernphysik. Atome** bestehen aus einem **Atomkern** und einer **Atomhülle.** Die Atomhülle wird durch die „Flugbahnen" der elektrisch negativ geladenen **Elektronen** gebildet (sog. Elektronenschalen), der innenliegende Atomkern aus elektrisch positiv geladenen **Protonen** und elektrisch neutralen **Neutronen** (zusammen Nukleonen genannt). Die Anzahl der Protonen im Kern entspricht bei elektrisch neutralen Atomen der Anzahl der Elektronen in der Hülle. Die Anzahl der Neutronen liegt mehrheitlich etwas höher und kann bei einem Element auch variieren. Diese Atome, die bei derselben Protonen- und Elektronenzahl (der sog. **Ordnungszahl**) unterschiedliche Neutronenzahlen haben, werden **Isotope** des gegebenen chemischen Elements genannt.

54 Von der Anzahl der Protonen und Neutronen hängen die Kerneigenschaften der Atome ab. Dabei sind mit Blick auf Strahlenschutz und Kerntechnik besonders folgende Aspekte relevant:
- stabile/instabile Atome – Stabile Atome verändern sich aus sich heraus nicht, instabile Atome **(Radionuklide)** ändern sich spontan nach einer gewissen Zeit unter Abgabe von radioaktiver Strahlung („sie zerfallen"). Dabei wird vereinfacht unterschieden zwischen
  - **α-Strahlung,** die Abgabe von je 2 Protonen und Neutronen führt zu einem anderen Element mit einer um 2 verringerten Ordnungszahl („Kernumwandlung");
  - **β-Strahlung,** entspricht der Abgabe eines Elektrons oder Positrons (vergleichbar mit Elektron, aber elektrisch positiv), was zu einer Kernumwandlung mit einer um 1 erhöhten bzw. verringerten Ordnungszahl führt;
  - **γ-Strahlung,** eine elektromagnetische Strahlung, vergleichbar einer sehr energiereichen Röntgenstrahlung, Energieabgabe aus dem Kern ohne Kernumwandlung;
  - **Neutronenstrahlung,** Abgabe von Neutronen bei Spaltung eines Atomkerns, die bei bestimmten Radionukliden auch spontan auftreten kann.

α-Strahlung kann sehr leicht abgeschirmt werden („Blatt Papier"), β-Strahlung durch elektrische leitende Materialien („Blech"), γ-Strahlung bzw. Neutronen-

Einführung

strahlung ist sehr durchdringend, zur Abschirmung werden zB mehrere Zentimeter dicke Bleiplatten oder meterdicke Betonwände bzw. dickere Schichten von Stoffen mit hohem Anteil von Wasserstoffatomen benötigt.
Von den über 3000 bekannten Isotopen der verschiedenen Elemente sind nur rund 250 stabil. Die Zeitspanne, bis die Hälfte der instabilen, dh radioaktiven, Atome einer gegebenen Menge zerfallen ist, wird **Halbwertszeit** genannt. Für den Strahlenschutz ist auch die praktisch umgekehrte Angabe relevant, dh die Zahl der Zerfälle pro Sekunde (sog. **Aktivität**).

- Energiefreisetzung aus Atomen – Ausgehend von dem leichtesten Atom, dem Wasserstoff, nimmt aus kernphysikalischen Gründen mit zunehmender Ordnungszahl der Energieinhalt des Kerns pro Nukleon im Kern ab, so dass bei *Verschmelzung* von Atomkernen **(Kernfusion)** Energie freigesetzt wird. Das Minimum des Energieinhalts pro Nukleon wird im Periodensystem der Elemente etwa beim Eisen erreicht, danach nimmt der Energieinhalt mit wachsender Ordnungszahl wieder zu, so dass dann mit der *Spaltung* von Atomen Energie freigesetzt werden kann **(Kernspaltung).**

- Spaltung von Atomen – Es gibt Elemente, die sich spontan spalten (zB die Uranisotope U-235 und U-238), die spontane Spaltrate ist jedoch so gering, dass sie für die Energienutzung irrelevant ist. Wichtig ist hier die sog. induzierte Spaltung: Durch einen Energieeintrag wird ein angeregter Zustand des Atomkerns erzeugt, aus dem heraus der Kern in 2, manchmal auch 3 kleinere Teile (dh Atome kleinerer Ordnungszahl) zerfällt. Vergleichsweise einfach gelingt ein solcher Energieeintrag in einen Kern durch „Beschuss" mit einem Neutron. Wird zB ein U-235-Kern gespalten (spontan oder induziert), entstehen nicht nur typischerweise 2 Bruchstücke, sondern es werden auch 2 oder 3 Neutronen freigesetzt. Treffen diese auf weitere U-235-Kerne und spalten diese, dann kann sich – bei entsprechenden Randbedingungen – dieser Prozess lawinenartig steigern, es kommt zur **Kettenreaktion.** Da die beteiligten physikalischen Prozesse innerhalb von einigen Mikrosekunden ablaufen, kann es so in einer Sekunde zu einer riesigen Zahl von Spaltungen mit entsprechend großer Energiefreisetzung kommen. Wesentliche Randbedingungen für eine Kettenreaktion sind:
  - Die Geschwindigkeit oder Energie der Neutronen, mit denen die Kerne „beschossen" werden: Die Kerne „fangen" nur dann Neutronen leicht ein, wenn diese eine für den Kern „passende" Geschwindigkeit haben. Für die Spaltung zB von U-235 sind die bei einer vorhergehenden Spaltung freigesetzten Neutronen viel zu schnell, sie müssen erst abgebremst **(moderiert)** werden. In den meisten heute betriebenen Reaktoren werden Neutronen durch Wasser (Stöße mit den Wasserstoffatomen) moderiert, daraus folgt für diese Reaktoren: **zu wenig Wasser, keine Kettenreaktion.**
  - Nicht alle schweren Atomkerne lassen sich über Neutronenbeschuss hinreichend gut spalten: Bei U-235 ist das der Fall, bei U-238 zB jedoch nicht, mit ihm ist deshalb praktisch keine Kettenreaktion möglich. Es kann sich jedoch durch den Einfang eines Neutrons über kernphysikalische Prozesse nach einer gewissen Zeit in ein anderes Element, **Plutonium,** umwandeln. Zwei Plutonium-Isotope, Pu-239 und Pu-241, sind auch wieder ähnlich wie U-235 gut spaltbar (deshalb Bezeichnung **Spaltstoffe,** in verarbeiteter Form **Kernbrennstoffe**), daraus folgt: **ohne Spaltstoffe keine Kettenreaktion.**
  - Neutronenverluste: Wenn von den 2 bis 3 bei einer Spaltung freigesetzten Neutronen im Durchschnitt *weniger* als 1 die Spaltung eines weiteren Atomkerns auslöst, läuft die Kettenreaktion aus. Dies ist zB der Fall, wenn die Spalt-

Einführung

stoffe im Reaktor nicht genügend konzentriert (**angereichert**) sind oder wenn in den Reaktorkern Neutronen-absorbierende Stoffe, zB **Steuerelemente** eingebracht werden, daraus folgt: **zu hohe Neutronenverluste, keine Kettenreaktion.**

Die Kernspaltung/Kettenreaktion ist neben der Neutronen-Strahlung unmittelbar auch mit anderer Strahlung verbunden, insbesondere mit intensiver γ-Strahlung. Deshalb wird in KKW zur Abschirmung viel Beton verwendet, da dieser viele Wasserstoffatome und gleichzeitig schwerere andere Atome enthält. Die bei den Spaltungen entstehenden Bruchstücke/kleineren Atome liegen anfangs ganz überwiegend nicht als stabile Isotope vor, sondern geben nach kürzerer oder längerer Zeit über radioaktive Strahlung noch Energie/Wärme ab, dh mit der Abschaltung der Kettenreaktion wird die Wärmeerzeugung zwar deutlich verringert, aber sie hört nicht auf (sog. **Nachzerfallsleistung**). Sie klingt anfangs rasch, dann immer langsamer ab.

55 **b) Biologische Wirkungen von Strahlung.** Die vorstehend angesprochene α-, β-, γ- und Neutronenstrahlung ist typischerweise so energiereich, dass sie, wenn sie auf andere Stoffe trifft und dort absorbiert wird, zur Ionisation von Atomen und Molekülen führt (deshalb auch die Bezeichnung ionisierende Strahlung). Da sich mit der Ionisation die chemischen Eigenschaften von Atomen und Molekülen ändern, kommt es dadurch in biologischem Gewebe zu Veränderungen, dh Schäden in Zellen. Da die genannten Strahlenarten von Natur aus schon immer Teil der Lebensumwelt waren, haben die von der Strahlungseinwirkung ausgelösten Prozesse von jeher die Evolution von Leben begleitet, und es entwickelten sich in den Zellen wirksame biologische Reparaturmechanismen. Letztlich gibt es nach einem Zellschaden durch ionisierende Strahlung folgende Möglichkeiten:
- Der Schaden wird durch die naturgegebenen Reparaturmechanismen korrekt repariert.
- Der Schaden kann nicht korrekt repariert werden. Dann kann die geschädigte Zelle
  – entweder absterben und wird dann mit dem Stoffwechsel abgebaut (akute Strahlenschäden)
  – oder doch noch lebensfähig bleiben. Dabei kann (muss nicht) auch eine Veränderung in der Zelle derart auftreten, dass es zu einer „Entartung" der Zelle kommt, die sich zB kanzerogen auswirkt (Spätschäden). Wenn Keimzellen davon betroffen sind, kann es auch einen genetisch vererbbaren Defekt geben (Erbschäden).

56 Die Wahrscheinlichkeiten, mit der diese verschiedenen Möglichkeiten realisiert werden, sind von einer Reihe von Faktoren abhängig, insbesondere von
- dem Umfang der auf das biologische Gewebe übertragenen Energie (Energiedosis = Energie pro Masseneinheit),
- der Art der Strahlung (dicht oder locker ionisierend),
- der Empfindlichkeit des jeweiligen Gewebes (unterschiedliche Organe).

Um trotz der damit gegebenen komplexen Situation die von unterschiedlichen Strahlenexpositionen ausgehenden Risiken näherungsweise vergleichbar zu machen, werden diese Faktoren mit entsprechenden Gewichtungen in einer **effektiven Dosis** zusammengefasst.

57 Weiterhin ist zu berücksichtigen, ob die Strahlung von außen auf das Körpergewebe einwirkt oder durch inkorporierte radioaktive Stoffe verursacht wird. Für die Strahlendosis von außen spielen α- und β-Strahlung keine oder nur eine geringe

Einführung

Rolle, da sie bereits in der Hornschicht der Haut bzw. in der Haut absorbiert werden. γ-Strahlung bzw. Neutronenstrahlung wird jedoch durch die Haut nicht abgeschirmt, sodass der gesamte Körper betroffen ist. (Neutronenstrahlung kommt allerdings außerhalb des beruflichen Bereichs nicht in einem erheblichen Umfang vor.) Bei inkorporierten Radionukliden entfällt die abschirmende Wirkung der Haut, sodass α- und β-Strahlung dann erheblich zur Dosis für verschiedene Organe beitragen können, vor allem, wenn bestimmte Radionuklide nach Ingestion oder Inhalation bevorzugt in einzelnen Organen abgelagert werden (zB Jod in der Schilddrüse, Strontium in Knochen). Die Wirkung inkorporierter Radionuklide hängt dann noch erheblich davon ab, wie weit durch Stoffwechselprozesse Radionuklide wieder ausgeschieden werden, bevor sie zerfallen und dabei im Körper Strahlung freisetzen. Dies wird durch das Konzept der **Folgedosis** erfasst, die insgesamt in 50 (Erwachsene) bzw. 70 (Kinder) Lebensjahren nach der Inkorporation zu erwarten ist.

Akute Strahlenschäden wurden nur bei kurzfristig hohen Dosen in der Größenordnung von 1.000 mSv und mehr festgestellt (dh es existiert ein Schwellenwert für akute Effekte). Die große Zahl zerstörter Zellen führt dann zu Vergiftungserscheinungen („Strahlenkrankheit"), die mit wachsendem Ausmaß vermehrt Todesfälle verursachen (deterministischer Strahlenschaden). 58

Spätschäden, insbesondere Krebsinduktion, treten nicht akut, sondern erst nach einer Latenzzeit auf (ca. zwei bis acht Jahre bei Leukämie und Schilddrüsenkrebs, über 10 Jahre bei anderen malignen Tumoren). Es wird davon ausgegangen, dass für die Krebsinduktion kein Schwellenwert existiert, jedoch mit sinkender Dosis die Wahrscheinlichkeit für eine Krebsausbildung abnimmt (stochastischer Strahlenschaden). 59

Für die quantitative Einschätzung der Wahrscheinlichkeit für einen Spätschaden (Dosis-Wirkungs-Beziehung) liegen heute umfangreiche Daten vor, um daraus Risiken abzuschätzen und ggf. Strahlenschutz-Grenzwerte festzulegen. Die geltenden Dosis-Wirkungs-Beziehungen sind im Wesentlichen aus Ereignissen mit vergleichsweise hoher Dosis abgeleitet worden, da bei diesen Ereignissen (insbesondere Atombombenabwürfe in Japan) Schäden in statistisch auswertbarem Umfang auftraten. Die für höhere Dosiswerte ermittelten Risikowerte wurden für abnehmende Dosen linear gegen Null extrapoliert. Obwohl es einzelne Untersuchungen gibt, die für niedrige Dosen etwa im Bereich der natürlichen Strahlenexposition eine geringere schädigende Wirkung nahelegen, wird die **lineare Dosis-Wirkungs-Beziehung** international für eine konservative Risikoeinschätzung verwendet. Nicht in Deutschland, jedoch vielfach im Ausland wird noch berücksichtigt, in welchem Zeitraum die Dosis aufgetreten ist. Die internationale Strahlenschutzkommission (ICRP 103) hat für eine über einen längeren Zeitraum anfallende Dosis eine Reduktion des Risikowertes um den Faktor 2 empfohlen. 60

Die Festlegung der Grenzwerte (StrlSchG, StrlSchV) für die zivile Nutzung der Kernenergie beruht wesentlich auf den Erfahrungen mit der natürlichen Strahlenexposition. Dies hat insbesondere folgende Gründe: 61

- Die in der Natur auftretende Strahlung ist physikalisch vergleichbar mit Strahlung, wie sie auch im Kernkraftwerksprozess eine Rolle spielt.
- Die natürliche Strahlenexposition hat die Entwicklung von Leben schon immer begleitet, sodass diese Erfahrungen auch eventuelle Langzeiteffekte mit abdecken.
- In der Natur treten je nach Wohnort und Lebensumständen deutliche Unterschiede in der natürlichen Strahlenexposition auf (in Deutschland zB in der

Einführung

Spanne von 1 bis 10 mSv/a, weltweit bis über 100 mSv/a). Auch sehr sorgfältige Studien haben bisher keine Hinweise dafür geliefert, dass diese Unterschiede zu erkennbaren Gesundheitsunterschieden in den betroffenen Bevölkerungsgruppen geführt hätten. Das StrlSchG hat als Grenzwert für die maximal zulässige effektive Dosis aus dem bestimmungsgemäßen Betrieb von kerntechnischen Anlagen eine Folgedosis von 1 mSv festgelegt. Damit ist sichergestellt, dass die zusätzliche Strahlenexposition infolge des KKW-Betriebs innerhalb der Schwankungsbreite der natürlichen Strahlenexposition bleibt, bei der es keine erkennbaren Gesundheitsauswirkungen gibt. (Die praktische Erfahrung mit dem KKW-Betrieb in Deutschland hat gezeigt, dass die effektive Folgedosis in der Standortumgebung im langjährigen Mittel nur etwa bei einem Tausendstel des Grenzwerts liegt.) Detailliertere Darstellungen zu Strahlenwirkungen finden sich auf der Internetseite des Bundesamts für Strahlenschutz (https://www.bfs.de/DE/themen/ion/wirkung/einfuehrung/einfuehrung.html; zul. abgerufen am 24.10.2020).

62 **c) Kernkraftwerk (KKW), Kraftwerksprozess.** Um die aus spaltbaren Atomkernen freisetzbare Energie zu nutzen, werden die oben (→ Rn. 53) beschriebenen Aspekte hinsichtlich radioaktiver Strahlung und der Kettenreaktion in der Konzipierung von KKW berücksichtigt.

63 Der **Reaktorkern,** dh die Energiequelle des KKW, wird aus **Brennelementen** aufgebaut, die aus einem Bündel von angereicherten Kernbrennstoff enthaltenden **Brennstäben** bestehen. Mit dieser Konstruktion wird einerseits das für eine Kettenreaktion passende Verhältnis von Spaltstoff und Wasser hergestellt, andererseits kann erforderlichenfalls zwischen den Brennstäben Neutronen-absorbierendes Material eingebracht oder entfernt werden, um den Prozess der Kettenreaktion zu steuern oder ihn abzuschalten **(kontrollierte Kettenreaktion).** Durch Entfernen von Neutronenabsorbern wird der Reaktor „reaktiver", die Kettenreaktion verstärkt sich, der Reaktor ist „überkritisch". Außerdem können mit dieser Konstruktion einige physikalische Effekte so genutzt werden, dass der Reaktorkern in einem gewissen Umfang ein selbstregelndes Verhalten aufweist („negativer Kühlmitteltemperaturkoeffizient") und damit bei einer Temperaturzunahme physikalisch inhärent die Kettenreaktion gebremst wird. Die bei den Kernspaltungen entstehenden Bruchstücke werden in dem umgebenen Brennstoff abgebremst und erhitzen ihn damit. Diese Wärme muss abgeführt werden, um ein Überhitzen (Schmelzen) des Brennstoffs zu vermeiden, und muss in eine nutzbare Energieform umgewandelt werden, typischerweise in elektrische Energie.

64 Für diese Energieumwandlung, den **Kraftwerksprozess,** wird der Reaktorkern in einen mit Kühlmittel gefüllten **Reaktordruckbehälter** eingesetzt. Ganz überwiegend wird als Kühlmittel in den laufenden KKW gereinigtes normales Wasser verwendet (sog. Leichtwasserreaktoren), das die Wärme aufnimmt und gleichzeitig als Moderator für die Neutronen dient. In dem häufigsten KKW-Typ, dem **Druckwasserreaktor** (DWR), wird das Wasser unter so hohem Druck gehalten, dass es in dem Reaktordruckbehälter und den daran anschließenden Rohrleitungen selbst bei Temperaturen um 300 Grad Celsius nicht verdampft. Über die Rohrleitungen wird das erhitzte Wasser zu großen Wärmetauschern **(Dampferzeugern)** gepumpt und dort – abgekühlt – im Kreislauf zurück in den Reaktordruckbehälter. In den Dampferzeugern wird die Wärme in einen zweiten Kreislauf übertragen, in dem ein niedrigerer Druck herrscht, sodass dort Wasser bei rund 290 Grad Celsius verdampfen kann. Wiederum über Rohrleitungen wird der

Einführung

Dampf zu einer **Turbine** geleitet, die einen angekuppelten Generator dreht und so Strom erzeugt. Nach der Turbine wird der bereits stark abgekühlte Dampf in einem weiteren Wärmetauscher **(Kondensator)** zu Wasser kondensiert, das dann zurück in den Dampferzeuger gepumpt werden kann. Die vom Kondensator aufgenommene Wärme wird über durchgepumptes Wasser entweder an einen Fluss oder über einen Kühlturm an die Atmosphäre abgegeben. – Der Vorteil dieses KKW-Typs besteht darin, dass der primäre, radioaktive Stoffe enthaltende Kreislauf in seinen Dimensionen so begrenzt werden kann, dass das komplette **Reaktorkühlsystem** (oder Primärkreislauf) in einem **Containment/Sicherheitsbehälter** (→ Rn. 85) untergebracht werden kann.

Beim zweithäufigsten KKW-Typ, dem **Siedewasserreaktor** (SWR), liegt der 65 Druck im Reaktorkreislauf niedriger, wodurch das Wasser bereits im Reaktordruckbehälter verdampft, sich dort im oberen Teil sammelt und direkt, dh ohne Dampferzeuger, in die Turbine geleitet wird. Nach Kondensation des Dampfes wird das Wasser wieder in den Reaktordruckbehälter eingespeist. Der Vorteil dieses KKW-Typs besteht darin, dass die sehr aufwändigen Dampferzeuger nicht benötigt werden. Allerdings enthält der zu der Turbine geleitete Dampf radioaktive Stoffe, sodass das Maschinenhaus der Turbine auch Kontrollbereich sein muss.

Weitere, in Deutschland nicht genutzte KKW-Typen sind zB 66
- der **Schwerwasserreaktor** – als Neutronen-Moderator wird „schwerer" Wasserstoff (Deuterium) verwendet, ein Wasserstoff-Isotop mit zusätzlich einem Neutron im Atomkern, das zu 0,015 % im natürlichen Wasserstoff vorkommt, bei einer Kettenreaktion weniger Neutronen „verschluckt" und somit ohne oder mit geringer Urananreicherung auskommt (→ Rn. 54).
- der russische **RBMK** (zB Tschernobyl) – als Neutronen-Moderator wird Grafit verwendet, in dem die Brennelemente in einzelnen, wasserdurchströmten Druckröhren angeordnet sind. Grafit bremst Neutronen nicht so stark ab wie Wasser, und die damit schnelleren Neutronen wandeln das schwer spaltbare U-238 (→ Rn. 54) häufiger in Plutonium um. Das Konzept des RBMK diente deshalb auch der Produktion von Kernwaffenmaterial.
- **Schnelle Brüter** – durch Verzicht auf Neutronen-Moderation bleiben die bei Spaltungen entstehenden Neutronen „schnell", sodass die Umwandlung von Uran-238 in Plutonium deutlich zunimmt. Für eine funktionierende Kettenreaktion muss jedoch wegen fehlender Moderation der Anteil leicht spaltbarer Nuklide im Reaktorkern erheblich erhöht werden. Zum Vermeiden von Moderation wird als Kühlmittel flüssiges Natrium verwendet. Idealerweise könnten mit diesem Prozess durch Umwandlung/Konversion von U-238 mehr leicht spaltbare Nuklide „erbrütet" als verbraucht werden. Der Energiegewinn aus Natururan wäre damit gegenüber Leichtwasserreaktoren um bis zum Faktor 60 erhöht.

Darüber hinaus wird in einigen Ländern (zzt. insgesamt 16 Länder, keine Beteili- 67 gung von Deutschland) diskutiert und geforscht zu sog. **Kernreaktoren der IV Generation,** die hohe Anforderungen an Sicherheit, Nachhaltigkeit und Wirtschaftlichkeit erfüllen sollen (vgl. https://de.wikipedia.org/wiki/Generation_IV_International_Forum, zul. abgerufen am 24.10.2020). Dabei werden mehrere Konzepte verfolgt, die jedoch überwiegend noch im Stadium der Grundlagenforschung sind. Einigermaßen absehbar erscheinen gegenwärtig nur Entwicklungen, die die Wahrscheinlichkeit von schweren Reaktorschäden gegenüber dem bisherigen internationalen Stand weiter verringern.

Eine wesentliche Frage bei Betrachtung der KKW-Typen spielt das Sicherheits- 68 konzept, dessen Ziel es ist, im Betrieb und bei Störfällen sowie unterstellten Unfäl-

Einführung

len die Abgabe von radioaktiver Strahlung und radioaktiven Stoffen in die Umgebung auf einem so geringen Niveau zu halten, dass Gesundheitsschäden bei dort lebenden Menschen nicht auftreten (→ Rn. 80 ff.).

69   **d) Kernbrennstoffkreislauf.** Der Kernbrennstoffkreislauf umfasst die Maßnahmen und Einrichtungen, die erforderlich sind, um die Versorgung und Entsorgung der KKW hinsichtlich des eingesetzten Kernbrennstoffs sicherzustellen.

70   **aa) Versorgung.** Die Versorgung beginnt mit der Urangewinnung. Der durchschnittliche Gehalt der kontinentalen Erdkruste an Uran liegt bei knapp 3 ppm, aufgrund magmatischer und chemischer Prozesse in der Erdgeschichte sind jedoch Lagerstätten mit Urangehalten im Gestein bis rund 20 % entstanden. Aufgrund des im Vergleich etwa zu Kohle viel höheren Energieinhalts des Urans können nach heutigem Stand aber auch Erzlager mit einem Urangehalt von deutlich unter 1 % im Gestein wirtschaftlich ausgebeutet werden (heute ganz überwiegend im Tagebau).

71   Durch physikalische und chemische Prozesse wird das Uran (99,3 % U-238, 0,7 % U-235) aus dem Erz abgetrennt und dann in eine chemische Form überführt (Uranhexafluorid), die bei leichter Temperaturerhöhung in die Gasphase übergeht. In dieser kann der geringe Massenunterschied der Uranhexafluorid-Moleküle mit U-238- bzw. U-235-Atom von knapp 1 % genutzt werden, um in einer **Anreicherungsanlage** (Zentrifuge oder Diffusion) den U-235-Anteil im Uran auf einige Prozent zu erhöhen. (Neben dem angereicherten Uran entstehen natürlich auch größere Mengen von entsprechend abgereichertem Uran.)

72   Das angereicherte Uran wird in einer Brennstofffabrik in Uranoxid umgewandelt, aus dem ein keramisches Material hergestellt wird, das in Tabletten gepresst und gesintert in die Brennstabhüllrohre abgefüllt wird, die anschließend nach Befüllen mit einem Schutzgas (Helium) gasdicht verschweißt werden. Die Brennstäbe werden in ein Brennelement-Skelett eingesetzt. Das komplette Brennelement kann dann transportiert und in Reaktoren eingesetzt werden.

73   **bb) Entsorgung.** Die Entsorgung umfasst insbesondere die Prozesse zur Behandlung und Lagerung radioaktiver Stoffe mit dem Ziel, dass diese Stoffe zu keinen unzulässigen Auswirkungen auf die Umwelt führen. Vor allem geht es hierbei um die verbrauchten Brennelemente (BE), da sie den ganz überwiegenden Teil der beim Betrieb von KKW anfallenden radioaktiven Stoffe enthalten.

74   Nach dem Einsatz der BE im Reaktor verbleiben diese noch einige Jahre im Lagerbecken des KKW, um die Nachzerfallsleistung durch radioaktiven Zerfall auf geringere Werte abfallen zu lassen. Für das weitere Vorgehen bei verbrauchten BE gibt es technisch vor allem zwei Vorgehensweisen:
- Die BE werden in eine **Wiederaufarbeitungsanlage** abtransportiert und dort zerlegt. Der verbrauchte Kernbrennstoff wird chemisch aufgelöst. In Trennverfahren werden die verbliebenen Spaltstoffe (einschließlich des entstandenen Plutoniums) von den sonstigen radioaktiven Stoffen getrennt, um die Spaltstoffe wieder in neuen BE zu nutzen und die sonstigen radioaktiven Stoffe für eine Zwischenlagerung und eine spätere Endlagerung zu behandeln (zu konditionieren).
- Die BE werden für eine Zwischenlagerung in Behälter umgeladen, die aufgrund der verringerten Nachzerfallsleistung keine Wasserkühlung mehr brauchen, sondern mit Luftkühlung auskommen. Nach der Zwischenlagerung werden die BE weiter behandelt (gekapselt), um sie letztlich an ein **Endlager** abzugeben.

Einführung

Die Vorgehensweise mit Wiederaufarbeitung hatte das Ziel, die pro Jahr und 75
KKW verbliebenen Spaltstoffe noch zu nutzen, deren Energieinhalt immerhin etwa einer Million Tonnen Steinkohle entspricht. Allerdings ist das Wiederaufarbeitungsverfahren einschließlich der dann erforderlichen Plutoniumverarbeitung zu sog. Mischoxidbrennstoff (MOX, Mischung von Uran und Plutonium) sehr aufwändig, sodass es bzgl. der Kosten mit dem Preis für neues Uran konkurrieren muss. Da der Uranpreis nicht so gestiegen ist, wie von manchen erwartet, ist die Wirtschaftlichkeit des Baus von Wiederaufarbeitungs- und MOX-Fertigungsanlagen auf absehbare Zeit fraglich. In Deutschland wurde außerdem mit einer Novelle des AtG in 2002 festgelegt, dass der „Wiederaufarbeitungspfad" nicht mehr genutzt werden soll.

Die **Zwischenlagerung** dient der oberirdischen Lagerung von radioaktiven Stof- 76
fen (mit der Unterscheidung in wärmeerzeugende und vernachlässigbar wärmeerzeugende Abfälle), bis die Nachzerfallsleistung der wärmeerzeugenden Abfälle auf den für eine Endlagerung vorgesehenen Wert zurückgegangen ist oder bis entsprechende Endlager zur Verfügung stehen.

Zwischenlager sind in Deutschland als Trockenlager konzipiert, dh die verblie- 77
bene Nachzerfallsleistung wird an eine Luftströmung durch den Lagerbereich abgegeben. Im Ausland gibt es auch Nasslager, in denen die verbrauchten BE in ein Wasserbecken gestellt und über einen Wasserkreislauf gekühlt werden. Trockenlager sind vergleichsweise einfache Einrichtungen: Lagerhallen mit Handhabungseinrichtungen für die Behälter sowie Überwachungseinrichtungen zur Kontrolle von Temperatur und Dichtheit der Behälter.

Während der Zwischenlagerung ist sicherzustellen, dass die von den gelagerten 78
Abfällen ausgehende Strahlung abgeschirmt und eine Freisetzung radioaktiver Stoffe verhindert wird.

Für die **Endlagerung** sind durchweg Lagereinrichtungen in tieferen geologi- 79
schen Schichten vorgesehen, die in Verbindung mit zusätzlichen Vorkehrungen geeignet sind, einen Eintrag radioaktiver Stoffe in die Biosphäre über sehr lange Zeiträume zu verhindern, ohne dass in diesen Zeiträumen weitere Maßnahmen oder Überwachungen erforderlich werden. Geologische Einheiten, die für die Einrichtung von Endlagern untersucht werden, sind insbesondere Steinsalz- und Granitstöcke sowie Tonkörper. Zur Realisierung der Schutzkonzepte für Zwischenlagerung und Endlagerung → Rn. 117 ff.

2. Technisches Sicherheitskonzept zur Erfüllung der Schutzanforderungen

Das in § 1 Nr. 2 formulierte Schutzziel des AtG wird insbesondere durch § 7 80
Abs. 2 Nr. 3 AtG konkretisiert mit der Formulierung, dass die **nach dem Stand von Wissenschaft und Technik erforderliche Vorsorge gegen Schäden** getroffen sein muss (→ AtG § 7 Rn. 45 ff.).

Für die Vorsorge gegen Schäden ist vor allem sicherzustellen, dass eine Ausbrei- 81
tung von Strahlung und radioaktiven Stoffe aus dem Betrieb kerntechnischer Anlagen in die Umgebung weitestgehend verhindert wird. Das technische Konzept zum Erfüllen dieser Anforderungen setzt auf folgenden naturwissenschaftlich-technischen Gegebenheiten auf:
- Schäden in der Umgebung einer kerntechnischen Anlage sind praktisch nur möglich, wenn im Zusammenhang mit dem Kernspaltungsprozess entstandene radioaktive Stoffe in größerem Umfang in die Umgebung gelangen.

Einführung

- Deshalb sind die radioaktiven Stoffe durch geeignete technische Maßnahmen sicher einzuschließen. Der Einschluss muss so zuverlässig sein, dass eine Freisetzung radioaktiver Stoffe in größerem Umfang in die Umgebung praktisch ausgeschlossen werden kann.
- Ein gravierendes Versagen von technischen Einrichtungen geschieht nicht rein zufällig, sondern nur aufgrund von Ursachen oder einer Kette von Ursachen und Wirkungen (Wirkungskette oder Kausalkette). Der **Ausschluss eines Versagens** erfordert deshalb, diese Wirkungsketten zu verstehen, um die Maßnahmen festzulegen, die derartige Wirkungsketten zuverlässig unterbrechen.

82 Die Merkmale eines Sicherheitskonzepts, das diese Gegebenheiten berücksichtigt und in den noch in Betrieb befindlichen deutschen Kernkraftwerken realisiert ist, sind im Folgenden zusammenfassend beschrieben.

83 **a) Fehlerverzeihendes Sicherheitskonzept für Kernkraftwerke.** Bekanntermaßen ist das Gefährdungspotenzial beim Betrieb von Kernkraftwerken durch radioaktive Stoffe gegeben, die zu rund 95% im Reaktorkern enthalten sind. (Soweit im Folgenden beispielhaft auf technische Lösungen verwiesen wird, beziehen sich diese auf Druckwasserreaktoren in Deutschland.)

84 Das Konzept zum sicheren Einschluss der radioaktiven Stoffe des Reaktorkerns weist folgende grundlegende Merkmale auf (ausführlicher: *Waas/Sellner,* Sicherheitskonzept deutscher Kernkraftwerke zum Ausschluss von Schäden in der Umgebung, 2000):
- Isolation der radioaktiven Stoffe gegenüber der Umwelt durch ein System von mehreren umschließenden Barrieren **(Barrierenkonzept).**
- Gewährleistung der ausreichenden Integrität und Funktion der Barrieren durch ein System gestaffelter Maßnahmen gegen verschiedene Gefährdungen der Barrieren **(Konzept der Sicherheitsebenen).**
- Konstruktion des Reaktorkerns derart, dass die Energieerzeugung durch die Kettenreaktion ein selbststabilisierendes Verhalten aufweist **(inhärente Stabilität).**
- Technische Lösungen für Sicherheitseinrichtungen, die auch bei unterstellten Fehlern (technischem oder menschlichem Versagen) den Schutz von Barrieren gewährleisten **(Auslegungsprinzipien für Sicherheitseinrichtungen).**

85 **aa) Barrierenkonzept und Schutzziele.** Die bei der Kernspaltung in den Brennstäben des Reaktorkerns entstehenden radioaktiven Stoffe werden durch folgende Barrieren (technisch: „**Rückhalteeinrichtungen**") eingeschlossen:
- das **keramische Material des Brennstoffs,** in dem der weit überwiegende Teil der radioaktiven Spaltprodukte zurückgehalten wird (unter normalen Betriebsbedingungen mehr als 95%);
- die gasdicht verschweißten metallischen **Brennstabhüllrohre,** die einen Übertritt der aus dem Brennstoff austretenden radioaktiven Stoffe in das Wasser („Kühlmittel") des Reaktorkühlsystems verhindern;
- den **Reaktordruckbehälter** zusammen mit dem völlig geschlossenen Reaktorkühlsystem, der das Kühlmittel druckdicht einschließt;
- den gasdichten und druckfesten **Sicherheitsbehälter/Containment** (aus Stahl oder aus Stahlbeton mit Auskleidung), der das gesamte Reaktorkühlsystem umschließt und verhindert, dass bei eventuellen Leckagen Kühlmittel aus dem Reaktorkühlsystem in die Umgebung gelangen kann;
- eine den Sicherheitsbehälter umgebende Stahlbetonstruktur/**Sekundärabschirmung.**

Einführung

Durch das System von sich jeweils umgebenden, gestaffelten Barrieren ist sichergestellt, dass selbst bei Schäden an einem Teil der Barrieren die Umgebung vor den radioaktiven Stoffen ausreichend geschützt bleibt. 86

Um generell auch bei Störfällen die Wirksamkeit des Barrierensystems zu gewährleisten, müssen die Barrieren ausreichend gegen Beschädigungen geschützt werden, und zwar nicht nur gegen schädigende Einwirkungen von außen, sondern auch gegen schädigende Einwirkungen von innen. Der hierbei zentrale (und konzeptionell einfache) Ansatzpunkt für Maßnahmen zum Schutz der Barrieren, vor allem bei Störfällen, besteht in Folgendem: 87

- Wird eine Zerstörung der ersten Barrieren (Kristallgitter in der Keramik des Brennstoffs, Brennstabhüllrohre) verhindert, ist eine Freisetzung von radioaktiven Stoffen in gefährlichem Umfang physikalisch unmöglich, das heißt ausgeschlossen.
- Eine Zerstörung der ersten Barrieren in erheblichem Umfang ist technisch nur möglich, wenn der Reaktorkern bis zum Schmelzen der Brennstoffkeramik überhitzt wird.
- Bei ausreichender Kühlung ist eine derartige Überhitzung des Reaktorkerns ausgeschlossen.

Aus diesen beschriebenen physikalischen und technischen Sachverhalten ergeben sich die grundlegenden **Schutzziele der Reaktorsicherheit: Einschluss radioaktiver Stoffe, Kontrolle der Reaktivität, Brennelementkühlung.** 88

bb) Konzept der Sicherheitsebenen. Die Einhaltung der Schutzziele und damit die Wirksamkeit des Barrierenkonzepts wird mit hoher Zuverlässigkeit durch ein System gestaffelt wirkender Maßnahmen gewährleistet, die auf Basis sog. **Sicherheitsebenen** konzipiert werden. Der Grundgedanke der Sicherheitsebenen besteht darin, dass sich der Betrieb technischer Einrichtungen in Zustände und Abläufe/Ereignisse mit unterschiedlichen Randbedingungen und Auswirkungen und damit unterschiedlichen Anforderungen an Gegenmaßnahmen unterteilen lässt: 89
1. Normaler Betrieb („Normalbetrieb")
2. Störungen des Betriebs ohne wesentliche Schadenfolgen („anormaler Betrieb")
3. Einwirkungen oder Ausfälle/Versagen mit erheblichen Schadensfolgen in der Anlage („Störfälle")
4. Szenarien mit potenziell erheblichen Auswirkungen auf die Umgebung („Unfälle") sowie Maßnahmen zur Restrisikominderung

Entsprechend den jeweiligen Randbedingungen werden zum einen Maßnahmen getroffen, um auf jeder Sicherheitsebene Fehler und Ausfälle mindestens unwahrscheinlich zu machen, und wird zum anderen gezielt unterstellt („postuliert"), dass es dennoch zu Fehlern und Ausfällen kommt, für deren Beherrschung oder Kompensation dann zusätzliche Maßnahmen und Einrichtungen konzipiert werden. 90

Die damit erreichbare Staffelung von – erforderlichenfalls voneinander unabhängigen – Maßnahmen führt (wie beim System der Barrieren) dazu, dass Fehler und Ausfälle auf einer Ebene grundsätzlich durch Maßnahmen auf weiteren Ebenen aufgefangen werden können, mit dem Ziel, tatsächlich erhebliche Auswirkungen auf die Umgebung mit sehr hoher Wahrscheinlichkeit zu verhindern. 91

Die einzelnen Sicherheitsebenen sind durch folgende Merkmale und Maßnahmen gekennzeichnet: 92

Einführung

93 **1. Sicherheitsebene: Normalbetrieb, Vermeiden von Störungen.** Auf der 1. Sicherheitsebene ist es Ziel, Störungen des Betriebs durch Maßnahmen zu minimieren wie zB
- Verwendung und Einbau von Systemen und Komponenten mit hoher Qualität,
- Erhaltung der Qualität der Komponenten während des Betriebs durch Überwachungssysteme und systematische Prüfungen, sowie
- Kontrolle des Anlagenbetriebs durch erprobte und zuverlässige Einrichtungen zur Überwachung sowie zur automatischen Regelung und Steuerung,
- Qualifiziertes und regelmäßig geschultes und geprüftes Kraftwerkspersonal.

Die Maßnahmen auf der 1. Sicherheitsebene dienen durch die Minimierung von Störungen sowohl der Wirtschaftlichkeit (möglichst ungestörte Stromerzeugung) als auch der Sicherheit der Anlage (ohne Störungen keine Wirkungskette hin zu Störfällen).

94 Für das fehlerverzeihende Sicherheitskonzept ist ein Merkmal besonders wichtig, das auf allen genannten Sicherheitsebenen wirksam ist: die **inhärente Stabilität des Reaktorkerns.** Inhärente Stabilität bedeutet, dass – konstruktiv bedingt – ein Leistungs- oder Temperaturanstieg im Reaktorkern allein aufgrund physikalischer Gesetzmäßigkeiten, die nicht versagen können, immer zu einer rechtzeitigen Leistungsbegrenzung führt, falls erforderlich bis zur Abschaltung des Reaktors, ohne dass dafür weitere Maßnahmen ergriffen werden müssten. Damit wird sichergestellt, dass Entwicklungen zu unerwünschten Zuständen langsam genug verlaufen, um wirksame Gegenmaßnahmen durchführen zu können.

95 **2. Sicherheitsebene: Eingrenzung von Störungen, Vermeiden von Störfällen.** Nach allgemeiner technischer Erfahrung sind – auch bei aufwändigen Maßnahmen zur Qualitätssicherung – Fehlfunktionen von technischen Einrichtungen mit der Folge einer Betriebsstörung während der Lebensdauer einer Anlage nicht auszuschließen. Um die Auswirkungen einer Störung sehr begrenzt zu halten (zum Beispiel nur Unterbrechung der Stromerzeugung) und vor allem eine Entwicklung der Störung zu einem Störfall (dh Entstehen relevanter Schäden in der Anlage) zu vermeiden bzw. unwahrscheinlich zu machen, ist eine Reihe von verfahrenstechnischen und leittechnischen Maßnahmen vorgesehen.

96 **3. Sicherheitsebene: Beherrschung von postulierten Störfällen, Verhindern nennenswerter Auswirkungen auf die Umgebung.** Für ein fehlerverzeihendes Sicherheitskonzept ist es erforderlich, trotz der umfangreichen Maßnahmen zur Störfallvermeidung auf den Sicherheitsebenen 1 und 2 weitere Vorkehrungen dagegen zu treffen, dass infolge eventueller, zusätzlich zu den Störungen angenommener Fehler und Ausfälle sich eine Störung trotz allem noch zu einem Störfall entwickeln könnte oder dass durch eine besondere Einwirkung (zB ein starkes Erdbeben) ein Störfall ausgelöst würde.

97 Der unterstellte („postulierte") Störfall ist dann durch weitere, hierfür speziell konstruierte Einrichtungen so zu begrenzen, dass keine nennenswerten Auswirkungen in der Umgebung auftreten („Störfallbeherrschung"). Die Einrichtungen zur Störfallbeherrschung umfassen
- passive Sicherheitseinrichtungen, die für ihre Schutzfunktion keine Überwachung, Ansteuerung oder Energiezufuhr benötigen, sondern allein aufgrund physikalischer Gesetzmäßigkeiten wirken, wie die verschiedenen Schutzbarrieren aus Beton oder Stahl;
- aktive Sicherheitseinrichtungen, die aufgrund automatischer Überwachung und Ansteuerung den Störfallauswirkungen entgegenwirken (zum Beispiel Ein-

Einführung

speisepumpen, die bei einem Leck im Reaktorkühlsystem das verloren gegangene Kühlwasser wieder ersetzen).

Die Einrichtungen zur Störfallbeherrschung werden so ausgelegt und konstruiert, dass 98
- die Belastungen durch Störfälle berücksichtigt sind, die zu den maximalen Anforderungen führen und trotz der geringen Wahrscheinlichkeit ihres Eintretens noch zu unterstellen sind (sog. **Auslegungsstörfälle**),
- die Wirksamkeit und Zuverlässigkeit der Sicherheitseinrichtungen durch Anwendung besonderer Auslegungsprinzipien für Sicherheitseinrichtungen und durch regelmäßige gezielte Prüfungen (sog. wiederkehrende Prüfungen) abgesichert sind.

Die wichtigsten **Auslegungsprinzipien,** die eine ausreichende Wirksamkeit 99 sicherstellen, selbst wenn – auch hier – Fehler und Ausfälle unterstellt werden, sind im Folgenden nur genannt (Beschreibung in *Waas/Sellner*, Sicherheitskonzept deutscher Kernkraftwerke zum Ausschluss von Schäden in der Umgebung, 2000): Schutz gegen einzelne Fehler und Ausfälle **(Redundanzprinzip);** Schutz gegen systematische Fehler und gemeinsam verursachte Ausfälle **(Diversitätsprinzip);** Schutz gegen übergreifende Fehler **(räumliche Trennung, baulicher Schutz, Entkopplung);** Schutz gegen verschiedene Fehlerarten, gegen den Ausfall von Hilfsenergie (sicherheitsgerichtetes Ausfallverhalten, sog. „**Fail-Safe-Prinzip**"); Schutz gegen Fehlhandlungen **(Automatisierung);** Schutz gegen unerkannte Ausfälle **(Überwachung und wiederkehrende Prüfung).**

4. Sicherheitsebene: Restrisikominderung. Mit den auf den Sicherheits- 100 ebenen 1 bis 3 getroffenen Vorkehrungen ist gewährleistet, dass Fehlentwicklungen grundsätzlich gestaffelt, mehrfach und durch voneinander unabhängige Maßnahmen unterbrochen werden können, so dass eine Entwicklung bis zu einem die Auslegungsstörfälle überschreitenden Ereignisablauf sehr unwahrscheinlich ist.

Dennoch wurden bereits bei der Errichtung der Anlagen seit Mitte der 101 1970er Jahre weitere Maßnahmen mit dem Ziel der Minderung des Risikos für die Allgemeinheit eingeführt:
- Es wurden bauliche, systemtechnische und administrative Vorkehrungen getroffen, um selbst bei sehr unwahrscheinlichen externen Einwirkungen wie dem Auftreffen einer schnellfliegenden Militärmaschine auf das KKW oder einer großen Explosionsdruckwelle die ausreichende Funktion von Sicherheitseinrichtungen zur Kühlung des Reaktorkerns zu gewährleisten – sog. Sicherheitsebene 4a.
- Nach dem Unfall im sowjetischen KKW Tschernobyl wurden zusätzliche Maßnahmen entwickelt, die auch bei hypothetischen Ausfällen von Sicherheitssystemen noch Möglichkeiten bieten, vor allem die Kühlung des Reaktorkerns wiederherzustellen und damit ein Kernschmelzen zu verhindern (**präventive Notfallmaßnahmen** – Sicherheitsebene 4b) oder – falls das Kernschmelzen doch nicht verhindert werden kann – jedenfalls die Funktion des Sicherheitsbehälters zum Einschluss radioaktiver Stoffe zu erhalten und damit schwerwiegende Auswirkungen auf die Umgebung zu vermeiden (**mitigative Notfallmaßnahmen** – Sicherheitsebene 4c).
- Weitere Maßnahmen wurden nach dem Unfall im japanischen KKW Fukushima für deutsche KKW im Rahmen von systematischen und umfassenden

Einführung

Robustheitsanalysen entwickelt und realisiert, die 2011/12 von der Reaktor-Sicherheitskommission konzipiert und angestoßen worden waren (vgl. →Rn. 104).
- Weiterhin können der Sicherheitsebene 4 Maßnahmen zugeordnet werden, die – unabhängig von Szenarien, die theoretisch zum Kernschmelzen führen könnten – der Minderung des Restrisikos dienen. Hierzu zählen zB Maßnahmen entsprechend dem Strahlenminimierungsgebot (§ 8 Abs. 2 StrlSchG) sowie Maßnahmen zur weiteren Vorsorge gem. § 7d AtG.

102 Da die Maßnahmen der Sicherheitsebenen 1 bis 3 das Eintreten von Zuständen auf der Sicherheitsebene 4 sehr unwahrscheinlich machen, bestehen bezüglich der Zuverlässigkeit geringere Anforderungen für Einrichtungen, die auf der Sicherheitsebene 4 der Restrisikominderung dienen, zB sind Redundanzanforderung nicht zwingend. (Funktionsfähigkeit und Wirksamkeit für die bei Szenarien der Sicherheitsebene 4 herrschenden Bedingungen sind natürlich zu zeigen.)

103 **cc) Weiterentwicklung der Kenntnisse seit der Errichtung.** Die Entwicklung des Kenntnisstandes seit der Errichtung der in Deutschland laufenden Anlagen sowie die Erfahrungen aus dem Betrieb zeigten unter anderem Folgendes:

Zweifellos hat es Fälle gegeben, in denen nachträglich Schwachstellen bei gewählten Ausführungen erkannt wurden. Allerdings wurden in Deutschland *alle* dieser Fälle bereits bei den regelmäßigen Prüfungen und durch Auswertung von Betriebserfahrungen erkannt und nicht etwa durch „Versuch und Irrtum mit Schadensfolgen". Dies ist eine Bestätigung des mehrstufigen Sicherheitskonzepts, da Fehler und Ausfälle durch die gestaffelten Maßnahmen *ohne* Schaden für die Umgebung aufgefangen wurden. Die Ursachen der Fehler und Schwachstellen konnten im Rahmen des vorhandenen Sicherheitskonzepts beseitigt oder durch andere Maßnahmen kompensiert werden, ohne dass eine erhebliche Änderung des Sicherheitskonzepts erforderlich gewesen wäre.

104 Die Erkenntnisse zu den wesentlichen Ursachen von gravierenden KKW-Unfällen in anderen Ländern (insbesondere Tschernobyl, Fukushima) gaben zwar keinen direkten Anlass für Änderungen im Sicherheitskonzept der Anlagen in Deutschland, da die festgestellten Ursachen aufgrund der bereits bei der Errichtung realisierten Auslegung hier nicht zum Ausfall von notwendigen Schutzfunktionen geführt hätten. Dennoch sind anlässlich dieser Unfälle weitergehende systematische Robustheitsanalysen zu sonstigen denkbaren Ursachen für Ausfälle von Sicherheitseinrichtungen durchgeführt worden (*RSK*-Stellungnahmen vom 16.5.2011 und 5.4.2012, *RSK*-Empfehlung vom 26.9.2012), die zu einzelnen zusätzlichen Maßnahmen auf der 4. Sicherheitsebene führten. Robustheit bedeutet in diesem Zusammenhang, dass selbst bei einem merklichen Überschreiten von Auslegungsgrenzen – zB infolge von Einwirkungen durch ein Erdbeben mit einer Intensitätsstufe über dem Bemessungserdbeben oder durch einen gezielt herbeigeführten Absturz eines großen Verkehrsflugzeugs (vgl. *RSK*-Stellungnahme vom 6.12.2017) – mit Hilfe vorhandener Einrichtungen und Maßnahmen ein Kernschmelzen noch vermieden wird und deshalb keine katastrophalen Auswirkungen auf die Umgebung zu erwarten sind.

105 Die Systematik der von der RSK konzipierten Robustheitsanalysen war für Stress-Tests innerhalb der EU nach Fukushima wegweisend. Aufgrund dieser zwar länderspezifisch durchgeführten, aber von der Western European Nuclear Regulators Association (WENRA) kritisch begleiteten Stress-Tests sind in ausländischen

KKW insbesondere weitere Notfallmaßnahmen (Sicherheitsebene 4) eingeführt worden, zum Teil in größerem Umfang als in Deutschland, wenn Auslegungsschwächen auf den Sicherheitsebenen 1 bis 3 zu kompensieren waren.

Die Ergebnisse der Stress-Tests haben sich nicht nur auf Nachrüstungen für bestehende Anlagen, sondern auch auf die Anforderungen für neue Anlagen ausgewirkt. Dabei werden in der internationalen Diskussion die ergänzten Einrichtungen und Maßnahmen typischerweise unter dem Begriff design extension (Auslegungserweiterung) nicht der 3. Sicherheitsebene (design basis accidents/ Auslegungsstörfälle) zugeordnet, sondern der 4. Sicherheitsebene, mit der Unterscheidung in *preventive* bzw. *mitigative measures* bezogen auf Szenarien mit potenziellen Kernschäden (vgl. IAEA Safety Standards, Safety of Nuclear Power Plants: Design, SSR-2/1, Rev. 1, Requirement 20, Wien 2016). Für die Auslegung der entsprechenden Einrichtungen werden nicht die Auslegungspostulate der Sicherheitsebene 3 vorgegeben, sondern „angemessene" („to the extent practicable", „commensurate", …) Anforderungen, die jeweils aus spezifischen Analysen abzuleiten sind. 106

Zusammenfassend ergibt sich nach den Auswertungen der Stress-Tests in Europa international folgender Stand bezüglich der Sicherheitsanforderungen zumindest für Neuanlagen: 107
- Für die Sicherheitsebenen 1 bis 3 keine grundlegenden Änderungen; durch die entsprechende Auslegung sollen Ereignisse/Szenarien mit Eintrittshäufigkeit $\geq 10^{-5}$/a abgedeckt sein.
- Für die Sicherheitsebene 4 Ergänzung von Maßnahmen und Einrichtungen mit dem Ziel, dass Kernschadenszustände in ihrer Eintrittshäufigkeit unter 10^{-6}/a liegen und große oder (erhebliche) frühe Freisetzungen radioaktiver Stoffe praktisch auszuschließen sind („physically impossible or with a high level of confidence extremely unlikely", dies kann Werten der Eintrittshäufigkeit $<$ ca.10^{-7}/a zugeordnet werden).

dd) Fazit zum fehlerverzeihenden Sicherheitskonzept. Unter Berücksichtigung der Erfahrungen und Weiterentwicklungen kann festgestellt werden, dass durch das in den laufenden KKW in Deutschland realisierte fehlerverzeihende Sicherheitskonzept mit den vier Sicherheitsebenen und den entsprechend gestaffelten sicherheitstechnischen Einrichtungen und Maßnahmen Risiken aus dem Betrieb von KKW minimiert worden sind, insbesondere sind **Ereignisabläufe mit frühen oder großen Freisetzungen** von radioaktiven Stoffen in die Umgebung als extrem unwahrscheinlich einzustufen (Eintrittswahrscheinlichkeit $<$ ca. 10^{-7}/a) und können nach dem Maßstab der praktischen Vernunft ausgeschlossen werden (vgl. → Rn. 110 ff.). 108

Da absolute Sicherheit denklogisch nicht möglich ist, sind mit Blick auf das verbleibende **Restrisiko** noch staatlicherseits Katastrophenschutzmaßnahmen sowie Entschädigungsregelungen vorgesehen. 109

ee) Sicherheitskonzept und Sicherheitsebenen – rechtliche Einordnung. Zu dem vorstehend beschriebenen technischen Sicherheitskonzept mit den Sicherheitsebenen stellt sich die Frage, wie seine Elemente rechtlich einzuordnen sind. Einen Überblick hierzu gibt das folgende Schema (dazu → AtG § 7 Rn. 48 ff.): 110

Einführung

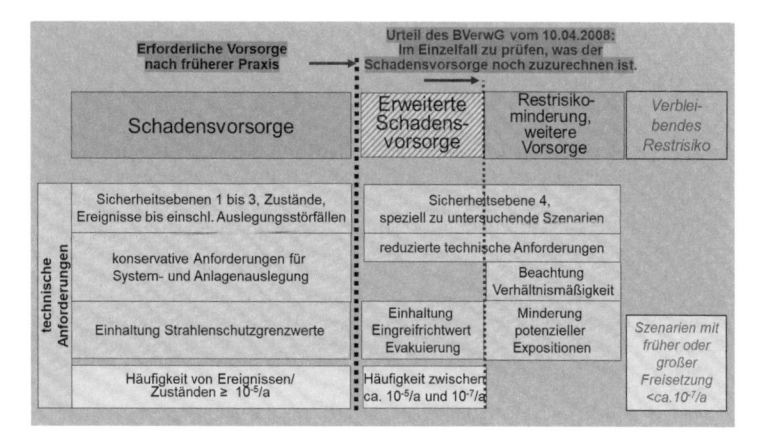

Erforderliche Vorsorge nach früherer Praxis	Urteil des BVerwG vom 10.04.2008: Im Einzelfall zu prüfen, was der Schadensvorsorge noch zuzurechnen ist.			
Schadensvorsorge	Erweiterte Schadensvorsorge	Restrisikominderung, weitere Vorsorge		Verbleibendes Restrisiko

technische Anforderungen	Sicherheitsebenen 1 bis 3, Zustände, Ereignisse bis einschl. Auslegungsstörfällen	Sicherheitsebene 4, speziell zu untersuchende Szenarien	
	konservative Anforderungen für System- und Anlagenauslegung	reduzierte technische Anforderungen	
		Beachtung Verhältnismäßigkeit	
	Einhaltung Strahlenschutzgrenzwerte	Einhaltung Eingreifrichtwert Evakuierung	Minderung potenzieller Expositionen	*Szenarien mit früher oder großer Freisetzung <ca. 10⁻⁷/a*
	Häufigkeit von Ereignissen/ Zuständen ≥ 10⁻⁵/a	Häufigkeit zwischen ca. 10⁻⁵/a und 10⁻⁷/a		

- **Sicherheitsebenen 1 bis 3 – Schadensvorsorge**
  Die Sicherheitsebenen 1 bis 3 mit ihren technischen Anforderungen zur Auslegung von Einrichtungen und Maßnahmen sind der **Schadensvorsorge** zugeordnet.
  Wesentliches Ziel ist es, die Einhaltung der Grenzwerte der StrlSchV im bestimmungsgemäßen Betrieb sowie der Störfallplanungswerte selbst bei sehr unwahrscheinlichen Ereignisabläufen (Eintrittshäufigkeit bis in den Bereich 10^{-5}/a) sicherzustellen und die Entwicklung von Störfällen zu auslegungsüberschreitenden Ereignissen mit hoher Wahrscheinlichkeit zu verhindern.
- **Sicherheitsebene 4 – Erweiterte Schadensvorsorge**
  Mit zunehmenden Kenntnissen aus Erfahrungsauswertungen und probabilistischen Sicherheitsanalysen sind Einrichtungen und Maßnahmen entwickelt worden, um bei unterstellten, die Auslegungsstörfälle überschreitenden Ereignisabläufen zumindest gravierende Schäden am Reaktorkern („Kernschmelzen") oder – falls es dennoch zu einem teilweisen Kernschmelzen kommen sollte – die Freisetzung großer Mengen radioaktiver Stoffe in die Umgebung zu verhindern (Sicherheitsebene 4b und 4c). Diese Einrichtungen benötigen für ihre Aufgabenstellungen nicht die besonders hohe Zuverlässigkeit der Sicherheitseinrichtungen auf der Sicherheitsebene 3, dh sie können mit reduzierten Anforderungen konzipiert werden (zB keine Redundanz erforderlich).
  Im Sinne einer **erweiterten Schadensvorsorge** werden durch diese Einrichtungen und Maßnahmen die Szenarien mit früher oder großer Freisetzung (Überschreiten des Eingreifrichtwerts für eine Evakuierung) extrem unwahrscheinlich gemacht (Eintrittshäufigkeit < 10^{-7}/a).
- **Sicherheitsebene 4 – Restrisikominderung/weitere Vorsorge**
  Beginnend bereits in den 1970er Jahren sind Einrichtungen und Maßnahmen konzipiert worden, mit denen nach Möglichkeit und unter Berücksichtigung der Verhältnismäßigkeit die Häufigkeit von wichtigen Störungen und Auswirkungen auf die Umgebung (Strahlenexposition) verringert wurden (**Restrisikominderung**). Sie betreffen nicht nur sehr seltene und deshalb nicht den Auslegungsstörfällen zugeordnete Ereignisse, wie zB einen Flugzeugabsturz auf ein KKW (Sicherheitsebene 4a), sondern können auch im bestimmungsgemäßen

Einführung

Betrieb wirksam sein wie zB das sog. Minimierungsgebot im Strahlenschutz. Sie können insgesamt nicht einem spezifischen Bereich der Eintrittshäufigkeit zugeordnet werden. Zusätzlich hat der mit der 11. Atomgesetznovelle 2011 eingeführte § 7 d einen Rahmen für vergleichbare Maßnahmen zur **weiteren Vorsorge** gegen Risiken für die Allgemeinheit definiert.

- **extrem unwahrscheinlich Ereignisabläufe – Verbleibendes Restrisiko**
Grundsätzlich sind Ereignisabläufe vorstellbar, die theoretisch große Auswirkungen haben könnten, aber so extrem unwahrscheinlich sind (zB Absturz eines großen Meteoriten auf das KKW), dass sie nach dem Maßstab der praktischen Vernunft ausgeschlossen werden können (Szenarien mit rechnerischer Eintrittshäufigkeit $< 10^{-7}/a$). Für diese Ereignisabläufe werden keine weiteren anlageninternen Maßnahmen getroffen, da entsprechend geeignete Gegenmaßnahmen unverhältnismäßig wären. Sie sind damit Teil des **verbleibenden Restrisikos,** s. auch → Rn. 138 ff. (Szenarien mit rechnerischer Eintrittshäufigkeit $< 10^{-7}/a$ werden typischerweise nach dem Maßstab der praktischen Vernunft nicht mehr betrachtet – Vergleich mit generell akzeptierten Risiken, Grenzen des Erkenntnisvermögens.)

ff) Ereignisse im Ausland mit gravierenden Unfallfolgen in KKW ohne umfassende Umsetzung des fehlerverzeihenden Sicherheitskonzepts. Es ist naheliegend, dass bei erheblichen Abweichungen von dem vorstehend beschriebenen fehlerverzeihenden Sicherheitskonzept das Potenzial für eine Freisetzung großer Mengen der im KKW eingeschlossenen radioaktiven Stoffe gefährlich zunimmt. Die gravierenden Unfälle in Tschernobyl und Fukushima – oder schon früher und weniger gravierend Three Mile Island – haben dies bestätigt. Wesentliche Ursachen für die katastrophalen Entwicklungen bei diesen Ereignissen waren nämlich Fehler in der Auslegung, dh Verstöße gegen Auslegungsprinzipien, die in Deutschland bereits seit den 1970er Jahren zu den Grundlagen für ein fehlerverzeihendes Sicherheitskonzept gehören. In Tschernobyl lag das Defizit insbesondere in einer unzureichenden Sicherstellung der inhärenten Stabilität des Reaktorkerns, dh in dem für einen Versuch herbeigeführten Zustand des Reaktors konnte der Reaktor „durchgehen": Ansteigende Leistung führte nicht physikalisch-inhärent zu einer Leistungsbegrenzung, sondern zu einer weiteren, beschleunigten Leistungszunahme. Innerhalb von wenigen Sekunden wurde mehr als das Zehnfache der Reaktornennleistung erreicht, was sofort zum Schmelzen des Reaktorkerns und der Zerstörung des Reaktorkühlsystems durch Überdruck sowie des Containments führte. Alle Barrieren gegen die Freisetzung radioaktiver Stoffe wurden somit in Sekunden zerstört. Der dabei ausgelöste Brand der großen Graphitmengen, die bei diesem Reaktortyp als Moderator verwendet werden, trug auch noch erheblich zur Freisetzung und Ausbreitung radioaktiver Stoffe bei *(Gesellschaft für Anlagen- und Reaktorsicherheit (GRS),* Tschernobyl: Kurzbeschreibung des Unfallablaufs und seiner Ursachen, 2011, abrufbar unter https://www.grs.de/sites/default/files/kurz beschr_unfallablauf_tschernobyl_20110418.pdf, zul. abgerufen am 24.10.2020).

In Fukushima lag das Defizit vor allem beim unzureichenden Schutz von Sicherheitssystemen gegen übergreifende Ausfälle infolge äußerer Einwirkungen, hier mangelhafter Schutz gegen externe Überflutung. Ein wesentlicher Teil der Sicherheitseinrichtungen, insbesondere der sicherheitstechnisch wichtigen Stromversorgung, war ohne räumliche Trennung und ohne Schutz gegen eindringendes Wasser im Untergeschoss des Maschinenhauses untergebracht. Die Überflutung des Geländeniveaus durch Meerwasser infolge des Tsunami führte deshalb innerhalb weniger

Einführung

Minuten zum vollständigen Ausfall aller redundanten Stränge der Stromversorgung einschließlich der Batterien. Die komplette sicherheitstechnische Instrumentierung sowie alle Sicherheitseinrichtungen mit elektrischen Ansteuerungen und Antrieben waren damit nicht mehr verfügbar. Da die vorhandenen Notfallmaßnahmen zur Nachspeisung von Wasser ein Öffnen von Armaturen mit elektrischen Antrieben voraussetzten, waren diese Notfallmaßnahmen ebenfalls nicht verfügbar. Weil unter den gegebenen Umständen – Zerstörungen am Standort infolge des Tsunamis – eine ausreichende Stromversorgung und damit Kühlung der Reaktorkerne in den drei Blöcken mit Leistungsbetrieb innerhalb einiger Stunden nicht wiederhergestellt werden konnte, kam es bei fallendem Wasserstand in den Reaktoren zum Schmelzen von Brennelementen, zum Leck in den Reaktordruckbehältern sowie zur Bildung von Knallgas infolge des Kontakts zwischen geschmolzenem Brennstoff und Wasser. Die anschließenden Detonationen des Knallgases beschädigten die Reaktorgebäude, sodass nach einigen Stunden alle Barrieren gegen die Freisetzung radioaktiver Stoffe erheblich beeinträchtigt waren (*GRS,* Fukushima Daiichi, 11. März 2011 – Unfallablauf, Radiologische Folgen, 5. Aufl. 2016).

113 Tatsächlich stellen diese Unfälle nicht das vorstehend beschriebene Sicherheitskonzept infrage, da gerade die Abweichungen von wesentlichen Merkmalen dieses Sicherheitskonzepts entscheidend dazu beigetragen haben, dass aus einer Störung bzw. einem externen Störfall ein katastrophaler Unfall wurde. Letztlich bestätigen somit diese Unfälle indirekt die Sinnhaftigkeit des fehlerverzeihenden Sicherheitskonzepts. – Die Frage, warum die beschriebenen Defizite im Sicherheitskonzept von Tschernobyl und Fukushima nicht rechtzeitig beseitigt oder wenigstens gemildert wurden, kann auch Jahre später von hier nicht klar beantwortet werden. Es steht zwar fest, dass die Verantwortlichen bei dem Betreiber und der aufsichtsführenden Behörde der jeweiligen Anlage Erkenntnisse aus vorherigen Vorkommnissen oder Untersuchungen hatten, die auf die Problematik des Defizits hinwiesen. Dennoch wurden keine Abhilfen vorgenommen. Nicht weit jedoch von dem „berühmt" gewordenen KKW-Komplex Fukushima I liegt der KKW-Komplex Fukushima II – dort waren vor 2011 Notstromdiesel mit Tsunami-sicherer Aufstellung nachgerüstet worden. Mit diesen Notstromdieseln konnte bei diesen Blöcken immerhin ein Kernschmelzen vermieden werden. Wurde wegen der geringeren Restlaufzeiten der Blöcke in Fukushima I der Aufwand für eine entsprechende Nachrüstung nicht mehr für lohnend gehalten? – Es bleibt eine Spekulation.

114 Bezüglich der radiologischen Folgen wird die Zahl der an Strahlenkrankheit Verstorbenen bei Tschernobyl mit rund 50 angegeben (die sog. Liquidatoren zur Bekämpfung des Unfalls in den ersten Tagen), für den Unfall in Fukushima sind dagegen keine Todesfälle durch Strahlenkrankheit bekannt. Der Unterschied in den Folgen ist insbesondere darauf zurückzuführen, dass in Tschernobyl alle Barrieren innerhalb von Sekunden zerstört waren, in Fukushima dagegen erst nach etlichen Stunden. In Fukushima lagen so die Freisetzungen radioaktiver Stoffe um ein bis zwei Größenordnungen niedriger als in Tschernobyl. Hinsichtlich der Spätschäden (Todesfälle) durch eine Erhöhung der Krebsinzidenzen wurden in einem 2005/6 von der Weltgesundheitsorganisation (WHO) zusammen mit dem United Nations Development Programme (UNDEP) und der Internationalen Atomenergie-Organisation (IAEA) erstellten Bericht für den weiträumig um Tschernobyl belasteten Bereich bis etwa 2080 insgesamt ca. 9.000 zusätzliche Todesfälle rechnerisch für möglich gehalten, wobei sich davon jedoch nur etwa 50 Todesfälle durch Schilddrüsenkrebs in der näheren Umgebung der Unfallanlage bei statistischen Vergleichen erkennen ließen. Die genannte Gesamtzahl ergibt sich im Wesentlichen nicht

Einführung

aus statistischen Auswertungen, sondern aus Hochrechnungen mit der linearen Dosis-Wirkungs-Beziehung (ohne Schwellenwert) für sehr große Bevölkerungsgruppen (ca. 7 Millionen Betroffene) mit relativ geringen Dosiswerten (*World Health Organization,* Health Effects of the Chernobyl Accident and Special Health Care Programmes, Report oft he UN Chernobyl Forum Expert Group „Health", Chapter 7, 2006). In der Umgebung von Fukushima wurden bisher keine statistisch erkennbaren Erhöhungen von Krebserkrankungen beobachtet, Hochrechnungen erwarten wenige Hundert im Laufe der Jahrzehnte. Es gibt Vermutungen, dass die Zahl der Todesfälle, die bei den Zwangsevakuierungen oder durch psychische Störungen nach der Umsiedlung auftraten, in der gleichen Größenordnung liegt (*GRS,* Fukushima Daiichi, 11. März 2011 – Unfallablauf, Radiologische Folgen, 5. Aufl. 2016).

Die genannten Zahlen sind wegen der Schwierigkeiten bei der Ermittlung der Gesundheitsfolgen mit deutlichen Unsicherheiten behaftet (Faktor 2 kleiner oder größer durchaus möglich). Sie sind nicht unumstritten; teilweise werden sehr viel höhere Werte (Größenordnung) genannt, insbesondere von Organisationen, die die Kernenergienutzung kategorisch ablehnen. Bei der Verfolgung der Entwicklung durch WHO, United Nations Scientific Committee on the Effects of Atomic Radiation, (UNSCEAR) und IAEA wurden jedoch bisher Aussagen zu solchen deutlich höheren Werten nach Überprüfung als nicht belastbar eingestuft. 115

Weitere, seit den 40er Jahren aufgetretene Unfälle in KKW und anderen Anlagen im Zusammenhang mit der Kernenergienutzung (zu einem erheblichen Teil in militärischen Anlagen) sind in einem UNSCEAR-Bericht mit Angaben zu Ursachen und den radiologischen Auswirkungen aufgelistet (UNSCEAR 2008 Report Vol. II, Sources and effects of ionizing radiation, Annex C). 116

b) Sicherheitskonzept bei Behandlung oder Lagerung radioaktiver Stoffe. Ein für die Realisierung des Sicherheitskonzepts in Anlagen zur Behandlung oder Lagerung radioaktiver Stoffe wesentlicher Unterschied im Vergleich zu einem KKW besteht in Folgendem: In einem **KKW** sind aus Gründen des Kraftwerkprozesses für die Stromerzeugung sowie für hohe Leistungsdichten sowie hohe Temperaturen und Drücke erforderlich. Damit sind physikalische Zustände vorhanden, die – bei fehlender Kontrolle und Beherrschung – zu einer Gefährdung des Barrierensystems zum Einschluss der radioaktiven Stoffe führen können. Bei der **Behandlung oder Lagerung radioaktiver Stoffe** sind jedoch solche Zustände aus technischen Gründen nicht erforderlich. Damit entfällt ein entscheidendes Potenzial für die Beschädigung des Barrierensystems durch Einwirkungen von Innen sowie für die Freisetzung radioaktiver Stoffe in die Umgebung bei eventuell beschädigten Barrieren. 117

Bei Anlagen zur Behandlung oder Lagerung radioaktiver Stoffe kann sich deshalb das Sicherheitskonzept weitgehend auf den Schutz des **Barrierensystems** gegen Einwirkungen von außen und gegen Korrosionsprozesse sowie auf das Verhindern von Bränden konzentrieren. 118

Allerdings ist bei den Einrichtungen zur Lagerung zu berücksichtigen, für welchen Zeitraum eine sichere Unterbringung der radioaktiven Stoffe erforderlich ist. Bei der Zwischenlagerung liegt nach dem gegenwärtigen Stand die Betriebszeit etwa in der gleichen Größenordnung wie bei KKW. Bei der Endlagerung geht es jedoch um Zeiträume von einigen hunderttausend bis eine Millionen Jahren, so dass hier neue Aspekte im Sicherheitskonzept zu beachten sind. 119

Einführung

120 **aa) Barrierenkonzept Zwischenlager.** Das Barrierenkonzept für die standortnahe Zwischenlagerung verbrauchter Brennelemente umfasst als Barrieren gegen die Freisetzung von radioaktiven Stoffen im Wesentlichen die massive Wandung der Transport- und Lagerbehälter sowie die Brennstoffmatrix. Verschlossen sind die Behälter mit einem Doppeldeckelsystem, das auf Dichtheit überwacht wird. Weiterhin können die Wände der Lagergebäude und anderer Baustrukturen eine Funktion für die zusätzliche Strahlenabschirmung und gegen bestimmte Einwirkungen von außen haben.

121 Die Transport- und Lagerbehälter sind so ausgelegt, dass die nach der Abklingzeit der verbrauchten Brennelemente im Lagerbecken des KKW noch anfallende Nachzerfallswärme an die Umgebungsluft abgegeben werden kann. Der Einschluss des Aktivitätsinventars gegenüber Einwirkungen von außen, insbesondere Brandeinwirkungen und mechanische Einwirkungen, wird durch die Behälter in Kombination mit massiv ausgeführten Lagerhallen sichergestellt.

122 Bei sonstigen radioaktiven Abfällen mit vernachlässigbarer Wärmeabgabe wird der Einschluss ganz überwiegend durch eine sog. Konditionierung verwirklicht (meist Vermischen mit frisch angesetztem Beton, der dann zum Aushärten in Lagerbehälter gefüllt wird). Mit Blick auf das begrenzte Aktivitätsinventar und das geringe Freisetzungspotenzial aus den verfestigten Abfällen ist dieses Barrierenkonzept ausreichend.

123 **bb) Barrierenkonzept Endlager.** Die folgende Darstellung zum Barrierenkonzept berücksichtigt die Sicherheitsanforderungen des Bundesministeriums für Umwelt, Naturschutz und Reaktorsicherheit von 2010 (*BMU,* Sicherheitsanforderungen an die Endlagerung wärmeentwickelnder radioaktiver Abfälle, 30.9.2010) sowie das Standortauswahlgesetz von 2017 (StandAG, BGBl. I 1074), Verordnung über Sicherheitsanforderungen an die Endlagerung hochradioaktiver Abfälle (Endlagersicherheitsanforderungsverordnung – EndlSiAnfV) vom 6.10.2020 (BGBl. I 2094).

124 Eine detaillierte Darstellung naturwissenschaftlicher Zusammenhänge zum Barrierenkonzept enthält: *Öko-Institut e. V./GRS mbH,* Endlagerung wärmeentwickelnder radioaktiver Abfälle in Deutschland, Hauptband, GRS-247, September 2008.

125 Mit Blick auf die sehr großen Lagerzeiten bei der Endlagerung gelten insbesondere folgende Ziele:
- Die radioaktiven und sonstigen Schadstoffe in den Abfällen sollen möglichst lange von der Biosphäre ferngehalten werden.
- Eine eventuelle Freisetzung radioaktiver Stoffe aus dem Endlager soll auch langfristig das Niveau der natürlichen Strahlenexposition allenfalls geringfügig erhöhen.
- Um Lasten für zukünftige Generationen zu vermeiden, sollen für den zuverlässigen langfristigen Einschluss der radioaktiven Abfälle nach dem Schließen des Endlagers keine Eingriffe oder Wartungsarbeiten erforderlich werden.

126 Diese Ziele führen praktisch zwingend dazu, dass als wesentliches Element des Barrierenkonzepts das Endlager für wärmeerzeugende radioaktive Stoffe in einer stabilen und dichten geologischen Formation in großer Tiefe einzurichten ist. Insgesamt gehören zu den diskutierten Konzepten folgende technische oder geologische Barrieren (Reihenfolge von innen nach außen):
1. Matrix, die die radioaktiven Stoffe enthält (zB Glas oder die Brennstoffkeramik selbst)

Einführung

2. Einschließendes Behältnis (zB Kapselung aus korrosionsbeständigem Material)
3. Verfüllung der Hohlräume um die Endlagergebinde sowie der Schächte und Wegstrecken im Endlager (zB Materialien mit Eigenschaften, die den Zutritt von Wasser behindern)
4. Der geologische Bereich, der das Endlager enthält (sog. einschlusswirksamer Gebirgsbereich; der einschlusswirksame Gebirgsbereich ist der Teil des Endlagersystems, der im Zusammenwirken mit den technischen Verschlüssen (Schachtverschlüsse, Kammerabschlussbauwerke, Dammbauwerke, Versatz, …) den Einschluss der Abfälle sicherstellt)
5. Die geologischen Formationen um den einschlusswirksamen Gebirgsbereich (sog. Wirtsgestein)
6. Das geologische Deckgebirge über dem Wirtsgestein (das zB einen deutlichen Abstand zwischen Grundwasserleitern und dem Wirtsgestein sowie dem einschlusswirksamen Gebirgsbereich sicherstellen soll)

Die erwünschte große Tiefe wird durch die Mächtigkeit der geologischen Formationen 4 bis 6 erreicht. Dabei wird vorausgesetzt, dass beim Verschluss des Endlagers die für den Betrieb hergestellten Schächte durch diese Formationen in einer Qualität verschlossen werden, die den jeweiligen umgebenden Schichten entspricht.

Das wesentliche Ziel bei der Anwendung des Barrierenkonzepts besteht darin, den Zutritt von Wasser zu den radioaktiven Abfällen, das Auslaugen von Radionukliden aus den Abfällen durch Wasser und deren Transport mit Wasser in die Biosphäre zuverlässig zu verhindern oder zumindest auf zu vernachlässigende Werte zu begrenzen. Während der Einlagerungszeit, dh der Zeit, in der radioaktive Abfälle ins Endlager eingebracht werden, das Endlager aber noch nicht verschlossen ist, spielen auch die Barrieren 1 bis 3 eine Rolle (zB beim unterstellten Eindringen von Wasser über einen noch offenen Schacht des Endlagerbergwerks). Nach dem vollständigen Verschließen des Endlagers sind für den dann erforderlichen sicheren Einschluss über sehr lange Zeiträume die geologischen Barrieren weitestgehend entscheidend. Nur bei ihnen sind Aussagen über sehr lange („geologische") Zeiträume plausibel ableitbar. Diese geologischen Barrieren sind mit der Wahl des Endlagerstandorts bestimmt, sie können mit technischen Maßnahmen nur marginal verbessert werden (zB durch Verfüllen von Spalten in kristallinem Gestein).

Aus diesem Grund wurde im StandAG ein Kriterienkatalog für die Wahl von Endlagerstandorten entwickelt, um einen detaillierten und sorgfältigen **Auswahlprozess** sicherzustellen. Zum einen sind Ausschlusskriterien festgelegt, die Standorte wegen problematischer Eigenschaften ausschließen (zB Formationen mit Hinweisen auf Vulkanismus oder Bruchzonen in geologischen Zeiträumen oder mit größeren Bergbau-bedingten Störungen). Zum anderen wurden Bewertungskriterien für eine Reihe von Endlager-relevanten Qualitätsmerkmalen entwickelt, um beim Vergleich von Standorten eine transparente Qualitätseinstufung abgeben zu können. Hierzu zählen vor allem folgende Merkmale von Gesteinskörpern, die auf ihre Eignung als einschlusswirksamer Gebirgsbereich untersucht werden: Potenzial für Grundwasserexistenz und -bewegung; Mächtigkeit und Homogenität; langfristige Stabilität (zB günstig, wenn keine Hinweise auf nennenswerte Veränderungen der vorstehenden Merkmale seit mehr als 10 Millionen Jahren vorliegen); geringe Neigung zur Bildung von Spalten (Wege für Flüssigkeiten) und Fähigkeit zum „Ausheilen" von Spalten; Temperaturverträglichkeit; Rückhaltevermögen für chemische Substanzen; Schutz durch Deckgebirge (hier ist nicht unbedingt Dichtheit

Einführung

erforderlich, sondern eine Art „Opferschicht" zB gegenüber unterstellten Erosionseinwirkungen).

130 International werden vor allem geologische Formationen wie Salz- oder Tonlager und Kristallingestein (Granit) in Betracht gezogen, wobei diese bezüglich der genannten Merkmale unterschiedliche Vorteile haben. Beispielsweise haben Salzlager (Steinsalz) eine sehr gute Temperaturverträglichkeit und sind unter Gebirgsdruck und bei höheren Temperaturen relativ gut plastisch verformbar, dh eventuell entstandene Spalten schließen sich relativ rasch. Tonlager lösen sich dagegen bei einem eventuellen Wasserzutritt von außen langsamer auf und haben ein deutlich höheres Rückhaltevermögen für chemische Substanzen. Granitformationen bieten sich dagegen in Deutschland nicht so an, da die Vorkommen in Deutschland kleinere Mächtigkeit haben und zwar hinsichtlich der Stabilität günstig, aber bei mehreren anderen Merkmalen ungünstiger sind als Salz- oder Tonlager (vor allem schließen sich in Granit eventuell entstehende Spalten nicht wieder).

131 Für die Bewertung der Eignung von Standorten sind in den Anhängen des Standortauswahlgesetzes zu den in → Rn. 129 genannten Merkmalen auch Kriterien zur Einstufung in die Kategorien „günstig", „bedingt günstig" und „weniger günstig" oder „ungünstig" formuliert worden. Dennoch verbleibt das Problem, wie eine besonders gute Eignung bei dem einen Merkmal gegen eine weniger gute Eignung bei einem anderen Merkmal abgewogen werden soll. Als Verfahren zu einer gesamtheitlichen Bewertung, die auch einen gewissen Vergleich zwischen unterschiedlichen Standorten erlaubt, bietet sich eine Langzeit-Sicherheitsanalyse an, wie in § 27 StandAG gefordert. Diese kann in dem Nachweis bestehen, dass die Integrität/Barrierewirksamkeit des einschlusswirksamen Gebirgsbereichs des Endlagers über einen Zeitraum von mindestens einer Millionen Jahre nicht infrage gestellt ist. Von Salzlagern in der norddeutschen Tiefebene ist aus geologischen Analysen beispielsweise bekannt, dass sie vor rund 60 Millionen Jahren entstanden sind und zumindest in den letzten 10 Millionen Jahren keine wesentliche Änderung ihres Aufbaus und ihrer Form erfahren haben. Tektonische Mechanismen, die hier zu einer wesentlichen Änderung in dem nächsten Zeitraum von einer Million Jahren führen könnten, sind nicht bekannt.

132 Weitergehend können in einer **Langzeit-Sicherheitsanalyse** auch die Auswirkungen eines unterstellten Eindringens von Wasser in das Endlager untersucht werden. Gemäß den Sicherheitsanforderungen des Bundesministeriums für Umwelt, Naturschutz und Reaktorsicherheit an die Endlagerung (*BMU*, Sicherheitsanforderungen an die Endlagerung wärmeentwickelnder radioaktiver Abfälle, 30.9.2010, 11 f.) ist dann für die Nachverschlussphase nachzuweisen,
- dass bei wahrscheinlichen („zu erwartenden") Entwicklungen durch Freisetzung von Radionukliden, die aus den eingelagerten radioaktiven Abfällen stammen, für Einzelpersonen der Bevölkerung nur eine zusätzliche effektive Dosis im Bereich von 0,01 mSv im Jahr auftreten kann und
- dass bei weniger wahrscheinlichen („abweichenden") Entwicklungen die verursachte zusätzliche effektive Dosis für die dadurch betroffenen Menschen 0,1 mSv pro Jahr nicht überschreitet.

133 Zu den Einflüssen auf die Entwicklungen können zB langfristige geologische Veränderungen wie Hebung, Senkung oder Erosion sowie Klimaveränderungen wie Kalt- oder Warmzeiten gehören, indem sie hydrologische Veränderungen zur Folge haben.

134 Für unwahrscheinliche Entwicklungen (zB heute nicht absehbare tektonische Verschiebungen mit der eventuellen Folge der Ausbildung von Vulkanismus) wird

Einführung

in den *BMU*-Sicherheitsanforderungen an die Endlagerung kein Wert für zumutbare Risiken oder zumutbare Strahlenexpositionen festgelegt. Soweit diese Entwicklungen aber zu hohen Strahlenexpositionen führen könnten, ist im Rahmen der Optimierung zu prüfen, ob eine Reduzierung dieser Auswirkungen mit vertretbarem Aufwand möglich ist. Extrem unwahrscheinliche Einwirkungen, wie zB Einschlag eines sehr großen Meteoriten mit direkten Auswirkungen bis in die Tiefe des Endlagers, erfordern keine weitere Betrachtung.

In den Langzeit-Sicherheitsanalysen für Endlager sind bei KKW-Unfällen bedeutsame Radionuklide wie Cs-137 praktisch nicht relevant, da ihre HWZ von ca. 30 Jahre zu kurz ist mit Blick auf mehrere Tausend Jahre, die selbst bei einem unterstellten Eindringen von Wasser in das verschlossene Endlager für den Transport in die Biosphäre benötigt würden. Bedeutsam sind für radiologische Überlegungen beim Endlager vielmehr Radionuklide, die Halbwertszeiten im Bereich von Hunderttausenden oder Millionen von Jahren haben und *gleichzeitig* relativ gut chemisch gelöst werden können, wie zB die Spaltprodukte I-129, Se-79 oder Cs-135. 135

Eine Rolle hat in den Diskussionen zur Endlagerung auch die Forderung nach einer **„Rückholbarkeit"** der Abfälle gespielt. In § 26 Abs. 3 S 2 StandAG wird hier unterschieden zwischen „Rückholbarkeit" in der Zeit bis zum Verschluss des Endlagerbergwerks (technische Möglichkeiten planbar) und „Bergung" nach dem Verschluss (ungeplantes Herausholen von Abfällen aus einem Endlager). Obwohl dieses Ziel technisch gesehen in gewisser Weise gegenläufig ist zu dem Ziel eines möglichst dauerhaften Einschlusses, können technische Möglichkeiten zur Rückholung in den diskutierten Endlagerkonzepten berücksichtigt werden. 136

Zusammenfassend ist nach dem erreichten wissenschaftlichen Kenntnisstand davon auszugehen, dass in Deutschland ein Standort identifiziert werden kann, der die geologischen Anforderungen gut erfüllt, wie sie in den BMU-Sicherheitsanforderungen an die Endlagerung und im StandAG formuliert sowie in der EndlSiAnfV weiter konkretisiert worden sind. In diesem Sinne ist die im StandAG verwendete Formulierung „Standort mit der bestmögliche[n] Sicherheit" zu verstehen. 137

3. Maßstab der praktischen Vernunft aus technischer und gesellschaftlicher Sicht

Bei den in → Rn. 80 ff. beschriebenen Konzepten, wie Risiken im Zusammenhang mit dem Betrieb von KKW begrenzt werden können, ist offensichtlich, dass mit entsprechendem Aufwand eine Minimierung der Risiken auf sehr geringe Werte möglich ist, dass jedoch ein immer weiter gesteigerter Aufwand letztlich nur noch zu verschwindend geringen und unerheblichen Verbesserungen der Sicherheit führt. Somit würde die Forderung, alles was technisch (theoretisch) machbar sei, müsse auch getan werden, den Aufwand praktisch ins Unermessliche steigern, ohne dass dem ein adäquater Sicherheitsgewinn gegenübersteht. Im Extremfall würde so diejenige Technik, bei der dieses Prinzip angewendet würde, faktisch unmöglich gemacht. Dem hat das BVerfG entgegengestellt, dass es auf „Abschätzungen anhand praktischer Vernunft" ankomme (BVerfGE 49, 89 Rn. 117 = NJW 1979, 359). Schwierigkeiten bestehen hier darin, dass es nicht ein objektives, allgemeingültiges Verständnis von „Risiko" nicht gibt, Unsicherheiten bei der Einschätzung von Unwahrscheinlichkeiten bestehen und Nutzen-Aufwand-Verhältnisse abzuwägen sind. 138

Einführung

139 **a) Subjektivität von Risikowahrnehmung und -bewertung.** Als Elemente für die Risikobeurteilung werden vom BVerfG die Wahrscheinlichkeit des Eintritts eines Schadensereignisses und die Schwere der Schadensart und der Schadensfolgen gesehen (BVerfGE 49, 89 = NJW 1979, 359; → Rn. 111). Dies entspricht – zumindest näherungsweise – der Definition des Risikos, wie sie im Versicherungswesen und im Bereich technischer Anwendungen schon lange üblich ist. Das BVerfG hebt aber auch hervor, dass für die Einschätzung von Risiken sowie die Entscheidung über die Zulassung technischer Entwicklungen, bei denen Risiken nie ganz auszuschließen sind, vor allem die politischen Staatsorgane (Gesetzgeber, Exekutive) zuständig und verantwortlich sind, dh dass es letztlich eine politische Entscheidung ist, die die Gesamtheit der entscheidungsrelevanten Aspekte in der Gesellschaft in den Blick nehmen muss, nicht nur die Risikoeinschätzung im versicherungsmathematischen Sinne.

140 Wie werden Risiken in der Gesellschaft wahrgenommen und bewertet? Zugespitzt könnte die Frage beantwortet werden: Jeder kennt den Begriff **Risiko,** aber viele verstehen darunter Unterschiedliches (einen gewissen Eindruck von den Varianten gibt die Webseite https://de.wikipedia.org/wiki/Risiko#Begriffsbestimmung_und_Ethik_des_Risikos, abgerufen am 24.10.2020). Weiterhin – und in dem hier diskutierten Zusammenhang besonders wichtig – gilt die Unterschiedlichkeit in besonderer Weise für die Risikowahrnehmung und -bewertung. In diesem Rahmen kann nicht auf alle Aspekte eingegangen werden, die dabei eine Rolle spielen, beispielhaft seien hier aber einige wichtige genannt, die in der individuellen Risikowahrnehmung und -bewertung zu mehr oder weniger großen Abweichungen von der versicherungsmathematischen Risikodefinition (Eintrittshäufigkeit x Schadensausmaß) führen:

- Selbst verursachte oder freiwillig eingegangene Risiken werden niedriger eingeschätzt, fremd verursachte höher (zB Rauchen vs. Feinstaubbelastung).
- Vertraute Gefährdungsmechanismen und (vermeintlich) individuell steuerbare Risiken werden niedriger eingeschätzt (zB Autoverkehr), unverständliche, nicht individuell steuerbare dagegen höher (zB Auswirkungen der Gentechnik).
- Naturbedingte Risiken werden als harmloser eingeschätzt, industriellen Verursachern zugeschriebene Risiken als gefährlicher (natürliche Giftstoffe in Nahrungsmitteln vs. künstliche Nahrungsmittelzusätze).
- Große, aber unwahrscheinliche, dh seltene, Schadensereignisse werden mehr wahrgenommen als kleine, aber wahrscheinliche, dh häufige, auch wenn die kleinen Ereignisse insgesamt mehr Opfer kosten.
- Risiken, bei denen auch ein Nutzen erkennbarer ist, werden niedriger eingeschätzt als solche ohne Nutzenperspektive.
- Die Berichterstattung in den Medien, die vielfach gerne das Sensationelle und den Skandal sucht, kann Einschätzung und Beurteilung noch weiter verschieben. Beispielsweise übertraf die Angst vor der Vogelgrippe bei weitem die Angst vor der „normalen" Grippe, in völligem Gegensatz zur Anzahl der tatsächlichen Opfer.

Ein umfassenden Überblick über die komplexen Mechanismen der Risikowahrnehmung und Risikobeurteilung findet sich bei *Renn,* Das Risikoparadox: Warum wir uns vor dem Falschen fürchten, 2014; *Gigerenzer,* Risiko: Wie man die richtigen Entscheidungen trifft, 2013.

141 Zweifellos kann hinsichtlich der genannten Aspekte argumentiert werden, dass sie mit Unwissenheit und fehlenden Informationen zusammenhängen und deshalb mit verbesserter Aufklärung das Problem der „nicht objektiven" Risikowahrneh-

Einführung

mung und -beurteilung verringert werden könnte. Aber nach aller Erfahrung kann das Problem nicht ganz zum Verschwinden gebracht werden. Vor allem die Tendenz, im Zusammenhang mit der Nutzung von industriellen Technologien das bei einem Ereignis maximal mögliche Schadensausmaß deutlich stärker zu gewichten als die Unwahrscheinlichkeit eines entsprechenden Ereignisses, scheint in der menschlichen Natur zu liegen. Bei naturbedingten Katastrophen, wie schwersten Erdbeben, Tsunamis oder Vulkanausbrüchen scheint dagegen die Hoffnung auf die Unwahrscheinlichkeit zu überwiegen. – Dem ist wohl bei politischen Entscheidungen Rechnung zu tragen.

Insgesamt wird damit deutlich, dass die Risikowahrnehmung und -bewertung ein **142** komplexer, naturwissenschaftliche, gesellschaftliche, politische, wirtschaftliche, psychologische, ... Aspekte umfassender Prozess ist, der bestenfalls zu Teilfragen wissenschaftlich abgehandelt werden kann, immer wieder aber auch auf Erfahrungswissen beruhenden „gesunden Menschenverstand"/„praktische Vernunft" benötigt. Dies gilt insbesondere für die bei derartigen Prozessen oft auch vorzunehmenden Abwägungen zwischen (unterschiedlichen) Grundrechten verschiedener beteiligter Personen, da es hier keine wissenschaftlichen Kriterien für die Abwägung gibt.

Dies hat auch das BVerfG so gesehen. Es verweist mehrfach nicht nur auf das **143** Ausmaß von Risiken und Schäden, sondern auch auf deren Art und Neuartigkeit, die zu berücksichtigen sind (BVerfGE 49, 89 Rn. 110, 113, 115, 116, 125, 126 = NJW 1979, 359). Insgesamt stellt es fest: „In dieser, notwendigerweise mit Ungewißheit belasteten Situation liegt es zuvorderst in der politischen Verantwortung des Gesetzgebers und der Regierung, im Rahmen ihrer jeweiligen Kompetenzen die von ihnen für zweckmäßig erachteten Entscheidungen zu treffen. Bei dieser Sachlage ist es nicht Aufgabe der Gerichte, mit ihrer Einschätzung an die Stelle der dazu berufenen politischen Organe zu treten. Denn insoweit ermangelt es rechtlicher Maßstäbe." (BVerfGE 49, 89 Rn. 94).

b) Einschätzung von Unwahrscheinlichkeiten. Wie ist der (schmale) Be- **144** reich zwischen einerseits „bestmöglicher Gefahrenabwehr und Risikovorsorge" und andererseits nicht möglicher „absoluter Sicherheit" zu definieren und einzugrenzen? Das BVerfG (BVerfGE 49, 89 = NJW 1979, 359) verwendet hier mehrfach die Formulierung von der „praktischen Vernunft" (vgl. Rn. 117 Der Entscheidung: „[…] eine Regelung zu fordern, die mit absoluter Sicherheit Grundrechtsgefährdungen ausschließt, die aus der Zulassung technischer Anlagen und ihrem Betrieb möglicherweise entstehen können, hieße die Grenzen menschlichen Erkenntnisvermögens verkennen und würde weithin jede staatliche Zulassung der Nutzung von Technik verbannen. Für die Gestaltung der Sozialordnung muß es insoweit bei Abschätzungen anhand praktischer Vernunft bewenden." sowie Rn. 118: „Was die Schäden an Leben, Gesundheit und Sachgütern anbetrifft, so hat der Gesetzgeber durch die in § 1 Nr. 2 und in § 7 Abs. 2 AtomG niedergelegten Grundsätze der bestmöglichen Gefahrenabwehr und Risikovorsorge einen Maßstab aufgerichtet, der Genehmigungen nur dann zuläßt, wenn es nach dem Stand von Wissenschaft und Technik praktisch ausgeschlossen erscheint, daß solche Schadensereignisse eintreten werden (vgl. dazu *Breuer* DVBl. 1978, 829 (835f.)). Ungewißheiten jenseits dieser Schwelle praktischer Vernunft haben ihre Ursache in den Grenzen des menschlichen Erkenntnisvermögens; sie sind unentrinnbar und insofern als sozialadäquate Lasten von allen Bürgern zu tragen.").

Die Entscheidung gibt für diesen Ermittlungs- und Bewertungsprozess in **145** Rn. 111 auch einige Leitgedanken: „Die Ermittlung von Risiken einer Anlage ist

Einführung

(…) von sehr zahlreichen Faktoren und ihrem Wirkungszusammenhang abhängig, etwa den Berechnungsmethoden, der Standfestigkeit und Druckfestigkeit von Anlagen, der Schadensanfälligkeit von Werkstoffen und Vorrichtungen, der Störanfälligkeit von technischen Verfahren bis hin zur Ermittlung von Belastungspfaden und der Abschätzung menschlichen Verhaltens. (…) Die Beurteilung eines konkreten Risikos ist nur unter Berücksichtigung der Wirkungszusammenhänge aller Risikofaktoren und der zu ihrer Eindämmung möglichen Vorkehrungen vorzunehmen; mit der technischen Entwicklung, zum Beispiel mit den Möglichkeiten mehrfacher, voneinander unabhängiger Sicherheitsvorkehrungen und laufender Überwachung gegenüber einem vergleichsweise konstanten Risikofaktor, können sich die Gewichtungen der einzelnen Faktoren von Mal zu Mal verändern."

146 Die Entscheidung spricht hier beispielhaft, nicht vollständig, eine Reihe von Faktoren an, die zu dem einen Aspekt der technischen Risikoermittlung, nämlich der Einschätzung der Eintrittswahrscheinlichkeit eines Schadensereignisses, typischerweise eine Rolle spielen. Für den anderen, hier nicht angesprochenen Aspekt der technischen Risikoermittlung, die Einschätzung der Schadensfolgen und der Wahrscheinlichkeit für hohe Schadensfolgen, gilt dies natürlich analog.

147 Zur Frage, wie der **praktische Ausschluss** von (gravierenden) Schadensereignissen nun konkretisiert werden kann, hat das BVerfG auf eine etwa zeitgleich zur Entscheidung erschienene Veröffentlichung von *Breuer* verwiesen, in der ausgeführt ist: „ (…) Es kommt somit entscheidend darauf an, einen rational praktizierbaren Standard der Wahrscheinlichkeit oder Unwahrscheinlichkeit zu finden. Nur mit dessen Hilfe kann einsichtig begründet werden, weshalb bestimmte Schutzmaßnahmen zur Vorsorge gegen Schäden gem. § 7 Abs. 2 Nr. 3 AtG als erforderlich und andere Maßnahmen als entbehrlich angesehen werden." (vgl. *Breuer* DVBl. 1978, 829 (834)).

148 Aus heutiger, technischer Sicht ist eine solche Einschätzung der Unwahrscheinlichkeit von Ereignisabläufen grundsätzlich möglich, wobei in aller Regel probabilistische und deterministische Betrachtungsweisen für eine hohe Aussagesicherheit zu kombinieren sind. Als ein Weg zu „praktisch ausgeschlossen" wird deshalb heute national wie international die Feststellung einer besonderen Unwahrscheinlichkeit gesehen (→ Rn. 108).

149 National ist dies in den Sicherheitsanforderungen an Kernkraftwerke (BMU, Sicherheitsanforderungen an Kernkraftwerke vom 20.11.2012, Hauptteil 2.5 (1)) ausgeführt:

„Unter Einbeziehung der Maßnahmen und Einrichtungen des anlageninternen Notfallschutzes der Sicherheitsebenen 4b und 4c sind
- Freisetzungen radioaktiver Stoffe in die Umgebung der Anlage aufgrund eines frühzeitigen Versagens oder einer Umgehung des Sicherheitsbehälters, die Maßnahmen des anlagenexternen Notfallschutzes erfordern, für deren Umsetzung nicht ausreichend Zeit zur Verfügung steht (frühe Freisetzung) oder
- Freisetzungen radioaktiver Stoffe in die Umgebung der Anlage, die räumlich umfangreiche und zeitlich langandauernde Maßnahmen des anlagenexternen Notfallschutzes erfordern (große Freisetzung)

auszuschließen oder die radiologischen Auswirkungen soweit zu begrenzen, dass Maßnahmen des anlagenexternen Notfallschutzes nur in räumlich und zeitlich begrenztem Umfang erforderlich werden."

Das Eintreten eines Ereignisses oder Ereignisablaufs oder Zustands kann dabei „als ausgeschlossen angesehen werden, wenn das Eintreten physikalisch unmöglich

Einführung

ist oder wenn mit einem hohen Maß an Aussagesicherheit das Eintreten als extrem unwahrscheinlich angesehen werden kann."

In gleicher Weise hat auch die Reaktor-Sicherheitskommission die Grundsätze zum praktischen Ausschluss formuliert und weiter erläutert (*RSK,* Verständnis der Sicherheitsphilosophie, Anlage zum Ergebnisprotokoll der 460. Sitzung der Reaktor-Sicherheitskommission (RSK) am 29.8.2013). Danach kann es zB als extrem unwahrscheinlich angesehen werden, dass es zu einer Überlagerung von bereits jeweils für sich unwahrscheinlichen und voneinander unabhängigen Ereignissen kommt. In der Praxis entspräche dies einer Eintrittshäufigkeit im Bereich von < ca. 10^{-7}/a. 150

Aus technisch-naturwissenschaftlicher Sicht ist anzumerken, dass die präferierte „physikalische Unmöglichkeit" bei der Analyse von potenziellen Unfallabläufen nur sehr begrenzt kreditiert werden kann, zB wird natürlich nicht angenommen, dass die Schwerkraft aussetzt. Aber ganz überwiegend spielt die Funktion von technischen Komponenten eine Rolle, bei denen ein Versagen nicht a priori „naturgesetzlich" auszuschließen ist. Wie man dennoch mit solchen Komponenten ein technisches Schutzkonzept aufbauen kann, bei dem ein Versagen mit gravierenden Auswirkungen auf die Umgebung so unwahrscheinlich ist, dass es als praktisch ausgeschlossen bezeichnet werden kann, wurde in → Rn. 80ff. beschrieben. 151

International gibt es zum praktischen Ausschluss von Ereignissen, angeregt durch die Überlegungen in Deutschland, ganz analoge Formulierungen durch die Western European Nuclear Regulators Association (WENRA, Report Safety of new NPP designs, März 2013): 152

„Accident sequences that are practically eliminated have a very specific position in the Defence-in-Depth approach because provisions ensure that they are extremely unlikely to arise so that the mitigation of their consequences does not need to be included in the design. The justification of the ‚practical elimination' should be primarily based on design provisions where possible strengthened by operational provisions (e. g. adequately frequent inspections). All accident sequences which may lead to early or large radioactive releases must be practically eliminated.

An early release means a release that would require off-site emergency measures but with insufficient time to implement them. A large release means situations that would require protective measures for the public that could not be limited in area or time.

Means of Practical Elimination

Accident sequences with a large or early release can be considered to have been practically eliminated:

− *if it is physically impossible for the accident sequence to occur or*
− *if the accident sequence can be considered with a high degree of confidence to be extremely unlikely to arise (from IAEA SSR-2/1).*

In each case the demonstration should show sufficient knowledge of the accident condition analyzed and of the phenomena involved, substantiated by relevant evidence.

To minimize uncertainties and to increase the robustness of a plant's safety case, demonstration of practical elimination should preferably rely on the criterion of physical impossibility, rather than the second criterion (extreme unlikelihood with high confidence).

Accident sequences to be considered for Practical Elimination

[…]

Identification of accident sequences that have the potential to cause a large or early release should be based on deterministic analyses, supported by engineering judgment, and probabilistic assessment. These analysis approaches in the safety justification have to be adapted to each particular situation."

Einführung

Diesem Ansatz zum praktischen Ausschluss hat sich 2014 auch die Europäische Union angeschlossen (Richtlinie des Rates 2014/87/Euratom vom 8. Juli 2014 zur Änderung der Richtlinie 2009/71/Euratom über einen Gemeinschaftsrahmen für die nukleare Sicherheit kerntechnischer Anlagen, ABl. 2014 L 219, 42).

153   c) **Abwägen des Nutzen-Aufwand-Verhältnisses.** In dem Abwägungsprozess ist auch zu berücksichtigen, dass die Ressourcen für technischen Aufwand begrenzt sind, dh es ist zu bewerten, ob mit dem verfügbaren Aufwand bei der **einen** technischen Anwendung (noch) mehr zu Verringerung des Restrisikos getan werden sollte, obwohl bei einer **anderen** technischen Anwendung mit eben diesem Aufwand mehr für die Verringerung des Risikos für die Allgemeinheit erreicht werden könnte.

154   Vor diesem Hintergrund sind **Abschätzungen anhand praktischer Vernunft** so zu verstehen, dass für die jeweils anstehende Entscheidung natürlich die abzuwägenden Risiken, insbesondere solche, die zu Grundrechtsgefährdungen führen können, „nach bestem Wissen und Gewissen" zu ermitteln sind, dass aber bei diesen Ermittlungen und auch für die Forderung nach Maßnahmen zur Minimierung von Risiken letztlich Einschätzungen zum Nutzen/Aufwand-Verhältnis nicht außer Acht bleiben können (wobei Nutzen/Aufwand nicht nur im wirtschaftlichen Sinn zu verstehen ist), da dies zur „Gestaltung der Sozialordnung" immer dazugehört. Auch in Hinblick auf Sicherheit gegenüber Unfallrisiken hat es – zwar oft nicht explizit formuliert, aber dennoch gesellschaftlich akzeptiert – immer Nutzen/Aufwand-Einschätzungen gegeben. Beispielsweise ist lange bekannt, dass unbeschrankte Bahnübergänge gegenüber beschrankten, und erst recht gegenüber Untertunnelungen ein erkennbar erhöhtes Risiko für die Verkehrsteilnehmer bedeuten. Dennoch gibt es immer noch unbeschrankte Bahnübergänge, wenn in der spezifischen Situation das Risiko als so gering eingeschätzt wird, dass „die Gesellschaft" den erhöhten Aufwand für eine Untertunnelung lieber an einer anderen Stelle einsetzt. Bei der Sicherheit gegenüber einem Unfall in einem Kernkraftwerk geht es natürlich um deutlich mehr als die Risiken an einem Bahnübergang, was deshalb einen wesentlich höheren Aufwand für die Eingrenzung von Risiken rechtfertigt und erfordert. Aber das Prinzip des Abwägens anhand praktischer Vernunft bleibt davon unberührt.

155   Auch das Strahlenschutzrecht gibt hierfür ein klares Beispiel: Es ist unstrittig, dass es durch (radioaktive) Strahleneinwirkungen zu biologischen Schäden kommen kann (nicht muss), und dass mit zunehmender Strahlendosis die Wahrscheinlichkeit solcher Schäden zunimmt. In der Praxis des Strahlenschutzes in Deutschland geht man in erster Näherung von einer sogenannten linearen Dosis-Wirkungsbeziehung aus, dh auch bei sehr kleinen Dosiswerten werden Schäden nicht ausgeschlossen, nur die Wahrscheinlichkeit für Schäden nimmt proportional zum Dosiswert ab. (Im Detail ist die Situation etwas komplexer, vgl. *Strahlenschutzkommission*, Dosis- und Dosisleistungs-Effektivitätsfaktor (DDREF), Empfehlung der Strahlenschutzkommission mit wissenschaftlicher Begründung, verabschiedet in der 268. Sitzung der Strahlenschutzkommission am 13./14.2.2014, was aber für die hier beispielhaft vorgestellte Überlegung unerheblich ist.) Gleichwohl ist nicht eine Dosis = 0 vorgeschrieben, sondern der Grenzwert für die Summe der Strahlenexpositionen aus kerntechnischen Anlagen für eine Person wurde auf 1 mSv/a (§ 80 Abs. 1 StrlSchG) festgelegt. Ein wesentlicher Gesichtspunkt für diese Festlegung war, dass seit langer Zeit die jährliche Strahlenexposition der Bevölkerung in Deutschland aus **natürlichen** Quellen – je nach Wohnort und Wohnverhältnissen – im Bereich von etwa

Einführung

1 bis 10 mSv/a pro Person liegt, ohne dass es in dieser Spanne zu statistisch erkennbaren gesundheitlichen Unterschieden gekommen wäre. Einen Grenzwert wesentlich unter 1 mSv/a festzulegen, wäre somit für die Praxis unverhältnismäßig („unvernünftig") gewesen.

d) Fazit. Insgesamt ist festzuhalten: 156
- Um ein katastrophales Schadensereignis ausschließen und deshalb auf weitere Vorkehrungen verzichten zu können, müssen Szenarien, die zu einem derartigen Schadensereignis führen könnten, entweder physikalisch unmöglich oder zumindest extrem unwahrscheinlich sein. Es ist aber nicht erforderlich, gegen jedes – lediglich vorstellbare, aber beliebig unwahrscheinliche – Szenario Vorkehrungen zu treffen.
- Für die Einschätzung des Grades der Unwahrscheinlichkeit entsprechender Szenarien ist der aktuelle Stand des Fachwissens unter Nutzung probabilistischer *und* deterministischer Analysemethoden anzuwenden. Hierbei ist auch eine Einschätzung der Gewissheit der wissenschaftlich abgeleiteten Aussage geboten.
- Welcher Grad der – wissenschaftlich ermittelten – Unwahrscheinlichkeit mit Blick auf die Sozialordnung erforderlich ist, kann letztlich nur eine politisch-gesellschaftliche Entscheidung sein, in der die verschiedenartigen Aspekte, die in eine Risikobewertung eingehen, in Anwendung „praktischer Vernunft" gegeneinander abgewogen werden.
- Analog ist im konkreten Anwendungsfall jeweils zu bewerten, welche Einrichtungen und Maßnahmen im auslegungsüberschreitenden Bereich der Schadensvorsorge oder der Restrisikominimierung oder weiteren Vorsorge zuzuordnen sind.

III. Internationale, europa- und verfassungsrechtliche Grundlagen

Literatur: *Alvarez-Verdugo,* The EU „Stress Tests": The Basis for a New Regulatory Framework for Nuclear Safety, European Law Journal 2015, 161; *Burgi,* Strukturen und Verfahrensfragen der Endlagerstandortsuche, in Burgi, 14. Atomrechtssymposium 2013, 258 ff.; *ders.,* Veränderte Maßstäbe für Gesetzgebung und Verwaltungsvollzug im Atomrecht? in Burgi, 15. Deutsches Atomrechtssymposium?, 2019, 25; *Cenevska,* The European Atomic Energy Community, 2016; *Däuper/von Bernstorff,* Gesetz zur Suche und Auswahl eines Standortes für die Endlagerung radioaktiver Abfälle, ZUR 2014, 24; *Degenhart,* in Sachs, Grundgesetz, 8. Aufl. 2018, Art. 73 Rn. 58 ff.; *ders.* Die staatliche Sorgfaltspflichten bei der Energiewende – Verfassungsfragen der 13. AtG-Novelle, 2013; *Di Fabio/Durner/Wagner,* Kernenergieausstieg 2011, 2013; *Dietze,* Internationale Endlagerung radioaktiver Abfälle, 2012; *Frenz,* Atomausstieg en marche, RdE 2017, 393; *ders.* Die Europäische Atompolitik nach dem Vertrag von Lissabon und aktuelle Fragen des Atommüllexports, RdE 2011, 41; *Grunwald,* Das Energierecht der Europäischen Gemeinschaften, 2003; *ders.* in Odendahl, Internationales und europäisches Atomrecht, 2013, 185 ff.; *ders.* Nuclear Law in the EU and Beyond, 2014, 21 ff.; *ders.* in Hatje/Müller-Graff, Enzyklopädie Europarecht, Band I, 2014, § 16; *Gundel,* in Kahl/Waldhoff/Walter, Bonner Kommentar zum Grundgesetz, GG Art. 87 c; *Heintzen,* in v. Mangoldt/Klein/Starck, Grundgesetz, Art. 73 Rn. 130 ff.; *Hermes,* Auf dem Weg zu einem europäischen Atomrecht?, ZUR 2004, 12; *Horn,* in v. Mangoldt/Klein/Starck, Grundgesetz, Art. 87 c; *John* in Koch, Umweltrecht, 4. Aufl. 2013, 592 ff.; *Kahl,* Die Kompetenzen der EU in der Energiepolitik nach Lissabon, EuR 2009, 601; *Karpenstein,* Vorgaben für Behörden und Betreiber aus der EURATOM-Richtlinie über die nukleare Sicherheit, RdE 2010, 170; *ders.,*

Einführung

Das Atomausstiegsurteil des Bundesverfassungsgerichts als Blaupause für andere Gesetze? in Burgi, 15. Deutsches Atomrechtssymposium 2019, 73; *Keienburg,* Verfassungs- und europarechtliche Fragen hinsichtlich der Standortauswahl eines Endlagers für hochradioaktive Abfälle, NVwZ 2014, 1133; *Kischel,* Der Atomkonsens als rechtsverbindlicher Vertrag in Forum Energierecht 2017; *Kloepfer,* Umweltrecht, 4. Aufl. 2016; *Lecheler/Recknagel* in Dauses/Ludwigs, Handbuch des EU-Wirtschaftsrechts, Loseblatt, Band I, M. Energierecht Rn. 170 ff.; *Nettesheim,* Gesetzgebungsverfahren im europäischen Staatenbund – zwischen Voluntarismus und Loyalitätspflicht, 2014; *Ossenbühl* Verfassungsrechtliche Fragen eines beschleunigten Ausstiegs aus der Kernenergie, 2012; *Papenkort,* Der Euratom-Vertrag im Lichte der Verfassung für Europa, 2008; *Pelzer* in Rengeling, Handbuch zum europäischen und deutschen Umweltrecht, Band II/1, 2. Aufl. 2003, §§ 57, 58; *Posser* in Ehlers/Fehling/Pünder, Besonderes Verwaltungsrecht, Band II, 3. Aufl. 2013, § 52; *Roller,* Die verfassungsrechtliche Bewertung des Atomausstiegs 2011, ZUR 2017, 277; *Roßegger,* Die Entsorgung atomarer Abfälle in der Europäischen Union, AbfallR 2011, 276; *Roßnagel/Roller,* Die Beendigung der Kernenergienutzung durch Gesetz, 1998; *Schärf,* Europäisches Atomrecht, 2. Aufl. 2012; *Scheuing,* Grenzüberschreitende atomare Wiederaufbereitung im Lichte des europäischen Gemeinschaftsrechts, 1991; *ders.,* Europarechtliche Aspekte einer Beendigung der Kernenergienutzung in der Bundesrepublik Deutschland, EuR 2000, 1; *Schlömer,* Der beschleunigte Ausstieg aus der friedlichen Nutzung der Kernenergie, 2012; *Schmidt-Preuß* in Rengeling, Handbuch zum europäischen und deutschen Umweltrecht, Band II/1, 2. Aufl. 2003, § 60; *Sellner/Hennenhöfer* in Rehbinder/Schink, Grundzüge des Umweltrechts, 5. Aufl. 2018, § 12 Rn. 54 ff.; *Shirvani,* Atomausstieg und mäandernde Gesetzgebung, DÖV 2017, 281; *Stephan* Verfassungsrechtlicher Vertrauensschutz bei Politikänderungen in Hallesche Schriften zum Öffentlichen Recht 2015; *Tauschinsky/Böttner,* „It's complicated" – der unklare Beziehungsstatus zwischen der EU und Euratom, EuZW 2018, 67; *Wahl/Hermes,* Nationale Kernenergiepolitik und Gemeinschaftsrecht, 1995.

1. Internationale Grundlagen

157 a) **Allgemeines.** Gemäß § 1 Nr. 4 ist es Zweck des AtG, die Erfüllung internationaler Verpflichtungen Deutschlands auf dem Gebiet der Kernenergie und des Strahlenschutzes zu gewährleisten (→ AtG § 1 Rn. 26 ff.). Deutschland ist Zeichner einer Vielzahl bilateraler und multilateraler internationaler Abkommen und Mitglied internationaler Organisationen, die sich mit der Nutzung der Kernenergie zu friedlichen Zwecken sowie dem Strahlenschutz befassen. Am Jahresende 2017 bestanden nach einer Übersicht der BASE 185 bilaterale Abkommen Deutschlands auf dem Gebiet der kerntechnischen Sicherheit und des Strahlenschutzes (vgl. DE/base/gesetze-regelungen/rsh/1D/1d_node.html, zuletzt abgerufen am 25.10.2020). Der Schwerpunkt der Vertragsbeziehungen lag neben der Kernwaffenkontrolle anfangs auf der Förderung der Kernenergieentwicklung. Gemäß der „Atoms for Peace"-Politik, die US-Präsident Eisenhower am 8.12.1953 vor der Vollversammlung der Vereinten Nationen proklamierte, sollten Staaten, die auf Kernwaffen verzichten, gleichwohl von der Nutzung der Kernenergie zu friedlichen Zwecken profitieren.

158 Heute steht die Nichtverbreitung von Kernmaterial im Mittelpunkt des internationalen Atomrechts, flankiert von Abkommen zur nuklearen Sicherheit, der Gewährleistung der Sicherheit von Kernbrennstoffen und Transporten sowie zur Haftung bei kerntechnischen Unfällen. Eine wichtige Rolle als Hüterin der Verträge spielt die Internationale Atomenergieorganisation **IAEO** in Wien. Die Kernenergieorganisation **NEA der OECD** in Paris fördert ebenfalls die internationale Zusammenarbeit in Kernenergiefragen (Überblick bei *Odendahl* in Odendahl AtomR 15 ff.)

Einführung

b) Förderung der Kernenergieentwicklung. Die mit großen Erwartungen 159
verbundene **Einführung der Kernenergie** erfolgte in enger internationaler Zusammenarbeit. Diese war schon deswegen erforderlich, weil neben den USA und der Sowjetunion nur wenige Staaten über das Potenzial zur eigenständigen Entwicklung dieser Technologie verfügten. Da es sich um **Forschungs- und Entwicklungsaufgaben** handelte, waren es anfangs vor allem staatliche oder staatlich geförderte Institutionen, die die Entwicklung vorantrieben. So wurden in Deutschland zur Ergänzung der universitären Institute nach dem Vorbild der zunächst militärischen Zwecken dienenden Forschungslaboratorien („National Labs") in den USA Großforschungseinrichtungen, beispielsweise in Jülich, Karlsruhe oder Geesthacht, in der früheren DDR in Rossendorf bei Dresden gegründet. Die internationale Vernetzung der Aktivitäten wurde durch ein Netzwerk internationaler Regierungs- oder Ressortabkommen flankiert und rechtlich abgesichert (*Pelzer* in Erler/Kruse, Deutsches Atomenergierecht, 1983, A 31 Bl. 1). Gegenstand der Verträge waren vor allem Informationsaustausch, Technologietransfer und Sicherheitsfragen, zum Teil auch die rechtliche Flankierung von Lieferinteressen.

So unterstützte die Bundesrepublik den **Export von Anlagen** des deutschen 160
Herstellers Siemens/KWU in andere europäische Länder, aber auch nach Argentinien und Brasilien sowie in den Iran mit entsprechenden Vereinbarungen (s. Übersicht des BASE → Rn. 157). Dabei ging es um die Vermittlung der zum Betrieb solcher Anlagen notwendigen **technischen Kenntnisse** und den Aufbau der entsprechenden **Infrastruktur,** aber auch um Unterstützung bei dem Aufbau eines Kernbrennstoffkreislaufs. Für Brasilien war sogar die Lieferung von Anreicherungsanlagen geplant (Zur Problematik: *Wissenschaftliche Dienste des Deutschen Bundestags,* Das deutsch-brasilianische Atomabkommen aus heutiger Sicht, WD1 – 3000 – 049/13 vom 4.7.2013). Die Mehrzahl dieser Verträge ist heute weitgehend gegenstandslos.

Da sich die Auslegung eines Kernkraftwerks regelmäßig an der Sicherheitsphilo- 161
sophie des Herstellerlandes orientiert, wollte man den Empfängerstaaten deutscher Kerntechnik ein vergleichbares **Regelwerk** und behördliches Überwachungssystem nahebringen. Die Herstellerstaaten wurden international als Garanten für die Sicherheit der von ihnen gelieferten Anlagen angesehen. Zweck dieser Abkommen war es auch, die deutschen kerntechnischen Sicherheitsvorstellungen international zu verbreiten, was zu engen Kontakten der jeweiligen **Sicherheitsbehörden** führte.

c) Nichtverbreitung von Kernwaffen und spaltbarem Material. Die 162
Nichtverbreitung („**Non-Proliferation**") von Kernwaffen bzw. dem zu ihrer Herstellung notwendigen Material war neben der Förderung der Kernenergieentwicklung der weitere Schwerpunkt des internationalen Atomrechts und steht heute in seinem Mittelpunkt. Die **Verifikation** der Nichtverbreitung ist Gegenstand eines internationalen Vertragswerks, mit dessen Durchführung und Überwachung die Internationale Atomenergieorganisation (IAEO) betraut ist, die bei der Kontrolle der Nichtkernwaffenstaaten der EU mit Euratom zusammenarbeitet.

Grundlage des internationalen Nichtverbreitungsregimes ist der **Kernwaffen-** 163
sperrvertrag vom 1.7.1968 (Non Proliferation Treaty (NPT), BGBl 1974 II 785, 1995 II 984). Mit der Unterzeichnung dieses Vertrages hat Deutschland auf die Herstellung und den Besitz von Kernwaffen verzichtet. Zugleich hat sich Deutschland entsprechenden Kontrollen von spaltbarem Material durch Inspektionsteams („**Safeguards**") oder technische Überwachungsmaßnahmen der IAEO bzw.

Einführung

durch Euratom gemäß dem zwischen der IAEO und Euratom abgeschlossenen Verifikationsabkommen vom 5.4.1973 (BGBl 1974 II 795, 2000 II 71, Ausführungsgesetz vom 7.1.1980, BGBl 1980 I 17, 2000 I 74) unterworfen.

164 Zum Nichtverbreitungsregime sind auch das **Atomteststoppabkommen** (Nuclear Test Ban Treaty (NTBT) BGBl. 1965 II 552) und seine Erweiterung um das Verbot unterirdischer Versuche durch den Comprehensive Nuclear Test Ban Treaty (CTBT) zu rechnen. Die Einhaltung des Vertrages wird durch eine eigenständige Organisation (CTBTO) mit Inspektionsrechten überwacht, die ihren Sitz ebenfalls in Wien hat.

165 Gemäß den völkerrechtlichen Verpflichtungen Deutschlands regelt das AtG die Nutzung der Kernenergie ausschließlich zu **friedlichen Zwecken,** wobei die Nutzung durch die Bundeswehr eingeschlossen ist (→ AtG § 24 Rn. 35). Die Genehmigungs- und Aufsichtsbestimmungen des AtG dienen auch dazu, die Einhaltung der Nichtverbreitungsbestimmungen sowie der internationalen Regelungen zum physischen Schutz und die ggf. erforderliche Mitwirkung zu gewährleisten. Das AtG erstreckt sich aber nicht auf die Durchfuhr oder Lagerung von Atomwaffen der NATO-Bündnispartner oder ihre Nutzung durch die Bundeswehr im Kriegsfall (→ AtG § 24 Rn. 36; siehe auch *Haedrich* AtG Einführung Rn. 8).

166 **d) Sicherheit von Kernkraftwerken.** Die Sicherheit von kerntechnischen Anlagen ist Gegenstand eines ständigen bilateralen und internationalen Informationsaustauschs der Sicherheitsbehörden auf der Grundlage bilateraler Abkommen (→ Rn. 1), multilateraler Verträge und informeller Absprachen. Nach dem Reaktorunglück von Tschernobyl und der Öffnung Osteuropas gab es besonders von deutscher Seite Bestrebungen, grundlegende Sicherheitsanforderungen im kerntechnischen Bereich international verbindlich zu machen. Die Ergebnisse sind das **Übereinkommen über nukleare Sicherheit** (Convention on Nuclear Safety) vom 17.6.1994 (BGBl. 1997 II 130) und das **Gemeinsame Übereinkommen über die Sicherheit der Behandlung abgebrannter Brennelemente und über die Sicherheit der Behandlung radioaktiver Abfälle** (Joint Convention on the Safety of Spent Fuel Management and on the Safety of Radioaktive Waste) vom 5.11.1997 (BGBl. 1998 II 1752). Die Konventionen legen erstmals international allgemeine Sicherheitsprinzipien verbindlich fest. Ihre Einhaltung kann aber völkerrechtlich nicht erzwungen werden (→ AtG § 1 Rn. 28). Die Unterzeichnerstaaten müssen auf alle drei Jahre stattfindenden **Überprüfungstagungen** der Vertragsstaaten schriftlich berichten. Die Berichte werden **Peer Reviews** unterzogen, die auf den von der IAEO organisierten Tagungen diskutiert werden. Alle Konferenzteilnehmer können zu den einzelnen Länderberichten Fragen stellen. Die Einhaltung der Konventionen wird damit ausschließlich durch ein System wechselseitig überprüfter Selbstbewertungen überwacht (für das vergleichbare System in der EU → AtG § 24b Rn. 5ff.). Der IAEO stehen keine Kontrollbefugnisse zu. Die Länderberichte und Konferenzergebnisse werden von den Unterzeichnerstaaten üblicherweise veröffentlicht.

167 Eine unmittelbare Folge des Reaktorunglücks von Tschernobyl waren die beiden noch unter den Bedingungen des kalten Krieges vereinbarten **Übereinkommen über frühzeitige Benachrichtigung bei nuklearen Unfällen** vom 29.6.1986 (BGBl. 1989 II 435) und über **Hilfeleistung bei nuklearen Unfällen und radiologischen Notstandssituationen** vom 26.11.1986 (BGBl. 1989 II 441). Sie sollen der IAEO die Möglichkeit geben, die Mitgliedstaaten im Notfall schnell zu informieren und Hilfe zu organisieren (*Pelzer* in Odendahl AtomR

133 ff.). Beim Reaktorunglück in Fukushima kam dieses Instrumentarium zum Einsatz, stand jedoch im Wettbewerb mit den modernen Informationsmedien.

Wegen der Kritik an der japanischen Atomaufsicht nach dem **Reaktorunglück** **168** **von Fukushima**, das auch als ein Versagen des Sicherheitsübereinkommens aufgefasst wurde, suchte man nach Wegen, der IAEO im Bereich der Sicherheit stärkere Befugnisse einzuräumen und die konkreten Verpflichtungen der Vertragsstaaten zu erhöhen. Die Schweiz schlug vor, die Sicherheitsanforderungen in dem Übereinkommen durch eine an das **europäische Sicherheitsziel** für Kernkraftwerke anknüpfende Bestimmung zu verschärfen. Danach müssen Kernkraftwerke so gebaut und betrieben werden, dass Unfälle mit frühen radioaktiven Freisetzungen in die Umgebung oder langfristigen radioaktiven Kontaminationen vermieden werden (Art. 8a Abs. 1 RL 2014/87/Euratom, ABl. L 219, 42). Da sich keine Mehrheit für eine rechtlich verpflichtende Änderung der Konvention fand, wurde eine gemeinsame Erklärung („**Vienna Declaration on Nuclear Safety**" vom 9.2.2015, CNS/DC/2015/2/Rev. 1.) mit entsprechendem Inhalt verabschiedet. Über die Vorkehrungen zur Einhaltung dieses Ziels sollen die Unterzeichnerstaaten bei den Überprüfungskonferenzen berichten (zur RL 2014/87/Euratom und ihrer Umsetzung → AtG § 24b Rn. 3 ff.).

e) Sicherung von Kernbrennstoffen und Transporten. Der Nichtverbrei- **169** tung dient auch das Abkommen über den physischen Schutz von Kernmaterial und Kernanlagen vom 26.10.1079 (BGBl. 1990 II 327), das besonders auf den Schutz von Kernmaterial bei Transporten zielt. Im weiteren Sinn gehören auch die Abkommen des internationalen Gefahrgutrechts zur Beförderung auf Straße und Schiene, sowie im Seeverkehr, soweit sie sich auf die Beförderung radioaktiver Stoffe beziehen, zum internationalen Atomrecht (→ AtG § 4 Rn. 17 ff.). Das gleiche gilt für Regelungen über die Sicherheit von nuklear betriebenen Schiffen (Solas-Konvention, Chapter VIII, BGBl. 1979 II 141) und bilaterale Abkommen zum Hafenzugang solcher Schiffe (*Pelzer,* Aktuelle internationalrechtliche Probleme der friedlichen Reaktorschifffahrt, die Schifffahrtsfreiheit im gegenwärtigen Völkerrecht, 1975, 321 ff.).

f) Haftung. Ein weiterer multilateraler Regelungsgegenstand ist das **Haf- 170 tungsrecht** für den Fall nuklearer Unfälle und sonstiger kerntechnischer Schadensfälle. Hierfür sind regional unterschiedliche internationale Vertragswerke maßgeblich (§§ 25 ff.). Neben der IAEO befasst sich vor allem die OECD in Paris mit ihrer Unterorganisation Nuclear Energy Agency (NEA) mit dem Haftungsrecht. Zu den Einzelheiten → AtG Vor §§ 25–40c Rn. 1 ff.

g) Grenznahe Zusammenarbeit. Mit den **Nachbarstaaten** Deutschlands **171** wurden **bilaterale Abkommen** über den Informationsaustausch zu kerntechnischen Einrichtungen abgeschlossen (Belgien: 19.12.2016, BGBl. II 1445; Schweiz: 10.8.1982, BGBl. 1983 II 734; Tschechische und Slowakische Republik: 30.5.1990, BGBl. II 1307; Österreich: 1.7./3.8.1993, BGBl. 1995 II 482; Frankreich: Briefwechsel der Innenminister 1976; Niederlande: Briefwechsel BMI mit dem niederländischen Minister für Volksgesundheit, Umweltschutz und soziale Angelegenheiten, Sep/Okt 1977). Sie zielen auf Vertrauensbildung. Mittels regelmäßig tagender Kommissionen werden unter Beteiligung regionaler Körperschaften wechselseitig Informationen über Anlagen übermittelt, deren Grenznähe Anlass zu Besorgnis geben könnte. Eine Verpflichtung zur Zusammenarbeit unter anderem durch **Informationsaustausch in Bezug auf grenznahe Anlagen** er-

Einführung

gibt sich nunmehr auch aus Art. 8 Abs. 3 RL 2014/87/Euratom (EU-Sicherheitsrichtlinie vom 8.7.2014, ABl. L 219, 42).

172 **h) Internationale Institutionen.** Die **IAEO** mit Sitz in Wien ist eine eigenständige Organisation im **System der Vereinten Nationen,** mit denen sie auf der Grundlage eines Vertrages zusammenarbeitet (→ AtG § 1 Rn. 29). Sie berichtet regelmäßig an die Generalversammlung der UN, gegebenenfalls auch an den Sicherheitsrat. Deutschland ist seit ihrer Gründung 1957 Mitglied der IAEO und hat einen Sitz im **Gouverneursrat.** Im Mittelpunkt ihrer Arbeit steht heute die **Kernmaterialkontrolle.** Auf der Grundlage des Nichtverbreitungsvertrages führt sie Kontrollmissionen durch und betreibt ein Analyselabor in Seibersdorf bei Wien.

173 Die IAEO hat ebenso die Aufgabe, den friedlichen Gebrauch der Kernenergie in den Nichtwaffenstaaten zu fördern. Die IAEO betreibt technische Informationsvermittlung unter ihren Mitgliedern und führt Fachtagungen sowie **Trainings- und Kooperationsprogramme** auf allen Gebieten durch, in denen die zivile Nutzung der Kernkraft und radioaktive Strahlung zum Einsatz kommen kann. Dazu verfügt sie unter anderem über ein Umweltlaboratorium in Monaco.

174 Auch die Sicherheit von kerntechnischen Anlagen und Materialien sowie die Verfahrensweise bei kerntechnischen Unfällen gehört zu den Aufgaben der IAEO. Sie hat aber auf diesem Gebiet kein eigenständiges Kontrollmandat, sondern unterstützt die Zusammenarbeit der Mitgliedstaaten und stellt das Sekretariat für internationale Konventionen zur kerntechnischen Sicherheit. Der Schwerpunkt ihrer Arbeit liegt im Informationsaustausch sowie in der Entwicklung eines gestaffelten Systems von **Sicherheitsstandards, Richtlinien und Empfehlungen.** Die Sicherheitsstandards werden in Arbeitsgruppen und Gremien der Vertragsstaaten vorbereitet und beschlossen. Sie haben empfehlenden Charakter und bedürfen wegen der unterschiedlichen technischen Sicherheitskonzepte einer entsprechend angepassten Umsetzung durch nationale Regelwerke.

175 Außerdem bietet die IAEO ein System von „**Missionen**" an, bei denen kerntechnische Anlagen sowie sonstige Einrichtungen und das Regulierungssystem nach Einladung durch den jeweiligen Mitgliedstaat vor Ort überprüft werden können. Hierfür werden Teams von Experten anderer Mitgliedstaaten sowie von Mitarbeitern der IAEO zusammengestellt, die – zumeist auf der Grundlage einer vorherigen Selbstbewertung der überprüften Institution – nach einer Inspektion einen **Bericht** über ihre Feststellungen vorlegen. Grundlage der Bewertung sind die Sicherheitsstandards der IAEO und die international übliche Regulierungspraxis der Aufsichtsbehörden. Besonders gute oder verbesserungswürdige Praktiken werden in den Berichten üblicherweise besonders hervorgehoben. Die Überprüfungsmissionen finden auf freiwilliger Grundlage statt, sofern sie nicht für EU-Mitglieder vorgegeben sind (→ AtG § 24b Rn. 5ff.). Die IAEO behandelt die Berichte vertraulich, sie werden aber in aller Regel von den Mitgliedstaaten veröffentlicht.

176 Die Kernenergieorganisation der OECD in Paris, **Nuclear Energie Agency (NEA),** fördert den Informationsaustausch und die Zusammenarbeit der Mitgliedstaaten auf kerntechnischem Gebiet. Im Bereich des Haftungsrechts spielt sie eine besonders hervorgehobene Rolle.

Einführung

2. Europarecht

a) Einführung. aa) Rechtsquellen. Auf europäischer Ebene wird die friedliche Nutzung von Kernenergie maßgeblich vom EURATOM-Vertrag (EAG-Vertrag) geregelt. Er wurde zusammen mit dem EWG-Vertrag am 25.3.1957 in Rom unterzeichnet und blieb bis auf institutionelle Anpassungen seither großteils ohne Veränderungen. Neben dem AEUV und dem EUV gehört der EAGV zum Kern des europäischen Primärrechts (*Grunwald* in Odendahl AtomR 186). Mit dem Inkrafttreten des Vertrages von Lissabon wurde die Europäische Atomgemeinschaft aus dem ehemaligen Dachverband der Union ausgegliedert und besteht nun neben ihr als – abgesehen von institutionellen Verknüpfungen – **unabhängige internationale Organisation** mit eigener Rechtspersönlichkeit (Art. 184 EAGV) fort (so BVerfG NJW 2009, 2267 (2267)). 177

Auf Grundlage des EAGV wurden **zahlreiche sekundärrechtliche Rechtsakte** erlassen, insbesondere sogenannte Grundnormen für den Gesundheitsschutz, gestützt auf Art. 31 und 32 EAGV. Diese Kompetenztitel hat der EuGH in mehreren Entscheidungen weit verstanden (→ Rn. 186 ff.); insbesondere hat der EuGH wiederholt festgestellt, dass diese Bestimmungen und nicht etwa der AEUV die zutreffende Rechtsgrundlage für Strahlenschutz- und Sicherheitsvorschriften auf dem Gebiet der Kernenergie sind (vgl. EuGH EuZW 2015, 230 (231 f.) mAnm *Gundel*). Zu den auf diese Vorschriften gestützten Rechtsakten gehören unter anderem die Richtlinie über einen Gemeinschaftsrahmen für die nukleare Sicherheit kerntechnischer Anlagen (RL 2009/71/Euratom des Rates vom 25. Juni 2009, ABl. 2009 Nr. L 172, 18), die Richtlinie über einen Gemeinschaftsrahmen für die verantwortungsvolle und sichere Entsorgung abgebrannter Brennelemente und radioaktiver Abfälle (RL 2011/70/Euratom des Rates vom 19. Juli 2011, ABl. 2011 Nr. L 199, 48) und über Überwachung und Kontrolle von deren Verbringung (RL 2006/117/Euratom des Rates vom 20. November 2006, ABl. 2006 L 337, 21). Eine solche Grundnorm ist auch die Richtlinie zur Festlegung grundlegender Sicherheitsnormen für den Schutz vor den Gefahren einer Exposition gegenüber ionisierender Strahlung (RL 2013/59/Euratom des Rates vom 5. Dezember 2013, ABl. 2014 Nr. L 13, 1, ber. ABl. 2016 Nr. L 72, 69). Sie fasst die wesentlichen europäischen Bestimmungen auf dem Gebiet des Strahlenschutzes in einem Rechtsakt zusammen und wird durch das Gesetz zur Neuordnung des Rechts zum Schutz vor der schädlichen Wirkung ionisierender Strahlung vom 27.6.2017 (BGBl. I 1966) umgesetzt, welches eine grundlegende Änderung des deutschen Strahlenschutzrechts vorsieht und dieses aus dem Atomgesetz ausgliedert (→ Rn. 51). 178

bb) Verhältnis des EAGV zu AEUV und EUV. Anders als der frühere EG-Vertrag in Art. 305 Abs. 2 enthalten weder der AEUV noch der EUV eine Regelung zum Verhältnis der Verträge zueinander. Eine solche findet sich nunmehr (weiterhin lediglich deklaratorisch) in Art. 106a Abs. 3 EAGV, wonach der AEUV und der EUV „keine Abweichung von den Vorschriften dieses Vertrags" beinhalten. Der Euratom-Vertrag und das auf seiner Grundlage erlassene Sekundärrecht sind demnach auch nach Inkrafttreten des Vertrages von Lissabon **lex specialis zum Recht der Europäischen Union**, „d. h., sie gehen letzteren vor" (EuG T-356/15, BeckRS 2018, 14894 Rn. 72 – Österreich/Kommission); EUV und AEUV gelten ergänzend für Gegenstände, die der EAGV nicht oder nicht abschließend regelt (EuG T-356/15, BeckRS 2018, 14894 Rn. 73 – Österreich/Kommission; *Tauschinsky/Böttner* EuZW 2018, 674 (679); *Frenz/Ehlenz* RdE 2011, 41 (42); *Grunwald* in Hatje/Müller-Graf, Enzyklopädie Europarecht I, § 16 Rn. 17; *ders.* in 179

Einführung

Odendahl AtomR 186; *ders.* ZEuS 2010, 407 (410); *Hamer* in von der Groben/Schwarze/Hatje, Europäisches Unionsrecht, 7. Aufl. 2015, AEUV Art. 194 Rn. 29; *Lecheler/Recknagel* in Dauses/Ludwigs, Handbuch des EU-Wirtschaftsrechts, M. Rn. 171; *Papenkort,* Der Euratom-Vertrag im Lichte der Verfassung für Europa, 99–103; *Roßegger* AbfallR 2011, 276 (277); noch zu Art. 305 Abs. 2 EGV: *Hermes* ZUR 2004, 12 (15); *Wahl/Hermes,* Nationale Kernenergiepolitik und Gemeinschaftsrecht, 91 ff.; siehe auch Präambel des Protokoll Nr. 2 zur Änderung des Vertrags zur Gründung der Europäischen Atomgemeinschaft, ABl. 2007 C 306, 199, wonach die Bestimmungen des EAGV weiterhin „volle rechtliche Wirkung entfalten müssen"). Zur alten Rechtslage entschied der EuGH, dass „auf Grundlage der einschlägigen Bestimmungen des EG-Vertrages geeignete Maßnahmen ergriffen werden können", soweit „der EAG-Vertrag der Gemeinschaft kein spezifisches Instrument" für die Verfolgung seiner Ziele liefert (EuGH C 61/03 Slg. 2005, I-2511 Rn. 44 = BeckRS 2005, 70258 Rn. 44 – KOM/Vereinigtes Königreich; vgl. zur Anwendung von Bestimmungen des EWGV bzw. des EGV durch den EuGH: EuGH C 52/88, Slg. 1990, I-1527, Rn. 17; EuGH C-115/08, EuZW 2010, 26 Rn. 91). Eine wichtige Folge sind etwa die Anwendbarkeit des allgemeinen Beihilfenrechts, der Grundfreiheiten und der Grundrechte (vgl. EuG T-356/15, BeckRS 2018, 14894 Rn. 75 ff. – Österreich/Kommission; *Frenz,* Handbuch Europarecht VI, 2010, Rn. 4853 ff.).

180 Neue Abgrenzungsfragen stellen sich aufgrund des mit dem Lissabon-Vertrag neu eingeführten Energiekompetenztitels in Art. 194 AEUV. Grundsätzlich findet Art. 194 AEUV auch im Bereich des Atomrechts Anwendung (EuGH C-594/18 P, BeckRS 2020, 23415 Rn. 48 – Österreich/Kommission; *Ehricke/Hackländer* ZEuS 2008, 579 (584 f.); *Kahl* EuR 2009, 601 (620); *Papenkort/Wellershoff* RdE 2010, 77 (82 f.); *Schulenberg,* Die Energiepolitik der Europäischen Union, 2009, 421). Auch wenn die Entwicklung der Kernenergie zu den Zielen von Euratom gehören, verfügen weder der Europäische Gerichtshof noch die übrigen Unionsorgane über die Zuständigkeit und die demokratische Legitimation über die Wahl der Kernenergie als Quelle der Energieversorgung zu entscheiden. Das in Art. 194 Abs. 2 UAbs. 2 AEUV statuierte Recht jedes Mitgliedstaats, „zwischen verschiedenen Energiequellen [zu wählen] und die allgemeine Struktur seiner Energieversorgung zu bestimmen", umfasst demnach das Recht, „Kernenergie und Kernkraftwerke als Teil seiner Energieversorgungsquellen zu entwickeln, wenn er dies für richtig hält" (SchlA GA Hogan C-594/18 P, ECLI:EU:C:2020:352 Rn. 42 = BeckRS 2020, 7688 – Österreich/Kommission).

181 Durch **Art. 106a Abs. 1 EAGV** werden zentrale organisatorische Normen des AEUV und des EUV in den Euratom-Vertrag inkorporiert – in erster Linie die Vorschriften über die Organe und die Finanzvorschriften (zu den einzelnen Verweisungen: *Grunwald* in Calliess, Herausforderungen an Staat und Verfassung, 2015, 549 ff.). Die institutionelle Verknüpfung führt dazu, dass die Organe in Personalunion für beide Organisationen handeln (*Rodi* in Vedder/Heintschel von Heinegg, Europäisches Unionsrecht, 2. Aufl. 2018, EAGV Art. 106a Rn. 2). Der EAGV bildet mit den EU-Verträgen eine funktionelle Einheit, sodass allgemeine Rechtsgrundsätze und Auslegungsregeln auch im Rahmen des EAGV heranzuziehen sind (*Frenz/Ehlenz* RdE 2011, 41 (42); *Schärf* EU-AtomR 255). Zudem gilt auch für das Recht der EAG der Anwendungsvorrang gegenüber innerstaatlichem Recht (EuGH C 115/08, Slg. 2009, I-10265 Rn. 138 – ČEZ).

b) Ziele und Zuständigkeiten von Euratom. Erklärtes Ziel der Atomgemeinschaft ist gemäß Art. 1 EAGV, „die schnelle Bildung und Entwicklung von Kernindustrien". Damit ist „der Euratom-Vertrag ein sektoraler, auf die Förderung der Kernenergie gerichteter Vertrag" (EuGH C-594/18 P, BeckRS 2020, 23415 Rn. 32 – Österreich/Kommission). Ob dieser Förderungszweck angesichts der Vorbehalte gegen die Nutzung von Kernenergie heute **noch zeitgemäß** ist, ist in zahlreichen Vertragsstaaten heute umstritten (vgl. nur den Ausschussbericht BT-Drs. 17/11713; *Posser* in PSM § 7 Rn. 111 ff.; *Renneberg* in Koch/Roßnagel, 12. Deutsches Atomrechtssymposium, 89 (90)). In Deutschland haben die Parteien CDU, CSU und SPD in ihrem Koalitionsvertrag vom 12.3.2018 ausdrücklich festgehalten, sich dafür einzusetzen, „die Zielbestimmungen des EURATOM-Vertrages […] an die Herausforderungen der Zukunft an[zu]passen" und eine „EU-Förderung für neue Atomkraftwerke" abzuschaffen (Koalitionsvertrag, Rn. 141). Der Grundsatzstreit über die – vorgebliche – Notwendigkeit einer grundlegenden Revision des EAGV ändert freilich „nichts daran, dass die Vorschriften des Euratom-Vertrags voll in Kraft sind" (EuG T-356/15, BeckRS 2018, 14894 Rn. 102 – Österreich/Kommission). 182

aa) Förderung der Forschung (Art. 4–11 EAGV). Der Abschnitt zur Förderung der Kernforschung (Art. 4–11 EAGV) beinhaltet einerseits Vorschriften zur Förderung der Kernforschung in den Mitgliedstaaten (Art. 4–6 EAGV) und andererseits zur Planung und Durchführung gemeinschaftseigener Forschungs- und Ausbildungsprogramme (Art. 7–11 EAGV). Die Kernforschung in den Mitgliedstaaten ist frei und jeder Regierung ist es selbst überlassen, ob sie Nuklearforschung betreiben möchte (→ Rn. 180). Der Kommission wird ein Koordinierungsauftrag zugewiesen (Art. 5 EAGV), der sie zu Stellungnahmen berechtigt. Seit Anbeginn ist die Forschung auf dem Gebiet der Sicherheit der Kernspaltung fester Bestandteil der Forschungs- und Ausbildungsprogramme, auch wenn eine wie in Art. 9 Abs. 2 EAGV vorgesehene Universität bis heute nicht gegründet worden ist. Nach Art. 7 EAGV legt der Rat die Forschungs- und Ausbildungsprogramme der Gemeinschaft für jeweils maximal fünf Jahre fest (hierzu *Grunwald*, Das Energierecht der Europäischen Gemeinschaften, 195 ff.). Neben der Kernspaltung ist auch die Kernfusion Gegenstand der Forschung. Ein Schwerpunkt dieser Forschungsförderung ist der Bau und die künftige Nutzung im Rahmen von ITER (*Grunwald* ZEuS 2010, 407 (413 f.); *Schärf* EU-AtomR 319). 183

bb) Verbreitung der Kenntnisse (Art. 12–29 EAGV). Kapitel II des EAGV soll eine „Europäische Wissens- und Verwertungsgemeinschaft" errichten (*Grunwald* in Odendahl AtomR 188), in welcher die für die Entwicklung der Kernenergie relevanten Kenntnisse durch das Zusammenspiel von Kommission und Mitgliedstaaten mitgeteilt und Lizenzen eingeräumt werden. Bedeutung kommt einerseits den Bestimmungen über die Geheimhaltung zu (Art. 24 ff. EAGV; EAG-Rat: Verordnung Nr. 3 zur Anwendung des Artikels 24 des Vertrages zur Gründung der Europäischen Atomgemeinschaft, ABl. 1958 Nr. 17, 406 ff.; vgl. auch *Grunwald,* Das Energierecht der Europäischen Gemeinschaften, 207 f.; *ders.* in Hatje/Müller-Graff, Enzyklopädie Europarecht I, § 16 Rn. 36), deren Schutzgut die Verteidigungsinteressen der Mitgliedstaaten sind, andererseits der Kompetenz der Kommission zum Abschluss von völkerrechtlichen Abkommen und Verträgen über den Austausch von wissenschaftlichen oder gewerblichen Kenntnissen auf dem Kerngebiet (Art. 29 EAGV; vgl. *Grunwald,* Das Energierecht der Europäischen Gemeinschaften, 204 ff.). 184

Einführung

185 cc) **Gesundheitsschutz (Art. 30–39 EAGV).** Zur Zuständigkeit der Gemeinschaft gehört zum einen die **legislative Aufgabe,** Sicherheitsnormen nach Art. 30–32 zu erlassen und zum anderen die **Überprüfung der administrativen Anwendung** der Normen durch die Vertragsstaaten gem. Art. 33–38 (*Grunwald* in Hatje/Müller-Graf, Enzyklopädie Europarecht I, § 16 Rn. 38).

186 (1) **Grundnomen (Art. 30–32 EAGV).** Die Art. 30 ff. EAGV zielen darauf ab, „einen lückenlosen und wirksamen Gesundheitsschutz der Bevölkerung gegen die Gefahren durch ionisierende Strahlungen sicherzustellen, ungeachtet der Strahlungsquelle" (EuGH C-70/88, Slg. 1991 I-4561 Rn. 14 – Europäisches Parlament/Rat der Europäischen Gemeinschaften). Die Vorschriften dieses Kapitels sind – entgegen Wortlaut und Systematik – vom EuGH weit ausgelegt worden, um ihnen praktische Wirksamkeit zu verleihen (EuGH C 29/99, Slg. 2002, I-11221 Rn. 78 – Kommission/Rat; EuGH C-115/08, Slg. 2009, I-10265 Rn. 100 – ČEZ). Sie „[räumen] der Kommission relativ weitgehende Befugnisse zum Schutz der Bevölkerung und der Umwelt gegen die Risiken einer radioaktiven Verseuchung [ein]" (EuGH 187/87, Slg. 1988, 5037 Rn. 11 – Saarland/Ministerium Post- und Fernmeldewesen). Dass der Gesundheitsschutz dabei nicht nur den allgemeinen Strahlenschutz der Bevölkerung iSv Dosisgrenzen umfasst, sondern auch die kerntechnische Sicherheit von Anlagen, stellte der EuGH im Rahmen einer Grundsatzentscheidung zur nuklearen Sicherheit fest. Demnach sei nicht künstlich zwischen dem Gesundheitsschutz der Bevölkerung und der Sicherheit der Quellen ionisierender Strahlung zu unterscheiden (EuGH C-29/99, Slg. 2002, I-11221 Rn. 82 – Kommission/Rat; s. auch EuGH C-115/08, Slg. 2009, I-10265 Rn. 102 – ČEZ). Zwar werde der Gemeinschaft durch den EAG-Vertrag nicht die Zuständigkeit verliehen, „den Bau oder den Betrieb von Kernanlagen zu genehmigen, so verfügt sie nach den Artikeln 30 bis 32 EAG-Vertrag doch über eine Regelungszuständigkeit, im Hinblick auf den Gesundheitszustand ein Genehmigungssystem zu schaffen, das von den Mitgliedsstaaten anzuwenden ist." Ein solcher Rechtsetzungsakt stellt dann eine Ergänzung der Grundnorm iSd Art. 32 EAGV dar (EuGH C 29/99 Slg. 2002, I-11221 Rn. 89 – Kommission/Rat; dazu EuGH Slg. 2009, I-10265 Rn. 103 – ČEZ).

187 Ungeachtet dessen bleibt für das auf die Art. 30 ff. EAGV gestützte Sekundärrecht stets ein spezifischer Bezug zum Strahlen- und Gesundheitsschutz zu fordern (*Frenz/Ehlenz* RdE 2011, 41 (44); *Frenz,* Handbuch Europarecht VI, 2010, Rn. 4772 f.), schon damit ein Anwendungsbereich für die rechtlich unverbindlichen Empfehlungen iSd. Art. 33 Abs. 2 EAGV verbleibt (zum Verhältnis dieser Vorschriften *Hermes* ZUR 2004, 12 (15 ff.)). Der Schutz der Umwelt ist jedenfalls als akzessorisches Ziel neben dem Schutz der Gesundheit anerkannt, da der Zustand der Umwelt langfristige Auswirkungen auf die menschliche Gesundheit hat (EuGH 187/87, Slg. 1988, 5037 Rn. 11; EuGH C-29/99, Slg. 2002, I-11221 Rn. 79 ff. – Kommission/Rat; *Frenz/Ehlenz* RdE 2011, 41 (44); *dies.* UPR 2011, 7; *Hermes* ZUR 2004, 12 (22); *Pelzer* in Rengeling, Handbuch zum europäischen und deutschen Umweltrecht, Band II/1, § 58 Rn. 4; s. auch Erwägungsgrund 27 der RL 2013/59/Euratom, ABl. 2014 L 13, 1).

188 Die Art. 30 ff. EAGV sind **nicht auf den militärischen Bereich** anwendbar (EuGH C 61/03, Slg. 2005, I-2511 Rn. 36 = BeckRS 2005, 70258 – KOM/Vereinigtes Königreich; entgegen der SA von GA Geelhoed Slg. 2005, I-2481 Rn. 58 ff., 112 ff.; EuGH C-65/04, BeckRS 2006, 70204 Rn. 26 – KOM/Vereinigtes Königreich; kritisch: *Grunwald* in Hatje/Müller-Graf, Enzyklopädie Europa-

Einführung

recht I, § 16 Rn. 45; *ders.*, Das Energierecht der Europäischen Gemeinschaften, 210; *ders.* in Black-Branch/Fleck, Nuclear Non-Proliferation in International Law III, 2017, 192 ff.). Soweit die zivile Nutzung – etwa im Krisenfall – einer nationalen Ausnahmeregelung unterfallen soll, enthalten die Art. 346 und 347 AEUV Sonderregeln, die die nationalen Sicherheitsinteressen auch im Bereich von Euratom schützen (*Karpenstein* in Schwarze, EU-Vertrag, 4. Aufl. 2019, AEUV Art. 346 Rn. 17).

Grundnormen für den Gesundheitsschutz iSd Art. 30 EAGV sind Mindestnormen, die den Erlass strengerer nationaler Vorschriften nicht verbieten (EuGH C 376/90, BeckRS 2004, 76859 Rn. 19 f. – KOM/Belgien; hierzu: *Pelzer* in Rengeling, Handbuch zum europäischen und deutschen Umweltrecht, Band II/1, § 58 Rn. 10 f.; *Wahl/Hermes*, Nationale Kernenergiepolitik und Gemeinschaftsrecht, 115 ff.). Diese vom EuGH gewählte Dynamisierung der Grundnormen überlässt den Mitgliedstaaten einen Spielraum, der – unter Berücksichtigung der jeweiligen Besonderheiten – den Weg zu einem jeweils bestmöglichen Gesundheitsschutz eröffnen soll (EuGH C-376/90, Slg. 1992, I-6175 = BeckRS 2004, 76859 Rn. 24 ff. – KOM/Belgien). **189**

(2) Anwendung der Grundnormen. Die Anwendung und Durchsetzung der Grundnormen obliegt den Mitgliedstaaten und ihren Verwaltungsbehörden (Art. 33 Abs. 1 EAGV). Der Gemeinschaft kommt ein administrativer Handlungsauftrag zur Überwachung der Anwendung dieser Normen zu (Art. 33–38 EAGV). Auf dem Gebiet des Gesundheitsschutzes werden der **Kommission eine im Primärrecht einmalige Beratungsfunktion** und weitgehende Kontrollrechte gegenüber den Mitgliedstaaten eingeräumt (vgl. Art. 33 Abs. 3 und 4; Art. 34; Art. 35 und 36; Art. 37; Art. 38 Abs. 2 und 3 EAGV; ausführlich: *Grunwald,* Das Energierecht der Europäischen Gemeinschaften, 2003, 220 ff. mwN; *ders.* in Hatje/Müller-Graf, Enzyklopädie Europarecht I, § 16 Rn. 46 ff.). **190**

Verglichen mit der seltenen Anwendung des Art. 34 EAGV (vgl. EuG T-219/95 R Slg. 1995, II-3051 – Danielsson/KOM; *Grunwald,* Das Energierecht der Europäischen Gemeinschaften, 2003, 223 ff.) kommt der Mitteilungspflicht aus Art. 37 EAGV ein breiterer Rechtsanwendungsbereich zu. Hiernach ist jeder Mitgliedstaat verpflichtet, „der Kommission über jeden **Plan zur Ableitung radioaktiver Stoffe aller Art** die allgemeinen Angaben zu übermitteln, auf Grund deren festgestellt werden kann, ob die Durchführung dieses Plans eine radioaktive Verseuchung des Wassers, des Bodens oder des Luftraums eines anderen Mitgliedstaats verursachen kann." Was unter einer Ableitung radioaktiver Stoffe zu verstehen ist, hat die Kommission erläutert (Empfehlung der Kommission vom 11. Oktober 2010 über die Anwendung des Artikels 37 des Euratom-Vertrages (2010/635/Euratom), ABl. 2010 L 279, 36). Demnach erfasst der Begriff „Ableitung" jede geplante oder unvorhergesehene Freisetzung radioaktiver Stoffe in gasförmiger, flüssiger oder fester Form in der bzw. in die Umwelt, die mit dem Betrieb von Kernreaktoren, der Urananreicherung, der Herstellung und Lagerung von Kernbrennstoffen, der Lagerung von radioaktiven Abfällen oder anderen relevanten Tätigkeiten zusammenhängt (Empfehlung 2010/635/Euratom, ABl. L 279, 36 (37)). Die Pläne sind **vor der behördlichen Ableitungsgenehmigung** und nicht erst vor dem tatsächlichen Beginn der Ableitungen an die Kommission zu übermitteln (EuGH 187/87, Slg. 1988, 5037 Rn. 19 – Saarland/Ministerium für Post- und Fernmeldewesen; EuGH C-115/08, Slg. 2009, I-10265 Rn. 104 – ČEZ; *Cenevska,* The European Atomic Energy Community, 56 f.). **191**

Einführung

192 dd) **Investitionen (Art. 40–44 EAGV) und staatliche Beihilfen.** Kapitel 4 statuiert eine Anzeigepflicht für Personen und Unternehmen bei Investitionsvorhaben. Dieses in der Praxis nur selten angewandte Kapitel kommt nicht bei jedwedem Investitionsvorhaben, sondern nur dann zum Tragen, wenn neue Anlagen, Ersatzanlagen oder Umstellungen von Personen und Unternehmen aus den in Anhang II genannten Industriezweigen geplant werden. Art und Umfang der anzuzeigenden Vorhaben bestimmen sich nach Merkmalen, welche der Rat zuletzt in der VO (Euratom) Nr. 2587/1999 festlegte (s. auch Durchführungsbestimmung: VO (EG) [sic!] Nr. 1209/2000 der Kommission vom 8. 6. 2000; VO (Euratom) Nr. 1352/2003 wurde mit Verweis auf die mangelnde Rechtsgrundlage vom EuG aufgehoben (EuG T-240/04, ECLI:EU:T:2007:290 = BeckRS 2008, 70201 – Frankreich/KOM). Gemäß Art. 43 EAGV werden diese Vorhaben gemeinsam mit der Kommission erörtert, woraufhin die Kommission ihre Auffassung dem beteiligten Mitgliedstaat mitteilt.

193 Werden Unternehmen im materiellen Anwendungsbereich von Euratom – etwa Kernkraftanlagen oder wirtschaftsnahe Forschungseinrichtungen – finanziell von Mitgliedstaaten gefördert, stellt sich die Frage nach der Anwendbarkeit des EU-Beihilfenrechts (*Grunwald* in Hatje/Müller-Graff, Enzyklopädie Europarecht I, § 16 Rn. 66; *Schärf* EU-AtomR 257; *Schmidt-Preuß* in Rengeling, Handbuch zum europäischen und deutschen Umweltrecht, Band II/1, § 60 Rn. 17; *Pechstein* EuZW 2001, 307 (308f.); *Schärf* EU-AtomR 257). Der Anwendung der EU-Wettbewerbsregeln wurde entgegen gehalten, dass der **Euratom-Vertrag** – anders als EWGV und EGKS – gerade **kein Beihilfenverbot** vorsieht, sondern im Gegenteil auf eine dirigistische Bildung und Entwicklung der Kernenergie gerichtet ist und folglich bewusst auf Wettbewerbsregeln für die Kernenergie verzichtet haben dürfte (so auch *Grunwald,* Das Energierecht der Europäischen Gemeinschaften, 2003, 235ff.).

194 Während die EU-Kommission die Frage, ob die Art. 107–109 AEUV auf wirtschaftliche Tätigkeiten unter dem EAGV Anwendung finden, im Rahmen der steuerlichen Behandlung von Rückstellungen für die Entsorgung und Stilllegung von Kernkraftwerken in Deutschland noch offen gelassen hatte (Entscheidung C (2001) 3967 endg., 4; der Beihilfetatbestand war hier ohnehin nicht erfüllt: EuG, T 92/02, Slg. 2006, II-11 = BeckRS 2006, 70076 Rn. 67–93, 96–102, 108–114, ist sie später dazu übergegangen, den Beihilfetatbestand (Art. 107 Abs. 1 AEUV) uneingeschränkt anzuwenden, den **Besonderheiten der Kernenergie** allerdings **im Rahmen der Vereinbarkeitsprüfung** im Lichte des EAGV Rechnung zu tragen (zur Kommissionspraxis: *Grunwald* in Hatje/Müller-Graf, Enzyklopädie Europarecht I, § 16 Rn. 66; *ders.* ZEuS 2010, 407 (430ff.)). So sah die Kommission auch im deutschen Gesetz zur Neuordnung der Verantwortung der kerntechnischen Entsorgung vom 27. 1. 2017 (BGBl. I 114), welches die Übernahme der Finanzverantwortung für die End- und Zwischenlagerung kerntechnischer Abfälle durch einen öffentlich-rechtlichen Fonds regelt, eine Beihilfe, die sie allerdings nach den Maßstäben des Euratom-Sekundärrechts für genehmigungsfähig hielt (Beschluss der Kommission vom 16. 6. 2017, SA. 45296; nach *Frenz* RdE 2017, 393 soll schon keine Beihilfe vorliegen). Das EuG hat die Vorgehensweise der Kommission in seiner neueren Rechtsprechung ausdrücklich gebilligt (EuG T-356/15, BeckRS 2018, 14894 Rn. 75ff. – Österreich/Kommission; ebenso nun auch EuGH BeckRS 2020, 23415 – Österreich/Kommission). Danach findet Art. 107 AEUV zwar auf staatliche Beihilfen, die den Zielen des EAGV entsprechen, Anwendung; bei der Anwendung des Beihilfenrechts „auf Maßnahmen, die den Bereich der Kernenergie betreffen, sind jedoch die Vorschriften und Ziele des Euratom-Vertrags zu beachten" (EuG T-356/15, BeckRS 2018, 14894 Rn. 75 ff. – Österreich/Kommission; SchlA GA Hogan C-594/18 P ECLI:EU:C:2020:352 = BeckRS 2020, 7688 – Österreich/Kommission).

ee) Gemeinsame Unternehmen (Art. 45–51 EAGV). Als Anreiz für Unternehmen, in die Kernindustrie zu investieren, stellt der EAG-Vertrag die Möglichkeit der Gründung eines gemeinsamen Unternehmens bereit, das in den Genuss sämtlicher Vergünstigungen des Anhangs III des EAGV kommt. Materielle Voraussetzung der Errichtung eines gemeinsamen Unternehmens ist dessen „ausschlaggebende Bedeutung" für die Entwicklung der Kernenergie in der Gemeinschaft (Art. 45 EAGV). An diese Anforderung wurden bisher allerdings keine überhöhten Maßstäbe angelegt. Formell ist die Gründung durch ein **aufwendiges Verfahren** gekennzeichnet. Die betreffenden Investoren oder ein Mitgliedstaat können der Kommission einen „Plan zur Errichtung eines Gemeinsamen Unternehmens" vorlegen, woraufhin diese dem Rat eine begründete Stellungnahme und – im Falle eines zustimmenden Votums – Vorschläge zur Satzung, dem Zeitrahmen und Standort, zur etwaigen Finanzierung durch Euratom und zur Gewährung von Vergünstigungen unterbreitet (Art. 46 EAGV). Der Rat entscheidet daraufhin mit qualifizierter Mehrheit (Art. 47 Abs. 3 EAGV) bzw. einstimmig hinsichtlich der Beteiligung an der Finanzierung und der Gewährung von Vergünstigungen (Art. 47 Abs. 4, 48 EAGV). 195

Im Jahr 2007 wurde aufgrund von Art. 47 und 48 EAGV das F4E (Fusion for Energy), mit Sitz in Barcelona, als Beitrag an die ITER-Organisation gegründet (Beschluss 2013/791/Euratom des Rates vom 13.12.2013, ABl. 2013 L 349, 100; vgl. auch *Grunwald* ZEuS 2010, 407 (433f.)). Auch **deutsche Kernkraftwerke** waren als solche „joint undertakings" gegründet worden (Kernkraftwerk RWE-Bayernwerk GmbH, Hochtemperatur-Kernkraftwerk GmbH, Schnell-Brüter Kernkraftwerksgesellschaft mbH). 196

Gemeinsame Unternehmen bedürfen eines Gesellschaftsvertrages gemäß dem jeweiligen nationalen Recht. Ihre Rechtsform ist aber insofern ein „dreifacher Zwitter", weil primär die Vorschriften des Euratom-Vertrages und des europäischen Gesellschaftsrechts, sekundär der jeweilige Gesellschaftsvertrag (Satzung) und erst subsidiär das innerstaatliche Recht des Mitgliedstaates zur Anwendung kommt. Das gemeinsame Unternehmen wird als **„europäische Gesellschaftsform sui generis"** bezeichnet, ohne dass die Einzelheiten bislang einer Klärung zugeführt worden wären. 197

Auch bereits **bestehende Anlagen** können als „Gemeinsame Unternehmen" errichtet werden. Dies lässt sich aus dem Wortlaut der Art. 45–51 zwar nicht ausdrücklich entnehmen, wohl aber entspricht es dem Telos, der Entstehungsgeschichte und der EURATOM-Praxis, sofern der Betrieb oder die Fortentwicklung eines bestehenden Kernkraftwerkes von übergreifender Bedeutung für die Entwicklung der Kernenergie ist (vgl. beispielsweise die Errichtung der SENA: Entscheidung des Rates vom 9.10.1961 über die Errichtung des gemeinsamen Unternehmens „Société d'énergie nucléaire franco-belge des Ardennes", ABl. 1961 P 65, 1173 ff.). 198

ff) Versorgung (Art. 52–75 EAGV). Der Versorgungsauftrag der Gemeinschaft (Art. 2d EAGV) ist durch eine gemeinsame Versorgungspolitik (Art. 52 Abs. 1 EAGV) zu erfüllen, die auf den Prinzipien der **Versorgungssicherheit und Nichtdiskriminierung** beruht und deren Umsetzung der Euratom-Versorgungsagentur obliegt (*Grunwald*, Das Energierecht der Europäischen Gemeinschaf- 199

Einführung

ten, 2003, 243 ff.). Die Agentur soll Angebote seitens der Erzeuger und Nachfragen auf Verbraucherseite in Einklang bringen und die Aufträge ausführen, „es sei denn, dass rechtliche oder sachliche Hindernisse ihrer Ausführung entgegenstehen" (Art. 61 Abs. 1 EAGV). Tatsächlich hat die Agentur im Rahmen des sog. vereinfachten Verfahrens die Verbraucher und Erzeuger ermächtigt, Lieferverträge untereinander direkt auszuhandeln und sie der Agentur zur Genehmigung vorzulegen (zum Umfang der Rechtskontrolle der Genehmigungsentscheidung: EuGH C-161/97 P, Slg. 1999, I-2116 – KKW Lippe-Ems/KOM). Erzeuger der Gemeinschaft müssen sich demnach direkt um den Absatz ihrer Produktion bemühen und können nicht ihre Erzeugnisse über die Agentur einem Käufer aufzwingen. Die Erzeugnisse aus der Gemeinschaftsproduktion stehen dabei in Konkurrenz zu Angeboten aus Drittländern; eine Gemeinschaftspräferenz kann nicht anerkannt werden (vgl. EuGH C-357/95 P, Slg. 1997, I-1329 – ENN/KOM; *Grunwald*, Das Energierecht der Europäischen Gemeinschaften, 2003, 249 f.).

200 Nach Art. 75 Abs. 1 EAGV werden Verpflichtungen von den Vorschriften dieses Kapitels ausgenommen, im Rahmen derer Erze, Ausgangsstoffe oder besonders spaltbare Stoffe nach der Aufbereitung, Umwandlung oder Formung an den Auftraggeber zurückgegeben werden. Diese Bestimmung ist dahin auszulegen, dass die darin genannten Begriffe „Aufbereitung, Umwandlung oder Formung" auch die Anreicherung von Uran umfassen (EuGH C-123/04 und C-124/04, Slg. 2006, I-7861 Rn. 46 = BeckRS 2006, 70666 – Industrias Nucleares do Brasil und Siemens; *Grunwald* ZEuS 2010, 407 (435 f.)).

201 **gg) Überwachung der Sicherheit (Art. 77–85 EAGV).** Kapitel VII des EAGV sieht eine umfassende Kontrolle der Verwendung von Erzen, Ausgangsstoffen und besonders spaltbaren Stoffen im Interesse der äußeren und inneren Sicherheit der Staaten vor. Durch geeignete Überwachungsmaßnahmen (sog. **Safeguards**) soll der Abzweigung und unbefugten Nutzung von Kernmaterial vorgebeugt werden. Die konkretisierten Safeguards sind in der Verordnung Nr. 302/2005 vom 8. Februar 2005 über die Anwendung der Euratom-Sicherungsmaßnahmen (VO (Euratom) Nr. 302/2005, ABl. 2005 L 54) niedergelegt. Das Safeguard-System der Gemeinschaft wird von dem Überwachungssystem der IAEO überwölbt, in das es durch vertragliche Regelungen integriert ist, wobei das Euratom-System auf die Kontrolle der Unternehmen und das der IAEO auf die Kontrolle der Staaten abzielt.

202 Bei Verstößen gegen die Verpflichtungen aus Kapitel VII des EAGV kann die Kommission an den jeweiligen Mitgliedstaat gerichtete Richtlinien erlassen (Art. 82 UAbs. 3 EAGV) und nach deren Nichtbefolgung ein Vertragsverstoßverfahren vor dem EuGH einleiten (Art. 82 UAbs. 4 EAGV) (*Grunwald* ZEuS 2010, 407 (438)). Gegen den Anlagenbetreiber können Sanktionen verhängt werden (vgl. Katalog im Art. 83 Abs. 1 EAGV; EuGH C-308/90, Slg. 1993, I-349 – ANF/KOM).

203 **hh) Gemeinschaftsrechtliches Eigentumsrecht (Art. 86–91 EAGV).** Die besonderen spaltbaren Stoffe (Plutonium 239, Uran 233, angereichertes Uran) stehen im Eigentum der Gemeinschaft (vgl. Art. 86 iVm. Art. 197 EAGV; zum Rechtscharakter des Euratom-Eigentums: *Fischerhof* Dt. AtomG Vor § 3 Rn. 17). Die Mitgliedstaaten oder Kernkraftwerksbetreiber haben an den besonderen spaltbaren Stoffen grundsätzlich ein unbeschränktes Nutzungs- und Verbrauchsrecht (Art. 87 EAGV). Im Zusammenhang mit dem deutschen Atomausstieg stellte das Bundesverfassungsgericht fest, dass das europäische Eigentum und unionsrechtliche

Einführung

Nutzungsrechte an den Kernbrennstoffen **akzessorisch zum nationalen Nutzungsregime** sind und die Euratom-Vorschriften keinen Einfluss auf den Eigentumsschutz der Eigentümer und Betreiber von Kernkraftwerken nach Art. 14 GG haben (BVerfG NJW 2017, 217 (224)).

ii) Gemeinsamer Markt (Art. 92–99 EAGV). Kapitel IX sieht für die in 204 Anhang IV aufgelisteten Güter und Erzeugnisse einerseits die Beseitigung aller mengenmäßigen Ein- und Ausfuhrbeschränkungen zwischen den Mitgliedstaaten vor (Art. 93 EAGV); andererseits enthält dieses Kapitel Bestimmungen über die Freizügigkeit (Art. 96 EAGV), die Dienstleistungsfreiheit (Art. 97, 98 EAGV) und den freien Kapitalverkehr (Art. 99 EAGV) (vgl. *Grunwald*, Das Energierecht der Europäischen Gemeinschaften, 2003, 267 ff.). Die Mobilität von Spezialisten im Nuklearbereich wird durch die aufgrund des Art. 96 Abs. 2 EAGV erlassene Richtlinie über den freien Zugang zu qualifizierten Beschäftigungen auf dem Kerngebiet vom 5. März 1962 (ABl. 1962 P 57, 1650) gestärkt (*Pelzer* in Rengeling, Handbuch zum europäischen und deutschen Umweltrecht, Band II/1, § 58 Rn. 25).

Seit der Schaffung des Binnenmarktes der EU (Art. 26 ff. AEUV) hat Kapitel IX 205 **kaum noch eigenständige Bedeutung.** Im Verhältnis zu den im AEUV niedergelegten Grundfreiheiten stellt es die spezielleren Vorschriften bereit (noch zum EG-Vertrag: *Pelzer* in Rengeling, Handbuch zum europäischen und deutschen Umweltrecht, Band II/1, § 58 Rn. 25). Ein eigenständiger Regelungsgehalt kommt Art. 98 EAGV zu, der die Kompetenz der Gemeinschaft zur Regelung von Maßnahmen für den „Abschluss von Versicherungsverträgen zur Deckung der Gefahren auf dem Kerngebiet" statuiert (*Grunwald* in Odendahl AtomR 191). Bislang wurde auf Grundlage des Art. 98 Abs. 2 jedoch noch kein einheitliches Atomhaftpflichtrecht geschaffen (*Rodi* in Vedder/Heintschel von Heinegg, Europäisches Unionsrecht, 2. Aufl. 2018, EAGV Art. 98 Rn. 2; *Schärf* EU-AtomR 423).

jj) Außenbeziehungen (Art. 101–106 EAGV). Kapitel X ermächtigt die Gemeinschaft „im Rahmen ihrer Zuständigkeit Verpflichtungen durch Abkommen und Vereinbarungen" mit Drittstaaten, zwischenstaatlichen Einrichtungen und Angehörigen von Drittstaaten einzugehen (Art. 101 EAGV). In Bezug auf Abkommen der Mitgliedstaaten oder einzelner Unternehmen stehen der Gemeinschaft darüber hinaus Auskunfts- und Prüfungsrechte zu (Art. 103, 104 EAGV; *Grunwald* in Odendahl AtomR 191 f.)

kk) Flexibilitätsklausel Art. 203 EAGV. Vergleichbar mit der Regelung in 207 Art. 352 AEUV sieht Art. 203 EAGV im Rahmen des Euratom-Vertrages die Möglichkeit vor, bei Einstimmigkeit im Rat die Gemeinschaftskompetenz über die einzelnen Kompetenzen hinaus auszuweiten (*Rodi* in Vedder/Heintschel von Heinegg, Europäisches Unionsrecht, 2. Aufl. 2018, EAGV Art. 203). Ebenso wie Art. 352 AEUV ist diese Klausel jedoch vor dem Hintergrund des verfassungsrechtlich abgesicherten Prinzips der begrenzten Einzelermächtigung **restriktiv anzuwenden** und strikt auf die in Art. 2 und 4 ff. EAGV vorgesehenen Ziele des EAGV zu beschränken (*Frenz*, Handbuch Europarecht VI, 2010, Rn. 4844 ff.).

c) Einzelne Regelungsgegenstände. aa) Transport von radioaktiven 208 **Stoffen. (1) Einfuhr in und Ausfuhr aus Gemeinschaft.** Die Einfuhr von radioaktiven Stoffen in die Gemeinschaft, deren Ausfuhr aus der Gemeinschaft und ihre Beförderung fallen als Tätigkeiten iSd Art. 2 Abs. 2 lit. a RL 2013/59/Euratom (ABl. 2014 L 13, 1, ber. ABl. 2016 L 72, 69) grundsätzlich unter das Berichterstattungs- und Genehmigungssystem des Strahlenschutzrechts.

Einführung

209 Für Erze, Ausgangsstoffe und besonders spaltbare Stoffe sind die Vorschriften des Euratom-Vertrags über die Versorgung (Art. 52 ff. EAGV) zu berücksichtigen. Die dort geschaffene Agentur verfügt über das ausschließliche Recht, Verträge, Abkommen oder Übereinkünfte über die Lieferung aus Ländern außerhalb der Gemeinschaft abzuschließen (Art. 52 Abs. 2 lit. b, Art. 64), jedoch sind die Ausnahmevorschriften der Art. 66, 74 f. EAGV und das vereinfachte Verfahren gemäß der Vollzugsordnung der Agentur nach Art. 60 Abs. 6 EAGV zu beachten (*Grunwald* in Odendahl AtomR 200 f.; → Rn. 23). Der Export unterliegt gem. Art. 59 lit. b EAGV der Kontrolle der Kommission, besonders spaltbare Stoffe können darüber hinaus nur durch die Agentur selbst ausgeführt werden (Art. 62 EAGV; *Grunwald*, Das Energierecht der Europäischen Gemeinschaften, 2003, 249 f.).

210 Auch aus den Vorschriften über die Überwachung der Sicherheit (Art. 77 ff. EAGV) ergeben sich Anforderungen, welche sich der VO (Euratom) Nr. 302/2005 über die Anwendung der Euratom-Sicherungsmaßnahmen entnehmen lassen. Die Verordnung dient unter anderem der Erleichterung der Zusammenarbeit mit der IAEA (*Schärf* EU-AtomR 457). In Art. 20 statuiert sie eine Meldepflicht bei der Ausfuhr von Ausgangsmaterial oder besonders spaltbarem Material in einen Drittstaat oder bei einem Wechsel zwischen einem Kernwaffen- und einem kernwaffenfreien Mitgliedstaat, Art. 21 derselben Verordnung sieht eine solche Meldepflicht zudem für die Einfuhr vor.

211 **(2) Beförderung innerhalb der Gemeinschaft.** Für den innergemeinschaftlichen grenzüberschreitenden Transport von bestimmten, im Anhang zum EAG-Vertrag aufgelisteten radioaktiven Stoffen ist zunächst die in Art. 93 EAGV statuierte Warenverkehrsfreiheit zu beachten (*Grunwald* in Odendahl AtomR 203). Diese wird etwa dann verletzt, wenn ein Mitgliedstaat die Ausfuhren von Kernbrennstoffen mit Blick auf angebliche Sicherheitsdefizite von (genehmigten) Kraftwerken anderer Mitgliedstaaten verhindert (*Thienel* in NK-AtomR AtG § 3 Rn. 19; aA VG Frankfurt a. M. BeckRS 2020, 27717).

212 Sekundärrechtlich müssen auch bei der Beförderung von Kernmaterial (Definition in Art. 2 Nr. 4 VO (Euratom) Nr. 302/2005) innerhalb des Euratom-Gebiets die Buchführungs- und Meldepflichten der Verordnung Nr. 302/2005 über die Anwendung der Euratom-Sicherungsmaßnahmen eingehalten werden.

213 Zur Regelung von Nukleartransporten wurden zudem die VO (Euratom) Nr. 1493/93 (ABl. 1993 L 148, 1) und die RL 2006/117/Euratom (ABl. 2006 L 337, 21) erlassen – beide gestützt auf Art. 31 und 32 EAGV –, wobei letztere auch die Verbringung in Drittländer erfasst. Darüber hinaus gelten spezifisch verkehrsrechtliche Regelungen von Nukleartransporten je nach Transportmittel auf Grundlage der Vorschriften der IAEA (Grunwald, Das Energierecht der Europäischen Gemeinschaften, 2003, 301 f.). Die RL 2006/117/Euratom über die Überwachung und Kontrolle der Verbringungen radioaktiver Abfälle und abgebrannter Brennelemente, welche die RL 92/3/Euratom des Rates vom 3.2.1992 erweitert und anpasst, gilt für die Beförderung von radioaktivem Abfall. Sie enthält ein spezielles Kontroll- und Genehmigungsverfahren, dessen Anforderungen teilweise durch die Entsorgungsrichtlinie 2011/70/Euratom ergänzt werden (*Dietze*, Internationale Endlagerung, 157). Bestimmte Verbringungen werden ganz untersagt (vgl. Art. 16 RL 2006/117/Euratom). Zudem stellt die Richtlinie die Verbringung zum Zwecke der Wiederaufbereitung mit derjenige zum Zwecke der Endlagerung gleich (Erwägungsgrund 6 der RL; ausführlich zum Inhalt der RL: *Schärf* EU-AtomR 435–446).

bb) Sicherheit von kerntechnischen Anlagen. Der EAGV enthält keine explizite Vorgaben zum Bau und Betrieb von Anlagen und der technischen Anlagensicherheit, allerdings ist Euratom gem. Art. 2 lit. b EAGV ermächtigt, „einheitliche Sicherheitsnormen für den Gesundheitsschutz […] aufzustellen". Infolge der weiten Auslegung der Art. 30 ff. EAGV durch den EuGH (→ Rn. 186 f.) konnte nach langer Diskussion am 22.7.2009 die erste Richtlinie über einen Gemeinschaftsrahmen für die nukleare Sicherheit kerntechnischer Anlagen (RL 2009/71/Euratom) in Kraft treten (vgl. *Karpenstein* RdE 2010, 170). Daneben gelten weiterhin die Vorgaben des Strahlenschutzrechts und der VO (Euratom) Nr. 302/2005 (*Grunwald* in Odendahl AtomR 204 ff.). Beim Betrieb eines Kernkraftwerks ist zudem die Informationspflicht aus Art. 37 EAGV einzuhalten, die als wichtiges Element an der Schnittstelle von Gesundheitsschutz und Reaktorsicherheit darstellt (*Pelzer* in Rengeling, Handbuch zum europäischen und deutschen Umweltrecht, Band II/1, § 58 Rn. 17 f.). 214

(1) RL 2009/71/Euratom. Die Richtlinie gilt unter anderem für Kernkraftwerke, Forschungsreaktoren und Zwischenlager und legt zwei Maximen zugrunde: Das **Prinzip der einzelstaatlichen Verantwortung zum Schutz vor Kompetenzübergriffen** und das Prinzip der in erster Linie beim Genehmigungsinhaber liegenden Verantwortung, welche dieser nicht auf Dritte übertragen darf (*Karpenstein* RdE 2010, 170 (170)). In Kapitel 2 der Richtlinie werden grundlegende Verpflichtungen für die Mitgliedstaaten und die Genehmigungsinhaber aufgestellt, welche teilweise an die Bestimmungen des Übereinkommens über nukleare Sicherheit von 1994 angelehnt sind (*Dehousse*, The Nuclear Safety Framework in the European Union after Fukushima, 2014, 17). Sie schreiben den Aufsichtsbehörden die Schaffung eines Systems der Aufsicht für die nukleare Sicherheit und die Einrichtung einer zuständigen Regulierungsbehörde (Art. 4, 5) und den Betreibern Bewertungs- und Optimierungspflichten und finanzielle und persönliche Gewährleistungspflichten (Art. 6) vor (im Detail: *Karpenstein* RdE 2010, 170 ff.; Übersicht zur RL: *Pouleur/Garribba* Nuclear Law Bulletin 2010, 5). Insgesamt stellt die Richtlinie aber eher einen intergouvernementalen Rahmen dar, in dem der Atomgemeinschaft nur eine sicherheitsfördernde Funktion zukommt und etabliert kein echtes Sicherheitsminimum innerhalb der Gemeinschaft (*Alvarez-Verdugo* ELJ 2015, 161 (169)). 215

(2) EU-Stresstests. Als **Reaktion auf den Reaktorunfall in Fukushima** wurde auf europäischer Ebene eine transparente Risiko- und Sicherheitsbewertung (sog. EU-Stresstests) von Kernkraftwerken unter Beteiligung von Vertretern aus allen Mitgliedstaaten durchgeführt (Reporte abrufbar unter www.ensreg.eu/EU-Stress-Tests/EU-level-Reports; vgl. auch Mitteilung der Kommission, KOM (2012) 571 endg.). Im Anschluss an die von der European Nuclear Safety Regulators Group (ENSREG) durchgeführten Überprüfung wurde ein Aktionsplan zur weiteren Vorgehensweise erarbeitet (abrufbar unter www.ensreg.eu/EU-Stress-Tests/Follow-up). Das Bundesumweltministerium hat – aufgrund einer in Auftrag gegebenen Empfehlung der Reaktorsicherheitskommission – zusammen mit den zuständigen atomrechtlichen Behörden der Länder und unter Mitwirkung der Betreiber der deutschen Kernkraftwerke einen Nationalen Aktionsplan entsprechend den Vorgaben von ENSREG zur Umsetzung Fukushima-relevanter Erkenntnisse erstellt (Abgeschlossener Aktionsplan zur Umsetzung von Maßnahmen nach dem Reaktorunfall in Fukushima, Dezember 2017). 216

Einführung

217 **(3) ÄnderungsRL 2014/87/Euratom.** Infolge der erneuten Aufmerksamkeit angesichts des Nuklearunfalls von Fukushima und der Ergebnisse der Stresstests hat der Rat der Europäischen Union am 8.7.2014 die RL 2014/87/Euratom zur Änderung der RL 2009/71/Euratom verabschiedet. Im Gegensatz zur vorherigen Richtlinie enthält die Änderungsrichtlinie materielle **Vorgaben für alle Phasen des Lebenszyklus einer kerntechnischen Anlage** (einschließlich ihrer Stilllegung), wie die allgemeinen Sicherheitsziele (vgl. Art. 8a–8c), an denen sich nationale Regelungen messen lassen müssen. Das Ziel des Art. 8a Abs. 1 gilt jedoch gem. Art. 8a Abs. 2 lit. a nur für Anlagen, für die erstmals nach Inkrafttreten dieser Richtlinie eine Genehmigung zur Errichtung erteilt wird bzw. steht unter dem Vorbehalt der „vernünftigerweise durchführbaren Sicherheitsverbesserungen" (Art. 8a Abs. 2 lit. b).

218 Zudem werden beginnend ab 2017 alle sechs Jahre sog. Topical Peer Reviews stattfinden (Art. 8e). Bei diesem wechselseitigen Überprüfungsprozess der Mitgliedstaaten wird ein von den Mitgliedstaaten gemeinsam auszuwählendes Sicherheitsthema diskutiert, wodurch ein kontinuierliches System des gegenseitigen Voneinander-Lernens in Gang gesetzt werden soll. Weitere Neuerungen sind die Stärkung der Rolle und der Unabhängigkeit der nationalen Regulierungsbehörden (Art. 4 Abs. 1, Art. 5) und die Erhöhung der Transparenz, wobei die Umsetzung dieser Vorgaben von den Mitgliedstaaten durchgeführt und geprüft wird (*Alvarez-Verdugo* ELJ 2015, 161 (174)). Darüber hinaus stellt die Richtlinie weitergehende Informationspflichten gegenüber den Angestellten und der Bevölkerung auf, wobei nationale Beschränkungen an Bedeutung verlieren (Art. 8). Für eine verbesserte Anlagensicherheit verpflichtet die Richtlinie die Genehmigungsinhaber, Verfahren für den anlageninternen Notfallschutz vorzusehen (Art. 6 lit. e) und sieht für die Verpflichtungen der Mitgliedstaaten ein gestaffeltes Sicherheitskonzept vor (Art. 8b Abs. 1). Die RL 2014/87/Euratom wurde durch das 15. Gesetz zur Änderung des AtG vom 1.6.2017 durch Änderung der §7c und §24a AtG umgesetzt (BGBl. I 1434; → AtG §7c Rn. 1 ff.; → AtG §24a Rn. 1 ff.).

219 Die Richtlinie enthält somit höhere Anforderungen in Bezug auf die Sicherheit nuklearer Anlagen, stellt jedoch weiterhin **keine einheitlichen,** konkreten technischen **Sicherheitsstandards** auf (*Alvarez-Verdugo* ELJ 2015, 161 (171); *Grunwald* in Black-Branch/Fleck, Nuclear Non-Proliferation in International Law III, 2017, 207). Ob ein einheitlicher Schutzstandard schon aus kompetenzrechtlichen Gründen ausscheiden muss, wird unterschiedlich beurteilt (nach *Frenz* ER 2017, 246 lässt sich eine Gemeinschafts-Kompetenz für den Gesundheitsschutz vor nuklearen Unfällen begründen, nicht aber ein EU-weiter einheitlicher Standard; *Grunwald* in Hatje/Müller-Graff, Enzyklopädie Europarecht I, § 16 Rn. 131 ff. erwägt den Erlass einheitlicher technischer Mindestanforderungen auf Grundlage der Art. 31 ff. EAGV; *Alvarez-Verdugo* ELJ 2015, 161 (177f.) spricht sich dafür aus, der ENSREG-Kommission zusammen mit der EU-Kommission die Befugnis zu geben, technische Anforderungen für die Evaluation durch die Mitgliedstaaten zu definieren, um die kontinuierliche Weiterentwicklung der wissenschaftlichen Standards berücksichtigen zu können und die kompetenzrechtlichen Grenzen des EAGV zu überwinden).

220 Schon in ihrer derzeitigen Fassung wirft die Richtlinie jedoch Fragen nach der Reichweite ihrer **Rechtsgrundlagen** auf. Insbesondere ist fraglich, ob der europäische Gesetzgeber sich beim Aufstellen von Bewertungs- und Optimierungspflichten der Genehmigungsinhaber auf unverbindliche Empfehlungen gem. Art. 33 Abs. 2 EAGV hätte beschränken müssen (zu Art. 6 der Vorgängerrichtlinie: *Karpenstein* RdE 2010, 170 (174); vgl. zur Reichweite der Art. 30ff. EAGV bezüglich „Bewertung und Nachprüfung der Sicherheit" und „Bau und Betrieb": EuGH

Einführung

C-29/99, Slg. 2002, I-11221, Rn. 93 ff. – Kommission/Rat; EuZW 2010, 26 Rn. 105; *Hermes* ZUR 2004, 12 (19 f.)).

Die Vorschrift über die **finanziellen Gewährleistungen der Genehmigungs-** 221 **inhaber** ist auch nach ihrer Änderung wenig konkret gefasst („finanzielle Mittel […] vorsehen und bereithalten, die zur Erfüllung ihrer Pflichten […] notwendig sind", Art. 6 lit. f). Jedoch spricht einiges dafür, dass die Atom-Gemeinschaft schon mit einer solch allgemeinen Regel ihre Kompetenz überschreitet, da eine qualitativ neue Verpflichtung im Verhältnis zum Anlagenbetreiber aufgestellt wird und nicht lediglich die Strahlenschutz-Grundnormen sichergestellt werden (*Karpenstein* RdE 2010, 170 (177); ausführlich zur fehlenden Kompetenz für die Errichtung von Stilllegungsfonds für kerntechnische Anlagen: *von Danwitz,* Fragen vertikaler Kompetenzabgrenzung, 27 ff.).

cc) Entsorgung atomarer Abfälle. Zu den europaweit ungelösten Proble- 222 men der friedlichen Kernenergienutzung gehört die Entsorgung der abgebrannten Brennelemente und radioaktiven Abfälle (Überblick in *Schärf* EU-AtomR 513 ff.). Der Euratom-Vertrag nennt die „Konzentrierung und Aufbewahrung der unbrauchbaren radioaktiven Abfälle" in Anhang I Ziffer IV.5. als Forschungsgebiet gemäß Art. 4 und „Anlagen für die industrielle Aufbereitung radioaktiver Abfälle" als Industriezweig für den die Anzeigepflicht gem. Art. 41 gilt. Zur Entsorgung und Endlagerung radioaktiver Abfälle und abgebrannter Brennelemente enthält der Vertrag keine ausdrückliche Regelung.

(1) RL 2011/70/Euratom. Die Bemühungen, eine europäische Regelung zur 223 Entsorgung abgebrannter Brennelemente und radioaktiver Abfälle zu schaffen, waren mangels ausreichender Zustimmung zu früheren Vorschlägen (Vorschlag KOM (2003) 32; Geänderter Vorschlag KOM (2004) 526) erst im Jahre 2011 erfolgreich. Die RL 2011/70/Euratom gibt einen **sehr allgemein gehaltenen Gemeinschaftsrahmen** für die verantwortungsvolle und sichere Entsorgung abgebrannter Brennelemente und radioaktiver Abfälle vor (Art. 1 Abs. 1). Sie gilt grundsätzlich für alle Stufen der Entsorgung, von der Erzeugung bis zur Endlagerung (Art. 2 Abs. 1) und stützt sich auf die Kompetenz für den Gesundheitsschutz aus den Art. 31 und 32 EAGV.

In Art. 4 Abs. 1 weist die Richtlinie jedem Mitgliedstaat „die abschließende Ver- 224 antwortung für die Entsorgung" zu. Sie stellt für die nationale Politik der Entsorgung allgemeine Grundsätze auf (Art. 4 Abs. 3) und verpflichtet die Mitgliedstaaten zur Schaffung und Aufrechterhaltung eines nationalen Entsorgungsprogramms (Art. 11 ff.). In gleicher Weise wie in der RL 2009/71/Euratom wird die innerstaatliche Verantwortung für die Sicherheit im Zusammenhang mit der Entsorgung abgebrannter Brennelemente und radioaktiver Abfälle in erster Linie dem Genehmigungsinhaber zugewiesen und darf von diesem nicht delegiert werden (Art. 7 Abs. 1). Auch hier bestehen kompetenzrechtliche Zweifel bezüglich der Verpflichtung der Genehmigungsinhaber zur Durchführung von Sicherheitsüberprüfungen in Art. 7 Abs. 2 und der Pflicht zur Bereitstellung angemessener Finanzmittel (Art. 9) (zum Inhalt der RL: *Dietze,* Internationale Endlagerung, 135 ff.; *Roßegger* AbfallR 2011, 276; *Schärf* EU-AtomR 515–523). Die RL 2011/70/Euratom wurde durch das 14. Gesetz zur Änderung des Atomgesetzes vom 20.11.2015 durch Einführung der neuen §§ 2c und 2d umgesetzt (BGBl. I 2053; → AtG § 2c Rn. 1 ff.; → AtG § 2d Rn. 1 ff.).

Gemäß Art. 4 Abs. 3 lit. e greift zur Kostentragung der Entsorgung das Verur- 225 sacherprinzip, wonach die Kosten der Entsorgung von denjenigen getragen werden

Einführung

müssen, die das Material erzeugt haben (*Ziehm,* Endlagerung radioaktiver Abfälle, 2015, 7f.). Dies gilt auch für die Entsorgung der beim Rückbau der Atomkraftwerke entstehenden radioaktiven Abfälle. In Deutschland regelt das Gesetz zur Neuordnung der Verantwortung der kerntechnischen Entsorgung vom 27. Januar 2017 (BGBl. I 114), unter welchen Voraussetzungen die Finanzverantwortung für die End- und Zwischenlagerung kerntechnischer Abfälle auf den Entsorgungsfonds und eine Zwischenlagergesellschaft übergeht (dazu etwa *Schmitz/Helleberg/Martini* NVwZ 2017, 1332 (1333)).

226 **(2) Insbesondere: Endlagerung.** Art. 4 Abs. 4 S. 1 RL 2011/70/Euratom verpflichtet jeden Mitgliedstaat, seine eigenen radioaktiven Abfälle auf seinem eigenen Gebiet endzulagern (Art. 4 Abs. 4) und entspricht damit auf den ersten Blick dem umweltrechtlichen Verursacherprinzip nach Art. 191 Abs. 2 AEUV (*Grunwald* in Odendahl AtomR 218).

227 Kontrovers diskutiert wurde indes, ob die Richtlinie ein generelles Exportverbot für radioaktive Abfälle in Drittstaaten enthalten sollte (*Frenz/Ehlenz* RdE 2011, 41 (45); *Roßegger* AbfallR 2011, 278 (281f.)). Aufgrund der Bedenken einiger Mitgliedstaaten sieht Art. 4 Abs. 4 nunmehr eine solche Möglichkeit des Exports in Drittstaaten unter strengen Voraussetzungen vor. Eine Ausnahme vom Grundsatz der Endlagerung im Ursprungsstaat statuiert die Vorschrift zudem dann, wenn eine Verbringung in einen anderen Mitgliedstaat oder einen Drittstaat auf Grundlage eines Abkommens zur gemeinsamen Nutzung eines Endlagers stattfinden soll (*Dietze,* Internationale Endlagerung radioaktiver Abfälle, 2012, 137f.). Da es derzeit weltweit keine Endlager für hoch-radioaktive Abfälle gibt (IAEA, Status and Trends in Spent Fuel and Radioactive Waste Management 2018, 28ff.), kommt die Regelung momentan noch einem Exportverbot gleich (Blohm-Hieber, Nuclear Law Bulletin 2012, 27).

228 Angesicht der gemeinschaftsweiten ungelösten Endlagerprobleme wurde als rechtliches Instrument für eine „gemeinsame Entsorgungspolitik" die **Gründung eines gemeinsamen Unternehmens** vorgeschlagen (vgl. *Grunwald* in Hatje/Müller-Graff, Enzyklopädie Europarecht I, § 16 Rn. 140ff.; *ders.* ZEuS 2010, 407 (434 Fn. 190); *ders.* in Raetzke, Nuclear Law in the EU and Beyond, 21 (32ff.); *ders.* in Odendahl AtomR 218f.; *ders.* in Black-Branch/Fleck, Nuclear Non-Proliferation in International Law III, 2017, 210f.). Dieses gemeinsame Unternehmen könnte ein oder mehrere geeignete Endlager in der Gemeinschaft errichten, wobei sich die Standortsuche auf das gesamte Anwendungsgebiet des Euratom-Vertrages iSd Art. 198 EAGV erstrecken könnte. Erfolgversprechend wäre ein solches Vorhaben heute jedoch vermutlich allenfalls zwischen kleinen europäischen Staaten mit geringem Aufkommen an radioaktiven Abfällen (zur Gründung und Organisation eines solchen Unternehmens: *Dietze,* Internationale Endlagerung radioaktiver Abfälle, 2012, 169ff.).

229 Bei der Errichtung nationaler Endlager stellt sich vor dem Hintergrund des gemeinsamen Marktes die Frage, inwieweit der Zugang zu solchen Lagern für radioaktive **Abfälle aus anderen Mitgliedstaaten** beschränkt werden darf (vgl. Diskussion bei *Schmidt-Preuß* in Rengeling, Handbuch zum europäischen und deutschen Umweltrecht, Band II/1, § 60 Rn. 98). Hier ist zunächst umstritten, ob Art. 93 EAGV auch für radioaktive Abfälle und gebrauchte Brennelemente gilt (vgl. Rodi in Vedder/Heintschel von Heinegg, Europäisches Unionsrecht, 2. Aufl. 2018, EAGV Art. 93 Rn. 2; *Schärf* EU-AtomR 413f.; für eine Erfassung von abgebrannten Brennelementen: *Frenz,* Handbuch Europarecht VI, 2010, Rn. 4860; *Scheuing,*

Einführung

Grenzüberschreitende atomare Wiederaufbereitung im Lichte des europäischen Gemeinschaftsrechts, 29 ff.; aA *Wahl/Hermes*, Nationale Kernenergiepolitik und Gemeinschaftsrecht, 125 ff.) oder diese von Art. 34 ff. AEUV erfasst werden. Sodann stellt sich die Frage nach Rechtfertigungsmöglichkeiten eines solchen Eingriffs (*Schmidt-Preuß* in Rengeling, Handbuch zum europäischen und deutschen Umweltrecht, Band II/1, § 60 Rn. 98; vgl. zu den Schranken von Art. 93 EAGV: *Frenz*, Handbuch Europarecht VI, 2010, Rn. 4835).

In Deutschland ist die Suche nach einem Endlager im Standortauswahlgesetz geregelt. Problematisch ist an dieser gesetzlichen Festsetzung des Standorts, dass in Bezug auf die europarechtlich vorgeschriebene Umweltverträglichkeitsprüfung im Standortauswahlverfahren nur eingeschränkte Rechtsschutzmöglichkeiten eröffnet sind (vgl. *Däuper/von Bernstorff* ZUR 2014, 24 (27 ff.); *Keinburg* NVwZ 2014, 1133 (1138 ff.)). Damit droht eine Verletzung der Vorgaben der UVP-Richtlinie (*Däuper/von Bernstorff* ZUR 2014, 24 (29)). 230

Die Endlagerung stellt zudem eine „Ableitung radioaktiver Stoffe" isd Art. 37 EAGV dar (vgl. Empfehlung 2010/635/Euratom, ABl. 2010 Nr. L 279, 36 ff.; *Dietze*, Internationale Endlagerung radioaktiver Abfälle, 2012, 141). Die Mitgliedstaaten haben deshalb der Kommission jeden Plan zur Endlagerung zu übermitteln, gleichgültig ob die Endlagerung im Inland oder einem anderen Mitgliedstaat erfolgen soll (nach dem Schutzziel der Bestimmung ist eine Ableitung in Drittstaaten jedoch nicht erfasst, vgl. *Dietze*, Internationale Endlagerung radioaktiver Abfälle, 2012, 142; *Pelzer* in Rengeling, Handbuch zum europäischen und deutschen Umweltrecht, Band II/1, § 58 Rn. 17 f.). 231

dd) Nationaler Aus- oder Wiedereinstieg in die Kernenergie. Der Euratom-Vertrag steht der „Nichtnutzung" bzw. einem nationalen Ausstieg aus der Kernenergie ebenso wenig wie einem Wiedereinstieg in die friedliche Nuetzung der Kernkraft; insbesondere enthält er keine Verpflichtung, Kernkraftwerke zu betreiben (BHR EnergieR I Rn. 646; *Grunwald*, Das Energierecht der Europäischen Gemeinschaften, 2003, 194, 308; *ders.* in Hatje/Müller-Graff, Enzyklopädie Europarecht I, § 16 Rn. 126 f.; *Kloepfer* UmweltR § 16 Rn. 21; *Kuske* in Pelzer, Brennpunkte des Atomenergierechts, 2003, 238 f.; *Schärf* EU-AtomR 523; *Scheuing* EuR 2000, 1 (3 ff.); *Schmidt-Preuß*, Rechtsfragen des Ausstiegs aus der Kernenergie, 2000, 56, 60 f.; *ders.* in Pelzer, Brennpunkte des Atomenergierechts, 2003, 218; *Schneider* in Schneider/Theobald, Recht der Energiewirtschaft, 4. Aufl. 2013, § 2 Rn. 5; *Wahl/Hermes*, Nationale Kernenergiepolitik und Gemeinschaftsrecht, 175 ff.; aA *Di Fabio*, Der Ausstieg aus der friedlichen Nutzung der Kernenergie, 1999, 48 ff. („erhebliche Zweifel"); *Posser* in PSM § 7 Rn. 111 ff.; *Sante*, Verfassungsrechtliche Aspekte eines vom Gesetzgeber angeordneten Ausstiegs aus der friedlichen Nutzung der Kernenergie, 1990, 120). Vielmehr ist es, auch nach Art. 194 Abs. 2 UAbs. 2 AEUV, **jedem Mitgliedstaat selbst überlassen**, zwischen verschiedenen Energiequellen zu wählen und folglich aus der Nutzung der Kernenergie auszusteigen oder die Errichtung neuer Kernkraftwerke zu befördern (EuG T-356/15, BeckRS 2018, 14894 Rn. 103–105 – Österreich/Kommission; SchlA GA Hogan C-594/18 P, ECLI:EU: C:2020:352 Rn. 42 = BeckRS 2020, 7688 – Österreich/Kommission). Dies belegt auch die „Gemeinsame Erklärung zur Anwendung des Euratom-Vertrags" anlässlich des Beitritts von Österreich, Finnland und Schweden zur Europäischen Union im Jahr 1996, wonach die Vertragsstaaten „die Entscheidung über die Erzeugung von Kernenergie entsprechend ihren eigenen politischen Ausrichtungen treffen" (vgl. *Grunwald*, Das Energierecht der Europäischen Gemeinschaften, 2003, 308 Fn. 540). 232

Einführung

Die Mitgliedstaaten haben jedoch nach Art. 192 Abs. 1 EAGV die Pflicht, „der Kommission die Erfüllung ihrer Aufgaben zu erleichtern". „Um eine abgestimmte Entwicklung der Investitionen auf dem Kerngebiet zu erleichtern" (Art. 40 EAGV), sollten die Mitgliedstaaten die Kommission über veränderte Absichten betreffend die nationale Kernenergiepolitik, wie zB bei einem geplanten Atomausstieg, ex ante informieren (dazu auch: *Grunwald* in Odendahl AtomR 215).

233 Allerdings kann die Niederlassungsfreiheit gem. Art. 49 AEUV bei grenzüberschreitenden Sachverhalten einer abrupten Schließung von Kernkraftwerken oder zB von Anlagen der industriellen Brennstoffversorgung entgegenstehen (vgl. *Karpenstein*, 15. AtRS 2019, 73 (77 ff.); *Frenz*, Handbuch Europarecht VI, 2010, Rn. 4857; *Scheuing* EuR 2000, 1 (7 ff.)). So hat das BVerfG die mit dem beschleunigten deutschen Atomausstieg verbundene Schließung von Kernkraftwerken als „besonders schwere" Beeinträchtigung der Niederlassungsfreiheit qualifiziert, soweit sie den EU-ausländischen Eigentümer dazu zwingt, „das anteilig auch von ihr gehaltene und ... betriebene Kernkraftwerk frühzeitig abzuschalten, womit insoweit die weitere Ausübung der Niederlassungsfreiheit ausgeschlossen wird." (BVerfGE 143, 246, Rn. 200 = NJW 2017, 217 Rn. 200). Erst Recht ist es problematisch, wenn – wie in Deutschland erwogen – Anlagen der industriellen Brennstoffversorgung, die von EU-ausländischen Eigentümern betrieben werden, aus übergeordneten politischen Gründen und nicht aufgrund konkreter Gefahren zu schließen.

234 **d) Zukunft des europäischen Atomrechts. aa) Revision des Euratom-Vertrages?** Gemäß Art. 208 EAGV gilt der Euratom-Vertrag für unbegrenzte Zeit. Einige Vertragsstaaten haben wiederholt bekräftigt, den Vertrag grundlegend überarbeiten zu wollen (vgl. 54. Erklärung zur Schlussakte der Regierungskonferenz, ABl. 2010 C 83, 335 (356); *Schärf* EU-AtomR 523), jedoch stehen die unterschiedlichen Ansichten über die Rolle der Kernkraft einer Einigung entgegen (*Grunwald* in Odendahl AtomR 208). Der Vereinbarung eines europaweiten Atomausstiegs innerhalb der derzeitigen Vertragsgrenzen steht schon Art. 194 Abs. 2 UAbs. 2 AEUV entgegen, wonach „das Recht eines Mitgliedstaats, die Bedingungen für die Nutzung seiner Energieressourcen, seine Wahl zwischen verschiedenen Energiequellen und die allgemeine Struktur seiner Energieversorgung zu bestimmen" nicht berührt werden darf (*Winkler* DÖV 2011, 804 (805)). Die Hauptkritikpunkte am Euratom-Vertrag betreffen neben dem Förderzweck auch das demokratische Defizit aufgrund der geringen Mitspracherechte des EU-Parlaments und den verzerrenden Effekt der Vorschriften auf die Wettbewerbs- und Binnenmarktregelungen der EU-Verträge (*Cenevska*, The European Atomic Energy Community, 66 ff.).

235 **bb) Ausstieg/Kündigung des Vertrages.** Umstritten ist, ob ein Mitgliedstaat aus der Europäischen Atomgemeinschaft aussteigen und zugleich in der EU verbleiben kann und vice versa. Aufgrund der rechtlichen Eigenständigkeit beider Gemeinschaften wird eine **Teilmitgliedschaft** überwiegend für **möglich** erachtet, ist allerdings aufgrund der Verweisungsnorm in Art. 106a EAGV mit erheblichen praktischen Schwierigkeiten verbunden (*Papenkort*, Der Euratom-Vertrag im Lichte der Verfassung für Europa, 111 ff.; *Indlekofer/Schwichtenberg* in Vedder/Heintschel von Heinegg, Europäisches Unionsrecht, 2. Aufl. 2018, EAGV, Einführung Rn. 6; aA *Grunwald* in Calliess, Herausforderungen an Staat und Verfassung, 2015, 553; *Rodi* in Vedder/Heintschel von Heinegg, Europäisches Unionsrecht, 2. Aufl. 2018, EAGV Art. 208 Rn. 2; *Schmidt-Preuß* in Beschlussempfehlung und Bericht des Ausschusses für Wirtschaft und Technologie, BT-Drs. 17/11713, 7).

Einführung

Besondere Aktualität gewann die Debatte aufgrund des Brexit-Gesetzes. Die **236** britische Regierung erklärte bereits im Zusammenhang mit dem Gesetz zur Vorbereitung der Austrittserklärung gem. Art. 50 EUV, dass ein Austritt aus der EU auch den Austritt aus der Euratom-Gemeinschaft umfassen soll (European Union Notification of Withdrawal Bill und bezeichnet die EU und Euratom später als „uniquely legally joined" (Positionspapier UK zu „Nuclear materials and safeguards issues", 13.7.2017, S. 1). Mit dem Ausstieg aus der europäischen Atomgemeinschaft ist nicht nur ein Wegfall der Förderung durch die EURATOM Forschungs- und Ausbildungsprogramme verbunden (nach Angaben der Bundesregierung gehen im Förderungszeitraum 2015 bis 2020 ca. 4,4 Mio. EUR an britische Projekte: Antwort der Bundesregierung auf Kleine Anfrage, BT-Drs. 18/11517, 1), sondern auch Unklarheiten in Bezug auf die Überwachungs- und Schutzstandards von nuklearen Anlagen, die Eigentumsverhältnisse und den Handel mit den besonderen spaltbaren Stoffen (zu den Schwierigkeiten im Zusammenhang mit dem Ausstieg Großbritanniens: *Tauschinsky/Böttner* EuZW 2018, 674 ff.; *Armour/Newbery/Symington*, Brexatom: how will leaving the Euratom Treaty impact the UK nuclear sector?, 20.7.2017; World Nuclear News: UK committee concludes advice on Euratom exit, 29.1.2018; Positionspapier der britischen Regierung, 13.7.2017).

3. Verfassungsrechtliche Grundlagen

a) Einführung. Die Nutzung der Kernenergie zu friedlichen Zwecken ist **237** grundsätzlich **verfassungsgemäß**. Dies lässt sich dem Grundgesetz selbst, nämlich seinen atomrechtlichen Kompetenzvorschriften (**Art. 73 Abs. 1 Nr. 14 GG und Art. 87c GG**) entnehmen (BVerfGE 53, 30 (56) = NJW 1980, 759; BVerfG NVwZ 2010, 114 Rn. 34; BVerwGE 104, 36 (54); *Gärditz* in Landmann/Rohmer UmweltR GG Art. 20a Rn. 101 f.; *Heintzen* in MKS GG Art. 73 Rn. 140; *Horn* in MKS GG Art. 87c Rn. 12; *Schwarz* in Maunz/Dürig GG Art. 87c Rn. 6). Es besteht jedoch **kein Verfassungsauftrag** zur friedlichen Nutzung oder zur Erforschung der Kernenergie (allg. Auffassung vgl. *Heintzen* in MKS GG Art. 73 Rn. 140; *Horn* in von MKS GG Art. 87c Rn. 12; *Uhle* in Maunz/Dürig GG Art. 73 Rn. 304 mwN; *Pieroth* in Jarass/Pieroth GG Art. 73 Rn. 43; *Schwarz* in Maunz/Dürig GG Art. 87c Rn. 6, 8 mwN).

Aus dem **Vorbehalt des Gesetzes** und unter Berücksichtigung der Wesentlich- **238** keitsrechtsrechtsprechung folgt, dass allein der parlamentarische Gesetzgeber zur **normativen Grundsatzentscheidung** für oder gegen die zivile Nutzung der Kernenergie berufen ist (BVerfGE 49, 89 (127) = NJW 1979, 359; BVerfGE 53, 30 (56) = NJW 1980, 759; BVerfGE 143, 246 Rn. 298 = NJW 2017, 217 Rn. 298). Es liegt demnach in der **politischen Verantwortung** des Parlaments und der Regierung, im Rahmen ihrer jeweiligen Kompetenzen die von ihnen für zweckmäßig erachteten Entscheidungen zu treffen (BVerfGE 49, 89 (131) = NJW 1979, 359). Dabei darf sich der Gesetzgeber – in den Grenzen der Grundrechte, des Europarechts sowie des Völkerrechts – auch von der jeweiligen gesellschaftlichen Akzeptanz der Kernenergienutzung leiten lassen (BVerfGE 143, 246 Rn. 307 f. = NJW 2017, 217 Rn. 307 f.). Zudem ist er dazu befugt, Entscheidungen mit **ökologisch irreversiblen Folgen** zu treffen (BVerfG NVwZ 2010, 114 Rn. 28 ff.; *Gärditz* in Landmann/Rohmer UmweltR GG Art. 20a Rn. 57).

Bereits in seiner Leitentscheidung Kalkar I hat das BVerfG die **Sonderstellung** **239** des Atomrechts betont, die es im „Ausnahmefall" rechtfertige, „von verfassungsrechtlichen Grundsätzen abzuweichen, die auf anderen Rechtsgebieten anerkannt

Einführung

sind" (BVerfGE 49, 89 (146) = NJW 1979, 359). Diese Sonderstellung stützt es nunmehr auf die Besonderheiten der Kernenergienutzung als „Hochrisikotechnologie mit extremen Schadensfallrisiken aber auch mit bisher noch nicht geklärten Endlagerproblemen" (BVerfGE 143, 246 Rn. 297 = NJW 2017, 217 Rn. 297). Daraus folgen zwar keine grundrechtsfreien Räume, im Hinblick auf die Berufs- und Eigentumsfreiheit von Anlagenbetreibern jedoch ein **besonders weiter Gestaltungsspielraum** des Gesetzgebers „bei der Entscheidung über das Ob und Wie der friedlichen Nutzung der Kernenergie" (BVerfGE 143, 246 Rn. 298 = NJW 2017, 217 Rn. 298; → Rn. 263 ff.). Als Grenze für die Beschränkung der Betreiberbefugnisse dient dabei das Wohl der Allgemeinheit (Art. 2 Abs. 2 S. 1 GG); zudem ist die Staatszielbestimmung aus Art. 20a GG zu berücksichtigen (→ Rn. 268).

240 **b) Bundesstaatliche Kompetenzverteilung. aa) Gesetzgebungskompetenz.** Die Föderalismusreform 2006 hat dem Bund in Art. 73 Abs. 1 Nr. 14 GG nunmehr – anstelle der vormals konkurrierenden – die **ausschließliche Kompetenz** für die Erzeugung und Nutzung der Kernenergie zu friedlichen Zwecken, die Errichtung und den Betrieb von Anlagen, die diesen Zwecken dienen, den Schutz gegen Gefahren, die bei Freiwerden von Kernenergie oder durch ionisierende Strahlen entstehen, und die Beseitigung radioaktiver Stoffe zugewiesen. Damit ist den Ländern die Gesetzgebungskompetenz im gesamten Bereich der friedlichen Kernenergienutzung und deren Bedingung entzogen (vgl. *Degenhart* in Sachs GG Art. 73 Rn. 59; *Heintzen* in MKS Art. 73 Rn. 134; *Uhle* in Maunz/Dürig GG Art. 73 Rn. 295). Sofern es zu Überschneidungen mit anderen Kompetenztiteln kommt, die diesen Bereich allgemein betreffen (zB Art. 74 Abs. 1 Nr. 11, Nr. 12, Nr. 14, Nr. 24 GG), geht Art. 73 Abs. 1 Nr. 14 GG als **lex specialis** vor (*Degenhart* in Sachs GG Art. 73 Rn. 60; *Heintzen* in MKS Art. 73 Rn. 134; *Uhle* in Maunz/Dürig GG Art. 73 Rn. 306). Dies betrifft etwa die Abfallbeseitigung, den Arbeitsschutz, das Atomhaftungsrecht, den Bergbau, den Einsatz von Kernspaltung zu medizinischen oder anderen friedlichen Zwecken, das Energiewirtschaftsrecht sowie die Standortplanung (*Heintzen* in MKS GG Art. 73 Rn. 134).

241 Die Kompetenzbereiche der **Erzeugung und Nutzung** der Kernenergie zu friedlichen Zwecken und der **Errichtung und des Betriebs von Anlagen,** die diesen Zwecken dienen, sind umfassend auszulegen und nicht immer klar voneinander abzugrenzen (*Heintzen* in MKS GG Art. 73 Rn. 136 f.; *Uhle* in Maunz/Dürig GG Art. 73 Rn. 296 ff.). Zu den friedlichen Zwecken gehören neben der Energiegewinnung auch medizinische und wissenschaftliche Zwecke. Die Erzeugung und Nutzung von Kernenergie zu Verteidigungszwecken unterfällt dagegen Art. 73 Abs. 1 Nr. 1 GG (*Uhle* in Maunz/Dürig GG Art. 73 Rn. 298). Der Begriff der „**Gefahren**" iSv Art. 73 Abs. 1 Nr. 14 Var. 3 GG ist weit zu verstehen. Erfasst sind nicht nur bereits eingetretene Gefahren und Störungen im polizeirechtlichen Sinne, sondern auch die gesamte Gefahren- und Risikovorsorge (*Heintzen* in MKS GG Art. 73 Rn. 138). Demnach ist dem Bund die ausschließliche Kompetenz auch für das **gesamte Strahlenschutzrecht** zugewiesen. Umfasst sind darüber hinaus Gefahren, deren Quellen außerhalb der Bundesrepublik Deutschland liegen (*Heintzen* in MKS GG Art. 73 Rn. 138; *Pieroth* in Jarass/Pieroth GG Art. 73 Rn. 44; *Uhle* in Maunz/Dürig GG Art. 73 Rn. 300). Die **Beseitigung radioaktiver Stoffe** iSv Art. 73 Abs. 1 Nr. 14 Var. 4 umfasst die Auswahl, die **Errichtung und den Betrieb von Zwischen- und Endlagern** (BVerfG NVwZ 2010, 114 Rn. 34; BayVerfGH NVwZ 1984, 711 (712); *Degenhart* in Sachs GG Art. 73 Rn. 59) sowie die Auswahl

Einführung

eines Entsorgungskonzepts (BVerfGE 104, 238 (247 ff.); *Uhle* in Maunz/Dürig GG Art. 73 Rn. 303).

bb) Verwaltungskompetenz. (1) Bundesauftragsverwaltung. Mit Blick 242 auf die Aufteilung der Verwaltungskompetenzen ergänzt Art. 87c GG die dem Bund zugewiesene Gesetzeskompetenz (→ AtG Vor §§ 22–24b Rn. 35 f.). Hiernach können die auf Art. 73 Abs. 1 Nr. 14 GG gestützten förmlichen Gesetze und die auf dieser Grundlage ergehenden Rechtsverordnungen des Bundes mit Zustimmung des Bundesrates bestimmen, dass sie von den **Ländern im Auftrag des Bundes** ausgeführt werden. Der Gesetzgeber hat von dieser Möglichkeit mit § 24 AtG für wesentliche Teile des Atomrechts Gebrauch gemacht. Für nicht-gesetzesakzessorische Verwaltungstätigkeiten auf dem Gebiet der friedlichen Nutzung von Kernenergie kommt eine Auftragsverwaltung dagegen nicht in Betracht (*Gundel* in Kahl/Waldhoff/Walter, Bonner Kommentar zum Grundgesetz, GG Art. 87c Rn. 5; *Remmert* in BeckOK GG Art. 87c Rn. 1).

Art und Umfang des **Weisungsrechts** des Bundes im Rahmen der Bundesauf- 243 tragsverwaltung waren aufgrund politischer Differenzen (→ Rn. 17 ff.) Gegenstand mehrerer BVerfG-Urteile (grundlegend: BVerfGE 81, 310 = NVwZ 1990, 955; BVerfGE 104, 249 = NVwZ 2002, 585). Der Bund verfügt demnach über die **Sachkompetenz,** dh ihm obliegt das inhaltliche Entscheidungsrecht, während den Ländern unentziehbar die **Wahrnehmungskompetenz** verbleibt (BVerfGE 81, 310 (332) = NVwZ 1990, 955; BVerfGE 104, 249 (264ff.) = NVwZ 2002, 585). Die Wahrnehmungskompetenz der Länder behält diesen vor, im Außenverhältnis die gesetzesvollziehenden **rechtsverbindlichen** Entscheidungen gegenüber den Anlagenbetreibern zu treffen, was jedoch den **Bund** verfassungsrechtlich nicht daran hindert, auch **informelle – nicht rechtsverbindliche – Kontakte** nach außen zu pflegen (BVerfGE 104, 249 (265 ff.) = NVwZ 2002, 585; *Broß/Mayer* in v. Münch/Kunig GG Art. 85 Rn. 24 ff.; *Degenhart,* 11. Deutsches Atomrechtssymposium 2002, 369 (385 f.); *Hermes* in Dreier GG Art. 85 Rn. 19; *Trute* in MKS Art. 85 Rn. 34 f.; aA Di Fabio und Mellinghoff im abweichenden Sondervotum, BVerfGE 104, 249 (273 ff.) = NVwZ 2002, 585 (588); *Kirchhof* in Maunz/Dürig GG Art. 85 Rn. 64; *Kluth* in Kahl/Waldhoff/Walter, Bonner Kommentar zum Grundgesetz, GG Art. 85 Rn. 57 f., 144 ff.; kritisch auch *Frenz* NVwZ 2002, 561 (563); *Henneke* in Schmidt-Bleibtreu/Hofmann/Henneke, Grundgesetz, 14. Aufl. 2017, GG Art. 85 Rn. 2; *Janz* JuS 2003, 126 (129); *Jochum* DÖV 2003, 16 (18 ff.); *Ossenbühl* FS Badura, 2004, 975 (984 f.)).

(2) Bundeseigene Verwaltung. Art. 87c GG regelt die Verwaltungsbefugnisse 244 des Bundes nicht abschließend; die Kompetenz für eine „fakultative Bundesverwaltung" nach **Art. 87 Abs. 3 S. 1 GG,** welche die Errichtung selbständiger Bundesoberbehörden und neuer bundesunmittelbarer Körperschaften und Anstalten des öffentlichen Rechtes ermöglicht, bleibt deshalb unberührt (hA BVerfGE 104, 238 (247) = NVwZ 2002, 591; BVerfG NVwZ 2009, 171; BVerwG NVwZ 2007, 88; *Gundel* in Kahl/Waldhoff/Walter, Bonner Kommentar zum Grundgesetz, GG Art. 87c Rn. 20; *Horn* in MKS GG Art. 87c Rn. 52 ff.; *Pieroth* in Jarass/Pieroth GG Art. 87c Rn. 1; *Schwarz* in Maunz/Dürig GG Art. 87c Rn. 54 f.; *Uerpmann-Wittzack* in v. Münch/Kunig GG Art. 87c Rn. 9; *Windthorst* in Sachs GG Art. 87c Rn. 30a, 32; aA *Burgi* NVwZ 2005, 247 (250 f.); *Degenhart* DVBl 2006, 1125 (1131 ff.); *Hermes* in Dreier GG Art. 87c Rn. 20; *Leidinger/Zimmer* DVBl 2004, 1005 (1008 f.)). So wurden dem Bundesamt für Strahlenschutz, dem Bundesverwal-

Einführung

tungsamt, dem Luftfahrt-Bundesamt und dem Bundesamt für kerntechnische Entsorgungssicherheit eine Reihe von Zuständigkeiten zugewiesen (vgl. §§ 23 ff. AtG).

245 Materiell setzt diese Verwaltungskompetenz voraus, dass der Bund nach Art. 87 Abs. 3 S. 1 GG die **Gesetzgebungskompetenz für die Sachmaterie besitzt und die Aufgabe ohne Mittel- und Unterbau und ohne Inanspruchnahme der Länder** – außer für reine Amtshilfe – wahrgenommen werden kann (BVerfGE 14, 197 (210f.); BVerfG NVwZ 2009, 171 (174); BVerwG NVwZ 2007, 88 (88); *Windthorst* in Sachs GG Art. 87c Rn. 33; kritisch für das Atomrecht: *Leidinger/Zimmer* DVBl. 2004, 1005 (1010f.)). Eine verfassungsrechtlich unzulässige Mischverwaltung, die etwa zu Mitentscheidungsbefugnissen zwischen den Aufsichtsbehörden der Länder und dem Bundesamt für kerntechnische Entsorgung bei der Aufbewahrung oder dem Transport von Kernbrennstoffen führt, darf auch auf dem Gebiet des Atomrechts nicht begründet werden (vgl. BVerfG NVwZ 2009, 171 (174f.)).

246 Wenn und weil Art. 87c und Art. 87 Abs. 3 GG uneingeschränkt nebeneinander stehen, darf der Bund – in den Grenzen der Pflicht zur Bundestreue – auf Basis von Art. 87 Abs. 3 S. 2 GG auch **Mittel- und Unterbehörden** errichten. Weder Wortlaut noch Entstehungsgeschichte des Art. 87c GG lassen auf eine Sperrwirkung des Art. 87c GG gegenüber Art. 87 Abs. 3 S. 2 GG schließen (zustimmend: *Durner* in Friauf/Höfling, Berliner Kommentar zum Grundgesetz, GG Art. 87c Rn. 31; *Gundel* in Kahl/Waldhoff/Walter, Bonner Kommentar zum Grundgesetz, GG Art. 87c Rn. 21; *Horn* in MKS GG Art. 87c Rn. 56 ff.; *Remmert* in BeckOK GG Art. 87c Rn. 7; aA *Pieroth* in Jarass/Pieroth GG Art. 87c Rn. 1; *Schwarz* in Maunz/Dürig GG Art. 87c Rn. 58; *Windthorst* in Sachs GG Art. 87c Rn. 31).

247 **c) Grundrechtsschutz im Atomrecht.** Das Atomrecht hat bei der Regelung von Aktivitäten im Bereich der friedlichen Nutzung der Kernenergie einerseits den Gemeinwohlbelangen, zuvorderst dem individuellen Recht auf körperliche Unversehrtheit aus Art. 2 Abs. 2 S. 1 GG, Rechnung zu tragen, andererseits aber auch den grundrechtlichen Positionen der (potentiellen) Genehmigungsinhaber, vor allem der Eigentums- und Berufsfreiheit aus Art. 14 Abs. 1 GG und Art. 12 Abs. 1 GG (*John* in Koch UmweltR-HdB 595).

248 **aa) Staatliche Schutzpflicht.** Vor dem Hintergrund der Schutzzweckbestimmung des § 1 Nr. 2 Alt. 1 AtG, wonach das AtG ausdrücklich – und nach anerkannter Rechtsprechung vorrangig vor dem damaligen Förderungszweck (BVerfGE 53, 30 (58) = NJW 1980, 759; BVerwGE 72, 300 (310) = NVwZ 1986, 208; *Haedrich* AtG § 1 Rn. 8 mwN; *Ruttloff/Staubach* NuR 2017, 826 (829f.)) und den neu eingefügten Beendigungs- und Sicherstellungszwecken (*Gierke/Paul* in Theobald/Kühling AtG § 1 Rn. 11; Posser in EFP BesVerwR § 52 Rn. 14; *Schmidt-Preuß* in Rengeling, Handbuch zum europäischen und deutschen Umweltrecht, Band II/1, § 60 Rn. 46) – Leben, Gesundheit und Sachgüter vor den Gefahren der Kernenergie schützen soll, hat das BVerfG dem Begriff „der nach dem Stand von Wissenschaft und Technik erforderlichen Schadensvorsorge" (§ 7 Abs. 2 Nr. 3 AtG) den **Grundsatz der bestmöglichen Gefahrenabwehr und Schadensvorsorge** entnommen (BVerfGE 49, 89 (143) = NJW 1979, 359; BVerfGE 53, 30 (58f.) = NJW 1980, 759). Die Forderung nach der jeweils bestmöglichen Verwirklichung des Schutzzwecks gewährleiste „einen dynamischen Grundrechtsschutz".

249 Umstritten war lange Zeit, ob sich die Anforderung des **dynamischen Grundrechtsschutzes** nur an das ursprüngliche Genehmigungsverfahren richtet (so etwa *Ossenbühl*, Bestandsschutz und Nachrüstung von Kernkraftwerken, 1994, 46 ff.;

Einführung

Sellner/Hennenhöfer in Hansmann/Sellner, Grundzüge des Umweltrechts, 4. Aufl. 2012, § 12 Rn. 254) oder als dynamische Betreiberpflicht die Betreiber kerntechnischer Anlagen dazu verpflichtet, kontinuierlich auf den sich stetig weiterentwickelnden Stand von Wissenschaft und Technik nachzurüsten (*Schneider* in Schneider/Steinberg, Schadensvorsorge im Atomrecht zwischen Genehmigung, Bestandsschutz und staatlicher Aufsicht, 1991, 141 ff.; *Ziehm* ZUR 2011, 3 (4 f.)). Inzwischen ist im Rahmen der Umsetzung der RL 2009/71/Euratom durch Gesetz vom 8.12.2010 (BGBl. I 1817) in §§ 7 d und 19a AtG eine Verpflichtung der Anlagenbetreiber zur Nachrüstung gesetzlich festgeschrieben und die Bedeutung der Bestandskraft der ursprünglich erteilten Errichtungs- und Betriebsgenehmigung abgeschwächt (*Sellner/Hennenhöfer* in Rehbinder/Schink UmweltR § 12 Rn. 253).

(1) Erforderliche Vorsorge und verbleibendes Restrisiko. Vom Gesetzgeber kann mit Blick auf die von ihm nach Art. 2 Abs. 2 S. 1 GG einzuhaltenden Schutzpflichten allerdings nicht verlangt werden, eine Regelung zu schaffen, die mit **absoluter Sicherheit** Grundrechtsgefährdungen ausschließt. Dies würde die Grenzen menschlichen Erkenntnisvermögens verkennen und zugleich jegliche staatliche Zulassung der Nutzung von Technik verbannen (BVerfGE 49, 89 (143) = NJW 1979, 359). Mit der Absage an einen absoluten Sicherheitsstandard stellt sich im Hinblick auf die aufgrund ihrer einheitlichen Normstruktur gleich auszulegenden Genehmigungstatbestände – insbes. § 4 Abs. 2; § 6 Abs. 2; § 7 Abs. 2 AtG (BVerwG NVwZ 2013, 1408 (1408)) – die Frage, wann die erforderliche Vorsorge gegen Schäden getroffen ist. Unterschieden wird hierbei zwischen der Abwehr von **Gefahren** in klassischen, polizeirechtlichen Sinne, einer weitergehenden **Risiko- und Gefahrenvorsorge** und einem verbleibenden **Restrisiko**. 250

Vorsorge im Sinne des AtG umfasst auch die Risikovorsorge, dh „es müssen auch solche Schadensmöglichkeiten in Betracht gezogen werden, die sich nur deshalb nicht ausschließen lassen, weil nach dem derzeitigen Wissensstand bestimmte Ursachenzusammenhänge weder bejaht noch verneint werden können und daher insoweit noch keine Gefahr, sondern nur ein **Gefahrenverdacht** oder ein „**Besorgnispotential**" besteht" (BVerfGE 72, 300 (315) = NVwZ 1986, 208). Bei der Beurteilung von Schadenswahrscheinlichkeiten darf demnach nicht allein auf das vorhandene ingenieurmäßige Erfahrungswissen zurückgegriffen werden, sondern Schutzmaßnahmen müssen auch anhand „bloß theoretischer" Überlegungen und Berechnungen in Betracht gezogen werden, um Risiken aufgrund noch bestehender Unsicherheiten oder Wissenslücken hinreichend zuverlässig auszuschließen (BVerwGE 106, 115 (121); 72, 300 (315) = NVwZ 1986, 208). 251

Risikovorsorge ist jedoch nicht gegen jedes, noch so entfernte Besorgnispotential gerichtet. Das Gesetz verlangt nach Auffassung des BVerfG den Ausschluss von Schäden nach dem **Maßstab der „praktischen Vernunft"**; das verbleibende **Restrisiko ist als sozialadäquate Last** von allen Bürgern zu tragen (BVerfGE 49, 89 (143) = NJW 1979, 359). Der hergeleitete Maßstab der „praktischen Vernunft" lässt Genehmigungen nur dann zu, wenn es nach dem Stand von Wissenschaft und Technik praktisch ausgeschlossen erscheint, dass solche Schadensereignisse eintreten werden (BVerfGE 49, 89 (143) = NJW 1979, 359; zur technischen Interpretation: → Rn. 110). Schon eine entfernte Wahrscheinlichkeit des Eintritts von Risiken löst dagegen die staatliche Schutzpflicht aus. Einen **Restschaden** an Leben, Gesundheit oder Sachgütern darf der Gesetzgeber nicht hinnehmen (BVerfGE 49, 89 (140 f.) = NJW 1979, 359). 252

Einführung

253 Das Restrisiko markiert demnach die verfassungsrechtlich bindende Grenze staatlicher Verantwortung. Die Abgrenzung zur Schadensvorsorge gehört zu den umstrittensten Fragen im Atomrecht, da sie ausschlaggebend ist für den Umfang der Verantwortung des Anlagenbetreibers für Schutzvorkehrungen und des grundrechtlichen Schutzanspruchs Drittbetroffener. Umstritten ist dabei insbesondere die **Grenzziehung bei Einwirkungen Dritter,** z. B. bei terroristischen Anschlägen wie gezielten Flugzeugangriffen (vgl. zum Streitstand: BVerwGE 131, 129 (135f.) = NVwZ 2008, 1012; Anm. Dolde NVwZ 2009, 679 (682ff.); *Näser/Paul* in Theobald/Kühling EnergieR AtG § 4 Rn. 121f.). Das BVerwG spricht sich für die Einbeziehung terroristischer Anschläge in die Tatbestände der § 6 Abs. 2 Nr. 4 AtG (BVerwGE 131, 129 (135f.) = NVwZ 2008, 1012) und § 7 Abs. 2 Nr. 5 AtG (BVerwGE 81, 185 (188f.)) aus.

254 **(2) Exekutiver Funktionsvorbehalt.** Im Anschluss an die Kalkar-I-Entscheidung des BVerfG, welche die Verwirklichung des von Art. 2 Abs. 2 S. 1 GG geforderten „dynamischen Grundrechtsschutzes" (→ Rn. 249) anhand des jeweils neuesten Erkenntnisstandes in den Händen der dafür am besten ausgerüsteten Exekutive verortet (BVerfGE 49, 89 (138ff.) = NJW 1979, 359), hat die – durchaus wechselvolle – verwaltungsgerichtliche Rechtsprechung aus der Normstruktur der atomrechtlichen Genehmigungstatbestände einen **exekutiven Funktionsvorbehalt** abgeleitet. Grundsätzlich trägt demzufolge die **Exekutive** die **alleinige Verantwortung für die Risikoermittlung und Risikobewertung,** also auch für die Entscheidung über Art und Ausmaß von Risiken, die hingenommen oder nicht hingenommen werden müssen (vgl. grundlegend VG Schleswig, NJW 1980, 1296; BVerwGE 72, 300 (316f.) = NVwZ 1986, 208; 78, 177 (180f.); 80, 207 (217); 101, 347 (362f.); 106, 115 (120f.); BVerfG NVwZ 2010, 114 Rn. 67; auch zu § 7 Abs. 2 Nr. 5 AtG: BVerwGE 81, 185 (190ff.); BVerwGE 131, 129 Rn. 25 = NVwZ 2008, 1012; *Kloepfer* UmweltR § 16 Rn. 342ff.; *Posser* in EFP BesVerwR § 52 Rn. 53f.; zur Entwicklung der Rechtsprechung *Sellner* in Festgabe 50 Jahre Bundesverwaltungsgericht, 741 (743ff.); *ders.,* 14. Deutsches Atomrechtssymposium, 140 (143ff.)).

255 Die Gerichte prüfen die atomrechtlichen Genehmigungen grundsätzlich nur daraufhin, ob die behördliche Entscheidung auf **willkürfreien Annahmen und ausreichenden Ermittlungen** beruht (BVerwGE 72, 300 (317) = NVwZ 1986, 208; 80, 207 (217); 81, 185 (190)). Die der behördlichen Beurteilung zugrunde liegende Risikoermittlung und -bewertung muss auf einer ausreichenden Datenbasis beruhen und dem Stand von Wissenschaft und Technik im Zeitpunkt der behördlichen Entscheidung Rechnung tragen (vgl. BVerwGE 78, 177 (180f.); 106, 115 (122f.)). Nur wenn die Annahmen und Bewertungen der Genehmigungsbehörde „als widerlegbar" erscheinen, kann eine Beweisaufnahme durch das Gericht veranlasst sein (BVerwGE 78, 177 (182)). Es ist dagegen **nicht** Sache der nachträglichen verwaltungsgerichtlichen Kontrolle, die der Exekutive zugewiesene Wertung wissenschaftlicher Streitfragen einschließlich der daraus folgenden Risikoabschätzung **durch eine eigene Bewertung zu ersetzen** (BVerwGE 72, 300 (316ff.) = NVwZ 1986, 208; 101, 347 (362f.)), etwa Prognosen der Genehmigungsbehörde im Hinblick auf Situationen zu korrigieren, die allenfalls im Grenzbereich des nach praktischer Vernunft noch Möglichen liegen können (BVerwGE 142, 159 Rn. 25 = ZUR 2012, 423). Die eingeschränkte gerichtliche Kontrolldichte ist Ausdruck der Rückbesinnung auf die Grenzen der Rechtsprechung, welche nicht über ausreichende Handlungsformen verfügt, um die Entscheidung der Exekutive im

nführung

1en Schutzniveaus verlangen; ihm steht im gesamten Bereich der Schadensvor-
ge ein entsprechender **Genehmigungsabwehranspruch** zur Verfügung, wenn
einen hinreichend wahrscheinlichen Geschehensablauf vorträgt, bei dem eine
rletzung seiner Rechte möglich erscheint (BVerwGE 131, 129 Rn. 23, 33
NVwZ 2008, 1012).
Grenzen des Drittschutzes im Atomrecht ergeben sich einerseits aus der Billigung
es **Restrisikos** und andererseits aus dem **exekutiven Funktionsvorbehalt.**
ihrend die „bestmögliche Gefahrenabwehr und Risikovorsorge" drittschützen-
n Charakter haben, sind die Risiken im Restrisikobereich als sozialadäquat hinzu-
hmen; ein grundrechtlich verbürgter Anspruch auf „Restrisikominimierung" be-
ht nicht (BVerfG-K, NVwZ 2010, 114 Rn. 49; NVwZ 2009, 171 (175);
'erwGE 131, 129 Rn. 24 = NVwZ 2008, 1012). Zugleich urteilte das BVerwG,
s es auf die behördliche Einordnung ankomme, ob ein Risiko der Schadensvor-
ge oder dem Restrisiko zuzuordnen ist, was auch für den erforderlichen Schutz
gen Störmaßnahmen oder sonstige Einwirkungen Dritter gelte (BVerwGE 131,
9 Rn. 33 = NVwZ 2008, 1012).
Die 2010 eingeführte – in ihrer Einordnung umstrittene (vgl. zum Meinungs-
nd →AtG §7d Rn. 15 ff.; *Arndt* RdE 2012, 81 (83ff.); *Fetzer* NVwZ 2013,
73 (1374ff.); *Roßnagel/Hentschel* ZNER 2011, 7 (8ff.); *Ziehm* ZUR 2011,
6ff.)) – Vorschrift des **§ 7d AtG**, welche für den Genehmigungsinhaber eine Sor-
pflicht **jenseits der erforderlichen Vorsorge** gegen Schäden begründet, ist je-
nfalls **nicht drittschützend** (allg. Meinung: vgl. BT-Drs. 17/3052, S. 13; Arndt,
IE 2012, 81 (83); *Fetzer*, NVwZ 2013, 1373 (1376f.); *Gierke/Paul* in Theobald/
ihling EnergieRVor AtG Rn. 47; *Posser* in EFP BesVerwR § 52 Rn. 27; *Roßna-*
/*Hentschel* ZNER 2011, 7 (11f.); *Ziehm* ZUR 2011, 3 (6); anders nur: *Klinger*
JR 2010, 561 (562)). Ebenso offenkundig ist, dass nach diesen Maßstäben auch
Vorschriften über die Ein- und Ausfuhr (§ 3 AEG), mit denen die innere und
Bere (nationale) Sicherheit sowie Internationale Verpflichtungen gewährleistet
rden sollen, keinen Drittschutz von Bürgern oder Konkurrenten begründen
GH Kassel BeckRS 2020, 34938).
Die Vorschriften der **§ 4 Abs. 2 Nr. 3 und 5 AtG,** welche die Beförderungsge-
hmigungen betreffen, werfen die Frage auf, ob Anlieger an der Transportstrecke
le Transportgenehmigung zur Wahrung eigener Rechte anfechten können und
nn ja, wie weit der Kreis der klagebefugten Anlieger zu ziehen ist. Das BVerwG
t den **drittschützenden Charakter** der § 4 Abs. 2 Nr. 3 und 5 AtG im Jahr 2013
tmals bejaht (BVerwG-Beschluss, NVwZ 2013, 1407 (1408f.)) und somit den
ittschutz weiter gestärkt (Ausführlich zur Rsp-Entwicklung: *Näser/Paul* in Theo-
ld/Kühling EnergieR AtG § 4 Rn. 137ff; kritisch gegenüber der neuen Rspr:
utling jM 2014, 31 (33f.)). Ausschlaggebend für den Paradigmenwechsel zum
ittschutz des § 4 Abs. 2 Nr. 3 und 5 AtG war eine Entscheidung des BVerfG
VerfG NVwZ 2009, 515 (516f.)). Zur Begründung wird ua auf den **einheit-**
hen **Schutzstandard** der nahezu gleichlautenden Vorschriften der § 7 Abs. 2
. 3, Nr. 5 und § 6 Abs. 2 Nr. 2, Nr. 4 sowie § 4 Abs. 2 Nr. 3, Nr. 5 AtG verwiesen,
lche jeweils den Schutzzweck des § 1 Abs. 2 AtG konkretisieren (BVerwGE 131,
9 (137) = NVwZ 2008, 1012; BVerwG NVwZ 2013, 1407 (1408f.)). In den
ittschutz einbezogen werden nur solche Betroffenen, die einen für sie **be-**
utsamen Standort, dh ihren Wohnort, Aufenthaltsort oder Arbeitsplatz, an
r nahezu zwangsläufig zu benutzenden Strecke haben (BVerwG-Beschluss,
VwZ 2013, 1407 (1409f.); *Näser/Paul* in Theobald/Kühling EnergieR AtG § 4
1. 142f. folgert hieraus, dass der Drittschutz bei Beförderungen auch weiterhin

Karpenstein

Detail sachlich zu überprüfen (*Sellner* in Festgabe 50 Jahre Bu gericht, 2003, 741 (747)).

Nicht zuletzt mit Blick auf die Garantie effektiven Rechtsschut GG) hat allerdings das BVerwG die Reichweite der Letztentschei Genehmigungsbehörde seit seiner Entscheidung zum Kernkra Kärlich vom 14. 1. 1998 (BVerwGE 106, 115) bedenklich eingescl tionsvorbehalt der Exekutive betreffe nunmehr „vor allem" de **sikoabschätzung.** Die Gerichte seien im Bereich der behördli **der Datengrundlage** nicht mehr auf eine reine Willkürkor (BVerwGE 106, 115 (122); bestätigt durch BVerwG ZUR 2015, sei vielmehr als solche **gerichtlich voll überprüfbar** (BVerwG (287); Sellner/Hennenhöfer in Rehbinder/Schink, Grundzüge (§ 12 Rn. 149). Sind die Ermittlungen nach dem Stand von Wisse nik ausreichend und hat sie die Behörde ihren Bewertungen zu muss sich das Gericht jedoch bei der Prüfung, ob diese Bewertu vorsichtig sind, wegen des Funktionsvorbehalts auf eine **Willl** schränken (BVerwGE 142, 159 Rn. 20 = ZUR 2012, 423; 106, 1 lich *Näser* in Theobald/Kühling EnergieR AtG § 6 Rn. 316ff.).

Das BVerfG hat ausdrücklich offengelassen, ob und in welche gezogene exekutive Funktionsvorbehalt mit dem verfassungsrecl auf effektiven Rechtsschutz (Art. 19 Abs. 4 GG) vereinbar ist 2010, 114 Rn. 67f.). Mit Blick auf Art. 19 Abs. 4 GG darf die g prüfung atomrechtlicher Genehmigungen aber wohl **nicht auf** (gen Anforderungen an die Substantiierung der Klägervort **Plausibilitätskontrolle reduziert** werden, indem die Entscheid als geheimhaltungsbedürftig zurückgehaltener Unterlagen (pausc (so BVerwGE 142, 159 (176f.) = ZUR 2012, 423; eingehend da 2018, 100).

(3) Drittschutz im Atomrecht. Dritte können ihr Recht au versehrtheit im Rahmen einer Drittanfechtungsklage geltend m ein Individualrisiko des Einzelnen abzustellen ist, welches von der weiligen Risiko betroffenen Personen unabhängig ist (BVerfG l (517); *Posser* in EFP BesVerwR § 52 Rn. 51f.). Zentrale Ankr den Drittschutz im Atomrecht ist zunächst die Vorschrift zur Ge keit atomarer Anlagen in § 7 Abs. 2 AtG (Sennekamp in FKS § 42 Der drittschützende Charakter der **§ 7 Abs. 2 Nr. 3** (BVerwGE (256 (264f.); 104, 36 (39ff.)) **und § 7 Abs. 2 Nr. 5 AtG** (BVerv 624 (625)) ist schon seit Längerem anerkannt.

Das Bundesverwaltungsgericht hat im Jahre 2008 den Umfang klargestellt und entschieden, dass innerhalb der Schadensvorsor einem drittschützenden und einem nicht-drittschützenden Bere ren ist (BVerwGE 131, 129 Rn. 21, 33 = NVwZ 2008, 1012; c auch BVerfG-K, NVwZ 2010, 114 (119) wobei eine abschließ rechtliche Prüfung ausdrücklich unterblieb; vgl. *Beutling*, jM 201 NVwZ 2010, 990 (991f.)). Dort wurde der Drittschutz der **§ 6 A AtG** anerkannt (bzgl. § 6 Abs. 2 Nr. 2 bereits BVerwG-Beschluss, (818)), wobei die Erwägungen auf § 7 Abs. 2 AtG ausdrücklich ü können (BVerwGE 131, 129 Rn. 19 = NVwZ 2008, 1012). D kann von der zuständigen Genehmigungsbehörde die Gewährleis

Einführung

die Ausnahme bleibe; wohl auch Posser in EFP BesVerwR § 52 Rn 78; anders wohl: *Beutling* jM 2014, 31 (33f.); *Schlacke* ZUR 2013, 610 (616)). Auch ein Wohnort im angrenzenden Ausland schließt die Klagebefugnis nicht aus (vgl. für § 7 Abs. 2 Nr. 3 AtomG: BVerwGE 75, 285 (286ff.)).

bb) Grundrechte der Betreiber. (1) Eigentums- und Berufsfreiheit. Die 263 verfassungsrechtliche Sonderstellung des Atomrechts kommt zum Tragen, wenn die grundrechtsgebundene Staatsgewalt zwischen verschiedenen Grundrechtspositionen abzuwägen hat. Die Schutzwürdigkeit des Eigentums an genehmigten Kernkraftwerken und den ihnen gesetzlich seit 2002 zugewiesenen Elektrizitätsmengen wurde im **Grundsatzurteil des BVerfG** vom 6.12.2016 zu den Verfassungsbeschwerden von RWE, E.ON und Vattenfall/Krümmel weiter konkretisiert (BVerfGE 143, 246; dazu: *Berkemann* DVBl 2017, 793; *Börner* RdE 2017, 119; *Büdenbender* DVBl 2017, 1449; *Frenz* DÖV 2017, 121; *Froese* NJW 2017, 444; *Ludwigs* NVwZ-Beilage 1/2017, 3; *Roller* ZUR 2017, 277; *Roßnagel/Hentschel/Emanuel* UPR 2017, 128; *Schmitz/Helleberg/Martini* NVwZ 2017, 1332; *Shirvani* DÖV 2017, 281). Im Zentrum stand die Frage, ob die 13. AtG-Novelle vom 31.7.2011 (BGBl. I 1704), welche die kurz zuvor beschlossene Erhöhung der Reststrommengen der Kernkraftwerke (Anlage 3 Spalte 4 zum AtG) gestrichen und die sofortige Abschaltung sowie eine exakte zeitliche Befristung der Berechtigung zum Leistungsbetrieb für die Anlagen vorsieht, mit der Eigentumsgarantie nach Art. 14 Abs. 1 GG und dem Gleichheitsgrundsatz vereinbar ist (→ Rn. 42 mwN). Nach Auffassung des BVerfG ist die Schutzwürdigkeit des Eigentums insofern nach Art. 14 Abs. 2 GG (Sozialpflichtigkeit des Eigentums) beschränkt, da es aufgrund seiner Zweckbestimmung – der Energieversorgung der Bevölkerung – und seiner extremen Schadensfallrisiken einen **intensiven sozialen Bezug** aufweise (BVerfGE 143, 246 Rn. 297 = NJW 2017, 217 Rn. 297). Dies eröffnet dem Gesetzgeber einen weiten Gestaltungsspielraum – wobei allerdings zulasten der betroffenen Eigentümer damit „[k]eine völlige Freistellung von ansonsten gebotenen Ausgleichsregelungen" einhergeht (BVerfGE 143, 246 Rn. 298 = NJW 2017, 217 Rn. 298).

Im Ergebnis beanstandete das Gericht zwar die Beschleunigung des bereits beschlossenen Ausstiegs nicht, stellte aber fest, dass die Festlegung **fester Abschalttermine** in § 7 Abs. 1a S. 1 Nr. 1–6 AtG insofern unverhältnismäßig und gleichheitswidrig – und deshalb verfassungswidrig – ist, als sie die RWE und insbesondere Vattenfall/Krümmel an einer **zumutbaren Verstromung** der 2002 zugeteilten Reststrommengen hindert (BVerfGE 143, 246 Rn. 310ff.; 386ff. = NJW 2017, 217 Rn. 310ff.; 386ff.). Diese Reststrommengen begründen einen besonderen **Vertrauenstatbestand** (BVerfGE 143, 246 Rn. 334ff. = NJW 2017, 217 Rn. 334ff.). Hingegen konnten die im Jahre 2010 zugeteilten Zusatzstrommengen zwar entschädigungslos entzogen werden (BVerfGE 143, 246 Rn. 292ff. = NJW 2017, 217 Rn. 292ff.). Gleichwohl ist das Vertrauen in den Bestand der Rechtslage infolge der 11. AtG-Novelle vom 8.12.2010 (BGBl. I 1814) insoweit geschützt, als es nach Art. 14 Abs. 1 GG einer Regelung **für frustrierte Investitionen der Eigentümer** bedurft hätte (BVerfGE 143, 246 Rn. 369ff. = NJW 2017, 217 Rn. 369ff.), welche durch die gesetzliche „Laufzeitverlängerung" ermutigt wurden (*Shirvani* DÖV 2017, 281 (285)). 264

Mit dem **16. AtGÄndG** gab der Gesetzgeber vor, einen Ausgleich für frustrierte Investitionen (§ 7e AtG) sowie einen finanziellen Ausgleich für Elektrizitätsmengen zu schaffen, soweit diese bis zum Ablauf des 31.12.2022 nicht erzeugt und nicht auf ein anderes Kernkraftwerk übertragen werden konnten (§ 7f AtG). Mit diesem nor- 265

Einführung

mativen Konzept waren zahlreiche Rechtsstreitigkeiten zum Inkrafttreten, zum Verständnis und zur Verfassungs- und Europarechtskonformität des Gesetzes vorprogrammiert (*Ludwigs* NVwZ 2018, 1268) und werden derzeit noch vor verschiedenen Gerichten ausgetragen (zB LG Hamburg Az. 315 O 369/19; EuG T-674/18, BeckRS 2019, 20230 – Vattenfall/Kommission). Auf die Verfassungsbeschwerde von Unternehmen des Vattenfall-Konzerns hat das BVerfG entschieden, dass das 16. AtGÄndG schon aus formellen Gründen niemals in Kraft getreten ist und – unabhängig davon – § 7f AtG den bereits durch das Urteil vom 6.12.2016 festgestellten Verstoß gegen Art. 14 Abs. 1 GG auch in der Sache nicht hätte beheben können, sondern diesen perpetuiert (BVerfG Beschl. v. 29.9.2020, BeckRS 2020, 30179).

266 Atomrechtliche Besonderheiten gelten auch für die gesetzliche Ausgestaltung der Genehmigungsvoraussetzungen für Anlagen. Verfassungsrechtlich ist es aufgrund der hohen Risiken nicht zu beanstanden, wenn der Gesetzgeber der Verwaltung in § 7 Abs. 2 AtG ein (pflichtgemäß auszuübendes) **Versagungsermessen** einräumt, „um ihr so die Möglichkeit zu geben, eine an sich zu erteilende Genehmigung abzulehnen, falls **besondere und unvorhergesehene Umstände** es einmal notwendig machen" und sichergestellt ist, „dass die für den Antragsteller in atomrechtlichen Genehmigungsverfahren aus der Einräumung des Ermessens resultierende Rechtsunsicherheit sich in rechtsstaatlich hinnehmbaren Grenzen hält" (BVerfGE 49, 89 (144ff.) = NJW 1979, 359). In Anbetracht des Genehmigungsausschlusses für Neuanlagen zur gewerblichen Erzeugung von Elektrizität (§ 7 Abs. 1 S. 2 AtG) hat diese Diskussion an praktischer Relevanz verloren (*Sellner/Hennenhöfer* in Rehbinder/Schink UmweltR AtG § 12 Rn. 164; zum möglichen Anwendungsbereich: *Fehling* in Theobald/Kühling AtG § 8 Rn. 152).

267 **(2) Forschungsfreiheit.** Der Geltungsbereich des 2002 eingefügten **Beendigung**szwecks (§ 1 Nr. 1 Alt. 1 AtG) umfasst nur die Beendigung der Nutzung der Kernenergie zur **gewerblichen** Erzeugung von Elektrizität. Ausweislich der Gesetzesbegründung zum Beendigungsgesetz bleiben sämtliche sonstige Formen der friedlichen Nutzung der Kernenergie – im Einklang mit dem vorbehaltlos gewährten Grundrecht der Forschungsfreiheit (Art. 5 Abs. 3 S. 1 GG) – unberührt: Insbesondere sind der Betrieb von Forschungsreaktoren, die Nutzung der Kernenergie im medizinischen Bereich sowie die Reaktorsicherheits- und Endlagerforschung von der Beendigung der Kernenergienutzung ausgenommen (BT-Drs. 14/7261, der auf den gleichlautenden zuvor eingebrachten Entwurf der Koalitionsfraktionen verweist (BT-Drs. 14/6890, 19); *Gierke/Paul* in Theobald/Kühling EnergieR AtG § 1 At Rn. 3; *Ruttloff/Staubach* NuR 2017, 826 (829)). Umstritten ist, welche Folge der **Wegfall des Förderzwecks** in § 1 Nr. 1 AtG hat. Nach zutreffender Auffassung bleibt der „Förderzustand" für den Bereich der Kernforschung erhalten, da Art. 5 Abs. 3 S. 1 GG neben dem Abwehrrecht auch die Verpflichtung des Staates vermittelt, sich schützend und fördernd vor die Forschung zu stellen (*Kühne/Brodowski* NJW 2002, 1458 (1460); *Wagner* NVwZ 2001, 1089 (1094f.); vgl. zum Förderungsauftrag des Staates BVerfGE 111, 333 (353f.); 35, 79 (114f.); *Jarass/Pieroth* GG Art. 5 Rn. 133, 144).

268 **cc) Staatszielbestimmung Art. 20a GG.** Die Beachtung der **objektiv-rechtlichen Staatszielbestimmung** des Art. 20a GG zum Schutz natürlicher Lebensgrundlagen kann nicht eigenständig im Rahmen einer Verfassungsbeschwerde geltend gemacht werden. Ob sich Grundrechtsträger jedoch im Rahmen einer Grundrechtsrüge auch auf das Schutzgebot berufen können, ließ das BVerfG offen (BVerfG NVwZ 2010, 114 Rn. 31ff.; dies grundsätzlich bejahend:

Gärditz in Landmann/Rohmer UmweltR GG Art. 20a Rn 25; *Kahl* JZ 2010, 668 Fn. 17). Richtigerweise kommt eine Geltendmachung von Art. 20a GG bei der Rüge anderweitiger, schutzgebotsnaher Grundrechtsverletzungen, wie dem Recht aus Art. 2 Abs. 2 S. 1 GG, über die Elfes-Formel in Betracht und kann zu einem verschärften Prüfungsmaßstab führen (*Wolff* in Hömig/Wolff Grundgesetz, 12. Aufl. 2018, GG Art. 20a Rn. 8).Umgekehrt kann die Einbeziehung der Wertentscheidung des Art. 20a GG auch grundrechtsverengend wirken (vgl. dazu BVerfGE 143, 246 Rn. 303 ff., 363 ff. = NJW 2017, 217 Rn. 303 ff., 363 ff.; *Epiney* in MKS GG Art. 20a Rn. 91).

d) Endlagerung radioaktiver Abfälle. Nach dem Atomgesetz obliegt dem 269 Staat die Verpflichtung zur Endlagerung radioaktiver Abfälle. Das BVerfG hat ausdrücklich offengelassen, ob sich aus Art. 20a GG oder aus anderen Vorschriften des Grundgesetzes ein **Gebot zur zügigen und kontinuierlichen Erkundung eines Endlagers** ableiten lässt (BVerfGE 104, 238 (246)) oder die nicht-rückholbare **Endlagerung wärmeentwickelnder radioaktiver Abfälle** gar auf verfassungsrechtliche Bedenken stößt (BVerfG NVwZ 2010, 114 Rn. 18); für Abfälle mit vernachlässigbarer Wärmeentwicklung wurde ein Verfassungsverstoß verneint (BVerfG NVwZ 2010, 114).

Insbesondere für die sichere Entsorgung **wärmeentwickelnder Abfälle** wurde 270 in der Vergangenheit der Salzstock Gorleben erkundet. Seit 2013 wird das Verfahren für die Suche nach einem Endlagerstandort in der Bundesrepublik nun im **Standortauswahlgesetz (StandAG)** geregelt. Mit dem Gesetz soll der Standort für die Lagerung hochradioaktiver Abfallstoffe abschließend und mit Bindungswirkung für das anschließende atomrechtliche Genehmigungsverfahren festgelegt werden. Verfassungsrechtliche Bedenken ergeben sich bei dieser **Legalplanung** zum einen mit Blick auf den Gewaltenteilungsgrundsatz (*Burgi*, 14. Atomrechtssymposium 258 (268 ff.); *Keienburg* NVwZ 2014, 1133 (1134 f.)); zum anderen kommt es durch die gesetzliche Festlegung zu einer Schmälerung des effektiven Rechtsschutzes (*Keienburg* NVwZ 2014, 1133 (1135 f.)). Deshalb wird vorgeschlagen, „a maiore ad minus" die Anforderungen aus dem Beschluss des BVerfG im Fall „Südumfahrt Stendal" (BVerfGE 1997, 1) zu übertragen. Demnach müssen für die Wahl der Gesetzesform anstelle des Verwaltungsaktes „im Einzelfall **gute** Gründe" bzw. **„triftige** Gründe" bestehen (*Burgi*, 14. Atomrechtssymposium 258 (274 ff.); *Keienburg* NVwZ 2014, 1133 (1134 f.); *Kloepfer* UmweltR § 16 Rn. 258; *Wollenteit*, 14. Atomrechtssymposium, 292 (306 ff.)). Ob in der höheren demokratischen Legitimation und der dadurch erhofften Akzeptanz ausreichende Gründe für eine gesetzliche Bestimmung des Standorts vorliegen, wird in der Literatur unterschiedlich beurteilt (dafür: Burgi, 14. Atomrechtssymposium 258 (274 ff.); dagegen: *Wollenteit*, 14. Atomrechtssymposium, 292 (307 ff.); kritisch auch: *Keienburg* NVwZ 2014, 1133 (1134 f.); *Wiegand* NVwZ 2014, 830 (833 f.)).

Die **Errichtung der Endlager** wird gem. § 21b AtG durch **Beiträge** der Ab- 271 lieferungspflichtigen **finanziert; die** Kosten für die **Suche nach einem alternativen Standort** sind von den Abfallverursachern über **Umlagen** zu tragen (§§ 28 ff. StandAG). Die verfassungsrechtliche Zulässigkeit dieser Überwälzung der Kosten des Standortauswahlverfahrens ist umstritten. Nur wenn man davon ausgeht, dass die Abfallverursacher durch die Nutzung des Endlagers von ihrer Beseitigungspflicht gem. § 9a Abs. 1 S. 1 AtG befreit werden und der Staat bei der Errichtung eines Endlagers die alternative Standortsuche für erforderlich halten darf, ist im Ergebnis von einer verfassungsmäßigen Finanzierungsregelung auszugehen (so auch

Einführung

Däuper/Bosch/Ringwald ZUR 2013, 329 (331 ff.); *Däuper/von Bernstorff* ZUR 2014, 24 (29)). Kommen Anlagenbetreiber ihrer Zahlungspflicht aus dem **Entsorgungsfondsgesetz** nach, tritt der Fonds in die Finanzierungspflichten nach § 21 b AtG und §§ 28 ff. StandAG ein.

Gesetz über die friedliche Verwendung der Kernenergie und den Schutz gegen ihre Gefahren (Atomgesetz)

In der Fassung der Bekanntmachung vom 15. Juli 1985
(BGBl. I S. 1565)
FNA 751-1

Die Änderungen durch Art. 1 des Gesetzes vom 29.8.2008 (BGBl. I S. 1793) treten gem. Art. 5 Abs. 1 S. 1 dieses Gesetzes an dem Tag in Kraft, an dem das Protokoll vom 12.2.2004 zur Änderung des Pariser Übereinkommens vom 29.7.1960 idF des Zusatzprotokolls vom 28.1.1964 und des Protokolls vom 16.11.1982 nach seinem Art. 20 in Kraft tritt. Der Tag des Inkrafttretens wurde bisher nicht im BGBl. bekannt gegeben; die Änderungen sind aber im Gesetzestext in eckigen Klammern bereits kursiv abgedruckt.

Erster Abschnitt Allgemeine Vorschriften

§ 1 Zweckbestimmung des Gesetzes

Zweck dieses Gesetzes ist,
1. die Nutzung der Kernenergie zur gewerblichen Erzeugung von Elektrizität geordnet zu beenden und bis zum Zeitpunkt der Beendigung den geordneten Betrieb sicherzustellen,
2. Leben, Gesundheit und Sachgüter vor den Gefahren der Kernenergie und der schädlichen Wirkung ionisierender Strahlen zu schützen und durch Kernenergie oder ionisierende Strahlen verursachte Schäden auszugleichen,
3. zu verhindern, daß durch Anwendung oder Freiwerden der Kernenergie oder ionisierender Strahlen die innere oder äußere Sicherheit der Bundesrepublik Deutschland gefährdet wird,
4. die Erfüllung internationaler Verpflichtungen der Bundesrepublik Deutschland auf dem Gebiet der Kernenergie und des Strahlenschutzes zu gewährleisten.

Übersicht

	Rn.
I. Allgemeines	1
1. Entstehung und Entwicklung der Norm	1
2. Bedeutung einer Zweckbestimmung	3
3. Verhältnis der Zweckbestimmungen des § 1 zueinander	7
II. Beendigungs- und Sicherstellungszweck (Nr. 1)	9
1. Ehemaliger Förderzweck und Verhältnis zum EAGV	9
2. Verhältnis der Zwecke der Nr. 1 zueinander	10
3. Beendigungszweck	12
4. Sicherstellungszweck	14
III. Schutzzweck und Ausgleichspflicht (Nr. 2)	15

AtG § 1   Erster Abschnitt Allgemeine Vorschriften

	Rn.
1. Verfassungsrechtlicher Rahmen	16
2. Schutzzweck	17
3. Ausgleichszweck	20
IV. Innere und äußere Sicherheit (Nr. 3)	21
V. Erfüllung internationaler Verpflichtungen (Nr. 4)	26

Literatur: *Kloepfer,* Rechtsfragen zur geordneten Beendigung gewerblicher Kernenergienutzung in Deutschland, DVBl. 2007, 1189; *Kühne,* Versagungsermessen und Atomausstieg, DVBl. 2003, 1361; *Kühne/Brodowski,* Das neue Atomrecht, NJW 2002, 1458; *Knuis,* Der gesetzliche Ausstieg aus der „Atomwirtschaft" und das Gemeinwohl, DVBl. 2000, 441; *Mann,* Rechtsfragen der Elektrizitätsmengenübertragung nach § 7 Abs. 1b Satz 2 Atomgesetz, 2009; *ders.,* Verfassungsrechtliche Determinanten der Nachrüstung von Kernkraftwerken, DÖV 2013, 295; *Ossenbühl,* Kernenergie im Spiegel des Verfassungsrechts, DÖV 1981, 1; *Schmidt-Preuß,* Rechtsfragen des Ausstiegs aus der Kernenergie, 2000; *Schattke,* Grenzen des Strahlenminimierungsgebots im Kernenergierecht, DVBl. 1979, 652; *Sellner,* Elektrizitätsmengenübertragung nach § 7 Ib AtG, NVwZ 2007, 44; *Wagner,* Atomkompromiss und Ausstiegsgesetz, NVwZ 2001, 1089.

I. Allgemeines

1. Entstehung und Entwicklung der Norm

1   Die textliche Fassung der Vorschrift im **Entwurf der Bundesregierung** von 1959 (BT-Drs. 3/759) stimmte inhaltlich mit der früheren Regierungsvorlage aus der zweiten Wahlperiode (BT-Drs. 2/3026) überein, wenngleich die zuvor in Nr. 2 genannte Zwecksetzung nunmehr auf die Nummern 2 und 3 aufgeteilt war (näher zum Gesetzgebungsverfahren *Göppner* AtG-Vorgeschichte 102ff., 179ff.). In der **Erstfassung des Gesetzes** (BGBl. 1959 I 814) fehlte in Nr. 3 noch der Einschub „oder ionisierender Strahlen", der erst durch Änderungsgesetz vom 12.8.2005 (BGBl. I 2365) eingefügt worden ist (→ Rn. 21).

2   Seine umfangreichste und sachlich bedeutendste Änderung hat § 1 jedoch durch das sog. **Beendigungsgesetz** vom 22.4.2002 (BGBl. I 1351) erfahren, durch das der ursprünglich in Nr. 1 enthaltene **Förderungszweck** („die Erforschung, die Entwicklung und die Nutzung der Kernenergie zu friedlichen Zwecken zu fördern") in die heute gültige Fassung umgewandelt worden ist, die einen Beendigungszweck und einen Sicherstellungszweck vorsieht (→ Rn. 9 ff.). Durch die neue Formulierung, die sich eng an die Ausstiegsvereinbarung von 2000/01 (→ Einf. Rn. 28) anlehnt, werden nicht nur das Genehmigungsverbot des § 7 Abs. 1 S. 2 (→ § 7 Rn. 15) und die durch § 7 Abs. 1a S. 1 vollzogene neue Ausrichtung der Betriebserlaubnis am Strommengenrestkontingent (→ § 7 Rn. 18 ff.) legitimiert, sondern es wird gleichzeitig verdeutlicht, dass – wie die Gesetzesbegründung (BT-Drs. 14/6890, 19) ausdrücklich hervorhebt – „die kommerzielle Kernkraftnutzung bis zu ihrer Beendigung durch Erreichung der im Gesetz vorgesehenen Stromproduktionsmengen zulässig bleibt. Das Gesetz stellt damit bis zu diesem Zeitpunkt den geordneten Betrieb von Kernkraftwerken […] nach Maßgabe der §§ 7, 17 und 19 AtG generell sicher." Vgl. näher → Rn. 10f.

2. Bedeutung einer Zweckbestimmung

Indem § 1 die **Zwecke** des AtG festlegt, erfüllt er damit eine Funktion, die früher bisweilen durch Präambeln zu Gesetzen verwirklicht wurde. Diese Regelungstechnik hatte aber stets zu einer Diskussion über den Rechtsnormcharakter solcher Präambeln geführt (BHR EnergieR I Rn. 69 ff.; *Häberle* FS Broermann, 1982, 211 ff.). Mit der Aufnahme einer Zweckbestimmung in die erste Vorschrift eines Gesetzes ist diese Frage indes vorentschieden: Es handelt sich um eine **verbindliche Rechtsvorschrift** (*Fischerhof* Dt. AtomG § 1 Rn. 1). Unmittelbare Rechtsfolgen sehen derartige Zweckbestimmungen allerdings nicht vor, insbesondere ermächtigen sie nicht zu Grundrechtseingriffen. Sie formulieren vielmehr „vor die Klammer gezogene" Leitlinien, die jedoch formal als mit gleicher Verbindlichkeit wie die übrigen Vorschriften dieses Gesetzes als geltendes Bundesrecht einzuordnen sind, sodass die formulierten Zwecksetzungen einerseits Berücksichtigung bei der **Auslegung und Anwendung** des AtG einfordern, andererseits aber nicht als absoluten Optimierungsgebotes zu verstehen sind, das in jedem Einzelfall nach einer möglichst höchsten Entfaltung aller einzelnen Zweckvorgaben verlangt (zum Verhältnis der Zweckbestimmungen zueinander vgl. → Rn. 7 f., 10 f.).

Bei der Auslegung des Atomgesetzes entfaltet die Zweckbestimmung in § 1 ihre Wirkung innerhalb des herkömmlichen Methodenkanons primär im Rahmen der **teleologischen Auslegung,** also bei der Interpretation einer Norm anhand von „Sinn und Zweck" eines Gesetzes bzw. einer einzelnen Vorschrift (vgl. *Mann*, Rechtsfragen der Elektrizitätsmengenübertragung nach § 7 Abs. 1 b Satz 2 Atomgesetz, 73 f.). Dabei kommt es nicht darauf an, ob der Tatbestand einer Vorschrift ausdrücklich auf § 1 rekurriert, wie dies zB in §§ 9 b Abs. 3, 10, 11 Abs. 1 und 2, 12 Abs. 1, 12 a, 13 Abs. 3, 17 Abs. 1 der Fall ist, denn die Zweckbestimmung liegt ohne auch explizite Bezugnahme allen Vorschriften des AtG zugrunde. Die mit § 1 vorgenommene Zweckbestimmung als **Ausdruck des objektiven Regelungswillens** hat daher eine gewisse „Vorratsfunktion", welche prinzipiell geeignet ist, entweder für eine volle Ausnutzung des nach dem Wortlaut eröffneten Anwendungsfeldes zu streiten oder aber – umgekehrt – für dessen „teleologische" Reduktion.

Darüber hinaus entfaltet die Zweckbestimmung des § 1 auch Wirkung für die Anwendung des AtG. Die Zweckbestimmung des § 1 gibt insoweit den Rahmen behördlicher Ermessensausübung vor (BVerfGE 49, 89 (147) = NJW 1979, 359). Denn immer dann, wenn der Verwaltung nach den Vorschriften des AtG eine Ermessensausübung zur Aufgabe gemacht wird, ist dieses Ermessen „entsprechend dem Zweck der Ermächtigung auszuüben" (§ 40 VwVfG), was im Streitfalle auch den Maßstab für die verwaltungsgerichtliche Überprüfung bildet (vgl. § 114 VwGO). Als insoweit ermessensleitender Zweck kommt aber nicht nur der jeweilige Zweck der betreffenden Einzelnorm, sondern vor allem auch die Zweckbestimmung des Gesetzes insgesamt in Frage (näher *Schönenbroicher* in NK-VwVfG § 40 Rn. 182).

§ 1 bringt weiterhin die konzeptionelle Fortentwicklung der Rechtsmaterie Atomrecht zum Ausdruck, da die in § 1 formulierten Ziele parallel zu der Gesetzesentwicklung geändert werden können. Das wird besonders deutlich durch die Änderung des in Nr. 1 niedergelegten Förderzwecks in einen Beendigungs- und Sicherstellungszweck (→ Rn. 2), die an hervorgehobener Stelle innerhalb des AtG den seit 2002 manifestierten Paradigmenwechsel in der politischen Bewertung der Atomtechnologie (→ Rn. 12) nach außen hin erkennbar macht.

3. Verhältnis der Zweckbestimmungen des § 1 zueinander

7 Ein **Rangverhältnis** zwischen den in § 1 genannten Zwecken besteht aus rein formaler **rechtstheoretischer Sicht** nicht, insbesondere gibt die Reihenfolge der Nummerierung innerhalb des § 1 keine zwingende sachliche Rangfolge vor. Dieser bisweilen fälschlich auch der Gesetzesbegründung zugeschriebene (so *Haedrich* AtG § 1 Rn. 1 mit Fehlzitat) Grundsatz ist allerdings in sachlicher Hinsicht durch die – etwas unglücklich sehr apodiktisch formulierte (vgl. *Pelzer*, 3. AtRS 1974, 251 (252)) – Aussage des BVerwG konkretisiert worden: „Der Schutzzweck des Atomgesetzes hat, obwohl er in § 1 AtG erst an zweiter Stelle genannt wird, den Vorrang vor dem Förderungszweck" (BVerwG DVBl. 1972, 678 (680)). Unabhängig davon, dass der hinter dieser abstrakten Frage stehende Konflikt durch die Ersetzung des Förderungszwecks durch einen Beendigungs- und Sicherstellungszweck (→ Rn. 9 ff.) an Brisanz verloren hat, wird man dieses Diktum des BVerwG im Kern als Bewertung des **verfassungsrechtlichen Spannungsverhältnisses** zwischen der Schutzpflicht des Staates aus Art. 2 Abs. 2 S. 1 GG einerseits und der Berufs- und Eigentumsfreiheit (Art. 12, Art. 14 GG) der Zulassungsinhaber andererseits verstehen müssen (→ Rn. 16).

8 Vor diesem Hintergrund hat die Regelaussage, dass das AtG primär ein Schutzgesetz sei (BVerwGE 72, 300 (310) = NVwZ 1986, 208), weiterhin Bestand. Das zeigt sich insbesondere bei den strengen Genehmigungsanforderungen der §§ 7 ff. für nuklearspezifische Anlagen und Tätigkeiten, sodass auch nach geltendem Recht nicht angezweifelt werden kann, dass die **Schutzfunktion der Nr. 2 Vorrang** gegenüber dem Sicherstellungszweck der Nr. 1 genießt (*Sellner/Hennenhöfer* in Rehbinder/Schink UmweltR Rn. 57; *Posser* in EFP BesVerwR Rn. 14; *Mann*, Rechtsfragen der Elektrizitätsmengenübertragung nach § 7 Abs. 1b Satz 2 Atomgesetz, 75; *Renneberg*, 11. AtRS 2002, 27 (28 f.); *Gierke/Paul* in Theobald/Kühling EnergieR § 1 Rn. 11; BHR EnergieR I Rn. 657; *Thienel* in NK-AtomR § 1 Rn. 9). Auch wenn das AtG darauf ausgerichtet ist, das Risiko der Kernenergienutzung – Kritikalitätsrisiko wie Strahlungsrisiko – auf das bestmögliche Minimum zu reduzieren, wird sich allerdings eine Forderung nach Gewährung einer Sicherheit jenseits der praktischen Vernunft nicht aus diesem Vorrang ableiten lassen. Denn eine solche Auslegung des einfachen Rechts würde im Ergebnis die in Art. 73 Abs. 1 Nr. 14 GG zum Ausdruck kommende Entscheidung über die grundsätzliche verfassungsrechtliche Zulässigkeit der Erzeugung und Nutzung der Kernenergie zu friedlichen Zwecken (BVerfGE 53, 30 (56) = NJW 1980, 759; 49, 89 (129) = NJW 1979, 359) unterlaufen (BHR EnergieR I Rn. 658). Der anerkannte (relative) Vorrang des Schutzzwecks darf aber nicht den Blick dafür verstellen, dass die Zwecke des § 1 im Übrigen ineinandergreifen und sich ergänzen, sodass in jedem Einzelfall differenziert zu prüfen sein wird, welche Vorschrift des AtG in welcher Intensität von den Zwecken des § 1 und ihrem Zusammenspiel jeweils bestimmt wird (vgl. *Fischerhof* Dt. AtomG § 1 Rn. 5, 15; *Haedrich* AtG § 1 Rn. 9; *Schattke* DVBl 1979, 652 (655); *Gierke/Paul* in Theobald/Kühling EnergieR § 1 Rn. 11).

II. Beendigungs- und Sicherstellungszweck (Nr. 1)

1. Ehemaliger Förderzweck und Verhältnis zum EAGV

Bis zur Rechtsänderung durch die Ausstiegsnovelle von 2002 (BGBl. I 1351) enthielt Nr. 1 den Gesetzeszweck „die Erforschung, die Entwicklung und die Nutzung der Kernenergie zu friedlichen Zwecken zu fördern." Dieser **Förderungszweck** konkretisierte die seit 1957 in **Art. 1 Abs. 2 EAGV** verankerte **Aufgabe der Atomgemeinschaft,** „durch die Schaffung der für die schnelle Bildung und Entwicklung von Kernindustrien erforderlichen Voraussetzungen zur Hebung der Lebenshaltung in den Mitgliedstaaten und zur Entwicklung der Beziehungen mit den anderen Ländern beizutragen" und die daraus folgende **Initiativförderpflicht des Art. 2 lit. c EAGV.** Mit der Umwandlung dieses Förderzwecks in eine doppelte Zwecksetzung (→ Rn. 10) kam die durch den Regierungswechsel 1998 eingeleitete Kehrtwende in der Kernenergiepolitik zu einem vorläufigen Abschluss. Die Umsetzung der Ausstiegsvereinbarung 2001 durch die Ausstiegsnovelle 2002 (→ Einf. Rn. 28 f.) richtete sich ausweislich der Gesetzesbegründung darauf, eine „Neuordnung des Kernenergierechts" zu bewirken, die zum Ausdruck bringt, dass „an der positiven Grundsatzentscheidung des Atomgesetzes aus dem Jahr 1959 zu Gunsten der Kernenergie […] nicht mehr festgehalten" wird und „die weitere Nutzung der Kernenergie zur gewerblichen Stromerzeugung […] auf Grund der mit ihr verbundenen Risiken trotz des international gesehen hohen Sicherheitsniveaus der deutschen Anlagen nur noch für einen begrenzten Zeitraum hingenommen werden" soll (BT-Drs. 14/6890, 1). Der damit offensichtliche Widerspruch zum weiterhin bestehenden Förderzweck des EAGV hat einerseits Diskussionen über die Vereinbarkeit der Novelle mit dem EAGV (vgl. einerseits *Di Fabio/Durner/Wagner,* Kernenergieausstieg 2011, 2013, 45 ff., andererseits *Rodi* NJW 2000, 1 (14); *Schärf* EU-AtomR 243) und Diskussionen ausgelöst, ob es angesichts der Vorbehalte gegen die Nutzung von Kernenergie heute nicht einer Revision oder eines Ausstiegs aus dem EAGV bedarf (dazu näher → Einf. Rn. 234 f. mwN).

9

2. Verhältnis der Zwecke der Nr. 1 zueinander

Die nunmehr in Nr. 1 zusammengefassten Gesetzeszwecke, der **Beendigungszweck und der Sicherstellungszweck,** sind nicht zufällig in einer Ziffer zusammengefasst. Sie reflektieren vielmehr die gegensätzlichen Interessen, die von den Parteien der Ausstiegsvereinbarung (→ Einf. Rn. 28) verfolgt wurden, nämlich dass einerseits die künftige Nutzung der vorhandenen Kernkraftwerke befristet werden (Beendigungszweck) und andererseits für die verbleibende Nutzungsdauer der ungestörte Betrieb der Kernkraftwerke wie deren Entsorgung gewährleistet (Sicherstellungszweck) werden soll (vgl. Abschnitt I. der Ausstiegsvereinbarung vom 11.6.2000, abgedr. bei PSM Anhang 2 und NVwZ-Beil. IV/2000). Aus diesem Grund stehen die beiden heute in Nr. 1 vereinten Zwecke in einer **synallagmatischen Verbindung,** weil sie den verfassungsrechtlichen Ausgleich widerspiegeln, der mit dem Ausstiegsvereinbarung und dem ihr folgenden Beendigungsgesetz herbeigeführt worden ist (*Schmans* in PSM § 1 Rn. 9; *Posser* in EFP BesVerwR Rn. 13). Das ist bei der Interpretation dieser beiden Ziele zu berücksichtigen und kommt auch in der schlichten Konjunktion „und" zum Ausdruck, die bereits auf eine **Gleichrangigkeit der beiden Ziele** (Gesetzesbegr., BT-Drs. 14/6890, 16;

10

AtG § 1   Erster Abschnitt Allgemeine Vorschriften

Kühne/Brodowski NJW 2002, 1458 (1460); *Hennenhöfer/Sellner* in Rehbinder/ Schink UmweltR Rn. 55) hinweist.

11   Das Synallagma zwischen den beiden Zwecken führt darüber hinaus zu der Einsicht, dass sie mit Blick auf die bestehenden Kernkraftwerke in einem **konsekutiven Verhältnis** zueinander stehen (*Posser* in EFP BesVerwR Rn. 13). Denn während sich die „geordnete Beendigung" der gewerblichen Kernenergienutzung für neue Anlagen unmittelbar im Genehmigungsverbot des § 7 Abs. 1 S. 1 äußert, ist sie für die bereits betriebenen Werke erst ein projektiertes Endziel, weil deren geordneter Betrieb „bis zum Zeitpunkt der Beendigung" sicherzustellen ist – was in der Literatur als „modifizierter Förderungszweck" gedeutet worden ist (*Schmans* in PSM § 1 Rn. 9). Angesichts des im Doppelzweck des § 1 Nr. 1 AtG enthaltenen positiven Bekenntnisses zum Weiterbetrieb bestehender Kernenergieanlagen für die Restnutzungsdauer auf hohem Sicherheitsniveau ist es somit **nicht zulässig**, unter Berufung auf den weggefallenen Förderzweck nunmehr einer strikt **„beendigungsorientierten Auslegung"** des Atomgesetzes und einem **„ausstiegsorientierten Gesetzesvollzug"** das Wort zu reden (*Schmans* in PSM § 1 Rn. 18; *Thienel* in NK-AtomR § 1 Rn. 6; *Mann,* Rechtsfragen der Elektrizitätsmengenübertragung nach § 7 Abs. 1b Satz 2 Atomgesetz, 75; *Kühne/Brodowski* NJW 2002, 1458 (1460); *Ruttloff/Staubach* NuR 2017, 826 (829, 832); *Wagner* NVwZ 2001, 1089 (1095); *Schmidt-Preuß* in Rengeling, Handbuch zum europäischen und deutschen Umweltrecht, Bd. I, 2. Aufl. 2003, § 60 Rn. 44; *Gierke/Paul* in Theobald/Kühling § 1 Rn. 8; aA *von Komorowski* Jura 2001, 17 (18f.); *Kloepfer* DVBl. 2007, 1189 (1201)).

3. Beendigungszweck

12   Der Beendigungszweck bringt an prominenter Stelle des Gesetzes zum Ausdruck, dass sich die **politische Bewertung** des mit der Kernenergie verbundenen Restrisikos **verändert** hat: Seit der ersten Kalkar-Entscheidung (BVerfGE 49, 89 = NJW 1979, 359) ist anerkannt, dass die Entscheidung über die friedliche Nutzung der Kernenergie wegen ihrer weitreichenden Auswirkungen auf die Bürger dem Parlamentsvorbehalt unterfällt. Das Parlament kann aber seine ursprünglichen Entscheidungen über die Kernenergienutzung immer wieder überprüfen und gegebenenfalls anders bewerten. Die Änderung des ursprünglichen Förderungszwecks (→ Rn. 9) in einen Beendigungszweck ist sichtbares Zeichen einer solchen geänderten politischen Bewertung des beim Betrieb der Kraftwerke verbleibenden Restrisikos. Dass sie **nicht durch Sicherheitsbedenken** an den bestehenden deutschen Kernkraftwerken motiviert gewesen ist, stellt die Gesetzesbegründung klar, indem sie gerade das „international gesehen hohe Sicherheitsniveau der deutschen Anlagen" ausdrücklich hervorhebt und betont, dass die Bundesregierung das bislang „als sozialadäquat hingenommene Restrisiko der gewerblichen Nutzung der Kernenergie nur noch für einen begrenzten Zeitraum für tolerabel" hält (BT-Drs. 14/6890, 14; zustimmend *Gierke/Paul* in Theobald/Kühling § 1 Rn. 6; *Schmans* in PSM § 1 Rn. 14). Der Beendigungszweck dient damit als Legitimationsgrundlage für eine Reihe von Regelungen, die durch die Ausstiegsnovelle oder später in das AtG aufgenommen worden sind. Besonders augenfällig ist das bei dem Genehmigungsverbot des § 7 Abs. 1 S. 2 (→ § 7 Rn. 15) und der durch § 7 Abs. 1a S. 1 vollzogenen neuen Ausrichtung der Betriebserlaubnis am Strommengenrestkontingent (→ § 7 Rn. 18ff.).

13   Sprachlich beziehen sich beide Varianten der Nr. 1 nur auf „die Nutzung der Kernenergie zur gewerblichen Erzeugung von Elektrizität". **Vom Beendigungs-**

zweck ausgespart bleibt also der Bereich der **Kernforschung** (zB hinsichtlich Reaktorsicherheit und Endlagerung, medizinischer Nutzung der Kernenergie, sowie Forschungsreaktoren als solche). Das deckt sich nicht nur entstehungsgeschichtlich mit einem früheren Entwurf eines Kernenergieabwicklungsgesetzes, das die seinerzeitige SPD-Opposition schon 1987 vorgelegt hatte (vgl. § 1 Nr. 7 des Entwurfs, BT-Drs. 11/13, 5), sondern ist vor allem eine Folge des Verfassungsrechts. Denn in der Rechtsprechung des BVerfG ist es anerkannt, dass die Garantie der Forschungsfreiheit des Art. 5 Abs. 3 GG nicht nur ein subjektives Abwehrrecht, sondern auch eine objektiv-rechtliche Verpflichtung des Staates enthält, „schützend und fördernd auch Aushöhlung dieser Freiheitsgarantie vorzubeugen" (BVerfGE 35, 79 (114f.) = NJW 1973, 1176). Art. 5 Abs. 3 GG „verpflichtet den Staat auch zu Schutz und Förderung" (BVerfGE 111, 333 (354) = NVwZ 2005, 315), dh er hat „die Pflege der freien Wissenschaft […] zu ermöglichen und zu fördern" (BVerfGE 94, 268 (285) = NJW 1997, 513). Diese bereits in der Verfassung wurzelnde Förderungspflicht von Wissenschaft und Forschung war mithin entscheidend dafür, den Bereich der Kernenergieforschung aus dem Beendigungszweck der Nr. 1 auszuklammern (Begr. des RegE, BT-Drs. 14/6890, 19; → Einf. Rn. 267).

4. Sicherstellungszweck

Der als gleichrangiges (→ Rn. 10) Element der Nr. 1 aufgenommene Sicherstellungszweck verdeutlicht, „dass die kommerzielle Kernkraftnutzung bis zu ihrer Beendigung durch Erreichung der im Gesetz vorgesehenen Stromproduktionsmengen zulässig bleibt. Das Gesetz stellt damit bis zu diesem Zeitpunkt den geordneten Betrieb von Kernkraftwerken bei Beachtung der erforderlichen Schadensvorsorge nach dem Maßstab des Standes von Wissenschaft und Technik […] nach Maßgabe der §§ 7, 17 und 19 AtG generell sicher." (Begr. des Gesetzentwurfs, BT-Drs. 14/6890, 19). Durch die textliche Verbindung mit dem Beendigungszweck wird damit gleichzeitig das den gesetzlichen Vorgaben entsprechende Sicherheitsniveau der in Betrieb befindlichen Kernkraftanlagen anerkannt (*Sellner* NVwZ 2007, 44 (48)). Die Anwendung des AtG sollte diesen Vorgaben entsprechend zwar vor dem Hintergrund der Endlichkeit der kommerziellen Kernkraftnutzung erfolgen, muss dabei allerdings den bis zum Ablauf der Restlaufzeit genehmigten Betrieb sicherstellen und darf diesem, sofern er sich im Rahmen der gesetzlichen Grenzen auf einem hohen Sicherheitsniveau hält, nicht im Wege stehen.

III. Schutzzweck und Ausgleichspflicht (Nr. 2)

Ähnlich wie Nr. 1 vereint auch die mit Geltungsvorrang (→ Rn. 7f.) ausgestattete Nr. 2 zwei Gedanken in einer Zweckbeschreibung: den Schutz vor den Gefahren der Kernenergie und den schädlichen Wirkungen ionisierender Strahlen (→ Rn. 17ff.) sowie den Schadensausgleich im Falle einer eingetretenen Schädigung (→ Rn. 20). Die **Schutzzweckkomponente** spiegelt sich in den Genehmigungs- und Überwachungsvorschriften des Zweiten Abschnitts (§§ 3–21b), die **Schadensausgleichsvariante** in den Haftungsbestimmungen des Vierten Abschnitts (§§ 25–40 und 53).

AtG § 1   Erster Abschnitt Allgemeine Vorschriften

1. Verfassungsrechtlicher Rahmen

16   Die ratio legis der Nr. 2 kann nur vor ihrem verfassungsrechtlichen Hintergrund erschlossen werden. Stärker als bei anderen Gesetzen des öffentlichen Wirtschaftsrechts ist das Atomrecht von einem Spannungsverhältnis zwischen den berufs- und eigentumsrechtlichen Positionen der Anlagenbetreiber (Art. 12, 14 GG) und dem Recht des Einzelnen auf körperliche Unversehrtheit (Art. 2 Abs. 2 S. 1 GG) geprägt. Das BVerfG hat letzterem Grundrecht nicht nur einen abwehrrechtlichen Gehalt, sondern auch eine **Schutzpflicht des Staates** entnommen, sich schützend und fördernd vor das Leben und die Gesundheit des Einzelnen zu stellen (BVerfGE 39, 1 (41 f.) = NJW 1975, 573; BVerfGE 49, 89 (142) = NJW 1979, 359; BVerfGE 53, 30 (57) = NJW 1980, 759; BVerfGE 88, 203 (251); 115, 118 (152); 121, 317 (356); 142, 313 Rn. 69). Der für verfassungsrechtliche Schutzpflichten typische Einschätzungs-, Wertungs- und Gestaltungsspielraum (BVerfGE 96, 56 (64); 121, 317 (356); 133, 59 Rn. 45; 142, 313 Rn. 70) ist im Bereich der friedlichen Nutzung der Kernenergie jedoch angesichts der Art und Schwere möglicher Gefahren und der drohenden Folgen dahingehend eingeschränkt, dass „bereits eine entfernte Wahrscheinlichkeit ihres Eintritts genügen müsse, um die Schutzpflicht auch des Gesetzgebers konkret auszulösen" (BVerfGE 49, 89, (141 f.) = NJW 1979, 359; BVerfGE 53, 30 (57) = NJW 1980, 759). Weil aber eine Forderung nach absoluter Sicherheit vor den möglichen Risiken der Kernenergienutzung jenseits der Grenzen menschlichen Erkenntnisvermögens liegt und jegliche Anlagenzulassung ausschlösse (BVerfGE 49, 89 (143) = NJW 1979, 359; *Ossenbühl* DÖV 1981, 1 (3)), erfordere § 1 Nr. 2 einen Maßstab der **bestmöglichen Gefahrenabwehr und Risikovorsorge,** „der Genehmigungen nur dann zulässt, wenn es nach dem Stand von Wissenschaft und Technik praktisch ausgeschlossen erscheint, dass solche Schadensereignisse eintreten werden" (BVerfGE 49, 89 (143) = NJW 1979, 359 unter Bezugnahme auf *Breuer* DVBl. 1978, 829 (835 f.)). Dieser **„Grenze der praktischen Vernunft"** (→ Einf. Rn. 138 ff.) unter Hinnahme eines jenseits dieser Grenze liegenden **Restrisikos** (→ Einf. Rn. 110, 250 ff.) trägt das AtG Rechnung, indem es die Genehmigungsvoraussetzungen durch in die Zukunft hin offene unbestimmte Rechtsbegriffe wie den „Stand von Wissenschaft und Technik" ausgestaltet und damit „einem **dynamischen Grundrechtsschutz** und damit der bestmöglichen Verwirklichung des Schutzzwecks des § 1 Nr. 2 AtG" dient (BVerfG NVwZ 2010, 114 Rn. 39).

2. Schutzzweck

17   Der Schutz von **Leben und Gesundheit** gilt, obgleich seiner sprachlich offenen Form, lediglich bezogen auf den Menschen (*Fischerhof* Dt. AtomG § 1 Rn. 7; *Steindorf/Häberle* in Erbs/Kohlhaas, Stand 3/2020, § 1 Rn. 4). Dieser Schutzbereich ist angesichts der staatlichen Schutzpflicht (→ Rn. 16) weit gefasst; er gilt nicht nur für den geborenen Menschen, sondern auch für die Leibesfrucht und, mit Blick auf sog. **genetische Spätschäden,** die Nachkommenschaft (vgl. BT-Drs. 3/759, 37; *Fischerhof* Dt. AtomG § 1 Rn. 7; *Mattern/Raisch* § 1 Rn. 5). Der rechtssystematische Blick auf § 29 Abs. 1 („Im Falle der Verletzung des Körpers […]") lässt erkennen, dass Nr. 2 neben dem Schutz von Leben und Gesundheit auch denjenigen des **Körpers** umfasst (*Mattern/Raisch* § 1 Rn. 6; *Fischerhof* Dt. AtomG § 1 Rn. 7).

18   Hinsichtlich des Begriffs der **Sachgüter,** der sich unstreitig auf das Sacheigentum bezieht (*Thienel* in NK-AtomR § 1 Rn. 13) ist diskutiert worden, ob hiervon auch Sachgüter der Allgemeinheit erfasst sind (vgl. *Mattern/Raisch* § 1 Rn. 7; *Fischerhof* Dt. AtomG § 1 Rn. 9f.). Anlass hierzu gab eine Forderung des Bundesrates, die Zweckbestimmung auch auf „den Schutz der Allgemeinheit vor **Gemeinschäden**" zu erstrecken (BT-Drs. 3/759, 49), weil er auch die Lebensgrundlagen Wasser, Luft und Boden durch die von Nr. 2 erfassten Einwirkungen als bedroht ansah. Die Bundesregierung lehnte in ihrer Gegenäußerung eine solche Ergänzung ab, weil sie in einem extensiven Verständnis die Sachgüter der Allgemeinheit bereits vom Wortlaut mitumfasst ansah (BT-Drs. 3/759, 58). Angesichts des etymologischen Bezugs zu den „Sachen" iSd § 90 BGB wird man auch für die „Sachgüter" iSd Nr. 2 jedoch ein Mindestmaß an Körperlichkeit verlangen müssen (ebenso *Steindorf/Häberle* in Erbs/Kohlhaas, Stand 3/2020, § 1 Rn. 5), sodass allgemeine Kategorien wie die Umweltmedien Wasser oder Luft nicht hierunter subsumiert werden können. Im Ergebnis erfahren sie aber einen **mittelbaren Schutz,** soweit sie als positive Voraussetzungen für Leben und Gesundheit des Menschen beeinträchtigt sein können (*Fischerhof* Dt. AtomG § 1 Rn. 9; *Thienel* in NK-AtomR § 1 Rn. 13). In diesem Sinne kann dann auch die Verordnungsermächtigung in § 12 Abs. 1 S. 1 Nr. 2 als zweckkonform mit § 1 Nr. 2 angesehen werden.

Als **Gefahren der Kernenergie** werden solche verstanden, die sich daraus ergeben können, wenn Kernbrennstoffe unprogrammgemäß zur kritischen Masse werden, dh eine unkontrollierte Kettenreaktion ausgelöst wird − sog. Kritikalitätsrisiko; der Begriff der **ionisierenden Strahlen** erfasst die Übertragung von Energie durch ionenbildende elektromagnetische Strahlungen (physikalisch präziser die Legaldefinition in Art. 4 Nr. 46 RL 2013/59/Euratom v. 5.12.2013, ABl. 2014 L 13, 1), deren schädliche Wirkung in einer physisch zunächst nicht wahrnehmbaren Veränderung der Materie von Organismen besteht (*Fischerhof* Dt. AtomG § 1 Rn. 6; BHR EnergieR I Rn. 657; *Gierke/Paul* in Theobald/Kühling § 1 Rn. 13). 19

3. Ausgleichszweck

Während die Schutzpflicht in erster Linie eine vorbeugende Zielrichtung hat, hat der ebenfalls in Nr. 2 erwähnte Schadensausgleich durch seine Androhung zwar auch eine präventive verhaltenslenkende Wirkung, doch dient er in seiner eigentlichen Funktion der Sicherstellung einer Gewährung von Ersatzansprüchen im Schadensfall. Er erfasst mithin diejenigen Fälle, in denen sich eine bestehende Gefahr durch Kernenergie oder ionisierende Strahlen bereits zu einem schädigenden Ereignis verdichtet hat. Die Existenz der Ausgleichspflicht trägt insoweit der Erkenntnis Rechnung, dass sich ein vollständiger Ausschluss von Gefahren bzw. Risiken der Kernenergie der menschlichen Erkenntnismöglichkeit entzieht und ein Restrisiko jenseits der Grenzen praktischer Vernunft hinzunehmen ist (→ Rn. 16). Materiell ergeben sich die Haftungs- und Entschädigungsgrundsätze aus dem Pariser Übereinkommen, das seinerseits von den Haftungsbestimmungen des AtG und der AtDeckV ausgefüllt und ergänzt wird (→ Vor §§ 25c−40c Rn. 1 ff.). 20

IV. Innere und äußere Sicherheit (Nr. 3)

21 Leitender Gedanke des Gesetzeszwecks in Nr. 3 ist die Verhinderung eines Missbrauchs der Kernenergie, der zu einer Gefährdung der inneren oder äußeren Sicherheit der Bundesrepublik Deutschland führen kann (Begr. des RegE, BT-Drs. 3/759, 18). In diesem Sinne sollte auch die 2015 erfolgte Erweiterung um die Variante der „ionisierenden Strahlen" (→ Rn. 1) der nach dem 11. September 2001 geänderten Gefährdungseinschätzung mit Blick auf **terroristische Aktivitäten** Rechnung tragen. Weil hochradioaktive Strahlenquellen von ihrer Art her geeignet sind, als Beimischung in unkonventionellen Spreng- und Brandvorrichtungen mit radioaktiver Beiladung Verwendung zu finden und durch ihren Einsatz nachhaltige Gesundheitsschäden oder den Tod zu verursachen, hielt es der Gesetzgeber für angezeigt, diese Möglichkeit in Nr. 3 sprachlich abzubilden (vgl. Begr. des RegE, BT-Drs. 15/5284, 50).

22 Die Tatbestandsalternativen **„Anwendung"** oder **„Freiwerden"** kennzeichnen die zwei Varianten der Gefährdungsursache, die zum einen im beabsichtigten („gezielten") Gebrauch der Kernenergietechnik liegen oder sich zum anderen auf ungewolltem oder indirektem Weg vollziehen kann (*Fischerhof* Dt. AtomG § 1 Rn. 12; *Haedrich* AtG § 1 Rn. 5). Nach einer anderen Abgrenzung soll der Unterschied zwischen Anwendung und Freiwerden darin bestehen, dass die Anwendung ein menschliches Verhalten zum Ursprung habe, wohingegen sich ein Freiwerden ohne menschliches Zutun vollziehen könne (*Mattern/Raisch* § 1 Rn. 13). Letztlich wird dieser Ansatz nicht zu großen Unterschieden führen, denn ein beabsichtigtes Gebrauchen von Kernenergie erfordert zwangsläufig ein menschliches Verhalten, während ein ungewolltes Freiwerden im Zweifel nicht unmittelbar durch eine menschliche Handlung bewirkt wird.

23 Soweit die Variante der **„Anwendung"** in Rede steht, manifestiert sich der von Nr. 3 benannte Verhinderungszweck vor allem in den Einzelvorschriften betreffend die persönliche Zuverlässigkeit von Zulassungsinhabern (vgl. §§ 3 Abs. 2 Nr. 1, Abs. 3 Nr. 1, 4 Abs. 2 Nr. 1, 6 Abs. 2 Nr. 1, 7 Abs. 2 Nr. 1, 9 Abs. 2 Nr. 1) oder in Eignungs- oder Fachkundeanforderungen (zB §§ 4 Abs. 2 Nr. 2, 6 Abs. 2 Nr. 1, 7 Abs. 2 Nr. 2, 9 Abs. 2 Nr. 2, 12 Abs. 1 S. 1 Nr. 9 und 10). Hinzu kommt die Schadenshaftung für von Kernanlagen ausgehende nukleare Ereignisse (§§ 25 ff.), deren Existenz zur Vorsicht bei der Anwendung von Kernenergie oder ionisierenden Strahlen gemahnt. Soweit die Variante des **„Freiwerdens"** betroffen ist, kann vor allem auf die Anforderungen zum Schutz gegen Störmaßnahmen und sonstige Einwirkungen Dritter (vgl. §§ 4 Abs. 2 Nr. 5, 6 Abs. 2 Nr. 4, 7 Abs. 2 Nr. 5, 9 Abs. 2 Nr. 5, 12 Abs. 1 S. 1 Nr. 8) und die Bestimmungen des StGB über gemeingefährliche Straftaten, die für eine missbräuchliche Verwendung von radioaktiven Stoffen Freiheitsstrafen androhen (§§ 307, 309–312 StGB), verwiesen werden, die teilweise bis 1980 noch im AtG geregelt waren.

24 Ausweislich der Gesetzesbegründung soll der Begriff der **inneren Sicherheit** dem Rechtsbegriff der **Sicherheit und Ordnung** aus dem allgemeinen Gefahrenabwehrrecht entsprechen (vgl. BT-Drs. 3/759, 18). Dieser Aussage haben sich weite Teile der Literatur angeschlossen (*Mattern/Raisch* § 1 Rn. 14; BHR EnergieR I Rn. 659; *Gierke/Paul* in Theobald/Kühling § 1 Rn. 1), ohne allerdings zu problematisieren, dass ein solches Verständnis über die Facette der „öffentlichen Sicherheit" **zugleich auch die in Nr. 2 aufgezählten Rechtsgüter** „Leben, Gesundheit und Sachgüter" **erfasst**. Das hat zur Folge, dass sich die Anwendungsbereiche beider Zweckbestimmungen in diesen Punkten überschneiden (*Mann* DÖV 2013, 295 (297)). Ganz in diesem Sinne hat auch das BVerwG davon gesprochen, dass sich mit dem Hinweis auf den auf die innere oder äußere Sicherheit gerichteten Schutzzweck in Nr. 3 der auf den Schutz von Leben und Gesundheit zielende Gesetzeszweck der Nr. 2 nicht überspielen lasse und das Individualrecht nicht in einem möglichen, seinerseits nicht wehrfähigen Kollektivrisiko untergehe. Das Individualrisiko werde durch die Zahl der von diesem Risiko betroffenen Personen weder erhöht noch vermindert (BVerwG NVwZ 2008, 1012 (1014); BVerwGE 61, 256 (266)). Diese Begriffskonturierung wird jedoch vereinzelt als zu weit empfunden, da die Rechtsgutträger beider Bestimmungen verschieden sind: Während Nr. 2 Individualrechtsgüter fokussiert, ist das Bezugsobjekt bei Nr. 3 der Staat (*Thienel* in NK-AtomR § 1 Rn. 14). Aus dieser zutreffenden Beobachtung folgt jedoch keine Einengung des Begriffs der inneren Sicherheit, sondern im Gegenteil eine Erweiterung. Denn sie lenkt die Aufmerksamkeit darauf, dass der Begriff der inneren Sicherheit gerade nicht polizeirechtlicher Provenienz ist, sondern dass es sich – wie auch bei der „äußeren Sicherheit" – um einen **zentralen staatsrechtlichen Begriff** handelt (*Pitschas* JZ 1993, 857 ff.). Als solcher geht er über die polizeirechtlichen Schutzgüter der öffentlichen Sicherheit und den auch in der öffentlichen Ordnung angesprochenen „inneren Frieden" hinaus und umfasst noch weitere Bereiche, wie etwa die Verbrechensverhütung und Strafverfolgung durch Polizei und Justiz oder die Aufgaben des Verfassungsschutzes und der Nachrichtendienste (ausführlich *Götz* in Isensee/Kirchhof Handbuch des Staatsrechts IV, 3. Aufl. 2006, § 85 Rn. 3 ff.). Nur mit diesem umfassenden Verständnis erklärt sich auch die Voraussetzung des § 3 Abs. 3 S. 2, dass auszuführende Kernbrennstoffe nicht in einer die innere Sicherheit der Bundesrepublik gefährdenden Weise verwendet werden (→ § 3 Rn. 8 ff.).

Der Schutz der **äußeren Sicherheit** betrifft demgegenüber den Bestand der 25 Bundesrepublik als Ganzes, also die **Sicherheit vor Angriffen von außen** (Begr. des RegE, BT-Drs. 3/759, 18; *Mattern-Raisch* § 1 Rn. 15; *Fischerhof* Dt. AtomG § 1 Rn. 12; *Gierke/Paul* in Theobald/Kühling, § 1 Rn. 14; *Thienel* in NK-AtomR § 1 Rn. 15). In diesem Sinne dient die Voraussetzung für die Erteilung einer Ausfuhrgenehmigung nach § 3 Abs. 3 Nr. 2 auch dem Zweck, eine gegen die Bundesrepublik gerichtete Verwendung der ausgeführten Kernbrennstoffe zu verhindern. Bedrohungsszenarien, in denen gleichzeitig die innere als auch die äußere Sicherheit der Bundesrepublik Deutschland bedroht sind, erfordern keine trennscharfe Abgrenzung, da Nr. 3 eine einheitliche Schutzrichtung zugunsten des Staates bezweckt.

V. Erfüllung internationaler Verpflichtungen (Nr. 4)

Die in Nr. 4 enthaltene Zweckbestimmung, nach der das AtG die Erfüllung in- 26 ternationaler Verpflichtungen der Bundesrepublik auf dem Gebiet der Kernenergie und des Strahlenschutzes gewährleisten soll, hat seit dem Inkrafttreten des AtG stetig an Bedeutung gewonnen. Heutzutage ist das Atomrecht durch eine Vielzahl von internationalen Regelwerken geprägt, die auf bi- oder multilateral völkerrechtlicher Grundlage oder auf Basis des Unionsrechts ergangen sind (→ Einf. Rn. 157 ff.). Durch die Hervorhebung einer Einbindung des nationalen Rechts in dieses Geflecht durch die Zweckbestimmung in Nr. 4 manifestiert sich nicht nur der **besonders völkerrechtsfreundliche Charakter** des AtG (*Fischerhof* Dt. AtomG § 1

AtG § 1   Erster Abschnitt Allgemeine Vorschriften

Rn. 14; *Gierke/Paul* in Theobald/Kühling EnergieR § 1 Rn. 16), sondern es äußert sich darin auch eine der Zweckbestimmung in Nr. 4 innewohnende **Instrumentalfunktion,** die die Möglichkeit aufzeigt, die übrigen Zwecksetzungen der Nrn. 1–3 im Wege internationaler Abkommen zu verwirklichen (*Fischerhof* Dt. AtomG § 1 Rn. 15). Das wird besonders deutlich im Bereich des Atomhaftungsrechts, das jenseits der Normierungen in den §§ 25 ff. inhaltlich ganz maßgeblich von den Bestimmungen des Pariser Übereinkommens bestimmt wird (→ § 25 Rn. 1 f.).

27   Als Quelle der internationalen Verpflichtungen iSd Nr. 4 kommen zunächst sowohl Grundsätze des **allgemeinen Völkerrechts** und des **Völkergewohnheitsrechts** (mit Wirkung nach Art. 25 GG) als auch das nach Art. 59 Abs. 2 GG in das deutsche Bundesrecht transformierte **Völkervertragsrecht** in Betracht (→ Einf. Rn. 157 ff.). In erstgenannter Hinsicht können etwa die hergebrachten Grundsätze des völkerrechtlichen Nachbarrechts Bedeutung gewinnen, wenn es um den Betrieb grenznaher Kernkraftwerke geht (*Fischerhof* Dt. AtomG § 1 Rn. 18; *Faßbender* ZUR 2012, 267 (271 f.); *Thienel* in NK-AtomR § 1 Rn. 20). In letztgenannter Hinsicht hat die Bundesrepublik Deutschland auf dem Gebiet der Atomtechnologie zahlreiche spezielle Abkommen bi- oder multilateraler Art geschlossen, die im Fundstellenverzeichnis Teil B des Bundesgesetzblatts, Sachgebiet XII Nr. 6 (aktuelle Fassung v. 31.12.2019, 1143 f., abrufbar unter https://www.bgbl.de/xaver/bgbl/, zul. abgerufen am 29.10.2020) im Einzelnen detailliert nachgewiesen sind.

28   Unter den völkervertraglichen Abkommen hervorzuheben ist zunächst das **Übereinkommen über nukleare Sicherheit** (Convention on Nuclear Safety) vom 17.6.1994 (BGBl. 1997 II 130) mit dem, seinerzeit noch unter dem Eindruck des Tschernobylunfalls, grundlegende Regeln der kerntechnischen Sicherheit international verbindlich gemacht worden sind. Hinzu tritt das **Übereinkommen über den physischen Schutz von Kernmaterial** (Convention on the Physical Protection of Nuclear Material – CPPNM), das 1979 vereinbart und 1984 erweitert sowie inzwischen von über 100 Staaten unterzeichnet wurde (BGBl. 1990 II 326). Seine Regeln dienen insbesondere dem Schutz des für friedliche Zwecke genutzten Kernmaterials während internationaler Transporte vor Sabotageakten. Für den Bereich der Entsorgung bedeutsam ist das Gemeinsame Abkommen über die Sicherheit der Behandlung abgebrannter Brennelemente und über die Sicherheit der Behandlung radioaktiver Abfälle (Joint Convention on the Safety Spent Fuel Management and on the Safety of radioactive Waste Management, auch: **Gemeinsames Übereinkommen über nukleare Entsorgung**) vom 5.9.1997 (BGBl. 1998 II 1752), das einen weltweit hohen Sicherheitsstandard für Einrichtungen zur Entsorgung von abgebrannten Brennelementen aus Kernkraftwerken sowie von radioaktiven Abfällen anstrebt, um Gefahren mit radiologischen Folgen, die aus solchen Einrichtungen erwachsen können, frühzeitig begegnen zu können. Seine Vorgaben sind in die Richtlinie 2011/70/Euratom (→ Einf. Rn. 223 ff., → § 2c Rn. 1) eingegangen. Alle drei Jahre finden **Vertragsstaatenkonferenzen** statt, auf denen überprüft wird, inwieweit die Zielsetzungen des Gemeinsamen Übereinkommens erfüllt werden. Das erfolgt anhand von Landesberichten der Vertragsstaaten zu diesen Überprüfungskonferenzen, welche wiederum von den anderen Vertragsparteien kritisch hinterfragt und diskutiert werden können. Die deutschen Berichte für die fünfte und sechste Überprüfungskonferenz sind als Anlagen Bestandteile des nationalen Entsorgungsprogramms (→ § 2c Rn. 8, 16). Im Bereich des Haftungsrechts dominiert das **Pariser Übereinkommen** (PÜ) vom 29.7.1960, das mit seinem Zusatzprotokoll von 1964 und dem Protokoll von 1982 ins deutsche Recht transformiert worden ist (vgl. Neubekanntmachung

BGBl. 1985 II 963). Ausführlich zum PÜ und zum akzessorischen Brüsseler Zusatzabkommen (BGBl. 1976 II 310 → PÜ Vor Rn. 1 ff.).

Bedeutende Akteure auf der internationalen Ebene sind die **Internationale Atomenergieorganisation (IAEO/IAEA)** und die **Nuclear Energy Agency (NEA)**. Die IAEO ist eine autonome zwischenstaatliche Organisation. Sie koordiniert die länderübergreifende Zusammenarbeit auf dem Gebiet der Kernenergienutzung und ist dabei unter anderem auch maßgeblich für die Ausarbeitung und Fortentwicklung von Regelwerken auf dem Gebiet der kerntechnischen Sicherheit verantwortlich, die für ihre Mitgliedstaaten allerdings lediglich empfehlenden Charakter haben. Ihre Sicherheitsstandards und Empfehlungen treffen die Bereiche Reaktorsicherheit, Strahlenschutz, Entsorgung nuklearer Abfälle, Transport radioaktiver Stoffe, radiologischer Notfallschutz sowie die Sicherung von kerntechnischen Anlagen und Kernmaterial. Ebenfalls keine Rechtsnormqualität haben die von der NEA entwickelten Empfehlungen zur Reaktorsicherheit oder zur nuklearen Entsorgung. Die NEA ist eine 1958 gegründete spezielle Agentur innerhalb der OECD mit Sitz in Paris, die aber auch Nichtmitgliedern der OECD offensteht. 29

Quellen der internationalen Verpflichtungen sind darüber hinaus das Primär- und das Sekundärrecht der Europäischen Union. Eine besonders herausragende Stellung nimmt auf der Ebene des Primärrechts insoweit der **Vertrag zur Gründung der Europäischen Atomgemeinschaft** (EAGV, BGBl. 1957 II 1014, ber. 1678, zul. geänd. durch ABl. 2012 L 112, 21) ein. Der EAGV und das auf seiner Grundlage erlassene Sekundärrecht gehen als lex specialis dem Recht der Europäischen Union vor (EuG ECLI:EU:T:2018:439 = BeckRS 2018, 14894 Rn. 72 – Österreich/Kommission,). Nur, wenn bestimmte Materien durch den EAGV nicht geregelt werden, können EUV und AEUV ergänzend als Rechtsgrundlage herangezogen werden (vgl. EuG ECLI:EU:T:2018:439 = BeckRS 2018, 14894 Rn. 73 – Österreich/Kommission; *Tauschinsky/Böttner* EuZW 2018, 674 (679); zu Einzelheiten → Einf. Rn. 179 ff.). Ein Überblick über die Inhalte des auf der Grundlage des EAGV erlassenen Sekundärrechts findet sich bei → Einf. Rn. 208 ff. 30

Der Schutzzweck der Nr. 4 findet seinen Niederschlag etwa in der Ermächtigung des § 12a, die es ermöglicht, Entscheidungen des Direktionsausschusses der Europäischen Kernenergieagentur oder seines Funktionsnachfolgers durch Rechtsverordnung innerstaatlich in Kraft zu setzen (→ § 12a Rn. 1 ff.) oder in der Ermächtigung des § 13 Abs. 3 iVm Abs. 2 Nr. 1, Maßnahmen zur Vorsorge für die Erfüllung von Schadensersatzverpflichtungen, die aus dem Pariser Übereinkommen resultieren, im Verordnungswege festzulegen (→ § 13 Rn. 1 und 9). 31

§ 2 Begriffsbestimmungen

(1) ¹**Radioaktive Stoffe (Kernbrennstoffe und sonstige radioaktive Stoffe)** im Sinne dieses Gesetzes sind alle Stoffe, die ein Radionuklid oder mehrere Radionuklide enthalten und deren Aktivität oder spezifische Aktivität im Zusammenhang mit der Kernenergie oder dem Strahlenschutz nach den Regelungen dieses Gesetzes oder einer auf Grund dieses Gesetzes erlassenen Rechtsverordnung nicht außer Acht gelassen werden kann. ²**Kernbrennstoffe** sind besondere spaltbare Stoffe in Form von
1. Plutonium 239 und Plutonium 241,
2. mit den Isotopen 235 oder 233 angereichertem Uran,
3. jedem Stoff, der einen oder mehrere der in den Nummern 1 und 2 genannten Stoffe enthält,

4. Stoffen, mit deren Hilfe in einer geeigneten Anlage eine sich selbst tragende Kettenreaktion aufrechterhalten werden kann und die in einer Rechtsverordnung bestimmt werden;

der Ausdruck „mit den Isotopen 235 und 233 angereichertem Uran" bedeutet Uran, das die Isotope 235 oder 233 oder diese beiden Isotope in einer solchen Menge enthält, dass die Summe der Mengen dieser beiden Isotope größer ist als die Menge des Isotops 238 multipliziert mit dem in der Natur auftretenden Verhältnis des Isotops 235 zum Isotop 238.

(2) ¹Die Aktivität oder spezifische Aktivität eines Stoffes kann im Sinne des Absatzes 1 Satz 1 außer Acht gelassen werden, wenn dieser nach einer auf Grund dieses Gesetzes erlassenen Rechtsverordnung
1. festgelegte Freigrenzen unterschreitet,
2. soweit es sich um einen im Rahmen einer genehmigungspflichtigen Tätigkeit nach diesem Gesetz oder nach einer auf Grund dieses Gesetzes erlassenen Rechtsverordnung anfallenden Stoff handelt, festgelegte Freigabewerte unterschreitet und der Stoff freigegeben worden ist,
3. soweit es sich um einen Stoff natürlichen Ursprungs handelt, der nicht auf Grund seiner Radioaktivität, als Kernbrennstoff oder zur Erzeugung von Kernbrennstoff genutzt wird, nicht der Überwachung nach diesem Gesetz oder einer auf Grund dieses Gesetzes erlassenen Rechtsverordnung unterliegt.

²Abweichend von Satz 1 kann eine auf Grund dieses Gesetzes erlassene Rechtsverordnung für die Verwendung von Stoffen am Menschen oder für den zweckgerichteten Zusatz von Stoffen bei der Herstellung von Arzneimitteln, Medizinprodukten, Pflanzenschutzmitteln, Schädlingsbekämpfungsmitteln, Stoffen nach § 2 Nummer 1 bis 8 des Düngegesetzes oder Konsumgütern oder deren Aktivierung festlegen, in welchen Fällen die Aktivität oder spezifische Aktivität eines Stoffes nicht außer Acht gelassen werden kann.

(3) ¹Für die Anwendung von Genehmigungsvorschriften nach diesem Gesetz oder der auf Grund dieses Gesetzes erlassenen Rechtsverordnungen gelten Stoffe, in denen der Anteil der Isotope Uran 233, Uran 235, Plutonium 239 und Plutonium 241 insgesamt 15 Gramm oder die Konzentration der genannten Isotope 15 Gramm pro 100 Kilogramm nicht überschreitet, als sonstige radioaktive Stoffe. ²Satz 1 gilt nicht für verfestigte hochradioaktive Spaltproduktlösungen aus der Aufarbeitung von Kernbrennstoffen.

(3a) Des Weiteren ist im Sinne dieses Gesetzes:
1. kerntechnische Anlage:
    a) ortsfeste Anlagen zur Erzeugung oder zur Bearbeitung oder Verarbeitung oder zur Spaltung von Kernbrennstoffen oder zur Aufarbeitung bestrahlter Kernbrennstoffe nach § 7 Absatz 1,
    b) Aufbewahrungen von bestrahlten Kernbrennstoffen nach § 6 Absatz 1 oder Absatz 3,
    c) Zwischenlagerungen für radioaktive Abfälle, wenn die Zwischenlagerungen direkt mit der jeweiligen kerntechnischen Anlage im Sinne des Buchstaben a oder b in Zusammenhang stehen und sich auf dem Gelände der Anlagen befinden;

Begriffsbestimmungen § 2 AtG

2. nukleare Sicherheit:
das Erreichen und Aufrechterhalten ordnungsgemäßer Betriebsbedingungen, die Verhütung von Unfällen und die Abmilderung von Unfallfolgen, so dass Leben, Gesundheit und Sachgüter vor den Gefahren der Kernenergie und der schädlichen Wirkung ionisierender Strahlen geschützt werden;
3. Umgang:
 a) Gewinnung, Erzeugung, Lagerung, Bearbeitung, Verarbeitung, sonstige Verwendung und Beseitigung von
  aa) künstlich erzeugten radioaktiven Stoffen und
  bb) natürlich vorkommenden radioaktiven Stoffen auf Grund ihrer Radioaktivität, zur Nutzung als Kernbrennstoff oder zur Erzeugung von Kernbrennstoffen,
 b) der Betrieb von Bestrahlungsvorrichtungen und
 c) das Aufsuchen, die Gewinnung und die Aufbereitung von Bodenschätzen im Sinne des Bundesberggesetzes.

(4) Für die Anwendung der Vorschriften über die Haftung und Deckung entsprechen die Begriffe nukleares Ereignis, Kernanlage, Inhaber einer Kernanlage, Kernmaterialien und Sonderziehungsrechte den Begriffsbestimmungen in Anlage 1 zu diesem Gesetz.

[künftige Fassung: (4) [1]Soweit sich die Haftung nach dem Pariser Übereinkommen in Verbindung mit § 25 Abs. 1 bis 4 bestimmt, entsprechen für die Anwendung der Vorschriften über die Haftung und Deckung dieses Gesetzes oder einer auf Grund dieses Gesetzes erlassenen Rechtsverordnung die Begriffe „nukleares Ereignis", „nuklearer Schaden", „Kernanlage", „Kernbrennstoffe", „radioaktive Erzeugnisse oder Abfälle", „Kernmaterialien" und „Inhaber einer Kernanlage" den Begriffsbestimmungen in Artikel 1 Abs. a des Pariser Übereinkommens. [2]Für die Begriffe „Kernanlage" und „Kernbrennstoffe" gilt Satz 1 mit der Maßgabe, dass Ergänzungen dieser Begriffsbestimmungen durch den Direktionsausschuss für Kernenergie der Organisation für wirtschaftliche Zusammenarbeit und Entwicklung oder seines Funktionsnachfolgers (Direktionsausschuss) nach Artikel 1 Abs. a Ziffer ii und iii des Pariser Übereinkommens erst anzuwenden sind, wenn sie durch Gesetz oder durch eine Rechtsverordnung nach § 12a in Kraft gesetzt sind. [3]Befinden sich zwei oder mehr Kernanlagen eines Inhabers auf demselben Gelände, so gelten sie, zusammen mit anderen dort gelegenen Anlagen, die Kernbrennstoffe oder radioaktive Erzeugnisse oder Abfälle enthalten, als eine Kernanlage.]

(5) Pariser Übereinkommen bedeutet das Übereinkommen vom 29. Juli 1960 über die Haftung gegenüber Dritten auf dem Gebiet der Kernenergie in der Fassung der Bekanntmachung vom 5. Februar 1976 (BGBl. II S. 310, 311) und des Protokolls vom 16. November 1982 (BGBl. 1985 II S. 690) *[künftige Fassung: der Protokolle vom 16. November 1982 (BGBl. 1985 II S. 690) und vom 12. Februar 2004 (BGBl. 2008 II S. 902)].*

(6) Brüsseler Zusatzübereinkommen bedeutet das Zusatzübereinkommen vom 31. Januar 1963 zum Pariser Übereinkommen in der Fassung der Bekanntmachung vom 5. Februar 1976 (BGBl. II S. 310, 318) und des Protokolls vom 16. November 1982 (BGBl. 1985 II S. 690) *[künftige Fassung: der Protokolle vom 16. November 1982 (BGBl. 1985 II S. 690) und vom 12. Februar 2004 (BGBl. 2008 II S. 902)].*

AtG § 2   Erster Abschnitt Allgemeine Vorschriften

(7) **Gemeinsames Protokoll bedeutet das Gemeinsame Protokoll vom 21. September 1988 über die Anwendung des Wiener Übereinkommens und des Pariser Übereinkommens (BGBl. 2001 II S. 202, 203).**

(8) **Wiener Übereinkommen bedeutet das Wiener Übereinkommen vom 21. Mai 1963 über die zivilrechtliche Haftung für nukleare Schäden (BGBl. 2001 II S. 202, 207) in der für die Vertragsparteien dieses Übereinkommens jeweils geltenden Fassung.**

[Der in kursiv gedruckte Text enthält die Fassung des noch nicht in Kraft getretenen Gesetzes vom 29. 8. 2008 (BGBl. I 1793).]

Übersicht

	Rn.
I. Allgemeines	1
1. Entstehungsgeschichte	2
2. Abgrenzung zu anderen Rechtsgebieten	7
3. Anknüpfungspunkt für weitere Begriffe	11
II. Die Begriffssystematik der radioaktiven Stoffe (Abs. 1–3)	14
1. Kernbrennstoffe (Abs. 1 S. 2)	16
a) Plutonium-239 und Plutonium-241 (Nr. 1)	20
b) Angereichertes Uran (Nr. 2)	21
c) Plutonium und angereichertes Uran enthaltende Stoffe (Nr. 3)	23
d) Durch Rechtsverordnung bestimmte Stoffe (Nr. 4)	24
2. Sonstige radioaktive Stoffe (Abs. 1 S. 1)	26
3. Weitere Stoffe, die als sonstige radioaktive Stoffe gelten(Abs. 3)	29
4. Stoffe mit vernachlässigbarer Aktivität (Abs. 2)	31
a) Freigrenze (S. 1 Nr. 1)	33
b) Freigabe (S. 1 Nr. 2)	34
c) Entlassung natürlicher Stoffe (S. 1 Nr. 3)	38
d) Ausnahmen (S. 2)	39
III. Weitere Begriffsbestimmungen (Abs. 3a)	40
1. Kerntechnische Anlage (Nr. 1)	41
2. Nukleare Sicherheit (Nr. 2)	45
3. Umgang (Nr. 3)	46
IV. Begriffsbestimmungen zu den Haftungs- und Deckungsvorschriften (Abs. 4–8)	47
1. Verweis auf die Begriffsbestimmungen des PÜ (Abs. 4)	48
2. Internationale Übereinkommen (Abs. 5–8)	52

I. Allgemeines

1   Systematisch greift § 2 die wesentlichen Unterteilungen des AtG wieder auf. Die Absätze 1–3 beziehen sich auf die **Überwachungsvorschriften** (§§ 3 ff.), die Absätze 4–8 und die Anlage 1 dagegen auf die **Haftungs- und Deckungsvorschriften** (§§ 25 ff.) des Atomgesetzes.

1. Entstehungsgeschichte

2   Im **Atomgesetz von 1959** (BGBl. I 814; → Einf. Rn. 6 f.) befanden sich in § 2 bereits Begriffsbestimmungen. Sie unterschieden – ohne den Oberbegriff „radioaktive Stoffe" zu verwenden – lediglich zwischen zwei Formen: „besondere spaltbare

Begriffsbestimmungen **§ 2 AtG**

Stoffe (Kernbrennstoffe)" in § 2 Nr. 1 und „Ausgangsstoffe" in § 2 Nr. 2. Dabei zählte laut der Aufzählung in § 2 Nr. 1 Plutonium-241 nicht zu den Kernbrennstoffen (vgl. lit. a), dagegen aber Uran-233 (lit. b). Die dem heutigen Abs. 1 S. 2 Nr. 4 entsprechende Nr. 1 lit. e erfasste seinerzeit ausdrücklich natürliches Uran, wenn es so rein ist, dass eine sich selbst tragende Kettenreaktion aufrechterhalten werden kann, und hing nicht von einer zusätzlichen Bestimmung durch Rechtsverordnung ab.

Die Ausgangsstoffe wurden durch das **3. AtGÄndG** vom 15.7.1975 (BGBl. I **3** 1885; → Einf. Rn. 9) gestrichen und durch „Stoffe, die ohne Kernbrennstoffe zu sein, ionisierende Strahlen spontan aussenden (sonstige radioaktive Stoffe)" ersetzt. Der damalige Abs. 1 Nr. 2 enthielt damit gleichzeitig eine Legaldefinition für die neu eingeführten sonstigen radioaktiven Stoffe, die neben den Kernbrennstoffen nun unter dem Oberbegriff der radioaktiven Stoffe zusammengefasst sind (vgl. BT-Drs. 7/2183, 16 f.). Außerdem wurden die Bestimmungen zu den Haftungs- und Deckungsvorschriften, die im Wesentlichen den heutigen Abs. 4–6 entsprechen, eingefügt. Der Vorläufer der Aktivitätsunbeachtlichkeit im heutigen Abs. 2 war der durch das **4. AtGÄndG** vom 30.8.1976 (BGBl. I 2573; → Einf. Rn. 10) eingefügte Abs. 1 a, der radioaktive Abfälle von den radioaktiven Stoffen ausnahm, die nicht an Anlagen nach § 9 a Abs. 3 abzuliefern waren und für die wegen ihrer geringfügigen Aktivität keine besondere Beseitigung nach § 9 a Abs. 2 S. 2 bestimmt, angeordnet oder genehmigt worden war. Durch die erste **Neubekanntmachung des Atomgesetzes von 1976** wurde diese Bestimmung zu Abs. 2.

Eine wesentliche Neuordnung erfuhr § 2 durch das **8. AtGÄndG** vom 6.4.1998 **4** (BGBl. I 694; → Einf. Rn. 24). Die explizite Erwähnung von Uran-233 in Abs. 1 Nr. 1 lit. b wurde aus redaktionellen Gründen gestrichen. Die Definition der sonstigen radioaktiven Stoffe in Abs. 1 Nr. 2 wurde ergänzt. Nicht nur Stoffe, die, ohne Kernbrennstoff zu sein, ionisierende Strahlen spontan aussenden, sollten sonstige radioaktive Stoffe sein (lit. a), sondern auch Stoffe, die solche radioaktiven Stoffe enthalten oder mit solchen kontaminiert sind (lit. b), also auch Gemische und Kontaminationen. Außerdem wurde die (dem heutigen Abs. 3 entsprechende) 15-Gramm-Grenze in Abs. 2 eingefügt. Auch der Ausschlusstatbestand für radioaktive Abfälle nun in Abs. 3 (Vorläufer des heutigen Abs. 2) wurde ergänzt.

Die Begriffssystematik der radioaktiven Stoffe, die sich heute in § 2 Abs. 1–3 **5** findet, entstammt dem **Gesetz zur Änderung atomrechtlicher Vorschriften für die Umsetzung von EURATOM-Richtlinien** zum Strahlenschutz vom 3.5.2000 (BGBl. I 636; → Einf. Rn. 27). Auf die Definition der sonstigen radioaktiven Stoffe neben den radioaktiven Stoffen als Oberbegriff und den Kernbrennstoffen wurde in Abs. 1 verzichtet, da sie für überflüssig gehalten wurde. Anstelle des bisherigen Ausschlusses in Abs. 3 wurde nun der Ausschluss unbeachtlicher Aktivität in Abs. 2 eingefügt. Die 15-Gramm-Grenze wurde zu Abs. 3. Damit entsprachen die Absätze 1–6 im Wesentlichen denen der heutigen Fassung. Die Absätze 7 und 8 wurden wenig später durch das **9. AtGÄndG** vom 5.3.2001 (BGBl. I 326; → Einf. Rn. 27) angefügt. Abs. 3 a ist mit dem **12. AtGÄndG** vom 8.12.2010 (BGBl. I 1817; → Einf. Rn. 39) hinzugekommen.

Durch das Gesetz zur **Änderung haftungsrechtlicher Vorschriften** des **6** Atomgesetzes und zur Änderung sonstiger Rechtsvorschriften vom 29.8.2008 (BGBl. I 1793) wurde die Verweisung auf internationale Begriffsbestimmungen für die Anwendung der Haftungs- und Deckungsvorschriften in Abs. 4 iVm Anlage 1 grundlegend verändert: Es wurde Anlage 1 aufgehoben und ein direkter Verweis auf Art. 1 Abs. a PÜ formuliert. Die Abs. 5 und 6 wurden um das Änderungsprotokoll zum PÜ von 2004 ergänzt. Diese Novelle ist jedoch von der vollständigen Ratifikation des Änderungsprotokolls zum PÜ abhängig und bis heute nicht in Kraft (→ Einf. Rn. 33; → Rn. 47 ff.).

2. Abgrenzung zu anderen Rechtsgebieten

7   Da für die Nutzung der Kernenergie zur gewerblichen Erzeugung von Elektrizität (vgl. die Zweckbestimmung in § 1 Nr. 1 Hs. 1 AtG) eine sich selbsttragende Kettenreaktion notwendig ist (→ Rn. 17), nimmt das AtG in erster Linie Kernbrennstoffe, nicht dagegen sonstige radioaktive Stoffe, in den Blick. Insofern kommt dem § 2 mit seinen Begriffsbestimmungen praktisch eine Abgrenzungsfunktion zum **Strahlenschutzrecht** zu. Dieses hat sich mit Inkrafttreten des StrlSchG (BGBl. 2017 I 1966; siehe auch die neue StrlSchV, BGBl. 2018 I 2034, 2036) vom Atomrecht gelöst (→ Einf. Rn. 51; ausführlich *Akbarian*, 15. AtRS 2019, 213; *Näser* in Theobald/Kühling EnergieR Vor AtG Rn. 199 ff.) und stellt nun eine eigenständige Materie dar, die umfassend Mensch und Umwelt vor grundsätzlich jeder ionisierenden Strahlung schützt (§ 1 Abs. 1 StrlSchG). Das StrlSchG ist im Gegensatz zum AtG insbesondere dann anwendbar, wenn Expositionen bereits bestehen (vgl. § 1 Abs. 1 StrlSchG). Auch das AtG dient dem Zweck, Leben, Gesundheit und Sachgüter vor den Gefahren der Kernenergie und der schädlichen Wirkung ionisierender Strahlen zu schützen (§ 1 Nr. 2). Hierbei geht es jedoch in erster Linie darum, – zum Schutz der in § 1 Nr. 2 genannten Güter – Expositionen im Zuge der Nutzung von Kernenergie zu verhindern. Um einen inhaltlichen Gleichklang der Definitionen der radioaktiven Stoffe zu gewährleisten (BT-Drs. 18/11241, 226) und gleichzeitig das Strahlenschutzrecht aufzuwerten, hat der Gesetzgeber in § 3 Abs. 1–3 StrlSchG die Begriffsdefinition eines radioaktiven Stoffes aus § 2 Abs. 1–3 AtG dupliziert. Auch der Begriff „Umgang" (§ 2 Abs. 3a Nr. 3; § 5 Abs. 39 StrlSchG) wurde nahezu gleichlautend aus § 2 Abs. 3a Nr. 3 AtG übernommen, während § 5 Abs. 18 StrlSchG für die „kerntechnische Anlage" auf § 2 Abs. 3a Nr. 1 AtG verweist. Darüber hinaus enthält das StrlSchG dynamische Verweise auf Regelungen des AtG, deren Anwendung sich im Strahlenschutzrecht bewährt hat: §§ 75, 176, 177 und 179 StrlSchG (hierzu *Akbarian*, 15. AtRS 2019, 213 (222 ff.)). Im Ergebnis kann es aber dennoch notwendig sein, im Falle von Normkollisionen die Begriffe des AtG und des StrlSchG mit Blick auf die verschiedenen Regelungsgegenstände unterschiedlich auszulegen.

8   In Abgrenzung zum **Ordnungsrecht** (insbes. Abfallrecht und Boden-, Immissions-, und Katastrophenschutzrecht) ist das AtG das spezifischere Gesetz (zur Abgrenzung zwischen Strahlenschutzrecht und Ordnungsrecht ausführlich *Mann*, 15. AtRS 2019, 225; *Mann/Hundertmark* NVwZ 2019, 825). Das jeweilige Fachrecht kommt nur zur Anwendung, wenn (zB aufgrund des Ausschlusses nach § 2 Abs. 2) kein radioaktiver Stoff, also weder ein Kernbrennstoff, noch ein sonstiger radioaktiver Stoff oder ein Kernbrennstoff, der nach Abs. 3 als sonstiger radioaktiver Stoff zu behandeln ist, vorliegt. Unschädlich für die Einschlägigkeit des AtG ist, dass der radioaktive Stoff bereits zu einem Produkt – etwa zu einem Arzneimittel – verarbeitet wurde (OVG Berlin-Brandenburg BeckRS 2008, 35992). Einige Normen des Fachrechts schließen darüber hinaus ausdrücklich die Anwendung des jeweiligen Gesetzes auf radioaktive Stoffe und Anlagen nach dem AtG aus (zB § 2 Abs. 2 Nr. 5 KrWG; § 2 Abs. 5 Nr. 2 BBodSchG, § 2 Abs. 2 S. 1 BImSchG) oder erklären die Regelungen des AtG für vorrangig (§ 57b Abs. 3 S. 2 iVm § 126 Abs. 3 BBergG).

Begriffsbestimmungen **§ 2 AtG**

Ausschließlich nach **Energierecht** (etwa EnWG, EEG, KWKG) wird die im 9
weiteren Verfahren umgewandelte, ins Stromnetz eingespeiste „Sekundärenergie"
behandelt. Als Kernenergie im atomrechtlichen Sinne gilt nur die durch die Kernspaltung gewonnene „Primärenergie" in Form von Wärme.

Auch die **internationalen Übereinkommen** zum Kernenergierecht enthalten 10
Begriffsbestimmungen, die sich teilweise mit denen des AtG decken (etwa Art. 197
Nr. 1 EAGV; Art. 1 PÜ; Art. XX IAEA-Satzung; siehe zu den internationalen Begriffsbestimmungen BHR EnergieR I Rn. 672 ff.). Diese Begriffsbestimmungen
gelten grundsätzlich nur für die Anwendung des jeweiligen Übereinkommens.
Aufgrund des unmittelbaren Anwendungsvorrangs des Unionsrechts sind die Definitionen des EAGV als EU-Primärrecht bei grenzüberschreitenden Sachverhalten
jedoch im Zweifel vorrangig anzuwenden.

3. Anknüpfungspunkt für weitere Begriffe

Es kommt für die Einordnung als Kernbrennstoff oder sonstigen radioaktiven 11
Stoff in erster Linie auf die **physikalische Eigenschaft** – nicht auf die (beabsichtigte) Verwendung – des Stoffes an (vgl. auch BHR EnergieR I Rn. 670), die über
Abs. 2 und Abs. 1 S. 2 Nr. 4 **normativ modifiziert** wird. Das BVerwG
führte aus:
„§ 2 I AtG definiert ‚besondere spaltbare Stoffe (Kernbrennstoffe)' sowie ‚sonstige
radioaktive Stoffe' nach ihren physikalischen Eigenschaften und nicht danach, für
welchen Zweck sie verwendet werden sollen oder ob sie bereits bestrahlt sind oder
nicht und, falls sie schon bestrahlt sind, ob ihre Verwertung technisch möglich und
wirtschaftlich vertretbar ist oder nicht und ob sie – je nach Beantwortung dieser
Frage – verwertet oder als radioaktive Abfälle geordnet beseitigt werden sollen"
(BVerwG NVwZ 1994, 1097 f.; ebenso OVG Münster BeckRS 1996, 13818; bereits BVerwGE 82, 61 (65) ordnet bestrahlte Brennelemente als Kernbrennstoffe
ein). Dass demnach sowohl radioaktive Reststoffe als auch radioaktive Abfälle radioaktive Stoffe sein können, ergibt sich ebenfalls aus § 6 Abs. 3 AtG (OVG Münster
BeckRS 1996, 13818 Rn. 76; OVG Münster NVwZ-RR 1994, 143 (145); siehe
auch BT-Drs. 11/4086, 10; im Ergebnis ebenso mit Verweis auf den Umkehrschluss
aus dem Gesetzeswortlaut von § 2 Abs. 2 AtG aF *Haedrich* AtG § 2 Rn. 5). Das AtG
knüpft vor allem in seinen Vorschriften im Zusammenhang mit der Entsorgung (zB
§§ 9a, 2c, 2d), aber auch mit seinen Vorschriften zur Genehmigung der Aufbewahrung (§ 6 Abs. 1 und 3), Ein- und Ausfuhr (§ 3), Beförderung (§ 4) und Verwendung
(§ 9) von Kernbrennstoffen an radioaktive Reststoffe und Abfälle an, soweit diese als
Kernbrennstoffe einzuordnen sind.

Radioaktive Abfälle sind radioaktive Reststoffe und ausgebaute und abgebaute 12
radioaktive Anlagenteile, deren schadlose Verwertung nach dem Stand von Wissenschaft und Technik nicht möglich, wirtschaftlich vertretbar oder mit den Zielen des
AtG vereinbar ist (vgl. *Haedrich* AtG § 9a Rn. 12; → § 9a Rn. 13 f.). Die Abgabe bestrahlter Kernbrennstoffe aus KKW an eine Wiederaufarbeitungsanlage zur schadlosen Verwertung ist zwar seit dem 1.7.2005 unzulässig (§ 9a Abs. 1 S. 2). Dies gilt
jedoch nicht für Wiederaufarbeitungen von Kernbrennstoffen aus Forschungsreaktoren (→ § 9a Rn. 16; zu dieser Privilegierung kritisch *Müller-Dehn* in PSM § 9a
Rn. 188 ff.) und für schadlose Verwertungen etwa im Zusammenhang mit der Konditionierung und Verpackung der Abfälle oder weiterer friedlicher Verwendungen
in Technik, Wirtschaft, Medizin oder Wissenschaft (vgl. *Fischerhof* Dt. AtomG § 9a
Rn. 5; siehe auch *Haedrich* AtG § 9a Rn. 11). Da das AtG keine Genehmigungs-
und Überwachungsvorschriften an **„radioaktive Reststoffe"** anknüpft, wird für

diese häufig weiterhin der Begriff des Kernbrennstoffs verwendet und erst mit dem Ausschluss der schadlosen Verwertung von „radioaktiven Abfällen" gesprochen. Bestrahlte Brennelemente werden daher entweder als „Kernbrennstoffe" oder als „radioaktiver Abfall" behandelt (*Haedrich* AtG § 2 Rn. 5 mwN). In den an „radioaktiven Abfall" anknüpfenden Entsorgungsvorschriften wird nicht mehr zwischen kernbrennstoffhaltigen und sonstigen radioaktiven Abfällen unterschieden, sondern alle radioaktiven Abfälle dem Regime des AtG untergeordnet. Entsprechend bestimmt § 5 Abs. 1 S. 2 StrlSchG, dass Reststoffe und Abfälle, die nach § 9a Abs. 1 AtG verwertet oder beseitigt werden sollen oder anderen Bestimmungen des StandAG oder AtG unterliegen, keine Abfälle iSd StrlSchG sind. Radioaktive Reststoffe oder Abfälle, deren Aktivität vernachlässigbar iSv § 2 Abs. 2 ist, gelten nicht als radioaktive Stoffe und unterliegen damit nicht der Ablieferungspflicht des § 9a Abs. 2 S. 1 (vgl. § 9a Abs. 2 S. 2). Auf sie ist das Abfallrecht anwendbar (*Beckmann* in Landmann/Rohmer UmweltR KrWG § 2 Rn. 40; *Dippel* in Schink/Versteyl KrWG § 2 Rn. 36; *Petersen* in Jarass/Petersen KrWG, 2. Aufl. 2017, § 2 Rn. 65; zum Vergleich radioaktiver und konventioneller Abfälle *Rengeling* DVBl. 1997, 268).

13 Ob **radioaktive Altlasten** und **radioaktive Kontaminationen,** die unter Strahlenschutzgesichtspunkten relevante Radioaktivität aufweisen, unter § 2 AtG zu fassen sind, war unter dem Aspekt der Entsorgung nach atomrechtlichem oder fachrechtlichem Regime lange Zeit umstritten (vgl. *Dippel* in Schink/Versteyl KrWG, 2. Aufl. 2017, § 2 Rn. 37 f.; *Petersen* in Jarass/Petersen KrWG § 2 Rn. 66; *Knopp* NVwZ 1991, 42; zur Dekontamination von Molkepulver *Sauer/Zypries* NJW 1988, 953). § 3 Abs. 4 StrlSchG stellt nunmehr klar, dass Stoffe, die im Zusammenhang mit bestehenden Expositionssituationen und Notfallexpositionssituationen auftreten, keine radioaktiven Stoffe sind. Die Gesetzesbegründung der Bundesregierung weist darauf hin, dass dies die alte Rechtslage widerspiegele und auch für den insoweit gleichlautenden § 2 AtG gelte (BT-Drs. 18/11241, 227). Damit kommt eine Einordnung radioaktiver Kontaminationen und Altlasten als radioaktive Stoffe iSd § 2 nicht mehr in Betracht. Die Bewältigung radioaktiver Altlasten ist nun umfassend in §§ 136 ff. StrlSchG geregelt.

II. Die Begriffssystematik der radioaktiven Stoffe (Abs. 1–3)

14 Die **Systematik der radioaktiven Stoffe** in Abs. 1–3 folgt nur teilweise der logischen Reihenfolge. Die Norm definiert zunächst die radioaktiven Stoffe als Oberbegriff (Abs. 1 S. 1). Unter diesen fallen nach der Legaldefinition die Kernbrennstoffe (Abs. 1 S. 2; → Rn. 19 ff.) und die sonstigen radioaktiven Stoffe (Abs. 1 S. 1). Dem hat der Gesetzgeber mit Gesetz vom 6.4.1998 (BGBl. I 694) die Stoffe hinzugefügt, die aufgrund ihrer geringen Isotopenkonzentration (zu den Isotopen → Einf. Rn. 54) als sonstige radioaktive Stoffe gelten (Abs. 3). Dagegen füllt Abs. 2 das negative Definitionsmerkmal „deren Aktivität oder spezifische Aktivität […] nicht außer Acht gelassen werden kann" aus und grenzt den Begriff des radioaktiven Stoffes ein. Auf eine Definition der sonstigen radioaktiven Stoffe hat der Gesetzgeber verzichtet (→ Rn. 27).

15 Nach der Legaldefinition des Abs. 1 S. 1 sind **radioaktive Stoffe** – aufgeteilt in Kernbrennstoffe und sonstige radioaktive Stoffe – alle Stoffe, die ein Radionuklid oder mehrere Radionuklide enthalten und deren Aktivität oder spezifische Aktivität im Zusammenhang mit der Kernenergie oder dem Strahlenschutz nach den Re-

gelungen des AtG oder einer auf Grund des AtG erlassenen Rechtsverordnung nicht außer Acht gelassen werden kann. Ein **Radionuklid** ist ein instabiles und damit radioaktives Nuklid (Atom mit bestimmter Anzahl von Protonen und Neutronen im Kern), das spontan ohne äußere Einwirkung zerfällt und dabei Strahlung abgibt (*Fischerhof* Dt. AtomG § 2 Rn. 1; *Haedrich* AtG § 2 Rn. 3). Unter **Aktivität** versteht man die Anzahl der Kernzerfälle pro Zeiteinheit (*Gierke/Paul* in Theobald/Kühling EnergieR § 2b Rn. 3; *John* in NK-AtomR § 2 Rn. 4). Sie wird in Becquerel (Bq) gemessen, wobei 1 Bq einem Kernzerfall pro Sekunde entspricht (→ Einf. Rn. 54). Die **spezifische Aktivität** setzt die Aktivität, also die Zerfallsrate, ins Verhältnis zur Masse der Probe, sie wird demnach in Bq/kg gemessen (vgl. § 1 Abs. 17 StrlSchV). Für die Einordnung und Systematik der radioaktiven Stoffe ist im Wesentlichen die Radioaktivität maßgeblich. Der Begriff des „**Stoffes**" ist dagegen weit zu fassen und bietet kaum Abgrenzungspotential. Hierunter wird beispielsweise auch jegliche Form des Arzneimittels gefasst und nicht etwa zwischen Basis-„Stoffen" und Arzneimittel-„Produkten" unterschieden (vgl. OVG Berlin-Brandenburg BeckRS 2008, 35992; → Rn. 8).

1. Kernbrennstoffe (Abs. 1 S. 2)

Im Mittelpunkt des AtG stehen Kernbrennstoffe. Diese sind für die Erzeugung 16 von Elektrizität durch Kernenergie notwendig. Für ihre Ein- und Ausfuhr (§ 3), ihre Beförderung (§ 4), ihren Besitz (§ 5), ihre Aufbewahrung (§ 6), die Errichtung von Anlagen für ihre Spaltung (§ 7) und ihre Verwendung außerhalb von genehmigungspflichtigen Anlagen (§ 9) sind Genehmigungen erforderlich. Gemäß Abs. 1 S. 2 sind Kernbrennstoffe **besondere spaltbare Stoffe.** Ihre Formen sind in Nr. 1–4 **abschließend** aufgezählt.

Der Begriff „besondere spaltbare Stoffe (Kernbrennstoffe)" war schon in der ur- 17 sprünglichen Fassung des AtG vorhanden. Nach der Begründung des Gesetzesentwurfs von 1958 handelt es sich bei Kernbrennstoffen „um Stoffe, deren Atomkerne durch Beschuß mit Neutronen verschiedener Geschwindigkeiten gespalten werden können, wobei Kernenergie in Form von kinetischer Energie (Wärme) der Bruchstücke und in Form von Beta- und Gammastrahlung erzeugt wird" (BT-Drs. 3/759, 19; zum physikalischen Vorgang der Kernspaltung → Einf. Rn. 54). Dem Merkmal der **Spaltbarkeit** kommt keine große Bedeutung zu, da nachgewiesen wurde, dass grundsätzlich alle Atomkerne mit hoher Massenzahl gespalten werden können (BHR EnergieR I Rn. 663). Entscheidender ist die Fähigkeit, Energie durch eine **sich selbst tragenden Kettenreaktion** (→ Einf. Rn. 54) freizusetzen, welche die Kernbrennstoffe von sonstigen radioaktiven Stoffen unterscheidet (vgl. *Fischerhof* Dt. AtomG § 2 Rn. 1; *Gierke/Paul* in Theobald/Kühling EnergieR AtG § 2b Rn. 5; *John* in NK-AtomR § 2 Rn. 6; dies legt auch der Wortlaut von Abs. 1 S. 2 Nr. 4 nahe). Wenn bei dem Beschuss pro Zeiteinheit ebenso viele freie Neutronen erzeugt werden, wie durch Absorption oder Verlust nach außen verloren gehen, ist eine **kritische Anordnung** erreicht, die eine sich selbst tragende Kettenreaktion ermöglicht. Diese ist für den Betrieb eines Kernreaktors erforderlich.

Auch bestrahlte Kernbrennstoffe sind Kernbrennstoffe. Die Bundesregierung 18 stellte fest, dass dies keiner besonderen Erwähnung im Gesetzestext bedürfe (BT-Drs. 3/759, 59). Für die Einordnung als Kernbrennstoff sind die **physikalischen Eigenschaften** und im Falle von Abs. 1 S. 2 Nr. 4 eine **Entscheidung des Verordnungsgebers** maßgeblich (→ Rn. 11). Es ist unerheblich, ob Kernbrennstoffe zur Verwendung in Reaktoren bestimmt sind und ob sie mengenmäßig hierfür überhaupt ausreichen (*Fischerhof* Dt. AtomG § 2 Rn. 3; *John* in NK-AtomR § 2 Rn. 7). So bezieht sich etwa die Aufbewahrung von Kernbrennstoffen nach § 6 auf alle Arten von Kernbrennstoffen, also sowohl auf frische Brennstäbe als auch auf bestrahlte Brennstäbe als radioaktive Reststoffe oder als radioaktive Abfälle und auf wärmeentwickelnde Abfälle aus der Wiederaufarbeitung (*Näser* in Theobald/Kühling EnergieR § 6 Rn. 46).

19 Gemäß Art. 86 EAGV stehen Kernbrennstoffe im **Eigentum** der Europäischen Atomgemeinschaft. Die Auslegung dieser Bestimmung ist umstritten: Einerseits wird das Eigentum als echtes zivilrechtliches Eigentum, andererseits lediglich als rein formales „Bucheigentum" und schließlich als bloße Bündelung der hoheitlichen Einflussrechte der Gemeinschaft interpretiert (siehe hierzu ausführlich *Fischerhof* Dt. AtomG Vor § 3 Rn. 17f. mwN; BHR EnergieR I Rn. 676ff.; → Einf. Rn. 203).

20 **a) Plutonium-239 und Plutonium-241 (Nr. 1).** Plutonium-239 und Plutonium-241 gehören zu den Kernbrennstoffen und sind Transurane, d. h. sie besitzen eine höhere Ordnungszahl als Uran. Plutonium-239 entsteht, wenn bei Bestrahlung in einem Reaktor Uran-238 ein Neutron einfängt und an seinen Kern anlagert (BT-Drs. 3/759, 19), Plutonium-241 entsteht durch mehrfachen Einfang von Neutronen (*Fischerhof* Dt. AtomG § 2 Rn. 4). Das natürliche Vorkommen von Plutonium ist sehr gering. Daher wird es auch als **künstlicher radioaktiver Stoff** bezeichnet. Er sendet vorwiegend Alpha-Strahlen aus und entfaltet seine Gefährlichkeit insbesondere bei der Inkorporation etwa durch Einatmen oder durch Aufnahme iVm Nahrungsmitteln (siehe zur Wirkung radioaktiver Stoffe die Informationen des BfS, abrufbar unter https://www.bfs.de/DE/themen/ion/wirkung/radioaktive-stoffe/radioaktive-stoffe_node.html, zuletzt abgerufen am 22.10.2020). Aufgrund ihrer energiesparsamen Spaltbarkeit sind Plutonium-239 und Plutonium-241 für die Verwendung in Kernreaktoren geeignet (→ Einf. Rn. 54). Insbesondere Plutonium-239 ist auch für die Herstellung von Kernwaffen von besonderer Bedeutung.

21 **b) Angereichertes Uran (Nr. 2).** Zu den Kernbrennstoffen gehört nach Nr. 2 auch mit den Isotopen 235 oder 233 **angereichertes Uran.** Natururan mit der Zusammensetzung 99,3% Uran-238 und 0,7% Uran-235 kann grundsätzlich nicht zur Erzeugung von Elektrizität durch Kernenergie verwendet werden, da bei dem hauptsächlich enthaltenen Uran-238 für die Kernspaltung zu viel Energie benötigt wird. Deswegen wird Natururan mit Uran-235 angereichert (→ Einf. Rn. 54). Das für die Kernenergiegewinnung nutzbare Uran-233 wird wiederum durch Umwandlung des in der Natur vorkommenden Elements Thorium-232 gewonnen.

22 In **S. 2 Hs. 2** wird näher erläutert, was mit der in Nr. 2 verwendeten Formulierung „mit den Isotopen 235 und 233 angereichertem Uran" gemeint ist (wobei die Wortlautabweichung zwischen „und" in S. 2 Hs. 2 und „oder" in S. 1 Nr. 2 wohl auf ein redaktionelles Versehen im Zuge der Gesetzesänderung vom 3.5.2000, BGBl. I 636, zurückzuführen ist; physikalisch zutreffend ist die Formulierung „oder", die auch in § 2 AtG-1959 verwendet wurde). Es soll mit den reinen Isotopen Uran-235 oder Uran-233 angereichertes Uran erfasst werden sowie mit Mischungen hiervon angereichertes Uran (BT-Drs. 13/8641, 11). Wesentlich ist, dass in dem in Frage stehenden Uran für eine Einordnung als Kernbrennstoff der Anteil von Uran-233 und Uran-235 größer als die im Natururan vorkommenden 0,7% (vgl. zum Ganzen BHR EnergieR I Rn. 664f.). Der hierbei verwendete Begriff der „Menge" an enthaltenen Isotopen wird synonym zum Begriff der

Begriffsbestimmungen **§ 2 AtG**

"Masse" gebraucht, was auch für die Verwendung des Begriffs "Menge" in anderen Vorschriften des AtG gilt (BT-Drs 13/8641, 11).

c) Plutonium und angereichertes Uran enthaltende Stoffe (Nr. 3). Jeder 23
Stoff, der einen oder mehrere der in **Nr. 1 und 2 genannten Stoffe** enthält, ist nach Nr. 3 rechtlich ebenfalls als ein Kernbrennstoff einzuordnen. Es wird mit der Bezugnahme auf Nr. 2 nur auf angereichertes Uran als solches abgestellt, nicht generell auf die Uranisotope Uran-233 und Uran-235 (BT-Drs. 13/8641, 11; BHR EnergieR I Rn. 665). Für die Einordnung als ein der Nr. 3 unterfallender Stoff kommt es darauf an, dass der Kernbrennstoff iSv Nr. 1 oder 2 in einer **wägbaren Menge** in dem Stoffgemisch enthalten ist, so dass eine Ausbeute wirtschaftlich rentabel ist (BT-Drs. 3/759, 19; BHR EnergieR I Rn. 665; *Haedrich* AtG § 2 Rn. 3).

d) Durch Rechtsverordnung bestimmte Stoffe (Nr. 4). Nach Nr. 4 kön- 24
nen weitere Stoffe, mit deren Hilfe in einer geeigneten Anlage eine **sich selbst tragende Kettenreaktion** aufrechterhalten werden kann, Kernbrennstoff sein. Es kommt hierbei rechtlich nur darauf an, dass der Stoff für eine sich selbst tragende Kettenreaktion **geeignet** ist. Das Gesetz setzt weder voraus, dass hierfür eine Anlage tatsächlich vorhanden oder bereits im Bau vorgesehen ist, noch, dass eine solche Verwendung des Stoffes in einer geeigneten Anlage sinnvoll oder zu erwarten ist (BVerwG NVwZ 1995, 996 (997)). Weitere Voraussetzung ist, dass eine **Rechtsverordnung** dies bestimmt. Mit dem 8. AtGÄndG (BGBl. 1998 I 694) hat der Gesetzgeber diese Öffnungsklausel eingeführt und damit die für eine Kettenreaktion geeigneten Stoffe nicht generell den Kernbrennstoffen zugeordnet, sondern einer Entscheidung des Verordnungsgebers unterstellt.

Natürliches Uran ist zwar nicht von Nr. 2, aber ggf. von Nr. 4 erfasst, wenn es 25
in einer Form, Mischung oder Verbindung vorliegt, in der es als Kernbrennstoff in Kernreaktoren eingesetzt werden kann (vgl. BT-Drs. 13/8641, 11) und durch Rechtsverordnung hierzu bestimmt wird. Letzteres ist jedoch bisher nicht geschehen. Die Einführung des Rechtsverordnungsvorbehalts 1998 hat eine Annäherung an die internationalen Vorschriften bewirkt. Das BVerwG hatte zuvor zu dem § 2 Abs. 1 lit. e AtG aF festgestellt, dass Natururan ohne weitere einschränkende Voraussetzungen als Kernbrennstoff gelte, wenn es infolge seines Reinheitsgrades zur Kernspaltung in einem Reaktor verwendbar sei (BVerwG NVwZ 1995, 996 (998)). Insofern führte das BVerwG aus, der Kernbrennstoffbegriff des Atomgesetzes gehe weiter als der internationale, denn Art. XX Nr. 3 der Satzung der IAEA und Art. 197 Nr. 3 EAGV ordnen natürliches Uran unabhängig von seinem Reinheitsgrad den Ausgangsstoffen zu. Dieses Verständnis werde zum einen durch die sich aus der Gesetzesbegründung ergebenden Erwägung gestützt, dass "der Betrieb von Reaktoren mit reinem natürlichem Uran ähnliche Gefahrenquellen aufweist wie der Betrieb von Reaktoren mit angereichertem Uran" (BT-Drs. 3/759, 19). Zum anderen wies das BVerwG auf § 10 hin, der die Möglichkeit vorsehe, die extensive gesetzliche Gefahrenvorsorge im Wege der Rechtsverordnung den tatsächlichen Risiken anzupassen. Mit dem geltenden Abs. 1 S. 2 Nr. 4 ist Natururan auch nach deutschem Recht ein sonstiger radioaktiver Stoff iSd § 2 Abs. 1 S. 1, solange keine entsprechende Rechtsverordnung besteht (BT-Drs 13/8641, 11; siehe auch BHR EnergieR I Rn. 666). Etwas anderes gilt dagegen für die haftungs- und deckungsrechtlichen Vorschriften, auf die der Kernbrennstoffbegriff des PÜ Anwendung findet (→ Rn. 47 ff.).

2. Sonstige radioaktive Stoffe (Abs. 1 S. 1)

26 Die Genehmigung und Überwachung von Anlagen, Tätigkeiten, Betrieb, Anwendung und Beförderung im Zusammenhang mit sonstigen radioaktiven Stoffen (und Stoffen, die aufgrund der Fiktion des Abs. 3 als sonstige radioaktive Stoffe gelten, → Rn. 29 f.) richten sich insbesondere nach **StrlSchG** und **StrlSchV**.

27 In der früheren Fassung des § 2 waren die sonstigen radioaktiven Stoffe unter Nr. 2 des Abs. 1 definiert als Stoffe, die, ohne Kernbrennstoffe zu sein, a) ionisierende Strahlen spontan aussenden oder b) einen oder mehrere der in Buchstabe a erwähnten Stoffe enthalten oder mit solchen Stoffen kontaminiert sind (so Fassung nach Einfügung von lit. b durch Gesetz vom 6.4.1998, BGBl. I 694; → Rn. 4). Nunmehr lässt sich eine Definition des sonstigen radioaktiven Stoffes lediglich aus der allgemeinen Definition für radioaktive Stoffe (→ Rn. 15) und der **Negativabgrenzung zu Kernbrennstoffen** (→ Rn. 16 ff.) ableiten. Der Gesetzgeber hielt eine Definition insofern für entbehrlich (BT-Drs. 14/2443, 11). Sonstige radioaktive Stoffe sind demnach Stoffe, die so viele Neutronen absorbierende Stoffe enthalten, dass **keine sich selbst tragende Kettenreaktion** in Gang kommen kann (*Haedrich* AtG § 2 Rn. 3 f.; BT-Drs. 3/759, 19).

28 Zu den sonstigen radioaktiven Stoffen gehören grundsätzlich auch die ursprünglich ausdrücklich erwähnten **Ausgangsstoffe** (siehe hierzu die Fassung von 1959, BGBl. I 814) und die **Erze**. Dies betrifft insbesondere Uranerze, „Yellow Cake", nicht angereichertes Uranhexafluorid und abgereichertes metallisches Uran (BT-Drs. 13/8641, 11; *Haedrich* AtG § 2 Rn. 3 f.). Auf deren Mengen- und Konzentrationswerte iSv Abs. 3 kommt es nicht mehr an (BT-Drs. 13/8641, 11; Steindorf/Häberle in Erbs/Kohlhaas AtG § 2 Rn. 5), soweit sie nicht unter Abs. 1 Nr. 4 fallen. Auf die ausdrückliche Erwähnung der Ausgangsstoffe wurde mit dem 3. AtGÄndG (BGBl. 1975 I 1885) verzichtet, da es Sonderregelungen für sie nicht gebe und sie sonstige radioaktive Stoffe seien (BT-Drs. 7/2183, 17; vgl. auch *Fischerhof* Dt. AtomG § 2 Rn. 1). Zu den sonstigen radioaktiven Stoffen zählen außerdem radioaktive Reststoffe und radioaktive Abfälle (→ Rn. 12). Aus der Formulierung des § 2 Abs. 1 Nr. 2 lit. b aF lässt sich schließen, dass **Gemische mit inaktiven Stoffen, Beimischungen** und **Verunreinigungen** grundsätzlich ebenfalls sonstige radioaktive Stoffe sein können, soweit es sich um Gegenstände, nicht um Räume, Grundstücke oder Gebäude handelt (vgl. BT-Drs. 13/8641, 11). § 3 Abs. 4 StrlSchG schließt jedoch Stoffe, die im Zusammenhang mit bestehenden Expositionssituationen und Notfallexpositionssituationen auftreten, von den radioaktiven Stoffen aus (hierzu → Rn. 13).

3. Weitere Stoffe, die als sonstige radioaktive Stoffe gelten (Abs. 3)

29 Stoffe, die **nur in geringen Mengen** Kernbrennstoffe aus Abs. 2 S. 2 Nr. 1 und 2 enthalten, können keine kritische Anordnung erzeugen und sollen daher von den strengen Genehmigungs- und Überwachungsvorschriften des AtG ausgenommen werden. Auch hier sind die Uranisotope auf angereichertes Uran bezogen (BT-Drs. 13/8641, 11). Die Grenze liegt hier entsprechend der internationalen Vorschriften bei 15 g bzw. bei Konzentration von 15 g pro 100 kg. Es handelt sich also um eine gesetzliche Fiktion, die Kernbrennstoffe zu den sonstigen radioaktiven Stoffen zählt und damit grundsätzlich den Genehmigungs- und Überwachungsvorschriften des Strahlenschutzrechts zuordnet.

Ausgenommen von der Fiktion sind nach S. 2 aber **verfestigte hochradio-** 30 **aktive Spaltproduktlösungen aus der Aufarbeitung** von Kernbrennstoffen. Wenn hierin Stoffe der Isotope Uran-233, Uran-235, Plutonium-239 oder Plutonium-241 enthalten sind, gelten sie immer als Kernbrennstoff, unabhängig davon, wie hoch der Anteil dieser Isotope ist. Diese Vorschrift dient der Kontinuität der Rechtslage in Bezug auf § 6 Abs. 3 (BT-Drs. 13/8641, 11) und trägt dem Umstand Rechnung, dass verfestigte hochradioaktive Spaltproduktlösungen aus der Wiederaufarbeitung erhebliche Mengen an Radioaktivität aufweisen können (*John* in NK-AtomR § 2 Rn. 13).

4. Stoffe mit vernachlässigbarer Aktivität (Abs. 2)

In bestimmten Fällen kann die Aktivität oder spezifische Aktivität eines Stoffes 31 außer Acht gelassen werden (Abs. 2). Dann ist die Legaldefinition aus Abs. 1 S. 1 nicht erfüllt und es liegt **kein radioaktiver Stoff** iSd AtG vor. Diese Stoffe unterfallen dann nur noch dem jeweiligen Fachrecht (*Paul/Gierke* in Theobald/Kühling EnergieR AtG § 2 Rn. 9; *John* in NK-AtomR § 2 Rn. 10). Hierdurch soll über den § 2 Abs. 3 aF hinaus, der nur auf radioaktive Abfälle ausgerichtet war, eine durch die Euratom-Grundnormen-Richtlinie veranlasste stärkere Ausdifferenzierung des Freigrenzensystems ermöglicht werden (BT-Drs. 14/2443, 11).

Es werden drei Fälle des möglichen Außerachtlassens in Abs. 2 S. 1 unterschie- 32 den, die jeweils durch eine Rechtsverordnung nach § 11 Abs. 1 Nr. 1 AtG zu bestimmen sind. Diese muss entweder **Freigrenzen festlegen,** die durch den Stoff nicht überschritten werden (Nr. 1); wenn der Stoff im Zusammenhang mit einer nach Atomrecht genehmigungspflichtigen Tätigkeit angefallen ist, muss die Rechtsverordnung Regelungen festlegen, aufgrund derer die Behörde eine **Freigabe erteilt** (Nr. 2); wenn es sich um **Stoffe natürlichen Ursprungs** handelt, muss die Verordnung bestimmen, dass der Stoff nicht den Überwachungsvorschriften des Atomrechts unterliegt, also aus dem Anwendungsbereich des AtG **entlassen** wird (Nr. 3). Abs. 2 S. 2 regelt Ausnahmen. Die Regelung des Abs. 2 ist nicht abschließend (BT-Drs. 14/2443, 11). Die Einordnung als radioaktiver Stoff anhand von Freigrenzen und Freigaben ist trotz der Loslösung des Strahlenschutzrechts vom Atomrecht einheitlich vorzunehmen (*Akbarian*, 15. AtRS 2019, 213 (222)).

a) Freigrenze (S. 1 Nr. 1). § 24 Nr. 10 StrlSchG ermöglicht die Aktualisierung 33 und Übernahme der **Freigrenzen** der alten StrlSchV in Anlage 4 Tabelle 1 Spalte 1–3 der neuen StrlSchV (BT-Drs. 18/11241, 269; vgl. § 11 StrlSchV). Die spezifischen Freigrenzen sind gegenüber den bisherigen Werten infolge der Umsetzung der RL 2013/59/Euratom gesenkt worden und stimmen nunmehr mit den Werten der uneingeschränkten Freigabe überein. Damit wurde der Grundsatz aufgegeben, dass alle Freigabewerte kleiner oder gleich den Freigrenzen der spezifischen Aktivität sind (BR-Drs. 423/18, 363 f.).

b) Freigabe (S. 1 Nr. 2). Auf Grundlage von § 11 Abs. 1 Nr. 1 AtG und § 68 34 StrlSchG wurde in der StrlSchV die **Freigabe** zum Zwecke der Entlassung aus dem Anwendungsbereich von AtG bzw. StrlSchG und StrlSchV geregelt. Die §§ 31 ff. und Anlage 4 Tabelle 1 und Anlage 8 StrlSchV setzen Art. 30 RL 2013/59/Euratom um (BR-Drs. 423/18, 362). Dem liegt der Gedanke zu Grunde, dass der Staat zur Ressourceneinsparung sich nicht um den Schutz vor Radioaktivität unterhalb der Bagatellgrenze kümmern soll (sog. „De Minimis"-Konzept; *Niehaus*, 15. AtRS 2019, 247 (248); BR-Drs. 423/18, 363).

35 Die Freigabe ist ein **Verwaltungsakt,** der durch schriftlichen Bescheid erteilt wird (BR-Drs. 423/18, 363) und **„gestaffelte Rechtswirkung"** hat; bezüglich des freizugebenden Gegenstandes kommt ihr grundsätzlich erst mit der anschließenden Feststellung der Übereinstimmung durch den Strahlenschutzbeauftragten der Anlage rechtsgestaltende Wirkung zu (vgl. § 42 StrlSchV, anders im Falle des § 33 Abs. 3 StrlSchV; *Niehaus,* 15. AtRS 2019, 247 (251); so wohl auch *Schirra/Nüsser,* 15. AtRS 2019, 265 (277): „rechtsgestaltenden bzw. statusverändernden Verwaltungsakt", der „nach Entfaltung der Rechtswirkungen der Freigabe" den Stoff zu einem juristisch nicht mehr radioaktiven Stoff macht). Dennoch ist die Freigabe konstitutiv für die Entlassung des Stoffes; bis zur Freigabe wird die fehlende Vernachlässigbarkeit seiner Aktivität vermutet (*Niehaus,* 15. AtRS 2019, 247 (249)).

36 Nach § 33 Abs. 1 StrlSchV ist die Freigabegenehmigung von der zuständigen Behörde zu erlassen, wenn das **Dosiskriterium** eingehalten wird. § 31 Abs. 2 StrlSchV legt fest, dass für die Freigabe eines Stoffes maximal eine radioaktive Strahlung mit effektiver Dosis im Bereich von 10 Mikrosievert für Einzelpersonen der Bevölkerung im Kalenderjahr auftreten darf. Dabei handelt es sich jedoch um einen Mittelwert der statistischen Dosisverteilung, nicht um einen feststehenden Grenzwert (BR-Drs. 423/18, 363; ausführlich *Schirra/Nüsser,* 15. AtRS 2019, 265 (270ff.)). Freigegeben wird der gesamte vom radioaktiven Element oder der Verbindung kontaminierte oder aktivierte Gegenstand (*Niehaus,* 15. AtRS 2019, 247 (250)). Die Behörde ist an die Tabellenwerte der Anlage 4 zum 10-Mikrosievert-Konzept gebunden; ein Abweichen im konkreten Fall von deren Vermutungswirkung muss die Behörde konkret begründen (*Schirra/Nüsser,* 15. AtRS 2019, 265 (267ff.)). Daneben besteht jedoch –auch über die ausdrücklich in § 37 StrlSchV genannten Fälle hinaus – die Möglichkeit, das Einhalten des Dosiskriteriums für die Freigabe im Einzelfall unabhängig von den Tabellenwerten nachzuweisen (*Schirra/Nüsser,* 15. AtRS 2019, 265 (272f.)).

37 Als Genehmigung kann die Freigabe mit strahlenschutzrechtlichen **Nebenbestimmungen** versehen werden. Gemäß § 33 Abs. 4 S. 1 StrlSchV gilt § 17 Abs. 1 S. 2–4 AtG entsprechend (vgl. auch § 179 Abs. 1 Nr. 1 StrlSchG). Darüber hinaus kann die Freigabe mit einer Bedingung, einem Vorbehalt des Widerrufs oder einem Vorbehalt der nachträglichen Aufnahme, Änderung oder Ergänzung einer Auflage versehen werden (§ 33 Abs. 4 S. 2 StrlSchV). Streitig ist, ob für den **Widerruf** der Freigabe eine analoge Anwendung des § 17 Abs. 3 AtG den Widerrufsgründen im allgemeinen Verwaltungsrecht vorgeht (dafür: *Schirra/Nüsser,* 15. AtRS 2019, 265 (274ff., 277); dagegen: *Niehaus,* 15. AtRS 2019, 247 (252f.)).

38 **c) Entlassung natürlicher Stoffe (S. 1 Nr. 3).** Für die **Entlassung** natürlicher Stoffe, die in Ausfüllung von Titel VII der Euratom-Grundnormen-Richtlinie einer Überwachung unterliegen (BT-Drs. 14/2443, 11), erteilt ebenfalls § 11 Abs. 1 Nr. 1 AtG eine Verordnungsermächtigung.

39 **d) Ausnahmen (S. 2).** Bestimmte Formen der **Verwendung** können von dieser Ausnahmeregelung ausgenommen werden (S. 2). Dann ist ein Außerachtlassen trotz grundsätzlich vernachlässigbarer Aktivität nicht pauschal möglich. Hierzu bestimmt S. 2 die Verwendung von Stoffen am Menschen, den zweckgerichteten Zusatz von Stoffen bei der Herstellung von Arzneimitteln, Medizinprodukten, Pflanzenschutzmitteln, Schädlingsbekämpfungsmitteln, Stoffen nach § 2 Nrn. 1–8 Düngemittelgesetz und Konsumgütern oder deren Aktivierung. In welchen konkreten Fällen für diese Stoffe eine Rückausnahme und damit die Anwendung des AtG gilt, wird durch Rechtsverordnung festgelegt.

III. Weitere Begriffsbestimmungen (Abs. 3 a)

Die Begriffe „Kerntechnische Anlage" (Nr. 1) und „Nukleare Sicherheit" **40** (Nr. 2) sind in Umsetzung der RL 2009/71/Euratom durch das 12. AtGÄndG vom 8.12.2010 (BGBl. I 1817) in den § 2 aufgenommen worden (→ Einf. Rn. 39). Der „Umgang" (Nr. 3) wurde durch das Gesetz zur Neuordnung des Rechts zum Schutz vor der schädlichen Wirkung ionisierender Strahlung vom 27.6.2017 (BGBl. I 1966) hinzugefügt (→ Einf. Rn. 51). Bedeutung kommt den Definitionen des Abs. 3a vor allem im Rahmen der Pflichten von Genehmigungsinhabern (§ 7c) und der Kontrolle kerntechnischer Anlagen (§§ 19a, 24b) zu (vgl. *Steindorf/Häberle* in Erbs/Kohlhaas § 2 Rn. 6).

1. Kerntechnische Anlage (Nr. 1)

Der Begriff der kerntechnischen Anlagen wird in § 2 Abs. 3a detailliert definiert. **41** **Endlager** sind nicht von § 2 Abs. 3a erfasst (BT-Drs. 17/3052, 12). Der Begriff der kerntechnischen Anlage unterscheidet sich von dem für die Haftungs- und Deckungsvorsorgevorschriften geltenden Begriff der „Kernanlage" nach § 2 Abs. 4 iVm Anlage 1 Abs. 1 Nr. 2; dort sind auch „Anlagen zur endgültigen Beseitigung von Kernmaterialien" erfasst. Das Strahlenschutzrecht nimmt mit § 5 Abs. 18 StrlSchG auf § 2 Abs. 3a Nr. 1 Bezug.

Der in **lit. a** in Bezug genommene Begriff der ortsfesten Anlage entspricht der **42** Reichweite und der judizierten Ausdifferenzierung der Anlage iSv § 7 Abs. 1 (BT-Drs. 17/3052, 12). Sowohl aus § 7 als auch aus Art. 3 Nr. 1 lit. a RL 2009/71/Euratom ergibt sich, dass neben **Kernkraftwerken** auch **Anreicherungsanlagen, Anlagen zur Kernbrennstoffherstellung, Wiederaufarbeitungsanlagen** und **Forschungsreaktoren** erfasst werden (anders *John/Raetzke* in NK-AtomR § 2 Rn. 15, die nur auf KKW Bezug nehmen). Es kommt für die Anlage nicht auf die erzeugbare Menge der Energie oder Neutronen an. Es werden also nicht nur Leistungsreaktoren und Forschungsreaktoren, sondern auch Nullleistungsanordnungen erfasst. Die erheblichen Risiken, die mit dem Kernspaltungsprozess verbunden sind, sind der Grund für die Genehmigungsbedürftigkeit nach § 7 von Kernspaltungsanlagen jeder Bauart und Ausführung (BVerwG NVwZ 1995, 996 (997f.)), die für KKW und WAA jedoch aufgrund § 7 Abs. 1 S. 2 nicht mehr relevant ist. Ortsveränderliche Anlagen nach § 7 Abs. 5 sind dagegen vom Wortlaut des § 2 Abs. 3a Nr. 1 lit. a nicht erfasst. Der **Anlagenbegriff** ist Gegenstand umfangreicher Rechtsprechung zu § 7 gewesen. Hierbei ging es in erster Linie darum, welche einzelnen Teile nach den jeweils verschiedenen Weiten der Definitionen noch zur genehmigungsbedürftigen Anlage gehören und welche Teile einer gesonderten Genehmigung bedürfen oder eben genehmigungsfrei sind (→ § 7 Rn. 5).

Auch die in **lit. b** genannte „Aufbewahrung" bestrahlter Kernbrennstoffe meint **43** **Zwischenlagerung** (*Gierke/Paul* in Theobald/Kühling EnergieR § 2b Rn. 15). Hiermit wird Art. 3 Nr. 1 lit. a letzte Var. RL 2009/71/Euratom unter Berücksichtigung der nationalen Unterscheidung zwischen Anlagengenehmigungen nach § 7 AtG und Aufbewahrungsgenehmigungen nach § 6 AtG umgesetzt. Zu den Aufbewahrungen nach lit. b zählen etwa die Lagerung der Kernbrennstoffe in zentralen Zwischenlagern (§ 6 Abs. 1) und in standortnahen Zwischenlagern (§ 6 Abs. 3).

Zwischenlagerungen von **radioaktiven Abfällen** stellen eine kerntechnische **44** Anlage nach **lit. c** dar, wenn sie aus dem Betrieb einer sich **auf dem Gelände** befindenden kerntechnischen Anlage stammen (vgl. *Gierke/Paul* in Theobald/Kühling EnergieR § 2b Rn. 16f.; vgl. Art. 3 Nr. 1 lit. b RL 2009/71/Euratom; *John/Raetzke* in NK-AtomR § 2 Rn. 16).

2. Nukleare Sicherheit (Nr. 2)

45 Nukleare Sicherheit ist gem. Abs. 3a Nr. 2 das Erreichen und Aufrechterhalten ordnungsgemäßer Betriebsbedingungen, die Verhütung von Unfällen und die Abmilderung von Unfallfolgen, sodass Leben, Gesundheit und Sachgüter vor den Gefahren der Kernenergie und der schädlichen Wirkung ionisierender Strahlen geschützt werden. Die Definition in § 2 Abs. 3a Nr. 2 entstammt Art. 3 Nr. 2 RL 2009/71/Euratom, welcher wiederum auf die Begriffsbestimmung der IAEA zurückgeht (siehe hierzu *IAEA* Safety Glossary, Terminology Used in Nuclear Safety and Radiation Protection, 2007 Edition, 133). Sie greift die vier Sicherheitsebenen auf (→ Einf. Rn. 110). Hinsichtlich des Schutzguts wurde die Definition der nuklearen Sicherheit an die Formulierung des § 1 Nr. 2 AtG angepasst, was ausweislich des Erwägungsgrundes 10 der Richtlinie als Anpassung an die einzelstaatlichen Umstände zulässig ist (BT-Drs. 17/3052, 11 f.). Die nukleare Sicherheit umfasst sowohl die Sicherheit als auch die Sicherung (→ § 7d Rn. 2).

3. Umgang (Nr. 3)

46 Durch das Gesetz zur Neuordnung des Rechts zum Schutz vor der schädlichen Wirkung ionisierender Strahlung vom 27.6.2017 (BGBl. I 1966) wurde Nr. 3 neu in Abs. 3a eingefügt. Der Begriff ist definiert in Abs. 3a und inhaltlich identisch mit dem Begriff des Umgangs in § 5 Abs. 39 StrlSchG, der gem. § 4 Abs. 1 Nr. 1 StrSchG gleichzeitig eine Tätigkeit iSd StrlSchG ist. Hierdurch soll ein einheitliches Verständnis innerhalb des Atom- und Strahlenschutzrechts erzielt werden (BT-Drs. 18/11241, 452; *Akbarian,* 15. AtRS 2019, 213 (223)).

IV. Begriffsbestimmungen zu den Haftungs- und Deckungsvorschriften (Abs. 4–8)

47 Die Abs. 4–8 betreffen die **Haftungs- und Deckungsvorschriften** des Atomrechts. Zu diesen gehören grundsätzlich die Haftungsvorschriften des Vierten Abschnitts (§§ 25 ff.) sowie weitere Vorschriften, die auf Haftung oder Deckungsvorsorge Bezug nehmen und die in Abs. 4 genannten Begriffe enthalten (so offenbar BT-Drs. 7/2183, 17); dies gilt für §§ 4a, 4b, 14, 15, 17, 46 und Anlage 2 sowie die AtDeckV (vgl. *Haedrich* AtG § 2 Rn. 7, der allerdings den 2. Abschnitt ausnimmt). Die Abs. 5–8 definieren die internationalen Übereinkommen zur Atomhaftung. Änderungen für Abs. 4–8 und die Aufhebung von Anlage 1 ergeben sich aus dem noch nicht in Kraft getretenen Gesetz zur Änderung haftungsrechtlicher Vorschriften von 2008 (BGBl. I 1793; → Einf. Rn. 33).

1. Verweis auf die Begriffsbestimmungen des PÜ (Abs. 4)

48 In der zum Zeitpunkt des Erscheinens dieses Kommentars noch geltenden Fassung von Abs. 4 wird für die Begriffe „nukleares Ereignis", „Kernanlage", „Inhaber einer Kernanlage", „Kernmaterialien" und „Sonderziehungsrechte" bei der An-

Begriffsbestimmungen **§ 2 AtG**

wendung der Vorschriften über die Haftung und Deckung auf **Anlage 1** verwiesen. Der in Abs. 1 Anlage 1 gelistete Katalog an Begriffsdefinitionen entspricht weitgehend den Definitionen des Art. 1 Abs. (a) PÜ.

Das bisher nicht in Kraft getretene **Änderungsgesetz von 2008** (→ Rn. 47) hebt Anlage 1 auf und fasst Abs. 4 neu. Abs. 4 verweist in der zukünftig geltenden Fassung direkt in das PÜ, ohne den umständlichen Weg über Anlage 1 zu nehmen. Der Gesetzgeber hat aber klargestellt, dass, soweit eine Haftung nach dem PÜ in Verbindung mit dem AtG in Frage kommt, sowohl nach alter als auch nach neuer Rechtslage für die Anwendung der Haftungs- und Deckungsregelungen die Begriffsbestimmungen in **Art. 1 Abs. (a) PÜ** – und nicht die des AtG – maßgeblich seien (BT-Drs. 16/9077, 13). Dies sei aus der Formulierung des § 2 Abs. 4 iVm der Anlage 1 nicht hinreichend deutlich geworden (BT-Drs. 16/9077, 13). Inhaltlich bleibt die Regelung somit gleich. 49

Abs. 4 S. 1 zukünftige Fassung verweist nun direkt auf Art. 1 Abs. (a) PÜ (zu den entsprechenden Definitionen des PÜ → PÜ Art. 1 Rn. 3 ff.). Dies gilt jedoch ausdrücklich nur, soweit sich die Haftung nach dem PÜ iVm § 25 Abs. 1–4 bestimmt. Auf die Haftung etwa nach § 26 ist § 2 Abs. 4 zukünftige Fassung und damit Art. 1 Abs. (a) PÜ nicht anwendbar, es bleibt bei der Definition des radioaktiven Stoffes nach Abs. 1–3 (→ § 26 Rn. 10). „Kernbrennstoffe" und „radioaktive Erzeugnisse oder Abfälle" werden in Abs. 4 zukünftige Fassung neu aufgenommen, sollen aber die bisherige Rechtlage nicht ändern (BT-Drs. 16/9077, 14), also schon zuvor Gegenstand der Verweisung gewesen sein. Der Begriff „nuklearer Schaden" wird als Folge der Einführung des Begriffs in das PÜ in den Katalog aufgenommen. Der Begriff der „Sonderziehungsrechte" entfällt, da diese Währungseinheit in den Übereinkommen durch die Währung „Euro" abgelöst wurde. Dass für Haftungs- und Deckungsvorschriften die Begriffsdefinitionen des Art. 1 Abs. (a) PÜ anwendbar sein sollen, während für die sonstigen Regelungsbereiche des AtG die Begriffsbestimmungen der Abs. 1–3 gelten, hat jedoch nur begrenzte praktische Relevanz (siehe anhand des Beispiels der Beförderung → § 4a Rn. 4). 50

Abs. 4 S. 2 zukünftige Fassung stellt sicher, dass nicht durch den Verweis auf das PÜ die Bestimmungen und Materialien des Direktionsausschusses zur Bestimmung von „Kernanlagen" und „Kernbrennstoffen" unbesehen Eingang in das Atomgesetz finden. Diese werden vielmehr auf Grundlage der Ermächtigungsvorschrift des § 12a durch Rechtsverordnung der Bundesregierung nach Zustimmung des Bundesrates in Kraft gesetzt. **Satz 3 zukünftige Fassung** übernimmt den Abs. 1 Nr. 2 letzter Hs. der entfallenden Anlage 1 und trägt der Ausgestaltungsmöglichkeit Rechnung, die das PÜ den Vertragsstaaten in Art. 1 Abs. (a) Ziff. (ii) aE überlässt (→ PÜ Art. 1 Rn. 24). 51

2. Internationale Übereinkommen (Abs. 5–8)

Die Abs. 5–8 betreffen internationale Übereinkommen über die Haftung auf dem Gebiet der Kernenergie: Das Pariser Übereinkommen (Abs. 5), Das Brüsseler Zusatzübereinkommen (Abs. 6), Das Gemeinsame Protokoll (Abs. 7) und das Wiener Übereinkommen (Abs. 8). Die jeweiligen Definitionen haben lediglich **Klarstellungsfunktion** und sind als solche außergewöhnlich. Die Definition von PÜ und BZÜ dienen laut Gesetzesbegründung lediglich der „terminologischen Straffung" (BT-Drs. 7/2183, 17; siehe auch *Fischerhof* Dt. AtomG § 2 Rn. 7). Auch die Gesetzesbegründung zur Einführung von Abs. 7 und 8 ergibt keine Hinweise auf eine weitergehende Funktion (BT-Drs. 14/3950, 5). Das PÜ ist unmittelbar an- 52 wendbar (self-executing; → Vor §§ 25–40c Rn. 3) und ist gem. § 25 Abs. 1 S. 2 unabhängig von seiner völkerrechtlichen Verbindlichkeit innerstaatlich anzuwenden, soweit nicht seine Regeln eine durch das Inkrafttreten des Übereinkommens bewirkte Gegenseitigkeit voraussetzen (→ § 25 Rn. 5). Das PÜ-Änderungsprotokoll vom 12.2.2004 (BGBl. 2008 II 902) wird in der Neufassung von Abs. 5 und 6 durch die Änderungen des noch nicht in Kraft getretenen Gesetzes von 2008 (→ Rn. 47) berücksichtigt.

§ 2a Umweltverträglichkeitsprüfung

(1) ¹Besteht nach dem Gesetz über die Umweltverträglichkeitsprüfung eine Verpflichtung zur Durchführung einer Umweltverträglichkeitsprüfung für Vorhaben, die einer Genehmigung oder Planfeststellung nach diesem Gesetz oder einer auf Grund dieses Gesetzes erlassenen Rechtsverordnung bedürfen (UVP-pflichtige Vorhaben), ist die Umweltverträglichkeitsprüfung unselbständiger Teil der Verfahren zur Erteilung der nach diesem Gesetz oder der nach einer auf Grund dieses Gesetzes erlassenen Rechtsverordnung erforderlichen Genehmigung oder Planfeststellung. ²Die Umweltverträglichkeitsprüfung ist nach den Vorschriften des § 7 Abs. 4 Satz 1 und 2 und der Rechtsverordnung nach § 7 Abs. 4 Satz 3 über den Gegenstand der Umweltverträglichkeitsprüfung, die Antragsunterlagen, die Bekanntmachung des Vorhabens und des Erörterungstermins, die Auslegung und Zugänglichmachung, auch über das einschlägige zentrale Internetportal nach dem Gesetz über die Umweltverträglichkeitsprüfung von Antragsunterlagen, die Erhebung von Einwendungen, die Beteiligung von Behörden, die Durchführung des Erörterungstermins, den Inhalt des Genehmigungsbescheids und die Zustellung, öffentliche Bekanntmachung und Zugänglichmachung, auch über das einschlägige zentrale Internetportal nach dem Gesetz über die Umweltverträglichkeitsprüfung der Entscheidung durchzuführen. ³§ 31 des Gesetzes über die Umweltverträglichkeitsprüfung sowie § 9b Abs. 2 und 5 Nr. 1 bleiben unberührt.

(1a) Besteht nach dem Gesetz über die Umweltverträglichkeitsprüfung eine Verpflichtung zur Durchführung einer Vorprüfung für Vorhaben, die einer Genehmigung oder Planfeststellung nach diesem Gesetz oder einer auf Grund dieses Gesetzes erlassenen Rechtsverordnung bedürfen, wird die Vorprüfung nach den Bestimmungen des Gesetzes über die Umweltverträglichkeitsprüfung durchgeführt.

(2) Vor Erhebung einer verwaltungsgerichtlichen Klage, die einen nach Durchführung einer Umweltverträglichkeitsprüfung erlassenen Verwaltungsakt zum Gegenstand hat, bedarf es keiner Nachprüfung in einem Vorverfahren.

I. Einleitung und Genese der Vorschrift

1   Die Ausgangsvorschrift ist erst mit Wirkung vom 3.8.2001 durch Gesetz vom 27.7.2001 (BGBl. I 1950) in das AtG aufgenommen worden. Abs. 1 S. 2 wurde zunächst geändert durch Art. 3 des Gesetzes vom 27.6.2017 (BGBl. I 1966), dann

Umweltverträglichkeitsprüfung **§ 2a AtG**

nochmals, zusammen mit S. 3 und der Einfügung von Abs. 1a, mit Wirkung vom 29.7.2017 durch Gesetz vom 20.7.2017 (BGBl. I 2808) und schließlich durch Gesetz vom 27.6.2017 (BGBl. I 1966) mit Wirkung vom 31.12.2018. Die Änderungen ergaben sich aus Anpassungsnotwendigkeiten aus der Novelle des UVPG und des Gesetzes zur Neuordnung des Rechts zum Schutz vor der schädlichen Wirkung ionisierender Strahlung. Insbesondere mit der erstgenannten Änderung und den insoweit beschlossenen Ergänzungen in der atomrechtlichen Verfahrensverordnung (AtVfV) ist die atomrechtliche Umweltverträglichkeitsprüfung (UVP) nunmehr auf der Höhe der Zeit.

II. Regelungsgegenstand

1. Umweltverträglichkeitsprüfung

Indem § 2a Abs. 1 S. 1 auf den Katalog der UVP-pflichtigen Vorhaben nach Anlage 1 Nr. 11.1 bis 11.3 des UVPG verweist, enthält die Vorschrift eine **akzessorische Rechtsgrundverweisung**. Sie ordnet nicht selbst die UVP-Pflicht atomrechtlich zulassungsbedürftiger Projekte an, sondern verweist insofern auf das UVPG; lediglich die Frage der Genehmigungs- und Planfeststellungsbedürftigkeit richtet sich nach den atomrechtlichen Maßgaben. Bei den Vorhaben gem. Ziffer 11.4 der Anlage 1 zum UVPG besteht nur eine allgemeine Vorprüfung des Einzelfalls gem. § 7 Abs. 1 S. 1 (ggf. § 9) UVPG (Spalte 2); für diese gilt nunmehr Abs. 1a (→ Rn. 4). Durch den Verweis auf das UVPG soll erreicht werden, dass eine **einheitliche Regelung** für alle UVP-pflichtigen Vorhaben besteht, ohne dass es zu inhaltsgleichen Änderungen in den einzelnen Genehmigungstatbeständen kommen musste. Zudem wird durch Satz 1 die allgemeine Rechtslage festgeschrieben, wonach die UVP **unselbständiger Teil** der jeweiligen Zulassungsverfahren, hier des atomrechtlichen Genehmigungs- und Planfeststellungsverfahrens ist (BT-Drs. 14/4599, 152). Satz 2 verweist für deren Durchführung auf die rudimentären Regelungen des AtG dazu und die – durch die Novelle des UVPG (Gesetz vom 20.7.2017, BGBl. I 2808) substantiell erweiterten – Vorschriften der AtVfV (dazu → § 7 Rn. 109). Die Aufzählung der Verfahrensgegenstände umfasst in umschreibender Weise die §§ 1a–17 AtVfV. Die Regelungsinhalte des fünften und sechsten Abschnitts der AtVfV sind in der Aufzählung nicht enthalten. Hieraus kann jedoch nicht der Schluss gezogen werden, dass die Anwendung der AtVfV im Rahmen der atomrechtlichen UVP auf die umschriebenen §§ 1a–17 AtVfV begrenzt wäre. Eine derartige Limitierung lässt sich der gesetzgeberischen Intention nicht entnehmen; vielmehr **verweist** die Gesetzesbegründung zu § 2a AtG **in Gänze auf die Vorschriften der AtVfV** (vgl. BR-Drs. 674/00, 140). Der Wortlaut der S. 2 muss daher in regelungstechnischer Hinsicht als misslungen bezeichnet werden; weder trägt die umschreibende Aufzählung zur Übersichtlichkeit und Transparenz der Vorschrift bei, noch ergeben sich aus der Aufzählung besondere Rechtsfolgen, so dass ein einfacher Verweis auf die AtVfV als gesamtes Regelwerk ausreichend und im Hinblick auf die Nachvollziehbarkeit zweckmäßiger gewesen wäre.

Nach § 2a Abs. 1 S. 3 bleiben die Vorschriften des UVPG über die **Koordinierung** von Verfahrensschritten in horizontal und vertikal **gestuften Verfahren** sowie die besonderen Vorschriften über die Durchführung der UVP im atomrechtlichen Planfeststellungsverfahren unberührt (vgl. BT-Drs. 14/4599, 152). Daran hat sich durch die Novelle des UVPG, wonach die bisherigen Regelungen in § 31 zusammengeführt wurden, nichts geändert; § 31 Abs. 4 entspricht im Wesentlichen §§ 2 Abs. 1 S. 4, 14 Abs. 2 UVPG aF, § 31 Abs. 3 dem alten § 14 Abs. 1 S. 4 UVPG. Auch die AtVfV ist entsprechend angepasst worden. Darüber hinaus weist die amtliche Begründung darauf hin, dass sich der bestehende **Anwendungsvorrang der AtVfV** in der Praxis bewährt habe und im Hinblick auf die Sachgegebenheiten bei kerntechnischen Vorhaben auch weiterhin gilt (BT-Drs. 14/4599, 153). Das entspricht § 1 Abs. 4 UVPG.

2. UVP-Vorprüfung

4   Erstaunlicherweise fehlte im bisherigen Recht eine Regelung zur UVP-Vorprüfung, da sich Abs. 1 nur auf die UVP selbst bezieht. Dies war angesichts der Bedeutung, die gerade der Vorprüfung zukommt (vgl. etwa § 7 UVPG, § 4 UmwRG), überraschend. Dieses Manko ist nunmehr durch die Einführung des Abs. 1a mit Wirkung vom 29.7.2017 durch Gesetz vom 20.7.2017 (BGBl. I 2808) behoben worden. Im Unterschied zur UVP, für deren Durchführung auf das AtG und die AtVfV verwiesen wird, nimmt der Gesetzgeber für die Vorprüfung Bezug auf das UVPG selbst; das liegt daran, dass die atomrechtlichen Vorschriften keine eigenständigen Regelungen für die Vorprüfung enthalten.

3. Kein Vorverfahren

5   Nach § 2a Abs. 2 wird bei der Erhebung einer verwaltungsgerichtlichen Klage, die einen nach Durchführung einer UVP erlassenen Verwaltungsakt zum Gegenstand hat, auf ein verwaltungsinternes **Vorverfahren verzichtet.** Hiermit wird gem. § 68 Abs. 1 S. 2 Alt. 1 VwGO von einer zunehmend genutzten Befugnis Gebrauch gemacht, die etwa auch für die in förmlichen Verwaltungsverfahren nach § 70 VwVfG getroffenen Entscheidungen gilt (dies hebt die Gesetzesbegründung ausdrücklich hervor, vgl. BT-Drs. 14/4599, 152). Im Einklang mit § 68 Abs. 2 VwGO dürfte die Regelung auch für Verpflichtungsklagen gelten, wenn der Antrag auf Vornahme des Verwaltungsakts abgelehnt wurde; für Untätigkeitsklagen gilt ohnehin § 75 VwGO.

§ 2b Elektronische Kommunikation

(1) **Die Vorschriften des Verwaltungsverfahrensgesetzes über die elektronische Kommunikation finden Anwendung, soweit nicht durch Rechtsvorschriften dieses Gesetzes oder einer auf Grund dieses Gesetzes erlassenen Rechtsverordnung etwas anderes bestimmt ist.**

(2) **Elektronische Verwaltungsakte nach diesem Gesetz oder nach einer auf Grund dieses Gesetzes erlassenen Rechtsverordnung sind mit einer dauerhaft überprüfbaren qualifizierten elektronischen Signatur nach § 37 Abs. 4 des Verwaltungsverfahrensgesetzes zu versehen.**

(3) **Erfolgt die Antragstellung in elektronischer Form, kann die zuständige Behörde Mehrfertigungen sowie die Übermittlung der dem Antrag beizufügenden Unterlagen auch in schriftlicher Form verlangen.**

Literatur: *Habammer/Denkhaus,* Das E-Government-Gesetz des Bundes – Inhalt und erste Bewertung – Gelungener Rechtsrahmen für elektronische Verwaltung?, MMR 2013, 358; *Müller-Terpitz/Rauchhaus,* Das E-Government-Gesetz des Bundes – ein Schritt in Richtung „Verwaltung 2.0". Geplante Regelungen und Problembereiche, MMR 2013, 10; *Johannes,* Elektronische Formulare im Verwaltungsverfahren. Neue Form des Schriftformersatzes, MMR 2013, 694; *Schlatmann,* Anmerkungen zum Entwurf eines Dritten Gesetzes zur Änderung verwaltungsverfahrensrechtlicher Vorschriften, DVBl 2002, 1005; *Schmitz/Schlatmann,* Digitale Verwaltung? Das Dritte Gesetz zur Änderung verwaltungsverfahrensrechtlicher Vorschriften, NVwZ 2002, 1281.

I. Systematische Einordnung

Hintergrund aller Regelungen über die elektronische Kommunikation in den verschiedenen Fachgesetzen ist das Ziel, Verwaltungsverfahren „medienbruchfrei" (Begr. zum E-Government-Gesetz, BT-Drs. 17/11473, 2, 21) elektronisch auszugestalten und damit Effizienz und Bürgernähe der Verwaltung weiter zu verbessern. Elektronische Kommunikationsformen sollen **gleichberechtigt neben der Schriftform** rechtswirksam verwendet werden können. Dementsprechend enthält § 2b die erforderlichen Maßgaben, um elektronische Kommunikationsmittel auch in atomrechtlichen Verfahren zuzulassen. 1

II. Entstehungs- und Änderungsgeschichte

§ 2b ist **im Jahr 2002** durch Art. 70 des Dritten Gesetzes zur Änderung verwaltungsverfahrensrechtlicher Vorschriften vom 21.8.2002 (BGBl. I 3322) in das AtG eingefügt und seitdem auch nicht mehr geändert worden. Insbesondere verursachte der Erlass des E-Government-Gesetzes vom 25.7.2013 (BGBl. I 2749) mit seinen Änderungen des § 3a VwVfG **keine Änderungen** im Wortlaut der atomrechtlichen Norm, da deren dynamischer Verweis in Abs. 1 diese Änderungen automatisch inkorporiert. 2

III. Regelungsinhalt

Die drei Absätze des § 2b behandeln die grundsätzliche Anwendbarkeit der VwVfG-Regeln über die elektronische Kommunikation im Atomrecht (Abs. 1), die Verwendung elektronischer Verwaltungsakte durch die Behörden (Abs. 2) und die Maßgaben, welche im Falle einer elektronischen Antragstellung an die Behörden gelten (Abs. 3). 3

1. Dynamischer Verweis auf das VwVfG (Abs. 1 Hs. 1)

Nach der Kompetenzordnung des Grundgesetzes liegt die Regelung des Verwaltungsverfahrens ebenso wie die Einrichtung der Behörden grundsätzlich in der Zuständigkeit der Länder (vgl. Art. 84 Abs. 1 S. 1 GG). Im Falle einer Auftragsverwaltung, wie sie Art. 87c GG iVm § 24 AtG für viele Verwaltungsaufgaben nach dem zweiten Abschnitt des AtG anordnet (→ Vor § 22 Rn. 35f.; → § 24 Rn. 8f.), „bleibt die Einrichtung der Behörden Angelegenheit der Länder, soweit nicht Bundesgesetze [...] etwas anderes bestimmen" (Art. 85 Abs. 1 GG). Aus der Nichterwähnung des entsprechenden Befugnis zur **Regelung des Verwaltungsverfahrens** in Art. 85 wird gefolgert, dass diese Kompetenz **im Bereich der Auftragsverwaltung** allein dem **Bundesgesetzgeber** zufällt (allg. Ansicht, vgl. zu den 4 unterschiedlichen Begründungsansätzen – Erst-Recht-Schluss bzw. ungeschriebene Zuständigkeit – statt vieler nur *Dittmann/Winkler* in Sachs GG Art. 85 Rn. 12f. mwN sowie → § 24 Rn. 11). Daraus folgen bereits verfassungsrechtlich eine Anwendbarkeit des Bundes-VwVfG im Bereich des AtG und die Berechtigung des Bundesgesetzgebers, hierzu in § 2b eine Sonderregelung zu treffen. Diese Rechtslage wird einfachrechtlich durch **§ 1 Abs. 1 Nr. 2 und Hs. 2 VwVfG** bestätigt (dazu umfassend *Schönenbroicher* in NK-VwVfG § 1 Rn. 79ff.).

5 Anstatt selbst Detailregelungen zu treffen, bedient sich der Gesetzgeber in Abs. 1 des Mittels der **dynamischen Verweisung** auf „die Vorschriften des VwVfG über die elektronische Kommunikation". Das ist im Kern die Bestimmung in **§ 3a VwVfG**, die ebenfalls erst mit dem oben (→ Rn. 2) genannten Änderungsgesetz von 2002 in den Textkorpus aufgenommen und im Jahre 2013 durch das Artikelgesetz zur Einführung des E-Government-Gesetzes wesentlich erweitert wurde. Angesichts der grundsätzlichen Formfreiheit des Verwaltungsverfahrens (vgl. § 10 VwVfG) war eine elektronische Kommunikation aber im Grunde auch schon vor 2002 möglich. Nur dann, wenn eine Rechtsvorschrift ausdrücklich die **„Schriftform"** anordnet, erlangt die Neuregelung Bedeutung. Um die höheren Formerfordernisse der Schriftform und die damit verbundenen Funktionen (Abschluss-, Perpetuierungs-, Identitäts-, Echtheits-, Verifikations- und Beweisfunktion, vgl. näher *Johannes* MMR 2013, 694 (697)), zu wahren, bedarf es für den elektronischen Rechtsverkehr gem. § 3a Abs. 2 VwVfG einer qualifizierten elektronischen Signatur oder einer gleichgestellten Verfahrensweise (ausführl. *Schulz* in NK-VwVfG § 3a Rn. 103ff.).

6 Nach wie vor ist für Privatpersonen und Unternehmen die elektronische Zugangseröffnung aber freiwillig (*Müller-Terpitz/Rauchhaus* MMR 2013, 10 (11); *Habammer/Denkhaus* MMR 2013, 358 (361)). Neben dem Bestehen eines Zuganges ist auf der Verwaltungsgegenseite daher auch die (kundgetane) Bereitschaft zu seiner Nutzung erforderlich, die sog. **Widmung** (*Schulz* in NK-VwVfG § 3a Rn. 68ff.). Wann eine derartige Widmung vorliegt, ist im Einzelfall nach der **Verkehrsanschauung** zu bestimmen. Der Bürger muss der Behörde seinen Willen zur Zugangseröffnung für elektronische Kommunikation kundgetan haben (*Schlatmann* DVBl 2002, 1005 (1008f.); *Schmitz/Schlatmann* NvWZ 2002, 1281 (1285)), was etwa in Form einer ausdrücklichen Erklärung gegenüber der Behörde, in Form einer elektronischen Antragstellung oder durch fortgesetzte elektronische Kommunikation erfolgen kann (*Kopp/Ramsauer* VwVfG § 3a Rn. 11). Weil im Anwendungsbereich des § 2b auf der Verwaltungsgegenseite nicht Bürger, sondern Unternehmen oder von diesen beauftragte Rechtsanwälte stehen werden, die regelmäßig über eine höhere Rechts- und Geschäftserfahrung verfügen, müssten für diese eigentlich **weniger strenge Anforderungen** an die Widmung gelten. Ganz in diesem Sinne hat das OVG Münster angenommen, dass bei Anwälten eine Zugangseröffnung regelmäßig schon dann angenommen werden kann, wenn sie die elektronische Adresse auf ihren Briefköpfen oder auf ihrer Homepage im Internet als Kontaktadresse angeben (OVG Münster NVwZ-RR 2015, 172; s. auch für Telefax OVG Berlin-Brandenburg BeckRS 2008, 141033).

7 Der durch den allgemeinen Verweis in § 2b Abs. 1 ebenfalls maßgebliche **§ 3a Abs. 3 VwVfG** enthält Regelungen für Fälle der **technischen Inkompatibilität.** Die verwaltungsrechtliche Kommunikationsbeziehung ist mit der Erwartung verbunden, dass beide Seiten sich gegenseitig unterrichten, sofern die gewählte Form der elektronischen Kommunikation für eine Partei unlesbar oder nicht darstellbar ist (Begr. des RegE, BT-Drs. 14/9000, 31). Denn in diesem Fall dürfte regelmäßig kein Zugang vorliegen (*Huck/Müller* VwVfG, 3. Aufl. 2020, § 3a Rn. 15). Hierzu regelt § 3a Abs. 3 VwVfG in S. 1 den Fall, dass die Behörde Empfängerin eines übermittelten Dokuments ist und in S. 2 Fälle, in denen jemand ein elektronisches Dokument von der Behörde empfangen hat. § 3a Abs. 3 VwVfG belegt aber lediglich die Behörde mit Pflichten bei der elektronischen Kommunikation. Diese muss in den Fällen des Satzes 1 dem Absender unverzüglich mitteilen, dass sie das elektronische Dokument nicht bearbeiten kann und ihm die für sie geltenden technischen Rahmenbedingungen mitteilen (echte Informationspflicht). In den Fällen des S. 2 muss sie dem Adressaten, der ein von der Behörde empfangenes elektronisches Dokument nicht bearbeiten kann, dieses erneut in einem geeigneten elektronischen Format oder als Schriftstück übermitteln. Auch wenn den Adressaten damit keine explizite Informationspflicht trifft, kann ein Verstoß gegen den Grundsatz von Treu und Glauben (§ 242 BGB) vorliegen, wenn er sich auf eine technisch bedingte Unlesbarkeit beruft, obwohl er eine nicht völlig unerhebliche Zeitspanne lang zumindest konkludent erklärt hat, das Dokument sei eingegangen und bearbeitbar (*Obermayer/Funke-Kaiser* VwVfG, 5. Aufl. 2018, § 3a Rn. 16).

2. Ausdrücklicher Ausschluss der elektronischen Kommunikation (Abs. 1 Hs. 2)

Der Verweis auf das VwVfG steht unter dem Vorbehalt, dass nicht das AtG selbst 8 oder eine auf ihm beruhende Rechtsverordnung etwas anderes vorsieht. Relevant in diesem Kontext wird neben Abs. 2 (→ Rn. 10) vor allem die in **§ 17** normierte Ausnahme. Ausgangspunkt ist insoweit zunächst § 17 Abs. 1 S. 1 Hs. 1, der anordnet, dass für **Genehmigungen und allgemeine Zulassungen nach dem AtG die elektronische Kommunikation ausgeschlossen** ist. Stattdessen sind diese schriftlich zu erteilen. Der Grund für diese Maßgabe liegt in der besonderen Bedeutung und Tragweite atomrechtlicher Genehmigungen. Dem durch den Umgang mit Kernbrennstoffen entstehenden Risiko für Mensch, Umwelt, Tiere und Gesellschaft soll durch die traditionelle Schriftform und den damit verbundenen Funktionen (→ Rn. 5) Rechnung getragen werden (→ § 17 Rn. 3).

Allerdings lässt § 17 Abs. 1 S. 1 Hs. 2 als **(Gegen-)Ausnahme** zu, dass die auf 9 Grund des AtG erlassenen Rechtsverordnungen bestimmen können, dass in ihrem Anwendungsbereich eine Genehmigung oder allgemeine Zulassung doch in elektronischer Form mit einer dauerhaft überprüfbaren Signatur nach § 37 Abs. 4 VwVfG erteilt werden kann. Eine solche Bestimmung fand sich bis Ende 2018 in § 115 Abs. 3 StrlSchV. Die Nachfolgeregelung in § 182 Abs. 2 StrlSchG bildet hingegen keinen Anwendungsfall des § 17 Abs. 1 S. 1 Hs. 2, da das Regelungskonzept des Gesetzgebers gewechselt hat und das StrlSchG seit 2019 als eigenes Stammgesetz neben das AtG getreten ist (näher *Mann/Hundertmark* NVwZ 2019, 825 f.). Von der Ausnahmemöglichkeit nach § 17 Abs. 1 S. 1 Hs. 2 **keinen Gebrauch macht § 2 Abs. 1 AtVfV**, der für Anträge auf Genehmigung, Teilgenehmigung oder Vorbescheid bei den in § 7 Abs. 1 und 5 genannten Anlagen korrespondierend zu § 17 Abs. 1 S. 1 Hs. 1 nur die Schriftform von Anträgen zulässt.

3. Verwendung elektronischer Verwaltungsakte durch die Behörden (Abs. 2)

Die qualifizierte elektronische Signatur – zur Begriffsbestimmung vgl. Art. 3 10 Nr. 12 eIDAS-VO (ABl. L 257/73 v. 28.8.2014) – dient der Gewährleistung der

Authentizität und **Integrität** von Daten (*Schulz* in NK-VwVfG § 3a Rn 117). Der Empfänger kann hierbei nämlich – anders als etwa bei Nutzung von E-Mail-diensten – überprüfen, ob im Zuge der Übermittlung eine Veränderung des Inhalts stattgefunden hat (BT-Drs. 17/11473, 49). Abs. 2 ist so zu lesen, dass ein elektronischer VA nach dem AtG **ausschließlich** mit einer qualifizierten elektronischen Signatur gem. § 37 Abs. 4 VwVfG zu erteilen ist. Die qualifizierte elektronische Signatur kann somit nicht durch die in § 3a Abs. 2 S. 4 Nr. 1–4 VwVfG genannten Alternativen ersetzt werden. Dies ergibt sich durch systematische Auslegung: Während Abs. 1 allgemein auf § 3a VwVfG verweist (→ Rn. 5), ist Abs. 2 über die Ausnahme in Abs. 1 Hs. 2 (→ Rn. 8) als lex specialis vorrangig gegenüber § 3a Abs. 2 VwVfG. Da Abs. 2 abweichend von § 3a Abs. 2 S. 4 Nr. 1–4 VwVfG keine Alternativen zulässt, wird deutlich, dass elektronische Veraltungsakte im Rahmen des Atomrechts nur und ausschließlich mit qualifizierten elektronischen Signaturen erteilt werden dürfen.

11 Diese Entscheidung zum bestmöglichen Nachweis der Authentizität wird flankiert, indem Abs. 2 ergänzend von der durch § 37 Abs. 4 VwVfG eröffneten Möglichkeit Gebrauch macht, eine **dauerhafte Überprüfbarkeit** der qualifizierten elektronischen Signatur vorzuschreiben. Anders als bei physischen Schriftstücken ist die dauerhafte Überprüfbarkeit (Konservierung) eines elektronischen Verwaltungsaktes nicht per se gesichert, sondern abhängig von den technischen Rahmenbedingungen. Gerade bei den **Dauerverwaltungsakten** des Atomrechts ist daher vor allem aus Beweiszwecken die dauerhafte Überprüfbarkeit besonders wichtig. Zu der erforderlichen **Zeitspanne** führt die Gesetzesbegründung zu § 37 Abs. 4 VwVfG (BT-Drs. 14/9000, 33) aus, eine dauerhafte Überprüfbarkeit sei gegeben, „wenn der Zertifizierungsdiensteanbieter sicherstellt, dass die von ihm ausgestellten qualifizierten Zertifikate ab dem Zeitpunkt der Bestätigung des Erhalts einer sicheren Signaturerstellungseinheit durch den Signaturschlüssel-Inhaber für den im jeweiligen Zertifikat angegebenen Gültigkeitszeitraum sowie mindestens **30 Jahre** ab dem Schluss des Jahres, in dem die Gültigkeit des Zertifikats endet", in einem Verzeichnis gemäß den gesetzlichen Vorgaben geführt und aufbewahrt werden.

12 Abs. 3 AtG beinhaltet eine **Abweichung** vom Ziel der medienbruchfreien Kommunikation im gesamten Verwaltungsverfahren (→ Rn. 1). Eine rein elektronische Kommunikation erfährt eine Durchbrechung dahingehend, dass die zuständige Behörde auch im Falle elektronischer Antragsstellung verlangen kann, dass ihr Mehrfertigungen sowie die dem Antrag beizufügenden Unterlagen in **schriftlicher Form** eingereicht werden. Diese erst durch Intervention des Bundesrates (BR-Dr. 534/02, 3 unter Nr. 7) und auf Beschlussempfehlung der Bundestagsausschüsse eingefügte Vorschrift hat alleine den Zweck, den Behörden die nicht unerheblichen Kosten einer Vervielfältigung der im atomrechtlichen Genehmigungsverfahren üblicherweise zahlreichen Anlagen, Pläne und Verfahrensfließbilder zu ersparen (Ausschussbericht, BT-Dr. 14/9418, 8 unter Nrn. 6 und 7). Der Begriff der **„Mehrfertigung"** ist daher im Sinne von „Ablichtung", „Kopie" oder „Abschrift" zu verstehen, nicht jedoch als eine weitere Ausfertigung („Mehr*aus*fertigung") des Dokuments mit einer Originalunterschrift.

§ 2c Nationales Entsorgungsprogramm

(1) Die Bundesregierung legt in einem Nationalen Entsorgungsprogramm dar, wie die nationale Strategie für eine verantwortungsvolle und sichere Entsorgung abgebrannter Brennelemente und radioaktiver Abfälle umgesetzt werden soll.

(2) ¹Das Nationale Entsorgungsprogramm umfasst eine Darlegung folgender Bestandteile:
1. die Gesamtziele der nationalen Strategie in Bezug auf die Entsorgung abgebrannter Brennelemente und radioaktiver Abfälle,
2. die maßgeblichen Zwischenetappen und klaren Zeitpläne für die Erreichung dieser Zwischenetappen unter Beachtung der übergreifenden Ziele des Nationalen Entsorgungsprogramms,
3. eine nationale Bestandsaufnahme sämtlicher abgebrannter Brennelemente und radioaktiver Abfälle sowie Schätzungen der künftigen Mengen, auch aus der Stilllegung von Anlagen und Einrichtungen, wobei aus der Bestandsaufnahme der Standort und die Menge radioaktiver Abfälle und abgebrannter Brennelemente gemäß einer geeigneten Klassifizierung der radioaktiven Abfälle eindeutig hervorgehen müssen,
4. die Konzepte oder Pläne und die technischen Lösungen für die Entsorgung abgebrannter Brennelemente und radioaktiver Abfälle vom Anfall bis zur Endlagerung,
5. die Konzepte oder Pläne für den Zeitraum nach Beendigung der Stilllegung von Anlagen zur Endlagerung radioaktiver Abfälle nach § 9a Absatz 3, einschließlich vorgesehener Angaben über Kontrollzeiträume und vorgesehener Maßnahmen, um das Wissen über die Anlagen längerfristig zu bewahren,
6. die Forschungs-, Entwicklungs- und Erprobungstätigkeiten, die erforderlich sind, um Lösungen für die Entsorgung abgebrannter Brennelemente und radioaktiver Abfälle umzusetzen,
7. die Zuständigkeit für die Umsetzung des Nationalen Entsorgungsprogramms und die Leistungskennzahlen für die Überwachung der Fortschritte bei der Umsetzung,
8. eine Abschätzung der Kosten des Nationalen Entsorgungsprogramms sowie die Grundlagen und Annahmen, auf denen diese Abschätzung beruht, einschließlich einer Darstellung des zeitlichen Profils der voraussichtlichen Kostenentwicklung,
9. die geltenden Finanzierungsregelungen,
10. die geltenden Transparenzregelungen sowie
11. gegebenenfalls mit einem Mitgliedstaat der Europäischen Union oder einem Drittland geschlossene Abkommen über Entsorgungsmaßnahmen in Bezug auf abgebrannte Brennelemente und radioaktive Abfälle; § 1 Absatz 1 des Standortauswahlgesetzes bleibt unberührt.

²Das Nationale Entsorgungsprogramm kann in einem oder in mehreren Dokumenten niedergelegt werden.

(3) Die Bundesregierung überprüft das Nationale Entsorgungsprogramm regelmäßig, mindestens aber alle zehn Jahre ab der erstmaligen Er-

stellung, spätestens ab dem 23. August 2015, und aktualisiert es danach bei Bedarf, wobei sie gegebenenfalls den wissenschaftlichen und technischen Fortschritt sowie Empfehlungen, Erfahrungen und bewährte Praktiken, die sich aus den Prüfungen durch Experten ergeben, berücksichtigt.

(4) ¹Zur Vorbereitung der Darlegung der Bestandteile des Nationalen Entsorgungsprogramms sind die nach § 9a Absatz 1 Satz 1 Entsorgungspflichtigen und die Besitzer abgebrannter Brennelemente oder radioaktiver Abfälle, sofern beide ihre radioaktiven Abfälle nicht nach einer aufgrund dieses Gesetzes erlassenen Rechtsverordnung an eine Landessammelstelle abzuliefern haben, verpflichtet, auf Verlangen des für die kerntechnische Sicherheit und den Strahlenschutz zuständigen Bundesministeriums die erforderlichen Auskünfte zu erteilen über

1. die bestehenden Entsorgungskonzepte, einschließlich realistischer Angaben über die technischen, organisatorischen und zeitlichen Planungen für die einzelnen Entsorgungsschritte vom Anfall abgebrannter Brennelemente und radioaktiver Abfälle bis zur Ablieferung an eine Anlage zur Endlagerung,
2. die Mengen, Arten, Eigenschaften und Standorte der bei ihnen bisher angefallenen oder gelagerten abgebrannten Brennelemente und radioaktiven Abfälle sowie
3. eine Schätzung der zukünftig bei ihnen anfallenden oder zu lagernden Mengen abgebrannter Brennelemente und radioaktiver Abfälle, klassifiziert nach Arten und Eigenschaften sowie unter Berücksichtigung von Stilllegungsmaßnahmen.

²Die Übermittlung des Auskunftsverlangens nach diesem Absatz an die Auskunftsverpflichteten und der erteilten Auskünfte an das für die kerntechnische Sicherheit und den Strahlenschutz zuständige Bundesministerium erfolgt über die zuständigen Behörden der Länder.

Übersicht

	Rn.
I. Allgemeines	1
II. Aufstellungspflicht (Abs. 1, Abs. 2 S. 2)	7
III. Bestandteile des NaPro (Abs. 2 S. 1)	9
1. Gesamtziele und Zwischenetappen der nationalen Strategie (Nrn. 1 und 2)	10
2. Abgebrannte Brennelemente und radioaktive Abfälle (Nrn. 3 und 4)	11
3. Ewigkeitslasten (Nr. 5)	14
4. Forschung, Entwicklung und Erprobung (Nr. 6)	16
5. Zuständigkeiten, Leistungskennzahlen (Nr. 7)	17
6. Kosten, Finanzierung, Transparenz (Nrn. 8–10)	18
7. Internationale Abkommen (Nr. 11)	20
IV. Überprüfungspflicht (Abs. 3)	21
V. Auskunftspflichten (Abs. 4)	23

Literatur *Blohm-Hieber,* The Radioactive Waste Directive: a necessary step in the management of spent fuel and radioactive waste in the European Union, Nuclear Law Bulletin No. 88, Vol. 2011/2, 21.

I. Allgemeines

Die Vorschrift wurde zur Umsetzung der **Richtlinie 2011/70/Euratom** 1
des Rates vom 19. Juli 2011 über einen Gemeinschaftsrahmen für die verantwortungsvolle und sichere Entsorgung abgebrannter Brennelemente und radioaktiver Abfälle (ABl. 2011 L 199, 48) erlassen. Diese Richtlinie inkorporiert ihrerseits wiederum die internationalen Standards der IAEO zur Entsorgung nuklearer Abfälle in das EU-Recht und verleiht diesen Standards damit europarechtliche Verbindlichkeit für die EU-Mitgliedsstaaten, die auch durch den EuGH kontrolliert werden kann (näher *Blohm-Hieber* Nuclear Law Bulletin No. 88, Vol. 2011/2, 21). Die nationale Umsetzung der Richtlinie erfolgte durch das Vierzehnte Änderungsgesetz vom 20.11.2015 (BGBl. I 2053), indem die §§ 2c und 2d ins AtG eingefügt wurden. Der Wortlaut des § 2c ist seitdem nicht geändert worden.

Mit dem im Titel der RL 2011/70/Euratom bezeichneten Gemeinschaftsrah- 2
men soll, wie sich detaillierter aus den Erwägungsgründen 20 bis 31 der Richtlinie ergibt, für den Bereich der kerntechnischen Entsorgung verhindert werden, „dass künftigen Generationen unangemessene Lasten aufgebürdet werden" (Art. 1 Abs. 1 RL 2011/70/Euratom). Zur Erreichung dieses Endzwecks will die Richtline einerseits gewährleisten, dass die Mitgliedstaaten geeignete innerstaatliche **Vorkehrungen für ein hohes Sicherheitsniveau bei der Entsorgung** abgebrannter Brennelemente und radioaktiver Abfälle treffen, um die Arbeitskräfte und die Bevölkerung vor den Gefahren ionisierender Strahlung zu schützen (Art. 1 Abs. 2 RL 2011/70/Euratom) und andererseits, dass die erforderliche **Unterrichtung und Beteiligung der Öffentlichkeit** im Zusammenhang mit der Entsorgung abgebrannter Brennelemente und radioaktiver Abfälle erfolgt, wobei Belange der Sicherung und des Geheimschutzes angemessen berücksichtigt werden (Art. 1 Abs. 3 RL 2011/70/Euratom). Dazu enthält die Richtlinie neben der Statuierung allgemeiner Pflichten (Art. 4) in den Art. 5–14 näher ausgeführte Verpflichtungen, denen die Mitgliedstaaten nachzukommen haben. Zentrale Relevanz im vorliegenden Kontext erlangen dabei Art. 11 und 12 der Richtlinie, welche die Mitgliedstaaten verpflichten, nationale Programme für die Entsorgung abgebrannter Brennelemente und radioaktiver Abfälle aufzustellen (Art. 11 RL 2011/70/Euratom), die darlegen, wie die Mitgliedstaaten ihre nationalen Strategien für die verantwortungsvolle und sichere Entsorgung abgebrannter Brennelemente und radioaktiver Abfälle gem. Art. 4 der Richtlinie umzusetzen beabsichtigen (Art. 12 Abs. 1 RL 2011/70/Euratom).

Diesen Zweck verfolgt in Umsetzung der Richtlinienvorgaben das in § 2c ge- 3
regelte **Nationale Entsorgungsprogramm** (NaPro), welches die bereits vorhandene Infrastruktur sowie die vorhandenen Teilkonzepte im Bereich der Entsorgung radioaktiver Abfälle und abgebrannter Brennelemente zu einem aufeinander abgestimmten und eng miteinander verzahnten **Gesamtkonzept** der Entsorgung zusammenführt. Es soll dadurch die Sicherheit der Entsorgung erhöhen und den Anfall radioaktiver Abfälle durch geeignete Auslegung sowie Betriebs- und Stilllegungsverfahren, einschließlich der Weiter- und Wiederverwendung von Material, auf das hinsichtlich Aktivität und Volumen vernünftigerweise realisierbare Mindestmaß beschränken (Begr. des RegE, BT-Drs. 18/5865, 17). Damit ist das NaPro letztlich eine **programmatische Gesamtschau** der Entsorgungsplanung im nuklearen Bereich (Erster Bericht zur Durchführung der Richtlinie 2011/70/Eura-

tom von August 2015, S. 13 = BT-Drs. 18/5980, 367), die bei allen Entsorgungsplanungen und Verwaltungsverfahren von den Akteuren im Bereich der nuklearen Entsorgung zu berücksichtigen ist.

4 Das NaPro besitzt aber **keine Rechtsnormqualität.** Es schafft dementsprechend selbst auch keine neuen Handlungsinstrumente; für die Umsetzung der in ihm niedergelegten Strategie ist vielmehr auf die bereits bestehenden atom- und verwaltungsrechtlichen Instrumente zurückzugreifen. Durch die unterbliebene Zuweisung von Rechtsnormqualität verstößt die Bundesrepublik Deutschland nicht gegen ihre unionsrechtliche Verpflichtung zur effektiven Richtlinienumsetzung. Zwar verlangen die allgemeinen unionsrechtlichen Grundsätze des Art. 288 Abs. 3 AEUV und die praktische Wirksamkeit des Unionsrechts (zum Auslegungsgrundsatz des effet utile vgl. *Potacs* EuR 2009, 465 (467f.)), dass „die verbindliche Geltung des Richtlinieninhalts im innerstaatlichen Recht für den Einzelnen und für die nationalen Organe zweifelsfrei gesichert sein muss" (*Herdegen,* Europarecht, 21. Aufl. 2019, § 8 Rn. 48), doch ist hier zu berücksichtigen, dass bereits die europarechtliche Konzeption, insbesondere der Wortlaut der Richtlinie selbst (vgl. Art. 12 Abs. 1 RL 2011/70/Euratom: „legen dar, wie die Mitgliedstaaten […] umzusetzen beabsichtigen") keine Rechtsnormqualität des NaPro vorschreiben. Auch soweit das NaPro als Programmdarstellung staatlichen Handelns **dem Einzelnen keine Rechte verleiht,** liegt darin kein Verstoß gegen den effet utile, da auch die Richtlinienvorgaben keine gerichtliche Durchsetzbarkeit für den Bürger vorsehen. Insgesamt wird man daher eine unionsrechtskonforme Umsetzung bejahen können (ebenso *Franßen* in NK-AtomR § 2c Rn. 17).

5 Nach vorheriger Durchführung einer Behörden- und Öffentlichkeitsbeteiligung durch das BMU und einer strategischen Umweltprüfung (§ 14b Abs. 1 Nr. 1 iVm Nr. 1.13 der Anlage 3 UVPG aF, heute § 35 Abs. 1 Nr. 1 iVm Nr. 1.13 der Anlage 5 UVPG) wurde das **NaPro am 12.8.2015 vom Bundeskabinett beschlossen.** Es besteht aus einem übergeordneten „Dachbericht" sowie gegenwärtig fünf Anlagen (→ Rn. 8). Die Bundesregierung hat den Bundestag vom Text des NaPro und der Anlagen unterrichtet (BT-Drs. 18/5980). Die jeweils aktuelle Fassung ist auch auf der Homepage des Bundesumweltministeriums unter dem Link https://www.bmu.de/download/nationales-entsorgungsprogramm/(zuletzt abgerufen am 29.10.2020) abrufbar. So ist dort vor allem die Anlage „Verzeichnis radioaktiver Abfälle", die alle Arten radioaktiver Abfälle umfasst, die in Deutschland eingelagert werden sollen, in einer gegenüber der Fassung in BT-Drs. 18/5980 erneuerten Version von August 2018 verfügbar, die den Bestand zum 31.12.2017 erfasst und weitere Prognosen enthält.

6 Wie im zweiten Bericht zur Durchführung der RL 2011/70/Euratom vom August 2018 vorgesehen (S. 8), haben im Jahr 2019 **Evaluationen des NaPro** durch internationale Experten stattgefunden. Zunächst fand im April 2019 eine **IRRS-Mission** (IAEA Integrated Regulatory Review Service) statt, der im September/Oktober 2019 eine **ARTEMIS-Mission** (IAEA Integrated Review Service for Radioactive Waste and Spent Fuel Management, Decommissioning and Remediation) folgte. Die positiven Evaluationsberichte, die hohe Standards für eine sichere und verantwortungsvolle Entsorgung radioaktiver Abfälle und abgebrannter Brennelemente bescheinigen und einige Empfehlungen für weitere Verbesserungen aussprechen sind unter den Adressen https://www.iaea.org/sites/default/files/documents/review-missions/irrs_gfr_2019_final_report.pdf (IRRS-Mission, Az: IAEA-NS-IRRS-2019/02; zul. abgerufen am 29.10.2020) und https://www.iaea.org/sites/default/files/documents/review-missions/final_artemis_report-germany.

pdf (ARTEMIS-Mission; zuletzt abgerufen am 29.10.2020) im Internet abrufbar. Zur Bedeutung dieser Evaluationen für § 2c Abs. 3 → Rn. 22.

II. Aufstellungspflicht (Abs. 1, Abs. 2 S. 2)

Die Erstellung des Nationalen Entsorgungsprogramms obliegt der **Bundesregierung.** Diese Zuweisung an das Bundeskabinett als Kollegialorgan soll die ressortübergreifende und grundsätzliche Bedeutung der umfassenden sowie langfristig angelegten Entsorgungspolitik in Deutschland zum Ausdruck bringen (Begr. des RegE BT-Drs. 18/5865, 17). Gleichwohl liegt die Federführung in der Vorbereitung des NaPro und seiner wesentlichen Änderungen bei dem für die kerntechnische Sicherheit und den Strahlenschutz zuständigen Bundesministerium, aktuell also dem Bundesministerium für Umwelt, Naturschutz, Bau und Reaktorsicherheit (BMU). 7

Zentrale Bestandteile des NaPro sind gem. Abs. 1 einerseits eine **nationale Entsorgungsstrategie** und andererseits ein programmatischer **Plan, wie diese Strategie umgesetzt werden soll.** Damit greift der Wortlaut die in Art. 12 RL 2011/70/Euratom angelegte Differenzierung zwischen Programm und Strategie auf und macht von der in dessen Abs. 2 vorgesehenen und in § 2c Abs. 2 S. 2 wiederholten Wahlmöglichkeit Gebrauch, das nationale Programm zusammen mit der nationalen Strategie in einem einzigen Dokument oder in mehreren Dokumenten vorzusehen. Hinzu kommen noch die **Anlagen zum NaPro,** in denen einige der durch § 2c Abs. 2 S. 1 vorgesehenen Bestandteile enthalten sind. Es sind dies das Verzeichnis radioaktiver Abfälle (aktuell von August 2018; → Rn. 11 f.), der Bericht über Kosten und Finanzierung bestrahlter Brennelemente und radioaktiver Abfälle vom 1.8.2015 (→ Rn. 18), der Bericht der Bundesrepublik für die fünfte Überprüfungskonferenz (Mai 2015) zum Gemeinsamen Übereinkommen über die Sicherheit der Behandlung abgebrannter Brennelemente und über die Sicherheit der Behandlung radioaktiver Abfälle vom 5.9.1997 (BGBl. 1998 II 1752) vom 1.8.2014, der entsprechende Bericht für die sechste Überprüfungskonferenz (Mai 2018) vom 30.8.2017 (→ Rn. 16) sowie die zwei Berichte zur Durchführung der RL 2011/70/Euratom vom 1.8.2015 und 1.8.2018 (→ Rn. 16 f.). Alle Anlagen waren, wie das NaPro selbst, in ihrer Ursprungsfassung in der Unterrichtung der Bundesregierung (BT-Drs. 18/5980) abgedruckt und stehen in der aktuellen Fassung auf der Homepage des BMU unter der Adresse https://www.bmu.de/download/nationales-entsorgungsprogramm/ (zuletzt abgerufen am 29.10.2020) zum Download bereit. 8

III. Bestandteile des NaPro (Abs. 2 S. 1)

Die in Abs. 2 S. 1 Nr. 1–11 enthaltene **Auflistung** der Bestandteile des NaPro **entspricht** in Reihenfolge und Wortlaut, bis auf kleinere redaktionelle Abweichungen zur Anpassung an die deutsche Rechtsterminologie, der Aufzählung in **Art. 12 Abs. 1 lit. a–k RL 2011/70/Euratom.** 9

1. Gesamtziele und Zwischenetappen der nationalen Strategie (Nrn. 1 und 2)

10 Die ersten beiden Ziffern konkretisieren den Inhalt der in Abs. 1 angesprochenen (→ Rn. 8) nationalen Entsorgungsstrategie, indem sie zum einen fordern, dass das NaPro die Gesamtziele dieser Strategie jeweils für die Entsorgung abgebrannter Brennelemente und für die Entsorgung radioaktiver Abfälle darlegt (Nr. 1) und zum anderen im Rahmen dieser übergreifenden Ziele Zwischenetappen und Zeitpläne aufstellt (Nr. 2). Diesen Anforderungen kommt das NaPro in seinem Abschnitt 1 „Grundlagen der Entsorgungspolitik" nach. Dort werden als **Eckpunkte des NaPro** benannt (siehe ausführl. BT-Drs. 18/5980, 4 f.):

– Die Entsorgung von radioaktiven Abfällen erfolgt, wie es Art. 4 Abs. 1 S. 2, Abs. 2 RL 2011/70/Euratom vorsieht, grundsätzlich in nationaler Verantwortung, auch die Endlagerung soll im Inland erfolgen.
– Endlager sollen an zwei Standorten errichtet werden: Das Endlager Konrad für radioaktive Abfälle mit vernachlässigbarer Wärmeentwicklung und ein Endlager nach dem StandAG für insbesondere Wärme entwickelnde radioaktive Abfälle (→ Rn. 13).
– Die radioaktiven Abfälle aus der Schachtanlage Asse II sollen zurückgeholt und vorsorglich bei der Planung des Endlagers nach dem StandAG berücksichtigt werden.
– Der Rückbau aller Leistungsreaktoren sowie anderer kerntechnischer Anlagen und Einrichtungen, die außer Betrieb gehen, soll in Abhängigkeit eines verfügbaren Endlagers so rechtzeitig erfolgen, dass die dabei entstehenden, vernachlässigbar Wärme entwickelnden radioaktiven Abfälle in das Endlager Konrad eingelagert werden können.
– Das Endlager Konrad geht voraussichtlich im Jahr 2022 in Betrieb. Der Einlagerungsbetrieb soll 40 Jahre nicht überschreiten.
– Der Standort für das Endlager für insbesondere Wärme entwickelnde Abfälle soll bis zum Jahr 2031 nach den Verfahrensvorgaben des StandAG festgelegt werden und um das Jahr 2050 in Betrieb gehen.
– Mit der ersten Teilgenehmigung für das Endlager für insbesondere Wärme entwickelnde Abfälle soll am Standort auch ein Eingangslager für alle bestrahlten Brennelemente und Abfälle aus der Wiederaufarbeitung genehmigt und damit die Voraussetzung für den Beginn der Räumung der bestehenden Zwischenlager geschaffen werden. Bis dahin sollen sie an den vorhandenen Zwischenlagerstandorten aufbewahrt werden.
– Das Endlager Morsleben soll stillgelegt und langfristig sicher verschlossen werden.
– Für die Entsorgung radioaktiver Abfälle gilt bis zur Abgabe an ein Endlager oder eine Landessammelstelle das Verursacherprinzip im Sinne der Handlungspflicht. Diejenigen, die mit radioaktiven Stoffen umgehen, haben dafür Sorge zu tragen, dass anfallende radioaktive Reststoffe sowie aus- oder abgebaute radioaktive Anlagenteile schadlos verwertet oder als radioaktive Abfälle geordnet beseitigt werden.
– Radioaktive Abfälle aus Industrie, Medizin und Forschung müssen zunächst an die Landessammelstellen abgeliefert und dort zwischengelagert werden. Diese wiederum führen die bei ihnen zwischengelagerten radioaktiven Abfälle an ein Endlager ab.

2. Abgebrannte Brennelemente und radioaktive Abfälle (Nrn. 3 und 4)

Die folgenden Ziffern 3–11 des Abs. 2 stellen Anforderungen an das NaPro auf, die der Umsetzung der nationalen Entsorgungsstrategie dienen sollen. In den Nrn. 3 und 4 sind zunächst Mindestinhalte an die Erfassung und Entsorgungsplanung von abgebrannten Brennelementen und radioaktiven Abfällen benannt. Zunächst muss nach Nr. 3 eine standort- und mengengenaue Bestandsaufnahme aller bereits existenten abgebrannten Brennelemente und radioaktiven Abfälle sowie eine Schätzung hinsichtlich der Mengen ihres künftigen Anfalls erfolgen. Detaillierte Vorgaben für die Bestandsaufnahme und Schätzung enthält § 9i. Das in Erfüllung dieser Maßgabe vom BMU erstellte **„Verzeichnis radioaktiver Abfälle"** ist eine Anlage zum NaPro und liegt nach seiner Erstfassung von 2015 inzwischen in einer Version von August 2018 vor, die unter Ziffer 3 und 4 den Bestand bis zum 31.12.2017 und unter Ziffer 5 eine Prognose der Gesamtentsorgungsmengen erfasst (→ Rn. 8). Gemäß dem dreijährigen Novellierungsintervall des § 9i ist 2021 ein aktualisiertes Verzeichnis mit einem Erfassungsstand zum 31.12.2020 vorzulegen. 11

Die in Nr. 3 für die Bestandsaufnahme geforderte **geeignete Klassifizierung** erfolgt dabei in einer zweigestuften Matrix, die auf der ersten Ebene zwischen den bestrahlten Brennelementen und den radioaktiven Abfällen aus deren Wiederaufarbeitung (Wärme entwickelnde Abfälle, nach IAEA Klassifikation überwiegend hochradioaktive Abfälle) einerseits und den sonstigen radioaktiven Abfällen (Abfälle mit vernachlässigbarer Wärmeentwicklung, nach IAEA Klassifikation schwach- und mittelradioaktive Abfälle) andererseits unterscheidet. Auf der zweiten Ebene werden dann die sonstigen radioaktiven Abfälle nach ihrem Verarbeitungsstand – Rohabfälle, vorbehandelte Abfälle, konditionierte Abfallprodukte, Endlagergebinde – weiter kategorisiert und innerhalb der beiden letztgenannten Gruppen noch einmal in jeweils zwei Untergruppen differenziert (vgl. näher das Verzeichnis radioaktiver Abfälle 2018, Ziffer 2.2., S. 6ff.). 12

Ebenfalls äußern muss sich das NaPro gem. Nr. 4 zu den technischen Lösungen für die Entsorgung abgebrannter Brennelemente und radioaktiver Abfälle. Die Konzepte oder Pläne hierzu sollen vom Anfall bis zur Endlagerung reichen. Das NaPro greift diese Maßgabe auf, indem es anknüpfend an die erste Stufe der Klassifizierung im Abfallverzeichnis (→ Rn. 12) zwischen dem bereits bestandskräftig planfestgestellten **Endlager Konrad** für Abfälle mit vernachlässigbarer Wärmeentwicklung (in Ziffer 3.2) und dem erst noch zu findenden Endlager für bestrahlte Brennelemente und der Abfälle aus der Wiederaufarbeitung (in Ziffer 3.1) unterscheidet. Bis für dieses ein geeigneter Standort nach den Verfahrensmaßgaben des StandAG gefunden und das Endlager in Betrieb genommen worden ist (zur Zeitvorstellung der Bundesregierung → Rn. 10), sieht das NaPro eine Lagerung der betroffenen Wärme entwickelnden Abfälle in Transportbehälterlagern vor. Für diese sind überwiegend **Standortzwischenlager** an den Kernkraftwerksstandorten, daneben aber auch Transportbehälterlager in Gorleben, Ahaus und im Zwischenlager Nord vorgesehen. Das NaPro prognostiziert, dass voraussichtlich bis zum Jahr 2027 alle in den Leistungsreaktoren eingesetzten Brennelemente in 1.100 Transport- und Lagerbehälter verbracht worden sein werden und schätzt den zusätzlichen Bedarf für die aus der Wiederaufarbeitung zurückzuführenden radioaktiven Abfälle auf insgesamt 291 Transport- und Lagerbehälter (NaPro, Ziffer 3.1.1, BT-Drs. 18/5980, 8). 13

3. Ewigkeitslasten (Nr. 5)

14 Die in Nr. 5 aufgestellte Anforderung zielt auf den Zeitraum, zu dem bereits alle abgebrannten Brennelemente und sonstigen radioaktiven Abfälle einer Endlagerung zugeführt und die betreffenden Anlagen stillgelegt worden sind. Das NaPro soll darlegen, welche Konzepte und Pläne für diese Zeit bestehen, für die insbesondere Kontrollintervalle und Maßnahmen vorzusehen sind, um das Wissen über die Anlagen nach § 9a Abs. 3 längerfristig zu bewahren. Soweit die Vorschrift vom **„Zeitraum nach Beendigung der Stilllegung"** spricht, weicht sie von der Richtlinienvorgabe in Art. 12 Abs. 1 lit. e RL 2011/70/Euratom ab, die insoweit die Formulierung „Zeitraum nach dem Verschluss" benutzt. Darin liegt jedoch kein relevanter sachlicher Unterschied, denn die abweichende Terminologie folgt aus der Besonderheit des deutschen Atomrechts, dass die Stilllegung einer Anlage zugleich auch ihren Verschluss beinhaltet (Begr. des RegE zum 14. ÄndG, BT-Drs. 18/5865, 17; Ziffer 3.1.3 NaPro). Jedenfalls gehen die deutschen Fachgremien davon aus, dass nach Stilllegung eines Endlagers ein rascher und endgültiger Verschluss in tiefen geologischen Formationen zu erfolgen hat, auch wenn Kritiker anmerken, dass damit eine Rückholbarkeit des radioaktiven Abfalls, sollte sie irgendwann einmal nötig oder gewünscht sein, erschwert oder unmöglich gemacht werde (→ Einf. Rn. 67ff., 78).

15 Diesem Zielkonflikt trägt etwa auch § 26 Abs. 2 Nr. 3, Abs. 3 S. 3 Nr. 2 StandAG Rechnung, indem er mit Blick auf das Endlager für Wärme entwickelnde Abfälle zwischen **Rückholbarkeit** (bis zum Verschluss) und **Bergung** (nach dem Verschluss) unterscheidet. Danach ist zu gewährleisten, dass für die eingelagerten Abfälle die Möglichkeit der Rückholung während der Betriebsphase besteht und dass für einen Zeitraum von 500 Jahren nach dem vorgesehenen Verschluss des Endlagers ausreichende Vorkehrungen für eine mögliche Bergung der Abfälle vorgesehen werden. Detaillierte Anforderungen an das Sicherheitskonzept für die Nachverschlussphase dieser Endlager enthalten die §§ 19–21 der auf der Basis von § 26 Abs. 3 StandAG erlassenen Verordnung der Bundesregierung über Sicherheitsanforderungen an die Endlagerung hochradioaktiver Abfälle (Endlagersicherheitsanforderungsverordnung – EndlSiAnfV) vom 6.10.2020 (BGBl. I 2094). Die Aussagen des NaPro in der Fassung von 2015 zu diesem Erfordernis sind demgegenüber noch eher karg und beziehen sich in erster Linie auf das Endlager Konrad (Ziffer 3.2.3 NaPro). Es steht aber zu erwarten, dass eine künftige Überarbeitung auf die Anforderungen der EndlSiAnfV Bezug nehmen wird.

4. Forschung, Entwicklung und Erprobung (Nr. 6)

16 Als weiteres Erfordernis muss das NaPro nach Nr. 6 Darlegungen zu Forschungs-, Entwicklungs- und Erprobungstätigkeiten im Bereich der Entsorgung abgebrannter Brennelemente und radioaktiver Abfälle enthalten. Der Begriff der „Erprobungstätigkeiten" umfasst hierbei – als dritte Stufe nach den Schritten der Forschung und Entwicklung – die Erprobung des Entwickelten in entsprechenden Pilotvorhaben (Begr. des RegE zum 14. ÄndG, BT-Drs. 18/5865, 17). Das NaPro betont im Abschnitt 3.1.3. (BT-Drs. 18/5980, 9) die Verantwortung des Bundes für Bereitstellung der wissenschaftlich-technischen Grundlagen zur Realisierung eines Endlagers sowie für die **kontinuierliche Fortschreibung des Standes von Wissenschaft und Technik** und hält die Sicherstellung der erforderlichen Kompetenz in bergmännischer und nukleartechnischer Hinsicht „zumindest bis zur Stilllegung der Endlager" für zwingend erforderlich, weshalb es vorschreibt, dass daher auch geeignete Maßnahmen zum Kompetenzerhalt zu ergreifen sind. Ergänzende und detailliertere Aussagen zum Forschungskomplex finden sich in den **Anlagen zum NaPro** (→ Rn. 8), namentlich im Bericht der Bundesrepublik für die Fünfte Überprüfungskonferenz (S. 219 ff. unter Ziffer G.7.1.), für die Sechste Überprüfungskonferenz (S. 236 ff. unter Ziffer H.3.3) und im 2. Bericht zur Durchführung der RL 2011/70/Euratom von 2018 zu Artikel 8 der Richtlinie (S. 44 ff. unter H.1 und H.2).

5. Zuständigkeiten, Leistungskennzahlen (Nr. 7)

Die Nr. 7 des Katalogs in Abs. 2 verlangt, dass das NAPro auch Angaben darüber 17 enthalten muss, wer für seine Umsetzung zuständig ist und Leistungskennzahlen – ein Begriff aus der Betriebswirtschaftslehre, mit dessen Hilfe der Gesetzgeber die Umsetzung strukturiert evaluieren möchte (Begr. des RegE zum 14. ÄndG, BT-Drs. 18/5865, 17) – vorzugeben hat, anhand derer sich die Fortschritte bei der Umsetzung überwachen lassen. Der Text des NaPro selbst enthält diese Angaben nicht. Das ist aber kein Umsetzungsdefizit, weil er gem. § 2c Abs. 2 im Kontext mit seinen Anlagen gesehen werden muss (→ Rn. 8) und diese sich insoweit äußern. So enthält der **zweite Bericht zur Durchführung der RL 2011/70/Euratom** von 2018 unter A. 2 (S. 5 ff.) eine Darlegung zum Zuständigkeits- und Organisationsrahmen im Bereich der Entsorgung bestrahlter Brennelemente und radioaktiver Abfälle in Deutschland sowie unter dem Abschnitt F (S. 34 ff. - zu Art. 6 der RL) Ausführungen zum Zusammenspiel der Regulierungsbehörden, in dem etwa auch der Unterschied zwischen Bundeseigen- (durch das BfE im Bereich der Endlagerung) und Bundesauftragsverwaltung (im Bereich der Zwischenlagerung) erläutert wird. Über die von Abs. 2 Nr. 7 geforderte Überwachung der Fortschritte informiert der Abschnitt B. (S. 9 f.) des 2. Durchführungsberichts, der die Entwicklung seit dem 1. Durchführungsbericht von 2015 nachzeichnet. Die erwähnten Leistungskennzahlen werden an verschiedenen Stellen des Berichts als „Meilensteine" bezeichnet und finden etwa im Abschnitt K.2. (S. 56 ff.) eine Konkretisierung, soweit dort die geplanten Schritte bei der Standortauswahl eines geologischen Endlagers für hochradioaktive Abfälle, inklusive entsprechender Zuständigkeiten, anhand von Zeitleisten veranschaulicht werden.

6. Kosten, Finanzierung, Transparenz (Nrn. 8–10)

Weitere Bestandteile des NaPro sollen nach Maßgabe des Abs. 2 sein: eine Abschätzung der Kosten des NaPro einschließlich ihrer Berechnungsgrundlagen und einer Darstellung der Kostenentwicklung (Nr. 8), die geltenden Finanzierungsregelungen (Nr. 9) und die geltenden Transparenzregelungen (Nr. 10). Den Vorgaben der Nrn. 8 und 9 kommt das **NaPro** in seinem **Abschnitt 6** (BT-Drs. 18/5980, 12 ff.) nach, wobei die Darstellung der Kosten und Finanzierung nach der öffentlichen Hand, der privaten Betreiber sowie der Kosten für ein Endlager gegliedert sind. Ergänzend werden in dem als Anlage zum NaPro veröffentlichten **Bericht über Kosten und Finanzierung** der Entsorgung bestrahlter Brennelemente und radioaktiver Abfälle von August 2015 (BT-Drs. 18/5980, 481 ff.) die Kosten und ihre voraussichtliche Entwicklung noch detaillierter, etwa auch konkret bezogen auf die Kosten für die Stilllegung des Endlagers Morsleben und die Kosten für die 18

AtG § 2c   Erster Abschnitt Allgemeine Vorschriften

Stilllegung und Rückholung der radioaktiven Abfälle aus der Schachtanlage Asse II, aufgefächert.

19   Hinsichtlich der von Nr. 10 geforderten **Transparenzregelungen** verweist das NaPro in seiner Ziffer 5 (BT-Drs. 18/5980, 11 f.) auf die in vielfältiger Weise durchzuführenden **Öffentlichkeitsbeteiligungen** bei der Aufstellung des NaPro (→ Rn. 5), bei der Standortauswahl nach den §§ 5–11 StandAG, bei den Genehmigungsverfahren für kerntechnische Anlagen und Einrichtungen (§§ 4 ff. AtVfV) oder nach dem UIG. Ergänzende Ausführungen enthält der als Anlage dem NaPro beigefügte (→ Rn. 8) zweite Bericht zur Durchführung der RL 2011/70/Euratom aus dem Jahr 2018 in Abschnitt J (S. 51 ff., zu Art. 10 der RL).

7. Internationale Abkommen (Nr. 11)

20   Die durch Nr. 11 vorgegebene Pflicht, im NaPro auch über internationalen Abkommen über Entsorgungsmaßnahmen in Bezug auf abgebrannte Brennelemente und radioaktive Abfälle zu berichten, steht – wie auch in der Richtlinienvorgabe (→ Rn. 9) in lit. k) – unter der Einschränkung „gegebenenfalls". Dieser Vorbehalt aktiviert sich für Deutschland, denn es ist hierzulande **rechtlich ausgeschlossen,** dass die Bundesrepublik mit anderen Staaten Verträge über die Verbringung radioaktiver Abfälle mit dem Zweck der Endlagerung außerhalb Deutschlands abschließt. Dies hat der Gesetzgeber bei Einfügung des § 2c in das AtG durch das 14. ÄndG im Jahr 2015 (BGBl. I 2053) gesehen, die Richtlinie aber gleichwohl formal 1:1 umgesetzt, aber mit einer zusätzlichen Unberührtheitsklausel in Satz 2 versehen, welche diese materielle Rechtslage klarstellen sollte (Begr. zum RegE zum 14. ÄndG, BT-Drs. 18/5865, 18). Dieser S. 2, der auf § 1 Abs. 1 StandAG verweist, bezog sich auf die seinerzeitige Fassung des StandAG von 2013 (BGBl. I 2553). Diese Version ist aber mit Gesetz vom 5.5.2017 (BGBl. I 1074) durch eine neue Textfassung geändert worden, wobei sich die in Bezug genommene Regelung des § 1 Abs. 1 S. 2 StandAG aF materiell nunmehr **in § 1 Abs. 2 S. 4 StandAG 2017** findet. Durch ein gesetzgeberisches Versehen ist der Verweis in § 2c Abs. 2 Nr. 11 S. 2 auf § 1 Abs. 1 StandAG nicht angepasst worden, er ergibt in der aktuellen Fassung keinen Sinn. Inhaltlich gemeint ist der dem früheren § 1 Abs. 1 StandAG 2013 sachlich entsprechende § 1 Abs. 2 S. 4 StandAG 2017, der lautet: „Zur Erreichung dieses Ziels [Standortsuche] werden zwischen der Bundesrepublik Deutschland und anderen Staaten keine Abkommen geschlossen, mit denen nach den Bestimmungen der Richtlinie 2011/70/EURATOM […] eine Verbringung radioaktiver Abfälle einschließlich abgebrannter Brennelemente zum Zweck der Endlagerung außerhalb Deutschlands ermöglicht würde." Aus Gründen der Rechtsklarheit ist eine gesetzgeberische Korrektur der Unberührtheitsklausel also dringend angezeigt.

IV. Überprüfungspflicht (Abs. 3)

21   In Umsetzung der Vorgaben in Art. 11 Abs. 2 RL 2011/70/Euratom sieht Abs. 3 die Verpflichtung der Bundesregierung vor, das NaPro regelmäßig, mindestens aber im Abstand von 10 Jahren regelmäßig zu überprüfen und gemäß dem wissenschaftlichen und technischen Fortschritt zu aktualisieren. Etwaige Änderungen des NaPro sind gem. §§ 33, 37 UVPG grundsätzlich UVP-pflichtig (→ Rn. 5). Da der Zehnjahresrhythmus mit der „erstmaligen Erstellung" des NaPro beginnt, was als abschließender Akt auf das Datum der Unterrichtung des Bundestages durch die

Bundesregierung (BT-Drs. 18/5980) am 21.8.2015 konkretisiert werden kann, liegen der tatsächliche Termin und der in Abs. 3 als spätester Termin benannte 23.8.2015 nah beieinander. Demnach ist die erste regelmäßige **Revision des Na-Pro in der zweiten Augusthälfte 2025** vorzunehmen. Frühere Aktualisierungen sind nicht ausgeschlossen, doch sind in der ersten Hälfte des Überprüfungszeitraumes, also bis Mitte 2020, noch keine textlichen Änderungen am NaPro selbst vorgenommen worden. Allerdings wurden zwischenzeitlich einzelne Anlagen zum NaPro, etwa das Verzeichnis radioaktiver Abfälle (→ Rn. 11), aktualisiert.

Die im letzten Halbsatz angesprochenen **„Prüfungen durch Experten"** beziehen sich vor allem auf die Evaluationen des NaPro durch internationale Experten im Rahmen der IRRS- und der ARTEMIS-Mission (→ Rn. 6), doch können hierzu auch die gem. § 24b Abs. 1 S. 1 Nr. 2 ebenfalls mindestens im zehnjährigen Abstand vorgesehenen peer reviews durch internationale Experten gezählt werden, die ergänzend zur Selbstbewertung des Gesetzes-, Vollzugs- und Organisationsrahmens für die sichere Entsorgung abgebrannter Brennelemente und radioaktiver Abfälle nach § 24b Abs. 1 S.1 Nr. 1 hinzutreten. 22

V. Auskunftspflichten (Abs. 4)

Um sicher zu stellen, dass die Bundesregierung an die zur Erstellung und Fortschreibung des NaPro erforderlichen Informationen gelangen kann, enthält Abs. 4 S. 1 eine **Befugnisnorm** zur Erhebung der insoweit erforderlichen Auskünfte bei den nach §9a Abs. 1 S. 1 Entsorgungspflichtigen und Besitzern abgebrannter Brennelemente und radioaktiver Abfälle. Ausgenommen sind hiervon diejenigen, die ihre Abfälle an eine Landessammelstelle abzuliefern haben, also insbesondere die von § 9a Abs. 2 S. 1 erfassten Besitzer radioaktiver Abfälle. Sofern eine der in § 9a Abs. 2 S. 2–4, Abs. 2a genannten Gegenausnahmen vorliegt, kann aber eine Auskunftspflicht bestehen. Der **Katalog der Auskunftsgegenstände** in S. 1 Nr. 1–3 ist **abschließend** (*Franßen* in NK-AtomR § 2a Rn. 94) und auch insoweit ist zur Wahrung von Geschäfts- und Betriebsgeheimnissen im Rahmen der **Verhältnismäßigkeit** streng darauf zu achten, dass die angefragten Informationen nach Inhalt, Art und Weise der Auskunftserteilung (Einzeldaten, Berichterstattung) für die Erstellung oder Änderung des NaPro erforderlich sind (vgl. Begr. des RegE zum 14. ÄndG, BT-Drs. 18/5865, 18). Ergänzende Auskunftspflichten bestehen nach § 9i Abs. 2 mit Blick auf das nach Abs. 2 Nr. 3 (→ Rn. 11f.) zu erstellende Verzeichnis radioaktiver Abfälle. 23

Wegen der atomrechtlichen Vollzugskompetenzen im Bereich der Auftragsverwaltung (Art. 87c, 85 GG iVm § 24 Abs. 1 S. 1, → Vor § 22 Rn. 35f.) sieht der auf Intervention des Bundesrats (vgl. BR-Drs. 260/15 [Beschl.], 1f.) aufgenommene Abs. 4 S. 2 vor, dass der Informationsfluss zwischen dem um Auskunft ersuchenden BMU und dem Auskunftspflichtigen **„über die zuständigen Behörden der Länder"** erfolgen muss. Damit richtet formal die Landesbehörde das Auskunftsverlangen an den Auskunftsverpflichteten. Sie ist also Erlassbehörde des auf Auskunfterteilung gerichteten Verwaltungsakts und kann – je nach landesrechtlicher Ausgestaltung des § 78 Abs. 1 Nr. 2 VwGO – im Falle einer Anfechtungsklage richtiger Klagegegner sein. 24

§ 2d Grundsätze der nuklearen Entsorgung

Das Nationale Entsorgungsprogramm nach § 2c berücksichtigt folgende Grundsätze:
1. der Anfall radioaktiver Abfälle wird durch eine geeignete Auslegung sowie Betriebs- und Stilllegungsverfahren, einschließlich der Weiter- und Wiederverwendung von Material, auf das Maß beschränkt, das hinsichtlich Aktivität und Volumen der radioaktiven Abfälle vernünftigerweise realisierbar ist,
2. die wechselseitigen Abhängigkeiten der einzelnen Schritte beim Anfall und bei der Entsorgung abgebrannter Brennelemente und radioaktiver Abfälle werden berücksichtigt,
3. abgebrannte Brennelemente und radioaktive Abfälle werden sicher entsorgt, wobei im Hinblick auf die langfristige Sicherheit auch die Aspekte der passiven Sicherheit zu berücksichtigen sind,
4. die Durchführung von Maßnahmen erfolgt nach einem abgestuften Konzept,
5. die Kosten der Entsorgung abgebrannter Brennelemente und radioaktiver Abfälle werden nach Maßgabe der hierzu erlassenen Rechtsvorschriften einschließlich des Entsorgungsfondsgesetzes von den Abfallerzeugern getragen und
6. in Bezug auf alle Stufen der Entsorgung abgebrannter Brennelemente und radioaktiver Abfälle wird ein faktengestützter und dokumentierter Entscheidungsprozess angewendet.

I. Allgemeines

1   Die Vorschrift wurde zur 1:1 Umsetzung des Art. 4 Abs. 3 RL 2011/70/Euratom im Jahr 2015 durch das **14. Änderungsgesetz** in das AtG eingefügt (→ § 2c Rn. 1). Der Wortlaut entspricht im Wesentlichen dem der Richtlinie, lediglich durch das Gesetz zur Neuordnung der Verantwortung in der kerntechnischen Entsorgung vom 27.1.2017 (BGBl. I 114) wurde in Nr. 5 die Präzisierung „nach Maßgabe der hierzu erlassenen Rechtsvorschriften einschließlich des Entsorgungsfondsgesetzes" eingefügt.

2   Die Bestimmung legt **inhaltliche Leitlinien** für das in § 2c hinsichtlich seiner Bestandteile näher konturierte Nationale Entsorgungsprogramm (NaPro) fest. Anders als im sonstigen juristischen Sprachgebrauch ist mit der Anordnung, dass das NaPro die genannten Grundsätze „berücksichtigt", keine bloße Orientierungsleitlinie verbunden, sondern sie muss unionsrechtskonform als verpflichtende Maßgabe verstanden werden, wie sich aus der Richtlinienvorgabe „beruht auf allen folgenden Grundsätzen" deutlich ergibt. Ganz in diesem Sinne solcher Verbindlichkeit hat die Begründung zum 14. Änderungsgesetz die in § 2d aufgelisteten Grundsätze auch als „Grundlage" des NaPro bezeichnet (BT-Drs. 18/5865, 17). So verstanden wäre es systematisch logischer gewesen, wenn die in § 2d fixierten Grundsätze des NaPro im Gesetz vor den in § 2c aufgelisteten Bestandteilen des NaPro normiert worden wären.

II. Die einzelnen Grundsätze der nuklearen Entsorgung

1. Beschränkung des Anfalls radioaktiver Abfälle (Nr. 1)

Ziel der Nr. 1 ist es, den künftigen Anfall radioaktiver Abfälle im Rahmen der 3
technischen Möglichkeiten auf ein Mindestmaß zu reduzieren. Das soll durch eine
geeignete Auslegung sowie Betriebs- und Stilllegungsverfahren erreicht werden.
Maßstab für die angestrebte Beschränkung ist dasjenige Maß an Abfällen, das hinsichtlich Aktivität und Volumen „**vernünftigerweise realisierbar**" ist; eine Vorgabe, die an die abfallrechtliche Produktverantwortung nach § 23 KrWG erinnert
(näher *Mann* in Versteyl/Mann/Schomerus, KrWG, 4. Aufl. 2019, § 23 Rn. 5 f.).
Damit soll sichergestellt werden, dass Individuen, die Gesellschaft und die Umwelt
in allen Stufen der Behandlung radioaktiver Abfälle angemessen vor strahlungsbedingter Gefährdung geschützt sind. Diese Maßgaben haben jenseits der Richtlinie 2011/70/Euratom ihren sachlichen Ursprung in den Artikeln 4 ii und 11 ii
des Gemeinsamen Übereinkommens vom 5.9.1997 über die Sicherheit der Behandlung abgebrannter Brennelemente und über die Sicherheit der Behandlung radioaktiver Abfälle (BGBl. 1998 II 1752). Hierbei handelt es sich um einen zwischen
63 Staaten geschlossenen völkerrechtlichen Vertrag, dessen Ziel die weltweite Standardsetzung und Gefahrenminimierung im Bereich der nuklearen Entsorgung ist.
Im deutschen Strahlenschutzrecht findet Nr. 1 ihre Entsprechung im **strahlenschutzrechtlichen Minimierungsgebot** der §§ 8, 9 StrlSchG.

2. Wechselseitige Abhängigkeit (Nr. 2)

Soweit nach Nr. 2 die wechselseitigen Abhängigkeiten der einzelnen Schritte bei 4
Anfall und Entsorgung abgebrannter Brennelemente und radioaktiver Abfälle zu
berücksichtigen sind, dient das der Realisierung der bereits in den Artikeln 4 iii
und 11 iii des Brennelemente-Abkommens (→ Rn. 3) zum Ausdruck kommenden
Forderung, dass einzelne Entscheidungen, die im nuklearen Zyklus getroffen werden, aufeinander abgestimmt und miteinander verzahnt sein sollen, sodass **frühzeitig die Entsorgungsproblematik mitgedacht** wird. Das NaPro greift diesen Aspekt der wechselseitigen Abhängigkeit auf, indem es in den Ziffern 3.2.1. und
3.2.2. die Maßgabe aufstellt, dass der Rückbau aller Leistungsreaktoren in Abhängigkeit eines verfügbaren Endlagers so rechtzeitig erfolgen soll, dass die dabei anfallenden radioaktiven Abfälle mit vernachlässigbarer Wärmeentwicklung während
des Betriebszeitraums im Endlager Konrad endgelagert werden können. Auch soll
durch eine zeitgerechte Inbetriebnahme des Endlagers Konrad ein Zubau weiterer
Zwischenlagerkapazitäten nach Inbetriebnahme dieses Endlagers möglichst vermieden werden (vgl. NaPro, BT-Drs. 18/5980, 9 f.). Der als Anlage zum NaPro
veröffentlichte Zweite Bericht der Bundesregierung zur Umsetzung der Richtlinie 2011/70/Euratom aus dem Jahr 2018 (→ § 2c Rn. 8, 17) akzentuiert darüber
hinaus unter Ziffer D. (S. 17 ff.) den Aspekt der Produktkontrolle, der unter anderem sicherstellen soll, dass die Zwischenlagerung in einer Weise erfolgt, die einer
endlagergerechten Konditionierung bereits entspricht oder eine spätere endlagergerechte Konditionierung ermöglicht.

3. Entsorgungssicherheit (Nr. 3)

5 Der in Nr. 3 formulierte Grundsatz der sicheren Entsorgung betrifft das Sicherheitskonzept bei der Lagerung radioaktiver Stoffe, das von unterschiedlichen Barrierenkonzepten für Zwischen- und Endlager ausgeht (→ Einf. Rn. 120 ff.). In Ansehung der Langfristigkeit der Konzepte werden dabei insbesondere die Aspekte der **passiven Sicherheit** hervorgehoben, also solcher Elemente, die keiner Überwachung, Ansteuerung oder Energiezufuhr bedürfen, sondern allein aufgrund physikalischer Gesetzmäßigkeiten wirken (→ Einf. Rn. 97). Im Bereich der Zwischenlagerung von bestrahlten Brennelementen und radioaktiven Abfällen fassen die Leitlinien der Entsorgungskommission (ESK-Leitlinien) die maßgeblichen Sicherheitsanforderungen zusammen, im Bereich der Endlagerung ist vor allem das schützende Wirtsgestein ein maßgeblicher Faktor der passiven Sicherheit. Die Endlagerung radioaktiver Abfälle in tiefen geologischen Formationen soll eine dauerhafte Isolierung von der Biosphäre und somit eine nachsorgefreie Gewährleistung der Sicherheit von Mensch und Umwelt garantieren (Ziffer D., S. 20. des 2. Berichts der BReg zur Umsetzung der RL 2011/70/Euratom, → § 2c Rn. 8). Dieser Maßstab spiegelt sich in den Voraussetzungen wider, die in den §§ 23, 26 StandAG hinsichtlich der Sicherheitsanforderungen für ein Endlager für hochradioaktive Abfälle aufgestellt werden.

4. Abgestuftes Entsorgungskonzept (Nr. 4)

6 Wenn Nr. 4 die Durchführung von Maßnahmen zur Entsorgung abgebrannter Brennelemente und radioaktiver Abfälle „nach einem abgestuften Konzept" verlangt, so liegt auf der Hand, dass sich die angesprochene Stufung **korrelierend zum Risikograd** der Abfälle ausrichten muss (vgl. Begr. des RegE, BT-Drs. 18/5865, 19). Dieser Maßgabe trägt das Atom- und Strahlenschutzrecht insbesondere durch seine Anforderungen an die Zulassung der entsprechenden Anlagen Rechnung. Diese Zulassungsanforderungen richten sich nach dem Gefährdungspotential der Anlage, welches wiederum durch deren Zwecksetzung sowie der Art, Menge und Radioaktivität der darin vorhandenen radioaktiven Stoffe bestimmt ist. (Vgl. Ziffer D, S. 20, des 2. Berichts der BReg zur Umsetzung der RL 2011/70/Euratom, → § 2c Rn. 8).

5. Kostentragung der Abfallerzeuger (Nr. 5)

7 Im Einklang mit dem umweltrechtlichen Verursacherprinzip formuliert Nr. 5 den Grundsatz, dass Kosten der nuklearen Entsorgung von den „Abfallerzeugern" getragen werden. Damit sind in der Regel die nach § 9a Abs. 1 S. 1 AtG Entsorgungspflichtigen gemeint. Der 2017 eingefügte (→ Rn. 1) Hinweis auf (insbesondere) das **Entsorgungsfondsgesetz** (EntsorgFondsG) steht im Kontext der Neuverteilung der Verantwortlichkeiten in der kerntechnischen Entsorgung und hat Bedeutung für die Kosten der Endlagerung der aus dem Betrieb von Kernkraftwerken stammenden hochradioaktiven Abfälle. Nach näherer Maßgabe des EntsorgFondsG vom 27.1.2017 (BGBl. I 114) wurde kraft Gesetzes ein Entsorgungsfonds als rechtsfähige Stiftung des öffentlichen Rechts mit Sitz in Berlin errichtet, dessen Zweck es ist, die Finanzierung der Kosten für die sichere Entsorgung der bereits entstandenen und zukünftig noch entstehenden radioaktiven Abfälle aus der gewerblichen Kernenergienutzung zu sichern. Das Fondsvermögen wird durch Einzahlungen der Kernkraftwerksbetreiber gespeist, wobei sich die Höhe der jeweiligen Einzahlungsverpflichtung aus den Anhängen zum EntsorgFondsG erschließt. In Umsetzung dieser Maßgaben haben die Energieversorgungsunternehmen am 3.7.2017 einen einmaligen Betrag von rund 24 Milliarden Euro gezahlt. Damit sind nach näherer Anordnung in §§ 1, 2 Entsorgungsübergangsgesetz (EntsÜG) die Finanzierungspflichten für Zwischen und Endlager auf den Entsorgungsfonds übergegangenen. Aus dem Fondsvermögen erstattet der Fonds den nunmehr für die Zwischen- und Endlagerung zuständigen Bundesgesellschaften BGZ und BGE die in Wahrnehmung ihrer Aufgaben entstehenden Kosten.

Diese 2017 erfolgte nachträgliche Abschwächung des Verursacherprinzips durch Limitierung der Einzahlungssumme der Kraftwerksbetreiber auf einen bestimmten Betrag, den die Abfallerzeuger zu leisten haben, steht in **Einklang mit den Vorgaben der RL 2011/70/Euratom** (ABl. 2011 L 199, 48), da nach dessen Art. 9 nur vorgesehen ist, dass die Verantwortung der Erzeuger abgebrannter Brennelemente und radioaktiver Abfälle „angemessen zu berücksichtigen" ist (ebenso *Franßen* in NK-AtomR § 2d Rn. 19). 8

6. Faktengestützter und dokumentierter Entscheidungsprozess (Nr. 6)

Zu dem in Nr. 6 formulierten Grundsatz, dass in Bezug auf alle Stufen der Entsorgung abgebrannter Brennelemente und radioaktiver Abfälle ein **faktengestützter und dokumentierter Entscheidungsprozess** angewendet wird, könnte man lapidar anmerken, dass schlicht durch das nach Atomrecht vorgesehene Genehmigungsverfahren gewährleistet werde, dass alle Entscheidungen bis zur Erteilung der Genehmigung faktengestützt getroffen und dokumentiert werden (so auch Ziffer D., S. 20. des 2. Berichts der BReg zur Umsetzung der RL 2011/70/Euratom, → § 2c Rn. 8). Darüber hinausgehend betont die Gesetzesbegründung aber noch, dass nicht nur die Maßnahmen, sondern vor allem auch die „Dokumentation des Entscheidungsprozesses – soweit sich dieser auf Sicherheitsaspekte bezieht – im Sinne eines abgestuften Konzepts im Verhältnis zum Risikograd" stehen soll. Eine solche Dokumentation bewirke „ein besseres Verständnis der Aspekte, welche die Sicherheit des Endlagersystems, einschließlich der natürlichen (geologischen) und technischen Barrieren, und die im Laufe der Zeit erwarteten Entwicklungen im Endlagersystem beeinflussen." (Begr. des RegE, BT-Drs. 18/5865, 19). Dahinter steht eine in der deutschen verwaltungsrechtlichen Dogmatik seit den 1970er Jahren im Anschluss an die Mülheim-Kärlich-Entscheidung des BVerfG (BVerfGE 53, 30 (65, 72f.) = NJW 1980, 759; vgl. auch BVerfGE 69, 315 (355f.) = NJW 1985, 2395 – Brockdorf) etablierte Theorie von sog. Grundrechtsschutz durch Verfahren (im Überblick *Mann* VVDStRL 72 (2012), 544, (556f.)), die insbesondere auch Eingang in das Verfahren zur Endlagersuche nach dem StandAG geführt hat, das angesichts seiner hohen Sicherheitsrelevanz gem. § 1 Abs. 2 S. 1 StandAG den „Standort mit der bestmöglichen Sicherheit" für ein Endlager „in einem partizipativen, wissenschaftsbasierten, transparenten, selbsthinterfragenden und lernenden Verfahren" ermitteln soll. 9

Zweiter Abschnitt Überwachungsvorschriften

§ 3 Einfuhr und Ausfuhr

(1) Wer Kernbrennstoffe einführt oder ausführt, bedarf der Genehmigung.

(2) Die Genehmigung zur Einfuhr ist zu erteilen, wenn
1. keine Tatsachen vorliegen, aus denen sich Bedenken gegen die Zuverlässigkeit des Einführers ergeben, und
2. gewährleistet ist, daß die einzuführenden Kernbrennstoffe unter Beachtung der Vorschriften dieses Gesetzes, der auf Grund dieses Gesetzes erlassenen Rechtsverordnungen und der internationalen Verpflichtungen der Bundesrepublik Deutschland auf dem Gebiet der Kernenergie verwendet werden.

(3) Die Genehmigung zur Ausfuhr ist zu erteilen, wenn
1. keine Tatsachen vorliegen, aus denen sich Bedenken gegen die Zuverlässigkeit des Ausführers ergeben, und
2. gewährleistet ist, daß die auszuführenden Kernbrennstoffe nicht in einer die internationalen Verpflichtungen der Bundesrepublik Deutschland auf dem Gebiet der Kernenergie oder die innere oder äußere Sicherheit der Bundesrepublik Deutschland gefährdenden Weise verwendet werden.

(4) Andere Rechtsvorschriften über die Einfuhr und Ausfuhr bleiben unberührt.

(5) Der Einfuhr oder Ausfuhr im Sinne dieses Gesetzes steht jede sonstige Verbringung in den Geltungsbereich oder aus dem Geltungsbereich dieses Gesetzes gleich.

(6) [1]Die Erteilung einer Genehmigung zur Ausfuhr von aus dem Betrieb von Anlagen zur Spaltung von Kernbrennstoffen zu Forschungszwecken stammenden bestrahlten Brennelementen darf nur aus schwerwiegenden Gründen der Nichtverbreitung von Kernbrennstoffen oder aus Gründen einer ausreichenden Versorgung deutscher Forschungsreaktoren mit Brennelementen für medizinische und sonstige Zwecke der Spitzenforschung erfolgen. [2]Davon ausgenommen ist die Verbringung der Brennelemente nach Satz 1 mit dem Ziel der Herstellung in Deutschland endlagerfähiger und endzulagernder Abfallgebinde. [3]Abweichend von Satz 1 darf eine Genehmigung zur Ausfuhr bestrahlter Brennelemente nach Satz 1 nicht erteilt werden, wenn diese Brennelemente auf der Grundlage einer Genehmigung nach § 6 im Inland zwischengelagert sind.

Schrifttum *Ewer/Thienel*, Grenzüberschreitender Atomausstieg?, NuR 2018, 150.

I. Genehmigungserfordernis (Abs. 1)

Die Einfuhr und Ausfuhr von Kernbrennstoffen bedarf nach Abs. 1 einer **Ge-** 1
nehmigung (zum **Begriff des Kernbrennstoffs** vgl. § 2 Abs. 1 S. 2 sowie Abs. 3
für bestimmte Stoffe, die für die Anwendung der Genehmigungsvorschriften als
sonstige radioaktive Stoffe gelten sollen). Obwohl Deutschland ein Ausstiegsland
ist, hat die Vorschrift weiterhin praktische Bedeutung. Beispielsweise wurden im
Jahr 2019 durch das BAFA 38 Einfuhr- und 86 Ausfuhrgenehmigungen nach § 3
erteilt. Bei dem Genehmigungserfordernis handelt es sich um ein **präventives Verbot mit Erlaubnisvorbehalt** (BT-Drs. 3/759, 19; SEV UmweltR § 7 Rn. 170).
Die Regelung dient der Sicherstellung des Schutzzwecks aus § 1 Nr. 2 sowie der in
§ 1 Nr. 3 und Nr. 4 genannten Zwecke. Sind die Genehmigungsvoraussetzungen
nach Abs. 2 (Einfuhr) bzw. Abs. 3 (Ausfuhr) erfüllt, ist die Genehmigung zu erteilen.
Es besteht demnach ein **Anspruch auf Genehmigungserteilung,** die zuständige
Behörde hat diesbezüglich keinen Ermessensspielraum. Aus Investitionsschutzgründen muss der Inhaber einer genehmigten Anlage darauf vertrauen können, dass ihm
die Genehmigung zur Einfuhr der für den sicheren Betrieb seiner Anlage erforderlichen Menge an Kernbrennstoffen nach dem AtG nicht versagt wird, wenn er diese und dessen Vorschriften einhält (BT-Drs. 3/759, 19 (20); BHR EnergieR I Rn. 1160). Die
Genehmigung des § 3 bezieht sich auf die Einfuhr und Ausfuhr im eigentlichen
Sinne. Sie berechtigt für sich allein nicht zum unmittelbaren Besitz von Kernbrennstoffen. Dies ergibt sich aus § 5 Abs. 1, wonach nur zum Besitz von Kernbrennstoffen berechtigt ist, wer aufgrund einer der dort genannten, erteilten Genehmigung
mit Kernbrennstoffen umgeht oder diese befördert (s. auch *Fischerhof* Dt. AtomG
§ 3 Rn. 2). Für die Einfuhr bzw. Ausfuhr von Kernbrennstoffen bedarf es daher zusätzlich mindestens einer Beförderungsgenehmigung nach § 4 oder § 4b. Diese betrifft ausschließlich die Beförderung innerhalb des Bundesgebiets (BHR EnergieR I
Rn. 1050). Zuständig für die Beförderungsgenehmigung ist das BASE. Neben den
Sicherheitskriterien nach § 4 wird hierbei auch die Einhaltung der Rechtsvorschriften über die Beförderung gefährlicher Güter geprüft.

Für den **Begriff der Einfuhr und Ausfuhr** ist die Definition nach § 2 AWG zu 2
Grunde zu legen (BGBl. 2013 I 1482; *Gierke/Paul* in Theobald/Kühling § 3 Rn. 2).
Die Einfuhr ist nach § 2 Abs. 11 AWG die Lieferung von Waren, im Falle des § 3
von Kernbrennstoffen, aus Drittländern in das Inland. Nach § 2 Abs. 3 AWG ist
Ausfuhr die Lieferung von Waren aus dem Inland in ein Drittland.

Eine Genehmigung nach § 3 kann gem. § 17 zur Erreichung der in § 1 bezeich- 3
neten Zwecke **inhaltlich beschränkt** und mit **Auflagen** verbunden werden. Soweit es zur Erreichung der in § 1 Nr. 2 und 3 bezeichneten Zwecke erforderlich ist,
sind nachträgliche Auflagen zulässig. **Rücknahme** und **Widerruf** der Genehmigung richten sich nach § 17 Abs. 2 sowie Abs. 3–5.

II. Voraussetzungen der Einfuhr (Abs. 2)

Abs. 2 regelt die Voraussetzungen der Einfuhr. Danach ist die Genehmigung zur 4
Einfuhr zu erteilen, wenn keine Tatsachen vorliegen, aus denen sich Bedenken gegen die Zuverlässigkeit des Einführers ergeben, und gewährleistet ist, dass die einzuführenden Kernbrennstoffe unter Beachtung der Vorschriften des AtG, der auf
Grund des AtG erlassenen Rechtsverordnungen und der internationalen Verpflich-

tungen der Bundesrepublik Deutschland auf dem Gebiet der Kernenergie verwendet werden.

1. Zuverlässigkeit des Einführers

5   Zuverlässig ist nach der Rechtsprechung allgemein derjenige, der die Erwartung rechtfertigt, dass er den Anforderungen an eine ordnungsgemäße Ausübung der jeweiligen erlaubnispflichtigen Tätigkeit gerecht werden wird. Unzuverlässig ist er, wenn sich aus festgestellten Tatsachen ergibt, dass er des Vertrauens, er werde die von ihm angestrebte Betätigung ordnungsgemäß ausüben, insbesondere das zur Sicherheit und zum Schutz der Allgemeinheit Erforderliche tun und die gesetzlichen Vorschriften darüber beachten, nicht würdig ist (OVG Münster Urt. v. 19.9.2007 – 13 A 4955/00, Rn. 78 = BeckRS 2007, 26901; vgl. auch BVerwGE 13, 326 = NJW 1962, 882; VGH Mannheim NVwZ-RR 1990, 164 (165)). Im Rahmen des § 3 ist die mit Blick auf den **Zweck des AtG** rechtlich relevante Zuverlässigkeit zu prüfen (*Fischerhof* Dt. AtomG § 3 Rn. 4). Diese Prüfung erstreckt sich insbesondere darauf, ob der Einführer nach seiner Persönlichkeit die Gewähr dafür bietet, dass er die Vorschriften des AtG einhalten und Kernbrennstoffe nicht missbräuchlich verwenden wird (BT-Drs. 3/759, 20). Dabei kommt es für die Zuverlässigkeit auf das Gesamtbild der Persönlichkeit und die Frage an, ob beim Betroffenen charakterliche Mängel erkennbar sind, die den Schutzzwecken des Atomrechts zuwiderlaufende Handlungen besorgen lassen (VG Stuttgart Urt. v. 21.2.2019 – 10 K 16295/17). Hierbei handelt es sich um eine **subjektive Genehmigungsvoraussetzung**. Bedenken gegen die Zuverlässigkeit reichen bereits aus, um die Genehmigung zu versagen. Angesichts der erheblichen Gefahren, die für hochrangige Rechtsgüter wie Leben und Gesundheit ausgehen, kann ein Restrisiko nicht hingenommen werden (so für den Bereich des Waffenrechts VGH München BeckRS 2017, 128941 Rn. 11). Zu unterscheiden ist die Zuverlässigkeit von der sog Fachkunde (s. bspw. § 6 Abs. 2 Nr. 1), die vom Einführer nicht gefordert wird. **Die Zuverlässigkeit des späteren Verwenders** ist Gegenstand der jeweiligen gesonderten atomrechtlichen Genehmigung (vgl. bspw. § 9 Abs. 2 Nr. 1).

2. Gewährleistung rechtmäßiger Verwendung

6   Abs. 2 Nr. 2 verlangt für die Erteilung einer Einfuhrgenehmigung die Gewährleistung rechtmäßiger Verwendung. Demnach muss der Antragsteller Nachweise über die Herkunft, Verwendungszweck, Empfänger sowie über die Eigenschaften der Kernbrennstoffe erbringen. Hierzu gehören bspw. auch Vertragsunterlagen, Lieferpläne sowie die Endverbleibserklärung. Auch die Rechtmäßigkeit der erforderlichen Beförderung und ggf. Aufbewahrung im Inland setzt Abs. 2 Nr. 2 voraus (*Thienel* in NK-AtomR § 3 Rn. 8). **Maßstab für die Rechtmäßigkeit** ist das deutsche Atomrecht sowie alle internationalen Verpflichtungen der Bundesrepublik Deutschland im Bereich der Kernenergie. Diese **objektive Genehmigungsvoraussetzung** wird regelmäßig dann erfüllt sein, wenn der Einführer eine Genehmigung nach §§ 6, 7, oder 9 besitzt. Liegt keine Genehmigung nach §§ 6, 7 oder 9 vor, wird dann zu prüfen sein, ob der Einführer die Kernbrennstoffe für einen berechtigten inländischen Empfänger oder zum Zwecke einer genehmigten Ausfuhr einführen will (BT-Drs. 3/759, 20; *Gierke/Paul* in Theobald/Kühling § 3 Rn. 13).

7   Zu den **internationalen Verpflichtungen** der Bundesrepublik Deutschland im Bereich der Kernenergie (→ § 1 Rn. 26 ff.).

III. Voraussetzungen der Ausfuhr (Abs. 3)

Die Voraussetzungen für die Erteilung einer Ausfuhrgenehmigung regelt Abs. 3. **8**
Danach ist zum einen die Genehmigung zu erteilen, wenn keine Tatsachen vorliegen, aus denen sich Bedenken gegen die **Zuverlässigkeit** des Ausführers ergeben. Hinsichtlich der Voraussetzung der Zuverlässigkeit nach § 3 Abs. 3 Nr. 1 kann auf die Ausführungen zu § 3 Abs. 2 Nr. 1 verwiesen werden (→ Rn. 5). Des Weiteren muss gewährleistet sein, dass die auszuführenden Kernbrennstoffe nicht in einer die **internationalen Verpflichtungen der Bundesrepublik Deutschland auf dem Gebiet der Kernenergie** oder die **innere oder äußere Sicherheit der Bundesrepublik Deutschland** gefährdenden Weise verwendet werden. Zu den internationalen Verpflichtungen der Bundesrepublik Deutschland auf dem Gebiet der Kernenergie (→ § 1 Rn. 26 ff.). Zur Definition der Gefährdung der inneren und äußeren Sicherheit (→ § 1 Rn. 21 ff.).

Im Unterschied zu den Genehmigungsvoraussetzungen der Einfuhr setzt § 3 **9**
Abs. 3 Nr. 2 nicht voraus, dass die Verwendung der Kernbrennstoffe am Zielort der Ausfuhr an den Vorschriften des gesamten deutschen Atomrechts gemessen werden muss. Neben den Schwierigkeiten in der praktischen Umsetzung liefe eine solche Ausweitung der Geltung des deutschen Atomrechts auf die Verwendung der Kernbrennstoffe im Ausland dem Gebot des Respekts vor den Rechtsordnungen und -auffassungen anderer Staaten zuwider (*Ewer/Thienel* NuR 2018, 150 (151)).

Die vielfach geforderten **Beschränkungen der Ausfuhr von Kernbrennstof-** **10**
fen bezogen auf alternde oder störanfällige Kernkraftwerke im EU-Ausland durch die deutsche Verwaltung stellen sich jedenfalls nach gegenwärtiger Rechtslage mit Blick auf die **gebundene Entscheidung** bei Vorliegen der Genehmigungsvoraussetzungen des Abs. 3 Nr. 2 (→ Rn. 8 ff.), die in der Regel bei Ausfuhren im EU-Ausland nach dortigen atomrechtlichen Vorschriften genehmigte Anlagen vorliegen dürften, als problematisch dar. Änderungen des AtG, die eine solche Beschränkung zum Ziel hätten, wären an dem europäischen Gemeinschaftsrecht, insbesondere an der **Warenverkehrsfreiheit des Art 93 EAGV** zu messen. Zu beachten wäre auch der **Grundsatz des gegenseitigen Vertrauens zwischen den Mitgliedstaaten** (vgl. EuGH Urt. v. 10. 8. 2017 – C 270/17 PPU, BeckRS 2017, 121028 Rn. 49 – Tupikas). Konkret verlangt der Grundsatz des gegenseitigen Vertrauens von jedem Mitgliedstaat, dass er grundsätzlich davon ausgeht, dass alle anderen Mitgliedstaaten das Unionsrecht und insbesondere die dort anerkannten Grundrechte beachten (EuGH Urt. v. 10. 11. 2016 – C 452/16 PPU, BeckRS 2016, 82662 Rn. 26 – Poltorak; ausführlich zur gesamten Problematik: *Thienel* in NK-AtomR § 3 Rn. 14 ff., *Ewer/Thienel* NuR 2018, 150).

IV. Andere Rechtsvorschriften (Abs. 4)

Den internationalen Rahmen der Vorschrift stellt im Hinblick auf die EU der **11**
Vertrag zur Gründung der Europäischen Atomgemeinschaft (Euratom) von 1957 dar, dort insbesondere Kapitel 6 über Versorgung (Art. 52–76 EAGV), Kapitel 7 über die Sicherheitskontrolle (Art. 77–85) sowie Kapitel 8 über das Eigentum (Art. 86–91) (→ Einf. Rn. 177 ff., → § 1 Rn. 30). Im Hinblick auf das Völkerrecht ist der Vertrag über die Nichtverbreitung von Kernwaffen von 1968 von Bedeutung. Er verbietet den Staaten, die nicht Kernwaffenstaaten sind, Kernwaffen zu

AtG § 3   Zweiter Abschnitt Überwachungsvorschriften

entwickeln, zu erwerben oder zu besitzen, lässt aber ihr Recht unberührt, Kernenergie zu friedlichen Zwecken zu nutzen. Jeder vertragsbeteiligte Kernwaffenstaat verpflichtet sich, Kernwaffen oder die Verfügungsgewalt darüber an niemanden unmittelbar oder mittelbar weiterzugeben. Des Weiteren sind zu nennen das Übereinkommen über den physischen Schutz von Kernmaterial, welches insbesondere mit Blick auf den Schutz von für friedliche Zwecke genutztem Kernmaterial während internationaler Transporte geschlossen wurde, das Gemeinsame Übereinkommen über die Sicherheit der Behandlung abgebrannter Brennelemente und über die Sicherheit der Behandlung radioaktiver Abfälle sowie das Übereinkommen über nukleare Sicherheit (zu weiteren internationalen Regelungen: *Gierke/Paul* in Theobald/Kühling § 3 Rn. 14). Zudem existieren zahlreiche multi- und bilaterale Verträge (→ § 1 Rn. 27; *Fischerhof* Dt. AtomG Einf. Rn 15).

12 § 3 Abs. 4 stellt klar, dass andere Rechtsvorschriften über die Einfuhr und Ausfuhr von den Vorschriften des AtG unberührt bleiben. Gemeint sind hier insbesondere das **Außenwirtschaftsrecht** und die **Dual-Use-Verordnung (EG) Nr. 428/2009.** Die **grenzüberschreitende Verbringung hochradioaktiver Strahlenquellen,** die nicht nur vorübergehend zur eigenen Nutzung im Rahmen eines genehmigten Umgangs aus einem Staat, der nicht Mitgliedstaat der Europäischen Union ist, in den Geltungsbereich dieser Verordnung verbracht werden bzw. die Verbringung in einen solchen Staat ist nach **§ 12 StrlSchV** genehmigungsbedürftig. Bei der Ausfuhr gilt dies auch für die in § 12 Abs. 2 Nr. 2 StrlSchV genannten **sonstigen radioaktiven Stoffe.** Die **Genehmigungsvoraussetzungen** regelt § 15 StrlSchV. Eine Genehmigung nach § 12 StrlSchV ist dann nicht erforderlich, wenn eine Genehmigung nach § 3 Abs. 1 AtG vorliegt, die sich gem. § 10a Abs. 1 AtG auf eine Verbringung nach § 12 StrlSchV erstreckt. Handelt es sich um sonstige radioaktive Stoffe, so ist die Verbringung nach § 13 StrlSchV der zuständigen Behörde anzuzeigen. Wer Kernbrennstoffe nach § 3 Abs. 1 StrlSchG in Form von bis zu 1 kg Uran, das auf 10% oder mehr, jedoch weniger als 20% an Uran-235 angereichert ist, oder weniger als 10 kg Uran, das auf weniger als 10% an Uran-235 angereichert ist, aus einem Nichtmitgliedstaat der EU einführt, hat die Verbringung abweichend von § 3 Abs. 1 nach § 13 Abs. 1 StrlSchV anzumelden. **Weitere Ausnahmen** regelt § 14 StrlSchV.

13 Für grenzüberschreitende Verbringungen **radioaktiver Abfälle und abgebrannter Brennelemente** regelt § 2 S. 2 AtAV, dass eine Genehmigung nach § 3 AtG oder § 12 StrlSchV sowie eine Anmeldung nach § 13 StrlSchV nicht erforderlich sind, soweit die AtAV anzuwenden ist.

V. Sonstige Verbringungen (Abs. 5).

14 Abs. 5 bezog sich ursprünglich auf die DDR, die nach dem Außenwirtschaftsrecht nicht als fremdes Wirtschaftsgebiet galt. Ziel war es, auch **Verbringungen in die bzw. aus der DDR** zu erfassen. Gemäß der Gesetzesbegründung sollte das Verbringen von Kernbrennstoffen aus der BRD nach Berlin (West) und aus Berlin (West) in die BRD keine Einfuhr oder Ausfuhr nach § 3 darstellen (BT-Drs. 3/759, 20). Nach der deutschen **Wiedervereinigung** kann die Vorschrift nicht klarstellen, dass auch solche Verbringungen von § 3 erfasst werden sollen, bei denen die Kernbrennstoffe nicht im Zielland verbleiben sollen, so bspw. bei der Durchfuhr (*Fischerhof* Dt. AtomG § 3 Rn. 1; *Thienel* in NK-AtomR § 3 Rn. 5).

VI. Ausfuhr von Brennelementen aus Forschungsreaktoren (Abs. 6)

§ 3 war bereits in der ursprünglichen Fassung des AtG enthalten und ist weitestgehend unverändert geblieben. Die einzige wesentliche Änderung war die Einfügung des Abs. 6 durch das StandAG vom 5.5.2017 (BGBl. I 1074). Hintergrund hierfür war die **Empfehlung der Endlagerkommission, ein generelles Exportverbot** für hoch radioaktive Abfälle gesetzlich einzuführen. Damit soll der **Grundsatz der Inlandsentsorgung** auch für bestrahlte Brennelemente aus Forschungsreaktoren gelten (BT-Drs. 18/9100, 57). Satz 1 gestattet nunmehr den Erlass einer Genehmigung zur Ausfuhr von aus dem Betrieb von Forschungsanlagen stammenden bestrahlten Brennelementen nur noch aus schwerwiegenden Gründen der Nichtverbreitung von Kernbrennstoffen oder aus Gründen einer ausreichenden Versorgung deutscher Forschungsreaktoren mit Brennelementen für medizinische (bspw. Radiopharmaka) und sonstige Zwecke der Spitzenforschung. Auch wenn eine der genannten Voraussetzungen vorliegt, darf nach S. 3 eine Genehmigung zur Ausfuhr nicht erteilt werden, wenn die Brennelemente auf der Grundlage einer Genehmigung nach § 6 im Inland zwischengelagert sind. Weiterhin möglich bleibt die Ausfuhr von zwischengelagerten Brennelementen mit dem Ziel der endlagergerechten Konditionierung für die Endlagerung im Inland nach S. 2.

15

VII. Zuständigkeit

Zuständig für die **Erteilung der Genehmigungen** nach § 3 sowie über die **Rücknahme** oder den **Widerruf** einer erteilten Genehmigung ist gem. § 22 Abs. 1 das **BAFA**. Im Rahmen dieser Entscheidung ist es unbeschadet seiner grundsätzlichen Unterstellung unter das BMWi an die **fachlichen Weisungen des für die kerntechnische Sicherheit und den Strahlenschutz zuständigen Bundesministeriums** gebunden (§ 22 Abs. 3). Die **Überwachung** von grenzüberschreitenden Verbringungen obliegt dem Bundesministerium der Finanzen oder den von ihm bestimmten Zolldienststellen. § 22 Abs. 2 regelt die speziellen Befugnisse der Zolldienststellen im Rahmen der Überwachung von grenzüberschreitenden Verbringungen.

16

VIII. Rechtsschutz

Bei Versagung einer Genehmigung nach § 3 kann auf dem Verwaltungsrechtsweg mittels einer **Verpflichtungsklage** auf Erteilung der Genehmigung geklagt werden. § 3 ist nicht drittschützend (ebenso *Thienel* in NK-AtomR § 3 Rn. 26; anders VG Frankfurt a. M. BeckRS 2020, 27717 (abgeändert durch VGH Kassel BeckRS 2020, 34938), das in seiner Eilentscheidung einen Drittschutz der Norm jedenfalls nicht nach jeder denkbaren und vertretbaren rechtlichen Betrachtungsweise als ausgeschlossen erachtet).

17

IX. Zuwiderhandlung

18 § 3 wird durch das **Strafrecht** abgesichert. Wer **ohne die erforderliche Genehmigung** Kernbrennstoffe einführt oder ausführt, wird nach § 328 Abs. 1 Nr. 1 StGB mit Freiheitsstrafe bis zu fünf Jahren oder mit Geldstrafe bestraft. Gleichgültig ist hierbei, mit welchem Transportmittel dies geschieht (vgl. *Heine/Schittenhelm* in Schönke/Schröder, 30. Aufl. 2019, StGB § 328 Rn. 8).

19 **Ordnungswidrigkeiten** bei Verstößen im Zusammenhang mit **Verbringungen nach StrlSchV** sind in § 184 Abs. 3 StrlSchV geregelt, zuständig ist hier nach § 46 Abs. 3 Nr. 1 das BAFA. Verstöße im Zusammenhang mit der **Verbringung radioaktiver Abfälle oder abgebrannter Brennelemente** werden nach § 23 AtAV geahndet. Die Vorschrift konkretisiert § 46 Abs. 1 Nr. 4. Auch hier ist nach § 46 Abs. 3 Nr. 1 das BAFA zuständig.

§ 4 Beförderung von Kernbrennstoffen

(1) ¹Die Beförderung von Kernbrennstoffen außerhalb eines abgeschlossenen Geländes, auf dem Kernbrennstoffe staatlich verwahrt werden oder eine nach den §§ 6, 7 und 9 genehmigte Tätigkeit ausgeübt wird, bedarf der Genehmigung. ²Diese wird dem Absender oder demjenigen erteilt, der es übernimmt, die Versendung oder Beförderung der Kernbrennstoffe zu besorgen.

(2) Die Genehmigung ist zu erteilen, wenn
1. keine Tatsachen vorliegen, aus denen sich Bedenken gegen die Zuverlässigkeit des Antragstellers, des Beförderers und der den Transport ausführenden Personen ergeben, und, falls ein Strahlenschutzbeauftragter nicht notwendig ist, eine der für die Beförderung der Kernbrennstoffe verantwortlichen natürlichen Personen die hierfür erforderliche Fachkunde besitzt,
2. gewährleistet ist, daß die Beförderung durch Personen ausgeführt wird, die die notwendigen Kenntnisse über die mögliche Strahlengefährdung und die anzuwendenden Schutzmaßnahmen für die beabsichtigte Beförderung von Kernbrennstoffen besitzen,
3. gewährleistet ist, daß die Kernbrennstoffe unter Beachtung der für den jeweiligen Verkehrsträger geltenden Rechtsvorschriften über die Beförderung gefährlicher Güter befördert werden oder, soweit solche Vorschriften fehlen, auf andere Weise die nach dem Stand von Wissenschaft und Technik erforderliche Vorsorge gegen Schäden durch die Beförderung der Kernbrennstoffe getroffen ist,
4. die erforderliche Vorsorge für die Erfüllung gesetzlicher Schadensersatzverpflichtungen getroffen ist,
5. der erforderliche Schutz gegen Störmaßnahmen oder sonstige Einwirkungen Dritter gewährleistet ist,
6. überwiegende öffentliche Interessen der Wahl der Art, der Zeit und des Weges der Beförderung nicht entgegenstehen,
7. für die Beförderung bestrahlter Brennelemente von Anlagen zur Spaltung von Kernbrennstoffen zur gewerblichen Erzeugung von Elektrizität zu zentralen Zwischenlagern nach § 6 Abs. 1 nachgewiesen ist, dass

Beförderung von Kernbrennstoffen　　　　　　　　　　　　**§ 4 AtG**

eine Lagermöglichkeit in einem nach § 9a Abs. 2 Satz 3 zu errichtenden standortnahen Zwischenlager nicht verfügbar ist.

(3) Der nach Absatz 2 Nr. 4 erforderlichen Vorsorge für die Erfüllung gesetzlicher Schadensersatzverpflichtungen bedarf es nicht für die Beförderung der in Anlage 2 zu diesem Gesetz bezeichneten Kernbrennstoffe.

[künftige Fassung: (3) [aufgehoben]]

(4) Die Genehmigung ist für den einzelnen Beförderungsvorgang zu erteilen; sie kann jedoch einem Antragsteller allgemein auf längstens drei Jahre erteilt werden, soweit die in § 1 Nr. 2 bis 4 bezeichneten Zwecke nicht entgegenstehen.

(5) ¹Eine Ausfertigung oder eine öffentlich beglaubigte Abschrift des Genehmigungsbescheids ist bei der Beförderung mitzuführen. ²Der Beförderer hat ferner eine Bescheinigung mit sich zu führen, die den Anforderungen des Artikels 4 Abs. c des Pariser Übereinkommens entspricht, sofern es sich nicht um eine Beförderung handelt, die nach Absatz 3 einer Vorsorge für die Erfüllung gesetzlicher Schadensersatzverpflichtungen nicht bedarf. [*künftige Fassung:* ²*Soweit sich die Haftung nach dem Pariser Übereinkommen in Verbindung mit § 25 Abs. 1 bis 4 bestimmt, hat der Beförderer außerdem eine Bescheinigung mit sich zu führen, die den Anforderungen des Artikels 4 Abs. d des Pariser Übereinkommens entspricht.*] ³Der Bescheid und die Bescheinigung sind der für die Kontrolle zuständigen Behörde und den von ihr Beauftragten auf Verlangen vorzuzeigen.

(6) ¹Absatz 5 Satz 1 gilt nicht für die Beförderung mit der Eisenbahn durch einen Eisenbahnunternehmer. ²Im übrigen bleiben die für die jeweiligen Verkehrsträger geltenden Rechtsvorschriften über die Beförderung gefährlicher Güter unberührt.

[Der in kursiv gedruckte Text enthält die Fassung des noch nicht in Kraft getretenen Gesetzes vom 29. 8. 2008 (BGBl. I 1793).]

Übersicht

	Rn.
I. Allgemeines	1
II. Genehmigungspflicht	3
1. Gegenstand	3
2. Verfahren	5
3. Reichweite und Ausweispflichten	8
III. Erteilungsvoraussetzungen	11
1. Zuverlässigkeit und Fachkunde (Abs. 2 Nr. 1)	11
2. Notwendige Kenntnisse des Beförderers (Abs. 2 Nr. 2)	16
3. Vorsorge gegen Schäden durch die Beförderung (Abs. 2 Nr. 3)	17
4. Vorsorge für die Erfüllung gesetzlicher Schadensersatzverpflichtungen (Abs. 2 Nr. 4)	25
5. Schutz gegen Störmaßnahmen oder sonstige Einwirkungen Dritter, SEWD (Abs. 2 Nr. 5)	29
6. Kein Entgegenstehen überwiegender öffentlicher Interessen (Abs. 2 Nr. 6)	32
7. Standortnahes Zwischenlager für zu befördernde bestrahlte Brennelemente nicht verfügbar (Abs. 2 Nr. 7)	34

	Rn.
IV. Rechtsschutzfragen	36
1. Antragsteller	36
2. Gemeinden	37
3. Private Dritte	39

I. Allgemeines

1 Die in § 4 geregelte Beförderung von Kernbrennstoffen ist ebenso wie die nach § 7 Abs. 2 und § 6 Abs. 2 für Anlagen- und Umgangsgenehmigungen zu erfüllenden Voraussetzungen vor dem Hintergrund der übergreifenden **Schutzzweckbestimmung des § 1 Nr. 2** zu verstehen. Das Atomgesetz bezweckt danach ausdrücklich Leben, Gesundheit und Sachgüter vor den Gefahren der Kernenergie und der schädlichen Wirkung ionisierender Strahlen zu schützen und durch Kernenergie oder ionisierende Strahlen verursachte Schäden auszugleichen (BVerwG NVwZ 2013, 1407 Rn. 36). § 4 konkretisiert diese Schutzzweckbestimmung für die spezifischen Risiken, die mit **Beförderungsvorgängen außerhalb abgeschlossener Betriebsgelände** verbunden sind. Die Vorschrift enthält ein präventives Verbot mit Erlaubnisvorbehalt (*Näser/Paul* in Theobald/Kühling § 4 Rn. 11–12, 23).

2 Die Genehmigungsvoraussetzungen sind in Absatz 2 abschließend aufgeführt. Liegen sie vor, besteht ein **Anspruch auf Genehmigung**. Es handelt sich um einen gebundenen Verwaltungsakt (*Haedrich* AtG § 4 Rn. 2).

II. Genehmigungspflicht

1. Gegenstand

3 Radioaktive Stoffe gliedern sich nach der Definition des **§ 2 Abs. 1 S. 1** in **Kernbrennstoffe** und **sonstige radioaktive Stoffe**. Kernbrennstoffe werden in § 2 Abs. 1 S. 2 als besondere spaltbare Stoffe nach den dort aufgeführten Formen näher definiert; nach § 2 Abs. 3 S. 1 gelten auch Kernbrennstoffe mit den dort genannten geringen Isotopanteilen für die Genehmigungsvorschriften als sonstige radioaktive Stoffe.

4 § 4 regelt lediglich die **Beförderung** von in der Bundesrepublik Deutschland befindlichen **Kernbrennstoffen** (BT-Drs. 3/759, 20). Die Beförderung sonstiger radioaktiver Stoffe ist nach § 27 StrlSchG genehmigungspflichtig, wobei die in § 29 StrlSchG dafür bestimmten Voraussetzungen mit denen des § 4 AtG weitgehend deckungsgleich sind. Eine Verschränkung kann sich ergeben, wenn im selben Beförderungsvorgang radioaktive Stoffe beider Kategorien transportiert werden. In diesem Fall ist nach § 10a Abs. 3 und nach § 27 Abs. 2 StrlSchG die Genehmigung nach § 4 Absatz 1 übergreifend (→ § 10a Rn. 7).

2. Verfahren

5 Ergänzend zu § 4 richtet sich das Genehmigungsverfahren nach dem **Verwaltungsverfahrensgesetz**, § 1 Abs. 1 VwVfG. Die atomrechtliche Verfahrensverordnung – AtVfV – ist hier nicht anwendbar, weil sie nach ihrem § 1 lediglich für Anlagen nach § 7 Abs. 1 und 5 das nur dafür vorgeschriebene förmliche Verwaltungsverfahren gilt.

6 **Antragsteller** ist als späterer Genehmigungsinhaber nach § 4 Abs. 1 S. 2 der **Absender** oder derjenige, der die Beförderung besorgt, also der jeweilige Spediteur,

§ 453 Abs. 1 HGB. Absender ist regelmäßig der Betreiber der kerntechnischen Anlage oder Einrichtung, die Kernbrennstoffe abgibt. Nicht ist Adressat der jeweilige Beförderer selbst, wie es noch in der Ursprungsfassung des § 4 Abs. 1 (vom 23.12.1959, BGBl. I 814, 815) vorgesehen war. Diese Fassung wurde mit Gesetz vom 28.8.1969 (BGBl. I 1429) zur Harmonisierung mit den internationalen Regelwerken geändert, aktuell §§ 1 Abs. 3 Nr. 1 und Nr. 2; 2 GGVSEB (BT-Drs. 5/4071, 5).

Zuständig für die Erteilung ist das **Bundesamt für die Sicherheit der nuklearen Entsorgung** (BASE), § 23 d S. 1 Nr. 6. Überwachung und Aufsicht obliegen hingegen nach § 19 Abs. 1 S. 1 den Landesbehörden und bei Beförderungen durch die Deutsche Bahn AG nach § 24 Abs. 1 S. 2 dem Eisenbahnbundesamt (EBA)). **7**

3. Reichweite und Ausweispflichten

Die Reichweite der Genehmigung wurde bereits mit dem Ersten Gesetz zur Änderung und Ergänzung des Atomgesetzes vom 23.4.1963 (BGBl. I 201) in die Fassung des jetzigen § 4 Abs. 4 geändert. Danach wird sie zwar grundsätzlich weiter für den **einzelnen Beförderungsvorgang** erteilt. Sie kann aber nach der zweiten Alternative für längstens drei Jahre **auch allgemein** ausgesprochen werden. Dafür muss vorausschaubar sein, dass für alle in diesen Zeitraum fallenden Beförderungen die Voraussetzungen gegeben sind, wie der Hinweis auf § 1 Nr. 2 bis 4 unterstreicht. Damit wird es sich um gleichartige Transporte handeln müssen. **8**

Was die **Ausweispflichten des Beförderers** anbelangt, braucht nach § 4 Abs. 5 S. 1 nicht das Original des **Genehmigungsbescheides** mitgeführt zu werden; es reicht eine Ausfertigung oder eine öffentlich beglaubigte Abschrift. Nach § 4 Abs. 5 S. 2 in der (noch nicht in Kraft getretenen) Fassung vom 29.8.2008 (Gesetz zur Änderung haftungsrechtlicher Vorschriften des Atomgesetzes und zur Änderung sonstiger Rechtsvorschriften, BGBl. I 1793) ist weiter eine **Bescheinigung** mitzuführen, die den **Anforderungen des Art. 4 Abs. (d) des Pariser Übereinkommens (PÜ)** (BGBl. II 2008, 904 (908)) entspricht, soweit sich die Haftung nach diesem in Verbindung mit § 25 Abs. 1 bis 4 bestimmt. § 4 Abs. 5 S. 2 in der vorhergehenden Fassung nahm noch auf Art. 4 Abs. (c) PÜ und auf den noch nicht aufgehobenen § 4 Abs. 3 Bezug, nach welchem es bei der Beförderung von in Anlage 2 bezeichneten Kernbrennstoffen keiner Schadensersatzvorsorge und damit auch keiner Bescheinigung dafür bedurfte. Anlage 2 wird durch Art. 1 Nr. 21 des die Haftung neu regelnden Änderungsgesetzes (BGBl. I 1794 (1796)) aufgehoben. **9**

Die nach Abs. 5 bestimmte Mitführungspflicht gilt nach § 4 Abs. 6 S. 1 nicht für die **Beförderung mit der Eisenbahn** durch einen Eisenbahnunternehmer. **10**

III. Erteilungsvoraussetzungen

1. Zuverlässigkeit und Fachkunde (Abs. 2 Nr. 1)

Antragsteller, Beförderer und Transportpersonal müssen **zuverlässig** sein. Die Zuverlässigkeit oder, negativ gewendet, Unzuverlässigkeit ist ein im Ordnungsrecht wie vor allem im Wirtschaftsverwaltungsrecht gebräuchlicher Rechtsbegriff. Zentral ist dort etwa § 35 Abs. 1 S. 1 GewO, wonach die Ausübung eines Gewerbes von der zuständigen Behörde zu untersagen ist, wenn Tatsachen vorliegen, welche die Unzuverlässigkeit des Gewerbetreibenden oder einer mit der Leitung des Gewerbebetriebes beauftragten Person in Bezug auf dieses Gewerbe dartun. Unzuver- **11** lässig ist der Gewerbetreibende, wenn er nach dem Gesamteindruck seines Verhaltens nicht die Gewähr dafür bietet, dass er sein Gewerbe künftig **ordnungsgemäß betreiben wird** (etwa OVG Lüneburg Urt. v. 17.9.1997 – 7 L 2655/96, Rn. 28, BeckRS 2005, 21504). Auch im vergleichbaren Verkehrswirtschaftsrecht ist es etwa für eine Beförderungsgenehmigung nach § 13 Abs. 1 S. 1 Nr. 2 PBefG erforderlich, dass keine Tatsachen vorliegen, die die Unzuverlässigkeit des Antragstellers als Unternehmer oder der für die Führung der Geschäfte bestellten Personen dartun.

12 Der jeweils nach § 4 Abs. 2 Nr. 1 Verantwortliche muss also die Erwartung rechtfertigen, dass er den Anforderungen an eine ordnungsgemäße Ausübung der genehmigungsbedürftigen Tätigkeit gerecht wird, **das zum Schutz der Sicherheit und der Allgemeinheit Erforderliche** tun und die einschlägigen gesetzlichen Vorschriften beachten wird.

13 Die Zuverlässigkeit ist wie die Unzuverlässigkeit ein gerichtlich voll überprüfbarer unbestimmter Rechtsbegriff ohne Beurteilungsspielraum (BVerwG NJW 2003, 913 (915)).

14 Das Atomgesetz selbst konkretisiert die Zuverlässigkeit nicht weiter. Allerdings enthält § 12b Abs. 1 S. 1 Nr. 1, Abs. 9 iVm § 54 Abs. 1 S. 1, Abs. 2 S. 1 eine Verordnungsermächtigung auch für das Überprüfungsverfahren wie auch der maßgeblichen Kriterien für die Beurteilung der Zuverlässigkeit bei Genehmigungsverfahren unter anderem nach § 4. Einschlägig ist aktuell die **Atomrechtliche Zuverlässigkeits-Überprüfungsverordnung (AtZüV)** idF v. 27.6.2017 (BGBl. I, 1966), die in ihrem § 6 Abs. 1 S. 2 ausdrücklich auf Genehmigungsverfahren nach § 4 Bezug nimmt. Neben abgestuften Intensitäten der Überprüfung je nach Verfügungsberechtigung, die konkret in den §§ 2, 3 AtZüV festgelegt sind, enthalten **§ 7 Abs. 2 S. 1, § 5 Abs. 2 Nr. 1 bis 6 sowie Abs. 3 AtZüV** eine detailliertere Aufzählung **von materiellen Kriterien, die Zweifel an der Zuverlässigkeit** begründen. Auch wenn die Behörde nach § 7 Abs. 1 S. 1 AtZüV die Erkenntnisse letztendlich auf Grund einer am Zweck des § 12b Abs. 1 S. 1 orientierten Gesamtwürdigung des Einzelfalls bewertet, dürfte es bei der Regelungsdichte des Negativkatalogs und bei klarem Vorliegen eines negativen Regelbeispiels für den Antragsteller schwierig sein, eine für ihn ausnahmsweise günstigere Bewertung zu erreichen.

15 Was die weiter erforderliche **Fachkunde** der für die Beförderung der Kernbrennstoffe verantwortlichen Personen betrifft, ist diese nach der 2. Alternative der Vorschrift nur eine relevante Genehmigungsvoraussetzung, wenn ein **Strahlenschutzbeauftragter** nicht notwendig ist. Diese Notwendigkeit wird jedoch regelmäßig bestehen, weil der Genehmigungsantragsteller nach § 69 Abs. 1 Nr. 1 StrlSchG immer auch **Strahlenschutzverantwortlicher** ist, der **bei Erforderlichkeit nach § 70 Abs. 1 S. 1 StrlSchG Strahlenschutzbeauftragte zu bestellen hat,** soweit dies für die Gewährleistung des Strahlenschutzes bei der Tätigkeit notwendig ist. Das dürfte bei Beförderungen von Kernbrennstoffen praktisch immer der Fall sein. Strahlenschutzbeauftragte müssen bereits nach § 70 Abs. 3 StrlSchG iVm §§ 43 Abs. 1, 47 StrlSchV die erforderliche Fachkunde – wie auch Zuverlässigkeit – besitzen (vgl. *Thienel* in NK-AtomR § 4 Rn. 6, 7).

2. Notwendige Kenntnisse des Beförderers (Abs. 2 Nr. 2)

16 Anders als für Strahlenschutzverantwortliche und Strahlenschutzbeauftragte sieht das Gesetz hier keinen förmlichen Fachkundenachweis, § 47 StrlSchV, vor, sondern spricht nur von notwendigen Kenntnissen. Auch diese könnten auf der Grundlage von § 13 Nr. 10 AtG durch Verordnung konkretisiert werden. Von die-

ser Möglichkeit ist jedoch bisher kein Gebrauch gemacht worden (→ § 12 Rn. 36, 37), so dass insoweit eine **tätigkeitsangemessene Fachkunde ausreichend,** aber auch erforderlich ist. Aufgaben und Pflichten wie auch Schulungen werden jedoch detailliert im Europäischen Übereinkommen über die internationale Beförderung gefährlicher Güter auf der Straße (ADR), im Eisenbahnverkehr (RID) und auf Binnenwasserstraßen (ADN) beschrieben, die **von § 1 Abs. 3 Nr. 1 lit. a, Nr. 2 lit. a und Nr. 3 lit. a GGVSEB (Gefahrgutverordnung Straße, Eisenbahn und Binnenschifffahrt idF vom 11. 3. 2019, BGBl. I 258)** für anwendbar erklärt werden und die auch spezielle Vorgaben für die Beförderung radioaktiver Stoffe enthalten (vgl. näher *Näser/Paul* in Theobald/Kühling § 4 Rn. 50f., 74f.).

3. Vorsorge gegen Schäden durch die Beförderung (Abs. 2 Nr. 3)

Die Vorschrift enthält die **zentralen materiellen Genehmigungsvoraussetzungen.** Sie macht die Beförderungsgenehmigung für Kernbrennstoffe von der Gewährleistung abhängig, dass diese unter Beachtung der für den jeweiligen Verkehrsträger geltenden **Rechtsvorschriften über die Beförderung gefährlicher Güter** befördert werden **oder,** soweit solche Vorschriften fehlen, **auf andere Weise die nach dem Stand von Wissenschaft und Technik** erforderliche Vorsorge gegen Schäden durch die Beförderung getroffen ist. Sie enthält damit zwei Regelungsalternativen. Beide Alternativen verpflichten zur Gewährleistung der erforderlichen Schadensvorsorge; sie unterscheiden sich lediglich darin, dass in der ersten Alternative zur Konkretisierung auf das **Gefahrgutrecht** verwiesen wird, während in der zweiten Alternative die Vorsorgeanforderungen auf andere Weise durch die Exekutive konkretisiert werden müssen (BVerwG NVwZ 2013 Rn. 34). 17

In der **Genehmigungspraxis** ist für den Nachweis des erforderlichen Schutzes die **erste Alternative** maßgeblich. Da heißt, dass die erforderliche Sicherheit der Beförderung durch die Einhaltung der gefahrgutrechtlichen Regelungen gewährleistet wird. Fälle, die eigenständig nach der zweiten Alternative zu beurteilen wären, sind bisher nicht bekannt, so dass diese Alternative keine praktische Bedeutung hat (*Näser/Paul* in Theobald/Kühling § 4 Rn. 63 und 111). 18

Die erste und gesetzlich vorrangige Alternative nimmt das **Schutzkonzept des Gefahrgutrechts** in Bezug. Dieses ist auf das Ziel gerichtet, unterschiedslos für jeden, der in die Nähe der Transportstrecke gelangt, unabhängig von der Aufenthaltshäufigkeit und -dauer einen dem gesetzlichen Sicherheitsstandard entsprechenden Schutz zu gewährleisten. Einschlägig sind die Bestimmungen in den Teilen 1 bis 9 der Anlagen A und B zum Europäischen Übereinkommen vom 30. September 1957 über die internationale Beförderung gefährlicher Güter auf der Straße **(ADR),** die Teile 1 bis 7 der Anlage der Ordnung für die internationale Eisenbahnbeförderung gefährlicher Güter **(RID)** – Anhang C des Übereinkommens über den internationalen Eisenbahnverkehr **(COTIF)** und der Teile 1 bis 9 der Anlage zum Europäischen Übereinkommen über die internationale Beförderung von gefährlichen Gütern auf Binnenwasserstraßen **(ADN).** Auf diese weitgehend identischen Regelwerke verweisen **§ 1 Abs. 3 Nr. 1–3 GGVSEB (Gefahrgutverordnung Straße, Eisenbahn und Binnenschifffahrt),** die auf der Grundlage von **§ 3 Abs. 1 GGBefG (Gefahrgutbeförderungsgesetz** idF v. 31.8.2015, BGBl I 1474 (1545)) erlassen worden sind. Für die Beförderung mit Seeschiffen gilt die **Verordnung über die Beförderung gefährlicher Güter mit Seeschiffen (GGVSee)** idF v. 9.2.2016 (BGBl. I 182) mit eigenständigen Regelungen. 19

AtG § 4　　　　　　　　　　Zweiter Abschnitt Überwachungsvorschriften

20　　Nr. 2.2.7.1. der ADR/RID zeigt beispielhaft den Ansatz zum Konzept des Gefahrgutrechts auf. Radioaktive Stoffe sind nach den Vorschriften der Absätze 2.2.7.2.4 und 2.2.7.2.5 unter Berücksichtigung der in Absatz 2.2.7.2.3 bestimmten Stoffeigenschaften einer der in der Tabelle 2.2.7.2.1.1 festgelegten UN-Nummern zuzuordnen, womit **die Zuordnung zu einem bestimmten Versandstück** (einschließlich Großbehälter) verbunden ist. Dieses ist das versandtaugliche Endprodukt.

21　　Nr. 1.7.1.2 **ADR/RID** formuliert das zentrale Schutzprinzip des Gefahrgutrechts, nämlich das **Konzept sicherer Versandstücke**: „Das Ziel des ADR/RID besteht darin, Personen, Eigentum und die Umwelt vor den Strahlungseinflüssen bei der Beförderung radioaktiver Stoffe zu schützen. Dieser Schutz wird erreicht durch: a) Umschließung des radioaktiven Inhalts b) Kontrolle der äußeren Dosisleistung c) Verhinderung der Kritikalität und d) Verhinderung von Schäden durch Hitze. Diese Anforderungen werden erreicht erstens durch die Anwendung eines abgestuften Ansatzes zur Begrenzung der Inhalte für Versandstücke und (…) zur Aufstellung von Standards, die für Versandstückbauarten in Abhängigkeit von der Gefahr des radioaktiven Inhalts angewendet werden. Zweitens werden sie durch das Aufstellen von Anforderungen an die Auslegung und den Betrieb der Versandstücke und an die Instandhaltung der Verpackungen einschließlich der Berücksichtigung der Art des radioaktiven Inhalts erreicht. Schließlich werden sie durch die Forderung administrativer Kontrollen einschließlich, soweit erforderlich, der Genehmigung/Zulassung durch die zuständigen Behörden erreicht."

22　　Zur **Begrenzung der Strahlenexposition** bestimmen Abschnitt 2.2.7.8.2, Abschnitt 7.5.11 CV 33 (3.3 b/c), 3.5 b und c ADR/RID, dass während der Beförderung radioaktiver Stoffe die **Dosisleistung auf der Außenfläche des Versandstücks bzw. des Fahrzeugs an keinem Punkt 2 mSv/h und in einem Abstand von 2 m vom Fahrzeug an keinem Punkt 0,1 mSv/h überschreiten darf.** Das **Schutzkonzept** stellt damit **generalisierend** auf die Dosisleistung unmittelbar am Behälter bzw. in dessen unmittelbarer Nähe ab und gewährleistet damit auf diese Weise für alle Personen, die in die Nähe der Transportstrecke kommen, einen ausreichenden Schutz.

23　　Die Gefahrgutvorschriften kennen fünf Versandstückarten, die sich durch unterschiedliche Auslegungsanforderungen unterscheiden. Zugrunde liegt ein **Bauartprüfungs- und Zulassungsverfahren**, Nr. 6.4 ADR/RID. Die Prüfbedingungen sollen alle voraussehbaren Beförderungsbedingungen einschließlich definierter Unfallszenarien abdecken. Zuständige Behörde für die **Erteilung der Bauartzulassung ist nach § 11 Nr. 5 GGVSEB das BASE,** nachdem **die Bundesanstalt für Materialforschung und -prüfung – BAM –** die sicherheitstechnische Begutachtung vorgenommen und mit einem Prüfungszeugnis abgeschlossen hat, § 11 Abs. 1 S. 1 Nr. 8 GGVSEB.

24　　Der Nachweis der Einhaltung der Dosisleistungsbegrenzungen wird damit bereits im Bauartprüfungs- und Zulassungsverfahren nach den §§ 8, 11 GGVSEB und nicht im Genehmigungsverfahren nach § 4 erbracht. Das gefahrgutrechtliche Zulassungsverfahren gewährt dem Inhaber der Zulassung das Recht, Güter dieser Bauart herzustellen. Das ist ihr Regelungsinhalt. Mit § 4 Abs. 2 Nr. 3 wird nicht die Beförderung des jeweils konkreten Behälters in den Blick genommen, sondern die verkehrsrechtliche Zulassung der Bauart und die Feststellung, dass diese den Vorschriften des Gefahrgutrechts entspricht (*Näser/Paul* in Theobald/Kühling § 4 Rn. 100, 110, 143).

4. Vorsorge für die Erfüllung gesetzlicher Schadensersatzverpflichtungen (Abs. 2 Nr. 4)

Kontrolliert wird das Vorliegen einer ausreichenden **Deckungsvorsorge** zur 25
Erfüllung möglicher Schadensersatzverpflichtungen als Folge der Transporte nach dem Atomgesetz oder internationalen Verpflichtungen. Art, Umfang und Höhe setzt nach **§ 13 Abs. 1 und Abs. 2 iVm § 1 AtDeckV (Atomrechtliche Deckungsvorsorge-Verordnung** idF v. 22.4.2002 (BGBl. I 1351)) die Genehmigungsbehörde fest. Die Deckungsvorsorge kann danach durch eine Haftpflichtversicherung oder eine sonstige finanzielle Sicherheit erbracht werden und ist nach § 5 Abs. 1 AtDeckV der Behörde in geeigneter Form nachzuweisen. Die Höhe ergibt sich bei Beförderungen radioaktiver Stoffe aus § 8 Abs. 4 und Abs. 1 iVm Anlage 1 AtDeckV, wonach eine **Regeldeckungssumme** zu bestimmen ist. Diese soll nach § 8 Abs. 6 S. 1 AtDeckV bei der Beförderung den Betrag von **35 Mio. EUR** nicht überschreiten. Nach S. 2 ist eine Überschreitung nur zulässig, wenn nach den Umständen des Einzelfalles dieser Betrag nicht angemessen ist; dann kann die Verwaltungsbehörde die Deckungssumme nach Maßgabe des § 16 Abs. 2 Nr. 6 AtDeckV bis zu einer Höchstgrenze des Zweifachen der Summe nach S. 1 erhöhen.

Die Vorsorge ist nach Art. 4 Abs. (a) des Pariser Atomhaftungsübereinkommens 26
und des Brüsseler Zusatzübereinkommens idF v. 15.7.1985 (BGBl. 1985 II 963 (965)) – PÜ – grundsätzlich vom **Inhaber der Kernanlage** zu erbringen, die Ausgangs- oder Zielpunkt der Beförderung ist. Nach Art. 4 Abs. (d) PÜ iVm § 25 Abs. 2 S. 1 AtG kann der Beförderer aber die Haftung anstelle des Inhabers durch Vertrag übernehmen; er gilt dann als Inhaber.

Die aus Beförderungsvorgängen erwachsende Haftung ist danach als Gefähr- 27
dungshaftung ausgestaltet (*Haedrich* AtG § 25 Rn. 1).

§ 4 Abs. 3, der eine Pflicht zur Deckungsvorsorge für Kernbrennstoffe der sei- 28
nerzeitigen Anlage 2 entfallen ließ, ist mit Änderungsgesetz vom 29.8.2008 (BGBl. I 1793) **aufgehoben** worden. Dies wird aber durch die gleichzeitige Änderung des § 4 Abs. 5 S. 2 auf Beförderungen im Anwendungsbereich des PÜ und die Übernahme eines neueren Beschlusses des Direktionsausschusses begrenzt. In anderen Fällen ist weiter Deckungsvorsorge zu treffen. Maßgeblich ist **nunmehr die Entscheidung des Direktionsausschusses vom 18.10.2007,** die bestimmt, dass Kernbrennstoffe und Kernmaterialien während einer Beförderung und bei der Verwendung außerhalb einer Kernanlage unter bestimmten Voraussetzungen **nicht in den Anwendungsbereich des Pariser Übereinkommens** fallen. Die Übernahme dieser Entscheidung erfolgt auf der Grundlage des § 12a durch Rechtsverordnung (BT-Drs. 16/9077, 14).

5. Schutz gegen Störmaßnahmen oder sonstige Einwirkungen Dritter, SEWD (Abs. 2 Nr. 5)

Die Erteilung der Genehmigung setzt voraus, dass der **erforderliche Schutz** 29
gegen Störmaßnahmen oder sonstige Einwirkungen Dritter gewährleistet ist. Die Vorschrift ist wortgleich mit § 7 Abs. 2 Nr. 5 und § 6 Abs. 2 Nr. 4. Damit kann grundsätzlich auf → § 7 Rn. 56 ff. verwiesen werden. Zum Drittschutz vgl. die Ausführungen unter → Rn. 39 ff.

Im einstweiligen Rechtsschutzverfahren nach § 80 Abs. 5 VwGO reicht eine 30
Zusammenfassung des für die Genehmigungsbehörde erstellten Sachverständigen-

gutachtens aus, um trotz des beim Schutz vor Störmaßnahmen oder sonstigen Einwirkungen Dritter grundsätzlich bestehenden **Geheimschutzes** die Feststellung zu ermöglichen, dass kein Anlass besteht, die Annahme der Genehmigungsbehörde zu beanstanden, dass Gefahren und Risiken durch Störmaßnahmen oder sonstige Einwirkungen Dritter „praktisch ausgeschlossen" sind (OVG Berlin-Brandenburg ZUR 2018, 32 Rn. 19 f. – CASTOR-Transporte auf dem Neckar; generell zur Frage einer ausreichenden Entscheidungsgrundlage für die Gerichte angesichts des Geheimschutzes → § 7 Rn. 65 ff.). Es sind keine Gründe ersichtlich, warum dies nicht auch für das Hauptsacheverfahren gelten sollte.

31 Im Hinblick auf die nach den sog. **SEWD-Richtlinien** geforderten Schutzmaßnahmen sowie die diesen zugrundliegenden Lastannahmen kann grundsätzlich auf → § 7 Rn. 62, 71 ff. verwiesen werden. Zur Konkretisierung der Genehmigungsvoraussetzung nach § 4 Abs. 2 Nr. 5 gelten die SEWD-Richtlinie Beförderung Straße/Schiene und die Lastannahmen Kernbrennstofftransporte vom 15.5.2018 (GMBl. 2018 Nr. 32, S. 437, im Wortlaut wegen des erforderlichen Geheimschutzes nicht veröffentlicht).

6. Kein Entgegenstehen überwiegender öffentlicher Interessen (Abs. 2 Nr. 6)

32 Überwiegende öffentliche Interessen der Wahl der Art, Zeit und des Wegs dürfen der Beförderung nicht entgegenstehen. Dieser mögliche Hinderungsgrund steht in **Wechselwirkung insbesondere zu Abs. 2 Nr. 3**, der mit den danach zu beachtenden detaillierten verkehrsrechtlichen Vorschriften ebenfalls und ersichtlich abschließend die Sicherheit und Geeignetheit des jeweils gewählten Beförderungswegs im Blick hat (vgl. *Haedrich* AtG § 4 Rn. 2 aE). Ein verbleibender eigenständiger Anwendungsbereich der Vorschrift ist damit kaum zu erkennen (*Näser/Paul* in Theobald/Kühling § 4 Rn. 130). Sie kann als Auffangnorm für im Vorhinein noch nicht definierte **öffentliche** Interessen dienen, die sich direkt auf den Beförderungsvorgang beziehen und hier negativ zu Buche schlagen.

33 Zu beachten ist, dass die von § 4 Abs. 2 Nr. 6 erfassten öffentlichen Interessen nur solche sind, die **mit der Zweckbestimmung des Gesetzes im Einklang** stehen. Soweit diese den Beförderungsvorgang betrifft, besteht die Bestimmung darin, vor Störungen zu schützen, die zu aus der Beförderung führenden Schäden führen können (vgl. OVG Lüneburg NVwZ-RR 2005, 538). Gründe, die gegen die Beförderung aus anderen oder allgemeinen Erwägungen geltend gemacht werden, etwa abweichende energiepolitische Vorstellungen, sind deshalb nicht berücksichtigungsfähig.

7. Standortnahes Zwischenlager für zu befördernde bestrahlte Brennelemente nicht verfügbar (Abs. 2 Nr. 7)

34 Zu zentralen Zwischenlagern dürfen Transporte nur genehmigt werden, wenn ein standortnahes Zwischenlager nach § 9a Abs. 2 S. 3 nicht verfügbar ist. Damit wird die bereits in jener Vorschrift normierte Pflicht des Betreibers einer Anlage zur Spaltung von Kernbrennstoffen zur gewerblichen Erzeugung von Elektrizität, dass ein Zwischenlager nach § 6 Abs. 1 innerhalb des abgeschlossenen Geländes der Anlage oder nach § 6 Abs. 1 in der Nähe der Anlage errichtet wird (standortnahes Zwischenlager) und die anfallenden bestrahlten Kernbrennstoffe bis zu deren Ablieferung an eine Anlage zur Endlagerung radioaktiver Abfälle dort auf-

bewahrt werden, von § 4 Abs. 2 Nr. 7 flankiert. Die Vorschrift soll **sicherstellen, dass sich ein Anlagenbetreiber dieser Pflicht nicht entzieht** (OVG Lüneburg NVwZ 2004, 1136 (1137)).

Zur Beurteilung der Verfügbarkeit ist auf die tatsächliche und rechtliche Einlagerungsmöglichkeit in dem jeweiligen standortnahen Zwischenlager zum Zeitpunkt der Erteilung der Beförderungsgenehmigung abzustellen. Eine Einlagerungsmöglichkeit ist nur gegeben, wenn die Zwischenlagergenehmigung **bestandskräftig oder für sofort vollziehbar erklärt** ist und genehmigte Behälter zur Aufbewahrung im Einzelfall tatsächlich zur Verfügung stehen (BT-Drs. 14/6890, 19). 35

IV. Rechtsschutzfragen

1. Antragsteller

Gegen die vollständige oder teilweise Versagung der Genehmigung kann der Antragsteller nach erfolgloser Widerspruchseinlegung Verpflichtungsklage zum VG erheben, § 42 Abs. 1 Alt. 2 VwGO. Der Widerspruch entfällt nicht nach § 70 VwGO, weil das Verfahren nach § 4, anders als das der AtVfV unterfallende Verfahren nach § 7, kein förmliches Verwaltungsverfahren ist (→ Rn. 5). Er entfällt auch nicht nach § 68 VwGO, weil die nach § 23 d S. 1 Nr. 6 zuständige Erteilungsbehörde keine oberste Bundesbehörde, sondern eine Bundesoberbehörde ist (*Dolde/Porsch* in SSB VwGO § 68 Rn. 15). Erste Gerichtsinstanz ist regulär das nach § 45 VwGO zuständige Verwaltungsgericht. 36

2. Gemeinden

Unabhängig davon, ob und wie weit (private) Dritte überhaupt befugt sind, eine Genehmigung nach § 4 anzugreifen (→ Rn. 39 f.), ist eine Klagebefugnis von Gemeinden nach § 42 Abs. 2 VwGO nur gegeben, wenn sie potenzielle Verletzungen ihres **Selbstverwaltungsrechts nach Art. 28 Abs. 2 GG** geltend machen können. Eine Gemeinde kann sich weder auf Grundrechte – auch nicht auf das Eigentum – berufen noch Rechte ihrer Bürger gleichsam in Prozessstandschaft geltend machen. 37

Die Selbstverwaltungsgarantie, Art. 28 Abs. 2 GG, umfasst vor allem die **Planungshoheit.** Diese wird beeinträchtigt, wenn ein Vorhaben eine hinreichend verfestigte Planung nachhaltig stört, wesentliche Teile des Gemeindegebiets einer durchsetzbaren Planung entzieht oder wenn kommunale Einrichtungen durch das genehmigte Vorhaben erheblich beeinträchtigt werden (OVG Lüneburg BeckRS 2013, 5836, dies dort **verneint** bei sieben Brennelementtransporten über den Bahnhof auf Gemeindegebiet und mangels Substantiierung eines nur allgemein befürchteten schweren Transportunfalls). 38

3. Private Dritte

Nach der **neueren Rechtsprechung des BVerwG** dienen die Regelungen über die Gewährleistung der erforderlichen Vorsorge gegen Schäden durch die Beförderung von Kernbrennstoffen in **§ 4 Abs. 2 Nr. 3** wie die über die Gewährleistung des erforderlichen Schutzes gegen Störmaßnahmen oder sonstige Einwirkungen Dritter nach **Nr. 5 auch dem Schutz individueller Rechte von** 39

Dritten, die „in der Nähe einer Umschlaganlage oder einer von dort ins Transportbehälterlager führenden Straße wohnen" (BVerwG NVwZ 2013, 1407, Ls. und Rn. 30 f.).

40 Damit wurde das eine **drittschützende Wirkung verneinende Urteil des OVG Lüneburg** (BeckRS 2011, 1487 = DVBl. 2011, 1487) **aufgehoben** und die Sache zur erneuten Entscheidung zurückverwiesen. Das OVG hatte – bis dahin in ständiger Rechtsprechung – das erstinstanzliche Urteil bestätigt, mit dem die Anwohnerklage gegen einen „Castor"-Transport mangels Klagebefugnis als unzulässig abgewiesen worden war. Es hatte dazu ausgeführt (insbes. Rn. 51, 60, 67, 70, 72 und 80): Ob eine behördliche Genehmigung tragende Norm Dritten, die durch die Entscheidung betroffen werden, Schutz gewähre und Abwehrrechte einräume, hänge vom Inhalt der jeweiligen Norm sowie davon ab, ob der Drittbetroffene in den mit der behördlichen Entscheidung gestalteten Interessenausgleich eine eigene schutzfähige Rechtsposition einbringen könne. Drittschutz in diesem Sinne vermittelten nur solche Vorschriften, die nach dem in ihnen enthaltenen **Entscheidungsprogramm** auch der Rücksichtnahme auf Interessen eines individualisierbaren, dh sich von der Allgemeinheit unterscheidenden Personenkreises dienten, und zwar derart, dass diese Träger von Individualinteressen die Einhaltung des Rechtssatzes verlangen können sollten. Dem entscheidungsrelevanten Normprogramm des § 4 Abs. 2 Nr. 3 Hs. 1 und den dort in Bezug genommenen gefahrgutrechtlichen Vorschriften lasse sich indessen nicht entnehmen, dass diese den Schutz der Streckenanlieger in besonderem Maß, also über den der Allgemeinheit zukommenden Schutz hinaus, beabsichtigten. Wenn auch die Einhaltung der festgesetzten Grenzwerte im Nahbereich des Transportbehälters besonders die Anlieger mittelbar und faktisch schütze, blieben diese dabei gleichwohl Teil der Allgemeinheit und würden ihnen keine darüber hinaus gehenden Rechte zugestanden. Dass das Grundstück des Klägers bei der bislang für Transporte in das Transportbehälterlager G. gewählten Art und Wegstrecke der Beförderung (Schienentransport bis D.) stets in der Nähe der Transportstrecke gelegen habe, sei für die Frage, ob sich aus der Norm des § 4 Abs. 2 Nrn. 3 und 5 ein Kreis besonders Betroffener bestimmen lasse, unerheblich. Die Norm verlange keine Festlegung der Transportstrecke, entsprechend halte die angefochtene Genehmigung Grenzübergang, Umschlagort und Fahrtstrecke sowie Fahrtzeit offen. Auch dass § 4 Abs. 2 Nr. 6 hinsichtlich der Wahl der Art der Beförderung, der Zeit und des Transportweges ausdrücklich (nur) öffentliche Interessen in den Blick nehme, spreche gegen eine Heraushebung der Anlieger gegenüber der Allgemeinheit. Nicht zuletzt sei auch die Bestimmung eines „Korridors" nicht möglich, weil sich ein Transport nicht mit einer bestimmten Geschwindigkeit bewege, der Einwirkungsbereich des Genehmigungsgegenstandes aber nur über die Einwirkzeit bestimmt werden könne. Schließlich gehörten die sicherheitstechnischen Anforderungen an Behälter und Inventar auch im Hinblick auf SEWD nicht zum Entscheidungsprogramm der Behörde bei Erteilung der Beförderungsgenehmigung.

41 **Demgegenüber** hat auch das **BVerwG (NVwZ 2013, 1407)** nicht in Abrede gestellt, dass das von § 4 Abs. 2 Nr. 3, Alt. 1 in Bezug genommene „Gefahrgutrecht selbst keinen Drittschutz gewährt" (Rn. 35). Das besage aber nicht, dass die darauf verweisende und durch dessen sicherheitsrechtliche Vorgaben angereicherte Genehmigungsvoraussetzung des § 4 Abs. 2 Nr. 3 ebenfalls keinen Drittschutz vermitteln könne. Allein das Atomgesetz und nicht nachgeordnetes oder in Bezug genommenes Recht entscheide mit dem von ihm verfolgten übergreifenden Gesetzeszweck des § 1 Nr. 2 über die Schutzwirkung zugunsten Dritter.

§ 4 AtG
Beförderung von Kernbrennstoffen

§ 4 Abs. 2 Nr. 3 mache die Beförderungsgenehmigung für Kernbrennstoffe von 42
der Gewährleistung abhängig, dass diese unter Beachtung der für den jeweiligen Verkehrsträger geltenden Rechtsvorschriften über die Beförderung gefährlicher Güter befördert werden oder, soweit solche Vorschriften fehlen, auf andere Weise **die nach dem Stand von Wissenschaft und Technik erforderliche Vorsorge gegen Schäden durch die Beförderung getroffen** sei. Trotz der Aufgliederung in zwei Regelungsalternativen erhebe auch diese Vorschrift die erforderliche Schadensvorsorge in beiden Alternativen zur Genehmigungsvoraussetzung und richte den gebotenen Schutzstandard am jeweiligen Stand von Wissenschaft und Technik aus. Das ergebe sich zwingend aus der Formulierung der zweiten Alternative, wonach – soweit Gefahrgutvorschriften fehlten – die nach dem Stand von Wissenschaft und Technik erforderliche Schadensvorsorge „auf andere Weise" getroffen sein müsse. Beide Alternativen verpflichteten also zur Gewährleistung der erforderlichen Schadensvorsorge; sie unterschieden sich lediglich darin, dass in der ersten Alternative zur Konkretisierung auf das Gefahrgutrecht verwiesen werde, während in der zweiten Alternative die Vorsorgeanforderungen auf andere Weise durch die Exekutive konkretisiert werden müssten. Der **Regelungsgehalt des § 4 Abs. 2 Nr. 3** sei demnach **im Wesentlichen mit dem § 7 Abs. 2 Nr. 1 und des § 6 Abs. 2 Nr. 2 vergleichbar**, so dass die Frage nach dem Schutznormcharakter des § 4 Abs. 2 Nr. 3 schwerlich anders beantwortet werden könne als für die beiden anderen, die unstreitig als Schutznormen qualifiziert würden.

In der Rechtsprechung des Bundesverwaltungsgerichts sei allerdings **an-** 43
erkannt, dass atomrechtliche Vorschriften einen grundrechtskonkretisierenden subjektivrechtlichen Gehalt nur insoweit aufwiesen, als sie neben dem geschützten Recht **auch einen bestimmten und abgrenzbaren Kreis der hierdurch Berechtigten** erkennen ließen. Dies betreffe zuvörderst Menschen, die **im Gefahrenbereich einer genehmigungsbedürftigen Anlage** wohnten oder arbeiteten. Dabei sei eine Rechtsverletzung erst in Betracht zu ziehen, wenn an einem für den Betroffenen „bedeutsamen Standort", also an seinem Wohnort, Arbeitsplatz oder Aufenthaltsort radioaktive Konzentrationen zu erwarten seien, die nach den Wertungen des Atomgesetzes nicht hingenommen werden müssten. Mit dem jeweiligen Einwirkungsbereich einer Anlage verbinde sich dann ein **bestimmbarer Kreis betroffener Personen** (Rn. 39).

Eine solche räumliche Beziehung liege auch bei den Klägern vor, weil sie 44
650 m von der Eisenbahnstrecke und 26 m von der zum Zielpunkt führenden Straße entfernt wohnten. Die Vielzahl möglicher Transportwege verenge sich hier nach Art eines Flaschenhalses auf eine nahezu zwangsläufig zu benutzende Strecke. Diese Umstände rechtfertigten die Annahme, dass die Betroffenheit der Kläger sich **deutlich abhebe** von derjenigen sonstiger (potenzieller) Anlieger einer bescheidmäßig nicht festgelegten Beförderungsstrecke. Auch in zeitlicher Hinsicht höben sich die Kläger von der Vielzahl der Transportbetroffenen durch die Verweildauer der Transporte in der benachbarten Umschlaganlage von übrigen Anliegern des Schienenweges ab, auf dem das Transportgut in einem mehr oder weniger flüchtigen Beförderungsvorgang vorbeigeführt werde (Rn. 40, 41).

Diese Begründung des Drittschutzes durch das BVerwG **vermag nicht zu** 45
überzeugen (kritisch auch *Leidinger/Rutloff* NVwZ 2013, 1369, 1373: „Konkrete Reichweite bleibt konturenlos"; nach *Näser/Paul* in Theobald/Kühling § 4 Rn. 134 „Paradigmenwechsel zum Drittschutz", der in seinen Konsequenzen noch nicht abschließend bewertet werden könne; *Thienel* in NK-AtomR § 4 Rn. 17 hält die

AtG § 4 Zweiter Abschnitt Überwachungsvorschriften

Begründung für „eng am Einzelfall orientiert, die Fragen offenlässt"; dem BVerwG zustimmend *Schlacke* ZUR 2013, 614).

46 Ausgangspunkt der Drittschutzbestimmung ist – unstreitig – der Inhalt der jeweiligen **Norm** und deren Entscheidungsprogramm. Wenn sich, wie praktisch ausnahmslos, die Vorsorge gegen Schäden durch die Beförderung aus der gesetzlich vorrangigen ersten Alternative des § 4 Abs. 2 Nr. 3 und damit aus der Einhaltung der gefahrgutrechtlichen Vorgaben ergibt, auf die dort direkt verwiesen wird, kann sich nur aus diesen der nach dem von der Allgemeinheit abgegrenzte Personenkreis ermitteln lassen, dessen Rechte dann besonders zu berücksichtigen wären. Das Gefahrgutrecht ist aber auf das Ziel gerichtet sind, **unterschiedslos für jeden**, der in die Nähe der Transportstrecke gelangt, unabhängig von der Aufenthaltshäufigkeit und -dauer **einen dem gesetzlichen Sicherheitsstandard entsprechenden Schutz** zu gewährleisten, und zwar durch das **Konzept sicherer Versandstücke** (→ Rn. 21). Dieses Konzept und seine technischen Parameter werden nicht durch größere oder geringere Nähe zur Transportstrecke und die zeitliche Dauer des Vorbeifahrens oder Anhaltens bestimmt oder sonst beeinflusst. Es gewährleistet ausnahmslos und generalisierend, dass während der Beförderung radioaktiver Stoffe die Dosisleistung auf der Außenfläche des Versandstücks bzw. des Fahrzeugs an keinem Punkt 2 mSv/h und in einem Abstand von 2 m vom Fahrzeug an keinem Punkt 0,1 mSv/h überschreiten darf (→ Rn. 22).

47 Wenn das BVerwG demgegenüber zur Bestimmung eines näheren Nachbarschaftskreises darauf verweist, dass einzelne Anlieger infolge von Zwangspunkten der Streckenführung räumlich und zeitlich stärker als andere betroffen sind, trifft dies zwar zu. Dieser Ansatz übersieht aber, dass es für den Drittschutz auf das **Entscheidungsprogramm der Norm** ankommt und nicht darauf, ob und wie häufig Einzelne von den Auswirkungen der Genehmigung **tatsächlich** betroffen werden. Er vermengt damit unterschiedliche Ebenen. Da es auf die Konstruktion und Auslegung der Versandstücke sowie die Wahl des Beförderungswegs keinen Einfluss hat, ob der Streckenanlieger direkt am Bahndamm oder einige Kilometer davon entfernt wohnt und wie lange er sich voraussichtlich in der Nähe des Tarnsportzugs oder Transportfahrzeugs aufhalten wird, spielen diese Kriterien für das Entscheidungsprogramm keine Rolle und definieren damit auch keinen abgrenzbaren besonders zu berücksichtigenden Personenkreis. Die zu Recht vermisste konkrete Reichweite der Entscheidung des Bundesverwaltungsgerichts wird sich deshalb auch nicht näher bestimmen lassen. Denn die der Genehmigung zugrunde liegende Norm enthält dafür keine Kriterien.

48 Daraus, dass **§ 7 Abs. 2 Nr. 3 und § 6 Abs. 2 Nr. 2 mit § 4 Abs. 2 Nr. 3 Alt. 2** wortgleich sind und den erstgenannten Genehmigungen vor dem Hintergrund der Schutzzweckbestimmung des § 1 Nr. 2 auch **drittschützender Charakter** zugestanden wird, kann für § 4 Abs. 2 Nr. 3 schwerlich etwas abgeleitet werden. Denn der Staat hat dafür, auf welche Weise er seiner aus § 1 Nr. 2 folgenden Schutzpflicht nachkommt, einen Wertungs- und Gestaltungsspielraum (*Thienel* in NK-AtomR § 1 Rn. 7). Die Auswirkungen von Beförderungsvorgängen lassen sich mit denen stationärer Anlagen nur bedingt vergleichen. Bei ersteren liegt es wegen der Unbestimmtheit des betroffenen Publikums nahe, den Schutz durch Konzeptlösungen wie eben in dem Gefahrgutrechts sicherzustellen. Erst auf dieser Grundlage und **nicht allgemein nach der Zielbestimmung** kann sich entscheiden, ob Rechte bestimmter Dritter in den gewählten Verfahren bestehen sollen. Auch einem hohen Gefährdungspotenzial kommt dafür keine Bedeutung zu. Denn der Einzelne kann auch als Mitglied der Allgemeinheit dagegen bestmöglich geschützt sein.

Das BVerwG hat es für die Klagebefugnis ausreichen lassen, dass die Kläger hin- 49
reichend substantiell einen bestimmten Beförderungsunfall geltend gemacht hätten
(Rn. 42). Nicht brauchte es darüber zu entscheiden, ob es im Rahmen der Überprüfung der Genehmigung nach § 4 Abs. 2 Nr. 3 auch zu einer **inzidenten Überprüfung der Bauartprüfung oder der Bauartzulassung** kommen kann, die teilweise von einer anderen als der Genehmigungsbehörde vorgenommen und die von letzterer bei Genehmigungserteilung in der Sache auch nicht mehr inhaltlich geprüft wird (→ Rn. 24). Das OVG Lüneburg hat in seiner Entscheidung (DVBl. 2011, 1487 Rn. 46) die Möglichkeit einer Inzidentprüfung deshalb verneint.

§ 4a Deckungsvorsorge bei grenzüberschreitender Beförderung

(1) **Die nach § 4 Abs. 2 Nr. 4 erforderliche Vorsorge für die Erfüllung gesetzlicher Schadensersatzverpflichtungen ist vorbehaltlich der Absätze 3 und 4 bei der grenzüberschreitenden Beförderung von Kernbrennstoffen getroffen, wenn sich die nach Artikel 4 Abs. c** *[künftige Fassung: Artikel 4 Abs. d]* **des Pariser Übereinkommens erforderliche Bescheinigung über die Deckungsvorsorge auf den Inhaber einer in einem Vertragsstaat des Pariser Übereinkommens gelegenen Kernanlage bezieht.**

(2) ¹**Versicherer im Sinne des Artikels 4 Abs. c** *[künftige Fassung: Artikels 4 Abs. d]* **des Pariser Übereinkommens ist**
1. **ein im Inland zum Betrieb der Haftpflichtversicherung befugtes Versicherungsunternehmen oder**
2. **ein Versicherungsunternehmen eines Drittstaates im Sinne des § 7 Nummer 34 des Versicherungsaufsichtsgesetzes, das in seinem Sitzland zum Betrieb der Haftpflichtversicherung befugt ist, wenn neben ihm ein nach Nummer 1 befugtes Versicherungsunternehmen oder ein Verband solcher Versicherungsunternehmen die Pflichten eines Haftpflichtversicherers übernimmt.**

²**Eine sonstige finanzielle Sicherheit kann anstelle der Versicherung zugelassen werden, wenn gewährleistet ist, daß der zur Deckungsvorsorge Verpflichtete, solange mit seiner Inanspruchnahme gerechnet werden muß, in der Lage sein wird, seine gesetzlichen Schadensersatzverpflichtungen im Rahmen der Festsetzung der Deckungsvorsorge zu erfüllen.**

(3) ¹**Ist für einen Vertragsstaat des Pariser Übereinkommens das Brüsseler Zusatzübereinkommen nicht in Kraft getreten, so kann im Falle der Durchfuhr von Kernbrennstoffen die Genehmigung nach § 4 davon abhängig gemacht werden, daß den nach dem Recht dieses Vertragsstaates vorgesehene Haftungshöchstbetrag des Inhabers der Kernanlage für nukleare Ereignisse, die im Verlaufe der Beförderung im Inland eintreten,** *[künftige Fassung: Höchstbetrag der Haftung des Inhabers der Kernanlage oder bei summenmäßig unbegrenzter Haftung des Inhabers der Kernanlage der Betrag der Versicherung oder der sonstigen finanziellen Sicherheit für ein nukleares Ereignis, das im Verlaufe der Beförderung im Inland eintritt,]* **soweit erhöht wird, wie dies nach Menge und Beschaffenheit der Kernbrennstoffe sowie den getroffenen Sicherheitsmaßnahmen erforderlich ist.** ²**Der Inhaber der Kernanlage hat durch Vorlage einer von der zuständigen Behörde des Vertragsstaates ausgestellten Bescheinigung den Nachweis der Deckungsvorsorge für den erhöhten Haftungshöchstbetrag** *[künftige Fassung: nach Satz 1 erhöhten Betrag]* **zu erbringen.**

(4) Im Falle der Einfuhr oder Ausfuhr von Kernbrennstoffen aus einem oder in einen anderen Vertragsstaat des Pariser Übereinkommens, für den das Brüsseler Zusatzübereinkommen nicht in Kraft getreten ist, kann die Genehmigung nach § 4 davon abhängig gemacht werden, daß der Inhaber der im Inland gelegenen Kernanlage, zu oder von der die Kernbrennstoffe befördert werden sollen, die Haftung für nukleare Ereignisse, die im Verlaufe der Beförderung im Inland eintreten, [*künftige Fassung: ein nukleares Ereignis, das im Verlaufe der Beförderung im Inland eintritt,*] nach den Vorschriften dieses Gesetzes übernimmt, wenn der in dem anderen Vertragsstaat des Pariser Übereinkommens vorgesehene Haftungshöchstbetrag im Hinblick auf die Menge und Beschaffenheit der Kernbrennstoffe sowie die getroffenen Sicherheitsmaßnahmen nicht angemessen ist [*künftige Fassung: wenn der in dem anderen Vertragsstaat des Pariser Übereinkommens vorgesehene Haftungshöchstbetrag oder bei summenmäßig unbegrenzter Haftung des Inhabers der Kernanlage der Betrag der Versicherung oder der sonstigen finanziellen Sicherheit im Hinblick auf die Menge und Beschaffenheit der Kernbrennstoffe sowie die getroffenen Sicherheitsmaßnahmen nicht angemessen ist*].

[Der in kursiv gedruckte Text enthält die Fassung des noch nicht in Kraft getretenen Gesetzes vom 29. 8. 2008 (BGBl. I 1793).]

Literatur: *Magnus*, International Nuclear Transport from the private international law perspective, 2000; *Schwartz*, 10th Anniversary of the International School of Nuclear Law, 2010; BHR EnergieR I.

I. Grundsatz (Abs. 1)

1   Die Vorschrift konkretisiert für die Fälle der **grenzüberschreitenden Beförderung** von Kernbrennstoffen die in § 4 Abs. 2 Nr. 4 als Genehmigungsvoraussetzung begründete Pflicht zur **Deckungsvorsorge**. Gemäß § 4a Abs. 1 ist die Deckungsvorsorge dann erbracht, „wenn sich die nach Artikel 4 Abs. d des Pariser Übereinkommens erforderliche Bescheinigung über die Deckungsvorsorge auf den Inhaber einer in einem Vertragsstaat des Pariser Übereinkommens gelegenen Kernanlage bezieht". Eine Nachprüfung durch die Genehmigungsbehörde findet nicht statt. Nach Art. 4 Abs. (d) PÜ hat der haftpflichtige Inhaber der Kernanlage den Beförderer mit einer Bescheinigung des Versicherers oder anderen Deckungsgebers über die nach Art. 10 PÜ zu erbringende finanzielle Sicherheit zu versehen.

2   Es folgt aus den Voraussetzungen für die Anwendung des § 4a, dass die Vorschrift lediglich jene grenzüberschreitenden Beförderungen regelt, auf die das **Pariser Übereinkommen** anwendbar ist. Das sind zunächst Beförderungen zu und von den Vertragsstaaten des Übereinkommens und bestimmt sich im Übrigen nach Art. 2 PÜ iVm § 25 Abs. 4. Im Verhältnis zu Nichtvertragsstaaten findet jedoch der deutsche nationale Anwendungsbefehl für § 4a seine Grenzen in den Regelungen des in dem jeweiligen Nichtvertragsstaat geltenden Beförderungsrechts. Das anwendbare Haftungsrecht bestimmt sich in diesen Fällen nach den Regelungen des Internationalen Privatrechts, dh auch ein anderes Recht als das des Pariser Übereinkommens iVm dem innerstaatlichen Recht der betroffenen Vertragspartei kann für anwendbar erklärt werden (auch *Magnus*, International Nuclear Transport from the private international law perspective, 263 ff.).

§ 4a findet somit auch **keine Anwendung** auf Kernbrennstoffe, die grenz- 3
überschreitend befördert werden sollen und für die **kein Inhaber** aus einem
Vertragsstaat des **Pariser Übereinkommens** haftpflichtig ist. Das können zB
Kernbrennstoffe eines Inhabers aus einem Nichtvertragsstaat sein, die sich zu Forschungszwecken in einem inländischen Labor, das keine Kernanlage ist, befinden
und zurückgeführt werden sollen. In diesen Fällen kommt das Privileg des vereinfachten Nachweises der Deckungsvorsorge durch Vorlage der Deckungsvorsorgebescheinigung nicht zur Anwendung. Die Deckungsvorsorge muss wie üblich
nachgewiesen werden und wird von der Genehmigungsbehörde überprüft.

Gemäß § 2 Abs. 4 entspricht, soweit sich die Haftung nach dem Pariser Überein- 4
kommen bestimmt, für die Anwendung der Vorschriften über die „Haftung und
Deckung" des Gesetzes der Begriff „Kernbrennstoff" der Begriffsbestimmung in
Art. 1 Abs. (a) PÜ. § 4a Abs. 1 ist eine Vorschrift über die Deckung der Haftpflicht
und legt somit den **Kernbrennstoffbegriff des Pariser Übereinkommens** zu
Grunde, sofern auf die Beförderung das Pariser Übereinkommen anwendbar ist:
Die in Abs. 1 geforderte Bescheinigung über die Deckungsvorsorge gem. Art. 4
Abs. (d) PÜ kann sich nur auf Kernbrennstoffe iSd Übereinkommens beziehen.
Demgegenüber statuiert § 4, den § 4a ergänzt, eine Genehmigungspflicht für die
Beförderung von **Kernbrennstoffen**, wie diese in **§ 2 Abs. 1 S. 2** definiert sind.
Beide **Begriffsbestimmungen** sind jedoch **unterschiedlich**. Das Pariser Übereinkommen stellt auf die Spaltbarkeit der Stoffe ab und bezieht sich auf Uran und
Plutonium. Demgegenüber definiert das Atomgesetz als Kernbrennstoffe Plutonium 239 und 241, mit den Isotopen 235 und 233 angereichertes Uran sowie Verbindungen dieser Stoffe um im Übrigen über die Fähigkeit, „eine sich selbst tragende Kettenreaktion" aufrechtzuerhalten. Die Definition des Atomgesetzes deckt
auch Isotope anderer Elemente außer den genannten ab, aber dies ist derzeit ohne
praktische Bedeutung (zu der Begriffsbestimmung des AtG ausführlich BHR EnergieR I 408ff.). Die Unterschiede der beiden Definitionen hätten dann Auswirkungen auf die Anwendung der §§ 4 und 4a, wenn die auf dem Pariser Übereinkommen beruhende Kernbrennstoffdefinition des § 4a enger wäre bzw. sich auf andere
Stoffe bezöge als die Definition des Atomgesetzes. Dann wäre nämlich nicht auszuschließen, dass die sich auf Kernbrennstoffe iSd Pariser Übereinkommens bezogene Bescheinigung über die Deckungsvorsorge nicht die gem. § 4 beförderten Kernbrennstoffe umfasst. Das ist jedoch nicht der Fall: die spaltbaren Stoffe Uran und
Plutonium sind auch Bestandteil der Definition des Atomgesetzes (BT-Drs.
16/9077, 14). Jedoch zeigt dieser Fall, dass die unterschiedlichen Definitionen die
Rechtsanwendung komplizierter machen (vgl. dazu auch die kritischen Bemerkungen in der Begründung zum Dritten Änderungsgesetz zum AtG in BT-Drs.
7/2183, 17; kritisch ebenfalls *Fischerhof* Dt. AtomG § 2 Rn. 6).

II. Versicherer (Abs. 2 S. 1)

1. Inländische Versicherer (Nr. 1)

§ 4a Abs. 2 bestimmt, wer Versicherer iSd Art. 4 Abs. (d) PÜ ist, dh welcher Ver- 5
sicherer die Bescheinigung über die Deckungsvorsorge auszustellen berechtigt ist,
so dass die Deckungsvorsorge für die grenzüberschreitende Beförderung als erbracht gilt. Hierzu zählen die im **Inland zum Betrieb der Haftpflichtversicherung befugten Versicherungsunternehmen** (Abs. 2 S. 1 Nr. 1). Diese umfassen

nicht nur inländische Versicherungsunternehmen, sondern auch in allen EU- und EWR-Mitgliedsstaaten zum Versicherungsgeschäft befugten Unternehmen. Innerhalb der EU und der EWR gilt eine Einheitszulassung für Versicherer (Single-Licence-Prinzip) bei Beibehaltung der Sitzlandaufsicht (vgl. dazu das Versicherungsaufsichtsgesetz (VAG) idF v. 19.3.2020, BGBl. I 529). Das VAG setzt die RL 2009/138/EG (ABl. 2009 L 335, 1; zuletzt geändert durch RL 2018/843/EU, ABl. 2018 L 156, 43) und die Delegierte VO (EU) 2015/35 (ABl. 2015 L 12, 1) um. Nationale Aufsichtsbehörde ist die Bundesanstalt für Finanzdienstleistungsaufsicht (BaFin; §§ 320, 294ff. VAG).

2. Versicherer aus einem Drittstaat (Nr. 2)

6 Versicherer iSd § 4a Abs. 2 ist ferner das **"Versicherungsunternehmen eines Drittstaates iSd des § 7 Nummer 34 des Versicherungsaufsichtsgesetzes,** das in seinem Sitzland zum Betrieb der Haftpflichtversicherung befugt ist, wenn **neben ihm** ein nach Nr. 1 befugtes Versicherungsunternehmen oder ein Verband solcher Versicherungsunternehmen die Pflichten eines Haftpflichtversicherers übernimmt" (Abs. 2 S. 1 Nr. 2).

7 Versicherungsunternehmen eines Drittstaates sind gem. § 7 Nr. 34 VAG „Erst- oder Rückversicherungsunternehmen, die ihren Sitz in einem Drittstaat haben und eine behördliche Zulassung gem. Artikel 14 Absatz 1 der Richtlinie 2009/138/EG benötigen würden, wenn sie ihren Sitz in einem Staat innerhalb des Europäischen Wirtschaftsraums hätten." Drittstaaten sind Staaten, die nicht Mitgliedstaat der Europäischen Union oder ein anderer Vertragsstaat des Abkommens über den Europäischen Wirtschaftsraum sind (§ 7 Nr. 22, 6 VAG). Versicherer aus einem Drittstaat bedürfen in Deutschland einer Erlaubnis zur Geschäftsaufnahme (§§ 67ff. VAG und ergänzend RL 2009/138/EG). Das gilt freilich nicht für die sog. Korrespondenzversicherung, bei der der inländische Versicherungsnehmer den Versicherungsvertrag mit einem ausländischen Versicherer abschließt, ohne dass dieser im Inland tätig wird. **Zusätzlich** zu diesen generellen Voraussetzungen für die Geschäftsaufnahme eines Versicherungsunternehmens eines Drittlandes im Inland verlangt § 4a Abs. 2, dass **neben ihm ein inländischer Versicherer** oder ein Verband solcher Versicherer die **Pflichten eines Haftpflichtversicherers übernimmt**. Mit dieser weiteren Zulassungsvoraussetzung soll das unterschiedliche Versicherungsaufsichtsrecht in den Drittstaaten ausgeglichen werden (BT-Drs. 7/2183, 18; vgl. auch *Thienel* in NK-AtomR § 4a Rn. 2–4).

III. Sonstige finanzielle Sicherheit (Abs. 2 S. 2)

8 Abs. 2 S. 2 erlaubt als eine für die Beförderung nachzuweisende Deckungsvorsorge anstelle einer Versicherung auch eine **sonstige finanzielle Sicherheit**. Für diese ist jedoch sicherzustellen, dass der Deckungsgeber für die Dauer der Beförderung mit Einschluss von Zwischenaufenthalten (Art. 5 Abs. (b) PÜ; → PÜ Art. 5 Rn. 3, 4) sowie ggf. auch von Be- und Entladevorgängen „in der Lage sein wird, seine gesetzlichen Schadensersatzverpflichtungen im Rahmen der Festsetzung der Deckungsvorsorge zu erfüllen". Der Deckungsgeber unterliegt insoweit derselben Überwachung im Hinblick auf Bonität etc. durch die Aufsichtsbehörde wie ein Versicherungsunternehmen. Aufsichtsbehörde ist jedoch nicht die BaFin (§ 294 VAG), sondern die atomrechtlich zuständige Behörde. „Da die Formen und Mög-

lichkeiten einer derartigen sonstigen Deckungsvorsorge unterschiedlich und vielfältig sein können, wird hier die Genehmigungsbehörde in jedem Einzelfall nach pflichtmäßigem Ermessen zu prüfen haben, ob die angebotene Sicherheit tatsächlich und rechtlich ausreichend ist." (BT-Drs. 7/2183, 18; Beispiele für eine sonstige finanzielle Sicherheit bei *Schwartz*, 10th Anniversary of the International School of Nuclear Law, 320; → PÜ Art. 10 Rn. 4; zur sog. Solidarvereinbarung der deutschen Kernanlageninhaber → § 13 Rn. 20).

IV. Durchfuhr (Abs. 3)

Abs. 3 trifft Sonderregeln für die Genehmigung nach § 4 einer **Durchfuhr** von 9 Kernbrennstoffen für einen Vertragsstaat des Pariser Übereinkommens, für den das **Brüsseler Zusatzübereinkommen** (→ PÜ Vor Rn. 3, 4) **nicht in Kraft getreten** ist. In diesen Fällen kann die Genehmigung nach § 4 davon abhängig gemacht werden, dass der nach dem Recht des Vertragsstaats vorgesehene Haftungs-, oder bei summenmäßig nicht begrenzter Haftung, die Deckungssumme „soweit erhöht wird, wie dies nach Menge und Beschaffenheit der Kernbrennstoffe sowie den getroffenen Sicherheitsmaßnahmen erforderlich ist". Die Erhöhung ist durch eine Bescheinigung der zuständigen Behörde nachzuweisen.

Mit dieser Regelung weicht § 4a Abs. 3, sofern für den Transport das Pariser 10 Übereinkommen gilt, von einer Grundsatzregelung dieses Übereinkommens ab, nämlich von der Regel, dass der Inhaber die für ihn gem. **Art. 7 Abs. (d) PÜ** festgesetzte Haftungs- und Deckungssumme mitnimmt, wo immer er sich befindet, also diese gilt „wo immer das nukleare Ereignis eintritt". Jedoch erlaubt Art. 7 Abs. (e) PÜ von diesem Grundsatz eine Ausnahme für die **Durchfuhr** von Kernmaterialien, wenn die Vertragspartei, durch deren Hoheitsgebiet die Durchfuhr erfolgt, findet, dass der festgesetzte Betrag dem Risiko nicht angemessen ist (→ PÜ Art. 7 Rn. 9, 10). Von dieser Option macht § 4a Abs. 3 Gebrauch. Jedoch hat der deutsche Gesetzgeber die Umsetzung der Option beschränkt auf Vertragsparteien des Pariser Übereinkommens, für die das Brüsseler Zusatzübereinkommen nicht in Kraft getreten sind. Dadurch sollten in der ursprünglichen Fassung der Vorschrift aus dem Jahr 1975 die unterschiedlichen und oft auf niedrigem Niveau bestehenden Haftungshöchstsummen der Vertragsparteien des Pariser Übereinkommens ausgeglichen werden. Mit dem Inkrafttreten des Protokolls 2004 zum Pariser Übereinkommen und der damit verbundenen Einführung von hohen Mindesthaftungssummen (→ PÜ Art. 7 Rn. 4 ff.) dürfte die Regelung des Abs. 3 an praktischer Bedeutung verloren haben (siehe auch die Gesetzesbegründung BT-Drs. 16/9077, 15).

V. Einfuhr und Ausfuhr (Abs. 4)

§ 4a Abs. 4 sieht für die **Einfuhr oder Ausfuhr von Kernbrennstoffen** aus 11 oder in Vertragsstaaten des Pariser Übereinkommens, für die das **Brüsseler Zusatzübereinkommen** nicht gilt, ebenfalls Sonderregeln vor: die Erteilung einer Genehmigung nach § 4 kann davon abhängig gemacht werden, dass der versendende oder empfangende Inhaber einer Kernanlage im Inland die Haftung für nukleare Ereignisse, die während der Beförderung im Inland eintreten, übernimmt, wenn der Haftungshöchstbetrag in dem anderen PÜ-Staat „im Hinblick auf die

Menge und Beschaffenheit der Kernbrennstoffe sowie die getroffenen Sicherheitsmaßnahmen nicht angemessen ist". Der inländische Inhaber haftet dann nach den Vorschriften des Atomgesetzes in Verbindung mit dem Pariser Übereinkommen (→ Rn. 10 aE).

§ 4b Beförderung von Kernmaterialien in besonderen Fällen

(1) ¹Wer Kernmaterialien befördert, ohne einer Genehmigung nach § 4 zu bedürfen, hat vor Beginn der Beförderung der zuständigen Behörde die erforderliche Vorsorge für die Erfüllung gesetzlicher Schadensersatzverpflichtungen nachzuweisen. ²Reicht die angebotene Vorsorge nicht aus, so hat die Verwaltungsbehörde die erforderliche Deckungsvorsorge nach den Grundsätzen des § 13 Abs. 2 Nr. 1 festzusetzen. ³§ 4 Abs. 5 Satz 2 und 3 und § 4a sind anzuwenden.

(2) Absatz 1 ist nicht anzuwenden, soweit es sich um die Beförderung von Kernmaterialien handelt, die in Anlage 2 zu diesem Gesetz bezeichnet sind.

[künftige Fassung: (2) [aufgehoben]]

[Der in kursiv gedruckte Text enthält die Fassung des noch nicht in Kraft getretenen Gesetzes vom 29. 8. 2008 (BGBl. I 1793).]

I. Gesetzgeberisch beabsichtigte Schließung einer Regelungslücke

1   Mit der Anpassung des § 25 des Atomgesetzes an das ratifizierte Pariser Übereinkommen über die Haftung gegenüber Dritten auf dem Gebiet der Kernenergie (PÜ) und des Brüsseler Zusatzübereinkommens (BZÜ) idF der Bekanntmachung vom 5.2.1976 (BGBl. II 310, 311), vgl. § 2 Abs. 5, sah der Gesetzgeber wegen des seinerzeit für die Erfüllung gesetzlicher Schadensersatzverpflichtungen allein geltenden § 4 Abs. 1, Abs. 2 Nr. 3 (Deckungsvorsorge nach § 13) auch einen Anpassungsbedarf für dadurch nicht geregelte Beförderungsfälle (BT-Drs. 7/2183, 19).

2   Denn § 4 Abs. 1 galt – und gilt auch aktuell (→ § 4 Rn. 4) – **nur für die Beförderung von Kernbrennstoffen** iSv § 2 Abs. 1 S. 2, während Art. 4 Abs. (a) und (c) PÜ auch eine Haftung beim Transport von „**Kernmaterialien**" und den Nachweis einer finanziellen Absicherung dafür fordern.

3   Diese werden von § 4b Abs. 1 S. 1 in Bezug genommen, der mit dem Dritten Gesetz zur Änderung des Atomgesetzes vom 13.7.1975 (BGBl. I 1885 (1887)) eingefügt worden ist. Kernmaterialien sind nach Art. 1 Abs. (a) (v) PÜ „**Kernbrennstoffe (ausgenommen natürliches und abgereichertes Uran) sowie radioaktive Erzeugnisse oder Abfälle**". In Art. 1 Abs. (a) (iv) PÜ werden letztere näher beschrieben. Die Beschreibungen sind in die Anlage 1 zu § 2 Abs. 4, Abs. 1 Nr. 5 und Nr. 4 übernommen worden.

II. Deckungsvorsorge durch gesonderten Nachweis

4   Da die Verpflichtung zur Deckungsvorsorge, § 13 Abs. 2 iVm §§ 1, 5 und 8 Abs. 6 AtDeckV (→ § 4 Rn. 25) hier **außerhalb eines Genehmigungsverfah-**

Beförderung von Kernmaterialien in besonderen Fällen § 4b AtG

rens entsteht, ist eine behördliche Festsetzung nach § 13 Abs. 1 S. 1 nicht möglich. Nach § 5 Abs. 1 AtDeckV hat der Beförderer von sich aus die Deckungsvorsorge in geeigneter Form nachzuweisen. Lediglich dann, wenn diese nicht ausreicht, kommt es nach § 4b Abs. 1 S. 2 zu einer behördlichen Festsetzung.

III. Eingeschränkte Bedeutung der Vorschrift

Wenn man die in für die Beförderung in § 4 geregelten Kernbrennstoffe von den 5 „Kernmaterialien" ausnimmt, verbleiben noch „radioaktive Erzeugnisse oder Abfälle". Diese sind **sonstige radioaktive Stoffe** iSv § 2 Abs. 1 S. 1.

Auch für deren Beförderung gab es jedoch von Anfang an grundsätzlich eine Ge- 6 nehmigungspflicht, und zwar in der **Strahlenschutzverordnung** (vom 24.6.1960, BGBl. I 430, § 4; vom 30.6.1989, BGBl. I 1321, § 8; vom 20.7.2001, BGBl. I 1714, § 16), die dort auch **stets mit der Pflicht zur Deckungsvorsorge** verbunden war. Mit Wirkung 31.12.2018 ist das nach den §§ 27 Abs. 1, 29 Abs. 1 Nr. 6 StrlSchG (**Strahlenschutzgesetz** vom 27.6.2017, BGBl. I 1966) der Fall.

Beförderungsgenehmigungen nach § 27 Abs. 1 StrlSchG sind zwar keine solchen 7 „nach § 4", so dass sie vordergründig die Anwendung des so formulierten § 4b Abs. 1 nicht entfallen lassen. **§ 4b wird aber sachlich verdrängt,** weil der Beförderer sonstige radioaktive Stoffe ohne Genehmigung nach § 27 Abs. 1 S. 1 StrlSchG grundsätzlich nicht transportieren darf.

Für deren Erteilung muss nach § 29 Abs. 1 Nr. 6 StrlSchG die erforderliche Vor- 8 sorge für die Erfüllung gesetzlicher Schadensersatzverpflichtungen getroffen und nachgewiesen werden muss. Ein (weiterer) **gesonderter Nachweis erübrigt** sich damit.

Raum für die Anwendung des § 4b besteht damit nur in den Fällen, in denen 9 für die Beförderung radioaktiver Stoffe weder nach § 4 noch nach § 27 StrlSchG eine Beförderungsgenehmigung erforderlich ist. Das kann nach Maßgabe der Voraussetzungen des **§ 28 Abs. 1 StrlSchG** der Fall sein, dessen Absatz 2 allerdings die persönliche Vorsorgepflicht bei genehmigungsfreien Beförderungen von Kernmaterialien ausdrücklich anspricht, so dass § 4b auch dafür entbehrlich wäre. Ein **verbleibender Anwendungsbereich** ist damit kaum zu ermitteln (so auch *Raetzke* in NK-AtomR § 4b Rn. 2 mwN).

§ 4b Abs. 2 wurde durch Art. 1 Nr. 4 des Gesetzes zur Änderung haftungsrecht- 10 licher Vorschriften des Atomgesetzes vom 29.8.2008 (BGBl. I 1793) **aufgehoben.** Es handelte sich insoweit um eine Folgeänderung der Aufhebung der Anlage 2 zum AtG (BR-Drs. 170/08, 28 vom 14.3.2008). Maßgeblich ist nach der Aufhebung stattdessen die Entscheidung des Direktionsausschusses vom 18.10.2007, die bestimmt, dass Kernbrennstoffe und Kernmaterialien während einer Beförderung und bei der Verwendung außerhalb einer Kernanlage unter bestimmten Voraussetzungen nicht in den Anwendungsbereich des Pariser Übereinkommens fallen (BR-Drs. 170/08, 25).

§ 5 Berechtigung zum Besitz von Kernbrennstoffen; staatliche Verwahrung

(1) ¹Zum Besitz von Kernbrennstoffen ist berechtigt, wer auf Grund einer nach diesem Gesetz oder einer auf Grund dieses Gesetzes erlassenen Rechtsverordnung erteilten Genehmigung mit Kernbrennstoffen umgeht oder Kernbrennstoffe befördert, insbesondere Kernbrennstoffe
1. nach § 4 berechtigt befördert,
2. auf Grund einer Genehmigung nach § 6 aufbewahrt,
3. in einer nach § 7 genehmigten Anlage oder auf Grund einer Genehmigung nach § 9 bearbeitet, verarbeitet oder sonst verwendet,
4. auf Grund der §§ 9a bis 9c in einer Landessammelstelle zwischenlagert oder in einer Anlage zur Sicherstellung oder zur Endlagerung radioaktiver Abfälle aufbewahrt oder beseitigt.

²Zum Besitz von Kernbrennstoffen berechtigt auch eine Anordnung nach § 19 Abs. 3 Satz 2 Nr. 2 zur Aufbewahrung von Kernbrennstoffen.

(2) ¹Wer Kernbrennstoffe in unmittelbarem Besitz hat, ohne nach Absatz 1 Satz 1 dazu berechtigt zu sein, hat zum Schutz der Allgemeinheit für den Verbleib der Kernbrennstoffe bei einem nach Absatz 1 Satz 1 zum Besitz der Kernbrennstoffe Berechtigten zu sorgen. ²Satz 1 gilt nicht für denjenigen, der Kernbrennstoffe findet und an sich nimmt, ohne seinen Willen die tatsächliche Gewalt über Kernbrennstoffe erlangt oder die tatsächliche Gewalt über Kernbrennstoffe erlangt, ohne zu wissen, dass diese Kernbrennstoffe sind.

(3) ¹Kann im Falle des Absatzes 2 Satz 1 eine Aufbewahrung beim unmittelbaren Besitzer auf Grund einer Genehmigung nach § 6 oder ein anderweitiger berechtigter Besitz nach Absatz 1 Satz 1 nicht herbeigeführt werden, sind bis zur Herstellung eines berechtigten Besitzes die Kernbrennstoffe unverzüglich staatlich zu verwahren und hierfür der Verwahrungsbehörde abzuliefern, soweit nicht eine Anordnung nach § 19 Abs. 3 Satz 2 Nr. 2 Abweichendes bestimmt oder zulässt. ²Wer nach Satz 1 Kernbrennstoffe abgeliefert hat, hat zum Schutz der Allgemeinheit für einen berechtigten Besitz nach Absatz 1 Satz 1 in Verbindung mit Absatz 2 Satz 1 zu sorgen. ³Satz 2 gilt entsprechend für den Inhaber des Nutzungs- und Verbrauchsrechts an Kernbrennstoffen, die staatlich verwahrt werden, und für denjenigen, der Kernbrennstoffe von einem Dritten zu übernehmen oder zurückzunehmen hat, ohne nach Absatz 1 Satz 1 zum Besitz der Kernbrennstoffe berechtigt zu sein.

(4) Kernbrennstoffe, bei denen ein nach Absatz 1 zum Besitz Berechtigter nicht feststellbar oder nicht heranziehbar ist, sind staatlich zu verwahren.

(5) Bei der staatlichen Verwahrung ist die nach dem Stand von Wissenschaft und Technik erforderliche Vorsorge gegen Schäden durch die Aufbewahrung von Kernbrennstoffen zu treffen und der erforderliche Schutz gegen Störmaßnahmen oder sonstige Einwirkungen Dritter zu gewährleisten.

(6) Die Herausgabe von Kernbrennstoffen aus der staatlichen Verwahrung oder die Abgabe von Kernbrennstoffen ist nur an einen nach Absatz 1 Satz 1 berechtigten Besitzer zulässig.

(7) ¹Zur Durchsetzung der Pflichten nach Absatz 2 Satz 1 und Absatz 3 Satz 2 und 3 kann die Verwahrungsbehörde Anordnungen gegenüber den dort genannten Personen zum Verbleib der Kernbrennstoffe beim Verpflichteten oder zur Abgabe an einen zum Besitz Berechtigten treffen. ²Abweichend von § 11 Abs. 3 des Verwaltungsvollstreckungsgesetzes beträgt die Höhe des Zwangsgeldes bis zu 500 000 Euro. ³Die Befugnisse der Aufsichtsbehörden nach § 19 Abs. 3 bleiben unberührt.

(8) Die Absätze 1 bis 7 gelten nicht für Kernbrennstoffe, die in radioaktiven Abfällen enthalten sind.

I. Entstehungsgeschichte

Eine Regelung zur staatlichen Verwahrung und zum Besitz von Kernbrennstoffen war – wegen des Euratom-Eigentums an Kernbrennstoffen – von Anfang an im AtG enthalten (vgl. zur Ausgangsvorschrift *Fischerhof* Dt. AtomG § 5 aF). Eine erste Änderung, welche die Abgrenzung zu radioaktiven Abfällen regelte, erfolgte mit dem 4. Änderungsgesetz (BT-Drs. 7/4794), die sich dann nochmals in der Aufnahme des seinerzeitigen Abs. 6 (heute Abs. 8) manifestierte (BT-Drs. 7/4954, 1) 1

§ 5 hatte in der Praxis keine große Bedeutung erlangt (*Haedrich* AtG § 5 Rz. 1), auch wenn es einige Beispiele für die staatliche Verwahrung gab. Deshalb sah ein von der damaligen Bundesregierung im Mai 1994 vorgelegter Entwurf die vollständige Streichung der Norm vor. Zur Begründung wurde ausgeführt, dass der Schutzzweck des AtG durch die maßgeblichen Einzelvorschriften der §§ 4, 6, 7, 9 und 9b AtG sowie des § 80 StrlSchV aF hinreichend gewährleistet sei. Seit dem Inkrafttreten des AtG habe sich in über 30 Jahren eine ausreichende aufsichtliche Praxis entwickelt, weshalb für eine besondere staatliche Verwahrung durch den Bund kein Erfordernis mehr bestehe. 2

Diese Auffassung ist jedoch nicht Gesetz geworden. Das Bedürfnis nach einer weiterhin lückenlosen staatlichen Kontrolle von Kernbrennstoffen war vielmehr ausschlaggebend für die Beibehaltung der Vorschrift. Allerdings hat der Gesetzgeber mit dem Gesetz zur geordneten Beendigung der Kernenergienutzung zur gewerblichen Erzeugung von Elektrizität (Novelle 2002, BT-Drs. 14/6890) die Bestimmung grundlegend umgestaltet und die bisherige Regel – die staatliche Verwahrung – zur subsidiären und nur vorübergehenden Ausnahme erklärt. 3

Nach der zuvor geltenden Rechtslage hatte die staatliche Verwahrung von Kernbrennstoffen so lange zu erfolgen, bis die Herausgabe der Kernbrennstoffe verlangt wurde (§ 5 Abs. 5 aF). Dies führte in der Vergangenheit vereinzelt dazu, dass Kernbrennstoffe in staatliche Verwahrung abgeliefert wurden und dort dauerhaft verblieben, obwohl sie auf längere Sicht durchaus einem anderweitigen, außerstaatlichen Verbleib (zB einer nach § 6 genehmigten privaten Aufbewahrung) hätten zugeführt werden können. 4

Mit der Neufassung des § 5 wurde dieser Regel-Ausnahme-Mechanismus umgekehrt. Ausweislich der Amtlichen Begründung war Ziel der Regelung, die staatliche Verwahrung von Kernbrennstoffen bzw. deren Dauer auf das unumgängliche Maß zu beschränken, ohne die Verantwortung des Staates für die lückenlose Kon- 5 trolle des Verbleibs der in der Bundesrepublik Deutschland befindlichen Kernbrennstoffe als solche anzutasten. Damit sei dem auch ansonsten im Umweltrecht geltenden **Verursacherprinzip** Rechnung getragen, ohne ordnungsrechtliche Erfordernisse im Hinblick auf den Verbleib von Kernbrennstoffen aufzugeben. Dieser **Konzeptwechsel** wirft die nachfolgend erörterten Fragen auf.

II. Einzelfragen

1. Begriff der Kernbrennstoffe

6   Der in § 5 verwandte Terminus entspricht der Definition in § 2 Abs. 1 S. 2. Kernbrennstoffe sind nach § 2 Abs. 1 S. 1 eine Untergruppe der radioaktiven Stoffe (→ § 2 Rn. 16 ff.). Auch in radioaktiven Abfällen können Kernbrennstoffe enthalten sein; deshalb war eine Abgrenzung zu den entsorgungsbezogenen Regelungen des AtG notwendig, wie sie mit § 5 Abs. 8 (→ Rn. 16) getroffen wurde.

2. Besitzberechtigung

7   § 5 regelt von Vornherein nur Fragen des Besitzes. Für das **Eigentum** an Kernbrennstoffen gelten Art. 86–91 des Euratom-Vertrages, wonach die formale Eigentumsposition der Europäischen Atomgemeinschaft zusteht und den kernenergiebetreibenden Energieversorgungsunternehmen lediglich ein Nutzungs- und Verbrauchsrecht zusteht (dazu im Einzelnen *Fischerhof* Dt. AtomG Vor § 3 Rn. 16).

8   Abs. 1 listet beispielhaft die normativen Grundlagen auf, nach denen sich der **berechtigte Besitz** von Kernbrennstoffen richtet. Der Tatbestand regelt die Besitzberechtigungen nicht selbst; ihm kommt vielmehr die Funktion einer Verklammerung mit den eigentlichen Berechtigungstatbeständen der §§ 4, 6, 7, 9 sowie 9a–c zu. Die Aufzählung ist nicht abschließend („insbesondere"); hinzuweisen ist insoweit ergänzend etwa auf die §§ 10, 12 oder 27 StrlSchG. Klargestellt wird zudem, dass auch eine aufsichtliche Aufbewahrungsanordnung nach § 19 Abs. 3 S. 2 Nr. 2 zum Besitz von Kernbrennstoffen berechtigt (S. 2). Diese Vorschrift hat in der Praxis durchaus Bedeutung erlangt. So wurde etwa die weitere Aufbewahrung der im standortnahen Zwischenlager Brunsbüttel gelagerten bestrahlten Brennelemente, die Kernbrennstoffe im Sinne des Gesetzes sind, aufgrund dieser Norm angeordnet, nachdem durch rechtskräftige Entscheidung des OVG Schleswig (ZUR 2013, 687 ff.; Zurückweisung der Nichtzulassungsbeschwerde durch Entscheidung des Bundesverwaltungsgerichts ZUR 2015, 287 ff.) die Aufbewahrungsgenehmigung gem. § 6 für dieses Zwischenlager aufgehoben worden war. Für diese Aufbewahrung galten dieselben Anforderungen wie zuvor aus der Genehmigung; sie sollte die Übergangszeit bis zur Erteilung einer neuen vollziehbaren Aufbewahrungsgenehmigung nach § 6 überbrücken, zu deren Einholung der Anordnungsadressat ausdrücklich verpflichtet wurde. Ebenso wurde nach Maßgabe dieser Vorschrift im Forschungszentrum Jülich die Aufbewahrung der dortigen Kernbrennstoffe (die nicht radioaktive Abfälle waren) zugelassen. Basis für die lückenlose staatliche Kontrolle sind deshalb die aufgrund von Genehmigungen oder aufsichtlichen Sonderregelungen zum Besitz von Kernbrennstoffen berechtigenden Fallgestaltungen. Die **Kontrolle** wird hier **mittelbar** über die behördliche Aufsicht der genehmigten oder zugelassenen Tätigkeiten bewirkt.

3. Sorgepflicht

Mit dieser lediglich mittelbaren Kontrolle des Abs. 1 allein ist der staatliche Überwachungsauftrag indes nicht lückenlos zu erfüllen. Dazu bedarf es vor allem auch des Zugriffs auf all diejenigen, die Kernbrennstoffe in Besitz haben, ohne dazu gemäß den in Abs. 1 genannten Tatbeständen berechtigt zu sein. In Abs. 2 S. 1 wird dementsprechend eine aus dem Verursacherprinzip abgeleitete Sorgepflicht des **unberechtigten Besitzers** von Kernbrennstoffen begründet. Dieser hat für einen nach den atomrechtlichen Vorschriften genehmigten und somit berechtigten Verbleib der Kernbrennstoffe außerhalb der staatlichen Verwahrung **bei sich selbst** oder einem **Dritten** zu sorgen. Zu dem Instrument einer Sorgepflicht greift der Gesetzgeber dann, wenn er ein bestimmtes Ziel vorgibt, den Regelungsadressaten aber verschiedene Umsetzungswege offenhalten will; darin liegt eine **eigenständige Handlungspflicht,** die aufsichtsrechtlich über § 19 durchgesetzt werden kann (weitere Beispiele sind etwa §§ 9a Abs. 1, 9a Abs. 2 S. 2, 7c, 7d). Der unberechtigte Besitzer wird dadurch sogar verpflichtet, eine der vorgenannten Tätigkeiten selbst auszuüben, wenn er keinen berechtigten Dritten findet. Es ist ihm danach im Grundsatz verwehrt, den Kernbrennstoff ohne weitere Bemühungen in die staatliche Verwahrung zu überführen. Hieran zeigt sich der **Konzeptwechsel** besonders deutlich. Denn nach § 5 Abs. 3 aF hatte derjenige, der unberechtigt Kernbrennstoffe besaß, diese der Verwahrungsbehörde unverzüglich abzuliefern. Das ist jetzt im Ausgangspunkt anders: Der unberechtigte Besitzer muss nun selbst für einen rechtmäßigen Besitz außerhalb der staatlichen Verwahrung Sorge tragen.

Davon macht S. 2 indessen für denjenigen eine **Ausnahme,** der Kernbrennstoffe findet und an sich nimmt, über solche ohne seinen Willen die tatsächliche Gewalt erlangt oder die tatsächliche Gewalt über Kernbrennstoffe erlangt, ohne zu wissen, dass diese Stoffe Kernbrennstoffe sind. Nach der Gesetzesbegründung (ebenso *Steindorf/Häberle* in Erbs/Kohlhaas § 5 Rn. 6) dient diese Regelung der Wahrung des **Verhältnismäßigkeitsgrundsatzes;** es erscheint bei diesen Fallgestaltungen jedoch schon fraglich, ob hier überhaupt von einer pflichtenrechtfertigenden Verursachung gesprochen werden kann. Dies mag indes aufgrund der eindeutigen Rechtsfolge – Befreiung von der Sorgepflicht – dahinstehen. Keine gesetzliche Regelung haben allerdings die weiteren Rechtsfolgen erfahren. Denn eine **Ablieferungspflicht** begründet die neue Fassung **nicht:** Die – sogleich zu erörternde – subsidiäre Verwahrung des Staates nach Abs. 3 greift für den Fall des Abs. 2 S. 2 (anders bei S. 1) nicht. Abs. 4 normiert zwar, dass Kernbrennstoffe, bei denen ein nach Abs. 1 zum Besitz Berechtigter nicht feststellbar oder nicht heranziehbar ist, staatlich zu verwahren sind; abgesehen davon, dass die Vorschrift nicht bestimmt, wer dies festzustellen hat, enthält sie jedenfalls keine Ablieferungspflicht. § 1 AtEV schließt diese Lücke nur teilweise. Zwar hat danach derjenige, der radioaktive Stoffe findet, ohne seinen Willen die tatsächliche Gewalt über sie erlangt oder in ihrem Besitz ist, ohne zu wissen, dass diese Stoffe radioaktiv sind, dies der atomrechtlichen Aufsichtsbehörde oder der für die öffentliche Sicherheit oder Ordnung zuständigen Behörde unverzüglich mitzuteilen, sobald er von der Radioaktivität dieser Stoffe Kenntnis erlangt. Doch gilt dies zum einen nicht, wenn die Aktivität der radioaktiven Stoffe bestimmte Grenzwerte nicht überschreitet. Zum anderen – und das ist im hiesigen Zusammenhang entscheidend – normiert diese Vorschrift, anders als etwa § 5 AtEV für radioaktive Abfälle, keine Ablieferungspflicht. Diese müsste gegebenenfalls über § 19 Abs. 3 Nr. 2 oder letztlich über das Polizei- und Ordnungsrecht angeordnet werden. Hier wäre zur Vermeidung von

AtG § 5   Zweiter Abschnitt Überwachungsvorschriften

etwaigen Zweifeln die Beibehaltung einer dem § 5 Abs. 3 aF entsprechenden Vorschrift sinnvoll gewesen.

4. Staatliche Verwahrung

11   Abs. 3 S. 1 bestimmt, dass die Kernbrennstoffe solange staatlich zu verwahren sind, bis ein genehmigter Verbleib nach Abs. 2 S. 1 (nicht: S. 2, → Rn. 10) sichergestellt ist; aufsichtliche Anordnungen nach § 19 Abs. 3 S. 2 Nr. 2 zur Aufbewahrung von Kernbrennstoffen sind dabei zu beachten. Die staatliche Verwahrung – im Sinne eines öffentlich-rechtlichen Verwahrungsverhältnisses (dazu *Henssler* in Münchener Kommentar zum BGB, Band 6, 8. Aufl. 2020, BGB § 688 Rn. 59 ff.) – ist damit nur **vorübergehend** und **subsidiär** gegenüber der privaten Aufbewahrung. Auch hieran zeigt sich der **legislative Paradigmenwechsel** besonders deutlich. Die bestehende **Sorgepflicht** hat sich mit der Pflicht zur Ablieferung in die staatliche Verwahrung **nicht erledigt.** Sie bleibt vielmehr zu erfüllen und ist durch die unverzügliche (also ohne schuldhaftes Zögern erfolgende) Ablieferung nur zeitweise überlagert worden. Das stellt S. 2 unmissverständlich klar. Insoweit ist die Gesetzesbegründung, dieser Satz *erweitere* die Sorgepflicht des Abs. 2 S. 1 auf diejenigen, die der Sorgepflicht nach Abs. 2 S. 1 nicht nachkommen konnten und daher die Kernbrennstoffe nach Abs. 3 S. 1 der Verwahrungsbehörde abzuliefern hatten (BT-Drs. 14/6890, 19), zumindest missverständlich. Denn die Sorgepflicht wird weder inhaltlich noch auf einen neuen Personenkreis erweitert, sondern lebt bei denselben Personen fort, die mit der Ablieferung in die staatliche Verwahrung eben nicht ihre eigentliche Sorgepflicht erfüllt haben. Dabei lässt Abs. 3 offen, warum ein berechtigter Besitz außerhalb der staatlichen Verwahrung trotz Sorgepflicht nicht herbeigeführt werden konnte; typischerweise dürfte es daran liegen, dass jedenfalls für eine Übergangszeit keine notwendige Aufbewahrungsgenehmigung zur Verfügung stand. S. 3 erstreckt den Kreis der sorgepflichtigen Personen, die für einen Verbleib von Kernbrennstoffen außerhalb der staatlichen Verwahrung zu sorgen haben, auf den jeweiligen Inhaber des Nutzungs- und Verbrauchsrechts nach Art. 87 Euratom-Vertrag und auf denjenigen, der die an die staatliche Verwahrung abgelieferten Kernbrennstoffe von dem Ablieferung oder einem andern zu übernehmen oder zurückzunehmen gehabt hätte. Eine solche Regelung erscheint geboten, weil der unberechtigte Besitzer von Kernbrennstoffen, der diese an die staatliche Verwahrung abliefert, und der Inhaber des Nutzungs- und Verbrauchsrechts an den Kernbrennstoffen nicht immer identisch sind. Auch hinter dieser Regelung steht das **Verursacherprinzip.** In der Tat rechtfertigt es – wie die amtliche Begründung zutreffend hervorhebt (BT-Drs. 14/6890, 20) – die Rechtsstellung des Rechtsinhabers, der den wirtschaftlichen Nutzen aus den Kernbrennstoffen ziehen kann, ihm in gleicher Weise eine Verantwortlichkeit für den Verbleib der Kernbrennstoffe zuzuweisen. Dieser Gedanke gilt entsprechend für andere Personengruppen, denen die Kernbrennstoffe – wie im Falle von Übernahme- und Rücknahmepflichten – zuzuordnen sind. Die Gesamtregelung ist erkennbar von dem Bemühen des Gesetzgebers getragen, den Anwendungsbereich der staatlichen Verwahrung zu minimieren.

5. Auffangtatbestand

12   Wie bereits angesprochen, regelt Abs. 4 die staatliche Verwahrung – lediglich – als Auffangtatbestand, gleichsam als ultima ratio. Er greift nur dann, wenn und soweit ein berechtigter Verbleib der Kernbrennstoffe außerhalb der staatlichen Ver-

Berechtigung zum Besitz von Kernbrennstoffen; staatliche Verwahrung **§ 5 AtG**

wahrung nicht herbeigeführt werden kann. Aufgrund der generellen Subsidiarität der staatlichen Verwahrung und der Präsens-Formulierung des Gesetzes („ist") wird man auch insoweit annehmen dürfen, dass diese Verwahrung endet, sobald ein nach Abs. 1 zum Besitz Berechtigter herangezogen werden kann.

6. Materielle Anforderungen

Abs. 5 bestimmt die Anforderungen an die staatliche Verwahrung und entspricht dem bisherigen Abs. 1 S. 2. Zu den damit in Bezug genommenen Maßgaben vgl. § 7 Abs. 2 Nr. 3 (→ Rn. 45 ff.) und Nr. 5 (→ Rn. 56 ff.). Insofern besteht keine materielle Divergenz zwischen der staatlichen Verwahrung und der privaten Aufbewahrung gem. § 6. Ein Unterschied besteht allerdings insoweit, als dass staatliche Stellen selbst **materiell polizeipflichtig** sind (VGH Kassel NVwZ 1997, 304 (305); *Denninger* in Lisken/Denninger, Handbuch des Polizeirechts, 6. Aufl. 2018, D Rn. 96). Abs. 7 gilt diesbezüglich nicht. 13

7. Abgabe

Abs. 6 sieht vor, dass die Herausgabe von Kernbrennstoffen aus der staatlichen Verwahrung oder die Abgabe von Kernbrennstoffen an Dritte nur zulässig ist, wenn der Empfänger nach den atomrechtlichen Vorschriften zum unmittelbaren Besitz der Kernbrennstoffe berechtigt ist. Das ist für sich genommen ohnehin eine Selbstverständlichkeit; der Gesetzgeber betont damit indessen noch einmal ausdrücklich, dass der „Kreislauf der Zuverlässigkeit" gewahrt bleiben muss und es auch nicht auf Folgeebenen zu Verstößen kommen darf (vgl. *Steindorf/Häberle* in Erbs/Kohlhaas § 5 Rn. 10). Bezüglich der Abgabe von Kernbrennstoffen wird im Anschluss an die neuen Abs. 1 die allgemeine Regelung der StrlSchV zur Abgabe radioaktiver Stoffe nun direkt im Gesetz berücksichtigt. Die Norm steht in unmittelbarem Zusammenhang mit Abs. 4 und der Grundaussage des Abs. 1: Zwar ist die staatliche Verwahrung nur subsidiär und vorübergehend; sie ist jedoch solange aufrechtzuerhalten wie eine anderweitige Besitzberechtigung nicht besteht. Nur so wird eine rechtmäßige und umfassende Kontrolle ermöglicht. 14

8. Anordnungsbefugnis

Abs. 7 S. 1 ermächtigt die staatliche Verwahrungsbehörde (dies ist nach dem insoweit geänderten § 23 d S. 1 Nr. 8 das Bundesamt für kerntechnische Entsorgungssicherheit), Anordnungen gegenüber den in Abs. 2 S. 1 und Abs. 3 S. 2 und 3 bezeichneten Personen zu treffen sowie die erforderlichen Zwangsmittel nach dem Verwaltungs-Vollstreckungsgesetz einzusetzen, um die Sorgepflicht durchzusetzen. Die Verwahrungsbehörde darf im Rahmen einer von ihr erlassenen Anordnung durchaus konkrete **Festlegungen zur Art und Weise,** wie die Sorgepflicht zu erfüllen ist, treffen. Da es aber letztlich Sache des Sorgepflichtigen ist, wie er bei mehreren gleichgeeigneten Alternativen seiner Pflichtenstellung gerecht wird, hat die Behörde es ihm zu überlassen, wo bzw. bei wem die Kernbrennstoffe verbleiben sollen. Dies ist nicht nur eine behördliche Option, wie die Begründung indes meint, sondern eine aus dem Verhältnismäßigkeitsgrundsatz folgende **Befugnisgrenze** durch das Austauschmittel (wie sie etwa auch in § 21 NRWOBG kodifiziert worden ist). S. 2 ermächtigt die Verwahrungsbehörde darüber hinaus, zur Durchsetzung einer von ihr erlassenen Anordnung ein Zwangsgeld in besonders großer 15

Posser

Höhe (bis zu 500.000 EUR) festzusetzen. Dadurch soll, wie die Begründung hervorhebt (BT-Drs. 14/6890, 20), sichergestellt werden, dass die erforderliche Beugewirkung des Zwangsmittels auch in den Fällen greifen kann, in denen die finanziellen Aufwendungen zur Erfüllung der Sorgepflicht hoch sind. S. 3 stellt schließlich klar, dass die Befugnisse der nach § 19 Abs. 3 zuständigen Aufsichtsbehörde unberührt bleiben.

9. Radioaktive Abfälle

16 Abs. 8 entspricht dem bisherigen Abs. 6 (vgl. dazu nur *Haedrich* AtG § 5 Rn. 4 mwN). Durch ihn wird die Ablieferungspflicht radioaktiver Abfälle im Verhältnis zur staatlichen Verwahrung von Kernbrennstoffen abgegrenzt. Für die danach von der staatlichen Verwahrung ausgeschlossenen radioaktiven Abfälle gelten vielmehr die §§ 9a ff. sowie die hierzu ergänzend in Rechtsverordnungen, insbesondere der StrlSchV, getroffenen Regelungen. Insoweit sei auf die entsprechenden Kommentierungen in diesem Kommentar verwiesen (vgl. zur Abgrenzung auch OVG Münster NVwZ-RR 1994, 143). Diese Abgrenzung hat zB zur Folge, dass der Übergang der Zwischenlager gem. § 3 EÜG nicht zu einer staatlichen Verwahrung führt, sondern weiterhin private, durch einen Dritten (die BGZ) ausgeübte Aufbewahrung ist – mit der weiteren Konsequenz, dass es des Übergangs der entsprechenden Genehmigungen nach § 6 bzw. des Beitritts in laufende Genehmigungsverfahren bedurfte (vgl. § 3 Abs. 1, 2 EÜG iVm Tabelle 1). Der Ausschluss in Abs. 8 bedeutet allerdings nicht, dass auch die Regelungsmöglichkeiten des § 19 Abs. 3, auf die Abs. 1 hinweist (→ Rn. 8), ausgeschlossen wären; das folgt aus Sinn und Zweck der Abgrenzung sowie aus § 9a Abs. 2 S. 2, der von der dortigen Ablieferungspflicht eine Ausnahme bei entsprechender Anordnung zulässt (→ § 9a Rn. 29).

III. Zuwiderhandlungen

17 Straftaten sind (1) das genehmigungslose Aufbewahren von Kernbrennstoffen außerhalb der staatlichen Verwahrung (§ 328 Abs. 1 Nr. 1 StGB), (2) der Verstoß gegen die Ablieferungspflicht des Abs. 3 S. 1 (§ 328 Abs. 2 Nr. 1 StGB), (3) die Abgabe an Unberechtigte entgegen Abs. 6 sowie das Vermitteln einer solchen Abgabe (§ 328 Abs. 2 Nr. 2 StGB). Die Zuwiderhandlung gegen die Sorgepflicht ist weder straf- noch bußgeldbewehrt, kann aber zu einem der vorgenannten Tatbestände führen.

IV. Praxisbedeutung

18 Auch die Neufassung der Vorschrift hat keine größere Praxisrelevanz erfahren als ihre Vorgängerregelung. Dies war schon deshalb erkennbar, weil nach der Übergangsregelung des § 58 Abs. 2 die Abs. 2 und 3, also insbesondere die Sorgepflicht, nicht für Kernbrennstoffe gilt, die zum Zeitpunkt des Inkrafttretens der Novelle 2002 vom 24.4.2002 (BGBl. I 1351) bereits staatlich verwahrt werden oder deren Übernahme vor dem 1.5.2001 vertraglich vereinbart worden ist (auf Kernbrennstoffe aus als gemeinnützig anerkannten Forschungseinrichtungen findet § 5 Abs. 2 und 3 ab dem 1.1.2003 Anwendung). Die etwa in Hanau lagernden Kernbrennstoffe oder die schon vertraglich vereinbarte Verbringung dieser Stoffe nach Hanau unterfallen deshalb der zentralen Neuregelung von vornherein nicht. Darüber hinaus dürfte letztlich die Erkenntnis zutreffen, dass durch die bestehenden Regelungen und Handlungsbefugnisse des Atomrechts (wie auch des allgemeinen Polizei- und Ordnungsrechts) im Kern eine ausreichende staatliche Kontrolle über Kernbrennstoffe in der Bundesrepublik Deutschland gewährleistet werden kann und der Vorschrift deshalb insgesamt nur eine Auffangfunktion zukommt.

§ 6 Genehmigung zur Aufbewahrung von Kernbrennstoffen

(1) ¹Wer Kernbrennstoffe außerhalb der staatlichen Verwahrung aufbewahrt, bedarf der Genehmigung. ²Einer Genehmigung bedarf ferner, wer eine genehmigte Aufbewahrung wesentlich verändert.

(2) Die Genehmigung ist zu erteilen, wenn ein Bedürfnis für eine solche Aufbewahrung besteht und wenn
1. keine Tatsachen vorliegen, aus denen sich Bedenken gegen die Zuverlässigkeit des Antragstellers und der für die Leitung und Beaufsichtigung der Aufbewahrung verantwortlichen Personen ergeben, und die für die Leitung und Beaufsichtigung der Aufbewahrung verantwortlichen Personen die hierfür erforderliche Fachkunde besitzen,
2. die nach dem Stand von Wissenschaft und Technik erforderliche Vorsorge gegen Schäden durch die Aufbewahrung der Kernbrennstoffe getroffen ist,
3. die erforderliche Vorsorge für die Erfüllung gesetzlicher Schadensersatzverpflichtungen getroffen ist,
4. der erforderliche Schutz gegen Störmaßnahmen oder sonstige Einwirkungen Dritter gewährleistet ist.

(3) ¹Wer zur Erfüllung der Verpflichtung nach § 9a Abs. 2 Satz 3 innerhalb des abgeschlossenen Geländes einer Anlage zur Spaltung von Kernbrennstoffen zur gewerblichen Erzeugung von Elektrizität in einem gesonderten Lagergebäude in Transport- und Lagerbehältern bestrahlte Kernbrennstoffe bis zu deren Ablieferung an eine Anlage zur Endlagerung radioaktiver Abfälle aufbewahrt, bedarf einer Genehmigung nach Absatz 1. ²Die Genehmigungsvoraussetzungen der Nummern 1 bis 4 des Absatzes 2 gelten entsprechend.

(4) Die Anfechtungsklage gegen eine Veränderungsgenehmigung nach Absatz 1 Satz 2, die zur Erfüllung der Verpflichtung nach § 9a Absatz 2a erteilt wurde, hat keine aufschiebende Wirkung.

(5) ¹Die Aufbewahrung von Kernbrennstoffen in kerntechnischen Anlagen nach Absatz 3 in Verbindung mit Absatz 1 soll 40 Jahre ab Beginn der ersten Einlagerung eines Behälters nicht überschreiten. ²Eine Verlängerung von Genehmigungen nach Satz 1 darf nur aus unabweisbaren Gründen und nach der vorherigen Befassung des Deutschen Bundestages erfolgen.

Übersicht

	Rn.
I. Einleitung und Genese der Vorschrift	1
II. Genehmigungstatbestand (Abs. 1)	2
1. Kernbrennstoffe	3
2. Aufbewahrung	4
3. Wesentliche Veränderung	5
III. Genehmigungsanforderungen (Abs. 2)	6
1. Gebundene Entscheidung	7
2. Bedürfnis	8
3. Voraussetzungen	10
4. Keine Konzentrationswirkung	14
5. Zuständigkeiten und Verfahren	15
IV. Zwischenlager auf dem Kraftwerksgelände (Abs. 3)	17
1. Verhältnis zu Abs. 1	18
2. Genehmigungsvoraussetzungen	19
3. Rechtsfolge	21
V. Sorgepflicht (Abs. 4)	24
VI. Befristung (Abs. 5)	25
VII. Rechtsschutz	28

Literatur: *Degenhart,* Standortnahe Zwischenlager, staatliche Entsorgungsverantwortung und grundrechtliche Schutzpflichten im Atomrecht, DVBl. 2006, 1125; *Koch/Roßnagel,* Neue Energiepolitik und Ausstieg aus der Kernenergie, NVwZ 2000, 1; *König,* Zwischenlager im Entsorgungskonzept für Deutschland, ET 2001, 162; *Leidinger,* Das Genehmigungsverfahren für standortnahe Zwischenlager, RdE 2001, 103; *Näser,* Beurteilung der Zwischenlagerentscheidung aus juristischer Sicht, DVBl. 2002, 584; *Ortlepp,* Die Zwischenlagerung in Deutschland nach dem Urteil des Schleswig-Holsteinischen OVG vom 19.6.2013, EnWZ 2014, 167; *Posser,* Zur neuen Sorgepflicht der Kraftwerksbetreiber gem. § 9a Abs. 2a AtG, atw 2014, 438; *Roßegger,* Rückführung von 26 Castor-Behältern aus ausländischen Wiederaufarbeitungsanlagen, ER 2014, 202; *Hoffmann, Wollenteit, Leidinger, Gaßner* und *Peinsipp* in Pelzer, Rechtsfragen des Umgangs mit abgebrannten Brennelementen und radioaktiven Abfällen, 2000, 187 (zit. INLA 2000); *Baumann, Hoffmann/König, Kraß* und *Roller* in 11. Deutsches Atomrechtssymposium, 2002 (zit. 11. AtRS 2002).

I. Einleitung und Genese der Vorschrift

1 § 6, der die private Aufbewahrung von Kernbrennstoffen regelt, war zwar von Anfang an Bestandteil des Atomgesetzes, hat aber über die Jahre einen grundlegenden **Bedeutungswandel** erfahren. Das lag zum einen an der mit der 10. AtG-Novelle 2002 (Gesetz vom 22.4.2002, BGBl. I 1351) erfolgten radikalen Umkehrung des Verhältnisses von privater Aufbewahrung zur staatlichen Verwahrung (dazu → § 5 Rn. 5); zum anderen an der ebenfalls mit jener Änderung eingeführten Pflicht zur standortnahen Zwischenlagerung gem. § 9a Abs. 2 S. 3 (dazu → Rn. 17 ff.; und → § 9a Rn. 30 ff.). Eine weitere Veränderung hat die Norm schließlich durch die Einführung der Sorgepflicht gem. § 9a Abs. 2a (dazu → § 9a Rn. 34 f. sowie *Posser* atw 2014, 438 ff.) durch Gesetz vom 23.7.2013 (BGBl. I 2553) erfahren, die zu einer vollständigen Neufassung des Abs. 4 (→ Rn. 23) und Normierung des Abs. 5 (→ Rn. 24) geführt hat. Zu Recht keine inhaltliche Neu-

Genehmigung zur Aufbewahrung von Kernbrennstoffen **§ 6 AtG**

gestaltung ist dagegen mit dem Gesetz zur Neuordnung der Verantwortung in der kerntechnischen Entsorgung (Gesetz vom 27.1.2017, BGBl. I 114) verbunden gewesen; dies mag auf den ersten Blick überraschen, weil nach Maßgabe des § 3 Abs. 1 EÜG zum 1.1.2019 die Handlungsverantwortung für die zentralen wie dezentralen Zwischenlager gem. § 6 auf den Staat übergegangen ist. Dafür bedient sich dieser indes eines (wenngleich zu 100% in seinem Eigentum stehenden) privaten Dritten nach § 2 Abs. 1 EÜG, der zum 1.8.2017 vom Bund übernommenen, neu strukturierten Gesellschaft für Zwischenlagerung (BGZ – dazu BT-Drs. 18/13307); deren Tätigkeit bleibt private Aufbewahrung und wird nicht zur staatlichen Verwahrung (→ § 5 Rn. 11).

II. Genehmigungstatbestand (Abs. 1)

Im Hinblick darauf, dass es wegen § 7 Abs. 1 S. 2 keine Neugenehmigungen für 2 Kernkraftwerke mehr gibt (vgl. zum sog. „Neubauverbot" → § 7 Rn. 15), haben sich aktuelle Genehmigungsfragen – wie etwa der Schutz kerntechnischer Anlagen gegen terroristische Angriffe – vornehmlich im Kontext von Genehmigungen nach § 6 gestellt; die insoweit ergangenen Entscheidungen der Obergerichte und des BVerwG sind deshalb weit über ihren konkreten Entscheidungsgegenstand hinaus für alle kerntechnischen Anlagen und die atomrechtliche Dogmatik insgesamt von maßgeblicher Bedeutung (vgl. zu den dezentralen Zwischenlagern insbesondere BVerwGE 131, 129 = NVwZ 2008, 1012, bestätigt durch BVerfG NVwZ 2009, 171; OVG Lüneburg DVBl. 2011, 115; OVG Schleswig ZUR 2013, 687; VGH München ZUR 2006, 427 mAnm *Renneberg;* zu den zentralen Zwischenlagern BVerfGE 77, 381; BVerwG NVwZ 1989, 1163; OVG Münster RdE 1997, 222). Die Norm betrifft die **Aufbewahrung** von **Kernbrennstoffen** außerhalb der staatlichen Verwahrung und konstituiert eine entsprechende Genehmigungspflicht; dass die private Zwischenlagerung grundsätzlich **zulässig** ist, hat das BVerfG bestätigt (BVerfGE 77, 381).

1. Kernbrennstoffe

Kernbrennstoffe sind in § 2 Abs. 1 S. 2 **legaldefiniert** (→ § 2 Rn. 16; *Ronellen-* 3 *fitsch,* Das atomrechtliche Genehmigungsverfahren, 1983, 134 ff.; *Fischerhof* Dt. AtomR § 2 Rn. 2 ff.). Es kann sich bei ihnen auch um radioaktive Abfälle, etwa in Form bestrahlter Kernbrennstoffe (BVerwG NVwZ 1994, 1097; vgl. auch Abs. 3 und dazu → Rn. 16 ff.) handeln. Anders als in § 5 Abs. 8 für die staatliche Verwahrung (→ § 5 Rn. 16) schließt § 6 seine Geltung für solche Abfälle nicht aus; ganz im Gegenteil ist es dessen praktischer Hauptanwendungsfall, seit den Betreibern mit der 4. AtG-Novelle (Gesetz vom 30.8.1976; BGBl. I 2573) auch Entsorgungspflichten auferlegt wurden. Dabei differenziert die Norm nicht zwischen den unterschiedlich intensiven Radioaktivität; erfasst ist also die Aufbewahrung sowohl von LAW- („low active waste") als auch von HAW-Abfällen („high active waste"). Für sonstige radioaktive Stoffe gelten die §§ 12 ff. StrlSchG sowie §§ 5 ff. StrlSchV, wobei sich eine Genehmigung nach § 6 auf den Umgang auch mit diesen erstrecken kann (§ 12 Abs. 4 Nr. 1 StrlSchG, § 7 Abs. 2 StrlSchV aF).

2. Aufbewahrung

4 Eine gesetzliche Definition dieses Begriffs fehlt. Aufbewahrung erlaubt den **Umgang** mit Kernbrennstoffen innerhalb eines Lagers, ist also **Lagerung** von radioaktiven Stoffen gem. § 5 Abs. 39 Nr. 1 a StrlSchG (§ 3 Abs. 2 Nr. 34 StrlSchV aF) mit den insoweit notwendigen weiteren Handhabungstätigkeiten. Aufbewahrung – und damit die Genehmigung nach § 6 – umfasst indessen **nicht** die **Errichtung** des Lagers selbst, wie dies in § 7 für andere kerntechnische Anlagen vorgesehen ist. Hierfür gelten vielmehr allein die bauordnungsrechtlichen Vorschriften der Bundesländer, was in der Vergangenheit zu erheblichen Abgrenzungsschwierigkeiten und Unsicherheiten geführt hat (dazu BVerwG NVwZ 1989, 1186; VGH Mannheim UPR 2003, 115; VGH München NVwZ-RR 2005, 524 (525); OVG Greifswald BeckRS 9998, 88287; OVG Münster DVBl. 1988, 155; *Näser* DVBl. 2002, 584 (588f.); *Haedrich* AtG § 6 Rn. 10ff.; *Leidinger* RdE 2001, 104f., dort auch zu den sog. „Grüne-Licht-Schreiben"; *Koch/Roßnagel* NVwZ 2000, 1 (8); zu den planungsrechtlichen Maßgaben vgl. VGH München UPR 1988, 316; OVG Münster UPR 2005, 33; VGH Mannheim UPR 2003, 115). Für die Einschlägigkeit der Norm kommt es nicht darauf an, ob die Lagerung **zentral** (also unabhängig von den Kernkraftwerken, in denen die Kernbrennstoffe anfallen) – wie bei den Transportbehälterlagern Ahaus und Gorleben – oder **dezentral** erfolgt, wie in den standortnahen Zwischenlagern („SZL") innerhalb des abgeschlossenen Geländes eines Kernkraftwerks oder in dessen Nähe (vgl. § 9a Abs. 2 S. 3). Aufbewahrung ist nach Maßgabe des § 2 Abs. 3a Nr. 1b zugleich **kerntechnische Anlage** (zu der dortigen missverständlichen Definition vgl. →§ 2 Rn. 43). Sie ist von der staatlichen Verwahrung abzugrenzen, was sich allerdings nicht an der konkreten Umgangsform („Lagerung"), sondern an dem handelnden Akteur (Staat/Privater) und der Einbeziehung von radioaktiven Abfällen in den Anwendungsbereich des § 6 festmacht. Schließlich ist sie von der betriebsbedingten Lagerung von Kernbrennstoffen – vor deren Einsatz im Kraftwerk – zu unterscheiden, die regelmäßig bereits durch die Betriebsgenehmigung gem. § 7 (oder § 9) gedeckt ist (*Haedrich* AtG § 6 Rn. 2).

3. Wesentliche Veränderung

5 Nach § 6 Abs. 1 S. 2 bedarf in Parallele zu anderen Tatbeständen des AtG (vgl. § 7 Abs. 1 S. 1, § 9 Abs. 1 S. 2, § 9b Abs. 1 S. 1) auch die wesentliche Veränderung – hier der genehmigten Aufbewahrung – der Genehmigung. Zu den damit verbundenen Fragestellungen (Änderung, Wesentlichkeit, Prüfgegenstand und -umfang) ist auf die Kommentierung zu § 7 zu verweisen (→ § 7 Rn. 9ff.).

III. Genehmigungsanforderungen (Abs. 2)

6 Insofern gibt es Gemeinsamkeiten, aber auch wichtige Unterschiede zu § 7, auf dessen Kommentierung im Einzelnen Bezug genommen wird (→ § 7 Rn. 41ff.).

1. Gebundene Entscheidung

7 Eine wesentliche Divergenz zur Genehmigung nach § 7 besteht darin, dass der Aufbewahrungszulassung ein **Anspruch** des Antragstellers bei Einhaltung der Genehmigungsvoraussetzungen korrespondiert. Ein **Versagungsermessen** besteht nicht. Angesichts des grundsätzlich geringeren Risikopotentials hat der Gesetzgeber hier keinen Bedarf für eine gesonderte behördliche Ablehnungsbefugnis, sondern vielmehr die Parallele zu den Genehmigungstatbeständen der §§ 3 Abs. 2, 4 Abs. 2 gesehen (vgl. BVerwG NVwZ 2007, 88 (90)).

2. Bedürfnis

Ein zusätzliches Erfordernis, welches das AtG im Übrigen nicht kennt, besteht in 8 der Notwendigkeit, dass ein **Bedürfnis** für die beantragte Aufbewahrung vorliegen muss. Diese Tatbestandsvoraussetzung ist ein Relikt aus der früheren Abgrenzung der §§ 5 und 6, wonach die Verwahrung von Kernbrennstoffen in erster Linie staatliche Aufgabe und die private Zwischenlagerung nur als Ausnahme dazu normiert war (vgl. die damalige Begründung zu §§ 5, 6 im seinerzeitigen Regierungsentwurf für ein Atomgesetz, BT-Drs. 3/759, 21 zu § 5 und S. 22 zu § 6). Der Ausnahmefall sollte rechtfertigungsbedürftig sein, was funktional durch die Bedürfnisklausel konturiert wurde. Durch die beschriebene Umkehrung jenes Verhältnisses (→ § 5 Rn. 5) ist dieser Zusammenhang entfallen; konsequent wäre deshalb die ersatzlose Streichung dieser eigenständigen Tatbestandsvoraussetzung, wozu sich der Gesetzgeber trotz zahlreicher Novellen im Übrigen jedoch nicht hat entschließen können (vgl. *Leidinger* in NK-AtomR § 6 Rn. 24).

Bei dem Begriff des Bedürfnisses handelt es sich um einen unbestimmten Rechts- 9 begriff, der in vollem Umfang gerichtlicher Kontrolle unterliegt. Allerdings hat die Rechtsprechung wenig zu dessen Auslegung beigetragen. So hat das BVerwG zunächst eine Parallele zum Planungsrecht gezogen, indem es ein Bedürfnis dann angenommen hat, wenn die Aufbewahrung „vernünftigerweise geboten ist" (BVerwG NVwZ 1988, 634). Damit ist für die Ausfüllung des Begriffs indes wenig Handhabbares gewonnen. Inzwischen ist geklärt, dass sich dieses Tatbestandsmerkmal nur auf das **„Ob"**, also die Zulässigkeit der Zwischenlagerung bezieht (*Leidinger* RdE 2001, 103 (107); vgl. auch VGH München BeckRS 2006, 15977 Rn. 18; OVG Schleswig Urt. v. 31.1.2007 – 4 KS 2/04, juris-Rn. 114 = BeckRS 2008, 38947), nicht dagegen auf eine bestimmte Kapazität des jeweiligen Lagers oder eine bestimmte Zeitdauer der Lagerung (zur Befristung auf 40 Jahre → Rn. 24). Aus dem Begriff „Bedürfnis" – im Gegensatz zu dem mehr objektiv-rechtlich gewendeten „Bedarf" – wird man zudem schließen dürfen, dass es vornehmlich auf die **individuelle Situation** des **Aufbewahrenden,** nicht aber auf die objektiv zu beurteilende Gesamtsituation einer Lagerungsnotwendigkeit in der Bundesrepublik ankommt. Beim wichtigsten Anwendungsfall, der Aufbewahrung bestrahlter Kernbrennstoffe innerhalb des abgeschlossenen Geländes eines Kernkraftwerks gem. § 9a Abs. 2 S. 3 (dazu im Einzelnen → § 9a Rn. 30 ff.), gilt dieses Erfordernis wegen der nur auf die Genehmigungsvoraussetzungen der Nrn. 1–4 verweisenden Bezugsnorm des § 6 Abs. 3 S. 2 ohnehin nicht (BT-Drs. 14/6890, 20); im Übrigen hat die Judikatur aufgrund der bereits gesetzlich normierten Pflicht ein Bedürfnis ohne vertiefte Diskussion zu Recht angenommen (vgl. BVerwGE 131, 129 (131) = NVwZ 2008, 1012; BVerwG NVwZ 2005, 817; OVG Lüneburg DVBl. 2011, 115; VGH München ZUR 2006, 427; OVG Schleswig Urt. v. 31.1.2007 – 4 KS 2/04, juris-Rn. 114 = BeckRS 2008, 38947; auch *König* ET 2001, 162 (165)). Die Tatbestandsvoraussetzung des Bedürfnisses ist in der Rechtsprechung zudem als **nicht drittschützend** eingestuft worden (BVerwG NVwZ 2005, 817; BVerwG NVwZ 2007, 88 (89); OVG Schleswig Urt. v. 31.1.2007 – 4 KS 2/04, juris-Rn. 114 = BeckRS 2008, 38947; VGH Mannheim BeckRS 2004, 24038 Rn. 44; OVG Münster RdE 1997, 222 (227)).

3. Voraussetzungen

10 Die Genehmigungsvoraussetzungen sind teils gleich, teils abweichend zu § 7 Abs. 2 formuliert, zum Teil fehlen entsprechende Regelungen. **Identisch** sind die Formulierungen in Nr. 3 und Nr. 4, also zur Deckungsvorsorge (§ 7 Abs. 2 Nr. 4, dazu → § 7 Rn. 55) und zum Schutz gegen sonstige Einwirkungen Dritter (§ 7 Abs. 2 Nr. 5, vgl. → § 7 Rn. 56 ff.). Schwerpunkte in den Diskussionen und gerichtlichen Auseinandersetzungen sind bei den Störmaßnahmen insbesondere der terroristische Hohlladungsbeschuss und der gezielte Flugzeugabsturz gewesen (dazu ausführlich, auch zu Verfahren nach § 6 → § 7 Rn. 64 ff., 83 ff.); insofern ist die inhaltliche Debatte noch nicht beendet. Mit Blick auf die Störmaßnahmen sind auch die Auswirkungen der neueren Rechtsprechung auf den Funktionsvorbehalt der Exekutive noch nicht bewältigt (→ § 7 Rn. 63 ff.).

11 **Unterschiede** gibt es demgegenüber bei der Nr. 1, wo in Abweichung zu § 7 Abs. 2 Nr. 1 der Bezugspunkt „Errichtung" fehlt und die Begrifflichkeit „Betrieb der Anlage" konsequent durch „Aufbewahrung" ersetzt worden ist. Hintergrund ist, dass es bei § 6 – anders als bei § 7 – nicht um eine tätigkeitsbezogene Anlagengenehmigung geht, sondern nur um die Tätigkeit der Aufbewahrung, ohne die dafür notwendige Anlage (das Lager) in den Genehmigungstatbestand einzubeziehen. Ein gleichlaufender Formulierungsunterschied besteht bei der erforderlichen Schadensvorsorge (Nr. 2), wo „Errichtung und Betrieb" durch „Aufbewahrung" ersetzt wurden. Bei der Schadensvorsorge im Kontext des § 6 ist zu beachten, dass die Lagerung der abgebrannten Brennelemente in speziellen Behältern erfolgt (insbesondere vom Typ „Castor"), durch die im Wesentlichen die Abschirmung der radioaktiven Strahlung, die Zurückhaltung der Spaltprodukte und der Schutz vor äußeren Einwirkungen bewirkt wird; die Lagergebäude selbst bieten demgegenüber nur einen zusätzlichen Schutz. Insofern haben sich insbesondere die Themen Langzeitbeständigkeit der Transport- und Lagerbehälter, sicherer Einschlusses des radioaktiven Inventars mit einer ausreichend abschirmenden Wirkung auch bei auslegungsbestimmenden Störfällen, Deckeldichtung (insbesondere durch das sog. „Doppeldeckel-Dichtsystem"), Undichtigkeiten aufgrund eines Hüllrohrversagens, Aufbewahrungs- und Reparaturkonzept und Sicherung von Dienstleistungen des benachbarten Kernkraftwerks gestellt, die aber in den einschlägigen ober- und höchstrichterlichen Urteilen in der Praxis letztlich keine kritische Beurteilung erfahren haben.

12 Trotz des identischen Wortlauts der Nr. 4 und des § 7 Abs. 2 Nr. 5 gibt es mit Blick auf den terroristischen Flugzeugangriff Abweichungen in der Genehmigungspraxis zu Zwischenlagern auf dem Kernkraftwerksgelände (Abs. 3). Grundsätzlich kommen beim terroristischen Flugzeugangriff nach der Praxis der atomrechtlichen Genehmigungs- und Aufsichtsbehörden der Länder und des Bundes Maßnahmen in Betracht, die unter Berücksichtigung des Grundsatzes der Verhältnismäßigkeit die Strahlenexposition im Einzelfall minimieren bzw. begrenzen (so auch der Beschluss des Länderausschusses für Atomkernenergie vom 3./4. 7. 2003, → § 7 Rn. 83 ff.). Da es bei den Zwischenlagern in der Phase nach den Terrorangriffen des 11.9.2001 in den USA – anders als bei den Kernkraftwerken – um neu zu genehmigende Anlagen ging, prüfte die damals zuständige Genehmigungsbehörde, das BfS, ob durch die möglichen Freisetzungen radioaktiver Stoffe in Folge eines terroristischen Flugzeugangriffs auf das Zwischenlager auch das allgemeine Schutzziel der für dieses Ereignis an sich nicht anwendbaren SEWD-Richtlinie eingehalten wird (→ § 7 Rn. 79). Dieses Vorgehen zielte offenbar darauf ab, zu einer höheren Akzeptanz der an den jeweiligen Standorten umstrittenen Errichtung von Zwischenlagern beizutragen.

Schließlich **fehlen** im Rahmen von § 6 entsprechende Regelungen wie in § 7 **13** Abs. 2 Nrn. 2 und 6. Bei der dortigen Nr. 2 – der Erstreckung auf die beim Betrieb sonst tätigen Personen (dazu → § 7 Rn. 41 f.) – mag dies wegen des gegenüber einem Kernkraftwerk geringeren Risikopotentials der Lagerung nicht für notwendig gehalten worden sein (*Haedrich* AtG § 6 Rn. 11) Im Hinblick auf die Nr. 6 – überwiegende öffentliche Interessen (→ § 7 Rn. 87) – dürfte es daran gelegen haben, dass entsprechende Aspekte im Wesentlichen schon bei der Frage des Bedürfnisses zu behandeln sind und für eine gesonderte Regelung deshalb kein Bedarf bestand. In der Praxis ergeben sich daraus für die Durchführung des Genehmigungsverfahren keine relevanten Unterschiede. Das BVerfG hat jedenfalls mehrfach entschieden, dass die Genehmigungsvoraussetzungen des § 6 den verfassungsgebotenen Schutzstandard gewährleisten (vgl. BVerfGE 77, 381 (403); BVerwG NVwZ 2009, 171 (172); BVerwG NVwZ 2010, 114 (116)).

4. Keine Konzentrationswirkung

Auch der Genehmigung nach § 6 mangelt es an der Konzentrationswirkung **14** (dazu → § 7 Rn. 39). Anders als bei den Kernkraftwerken gibt es aber oftmals auch im jeweiligen Landesrecht keine dahingehende Normierung. Das bedeutet in der Praxis, dass für die Errichtung des jeweiligen Lagers eine eigenständige Baugenehmigung nach landesrechtlichem Bauordnungsrecht einzuholen war und sich durchaus komplexe Abgrenzungsthemen, insbesondere hinsichtlich der zeitlichen Abfolge, gestellt haben (dazu im Einzelnen *Haedrich* AtG § 6 Rn. 10 ff.; *Leidinger* RdE 2001, 103 (104 f.)). Dies bleibt als – unnötiges – Manko zu kritisieren, selbst wenn es im Ergebnis „nur" zu Verzögerungen, nicht aber zur dauerhaften Versagung von Errichtungsgenehmigungen gekommen ist.

5. Zuständigkeiten und Verfahren

Zuständige Genehmigungsbehörde war zunächst die Physikalisch-technische **15** Bundesanstalt, ab 1989 dann das Bundesamt für Strahlenschutz (BfS), seit dem 30.7.2016 (Gesetz vom 26.7.2016, BGBl. I 1843) das Bundesamt für kerntechnische Entsorgung (BfE) und nun seit dem 1.1.2020 (Gesetz vom 12.12.2019, BGBl. I 2510) das Bundesamt für die Sicherheit der nuklearen Entsorgung (BASE) gem. § 23d S. 1 Nr. 7. Dass eine Bundesbehörde mit der **Zuständigkeit** betraut werden durfte, hat die höchstrichterliche Judikatur mit Blick auf Art. 87 Abs. 3, 87c GG bestätigt (BVerfGE 104, 238 (247) = NVwZ 2002, 591; BVerwG NVwZ 2007, 88; aA *Degenhart* DVBl. 2006, 1125).

Im Hinblick auf das einzuhaltende **Verfahren** gibt es weder eine besondere Erstreckungsregelung im AtG noch in der AtVfV, wonach die für Genehmigungen **16** gem. § 7 maßgeblichen Vorschriften entsprechend auch in Verfahren des § 6 gälten. In der Praxis hat sich – entgegen Ansichten, die deshalb die allgemeinen Grundsätze des Verwaltungsrechts für einschlägig hielten (*Haedrich* AtG § 6 Rn. 13) – die Übung entwickelt, die Regelungen der AtVfV entsprechend anzuwenden. Im Hinblick auf die UVP-Pflicht war umstritten, ob Ziffer 11.3 der Anlage 1 zum UVPG (Liste „UVP-pflichtige Vorhaben") bzw. vor deren Einfügung die entsprechende europäische Richtlinienvorgabe einschlägig ist. Danach besteht eine Pflicht zur Prüfung der Umweltverträglichkeit bei Errichtung und Betrieb einer Anlage „zu dem ausschließlichen Zweck für mehr als 10 Jahre geplanten Lagerung bestrahlter Kernbrennstoffe oder radioaktiver Abfälle an einem anderen Ort als dem Ort, an denen diese Stoffe angefallen sind". Dies wurde deshalb streitig diskutiert, weil bei den dezentralen, standortnahen Zwischenlagern gem. § 6 Abs. 3 ein solcher Ortsbezug gerade angenommen werden konnte; auch geht es bei der Aufbewahrung nicht um „Errichtung und Betrieb einer Anlage". Dennoch hat sich in der Praxis die Auffassung durchgesetzt, von einer UVP-Pflichtigkeit auch der Genehmigung nach § 6 auszugehen, da das SZL nicht Bestandteil des Kernkraftwerks als Produktionsort – und damit dem Ort des Abfallanfalls – ist (vgl. zur Diskussion *Gaßner* INLA 2000, 219 ff.). Demgemäß sind dann auch gem. § 2a Abs. 1 S. 2 die Vorschriften der AtVfV über die UVP anzuwenden (→ § 2a Rn. 2).

IV. Zwischenlager auf dem Kraftwerksgelände (Abs. 3)

17   Während die abgebrannten Brennelemente früher regelmäßig in ausländischen Anlagen wiederaufgearbeitet und die daraus resultierenden Abfälle in den zentralen Lagern Ahaus und Gorleben zwischengelagert wurden, ist seit der Atomrechtsnovelle 2002 die **dezentrale Brennelementelagerung** an den Kraftwerksstandorten vom Gesetzgeber vorgegeben (§ 9a Abs. 2 S. 3 AtG), auch um Transporte zu den zentralen Zwischenlagern weitgehend zu vermeiden. Die Abgabe von bestrahlten Brennelementen zur **Wiederaufarbeitung** – und damit der Verwertung – ist seit dem 1.7. 2005 **unzulässig** (→ § 9a Rn. 4). Die in der Praxis wichtigste Regelung im Rahmen von § 6 wirft eine Reihe von Fragen auf.

1. Verhältnis zu Abs. 1

18   § 6 Abs. 3 normiert, dass unter den dort genannten Voraussetzungen eine Genehmigung nach § 6 Abs. 1 notwendig ist. Das wirft die Frage auf, ob Abs. 3 ein eigenständiger Genehmigungstatbestand neben Abs. 1 ist oder ob lediglich bestimmt wird, dass auch in der dortigen Fallkonstellation eine Genehmigung nach Abs. 1 einzuholen ist. Der **Wortlaut** des § 6 Abs. 3 lässt keine eindeutige Bewertung zu. Zwar wird in S. 1 einerseits als Rechtsfolge geregelt, es bedürfe einer Genehmigung nach Abs. 1; andererseits wird in S. 2 bestimmt, dass die Genehmigungsvoraussetzungen der Nrn. 1–4 des Abs. 2 entsprechend gelten. Handelte es sich um eine originäre Genehmigung nach Abs. 1, so bedürfte es dieser Anordnung nicht, da dafür ohnehin jene Anforderungen gelten. Dann aber liefe der erklärte Wille des Gesetzgebers, nur die entsprechende Geltung der in den Nrn. 1–4 des Abs. 2 aufgeführten Genehmigungsvoraussetzungen – und damit insbesondere nicht die gesetzliche Bedürfnisprüfung (BT-Drs. 14/6890, 20) – vorzusehen, leer. Das wird man dem Gesetzgeber nicht unterstellen dürfen. § 6 Abs. 3 ist deshalb ein eigener Genehmigungstatbestand, der sowohl in den Voraussetzungen als auch in der Rechtsfolge vom Genehmigungstatbestand des Abs. 1 abweicht. Mit ihm wird zudem klargestellt, dass die gesetzliche Pflicht zum Bau solcher Zwischenlager nicht von einer Genehmigungseinholung befreit. Unabhängig von dieser rechtsdogmatischen Einordnung bleibt festzuhalten, dass die Aufbewahrung nach § 6 Abs. 3 der Sache nach ein Unterfall derjenigen nach Abs. 1 ist; die Regelung ist insoweit zwar lex specialis (so zu Recht *Müller-Dehn* in PSM § 6 Rn. 58), im Übrigen aber kann auf die zu § 6 Abs. 1 gewonnenen Erkenntnisse zurückgegriffen werden (dazu *Leidinger* in NK-AtomR § 6 Rn. 37 ff.).

2. Genehmigungsvoraussetzungen

Eine Genehmigung nach § 6 Abs. 3 darf nur demjenigen erteilt werden, der **aus** 19
§ 9a Abs. 2 S. 3 zur Aufbewahrung bestrahlter Brennelemente in Transport- und Lagerbehältern in einem gesonderten Lagergebäude innerhalb des abgeschlossenen Kernkraftwerksgeländes **verpflichtet** ist. Das bedeutet abgrenzend: Unter die Norm fallen weder Forschungseinrichtungen noch dezentrale Zwischenlager noch auch nur solche standortnahen Zwischenlager, die – was § 9a Abs. 2 S. 3 definitorisch erlaubte – lediglich in der Nähe zum Kernkraftwerk (als Anlage zur Spaltung von Kernbrennstoffen zur gewerblichen Erzeugung von Elektrizität) errichtet werden. Insoweit ist eine **räumliche Nähebeziehung** zum Kernkraftwerk erforderlich. Darin kommt auch ein funktionales Element zum Ausdruck; so ist in den jeweiligen Genehmigungen geregelt, dass in den SZL nur die aus dem jeweiligen Kraftwerk stammenden bestrahlten Brennelemente aufbewahrt werden dürfen. Die vom Gesetzgeber gewählte Formulierung („innerhalb") bedeutet zugleich, dass eine **gemeinsame Außenanlage** von Kernkraftwerk und Zwischenlager die Anwendung des § 6 Abs. 3 nicht ausschließt, sondern vielmehr voraussetzt (BVerwG NVwZ 2007, 88; *Müller-Dehn* in PSM § 6 Rn. 62). Die zunächst intensiv erörterte Frage, ob § 6 Abs. 3 oder § 7 die einschlägige Genehmigungsgrundlage sei, ist deshalb dahingehend entschieden worden, dass **im Anwendungsbereich des § 6 Abs. 3 Genehmigungen nur** auf **dieser Rechtsgrundlage** erteilt werden dürfen (BT-Drs. 14/6890, 20; BVerwG NVwZ 2007, 88; BVerwGE 131, 129 (132) = NVwZ 2008, 1012; VGH München ZUR 2006, 427; daher sind frühere Diskussionen um die Abgrenzung von § 6 und § 7 überholt; vgl. *Wollenteit* INLA 2000, 187 (191); zutreffend *Roller*, 11. AtRS 2002, 227 (236f.)).

Die Anforderung, dass es sich um ein **gesondertes Lagergebäude** handeln 20
muss, soll eine gewisse räumliche Trennung vom Kernkraftwerk sicherstellen; das Lager ist baulich nicht in den Gebäudekomplex der Kernkraftwerksanlage integriert. Über diese Separierung hinaus ist eine weitere funktionelle Sonderung jedoch nicht zu fordern; im Gegenteil bedingt der sich aus § 9a Abs. 2 S. 3 ergebende räumliche Bezug zum Kraftwerksgelände **notwendig funktionelle Überschneidungen** (wie zB einheitliche Sicherungseinrichtungen); von einem solchen Nutzungs- und Funktionszusammenhang geht der Gesetzgeber vielmehr aus (BVerwGE 131, 129 (132f.) = NVwZ 2008, 1012). Da die bestrahlten Brennelemente in spezifischen Behältern aufzubewahren sind, wird ferner ausgeschlossen, dass ein Nasslager nach § 6 Abs. 3 genehmigungsfähig wäre. Schließlich setzt eine Genehmigung nach § 6 Abs. 3 in Abgrenzungen zu Abs. 1 nicht nur voraus, dass Kernbrennstoffe aufbewahrt werden, sondern dass es sich um *bestrahlte* Kernbrennstoffe handelt.

3. Rechtsfolge

Nach § 6 Abs. 3 S. 2 gelten die Genehmigungsvoraussetzungen der Nrn. 1–4 des 21
Abs. 2 **entsprechend.** Nicht einschlägig ist daher der erste Teil des einleitenden Konditionalsatzes zum Aufbewahrungsbedürfnis, da auf ihn nicht verwiesen wird. Zutreffend wird demgemäß in der Gesetzesbegründung festgehalten, dass aufgrund der Verpflichtung nach § 9a Abs. 2 S. 3 **kraft Gesetzes** ein **Bedürfnis** für die Zwischenlagerung vorhanden ist (BT-Drs. 14/6890, 20).

Die Nrn. 1–4 des § 6 Abs. 2 sind grundsätzlich gleichlaufend anzuwenden. Im 22
Hinblick auf die erforderliche Deckungsvorsorge (Nr. 3) ist auf die **zeitgleich** zur Änderung des Atomgesetzes erfolgte **Novellierung der AtDeckV** hinzuweisen,

wonach in § 9 Abs. 3 AtDeckV entsprechend der Gesetzesbegründung (BT-Drs. 14/6890, 28) nunmehr geregelt wird, dass die nach Abs. 1 zu ermittelnde Deckungsvorsorge für Kernkraftwerke auch diejenige für ein standortnahes Zwischenlager nach § 9a Abs. 2 S. 3 umfasst, sofern sich das Zwischenlager innerhalb des abgeschlossenen Kraftwerksgeländes befindet und beide Anlagen eine **gemeinsame Kernanlage** im Sinne der Anlage 1 Abs. 1 Nr. 2 letzter Halbsatz zum Atomgesetz bilden.

23 Wie bei § 6 Abs. 1 handelt es sich auch bei Abs. 3 um eine **gebundene Erlaubnis.** Gleichermaßen wird auf dessen Basis nur die Aufbewahrung und **nicht** zugleich die **Errichtung** des Zwischenlagers genehmigt (*Näser* DVBl. 2002, 584 (588)).

V. Sorgepflicht (Abs. 4)

24 Abs. 4 betraf früher eine Spezialregelung für sog. **Interimslager** (vgl. dazu *Müller-Dehn* in PSM § 6 Rz. 11 ff.; *Hoffmann/König,* 11. AtRS 2002, 213 (216); *Roller,* 11. AtRS 2002, 227 (243)); sie ist aber durch Gesetz vom 23.7.2013 (BGBl. I 2553) durch eine vollständige Neuregelung ersetzt worden. Die Vorschrift normiert nunmehr zu Lasten der Betreiber von Kernkraftwerken die Pflicht, dafür zu sorgen, dass die aus der Aufarbeitung bestrahlter Kernbrennstoffe im Ausland stammenden verfestigten Spaltproduktlösungen **(„WA-Abfälle")** zurückgenommen und in standortnahen Zwischenlagern nach Abs. 2 S. 3 (also nicht nur in Lagergebäuden innerhalb des abgeschlossenen KKW-Geländes) bis zu deren Ablieferung an eine Anlage zur Endlagerung radioaktiver Abfälle aufbewahrt werden. Die Vorschrift hat zahlreiche Auslegungsfragen aufgeworfen und ist – falls die Gerichte nicht zu einer verfassungskonformen Auslegung gekommen wären – verfassungswidrig (vgl. dazu *Posser* atw 2014, 438 ff.; → § 9a Rn. 34). Die gegen die Sorgepflicht von den Betreibern eingereichten verwaltungsgerichtlichen Feststellungsklagen und Verfassungsbeschwerden sind jedoch im Kontext des öffentlich-rechtlichen Vertrags vom 26.6.2017 zwischen dem Bund und den EVU zur Neuordnung der Verantwortung in der kerntechnischen Entsorgung vereinbarungsgemäß zurückgenommen worden (vgl. Anlage 4 zum öRV, Nrn. 1–11), so dass es voraussichtlich nicht mehr zu einer gerichtlichen Klärung kommen wird. Allerdings sind die bisherigen **Genehmigungen** für die SZL **nicht** für diese WA-Abfälle zugelassen; hinzu kommt, dass sie nur für die jeweils eigenen, kraftwerksspezifischen Brennelemente erteilt wurden, während nunmehr auch WA-Abfälle von dritten Kernkraftwerken aufgenommen werden sollen. Es dürfte deshalb wahrscheinlich sein, dass entsprechend notwendige **Veränderungsgenehmigungen** gem. § 6 Abs. 1 S. 2 von Dritten, insbesondere der jeweiligen Ortsbevölkerung, angegriffen werden. Davon ist offenbar auch der Gesetzgeber ausgegangen und hat deshalb im neuen Abs. 4 entsprechenden **Anfechtungsklagen** die **aufschiebende Wirkung** versagt. Hintergrund war ausweislich der Gesetzesbegründung (BT-Drs. 17/14181, 29), dass dadurch die völkerrechtlichen Verpflichtungen zur Rücknahme jener radioaktiven Abfälle zeitgerecht erfüllt werden sollten. Der Sache nach handelt es sich um eine Regelung iSd § 80 Abs. 2 Nr. 3 VwGO. Derartige Vorschriften sind keineswegs nur verfahrensrechtlicher Natur, sondern zugleich eine materielle Grundentscheidung des Gesetzgebers für den Vorrang des öffentlichen Vollzugsinteresses gegenüber kollidierenden privaten Aufschubinteressen. Das macht eine einzelfallbezogene Prüfung im Rahmen eines gerichtlichen Verfahrens zur Anordnung der aufschiebenden Wirkung gem. § 80 Abs. 5 VwGO allerdings nicht entbehrlich. Ist dessen Ausgang nach der summarischen Prüfung durch das Gericht offen, geht die

Eilentscheidung wegen der **gesetzlichen Vorprägung** regelmäßig zu Gunsten der Behörde und des notwendig beizuladenden Genehmigungsinhabers aus. Dagegen bestehen keine verfassungsrechtlichen Bedenken (vgl. dazu insgesamt *Schoch* in SSB VwGO § 80 Rn. 127f.; *Puttler* in Sodan/Ziekow VwGO § 80 Rn. 84; *Gersdorf* in BeckOK VwGO, 5. Aufl. 2018, § 80 Rn. 44). Allerdings bleibt zu bedenken, dass sich etwaige Rechtsstreitigkeiten tatsächlich im Eilverfahren vorentscheiden dürften. Denn wenn die WA-Abfälle erst einmal in einem bestimmten SZL eingelagert worden sind, ist es – das zeigt die Praxis (→ § 5 Rn. 8) – unwahrscheinlich, dass sich daran (nicht zuletzt im Interesse einer weiteren Transportvermeidung) bis zur Ablieferung an ein Endlager noch etwas ändert.

VI. Befristung (Abs. 5)

In den seinerzeitigen Erörterungen der Zwischenlagerverfahren ist von der Bevölkerung stets der Einwand vorgebracht worden, angesichts der unklaren Situation bei der Endlagerung (insbes. für HAW-Abfälle) handele es sich bei den SZL um „faktische Endlager". Dieser Sorge ist in den jeweiligen Genehmigungen dadurch Rechnung getragen worden, dass die **Zulassung befristet** wurde auf **40 Jahre** ab dem Zeitpunkt der Einlagerung des ersten Behälters in das SZL, was in etwa bis Mitte dieses Jahrhunderts reichen würde. Von der Rechtsprechung ist bestätigt worden, dass die sicherheitstechnischen Vorkehrungen jedenfalls diesen Zeitraum abdecken; fachlich besteht kein Zweifel, dass mit jener Befristung nicht die Lebensdauer der Transport- und Lagerbehälter markiert ist. Durch das StandAG mit seinen aufwendigen Suchverfahren ist es – auch nach den Erkenntnissen der Bundesregierung selbst – allerdings ausgeschlossen, dass in diesem Zeithorizont ein Abruf der Abfälle aus den Zwischenlagern in ein betriebsbereites HAW-Endlager stattfinden wird (Abschlussbericht der Endlagerkommission, K-Drs. 268, 244ff.; vgl. auch K-Drs. 267, 16f.). Dementsprechend müssen die genehmigungsrechtlichen Befristungen zukünftig geändert werden. Der Gesetzgeber hat dies ebenfalls erkannt (vgl. BT-Drs. 17/14181, 30) und deshalb in Abs. 5 eine **Doppelregelung** getroffen: Zum einen hat er die bereits genehmigungsrechtlich angeordneten 40-jährige Aufbewahrungsdauer übernommen und damit auf die gesetzliche Ebene hochgezont. Allerdings hat er – anders als in der jeweiligen SZL-Genehmigung – lediglich eine **Sollvorschrift** normiert, um eine absehbar notwendige Verlängerung nicht von vornherein auszuschließen. Dabei ist ihm jedoch die gewählte Formulierung missglückt, denn es kommt nicht auf die erste Einlagerung eines Behälters, sondern auf die Einlagerung des ersten Behälters an; ein inhaltlicher Unterschied ist damit indessen wohl nicht verknüpft. Zum anderen aber hat er diese Verlängerungsoption an verschärfte Anforderungen geknüpft, die in den SZL-Genehmigungen nicht geregelt sind. Denn eine Verlängerung ist nunmehr nur unter zwei kumulativ-konstitutiven gesetzlichen Voraussetzungen zulässig: Es bedarf materiell **unabweisbarer Gründe** und formell der vorherigen **Befassung** des deutschen **Bundestags.** Dies hört sich indessen strenger an als es in der Praxis sein wird. Denn die unabweisbaren Gründe dürften schon dann vorliegen, wenn kein abrufbereites HAW-Endlager zur Verfügung steht – wo sonst sollen die Brennelemente hin?; schon aus Gründen der Transportvermeidung spricht alles für ihren Verbleib an Ort und Stelle. Die Befassung des deutschen Bundestages wiederum meint keineswegs den Erlass eines Gesetzes oder auch nur eines schlichten Parlamentsbeschlusses; es bedeutet noch nicht einmal eine (überwiegend) positive parlamentarische Erörterung, denn „Befassung" ist denkbar weit und würde sogar begrifflich (wenn auch wohl nicht politisch) selbst eine Ablehnung umfassen.

26 Im Übrigen lässt das Gesetz jedoch offen, welche **formellen** und **materiellen Anforderungen** für die **Verlängerungsentscheidung** gelten sollen. Dies ist keineswegs selbsterklärend, sondern kann ganz im Gegenteil zu substantiellen Unterschieden führen, je nach dem, für welchen Weg man sich insoweit entscheidet. Zwar ist anerkannt, dass eine befristet erteilte Genehmigung verlängert werden kann, wenn im einschlägigen Fachgesetz keine abweichende Regelung getroffen wurde (vgl. *Kopp/Ramsauer* VwVfG § 36 Rn. 56; *Knack/Hennecke* VwVfG, 11. Aufl. 2019, § 36 Rn. 35, 54; SBS VwVfG § 36 Rn. 74). Doch ist offen, welche **Beurteilungsmaßstäbe** dann gelten. So kann eine Parallele zu § 18 BImSchG gezogen werden, wonach die Verlängerung einer Befristung einem eingeschränkten Prüfprogramm unterliegt (vgl. BVerwGE 124, 156 (162f.) = NVwZ 2005, 1424; *Hansmann/Ohms* in Landmann/Rohmer UmweltR BImSchG § 18 Rn. 37; *Scheidler* in Feldhaus, Bundesimmissionsschutzrecht, BImSchG § 18 Rn. 31; *Jarass* BImSchG, 13. Aufl. 2020, § 18 Rn. 17); ein zweites Genehmigungsverfahren wird danach nicht gefordert, die Genehmigungsbehörde muss lediglich Anhaltspunkten für den Wegfall einzelner Genehmigungsvoraussetzungen und relevanten Änderungen in der Umgebung der Anlage nachgehen. Anders ist es dagegen im Wasserrecht, wo es keine „bloße" Verlängerung gibt, sondern eine neue Genehmigung mit entsprechendem Prüfaufwand nach aktueller Sach- und Rechtslage erforderlich wird (vgl. zu dieser umstrittenen Thematik, insbes. der Notwendigkeit einer UVP, *Czychowski/Reinhardt* WHG, 12. Aufl. 2019, § 11 Rn. 10; *Knopp* in Sieder/Zeitler/Dahme/Knopp WHG § 11 Rn. 18; *Drost,* Das neue Wasserrecht, WHG § 11 Rn. 41). Richtigerweise wird man prüfen müssen, ob in der Verlängerung eine **wesentliche Änderung** der – nach § 17 Abs. 1 S. 4 (→ § 17 Rn. 9) zulässig befristeten – Aufbewahrung zu sehen ist. Bei einer neuen Genehmigung, die auf 40 Jahre begrenzt ist und auch nur insoweit materiellen Prüfanforderungen genügen musste, wird man in einer jedenfalls nicht völlig unbedeutenden zeitlichen Erstreckung – was angesichts der voraussichtlichen Endlagerfertigstellung wiederum sehr wahrscheinlich ist – die Genehmigungsfrage als neu aufgeworfen sehen können. Dann aber ist es konsequent, eine Prüfung zu verlangen, die derjenigen einer Veränderungsgenehmigung (dazu → § 7 Rn. 9ff.) zumindest nahekommt. Dafür sprechen im Übrigen auch Hinweise aus der bisherigen Rechtsprechung zu den Genehmigungen nach § 6, wonach aus dem Umstand der immerhin 40-jährigen Aufbewahrungszulassung erhöhte Prognoseanforderungen gefolgert werden (vgl. BVerwGE 142, 159 (169) = NVwZ 2012, 750 Rn. 28); auf dieser Linie liegt es, dann auch bei einer Verlängerung entsprechende Prognosesicherheit zu verlangen (zur Verlängerungsregelung insgesamt *Leidinger* in NK-AtomR § 6 Rn. 47ff.).

27 Schließlich geht es in dieser Vorschrift nur um den Anwendungsfall des Abs. 3 iVm Abs. 1, also die Aufbewahrung von *bestrahlten* Kernbrennstoffen. Dazu gehören im Regelfall auch die „verfestigten Spaltproduktlösungen" im Kontext der WA-Abfälle des § 9a Abs. 2a (BT-Drs. 13/8641, 321; OVG Lüneburg Urt. v. 2.9.1996 – 7 K 4357/95, juris-Rn. 75 = BeckRS 1996, 23497; OVG Lüneburg Urt. v. 25.4.1996 – 7 M 6278/95, juris-Rn. 2 = NVwZ-RR 1997, 281). Zudem geht es nicht um standortnahe Zwischenlager generell, sondern nur um diejenigen innerhalb des abgeschlossenen Geländes eines Kernkraftwerks. Der Anwendungsbereich ist deshalb nur eingeschränkt und umfasst keineswegs alle der Aufbewahrung und einem Genehmigungsverfahren nach § 6 zugänglichen oder zuzuführenden Kernbrennstoffe.

VII. Rechtsschutz

Rechtsschutz ist grundsätzlich wie bei § 7 zu sehen (→ § 7 Rn. 114). Das Tatbestandsmerkmal des Bedürfnisses ist allerdings nicht drittschützend (→ Rn. 9). Bei der Verlängerung ist der Drittschutz davon abhängig, welche Genehmigungsvoraussetzungen betroffen sind; im Falle ihrer drittschützenden Wirkung besteht Rechtsschutz auch gegen die Verlängerungsentscheidung – und zwar unabhängig davon, ob gegen die Ausgangsgenehmigung geklagt wurde oder nicht. Zur Bedeutung des Ausschlusses der aufschiebenden Wirkung in § 6 Abs. 4 schon → Rn. 23. 28

§ 7 Genehmigung von Anlagen

(1) ¹Wer eine ortsfeste Anlage zur Erzeugung oder zur Bearbeitung oder Verarbeitung oder zur Spaltung von Kernbrennstoffen oder zur Aufarbeitung bestrahlter Kernbrennstoffe errichtet, betreibt oder sonst innehat oder die Anlage oder ihren Betrieb wesentlich verändert, bedarf der Genehmigung. ²Für die Errichtung und den Betrieb von Anlagen zur Spaltung von Kernbrennstoffen zur gewerblichen Erzeugung von Elektrizität und von Anlagen zur Aufarbeitung bestrahlter Kernbrennstoffe werden keine Genehmigungen erteilt. ³Dies gilt nicht für wesentliche Veränderungen von Anlagen oder ihres Betriebs.

(1a) ¹Die Berechtigung zum Leistungsbetrieb einer Anlage zur Spaltung von Kernbrennstoffen zur gewerblichen Erzeugung von Elektrizität erlischt, wenn die in Anlage 3 Spalte 2 für die Anlage aufgeführte Elektrizitätsmenge oder die sich auf Grund von Übertragungen nach Absatz 1b ergebende Elektrizitätsmenge erzeugt ist, jedoch spätestens
1. mit Ablauf des 6. August 2011 für die Kernkraftwerke Biblis A, Neckarwestheim 1, Biblis B, Brunsbüttel, Isar 1, Unterweser, Philippsburg 1 und Krümmel,
2. mit Ablauf des 31. Dezember 2015 für das Kernkraftwerk Grafenrheinfeld,
3. mit Ablauf des 31. Dezember 2017 für das Kernkraftwerk Gundremmingen B,
4. mit Ablauf des 31. Dezember 2019 für das Kernkraftwerk Philippsburg 2,
5. mit Ablauf des 31. Dezember 2021 für die Kernkraftwerke Grohnde, Gundremmingen C und Brokdorf,
6. mit Ablauf des 31. Dezember 2022 für die Kernkraftwerke Isar 2, Emsland und Neckarwestheim 2.[1]

²Die Erzeugung der in Anlage 3 Spalte 2 aufgeführten Elektrizitätsmengen ist durch ein Messgerät zu messen. ³Das Messgerät nach Satz 2 muss den Vorschriften des Mess- und Eichgesetzes und den auf Grund des Mess-

---

[1] § 7 Abs. 1a Satz 1 ist gem. Urt. des BVerfG v. 6.12.2016 (BGBl. I S. 3451) mit Art. 14 Abs. 1 des Grundgesetzes unvereinbar, soweit das Gesetz nicht eine im Wesentlichen vollständige Verstromung der den Kernkraftwerken in Anl. 3 Spalte 2 zum Atomgesetz zugewiesenen Elektrizitätsmengen sicherstellt und keinen angemessenen Ausgleich hierfür gewährt. Der Gesetzgeber ist verpflichtet, eine Neuregelung spätestens bis zum 30. Juni 2018 zu treffen. § 7 Abs. 1a Satz 1 ist bis zu einer Neuregelung weiter anwendbar.

und Eichgesetzes erlassenen Rechtsverordnungen entsprechen. ⁴Ein Messgerät nach Satz 2 darf erst in Betrieb genommen werden, nachdem eine Behörde nach § 54 Absatz 1 des Mess- und Eichgesetzes dessen Eignung und ordnungsgemäßes Verwenden festgestellt hat. ⁵Wer ein Messgerät nach Satz 2 verwendet, muss das Messgerät unverzüglich so aufstellen und anschließen sowie so handhaben und warten, dass die Richtigkeit der Messung und die zuverlässige Ablesung der Anzeige gewährleistet sind. ⁶Die Vorschriften des Mess- und Eichgesetzes und der auf Grund dieses Gesetzes erlassenen Rechtsverordnung finden Anwendung. ⁷Der Genehmigungsinhaber hat den bestimmungsgemäßen Zustand des Messgerätes in jedem Kalenderjahr durch eine Sachverständigenorganisation und die in jedem Kalenderjahr erzeugte Elektrizitätsmenge binnen eines Monats durch einen Wirtschaftsprüfer oder eine Wirtschaftsprüfungsgesellschaft überprüfen und bescheinigen zu lassen.

(1 b) ¹Elektrizitätsmengen nach Anlage 3 Spalte 2 können ganz oder teilweise von einer Anlage auf eine andere Anlage übertragen werden, wenn die empfangende Anlage den kommerziellen Leistungsbetrieb später als die abgebende Anlage begonnen hat. ²Elektrizitätsmengen können abweichend von Satz 1 auch von einer Anlage übertragen werden, die den kommerziellen Leistungsbetrieb später begonnen hat, wenn das Bundesministerium für Umwelt, Naturschutz und nukleare Sicherheit im Einvernehmen mit dem Bundeskanzleramt und dem Bundesministerium für Wirtschaft und Energie der Übertragung zugestimmt hat. ³Die Zustimmung nach Satz 2 ist nicht erforderlich, wenn die abgebende Anlage den Leistungsbetrieb dauerhaft einstellt und ein Antrag nach Absatz 3 Satz 1 zur Stilllegung der Anlage gestellt worden ist. ⁴Elektrizitätsmengen nach Anlage 3 Spalte 2 können von Anlagen nach Absatz 1a Satz 1 Nummer 1 bis 6 nach Erlöschen der Berechtigung zum Leistungsbetrieb nach den Sätzen 1 bis 3 übertragen werden.

(1 c) ¹Der Genehmigungsinhaber hat der zuständigen Behörde
1. monatlich die im Sinne des Absatzes 1a in Verbindung mit der Anlage 3 Spalte 2 im Vormonat erzeugten Elektrizitätsmengen mitzuteilen,
2. die Ergebnisse der Überprüfungen und die Bescheinigungen nach Absatz 1a Satz 3 binnen eines Monats nach deren Vorliegen vorzulegen,
3. die zwischen Anlagen vorgenommenen Übertragungen nach Absatz 1 b binnen einer Woche nach Festlegung der Übertragung mitzuteilen.

²Der Genehmigungsinhaber hat in der ersten monatlichen Mitteilung über die erzeugte Elektrizitätsmenge nach Satz 1 Nr. 1 eine Mitteilung über die seit dem 1. Januar 2000 bis zum letzten Tag des April 2002 erzeugte Elektrizitätsmengen zu übermitteln, die von einem Wirtschaftsprüfer oder einer Wirtschaftsprüfungsgesellschaft überprüft und bescheinigt worden ist. ³Der Zeitraum der ersten monatlichen Mitteilung beginnt ab dem 1. Mai 2002. ⁴Die übermittelten Informationen nach Satz 1 Nummer 1 bis 3 sowie die Angabe der jeweils noch verbleibenden Elektrizitätsmenge werden durch die zuständige Behörde im Bundesanzeiger bekannt gemacht; hierbei werden die erzeugten Elektrizitätsmengen im Sinne des Satzes 1 Nummer 1 jährlich zusammengerechnet für ein Kalenderjahr im Bundesanzeiger bekannt gemacht, jedoch bei einer voraussichtlichen Restlaufzeit von weniger als sechs Monaten monatlich.

Genehmigung von Anlagen § 7 AtG

(1 d) Für das Kernkraftwerk Mülheim-Kärlich gelten Absatz 1a Satz 1, Absatz 1b Satz 1 bis 3 und Absatz 1c Satz 1 Nr. 3 mit der Maßgabe, dass die in Anlage 3 Spalte 2 aufgeführte Elektrizitätsmenge nur nach Übertragung auf die dort aufgeführten Kernkraftwerke in diesen produziert werden darf.

(2) Die Genehmigung darf nur erteilt werden, wenn
1. keine Tatsachen vorliegen, aus denen sich Bedenken gegen die Zuverlässigkeit des Antragstellers und der für die Errichtung, Leitung und Beaufsichtigung des Betriebs der Anlage verantwortlichen Personen ergeben, und die für die Errichtung, Leitung und Beaufsichtigung des Betriebs der Anlage verantwortlichen Personen die hierfür erforderliche Fachkunde besitzen,
2. gewährleistet ist, daß die bei dem Betrieb der Anlage sonst tätigen Personen die notwendigen Kenntnisse über einen sicheren Betrieb der Anlage, die möglichen Gefahren und die anzuwendenden Schutzmaßnahmen besitzen,
3. die nach dem Stand von Wissenschaft und Technik erforderliche Vorsorge gegen Schäden durch die Errichtung und den Betrieb der Anlage getroffen ist,
4. die erforderliche Vorsorge für die Erfüllung gesetzlicher Schadensersatzverpflichtungen getroffen ist,
5. der erforderliche Schutz gegen Störmaßnahmen oder sonstige Einwirkungen Dritter gewährleistet ist,
6. überwiegende öffentliche Interessen, insbesondere im Hinblick auf die Umweltauswirkungen, der Wahl des Standorts der Anlage nicht entgegenstehen.

(3) ¹Die Stillegung einer Anlage nach Absatz 1 Satz 1 sowie der sichere Einschluß der endgültig stillgelegten Anlage oder der Abbau der Anlage oder von Anlagenteilen bedürfen der Genehmigung. ²Absatz 2 gilt sinngemäß. ³Eine Genehmigung nach Satz 1 ist nicht erforderlich, soweit die geplanten Maßnahmen bereits Gegenstand einer Genehmigung nach Absatz 1 Satz 1 oder Anordnung nach § 19 Abs. 3 gewesen sind. ⁴Anlagen nach Absatz 1 Satz 1, deren Berechtigung zum Leistungsbetrieb nach Absatz 1a erloschen ist oder deren Leistungsbetrieb endgültig beendet ist und deren Betreiber Einzahlende nach § 2 Absatz 1 Satz 1 des Entsorgungsfondsgesetzes sind, sind unverzüglich stillzulegen und abzubauen. ⁵Die zuständige Behörde kann im Einzelfall für Anlagenteile vorübergehende Ausnahmen von Satz 4 zulassen, soweit und solange dies aus Gründen des Strahlenschutzes erforderlich ist.

(4) ¹Im Genehmigungsverfahren sind alle Behörden des Bundes, der Länder, der Gemeinden und der sonstigen Gebietskörperschaften zu beteiligen, deren Zuständigkeitsbereich berührt wird. ²Bestehen zwischen der Genehmigungsbehörde und einer beteiligten Bundesbehörde Meinungsverschiedenheiten, so hat die Genehmigungsbehörde die Weisung des für die kerntechnische Sicherheit und den Strahlenschutz zuständigen Bundesministeriums einzuholen. ³Im übrigen wird das Genehmigungsverfahren nach den Grundsätzen der §§ 8, 10 Abs. 1 bis 4, 6 bis 8, 10 Satz 2 und des § 18 des Bundes-Immissionsschutzgesetzes durch Rechtsverordnung geregelt; dabei kann vorgesehen werden, dass bei der Prüfung der Umwelt-

verträglichkeit der insgesamt zur Stilllegung, zum sicheren Einschluss oder zum Abbau von Anlagen zur Spaltung von Kernbrennstoffen oder von Anlagenteilen geplanten Maßnahmen von einem Erörterungstermin abgesehen werden kann.

(5) ¹Für ortsveränderliche Anlagen gelten die Absätze 1, 2 und 4 entsprechend. ²Jedoch kann die in Absatz 4 Satz 3 genannte Rechtsverordnung vorsehen, daß von einer Bekanntmachung des Vorhabens und einer Auslegung der Unterlagen abgesehen werden kann und daß insoweit eine Erörterung von Einwendungen unterbleibt.

(6) § 14 des Bundes-Immissionsschutzgesetzes gilt sinngemäß für Einwirkungen, die von einer genehmigten Anlage auf ein anderes Grundstück ausgehen.

Literatur: *Arndt,* Drittschutz und Restrisiko im Atomrecht, RdE 2012, 81; *Badura,* Der atomrechtliche Funktionsvorbehalt der Genehmigungsbehörde für die Ermittlung und Bewertung des Risikos einer nuklearen Anlage, DVBl. 1998, 1197; *Battis,* Terroristische Angriffe auf Kernkraftwerke – Die rechtliche Sicht, in Ossenbühl, Deutscher Atomrechtstag 2002, 27 ff.; *Bender,* Gefahrenabwehr und Risikovorsorge als Gegenstand nukleartechnischen Sicherheitsrechts, NJW 1979, 1425; *Berkemann,* Der Atomausstieg und das Bundesverfassungsgericht, DVBl. 2017, 793; *Bochmann,* Zur Sicherung kerntechnischer Anlagen gegen Anschläge und Sabotageakte, atw 1984, 75; *Boerner,* Was bedeutet das Urteil des Bundesverfassungsgerichts vom 6.12.2016 in Sachen Atomausstieg für den Investitionsschutz, RdE 2017, 119; *Borgmann,* Rechtliche Möglichkeiten und Grenzen des Ausstiegs aus der Kernenergie, 1994; *Bracher,* Anmerkung zum Urteil des BVerwG vom 19.1.1989 (Werkschutz), DVBl. 1989, 520; *Braun,* Rechtsprobleme von Nachbetrieb und Stilllegung aus Betreibersicht, 14. Deutsches Atomrechtssymposium, 2013, 222 ff. (zit. 14. AtRS 2013); *Breuer,* Die rechtliche Bedeutung der Verwaltungsvorschriften nach § 48 BImSchG im Genehmigungsverfahren, DVBl. 1978, 28; *ders.,* Gefahrenabwehr und Risikovorsorge im Atomrecht, DVBl. 1978, 829; *ders.,* Anlagensicherheit und Störfälle – Vergleichende Risikobewertung im Atom- und Immissionsschutzrecht, NVwZ 1990, 211; *ders.,* Rechtsprobleme der Stilllegung kerntechnischer Anlagen zur gewerblichen Erzeugung von Elektrizität, DVBl. 2005, 1359; *Bruch/Greve,* Atomausstieg 2011 als Verletzung der Grundrechte der Kernkraftwerksbetreiber?, DÖV 2011, 794; *Czajka,* Der Stand von Wissenschaft und Technik als Gegenstand richterlicher Sachaufklärung, DÖV 1982, 99; *Däuper,* Das Atomausstiegs-Urteil und seine Folgen, NuR 2017, 169; *Däuper/Michaels/Ringwald,* Die Zustimmungsbedürftigkeit einer Laufzeitverlängerung für den Betrieb von Kernkraftwerken nach Art. 87 c GG, ZUR 2010, 451; *De Witt,* Nachbetriebs- und Stilllegungsphase der Kernkraftwerke insbesondere die Stilllegung der acht Anlagen gem. § 7 Abs. 1a Nr. 1 AtG, DVBl. 2012, 951; *Dederer,* Kernkraftwerke im Visier des Terrorismus, DÖV 2005, 621; *Denninger,* Verfassungsrechtliche Fragen des Ausstiegs aus der Nutzung der Kernenergie zur Stromerzeugung, 1999, 68; *Di Fabio,* Der Ausstieg aus der wirtschaftlichen Nutzung der Kernenergie, 1999 (zit. *Di Fabio* Ausstieg); *Dolde,* Terroristische Flugzeugangriffe auf Kernkraftwerke – Schadensvorsorge – Restrisiko – Drittschutz, NVwZ 2009, 679; *ders.,* Rechtsfolgen bei Zweifeln an der Störfallbeherrschung, in Ossenbühl, Deutscher Atomrechtstag 2004, 79 ff.; *ders.,* Anwendung der Irrelevanzregeln bei Änderungsgenehmigungen nach § 16 BImSchG, in FS Sellner, 2010, 237; *Dolde/Waas,* Konsequenzen aus dem Urteil des Bundesverwaltungsgerichts zum Standortzwischenlager Brunsbüttel für die Genehmigungspraxis, atw 2009, 446; *Enzensberger,* Der zweite Atomausstieg im Lichte des Verfassungsrechts, DÖV 2016, 939; *Ewer,* Der neuerliche Ausstieg aus der Kernenergie – verfassungskonform und entschädigungsfrei?; NVwZ 2011, 1035; *Ewer/Behnsen,* Das „Atom-Moratorium" der Bundesregierung und das geltende Atomrecht, NJW 2011, 1182; *Franßen/Pottschmidt,* Der Schutz kerntechnischer Anlagen gegen terroristische Angriffe im Spiegel aktueller Rechtsprechung, in Pielow, Sicherheit in der Energie-

Genehmigung von Anlagen　　　　　　　　　　　　　　　　　　§ 7 AtG

wirtschaft: in memoriam Peter J. Tettinger, 2007, 393; *Frenz,* Atomausstieg en marche, RdE 2017, 393; *ders.,* Atomrecht (Atomgesetz und Ausstiegsgesetze), 2019; *Gaßner/Fischer,* Physischer Schutz von Kernanlagen gegen Terrorangriffe – Überlegungen zum Verpflichtungsumfang der Antragsteller, in Pelzer, Brennpunkte des Atomenergierechts, 2003, 53 ff.; *Gemmeke,* Nachträgliche Anordnungen im Atomrecht, 1995; *Geulen/Klinger,* Bedarf die Verlängerung der Betriebszeiten der Atomkraftwerke der Zustimmung des Bundesrates?, NVwZ 2010, 1118; *Greipl,* Schadensvorsorge und „Restrisiko" im Atomrecht, DVBl. 1992, 598; *Grigoleit/Mager,* Die immissionsschutzrechtliche Änderungsgenehmigung und ihr Verhältnis zur Ausgangsgenehmigung, NuR 1997, 469; *Hansmann,* Zum Anlagenbegriff des § 7 I AtomG, NVwZ 1983, 16; *ders.,* Beschleunigung und Vereinfachung immissionsschutzrechtlicher Genehmigungsverfahren?; NVwZ 1997, 105; *Hartung,* Zur Grundrechtsfähigkeit der Betreiber von Kernkraftwerken, DÖV 1992, 393; *Hennenhöfer/Schneider,* 50 Jahre AtG – Eine Zwischenbilanz, in FS Sellner, 2010, 347; *Hollmann,* Stilllegungsgenehmigung – Erfordernis und Regelungsgehalt, et 1986, 589; *Huber,* Restlaufzeiten und Strommengenregelungen, DVBl. 2003, 157; *ders.,* Die Verantwortung für den Schutz vor terroristischen Angriffen, ZUR 2004, 1; *Ipsen,* Die „Zuverlässigkeit" im Sinne des Atomgesetzes, et 1998, 725; *Isensee,* Das kerntechnische Regelwerk, in Schmidt-Preuß, Deutscher Atomrechtstag 2008, 153 ff. (zit. AtRT 2008); *Johlen,* Rechtspflicht zum Abbau stillgelegter kerntechnischer Anlagen unter besonderer Berücksichtigung des Baurechts, in FS Sellner, 2010, 373; *Junker,* Stilllegungs-, Einschluss- und Abbaugenehmigung für Kernkraftwerke, 1990; *Karpen,* Anmerkung zum Urteil des BVerwG vom 19.1.1989 (Werkschutz), JZ 1989, 898; *Keienburg,* Übertragung von Elektrizitätsmengen des Kernkraftwerks Mülheim-Kärlich gem. § 7 Abs. 1 b, Abs. 1 d AtG, atw 2006, 166; *Keller,* Drittanfechtungen im Umweltrecht durch Umweltvereinigungen und Individualkläger, NVwZ 2017, 1080; *Kloepfer,* Rechtsfragen zur geordneten Beendigung gewerblicher Kernenergienutzung in Deutschland, DVBl. 2007, 1189; *ders.,* Der rechtliche Rahmen für Kernkraftwerke in Deutschland, RdE 2008, 152; *Kloepfer/Bruch,* Die Laufzeitverlängerung im Atomrecht zwischen Gesetz und Vertrag, JZ 2011, 377; *Koch,* Der Atomausstieg und der verfassungsrechtliche Schutz des Eigentums, NJW 2000, 1529; *Koch/John,* Atomrechtliche Fragen der Sicherheit und Sicherung von Kernkraftwerken nach den Terroranschlägen vom 11. September 2001 in den USA, DVBl. 2002, 1578; *Koch/Roßnagel,* Neue Energiepolitik und Ausstieg aus der Kernenergie, NVwZ 2000, 1; *Kruis,* Der gesetzliche Ausstieg aus der „Atomwirtschaft" und das Gemeinwohl, DVBl. 2000, 441; *Kühne,* Versagungsermessen und Atomausstieg, DVBl. 2003, 1361; *Kühne/Brodowski,* Das neue Atomrecht, NJW 2002, 1458; *Kurz,* Stilllegung und Beseitigung nuklearer Anlagen, 1994, 78 (zit. Kurz Stilllegung); *Ladeur,* Risikobewertung und Risikomanagement im Anlagensicherheitsrecht. Zur Weiterentwicklung der Dogmatik der Störfallvorsorge, UPR 1993, 121; *Laubinger,* Die gewerbliche Unzuverlässigkeit und ihre Folgen, VerwArch 1998, 145; *Leidinger,* Die Verantwortung des Betreibers für den Schutz vor Einwirkungen Dritter, DVBl. 2004, 95; *ders.,* Die Voraussetzungen für die Übertragung von Strommengen nach dem Atomgesetz, DVBl. 2006, 1556; *ders.,* Rechtsfragen der Stilllegung und des Rückbaus von Kernkraftwerken, in Ossenbühl, Der Atomausstieg und seine Folgen, 2016, 97 ff. (zit. *Leidinger* Stilllegung; *Leidinger/Rutloff,* Drittschutz und Funktionsvorbehalt der Exekutive im Atomrecht – Eine Reise ins Ungewisse?, NVwZ 2013, 1369; *Luckow,* Nukleare Brennstoffkreisläufe im Spiegel des Atomrechts, 1988; *Mann,* Verfassungsrechtliche Determinanten bei der Nachrüstung von Kernkraftwerken, DÖV 2013, 295; *ders.,* Zur Bedeutung des Einvernehmenserfordernisses in § 7 Abs. 1 b Satz 2 AtG, DVBl. 2009, 340; *ders.,* Übertragung von Elektrizitätsmengen von Kernkraftwerk Mülheim-Kärlich auf das Kraftwerk Brunsbüttel?, DVBl. 2008, 466; *Marburger,* Atomrechtliche Schadenvorsorge, 1983; *Mohrbach,* Unterschiede im gestaffelten Sicherheitskonzept, atw 2011, 3; *Müller-Dehn,* Stilllegung von Kernkraftwerken – rechtliche Fragen, in Ossenbühl, Deutscher Atomrechtstag 2002, 197 ff. (zit. AtRT 2002); *Ossenbühl,* Rechtsfragen der Übertragung von Strommengen, et 2007, 97; *ders.,* Rechtsfragen einer Novellierung des kerntechnischen Regelwerks, atw 2006, 305; *ders.,* Die gerichtliche Überprüfung der Beurteilung technischer und wirtschaftlicher Fragen in Genehmigungen des Baus von Kraftwerken, DVBl. 1978, 1; *ders.,* Rechtsanspruch auf Erteilung atomrechtlicher

AtG § 7 Zweiter Abschnitt Überwachungsvorschriften

Genehmigungen und Versagungsermessen, et 1983, 665; *ders.,* Bestandsschutz und Nachrüstung von Kernkraftwerken, 1994; *ders.,* Verfassungsrechtliche Fragen eines Ausstiegs aus der friedlichen Nutzung der Kernenergie, AöR 124, 1; *ders.,* Eigentumsschutz und Reststrommengen beim Atomausstieg, DÖV 2012, 697; *ders.,* Änderungsgenehmigung und Öffentlichkeitsbeteiligung im Atomrecht, DVBl. 1981, 65; *ders.,* Terroristische Angriffe auf Kernkraftwerke – aus rechtlicher Sicht, NVwZ 2002, 290; *ders.,* Terroristische Angriffe auf Kernkraftwerke – eine Entgegnung, NVwZ 2002, 1209; *Ostberg/Brischke,* Terroristische Flugzeugangriffe auf Kernkraftwerke, RdE 2004, 125; *Otten,* Eigensicherung, 2006; *Papier,* Untersuchungen im Bereich Genehmigung, Aufsicht, Nachrüstung, in Lukes, Reformüberlegungen zum Atomrecht, 1991, 111 ff.; *ders.,* Veranlassung und Verantwortung aus verfassungsrechtlicher Sicht, DVBl. 2011, 189; *Posser,* Nachträgliche Auflagen im Atomrecht, in FS Kühne, 2009, 623; *ders.,* Zur Endlagerung radioaktiven Abfalls in Deutschland, in FS Dolde, 2014, 251; *ders.,* Rechtsfragen des Atomausstiegs – insbesondere in verwaltungsrechtlicher Hinsicht, in Arbeitsmaterialien der 18. Jahrestagung Verwaltungsrecht, 2012, 135 ff. (zit. *Posser* DAI); *ders.,* Staatshaftung und grundrechtliche Schutzpflichten im Lichte neuerer Entwicklungen bei der Nutzung der Atomkraft, IUTR-Tagung 2012 (zit. *Posser* IUTR 119); *ders.,* Versagensermessen im Rahmen des § 7 Abs. 3 S. 2 AtG, in Pelzer, Bausteine eines globalen Atomrechtsregimes, 2006, 289 ff. (zit. *Posser* INLA 2006); *Raetzke,* Die Veränderungsgenehmigung für Kernkraftwerke nach § 7 Atomgesetz, 2001 (zit. *Raetzke* Veränderungsgenehmigung); *ders.,* Neue Anforderungen, Regelwerk und Bestandsschutz für Kernkraftwerke, atw 2006, 2; *Raetzke/Micklinghoff,* Bestehende Kernkraftwerke und neue Sicherheitsanforderungen, 2006; *Rauscher,* Elemente der Sicherung deutscher Kernkraftwerke und die Empfehlungen der IAEA, in Pelzer, Elemente eines globalen Atomrechtsregimes, 2007, 259 ff.; *Rebentisch,* Entwicklungen des Rechts der Atomanlagengenehmigung, RdE 1999, 18; *ders.,* Überlegungen zu atomrechtlichen Nachsorgepflichten, DVBl. 1992, 1255; *ders.,* Zweifelsfragen der gesetzlichen Vorgaben und Optionen, Deutsches Atomrechtssymposium, 2002, 61 (zit. 11. AtRS 2002); *ders.,* „Kernkraftwerks-Moratorium" versus Rechtsstaat, NVwZ 2011, 533; *Rengeling,* Anlagenbegriff, Schadensvorsorge und Verfahrensstufung im Atomrecht, DVBl. 1986, 265; *ders.,* Probabilistische Methoden bei der atomrechtlichen Schadensvorsorge, 1986; *Renneberg,* Anmerkung zum Urteil des VGH München vom 2.1.2006, ZUR 2006, 431; *ders.,* Laufzeitverlängerung und nukleare Sicherheit – zum rechtlichen und technischen Zusammenhang vom 11. und 12. AtG Novelle, ZNER 2011, 106; *Richter,* Nachrüstung von Kernkraftwerken, 1985; *Rittstieg,* Die Konkretisierung technischer Standards im Anlagenrecht, 1982; *Roller,* Der Gefahrenbegriff im atomrechtlichen Aufsichtsverfahren, DVBl. 1993, 20; *ders.,* Drittschutz im Atom- und Immissionsschutzrecht – Bestandsaufnahme und aktuelle Rechtsprechung, NVwZ 2010, 990; *ders.,* „Auslegungsüberschreitende Ereignisse" und atomrechtliche Schadensvorsorge, VerwArch 95 (2004), 63; *ders.,* Die verfassungsrechtliche Bewertung des Atomausstiegs 2011, ZUR 2017, 277; *Ronellenfitsch,* Das atomrechtliche Genehmigungsverfahren, 1983 (zit. *Ronellenfitsch* Genehmigungsverfahren); *Roßnagel,* Zum Schutz kerntechnischer Anlagen gegen Angriffe von außen, ZRP 1983, 59; *ders.,* Wie dynamisch ist der „dynamische Grundrechtsschutz" des Atomrechts?, NVwZ 1984, 137; *ders.,* Sicherheitsphilosophien im Technikrecht – am Bespiel des Atomrechts, UPR 1993, 129; *ders.,* Der Nachweis von Sicherheit im Anlagenrecht, DÖV 1998, 1048; *Roßnagel/Hentschel,* Der Atomausstieg ist verfassungsgemäß, UPR 2017, 128; *dies.,* Sicherheitsgewährleistung für Kernkraftwerke während der Restlaufzeit, ZNER 2012, 226; *Roßnagel/Roller,* Die Beendigung der Kernenergienutzung durch Gesetz, 1998; *Rupp,* Der Anlagenbegriff des Atomgesetzes, DVBl. 189, 345; *Ruttloff/Teichräber,* Das Verfahren zur Stilllegung von Kernkraftwerken in Zeiten der Energiewende, NVwZ 2016, 1119; *Schattke,* Rechtliche Fragen der Stilllegung von Kernkraftwerken, in Ossenbühl, Deutscher Atomrechtstag 2000, 176 ff. (zit. AtRT 2000); *Scheuten,* Sicherheitsstandards in der Restlaufzeit von Kernkraftwerken, 10. Atomrechtssymposium, 2000, 207 ff. (zit. 10. AtRS 2000); *Scheuten,* Die Optimierung der Nachbetriebsphase, atw 2012, 156; *Schlacke,* Drittschutz und Verbandsklage im Atomrecht, 14. Deutsches Atomrechtssymposium, 2013, 159 (zit. 14. AtRS 2013); *Schmidt-Preuß,* Das Atomrecht als Referenzgebiet des Verwaltungsrechts, DVBl. 2000, 767; *ders.,* Rechtsfragen des Ausstiegs aus der Kernenergie, 2000; *ders.,* Atomausstieg und Eigentum, NJW 2000, 1524; *Schneider/Steinberg,* Schadensvorsorge im Atomrecht zwischen Genehmigung, Bestandsschutz und staatlicher Aufsicht, 1991; *Schorkopf,* Die „vereinbarte" Novellierung des Atomgesetzes, NVwZ 2000, 1111; *Schröder,* Verfassungsrechtlicher Investitionsschutz beim Atomausstieg, NVwZ 2013, 105; *Sellner,* Der Funktionsvorbehalt der Exekutive in der neuesten Rechtsprechung des Bundesverwaltungsgerichts, 14. Deutsches Atomrechtssymposium, 2013, 140 ff. (zit. 14. AtRS 2013); *ders.,* Stromerzeugung und Klimaschutz: Perspektiven des Kernenergierechts, 2010, 127 ff. (zit. Perspektiven); *ders.,* Gestuftes Genehmigungsverfahren, Schadensvorsorge, verwaltungsgerichtliche Kontrolldichte, NVwZ 1986, 616; *ders.,* Atom- und Strahlenschutzrecht, in FG 50 Jahre Bundesverwaltungsgericht, 2003, 741 ff.; *ders.,* Elektrizitätsmengenübertragung nach § 7 Ib AtG, NVwZ 2007, 44; *ders.,* In-camera-Verfahren bei dem Gericht der Hauptsache?, EurUP 2018, 100; *Sendler,* Anwendungsfeindliche Gesetzesanwendung – Ausstiegsorientierter Gesetzesvollzug im Atomrecht, DÖV 1992, 181; *ders.;* Richter und Sachverständige, NJW 1986, 2907; *ders.,* Nochmals: Terroristische Angriffe auf Kernkraftwerke, NVwZ 2002, 681; *Shirvani,* Atomausstieg und mäandernde Gesetzgebung, DÖV 2017, 281; *Sommermann,* Grundfragen der Bundesauftragsverwaltung, DVBl. 2001, 1549; *Spohn,* Die Freigaberegelung des § 29 StrlSchV – Das Missing link zwischen Atom- und Abfallrecht, DVBl. 2003, 893; *Stüer/Loges,* Ausstieg aus der Atomenergie zum Nulltarif?, NVwZ 2000, 9; *Thiel,* Rechtsfragen der atomaren Entsorgung, 1987; *Veit,* Rechtsprobleme von Nachbetrieb und Stilllegung aus der Perspektive einer Landesbehörde, 14. Deutsches Atomrechtssymposium, 2013, 193 ff. (zit. 14. AtRS 2013); *von Danwitz,* Genehmigungsrechtliche Fragen terroristischer Angriffe auf Kernkraftwerke, RdE 2002, 113; *Vorwerk,* Terroristische Angriffe auf Kernkraftwerke – Die rechtliche Sicht, in Ossenbühl, Deutscher Atomrechtstag 2002, 2003, 37 ff.; *ders.,* Rechtliche Einordnung des Schutzes vor Störmaßnahmen oder sonstigen Einwirkungen Dritter, 12. Deutsches Atomrechtssymposium, 2004, 237 ff. (zit. 12. AtRS 2004); *Vorwerk/ Otten,* Die aktuelle Rechtsprechung zur Sicherung gegen Störmaßnahmen oder sonstige Einwirkungen Dritter, in Pelzer, Bausteine eines globalen Atomrechtsregimes, 2007, 271 ff.; *Wagner,* 30 Jahre Atomgesetz – 30 Jahre Umweltschutz, NVwZ 1989, 1105; *ders.,* Atomkompromiss und Ausstiegsgesetz, NVwZ 2001, 1089; *ders.,* Umfang und Grenzen des Schutzes von nuklearen Anlagen und Tätigkeiten vor Terrorangriffen – Verantwortung des Staates und Eigenverantwortung Privater, in Pelzer, Brennpunkte des Atomenergierechts, 2003, 41 ff.; *Wahl,* Genehmigungsbestand und Dynamisierung der Schadensvorsorge, in Ossenbühl, Deutscher Atomrechtstag 2004, 15 ff.; *Waldhoff/von Aswege,* Kernenergie als „goldene Brücke"? Verfassungsrechtliche Probleme der Aushandlung von Laufzeitverlängerungen gegen Gewinnabschöpfungen, ZNER 2010, 328; *Wasielewski,* Die „wesentliche Änderung" – eine rechtsvergleichende Betrachtung des Atom- und Immissionsschutzrechts, UPR 1998, 420; *Weides,* Noch einmal – Das stillgelegte Atomkraftwerk – Ursachen und Folgen des Fehlens einer immissionsschutzrechtlichen Parallel-Genehmigung zu den atomrechtlichen (Teil-)Genehmigungen der Errichtung eines Kernkraftwerkes, NVwZ 1987, 200; *Winters,* Atom- und Strahlenschutzrecht, 1978; *Wittkamp,* Die rechtlichen Rahmenbedingungen des Rückbaus von Kernkraftwerken, 2012; *Wollenteit,* Strommengenübertragungen von „jung auf alt" nach dem Atomgesetz: Materielle Kriterien und Rechtsschutz, ZUR 2008, 127; *ders.,* Vom Ende des Restrisikos, ZUR 2013, 323; *Ziehm,* Das neue Schutzniveau des Atomgesetzes, ZUR 2011, 3; *ders.,* Anmerkung zum Urteil des OVG Schleswig vom 19.6.2013, ZUR 2013, 689.

AtG § 7   Zweiter Abschnitt Überwachungsvorschriften

Übersicht

	Rn.
I. Einleitung und Genese der Vorschrift	1
II. Grundnorm (Abs. 1)	3
1. Anlagenbegriff	5
2. Genehmigungspflichtige Handlungen	6
3. Wesentliche Veränderung	9
4. Genehmigungsverbot	15
III. Erlöschensregelungen (Abs. 1a–d)	18
1. Berechtigung zum Leistungsbetrieb	22
2. Erlöschen	25
3. Übertragung	27
4. Sonderfall Mülheim-Kärlich	30
5. Messverfahren	31
6. Informationspflichten	32
IV. Genehmigungsstruktur und -voraussetzungen (Abs. 2)	34
1. Rechtsnatur der Genehmigung	35
a) Präventives Verbot mit Erlaubnisvorbehalt	36
b) Versagungsermessen	37
c) Mischkonzession	38
d) Abgrenzung zu anderen Genehmigungstatbeständen und Konzentrationswirkung	39
e) Übertragbarkeit der Genehmigung	41
2. Zuverlässigkeit und Fachkunde/Kenntnisse	42
3. Erforderliche Schadensvorsorge	45
a) Stand von Wissenschaft und Technik	46
b) Vorsorge	48
c) Erforderlichkeit	49
d) Konkretisierungen	52
4. Deckungsvorsorge	55
5. Erforderlicher Schutz gegen Störmaßnahmen oder sonstige Einwirkungen Dritter	56
a) Begriff, Bedeutung, Abgrenzung	56
b) Umfang und Grenzen der Verantwortlichkeit des Betreibers	60
c) Funktionsvorbehalt der Exekutive im Hinblick auf die Lastannahmen und die konkret erforderlichen Sicherungsmaßnahmen	63
d) Maß des erforderlichen Schutzes	71
e) Szenario terroristischer Flugzeugangriff	83
f) Drittschutz im Hinblick auf § 7 Abs. 2 Nr. 5	86
6. Überwiegende öffentliche Interessen	87
V. Stilllegung von Anlagen (Abs. 3)	88
1. Nichtleistungsbetrieb	89
2. Verhältnis von Betriebs- und Stilllegungsgenehmigung	90
3. Rangfolge der Alternativen	97
4. Einschlägiger Schutzstandard/Kein Versagungsermessen	98
5. Genehmigung in Teilschritten	100
6. Detailprüfung in der Aufsichtsphase	101
7. Keine Leerung des Brennelementlagerbeckens erforderlich	102
8. Freigabe eigenständig	103
9. Vermaschung	104
10. Zwischenlager und Bearbeitungseinrichtungen	105
11. Konventioneller Abriss	106

	Rn.
VI. Verfahren (Abs. 4)	107
VII. Ortsveränderliche Anlagen (Abs. 5)	112
VIII. Grundstücksbezogene Abwehransprüche (Abs. 6)	113
IX. Rechtsschutz und richterliche Kontrolldichte	114
1. Rechtsschutz der Kraftwerksbetreiber	115
2. Rechtsschutz Dritter	116
a) Nachbar	116
b) Gemeinde	121
c) Umweltvereinigung	124
3. Exekutivischer Funktionsvorbehalt	125

I. Einleitung und Genese der Vorschrift

§ 7 ist eine der **Zentralnormen** des gesamten Atomgesetzes. An ihr und ihren 1 Novellen zeigen sich paradigmatisch die Veränderungen, denen die friedliche Nutzung der Kernenergie im Laufe der Jahrzehnte unterworfen war (→ Einf. Rn. 5 ff. sowie *Posser* in EFP BesVerwR § 52 Rn. 2 ff.; *Sellner/Hennenhöfer* in Hansmann/Sellner UmweltR, 4. Aufl. 2012, Kap. 12 Rn. 21 ff.). Wie keine andere Vorschrift ist sie geronnene Politik; in ihr hat sich die jeweils herrschende Mehrheitsauffassung über Bedeutung und Ausgestaltung der Kernenergie im Energiemix der Bundesrepublik Deutschland manifestiert. Es nimmt deshalb nicht Wunder, dass § 7 die am häufigsten geänderte Vorschrift des AtG ist. Die gesellschaftspolitischen wie juristischen Auseinandersetzungen, die mit der wechselvollen Geschichte der Kernenergie und § 7 als ihrem **Herzstück** verknüpft waren, sind indessen weitgehend abgeschlossen. Das BVerfG hat sowohl den Einstieg als auch den Ausstieg im Kern bestätigt (siehe die beiden Grundlagenentscheidungen BVerfGE 49, 89 = NJW 1979, 359 – Kalkar und BVerfGE 143, 246 = NJW 2017, 217). Zukünftig werden Fragen der Entsorgung, insbesondere die Suche nach einem Endlagerstandort für hochradioaktive Abfälle (vgl. dazu das StandAG vom 5. 5. 2017 (BGBl. I 1074), zul. geänd. durch Gesetz v. 12. 12. 2019 (BGBl. I 2510), den Endbericht der Endlagerkommission vom 5. 7. 2017 sowie *Posser* FS Dolde, 2014, 251 ff. und im hiesigen Kommentar → § 9a Rn. 7 ff.), und ihrer Finanzierung (siehe hierzu Gesetz zur Neuordnung der Verantwortung in der kerntechnischen Entsorgung vom 27. 1. 2017, BGBl. I 114 idF der Berichtigung vom 19. 5. 2017, BGBl. I 1222, geändert durch Verordnung zur Änderung des Anhangs 2 des Entsorgungsfondsgesetzes vom 16. 6. 2017, BGBl. I 1672 – insgesamt in Kraft seit dem 16. 6. 2017) im Vordergrund stehen. Diese Entwicklungen ändern auch den Fokus, den die hiesige Kommentierung mit Blick auf § 7 legen muss: Nicht mehr Errichtung und Betrieb von Kernkraftwerken mit ihren Voraussetzungen und rechtlichen wie tatsächlich-technischen Anforderungen bilden den Schwerpunkt der Ausführungen, sondern deren **Stilllegung** und **Rückbau.** Gleichwohl bleibt eine analytische Bestandsaufnahme des erreichten Stands der Rechtsdogmatik zu § 7 insgesamt sinnvoll. Dies gilt zum einen, weil sich zentrale Fragestellungen im Kontext der Genehmigungsvoraussetzungen in ähnlicher Weise nicht nur bei der Stilllegung (§ 7 Abs. 3), sondern auch bei den Tatbeständen der § 4 Abs. 2, § 6 Abs. 2, § 9 Abs. 2 und § 9b Abs. 1a stellen. Zum anderen aber auch deshalb, weil die normative und rechtsdogmatische Ausdifferenzierung dieser Vorschrift mit ihren Begriffsbildungen und Rechtskategorien **Referenzcharakter** für zahlreiche andere Bereiche des Allgemeinen und Besonderen Verwaltungsrechts aufweisen (so auch *Schmidt-Preuß* DVBl. 2000, 767). Das Atomrecht mit seiner Regelungsstruktur ebenso wie die es seit Jahrzehnten konkretisierenden und fortbildenden Rechtsanwender haben über dieses Rechtsgebiet weit hinausgehende, grundlegende Fragestellungen aufgeworfen und – durchaus kontrovers – erörtert; erwähnt seien nur die normkonkretisierenden Verwaltungsvorschriften, der exekutivische Funktionsvorbehalt, der rechtskategoriale Charakter der atomrechtlichen Genehmigung als Mischkonzession, das vorläufig positive Gesamturteil im gestuften Genehmigungsverfahren, der Grundrechtsschutz durch Verfahren oder diverse Rechtsschutzkonstellationen – allesamt maßstabsbildend für die rechtsdogmatische Konturierung zentraler Rechtsfiguren im Verwaltungs-, Verwaltungsprozess- und Verfassungsrecht. Eine Befassung mit § 7 ist deshalb nach wie vor ertragreich, auch über dessen zukünftig schwindenden Anwendungsbereich hinaus.

2 Die gegenwärtige Normstruktur des § 7 wird nur verständlich, wenn man sich jene eingangs skizzierten gegenläufigen Anforderungen an die Vorschrift bewusst macht. Denn neben Regelungsgehalten einer typischen **Zulassungsnorm** finden sich zugleich Bausteine einer **Ausstiegsarchitektur** wie etwa das sog. Neubauverbot (§ 7 Abs. 1 S. 2) und das kraft Gesetzes erfolgende Erlöschen der Berechtigung zum Leistungsbetrieb mit ihren komplexen Detailregelungen (§ 7 Abs. 1a–d). In § 7 konkretisiert sich demgemäß die **doppelte Zweckbestimmung** des § 1 Nr. 1, sowohl die Kernenergie geordnet zu beenden als auch bis zu ihrer Beendigung den geordneten Betrieb sicherzustellen. Die legislative Verwirklichung des darin zum Ausdruck kommenden „Grundgedankens des Gesetzes, den faktisch unumkehrbaren Ausstieg aus der Nutzung der kommerziellen Kernenergie" (vgl. amtl. Begründung, BT-Drs. 14/6890, 18), bedarf infolgedessen einer mehrfachen regulativen Ausrichtung: Des Ausschlusses von Errichtungs- und Betriebsgenehmigungen für neue Anlagen und des (zeitlich gestaffelten) Erlöschens der Berechtigung zum Leistungsbetrieb für die bestehenden Reaktoren. Zugleich erfordert es für die – geordnete – Übergangszeit noch die Möglichkeit von (nicht zuletzt sicherheitsgerichteten) Veränderungsgenehmigungen. Schließlich sind Regelungen für die Stilllegung und den Rückbau kerntechnischer Anlagen notwendig. All das ist in § 7 verankert.

II. Grundnorm (Abs. 1)

3 Zentrale Vorschrift für die **Zulassung** von **Kernenergieanlagen** ist **§ 7 Abs. 1.** Die Norm bestimmt in S. 1 diejenigen Anlagen, deren Errichtung, Betrieb und wesentliche Veränderung der Genehmigung bedürfen. Darunter fallen insbesondere alle Kernkraftwerke, unabhängig vom Reaktortyp (BVerfGE 49, 89 (146f.) = NJW 1979, 359 – Kalkar; *Degenhart*, Kernenergierecht, 2. Aufl. 1982, 119ff; *Ronellenfitsch* Genehmigungsverfahren 145ff.), aber auch die Anlagen des Kernbrennstoffkreislaufs wie Urananreicherungs- und Brennelementfabriken. Satz 1 ist seit Inkrafttreten des AtG am 1.1.1960 unverändert geblieben. Durch die Ausstiegsnovelle 2002 (BGBl. I 1351; → Einf. Rn. 26) sind die S. 2 und 3 hinzugekommen. Danach dürfen keine Genehmigungen mehr für Errichtung und Betrieb von Kernkraftwerken und Wiederaufarbeitungsanlagen erteilt werden (sog. Neubauverbot, → Rn. 15). Gleichwohl hat die Bestimmung in der Praxis weiterhin Bedeutung. Denn dieses Verbot gilt nicht – auch nicht analog – für die übrigen kerntechnischen Anlagen. Zudem bedarf die wesentliche Veränderung bestehender Kernkraftwerke – als im praktischen Anlagengeschehen ohnehin seit Jahren wichtigster Anwendungsfall – nach wie vor der Genehmigung (→ Rn. 9ff.).

Genehmigung von Anlagen   **§ 7 AtG**

Die Tatbestandsstruktur des § 7 Abs. 1 S. 1 ist **doppelfunktional:** Zum einen 4
werden bestimmte kerntechnische **Anlagen** einem Genehmigungserfordernis unterworfen, zum anderen bestimmte **Tätigkeiten** für genehmigungsbedürftig erklärt; schon hieran zeigt sich der Charakter der atomrechtlichen Genehmigung als Mischkonzession (→ Rn. 37). Vor diesem Hintergrund trifft die gesetzliche Überschrift „Genehmigung von Anlagen" nicht zu; denn genehmigt wird nicht nur eine Anlage, sondern vor allem darauf bezogene Tätigkeiten („wer... errichtet, betreibt, sonst innehat oder wesentlich verändert..."). Darin unterscheidet sich die atomrechtliche Zulassung funktional etwa von derjenigen des BImSchG, wonach nicht etwa der Betreiber, sondern der Betrieb einer Anlage der Genehmigung bedarf (dazu etwa *Jarass* BImSchG § 6 Rn. 4).

1. Anlagenbegriff

§ 7 Abs. 1 konturiert zunächst den atomrechtlichen **Anlagenbegriff** und damit 5
den *sachlichen Umfang* des Genehmigungserfordernisses. Maßgeblich sind nach der gesetzlichen Konzeption die sicherheitstechnische Bedeutung der einzelnen Komponenten sowie die notwendigen nuklearspezifischen Arbeitsschritte (zum Anlagenbegriff BVerwGE 72, 300 (328f.) = NVwZ 1986, 208; BVerwGE 80, 21 (26f.) = NVwZ 1988, 1022; BVerwG NVwZ 1988, 1024; *Rupp* DVBl 1989, 345 (349); *Luckow,* Nukleare Brennstoffkreisläufe im Spiegel des Atomrechts, 97; *Leidinger* EnergieanlagenR 236). Erfasst sind danach außer dem Reaktor selbst auch alle mit ihm in einem **räumlich-betrieblichen Zusammenhang** stehenden Einrichtungen, die den gefahrlosen Betrieb des Kernkraftwerks ermöglichen. Daraus folgt etwa, dass zwar der Grenzzaun, nicht aber eine Kläranlage zum genehmigungsbedürftigen Anlagenbestand gehören. Ebenso bedarf die Errichtung von Zwischenlagern für abgebrannte Brennelemente auf dem Standort des Kraftwerksgeländes keiner Genehmigung nach § 7, da sie für den Kraftwerksbetrieb nicht notwendig sind; für sie gilt vielmehr das eigenständige Genehmigungserfordernis des § 6 Abs. 3 (vgl. BVerwGE 131, 129 (132) = NVwZ 2008, 1012 und → § 6 Rn. 16ff.). Für alle demgemäß sicherheitstechnisch relevanten Anlagenteile bedarf es nur einer **einheitlichen Genehmigung,** die in der Praxis regelmäßig auf nahezu den gesamten Anlagenbestand erstreckt wird (BVerwGE 80, 21 (24) = NVwZ 1988, 1022; OVG Berlin NVwZ 1988, 181 (183); *Rebentisch* RdE 1999, 18). Die Genehmigungsbedürftigkeit gilt nach Abs. 1 nur für **ortsfeste** Anlagen im oben genannten Sinn, die damit gem. § 2 Abs. 3a Nr. 1 lit. a auch „kerntechnische Anlagen" sind (→ § 2 Rn. 42; zum davon abweichenden Begriff der „Kernanlage" gem. § 2 Abs. 4 iVm Anlage 1 Nr. 2 → Rn. 41). Für ortsveränderliche Anlagen gilt die Sonderregelung des § 7 Abs. 5 (→ Rn. 112).

2. Genehmigungspflichtige Handlungen

Genehmigungsbedürftig sind nach Abs. 1 nur das Errichten, Betreiben und sonstige Innehaben der kerntechnischen Anlagen sowie deren wesentliche Veränderung 6
(hier benutzt der Gesetzgeber sowohl die tätigkeits- als auch die sachbezogene Formulierung, vgl. § 7 Abs. 1 S. 1 einerseits, S. 3 andererseits). Es ist danach möglich, dass es für **unterschiedliche Tätigkeiten** auch **verschiedene Genehmigungsinhaber** gibt. So sind in der Praxis die Kernkraftwerke nicht von den späteren Betreibern errichtet worden, sondern von kraftwerksbauenden Unternehmen (KWU, Siemens), die folglich über eigene Errichtungsgenehmigungen verfügten. Schon

dieser Unterschied deutet darauf hin, dass auch die Genehmigungsverfahren entsprechend abgeschichtet waren und zumindest zwischen einer Errichtungs- und einer Betriebsgenehmigung differenzierten, die in der Realität nochmals in einzelne Teilgenehmigungen aufgeteilt waren (→ § 7a Rn. 2). Diese Differenzierungen spiegeln sich auch bei den subjektiven Genehmigungsvoraussetzungen des § 7 Abs. 2 Nrn. 1 und 2 wider (→ Rn. 41).

7 Während der Begriff des **Errichtens** in der Regel keine Zweifel über die Person des Errichtenden (zur sachlichen Abgrenzung zwischen „noch errichten" und „schon betreiben" siehe *Jarass* BImSchG § 4 Rn. 56) aufkommen ließen, gibt es hinsichtlich des **Betreibens** – auch mangels Legaldefinition – durchaus Abgrenzungsschwierigkeiten. Nach dem tradierten öffentlich-rechtlichen Verständnis des Betreiberbegriffs fällt darunter derjenige, der für den Betrieb der Anlage **verantwortlich** zeichnet (vgl. nur *Kotulla* BImSchG § 4 Rn. 77). Für dessen Bestimmung kommt es folglich darauf an, wer aufgrund seiner rechtlichen und/oder tatsächlichen Verfügungsgewalt den **bestimmenden Einfluss** auf den vor allem sicherheitstechnischen Betrieb der Anlage ausübt und dessen wirtschaftliche Risiken trägt (allgemeine Meinung, vgl. OVG Münster NVwZ-RR 2009, 462 (Ls. 1 und 463); *Jarass* BImSchG § 3 Rn. 87ff.; *Dietlein* in Landmann/Rohmer UmweltR BImSchG § 5 Rn. 28; *Schmidt-Kötters* in BeckOK UmweltR BImSchG § 4 Rn. 115). Ebenso wie das Eigentum an der Anlage ist das Innehaben der Genehmigung im Allgemeinen nur ein Indiz für die Betreiberstellung. Letzteres verhält sich im Atomrecht jedoch anders. Denn die Genehmigung nach § 7 Abs. 1 ist mit der individuellen Tätigkeit desjenigen verknüpft, der den Genehmigungstatbestand erfüllt; sie ist als **personenbezogene Mischkonzession** an den Inhaber, der die in § 7 Abs. 1 benannte Tätigkeit (das Betreiben) ausübt, gebunden und – in ihren personenbezogenen Voraussetzungen – auch nicht übertragbar (vgl. → Rn. 40). Anders gewendet: **Nicht** der (objektive) **Betrieb, sondern** der individuelle **Betreiber** bedarf einer Betriebsgenehmigung; wer keine der in § 7 Abs. 1 benannten Tätigkeiten ausübt, benötigt auch keine entsprechende Genehmigung. Dies rechtfertigt im Umkehrschluss eine wesentlich stärkere Indizwirkung der Genehmigungsinhaberschaft. Deswegen ist in der Praxis derjenige, der eine Genehmigung nach § 7 Abs. 1 für das Betreiben innehat, grundsätzlich auch als Betreiber einer kerntechnischen Anlage anzusehen. Das kann indessen dazu führen, dass Betreiberbegriffe unterschiedlicher Gesetze (wie etwa nach EEG oder nach Handels- und Steuerrecht) auch zu abweichenden Betreibern im jeweiligen Rechtssinne führen können. Für das Atomrecht ist danach vor allem die sicherheitsbezogene Sachherrschaft über die Anlage und ihren Betrieb maßgeblich, weniger das Tragen wirtschaftlicher Risiken oder gar das Vermarkten des erzeugten Stroms.

8 Nicht näher definiert ist auch der Begriff des **„sonstigen Innehabens"**. Die Formulierung („sonst") zeigt zunächst, dass auch Errichter und Betreiber die Anlage innehaben und insofern zu Recht als „Inhaber einer kerntechnischen Anlage" iSd § 17 Abs. 6 zu bezeichnen sind (dazu und zum haftungsrechtlichen Hintergrund der Norm → § 17 Rn. 45ff.). Der Begriff ist als Auffangtatbestand für diejenigen Konstellationen gedacht, bei denen die atomrechtliche Verantwortung nicht bereits durch eine Errichtungs- oder Betriebsgenehmigung abgedeckt ist (*Haedrich* AtG § 7 Rn. 12; *Fischerhof* Dt. AtomG § 7 Rn. 9). Seinerzeit sollte damit vor allem der Zustand einer außer Betrieb genommenen oder endgültig stillgelegten Anlage erfasst werden (BT-Drs. 3/759, 50 (59)); das ist inzwischen durch den Stilllegungstatbestand des § 7 Abs. 3 obsolet geworden (→ Rn. 88ff.), weshalb dieses Tatbestandsmerkmal in der Praxis keine große Bedeutung erlangt hat.

3. Wesentliche Veränderung

Die **wesentliche Veränderung** einer unter § 7 Abs. 1 fallenden Anlage bedarf **9** ebenfalls der Genehmigung. Als eine solche ist die Abweichung gegenüber dem genehmigten oder aufsichtsrechtlich zugelassenen Status der Anlage oder ihres Betriebs anzusehen („Veränderung"), die sich potentiell auf die Erfüllung der Genehmigungsvoraussetzung auswirkt („wesentlich"). Entscheidend ist, ob der **Änderungsgegenstand** zu einer erneuten Prüfung der Genehmigungsvoraussetzungen nach § 7 Abs. 2 Grund gibt, die **Genehmigungsfrage** mithin **neu aufgeworfen** wird (BVerwGE 101, 347 (353) = NVwZ 1997, 161 – dazu die Beiträge von *Sendler, Rebentisch* und *Ossenbühl* in v. Danwitz, Aktuelle Entwicklungen im Kernenergierecht, 1997; *Raetzke* Veränderungsgenehmigung 36 ff.; *Rosin* in BHR EnergieR I Rn. 734 f.).

Nicht entscheidend für die Definition einer wesentlichen Änderung ist danach, **10** ob durch die Änderung mittelbar andere Bereiche der Anlage betroffen werden, die ihrerseits aber nicht geändert werden. Diese Bereiche der Anlage wären – als Prüfgegenstand zur Beurteilung der Genehmigungs*fähigkeit* – erst dann in den Blick zu nehmen, wenn vom Änderungsgegenstand her gesehen eine Wesentlichkeit – und damit die Genehmigungs*bedürftigkeit* – in Rede stünde. Zwischen **Änderungs- und Prüfgegenstand** – spiegelbildlich: Genehmigungsbedürftigkeit und -fähigkeit – ist insofern **streng zu trennen** (*Leidinger* in NK-AtomR § 7 Rn. 50). Der Gegenstand einer etwaigen Änderungsgenehmigung wiederum wird allein durch den **Umfang** der geplanten **Änderungsmaßnahme** bestimmt. Erfasst sind (nur) die Anlage und ihr Betrieb, soweit sie geändert werden sollen. Für den Bezugspunkt der Genehmigung kommt es danach nur auf das Änderungsvorhaben, nicht auf das geänderte (Gesamt-)Vorhaben an (dazu BVerwG NVwZ 2014, 515 mAnm *Hansmann; Dolde* FS Sellner, 2010, 237 (246 ff.)).

Die herrschende Meinung im Atomrecht folgt nach wie vor der traditionellen **11** Ansicht, dass es für die **Wesentlichkeit** der Änderung **nicht entscheidend** ist, ob dadurch im Einzelfall das Sicherheitsniveau der Anlage **verbessert oder verschlechtert** wird (BVerwGE 101, 347 (353) = NVwZ 1997, 161). Als unwesentlich sind danach nur solche Änderungen einzustufen, die nach Art und Umfang **kein besonderes Gewicht** aufweisen sowie nach sachverständiger, auf Erfahrungswissen gestützter Beurteilung eindeutig das Sicherheitsniveau der Anlage **nicht beeinflussen** können, ohne dass für diese Aussage eine besondere Prüfung der Einzelfallumstände erforderlich ist (OVG Lüneburg DVBl. 1981, 648 (645); *Rosin* in BHR EnergieR I Rn. 734). Diese Auffassung berücksichtigt jedoch, obwohl sie sich gerade auf eine Vergleichbarkeit mit dem BImSchG stützt, die dortige Entwicklung nicht. Mit der Novelle des § 16 Abs. 1 BImSchG von 1996 sind als „wesentliche Änderungen" **legaldefiniert** nur noch solche, durch die **nachteilige** Auswirkungen hervorgerufen werden können. Verbessernde und neutrale Änderungen sind nicht mehr genehmigungsbedürftig. Diese Regelung entspricht den europarechtlichen Vorgaben (vgl. Art. 3 Nr. 9 Industrieemissionen-RL 2010/75/EU, ABl. L 334/17 v. 17.12.2010 – dort sogar „erhebliche nachteilige Auswirkungen"; *Hansmann* NVwZ 1997, 105 (108 f.); *Jarass* BImSchG § 16 Rn. 11). Das Atomrecht bleibt bislang hinter dieser Entwicklung zurück, was der Korrektur bedarf.

Schon **keine Änderung** – und damit auch nicht (erneut) genehmigungspflich- **12** tig – sind Maßnahmen, die bereits in der Genehmigung vorgesehen sind oder Reparaturen und Instandhaltungstätigkeiten, die nur den ursprünglichen Genehmigungszustand wiederherstellen. **Nicht wesentliche Änderungen** wiederum unterfallen allerdings der **aufsichtlichen Zustimmung** nach § 19 (→ Rn. 41); dadurch wird eine lückenlose behördliche Kenntnis erreicht, was in der Praxis jedoch auch bedeutet, dass sich der aktuelle Zulassungsstatus der Anlage und ihres Betriebs nicht allein aus den Genehmigungsbescheiden entnehmen lässt.

13 Auch für die Änderungsgenehmigung ist der zum behördlichen **Entscheidungszeitpunkt** bestehende, aktuelle Stand von Wissenschaft und Technik maßgeblich. Im Hinblick auf die nicht veränderten Anlagenbereiche – auch soweit sie Teil des Prüfprogramms sind – darf die Genehmigungsbehörde lediglich *anlässlich* des Änderungsgenehmigungsverfahrens keine neuen Anforderungen stellen; in den (bestandskräftigen) Anlagenbestand darf vielmehr nur nach Maßgabe des § 17 Abs. 1 S. 3, Abs. 2–5 eingegriffen werden (vgl. *Raetzke/Micklinghoff,* Bestehende Kernkraftwerke und neue Sicherheitsanforderungen, 19ff.; *Scheuten,* 10. AtRS 2000, 207 (208f.); *Grigoleit/Mager* NuR 1997, 469 (475); so auch der alte § 7 Abs. 2 S. 2, der aufgrund seiner lediglich klarstellenden Funktion als unnötig aufgehoben wurde (dazu *Posser* in PSM § 7 Rn. 171)). In Bezug auf die nicht geänderten Anlagenteile, auf die sich die Änderung aber auswirkt, ist bei der Prüfung erforderlicher Anpassungen der Verhältnismäßigkeitsgrundsatz – einschließlich der ökonomischen Vertretbarkeit von Maßnahmen sowie der verbleibenden Restlaufzeit der Anlage – zu beachten (*Leidinger* EnergieanlagenR 237f.; *Scheuten,* 10. AtRS 2000, 207 (210)). Auch die wesentliche Veränderung kann nach Maßgabe von § 9 UVPG ein UVP-pflichtiges Vorhaben sein.

14 Nach § 7 Abs. 1 S. 3 gilt das **Genehmigungsverbot** (→ Rn. 15) **nicht für wesentliche Veränderungen.** Diese Regelung war notwendig, weil ansonsten auch solche Veränderungen (insbesondere sicherheitstechnischer Natur), die wegen ihrer Wesentlichkeit selbständig genehmigungsbedürftige Maßnahmen darstellen, ausgeschlossen gewesen wären. Das aber hätte dazu geführt, dass selbst das (auch international gesehen, vgl. BT-Drs. 17/3051, 6) hohe Schutzniveau der deutschen Kernkraftwerke erhaltende oder sogar noch steigernde Maßnahmen nicht hätten realisiert werden können. Der Bundesgesetzgeber trägt damit seiner, insbesondere in § 1 Nr. 1 zum Ausdruck gekommenen Verpflichtung Rechnung, „bis zum Zeitpunkt der Beendigung den geordneten Betrieb sicherzustellen". § 7 Abs. 1 S. 3 erweist sich somit als **Konkretisierung** jener **gesetzlichen Zweckbestimmung** und ist in diesem Sinne auszulegen. Denn zu einem geordneten Betrieb gehört die Möglichkeit, die Anlage dem sich weiterentwickelnden Stand von Wissenschaft und Technik anpassen zu können – unabhängig davon, ob dies eigenständige Genehmigungsverfahren erfordert. Ein **Ausschluss** solcher Veränderungsgenehmigungen wäre deshalb wegen Verstoßes gegen § 1 Nr. 1 ein **innerer Normwiderspruch** des Gesetzes gewesen. Allerdings gilt § 7 Abs. 1 S. 3 nicht nur für wesentlichen Veränderungen, die sicherheitsverbessernder Natur sind. Davon geht auch der Gesetzgeber aus, wenn es in der Begründung heißt, es seien weiterhin Genehmigungen möglich, „vor allem" um einen hohen Sicherheitsstandard aufrecht zu erhalten (BT-Drs. 14/6890, 21).

4. Genehmigungsverbot

15 § 7 Abs. 1 S. 2 normiert das ausdrückliche **Verbot,** für die Errichtung und den Betrieb von Anlagen zur Spaltung von Kernbrennstoffen zur gewerblichen Erzeugung von Elektrizität und von Anlagen zur Aufarbeitung bestrahlter Kernbrennstoffe Genehmigungen zu erteilen. Die Aufzählung ist **enumerativ.** Von dem Ver-

botstatbestand nicht erfasst sind deshalb andere als die ausdrücklich genannten kerntechnischen Anlagen, etwa solche zur Urananreicherung oder der Brennelementfertigung. Sie unterfallen zwar ebenfalls der atomrechtlichen Genehmigungsbedürftigkeit des § 7 Abs. 1 S. 1, sind aber in S. 2 nicht gesondert erwähnt. Für sie gilt deshalb das Neubauverbot nicht. Dieses Verständnis wird neben dem Wortlaut insbesondere durch die Entstehungsgeschichte gestützt. Denn vor der Novelle 2002 war die Erstreckung etwa auch auf Urananreicherungsanlagen ausdrücklich diskutiert worden (etwa im Entwurf einer Ausstiegsgesetzgebung der Hessischen Landesregierung vom 29.6.1998, dazu *Posser* in PSM § 7 Rn. 96). Die Gesetz gewordene Ausklammerung aus dem Verbotstatbestand kann vor diesem Hintergrund nur als davon bewusst abweichende Entscheidung des Bundesgesetzgebers verstanden werden. Dementsprechend spricht auch die Begründung nur von Kernkraftwerken und Wiederaufarbeitungsanlagen (BT-Drs. 14/6890, 15); im seinerzeit vorlaufenden Verständigungspapier zwischen der Bundesregierung und den EVU (→ Einf. Rn. 26 ff.) war sogar nur von Kernkraftwerken die Rede (vgl. dort Ziffer V.1. und Anlage 5 Ziffer 1.2.). Daran hat sich auch in den Folgejahren, insbesondere der beschleunigten Ausstiegsnovelle 2011, nichts geändert. Für eine analoge Erstreckung auf andere kerntechnische Anlagen **fehlt** es deshalb bereits an einer **Regelungslücke;** zudem wäre eine Analogie nach ganz herrschender Meinung, insbesondere der Judikatur des Bundesverfassungsgerichts für den Bereich der eingreifenden Hoheitstätigkeit, verfassungswidrig (vgl. BVerfG NJW 1996, 3146; BVerwGE 100, 323 = NVwZ 1997, 292; VGH Mannheim NJW 1998, 624). Das gleiche gilt im Ergebnis für Forschungsreaktoren (vgl. BT-Drs. 14/6890, 20); sie scheiden zudem bereits mangels Gewerblichkeit aus dem Normbereich aus.

Fraglich ist, ob das Verbot **nur Neuanlagen** oder etwa auch einen – ggf. selbständig genehmigungspflichtigen – Wiederaufbau einer gegenwärtig bestehenden Anlage erfasst. Nach dem Wortlaut wäre auch ein solcher – wenngleich in der Praxis äußerst unwahrscheinlicher – Fall einbezogen. Die damalige Gesetzesbegründung spricht dagegen ebenso wie Anlage 5 Ziffer 1.2 des seinerzeitigen Verständigungspapiers nur von Neuanlagen, woraufhin das Gesetz auch angelegt ist. Im Wege teleologischer Reduktion wird man deshalb in § 7 Abs. 1 S. 2 einen Verbotstatbestand nur für Neuanlagen sehen dürfen (*Posser* in PSM § 7 Rn. 100; *Kühne* DVBl 2003, 1361 (1362)). Das Genehmigungsverbot gilt **kraft Gesetzes.** Es bedarf keines weiteren Vollzugsakts. Eine gleichwohl erteilte Genehmigung wäre gem. § 44 Abs. 1 VwVfG, § 134 BGB analog nichtig. 16

Über die **Verfassungsmäßigkeit** des gesetzlichen Ausschlusses von Errichtungs- und Betriebsgenehmigungen für neue Kernkraftwerke ist im Vorfeld der seinerzeitigen AtG-Novelle viel gestritten worden; für Details ist auf die einzelnen Veröffentlichungen zu dieser Thematik zu verweisen (*Posser* in PSM § 7 Rn. 107 ff. mit zahlreichen wN, dort auch zur Frage der Europarechtswidrigkeit ebenfalls mwN; *Ossenbühl* AöR 124, 1 (9 ff.); *Di Fabio* Ausstieg 17 ff.; *Schmidt-Preuß*, Rechtsfragen des Ausstiegs aus der Kernenergie, 2000, 53 ff.; *Roßnagel/Roller*, Die Beendigung der Kernenergienutzung durch Gesetz, 29 ff.; *Denninger*, Verfassungsrechtliche Fragen des Ausstiegs aus der Nutzung der Kernenergie zur Stromerzeugung, 68 ff.; *Koch* NJW 2000, 1529). Da die Energieversorgungsunternehmen die damalige Regelung nicht angegriffen haben und einen Neubau von Kernkraftwerken nicht beabsichtigen, mag es bei diesen Hinweisen sein Bewenden haben. Dem bundesverfassungsgerichtlichen Urteil zur 13. AtG-Novelle (→ Rn. 20) wird man angesichts der starken Betonung des **gesetzgeberischen Gestaltungsspielraums** 17

AtG § 7 Zweiter Abschnitt Überwachungsvorschriften

die Wertung entnehmen dürfen, dass das Gericht auch das Neubauverbot wohl nicht für verfassungswidrig gehalten hätte, obgleich sich eine undifferenzierte Übertragung der dortigen Entscheidungsgründe auf die hiesige Fragestellung verbietet.

III. Erlöschensregelungen (Abs. 1a–d)

18 Neben den Ausschluss der Genehmigung für Neuanlagen tritt als zweites wesentliches Element des Kernenergieausstiegs die **Begrenzung des Leistungsbetriebs** bestehender Reaktoren hinzu. Dabei hat insbesondere § 7 Abs. 1a eine bewegte Geschichte erfahren, in der sich die wechselvolle Haltung zur Kernenergie paradigmatisch widerspiegelt. Eingeführt mit der (ersten) Ausstiegs-Novelle 2002 wurde er durch die Laufzeitverlängerung im Jahre 2010 zunächst substantiell erweitert, um dann durch den beschleunigten Ausstieg mit der 13. AtG-Novelle nach Fukushima sogar hinter den ursprünglichen Gesetzgebungsstand wieder zurückzufallen (zu den wechselvollen Abläufen vgl. *Posser* in EFP BesVerwR § 52 Rn. 1 ff. und → Einf. Rn. 40). Der zentrale Regelungsgehalt ist dadurch gekennzeichnet, dass die Berechtigung zum Leistungsbetrieb nach einer in Stromproduktionsmengen berechneten **Restlaufzeit,** die zwar durch **Übertragung** zwischen den Kernkraftwerken im Einzelfall variieren kann, aber jedenfalls zu einem fixen **Enddatum** kraft Gesetzes erlischt. Die Mehrzahl der Folgeregelungen sind Ausführungsdetails dieses Grundgedankens.

19 Während die Ausgangsregelung 2002 keiner verfassungsgerichtlichen Prüfung zugeführt wurde, waren sowohl die Laufzeitverlängerung von 2010 (dazu *Gierke/Paul* in Theobald/Kühling AtomR Vorbemerkung Rn. 38 ff.; *Geulen/Klinger* NVwZ 2010, 1118; *Däuper/Michaels/Ringwald* ZUR 2010, 451) als auch insbesondere die erneute Veränderung aus 2011 (13. AtG-Novelle) Gegenstand verfassungsgerichtlicher Verfahren. Ohne die gesamte, von allen Beteiligten sehr aufwendig geführte Auseinandersetzung mit ihren vielschichtigen Argumentationslinien im Einzelnen nachzeichnen zu können, hat das BVerfG mit seinem Urteil vom 6.12.2016 (BVerfGE 143, 246 = NJW 2017, 217) den – vorläufigen – Schlusspunkt zu diesem Kapitel der Ausstiegsdebatte gesetzt (vgl. zu jener Entscheidung die zahlreichen kontroversen Beiträge von *Berkemann* DVBl. 2017, 793; *Roßnagel/Hentschel* UPR 2017, 128; *Roller* ZUR 2017, 277; *Shirvani* DÖV 2017, 281; *Börner* RdE 2017, 119). Danach ist die Neuregelung mit ihrer Rücknahme der Laufzeitverlängerung aus 2010 und der Einführung von starren Befristungen für die Geltung der Berechtigung zum Leistungsbetrieb im Wesentlichen verfassungskonform. In der Neuregelung sei mangels Güterbeschaffung zu Gunsten des Staates **keine Enteignung** iSv Art. 14 Abs. 3 GG zu sehen. Eigentumsrechtlich geschützt sei nur das **Anlageneigentum** in seiner atomgesetzlichen Ausgestaltung, nicht aber die erteilten Genehmigungen oder – trotz Handelbarkeit – die Elektrizitätsmengen. Bei der 13. AtG-Novelle handele es sich um eine **Inhalts- und Schrankenbestimmung** des so konturierten Eigentums gem. Art. 14 Abs. 1 S. 2 GG, die angesichts des Entzugs von Eigentumspositionen gesteigerten Anforderungen an deren Verhältnismäßigkeit stelle und die Frage nach Ausgleichsregelungen aufwerfe. Der Gesetzgeber sei allerdings berechtigt, den Reaktorunfall in Fukushima – auch ohne neue Gefährdungserkenntnisse – zum Anlass für einen beschleunigten Ausstieg aus der Kernenergie zu nehmen. Die **entschädigungslose Rücknahme** der 2010 erfolgten Laufzeitverlängerung sei angesichts eines nur eingeschränkten Vertrauensschut-

zes in deren Fortbestand verfassungsgemäß. Dagegen stelle es eine unzumutbare Inhaltsbestimmung dar, soweit die betroffenen Energieversorgungsunternehmen substantielle Teile ihrer Reststrommengen von 2002 wegen der **starren Beendigungsfristen** nicht im Wesentlichen konzernintern nutzen könnten, was auf Vattenfall wegen Krümmel und auf RWE wegen Mülheim-Kärlich zutreffe. Schließlich bestehe ein gewisser **Investitionsschutz**, soweit im Vertrauen auf den Bestand der mit der 11. AtG-Novelle normierten Laufzeitverlängerung konkrete Dispositionen getroffen wurden, die durch den beschleunigten Ausstieg nunmehr frustriert worden seien.

Demgemäß hat das BVerfG die Verfassungsbeschwerden zwar in wesentlichen 20 Teilen zurückgewiesen, aber sowohl eine **verfassungsrechtliche Unvereinbarkeit** der gesamten 13. AtG-Novelle mit Art. 14 GG insoweit festgestellt, als es keinen Ausgleich für die unter → Rn. 19 genannten frustrierten Investitionen vorsieht, als auch eine Unvereinbarkeit von § 7 Abs. 1a S. 1 insofern, als eine im Wesentlichen vollständige Verstromung der den Kernkraftwerken zugewiesenen Elektrizitätsmengen in den eigenen Konzernanlagen nicht sichergestellt und kein angemessener Ausgleich hierfür gewährt wurde. Der Gesetzgeber war danach verpflichtet, eine **Neuregelung** spätestens bis zum **30. 6. 2018** zu treffen; bis zu einer solchen Novelle sollte § 7 Abs. 1a S. 1 weiter anwendbar sein.

Mit der unter dem 29. 6. 2018 beschlossenen **16. AtG-Novelle** hat der Gesetz- 21 geber versucht, den Vorgaben des BVerfG Rechnung zu tragen. Eine Entschädigung für nicht mehr in eigenen Anlagen verstrombare Reststrommengen ist danach (vgl. § 7f AtG) unter engen – nur teilweise auf das Urteil des BVerfG zurückzuführende Voraussetzungen – möglich. Die genaue betragsmäßige Festlegung durch das BMU erfolgt allerdings erst nach dem Jahr 2022 (dem endgültigen Leistungsbetriebsende der letzten Kernkraftwerke; das erscheint vor dem Hintergrund, dass eine verfassungsrechtlich notwendige Entschädigungspflicht auf den Zeitpunkt des Eingriffs (also den 6. 8. 2011) bezogen sein muss, rechtlich zweifelhaft. Auch im Hinblick auf die Entschädigung für frustrierte Investitionen (§ 7e AtG) sind zahlreiche – anspruchsmindernde oder sogar – ausschließende – Kautelen aufgenommen worden (zu allem *Leidinger* in NK-AtomR § 7e Rn. 10ff.). Das Gesetz sollte am 4. 7. 2018 (mit Rückwirkung) in Kraft treten, nachdem die beihilfenrechtliche Freigabe durch die EU-Kommission behauptet worden war. Wie das EuG in Beschluss vom 11. 7. 2019 (Rs. T-674/18, BeckRS 2019, 20230) festgestellt hat, ist diese Freigabe in Wirklichkeit jedoch nicht erfolgt. Die 16. AtG-Novelle ist deshalb nicht am 4. 7. 2018 in Kraft getreten.

1. Berechtigung zum Leistungsbetrieb

Gemäß § 7 Abs. 1a S. 1 **erlischt die Berechtigung zum Leistungsbetrieb** 22 eines Kernkraftwerks, wenn die in Anlage 3 Spalte 2 für das jeweilige Kraftwerk aufgeführte oder die sich aufgrund von Übertragungen ergebende **Elektrizitätsmenge produziert** ist, spätestens aber zu bestimmten, für jedes Kernkraftwerk – aufgeteilt in sechs Gruppen – **festgelegten Zeitpunkten.** Die letzten drei Kernkraftwerke verlieren danach spätestens mit Ablauf des 31. 12. 2022 ihre Berechtigung zum Leistungsbetrieb (in der Praxis wird dies voraussichtlich noch etwas früher der Fall sein, weil sich der Brennelementeinsatz nicht exakt datumsgenau steuern lässt). Die Kernkraftwerke der ersten Gruppe – die sieben Moratoriumskraftwerke (→ § 19 Rn. 64) und Krümmel – haben ihre Berechtigung bereits mit Inkrafttreten der 13. AtG-Novelle am 6. 8. 2011 verloren, sind also seit dem Abfahren infolge des rechtswidrigen Moratoriums (dazu BVerwG ZUR 2014, 236; VGH Kassel ZUR 2013, 367) nie wieder ans Netz gegangen. In der Einführung jener starren Beendigungszeitpunkte – unabhängig von womöglich noch vorhandenen Elektrizitätsmengen – liegt die Besonderheit des staatlichen Eingriffs, der in seiner Intensität deutlich über die erste Ausstiegsnovelle 2002 hinausgeht. Anders als bei § 7 Abs. 1 S. 2 bedurfte es hier der Erwähnung von Wiederaufarbeitungsanlagen nicht, da eine entsprechende Genehmigung in der Bundesrepublik nicht mehr existiert.

23 Von dem **Erlöschenstatbestand** erfasst ist (nur) die Berechtigung zum Leistungsbetrieb. Dabei hat die Formulierung des Gesetzes „Berechtigung zum Leistungsbetrieb einer Anlage zur Spaltung von Kernbrennstoffen zur gewerblichen Nutzung von Elektrizität" Anlass zu Diskussionen gegeben. In der Literatur ist zu Recht darauf hingewiesen worden, dass die Genehmigung nach § 7 nicht die Erzeugung von Elektrizität oder sonstige wirtschaftliche Zwecke des Anlagenbetriebs zum Gegenstand hat (vgl. *Rebentisch,* 11. AtRS 2002, 63 f.). Allerdings ist der Gesetzeswortlaut – wie sich aus der insoweit identischen Fassung des § 7 Abs. 1 S. 2 ergibt – so zu verstehen, dass sich der Passus „zur gewerblichen Erzeugung von Elektrizität" nicht auf die Berechtigung sondern die Anlage bezieht. Dies dient der **Abgrenzung** zu den nicht-gewerblichen Anlagen und entspricht der Gesetzesgenese sowie dem seinerzeitigen Verständigungspapier. Folgerichtig spricht der Gesetzestext auch nicht von „Genehmigung nach § 7" sondern allein von der „Berechtigung zum Leistungsbetrieb" als Ausschnitt aus dieser Genehmigung. Im Ergebnis bedeutet der gesetzliche Regelungsgehalt deshalb, dass ab einem bestimmten Zeitpunkt keine Elektrizität mehr produziert werden darf. De facto entsteht danach ein Anlagenzustand wie bei einer Revision, die Anlage befindet sich im **Nichtleistungsbetrieb.**

24 Andere **Regelungsinhalte** der atomrechtlichen Genehmigung(en) als die zum Leistungsbetrieb notwendigen **bleiben** dagegen bestehen; der Gesetzgeber weist insoweit insbesondere auf den Stillstandsbetrieb und seine Maßgaben hin (vgl. BT-Drs. 14/6890, 21). Vor allem bleibt die Errichtung als Genehmigungsinhalt wirksam. Mit dem Erlöschen der Leistungsberechtigung ist also keine automatische Rückbauverpflichtung verbunden (vgl. allerdings → Rn. 96 zum neuen § 7 Abs. 3 S. 4). Da die mit der Genehmigung erlaubte Gestattung des Leistungsbetriebs entfallen ist, würde eine gleichwohl erfolgende Produktion eine Straftat gem. § 327 Abs. 1 StGB darstellen.

2. Erlöschen

25 Das **Erlöschen** tritt **kraft Gesetzes** ein. Es erfolgt entweder zu dem Zeitpunkt, wo (1) für das einzelne Kraftwerk die in Anlage 3, Spalte 2 aufgeführte Nettoelektrizitätsmenge produziert ist oder (2) – im Falle einer Übertragung gem. § 7 Abs. 1 b – wenn die danach insgesamt verbleibende Elektrizitätsmenge erreicht ist oder (3) zu dem gesetzlich bestimmten Ablaufdatum. Die auf das jeweilige Kraftwerk entfallenden **Strommengen** sind gesetzlich **verbindlich festgelegt,** da Anlage 3 Bestandteil des Gesetzes ist. Die entsprechenden Summen haben sich nach einem in der Vereinbarung vom 11.6.2001 niedergelegten Schlüssel errechnet (vgl. Anlage 1 des Verständigungspapiers). Aufgrund der bereits gesetzlichen Rechtsfolgeanordnung bedarf es **keines Verzichts** oder einer sonstigen konstitutiven Erklärung des Betreibers. Auch eine entsprechende **Feststellung der Behörde** ist **nicht** notwendig. Es handelt sich vielmehr um eine unmittelbar privatrechts-

gestaltende Wirkung des Gesetzes selbst. Der Sache nach liegt darin eine nachträgliche Befristung einer atomrechtlichen Genehmigung (davon geht auch das Verständigungspapier aus, vgl. dortige Anlage 5, Ziffer 2). Dies ist bei Kernkraftwerken an sich gem. § 17 Abs. 1 unzulässig. Diese Vorschrift ist im Zuge der seinerzeitigen Novelle jedoch nicht angepasst worden. Im Ausgangspunkt liegt deshalb ein **Normwiderspruch** vor. Man wird dem Gesetzgeber einen solchen Widerspruch indes nicht attestieren dürfen; vielmehr ist dessen im Übrigen hinreichend klar zum Ausdruck gekommener Wille zur Geltung zu bringen. Insoweit bieten sich zwei denkbare Argumentationslinien an. Zum einen kann davon ausgegangen werden, dass § 7 Abs. 1a S. 1 als **lex specialis** und **lex posterior** § 17 Abs. 1 vorgehen soll. Zum anderen kann argumentiert werden, dass sich § 17, seinem inneren Normzusammenhang entsprechend, nur auf behördliche Verfügungen bezieht und deshalb Beschränkungen durch Gesetz nicht erfasst (vgl. zu diesen Fragen → § 17 Rn. 2).

Problematisch erscheint die unmittelbare Rechtsfolge kraft Gesetzes allerdings in der Konstellation, dass die dem Kraftwerk zustehende Menge bereits produziert ist, es aber weiterhin als empfangendes Kraftwerk in Betracht kommt, eine **Übertragung** indes **noch nicht** erfolgt ist. Würde man die Berechtigung zum Leistungsbetrieb bereits in dieser Situation erlöschen lassen, so würde dem Kraftwerk die Möglichkeit zukünftiger Übertragungen genommen; dies könnte gegen die Alternativformulierung des § 7 Abs. 1a verstoßen. Allerdings spricht der Normtext nicht von einer (theoretischen) Übertragungs*möglichkeit,* sondern von der „sich auf Grund von Übertragungen ... ergebende(n) Elektrizitätsmenge". Das spricht dafür, die Berechtigung zum Leistungsbetrieb (nach Produktion der für das jeweilige Kraftwerk in Anlage 3 spezifisch vorgesehenen Menge) nur dann als nicht erloschen zu betrachten, wenn die Übertragung zuvor bereits vorgenommen wurde; die **bloße Möglichkeit dazu reicht nicht** aus. Dafür streitet auch die mit der Mengenvorgabe beabsichtigte Rechtssicherheit und Eindeutigkeit des Betriebsendes, die der Gesetzgeber bewusst in den Vordergrund seiner Regelungsintention gestellt hat. 26

3. Übertragung

Die Strommengen (ganz oder teilweise) können von einer Anlage auf eine andere übertragen werden. Bei einer Übertragung von einer älteren Anlage auf eine neuere – „alt auf neu" – (maßgeblich ist der Zeitpunkt der Aufnahme des kommerziellen Leistungsbetriebs) ist dies ohne weiteres zulässig; bei einer Übertragung „neu auf alt" bedarf diese jedoch der Zustimmung des BMU im Einvernehmen mit dem Bundeskanzleramt und dem Wirtschaftsministerium (§ 7 Abs. 1b S. 2, wobei eine Zustimmung gem. S. 3 dann nicht erforderlich ist, wenn die abgebende Anlage den Leistungsbetrieb dauerhaft einstellt und ein Antrag nach Abs. 3 S. 1 zur Stilllegung der Anlage gestellt worden ist). Die **Zustimmung** ist ein konstitutiver Verwaltungsakt. Das Verfahren und die Kriterien für deren Erteilung sowie die Bedeutung des Einvernehmens sind umstritten (vgl. dazu und zu weiteren Einzelheiten *Posser* in PSM § 7 Rn. 125; *Huber* DVBl 2003, 157; *Leidinger* DVBl 2006, 1556; *Keienburg* atw 2006, 166; *Kloepfer* DVBl 2007, 1189; *Sellner* NVwZ 2007, 44; *Ossenbühl* ET 2007, 97; *Wollenteit* ZUR 2008, 127; *Mann* DVBl 2009, 340); sie waren Gegenstand von Rechtsstreitigkeiten, sind allerdings jedenfalls im Zuge der Neuordnung der Entsorgungsverantwortung einvernehmlich beendet worden (vgl. die in Anlage 4 zum öffentlich-rechtlichen Vertrag zwischen der Bundesregierung und 27 den Energieversorgungsunternehmen vom 26.6.2017 aufgelisteten Streitigkeiten unter Nr. 28 und 29; zuvor bereits das abgeschlossene Verfahren vor dem VGH Kassel Urt. v. 27.2.2008 – 6 C 883/07.T, BeckRS 2008, 35304).

28 Unzutreffend ist dabei die Auffassung, in materieller Hinsicht müsse ein **Sicherheitsvergleich** zwischen der abgebenden und der aufnehmenden Anlage erfolgen. Weder der Wortlaut von § 7 Abs. 1 b noch das der Regelung zugrundeliegende Verständigungspapier oder die Gesetzesbegründung geben dafür etwas her. Ein Sicherheitsvergleich zwischen Anlagen ist dem AtG im Gegenteil fremd; ein Kernkraftwerk gilt vielmehr von Rechts wegen als sicher, wenn die nach § 7 Abs. 2 geforderte Schadensvorsorge getroffen ist, was wiederum aufgrund der bestandskräftigen und durch aufsichtliche Anordnungen in Frage gestellten Genehmigung nachgewiesen ist (*Hennenhöfer/Schneider* FS Sellner, 2010, 349; *Sellner* NVwZ 2007, 44 (47); *Leidinger* DVBl 2006, 1556 (1559 ff.); *Ossenbühl* et 2007, 97 (109); *Schirra* in SSSJ EnergieR Kap. 26 Rn. 74). Die beiden **maßgeblichen Entscheidungskriterien** sind stattdessen zum einen die den Betreibern mit der Übertragungsregelung als Ausgleich für die Laufzeitbegrenzungen eröffnete flexible *wirtschaftliche Nutzung* ihres Investments und zum anderen der *Sicherstellungszweck* des § 1 Nr. 1 (also der ungestörte Betrieb eines Kernkraftwerks bis zum Zeitpunkt der Beendigung). Eine Versagung der Zustimmung ist nach dieser Konzeption des Gesetzgebers nur zulässig, wenn es in besonders gelagerten Ausnahmefällen einem geordneten Betrieb widersprechen würde, der Übertragung zuzustimmen. Der Betreiber muss deshalb plausible wirtschaftliche Gründe für seinen Antrag vorbringen, während das BMU darlegungs- und beweispflichtig dafür ist, dass eine Übertragung (ausnahmsweise) einem geordneten Betrieb entgegensteht (wie hier mit Unterschieden im Detail *Sellner* NVwZ 2007, 44 (48 f.); *Leidinger* DVBl 2006, 1556 (1558); aA *Wollenteit* ZUR 2008, 128). Dem BMU steht insoweit **weder** ein **Versagungsermessen** noch ein Beurteilungsspielraum zu. Der Streit hat sich mit der 13. AtG-Novelle allerdings weitgehend erledigt, da eine Übertragung von neu auf alt wegen der fixierten Enddaten keinen Sinn mehr machen dürfte; dies gilt grundsätzlich auch für Übertragungen von alt auf neu, soweit die gesetzlichen Erlöschenszeitpunkte eine vollständige Ausnutzung der dann vorhandenen „Reststrommengen" ausschließen. Das Gesetz stellt in Abs. 1 b S. 4 aber immerhin klar, dass etwaig auch bei Erreichung des fixen Enddatums noch verbleibende Elektrizitätsmengen nach den zuvor beschriebenen Maßstäben (S. 1–3) übertragen werden können, also nicht etwa automatisch verfallen.

29 Wie die Übertragung im Einzelnen vorzunehmen ist, regelt das Gesetz nicht, sondern überlässt dies den Unternehmen; diese können innerhalb, aber auch außerhalb ihrer Konzerngrenzen im Wege freier Vereinbarung agieren. Es handelt sich um einen rein zivilrechtlichen Vorgang und insoweit um einen Vertrag sui generis, der nach Maßgabe der **Privatautonomie** ausgestaltet werden kann. Produktionsmengen können etwa nur teilweise abgegeben, auf verschiedene Betreiber aufgeteilt oder weiter übertragen werden. Ebenso zulässig ist es, von verschiedenen Kernkraftwerken auf eine Anlage zu übertragen. Eine Übertragung kann zwischen den Vertragspartnern auch erweitert, reduziert oder rückgängig gemacht werden (die „Rückgängigmachung" ist keine „Rückübertragung", weshalb die vorgenannten Regelungen dafür nicht gelten; vgl. *Posser* in PSM § 7 Rn. 130; aA *John* in Koch UmweltR-HdB § 10 Rn. 89).

4. Sonderfall Mülheim-Kärlich

§ 7 Abs. 1 d enthält schließlich eine Sonderregelung für das Kernkraftwerk Mülheim-Kärlich. Zu diesem Kraftwerk war im Zuge der ersten Ausstiegsnovelle 2002 einvernehmlich vereinbart worden, dass sowohl der Genehmigungsantrag als auch die Amtshaftungsklage gegen das Land Rheinland-Pfalz zurückgezogen werden und alle Ansprüche im Zusammenhang mit der Genehmigungserteilung sowie den Stillstandszeiten der Anlage als abgegolten gelten (vgl. II. 5. des Verständigungspapiers). Im Gegenzug dazu erhielt der Betreiber die Möglichkeit, 107,25 TWh netto auf andere Kraftwerke zu übertragen. Diese sind im Einzelnen in Anlage 3 aufgeführt (früher sog. „Sternchenanlagen"). Nach der 13. AtG-Novelle ist der Kreis der in Frage kommenden Anlagen konsequent verkleinert worden, da Biblis B mit dem Inkrafttreten des Gesetzes seine Berechtigung zum Leistungsbetrieb unmittelbar verloren hatte und folglich als aufnehmende Anlage ausgeschieden ist. Unklar ist allerdings, **welche** der in § 7 Abs. 1b angesprochenen **Übertragungsformen** einschlägig ist. Zwar steht durch den Verweis auf die Aufzählung in der Anmerkung zu Anlage 3 fest, auf welche Kraftwerke die festgesetzte Elektrizitätsmenge ganz oder teilweise übertragen werden darf. Da für Mülheim-Kärlich jedoch kein Beginn des kommerziellen Leistungsbetriebs ausgewiesen ist, bleibt offen, nach welchen Kriterien sich die Übertragung richtet. In § 7 Abs. 1 d wird insoweit nur pauschal auf § 7 Abs. 1b S. 1–3 verwiesen. Da dort auch S. 3 in Bezug genommen wurde, wonach das Zustimmungserfordernis bei stillzulegenden Anlagen nicht greift, ist im Ergebnis davon ausgehen, dass jeder Übertragungsakt ohne die Zustimmung des BMU erfolgen darf. Die einzelnen Mengen und Kraftwerke brauchen nach dem zuvor Gesagten auch nicht festzustehen, sondern können sukzessive festgelegt werden. Auf die Sonderregelung zu Mülheim-Kärlich hat das BVerfG in seiner Entscheidung vom 6.12.2016 besonders abgestellt (BVerfGE 143, 246 = NJW 2017, 217 Rn. 238). Es hat dabei die zentrale Bedeutung der Verstromung in konzerneigenen Anlagen hervorgehoben; das ist bei den in der Anlage genannten Anlagen Neckarwestheim 2, Isar 2 und Brokdorf nicht, bei den übrigen Kraftwerken Emsland sowie Gundremmingen B und C nur anteilig der Fall – deshalb bleibt offen, wie der Gesetzgeber den verfassungsrechtlichen Vorgaben insofern genügen will. Versuche des Betreibers, Elektrizitätsmengen auch auf andere als die genannten Anlagen zu übertragen, sind angesichts der eindeutigen Gesetzesintention erwartungsgemäß gescheitert (vgl. BVerwG NVwZ 2009, 921; OVG Schleswig DVBl 2008, 466 mAnm *Mann*).

5. Messverfahren

Angesichts der Vielzahl offener Fragen zur Übertragungsthematik überrascht, mit welcher **Detailversessenheit** der Gesetzgeber Aspekte einer ordnungsgemäßen Messung der jeweiligen Elektrizitätsmenge normiert hat. Während die Regelung zum Erlöschen des Leistungsbetriebs in einen Satz gefasst ist, benötigt der Gesetzgeber demgegenüber sieben, um das aus seiner Sicht Erforderliche zu Fragen des Messwesens festzulegen. Die einzelnen Vorschriften sind erkennbar von dem Bemühen getragen, Kernkraftwerke nur keine Kilowattminute länger als vorgesehen am Netz zu belassen. Die Regelungsdichte erklärt sich daraus, dass der Gesetzgeber die Nichterfüllung der Messvorschriften mit Ordnungswidrigkeiten sanktionieren wollte; er war deshalb von Verfassungs wegen gehalten, die einzelnen Tatbestände und Handlungspflichten dem Grundsatz „nulla poena sine lege" verpflichtet so genau wie möglich zu beschreiben. Das erklärt manche Redundanzen, wenn er etwa regelt, dass die eingesetzten Messgeräte zugelassen und geeicht sein müssen, um dann nochmals zu betonen, dass nicht zugelassene und nicht geeichte Messgeräte auch nicht verwendet werden dürfen (S. 4), oder dass das Messgerät so zu verwenden ist, dass die Richtigkeit der Messung gewährleistet ist (S. 5). Der Genehmigungsinhaber hat sowohl den bestimmungsgemäßen Zustand des Messgeräts jährlich durch einen Sachverständigen als auch die erzeugte Energiemenge durch einen Wirtschaftsprüfer überprüfen und bestätigen zu lassen. Im praktischen Vollzug haben sich, soweit bekannt, keine Probleme gezeigt.

6. Informationspflichten

32 § 7 Abs. 1c regelt in Ergänzung der vorerörterten Bestimmungen besondere Mitteilungs- und Vorlagepflichten des Genehmigungsinhabers. Dadurch soll ein hohes Maß an **Transparenz** hinsichtlich der erzeugten Elektrizitätsmengen (Nr. 1) und der übertragenen Mengen (Nr. 3) erreicht werden; auch die Ergebnisse und Bescheinigungen der Messungen gem. § 7 Abs. 1a S. 2–7 sind vorzulegen (Nr. 2 – wobei der dortige Verweis auf S. 3 ein Redaktionsversehen ist und korrekt S. 7 heißen muss; dies ist bereits korrigiert worden durch Gesetz vom 29.8.2008 (BGBl. I 1793), was aber nach wie vor noch nicht in Kraft ist). Durch kurze Mitteilungsfristen und Berichtszeiträume wird eine **permanente Kontrolle des Anlagengeschehens** erreicht. Im Interesse einer erhöhten Richtigkeitsgewähr ist in S. 2 das Testat eines Wirtschaftsprüfers hinsichtlich der erzeugten und gemeldeten Elektrizitätsmengen vorgesehen. Diese Pflichten waren dem Gesetzgeber erneut so wichtig, dass er Verstöße dagegen sogar als Ordnungswidrigkeit ahndet (§ 46 Abs. 1 Nr. 2d und e).

33 Die seinerzeitige Gesetzesbegründung weist zudem darauf hin (BT-Drs. 14/6890, 21), dass diese Pflichtenstellung **nicht** durch eine inhaltlich **gleichwertige Selbstverpflichtung** der Energieversorgungsunternehmen abgelöst werden könne. Hintergrund dafür ist, dass mit den jeweiligen Meldungen der „Count-Down" für die Beendigung des Leistungsbetriebs der Kernkraftwerke läuft; darüber sollen staatliche Stellen wachen. Dieser Überwachungsgedanke steht auch hinter der Regelung in S. 4, wonach die in den Nrn. 1–3 übermittelten Informationen und die jeweils noch verbleibende Restmenge durch das Bundesamt für kerntechnische Entsorgungssicherheit als gem. § 23d S. 1 Nr. 9 zuständige Behörde im Bundesanzeiger bekannt gemacht werden. Dies erfolgt in aggregierter Form für ein Kalenderjahr, bei einer voraussichtlichen Restlaufzeit von weniger als sechs Monaten jedoch monatlich. Die Veröffentlichung hat indessen einen reinen Mitteilungs-, keinen Regelungscharakter; sie stellt keine Allgemeinverfügung dar und ist nicht mit verwaltungsgerichtlichem Rechtsschutz angreifbar.

IV. Genehmigungsstruktur und -voraussetzungen (Abs. 2)

34 § 7 Abs. 2 normiert **enumerativ** sechs Voraussetzungen, die **kumulativ** vorliegen müssen, damit eine atomrechtliche Genehmigung erteilt werden kann. Sie sind in der Praxis von unterschiedlicher Bedeutung und haben deshalb in Rechtsprechung und Literatur eine entsprechend differenzierte Behandlung erfahren. Vor deren Erörterung ist auf einige Besonderheiten der atomrechtlichen Genehmigung einzugehen.

Genehmigung von Anlagen § 7 AtG

1. Rechtsnatur der Genehmigung

Die atomrechtliche Genehmigung weist eine Reihe von besonderen Strukturmerkmalen auf, die zum besseren Verständnis vorab im Zusammenhang darzustellen sind. Trotz jener Spezifika ist sie keine Anomalie im deutschen Konzessionssystem, die eine vollständig eigenständige Behandlung erforderte. Ihre Eigenart erfährt sie vielmehr daraus, dass sie zum einen Elemente unterschiedlicher Genehmigungsarten vereint und zum anderen aus einer Zeit stammt, zu der sie das wesentliche Steuerungselement für ein neues Rechtsgebiet war, dessen Anforderungen für die rechtliche Bewältigung einer komplexen Technologie noch nicht vollständig absehbar waren. Mit dem heutigen Erfahrungswissen nach knapp 60 Jahren Praxiserprobung wäre durchaus eine stärkere Annäherung an die gebundene Sachkonzession des BImSchG denkbar. 35

a) Präventives Verbot mit Erlaubnisvorbehalt. Von zentraler Bedeutung für die Einordnung der atomrechtlichen Genehmigung ist die Erkenntnis, dass es sich auch bei ihr um eine **präventive Kontrollerlaubnis** handelt. Die – verfassungsrechtlich anerkannte (vgl. Art. 73 Abs. 1 Nr. 14 GG) – Nutzung der Kernenergie unterliegt keinem repressiven Verbot mit bloßem Befreiungsvorbehalt wie bei einer an sich unerwünschten Tätigkeit, sondern ist **materiell Grundrechtsausübung** (Art. 12, 14 GG), wenn auch mit stärkeren Kontrollschranken zum Schutz der ebenfalls grundrechtsbetroffenen Bevölkerung (Art. 2 Abs. 2 GG). Das hat das BVerfG – im Einklang mit der ursprünglichen Gesetzesbegründung (BT-Drs. 3/759, 19) – in seiner Grundsatzentscheidung vom 8.8.1978 in bemerkenswerter Klarheit festgestellt (BVerfGE 49, 89 (144f.) = NJW 1979, 359 – Kalkar). Die besondere Betonung der Sozialgebundenheit von Kernenergieeigentum durch das Gericht in seiner Entscheidung vom 6.12.2016 (BVerfGE 143, 246 = NJW 2017, 217 Rn. 219 und 297f.) steht dem nicht entgegen. Die Einordnung als präventives Verbot mit Erlaubnisvorbehalt hat rechtsdogmatische Konsequenzen: So handelt es sich bei der Genehmigungserteilung nicht um Leistungs-, sondern materiell um Eingriffsverwaltung (→ Rn. 115). 36

b) Versagungsermessen. Auf die Genehmigung einer kerntechnischen Anlage besteht **normstrukturell kein Rechtsanspruch**, auch wenn die materiellen Genehmigungsvoraussetzungen nach § 7 Abs. 2 erfüllt sind. Dies folgt aus dem Wortlaut jener Bestimmung („darf nur erteilt werden, wenn"). Anders als in § 3 Abs. 2 und 3, § 4 Abs. 2, § 6 Abs. 2 – aber in Übereinstimmung mit § 9 Abs. 2, § 9b Abs. 1a – besteht insoweit ein Versagungsermessen der Genehmigungsbehörde (zu Einzelheiten vgl. *Leidinger* in NK-AtomR § 7 Rn. 224ff.). Allerdings hat das BVerfG aus der Rechtsnatur der atomrechtlichen Anlagengenehmigung als präventives Verbot mit Erlaubnisvorbehalt gefolgert, dass der **Ermessensausübung enge Grenzen** gesetzt sind; es müssen **Ausnahmesituationen** vorliegen, die durch besondere und unvorhergesehene Umstände begründet sind (BVerfGE 49, 89 (146f.) = NJW 1979, 359 – Kalkar; *Fehling* in Schneider/Theobald, Recht der Energiewirtschaft, 4. Aufl. 2013, § 8 Rn. 151; *Franke* in BRSS Stromwirtschaft Kap. 43 Rn. 16). Das war der seinerzeitigen Unsicherheit gegenüber jener neuen Technologie geschuldet und steht einem – in der Praxis zuweilen zu beobachtenden – „abwägenden Planungsermessen" der Behörden klar entgegen. Liegt ein solcher Ausnahmefall nicht vor – und das ist inzwischen die zweifelhafte Regel –, ist das Ermessen auf Null reduziert, der Antragsteller hat einen **Anspruch** auf Erteilung der Genehmigung. Die *Entsorgungsvorsorge* gem. § 9a gehört – insbesondere nach 37 der gesetzlichen Regelung des Entsorgungsvorsorgenachweises als eigenständige Handlungspflicht des jeweiligen Verursachers in § 9a Abs. 1a S. 1 iVm § 17 Abs. 3 Nr. 4 (→ § 9a Rn. 18) – ebenso wenig dazu (richtig BVerwG NVwZ-RR 1994, 14 (15); unzutreffend etwa *Haedrich* AtG § 9a Rn. 53; *Kloepfer* UmweltR § 16 Rn. 141; *Thiel*, Rechtsfragen der atomaren Entsorgung, 57 ff.) wie Gesichtspunkte des *energiewirtschaftlichen Bedarfs* (*Papier* in Lukes, Reformüberlegungen zum Atomrecht, 111 (132); *Rosin* in BHR EnergieR I Rn. 955; *Fischerhof* Dt. AtomG § 7 Rn. 25). Nach dem Gesetzeszweck des geordneten Betriebs (→ § 1 Rn. 14) darf das Versagungsermessen auch nicht zu einem „Ausstieg vor der Zeit" genutzt werden, etwa als Instrument eines „ausstiegsorientierten Gesetzesvollzugs" (dazu *Sendler* DÖV 1992, 181). Es ist zudem **nicht drittschützend** (BVerwGE 72, 300 (316) = NVwZ 1986, 208; *Leidinger* EnergieanlagenR 259; *Posser* in EFP BesVerwR § 52 Rn. 39).

38   c) **Mischkonzession.** Durch die Kombination aus subjektiven (Nrn. 1 und 2) und objektiven Elementen (Nrn. 3–6) wird deutlich, dass es sich bei der atomrechtlichen Genehmigung um eine sog. **Mischkonzession** handelt. Sie ist also keine rein anlagenbezogene Sachkonzession, obgleich deren Genehmigungsanforderungen auch bei der atomrechtlichen Genehmigung im Vordergrund stehen. In dieser Kombination aus subjektiven und objektiven Elementen kommt zudem die stärker tätigkeits- statt allein anlagenbezogene Ausrichtung des Genehmigungstatbestands zum Ausdruck (→ Rn. 6), was wiederum Auswirkungen auf die Übertragbarkeit solcher Genehmigungen hat (dazu → Rn. 40).

39   d) **Abgrenzung zu anderen Genehmigungstatbeständen und Konzentrationswirkung.** Bei der Abgrenzung der verschiedenen Genehmigungstatbestände ist zwischen der **Binnenbereich** des Atom- und Strahlenschutzrechts einerseits und den sonstigen für die Zulassung eines Kernkraftwerks einschlägigen Erfordernissen andererseits zu differenzieren. So kennen das AtG und die StrlSchV wie auch das StrlSchG verschiedene weitere Tätigkeiten, etwa den Umgang mit oder den Besitz und die Lagerung von Kernbrennstoffen. Diese können von der Genehmigung nach § 7 miterfasst werden, wenn und soweit sie unter die dortigen Tätigkeits- und Anlagenbegriffe fallen. So kann beispielsweise der Umgang mit radioaktiven Stoffen von der Genehmigung nach § 7 erfasst sein, so dass es eines eigenständigen strahlenschutzrechtlichen Genehmigungserfordernisses gem. § 12 Abs. 4 Nr. 1 StrlSchG (§ 7 Abs. 2 StrlSchV) nicht (mehr) bedarf. Ebenso berechtigt eine Genehmigung nach § 7 zum entsprechenden Besitz von Kernbrennstoffen (vgl. § 5 Abs. 1 Nr. 3, → § 5 Rn. 8). Auch die betriebsbezogene Lagerung von (nicht bestrahlten) Kernbrennstoffen fällt unter § 7. Für die Aufbewahrung bestrahlter Kernbrennstoffe iSd § 9a Abs. 2 S. 3 sieht § 6 Abs. 3 dagegen ein eigenständiges Genehmigungserfordernis vor (→ § 6 Rn. 16 ff.); hierauf erstreckt sich die Anlagengenehmigung nach § 7 deshalb nicht.

40   Von diesem Binnenbereich zu unterscheiden sind weitere für Errichtung und Betrieb der Anlagen einzuhaltende Anforderungen aus **anderen Gesetzen,** etwa dem Bau-, Immissionsschutz- oder Wasserrecht. Angesichts der Komplexität eines Kernkraftwerks mit seinen vielfältigen Auswirkungen auch auf von anderen Rechtsgebieten erfassten Schutzgütern hätte es nahegelegen, für das atomrechtliche Genehmigungsverfahren eine **Konzentrationswirkung** wie etwa in § 75 VwVfG oder § 13 BImSchG vorzusehen. Das ist jedoch – mit Ausnahme der immissionsschutzrechtlichen Genehmigung im Umfang der Regelung des § 8 Abs. 2 (→ § 8 Rn. 3) – nicht der Fall. Das gilt selbst für die errichtungsnotwendige Bau-

Genehmigung von Anlagen **§ 7 AtG**

genehmigung, wobei einzelne Landesgesetze eine (Verfahrens-)Konzentration vorsehen. Zwar hat das atomrechtliche Genehmigungsverfahren – wie die Beteiligungsregelung in § 7 Abs. 4 zeigt (→ Rn. 107) – eine gewisse Leitfunktion und muss die Zulassungsbehörde gem. § 14 AtVfV bei ihrer Sachprüfung auch die übrigen das Vorhaben betreffenden öffentlich-rechtlichen Vorschriften beachten, doch begründet all dies keine Konzentration zugunsten der atomrechtlichen Genehmigung. Hierin liegt ein Strukturfehler in der Ausgestaltung des Genehmigungsverfahrens gem. § 7, das durch naheliegende Abgrenzungsschwierigkeiten unnötig verkompliziert wird.

e) Übertragbarkeit der Genehmigung. Aus dem Charakter als Mischkonzession ergibt sich, dass eine Übertragbarkeit der atomrechtlichen Genehmigung differenziert betrachtet werden muss. Derjenige Teil, der als **Sachkonzession** ausgestaltet ist, sich also (neben der Errichtung) vor allem auf die Sicherheit und Sicherung der Anlage bezieht, kann – auch unabhängig von der eigentumsrechtlichen Lage – auf einen Dritten **übertragen** werden. Dafür bedarf es – vorbehaltlich anderslautender behördlicher Auflagen in den entsprechenden Bescheiden – keiner erneuten Genehmigung oder auch nur aufsichtlichen Zustimmung; insbesondere liegt in einer solchen Übertragung keine wesentliche Veränderung der Anlage oder ihres Betriebs. Anders verhält es sich dagegen bei den **subjektiven Zulassungsvoraussetzungen** des § 7 Abs. 2 Nrn. 1 und 2; sie müssen in der Person des jeweiligen Antragstellers/Genehmigungsinhabers (und der für diesen handelnden Personen) vorliegen, können also nicht einfach auf einen Dritten übertragen werden. Vielmehr bedarf es für diesen einer **originären Neugenehmigung** (keiner Änderungsgenehmigung), die allerdings lediglich die subjektiven Genehmigungsvoraussetzungen zum Gegenstand hat; eine erneute Prüfung der objektiven, anlagenbezogenen Anforderungen anlässlich einer solchen Überprüfung ist ausgeschlossen (vgl. *Fischerhof* Dt. AtomG § 3 Rn. 7, § 7 Rn. 6; *Haedrich* AtG § 7 Rn. 18; *Ronellenfitsch* Genehmigungsverfahren 189; aA offenbar *Franke* in BRSS Stromwirtschaft Kap. 43 Rn. 18, der davon auszugehen scheint, dass bei einem Betreiberwechsel die Genehmigung insgesamt stets neu erteilt werden muss). Liegen in der Person des Aufnehmenden alle Voraussetzungen vor, besteht **kein Versagungsermessen,** da es sich darauf nicht bezieht (→ Rn. 35); es handelt sich folglich um eine gebundene Entscheidung. Zur Vermeidung von Missverständnissen sei betont, dass identitätswahrende Rechtsformwechsel oder gar bloße Firmenänderungen keine Übertragung auf einen Dritten darstellen (vgl. dazu im Einzelnen *Voland* in Münchener Handbuch des Gesellschaftsrechts, Band 8, Umwandlungsrecht, 5. Aufl. 2018, § 68 Rn. 103 f.).

2. Zuverlässigkeit und Fachkunde/Kenntnisse

Gemäß **§ 7 Abs. 2 Nr. 1** müssen die Zuverlässigkeit des Antragstellers und der für die Errichtung, Leitung und Beaufsichtigung des Betriebs der Anlage verantwortlichen Personen sowie deren Fachkunde vorliegen. Dabei enthält die insbesondere nach Maßgabe der AtZüV erfolgende Beurteilung der **Zuverlässigkeit** ein zukunftsgerichtetes Prognoseelement; entscheidend ist nicht ein bestimmtes Verhalten in der Vergangenheit, sondern die Einschätzung, ob der Verantwortliche künftig die Einhaltung der Schutzziele des § 1 AtG gewährleisten kann (vgl. *Fischerhof* Dt. AtomG § 3 Rn. 4; *Winters* S. 22; *Ronellenfitsch* Genehmigungsverfahren 207 mwN; zur im Wesentlichen parallelen Begriffsdefinition im Gewerberecht vgl.

AtG § 7 Zweiter Abschnitt Überwachungsvorschriften

Laubinger VerwArch 1998, 145 (158f.); *Marcks* in Landmann/Rohmer GewO § 35 Rn. 29). Die demgemäß erforderliche **Prüfung,** die regelmäßig nicht auf der Basis eines positiven Nachweises, sondern aus der Abwesenheit von Anhaltspunkten für eine Unzuverlässigkeit erfolgt (vgl. *Rosin* in BHR EnergieR I Rn. 884), ist **zweistufig:** Die erste Ebene betrifft die Ermittlung der positiv wie negativ relevanten (dem Beweis zugänglichen) **Tatsachen;** diese dürfen zwar in der Vergangenheit liegen, müssen aber noch in die Gegenwart hineinwirken (vgl. BVerwGE 92, 185 (194f.) = NVwZ 1993, 578; BVerwGE 24, 38 (40f.) = BeckRS 1966, 30433301; BVerwG NVwZ 1990, 858 (859); VGH München NVwZ-RR 1997, 279 (280); *Ipsen* et 1998, 725 (729)). Ausreichend ist dabei nicht jeder einfache Rechtsverstoß oder ein sonstiges Defizit, vielmehr bedarf es eines grundlegenden Mangels bei den verantwortlichen Personen oder in der Organisation des Betriebes (vgl. BVerwG NVwZ 1990, 858 (859); *Ipsen* et 1998, 725 (730)). Auf der zweiten Prüfungsstufe ist festzustellen, ob die ermittelten Tatsachen geeignet sind, Bedenken gegen die Zuverlässigkeit des Betroffenen zu begründen. Dafür müssen die Tatsachen die hinreichende Wahrscheinlichkeit eines künftigen Fehlverhaltens belegen (vgl. BVerwG NVwZ 1990, 858 (859); BVerwGE 92, 185 (194f.) = NVwZ 1993, 578; BVerwGE 24, 38 (41) = BeckRS 1966, 30433301; VGH München NVwZ-RR 1997, 279 (280)). Die entsprechende **Prognose** hat sich am Schutzzweck des AtG zu orientieren; Bedenken gegen die Zuverlässigkeit bestehen deshalb letztlich nur dann, wenn wegen konkreter, die genannten Personen betreffender Umstände (beispielsweise Suchtkrankheiten oder vergleichbare psychische oder physische Probleme) ein – erhöhtes – Risiko von Störfällen aufgrund menschlichen Versagens nicht ausgeschlossen werden kann (BVerwG NVwZ 1990, 858 (859); vgl. auch BVerwGE 92, 185 (195) = NVwZ 1993, 578; VGH München NVwZ 2000, 1192 (1193)). Bei der Gesamtwürdigung der Tatsachen ist zudem das **atomrechtliche System gestufter Verantwortlichkeiten** und entsprechender Sanktionen (Strafbarkeit/ Ordnungswidrigkeit, Abgrenzung zum Widerruf nach § 17 Abs. 3 Nr. 3) zu beachten (vgl. *Ipsen* et 1998, 725). Prognose bedeutet dabei nicht nur Fortschreibung aktuell wirksamer Tatsachen, sondern auch deren **Gewichtung;** insofern müssen auch Umdenk- und Lernprozesse auf Seiten der Verantwortlichen in die Beurteilung einfließen (vgl. BVerwG NVwZ 1990, 858 (859); VGH München NVwZ 2000, 1192 (1193); OVG Lüneburg et 1980, 694 (698)). Umstritten ist, ob es eine **„finanzielle Zuverlässigkeit"** in Form einer wirtschaftlichen Leistungsfähigkeit gibt. Anders als im Gewerberecht sprechen die Entstehungsgeschichte dieser Genehmigungsvoraussetzung, die Existenz des § 7c Abs. 2 Nr. 2 (im Einzelnen → § 7c Rn. 7ff. und → § 12b Rn. 1ff.) dagegen; so wird eine solche Form der Zuverlässigkeit in den Materialien nicht genannt, auch wäre die Begründung einer eigenständigen Pflicht des Genehmigungsinhabers, dauerhaft angemessene finanzielle Mittel bereitzustellen (→ § 7c Rn. 9f.), weitgehend überflüssig, wenn dies bereits eine echte Genehmigungsvoraussetzung für den Antragsteller wäre, und schließlich findet sich in der aufgrund des § 12b erlassenen AtZüV keine dahingehende Anforderung. Nichtsdestoweniger wird dies in der Praxis von den Behörden häufig anders gesehen und mit entsprechenden Auflagen abgesichert.

43 Die **Fachkunde** muss kerntechnisches Spezialwissen, insbesondere den Strahlenschutz, einschließen und wird in der Praxis auf der Basis mehrerer Richtlinien des BMU einer umfangreichen Prüfung unterzogen; sie ist auf dem jeweils erforderlichen Stand zu halten und der Genehmigungsbehörde nachzuweisen. Beide Genehmigungsvoraussetzungen sind **personenbezogen;** bei einem Betreiberwechsel müssen sie – im Gegensatz zu den anlagenbezogenen Erfordernissen – im

Genehmigung von Anlagen **§ 7 AtG**

Umfang der personalen Änderung neu nachgewiesen werden (BVerwG NVwZ 1990, 858 (859); *Haedrich* AtG § 7 Rn. 18; *Ronellenfitsch* Genehmigungsverfahren 189ff.; → Rn. 40). Nach zutreffender Auffassung sind sie **nicht drittschützend** (vgl. VGH BW RdE 1986, 240 (243); GewArch 1988, 240 (241f.); RdE 1988, 104 (106); offen gelassen von BVerwG NVwZ 1990, 858 (859), aA *Sellner/Hennenhöfer* in Hansmann/Sellner UmweltR, 4. Aufl. 2012, Kap. 12 Rn. 143).

In Abgrenzung zu Nr. 1 müssen „sonst" beim Betrieb tätige Personen gem. **§ 7** 44 **Abs. 2 Nr. 2** über notwendige, in ihren Anforderungen aber gegenüber denjenigen nach Nr. 1 etwas geringer qualifizierte **Kenntnisse** für den sicheren Betrieb verfügen, die ebenfalls in entsprechenden Richtlinien geregelt sind.

3. Erforderliche Schadensvorsorge

Die für die Erfüllung des atomgesetzlichen Schutzzwecks wichtigste Genehmi- 45 gungsvoraussetzung ist **§ 7 Abs. 2 Nr. 3,** der die **Anlagensicherheit** betrifft, während Nr. 5 die **Anlagensicherung** regelt. Danach muss „die nach dem Stand von Wissenschaft und Technik erforderliche Vorsorge gegen Schäden durch die Errichtung und den Betrieb der Anlage getroffen" sein. Die unbestimmten Rechtsbegriffe „Stand von Wissenschaft und Technik", „erforderlich" und „Vorsorge" haben zu vielfältigen Auslegungsfragen geführt (instruktiv *Sellner,* Festgabe 50 Jahre Bundesverwaltungsgericht, 2003, 741 (743ff.); *Leidinger* in NK-AtomR § 7 Rn. 147ff.).

a) Stand von Wissenschaft und Technik. Dieser Genehmigungsmaßstab 46 stellt eine **Verschärfung** gegenüber den Festlegungen des sonstigen im technischen Sicherheitsrecht vorhandenen Bewertungsmaßstäbe des „Stands der Technik" oder der „anerkannten Regeln der Technik" dar (vgl. BVerfGE 49, 89 (135f.) = NJW 1979, 359 – Kalkar; *Kloepfer* UmweltR § 16 Rn. 120). Durch die Anknüpfung an den Stand der Wissenschaft soll nach höchstrichterlicher Judikatur eine starre gesetzliche Fixierung auf einen bestimmten Sicherheitsstandard vermieden werden, da dies ein Rückschritt auf Kosten der Sicherheit wäre; stattdessen ist ein **„dynamischer Grundrechtsschutz"** zu verwirklichen, womit auch die relative Weite des § 7 Abs. 2 Nr. 3 vor den Anforderungen des parlamentarischen Gesetzesvorbehalts gerechtfertigt wird (BVerfGE 49, 89 (137f.) = NJW 1979, 359 – Kalkar; BVerwGE 72, 300 (311f.) = NVwZ 1986, 208; BVerwGE 104, 36 (44ff.) = NVwZ 1998, 623). Es gilt der Grundsatz der **bestmöglichen Gefahrenabwehr,** wonach grundsätzlich diejenige Vorsorge gegen Schäden zu treffen ist, die nach den neuesten wissenschaftlichen Erkenntnissen für erforderlich gehalten wird. Dabei darf sich die Genehmigungsbehörde nicht allein auf eine herrschende Meinung verlassen, sondern muss alle vertretbaren Auffassungen in Erwägung ziehen (BVerwGE 72, 300 (316) = NVwZ 1986, 208; BVerwGE 92, 185 (196) = NVwZ 1993, 578; 106, 115 (121); zur „Vertretbarkeit" vgl. *Fehling* in Schneider/Theobald, Recht der Energiewirtschaft, 4. Aufl. 2013, § 8 Rn. 134 mwN). Etwaigen Unsicherheiten bei der Risikoermittlung und -bewertung ist nach Maßgabe des sich daraus ergebenden **Besorgnispotentials** durch hinreichend konservative Annahmen Rechnung zu tragen (BVerwGE 72, 300 (315) = NVwZ 1986, 208; 106, 115 (121)). Lässt sich das wissenschaftlich Erkannte technisch nicht verwirklichen, darf die beantragte Genehmigung nicht erteilt werden; der gebotene **Schutz** wird mithin **nicht durch das technisch** gegenwärtig **Machbare begrenzt.** Dabei ist die Konkretisierung dieses unbestimmten Rechtsbegriffs – soweit die Legislative keine bindenden Vorgaben macht – Aufgabe vorrangig der Exekutive und nachrangig der Judikative (→ Rn. 125).

47 Der so konturierte „dynamische Grundrechtsschutz" führt indes **nicht** zu einer permanenten **Anpassungs- und Nachrüstungsverpflichtung** des Betreibers (*Hennenhöfer/Schneider* FS Sellner, 2010, 347 (349); *Ossenbühl*, Bestandsschutz und Nachrüstung von Kernkraftwerken, 46 ff.; *Rebentisch* NVwZ 2011, 533 (534); *Scheuten*, 10. AtRS 2000, 207 (215); aA *Ziehm* ZUR 2011, 3 (4); *Roller* VerwA 95, 63 (82)). Ausschlaggebend ist der Stand von Wissenschaft und Technik zum jeweils maßgeblichen Genehmigungszeitpunkt; dabei ist auch das **Genehmigungsverfahren** selbst **nicht dynamisiert** (BVerwGE 72, 300 (311 f.) = NVwZ 1986, 208), was insbesondere beim im Atomrecht typischerweise gestuften Verfahren zur Errichtung und zum Betrieb von Kernkraftwerken bedeutsam ist.

48 **b) Vorsorge.** Die zu treffende Vorsorge geht über den Gefahrabwehrbegriff des Polizeirechts hinaus. Insoweit müssen auch solche Schadensmöglichkeiten in Betracht gezogen werden, die sich nur deshalb nicht ausschließen lassen, weil nach dem derzeitigen Wissensstand bestimmte Ursachenzusammenhänge weder bejaht noch verneint werden können und daher insoweit noch keine Gefahr, sondern nur ein **Gefahrenverdacht** oder ein **Besorgnispotential** besteht (BVerwGE 72, 300 (315) = NVwZ 1986, 208); beide Begriffe sind synonym zu verstehen und kennzeichnen die behördliche Situation der Ungewissheit. Vorsorge bedeutet im hiesigen Kontext des Weiteren, dass bei der Beurteilung von Schadenswahrscheinlichkeiten nicht allein auf das vorhandene ingenieurmäßige Erfahrungswissen zurückgegriffen werden darf, sondern Schutzmaßnahmen auch anhand „bloß theoretischer" Überlegungen und Berechnungen in Betracht gezogen werden müssen. Mit Blick auf den Schutzzweck des § 1 Nr. 2 ist es auch nicht erlaubt, „exakt bis an die Gefahrengrenze zu gehen"; vielmehr müssen **Gefahren und Risiken „praktisch ausgeschlossen"** sein. Bezugspunkte sind dabei die **Schutzziele** „Kontrolle der Reaktivität" (sog. Unterkritikalität), „Kühlung der Brennelemente" (sowohl im Reaktordruckbehälter als auch in den Brennelementebecken) und der „Einschluss der radioaktiven Stoffe" (Erhalt der Barrieren), die mitwirken auf verschiedenen Sicherheitsebenen konkretisiert werden (vgl. dazu Ziffer 2.3 der Sicherheitsanforderungen für Kernkraftwerke und zu weiteren Einzelheiten → Rn. 51 ff. sowie den Beitrag von *Waas* → Einf. Rn. 80 ff.).

49 **c) Erforderlichkeit.** Auch wenn die so verstandene Schadensvorsorge deutlich über die klassische Gefahrenabwehr hinausgeht, ist andererseits nicht jede denkbare Vorsorgemaßnahme geboten. Das Gesetz hat insofern einen **Erforderlichkeitsvorbehalt** aufgenommen, zumal es eine absolute Sicherheit – auch mit Blick auf Art. 2 Abs. 2 GG – nicht geben kann; andernfalls würde die Nutzung gefahrenträchtiger Technologien schlechthin unmöglich gemacht. Die Erforderlichkeit hat zwei Zielrichtungen: (1.) Technisch zwar machbare, zur Gewährleistung eines ausreichenden Schutzes jedoch nicht notwendige Maßnahmen können von der Behörde nicht nach § 7 Abs. 2 Nr. 3 gefordert werden. In diesem Bereich der Risikovorsorge können **Verhältnismäßigkeitserwägungen** deshalb durchaus eine Rolle spielen. (2.) Darüber hinaus ist Vorsorge auch nicht gegen jedes noch so entfernte Besorgnispotential geboten. Das Gesetz verlangt die Vermeidung von Schäden vielmehr „nur" nach dem **Maßstab praktischer Vernunft;** ein über dessen praktischen, also hinreichend zuverlässigen, Ausschluss hinausgehendes **Restrisiko** hypothetischer Schadensmöglichkeiten ist als **sozialadäquat** hinzunehmen (BVerfGE 49, 89 (137, 143) = NJW 1979, 359 – Kalkar (was nicht einen Restschaden einschließt); BVerfGE 81, 310 (344) = NVwZ 1990, 955; BVerwGE 72, 300 (318 f.) = NVwZ 1986, 208; BVerwGE 104, 36 (49) = NVwZ 1998, 623; *Raetzke* Veränderungsgenehmigung 118 ff.; *Leidinger* DVBl. 2004, 95 (97 f.); *Rosin* in BHR EnergieR I Rn. 749 f. und 949 f.). Daran hat sich auch durch Fukushima nichts geändert, zumal es dort gar nicht um ein Restrisikoereignis ging (das ist inzwischen – trotz anderslautender Behauptungen – wissenschaftlich unstreitig, vgl. RSK-Bericht vom 16.5.2011, 6 ff.; *Posser* IUTR 119, 161 (167 f.); die von *Voßkuhle* NVwZ 2013, 1 (7) aufgeworfene Frage, ob nach Fukushima noch daran festzuhalten sei, „dass eine Gesellschaft sich mit einem atomaren Restrisiko abzufinden hat", ist deshalb eindeutig zu bejahen, sie hat mit Fukushima nichts zu tun).

Maßgeblich ist danach vornehmlich eine Bewertung des jeweiligen Risikos als **Produkt von Eintrittswahrscheinlichkeit und Schadensausmaß**. Für den Ausschluss eines insofern nicht mehr zu berücksichtigenden Ereignisses ist grundsätzlich der entsprechende naturwissenschaftliche, deterministische oder/und probabilistische Nachweis zu erbringen, dass ein Ereignis als verbleibendes Restrisiko zu akzeptieren ist, was grundsätzlich (zum Teil gestuft nach Sachbereichen) bei einer Eintrittswahrscheinlichkeit von 10^{-6} pro Jahr angenommen wird (vgl. OVG Lüneburg Urt. v. 23.6.2010 – 7 KS 215/03, juris-Rn. 98 = BeckRS 2010, 56416; *Rosin* in BHR EnergieR I Rn. 809 iVm Fn. 275; *Schirra* in SSSJ EnergieR Kap. 26 Rn. 31 f.; *Leidinger* in NK-AtomR § 7 Rn. 150; *Posser* in EFP BesVerwR § 52 Rn. 27; s dazu – auch zu neueren Entwicklungen auf internationaler Ebene – *Waas* → Einf. Rn. 152). Insoweit darf allerdings nicht verkannt werden, dass die Definition des maßgeblichen Sicherheitsniveaus, also die Grenzziehung zwischen Schadensvorsorge und Restrisiko, nicht allein naturwissenschaftlich zu begründen ist; es stellt vielmehr auch das **Ergebnis (gesellschafts-)politischer Festlegungen** dar, wobei der zuständigen Behörde eine Einschätzungsprärogative zukommt (vgl. BVerfGE 81, 310 (344) = NVwZ 1990, 955; BVerwGE 104, 36 (46 ff.) = NVwZ 1998, 623; → Rn. 125). Zu differenzieren ist bei dieser Abgrenzung danach, gegen welche Vorkommnisse die Anlage „auszulegen" ist, insbesondere welche **Störfälle** sie durch ihre Sicherheitseinrichtungen zu beherrschen hat (siehe zum Begriff des Störfalls die Legaldefinition in § 1 Abs. 18 StrlSchV: „Ereignisablauf, bei dessen Eintreten der Betrieb der kerntechnischen Anlage, der Anlage zur Erzeugung ionisierender Strahlung oder die Tätigkeit aus sicherheitstechnischen Gründen nicht fortgeführt werden kann und für den die kerntechnische Anlage oder die Anlage zur Erzeugung ionisierender Strahlung auszulegen ist …" – Störfälle sind also schon per definitionem durch eine entsprechende Auslegung der Anlage zu beherrschende Ereignisse, sog. „einhüllende Störfälle"). Die Auswahl derjenigen Szenarien, die zur Erfüllung der gebotenen Vorsorge beherrscht werden müssen, wird vor allem in den „Sicherheitsanforderungen an Kernkraftwerke" vom 3.3.2015 vorgenommen. Demgegenüber stehen Ereignisse, die als „auslegungsüberschreitend" – insbesondere als sog. **Unfälle** – zu werten sind und ggf. dem Bereich des nicht vorsorgepflichtigen Restrisikos zugewiesen werden können. Eine solche Zuordnung zum **Restrisiko** bedeutet indes keineswegs, dass die Betreiber nicht gleichwohl freiwillige Maßnahmen zu dessen weiterer Minimierung ergreifen können; ebenso ist anerkannt, dass Behörden dort, wo ihnen ein Versagungsermessen zusteht (→ Rn. 36), auch verhältnismäßige Maßnahmen im Restrisikobereich verlangen können (vgl. auch § 7 Abs. 2a AtG aF als (rechtshistorisches) Beispiel für die Möglichkeit, restrisikominimierende Maßnahmen zu fordern, dazu *Posser* in PSM § 7 Rn. 174 f.). Unzutreffend ist deshalb die Formulierung in BVerwGE 131, 129 (145) = NVwZ 2008, 1012, wonach Restrisiko durch einen nicht weiter minimierbaren „unentrinnbaren" Rest gekennzeichnet sei. Die Aussage beruht auf einem Fehlverständnis der Kalkar-Entscheidung des BVerfG, wo es heißt: „Ungewissheiten jenseits dieser Schwelle praktischer Vernunft haben ihre Ursache in den Grenzen des menschlichen Erkenntnisvermögens; sie sind unentrinnbar und insofern als sozial-adäquate Lasten von allen Bürgern zu tragen." (BVerfGE 49, 89 (143) = NJW 1979, 359 – Kalkar). Das „unentrinnbar" bezieht sich auf die Ungewissheiten, also den Ausschluss absoluter Sicherheit, sagt aber nichts über technisch-organisatorische Möglichkeiten einer weiteren Risikominimierung. Maßgeblich für die Restrisikozuordnung ist vielmehr – wie auch das BVerwG an anderen Stellen dieses Urteils deutlich macht (S. 138, 145, 147) –, ob das jeweilige Ereignis „praktisch ausgeschlossen" werden kann (zutreffend *Arndt* RdE 2012, 81 ff. und → Rn. 53). Durch den neuen § 7d ist diese in Deutschland seit Jahrzehnten geübte Praxis nunmehr – verfassungskonform – kodifiziert worden (→ § 7d Rn. 6 ff.).

51 **Drittschutz** vermittelt § 7 Abs. 2 Nr. 3 nur im Umfang der erforderlichen Schadensvorsorge, nicht dagegen im Restrisikobereich; einen Anspruch auf **Restrisikominimierung** gibt es **nicht** (BVerfG NVwZ 2010, 114 (Ls. 4 und 118); BVerwGE 131, 129 (137) = NVwZ 2008, 1012; BVerwGE 104, 36 (46 ff.) = NVwZ 1998, 623; BVerwGE 72, 300 (318 ff.) = NVwZ 1986, 208; BVerwGE 61, 256 (262 ff.) = NJW 1981, 1393); diese ständige – nicht zuletzt verfassungsgerichtliche – Judikatur geht im Übrigen ebenfalls davon aus, dass ein bestehendes Restrisiko noch minimiert werden kann, was gegen die zuvor genannte Aussage eines im naturwissenschaftlichen Sinne „unentrinnbaren" Rests spricht. Dabei ist innerhalb der Schadensvorsorge nicht zwischen einem drittschützenden und einem nicht-drittschützenden Bereich zu differenzieren (BVerwGE 131, 129 (140) = NVwZ 2008, 1012; BVerwGE 104, 36 (44 ff.) = NVwZ 1998, 623). Auch verläuft die Drittschutzgrenze nach neuerer Rechtsprechung nicht entlang derjenigen zwischen auslegungsbestimmend und -überschreitend (so noch zutreffend BVerwGE 104, 36 (46) = NVwZ 1998, 623; jetzt richtig BVerwGE 131, 129 (144) = NVwZ 2008, 1012; zu weiteren Einzelheiten → Rn. 52 f.).

52 **d) Konkretisierungen.** Die sich aus § 7 Abs. 2 Nr. 3 ergebenden Anforderungen sind in verschiedenen Verordnungen und untergesetzlichen Regelwerken konkretisiert. So markieren etwa die **Dosisgrenzwerte** des § 99 Abs. 1 StrlSchV auf Basis der Ermächtigung des § 17 Abs. 1 S. 1 Nr. 2 StrlSchG die Grenze der erforderlichen Schadensvorsorge für den Normalbetrieb und die **Störfallplanungswerte** in § 104 Abs. 1 StrlSchV die zu beachtenden Maßgaben hinsichtlich eines Störfalls; beiden liegt aus Gründen der Konservativität ein **erheblicher Sicherheitszuschlag** zugrunde (BVerfG NVwZ 2000, 309 (310); BVerwGE 61, 256 (265) = NJW 1981, 1393; BVerwGE 101, 347 (361 f.) = NVwZ 1997, 161; BVerwG DVBl 1998, 596 (597); vgl. auch BVerwGE 131, 129 (137) = NVwZ 2008, 1012). Welche Störfälle wiederum als auslegungsbestimmend zugrunde zu legen sind, richtet sich nach dem einschlägigen kerntechnischen Regelwerk, insbesondere den Sicherheitsanforderungen an Kernkraftwerke vom 3.3.2015 (RS-Handbuch 3-0.1); deren Beachtung ist maßgeblich für die Ausfüllung der erforderlichen Schadensvorsorge. So heißt es in § 104 Abs. 1 S. 2 und 3 StrlSchV: „Maßgebend für eine ausreichende Vorsorge gegen Störfälle nach S. 1 ist der Stand von Wissenschaft und Technik. Die Genehmigungsbehörde kann diese Vorsorge insbesondere dann als getroffen ansehen, wenn der Antragsteller bei der Auslegung des Kernkraftwerks die Störfälle zugrunde gelegt hat, die nach den veröffentlichten Sicherheitsanforderungen an Kernkraftwerke und den Interpretationen zu den Sicherheitsanforderungen an Kernkraftwerke die Auslegung eines Kernkraftwerks bestimmen müssen." (zum kerntechnischen Regelwerk im Einzelnen vgl. *Rosin* in BHR EnergieR I Rn. 758 ff.; zu den verfassungsrechtlichen Rahmenbedingungen: *Ossenbühl* atw 2006, 305; *Isensee* AtRT 2008, 153).

In der Praxis haben sich zur Operationalisierung des komplexen gesetzlichen 53
Maßstabs **vier Sicherheitsebenen** herausgebildet (vgl. etwa Ziffer 2.1 der Sicherheitsanforderungen an Kernkraftwerke und die Darstellung im 8. Bericht der Bundesregierung (Stand: März/April 2020) zum Übereinkommen über nukleare Sicherheit, 156 ff.; *Schirra* in SSSJ EnergieR Kap. 26 Rn. 31 f.). Die **1. Sicherheitsebene** ("Normalbetrieb") sieht Maßnahmen vor, die das Entstehen von Fehlfunktionen verhindern sollen. So sind hohe Anforderungen an die Auslegung und die Qualität der technischen Einrichtungen sowie an das Personal zu definieren, um bei Planung, Errichtung und Betrieb von Kernkraftwerken zur erforderlichen Schadensvorsorge beizutragen. Auf der **2. Sicherheitsebene** ("anormaler Betrieb") sind Vorkehrungen zu treffen, Störungen unter Einhaltung von Grenzwerten abzustellen, um die Ausweitung zu Störfällen zu verhindern. Die **3. Sicherheitsebene** erfasst technische Einrichtungen und Maßnahmen mit hoher Zuverlässigkeit zur Beherrschung von dennoch eintretenden **Störfällen** (etwa nach den Prinzipien der „Redundanz und Diversität" oder der „funktionalen Trennung"). Auf der **4. Sicherheitsebene** schließlich werden **auslegungsüberschreitende Szenarien** geregelt. Hierbei wird zwischen sehr seltenen Ereignissen (a), Mehrfachversagen von Sicherheitseinrichtungen (b) und Unfällen mit schweren Kernschäden (c) unterschieden. Als Maßnahmen zu (a) werden zB Vorkehrungen gegen (zivilisatorische, zufällige) Flugzeugabsturzrisiken, zu (b) etwa der anlageninterne Notfallschutz und zu (c) mitigative Notfallmaßnahmen und -strategien genannt. Anlagenexterne Vorkehrungen gehören dagegen nicht zum atomrechtlichen Anforderungsprofil, sondern zum Katastrophenschutz der Länder (→ § 7 c Rn. 19). Das **gestaffelte Schutzkonzept** ist nicht „statisch"; im Gegenteil wird es regelmäßig und zudem anlassbezogen daraufhin überprüft, ob die vorgenommenen Zuordnungen noch den aktuellen Erkenntnissen entsprechen, um dem verfassungsrechtlich geforderten „dynamischen Grundrechtsschutz" hinreichend Rechnung zu tragen (das verkennt BVerwGE 131, 129 (145) = NVwZ 2008, 1012).

Dabei gehört die **4. Sicherheitsebene** nach zutreffender, aber umstrittener 54
Auffassung jedenfalls grundsätzlich zum **Restrisikobereich**. Allein der Umstand, dass die Behörden grundsätzlich auch in diesem Bereich gefordert und Betreiber solche freiwillig vorgenommen haben, wie es in der Praxis der Kernenergienutzung seit Jahrzehnten üblich ist, bedeutet für sich genommen nicht, dass diese Sicherheitsebene deshalb zum Vorsorgebereich gehört; er besagt nur, dass es über die Auslegungsstörfälle hinaus weitere Möglichkeiten zur Verringerung des Besorgnispotentials gibt (aA die jüngere Rechtsprechung des BVerwG, vgl. BVerwGE 131, 129 (142 ff.) = NVwZ 2008, 1012; BVerwGE 142, 159 Rn. 20 ff. = ZUR 2012, 423 Rn. 20 ff. unter Bezugnahme auf eine vom BMU vertretene – von einigen Ländern und den Betreibern aber zu Recht abgelehnte – Auffassung und *Roller* VerwArch 95, 63; wie hier dagegen: BVerwGE 104, 36 (46) = NVwZ 1998, 623; *Dolde* NVwZ 2009, 679 (684 ff.); *Hennenhöfer/Schneider* FS Sellner, 2010, 347 (355 ff. – insbesondere zu Unterschieden zwischen dem gestaffelten Schutzkonzept mit seinen vier Sicherheitsebenen und der erforderlichen Schadensvorsorge); *Sellner* in Dolde, Umweltrecht im Wandel, 2001, 127 (141); *Arndt* RdE 2012, 81 (86); *Rosin* BHR EnergieR I Rn. 749 ff.; *Leidinger* EnergieanlagenR 249 ff.; *Sellner/Hennenhöfer* in Hansmann/Sellner UmweltR, 4. Aufl. 2012, Kap. 12 Rn. 122 ff.; zu neueren, auch internationalen Entwicklungen auf der technisch-naturwissenschaftlichen

Ebene vgl. den instruktiven Beitrag von *Waas* → Einf. Rn. 52ff.). Die gegenteilige Auffassung des BVerwG krankt an der unzutreffenden Definition des Restrisikos (→ Rn. 48) und geht von dem Pleonasmus aus, dass nach dem Stand von Wissenschaft und Technik erforderliche Sicherheitsmaßnahmen nicht außerhalb des Tatbestands der Schadensvorsorge liegen können; die Aussage trifft gewiss zu – es ist aber gerade die Frage, ob bei Maßnahmen der Sicherheitsebene 4 noch erforderliche Schadensvorsorge oder schon weitere Vorsorge zur Restrisikominimierung getroffen wird. In der **Praxis** wird indessen nach Maßgabe der jüngeren Judikatur im **Einzelfall** zu prüfen und dann behördlich zu entscheiden sein, ob Vorkehrungen der Sicherheitsebene 4 geboten oder unter Berücksichtigung des bereits erreichten Sicherheitsstandards nicht (mehr) zu fordern sind (vgl. dazu *Schirra* in SSSJ EnergieR Kap. 26 Rn. 32f.; *Dolde/Waas* atw 2009, 448f.; *Arndt* RdE 2012, 81 (86); *Waas* → Einf. Rn. 100). Der entsprechende Verzicht auf generelle Zuordnungen erhöht die Begründungslast für die Behörde, reduziert aber aufgrund des Funktionsvorbehalts (→ Rn. 125) zugleich auch den richterlichen Kontrollzugriff. Das alles gilt grundsätzlich auch für Anlagen, deren **Restlaufzeiten** absehbar sind; qualitative Abstriche bei der Sicherheit darf es auch dann nicht geben. Allerdings kann es unter **Verhältnismäßigkeitserwägungen** vertretbar sein, einen hinreichend sicheren Zustand ohne Heranführen an den aktuellen Stand von Wissenschaft und Technik zu akzeptieren. Denn auch ohne eine entsprechende Nachrüstung kann ein Kernkraftwerk angesichts der hohen Sicherheitsreserven ausreichend sicher im Rechtssinne sein.

4. Deckungsvorsorge

55 § 7 Abs. 2 Nr. 4 verlangt den Nachweis, dass die erforderliche Vorsorge für die Erfüllung gesetzlicher Schadensersatzverpflichtungen erfüllt ist. Die Deckungsvorsorge für Kernkraftwerke bemisst sich nach Leistung und beträgt gem. § 13 Abs. 3 höchstens **2,5 Mrd. Euro;** sie wird durch **Haftpflichtversicherungsverträge** und eine **wechselseitige Deckungszusage** der Kernkraftwerksunternehmen als „sonstige finanzielle Sicherheit" gem. § 14 Abs. 2 (die Solidarvereinbarung) erbracht (vgl. dazu ausführlich *Schmans* in PSM § 13 Rn. 303ff., § 14 Rn. 312ff.). Weitere Einzelheiten sind in der AtDeckV geregelt (vgl. zu diesem Themenkomplex insgesamt die Kommentierung zu den §§ 13 und 14).

5. Erforderlicher Schutz gegen Störmaßnahmen oder sonstige Einwirkungen Dritter

56 **a) Begriff, Bedeutung, Abgrenzung.** § 7 Abs. 2 Nr. 5 ermächtigt die Genehmigungsbehörde, vom Betreiber der Anlage Maßnahmen auch zum Schutz vor Gefahren zu verlangen, die nicht durch den Zustand oder den Betrieb der Anlage an sich hervorgerufen werden (hier ist § 7 Abs. 2 Nr. 3 einschlägig), sondern dadurch, dass Dritte unbefugt auf die Anlage einwirken können (BVerwGE 81, 185 (187) = NVwZ 1989, 864). Die Vorschrift bietet die erforderliche gesetzliche Grundlage für die – über die polizeiliche Zustandsstörerhaftung hinausgehende – Verpflichtung des Betreibers, Maßnahmen zum Schutz einer kerntechnischen Anlage gegen rechtswidrige Akte zu treffen (BVerwGE 81, 185 (187) = NVwZ 1989, 864). Bereits der Wortlaut der Vorschrift macht deutlich, dass die Regelung sich insbesondere auf unbefugte, rechtswidrige Akte bezieht. **„Störmaßnahme"** meint eine **gezielte, willensgetragene Aktivität,** durch die eine Störung der Anlage, ins-

Genehmigung von Anlagen **§ 7 AtG**

besondere ihres Betriebs, erreicht werden soll (BHR EnergieR I Rn. 857; *Ronellenfitsch* Genehmigungsverfahren 273; *Leidinger* in NK-AtomR § 7 Rn. 199). Die Störmaßnahme zielt auf **Auswirkungen auf den Funktionsablauf** der Anlage (Lukes et 1975, 23; *Ronellenfitsch* Genehmigungsverfahren 273; *Haedrich* AtG § 7 Rn. 111; BHR EnergieR I, Rn. 857; *Leidinger* in NK-AtomR § 7 Rn. 199).

Die Regelung benennt mit der „Störmaßnahme" einen besonderen Fall der 57 „**Einwirkungen Dritter**". Prinzipiell können zwar als „Einwirkungen Dritter" gezielte wie ungezielte Handlungen jedweder Art erfasst werden (BHR Energierecht I Rn. 858 ff.; *Ronellenfitsch* Genehmigungsverfahren 273; *Haedrich* AtG § 7 Rn. 112; *Otten,* Eigensicherung, 7). Aus dem Wort „Dritter" folgt, dass es ausschließlich um Einwirkungen im Zusammenhang mit menschlichen Aktivitäten gehen kann. Naturkatastrophen wie Erdbeben oder Hochwasser fallen daher nicht unter § 7 Abs. 2 Nr. 5, sondern unter Nr. 3 (*Ronellenfitsch* Genehmigungsverfahren 275; *Haedrich* AtG § 7 Rn. 112). In der Praxis geht es allerdings im Hinblick auf § 7 Abs. 2 Nr. 5 ausschließlich um Einwirkungen Dritter durch gezielte Handlungen, nicht zielgerichtete, zivilisatorisch bedingte Einwirkungen wie Explosionsdruckwellen, etwa bei Explosion eines am Kernkraftwerk vorbeifahrenden Gastankers (BHR EnergieR I Rn. 857), und (unglücksbedingter) Flugzeugabsturz werden ebenso wie Naturereignisse als Einwirkungen von außen durch § 7 Abs. 2 Nr. 3 erfasst (vgl. die diese Vorschrift konkretisierenden Sicherheitsanforderungen an Kernkraftwerke, BAnz v. 24.1.2013, 1 (3) (Anwendungsbereich) und Anhang 1 (Begriffsbestimmung „Einwirkung von außen (EVA)"); *Sellner/Hennenhöfer* in Hansmann/Sellner UmweltR, 4. Aufl. 2012, Rn. 147f.; *Kloepfer* UmweltR § 16 Rn. 144). Auch nach der Gesetzesbegründung zur Verordnungsermächtigung zum Schutz gegen Störmaßnahmen oder sonstige Einwirkungen Dritter (§ 12 Abs. 10) sind unter Einwirkungen Dritter lediglich „alle unbefugten Einwirkungen zu verstehen" (BT-Drs. III/759, 27; nach der überwiegenden Literatur erfasst § 7 Abs. 2 Nr. 5 alle objektiv rechtswidrigen und betriebsbezogenen Einwirkungen, vgl. *Fischerhof* Dt. AtomG § 7 Rn. 19; *Haedrich* AtG § 7 Rn. 112; aA BHR EnergieR I Rn. 859).

Die Vorschrift erfasst **auch terroristische Anschläge** einschließlich eines gezielten 58 Flugzeugangriffs (BVerwGE 131, 129 (134f.) = NVwZ 2008, 1012 zur wortgleichen Regelung des § 6 Abs. 2 Nr. 4). Wortlaut und Schutzzweck der Regelung bieten keinen Anhaltspunkt dafür, Sicherungsmaßnahmen ausgerechnet gegen terroristische Anschläge als besonders schwerwiegende Einwirkungen auf atomrechtliche Anlagen aus dem Regelungsbereich des Gesetzes auszunehmen (BVerwGE 131, 129 (135f.) = NVwZ 2008, 1012 in Ablehnung der dort zitierten älteren Rechtsprechung und Literatur, wonach Terrorakte nach ihrer Art und Schwere Kriegshandlungen gleichkämen und deshalb ebenso wie diese vom Anwendungsbereich der § 6 Abs. 2 Nr. 4 und § 7 Abs. 2 Nr. 5 nicht erfasst seien; vgl. für diese Argumentation etwa OVG Lüneburg DVBl. 2006, 1044 (1054f.); *Leidinger* DVBl. 2004, 95 (96); *Leidinger* in NK-AtomR § 7 Rn. 200; differenzierend *von Danwitz* RdE 2002, 113 (118f.)). Die atomrechtlichen Behörden haben nach den Ereignissen des 11. September 2001 ihre Zuständigkeit bejaht (*Sellner/Hennenhöfer* in Hansmann/Sellner UmweltR, 4. Aufl. 2012, Rn. 152; *Vorwerk,* 12. AtRS 2004, 237ff.; *Ostberg/Brischke,* RdE 2004, 125; ablehnend *Wagner* in Pelzer, Brennpunkte des Atomenergierechts, 2003, 41ff., 49f.). **Gefährdungen aufgrund kriegerischer Auseinandersetzungen** fallen dagegen nach Rechtsprechung und herrschender Meinung in der Literatur nicht in den Anwendungsbereich der Vorschrift (vgl. etwa BHR EnergieR I Rn. 861; *Sellner/Hennenhöfer* in Hansmann/Sellner UmweltR, 4. Aufl. 2012, Rn 151; *Kloepfer* UmweltR § 16 Rn. 145; *Fischerhof* Dt. AtomG § 7 Rn. 19).

AtG § 7 Zweiter Abschnitt Überwachungsvorschriften

59 Der „erforderliche Schutz" nach § 7 Abs. 2 Nr. 5 ist ebenso wie in § 7 Abs. 2 Nr. 3 ein „vorsorgender" Schutz (BVerwGE 81, 185 (191f.) = NVwZ 1989, 864, vgl. im Einzelnen → Rn. 71). Für die Gewährleistung des erforderlichen Schutzes nach Nr. 5 (bzw. den wortgleichen weiteren Regelungen des Atomgesetzes) wird in der Praxis auch der Begriff der **Anlagensicherung** verwendet. Die „Vorsorge gegen Schäden" gem. Nr. 3 (bzw. den wortgleichen weiteren Regelungen im Atomgesetz) betrifft dagegen die Anlagensicherheit im Hinblick auf interne Betriebsstörungen, Störfälle und Unfälle. International wird für den Bereich der Anlagensicherung der Begriff des „physischen Schutzes" verwendet (vgl. das Gesetz zu dem Übereinkommen vom 26. Oktober 1979 über den physischen Schutz von Kernmaterial vom 24.4.1990, BGBl. 1990 II 326; vgl. hierzu *Rauscher* in Pelzer, Elemente eines globalen Atomrechtsregimes, 2007, 259ff.).

60 **b) Umfang und Grenzen der Verantwortlichkeit des Betreibers.** Aus dem objektiv-rechtlichen Gehalt der Grundrechte ergibt sich die **Schutzpflicht des Staates** im Hinblick auf den Schutz der Grundrechte, insbesondere des Grundrechts aus Art. 2 Abs. 2 S. 1 GG auf Leben und körperliche Unversehrtheit (ständige Rechtsprechung seit BVerfGE 39, 1 (41) = NJW 1975, 573 – Fristenregelung). Diese Schutzpflicht obliegt dem Staat auch und gerade im Hinblick auf die Risiken der friedlichen Nutzung der Kernenergie (BVerfGE 49, 89 (141ff.) = NJW 1979, 359 – Kalkar; BVerfGE 143, 246 Rn. 283, 297f. = NJW 2017, 217 Rn. 283, 297f. – Atomausstieg). Damit ist auch Schutz der Grundrechte vor Gefahren und Risiken, die sich daraus ergeben können, dass Dritte auf das Gefahrenpotential einer kerntechnischen Anlage einwirken, grundsätzlich eine Staatsaufgabe. Es ist **Aufgabe des Gesetzgebers**, auch insoweit das Wesentliche selbst festzulegen und nicht dem Handeln der Verwaltung zu überlassen (BVerfGE 49, 89 (129) = NJW 1979, 359 – Kalkar). Dieser Anforderung ist schon dann genügt, wenn objektiv eine gesetzliche Regelung vorhanden ist, die nach den allgemeinen Grundsätzen der Gesetzesauslegung den in Frage stehenden Sachverhalt umfasst und den Anforderungen der Schutzpflicht inhaltlich genügt (BVerfGE 77, 381 (404); vgl. auch *von Danwitz* RdE 2002, 113).

61 Allerdings ist die Abwehr von Gefahren, die ihre Ursache in der allgemeinen politischen Lage und der in der Gesellschaft sich bildenden Kriminalität haben, typischerweise eine **öffentliche Aufgabe der Polizei** und nicht eine private Angelegenheit des Eigentümers oder Betreibers der Anlage (BVerwGE 81, 185 (188f.) = NVwZ 1989, 864; BHR EnergieR I Rn. 862). Das bedeutet indes nicht, dass zur Abwehr einer von Kriminellen ausgehenden Gefahr rechtlich nur der Polizeieinsatz und nicht auch – wie gegenüber sonstigen kriminellen Akten allgemein – Maßnahmen tauglich wären und in Betracht kämen, die von Privaten, insbesondere von potentiellen Opfern solcher Anschläge zu treffen sind (BVerwGE 81, 185 (188f.) = NVwZ 1989, 864; vgl. auch BVerwGE 131, 129 (136) = NVwZ 2008, 1012; kritisch *Karpen* JZ 1989, 898; *Bracher* DVBl. 1989, 520). Nach allgemeiner Auffassung von Rechtsprechung und Literatur normiert § 7 Abs. 2 Nr. 5 daher eine die Aufgabenwahrnehmung der staatlichen Sicherheitsbehörden ergänzende Verpflichtung des Betreibers zu eigenen Schutzmaßnahmen (im Hinblick auf den Umfang der Betreiberverpflichtung gehen die Auffassungen allerdings weit auseinander: eng wie *von Danwitz* RdE 2002, 113; *Ossenbühl* NVwZ 2002, 290; *Leidinger* DVBl. 2004, 95; weiter dagegen wie *Sendler* NVwZ 2002, 681; *Koch/John* DVBl. 2002, 1578; *Dederer* DÖV 2005, 621; sehr weitgehend *Gaßner/Fischer* in Pelzer, Brennpunkte des Atomenergierechts, 2003, 53ff., 60ff. und *Ziehm* ZUR 2013,

689; differenzierend *Huber* ZUR 2004, 1: „Vorfeldaufgabe" des Betreibers, als „Sonderopfer" allerdings je nach Ausmaß entschädigungspflichtig gem. § 18 AtG; nach *Ostberg/Brischke* RdE 2004, 125 (128) ist § 7 Abs. 2 Nr. 5 im Unterschied zu § 7 Abs. 2 Nr. 3 adressatenneutral formuliert, weil der Gesetzgeber davon ausging, dass vorrangig der Staat zur Gefahrenabwehr verpflichtet sei und nur eine nachrangige Verpflichtung des Betreibers zu anlagenbezogenen Schutzmaßnahmen bestehe).

Die spezifischen, über die allgemeinen präventiven und repressiven staatlichen Aktivitäten hinausgehenden Maßnahmen des Staates und die **Schutzmaßnahmen des Betreibers** im Hinblick auf kerntechnische Anlagen werden im sog. „Integrierten Sicherungs- und Schutzkonzept" geregelt und aufeinander abgestimmt (→ Rn. 78). Aus der durch § 7 Abs. 2 Nr. 5 normierten Verpflichtung, den erforderlichen Schutz gegen Einwirkungen Dritter zu gewährleisten, folgt daher nicht, dass der Schutz vor kriminellen Anschlägen auf das Kernkraftwerk mit Hilfe des Werkschutzes gänzlich dem Betreiber überlassen, sozusagen „privatisiert" werden soll, sondern es geht nur darum, den Schutz der Anlage außer durch baulich-technische Vorkehrungen auch durch organisatorische Maßnahmen *bis zum Eintreffen der Polizei* zu gewährleisten (BVerwGE 81, 185 (189) = NVwZ 1989, 864, Hervorhebung im Urteil). Hieraus folgt, dass der Betreiber allein einen umfassenden Schutz seiner Anlage gegen Einwirkungen Dritter weder gewährleisten kann, denn bestimmte Maßnahmen sind hoheitlicher Natur, noch dazu nach den atomrechtlichen Regelungen verpflichtet ist. **62**

c) Funktionsvorbehalt der Exekutive im Hinblick auf die Lastannahmen und die konkret erforderlichen Sicherungsmaßnahmen. Der Funktionsvorbehalt der Exekutive hat im Bereich des Schutzes gegen Störmaßnahmen oder sonstige Einwirkungen Dritter eine besondere Bedeutung. Die Behörden können sich hier nicht auf technisch-wissenschaftliche Berechnungen stützen, sondern müssen insbesondere **prognostische Einschätzungen zur Sicherheitslage** zu Grunde legen. Gerade hierfür ist die Exekutive mit einer Vielzahl von Sachverständigen für Terrorismusabwehr einerseits und Kerntechnik andererseits besonders gerüstet (BayVGH BeckRS 2006, 15977 Rn. 53; OVG Lüneburg NVwZ-RR 2007, 28). Eine volle Parallelisierung der beiden Bereich Sicherheitsvorsorge einerseits und Sicherungsvorsorge andererseits bei der gerichtlichen Kontrolle ist aufgrund des integrierten Sicherungs- und Schutzkonzepts (→ Rn. 62 und 78) nicht möglich (*Sellner,* 14. AtRS 2013, 154). Die sog. **Lastannahmen,** die nicht einzelfallbezogen, sondern allgemein gültig durch exekutive Gremien beschlossen werden (→ Rn. 75 und 80), enthalten keine ins Einzelne gehenden Aussagen im Hinblick auf die jeweiligen Eintrittswahrscheinlichkeiten eines Angriffs mit den darin aufgeführten Tatmitteln (*Sellner,* 14. AtRS 2013, 154f.; ebenso *Leidinger* in NK-AtomR § 7 Rn. 204). Die jeweils aktualisierte Gefährdungsbewertung der Sicherheitsbehörden kann nicht anhand technischer oder naturwissenschaftlicher Maßstäbe nachvollzogen werden, weshalb die sicherheitsbehördliche Einstufung in aller Regel im gerichtlichen Verfahren aufgrund des Funktionsvorhalts der Exekutive hinzunehmen sein wird (*Sellner,* 14. AtRS 2013, 155; *Leidinger* in NK-AtomR § 7 Rn. 208; vgl. jedoch zur davon abweichenden Tendenz einzelner Obergerichte → Rn. 69 und 76). Allgemein zum Funktionsvorbehalt der Exekutive vgl. → Rn. 125 ff. **63**

Die **Grenzen des atomrechtlichen Funktionsvorbehalts** ergeben sich nach der neueren Rechtsprechung des BVerwG aus seiner verfassungsrechtlichen Legitimation (insoweit der dynamische Grundrechtsschutz), sie bestimmen zugleich den **64**

AtG § 7 Zweiter Abschnitt Überwachungsvorschriften

Umfang der durch Art. 19 Abs. 4 GG gebotenen verwaltungsgerichtlichen Kontrolle. Das Gericht darf ein Rechtsmittel nicht ineffektiv machen, namentlich darf es von den Parteien keinen Vortrag erwarten, den sie mangels Kenntnis der Entscheidungslage nicht liefern können. Gerade wenn der Mangel an überprüfbaren Unterlagen gerügt wird, widerspreche es einer fairen Verfahrensgestaltung und dem Gebot des effektiven Rechtsschutzes, weiteren Vortrag zum – nur vermuteten – Inhalt dieser Unterlagen vom Rechtsmittelführer zu verlangen. (BVerwGE 142, 159 (176f.) = ZUR 2012, 423)

65 Diese Rechtsprechung bezieht sich auf das **Geheimschutzerfordernis** zum Bereich der Einwirkungen Dritter, da die zuständigen atomrechtlichen Behörden **auch in verwaltungsgerichtlichen Verfahren** gehindert sind, sensible, potentiellen Tätern vorzuenthaltende Informationen in den Genehmigungsunterlagen (ganz oder teilweise) offen zu legen. Dieses Geheimschutzerfordernis wirkt sich sowohl auf die Frage des effektiven Rechtsschutzes als auch auf die gerichtliche Aufklärungs- und Amtsermittlungspflicht aus. Nach der **neueren Rechtsprechung des BVerwG** (BVerwGE 142, 159 (177f.) = ZUR 2012, 423) darf die aufgrund des Funktionsvorbehalts eingeschränkte gerichtliche Überprüfung mit Blick auf Art. 19 Abs. 4 GG nicht auf eine Plausibilitätskontrolle reduziert werden, indem die Entscheidungserheblichkeit als geheimhaltungsbedürftig zurückgehaltener Unterlagen (pauschal) verneint und so ein Zwischenverfahren nach § 99 Abs. 2 VwGO vermieden wird. Die **Aufklärung des entscheidungserheblichen Streitstoffs** könne nicht durch richterliche Überzeugungsbildung ersetzt werden, diese betreffe nicht die Feststellung des Sachverhalts, sondern die Würdigung der ermittelten Tatsachen. Einem durch die Anwendung des § 99 Abs. 2 VwGO etwa verursachten Beweisnotstand sei auf der Ebene der konkreten **Beweiswürdigung** Rechnung zu tragen, wobei die gesetzliche Verteilung der **Beweislast** unverändert bleibe. Im konkreten Fall (Genehmigung nach § 6 für das Kernbrennstoff-Zwischenlager Unterweser) hatte das BVerwG der Tatsacheninstanz vorgehalten, sie habe dadurch einen „Willkürmaßstab" zugrunde gelegt, dass sie die (aufgrund des Geheimschutzes nur begrenzt durch konkrete Informationen unterlegten) Erwägungen der Behörde im Hinblick auf die Nicht-Einbeziehung des Flugzeugtyps A 380 für die Prüfung des Szenarios gezielter Flugzeugabsturz als ausreichende Entscheidungsgrundlage herangezogen habe; die Erwägungen der Behörde wurden durch die Revisionsinstanz detailliert erörtert, als sachfremd qualifiziert und zur Nachholung der erforderlichen Tatsachenfeststellungen an das OVG zurückverwiesen (BVerwGE 142, 159 (164ff.) = ZUR 2012, 423). Gleiches gilt im Hinblick auf die vom OVG zugrunde gelegte (ebenfalls aus Gründen des Geheimschutzes nur begrenzt konkrete) Darstellung der Behörde zum sog. Hohlladungsbeschuss (BVerwGE 142, 159 (173ff.) = ZUR 2012, 423).

66 Diese Anforderungen des BVerwG und insbesondere ihre Umsetzung durch die im Atomrecht erstinstanzlich als Tatsachengericht zuständigen Oberverwaltungsgerichte werfen allerdings eine **Reihe grundlegender Fragen** auf:

67 Bislang wurde von den für die Zwischenentscheidung nach § 99 Abs. 2 VwGO zuständigen Fachsenaten immer bestätigt, dass die **Entscheidungen der atomrechtlichen Behörden im Hinblick auf die Verweigerung der Vorlage von Unterlagen in verwaltungsgerichtlichen Verfahren rechtmäßig** waren (vgl. etwa BVerwG Beschl. v. 20.9.2010 – 20 F 7.10, BeckRS 2010, 26855). Sofern die Behörden unter Beachtung der Geheimschutzerfordernisse dem Gericht Informationen in einem Umfang und mit einem Konkretisierungsgrad zur Verfügung zu stellen, dass auch ohne Vorlage aller Genehmigungsunterlagen eine ausreichende

Genehmigung von Anlagen **§ 7 AtG**

Sachverhaltsgrundlage für die richterliche Überzeugungsbildung vorliegt, dürfte trotz der in → Rn. 63f. zitierten Rechtsprechung des BVerwG **ein Zwischenverfahren nach § 99 Abs. 2 VwGO** (in-camera-Verfahren) nicht erforderlich sein.

Aber auch eine generelle Durchführung des Zwischenverfahrens nach § 99 **68** Abs. 2 VwGO in jedem verwaltungsgerichtlichen Verfahren würde an der Grundsituation nichts ändern können. Denn es steht zu erwarten, dass weiter in erheblichem Umfang bestimmte Unterlagen nicht in diese Verfahren eingeführt werden dürfen. Im Rahmen der richterlichen Überzeugungsbildung hat das Hauptsachegericht dann zu entscheiden, inwieweit die Darlegungen der Behörden in verwaltungsgerichtlichen Verfahren zugrunde gelegt werden dürfen, selbst wenn sie – wegen des Geheimschutzerfordernisses – nicht umfassend belegt und konkretisiert werden konnten. Es bleibt eine Frage des Einzelfalls, ob das Tatsachengericht hier von der **Plausibilität und Nachvollziehbarkeit der behördlichen Darlegungen** ausgehen darf, ohne sich dem Vorwurf der Anwendung eines „Willkürmaßstabs" auszusetzen.

Bedenklich ist allerdings, dass die neuere Rechtsprechung des BVerwG offenbar **69** einzelne **Oberverwaltungsgerichte** veranlasst hat, die Ermittlungen und Bewertungen der atomrechtlichen Behörden in einem Umfang in Frage zu stellen, dass dies **mit der seit Jahrzehnten praktizierten Rechtsprechung zum Funktionsvorbehalt** der Exekutive – trotz anderslautender Bekundungen der betreffenden Gerichte – **kaum noch in Einklang** zu bringen ist (kritisch hierzu *Leidinger* in NK-AtomR § 7 Rn. 206). So fragt es sich zB, ob Internet-Recherchen des Gerichts oder das Zugrundelegen von verschiedenen von der Klägerseite eingereichten Veröffentlichungen, die etwa detailliert ein Vorliegen der Basisdaten des Flugzeugtyps A 380 belegen sollen (vgl. OVG Schleswig BeckRS 2013, 56408 Rn. 124, Zwischenlager Brunsbüttel), angesichts der von der Behörde aus Geheimschutzgründen nicht schriftlich vorgelegten, jedoch in der mündlichen Verhandlung mitgeteilten radiologischen Auswirkungen eines gezielten Absturzes des A 380 (in diesem Fall auf das Zwischenlager für abgebrannte Brennelemente) entscheidungserheblich sein konnten. Immerhin hatte die Behörde in dem betreffenden Fall in der mündlichen Verhandlung mitgeteilt, dass nach der (zu einem späteren Zeitpunkt durchgeführten, die „grobe Abschätzung" der Behörde zum Zeitpunkt der Genehmigung bestätigenden) Berechnung des Sachverständigen an der nächsten Wohnbebauung eine Strahlenexposition von 0,0014 mSv zu erwarten ist (OVG Schleswig BeckRS 2013, 56408 Rn. 138), der hier unstreitig relevante Orientierungswert liegt bei 100 mSv (nunmehr festgelegt in Ziff. 3 SEWD-Berechnungsgrundlage, GMBl. 2014, 1315). Angesichts dieser Mitteilung der Behörde, dass in diesem Fall der Orientierungswert für den A 380 in der Größenordnung von ca. einem Hunderttausendstel ausgeschöpft wird, ist es nicht überzeugend, wenn das OVG Schleswig eine eigene Sachverhaltsdarstellung und Würdigung zum A 380 auf insgesamt 12 Seiten (BeckRS 2013, 56408 Rn. 118–139) vornimmt und wegen der Nicht-Einbeziehung erhebliche Ermittlungsdefizite annimmt.

Das durch die geltende Rechtslage entstandene Dilemma der zuständigen Be- **70** hörden und der Verwaltungsgerichte, entweder durch Geheimnisverrat höchste Schutzgüter (Leben und Gesundheit potentiell durch Terrorakte Betroffener) zu gefährden oder jedoch eine Genehmigung mangels konkreter Darlegungen nicht ausreichend darlegen bzw. überprüfen zu können, ist wohl nicht durch richterliche Normauslegung zu lösen (*Sellner* EurUP 2018, 100 (105)). Ein **Tätigwerden des Gesetzgebers** hat dabei einerseits das Leben und die körperliche Unversehrtheit potentiell von einer Offenlegung geheim gehaltener Informationen Betroffener

(Art. 2 Abs. 2 S. 1 GG) und andererseits den auf Art. 19 Abs. 4 GG beruhenden Rechtsschutzanspruch drittbetroffener Kläger zu berücksichtigen (ebd., 105). Ob eine in-camera-Verwertung durch das Hauptsachegericht (ohne Zwischenverfahren), wie sie die jetzige Fassung des § 138 TKG vorsieht, angesichts eines hohen Maßes an tatsächlichen Abschottungsmaßnahmen zur Gewährleistung des Geheimschutzes in atomrechtlichen Verfahren realisierbar ist (zweifelnd *Sellner,* EurUP 2018, 100 (107) unter Hinweis auf Schmidt-Aßmann, Kohärenz 2015, S. 260f.), bleibt abzuwarten. Denkbar ist auch der kontrollierte Zugang des Hauptsachegerichts zu geheimen Informationen in dafür bestimmten Räumlichkeiten des nach § 99 Abs. 2 VwGO zuständigen Fachsenats und die anschließende Verwertung durch das Hauptsachegericht (*Sellner* EurUP 2018, 100 (108)). Im Koalitionsvertrag für die 19. Legislaturperiode vom 14. 3. 2019 wird angestrebt, ein in-camera-Verfahren im Hauptsacheverfahren einzuführen, so dass geheimhaltungsbedürftige Unterlagen zum Zwecke des Nachweises der Genehmigungsvoraussetzungen in ein verwaltungsgerichtliches Hauptsacheverfahren bei gleichzeitiger Wahrung des Geheimschutzes eingeführt werden können (abrufbar unter https://www.bundesregierung.de/breg-de/themen/koalitionsvertrag-zwischen-cdu-csu-und-spd-195906, zuletzt abgerufen am 26. 10. 2020, dort S. 141).

71 **d) Maß des erforderlichen Schutzes.** Das BVerwG orientiert sich seit der Werkschutz-Entscheidung 1989 (BVerwGE 81, 185 (190ff.) = NVwZ 1989, 864; BVerwGE 131, 129 (137f.) = NVwZ 2008, 1012; BVerwGE 142, 159 (167f.) = ZUR 2012, 423) grundsätzlich an den Maßstäben, die von den Gerichten zur erforderlichen Vorsorge gegen Schäden (Abs. 2 Nr. 3) entwickelt wurden. Zutreffend ist, dass sowohl in Nr. 3 wie in Nr. 5 als Maßnahmen der erforderlichen Vorsorge oder des erforderlichen Schutzes **in erster Linie baulich-technische Vorkehrungen** und ergänzend **organisatorisch-administrative** in Betracht kommen (zur Rolle des Werkschutzes vgl. *Kloepfer* UmweltR § 16 Rn. 146). Derartige Vorkehrungen können sowohl Vorsorgezwecken der Nr. 3 als auch Schutzzwecken der Nr. 5 dienen; sie lassen sich häufig gar nicht voneinander trennen (BVerwGE 81, 185 (191) = NVwZ 1989, 864). Nr. 5 ist daher dahin auszulegen, dass der „erforderliche Schutz" ebenso wie in Nr. 3 ein „vorsorgender" Schutz ist und dass das Maß des Erforderlichen auch hier „nach dem Stand von Wissenschaft und Technik" zu bestimmen ist (BVerwGE 81, 185 (191f.) = NVwZ 1989, 864). Auch hinsichtlich des Schutzes gegen Einwirkungen Dritter gilt trotz des unterschiedlichen Wortlauts der jeweils einschlägigen Vorschriften der durch das Bundesverfassungsgericht in der Kalkar I-Entscheidung (BVerfGE 49, 89 (143) = NJW 1979, 359 – Kalkar) aufgestellte Maßstab bestmöglicher Gefahrenabwehr und Risikovorsorge. Das Maß des Erforderlichen ist „auf einer ausreichenden Datenbasis und nach dem Stand von Wissenschaft und Technik" zu bestimmen. Unklar bleibt in der Rechtsprechung jedoch der Adressat der Anforderung, dass Gefahren und Risiken auch durch Störmaßnahmen und sonstige Einwirkungen Dritter praktisch ausgeschlossen sein müssen (BVerwGE 81, 185 (192) = NVwZ 1989, 864; vgl. zur adressatenneutralen Formulierung des § 7 Abs. 2 Nr. 5 *Ostberg/Brischke* RdE 2004, 125 (128)). Im Hinblick auf den Umfang und die Grenzen der Betreiberverantwortlichkeit zur Abwehr unbefugter Einwirkungen Dritter (vgl. → Rn. 60ff.) lassen sich die Anforderungen im Bereich der Anlagensicherheit (Nr. 3) nicht vollständig auf den Bereich des erforderlichen Schutzes nach Nr. 5 übertragen (vgl. im Einzelnen → Rn. 74ff.).

72 Das BVerwG hat 2008 seine frühere Rechtsprechung zur **Abgrenzung des Schadensvorsorgetatbestands** nach Nr. 3 (und damit aufgrund der gezogenen

Genehmigung von Anlagen **§ 7 AtG**

Parallele auch des Tatbestands des erforderlichen Schutzes nach Nr. 5) **vom Bereich des sog. Restrisikos** aufgegeben und unter besonderer Berücksichtigung des Schutzes gegen Einwirkungen Dritter insgesamt weiterentwickelt (BVerwGE 131, 129 (140ff.) = NVwZ 2008, 1012; vgl. zur früheren Rechtsprechung *Franßen/Pottschmidt* in Pielow, Sicherheit in der Energiewirtschaft, 2007, 393 (400ff.)) – Zwischenlager Brunsbüttel). Im Kern hat es den zuvor von der früheren Rechtsprechung jenseits der Schadensvorsorge eingeordneten Bereich der sog. Restrisikominimierung aufgegeben, da sich aus der Einfügung der Sicherheitsebene 4 in das gestaffelte Schutzkonzept ergebe, dass nach heutigem Stand von Wissenschaft und Technik auch gegen auslegungsüberschreitende Ereignisse Vorsorgemaßnahmen verlangt werden (BVerwGE 131, 129 (145) = NVwZ 2008, 1012). Somit wird die Schadensvorsorge über die Sicherheitsebenen 1–3 („Auslegung") hinaus aufgrund behördlicher Festlegungen (im Regelwerk der Sicherheitsanforderungen an Kernkraftwerke, insbes. Sicherheitsebene 4, oder im Einzelfall) erweitert. Auch diese erweiterte Schadensvorsorge ist nach der neuen Rechtsprechung drittschützend (vgl. zum Rechtsschutz allgemein → Rn. 116ff. und zum Drittschutz im Bereich des § 7 Abs. 2 Nr. 5 → Rn. 85). Es handelt sich nicht um „feststehende Kategorien", sondern um bestimmte Szenarien, die entweder aufgrund der generellen Einbeziehung in das gestaffelte Sicherheitskonzept oder aufgrund einer Einzelfallentscheidung der Behörde nicht (mehr) dem Bereich des Restrisikos, sondern dem Bereich der (erweiterten) Schadensvorsorge zuzuordnen sind. Andere Szenarien werden nicht einbezogen, obwohl sie beschreibbar sind, jedoch so unwahrscheinlich, dass sie von der Exekutive als „praktisch ausgeschlossen" angesehen werden (missverständlich ist daher das Diktum in BVerwGE 131, 129 (145) = NVwZ 2008, 1012, wonach das Restrisiko durch einen nicht weiter minimierbaren „unentrinnbaren" Rest gekennzeichnet sei, vgl. auch → Rn. 50). Daher macht auch die Entscheidung des Gesetzgebers Sinn, die Betreiber über den 2010 eingefügten § 7d in die Pflicht zu nehmen, nach weiteren Möglichkeiten der Minderung des Restrisikos zu suchen (weitere Vorsorge, nicht drittschützend; vgl. insgesamt zur Abgrenzung der einzelnen Bereiche oben Technisch-naturwissenschaftliche Aspekte der Kernenergienutzung, *Waas* → Einf. Rn. 110).

Das BVerwG knüpft jedoch nach wie vor an die **Differenzierung zwischen** 73 **auslegungsbestimmenden Ereignissen** (Sicherheitsebenen 1–3 des gestaffelten Sicherheitskonzepts im Bereich der Anlagensicherheit, § 7 Abs. 2 Nr. 3) **und auslegungsüberschreitenden Ereignissen** (Sicherheitsebene 4 des gestaffelten Sicherheitskonzepts) an (BVerwGE 131, 129 (142ff.) = NVwZ 2008, 1012; vgl. hierzu im Einzelnen *Dolde/Waas* atw 2009, 446).

Störmaßnahmen oder sonstige **Einwirkungen Dritter gehören** nach der 74 Rechtsprechung des BVerwG **nicht zu den „auslegungsbestimmenden" Störfällen**, weil sie nicht allein dem von der Anlage ausgehenden Betriebsrisiko zuzurechnen sind, sondern maßgeblich durch gleichermaßen zielgerichtetes wie schwer berechenbares Verhalten Dritter, etwa von Terroristen bestimmt werden (BVerwGE 131, 129 (141f.) = NVwZ 2008, 1012). Die Störfallplanungswerte nach § 49 Abs. 1 StrlSchV gelten hier nicht (BVerwG DVBl. 2006, 1529; BVerwGE 131, 129 (141) = NVwZ 2008, 1012; *Leidinger* in NK-AtomR § 7 Rn. 219). Das Regelungskonzept des § 49 Abs. 1 StrlSchV gewährleistet besonders anspruchsvolle Voraussetzungen und unterstellt besonders ungünstige Randbedingungen, die außerhalb des Störfallbereichs schon wegen der vorrangig staatlichen Verantwortung für die Gefahrenabwehr nicht anzunehmen sind (BVerwG DVBl. 2006, 1529). Die Anwendungsbeschränkung des auf die Ermächtigungsgrundlage des § 12 Abs. 1 Nr. 2 gestützten § 49 Abs. 1 StrlSchV auf Auslegungsstörfälle wird dadurch bestätigt, dass das Atomgesetz für die Regelung des Schutzes gegen Störmaßnahmen oder sonstige Einwirkungen Dritter eine besondere Ermächtigungsgrundlage in § 12 Abs. 1 Nr. 10 enthält (BVerwGE 131, 129 (142) = NVwZ 2008, 1012).

75 Angesichts der unbegrenzten Vielzahl von allein **vom Willen potentieller Täter abhängigen Angriffsszenarien** und der **Unmöglichkeit,** wie bei technisch bedingten Störfallszenarien **Eintrittswahrscheinlichkeiten zu ermitteln,** kann der geforderte „bestmögliche" Schutz „nach dem Stand von Wissenschaft und Technik" (vgl. BVerwGE 142, 159 (168) = ZUR 2012, 423) und der daraus folgende „praktische Ausschluss" von Gefahren und Risiken nur in dem Sinne zu verstehen sein, dass nach behördlicher Einschätzung auf Basis ihrer objektiven Erkenntnisse bestimmte Angriffsszenarien unterstellt werden müssen, gegen die ein diesem Maßstab entsprechender Schutz durch aufeinander abgestimmte Maßnahmen des Staates und der Betreiber kerntechnischer Anlagen zu gewährleisten ist (sog. Integriertes Sicherungs- und Schutzkonzept; so auch *Leidinger* in NK-AtomR § 7 Rn. 203ff.). Eine Kategorisierung des unübersehbar weiten Spektrums theoretisch denkbarer Störmaßnahmen Dritter nach „auslegungsbestimmenden" und „auslegungsüberschreitenden" Ereignissen ist dabei unverzichtbar (BayVGH ZUR 2006, 427 (428); zustimmend *Renneberg* ZUR 2006, 431 (432)). Die zu unterstellenden Szenarien sind in den „Auslegungsgrundlagen für die bei kerntechnischen Einrichtungen der Sicherungskategorie I zu unterstellenden Hilfsmittel und Szenarien bei Störmaßnahmen oder sonstigen Einwirkungen Dritter (SEWD) **(Lastannahmen)"** vom Dezember 2012 beschrieben, → Rn. 80ff. (aufgrund der Regelungen des Sicherheitsüberprüfungsgesetzes iVm der Verschlusssachen-Anweisung nicht veröffentlicht, um potentiellen Tätern keine Hinweise zu geben).

76 **Missverständlich** ist daher die **von Obergerichten teilweise gestellte Anforderung,** wonach das Schutzmaß konservativ anhand derjenigen Tatmittel zu bestimmen sei, deren Einsatz bei in die Zukunft gerichteter Beurteilung nicht als nahezu ausgeschlossen betrachtet werden kann (so OVG Schleswig BeckRS 2013, 56408 Rn. 111; zustimmend *Ziehm* ZUR 2013, 689). Gleiches gilt im Hinblick auf die Verpflichtung zu hinreichend konservativen Annahmen bei der behördlichen Ermittlung und Bewertung von der Forderung, dass jeweils für die relevanten Parameter von dem größtmöglichen denkbaren Ausmaß des Besorgnispotentials auszugehen ist (OVG Schleswig BeckRS 2013, 56408 Rn. 151). Hier wird ein Maßstab aufgerichtet, dem weder der Betreiber noch der Staat noch beide gemeinsam in vollem Umfang entsprechen können. Er entspricht auch nicht den verfassungsrechtlichen Anforderungen. Der Gesetzgeber und die Exekutive haben im Hinblick auf den Umgang mit der **verfassungsrechtlichen Pflicht zum Schutz von Leben und körperlicher Unversehrtheit** der Bevölkerung einen **weiten Einschätzungs-, Wertungs- und Gestaltungsspielraum** (BVerfGE 56, 54 (80f.) = NJW 1981, 1655). Die Schutzpflicht enthält darauf aufbauend einen Vollzugsauftrag an die Exekutive, wobei das im Polizeirecht geltende Opportunitätsprinzip nicht im Widerspruch zur grundrechtlichen Schutzpflicht steht (*Isensee* in Isensee/Kirchhof, Handbuch des Staatsrechts der Bundesrepublik Deutschland, Band XI, 3. Aufl. 2011, § 191 Rn. 307). Allerdings gilt ein **Untermaßverbot:** der Staat muss zur Erfüllung seiner Schutzpflicht ausreichende Maßnahmen normativer und tatsächlicher Art ergreifen, die dazu führen, dass ein angemessener und als solcher wirksamer Schutz erreicht wird (BVerfGE 88, 203 = NJW 1993, 1751 Ls. 6). Vor diesem Hintergrund können Anforderungen, die auf der Grundlage von § 7 Abs. 2 Nr. 5 einen obligatorischen Schutz gegen das „größtmögliche denkbare Aus-

maß des Besorgnispotentials" verlangen, nicht so zu verstehen sein, dass im Hinblick auf verschiedene Angriffsszenarien und Tatmittel sowie die Anzahl der Täter, sowie im Hinblick auf die zahllosen Kombinationsmöglichkeiten derselben, jeweils die maximal denkbaren Annahmen zu treffen wären. Insoweit ist nämlich zwangsläufig immer „noch mehr" denkbar: mehr Sprengstoff, eine größere Anzahl potentieller Täter, der Einsatz von Waffen, die in Kriegsgebieten im Einsatz sind, usw. Solche Tatmittel wie auch ein bestimmtes Täterverhalten sind objektiv keinem Beweis zugänglich (*Leidinger* in NK-AtomR § 7 Rn. 205). Vielmehr ist es unausweichlich, dass die für die innere Sicherheit zuständigen und sachkundigen Behörden festlegen, welche Annahmen zum aktuellen Zeitpunkt für das Gebiet der Bundesrepublik Deutschland zu treffen sind, um den verfassungsrechtlichen Anforderungen an einen angemessenen und als solchen wirksamen Schutz zu genügen (vgl. zum Verfahren → Rn. 80f.). Dies ist die Grundlage für die vom Betreiber zu verlangenden Maßnahmen. Die zitierten Anforderungen aus der Rechtsprechung sind somit dahin zu verstehen, dass **im Rahmen dieses von den staatlichen Behörden konkretisierten Besorgnispotentials konservativ vom größtmöglichen Ausmaß auszugehen** ist. Dies gilt etwa für sämtliche Kombinationsmöglichkeiten der unterstellten Tatmittel mit anderen Elementen der Angriffsszenarien, insbesondere der unterstellten Täteranzahl und der unterstellten Anzahl von Angriffen mit diesem Tatmittel.

Somit kann ein Betreiber seine eigene Anlage im Hinblick auf Störfallvorsorge 77 planen, nicht jedoch auf gleichem Niveau deren Sicherung gegen eine nicht abschließend definierbare große Anzahl verschiedener denkbarer, schwer berechenbarer Einwirkungen Dritter (so im Ergebnis auch BVerwGE 131, 129 (141f.) = NVwZ 2008, 1012). Dies gilt nicht nur für kerntechnische Anlagen, sondern gleichermaßen für Industrieanlagen (z. B. der Chemieindustrie) oder Anlagen der öffentlichen Infrastruktur (z. B. Talsperren). So kann etwa eine Talsperre zwar so ausgelegt werden, dass ein Brechen der Staumauer auch bei außergewöhnlichen, etwa wetterbedingten Belastungen praktisch ausgeschlossen werden kann. Eine im Vergleich zur Anlagensicherheit gleichwertige „Auslegung" gegen die gezielte Zerstörung einer Anlage durch sämtliche denkbaren terroristischen Angriffe ist jedoch faktisch unmöglich und kann daher auch rechtlich nicht verlangt werden.

Daher sind im Hinblick auf den erforderlichen Schutz gegen Einwirkungen 78 Dritter nach Nr. 5, im Unterschied zur Schadensvorsorge nach Nr. 3, nicht nur Maßnahmen des Betreibers der kerntechnischen Anlage, sondern **auch staatliche Maßnahmen** gemäß den Konkretisierungen im untergesetzlichen Regelwerk (→ Rn. 62, 79) **zu berücksichtigen.** Dabei kann auch eine Rückkopplung zwischen der Auswirkungsbegrenzung durch (betreiberseitige oder staatliche) Maßnahmen und der Vermeidung des Taterfolgs relevant sein, insbesondere mit Blick auf den Tatentschluss potentieller Täter (vgl. *Franßen/Pottschmidt* in Pielow, Sicherheit in der Energiewirtschaft, 2007, 393 (410ff.)). Der **„praktische Ausschluss" von Gefahren und Risiken** wird **durch das integrierte Sicherungs- und Schutzkonzept** betreiberseitiger und staatlicher Maßnahmen sowie die weiteren betreiberseitigen und staatlichen Maßnahmen *insgesamt* erreicht (so im Ergebnis offenbar auch BVerwGE 131, 129 (141f.) = NVwZ 2008, 1012; so auch *Leidinger* in NK-AtomR § 7 Rn. 210f.). Dem Betreiber obliegt damit im Genehmigungsverfahren nicht der komplette Nachweis des „praktischen Ausschlusses" allein durch seine eigenen Maßnahmen. Einen solchen Nachweis könnte er angesichts der parallel zu berücksichtigenden staatlichen Maßnahmen gar nicht führen. Ihm obliegt vielmehr der Nachweis, dass durch die im untergesetzlichen Regelwerk sowie aufgrund weiterer behördlicher Anforderungen konkretisierten Sicherungsmaßnahmen die nach diesem Regelwerk zu erreichenden Schutzziele von der jeweiligen kerntechnischen Anlage – im Regelfall bis zum Eingreifen staatlicher Kräfte – erfüllt werden.

79 Angesichts der präventiven und repressiven staatlichen Kriminalitäts- und Terrorismusbekämpfung sind die betreiberseitigen Maßnahmen grundsätzlich auf einen präventiven Grundschutz gegen von der Exekutive unterstellte Bedrohungen beschränkt. Den Betreiber einer kerntechnischen Anlage trifft danach insbesondere die Verpflichtung, den erforderlichen Schutz der Anlage durch baulich-technische Vorkehrungen sowie durch organisatorische Maßnahmen „bis zum Eintreffen der Polizei" zu gewährleisten (BVerwGE 81, 185 (189) = NVwZ 1989, 864). Die **anlagenspezifisch erforderlichen Sicherungsmaßnahmen** sind dabei in mehreren sogenannten **SEWD-Richtlinien** niedergelegt (vgl. im Einzelnen *Leidinger* in NK-AtomR § 7 Rn. 209). Die SEWD-Richtlinie für den Schutz von Kernkraftwerken mit Leichtwasserreaktoren vom 5. Dezember 1995 (nicht veröffentlicht) legt Schutzziele sowie die zu ergreifenden Maßnahmen der Betreiber fest; gleiches gilt für SEWD-Richtlinien zu anderen kerntechnischen Anlagen. Als ein allgemeines Schutzziel sehen die SEWD-Richtlinien vor, dass eine Gefährdung von Leben und Gesundheit in Folge erheblicher Direktstrahlung oder in Folge der Freisetzung einer erheblichen Menge radioaktiver Stoffe verhindert werden muss. Dieses Schutzziel ist von den zuständigen Behörden, z. B. in den Genehmigungen für die Standortzwischenlager für abgebrannte Brennelemente, unter Rückgriff auf radiologisch begründete Dosiswerte im Rahmen des vorbereitenden Katastrophenschutzes – sog. Eingreifrichtwert von 100 mSv – konkretisiert worden (nunmehr geregelt in der SEWD-Berechnungsgrundlage, GMBl. 2014, 1315). Die Störfallplanungswerte des § 49 Abs. 1 StrlSchV gelten hier nicht (→ Rn. 74).

80 Grundlage für die Festlegung aller Maßnahmen und für die Beurteilung ihrer Wirksamkeit sind Elemente möglicher Tatszenarien, die in den **Lastannahmen** abschließend beschrieben sind (→ Rn. 75). Die Lastannahmen werden vom Bundesumweltministerium (BMU) im Einvernehmen mit den zuständigen atomrechtlichen Genehmigungs- und Aufsichtsbehörden und den Sicherheitsbehörden festgelegt. Bei der Erstellung der Lastannahmen sind neben dem BMU regelmäßig beteiligt: Bundesministerium des Innern, Bundesamt für Verfassungsschutz, Bundeskriminalamt, Bundesnachrichtendienst, Kommission Sicherung und Schutz kerntechnischer Einrichtungen (KoSikern), die aus Vertretern der Innenministerien der Länder und des Bundes besteht und mit dem Schutz kerntechnischer Anlagen aus polizeilicher Sicht beauftragt ist, Bundesamt für Strahlenschutz und von den zuständigen Behörden zugezogene Sachverständige. Die Energieversorgungsunternehmen werden gehört.

81 Die Lastannahmen basieren auf der **Gefährdungsbewertung der Sicherheitsbehörden** und treffen keine differenzierenden Aussagen im Hinblick auf die jeweiligen Wahrscheinlichkeiten eines Angriffs mit den darin aufgeführten Hilfsmitteln. Sie enthalten eine Art Baukasten, der sich insbesondere zusammensetzt aus folgenden „Bausteinen": Beschreibung möglicher Tatmuster und Vorgehensweisen, Art und Anzahl von Waffen, Tätern und Hilfsmitteln sowie deren Kombinationen. Die Lastannahmen wurden nach den Anschlägen des 11.9.2001 auf der Grundlage einer aktualisierten Gefährdungsbewertung der Sicherheitsbehörden ergänzt. Die Lastannahmen werden zyklisch in einem Rhythmus von drei Jahren evaluiert. Notwendigerweise stehen die Behörden in Ausfüllung ihres Beurteilungsspielraums damit vor der komplexen Aufgabe, eine Grenze zu ziehen zwischen den im Hinblick insbesondere auf Tätervorgehensweisen sowie Art und Anzahl von Waffen,

Tätern und Hilfsmitteln zu unterstellenden Bedrohungsszenarien und denjenigen Szenarien, mit deren Eintritt nach behördlicher Einschätzung nicht zu rechnen ist und die damit nicht unterstellt zu werden brauchen. Gleichwohl sind diese SEWD-Szenarien nicht völlig undenkbar und damit auch nicht völlig ausgeschlossen. Andere oder massivere Bedrohungen als die unterstellten sind bei willensgetragenen Einwirkungen Dritter niemals völlig auszuschließen.

Im Hinblick auf Szenarien, die nach der Einschätzung der Behörden nicht unterstellt zu werden brauchen, können im Einklang mit den in der Brunsbüttel-Entscheidung des Bundesverwaltungsgerichts dargestellten Maßstäben gleichwohl Maßnahmen zur Risikominimierung vom Betreiber gefordert werden (vgl. BVerwGE 131, 129 (142ff.) = NVwZ 2008, 1012). Dies betrifft insbesondere das Szenario „terroristischer Flugzeugangriff" (→ Rn. 83ff.). 82

e) Szenario terroristischer Flugzeugangriff. Vgl. allgemein zur Berücksichtigung von Terrorangriffen → Rn. 58. Das Szenario eines terroristischen Flugzeugangriffes kann nicht per se dem Restrisikobereich zugewiesen werden, da es als solches nicht schon prinzipiell auszuschließen ist (*Leidinger* in NK-AtomR § 7 Rn. 212). Dennoch wurde es nach den Anschlägen im 11. September 2001 in den USA aufgrund der Bewertung der beteiligten Behörden nicht in die Lastannahmen (→ Rn. 75 und 80ff.) aufgenommen worden. Der Länderausschuss für Atomkernenergie (das für das Atomrecht zuständige Bund/Länder-Gremium) hat allerdings am 3./4. Juli 2003 eine Stellungnahme beschlossen, wonach im Hinblick auf einen gezielten Flugzeugangriff **Maßnahmen** in Betracht kommen, **die unter Berücksichtigung des Grundsatzes der Verhältnismäßigkeit die Strahlenexposition im Ereignisfall minimieren bzw. begrenzen** (zitiert nach *Vorwerk,* 12. AtRS 2004, 237ff.). Abgesehen von den grundlegenden Unterschieden zwischen Schadensvorsorge und Schutz gegen Einwirkungen Dritter ist das Szenario terroristischer Flugzeugangriff nicht mit einem zu beherrschenden Störfall auf der Sicherheitsebene 3 im Rahmen der Schadensvorsorge vergleichbar. Insoweit besteht, wie vom Länderausschuss für Atomkernenergie zutreffend angenommen, eine **Parallele zu speziellen, sehr seltenen Ereignissen und auslegungsüberschreitenden Anlagenzuständen** im Bereich der Anlagensicherheit, welche der Sicherheitsebene 4 zugeordnet werden. Nach der neueren Rechtsprechung können im Bereich der Anlagensicherheit auch gegen auslegungsüberschreitende Ereignisse Vorsorgemaßnahmen verlangt werden (→ Rn. 72f. sowie → Einf. Rn. 110). Allerdings werden insoweit keine quantifizierten Strahlenschutzanforderungen festgelegt, die Anforderungen sind vielmehr abgestuft im Vergleich zu Anforderungen auf der Sicherheitsebene 3. Diese **Zulässigkeit abgestufter Anforderungen im Rahmen der Schadensvorsorge** hat das Bundesverwaltungsgericht anerkannt und damit die bewährte Konzept für die Sicherheitsebenen grundsätzlich bestätigt (BVerwGE 131, 129 (142f.) = NVwZ 2008, 1012). Es bildet die Grundlage für die vom Länderausschuss vorgenommene Parallele (aA offenbar *Leidinger* in NK-AtomR § 7 Rn. 213 und 215, wonach auch insoweit der sog. Eingreifrichtwert von 100 mSv, → Rn. 79, zur Anwendung kommen soll). 83

Auch bei der Genehmigung anderer kerntechnischer Anlagen (zB Zwischenlager) ist grundsätzlich von dieser rechtlichen Einordnung auszugehen. Der zuständigen Behörde bleibt es gleichwohl unbenommen zu prüfen, ob durch die mögliche Freisetzung radioaktiver Stoffe in Folge eines terroristischen Flugzeugangriffs auf eine zu genehmigende Neuanlage, zB ein dezentrales Zwischenlager, auch das allgemeine Schutzziel der für dieses Ereignis an sich nicht anwendbaren SEWD-Richtlinie eingehalten wird (vgl. → § 6 Rn. 12). 84

85 Vor dem Hintergrund dieser behördlichen Beurteilung des Szenarios „terroristischer Flugzeugangriff" ist es zumindest missverständlich, wenn das Bundesverwaltungsgericht in Zusammenhang mit diesem Szenario feststellt, das erforderliche Schutzmaß sei „konservativ anhand derjenigen Tatmittel zu bestimmen, deren Einsatz durch potentielle Täter prognostisch nicht als nahezu ausgeschlossen betrachtet werden kann" (BVerwGE 142, 159 (169f.) = ZUR 2012, 423 – Unterweser). Parallel zur Sicherheitsebene 4 sind die Anforderungen an den erforderlichen Schutz insoweit abgestuft zu bestimmen. Auch hier hat die Exekutive, wie bei den im Rahmen der Lastannahmen (→ Rn. 75 und 80 ff.) geregelten, sog. unterstellten Szenarien einen **Beurteilungsspielraum**. Die konkrete Ausgestaltung des erforderlichen Schutzes ist Sache der Behörden, sie unterliegt einer eingeschränkten gerichtlichen Überprüfung (→ Rn. 63 ff.). Insbesondere ist es daher nicht willkürlich, wenn die Exekutive für die Prüfung repräsentative aktuelle Flugzeugmuster auswählt.

86 **f) Drittschutz im Hinblick auf § 7 Abs. 2 Nr. 5.** Im Hinblick auf die Genehmigungsvoraussetzung des § 7 Abs. 2 Nr. 5 wurde der Rechtsschutz Dritter von der Rechtsprechung teilweise verneint, teilweise aber auch bejaht (vgl. *Vorwerk/Otten* in Pelzer, Bausteine eines globalen Atomrechtsregimes, 2006, 271 ff. (284 f.); das BVerwG hat in einem obiter dictum den Drittschutz auch mit Blick auf § 7 Abs. 2 Nr. 5 bereits 1982 grundsätzlich anerkannt (BVerwG DÖV 1982, 820 (821)). Gleichzeitig mit der vom BVerwG 2008 vorgenommenen Erweiterung des Schadensvorsorgetatbestandes auf den bis dahin auch von der Rechtsprechung als Restrisikominimierung bezeichneten Bereich auslegungsüberschreitender Ereignisse wurde auch der Drittschutz im Bereich des erforderlichen Schutzes nach § 6 Abs. 2 Nr. 4 (und damit auch des § 7 Abs. 2 Nr. 5) angenommen (BVerwGE 131, 129 (136 ff.) = NVwZ 2008, 1012). Dabei geht das Gericht zurecht davon aus, dass die §§ 47, 49 StrlSchV, insbesondere die Störfallplanungswerte, insoweit nicht zur Anwendung kommen, weil Störmaßnahmen oder sonstige Einwirkungen Dritter nicht allein dem von der Anlage ausgehenden Betriebsrisiko zuzurechnen sind, sondern maßgeblich durch gleichermaßen zielgerichtetes wie schwer berechenbares Verhalten von Terroristen bestimmt werden (BVerwGE 131, 129 (141 f.) = NVwZ 2008, 1012). Im Bereich der Einwirkungen Dritter gilt vielmehr der in der SEWD-Berechnungsgrundlage von 2014 festgelegte Wert von 100 mSv (GMBl. 2014, 1315 (1318)); dieser entspricht dem sog. Eingreifrichtwert für die Evakuierung nach den Rahmenempfehlungen für den Katastrophenschutz in der Umgebung kerntechnischer Anlagen von 1999 (GMBl. 1999, 538), an dem sich zuvor sowohl die Behörden als auch die Rechtsprechung orientiert hatten. Durch die von der Rechtsprechung vorgenommene Erweiterung der erforderlichen Schadensvorsorge (Nr. 3) bzw. des erforderlichen Schutzes (Nr. 5) werden alle Maßnahmen, welche die Behörden im Bereich der Einwirkungen Dritter vom Betreiber der Anlage verlangen (vgl. im Einzelnen → Rn. 79 und 83), in den Bereich des Drittschutzes einbezogen. Es besteht jedoch kein Anspruch auf Vornahme konkreter Maßnahmen, sondern nur auf Gewährleistung des von der zuständigen Behörde zu definierenden Schutzniveaus (*Leidinger* in NK-AtomR § 7 Rn. 218 unter Hinweis auf BVerwGE 131, 129 (139) = NVwZ 2008, 1012 (1014 ff.)). Allgemein zum Rechtsschutz → Rn. 114 ff.

6. Überwiegende öffentliche Interessen

§ 7 Abs. 2 Nr. 6 bestimmt schließlich, dass „überwiegende öffentliche Interessen", insbesondere im Hinblick auf die Umweltauswirkungen, der Wahl des Standorts der Anlage nicht entgegenstehen dürfen. Da die Standortfindung ohnehin nach den einschlägigen Maßgaben des Raumordnungsrechts und der Umweltverträglichkeitsprüfung vorzunehmen ist, hat diese Regelung (nicht zuletzt vor dem Hintergrund des Neubauverbots) in der Praxis keine eigenständige Bedeutung. 87

V. Stilllegung von Anlagen (Abs. 3)

Anders als etwa im BImSchG bedürfen gem. § 7 Abs. 3 AtG der Genehmigung auch die *Stilllegung* (also die endgültige und dauerhafte Einstellung des vollständigen Betriebs, nicht nur des Leistungsbetriebs) eines Kernkraftwerks sowie der *sichere Einschluss* der endgültig stillgelegten Anlage (verstanden als Zustand, bei dem das dort verbleibende Aktivitätsinventar für einen längeren Zeitraum ohne Gefährdung Dritter aufbewahrt werden kann) und der *Abbau* der Anlage oder von -teilen (Demontage). Die Begriffe werden nicht immer einheitlich verwandt (vgl. *Leidinger* Stilllegung 97 ff.; *Junker*, Stilllegungs-, Einschluss- und Abbaugenehmigung für Kernkraftwerke, 27 ff.; *Kurz* Stilllegung 78 ff.; *Breuer* DVBl 2005, 1359). Dabei ist Stilllegung im juristischen Sinne – dh eng – zu verstehen, nicht – wie im technischen Bereich – als Oberbegriff für alle Maßnahmen im Anschluss an den Nichtleistungsbetrieb bis zur „grünen Wiese" (vgl. dazu BVerwG NVwZ 1988, 913; instruktiv Stilllegungsleitfaden des BMUB v. 23.6.2016 unter Ziff. 8). In den letzten Jahren sind Stilllegungsprojekte verstärkt in den Fokus auch der juristischen Auseinandersetzung geraten. Insgesamt (Stand: 6/17) liegen in Deutschland Erfahrungen aus 39 und bei Berücksichtigung von Forschungsreaktoren mit maximalen thermischen Leistungen von 1 kW und weniger bereits von 58 Stilllegungsprojekten für kerntechnische Anlagen vor (siehe *Brenk*, Systemplanung, „Stilllegung und Rückbau kerntechnischer Anlagen"), einschließlich abgeschlossener Rückbauten bis zur „grünen Wiese" (vgl. etwa den weit fortgeschrittenen Rückbau des KKW Würgassen, bei dem eine Entlassung aus der atomrechtlichen Überwachung vorbereitet wird, vgl. Pressemitteilung PreussenElektra vom 8. Juni 2017). Gleichwohl gibt es zahlreiche weitere Rechtsfragen, wobei inzwischen eine erste, sehr umfangreiche obergerichtliche Entscheidung vorliegt (VGH München NVwZ 2019, 1372): 88

1. Nichtleistungsbetrieb

Das Ende der Stromproduktion ist nicht identisch mit der Stilllegung. Mit dem Erlöschen der Berechtigung zum Leistungsbetrieb darf zwar keine Elektrizität mehr produziert werden; es besteht also de facto ein Anlagenzustand wie bei einer Revision oder einem sonstigen **Anlagenstillstand.** Die anderen Regelungsgehalte und Gestattungen der atomrechtlichen Genehmigung nach § 7 Abs. 1 bleiben indessen unberührt (→ Rn. 24). In dieser Phase besteht für den Betreiber ein erhebliches Interesse daran, sowohl die Anlage den Anforderungen des dauerhaften Nichtleistungsbetriebs anzupassen als auch vorbereitende Maßnahmen für die Stilllegung und den Abbau durchzuführen. Zu ersteren gehören etwa die anforderungsgerechte Anpassung des Betriebsreglements und der Personalstärke oder der Entfall 89

AtG § 7   Zweiter Abschnitt Überwachungsvorschriften

von Wartungen und Kontrollen an nicht mehr erforderlichen Systemen; bei letzteren stehen Maßnahmen wie die Herstellung zusätzlicher Flächen für die Lagerung radioaktiver Stoffe oder Transportwege, die dauerhafte Außerbetriebsetzung nicht mehr benötigter Systeme oder Ausbau und Entsorgung nicht nuklearer Anlagenteile in Rede (Einzelheiten und weitere Beispiele bei *Braun*, 14. AtRS 2013, 222 (228f.); *Leidinger* Stilllegung 97 (103ff.)). Ob solche Maßnahmen noch von der Betriebsgenehmigung erfasst sind oder schon einer eigenständigen Stilllegungs- und Abbaugenehmigung (SAG) bedürfen, ist abhängig vom Verhältnis dieser beiden Genehmigungen zueinander und Anlass zu mehreren Rechtsstreitigkeiten geworden.

2. Verhältnis von Betriebs- und Stilllegungsgenehmigung

90   Angesichts der beiden Genehmigungstatbestände in § 7 Abs. 1 und Abs. 3 stellt sich die Frage nach deren Abgrenzung. Dabei weist § 7 Abs. 3 S. 3 auf eine **Schnittstelle** zwischen ihnen hin: Danach bedarf es einer gesonderten Stilllegungsgenehmigung nach Abs. 3 nicht, soweit die geplanten Maßnahmen bereits Gegenstand einer Genehmigung nach Abs. 1 oder einer Anordnung gem. § 19 Abs. 3 AtG gewesen sind; schon diese Regelung zeigt, dass es einen **Überschneidungsbereich zwischen den Genehmigungstatbeständen** der Abs. 1 und 3 geben kann, wonach bestimmte Maßnahmen sowohl der einen als auch der anderen Genehmigung zugeordnet werden können. Demgemäß geht auch die **Begründung des Gesetzentwurfs** zu § 7 Abs. 3 AtG davon aus, dass Stilllegungsmaßnahmen bereits Gegenstand der Errichtungs- und Betriebsgenehmigung sein können (BT-Drs. 7/5293, 2; *Fischerhof* Dt. AtomG § 7 Rn. 21; *Ruttloff/Teichgräber* NVwZ 2016, 1119 (1124)). Insofern ist geklärt, dass Maßnahmen der betrieblichen Praxis regelmäßig bereits von der Betriebsgenehmigung erfasst sind, auch wenn sie nach Beendigung des Leistungsbetriebs stilllegungsvorbereitenden Charakter haben können – wie etwa das Entladen und Entfernen der Brennelemente aus der Anlage oder die Anlagen- und Systemdekontamination (vgl. Stilllegungsleitfaden Ziff. 3.3; *Kurz* Stilllegung 288; *Braun,* 14. AtRS 2013, 222 (229); *Leidinger* Stilllegung 97 (104)). Nahezu alles andere ist streitig.

91   Dabei ist von folgenden Maßgaben auszugehen: Die Stilllegungs- und Abbaugenehmigung nach Abs. 3 kann die Betriebsgenehmigung gem. Abs. 1 vollständig ersetzen, aber dies auch nur teilweise und sukzessive tun, so dass für eine gewisse Zeit beide Genehmigungen nebeneinander stehen und ihren je eigenen Regelungsgehalt entfalten; maßgeblich ist die **Dispositionsfreiheit des Antragstellers.** Er mag sich – durchaus im Interesse größerer Übersichtlichkeit, aber dann angesichts der Vielzahl von Genehmigungen und aufsichtlichen Zulassungen im Verlauf eines jahrzehntelangen Anlagengeschehens mit dem Risiko einer möglichen Regelungslücke – für eine umfassende Ersetzung entscheiden; ebenso kann er sich zur Erhaltung der **Bestandskraft** seiner Betriebsgenehmigung entschließen und die dortigen Regelungen nicht erneut zur Disposition stellen (*Ruttloff/Teichgräber* NVwZ 2016, 1119 (1123); *Breuer* DVBl. 2005, 1359 (1362f.); *Braun,* 14. AtRS 2013, 222 (238f.); *Müller-Dehn* AtRT 2002, 197 (198); *Schirra* in SSSJ EnergieR Kap. 26 Rn. 19f.). Danach kann die Betriebsgenehmigung zunächst in Teilen weiter gelten und dann durch eine SAG nach und nach ersetzt werden. Auch das BMUB geht für die Verwaltungspraxis davon aus, dass Betriebs- und Stilllegungsgenehmigung nebeneinander existieren können („Wird die Betriebsgenehmigung mit der Stilllegungsgenehmigung nicht vollständig aufgehoben, bleiben die

nicht geänderten Bedingungen und Regelungen der Betriebsgenehmigung in Kraft.", Stilllegungsleitfaden Ziff. 4.2).

Ist eine Genehmigung danach nicht erforderlich, weil und soweit die geplanten 92 Maßnahmen bereits Gegenstand des nach § 7 Abs. 1 S. 1 AtG Zugelassenen sind, müssen sie auch **nicht** in einem weiteren Genehmigungsverfahren **erneut abgearbeitet** werden. Die schon genehmigten Aspekte sind nicht einer nochmaligen Prüfung zu unterwerfen (*Breuer* DVBl. 2005, 1360 und 1363; *Ruttloff/Teichgräber* NVwZ 2016, 1119 (1124)). Das zeigt sich beispielsweise an der Regelung zum sogenannten Restbetrieb, also derjenigen Systeme, Komponenten und Verfahrensabläufe, die auch für die Stilllegungs- und Abbaumaßnahmen notwendig sind. Diese Betriebsregelungen können zwar in eine SAG aufgenommen werden; sie existieren aber bereits im Rahmen der ursprünglichen Betriebsgenehmigung, so dass es einer (inhaltsgleichen) Neuregelung nicht bedarf. Aus diesem Grund kommt es auch nicht zu *„Doppelprüfungen"* (aA *Schattke* AtRT 2002, 176); durch das abgestimmte Nebeneinander beider Genehmigungen werden erneute Beurteilungen schon abgearbeiteter und zugelassener Sachverhalte gerade vermieden. Ebenso fehlt es an „Doppelregelungen", die bei richtiger **Abschichtung der Regelungsbereiche** vielmehr ausgeschlossen werden können. Dieses Verständnis entspricht strukturell der Judikatur, wonach in einer Betriebsgenehmigung nicht erneut Aspekte zu beurteilen sind, die bereits in der Errichtungsgenehmigung beschieden sind (VGH Mannheim Beschl. v. 25.9.2012 – 10 S 731/12, juris-Rn. 55 = BeckRS 2012, 57802).

Maßnahmen, die mangels Wesentlichkeit keiner **Veränderungsgenehmigung** 93 gem. § 7 Abs. 1 bedürfen, sondern im Aufsichtswege nach § 19 zugelassen werden, benötigen auch keine Genehmigung gem. § 7 Abs. 3. Das folgt daraus, dass die Stilllegungsgenehmigung rechtskonstruktiv eine wesentliche Änderung zur Betriebsgenehmigung nach § 7 Abs. 1 darstellt und vor Einführung der eigenständigen Genehmigungspflicht gem. Abs. 3 auch als solche verstanden wurde. Nicht genehmigungsbedürftige Änderungen bedürfen somit weder einer Genehmigung nach Abs. 1 noch Abs. 3, sondern lediglich einer aufsichtlichen Zulassung (*Braun*, 14. AtRS 2013, 230). Dafür spricht nicht zuletzt die Nennung von § 19 Abs. 3 in § 7 Abs. 3 S. 3.

Ein vollständiges Erlöschen der Betriebsgenehmigung durch Erlass einer SAG ist 94 nach alledem nicht zwingend. Dies müsste wegen der weitreichenden Auswirkungen jedenfalls ausdrücklich beantragt und geregelt werden, denn die Betriebsgenehmigung ist bestandskräftig und müsste deshalb entweder **aufgehoben** werden oder Gegenstand einer ausdrücklichen **Verzichtserklärung** sein (*Wittkamp*, Die rechtlichen Rahmenbedingungen des Rückbaus von Kernkraftwerken, 65 f.; vgl. auch *Kurz* Stilllegung 83 f.; *Ruttloff/Teichgräber* NVwZ 2016, 1119 (1124 f.)). Ein solcher Verzicht ist in dem Antrag auf Erteilung einer SAG nicht per se konkludent erklärt (aA *Rebentisch* DVBl. 1992, 1255 (1257)). Denn die **Interessenlage** des Betreibers, der die Bestandskraft seiner Genehmigung verlöre und deren kompletten Regelungsgehalt zur Disposition einer neuen behördlichen Entscheidung nach dem dann aktuellen Stand von Wissenschaft und Technik stellte – mit der Möglichkeit Dritter zu umfassendem Rechtsschutz –, geht in aller Regel gerade nicht in diese Richtung.

Schließlich ist zu beachten, dass sich die **Grenzziehung** zwischen den Geneh- 95 migungsregimen der Abs. 1 und 3 aufgrund des gesetzlich angeordneten Erlöschens der Berechtigung zum Leistungsbetrieb durch die 13. AtG-Novelle weiter zugunsten der Regelungsmöglichkeiten des Abs. 1 verschoben hat. Denn die alte Abgrenzung, wonach in der Betriebsgenehmigung keine Regelungen enthalten sein dürfen, die inhaltlich im Widerspruch zum Leistungsbetrieb stehen, ist in ihrer bisherigen Ausprägung obsolet geworden (dazu *Scheuten* atw 2012, 156; *Posser* DAI 135 (197); *de Witt* DVBl. 2012, 951; kritisch *Veit*, 14. AtRS 2013, 193 (210ff.)). Denn zur **Abgrenzung** der Genehmigungsregime hatte die herrschende Auffassung (vgl. *Kurz* Stilllegung 83ff. (insbes. 85)) folgende Grundsätze entwickelt: In der Nachbetriebsphase darf das Kraftwerk nicht in einer Art und Weise verändert werden, die mit dem von der Betriebsgenehmigung zugelassenen Anlagenbetrieb nicht mehr vereinbar ist. Die Veränderung solcher Vorkehrungen und der Abbau von Anlagenteilen, die gerade den sicheren Betrieb der Anlage gewährleisten, sowie wesentliche Veränderungen des Betriebsreglements, welche die endgültige Aufgabe des Leistungsbetriebs bewirken oder voraussetzen, sind mithin nur auf der Grundlage einer entsprechenden Genehmigung nach § 7 Abs. 3 AtG zulässig. Umgekehrt folgt daraus, dass in der Nachbetriebsphase (nur) solche Maßnahmen statthaft sind, die hinsichtlich der Betriebsfähigkeit des Kraftwerks keine vollendeten Tatsachen schaffen, mithin rückgängig gemacht werden können. Denn Änderungsgenehmigungen sind nach allgemeinen verwaltungsrechtlichen Maßgaben nur insoweit zulässig, als sie das von der zu ändernden Genehmigung umfasste Vorhaben zwar (wesentlich) verändern, aber in seiner **Identität unberührt** lassen; durch die Änderungsgenehmigung darf kein „aliud" entstehen. Zum Berechtigungsinhalt der atomrechtlichen Vollgenehmigung gehören etwa der Leistungsbetrieb, der vorübergehende und dauerhafte Nichtleistungsbetrieb sowie die betriebsbezogene Aufbewahrung von und der Umgang mit Kernbrennstoffen und sonstigen radioaktiven Stoffen. Von einer Änderungsgenehmigung dürfen folglich nur solche Inhalte gestattet werden, die nicht im Widerspruch zu diesen Legitimationsgehalten stehen. Änderungen, die insbesondere dem in der Betriebsgenehmigung gerade gestatteten **Leistungsbetrieb** entgegenstehen oder ihn gar unmöglich machen, können nicht zulässiger Regelungsinhalt einer Änderungsgenehmigung nach § 7 Abs. 1 AtG sein. Dazu gehören insbesondere irreversible Maßnahmen hinsichtlich der für den Anlagenbetrieb erforderlichen Vorkehrungen, Anlagenteile und Abläufe.

96 Dieses **Verhältnis** hat sich jedoch mit Inkrafttreten der **13. AtG-Novelle verändert.** Bei den Kernkraftwerken der Gruppe 1 (→ Rn. 22) ist das Recht zum Leistungsbetrieb bereits kraft Gesetzes vom 6.8.2011 erloschen. Dies führt dazu, dass der **Regelungsgehalt** der – weiterhin existenten – **Betriebsgenehmigung** um eben diese Gestattung zum **Leistungsbetrieb verkürzt** worden ist, die übrigen Genehmigungsbestandteile aber weiterhin in Kraft sind. Das wiederum hat zur Folge, dass die Zulässigkeit von etwaigen Maßnahmen in der Nachbetriebsphase rechtsdogmatisch nicht mehr danach zu bemessen ist, ob sie dem Leistungsbetrieb widersprechen, da genau dieser von Gesetzes wegen erloschen ist. Damit dürften dann konsequenterweise aber auch Maßnahmen ergriffen werden, die inhaltlich im Widerspruch zur – nicht mehr legalen – Ausübung des Leistungsbetriebs stehen. Zulässig sind danach insbesondere Veränderungen an solchen Anlagenteilen, die ausschließlich für den Leistungsbetrieb und den vorübergehenden Nichtleistungsbetrieb (Revision) sicherheitstechnisch erforderlich sind. Unzulässig bleiben Änderungsmaßnahmen, die dem – nach wie vor – noch gestatteten dauerhaften Nichtleistungsbetrieb sowie der Gestattung der Aufbewahrung von und des Umgangs mit Kernbrennstoffen und sonstigen radioaktiven Stoffen entgegenstehen. Insoweit haben sich hier die Optionen der Kraftwerksbetreiber, Stilllegungsmaßnahmen bereits im Vorfeld einer Genehmigung gem. § 7 Abs. 3 AtG und unbeschadet etwaig schon vorhandener Regelungen in der Errichtungs- und Betriebsgenehmigung durchzuführen, nicht unerheblich vergrößert.

3. Rangfolge der Alternativen

Während sich die endgültige Stilllegung als technisch erster Schritt an den Betrieb der Anlage anschließt, bestand zwischen den nachfolgenden Tatbestandsalternativen sicherer Einschluss und Abbau **Gleichrangigkeit;** § 7 Abs. 3 S. 1 gab insoweit keine Rangfolge vor, sondern überließ dies der Entscheidung des Betreibers (*Leidinger* EnergieanlagenR 240; *Fillbrandt/Paul* in Danner/Theobald, Energierecht, 88. EL März 2016, § 7 Abs. 3 Rn. 8 f.; *Schirra* in SSSJ EnergieR Kap. 26 Rn. 19). Eine Rückbauverpflichtung ergab sich auch nicht aus dem Baurecht, da das AtG als lex specialis vorgeht und eine Gleichwertigkeit der Handlungsoptionen normierte (aA Johlen FS Sellner, 2010, 373 ff.). Allerdings ist durch das Gesetz zur Neuordnung der Verantwortung in der kerntechnischen Entsorgung vom 27.1.2017 (BGBl. I 114) eine Änderung eingeführt worden, wonach Anlagen, deren Berechtigung zum Leistungsbetrieb erloschen ist, **unverzüglich stillzulegen und abzubauen** sind; lediglich im Einzelfall kann für Anlagenteile eine vorübergehende Ausnahme zugelassen werden, und solange dies aus Gründen des Strahlenschutzes erforderlich ist. Die bisherige Wahlfreiheit des Anlagenbetreibers ist danach einem grundsätzlichen **Vorrang** des **unverzüglichen Rückbaus** gewichen. Dies entspricht dem Bemühen des Gesetzgebers, das Kapitel Kernenergie möglichst rasch zu beenden (BT-Drs. 18/10469, 38). Für die Praxis bedeutet es indessen keine grundlegende Veränderung der Stilllegungskonzeption, da bislang alle Betreiber ohnehin die schnellere Rückbauvariante gewählt haben.

4. Einschlägiger Schutzstandard/Kein Versagungsermessen

Im Rahmen der Genehmigung einer Stilllegung gilt **§ 7 Abs. 2 sinngemäß;** es besteht folglich keine unmittelbar-vollständige Geltung. Der Gesetzgeber hat damit zum Ausdruck gebracht, dass es einen Unterschied hinsichtlich des zu gewährleistenden Schutzes bei einer Errichtungs- und Betriebsgenehmigung einerseits und einer Stilllegungs- und Abbaugenehmigung andererseits gibt. Infolgedessen ist eine **schutzzielbezogene Prüfung** vorzunehmen, die sich am verminderten Risiko- und Gefährdungspotential der Anlage orientiert; die Besonderheiten des Stilllegungsbetriebs sind zu berücksichtigen (*Breuer* DVBl. 2005, 1363; *Fillbrandt/Paul* in Danner/Theobald, Energierecht, 88. EL März 2016, § 7 Abs. 3 Rn. 17; *Ruttloff/ Teichgräber* NVwZ 2016, 1119 (1123); *Posser* INLA 2006, 289 (300); Stilllegungsleitfaden Ziffern 2.1 und 3.5). Maßgeblich kommt es auf das noch vorhandene **nukleare Gefahrenpotential** an, denn die Genehmigungspflicht dient in erster Linie dem Schutz vor nuklearspezifischen Gefahren (OVG Münster NVwZ-RR 1994, 143 (144 und 146)). Damit ist ein an die – reduzierten – Gefahren angepasster Schutz notwendig, aber auch hinreichend. Obgleich § 7 Abs. 3 S. 2 AtG auf § 7 Abs. 2 AtG verweist, ist der **Bewertungsmaßstab** dafür, ob die nach dem Stand von Wissenschaft und Technik erforderliche Schadensvorsorge gewährleistet ist, deshalb ein anderer. Denn bei der Genehmigung von Errichtung und Betrieb einer kerntechnischen Anlage geht es darum, sie im materiellen *Ergebnis* so zu betreiben, dass Schäden nach dem Maßstab praktischer Vernunft ausgeschlossen sind. Bei ihrem Abbau ist dagegen Ziel der Prüfung, ob der *Prozess* auf dem Weg zu einem schadlosen Endzustand (sei es in Gestalt einer weitgehend kontaminationsfreien Betonstruktur, sei es einer „grünen Wiese") so geplant ist, dass dieser Maßstab beachtet wird. Das zeigt sich beispielsweise daran, dass sich die nach § 7 Abs. 3 S. 2 iVm Abs. 2 Nr. 2 geforderten Kenntnisse des Personals auf die Stilllegung beziehen müssen und nicht mehr auf den Leistungsbetrieb (*Fillbrandt/Paul* in Danner/Theobald, Energierecht, 88. EL März 2016, § 7 Abs. 3 Rn. 17). Dieser Schutzzielbezug führt etwa dazu, dass beim Erlass der Stilllegungsgenehmigung der bereits genehmigte Bestand nicht erneut zu prüfen ist. Darüber hinaus muss das jeweilige Kernkraftwerk auch nicht den heute gültigen Maßstäben von Wissenschaft und Technik entsprechen, da es sich um eine *zulässig geälterte* Anlage handelt, die gerade stillgelegt und abgebaut werden soll (VGH Mannheim EnWZ 2015, 135 Rn. 112; *Breuer* DVBl. 2005, 1363; *Ruttloff/Teichgräber* NVwZ 2016, 1119 (1123)). Nachrüstungsforderungen, die allenfalls für einen fortgesetzten Betrieb einschlägig sein könnten, sind deshalb im Kontext einer SAG irrelevant.

99 Schließlich bedeutet der Verweis auf die sinngemäße Geltung des Abs. 2 **nicht,** dass insoweit auch ein **Versagungsermessen** bestünde; denn für eine solche Ausnahmekonstellation, wie sie dieser Rechtsfigur als Begründung zugrunde liegt (→ Rn. 37), gibt es bei Stilllegungen keinen Grund (vgl. dazu im Einzelnen *Posser* INLA 2006, 289 ff.; *Schirra* in SSSJ EnergieR Kap. 26 Rn. 44 f.; *Leidinger* in NK-AtomR § 7 Rn. 234 f.). Im Übrigen gibt es jahrzehntelange Erfahrungen mit der Stilllegung und dem Abbau kerntechnischer Anlagen, so dass es dieser Besonderheit bei einer präventiven Kontrollerlaubnis nicht bedarf. Bei Einhaltung der Tatbestandsvoraussetzungen besteht deshalb ein Anspruch auf Genehmigungserteilung.

5. Genehmigung in Teilschritten

100 Je nach Antragstellung können die beabsichtigten Stilllegungsmaßnahmen mit einer einzigen Genehmigung oder in Teilschritten geregelt werden, die dann in mehreren Genehmigungen gem. § 7 Abs. 3 abgearbeitet werden (Stilllegungsleitfaden Ziff. 4.3). Gerade bei größeren Projekten hat sich eine Aufteilung in technisch abgrenzbare Schritte bewährt. Nach **§ 19b Abs. 1 S. 1 AtVfV** ist vorgesehen, dass in dem Verfahren zur ersten Stilllegungsgenehmigung die geplanten **Maßnahmen** und deren verfahrensmäßige Umsetzung **insgesamt** in den Blick zu nehmen sind; dies soll die Beurteilung ermöglichen, ob die beantragten Schritte weitere Maßnahmen nicht erschweren oder gar verhindern und ob eine sinnvolle Abbaureihenfolge vorgesehen ist („Gesamtkonzept"); damit ist aber kein vorläufig positives Gesamturteil wie bei Teilgenehmigungen mit seiner Verklammerungsfunktion verbunden. Ein solches Vorgehen entspricht der herrschenden Meinung (Stilllegungsleitfaden Ziff. 3 und 4.3; *Braun,* 14. AtRS 2013, 222 (237); *de Witt* DVBl 2012, 951 (953); *Leidinger* Stilllegung 97 (109)). Auch die **Rechtsprechung** hat diese Ausgestaltung des Genehmigungsverfahrens bestätigt. In den nach **§ 19b Abs. 1 S. 1 AtVfV** vorzulegenden Unterlagen müssen indessen nicht alle Abbauschritte genehmigungsfähig beschrieben werden; ebenso wenig ist es rechtlich geboten, einzelne Abbau- und Zerlegemethoden spezifischen Anlagen und Komponenten zuzuordnen (VGH Mannheim EnWZ 2015, 135 Rn. 72 ff.). Die Detailplanung ist nur Teil der Stilllegungs**planung,** nicht des Stilllegungs**konzepts**. Sind mehrere Schritte vorgesehen, kann sich die Detaillierung auf die jeweilige Phase beziehen (vgl. ESK – Empfehlung der Entsorgungskommission vom 16.3.2015, Leitlinien zur Stilllegung kerntechnischer Anlagen, 7; s. auch Stilllegungsleitfaden Ziffer 3).

6. Detailprüfung in der Aufsichtsphase

Eine Verlagerung einzelner Prüfungen in die Aufsichtsphase ist zulässig; darin 101 liegt kein von vornherein unzulässiger Konflikttransfer. Das ist unter anderem darin begründet, dass nicht jeder Prozessschritt bereits Jahre im Voraus geplant werden kann, was auch wenig sinnvoll wäre, da zukünftige technische Entwicklungen und Erfahrungen unberücksichtigt bleiben würden. Anderenfalls müssten **zahllose** nur sehr **kleinteilige Genehmigungen** für immer neue Stilllegungsabschnitte erteilt werden. Das widerspräche den Vorgaben der Verfahrensökonomie und wäre auch nicht sachgerecht, um einen zügigen Rückbau zu erreichen. Da heutzutage eine große Zahl erprobter und bewährter Technologien für Dekontamination und Zerlegung von Anlagen oder -teilen zur Verfügung steht und die Betriebssicherheit, das Emissionsverhalten, die anzuwendenden Maßnahmen zum radiologischen Arbeitsschutz und die Kosten hierfür bekannt sind, reicht es im Rahmen des Genehmigungsverfahrens aus, wenn diese bekannten Verfahren in hinreichendem Umfang sicherheitstechnisch beschrieben und die Randbedingungen für deren Anwendung festgelegt werden. Es ist dann der **Detailplanung** zu überlassen, welche Dekontaminations- und Abbautechniken bei den dosisrelevanten Zerlegeschritten angewendet werden (Stilllegungsleitfaden Ziffer 3.6). Eine Abbaugenehmigung hat deshalb typischerweise die grundsätzliche Durchführbarkeit des Abbaus, dessen Reihenfolge, die Rückwirkungsfreiheit auf noch erforderliche Systeme, die Anforderungen an Abbaueinrichtungen und –verfahren sowie die getroffenen Vorsorgemaßnahmen zur Einhaltung der maßgeblichen Schutzziele in den Blick zu nehmen. Die weitere, stufengerechte Detaillierung durch die Ausarbeitung von Abbaupaketen, Abbauplänen, Arbeitserlaubnissen etc. ist nicht Gegenstand dieser Genehmigung, sondern erfolgt in deren Ausnutzung und nach ihren Maßgaben unter aufsichtlicher Kontrolle gem. § 19. Eine so konturierte „Wesentlichkeitstheorie" steht im Einklang mit der Verfahrensregelung des § 19b Abs. 1 S. 1 AtVfV und dem Stilllegungsleitfaden des BMUB.

7. Keine Leerung des Brennelementlagerbeckens erforderlich

Eine Leerung des Brennelementlagerbeckens vor Beginn der Abbaumaßnahmen 102 ist nicht notwendig. Die Kernbrennstofffreiheit der Anlage ist keineswegs Grundvoraussetzung für die Vornahme von Abbauarbeiten (vgl. Stilllegungsleitfaden Ziffer 3.5; VGH Mannheim EnWZ 2015, 135 Rn 90; *Braun*, 14. AtRS 2013, 222 (237f.); *Ruttloff/Teichgräber* NVwZ 2016, 1119 (1123)). Das Vorhandensein von Brennelementen führt lediglich dazu, dass sich der **Schutzzielkanon** gegenüber einer sonstigen Stilllegung um diejenigen der Unterkritikalität und der Nachwärmeabfuhr erweitert. Befinden sich noch Brennelemente in der kerntechnischen Anlage, so ist für geplante Abbaumaßnahmen deren **Rückwirkungsfreiheit** auf einen sicheren Betrieb der zur Einhaltung der maßgeblichen Schutzziele erforderlichen Systeme und Komponenten darzustellen (Stilllegungsleitfaden Ziffer 3.5).

8. Freigabe eigenständig

Die Freigabe gem. § 32 Abs. 1, § 33 Abs. 1 StrlSchV, also die Entlassung radio- 103 aktiver Stoffe oder kontaminierter Gegenstände aus dem atom- und strahlenschutzrechtlichen Regelungsregime, stellt einen **eigenen Verwaltungsakt** dar, der nicht Gegenstand des Stilllegungsverfahrens ist (Stilllegungsleitfaden Ziffer 6.2.). Der zuständigen Behörde bleibt es gem. § 41 Abs. 1 StrlSchV unbenommen, die Freigabe in einem gesonderten Bescheid zu regeln. Dabei können die Methoden der Freimessung mit Zustimmung der Aufsichtsbehörde im **Betriebsreglement** festgeschrieben werden (ESK – Empfehlung zur Stilllegung kerntechnischer Anlagen v. 16.3.2015, 8). Im Übrigen betrifft die Freigabe nicht den drittschützenden Bereich der Schadensvorsorge, wenn die Grenzwerte eingehalten werden (VGH München NVwZ-RR 1995, 136, 138; siehe auch VGH Mannheim EnWZ 2015, 135 Rn. 86); denn per definitionem werden nur solche Stoffe freigegeben, die nicht (mehr) als radioaktive Stoffe gelten und damit aus der atomrechtlichen Überwachung entlassen wurden (vgl. *Ewen/Holte/Huhn,* Die neue Strahlenschutzverordnung, 2001, StrlSchV § 29 S. 114 aE).

9. Vermaschung

104 Bei der sachmateriellen Prüfung der Stilllegungsgenehmigung sind insbesondere die Auswirkungen auf die übrigen Anlagen und ihrer Teile auf dem Kraftwerksgelände mit ihrer je eigenen Genehmigungssituation zu beachten. Das gilt etwa für noch im Restbetrieb befindliche Bereiche des Kernkraftwerks oder das jeweilige standortnahe Zwischenlager. Soweit dies nicht schon in jenen Genehmigungen adressiert worden ist, bedarf es inhaltlicher wie verfahrenstechnischer Abstimmungen in der Stilllegungsgenehmigung selbst. So werden typischerweise für jedes Stillsetzungsvorhaben rechtzeitig vor der Durchführung Unterlagen vorgelegt, anhand derer insbesondere die **Rückwirkungsfreiheit** einzelner Maßnahmen auf die jeweils zu betrachtenden Anlagen geprüft wird. Die Verbindung zu anderen Tätigkeiten auf dem Kraftwerksgelände ist mithin ein wichtiger Prüfaspekt, aber kein automatischer Hinderungsgrund für eine auf Stilllegung und Abbau der Kernkraftwerke oder Teile davon beschränkte Genehmigung.

10. Zwischenlager und Bearbeitungseinrichtungen

105 Aufgrund der nach wie vor nicht verbindlich feststehenden Verfügbarkeit des Endlagers „Schacht Konrad" für leicht- und mittelradioaktive (LAW-)Abfälle bedarf es zur Umsetzung eines Abbaus der Kernkraftwerke entsprechender Zwischenlagerkapazitäten und Reststoffbearbeitungseinrichtungen am Standort selbst. Dies kann sowohl Gegenstand einer SAG gem. § 7 Abs. 3 als auch – wegen des insofern notwendigen Umgangs iSv § 5 Abs. 39 StrlSchV (zukünftig § 2 Abs. 3a Nr. 3 AtG) – separat gem. § 12 StrlSchG (§ 7 StrlSchV aF) genehmigt werden. Das entspricht der herrschenden Meinung (*Müller-Dehn* AtRT 2002, 197 (200f.); *Braun,* 14. AtRS 2013, 222 (239)), zumal in der sachmateriellen Prüfintensität kein durchgreifender Unterschied besteht. Einer eigenständigen UVP bedarf es für ein solches Zwischenlager nicht, da Ziff. 11.3 der Anlage 1 zum UVPG nur eine Lagerung „an einem anderen Ort als dem Ort, an dem diese Stoffe angefallen sind" erfasst, was hier nicht der Fall ist (so auch *Müller-Dehn* AtRT 2002, 197 (200f.); aA *Hoffmann* INLA 2000, 171 (180)). Dass dies bei eigenständigen Aufbewahrungslagern nach § 6 anders gesehen werden mag (→ § 6 Rn. 16), steht dem nicht entgegen.

11. Konventioneller Abriss

106 Der Abbau der nuklear entkernten Anlage ist – mangels nuklearspezifischen Gefährdungspotentials – nicht Regelungsgegenstand einer Genehmigung nach § 7 Abs. 3, sondern unterfällt den allgemeinen baurechtlichen Vorschriften des jeweiligen Landesrechts. Dessen Nichterwähnung in einer SAG ist also kein Defizit, sondern wesensgemäße Beschränkung des maßgeblichen Regelungsgehalts.

VI. Verfahren (Abs. 4)

Nach Maßgabe des § 24 Abs. 2 sind für die Erteilung von Genehmigungen nach § 7 die (durch die Landesregierungen bestimmten) **obersten Landesbehörden** zuständig. Allerdings unterliegen sie nach § 24 Abs. 1 iVm **Art. 85 GG** der Gesetz- und Zweckmäßigkeitsaufsicht sowie **Weisungsbefugnis** der zuständigen **obersten Bundesbehörde,** da das atomrechtliche Genehmigungsverfahren gem. **Art. 87 c GG** in **Bundesauftragsverwaltung** durchgeführt wird. Im Hinblick darauf verfügen die Länder über die sogenannte „Wahrnehmungskompetenz", werden also unmittelbar gegenüber dem Anlagenbetreiber tätig, während dem Bund die sogenannte „Sachkompetenz" (mithin die maßgebliche Beurteilung in der Sache selbst) zukommt. In bestimmten Grenzen besitzt allerdings auch der Bund die Möglichkeit, unmittelbar gegenüber den Kraftwerksbetreibern tätig zu werden (vgl. zur Auftragsverwaltung BVerfGE 81, 310 = NVwZ 1990, 955; BVerfG NVwZ 2002, 585; *Sommermann* DVBl 2001, 1549 (1550) sowie die Beiträge von *Ossenbühl, Sternberg* und *Badura,* 9. AtRS 1991). Diese Weisungsbefugnis spielt im Genehmigungsverfahren insbesondere dann eine Rolle, wenn es im Zuge der notwendigen Behördenbeteiligung gem. § 7 Abs. 4 S. 1 zu Meinungsverschiedenheiten kommt (S. 2). 107

Während die materiellen Anforderungen an die Genehmigung im AtG und ausführenden Rechtsverordnungen (insbesondere der StrlSchV) geregelt sind, ist für das **Verfahren** der Erlass einer eigenständigen Verordnung vorgesehen (vgl. BR-Drs. 524/76, 1). Das AtG gibt insofern nur generelle Leitlinien vor; gemäß der entsprechenden Regelungsnorm des § 7 Abs. 4 S. 3 wird das Genehmigungsverfahren nach den Grundsätzen der §§ 8, 10 Abs. 1–4, 6–8, 10 S. 2 (nicht § 13, dazu → § 8 Rn. 3) und 18 BImSchG ausgestaltet; das ist mit der atomrechtlichen Verfahrensverordnung (AtVfV, zuletzt geändert am 20.7.2017 (BGBl. I 2808)) umgesetzt worden. Dabei bedeutet der Verweis auf das BImSchG in der Ermächtigungsgrundlage nicht, dass dessen Vorschriften ohne atomrechtliche Umsetzung automatisch gelten würden. Gegenläufige Ansichten, wonach etwa § 18 Abs. 1 Nr. 2 BImSchG (Erlöschen der Genehmigung bei dreijährigem Nichtbetrieb) trotz fehlender Entsprechung in der AtVfV gelte, treffen nicht zu. Abgesehen davon, dass auch ein Nichtleistungsbetrieb Betrieb im Sinne des Gesetzes ist und deshalb schon die Tatbestandsvoraussetzungen jener Norm nicht greifen, fehlt es an einer Regelungslücke. Denn für ein Kernkraftwerk gilt das BImSchG gem. dessen § 2 Abs. 2 S. 1 nicht und der Gesetzgeber hat in §§ 7 Abs. 1a, 17 AtG schlicht eine andere Entscheidung getroffen. 108

Form und Inhalt des **Genehmigungsantrags** sind in § 2 AtVfV vorgeschrieben. Dieser muss so beschaffen sein, dass sowohl der zuständigen Behörde die Prüfung der Genehmigungsvoraussetzungen als auch der Öffentlichkeit eine hinreichende Einschätzung des Vorhabens möglich ist. Ihm sind umfangreiche Unterlagen beizufügen (§ 3). Hinsichtlich der Umweltverträglichkeitsprüfung legt § 2a AtG fest, dass sich die materielle UVP-Pflichtigkeit eines Vorhabens nach Maßgabe des UVPG und seiner Anlage, ihre verfahrensrechtliche Durchführung dagegen allein nach den Regelungen der AtVfV richtet (→ § 2a Rn. 2). Die **Vorgaben** der **AtVfV gehen** somit denjenigen des **UVPG vor.** Dies folgt auch aus § 1 Abs. 4 S. 1 Var. 1 UVPG selbst, wonach solche Rechtsvorschriften Vorrang haben, welche 109 die Prüfung der Umweltverträglichkeit näher bestimmen (so schon die Begründung des damaligen Gesetzentwurfs zu § 4 UVPG aF BT-Drs. 11/3919, 23; vgl. auch VGH Mannheim EnWZ 2015, 135 Rn. 45; Beschl. v. 25.9.2012 – 10 S 731/12, juris-Rn. 15 = BeckRS 2012, 57802; *Gallas* in Landmann/Rohmer UmweltR UVPG § 4 Rn. 25). § 1 Abs. 4 S. 1 Var. 2 UVPG steht diesem Befund nicht entgegen. Nach dieser Vorschrift geht das UVPG anderen Vorschriften zur Umweltverträglichkeitsprüfung vor, wenn sie dessen wesentliche Anforderungen nicht beachten (und nicht nur den Anforderungen nicht entsprechen, wie es noch in § 4 S. 1 UVPG aF hieß; auch darin kommt eine Zurückdrängung des UVPG gegenüber den spezialgesetzlichen Vorschriften zum Ausdruck). Mit § 2a AtG und der AtVfV wollte der Gesetzgeber eine **abschließende Regelung** für die erforderliche Umweltverträglichkeitsprüfung in atomrechtlichen Verfahren schaffen (→ § 2a Rn. 2), zumal in den wesentlichen Anforderungen gerade eine Entsprechung besteht.

110 Die **Öffentlichkeitsbeteiligung** vollzieht sich in fünf von der AtVfV detailliert geregelten Phasen (Bekanntmachung – § 4, 5; Auslegung von Unterlagen – § 6; Einwendungen – § 7; Erörterungstermin – §§ 8–13; Zustellung/Bekanntmachung der Entscheidung – § 14–17). Die **Einwendungsbefugnis** steht – anders als die Klagebefugnis gem. § 42 Abs. 2 VwGO – jedermann zu. Gemäß § 7 Abs. 1 S. 2 AtVfV trifft der Dritten insoweit eine Mitwirkungslast, als nicht frist- und formgerecht vorgebrachte Einwendungen (zu Begriff und Anforderungen vgl. BVerwGE 61, 256 (271 ff.) = NJW 1981, 1393) *für das Verwaltungsverfahren* präkludiert sind **(formelle Präklusion)**; die zuvor geregelte materielle Präklusion, bei der ein Ausschluss auch für das gerichtliche Verfahren bestand, ist in Umsetzung des EuGH-Urteils vom 15.10.2015 (Rs. C-137/14, NVwZ 2015, 1665) durch Gesetz vom 29.5.2017 (BGBl. I 1298) geändert worden (dazu im Einzelnen → § 7b Rn. 4). Die AtVfV enthält zudem Sondervorschriften für Teilgenehmigung (§ 18), Vorbescheid (§ 19 → § 7a Rn. 2 f.) und Stilllegungsgenehmigung (§ 19b AtVfV → Rn. 100).

111 Die Genehmigung kann gem. § 17 Abs. 1 **inhaltlich beschränkt** und mit **Auflagen verbunden** werden, wenn dies zur Erreichung der in § 1 AtG bezeichneten Zwecke erforderlich ist (Einzelheiten unter → § 17 Rn. 5 ff.). Genehmigungen nach § 7 dürfen allerdings nicht befristet werden (zum Normwiderspruch dieser Bestimmung zu § 7 Abs. 1a vgl. → Rn. 24). In der Praxis ist jede Genehmigung durch die Fülle derartiger Nebenbestimmungen näher ausgestaltet (dazu ausführlich *Posser* FS Kühne, 2009, 623 (625 ff.), insbesondere zu sog. Nachweisauflagen, mit zahlreichen wN).

VII. Ortsveränderliche Anlagen (Abs. 5)

112 Da Abs. 1 nur für ortsfeste Anlagen gilt, bedurfte es einer Sonderregelung für ortsveränderliche Anlagen, wobei dem Gesetzgeber das Missgeschick unterlaufen ist, diese Anlagen ohne Bezugspunkt zu benennen; da es sich insofern auch nicht zwingend um kerntechnische Anlagen iSd § 2 Abs. 3a Nr. 1a handelt und es keine allgemeine Anwendbarkeitsbestimmung im AtG gibt, würde die Vorschrift für jedwede ortsveränderliche Anlage gelten, was ersichtlich nicht gewollt ist. In **teleologischer Reduktion** gilt Abs. 5 danach nur für solche ortsveränderlichen Anlagen, die einem der Anlagenmerkmale der Abs. 1 entsprechen. Für sie gelten die Abs. 1, 2 und 4 entsprechend. Zwischen „entsprechend" (so auch in § 6 Abs. 3 S. 2 und § 5 Abs. 3 S. 3) und „sinngemäß" (so in Abs. 3 S. 2 und Abs. 6) besteht kein inhaltlich-

qualitativer Unterschied. Stets ist zu prüfen, ob die jeweiligen Anforderungen der Sache nach, schutzzielbezogen gleichermaßen gelten. Abs. 3 ist nicht genannt, was wohl dem Umstand geschuldet ist, dass ein echter Rückbau nicht in Rede steht. Eine Stilllegung im Sinne einer endgültigen Außerbetriebsetzung ist dagegen sehr wohl denkbar. Konsequenz der Ausklammerung ist jedenfalls, dass es insofern einer Genehmigung nicht bedarf, auch keiner Veränderungsgenehmigung. Von der in S. 2 eröffneten Möglichkeit der Verfahrenserleichterung hat der Verordnungsgeber in der AtVfV nicht Gebrauch gemacht, sondern nur bezogen auf kleinere Anlagen und Schiffsreaktoren eine abweichende Norm aufgenommen (vgl. § 4 Abs. 5 AtVfV).

VIII. Grundstücksbezogene Abwehransprüche (Abs. 6)

§ 14 BImSchG ist eine Zentralvorschrift für das Verhältnis zwischen einem öffentlich-rechtlich genehmigten Anlagenbetrieb und privaten, grundstücksbezogenen Abwehransprüchen, etwa aus §§ 823, 907, 1004 BGB, Besitzschutzansprüchen oder sonstigen (insbesondere landesrechtlichen) Nachbarschaftsregelungen. Die Vorschrift normiert, dass solche (nicht auf besonderen Titeln beruhende) Ansprüche nicht dazu berechtigen, die Einstellung des Betriebs einer Anlage zu verlangen, dessen öffentlich-rechtliche **Genehmigung unanfechtbar** ist. Stattdessen können nur Vorkehrungen gefordert werden, welche die benachteiligenden Wirkungen ausschließen; ist das nach dem Stand der Technik nicht durchführbar oder wirtschaftlich nicht zumutbar, kann lediglich Schadensersatz verlangt werden (vgl. dazu die Kommentierungen zu § 14 BImSchG, etwa *Rehbinder* in Landmann/Rohmer UmweltR BImSchG § 14 Rn. 1). Es macht Sinn, diesen **Interessenausgleich** auch im Atomrecht Platz greifen zu lassen; angesichts der enormen Investitionssummen drängt sich sogar ein Erst-recht-Schluss auf. Fraglich ist, ob auch im hiesigen Kontext wie bei § 14 S. 2 BImSchG nur der „Stand der Technik" oder – wie im Zusammenhang mit § 7 Abs. 2 – der „Stand von Wissenschaft und Technik" gilt. Für Letzteres spricht, sich hierbei um eine speziell atomrechtliche Konkretisierung des Vorsorgegrundsatzes handelt und § 7 Abs. 6 nur eine „sinngemäße" Anwendung des § 14 BImSchG anordnet. Mithin streitet vieles dafür, dass der Gesetzgeber zwar die konkrete Rechtsfolge des § 14 S. 2 BImSchG zur Anwendung bringen wollte, dies aber nur unter Berücksichtigung des insoweit verschärften Vorsorgemaßstabs des AtG. Im Ergebnis handelt es sich daher um eine **tatbestandlich modifizierte Rechtsgrundverweisung.** Da ein Nachbar auch im Atomrecht umfassende Rechte besitzt und er sich gegen die öffentliche Genehmigung wehren kann, liegt in der mit § 7 Abs. 6 AtG iVm § 14 BImSchG verbundenen **Präklusion kein Verstoß gegen Europarecht** (→ § 7b Rn. 4). Das Erlöschen der Berechtigung zum Leistungsbetrieb lässt die normierte Ausschlusswirkung nicht entfallen, da immer noch eine bestandskräftig genehmigte Anlage in Rede steht. Das gilt auch für eine Stilllegungsgenehmigung und ihre (etwaigen) Auswirkungen auf Nachbargrundstücke. Wird dagegen über § 10 eine Ausnahme von der Genehmigungspflicht begründet, greift Abs. 6 nicht, da dieser sich nur auf „genehmigte Anlagen" bezieht (→ § 10 Rn. 5).

AtG § 7 Zweiter Abschnitt Überwachungsvorschriften

IX. Rechtsschutz und richterliche Kontrolldichte

114 Im Hinblick auf die Rechtsschutzkonstellationen ist zwischen den antragstellenden Energieversorgungsunternehmen und Dritten – seien es Nachbarn, Gemeinden oder Umweltvereinigungen – zu unterscheiden. Dabei sind in den letzten Jahren verstärkt europarechtliche Dimensionen zu beachten gewesen, die zu einer substantiellen Stärkung der Verfahrensrechte und zu einer Schleifung bislang in der deutschen Rechtsschutzdogmatik fest verankerter Rechtsinstitute geführt haben (vgl. dazu den Überblick bei *Schlacke*, 14. AtRS 2013, 159 ff.; *Keller* NVwZ 2017, 1080 ff. sowie die Beiträge von *Kokott/Sobottka*, *Gärditz* und *Epiney/Reitemeyer* GfU 2013).

1. Rechtsschutz der Kraftwerksbetreiber

115 Wird eine beantragte Genehmigung **versagt, inhaltlich eingeschränkt** oder mit **Nebenbestimmungen** versehen, kann sich für den Antragsteller Rechtsschutzbedarf ergeben. Aus der rechtskategorialen Einordnung der atomrechtlichen Genehmigung als **präventive Kontrollerlaubnis** (BVerfGE 49, 89 (146 f.) = NJW 1979, 359 – Kalkar; → Rn. 36) folgt, dass es sich bei einer Versagung oder Beschränkung des Beantragten um einen Eingriff in die Grundrechtsbetätigung des betroffenen Unternehmens handelt, zumindest einfaches Recht verletzt sein kann (zur Grundrechtsbetätigung vgl. zutreffend *Di Fabio* Ausstieg 84 ff.; *Gemmeke*, Nachträgliche Anordnungen im Atomrecht, 215 ff.; *Hartung* DÖV 1992, 393; zu Besonderheiten bei mehrheitlich einem ausländischen (europäischen) Staat gehörenden Betreibern vgl. BVerfGE 143, 246 Rn. 184 ff. = NJW 2017, 217 Rn. 184 ff.; zu mehrheitlich dem deutschen Staat gehörenden Unternehmen vgl. BVerfG NJW 1990, 1783). Wegen dieses Charakters als **materielle Eingriffsverwaltung** ist die **Behörde** – unabhängig von der prozessualen Situation einer Verpflichtungsklage – für das Vorliegen der Versagungsgründe **darlegungs- und beweispflichtig** (vgl. *Ehlers/Pünder*, Allgemeines Verwaltungsrecht, 15. Aufl. 2015, § 1 Rn. 51 f.; *Maurer*, Allgemeines Verwaltungsrecht, 19. Aufl. 2017, § 9 Rn. 53; *Posser* in BeckOK VwGO § 99 Rn. 54.1; *Dawin* in SSB VwGO § 108 Rn. 107). Folgerichtig können die Betreiber in der Regel eine **Sachbescheidung** erreichen, nicht nur einen Anspruch auf ermessensfehlerfreie Entscheidung geltend machen (aA wohl *Franke* BRSS Stromwirtschaft Kap. 43 Rn. 22; *John* in Koch UmweltR § 10 Rn 63). Bei echten Nebenbestimmungen kommt unabhängig von ihrem Typus eine isolierte Anfechtungsklage in Betracht (BVerwGE 112, 221 (223 f.) = NVwZ 2001, 429; vgl. zum früheren Streitstand *Stelkens* in SBS § 36 Rn. 54 f.; *Schmidt-Kötters* in BeckOK VwGO § 42 Rn. 28 ff. mwN).

2. Rechtsschutz Dritter

116 **a) Nachbar.** Ausgehend von der auch im Atomrecht geltenden **Schutznormtheorie** müssen in materieller Hinsicht zunächst Vorschriften existieren, die nach ihrer Zweckrichtung zumindest auch dem Schutz Dritter dienen. Dies sind auf Basis der zuvor dargestellten Judikatur § 7 Abs. 2 Nr. 3 und 5, soweit sie Anforderungen an die **erforderliche Schadensvorsorge** stellen (BVerwG DÖV 1982, 820 ff.; BVerwGE 131, 129 (146) = NVwZ 2008, 1012 – dort auch zu § 6 Abs. 2 Nr. 2 und 4 AtG). Demgegenüber ist **weder** der **Restrisikobereich** (BVerfG NVwZ 2010,

Genehmigung von Anlagen **§ 7 AtG**

114 (118); BVerwGE 131, 129 (137) = NVwZ 2008, 1012; BVerwGE 104, 36 (46 ff.) = NVwZ 1998, 623; BVerwGE 72, 300 (318 ff.) = NVwZ 1986, 208; BVerwGE 61, 256 (262 ff.) = NJW 1981, 1393) **noch** das **Strahlenminimierungsgebot** des § 8 StrlSchG (§ 6 StrlSchV aF) drittschützend (BVerwGE 61, 256 (267) = NJW 1981, 1393; BVerwG NVwZ 2007, 88 (91)), da sich weder aus der Verfassung noch dem Atomgesetz das Recht ergibt, vor jedweder von einer kerntechnischen Anlage ausgehenden ionisierenden Strahlung geschützt zu werden (vgl. die Diskussion bei *Roller* NVwZ 2010, 990 (993)). Bei der „erforderlichen Schadensvorsorge" (→ Rn. 45 ff.) ist auf das **Individualrisiko** des Einzelnen abzustellen, das durch die Zahl der von den jeweiligen Risiken betroffenen Personen weder erhöht noch vermindert wird (BVerfG NVwZ 2009, 515 (517); BVerwGE 131, 129 (139) = NVwZ 2008, 1012).

Demgemäß müssen Dritte im gerichtlichen Verfahren einen hinreichend wahr- 117 scheinlichen und konkreten **Geschehensablauf** darlegen, aus dem sich eine **mögliche Überschreitung** der jeweils einschlägigen Anforderungen ergibt; andernfalls sind sie nicht klagebefugt. Die Rechtsprechung verfährt hier eher großzügig, verliert diese Anforderungen aber keineswegs aus dem Blick (vgl. BVerwGE 61, 256 (262) = NJW 1981, 1393; 70, 365 (368 ff.)). So genügt insbesondere keine bloß rechtspolitische Kritik am Schutzkonzept der Dosisgrenzwerte. Ein Kläger muss vielmehr darlegen, dass es wissenschaftlichen Erkenntnissen nicht mehr genügt und offensichtlich fehlerhaft ist. Dagegen reicht nicht aus, wenn in der Wissenschaft vereinzelt der Standpunkt vertreten wird, die entsprechenden Werte seien zu hoch; nach ständiger höchstrichterlicher Judikatur ist es vielmehr Aufgabe der **Behörden,** aufgrund gefestigter wissenschaftlicher Erkenntnisse neue Werte festzulegen (BVerwGE 101, 347 (361 f.) = NVwZ 1997, 161).

Keine abschließende Festlegung gibt es indessen dazu, wie weit der Kreis der im 118 Rechtssinne **Betroffenen** zu ziehen ist. Fest steht nur, dass ein bloß vorübergehender Aufenthalt in der Umgebung einer kerntechnischen Anlage nicht ausreicht (vgl. BVerwG NJW 1983, 1507 f.; OVG Lüneburg NVwZ-RR 2007, 28); ein Wohnort im Ausland allein schließt die Klagebefugnis dagegen nicht aus (BVerwGE 75, 285 (286 ff.)). Im Hinblick auf die notwendige räumliche Eingrenzung stellt die Rechtsprechung kasuistisch auf Kilometerabstände ab, ohne feste Werte nennen zu können (vgl. BVerwG DVBl 1981, 405 ff.; VGH München DVBl 1975, 199 (203); OVG Lüneburg ET 1974, 516; *Winters* S. 103 mAnm S. 231; *Kloepfer* UmweltR § 16 Rn. 330; *Leidinger* EnergieanlagenR 265). Dementsprechend kommt es maßgeblich auf den zuvor adressierten Darlegungsinhalt an. Das gilt insbesondere für **Klagen gegen Stilllegungsgenehmigungen** (vgl. etwa Obrigheim, Isar 1, Biblis). Hier stellt sich angesichts des regelmäßig deutlich reduzierten Aktivitätsinventars die Frage, ob die vorstehend skizzierten Darlegungsanforderungen eingehalten werden können. Vor allem ist die prozessuale Frage aufgeworfen, ob eine Anfechtungsklage überhaupt statthaft ist, wenn es dem Kläger nach Auslegung seines Klagebegehrens nicht darum geht, die Anlage durch Kassation der Stilllegungsgenehmigung wieder in den *status quo ante,* also den dauerhaften Nichtleistungsbetrieb, zu versetzen, sondern er nur die Einhaltung eines (noch) höheren Schutzniveaus begehrt. Nach zutreffender Ansicht ist ein klägerischer Anspruch dann auf die Erteilung ergänzender Schutzauflagen in Form von Nebenbestimmungen beschränkt, der mit der Verpflichtungsklage zu verfolgen ist (vgl. dazu allg. *Happ* in Eyermann VwGO § 42 Rn. 57).

Eine Verletzung von **Verfahrensvorschriften** begründet für sich genommen 119 keine Anfechtungsbefugnis gegen die erteilte Genehmigung; dies ist grundsätzlich vielmehr erst dann der Fall, wenn dem Dritten eine materiell-rechtlich geschützte Rechtsposition zusteht und sich der Verfahrensfehler auf diese ausgewirkt hat (dazu BVerwGE 88, 286 (288); BVerwG UPR 1989, 440 (441); NVwZ 1997, 161 (165)). Eine Ausnahme ist jedoch bei sog. „absoluten Verfahrensrechten" anzuerkennen – etwa in dem Fall, dass rechtswidrig gar kein Genehmigungsverfahren durchgeführt wurde (vgl. dazu BVerfGE 53, 30 (75ff.); OVG Koblenz UPR 1989, 118 (119)). Zudem sind im Hinblick auf Klagen wegen Verletzung von Verfahrensfehlern einige europa- und völkerrechtlich induzierte Besonderheiten zu beachten. Denn hier hat das **UmwRG** (zuletzt geändert mit Wirkung vom 21.12.2018, BGBl I 2549) in Umsetzung supranationaler Vorgaben zu einer substantiellen Stärkung der Verfahrensrechte geführt. So kann gem. § 4 Abs. 1 Nr. 1–3, Abs. 3 UmwRG die Verletzung bestimmter, besonders schwerwiegender Verfahrensanforderungen (fehlende UVP oder UVP-Vorprüfung, unterlassene Öffentlichkeitsbeteiligung, ähnlich schwerwiegender Verfahrensfehler mit Auswirkungen auf eine ordnungsgemäße Individualbeteiligung) dazu führen, dass die angegriffene Entscheidung allein wegen dieses Mangels – also ohne Durchschlagen auf eine materielle Rechtsposition – aufzuheben ist (sog. **absoluter Verfahrensfehler**). Allerdings wird diese Rechtsfolge in der Praxis durch verschiedene Heilungsmöglichkeiten – § 45 VwVfG, Entscheidungsergänzung oder ergänzendes Verfahren (vgl. § 4 Abs. 1 Nr. 3a, Abs. 1b UmwRG) – abgeschwächt (vgl. dazu BVerwGE 131, 325; BVerwG NVwZ 2012, 448; NVwZ 2012, 575 (578f.); *Kment* NVwZ 2012, 481; *Rubel* DVBl 2013, 469 (474f.)). Bei weniger schwerwiegenden, sog. relativen Mängeln des Verfahrens kommt eine **Unbeachtlichkeit** gem. § 4 Abs. 1a UmwRG iVm § 46 VwVfG in Betracht, wobei die notwendige Kausalität zwischen Verfahrensfehler und Entscheidungsergebnis nach § 4 Abs. 1a S. 2 UmwRG in Umsetzung des Altrip-Urteils des EuGH vom 7.11.2013 – C-72/12, ZUR 2014, 36 (vgl. BT-Drs. 18/5927, 10) vermutet wird, wenn sich durch das Gericht nicht aufklären lässt, ob der Fehler die Entscheidung in der Sache beeinflusst hat; die Beweislast liegt damit nicht (mehr) beim Kläger, sondern – zu Recht – bei der Behörde. Allerdings betrifft § 4 UmwRG nur die **Begründetheit** einer Klage – ist also lex specialis zu § 113 Abs. 1 S. 1 VwGO, nicht § 42 Abs. 2 VwGO; für deren Zulässigkeit bedarf es weiterhin der zuvor skizzierten Klagebefugnis (EuGH NJW 2015, 3495 Rn. 32; BVerwG NVwZ 2012, 573 (575); *Fellenberg* NVwZ 2015, 1721 (1723); unzutreffend daher OVG Münster BeckRS 2015, 48404).

120 Die Novelle des UmwRG v. 29.5.2017 (BGBl. I 1298) hat eine weitere Änderung dahingehend gebracht, dass es zukünftig keine materielle, sondern nur noch eine formelle **Präklusion** gibt; unterlassene Einwendungen sind danach nur noch im Verwaltungsverfahren, nicht aber mehr – wie zuvor (dazu BVerwGE 60, 297 (301ff.); VGH München Urt. v. 11.11.2004 – 22 A 03.40010, juris-Rn. 29ff. = BeckRS 2004, 34101) – auch im Gerichtsverfahren ausgeschlossen; das gilt auch im Rahmen von § 7 AtVfV (→ § 7b Rn. 4). Hintergrund ist das Urteil des EuGH vom 15.10.2015 (Rs. C-137/14), in dem eine materielle Präklusion im Anwendungsbereich der Richtlinien 2011/92 und 2010/75 für europarechtswidrig gehalten wurde (vgl. dazu im Einzelnen die Gesetzesbegründung BT-Drs. 18/9526, 1). Die Präklusion ist dadurch zu einem stumpfen Schwert geworden, auch wenn es stattdessen nunmehr eine – in der Praxis kaum je belastbare – **Missbrauchsklausel** gibt (vgl. § 5 UmwRG). Weiterhin anwendbar ist demgegenüber die **Bestandskraftpräklusion** bei Teilgenehmigungen (vgl. dazu BVerwGE 72, 300 (310f.) = NVwZ 1986, 208; BVerwGE 104, 36 (42) = NVwZ 1998, 623; VGH München et 2004, 854 → § 7b Rn. 4) und gem. § 7 Abs. 6 iVm § 14 BImSchG (→ Rn. 113).

Genehmigung von Anlagen **§ 7 AtG**

Hinzuweisen ist in diesem Zusammenhang zudem auf den neuen § 7 Abs. 5 UmwRG, wonach eine **Verletzung materieller Vorschriften** nur dann zur Aufhebung der Entscheidung führt, wenn sie nicht durch Entscheidungsergänzung oder ein ergänzendes Verfahren behoben werden kann; dies gilt für Rechtsbehelfe von Privaten, Gemeinden oder Umweltvereinigungen gleichermaßen (vgl. zum neuen UmwRG den Überblick bei *Schlacke* NVwZ 2017, 905 und *Keller* NVwZ 2017, 1080). Eine Drittanfechtungsklage ist bei UVP-Pflicht **ohne Vorverfahren** (vgl. § 2a Abs. 2 AtG, → Rn. 5, § 68 Abs. 1 S. 2 Nr. 1 VwGO) erstinstanzlich beim **OVG/VGH** (§ 48 Abs. 1 Nr. 1 und 2 VwGO) anhängig zu machen.

b) Gemeinde. Gemeinden kommt im Klageverfahren **keine privilegierte** 121 **Stellung** zu. Sie können sich weder zum Sachwalter des Allgemeinwohls, privater (Kollektiv-)Interessen oder des Umweltschutzes gerieren (BVerwG NVwZ-RR 1999, 554 f.; NVwZ 1990, 464 (465); VGH Mannheim NVwZ-RR 1999, 631 f.; VGH München NVwZ 1986, 679), noch als „Kontrolleur der zur Wahrung öffentlicher Belange jeweils berufenen staatlichen Behörde" betätigen (BVerwG NVwZ-RR 1999, 554; NVwZ 1997, 169 (171); NVwZ 2000, 560; NVwZ 2001, 1160 (1161); NuR 2008, 502 (504)). Zur Begründung ihrer Klagebefugnis ist vielmehr die Geltendmachung einer **Verletzung eigener Rechte** notwendig. So können sie in gerichtlichen Verfahren die aus der Gewährleistung ihrer **kommunalen Selbstverwaltung** nach Art. 28 Abs. 2 S. 1 GG sowie den entsprechenden landesverfassungsrechtlichen Regelungen folgenden Rechte geltend machen. Darunter fällt namentlich die **kommunale Planungshoheit.** Darüber hinaus können weitere Aspekte, wie etwa die kommunale **Finanzhoheit,** die Funktionsfähigkeit **kommunaler Einrichtungen** und das **kommunale Selbstgestaltungsrecht** als Ausfluss der Selbstverwaltungsgarantie schutzfähige Rechtspositionen begründen; diese sind jedoch nur eingeschränkt rügefähig (siehe dazu den Überblick bei *Posser/Schulze* in Posser/Faßbender, Praxishandbuch Netzplanung und Netzausbau, 2013, Kap. 13 Rn. 288 ff.). In den weitaus meisten Fällen wird allenfalls eine Betroffenheit der **kommunalen Planungshoheit** in Rede stehen. Diese vermittelt eine wehrfähige Rechtsposition, wenn durch das Vorhaben eine **hinreichend konkrete und verfestigte eigene Planung** nachhaltig gestört wird oder das Vorhaben wegen seiner Großräumigkeit wesentliche Teile des Gemeindegebiets einer durchsetzbaren kommunalen Planung entzieht (BVerwGE 69, 256 (261 f.); BVerwGE 81, 95 (106 f.); BVerwGE 90, 96 (100); BVerwG NuR 2008, 502 (503); BVerwG NVwZ 2008, 237), was bei kerntechnischen Anlagen nur selten der Fall sein dürfte. Je höher der Konkretisierungsgrad gemeindlicher Planungen oder Planungsabsichten ist (ohne reine Negativplanung zu sein) und je schwerer diese durch das Vorhaben beeinträchtigt werden, desto stärker ist die Rechtsposition der Kommunen (BVerwG NVwZ 2006, 1290).

Als juristische Person des öffentlichen Rechts kann eine Gemeinde **keine Ver-** 122 **letzung von Grundrechten** geltend machen (BVerfGE 21, 362 (369 ff.); BVerfGE 68, 193 (205 ff.); BVerfG NVwZ 2007, 1176; BVerfG NVwZ 2008, 778). Selbst wenn das gemeindliche Eigentum betroffen ist, kann sich die Gemeinde daher nicht auf die durch Art. 14 Abs. 1 und 3 GG vermittelten Rechte berufen (BVerfGE 61, 82 (100 ff.); BVerwGE 90, 96 (101); BVerwG NVwZ 2001, 1160 (1161)). Nicht ausgeschlossen wird dadurch aber der Rückgriff auf den **einfachgesetzlichen Eigentumsschutz** (BVerwG BeckRS 2013, 48426 Rn. 7; NVwZ 1995, 905; *Steinberg/Wickel/Müller,* Fachplanung, 4. Aufl. 2012, § 6 Rn. 138). So müssen etwa auch gemeindliche Nutzungsinteressen mit dem ihnen zukommenden Gewicht im Genehmigungsverfahren berücksichtigt werden (BVerwGE 97, 143 (151 f.); BVerwG NVwZ 1997, 904 (905); *Kämper* in BeckOK VwVfG § 74 Rn. 81). Anders als die von einer enteignungsrechtlichen Vorwirkung betroffenen Privaten können Gemeinden aus ihrem (einfachgesetzlichen) Eigentumsrecht jedoch keinen Anspruch auf eine Überprüfung der Genehmigung auch im Hinblick auf öffentliche (und damit nicht drittschützende) Belange herleiten; sie haben **keinen Vollüberprüfungsanspruch.** Denn dieser über den allgemeinen Gewährleistungsgehalt drittschützender Normen hinausgehende Anspruch auf Prüfung objektiv-rechtlicher Aspekte hat seine Grundlage in Art. 14 GG, der Gemeinden indes gerade keine Rechte verleiht. Er kann auch nicht unter Berufung auf die kommunale Selbstverwaltungsgarantie begründet werden (BVerwG NVwZ 2001, 1160 (1161); NVwZ 2003, 207 (209); *Ogorek* NVwZ 2010, 401 (403)). Die Rüge der Verletzung von **Verfahrensvorschriften** ist Gemeinden ebenso wie auch drittbetroffenen Privaten nur dann möglich, wenn sich die Verletzung auf die materiell-rechtliche Position ausgewirkt hat (BVerwG NVwZ 2003, 207 (209); *Steinberg/Wickel/Müller,* Fachplanung, 4. Aufl. 2012, § 6 Rn. 135). Ein absolutes Verfahrensrecht steht den Gemeinden nur aus § 4 Abs. 1 iVm Abs. 3 UmwRG unter den dort genannten Voraussetzungen zu, wenn die weiterhin geltenden Zulassungshürden übersprungen sind (→ Rn. 119).

123 Von den so konturierten Rechten der Gemeinden ist ihre Stellung als Träger öffentlicher Belange zu unterscheiden. Insofern stehen ihr als **Behörde** zwar besondere Beteiligungsrechte zu (*Neumann* in SBS VwVfG § 73 Rn. 32 ff.; *Wickel* in Fehling/Kastner/Störmer, Verwaltungsrecht, 5. Aufl. 2020, VwVfG § 73 Rn. 28 ff.; *Kopp/Ramsauer* VwVfG § 73 Rn. 33 f.). Klagbare Rechte werden dadurch jedoch nicht begründet. Denn die Behördenbeteiligung erfolgt im öffentlichen Interesse; sie ist Kompetenz, nicht Recht. Sie dient maßgeblich der Information der entscheidenden Stelle und soll dazu beitragen, dass eine sachgerechte Entscheidungsgrundlage geschaffen wird, welche die Prüfung aller durch das Vorhaben betroffenen Belange im Verfahren ermöglicht. Da die Anhörung der Betroffenen und die der Behörden verschiedene Verfahrensschritte sind (BVerwG NVwZ 1996, 399 (400)), muss eine Gemeinde, die als Betroffene Einwendungen gegen das Vorhaben aufgrund eigener Rechte erheben will, diese – wie alle anderen Betroffenen auch – im Rahmen des Einwendungsverfahrens vorbringen (BVerwG NVwZ 1995, 905). Unterlässt sie dies und beruft sich erst später auf ihre kommunale Planungshoheit, kann darin ein Missbrauch nach § 5 UmwRG liegen.

124 c) **Umweltvereinigung.** In zentralen Aspekten anders sieht es hingegen für anerkannte Umweltvereinigungen iSd § 3 UmwRG aus. Denn hinsichtlich der **Zulässigkeit** ihres Rechtsbehelfs sind Rechtsbehelfs sind einige der früher bestehenden Restriktionen entfallen. So bedarf es **weder** einer **Schutznormakzessorietät** wie bei Individualrechtsbehelfen (dazu BT-Drs. 17/10957, 11 (15 f.) in Umsetzung des Trianel-Urt. des EuGH v. 12.5.2011 – Rs. C 115/09, ZUR 2011, 368) **noch** – grundsätzlich – der **Verletzung** von **Rechtsvorschriften, die dem Umweltschutz dienen** (s. die Streichung der entsprechenden Formulierung in § 2 Abs. 1 Nr. 1 UmwRG als der für atomrechtliche Genehmigungen maßgeblichen Norm durch das Gesetz vom 29.5.2017, BT-Drs. 18/9526, 36). Hintergrund ist, dass – anders als im Anwendungsbereich von Art. 9 Abs. 3 Aarhus-Konvention (AK) – nach Art. 9 Abs. 2 AK nicht auf mögliche Verstöße gegen umweltbezogene Rechtsvorschriften rekurriert wird. Bei Genehmigungen nach § 1 Abs. 1 S. 1 Nr. 1 und 2 UmwRG genügt für die **Begründetheit** deshalb schlicht, dass gegen Rechtsvorschriften verstoßen wird, die für die Entscheidung von Bedeutung sind, mögen sie auch selbst keinen Umweltrechtsbezug aufweisen. Allerdings muss der Verstoß Belange berühren, welche die Vereinigung nach ihrer Satzung fördert; bei den hier maßgeblichen Entscheidungen nach Nr. 1 muss zudem die Pflicht zur Durchführung einer UVP bestanden haben. Darüber hinaus ist die bislang in § 2 Abs. 3 UmwRG normierte **materielle Präklusion** abgeschafft worden, nachdem der EuGH diese mit Urt. v. 15.10.2015 (EuZW 2016, 66) für europarechtswidrig erklärt hatte. Zu § 4 UmwRG gilt das zuvor Gesagte (→ Rn. 119).

3. Exekutivischer Funktionsvorbehalt

Über das Maß des erforderlichen Schutzes entscheidet die **Genehmigungsbehörde in eigener Verantwortung.** Es ist **nicht** Sache der nachträglichen **verwaltungsgerichtlichen Kontrolle,** die der Exekutive zugewiesene Wertung wissenschaftlicher Streitfragen und politischer Einschätzungen einschließlich der daraus folgenden Risikoabschätzung durch eine eigene Bewertung zu ersetzen. Die Exekutive ist für die **Risikoermittlung und -bewertung,** also auch für die Entscheidung über Art und Ausmaß von Risiken, die als sozial-adäquat zu akzeptieren oder nicht mehr hinzunehmen sind, allein verantwortlich (BVerwGE 72, 300 (316 f.) = NVwZ 1986, 208; 106, 115 (121); BVerwGE 131, 129 (140) = NVwZ 2008, 1012; BVerwGE 142, 159 Rn. 21 ff. = ZUR 2012, 423 Rn. 21 ff.; instruktiv zu Geschichte und neuerer Rechtsprechung *Sellner,* 14. AtRS 2013, 140 ff.). Durch diesen Weg, die richterliche Kontrolldichte einzuschränken, hat sich der Streit um die sog. „normkonkretisierenden Verwaltungsvorschriften" und ihre Bindungswirkung für das gerichtliche Verfahren entschärft. Die Gerichte sind ihrerseits darauf beschränkt zu überprüfen, ob die der behördlichen Beurteilung zugrundeliegenden Einschätzungen und Wertungen auf einer ausreichenden Datenbasis beruhen und dem Stand von Wissenschaft und Technik im Zeitpunkt der Behördenentscheidung Rechnung tragen, die Behörde also im Hinblick auf die Ergebnisse des von ihr durchgeführten Genehmigungsverfahrens die Überzeugung, die erforderliche Schadensvorsorge sei gewährleistet, von Rechts wegen haben durfte (BVerwGE 78, 177 (180); 80, 207 (216f.); BVerwGE 81, 185 (190ff.) = NVwZ 1989, 864; 101, 347 (362f.); 106, 115 (122f.); 131, 129 (140)). Insofern wird auch überprüft, ob etwa der Verordnungsgeber an einem Schutzkonzept festhält, das durch wissenschaftliche Erkenntnisfortschritte überholt ist, was indes nicht schon dann der Fall ist, wenn dies in der wissenschaftlichen Diskussion vereinzelt vertreten wird (vgl. BVerfG NVwZ 2000, 309 (310f.); BVerwGE 101, 347 (362) = NVwZ 1997, 161; BVerwG NVwZ 1989, 1169f.; NVwZ 1990, 858 (860); RdE 1999, 75 (76)). Im Ergebnis läuft dies auf eine **objektivierte Willkürkontrolle** hinaus. Dem steht Art. 19 Abs. 4 GG nicht entgegen, da dieser lediglich eine effiziente Kontrolle des Verwaltungshandelns fordert, Einschätzungsprärogativen der Verwaltung aber nicht ausschließt (*Schmidt-Aßmann* in Maunz/Dürig GG Art. 19 Abs. 4 Rn. 185 ff.; offengelassen von BVerfG NVwZ 2010, 114 (119 f.)).

Aus dem so konturierten Funktionsvorbehalt zugunsten der Exekutive haben sich in der Praxis bestimmte **Prüfschritte** bei der verwaltungsgerichtlichen Kontrolle herausgebildet (vgl. BVerwGE 78, 177 (180); BVerwGE 81, 185 (190) = NVwZ 1989, 864; 106, 115 (122); BVerwG NVwZ 2007, 88 (92f.); OVG Lüneburg NJW 1995, 2053 (2054); VGH München ZUR 2006, 427 (428f.); *Posser* in BeckOK VwGO § 99 Rn. 54.3; instruktiv zur Entwicklung *Sellner* Festgabe 50 Jahre Bundesverwaltungsgericht, 2003, 741 (754ff.)). Diese sind insbesondere vor dem Hintergrund relevant, dass vor allem im Bereich des Schutzes vor terroristischen Anschlägen viele **Detailinformationen** – gerade im Interesse Dritter – **geheim** bleiben müssen. Das BVerwG hat deshalb mehrfach zu Recht entschieden, dass die Verweigerung der Einsichtnahme in solche Informationen auch in verwaltungsgerichtlichen Auseinandersetzungen um atomrechtliche Genehmigungen rechtmäßig ist (vgl. BVerwG BeckRS 2010, 26856 Rn. 11ff.; BeckRS 2017, 118764). Nach zutreffender, wenngleich umstrittener Auffassung unterliegt die Entscheidung über die Geheimhaltungsbedürftigkeit ebenfalls dem exekutivischen Funktionsvorbehalt und kann – auch im Rahmen eines in-camera-Verfahrens gem. § 99 Abs. 2 VwGO – von den zuständigen Fachsenaten nur auf Willkürfreiheit (nicht allgemeine Rechtmäßigkeit) hin kontrolliert werden. Allerdings ist auch mit einer höchstrichterlich bestätigten Rechtmäßigkeit der Geheimhaltungsanordnung das eigentliche Problem nicht zufriedenstellend gelöst. Denn der insofern defizitäre **§ 99 VwGO** sieht **keine Rechtsfolgenregelung** für dieses Ergebnis vor; weder ist damit eine Vermutungswirkung zugunsten der Rechtmäßigkeit der behördlichen Sachentscheidung verbunden noch auch nur eine Beweislastumkehr zulasten des Klägers (BVerwGE 142, 159 Rn. 37 und 44 = ZUR 2012, 423 Rn. 37 und 44 – mit der nichtssagenden und praxisfernen Aufforderung, das Verwaltungsgericht habe die Unaufklärbarkeit „angemessen zu würdigen"; *Posser* in BeckOK VwGO § 99 Rn. 53ff.). Behörde und beigeladener Genehmigungsinhaber stehen dementsprechend häufig vor dem Dilemma, auf die vorgetragenen, häufig abstrusen Schadensszenarien der Klägerseite entweder mit **Geheimnisverrat** oder **Prozessverlust** reagieren zu müssen. Die Rechtsprechung behilft sich zuweilen mit Ausweichstrategien und konstruiert mangels weiterer Aufklärbarkeit ein **Ermittlungs- und Bewertungsdefizit** der Behörde (→ Rn. 69) mit der Folge, dass der Anfechtungsklage stattgegeben wird (so etwa OVG Schleswig ZUR 2013, 687) – obwohl ein solches gerade nicht feststeht, sondern nur das Gegenteil – wegen Geheimhaltungsbedürftigkeit – nicht bewiesen werden kann. Hier ist der Gesetzgeber dringend aufzufordern, für Abhilfe zu sorgen, etwa durch ein in-camera-Verfahren vor dem Hauptsachegericht (nicht dem Fachsenat), so dass dieser für seine Entscheidung erkennen kann, ob den inhaltlichen Anforderungen an die erforderliche Schadensvorsorge Genüge getan wurde oder nicht (zu den verschiedenen Möglichkeiten vgl. *Mayen* NVwZ 2003, 537 ff.; *Posser* in BeckOK VwGO § 99 Rn. 54).

127 Als **Kehrseite** des Funktionsvorbehalts wird vertreten, dass ein (tatsächlich bestehendes) Ermittlungs- und/oder Bewertungsdefizit im Falle unzureichender sachverhaltlicher Aufklärung und inhaltlicher Begründung durch die Behörde im gerichtlichen Verfahren nicht mehr korrigierbar sein soll (so BVerwGE 106, 115 (120ff.); vgl. auch *Fehling* in Schneider/Theobald, Recht der Energiewirtschaft, 4. Aufl. 2013, § 8 Rn. 136). Letzteres trifft indes jedenfalls dann nicht zu, wenn ein etwaiges **Ermittlungsdefizit nachträglich** dadurch **behoben** worden ist, dass die Behörde in der Zwischenzeit entsprechenden Verdachtsmomenten nachgegangen ist und diese sich nicht bestätigt haben. Zwar ist für die gerichtliche Überprüfung atomrechtlicher Genehmigungen grundsätzlich die Sachlage im Zeitpunkt ihrer Erteilung maßgeblich, doch ist eine Durchbrechung dieses Grundsatzes gerechtfertigt, wenn ein zwischenzeitlich fortgeschrittener Erkenntnisstand ein zuvor für möglich erachtetes Risiko nachträglich entfallen lässt; denn dann steht fest, dass Drittbetroffenen auch bereits im Zeitpunkt der Genehmigungserteilung der erforderliche Schutz gewährt wurde (vgl. BVerwG 72, 300 (312) = NVwZ 1986, 208; BVerwGE 101, 347 (363) = NVwZ 1997, 161; BVerwG NVwZ-RR 2000, 419). Einer Manifestierung jener Heilung durch Bescheid bedarf es nicht, wenngleich dies zu Dokumentations- und Beweiszwecken sinnvoll ist. Die gleiche Wirkung können Änderungsgenehmigungen entfalten, die unabhängig von ihrem Erlasszeitpunkt mit dem Ausgangsbescheid zu einer Einheit verschmelzen und einer gerichtlichen Entscheidung zugrunde zu legen sind; auch sie können Defizite der Ausgangsgenehmigung heilen.

§ 7a Vorbescheid

(1) ¹**Auf Antrag kann zu einzelnen Fragen, von denen die Erteilung der Genehmigung einer Anlage nach § 7 abhängt, insbesondere zur Wahl des Standorts einer Anlage, ein Vorbescheid erlassen werden.** ²**Der Vorbescheid wird unwirksam, wenn der Antragsteller nicht innerhalb von zwei Jahren nach Eintritt der Unanfechtbarkeit die Genehmigung beantragt; die Frist kann auf Antrag bis zu zwei Jahren verlängert werden.**

(2) § 7 Abs. 4 und 5 sowie die §§ 17 und 18 gelten entsprechend.

Literatur: *Büdenbender/Mutschler*, Bindungs- und Präklusionswirkung von Teilentscheidungen nach BImSchG und AtG, 1979; *Ossenbühl*, Regelungsgehalt und Bindungswirkung der 1. Teilgenehmigung im Atomrecht, NJW 1980, 1353; *Rengeling*, Die Konzeptgenehmigung und das vorläufig positive Gesamturteil in der ersten atomrechtlichen Teilgenehmigung, NVwZ 1982, 217; *Schmidt-Aßmann*, Institute gestufter Verwaltungsverfahren: Vorbescheid und Teilgenehmigung, in Bachof/Heigl/Redeker, Festgabe 25 Jahre Bundesverwaltungsgericht, 1978, 569ff.; *Schmieder*, Rechtsprobleme im Zusammenhang mit Vorbescheid und Bauartzulassung im atomrechtlichen Genehmigungsverfahren, 5. Deutsches Atomrechts-Symposium, 1976, 169 (zit. 5. AtRS 1976); *Sellner*, Gestuftes Genehmigungsverfahren, Schadensvorsorge, verwaltungsgerichtliche Kontrolldichte NVwZ 1986, 616; *Wieland,* Die Stufung von Anlagengenehmigungen im Atomrecht, DVBl. 1991, 616.

I. Einleitung und Genese der Vorschrift

Die Vorschrift wurde durch das 2. ÄndG vom 28.8.1969 (BGBl. I 1429) in das 1 AtG aufgenommen; mit dem Instrument des Vorbescheids sollten Investitions- und Verfahrensrisiken der Antragsteller verringert werden (BT-Drs. 5/4071, 6). Diese Erwartungen haben sich jedoch schon damals nicht erfüllt, so dass – auch wegen des damit zusätzlich geschaffenen Angriffsgegenstands für Dritte – von dieser Option nur selten Gebrauch gemacht und schon gestellte Anträge wieder zurückgezogen wurden (vgl. ausführlich *Haedrich* AtG § 7a Rn. 10ff.; *Fischerhof* Dt. AtomG § 7a Rn. 8). Wegen des Neubauverbots für Kernkraftwerke (dazu → § 7 Rn. 15) hat diese Bestimmung – trotz eines theoretisch weiterhin bestehenden Anwendungsbereichs – jedwede Praxisrelevanz verloren. Nur der Vollständigkeit halber ist deshalb auf dieses Rechtsinstitut – auch in Abgrenzung zur Teilgenehmigung – einzugehen.

II. Regelungsgehalt

§ 7 geht von einer einheitlichen Errichtungs- und Betriebsgenehmigung aus 2 (vgl. dazu im Einzelnen die Darstellungen bei *Ronellenfitsch* Genehmigungsverfahren §§ 20, 21; *Haedrich* AtG § 7 Rn. 21ff.). Eine solche **Vollgenehmigung** entspricht aber nicht der Praxis. Zumindest werden zwei Genehmigungen – für die Errichtung und den Betrieb – als Teilgenehmigungen erteilt. Die Regel ist sogar eine Mehrzahl von Teilgenehmigungen (*Sellner/Hennenhöfer* in Hansmann/Sellner UmweltR, 4. Aufl. 2012, Kap. 12 Rn. 232 ff.). Das Verfahren der **Teilgenehmigung** ist in § 18 AtVfV geregelt (vgl. dazu insbesondere BVerwG DVBl 1972, 678; BVerwGE 72, 300 = NVwZ 1986, 208; BVerwGE 78, 177 = NVwZ 1988, 536; BVerwGE 80, 21 = NVwZ 1988, 1022; BVerwGE 80, 207 = NVwZ 1989, 52; BVerwGE 88, 286 = NVwZ 1993, 177; instruktiv *Sellner* NVwZ 1986, 616). Der Vorteil eines solchen gestuften Genehmigungsverfahrens liegt darin, neue Erkenntnisse von Wissenschaft und Technik im Laufe des Genehmigungsverfahrens zu berücksichtigen, da sich Erteilung und Umsetzung jahrelang hinziehen können. Die Teilgenehmigung enthält – wie die Vollgenehmigung – gestattende und feststellende Regelungen. Der **gestattende** Teil erlaubt bestimmte im Bescheid konkret zu bezeichnende Tätigkeiten. Die **feststellenden** Regelungen sind das Ergebnis einer „vorläufigen Prüfung, dass die Genehmigungsvoraussetzungen im Hinblick auf die Errichtung und den Betrieb der gesamten Anlage vorliegen werden" (vgl. § 18 Abs. 1 AtVfV), worüber sich die Genehmigungsbehörde Gewissheit verschaffen muss. Dieses sogenannte **„vorläufig positive Gesamturteil"** ist das Bindeglied zwischen den einzelnen Teilgenehmigungsstufen; es verdichtet sich zunehmend bis hin zur Betriebsgenehmigung. Sowohl die gestattenden als auch die feststellenden Genehmigungsinhalte sind an den Voraussetzungen des § 7 Abs. 2 zu messen. Der gestattende Teil entfaltet endgültige **Bindungswirkung;** das vorläufige positive Gesamturteil ist dagegen nur unter zwei Einschränkungen bindend: Seine Bindungswirkung entfällt zum einen, wenn die spätere Detailprüfung eines noch zu genehmigenden Anlagenteils ergibt, dass dieses so, wie ursprünglich geplant, nicht ausgeführt werden kann. Sie entfällt zum anderen, wenn in Folge einer Änderung der Sach- oder Rechtslage an die noch nicht genehmigten Anlagenteile neue Anforderungen gestellt werden müssen, etwa bei einer Fortentwicklung des Standes von Wissenschaft und Technik. Die Bindungswirkung des vorläufig positiven Gesamturteils hat zur Folge, dass schon die **erste Teilgenehmigung** Gegenstand einer **Anfechtungsklage** eines potentiell betroffenen Dritten sein muss, wenn dieser der Bindungswirkung einer für ihn unanfechtbaren Teilgenehmigung entgehen will (dazu auch § 7 b).

3 Der **Vorbescheid** nach § 7 a enthält keinen gestattenden Teil, sondern **lediglich** einen Ausschnitt aus dem **feststellenden Teil** der Vollgenehmigung. Er entscheidet im Umfang seines Tenors definitiv und bindend für das gesamte Genehmigungsverfahren hinsichtlich der entschiedenen Teilfragen. Im Umfang dieser definitiven Regelungen – insbesondere hinsichtlich **Anlagenstandort** (BVerwG NVwZ 1982, 624) **und -konzept** (BVerwGE 70, 365 = NVwZ 1985, 341) – entfaltet er volle **Bindungswirkung.** Wegen der fehlenden Gestattungswirkung gilt im Vorbescheid nicht unbegrenzt; vielmehr wird er unwirksam, wenn der Antragsteller nicht innerhalb von zwei Jahren nach Eintritt von dessen Unanfechtbarkeit die gestattende Genehmigung, auch in Form von Teilgenehmigungen, beantragt. Die Frist kann auf Antrag – einmalig – um bis zu zwei Jahre und damit auf eine maximale Wirksamkeitsdauer von vier Jahren verlängert werden (*Schmieder*, 5. AtRS 1976, 169 (172)). Von dieser Verlängerungsmöglichkeit ist, soweit bekannt, nicht Gebrauch gemacht worden, da entweder auch Vorbescheide beklagt wurden – und somit keine Unanfechtbarkeit eintrat – oder innerhalb dieser Frist ein entsprechender Genehmigungsantrag gestellt wurde. Für das Verfahren gelten gem. Abs. 2 die Regelungen in § 7 Abs. 4 und 5 (→ § 7 Rn. 108) iVm § 19 AtVfV sowie die §§ 17,

18 entsprechend. Über § 19 Abs. 5 AtVfV sind auch die Bestimmungen in § 18 Abs. 2 und 3 AtVfV entsprechend anwendbar. Zu der im Wesentlichen gleichsinnigen Vorschrift im Immissionsschutzrecht vgl. § 9 BImSchG.

§ 7b Einwendungen Dritter bei Teilgenehmigung und Vorbescheid

Soweit in einer Teilgenehmigung oder in einem Vorbescheid über einen Antrag nach § 7 oder § 7a entschieden worden und diese Entscheidung unanfechtbar geworden ist, können in einem weiteren Verfahren zur Genehmigung der Anlage Einwendungen Dritter nicht mehr auf Grund von Tatsachen erhoben werden, die schon vorgebracht waren oder von dem Dritten nach den ausgelegten Unterlagen oder dem ausgelegten Bescheid hätten vorgebracht werden können.

Literatur: *Büdenbender/Mutschler*, Bindungs- und Präklusionswirkung von Teilentscheidungen nach BImSchG und AtG, 1979; *Gundel*, Keine Durchbrechung nationaler Verfahrensfristen zugunsten von Rechten aus nicht umgesetzten EG–Richtlinien, NVwZ 1998, 910; *Ipsen*, Einwendungsbefugnis und Einwendungsausschluß im atomrechtlichen Genehmigungsverfahren, DVBl 1980, 146; *Keller/Rövekamp*, Anmerkung zum Urteil des EuGH vom 15.10.2015 – C-137/14, NVwZ 2015, 1672; *Mutschler*, Zum Stand der höchstrichterlichen Verwaltungsrechtsprechung im Atomrecht, RdE 1981, 211; *Papier*, Einwendungen Dritter in Verwaltungsverfahren, NJW 1980, 313 ff.; *Rengeling*, Perspektiven zur Zulässigkeit atomrechtlicher Anfechtungsklagen, DVBl 1981, 323; *Schüren/Kramer*, EuGH-Entscheidung zum UmwRG: Das Aus für materielle Präklusion und traditionelle Verfahrensfehlerfolgenlehre?, ZUR 2016, 400.

I. Einleitung und Genese der Vorschrift

Wie § 7a ist auch die Bestimmung über den Einwendungsausschluss bei Teilgenehmigungen und Vorbescheiden durch die 2. Novelle des AtG (vom 28.8.1969, BGBl. I 1429) eingeführt worden. Im Gegensatz zum Vorbescheid haben Teilgenehmigungen in der Zulassungspraxis eine erhebliche Rolle gespielt und auch die Rechtsprechung beschäftigt. Dennoch regelt § 7b – anders als etwa § 8 BImSchG – das Rechtsinstitut der Teilgenehmigung nicht im Detail, sondern greift nur einen Teilaspekt – die Behandlung von Einwendungen im gestuften Verfahren – heraus. Die Vorschrift dient der Verfahrenskonzentration und -beschleunigung sowie der Rechts- und Investitionssicherheit (BT-Drs. V/4071, 6 und BT-Drs. V/4316, 2). Allerdings gilt auch hier, dass sie wegen des Neubauverbots gem. § 7 Abs. 1 S. 2 (dazu → § 7 Rn. 15) keine allzu große praktische Bedeutung mehr hat. Eine gewisse Stufung gibt es allerdings noch bei den Stilllegungs- und Abbruchgenehmigungen, bei denen gem. § 19b AtVfV bereits bei dem erstmaligen Antrag auf Erteilung einer Genehmigung nach § 7 Abs. 3 auch Angaben zu den insgesamt geplanten Maßnahmen enthalten sein müssen (→ § 7 Rn. 100); hier lässt sich vertreten, dass grundsätzliche Bedenken gegen die Gesamtmaßnahmen bereits bei der 1. SAG geltend gemacht werden müssen. Zudem erfolgen Stilllegung und Rückbau häufig in Teilgenehmigungsschritten, so dass der Vorschrift noch eine gewisse Relevanz zukommt. 1

II. Regelungsgehalt

2   Die Vorschrift bestimmt im Sinne der mit einem gestuften Verfahren (sei es Vorbescheid oder Teilgenehmigung) verbundenen Abschichtung, dass Einwendungen Dritter nicht mehr erfolgreich in einem nachfolgenden Genehmigungs- oder Klageverfahren vorgebracht werden können, wenn sie auf Tatsachen beruhen, die schon in einer vorangegangenen Genehmigungsstufe vorgebracht wurden oder hätten vorgebracht werden können, und wenn diese vorlaufende Genehmigungsentscheidung inzwischen unanfechtbar geworden ist. Dabei ist unter einer **Einwendung** „sachliches Gegenvorbringen" zu verstehen (BVerfGE 61, 82 (117) = NJW 1982, 2173; BVerwGE 60, 297 (300) = NJW 1981, 359; *Ronellenfitsch* Genehmigungsverfahren 339); es geht also nicht um Rechtsausführungen, sondern um vorhabenbezogene, substantiierte Tatsachenbehauptungen. Solche Einwendungen sind nach § 7b sowohl in einem nachfolgenden Genehmigungsverfahren – formell – als auch in einem sich daran anschließenden Rechtsstreit vor Gericht – materiell – präkludiert (vgl. BT-Drs. 7/4911, 1 und BT-Drs. 7/4954, 2).

3   Die Norm ist rechtssystematisch von § 7 AtVfV zu unterscheiden. Während dieser eine **Verwirkungspräklusion** in nachfolgenden Genehmigungs- und Klageverfahren für den Fall anordnet, dass innerhalb der Auslegungsfrist Einwendungen nicht rechtzeitig vorgebracht wurden, betrifft § 7b eine **Bestandskraftpräklusion**, behandelt also die Wirkungen einer unanfechtbar gewordenen Verwaltungsentscheidung (sei es Teilgenehmigung oder Vorbescheid) gegenüber Dritten – mithin inter partes – für weitere Schritte im gestuften Verfahren (zu den Unterschieden BVerfG et 1983, 52 (53); *Ipsen* DVBl. 1980, 146 (148 ff.); *Ronellenfitsch* Genehmigungsverfahren 419 f.). Zentrale Tatbestandsvoraussetzung ist also die Bestandskraft vorlaufender Verwaltungsakte. Beide Vorschriften sind nebeneinander anwendbar, schließen sich in ihrem jeweiligen Regelungsbereich somit nicht aus (*Haedrich* AtG § 7b Rn. 3 auch zur Gegenmeinung).

4   Allerdings ist das Rechtsinstitut der **materiellen Präklusion** europarechtlich induziert unter Druck geraten. So hat der EuGH am 15.10.2015 entschieden, dass im Anwendungsbereich der Umweltrichtlinien RL 2011/92/EU und RL 2010/75/EU eine materielle Präklusion den europarechtlich gewährleisteten Zugang zu Gericht unzulässig einschränke und deshalb nicht in Betracht komme (EuGH NVwZ 2015, 1665; dazu *Schüren/Kramer* ZUR 2016, 400 (406); *Keller/Rövekamp* NVwZ 2015, 1672; BVerwG ZUR 2017, 539); eine formelle Präklusion bleibt dagegen weiterhin möglich. Das bedeutet für § 7 AtVfV, dass die dortige Präklusion in europarechtskonformer Auslegung nur noch formeller Natur sein darf; dementsprechend ist in § 7 Abs. 1 S. 2 AtVfV die Wendung „für das Genehmigungsverfahren" eingefügt worden (Gesetz vom 29.5.2017, BGBl. I 1298). Der Wortlaut von § 7b ist dagegen nicht angepasst worden. Das ist zutreffend. Denn die dortige Bestandskraftpräklusion wird von jener Rechtsprechung des EuGH nicht erfasst. Die Norm knüpft an die (relative) Unanfechtbarkeit einer Entscheidung an und geht insofern nicht über die Fristenregelung in § 74 VwGO hinaus. Der EuGH hat indessen mehrfach entschieden, dass nationale Klagefristen mit Europarecht vereinbar sind (EuGH NVwZ 1998, 833; NVwZ 2000, 193; vgl. auch OVG Koblenz NVwZ 1999, 198; *Meißner* in SSB VwGO § 74 Rn. 4a; *Kopp/Schenke* VwGO § 74 Rn. 4; *Gundel* NVwZ 1998, 910). Die Norm ist mithin europarechtskonform.

§ 7c Pflichten des Genehmigungsinhabers

(1) ¹Die Verantwortung für die nukleare Sicherheit obliegt dem Inhaber der Genehmigung für die kerntechnische Anlage. ²Diese Verantwortung kann nicht delegiert werden und erstreckt sich auch auf die Tätigkeiten der Auftragnehmer und Unterauftragnehmer, deren Tätigkeiten die nukleare Sicherheit einer kerntechnischen Anlage beeinträchtigen könnten.

(2) Der Genehmigungsinhaber nach Absatz 1 ist verpflichtet,
1. ein Managementsystem einzurichten und anzuwenden, das der nuklearen Sicherheit gebührenden Vorrang einräumt,
2. dauerhaft angemessene finanzielle und personelle Mittel zur Erfüllung seiner Pflichten in Bezug auf die nukleare Sicherheit der jeweiligen kerntechnischen Anlage vorzusehen und bereitzuhalten und sicherzustellen, dass seine Auftragnehmer und Unterauftragnehmer, deren Tätigkeiten die nukleare Sicherheit einer kerntechnischen Anlage beeinträchtigen könnten, personelle Mittel mit angemessenen Kenntnissen und Fähigkeiten zur Erfüllung ihrer Pflichten in Bezug auf die nukleare Sicherheit der jeweiligen kerntechnischen Anlage vorsehen und einsetzen,
3. für die Aus- und Fortbildung seines Personals zu sorgen, das mit Aufgaben im Bereich der nuklearen Sicherheit kerntechnischer Anlagen betraut ist, um dessen Kenntnisse und Fähigkeiten auf dem Gebiet der nuklearen Sicherheit aufrechtzuerhalten und auszubauen,
4. im Rahmen seiner Kommunikationspolitik und unter Wahrung seiner Rechte und Pflichten die Öffentlichkeit über den bestimmungsgemäßen Betrieb der kerntechnischen Anlage, über meldepflichtige Ereignisse und Unfälle zu informieren und dabei die lokale Bevölkerung und die Interessenträger in der Umgebung der kerntechnischen Anlage besonders zu berücksichtigen.

(3) ¹Der Genehmigungsinhaber ist verpflichtet, angemessene Verfahren und Vorkehrungen für den anlageninternen Notfallschutz vorzusehen. ²Dabei hat der Genehmigungsinhaber präventive und mitigative Maßnahmen des anlageninternen Notfallschutzes vorzusehen,
1. die weder den bestimmungsgemäßen Betrieb noch den auslegungsgemäßen Einsatz von Sicherheits- und Notstandseinrichtungen beeinträchtigen und deren Verträglichkeit mit dem Sicherheitskonzept gewährleistet ist,
2. die bei Unfällen anwendbar sind, die gleichzeitig mehrere Blöcke betreffen oder beeinträchtigen,
3. deren Funktionsfähigkeit durch Wartung und wiederkehrende Prüfungen der vorgesehenen Einrichtungen sicherzustellen ist,
4. die regelmäßig in Übungen angewandt und geprüft werden und
5. die unter Berücksichtigung der aus Übungen und aus Unfällen gewonnenen Erkenntnisse regelmäßig überprüft und aktualisiert werden.

³Die organisatorischen Vorkehrungen des anlageninternen Notfallschutzes müssen die eindeutige Zuweisung von Zuständigkeiten, die Koordinierung mit den zuständigen Behörden sowie Vorkehrungen zur Annahme externer Unterstützung beinhalten. ⁴Bei den Verfahren und Vorkehrungen

für den anlageninternen Notfallschutz hat der Genehmigungsinhaber Planungen und Maßnahmen des anlagenexternen Notfallschutzes zu berücksichtigen.

Literatur: *Leidinger,* Sicherheitsverantwortung des Betreibers: Sicherheitsmanagement und Sicherheitsüberprüfung, RdE 2002, 29, *Müller-Dehn,* Die 15. AtG-Novelle zur Umsetzung der EURATOM-Sicherheits-Richtlinie, atw 2017, 391.

I. Gesetzesgenese

1   Mit § 7c wurden in zwei Schritten die RL 2009/71/Euratom und deren Änderung durch die RL 2014/87/Euratom durch die 12. (in Kraft seit 27.12.2010) bzw. 15. AtG-Novelle (wirksam seit 9.6.2017) umgesetzt. Trotz eines nicht unwesentlichen Umfangs der Norm („§ 7c wächst und wächst", *Müller-Dehn* atw 2017, 391) ist unstrittig, dass deren Regelungsinhalte weitgehend auch ohne ausdrückliche Kodifizierung schon geltendes Recht gewesen sind (vgl. BT-Drs. 17/3052, 12; BT-Drs. 18/11276, 1; *Steindorf/Häberle* in Erbs/Kohlhaas § 7c Rn. 1). Die Vorschrift ist im systematischen Zusammenhang mit §§ 19a, 24b Abs. 2 zu sehen. Mit ihrer in der Novelle 2002 aufgehobenen Vorgängervorschrift des § 7c aF (Prüfmaßnahmen) hat sie nichts zu tun.

II. Grundlegende Verantwortungszuweisung

2   Die **Sicherheitsverantwortung** obliegt gem. § 7c Abs. 1 S. 1 dem Genehmigungsinhaber für die kerntechnische Anlage. Diese naheliegende Allokation weist – gerade auch gegenüber § 7d – gleichwohl einige Besonderheiten auf: So bezieht sich die Verantwortung auf die **nukleare Sicherheit** iSd § 2 Abs. 3a Nr. 2 (→ § 2 Rn. 45) und erfasst damit auch die Anlagensicherung, nicht nur die -sicherheit (wie es bei § 7d der Fall ist). Normadressat ist der **Inhaber einer Genehmigung** allgemein – nicht lediglich derjenige für den Betrieb (so wie in § 7d). Schließlich geht es um eine kerntechnische Anlage im generellen Sinne des § 2 Abs. 3a Nr. 1, nicht allein um ein Kernkraftwerk, wie es § 7d vorsieht.

3   Diese Verantwortung kann nicht delegiert werden (Abs. 1 S. 2). Zulässig bleibt zwar die Einschaltung Dritter zur **Aufgabenwahrnehmung;** eine außenwirksame Übertragung der Verantwortung selbst kommt dagegen nicht in Betracht **(„Delegationsverbot")**. Den oder die Genehmigungsinhaber trifft – auch bei Einschaltung Dritter als Erfüllungsgehilfen – eine Art „verschuldensunabhängige Gefährdungshaftung", eine **Gewährleistungsverantwortung.** Abreden mit Auftragnehmern (etwa zur arbeitsteiligen Wahrnehmung bestimmter Aufgaben) betreffen nur das Innenverhältnis; das gilt auch für den Binnenbereich mehrerer Genehmigungsinhaber untereinander, die – unabhängig von einer „Ressortaufteilung" – jeweils in vollem Umfang verantwortlich sind. Diese Differenzierung zwischen Aufgabe und Aufgabenwahrnehmung entspricht dem umweltrechtlichen Verursachungs- und Verantwortungsprinzip, wie es auch anderen Vorschriften zugrunde liegt (vgl. etwa § 22 KrWG, dazu *Diekmann* in Jarass/Petersen KrWG § 22 Rn. 1, 30 mwN); es hat auch strafrechtliche Relevanz (siehe zu den hohen Sorgfaltsanforderungen an die Einschaltung von Dritten grundlegend BGH NJW 1994, 1747f.). Die 15. AtG-Novelle hat die Verantwortung ausdrücklich auf sicher-

heitsbezogene Tätigkeiten von (**Unter-)Auftragnehmern** erstreckt; notwendig war diese Ergänzung indes nicht, sie hat lediglich klarstellende Bedeutung (BT-Drs. 17/3052, 12; BT-Drs. 18/11276, 10). Durch den Bezug auf sicherheitsgerichtete Tätigkeiten wird allerdings hervorgehoben, dass davon nicht jedwede Arbeit auf dem Anlagengelände erfasst ist; hierfür gelten vielmehr die spezifischen Fachnormen und die allgemeinen Regeln, die einer echten Verantwortungsübertragung aber ebenfalls häufig entgegenstehen.

III. Spezifische Verpflichtungen

1. Allgemeines

Die in den Folgeziffern normierten Pflichten des Genehmigungsinhabers konkretisieren dessen Verantwortung für die nukleare Sicherheit. Sie sind **enumerativ**, ein „insbesondere" fehlt. Das ändert aber nichts daran, dass die allgemeinen Verantwortlichkeiten, wie sie in der Grundnorm des § 7 Abs. 2 (→ § 7 Rn. 41 ff.) niedergelegt sind, daneben gelten und zum Teil deutlich über die Ausformungen des § 7 c Abs. 2 hinausgehen. Die hiesigen Pflichten sind aber **nicht** zusätzliche **Genehmigungsvoraussetzungen.** Es handelt sich vielmehr um **selbständige Handlungspflichten**; sie sind an den Genehmigungsinhaber, nicht an den Antragsteller gerichtet. Für ihre Exekution gilt, dass sie dem allgemeinen Aufsichtsrecht unterliegen, also über § 17 Abs. 1 S. 3, § 19 Abs. 3 AtG durchgesetzt werden können; die Abweichung zu § 7 d (→ § 7 d Rn. 16) folgt daraus, dass es hier nicht um Risikominimierung geht (wiederum anders in Abs. 3, → Rn. 16). Die Gesetzesbegründung hebt hervor, dass die behördliche Aufsicht den Genehmigungsinhaber nicht von seiner eigenen Verantwortung entbindet (BT-Drs. 17/3052, 12); dies ist jedoch ein selbstverständlicher Grundsatz, der keiner gesonderten Erwähnung bedurft hätte. Von größerer praktischer Bedeutung ist demgegenüber die Betonung in der Gesetzesbegründung (BT-Drs. 18/11276, 14), die Aufsichtsbehörde könnte hinsichtlich der Anforderungen des Abs. 2 grundsätzlich davon ausgehen, dass die Genehmigungsinhaber im Regelfall ausreichende Gewähr für deren Einhaltung bieten; nur bei „Anlass zu begründeten Zweifeln" im Einzelfall habe sie diesen nachzugehen und ggf. entsprechende Maßnahmen zu ergreifen. Dieses Prinzip lediglich „**anlassbezogener Prüfung**" war zunächst ausdrücklich nur im Kontext von § 7 c Abs. 2 Nr. 2 genannt worden (→ Rn. 11), gilt nun aber ausdrücklich für alle materiellen Pflichten der Norm.

2. Managementsystem (Nr. 1)

Die erste materielle Pflicht für die Genehmigungsinhaber sieht die Einrichtung und Anwendung eines Managementsystems vor. Dieses soll die sicherheitsrelevanten Prozesse institutionalisieren und dabei der Sicherheit gebührenden Vorrang einräumen. Eine solche Pflicht ist dem Umwelt- und technischen Sicherheitsrecht nicht fremd. So sieht etwa die immissionsschutzrechtliche Störfallverordnung ein entsprechendes **Sicherheitsmanagementsystem** vor (vgl. § 8 Abs. 3, § 9 Abs. 1 Nr. 1, Abs. 5 mit Anlage III. der 12. BImSchV; dazu *Hansmann* in Landmann/Rohmer UmweltR 12. BImSchV § 9 Rn. 15 ff.). Damit soll – wie bei modernen Compliance-Anforderungen insgesamt (vgl. etwa die Definition bei *Stober/Ohrtmann*, Compliance, 2015, § 1 Rn. 1, Compliance als „Organisation von Legalität") – ein besonderer Wert auf die maßgeblichen **Prozessregelungen** bei der Einhaltung materiellen Rechts gelegt werden; dies entspringt der Erkenntnis, dass Verfahrensrichtigkeit tendenziell auch zu erhöhter materieller Richtigkeitsgewähr – hier also der nuklearen Sicherheit – führt. Jene Aufwertung des Prozeduralen entspricht in modifizierter Form letztlich dem vom BVerfG schon früh postulierten „Grundrechtsschutz durch Verfahren" (BVerfGE 53, 30 (65) = NJW 1980, 759), wenngleich die Einführung des § 7c durch europarechtliche Vorgaben induziert worden ist, die typischerweise aber ebenfalls den Verfahrensaspekten besonderes Gewicht beimessen.

6 Gleichwohl bleibt daran zu erinnern, dass derartige Managementsysteme für die Kernenergiebranche kein Neuland sind. Im Gegenteil sind solche Prozesse seit Jahrzehnten etabliert und fester **Bestandteil kerntechnischer Regelwerke** (vgl. das integrierte, prozessorientierte Managementsystem (IMS) und dazu Ziffer 1 (3) der Sicherheitsanforderungen an Kernkraftwerke sowie *Leidinger* RdE 2002, 29 (31)). Das gleiche gilt für die entsprechende behördliche Aufsicht. Die in der europarechtlichen Sicherheitsrichtlinie vorgesehene regelmäßige Überprüfung erfolgt schon lange im Rahmen der kontinuierlichen staatlichen Aufsicht der §§ 19, 19a (→ § 19 Rn. 6 f.). Dabei orientiert sich die behördliche Kontrollintensität – wie der sachmaterielle Gehalt der Sicherheitsverantwortung selbst – an dem jeweiligen Gefahrenpotential der konkreten Anlage, insbesondere der Art, Menge und Aktivität der darin vorhandenen radioaktiven Stoffe. Im Interesse des Erhalts und der kontinuierlichen Verbesserung einer hohen Sicherheitskultur steht dabei insbesondere das sicherheitsgerichtete Zusammenwirken personeller, technischer und organisatorischer Faktoren (Mensch-Technik-Organisation) im Vordergrund.

3. Finanzielle und personelle Mittelausstattung (Nr. 2)

7 Von besonderer praktischer Bedeutung ist die doppelte Ausstattungsvorgabe der Nr. 2.

8 **a) Finanzausstattung.** Danach ist der Genehmigungsinhaber verpflichtet, „dauerhaft angemessene finanzielle und personelle Mittel zur Erfüllung seiner Pflichten in Bezug auf die nukleare Sicherheit der jeweiligen kerntechnischen Anlage vorzusehen und bereitzuhalten". Die Vorschrift bezieht sich nach der Gesetzesbegründung auf den **Betrieb** bis einschließlich der Stilllegung der Anlage, umfasst aber **nicht** die **Entsorgung** (vgl. BT-Drs. 17/3052, 12). Unklar ist, ob die Stilllegungs- und Rückbaukosten insgesamt abgedeckt sein müssen, obwohl zumindest ein Teil des insoweit anfallenden Aufwands nicht mehr die Kernenergiespezifika der Anlage betrifft. Mit Blick auf Regelungszweck und Gesetzeswortlaut, der von nuklearer Sicherheit der kerntechnischen Anlage spricht, wird man Maßnahmen, die nicht mehr von der Stilllegung im atomrechtlichen Sinne erfasst werden (etwa der Rückbau nicht kontaminierter Anlagenteile → § 7 Rn. 106), auch nicht mehr als von der Norm erfasst ansehen können.

9 Der unbestimmte Rechtsbegriff der „angemessenen finanziellen Mittel" wird weder im AtG noch im europäischen Richtlinienrecht näher definiert. Rechtsprechung zur erforderlichen **Höhe** der Mittelausstattung nach § 7c Abs. 2 Nr. 2 liegt – soweit ersichtlich – nicht vor. Die Gesetzesbegründung zu § 7c Abs. 2 Nr. 2 bietet indessen einige Hinweise darauf, wie der deutsche Gesetzgeber die Vorschrift versteht: Die getroffenen Vorkehrungen müssen danach sicherstellen, dass zum **jeweils gegebenen Zeitpunkt** angemessene finanzielle Mittel für die erforderlichen Maß-

Pflichten des Genehmigungsinhabers **§ 7c AtG**

nahmen im Interesse der nuklearen Sicherheit bereitstehen müssen. Das bedeutet, dass die Genehmigungsinhaber Liquidität nicht jederzeit vorhalten, sondern nur zum jeweils maßgeblichen Zeitpunkt innerhalb des betrieblichen Geschehens bereitstellen müssen. Hinzu kommt, dass der Nachweis nur im Lichte der jeweils geltenden Genehmigung zu führen ist; es ist also einzelfallbezogen festzustellen, welche Mittel für welche kerntechnische Anlage bezogen auf den jeweiligen Sachbereich angemessen sind. Eine allgemeine **Mindestausstattung** gibt es insoweit **nicht,** wenngleich es aus früheren Stilllegungsprojekten und entsprechenden Erkenntnissen durchaus Erfahrungswerte geben mag. Eine Besonderheit besteht für die Höhe der Deckungsvorsorge, die mit 2,5 Milliarden Euro gesetzlich vorgegeben ist (§ 13 Abs. 3 AtG, → § 13 Rn. 5 ff.). Eine bestimmte **Art der Mittel** gibt das Gesetz ebenfalls **nicht** vor; insofern kommen zunächst die im Rahmen der Solidarvereinbarung anerkannten Möglichkeiten in Betracht (vgl. die Anlage zu Anlage 4 der Solidarvereinbarung, abgedruckt bei PSM 358), ohne zwingend darauf beschränkt zu sein.

Das Tatbestandsmerkmal „dauerhaft" bezieht sich ausweislich der Gesetzesbegründung auf „die Dauer des Betriebs der Anlage", was nicht nur den Leistungsbetrieb umfasst: „Die Pflicht besteht während der Geltung der jeweiligen Genehmigung und erstreckt sich damit von der Genehmigung der Errichtung und des Betriebs bis zur Stilllegung der jeweiligen Anlage …" (BT-Drs. 17/3052, 12). Mit dem Begriff „dauerhaft" ist damit weder nur ein ganz bestimmter Zeitpunkt (etwa derjenige des Inkrafttretens des Gesetzes) noch ein gänzlich unbestimmter Zeitraum in der Zukunft verbunden. Allerdings gibt es keinen abschließenden Pflichtenkanon nach Maßgabe exakt bestimmbarer Anforderungen; so wie sich die inhaltlichen Vorgaben im Laufe des Anlagengeschehens entwickeln, verändert sich grundsätzlich auch die Vorhaltungspflicht. 10

Die Gesetzesbegründung geht ausdrücklich davon aus, dass die zuständigen **Behörden** im Regelfall **von der ausreichenden finanziellen Ausstattung ausgehen** können (BT-Drs. 17/3052, 12). Nur wenn die Aufsichtsbehörde „im Einzelfall Anlass zu begründeten Zweifeln" hat, muss sie diesen nachgehen. Ein solcher Anlass ist nicht jedwede gesellschaftsrechtliche Umstrukturierung; maßgeblich ist vielmehr die behördliche Prüfung des Einzelfalls. Mit Blick auf jene **anlassbezogene Prüfung** ist hervorzuheben, dass es sich auch und gerade bei § 7 c Abs. 2 Nr. 2 **nicht** um eine **Genehmigungsvoraussetzung** handelt, sondern um ein rein aufsichtliches Verfahren. Die Behörde wäre in diesem Rahmen etwa befugt, sich die entsprechenden Nachweise vorlegen (und prüfen) zu lassen, welche die angemessene finanzielle Ausstattung der Genehmigungsinhaber bestätigen. Typischerweise wird insofern etwa das Testat eines Wirtschaftsprüfers in Betracht kommen. Würde sie diese Unterlagen (ausnahmsweise) nicht für ausreichend halten, könnte sie über §§ 17, 19 weitere Maßnahmen einleiten; die Gesetzesbegründung spricht insoweit ausdrücklich von der rechtlichen Möglichkeit, „Mindestanforderungen gegebenenfalls durch aufsichtliche Maßnahmen festzulegen". Als Faustformel mag insoweit gelten: Ist bereits zweifelhaft, ob „begründete Zweifel" für eine anlassbezogene Nachprüfung bestehen, so sollte jedenfalls in materieller Hinsicht wenig zu befürchten sein; je begründeter dagegen schon die Zweifel sind, desto eher wird auch die anlassbezogene Prüfung zu einem Defizit führen. 11

b) Personalausstattung. Für die Bereithaltung des notwendigen Personals gilt im Ausgangspunkt das zuvor Gesagte gleichermaßen. Hier ist durch die 15. AtG-Novelle – wie in Abs. 1 S. 2 (→ Rn. 3), aber anders als bei der finanziellen Ausstat- 12

Posser

tung – die Erstreckung auf **(Unter-)Auftragnehmer** aufgenommen worden. Dementsprechend muss der Genehmigungsinhaber nicht nur für seine eigene Personalausstattung sorgen, sondern zudem sicherstellen, dass auch die von ihm eingeschalteten Dienstleister entsprechende personelle Mittel vorsehen und einsetzen. Diese müssen zudem über angemessene Kenntnisse und Fähigkeiten zur Erfüllung ihrer Aufgaben in Bezug gerade auf die nukleare Sicherheit verfügen – eine Forderung, die für eigenes Personal bereits in § 7 Abs. 2 Nrn. 1 und 2 (→ § 7 Rn. 41 ff.) und in modifizierter Form nochmal in der hiesigen Nr. 3 (→ Rn. 14) aufgegriffen wird.

13 Eine Besonderheit in der Notwendigkeit, eigenes Personal einzuschalten, hat die Neuordnung der Verantwortung in der kerntechnischen Entsorgung hervorgebracht. Im Zuge dessen hat die Kommission zur Überprüfung der Finanzierung des Kernenergieausstiegs (KFK) in ihrem Abschlussbericht vom 25.5.2016 unter Ziffer 1.5 eine **Beschäftigungssicherung** bei den Kernenergieunternehmen angemahnt. Zwar hat der Gesetzgeber dies seinerseits nicht aufgegriffen; wohl aber haben sich die EVU in § 3 des mit dem Bund geschlossenen **öffentlich-rechtlichen Vertrags** vom 27.6.2017 dazu verpflichtet, entsprechende Gespräche mit ihren Arbeitnehmervertretungen aufzunehmen und dem Bundesministerium für Wirtschaft und Energie darüber zu berichten. Es bleibt abzuwarten, wie sich dies auf die Zusammensetzung des insgesamt eingesetzten Personals in den Anlagen auswirkt.

4. Aus- und Fortbildung (Nr. 3)

14 Die Vorschrift knüpft an § 7 Abs. 2 Nrn. 1 und 2 an (→ § 7 Rn. 41 ff.). Die dort verankerte Gewährleistung wird durch die Verpflichtung zur Aus- und Fortbildung des Personals konkretisiert. Sie ist auch eine Konkretisierung der hiesigen Nr. 2, da die dort normierte Bereitstellung der personellen Mittel zur Pflichterfüllung sinnvoll nur durch eine angemessene Weiterbildung sicherzustellen ist. Dementsprechend verlangt die Norm auch, die einschlägigen Kenntnisse und Fähigkeiten nicht nur *aufrecht zu erhalten,* sondern – dem dynamischen Gebot des Stands von Wissenschaft und Technik Rechnung tragend – auch *auszubauen.* Dahinter steht auch die Sorge vor einem Know how-Verlust in der Kernenergie (vgl. zu dieser Thematik die Stellungnahme der RSK vom 3.11.2016 und die Pressemitteilung des DAtF vom 16.6.2017).

5. Informationsverpflichtungen (Nr. 4)

15 Durch die 15. AtG-Novelle erstmals dazugekommen ist Nr. 4, die der Umsetzung von Art. 8 Abs. 1 S. 2 der RL 2014/87/Euratom dient. Danach ist der Genehmigungsinhaber verpflichtet, der Öffentlichkeit aktiv bestimmte Informationen zur Verfügung zu stellen. Auch das ist weder allgemein (vgl. etwa § 11 12. BImSchV) noch für den Kernenergiebereich ein Novum. Allerdings enthält die ausdifferenzierte Regelung eine Reihe wichtiger Konkretisierungen: So erfolgt die Informationspflicht **(1.)** nur im Rahmen der generellen **Kommunikationspolitik** des Genehmigungsinhabers; diese darf nach Sinn und Zweck der Vorschrift zwar nicht derart restriktiv sein, dass im Grunde keine angemessene Information erfolgt, er muss aber seine bestehende Öffentlichkeitsarbeit nicht zwingend neu ausrichten. **(2.)** erfolgt die Information nur „**unter Wahrung seiner Rechte und Pflichten**". Damit wird klargestellt, dass die Bereitstellungspflicht nicht schrankenlos

gilt, sondern darin ihre Grenzen findet, wo *private Belange* (etwa Betriebs- und Geschäftsgeheimnisse oder entsprechende (Urheber- und Patent-)Rechte Dritter) oder *öffentliche Interessen* (zB hinsichtlich der Kraftwerkssicherung, insbesondere gegen Terrorangriffe) durch die Informationsbereitstellung betroffen würden. Hier die richtige Balance zu finden, ist deshalb eine der schwierigsten Aufgaben im Kernenergierecht (vgl. dazu ausführlich → § 7 Rn. 45 ff.); der schlichte Hinweis in der Gesetzesbegründung (BT-Drs. 18/11276, 14), im Zweifelsfall müssten sich die Genehmigungsinhaber mit der zuständigen Behörde abstimmen, verfehlt die eigentliche Problematik. **(3.)** sind als Gegenstände der Informationspflicht der bestimmungsgemäße *Betrieb,* meldepflichtige *Ereignisse* und *Unfälle* aufgelistet. Insoweit bereits bestehende Meldepflichten, etwa nach der AtSMV bleiben unberührt (BT-Drs. 18/11276, 14; zur AtSMV, vgl. BVerwG NVwZ 2009, 52 und dazu *Posser* in FS Kühne, 623 (629 ff.)). Wegen paralleler Melde- und Informationspflichten ist eine enge Abstimmung zwischen Genehmigungsinhaber und zuständiger Behörde zu suchen. **(4.)** hebt die Norm hervor, dass bei der jeweiligen Information die **lokale Bevölkerung** und die Interessenträger in der Umgebung der Anlage besonders zu berücksichtigen sind; auch das ist ein Regelungsinhalt, der sich an eine gelebte Praxis anlehnt (Kraftwerksgespräche, Tag der offenen Tür, Flyer, die im näheren Umfeld der Anlage insbesondere bei Einrichtungen mit Publikumsverkehr und bei den Anwohnern verteilt werden etc). Die geforderte besondere Berücksichtigung kann auch darin bestehen, wichtige Informationen nicht nur über die allgemeine Website, sondern gezielt in der Ortsbevölkerung zu verbreiten, kann also auch Auswirkungen auf die Art der Informationsvermittlung haben (Radio, Durchsagen, Flyer, Informationsveranstaltungen etc).

IV. Anlageninterner Notfallschutz

Ebenfalls erst durch die 15. AtG-Novelle hinzugekommen ist Abs. 3, der angemessene Verfahren und Vorkehrungen für den anlageninternen Notfallschutz fordert und damit ebenfalls Vorgaben der RL 2014/87/Euratom umsetzt. Dieser umfasst alle technischen und organisatorischen Maßnahmen über die getroffene Auslegung hinaus, die innerhalb einer kerntechnischen Anlage realisiert werden, um eine Freisetzung radioaktiver Stoffe zu verhindern oder möglichst gering zu halten. Ziel dieser Vorkehrungen ist es, auch unter **auslegungsüberschreitenden Randbedingungen** eine schwerwiegende Beschädigung des Reaktorkerns zu verhindern oder zumindest deren radiologische Schadensfolgen zu begrenzen. Für solche Notfälle sind die in der Anlage zu ergreifenden technischen Maßnahmen, die Notfallprozeduren und die hierzu erforderlichen Hilfsmittel in einer separaten Unterlage, dem **Notfallhandbuch,** beschrieben. Zu den organisatorischen Voraussetzungen gehören insbesondere eine Notfallorganisation mit einem Notfallstab sowie ein weiterer Krisenstab, dessen Aufgabe die Unterstützung in technischen Fragen ist (zu den einzelnen, durchaus unterschiedlichen Begrifflichkeiten vgl. BT-Drs. 18/11276, 14). Anlageninterner Notfallschutz ist auf den **Sicherheitsebenen 4b und c** angesiedelt; es geht um **Restrisikominimierung.** Dies galt schon beim früheren § 7 Abs. 2a (vgl. dazu PSM § 7 Rn. 174), der in Teilen als Vorgängerregelung anzusehen ist.

Auch bei dieser Pflicht geht es nicht nur um materielle Inhalte, also die Etablierung bestimmter technischer Vorkehrungen, sondern nicht zuletzt um die Einführung spezifischer – angemessener – Verfahren und Abläufe (Abs. 3 S. 1). Dabei legt

16

17

S. 1 den allgemeinen Grundsatz fest, der dann in den S. 2–4 weiter konkretisiert wird. Die Vorschrift enthält insofern eine Aufzählung von Anforderungen an entsprechende **präventive** und **mitigative** Maßnahmen, also vorbeugende wie auswirkungsbegrenzende, abmildernde Vorkehrungen. Zu ersteren können etwa mobile Notstromaggregate oder externe Pumpen gehören, um den Reaktorkern zu kühlen; mitigative Maßnahmen zielen vor allem darauf, die Integrität des Sicherheitsbehälters im Reaktor zu erhalten, um einen unkontrollierten Austritt von Radioaktivität zu verhindern (Einzelheiten bei *Sellner/Hennenhöfer* in Hansmann/Sellner UmweltR, 4. Aufl. 2012, Kap. 12 Rn. 123 ff.). Die Anforderungen nach den S. 2–4 sind bei richtlinienkonformer Auslegung als **nicht abschließend** zu verstehen. Ausweislich der Gesetzesbegründung dient Abs. 3 der Umsetzung der Art. 6e und Art. 8d iVm Art. 8b Abs. 1 lit. fRL 2014/87/Euratom (vgl. BT-Drs. 18/11276, 14). Nach Art. 6e S. 2 dieser Richtlinie sind die nach der Umsetzung in das deutsche Recht in den S. 2–4 enthaltenen Anforderungen nur „insbesondere" einzuhalten; **weitergehende Anforderungen,** die darüber hinaus zur Einhaltung des in Art. 6e S. 1 RL 2014/87/Euratom (bzw. der Umsetzung in Abs. 3 S. 1) enthaltenen Grundsatzes ggf. nötig sein können, werden durch den Text der Richtlinie damit **nicht ausgeschlossen.**

18 Nach den ausdrücklich im Gesetzeswortlaut enthaltenen Konkretisierungen der S. 2–4 dürfen die Maßnahmen nach Abs. 3 S. 1 (**1.**) weder den bestimmungsgemäßen Betrieb noch den auslegungsgemäßen Einsatz von Sicherheits- und Notstandseinrichtungen beeinträchtigen; ihre Verträglichkeit mit dem Sicherheitskonzept muss gewährleistet sein. Dadurch wird das Grundprinzip betont, dass Maßnahmen, die letztlich nur der **weiteren Vorsorge** im Restrisikobereich dienen, **rückwirkungsfrei** für die eigentliche Risikovorsorge erfolgen müssen. (**2.**) sind Maßnahmen vorzusehen, die Unfälle adressieren, welche gleichzeitig mehrere Blöcke (von Kernkraftwerken) betreffen. Verhindert werden soll darüber hinaus ein sog. **Dominoeffekt** (vgl. § 15 12. BImSchV; hierzu *Hansmann* in Landmann/Rohmer UmweltR 12. BImSchV § 15 Rn. 1 ff.), also eine Kette von Folgeereignissen, deren Auswirkungen dann auf einen vom maßgeblichen Unfall an sich nicht betroffenen Bereich übergreifen. (**3.**) wird hervorgehoben, dass es nicht ausreichend ist, entsprechende Maßnahmen lediglich einmal einzurichten, sondern dass es der **dauerhaften Sicherstellung** ihrer **Funktionsfähigkeit** durch Wartung und wiederkehrende Prüfungen bedarf; auch dafür sind materielle wie prozedurale Vorkehrungen zu treffen. Diese Pflichtenkonturierung greift inhaltlich Ziffer 3.1.(10) der Sicherheitsanforderungen an Kernkraftwerke auf. In die gleiche Richtung zielen (**4.**) die Verpflichtungen, dass die getroffenen Maßnahmen regelmäßig in Übungen angewandt und geprüft werden müssen sowie (**5.**), dass die daraus und aus Unfällen gewonnenen Erkenntnisse regelmäßig überprüft und aktualisiert werden. Beide Anforderungen entsprechen dem **dynamischen Charakter atomrechtlicher Handlungspflichten.** Allerdings beschreiben sie letztlich für Deutschland lediglich eine seit langem gelebte und in den untergesetzlichen Regelwerken ausdifferenzierte Praxis; es ist sicherheitstechnisches Allgemeingut, dass präventive und mitigative Vorkehrungen nicht ein für allemal etabliert werden können, sondern dass fortlaufende Kontrollen und Anpassungen im Rahmen eines iterativen Prozesses notwendig sind.

19 Eine besondere Betonung liegt schließlich – und zu Recht – auf der **Schnittstelle** zwischen dem **anlageninternen und -externen Notfallschutz.** Letzterer umfasst alle Maßnahmen außerhalb einer Anlage zum Schutz der Bevölkerung und der Umwelt bei einem kerntechnischen Stör- oder Unfall zur Verhinderung massiver Freisetzungen in die Umgebung; anlagenexterne Maßnahmen werden erforderlich, wenn der anlageninterne Notfallschutz nicht oder nur zum Teil greifen sollte. Unter dem Begriff werden sowohl der nukleare **Katastrophenschutz** als auch die **Strahlenschutzvorsorge** zusammengefasst, wobei beide Bereiche nicht konkurrieren, sondern sich ergänzen. Grundlage sind auch hier verschiedene Regelwerke, in denen ausführlich das Wann, Wo und Wie zur Ergreifung von Maßnahmen niedergelegt ist. Von besonderer Bedeutung werden die ab dem 1.10.2017 in Kraft getretenen Vorschriften des Teils 3 „Strahlenschutz bei Notfallexpositionssituationen" des neuen Strahlenschutzgesetzes, also die §§ 92–117 StrlSchG, sein (BGBl. I 1966). Darin werden neben den Notfallschutzgrundsätzen und den Referenz-, Dosis- und Kontaminationswerten wesentlich detaillierter als bisher die Notfallmanagementsysteme des Bundes und der Länder, insbesondere die Notfallvorsorge und die Notfallreaktion, aber auch der Schutz der Einsatzkräfte geregelt. Bei den grundlegenden Katastrophenschutzmaßnahmen handelt es sich in erster Linie um *kurzfristige Sofortmaßnahmen* wie die Aufforderung zum Aufenthalt in Gebäuden, die Verteilung und Einnahme von Jodtabletten oder die Evakuierung nach vorbereiteten Plänen. Bei den wesentlichen Maßnahmen nach dem Strahlenschutzvorsorgegesetz handelt es sich um *längerfristige Aspekte* wie etwa die Kontrolle des Handels mit Nahrungs- und Futtermitteln, Maßnahmen im Bereich der Landwirtschaft, großflächige Dekontaminationsmaßnahmen oder längerfristige Umsiedlungen.

Der Gesetzgeber legt hier ein besonderes Gewicht darauf, dass sowohl die konkreten Maßnahmen als auch die Zuständigkeiten trotz aller Verzahnungen klar abgegrenzt und aufeinander abgestimmt sein müssen. Kompetenzwirrwarr und sich widersprechende Notfallkonzepte müssen im Interesse der Sache vermieden werden. Dem dienen die notwendigen organisatorischen Vorkehrungen und insbesondere die Berücksichtigungspflicht von Maßnahmen des anlagenexternen Notfallschutzes bei Planungen auf der anlageninternen Ebene. In Anlehnung an die Konzeption bei SEWD (dazu ausführlich → § 7 Rn. 79) mag von einem **„integrierten Notfallschutzkonzept"** gesprochen werden; staatliche und betreiberseitige Verantwortlichkeiten greifen hier ineinander. In dieser Funktion setzt § 7c Abs. 3 S. 4 auch Art. 69 RL 2013/59/Euratom, welche die sog. **„Strahlenschutzgrundnormen"** beinhaltet, (vorzeitig) in deutsches Recht um. 20

§ 7d Weitere Vorsorge gegen Risiken

Der Inhaber einer Genehmigung zum Betrieb einer Anlage zur Spaltung von Kernbrennstoffen zur gewerblichen Erzeugung von Elektrizität hat entsprechend dem fortschreitenden Stand von Wissenschaft und Technik dafür zu sorgen, dass die Sicherheitsvorkehrungen verwirklicht werden, die jeweils entwickelt, geeignet und angemessen sind, um zusätzlich zu den Anforderungen des § 7 Absatz 2 Nummer 3 einen nicht nur geringfügigen Beitrag zur weiteren Vorsorge gegen Risiken für die Allgemeinheit zu leisten.

Literatur: *Arndt,* Drittschutz und Restrisiko im Atomrecht, RdE 2012, 81; *Dolde,* Terroristische Angriffe auf Kernkraftwerke, NVwZ 2009, 679; *Ewer/Behnsen,* Das „Atom-Moratorium" der Bundesregierung und das geltende Atomrecht, NJW 2011, 1182; *Fetzer,* Schutzniveau und Drittschutz im Atomrecht, NVwZ 2013, 1373; *Hennenhöfer/Schneider,* 50 Jahre Atomgesetz –

Eine Zwischenbilanz, in FS Sellner, 2010, 347 ff.; *Huber*, Entsorgung als Staatsaufgabe und Betreiberpflicht, in Ossenbühl, Deutscher Atomrechtstag 2000, 149 (zit. AtRt 2000); *Klinger*, Ist Viermal jetzt Luxemburger Recht? – Drittschutz in der Novelle des Atomgesetzes, ZUR 2010, 561; *Mann*, Verfassungsrechtliche Determinanten bei der Nachrüstung von Kernkraftwerken, in 14. Deutsches Atomrechtssymposium, 2013, 54 ff. (zit. 14. AtRS 2013); *Müller-Dehn*, Nachrüstung von Kernkraftwerken angesichts veränderter rechtlicher Rahmenbedingungen – Grenzen aus Sicht der Betreiber, in 14. Deutsches Atomrechtssymposium, 2013, 38 ff. (zit. 14. AtRS 2013); *Rauscher*, § 7 d AtG – Eine Regelung der Nachrüstung im Atomrecht?, in 14. Deutsches Atomrechtssymposium, 2013, 25 ff. (zit. 14. AtRS 2013); *Renneberg*, Laufzeitverlängerung und nukleare Sicherheit – zum rechtlichen und technischen Zusammenhang von 11. und 12. AtG Novelle, ZNER 2011, 106; *Roller*, Drittschutz im Atom- und Immissionsschutzrecht, NVwZ 2010, 990; *ders.*, Die „weitere Schadensvorsorge" im Atomrecht – ein neuer Schutzmaßstab?, NVwZ 2011, 1431 ff.; *ders.*, Verfassungsrechtliche Anforderungen und Grenzen bei der Nachrüstung von Kernkraftwerken, EnWZ 2013, 205; *Roßnagel/Hentschel*, „Weitere Vorsorge" im Atomrecht? Zur Verfassungswidrigkeit des § 7 d AtG, ZNER 2011, 7; *Sellner*, Stromerzeugung und Klimaschutz: Perspektiven des Kernenergierechts, in 25. Trierer Kolloquium zum Umwelt- und Technikrecht, 2010, 127 ff.; *Ziehm*, Das neue Schutzniveau des Atomgesetzes, ZUR 2011, 3.

I. Gesetzesgenese

1   Die Vorschrift wurde mit Wirkung vom 27.12.2010 durch Gesetz vom 8.12.2010 (BGBl. I 1817) in das Atomgesetz aufgenommen und seitdem nicht mehr geändert. Obwohl die Norm im Rahmen der 12. AtG-Novelle eingeführt wurde, mit welcher die RL 2009/71/Euratom über einen Gemeinschaftsrahmen für die nukleare Sicherheit kerntechnischer Anlagen in deutsches Recht transformiert worden ist, dient sie selbst nicht deren Umsetzung. Sie steht vielmehr **unabhängig** daneben (BT-Drs. 17/3052, 1; *Arndt* RdE 2012, 81). Entstehungsgeschichtlich hätte sie in die 11. AtG-Novelle – die Laufzeitverlängerung aus 2010 – gehört; dieser historische Kontext ist im Zuge der Diskussionen über Inhalt und Anwendungsbereich der Norm verlorengegangen, was eine Vielzahl von Fehlinterpretationen nach sich gezogen hat (→ Rn. 6 ff.). § 7 d knüpft – auch das wird zu Unrecht ausgeblendet – in Systematik und Normstruktur an den 2002 aufgehobenen **§ 7 Abs. 2 a aF** an, der ebenfalls eine „weitere Vorsorge gegen Risiken für die Allgemeinheit" zum Gegenstand hatte (dazu PSM § 7 Rn. 174 f.; BVerwGE 104, 30 (47)).

II. Anwendungsbereich der Sorgepflicht

2   Die Vorschrift richtet sich an den **Inhaber** einer Genehmigung zum **Betrieb** einer Anlage zur Spaltung von Kernbrennstoffen zur gewerblichen Erzeugung von Elektrizität, also ein **Kernkraftwerk**. Sie ist – anders als die Sorgepflicht des § 9 a Abs. 2 a (→ § 9 a Rn. 12) – nicht direkt an „den Betreiber" einer solchen Anlage gerichtet; nach dem zu § 7 Ausgeführten (→ § 7 Rn. 7) liegt darin sachlich aber kein Unterschied. Durch den ausschließlichen Bezug auf Kernkraftwerke sind zudem andere kerntechnische Anlagen – wie Zwischen- und Endlager, Urananreicherungs- oder Wiederaufarbeitungsanlagen – mit ihren je spezifischen Tätigkeiten (zB der Aufbewahrung; im Rahmen des § 6 die Anwendbarkeit offenlassend BVerwGE 142, 159 Rn. 19 = ZUR 2012, 423 Rn. 19) nicht erfasst. Zudem geht

es von vornherein nur um **Sicherheits**vorkehrungen zusätzlich zu den Anforderungen des § 7 Abs. 2 **Nr. 3.** Das bedeutet, dass **Sicherungs**maßnahmen in Ausfüllung des § 7 Abs. 2 **Nr. 5** der Norm nicht unterfallen (*Müller-Dehn,* 14. AtRS 2013, 38 (48)); Diskussionen im Vorfeld über eine entsprechende Erstreckung der Regelung, etwa durch Anfügung eines § 7 d Abs. 2, sind nicht Gesetz geworden. Hierin unterscheidet sich § 7 d auch von § 7 c, der mit der „nuklearen Sicherheit" einen Begriff verwendet, welcher nach der Legaldefinition in § 2 Abs. 3 a Nr. 2 sowohl die Sicherheit als auch die Sicherung erfasst (→ § 2 Rn. 45). Weiterer Schutz gegen Störmaßnahmen oder sonstige Einwirkungen Dritter kann deshalb von § 7 d nur **mittelbar** bewirkt werden, wenn jene zusätzlichen Vorkehrungen zugleich („im Ergebnis") Schutzwirkung gegenüber solchen Vorkommnissen entfalten (so auch die Gesetzesbegründung, vgl. BT-Drs. 17/3052, 13).

§ 7 d normiert – wie auch andere Vorschriften, etwa § 9 a Abs. 1 – eine sog. **Sor-** 3 **gepflicht.** Typischerweise greift der Gesetzgeber zu diesem Instrument, wenn es um die Konturierung einer geteilten Verantwortung geht, bei der eine selbständige Handlungspflicht für den Normadressaten nicht den gesamten sachmateriellen Verantwortungsbereich abdecken kann; so ist es etwa bei der Entsorgung radioaktiver Abfälle gem. § 9 a Abs. 1 der Fall (dazu *Huber* AtRt 2000, 149 (151 ff.); zur Veränderung durch das Neuordnungsgesetz vom 27. 1. 2017 → § 9 a Rn. 10). Das ist bei § 7 d jedoch anders. Denn es werden ganz bestimmte Verhaltenspflichten normiert, die über eine bloße „Sorgetragung" deutlich hinausgehen. Der verwendete Begriff ist insofern ein gewisser **Etikettenschwindel;** die Vorschrift hätte von ihrem Regelungsgehalt her gesehen auch wie folgt formuliert werden können: „Der Inhaber … hat … die Sicherheitsvorkehrungen zu verwirklichen, die …". Die Norm ist zudem **„self-executing",** dh sie bedarf keiner behördlichen Konkretisierung, die allerdings auch nicht ausgeschlossen ist (siehe die im Vorfeld des Normerlasses diskutierte „Nachrüstliste", dazu etwa *Müller-Dehn,* 14. AtRS 2013, 38 (46); *Renneberg* ZNER 2011, 106 (108 ff)). Es handelt sich mithin um eine **selbständige Handlungspflicht,** die aber **keine** (zusätzliche) **Genehmigungsvoraussetzung** ist. Sie gilt nicht für Anlagen, die ihre Berechtigung zum Leistungsbetrieb verloren haben, wie die Parallele zu § 19 a zeigt (→ § 19 a Rn. 15) und auch Verhältnismäßigkeitserwägungen nahelegen.

Die Betreiber sind indessen **nicht** auf ganz **bestimmte Maßnahmen** fixiert, 4 sondern – in weiterer Ausfüllung der gesetzlichen Zweckbestimmung in § 1 Nr. 2 – gehalten, zusätzlich über die ohnehin bestehenden Anforderungen der erforderlichen Schadensvorsorge nach § 7 Abs. 2 Nr. 3 hinaus einen nicht nur geringfügigen Beitrag zur weiteren Vorsorge gegen Risiken für die Allgemeinheit zu leisten. Der Genehmigungsinhaber muss deshalb „erkennbar tätig werden" (so die Gesetzesbegründung, BT-Drs. 17/3052, 13), um die jeweiligen, den normativen Maßgaben Rechnung tragenden Vorkehrungen umzusetzen. Soweit insofern Zielvorgaben in Rede stehen, darf zu deren Einhaltung auf verschiedene, gleichwertige Mittel und Wege zurückgegriffen werden; das entspricht dem allgemeinen ordnungsrechtlichen Grundsatz der Zulässigkeit eines **Austauschmittels** durch den Verpflichteten (vgl. dazu etwa § 21 S. 2 NRWOBG; § 4 Abs. 4 HmbSOG; § 5 Abs. 2 S. 2 NPOG; Art. 5 Abs. 2 S. 2 BayPAG; aus der Literatur: *Rachor* in Lisken/ Denninger HdB der Polizeirechts, 6. Aufl. 2012, E Rn. 18, 172; *Vogel* in Drews/ Wacke/Vogel/Martens, Gefahrenabwehr, 9. Aufl. 1986, 428 ff.; *Pewestorf* in Pewestorf/Söllner/Tölle, Praxishandbuch Polizei- und Ordnungsrecht, § 12 Rn. 19 f.).

Die zu verwirklichenden Sicherheitsvorkehrungen sind zudem **dynamisch** aus- 5 gestaltet, indem „der fortschreitende Stand von Wissenschaft und Technik" in Bezug genommen wird (vgl. zu diesen Begrifflichkeiten → § 7 Rn. 45 f.). Allerdings konstituiert dies **keine Forschungspflicht,** etwa zur Weiterentwicklung wissenschaftlicher Erkenntnisse. Denn zugleich referenziert die Norm auf Vorkehrungen, „die jeweils entwickelt, geeignet und angemessen" sind. Darin kommt keineswegs nur die notwendige Verhältnismäßigkeit zum Ausdruck. Vielmehr müssen die Maßnahmen bereits entwickelt *sein* – nicht erst werden – und ihre Geeignetheit muss *feststehen* („sind"). Rein wissenschaftliche Erkenntnisse reichen insofern nicht aus; hierin unterscheidet sich der Maßstab des § 7 d deutlich von dem des § 7 Abs. 2 Nr. 3 (→ § 7 Rn. 45 f.). Das wird auch durch die Verwendung des Begriffs „entsprechend" indiziert – eine Formulierung, die § 7 Abs. 2 Nr. 3 nicht kennt. Adressiert ist damit eine sinngemäße Annäherung an den Stand von Wissenschaft und Technik, eingehegt durch die zuvor genannte **Tatbestandstrias.** *Entwickelt* sind Maßnahmen, wenn sie ohne weiteren Aufwand funktionsfähig sind und im Kernkraftwerk sachgerecht eingesetzt werden können; *geeignet* sind sie, wenn tatsächlich belegt ist und nicht nur aufgrund einer hypothetischen Annahme unterstellt wird, dass sie einen nicht nur geringen Sicherheitsgewinn bewirken können. Die zu verwirklichenden Sicherheitsvorkehrungen können sowohl deterministische wie probabilistische Anforderungen enthalten, wobei vorhandene – nationale wie internationale – Erkenntnisse und Regelwerksentwicklungen zu berücksichtigen sind (vgl. zu dieser „Gesamtsicherheitsbewertung" BT-Drs. 17/3052, 13; *Müller-Dehn,* 14. AtRS 2013, 38 (47)). Schließlich bleibt bei allen Maßnahmen der **Verhältnismäßigkeitsgrundsatz** zu beachten; auch hierin liegt im Ausgangspunkt ein Unterschied zu § 7 Abs. 2 Nr. 3. Die Notwendigkeit einer gesonderten Prüfung des Übermaßverbots kommt nicht nur in der vorgenannten Trias – insbesondere dem „angemessen" – bei der Bestimmung der Art der Sicherheitsvorkehrungen zum Ausdruck, sondern ebenso in der tatbestandlichen Zielvorgabe, dass sie „einen nicht nur geringfügigen Beitrag" leisten müssen. Danach scheiden jedenfalls Maßnahmen, die mit hohem Aufwand nur einen sehr geringen Sicherheitsgewinn erbringen, aus der Sorgepflicht aus. Die Beachtung des Verhältnismäßigkeitsgrundsatzes kann auch Umsetzungsfristen erfordern oder an sich geeignete Maßnahmen bei nur noch geringer Restlaufzeit ausschließen; insoweit ist die Angemessenheit ist neben der Eignung ein eigenständiges, konstitutives Tatbestandsmerkmal. Obgleich die so konturierte Pflicht die frühere Freiwilligkeit der EVU zur Restrisikominimierung ablöst, bleiben freiwillige Vorkehrungen – die etwa nur einen geringfügigen Sicherheitsgewinn bringen oder eher Forschungscharakter haben – weiterhin möglich.

III. Restrisikominimierung

6   § 7 d kommt nur **jenseits** („zusätzlich") der **Schadensvorsorge** nach § 7 Abs. 2 Nr. 3, also im Bereich des **Restrisikos** zur Anwendung (zutreffend *Leidinger* in NK-AtomR § 7 d Rn. 3). Nach der in Normtext und Begründung klar zum Ausdruck gebrachten gesetzgeberischen Intention erfasst die Vorschrift Maßnahmen „zur weiteren Vorsorge gegen Risiken" – also zur Restrisikominimierung –, die über die nach § 7 Abs. 2 Nr. 3 ohnehin zu treffende erforderliche Vorsorge gegen Schäden hinausgehen (vgl. BT-Drs. 17/3052, 13). Denn die danach gebotene Schadensvorsorge verlangt bereits, dass Gefahren und Risiken „nach dem Maßstab praktischer Vernunft" auszuschließen sind; ein dann noch verbleibendes Restrisiko ist als sozialadäquat hinzunehmen (vgl. dazu und zu der entsprechenden Stufung ausführlich → § 7 Rn. 44 ff.). Nunmehr wird mit § 7 d noch darüber hinausgehend – also

im Bereich des an sich hinzunehmenden Restrisikos – eine zusätzliche Pflicht normiert, um eine weitere Vorsorge mit dem Ziel einer **möglichst hohen Sicherheit** zu gewährleisten. Die Regelung stellt damit – seiner Entstehungsgeschichte entsprechend (→ Rn. 1) – eine nochmalige **Belastung** der Betreiber dar.

Für die **gegenteilige Auffassung,** darin einen weiteren, nicht drittschützenden 7
Bereich der Schadensvorsorge zu sehen, wodurch sogar das „verfassungsrechtlich gebotene Schutzniveau abgesenkt" werde (vgl. etwa *Ziehm* ZUR 2011, 4; *Roller* NVwZ 2011, 1431; vermittelnd *Rauscher,* 14. AtRS 2013, 25 (32f.)), gibt es **keine Anhaltspunkte.** Es geht gerade nicht um die Schadensvorsorge – also den von § 7 Abs. 2 Nr. 3 erfassten Bereich –, sondern um das jenseits davon liegende Restrisiko und dessen weitere Minimierung. Dadurch wird das **Sicherheitsniveau** – wie sowohl die Gesetzesbegründung (BT-Drs. 17/3052, 13) als auch die Bundesregierung in Beantwortung einer parlamentarischen Anfrage (BT-Drs. 17/3395, 3) ausdrücklich hervorheben – **erhöht** und nicht abgesenkt (so auch *Müller-Dehn,* 14. AtRS 2013, 38 (45); *Sellner/Hennenhöfer* in Hansmann/Sellner UmweltR, 4. Aufl. 2012, Kap. 12 Rn. 279 ff.).

Die hiesige Einstufung steht im Einklang mit der **höchstrichterlichen Recht-** 8
sprechung und der von ihr entwickelten atomrechtlichen Dogmatik, insbesondere auch mit dem Brunsbüttel-Urteil des Bundesverwaltungsgerichts vom 10.4.2008 (BVerwGE 131, 129 = NVwZ 2008, 1012). Durch dieses Judikat wird – entgegen zum Teil anderslautender Interpretationen (vgl. etwa *Roller* NVwZ 2010, 993) und trotz zuweilen jedenfalls missverständlicher Formulierungen – die Kategorie des **Restrisikos** weder aufgegeben noch auf einen durch (technische) Maßnahmen nicht weiter minimierbaren Rest beschränkt (vgl. *Hennenhöfer/Schneider* FS Sellner, 2010, 347 ff.; *Dolde* NVwZ 2009, 681). Vielmehr wird die bisherige atomrechtliche Dogmatik ausdrücklich bestätigt; lediglich die Methodik der **Zuordnung** spezifischer Risiken zu den einzelnen Kategorien hat durch das Urteil eine Klarstellung erfahren (vgl. dazu im Einzelnen *Arndt* RdE 2012, 81; → § 7 Rn. 49 ff.). Dieser Entwicklung in der höchstrichterlichen Rechtsprechung folgend betont die Gesetzesbegründung ausdrücklich, dass mit § 7d **keine Entscheidung** darüber getroffen werde, ob ein Risiko im Einzelfall der Schadensvorsorge oder dem Restrisiko unterfalle; dies unterliege der erforderlichen Konkretisierung durch die zuständige Behörde in Ausübung ihres **Funktionsvorbehalts** (vgl. BT-Drs. 17/3052, 13 und nochmals – die Kritik adressierend – bestätigend in BT-Drs. 17/3395, 3). Das greift im Übrigen auch die nachfolgende Entscheidung des BVerwG zum SZL Unterweser auf (BVerwGE 142, 159 Rn. 18 f. = ZUR 2012, 423 Rn. 18 f.).

An dieser Beurteilung ändert ferner der Hinweis in der Gesetzesbegründung 9
nichts, Maßnahmen nach § 7d könnten sich auf **mehrere** der **Sicherheitsebenen** beziehen; denn auch bei den Sicherheitsebenen 1–3 kann es zusätzliche, zur Schadensvorsorge nicht erforderliche Vorkehrungen geben (zu den Sicherheitsebenen → § 7 Rn. 51 ff.). Die im Schrifttum daran geäußerte Kritik (etwa *Renneberg* ZNER 2011, 106 (112 f.); *Roller* NVwZ 2011, 1431 (1433)) unterliegt der Fehlvorstellung, dass jedwede Maßnahme auf diesen Sicherheitsebenen per se der Schadensvorsorge dienen; das trifft jedoch nicht zu (richtig dagegen *Müller-Dehn,* 14. AtRS 2013, 38 (48)). Das bedeutet: Alle Vorkehrungen, die unter § 7d fallen, dienen *per definitionem* der Restrisikominimierung; welche Maßnahmen konkret dazu zu zählen sind, entscheidet im jeweiligen Einzelfall die zuständige Behörde nach Maßgabe ihrer Einschätzungsprärogative. Dieses Verständnis des § 7d entspricht schließlich auch demjenigen der **Vorgängerregelung** des § 7 Abs. 2a aF; die von dieser Norm verlangten – ebenfalls über die von § 7 Abs. 2 Nr. 3 geforderte

10 Mit der Begründung zusätzlicher Pflichten zur Restrisikominimierung vermittelt § 7 d **keinen Drittschutz** (*Leidinger* in NK-AtomR § 7 d Rn. 19). Die mit dieser Norm verfolgte weitere Vorsorge soll nach deren Wortlaut ausschließlich einen Beitrag gegen die Risiken für die **Allgemeinheit** leisten; einen individuellen Anspruch auf Durchsetzung dieser zusätzlichen Pflichten sieht der Gesetzgeber hingegen nicht vor. Dementsprechend führt er in der Gesetzesbegründung aus, dass die Maßnahmen nur dem Schutz der Allgemeinheit dienen, also nicht drittschützend ausgestaltet sind (vgl. BT-Drs. 17/3052, 13). Das ist konsistent zum Regelungskonzept etwa des BImSchG, wo ebenfalls zwischen der Nachbarschaft und der Allgemeinheit unterschieden wird (§§ 3 Abs. 1, 5 Abs. 1 BImSchG; dazu *Jarass* BImSchG § 3 Rn. 36 ff.). Auch insoweit folgt der Gesetzgeber der gefestigten höchstrichterlichen Judikatur einschließlich des Brunsbüttel-Urteils des BVerwG, welches die Reichweite des Drittschutzes exakt an die **Grenzziehung zwischen Risikovorsorge und Restrisiko** koppelt (BVerfG NVwZ 2009, 171 (175); BVerfG NVwZ 2010, 114 (118); BVerwGE 131, 129 (140, 146) = NVwZ 2008, 1012; BVerwGE 142, 159 Rn. 18 = ZUR 2012, 423 Rn. 18; → § 7 Rn. 50). Dass die neuere Rechtsprechung die erforderliche Vorsorge bei § 6 Abs. 2 Nr. 2, § 7 Abs. 2 Nr. 3 – und damit den Drittschutz – nicht mehr an die frühere Abgrenzung zwischen Auslegungsstörfällen und auslegungsüberschreitenden Ereignissen knüpft, ändert daran nichts (ausführlich dazu *Arndt* RdE 2012, 81 (83 ff.) → § 7 Rn. 52).

IV. Genehmigungsrechtliche Umsetzung

11 Da zusätzliche Maßnahmen gem. § 7 d vom jeweils vorhandenen (genehmigungs- und aufsichtsrechtlichen) status quo der Anlage abweichen, liegt in ihrer Umsetzung eine **Änderung**. Für die **Genehmigungsbedürftigkeit** dieser Änderung ist gem. § 7 Abs. 1 S. 1 entscheidend, ob sie **wesentlich** ist (dazu im Einzelnen → 7 Rn. 9 ff.). Dies ist keinesfalls allein deshalb zu bejahen, weil die in Rede stehende Vorkehrung einen nicht nur geringfügigen Beitrag leisten muss, da dies nicht identisch mit dem Wesentlichkeitserfordernis ist. Vor dem Hintergrund, dass es sich bei Maßnahmen nach § 7 d per definitionem um Restrisikominimierungen handelt, die zusätzlich zur erforderlichen Schadensvorsorge hinzutreten, ist bei isolierter Betrachtung im Gegenteil zunächst die rechtsdogmatische Wertung veranlasst, dass **alle Sicherheitsvorkehrungen** gem. **§ 7 d per se unwesentliche Änderungen** sind. Allerdings gibt es in der Praxis eine Vielzahl denkbarer zusätzlicher Sicherheitsvorkehrungen, deren Implementierung **zugleich** – gleichsam uno actu – eine **Änderung** von solchen Anlagenteilen darstellt, die (unstreitig) der **Schadensvorsorge** dienen. Deutlich wird dies am Beispiel des vollständigen Ersatzes eines zum Regelungsbereich des § 7 Abs. 2 Nr. 3 zählenden Anlagenteils durch eine zusätzlich risikominimierende § 7d-Maßnahme: Hier wird wesensnotwendig **unmittelbar** auch die Schadensvorsorge betroffen – es liegt bestimmungsgemäß eine Änderung der ihr dienenden Anlagenkomponenten vor –, so dass der Regelungsbereich der Genehmigungsvoraussetzung des § 7 Abs. 2 Nr. 3 betroffen ist.

12 Es ist deshalb im jeweiligen **Einzelfall** – insbesondere nach Maßgabe der **Rückwirkungsfreiheit** – zu prüfen, ob die Änderung durch Umsetzung einer Maßnahme nach § 7 d wesentlich ist. Wäre dies der Fall, so ergäben sich erhebliche Auswirkungen auf den **Prüfungsumfang.** Denn nach allgemeiner Meinung muss nicht nur die Genehmigungsfähigkeit der Änderung selbst geprüft werden, sondern auch diejenige von Anlagenteilen, auf die sich die Änderung nur auswirkt (ohne dass sie damit selbst Gegenstand der Veränderung würden) – und dies nach dem zum Genehmigungszeitpunkt geltenden Stand von Wissenschaft und Technik (→ § 7 Rn. 13). Es stellen sich deshalb die Fragen, ob dieses Prüfprogramm auch für die von § 7 d veranlassten Maßnahmen Geltung beansprucht, welcher Maßstab im Rahmen der dann erforderlichen Prüfung gilt und ob eine unwirtschaftliche Nachrüstung an sich nicht geänderter Schadensvorsorgeeinrichtungen vermieden werden kann. Insofern könnte zunächst überlegt werden, den **Prüfungsmaßstab** auf den bloßen Änderungsgegenstand (die § 7 d-Sicherheitsvorkehrung) **zu reduzieren.** Dieser gedankliche Ansatz ließe sich dahingehend weiterführen, dass § 7 d-veranlasste Veränderungen von Schadensvorsorgekomponenten *per se* nicht genehmigungsbedürftig seien. Darüber hinaus könnte daran gedacht werden, für die Prüfung der Genehmigungsfähigkeit des **gesamten Änderungs- und Rückwirkungsbereichs** nur die Maßstäbe des **§ 7 d anzuwenden.** Das würde dazu führen, dass für einen § 7 d-veranlassten Fall ein abweichender Maßstab gegenüber § 7 Abs. 2 gälte. Zu rechtfertigen wäre dies vor dem Hintergrund, dass die vom Gesetzes wegen erforderliche Schadensvorsorge weiterhin besteht. Eine **Differenzierung** danach, die § 7 d-Maßnahmen nach eben dieser Norm und die weiteren Änderungen im Bereich der Schadensvorsorge nach § 7 Abs. 2 Nr. 3 zu prüfen, erscheint **rechtskonstruktiv** ebenfalls **vertretbar.** Die strengeren Maßstäbe (einschließlich des aktuellen Stands von Wissenschaft und Technik sowie Drittschutz) wären danach anzuwenden, soweit der Bereich der Schadensvorsorge berührt ist, nicht aber bei den zusätzlichen Sicherheitsvorkehrungen. Insoweit bestünde auch **kein Unterschied** zur **bisherigen genehmigungsrechtlichen Situation** für den Fall, dass der Betreiber (freiwillig) **zusätzliche Sicherheitsmaßnahmen** zur weiteren Reduzierung des Restrisikos ergriffen hat. Abhängig von den Auswirkungen der Maßnahme auf den Bereich der Schadensvorsorge wäre entweder eine Genehmigung nach § 7 Abs. 2 oder eine behördliche Zulassung nach § 19 Abs. 3 zuzüglich der ggf. daneben erforderlichen Genehmigungen (zB Baugenehmigung) einzuholen. Diese **Kontinuität** wäre auch sachgerecht, da die **genehmigungsrechtliche Situation** durch die Einführung des § 7 d **keine Änderung** erfahren hat. Geschaffen wurde mit § 7 d – ergänzend zum bisherigen System auf freiwilliger Basis – eine gesetzliche Pflicht zur Durchführung bestimmter Vorkehrungen zur Restrisikominimierung; die genehmigungsrechtliche Umsetzung der jeweiligen Maßnahmen wird durch die Neuregelung indes nicht tangiert und beurteilt sich daher wie die bisherigen – freiwillig ergriffenen – Maßnahmen.

Eine weitere Problematik besteht darin, dass die Umsetzung der gesetzlichen Sorgepflicht bei Rückwirkungen auf Schadensvorsorgeeinrichtungen die ansonsten bestehende **Freiheit der Betreiber,** von unwirtschaftlichen Maßnahmen Abstand nehmen zu können, **einschränken** könnte. Insofern sind Fallkonstellationen denkbar, in denen die § 7 d-Maßnahme für sich genommen angemessen ist, die damit unweigerlich verbundenen Schadensvorsorgeanforderungen dagegen nicht. Es erscheint zweifelhaft, ob diese Situation entweder zum **Entfall** respektive einer **Einschränkung der Sorgepflicht** oder zumindest dazu führt, den **Angemessenheitsvorbehalt** des § 7 d auch **auf § 7 Abs. 2 Nr. 3 zu erstrecken.** Für den Genehmigungsinhaber könnte sich dann die Schwierigkeit ergeben, ohne weiteres von der Umsetzung der so konturierten Sorgepflicht absehen zu können, was ihm bei isolierter Betrachtung der § 7 d-Maßnahmen aufgrund des Angemessenheitsvorbehalts offen stünde. Zur Vermeidung eines solchen Ergebnisses sollte der **Rechtsgedanke** des § 7 **Abs. 2 S. 2 AtG aF** (ähnlich wie bei § 6 Abs. 3 BImSchG) fruchtbar gemacht werden. Zwar ist die Vorschrift mit der Novelle 2002 gestrichen worden, doch besteht Einigkeit, dass dies am sachlichen Regelungsgehalt nichts ändert (PSM § 7 Rn. 171). Danach gilt § 7 Abs. 2 Nr. 3 bei neutralen oder **Verbesserungsmaßnahmen** nur mit der Maßgabe, „dass unter Berücksichtigung der technischen Gegebenheiten und Funktionen der Anlage unverhältnismäßige oder technisch nicht mögliche Vorsorge- oder Schutzmaßnahmen nicht erforderlich sind." Greift dieser Maßstab schon bei unmittelbar von § 7 Abs. 2 Nr. 3 erfassten Sachverhalten, muss dies **wertungsmäßig erst recht** bei § 7d-veranlassten Konstellationen der Fall sein; obgleich insofern nominell eine gesetzliche Pflicht besteht, greift der **Verhältnismäßigkeitsgrundsatz** als seinerzeitige **ratio legis** auch jetzt. Keinesfalls geboten ist es schließlich, in Fällen einer Betroffenheit von Schadensvorsorgeeinrichtungen auch die § 7d-Maßnahmen nach dem – dann einheitlichen – Maßstab des § 7 Abs. 2 Nr. 3 zu prüfen. Die im Rahmen von § 7d geregelten Maßgaben wären ansonsten hinfällig, die – auch rechtskonstruktive – Abgrenzung zur Schadensvorsorge nivelliert und § 7d angesichts des zuvor erörterten Praxisbefunds typischer Rückwirkungsthemen nahezu gänzlich ohne eigenständigen Anwendungsbereich. Ein solches Verständnis entspräche deshalb nicht dem Willen des Gesetzgebers.

V. Aufsichtliche Anordnungen

14   Für die behördliche Durchsetzung der Sorgepflicht des § 7d kommen nur drei gesetzliche Grundlagen in Betracht.

1. § 7d als eigenständige Ermächtigungsgrundlage?

15   Zwar normiert § 7d eine selbständige Handlungspflicht des Genehmigungsinhabers, doch gibt es keine Anhaltspunkte dafür, dass diese Vorschrift nach den Kriterien des verfassungsrechtlichen Gesetzesvorbehalts eine selbständige Ermächtigungsgrundlage auch für entsprechende nachträgliche Anordnungen der Behörden sein sollte. Im Gegenteil heißt es in der Gesetzesbegründung, dass für die Durchsetzung dieser Pflicht „die bewährten Instrumente des Atomgesetzes zur Verfügung" stünden (BT-Drs. 17/3052, 13). § 7d als Befugnisnorm scheidet daher aus (so auch *Mann,* 14. AtRS 2013, 54 (55)).

2. Anordnungen auf Grundlage des § 17?

16   Im Kontext des § 17 Abs. 1 S. 3 ist von der herrschenden Meinung anerkannt, dass nachträgliche Auflagen **nicht** im **Restrisikobereich** ergehen können (OVG Lüneburg DVBl. 1989, 1106 ff.; *Leidinger* EnergieanlagenR 270; *Schirra* in SSSJ EnergieR Kap. 26 Rn. 57; *Kunth* RdE 1992, 177 (179); *Sellner* FS Sendler, 1991, 339 (345); *Scheuten,* 10. AtRS 2000, 207 (217); → § 17 Rn. 13). Da es sich bei § 7d-Maßnahmen um solche der Restrisikominimierung handelt, kommt diese Vorschrift als Befugnisnorm zu deren Durchsetzung folglich nicht in Betracht. Ebenso wenig sind die auf eine Verletzung respektive einen Wegfall von Genehmigungsvoraussetzungen oder das Vorliegen einer erheblichen Gefahr zielenden Vorschriften der Abs. 2–5 des § 17 einschlägig, da die jeweiligen Tatbestandsvoraussetzungen bei Restrisikominimierungsmaßnahmen per definitionem nicht erfüllt sind.

Anders verhält es sich dagegen mit § 17 Abs. 3 Nr. 3, da darunter auch Verstöße gegen eine Sorgepflicht fallen können.

3. Anordnungen auf Grundlage des § 19 Abs. 3

Mit Blick auf die selbständige gesetzliche Handlungspflicht liegt in ihrer Nichtbeachtung ein **Rechtsverstoß**, der von § 19 Abs. 3 S. 1 Alt. 1 erfasst ist. Die zuständige Aufsichtsbehörde hätte deshalb die Möglichkeit, durch nachträgliche Anordnungen unter Beachtung des Verhältnismäßigkeitsgrundsatzes auf die Umsetzung der **Sorgepflicht** (also das erkennbare Tätigwerden in Bezug auf eine § 7d-Maßnahme) hinzuwirken (*Sellner/Hennenhöfer* in Hansmann/Sellner UmweltR, 4. Aufl. 2012, Kap. 12 Rn. 279). Ein Umsetzungsdefizit entstünde bei diesem Verständnis nicht, eine saubere rechtsdogmatische Einordnung wäre gewährleistet. Ob dann für die Realisierung der jeweiligen Maßnahmen eine Genehmigungspflicht besteht, ist nach den zuvor erörterten Maßstäben zu beurteilen, ändert aber an der Zulässigkeit eines behördlichen Vorgehens über § 19 nichts. Die Ermächtigungsreichweite der Vorschrift ist keineswegs auf lediglich zustimmungsbedürftige Anordnungen beschränkt, sondern kann auch genehmigungsbedürftige Folgeschritte zum Regelungsinhalt haben (→ § 19 Rn. 52). Mangels Drittschutzes des Verfügungsinhalts hätten Dritte keinen Anspruch auf eine solche Anordnung, auch nicht auf ermessensfehlerfreie Entscheidung darüber.

17

VI. Feststellender Verwaltungsakt

Neben die gesetzlichen Befugnisse tritt die Option eines – mitwirkungsbedürftigen – feststellenden Verwaltungsakts. Dadurch könnte **Rechtssicherheit** für die Betreiber dahingehend geschaffen werden, welche spezifischen Maßnahmen nach Auffassung der Behörde unter § 7d fallen, also der Umfang der Sorgepflicht konkretisiert werden. Außerdem könnten Regelungen über die Art und Weise der Umsetzung, einschließlich des anzulegenden Maßstabs und Zeitrahmens, aufgenommen werden. Soweit sich der Regelungsgehalt des Verwaltungsakts im Bereich des § 7d bewegt, ist er dem Drittschutz (sowohl in Form einer Anfechtungs-, als auch einer Feststellungsklage) entzogen.

18

§ 7e *Ausgleich für Investitionen**

(1) Wer als Eigentümer einer Anlage zur Spaltung von Kernbrennstoffen zur gewerblichen Erzeugung von Elektrizität oder als Inhaber einer Genehmigung zum Betrieb einer solchen Anlage nachweist, in der Zeit vom 28. Oktober 2010 bis zum 16. März 2011 im Vertrauen auf das durch das Elfte Gesetz zur Änderung des Atomgesetzes vom 8. Dezember 2010 (BGBl. I S. 1814) geschaffene Rechtslage zum Zweck der Erzeugung der für das Kernkraftwerk in Anlage 3 Spalte 4 zusätzlich zugewiesenen Elektrizitätsmengen im erforderlichen Umfang Investitionen in das Kernkraftwerk getätigt zu haben, hat Anspruch auf einen angemessenen Ausgleich in Geld, soweit die Investitionen allein auf Grund des Entzugs der zusätzlichen

---

* Der mWv 4.7.2018 durch Gesetz v. 10.7.2018 (BGBl. I 1122) eingefügte § 7e ist nach Maßgabe von BVerfG Beschl. v. 29.9.2020 – 1 BvR 1550/19 (BeckRS 2020, 30179) nicht in Kraft getreten (näher *Ludwigs* VerfBlog 2020/11/22).

Elektrizitätsmengen durch das Dreizehnte Gesetz zur Änderung des Atomgesetzes vom 31. Juli 2011 (BGBl. I S. 1704) wertlos geworden sind.

(2) ¹Vermögensvorteile, die dem Ausgleichsberechtigten infolge des Entzugs der zusätzlichen Elektrizitätsmengen mit überwiegender Wahrscheinlichkeit erwachsen sind, sind auf einen Ausgleich anzurechnen. ²Solchen Vermögensvorteilen stehen Vermögensvorteile gleich, die der Ausgleichsberechtigte bei gehöriger Sorgfalt in zumutbarer Weise hätte ziehen können. ³§ 254 des Bürgerlichen Gesetzbuchs gilt sinngemäß.

(3) Auf den Ausgleich wird ein anderweitiger Ausgleich für wertlos gewordene Investitionen im Sinne von Absatz 1 angerechnet, der
1. *an den Ausgleichsberechtigten oder an ein Unternehmen, dem unmittelbar oder mittelbar mindestens die Hälfte der Anteile an dem rechtlich selbständigen Unternehmen zusteht, das Ausgleichsberechtigter ist, geleistet worden ist,*
2. *an ein Unternehmen, dem zu einem früheren Zeitpunkt unmittelbar oder mittelbar mindestens die Hälfte der Anteile an dem rechtlich selbständigen Unternehmen zustand, das Ausgleichsberechtigter ist, oder an dessen Rechtsnachfolger geleistet worden ist,*
3. *an ein Unternehmen, dem zu einem früheren Zeitpunkt unmittelbar oder mittelbar mindestens die Hälfte der Anteile an dem rechtlich selbständigen Unternehmen zustand, das Eigentümer oder Inhaber der Genehmigung zum Betrieb des Kernkraftwerks war, oder an dessen Rechtsnachfolger geleistet worden ist,*
4. *an ein rechtlich selbständiges Unternehmen, das Eigentümer des Kernkraftwerks oder Inhaber der Genehmigung zum Betrieb des Kernkraftwerks war, oder an dessen Rechtsnachfolger geleistet worden ist.*

Übersicht

	Rn.
I. Hintergrund, Genese und Inkrafttreten der §§ 7e und 7f	1
II. Anspruchsvoraussetzungen und -inhalt (Abs. 1)	8
1. Anspruchsvoraussetzungen	8
a) Investitionen des Eigentümers/Genehmigungsinhabers und Kausalität	8
b) Zeitraum der Investitionen	12
c) Wertlosigkeit der Investitionen	14
2. Anspruchsinhalt	15
III. Anrechnung von Vermögensvorteilen und Mitverschulden (Abs. 2)	16
IV. Anrechnung eines anderweitigen Ausgleichs (Abs. 3)	18
V. Vereinbarkeit mit Verfassungsrecht	19
VI. Vereinbarkeit mit Europarecht	21

Literatur: *Bacon,* European Union Law of State Aid, 3. Aufl. 2017; *Berkemann,* Der Atomausstieg und das Bundesverfassungsgericht – Eine Rezension, DVBl 2017, 793; *Büdenbender,* Rechtliche Bilanz der Energiewende 2011 im Hinblick auf den Ausstieg aus der Kernenergie, DVBl 2017, 1449; *Burgi,* Nach dem Atomausstiegsurteil des BVerfG: Veränderte Maßstäbe für Gesetzgebung und Verwaltungsvollzug im Atomrecht?, NVwZ 2019, 585; *Froese,* Entschädigung und Ausgleich in Depenheuer/Shirvani, Die Enteignung – Historische, vergleichende, dogmatische und politische Perspektiven auf ein Rechtsinstitut, 2018, 255; *Glattfeld/Kisseler,* Die Umsetzung des Atomausstiegsurteils – Eine Analyse der Ausgleichsansprüche aus § 7e und § 7f AtG, ER 2019, 146; *Huber,* Restlaufzeiten und Strommengenregelungen, DVBl 2003, 157; *Jasper,* Die Finanzierung der Stilllegung von Kernkraftwerken, 2008; *Leidinger,* Atomausstieg letzter Akt? Sind die neuen Entschädigungsregelungen für frustrierte Aufwendungen und nicht mehr verstrombare Elektrizitätsmengen im Atomgesetz verfassungsgemäß?, atw 2018, 440; *Ludwigs,* Vermeidbar und vorhersagbar – Der Beschluss des Bundesverfassungsgerichts zur 16. AtG-Novelle, VerfBlog 2020/11/22; *ders.* Das 16. AtG-ÄndG: Ein legislatives Phantom?, NVwZ 2019, 1501; *ders.*, Die 16. AtG-Novelle – Beitrag zum Rechtsfrieden oder neuer Konfliktherd?, NVwZ 2018, 1268; *ders.*, Das Urteil des BVerfG zum Atomausstiegsgesetz 2011 – Karlsruhe locuta, causa finita?, NVwZ-Beil. 1/2017, 3; *ders.*, Die Energiewende und der Energiebinnenmarkt – Konvergenzen und Konfliktlinien, in Gundel/Lange, Neuausrichtung der deutschen Energieversorgung – Zwischenbilanz der Energiewende, 2015, 37; *Moench*, Der verfassungsrechtliche Eigentumsschutz nach der Entscheidung des Bundesverfassungsgerichts zum Atomausstieg, in FS Schmidt-Preuß, 2018, 215; *Roller*, Die verfassungsrechtliche Bewertung des Atomausstiegs 2011, ZUR 2017, 277; *Salzwedel*, Das Inkrafttreten von Gesetzen unter aufschiebender Bedingung, in FS Jahrreiß, 1974, 195; *Shirvani*, Atomausstieg und mäandernde Gesetzgebung, DÖV 2017, 281.

I. Hintergrund, Genese und Inkrafttreten der §§ 7e und 7f

Die mit der **16. AtG-Novelle** vom 10.7.2018 (BGBl. I 1122 (1124)) erlassenen **1** Regelungen in §§ 7e–7g sind vor dem Hintergrund der erratischen Gesetzgebung zum Ausstieg aus der Kernenergie und dem hierzu ergangenen Urteil des BVerfG vom 6.12.2016 (BVerfGE 143, 246 = NJW 2017, 217) zu begreifen. Die Grundentscheidung über den Kernenergieausstieg in Deutschland erfolgte mit dem **Gesetz zur geordneten Beendigung der Kernenergienutzung zur gewerblichen Erzeugung von Elektrizität** vom 22.4.2002 (BGBl. I 1351; näher zur Vorgeschichte *Büdenbender* DVBl 2017, 1449). Den einzelnen KKW wurden darin **Reststrommengen** zugewiesen, die auf eine Regellaufzeit der Anlagen von 32 Jahren ausgerichtet waren (§ 7 Abs. 1a AtG iVm Spalte 2 der Anlage 3 zum AtG 2002). Eine Sonderstellung kam dem KKW Mülheim-Kärlich zu, das zwar bereits 2001 von RWE stillgelegt, aufgrund eines mit dem Land Rheinland-Pfalz geschlossenen Vergleichs aber gleichwohl in die Reststrommengenzuweisungen einbezogen worden war (hierzu BVerfGE 143, 246 Rn. 238 = NJW 2017, 217 Rn. 238). Die Regeln für eine **Übertragung von Reststrommengen** von einer Anlage auf eine andere Anlage legt(e) § 7 Abs. 1b AtG (iVm Anlage 3) fest (hierzu etwa *Huber* DVBl 2003, 157; zur Sonderregelung für das KKW Mülheim-Kärlich in § 7 Abs. 1d AtG iVm der Fn. zur Anlage 3 vgl. BVerwG NVwZ 2009, 921).

Mit dem **Elften Gesetz zur Änderung des AtG** vom 8.12.2010 (BGBl. I **2** 1814) sollte die Kernenergie dann noch länger als **„Brückentechnologie"** erhalten bleiben. Zu diesem Zweck erhielten die im Leistungsbetrieb befindlichen KKW weitere Reststrommengen zugewiesen. Die hiermit verbundene **Laufzeitverlängerung** um durchschnittlich zwölf Jahre wurde jedoch in Reaktion auf die Katastrophe von Fukushima mit dem **Dreizehnten Gesetz zur Änderung** des AtG vom 31.7.2011 (BGBl. I 1704) wieder zurückgenommen und der Kernenergieausstieg gegenüber der Rechtslage von 2002 sogar noch forciert. Rechtstechnisch erfolgte dies zum einen durch die **Streichung** der 2010 neu aufgenommenen vierten Spalte über **„zusätzliche Elektrizitätsmengen"** in Anlage 3 des AtG. Zum anderen wurde in § 7 Abs. 1a S. 1 Nr. 1–6 AtG erstmals eine **exakte zeitliche Befristung** der Betriebsberechtigungen der einzelnen, namentlich bezeichneten KKW etabliert. Für die sieben ältesten Anlagen sowie das KKW Krümmel bedeutete dies den sofortigen Verlust der Betriebsberechtigung. Eine Abschaltung der neun übrigen Atomkraftwerke erfolgt(e) in fünf weiteren Stufen bis Ende 2022.

Gegen die 13. AtG-Novelle erhoben E.ON, RWE und Vattenfall **Verfassungs- 3 beschwerden** beim BVerfG. Mit **Urteil** des Ersten Senats vom **6.12.2016** wurde der beschleunigte Kernenergieausstieg zwar im Wesentlichen für mit dem Grundgesetz vereinbar erklärt (BVerfGE 143, 246 = NJW 2017, 217; hierzu statt vieler *Berkemann* DVBl 2017, 793; *Ludwigs* NVwZ-Beil. 1/2017, 3; *Moench* FS Schmidt-Preuß, 2018, 215; *Roller* ZUR 2017, 277; *Shirvani* DÖV 2017, 281). Zugleich ergaben sich aber in **zweierlei Hinsicht** bedeutsame Einschränkungen. Erstens verstieß die 13. AtG-Novelle insoweit gegen Art. 14 Abs. 1 GG (iVm Art. 3 Abs. 1 GG), als substantielle Teile der den KKW Brunsbüttel, Krümmel und Mülheim-Kärlich im Jahr 2002 zugewiesenen **Reststrommengen** aufgrund der nunmehr fixierten Endtermine für den Betrieb der einzelnen KKW **nicht mehr konzernintern** (durch Vattenfall bzw. RWE) **genutzt** werden konnten (BVerfGE 143, 246, Ls. 7 und Rn. 310ff. = NJW 2017, 217 Ls. 7 und Rn. 310ff.). Einen zweiten Verstoß erblickte das BVerfG im Fehlen einer Regelung zum Ausgleich für **(frustrierte) Investitionen**, die zwischen dem 28.10.2010 und dem 16.3.2011 vorgenommen und infolge des beschleunigten Kernenergieausstiegs entwertet worden waren (BVerfGE 143, 246 Ls. 8 und Rn. 369ff. = NJW 2017, 217 Ls. 8 und Rn. 369ff.).

4   Aus dem BVerfG-Urteil resultierte die Verpflichtung des Gesetzgebers, den nicht zur Nichtigkeit von § 7 Abs. 1a S. 1 AtG führenden **Verfassungsverstößen bis 30.6.2018 abzuhelfen.** Unter Anerkennung des **gesetzgeberischen Gestaltungsermessens** zeigte der Erste Senat hierfür verschiedene gleichrangige Optionen auf und betonte, dass der zu gewährende Ausgleich „nur" das zur **Herstellung der Angemessenheit** erforderliche Maß zu erreichen brauche (BVerfGE 143, 246 Rn. 377 = NJW 2017, 217 Rn. 377; *Ludwigs* NVwZ 2018, 1268 (1269); s. auch *Burgi* NVwZ 2019, 585 (588); *Leidinger* atw 2018, 440). Zur Ausgleichsregelung für **frustrierte Investitionen** betonte der Erste Senat, dass alternativ zur Einräumung individueller Laufzeitverlängerungen auch ein finanzieller Ausgleich möglich wäre. Mit Blick auf die **konzerninterne Verstromung der Reststrommengen** wurden neben einer Laufzeitverlängerung für einzelne konzerneigene Kernkraftwerke auch die gesetzliche Sicherstellung einer Weitergabemöglichkeit nicht mehr nutzbarer Strommengen zu ökonomisch zumutbaren Bedingungen sowie eine angemessene finanzielle Kompensation als Alternativen benannt.

5   Im Rahmen der **16. AtG-Novelle** vom 11.7.2018 entschied sich der Gesetzgeber dafür, den mit der 13. AtG-Novelle angestrebten **beschleunigten Atomausstieg konsequent fortzuführen** und die kommerzielle Nutzung der Kernenergie weiterhin zum frühestmöglichen Zeitpunkt zu beenden. Vor diesem Hintergrund wurde explizit an der bisherigen Rechtslage festgehalten, wonach die Berechtigungen der KKW zum Leistungsbetrieb zeitlich gestaffelt bis **31.12.2022** befristet sind, so dass der feste zeitliche Endpunkt für den Kernenergieausstieg bestehen bleibt (Gesetzentwurf der Fraktionen der CDU/CSU und SPD v. 5.6.2018, BT-Drs. 19/2508, 8f.). Der vom BVerfG aufgezeigte verfassungsrechtliche Korrekturbedarf soll vielmehr im Wege eines **angemessenen finanziellen Ausgleichs** realisiert werden. Den Regelungsrahmen sollten die mit der 16. AtG-Novelle eingefügten und auf die ausschließliche Gesetzgebungskompetenz des Art. 73 Abs. 1 Nr. 14 GG (→ Einf. Rn. 240f.) gestützten §§ 7e–7f setzen.

6   Während in den **§§ 7e und 7f** zwei **finanzielle Ausgleichsansprüche** vorgesehen sind, betrifft **§ 7g** das zugehörige **Verwaltungsverfahren.** Im Fokus der nachfolgenden Kommentierung steht der Anspruch für **frustrierte Investitionen** aus § 7e. Danach können Eigentümer oder Genehmigungsinhaber von KKW für solche Investitionen einen angemessenen Ausgleich in Geld verlangen, die sie zwischen dem 28.10.2010 und dem 16.3.2011 im berechtigten Vertrauen auf die mit der 11. AtG-Novelle zusätzlich gewährten Elektrizitätsmengen in die Kernkraft-

Ausgleich für Investitionen **§ 7e AtG**

werke getätigt haben, soweit diese Investitionen allein aufgrund der 13. AtG-Novelle wertlos geworden sind. Im Einklang mit der BVerfG-Judikatur von der **Ausgleichspflicht ausgeschlossen** sind dagegen **weitere** mit der 13. AtG-Novelle zusammenhängende **Vermögensnachteile,** „wie etwa längere Nachbetriebsphasen wegen der gleichzeitigen Stilllegung mehrerer Kernkraftwerke und dem dadurch zu erwartenden Engpass bei CASTOR-Behältern, Investitionen in nicht ausgenutzte Brennelemente [oder] Vertragsstrafen infolge der Kündigung laufender Verträge" (BVerfGE 143, 246 Rn. 385 = NJW 2017, 217 Rn. 385). Derartige, gegebenenfalls durchaus kostenintensive Umstellungsaufwendungen seien im Rahmen einer an sich zulässigen, weil von hinreichenden Gemeinwohlgründen getragenen Umorganisation eines Rechtsgebiets von den Eigentümern grundsätzlich hinzunehmen (BVerfGE 143, 246 Rn. 385 = NJW 2017, 217 Rn. 385; krit. *Frenz/Leidinger* in NK-AtomR § 7e Rn. 3).

Eine kritisch diskutierte Frage bildet das **Inkrafttreten der 16. AtG-Novelle** 7 (eingehend *Ludwigs* NVwZ 2019, 1501). Anlass zur Diskussion gab die ministerielle Bekanntmachung vom 11. 7. 2018 (BGBl. 2018 I 1124), in der das zuständige BMU verkündete, „dass die Europäische Kommission mit Schreiben vom 4. 7. 2018 verbindlich mitgeteilt hat, dass eine beihilfenrechtliche Genehmigung nicht erforderlich ist (...)". Die eine solche Mitteilung voraussetzende **Inkrafttretensbedingung** aus Art. 3 des 16. AtG-ÄndG schien damit erfüllt zu sein. Entsprechend wurde vom BMU zugleich mitgeteilt, dass die Novelle mit Wirkung vom 4. 7. 2018 in Kraft getreten sei. Zweifel an diesem Befund resultierten aber aus einem **Beschluss des EuG** vom 11. 7. 2019. Darin wies das Gericht eine Nichtigkeitsklage der Vattenfall Europe Nuclear Energy GmbH gegen das Kommissionsschreiben vom 4. 7. 2018 als unzulässig ab. Zur Begründung wurde darauf hingewiesen, dass „unter keinem relevanten objektiven Aspekt möglich ist, dem streitigen Schreiben rechtlich verbindlichen Charakter im Verhältnis zur Klägerin beizumessen, so dass es keine anfechtbare Handlung im Sinne von Art. 263 AEUV darstellt" (EuG ECLI:EU:T:2019:50 Rn. 41 = BeckRS 2019, 20230 Rn. 41). Bei einer kritischen Würdigung vermögen die Argumente des Gerichts zur mangelnden Verbindlichkeit des Schreibens der Kommission auch durchaus zu überzeugen (näher *Ludwigs* NVwZ 2019, 1501 (1502), wo auch auf die Abgrenzung zu einem **„Comfort Letter"** eingegangen wird). Weder der nur von einer „Einschätzung" sprechende Wortlaut noch der Inhalt des Schreibens deuten auf eine rechtsverbindliche Äußerung zum (Nicht-)Vorliegen einer staatlichen Beihilfe hin (EuG ECLI: EU:T:2019:50 Rn. 36 f., 40 = BeckRS 2019, 20230 Rn. 36 f., 40). Die Kommission betont vielmehr explizit, dass ihre Dienststellen eine Prüfung im Rahmen des Beihilferechts durchführen müssten, falls eine förmliche Beschwerde eingelegt werde. Eine Bestätigung erfährt die Bewertung als unverbindliche Einschätzung zudem durch den Kontext des Schreibens. Dieses wurde im Rahmen informeller bilateraler Kontakte zur bloßen „Voranmeldung" nach dem (alten) **Verhaltenskodex** für die Durchführung von Beihilfen (ABl. 2009 C 136, 13; vgl. jetzt ABl. 2018 C 253, 14) übersandt (EuG ECLI:EU:T:2019:50 Rn. 39 = BeckRS 2019, 20230 Rn. 39). Das Fehlen der nach Art. 3 des 16. AtG-ÄndG notwendigen bindenden Mitteilung der Kommission wird auch nicht durch die gegenteilige Bekanntmachung des BMU vom 11. 7. 2018 „geheilt". Dem steht entgegen, dass das Gesetz dann ohne Eintritt der Bedingung in Kraft gesetzt worden wäre, die Bekanntmachung das materielle Merkmal also gleichsam ersetzt hätte. Gegen eine solche vollkonstitutive Wirkung ministerieller Bekanntmachungen spricht indes, dass hierin eine gewaltenteilungswidrige „verkappte Ermächtigung" der Exekutive zum

Inkraftsetzen des Gesetzes liegen würde (grundlegend *Salzwedel* FS Jahrreiß, 1974, 195 (205)). Insgesamt bleibt damit festzuhalten, dass gute Gründe für die Annahme sprechen, dass es sich beim 16. AtG-ÄndG um ein bislang noch nicht in Kraft getretenes „legislatives Phantom" handelt. Eine Behebung des Mangels hätte durch Änderung von Art. 3 des 16. AtG-ÄndG dahingehend erfolgen können, dass für ein Inkrafttreten auf jegliche beihilferechtliche Äußerung der Kommission verzichtet und ein genau definierter Termin gesetzt wird. Sachgerecht wäre ein solches Vorgehen freilich nur dann gewesen, wenn zugleich sichergestellt worden wäre, dass weder aus § 7e AtG (hierzu → Rn. 22) noch – was weitaus problematischer erscheint – aus § 7f AtG (→ § 7f Rn. 23) eine tatbestandliche Beihilfe iSd Art. 107 Abs. 1 AEUV resultiert. Der Klärung bedurft hätte zudem die Frage einer etwaigen rückwirkenden Inkraftsetzung des 16. AtG-ÄndG. Dies erschien nicht zuletzt deshalb als rechtsstaatlich problematisch, weil die einjährige Ausschlussfrist nach § 7g Abs. 1 AtG (→ § 7g Rn. 2 ff.) hinsichtlich der Geltendmachung des Anspruchs auf Ausgleich für Investitionen nach § 7e AtG bereits abgelaufen gewesen wäre. Es hätte sich insoweit um einen Fall der grundsätzlich unzulässigen echten (retroaktiven) Rückwirkung (zu Abgrenzung und Zulässigkeit zuletzt: BVerfG NVwZ 2019, 715 Rn. 11 mwN) gehandelt. Vor diesem Hintergrund wäre nun eine Anpassung der Regelungen über das Verwaltungsverfahren in § 7g Abs. 1 AtG zu erwägen gewesen, die im Sinne einer Verlängerung der dort geregelten Jahresfrist (bzw. durch Setzung einer neuen Frist) rechtsstaatlichen Anforderungen hätte genügen müssen (näher *Ludwigs* NVwZ 2019, 1501 (1503), dort auch zur Frage einer ausnahmsweisen Zulässigkeit von der echten Rückwirkung). Nach dem Beschluss des BVerfG vom 29.9.2020 (1 BvR 1550/19, BeckRS 2020, 30179) sind diese Überlegungen zur „Rettung" der 16. AtG-Novelle indes hinfällig. Der Erste Senat hat sich dort den Bedenken gegen ein Inkrafttreten angeschlossen und den Gesetzgeber zur alsbaldigen Neuregelung verpflichtet (die nachfolgende Kommentierung von § 7e ist in diesem Lichte zu lesen).

II. Anspruchsvoraussetzungen und -inhalt (Abs. 1)

1. Anspruchsvoraussetzungen

8 **a) Investitionen des Eigentümers/Genehmigungsinhabers und Kausalität.** Der in § 7e Abs. 1 normierte Ausgleichsanspruch setzt zunächst voraus, dass der **Eigentümer** oder der **Genehmigungsinhaber** eines KKW, dem durch die 11. AtG-Novelle weitere Elektrizitätsmengen zugewiesen wurden, zum Zwecke der **Erzeugung** dieser **zusätzlichen Reststrommengen** im erforderlichen Umfang **Investitionen** in das KKW **getätigt** hat.

9 Den Bezugspunkt des Ausgleichsanspruchs für frustrierte Investitionen können etwa **bauliche, technische** oder **organisatorische Maßnahmen** bilden. Diese müssen ergriffen worden sein, um die Erzeugung der dem jeweiligen KKW mit der 11. AtG-Novelle zusätzlich zugewiesenen Reststrommengen zu ermöglichen. Von der Ausgleichspflicht a priori ausgeschlossen sind nach der Gesetzesbegründung dagegen **Finanzinvestitionen.** Als Grund hierfür wird der **fehlende funktionale Bezug** zur Erzeugung der dem jeweiligen KKW mit der 11. AtG-Novelle zusätzlich zugewiesenen Reststrommengen angeführt (BT-Drs. 19/2508, 15). Im Schrifttum wird demgegenüber mit Recht darauf hingewiesen, **dass anlagenbezogene Finanzinvestitionen,** wie die **Aufnahme verzinslicher Darlehen** zur Vor-

Ausgleich für Investitionen **§ 7e AtG**

nahme baulicher, technischer oder organisatorischer Maßnahmen, durchaus als Investitionen in das KKW „im erforderlichen Umfang" qualifiziert werden können (*Frenz/Leidinger* in NK-AtomR § 7e Rn. 8; *Glattfeld/Kisseler* ER 2019, 146 (149)).

Mangels **schutzwürdigen Vertrauens** nicht erfasst werden im Übrigen solche 10 Investitionen, die auch ohne die Laufzeitverlängerung von 2010 erfolgt wären oder hätten getätigt werden müssen. Hierzu ist auf die **Sach- und Rechtslage** zum Zeitpunkt der **Investitionsentscheidung** abzustellen. Soweit **objektiv zu erwarten** war, dass die Investitionen auch unabhängig von der Laufzeitverlängerung getätigt worden wären (bzw. getätigt werden mussten), scheidet eine Ausgleichspflicht aus (BT-Drs. 19/2508, 14 f.; s. auch *Frenz/Leidinger* in NK-AtomR § 7e Rn. 7, mit Hinweis auf die anzustellende **ex-ante-Betrachtung**).

In ersten Stellungnahmen zu § 7e ist die Frage aufgeworfen worden, ob der Ausgleichsanspruch voraussetzt, dass die Gewährung der zusätzlichen Reststrommengen der **alleinige Grund** für die Investition war. Anlass für eine Klärung soll der **Wortlaut von Absatz 1** liefern, wonach der Anspruch auf einen angemessenen Ausgleich in Geld nur besteht, soweit die Investitionen „allein" auf Grund des Entzugs der zusätzlichen Elektrizitätsmengen durch die 13. AtG-Novelle wertlos geworden sind. In **kritischer Perspektive** wird insoweit angemerkt, im Lichte des BVerfG-Urteils vom 6.12.2016 könne lediglich gefordert werden, dass die Gewährung der zusätzlichen Elektrizitätsmengen einen **tragenden Grund** für die Investition darstellte (*Leidinger* atw 2018, 440 (441); *Frenz/Leidinger* in NK-AtomR § 7e Rn. 7; s. auch schon *Ruttloff,* Ausschuss-Drs. 19(16)63-B, 3 f.; ähnlich *Glattfeld/Kisseler* ER 2019, 146 (150)). Bei näherer Betrachtung kann zwar das Ergebnis überzeugen, da im Atomausstiegsurteil des Ersten Senats in der Tat **keine Monokausalität** zwischen der Laufzeitverlängerung und hieran anknüpfenden Investitionen zugrunde gelegt wurde (vgl. BVerfGE 143, 246 Rn. 375 = NJW 2017, 217 Rn. 375). Richtigerweise bezieht sich die Formulierung „allein" indes schon sprachlich nur auf die Kausalität zwischen der **13. AtG-Novelle** und einer hieraus resultierenden **Wertlosigkeit** der Investitionen. Nicht unmittelbar adressiert wird dagegen der Kausalzusammenhang zwischen der **11. AtG-Novelle** und den hierdurch ausgelösten **Investitionen,** so dass es sich insoweit um ein Scheinproblem handeln dürfte.

b) Zeitraum der Investitionen. In **zeitlicher Hinsicht** setzt der Ausgleichs- 12 anspruch voraus, dass die im Vertrauen auf die 11. AtG-Novelle getätigten Investitionen gerade zwischen dem **28.10.2010** und dem **16.3.2011** erfolgt sind. Hintergrund dieser Einschränkung ist die Annahme des BVerfG, wonach ein **berechtigtes Vertrauen** in den Bestand der durch die 11. AtG-Novelle geschaffenen Rechtslage nur im vorbezeichneten Zeitraum bestehen konnte (BVerfGE 143, 246 Rn. 377 = NJW 2017, 217 Rn. 377; BT-Drs. 19/2508, 15). Während der **28.10.2010** an den Beschluss des Deutschen Bundestages über die 11. AtG-Novelle anknüpft, nimmt der **16.3.2011** Bezug auf das Schreiben des BMU zum dreimonatigen Atommoratorium als Folge der 11.3.2011 eingetretenen Nuklearkatastrophe von Fukushima.

Investitionen in KKW **außerhalb der knapp fünfmonatigen Zeitspanne** fal- 13 len in die Risikosphäre der Eigentümer und Genehmigungsinhaber der KKW. Sie sind daher **nicht ausgleichspflichtig.** Zur Beurteilung, ob Investitionen im maßgeblichen Zeitraum getätigt wurden, kommt es auf den **Zeitpunkt** der hiermit verbundenen **Vermögensdisposition** an. Irrelevant ist dagegen ein etwaiger späterer Zeitpunkt der tatsächlichen oder geplanten Leistungserbringung. Hatte ein Eigentümer oder Genehmigungsinhaber daher zB einen Vertrag vor dem 28.10.2010 geschlossen und wurde die geschuldete Leistung zwischen dem 28.10.2010 und dem 16.3.2011 erbracht, scheidet ein Ausgleichsanspruch aus (BT-Drs. 19/2508, 15; *Frenz/Leidinger* in NK-AtomR § 7e Rn. 4 ff.).

14 **c) Wertlosigkeit der Investitionen.** Das Bestehen des Ausgleichsanspruchs setzt schließlich voraus, dass die **Investitionen** allein dadurch **wertlos** geworden sind, dass die 2010 zusätzlich gewährten Reststrommengen infolge der 13. AtG-Novelle wieder entzogen wurden. Im Einklang mit dem Urteil des Ersten Senats bildet der **Entzug der zusätzlichen Elektrizitätsmengen** den maßgeblichen Anknüpfungspunkt für die Frustrierung der Investitionen (BVerfGE 143, 246 Rn. 375 = NJW 2017, 217 Rn. 375; BT-Drs. 19/2508, 15). Dies schließt einen Ausgleich aber nicht aus, wenn die Frustrierung daneben auch durch die nunmehr festen Endtermine für den Leistungsbetrieb der einzelnen KKW eingetreten ist (BT-Drs. 19/2508, 15, s. auch *Frenz/Leidinger* in NK-AtomR § 7e Rn. 9, unter Betonung der für die Ausgleichspflicht konstitutiven Bedeutung des Entzugs). In diesem Sinne bedarf das strikt formulierte **Kausalitätskriterium** in § 7e Abs. 1 („allein") einer **erweiternden Auslegung** (s. zur **zweigliedrigen Kausalitätsbetrachtung** bereits → Rn. 11).

2. Anspruchsinhalt

15 Der Anspruch ist auf einen **angemessenen Ausgleich in Geld** gerichtet. Der Ausgleichsberechtigte kann verlangen, so gestellt zu werden, als wäre sein Vertrauen nicht geweckt worden **(negatives Interesse).** Mithin erhält er grundsätzlich einen **vollen Ausgleich** für schutzwürdige Kraftwerksinvestitionen, die durch Streichung der im Jahr 2010 zugeteilten Zusatzmengen entwertet wurden (*Ludwigs* NVwZ 2018, 1268 (1270)). Ein Anspruch darauf, so gestellt zu werden, als entspräche die Sach- und Rechtslage dem Vertrauen des Ausgleichsberechtigten **(positives Interesse),** besteht dagegen nicht. Letzteres schließt auch einen Ausgleich für **entgangenen Gewinn** aus (BT-Drs. 19/2508, 15). Die hieran geübte **Kritik** (*Frenz/Leidinger* in NK-AtomR § 7e Rn. 10 ff., 14) trägt schon im Lichte des BVerfG betonten „Gestaltungsermessen[s] des Gesetzgebers" nicht (BVerfGE 143, 246 Rn. 382 = NJW 2017, 217 Rn. 382). Im Übrigen vermag auch die These, wonach es sich bei der 13. AtG-Novelle „nur wegen fehlenden Güterentzugs" nicht um eine Enteignung gehandelt habe, sodass eine **parallele (das positive Interesse umfassende) Entschädigung** angezeigt sei (*Frenz/Leidinger* in NK-AtomR § 7e Rn. 11), nicht zu überzeugen. Hierzu kontrastierend hat der Erste Senat im **Atomausstiegsurteil** vielmehr deutlich gemacht, dass die angegriffenen Bestimmungen der 13. AtG-Novelle weder zu einem Entzug konkreter selbstständiger Rechtspositionen führten noch mit einer Güterbeschaffung verbunden waren (BVerfGE 143, 246 Rn. 262 = NJW 2017, 217 Rn. 262, s. auch Rn. 243 der Entscheidung). Von der Wirkungsgleichheit mit einer Enteignung kann mithin keine Rede sein, so dass schon der argumentative Ausgangspunkt fragwürdig erscheint. Die Entschädigung gem. § 7e sollte nach Maßgabe der **Verfahrensregelung** in § 7g Abs. 1 auf Antrag innerhalb eines Jahres ab dem 4.7.2018 (→ § 7g Rn. 3) erfolgen. Zu den nach dem Beschluss des BVerfG vom 29.9.2020 (1 BvR 1550/19, BeckRS 2020, 30179) noch offenen Fragen zählt, wie mit etwaigen noch laufenden Verwaltungsverfahren zu verfahren ist. Der Gesetzgeber sollte hier gegebenenfalls eine klärende Regelung schaffen.

III. Anrechnung von Vermögensvorteilen und Mitverschulden (Abs. 2)

Gemäß § 7e Abs. 2 S. 1 sind **Vermögensvorteile** auf einen Ausgleich **anzu-** 16
rechnen, die dem Ausgleichsberechtigten infolge des Entzugs der zusätzlichen Reststrommengen mit überwiegender Wahrscheinlichkeit erwachsen sind. Hierzu zählen Vermögensvorteile, die sich beispielsweise aus **Abschreibungen** und einem entsprechend **verminderten steuerpflichtigen Gewinn** ergeben (BT-Drs. 19/2508, 15). Die zuständige Bundesbehörde (→ § 7g Rn. 2) hat nach Maßgabe des VwVfG bei der Feststellung des entscheidungserheblichen Sachverhaltes alle relevanten Umstände zu ermitteln und ihrer Verwaltungsentscheidung zugrunde zu legen. Hiervon umfasst ist auch die Ermittlung etwaiger steuerlicher Vorteile des Ausgleichsberechtigten. Für die ermittelnde Bundesbehörde genügt insoweit die Annahme, dass Vermögensvorteile mit **überwiegender Wahrscheinlichkeit** entstanden sind (einen dabei anzulegenden „hohe[n] Maßstab" fordern – im Hinblick auf die ansonsten drohende Aushöhlung des verfassungsrechtlich fundierten Ausgleichsanspruchs – im Ansatz zu Recht *Frenz/Leidinger* in NK-AtomR § 7e Rn. 13; weitergehend für die Gleichsetzung mit einer „an Sicherheit grenzende[n] Wahrscheinlichkeit" plädiert – freilich entgegen dem Wortlaut von § 7e Abs. 2 S. 1 – *Ruttloff*, Ausschuss-Drs. 19(16)63-B, 4). Zudem ist die zuständige Behörde berechtigt, vom Ausgleichsberechtigten Erklärungen und Nachweise über etwaige gezogene steuerliche Vorteile zu fordern (BT-Drs. 19/2508, 15).

Eine Minderung des Ausgleichsanspruchs tritt gem. § 7 Abs. 2 S. 2 auch in dem 17
Umfang ein, der **Vermögensvorteilen** entspricht, die der Ausgleichsberechtige nicht gezogen hat, aber bei **gehöriger Sorgfalt** in **zumutbarer Weise** hätte ziehen können (für eine „restriktive Interpretation" *Frenz/Leidinger* in NK-AtomR § 7e Rn. 16). § 7e Abs. 2 S. 3 ordnet insoweit die **sinngemäße Geltung von § 254 BGB** an. Folgerichtig mindert sich der Ausgleichsanspruch in dem Umfang, in dem der Ausgleichsberechtigte an der Entstehung des Nachteils mitgewirkt oder es unterlassen hat, den entstandenen Nachteil abzuwenden bzw. seinen Umfang zu mindern (BT-Drs. 19/2508, 15). Hierzu zählt der Fall, dass der Ausgleichsberechtigte durch eine fristgemäße Kündigung eines abgeschlossenen Vertrages oder eine rechtzeitige Stornierung das Entstehen des Nachteils ganz oder teilweise hätte abwenden können. Daneben wäre es auch denkbar, dass getätigte Investitionen anderweitig – zB in anderen KKW – hätten nutzbar gemacht werden können (BT-Drs. 19/2508, 15). Wenn demgegenüber **Zweifel an der Angemessenheit** geäußert werden (so explizit *Frenz/Leidinger* in NK-AtomR § 7e Rn. 17), vermag dies im Hinblick auf den flexiblen Wortlaut von § 7 Abs. 2 S. 2 („in zumutbarer Weise") nicht zu überzeugen. § 7 Abs. 2 AtG entspricht vielmehr allgemeinen Grundsätzen der deutschen Vertrauenshaftung und steht daher im Einklang mit den Vorgaben des Art. 14 Abs. 1 GG (zutr. *Möllers/Tischbirek*, Ausschuss-Drs. 19(16)63-C, 3).

IV. Anrechnung eines anderweitigen Ausgleichs (Abs. 3)

§ 7e Abs. 3 fordert die Anrechnung eines **anderweitigen Ausgleichs** für wert- 18
los gewordene Investitionen in **vier enumerativ aufgeführten Konstellationen** (*Frenz/Leidinger* in NK-AtomR § 7e Rn. 18). Erfasst wird zunächst ein Ausgleich,

der dem Ausgleichsberechtigten oder einem Unternehmen, dem unmittelbar oder mittelbar mindestens die Hälfte der Anteile an dem rechtlich selbständigen (ausgleichsberechtigten) Unternehmen zustehn, geleistet worden ist, soweit dieser in entsprechendem Sachzusammenhang mit dem Ausgleich nach Absatz 1 steht (Nr. 1; BT-Drs. 19/2508, 16). Daneben erstreckt sich die Anrechnung auch auf die Fälle, in denen der anderweitige Ausgleich an ein Unternehmen (oder dessen Rechtsnachfolger) geleistet worden ist, dem zu einem früheren Zeitpunkt unmittelbar oder mittelbar mindestens die Hälfte der Anteile an dem rechtlich selbständigen Unternehmen, das Ausgleichsberechtigter ist (Nr. 2), oder an einem rechtlich selbständigen Unternehmen zustanden, das Eigentümer des Kernkraftwerks oder Inhaber der Genehmigung zum Betrieb des Kernkraftwerks war (Nr. 3). Erfasst werden schließlich auch solche Konstellationen, in denen ein anderweitiger Ausgleich an ein rechtlich selbständiges Unternehmen (oder dessen Rechtsnachfolger) geleistet worden ist, das (bzw. der) Eigentümer des Kernkraftwerks oder Inhaber der Genehmigung zu seinem Betrieb war (Nr. 4). Zweck dieser umfassenden Anrechnung ist die Vermeidung einer etwaigen **Doppelkompensation** des Ausgleichsberechtigten. Dies dürfte auch für **völkerrechtliche Ansprüche** gelten (→ § 7f Rn. 16). Den Hintergrund bildet der allgemeine Rechtsgrund der **Vorteilsausgleichung,** wie er etwa in § 255 BGB seinen Ausdruck findet (BT-Drs. 19/2508, 16; *Frenz/Leidinger* in NK-AtomR § 7e Rn. 18).

V. Vereinbarkeit mit Verfassungsrecht

19 Im Rahmen einer abschließenden verfassungsrechtlichen Würdigung von § 7e AtG (zu Teilaspekten bereits → Rn. 16 f.) ist festzuhalten, dass es sich bei dem dort geregelten Ausgleich für frustrierte Investitionen um eine zulässige **„Eins-zu-Eins"-Umsetzung** der Vorgaben des BVerfG handelt (*Däuper,* Ausschuss-Drs. 19 (16)63-G, 3; *Hermes,* Ausschuss-Drs. 19(16)63-D, 2; *Ludwigs,* Ausschuss-Drs. 19 (16)63-A, 6 f.; *Möllers/Tischbirek,* Ausschuss-Drs. 19(16)63-C, 3; hierzu keine Aussage treffend BVerfG Beschl. v. 29.9.2020 – 1 BvR 1550/19, BeckRS 2020, 30179 (der Ausgleich für frustrierte Investitionen war nicht Gegenstand des Verfahrens)). Im Ansatz diskussionswürdig erscheint einzig das **Fehlen einer Verzinsungsregelung** (*Däuper* Ausschuss-Drs. 19(16)63-G, 3; *Ludwigs,* Ausschuss-Drs. 19 (16)63-A, 6 f.; im Kontext von § 7f AtG: *Ruttloff,* Ausschuss-Drs. 19(16)63-B, 7; → § 7f Rn. 13). Immerhin ist in der **BGH-Judikatur zur Enteignung** anerkannt, dass die Enteignungsentschädigung im Regelfall von dem Zeitpunkt an zu verzinsen ist, in dem das Entschädigungskapital dem Betroffenen hätte zur Verfügung stehen müssen (BGHZ 37, 269 (276) = NJW 1962, 2051; BGHZ 43, 120 (124)). Wie bereits hervorgehoben wurde, hat der Erste Senat des BVerfG im Atomausstiegsurteil indes gerade deutlich gemacht, dass die angegriffenen Bestimmungen der 13. AtG-Novelle **weder** zu einem **Entzug** konkreter selbstständiger Rechtspositionen führen **noch** mit einer **Güterbeschaffung** verbunden sind (→ Rn. 15). Fehlt es aber an einer Enteignung, lassen sich auch die in der zivilgerichtlichen Judikatur entwickelten Grundsätze zur Verzinsung nicht unbesehen übertragen.

20 Bei der vorliegend in Rede stehenden **ausgleichspflichtigen Inhalts- und Schrankenbestimmung** dient der finanzielle Ausgleich vielmehr allein der Abmilderung einer besonderen Belastung auf das **zumutbare Maß** (*Froese* in Depenheuer/Shirvani, Die Enteignung, 255 (272 f.)). Einzustellen ist insoweit zum einen das vom BVerfG explizit betonte **Ermessen des Gesetzgebers** im Hinblick auf die

Ausgleich für Investitionen **§ 7e AtG**

nähere Ausgestaltung der Voraussetzungen und des Umfangs einer angemessenen Entschädigung für frustrierte Investitionen (BVerfGE 143, 246 Rn. 382 = NJW 2017, 217 Rn. 382). Zum anderen wird den Berechtigten durch § 7e grundsätzlich ein **voller Ausgleich für Kraftwerksinvestitionen** in erforderlichem Umfang zuerkannt, die durch Streichung der 2010 zugeteilten Zusatzstrommengen entwertet wurden (→ Rn. 15). Entscheidet sich der Gesetzgeber aber für eine solche umfassende Kompensation der frustrierten Investitionen, erscheint es mit Blick auf sein Gestaltungsermessen keineswegs unzumutbar, von der Etablierung einer Verzinsungsregelung abzusehen (*Ludwigs*, Ausschuss-Drs. 19 (16)63-A, 6f.); *ders.* NVwZ 2018, 1268 (1270); zust. *Burgi* NVwZ 2019, 585 (589); *Glattfeld/Kisseler* ER 2019, 146 (150f.)). Inwieweit diese Bewertung aufgrund des doch den Gesetzgeber zu verantwortenden mangelnden Inkrafttretens der 16. AtG-Novelle für etwaige noch nicht beschiedene Anträge zu überdenken ist, gehört zu den offenen Fragen des Senatsbeschlusses vom 29. 9. 2020 (1 BvR 1550/19, BeckRS 2020, 30179).

VI. Vereinbarkeit mit Europarecht

Im Rahmen einer Bewertung des § 7e am Maßstab des Europarechts ist zunächst 21 festzuhalten, dass der **Vertrag zur Gründung der Europäischen Atomgemeinschaft (EAG)** und das hierauf beruhende Sekundärrecht keine Regelungen enthalten, die dem Ausgleichsanspruch für frustrierte Investitionen entgegenstehen. Insoweit kann mit der Gesetzesbegründung darauf verwiesen werden, dass die energiewirtschaftliche Entscheidung über den Umfang der **friedlichen Nutzung der Kernenergie** in der **alleinigen Zuständigkeit des jeweiligen Mitgliedstaates** liegt (BT-Drs. 19/2508, 11; näher *Ludwigs* in Gundel/Lange, Neuausrichtung der deutschen Energieversorgung, 37 (43f.)).

Komplexer gestaltet sich die **beihilferechtliche Bewertung** des Ausgleichs- 22 anspruchs aus § 7e (zur Problematik des Inkrafttretens vgl. bereits → Rn. 7). Im Ausgangspunkt ist insoweit darauf zu verweisen, dass das EU-Beihilferecht (Art. 107ff. AEUV) prinzipiell auch im **Atombereich** anwendbar ist (statt vieler *Bacon*, European Union Law of State Aid, 3. Aufl. 2017, Rn. 10, 71; eingehend *Jasper*, Die Finanzierung der Stilllegung von Kernkraftwerken, 2008, 173ff. mwN zum Meinungsstand; die Frage offenlassend noch EuGH Urt. v. 6. 7. 1982, Rs. 188/80–190/80, ECLI:EU:C:1982:257 Rn. 28ff., 32 – Frankreich u. a./Kommission). Mit **formlosem Schreiben vom 4. 7. 2018** hat die Europäische Kommission mitgeteilt, dass es sich bei der 16. AtG-Novelle als solcher lediglich um den vom BVerfG explizit vorgesehenen finanziellen Ausgleich für die von der 13. AtG-Novelle betroffenen Unternehmen handele. Im Lichte der **Asteris-Judikatur** des Gerichtshofs bedürfe es daher keiner förmlichen Anmeldung der 16. AtG-Novelle nach Art. 108 Abs. 3 AEUV (s. auch Art. 2 Abs. 1 S. 1 VerfVO 2015/1589). Diese Bewertung erscheint in ihrer Pauschalität zwar durchaus zweifelhaft (→ § 7f Rn. 23), trifft aber jedenfalls auf die hier in Rede stehenden Ausgleichsanspruch nach § 7e zu. Zum einen hat der Gerichtshof in der **Rechtssache Asteris** entschieden, dass Zahlungen, zu denen nationale Behörden zum Ersatz eines Schadens verurteilt werden, den sie Privatpersonen verursacht haben, keine Beihilfen iSd Art. 107 und 108 AEUV darstellen (EuGH Urt. v. 27. 9. 1988, Rs. C-106/87–C-120/87, ECLI:EU:C:1988:457 Rn. 24 = BeckRS 2004, 70675 Rn. 24). Zum anderen wurde in der vorliegenden Kommentierung bereits herausgearbeitet, dass es sich beim Ausgleich für frustrierte Investitionen um eine zulässige „**Eins-zu-Eins**"**-Umsetzung** der Vorgaben des BVerfG handelt (→ Rn. 19).

§ 7f *Ausgleich für Elektrizitätsmengen**

(1) ¹Die Genehmigungsinhaber der Kernkraftwerke Brunsbüttel, Krümmel und Mülheim-Kärlich haben einen Anspruch auf angemessenen Ausgleich in Geld, soweit die diesen Kernkraftwerken nach Anlage 3 Spalte 2 ursprünglich zugewiesenen Elektrizitätsmengen bis zum Ablauf des 31. Dezember 2022 nicht erzeugt und nicht auf ein anderes Kernkraftwerk übertragen werden. ²Der Ausgleich ist begrenzt für das Kernkraftwerk Brunsbüttel auf zwei Drittel und für das Kernkraftwerk Krümmel auf die Hälfte der Elektrizitätsmengen nach Satz 1. ³Der Ausgleich setzt voraus, dass der Ausgleichsberechtigte nachweist, dass er sich unverzüglich nach dem 4. Juli 2018 bis zum Ablauf des 31. Dezember 2022 ernsthaft um eine Übertragung der ausgleichsfähigen Elektrizitätsmengen auf Grund von § 7 Absatz 1b zu angemessenen Bedingungen bemüht hat.

(2) ¹Die Ausgleichshöhe bestimmt sich nach dem durchschnittlichen marktüblichen Strompreis zwischen dem 6. August 2011 und dem 31. Dezember 2022, von dem die in diesem Zeitraum erwartbaren Kosten für die Stromerzeugung auch unter Berücksichtigung von Gemeinkosten abzuziehen sind. ²Entfallene Betriebsrisiken, Investitionsrisiken und Vermarktungsrisiken sind bei der Bestimmung der Ausgleichshöhe angemessen zu berücksichtigen. ³Hinsichtlich der erwartbaren Kosten dürfen einschlägige öffentlich verfügbare Kostenschätzungen als Bewertungsgrundlage verwendet werden.

(3) Auf den Ausgleich wird ein anderweitiger Ausgleich für Elektrizitätsmengen nach Anlage 3 Spalte 2 angerechnet, der
1. *an den Ausgleichsberechtigten oder an ein Unternehmen, dem unmittelbar oder mittelbar mindestens die Hälfte der Anteile an dem rechtlich selbständigen Unternehmen zusteht, das Ausgleichsberechtigter ist, geleistet worden ist,*
2. *an ein Unternehmen, dem zu einem früheren Zeitpunkt unmittelbar oder mittelbar mindestens die Hälfte der Anteile an dem rechtlichen selbständigen Unternehmen zustand, das Ausgleichsberechtigter ist, oder an dessen Rechtsnachfolger geleistet worden ist,*
3. *an ein Unternehmen, dem zu einem früheren Zeitpunkt unmittelbar oder mittelbar mindestens die Hälfte der Anteile an dem rechtlich selbständigen Unternehmen zustand, das Genehmigungsinhaber des Kernkraftwerks Brunsbüttel, Krümmel oder Mülheim-Kärlich war, oder an dessen Rechtsnachfolger geleistet worden ist,*
4. *an ein rechtlich selbständiges Unternehmen, das Genehmigungsinhaber des Kernkraftwerks Brunsbüttel, Krümmel oder Mülheim-Kärlich war, oder an dessen Rechtsnachfolger geleistet worden ist.*

Übersicht

	Rn.
I. Hintergrund und Genese	1
II. Anspruchsvoraussetzungen (Abs. 1)	4
1. Anspruchsberechtigte (S. 1)	4
2. Anteilsmäßige Anspruchsbegrenzung (S. 2)	5
3. Vermarktungsobliegenheit (S. 3)	7

---

* Der mWv 4.7.2018 durch Gesetz v. 10.7.2018 (BGBl. I 1122) eingefügte § 7f ist nach Maßgabe von BVerfG Beschl. v. 29.9.2020 – 1 BvR 1550/19 (BeckRS 2020, 30179) nicht in Kraft getreten (näher *Ludwigs* VerfBlog 2020/11/22).

	Rn.
III. Anspruchshöhe (Abs. 2)	11
1. Zeitlicher Bezugspunkt	12
2. Abzug erwartbarer Kosten	14
3. Berücksichtigung entfallener Risiken	15
IV. Anrechnung von Vermögensvorteilen (Abs. 3)	16
V. Vereinbarkeit mit Verfassungsrecht	17
VI. Vereinbarkeit mit Europarecht	22

Literatur: *Aust/Jacobs/Pasternak,* Enteignungsentschädigung, 7. Aufl. 2014; *Burgi,* Nach dem Atomausstiegsurteil des BVerfG: Veränderte Maßstäbe für Gesetzgebung und Verwaltungsvollzug im Atomrecht?, NVwZ 2019, 585; *Froese,* Entschädigung und Ausgleich, in Depenheuer/Shirvani, Die Enteignung – Historische, vergleichende, dogmatische und politische Perspektiven auf ein Rechtsinstitut, 2018, 255; *Glattfeld/Kisseler,* Die Umsetzung des Atomausstiegsurteils – Eine Analyse der Ausgleichsansprüche aus § 7e und § 7f AtG, ER 2019, 146; *Gundel,* Investitionsschutz-Schiedsgerichtsbarkeit und Unionsrecht nach dem Achmea-Urteil des EuGH, EWS 2018, 124; *ders.,* Völkerrechtliche Rahmenbedingungen der Energiewende. Der Energiecharta-Vertrag und das Vattenfall-Verfahren vor dem ICSID-Schiedsgericht, EnWZ 2016, 243; *Leidinger,* Atomausstieg letzter Akt? Sind die neuen Entschädigungsregelungen für frustrierte Aufwendungen und nicht mehr verstrombare Elektrizitätsmengen im Atomgesetz verfassungsgemäß?, atw 2018, 440; *Ludwigs,* Vermeidbar und vorhersagbar – Der Beschluss des BVerfG zur 16. AtG-Novelle, VerfBlog 2020/11/22; *ders.,* Das 16. AtG-ÄndG: Ein legislatives Phantom?, NVwZ 2019, 1501; *ders.,* Die 16. AtG-Novelle – Beitrag zum Rechtsfrieden oder neuer Konfliktherd?, NVwZ 2018, 1268; *ders.,* Die Kernbrennstoffsteuer vor dem BVerfG – Rückschlag der Energiewende oder Sieg des Rechtsstaats?, NVwZ 2017, 1509; *ders.,* Das Urteil des BVerfG zum Atomausstiegsgesetz 2011 – Karlsruhe locuta, causa finita?, NVwZ-Beil. 1/2017, 3; *ders.,* Der Atomausstieg und die Folgen: Fordert der Paradigmenwechsel in der Energiepolitik einen Paradigmenwechsel beim Eigentumsschutz?, NVwZ 2016, 1; *ders.,* Regulierungsermessen: Spielräume gerichtlich eingeschränkter Kontrolle im Regulierungsrecht, RdE 2013, 297; *Schmidt-Aßmann,* Verwaltungsverantwortung und Verwaltungsgerichtsbarkeit, in FS Scholz, 2007, 539.

I. Hintergrund und Genese

Der Ausgleichsanspruch nach § 7f sollte den Vorgaben des **BVerfG-Urteils** **vom 6. 12. 2016** entsprechen, wonach die 13. AtG-Novelle insoweit gegen Art. 14 Abs. 1 GG (iVm Art. 3 Abs. 1 GG) verstoßen hat, als substantielle Teile der den KKW Brunsbüttel, Krümmel und Mülheim-Kärlich im Jahr 2002 zugewiesenen Reststrommengen aufgrund der nunmehr festen Endtermine für den Betrieb der einzelnen KKW **nicht mehr konzernintern** (durch Vattenfall bzw. RWE) **genutzt** werden können (BVerfGE 143, 246, Ls. 7 und Rn. 310 ff. = NJW 2017, 217 Ls. 7 und Rn. 310 ff.; näher hierzu *Frenz/Leidinger* in NK-AtomR § 7f Rn. 1; *Ludwigs* NVwZ-Beil. 1/2017, 3 (5, 7)). Die mit der **16. AtG-Novelle** erlassene Regelung in § 7f sieht vor, dass die Genehmigungsinhaber der drei KKW mit Ablauf des 31. 12. 2022 einen Anspruch auf Ausgleich in Geld haben, soweit die **2002er-Reststrommengen** (Anlage 3 Spalte 2 AtG 2002) nicht in jeweils konzerneigenen Anlagen erzeugt werden können, nicht auf ein anderes KKW übertragen werden und auch trotz ernsthaften Bemühens nicht auf ein anderes KKW übertragen werden konnten (BT-Drs. 19/2508, 2, 9). Von einem Ausgleich ausgenommen sind dagegen – im Einklang mit dem BVerfG-Urteil (BVerfGE 143, 246 Rn. 299 ff. = NJW 2017, 217 Rn. 299 ff.) – die mit der 11. AtG-Novelle von 2010 ergänzend übertragenen Zusatzstrommengen (BT-Drs. 19/2508, 16).

2 Im **Gesetzgebungsverfahren** wurden eine **Streichung des KKW Brunsbüttel** sowie ein pauschaler **Abschlag** auf die Ausgleichshöhe von **10%** diskutiert. Die Befürworter machten geltend, dass die Argumentation des BVerfG hinsichtlich des Verstromungsdefizits bei Vattenfall zentral auf die Spezifika des KKW Krümmel zugeschnitten gewesen sei (*Möllers/Tischbirek,* Ausschuss-Drs. 19(16)63-C, 3; s. auch *Hermes,* Ausschuss-Drs. 19(16)63-D, 2 f., 6; s. auch *Glattfeld/Kisseler* ER 2019, 146 (152 f.)). Durchsetzen konnte sich ein entsprechender Änderungsantrag der Fraktion Bündnis 90/Die Grünen (Ausschuss-Drs. 19(16)76; s. auch BT-Drs. 19/3029, 6 f.) aber nicht (zur mangelnden verfassungsrechtlichen Verpflichtung für die Vornahme eines Abschlags vgl. zutreffend *Glattfeld/Kisseler* ER 2019, 146 (152)). Gleichfalls im Gesetzgebungsverfahren erörtert (vgl. BT-Drs. 19/3029, 6 f.), aber letztlich nicht verwirklicht, wurde ein – neue verfassungsrechtliche Fragen aufwerfendes – Verbot der **Übertragung** von **Reststrommengen** in Netzausbaugebiete gem. § 36 c EEG 2017 (hierzu auch *Frenz/Leidinger* in NK-AtomR § 7 f Rn. 4).

3 Näher zu Hintergrund, Genese und insbesondere dem fehlenden Inkrafttreten von § 7 f → § 7 e Rn. 1–7 (die nachfolgende Kommentierung von § 7 f ist im Lichte des Senatsbeschlusses des BVerfG vom 29.9.2020 – 1 BvR 1550/19, BeckRS 2020, 30179 zu lesen).

II. Anspruchsvoraussetzungen (Abs. 1)

1. Anspruchsberechtigte (S. 1)

4 Zweifelsfragen wirft die **Bestimmung der Anspruchsberechtigten** in § 7 f Abs. 1 S. 1 auf (zum Folgenden bereits näher *Ludwigs* NVwZ 2018, 1268 (1271 f.); s. auch *Ludwigs,* Ausschuss-Drs. 19 (16)63-A, 6; *Däuper,* Ausschuss-Drs. 19(16)63-G, 4 f.; ausf. *Möllers/Tischbirek,* Ausschuss-Drs. 19(16)63-C, 5 ff.). Dort wird der Anspruch den Genehmigungsinhabern der **KKW Brunsbüttel, Krümmel** und **Mülheim-Kärlich** zugewiesen. Bedenkt man für die KKW Brunsbüttel und Krümmel, dass **Genehmigungsinhaber** die jeweilige Betreibergesellschaft ist, so ergibt sich folgendes Problem: Die beiden KKW stehen nur zu 66,6 % (Brunsbüttel) bzw. 50 % (Krümmel) im Eigentum von Vattenfall (genauer der Vattenfall Europe Nuclear Energy GmbH), während sich die restlichen Anteile in den Händen der PreussenElektra GmbH als 100-prozentiger Tochter der E.ON SE befinden. Somit droht ein nach dem BVerfG-Urteil (→ § 7 e Rn. 3) **nicht ausgleichsberechtigtes Unternehmen** zulasten eines ausgleichsberechtigten Unternehmens (die Belastung für Vattenfall resultiert aus der Anspruchsbegrenzung in § 7 f Abs. 1 S. 2) zu **profitieren.** Entschärfen ließe sich die Problematik allenfalls dann, wenn man die **Genese** und das **Telos** von § 7 f ins Zentrum rückt. Immerhin macht die **Begründung zum Gesetzentwurf** (BT-Drs. 19/2508, 10, 16 f.) das eigentliche Regelungsanliegen deutlich. Es besteht darin, einen Ausgleich allein zugunsten des Anteilseigners **Vattenfall** (bzw. im Hinblick auf das KKW Mülheim-Kärlich: RWE) herzustellen (vgl. insoweit auch die in der BT-Drs. 19/3029 dokumentierte Erklärung der Fraktion der CDU/CSU). Vor diesem Hintergrund ist vorgeschlagen worden, die KKW Brunsbüttel und Krümmel praktisch so zu behandeln, als bestünden sie jeweils aus zwei Kraftwerken und zwar vom Vattenfall betriebene Teil sei ausgleichsberechtigt (*Hermes,* Prot.-Nr. 19/12 zur 12. Sitzung des Ausschusses für Umwelt, Naturschutz und nukleare Sicherheit v. 13.6.2018, 10). Vom **Wortsinn** gedeckt wäre ein solches Verständnis allerdings nicht, so dass eine methodisch vertretbare Umsetzung des gesetzgeberischen Willens allenfalls über eine Eingrenzung des Wortlauts, respektive eine **teleologische Reduktion** von § 7 f Abs. 1 S. 1 gangbar erscheint. Wieso der Gesetzgeber – trotz deutlicher Artikulation der Problematik in der **Sachverständigenanhörung** vom 13.6.2018 (dokumentiert im Protokoll-Nr. 19/12) – auf eine klare Regelung der intrikaten Frage verzichtet hat, erschließt sich jedenfalls nicht. Dies gilt umso mehr, als es das BVerfG dem Gesetzgeber eigentlich leicht gemacht hat, indem die verfassungswidrige Benachteiligung von RWE und Vattenfall in Bezug auf die Reststrommengen im Urteil vom 6.12.2016 (BVerfGE 143, 246 Rn. 331, 333 = NJW 2017, 217 Rn. 331, 333; → Rn. 5) konkret beziffert wurde (dezidiert *Frenz/Leidinger* in NK-AtomR § 7 f Rn. 2; *Leidinger* atw 2018, 440 (441)). Vor diesem Hintergrund kann es nicht überraschen, wenn der Erste Senat in seinem Beschluss vom 29.9.2020 (1 BvR 1550/19, BeckRS 2020, 30179) betont, dass § 7 f (auch im Hinblick auf dessen Abs. 1 S. 1) den in der 13. AtG-Novelle liegenden Verstoß gegen das Eigentumsgrundrecht aus Art. 14 Abs. 1 GG in der Sache nicht hätte beheben können. Mit Blick auf die Bestimmung der Anspruchsberechtigten fehlt es danach an einer hinreichend klar und operationabel zum Ausdruck gebrachten (grundrechtskonformen!) Regelung.

2. Anteilsmäßige Anspruchsbegrenzung (S. 2)

§ 7 f Abs. 1 S. 2 begrenzt den Ausgleich für das **KKW Brunsbüttel** auf zwei Drittel und für das **KKW Krümmel** auf die Hälfte der Elektrizitätsmengen, die bei diesen KKW mit Ablauf des 31.12.2022 verblieben sein werden. Hiermit wird berücksichtigt, dass für die Elektrizitätsmengen der beiden KKW nach Maßgabe des BVerfG-Urteils lediglich ein **anteiliger Ausgleich** von Elektrizitätsmengen erforderlich ist (BT-Drs. 19/2508, 16). Den Bezugspunkt bildet das Ausmaß der jeweiligen Beteiligung von Vattenfall an den Betreibergesellschaften. Bei der **Prognose** der nicht mehr verstrombaren Elektrizitätsmengen hat der Erste Senat darauf rekurriert, dass sich die Beschwerdeführerinnen im Rahmen der **Verhältnismäßigkeit** darauf verweisen lassen müssen, dass sie Elektrizitätsmengen, die in einem KKW wegen des Erreichens des Abschaltzeitpunkts nicht mehr verwertbar sind, auf ein anderes KKW des eigenen Konzerns oder anteilsgemäß auf ein KKW übertragen können, an dem sie wenigstens Eigentumsanteile halten. Dahinter steht die Erwartung, dass das abgebende KKW aufgrund der letztlich gleichgelagerten Interessen im Konzern einen **angemessenen Abgabepreis** erhalten kann. Selbst wenn das abgebende Kraftwerk aber nur einen unzulänglichen Preis erzielen sollte, verbleibe der dann im Regelfall entsprechend **erhöhte Gewinn** aus der Verstromung beim aufnehmenden KKW im Konzern (BVerfGE 143, 246 Rn. 318 f. = NJW 2017, 217 Rn. 318 f.). Auf Grund dieser „**konzerninternen Betrachtungsweise**" gelangte das BVerfG für **Vattenfall** zu einem **konzerninternen Verstromungsdefizit** in Umfang von **46.651 GWh**. Entsprechend der hälftigen Beteiligung betrage der auf **Vattenfall** entfallende Anteil des Verstromungsdefizits am KKW Krümmel insoweit **44.122,55 GWh** (BVerfGE 143, 246 Rn. 322 = NJW 2017, 217 Rn. 322). Demgegenüber seien die rechnerisch auf den Anteilseigner **PreussenElektra** entfallenden Elektrizitätsmengen des KKW Krümmel vollständig durch Anlagen erzeugbar, an denen **PreussenElektra** beteiligt ist. Hieraus folgt, dass der Umfang der ausgleichspflichtigen Elektrizitätsmengen der **KKW Brunsbüttel** und **Krümmel** auf das Verhältnis begrenzt ist, das der **Beteiligung Vattenfalls** entspricht (mithin zwei Drittel im Falle des KKW Brunsbüttel und die Hälfte im Falle des KKW Krümmel).

5

6 Keine Erwähnung findet in § 7f Abs. 1 S. 2 das **KKW Mülheim-Kärlich.** Hier kommt ein nur anteiliger Ausgleich der Elektrizitätsmengen freilich schon deshalb nicht in Betracht, weil RWE alleiniger Anteilseigner dieser Anlage ist (BT-Drs. 19/2508, 17).

3. Vermarktungsobliegenheit (S. 3)

7 § 7f Abs. 1 S. 3 verkoppelt die Ausgleichspflicht mit einer **Obliegenheit des Ausgleichsberechtigten,** den Nachweis zu erbringen, dass er sich bis zum Ablauf des 31.12.2022 **ernsthaft** um eine Übertragung der ausgleichsfähigen Elektrizitätsmengen gem. § 7 Abs. 1b zu **angemessenen Bedingungen bemüht** hat. Nur soweit eine solche Übertragung nicht möglich war, soll ein finanzieller Ausgleichsanspruch zum Tragen kommen (BT-Drs. 19/2508, 18). Im Ausgangspunkt ist freilich festzuhalten, dass die zuständige Bundesbehörde nach Maßgabe des **Amtsermittlungsgrundsatzes** den entscheidungserheblichen Sachverhalt von Amts wegen ermittelt. Dabei bestimmt sie Art und Umfang der Ermittlungen, ohne an das Vorbringen und an die Beweisanträge der Beteiligten gebunden zu sein (§ 24 Abs. 1 S. 2 VwVfG). Weitergehend wird vom Ausgleichsberechtigten gefordert, **angemessene Angebote** zur Übertragung der ausgleichsfähigen Elektrizitätsmengen gegenüber der Behörde **nachzuweisen.** Sofern die Übernahme der Elektrizitätsmengen von Genehmigungsinhabern anderer KKW zu den angebotenen Bedingungen abgelehnt wurde, kann diese vom Ausgleichsberechtigten nach pflichtgemäßem Ermessen die **Vorlage entsprechender Ablehnungsschreiben** verlangen. Sofern der Ausgleichsberechtigte seinerseits Angebote von Genehmigungsinhabern anderer KKW für eine Übernahme von Elektrizitätsmengen abgelehnt hat, ist die Behörde befugt, dem Ausgleichsberechtigten die **Übermittlung** des zugehörigen **Schriftverkehrs** aufzugeben. Darüber hinaus ist es der zuständigen Behörde im Rahmen der Amtsermittlung auch möglich, **Anfragen an nicht anspruchsberechtigte Genehmigungsinhaber von KKW** zu richten, ob diese Angebote abgegeben oder erhalten haben. Zur vollständigen Ermittlung des Sachverhalts werden die Ausgleichsberechtigten von der Behörde bereits **vor der Antragstellung** mindestens einmal **jährlich** aufgefordert, entsprechende Nachweise und Unterlagen (insbesondere auch zur Höhe des Gewinnaufschlags) vorzulegen (BT-Drs. 19/2508, 17). Die Vertraulichkeit von **Betriebs- und Geschäftsgeheimnissen** der Betroffenen wird dabei nach Maßgabe der einschlägigen Vorschriften (vgl. § 30 VwVfG) gewährleistet (BT-Drs. 19/2508, 17).

8 Ausweislich der Begründung zum Gesetzentwurf soll der **Nachweis eines ernsthaften Bemühens** insbesondere von **zweierlei Voraussetzungen** abhängen (zum Folgenden BT-Drs. 19/2508, 17). **Erstens** muss das Angebot **alle wesentlichen Bestandteile** enthalten, die für seine Annahme erforderlich sind. Hierzu zählen vor allem die von den erzielten Stromerlösen in Abzug zu bringenden **Kosten und Gewinnaufschläge** jeweils in Cent/kWh. Nicht ausreichend sind dagegen eine bloße schriftliche Anfrage an den Genehmigungsinhaber eines übernahmefähigen KKW, ob dieser zur Übertragung von Elektrizitätsmengen bereit sei oder eine schriftliche Aufforderung, in Verhandlungen einzutreten. Zum **Zweiten** muss der Ausgleichsberechtigte die Elektrizitätsmengen auch zu **angemessenen Bedingungen** anbieten. Offeriert der Ausgleichsberechtigte die Elektrizitätsmengen dem Genehmigungsinhaber eines KKW, dessen **alleiniger Anteilseigner er selbst** ist, kommt nur eine unentgeltliche Übertragung in Betracht. In **konzernübergreifenden Konstellationen** hingegen ist ein Angebot angemessen, wenn es einen **vertretbaren Wert** hat. Das Angebot muss danach gerade nicht dem Verkehrswert entsprechen (*Frenz/Leidinger* in NK-AtomR § 7f Rn. 10). Bei der Beurteilung des Vorliegens angemessener Bedingungen kommt es für die zuständige Behörde nach der Gesetzesbegründung darauf an, „ob das Angebot für die Ausgleichsberechtigten ein Maß erreicht, das den verfassungsrechtlichen Anforderungen genügt, und das Angebot dem Ausgleichsberechtigten eine Übertragung zu insgesamt ökonomisch zumutbaren Bedingungen ermöglichen würde, ohne dass das Angebot dem vollen Wertersatz entsprechen müsste" (BT-Drs. 19/2508, 17, mit Verweis auf BVerfGE 143, 246 Rn. 404 = NJW 2017, 217 Rn. 404). Die Übernahme von Elektrizitätsmengen durch den Genehmigungsinhaber eines übernahmefähigen KKW komme dann in Betracht, „wenn sich eine Erzeugung wirtschaftlich für ihn rechnet" (BT-Drs. 19/2508, 17); zur verfassungsrechtlichen Würdigung → Rn. 17 ff.

In **zeitlicher Hinsicht** musste der Ausgleichsberechtigte **unverzüglich nach** 9
dem **Inkrafttreten** des Gesetzes am **4. 7. 2018** (zum mangelnden Inkrafttreten aber → § 7 e Rn. 7) damit beginnen, die Elektrizitätsmengen zu angemessenen Bedingungen anzubieten und sich – solange sein Bemühen vergeblich ist – **kontinuierlich bis** zum Ablauf des **31. 12. 2022** um eine Übertragung nach § 7 Abs. 1 b bemühen. Sofern der Genehmigungsinhaber eines mehrheitlich im Eigentum des Ausgleichsberechtigten stehenden KKW den **Leistungsbetrieb** vor Erreichen des gesetzlich geregelten Abschaltdatums **einstellt**, wird man die Ernsthaftigkeit des Bemühens regelmäßig nur dann bejahen können, wenn der Ausgleichsberechtigte nachweist, dass die Erzeugung der angebotenen Strommengen zu jedweden Bedingungen in dem von ihm mehrheitlich gehaltenen KKW wirtschaftlich unzumutbar war. Bedeutung erlangt dies für die bei Erlass der 13. AtG-Novelle vorhandenen Elektrizitätsmengen des **KKW Mülheim-Kärlich** und das insoweit für den Anteilseigner RWE bestehende Verstromungsdefizit. In seinem **Atomausstiegsurteil** ging das BVerfG davon aus, dass noch rund die Hälfte der dem KKW Mülheim-Kärlich zugewiesenen Reststrommengen durch andere KKW des Anteilseigners RWE erzeugbar sein werden (BVerfGE 143, 246 Rn. 354 = NJW 2017, 217 Rn. 354). Sollten die **KKW Emsland** und **Grundremmingen C** – an denen RWE mehrheitlich (bzw. nach der – am 26. 2. 2019 bzw. 17. 9. 2019 durch die EU-Kommission genehmigten – Transaktion mit E.ON sogar alleiniger) Anteilseigner ist – ihren Leistungsbetrieb vor dem in § 7 Abs. 1 a S. 1 Nr. 5 und 6 vorgesehenen Abschaltdatum einstellen, wäre von RWE zu fordern, den Nachweis zu erbringen, dass eine Erzeugung zusätzlicher Elektrizitätsmengen des KKW Mülheim-Kärlich in den beiden vorzeitig abgeschalteten KKW wirtschaftlich unzumutbar gewesen wäre (BT-Drs. 19/2508, 18). Die Entschädigung gem. § 7f erfolgt nach Maßgabe der **Verfahrensregelung** in § 7g Abs. 2 auf Antrag (→ § 7g Rn. 6ff.) und erst nach dem endgültigen Ausstieg aus der Kernenergie mit Ablauf des 31. 12. 2022.

Für den **Rechtsschutz** bedeutsam ist im Hinblick auf § 7f Abs. 1 S. 3 schließ- 10
lich, ob der zuständigen Bundesbehörde bei der Subsumtion der unbestimmten Rechtsbegriffe des „ernsthaften Bemühens" und der „angemessenen Bedingungen" ein gerichtlich nur eingeschränkt überprüfbarer **Beurteilungsspielraum** zusteht. Grundsätzlich bestimmt sich die Anerkennung behördlicher Entscheidungsspielräume nach Maßgabe der **normativen Ermächtigungslehre** bzw. (ausnahmsweise) anhand eines **funktionell-rechtlichen Ansatzes** (allgemein hierzu *Schmidt-Aßmann* FS Scholz 2007, 539 (55) mwN aus der Rspr.; s. auch *Ludwigs* RdE 2013, 297 (299)). Für das Bestehen eines Beurteilungsspielraums spricht vorliegend die **Verfahrensregelung des § 7g Abs. 3** anführen (→ § 7g Rn. 10ff.), wonach die zuständige Behörde vom Ausgleichsberechtigten so lange Nachweise anfordern kann, bis sie zu der Überzeugung gelangt ist, ob ein hinreichendes Be-

mühen vorliegt oder nicht. Zu betonen ist freilich, dass ein etwaiger behördlicher Entscheidungsspielraum nur unter Berücksichtigung der **besonderen Situation der Ausgleichsberechtigten** und der normativen Zielsetzung einer **verfassungsrechtlich gebotenen angemessenen Entschädigung** ausgeübt werden darf (überzeugend *Frenz/Leidinger* in NK-AtomR § 7f Rn. 6).

III. Anspruchshöhe (Abs. 2)

11 § 7f Abs. 2 regelt die **Höhe** eines **finanziellen Ausgleichs.** Die Vorschrift ist vor dem Hintergrund der Aussage im **Atomausstiegsurteil** vom 6.12.2016 zu begreifen, wonach „der Ausgleich nur das zur Herstellung der Angemessenheit erforderliche Maß zu erreichen [braucht], das nicht zwingend dem vollen Wertersatz entsprechen muss" (BVerfGE 143, 246 Rn. 404 = NJW 2017, 217 Rn. 404). Im Näheren erfolgen eine Bestimmung des zeitlichen Bezugspunkts (1.) sowie Vorgaben zum Abzug erwartbarer Kosten (2.) und zur Berücksichtigung entfallener Risiken (3.).

1. Zeitlicher Bezugspunkt

12 Das **Ausmaß ungenutzter Reststrommengen** der KKW Brunsbüttel, Krümmel und Mülheim-Kärlich lässt sich erst mit Ablauf des 31.12.2022 feststellen. Zur Bestimmung der Anspruchshöhe rekurriert § 7f Abs. 2 S. 1 auf den durchschnittlichen marktüblichen Strompreis im Zeitraum vom 6.8.2011 bis zum 31.12.2022. Es erfolgt mithin eine **retrospektive Bewertung** der nicht erzeugten Elektrizitätsmengen, bei der unterstellt wird, dass sie in dem Zeitraum nach Inkrafttreten der 13. AtG-Novelle (6.8.2011) und vor Erreichen des gesetzlich geregelten Befristungsdatums (31.12.2022) erzeugt worden wären (krit. *Frenz/Leidinger* in NK-AtomR § 7f Rn. 18; s. →Rn. 12). Dabei sollen die relevanten Marktdaten des **Strom-Spotmarkts** für Deutschland, der **European Energy Exchange (EEX),** herangezogen werden. Soweit die 13. AtG-Novelle zu **positiven Auswirkungen** für die Ausgleichsberechtigten geführt haben sollte (wie etwa steigenden Strompreisen), wäre dies bei der Beurteilung der **Angemessenheit** des finanziellen Ausgleichs zu berücksichtigen (BT-Drs. 19/2508, 18). Nicht aufgegriffen hat der Gesetzgeber die Forderung, die entsprechenden **Futures** zu Grunde zu legen, also die 2011 geltenden Strompreise für die Erzeugung von Strom zu den jeweiligen Zeitpunkten in der Zukunft (dafür *Ruttloff,* Ausschuss-Drs. 19(16)63-B, 6f.; s. auch *Frenz/Leidinger* in NK-AtomR § 7f Rn. 18).

13 Bei einer kritischen Würdigung ist festzuhalten, dass der in § 7f Abs. 2 S. 1 gewählte zeitliche Bezugspunkt der Ausgleichsermittlung im politischen Gestaltungsermessen des Gesetzgebers liegt (*Ludwigs,* Ausschuss-Drs. 19(16)63-A, 4f.; ähnlich *Däuper,* Ausschuss-Drs. 19(16) 3-G, 6f.; *Glattfeld/Kisseler* ER 2019, 146 (152)). Eine Infragestellung wäre nur dann denkbar, wollte man hier die **Grundsätze der Enteignungsentschädigung** für anwendbar halten. Danach kommt es für die Wertbestimmung des Eigentumsobjektes grundsätzlich auf den Zeitpunkt der Entziehung an (*Froese* in Depenheuer/Shirvani, Die Enteignung, 255 (264); aus der Judikatur: BVerfGE 24, 367 (421) = NJW 1969, 309; BVerfGK 17, 68 Rn. 44). Die 13. AtG-Novelle hat aber **weder** zu einem **Entzug** konkreter selbstständiger Rechtspositionen **noch** ist eine **Güterbeschaffung** hiermit verbunden (näher → § 7e Rn. 15, 19). Folgerichtig ging es auch nicht darum, den Ausgleichsberechtigten in die Lage zu versetzen, einen auf den Zeitpunkt des Eigentumszugs bezogenen adäquaten Ersatz zu erlangen (zur Enteignung: *Depenheuer/Froese* in

Ausgleich für Elektrizitätsmengen **§ 7f AtG**

MKS GG, Art. 14 Rn. 465; zu denkbaren Verschiebungen des Bewertungsstichtags: *Jacobs* in Aust/Jacobs/Pasternak, Enteignungsentschädigung, Rn. 980, s. dort auch Rn. 679 ff. zur Steigerungsrechtsprechung des BGH). Vielmehr erfolgt der in § 7f AtG gewährte **Ausgleich** gerade für die im Zeitraum bis zum endgültigen Ausstieg aus der Kernenergie am **31.12.2022** nicht mehr nutzbaren Reststrommengen (*Ludwigs* NVwZ 2018, 1268 (1270); aA und für eine „komplett parallel[e]" Anwendung der Rechtsfolgen einer Enteignung *Frenz/Leidinger* in NK-AtomR § 7f Rn. 15 f., 23, die konsequent auch das **Fehlen einer Verzinsungsregelung** kritisieren; insoweit ähnlich *Ruttloff*, Ausschuss-Drs. 19(16)63-B, 7).

2. Abzug erwartbarer Kosten

Des Weiteren sind gem. § 7f Abs. 2 S. 1 Hs. 2 von den Einnahmen die für den **14** maßgeblichen Zeitraum **erwartbaren Kosten** für die Stromerzeugung auch unter Berücksichtigung der **Gemeinkosten** (zB Kosten für die übergeordnete Verwaltung) abzuziehen. Der Ausgleichsberechtigte soll durch den Ausgleich wirtschaftlich nicht bessergestellt werden, als wenn er die ausgleichsfähigen Elektrizitätsmengen selbst erzeugt hätte. Nach der Begründung zum Gesetzentwurf ist auch zu untersuchen, ob und inwieweit Auswirkungen, die das mit Beschluss des Zweiten Senats vom 13.4.2017 rückwirkend für nichtig erklärte (BVerfGE 145, 171 = NJW 2017, 2249; hierzu statt vieler *Ludwigs* NVwZ 2017, 1509) **Kernbrennstoffsteuergesetz** (KernbrStG) auf die Marktpreisbildung in den Jahren 2011 bis 2016 gehabt haben könnte, bei der Beurteilung der Angemessenheit zu berücksichtigen sind (diff. *Frenz/Leidinger* in NK-AtomR § 7f Rn. 21). Hinsichtlich der **Bemessung der erwartbaren Kosten** für die Stromerzeugung kann es im Übrigen zu Unterschieden zwischen den einzelnen Ausgleichsberechtigten kommen. Während eine Verstromung der dem **KKW Mülheim-Kärlich** im Jahr 2002 zugewiesenen Elektrizitätsmengen von Beginn an nur in bestimmten anderen KKW möglich war (vgl. § 7 Abs. 1d AtG iVm der Fn. zur Anlage 3; näher → § 7e Rn. 1), unterlagen die dem **KKW Krümmel** zugewiesenen Reststrommengen gerade keiner derartigen Beschränkung. Zur Ermittlung der erwartbaren Kosten kann das zuständige Bundesministerium nach § 7f Abs. 2 S. 3 einschlägige **öffentlich verfügbare Kostenschätzungen** als Bewertungsgrundlage verwenden. Dies betrifft auch Kostenschätzungen, die Kosten ausländischer KKW umfassen, soweit die relevanten Anlagen und dortigen Marktverhältnisse mit deutschen KKW und den deutschen Marktverhältnissen vergleichbar waren (BT-Drs. 19/2508, 19).

3. Berücksichtigung entfallener Risiken

Die **Beurteilung der Angemessenheit** des Ausgleichs hat auch **Vorteile** zu **15** berücksichtigen, die daraus resultieren, dass durch die Leistung eines angemessenen Ausgleichs für die Ausgleichsberechtigten mit einer etwaigen Erzeugung von Elektrizität verbundene Risiken entfallen (BT-Drs. 19/2508, 18). § 7f Abs. 2 S. 2 nimmt insoweit **Betriebsrisiken, Investitionsrisiken** und **Vermarktungsrisiken** in Bezug. Den Hintergrund bildet der Umstand, dass die Ausgleichsberechtigten im Falle des Leistungsbetriebs ihrer Anlagen ohne die mit der 13. AtG-Novelle eingeführten festen Endtermine iS § 7 Abs. 1a S. 1 Nr. 1–6 weiterhin entsprechenden Risiken ausgesetzt gewesen wären. Die Begründung zum Gesetzentwurf gibt hierfür vier prägnante Beispiel (BT-Drs. 19/2508, 18). An **erster Stelle** wird insoweit das Risiko genannt, die zugewiesenen Elektrizitätsmengen aus **technischen oder**

Ludwigs

rechtlichen Gründen nicht vollständig in konzerneigenen Anlagen erzeugen zu können. Zum **Zweiten** entfällt für die Ausgleichsberechtigten auch das mit dem bestimmungsgemäßen Betrieb der Anlage verbundene Risiko, einen **nuklearen Schaden** zu verursachen. **Drittens** trifft die Ausgleichsberechtigten nicht länger das mit dem Leistungsbetrieb verbundene Risiko, **Investitionen** in ihren Anlagen zum Zwecke der Erzeugung der zugewiesenen Elektrizitätsmengen zu tätigen. Schließlich entfallen **viertens** auch etwaige **Vermarktungsrisiken.**

IV. Anrechnung von Vermögensvorteilen (Abs. 3)

16 § 7f Abs. 3 regelt – parallel zu § 7e Abs. 3 (→ § 7e Rn. 18) – die Anrechnung eines **anderweitigen Ausgleichs,** soweit dieser in einem entsprechenden Sachzusammenhang mit dem Anspruch aus § 7f Abs. 1 steht. Hiermit soll insbesondere eine etwaige **Doppelkompensation** des Ausgleichsberechtigten verhindert werden. Den Hintergrund bildet der allgemeine Rechtsgrund der **Vorteilsausgleichung,** wie er etwa in § 255 BGB zum Ausdruck kommt. Klarstellend wurde in der Begründung zum Gesetzentwurf betont, dass dies auch für **völkerrechtliche Ansprüche** gilt (BT-Drs. 19/2508, 18). Praktische Bedeutung könnte dieser Umstand im Hinblick auf das noch immer anhängige **Vattenfall-Verfahren** vor dem ICSID in Washington haben (ICSID Case No ARB/12/12; näher *Gundel* EnWZ 2016, 243; *Ludwigs* NVwZ 2016, 1 (4ff.)). Nachdem das Schiedsgericht die Zulässigkeit der Klage auch im Lichte der **Achmea-Entscheidung** des Gerichtshofs (EuGH ECLI: EU:C:2018:158, 723 = EuZW 2018, 239 – Achmea; instruktiv etwa *Gundel* EWS 2018, 124 (128f.)) bejaht (Decision on the Achmea Issue v. 31.8.2018) und zwei Befangenheitsanträgen der Bundesrepublik Deutschland abgelehnt hat (Decision of the Acting Chairman of the Administrative Council v. 6.3.2019 sowie Decision of the Chairman of the Administrative Council v. 8.7.2020), ist hier nun zeitnah mit einer Entscheidung über den in Rede stehenden Entschädigungsanspruch in Höhe von rund 6,1 Mrd. Euro (vgl. BT-Drs. 19/9553, 24) zu rechnen. Im Rahmen der Begründetheit hätte die **konkrete Ausgestaltung der 16. AtG-Novelle** (einschließlich ihrer Defizite → Rn. 17ff.) durchaus Berücksichtigung finden können. Vor diesem Hintergrund stand zu befürchten, dass die zur Verhinderung einer Doppelkompensation in § 7f Abs. 3 AtG eingeführte Minderung des Anspruchsinhalts noch zum Tragen gekommen wäre (*Ludwigs* NVwZ 2018, 1268 (1272)). In diesem Sinne könnte der die rechtliche Stabilität der deutschen Rechtsordnung dokumentierende Senatsbeschluss des BVerfG vom 29.9.2020 (1 BvR 1550/19, BeckRS 2020, 30179) durchaus positive Folgewirkungen zeitigen.

V. Vereinbarkeit mit Verfassungsrecht

17 Im Rahmen einer abschließenden verfassungsrechtlichen Würdigung von § 7f AtG erscheint neben der problematischen Bestimmung der Anspruchsberechtigten (hierzu bereits → Rn. 4) vor allem die in § 7f Abs. 1 S. 3 geregelte **Vermarktungsobliegenheit problematisch** (zum Folgenden bereits näher *Ludwigs* NVwZ 2018, 1268 (1270f.)). Im Ausgangspunkt ist insoweit allerdings zu betonen, dass die **Verkopplung** der Entschädigungspflicht mit einer vorgeschalteten Vermarktungsobliegenheit nicht a priori **verfassungsrechtliche Bedenken** aufwirft (ebenso zB *Däuper,* Ausschuss-Drs. 19(16)63-G, 5; *Glattfeld/Kisseler* ER 2019, 146 (151); *Ludwigs,*

Ausschuss-Drs. 19(16)63-A, 5; *Möllers/Tischbirek,* Ausschuss-Drs. 19(16)63-C, 4; aA *Frenz/Leidinger* in NK-AtomR §7f Rn. 1; *Leidinger* atw 2018, 440 (440f.)). Zwar hat der Erste Senat im **Atomausstiegsurteil** vom 6.12.2016 betont, dass im Falle einer Vermarktung der Reststrommengen die beiden verbleibenden Nachfrager (E.ON und EnBW) den Preis weitgehend selbst bestimmen könnten. Die Übertragung von Reststrommengen sei daher aus Sicht der abgebenden Unternehmen auch „keine uneingeschränkt zumutbare Verwertungsoption" (BVerfGE 143, 246 Rn. 320 = NJW 2017, 217 Rn. 320). Es gilt aber zum einen zu bedenken, dass sich die Aussage auf ein **Regelungsumfeld** bezog, in dem überhaupt keine finanzielle Kompensation erfolgen sollte. Mit der 16. AtG-Novelle wurde ein solcher Ausgleichsanspruch nun parallel zur (zeitlich vorgeschalteten) Vermarktungsobliegenheit geschaffen. Zum anderen ist hervorzuheben, dass der Erste Senat eine Übertragung der überschüssigen Reststrommengen nicht per se ausgeschlossen, sondern lediglich als **nicht „uneingeschränkt" zumutbar** qualifiziert hat. Hieraus folgt im Umkehrschluss, dass eine konzernübergreifende Vermarktung unter anderen rechtlichen Rahmenbedingungen, wie sie mit der 16. AtG-Novelle geschaffen werden, zumutbar sein kann (*Ludwigs* NVwZ 2018, 1268 (1270f.)).

Weitaus intrikater erscheint dagegen die **konkrete Ausgestaltung** der **Vermarktungsobliegenheit** (zum Folgenden schon *Ludwigs* NVwZ 2018, 1268 (1270f.); zuletzt *Glattfeld/Kisseler* ER 2019, 146 (151)). Grund hierfür ist, dass §7f Abs. 1 S.3 keinerlei substanzielle Konkretisierung zu entnehmen ist, wann von einer **„Angemessenheit" der Übertragungsbedingungen** ausgegangen werden kann (krit. auch bereits *Däuper,* Ausschuss-Drs. 19(16)63-G, 5f.; *Hermes,* Ausschuss-Drs. 19(16)63-D, 4f.; *Ludwigs,* Ausschuss-Drs. 19(16)63-A, 5f.; überzeichnend *Steinbeis* VerfBlog 2018/5/26; aA *Möllers/Tischbirek,* Ausschuss-Drs. 19(16) 63-C, 5). Wenn die **Begründung zum Gesetzentwurf** darauf abstellt, „ob das Angebot für den Ausgleichsberechtigten ein Maß erreicht, das den verfassungsrechtlichen Anforderungen genügt und (…) dem Ausgleichsberechtigten eine Übertragung zu insgesamt ökonomisch zumutbaren Bedingungen ermöglichen würde" (BT-Drs- 19/2508, 17; s. auch schon → Rn. 8), so handelt es sich um einen bloßen Rückbezug auf das BVerfG-Urteil ohne substantiellen Präzisierungsgehalt. Gleiches gilt für die – sachlich zutreffende – Aussage, wonach das Angebot nicht dem Verkehrswert entsprechen, also keinen vollen Wertersatz gewährleisten muss (BT.-Drs. 19/2508, 17; → Rn. 11). Sofern weiter betont wird, dass die Übernahme von Elektrizitätsmengen durch den Genehmigungsinhaber eines übernahmefähigen KKW dann in Betracht kommt, „wenn sich eine Erzeugung wirtschaftlich für ihn rechnet" (BT-Drs. 19/2508, 17), liegt hierin zum einen eine **bedenkliche Perspektivverschiebung** auf die Nachfrageseite. Zum anderen bleibt im Dunkeln, wie RWE und Vattenfall ermitteln sollen, ab wann sich die Übertragung für E.ON und EnBW rechnet. Das **Risiko einer Fehlbeurteilung** wird mithin allein den ausgleichsberechtigten Unternehmen zugewiesen (relativierend *Burgi* NVwZ 2019, 585 (589), unter Hinweis auf die „verwaltungsverfahrensmäßige Einkleidung der Anspruchsdurchsetzung"). Insgesamt werden Rechtsstreitigkeiten über Auslegungsfragen des §7f Abs. 1 S. 3 geradezu provoziert (vgl. die Klage der Preussen-Elektra GmbH gegen Vattenfall auf Übertragung von Reststrommengen auf das KKW Grohnde; hierzu *Jauch,* Das letzte Geschäft nach dem Kernenergie, Tagesspiegel v. 18.5.2019). Sollte die zuständige Behörde nach dem 31.12.2022 das Vorliegen angemessener Bedingungen für eine Übertragung im maßgeblichen Zeitraum bejahen, folgt hieraus – vorbehaltlich der gerichtlichen Bestätigung – bei Nichtannahme entsprechender Angebote insoweit ein Anspruchsausschluss nach §7f

Abs. 1 S. 3 (ebenso *Leidinger* atw 2018, 440 (441)). Das **„Ausfallrisiko"** des unbestimmten Rechtsbegriffs der Angemessenheit liegt damit beim Ausgleichsberechtigten und kann von diesem nach dem 31.12.2022 auch nicht mehr gemindert werden (prägnant *Däuper,* Ausschuss-Drs. 19(16)63-G, 5). Als Folge ergibt sich eine Anreizstruktur, die dazu drängt, dass RWE und Vattenfall unangemessen niedrige Preise akzeptieren werden, um nicht am Ende vollständig leer auszugehen. Vor diesem Hintergrund konnte nicht mehr von einer gerechten Abwägung der Interessen von Allgemeinheit und Betroffenen gesprochen werden, wie sie Art. 14 Abs. 1 GG fordert (*Ludwigs* NVwz 2018; 1268 (1271); vgl. auch *Hermes,* Ausschuss-Drs. 19(16) 63-D, 4 f.; ähnlich *Leidinger* atw 2018, 440 (440 f.); *Frenz/Leidinger* in NK-AtomR § 7 f Rn. 11 f.; zur Übertragbarkeit der Wertung des Art. 14 Abs. 3 S. 3 GG auf Art. 14 Abs. 1 GG: BVerfGE 83, 201 (212 f.) = NJW 1991, 1807; BVerfGK 17, 68 Rn. 44). Ganz auf dieser Linie hat der Erste Senat in seinem Beschluss vom 29.9.2020 (1 BvR 1550/19, BeckRS 2020, 30179) betont, dass § 7 f (auch im Hinblick auf dessen Abs. 1 S. 3) den in der 13. AtG-Novelle liegenden Verstoß gegen das Eigentumsgrundrecht aus Art. 14 Abs. 1 GG in der Sache nicht hätte beheben können.

19 Der hier vorgebrachten Kritik ließ sich auch nicht entgegenhalten, dass § 7 f Abs. 1 S. 3 lediglich Ausdruck der im Entschädigungsrecht (auf Rechtsfolgenseite) ohnehin anwendbaren **Schadensminderungsobliegenheit** sei (so aber *Ruttloff,* Ausschuss-Drs. 19(16)63-B, 5 f.; zum Folgenden bereits *Ludwigs* NVwZ 2018, 1268 (1271)). Insoweit ist daran zu erinnern, dass die **Beweislast** für eine Anspruchskürzung gem. § 254 Abs. 2 BGB grundsätzlich beim **Ausgleichspflichtigen** liegt (statt vieler *Oetker* in Münchener Kommentar zum BGB, Band 2, 8. Aufl. 2019, BGB § 254 Rn. 145; zur Enteignungsentschädigung: BGH WM 1965, 503 (505); anders *Pasternak* in Aust/ Jacobs/Pasternak, Enteignungsentschädigung, Rn. 588). Zwar weist die Rechtsprechung dem Ausgleichsberechtigten eine **Mitwirkungsobliegenheit** hinsichtlich solcher Umstände zu, die in seinen Bereich fallen (BGH NJW 2007, 67 (65)). Die in der Begründung des Gesetzentwurfs vorgenommene Perspektivenverschiebung auf die Nachfrageseite würde von den Ausgleichsberechtigten aber gerade eine Ausrichtung des schadensmindernden Verhaltens an Umstände fordern, die in der Sphäre Dritter wurzeln. Dies geht erkennbar über eine sinngemäße Anwendung von § 254 Abs. 2 BGB hinaus und bleibt in Verbindung mit dem Hineindrängen der Ausgleichsberechtigten in eine Alles-oder-nichts-Situation hinter den Vorgaben des BVerfG zurück. Ein denkbarer **Ausweg de lege lata** hätte allenfalls in einer – die Perspektivenverschiebung negierenden – **verfassungskonformen Auslegung und Anwendung** von § 7 f Abs. 1 S. 3 im Lichte allgemeiner entschädigungsrechtlicher Grundsätze bestehen können. Die Ausführungen in der Gesetzesbegründung wären dann so zu lesen gewesen, dass hiermit nur eine tatsächliche Voraussetzung für die Reststrommengenübertragung auf Nachfragerseite beschrieben wird, die aber mit den normativen Bemühensanforderungen auf Seiten der Ausgleichsberechtigten in keinem Zusammenhang steht. Den rechtsstaatlichen Grundsätzen der Bestimmtheit und Normenklarheit wäre hiermit allerdings schwerlich Rechnung getragen. Vor diesem Hintergrund überzeugt es, wenn der Erste Senat in seinem Beschluss vom 29.9.2020 (1 BvR 1550/19, BeckRS 2020, 30179) betont, dass die Ausgleichsberechtigten anhand von § 7 f Abs. 1 S. 3 nicht hinreichend zuverlässig hätten erkennen können, auf welche Übertragungsgeschäfte sie sich einlassen müssten.

20 Daneben ist im **Schrifttum** noch eine andere – im Senatsbeschluss des BVerfG vom 29.9.2020 indes gleichfalls nicht aufgegriffene – Variante der **verfassungskonformen Auslegung** vorgeschlagen worden (zum Folgenden *Burgi* NVwZ 2019, 585 (589)). Danach soll der Ausgleichsanspruch auch dann nicht ausgeschlossen werden dürfen, wenn das Bemühen eines betroffenen Unternehmens nur teilweise anerkennenswert war (etwa, weil es bei seinen Bemühungen ein an sich noch zumutbares Verwertungsangebot abgelehnt hatte). Hier müsse vielmehr ein **Ausgleich in anteiliger Höhe** sichergestellt und der Ausgleichsanspruch lediglich in verhältnismäßiger Weise gekürzt werden. Weitergehend sei dann, wenn sich ein Unternehmen unter dem Bemühensdruck des § 7f Abs. 1 S. 3 auf eine unzumutbare Verwertungsmöglichkeit eingelassen (also einen zu niedrigen Preis akzeptiert) habe, ein **ergänzender Ausgleichsanspruch** anzuerkennen. Im Ergebnis dürfte dieser Ansatz eine hohe Schnittmenge mit der hier (→ Rn. 18f.) angedachten Lösung aufweisen, wobei die „verhältnismäßige Kürzung" des Ausgleichsanspruchs anspruchsvoll und die methodische Herleitung des ergänzenden Ausgleichsanspruchs fragwürdig erscheint.

Vorzugswürdig wäre es von vornherein gewesen, ganz auf **§ 7f Abs. 1 S. 3 zu** 21 **verzichten** (ebenso *Hermes* Ausschuss-Drs. 19(16)63-D, 5) und es bei einem Verweis auf die entsprechende Anwendbarkeit der **Schadensminderungsobliegenheit** nach § 254 Abs. 2 BGB zu belassen (in Richtung eines begleitenden behördlichen Verfahrens für den Fall einer Beibehaltung der Vermarktungsobliegenheit jetzt BVerfG Beschl. v. 29.9.2020 – 1 BvR 1550/19, BeckRS 2020, 30179 Rn. 75). Dieser Mangel sollte bei der ohnehin notwendigen Anpassung der Inkrafttretensregelung in Art. 3 AtG-ÄndG (→ § 7e Rn. 7) mitbeseitigt werden. Als wirksamer Sicherungsmechanismus hätte zudem an die **Aufnahme absoluter Höchstgrenzen** für etwaige Ausgleichsansprüche nach Maßgabe der Prognosewerte des Ersten Senats gedacht werden können (*Ludwigs*, Ausschuss-Drs. 19(16) 63-A, 6; *Möllers/Tischbirek*, Ausschuss-Drs. 19(16)63-C, 11). Auf diesem rechtsklareren Wege wäre eine Schonung des Haushalts und der Steuerzahler womöglich effektiver gewährleistet worden (*Ludwigs* NVwZ 2018, 1268 (1271)).

VI. Vereinbarkeit mit Europarecht

Bei einer Bewertung von § 7f am Maßstab des Europarechts ist zunächst festzu- 22 halten, dass dem **Euratom-Recht** keine Regelungen zu entnehmen sind, die dem Ausgleichsanspruch entgegenstehen würden (s. zur Parallelargumentation zu § 7e bereits → § 7e Rn. 21).

Als weitaus schwieriger stellt sich die **beihilferechtliche Prüfung** dar (zur An- 23 wendbarkeit der Art. 107ff. AEUV im Atombereich → § 7e Rn. 22). Die Bewertung der Kommission in ihrem **formlosen Schreiben vom 4.7.2018** (zur hiermit verknüpften Problematik des fehlenden Inkrafttretens des 16. AtG-ÄndG vgl. bereits → § 7e Rn. 7), wonach die 16. AtG-Novelle lediglich den vom BVerfG explizit vorgesehenen finanziellen Ausgleich für die von der 13. AtG-Novelle betroffenen Unternehmen bewirke, stellte sich gerade vor dem Hintergrund einer Regelung zu den Anspruchsberechtigten in § 7f Abs. 1 S. 1 als zu pauschal dar. Nach dem Wortlaut der Regelung drohte hier ein nach dem BVerfG-Urteil (BVerfGE 143, 246 = NJW 2017, 217) **nicht ausgleichsberechtigtes Unternehmen** zulasten eines ausgleichsberechtigten Unternehmens zu **profitieren.** Hätte sich dieses Risiko realisiert, wäre vom Vorliegen einer tatbestandlichen Beihilfe zugunsten der PreussenElektra GmbH auszugehen gewesen. Vor diesem Hintergrund erklärte sich auch die am 14.11.2018 von der **Vattenfall Europe Nuclear Energy GmbH** als möglicherweise belastetem Unternehmen (→ Rn. 4) erhobene **Nichtigkeitsklage** gegen das Schreiben vom 4.7.2018. Zwar wurde die Klage mit Beschluss des EuG vom 11.7.2019 (EuG ECLI:EU:T:2019:50 = BeckRS 2019, 20230) als unzulässig abgewiesen. Die zur Begründung vom Gericht betonte mangelnde rechtliche Verbindlichkeit des Kommissionsschreibens löste aber zugleich die Debatte um den Charakter des 16. AtG-ÄndG als „legislatives Phantom aus" (→ § 7 e Rn. 7 und *Ludwigs* NVwZ 2019, 1501). Nach Maßgabe der am 13.7.2018 verkündeten Fassung von § 7 e AtG hätte sich die Problematik möglicherweise unter Rekurs darauf auflösen lassen, dass eine individuelle Berechnung der Ausgleichsleistungen an einzelne Unternehmen bislang noch nicht erfolgt war. Sofern der schriftliche Bescheid des zuständigen Bundesministeriums nach § 7g Abs. 2 S. 4 tatsächlich zu einer möglichen Anspruchsbeteiligung der PreussenElektra GmbH geführt hätte, wäre von einer anmeldebedürftigen Beihilfe iSd Art. 107 Abs. 1 AEUV auszugehen gewesen. Eine hieran anknüpfende **beihilferechtliche Kontrolle der individuellen Berechnung** hat sich die Kommission auch explizit vorbehalten. Ungeachtet dessen bleibt im Dunkeln, weshalb der Gesetzgeber nicht von vornherein eine hinreichend klare Regelung zum Anspruchsberechtigten etabliert und stattdessen an seiner handwerklich missglückten, weil notwendig zu Rechtsstreitigkeiten führenden Fassung festgehalten hat (s. schon → Rn. 4 und *Frenz/Leidinger* in NK-AtomR § 7f Rn. 2). Die Quittung für das Ignorieren der juristischen Bedenken haben BMU und Gesetzgeber nunmehr in dem am 12.11.2020 veröffentlichten Beschluss des BVerfG vom 29.9.2020 (1 BvR 1550/19, BeckRS 2020, 30179) erhalten.

*§ 7g Verwaltungsverfahren**

(1) ¹Ein Ausgleich nach § 7e ist innerhalb eines Jahres ab dem 4. Juli 2018 schriftlich bei dem für die kerntechnische Sicherheit und den Strahlenschutz zuständigen Bundesministerium zu beantragen. ²Wird der Ausgleich nicht innerhalb dieser Frist beantragt, verfällt der Anspruch. ³Der Ausgleichsberechtigte hat insbesondere Nachweise zu erbringen zu Vertragsschlüssen, Bestellungen, Kündigungen, Stornierungen, Zahlungen und Rückerstattungen von Zahlungen sowie Erklärungen zu gezogenen Steuervorteilen vorzulegen. ⁴Ein Ausgleich wird durch schriftlichen Bescheid des für die kerntechnische Sicherheit und den Strahlenschutz zuständigen Bundesministeriums im Einvernehmen mit dem Bundesministerium für Wirtschaft und Energie festgesetzt.

(2) ¹Ein Ausgleich nach § 7f ist mit Ablauf des 31. Dezember 2022 innerhalb eines Jahres schriftlich bei dem für die kerntechnische Sicherheit und den Strahlenschutz zuständigen Bundesministerium zu beantragen. ²Wird der Ausgleich nicht innerhalb dieser Frist beantragt, verfällt der Anspruch. ³In dem Antrag muss der Umfang der Elektrizitätsmengen, für die ein Ausgleich beantragt wird, in Kilowattstunden angegeben sein. ⁴Ein Ausgleich für Elektrizitätsmengen wird durch schriftlichen Bescheid des für die kerntechnische Sicherheit und den Strahlenschutz zuständigen Bundesministeriums im Einvernehmen mit dem Bundesministerium für Wirtschaft und Energie festgesetzt.

(3) ¹Das für die kerntechnische Sicherheit und den Strahlenschutz zuständige Bundesministerium kann einem Ausgleichsberechtigten unter Fristsetzung aufgeben, zu Umständen, die für die Ermittlung und Prüfung des angemessenen Ausgleichs nach § 7e oder § 7f wesentlich sind,
1. Tatsachen anzugeben oder Beweismittel zu bezeichnen sowie

---

* Der mWv 4.7.2018 durch Gesetz v. 10.7.2018 (BGBl. I 1122) eingefügte § 7g ist nach Maßgabe von BVerfG Beschl. v. 29.9.2020 – 1 BvR 1550/19 (BeckRS 2020, 30179) nicht in Kraft getreten (näher *Ludwigs* VerfBlog 2020/11/22).

Verwaltungsverfahren **§ 7g AtG**

2. Urkunden oder andere bewegliche Sachen vorzulegen sowie elektronische Dokumente zu übermitteln.
²*§ 26 des Verwaltungsverfahrensgesetzes bleibt im Übrigen unberührt.*

Literatur: *Burgi,* Nach dem Atomausstiegsurteil des BVerfG: Veränderte Maßstäbe für Gesetzgebung und Verwaltungsvollzug im Atomrecht?, NVwZ 2019, 585; *Ludwigs,* Vermeidbar und vorhersagbar – Der Beschluss des Bundesverfassungsgerichts zur 16. AtG-Novelle, VerfBlog 2020/11/22; *ders.,* Das 16. AtG-ÄndG: Ein legislatives Phantom?, NVwZ 2019, 1501.

I. Überblick und Inkrafttreten

§ 7g bildet die **verwaltungsverfahrensrechtliche Ergänzung** der beiden mit 1 dem 16. AtG-ÄndG eingeführten Ausgleichsansprüche. In Abs. 1 wird das Verfahren zur Geltendmachung der Kompensation nach **§ 7e** (→ § 7e Rn. 7 ff.) für **frustrierte Investitionen** zwischen dem 28.10.2010 und dem 16.3.2011 geregelt. Absatz 2 normiert das Verfahren zur Geltendmachung des Ausgleichs nach **§ 7f** (→ § 7f Rn. 4ff.) für zugewiesene, aber **nicht nutzbare Elektrizitätsmengen** in den KKW Brunsbüttel, Krümmel und Mühlheim-Kärlich. Zum fehlenden Inkrafttreten von § 7g AtG vgl. aber → § 7e Rn. 7 (die nachfolgende Kommentierung von § 7g ist im Lichte des Senatsbeschlusses des BVerfG v. 29.9.2020 – 1 BvR 1550/19, BeckRS 2020, 30179, zu lesen).

II. Verwaltungsverfahren zum Anspruch nach § 7e AtG (Abs. 1)

Zuständige Behörde zur Durchführung des Verwaltungsverfahrens im Hin- 2 blick auf den Ausgleichsanspruch gem. § 7e AtG ist nach § 7g Abs. 1 S. 1 das für die kerntechnische Sicherheit und den Strahlenschutz zuständige **Bundesministerium.** In der laufenden 19. Legislaturperiode handelt es sich insoweit um das Bundesministerium für Umwelt, Naturschutz und nukleare Sicherheit (BMU).
Mit Blick auf die **Antragsfrist** ist festzuhalten, dass der Ausgleichsanspruch **bin-** 3 **nen eines Jahres** ab dem 4.7.2018 (Tag des vermeintlichen Inkrafttretens der 16. AtG Novelle; vgl. aber → Rn. 1) geltend gemacht werden musste. Die zeitliche Begrenzung verfolgt den Zweck, möglichst rasch **Klarheit** über die Anzahl und den Umfang etwaiger Ausgleichsansprüche zu gewinnen (BT-Drs. 19/2508, 19). Ansprüche, die nicht innerhalb der Jahresfrist angemeldet wurden, sind ausweislich der expliziten Anordnung in § 7g Abs. 1 S. 2 verfallen. Es handelt sich mithin um eine **materielle Ausschlussfrist** (vgl. Gesetzentwurf der Fraktionen der CDU/CSU und SPD v. 5.6.2018, BT-Drs. 19/2508, 19; s. auch *Frenz/Leidinger* in NK-AtomR § 7g Rn. 1). Eine **Wiedereinsetzung in den vorigen Stand** (§ 32 VwVfG) kommt daher regelmäßig nicht in Betracht (vgl. allgemein *Kallerhoff/Stamm* in SBS VwVfG § 31 Rn. 8, dort unter Rn. 10 auch zu eng begrenzten Ausnahmen). Für die Fristberechnung gelten die §§ 187 ff. BGB. Vorliegend handelt es sich um eine Ablauffrist, so dass der Antrag bis spätestens 3.7.2019 zu stellen ist (§ 31 Abs. 1 VwVfG iVm §§ 187 Abs. 2 S. 1, 188 Abs. 2 Alt. 2 BGB).
Mit Blick auf die **weiteren Antragsformalitäten** normiert zudem § 7g Abs. 1 4 S. 3 **inhaltliche Anforderungen.** Danach hat der Ausgleichsberechtigte Nachweise zu Vertragsschlüssen, Bestellungen, Kündigungen, Stornierungen, Zahlungen und Rückerstattungen von Zahlungen sowie Erklärungen zu gezogenen

Steuervorteilen vorzulegen. Das **Fehlen** oder die **Lückenhaftigkeit der Angaben** im Antrag führen freilich nicht zwangsläufig zum Anspruchsausschluss. Im Zeitpunkt der Antragsstellung muss noch nicht notwendig auch Entscheidungsreife gegeben sein. Dies folgt schon aus § 7g Abs. 3 (→ Rn. 10 ff.), der die **Nachforderung** von **Tatsachen** und **Beweismitteln** zu Umständen ermöglicht, die für die Ermittlung und Prüfung des angemessenen Ausgleichs nach § 7e (oder § 7f) wesentlich sind (*Frenz/Leidinger* in NK-AtomR § 7g Rn. 2). Der Antrag kann erst dann als vollständig gelten und bearbeitet werden, wenn der zuständigen Behörde das normativ geforderte Gesamtbild vorliegt (*Frenz/Leidinger* in NK-AtomR § 7g Rn. 3).

5   Der Ausgleich wird gem. § 7g Abs. 1 S. 4 durch **schriftlichen Bescheid** der zuständigen Behörde (→ Rn. 2) im **Einvernehmen** mit dem Bundesministerium für Wirtschaft und Energie (BMWi) festgesetzt.

III. Verwaltungsverfahren zum Anspruch nach § 7f AtG (Abs. 2)

6   Die **Zuständigkeit** für das Verwaltungsverfahren zum Ausgleichsanspruch nach § 7f AtG obliegt gem. § 7g Abs. 2 S. 1 ebenfalls dem für die kerntechnische Sicherheit und den Strahlenschutz zuständigen Bundesministerium, nach heutigem Stand also dem **BMU** (→ Rn. 2).

7   Im Hinblick auf die **Antragsfrist** bestimmt § 7g Abs. 2 S. 1, dass der Ausgleichsanspruch **binnen eines Jahres ab dem 31.12.2022** schriftlich geltend gemacht werden muss. Der von § 7g Abs. 1 abweichende Fristbeginn folgt aus dem Umstand, dass die ausgleichspflichtigen, nicht verstrombaren Reststrommengen erst nach Ablauf des Jahres 2022 abschließend feststehen. Ausgleichsansprüche, die nicht innerhalb der Jahresfrist geltend gemacht werden, verfallen gemäß der expliziten Anordnung in § 7g Abs. 2 S. 2. Auch insoweit handelt es sich mithin um eine **materielle Ausschlussfrist,** bei der eine Wiedereinsetzung in den vorigen Stand (§ 32 VwVfG) regelmäßig ausscheidet. Die Begrenzung der Antragsfrist auf ein Jahr verfolgt parallel zu § 7g Abs. 1 S. 1 das Ziel, möglichst schnell Klarheit über den Umfang etwaiger Ausgleichsansprüche zu gewinnen (BT-Drs. 19/2508, 19; krit. zum Zeitpunkt der Antragsstellung mit Blick auf die bestehende Vermarktungsobliegenheit: *Burgi* NVwZ 2019, 585 (588)). Für die Fristberechnung gelten die §§ 187 ff. BGB (§ 31 Abs. 1 VwVfG). Vorliegend spricht viel für die Annahme einer Ereignisfrist (§ 31 Abs. 1 VwVfG iVm §§ 187 Abs. 1, 188 Abs. 2 Alt. 1 BGB). Dies gilt vor allem mit Blick darauf, dass hinsichtlich des Fristbeginns („Ablauf des 31. Dezember 2022") auf das Ende der Nutzbarkeit der zugestandenen Reststrommengen, mithin einen gegenständlichen Anknüpfungspunkt abgestellt wird. Selbst wenn man aber von einer Ablauffrist ausgehen wollte, bliebe das Ergebnis identisch. Der Antrag kann mithin ab 1.1.2023 und bis 31.12.2023 gestellt werden.

8   Die Antragsstellung ist auch im Rahmen von § 7g Abs. 2 mit **inhaltlichen Anforderungen** verknüpft. Nach S. 3 muss der Antrag den Umfang der Elektrizitätsmengen, für den ein Ausgleich begehrt wird, in Kilowattstunden angeben. Weitere Vorgaben lassen sich weder dem Gesetzestext noch aus der amtlichen Begründung zum Gesetzentwurf entnehmen. Folgerichtig kommt es für die **Rechtzeitigkeit** der Antragsstellung (anders als für das Bestehen des materiellen Anspruchs) auch nicht darauf an, ob in diesem Zeitpunkt bereits nähere Darlegungen zum Nachweis eines

Verwaltungsverfahren **§ 7 g AtG**

ernsthaften Bemühens um Übertragung der nicht mehr nutzbaren Reststrommengen gem. § 7 f Abs. 1 S. 3 erfolgt sind (*Frenz/Leidinger* in NK-AtomR § 7 g Rn. 5).
Der Ausgleich wird gem. § 7 g Abs. 2 S. 4 durch **schriftlichen Bescheid** der zuständigen Behörde (→ Rn. 6) im **Einvernehmen** mit dem BMWi festgesetzt. 9

IV. Weitere Angaben und Vorlagen (Abs. 3)

§ 7 g Abs. 3 S. 1 verleiht dem zuständigen Bundesministerium (aktuell das 10
BMU (→ Rn. 2, 6) die nach allgemeinen Grundsätzen überprüfbare **Ermessensbefugnis** („kann"), um benötigte **Informationen** und **Unterlagen** vom Ausgleichsberechtigten unter Fristsetzung **anzufordern**. Dies betrifft Tatsachen oder Beweismittel (Nr. 1) sowie Urkunden oder andere bewegliche Sachen und elektronische Dokumente (Nr. 2). Der **abschließende Charakter** wird sowohl durch den Wortlaut von S. 1 als auch in systematischer Hinsicht durch den Verweis in S. 2 auf den nicht abschließenden § 26 VwVfG („insbesondere") belegt (→ Rn. 12). Auch der Begründung zum Gesetzentwurf lässt sich richtigerweise nichts Gegenteiliges entnehmen (undeutlich insoweit *Frenz/Leidinger* in NK-AtomR § 7 g Rn. 11).

Voraussetzung der **Anforderung nach § 7 g Abs. 3 S. 1** ist, dass die näheren 11
Angaben, Gegenstände und Dokumente für die Ermittlung und Prüfung des angemessenen Ausgleichs nach § 7 e oder § 7 f **„wesentlich"** sind. Es geht mithin um die nähere Prüfung der jeweiligen Anspruchsvoraussetzungen in ihrem maßgeblichen Gehalt (*Frenz/Leidinger* in NK-AtomR § 7 g Rn. 7). Im Umkehrschluss müssen **nicht anspruchsbezogene Anforderungen** insoweit ausscheiden (*Frenz/Leidinger* in NK-AtomR § 7 g Rn. 7 f.).

Weitergehend bestimmt § 7 g Abs. 3 S. 2, dass **§ 26 VwVfG** im Übrigen unberührt 12
bleibt. Gemäß § 26 Abs. 1 S. 1 VwVfG bedient sich die Behörde der Beweismittel, die sie nach pflichtgemäßem **Ermessen** zur Ermittlung des Sachverhalts für erforderlich hält. Hiervon umfasst werden nach § 26 Abs. 1 S. 2 VwVfG „insbesondere" die Einholung von Auskünften jeder Art (Nr. 1), die Anhörung von Beteiligten, Vernehmung von Zeugen und Sachverständigen bzw. die Einholung schriftlicher oder elektronischer Äußerungen von Beteiligten, Sachverständigen und Zeugen (Nr. 2), die Beiziehung von Urkunden und Akten (Nr. 3) sowie die Inaugenscheinnahme (Nr. 4). Im Kontrast zu § 7 g Abs. 3 S. 1 erfolgt hier **keine Beschränkung auf die wesentlichen Umstände** für die Ermittlung und Prüfung eines Anspruchs (*Frenz/Leidinger* in NK-AtomR § 7 g Rn. 9). Gemäß § 26 Abs. 2 S. 1 VwVfG sollen die **Beteiligten** bei der Sachverhaltsermittlung **mitwirken** und insbesondere ihnen bekannte Tatsachen und Beweismittel angeben. Eine weitergehende **Pflicht,** bei der Ermittlung des Sachverhalts mitzuwirken, besteht nach S. 3 nur, soweit sie durch **Rechtsvorschrift** besonders vorgesehen ist. Genau dies ist vorliegend in Gestalt von **§ 7 g Abs. 3 S. 1** der Fall (*Frenz/Leidinger* in NK-AtomR § 7 g Rn. 9), wobei die dort formulierten **Einschränkungen** in formeller und materieller Hinsicht (vorherige Fristsetzung bzw. Bezug zu den Anspruchsvoraussetzungen) zu beachten sind.

Bei **nicht fristgerechter Vorlage** der angeforderten Informationen und Unter- 13
lagen durch den Ausgleichsberechtigten ist die zuständige Bundesbehörde berechtigt, die Ausgleichshöhe ohne deren Berücksichtigung festzusetzen. Hiermit sollen **Verzögerungen des Verwaltungsverfahrens** vermieden werden (BT-Drs. 19/2508, 19). Im Rahmen der nach pflichtgemäßem **Ermessen** zu treffenden Entscheidung kann sich allerdings aus Gründen der **Verhältnismäßigkeit** die Pflicht der zuständigen Behörde ergeben, bei etwaigen Unklarheiten nochmals Rücksprache zu nehmen. Im

Ludwigs 287

AtG § 8 Zweiter Abschnitt Überwachungsvorschriften

Schrifttum wird insoweit auf Konstellationen verwiesen, in denen der Ausgleichsberechtigte eine Anfrage aus Sicht der Behörde unzureichend beantwortet hat (*Frenz/Leidinger* in NK-AtomR § 7g Rn. 9). Hier kann sich eine behördliche Verpflichtung ergeben, die noch fehlenden Unterlagen und Informationen zu benennen.

V. Rechtsschutz

14 Für Streitigkeiten, die das Bestehen und die Höhe von Ausgleichsansprüchen auf Grund der §§ 7e und 7f betreffen, ist nach § 40 Abs. 1 S. 1 iVm Abs. 2 S. 1 Hs. 2 VwGO der **Verwaltungsrechtsweg** eröffnet (BT-Drs. 19/2508, 20; zum Bestehen eines gerichtlich nur eingeschränkt überprüfbaren Beurteilungsspielraums der zuständigen Bundesbehörde bei der Subsumtion der unbestimmten Rechtsbegriffe in Gestalt des „ernsthaften Bemühens" und der „angemessenen Bedingungen" iSd § 7f Abs. 1 S. 3 vgl. → § 7f Rn. 10). Im Zuge der 16. AtG-Novelle wurde die **erstinstanzliche Zuständigkeit** insoweit dem **Oberverwaltungsgericht (OVG)** bzw. dem Verwaltungsgerichtshof (VGH) zugewiesen (zur auch insoweit einschlägigen Problematik des fehlenden Inkrafttretens vgl. bereits → Rn. 1 und → § 7e Rn. 7). Rechtstechnisch erfolgte dies durch Aufnahme einer neuen Nr. 1a in § 48 Abs. 1 S. 1 VwGO. Mit der damit angestrebten Verfahrensbeschleunigung soll den Auswirkungen Rechnung getragen werden, die Gerichtsverfahren sowohl auf den Bundeshaushalt als auch auf die wirtschaftliche Situation Betroffener haben können. Eine **Verkürzung des Instanzenzuges** im Interesse möglichst schneller Rechtssicherheit war daher aus Sicht des Gesetzgebers geboten (BT-Drs. 19/2508, 20). Wenn dem entgegengehalten wird, dass die teilweise überaus komplexen Prüfungen der Anspruchsvoraussetzungen „nur sehr begrenzt richterlich kontrolliert zu werden [drohen]" (*Frenz/Leidinger* in NK-AtomR § 7g Rn. 12), kann es sich schon mangels eines von Verfassungs wegen garantierten Instanzenzugs (vgl. BVerfGE 107, 395 (401 f.) = NJW 2003, 1924) allein um eine rechtspolitische Kritik handeln.

§ 8 Verhältnis zum Bundes-Immissionsschutzgesetz und zum Produktsicherheitsgesetz

(1) **Die Vorschriften des Bundes-Immissionsschutzgesetzes über genehmigungsbedürftige Anlagen sowie über die Untersagung der ferneren Benutzung solcher Anlagen finden auch auf genehmigungspflichtige Anlagen im Sinne des § 7 keine Anwendung, soweit es sich um den Schutz vor den Gefahren der Kernenergie oder der schädlichen Wirkung ionisierender Strahlen handelt.**

(2) **¹Bedarf eine nach § 4 des Bundes-Immissionsschutzgesetzes genehmigungsbedürftige Anlage einer Genehmigung nach § 7, so schließt diese Genehmigung die Genehmigung nach § 4 des Bundes-Immissionsschutzgesetzes ein. ²Die atomrechtliche Genehmigungsbehörde hat die Entscheidung im Einvernehmen mit der für den Immissionsschutz zuständigen Landesbehörde nach Maßgabe der Vorschriften des Bundes-Immissionsschutzgesetzes und der dazu erlassenen Rechtsverordnungen zu treffen.**

(3) **Für überwachungsbedürftige Anlagen nach § 2 Nummer 30 des Produktsicherheitsgesetzes, die in genehmigungspflichtigen Anlagen im Sinne des § 7 Verwendung finden, kann die Genehmigungsbehörde im**

Einzelfall Ausnahmen von den geltenden Rechtsvorschriften über die Errichtung und den Betrieb überwachungsbedürftiger Anlagen zulassen, soweit dies durch die besondere technische Eigenart der Anlagen nach § 7 bedingt ist.

I. Einleitung und Genese der Vorschrift

Das atomrechtliche Genehmigungsregime zeichnet sich dadurch aus, dass es seinen Zulassungen – selbst denjenigen für Anlagen gem. § 7 – grundsätzlich keine Konzentrationswirkung verleiht; Genehmigungsverfahren nach anderen Vorschriften bleiben vielmehr unberührt. Es bleibt damit hinter etwa § 13 BImSchG oder § 75 VwVfG zurück (vgl. → § 7 Rn. 39). Allerdings normiert § 8 in Teilbereichen, dass bestimmte nicht-atomrechtliche **Anforderungen keine Anwendung** finden (Abs. 1), doch **konzentriert** werden (Abs. 2) oder **modifiziert** werden können (Abs. 3). § 8 ist im Laufe der Jahre im Kern unverändert geblieben; lediglich Abs. 3 ist an das neue Produktsicherheitsgesetz angepasst worden (mit Gesetz vom 8. 11. 2011, BGBl. I 2178).

1

II. Regelungsgehalt

1. Eingeschränkte Geltung des BImSchG (Abs. 1)

Im nuklearspezifischen Bereich, dem Schutz vor den Gefahren der Kernenergie oder der schädlichen Wirkung ionisierender Strahlen (vgl. § 1 Nr. 2, dazu → § 1 Rn. 39), erklärt Abs. 1 die Vorschriften des BImSchG über genehmigungsbedürftige Anlagen, einschließlich deren Untersagung (§§ 4–21 BImSchG), im Hinblick auf nach § 7 genehmigungspflichtige kerntechnische Anlagen für nicht anwendbar. Das entspricht dem Verständnis des AtG als **lex specialis** hinsichtlich jener Gefahren und der insofern beabsichtigten Kanalisierung des einschlägigen Regelungsregimes auf das Atom- und Strahlenschutzrecht. **§ 2 Abs. 2 BImSchG** greift diesen Gedanken auf, erstreckt seinen Ausschluss indessen auch auf Kernenergieanlagen, die nicht § 7 unterfallen (etwa nach §§ 6, 9), sowie auf Geräte, Vorrichtungen und radioaktive Stoffe, die dem Atom- und Strahlenschutzrecht unterliegen. Die abweichende Formulierung der beiden Vorschriften im Hinblick auf den Schutzbezug (§ 8: „oder", § 2: „und") hat keine inhaltliche Bedeutung. Sofern es um nichtnuklearspezifische Umweltauswirkungen geht, gilt der Anwendungsausschluss des BImSchG nicht. Das kann insbesondere bei Urananreicherungsanlagen und Brennelementfabriken eine Rolle spielen, die im Wesentlichen keine nukleartechnischen Risiken, sondern ein chemotoxisches Gefährdungspotential aufweisen; in diesen Fällen ist Abs. 2 in den Blick zu nehmen. Fraglich ist, ob von dem Ausschluss nach Abs. 1 auch die Vorschriften über die nicht genehmigungsbedürftigen Anlagen (§§ 22 ff. BImSchG) erfasst sind; das ist nach Sinn und Zweck zu bejahen, da anderenfalls auf diesem Wege doch wieder wesentliche Anforderungen des Immissionsschutzrechts zu beachten wären.

2

2. Beschränkte Konzentrationswirkung (Abs. 2)

Wenn eine kerntechnische Anlage iSv § 7 auch nicht-nuklearspezifische Auswirkungen hervorbringt (so dass Abs. 1 nicht greift), die ihrerseits eine Genehmigungsbedürftigkeit gem. § 4 BImSchG begründen, so wird die danach erforderliche Ge-

3

nehmigung in die atomrechtliche Zulassung einkonzentriert. Dabei handelt es sich – wie auch bei § 13 BImSchG, § 75 VwVfG – nur um eine **formelle Verfahrenskonzentration,** die materiellen Anforderungen des Bundesimmissionsschutzrechts (Gesetze und Verordnungen) sind also weiterhin zu beachten (BHR EnergieR I 96). Die Verfahrenskonzentration bewirkt, dass darüber in der Sache dann die atomrechtlichen Genehmigungsbehörden zu entscheiden haben, allerdings im Einvernehmen mit der an sich zuständigen Immissionsschutzbehörde (Abs. 2 S. 2); ein bloßes Benehmen genügt insofern nicht, die BImSchG-Behörde hat ein echtes Veto-Recht. Das gilt allerdings nur verwaltungsintern; wird das **Einvernehmen** versagt, die Genehmigung nach § 7 aber dennoch erteilt, ist sie im Außenverhältnis zu den Bürgern nicht nur wirksam, sondern auch rechtmäßig (vgl. zur Parallelsituation bei § 36 BauGB und dessen Einordnung als reines „Verwaltungsinternum" *Söfker* in Ernst/Zinkahn/Bielenberg/Krautzberger BauGB § 36 Rn. 23 f.). Wird es verweigert und die Genehmigung deshalb nicht erteilt, muss der Antragsteller die atomrechtliche und nicht etwa die einvernehmensversagende BImSchG-Behörde verklagen. Die beschränkte Konzentrationswirkung gilt indessen nur in dem Fall, dass sowohl eine immissionsschutzrechtliche als auch eine atomrechtliche Genehmigungsbedürftigkeit besteht, die zu genehmigende **Anlage** mithin unter **beide Regelungsregime** fällt; nur immissionsschutzrechtlich geregelte Umweltauswirkungen, die aber nicht zu einer entsprechenden Genehmigungspflicht führen, genügen insofern nicht. Damit werden in der Praxis Fragen nach dem **Anlagenbegriff** – sowohl des BImSchG als auch des § 7 AtG – aufgeworfen (dazu → § 7 Rn. 5), die letztlich nur im Einzelfall beantwortet werden können (zu einem Beispiel vgl. VGH Mannheim DVBl. 1976, 538 (544 f.); kritisch hierzu die Anmerkung von *Fischerhof* DVBl. 1976, 549 f.; *Hansmann* NVwZ 1983, 16 ff.). In anderen als den genannten Fallkonstellationen tritt eine Verfahrenskonzentration nicht ein. Daher sind andere Genehmigungs- und Zulassungsverfahren etwa nach den Bestimmungen des Bau-, Wasser- oder Naturschutzrechts eigenständig durchzuführen, soweit sie nicht ihrerseits über § 13 BImSchG einkonzentriert sind.

3. Modifikation (Abs. 3)

4   Ein besonderes Überschneidungsverhältnis regelt schließlich Abs. 3. Danach kann die atomrechtliche Genehmigungsbehörde für **überwachungsbedürftige Anlagen** nach § 2 Nr. 30 ProdSG (wozu etwa Druckbehälter- und Dampfkesselanlagen oder bestimmte Leitungen gehören, vgl. die Aufzählung dort) im Einzelfall Ausnahmen von den für derartige Anlagen geltenden Rechtsvorschriften vorsehen. Das gilt allerdings nicht generell, sondern nur unter der Voraussetzung, dass es durch die besondere technische Eigenart der kerntechnischen Anlagen bedingt ist. Diese Möglichkeit dient dazu, die entsprechenden Anlagen(-teile) den **nuklearspezifischen Eigenheiten** leichter **anpassen** zu können, um ihre Verwendung in kerntechnischen Anlagen zu erleichtern oder erst zu ermöglichen (*Haedrich* § 8 Rn. 5). Durch das Abstellen auf „Errichtung und Betrieb" (aufgenommen mit der Novelle vom 8.11.2011, BGBl. I 2178) ist klargestellt, dass dieses Instrument auch für die **Prüfung und Überwachung** der entsprechenden Anlagen gilt, nicht nur für deren Errichtung. Auch bei Abs. 3 greift der ausschließliche Bezug auf Anlagen nach § 7, so dass etwa standortnahe Zwischenlager gem. § 6 nicht von dieser Vorschrift Gebrauch machen dürfen.

§ 9 Bearbeitung, Verarbeitung und sonstige Verwendung von Kernbrennstoffen außerhalb genehmigungspflichtiger Anlagen

(1) ¹Wer Kernbrennstoffe außerhalb von Anlagen der in § 7 bezeichneten Art bearbeitet, verarbeitet oder sonst verwendet, bedarf der Genehmigung. ²Einer Genehmigung bedarf ferner, wer von dem in der Genehmigungsurkunde festgelegten Verfahren für die Bearbeitung, Verarbeitung oder sonstige Verwendung wesentlich abweicht oder die in der Genehmigungsurkunde bezeichnete Betriebsstätte oder deren Lage wesentlich verändert.

(2) Die Genehmigung darf nur erteilt werden, wenn
1. keine Tatsachen vorliegen, aus denen sich Bedenken gegen die Zuverlässigkeit des Antragstellers und der für die Leitung und Beaufsichtigung der Verwendung der Kernbrennstoffe verantwortlichen Personen ergeben, und die für die Leitung und Beaufsichtigung der Verwendung der Kernbrennstoffe verantwortlichen Personen die hierfür erforderliche Fachkunde besitzen,
2. gewährleistet ist, daß die bei der beabsichtigten Verwendung von Kernbrennstoffen sonst tätigen Personen die notwendigen Kenntnisse über die möglichen Gefahren und die anzuwendenden Schutzmaßnahmen besitzen,
3. die nach dem Stand von Wissenschaft und Technik erforderliche Vorsorge gegen Schäden durch die Verwendung der Kernbrennstoffe getroffen ist,
4. die erforderliche Vorsorge für die Erfüllung gesetzlicher Schadensersatzverpflichtungen getroffen ist,
5. der erforderliche Schutz gegen Störmaßnahmen oder sonstige Einwirkungen Dritter gewährleistet ist,
6. überwiegende öffentliche Interessen, insbesondere im Hinblick auf die Reinhaltung des Wassers, der Luft und des Bodens, der Wahl des Ortes der Verwendung von Kernbrennstoffen nicht entgegenstehen.

I. Einleitung und Genese der Vorschrift

§ 9 ist ein **Auffangtatbestand** für bestimmte Verwendungen bei der Nutzung 1 von Kernbrennstoffen außerhalb von Anlagen nach § 7. Richtigerweise ist die Norm indes auf jedwede Verwendung von Kernbrennstoffen zu erstrecken, für die kein gesondertes Genehmigungsverfahren nach AtG – wie etwa gem. § 6 oder § 9a – besteht (*Fischerhof* Dt. AtomG § 9 Rn. 3; *Winters* S. 31). In der Praxis hat die Norm keine große Bedeutung erlangt und gilt wegen der umfangreichen Genehmigungstatbestände im AtG vor allem für Forschungsanlagen.

II. Regelungsgehalt

1. Genehmigungsverfahren (Abs. 1)

Der Begriff „**Verwendung**" ist nicht legaldefiniert. Er ist ein Ausschnitt aus 2 dem umfassenderen Terminus „Umgang" iSd § 5 Abs. 39 Nr. 1 StrlSchG und schließt die Lagerung mit ein, nicht aber die dort des Weiteren genannten Begriffe „Gewinnung, Erzeugung und Beseitigung". Bei der Lagerung ist allerdings nur eine kurzzeitige betriebs- oder tätigkeitsbezogene Verwendung erfasst; bei längerfristigen Aufbewahrungen gilt § 6 als lex specialis. Die Genehmigungspflicht betrifft nur die *Verwendung* der Kernbrennstoffe, nicht Errichtung und Betrieb dazu benötigter Anlagen; diese unterliegen vielmehr den allgemeinen Genehmigungserfordernissen anderer Rechtsgebiete, etwa des Bau- oder Immissionsschutzrechts.

3   Auch wesentliche Veränderungen unterliegen gem. Abs. 1 S. 2 der Genehmigungspflicht. Aus der Formulierung dieser Norm folgt inzident, dass sich die Genehmigung nach Satz 1 auf ein **bestimmtes Verwendungsverfahren** und eine **konkrete Betriebsstätte** beziehen muss; denn Bezugspunkt für die Frage der (wesentlichen) Veränderung sind gerade das jeweilige Verfahren bzw. die spezifische Lage der Betriebsstätte (so auch *Fischerhof* Dt. AtomG § 9 Rn. 4; *Haedrich* AtG § 9 Rn. 2).

2. Genehmigungsverfahren (Abs. 2)

4   Die Voraussetzungen für eine Genehmigungsfähigkeit entsprechen denen des § 7 Abs. 2, wobei statt „Errichtung und Betrieb" die „Verwendung" Bezugspunkt ist; auf die dortige Kommentierung kann deshalb verwiesen werden (dazu → § 7 Rn. 34 ff.). Das gilt auch für die Einräumung eines Versagungsermessens („darf nur erteilt werden, wenn ..."); vgl. dazu → § 7 Rn. 36 f.).

§ 9a Verwertung radioaktiver Reststoffe und Beseitigung radioaktiver Abfälle

(1) ¹Wer Anlagen, in denen mit Kernbrennstoffen umgegangen wird, errichtet, betreibt, sonst innehat, wesentlich verändert, stilllegt oder beseitigt, außerhalb solcher Anlagen mit radioaktiven Stoffen umgeht oder Anlagen zur Erzeugung ionisierender Strahlung im Sinne des § 5 Absatz 2 des Strahlenschutzgesetzes betreibt, hat dafür zu sorgen, daß anfallende radioaktive Reststoffe sowie ausgebaute oder abgebaute radioaktive Anlagenteile den in § 1 Nr. 2 bis 4 bezeichneten Zwecken entsprechend schadlos verwertet oder als radioaktive Abfälle geordnet beseitigt werden (direkte Endlagerung); die Pflicht nach Satz 1 erster Halbsatz kann an einen vom Bund mit der Wahrnehmung der Zwischenlagerung beauftragten Dritten nach § 2 Absatz 1 Satz 1 des Entsorgungsübergangsgesetzes übergehen. ²Die Abgabe von aus dem Betrieb von Anlagen zur Spaltung von Kernbrennstoffen zur gewerblichen Erzeugung von Elektrizität stammenden bestrahlten Kernbrennstoffen zur schadlosen Verwertung an eine Anlage zur Aufarbeitung bestrahlter Kernbrennstoffe ist vom 1. Juli 2005 an unzulässig.

(1a) ¹Die Betreiber von Anlagen zur Spaltung von Kernbrennstoffen zur gewerblichen Erzeugung von Elektrizität haben nachzuweisen, dass sie zur Erfüllung ihrer Pflichten nach Absatz 1 für angefallene und in dem unter Berücksichtigung des § 7 Abs. 1a und 1b vorgesehenen Betriebszeitraum noch anfallende bestrahlte Kernbrennstoffe einschließlich der im Falle der Aufarbeitung bestrahlter Kernbrennstoffe zurückzunehmenden radioaktiven Abfälle ausreichende Vorsorge getroffen haben (Entsorgungsvorsorgenachweis). ²Satz 1 gilt nicht, soweit die dort genannten bestrahlten Kernbrennstoffe und radioaktiven Abfälle an den vom Bund mit der Wahrnehmung der Zwischenlagerung beauftragten Dritten nach § 2 Absatz 1 Satz 1 des Entsorgungsübergangsgesetzes abgegeben worden sind. ³Der Nachweis ist jährlich zum 31. Dezember fortzuschreiben und bis spätestens 31. März des darauf folgenden Jahres vorzulegen. ⁴Eine erhebliche Veränderung der der Entsorgungsvorsorge zugrunde liegenden Voraussetzungen ist der zuständigen Behörde unverzüglich mitzuteilen.

(1b) ¹Für die geordnete Beseitigung ist nachzuweisen, dass der sichere Verbleib für bestrahlte Kernbrennstoffe sowie für aus der Aufarbeitung bestrahlter Kernbrennstoffe zurückzunehmende radioaktive Abfälle in Zwischenlagern bis zu deren Ablieferung an eine Anlage zur Endlagerung radioaktiver Abfälle gewährleistet ist. ²Der Nachweis für die Beseitigung bestrahlter Kernbrennstoffe wird durch realistische Planungen über ausreichende, bedarfsgerecht zur Verfügung stehende Zwischenlagermöglichkeiten erbracht. ³Für den nach der realistischen Planung jeweils in den nächsten zwei Jahren bestehenden Zwischenlagerbedarf für bestrahlte Kernbrennstoffe ist nachzuweisen, dass hierfür rechtlich und technisch verfügbare Zwischenlager des Entsorgungspflichtigen oder Dritter bereitstehen. ⁴Der Nachweis für die Beseitigung der aus der Aufarbeitung bestrahlter Kernbrennstoffe zurückzunehmenden radioaktiven Abfälle wird durch realistische Planungen, aus denen sich ergibt, dass zum Zeitpunkt der verbindlich vereinbarten Rücknahme dieser radioaktiven Abfälle ausreichende Zwischenlagermöglichkeiten zur Verfügung stehen werden, erbracht. ⁵Abweichend von Absatz 1a Satz 1 kann die Nachweisführung für die geordnete Beseitigung der aus der Aufarbeitung zurückzunehmenden radioaktiven Abfälle von einem Dritten erbracht werden, wenn die Zwischenlagerung der zurückzunehmenden radioaktiven Abfälle für den Entsorgungspflichtigen durch den Dritten erfolgt. ⁶Neben einer realistischen Planung nach Satz 4 hat der Dritte nachzuweisen, dass der Zwischenlagerbedarf des Entsorgungspflichtigen bedarfsgerecht vertraglich gesichert sein wird. ⁷Für den Fall, dass mehrere Entsorgungspflichtige die Nachweisführung auf denselben Dritten übertragen haben, kann dieser für die Entsorgungspflichtigen einen gemeinsamen Nachweis führen (Sammelnachweis). ⁸Der Sammelnachweis besteht aus einer realistischen Planung nach Satz 4 für den Gesamtzwischenlagerbedarf der Entsorgungspflichtigen sowie der Darlegung, dass dieser bedarfsgerecht vertraglich gesichert sein wird.

(1c) ¹Soweit die nach Absatz 1 Satz 2 zulässige schadlose Verwertung bestrahlter Kernbrennstoffe vorgesehen ist, ist nachzuweisen, dass der Wiedereinsatz des aus der Aufarbeitung gewonnenen und des noch zu gewinnenden Plutoniums in Anlagen zur Spaltung von Kernbrennstoffen zur gewerblichen Erzeugung von Elektrizität gewährleistet ist; dies gilt nicht für Plutonium, das bis zum 31. August 2000 bereits wieder eingesetzt worden ist oder für bereits gewonnenes Plutonium, für das bis zu diesem Zeitpunkt die Nutzungs- und Verbrauchsrechte an Dritte übertragen worden sind. ²Dieser Nachweis ist für den Wiedereinsatz in innerhalb des Geltungsbereichs dieses Gesetzes betriebenen Anlagen zur Spaltung von Kernbrennstoffen zur gewerblichen Erzeugung von Elektrizität erbracht, wenn realistische Planungen für die Aufarbeitung bestrahlter Kernbrennstoffe, für die Fertigung von Brennelementen mit dem aus der Aufarbeitung angefallenen und noch anfallenden Plutonium sowie für den Einsatz dieser Brennelemente vorgelegt werden und wenn die zur Verwirklichung dieser Planung jeweils innerhalb der nächsten zwei Jahre vorgesehenen Maßnahmen durch Vorlage von Verträgen oder Vertragsauszügen oder von entsprechenden Bestätigungen Dritter, die über hierfür geeignete Anlagen verfügen, oder im Falle des Einsatzes der Brennelemente in geeigneten Anlagen des Entsorgungspflichtigen durch die Vorlage der Planung ihres Einsatzes nachgewiesen sind. ³Der Nachweis für den Wiedereinsatz in anderen, innerhalb der Europäischen Union oder der Schweiz betriebenen Anlagen zur Spaltung von Kernbrennstoffen zur gewerblichen Erzeugung von Elektrizität ist erbracht, wenn verbindliche Bestätigungen über die Übertragung von Nutzungs- und Verbrauchsrechten zum Zwecke des Wiedereinsatzes an aus der Aufarbeitung angefallenem Plutonium vorgelegt werden.

(1 d) ¹Für das aus der Aufarbeitung von bestrahlten Kernbrennstoffen gewonnene Uran haben die Entsorgungspflichtigen den sicheren Verbleib durch realistische Planungen über ausreichende, bedarfsgerecht zur Verfügung stehende Zwischenlagermöglichkeiten nachzuweisen. ²Absatz 1b Satz 3 gilt entsprechend. ³Sobald das zwischengelagerte Uran aus der Zwischenlagerung verbracht werden soll, ist dies, einschließlich des geplanten Entsorgungsweges zur Erfüllung der Pflichten nach Absatz 1, der zuständigen Behörde mitzuteilen.

(1 e) Absatz 1 a gilt entsprechend für Betreiber von Anlagen zur Spaltung von Kernbrennstoffen zu Forschungszwecken.

(2) ¹Wer radioaktive Abfälle besitzt, hat diese an eine Anlage nach Absatz 3 abzuliefern. ²Dies gilt nicht, soweit Abweichendes nach Satz 3 oder durch eine auf Grund dieses Gesetzes erlassene Rechtsverordnung bestimmt oder auf Grund dieses Gesetzes oder einer solchen Rechtsverordnung angeordnet oder genehmigt oder in einem öffentlich-rechtlichen Vertrag vereinbart worden ist. ³Der Betreiber einer Anlage zur Spaltung von Kernbrennstoffen zur gewerblichen Erzeugung von Elektrizität hat dafür zu sorgen, dass ein Zwischenlager nach § 6 Abs. 1 und 3 innerhalb des abgeschlossenen Geländes der Anlage oder nach § 6 Abs. 1 in der Nähe der Anlage errichtet wird (standortnahes Zwischenlager) und die anfallenden bestrahlten Kernbrennstoffe bis zu deren Ablieferung an eine Anlage zur Endlagerung radioaktiver Abfälle dort aufbewahrt werden. ⁴§ 2 des Entsorgungsübergangsgesetzes bleibt unberührt.

(2a) ¹Der Betreiber von Anlagen zur Spaltung von Kernbrennstoffen zur gewerblichen Erzeugung von Elektrizität hat auch dafür zu sorgen, dass die aus der Aufarbeitung bestrahlter Kernbrennstoffe im Ausland stammenden verfestigten Spaltproduktlösungen zurückgenommen und in standortnahen Zwischenlagern nach Absatz 2 Satz 3 bis zu deren Ablieferung an eine Anlage zur Endlagerung radioaktiver Abfälle aufbewahrt werden. ²Die Möglichkeit der Abgabe der radioaktiven Abfälle an den vom Bund mit der Wahrnehmung der Zwischenlagerung beauftragten Dritten nach § 2 Absatz 1 Satz 1 des Entsorgungsübergangsgesetzes bleibt unberührt.

(3) ¹Die Länder haben Landessammelstellen für die Zwischenlagerung der in ihrem Gebiet angefallenen radioaktiven Abfälle, der Bund hat Anlagen zur Sicherstellung und zur Endlagerung radioaktiver Abfälle einzurichten; § 24 der Bundeshaushaltsordnung findet für Anlagen zur End-

lagerung radioaktiver Abfälle keine Anwendung. ²Die Länder können sich zur Erfüllung ihrer Pflichten Dritter bedienen; der Bund hat die Wahrnehmung seiner Aufgaben einem Dritten zu übertragen, der in privater Rechtsform zu organisieren und dessen alleiniger Gesellschafter der Bund ist. ³Der Bund überträgt diesem Dritten die hierfür erforderlichen hoheitlichen Befugnisse im Weg der Beleihung; insoweit untersteht der Dritte der Aufsicht des Bundes. ⁴Der mit der Wahrnehmung der Aufgaben betraute Dritte nimmt die sich daraus ergebenden Pflichten grundsätzlich selbst wahr. ⁵Das Bundesministerium für Umwelt, Naturschutz und nukleare Sicherheit ist zuständig für die Aufgaben nach Satz 2 zweiter Halbsatz sowie nach Satz 3. ⁶Der Dritte nach Satz 3 kann für die Benutzung von Anlagen zur Sicherstellung und Endlagerung anstelle von Kosten ein Entgelt erheben. ⁷Soweit die Aufgabenwahrnehmung nach Satz 3 übertragen wird, gelten die nach § 21b erhobenen Beiträge, die nach der auf Grund des § 21b Abs. 3 erlassenen Rechtsverordnung erhobenen Vorausleistungen sowie die von den Landessammelstellen nach § 21a Abs. 2 Satz 9 abgeführten Beträge als Leistungen, die dem Dritten gegenüber erbracht worden sind. ⁸Eine Verantwortlichkeit des Bundes für Amtspflichtverletzungen anstelle des Dritten nach Satz 3 besteht nicht; zur Deckung von Schäden aus Amtspflichtverletzungen hat der Dritte eine ausreichende Haftpflichtversicherung abzuschließen. ⁹§ 25 bleibt unberührt. ¹⁰Soweit die Aufgabenwahrnehmung vom Bund auf den Dritten nach Satz 2 übertragen wird, stellt der Bund diesen von Schadensersatzverpflichtungen nach § 25 bis zur Höhe von 2,5 Milliarden Euro frei. ¹¹Über Widersprüche gegen Verwaltungsakte, die von dem Dritten nach Satz 3 erlassen worden sind, entscheidet die Aufsichtsbehörde.

Übersicht

	Rn.
I. Aufgabenträger der Entsorgung	1
II. Entwicklung des Entsorgungssystems	2
1. Rechtslage vor der 4. Novelle zum AtG	2
2. Pflicht zur schadlosen Verwertung	3
3. Beendigung der Wiederaufarbeitung	4
4. Regelung des Entsorgungsvorsorgenachweises	5
5. Organisation der Endlagerbereitstellung	7
6. Neue Standortsuche und Institutionen	10
7. Entsorgungsfonds und Verstaatlichung der Zwischenlagerung	11
III. Pflichten der Abfallverursacher	12
1. Sorgepflicht (Abs. 1 S. 1 und 2)	12
2. Verbot der Wiederaufarbeitung (Abs. 1 S. 2)	16
3. Entsorgungsvorsorgenachweis	18
a) Allgemeine Verpflichtung (Abs. 1a)	18
b) Beseitigungsnachweis für Kernbrennstoffe und Wiederaufarbeitungsabfälle (Abs. 1b)	21
c) Verwertungsnachweis für Plutonium (Abs. 1c)	24
d) Verbleibsnachweis für wiederaufgearbeitetes Uran (Abs. 1d)	26
e) Nachweispflicht für Forschungsreaktoren (Abs. 1e)	28
4. Ablieferungspflicht für radioaktive Abfälle (Abs. 2 S. 1 und 2)	29
5. Standortnahe Zwischenlagerung abgebrannter Brennelemente (Abs. 2 S. 3 und 4)	30

	Rn.
6. Standortnahe Zwischenlagerung verglaster Wiederaufarbeitungsabfälle (Abs. 2a)	34
IV. Pflichten der Länder	36
1. Einrichtung von Landessammelstellen (Abs. 3 S. 1 Hs. 1)	36
2. Kosten der Landessammelstellen	37
V. Pflichten des Bundes	38
1. Endlagerung als Staatsaufgabe (Abs. 3 S. 1 Hs. 2)	38
2. Aufgabe des Bundes (Abs. 3 S. 1 Hs. 2)	39
3. Aufgabenträger (Abs. 3 S. 2 Hs. 2, S. 4 und 5)	40
4. Beleihung der BGE (Abs. 3 S. 3)	43
5. Zulassungsverfahren	45
6. Anlagen zur Sicherstellung radioaktiver Abfälle (Abs. 3 S. 1 Hs. 2)	46
7. Aufsicht über die Endlagerung (Abs. 3 S. 3 Hs. 2, S. 11)	47
8. Haftung des Dritten (Abs. 3 S. 8–10)	49
a) Gefährdungshaftung nach § 25 für nukleare Schäden (Abs. 3 S. 9–10)	49
b) Haftung für Amtspflichtverletzungen (Abs. 3 S. 8)	50

Literatur: *Albin/Leuschner,* Aufsicht im Endlagerbereich – Eine neue Sicherheitsarchitektur, ZUR 2018, 515; *Huber,* Entsorgung als Staatsaufgabe und Betreiberpflicht, in Ossenbühl, Deutscher Atomrechtstag 2000, 149; *Rengeling,* Organisation der Endlagerung unter besonderer Berücksichtigung der Möglichkeit der Beleihung, DVBl. 2008, 1141.

I. Aufgabenträger der Entsorgung

1   § 9a regelt die **Aufgabenverteilung** in der nuklearen Entsorgung zwischen den Abfallerzeugern einerseits und dem Staat, aufgeteilt auf Bund und Länder andererseits. Das Ziel der Norm ist ein lückenloses System, das den unkontrollierten Verbleib von radioaktiven Reststoffen und Abfällen ausschließt. Die Verantwortlichen für die Erzeugung radioaktiver Stoffe treffen als Verursacher Sorge-, Nachweis-, Zwischenlagerungs- und Ablieferungspflichten sowie das Verbot der Wiederaufarbeitung. Die Zwischenlagerung von Abfällen aus Kernkraftwerken, insbesondere von abgebrannten Brennelementen, ist zunächst Aufgabe der Betreiber als Verursacher und geht dann auf den Bund über. Radioaktive Abfälle aus sonstigen Anwendungen, insbesondere Forschung, Medizin und Technik sind an die von den Ländern einzurichtenden Landessammelstellen abzuliefern. Der Bund hat die Pflicht, die erforderlichen Endlager zu errichten. Für die Finanzierung der Landessammelstellen, Zwischen- und Endlager haben die Abfallverursacher aufzukommen. Die Kernkraftwerksbetreiber konnten sich durch eine Einzahlung in den Entsorgungsfonds des Bundes von der weiteren Finanzierungspflicht befreien (→ Einf. Rn. 49).

II. Entwicklung des Entsorgungssystems

1. Rechtslage vor der 4. Novelle zum AtG

2   § 9a wurde zusammen mit §§ 9b und 9c erst mit der **4. Novelle zum Atomgesetz vom 30. 8. 1976** (BGBl I 2573) in das AtG eingefügt (→ Einf. Rn. 10). Zuvor galten lediglich die Bestimmungen der 1. Strahlenschutzverordnung vom 24. 6. 1960 (StrlSchV 1960, BGBl I 430) für die geordnete Beseitigung sonstiger ra-

Reststoffverwertung und Abfallbeseitigung § 9a AtG

dioaktive Stoffe. Gesetzliche Reglungen für abgebrannte Brennelemente gab es bis dahin nicht. Insoweit bestand ein Regelungserfordernis (*Fischerhof* Dt. AtomG I, 1. Aufl. 1962, § 9a Anm. 1). Gemäß § 42 StrlSchV 1960 waren sonstige radioaktive Stoffe, mit denen nach § 3 StrlSchV 1960 umgegangen worden war oder deren Umgang nach § 8 StrlSchV 1960 nicht der Genehmigung bedurfte, an eine von den Ländern zu bestimmende Stelle abzuliefern oder in einer durch Genehmigung nach § 3 zugelassenen Weise sicherzustellen oder zu beseitigen. Nähere Bestimmungen zur Art der Beseitigung enthielt die Verordnung nicht. Die Überzeugung, dass die „Beseitigung" durch **Endlagerung in tiefen geologischen Formationen** erfolgen müsse, setzte sich erst im Laufe der Zeit durch (vgl. Entsorgungskonzept der Bundesregierung, BT-Drs. 7/3871, 17 vom 16.7.1975). Vom Jahr 1965 an wurden zunächst versuchsweise in der Schachtanlage Asse II auf der Grundlage einer Genehmigung nach § 3 StrlSchV 1960 in Verbindung mit den bergrechtlichen Bestimmungen Abfälle eingelagert (vgl. § 57b). In begrenztem Umfang wurden Mitte der 1960er Jahre auch Abfälle aus Deutschland auf See versenkt.

2. Pflicht zur schadlosen Verwertung

Zunächst bestand nach § 9a eine **Pflicht zur schadlosen Verwertung** der an- 3
gefallenen radioaktiven Reststoffe, die Vorrang vor der geordneten Beseitigung hatte. Eine Ausnahme von dieser Verpflichtung sollte nur möglich sein, soweit die Verwertung technisch nicht möglich, wirtschaftlich nicht vertretbar oder mit den Zwecken des AtG nicht vereinbar war (§ 9a Abs. 1 Nr. 2 in der bis 1994 geltenden Fassung). In der Praxis bedeutete dies vor allem eine Pflicht zur **Wiederaufarbeitung** der abgebrannten Brennelemente aus Kraftwerken. Die zunächst in Gorleben, später in **Wackersdorf** geplante Wiederaufarbeitungsanlage wurde jedoch vor allem wegen politischer Widerstände nicht realisiert. Die Kernkraftwerksbetreiber schlossen stattdessen Verträge mit französischen und britischen Wiederaufarbeitungsanlagen. Die Bundesregierung flankierte diese Verträge völkerrechtlich durch Notenwechsel mit der französischen und britischen Regierung. Die Abfälle aus der Wiederaufarbeitung waren von Deutschland zurückzunehmen. Da der ursprünglich geplante schnelle Brutreaktor in Kalkar ebenfalls nicht fertiggestellt wurde, wurde das gewonnene Plutonium zu Mischoxid-Brennelementen verarbeitet und vorwiegend in deutschen Kernkraftwerken eingesetzt,

3. Beendigung der Wiederaufarbeitung

Aber auch gegen die Wiederaufarbeitung im Ausland gab es im Hinblick auf 4
eine „Plutoniumwirtschaft" zunehmenden Widerstand. Bei den ersten **Energiekonsensgesprächen** zwischen den Parteien von 1990 bis 1994 (*Hennenhöfer* in PSM Einführung S. 5) wurde ein Verbot der Wiederaufarbeitung gefordert. Ein förmlicher Konsens kam zwar nicht zustande, mit der 7. Novelle zum Atomgesetz vom 19.7.1994 (→ Einf. Rn. 23) wurde gleichwohl der Vorrang der schadlosen Verwertung gegenüber der geordneten Beseitigung abgeschafft. Die Betreiber hatten nunmehr die **Wahl zwischen der Wiederaufarbeitung und der direkten Endlagerung** der Brennelemente, die allerdings zunächst den Transport in ein zentrales Zwischenlager in Ahaus oder Gorleben erforderte. Im Zuge der Ausstiegsvereinbarung zwischen der Bundesregierung und den Energieversorgungsunternehmen vom 11.6.2000 (→ Einf. Rn. 28) verständigte man sich auf eine **Beendigung der Wiederaufarbeitung.** Mit dem Gesetz zur Umsetzung dieser

Vereinbarung vom 25.7.2002 (→ Einf. Rn. 29) wurde die Abgabe von bestrahlten Kernbrennstoffen an eine Anlage zur Wiederaufarbeitung vom 1.7.2005 an verboten (§ 9a Abs. 1 S. 2).

4. Regelung des Entsorgungsvorsorgenachweises

5   Mit der Ausstiegsnovelle vom 25.7.2002 wurde erstmals der **Entsorgungsvorsorgenachweis** gesetzlich geregelt. Bis dahin wurde er zunächst als gesetzlich nicht geregelte Genehmigungsvoraussetzung, später als Handlungspflicht des Betreibers, deren Erfüllung im Rahmen des Versagungsermessens bei Genehmigungen nach § 7 zu berücksichtigen war, angesehen (BHR EnergieR I Rn. 979; *Haedrich* AtG § 9a Rn. 52, 53). Der Nachweis war nach den Grundsätzen für die Entsorgungsvorsorge für Kernkraftwerke vom 19.3.1980 (Bundesanzeiger 1980, Nr. 58) zu erbringen, deren Rechtscharakter umstritten war (*Haedrich* AtG § 9a Rn. 28ff.). Überwiegend wurden sie als allgemeine Weisung iSd Art. 85 Abs. 3 GG angesehen (BHR EnergieR I Rn. 995, 964). Nach den Grundsätzen mussten Kraftwerksbetreiber Fortschritte bei den Projekten zur Errichtung von Endlagern darlegen, obwohl sie keinen direkten Einfluss auf die vom Bund betriebenen Vorhaben hatten.

6   Mit § 9a Abs. 1a und b wurde der **Entsorgungsvorsorgenachweis auf die Zwischenlagerung** der radioaktiven Abfälle und des abgetrennten Urans **beschränkt**. Es sind jeweils verfügbare Zwischenlager bzw. realistische Planungen für entsprechende Kapazitäten nachzuweisen. Gemäß Abs. 1b ist nachzuweisen, dass der Wiedereinsatz des aus der Wiederaufarbeitung gewonnenen Plutoniums in Kernkraftwerken gewährleistet ist. Nach Abs. 1c ist der Entsorgungsvorsorgenachweis auch für Forschungsreaktoren zu erbringen. Außerdem wurde mit Abs. 2a eine gesonderte Rücknahmeverpflichtung für verfestigte Spaltproduktlösungen aus der Wiederaufarbeitung eingeführt.

5. Organisation der Endlagerbereitstellung

7   Die Regelungen zur Organisation der Endlagerbereitstellung haben im Laufe der Jahre ebenfalls eine erhebliche Umgestaltung erfahren. Die Endlagerung wurde wegen ihres säkularen Charakters in Deutschland stets als **staatliche Aufgabe** angesehen und dem Bund zugewiesen, der sich zur Erfüllung dieser Verpflichtung eines privaten „Dritten" als **Verwaltungshelfer** bedienen konnte. Man wollte damit in hoheitlicher Form agieren und zugleich die unterstellte Effizienz der Privatwirtschaft nutzen. In anderen europäischen Staaten sind teilweise auch von den Betreibern gebildete Organisationen verantwortlich (zB in Schweden: SKB AB, Finnland: Posiva Oy, Schweiz: NAGRA (Genossenschaft mit staatlicher Beteiligung) (*Endlagerkommission,* Abschlussbericht vom Juni 2016, 190ff.).

8   Für den Bund war zunächst die Physikalisch Technische Bundesanstalt (PTB) mit der Aufgabe betraut, später trat an ihre Stelle das **Bundesamt für Strahlenschutz (BfS)**. Mit der praktischen Umsetzung der Aufgabe wurde die privatrechtlich organisierte **„Deutsche Gesellschaft für den Bau und Betrieb von Endlagern für Abfallstoffe mbH (DBE)"** auf der Basis eines Rahmenvertrages beauftragt. Gesellschafter dieses Unternehmens waren zunächst bundeseigene Gesellschaften, die aber im Laufe der Zeit privatisiert wurden. Um eine Kontrolle der DBE durch ausschließlich kommerziell interessierte private Investoren zu verhindern, wurden die entsprechenden Gesellschaftsanteile mit Zustimmung des Bundesumweltministeriums von den Kernkraftwerksbetreibern erworben.

Reststoffverwertung und Abfallbeseitigung **§ 9a AtG**

Nach den abermals gescheiterten Energiekonsensgesprächen wurde 1998 im Gesetz die Möglichkeit geschaffen, den **Dritten** mit hoheitlichen Aufgaben zu beauftragen, also zu **beleihen**. Der DBE sollte zur Straffung der Strukturen und zur Vermeidung von Doppelarbeit die selbstständige Aufgabenerfüllung ermöglicht werden, das BfS dagegen als Aufsichtsbehörde agieren und so eine **Trennung** zwischen Endlagerbetreiber und Aufsicht verwirklicht werden. Alternativ wurde die Möglichkeit vorgesehen, die Endlageraufgaben durch einen von den Kraftwerksbetreibern zu bildenden öffentlich-rechtlichen **Entsorgungsverband** wahrnehmen zu lassen. Die Möglichkeit eines Entsorgungsverbandes wurde mit der Ausstiegsnovelle wieder gestrichen, die Beleihung erst 2017 verwirklicht. 9

6. Neue Standortsuche und Institutionen

Nach dem Kernenergieausstieg kam es auch zu einer politischen Verständigung über einen **Neubeginn bei der Standortsuche** für ein Endlager (Standortauswahlgesetz vom 23.7.2013, BGBl. I 2553; vgl. *Hennenhöfer* FS Dolde, 2014, 209). Nach einer Evaluierung durch die **"Kommission Lagerung hoch radioaktiver Abfälle"** wurde es durch Gesetz vom 5.5.2017 (BGBl. I 1074) neu gefasst (zur Historie: *Wollenteit* in NK-AtomR StandAG Rn. 1 ff.). Das **Standortauswahlgesetz** brachte auch eine Neuorganisation der verantwortlichen Institutionen mit sich. Durch das Gesetz zur **Neuordnung der Organisationsstruktur** im Bereich der Endlagerung vom 26.7.2016 (BGBl. I 1843) und das Gesetz zur Neuordnung der Verantwortung in der kerntechnischen Entsorgung (BGBl. I 1676) wurde der Bund verpflichtet, die Endlageraufgaben einem privatrechtlich zu organisierenden, im ausschließlichen Eigentum des Bundes stehenden **Dritten** zu übertragen und ihm die erforderlichen hoheitlichen Befugnisse durch **Beleihung** zu übertragen (§ 9a Abs. 3 S. 2 und 3). Als Folge dieser gesetzlichen Anordnung kam es zum Erwerb der Gesellschafteranteile der DBE durch den Bund und zur Zusammenführung mit der Asse GmbH sowie Teilen des früheren BfS in einer neuen **Bundesgesellschaft für Endlagerung mbH (BGE)**. Zugleich wurde eine neue Aufsichtsbehörde für die Entsorgung zunächst als „Bundesamt für kerntechnische Entsorgungssicherheit" (BfE), heute **„Bundesamt für die Sicherheit der nuklearen Entsorgung" (BASE)** geschaffen (§ 23d). 10

7. Entsorgungsfonds und Verstaatlichung der Zwischenlagerung

Nach dem Kernenergieausstieg und den nachfolgenden Veränderungen im Energiesektor kamen Sorgen auf, dass die vier Unternehmen, die Kernkraftwerke betrieben, mit ihren auf handelsrechtlicher Grundlage gebildeten Rückstellungen den Rückbau der Anlagen auf die Dauer nicht mehr finanzieren könnten. Gemäß den Empfehlungen einer 2015 eingesetzten **„Kommission zur Überprüfung der Finanzierung des Kernenergieausstiegs (KFK)"** wurde mit Gesetz vom 27.1.2017 ein **öffentlich-rechtlicher Fonds** geschaffen, in den – flankiert durch einen öffentlich-rechtlichen Vertrag zwischen dem Bund und den Unternehmen – die von ihnen gebildeten Rückstellungen für die Endlagerung nebst einem zusätzlichen Risikozuschlag eingebracht wurden (KFK Abschlussbericht). Durch die Zahlung dieses Betrages an den Fond, der dem damaligen Barwert der vom Bundesamt für Strahlenschutz geschätzten voraussichtlichen Endlagerkosten entsprach, wurden sie dauerhaft von der Verpflichtung zur **Finanzierung der Endlager** befreit. Die Verpflichtung zum Rückbau der Kraftwerke und die dafür gebildeten 11

Rückstellungen blieben hingegen bei den Unternehmen. Mit der Übertragung der Endlagermittel erhielten sie gleichzeitig die Möglichkeit, die bei ihnen durch den Rückbau anfallenden schwach- und mittelaktiven Abfälle sowie die abgebrannten Brennelemente an den Bund abzuliefern. Dieser hat hierfür eine bundeseigene **Gesellschaft für Zwischenlagerung mbH (BGZ)** eingerichtet. Mit der Übergabe der Abfälle an die BGZ gehen auch die Sorge- und Nachweispflichten des § 9a auf die BGZ über.

III. Pflichten der Abfallverursacher

1. Sorgepflicht (Abs. 1 S. 1 und 2)

12   § 9a Abs. 1 statuiert eine **Sorgepflicht der Verursacher** für den Anfall radioaktiver Stoffe. Verursacher sind Verantwortliche für Anlagen, in denen mit Kernbrennstoffen umgegangen oder ionisierende Strahlung erzeugt wird oder Personen, die außerhalb solcher Anlagen mit radioaktiven Stoffen umgehen. Der Begriff der Anlagen ist weit zu verstehen, er ist nicht auf Kernspaltungsanlagen nach § 7 beschränkt, sondern betrifft auch Örtlichkeiten, an denen mit Kernbrennstoffen umgegangen wird (*Haedrich* AtG § 9a Rn. 10). Nach dem EntsÜG können die Kernkraftwerksbetreiber radioaktive Abfälle an einen vom Bund mit der Wahrnehmung der Zwischenlagerung beauftragten Dritten abgegeben. Mit der Abgabe geht die Sorgepflicht auf den Dritten über.

13   Die Sorgepflicht ist darauf gerichtet, radioaktive Stoffe, die **schadlos verwertbar sind (Reststoffe)** oder radioaktive Anlagenteile entweder dem Wirtschaftskreislauf zuzuführen oder als **radioaktive Abfälle** durch Ablieferung zur direkten Endlagerung geordnet zu beseitigen. Als schadlos ist die Verwertung anzusehen, wenn die Zwecke des § 1 Nr. 2–4, insbesondere die Grenzwerte des Strahlenschutzrechts, eingehalten werden. Außerdem sind alle sonstigen öffentlich-rechtlichen Bestimmungen, zB des Gefahrstoffrechts, zu beachten.

14   Ist eine schadlose Verwertung möglich, handelt es sich also zunächst um Reststoffe, hat der Verursacher ein **Wahlrecht** (BHR EnergieR I Rn. 972); der frühere Vorrang der schadlosen Verwertung, der vor allem auf die Wiederaufarbeitung abgebrannter Brennelemente und damit auf einen geschlossenen Brennstoffkreislauf zielte, wurde durch die 8. Novelle (→ Einf. Rn. 23) aufgehoben. Es besteht keine Verwertungspflicht mehr. Der atomrechtliche **Abfallbegriff** ist nunmehr subjektiver Natur, die frühere Diskussion über die Zumutbarkeit und Grenzen der Verwertungspflicht überholt (Überblick bei *Haedrich* AtG § 9a Rn. 12). Die Entscheidung, ob radioaktive Stoffe als Reststoffe oder Abfälle zu entsorgen sind, hängt allein von ihrer Bestimmung durch den Verursacher ab. Solange der Verursacher die schadlose Verwertung beabsichtigt oder noch keine Entscheidung getroffen hat, kann er die Stoffe in geeigneter Weise verwahren. Es genügt, dass die Schadlosigkeit der Verwertung grundsätzlich technisch machbar ist, wirtschaftliche Aspekte sind nicht maßgeblich. Erst nach der Bestimmung der Stoffe zum Abfall durch den Verursacher oder Besitzer greift die **Ablieferungspflicht** bzw. die Annahmepflicht des Staates nach Abs. 2 S. 1. Die dafür anfallenden Beiträge und Gebühren dürften eine unangemessene Ausübung des Wahlrechts durch eine übermäßige Nutzung der Endlager ausschließen.

15   Die Sorgepflicht besteht zum Wohle der Allgemeinheit, sie ist **nicht drittschützend** (*Müller-Dehn* in PSM § 9a Rn. 186; *Haedrich* AtG § 9a Rn. 53).

2. Verbot der Wiederaufarbeitung (Abs. 1 S. 2)

Abs. 1 S. 2 verbietet seit dem 1.7.2005 die Verbringung von abgebrannten 16 Brennelementen aus Kernkraftwerken in Wiederaufarbeitungsanlagen. Der Wiederaufarbeitungsvorgang selbst ist davon nicht betroffen, der Stichtag betraf lediglich den Abtransport. Damit blieb gewährleistet, dass bereits in die ausländischen Wiederaufarbeitungsanlagen verbrachte Kernbrennstoffe noch aufgearbeitet werden konnten. Das **Verbot** ist eine Folge einer politischen Kontroverse um die Gefahren einer „Plutoniumwirtschaft". Die Regelung bezieht sich nur auf **Brennelemente aus Kernkraftwerken,** Forschungsreaktoren sind davon im Hinblick auf die vergleichsweise geringen Mengen der dort eingesetzten Kernbrennstoffe und ihre besonderen Eigenschaften unberührt. Im Zuge der Novellierung des Standortauswahlgesetzes durch Gesetz vom 5.5.2017 (→ Einf. Rn. 46) wurde jedoch die Ausfuhr von Brennelementen aus Forschungsreaktoren weitgehend verboten. Im Ergebnis ist daher die Rechtslage für Brennelemente aus Forschungsreaktoren kaum anders als die für Brennelemente aus Kernkraftwerken.

Das Verbot war Gegenstand der **Ausstiegsvereinbarung** zwischen den Energie- 17 versorgungsunternehmen und der Bundesregierung im Jahr 2001. Die Unternehmen erhofften sich ungeachtet der Schwierigkeit, Transporte zu den zentralen Zwischenlagern durchzusetzen, Kostenvorteile durch einen Verzicht auf die Wiederaufarbeitung. Infolge des Einvernehmens kam es nicht zu einer gerichtlichen Klärung der vielfältig gegen das Wiederaufarbeitungsverbot vorgebrachten **rechtlichen Bedenken** (siehe die Übersicht bei *Müller-Dehn* in PSM § 9a Rn. 197ff.; *John,* Rechtsfragen der Beendigung der Wiederaufarbeitung abgebrannter Brennelemente, 2005). Die Bedenken gründeten sich verfassungsrechtlich auf einen unzulässigen Eingriff in das Eigentumsrecht und die Berufsfreiheit. Insoweit dürften sie durch die Erwägungen in der Entscheidung des Bundesverfassungsgerichts vom 6.12.2016 (BVerfGE 143, 246 = NJW 2017, 217) zum Kernenergieausstieg überholt sein. Europarechtlich wurde ein Verstoß gegen Art. 93 EAGV wegen verbotener Ausfuhrhindernisse gerügt. Darüber hinaus wurde ein Verstoß gegen die Warenverkehrsfreiheit (Art. 28 EGV) oder die Dienstleistungsfreiheit (Art. 49 EGV) befürchtet. Schließlich wurde die Auffassung vertreten, das Verbot verstoße gegen die in den Noten mit Frankreich und Großbritannien völkerrechtlich vereinbarte Gewährleistung der Wiederaufarbeitungsverträge.

3. Entsorgungsvorsorgenachweis

a) Allgemeine Verpflichtung (Abs. 1a). Gemäß § 9a Abs. 1a haben die Be- 18 treiber von Kernkraftwerken die Verpflichtung, kontinuierlich nachzuweisen, wie sie in der verbleibenden Betriebszeit der Anlagen ihrer Sorgepflicht nach Abs. 1 nachkommen wollen. Die **Nachweispflicht** besteht für bereits angefallene und zukünftig innerhalb der vom Betreiber noch vorgesehenen und gesetzlich zulässigen Restbetriebszeit anfallende bestrahlte Kernbrennstoffe sowie für radioaktive Abfälle aus der Wiederaufarbeitung. Absatz 1b konkretisiert die Nachweispflicht für **Kernbrennstoffe** sowie radioaktive Abfälle aus der Wiederaufarbeitung; die Abs. 1c und 1d den Nachweis für die **Verwertung von Plutonium** sowie für den Verbleib von wiederaufgearbeitetem **Uran.** Diese Regelungen sind abschließend. Für andere als in Abs. 1b–1d genannten Stoffe, wie zB für radioaktiv belastete Rückbaumaterialien besteht angesichts ihrer geringeren radiologischen Bedeutung kein Bedarf für entsprechende Nachweise. Daher ist die auf Betreiber von Kraftwerken und Forschungsreaktoren (Abs. 1 e) und auf besonders relevante Stoffe beschränkte Nachweispflicht nicht deckungsgleich mit der umfassenden materiellen Sorgepflicht nach Abs. 1 (*John* in KHR UmweltR-HdB § 10 Rn. 13). Zeitlich ist sie jedoch weitgehender, da sie auf die Vorsorge für zukünftig anfallende Stoffe gerichtet ist (*Müller-Dehn* in PSM § 9a Abs. 1a Rn. 220). Die Nachweise sind gegenüber der zuständigen Aufsichtsbehörde gem. § 19 zu erbringen.

19   Mit Abs. 1a–c wurde der **Entsorgungsvorsorgenachweis** erstmals **gesetzlich geregelt.** Die Regelung war Gegenstand der Gespräche zwischen dem Bund und den Energieversorgungsunternehmen zur Konsensvereinbarung 2001. Einzelheiten wurden in einer Arbeitsgruppe geklärt (*Müller-Dehn* in PSM § 9a Abs. 1a Rn. 219). Vor Einführung der Abs. 1a–c waren die Betreiber von Kernkraftwerken im Rahmen von Genehmigungsauflagen zu Nachweisen gemäß den „Grundsätzen zur Entsorgungsvorsorge für Kernkraftwerke vom 19.3.1980" (BAnz. 1990, 58) verpflichtet (→ Rn. 5). Der Nachweis wurde nunmehr auf die **Verfügbarkeit von Zwischenlagern** beschränkt. Dies war insofern konsequent, als die Bereitstellung von Endlagern in der Sphäre des Bundes liegt und von den Nachweispflichtigen kaum beeinflusst werden konnte. Der Bund entledigte sich zugleich denkbarer Entschädigungsrisiken für den Fall schuldhafter Verzögerung der Endlagervorhaben. Außerdem verschaffte er sich zeitlichen Spielraum, um nach anderen Entsorgungslösungen zu suchen. In der Konsensvereinbarung wurde ein „Gorleben-Moratorium" verabredet, eine drei- bis zehnjährige Unterbrechung der Erkundungsarbeiten, während der konzeptionelle Fragen geklärt werden sollten (Erklärung des Bundes zur Erkundung des Salzstockes Gorleben, abgedruckt bei PSM Anhang 2 Anlage 4, S. 2979). Entsorgungspolitisch könnte es allerdings als Nachteil gewertet werden, dass durch die Beschränkung der Nachweispflicht auf die Zwischenlagerung die Notwendigkeit einer zeitnahen Lösung des Endlagerproblems gemindert wurde.

20   Die auf das **Jahresende** abzustellenden Nachweise sind jeweils bis zum 31.3. des Folgejahres vorzulegen. **Erhebliche Veränderungen** bedürfen der unverzüglichen Mitteilung an die Behörde. Erheblich sind über die in der Gesetzesbegründung erwähnte Änderung des Entsorgungspfades hinausgehend Veränderungen, die die Planung insgesamt berühren (*Müller-Dehn* in PSM § 9a Abs. 1a Rn. 222). Die **Nachweispflicht entfällt,** sobald die abgebrannten Brennelemente und radioaktiven Abfälle an den bundeseigenen Zwischenlagerbetreiber abgegeben worden sind, da die Sorgepflicht damit auf die BGZ übergegangen ist (Abs. 1 S. 1 Hs. 2).

21   **b) Beseitigungsnachweis für Kernbrennstoffe und Wiederaufarbeitungsabfälle (Abs. 1 b).** Gemäß § 9a Abs. 1b haben die Betreiber die geordnete Beseitigung von abgebrannten Brennelementen und zurückzuführenden Wiederaufarbeitungsabfällen durch die **Darlegung ausreichender,** bis zum Zeitpunkt der Ablieferung an ein Endlager zur Verfügung stehender **Zwischenlagerkapazitäten** nachzuweisen. Die Vorschrift wurde im Zusammenhang mit der Umstellung von zentralen Zwischenlagern (Gorleben und Ahaus) auf dezentrale Standortlager eingeführt. Sie hat durch die Errichtung der Zwischenlager, die die zwischenzeitlich zur Überbrückung an den Kraftwerksstandorten eingerichteten Interimslager abgelöst haben, sowie durch deren Übergang auf die BGZ an Bedeutung verloren.

22   Für den Nachweis sind realistische Planungen für insgesamt ausreichende, zum **Bedarfszeitpunkt** verfügbare Zwischenlager des Betreibers oder eines Dritten erforderlich. Für die jeweils nächsten zwei Jahre ist die **tatsächliche Verfügbarkeit** im Voraus zu belegen. Die Planung ist realistisch, wenn die Zwischenlager bei einer zu unterstellenden einfachen, zügigen und zweckmäßigen Durchfüh-

rung des Genehmigungsverfahrens bedarfsgerecht zur Verfügung stehen (BT-Drs. 14/6890, 23).

Für radioaktive Abfälle, die aus der Wiederaufarbeitung im Ausland zurück- 23 zunehmen sind, müssen die Zwischenlagerkapazitäten zu dem mit dem Wiederaufarbeitungsunternehmen vereinbarten **Rücknahmetermin** verfügbar sein. Der Nachweis kann in diesem Fall auch von einem Dritten, zum Beispiel einem Serviceunternehmen, ggf. **für mehrere Kraftwerksbetreiber gemeinsam,** erbracht werden. Hintergrund dieser Regelung war das mit der Vereinbarung der Energieversorgungsunternehmen mit der Bundesregierung 2001 verfolgte Konzept, die Wiederaufarbeitungsabfälle in die zentral betriebenen Zwischenlager Gorleben und Ahaus zu bringen. Der Dritte muss in diesem Fall auch den Nachweis erbringen, dass der Zwischenlagerbedarf der jeweiligen Kraftwerksbetreiber in dem zentralen Zwischenlager vertraglich gesichert ist.

c) Verwertungsnachweis für Plutonium (Abs. 1 c). Für das bei der Wieder- 24 aufarbeitung gewonnene **Plutonium ist die vollständige Verwertung** durch den Wiedereinsatz mittels **Mischoxid-Brennelementen** („MOX") in Kernkraftwerken nachzuweisen (BT Drs.14/6890, 23). Der Nachweis erfordert **realistische Planungen** für die Fertigung dieser Brennelemente sowie ihren Einsatz. Für die jeweils nächsten zwei Jahre sind konkrete Verträge, Bestätigungen Dritter oder Einsatzpläne erforderlich. Die inzwischen abgeschlossene Verwertung konnte nur in Kernkraftwerken innerhalb der Europäischen Union und der Schweiz nachgewiesen werden, die Verwendung zu anderen, etwa militärischen Zwecken oder im außereuropäischen Ausland war damit ausgeschlossen.

Zweck der Vorschrift, ist es vor allem, sicherzustellen, dass bei Beendigung 25 der Kernenergienutzung **kein** aus der Wiederaufarbeitung stammendes, reines **Plutonium verbleibt,** dessen Beseitigung im Wege der Endlagerung vor allem im Hinblick auf die Sicherung gegen den Zugriff Dritter problematisch wäre. Die Regelung war Gegenstand der Konsensgespräche zwischen der Bundesregierung und den Energieversorgungsunternehmen im Jahr 2000. In einer Arbeitsgruppe, deren Ergebnis Bestandteil der Konsensvereinbarung geworden ist, wurden Einzelheiten des erforderlichen lückenlosen Nachweises festgelegt (PSM Anhang 3).

d) Verbleibsnachweis für wiederaufgearbeitetes Uran (Abs. 1d). Für das 26 aus der **Wiederaufarbeitung gewonnene Uran** („WAU") ist der **sichere Verbleib** in Zwischenlagern durch realistische Planung nachzuweisen, jeweils zwei Jahre im Voraus durch die Vorlage von Verträgen oder Bestätigungen Dritter. Die Zwischenlager können sich im In- oder Ausland befinden. Die **Mitteilungspflicht** entsteht zum Zeitpunkt der Verbringung in ein Zwischenlager. Eine Mitteilungspflicht entsteht ferner, wenn das Material der Zwischenlagerung entnommen werden soll. Dann ist der Behörde zugleich der weitere Entsorgungsweg gem. Abs. 1 mitzuteilen.

Zweck der Regelung ist es gemäß der Gesetzesbegründung (BT Drs. 14/6890, 27 23), dem Bund einen **Überblick** darüber zu verschaffen, welche Mengen an wiederaufgearbeitetem Uran voraussichtlich für die Endlagerung anfallen. Wiederaufgearbeitetes Uran kann auch wieder zu Brennelementen verarbeitet werden, was im Regelfall jedoch weniger wirtschaftlich ist als die Nutzung von frischem Uran. Da die schadlose Verwertung keinen Vorrang mehr genießt (→ Rn. 3) hat der **Betreiber die Wahl** hinsichtlich des weiteren Entsorgungsweges und wird die Kosten der Wiederverwertung mit denen der Endlagerung abwägen.

28 **e) Nachweispflicht für Forschungsreaktoren (Abs. 1 e).** Eine Pflicht zur Vorlage von Entsorgungsvorsorgenachweisen gem. § 9a Abs. 1a gilt ebenfalls für die Betreiber von **Forschungsreaktoren.** Sie gilt jedoch nur **„entsprechend"** und die Konkretisierungen der Nachweispflicht in Abs. 1b–1c sind nicht anzuwenden. Der Gesetzgeber hat damit dem vergleichsweise geringen Anfall von Kernbrennstoffen aus Forschungsreaktoren Rechnung getragen. Die Gesetzesbegründung hebt zudem hervor, dass bei Versuchsreaktoren die Vorlage bereits bestehender internationaler Verträge und die Darlegung der zurückzunehmenden Mengen als Nachweis ausreichen soll (BT-Drs. 14/6890, 24).

4. Ablieferungspflicht für radioaktive Abfälle (Abs. 2 S. 1 und 2)

29 Gemäß Abs. 2 S. 1 besteht **grundsätzlich eine Ablieferungspflicht** für radioaktive Abfälle an Landessammelstellen oder Bundesendlager gem. Abs. 3. Radioaktive Abfälle sollen wegen ihrer Brisanz **privater Verfügungsbefugnis entzogen** sein. Der Ablieferungspflicht steht im Grundsatz auch eine gesetzlich nicht näher geregelte staatliche **Annahmepflicht** gegenüber (*Haedrich* AtG § 9a Rn. 39). Beide Grundsätze werden jedoch gem. § 9a Abs. 2 S. 2 im Hinblick auf die begrenzten staatlichen Annahmemöglichkeiten durch die **AtEV** erheblich modifiziert. Danach werden die Annahmepflicht für Abfälle aus bestimmten genehmigten Tätigkeiten oder Anlagen beschränkt und Ausnahmemöglichkeiten für eine anderweitige Beseitigung zugelassen. Bis zur Inbetriebnahme eines Endlagers sind die **Abfälle gegebenenfalls zwischenzulagern.** Die angefallenen radioaktiven Abfälle sind in einem elektronischen **Buchführungssystem** zu erfassen, das auf Verlangen der zuständigen Behörde zur Verfügung gestellt werden kann. Bei der Ablieferung sind die radioaktiven Abfälle gemäß den behördlichen Vorgaben zu konditionieren. Eine **Umgehung der Ablieferungsvorschriften** durch Verdünnung oder mengenmäßige Aufteilung zur Unterschreitung der Freigrenzen ist untersagt.

5. Standortnahe Zwischenlagerung abgebrannter Brennelemente (Abs. 2 S. 3 und 4)

30 Mit § 9a Abs. 2 S. 3 und 4 hat der Gesetzgeber im Jahr 2002 im Zuge der Umsetzung der Vereinbarung der Bundesregierung mit den Energieversorgungsunternehmen eine **„Sorgepflicht"** zur Schaffung und Nutzung **standortnaher Zwischenlager** für abgebrannte Brennelemente eingeführt (kritisch: *Degenhart* DVBl. 2006, 1125; zum Begriff der Sorgepflicht: *Müller-Dehn* in PSM § 9a Abs. 2 Rn. 259). Bis dahin wurden abgebrannte Brennelemente regelmäßig in die Wiederaufarbeitungsanlagen in Frankreich und Großbritannien verbracht.

31 Nach Abschaffung des Vorrangs der schadlosen Verwertung (→ Rn. 4) im Jahr 2004 wollten die Energieversorgungsunternehmen auch aus Kostengründen zunehmend die hierfür vorgesehenen zentralen **Zwischenlager in Gorleben und Ahaus** nutzen. Das Verbot der Verbringung in die Wiederaufarbeitung ab dem 2005 hätte zu einer ausschließlichen Nutzung und einer entsprechenden erhöhten Zahl von Transporten in diese Lager geführt. Die Transporte wurden jedoch – anders als die Verbringung in die Wiederaufarbeitungsanlagen – von **erheblichen Protesten** begleitet, die sich vor allem aus dem Widerstand gegen das geplante Endlager in Gorleben sowie gegen vermeintliche Transportrisiken ergaben. Die Situation spitzte sich zu, als sich im Jahr 1998 herausstellte, dass die Transportbehälter (Typ **„Castor"**) bei der Beladung in den Kraftwerken radioaktiv verschmutzt worden waren und die Kontamination die Freigrenzen des Verkehrsrechts überschritten. Das Bundesumweltministerium stoppte die Transporte und es drohte in der Folge eine „Verstopfung" der Kraftwerke wegen Überfüllung der internen Lagerkapazitäten, die zum Stillstand der Anlagen hätte führen können.

Die Regelung richtet sich ausschließlich an die Betreiber von Kernkraftwerken 32 und kann nach § 2 EntsÜG auf den vom Bund beauftragten Dritten übergehen. Forschungsreaktoren sind davon nicht betroffen. Die Vorschrift soll der **„Transportminimierung"** aus Sicherheitsgründen dienen, wobei zu bedenken ist, dass Transporte ohnehin gem. § 4 nur zulässig sind, wenn die erforderliche Schadensvorsorge getroffen ist. Die Regelung hat aber – auch im Zusammenhang mit dem Beschluss zum Ausstieg der Kernenergie – zu einer gesellschaftlichen Befriedung beigetragen. Allerdings gab es Widerstände der Standortgemeinden, die befürchteten, – anders als es bei Errichtung der Kraftwerke erwartet worden war – auf Dauer mit der Lagerung von abgebrannten Brennelementen belastet zu sein. Rücktransporte aus der Wiederaufarbeitung waren zunächst weiterhin für die zentralen Zwischenlager vorgesehen (→ Rn. 34 f.). Der Begriff der Standortnähe ist nicht näher definiert, es haben alle Kraftwerksbetreiber die Zwischenlager auf ihrem Kraftwerksgelände eingerichtet. Zur Gewährleistung des Betriebs wurden vor Fertigstellung der Standortlager sogenannte **„Interimslager"** an den Kraftwerksstandorten errichtet.

Das Gebot zur Errichtung und Nutzung von Standortlagern greift in das **Eigen-** 33 **tum der Kraftwerksbetreiber** an den zentralen Zwischenlagern und in ihre Berufsausübung ein (vgl. *Müller-Dehn* in PSM § 9a Abs. 2 Rn. 269 ff.). Bei Anwendung der Maßstäbe des Bundesverfassungsgerichts zum Kernenergieausstieg (BVerfGE 143, 246 = NJW 2017, 217) dürften diese Eingriffe ungeachtet der Zustimmung der Energieversorgungsunternehmen zur Kernenergievereinbarung jedoch gerechtfertigt sein.

6. Standortnahe Zwischenlagerung verglaster Wiederaufarbeitungsabfälle (Abs. 2 a)

Die Vorschrift weitet seit 2014 die Regelung von Abs. 2 S. 3 auf **verglaste** 34 **hochradioaktive Spaltprodukt-Lösungen (Glaskokillen)** aus der Wiederaufarbeitung aus. Diese müssen zurückgenommen und nunmehr ebenfalls standortnah gelagert werden. Gemäß der Vereinbarung der Bundesregierung mit den Energieversorgungsunternehmen von 2001 sollten die Wiederaufarbeitungsabfälle bis dahin in die zentralen Zwischenlager verbracht werden, weil sie nicht eindeutig bestimmten Standorten zugeordnet werden können. Für die Glaskokillen war aufgrund der Genehmigungslage das Zwischenlager Gorleben vorgesehen. Hintergrund der Neuregelung ist die mit dem Standortauswahlgesetz eingeleitete neue Suche für einen Standort für ein Endlager für hochradioaktive Abfälle. Diese soll vollkommen ergebnisoffen sein und jede Vorfestlegung auf den Standort Gorleben ausschließen (§ 36 StandAG). Weitere Einlagerungen in das dortige zentrale Zwischenlager hätten jedoch unter Umständen den Anschein einer fortbestehenden Präferenz für Gorleben erwecken können.

Entsprechend einer Absprache zwischen Bund und Ländern werden die Behäl- 35 ter ungeachtet unterschiedlicher Transportstrecken auf **Standortlager** in Schleswig-Holstein, Hessen, Baden-Württemberg und Bayern **verteilt**. Die Pflicht zur Rücknahme der Glaskokillen schließt eine kommerziell vereinbarte Entsorgung im Ausland aus und unterstreicht auch vor dem Hintergrund des Notenwechsels zwischen Deutschland, Frankreich und Großbritannien (→ Rn. 3) die **Notwen-**

digkeit einer nationalen Lösung. Der Ausschluss von Gorleben greift in das Nutzungsrecht der Kraftwerksbetreiber am dortigen Zwischenlager ein (zur Kritik: *Gierke/Paul* in Theobald/Kühling AtomG Vorbemerkung Rn. 97). Mit Rücksicht darauf hat der Gesetzgeber für die an den Ersatzstandorten notwendigen Änderungsgenehmigungen auf **Gebühren verzichtet** (§ 21 Abs. 1a S. 3). § 9a Abs. 2a betrifft nicht andere Rücklieferungen aus der Wiederaufarbeitung wie etwa Behälter mit hochdruckverpressten Strukturteilen, die weiterhin in das zentrale Zwischenlager Ahaus verbracht werden sollen.

IV. Pflichten der Länder

1. Einrichtung von Landessammelstellen (Abs. 3 S. 1 Hs. 1)

36 Im Wege einer Aufgabenaufteilung zwischen Bund und Ländern weist § 9a Abs. 3 den Ländern im Rahmen der **Bundesauftragsverwaltung** (§ 24 Abs. 1) die Aufgabe zu, für die auf ihrem Gebiet anfallenden radioaktiven Abfälle **Sammelstellen** einzurichten. Welche Abfälle von den Landessammelstellen anzunehmen sind, ergibt sich aus § 9a Abs. 2 (→ Rn. 29). Es handelt sich um eine **schlicht hoheitliche Aufgabe,** in deren Organisation die Länder frei sind. Sie können sich „Dritter", öffentlicher Einrichtungen ebenso wie **privater Firmen** bedienen. **Gemeinsame Landessammelstellen** mehrerer Bundesländer sind möglich. Die Beleihung privater Dritter wäre ebenso möglich, ist im Gegensatz zur Endlagerung (→ Rn. 40) aber nicht vorgeschrieben. Die Genehmigungserfordernisse für Landessammelstellen ergeben sich aus § 9c.

2. Kosten der Landessammelstellen

37 Für die Erhebung von **Kosten oder Entgelten** von den Ablieferungspflichtigen für die Nutzung der Landessammelstellen gilt § 21a Abs. 2 und 3. Diese Kosten können die von den Landessammelstellen bei der Ablieferung der Abfälle an Bundesendlager abzuführenden Aufwendungen samt der Vorausleistungen einschließen (§ 21a Abs. 2 S. 8 und 9). Diese **Abgeltungsmöglichkeit** kann bei späteren Kostensteigerungen der Bundesendlager problematisch werden. Die Aufwendungen der Länder für die Sammelstellen stellen **Zweckausgaben** iSd Art. 104a Abs. 2 GG dar, die vom Bund zu erstatten sind (BVerwG Urt. v. 24. 7. 2008 – 7 A 3.07, BeckRS 2008, 37822).

V. Pflichten des Bundes

1. Endlagerung als Staatsaufgabe (Abs. 3 S. 1 Hs. 2)

38 Absatz 3 S. 1 Hs. 2 verpflichtet den Bund zur Bereitstellung von Anlagen zur Sicherstellung und Endlagerung und gibt ihm gleichzeitig die für ihre Errichtung und den Betrieb einzuhaltende Organisation vor. Die **Pflicht zur Endlagerbereitstellung** und zum Betrieb ist das Gegenstück zur Ablieferungspflicht der Abfallverursacher (BHR EnergieR I Rn. 1092 f.) Sie entspricht der **Verantwortung,** die der Staat mit der Zulassung der Kernenergie sowie sonstiger ionisierender Strahlung und damit der Entstehung langlebiger radioaktiver Abfälle übernommen hat. Es handelt sich um eine generationenübergreifende, **säkulare Aufgabe,** die in der Verantwortung des Staates liegen muss. Private Endlager sind nicht zulässig (*Haedrich*

AtG § 9a Rn. 40). Verfassungsrechtliche **Bedenken gegen Restrisiken** der Endlagerung im Hinblick auf die Schutzpflicht des Staates aus Art. 2 Abs. 2 S. 1 GG bestehen insoweit nicht, als sie unentrinnbar und insofern als sozialadäquate Lasten von allen Bürgern zu tragen sind (Nichtannahmebeschluss für ein Endlager für nicht wärmentwickelnde Abfälle BVerfG NVwZ 2010, 114 („Konrad"); vorlaufend BVerwG NVwZ 2007, 837 und OVG Lüneburg DVBl. 2006, 1044).

2. Aufgabe des Bundes (Abs. 3 S. 1 Hs. 2)

Die Bereitstellung von Endlagern ist dem Bund als **zentralstaatliche, hoheitliche Aufgabe** zugewiesen worden (kritisch zur Aufgabenerfüllung: Degenhart DVBl. 2006, 1125). Die Einrichtung mehrerer Endlager für die gleiche Kategorie radioaktiver Abfälle in verschiedenen Bundesländern erscheint untunlich. Der Bund ist jedoch wegen der vielfältigen Raumbezüge eines Endlagers und der **Verwaltungskompetenzen der Länder** auf die Kooperation mit dem betroffenen Bundesland angewiesen, was in der Vergangenheit zu politisch bedingten Konflikten geführt hat. Allerdings wird der Bund in Zukunft selbst für die Zulassung und Aufsicht über alle Anlagen – im Bereich des Berg- und Wasserrechts – zuständig sein (vgl. § 23 d Nr. 1–5 iVm § 58 Abs. 2, § 24 Abs. 2 iVm § 58 Abs. 3). Wegen der Langfristigkeit der Aufgabe ist der Bund von dem Erfordernis einer detaillierten Planung und Kostenermittlung vor Veranschlagung der Mittel im Haushalt nach § 24 BHO befreit (§ 9 a Abs. 3 S. 2). 39

3. Aufgabenträger (Abs. 3 S. 2 Hs. 2, S. 4 und 5)

Das Gesetz schreibt vor, dass das **Bundesumweltministerium** die Aufgaben einem privatrechtlich organisierten, bundeseigenen Dritten zu übertragen und diesen mit den erforderlichen **hoheitlichen Befugnissen zu beleihen** hat (dazu aus verfassungsrechtlicher Sicht: *Gundel* in Kahl/Waldhoff/Walter, Bonner Kommentar zum Grundgesetz, GG Art. 87 c Rn. 24 f.). Diese Regelung geht zurück auf das Gesetz zur Neuordnung der Organisationsstruktur im Bereich der Endlagerung vom 26.7.2016 (BGBl. I 1843; → Einf. Rn. 46). Die neue Organisation der Endlagerung soll eine **flexible und effiziente Aufgabenerfüllung** ermöglichen. Die BGE soll ihre Pflichten selbst wahrnehmen, damit die Aufgaben ohne Verwaltungshelfer in einer Hand gebündelt werden (BT-Drs. 18/8913, 17). Zugleich wird vermieden, dass Aufgaben auf Unternehmen verlagert werden, die nicht der Kontrolle des Bundes als Gesellschafter unterliegen. Verträge mit Dritten für spezielle Aufgaben sind aber nicht ausgeschlossen. Zuvor waren stets Bundesoberbehörden (zuerst PTB, später BfS) mit dieser Aufgabe betraut, die sich eines privaten „**Dritten**" als Verwaltungshelfer bedienten. Dritter war die Deutsche Gesellschaft zum Bau und Betrieb von Endlagern (DBE), deren Gesellschafteranteile zuletzt bei den Energieversorgungsunternehmen lagen (→ Rn. 8 f.). 40

Durch **Zusammenführung von Teilen des BfS und der DBE** sowie der Asse GmbH entstand die neue bundeseigene Bundesgesellschaft für Endlagerung (BGE). Bereits im Zusammenhang mit dem Standortauswahlgesetz in der ersten Fassung aus dem Jahr 2013 hatte der Bund mit dem Bundesamt für kerntechnische Entsorgung (BfE), heute Bundesamt für die Sicherheit der nuklearen Entsorgung (BASE), eine selbstständige Aufsichtsbehörde für die Entsorgungsaufgaben geschaffen. Damit wurden gemäß dem europarechtlichen „**Trennungsgrundsatz**" (Art. 6 Abs. 2 RL 2011/70/Euratom, Abl. 2011 L 199, 48) die Aufgaben des Endlagerrichters 41 und -betreibers von denen der Genehmigung und Aufsicht getrennt (*Däuper/von Bernstorff* ZUR 2014, 24). Durch die **privatrechtliche Organisation** des Endlagerbetreibers BGE wird zugleich vermieden, dass das BASE als Bundesoberbehörde die atomrechtliche Aufsicht über eine andere Bundesoberbehörde ausübt.

42 Die **Rechts- und Fachaufsicht** über die BGE bei der Wahrnehmung der ihr übertragenen Aufgaben liegt beim BMU. Das gilt für die hoheitlichen Bereiche, in denen der BGE die Befugnis zum Erlass von Verwaltungsakten übertragen wurde (→ Rn. 43, 47). Aber auch für die schlicht hoheitlichen planerischen Tätigkeiten bei der Errichtung und Betrieb eines Endlagers muss eine aus der Aufgabenübertragung folgende Kontrollbefugnis bestehen. Denn im Hinblick auf seine Verpflichtung aus Abs. 3 S. 1 benötigt das BMU hinreichende weitreichende Einwirkungsmöglichkeiten auf den Aufgabenträger. Maßgeblich ist insoweit die Rechtsnatur der Aufgabe, nicht der rechtliche Status des Beauftragten (aA *Albin/Leuschner* ZUR 2018, 515). Außerdem hat der Bund über seine **Gesellschafterposition** entsprechende Einflussmöglichkeiten auf die Aufgabenerfüllung durch die BGE. Die auf Sicherheitsfragen bezogene atomrechtliche Aufsicht über die Anlagen der BGE ist dagegen Aufgabe des BASE (→ Rn. 47).

4. Beleihung der BGE (Abs. 3 S. 3)

43 Mit Bescheid vom 22. 4. 2017, geändert durch Bescheid vom 26. 7. 2019, hat das BMU der BGE gem. § 9a Abs. 3 S. 2 Hs. 2 die Wahrnehmung der Aufgaben des Bundes nach § 9a Abs. 3 S. 1 und die hierfür erforderlichen **hoheitlichen Befugnisse** nach § 9a Abs. 3 S. 3 übertragen (zur Beleihung: *Rengeling* DVBl. 2008, 1141; kritisch: *Prall/Kuhbier* ZUR 2009, 358). Die Übertragung beinhaltet die Errichtung, den Betrieb und die Stilllegung von Endlagern sowie den Betrieb und die Stilllegung der Schachtanlage Asse II nach § 57b mit allen damit verbundenen Aufgaben nach § 9a Abs. 3 S. 1. Hoheitliche Befugnisse zum **Erlass von Verwaltungsakten** wurden der BGE verliehen: zur Feststellung der Endlagerfähigkeit von Abfallgebinden (§ 74 StrlSchV 1960), zur Feststellung der Abgabefähigkeit von Abfallgebinde mit radioaktiven Abfällen mit vernachlässigbarer Wärmeentwicklung an den Dritten nach § 2 Abs. 1 S. 1 EntsÜG (§ 2 Abs. 5 S. 1 Nr. 1 iVm S. 2 und 3 EntsÜG) und zum Abruf der Abfälle zur Einlagerung in ein Endlager (§ 78 StrlSchV 1960).

44 Durch die Übertragung der Wahrnehmung der Aufgaben des Bundes nach § 9a Abs. 3 S. 1 AtG wurde die BGE zugleich **Vorhabenträgerin** iSd Standortauswahlgesetzes.

5. Zulassungsverfahren

45 Die **Sicherheitsanforderungen und Zulassungsverfahren** für Endlager sind in § 9b geregelt. Die Langzeitsicherheit des Endlagers ist im öffentlichen Interesse („Nachweltschutz") im Zulassungsverfahren nachzuweisen (BVerwGE 105, 6 = NVwZ 1998, 281; *Gierke/Paul* in Theobald/Kühling AtomG Vorbemerkung Rn. 66). In Deutschland soll die Endlagerung für alle Arten radioaktiver Abfälle in **tiefen geologischen Formationen** erfolgen, die einen dauerhaften Abschluss der Abfälle von der Biosphäre gewährleisten sollen (Abschlussbericht der *Kommission Lagerung hoch radioaktiver Abfälle* K-Drs. 268, 233ff.). Im Ausland, zum Beispiel in Frankreich oder Spanien werden schwachradioaktive Abfälle zum Teil in Übertagedeponien gelagert. Momentan befindet sich das **planfestgestellte Endlager Konrad** für schwach- und mittelaktive Abfälle in der Errichtung. Die Erkundung von

Gorleben für ein Endlager für hoch radioaktive Abfälle wurde eingestellt und stattdessen ein **neues Suchverfahren** nach den Vorgaben des StandAG eingeleitet.

6. Anlagen zur Sicherstellung radioaktiver Abfälle (Abs. 3 S. 1 Hs. 2)

Eine Anlage zur „Sicherstellung radioaktiver Abfälle" iSd Abs. 3 wurde in Deutschland bislang **nicht errichtet**. Der Inhalt des **Begriffs ist unklar**, möglicherweise handelt es sich um eine Ungenauigkeit des Gesetzgebers (*Bischof/Pelzer*, Das Strahlenschutzrecht in den Mitgliedstaaten der Europäischen Gemeinschaften, Bd. II, 1983, 125.) Es können aber auch Anlagen gemeint sein, die im Vorfeld der Endlagerung der Bereitstellung der konditionierten Behälter dienen (*Haedrich* AtG § 9a Rn. 45 mwN). Sie wären ggf. planfeststellungspflichtig nach § 9b. 46

7. Aufsicht über die Endlagerung (Abs. 3 S. 3 Hs. 2, S. 11)

Die **atomrechtliche Aufsicht** gem. § 19 Abs. 5 über die genehmigungsbedürftigen Anlagen der BGE ist Aufgabe des BASE, das wiederum der Rechts- und Fachaufsicht des BMU unterliegt. Die Kompetenz des wegen der für die Anlagenaufsicht erforderlichen technischen Spezialkenntnisse gesondert eingerichteten BASE ist aber – auch im Hinblick auf den Trennungsgrundsatz – auf Sicherheitsfragen beschränkt (weitergehend *Albin/Leuschner* ZUR 2018, 515). Die Kontrolle der planerischen Tätigkeiten der BGE als Betreiber ist unmittelbare Aufgabe des BMU (→ Rn. 42). Das BASE überwacht in entsprechender Anwendung von § 19 auch den Vollzug des StandAG durch die BGE (§ 4 Abs. 1 Nr. 3 StandAG), wobei ebenfalls das Prinzip der Trennung zwischen Vorhabenträger und Aufsichtsbehörde zu beachten ist. Die **Abgrenzung der verschiedenen Aufsichtsverfahren** kann im Einzelfall Fragen aufwerfen (→ § 23d Rn. 10ff.). Durch das – im Hinblick auf den Trennungsgrundsatz (→ Rn. 41) nicht ganz unproblematische – Zusammenlaufen aller Aufsichtsstränge im BMU werden jedoch Abgrenzungsprobleme und Parallelverfahren vermieden. 47

Über **Widersprüche** gegen Verwaltungsakte der BGE entscheidet die Aufsichtsbehörde, dies ist das Bundesumweltministerium als beleihende Behörde (aA *John* in NK-AtomR § 9a Rn. 36). 48

8. Haftung des Dritten (Abs. 3 S. 8–10)

a) Gefährdungshaftung nach § 25 für nukleare Schäden (Abs. 3 S. 9–10). Die BGE unterlegt wie andere Inhaber von Kernanlagen gem. § 25 **einer unbegrenzten Gefährdungshaftung** für nukleare Ereignisse. Nach § 13 Abs. 4 Hs. 2 ist die BGE nicht zur **Deckungsvorsorge** verpflichtet. Bis zur Höhe von 2,5 Mrd. EUR stellt der **Bund sie von Schadensersatzverpflichtungen frei.** Für den äußerst unwahrscheinlichen Fall von Langzeitschäden als Folge der Einlagerung radioaktiver Abfälle dürfte der Bund wegen seiner Gewährleistungsverantwortung für die Entsorgung (→ Rn. 38) auch weitergehende Einstandspflichten haben. 49

b) Haftung für Amtspflichtverletzungen (Abs. 3 S. 8). Für **Amtspflichtverletzungen** im nicht-nuklearen Bereich haftet **allein die BGE** nach § 839 BGB. Sie hat für eine ausreichende Deckung durch eine entsprechende **Haftpflichtversicherung** zu sorgen und dies gegebenenfalls dem Bundesumweltministerium als Aufsichtsbehörde nachzuweisen. 50

§ 9b Zulassungsverfahren

(1) ¹Die Errichtung, der Betrieb und die Stilllegung der in § 9a Abs. 3 genannten Anlagen des Bundes sowie die wesentliche Veränderung solcher Anlagen oder ihres Betriebes bedürfen der Planfeststellung. ²Auf Antrag kann das Vorhaben in Stufen durchgeführt und dementsprechend können Teilplanfeststellungsbeschlüsse erteilt werden, wenn eine vorläufige Prüfung ergibt, dass die Voraussetzungen nach Absatz 4 im Hinblick auf die Errichtung, den Betrieb der gesamten Anlage und die Stilllegung vorliegen werden. ³§ 74 Abs. 6 des Verwaltungsverfahrensgesetzes gilt mit der Maßgabe, daß die zuständige Behörde nur dann auf Antrag oder von Amts wegen an Stelle eines Planfeststellungsbeschlusses eine Plangenehmigung erteilen kann, wenn die wesentliche Veränderung der in Satz 1 genannten Anlagen oder ihres Betriebes beantragt wird und die Veränderung keine erheblichen nachteiligen Auswirkungen auf ein in § 2 Absatz 1 des Gesetzes über die Umweltverträglichkeitsprüfung genanntes Schutzgut haben kann. ⁴§ 76 des Verwaltungsverfahrensgesetzes findet keine Anwendung.

(1a) ¹In den Fällen, in denen der Standort durch Bundesgesetz festgelegt wurde, tritt an die Stelle der Planfeststellung eine Genehmigung. ²Die Genehmigung darf nur erteilt werden, wenn die in § 7 Absatz 2 Nummer 1 bis 3 und 5 genannten Voraussetzungen erfüllt sind; für die Stilllegung gelten diese Voraussetzungen sinngemäß. ³Die Genehmigung ist zu versagen, wenn
1. von der Errichtung, dem Betrieb oder der Stilllegung der geplanten Anlage Beeinträchtigungen des Wohls der Allgemeinheit zu erwarten sind, die durch inhaltliche Beschränkungen und Auflagen nicht verhindert werden können, oder
2. sonstige öffentlich-rechtliche Vorschriften, insbesondere im Hinblick auf die Umweltverträglichkeit, der Errichtung, dem Betrieb oder der Stilllegung der Anlage entgegenstehen.

⁴Durch die Genehmigung wird die Zulässigkeit des Vorhabens im Hinblick auf alle von ihm berührten öffentlichen Belange festgestellt; neben der Genehmigung sind andere behördliche Entscheidungen, insbesondere öffentlich-rechtliche Genehmigungen, Verleihungen, Erlaubnisse, Bewilligungen, Zustimmungen und Planfeststellungen nicht erforderlich, mit Ausnahme von wasserrechtlichen Erlaubnissen und Bewilligungen sowie der Entscheidungen über die Zulässigkeit des Vorhabens nach den Vorschriften des Berg- und Tiefspeicherrechts. ⁵Bei der Genehmigungsentscheidung sind sämtliche Behörden des Bundes, der Länder, der Gemeinden und der sonstigen Gebietskörperschaften zu beteiligen, deren Zuständigkeitsbereich berührt wird. ⁶Die Entscheidung ist im Benehmen mit den jeweils zuständigen Behörden zu treffen. ⁷§ 7b und die Atomrechtliche Verfahrensverordnung finden entsprechende Anwendung.

(2) ¹Bei der Planfeststellung ist die Umweltverträglichkeit der Anlage zu prüfen. ²Die Umweltverträglichkeitsprüfung ist Teil der Prüfung nach Absatz 4. ³In den Fällen des Absatzes 1a ist die Umweltverträglichkeit der Anlage zu prüfen; diese kann auf Grund der in dem Standortauswahlver-

fahren nach den Bestimmungen des Standortauswahlgesetzes bereits durchgeführten Umweltverträglichkeitsprüfung auf zusätzliche oder andere erhebliche Umweltauswirkungen der zuzulassenden Anlage beschränkt werden.

(3) ¹Der Planfeststellungsbeschluß kann zur Erreichung der in § 1 bezeichneten Zwecke inhaltlich beschränkt und mit Auflagen verbunden werden. ²Soweit es zur Erreichung der in § 1 Nr. 2 bis 4 bezeichneten Zwecke erforderlich ist, sind nachträgliche Auflagen zulässig.

(4) ¹Der Planfeststellungsbeschluss darf nur erteilt werden, wenn die in § 7 Absatz 2 Nummer 1 bis 3 und 5 genannten Voraussetzungen erfüllt sind; für die Stilllegung gelten diese Voraussetzungen sinngemäß. ²Der Planfeststellungsbeschluss ist zu versagen, wenn
1. von der Errichtung, dem Betrieb oder der Stilllegung der geplanten Anlage Beeinträchtigungen des Wohls der Allgemeinheit zu erwarten sind, die durch inhaltliche Beschränkungen und Auflagen nicht verhindert werden können oder
2. sonstige öffentlich-rechtliche Vorschriften, insbesondere im Hinblick auf die Umweltverträglichkeit, der Errichtung, dem Betrieb oder der Stilllegung der Anlage entgegenstehen.

(5) Für das Planfeststellungsverfahren gelten die §§ 72 bis 75, 77 und 78 des Verwaltungsverfahrensgesetzes mit folgender Maßgabe:
1. Die Bekanntmachung des Vorhabens und des Erörterungstermins, die Auslegung des Plans, die Erhebung von Einwendungen, die Durchführung des Erörterungstermins und die Zustellung der Entscheidungen sind nach der Rechtsverordnung nach § 7 Abs. 4 Satz 3 vorzunehmen. Für Form und Inhalt sowie Art und Umfang des einzureichenden Plans gelten im Hinblick auf die kerntechnische Sicherheit und den Strahlenschutz die in dieser Rechtsverordnung enthaltenen Vorschriften entsprechend.
2. Vor einer vorbehaltenen Entscheidung kann von einer Bekanntmachung und Auslegung der nachgereichten Unterlagen abgesehen werden, wenn ihre Bekanntmachung und Auslegung keine weiteren Umstände offenbaren würde, die für die Belange Dritter erheblich sein können.
3. Die Planfeststellung erstreckt sich nicht auf die Zulässigkeit des Vorhabens nach den Vorschriften des Berg- und Tiefspeicherrechts. Hierüber entscheidet die nach § 23d Absatz 1 Nummer 2 zuständige Behörde.
4. § 7b dieses Gesetzes sowie § 18 der Atomrechtlichen Verfahrensverordnung gelten entsprechend für Teilplanfeststellungsbeschlüsse für Anlagen des Bundes nach § 9a Absatz 3.

Literatur: *Dörpmund/Hippler*, Aktuelle Fragen des Planungsrechts bei der Endlagerung radioaktiver Abfälle, in FS Kühne, 2009, 467 (469ff.); *Huntemann*, Recht der unterirdischen Endlagerung radioaktiver Abfälle, 1989; *Näser/Oberpottkamp*, Zur Endlagerung radioaktiver Abfälle – Die Langzeitsicherheit – Gleichzeitig ein Beitrag zur Konkretisierung der Verantwortung für zukünftige Generationen –, DVBl. 1995, 136; *Ramsauer*, Planfeststellung ohne Abwägung? – Die Rechtsprechung zur atomrechtlichen Planfeststellung in der Kritik, NVwZ 2008, 944; *Rengeling*, Rechtsfragen zur Langzeitsicherheit von Bundesendlagern für radioaktive Abfälle,

1995; *Roßnagel/Hentschel*, Alternativenprüfung für atomare Endlager? – zur Prüfpflicht des öffentlichen Vorhabenträgers im Fachplanungsrecht –, UPR 2004, 291; *Smeddinck*, Standortauswahlgesetz, Kommentar, 2017; *Wagner*, Rechtsfragen der Endlagerung radioaktiver Abfälle, DVBl. 1991, 24; *Ziekow*, Handbuch des Planfeststellungsrechts, 2. Aufl. 2014; *Gaentzsch*, Struktur und Probleme des atomrechtlichen Planfeststellungsverfahrens, in Ossenbühl, Deutscher Atomrechtstag 2004, 115 (zit. AtRT 2004, 115).

Übersicht

	Rn.
I. Vorbemerkungen/Historie	1
II. Verfahrensarten	4
1. Planfeststellung (Abs. 1 S. 1)	5
2. Plangenehmigung (Abs. 1 S. 3)	6
3. Genehmigung (Abs. 1 a)	7
III. Begriffsbestimmungen	10
1. Errichtung, Betrieb und Stilllegung von Anlagen (S. 1)	11
2. Wesentliche Veränderung (S. 1)	16
IV. Teilbarkeit und Verhältnis zum VwVfG	18
1. Gestuftes Vorgehen/Prognose (S. 2)	19
2. Verhältnis zu Planfeststellungsvorschriften des VwVfG (S. 3 und 4)	20
V. Standortauswahl und Zulassungsverfahren (Abs. 1 a)	23
1. Genehmigungsvoraussetzungen und Versagungsgründe (S. 2 und 3)	24
2. Konzentrationswirkung und Behördenbeteiligung (S. 4, 5 und 6)	25
3. Verweis auf § 7 b und die Atomrechtliche Verfahrensordnung (S. 7)	27
VI. Erfordernis der Umweltverträglichkeitsprüfung (Abs. 2)	29
VII. Nebenbestimmungen und nachträgliche Auflagen (Abs. 3)	33
VIII. Planfeststellungsvoraussetzungen (Abs. 4)	38
1. Zuverlässigkeit und Fachkunde	39
2. Notwendige Kenntnisse der sonst tätigen Personen	42
3. Schadenvorsorge	43
4. Schutz gegen Störmaßnahmen oder sonstige Einwirkungen Dritter	48
5. Versagungsgründe (Abs. 4 S. 2)	49
6. Rechtsfragen zu § 9 b AtG und gerichtliche Entscheidungen	54
IX. Selektiver Verweis auf Planfeststellungsvorschriften des VwVfG (Abs. 5)	59
1. Verfahrensschritte der AtVfV (Nr. 1)	60
2. Absehen von Bekanntmachungen und Auslage (Nr. 2)	61
3. Keine Erstreckung auf Berg- und Tiefspeicherrecht (Nr. 3)	62
4. Teilbarkeit (Nr. 4)	63

I. Vorbemerkungen/Historie

1 Die Vorschrift wurde durch das Vierte Gesetz zur Änderung des Atomgesetzes vom 30.8.1976 (BGBl. I 2573) in das Atomgesetz eingefügt, im Laufe der Jahre jedoch mehrfach geändert. Die Einführung der Regelung diente der Schaffung einer normativen Grundlage für ein Entsorgungssystem für radioaktive Abfälle (BT-Drs. 7/4794, 7). Ziel des Gesetzgebers war es, durch das Planfeststellungserfordernis für die Errichtung und den Betrieb von Endlagern sowie deren wesentliche Änderungen die Prüfung und Einordnung aller berührten öffentlichen und privaten Umweltbelange im Rahmen eines Verfahrens sicherzustellen (BT-Drs. 7/4794, 9; *Gierke/Paul* in Theobald/Kühling § 9b Rn. 2 und 4). Durch Art. 2 des Gesetzes zur Suche und Auswahl eines Standortes für ein Endlager für Wärme entwickelnde (seit 2017 hochradioaktive) Abfälle und zur Änderung anderer Gesetze (Standortauswahlgesetz – StandAG) vom 23.7.2013 (BGBl. I 2553) wurde zum einen die Aufzählung in § 9b Abs. 1 Hs. 2 AtG – klarstellend – um die Stilllegung ergänzt, zum anderen durch Einführung des neuen Abs. 1a ein Genehmigungsverfahren anstelle des Planfeststellungsverfahrens für Anlagen des Bundes nach § 9a Abs. 3 AtG normiert, sofern der Standort durch Bundesgesetz festgelegt wird (zur rechtlichen Zulässigkeit der Abweichung von der Planfeststellungspflicht *Gierke/Paul* in Theobald/Kühling § 9b Rn. 5 mwN). Folglich findet das atomrechtliche Planfeststellungsverfahren keine Anwendung für die Zulassung des im Rahmen des Standortauswahlverfahrens festgelegten Endlagers für hochradioaktive Abfälle. Hiervon unberührt bleiben die Anlagen des Bundes zur Endlagerung von nicht hochradioaktiven Abfällen und deren Änderungs- bzw. Stilllegungsvorgänge (BT-Drs. 17/13471, 31).

Genehmigungen nach Abs. 1a kommt ebenso wie Planfeststellungen grundsätzlich feststellende wie auch verfügende Wirkung zu, wenngleich sich diese nicht auf Elemente der Planung und Abwägung erstreckt, die im Rahmen des Standortauswahlverfahrens abschließend gesetzlich geregelt wurden (§§ 15 Abs. 3, 17 Abs. 2 S. 5, 20 Abs. 2 S. 1 StandAG). Sowohl die Planfeststellung als auch die Genehmigung nach Abs. 1a konzentrieren Entscheidungen wie Genehmigungen, Verleihungen, Erlaubnisse, Bewilligungen, Zustimmungen anderer Fachrechte (§ 75 Abs. 1 S. 1 Hs. 2 VwVfG, § 9b Abs. 1a S. 4 AtG) mit Ausnahme der Zulassungen nach Berg- und Tiefenspeicherrecht und – nach Abs. 1a S. 4 AtG – vermittelt über den insoweit vorrangigen § 19 Abs. 1 WHG – wasserrechtlichen Erlaubnissen und Bewilligungen. Dabei ist jedoch zu beachten, dass in beiden Fällen letztlich das BASE sowohl als Planfeststellungs-/Genehmigungsbehörde als auch als Fachbehörde der nicht konzentrierten Entscheidung zuständig ist (§ 9b Abs. 5 Nr. 3 S. 2 iVm § 23d Abs. 1 Nr. 2 AtG; § 20 Abs. 3 StandAG iVm § 23d S. 1 Nrn. 3 und 5, Nr. 1 iVm § 9b Abs. 1a AtG). 2

Das bislang einzige nach bundesdeutschem Recht durchlaufende Planfeststellungsverfahren gem. § 9b AtG für ein Endlager für radioaktive Abfälle ist das mit dem Planfeststellungsbeschluss von 22.5.2002 endende Verfahren für das **Endlager Konrad.** Planfestgestellt wurde das auf dem Gemeindegebiet der Stadt Salzgitter in Niedersachsen gelegene Bergwerk als Anlage zur Endlagerung fester oder verfestigter radioaktiver Abfälle mit vernachlässigbarer Wärmeentwicklung. Es ist ausschließlich für den nationalen Bedarf vorgesehen und begrenzt auf ein endlagerbares Abfallgebindevolumen iHv maximal 303.000 m^3 (Planfeststellungsbeschluss abrufbar unter https://www.bge.de/fileadmin/user_upload/Konrad/Wesentliche_Unterlagen/Genehmigungsunterlagen/Planfeststellungsbeschluss_Endlager_Konrad_vom_22_Mai_2002.pdf; zuletzt abgerufen am 25.10.2020). Damit wurde das mit Antrag vom 31.8.1982 eingeleitete, fast 20 Jahre währende Verwaltungsverfahren zur Planfeststellung eines Endlagers für radioaktive Abfälle abgeschlossen. Gegen den Planfeststellungsbeschluss wurden allerdings Klagen erhoben, so dass er während der Klageverfahren aufgrund der aufschiebenden Wirkung nicht umgesetzt werden konnte. Erstinstanzlich zuständig war gem. § 48 Abs. 1 Nr. 1 VwGO das OVG Lüneburg, das mit vier Urteilen vom 8.3.2006 alle Klagen (Verfahren: 7 KS 145/02, 7 KS 146/02, 7 KS 154/02, 7 KS 128/02) zurückwies und die Revision dagegen nicht zuließ (OVG Lüneburg DVBl. 2006, 1044; Nds.VBl. 2006, 3

282; zu 7 KS 145/02 und 7 KS 154/02). Auch die vier Nichtzulassungsbeschwerden gegen diese Urteile wurden von dem BVerwG zurückgewiesen (BVerwG NVwZ 2007, 837; NVwZ 2007, 833; NVwZ 2007, 841; BeckRS 2007, 22918) Schließlich wurden zwei eingelegte Verfassungsbeschwerden nicht zur Entscheidung angenommen (BVerfG NVwZ 2008, 778; NVwZ 2010, 114). Nach Abschluss des ordentlichen Rechtsweges wurde im Jahr 2007 mit den Vorbereitungen für und nach Erreichung der Umrüstbereitschaft mit der Errichtung des Endlagers Konrad begonnen. Diese dauert an.

II. Verfahrensarten

4   Die Zulassungsverfahren für Anlagen zur Endlagerung radioaktiver Abfälle sind in § 9b geregelt. Hierbei sind drei Verfahrensarten zu unterscheiden. Erstens die Planfeststellung gem. § 9b Abs. 1 S. 1, die Plangenehmigung nach § 9b Abs. 1 S. 3 und die Genehmigung gem. § 9b Abs. 1a S. 1.

1. Planfeststellung (Abs. 1 S. 1)

5   § 9b Abs. 1 S. 1 sieht ein **Planfeststellungsverfahren,** auf Antrag auch gestuft, sowohl für die Errichtung und den Betrieb als auch die Stilllegung von Anlagen zur Endlagerung radioaktiver Abfälle vor. Darüber hinaus ist ein solches Verfahren für eine wesentliche Veränderung solcher Anlagen oder ihres Betriebes erforderlich. Bei einem Planfeststellungsverfahren handelt es sich um ein umfassendes Verfahren, welches in einer Gesamtentscheidung über das Vorhaben „unter Berücksichtigung aller berührten öffentlichen und privaten Belange" (BT-Drs. 7/4794, 9) mündet. Dadurch unterscheidet es sich von Zulassungsverfahren, zB für die Zwischenlagerung von radioaktiven Abfällen, für die neben dem Genehmigungsverfahren zur Aufbewahrung nach § 6 beim BASE separate Zulassungsverfahren – wie insbesondere ein Baugenehmigungsverfahren nach den Landesbauordnungen bei den Baubehörden – durchlaufen werden müssen. Auch über notwendige Folgemaßnahmen (→ Rn. 12) eines solchen Vorhabens an anderen Anlagen wird grundsätzlich im Planfeststellungsverfahren nach § 9b Abs. 5 iVm § 75 Abs. 1 VwVfG mitentschieden.

2. Plangenehmigung (Abs. 1 S. 3)

6   Eine Ausnahme von dem Erfordernis der Durchführung eines Planfeststellungsverfahrens ist in § 9b Abs. 1 S. 3 geregelt. Diese verfahrensrechtliche Spezialregelung sieht die Möglichkeit eines **Plangenehmigungsverfahrens** (ohne Öffentlichkeitsbeteiligung) anstelle eines Planfeststellungsverfahrens (mit Öffentlichkeitsbeteiligung) vor. Voraussetzungen dafür ist zum einen die Beantragung einer wesentlichen Veränderung der Anlage oder des Betriebes eines Endlagers für radioaktive Abfälle. Zum anderen darf diese Veränderung keine erheblichen nachteiligen Auswirkungen auf ein in § 2 Abs. 1 UVPG genanntes Schutzgut haben können. Ist das gegeben, kann die Behörde das Planfeststellungs- durch ein Plangenehmigungsverfahren von Amts wegen oder auf Antrag ersetzen (Ermessensentscheidung).

3. Genehmigung (Abs. 1a)

Eine weitere Ausnahmeregelung von dem Planfeststellungserfordernis für die Errichtung und den Betrieb von Anlagen zur Endlagerung radioaktiver Abfälle ist in § 9b Abs. 1a mit der Implementierung eines **Genehmigungsverfahrens** vorgesehen. Dabei tritt an die Stelle der Planfeststellung eine Genehmigung für die Errichtung und den Betrieb eines Endlagers wie auch dessen Stilllegung, wenn deren **Standort durch Bundesgesetz** festgelegt wurde. 7

Für die Genehmigung gelten in wesentlichen Teilen die gleichen Regularien wie für die Planfeststellung gem. § 9b Abs. 1. Eine erste Ausnahme davon ist die fehlende Anwendbarkeit des § 9b Abs. 3, der sich nur auf Planfeststellungen bezieht. Das hat zur Folge, dass für die Erteilung von **Nebenbestimmungen** nicht § 9b Abs. 3, sondern der § 17 Abs. 1 Anwendung findet. Zwar ergibt sich dies weder ausdrücklich aus dem Wortlaut des Abs. 1a noch aus der amtlichen Begründung. Jedoch regelt § 17 Abs. 1 für Genehmigungen und allgemeine Zulassungen nach dem AtG oder aufgrund des AtG erlassenen Rechtsverordnungen die Möglichkeit und Voraussetzungen zum Erlass von Nebenbestimmungen. Da es sich bei Genehmigungen gem. § 9b Abs. 1a um solche nach dem AtG handelt, sind auch diese zu den Genehmigungen iSd § 17 zu zählen. 8

Eine weitere Ausnahme liegt im **fehlenden Verweis auf § 9b Abs. 5 AtG**. Nach dem Wortlaut ist dieser Absatz nur auf Planfeststellungen anwendbar. Damit gilt er nicht für die Erteilung von Genehmigungen. Somit finden auch die Verweise auf die Planfeststellungsvorschriften des VwVfG, speziell §§ 72–75, 77 und 78 VwVfG hierauf keine Anwendung. Dies hat zur Konsequenz, dass die Genehmigungsentscheidung – anders als die Planfeststellung – nicht die notwendigen Folgemaßnahmen des Endlagervorhabens mit einschließt, weil der Verweis auf die entsprechende Regelung des § 75 Abs. 1 VwVfG fehlt. Eine Folge des fehlenden Verweises ist ferner, dass die Regelung zum Außerkrafttreten des Planfeststellungsbeschlusses nicht für die Genehmigung greift. Hiernach tritt der Planfeststellungsbeschluss außer Kraft, sofern nicht innerhalb von fünf Jahren nach Eintritt der Unanfechtbarkeit mit der Durchführung des Plans begonnen wurde. Da es keine spezielle Regelung zum Außerkrafttreten für die Genehmigung gibt, gelten die Spezifika des Fachrechts weiter; zB greift in Niedersachsen die Geltungsdauer für die konzentrierte Baugenehmigung von drei Jahren gem. § 71 Abs. 1 NBauO. Es fragt sich, ob der Gesetzgeber diese Konsequenzen gewollt hat. Verständlich ist zwar, dass er die Genehmigung aus den Fesseln der Planfeststellungsregelung lösen wollte, ob er jedoch die damit verbundenen Nachteile bewusst in Kauf genommen oder nicht hinreichend gewichtet hat, lässt sich der amtlichen Begründung nicht entnehmen (zur Reichweite der formellen Konzentrationswirkung → Rn. 25). 9

III. Begriffsbestimmungen

§ 9b Abs. 1 enthält verschiedene Begriffsbestimmungen, die übergreifend für das Planfeststellungs- und das Plangenehmigungsverfahren gem. § 9b Abs. 1 und das Genehmigungsverfahren nach Abs. 1a gelten. 10

1. Errichtung, Betrieb und Stilllegung von Anlagen (S. 1)

11 Hierzu zählen die Begriffe der Errichtung, des Betriebes und der Stilllegung von Anlagen zur Endlagerung radioaktiver Abfälle. Alle vier **Begriffsbestimmungen** sind im Atomgesetz nicht definiert. Daher sind sie durch Auslegung zu ermitteln.

12 Eine Definition des **Begriffs der Anlage iSd § 9b** ergibt sich auch nicht aus der Rechtsprechung. Diese hat sich nur mit dem Anlagenbegriff im Rahmen des atomrechtlichen Genehmigungsverfahrens für Kernkraftwerke gem. § 7 auseinandergesetzt. Danach umfasst der Anlagenbegriff des § 7 alle nuklearspezifisch gefährlichen Anlagenteile als originäre Bestandteile der Gesamtanlage (BVerwG NVwZ 1988, 1024 (1025)) und auch alle Nebeneinrichtungen, die „mit dem Anlagenkern" in einem räumlichen und betrieblichen Zusammenhang stehen und „die seinen gefahrlosen Betrieb überhaupt erst ermöglichen" bzw. „erforderlich sind, um eine unzulässige radioaktive Strahlung – sei es beim bestimmungsgemäßen Betrieb, sei es beim Störfall – auszuschließen" (BVerwG NVwZ 1988, 1024 (1026)). Das maßgebliche Kriterium stellt damit die sich auf das Atom- und Strahlenschutzrecht beziehende Sicherheitsrelevanz der Anlagenteile dar. Das gilt für den Anlagenbegriff des § 9b gleichermaßen, da es sich bei Endlagern für radioaktive Abfälle ebenfalls um unter das Atomrecht fallende Anlagen handelt, in denen mit radioaktiven Stoffen umgegangen wird. Er geht aber noch insoweit darüber hinaus, als im atomrechtlichen Planfeststellungsverfahren – anders als im atomrechtlichen Genehmigungsverfahren nach § 7 – einheitlich über die gesamte Anlage des Endlagers und nicht nur über die nuklearspezifischen Anlagenteile entschieden wird. Aufgrund der Konzentrationswirkung (→ Rn. 25) tritt die Planfeststellung an die Stelle der Zulassungen, die anderenfalls für die einzelnen Bestandteile des Endlagers erforderlich gewesen wären. (Ausnahme → Rn. 2 und 62). Das spricht für einen weitreichenden Anlagenbegriff iSd § 9b, der zusätzlich zu den nuklearspezifischen Anlagenteilen auch sonstige für den Betrieb der Anlage notwendige oder hilfreiche Bestandteile umfasst (vgl. *Rosin* in BHR EnergieR I Rn. 1114). Der Vorhabenträger bestimmt mit seinem Planfeststellungsantrag und die ihn konkretisierenden Genehmigungsunterlagen die Anlagenteile des Endlagers, die damit dem Anlagenbegriff des § 9b unterliegen. Hiervon abzugrenzen sind die **notwendigen Folgemaßnahmen.** Hierbei handelt es sich um alle Regelungen außerhalb der eigentlichen Planfeststellung, die für eine „angemessene Entscheidung über die durch das Vorhaben aufgeworfenen Probleme notwendig sind", wobei die Folgemaßnahmen nicht wesentlich über die Schnittstelle „Anschluss und Anpassung der anderen Anlage an das planfestzustellende Vorhaben" hinausgehen dürfen (*Wysk* in Kopp/Ramsauer VwVfG § 75 Rn. 10, 10c). Ausgenommen von den notwendigen Folgemaßnahmen sind nicht anlagenbezogene Genehmigungstatbestände, wie beispielsweise wasserrechtliche Erlaubnisse, die durch das Planfeststellungsvorhaben betroffene Dritte infolge des Vorhabens neu oder geändert beantragen müssen. Derartige tätigkeitsbezogene Zulassungserfordernisse sind nicht im Rahmen von Planfeststellungen übergreifend regelbar. Hier sind die Rechte Dritter außerhalb des Planfeststellungsverfahrens sicherzustellen (zu den Folgemaßnahmen im Zusammenhang mit der Genehmigung nach Abs. 1a → Rn. 9).

13 Die Planfeststellungs- bzw. Genehmigungspflicht gem. § 9b umfasst bereits die **Errichtung eines Endlagers,** dh im Wesentlichen die tatsächliche bauliche, technische und infrastrukturelle Umsetzung des planfestgestellten Endlagervorhabens. Hintergrund dafür ist, dass schon in diesem Stadium die „bestmögliche Vorsorge gegen Gefahren aus dem späteren Betrieb getroffen werden soll" (BVerwG NVwZ

1990, 967 (968)). Um das zu erreichen, hat die Behörde bei der Entscheidung über die Zulassung der Errichtung, insbesondere im Hinblick auf die Standorteignung und die bautechnischen Ausführungen, die möglichen Folgen des späteren Betriebes der Anlage mit zu berücksichtigen (BVerwG NVwZ 1990, 967 (968)). Trotz Verlagerung der Standortentscheidung vor das atomrechtliche Zulassungsverfahren durch § 20 StandAG verbleibt es bei der Zulassungspflicht der Errichtung nach dem AtG. Das BVerwG hat in seiner Rechtsprechung zum ehemaligen **Erkundungsbergwerk in Gorleben** klargestellt, dass es sich nur dann um eine Errichtung iSd § 9b handelt, wenn die Durchführung der Maßnahme auch dem Zweck der Errichtung des Endlagers dient. Davon abzugrenzen sind betriebliche (bergbauliche) Maßnahmen in einem Bergwerk, welches noch vor der Planfeststellung/Genehmigung zur Umrüstung (Errichtung) zu einem Endlager steht, sofern diese Maßnahmen zur Aufrechterhaltung des Bergwerksbetriebes erforderlich sind. Dies gilt selbst dann, wenn dabei Materialien oder Anlagenteile Verwendung finden, die auch im Endlagerbetrieb weitergenutzt werden können (BVerwG NVwZ 1990, 967 (969)).

Der **Betrieb des Endlagers** schließt sich an die Errichtung der Anlage an. Er "umfasst die gesamte, sich auf die Anlage beziehende Betriebsweise". Das bedeutet sowohl „die eigentlichen Einlagerungsvorgänge als auch die damit in unmittelbarem und nur mittelbarem Zusammenhang stehenden Tätigkeiten, wie zB Arbeitsvorbereitungen, Betriebskontrollen, Maßnahmen zum Schutz der Nachbarschaft und der Allgemeinheit". Weitergehend hatte Rosin seinerzeit den „Antransport der Fässer" ebenfalls dem Betrieb zugeordnet (*Rosin* in BHR EnergieR I Rn. 1119). Einhergehend mit der zeitlich nachgelagerten Rechtsprechung zum Endlager Konrad wird jedoch richtigerweise davon auszugehen sein, dass die Transporte der Abfallgebinde zum Endlager wie auch etwaige Rücktransporte aus dem Endlager, zB für den Fall, dass ein Abfallgebinde nicht eingelagert werden kann, gerade nicht unter den Betriebsbegriff fallen (zur Rechtsprechung zu den Transportrisiken → Rn. 57). Ferner ausgenommen sind vorgelagerte Inbetriebnahmephasen, zB von Einzelkomponenten. **14**

Unter der **Stilllegung eines Endlagers** werden bislang alle Maßnahmen einschließlich des Verschlusses des Endlagers zur Herstellung eines wartungsfreien Zustanden verstanden, die die Langzeitsicherheit des Endlagers gewährleisten. Zur Stilllegung zählen schon während der Betriebsphase durchzuführende Maßnahmen wie zB Verschlussbauwerke für befüllte Einlagerungskammern sowie alle nach der Einstellung der Einlagerung getroffenen Maßnahmen, die dem vorgenannten Zweck dienen (Sicherheitsanforderungen an die Endlagerung wärmeentwickelnder radioaktiver Abfälle des BMU, S. 4 Ziffer 2 „Begriffsdefinitionen und -erläuterungen", Stand 30.9.2010). Die Aufnahme des Begriffs der Stilllegung in das Gesetz erfolgte nach der Gesetzesbegründung zur Klarstellung und ist dem Betrieb zuzurechnen (BT-Drs. 17/13471, 31). Bereits vorher umfasste der Betriebsbegriff des § 9b nach hM auch die Stilllegung von Endlagern, da nur durch die Stilllegung das Betriebsziel eines Endlagers erreicht wird, für die eingelagerten radioaktiven Abfälle einen sicheren Abschluss von der Biosphäre zu gewährleisten (*Rosin* in BHR EnergieR I § 7 Rn. 1120; *Näser/Oberpottkamp* DVBl 1995, 136 (138ff.); *Rengeling*, Rechtsfragen zur Langzeitsicherheit von Bundesendlagern für radioaktive Abfälle, 30f.). Demgegenüber wird in Art. 1 der Verordnung über Sicherheitsanforderungen und vorläufige Sicherheitsuntersuchungen für die Endlagerung hochradioaktiver Abfälle vom 6.10.2020 (Englagersicherheitsanforderungsverordnung – EndlSiAnfV, BGBl. 2094) die Einlagerung von radioaktiven Abfällen als Betrieb gem. § 18 von der Stilllegung nach Abschluss der Einlagerung gem. § 19 getrennt. **15**

Zum einen hat die unterschiedliche Zuordnung aus genehmigungsrechtlicher Sicht keine Auswirkungen, weil sowohl der Betrieb als auch die Stilllegung genehmigungspflichtige Maßnahmen darstellen. Zum anderen ist die EndlSiAnfV nur auf ein im Standortauswahlverfahren festgelegtes Endlager für hochradioaktive Abfälle anwendbar (§ 1 Abs. 1 EndlSiAnfV iVm § 1 Abs. 2 S. 1 StandAG, s. BT-Drs. 14/14291, 28), nicht aber auf vorhandene Endlagerprojekte.

2. Wesentliche Veränderung (S. 1)

16   Eine wesentliche Veränderung der Anlage und/oder des Betriebes von Endlagern unterliegt ebenfalls der Planfeststellungspflicht gem. § 9b Abs. 1 S. 1, der Plangenehmigung gem. § 9b Abs. 1 S. 3 bzw. der Genehmigungspflicht gem. § 9b Abs. 1a. Für eine **Veränderung** in diesem Sinne reicht das Vorliegen einer bloßen tatsächlichen Änderung von Anlagenbestandteilen des Endlagers oder seines Betriebes für sich betrachtet nicht aus. Maßstab für die Beurteilung einer Veränderung ist vielmehr die Abweichung vom rechtlich Erlaubten, dh von den Festlegungen im Genehmigungsbestand, wie er sich aus dem Bescheid und den planfestgestellten Genehmigungsunterlagen ergibt. Gespiegelt am Planfestgestellten muss die Veränderung daher einen abweichenden Zustand begründen. Indes nicht als Veränderungen anzusehen sind **Reparatur- und Instandhaltungsmaßnahmen** der planfestgestellten Anlage zur Endlagerung radioaktiver Abfälle. Grenzfälle zeichnen sich jedoch dort ab, wo beispielsweise im Rahmen der jeweiligen Reparatur- und Instandhaltungsmaßnahme Ersatzteile verbaut werden müssen, die nicht mehr dem originären Bestand entsprechen. Hier ist einzelfallbezogen zu prüfen, ob die Maßnahme mit einer Abweichung zur Genehmigungslage einhergeht.

17   Was eine **wesentliche Veränderung** der Endlageranlage oder ihres Betriebes iSd § 9b Abs. 1 ist, ergibt sich nicht aus dem Gesetz, allerdings hat sich die Rechtsprechung zu Endlagern für radioaktive Abfälle hiermit vereinzelt, insbesondere bei der Entscheidung über eine Einlagerung radioaktiver Abfälle im Ostfeld des ERAM (OVG Magdeburg NVwZ 1999, 93 (94)), auseinandergesetzt und dabei die von der Rechtsprechung für Kernkraftwerke entwickelten Kriterien herangezogen (BVerfGE 53, 30 (61) = NJW 1980, 759; BVerwG NVwZ 1997, 161 (162); OVG Lüneburg DVBl. 1981, 644). Hiernach liegt bereits dann eine „wesentliche Veränderung" vor, wenn sie „Anlass zu einer erneuten Prüfung [gibt], weil sie **mehr als nur offensichtlich unerhebliche Auswirkungen auf das Sicherheitsniveau der Anlage** haben kann". „Mit anderen Worten, wesentlich sind diejenigen Änderungen, die nach Art und/oder Umfang geeignet erscheinen, die in den Genehmigungsvoraussetzungen angesprochenen Sicherheitsaspekte zu berühren, und deswegen sozusagen die Genehmigungsfrage neu aufwerfen" (BVerwG NVwZ 1997, 161 (162) – Kernkraftwerk Krümmel). Dabei kommt es nicht darauf an, dass das Sicherheitsniveau der Anlage tatsächlich im Ergebnis durch die Veränderung verbessert oder verschlechtert wird. Es genügt vielmehr der Anlass zu einer erneuten Überprüfung, weil die Beibehaltung des Sicherheitsniveaus aus der Sicht eines Fachkundigen nicht offensichtlich ist. Eine offensichtlich nur verbessernde Veränderung kann somit letztlich nicht als wesentliche Veränderung eingestuft werden; dies gilt jedoch bereits dann nicht mehr, wenn die Aussage, dass die Maßnahme nur verbessernde Auswirkungen hat, erst durch eine erneute Prüfung getroffen werden kann (fehlende Offensichtlichkeit). Eine Wesentlichkeit kann nur dann in Betracht kommen, wenn die Veränderung sicherheitstechnische Auswirkungen aufweisen kann, kurz: eine **„nuklearspezifische Sicherheitsrelevanz"** bestehen kann (*Rosin* in

BHR EnergieR I Rn. 1126). Folglich können Veränderungen an rein konventionellen Anlagen, Systemen und Komponenten die Schwelle der Wesentlichkeit nicht überschreiten. Ebenfalls unterhalb der Schwelle der Wesentlichkeit verbleiben atomrechtlich relevante Änderungssachverhalte, die sich im Vergleich zu den planfestgestellten Sachverhalten als mindestens gleichwertig darstellen. Hingegen unzweifelhaft wesentlich wäre indes die Einlagerung radioaktiver Abfälle in einem bislang nicht planfestgestellten untertägigen Bereich. Die Beschränkung der Wesentlichkeit auf einen nuklearspezifischen Bezug ist folgerichtet. Sie ist dem Schutzzweck des Atomgesetzes und damit auch der atomrechtlichen Planfeststellung geschuldet, Leben, Gesundheit und Sachgüter vor den Gefahren der Kernenergie und der schädlichen Wirkung ionisierender Strahlen zu schützen (dementsprechend wird in der Begründung des Planfeststellungsbeschlusses für das Endlager Konrad aus dem Jahr 2002 auf diese Kriterien verwiesen (PFB, S. C I – 10, pag. 0418). In diesem Sinne hat auch das BVerwG den Zweck der atomrechtlichen Planfeststellung gem. § 9b dahingehend umschrieben, „die nuklearspezifischen Gefahren und die zu ihrer Beherrschung erforderlichen Maßnahmen zu ermitteln, offenzulegen und zur Erörterung zu stellen sowie eine Grundlage für die Entscheidung zu schaffen, ob und wie die nach dem Stand von Wissenschaft und Technik erforderliche Vorsorge gegen Schäden zu gewährleisten ist" (BVerwG NVwZ 1990, 967 (968), vertiefend zu wesentlichen Veränderungen iSd § 9b Abs. 1: *Dörpmund/Hippler* in Ziekow, Handbuch des Planfeststellungsrechts, § 19 Rn. 29–33). Außerhalb dieses in der Praxis angesetzten Maßstabes wird mit Blick auf das BImSchG ein weniger strenger Ansatz zur Bemessung des Wesentlichkeit gefordert (ausführlich → § 7 Rn. 11).

IV. Teilbarkeit und Verhältnis zum VwVfG

Regelungen zur Teilbarkeit der Planfeststellungsentscheidung und zu einer spezifischen Anwendung von Planfeststellungsvorschriften aus dem VwVfG auf Endlagervorhaben finden sich in den S. 2–4 des § 9b Abs. 1. **18**

1. Gestuftes Vorgehen/Prognose (S. 2)

§ 9 Abs. 1 S. 2 ermöglicht eine stufenweise Durchführung von Endlagervorhaben. Erforderlich ist zum einen ein dementsprechender Antrag und die Erteilung von **Teilplanfeststellungsbeschlüssen,** zum anderen eine prognostische Feststellung im Rahmen einer vorläufigen Prüfung, dass die Voraussetzungen des § 9b Abs. 4 in Hinblick auf die Errichtung, den Betrieb der gesamten Anlage und der Stilllegung vorliegen werden. Dabei ist die Aufzählung möglicher Stufen (Errichtung, Betrieb, Stilllegung) nicht abschließend (BT-Drs. 17/13471, 31). **19**

2. Verhältnis zu Planfeststellungsvorschriften des VwVfG (S. 3 und 4)

Die S. 3 und 4 des § 9b Abs. 1 regeln das Verhältnis der speziellen Vorschriften für Endlager in § 9b Abs. 1 zu bestimmten allgemeinen Planfeststellungsvorschriften des VwVfG. **20**

Satz 3 normiert eine modifizierte Anwendung der Vorschrift des § 74 Abs. 6 VwVfG zur Erteilung einer **Plangenehmigung** anstelle einer Planfeststellung für Endlager. Hiernach darf eine Plangenehmigung nur bei Beantragung einer wesent- **21** lichen Veränderung der Endlageranlage oder ihres Betriebes und nur für den Fall erteilt werden, dass die wesentliche Veränderung keine erheblichen nachteiligen Umweltauswirkungen haben kann. Satz 3 wurde ursprünglich als S. 2 durch das Gesetz zur Beschleunigung von Genehmigungsverfahren (GenBeschlG) v. 12.9.1996 (BGBl. I 1354) dem § 9b Abs. 1 S. 1 angefügt. Er dient nach der Gesetzesbegründung dazu, aufgrund der Einführung der Neuregelung zur Plangenehmigung durch § 76 Abs. 6 VwVfG sicherzustellen, dass ein Plangenehmigungsverfahren nur dann zur Anwendung kommt, wenn kein Planfeststellungsverfahren mit integrierter Umweltverträglichkeitsprüfung erforderlich ist (BT-Drs. 13/3995, 10).

22 Gemäß § 9b Abs. 1 S. 4 findet **§ 76 VwVfG** keine Anwendung auf Endlager für radioaktive Abfälle. Hiernach unterliegen Planänderungen vor Fertigstellung des Vorhabens einem erneuten Planfeststellungserfordernis. Der Wortlaut des § 9b Abs. 1 S. 1 legt zunächst nahe, dass sich die Beschränkung der Planfeststellungspflicht auf wesentliche Veränderungen nur auf bereits errichtete Anlagen oder ihren Betrieb beziehe. Demgegenüber stellt S. 4 klar, dass die Spezialvorschrift in § 9b Abs. 1 S. 1 auch für bereits planfestgestellte, aber noch nicht fertiggestellte Anlagen gilt (BT-Drs. 13/8641, 14). Somit unterliegen auch im Zeitraum nach der Planfeststellung eines Endlagervorhabens bis zum Ende der Errichtung nur wesentliche Veränderungen der Anlage oder ihres Betriebes einer Planfeststellungspflicht. Während des Planfeststellungsverfahrens eines Endlagers gilt diese Einschränkung nicht, da das AtG eine Planfeststellungspflicht für die **Erstzulassung** von Endlagern vorsieht. In der abschließenden Verfahrensentscheidung hat die Behörde über die Rechtmäßigkeit des beantragten Vorhabens in seiner aktuell vorgesehenen Form zu befinden. Damit sind alle – dh auch unwesentliche – Veränderungen während des Entscheidungsprozesses der abschließenden Verfahrensentscheidung zuzuführen, damit diese das Spiegelbild der aktuellen Planung darstellt.

V. Standortauswahl und Zulassungsverfahren (Abs. 1a)

23 Im Zuge der Regulierung des Standortauswahlverfahrens durch das StandAG wurde eine weitere Verfahrensart zur Zulassung von Endlagern für radioaktive Abfälle – die Genehmigung gem. § 9b Abs. 1a – in das AtG aufgenommen. Die Unterschiede zwischen dieser Genehmigungsart und der atomrechtlichen Planfeststellung für Endlager hat der Gesetzgeber nicht abstrakt im Gesetz oder der Gesetzesbegründung dargelegt, vielmehr sind sie durch einen Vergleich der auf die Genehmigung anzuwendenden Vorschriften mit denen der Planfeststellung für Endlager zu ermitteln. Nach § 20 StandAG wird der Standort für ein Endlager für hochradioaktive Abfälle vor dem eigentlichen Zulassungsverfahren für das Endlager nach dem AtG durch Bundesgesetz festgelegt. Gemäß § 20 Abs. 3 StandAG ist die **Standortentscheidung** nach Abs. 2 für das anschließende Genehmigungsverfahren nach § 9b Abs. 1a AtG für die Errichtung, den Betrieb und die Stilllegung des Endlagers verbindlich. Dennoch ist die Eignung des Vorhabens auf der Grundlage dieser Entscheidung im Genehmigungsverfahren vollumfänglich zu prüfen. Dieser Satz ist auf Empfehlung der Endlagerkommission in die Neufassung des StandAG aus 2017 aufgenommen worden (BT-Drs. 18/11398, 65), da eine nicht mehr beklagbare (verbindliche) Standortentscheidung nicht mit europarechtlichen Rechtsschutzanforderungen in mehrfacher Hinsicht vereinbar sei (K-Drs. 268, 453 aE). Die Standortentscheidung umfasst die standortbezogenen Elemente des Endlagers, die in dem vorlaufenden Verfahren nach dem StandAG geprüft werden, während die

Eignung des konkreten Vorhabens vollumfänglich als Prüfungsgegenstand des anschließenden Genehmigungsverfahrens nach § 9b Abs. 1a verbleibt (BT-Drs. 18/11398, 65). Unklar ist bei dieser Formulierung, welche Reichweite der Verbindlichkeit der Standortentscheidung mit Blick auf eine vollumfängliche Prüfung des Vorhabens im Rahmen der atomrechtlichen Genehmigungsverfahren zukommt. Anders gesagt: Was wird bei der Standortentscheidung standortbezogen verbindlich festgelegt, das nicht noch über die vollständige Überprüfung des Vorhabens im Genehmigungsverfahren anders entschieden werden kann? Ziel der Endlagerkommission war es auf der einen Seite, den europarechtlichen Rechtsschutzanforderungen Rechnung zu tragen, auf der anderen Seite jedoch nicht die Entscheidung des Bundestages zu entwerten (K-Drs. 268, 454). Daher sollte insbesondere die **Bindungswirkung** der gesetzlichen Standortentscheidung so reduziert werden, dass eine spätere gerichtliche Überprüfung – wie gesehen – möglich bleibt. Im Ergebnis führt dies jedoch nicht zu der eigentlich erwünschten „Abschwächung" der Bindungswirkung, sondern lässt sie letztlich leerlaufen. Allenfalls könnte man argumentieren, dass der Standort als solcher verbindlich bleibt, zeigte sich jedoch im Genehmigungsverfahren, dass bspw. die Schadensvorsorge an diesem Standort nicht nachweisbar wäre, liefe das jahrzehntelange Standortauswahlverfahren und die Standortentscheidung ins Leere.

1. Genehmigungsvoraussetzungen und Versagungsgründe (S. 2 und 3)

Die Genehmigungsvoraussetzungen für die Errichtung, den Betrieb und die Stilllegung von Endlagern ergeben sich aus S. 2, wobei sie für die Stilllegung sinngemäß gelten. Hiernach sind die in § 7 Abs. 2 Nrn. 1–3 und 5 genannten Voraussetzungen für die Genehmigung zu erfüllen. Sie entsprechen inhaltlich denen der Planfeststellung von Endlagern (→ Rn. 38 ff.). Neben der Erfüllung der Genehmigungsvoraussetzungen setzt die Genehmigungserteilung zusätzlich – wie bei der Planfeststellung – voraus, dass die in S. 3 aufgeführten Versagungsgründe nicht greifen (→ Rn. 49 ff.). 24

2. Konzentrationswirkung und Behördenbeteiligung (S. 4, 5 und 6)

§ 9b Abs. 1a S. 4 regelt die **Gestattungswirkung** der Genehmigung. Durch sie wird die Zulässigkeit des Vorhabens im Hinblick auf alle hiervon berührten öffentlichen Belange festgestellt. Neben der Genehmigung sind andere behördliche Entscheidungen grundsätzlich nicht erforderlich, sog. **„Konzentrationswirkung"**. Wie der Planfeststellung gem. § 9b Abs. 1 kommt insoweit auch der Genehmigung gem. § 9b Abs. 1a formelle Konzentrationswirkung zu (*Dörpmund/Hippler* in Ziekow, Handbuch des Planfeststellungsrechts, § 19 Rn. 43; in Bezug auf die Planfeststellung: *Gaentsch* in Ossenbühl AtRT 2004, 116), wenngleich der Gesetzgeber in seiner amtlichen Begründung missverständlich von einer „materiellen Konzentrationswirkung" spricht (BT-Drs. 17/13471, 31). Eine materielle Konzentrationswirkung zeichnet sich dadurch aus, dass allein das materielle Recht der ersetzenden Genehmigung gilt und nicht die materiellen Anforderungen der ersetzten Entscheidungen Anwendung finden (BVerwG NVwZ 1993, 572 (575); NVwZ 2007, 459 (460)). Die formelle (verfahrensrechtliche) Konzentrationswirkung beschränkt sich hingegen auf die Konzentration der behördlichen Zuständigkeit und der Ver- 25 fahrensvorschriften, lässt dabei jedoch das materielle Fachrecht unberührt (*Ramsauer* in Kopp/Ramsauer VwVfG § 9 Rn. 55 f. und *Wysk* in Kopp/Ramsauer VwVfG § 75 Rn. 14, 15). Dem Kontext der Begründung ist jedoch zu entnehmen, dass der Gesetzgeber keine abweichende Konzentrationswirkungsregelung treffen wollte, sondern den Begriff anders und zwar im Sinne einer formellen Konzentrationswirkung verwendet (BT-Drs. 17/13471, 31: „Die materielle Konzentrationswirkung erstreckt sich nicht auf wasserrechtliche Erlaubnisse und Bewilligungen."). Das Gesetz führt die bedeutenden Entscheidungsarten auf bis hin zu Planfeststellungen, die durch die Genehmigung konzentriert werden. Diese Aufzählung in S. 4 ist jedoch nicht abschließend, vielmehr schließt die Genehmigung „andere auf öffentlich-rechtliche Vorschriften gestützte Entscheidungen, die Voraussetzung für die Errichtung oder den Betrieb der Anlage sind, ein" (BT-Drs. 17/13471, 31), mit Ausnahme zum einen der wasserrechtlichen Erlaubnisse und Bewilligungen. Diese bleiben „wegen der Sonderstellung des Wasserrechts verselbständigt, damit dem wasserwirtschaftlichen Bewirtschaftungsermessen der nötige Handlungs- und Dispositionsspielraum gegeben ist" (BT-Drs. 17/13471, 31). Zum anderen sind die behördlichen Entscheidungen zur Zulässigkeit des Vorhabens nach dem Berg- und Tiefenspeicherrecht ausgenommen. Auch sie bedürfen einer gesonderten Erteilung (→ Rn. 62).

26 Laut S. 5 sind bei der Genehmigungsentscheidung sämtliche Behörden des Bundes, der Länder, der Gemeinden und der sonstigen Gebietskörperschaften zu beteiligen, deren Zuständigkeitsbereich berührt wird. Zuständig für die Genehmigungsentscheidung ist das BASE gem. § 23d S. 1 Nr. 1 (→ § 23d Rn. 6). Die Genehmigung ist gem. S. 6 im Benehmen mit den jeweils eigentlich zuständigen Behörden zu treffen. „Im Benehmen" bedeutet, dass den sonst zuständigen Behörden Gelegenheit zur Stellungnahme gegeben werden muss, während im Einvernehmen „das Einverständnis der zu beteiligenden Stelle voraussetzt" (*Geiger* in Ziekow, Handbuch des Planfeststellungsrechts, § 3 Rn. 129 unter Verweis auf *Bonk/Neumann* in SBS VwVfG § 74 Rn. 241; ähnliche Fassung *Neumann/Külpmann* in SBS VwVfG § 74 Rn. 241 f.).

3. Verweis auf § 7b und die Atomrechtliche Verfahrensordnung (S. 7)

27 Die Verfahrensvorschriften für das Genehmigungsverfahren richten sich nach § 7b und der AtVfV iVm § 9b Abs. 1a S. 6. Infolgedessen sind auch Teilgenehmigungen zulässig. Ihre Erteilung erfordert ein vorläufiges positives Gesamturteil über das Vorliegen der „dafür normierten gesetzlichen Voraussetzungen" (BT-Drs. 17/13471, 32; zur Bestandskraftpräklusion → § 7b Rn. 3 f.).

28 In der **AtVfV** finden sich keine Regelungen zu den Anforderungen an die **konzentrierten konventionellen Rechtsgebiete im Genehmigungsverfahren.** Auch gilt der Verweis auf § 73 Abs. 1 S. 2 VwVfG aufgrund der fehlenden Anwendung des § 9b Abs. 5 bei der Genehmigung iSd § 9b Abs. 1a (→ Rn. 9) nicht. Ferner finden sich keine Aussagen in den speziellen Genehmigungsvorschriften des AtG oder seiner amtlichen Begründung. Gleichwohl erfordert die Entscheidung über die konzentrierten Rechtsgebiete im Genehmigungsverfahren einen vergleichbaren verfahrensrechtlichen Umgang wie bei der Planfeststellung. Daraus ist zu schließen, dass die Anforderungen an die Unterlagen zu den konzentrierten Rechtsgebieten inhaltlich denen bei der Planfeststellung gem. § 73 Abs. 1 S. 2 VwVfG (→ Rn. 60) entsprechen müssen.

VI. Erfordernis der Umweltverträglichkeitsprüfung (Abs. 2)

Absatz 2 S. 1 legt fest, dass bei der Planfeststellung von Endlagern für radioaktive **29** Abfälle die **Umweltverträglichkeit** der Anlage zu prüfen ist; Fragen einer UVP-Vorprüfung thematisiert allein § 2a (→ § 2a Rn. 4). Die UVP ist gem. Abs. 2 S. 2 Teil der Prüfung nach Abs. 4 der Planfeststellungs- bzw. Genehmigungsvoraussetzungen und der Versagungsgründe. § 9b Abs. 1, der nur Erstvorhaben und wesentliche Veränderungen der Planfeststellungspflicht unterwirft, legt nahe, dass eine UVP gem. Abs. 2 ebenso nur Erstvorhaben und wesentliche Veränderungen von Endlagern erfasst, wenngleich das UVPG selbst einen weitreichenderen Ansatz zugrundelegt.

Unwesentliche Veränderungen der Endlageranlage oder ihres Betriebes sind **30** damit aber nicht per se von einer UVP befreit. Über die Zulässigkeit solcher Veränderungen entscheidet nicht die atomrechtliche Planfeststellungs- bzw. Genehmigungsbehörde, da deren Entscheidungskompetenz mit der Erteilung des PFB endet und erst wieder auflebt, wenn über eine wesentliche Veränderung zu entscheiden ist. Hierüber entscheiden vielmehr die nach Fachrecht für das Zulassungsverfahren für die Veränderung zuständigen Behörden. Beispielsweise die nach Landesrecht zuständige Bauaufsichtsbehörde für baugenehmigungspflichtige Veränderungen oder die für immissionsschutzrechtliche Genehmigungsverfahren zuständige Behörden für nach dem BImSchG genehmigungspflichtige Veränderungen des Endlagers ohne Bezug zum Atomrecht. Sehen die gesetzlichen Regelungen außerhalb des AtG für diese Änderungsmaßnahmen **Umweltverträglichkeitsprüfpflichten** vor, so ist sie nach den jeweils dafür einschlägigen Vorschriften durchzuführen, unabhängig von ihrer Zugehörigkeit zu einem Endlager für radioaktive Abfälle.

Laut § 9b Abs. 2 S. 3 ist auch in den Genehmigungsverfahren nach § 9b Abs. 1a **31** eine Umweltverträglichkeit der Anlage zu prüfen. Nach Abs. 2 S. 3 Hs. 2 kann diese auf Grund der in dem Standortauswahlverfahren nach den Bestimmungen des StandAG bereits durchgeführten UVP allerdings **auf zusätzliche oder andere erhebliche Umweltauswirkungen beschränkt** werden.

Für die Durchführung der UVP nach § 9b Abs. 2 gelten über § 2a Abs. 1 die **32** **Verfahrensvorschriften der AtVfV** – sowohl für die Planfeststellung gem. § 9b Abs. 1 als auch die Genehmigung gem. Abs. 1a –, da sie Vorrang gegenüber dem UVPG haben (→ § 2a Rn. 2f.; → § 7 Rn. 109). Hiervon unberührt bleiben die besonderen Vorschriften zu der UVP im atomrechtlichen Planfeststellungsverfahren gem. § 9b Abs. 2 und Abs. 5 Nr. 1 (BT-Dr. 14/4599, 152; → § 2a Rn. 3).

VII. Nebenbestimmungen und nachträgliche Auflagen (Abs. 3)

§ 9b Abs. 3 S. 1 sieht vor, dass der Planfeststellungsbeschluss für Endlager für ra- **33** dioaktive Abfälle zur Erreichung der in § 1 bezeichneten Zwecke inhaltlich beschränkt und mit Auflagen verbunden werden kann (zur Erreichung der in § 1 enthaltenen Zwecke → § 1 Rn. 91f.). Soweit es zur Erreichung der in § 1 Nrn. 2–4 bezeichnete Zwecke erforderlich ist, sind nach S. 2 auch nachträgliche Auflagen zulässig. In der Literatur wird einerseits die Eigenständigkeit der Regelung des § 9b Abs. 3 im **Verhältnis zu § 17** hervorgehoben (*Gierke/Paul* in Theobald/Kühling

§ 9b Rn. 46), andererseits eine Anknüpfung zu § 17 gesehen und dort die einzelnen Nebenbestimmungsarten erläutert (*Haedrich* AtG § 9b Rn. 8 und § 17 Rn. 7). Die Gesetzesbegründung zur Einführung des § 9b Abs. 3 (zuvor Abs. 2) zieht ebenfalls § 17 Abs. 1 heran und führt aus, dass der Planfeststellungsbeschluss entsprechend den Regelungen in § 17 Abs. 1 S. 1 und 2 mit Nebenbestimmungen und Auflagen verbunden werden kann (BT-Drs. 7/4794, 9).

34 Der Begriff der **inhaltlichen Beschränkung** wird in der Vorschrift selbst nicht näher erläutert. Stimmen in der Literatur sehen hierin eine Einschränkung in der Sache, zB die Begrenzung der Menge der auf dem Anlagengelände zu lagernden Kernbrennstoffe (*Haedrich* AtG § 9b Rn. 8 und § 17 Rn. 7). Hier ist im Einzelfall die Abgrenzung zu einer Inhaltsbestimmung schwierig, die nicht zu den Nebenbestimmungen zählt (*Ramsauer* in Kopp/Ramsauer VwVfG § 36 Rn. 8 ff., 74 f.). Für andere ermöglicht der Begriff „inhaltliche Beschränkung" auch im Rahmen des § 9b Abs. 3 AtG mit Blick auf den Nebenbestimmungskatalog des § 36 Abs. 2 VwVfG in erster Linie den Erlass von Bedingungen zum Planfeststellungsbeschluss (*Gierke/Paul* in Theobald/Kühling § 9b Rn. 46). Das sind nach § 36 Abs. 2 Nr. 2 VwVfG Bestimmungen, nach denen der Eintritt oder der Wegfall einer Vergünstigung oder einer Belastung von dem ungewissen Eintritt eines zukünftigen Ereignisses abhängt. Letztlich ist hier nicht rechtssicher erkennbar, was der Gesetzgeber unter inhaltliche Beschränkungen fassen wollte. Einigkeit besteht dahingehend, dass **Befristungen** (zum Problem der nachträglichen Befristung der erteilten Genehmigungen für Kernkraftwerke → Rn. 36; zu den Auswirkungen befristeter wasserrechtlicher Erlaubnisse für die atomrechtliche Planfeststellung → Rn. 37) und **Widerrufsvorbehalte** nicht hierunter gefasst werden, da § 17 auf atomrechtliche Planfeststellungsbeschlüsse insoweit keine Anwendung findet (zur Befristung allgemein *Gierke/Paul* in Theobald/Kühling § 9b Rn. 46). Mit Blick auf die Befristung erscheint dies aufgrund der Unterschiedlichkeit einer Genehmigung für Kernkraftwerke nach § 7 und einer Planfeststellung für Endlager nicht zwingend, da die vom Gesetzgeber herangezogenen hohen Investitionsrisiken bei Endlagerprojekten gerade nicht greifen (BT-Drs. 3/759, 30). Andererseits hätte eine Befristung lediglich eine begrenzte Betriebsphase zur Folge, die auf das zeitlich anhaltende Erfordernis der Langzeitsicherheit keine Auswirkungen hätte, so dass sich eine Befristung schon aus diesem Grund praktisch verbietet. Für den Widerruf wurde die Unanwendbarkeit des § 17 auf atomrechtliche Planfeststellungen einschließlich die gem. § 57a als solche fingierte atomrechtliche Dauerbetriebsgenehmigung im Zusammenhang mit dem Endlager für radioaktiven Abfälle in Morsleben (ERAM) durch das BVerwG festgestellt, vielmehr kann ein Planfeststellungsbeschluss nach Maßgabe des § 49 VwVfG widerrufen werden (BVerwGE 105, 6 (9) = NVwZ 1998, 281). Vor diesem Hintergrund scheidet eine begriffliche Übereinstimmung von inhaltlichen Beschränkungen iSd § 9b und Nebenbestimmungen iSd § 36 VwVfG aus. Insoweit scheint eine Verdichtung auf Bedingungen zum Planfeststellungsbeschluss naheliegend; einhergehend mit dem weiteren Verständnis von *Haedrich* werden aber wohl auch Inhaltbestimmungen als inhaltliche Beschränkung iSd § 9b zu berücksichtigen sein; jedenfalls dann, wenn diese erforderlich wären, den atomrechtlichen Schutzzwecken Rechnung zu tragen.

35 Auch der Begriff der **Auflage** wird nicht definiert. Unter Auflagen auch iSd § 9b Abs. 3 AtG werden in Einklang mit § 36 Abs. 2 Nr. 4 VwVfG einheitlich Bestimmungen verstanden, durch die dem Vorhabenträger ein Tun, Dulden oder Unterlassen vorgeschrieben wird (*Haedrich* AtG § 9b Rn. 8, § 17 Rn. 7; *Gierke/Paul* in Theobald/Kühling § 17 Rn. 46). **Nachträgliche Auflagen** sind auf die Erreichung der in § 1 Nrn. 2–4 genannten (Schutz-)Zwecke beschränkt. Formalrechtlich entspricht eine nachträgliche Änderung letztlich einer von Amts wegen initiierten Teilaufhebung der Planfeststellung unter zeitgleichem Neuerlass einer inhaltlich angepassten Planfeststellung. Geht mit der nachträglichen Auflage eine wesentliche Veränderung der Anlage oder ihres Betriebes einher, ist diesbezüglich erneut ein Öffentlichkeitsbeteiligungsverfahren nach Maßgabe der AtVfV durchzuführen. Unterhalb der Schwelle der Gefahrenabwehr wird streitig diskutiert, welchem Sicherheitsstandard nachträglichen Auflagen Rechnung tragen müssen. Folgt man an dieser Stelle zunächst dem Gesetzeswortlaut, so wären all jene nachträglichen Auflagen zulässig, die zur Erreichung der in § 1 Nrn. 2–4 AtG genannten (Schutz-)Zwecke erforderlich sind. Dabei bleibt jedoch ungewiss, ob diese Erforderlichkeit erst angenommen werden kann, wenn sich eine abzuwehrende Gefahr stellt oder bereits wenn der Verdacht einer etwaigen Gefahr begründet ist. Letzterer Ansatz würde dazu führen, dass den Betreibern zeit- und kostenintensive nachträgliche Vorgaben gemacht werden dürften, ohne dass hierdurch ein Sicherheitsgewinn sichergestellt wäre (ausführlich zum Streitstand *Rosin* in BHR EnergieR I Rn. 1016ff. mwN). Im Ergebnis wird wohl, je schwerwiegender der Gefahrenverdacht wiegt, desto eher der Behörde die Möglichkeit einzuräumen sein, vor dem Hintergrund der Schadensvorsorge nach dem Stand von Wissenschaft und Technik, die erforderlichen nachträglichen Auflagen zu erlassen.

Dass Befristungen der Planfeststellungen als unzulässig angesehen werden, gilt 36 folgerichtig grundsätzlich auch für etwaige Befristungen im Nachgang einer bereits bestandskräftigen Planfeststellung **(nachträgliche Befristungen).** Insoweit rechtlich bedenklich erscheint die in jüngerer Vergangenheit getroffene Entscheidung des Gesetzgebers, erteilte Genehmigungen für **Kernkraftwerke** nachträglich zu befristen, ohne § 17 entsprechend anzupassen (zur Darstellung des Normwiderspruches → § 7 Rn. 25).

Ein praktisches Problem im Kontext des **Befristungsverbotes für Planfest-** 37 **stellungen** kann sich aus dem Umstand ergeben, dass **wasserrechtliche Erlaubnisse und Bewilligungen** nicht konzentriert werden (§ 19 Abs. 1 WHG), sie also anders als die Planfeststellung selbst gerade keinem Befristungsverbot unterliegen. Im Gegenteil sind wasserrechtliche Erlaubnisse in der Praxis regelmäßig nicht nur befristet, sondern unterliegen – nicht zuletzt vor dem Hintergrund des wasserhaushaltsrechtlichen Verbesserungsgebotes und des Bewirtschaftungsermessens (§ 12 Abs. 2 WHG) der zuständigen Behörde – auch einem gesetzlichen Widerrufsvorbehalt (§ 18 Abs. 1 WHG). Sofern die erlaubte Benutzung von Gewässern jedoch unverzichtbare Voraussetzung insbesondere für den Betrieb eines Endlagers ist, wird hierdurch letztlich das Befristungsverbot für Planfeststellungen konterkariert.

VIII. Planfeststellungsvoraussetzungen (Abs. 4)

§ 9b Abs. 4 regelt die Voraussetzungen für die Erteilung eines Planfeststellungs- 38 beschlusses durch **Verweis auf § 7 Abs. 2 Nrn. 1–3 und 5.** Grundsätzliche Ausführungen zu den in § 7 aufgeführten Tatbestandsmerkmalen werden daher unter § 7 (→ § 7 Rn. 42–85) kommentiert. Nachfolgend werden nur die endlagerspezifischen Aspekte beleuchtet. Gleiches gilt für die Erteilung einer Plangenehmigung nach Abs. 1a, so dass den nachstehenden Ausführungen und Verweisungen auch für die Genehmigung Bedeutung zukommt.

1. Zuverlässigkeit und Fachkunde

39 Zunächst darf nach Maßgabe des § 7 Abs. 2 Nr. 1 die Genehmigung nur erteilt werden, wenn zum einen keine Tatsachen vorliegen, aus denen sich Bedenken gegen die **Zuverlässigkeit** des Antragstellers und der für die Errichtung, Leitung und Beaufsichtigung des Betriebes der Anlage verantwortlichen Personen nach § 12b iVm der AtZüV v. 1.7.1999 (BGBl. I 1525) ergeben, zum anderen die für die Errichtung, Leitung und Beaufsichtigung des Betriebes verantwortlichen Personen die erforderliche **Fachkunde** besitzen (zur Zuverlässigkeit → § 7 Rn. 42; zur Fachkunde → § 7 Rn. 43).

40 Es existiert keine Vorschrift, die den **Fachkundenachweis** für das Personal bei der Errichtung und dem Betrieb eines Endlagers für radioaktive Abfälle regelt. Daher können für die Ableitung der Anforderungen lediglich die Vorschriften für den Fachkundenachweis von Kernkraftwerkspersonal in sinngemäßer Anwendung herangezogen werden (insbesondere Richtlinie für den Fachkundenachweis von Kernkraftwerkspersonal v. 24.5.2012, GMBl. Nr. 34/2012, 611). Darüber hinaus muss er die Festlegungen der Planfeststellung zur Betriebsorganisation und zu den Tätigkeitsanforderungen widerspiegeln. Ebenso ist es erforderlich, dass sich der Nachweis für das Endlagerpersonal auf die Erfüllung der bergbaulichen Aspekte erstreckt.

41 Wenngleich mit Blick auf das Endlager Konrad verlangt und in § 12b Abs. 1 S. 2 normiert, passt das Erfordernis der Zuverlässigkeitsüberprüfung nach § 12b Abs. 1 Nr. 2 für bei der Ermittlung von Endlagern tätige Personen nicht, da diese Vorschriften dem Schutz vor unbefugten Handlungen dienen, die zu einer Entwendung und Freisetzung radioaktiver Stoffe führen. Denn während der Errichtungsphase findet noch kein Umgang mit radioaktiven Stoffen statt (zu den Voraussetzungen der zuständigen Behörde, von einer Zuverlässigkeitsüberprüfung abzusehen s. § 1 Abs.§5 AtZüV).

2. Notwendige Kenntnisse der sonst tätigen Personen

42 Die Erfüllung des § 7 Abs. 2 Nr. 2 setzt die Gewährleistung voraus, dass die bei dem Betrieb der Anlage sonst tätigen Personen die **notwendigen Kenntnisse** über einen sicheren Betrieb der Anlage, die möglichen Gefahren und die anzuwendenden Schutzmaßnahmen besitzen (→ § 7 Rn. 44). Auch hier werden die Regelungen für Kernkraftwerkspersonal zum Nachweis sinngemäß herangezogen. Der Nachweis der notwendigen Kenntnisse orientiert sich mithin an den atomrechtlich relevanten Vorgaben der Planfeststellung. Vor dem Hintergrund der Endlagerung in tiefen geologischen Formationen ist es – über den § 7 Abs. 2 Nr. 2 hinausgehend – zudem erforderlich, dass die tätigen Personen gleichermaßen Kenntnisse über die bergbaulichen Anforderungen haben.

3. Schadenvorsorge

43 In § 7 Abs. 2 Nr. 3 ist eine der bedeutendsten anlagenbezogenen Genehmigungsvoraussetzungen festgelegt. Hiernach muss die nach dem **Stand von Wissenschaft und Technik erforderliche Vorsorge** gegen Schäden durch die Errichtung und den Betrieb der Anlage getroffen sein. Für Endlager für radioaktive Abfälle leiten sich hieraus alle sicherheitstechnischen Anforderungen ab, durch die Schäden im Zusammenhang mit der Endlagerung radioaktiver Abfälle vermieden werden müssen (*Huntemann,* Recht der unterirdischen Endlagerung radioaktiver Abfälle, 75). Die Auslegung der unbestimmten Rechtsbegriffe der „erforderlichen

Schadensvorsorge" und „des Standes von Wissenschaft und Technik" bei Endlagern folgen grundsätzlich denen für Anlagen iSd § 7, also abermals den für Kernkraftwerke entwickelten Maßstäben (zur erforderlichen Schadensvorsorge → § 7 Rn. 45 ff.; zum Stand von Wissenschaft und Technik → § 7 Rn. 46).

Die Sicherheitsanforderungen des § 7 Abs. 2 Nr. 3 bedürfen auch in Bezug auf 44 Endlager einer Konkretisierung. Diese erfolgt im Wesentlichen durch die Regelungen des StrlSchG, der StrlSchV und für darin nicht geregelte Sachverhalte durch untergesetzliche Regelwerke, wie insbesondere die Endlager betreffenden **RSK Sicherheitskriterien** von 1983 (GMBl. 1983, 220). Diese wurden für Endlager für wärmentwickelnde radioaktive Abfälle im Jahr 2010 durch die **Sicherheitsanforderungen an die Endlagerung wärmentwickelnder radioaktiver Abfälle** des BMU abgelöst (Sicherheitsanforderungen v. 30.9.2010, abrufbar unter https://www.bmu.de/download/sicherheitsanforderungen-an-die-endlagerung-waermeentwickelnder-radioaktiver-abfaelle/, zul. abgerufen am 25.10.2020).

Das StandAG enthält in § 26 Abs. 3 eine Ermächtigung zum Erlass einer **Ver-** 45 **ordnung über Sicherheitsanforderungen** für die Endlagerung. Sie beinhaltet laut § 26 Abs. 1 die Anforderungen, denen die Errichtung, der Betrieb und die Stilllegung einer nach § 9b Abs. 1a genehmigungsbedürftigen Anlage zur Gewährleistung der nach dem Stand von Wissenschaft und Technik erforderlichen Vorsorge gegen Schäden genügen müssen. Damit wird das bei der Endlagerung zu erreichende Schutzniveau festgelegt. Die entsprechende EndlSiAnfV wurde unter Berücksichtigung der Empfehlungen der Endlagerkommission sowie auf Basis der Sicherheitskriterien aus 2010 erarbeitet. Es liegt ein Entwurf für eine solche Verordnung als **EndlSiAnfV** vor (BT-Drs. 19/19291 v. 18.5.2020). Durch ihr Inkrafttreten am 7.10.2020 hat sie die Sicherheitsanforderungen aus 2010 abgelöst (s. die Webseite https://www.bmu.de/themen/atomenergie-strahlenschutz/nukleare-sicherheit/sicherheit-endlager/sicherheitsanforderungen/, zuletzt abgerufen am 25.10.2020; BT-Drs. 19/19291, 26).

Die Ermittlung der Anforderungen an die erforderliche Schadensvorsorge ba- 46 sierte nach den bisherigen Regelwerken auf einer standortspezifischen Sicherheitsanalyse (RSK Sicherheitskriterien Ziff 1; GMBl. 1983, 220; Sicherheitsanforderungen, Stand 30.9.2010, Ziff. 7.2). Vergleichbare Instrumentarien finden sich mit der betrieblichen Sicherheitsanalyse (§ 8) und der Langzeitsicherheitsanalyse (§ 9) in Art. 2 der Verordnung über Sicherheitsanforderungen und vorläufige Sicherheitsuntersuchungen für die Endlagerung hochradioaktiver Abfälle vom 6.10.2020 (Englagersicherheitsanforderungsverordnung − EndlSiAnfV, BGBl. 2094). Dabei sind sowohl der Betrieb also auch die Langzeitsicherheit des Endlagers in den Blick zu nehmen. Vor dem Hintergrund der Endlagerzielsetzung eines endgültigen Verbleibs der radioaktiven Abfälle in den tiefen geologischen Schichten kommt dem Langzeitsicherheitsnachweis bei der Sicherheitsanalyse besondere Bedeutung zu. Seine Aufgabe ist die Gewährleistung des Schutzes zukünftiger Generationen in der sogenannten Nachbetriebsphase. Folglich setzt die Langzeitsicherheit eines Endlagers den Nachweis eines auf Dauer gefahrlosen wartungsfreien Verbleibs der eingelagerten radioaktiven Abfälle voraus (BVerwGE 105, 6 (20) = NVwZ 1998, 281). Das StandAG konkretisiert die Sicherheitsanforderungen aus 2010 und das StandAG die Anforderungen an die Langzeitsicherheit für ein Endlager für wärmentwickelnde bzw. hochradioaktive Abfälle dahingehend, dass für einen Zeitraum von einer Million Jahren der **Langzeitsicherheitsnachweis** zu erbringen ist (§ 1 Abs. 2, § 26 Abs. 2 Nr. 1 StandAG). Dabei eröffnet es für die Erbringung des Langzeitsicherheitsnachweises zwei Möglichkeiten: Entweder die Darlegung eines einschlusswirksamen Gebirgsbereiches oder eines Endlagerkonzeptes, das technische und geotechnische Barrieren kombiniert. In beiden Varianten müssen die radioaktiven und sonstigen Schadstoffe in den Abfällen – in dem Gebirgsbereich bzw. innerhalb der Barrieren – derart konzentriert und eingeschlossen sein, dass lediglich Expositionen aufgrund von Freisetzungen radioaktiver Stoffe aus dem Endlager geringfügig im Vergleich zur natürlichen Strahlenexposition sind (§ 26 Abs. 2 Nr. 1 StandAG). Weitere Konkretisierungen zu den Langzeitsicherheitsanforderungen finden sich in der EndlSiAnfV, speziell Abschnitt 2, §§ 3–8 (zur Frage der drittschützenden Wirkung der Langzeitsicherheit → Rn. 58).

47 Neben diesen Anforderungen an die Langzeitsicherheit sieht das StandAG auch Vorgaben für eine **Rückholbarkeit und Bergung der Abfälle** aus dem Endlager vor. Es stellt sich die Frage, in welchem Verhältnis diese Anforderungen zu den vorgenannten Vorgaben zur Langzeitsicherheit stehen. Der Gesetzgeber hält an dem Konzept des dauerhaften untertägigen Verbleibs der Abfälle fest. Nach wie vor geht er nur dann von einer Endlagerung aus, wenn die Rückholung der eingelagerten radioaktiven Abfälle gerade nicht beabsichtigt ist, § 2 Nr. 1 StandAG. Die Endlagerung erfolgt gem. § 1 Abs. 4 StandAG also mit der Vorgabe des endgültigen Verschlusses. Daneben wird im Rahmen des StandAG nunmehr auch die Möglichkeit einer Rückholbarkeit für die Dauer der Betriebsphase des Endlagers und Bergung für 500 Jahre nach dem geplanten Verschluss des Endlagers als zusätzliche Gesichtspunkte berücksichtigt (§ 1 Abs. 4 und § 26 Abs. 3 Nr. 2 StandAG). Unter Rückholbarkeit ist dabei gem. § 2 Nr. 3 StandAG die geplante technische Möglichkeit zum Entfernen der eingelagerten Abfallbehälter mit radioaktiven Abfällen während der Betriebsphase zu verstehen, während § 2 Nr. 4 StandAG die Bergung als ein ungeplantes Herausholen von radioaktiven Abfällen aus einem Endlager definiert. Die Festlegung näherer Anforderungen bleiben einer noch zu erlassenen Verordnung vorbehalten (§ 26 Abs. 3 Nr. 2 StandAG). Durch die Beschränkung der Rückholbarkeit auf die Betriebsphase und Bergung auf 500 Jahre unter gleichzeitiger Beibehaltung der Vorgabe des endgültigen Einschlusses der radioaktiven Abfälle macht der Gesetzgeber deutlich, dass er an den Anforderungen an die Langzeitsicherheit festhält. Die Einführung der Vorgaben für die Rückholbarkeit und die Bergung in das StandAG können daher nicht als Abkehr von dem Konzept der unbefristeten Endlagerung (→ Rn. 55) gesehen werden. Damit hat der Gesetzgeber dem Interesse in der Bevölkerung an einer möglichen Rückholbarkeit der radioaktiven Abfälle aus dem Endlager Rechnung getragen (*Smeddinck* in Smeddinck StandAG § 2 Rn. 86f.) und Vorsorge für die Notwendigkeit einer Bergung geschaffen, ohne zugleich die Anforderungen an die Langzeitsicherheit zu relativieren.

4. Schutz gegen Störmaßnahmen oder sonstige Einwirkungen Dritter

48 Nach § 7 Abs. 2 Nr. 5 darf die Genehmigung nur erteilt werden, wenn der erforderliche Schutz gegen Störmaßnahmen oder sonstige Einwirkungen Dritter gewährleistet ist. Durch die Verweise in § 9b Abs. 4 S. 1 sowie in Abs. 1a S. 2 dürfen der Planfeststellungsbeschluss bzw. die Plangenehmigung nur erteilt werden, wenn die insbesondere mit Blick auf die Anlagensicherung der Kernkraftwerke entwickelten Anforderungen (→ § 7 Rn. 56ff.), soweit sie sachlich für die in § 9a Abs. 3 genannten Anlagen des Bundes in Betracht kommen, eingehalten sind.

Zulassungsverfahren **§ 9b AtG**

5. Versagungsgründe (Abs. 4 S. 2)

Die Erteilung eines Planfeststellungsbeschlusses setzt zudem voraus, dass kein 49
Versagungsgrund iSd § 9b Abs. 4 S. 2 Nr. 1 eingreift. Hierbei handelt es sich um **absolute Versagungsgründe,** bei deren Vorliegen die Behörde einen Planfeststellungsbeschluss bzw. eine Plangenehmigung wie auch die Genehmigung nach § 9b Abs. 1 a nicht erlassen darf.

Zunächst darf das Endlagervorhaben keine Beeinträchtigungen des Wohls der 50
Allgemeinheit erwarten lassen, die nicht durch inhaltliche Beschränkungen und Auflagen verhindert werden können (zur Möglichkeit des Erlasses von (nachträglichen) Nebenbestimmungen → Rn. 35 f.). Welche Schutzgüter das „**Allgemeinwohl**" erfasst, lässt § 9b nicht erkennen. In Anlehnung an Kommentarliteratur zum Allgemeinwohlbegriff des VwVfG wird jedoch auch im Rahmen des AtG angenommen werden können, dass hierunter alle öffentlichen Belange, insbesondere die der öffentlichen Sicherheit und Ordnung sowie der Gefahrenabwehr gefasst werden können (*Gierke/Paul* in Theobald/Kühling § 9b Rn. 72; *Wysk* in Kopp/Ramsauer VwVfG § 74 Rn. 150). Stehen Belange des Allgemeinwohls entgegen, hat die Behörde zuvorderst zu eruieren, ob diese durch inhaltliche Beschränkungen oder Auflagen ausgeräumt werden können. Ist dies möglich, wäre eine Versagung der Planfeststellung/Genehmigung unzulässig (ultima ratio).

Weiterhin dürfen dem Endlager für radioaktive Abfälle gem. § 9b Abs. 4 S. 2 51
Nr. 2 keine **sonstigen öffentlich-rechtlichen Vorschriften,** insbesondere im Hinblick auf die Umweltverträglichkeit der Errichtung oder des Betriebes der Anlage, entgegenstehen. Das heißt, es dürfen keine fachgesetzlichen Bestimmungen, insbesondere solche des Immissions-, Bau-, Raumordnungs-, Natur- und Bodenschutzrechtes dem Endlagervorhaben zuwiderlaufen. Dies gilt gleichermaßen für die Vorschriften des nicht konzentrierten Berg- und Tiefenspeicherrechtes sowie des (lediglich teilweise konzentrierten) Wasserhaushaltsrechtes.

Liegen sowohl die Zulassungsvoraussetzungen des § 9b Abs. 4 iVm § 7 Abs. 2 52
Nrn. 1–3 und 5 als auch keine Versagungsgründe gem. § 9b Abs. 4 S. 2 vor, wird kritisch diskutiert, ob dennoch eine behördliche **Abwägungsentscheidung** erforderlich ist bzw. die Entscheidung im Versagungsermessen der zuständigen Behörde steht. Während einige Vertreter in der Literatur nach wie vor der Behörde auf Tatbestandsebene ein Abwägungserfordernis zuschreiben, erkennen andere in der Sache auf Rechtsfolgenseite ein **Versagungsermessen** an, jedoch sei dieses in Anbetracht der Pflicht zur nuklearen Entsorgung engen Grenzen unterworfen (*Haedrich* AtG § 9b Rn. 18; *Rosin* in BHR EnergieR I Rn. 1132 mwN; *Ramsauer* NVwZ 2008, 944 (950)). In der höchstrichterlichen Rechtsprechung wird § 9b jedoch der Charakter einer gebundenen Entscheidung zugesprochen, da nicht nur die Ausgestaltung der weitreichenden Genehmigungstatbestände des Atomgesetzes, sondern auch die gesetzliche Handlungspflicht zur Einrichtung und zum Betrieb von Anlagen zur Endlagerung radioaktiver Abfälle ein Ermessen verenge und daher das fachplanerische Abwägungsgebot mit all seinen Auswirkungen nicht gelte. Als weitere Begründung zieht das Gericht die strukturellen Ähnlichkeiten zum bergrechtlichen Planfeststellungsverfahren zur Erteilung eines bergrechtlichen Rahmenbetriebsplans gem. der §§ 52 Abs. 2a, 57a BBergG heran. Für bergrechtliche Rahmenbetriebspläne ist der Charakter einer gebundenen Entscheidung und das Fehlen planerischer Gestaltungsfreiheit anerkannt (*Gaentsch* in Ossenbühl AtRT 2004, 120; BVerwG NVwZ 2007 837 (838)). Im Ergebnis werde mithin ein Anspruch auf Erteilung des Planfeststellungsbeschlusses begründet (BVerwG

NVwZ 2007, 837; OVG Lüneburg ZUR 2006, 489; bereits *Wagner* DVBl. 1991, 24 (30f.)). In der Tat muss man sich die Frage gefallen lassen, welcher planerische Ermessensspielraum beim Vorliegen der Zulassungsvoraussetzungen und Fehlen von Versagungsgründen noch verbleiben könnte, den die zuständige Behörde ausfüllen könnte (zum Streitstand: *Dörpmund/Hippler* in FS Kühne, 2009, 469 ff., *Gierke/Paul* in Theobald/Kühling § 9b Rn. 75).

53 Im Kontext der Frage der atomrechtlichen Planfeststellung als gebundene oder Abwägungsentscheidung haben Stimmen in der Literatur vor Einführung des StandAG die Durchführung eines **Standortsuchverfahrens** und von **Alternativenprüfungen** im Rahmen des Planfeststellungsverfahrens gem. § 9 b Abs. 1 für notwendig erachtet (*Roßnagel/Hentschel* UPR 2004, 291 (293 ff.)). Die Gerichte in den Klageverfahren gegen das Endlager Konrad und auch andere Stimmen in der Literatur sind dem mit dem Argument entgegengetreten, dass nach den geltenden gesetzlichen Bestimmungen ein derartiges Standortsuchverfahren und eine Alternativenprüfung nicht vorgesehen seien (OVG Lüneburg DVBl. 2006, 1044 (1048); BVerwG NVwZ 2007, 833 (835), 837 (838), 841 (842 f.); *Gaentsch* in Ossenbühl AtRT 2004, 119). Es bestehe kein Raum für Erwägungen zu Standortalternativen für die Planfeststellungsbehörde. Auch bei Annahme planerischer Elemente des § 9 b Abs. 4 sei eine flächendeckende Standortsuche und Prüfung von Standortalternativen keine Voraussetzungen einer Planfeststellung eines Endlagers oder der ihr vorausgehenden bergrechtlichen Erkundung des Standortes. „Gegenstand des atomrechtlichen Planfeststellungsverfahrens sei nicht die Standortauswahl, sondern die Eignungsprüfung nach vorheriger Standortfestlegung" (OVG Lüneburg DVBl. 2006, 1044 (1050)). Die Standortfestlegung für ein Endlager für radioaktive Abfälle nach § 9 a Abs. 3 S. 1 sei nach gegenwärtiger Gesetzeslage nicht Sache der Planfeststellungsbehörde, sondern des verpflichteten Vorhabenträgers der Anlage, der nach Ansicht des Gerichts auch keine Pflicht zu einer bundesweiten, ergebnisoffenen Suche nach geeigneten Endlagerstandorten habe. Auch nach diesen Gerichtsurteilen halten einige Stimmen in der Literatur an ihrer gegenteiligen Auffassung fest und negieren die Argumente der Gerichte (*Ramsauer* NVwZ 2008, 944; *John* in NK-AtomR § 9 b Rn. 28 ff.). Es kann jedoch bezweifelt werden, ob das weitreichende Infragestellen der gerichtlichen Argumentation ausreichend sein kann, seine Stichhaltigkeit zu erschüttern oder gar zu beseitigen. Zumal auch der Gesetzgeber mit dem Erlass des StandAG und der Vorgabe eines im Vorlauf des eigentlichen Zulassungsverfahrens stattfindenden Standortsuchverfahrens mit Alternativenprüfung zum Ausdruck gebracht hat, dass er die Prüfung dieser Aspekte im Verfahren nach § 9 b selbst nicht für erforderlich hält. Übereinstimmend mit der gerichtlichen Wertung führt er in der amtlichen Begründung aus, dass es sich bei dem Charakter des § 9 b um eine gebundene Erlaubnis handele und das vorangehende gesetzliche Standortauswahlverfahren bereits „alle Elemente einer auf einer Abwägung beruhenden Planungsentscheidung" (BT-Drs. 17/13471, 32) enthalte.

6. Rechtsfragen zu § 9 b AtG und gerichtliche Entscheidungen

54 Im Zusammenhang mit der Zulassung von Endlagern für radioaktive Abfälle gem. § 9 b haben sich in der Literatur rechtliche Fragen zu verschiedenen Aspekten ergeben, die durch die Urteile des OVG Lüneburg aus dem Jahr 2006 und deren Bestätigung durch die Beschlüsse des BVerwG aus 2007 zum Endlager Konrad als gerichtlich geklärt anzusehen sind.

Dies betrifft zunächst das **Konzept einer nicht rückholbaren Endlagerung** 55
im Endlager Konrad. Die Kläger in den Gerichtsverfahren hatten bezweifelt, ob
eine solche ohne ausdrückliche Vorgabe dieses Konzeptes durch den Gesetzgeber
verfassungsgemäß und zulässig sowie § 9b dafür ausreichend sei. Sie zielten damit
auf den Vorbehalt des Gesetzes und die Grenzen des Parlamentsvorbehaltes, die verletzt
worden seien. Das OVG Lüneburg und das BVerwG traten diesen Zweifeln
entgegen. Sie stellten klar, dass die wesentliche Entscheidung zu der Endlagerung
radioaktiver Abfälle vom Gesetzgeber getroffen worden sei und zwar zum einen
mit der Festlegung der Bundesaufgabe zur Einrichtung von Anlagen zur Sicherstellung
und Endlagerung radioaktiver Abfälle (§ 9a Abs. 3 S. 1), dem die wartungsfreie
und zeitlich unbefristete Lagerung in tiefen geologischen Formationen zugrunde
läge. Zum anderen durch die Zulassung der Errichtung und des Betriebes solcher
Anlagen nur unter den in § 9b Abs. 4 vorgegebenen Voraussetzungen. Einer weitergehenden
gesetzlichen Regelung für das Konzept einer nicht rückholbaren Endlagerung
bedürfe es nicht. Anhaltspunkte für einen Wandel des Standes von Wissenschaft
und Technik weg von der unbefristeten Endlagerung hin zur rückholbaren Endlagerung
als alleinig gültiges Konzept gebe es nicht (OVG Lüneburg DVBl.
2006, 1045 (1046)). Es stellt sich die Frage, ob diese Aussage vor dem Hintergrund
der Einführung von Regelungen zur Rückholbarkeit und Bergung von Abfällen aus
dem Endlager im StandAG noch Bestand hat. Dies ist im Ergebnis zu bejahen. Zum
einen findet das StandAG ausschließlich auf die Suche eines Endlagers für hochradioaktive
Abfälle und damit nicht für das Endlager Konrad Anwendung, auf das
sich die Aussagen des Gerichtes bezogen. Zum anderen zeigt sich, dass der Gesetzgeber
die Regelungen für Möglichkeiten zur Rückholbarkeit und Bergung der radioaktiven
Abfälle aus dem Endlager als zusätzliche Aspekte in das Gesetz aufgenommen
hat, ohne dabei jedoch das Konzept des dauerhaften Verbleibs der
Abfälle in tiefen geologischen Formationen zu relativieren oder gar aufzugeben
(→ Rn. 47).

Als ungeschriebene Voraussetzung einer Planungsentscheidung wird die **Plan-** 56
rechtfertigung des Vorhabens angesehen. Diesem Erfordernis liegt die Annahme
zugrunde, dass hoheitliche Planungen nicht um ihrer selbst willen als geboten erachtet
werden, sondern im Rahmen der Eingriffsverwaltung dem Grundsatz der
Verhältnismäßigkeit Rechnung tragen müssen. Hierzu sind insbesondere der Bedarf
und die Erforderlichkeit des Vorhabens zu prüfen und am Maßstab des Allgemeinwohls
zu messen (*Neumann/Külpmann* in SBS VwVfG § 74 Rn. 33; *Wysk* in Kopp/
Ramsauer VwVfG § 74 Rn. 42ff.). Dabei kann eine Rechtfertigung für eine bestimmte
Planung bereits dann angenommen werden, wenn für das „beabsichtigte
Vorhaben nach Maßgabe der vom anzuwendenden Fachgesetz allgemein verfolgten
Ziele ein Bedürfnis" bestehe, da nach Auffassung des OVG Lüneburg das Rechtsinstitut
der Planrechtfertigung im Zusammenhang mit einer Planungs-, d. h. Abwägungsentscheidung
stehe, die bei einer atomrechtlichen Planfeststellung nicht
vorläge. Selbst wenn man diese Maßstäbe innerhalb der atomrechtlichen Planfeststellung
ansetzte, wäre die gerichtliche Überprüfung der Planrechtfertigung allein
einem durch das Planvorhaben enteigneten Kläger vorbehalten. Einen solchen gibt
es im Fall des Endlagers Konrad nicht (OVG Lüneburg DVBl. 2006, 1044 (1047)).
Im Ergebnis bestätigt das BVerwG (NVwZ 2007, 833 (835)) das fehlende Erfordernis
einer Prüfung der Planrechtfertigung im Rahmen des atomrechtlichen Planfeststellungsverfahrens.
Der Gesetzgeber habe durch § 9a Abs. 3 S. 1 eine auch für die
Gerichte bindende Bedarfsfeststellung getroffen und damit die Fragen der Erforderlichkeit
und des Bedarfs beantwortet. Diese könne ausschließlich beanstandet wer-

den, wenn die „Festlegung des Bedarfs evident unsachlich wäre" (OVG Lüneburg DVBl. 2006, 1044 (1047)).

57 Die Kläger in den Gerichtsverfahren gegen das Endlager Konrad rügten unter anderem auch die **fehlende Betrachtung** von **Transportrisiken** und die beschränkte Erörterung verkehrsbezogener Fragen. Auch insoweit sind die Gerichte zu einer anderen Auffassung gelangt. Hiernach sind Transportfragen und Transportbewegungen zu der geplanten Anlage oder von ihr weg nicht Gegenstand des Prüfprogramms des atomrechtlichen Planfeststellungsverfahrens und des -beschlusses (OVG Lüneburg DVBl. 2008, 1044 (1051) sowie BVerwG NVwZ 2007, 833 (836, 841f.): „Der Gesetzgeber hat die mit dem Transport von Kernbrennstoffen und radioaktiven Abfällen einhergehenden Gefahren von den jeweiligen atomrechtlichen Anlagengenehmigungen bzw. Planfeststellungen für ein Endlager abgekoppelt und die Bewältigung dieser Transportrisiken einem eigenen Verfahren zugewiesen. Nicht der Betreiber des atomaren Endlagers, sondern die zuständige Genehmigungsbehörde trägt – neben dem Transportunternehmen – die Verantwortung für den Ausschluss von Gefahren durch den Transport radioaktiver Abfälle auf öffentlichen oder der Öffentlichkeit zugänglichen Verkehrswegen."). Es obliegt daher grundsätzlich den Ablieferungspflichtigen bzw. dem Beförderer, die notwendigen Genehmigungen einzuholen (→ § 4 Rn. 3ff., insbes. 6).

58 In Bestätigung der Rechtsprechung des BVerwG zum Endlager für radioaktive Abfälle in Morsleben (ERAM) aus dem Jahr 1997 (BVerwGE 105, 6 (19) = NVwZ 1998, 281) haben nunmehr auch das OVG Lüneburg wie auch das BVerwG erneut gerichtlich festgestellt, dass der Frage der **Langzeitsicherheit keine drittschützende Wirkung** zukommt. Das gilt auch für die „Standortgemeinde", auf deren Gebiet sich ein Endlager für radioaktive Abfälle befindet, sofern sie sich in ihrer Gebietshoheit betroffen sieht (BVerwG NVwZ 2007, 833 (837)). Hieran hat im Ergebnis auch das StandAG nichts geändert, da die Standortauswahl von dem anschließenden Genehmigungsverfahren zu trennen ist und die Überprüfung der Entscheidung zur Schadensvorsorge wie bisher bei der Planfeststellung durch gerichtliche Überprüfung der erteilten Zulassung erfolgt. Insofern sind keine neuen Aspekte für die Beurteilung der Langzeitsicherheit hinzugekommen. Durch das Umweltrechtsbehelfsgesetz sind jedoch die Klagerechte der Umweltverbände derart erweitert worden, dass es letztlich auf die Frage der Drittbetroffenheit als Voraussetzung für ein Klagerecht regelmäßig nicht mehr ankommt.

IX. Selektiver Verweis auf Planfeststellungsvorschriften des VwVfG (Abs. 5)

59 § 9b verweist in seinem Abs. 5 lediglich selektiv auf die allgemeinen verwaltungsverfahrensrechtlichen Vorschriften der Planfeststellung, dh die §§ 72–75, 77 und 78 VwVfG gelten lediglich mit einschränkenden Modifikationen. Die in den Nrn. 1–4 aufgeführten Regelungen gehen insoweit den §§ 72ff. VwVfG vor.

1. Verfahrensschritte der AtVfV (Nr. 1)

60 Zunächst löst Nr. 1 die einzelnen **Verfahrensschritte** des Planfeststellungsverfahrens, dh die der Bekanntmachung des Vorhabens, des Erörterungstermins, der Auslegung des Plans, der Erhebung von Einwendungen, der Durchführung des Er-

örterungstermins und der Zustellung der Entscheidungen aus der Verweisung heraus und unterwirft das Verfahren insoweit der Atomrechtlichen Verfahrensverordnung (AtVfV). Anstelle der allgemeinen Planfeststellungsvorgaben werden damit die vorgenannten Verfahrensschritte entsprechend der AtVfV durchgeführt und die Reichweite sowie die Form der auszulegenden Unterlagen bestimmt. Dies erstreckt sich auch auf die konventionellen Unterlagen der Fachrechtsgebiete, die in die Planfeststellung zu konzentrieren sind. Zu unterscheiden ist jedoch, dass sich die Anwendbarkeit der AtVfV hier allein auf formale Aspekte wie zB Auslegungszeiträume bezieht, während für die Inhalte der auszulegenden konventionellen Unterlagen § 73 Abs. 1 S. 2 VwVfG Anwendung findet.

2. Absehen von Bekanntmachungen und Auslage (Nr. 2)

Nach Nr. 2 kann die Behörde bei **vorbehaltenen Entscheidungen** (§ 74 Abs. 3 VwVfG) von einer Bekanntmachung und Auslegung der nachgereichten Unterlagen absehen, wenn ihre Bekanntmachung und Auslegung keine weiteren Umstände offenbaren würde, die für die Belange Dritter erheblich sein können. Dieser Ansatz ist auch insoweit sachgerecht, als alle potentiellen Einwendungen im Zuge der vorangegangenen – wenn auch unvollständigen – Auslegung der Unterlagen bereits hätten erhoben werden können. Wären durch die nachgereichten Unterlagen Belange Dritter erstmals oder in anderem Ausmaße als bislang erkennbar betroffen, müssten diese Unterlagen ebenfalls bekanntgegeben und ausgelegt werden. **61**

3. Keine Erstreckung auf Berg- und Tiefspeicherrecht (Nr. 3)

Die Planfeststellung bzw. die Genehmigung nach § 9b Abs. 1a erstrecken sich gem. Nr. 3 S. 1 nicht auf die Zulässigkeit des Vorhabens nach den Vorschriften des **Berg- und Tiefspeicherrechts.** Es bedarf daher grundsätzlich einer gesonderten behördlichen Entscheidung nach Maßgabe der §§ 126 Abs. 3, 52 Abs. 2a, 57 c BBergG iVm § 1 UVPV-Bergbau (im Planfeststellungsverfahren zuzulassender Rahmenbetriebsplan), über den das BASE im Benehmen mit den jeweils zuständigen Landesbehörden zu entscheiden hat, vgl. Nr. 3 S. 2. § 57b Abs. 3 S. 2 BBergG räumt dem atomrechtlichen Planfeststellungsverfahren jedoch Vorrang gegenüber dem bergrechtlichen Planfeststellungsverfahren ein. Im Rahmen des Planfeststellungsverfahrens des Endlagers Konrad wurde dieser Vorrang dahingehend behandelt, dass die bergrechtliche Planfeststellung im atomrechtlichen Verfahren inhaltlich mit abgedeckt (konzentriert) wurde. Dem lag die Vorstellung zugrunde, dass es sich bei § 57b Abs. 3 BBergG um eine – bezogen auf den Rahmenbetriebsplan – rückverweisende, dem Atomrecht Vorrang einräumende Kollisionsregelung handele, die das bergrechtliche Verfahren zur Zulassung des Rahmenbetriebsplans für die Errichtung und den Betrieb einer Anlage zur Sicherstellung oder Endlagerung radioaktiver Stoffe iSd § 126 Abs. 3 BBergG iVm § 52 Abs. 2a BBergG und § 1 Nr. 7 der UVP-V Bergbau hinter dem atomrechtlichen Planfeststellungsverfahren zurücktreten lasse. Hiernach würden auch Umweltverträglichkeitsprüfungen von Bergwerksteilen außerhalb der Atomanlage (zB Halden) umfassend im atomrechtlichen Planfeststellungsverfahren durchgeführt und die Entscheidung über den Rahmenbetriebsplan hinter dem atomrechtlichen Planfeststellungsverfahren eingeschlossen (zur Begründung s. Planfeststellungsbeschluss zur **Konzentration Rahmenbetriebsplan** C I. 1, S. C I – 1, pag. 0409). Eine entsprechende Regelung findet sich in der **62** vom BMU erlassenen UVPVwV vom 18.9.1995. Diese Lesart der Rückausnahme für Rahmenbetriebspläne scheint auch der Gesetzgeber zu teilen, da er insoweit in seiner amtlichen Begründung lediglich von einem Verzicht auf das bergrechtliche Planfeststellungsverfahren spricht (BT-Drs. 17/13471, 32).

4. Teilbarkeit (Nr. 4)

63 Abs. 5 greift die in § 9b Abs. 1 S. 1 aufgenommene Option der Teilbarkeit von Planfeststellungen auf und unterwirft sie den entsprechenden atomrechtlichen Verfahrensvorschriften (BT-Drs. 17/13471, 31). Auf Antrag kann nach Maßgabe des § 18 AtVfV eine Teilplanfeststellung erlassen werden, wenn eine vorläufige Prüfung ergibt, dass die Zulassungsvoraussetzungen im Hinblick auf die Errichtung und den Betrieb der gesamten Anlage vorliegen werden. Zudem ist § 7b entsprechend anwendbar (zur Bestandskraftpräklusion → § 7b Rn. 3f.).

§ 9c Landessammelstellen
Für das Lagern oder Bearbeiten radioaktiver Abfälle in Landessammelstellen nach § 9a Abs. 3 Satz 1 erster Halbsatz sind die für den Umgang mit diesen radioaktiven Stoffen geltenden Genehmigungsvorschriften dieses Gesetzes, des Strahlenschutzgesetzes und der auf Grund dieser Gesetze erlassenen Rechtsverordnungen anwendbar.

I. Klarstellender Charakter

1 Die mit dem Vierten Gesetz zur Änderung des Atomgesetzes v. 30.8.1976 (BGBl. I 2573 (2574)) geschaffene Vorschrift in der geltenden Fassung v. 27.6.2017 (BGBl. I 1966) hatte von Beginn an lediglich **klarstellenden Charakter** (so auch trotz des teilweise missverständlichen Wortlautes der ursprünglichen Fassung *Haedrich* AtG § 9c Rn. 4).

2 Nach Auffassung der Bundesregierung schon im Gesetzgebungsverfahren war sie entbehrlich, weil der Betrieb der bezeichneten Landessammelstellen als Umgang mit radioaktiven Stoffen bereits nach dem AtG sowie § 3 der Strahlenschutzverordnung (StrlSchV) in der damals geltenden Fassung v. 24.6.1960 (BGBl. I 430) genehmigungspflichtig gewesen sei. Diese Genehmigung kann auch Dritten erteilt werden, sofern sich das jeweilige Land nach § 9a Abs. 3 S. 2 eines solchen bedient.

II. Verweisungen

3 § 9c **verweist** für das Lagern oder Bearbeiten radioaktiver Abfälle in Landessammelstellen auf die Anwendbarkeit der für den **Umgang** geltenden Genehmigungsvorschriften dieses Gesetzes, des StrlSchG und der StrlSchV, der nach Inkrafttreten des StrlSchG zum 31.12.2018 (BGBl. I 2017, 1966) insoweit nur noch ergänzende Bedeutung zukommt.

4 Für die **Errichtung** der Anlagen, in denen die Sammelstellen untergebracht sind, verweist § 9c nicht auf atom- oder strahlenschutzrechtliche Vorschriften, weil solche dafür nicht bestehen. Die Errichtung hat ihre Grundlage im Bauordnungsrecht des jeweiligen Landes, ohne dass mit der Baugenehmigung bereits eine atom-

Enteignung **§ 9d AtG**

rechtliche Gestattung verbunden ist (BVerwG NVwZ 1989, 1163 (1165)). Im Sinne des Art. 1 Abs. (a) (ii) PÜ gehören aber auch Landessammelstellen als Lagerorte zu den „Kernanlagen".

Die aufgeführte „**Bearbeitung**" von Kernbrennstoffen zielt auf die **Umgangsgenehmigung nach § 9 Abs. 1.** § 9 ist gegenüber Anlagengenehmigungen nach § 7 oder § 9a subsidiär. Die Vorschrift hat vor allem Kernbrennstoffe in Forschungseinrichtungen im Bick; in Landessammelstellen finden sich diese aber nicht und werden dort regelmäßig auch nicht bearbeitet oder sonst „verwendet". Dorthin werden schwach radioaktive Abfälle aus Forschungsanstalten, der Medizin und der Industrie zur Zwischenlagerung verbracht (vgl. *John* in NK-AtomR § 9 Rn. 4 und § 9c Rn. 3 mwN), so lange für diese das Endlager (ehemals Schacht Konrad) noch nicht zur Verfügung steht. 5

Landessammelstellen nach § 9a Abs. 3 S. 1 Hs. 1 sind schon deshalb **keine Zwischenlager iSv § 6** Abs. 1 oder Abs. 3, weil sie nicht außerhalb der staatlichen Verwahrung betrieben werden (vgl. auch *Leidinger* in NK-AtomR § 6 Rn. 3). 6

Soweit § 9c auf **für das Lagern** bzw. für die Zwischenlagerung radioaktiver Abfälle in Landessammelstellen geltende Genehmigungsvorschriften verweist, wird damit zentral § 12 Abs. 1 Nr. 3 StrlSchG angesprochen. Danach ist der **Umgang** mit sonstigen radioaktiven Stoffen genehmigungspflichtig, sofern er nach § 5 StrlSchV idF v. 29.11.2018 (BGBl. I 2034 (2042)) nicht ausnahmsweise genehmigungsfrei gestellt wird. Die allgemeinen Genehmigungsvoraussetzungen enthält detailliert § 13 StrlSchG, bei speziellen Konstellationen stellen die §§ 14, 15 StrlSchG weitere Voraussetzungen auf. 7

III. Schadensersatzpflicht und Kosten

Die Länder sind bei Unfällen in den Sammelstellen ebenso wie beauftragte Dritte schadensersatzpflichtig, brauchen nach § 13 Abs. 4 aber keine Deckungsvorsorge zu treffen. Satz 3 der Vorschrift lässt insoweit die **Einstandspflicht** genügen. 8

Nach § 21a Abs. 1 S. 1 werden für die Benutzung von Anlagen nach § 9a Abs. 3 von den Ablieferungspflichtigen **Kosten** (Gebühren und Auslagen) erhoben. 9

IV. Landessammelstellen in Deutschland

Eine auch allgemeinverständliche Zusammenfassung der Aufgaben der Landessammelstellen nach § 9a Abs. 3 S. 1, erster Halbsatz, sowie die Benennung der Standorte und Betreiber findet sich unter https://de.wikipedia.org/wiki/Landessammelstelle_für_radioaktive_Abfälle. 10

§ 9d Enteignung

(1) **Für Zwecke der Errichtung und des Betriebs von Anlagen zur Endlagerung radioaktiver Abfälle sowie für Zwecke der Vornahme wesentlicher Veränderungen solcher Anlagen oder ihres Betriebs ist die Enteignung zulässig, soweit sie zur Ausführung eines nach § 9b festgestellten oder genehmigten Plans notwendig ist.**

(2) ¹**Die Enteignung ist ferner zulässig für Zwecke der vorbereitenden Standorterkundung für Anlagen zur Endlagerung radioaktiver Abfälle, so-**

weit sie zur Durchführung von Erkundungsmaßnahmen auf der Grundlage der Vorschriften des Bundesberggesetzes sowie zu deren Offenhaltung ab der Entscheidung über eine übertägige Erkundung nach § 15 Absatz 3 des Standortauswahlgesetzes notwendig ist. ²Die Enteignung ist insbesondere dann zur Durchführung von Erkundungsmaßnahmen notwendig, wenn die Eignung bestimmter geologischer Formationen als Endlagerstätte für radioaktive Abfälle ohne die Enteignung nicht oder nicht in dem erforderlichen Umfang untersucht werden könnte oder wenn die Untersuchung der Eignung ohne die Enteignung erheblich behindert, verzögert oder sonst erschwert würde. ³Die besonderen Vorschriften des Bundesberggesetzes über die Zulegung und die Grundabtretung sowie über sonstige Eingriffe in Rechte Dritter für bergbauliche Zwecke bleiben unberührt.

Literatur: *Schmidt-Preuß*, Das neue Atomrecht, NVwZ 1998, 553; *Keienburg*, Verfassungs- und europarechtliche Fragen hinsichtlich der Standortauswahl eines Endlagers für hochradioaktive Abfälle, NVwZ 2014, 1133.

I. Systematische Bedeutung

1   Zur Flankierung der in § 9a Abs. 3 S. 1 Hs. 2 dem Bund zugewiesenen Aufgabe, Anlagen zur Sicherstellung und zur Endlagerung radioaktiver Abfälle einzurichten, eröffnen die §§ 9d–9g **Zugriffsrechte auf betroffene Rechte Dritter.** Sie tragen damit dem Umstand Rechnung, dass Maßnahmen zur Errichtung und Erkundung von Endlagern als raumbedeutende Großvorhaben regelmäßig auf kollidierende private Interessen stoßen, die mit den öffentlichen Interessen in Einklang gebracht werden müssen (Begr. des Gesetzentwurfs zum 12. ÄndG, BT-Drs. 17/3052, 8; *Schmidt-Preuß* NVwZ 1998, 553 (560)). Vor diesem Hintergrund enthalten die §§ 9d–9f alle erforderlichen Regelungen, die für eine gesetzliche Ermächtigung zur Vornahme von Enteignungen verfassungsrechtlich geboten (→ Rn. 7) sind. Innerhalb dieser Vorschriftengruppe erfüllt § 9d die Funktion der Generalnorm, welche den äußeren Rahmen der zulässigen Enteignungen absteckt (→ Rn. 8): Unter der Voraussetzung, dass die Sicherstellung der Endlagerung Enteignungen erfordert, erlaubt § 9d Enteignungen sowohl für Errichtung und Betrieb von Anlagen zur Endlagerung radioaktiver Abfälle (Abs. 1, → Rn. 9) als auch für Zwecke der vorbereitenden Standorterkundung (Abs. 2, → Rn. 10ff.).

II. Entstehungs- und Änderungsgeschichte

2   Spezielle atomrechtliche Enteignungsvorschriften waren in der ursprünglichen Fassung des AtG nicht enthalten. Enteignungen konnten damals ausschließlich auf der Grundlage des Bergrechts, nach Inkrafttreten des **Bundesberggesetzes** (BBergG) vom 13.8.1980 (BGBl. I 1310) also aufgrund der §§ 77 ff. BBergG, durchgeführt werden. Da diese Vorschriften aber primär den Besonderheiten des auf Aufsuchen, Gewinnen und Aufbereiten von Bodenschätzen ausgerichteten Bergrechts folgen (hierzu Greinacher, in: *Boldt/Weller/Kühne/v. Mäßhausen*, BBergG, 2. Aufl. 2016, Art. 77 Rn. 5 ff.), wurden sie etwa ab den neunziger Jahren als nicht mehr hinreichend für die atomrechtliche Zwecksetzung empfunden (Begr.

Enteignung § 9d AtG

des Gesetzentwurfs zum 8. ÄndG, BT-Drs. 13/8641, 14). Daher wurden die §§ 9d–9g mit dem **8. Änderungsgesetz** vom 6.4.1998 (BGBl. I 694), das primär der Umsetzung der Richtlinie 92/3/Euratom (ABl. 1992 L 35, 24) diente, erstmalig **ins AtG aufgenommen**.

Im Zuge der **Beendigungsgesetzgebung 2002** hielt es der Gesetzgeber allerdings wieder für angezeigt, die §§ 9d ff. (mit Ausnahme des § 9g) nach nur vier Jahren Geltungszeit **ersatzlos aufzuheben** (BGBl. 2002 I 1351), obwohl sich verschiedene Sachverständige in den Ausschussanhörungen dagegen ausgesprochen hatten (vgl. 69. Sitzung des Umweltausschusses am 5.11.2001, Ausschussprot. 14/69). Hintergrund dieser Streichung war die Einsicht, dass eine Erkundung von Endlagerstandorten nur durch eine auf Akzeptanz gerichtete Vorgehensweise erfolgen könne. Weil von den Enteignungsregelungen des AtG insoweit dann aber eine falsche Signalwirkung ausgehe, hielt man ihre Beibehaltung für nicht mehr opportun (vgl. Begr. des Gesetzentwurfs zum BeendigungsG, BT-Drs. 14/6890, 24). Diese Kehrtwende führte aber nicht dazu, dass Enteignungen als solche fortan unzulässig geworden wären. Vielmehr galt somit wieder die Rechtslage vor Einfügung der §§ 9d ff., also das Regime des Bergrechts (→ Rn. 2). 3

Wie schon zur Zeit der Beendigungsgesetzgebung prognostiziert (*Müller-Dehn* in PSM §§ 9d–f Rn. 289) kam es im Zuge des **12. Änderungsgesetzes** vom 8.12.2010 (BGBl. I 1817) unter einer neuen Bundesregierung zu einer **Wiedereinführung** der sachlich unveränderten Enteignungsvorschriften. In der Gesetzesbegründung wird dieser Schritt damit erläutert, dass mit dem seinerzeit bevorstehenden Ende des von der Vorgängerregierung erlassenen Moratoriums für den Salzstock Gorleben ab Oktober 2010 wieder „ergebnisoffene Erkundungsarbeiten zur Untersuchung des Salzstocks Gorleben fortgesetzt werden" sollen. Weil die „Weigerung nur einer dinglich gesicherten Nutzungsberechtigten, einer notwendigen und allgemeinwohlorientierten Lösung zu öffnen, der Umsetzung der gesetzlichen Vorgabe einer Endlagereinrichtung entgegenstehen" könne, müssten, auch wenn eine konsensuale Lösung weiter Vorrang genieße, als ultima ratio wieder Zugriffsmöglichkeiten und -rechte im Atomrecht geschaffen werden, um Standorterkundungen zu ermöglichen sowie ein Endlager errichten und betreiben zu können (Begr. des Gesetzentwurfs zum 12. ÄndG, BT-Drs. 17/3052, 2, 8). 4

Weil die öffentliche Aufgabe, Anlagen zur Endlagerung radioaktiver Abfälle einzurichten, auch nach dem in der Folge des Reaktorunglücks von Fukushima beschlossenen Ausstiegs aus der Kernenergie unverändert fortbesteht, sind die §§ 9d ff. weiterhin geltende Rechtslage. § 9d Abs. 1 ist seit seiner Wiedereinführung 2010 unverändert geblieben, hingegen hat Abs. 2 **zwei Änderungen** erfahren. Zunächst ist durch das Standortauswahlgesetz v. 23.7.2013 (BGBl. I 2553) mit Wirkung zum 1.1.2013 die Wendung „sowie zu deren Offenhaltung ab der Entscheidung über eine übertägige Erkundung nach § 14 Absatz 2 Satz 5 Halbsatz 2 des **Standortauswahlgesetzes**" in den Gesetzeswortlaut eingefügt worden. Sodann ist als Folgeänderung zu einer Änderung im StandAG der Paragraphenverweis in Abs. 2 S. 1 durch Gesetz vom 5.5.2017 (BGBl. I 1074) in § 15 Abs. 3 StandAG angepasst worden. 5

III. Verfassungsrechtliche Einordnung

6 Enteignungen stellen besonders schwerwiegende Eingriffe in die grundrechtlich durch Art. 14 Abs. 1 GG verbürgte Eigentumsgarantie dar, die nur unter den strengen Voraussetzungen des Art. 14 Abs. 3 GG zu rechtfertigen sind. § 9d knüpft als Grundnorm der atomrechtlichen Enteignungsvorschriften an den **verfassungsrechtlichen Enteignungsbegriff** an, ohne dass er für den Anwendungsbereich des AtG ausdrücklich definiert wird (vgl. aber die Konkretisierung in § 9e Abs. 1, → § 9e Rn. 2). Nach der seit dem Nassauskiesungsbeschluss des BVerfG vom 15.7.1981 – 1 BvL 77/78 (BVerfGE 58, 300 = NJW 1982, 745) gefestigten Rechtsprechung des Bundesverfassungsgerichts ist eine **Enteignung** auf die vollständige oder teilweise Entziehung konkreter subjektiver, durch Art. 14 Abs. 1 S. 1 GG gewährleisteter Rechtspositionen zur Erfüllung bestimmter öffentlicher Aufgaben gerichtet. Wesentliches Merkmal der Enteignung ist der dadurch bewirkte **Rechts- und Vermögensverlust,** dem als weiteres konstitutives Merkmal auf der anderen Seite eine **Güterbeschaffung** gegenübersteht (stRspr, zuletzt zur 13. AtG-Novelle: BVerfG NJW 2017, 217 Rn. 245 ff. mwN).

7 Art. 14 Abs. 3 GG erfordert für die Verfassungsmäßigkeit einer Enteignung, dass diese nur zum **Wohle der Allgemeinheit** zulässig ist (S. 1) und nur durch Gesetz oder auf Grund eines Gesetzes erfolgen darf, das Art und Ausmaß der **Entschädigung** regelt (S. 2). Diesen Erfordernissen tragen §§ 9d und 9e ausreichend Rechnung (*Schmidt-Preuß* NVwZ 1998, 553 (560); *Keienburg* NVwZ 2014, 1133 (1136)). Bedeutung erlangt zudem der **Verhältnismäßigkeitsgrundsatz,** nach dessen Maßgabe die Gemeinwohlbelange und die geschützten Individualinteressen in einen angemessenen Ausgleich zu bringen sind (*Wendt* in Sachs GG Art. 14 Rn. 85). Hieraus folgt vor allem die Pflicht, vor dem Zwangsinstrument der Enteignung alle Möglichkeiten eines konsensualen freihändigen Erwerbs auszuloten, wie es § 9e Abs. 2 S. 3 für das Atomrecht ausdrücklich vorsieht.

IV. Regelungsinhalt

8 § 9d bildet als enteignungsrechtliche Grundnorm den Ausgangspunkt der atomrechtlichen Enteignungsvorschriften, fungiert als **Ermächtigungsgrundlage** und definiert die **Enteignungszwecke** abschließend. Die konkreten Gegenstände einer möglichen Enteignung werden dann in § 9e Abs. 1 aufgelistet (→ § 9e Rn. 3). § 9d sichert damit die Erfüllung der in § 9a Abs. 3 S. 1 Hs. 2 AtG normierten Aufgabe des Bundes, Anlagen zur Sicherstellung und zur Endlagerung radioaktiver Abfälle einzurichten auch in den Fällen, in denen Rechte Dritter einem Vorhaben nach § 9b entgegenstehen (Begr. des Gesetzentwurfs zum 12. ÄndG, BT-Drs. 17/3052, 14). Hierin liegt zugleich die verfassungsrechtlich gebotene normative Konkretisierung der Endlagersuche und des Endlagerbetriebs als Allgemeinwohlbelang iSd Art. 14 Abs. 3 GG (→ Rn. 7).

1. Enteignungszwecke

9 **a) Errichtung, Veränderung und Betrieb von Anlagen.** § 9d Abs. 1 erklärt die Enteignung für Zwecke der **Errichtung** und des **Betriebs** von Anlagen zur Endlagerung radioaktiver Abfälle sowie für Zwecke der Vornahme wesentlicher

Enteignung **§ 9d AtG**

Veränderungen solcher Anlagen oder ihres Betriebs für zulässig, soweit sie zur Ausführung eines nach § 9b festgestellten oder genehmigten Plans notwendig ist. Neben der Planfeststellung nach § 9b erfährt also auch die Plangenehmigung eine Einbeziehung in die Enteignungsvorschriften, womit zugleich die Durchführung des Plans, der wiederum der Verwirklichung der in § 9a Abs. 3 S. 1 Hs. 2 normierten Ziele dient, normativ zum Allgemeinwohlinteresse erklärt wird. Die sachliche Einschränkung, dass die Enteignung nur zulässig ist, soweit sie zu den genannten Zwecken „notwendig" ist, gewährleistet die Wahrung der verfassungsrechtlichen Anforderungen des Verhältnismäßigkeitsgrundsatzes (→ Rn. 7). Zu beachten ist in diesem Zusammenhang allerdings, dass der Planfeststellungsbeschluss gem. § 9e Abs. 1 S. 2 eine enteignungsrechtliche Vorwirkung entfaltet, welche den Entscheidungsspielraum der Enteignungsbehörde hinsichtlich des „ob" ihrer Entscheidung beschränkt (→ § 9e Rn. 13 ff.).

b) Standorterkundung. Darüber hinaus enthält **§ 9d Abs. 2** eine weitere Er- 10 mächtigung, für Zwecke der **vorbereitenden Standorterkundung** für Anlagen zur Endlagerung radioaktiver Abfälle eine Enteignung vorzunehmen, soweit sie zur Durchführung von **Erkundungsmaßnahmen** notwendig ist. Hierdurch wird normativ konkretisiert, dass die Durchführung von Erkundungsmaßnahmen an einem bestimmten Standort als Teil der in § 9a Abs. 3 S. 1 Hs. 2 normierten Aufgabe des Bundes anzusehen und damit ebenfalls als Gemeinwohlbelang iSd Art. 14 Abs. 2 GG anzuerkennen ist (Begr. des Gesetzentwurfs zum 12. ÄndG, BT-Drs. 17/3052, 14). Die Notwendigkeit zur Durchführung von Erkundungsmaßnahmen kann sich aus Vorschriften des BBergG (→ Rn. 11) oder aus § 15 Abs. 3 StandAG (→ Rn. 12) ergeben.

Das im Rahmen der Erkundung anzuwendende BBergG enthält nur besondere, 11 auf die Eigenheiten des Bergbaus zugeschnittene Regelungen über den Zugriff auf Rechte Dritter. Zweck des Bergrechts ist in erster Linie, zur Sicherung der Rohstoffversorgung das Aufsuchen, Gewinnen und Aufbereiten von Bodenschätzen zu regeln. Abs. 2 S. 1 tritt **neben die Enteignungsvorschriften des BBergG** („Grundabtretung", §§ 77 ff. BBergG) und geht über diese hinaus, denn er gestattet allgemein den Zugriff auf Rechte Dritter für Zwecke der Standorterkundung für Anlagen zur Endlagerung radioaktiver Abfälle (Begr. des Gesetzentwurfs zum 12. ÄndG, BT-Drs. 17/3052, 14). Wegen der Inbezugnahme der berggesetzlichen Regelungen in Abs. 2 S. 1 sind Enteignungen für die Erkundung allerdings wohl nur für die Erkundung des Untergrunds zulässig, nicht auch für die übertägige Erkundung (*Keienburg* NVwZ 2014, 1133 (1136)). Davon scheint auch die Gesetzesbegründung auszugehen, wenn sie sich ausdrücklich nur auf die untertägige Erkundung bezieht (Begr. des Gesetzentwurfs zum 12. ÄndG, BT-Drs. 17/3052, 14).

Soweit eine Enteignung gem. Abs. 2 S. 1 auch für die **Offenhaltung** eines im 12 **Standortauswahlverfahren** befindlichen Standortes zulässig ist, erlangt der Verweis auf § 15 Abs. 3 StandAG besondere Bedeutung. Dadurch wird klargestellt, dass nicht generell für alle Standortalternativen eine Enteignung zulässig ist – das wäre in Ansehung des Art. 14 Abs. 3 GG nicht verfassungsgemäß, weil Standorte, die später wieder ausgeschlossen werden, nicht zur Sicherstellung der Endlagerung genutzt werden und es insoweit an einem Belang fehlt, der als „Wohl der Allgemeinheit" iSd Art. 14 Abs. 3 GG anerkannt werden kann. Denn nicht jedes öffentliche Interesse (wie das öffentliche Interesse an einem objektiven Verfahren zur Standortauswahl gem. § 12 Abs. 1 S. 3 StandAG) ist identisch mit dem Wohl der Allgemeinheit iSd Art. 14 Abs. 3 GG (vgl. nur BVerfGE 74, 264 (289) = NJW

1987, 1251). Der Verweis auf § 15 Abs. 3 StandAG stellt also klar, dass eine Enteignung im Standortauswahlverfahren durch § 9d nur erlaubt ist, wenn für einen konkreten Standort nach § 15 Abs. 3 StandAG bereits eine Entscheidung über eine übertägige Erkundung getroffen wurde und damit die Phase 1 des Standortauswahlverfahrens durch Bestimmung der zu erkundenden Standorte im Wege eines Bundesgesetzes abgeschlossen ist (näher dazu *Wollenteit* in NK-AtomR StandAG § 15 Rn. 3ff.).

13 Zur Wahrung des verfassungsrechtlich im Rechtsstaatsprinzip fundierten Verhältnismäßigkeitsgrundsatzes setzt auch die Enteignung zum Zweck der vorbereitenden Standorterkundung, wie schon die Enteignungsmöglichkeit nach Abs. 1 (→ Rn. 9), die Notwendigkeit der Enteignung voraus. In dieser Hinsicht erfüllt **Abs. 2 S. 2** eine Konkretisierungsfunktion, soweit er **beispielhaft** („insbesondere") Fälle hervorhebt, in denen eine Enteignung zur Durchführung von Standorterkundungen regelmäßig als notwendig anzusehen sein soll. Genannt werden **zwei Konstellationen:** Zum einen, wenn die Eignung bestimmter geologischer Formationen als Endlagerstätte für radioaktive Abfälle ohne die Enteignung nicht oder nicht in dem erforderlichen Umfang untersucht werden könnte, zum anderen, wenn die Untersuchung der Eignung ohne die Enteignung erheblich behindert, verzögert oder sonst erschwert würde.

2. Verhältnis zu anderen Enteignungsvorschriften

14 Abs. 2 S. 3 schließlich stellt klar, dass die atomrechtlichen Enteignungsvorschriften die speziellen Vorschriften des Bundesberggesetzes über die Zulegung (§§ 35ff. BBergG), die Grundabtretung (§§ 77ff. BBergG) und sonstige Eingriffe in Rechte Dritter für bergbauliche Zwecke (zB Baubeschränkungen, §§ 107ff. BauGB) unberührt lassen. Sie bleiben aufgrund ihrer anderen Zweckrichtung also neben den §§ 9d, 9f anwendbar, stehen mithin in einem Alternativverhältnis (*Schmidt-Preuß* NVwZ 1998, 553 (559)).

3. Zuständigkeit

15 Zuständig für die Durchführung des Enteignungsverfahrens ist gem. § 23a das **Bundesverwaltungsamt.** Die Betrauung mit dieser Aufgabe erfolgt gleichzeitig mit der erstmaligen Einfügung der Enteignungsvorschriften durch das 8. Änderungsgesetz (→ Rn. 2) und teilte auch deren Schicksal während der Jahre 2002 bis 2010 (→ Rn. 3f.), in denen § 23a als Folgeänderung ebenfalls aus dem Text des AtG gestrichen worden war.

§ 9e Gegenstand und Zulässigkeit der Enteignung; Entschädigung

(1) ¹**Durch die Enteignung nach § 9d können**
1. **das Eigentum oder andere Rechte an Grundstücken und grundstücksgleichen Rechten entzogen oder belastet werden,**
2. **Rechte und Befugnisse entzogen werden, die zum Erwerb, zum Besitz oder zur Nutzung von Grundstücken oder grundstücksgleichen Rechten berechtigen oder die den Verpflichteten in der Nutzung von Grundstücken oder grundstücksgleichen Rechten beschränken,**
3. **Bergbauberechtigungen sowie nach dem Bundesberggesetz aufrecht erhaltene alte Rechte entzogen oder belastet werden,**

4. Rechtsverhältnisse begründet werden, die Rechte der in Nummer 2 bezeichneten Art gewähren.
²Grundstücksteile stehen Grundstücken nach Satz 1 gleich.

(2) ¹Die Enteignung ist nur zulässig, wenn das Wohl der Allgemeinheit, insbesondere die Sicherstellung der Endlagerung radioaktiver Abfälle nach § 9a, sie erfordert und wenn der Enteignungszweck unter Beachtung der Standortgebundenheit des Vorhabens auf andere zumutbare Weise nicht erreicht werden kann. ²Im Fall des § 9d Absatz 1 ist der festgestellte oder genehmigte Plan dem Enteignungsverfahren zugrunde zu legen und für die Enteignungsbehörde bindend. ³Die Enteignung setzt voraus, dass sich der Antragsteller ernsthaft um den freihändigen Erwerb der Rechte oder Befugnisse nach Absatz 1 oder um die Vereinbarung eines Nutzungsverhältnisses zu angemessenen Bedingungen vergeblich bemüht hat. ⁴Rechte und Befugnisse dürfen nur in dem Umfang enteignet werden, in dem dies zur Verwirklichung des Enteignungszwecks erforderlich ist. ⁵Soll ein Grundstück oder ein räumlich oder wirtschaftlich zusammenhängender Grundbesitz nur zu einem Teil enteignet werden, kann der Eigentümer die Ausdehnung der Enteignung auf das Restgrundstück oder den Restbesitz insoweit verlangen, als das Restgrundstück oder der Restbesitz nicht mehr in angemessenem Umfang baulich oder wirtschaftlich genutzt werden kann.

(3) ¹Für die Enteignung ist eine Entschädigung durch den Antragsteller zu leisten. ²§ 21b bleibt unberührt. ³Die Entschädigung wird gewährt für den durch die Enteignung eintretenden Rechtsverlust sowie für andere durch die Enteignung eintretende Vermögensnachteile. ⁴Die Entschädigung für den Rechtsverlust bestimmt sich nach dem Verkehrswert der zu enteignenden Rechte oder Befugnisse nach Absatz 1. ⁵Hat sich ein Beteiligter mit der Übertragung, Belastung oder sonstigen Beschränkung von Rechten oder Befugnissen nach Absatz 1 schriftlich einverstanden erklärt, kann das Entschädigungsverfahren unmittelbar durchgeführt werden.

(4) ¹Für die Enteignung und die Entschädigung gelten im Übrigen die §§ 93 bis 103 und 106 bis 122 des Baugesetzbuches entsprechend. ²Bei der Enteignung von Bergbauberechtigungen und Rechten im Sinne des § 9e Absatz 1 Satz 1 Nummer 3 gilt § 116 des Baugesetzbuches mit der Maßgabe, dass die Ausübung der vorgenannten Rechte dem Berechtigten vorläufig entzogen und, soweit dies für die in § 9d Absatz 1 und 2 genannten Zwecke erforderlich ist, auf den Antragsteller vorläufig übertragen werden kann.

(5) ¹Für Rechtsbehelfe gegen Entscheidungen der Enteignungsbehörde gelten die §§ 217 bis 231 des Baugesetzbuches. ²Rechtsbehelfe gegen Beschlüsse nach § 116 des Baugesetzbuches haben keine aufschiebende Wirkung. ³Der Antrag auf Anordnung der aufschiebenden Wirkung nach § 80 Absatz 5 Satz 1 der Verwaltungsgerichtsordnung kann nur innerhalb eines Monats nach der Zustellung des Beschlusses gestellt und begründet werden. ⁴Darauf ist in der Rechtsbehelfsbelehrung hinzuweisen.

Literatur: *Rietzler,* Abwägungspflicht durch enteignungsrechtliche Vorwirkung im atomrechtlichen Planfeststellungsverfahren, NVwZ 2011, 333.

I. Systematische Bedeutung

1   Im Anschluss an § 9d, der als Generalnorm den äußeren Rahmen atomrechtlicher Enteignungen absteckt, indem er als Generalnorm die zulässigen Enteignungszwecke benennt (→ § 9d Rn. 8), kommt § 9e die Aufgabe zu, die enteignungsrechtlichen Detailregelungen zu treffen, die für eine gesetzliche Ermächtigung zur Vornahme von Enteignungen durch Art. 14 Abs. 3 GG verfassungsrechtlich geboten sind.

II. Entstehungs- und Änderungsgeschichte

2   Die Normgeschichte des § 9e teilt das Schicksal der übrigen Bestimmungen in den §§ 9d ff. Gemeinsam mit ihnen wurde § 9e im Jahr 1998 erstmalig ins AtG aufgenommen, 2002 ersatzlos gestrichen und 2010 erneut eingefügt. Insoweit kann auf die obige Darstellung unter → § 9d Rn. 2–4 verwiesen werden. Bei seiner Wiedereinfügung durch das 12. Änderungsgesetz vom 8.12.2010 (BGBl. I 1817) erfolgten gegenüber der Ursprungsfassung jedoch einige Veränderungen im Wortlaut: Neben lediglich redaktionellen Anpassungen wurden Abs. 2 S. 5 sowie Abs. 4 S. 2 und Abs. 5 neu in den Gesetzestext aufgenommen.

III. Verfassungsrechtliche Einordnung

3   Da Enteignungen nach Maßgabe des Art. 14 Abs. 3 GG nur unter bestimmten Voraussetzungen zulässig sind, übernimmt § 9e die Funktion, die nach dem verfassungsrechtlichen Gesetzesvorbehalt durch den Gesetzgeber zu treffenden Festlegungen zu treffen. Das erfolgt vor allem durch Benennung der erlaubten Eingriffsarten und Enteignungsgegenstände (Abs. 1), Allgemeinwohlkonkretisierung, Verfahrensbestimmungen und Folgerungen aus dem Grundsatz der Verhältnismäßigkeit (Abs. 2) sowie durch die nähere Festlegung der Modalitäten der Enteignungsentschädigung, wie sie von der Junktimklausel des Art. 14 Abs. 3 S. 2 GG gefordert wird (Abs. 3 und 4).

IV. Regelungsinhalt

4   Die innere Normstruktur des § 9e folgt in klassischer Weise einem Aufbau vom Allgemeinen zum Besonderen. Zunächst werden in Ergänzung zu § 9d der mögliche Umfang zulässiger Enteignungen nach Gegenständen und Eingriffsformen abstrakt festgelegt (Abs. 1), bevor die einzelnen Zulässigkeitsvoraussetzungen, die an die Durchführung einer solchen Enteignung zu stellen sind, konkretisiert (Abs. 2) und die korrespondierenden Entschädigungsmodalitäten, u. a. durch Verweisungen auf außeratomrechtliche Vorschriften, präzisiert werden (Abs. 3 und 4). Den besonderen Fragen des Rechtsschutzes gegen Entscheidungen der Enteignungsbehörde widmet sich dann abschließend Abs. 5.

Gegenstand und Zulässigkeit der Enteignung; Entschädigung § 9e AtG

1. Enteignungsgenstände (Abs. 1)

Der **Katalog** der zulässigen Enteignungsgegenstände in **Abs. 1 ist abschlie- 5 ßend** (Begr. zum 12. ÄndG, BT-Drs. 17/3052, 14), sodass auf der Grundlage des AtG auf andere als die dort genannten Gegenstände nicht zugegriffen werden kann. Die Aufzählung ist allerdings recht weit und lässt sich in **zwei Fallgruppen** systematisieren. Die erste Gruppe bilden die Nrn. 1–3, in denen es um die Möglichkeiten zur **Entziehung oder Belastung von Rechten** geht. Betroffen sind hiervon das Grundstückseigentum oder andere Rechte an Grundstücken und grundstücksgleichen Rechten (Nr. 1), Rechte und Befugnisse, die zum Erwerb, zum Besitz oder zur Nutzung von Grundstücken oder grundstücksgleichen Rechten berechtigen oder die den Verpflichteten in der Nutzung von Grundstücken oder grundstücksgleichen Rechten beschränken (Nr. 2), sowie Bergbauberechtigungen und nach dem BBergG aufrecht erhaltene alte Rechte (Nr. 3). In der zweiten Fallgruppe geht es demgegenüber nicht um die Entziehung, sondern um die Möglichkeiten zur **Begründung obligatorischer („relativer") Rechte**. Diese Fallgruppe wird allein in der Nr. 4 geregelt, die für ihren Gegenstand auf die Rechte der in Nr. 2 bezeichneten Art verweist. Welche der vier Varianten der Enteignung zu treffen ist, ist im Einzelfall nach Maßgabe der Erforderlichkeit zu beurteilen.

Zu den von Nr. 1 erfassten **dinglichen Rechten**, welche den Schutz von 6 Art. 14 GG genießen, zählen das **Grundstückseigentum** einschließlich seiner wesentlichen Bestandteile (§§ 93, 94 BGB), jedoch ohne Zubehör (§ 97 BGB), sowie andere Rechte an einem Grundstück, also **andere zivilrechtlich mögliche dingliche Grundstücksrechte** wie zB Dienstbarkeiten nach §§ 1018, 1090 BGB, dingliche Vorkaufsrechte nach §§ 1094 ff. BGB, Reallasten nach §§ 1105 ff. BGB, Hypotheken, Grund- und Rentenschulden nach §§ 1113, 1191 ff. sowie Rechte nach dem WEG, etwa Dauerwohn- und Dauernutzungsrechte nach § 31 WEG (vgl. zu den anderen Rechten iSd § 86 Abs. 1 Nr. 2 BauGB: *Runkel* in Ernst/Zinkahn/Bielenberg/Krautzberger BauGB, Lfg. 10/2018, § 86 Rn. 48f.). Erfasst sind außerdem **grundstücksgleiche Rechte**. Darunter sind solche Rechte zu verstehen, auf die aufgrund gesetzlicher Regelung die sich auf Grundstücke beziehenden Vorschriften anwendbar sind (vgl. § 870 ZPO), was insbesondere beim Erbbaurecht nach § 11 Erbbaurechtsgesetz vom 15.1.1919 (RGBl. 72, zul. geändert durch Gesetz v. 1.10.2013, BGBl. I 3719) der Fall ist. Kraft der ausdrücklichen Anordnung in **Abs. 1 S. 2** werden **Grundstücksteile** Grundstücken gleichgestellt. Das ist vor dem Hintergrund des verfassungsrechtlichen Übermaßverbotes eine sinnvolle Regelung, weil über diese Brücke auch **Teilenteignungen** als milderes Mittel möglich sind (vgl. bereits die dahingehenden Erwägungen in der Begr. zum 12. ÄndG, BT-Drs. 17/3052, 14).

Weiterhin können nach **Nr. 2** alle **obligatorischen Rechte** entzogen werden, 7 die zum Erwerb, zum Besitz oder zur Nutzung von Grundstücken oder grundstücksgleichen Rechten berechtigen oder die den Verpflichteten in der Nutzung von Grundstücken oder grundstücksgleichen Rechten beschränken. Zu nennen sind hier insbesondere Kaufs- und Vorkaufsrechte sowie das Miet-, Pacht- und Wiederkaufsrecht. Ebenso fallen auch Rückübertragungsansprüche nach dem Vermögensgesetz idF v. 9.2.2005 (BGBl. I 205) in diese Fallgruppe (vgl. zur entsprechenden Bestimmung in § 86 Abs. 1 Nr. 3 BauGB: *Battis* in Battis/Krautberger/Löhr, BauGB, 14. Aufl. 2019, § 86 Rn. 5).

Soweit nach **Nr. 3** auch **Bergbauberechtigungen** erfasst sind, fallen unter die- 8 sen Begriff die in den §§ 6–9 BBergG geregelten Formen der Erlaubnis, Bewilligung und des Bergwerkeigentums, die als eigentumsrechtliche Positionen ebenfalls den Schutz durch Art. 14 GG genießen (BVerfGE 77, 130 (136) = BeckRS 1987, 6393; BVerfG ZfB 2008, 85; ausführlich *Franke* in Boldt/Weller/Kühne/v. Mäßenhausen, BBergG, 2. Aufl. 2016, § 8 Rn. 20ff.). Sie werden durch Nr. 3 gesondert hervorgehoben, weil sie bei der Standorterkundung für Anlagen zur Endlagerung radioaktiver Stoffe besondere Bedeutung erlangen (BT-Drs. 13/8641, 15). Die nach dem BBergG **aufrecht erhaltenen alten Rechte** sind Bergbauberechtigungen, die vor Inkrafttreten des BBergG 1982 auf der Grundlage landesrechtlicher Berechtsamsmodelle erteilt worden sind. Sie werden nach näherer Maßgabe der §§ 149–162 BBergG in das neue Berechtsamswesen des BBergG überführt.

9 Die Möglichkeit Rechtsverhältnisse zu begründen, die **obligatorische Rechte** nach Art der in Nr. 2 genannten Rechte (→ Rn. 7) gewähren, kann ebenfalls Gegenstand einer Enteignung zu den Zwecken des § 9d Abs. 1 sein. Die normalerweise erforderliche **vertragliche Begründung** eines solchen Rechts **wird** also **durch** den einseitigen Akt der **Enteignung hoheitlich ersetzt.** Daher musss aus Gründen der Bestimmtheit der genaue Inhalt des jeweiligen Rechtsverhältnisses im Enteignungsbeschluss bestimmt werden (Abs. 4 S. 1 iVm § 113 Abs. 2 Nr. 6 BauGB). Hierbei können die Vertragstypen des BGB in Bezug genommen werden (vgl. zu § 86 Abs. 1 Nr. 4 BauGB: *Runkel* in Ernst/Zinkahn/Bielenberg/Krautzberger, BauGB, Lfg. 10/2018, § 86 Rn. 62).

2. Zulässigkeit der Enteignung (Abs. 2)

10 Abs. 2 trifft Vorkehrungen zur Wahrung der durch Art. 14 Abs. 3 GG und allgemeine Enteignungsgrundsätze vorgegebenen **verfassungsrechtlichen Grenzen.**

11 **a) Wohl der Allgemeinheit, Verhältnismäßigkeit (S. 1, S. 4).** Abs. 2 S. 1 nimmt an herausgehobener Stelle die Grundanforderung des Art. 14 Abs. 3 GG auf, dass eine Enteignung nur zulässig ist, wenn das Wohl der Allgemeinheit sie erfordert. Soweit in einem Relativsatz die **Sicherstellung der Endlagerung radioaktiver Abfälle nach § 9a** als ein solcher Gemeinwohlzweck identifiziert wird, dürfte dies sachlich nicht zu bestreiten sein (vgl. nur OVG Lüneburg ZUR 2008, 595 (598); BHR EnergieR I Rn. 1144). Problematisch erscheint nur, dass der Gesetzeswortlaut diesen Gemeinwohlzweck mit einer „insbesondere"-Formulierung verbindet, was den Eindruck erweckt, als könne es noch andere Allgemeinwohlzwecke geben, die nach Auswahl der Verwaltung eine Enteignung nach dem AtG zuließen. Diese Regelungstechnik in Abs. 2 S. 1 weckt **Zweifel an der Verfassungsmäßigkeit** der Norm. Denn im Hinblick auf genau die gleiche sprachliche Konstellation einer **„insbesondere"-Klausel** in § 79 Abs. 1 BBergG hat das BVerfG in seiner Garzweiler-Entscheidung (BVerfG NVwZ 2014, 211 Rn. 199f.) entschieden, dass eine gesetzliche Regelung, die auf Grund der Formulierung „insbesondere" nur Beispiele zulässiger Enteignungszwecke regele und damit die Entscheidung, zu welchen Zwecken Enteignungen zulässig sind, letztlich der Verwaltung überlasse, nicht den verfassungsrechtlichen Anforderungen des Art. 14 Abs. 3 GG genügt. Zur Vermeidung eines Verfassungswidrigkeitspostulats wird man Abs. 2 S. 1 dahingehend **verfassungskonform auszulegen** haben, dass sie als abschließend gemeint und die Sicherstellung der Endlagerung radioaktiver Abfälle nach § 9a der einzige Gemeinwohlzweck ist, der eine Enteignung nach Maßgabe der §§ 9d, 9e rechtfertigt (so bereits *Keienburg* NVwZ 2014, 1133 (1136)). Eine sol-

che verfassungskonforme Auslegung erscheint möglich, weil sich auch aus der amtlichen Gesetzesbegründung zu § 9e Abs. 2 erschließen lässt, dass der ausdrücklich genannte Enteignungszweck für Sicherstellung der Endlagerung trotz der Formulierung „insbesondere" im Wortlaut der Norm abschließend gemeint ist. Denn in BT-Drs. 17/3052, 14 heißt es: „Das hier in Rede stehende ‚Wohl der Allgemeinheit', *nämlich* die Sicherstellung der Endlagerung radioaktiver Abfälle nach § 9a, wird in diesem Zusammenhang ausdrücklich hervorgehoben." (Hervorhebung durch Verfasser).

Der zweite Halbsatz in **Abs. 2 S. 1** ist eine Folgerung aus dem Grundsatz der **Verhältnismäßigkeit**, wenn dort betont wird, dass der Enteignungszweck unter Beachtung der Standortgebundenheit des Vorhabens auf **andere zumutbare Weise** nicht erreicht werden kann. Vorzunehmen ist eine Abwägung der von der Enteignung betroffenen privaten Belange mit der Sicherstellung der Endlagerung radioaktiver Abfälle. Wenn dieser Enteignungszweck insbesondere wegen der Gebundenheit an einen bestimmten Endlagerstandort auf keine andere, dem Enteignungsadressaten zumutbare Weise erreichbar ist, darf dieser als ultima ratio enteignet werden. Eine weitere Konkretisierung enthält der Verhältnismäßigkeitsgrundsatz in **Abs. 2 S. 4**, der bestimmt, dass Rechte und Befugnisse nur in dem Umfang entzogen werden können, indem dies **zur Verwirklichung des Enteignungszwecks erforderlich** ist. Daraus folgt vor allem, dass das Grundstück in räumlicher Hinsicht nur in dem Umfang in Anspruch genommen werden darf, wie es der Enteignungszweck erfordert (vgl. zum entsprechenden § 92 Abs. 1 S. 1 BauGB: *Battis* in Battis/Krautzberger/Löhr, BauGB, 14. Aufl. 2019, § 92 Rn. 2). Außerdem ist aus Gründen der Verhältnismäßigkeit bei gleicher Eignung der Belastung mit einem Recht der Vorrang gegenüber dem völligen oder teilweisen Entzug einzuräumen (so ausdr. § 92 Abs. 1 S. 2 BauGB). 12

b) Enteignungsrechtliche Vorwirkung (S. 2). Indem **Abs. 2 S. 2** bestimmt, dass im Fall des § 9d Abs. 1 der festgestellte oder genehmigte Plan dem Enteignungsverfahren zugrunde zu legen und für die Enteignungsbehörde bindend ist, begründet die Norm in sachlicher Anlehnung an die Regelungen in § 19 Abs. 2 FStrG und § 22 Abs. 2 AEG eine sog. enteignungsrechtliche Vorwirkung des Planfeststellungsbeschlusses bzw. der Plangenehmigung. Dahinter steht die Überlegung, dass der Planfeststellungsbeschluss selbst nicht zum Zugriff auf Rechte Dritter ermächtigt. Vielmehr bedarf es dafür, sofern eine Einigung mit dem Eigentümer nicht gelingt (→ Rn. 15), eines gesonderten Zugriffs in Form der Enteignung (vgl. BGHZ 140, 285 (290) = NJW 1999, 1247; BGH NVwZ 2004, 377 (378); *Rietzler* NVwZ 2011, 333 (334); ausführlich *Lieber* in Mann/Sennekamp/Uechtritz, VwVfG, 2. Aufl. 2019, § 72 Rn. 64ff.). In diesem Zusammenhang hat die gesetzlich angeordnete enteignungsrechtliche Vorwirkung zur Folge, dass mit dem Planfeststellungsbeschluss nicht nur die Zulässigkeit des Vorhabens, sondern auch die Zulässigkeit eines nachfolgenden Enteignungsverfahrens mit Bindungswirkung für die Enteignungsbehörde dem Grunde nach festgestellt wird (vgl. BVerfG NVwZ 2003, 71; NVwZ 2007, 573; *Gaentzsch* in FS Sendler, 1991, 403, 406; kritisch speziell zu § 93 Abs. 2 S. 2 *Rietzler* NVwZ 2011, 333 (334f.), dh den nachfolgenden Enteignungsschritten kann nicht mehr die Unzulässigkeit des Vorhabens nach Art. 14 Abs. 3 GG entgegengehalten werden. 13

Ist die **Entscheidung über die grundsätzliche Zulässigkeit,** also das „ob" der Enteignung, aufgrund der enteignungsrechtlichen Vorwirkung also für die Enteignungsbehörde – hier das Bundesverwaltungsamt (§ 23a) – **bindend**; Spielraum 14 verbleibt ihr lediglich hinsichtlich der weiteren Durchführung der Enteignung (Neumann/Külpmann in SBS VwVfG § 75 Rn. 28; *Lieber* in Mann/Sennekamp/Uechtritz, VwVfG, 2. Aufl. 2019, § 72 Rn. 70). Hier wird insbesondere zu prüfen sein, ob der Zugriff auf das konkrete Grundstück bzw. Recht iSd § 9 d Abs. 1 und 2 „notwendig" ist, auf welchen zulässigen Eingriffsgegenstand (→ Rn. 5 ff.) letztlich zugegriffen wird und in welcher Höhe eine Enteignungsentschädigung zu zahlen ist. Weil auf diese Weise die Entscheidung über die Zulässigkeit der Enteignung also bereits im Planfeststellungsverfahren getroffen wird, ist dies auch für den Rechtsschutz relevant. Denn dieser muss sich zur Verhinderung einer späteren Enteignungsmöglichkeit bereits gegen den vorangehenden Planfeststellungsbeschluss richten – der aus Art. 14 Abs. 3 GG resultierende **Rechtsschutz wird** also **vorverlagert** (vgl. näher *Lieber* in Mann/Sennekamp/Uechtritz, VwVfG, 2. Aufl. 2019, § 72 Rn. 70; *Neumann/Külpmann* in SBS VwVfG § 75 Rn. 30).

15 c) **Vorrang des freihändigen Erwerbs (S. 3).** Letztlich ebenfalls eine Folge des Verhältnismäßigkeitsgrundsatzes (Lieber in Mann/Sennekamp/Uechtritz, VwVfG, 2. Aufl. 2019, § 72 Rn. 82), aber in **Abs. 2 S. 3** als eigenes Verfahrenserfordernis ausgestaltet, ist das ernsthafte **Bemühen um einen freihändigen Erwerb** der notwendigen Grundstücke oder die vertragliche Vereinbarung eines Nutzungsverhältnisses zu angemessenen Bedingungen. Damit wurde der Vorrang einer konsensualen Lösung (→ § 9 d Rn. 7) normativ verankert. Bei den ernsthaften Erwerbsbemühungen durch Verhandlungen auf privatrechtlicher Ebene – ohne Beteiligung der Enteignungsbehörde – handelt es sich um eine Verpflichtung des Antragstellers. Diese ist jedoch **entbehrlich,** wenn der Eigentümer von vornherein zu erkennen gibt, dass er jedes Angebot unabhängig von dessen Angemessenheit ablehnen wird (vgl. BGH NJW 1966, 2012 (2014)). Hinsichtlich der **Angemessenheit** der vertraglichen Konditionen kann auf die Rechtsprechung zum inhaltgleichen § 87 Abs. 2 BauGB zurückgegriffen werden. Für den Eigentümer ist ein freihändiges Kaufangebot zur Vermeidung einer Enteignung dann angemessen, wenn er bei Annahme des Angebotes nicht schlechter steht, als er im Falle einer Enteignung stehen würde. Daher muss das Angebot nicht nur den Betrag für den durch die Enteignung eintretenden Rechtsverlust (auf Basis des Verkehrswertes), sondern auch für andere durch die Enteignung eintretende entschädigungspflichtige **Vermögensnachteile** umfassen (vgl. BGH NJW 1966, 2012 (2014)).

16 d) **Übernahmeanspruch (S. 5).** Entsprechend seinem Regelungsvorbild in § 92 Abs. 3 BauGB gibt **Abs. 2 S. 5** dem betroffenen Eigentümer bei einer Teilenteignung einen **Anspruch auf Übernahme des** ihm verbliebenen **Restgrundstücks** oder Restbesitzes, wenn das Restgrundstück oder der Restbesitz infolge einer Teilenteignung nicht mehr in angemessenem Umfang baulich oder wirtschaftlich genutzt werden kann. Unbeschadet hiervon bleibt der Anspruch des Eigentümers auf Ersatz der Wertminderung des Restgrundstücks oder des Restbesitzes gem. Abs. 4 iVm § 96 Abs. 1 S. 2 Nr. 2 BauGB erhalten (vgl. Begr. zum 12. ÄndG, BT-Drs. 17/3052, 15). Der Vorschrift liegt die Erkenntnis zugrunde, dass eine vermeintlich dem Übermaßverbot entsprechende Einschränkung der Enteignung nur auf einzelne Grundstücksteile (→ Rn. 6) nicht immer auch gleichzeitig im Interesse des Enteignungsbetroffenen ist. Insbesondere wenn das verbleibende, von der Enteignung nicht betroffene Restgrundstück nur noch schwer zu nutzen ist, wird er im Gegenteil ein Interesse an einer Übernahme auch der restlichen Grundstücksteile haben.

3. Entschädigung (Abs. 3 und 4)

Hinsichtlich der Entschädigung ist in verfassungsrechtlicher Hinsicht Art. 14 Abs. 3 S. 2 GG zu wahren, wonach im Enteignungsgesetz selbst Art und Ausmaß der Entschädigung geregelt sein müssen. Abs. 3 trägt diesem Umstand Rechnung. Gemäß S. 1 hat der Antragsteller für die Enteignung eine Entschädigung zu leisten, die aber nach Maßgabe des § 21b auf die Verursacher radioaktiver Abfälle umgelegt werden kann (S. 2). Entschädigt wird der durch die Enteignung eintretende **Rechtsverlust** sowie andere durch die Enteignung eintretenden **Vermögensnachteile** (S. 3), wobei zur konkreten Berechnung der **Verkehrswert** der zu enteignenden Rechte oder Befugnisse maßgeblich ist (S. 4). Bei schriftlichem Einverständnis mit der Enteignung, kann das entschädigungsverfahren auch unmittelbar durchgeführt werden (S. 5). Für die Einzelheiten des Enteignungsverfahrens und der Entschädigungsbemessung werden in Abs. 4 S. 1 die §§ 93–103 BauGB (hinsichtlich der Entschädigung) sowie die §§ 106–122 BauGB (hinsichtlich des Enteignungsverfahrens) für entsprechend anwendbar erklärt. Deren ergänzende Anwendung steht unter dem Vorbehalt, dass § 9e nicht selbst eine abschließende Regelung trifft (vgl. Begr. zum 12. ÄndG, BT-Drs. 17/3052, 15). Seit 2002 ist in Abs. 4 S. 2 ferner vorgesehen, dass bei Enteignungen von Bergbauberechtigungen und alten Rechten nach Abs. 1 S. 1 Nr. 3 (→ Rn. 8) die Ausübung dieser Rechte dem Berechtigten vorläufig entzogen und, soweit dies für die in § 9d Abs. 1 und 2 genannten Zwecke erforderlich ist, vorläufig auf den Antragsteller übertragen werden können.

4. Rechtsschutzfragen

Abs. 5 S. 1 eröffnet durch die Bezugnahme auf die §§ 218–231 BauGB für Rechtsbehelfe gegen Entscheidungen der Enteignungsbehörde (Bundesverwaltungsamt, § 23a) den Rechtsweg zu den **Landgerichten** mit funktioneller Zuständigkeit der **Kammer für Baulandsachen.** In dem Bemühen, durch Straffung von Verfahrensfristen und Rechtsbehelfen „innerhalb eines vertretbaren Zeitraums Planungssicherheit" für einen geeigneten Endlagerstandort zu schaffen (vgl. Begr. zum 12. ÄndG, BT-Drs. 17/3052, 15) sieht Abs. 5 über diese Rechtswegbestimmung hinaus mehrere Beschleunigungsinstrumente vor. In Ausschöpfung der in § 80 Abs. 1 S. 2 Nr. 3 VwGO vorgesehenen Möglichkeit schreibt **S. 2** bei Rechtsbehelfen gegen Beschlüsse, welche nach § 116 BauGB die **vorzeitige Besitzeinweisung** anordnen, ein Entfallen der aufschiebenden Wirkung vor. Für dadurch notwendig werdende Anträge auf Anordnung der aufschiebenden Wirkung nach § 80 Abs. 5 VwGO ordnet **S. 3** eine einmonatige Einlegungs- und Begründungsfrist nach Zustellung des Beschlusses an, während ein solcher Antrag normalerweise unbefristet zulässig ist (*Kopp/Schenke*, VwGO, 26. Aufl. 2020, § 80 Rn. 141; *Mann*, Verwaltungsprozessrecht, 5. Aufl. 2021, Rn. 411). Aus diesem Grund sieht **S. 4** ergänzend vor, dass in der Rechtsbehelfsbelehrung explizit auf dieses Erfordernis hinzuweisen ist. Zur Vorverlagerung des verwaltungsgerichtlichen Rechtsschutzes als Folge der enteignungsrechtlichen Vorwirkung → Rn. 14.

§ 9f Vorarbeiten an Grundstücken

(1) ¹Eigentümer und sonstige Nutzungsberechtigte haben zu dulden, dass zur Vorbereitung der Planfeststellung nach § 9b sowie zur obertägigen Standorterkundung für Anlagen zur Endlagerung radioaktiver Abfälle Grundstücke betreten und befahren sowie Vermessungen, Boden- und Grundwasseruntersuchungen und ähnliche vorübergehende Vorarbeiten auf Grundstücken durch die dafür zuständigen Personen ausgeführt werden. ²Die Absicht, Grundstücke zu betreten und solche Arbeiten auszuführen, ist dem Eigentümer und den sonstigen Nutzungsberechtigten rechtzeitig vorher bekannt zu geben.

(2) ¹Nach Abschluss der Vorarbeiten ist der frühere Zustand der Grundstücke wieder herzustellen. ²Die zuständige Behörde kann anordnen, dass im Rahmen der Vorarbeiten geschaffene Einrichtungen verbleiben können.

(3) ¹Entstehen durch eine Maßnahme nach Absatz 1 oder durch eine Anordnung nach Absatz 2 Satz 2 dem Eigentümer oder sonstigen Nutzungsberechtigten unmittelbare Vermögensnachteile, so ist eine angemessene Entschädigung in Geld zu leisten. ²§ 21b bleibt unberührt.

Literatur: *Schmidt-Preuß*, Das neue Atomrecht, NVwZ 1998, 553; *Keienburg*, Verfassungs- und europarechtliche Fragen hinsichtlich der Standortauswahl eines Endlagers für hochradioaktive Abfälle, NVwZ 2014, 1133; *Hönig*, Vorbereitende Maßnahmen für das Planfeststellungsverfahren, UPR 2001, 374.

I. Systematische Bedeutung

1   Die konkrete Ausgestaltung der vorbereitenden Maßnahmen im Fachrecht ist regelmäßig durch den Zweck bestimmt, eine **Ungewissheit** hinsichtlich bestimmter für die Planfeststellung notwendiger Faktoren zu beseitigen, um die Geeignetheit oder Ungeeignetheit des Geländes für das Vorhaben ermitteln zu können. Dementsprechend soll auch die in § 9f getroffene Regelung, die sich ähnlich lautend in den Parallelregelungen der § 16a Abs. 1 und 2 FStrG sowie § 17 Abs. 1 und 2 AEG findet, eine Durchführung von Vorarbeiten auf Grundstücken Dritter zur Vorbereitung der Planfeststellung nach § 9b sichern. Sie eröffnet dadurch Zugriffsrechte bereits für das **frühe Planungsstadium** und dient damit letztlich der in § 9a Abs. 3 S. 1 Hs. 2 AtG normierten öffentlichen Aufgabe des Bundes, Anlagen zur Sicherstellung und Endlagerung radioaktiver Abfälle einzurichten.

II. Entstehungs- und Änderungsgeschichte

2   Die Normgeschichte des § 9f teilt das Schicksal der übrigen Bestimmungen in den §§ 9d ff. Gemeinsam mit ihnen wurde § 9f im Jahr 1998 erstmalig ins AtG aufgenommen, 2002 ersatzlos gestrichen und 2010 erneut eingefügt. Insoweit kann auf die Darstellung unter → § 9d Rn. 2–4 verwiesen werden. Inhaltliche Änderungen hat die Vorschrift nicht erfahren; gegenüber der Version von 1998 ist die Version von 2010 lediglich der neuen Rechtschreibung angepasst worden.

III. Verfassungsrechtliche Einordnung

Aus verfassungsrechtlicher Sicht handelt es sich bei den gesetzlich angeordneten 3
Duldungspflichten und den sie konkretisierenden Verfügungen, welche in einem
Einzelfall die Verpflichtung zur Duldung notwendiger Vorarbeiten begründen, um
verfassungsrechtlich unbedenkliche **Inhaltsbestimmungen des Eigentums** gem.
Art. 14 Abs. 2 GG (vgl. BVerwG Beschl. v. 1.4.1999 – 4 VR 4/99, BeckRS 1999,
30434438 (zu § 16a FStrG); VGH Kassel DVBl 2001, 1863 (1864) (zu § 7 LuftVG);
ebenso *Schütz* in Hermes/Sellner, Beck'scher AEG-Kommentar, 2. Aufl. 2014,
AEG § 17 Rn. 5 (zu § 17 AEG)). Damit muss sich die Regelung nicht an Art. 14
Abs. 3 GG, wohl aber am Verhältnismäßigkeitsgrundsatz messen lassen.

IV. Regelungsinhalt

§ 9f normiert in seinen drei Absätzen unterschiedliche Pflichten im Kontext der 4
Durchführung von Vorarbeiten. Die in Abs. 1 S. 1 geregelte **Duldungspflicht** richtet sich an die Grundstückseigentümer und Nutzungsberechtigte, die **Informationspflicht** des Abs. 1 S. 2 richtet sich ebenso wie die **Wiederherstellungspflicht**
des Abs. 2 und die **Entschädigungspflicht** des Abs. 3 an diejenige Stelle, die die
Vorarbeiten durchführt. Dabei können die von § 9f erfassten Vorarbeiten zum einen
der **Vorbereitung der Planfeststellung** nach § 9b, zum anderen der **obertägigen
Standorterkundung** für Anlagen zur Endlagerung radioaktiver Abfälle dienen.
Damit knüpft der Gesetzgeber an die in § 9d Abs. 1 und 2 normierten Enteignungszwecke (→ § 9d Rn. 9ff.) an. Grundvoraussetzung ist nach anderen Fachgesetzen
eine planerische Absicht, die noch nicht konkretisiert sein muss (vgl. *Ronellenfitsch*
in Marschall FStrG, 6. Aufl. 2012, § 16a Rn. 4). Dementsprechend wird man im
vorliegenden Kontext die bevorstehende Planfeststellung nach § 9b bzw. ein bereits
betriebenes Standorterkundungsverfahren (nach StandAG) als ausreichend ansehen
müssen.

1. Zulässige Vorarbeiten (Abs. 1 S. 1)

Welche Arten von Vorarbeiten zulässig sein sollen, erschließt sich aus Abs. 1 S. 1. 5
Dort wird zunächst die Erlaubnis zum **Betreten und zur Befahrung** der Grundstücke normiert. Diese Handlungen sind aber sozusagen nur physische Voraussetzungen, die es den zuständigen Personen erlauben, auf die Grundstücke zu gelangen, um dort die eigentlichen Vorarbeiten vorzunehmen. Allein durch Betreten
und Befahren der Grundstücke wird sich der erhoffte Erkenntnisgewinn (→ Rn. 1)
in aller Regel nicht einstellen. Als eigentliche Vorarbeiten benennt der Gesetzeswortlaut sodann **Vermessungen sowie Boden- und Grundwasseruntersuchungen** und ordnet sie als Unterfälle der Kategorie „vorübergehende Vorarbeiten auf Grundstücken" zu. Darüber hinaus wird der Kreis der möglichen
Maßnahmen noch auf „ähnliche" vorübergehende Vorarbeiten erweitert, was ein
weites Begriffsverständnis indiziert. Aus dieser Wortwahl erschließt sich zweierlei:
Zum einen wird deutlich, dass die im Normtext konkret benannten Maßnahmen
nur beispielhaft angeführt sind, zum anderen erfolgt eine indirekte Charakterisierung der Vorarbeiten durch ihre nur temporäre Wirkung. Untersuchungsmaßnahmen, die zu dauerhaften Beeinträchtigungen der Eigentümerinteressen führen oder

kontinuierlich erfolgen müssen, sind nicht mehr nur **„vorübergehend"** und daher nicht durch § 9f gedeckt. Wo allerdings die zeitliche Grenze verläuft, die das Vorübergehende kennzeichnet, lässt die Vorschrift freilich offen. Eindeutig dürfte nur sein, dass die eigentlichen Errichtungsarbeiten für ein Endlager nicht dem § 9f unterfallen, da sie ihre Rechtsgrundlage in dem Planfeststellungsbeschluss nach § 9b haben und in dessen Vollziehung erfolgen (vgl. zum Fernstraßenrecht *Lampe* in Erbs/Kohlhaas FStrG § 16a Rn. 1).

6 Die Erlaubnis zur Durchführung der erforderlichen Maßnahmen erstreckt sich dem Wortlaut nach auf die „dafür zuständigen Personen". Welche Personen das sind, richtet sich nach der internen Zuständigkeitsverteilung derjenigen Stelle, die zur Vornahme der jeweiligen Vorarbeiten berechtigt ist.

2. Vorherige Informationspflicht (Abs. 1 S. 2)

7 Soweit Abs. 1 S. 2 anordnet, dass die Absicht zur Betretung von Grundstücken und der Durchführung entsprechender Vorarbeiten dem Eigentümer und den sonstigen Nutzungsberechtigten **rechtzeitig vorher bekannt zu geben** ist, unterscheidet sich die Norm von anderen vergleichbaren bundesrechtlichen Regelungen (§ 16a Abs. 2 FStrG, § 17 Abs. 2 AEG) dadurch, dass **weder eine konkrete Frist genannt noch die Art und Weise** der Bekanntgabe geregelt wird. Somit ist auf die allgemeinen verwaltungsverfahrensrechtlichen Regelungen zurückzugreifen, was die Frage aufwirft, ob es sich bei der Bekanntgabe nach § 9f S. 2 um einen Verwaltungsakt handelt. Hierfür ist relevant, dass der vorherigen Bekanntgabe der geplanten Vorarbeiten in der Literatur zum sonstigen Fachrecht **konstitutive Wirkung** zugesprochen wird (*Schütz* in Hermes/Sellner, Beck'scher AEG-Kommentar, 2. Aufl. 2014, AEG § 17 Rn. 34; *Hönig* UPR 2001, 374 (377); *Kirchberg* in Ziekow, Handbuch des Fachplanungsrechts, 2. Aufl. 2014, Rn. 64; *John* in NK-AtomR § 9f Rn. 7). Unterbleibt die vorherige Bekanntgabe, besteht also keine Duldungspflicht. Der wesentliche Inhalt der Bekanntgabe besteht mithin darin, die in § 9f S. 1 abstrakt formulierte Duldungspflicht für den Einzelfall zu konkretisieren, dh. einen konkreten Eigentümer zu verpflichten, die Vorarbeiten auf seinem konkreten Grundstück zu dulden. Dieser Ausspruch der Duldungsverpflichtung, für den das Bundesverwaltungsamt zuständig ist (→ § 23a), ist die Regelung eines Einzelfalles auf dem Gebiet des öffentlichen Rechts mit dem Ziel der Verbindlichkeit und der zwangsweisen Durchsetzung. Angesichts dieser konstitutiven Wirkung wird man der Bekanntgabe **Verwaltungsaktqualität** zuzusprechen haben (vgl. ebenso OVG Lüneburg NJW 1970, 1142 (1143); *Ronellenfitsch* in Marschall FStrG, 6. Aufl. 2012, § 16a Rn. 15; *Hoppe/Schlarmann/Buchner/Deutsch*, Rechtsschutz bei der Planung von Verkehrsanlagen und anderen Infrastrukturvorhaben, 4. Aufl. 2011, Rn. 435f.), sodass sich die näheren Maßgaben der Bekanntgabe nach § 41 VwVfG bemessen.

8 Aus der Verwaltungsaktqualität folgt, dass der Betroffene sich gerichtlich im Wege der **Anfechtungsklage** gegen die Bekanntgabe wehren kann (vgl. OVG Lüneburg NJW 1970, 1142 (1143)) bzw. im Falle einer Anordnung der sofortigen Vollziehung durch die Behörde mit einem Antrag auf Wiederherstellung der aufschiebenden Wirkung gegen die Duldungsverpflichtung vorgehen kann (vgl. *Schütz* in Hermes/Sellner, Beck'scher AEG-Kommentar, 2. Aufl. 2014, AEG § 17 Rn. 52f.).

3. Wiederherstellungsverpflichtung (Abs. 2)

Aus dem vorübergehenden Charakter der Vorarbeiten (→ Rn. 5) folgt, dass nach ihrer Beendigung die faktische Eingriffswirkung beseitigt werden kann, indem die Grundstücke wieder in ihren früheren Zustand versetzt werden. Diese **Wiederherstellung** des früheren Grundstückszustands gestaltet **Abs. 2 S. 1** als vorrangige Pflicht des Vorhabenträgers aus. Ebenso wie bei den Parallelvorschriften in anderen Fachgesetzen (→ Rn. 1) ist der frühere Zustand wiederhergestellt, wenn alle äußerlichen Veränderungen (etwa durch Rückbau von Anlagen oder Verfüllung von Abgrabungen und Senkungen) in einer Weise beseitigt sind, dass sie die Nutzungsmöglichkeiten des Grundstücks nicht mehr beeinträchtigen (vgl. *Hönig* UPR 2001, 374 (380); ausführ. *Jäkel*, Die Sicherheitsleistung zur Sicherstellung der Vorsorge für die Wiedernutzbarmachung der Oberfläche im Bergrecht, 2017, 86 ff.). 9

Eingeschränkt wird die Wiederherstellungspflicht jedoch durch die in **Abs. 2 S. 2** normierte Befugnis der zuständigen Behörde (das ist das Bundesverwaltungsamt, vgl. § 23a), den **Verbleib von** im Rahmen der Vorarbeiten geschaffenen **Einrichtungen,** zB von Messgeräten (Begr. des Gesetzentwurfs zum 12. ÄndG, BT-Drs. 17/3052, 15), anzuordnen. Diese Anordnung, mit der die Behörde eine vorübergehende Regelung über die Dauer der Vorarbeiten hinaus trifft, begünstigt den Vorhabenträger: Insbesondere im Falle von Vorarbeiten zur Standorterkundung kann es unwirtschaftlich sein, Einrichtungen, die auch für eine spätere Nutzung als Endlager aufrechterhalten bleiben müssen, zunächst wieder zu beseitigen. Eine Grundlage zur späteren Grundstücksbenutzung zum Zwecke der späteren Endlagerung bietet diese Anordnung aber nicht. Schon wegen des Fehlens tatbestandlicher Entscheidungsvoraussetzungen kann sie angesichts der Gemeinwohlanforderungen an eine Enteignung auch keine Bindungswirkung für eine später eventuell nötige Enteignung zum Zwecke der Errichtung oder des Betriebs einer Anlage zur Endlagerung (vgl. § 9d Abs. 1) haben (zu entsprechenden Erwägungen im Bergrecht vgl. *Franke* in Boldt/Weller/Kühne/v. Mäßenhausen BBergG, 2. Aufl. 2016, § 39 Rn. 15). 10

Weil die behördliche Entscheidung nach Abs. 2 S. 2 eigentumsrechtlich geschützte Interessen des Grundstückseigentümers oder sonstiger Nutzungsberechtigter berührt, sind diese im Verwaltungsverfahren zu beteiligen und zur **(Dritt-) Anfechtungsklage** befugt. Sofern den Betroffenen durch die Anordnung unmittelbare Vermögensnachteile entstehen, sind diese ebenfalls gem. Abs. 3 S. 1 auszugleichen (→ Rn. 12). 11

4. Entschädigung (Abs. 3)

Für unmittelbare Vermögensnachteile, die dem Eigentümer oder dem sonstigen Nutzungsberechtigten aufgrund der Vorarbeiten nach Abs. 1 oder einer Anordnung der Behörde nach Abs. 2 S. 2 entstehen, ist nach Abs. 3 S. 1 eine **angemessene Entschädigung in Geld** zu leisten. Dabei handelt es sich, da keine Enteignung vorliegt (→ Rn. 3) nicht um eine Entschädigung nach Enteignungsrecht, sondern um eine Billigkeitsentschädigung im Rahmen der Inhalts- und Schrankenbestimmung des Art. 14 Abs. 1 S. 2 iVm Abs. 2 GG. Diese „angemessene Entschädigung" ist nicht identisch mit einem Schadensersatzanspruch, denn sie gewährt nur einen äquivalenten Ausgleich, nicht jedoch, wie jener, einen vollen Ersatz der Differenz zwischen der hypothetischen und der realen Vermögenslage (§ 249 Abs. 1 BGB). Durch die Unberührtheitsklausel in **Abs. 3 S. 2** wird es möglich, die Schadens- 12 ersatzleistung nach näherer Maßgabe des § 21b auf den Verursacher der radioaktiven Abfälle umzulegen (Begr. des Gesetzentwurfs zum 8. ÄndG, BT-Drs. 13/8641, 16; Begr. des Gesetzentwurfs zum 12. ÄndG, BT-Drs. 17/3052, 15).

§ 9g Veränderungssperre

(1) ¹Zur Sicherung von Planungen für Vorhaben nach § 9b oder zur Sicherung oder Fortsetzung einer Standorterkundung für Anlagen zur Endlagerung radioaktiver Abfälle können durch Rechtsverordnung für die Dauer von höchstens zehn Jahren Planungsgebiete festgelegt werden, auf deren Flächen oder in deren Untergrund wesentlich wertsteigernde oder das Vorhaben nach § 9b oder die Standorterkundung erheblich erschwerende Veränderungen nicht vorgenommen werden dürfen. ²Eine zweimalige Verlängerung der Festlegung um jeweils höchstens zehn Jahre durch Rechtsverordnung ist zulässig, wenn die Voraussetzungen nach Satz 1 fortbestehen. ³Vor einer Festlegung nach den Sätzen 1 und 2 sind die Gemeinden und Kreise, deren Gebiet von der Festlegung betroffen wird, zu hören. ⁴Die Festlegung nach den Sätzen 1 und 2 ist vor Ablauf der bezeichneten Fristen aufzuheben, wenn die Voraussetzungen für eine Festlegung weggefallen sind. ⁵Die Festlegung nach den Sätzen 1 und 2 tritt mit dem Beginn der Auslegung des Plans im Planfeststellungsverfahren nach § 9b oder nach § 57a des Bundesberggesetzes außer Kraft.

(2) ¹Vom Beginn der Auslegung des Plans im Planfeststellungsverfahren nach § 9b an dürfen auf den vom Plan betroffenen Flächen und im Bereich des vom Plan erfaßten Untergrunds wesentlich wertsteigernde oder das Vorhaben erheblich erschwerende Veränderungen bis zur planmäßigen Inanspruchnahme nicht vorgenommen werden. ²Veränderungen, die in rechtlich zulässiger Weise vorher begonnen worden sind, Unterhaltungsarbeiten und die Fortführung einer bisher rechtmäßig ausgeübten Nutzung werden hiervon nicht berührt.

(3) Absatz 2 gilt entsprechend bei Vorhaben zur untertägigen vorbereitenden Standorterkundung für Anlagen zur Endlagerung radioaktiver Abfälle auf der Grundlage der Vorschriften des Bundesberggesetzes; an die Stelle der Auslegung des Plans im Planfeststellungsverfahren nach § 9b tritt die Auslegung des Plans im Planfeststellungsverfahren nach § 57a des Bundesberggesetzes.

(4) Das Bundesamt für die Sicherheit der nuklearen Entsorgung hat auf Antrag Ausnahmen von der Veränderungssperre nach den Absätzen 1 bis 3 zuzulassen, wenn überwiegende öffentliche Belange nicht entgegenstehen und wenn die Einhaltung der Veränderungssperre im Einzelfall zu einer offenbar nicht beabsichtigten Härte führen würde.

(5) ¹Dauert die Veränderungssperre nach den Absätzen 1 bis 3 länger als fünf Jahre, so können der Eigentümer und die sonstigen Nutzungsberechtigten für die dadurch entstandenen Vermögensnachteile eine angemessene Entschädigung in Geld verlangen. ²Die Entschädigung ist vom Vorhabensträger zu leisten. ³§ 21b bleibt unberührt.

Veränderungssperre **§ 9g AtG**

Übersicht

	Rn.
I. Systematische Einordnung	1
II. Entstehungs- und Änderungsgeschichte	2
III. Verfassungsrechtliche Einordnung	5
IV. Regelungsinhalt	7
1. Veränderungssperre durch Verordnung (Abs. 1)	8
a) Zuständigkeit zum Verordnungserlass, Verfahren	10
b) Inhalt der Veränderungssperre	11
c) Räumlicher und zeitlicher Geltungsbereich der Veränderungssperre	12
2. Planakzessorische Veränderungssperre (Abs. 2 und 3)	16
3. Einzelfallausnahmen (Abs. 4)	19
4. Entschädigung (Abs. 5)	20

Literatur: *Fillbrandt,* Die Sicherung von Endlagerstandorten nach dem novellierten Standortauswahlgesetz – ein Paradigmenwechsel?, NVwZ 2017, 855; *Schmidt-Preuß,* Das neue Atomrecht, NVwZ 1998, 553; Wollenteit, Gorleben und kein Ende?, ZUR 2014, 323.

I. Systematische Einordnung

Als eine weitere Vorschrift, die neben der Enteignung (§§ 9d und 9e) und den zu **1** duldenden Vorarbeiten (§ 9f) Zugriffsmöglichkeiten auf Rechte Dritter eröffnet, ermächtigt § 9g zum Erlass von **Rechtsverordnungen** zur Festlegung von **Planungsgebieten,** in deren räumlichen Bereich schon vor Beginn eines Planfeststellungsverfahrens vorhabenerschwerende Maßnahmen nicht vorgenommen werden dürfen (Abs. 1) und ordnet mit Beginn der Auslegung der Pläne im Planfeststellungsverfahren gesetzliche **Veränderungssperren** mit entsprechender Wirkung an (Abs. 2, Abs. 3). Damit trägt die Vorschrift dem Umstand Rechnung, dass gerade bei einer Anlage zur Endlagerung von radioaktiven Abfällen eine möglichst frühzeitig wirkende Veränderungssperre erforderlich ist, um zu verhindern, dass die aus Gründen der Langzeitsicherheit notwendige Unversehrtheit der in Aussicht genommenen Lagerstätte durch anderweitige Vorhaben und Veränderungen vor und während des Planfeststellungsverfahrens nach § 9b beeinträchtigt wird (vgl. die Begr. zum 8. ÄndG, BT-Drs. 13/8641, 16).

II. Entstehungs- und Änderungsgeschichte

§ 9g wurde gemeinsam mit den §§ 9d–9f durch das 8. Änderungsgesetz vom **2** 6.4.1998 (BGBl. I 694) in das AtG aufgenommen. Anders als die anderen genannten Normen wurde die Vorschrift jedoch während der Jahre 2002 bis 2010 nicht vollständig gestrichen (dazu → § 9d Rn. 2–4), sondern ist **seit 1998 durchgängig in Kraft** und dabei auch sachlich nicht verändert worden. Der Grund, warum § 9g durch den Gesetzgeber anders als die §§ 9d–9f behandelt worden ist, liegt in seiner unterschiedlichen Zielrichtung. Während die §§ 9d–9f darauf gerichtet sind, unmittelbar an einem bestimmten Standort die Endlagererkundung fortzuführen oder ein Endlager endgültig zu errichten, kommt § 9g eine lediglich konservierende Funktion zu, indem er allein der **Aufrechterhaltung des status quo** dient. Weil mit dem seinerzeit verhängten Moratorium noch keine endgültige Aufgabe des

Standortes Gorleben als Standort für ein Endlager verbunden war (vgl. die Erklärung des Bundes zur Erkundung des Salzstocks Gorleben, Anlage 4 der sog. Konsensvereinbarung zwischen der Bundesregierung und den EVU vom 11.6.2000, abgedruckt in NVwZ-Beil. IV/2000 zu Heft 10/2000 und bei PSM S. 297f.), war eine Beibehaltung des § 9g auch in den Jahren nach 2002 nur folgerichtig.

3 Lediglich der Passus „Die zuständige Behörde" in Abs. 4 ist nach der einvernehmlichen Entscheidung über die Beendigung der Kernenergienutzung und der hierbei vorgenommenen Neuordnung der Zuständigkeiten im Entsorgungsbereich (dazu *Sellner/Hennenhöfer* in Rehbinder/Schink UmweltR Kap. 12 Rn. 49ff.) durch Gesetz vom 5.5.2017 (BGBl. I 1074) in „Das **Bundesamt für kerntechnische Entsorgungssicherheit**" geändert worden.

4 Eine sprachlich dem § 9g sehr ähnlich **Parallelnorm** im Fachrecht findet sich in **§ 9a FStrG**, der allerdings eine abweichende Absatzreihung aufweist: Abs. 1 entspricht § 9a Abs. 3 FStrG, Abs. 2 entspricht § 9a Abs. 1 FStrG, Abs. 4 entspricht § 9a Abs. 5 FStrG und Abs. 5 entspricht § 9a Abs. 2 FStrG. Daneben gibt es sprachliche Parallelen in Abs. 2 und 5 zu § 19 AEG. Entscheidungen und Literaturstimmen zu den Tatbestandsmerkmalen in § 9a FStrG und § 19 AEG können also – bei gebotener Berücksichtigung der fachrechtlichen Unterschiede – für die Auslegung des § 9g behutsam fruchtbar gemacht werden.

III. Verfassungsrechtliche Einordnung

5 Weil das verfassungsrechtlich durch Art. 14 Abs. 1 GG geschützte Grundstückseigentum durch die Betroffenheit von einer atomrechtlichen Veränderungssperre seinem Eigentümer weder vollständig noch teilweise entzogen wird und mit der Veränderungssperre auch keine Güterbeschaffung des Staates verbunden ist, sind die begrifflichen Charakteristika einer Enteignung, wie sie die Rechtsprechung des BVerfG herausgearbeitet hat (vgl. zuletzt zur 13. AtG-Novelle: BVerfG NJW 2017, 217 Rn. 245ff. mwN, s. auch → § 9d Rn. 6) nicht erfüllt. Vielmehr betrifft die Veränderungssperre den Sozialbezug des Eigentums und erweist sich damit als **Inhalts- und Schrankenbestimmung** iSd Art. 14 Abs. 1 S. 2, Abs. 2 GG (vgl. entsprechend zu § 14 BauGB: BGHZ 73, 161 (174) = NJW 1979, 653; BVerwG NJW 1977, 400 (403); *Mitschang* in Battis/Krautzberger/Löhr, BauGB, 14. Aufl. 2019, § 14 Rn. 2; zu § 9a FStrG *Dünchheim* in Marschall, FStrG, 6. Aufl. 2012, § 9a Rn. 11).

6 Auch mit Blick auf Veränderungssperren ist der im Rechtsstaatsprinzip wurzelnde Grundsatz der **Verhältnismäßigkeit** zu beachten. Aus ihm ergibt sich zunächst die Notwendigkeit, dass die Veränderungssperre für jeweils in Rede stehenden Sicherungszweck (→ Rn. 8) **erforderlich** sein muss (*Fillbrandt/Paul* in Danner/Theobald, Energierecht, 88. EL März 2016, § 9g Rn. 6; *John* in NK-AtomR § 9g Rn. 7), was einen zumindest soweit konkretisierten und absehbaren Planungsinhalt voraussetzt, dass dem betroffenen Eigentümer das mit der Veränderungssperre verfolgte Planungsziel erkennbar ist (BVerwG NVwZ 2004, 858 (860) mwN). Darüber hinaus setzt das Verhältnismäßigkeitsprinzip auch Grenzen für die **zeitliche Dauer** der Veränderungssperren. Insbesondere kann zur Wahrung der Verhältnismäßigkeit bei längerer Dauer der Eigentumsbeeinträchtigung eine **finanzielle Entschädigung** für die erlittenen Vermögensnachteile angezeigt sein, um die verfassungsrechtliche Zulässigkeit einer ansonsten unverhältnismäßigen Inhalts- und Schrankenbestimmung im Sinne von Art. 14 Abs. 1 S. 2 GG herbei-

Veränderungssperre **§ 9g AtG**

zuführen (vgl. BVerfGE 100, 226 (244) = NJW 1999, 2877 mwN). Diesem Gedanken trägt Abs. 5 Rechnung (→ Rn. 20). Der ebenfalls im Rechtsstaatsprinzip wurzelnde **Bestimmtheitsgrundsatz** hat etwa Bedeutung für die Konkretisierung des räumlichen Geltungsbereichs einer Veränderungssperre (→ Rn. 12).

IV. Regelungsinhalt

Die Normsystematik des § 9g unterscheidet zwischen Veränderungssperren 7 kraft Verordnung, die in Abs. 1 geregelt sind und sog. planakzessorischen Veränderungssperren, die eine Regelung in Abs. 2 und Abs. 3 erfahren haben. Die in den folgenden Absätzen geregelten Fragen beziehen sich auf beide Arten von Veränderungssperren. Sie behandeln mit Ausnahmefällen (Abs. 4) und Entschädigungen (Abs. 5) Gesichtspunkte, die sich aus verfassungsrechtlichen Notwendigkeiten ergeben.

1. Veränderungssperre durch Verordnung (Abs. 1)

Die Möglichkeit, durch Rechtsverordnung Veränderungssperren nach Abs. 1 8 festzulegen, besteht in **drei Konstellationen:** Zur Sicherung von Planungen für Vorhaben nach § 9b, zur Sicherung einer Standorterkundung für Endlageranlagen und zur Fortsetzung einer Standorterkundung für Endlageranlagen. Die dritte Variante war bei der Einfügung der Vorschrift im Jahre 1998 (→ Rn. 2) für den Salzstock Gorleben relevant, der zu diesem Zeitpunkt schon seit mehreren Jahren über Tage (seit 1979) und untertägig (seit 1986) erkundet wurde. Die bis zu ihrem Außerkrafttreten Ende März 2017 geltende Gorleben-Veränderungssperren-Verordnung (dazu OVG Lüneburg NdsVBl. 2015, 159; NdsVBl. 2017, 236) war dann auch der einzige bisherige Anwendungsfall des Abs. 1 S. 1. Eine Sicherung der Standorterkundung nach Abs. 1 ist ausweislich des Wortlauts nicht, wie viele Fälle des Abs. 3, auf eine untertägige vorbereitende Standorterkundung beschränkt, sondern erstreckt sich auch auf Standorterkundungsmaßnahmen über Tage.

Keine Anwendung findet Abs. 1 für **Erkundungen nach dem StandAG.** Das 9 folgt aus § 12 Abs. 1 S. 4 StandAG, der insoweit lediglich § 9g Abs. 3–5 für anwendbar erklärt. Bis zur Auslegung des Plans im Planfeststellungsverfahren nach § 57a BBergG, der als maßgeblicher Zeitpunkt den Anwendungsbereich des Abs. 3 eröffnet, wird die Veränderungssperre also **allein durch Allgemeinverfügungen des BfE nach § 21 Abs. 4 StandAG** gewährleistet (*Wollenteit* in NK-AtomR StandAG § 21 Rn. 27; aA *Fillbrandt* NVwZ 2017, 855 (857), der aber augenscheinlich noch auf die Fassung des StandAG von 2013 abstellt).

a) Zuständigkeit zum Verordnungserlass, Verfahren. Zuständig zum Erlass 10 der Veränderungssperre durch Verordnung nach Abs. 1 ist nach § 54 Abs. 1 S. 1 die **Bundesregierung;** sie bedarf zum Verordnungserlass der Zustimmung des Bundesrates (§ 54 Abs. 2 S. 1). In verfahrensrechtlicher Hinsicht bestimmt Abs. 1 S. 3, dass die **Gemeinden und Kreise,** deren Gebiet von der Festlegung betroffen wird, **zu hören** sind. Dieses Anhörungserfordernis trägt der im kommunalen Selbstverwaltungsrecht (Art. 28 Abs. 2 GG) wurzelnden Planungshoheit der Gemeinden (dazu *Mann* in Kahl/Waldhoff/Walter, Bonner Kommentar zum Grundgesetz, GG Art. 28 Rn. 209 ff.) sowie dem überörtlichen Charakter der Planung Rechnung. Jedoch ist zu beachten, dass eine Pflicht zur Anhörung nur die unterste Stufe in der Kaskade des Zusammenwirkens von Verwaltungsträgern bei dem Erlass von Verwaltungsentscheidungen bildet und den Gemeinden und Kreisen nur das Recht zur Äußerung gibt, ohne dass damit, wie etwa bei dem stärkeren Interaktionserfordernis in Gestalt des Einvernehmens oder der Zustimmung, einen mitbestimmenden Einfluss auf die Verwaltungsentscheidung einzuräumen (näher *Mann* DVBl 2008, 340).

11 **b) Inhalt der Veränderungssperre.** Die Eigentumsbeschränkungen, die in den durch Rechtsverordnungen nach Abs. 1 festgelegten Planungsgebieten gelten, bestehen darin, dass auf deren Flächen oder in deren Untergrund **wesentlich wertsteigernde** oder das Vorhaben oder die Standorterkundung **erheblich erschwerende Veränderungen** nicht vorgenommen werden können. Hierbei handelt es sich um gerichtlich voll überprüfbare unbestimmte Rechtsbegriffe, die durch ihre Steigerungsformen (wesentlich, erheblich) den Anforderungen des Verhältnismäßigkeitsgrundsatzes (→ Rn. 6) Rechnung tragen. Demgemäß ist eine Veränderung wesentlich wertsteigernd, wenn sie den objektiven Wert des Grundstücks nicht nur unerheblich steigert (vgl. *Schütz* in Hermes/Sellner, Beck'scher AEG-Kommentar, 2. Aufl. 2014, AEG § 19 Rn. 22). Maßgeblich für den Inhalt der Veränderungssperre ist, dass als insoweit untersagte relevante Veränderungen **nur tatsächlichen Maßnahmen** (zB Bohrungen, Sprengungen, Gewinnung von bergfreien oder grundeigenen Bodenschätzen, Errichtung baulicher Anlagen) **erfasst** sind. Rechtliche Veränderungen, etwa die Bestellung dinglicher Rechte oder Verfügungen über das Grundstückseigentum, bleiben dem Grundstückseigentümer weiterhin möglich.

12 **c) Räumlicher und zeitlicher Geltungsbereich der Veränderungssperre.** In räumlicher Hinsicht ist das **Planungsgebiet,** für das die Veränderungssperre gelten soll, in der Verordnung so **präzise zu umschreiben,** dass Eigentümer eindeutig erkennen können, ob ihr Grundstück von der Veränderungssperre betroffen ist oder nicht. Hierbei handelt es sich um eine Anforderung des Bestimmtheitsgrundsatzes (→ Rn. 6). Die räumliche Konkretisierung kann dabei durch präzise wörtliche Beschreibung, katastermäßige Bezeichnungen oder auch durch Zeichnungen oder kartographische Darstellung erfolgen (vgl. BVerwG NVwZ 1994, 1099 (1100) zum Gebiet einer Baumschutzsatzung).

13 Als Geltungsdauer einer Veränderungssperren-Verordnung ist ein Zeitraum von **maximal zehn Jahren** vorgesehen (Abs. 1 S. 1), wobei eine **zweimalige Verlängerung** um jeweils höchstens zehn Jahre möglich ist (Abs. 1 S. 2). Dieser Zeitraum ist im Vergleich zur maximalen Geltungsdauer sonstiger Veränderungssperren im Fachplanungsrecht sehr ausgedehnt, nach der Parallelvorschrift des § 9a Abs. 3 FStrG (→ Rn. 4) beträgt sie beispielsweise nur zwei Jahre und kann auf höchstens vier Jahre verlängert werden. Angesichts der einer atomaren Endlagerung immanenten langfristigen Planungs- und Vorbereitungszeiträume dürfte mit der hier getroffenen Geltungsdauer der nach Art. 14 Abs. 1 S. 2 GG verfassungsrechtlich zulässige Regelungsrahmen aber noch nicht überschritten sein (ebenso *Schmidt-Preuß* NVwZ 1998, 553 (560); *John* in NK-AtomR § 9g Rn. 14). Dies gilt insbesondere, weil der Gesetzgeber mit den Bestimmungen in Abs. 4 und 5 flankierende Regelungen getroffen hat, um eventuellen Härtefällen Rechnung tragen zu können (→ Rn. 19f.). Angesichts dieser langen Zeiträume wird in der Regel ein verwaltungsgerichtlicher **Rechtsschutz gegen eine Verlängerung der Veränderungssperre** im Hauptsacheverfahren zumutbar sein und demgemäß ein vorläufiger Rechtsschutz nicht in Betracht kommen (OVG Lüneburg NdsVBl. 2015, 259).

Veränderungssperre **§ 9g AtG**

Wenn die Voraussetzungen für die Festlegung einer Veränderungssperre wegfallen, ist diese bereits vor Ablauf der Geltungsdauer **aufzuheben (Abs. 1 S. 4)**; es bedarf also eines weiteren Tätigwerdens durch Rechtsverordnung, ein automatisches Außerkrafttreten einer Veränderungssperren-VO in diesen Fällen kennt das AtG nicht (Begr. des 8. ÄnderungsG, BT-Drs. 13/8641, 16). Die Wortwahl „ist ... aufzuheben" zeigt, dass die **Bundesregierung zur Aufhebung verpflichtet** ist (*Wollenteit* ZUR 2014, 323 (328f.)). Aus diesem Grund hat das OVG Lüneburg (NdsVBl. 2017, 236 mAnm *John* ZUR 2017, 498 und *Fillbrandt* NVwZ 2017, 885) auch eine Feststellungklage, die darauf zielte, eine Verpflichtung der Bundesregierung festzustellen, wegen Fortfalls des Sicherungsbedürfnisses die Gorleben-Veränderungssperren-VO aufzuheben, als grundsätzlich zulässig angesehen (anders noch VG Lüneburg BeckRS 2015, 54998), in der Sache aber letztlich für unbegründet gehalten und im konkreten Fall keinen der Aufhebungspflicht korrespondierenden Aufhebungsanspruch des Klägers anerkannt. 14

Kraft Gesetzes tritt eine Veränderungssperre gem. Abs. 1 S. 5 mit dem Beginn der Auslegung des Plans im Planfeststellungsverfahren nach § 9b oder nach § 57 BBergG **außer Kraft**. Denn ab diesem Zeitpunkt begründen die Abs. 2 und 3 eine planakzessorische Veränderungssperre (→ Rn. 16ff.), durch welche die Veränderungssperre durch Verordnung nach Abs. 1 S. 1 und 2 AtomG entbehrlich wird. 15

2. Planakzessorische Veränderungssperre (Abs. 2 und 3)

Diese in **Abs. 2 S. 1** gesetzlich angeordnete sog. planakzessorische Veränderungssperre entfaltet ihre Wirkung mit dem Beginn der Auslegung im Planfeststellungsverfahren nach § 9b und erstreckt sich auf alle vom Plan betroffenen Flächen und den Bereich des vom Plan erfassten Untergrunds, der für die vorgesehene Endlagerung radioaktiver Abfälle benötigt wird. Zur Sicherung der Endlagerung radioaktiver Abfälle werden wie schon bei Abs. 1 die Vornahme von wesentlich wertsteigernden oder das Vorhaben erheblich erschwerenden Veränderungen untersagt (→ Rn. 11). Die Veränderungssperre nach Abs. 2 entfällt – kraft Gesetzes – erst mit der planmäßigen Inanspruchnahme der Flächen und des Untergrunds. 16

Von der gesetzlichen Veränderungssperre **ausgenommen** sind **nach S. 2** solche Veränderungen, die in rechtlich zulässiger Weise bereits vorher begonnen worden sind, Unterhaltungsarbeiten und die Fortführung einer bisher rechtmäßig ausgeübten Nutzung. Mit diesen Ausnahmen soll dem Bestandsschutz Rechnung getragen (Begr. des 8. ÄndG, BT-Drs. 13/8641, 16) und eine verfassungsrechtlich unzulässige Rückwirkung ausgeschlossen werden (vgl. insoweit *Kramer* AEG, 1. Aufl. 2012, § 19 Rn. 1). Auch im Kontext dieser Ausnahmen ist jedoch der Sicherungszweck zu beachten. Das führt etwa dazu, dass in Ansehung der ersten Ausnahme (vorheriger Beginn) auch tatsächliche Maßnahmen getroffen worden sein müssen. Allein die Innehabung einer Baugenehmigung vor Wirksamwerden der Veränderungssperre erfüllt noch nicht die Ausnahmevoraussetzungen, soweit noch keine Baumaßnahmen begonnen worden sind (vgl. *Schütz* in Hermes/Sellner, Beck'scher AEG-Kommentar, 2. Aufl. 2014, AEG § 19 Rn. 24f.). Entsprechend ist bei den Unterhaltungsmaßnahmen darauf zu achten, dass sie der Bestandserhaltung oder Reparatur dienen; bloße Modernisierungsmaßnahmen sind hingegen nicht durch S. 2 privilegiert (vgl. *Schütz* in Hermes/Sellner, Beck'scher AEG-Kommentar, 2. Aufl. 2014, AEG § 19 Rn. 28f.). In ähnlicher Weise ist für die Ausnahmenvariante der Fortführung einer bereits begonnenen Nutzung maßgeblich, dass der 17

Umfang der Nutzung beibehalten und diese nicht vom Umfang oder in der Fläche erweitert wird (vgl. *Schütz* in Hermes/Sellner, Beck'scher AEG-Kommentar, 2. Aufl. 2014, AEG § 19 Rn. 30 f.).

18 Auch für die in **Abs. 3** genannten Vorhaben gilt kraft Gesetzes eine planakzessorische Veränderungssperre, die entsprechend den Maßgaben des Abs. 2 zu behandeln ist. Weil die Verweisung nicht auf Abs. 2 S. 1 beschränkt ist, gelten die dort in S. 2 genannten drei Ausnahmegruppen (→ Rn. 17) auch im Anwendungsbereich des Abs. 3. Regelungsgegenstand von Abs. 3 sind Vorhaben zur **untertägigen vorbereitenden Standorterkundung** für Anlagen zur Endlagerung radioaktiver Abfälle **auf der Grundlage** der Vorschriften **des BBergG**. Dementsprechend wird für den zeitlichen Beginn der Veränderungssperre hier nicht auf die Auslegung des Plans im Planfeststellungsverfahren nach § 9b abgehoben, sondern gem. Abs. 3 Hs. 2 auf die Auslegung des Plans im bergrechtlichen Planfeststellungsverfahren nach § 57a BBergG. Keine Anwendung findet Abs. 3 auf Vorhaben, die keiner Planfeststellung nach Bergrecht bedürfen; in diesen Fällen ist allein Abs. 1 maßgeblich (Begr. des 8. ÄndG, BT-Drs. 13/8641, 16).

3. Einzelfallausnahmen (Abs. 4)

19 Nicht zuletzt zur Wahrung des Verhältnismäßigkeitsgrundsatzes (→ Rn. 6) hat der Gesetzgeber in Abs. 4 als Härtefallregelung die Möglichkeit eröffnet, **auf Antrag** Ausnahmen von der Veränderungssperre zuzulassen. Diese Ausnahmemöglichkeit bezieht sich ausweislich des insoweit nicht differenzierenden Wortlauts sowohl auf verordnungsgestützte Veränderungssperren nach Abs. 1 als auch auf planakzessorische Veränderungssperren nach den Abs. 2 und 3. Zuständig für Entscheidungen über solche Anträge auf Ausnahmen ist seit 2017 das **Bundesamt für kerntechnische Entsorgungssicherheit** (→ Rn. 3). Der Antrag ist von dem betroffenen Eigentümer zu stellen, der eine Ausnahme erstrebt. Anders als in der Parallelvorschrift des § 9a Abs. 5 FStrG reicht es im hier gegebenen Kontext als Voraussetzung für eine positive Entscheidung aber nicht aus, wenn überwiegende öffentliche Belange nicht entgegenstehen, sondern Abs. 4 verlangt zusätzlich den Nachweis, dass die Einhaltung der Veränderungssperre im Einzelfall zu einer **offenbar nicht beabsichtigten Härte** führen würde. Mit dieser zusätzlichen Voraussetzung wollte der Gesetzgeber den Kreis der möglichen Ausnahmen bewusst eingen, damit sichergestellt bleibt, „dass eine zur Endlagerung radioaktiver Abfälle verhängte Veränderungssperre praktisch ausnahmslos Wirksamkeit erlangt" (Begr. des 8. ÄndG, BT-Drs. 13/8641, 16).

4. Entschädigung (Abs. 5)

20 Für den Fall, dass die durch Verordnung (Abs. 1) oder gesetzlich (Abs. 2 und 3) angeordnete Veränderungssperre länger als fünf Jahre fortdauert, steht dem Eigentümer oder dem sonstigen Nutzungsberechtigten aus Gründen der Verhältnismäßigkeit seiner Eigentumsbeeinträchtigung (→ Rn. 6) eine angemessene Entschädigung für die dadurch entstandenen Vermögensnachteile zu (Abs. 5 S. 1). Aus der Vorschrift ergibt sich im Umkehrschluss, dass weniger als fünf Jahre dauernde Beeinträchtigungen entschädigungslos hinzunehmen sind, was angesichts des langen Planungs- und Vorbereitungszeitraums für Endlager verfassungsrechtlich nicht zu beanstanden ist (vgl. BGH NJW 1979, 653 (656); NJW 1981, 485 (460), jeweils zur Vierjahresfrist in § 18 Abs. 1 S. 1 BauGB; *Schmidt-Preuß* NVwZ 1998, 553

(560)). Die Fünfjahresfrist beginnt zu laufen, wenn im Falle des Abs. 1 S. 1 die VeränderungssperrenVO in Kraft tritt oder wenn im Falle der Abs. 2 und 3 die Planauslegung beginnt. Sollte sich in der Konstellation des Abs. 1 S. 5 einer VeränderungssperrenVO unmittelbar eine planakzessorische Veränderungssperre anschließen, werden die Zeiten addiert (*Fillbrandt/Paul* in Danner/Theobald, Energierecht, 88. EL März 2016, § 9g Rn. 26; *John* in NK-AtomR § 9g Rn. 29).

Die Entschädigung ist gem. **Abs. 5 S. 2** durch den Vorhabenträger zu leisten, **21** mithin durch die in § 9a Abs. 3 S. 2 angesprochene **Bundesgesellschaft für Endlagerung** mbH (BGE) mit Sitz in Peine. Entschädigungsberechtigt kann neben dem Eigentümer auch ein dinglich oder persönlich Nutzungsberechtigter sein, wenn er einen durch die Veränderungssperre kausal verursachten Vermögensnachteil geltend machen kann. Die Entschädigung dient dazu, die durch den Eingriff in eine gesicherte Rechtsposition entstandene Vermögensverschiebung materiell auszugleichen und ist damit vom Schadensersatz zu unterscheiden (vgl. → § 9f Rn. 12). Durch die Unberührtheitsklausel in **Abs. 5 S. 3** wird es möglich, die Schadensersatzleistung nach näherer Maßgabe des § 21b auf den Verursacher der radioaktiven Abfälle umzulegen (Begr. des Gesetzentwurfs zum 8. ÄndG, BT-Drs. 13/8641, 16; Begr. des Gesetzentwurfs zum 12. ÄndG, BT-Drs. 17/3052, 15).

§ 9h Pflichten des Zulassungsinhabers

Die §§ 7c und 19a Absatz 3 und 4 gelten entsprechend für:
1. **den Inhaber eines Planfeststellungsbeschlusses oder einer Genehmigung nach § 9b sowie**
2. **den Inhaber einer Genehmigung zum Umgang mit radioaktiven Stoffen zum Zweck der Lagerung, Bearbeitung oder Verarbeitung als radioaktive Abfälle, mit dem Ziel, diese radioaktiven Abfälle geordnet zu beseitigen, soweit es sich nicht um die Genehmigung für eine kerntechnische Anlage im Sinne des § 2 Absatz 3a Nummer 1 handelt.**

I. Allgemeines

Die Vorschrift wurde zur Umsetzung der Art. 7 und 8 der Richtlinie 2011/70/ **1** Euratom im Jahr 2015 durch das 14. Änderungsgesetz (BGBl. I 2053) in das AtG eingefügt (→ § 2c Rn. 1). Der Wortlaut blieb seitdem unverändert.

§ 9h erfüllt die Funktion, bestimmte Pflichten (Sicherheitsverantwortung nach **2** § 7c und Überprüfungspflichten nach § 19a Abs. 3 und 4), die unmittelbar nur den Genehmigungsinhabern kerntechnischer Anlagen obliegen, auf weitere Adressaten zu erstrecken, die im Zuge der nuklearen Entsorgung Umgang mit radioaktiven Abfällen haben. Da sich keine Besonderheiten aus der entsprechenden Anwendung der §§ 7c und 19a ergeben, bedient sich der Gesetzgeber hierbei gesetzgebungstechnisch des Mittels der Verweisung, um bloße Verdopplungen des Wortlauts der in Bezug genommenen Vorschriften zu vermeiden.

II. In Bezug genommene Pflichten

Die Pflichten, die über § 9h auf einen erweiterten Personenkreis erstreckt wer- **3** den, ergeben sich aus § 7c und § 19a. Daraus, dass der Gesetzgeber bei § 19a spezielle Absätze benannt hat, bei § 7 c hingegen pauschal auf die gesamte Vorschrift verweist, lässt sich folgern, dass grundsätzlich alle drei Absätze des § 7 c von der Verweisung erfasst sind. Demgemäß beinhalten die in Bezug genommenen Bestimmungen Managementvorgaben, materielle Pflichten und Überprüfungspflichten.

1. Sicherungsverantwortung (§ 7 c Abs. 1)

4   Durch die Bezugnahme auf § 7 c Abs. 1 wird klargestellt, dass die Verantwortung für die nukleare Sicherheit unmittelbar den in § 9 h spezifizierten Zulassungsinhabern obliegt (§ 7 c Abs. 1 S. 1) und sie diese auch nicht delegieren können (§ 7 c Abs. 1 S. 2). Auch soweit Auftragnehmer oder Unterauftragnehmer eingesetzt werden, deren Tätigkeit die nukleare Anlagensicherheit beeinträchtigen können, verbleibt es bei der Verantwortung des Zulassungsinhabers (§ 7 c Abs. 1 S. 2). Zu Einzelheiten → § 7 c Rn. 2 f.

2. Materieller Pflichtenkatalog (§ 7 c Abs. 2)

5   Der in den vier Ziffern des § 7 c Abs. 2 aufgelistete materielle Pflichtenkatalog konkretisiert abschließend (→ § 7 c Rn. 4) die materielle Verantwortlichkeit des § 7 c Abs. 1. Über die Verweisung in § 9 h gilt dieser Pflichtenkatalog auch für die dort genannten Zulassungsinhaber. Im Einzelnen soll die nukleare Sicherheit also auch bei Entsorgungshandlungen durch ein angemessenes Managementsystem (§ 7 c Abs. 2 Nr. 1), durch eine finanzielle und personelle Mindestausstattung (§ 7 c Abs. 2 Nr. 2), durch Aus- und Fortbildung des Personals (§ 7 c Abs. 2 Nr. 3) und Informationsverpflichtungen gegenüber der Öffentlichkeit (§ 7 c Abs. 2 Nr. 4) gewährleistet werden. Zu Einzelheiten → § 7 c Rn. 5–15.

3. Anlageninterner Notfallschutz (§ 7 c Abs. 3)

6   Durch die 15. AtG-Novelle vom 1.6.2017 (BGBl. I 1434) ist § 7 c um einen Abs. 3 erweitert worden. Weil die Eingangsformulierung in § 9 h auf keine bestimmte Gesetzesfassung Bezug nimmt und damit – ihrem sicherheitsbezogenen Zweck entsprechend – dynamischer Natur ist, führt diese Erweiterung des § 7 c automatisch auch zu einer Erweiterung der Pflichten der in § 9 h benannten Zulassungsinhaber. Dementsprechend gilt für sie auch die in § 7 c Abs. 3 S. 1 niedergelegte Pflicht, angemessene Verfahren und Vorkehrungen für den anlageninternen Notfallschutz vorzusehen. Diese Pflicht wird durch den in § 7 c Abs. 3 S. 2 aufgefächerten Katalog präventiver und migrativer Maßnahmen des anlageninternen Notfallschutzes weiter konkretisiert. Zu Einzelheiten → § 7 c Rn. 16–20.

4. Regelmäßige Überprüfungspflicht (§ 19 a Abs. 3 und 4)

7   Der Verweis auf § 19 a Abs. 3 und 4 führt dazu, dass die von § 9 h erfassten Zulassungsinhaber auch verpflichtet sind, die zehnjährig durchzuführende Sicherheitsüberprüfung und -bewertung der jeweiligen Anlage durchzuführen (Details dazu, insbes. zur Frage, ob insoweit eine „dynamische Betreiberpflicht" besteht, unter → § 19 a Rn. 7 ff.). Da von dem Verweis auf § 19 a Abs. 4 auch dessen S. 2 erfasst ist, gilt auch im Anwendungsbereich des § 9 h, dass die zuständige Aufsichtsbehörde nähere Anordnungen zu dem Umfang der Überprüfung und Bewertung durch den Zulassungsinhaber treffen kann. Sie wird sich dabei nach Maßgabe des Verhältnismäßigkeitsgrundsatzes am Gefährdungspotenzial, insbesondere der Art der Anlage

und der Art, Menge und Aktivität der darin vorhandenen radioaktiven Stoffe auszurichten haben (Begr. des Regierungsentwurfs, BT-Drs. 18/5865, 22).

III. Erfasste Zulassungsinhaber

Der Personenkreis, der von der Verweisung auf die vorbezeichneten Pflichten 8 erfasst ist, wird von § 9h in zwei Gruppen unterteilt. Beiden Fallgruppen gemeinsam ist, dass es sich um die Inhaber von Zulassungen für Anlagen und Einrichtungen der Entsorgung abgebrannter Brennelemente und radioaktiver Abfälle handelt.

1. Zulassungsinhaber nach Nr. 1

Betroffen von der Verweisung des § 9h sind nach dessen Nr. 1 zunächst einmal 9 die Inhaber eines Planfeststellungsbeschlusses oder einer Genehmigung nach § 9b. Eines solchen Planfeststellungsbeschlusses (nach § 9b Abs. 1) oder einer solchen Genehmigung (nach § 9 Abs. 1a, wenn der Standort durch Bundesgesetz festgelegt wird (vgl. § 20 Abs. 2 StandAG) → § 9b Rn. 23 ff.) bedürfen die Errichtung, der Betrieb und die Stilllegung sowie die wesentliche Veränderung der in § 9a Abs. 3 genannten Anlagen. Anlagen nach § 9a Abs. 3 wiederum sind die Landessammelstellen für die Zwischenlagerung der im Gebiet einzelner Länder angefallenen radioaktiven Abfälle sowie die vom Bund zu errichtenden Anlagen zur Endlagerung radioaktiver Abfälle. Inhaber dieser Genehmigung sind aber nicht zwangsläufig nur die Länder oder der Bund, denn § 9a Abs. 3 S. 2 eröffnet zum einen den Ländern die Möglichkeit („können") sich Dritter zu bedienen und schreibt zum anderen dem Bund verpflichtend vor („hat"), die Wahrnehmung seiner Aufgaben einer privatrechtlichen Eigengesellschaft zu übertragen. Diese Aufgabe erfüllt die Bundesgesellschaft für Endlagerung mbH (BGE) mit Sitz in Peine (→ § 9a Rn. 40 f.).

2. Zulassungsinhaber nach Nr. 2

Ebenfalls von den durch die Verweisungsnorm betroffenen Pflichten erfasst wer- 10 den gem. Nr. 2 die Inhaber einer Genehmigung zum Umgang mit radioaktiven Stoffen zum Zweck der Lagerung, Bearbeitung oder Verarbeitung als radioaktive Abfälle, mit dem Ziel, diese radioaktiven Abfälle geordnet zu beseitigen. Über die von Nr. 1 erfassten Landessammelstellen und Endlager hinaus unterfallen Nr. 2 damit die Genehmigungsinhaber für sonstige Anlagen und Einrichtungen, die letztlich der Entsorgung abgebrannter Brennelemente und radioaktiver Abfälle dienen. Die Gesetzesbegründung (BT-Drs. 18/5865, 20) nennt als Beispiel die Inhaber von Genehmigungen für Konditionierungseinrichtungen, soweit dort radioaktive Abfälle mit dem Ziel der geordneten Beseitigung gelagert, verarbeitet oder bearbeitet werden. Gleichsam als Gegenausnahme zur Ausnahme in Nr. 2 Hs. 2 (→ Rn. 11) wird man hierzu auch Einrichtungen zur Zwischenlagerung von radioaktiven Abfällen zählen müssen, die sich nicht auf dem Gelände einer kerntechnischen Anlage iSv § 2 Abs. 3a Nr. 1 lit. a und b befinden und die nicht im Zusammenhang mit einer solchen Anlage stehen (vgl. § 2 Abs. 3a Nr. 1 lit. c).

3. Ausnahmen

Soweit Nr. 2 im abschließenden Relativsatz mit Blick auf Genehmigungen für 11 eine kerntechnische Anlage im Sinne des § 2 Abs. 3a Nr. 1 eine Ausnahme formuliert, ist dies dem Umstand geschuldet, dass die hiervon betroffenen Genehmigungsinhaber bereits unmittelbar den Anforderungen des § 7c und des § 19a unterfallen. Der mit § 9h beabsichtigten Erstreckung des Anwendungsbereichs dieser Bestimmungen auf andere Anwendungsfälle bedarf es also insoweit nicht (vgl. Begr. des Regierungsentwurfs, BT-Drs. 18/5865, 19). Anders verhält es sich allerdings, wenn die in § 2 Abs. 3a Nr. 1 genannten Anforderungen nicht erfüllt sind, was insbesondere relevant werden kann, wenn die in § 2 Abs. 3a Nr. 1c) benannte Zwischenlagerung nicht direkt mit der kerntechnischen Anlage in Zusammenhang steht (→ Rn. 10).

12 Darüber hinaus werden durch die finale Einengung der Nr. 2 auf einen Entsorgungsbezug („Ziel, diese radioaktiven Abfälle geordnet zu beseitigen") von der Verweisung des § 9h solche Genehmigungsinhaber nicht erfasst, deren Genehmigungen sich zwar auf den Umgang mit radioaktiven Stoffen bezieht, aber nicht der Beseitigung dieser Abfälle dient. Das betrifft vor allem Krankenhäuser, Ärzte, Universitäten oder Messingenieure, deren radioaktive Abfälle in der Regel über die jeweiligen Landessammelstellen entsorgt werden (Begr. des Regierungsentwurfs, BT-Drs. 18/5865, 20), welche ihrerseits wiederum von § 9h erfasst werden (→ Rn. 9). Diese Ausnahme entspricht Sinn und Zweck der Verweisungsnorm und ist auch richtlinienkonform, denn insoweit sind keine Tätigkeiten iSd Art. 3 Nr. 8 oder 9 der RL 2001/70/Euratom betroffen.

IV. Mehrheit von Zulassungsinhabern

13 Auch wenn § 9h stets im Singular vom „Inhaber" einer Zulassung spricht, ist es doch denkbar, dass mehrere Inhaber einer Zulassung existieren. In einem solchen Fall obliegen die Pflichten und Verantwortlichkeiten jedem einzelnen dieser Inhaber in vollem Umfang, unabhängig davon, ob sie möglicherweise abweichende Abreden im Innenverhältnis, beispielsweise zur arbeitsteiligen Wahrnehmung bestimmter Aufgaben, getroffen haben (Begr. des Regierungsentwurfs, BT-Drs. 18/5865, 21).

§ 9i Bestandsaufnahme und Schätzung

(1) **Das für die kerntechnische Sicherheit und den Strahlenschutz zuständige Bundesministerium erstellt erstmals bis spätestens 23. August 2015 und danach alle drei Jahre**
1. **eine nationale Bestandsaufnahme der Mengen, Arten, Eigenschaften und Standorte aller angefallenen oder gelagerten abgebrannten Brennelemente und radioaktiven Abfälle sowie**
2. **eine Schätzung der zukünftig anfallenden oder zu lagernden Mengen abgebrannter Brennelemente und radioaktiver Abfälle, klassifiziert nach Arten und Eigenschaften sowie unter Berücksichtigung von Stilllegungsmaßnahmen.**

(2) ¹Zur Vorbereitung der Erstellung der Bestandsaufnahme nach Absatz 1 sind die nach § 9a Absatz 1 Satz 1 Entsorgungspflichtigen und die Besitzer abgebrannter Brennelemente oder radioaktiver Abfälle, sofern beide ihre radioaktiven Abfälle nicht nach einer aufgrund dieses Gesetzes erlassenen Rechtsverordnung an eine Landessammelstelle abzuliefern ha-

ben, verpflichtet, die erforderlichen und nicht bereits nach § 2c Absatz 4 vorzulegenden Auskünfte auf Verlangen des zuständigen Bundesministeriums zu erteilen. ²Die Übermittlung des Auskunftsverlangens nach diesem Absatz an die Auskunftsverpflichteten und der erteilten Auskünfte an das für die kerntechnische Sicherheit und den Strahlenschutz zuständige Bundesministerium erfolgt über die zuständigen Behörden der Länder.

I. Allgemeines

Die Vorschrift wurde zur Umsetzung des Art. 12 Abs. 1 lit. c, Art. 14 Abs. 1 der Richtlinie 2011/70/Euratom im Jahr 2015 durch das **14. Änderungsgesetz** (BGBl. I 2053) in das AtG eingefügt (→ § 2c Rn. 1). Der Wortlaut blieb seitdem unverändert. **1**

Die Pflicht zur Bestandsaufnahme und Schätzung abgebrannter Brennelemente und radioaktiver Abfälle muss im Kontext des **Nationalen Entsorgungsprogramms** (NaPro) gesehen werden, dessen Aufstellung eine der nationalen Kernpflichten bei der Umsetzung der RL 2011/70/Euratom ist (→ § 2c Rn. 3ff.). Entsprechend der Vorgaben in Art. 12 Abs. 1 lit. c RL 2011/70/Euratom muss dieses NaPro gem. § 2c Abs. 2 Nr. 3 eine nationale Bestandsaufnahme sämtlicher abgebrannter Brennelemente und radioaktiver Abfälle sowie Schätzungen ihrer künftigen Mengen enthalten (→ § 2c Rn. 11ff.). Hierzu ergänzend ordnet Art. 14 Abs. 1 **RL 2011/70/Euratom** eine dreijährige **Berichtspflicht** über die Durchführung der Richtlinie an. Innerhalb dieser Verpflichtung akzentuiert § 9i speziell einen dreijährigen Berichtsturnus über die nationale Bestandsaufnahme und Schätzung abgebrannter Brennelemente und radioaktiver Abfälle. **2**

Deutschland hat in Umsetzung der RL 2011/70/Euratom den Weg gewählt, das NaPro mit verschiedenen Anlagen zu verbinden, die seinen Inhalt ergänzen (→ § 2c Rn. 8). Hierzu gehören ua der vorwähnte Bericht über die Durchführung der RL 2011/70/Euratom und das Verzeichnis radioaktiver Abfälle. Als Folge dieser **Regelungstechnik mit einer Auslagerung auf Anlagen** zum NaPro ist es möglich geworden, das einer nur zehnjährigen Überprüfungspflicht unterfallende NaPro (vgl. § 2c Abs. 3, → § 2c Rn. 21) mit dem dreijährigen Novellierungsturnus von Durchführungsbericht und Abfallverzeichnis zu verbinden. **3**

II. Bestandsaufnahme und Schätzung (Abs. 1)

Durch diesen Gleichklang liegen der Bericht zur Durchführung der RL 2011/70/Euratom und das Verzeichnis radioaktiver Abfälle nach ihrer Erstversion von 2015 aktuell jeweils in einer Fassung von 2018 vor. Ebenso wie die anderen Anlagen und das NaPro selbst sind sie in ihrer Ursprungsfassung in der Unterrichtung der Bundesregierung (BT-Drs. 18/5980) abgedruckt und stehen in ihrer aktuellen Fassung auf der Homepage des BMU unter der Adresse https://www.bmu.de/download/nationales-entsorgungsprogramm/ (zul. abgerufen am 29.10.2020) zum Download bereit. Regelungstechnisch enthält der **Durchführungsbericht lediglich aggregierte Daten** zum Bestand an bestrahlten Brennelementen und radioaktiven Abfällen und verweist für detaillierte Informationen auf das Verzeichnis radioaktiver Abfälle (vgl. Abschnitt C des Zweiten Durchführungsberichts, 12f.) **4**

5 Dieses **Verzeichnis radioaktiver Abfälle** wiederum umfasst in seiner aktuellen Version vom August 2018 die bestrahlten Brennelemente und die radioaktiven Abfälle aus der Wiederaufarbeitung im europäischen Ausland, die zum Stichtag 31.12.2017 bereits zurückgeführt wurden, sowie alle Arten radioaktiver Abfälle, die in der Bundesrepublik Deutschland endgelagert werden sollen. Es greift die Unterteilung der beiden Ziffern in § 9i Abs. 1 auf, indem es unter seinen Ziffern 3 und 4 den Bestand bis zum 31.12.2017 erfasst und unter seiner Ziffer 5 eine Prognose der Gesamtentsorgungsmengen aufstellt. Auch die in Abs. 1 Nr. 1 geforderte Ausdifferenzierung nach **„Mengen, Arten, Eigenschaften und Standorte"** sowie die in Nr. 2 verlangte Klassifizierung „nach Arten und Eigenschaften" greift das Verzeichnis radioaktiver Abfälle auf, indem es in seinem Hauptteil 3 auf annähernd 70 Seiten den Abfallbestand, geordnet nach Bundesländern und weiter ausdifferenziert nach insgesamt 58 Standorten innerhalb Deutschlands darlegt (näher → § 2c Rn. 12f.).

6 Gemäß dem dreijährigen Novellierungsintervall des § 9i ist spätestens im Jahr 2021 ein aktualisiertes Verzeichnis mit einem Erfassungsstand zum 31.12.2020 vorzulegen.

III. Auskunftspflichten (Abs. 2)

7 Um die detaillierten und standortbezogenen Informationen erheben zu können, enthält **Abs. 2 S. 1** eine Befugnisnorm zur Erhebung der insoweit erforderlichen Auskünfte bei den nach § 9a Abs. 1 S. 1 Entsorgungspflichtigen und den Besitzern abgebrannter Brennelemente und radioaktiver Abfälle. Diese **Auskunftspflicht** ergänzt die bereits nach § 2c Abs. 4 bestehenden Auskunftspflichten, sodass hinsichtlich des Kreises der Auskunftspflichtigen und der insoweit vorgesehenen Ausnahmen auf die dortige Kommentierung verwiesen werden kann (→ § 2c Rn. 23).

8 Soweit in Abs. 2 S. 2 vorgesehen ist, dass der Informationsfluss zwischen dem um Auskunft ersuchenden BMU und dem Auskunftspflichtigen **„über die zuständigen Behörden der Länder"** erfolgen muss, hat dies seinen Grund in den atomrechtlichen Vollzugskompetenzen der Länder im Bereich der Auftragsverwaltung. Auch insoweit kann auf die Kommentierung zum wortlautgleichen § 2c Abs. 4 S. 2 verwiesen werden (→ § 2c Rn. 24).

9 Falls ein nach Abs. 2 Auskunftspflichtiger eine Auskunft nicht, nicht richtig, nicht vollständig oder nicht rechtzeitig erteilt, sollte dies nach der gesetzgeberischen Konzeption den Tatbestand einer **Ordnungswidrigkeit** erfüllen. Die entsprechende Vorschrift in § 46 Abs. 1 Nr. 1 geht aber ins Leere, weil sie auf § 9i *Satz* 2 verweist, während die Auskunftspflicht jedoch in *Absatz* 2 vorgesehen ist (→ § 46 Rn. 7f. mwN).

§ 10 [Ermächtigung zur Zulassung von Ausnahmen]

¹Durch Rechtsverordnung können Ausnahmen von den Vorschriften der §§ 3 bis 7 und 9 zugelassen werden, soweit wegen der Menge oder Beschaffenheit der Kernbrennstoffe oder wegen bestimmter Schutzmaßnahmen oder Schutzeinrichtungen nicht mit Schäden infolge einer sich selbst tragenden Kettenreaktion oder infolge der Wirkung ionisierender Strahlen zu rechnen ist und soweit die in § 1 Nr. 3 und 4 bezeichneten Zwecke nicht

[Ermächtigung zur Zulassung von Ausnahmen] **§ 10 AtG**

entgegenstehen. ²Für radioaktive Abfälle können durch Rechtsverordnung nach § 11 Abs. 1 Nr. 6 Ausnahmen von den Vorschriften des § 3 getroffen werden.

I. Einleitung und Genese der Vorschrift

§ 10 eröffnet dem Verordnungsgeber die Möglichkeit, Ausnahmen von den §§ 3–7 und 9 zuzulassen, wenn ein geringeres Gefahrenpotential besteht. Die Norm diente dem ursprünglichen Interesse des AtG, die friedliche Nutzung der Kernenergie zu **fördern** (vgl. § 1 Nr. 1 AtG aF; zum sog. „Förderzweck" vgl. BVerwG DVBl. 1972, 678 (680); OVG Münster RdE 1990, 62 (63 f.); *Schmans* in PSM § 1 Rn. 19 f.; *Wagner* NVwZ 2001, 1089 (1095)). Diese Zielsetzung ist zwar mit dem durch die 10. AtG-Novelle beschlossenen Ausstieg entfallen, dennoch gibt es ein Bedürfnis für reduzierte Anforderungen in bestimmten Fallkonstellationen – etwa bei Forschungsvorhaben oder im medizinischen Bereich. Rechtsvorschriften, die entsprechend der Ermächtigung des § 10 Ausnahmen von den §§ 3–7 und 9 zulassen, finden sich etwa in der Strahlenschutzverordnung (vgl. § 17 Abs. 1 und § 21 Abs. 1 StrlSchV) und in der Atomrechtlichen Abfallverbringungsverordnung (vgl. § 2 S. 2 AtAV).

1

II. Regelungsinhalt

Da der Wortlaut keine dahingehende Begrenzung enthält, können Ausnahmeregelungen nach Satz 1 sowohl das **Genehmigungserfordernis** als solches, als auch einzelne **Genehmigungsvoraussetzungen** betreffen. In jedem Fall unterliegt dieses Instrument jedoch einer zweifachen Begrenzung:

2

Zum einen müssen **Schäden auszuschließen** sein – sei es weil die Menge oder Beschaffenheit der Kernbrennstoffe, sei es weil bestimmte Schutzmaßnahmen oder -einrichtungen dazu führen, dass die Schadensträchtigkeit bestimmter Tätigkeiten die Anwendung der übrigen Anforderungen nicht rechtfertigt. Darin kommt der Schutzzweck des gesamten AtG nach § 1 Nr. 2 zum Ausdruck, auch wenn diese Vorschrift selbst seit dem ersten Änderungsgesetz vom 23.4.1963 (BGBl. I 201) nicht mehr ausdrücklich erwähnt wird. Die genannten Schutzvorkehrungen sind nicht identisch mit denjenigen Maßnahmen, die aufgrund von § 7 Abs. 2 Nr. 3 oder 5 (und entsprechenden Vorschriften) zu treffen sind, denn diese sind Voraussetzungen für die Erteilung der Genehmigung, während jene schon der Befreiung von Genehmigungserfordernissen selbst dienen.

3

Zum anderen dürfen Ausnahmen nicht gegen die atomgesetzlichen **Zielsetzungen** in § 1 Nr. 3 (Gefährdung der inneren oder äußeren Sicherheit der Bundesrepublik Deutschland, dazu → § 1 Rn. 21 ff.) und Nr. 4 (Erfüllung internationaler Verpflichtungen, dazu → § 1 Rn. 26 ff.) verstoßen. Insbesondere die internationalen Vereinbarungen enthalten oft Freigaberegelungen, die durch nationale Vorschriften lediglich verschärft, nicht aber unterschritten werden dürfen.

4

Ausnahmeregelungen wirken hinsichtlich der nuklearspezifischen Anforderungen der §§ 3–7 und 9 als echte **Befreiungsvorschriften;** das bedeutet, dass an ihre Stelle nicht etwa andere Vorschriften, wie beispielsweise die des BImSchG, treten (so auch *Fischerhof* Dt. AtomG § 10 Rn. 4; *Haedrich* AtG § 10 Rn. 6). Allerdings hat eine entsprechende **Genehmigungsfreistellung** auch Nachteile. So besteht

5

kein aus der Bestandskraft der Zulassungsentscheidung erwachsener Vertrauensschutz, wie er sich etwa in §§ 17, 18 manifestiert hat. Auch § 7 Abs. 6 (→ § 7 Rn. 113) mit seinem Ausschluss privater Nachbarschaftsansprüche gilt nicht, da er sich nur auf Auswirkungen einer „genehmigten Anlage" bezieht. Eine vergleichbare Rechtssituation gibt es etwa im Baurecht, wo bestimmte Tätigkeiten von der Baugenehmigungspflicht freigestellt sind (vgl. dazu *Wenzel* in Gädtke/Johlen/Wenzel, BauO NRW, 13. Aufl. 2019, § 65 Rn. 1 ff.; *Lechner/Busse* in Simon/Busse, Bayerische Bauordnung, 136. EL, BayBO Art. 57 Rn. 1 ff.).

6   Für den **Erlass** von Rechtsverordnungen nach § 10 gilt § 54. Danach ist grundsätzlich der Bundesminister für Umwelt, Naturschutz und nukleare Sicherheit als der für die kerntechnische Sicherheit und den Strahlenschutz verantwortliche Bundesminister zuständig; nur bei Regelungen, die Ausnahmen vom Genehmigungserfordernis nach § 7 zulassen, ist gem. § 54 Abs. 1 S. 2 die Bundesregierung Adressat der Kompetenznorm. In beiden Fällen bedarf es nach § 54 Abs. 2 S. 1 der Zustimmung des Bundesrats (vgl. dazu insgesamt → § 54 Rn. 3).

§ 10a Erstreckung auf strahlenschutzrechtliche Genehmigungen; Ausnahmen vom Erfordernis der Genehmigung

(1) Eine Genehmigung nach § 3 Absatz 1 kann sich auch auf eine genehmigungsbedürftige Verbringung nach der auf Grund des § 30 des Strahlenschutzgesetzes erlassenen Rechtsverordnung beziehen.

(2) Eine Genehmigung nach den §§ 6, 7, 9 oder 9b oder ein Planfeststellungsbeschluss nach § 9b kann sich auch auf einen genehmigungsbedürftigen Umgang nach § 12 Absatz 1 Nummer 3 des Strahlenschutzgesetzes beziehen.

(3) Eine Genehmigung nach § 4 Absatz 1 kann sich auf eine genehmigungsbedürftige Beförderung nach § 27 des Strahlenschutzgesetzes beziehen, soweit es sich um denselben Beförderungsvorgang handelt.

(4) Wer als Arbeitnehmer oder Arbeitnehmerin oder anderweitig unter der Aufsicht stehend im Rahmen einer nach diesem Gesetz genehmigungsbedürftigen Tätigkeit beschäftigt wird, bedarf keiner Genehmigung nach diesem Gesetz.

I. Erstreckungsmöglichkeiten (Abs. 1–3)

1. Grundlagen und Rechtsentwicklung

1   Die Möglichkeit, bestimmte atomrechtliche Genehmigungen auf strahlenschutzrechtliche Sachverhalte zu erstrecken, wurde erstmals mit der grundlegenden Neuordnung des Strahlenschutzrechts durch Verordnung vom 13.10.1976 (BGBl. I 2905) geschaffen. Damit sollten zur **Vermeidung von Doppelzuständigkeiten** und -verfahren gesonderte, an sich strahlenschutzrechtlich erforderliche Genehmigungen für Umgang, Beförderung sowie Ein- und Ausfuhr (damals §§ 3 Abs. 2, 8 Abs. 2 und 11 Abs. 2 StrlSchV aF) vermieden werden. In diesen § 3 Abs. 2 wurde mit der Bekanntmachung der Neufassung der Strahlenschutzverordnung vom 30.6.1989 (BGBl. I 1321) angesichts der entsprechenden Ergänzung des AtG der Planfeststellungsbeschluss nach § 9b AtG als erstreckungsfähiger Verwaltungsakt

Ausnahmen vom Erfordernis der Genehmigung **§ 10a AtG**

einbezogen. Im Übrigen wurden die Vorschriften in diesen §§ 3 Abs. 2 Hs. 2, 8 Abs. 2 Hs. 2 und § 11 Abs. 2 Hs. 2 StrlSchV, wonach im Falle der Erstreckung das Erfordernis einer strahlenschutzrechtlichen Genehmigung entfällt, griffiger formuliert.

Art. 1 der Verordnung vom 20.7.2001 (BGBl. I 1714) für die Umsetzung von Euratom-Richtlinien zum Strahlenschutz führte für alle drei Erstreckungsbestimmungen zu neuen Paragrafennummerierungen, nämlich § 7 Abs. 2 StrlSchV (Umgang), § 16 Abs. 2 StrlSchV (Beförderung) und § 19 Abs. 2 StrlSchV (Ein- und Ausfuhr) sowie in diesem § 7 Abs. 2 StrlSchV zu einer redaktionellen Anpassung. Mit dem Strahlenschutzgesetz vom 27.6.2017 (BGBl. I 1966) wurde die strahlenschutzrechtliche Materie aus dem Einzugsbereich des AtG herausgelöst und gesetzlich verselbständigt. Für den Bereich von Kernbrennstoffen (§ 2 Abs. 1, § 3 Abs. 1 StrlSchG) verblieben die Genehmigungsvorschriften im Regelungsbereich des AtG; da die Erstreckungsbefugnisse die Ausgestaltung atomrechtlicher Verwaltungsakte betreffen, wurden sie systematisch richtig in das AtG (als § 10a) eingefügt. Demgegenüber waren bei sonstigen radioaktiven Stoffen die Genehmigungen im StrlSchG zu regeln. 2

2. Einzelfragen

Mit diesen Erstreckungsmöglichkeiten sollen zur **Verwaltungsvereinfachung** doppelte Genehmigungen und Zuständigkeiten vermieden werden (Begründung zu Art. 1 der Verordnung vom 20.7.2001 für die Umsetzung von Euratom-Richtlinien zum Strahlenschutz, 16). In der Praxis wird davon regelmäßig Gebrauch gemacht. 3

Bei allen drei Absätzen fällt auf, dass es abweichend vom Wortlaut der vorausgehenden Regelungen der StrlSchV nicht mehr „kann sich … erstrecken", sondern „kann sich … beziehen" heißt. Nur noch die Überschrift enthält den Ausdruck „Erstreckung". In dieser Wortwahl steckt keine rechtliche Relevanz. 4

Der Wirkungsbereich des Abs. 1 **(Einfuhr und Ausfuhr)** bestimmt sich nach der auf Grund von § 30 StrlSchG erlassenen Verordnung. Dort ist auch zu bestimmen, dass im Falle der Erstreckung ein an sich vorgesehenes Genehmigungserfordernis entfällt (zur Verdrängung der ansonsten bestehenden Landeszuständigkeit → § 22 Rn. 4). 5

In Abs. 2 **(Umgang)** findet sich zusätzlich zu den in der früheren StrlSchV enthaltenen Vorläuferregelungen nunmehr auch der Bezug auf die 2013 neu eingefügte Genehmigung nach § 9b (BT-Drs. 86/17, 539). Als Rechtsfolge ist das Entfallen des Genehmigungserfordernisses in § 12 Abs. 4 Nr. 1 StrlSchG festgehalten. 6

Abs. 3 bestimmt, dass die Erstreckungsbefugnis bei **Beförderungen** nur gilt, wenn es sich um **ein und denselben Transportvorgang** handelt. Das bedeutet, dass Kernbrennstoffe und sonstige radioaktive Stoffe im selben Verkehrsmittel oder unmittelbar in Verbund stehenden Verkehrsmitteln transportiert werden müssen. Nur so ist der sachnahe Zusammenhang gewahrt, der die Erstreckung rechtfertigt. Die Rechtsfolge des Abs. 3 ergibt sich aus § 27 Abs. 2 StrlSchG. 7

Ergänzend zu den atomrechtlichen Erstreckungsbefugnissen nach § 10a erlaubt § 12 Abs. 3 StrlSchG eine Erstreckung von Genehmigungen nach § 12 Abs. 1 StrlSchG (Betrieb einer Anlage zur Erzeugung ionisierender Strahlung) auf den an sich genehmigungsbedürftigen Umgang. 8

II. Entfallen des Genehmigungserfordernisses bei abhängig Beschäftigten (Abs. 4)

1. Grundlagen und Rechtsentwicklung

9 Die Sonderregelung, wonach **abhängig Beschäftigte** (Arbeitnehmer und Arbeitnehmerinnen) sowie anderweitig unter Aufsicht Stehende für ansonsten nach AtG genehmigungs- oder anzeigebedürftige Tätigkeiten von diesen Erfordernissen befreit sind, fand sich ebenfalls erstmalig in der StrlSchV vom 13.10.1976 (BGBl. I 2905). Damit wurde dem Umstand Rechnung getragen, dass diese Personen wegen ihrer Weisungsgebundenheit für diese Tätigkeiten nicht die Verantwortung tragen. Im damaligen § 21 S. 1 StrlSchV waren noch die atom- und strahlenschutzrechtlichen Bestimmungen über Genehmigungs- und Anzeigepflichten, von denen diese Personen befreit waren, enumerativ aufgeführt. S. 2 legte eine Gegenausnahme für **Heimarbeiter und Hausgewerbetreibende** fest, da hier eine zur Gewährleistung des Strahlenschutzes hinreichende Kontrolle allein durch den Verantwortlichen nicht gesichert schien (so auch noch in der Begründung zur Novelle zur Strahlenschutzverordnung 2001, 34). Mit der Neufassung der Strahlenschutzverordnung vom 30.6.1989 (BGBl. I 1321) wurde § 21 StrlSchV redaktionell mit Blick auf neue Genehmigungsvorschriften erweitert und es wurde entsprechend der Entwicklung des AtG der Bezug auf die Planfeststellung nach § 9b aufgenommen.

10 Mit Art. 1 der Verordnung vom 20.7.2001 (BGBl. I 1714) für die Umsetzung von Euratom-Richtlinie zum Strahlenschutz wurde dieser § 21 StrlSchV aF zu § 28 StrlSchV umformuliert und die Aufzählung der nicht erforderlichen Genehmigungen entsprechend der Entwicklung der StrlSchV erneut ausgedehnt. Ferner fügte die Novelle einen neuen S. 2 ein, wonach ein Dritter iSv § 9a Abs. 3 S. 3 für seine Tätigkeit keiner Genehmigung nach dem damaligen § 15 StrlSchV (genehmigungsbedürftige Beschäftigung in fremden Anlagen und Einrichtungen) bedurfte.

11 Mit der **Verselbständigung des Strahlenschutzrechts** durch das StrlSchG vom 27.6.2017 (BGBl. I 1966) wurde in dessen § 67 (Ausnahmen vom Erfordernis der Genehmigung oder Anzeige) diese Bestimmung für den Anwendungsbereich des StrlSchG (sonstige radioaktive Stoffe) wesentlich knapper gefasst. Diese Neuregelung verzichtet auf eine Aufzählung der gegebenenfalls entbehrlichen Genehmigungen und verweist nur noch auf nach dem StrlSchG genehmigungs- oder anzeigepflichtige Tätigkeiten von Arbeitnehmern und gleichgestellten Personen. Eine Regelung gem. § 10a Abs. 4 war zunächst im Regierungsentwurf (BT-Drs. 18/11241) nicht enthalten. Der Bundesrat hat dies in seiner Stellungnahme moniert und zu Recht auf eine rechtliche Unstimmigkeit zwischen den Regelungen für Kernbrennstoffe und für sonstige radioaktive Stoffe aufmerksam gemacht; die Bundesregierung hat sich diesem Votum angeschlossen (BT-Drs. 18/11622, 29f.), ebenso der federführende Umweltausschuss (BT-Drs. 18/12151, 9). Das Entfallen eines Genehmigungserfordernisses für Dritte iSv § 9a Abs. 3 S. 3 wurde aus dem früheren § 28 StrlSchV nicht übernommen, weil für eine derartige Privilegierung keine Gründe gesehen wurden; mangels praktischer Relevanz wurde auch die dort damals enthaltene Heimarbeiterklausel gestrichen. Ebenso ist die in § 28 StrlSchVO aF geregelte Entbehrlichkeit eines Planfeststellungsbeschlusses nach § 9b für Arbeitnehmer im Text von Abs. 4 nicht enthalten (→ Rn. 13).

Ermächtigungsvorschriften §§ 11, 12 AtG

2. Einzelfragen

Abs. 4 sieht für **Arbeitnehmer und anderweitig unter Aufsicht stehende** 12 eine Ausnahme vom Erfordernis einer Genehmigung ihrer nach dem AtG an sich genehmigungsbedürftigen Tätigkeit vor. Diese Aufsicht muss in Art und Intensität dem für das Arbeitsverhältnis prägenden Direktionsrecht gleich kommen. Nur dann ist die Annahme gerechtfertigt, dass die betroffene Person für die entsprechende Tätigkeit keine eigene Verantwortung trägt. Der Ausnahmetatbestand betrifft allein Tätigkeiten. Dieser Begriff ist in dem Katalog des § 4 Abs. 1 StrlSchG definiert.

Die Rechtswirkung von Abs. 4 umschließt auch **die Entbehrlichkeit eines** 13 **Planfeststellungsbeschlusses,** wie dies in § 28 StrlSchV aF noch ausdrücklich vorgesehen war (→ Rn. 11). Die textliche Abweichung dürfte damit zu erklären sein, dass Abs. 4 erst auf Initiative des Bundesrats eingefügt wurde und in dieser Phase des Gesetzgebungsverfahrens nicht bedacht wurde. Begrifflich bereitet die Ausdehnung auf die Entbehrlichkeit eines Planfeststellungsbeschlusses keine Schwierigkeit, weil das Planfeststellungsverfahren als förmliches Verfahren zur „Genehmigung von Vorhaben" oder auch als „besondere Art einer nachvollziehenden Genehmigung" zu verstehen ist (*Kopp/Ramsauer* VwVfG § 72 Rn. 10 f., § 74 Rn. 9).

§ 11 Ermächtigungsvorschriften (Genehmigung, Anzeige, allgemeine Zulassung)

(1) Soweit nicht durch dieses Gesetz für Kernbrennstoffe und für Anlagen im Sinne des § 7 eine besondere Regelung getroffen ist, kann durch Rechtsverordnung zur Erreichung der in § 1 bezeichneten Zwecke bestimmt werden,

1. daß die Aufsuchung von radioaktiven Stoffen, der Umgang mit radioaktiven Stoffen, der Verkehr mit radioaktiven Stoffen (Erwerb und Abgabe an andere), die Beförderung und die Ein- und Ausfuhr dieser Stoffe einer Genehmigung oder Anzeige bedürfen sowie unter welchen Voraussetzungen und mit welchen Nebenbestimmungen sowie in welchem Verfahren eine Freigabe radioaktiver Stoffe zum Zweck der Entlassung aus der Überwachung nach diesem Gesetz oder einer auf Grund dieses Gesetzes erlassenen Rechtsverordnung oder eine Entlassung radioaktiver Stoffe natürlichen Ursprungs aus der Überwachung nach diesen Vorschriften erfolgt, wer die Freigabe beantragen kann und welche Pflichten im Zusammenhang mit der Freigabe zu beachten sind, insbesondere, dass und auf welche Weise über diese Stoffe Buch zu führen und der zuständigen Behörde Mitteilung zu erstatten ist und welches Verfahren anzuwenden ist sowie welche Mitteilungspflichten bestehen, wenn die Voraussetzungen für die Freigabe nicht mehr bestehen,

2. daß sicherheitstechnisch bedeutsame Anlagenteile, mit deren Fertigung bereits vor Antragstellung oder vor Erteilung einer Genehmigung begonnen werden soll, in Anlagen nach § 7 Abs. 1 Satz 1 nur dann eingebaut werden dürfen, wenn für die Vorfertigung ein berechtigtes Interesse besteht und in einem Prüfverfahren nachgewiesen wird, daß Werkstoffe, Auslegung, Konstruktion und Fertigung die Voraussetzungen nach § 7 Abs. 2 Nr. 3 erfüllen, welche Behörde für das Verfahren zu-

ständig ist, welche Unterlagen beizubringen sind und welche Rechtswirkungen der Zulassung der Vorfertigung zukommen sollen,
3. daß radioaktive Stoffe in bestimmter Art und Weise oder für bestimmte Zwecke nicht verwendet oder nur in bestimmter Art und Weise beseitigt oder nicht in Verkehr gebracht oder grenzüberschreitend verbracht werden dürfen, soweit das Verbot zum Schutz von Leben und Gesundheit der Bevölkerung vor den Gefahren radioaktiver Stoffe oder zur Durchsetzung von Beschlüssen internationaler Organisationen, deren Mitglied die Bundesrepublik Deutschland ist, erforderlich ist,
4. daß zur Umsetzung von Rechtsakten der Europäischen Gemeinschaften die Ein-, Aus- und Durchfuhr (grenzüberschreitende Verbringung) radioaktiver Stoffe einer Genehmigung oder Zustimmung bedarf, Anzeigen und Meldungen zu erstatten und Unterlagen mitzuführen sind. Es kann weiterhin bestimmt werden, daß Zustimmungen mit Nebenbestimmungen versehen werden können,

(2) Die Rechtsverordnung kann Genehmigungen, Zustimmungen nach Absatz 1 Nr. 6 und allgemeine Zulassungen im Rahmen der Zweckbestimmung dieses Gesetzes von persönlichen und sachlichen Voraussetzungen abhängig machen sowie das Verfahren bei Genehmigungen, Zustimmungen nach Absatz 1 Nr. 6 und allgemeinen Zulassungen regeln.

(3) Sofern eine Freigabe radioaktiver Stoffe oder eine Entlassung radioaktiver Stoffe natürlichen Ursprungs nach einer auf Grund von Absatz 1 Nr. 1 erlassenen Rechtsverordnung die Beseitigung nach den Vorschriften des Kreislaufwirtschaftsgesetzes oder den auf dessen Grundlage oder auf der Grundlage des bis zum 1. Juni 2012 geltenden Kreislaufwirtschafts- und Abfallgesetzes erlassenen Rechtsverordnungen vorsieht, dürfen diese Stoffe nach den genannten Vorschriften nicht wieder verwendet oder verwertet werden.

§ 12 Ermächtigungsvorschriften (Schutzmaßnahmen)

[1]Durch Rechtsverordnung kann zur Erreichung der in § 1 bezeichneten Zwecke bestimmt werden,
1. welche Vorsorge- und Überwachungsmaßnahmen zum Schutz Einzelner und der Allgemeinheit beim Umgang und Verkehr mit radioaktiven Stoffen sowie bei der Errichtung, beim Betrieb und beim Besitz von Anlagen der in § 7 bezeichneten Art zu treffen sind,
2. welche Vorsorge dafür zu treffen ist, daß bestimmte Strahlendosen und bestimmte Konzentrationen radioaktiver Stoffe in Luft und Wasser nicht überschritten werden,
3. daß und auf welche Weise über die Erzeugung, die Gewinnung, den Erwerb, den Besitz, die Abgabe und den sonstigen Verbleib von radioaktiven Stoffen und über Messungen von Dosis und Dosisleistungen ionisierender Strahlen Buch zu führen ist und Meldungen zu erstatten sind,
4. daß und in welcher Weise und in welchem Umfang der Inhaber einer Anlage, in der mit radioaktiven Stoffen umgegangen wird oder umgegangen werden soll, verpflichtet ist, der Aufsichtsbehörde mitzuteilen, ob und welche Abweichungen von den Angaben zum Genehmi-

Ermächtigungsvorschriften §§ 11, 12 AtG

gungsantrag einschließlich der beigefügten Unterlagen oder von der Genehmigung eingetreten sind,
5. daß sicherheitstechnisch bedeutsame Abweichungen vom bestimmungsgemäßen Betrieb, insbesondere Unfälle und sonstige Schadensfälle beim Umgang mit radioaktiven Stoffen, bei Errichtung und beim Betrieb von Anlagen, in denen mit radioaktiven Stoffen umgegangen wird, der Aufsichtsbehörde zu melden sind und unter welchen Voraussetzungen und in welcher Weise die gewonnenen Erkenntnisse, ausgenommen Einzelangaben über persönliche und sachliche Verhältnisse, zum Zwecke der Verbesserung der Sicherheitsvorkehrungen durch in der Rechtsverordnung zu bezeichnende Stellen veröffentlicht werden dürfen,
6. welche radioaktiven Abfälle an die Landessammelstellen und an die Anlagen des Bundes nach § 9a Abs. 3 abzuliefern sind und daß im Hinblick auf das Ausmaß der damit verbundenen Gefahr unter bestimmten Voraussetzungen eine anderweitige Zwischenlagerung oder sonstige Ausnahmen von der Ablieferungspflicht zulässig sind oder angeordnet oder genehmigt werden können,
7. welchen Anforderungen an die schadlose Verwertung und die geordnete Beseitigung radioaktiver Reststoffe sowie ausgebauter oder abgebauter radioaktiver Anlagenteile zu genügen hat, dass und mit welchem Inhalt Angaben zur Erfüllung der Pflichten nach § 9a Abs. 1 bis 1e vorzulegen und fortzuschreiben sind, dass und in welcher Weise radioaktive Abfälle vor der Ablieferung an die Landessammelstellen und an die Anlagen des Bundes zu behandeln, zwischenzulagern und hierbei sowie bei der Beförderung nach Menge und Beschaffenheit nachzuweisen sind, wie die Ablieferung durchzuführen ist, wie sie in den Landessammelstellen und in den Anlagen des Bundes sicherzustellen und zu lagern sind, unter welchen Voraussetzungen und wie sie von den Landessammelstellen an Anlagen des Bundes abzuführen sind und wie Anlagen nach § 9a Abs. 3 zu überwachen sind,
8. auf welche Weise der Schutz von radioaktiven Stoffen, von Anlagen im Sinne des § 7 sowie von Anlagen des Bundes nach § 9a Abs. 3 gegen Störmaßnahmen und sonstige Einwirkungen Dritter zu gewährleisten ist,
9. welche Anforderungen an die Ausbildung, die beruflichen Kenntnisse und Fähigkeiten, insbesondere hinsichtlich Berufserfahrung, Eignung, Einweisung in die Sachverständigentätigkeit, Umfang an Prüftätigkeit und sonstiger Voraussetzungen und Pflichten sowie an die Zuverlässigkeit und Unparteilichkeit der in § 20 genannten Sachverständigen zu stellen sind und welche Voraussetzungen im Hinblick auf die technische Ausstattung und die Zusammenarbeit von Angehörigen verschiedener Fachrichtungen Organisationen erfüllen müssen, die als Sachverständige im Sinne des § 20 hinzugezogen werden sollen,
10. welche Anforderungen an die erforderliche Fachkunde oder an die notwendigen Kenntnisse der Personen zu stellen sind, die beim Umgang mit oder bei der Beförderung von radioaktiven Stoffen sowie bei der Errichtung und dem Betrieb von Anlagen nach den §§ 7 und 9a Absatz 3 Satz 1 zweiter Halbsatz oder bei der Stilllegung oder dem Abbau von Anlagen oder von Anlagenteilen nach § 7 Abs. 3 tätig sind oder

den sicheren Einschluss oder damit zusammenhängende Tätigkeiten ausüben, welche Nachweise hierüber zu erbringen sind und auf welche Weise die nach den §§ 23, 23 d und 24 zuständigen Genehmigungs- und Aufsichtsbehörden das Vorliegen der erforderlichen Fachkunde oder der notwendigen Kenntnisse prüfen, welche Anforderungen an die Anerkennung von Lehrgängen bei der Erbringung des Fachkundenachweises zu stellen sind und inwieweit die Personen in bestimmten Abständen an einem anerkannten Lehrgang teilzunehmen haben,

11. daß die Aufsichtsbehörde Verfügungen zur Durchführung der auf Grund der Nummern 1 bis 10 ergangenen Rechtsvorschriften erlassen kann.

²Satz 1 Nr. 1 und 7 gilt entsprechend für die Beförderung radioaktiver Stoffe, soweit es sich um die Erreichung der in § 1 Nr. 1, 3 und 4 genannten Zwecke und um Regelungen über die Deckungsvorsorge handelt.

Übersicht

	Rn.
I. Grundlagen und Ursprung	1
1. Zielsetzung der Ermächtigungsnormen	1
2. Verordnungen zum Strahlenschutz und Strahlenschutzgesetz	3
3. Zitiergebot nach Art. 80 Abs. 1 GG	6
II. Die Ermächtigungen nach § 11 und ihre Entwicklung	8
1. Aufsuchung, Umgang, Verkehr, Beförderung, Ein- und Ausfuhr (Abs 1 Nr. 1)	8
2. Vorfertigung von Anlagenteilen (Abs. 1 Nr. 2)	12
3. Verbot von Verwendung, Beseitigung, Inverkehrbringen, grenzüberschreitender Verbringung (Abs. 1 Nr. 3)	14
4. Grenzüberschreitende Verbringung (Abs. 1 Nr. 4)	17
5. Sachliche und persönliche Voraussetzungen, Verfahren (Abs. 2)	19
6. Verbot der Verwendung oder Verwertung nach Freigabe (Abs. 3)	20
III. Die Ermächtigungen nach § 12 und ihre Entwicklung	21
1. Vorsorge- und Überwachungsmaßnahmen (Nr. 1)	21
2. Vorsorge gegen Dosisüberschreitung (Nr. 2)	27
3. Buchführungs- und Meldepflichten (Nr. 3, 4, 5)	28
4. Ablieferung radioaktiver Abfälle (Nr. 6) sowie Verwertung und Beseitigung (Nr. 7)	30
6. Schutz vor Störmaßnahmen und sonstigen Einwirkungen Dritter (Nr. 8)	32
7. Anforderungen an Sachverständige (Nr. 9) und an tätige Personen (Nr. 10)	35
8. Verfügungen der Aufsichtsbehörde (Nr. 11)	38

Literatur: *Arndt,* Bundesauftragsverwaltung und Sicherheitsanforderungen für Kernkraftwerke – Zum verfassungsrechtlichen Mindeststandard bei der Novellierung des kerntechnischen Regelwerks, 2006; *Füßer/Stöckel,* Das Zitiergebot des Art. 80 I 3 GG und Probleme des Erlasses von „komplexen Artikelverordnungen", NVwZ 2010, 414; *Isensee,* Das Instrumentarium des Bundes zur Steuerung der Auftragsverwaltung der Länder, in FS Bethge, 2009, 359; *KTA-Kerntechnischer Ausschuss,* Sachstandsbericht zu KTA-BR 4 „Begrenzung der Strahlenexposition" KTA-GS-74, November 2004; *ders.,* Grundlagen und Verfahren KTA-GS-63, Januar 2013; *Ossenbühl,* Rechtsfragen einer Novellierung des Kerntechnischen Regelwerks, atw 51 (2006), 305; *Pelzer,* Zur rechtlichen Problematik der Beseitigung radioaktiver Abfälle, et 1975, 102; *Schneider,* Das neue kerntechnische Regelwerk, atw 2009, 554.

I. Grundlagen und Ursprung

1. Zielsetzung der Ermächtigungsnormen

Bereits in den Ursprüngen betonte der Atomgesetzgeber „**die Neuheit der Materie und die zahlreichen, von vornherein nicht überschaubaren Gefahren**" (BT-Drs. 3/759, 34). Er leitete daraus zu deren Konkretisierung und einheitlichen Steuerung die Notwendigkeiten von Generalklauseln (zB § 7 Abs. 2, wonach der Stand von Wissenschaft und Technik Erkenntnisquelle und Maßstab für die Erforderlichkeit der Schadensvorsorge bildet) und der Bundesauftragsverwaltung ab. Das förmliche Gesetz sollte sich auf die grundlegende Erfassung von Zielen, Definitionen, Genehmigungen, Aufsichtsbefugnissen, Behördenzuständigkeiten und Haftung konzentrieren. Angesichts der raschen Entwicklung der Wissenschaft sollte gerade dem Strahlenschutz durch Beweglichkeit in der Rechtsgestaltung Rechnung getragen werden (BT-Drs. 3/759, 25; *Mattern/Raisch* § 54 Rn. 1; *Göppner* AtG-Vorgeschichte 191 ff.). Bereits im Fraktionsentwurf der FDP vom 28.2.1956 waren in § 28 Verordnungsermächtigungen für Strahlenschutz, Beförderung von radioaktiven Stoffen und Ausfuhr vorgesehen (BT-Drs. 2/2142, 6). Im Regierungsentwurf vom 17.12.1958 war eine vergrößerte Reihe von Verordnungsermächtigungen hauptsächlich, wie auch heute noch, in §§ 11 und 12 zusammengestellt, in § 11 hinsichtlich Genehmigung, Anzeige, allgemeiner Zulassung, in § 12 hinsichtlich Schutzmaßnahmen. Der Vorrang des AtG ist in den Eingangsworten zu § 11 ausdrücklich klargestellt.

Mit Blick auf Art. 80 Abs. 1 S. 2 GG sieht die Begründung zum AtG-Entwurf vom 17.12.1958 die Zweckbestimmung in § 1 „auch als Richtschnur für die Ausfüllung durch spätere Rechtsverordnungen" (BT-Drs. 3/759, 18 (25 f.)). Dem entsprechend wurde in den Eingangsworten zu §§ 11 und 12 auf die in § 1 bestimmten Zwecke ausdrücklich Bezug genommen. Der Bundesrat hat in seiner Stellungnahme vom 14.11.1958 diese Gesamtverweisung beanstandet und dargelegt, die in § 1 aufgeführten Zwecke seien sehr verschiedenartig und könnten in einer Zielsetzung miteinander in Widerstreit stehen (→ § 1 Rn. 7 ff.); deshalb müsse der betreffende Zweck konkretisiert werden (BT-Drs. 3/759, 51). Die Bundesregierung hat dies in ihrer Stellungnahme mit der Begründung abgelehnt, die **Zwecke nach § 1 bilden eine Gesamtheit** und die Verordnungen müssten ihnen in gleicher Weise Rechnung tragen (BT-Drs. 3/759, 60).

2. Verordnungen zum Strahlenschutz und Strahlenschutzgesetz

Auf §§ 11 und 12 stützte sich die erste Strahlenschutzverordnung vom 24.6.1960 (BGBl. I 430). Die Reihe der im Vorspann zu nennenden Verordnungsermächtigungen verlängerte sich bei Folgefassungen, ebenso die Zahl der Paragraphen der ehemaligen Strahlenschutzverordnung (zuletzt über 118). Die gesamte Entwicklung der Materie Strahlenschutz führte schließlich 2017 zu deren Ausgliederung aus dem AtG und ihrer **rechtlichen Verselbständigung im StrlSchG** zusammen mit anderen Regelungskomplexen. Entsprechenden Bestimmungen wurden in dieses Gesetz transferiert; das betraf auch Verordnungsermächtigungen, die bislang in §§ 11 und 12 enthalten waren. §§ 11 und 12 lagen ebenfalls der Röntgenverordnung zu Grunde. Auch deren Bestimmungen wurden im Wesentlichen dem StrlSchG einverleibt.

AtG §§ 11, 12 Zweiter Abschnitt Überwachungsvorschriften

4 Die Artikelverordnung zur weiteren Modernisierung des Strahlenschutzrechts vom 29.11.2018 (BGBl. I 2034) stützt sich unter anderem auf § 11 Abs. 1 Nr. 1 und 6 und Abs. 2 sowie auf § 12 Abs. 1 S. 1 Nr. 1, 7, 8, 9, 10,11 und 13 und auf S. 2. Sie enthält folgende Artikel:
- Art. 1 Verordnung zum Schutz vor der schädlichen Wirkung ionisierender Strahlung (StrlSchV)
- Art. 2 Verordnung zur Festlegung von Dosiswerten für frühe Notfallschutzmaßnahmen (NDWV)
- Art. 3 Verordnung über Anforderungen und Verfahren zur Entsorgung radioaktiver Abfälle (AtEV)
- Art. 4 Verordnung zum Schutz vor schädlichen Wirkungen nichtionisierender Strahlung bei der Anwendung am Menschen (NiSV)
- Art. 5 Änderung der Verordnung über radioaktive oder mit ionisierenden Strahlen behandelte Arzneimittel (AMRadV)
- Art. 6 Änderung der Ausbildungs- und Prüfungsverordnung für technische Assistenten in der Medizin (MTA-APrV)
- Art. 7 Änderung der Medizinprodukte-Sicherheitsplanverordnung (MPSV)
- Art. 8 Änderung der Verordnung über das datenbankgestützte Informationssystem über Medizinprodukte des Deutschen Instituts für Medizinische Dokumentation und Information (DIMDIV)
- Art. 9 Änderung der Medizinprodukte-Betreiberverordnung (MPBetreibV)
- Art. 10 Änderung der Mess- und Eichverordnung (MessEV)
- Art. 11 Änderung der Gesundheitsschutz-Bergverordnung (GesBergV)
- Art. 12 Änderung der OffshoreBergV
- Art. 13 Änderung der Atomrechtlichen Deckungsvorsorgeverordnung (AtDeckV)
- Art. 14 Änderung der Atomrechtlichen Verfahrensverordnung (AtVfV-Antragsunterlagen, Öffentlichkeitsbeteiligung, Sicherheitsspezifikationen wie Grenzwerte und Bedingungen des sicheren Betriebs, Verfahren und Kriterien für wesentliche Änderungen)
- Art. 15 Änderung der Atomrechtlichen Zuverlässigkeitsüberprüfungsverordnung (AtZüV-Überprüfung der Zuverlässigkeit von Personen zum Schutz gegen Entwendung oder erhebliche Freisetzung radioaktiver Stoffe)
- Art. 16 Änderung der Atomrechtlichen Abfallverbringungsverordnung (AtAV-Verbringung radioaktiver Abfälle in das oder aus dem Bundesgebiet)
- Art. 17 Änderung der Kostenverordnung zum AtG (AtKostV)
- Art. 18 Änderung der Atomrechtlichen Sicherheitsbeauftragten- und Meldeverordnung (AtSMV)
- Art. 19 Änderung der Gefahrgutverordnung Straße, Eisenbahn und Binnenschifffahrt (GGVSEB)
- Art. 20 Inkrafttreten, Außerkrafttreten

5 Das StrlSchG hat in Art. 3 Nr. 7 aus § 11 Abs. 1 die vormaligen Nr. 2 (Anlagen zur Erzeugung ionisierender Strahlen), Nr. 3 (Bauartprüfung, allgemeine Zulassung), Nr. 7 (ionisierende Strahlen natürlichen Ursprungs) und Nr. 8 (zweckgerichteter Zusatz radioaktiver Stoffe) angesichts ihrer strahlenschutzrechtlichen Relevanz inhaltlich inkorporiert und die verbleibenden Bestimmungen entsprechend umnummeriert. Ebenso in das Strahlenschutzrecht überführt wurden durch Art. 3 Nr. 8 StrlSchG aus § 12 die Inhalte der aus der Erstfassung 1959 des AtG stammenden Nr. 3 aF (Beschäftigung von Personen in strahlengefährdeten Bereichen) sowie die mit den durch Art. 1 Nr. 4b des Gesetzes vom 3.5.2000 (BGBl. I 636) eingefügten Nrn. 3a, 3b, 3c, 4a, 7a, 9a und 10a, die sich mit der Anwendung radioaktiver Stoffe

oder ionisierender Strahlen am Menschen und in der Medizin, mit der Bestimmung von Messstellen, mit der Unterrichtung der Bevölkerung und von Rettungskräften, mit der Verwertung und Beseitigung von Rückständen sowie mit der Bestimmung von Sachverständigen befassten. Nr. 4 (Pflicht zu Messungen und ärztlicher Behandlung; Strahlenexpositionen beim Betrieb von Flugzeugen) wurde ebenfalls materiell in das StrlSchG transferiert; damit wurde auch Abs. 2 (Klausel nach Art. 19 Abs. 1 S. 2 GG wegen Einschränkung des Rechts auf körperliche Unversehrtheit aus Art. 2 Abs. 2 GG) obsolet und durch das StrlSchG aufgehoben. In § 54 sind die Zuständigkeiten für den Verordnungserlass (Abs. 1), die Delegationsmöglichkeit (Abs. 3) und das Bedürfnis der Zustimmung des Bundesrats (Abs. 2) geregelt.

3. Zitiergebot nach Art. 80 Abs. 1 GG

Die Verordnung zur weiteren Modernisierung des Strahlenschutzrechts vom 29.11.2018 (BGBl. I 2034) basiert auf einer Fülle von Rechtsgrundlagen, die in einem Komplex auf knapp zwei Seiten im Vorspruch aufgeführt sind. Eine Zuordnung zu den einzelnen Artikeln findet nicht statt. Dies wirft die Frage auf, ob damit dem **Zitiergebot** nach Art. 80 Abs. 1 S. 3 GG Rechnung getragen ist. Nach der Rechtsprechung des BVerfG (BVerfG NJW 1967, 291; NJW 1999, 3253) ist es nicht erforderlich, dass für jede Verordnungsbestimmung im Einzelnen die Ermächtigungsgrundlage angegeben wird. Das gilt auch für Sammelverordnungen, bei denen eine Verordnung auf mehreren Einzelermächtigungen beruht, und ebenso – wie hier – für **Artikelverordnungen,** bei denen die ermächtigenden Bestimmungen nicht in den jeweiligen Einzelverordnung, sondern gebündelt in der Präambel der Mantelverordnung aufgeführt werden (*Uhle* in BeckOK Grundgesetz GG Art. 80 Rn. 32). Unabhängig davon muss sich die jeweilige Rechtsgrundlage für die einzelnen Vorschriften der Verordnung „mit hinreichender Sicherheit" ermitteln lassen (*Bauer* in Dreier, Grundgesetz, 3. Aufl. 2015, GG Art. 80 Rn. 45).

6

Die Quantität der gebündelt im Vorspruch – ggf. nur vorsorglich – genannten Ermächtigungsgrundlagen darf nicht in der Weise in Qualität umschlagen, dass der vom Verordnungsgeber beanspruchte Legitimationszusammenhang nur noch unter Schwierigkeiten erkannt werden kann (*Füßer/Stöckel* NVwZ 2010, 414 (416f.) mwN). Dazu kommt es nach *Füßer/Stöckel* auf die Umstände des Einzelfalles wie Regelungsumfang, Rechtsmaterie und Zahl der genannten Ermächtigungsgrundlagen an. Als Daumenregel schlagen die Autoren vor, dass spätestens ab 100 in dieser Weise relevanter Zuordnungsbeziehungen die Erkennbarkeit entfalle; wenn im Rahmen komplexer und weitreichender Artikelverordnungen die Ermächtigungsgrundlagen für mehrere Rechtsverordnungen vorangestellt und gebündelt aufgelistet werden, dürfte die vom BVerfG geforderte Erkennbarkeit, auf welche Ermächtigung sich einzelne Vorschriften stützen, schwierig zu begründen sein.

7

II. Die Ermächtigungen nach § 11 und ihre Entwicklung

1. Aufsuchung, Umgang, Verkehr, Beförderung, Ein- und Ausfuhr (Abs 1 Nr. 1)

In ihrer Zielsetzung ist Nr. 1 darauf gerichtet, zu verhindern, dass **gefährliche radioaktive Stoffe** in die Hände Unberufener geraten, und den Behörden einen Überblick über den Verbleib dieser Stoffe zu ermöglichen (so bereits Begründung

8

AtG §§ 11, 12 Zweiter Abschnitt Überwachungsvorschriften

zum Regierungsentwurf 1959, BT-Drs. 3/759, 25). Allerdings war in diesem Regierungsentwurf die Begrifflichkeit noch anders gefasst. So wurden Umgang und Verkehr als ein Thema nebeneinander gestellt, unter anderem war die Aufsuchung für beide als Bezugsbeispiel genannt. Demgegenüber gab der Bundesrat zu bedenken, dass die Aufsuchung von radioaktiven Stoffen weder als Umgang noch als Verkehr einzuordnen sei; beide Begriffe sollten gesondert behandelt werden (BT-Drs. 3/759, 51). Die Bundesregierung hat dies übernommen.

9 In ihrer Struktur sind die fünf in Nr. 1 genannten Themenfelder (Aufsuchung, Umgang, Verkehr, Beförderung, Ein- und Ausfuhr) bis heute erhalten. Sie beziehen sich auf radioaktive Stoffe iSv § 2 (entsprechend definiert in § 3 StrlSchG). Zur Begriffsbestimmung der **Aufsuchung** kann auf § 4 BBergG zurückgegriffen werden, wonach darunter die mittelbar oder unmittelbar auf die Entdeckung oder Feststellung der Ausdehnung von Bodenschätzen gerichtete Tätigkeit zu verstehen ist mit Ausnahme der Tätigkeiten im Rahmen der amtlichen geologischen Landesaufnahme, der Tätigkeiten, die ausschließlich und unmittelbar Lehr- oder Unterrichtszwecken dienen, und des Sammelns von Mineralien in Form von Handstücken oder kleinen Proben für mineralogische oder geologische Sammlungen. Mit Blick auf die genannte Zielsetzung ist es angebracht, auch diese Ausnahmen im Rahmen der atomrechtlichen Begriffsdefinition zu Grunde zu legen. Dafür spricht auch die Verweisung auf das BBergG in § 2 Abs. 3a Nr. 3, lit. c, wo der **Umgang** (wortgleich mit § 6 Abs. 39 StrlSchG) definiert ist (Definition war zuvor in § 11 Abs. 1 Nr. 1 aF selbst enthalten.). Eine redaktionelle Unstimmigkeit besteht darin, dass in § 2 Abs. 3a Nr. 3 lit. c das Aufsuchen unter den Oberbegriff des Umgangs eingeordnet wird, wogegen es in § 11 Abs. 1 Nr. 1 selbständig neben dem Umgang aufgeführt ist. Der **Verkehr** mit radioaktiven Stoffen ist in Abs. 1 Nr. 1 selbst als Erwerb und Abgabe an andere definiert; das bedeutet einen beabsichtigten Wechsel des unmittelbaren Besitzers (*Fischerhof* Dt. AtomG §§ 11, 12 Rn. 8). Die Begriffe **Beförderung** und **Ein- und Ausfuhr** sind hier identisch wie in § 4 bzw. § 3 (→ § 4 Rn. 1; → § 3 Rn. 2) gebraucht.

10 Der Satzteil in Abs. 1 Nr. 1, der die Voraussetzungen, mögliche Nebenbestimmungen und Verfahren bei **Freigabe** betrifft, wurde durch Gesetz vom 3.5.2000 (BGBl. I 636) zur Umsetzung der RL 96/29/Euratom vom 13.5.1996 (ABl. L 159, 1) und RL 97/43/Euratom vom 30.6.1997 (ABl. L 180, 22) eingefügt; das StrlSchG hat diesen Passus zu Antragsberechtigung bei Freigabe und damit zusammenhängenden Pflichten nochmals erweitert und gleichzeitig in § 68 StrlSchG eine gleichartige Ermächtigung geschaffen. Mit der ersten Erweiterung der Ermächtigung sollte in Ausfüllung der Neufassung von § 2 Abs. 1 und 2 durch das oben genannte Gesetz vom 3.5.2000 eine Freigabe ermöglicht werden; das sollte insbesondere für radioaktive Stoffe natürlichen Ursprungs in Zusammenhang mit Arbeiten iSv Titel VII der RL 96/29/Euratom vom 13.5.1996 (zB Arbeiten in Badeanstalten, Stollen oder Bergwerken) in Betracht kommen (BT-Drs. 14/2443, 11). Die zweite Erweiterung erklärt sich daraus, dass das StrlSchG seine Verordnungsermächtigung (§ 68 StrlSchG) zunächst der Regelung in § 11 Abs. 1 Nr. 1 nachgebildet hat, gleichzeitig aber damit die Bestimmungen der bisherigen, zwischenzeitlich außer Kraft getretenen StrlSchV über Mitteilungs- und Buchführungspflichten (§ 70 Abs. 2 und 3 StrlSchV aF) kombiniert hat. Diese Fassung wurde durch Art. 3 StrlSchG wiederum auch in das AtG transferiert.

11 Die **Freigabe** war bisher in § 3 Abs. 2 Nr. 15 StrlSchV aF definiert. Sie war dort als Verwaltungsakt beschrieben worden, der die Entlassung radioaktiver Stoffe sowie beweglicher Gegenstände, von Gebäuden, Bodenflächen, Anlagen oder Anla-

genteilen, die aktiviert oder mit radioaktiven Stoffen kontaminiert sind und die aus Tätigkeiten nach § 2 Abs. 1 Nr. 1 lit. a, c oder d stammen, aus dem Regelungsbereich des Atomgesetzes und darauf beruhender Rechtsverordnungen sowie verwaltungsbehördlicher Entscheidungen zur Verwendung, Verwertung, Beseitigung, Innehabung oder zu deren Weitergabe an Dritte als nicht radioaktive Stoffe bewirkt. Diese Definition wurde in die Verordnung zur weiteren Modernisierung des Strahlenschutzrechts vom 29.11.2018 (BGBl. I 2034) nicht übernommen. Zur Begründung wurde ausgeführt, der Begriff der Freigabe sowie die Freigabe als Verwaltungsakt, die an einen schriftlichen Bescheid geknüpft ist und eine Entlassung aus der atom- und strahlenschutzrechtlichen Überwachung bezweckt, sei durch den Regelungstext zur Freigabe sowie die Ermächtigungsnorm nach § 68 StrlSchG hinreichend bestimmt (Referentenentwurf vom 30.5.2018, S. 299 f.). An anderer Stelle wird darauf hingewiesen, der Begriff der Freigabe sei „unverändert" (S. 300). Die **Nebenbestimmungen,** mit denen eine Freigabe verbunden werden kann, richten sich nach § 36 VwVfG (Befristung, Bedingung, Auflage).

2. Vorfertigung von Anlagenteilen (Abs. 1 Nr. 2)

Nr. 2 wurde durch Gesetz vom 30.8.1976 (BGBl. I 2573) als Nr. 3a auf Vorschlag des Bundesrats (BT-Drs. 7/4911 und 7/4954) eingefügt und ist abgesehen von redaktionellen Anpassungen (durch Bekanntmachung vom 31.10.1976 (BGBl. I 3059) umnummeriert zu Nr. 4) unverändert geblieben. Damit sollte aus Gründen der Wirtschaftlichkeit und der verfügbaren Produktionskapazitäten der projektunabhängigen Herstellung auch **sicherheitstechnisch relevanter Großkomponenten** bereits zur Erteilung der ersten Teilerrichtungsgenehmigung der Standardisierung von Leistungsreaktoren und der Beschleunigung der Genehmigungsverfahren gedient werden (BT-Drs. 7/4911, 1; *Haedrich* AtG § 11 Rn. 2). Mit dieser Bestimmung sollte bewirkt werden, dass solche Komponenten bereits im Fertigungsstadium in einem behördlichen Verfahren überwacht werden können. Auf jeden Fall muss die nach § 7 Abs. 2 Nr. 3 erforderliche Vorsorge gegen Schäden uneingeschränkt gewährleistet sein. Sollte das nicht gegeben sein, kommt es auf die Intensität eines **berechtigten Interesses** an der Vorfertigung nicht an. Wegen des ohnehin bestehenden absoluten Vorrangs der Sicherheit sind an dieses berechtigte Interesse keine besonderen Anforderungen zu stellen. Wie ausgeführt genügen zB vernünftige Gründe der Wirtschaftlichkeit oder der Produktionskapazität. 12

Fischerhof (Dt. AtomG §§ 11, 12 Rn. 9) hält es für bedenklich, dass hier die Regelung der **Rechtswirkungen** einer Verordnung überlassen wird. Dem ist entgegenzuhalten, dass diese nach Zielrichtung und Regelungsgegenstand eingrenzbar sind. Im Wesentlichen wird es auf deren Bindungs- und Präklusionswirkung im eigentlichen Genehmigungsverfahren ankommen. Diese wird der Verordnungsgeber unter Beachtung der in § 1 genannten Ziele zu bestimmen haben. 13

3. Verbot von Verwendung, Beseitigung, Inverkehrbringen, grenzüberschreitender Verbringung (Abs. 1 Nr. 3)

Die Ursprungsfassung der Nr. 3 (damals Nr. 4) geht auf das Gesetz vom 22.7.1969 (BGBl. II 1309) zum **Ratsbeschluss der OECD** vom 19.7.1966 zurück, zu dessen Umsetzung die Verordnungsermächtigung dienen sollte. Die OECD hatte in diesem Ratsbeschluss empfohlen, Maßnahmen zu treffen, um 14 einen Schutz für die Benutzer von Uhren mit radioaktiven Leuchtfarben und für die Gesamtbevölkerung vor den Gefahren ionisierender Strahlen zu schaffen (BGBl. 1969 II 1311). Das sollte vor allem ein Verbot von Leuchtfarben mit Radium-226 in Taschen- und Armbanduhren zur Folge haben. Der Gesetzgeber erwartete, dass internationale Organisationen zum Strahlenschutz weitere Beschlüsse gegen die Verwendung bestimmter radioaktiver Stoffe fassen werden. Um für solche Fälle die rasche Anpassung zu ermöglichen, wurde die Verordnungsermächtigung allgemein gefasst (BT-Drs. 5/3539, 2).

15 Mit Gesetz vom 30.8.1976 (BGBl. I 2573) wurde die Vorschrift in der Weise erweitert, dass nicht nur die Art und Weise der Verwendung, sondern auch die damit verbundene Zwecksetzung einem Verbot unterworfen werden konnte. Gleichzeitig wurde als Voraussetzung für das Verbot über die Durchsetzung von Beschlüssen internationaler Organisationen hinaus der Schutz der Bevölkerung vor den Gefahren radioaktiver Stoffe aufgenommen. Zur Umsetzung der RL 96/29/Euratom zum Strahlenschutz vom 13.5.1996 (ABl. L 159, 1) und RL 97/43/Euratom vom 30.6.1997 (ABl. L 180, 22) erstreckte das Gesetz vom 3.5.2000 (BGBl. I 636) die Verbotsmöglichkeit auf die Art und Weise der Beseitigung, des Inverkehrbringens und der grenzüberschreitenden Verbringung.

16 Für die in Nr. 3 enthaltenen Verbotsmöglichkeiten ist zu differenzieren. Verbote können sich beziehen:
– auf die Verwendung in bestimmter Art und Weise oder für bestimmte Zwecke
Die am 31.12.2018 außer Kraft getretene StrlSchV bestimmte in ihrem § 4 Abs. 3 unter Hinweis auf die Anlage XVI, dass die dort genannten Tätigkeiten nicht gerechtfertigt sind; dazu gehörte im Sinne der genannten OECD-Empfehlung grundsätzlich die Verwendung von Vorrichtungen mit fest haftenden radioaktiven Leuchtfarben. Die unter anderem auf AtG und StrlSchG gestützte Verordnung zur weiteren Modernisierung des Strahlenschutzrechts vom 29.11.2018 (BGBl. I 2034) regelt dies in gleicher Weise. Ferner wird mit dieser Ermächtigung die untergesetzliche Umsetzung von Art. 6 Abs. 5 der Euratom-Grundnormen-Richtlinie vom 13.5.1996 ermöglicht (BT-Drs. 14/2443, 11); diese Bestimmung bezieht sich auf den Zusatz radioaktiver Stoffe bei der Herstellung von Lebensmitteln, Spielwaren, persönlichen Schmuckgegenständen und kosmetischen Erzeugnissen.
– auf die Beseitigung in bestimmter Art und Weise
– auf das Inverkehrbringen oder auf die grenzüberschreitende Verbringung
Inverkehrbringen ist in verschiedenen Gesetzen nach ihrer jeweiligen Zielsetzung unterschiedlich definiert. Von seinem Schutzzweck her ist das ChemG (§ 1) mit dem AtG nahe verwandt. Die in § 3 Nr. 9 ChemG vorgenommene Begriffsbestimmung des Inverkehrbringens als die Abgabe an Dritte oder die Bereitstellung für Dritte ist auch auf das AtG anzuwenden.

4. Grenzüberschreitende Verbringung (Abs. 1 Nr. 4)

17 Die Ermächtigung nach Nr. 4 wurde als damalige Nr. 6 durch Gesetz vom 6.4.1998 (BGBl. I 694) eingeführt und dient der Umsetzung der Richtlinie 92/3/Euratom vom 3.2.1992 zur **Überwachung und Kontrolle der Verbringung radioaktiver Abfälle** von einem Mitgliedstaat in einen anderen, in die Gemeinschaft und aus der Gemeinschaft (ABl. L 35, 24). Die Verordnung muss auf die Umsetzung von Rechtsakten der „Europäischen Gemeinschaften" – auf Grund des Vertrages vom Lissabon vom 1.12.2009 ist darunter heute die Europäische Union zu verste-

Ermächtigungsvorschriften §§ 11, 12 AtG

hen – gerichtet sein. Als solche gelten nach Art. 288 AEUV Verordnungen, Richtlinien, Beschlüsse, Empfehlungen und Stellungnahmen. Die beiden letztgenannten sind für die Mitgliedstaaten nicht verbindlich, doch greift auch zu deren Umsetzung diese Ermächtigungsnorm. Dies gilt auch für delegierte Rechtsakte iSv Art. 290 AEUV.

Auf dieser Ermächtigung basiert die **AtAV** vom 30. 4. 2009 (BGBl. I 1000). Für die vier Komplexe von Verbringungen in einen Mitgliedstaat (§ 8 AtAV), in ein Drittland (§ 9 AtAV), in das Inland aus einem Drittland (§ 10 AtAV) und durch das Inland (§ 11 AtAV) sieht die Verordnung Genehmigungserfordernisse (§ 5 AtAV) vor. Die Verbringung in das Inland aus einem Mitgliedstaat und die Durchfuhr stellen §§ 14 und 15 AtAV unter den Vorbehalt einer Zustimmung. Ihrer Rechtsnatur nach bildet diese Zustimmung einen Verwaltungsakt (§§ 14 Abs. 1 S. 2, 15 Abs. 1 S. 2 AtAV), für dessen Erlass das BAFA zuständig ist (§ 22 Abs. 1 S. 2). Die in §§ 8 bis 11 AtAV vorgesehenen Genehmigungen werden nur erteilt, wenn die betroffenen Mitgliedstaaten oder die betroffenen Drittländer zugestimmt haben. Das Vorliegen dieser Zustimmung ist eine tatbestandliche Voraussetzung. Rechtsnatur und Rechtsschutz gegen deren Verweigerung bestimmen sich nach der Rechtsordnung des jeweiligen Landes. Das BAFA hat keine Möglichkeit, eine in seinen Augen zu Unrecht verweigerte Zustimmung zu ersetzen. **18**

5. Sachliche und persönliche Voraussetzungen, Verfahren (Abs. 2)

Abs. 2 schafft die Möglichkeit, in der Verordnung vorgesehenen Rechtsakte unter persönliche und sachliche Voraussetzungen zu stellen und das Verfahren zu regeln. Die Vorschrift war im Wesentlichen bereits in der Erstfassung des AtG 1959 enthalten, mit Gesetz vom 6. 4. 1998 (BGBl. I 694) wurde lediglich in Konsequenz aus der gleichzeitig neu eingefügten Nr. 6 (jetzt Nr. 4) der Hinweis auf „Zustimmungen nach Nr. 6" aufgenommen, der nach der Neufassung als „Zustimmungen nach Nr. 4" zu verstehen ist; eine redaktionelle Klarstellung ist auf dem Weg (Referentenentwurf eines Ersten Gesetzes zur Änderung des Strahlenschutzgesetzes vom 31. 7. 2020). Die Nennung der allgemeinen Zulassungen in Abs. 2 ist ohne Relevanz, weil die damit korrespondierende Vorschrift (vormals Abs. 1 Nr. 3) inhaltlich in das StrlSchG übernommen wurde. Zu persönlichen und sachlichen Genehmigungsvoraussetzungen sind in §§ 3–9 in unterschiedlicher Weise Kriterien für die Erteilung aufgeführt. Im Wesentlichen handelt es sich um folgende Themen: **19**

Persönliche Voraussetzungen
– Zuverlässigkeit
– Fachkunde und notwendige Kenntnisse

Sachliche Voraussetzungen
– Beachtung der Rechtsvorschriften und der internationalen Verpflichtungen Deutschlands auf dem Gebiet der Kernenergie
– nach dem Stand von Wissenschaft und Technik erforderliche Vorsorge gegen Schäden
– erforderlicher Schutz gegen Störmaßnahmen oder sonstige Einwirkungen Dritter
– Vereinbarkeit mit überwiegenden öffentlichen Interessen
– Nachweis einer Lagermöglichkeit
– Bedürfnisprüfung
– erforderliche Vorsorge für die Erfüllung gesetzlicher Schadensersatzverpflichtungen

Der Verordnungsgeber ist nicht gehalten, diese Kriterien ganz oder teilweise zu übernehmen, er kann darüber hinausgehen. Richtschnur bleiben die Zwecksetzungen nach § 1 (*Haedrich* AtG § 11 Rn. 3).

6. Verbot der Verwendung oder Verwertung nach Freigabe (Abs. 3)

20 Abs. 3 wurde mit Gesetz vom 3.5.2000 (BGBl. I 2573) zur Umsetzung der Euratom-Richtlinie zum Strahlenschutz (BGBl. I 636) eingefügt. Durch Art. 5 Abs. 6 des Gesetzes vom 24.2.2012 (BGBl. I 212) wurde er redaktionell an das neue Kreislaufwirtschaftsgesetz (KrWG) angepasst und als § 62 Abs. 7 wortgleich in das StrlSchG übernommen. Die Bestimmung stellt sicher, dass für Stoffe, die wegen ihrer geringen Aktivität ausdrücklich zur Beseitigung als nichtradioaktive Stoffe freigegeben werden, auch abfallrechtlich allein die Beseitigung in Betracht kommt (BT-Drs. 14/2443, 12); insofern wirkt also die atomrechtliche Kategorisierung in das KrWG hinein, das nach dessen § 2 Abs. 2 Nr. 5 grundsätzlich auf Kernbrennstoffe und sonstige radioaktive Stoffe keine Anwendung findet. Damit ist gewährleistet, dass in einer Verordnung die unterschiedlichen strahlenschutzrechtlichen Anforderungen an die Aktivitätsmengen zum Tragen kommen; diese sind bei einer **Freigabe** zur Verwertung strenger als bei einer Freigabe zur Beseitigung. Gleiches gilt für in Zusammenhang mit Arbeiten stehende Stoffe natürlichen Ursprungs, die zur Beseitigung als nichtradioaktive Stoffe aus der Überwachung entlassen werden.

III. Die Ermächtigungen nach § 12 und ihre Entwicklung

1. Vorsorge- und Überwachungsmaßnahmen (Nr. 1)

21 Bereits in der Entwurfsfassung des AtG vom 14.11.1958 (BT-Drs. 3/759, 6) war die Ermächtigung zur Bestimmung von Überwachungs- und Vorsorgemaßnahmen vorgesehen. Sie sollten dem Schutz der Beschäftigten, Dritter und der Allgemeinheit dienen; in den parlamentarischen Beratungen wurden sie -ohne inhaltliche Änderung- auf den Schutz einzelner und der Allgemeinheit bezogen. Ferner betraf die Anfangsfassung den Umgang und Verkehr mit radioaktiven Stoffen, die Errichtung und den Betrieb bestimmter Anlagen, den Umgang mit bestimmten Anlagen, Geräten und Vorrichtungen und die Beförderung der genannten Objekte. Der Bundesrat hat dazu angemerkt, dass nicht nur bei Errichtung und Betrieb von Anlagen ein Schutzbedürfnis bestehe, sondern dass auch vom bloßen Vorhandensein dieser Anlagen, zB nach Stilllegung eines Reaktors aufgrund eines Unfalls, Gefahren ausgehen können; deshalb müsse auch der Besitz mit einbezogen werden. Außerdem schlug der Bundesrat unter Hinweis auf die damals bereits in Vorbereitung befindliche Erste StrlSchV, die sich auch auf Erwerb und Abgabe bestimmter Vorrichtungen beziehen sollte, vor, neben dem Umgang auch den Verkehr mit bestimmten Vorrichtungen aufzunehmen (BT-Drs. 3/759, 51 f.). Beides ist so geschehen.

22 Mit Gesetz über die **Beförderung gefährlicher Güter** vom 6.8.1975 (BGBl. I 2121) wurde der Hinweis in Nr. 1 auf die Beförderung gestrichen. Ziel war, die entsprechenden Schutzvorschriften ausschließlich im Verkehrsrecht zusammenzufassen (BT-Drs. 7/2517, 17). Entsprechende Verordnungen sollten künftig auf Grund von § 3 des Gesetzes über die Beförderung gefährlicher Güter erlassen werden. Gleichzeitig wurde S. 2 eingefügt, der bewirkt, dass Verordnungen zur Erreichung der in § 1 Nr. 2 genannten Zwecke auf § 3 des Gesetzes über die Beförderung gefährlicher Güter zu stützen sind (*Fischerhof* Dt. AtomG §§ 11, 12 Rn. 14). Mit dem Gesetz zur Änderung atomrechtlicher Vorschriften für die Umsetzung von Euratom-Richtlinien vom 3.5.2000 wurde Nr. 1 in der Weise erweitert, dass sie die Umsetzung von Bestimmungen der Euratom-Grundnormen-Richtlinie und der Euratom-Patientenschutz-Richtlinie im Verordnungsweg ermögliche. Art. 8 Nr. 8 lit. a bb aaa des Gesetzes zur Neuordnung des Rechts zum Schutz vor der schädlichen Wirkung ionisierender Strahlung vom 27.6.2017 (BGBl. I 2059) reduzierte die Reichweite der Nr. 1 auf die heutige Fassung; inhaltlich wurden die herausgelösten Regelungen in das StrlSchG inkorporiert. Insgesamt können die Maßnahmen, zu deren Regelung Nr. 1 ermächtigt, einen weiten Rahmen haben; es kann zB gehen um bauliche Vorkehrungen, Geräte und Schutzausrüstungen für Personen, Beschäftigungsverbote und -beschränkungen, Arbeitsvorgänge, Vorsorge für die Erfüllung gesetzlicher Schadensersatzverpflichtungen (BT-Drs. 3/759, 26).

Im Wesentlichen auf § 12 S. 1 Nr. 1 zu stützen wäre eine **Atomrechtliche Anlagensicherheitsverordnung (AtASiV),** wie man sie seit Mitte der 1980er Jahre erwogen hatte. Vorhandene sicherheitstechnische Regeln waren nämlich zwar praktikabel, aber eher unsystematisch in den „Sicherheitskriterien für Kernkraftwerke" vom 21.10.1977 (BAnz. Nr. 206), in den „RSK-Leitlinien für Druckwasserreaktoren" vom 14.10.1981 und 15.11.1996, in den „Leitlinien zur Beurteilung der Auslegung von Kernkraftwerken mit Druckwasserreaktoren gegen Störfälle" vom 18.10.1983 (BAnz. Nr. 245a) sowie in den „Grundlagen für Sicherheitsmanagementsysteme in Kernkraftwerken" enthalten (*Schneider* atw 2009, 554). Der Gedanke an eine Neuordnung und Modernisierung stand im Raum. Ein Element sollte das **Projekt KTA 2000** sein. Der 1972 gegründete Kerntechnische Ausschuss (KTA) hat die Aufgabe, „auf Gebieten der Kerntechnik, bei denen sich aufgrund von Erfahrungen eine einheitliche Meinung von Fachleuten der Hersteller, Ersteller und Betreiber von Atomanlagen, der Gutachter und Behörden abzeichnet, für die Aufstellung sicherheitstechnischer Regeln zu sorgen und deren Anwendung zu fördern". Er umfasst vor allem Vertreter der Hersteller und Betreiber von Atomanlagen, der Bundes- und Landesbehörden sowie der Gutachter und Beratungsorganisationen (s. *KTA* Grundlagen und Verfahren, 5). Das Vorhaben KTA 2000 wurde seit 1996 betrieben. Im Schwerpunkt wurden sieben Basisregeln entwickelt: Kontrolle der Reaktivität, Kühlung der Brennelemente, Einschluss der radioaktiven Stoffe, Begrenzung der Strahlenexposition, Allgemeine technische Anforderungen, Methodik der Nachweisführung, personell organisatorische Maßnahmen (s. *KTA* Sachstandsbericht zu KTA-BR 4 „Begrenzung der Strahlenexposition" KTA-GS-74). Diese weit gediehenen Arbeiten hat das BMU 2003 gegen den Widerspruch der Länder Baden-Württemberg, Bayern, Hessen und Niedersachsen für „endgültig gescheitert" erklärt. Zum weiteren Vorgehen hat das BMU mitgeteilt, es werde seiner Verantwortung für die Festlegung übergeordneter Anforderungen der zu treffenden Schadensvorsorge und ihrer Durchsetzung in atomrechtlichen Verfahren gerecht werden und dabei die RSK, die Länder, kerntechnische Sachverständige und die Betreiber in geeigneter Weise beteiligen.

Noch 2003 brachte das BMU eigenständig mit Unterstützung durch die GRS ein neues Projekt zur Aktualisierung des **Kerntechnischen Regelwerks (KTR)** auf den Weg (*Isensee* FS Bethge, 2009, 359 (362ff.)). Bund und Länder einigten sich Anfang 2006 im Hauptausschuss für Atomkernenergie auf die weitere Vorgehensweise (Workshop, Beteiligungsverfahren) und fassten ins Auge, **grundlegende Elemente des Regelwerks als Verordnung** zu normieren. Dazu beschloss dieses

AtG §§ 11, 12   Zweiter Abschnitt Überwachungsvorschriften

Gremium im November 2006 die Bildung einer Bund-Länder-Arbeitsgruppe. In diesem Zuge wurden Eckpunkte vorgeschlagen, Stoffsammlungen erstellt, Papiere mit Positionen und Gegenpositionen ausgetauscht, Differenzpunkte und Kompromissmöglichkeiten zusammengetragen und Entwurfsvorschläge entwickelt. Das BMU legte im April 2008 einen Textentwurf mit folgenden Kapiteln vor: Allgemeine Vorschriften, Grundsätze der Sicherheit, Anforderungen an Organisation und Management des Betreibers, an die Anlage, an den Anlagenbetrieb, an die Nachweisführung sowie an die Dokumentation. Dissenspunkte mit Ländern bezogen sich vor allem auf die Themenbereiche gestaffeltes Sicherheitskonzept, Definition von Sicherheitsebenen, schutzzielorientierte Bewertung, Anwendungsbereich der Probabilistik. Nachdem diese Punkte nicht zu überwinden waren, wurde Mitte 2008 auch dieses Verordnungsprojekt eingestellt.

25   Unabhängig davon wurden die Beratungen zum untergesetzlichen kerntechnischen Regelwerk – zum Teil nicht minder kontrovers – auf fachlicher und politischer Ebene fortgeführt. Hauptsächliche Streitthemen waren die – keine Abstufung in ihrer Verbindlichkeit erlaubende – Fassung im Indikativ im Sinne der Beschreibung eines idealtypischen Anlagenzustandes oder -betriebs nach dem Stand von Wissenschaft und Technik; Abweichungen davon könnten nach Auffassung des BMU „begründet toleriert werden, wenn der sichere Betrieb ... nicht in Frage gestellt ist und eine Nachrüstung unverhältnismäßig wäre" (BMU-Schreiben an die Betreiber vom 3.7.2006). Weitere Differenzpunkte entsprachen den zum AtASiV-Projekt verhandelten Fragen (→ Rn. 24). Nach langwierigen weiteren Verhandlungen auf fachlicher und politischer Ebene und nach Vorlage neuer Textentwürfe kam es am 4.6.2009 zu einer Vereinbarung zwischen Bundes- und Landesministern über ein gemeinsames Vorgehen; wesentliche Punkte waren die Veröffentlichung des Entwurfs im Internet in einem „Grünbuchverfahren", die auf der Grundlage praktischer Erfahrungen gemeinsam vorzunehmende Überarbeitung und eine bei Bund und Ländern erfolgende Anwendung des Grünbuchs probeweise und parallel zum bisherigen übergeordneten Regelwerk (*Schneider* atw 2009, 554). Schließlich haben sich Bundes- und Landesbehörden auf einen Text geeinigt und die „Sicherheitsanforderungen an Kernkraftwerke am 22.11.2012 am 24.1.2013 bekannt gemacht (BAnz AT 24.1.2013 B3). Mit Blick auf Übertragungsfehler und Überarbeitungen aufgrund neuer wissenschaftlich-technischer Erkenntnisse sowie Berichtigungen wurden die Sicherheitsanforderungen am 3.3.2015 neu gefasst und am 30.3.2015 (BAnz AT 30.3.2015 B2) bekannt gemacht. Sie umfassen die Bereiche Grundsätze, organisatorische Anforderungen, technisches Sicherheitskonzept, technische Anforderungen, zu berücksichtigende Betriebszustände und Ereignisse, Anforderungen an die Nachweisführung, Anforderungen an das Betriebsreglement, Anforderungen an die Dokumentation. Hinzu kommen fünf Anhänge, die ihrerseits mit Anlagen versehen sind. Die Sicherheitsanforderungen idF 2012 stellen in der Präambel fest, dass Interpretationsspielräume bestehen, die zu Auslegungs- und Anwendungsschwierigkeiten führen können. Die so veranlassten **„Interpretationen"** wurden nach einer Übereinkunft der Bundes- und Landesbehörden am 29. November 2013 (BAnz AT 10.12.2013 B4) herausgegeben. Parallel zur Fortschreibung der Sicherheitsanforderungen 2015 wurden auch in den fortgeschriebenen Interpretationen vom 3.3.2015 Übertragungsfehler beseitigt und Berichtigungen vorgenommen (BAnz AT 30.3.2015 B3).

26   Auf die Sicherheitsanforderungen und die Interpretationen wird in § 104 Abs. 1 StrlSchV vom 29.11.2018 (BGBl. I 2036) in Zusammenhang mit den Störfallplanungswerten verwiesen. Nach S. 2 ist für eine ausreichende Vorsorge gegen Störfälle der Stand von Wissenschaft und Technik maßgebend. S. 3 bestimmt dazu, dass diese Vorsorge insbesondere dann als getroffen angesehen werden kann, wenn bei der Auslegung des Kernkraftwerks die Störfälle zugrunde gelegt wurden, die nach den veröffentlichten Sicherheitsanforderungen und den Interpretationen die Auslegung eines Kernkraftwerks bestimmen müssen. Auf diese Weise werden diese Regeln mit außenrechtlicher Wirkung ausgestattet. Die Frage, ob es sich hier um eine statische oder dynamische Verweisung handelt, spielt derzeit keine Rolle, weil die Verordnung mit der verweisenden Norm des § 104 vom 29.11.2018 datiert, also deutlich nach Erlass der Sicherheitsanforderungen samt Interpretationen und deren Änderungen im Jahr 2015; der Verordnungsgeber hatte also ohne Weiteres Gelegenheit, diese Regeln in seinen legislatorischen Willen aufzunehmen. Für mögliche künftige Fälle ist davon auszugehen, dass es sich nur um eine statische Verweisung handeln kann, bei Änderungen der Regeln somit auch der Verordnungsgeber tätig werden müsste. Im Zuge der vorbereitenden Arbeiten zum Regelwerk hatte zwar das BMU die Verweisung (damals § 49 Abs. 1 S. 3 StrlSchV aF) unter Hinweis auf einen dynamischen Charakter, den die Vorschrift selbst trage, seinerzeit als dynamisch angesehen. (BMU-Unterlage zum Länderausschuss für Atomkernenergie vom 19.1.2006, S. 5). Entscheidend fällt aber ins Gewicht, dass es so zu einer mit Art. 85 Abs. 2 GG unvereinbaren Verlagerung von Gesetzgebungszuständigkeiten käme. Denn der Normgeber ist bei der StrlSchV die Bundesregierung, dessen Funktion auch nicht partiell auf ein einzelnes Ministerium übergehen kann; auch das Zustimmungsrecht des Bundesrats würde unterlaufen (zust. *Arndt,* Bundesauftragsverwaltung und Sicherheitsanforderungen für Kernkraftwerke, 18; *Ossenbühl* atw 51 (2006), 305; *Isensee* FS Bethge, 2009, 359 (366, 375)).

2. Vorsorge gegen Dosisüberschreitung (Nr. 2)

Nr. 2 war bereits in der Erstfassung des AtG enthalten und wurde bis heute nicht 27 geändert. Die Ermächtigung betrifft vor allem Bereiche, in denen üblicherweise ein genehmigungspflichtiger Umgang mit radioaktiven Stoffen stattfindet (Kontrollbereiche) und aus denen Luft und Wasser herausgelangen (BT-Drs. 3/759, 26). Die **Strahlendosis** wird in Sievert (= Sv, früher in rem = $\frac{\text{roentgen equivalent in man}}{}$) ausgedrückt und ist die Maßeinheit für die Strahlenwirkung. Je nach Art und Weise der radioaktiven Strahlung und ihrer Aufnahme im Körper ist die Dosis differenziert zu bewerten. Damit kann die gesundheitliche Belastung beurteilt werden. Die Maßeinheit Sievert ist ein abgeleiteter Begriff, die Dosis kann nicht gemessen, sondern muss errechnet werden. Die Grundlagen dafür gibt die Internationale Strahlenschutzkommission (International Commission on Radiological Protection, ICRP) vor.

3. Buchführungs- und Meldepflichten (Nr. 3, 4, 5)

Nr. 3 (anfangs Nr. 5) wurde gegenüber der Fassung 1959 des AtG nur redaktionell geändert. Durch Art. 3 des Gesetzes vom 30.8.1976 (BGBl. I 2575) wurde Nr. 4 (anfangs Nr. 5a, später Nr. 6) eingefügt; Nr. 5 (anfangs Nr. 6, später Nr. 7) war dem Grunde nach thematisch in der – insoweit auf einen Vorschlag des Bundesrats zurückgehenden – Erstfassung des AtG bereits enthalten; mit Gesetz vom 6.8.1975 (BGBl. I 2125) wurde neben redaktionellen Anpassungen der in dieser Ursprungsfassung enthaltene Bezug auf die Beförderung aus den in → Rn. 22 genannten Gründen aus dieser Nr. gestrichen und in S. 2 unter Zweckvorbehalt ge-

AtG §§ 11, 12 Zweiter Abschnitt Überwachungsvorschriften

stellt. Mit Gesetz vom 4.9.1976 (BGBl. I 2575) wurde diese Bestimmung neu gefasst; ihr Anwendungsbereich wurde deutlich ausgeweitet, zB über Unfälle und sonstige Schadensfälle hinaus auf sicherheitstechnisch bedeutsame Abweichungen vom bestimmungsmäßigen Betrieb; außerdem wurde die Veröffentlichungsbefugnis normiert. Auf Vorschlag des Bundesrats wurde auch der Hinweis auf die in der Verordnung zu bezeichnende Stelle aufgenommen, die zur Veröffentlichung befugt sein soll; er wollte damit klarstellen, dass Veröffentlichungen der Betreiber damit nicht gemeint sind (BT-Drs. 7/4911, 5). Der zunächst in Nr. 5 enthaltene Bezug auf § 11 Abs. 1 Nr. 3 aF wurde infolge dessen Streichung durch das StrlSchG aufgehoben. Die AtSMV wird neben andern Rechtsgrundlagen auf Nr. 5 gestützt, allerdings noch unter der überholten Bezeichnung „Nr. 7".

29   Diese immer wieder intensivierten Instrumente dienen der **Funktionsfähigkeit des Kontrollsystems** und sollen die Behörden in die Lage versetzen, sich jederzeit einen Überblick über die Situation im Bereich radioaktiver Stoffe sowie genehmigter Tätigkeiten und Anlagen zu verschaffen (BT-Drs. 3/759, 26; BT-Drs. 7/4794, 7 (10)). Die in Nr. 3 vorgesehene Befugnis, alle sicherheitsrelevanten Ereignisse unter Wahrung vor allem des Persönlichkeitsschutzes zu veröffentlichen, soll es der Fachwelt ermöglichen, die gewonnenen Erkenntnisse bei der Beurteilung der Sicherheit anderer Anlagen und Arten des Umgangs zu berücksichtigen (BT-Drs. 7/4794, 10). S. 2 bezieht sich mit seiner Zweckeinschränkung neben Nr. 1 auf die Nr. 5 nF, also nicht auf die dort genannte Nr. 7; das ergibt sich aus der Historie und dem Sinnzusammenhang dieser Vorschrift. Die Aufsichtsbehörde ist nach § 19 befugt, die Richtigkeit von Messungen, Buchführung und Meldungen zu überprüfen. Dosisleistung bezeichnet die aufgenommene Dosis pro Zeiteinheit (zum Begriff Dosis → Rn. 27).

4. Ablieferung radioaktiver Abfälle (Nr. 6) sowie Verwertung und Beseitigung (Nr. 7)

30   Rudimentär waren Elemente der jetzigen Nrn. 6 und 7 bereits in der damaligen Nr. 7 der Erstfassung des AtG 1959 vorhanden. Sie betraf die Behandlung „nicht mehr verwendeter radioaktive Stoffe", die für den Schutz Dritter von besonderer Bedeutung sei. Vor allem müsse dafür gesorgt werden, dass andere Stoffe nicht „verunreinigt" werden; die Verordnung solle ein einheitliches Beseitigungsverfahren vorschreiben, von dem alle Genehmigungsinhaber Gebrauch machen müssen (BT-Drs. 3/759, 27). Mit Gesetz vom 30.8.1976 (BGBl. I 275) wurde dieser Komplex völlig neu gefasst: Die damalige Nr. 7 (später Nr. 8) stimmt mit der jetzigen Nr. 6 überein und soll zusammen mit der seinerzeitige Nr. 7a (später Nr. 9) dazu dienen, den damals neu eingefügten § 9a (Verwertung radioaktiver Abfälle und Beseitigung radioaktiver Reststoffe) zu konkretisieren und Detailregelungen zu ermöglichen (BT-Drs. 7/4794, 7); zudem sollte die damalige Nr. 7 Zweifelsfragen bei der Auslegung von § 7 aF der AtG-Fassung 1959 klären (*Fischerhof* Dt. AtomG §§ 11, 12 Rn. 14; *Pelzer* et 1975, 102f.). Zur weiteren Präzisierung (BT-Drs 11/4777, 10) wurde mit Gesetz vom 9.10.1989 (BGBl. I 1830) die damalige Nr. 9 auf Vorschlag des Bundesrats, der eine umfassende Regelung zur Behandlung und Kontrolle radioaktiver Abfälle forderte (BT-Drs. 11/4986, 13), ergänzt. Zuvor war der Länderausschusses für Atomkernenergie mit Beschluss vom 1.12.1988 für eine Verordnungsermächtigung zur Konditionierung radioaktiver Abfälle eingetreten.

31   Gebrauch gemacht wurde von diesen Ermächtigungen zum Teil in der Verordnung zur weiteren Modernisierung des Strahlenschutzrechts vom 29.11.2018

Ermächtigungsvorschriften §§ 11, 12 AtG

(BGBl. I 2034). Im Rahmen des untergesetzlichen Regelwerks stützt man sich zB auf die vom Länderausschuss für Atomkernenergie vereinbarte Richtlinien zur Kontrolle radioaktiver Reststoffe und radioaktiver Abfälle vom 19.11.2008 (BAnz. 2008 Nr. 197, 4777). Sie umfasst Regelungen zu Kontrolle, Planung und Konditionierung. Reststoffe werden in Nr. 1.2 definiert als radioaktive Stoffe, ausgebaute oder abgebaute aktive Anlagenteile, Gebäudeteile (Bauschutt) und aufgenommener Boden sowie bewegliche Gegenstände, die kontaminiert oder aktiviert sind, bei denen der Verwertungs- bzw. Entsorgungsweg noch nicht entschieden ist, bis zur Feststellung, dass er dem radioaktiven Abfall zuzuordnen ist. Der Reststoff in diesem Sinne kann in der eigenen oder einer anderen Anlage verwertet werden, wobei radioaktive Abfälle anfallen können oder sofort oder nach Abklinglagerung freigegeben werden.

6. Schutz vor Störmaßnahmen und sonstigen Einwirkungen Dritter (Nr. 8)

Die Bestimmung der Nr. 8 war in ähnlicher Form schon in der Erstfassung des AtG enthalten (damals Nr. 8, später Nr. 10, dann wieder Nr. 8). Nach einer begrifflichen Anpassung durch Gesetz vom 15.7.1975 (BGBl. I 1885) wurden mit Gesetz vom 9.10.1989 (BGBl. I 2573) die Anlagen des Bundes nach § 9a Abs. 3, also Anlagen zur Sicherstellung und zur Endlagerung radioaktiver Abfälle, in den Schutzbereich einbezogen. Ursprünglich war in diesem Gesetzesentwurf zu dieser Vorschrift der Annex vorgesehen, wonach auch bestimmt werden konnte, dass und auf welche Weise die nach §§ 23 aF und 24 zuständigen Genehmigungs- und Aufsichtsbehörden unter Mitwirkung insbes. der Verfassungsschutzbehörden Sicherheitsüberprüfungen der tätigen Personen mit deren Einverständnis durchführen können (BT-Drs. 11/4086, 5). Damit sollte die Ermächtigung mit Blick auf den erforderlichen **personellen Sabotageschutz** präzisiert werden (BT-Drs. 11/4086, 11); der Bundesrat schlug vor, aus Gründen der Gesetzesklarheit neben den Verfassungsschutz- auch die Polizeibehörden zu nennen und wandte sich im Interesse der gebotenen Effektivierung gegen das Einverständniserfordernis (BT-Drs. 11/4086, 13f.). Im Zuge der weiteren parlamentarischen Beratungen rückte man von diesem Annex ganz ab und schuf für das Thema Zuverlässigkeitsüberprüfung mit dem gleichzeitig eingefügten § 12b eine eigenständige gesetzliche Regelung (→ § 12b Rn. 1ff.). Angesichts der Streichung von § 11 Abs. 1 Nr. 2 aF durch das StrlSchG wurde mit diesem G auch der Bezug auf diese Bestimmung in Nr. 8 (damals Nr. 10) aufgehoben. 32

Die Ermächtigung soll dazu dienen, radioaktive Stoffe und die genannten Anlagen „wegen ihrer außerordentlichen Gefährlichkeit" in besonderer Weise zu schützen (BT-Drs. 3/759, 27). Als Genehmigungsvoraussetzung oder unmittelbare Verpflichtung ist die Gewährleistung des Schutzes vor Störmaßnahmen und sonstigen Einwirkungen Dritter in § 4 Abs. 2 Nr. 5, § 5 Abs. 5, § 6 Abs. 2 Nr. 4, § 7 Abs. 2 Nr. 5 und § 9 Abs. 2 Nr. 5 festgehalten. Störmaßnahmen sind Einwirkungen in Schädigungsabsicht; die Erfassung sonstiger Einwirkungen Dritter bildet einen Auffangtatbestand, zB bei Handlungen Neugieriger oder Zusammenstößen im Straßenverkehr. „Dritte" in diesem Sinn können auch dem eigenen Personal angehören (*Näser/Paul* in Theobald/Kühling § 4 Rn. 16; *Gierke/Paul* in Theobald/Kühling § 9 Rn. 19). 33

Unter anderem auf Nr. 8 nF stützt sich die AtZüVOM Wesentliche Aspekte des Schutzes vor SEWD sind in **Richtlinien und Rundschreiben** erfasst, die die Be- 34

hörden von Bund und Ländern im Ausschuss für Atomkernenergie beraten und beschlossen haben (zu Organisation, Auftrag und Struktur s. Antwort der Bundesregierung vom 31.10.2011 BT-Drs. 17/7568). Zu nennen sind die Richtlinien
- über Maßnahmen für den Schutz von Anlagen des Kernbrennstoffkreislaufs und sonstigen kerntechnischen Einrichtungen gegen Störmaßnahmen oder sonstige Einwirkungen zugangsberechtigter Personen vom 28.1.1991 (GMBl. 9/1991, 228),
- zu Maßnahmen von Anlagen des Kernbrennstoffkreislaufs und sonstigen kerntechnischen Einrichtungen gegen SEWD zugangsberechtigter Einzelpersonen vom 14.3.1991 (GMBl. 9/1991),
- für den Schutz von Kernkraftwerken mit Leichtwasserreaktoren gegen SEWD vom 6.12.1995 (GMBl. 2/1996, 32),
- Anforderungen an das Sicherungspersonal bei Beförderung von radioaktiven Stoffen vom 4.6.1996 (GMBl. 29/1996 und 33/1996),
- für den Schutz von radioaktiven Stoffen gegen SEWD bei der Beförderung vom 2.2.1998 (GMBl. 3/1998),
- für den Schutz von radioaktiven Stoffen gegen Störmaßnahmen oder sonstige Einwirkungen Dritter bei der Beförderung vom 4.12.2003 (GMBl. 12/2004, 23),
- zur Sicherung von Zwischenlagern gegen SEWD vom 4.2.2013 (GMBl. 17/2013, 379),
- für den Schutz von IT-Systemen in kerntechnischen Anlagen und Einrichtungen der Sicherungskategorien I und II gegen SEWD, zu den Lastannahmen zur Auslegung kerntechnischer Anlagen und Einrichtungen gegen SEWD mittels IT-Angriffen und zu den Erläuterungen für die Zuordnung der IT-Systeme von KKW zu IT-Schutzbedarfsklassen vom 8.7.2013 (GMBl. 36/2013, 711)
sowie die Merkpostenliste für die Sicherung sonstiger radioaktiver Stoffe und kleiner Mengen Kernbrennstoff gegen Entwendung aus Anlagen und Einrichtungen vom 3.4.2003 (Rundschreiben vom 10.7.2003 – RS I 6 13151–6/18).
In den GMBl. sind dazu meist nur die formalen Daten enthalten, die Inhalte werden aufgrund ihrer Einstufung als Verschlusssachen oder „Nur für den Dienstgebrauch" grundsätzlich nicht veröffentlicht.

7. Anforderungen an Sachverständige (Nr. 9) und an tätige Personen (Nr. 10)

35   Die beiden Vorschriften über die Bestimmung fachlicher und persönlicher Anforderungen an Sachverständige nach § 20 und an tätige Personen wurden (damals als Nr. 8a und 8b, später Nr. 11 und 12) durch Gesetz vom 30.8.1976 (BGBl. I 2573) in § 12 eingefügt. Vorausgegangen war die Entschließung des BT vom 14.3.1975 (Stenograph. Bericht 106, 10896) auf Antrag des BT-Innenausschusses vom 27.2.1975 (BT-Drs. 7/3298, 3), mit der angestrebt wurde, unter anderem durch Verordnungen Regelungen zur Ausbildung von fachkundigem Personal und zu den Anforderungen an Gutachter zu schaffen. Mit Nr. 9 sollte der beträchtlichen praktischen Bedeutung der Einschaltung von Gutachtern in Genehmigungs- und Aufsichtsverfahren sowie der Tatsache Rechnung getragen werden, dass häufig auch Sachverständigenorganisationen beauftragt werden, für die personelle, sachliche und organisatorische Voraussetzungen geregelt werden sollten (BT-Drs. 7/4794, 10). Mit Blick auf Art. 38 Abs. 4 der damaligen RL 96/29/Euratom vom 13.5.1996 (ABl. L 159, 1: „Grundnormen-Richtlinie") hat das Gesetz vom

Ermächtigungsvorschriften **§§ 11, 12 AtG**

3.5.2000 (BGBl. I 638) die Nr. 9 (damals Nr. 11) erweitert und dabei um Hinweise auf Berufserfahrung, Eignung, Einweisung in die Sachverständigentätigkeit, Umfang an Prüftätigkeit und sonstige Voraussetzungen und Pflichten ergänzt.

Nr. 10 wurde auf Vorschlag des Bundestagsinnenausschusses eingefügt, um bei 36 möglichen Einschränkungen der Berufsausübungsfreiheit von Personen, die für Anlagen nach § 7 verantwortlich oder sonst dabei tätig sind, den Erfordernissen des Art. 12 Abs. 1 S. 2 GG Rechnung zu tragen. Aus der Erkenntnis, dass Fachkunde und Kenntnisse nicht nur bei § 7-Anlagen, sondern auch in anderen atom- und strahlenschutzrechtlichen Genehmigungstatbeständen relevant sind, wurde der Anwendungsbereich der Nr. 10 signifikant ausgeweitet. Wiederum mit Blick auf Art. 12 Abs. 1 S. 2 GG wurde nach dem Vorbild des § 9 SprengG die Ermächtigungsgrundlage für die Normierung von Anforderungen an die Anerkennung von Lehrgängen, für die Erbringung des Fachkundenachweises und für die Frage von Wiederholungsprüfungen (BT-Drs. 14/2443, 13) eingefügt. Diese Fassung der Ermächtigungsgrundlage sollte in Zusammenhang mit Ausbildungsanforderungen der RL 97/43/Euratom vom 30.6.1997 (ABl. L 180, 22 „Patientenschutz-Richtlinie") und nach der Mitteilung der Europäischen Kommission vom 30.4.1998 (ABl. C 133, 3) für die Umsetzung der damaligen RL 96/29/Euratom vom 13.5.1996 (ABl. L 159, 1 „Grundnormen-Richtlinie") von Bedeutung sein.

Ausgefüllt durch Verordnungen wurden diese Ermächtigungen nicht. Stattdes- 37 sen wurden seit den siebziger Jahren Fragen der Fachkunde und der notwendigen Kenntnisse des Personals in – meist von Bund und Ländern im Länderausschuss für Atomkernenergie **einvernehmlich verabschiedeten** – **Richtlinien** geregelt (→ Vor §§ 22–24b Rn. 23). Zu nennen sind die Richtlinien
– für den Fachkundenachweis von Forschungsreaktorpersonal vom 16.2.1994 (GMBl. 1993 Nr. 11, 366),
– für die Fachkunde von verantwortlichen Personen in Anlagen zur Herstellung von Brennelementen für KKW vom 30.11.1995 (GMBl. 2/1996, 29),
– über die Gewährleistung der notwendigen Kenntnisse der beim Betrieb von Kernkraftwerken sonst tätigen Personen vom 30.11.2000 (GMBl. 2001 Nr. 8, 153),
– für den Fachkundenachweis von Kernkraftwerkspersonal vom 24.5.2012 (GMBl. 2012 Nr. 34, 611) und deren Anpassung durch BMU-Rundschreiben vom 21.5.2013 mit Anlagen (Az. RS I 6-13831-1/1 und 13831-1/2) und vom 23.1.2014 mit Anlage (Az. RS I 6-13831-1/3),
– zur Erhaltung der Fachkunde des verantwortlichen Kernkraftwerkspersonals vom 17.7.2013 (GMBl. Nr. 36, 712) und deren Anpassung durch BMU-Rundschreiben vom 21.5.2013 mit Anlagen (Az. RS I 6-13831-1/1 und 13831-1/2) und vom 23.1.2014 mit Anlage (Az. RS I 6-13831-1/3),
– für die Fachkunde von Strahlenschutzbeauftragten in Anlagen zur Spaltung von Kernbrennstoffen vom 20.2.2014 (GMBl. 13/2014, 289).

8. Verfügungen der Aufsichtsbehörde (Nr. 11)

Abgesehen von redaktionellen Fortschreibungen wurde Nr. 11 seit der Erstfas- 38 sung 1959 des AtG (damals Nr. 9) nicht geändert. Der Gesetzgeber ging davon aus, dass in den Verordnungen nach § 12 meist nur generalklauselartige Vorschriften enthalten seien. Der Aufsichtsbehörde sollte die Möglichkeit einzuräumen, diese auszufüllen und zu konkretisieren (BT-Drs. 3/759, 27). Allerdings wird neben den der Aufsichtsbehörde ohnehin in § 19 gegebenen Befugnissen wenig Raum für derartige Verfügungen bleiben.

§ 12a Ermächtigungsvorschrift (Entscheidung des Direktionsausschusses)

Die Bundesregierung wird ermächtigt, mit Zustimmung des Bundesrates Entscheidungen des Direktionsausschusses der Europäischen Kernenergieagentur oder seines Funktionsnachfolgers nach Artikel 1 Abs. a Unterabs. ii und iii und nach Artikel 1 Abs. b des Pariser Übereinkommens durch Rechtsverordnung in Kraft zu setzen und insoweit die Anlage 1 Abs. 1 Nr. 2 und 3 und die Anlage 2 zu diesem Gesetz zu ändern oder aufzuheben, sofern dies zur Erfüllung der in § 1 bezeichneten Zwecke erforderlich ist *[künftige Fassung: nach Artikel 1 Abs. a Ziffer ii und iii und Abs. b des Pariser Übereinkommens durch Rechtsverordnung in Kraft zu setzen, sofern dies zur Erfüllung der in § 1 bezeichneten Zwecke erforderlich ist.]*

[Der in kursiv gedruckte Text enthält die Fassung des noch nicht in Kraft getretenen Gesetzes vom 29.8.2008 (BGBl. I 1793).]

1   Die Verordnungsermächtigung des § 12a wurde in ihrer ursprünglichen Fassung durch das Dritte Gesetz zur Änderung des Atomgesetzes vom 15.7.1975 (BGBl. I 1885) in das Atomgesetz eingefügt. Die Vorschrift dient der **innerstaatlichen Umsetzung** der **Entscheidungen des Direktionsausschusses** gem. Art. 1 Abs. (a) (ii) und (iii) sowie Abs. (b) PÜ (vgl. auch *Raetzke* in NK-AtomR § 12a Rn. 1). Zur Umsetzung und innerstaatlicher Inkraftsetzung ist Deutschland völkerrechtlich verpflichtet, weil die Direktionsausschussentscheidungen auf Ermächtigungsbestimmungen des Pariser Übereinkommens basieren und Deutschland durch das Übereinkommen gebunden ist (*Haedrich* AtG § 12a Rn. 1–3).

2   In der **Begründung der Bundesregierung** wird im Einzelnen der Zweck der Vorschrift dargelegt (BT-Drs. 7/2183, 19 (20); vgl. auch BR-Drs. 351/74). Das Pariser Übereinkommen ermächtige in seinem Art. 1 Abs. a (iii) und Abs. b den Direktionsausschuss, die Liste der Begriffsbestimmungen des Übereinkommens zu verändern. Um diese Änderungen innerstaatlich umzusetzen, sei „eine **Rechtsverordnung**" angebracht, um einerseits den Bundestag von überwiegend technischen Änderungsvorschriften geringerer Bedeutung zu entlasten und andererseits eine möglichst schnelle Anpassung der Vorschriften des Atomgesetzes an die Beschlüsse des Direktionsausschusses sicherstellen zu können" (BT-Drs. 7/2183, 19 (20)). Die Ermächtigung genüge auch dem **Bestimmtheitsgebot des Art. 80 Abs. 1 S. 1 GG** durch die „Bezugnahme in § 12a auf die maßgeblichen Bestimmungen des Pariser Übereinkommens, in denen die Entscheidungsbefugnisse des Direktionsausschusses näher bezeichnet und konkretisiert sind, und aufgrund der Begrenzung der Ermächtigung durch die in § 1 des Atomgesetzes bezeichneten Zwecke" (BT-Drs. 7/2183, 19 (20)).

3   Das Gesetz vom 29.8.2008 zur Änderung haftungsrechtlicher Vorschriften des Atomgesetzes und zur Änderung sonstiger Rechtsvorschriften (BGBl. I 1793) hat die Vorschrift nicht inhaltlich geändert, sondern nur **redaktionell angepasst** „an die heutige Bezeichnung des Direktionsausschusses und an die Aufhebung der Anlagen 1 und 2" (BT-Drs. 16/9077, 15).

4   Die Neufassung der **Atomrechtlichen Deckungsvorsorge-Verordnung** vom 25.1.1977 (BGBl. I 220) ist auch auf § 12a gestützt und setzt die Entscheidung und Empfehlung des Direktionsausschusses vom 30.10.2014 über die **Heraus-**

nahme stillzulegender Kernanlagen aus dem Anwendungsbereich des Pariser Übereinkommens und die Entscheidung vom 16.1.2017 über die **Herausnahme kleiner Mengen von Kernmaterialien aus dem Anwendungsbereich des Pariser Übereinkommens** um (→ PÜ Art. 1 Rn. 53; zur Bedeutung des § 12a für Freigrenzenstoffe bereits *Fischerhof* Dt. AtomG § 12a Rn. 4).

§ 12b Überprüfung der Zuverlässigkeit von Personen zum Schutz gegen Entwendung oder Freisetzung radioaktiver Stoffe

(1) ¹Zum Schutz gegen unbefugte Handlungen, die zu einer Entwendung oder Freisetzung radioaktiver Stoffe führen können, führen die nach den §§ 23d und 24 sowie die nach den §§ 184, 185, 186, 189, 190 und 191 des Strahlenschutzgesetzes zuständigen Genehmigungs- und Aufsichtsbehörden eine Überprüfung der Zuverlässigkeit folgender Personen durch:
1. Antragsteller oder Genehmigungsinhaber und sonstige als Verantwortliche benannte Personen in Genehmigungs-, Planfeststellungs- und Aufsichtsverfahren, die sich auf Anlagen oder Tätigkeiten nach den §§ 4, 6, 7, 9, 9a Abs. 3 oder auf Anlagen zur Erzeugung ionisierender Strahlung nach § 5 Absatz 2 des Strahlenschutzgesetzes beziehen,
2. Personen, die bei der Errichtung oder dem Betrieb von Anlagen im Sinne des § 7, von Anlagen des Bundes nach § 9a Absatz 3 oder von Anlagen zur Erzeugung ionisierender Strahlung nach § 5 Absatz 2 des Strahlenschutzgesetzes tätig sind,
3. Personen, die beim Umgang mit radioaktiven Stoffen oder bei der Beförderung von radioaktiven Stoffen tätig sind, sowie
4. Sachverständige (§ 20).

²Bedienstete der nach Satz 1 zuständigen Genehmigungs- und Aufsichtsbehörden und Bedienstete anderer Behörden mit gesetzlichem Zutrittsrecht zu den jeweiligen Anlagen oder Einrichtungen sind von der Überprüfung der Zuverlässigkeit ausgenommen.

(2) Die Überprüfung der Zuverlässigkeit erfolgt mit vorheriger schriftlicher Zustimmung der zu überprüfenden Person (Betroffener).

(3) ¹Zur Überprüfung darf die zuständige Behörde
1. die Identität des Betroffenen prüfen,
2. bei den Polizeivollzugs- und Verfassungsschutzbehörden des Bundes und der Länder sowie, soweit im Einzelfall erforderlich, dem Militärischen Abschirmdienst, dem Bundesnachrichtendienst und dem Zollkriminalamt nach vorhandenen, für die Beurteilung der Zuverlässigkeit bedeutsamen Erkenntnissen anfragen,
3. bei dem Bundesbeauftragten für die Unterlagen des Staatssicherheitsdienstes der ehemaligen Deutschen Demokratischen Republik zur Feststellung einer hauptamtlichen oder inoffiziellen Tätigkeit des Betroffenen für den Staatssicherheitsdienst der ehemaligen Deutschen Demokratischen Republik anfragen, wenn der Betroffene vor dem 1. Januar 1970 geboren wurde und Anhaltspunkte für eine solche Tätigkeit vorliegen,
4. eine unbeschränkte Auskunft aus dem Bundeszentralregister oder ein Führungszeugnis für Behörden nach § 30 Abs. 5 des Bundeszentralregistergesetzes einholen,

5. soweit im Einzelfall bei einem ausländischen Betroffenen erforderlich, um eine Übermittlung von Daten aus dem Ausländerzentralregister ersuchen und ein Ersuchen an die zuständige Ausländerbehörde nach vorhandenen, für die Beurteilung der Zuverlässigkeit bedeutsamen Erkenntnissen stellen.

²Maßnahmen nach Satz 1 sind unter Berücksichtigung der Art der Anlage oder Einrichtung, insbesondere der Art und Menge der darin vorhandenen radioaktiven Stoffe, der Art der Tätigkeit, des Umfangs der Zutrittsberechtigung und der Verantwortung des Betroffenen sowie bei der Beförderung radioaktiver Stoffe zusätzlich unter Berücksichtigung von Verpackung und Transportmittel verhältnismäßig abzustufen.

(4) Bei tatsächlichen Anhaltspunkten für Zweifel an der Zuverlässigkeit des Betroffenen ist die zuständige Behörde befugt, zusätzlich
1. die Strafverfolgungsbehörden und Strafgerichte einschließlich der für Steuerstrafverfahren zuständigen Finanzbehörden um die Erteilung von Auskunft und, sofern die Zweifel fortbestehen, um Akteneinsicht zu ersuchen,
2. bei den Behörden anzufragen, die für die Ausführung des Gesetzes über die Kontrolle von Kriegswaffen, des Gefahrgutbeförderungsgesetzes, des Waffengesetzes, des Beschussgesetzes, des Sprengstoffgesetzes oder einer auf Grund dieser Gesetze erlassenen Rechtsverordnung zuständig sind, und, sofern die Zweifel fortbestehen, in die über den Betroffenen bei der zuständigen Behörde geführten Akten einzusehen,
3. in Verfahren zur Genehmigung der Beförderung von radioaktiven Stoffen eine Auskunft aus dem Fahreignungsregister einzuholen.

(5) Die zuständige Behörde gibt dem Betroffenen Gelegenheit, sich zu äußern, wenn auf Grund der eingeholten Auskünfte Zweifel an seiner Zuverlässigkeit bestehen.

(6) Die zuständige Behörde darf die zur Überprüfung erhobenen personenbezogenen Daten nur verarbeiten und nutzen, soweit dies für die Zwecke der Überprüfung erforderlich ist.

(7) ¹Die Verfassungsschutzbehörden des Bundes und der Länder, der Militärische Abschirmdienst, der Bundesnachrichtendienst, das Bundeskriminalamt, das Zollkriminalamt und die zuständige Ausländerbehörde teilen der zuständigen Behörde unverzüglich Informationen mit, die ihnen nach Beantwortung einer Anfrage nach Absatz 3 Satz 1 Nr. 2 oder Nr. 5 bekannt geworden sind und die für die Beurteilung der Zuverlässigkeit bedeutsam sind (Nachbericht). ²Zu diesem Zweck dürfen sie über die Beantwortung der Anfrage hinaus die Personalien des Betroffenen (Geschlecht; Familienname, Geburtsname, sämtliche Vornamen und alle früher geführten Namen; Tag und Ort der Geburt; Geburtsstaat; Wohnort; Staatsangehörigkeit, auch frühere und doppelte Staatsangehörigkeiten) sowie die Aktenfundstelle speichern. ³Die Verfassungsschutzbehörden des Bundes und der Länder dürfen die in Satz 2 genannten Daten und ihre Aktenfundstelle zusätzlich auch in den gemeinsamen Dateien nach § 6 des Bundesverfassungsschutzgesetzes speichern.

(8) ¹Die zuständige Behörde löscht die zum Zweck der Überprüfung der Zuverlässigkeit gespeicherten personenbezogenen Daten spätestens

fünf Jahre und sechs Monate nach Erlass der Entscheidung. ²Eine ablehnende Entscheidung sowie den Widerruf oder die Rücknahme einer Entscheidung teilt die zuständige Behörde den zum Nachbericht verpflichteten Behörden mit; diese löschen die Anfrage nach Absatz 3 Satz 1 Nr. 2 oder Nr. 5, die Beantwortung der Anfrage und die sonstigen nach Absatz 7 Satz 2 gespeicherten personenbezogenen Daten unverzüglich nach Kenntniserlangung. ³In den übrigen Fällen löschen die zum Nachbericht verpflichteten Behörden die in Satz 2 genannten personenbezogenen Daten spätestens fünf Jahre und sechs Monate nach Beantwortung der Anfrage.

(9) Die Einzelheiten der Überprüfung, die Zulässigkeit von Maßnahmen und die Festlegung von Überprüfungskategorien nach Maßgabe des Absatzes 3, die maßgeblichen Kriterien zur Beurteilung der Zuverlässigkeit, die Bestimmung der Frist, in der Überprüfungen zu wiederholen sind, und weitere Ausnahmen von der Überprüfung werden in einer Rechtsverordnung geregelt.

I. Normzweck

Die **Zuverlässigkeit** des Antragstellers bzw. Genehmigungsinhabers ist eine **1** wichtige Voraussetzung aller atomrechtlichen Genehmigungen (zB § 7 Abs. 2 Nr. 1). Das Verfahren ist im Einzelnen in der **Atomrechtlichen Zuverlässigkeitsüberprüfungs-Verordnung (AtZüV)** geregelt. § 12b bildet die Ermächtigungsgrundlage für diese Verordnung und die Rechtsgrundlage für die Bereitstellung geschützter personenbezogener Daten durch Behörden einschließlich der Nachrichtendienste.

II. Rechtsentwicklung

Im Entwurf eines Gesetzes über die Errichtung eines Bundesamtes für Strahlen- **2** schutz vom 24.2.1989 (BT-Drs. 11/4086, 4f.) war in Art. 2 zunächst die Neufassung der Verordnungsermächtigung in § 12 Abs. 1 S. 1 Nr. 10 AtG vorgesehen. In den weiteren parlamentarischen Beratungen rückte man davon ab und schuf mit § 12b eine **eigenständige gesetzliche Regelung** (BT-Drs. 11/4777, 4; → §§ 11, 12 Rn. 32). Mit der Änderung des AtG vom 6.4.1998 (BGBl. I 694) wurde der in § 9a Abs. 3 S. 3 eröffneten Option sowie der Richtlinie für die Überprüfung der Zuverlässigkeit der in kerntechnischen Anlagen, bei der Beförderung und Verwendung von Kernbrennstoffen und Großquellen tätigen Personen vom 4.6.1996 (GMBl. 1996, 613) Rechnung getragen (Einholung eines unbeschränkten Zentralregisterauszuges).

Die Neufassung vom 3.5.2000 (BGBl. I 6369) betraf **Belange des Daten- 3 schutzes** (abgestufte Kategorien je nach Bedeutung der Tätigkeit im Verhältnis zum Schutzzweck), die Konkretisierung der zu treffenden Maßnahmen nach dem Grundsatz der Verhältnismäßigkeit, die Anhörung des Betroffenen bei Zweifeln an seiner Zuverlässigkeit und die Unterrichtung des Antragstellers.

Ausgelöst durch die **Terroranschläge** in den USA vom 11.9.2001 und weitere **4** terroristische Ereignisse wurde mit Blick auf die Gefährdung von kerntechnischen Anlagen und Nukleartransporten mit dem 10. Gesetz zur Änderung des AtG vom 17.3.2009 (BGBl. I 556) § 12b neu gefasst. Die Änderungen betrafen vor allem

Präzisierungen der behördlichen Aufgaben und Handlungsmaßstäbe, die übersichtliche Benennung des zu überprüfenden Personenkreises, Anpassungen der Zuständigkeiten und der Terminologie, die Offenbarung steuerlicher Verhältnisse, Unterrichtungspflichten für BKA, Verfassungsschutz, MAD, BND und Ausländerbehörde, Befugnis zur Datenspeicherung und Löschungsfristen.
5 Weitere Änderungen betreffen redaktionelle und begriffliche Anpassungen.

III. Regelung im Einzelnen

1. Überprüfungspflichtiger Personenkreis (Abs. 1)

6 Abs. 1 erweitert den ggf. **überprüfungspflichtigen Personenkreis** über die Genehmigungsinhaber und Verantwortlichen hinaus auf alle Personen, die bei der Errichtung oder dem Betrieb bestimmter Anlagen tätig sind, mit radioaktiven Stoffen umgehen oder als Sachverständige mit atomrechtlichen Sachverhalten befasst sind. Dabei ist es im Zweifel ohne Bedeutung, ob die Personen Zugang zu radioaktivem Material haben oder sich solche überhaupt am Ort ihrer Tätigkeit befinden. Denn schon die Kenntnis von Zugangsmöglichkeiten, Sicherungseinrichtungen und gegebenenfalls Schwachstellen kann zu einer Gefährdung führen.

2. Überprüfungsmaßnahmen (Abs. 3, 4 und 7)

7 Die Befugnisse der überprüfenden Behörde sind unterschiedlich weitgehend: Sie darf Erkenntnisse bei den **Polizeivollzugs- und Verfassungsschutzbehörden** abfragen, sowie – soweit erforderlich – auch bei den **Nachrichtendiensten.** Bei tatsächlichen Anhaltspunkten für Zweifel an der Zuverlässigkeit darf die Behörde zusätzlich Anfragen an die **Strafverfolgungsbehörden** sowie weitere Sonderordnungsbehörden richten. Dabei hat die Behörde ihre Überprüfungen je nach Art der Anlage, der Verantwortung und des Zugangs des Betroffenen zu radioaktiven Stoffen verhältnismäßig abzustufen (Abs. 3 S. 2).

8 Die angefragten Behörden sind für den Fall **nachträglicher Erkenntnisse** zur Mitteilung an die überprüfende Behörde verpflichtet (§ 12b Abs. 7).

3. Rechte der Betroffenen (Abs. 2, 5, 6 und 8)

9 Die Betroffenen müssen der Überprüfung vorher **schriftlich zustimmen** (§ 12b Abs. 2). Falls Zweifel bestehen, ist ihnen **Gelegenheit** zu geben, sich hierzu **zu äußern** (§ 12b Abs. 5). **Personenbezogene Daten** dürfen nur in dem Umfang verarbeitet und genutzt werden, soweit dies für die Zwecke der Überprüfung **erforderlich** ist (§ 12b Abs. 6). Die personenbezogenen Daten sind spätestens fünf Jahre und sechs Monate nach ihrer Erhebung zu **löschen** (§ 12b Abs. 8 S. 1).

§ 13 Vorsorge für die Erfüllung gesetzlicher Schadensersatzverpflichtungen

(1) ¹Die Verwaltungsbehörde hat im Genehmigungsverfahren Art, Umfang und Höhe der Vorsorge für die Erfüllung gesetzlicher Schadensersatzverpflichtungen (Deckungsvorsorge) festzusetzen, die der Antragsteller zu treffen hat. ²Die Festsetzung ist im Abstand von jeweils zwei Jahren sowie bei erheblicher Änderung der Verhältnisse erneut vorzunehmen; hierbei hat die Verwaltungsbehörde dem zur Deckungsvorsorge Verpflichteten eine angemessene Frist zu bestimmen, binnen deren die Deckungsvorsorge nachgewiesen sein muß.

(2) Die Vorsorge nach Absatz 1 muß
1. bei Anlagen und Tätigkeiten, bei denen eine Haftung nach dem Pariser Übereinkommen in Verbindung mit § 25 Abs. 1 bis 4, nach § 25a oder nach einem der in § 25a Abs. 2 genannten internationalen Verträge in Betracht kommt, in einem angemessenen Verhältnis zur Gefährlichkeit der Anlage oder der Tätigkeit stehen, [*künftige Fassung: bei Anlagen und Tätigkeiten, bei denen eine Haftung nach dem Pariser Übereinkommen in Verbindung mit § 25 Abs. 1 bis 4, nach § 25a, nach einem der in § 25a Abs. 2 genannten internationalen Verträge oder nach § 26 Abs. 1 in Verbindung mit Abs. 1a bestimmt, in einem angemessenen Verhältnis zur Gefährlichkeit der Anlage oder der Tätigkeit stehen; soweit sich die Haftung nach dem Pariser Übereinkommen in Verbindung mit § 25 Abs. 1 bis 4 bestimmt, darf die Deckungsvorsorge die in Artikel 7 Abs. a und b des Pariser Übereinkommens festgelegten Beträge nicht unterschreiten,*]
2. in den übrigen Fällen einer Tätigkeit, die auf Grund dieses Gesetzes oder auf Grund einer nach diesem Gesetz erlassenen Rechtsverordnung der Genehmigung bedarf, die Erfüllung gesetzlicher Schadensersatzverpflichtungen in dem nach den Umständen gebotenen Ausmaß sicherstellen.

(3) ¹In dem durch Absatz 2 gezogenen Rahmen und zur Erreichung der in § 1 bezeichneten Zwecke können durch Rechtsverordnung nähere Vorschriften darüber erlassen werden, welche Maßnahmen zur Vorsorge für die Erfüllung gesetzlicher Schadensersatzverpflichtungen erforderlich sind. ²Dabei ist die Höhe der Deckungsvorsorge im Rahmen einer Höchstgrenze von 2,5 Milliarden Euro zu regeln; Höchstgrenze und Deckungssummen sind im Abstand von jeweils fünf Jahren mit dem Ziel der Erhaltung des realen Wertes der Deckungsvorsorge zu überprüfen.

(4) ¹Der Bund und die Länder sind nicht zur Deckungsvorsorge verpflichtet; dies gilt entsprechend für den Dritten nach § 9a Absatz 3 Satz 2 zweiter Halbsatz. ²Soweit für ein Land eine Haftung nach dem Pariser Übereinkommen in Verbindung mit § 25 Abs. 1 bis 4, nach § 25a oder nach einem der in § 25a Abs. 2 genannten internationalen Verträge in Betracht kommt, setzt die Genehmigungsbehörde in entsprechender Anwendung der Absätze 1, 2 und der Absatz 3 ergehenden Rechtsverordnung fest, in welchem Umfang und in welcher Höhe das Land für die Erfüllung gesetzlicher Schadensersatzverpflichtungen ohne Deckung durch die Freistellungsverpflichtung nach § 34 einzustehen hat. ³Diese

Einstandspflicht steht bei Anwendung dieses Gesetzes der Deckungsvorsorge gleich. ⁴Für den Bund gelten die Sätze 2 und 3 nicht.

(5) ¹Gesetzliche Schadensersatzverpflichtungen im Sinne dieses Gesetzes sind die auf gesetzlichen Haftpflichtbestimmungen privatrechtlichen Inhalts beruhenden Schadensersatzverpflichtungen. ²Zu den gesetzlichen Schadensersatzverpflichtungen im Sinne dieses Gesetzes gehören Verpflichtungen aus den §§ 110, 111 des Siebten Buches Sozialgesetzbuch nicht, Verpflichtungen zur Schadloshaltung, die sich aus § 7 Abs. 6 dieses Gesetzes in Verbindung mit § 14 des Bundes-Immissionsschutzgesetzes ergeben, sowie ähnliche Entschädigungs- oder Ausgleichsverpflichtungen nur insoweit, als der Schaden oder die Beeinträchtigung durch Unfall entstanden ist.

[Der in kursiv gedruckte Text enthält die Fassung des noch nicht in Kraft getretenen Gesetzes vom 29. 8. 2008 (BGBl. I 1793).]

Literatur: *Reitsma/Tetley,* Insurance of Nuclear Risks, in OECD/NEA, International Nuclear Law: History, Evolution and Outlook, 2010, 387 ff.; *Harbrücker,* Trägt eine EU-weite Haftungsharmonisierung zur Verbesserung der nuklearen Deckungskapazitäten bei? – Überblick über die Versicherungskapazitäten in den EU-Staaten in Pelzer, Europäisches Atomhaftungsrecht im Umbruch, 2010, 251 ff.; *Prölss/Martin,* Versicherungsvertragsgesetz: VVG, 30. Aufl. 2018; *Pelzer,* International Pooling of Operators' Funds: An Option to Increase the Amount of Financial Security to Cover Nuclear Liability?, NLB 79 (2007/1), 37; *Wehner,* Die Versicherung der Atomgefahr, 2017.

I. Bedeutung der Vorschrift

1 „Es ist eine besondere Ausprägung des Schutzzwecks des AtG und seiner Funktion, etwaige durch Kernenergie oder ionisierende Strahlen verursachte Schäden auszugleichen (§ 1 Nr. 2), dass die Genehmigung für die gefährlichen Anlagen oder Tätigkeiten nur erteilt wird, wenn der Antragsteller die erforderliche finanzielle Vorsorge für die Erfüllung etwaiger Schadensersatzverpflichtungen nachweist" – mit diesen Worten beginnt Fischerhof in seinem Kommentar zum Atomgesetz die Erläuterungen zu § 13 AtG (*Fischerhof* Dt. AtomG § 13 Rn. 1). Hinzufügen ist, dass § 13 nicht nur den **Schutzzweck des Gesetzes** umsetzt, sondern auch Instrument zur **Erfüllung internationaler Verpflichtungen** der Bundesrepublik auf dem Gebiet der Kernenergie und des Strahlenschutzes (§ 1 Nr. 4) ist: Soweit Schadensersatzverpflichtungen für nukleare Schäden auf dem Pariser Übereinkommen beruhen, verpflichtet dieses Deutschland völkerrechtlich, eine finanzielle Sicherheit zur Abdeckung nuklearer Schäden vorzuhalten (Art. 10 PÜ). § 13 ist die Umsetzung eines „wesentlichen allgemeinen Strukturmerkmals des nationalen und internationalen Atomenergierechts" (*Fischerhof* Dt. AtomG § 13 Rn. 27). Der Vorschrift kommt somit im Gesamtsystem des Atomenergierechts eine herausragende Stellung zu. Sie ist der Garant für einen gesicherten und effektiven Schadensersatz im Falle eines Unfalls (vgl. für den Geltungsbereich des Strahlenschutzgesetzes auch § 177 StrlSchG).

II. Genehmigungsvoraussetzung

Um die Pflicht zur Erfüllung gesetzlicher Schadensersatzverpflichtungen (**Deckungsvorsorge**) durchzusetzen, macht das Atomgesetz den Nachweis einer finanziellen Sicherheit im Regelfall zur **Genehmigungsvoraussetzung** für die beantragte Tätigkeit (zB § 4 Abs. 2 Nr. 4, § 6 Abs. 2 Nr. 3, § 7 Abs. 2 Nr. 4, § 9 Abs. 2 Nr. 4; wegen weiterer Genehmigungstatbestände mit Nachweis einer Deckungsvorsorge s. auch zB § 13 Abs. 2, § 28 Abs. 2, § 29 Abs. 1 Nr. 6 StrlSchG). Sofern die Tätigkeit keiner Genehmigung, aber gleichwohl einer Deckungsvorsorge bedarf, ist eine besondere Anordnung im Gesetz erforderlich (§ 4b).

2

III. Gegenstand der Deckungsvorsorge

Die Deckungsvorsorge bezieht sich auf **Schäden, die durch Kernenergie oder durch ionisierende Strahlen** verursacht werden. Das folgt aus der Zweckbestimmung des Gesetzes in seinem § 1 und insbesondere aus der Konkretisierung der Haftungstatbestände in seinen §§ 25 ff. „Maßgeblich ist die nukleare Natur der Schadensursache, nicht die Natur des Schadens" (*Haedrich* AtG § 13 Rn. 6; vgl. auch § 4 AtDeckV).

3

Gemäß § 13 Abs. 1 muss die Deckungsvorsorge die **Erfüllung gesetzlicher Schadensersatzverpflichtungen** des zur Vorsorge Verpflichteten sicherstellen. Gesetzliche Schadensersatzverpflichtungen sind gemäß der Definition in § 13 Abs. 5 „die auf gesetzlichen Haftpflichtbestimmungen privatrechtlichen Inhalts beruhenden Schadensersatzverpflichtungen". Zur konkreten Umsetzung dieser gesetzlichen Verpflichtung hat die Verwaltungsbehörde **Art, Umfang und Höhe der Vorsorge** im Genehmigungsverfahren **festzusetzen.** Die Festsetzung ist ein anfechtbarer Verwaltungsakt (*Raetzke* in NK-AtomR § 13 Rn. 30). Im Abstand von jeweils zwei Jahren und bei erheblicher Veränderung der Verhältnisse ist die Festsetzung erneut vorzunehmen, dh, es muss die Deckungsvorsorge nicht nur auf weitere Angemessenheit überprüft, sondern sie muss durch einen neuen Verwaltungsakt erneut festgesetzt werden (so zutreffend *Fischerhof* Dt. AtomG § 13 Rn. 21; ferner Begründung zu § 13: BT-Drs. 3/759, 27). Die Neufestsetzung bedarf keines Antrags des Genehmigungsinhabers, sondern die Behörde handelt von Amts wegen. Für die Neufestsetzung ist dem Verpflichteten zum Nachweis der Deckungsvorsorge eine „angemessene Frist" zu bestimmen. Bei der Prüfung der Frage, ob die Frist angemessen ist, ist die Art der betroffenen Anlage bzw. Tätigkeit zu berücksichtigen und insbesondere, ob deren nukleares Risiko die Beschaffung von Deckungsmitteln unter Berücksichtigung des Versicherungsmarktes und anderer Deckungsmöglichkeiten erschwert. Bis zur Neufestsetzung bleibt die alte Festsetzung gültig (*Haedrich* AtG § 13 Rn. 27).

4

IV. Höhe der Deckungsvorsorge (Abs. 2)

Die Verwaltungsbehörde muss die **Höhe der Deckungsvorsorge** im Einklang mit den in § 13 Abs. 2 vorgesehenen Grundanforderungen – „Rahmen", Abs. 3 S. 1, „Leitlinie", *Haedrich* AtG § 13 Rn. 19 – festsetzen. Dabei unterscheidet das Gesetz einerseits zwischen den Haftungsrisiken von Kernanlagen sowie ihnen gleich-

5

gestellten Risiken (Abs. 2 Nr. 1) und andererseits den Haftungsrisiken sonstiger ionisierenden Strahlen, insbesondere der Isotopennutzung (Abs. 2 Nr. 2).

6   **Abs. 2 Nr. 1** schreibt vor: Bei Anlagen und Tätigkeiten, bei denen eine Haftung nach dem Pariser Übereinkommen iVm dem AtG in Betracht kommt (§ 25), bei der Haftung für Schäden durch Reaktorschiffe (§ 25a) und bei der Haftung für Schäden durch radioaktive Stoffe, die Kernbrennstoffen und radioaktiven Erzeugnissen und Abfällen iSd Pariser Übereinkommens gleichgestellt sind (§ 26 Abs. 1, 1a), muss die Deckungsvorsorge **„in einem angemessenen Verhältnis zur Gefährlichkeit der Anlage oder Tätigkeit stehen"**. Sofern sich die Haftung nach dem Pariser Übereinkommen iVm § 25 bestimmt, darf die Deckungsvorsorge die nach Art. 7 Abs. (a) und (b) PÜ festgesetzten Beträge nicht unterschreiten.

7   **Abs. 2 Nr. 2** schreibt vor: In allen übrigen Fällen muss die Deckungsvorsorge die Erfüllung gesetzlicher Schadensersatzverpflichtungen **„in dem nach den Umständen gebotenem Ausmaß sicherstellen"**.

8   Die Nrn. 1 und 2 des Abs. 2 werfen die Frage auf, welches die **Gründe für die unterschiedlichen Voraussetzungen** für die Festsetzung der Höhe der Deckungsvorsorge sind: In Nr. 1 heißt es, die Vorsorge müsse „in einem angemessenen Verhältnis zur Gefährlichkeit der Anlage und Tätigkeit stehen", gem. Nr. 2 muss die Vorsorge den Schadensersatz „in dem nach dem Umständen gebotenem Ausmaß sicherstellen". Offensichtlich ist die Nr. 2 weiter gefasst als die Nr. 1 (so auch *Mattern/Raisch* § 13 Rn. 18). Sie stellt nicht auf ein „angemessenes Verhältnis" ab, sondern erfordert eine Deckungsvorsorge „im gebotenen Ausmaß". Das zielt auf eine „nicht verhältnismäßige" und damit ggf. auch eine höhere Deckungssumme als unter Nr. 1 gefordert. Das ist deshalb unerwartet, weil die von Nr. 2 erfassten Fälle der sog. Isotopenhaftung weniger risikoreich sind als die in Nr. 1 erfassten Fälle. Die Begründung zum Atomgesetz in der ursprünglichen Fassung von 1959 erklärt diese Unterschiedlichkeit wie folgt (BT-Drs. 3/759, 28): „Nummer 1 befaßt sich mit der Deckungsvorsorge bei Anlagen und Tätigkeiten, bei denen eine Haftung nach § 25 und demgemäß eine Freistellungsverpflichtung des Bundes nach § 37 in Betracht kommt. Hier braucht die Deckungsvorsorge infolge der auf sie aufgestockten Freistellungsverpflichtung des Bundes nicht alle Schäden zu decken. Nummer 1 ordnet deshalb an, daß die Deckungsvorsorge in einem angemessenen Verhältnis zur Gefährlichkeit der Anlage stehen muß. […] Nummer 2 befaßt sich mit den übrigen Fällen einer genehmigungspflichtigen Tätigkeit. Da der Gesetzentwurf für diese Fälle eine Freistellungsverpflichtung des Bundes nicht vorsieht, wird in der Regel ausschließlich die Deckungsvorsorge zur Befriedigung der Geschädigten zur Verfügung stehen. Es ist deshalb notwendig, daß die Vorsorge in diesen Fällen so hoch bemessen wird, daß aus ihr später alle Schäden beglichen werden können." (vgl. dazu auch *Mattern/Raisch* § 13 Rn. 14ff.; sowie *Fischerhof* Dt. AtomG § 13 Rn. 14ff.). Es ist nicht sofort einsichtig, ob diese Begründung den Unterschied zwischen Nr. 1 und 2 überzeugend zu stützen vermag. In beiden Fällen ist die Haftung summenmäßig unbegrenzt, so dass – unabhängig von der staatlichen Freistellung – auch das sonstige Vermögen des Ersatzpflichtigen zur Deckung der Haftung zur Verfügung steht. Insoweit ist die Ausgangslage in beiden Fällen gleich. Offensichtlich hat der Gesetzgeber aber bei seiner Entscheidung zutreffend berücksichtigt, dass zwar in diesen Fällen die Schadenssummen nicht so hoch sein dürften (*Fischerhof* Dt. AtomG § 13 Rn. 16), dass aber die Mehrzahl der unter Nr. 2 erfassten Haftpflichtigen Kleinanwender von Isotopen (Ärzte, Wissenschaftler etc) sind, bei denen haftungsdeckendes Vermögen kaum zu erwarten ist, und tatsächlich „ausschließlich die Deckungsvorsorge zur Befriedigung der Geschädigten zur Ver-

fügung steht" (BT-Drs. 3/759, 28). Das dürfte die unterschiedlichen Maßstäbe rechtfertigen.

V. Verordnungsermächtigung (Abs. 3)

Durch **Rechtsverordnung** können im Rahmen der in Abs. 2 vorgesehenen 9 Grundanforderungen der Deckungsvorsorge und zur Erreichung der Zweckbestimmungen des § 1 nähere Vorschriften erlassen werden, welche Maßnahmen zur Deckungsvorsorge erforderlich sind (§ 13 Abs. 3). Die Höhe der Deckungssumme darf 2,5 Mrd. Euro nicht überschreiten. Diese Höchstgrenze und die in der Verordnung festgelegten Deckungssummen sind alle fünf Jahre zu überprüfen, um ihren „realen Wert" zu erhalten. Adressat dieser gesetzlichen Verpflichtung ist die Bundesregierung. Die Bundesregierung hat auf der Grundlage des § 13 Abs. 3 und des § 12a iVm § 54 Abs. 1 S. 1 und Abs. 2 S. 1 die „Atomrechtliche Deckungsvorsorge-Verordnung (AtDeckV)" vom 25.1.1977 (BGBl. I 220) idF der letzten Änderung durch die Änderungsverordnung vom 29.11.2018 (BGBl. I 2034) erlassen, durch die nähere Vorschriften über die Festlegung der Deckungsvorsorge bestimmt werden. Es werden im Rahmen der Höchstsumme der Deckung von 2,5 Mrd. Eurodie Deckungssummen und ihre Berechnung für Reaktoren, andere Kernanlagen, die Beförderung, den Umgang und andere Tätigkeiten festgelegt. Die AtDeckV wird zur Zeit der Drucklegung dieses Kommentars novelliert, um sie an das Protokoll 2004 zum PÜ anzupassen.

VI. Bund und Länder (Abs. 4)

Gemäß § 13 Abs. 4 sind der **Bund und die Länder nicht zur Deckungsvor-** 10 **sorge verpflichtet.** Dies gilt in entsprechender Anwendung auch für den in § 9a Abs. 3 S. 2 Hs. 2 benannten Dritten (→ § 9a Rn. 7ff., 36, 40ff.). Der Gesetzgeber geht davon aus, dass Bund und Länder im Regelfall ihre Haftpflichtrisiken durch Selbstversicherung abdecken. Hierzu sind sie wegen ihrer Finanzkraft auch in der Lage (BT-Drs. 3/759, 28). In die Haushalte sind insoweit entsprechende Verpflichtungsermächtigungen einzustellen. – Soweit für ein Land eine Haftung nach § 25 oder § 25a in Betracht kommt, setzt die Genehmigungsbehörde in entsprechender Anwendung der Verordnung nach § 13 Abs. 3 den Betrag fest, bis zu dem das Land ohne die Freistellung nach § 34 einzustehen hat. Diese Einstandspflicht steht der Deckungsvorsorge gleich. Die Begründung zum AtG 1959 erläutert diese Regelung wie folgt: Die Regelung sei geboten, weil die Länder „in den Genuss der Freistellungsverpflichtung durch den Bund kommen sollen" und „der Umfang der Freistellungsverpflichtung üblicherweise mit der Bestimmung des Umfangs der Deckungsvorsorge bestimmt wird" (BT-Drs. 3/759, 28). Die Bestimmung stellt ausdrücklich klar, dass dies nicht für den Bund gelte. Denn der Bund könne sich nicht selbst von der Haftung freistellen (BT-Drs. 3/759, 28; zur Deckungsvorsorgepflicht von privatrechtlichen Gesellschaften im Eigentum der öffentlichen Hand, zB der Bundesgesellschaft für Endlagerung (BGE) siehe ausführlich *Raetzke* in NK-AtomR § 13 Rn. 37).

VII. Gesetzliche Schadensersatzverpflichtungen (Abs. 5)

1. Gegenstand der Deckungsvorsorge

11 § 13 Abs. 5 definiert die von der Deckungsvorsorge abzusichernden **gesetzlichen Schadensersatzverpflichtungen** des Haftpflichtigen wie folgt: „Gesetzliche Schadensersatzverpflichtungen im Sinne dieses Gesetzes sind die auf gesetzlichen Haftpflichtbestimmungen privatrechtlichen Inhalts beruhenden Schadensersatzverpflichtungen." Erfasst werden dadurch nur Schadensersatzverpflichtungen, die auf durch Kernenergie oder ionisierende Strahlen verursachte Schäden gegründet sind (→ Rn. 3; auch *Raetzke* in NK-AtomR § 13 Rn. 6). Diese Begriffsbestimmung des Deckungsgegenstandes hatte der Gesetzgeber bereits in der Ursprungsfassung des Atomgesetzes „nach dem Muster" der Allgemeinen Haftpflichtversicherungsbedingungen (AHB) der deutschen Versicherungswirtschaft formuliert, und das gilt unverändert fort (BT-Drs. 3/759, 28; dazu Ziffer 1.1 der Allgemeinen Versicherungsbedingungen für die Haftpflichtversicherung (AHB), Stand: Mai 2020, abrufbar unter http://www.09-avb-fuer-die-privathaftpflichtversicherung-avb-phv-gdf-2020-data (7).pdf, zul. abgerufen am 23.10.2020). Mit der Übernahme des Gegenstands der Deckungsvorsorge aus den AHB hat der Gesetzgeber die Vorschriften über die Deckungsvorsorge auf vertrauten Boden gestellt und zugleich die Versicherbarkeit des nuklearen und des Strahlenrisikos erleichtert.

2. Gesetzliche Schadensersatzverpflichtungen

12 Zu den **gesetzlichen Schadensersatzverpflichtungen privatrechtlichen Inhalts** gehören die ausschließlich auf gesetzlichen Vorschriften beruhenden Ersatzansprüche auf Grund des Pariser Übereinkommens iVm §§ 25ff. und des § 26. Hierzu zählen aber auch, soweit anwendbar und nicht durch den Grundsatz der rechtlichen Kanalisierung ausgeschlossen (→ PÜ Vor Rn. 16), zivilrechtliche Schadensersatzansprüche für nukleare Schäden oder für Schäden durch ionisierende Strahlen zB auf Grund der §§ 823ff. BGB, des WHG, des StVG (missverständlich und möglicherweise zu eng insoweit *Raetzke* in NK-AtomR § 13 Rn. 5, der nur auf die im Vierten Abschnitt des Atomgesetzes „enthaltenen in Bezug genommenen Vorschriften zur Atomhaftung" abstellt). Vertragliche Schadensersatzansprüche gehören nicht in diese Reihung und werden nicht durch die Deckungsvorsorge abgedeckt. Da jedoch die Deckungsvorsorge „nach dem Muster" der AHB gestaltet wurde (→ Rn. 11), gelten Schadensersatzansprüche auf Grund positiver Vertragsverletzung und aus „culpa in contrahendo", soweit sie nicht auf Schadensersatz wegen Wegfalls der vereinbarten Leistung gerichtet sind, zu den gesetzlichen Schadensersatzverpflichtungen (hM, *W. Lücke* in Prölss/Martin VVG AHB Nr. 7.3 Rn. 19; *Haedrich* AtG § 13 Rn. 8 mwN). Zu den gesetzlichen Schadensersatzansprüchen gehören ferner privatrechtliche Schadensersatzansprüche auf Grund ausländischen Rechts und auf Grund völkerrechtlicher Vereinbarungen, nach denen der zur Deckungsvorsorge Verpflichtete unmittelbar oder auf Grund von Verweisungen der allgemeinen Regeln des Internationalen Privatrechts ersatzpflichtig sein kann. In den Fällen einer Haftung nach § 26 garantiert die Deckungsvorsorge nicht nur die gesetzlichen Ersatzverpflichtungen privatrechtlichen Inhalts des zur Deckungsvorsorge Verpflichteten, sondern auch die gesetzlichen Schadensersatzverpflichtungen der in § 26 Abs. 6 S. 2, Abs. 7 iVm § 4 Abs. 2 Nr. 2 und 3

Vorsorge für die Erfüllung gesetzlicher Schadensersatzverpflichtungen **§ 13 AtG**

AtDeckV genannten anderen Personen, also insbesondere von Hilfspersonen (auch *Raetzke* in NK-AtomR § 13 Rn. 7).

Zu den gesetzlichen Schadensersatzverpflichtungen des Inhabers der Kernanlage, für deren Deckung die gem. § 13 **festgesetzte Deckungsvorsorge nicht verwendet werden darf,** gehören folgende Ersatzansprüche: 13
- Ersatz für Eigenschäden des Inhabers der Kernanlage mit Einschluss des Ersatzes für Schäden, die gem. Art. 3 Abs. (a) (i) und (ii) PÜ von der Haftung des Inhabers ausgeschlossen sind (→ PÜ Art. 3 Rn. 12ff.);
- Rückgriffsansprüche gegen den Inhaber der Kernanlage gem. § 37 (→ § 37 Rn. 4f.);
- gem. § 13 Abs. 5 S. 2 ausgeschlossene Ersatzansprüche (→ Rn. 14ff.)

(auch – teilweise überholt – *Fischerhof* Dt. AtomG § 13 Rn. 6, 7; *Haedrich* AtG § 13 Rn. 13; wegen nachrangig zu befriedigender Ersatzansprüche s. § 15).

3. Ausgeschlossene gesetzliche Ersatzansprüche

Gemäß § 13 Abs. 5 S. 2 zählen bestimmte gesetzliche Schadensersatzverpflichtungen nicht zu den gesetzlichen Schadensersatzverpflichtungen isd § 13. Zu diesen gehören: 14
- **Ersatzansprüche der Sozialversicherungsträger** gegenüber Unternehmern und anderen Personen gem. §§ 110 und 111 SGB VII; bezüglich dieser Ersatzansprüche ist auf Art. 6 Abs. (h) PÜ hinzuweisen, der Ausschluss hat also in erster Linie Bedeutung für Ersatzansprüche gem. § 26;
- **Verpflichtungen zur Schadloshaltung,** die sich aus **§ 7 Abs. 6** iVm § 14 BImSchG ergeben;
- **ähnliche** Entschädigungs- oder Ausgleichsverpflichtungen;

allerdings die letzte Gruppe nur insoweit, als der Schaden oder die Beeinträchtigung nicht durch **Unfall** entstanden ist.

Im Schrifttum ist **Kritik** geübt worden, dass die Vorschrift verlangt, dass die Ersatzansprüche der letzten Anspruchsgruppe nur dann ausgeschlossen sind, sofern sie nicht durch Unfall entstanden sind (jeweils mit Nachweisen *Fischerhof* Dt. AtomG § 13 Rn. 5; *Haedrich* AtG § 13 Rn. 10). In der Begründung zum AtG 1959 heißt es (BT-Drs. 3/759, 28): Die Ansprüche hätten jedoch nur in einzelnen Fällen Schadensersatzcharakter: „In den meisten Fällen sind sie dagegen als ein Preis dafür anzusehen, daß der Nachbar Dauereinwirkungen, wie die Zufuhr von Gasen, Dämpfen, Rauch [...] dulden muß, weil die Herstellung von Schutzeinrichtungen hiergegen untunlich ist". Die Begründung führt fort: „Den durch Unfall hervorgerufenen Schäden wohnt ein Moment des Plötzlichen, Unvorhergesehenen [...] und mit dem Willen nicht Beherrschbaren inne. Im Gegensatz hierzu stehen Schäden, die mit dem Normalbetrieb der Anlage zusammenhängen, denen das Moment des Plötzlichen und Unvorhersehbaren fehlt, und die in der Regel von vornherein erkannt werden können. Nur unfallartige Schäden können im Sinne dieses Gesetzes zu den gesetzlichen Schadensersatzverpflichtungen gehören. Dagegen kann es nicht in Frage kommen, daß Schäden, die durch den Normalbetrieb der Anlage verursacht werden und gemäß § 7 Abs. 5 in Verbindung mit § 26 der Gewerbeordnung zum Schadensersatz verpflichten, den für die übrigen gesetzlichen Schadensersatzverpflichtungen geltenden Vorschriften, beispielsweise den Vorschriften über die Freistellungsverpflichtung des Bundes gemäß § 37, unterliegen." 15

Es kann dahingestellt bleiben, ob diese Begründung den Wortlaut des Abs. 5 S. 2 zum Zeitpunkt des ursprünglichen Inkrafttretens des Gesetzes im Jahre 1960 stützte. 16

Sie hat offensichtlich einen fiskalischen Hintergrund: die staatliche Freistellung soll in diesen Fällen nicht eintreten müssen. Jedenfalls ist spätestens mit dem Inkrafttreten des Pariser Übereinkommens für Deutschland am 30.9.1975 (BGBl. 1976 II 308) die Behauptung **nicht mehr haltbar**, dass Ersatzleistungen **nur für unfallartige Schäden** zu den **gesetzlichen Schadensersatzverpflichtungen** im Sinne dieses Gesetzes gehörten. Das nach dem Pariser Übereinkommen die Haftung auslösende Ereignis ist das „nukleare Ereignis". Dieses ist ein einfaches Geschehnis oder eine Reihe von Geschehnissen desselben Ursprungs, ohne Unfallcharakter haben zu müssen. Es bedarf zur Begründung der Haftung nicht des „Plötzlichen", des „Unvorhersehbaren" (→ PÜ Art. 1 Rn. 3 ff.). Die modifizierte Gefährdungshaftung gem. § 26 („Isotopenhaftung") erfordert ebenfalls kein unfallartiges Ereignis (→ § 26 Rn. 3). Es kommt bei den §§ 25–26 auf die bloße Schadensverursachung an. Auch nukleare Schäden durch den Normalbetrieb können deshalb gesetzliche Schadensersatzverpflichtungen iSd § 13 Abs. 5 S. 1 begründen. Es kommt also darauf an, ob die in S. 2 genannten Ausgleichs- und Entschädigungspflichten sich unmittelbar als auf das Pariser Übereinkommen iVm §§ 25 ff., auf § 25 a oder auf § 26 gegründete Schadensersatzansprüche subsumieren lassen. Ist das der Fall, kann es auf den unfallartigen Charakter des den Schaden verursachenden Ereignisses nicht ankommen. Es handelt sich dann um **gesetzliche Schadensersatzverpflichtungen privatrechtlichen Inhalts,** die eine Deckungsvorsorge erfordern. Soweit es sich um auf das Pariser Übereinkommen gestützte Schadensersatzansprüche handelt, wäre eine Begrenzung auf unfallbedingte Schäden eine Verletzung der völkerrechtlichen Verpflichtungen Deutschlands aus Art. 10 PÜ.

VIII. Formen der Deckungsvorsorge

1. Grundlagen

17   § 13 schreibt nicht vor, auf welche **Art und Weise die Erfüllung gesetzlicher Schadensersatzpflichten** (Deckungsvorsorge) zu erbringen ist. Der zur Deckungsvorsorge Verpflichtete kann sich für die Art entscheiden, die ihm angemessen erscheint. Der Gesetzgeber geht davon aus, dass im Regelfall die Deckungsvorsorge durch den Abschluss einer **Haftpflichtversicherung** (§ 100 VVG) gewährleistet wird (BT-Drs. 3/759, 29). Es besteht jedoch kein Pflicht zum Abschluss einer Haftpflichtversicherung. Die nukleare Haftpflichtversicherung ist somit keine Pflichthaftpflichtversicherung (§ 113 VVG). Auch jede **sonstige finanzielle Sicherheit** durch Eigendeckung oder durch eine Freistellungs- oder Gewährleistungsverpflichtung eines Dritten ist möglich. Diese Art der Deckungsvorsorge ist, soweit ersichtlich, in erster Linie für die Inhaber von Kernanlagen attraktiv, um die erforderlichen hohen Deckungssummen zu wirtschaftlich akzeptablen Bedingungen aufzubringen; sie ist wohl weniger interessant für Isotopennutzer. Die Genehmigungsbehörde muss in allen Fällen der angebotenen Deckungsart zustimmen.

2. Haftpflichtversicherung

18   Die Einzelheiten der **Deckungsvorsorge durch Haftpflichtversicherung** werden durch die Vorschriften des VVG geregelt und dieses ergänzend und, soweit dass VVG abdingbar ist, auch ggf. abweichend geregelt durch die

Vorsorge für die Erfüllung gesetzlicher Schadensersatzverpflichtungen **§ 13 AtG**

– „Allgemeinen Versicherungsbedingungen für die Nuklear-Haftpflichtversicherung von Kernanlagen (AHBKA)" (Entwurf 1986);
– „Allgemeinen Versicherungsbedingungen für Haftpflichtversicherung von genehmigter Tätigkeit mit Kernbrennstoffen und sonstigen radioaktiven Stoffen in den Fällen des § 26 Atomgesetz (AHBStr)" (Stand Februar 2016), abrufbar unter http://www.gdv.de/de/private-und-gewerbliche-haftpflichtbedingungen-6022, zul. abgerufen am 23.10.2020.

Während das sog. Isotopenrisiko (§ 26) von einzelnen Versicherungsunternehmen abgedeckt wird, hat sich die Versicherungswirtschaft, um die erforderlichen hohen Kapazitäten für die Haftpflichtversicherung von Kernanlagen bereitstellen zu können, auf nationaler Ebene zu **Pools** zusammengeschlossen. Sie bedient sich zur weiteren Kapazitätserhöhung ferner der internationalen **Rückversicherung**. Der deutsche Atomversicherungspool ist die 1957 als Gesellschaft bürgerlichen Rechts mit dem Sitz in Köln gegründete **Deutsche Kernreaktor-Versicherungsgemeinschaft (DKVG)**. Die DKVG ist als Rückversicherer tätig (BHR EnergieR I S. 564 Rn. 931 mwN; grundlegend und ausführlich zum Gesamtkomplex Atomversicherung *Reitsma/Tetley* in OECD/NEA, International Nuclear Law: History, Evolution and Outlook, 2010, 387 ff.; ferner auch *Harbrücker* in Pelzer, Europäisches Atomhaftungsrecht im Umbruch, 251 ff.; eine insgesamt kritische Bewertung der Risikopolitik und Sicherheitsexpertise der Versicherungswirtschaft findet sich bei *Wehner*, Die Versicherung der Atomgefahr, zur DKVG insbesondere S. 168 ff., zu Atompools S. 174 ff.; die weit ausgreifende Untersuchung ist indessen nicht frei von handwerklichen Ungenauigkeiten, vgl. zB S. 11 (Verwechslung von Haftung und Deckung)). 19

3. Sonstige finanzielle Sicherheit

Als weitere Möglichkeiten der Deckungsvorsorge kommen **Eintritts- und Garantiezusagen Dritter** und die **Eigendeckung** in Betracht. Freistellungs- und Gewährleistungszusagen können von Privaten (§ 328 Abs. 1 oder § 329 BGB) oder auch vom Staat (zB § 34) gegeben werden. Private Freistellungszusagen etwa durch Banken dürften teurer sein als die Prämienzahlung für eine Haftpflichtversicherung. Bei der Eigendeckung kommt der gemeinsamen Deckung durch mehrere Inhaber von Kernanlagen besondere Bedeutung zu. Ein Beispiel für eine bereits 1975 eingeführte gesetzliche gemeinsame Betreiber-Deckung ist der „industry retrospective rating plan" in Section 170 subsection b des US Atomic Energy Act, 1954, as amended (68 Stat. 919; 42 U.S.C. 2011 (2210)). In Deutschland gibt es mit der **Solidarvereinbarung** von 2001 (abgedruckt bei PSM S. 342 ff.) eine vergleichbare Regelung auf vertraglicher Basis. Die in dieser Vereinbarung getroffene Regelung erlaubt es dem Inhaber von Leistungsreaktoren, die nach § 8 Abs. 1 AtDeckV vorgeschriebene Deckungssumme von 2,5 Mrd. Euro mit Einschluss des Betrags, den die Versicherung trägt, nachzuweisen (zur Vorgeschichte und Umsetzung der Solidarvereinbarung *Schmans* in PSM S. 229 ff., 285 ff.; zum Betreiberpooling generell *Pelzer* NLB 79 (2007/1), 37; eine rechtsvergleichende Darstellung der Grundlagen der Atomversicherung findet sich mit reichen Literaturhinweisen bei *Fischerhof* Dt. AtomG II, 1. Aufl. 1966, 173–197. Naturgemäß ist diese Darstellung in den Einzelheiten mindestens teilweise überholt, zeigt aber gleichwohl die Entwicklung, Grundstrukturen und Probleme auf). 20

§ 14 Haftpflichtversicherung und sonstige Deckungsvorsorge

(1) ¹Wird die Deckungsvorsorge bei Anlagen und Tätigkeiten, bei denen eine Haftung nach dem Pariser Übereinkommen in Verbindung mit § 25 Abs. 1 bis 4, nach § 25a, nach einem der in § 25a Abs. 2 genannten internationalen Verträge oder nach § 26 Abs. 1 in Verbindung mit Abs. 1a in Betracht kommt, durch eine Haftpflichtversicherung erbracht, gelten für diese, ohne dass ein Direktanspruch im Sinn von § 115 des Versicherungsvertragsgesetzes begründet wird, die §§ 117 und 119 bis 122 des Versicherungsvertragsgesetzes entsprechend mit der Maßgabe, dass die Frist des § 117 Abs. 2 des Versicherungsvertragsgesetzes zwei Monate beträgt und ihr Ablauf bei der Haftung für die Beförderung von Kernmaterialien und radioaktiven Stoffen, die ihnen nach § 26 Abs. 1a gleichgestellt sind, für die Dauer der Beförderung gehemmt ist; bei Anwendung des § 117 Abs. 3 Satz 2 des Versicherungsvertragsgesetzes bleibt die Freistellungsverpflichtung nach § 34 außer Betracht. ²§ 109 des Versicherungsvertragsgesetzes ist nicht anzuwenden.

(2) Wird die Deckungsvorsorge anstatt durch eine Haftpflichtversicherung durch eine sonstige finanzielle Sicherheit erbracht, gilt Absatz 1 entsprechend.

1 § 14 trifft **ergänzende Regelungen zu § 13** in Bezug auf die Deckungsvorsorge für Anlagen und Tätigkeiten, bei denen eine Haftung
  – nach dem Pariser Übereinkommen iVm § 25 Abs. 1–4 (Kernanlagen und Kernmaterialien),
  – nach § 25a oder nach einem der in § 25a Abs. 2 genannten internationalen Verträge (Reaktorschiffe) oder
  – nach § 26 Abs. 1 iVm Abs. 1a (radioaktive Stoffe, die Kernmaterialien gleichgestellt sind)
  in Betracht kommt. Es handelt sich also um Anlagen und Tätigkeiten, bei denen ein Kritikalitätsrisiko besteht. In diesen Fällen sollen die Vorschriften des VVG über die **Pflichthaftpflichtversicherung** für bestimmte Bereiche zur Anwendung kommen. Der Gesetzgeber spricht von der „Objektivierung des Versicherungsschutzes nach dem Muster der Pflichtversicherung" (BT-Drs. 3/759, 29). Das bedeute zB, „dass der Versicherer dem Opfer gegenüber auch dann einzustehen hat, wenn der Versicherungsvertrag nicht besteht oder beendigt ist oder wenn der Versicherer aus irgendeinem Grund dem Versicherungsnehmer gegenüber leistungsfrei sein sollte. Die Objektivierung wird erreicht, indem die sinngemäße Geltung der §§ 158c bis h des Gesetzes über den Versicherungsvertrag *[alte Fassung – Anm. d. Verf.]* vorgeschrieben wird."

2 In Ausführung dieser Überlegungen schreibt § 14 die **entsprechende Geltung** bezeichneter Vorschriften aus Teil 2 Kapitel 1 Abschnitt 2 „Pflichtversicherung" des VVG vor. Es wird jedoch ausdrücklich klargestellt, dass die sinngemäße Anwendung nicht einen Direktanspruch Dritter gegen den Deckungsgeber gem. § 115 VVG einschließt. Entsprechend anwendbar sind:
  – **§ 117 VVG:** Leistungspflicht des Deckungsgebers gegenüber Dritten, auch wenn eine Leistungsverpflichtung im Verhältnis zum Haftpflichtigen nicht besteht; die Frist gem. Abs. 2 wird auf zwei Monate verlängert, und ihr Ablauf wird für die Dauer der Beförderung von Kernmaterialien und ihnen gleich-

gestellten Stoffen gehemmt; bei Anwendung des Abs. 3 S. 2 bleibt die Freistellungsverpflichtung nach § 34 außer Betracht.
– §§ 119–122 VVG: Obliegenheiten und Obliegenheitsverletzung des Dritten, Aufrechnung gegenüber dem Dritten, Veräußerung der von der Versicherung erfassten Sache (Anwendbarkeit der §§ 95–98 VVG).

Nicht anzuwenden ist § 109 VVG (Erfüllung von Ansprüchen bei mehreren Geschädigten; auch *Fischerhof* Dt. AtomG § 14 Rn. 2 ff.; *Haedrich* AtG § 14 Rn. 1 ff.; beide Autoren beziehen sich auf inzwischen geänderte Paragraphenziffern, auch *Raetzke* in NK-AtomR § 14 Rn. 4–9).

Gemäß § 14 Abs. 2 gilt Abs. 1 sinngemäß, wenn die Deckungsvorsorge nicht 3 durch eine Haftpflichtversicherung, sondern durch eine **sonstige finanzielle Sicherheit** (→ § 13 Rn. 20) erbracht wird.

§ 15 Rangfolge der Befriedigung aus der Deckungsvorsorge

(1) ¹Sind der zur Deckungsvorsorge verpflichtete Inhaber einer Kernanlage und ein Geschädigter im Zeitpunkt des Eintritts des nuklearen Ereignisses Konzernunternehmen eines Konzerns im Sinne des § 18 des Aktiengesetzes, so darf die Deckungsvorsorge zur Erfüllung gesetzlicher Schadensersatzansprüche dieses Geschädigten nur herangezogen werden, wenn dadurch nicht die Deckung der Ersatzansprüche sonstiger Geschädigter beeinträchtigt wird. ²Kernanlagen im Sinne des Satzes 1 sind auch Reaktoren, die Teil eines Beförderungsmittels sind.

(2) Ist ein Schaden *[künftige Fassung: nuklearer Schaden]* an einer industriellen Anlage in der Nähe der Kernanlage eingetreten, so findet Absatz 1 Satz 1 entsprechende Anwendung, wenn der Standort dazu dient, aus der Kernanlage stammende Energie für Produktionsprozesse zu nutzen.

(3) Die Deckungsvorsorge darf zur Erfüllung von Ansprüchen nach § 28 Absatz 3 nur herangezogen werden, wenn dadurch nicht die Deckung der Ersatzansprüche sonstiger Geschädigter beeinträchtigt wird.

(4) ¹Die nach Absatz 3 nachrangig zu erfüllenden Ersatzansprüche gehen den nachrangig zu erfüllenden Ersatzansprüchen nach den Absätzen 1 und 2 vor. ²Die nach den Absätzen 1 und 2 nachrangig zu erfüllenden Ersatzansprüche sind untereinander gleichrangig.

[Der in kursiv gedruckte Text enthält die Fassung des noch nicht in Kraft getretenen Gesetzes vom 29. 8. 2008 (BGBl. I 1793).]

Literatur: 3. Deutsches Atomrechts-Symposium 22./23. September 1974 in Göttingen, 1975 (zit. 3. AtRS 1974).

§ 15 wurde durch das Dritte Gesetz zur Änderung des Atomgesetzes vom 1 15.7.1975 (BGBl. I 1885) in das Atomgesetz eingefügt. Die Vorschrift sieht vor, dass
– für Schadensersatzansprüche von Unternehmen, die **Konzernunternehmen** iSd § 18 AktG des Inhabers der Kernanlage sind (§ 15 Abs. 1), und
– für Schadensersatzansprüche industrieller **Anlagen in der Nähe der Kernanlage,** wenn der Standort dazu dient, aus der Kernanlage stammende Energie für Produktionsprozesse zu nutzen (§ 15 Abs. 2),

die Deckungsvorsorge zur Erfüllung gesetzlicher Schadensersatzansprüche dieser Geschädigten nur herangezogen werden darf, wenn dadurch nicht die Deckung der Ersatzansprüche sonstiger Geschädigter beeinträchtigt wird. Die Abs. 2 und 3 regeln die Rangfolge bestimmter Ansprüche untereinander (vgl. auch die den § 15 ergänzende Vorschrift des § 39).

2   Mit dieser Regelung wollte der Gesetzgeber verhindern, dass durch **Zugriff auf die Deckungsvorsorge** zur Befriedigung der Ersatzansprüche der genannten Unternehmen auf die zur Zeit des Erlasses des Gesetzes auf 500 Mio. DM begrenzte Höchstdeckungssumme der mit der Deckungsvorsorge primär bezweckte **Opferschutz der Umgebungsbevölkerung** in unzumutbarer Weise **beeinträchtigt wird** (BT-Drs. 7/2183, 20 f.). § 15 berührt nicht den Bestand der Ersatzansprüche der Unternehmen, sondern stellt lediglich ihre Befriedigung aus der Deckungsvorsorge im Verhältnis zu anderen Ersatzansprüchen hintan (so schon *Haedrich* AtG § 15 Rn. 1).

3   Die **Nachrangigkeitsregelung** hat bereits im Gesetzgebungsverfahren durch den Bundesrat **Kritik** erfahren (BT-Drs. 7/2538, 1). Im Schrifttum hat insbesondere *Fischerhof* Dt. AtomG § 15 Rn. 1 ff. mwN (insbesondere *Moser, von Moock* und *Rhein,* 3. AtRS 1974, 259 f., 303 f., 309 f.) auf die Nachteile einer solchen Regelung hingewiesen und sogar eine Unvereinbarkeit mit den Verpflichtungen aus dem Pariser Übereinkommen festgestellt (*Fischerhof* Dt. AtomG § 15 Rn. 10; vermittelnd und im Hinblick auf die Unvereinbarkeit mit dem Pariser Übereinkommen ablehnend *Haedrich* AtG § 15 Rn. 1 ff., insbes. Rn. 7; wie bereits *Pfaffelhuber,* 3. AtRS 1974, 217; vgl. auch Art. 3 Abs. (a) (ii) PÜ, dem ähnliche Überlegungen wie dem § 15 zugrunde liegen (→ PÜ Art. 3 Rn. 13), auch *Raetzke* in NK-AtomR § 15 Rn. 3). Diese Diskussion muss hier nicht erneut aufgenommen werden.

4   Der **Grundgedanke des Gesetzgebers** verdient ohne Frage **Zustimmung:** Wer dem Haftpflichtigen als Konzernunternehmen verbunden ist (§ 15 Abs. 1) – *Raetzke* in NK-AtomR § 15 Rn. 2 spricht insoweit von „Schäden, die wirtschaftlich Eigenschäden gleichkommen" – oder aus dem – selbst gewählten – Standort in der Nähe der Kernanlage wirtschaftliche Vorteile zieht (§ 15 Abs. 2), ist in einem Schadensfall weniger schutzbedürftig als andere Geschädigte, die ohne eine besondere Beziehung zu dem Haftpflichtigen dem Risiko der Kernanlage ausgesetzt sind, wie das zB für die Umgebungsbevölkerung der Fall ist. Natürlich darf das in Fällen, auf die das Pariser Übereinkommen Anwendung findet, nicht zu einer Diskriminierung zwischen den Ersatzberechtigten führen (Art. 14 PÜ), aber das Pariser Übereinkommen lässt dennoch gewisse Formen unterschiedlicher Behandlung zu, zB Art. 8 Abs. (a) PÜ bezüglich der Bevorrechtigung von Körperschäden (auch *Haedrich* AtG § 15 Rn. 7) oder noch deutlicher: Art. 6 Abs. (e) PÜ, der bei groben Verschulden des Geschädigten den Ersatzpflichtigen teilweise oder gänzlich von der Ersatzpflicht zu befreien erlaubt. In diesem Gesamtzusammenhang ist die Nachrangigkeit bei der Heranziehung der Deckungsvorsorge ein eher sanftes Mittel, das die Ersatzpflicht als solche nicht berührt. Deshalb ist § 15 nicht als Diskriminierung zwischen den Ersatzpflichtigen zu beanstanden. Es ist allerdings anzumerken, dass sowohl jede Nachrangigkeit als auch jede Vorrangigkeit von bestimmten Ersatzansprüchen die Gesamtschadensabwicklung erschwert und insbesondere verlängert, da in beiden Fällen Ersatzmittel einbehalten werden müssen, um diese zur Befriedigung von später geltend gemachten oder später evidenten Vorranganspüchen zur Verfügung zu haben. Diese Verzögerung der Entschädigung dient nach einem großen Nuklearunfall nicht dem sozialen Frieden.

5   Mit der Einführung der summenmäßig unbegrenzten Haftung im Jahr 1985 und der Anhebung der Höchstdeckungssumme auf 2,5 Mrd. EUR dürfte § 15 allerdings

(weggefallen) **§ 16 AtG**

an **praktischer Bedeutung verloren** haben. Die Aufhebung der summenmäßigen Haftungsbegrenzung erlaubt den Zugriff auch auf das sonstige Vermögen des Ersatzpflichtigen. Hierzu kann über § 302 AktG das Vermögen eines Konzernunternehmens gehören, wenn dieses als Unternehmen des Inhabers der Kernanlage beherrscht oder ein Gewinnabführungsvertrag besteht (§§ 18, 291 AktG). Die zur Deckung von nuklearen Schäden als obligatorische Deckungsvorsorge zur Verfügung stehenden Geldmittel des Ersatzpflichtigen sind heute weit höher als im Jahre 1975. Die Umgebungsbevölkerung ist besser geschützt. Da jedoch bei Katastrophenschäden auch diese Mittel nicht ausreichen dürften, ist § 15 weiterhin ein sinnvolles Element des zivilrechtlichen Atomhaftungsrechts.

Bei der **Anwendung des § 15 Abs. 1** ist zu ermitteln, ob der haftpflichtige Inhaber und ein Geschädigter zum Zeitpunkt des Eintritts des nuklearen Ereignisses **Konzernunternehmen** iSd § 18 AktG sind. Die Konzerneigenschaft kann von jedem am Entschädigungsverfahren Beteiligten vorgetragen werden, ohne dass ihm damit auch die Beweislast für die Richtigkeit der Behauptung aufgebürdet würde. § 15 hat eine über den jeweiligen Einzelfall hinausgehende Bedeutung und dient dem Schutz der Umgebungsbevölkerung (→ Rn. 2, 4). Dieser Zweck kann nicht erfüllt werden, wenn ein konstitutives Tatbestandsmerkmal davon abhängig gemacht wird, dass einer Prozesspartei der Nachweis der Konzernzugehörigkeit gelingt. Diese ist vielmehr vom Richter von Amts wegen zu ermitteln. Bei der Prüfung der Frage, ob durch die Deckung von Konzernunternehmen-Ersatzansprüchen die Ersatzansprüche sonstiger Geschädigter beeinträchtigt wird, reicht eine allgemeine Prognose über die zu erwartenden sonstigen Ansprüche nicht aus. Relevant für diese Bewertung sind lediglich bereits geltend gemachte Ansprüche. 6

Gemäß **§ 15 Abs. 2** gilt die Nachrangigkeit der Befriedigung aus der Deckungsvorsorge für Ersatzansprüche einer **industriellen Anlage in der Nähe der Kernanlage,** wenn der Standort dazu dient, aus der Kernanlage stammende Energie für Produktionsprozesse zu nutzen. Es muss sich um eine industrielle Anlage handeln, also nicht um eine handwerkliche Anlage, die Anlage muss über den „bloßen Gewerbebetrieb" hinausreichen (*Haedrich* AtG § 15 Rn. 3; BT-Drs. 7/2183, 21). Die industrielle Anlage muss „in der Nähe der Kernanlage" gelegen sein. Der unbestimmte Rechtsbegriff „in der Nähe" ist zu deuten im Zusammenhang mit der Zweckbestimmung der Anlage, um „aus der Kernanlage stammende Energie für Produktionsprozesse zu nutzen". Der Standort der industriellen Anlage befindet sich also dann in der Nähe der Kernanlage, wenn der angestrebte Zweck der Energienutzung für Produktionszwecke erreicht werden kann. Zutreffend weist *Haedrich* AtG § 15 Rn. 3 darauf hin, dass aus dem Wort „Standort" (und nicht „Errichtung") zu schließen ist, dass die Kernanlage auch nachträglich an dem Standort errichtet werden kann. 7

Die Abs. 3 und 4 bestimmen die Nachrangigkeit von Ersatzansprüchen auf Grund von § 28 Abs. 3 (kritisch hierzu → §§ 28–30 Rn. 8) und regeln die interne **Rangordnung** der auf Grund der Abs. 1–3 nachrangig zu befriedigenden Ersatzansprüche. 8

§ 16 (weggefallen)

§ 17 Inhaltliche Beschränkungen, Auflagen, Widerruf, Bezeichnung als Inhaber einer Kernanlage

(1) ¹Genehmigungen und allgemeine Zulassungen nach diesem Gesetz oder nach einer auf Grund dieses Gesetzes erlassenen Rechtsverordnung sind schriftlich, aber nicht in elektronischer Form zu erteilen; abweichend hiervon kann in den auf Grund dieses Gesetzes erlassenen Rechtsverordnungen vorgesehen werden, dass die Genehmigung oder allgemeine Zulassung auch in elektronischer Form mit einer dauerhaft überprüfbaren Signatur nach § 37 Abs. 4 des Verwaltungsverfahrensgesetzes erteilt werden kann. ²Sie können zur Erreichung der in § 1 bezeichneten Zwecke inhaltlich beschränkt und mit Auflagen verbunden werden. ³Soweit es zur Erreichung der in § 1 Nr. 2 und 3 bezeichneten Zwecke erforderlich ist, sind nachträgliche Auflagen zulässig. ⁴Genehmigungen, mit Ausnahme derjenigen nach § 7, sowie allgemeine Zulassungen können befristet werden.

(2) Genehmigungen und allgemeine Zulassungen können zurückgenommen werden, wenn eine ihrer Voraussetzungen bei der Erteilung nicht vorgelegen hat.

(3) Genehmigungen und allgemeine Zulassungen können widerrufen werden, wenn
1. von ihnen innerhalb von zwei Jahren kein Gebrauch gemacht worden ist, soweit nicht die Genehmigung oder allgemeine Zulassung etwas anderes bestimmt,
2. eine ihrer Voraussetzungen später weggefallen ist und nicht in angemessener Zeit Abhilfe geschaffen wird oder
3. gegen die Vorschriften dieses Gesetzes oder der auf Grund dieses Gesetzes erlassenen Rechtsverordnungen, gegen die hierauf beruhenden Anordnungen und Verfügungen der Aufsichtsbehörden oder gegen die Bestimmungen des Bescheids über die Genehmigung oder allgemeine Zulassung erheblich oder wiederholt verstoßen oder wenn eine nachträgliche Auflage nicht eingehalten worden ist und nicht in angemessener Zeit Abhilfe geschaffen wird,
4. auch nach Setzung einer angemessenen Nachfrist ein ordnungsgemäßer Nachweis nach § 9a Abs. 1a bis 1e nicht vorgelegt wird oder auch nach Setzung einer angemessenen Nachfrist keine Ergebnisse der nach § 19a Abs. 1 durchzuführenden Sicherheitsüberprüfung vorgelegt werden.

(4) Genehmigungen sind zu widerrufen, wenn die Deckungsvorsorge nicht der Festsetzung nach § 13 Abs. 1 entspricht und der zur Deckungsvorsorge Verpflichtete eine der Festsetzung entsprechende Deckungsvorsorge nicht binnen einer von der Verwaltungsbehörde festzusetzenden angemessenen Frist nachweist.

(5) Genehmigungen oder allgemeine Zulassungen sind außerdem zu widerrufen, wenn dies wegen einer erheblichen Gefährdung der Beschäftigten, Dritter oder der Allgemeinheit erforderlich ist und nicht durch nachträgliche Auflagen in angemessener Zeit Abhilfe geschaffen werden kann.

(6) Bei der Genehmigung von Tätigkeiten, die zum Betrieb einer Kernanlage berechtigen, ist der Genehmigungsinhaber in dem Genehmigungsbescheid ausdrücklich als Inhaber einer Kernanlage zu bezeichnen.

Übersicht

	Rn.
I. Entstehungsgeschichte	1
II. Anwendungsbereich	2
III. Formvorschriften (Abs. 1 S. 1)	3
1. Schriftform (Abs. 1 S. 1 Hs. 1)	3
2. Elektronische Form (Abs. 1 S. 1 Hs. 2)	4
IV. Inhalts- und Nebenbestimmungen (Abs. 1)	5
1. Verhältnis zum allgemeinen Verwaltungsverfahrensrecht (Abs. 1 S. 2)	5
2. Arten von Nebenbestimmungen	6
a) Abgrenzung von Inhaltsbeschränkungen und Auflagen	6
b) Befristungen (Abs. 1 S. 4)	9
c) Zulässigkeit sonstiger Nebenbestimmungen?	11
d) Nachträgliche Auflagen (Abs. 1 S. 3)	12
3. Bestimmtheit	19
4. Verfahren	20
5. Vollziehung	21
V. Rücknahme (Abs. 2)	22
1. Tatbestandliche Voraussetzungen	22
2. Rechtsfolge	25
a) Vollständige oder teilweise Rücknahme	25
b) Ermessensausübung	26
3. Verfahren	27
4. Beweislast	28
VI. Widerruf (Abs. 2–5)	29
1. Widerruf nach pflichtgemäßem Ermessen (Abs. 3)	30
a) Kein fristgerechtes Gebrauchmachen (Abs. 3 Nr. 1)	31
b) Nachträglicher Wegfall einer Voraussetzung (Abs. 3 Nr. 2)	32
c) Erheblicher oder wiederholter Rechtsverstoß oder Nichteinhaltung einer nachträglichen Auflage (Abs. 3 Nr. 3)	34
d) Keine nachfristgerechte Erbringung von Nachweisen (Abs. 3 Nr. 4)	38
e) Vollständiger oder teilweiser Widerruf	39
f) Ermessensausübung	40
2. Obligatorischer Widerruf (Abs. 4–5)	41
a) Unzureichender Bestand oder Nachweis der Deckungsvorsorge (Abs. 4)	41
b) Erhebliche Gefährdung Beschäftigter, Dritter oder der Allgemeinheit (Abs. 5)	42
3. Beweislast	44
VII. Bezeichnung des Inhabers der Kernanlage (Abs. 6)	45
VIII. Kosten	46
IX. Rechtsschutz	48
1. Kein Vorverfahren	48
2. Betreiberklagen	49
3. Drittklagen	51
a) Klagen auf Erlass nachträglicher Auflagen	51
b) Klagen auf Widerruf der Genehmigung	54
4. Beiladung	58

Literatur: *Böhm*, Der Ausstieg aus der Kernenergienutzung – Rechtliche Probleme und Möglichkeiten, NuR 1999, 661; *Dederer*, Kernkraftwerke im Visier des Terrorismus – Das atomrechtliche Instrumentarium zum Schutz von Kernkraftwerken vor terroristischen Gewalttakten, DÖV

2005, 621; *Gemmeke,* Nachträgliche Anordnungen im Atomrecht, 1995; *Koch/John,* Atomrechtliche Fragen der Sicherheit und Sicherung von Kernkraftwerken nach den Terroranschlägen vom 11. September 2001 in den USA, DVBl 2002, 1578; *Kunth,* Zum Widerruf atomrechtlicher Genehmigungen wegen erheblicher Gefährdung im Sinne von § 17 Abs. 5 AtG, RdE 1992, 177; *Leiner,* Nachträgliche Auflagen zur Anlagengenehmigung, NVwZ 1991, 844; *Mann,* Verfassungsrechtliche Determinanten bei der Nachrüstung von Kernkraftwerken, DÖV 2013, 295; *Ossenbühl,* Bestandsschutz und Nachrüstung von Kernkraftwerken, 1994; *Pfaundler,* Der atomrechtliche Gefahrenbegriff – ein unbestimmter Rechtsbegriff mit Beurteilungsspielraum?, UPR 1999, 336; *Rumpel,* Abschied von der Freigabepraxis im atomrechtlichen Genehmigungsverfahren – Eine Bestandsaufnahme nach der Mülheim-Kärlich-Entscheidung des BVerwG, NVwZ 1989, 1132; *Rengeling,* Reaktorsicherheit – Vorsorge auch jenseits der praktischen Vernunft?, DVBl 1988, 257; *Schneider,* Die Verantwortung des Staates für den sicheren Betrieb kerntechnischer Anlagen, in Schneider/Steinberg, Schadensvorsorge im Atomrecht zwischen Genehmigung, Bestandsschutz und staatlicher Aufsicht, 1991, 115; *Schoch,* Rechtsfragen der Entschädigung nach dem Widerruf atomrechtlicher Genehmigungen, DVBl 1990, 549; *Sellner,* Nachträgliche Auflagen und Widerruf bei Kernenergieanlagen, in FS Sendler, 1991, 339; *Sendler,* Nochmals: Terroristische Angriffe auf Kernkraftwerke, NVwZ 2002, 681; *Weber,* Vorbescheid und Teilgenehmigung im Atomrecht – Zugleich ein Beitrag zur Lehre vom Teilverwaltungsakt, DÖV 1980, 397.

I. Entstehungsgeschichte

1   Die heutige Fassung des § 17 entspricht in weitesten Teilen der Ursprungsfassung vom 23.12.1959 (BGBl. I 814). So ist Abs. 1 bis auf den die elektronische Form betreffenden letzten Halbsatz des Satzes 1 identisch. Der heutige Abs. 2 ist als Art. 1 Nr. 14 lit. b des Dritten Gesetzes zur Änderung des Atomgesetzes vom 15.7.1975 (BGBl. I 1885) seinerzeit als Abs. 1 lit. a nachträglich als **Rücknahme-Regelung** eingefügt worden, um eine Anpassung an das damals noch im Entwurf vorliegende VwVfG zu erreichen (*Fischerhof* Dt. AtomG § 17 Rn. 13). Zuvor hatte der mit dem heutigen Abs. 3 Nrn. 1–3 identische Abs. 2 der Ursprungsfassung eine **Widerrufsmöglichkeit** auch für den Fall vorgesehen, dass eine der Voraussetzungen der Genehmigung „von Anfang an nicht gegeben war". Als Art. 1 Nr. 14 lit. d dieses Gesetzes wurde zudem der heutige Abs. 6 von § 17 implementiert. Nachdem durch Art. 1 Nr. 5 des Vierten Gesetzes zur Änderung des Atomgesetzes vom 4.9.1976 (BGBl. I 2573) die §§ 9a–9c eingefügt worden waren und durch Art. 1 Nr. 19 des Gesetzes zur geordneten Beendigung der Kernenergienutzung zur gewerblichen Erzeugung von Elektrizität vom 22.4.2002 (BGBl. I 1351) die Einfügung des § 19a erfolgt war, wurde durch Art. 1 Nr. 17 des letztgenannten Gesetzes § 17 Abs. 3 um die Nr. 4 erweitert.

II. Anwendungsbereich

2   Nach dem Wortlaut des § 17 Abs. 1 S. 1 werden die Begriffe **„Genehmigung"** und **„allgemeine Zulassung"** nicht als Umschreibungen oder Oberbegriffe für alle Arten behördlicher Erlaubnisse verwendet, sondern beziehen sich auf die im Atomgesetz und in den zugehörigen Rechtsverordnungen als Genehmigung oder Zulassung bezeichneten Verwaltungsakte (BVerwG NVwZ 1998, 281 (282)). Dies gilt allerdings – in Ermangelung einer Einschränkung – nicht nur für anlagebezogene Genehmigungen nach § 7, sondern auch für tätigkeitsbezogene Genehmigungen, etwa Einfuhr- und Ausfuhrgenehmigungen nach § 3, Beförderungsgenehmi-

gungen nach § 4, Aufbewahrungsgenehmigungen nach § 6, Genehmigungen zur Bearbeitung, Verarbeitung und sonstigen Verwendung von Kernbrennstoffen außerhalb genehmigungspflichtiger Anlagen nach § 9 oder Umgangsgenehmigungen nach § 7 Abs. 1 StrlSchV (vgl. OVG Münster Beschl. v. 29.4.2014 – 16 B 372/14, juris-Rn. 3 = BeckRS 2014, 50818). Zudem gilt § 17 auch für allgemeine Zulassungen; hierbei handelt es sich nach allgemeinem Begriffsverständnis etwa um Einrichtungen oder Stoffe, die für die Verwendung in kerntechnischen Anlagen allgemein zugelassen werden können (zur identischen Verwendung des Begriffs der allgemeinen Zulassung vgl. etwa § 65 Abs. 1 Nr. 3 BBergG und § 34 Abs. 1 ProdSG). Nach § 7a Abs. 2 gilt § 17 für Vorbescheide entsprechend. Unanwendbar ist § 17 lediglich auf **atomrechtliche Planfeststellungsbeschlüsse** nach § 9b (BVerwG NVwZ 1998, 281 (282)).

III. Formvorschriften (Abs. 1 S. 1)

1. Schriftform (Abs. 1 S. 1 Hs. 1)

Nach Abs. 1 S. 1 Hs. 1 sind Genehmigungen und allgemeine Zulassungen nach **3** diesem Gesetz oder nach einer auf Grund dieses Gesetzes erlassenen Rechtsverordnung schriftlich, aber nicht in elektronischer Form zu erteilen. Hinsichtlich des **Schriftformerfordernisses** gilt im öffentlichen Recht § 126 Abs. 1 BGB, wonach die Urkunde vom Aussteller eigenhändig durch Namensunterschrift unterzeichnet werden muss (vgl. BVerwG NZA-RR 2011, 51 (53); OVG Hamburg PersV 2010, 231 (232 f.)).

2. Elektronische Form (Abs. 1 S. 1 Hs. 2)

Nach Abs. 1 S. 1 Hs. 2 kann abweichend vom Schriftformerfordernis in den auf **4** Grund des AtG erlassenen Rechtsverordnungen vorgesehen werden, dass die Genehmigung oder allgemeine Zulassung auch in elektronischer Form mit einer dauerhaft überprüfbaren Signatur nach § 37 Abs. 4 VwVfG erteilt werden kann. Angesichts des generellen Ausschlusses der elektronischen Form durch den Hs. 1 ist diese Vorschrift als **lex specialis** zu verstehen, die eine Anwendung von § 37 Abs. 1 S. 2 VwVfG ausschließt und es der Behörde daher nur bei Vorliegen einer entsprechenden Regelung in einer auf Grundlage des AtG erlassenen Rechtsverordnung gestattet, von der elektronischen Form Gebrauch zu machen. Gegenwärtig sieht die AtVfV dies nicht vor. Sobald und soweit die elektronische Form zugelassen ist, muss nach § 37 Abs. 3 S. 2 VwVfG das der Signatur zugrunde liegende qualifizierte Zertifikat oder ein zugehöriges qualifiziertes Attributzertifikat die **erlassende Behörde erkennen lassen**.

IV. Inhalts- und Nebenbestimmungen (Abs. 1)

1. Verhältnis zum allgemeinen Verwaltungsverfahrensrecht (Abs. 1 S. 2)

Nach Abs. 1 S. 2 können Genehmigungen und allgemeine Zulassungen zur Er- **5** reichung der in § 1 bezeichneten Zwecke **inhaltlich beschränkt** und mit **Auflagen** verbunden werden. Diese Vorschrift räumt der zuständigen Behörde einen über das allgemeinen Verwaltungsverfahrensrecht deutlich hinausgehenden Handlungsspielraum ein. Zwar heißt es in § 36 Abs. 3 VwVfG, dass eine **Nebenbestimmung** dem Zweck des Verwaltungsaktes nicht zuwiderlaufen darf. Hingegen darf nach § 36 Abs. 1 S. 1 VwVfG ein Verwaltungsakt, auf den ein Anspruch besteht, mit einer Nebenbestimmung nur versehen werden, wenn sie durch Rechtsvorschrift zugelassen ist oder wenn sie sicherstellen soll, dass die gesetzlichen Voraussetzungen des Verwaltungsaktes erfüllt werden. Hierüber geht § 17 Abs. 1 S. 2 in zweifacher Hinsicht hinaus: Zum einen **ermächtigt** die Vorschrift ausdrücklich nicht nur zur Beifügung von Neben-, sondern auch von Inhaltsbestimmungen; zum anderen ist auch in Fällen gebundener Entscheidungen die Beifügung derartiger Regelungen nicht nur zur Sicherstellung der gesetzlichen Genehmigungs- oder Zulassungsvoraussetzungen, sondern zudem auch zur Erreichung der in § 1 bezeichneten Gesetzeszwecke zulässig. Damit wird aber über die konkreten Genehmigungs- oder Zulassungsvoraussetzungen hinaus auch ein Rückgriff auf die **allgemeinen Gesetzeszwecke** gestattet.

2. Arten von Nebenbestimmungen

6 a) **Abgrenzung von Inhaltsbeschränkungen und Auflagen.** Bei der **Abgrenzung** einer – grundsätzlich isoliert anfechtbaren – Nebenbestimmung von einer Inhaltsbestimmung – und damit insbesondere einer inhaltlichen Beschränkung – ist maßgeblich darauf abzustellen, ob die jeweilige Regelung mit der Erlaubnis **untrennbare Bestandteile** betrifft oder ob sie als zusätzlich zu der Erlaubnis hinzutretendes, selbständiges Handlungs- oder Unterlassungsgebot verstanden werden muss (OVG Münster MMR 2017, 858 Rn. 20; *Stelkens* in SBS VwVfG § 36 Rn. 93). Beispiele für inhaltliche Beschränkungen sind etwa die Beschränkung des Betriebs eines Reaktors auf eine bestimmte thermische Höchstleistung, die Beschränkung der Bearbeitung von Kernbrennstoffen auf ein bestimmtes Verfahren oder die Beschränkung des Umgangs mit radioaktiven Stoffen auf eine bestimmte Anzahl oder Radioaktivität (*Fischerhof* Dt. AtomG § 17 Rn. 6).

7 Nach der auch hier anwendbaren **Legaldefinition** des § 36 Abs. 2 Nr. 4 VwVfG ist unter einer Auflage zu verstehen eine Bestimmung, durch die dem Begünstigten ein Tun, Dulden oder Unterlassen vorgeschrieben wird. So kann etwa auf Grundlage von § 17 Abs. 1 S. 2 gegenüber dem Betreiber einer Kernenergieanlage angeordnet werden, „einen bewaffneten Werkschutz einzurichten" (VGH Mannheim Urt. v. 4.12.1986 – 10 S 1840/82).

8 Dabei folgt aus der Formulierung „**Begünstigten**", dass eine Auflage nur einem begünstigenden Verwaltungsakt beigegeben werden kann (*Stelkens* in SBS VwVfG § 36 Rn. 82). § 17 Abs. 1 Hs. 2 AtVfV schreibt vor, dass in der öffentlichen Bekanntmachung auf Auflagen hinzuweisen ist. Nach § 46 Abs. 1 Nr. 3 handelt ordnungswidrig, wer einer vollziehbaren Auflage nach § 17 Abs. 1 S. 2 zuwiderhandelt.

9 b) **Befristungen (Abs. 1 S. 4).** Nach § 17 Abs. 1 S. 4 können Genehmigungen, mit Ausnahme derjenigen nach § 7, sowie allgemeine Zulassungen befristet werden. Auch insoweit gilt die **Legaldefinition** der Befristung aus § 36 Abs. 2 Nr. 1 VwVfG, wonach unter Befristung eine Bestimmung zu verstehen ist, nach der eine **Vergünstigung oder Belastung** zu einem bestimmten Zeitpunkt beginnt, endet oder für einen bestimmten Zeitraum gilt. Angesichts der regelmäßig über mehrere Jahrzehnte zu erwartenden Betriebsdauer bestimmter kerntechnischer Anlagen, sollen bei diese betreffenden Befristungen selbst Zeiträume von zehn Jahren noch

als überschaubar anzusehen sein (vgl. – wenn auch im Rahmen einer Bedingung – BVerwG Buchholz 451.171 AtG § 7 Nr. 10).

Der Ausschluss einer Befristungsmöglichkeit für nach § 7 erteilte Genehmigungen beruht auf der Erwägung des historischen Gesetzgebers, dass derartige Anlagen sehr große Investitionen erfordern, die ein Betreiber in der Regel nur bei **Erteilung einer unbefristeten Genehmigung** zu tätigen bereit sein wird (Gesetzentwurf der BReg, BT-Drs. III/759, 30). 10

c) Zulässigkeit sonstiger Nebenbestimmungen? Der Umstand, dass der Gesetzgeber in § 17 Abs. 1 S. 2 die zuständige Behörde ausdrücklich nur dazu ermächtigt hat, zur Erreichung der in § 1 bezeichneten Zwecke Genehmigungen oder allgemeine Zulassungen **inhaltlich zu beschränken** und mit **Auflagen** zu verbinden, wirft die Frage auf, ob damit eine Beifügung der sonstigen in § 36 VwVfG vorgesehenen Nebenbestimmungen, namentlich von aufschiebenden oder auflösenden Bedingungen und Widerrufsvorbehalten, ausgeschlossen ist. Diese Frage ist zu verneinen (aA *Mattern/Raisch* § 17 Rn. 7). Zwar hat der historische Gesetzgeber befürchtet, wenn eine Genehmigung oder allgemeine Zulassung von „Bedingungen" abhängig gemacht würde, könnte Unklarheit darüber bestehen, ob die Genehmigung bzw. allgemeine Zulassung wirksam ist, was mit Rücksicht auf die Gefahren der Kernenergie nicht erträglich wäre (Gesetzentwurf der BReg, BT-Drs. III/759, 30; vgl. in diesem Sinne auch *Steindorf/Häberle* in Erbs/Kohlhaas § 17 Rn. 1; *Fischerhof* Dt. AtomG § 17 Rn. 4; *Haedrich* AtG § 17 Rn. 5). Hingegen stellen derartige Überlegungen bekanntlich keine Grenze für die **Gesetzesauslegung** und -anwendung dar. Es kommt hinzu, dass der bei der Auslegung des genannten einfachen Rechts heranzuziehende **verfassungsrechtliche Verhältnismäßigkeitsgrundsatz** gegen ein andere Nebenbestimmungen ausschließendes Rechtsverständnis spricht. Denn dieses würde dazu führen, dass etwa in Fällen, in denen eine bestimmte Genehmigungsvoraussetzung erst mit Eintritt einer bestimmten Bedingung vorliegt, dem zugrundeliegenden Genehmigungsantrag nicht unter Beifügung einer entsprechenden aufschiebenden Bedingung stattgegeben werden könnte, sondern dieser abgelehnt werden müsste. Dies würde aber im Ergebnis zu einer unverhältnismäßigen Härte für den Antragsteller führen, die rechtlich nicht zu rechtfertigen wäre (aA im Sinne der Verneinung der rechtlichen Zulässigkeit einer Bedingung *Weber* DÖV 1980, 397 (401)). Aus diesem Grunde ist davon auszugehen, dass die zuständige Behörde durch § 17 Abs. 1 S. 2 nicht gehindert ist, auch sonstige **Nebenbestimmungen** beizufügen, wenn denn hierfür die allgemeinen Voraussetzungen des § 36 VwVfG vorliegen (so auch *Roller* in NK-AtomR § 17 Rn. 11). Allerdings darf sie dies im Falle von § 36 Abs. 1 VwVfG nur dann, wenn diese Nebenbestimmungen zur **Sicherstellung der Genehmigungs- oder Zulassungsvoraussetzungen** erforderlich sind, nicht aber nur zur bloßen Erreichung der in § 1 normierten Gesetzeszwecke. Demgemäß ist auch in der Rechtsprechung die Zulässigkeit der Beifügung etwa von aufschiebenden Bedingungen (OVG Lüneburg Urt. v. 27.11.2003 – 7 KS 650/01, juris-Rn. 40 = BeckRS 2004, 21449) oder Widerrufsvorbehalten (BVerwG NVwZ 1998, 623) bei atomrechtlichen Verwaltungsakten als solchen ohne weiteres gebilligt und nicht einmal als erörterungsbedürftig behandelt worden. Allerdings wäre es unzulässig, eine atomrechtliche Genehmigung unter einem **Freigabevorbehalt** zu erteilen, um dann im Freigabeverfahren Prüfungen, die nach der gesetzlichen Regelung Bestandteil des Genehmigungsverfahrens hätten sein müssen, nachzuholen (BVerwG NVwZ 1989, 52; hierzu auch *Rumpel* NVwZ 1989, 1132 (1135 ff.)). 11

12 **d) Nachträgliche Auflagen (Abs. 1 S. 3).** Nach § 17 Abs. 1 S. 3 sind, soweit es zur Erreichung der in § 1 Nr. 2 und 3 bezeichneten Zwecke erforderlich ist, **nachträgliche Auflagen** zulässig. Maßgeblich hierfür war die Überlegung des historischen Gesetzgebers, dass angesichts der Tatsache, dass bei den Einrichtungen zur Kernspaltung und bei den ihr dienenden Begleitmaßnahmen noch keine abschließenden wissenschaftlichen Erkenntnisse und technischen Erfahrungen vorliegen, die Genehmigungsbehörden die Möglichkeit haben sollten, auch nachträgliche – durch die fortschreitende Entwicklung der Wissenschaft und Technik gebotene – Auflagen festzusetzen (Gesetzentwurf der BReg BT-Drs. III/759, 30). Anders ausgedrückt kommt eine nachträgliche Auflage in Betracht, wenn bei Genehmigungserteilung eine Gefahr und die sich daraus möglicherweise ergebenden Schäden noch nicht aufgetreten und als solche nicht erkannt waren; in einem solchen Falle wäre mit der nachträglichen Auflage anzuordnen, was man bereits bei Erteilung der Genehmigung hätte anordnen müssen, wenn man die Gefahr schon erkannt hätte, der gegenüber Vorsorgemaßnahmen geboten gewesen wären (*Sendler* NVwZ 2002, 681 (684); vgl. auch *Gemmeke,* Nachträgliche Anordnungen im Atomrecht, 104 f.). Im Ergebnis führt dies dazu, dass aufgrund von § 17 Abs. 1 S. 3 atomrechtlich genehmigungsbedürftige Anlagen – ebenso wie aufgrund von § 17 BImSchG Anlagen, die einer Genehmigungspflicht nach dem Bundes-Immissionsschutzgesetz unterliegen – nur einen von vornherein **eingeschränkten Bestandsschutz** genießen. In letzterer Hinsicht ist vom BVerwG (NVwZ 2005, 1178 (1182)) und auch vom BVerfG (NVwZ 2010, 771 (773)) anerkannt, dass es im **Immissionsschutzrecht** keinen Grundsatz gibt, nach welchem dem Betreiber eingeräumte Rechtspositionen trotz Rechtsänderung zu belassen sind oder nur gegen Entschädigung entzogen werden dürfen; für das **Atomrecht** muss dies wegen des deutlich höheren Gefahrenpotentials – **a maiore ad minus** – erst recht gelten (zur Vergleichbarkeit der Strukturen von Immissionsschutzrecht und Atomrecht, wenn auch im Genehmigungsbereich, siehe *Sendler* UPR 1997, 161 (162 f.)). Demgemäß ist der Anwendungsbereich für nachträgliche Auflagen iSv § 17 Abs. 1 S. 3 auch keineswegs als enger anzusehen als derjenige für nachträgliche Anordnungen iSv § 17 BImSchG (*Mann* DÖV 2013, 295 (296)).

13 Um gleichwohl den sich aus der **verfassungsrechtlichen Eigentumsgarantie** folgenden Anforderungen zu genügen, darf nach § 17 Abs. 1 S. 3 der nachträgliche Erlass von Auflagen – im Gegensatz zur Beifügung mit Erteilung des betreffenden Verwaltungsakts – nur bei Erforderlichkeit zur Erreichung der beiden in § 1 Nr. 2 und 3 bezeichneten Zwecke erfolgen. Dass der Gesetzgeber anfängliche Nebenbestimmungen „zur Erreichung der in § 1 bezeichneten Zwecke" zugelassen, den Erlass nachträglicher Auflagen hingegen davon abhängig gemacht hat, dass dies „zur Erreichung der in § 1 Nr. 2 und 3 bezeichneten Zwecke erforderlich ist", deutet darauf hin, dass es sich bei einer nachträglichen Auflage um eine in besonderer Weise „unter dem Postulat der Erforderlichkeit" (BVerwG NVwZ 2009, 52 (54)) stehende Nebenbestimmung handelt. Dies folgt daraus, dass eine wirksame nachträgliche Auflage iSv § 17 Abs. 1 S. 3 in die dem Anlagenbetreiber erteilten Genehmigungen mit der Folge eingreift, dass der Betrieb der kerntechnischen Anlage nur noch nach Maßgabe dieser Auflage genehmigt ist (VGH Mannheim Urt. v. 26.2.2007 – 10 S 643/05, juris-Rn. 24 = BeckRS 2007, 21908). Allgemein wird davon ausgegangen, dass nachträgliche Anordnungen im Gefahrenbereich im Grundsatz immer geboten sind, wie jeder irgendwie geartete anlagenspezifische Restschaden, der als Grundrechtsverletzung anzusehen wäre, nicht hingenommen werden darf (*Böhm* NuR 1999, 661 (664) unter Hinweis auf BVerfGE 49, 89

(137f., 140) = NJW 1979, 359 und BVerfGE 53, 30 (59) = NJW 1980, 759). Demgemäß schließt die Ermächtigung in § 17 Abs. 1 S. 3 neben der atomgesetzlichen Gefahrenabwehr auch die **Risikovorsorge** mit ein (so zutr. *Koch/John* DVBl. 2002, 1578 (1582, 1584) und *Leiner* NVwZ 1991, 844 (847); so auch *Sellner* FS Sendler, 1991, 339 (344); im Ergebnis auch *Mann* DÖV 2013, 295 (296); aA Ossenbühl, Bestandsschutz und Nachrüstung von Kernkraftwerken, 27ff.). Dies folgt schon daraus, dass derjenige Schutz iSv § 7 Abs. 2 Nr. 5 „erforderlich" ist, welcher „vorsorgend" iSv § 7 Abs. 2 Nr. 3 ist. Ein derartiger Schutz setzt aber voraus, dass entsprechende Gefahren und Risiken „praktisch ausgeschlossen" sind und somit auf das „Restrisiko" minimiert werden (BVerwGE 85, 185 (192); zustimmend *Dederer* DÖV 2005, 621 (626f.)). Mithin sind aber Maßnahmen der Risikovorsorge, anders als solche zur **Reduzierung des Restrisikos**, noch von § 17 Abs. 1 S. 3 umfasst. Zur weiteren Minimierung des Restrisikos kann die Behörde zwar im Genehmigungsverfahren aufgrund des ihr eingeräumten Versagungsermessens grundsätzlich zusätzliche Maßnahmen anordnen; hingegen kann sie diese nicht im Wege nachträglicher Auflagen durchsetzen. (OVG Lüneburg NVwZ 1989, 1180 (1183); so auch *Sellner* FS Sendler, 1991, 339 (345) und BHR EnergieR I Rn. 1019).

Allerdings ist eine Erforderlichkeit hinsichtlich der konkreten Regelung nur gegeben, wenn das mit der Auflage verfolgte Ziel der Vermeidung von Gefahren bzw. Minderung von Schadensfolgen nicht mit weniger beeinträchtigenden Maßnahmen erreichbar ist (so allgemein zur Erforderlichkeit OVG Schleswig BeckRS 2017, 114272 Rn. 56; zum Erfordernis der Ausübung auch des Auswahlermessens *Rengeling* DVBl. 1988, 257 (261)). Im Hinblick auf den Verhältnismäßigkeitsgrundsatz muss sich die Entscheidung über nachträgliche Auflagen am **Einzelfall** orientieren und auch die **Betreiberinteressen** angemessen berücksichtigen (*Rengeling* DVBl. 1988, 257 (261) und *Leiner* NVwZ 1991, 844 (848); BHR EnergieR I Rn. 1025), wobei jedoch der Verhältnismäßigkeitsgrundsatz keine bestimmte Rentabilität gewährleistet (BVerfG NVwZ 2017, 1111 (1121)). Im Rahmen der Verhältnismäßigkeit muss die Behörde die Ebenen Geeignetheit, Erforderlichkeit und Verhältnismäßigkeit im engeren Sinne prüfen (*Mann* DÖV 2013, 295 (299f.)). Im Ergebnis ist die Behörde durch das Übermaßverbot unter anderem gehindert, gleichsam prophylaktisch auf nicht absehbare Fallkonstellationen mit dem schärfsten Eingriff, nämlich der Einstellung des Leistungsbetriebs, zu reagieren (BVerwG NVwZ 2009, 52 (53)).

Den nach § 17 Abs. 1 S. 3 und auch Abs. 3–5 bestehenden Handlungsmöglichkeiten kommt deshalb besondere Bedeutung zu, weil einerseits das vorläufige positive Gesamturteil mit jeder weiteren Teilgenehmigung unter Berücksichtigung zwischenzeitlicher Erkenntnisfortschritte in Wissenschaft und Technik daraufhin zu überprüfen ist, ob es noch aufrechterhalten werden kann, und weil andererseits die Behörde an unanfechtbar erteilte Teilgenehmigungen gebunden bleibt, wobei sie diese Bindung nur durch nachträgliche Auflagen oder durch einen Widerruf überwinden kann (VGH Mannheim NVwZ-RR 1990, 535 (537)).

Die nach § 17 Abs. 1 S. 3 vorbehaltene Möglichkeit des Erlasses nachträglicher Auflagen berechtigt die Genehmigungsbehörde nicht dazu, von einer im Genehmigungsverfahren bereits möglichen Prüfung des Vorliegens einzelner Genehmigungsvoraussetzungen abzusehen, um die betreffende Frage stattdessen einem **Auflagenverfahren** vorzubehalten (OVG Schleswig Urt. v. 19.6.2013 – 4 KS 3/08, BeckRS 2013, 56408 Rn. 111, am Beispiel von § 6 Abs. 2 Nr. 4, sofern die Indienststellung eines potenziellen Tatmittels zum Zeitpunkt des Erlasses der Genehmigung unter Betrachtung des Zeitraumes, für den sie erteilt wird, abzusehen ist).

17 Da durch nachträgliche Auflagen Rechte Dritter begründet werden können, sind diese jedenfalls in derartigen Fällen entsprechend § 17 Abs. 1 Hs. 2 iVm § 4 Abs. 1 S. 1 AtVfV öffentlich bekanntzumachen.

18 Nach § 46 Abs. 1 Nr. 3 handelt ordnungswidrig, wer einer vollziehbaren nachträglichen Auflage nach § 17 Abs. 1 S. 3 zuwiderhandelt. Das Nichteinhalten „inhaltlicher Beschränkungen" stellt dagegen **genehmigungsloses Handeln** dar (*Steindorf/Häberle* in Erbs/Kohlhaas § 17 Anm. 2) und kann damit unter Umständen sogar die Begehung einer Straftat nach § 328 Abs. 1 Nr. 1 StGB begründen.

3. Bestimmtheit

19 Nach § 17 Abs. 1 erlassene Nebenbestimmungen müssen den Anforderungen an eine hinreichende Bestimmtheit gem. § 37 VwVfG entsprechen. Dabei bedeutet der Grundsatz der hinreichenden Bestimmtheit einer Einzelfallregelung zum einen, dass deren Adressat in der Lage sein muss, zu erkennen, was von ihm gefordert wird, und zwar in dem Sinne, dass der behördliche Wille keiner unterschiedlichen subjektiven Bewertung zugänglich ist (*Mann* DÖV 2013, 295 (298f.); *Tiedemann* in BeckOK VwVfG § 37 Rn. 1 und 3); zum anderen folgt daraus, dass der **Verwaltungsakt** Grundlage für Maßnahmen zu seiner **zwangsweisen Durchsetzung** sein kann (BVerwG NVwZ 2009, 52 (53) unter Hinweis auf BVerwGE 84, 335 (338) = NVwZ 1990, 658 und den Beschl. v. 27.7.1982 – 7 B 122.81, BeckRS 1982, 06010). Diese Anforderungen gelten ebenso für eine nachträgliche Auflage, deren Entscheidungsgehalt für den Betroffenen nach Art und Umfang aus sich heraus erkennbar und verständlich sein muss (BVerwG NVwZ 2009, 52 (53) und NVwZ 1990, 855 (856)). Sofern eine nachträgliche Auflage für eine Vielzahl von Fallkonstellationen gilt, muss der Adressat dem Verwaltungsakt entnehmen können, unter welchen Voraussetzungen er zu dem in der Auflage näher beschriebenen Verhalten (zB Einstellung des Leistungsbetriebs, unverzügliche Information der Aufsichtsbehörde oder Vorlage eines Projektplans) verpflichtet ist (VGH Mannheim Beschl. v. 2.12.2005 – 10 S 644/05, juris-Rn. 5 = BeckRS 2006, 20414).

4. Verfahren

20 Der Erlass nachträglicher Auflagen erfolgt in einem **eigenständigen Verwaltungsverfahren** iSv § 9 VwVfG. Daher bedarf es insoweit ua einer vorherigen **Anhörung** sowie einer **Begründung** der Entscheidung (OVG Lüneburg NVwZ 1989, 1180 (1181)).

5. Vollziehung

21 Eine für sofort vollziehbar erklärte nachträgliche Auflage nach § 17 Abs. 1 S. 3 darf von der Behörde so lange nicht vollzogen werden, bis ein nach dem Auflageninhalt erforderlich werdendes **Genehmigungs-** oder **aufsichtsrechtliches Zustimmungsverfahren,** das auf entsprechenden Antrag des Adressaten der Auflage bereits eingeleitet worden ist, behördlicherseits – gegebenenfalls auch durch Ablehnung des Antrags – abgeschlossen worden ist. Dabei ist unter Vollziehung in diesem Sinne nicht nur die **Verwaltungsvollstreckung,** sondern auch das Abstellen der Behörde auf die Nichterfüllung einer vollziehbaren Auflage im Rahmen einer aufsichtsrechtlichen Maßnahme nach § 19 Abs. 3 S. 1 Alt. 1 oder eines Genehmigungswiderrufs nach § 17 Abs. 3 Nr. 3 zu verstehen; dies hindert die Behörde nicht, Maßnahmen zur Beseitigung eines Gefahrenzustandes nach § 19 Abs 3 S. 1 Alt. 2 anzuordnen (VGH Kassel Beschl. v. 9.7.1998 – 9 R 2394/93, juris-Rn. 89 ff. = BeckRS 1998, 22226).

V. Rücknahme (Abs. 2)

1. Tatbestandliche Voraussetzungen

Nach § 17 Abs. 2 können Genehmigungen und allgemeine Zulassungen zurück- 22
genommen werden, wenn eine ihrer Voraussetzungen bei der Erteilung nicht vorgelegen hat; dies ist bezogen auf die **materiellen Genehmigungsvoraussetzungen,** insbesondere etwa in § 6 Abs. 2 und § 7 Abs. 2. Durch die Vorschrift wird ein auch nur **subsidiärer Rückgriff** auf § 48 Abs. 1 S. 1 VwVfG ausgeschlossen (*Schoch* DVBl. 1990, 549; *Haedrich* AtG § 17 Rn. 10). Dies folgt daraus, dass nach § 1 Abs. 1 VwVfG die Vorschriften dieses Gesetzes nur anwendbar sind, soweit nicht Rechtsvorschriften des Bundes inhaltsgleiche oder entgegenstehende Bestimmungen enthalten. § 17 Abs. 2 enthält aber eine entgegenstehende Regelung, indem die Vorschrift anordnet, dass **Verwaltungsakte** der in ihr bezeichneten Art nur dann, wenn eine ihrer Voraussetzungen bei der Erteilung nicht vorgelegen hat, und nicht wegen einer aus anderen Gründen bestehenden Rechtswidrigkeit zurückgenommen werden können (vgl. zur ähnlichen Ausgangslage beim Verhältnis zwischen § 21 BImSchG und § 49 VwVfG *Hansmann* in Landmann/Rohmer UmweltR BImSchG § 21 Rn. 11). Da die Bestimmung ausdrücklich auf eine **spezifische Rechtswidrigkeit bei Erteilung** des entsprechenden Verwaltungsakts abstellt, wird man die zu § 48 VwVfG ergangene Rechtsprechung des BVerwG, wonach eine Rücknahme auch bei erst nachträglich rechtwidrig gewordenen Verwaltungsakten erfolgen kann (BVerwG NVwZ 1990, 672 und NVwZ-RR 2012, 33), hier nicht anwenden können (so iE auch *Roller* in NK-AtomR § 17 Rn. 37). Hingegen ist, da § 17 Abs. 2 insoweit gegenüber § 48 VwVfG keine abweichende Regelung trifft, in Anwendung eines zur letzteren Vorschrift anerkannten Grundsatzes (BVerwG NVwZ 2016, 1325 (1327)) davon auszugehen, dass eine Rücknahme auch bei Planfeststellungsbeschlüssen nach § 9b in Betracht kommt.

Ob eine der gesetzlichen Voraussetzungen der betreffenden Genehmigung bei 23
ihrer Erteilung nicht vorgelegen hat, ist zwar nach Maßgabe der zum Zeitpunkt der Rücknahmeentscheidung zur Verfügung stehenden Erkenntnismittel, aber unter Zugrundelegung der **objektiven Sach-** und **Rechtslage** bei der Genehmigungserteilung zu beurteilen. Erfolgte diese etwa zu einem weit zurückliegenden Zeitpunkt, zu dem terroristische Angriffe mit entführten Flugzeugen weder bekannt, noch absehbar waren und zu dem auch bestimmte Großraumflugzeuge heutiger Größenordnung weder vorhanden waren, noch in Aussicht standen, so kann in der Nichtberücksichtigung der insoweit heute bestehenden Gefährdungslage und der Unterlassung der danach notwendigen Schutzvorkehrungen kein Nichtvorliegen einer Genehmigungsvoraussetzung erblickt werden. Vielmehr ist dem insbesondere durch Art. 2 Abs. 2 GG gebotenen dynamischen Grundrechtsschutz in einem solchen Fall durch **nachträgliche Auflagen** nach § 17 Abs. 1 S. 3 oder – sofern durch diese keine Abhilfe möglich ist – durch einen **Widerruf** nach § 17 Abs. 5 Rechnung zu tragen.

Wird eine atomrechtliche Genehmigung zurückgenommen und hatte der Be- 24
treiber zuvor in **schutzwürdigem Vertrauen** auf den Bestand der Genehmigung

Aufwendungen getätigt, so kommt ein Anspruch auf Schadensersatz aus Amtshaftung in Betracht. Denn die den Bediensteten der Genehmigungsbehörde obliegende Pflicht zu rechtmäßigem, insbesondere auch verfahrensgemäßem Handeln im Rahmen des atomrechtlichen Genehmigungsverfahrens nach § 7 stellt sich als **drittgerichtete Amtspflicht** im Sinne des § 839 Abs. 1 S. 1 BGB gegenüber dem Antragsteller als zukünftigem Errichter, Betreiber oder Inhaber der Atomanlage dar (BGH NVwZ 1997, 714 (717 ff.)).

2. Rechtsfolge

25 **a) Vollständige oder teilweise Rücknahme.** Im Gegensatz zu § 48 Abs. 1 S. 1 VwVfG („ganz oder teilweise") hat der Gesetzgeber in § 17 Abs. 2 von einer ausdrücklichen Regelung der Möglichkeit einer nur **teilweisen Rücknahme** abgesehen. Dass dies in bewusster Abweichung zur erstgenannten Vorschrift geschehen sein könnte, ist schon deshalb auszuschließen, weil das VwVfG erst mehr als 15 Jahre nach dem AtG erlassen worden ist. Zwar mag die Komplexität des insbesondere bei Anlagengenehmigungen iSv § 7 vorzufindenden Regelungsgeflechts auf den ersten Blick gegen die Möglichkeit einer nur teilweisen Rücknahme sprechen. Indessen erscheint es sowohl bei genehmigten Anlagen als auch bei genehmigten Tätigkeiten vorstellbar, dass nur die Genehmigung bestimmter Betriebs- oder Verwendungsweisen zurückgenommen wird. Daher ist davon auszugehen, dass § 17 Abs. 2 im Grundsatz auch eine nur teilweise Rücknahme einer Genehmigung oder allgemeinen Zulassung ermöglicht.

26 **b) Ermessensausübung.** Aus dem Wort „können" folgt, dass bei Vorliegen der in Abs. 2 normierten Voraussetzungen die Rücknahme nicht zwingend ist, sondern im pflichtgemäßen **Ermessen** der zuständigen Behörde steht. Dabei ist zu bedenken, dass für eine Rücknahme der Genehmigung unter Verhältnismäßigkeitsgesichtspunkten allenfalls dann Raum ist, wenn eine weniger beeinträchtigende, aber gleich effektive Maßnahme zur Herstellung eines rechtmäßigen Zustands nicht in Betracht kommt. Stellt sich etwa heraus, dass der technische Betriebsleiter eines Kernkraftwerks nicht die erforderliche Fachkunde besitzt, so kommt vorrangig eine auf Bestellung eines entsprechend fachkundigen Verantwortlichen gerichtete Anordnung nach § 19 Abs. 3 S. 1 – ggf. unter Anordnung der zwischenzeitlichen einstweiligen Einstellung des Betriebs nach S. 2 Nr. 3 der Vorschrift – in Betracht. Dass bei Nichtvorliegen einer Genehmigungsvoraussetzung keinerlei Möglichkeit zur Herstellung eines rechtmäßigen Zustands auf andere und weniger belastende Weise besteht, erscheint allenfalls bei atypischen Sachverhalten vorstellbar. Für derartige Fälle ist von Bedeutung, dass die „Kann"-Formulierung des § 17 Abs. 2 deutlich macht, dass der Behörde kein in eine bestimmte Richtung vorgeprägtes und damit intendiertes Ermessen eingeräumt ist, sondern dass sie im betreffenden Einzelfall ihr Ermessen gem. § 40 VwVfG entsprechend dem Zweck der Ermächtigung auszuüben und die **gesetzlichen Grenzen des Ermessens** einzuhalten hat. Demgemäß hat sie die möglichen Auswirkungen auf die Zwecke und Schutzgüter des Gesetzes einerseits mit den Aspekten der Rechtssicherheit und des – gegebenenfalls allerdings durch Versäumnisse des Betreibers reduzierten – Vertrauensschutzes andererseits gegeneinander abzuwägen (*Sachs* in SBS VwVfG § 48 Rn. 77). Hierbei ist, soweit eine **Schutzwürdigkeit** nicht wegen Kenntnis des Fehlens der betreffenden Genehmigungsvoraussetzung ausscheidet, auch zu berücksichtigen, in welcher Weise der Genehmigungsinhaber auf den Bestand vertraut und insoweit bereits Be-

lastungen auf sich genommen hat (BVerwG NVwZ 1994, 896 (897)). Im Zusammenhang mit der Rechtssicherheit wird die Behörde zu bedenken haben, dass etwa mit der Rücknahme einer Genehmigung nach § 7 die rechtliche Grundlage nicht nur für den Betrieb der Anlage, sondern auch für den Besitz von bzw. Umgang mit den in der Anlage vorhandenen radioaktiven Stoffen entfallen würde. Im Ergebnis wird der Erlass einer auf § 17 Abs. 2 gestützten Rücknahmeentscheidung daher nur in ungewöhnlichen Ausnahmesituationen in Betracht kommen.

3. Verfahren

Als **actus contrarius** zur Regelung der aufzuhebenden Genehmigung stellt sich 27 die Rücknahme selbst als Verwaltungsakt dar (so zur Rücknahme nach allgemeinem Verwaltungsverfahrensrecht *Suerbaum* in Mann/Sennekamp/Uechtritz VwVfG, 2. Aufl. 2019, § 48 Rn. 214). Demgemäß gelten für den Erlass der Rücknahme die allgemeinen Regeln über das Verwaltungsverfahren iSv § 9 VwVfG, sofern sich nicht aus dem AtG und der AtVfV Besonderheiten ergeben. Da es sich um einen belastenden Verwaltungsakt handelt, bedarf es vor seinem Erlass einer Anhörung; außerdem ist die Entscheidung zu begründen.

4. Beweislast

Regelmäßig trägt die **Behörde** die materielle Beweislast für die Voraussetzun- 28 gen der Rücknahme (vgl. zum allgemeinen Verwaltungsverfahrensrecht BVerwG DVBl. 1964, 759; OVG Münster NJW 1982, 1661 (1662); *Sachs* in SBS VwVfG § 48 Rn. 41). Es kann jedoch zu einer **Umkehr der Beweislast** kommen, wenn die Unerweislichkeit der für die Rücknahme maßgeblichen Umstände auf einem gegen die Grundsätze von Treu und Glauben verstoßenden, unlauteren Verhalten des Inhabers des begünstigenden Verwaltungsakts beruht (vgl. BVerwGE 20, 295 (298f.) = NJW 1965, 1344; BVerwGE 24, 294 (299f.) = BeckRS 1966, 522; BVerwG Buchholz 240.1 BBesO Nr. 27).

VI. Widerruf (Abs. 2–5)

Der Widerruf von nach dem AtG bzw. nach auf seiner Grundlage erlassenen 29 Rechtsverordnungen ergangenen Genehmigungen und allgemeine Zulassungen wird in den Abs. 3–5 geregelt. Die Absätze unterscheiden zwischen einem **Ermessens-** und einem **Pflichtwiderruf.** Gegenstand des Widerrufsverfahrens ist allein die nach bestandskräftigem Abschluss des gestuften Genehmigungsverfahrens dem Anlagenbetreiber erteilte atomrechtliche (Voll-)Genehmigung (VGH Kassel NVwZ-RR 1998, 361 (363); zum Begriff der Vollgenehmigung BVerwG NVwZ 1989, 52 (56)). Für § 49 VwVfG ist anerkannt, dass ein Widerruf auch bei Planfeststellungsbeschlüssen in Betracht kommt (BVerwG NVwZ 2016, 1325 (1327)); für § 17 Abs. 3–5 kann nichts anderes gelten.

1. Widerruf nach pflichtgemäßem Ermessen (Abs. 3)

Abs. 3 enthält vier alternative Voraussetzungen, bei deren Vorliegen entspre- 30 chende Verwaltungsakte nach pflichtgemäßem Ermessen widerrufen werden können.

31 **a) Kein fristgerechtes Gebrauchmachen (Abs. 3 Nr. 1).** Nach Abs. 3 Nr. 1 kann ein Widerruf erfolgen, wenn von der entsprechenden Genehmigung oder allgemeinen Zulassung innerhalb von zwei Jahren **kein Gebrauch** gemacht worden ist, soweit nicht die Genehmigung oder allgemeine Zulassung etwas anderes bestimmt. Dies steht nicht in Widerspruch dazu, dass nach § 17 Abs. 1 S. 4 Genehmigungen nach § 7 nicht für einen nur befristeten Zeitraum erteilt werden dürfen, da es insoweit nicht um die Befristung der Geltungsdauer geht, sondern darum, dass innerhalb eines überschaubaren Zeitraums nach Erteilung mit dem erstmaligen Gebrauchmachen von der Genehmigung begonnen wird. Hiermit wird grundsätzlich, ähnlich wie im Immissionsschutzrecht mit § 18 Abs. 1 Nr. 1 BImSchG, der Zweck verfolgt, eine Inbetriebnahme zu einer Zeit zu verhindern, in der sich die der Genehmigung zugrunde liegenden Verhältnisse wesentlich geändert haben, und um für wissenschaftliche und technische Entwicklungen offenzubleiben (OVG Lüneburg Urt. v. 27. 11. 2003 – 7 KS 650/01, juris-Rn. 40 = BeckRS 2004, 21449; *Roller* in NK-AtomR § 17 Rn. 42 plädiert de lege ferenda für eine Anpassung an das Immissionsschutzrecht – vgl. **§ 18 Abs. 1 BImSchG** – in Form eines automatischen Erlöschens der Genehmigung nach Ablauf der Frist). Eben dies soll mit dem Instrumentarium des § 18 Abs. 3 Nr. 1 abschließend und ausreichend sichergestellt werden (vgl. *Haedrich* AtG § 17 Rn. 3).

32 **b) Nachträglicher Wegfall einer Voraussetzung (Abs. 3 Nr. 2).** Abs. 3 Nr. 2 gestattet den Widerruf, wenn eine der Voraussetzungen für den Erlass der Genehmigung oder allgemeinen Zulassung **später weggefallen** ist und nicht in angemessener Zeit **Abhilfe** geschaffen wird. Besteht die Voraussetzung in der Erteilung eines eigenständigen Verwaltungsakts einer dritten Behörde und wird dieser dritte Verwaltungsakt durch die zuständige Behörde aufgehoben, so kann im Hinblick auf die Tatbestandswirkung von Verwaltungsakten von einem Wegfall erst ausgegangen werden, wenn die Aufhebung bestandskräftig geworden oder deren vorläufige Vollziehbarkeit angeordnet worden ist; hingegen ist für eine **Inzidentprüfung,** ob die Voraussetzungen für eine Aufhebung dieses Verwaltungsakts vorliegen, im Verfahren nach § 17 Abs. 2 Nr. 3 kein Raum (vgl. am Beispiel der Fachkundebescheinigung nach § 30 Abs. 1 S. 3 StrSchV (heute § 47 Abs. 1 S. 1 StrlSchV) OVG Münster Beschl. v. 29. 4. 2014 – 16 B 372/14, juris-Rn. 7 = BeckRS 2014, 50818; vgl. zum Begriff „weggefallen" *Sellner* FS Sendler, 1991, 339 (345f.)).

33 Ob die Genehmigungsbehörde den Wegfall einer Genehmigungsvoraussetzung oder einer Mehrzahl von Genehmigungsvoraussetzungen zum Anlass für einen Widerruf der Genehmigung nimmt, der als Grundlage für eine Betriebseinstellung nach § 19 Abs. 3 S. 2 Nr. 3 dienen kann, steht nach § 17 Abs. 3 Nr. 2 in ihrem **pflichtgemäßen Ermessen.** Sowohl nach dem Wortlaut dieser Vorschrift als auch nach deren **systematischem Verhältnis** zu § 17 Abs. 5 trifft die Behörde eine Verpflichtung zum Widerruf nur dann, wenn dies wegen einer erheblichen Gefährdung der Beschäftigten, Dritter oder der Allgemeinheit erforderlich ist und nicht durch nachträgliche Auflagen in angemessener Zeit Abhilfe geschaffen werden kann (VGH Mannheim Urt. v. 19. 3. 1991 – 10 S 1128/90, juris-Rn. 45).

34 **c) Erheblicher oder wiederholter Rechtsverstoß oder Nichteinhaltung einer nachträglichen Auflage (Abs. 3 Nr. 3).** Nach § 17 Abs. 3 Nr. 3 kann ein Widerruf ergehen, wenn gegen die Vorschriften dieses Gesetzes oder der auf Grund dieses Gesetzes erlassenen Rechtsverordnungen, gegen die hierauf beruhenden Anordnungen und Verfügungen der Aufsichtsbehörden oder gegen die Bestimmungen des Bescheids über die Genehmigung oder allgemeine Zulassung **erheblich**

oder wiederholt verstoßen oder wenn eine **nachträgliche Auflage nicht eingehalten** worden ist und nicht in **angemessener Zeit Abhilfe** geschaffen wird.

aa) Erhebliche oder wiederholte Rechtsverstöße. Diese Regelung betrifft 35 insbesondere den als erheblichen Rechtsverstoß zu qualifizierenden Fall, dass eine Anlage nicht **genehmigungskonform** errichtet worden ist. Aus dem systematischen Zusammenhang des § 19 Abs. 3 mit den §§ 17, 18 folgt aber, dass ein Widerruf der Ausgangsgenehmigung keine notwendige Voraussetzung ist, um bei einer erfolgten Änderung der Anlage und dem Fehlen einer Änderungsgenehmigung eine auf § 19 Abs. 3 S. 2 gestützte Stilllegungsanordnung erlassen zu können (BVerwG NVwZ 2001, 567 (568)).

Aus der Formulierung „**erheblich oder wiederholt**" ist abzuleiten, dass es bei 36 Vorliegen wiederholter Rechtsverstöße nicht erforderlich ist, dass diese jeweils auch erheblich gewesen sind (aA BHR EnergieR I Rn. 1033; *Fischerhof* Dt. AtomG § 17 Rn. 15). Dies erscheint deshalb gerechtfertigt, weil bei wiederholten Rechtsverstößen weitere Wiederholungen zu besorgen sind (vgl. hierzu in anderem Zusammenhang BVerwG Beschl. v. 30.5.2012 – 1 WB 58/11, BeckRS 2016, 52947 Rn. 44).

bb) Nichteinhaltung einer nachträglichen Auflage. Ein auf § 17 Abs. 3 37 Nr. 3 gestützter Widerruf kann ferner ergehen, wenn eine nachträgliche Auflage nicht eingehalten worden ist und nicht in angemessener Zeit Abhilfe geschaffen wird. Mit dem Begriff der **Auflage** ist hierbei – ebenso wie im Falle des § 21 Abs. 1 Nr. 2 BImSchG (hierzu *Jarass* BImSchG § 21 Rn. 8 mwN) – eine echte Auflage, nicht eine Inhaltsbestimmung bzw. modifizierende Auflage gemeint. Einer **Nichteinhaltung** steht eine unrichtige Erfüllung der Auflage gleich (so zutreffend zu § 21 Abs. 1 Nr. 2 BImSchG *Hansmann* in Landmann/Rohmer BImSchG § 21 Rn. 30). Eine nachträgliche Auflage ist auch dann nicht eingehalten, wenn ihr nicht innerhalb einer mit der Auflage festgesetzten Frist nachgekommen worden ist. Allerdings liegen auch in diesem Falle die Voraussetzungen für einen Widerruf nur dann vor, wenn der Betreiber nicht in angemessener Zeit Abhilfe schafft. Dabei bemisst sich die Angemessenheit des Zeitraums nach der **objektiven Dringlichkeit der Auflagenerfüllung** im Hinblick auf den Zweck der Nebenbestimmung und die Anlagensicherheit. Anders ausgedrückt ist als angemessene Zeit die Zeitspanne anzusehen, in welcher dem Inhaber der Genehmigung oder allgemeinen Zulassung „nach vernünftiger Ansicht unter Berücksichtigung des Schutzzwecks des Gesetzes eine Abhilfe zumutbar ist" (*Mattern/Raisch* § 17 Rn. 10).

d) Keine nachfristgerechte Erbringung von Nachweisen (Abs. 3 Nr. 4). 38 Abs. 3 Nr. 4 lässt den Widerruf zu, wenn auch nach **Setzung einer angemessenen Nachfrist** ein ordnungsgemäßer Nachweis nach § 9a Abs. 1a–1e nicht vorgelegt wird oder auch nach Setzung einer angemessenen Nachfrist keine Ergebnisse der nach § 19a Abs. 1 durchzuführenden **Sicherheitsüberprüfung** vorgelegt werden. Jedoch wird es im Rahmen der Ermessensausübung zugunsten des Betreibers zu berücksichtigen sein, wenn sich die Vorlage des Nachweises nach § 9a Abs. 1a–1e aufgrund von Umständen verzögert, die nicht von ihm zu **vertreten** sind; dies kommt etwa in Betracht, wenn die auf seinen Antrag hin ergangene Genehmigung für ein Zwischenlager aufgrund einer Drittanfechtung aufgehoben wird. Ebenfalls wird im Rahmen der Ermessensbetätigung zu berücksichtigen sein, wenn der Betreiber die Sicherheitsüberprüfung nach § 19a rechtzeitig in die Wege geleitet hat und deren Ergebnisse lediglich aufgrund von Umständen, die er nicht zu vertreten hat, nicht rechtzeitig vorgelegt werden können.

39 **e) Vollständiger oder teilweiser Widerruf.** Insoweit ist auf die Ausführungen zur Möglichkeit einer nur teilweisen Rücknahme einer Genehmigung oder allgemeinen Zulassung zu verweisen (→ Rn. 25); für den Widerruf gilt nichts anderes.

40 **f) Ermessensausübung.** Hinsichtlich der für die Ermessensbetätigung maßgeblichen Grundsätze ist auf die Ausführungen unter → Rn. 26 zu verweisen, die auch insoweit gelten.

2. Obligatorischer Widerruf (Abs. 4–5)

41 **a) Unzureichender Bestand oder Nachweis der Deckungsvorsorge (Abs. 4).** Nach Abs. 4 sind Genehmigungen zu widerrufen, wenn die **Deckungsvorsorge** nicht der Festsetzung nach § 13 Abs. 1 entspricht und der zur Deckungsvorsorge **Verpflichtete** eine der Festsetzung entsprechende Deckungsvorsorge nicht binnen einer von der Verwaltungsbehörde festzusetzenden angemessenen Frist nachweist. Der zur Deckungsvorsorge Verpflichtete kann den Widerruf dadurch abwenden, dass er binnen einer von der Verwaltungsbehörde festzusetzenden angemessenen Frist eine Deckungsvorsorge nachweist, welche der Festsetzung entspricht (*Mattern/Raisch* § 17 Rn. 12).

42 **b) Erhebliche Gefährdung Beschäftigter, Dritter oder der Allgemeinheit (Abs. 5).** Nach Abs. 5 sind Genehmigungen oder allgemeine Zulassungen außerdem zu widerrufen, wenn dies wegen einer erheblichen Gefährdung der Beschäftigten, Dritter oder der Allgemeinheit erforderlich ist und nicht durch nachträgliche Auflagen in angemessener Zeit Abhilfe geschaffen werden kann. Der Widerrufstatbestand des § 17 Abs. 5 setzt voraus, dass die „**erhebliche Gefahr**" in der genehmigten Anlage oder Tätigkeit **begründet** ist (OVG Lüneburg Beschl. v. 23.9.1986 – 7 D 7/86). Dabei stehen der fakultative Widerruf nach § 17 Abs. 3 Nr. 2 und der obligatorische Widerruf nach § 17 Abs. 5 in einem **Stufenverhältnis;** die Anwendung des § 17 Abs. 5 setzt voraus, dass dem dort genannten Personenkreis **unmittelbar** ein Schaden durch den Betrieb des Kernkraftwerks drohen muss (VGH Kassel NVwZ 1989, 1183 (1184); OVG Münster RdE 1990, 62 (63f.), *Schoch* DVBl. 1990, 549 (551); zum Stufenverhältnis vgl. *Sellner* FS Sendler, 1991, 339 (343ff.)).

43 Der Begriff der **erheblichen Gefährdung** im Rahmen von § 17 Abs. 5 ist im Einzelnen umstritten (vgl. hierzu die Darstellung des Streitstandes bei *Schneider* in Schneider/Steinberg, Schadensvorsorge im Atomrecht zwischen Genehmigung, Bestandsschutz und staatlicher Aufsicht, 170 ff.). So vertritt das OVG Schleswig hierzu die Auffassung, dass der vom BVerfG zu § 7 Abs. 2 Nr. 3 zunächst im **Kalkar-Urteil** entwickelte Begriff der bestmöglichen Gefahrenabwehr und Risikovorsorge (BVerfGE 49, 89 (143) = NJW 1979, 359), den das BVerwG später im Wyhl-Urteil in prinzipieller Gleichsetzung beider Aufgabenbereiche zu einem einheitlichen Vorsorgebegriff weiterentwickelt hat (BVerwGE 72, 300 (315)), auch auf den Bereich der staatlichen Aufsicht nach den §§ 17 und 19 zu übertragen ist (OVG Schleswig Urt. v. 27.5.1994 – 4 K 7/92, BeckRS 2013, 57996 Rn. 81 ff. und Urt. v. 3.11.1999 – 4 K 26/95, juris-Rn. 156). Nach dieser Ansicht müssten im Interesse einer umfassenden Erfüllung der staatlichen Schutzpflicht aus Art. 2 Abs. 2 GG im hier maßgeblichen Zusammenhang – wie im Rahmen von § 7 Abs. 2 Nr. 3 – auch solche Schadensmöglichkeiten in Betracht gezogen werden, die sich nur deshalb nicht ausschließen lassen, weil nach dem derzeitigen Wissensstand bestimmte Ursachenzusammenhänge weder bejaht noch verneint werden können und daher insoweit noch keine Gefahr, sondern nur ein Gefahrenverdacht oder ein Besorgnispotential besteht. Unter Bezugnahme auf den vom BVerfG aufgestellten **Grundsatz der bestmöglichen Gefahrenabwehr und Risikovorsorge** und insbesondere das Erfordernis eines „**dynamischen Grundrechtsschutzes**" sei daher auch im Rahmen des § 17 Abs. 5 jede Gefährdung zu berücksichtigen, die das bei der Genehmigung angenommene, nach dem Maßstab praktischer Vernunft zu tolerierende Restrisiko erheblich übersteigt (so auch *Schneider* in Schneider/Steinberg, Schadensvorsorge im Atomrecht zwischen Genehmigung, Bestandsschutz und staatlicher Aufsicht, 125; *Haedrich* AtG § 17 Rn. 14; aA *Ossenbühl*, Bestandsschutz und Nachrüstung von Kernkraftwerken, 90; *Wagner* DÖV 1987, 524 (530); differenzierend *Roller* in NK-AtomR § 17 Rn. 56). Nur eine überobligatorische Vorsorge zur Minimierung des grundsätzlich hinzunehmenden Restrisikos finde damit im Gefahrenbegriff des § 17 Abs. 5 keine Entsprechung. Demgegenüber liegt nach Auffassung des VGH Kassel dem Tatbestandsmerkmal der „erheblichen Gefährdung" in § 17 Abs. 5 der Begriff der Gefahr im herkömmlichen, also im polizeirechtlichen Sinne zugrunde, und zwar ohne dass wegen des Zusatzes „erheblich" eine Steigerung in Bezug auf die Gefahrenlage zu fordern ist (so auch *Sellner* FS Sendler, 1991, 339 (347)). Dabei sei der Gefahrbegriff nach § 17 Abs. 5 von der „**erforderlichen Schadensvorsorge**" im Sinne der Genehmigungsvorschrift des § 7 Abs 2. Nr. 3 abzugrenzen; eine inhaltliche Gleichsetzung verbiete sich (so auch *Kunth* RdE 1992, 177 (179 ff.)). Für die vom VGH Kassel vorgenommene Abgrenzung soll wegen des im Atomrecht regelmäßig zu besorgenden außergewöhnlich großen Schadenspotentials dem Kriterium der Eintrittswahrscheinlichkeit eine ausschlaggebende Bedeutung zukommen. Dem atomrechtlichen Gefahrbegriff werde deshalb eine behördliche Schadensprognose nicht gerecht, die allein anhand einer deterministischen Kriterien ausgerichteten Betrachtungsweise getroffen wird; es müssten darüber hinaus probabilistische Erwägungen zur Wahrscheinlichkeit eines Schadenseintritts angestellt werden (VGH Kassel Urt. v. 25.3.1997 – 14 A 3083/89, juris-Rn. 153 ff. = BeckRS 1997, 22815; zustimmend *Sellner* FS Sendler, 1991, 339 (347); BHR EnergieR I Rn. 1037; dem bis auf die Ausführungen zum Erfordernis probabilistischer Erwägungen folgend *Pfaundler* UPR 1999, 336 f.). Soweit ersichtlich, steht eine höchstrichterliche Klärung des Begriffs der erheblichen Gefährdung noch aus.

3. Beweislast

Grundsätzlich hat die **Behörde** die materielle Beweis- und Feststellungslast für 44 das Vorliegen der Widerrufsvoraussetzungen zu tragen (vgl. BVerwG DVBl. 1964, 759; OVG Bautzen Urt. v. 12.1.2012 – 1 A 634/09, juris-Rn. 45). Dies gilt aber dann nicht, wenn die Nichterweislichkeit auf Umständen beruht, die in den **Verantwortungsbereich des Inhabers** des begünstigenden Verwaltungsakts fallen (vgl. allgemein OVG Bautzen Urt. v. 16.2.2016 – 1 A 677/13, BeckRS 2016, 44043 Rn. 58 und v. 12.1.2012 – 1 A 634/09, juris-Rn. 45; strenger, nämlich bei Versuch, den Verwaltungsakt mit unlauteren Mitteln zu erhalten, BVerwGE 24, 294 (299) = BeckRS 1966, 522 sowie bei treuwidriger Vereitelung der erforderlichen Feststellungen OVG Münster NVwZ 1996, 610 (612) und NVwZ 2003, 803 (805)).

VII. Bezeichnung des Inhabers der Kernanlage (Abs. 6)

45 Nach § 17 Abs. 6 ist bei der Genehmigung von Tätigkeiten, die zum Betrieb einer Kernanlage berechtigen, der Genehmigungsinhaber in dem Genehmigungsbescheid ausdrücklich als Inhaber einer Kernanlage zu bezeichnen. Die Vorschrift diente der Verwirklichung des Art. 1 Abs. (a) (vi) PÜ. Nach den Begriffsbestimmungen des § 2 Abs. 4 iVm Anlage 1 ist Inhaber einer Kernanlage derjenige, der von der zuständigen Behörde als Inhaber einer solchen bezeichnet oder angesehen wird. Die Empfehlung der Europäischen Atomgemeinschaft vom 28.10.1965 (ABl. 2995) sah vor, dass der Inhaber einer Kernanlage in der **Baugenehmigung** als solcher bezeichnet wird. Da das AtG indessen den Begriff der Kernanlage nicht kennt und es daher für Kernanlagen keinen einheitlichen Genehmigungstatbestand gab und gibt, knüpft Abs. 6 allgemein an die Genehmigungen von Tätigkeiten, die zum Betrieb einer Kernanlage berechtigen, an und schreibt vor, die Inhaber derartiger Genehmigungen in dem Genehmigungsbescheid ausdrücklich als Inhaber einer Kernanlage zu bezeichnen (vgl. den Auszug aus dem Regierungsentwurf zum Dritten Gesetz zur Änderung des AtG, wiedergegeben bei *Fischerhof* Dt. AtomG § 17 Rn. 2).

VIII. Kosten

46 Nach § 21 Abs. 1 Nr. 2 werden Kosten (Gebühren und Auslagen) erhoben ua für Entscheidungen nach § 17 Abs. 1 S. 3, Abs. 2, 3, 4 und 5, soweit nach § 18 Abs. 2 eine Entschädigungspflicht nicht gegeben ist. Nach § 2 Abs. 1 Nr. 4 AtSKostVO betragen die Gebühren für derartige Entscheidungen **25 bis 10.000 EUR.**

47 Da der Verordnungsgeber nach der Einfügung des § 21 Abs. 1a Nr. 2 davon abgesehen hat, auch die **Atomkostenverordnung** entsprechend zu ändern und in § 2 Abs. 1 Nr. 4 AtSKostVO oder an anderer Stelle neben den in § 21 Abs. 1 Nr. 2 ausschließlich angesprochenen „Entscheidungen nach § 17 ... AtG" auch „Entscheidungen über (Dritt-) Anträge nach § 17 AtG" als gebührenpflichtigen Tatbestand aufzuführen, obwohl an anderer Stelle – § 2 Abs. 1 Nr. 1, 2, 3, 5 und 6 AtSKostVO – „Entscheidungen über Anträge" ausdrücklich angesprochen sind, die Terminologie also dem Verordnungsgeber keineswegs fremd ist, ist davon auszugehen, dass der Verordnungsgeber lediglich den **Anlagenbetreiber** als Kostenschuldner der gebührenpflichtigen Entscheidung über einen Widerruf nach § 17 AtG ins Auge gefasst hat, nicht aber einen Dritten, der einen Antrag auf Widerruf einer atomrechtlichen Betriebsgenehmigung gestellt hat (VG Wiesbaden Urt. v. 27.6.2007 – 1 E 1615/06, juris-Rn. 21 = BeckRS 2007, 26346).

IX. Rechtsschutz

1. Kein Vorverfahren

48 Da nach § 24 Abs. 2 S. 1 für Genehmigungen nach den §§ 7, 7a und 9 sowie deren Rücknahme und Widerruf die durch die Landesregierungen bestimmten **obersten Landesbehörden** zuständig sind, die auch die Aufsicht über Anlagen nach § 7 und die Verwendung von Kernbrennstoffen außerhalb dieser Anlagen auszuüben haben, bedarf es nach § 68 Abs. 1 S. 2 Nr. 1 VwGO keines Vorverfahrens.

Inhaltliche Beschränkungen, Auflagen, Widerruf **§ 17 AtG**

2. Betreiberklagen

Da der Gesetzgeber in § 17– anders als etwa in § 6 Abs. 4 des Gesetzes – die **aufschiebende Wirkung** nicht ausgeschlossen hat, lösen, sofern nicht die Behörde gem. § 80 Abs. 2 Nr. 4 VwGO die sofortige Vollziehung angeordnet hat, Anfechtungsklagen des Betreibers gegen Auflagen sowie Rücknahmen oder Widerrufe aufgrund von § 80 Abs. 1 S. 1 VwGO einen entsprechenden **Suspensiveffekt** aus. 49

Während belastende Nebenbestimmungen mit der Anfechtungsklage angreifbar sind (BVerwG NVwZ 2001, 429) kann der Anspruch auf Erteilung einer Genehmigung ohne einschränkende Inhaltsbestimmung nur im Wege der **Verpflichtungsklage** geltend gemacht werden (BVerwG NJW 2010, 2074 (2075)). 50

3. Drittklagen

a) Klagen auf Erlass nachträglicher Auflagen. Die Zulässigkeit von Klagen auf Verpflichtung zum Erlass nachträglicher Auflagen iSd § 17 Abs. 1 S. 3 setzt voraus, dass die Kläger vor Klageerhebung einen diesbezüglichen **Antrag** bei der zuständigen Behörde gestellt haben; hierbei handelt es sich um keine Sachurteilsvoraussetzung, sondern um eine nach Klageerhebung nicht mehr nachholbare **Klagevoraussetzung** (VGH München Urt. v. 7.10.2004 – 22 A 03.40036, BeckRS 2004, 25110 Rn. 13 unter Hinweis auf BVerwG NJW 1996, 1977 (1978)). 51

Die Zulässigkeit der Klage setzt voraus, dass ein **Verstoß gegen eine drittschützende Vorschrift** geltend gemacht wird; Maßnahmen zur Restrisikominimierung können auf § 17 Abs. 1 S. 3 nicht gestützt werden (OVG Lüneburg NVwZ 1989, 1180 (1181)). Dagegen wird sich ein Dritter auf die Norm berufen können, wenn aufgrund neuer wissenschaftlicher Erkenntnisse und des Fortschritts der Technik nachträgliche Maßnahmen zum Schutz vor drohenden erheblichen Gefährdungen für Dritte erforderlich sind (*Sellner* FS Sendler, 1991, 339 (351)). 52

Unabhängig von der Unionsrechtwidrigkeit von Präklusionsregelungen in bestimmten Fallgestaltungen (EuGH EuZW 2016, 66 (69ff.)) können jedenfalls dann, wenn Einwendungen auf Grund veränderter Sachlage erst nach Erlass der vorangegangenen Teilgenehmigungen entstanden sind, unter bestimmten Voraussetzungen nachträgliche Anordnungen bzw. jedenfalls ermessensgerechte Entscheidungen über entsprechende Anträge beansprucht werden (vgl. BVerwG DVBl 1993, 1151f. und BVerwG NVwZ 1998, 623 (624); VGH München Urt. v. 7.10.2004 – 22 A 03.40036, BeckRS 2004, 25110 Rn. 27). 53

b) Klagen auf Widerruf der Genehmigung. Für die Zulässigkeit einer Klage auf Widerruf einer atomrechtlichen Genehmigung zum Betrieb einer Anlage zur Spaltung von Kernbrennstoffen reicht es nicht aus, dass geltend gemacht wird, die **Katastrophe von Tschernobyl** habe offengelegt, dass das Risiko eines Kernschmelzunfalls beim Betrieb eines Reaktors (theoretisch) nicht auszuschließen sei. Vielmehr muss geltend gemacht werden, beim Betrieb des konkreten Kernkraftwerks sei der (nach den Regeln der praktischen Vernunft) erforderliche Schutz nicht gewährleistet und könne auch nachträglich nicht gewährleistet werden (BVerwG NVwZ 1989, 1170). Hingegen ist ein Anspruch auf restrisikominimierende Maßnahmen nicht gegeben (BVerwG v. 9.2.2005 – Az. 7 B 160.04, juris-Rn. 16 = BeckRS 2005, 24005; VGH München ZUR 2005, 540 (542)). 54

Macht ein Kläger hingegen geltend, dass eine atomrechtliche Anlage unter Verstoß gegen drittschützende Vorschriften errichtet worden ist oder betrieben wird, so kann ihm ein Anspruch auf fehlerfreie Ermessensausübung über einen **Antrag** 55

auf Widerruf der Genehmigung nach § 17 Abs. 3 Nr. 3 zustehen (vgl. VGH München NVwZ 2000, 1192).

56 Es spricht vieles dafür, dass das AtG mit den subjektiven Genehmigungsvoraussetzungen der Zuverlässigkeit, Sachkunde und Betriebskenntnis in § 7 Abs. 2 Nr. 1 und 2 auch den **Schutz Dritter vor den Gefahren der Kernenergie** bezweckt, denn der sichere Betrieb von Kernbrennstoff-Anlagen im Sinne des § 7 Abs. 1 ist nicht allein durch bauliche und technische, sondern auch durch organisatorische Maßnahmen der Vorsorge gegen Schäden zu gewährleisten (BVerwGE 81, 185 (187) = NVwZ 1989, 864). Die Wirksamkeit gerade organisatorischer Vorsorgemaßnahmen hängt aber entscheidend von der Zuverlässigkeit, Sachkunde und den Betriebskenntnissen der für Leitung und Beaufsichtigung verantwortlichen und der sonst im Betrieb tätigen Personen ab (BVerwG NVwZ 1990, 858; vgl. auch VGH München NVwZ 2000, 1192).

57 Wie sich aus der Formulierung des Schutzzwecks (Abwehr der „erheblichen Gefährdung ... Dritter") ergibt, hat die einen zwingenden Widerruf einer atomrechtlichen Genehmigung regelnde Vorschrift des § 17 Abs. 5 **drittschützende Wirkung,** so dass die Geltendmachung der Voraussetzungen dieser Vorschrift eine Klagebefugnis begründen kann (OVG Schleswig Urt. v. 3.11.1999 – 4 K 26/95, juris-Rn. 150; vgl. hierzu bereits VG Darmstadt Beschl. v. 9.11.1978 – III C 104/78, BeckRS 1978, 31142830). Hat auch objektiv der Anlagenbetrieb eine erhebliche Gefährdung Dritter zur Folge, steht den Klägern nach § 17 Abs. 5 ein Anspruch auf Widerruf der Genehmigung zu (BVerwG NVwZ 2001, 567 (570)). Allerdings entfaltet § 17 Abs. 5 drittschützende Wirkung allein in Bezug auf die Rechtsgüter Leben und Gesundheit von Menschen; Dritter im Sinne dieser Vorschrift kann deshalb nur eine natürliche Person sein, nicht aber eine kommunale Gebietskörperschaft, die sich auf diese (höchstpersönlichen) Rechtsgüter nicht berufen kann (VGH Kassel NVwZ-RR 1998, 361 (363 f.)).

4. Beiladung

58 Wird in einem **Drittklageverfahren** die Aufhebung der Genehmigung eines Kernkraftwerks und die Verpflichtung des die atomrechtliche Anlagenaufsicht ausübenden Landes zur Anordnung der Stilllegung begehrt, liegen die Voraussetzungen des § 65 Abs. 2 VwGO für eine Beiladung der Bundesrepublik Deutschland nicht vor. Denn die Rechtskraft eines den Gesetzesvollzug eines Landes betreffenden verwaltungsgerichtlichen Urteils erstreckt sich auch auf die Bundesrepublik Deutschland, wenn das Land hierbei zugleich eine Angelegenheit des Bundes wahrnimmt, was insbesondere der Fall ist, wenn ein Gesetz im Auftrage des Bundes ausgeführt wird (vgl. BVerwG NVwZ 1999, 296, unter Hinweis auf BVerwG NVwZ 1993, 781 f.).

§ 18 Entschädigung

(1) ¹Im Falle der Rücknahme oder des Widerrufs einer nach diesem Gesetz oder nach einer auf Grund dieses Gesetzes erlassenen Rechtsverordnung erteilten Genehmigung oder allgemeinen Zulassung muß dem Berechtigten eine angemessene Entschädigung in Geld geleistet werden. ²Wird die Rücknahme oder der Widerruf von einer Behörde des Bundes ausgesprochen, so ist der Bund, wird die Rücknahme oder der Widerruf

Entschädigung   § 18 AtG

von einer Landesbehörde ausgesprochen, so ist das Land, dessen Behörde die Rücknahme oder den Widerruf ausgesprochen hat, zur Leistung der Entschädigung verpflichtet. ³Die Entschädigung ist unter gerechter Abwägung der Interessen der Allgemeinheit und des Betroffenen sowie der Gründe, die zur Rücknahme oder zum Widerruf führten, zu bestimmen. ⁴Die Entschädigung ist begrenzt durch die Höhe der vom Betroffenen gemachten Aufwendungen, bei Anlagen durch die Höhe ihres Zeitwerts. ⁵Wegen der Höhe der Entschädigung steht der Rechtsweg vor den ordentlichen Gerichten offen.

(2) Eine Entschädigungspflicht ist nicht gegeben, wenn
1. der Inhaber die Genehmigung oder allgemeine Zulassung auf Grund von Angaben erhalten hat, die in wesentlichen Punkten unrichtig oder unvollständig waren,
2. der Inhaber der Genehmigung oder allgemeinen Zulassung oder die für ihn im Zusammenhang mit der Ausübung der Genehmigung oder allgemeinen Zulassung tätigen Personen durch ihr Verhalten Anlaß zum Widerruf der Genehmigung oder allgemeinen Zulassung gegeben haben, insbesondere durch erhebliche oder wiederholte Verstöße gegen die Vorschriften dieses Gesetzes oder der auf Grund dieses Gesetzes ergangenen Rechtsverordnungen oder gegen die hierauf beruhenden Anordnungen und Verfügungen der Aufsichtsbehörden oder gegen die Bestimmungen des Bescheids über die Genehmigung oder allgemeine Zulassung oder durch Nichteinhaltung nachträglicher Auflagen,
3. der Widerruf wegen einer nachträglich eingetretenen, in der genehmigten Anlage oder Tätigkeit begründeten erheblichen Gefährdung der Beschäftigten, Dritter oder der Allgemeinheit ausgesprochen werden mußte.

(3) Die Absätze 1 und 2 gelten entsprechend für nachträgliche Auflagen nach § 17 Abs. 1 Satz 3.

(4) ¹Wenn das Land eine Entschädigung zu leisten hat, sind der Bund oder ein anderes Land entsprechend ihrem sich aus der Gesamtlage ergebenden Interesse an der Rücknahme oder am Widerruf verpflichtet, diesem Land Ausgleich zu leisten. ²Entsprechendes gilt, wenn der Bund eine Entschädigung zu leisten hat.

Literatur: *Gaßner/Kendzia*, Atomrechtliche Staatshaftung und Laufzeitverlängerungen, ZUR 2010, 456; *Gemmeke*, Nachträgliche Anordnungen im Atomrecht, 1995; *Schoch*, Rechtsfragen der Entschädigung nach dem Widerruf atomrechtlicher Genehmigungen, DVBl 1990, 549; *Sellner*, Nachträgliche Auflagen und Widerruf bei der Genehmigung von Kernenergieanlagen, in FS Sendler, 1991, 339.

I. Entstehungsgeschichte

Der heute geltende Wortlaut des § 18 entspricht nahezu vollständig der Ursprungsfassung vom 23.12.1959 (BGBl. I 814). Als einzige Änderung ist durch Art. 1 Nr. 15 des Dritten Gesetzes zur Änderung des Atomgesetzes vom 15.7.1975 (BGBl. I 1885) in Abs. 1 an mehreren Stellen und in Abs. 4 als zusätzliche Anspruchsvoraussetzung vor dem Widerruf auch die Rücknahme eingefügt worden.

1

II. Rechtsnatur

2   Da eine **Enteignung** iSv Art. 14 Abs. 3 GG den Entzug des Eigentums durch Änderung der Eigentumszuordnung und stets auch eine Güterbeschaffung voraussetzt (BVerfG NVwZ-Beilage 2017, 9 Rn. 242), handelt es sich bei der in § 18 geregelten Entschädigung nicht um eine **Enteignungsentschädigung** iSv Art. 14 Abs. 3 S. 2 GG. Vielmehr besteht die Funktion dieser Entschädigung darin, durch einen entsprechenden Ausgleich zu verhindern, dass sich die Rücknahme oder der Widerruf einer nach dem AtG oder nach einer auf Grund dieses Gesetzes erlassenen Rechtsverordnung erteilten Genehmigung oder allgemeinen Zulassung oder eine nachträgliche Auflage als ansonsten **unverhältnismäßige Inhalts- und Schrankenbestimmung** des Eigentums darstellen würde. Zwar gibt Art. 14 Abs. 1 GG keine Garantie der Erfüllung aller Investitionserwartungen und schützt insbesondere nicht gegen Änderungen der rechtlichen Rahmenbedingungen wirtschaftlichen Handelns und deren Auswirkungen auf die Marktchancen. Die Verfassungsbestimmung gewährleistet aber, dass die in berechtigtem Vertrauen auf eine Gesetzeslage getätigten Investitionen ins Eigentum nach Maßgabe des Verhältnismäßigkeitsgrundsatzes angemessene Berücksichtigung sowohl hinsichtlich des Ob als auch hinsichtlich des Wie eines Ausgleichs finden, wenn die weitere Verwertbarkeit des Eigentums direkt unterbunden oder erheblich eingeschränkt wird (BVerfG NJW 2017, 217 (239)). Daher ist eine Entschädigungsregelung, die für jeden Fall der Rücknahme oder des Widerrufs einer atomrechtlichen Genehmigung – mit den Einschränkungen aus Abs. 2 – dem Grunde nach eine Entschädigungspflicht begründet, **verfassungsrechtlich** geboten.

III. Anspruchsbegründende Maßnahmen

3   § 18 lehnt sich zwar an die im allgemeinen Verwaltungsrecht bestehenden Entschädigungsregelungen der § 48 Abs. 3 S. 1 und § 49 Abs. 6 VwVfG an, normiert jedoch davon abweichende eigenständige tatbestandliche Voraussetzungen (*Gaßner/Kendzia* ZUR 2010, 456 (458)).

1. Rücknahme und Widerruf (Abs. 1)

4   Da § 17 Abs. 2–5 als lex specialis Rücknahmen und Widerrufe von nach dem AtG erteilten Genehmigungen und allgemeinen Zulassungen (zu diesen Begriffen BVerwG NVwZ 1998, 281 (282)) auf Grundlage von §§ 48 f. VwVfG ausschließt (vgl. → § 17 Rn. 22) werden von dem Begriff „Rücknahme" und „Widerruf" in § 18 Abs. 1 nur **aufhebende Verwaltungsakte im Sinne der erstgenannten Vorschrift** erfasst.

5   In der Rechtsprechung ist anerkannt, dass bei **Teilbarkeit von Verwaltungsakten** auch deren teilweise Rücknahme (vgl. etwa BVerwG NVwZ 2013, 297 (298)) oder deren teilweiser Widerruf (BVerwG NVwZ 1998, 281 (284)) in Betracht kommen kann und dies auch bei teilweisen Aufhebungen von Genehmigungen oder sonstigen Zulassungen gilt (vgl. etwa BVerwG NVwZ 2016, 1325 (1327)). Angesichts dessen stellt sich die Frage, ob ein Anspruch auf Entschädigung nach § 18 Abs. 1 auch bei einer nur teilweisen Rücknahme oder einem nur teilweisen Widerruf besteht. Zwar würde der Wortlaut Rücknahme und Widerruf wohl

Entschädigung **§ 18 AtG**

auch Fallgestaltungen erfassen, in denen eine Genehmigung oder allgemeine Zulassung nicht vollständig, sondern nur teilweise zurückgenommen oder widerrufen wird. Da sich entsprechende Maßnahmen indessen nur dann als ohne Ausgleich unverhältnismäßige und damit rechtswidrige Inhalts- und Schrankenbestimmungen des Eigentums darstellen, wenn die weitere Verwertbarkeit des Eigentums direkt unterbunden oder erheblich eingeschränkt wird, würde es dann, wenn eine nur teilweise Aufhebung nicht zu einer solchen Folge führt, nicht zur Entstehung eines **Entschädigungsanspruchs** kommen.

2. Nachträgliche Auflagen (Abs. 3)

Nach § 18 Abs. 3 gelten die Abs. 1 und 2 entsprechend für nachträgliche Auf- 6 lagen nach § 17 Abs. 1 S. 3. Insoweit stellt sich insoweit die Frage, was unter „**entsprechend**" zu verstehen ist. Zwar könnte die Vorschrift ihrem Wortlaut nach so zu verstehen sein, dass dem Berechtigten auch bei bloßem Erlass irgendeiner nachträglichen Auflage bezüglich einer erteilten Genehmigung oder allgemeinen Zulassung eine angemessene Entschädigung in Geld geleistet werden muss (so *Fischerhof* Dt. AtomG § 18 Rn. 2). Gegen ein derartiges Verständnis spricht zum einen, dass eine **generelle Ausgleichspflicht** bei jedweden nachteiligen Änderungen der Nutzbarkeit verfassungsrechtlich nicht geboten ist (OVG Schleswig Urt. v. 22.5.2017 – 4 KN 11/15, BeckRS 2017, 123230 Rn. 48). Zum zweiten ist festzustellen, dass es, wenn der Gesetzgeber denn für jedwede nachträgliche Einschränkung eine Entschädigungspflicht hätte statuieren wollen, ausgesprochen nahe gelegen hätte, die nachträgliche Auflage als weiteren anspruchsauslösenden Tatbestand in Abs. 1 S. 1 der Vorschrift aufzunehmen. Zum dritten ist zu bedenken, dass sich bereits der historische Gesetzgeber bei Erlass der Ursprungsfassung des AtG durchaus dessen bewusst war, dass es fortschreitende Erkenntnisse erforderlich machen würden, genehmigten Anlagen nachträglich zusätzlichen Anforderungen zu unterwerfen; eben dies war letztlich der Grund für die in § 17 Abs. 1 S. 3 enthaltene Regelung. In der Begründung des Regierungsentwurfs wurde hierzu festgestellt: „Angesichts der Tatsache, dass bei Einrichtungen zur Kernspaltung und bei den ihr dienenden Begleitmaßnahmen noch keine abschließenden wissenschaftlichen Erkenntnisse und technischen Erfahrungen vorliegen, müssen die Genehmigungsbehörden die Möglichkeit haben, auch **nachträgliche** – durch die fortschreitende Entwicklung der Wissenschaft und Technik gebotene – **Auflagen** festzusetzen." (BT-Drs. III/759, 30). Dies hat das BVerfG grundlegend in der **Kalkar-Entscheidung** verfassungsrechtlich fundiert und festgestellt, dass der Gesetzgeber im atomrechtlichen Bereich aufgrund der aus Art. 2 Abs. 2 GG folgenden Schutzpflicht gehalten ist, zu überprüfen, ob von ihm getroffene Entscheidungen auch unter veränderten Umständen aufrechtzuerhalten sind, sofern sie durch neue, im Zeitpunkt des Gesetzeserlasses noch nicht abzusehende Entwicklungen entscheidend in Frage gestellt werden (BVerfGE 49, 89 (143f. iVm 130f.) = NJW 1979, 359). Weiter hat es im **Mülheim-Kärlich-Beschluss** festgestellt, dass in derartigen Fällen eine legislative Nachbesserungspflicht in grundrechtsrelevanten Bereichen vor allem dann in Betracht kommen kann, wenn der Staat durch die Schaffung von Genehmigungsvoraussetzungen und durch die Erteilung von Genehmigungen eine eigene Mitverantwortung für etwaige Grundrechtsbeeinträchtigungen übernommen hat (vgl. BVerfGE 53, 30 (58) = NJW 1980, 759). Dass den Gesetzgeber gerade im Bereich des Atomrechts die Pflicht trifft, die weitere Entwicklung der wissenschaftlichen Erkenntnisse zu beobachten und gegebenenfalls durch Anordnung zusätzlicher Vorgaben nachzusteuern, ist auch in der fachgerichtlichen Rechtsprechung anerkannt (BVerwG NVwZ 1997, 161 (164)). Hieraus folgt aber, dass dem Betreiber von Anlagen mit Erteilung von Genehmigungen nach § 7 keineswegs ein uneingeschränkter Bestandsschutz eingeräumt wurde, sondern dass er bereits mit Genehmigungserteilung damit rechnen musste, bei Fortschreiten der Erfahrungen und vor allem wissenschaftlichen Erkenntnisse zusätzlichen Anforderungen unterworfen zu werden. Da es sich hierbei um einen Ausdruck der **Sozialpflichtigkeit des Eigentums** handelt, die dem spezifischen Risikopotential von Atomanlagen in besonderer Weise immanent ist, gab und gibt es keinen Anlass, dem Betreiber von Atomanlagen für jeden Fall einer Realisierung dieses Nachrüstungsrisikos einen Entschädigungsanspruch einzuräumen. Dies gilt umso mehr, als der Gesetzgeber auch den Betreibern der regelmäßig weniger gefährlichen immissionsschutzrechtlich genehmigungsbedürftigen Anlagen durch § 17 BImSchG ein im Grundsatz ähnliches **Nachrüstungsrisiko** auferlegt hat, ohne ihnen für den Fall seiner Realisierung einen Entschädigungsanspruch einzuräumen. Dies spricht aber dafür, das Wort „entsprechend" in § 18 Abs. 3 dahingehend zu verstehen, dass nur dann, wenn die Auswirkungen einer nachträglichen Auflage der Intensität nach denjenigen einer Rücknahme oder eines Widerrufs entsprechen, dem Grunde nach ein Anspruch auf Entschädigung besteht (so auch *Roller* in NK-AtomR § 18 Rn. 19 ff.; *Gemmeke* Nachträgliche Anordnungen im Atomrecht, 296; aA *Sellner* FS Sendler, 1991, 339 (349)). Dies entsprach auch der Regelungsabsicht des historischen Gesetzgebers der Ursprungsfassung des AtG. Hierzu wurde in der Begründung des Regierungsentwurfs zu § 18 Abs. 3 ausgeführt: „Absatz 3 erklärt die vorgenannten Vorschriften über die Entschädigung beim Widerruf einer Genehmigung oder allgemeinen Zulassung auch auf nachträgliche Auflagen für entsprechend anwendbar. Nachträgliche Auflagen nach § 17 Abs. 1 Satz 3 können unter Umständen derart einschneidend sein, dass es dem Berechtigten aus wirtschaftlichen Gründen unmöglich ist, eine genehmigte Anlage oder Tätigkeit weiterhin zu betreiben oder auszuüben. In solchen Fällen kommt die Anordnung einer nachträglichen Auflage in der Wirkung einem Widerruf der Genehmigung oder allgemeinen Zulassung gleich. Deshalb müssen auch für nachträgliche Auflagen die entsprechenden Rechtsfolgen eintreten." (BT-Drs. III/759, 31). Mithin kann aber nur unter der Voraussetzung, dass die Wirkungen einer nachträglichen Auflage mit denjenigen einer Rücknahme oder eines Widerrufs vergleichbar sind, davon ausgegangen werden, dass die Voraussetzungen für eine entsprechende Anwendung von § 18 Abs. 1 vorliegen.

IV. Entfallen des Entschädigungsanspruchs (Abs. 2)

7 § 18 Abs. 2 schließt die durch Abs. 1 generell begründete Entschädigungspflicht bei Vorliegen von drei alternativen Voraussetzungen aus. Diese beschreiben – fiskalisch gesehen – nichts anderes als die **haushaltspolitische Risikominimierung** der Rücknahme oder des Widerrufs atomrechtlicher Genehmigungen oder allgemeiner Zulassungen oder des Erlasses nachträglicher Auflagen (*Schoch* DVBl. 1990, 549 (553)).

8 Nach § 18 Abs. 2 Nr. 1 ist die Entschädigungspflicht ausgeschlossen, wenn der Inhaber der Genehmigung oder allgemeine Zulassung auf Grund von Angaben erhalten hat, die in wesentlichen Punkten unrichtig oder unvollständig waren. Diese Regelung entspricht im Kern dem Ausschluss des Entschädigungsanspruchs nach

§ 48 Abs. 1 S. 1 VwVfG durch S. 2 iVm Abs. 2 S. 3 Nr. 2 VwVfG. Danach ist **mangels schutzwürdigen Vertrauens** ein Anspruch auf Entschädigung ausgeschlossen, wenn der Begünstigte den Verwaltungsakt durch Angaben erwirkt hat, die in wesentlicher Beziehung unrichtig oder unvollständig waren. Dabei kommt es nicht darauf an, ob dem Begünstigten ein schuldhaftes Verhalten vorgeworfen werden kann (OVG Saarlouis Urt. v. 29.1.2015 – 2 A 466/13, juris-Rn. 39 = BeckRS 2015, 41916). Erforderlich ist lediglich, dass der Begünstigte den Verwaltungsakt durch unrichtige oder unvollständige Angaben erwirkt, d. h. durch darauf gerichtetes zweck- und zielgerichtetes Handeln erreicht hat und die Angaben in diesem Sinne entscheidungserheblich gewesen sind; dabei muss sich die Kausalität auf die Fehlerhaftigkeit des Verwaltungsaktes beziehen, nicht auf den Erlass als solchen (OVG Weimar Urt. v. 27.4.2004 – 2 KO 433/03, juris-Rn. 46).

Nach § 18 Abs. 2 Nr. 2 entfällt die Entschädigungspflicht, wenn der Inhaber der 9 Genehmigung oder allgemeinen Zulassung oder die für ihn im Zusammenhang mit der Ausübung der Genehmigung oder allgemeinen Zulassung tätigen Personen durch ihr Verhalten Anlass zum Widerruf der Genehmigung oder allgemeinen Zulassung oder zum Erlass einer nachträglichen Auflage gegeben haben, insbesondere durch erhebliche oder wiederholte Verstöße gegen die Vorschriften dieses Gesetzes oder der auf Grund dieses Gesetzes ergangenen Rechtsverordnungen oder gegen die hierauf beruhenden Anordnungen und Verfügungen der Aufsichtsbehörden oder gegen die Bestimmungen des Bescheids über die Genehmigung oder allgemeine Zulassung oder durch Nichteinhaltung nachträglicher Auflagen. Auch insoweit stellt das Gesetz auf eine **mangelnde Schutzwürdigkeit des Begünstigten maßgeblich;** allerdings nicht im Zusammenhang mit dem Zustandekommen der Genehmigung oder allgemeinen Zulassung, sondern der Nichteinhaltung von Rechtspflichten beim Gebrauchmachen von dem begünstigenden Verwaltungsakt.

Schließlich ist eine Entschädigungspflicht nach § 18 Abs. 2 Nr. 3 nicht gegeben, 10 wenn ein Widerruf wegen einer nachträglich eingetretenen, in der genehmigten Anlage oder Tätigkeit begründeten erheblichen Gefährdung der Beschäftigten, Dritter oder der Allgemeinheit ausgesprochen werden musste (dazu eingehend *Sellner* FS Sendler, 1991, 339 (349f.) und *Gemmeke*, Nachträgliche Anordnungen im Atomrecht, 300ff.).

V. Höhe des Entschädigungsanspruchs (Abs. 1 S. 3)

Nach § 18 Abs. 1 S. 3 ist die Entschädigung unter gerechter **Abwägung der In-** 11 **teressen** der Allgemeinheit und des Betroffenen sowie der Gründe, die zur Rücknahme oder zum Widerruf führten, zu bestimmen. Hierbei erscheint es zunächst sachgerecht, bei Beurteilung der Frage, ob die Rücknahme, der Widerruf oder die nachträgliche Auflage ohne eine Entschädigung in bestimmter Höhe eine unverhältnismäßige Inhalts- und Schrankenbestimmung darstellen würde, neben anderen Kriterien sinngemäß auch diejenigen Grundsätze heranzuziehen, die der Bundesgerichtshof – noch unter Zugrundelegung des „alten" Enteignungsbegriffs – zur Abgrenzung der (entschädigungslosen) Sozialbindung des Eigentums von (entschädigungspflichtigen) Eingriffen mit „enteignender" Wirkung entwickelt hat. Insoweit ist er am Beispiel naturschutzrechtlicher Beschränkungen davon ausgegangen, dass jedes Grundstück durch seine Lage und Beschaffenheit sowie seine Einbettung in die Landschaft und Natur, also seine „Situation", geprägt ist. Darauf müsse der Eigentümer bei der Ausübung seiner Befugnisse im Hinblick auf die Sozialbindung des Eigentums Rücksicht nehmen. Daher laste auf jedem Grundstück gleichsam eine aus seiner Situationsgebundenheit abzuleitende immanente Beschränkung der Rechte des Eigentümers, aus der sich **Schranken seiner Nutzungs- und Verfügungsmacht** ergeben. Der Gedanke der situativen Vorbelastung erscheint auf die hier in Rede stehenden Konstellationen durchaus übertragbar. Ebenso wie sich die gesteigerte Sozialbindung eines naturschutzrechtlichen (VGH Mannheim Urt. v. 20.6.2017 – 10 S 739/16, BeckRS 2017, 117719 Rn. 67) oder denkmalschutzrechtlichen (BVerfGE 100, 226 (242) = NJW 1999, 2877) Beschränkungen unterliegenden Grundstücks aus dessen besonderer Bedeutung für die Interessen der Allgemeinheit ergibt, unterliegt etwa der Betreiber einer Anlage iSv § 7 in dem Maße einer gesteigerten Pflicht zur Hinnahme bestimmter Restriktionen, in dem von dieser Anlage Gefahren für hohe und höchste Rechtsgüter Dritter und damit zugleich für die Allgemeinheit ausgehen. Dies folgt schon daraus, dass von der **Sozialpflichtigkeit** regelmäßig die Pflicht zur Durchführung oder Duldung solcher Maßnahmen umfasst ist, welche erforderlich sind, um eine Beeinträchtigung der Rechtsgüter Dritter aufgrund von Gefährdungen durch das Eigentum des Pflichtigen abzuwenden. Demgemäß wird aber die Sozialpflichtigkeit umso höher sein und damit die Pflicht, eine bestimmte Beschränkung ohne oder gegen eine nur geringe Entschädigung hinzunehmen, umso eher bestehen, je höher die möglichen Beeinträchtigungen von Leben, Gesundheit oder Sachgüter oder je größer die Gefahr des Eintritts derartiger Schäden ist, wenn es nicht zu der beschränkenden Maßnahme kommt. Umgekehrt wird dem Inhaber einer Genehmigung oder sonstigen Zulassung die Hinnahme einer entsprechenden Beschränkung ohne oder gegen eine nur geringe Entschädigung umso weniger zumutbar sein, je geringer die ohne die Maßnahme drohende Rechtsgutbeeinträchtigung und die Wahrscheinlichkeit ihres Eintritts ist. Hierdurch wird zugleich der Vorgabe aus § 18 Abs. 1 S. 3 entsprochen, bei der Bemessung der Entschädigungshöhe auch die Gründe, die zur Rücknahme, zum Widerruf oder zu der nachträglichen Auflage führten, zu berücksichtigen.

12   Des Weiteren ist festzustellen, dass die Entschädigung selbst bei einer Enteignung unter gerechter Abwägung der Interessen der Allgemeinheit und der Beteiligten zu bestimmen ist (BGHZ 57, 359 (368) = NJW 1972, 243). Mithin ist sie nach weitgehend denselben Kriterien festzusetzen, wie sie § 18 Abs. 1 S. 3 vorsieht. Insoweit ist aber anerkannt, dass die **Enteignungsentschädigung** kein Schadensersatz ist, so dass der Betroffene nicht verlangen kann, so gestellt zu werden, wie wenn der Eingriff nicht vorgenommen worden wäre (vgl. allgemein OLG Schleswig SchlHA 2010, 81 (82)). Anders als der Schadensersatz bestimmt sich die Enteignungsentschädigung nach der durch den Eingriff herbeigeführten Wertänderung des betroffenen Vermögens, also am Wert des abverlangten Guts. Dies gilt auch für **ausgleichspflichtige Inhalts- und Schrankenbestimmungen**. Dienen diese dem Allgemeinwohl, muss der Ausgleich nicht notwendig den Verkehrswert abdecken (BVerfG NVwZ 2010, 512 (514f.) und NJW-RR 2005, 741 (742f.)). Bewirkt beispielsweise der Eingriff in einen Gewerbebetrieb dessen endgültige Schließung, dann muss der Wert des Betriebes ermittelt und dieser Betrag als Entschädigung geleistet werden (BGH NJW 1972, 243 (246)). Die hypothetische Weiterentwicklung – etwa ein in der Zukunft entgangener Gewinn – darf nicht berücksichtigt werden Vielmehr wird nur dasjenige entschädigt, was im Augenblick des Zugriffs vorhanden ist und genommen wird (vgl. OLG Schleswig SchlHA 2010, 81 (82)). Auch der historische Gesetzgeber des AtG ist in der Gesetzesbegründung davon ausgegangen, dass „kein Anlaß dazu (besteht), dem Berechtigten etwa auch einen

entgangenen Gewinn zu ersetzen" (BT-Drs. III/759, 31); so auch *Roller*, Genehmigungsaufhebung und Entschädigung im Atomrecht, 1994, 270). Angesichts dessen war es nur konsequent, dass der Gesetzgeber in § 18 Abs. 1 S. 4 angeordnet hat, dass der Umfang der Entschädigung begrenzt ist durch die Höhe der vom Betroffenen gemachten Aufwendungen, bei Anlagen durch die Höhe ihres Zeitwerts. Hierbei handelt es sich jedoch um eine absolute Obergrenze (BHR EnergieR I Rn. 192 und *Fischerhof* Dt. AtomG § 18 Rn. 6 äußern diesbezüglich verfassungsrechtliche Bedenken). Angesichts des aufgrund des dynamischen Schutzpflichtkonzepts von Anfang an bestehenden Nachrüstungsrisikos dürfte das verfassungsrechtliche Minimum jedenfalls dann gewahrt sein, wenn unter Einbeziehung der Entschädigung die Amortisierung der betreffenden Anlage gewährleistet ist. Letztlich kommt § 18 – ähnlich bei § 21 Abs. 4 BImSchG (OLG Hamm NVwZ 1990, 693 (694)) – zumindest partiell der Charakter einer Billigkeitsentscheidung zu.

VI. Entschädigungsberechtigter und Entschädigungsverpflichteter

1. Entschädigungsberechtigter

Berechtigter im Sinne der Vorschrift ist der gem. § 17 Abs. 6 im Genehmigungsbescheid zu bezeichnende Genehmigungsinhaber. 13

2. Entschädigungsverpflichteter (Abs. 1 S. 2)

Nach § 18 Abs. 1 S. 2 ist dann, wenn die Rücknahme oder der Widerruf von einer Behörde des Bundes ausgesprochen wird, der **Bund,** und im Falle des Ausspruchs der Rücknahme oder der Widerruf durch eine Landesbehörde das **Land,** dessen Behörde die Rücknahme oder den Widerruf ausgesprochen hat, zur Leistung der Entschädigung verpflichtet. Diese Regelung trägt dem Umstand Rechnung, dass die Zuständigkeiten für die Erteilung von Genehmigungen und allgemeinen Zulassungen teilweise bei Behörden des Bundes (siehe etwa §§ 22, 23 Abs. 2 Nr. 2; § 23d Nr. 1, 3, 5–7) und teilweise bei Landesbehörden (siehe etwa § 24 Abs. 1 und 2) angesiedelt sind. 14

3. Interner Ausgleich zwischen Bund und Land (Abs. 4)

§ 18 Abs. 4 S. 1 regelt, dass dann, wenn das Land eine Entschädigung zu leisten hat, der Bund oder ein anderes Land entsprechend ihrem sich aus der Gesamtlage ergebenden Interesse an der Rücknahme oder am Widerruf verpflichtet sind, diesem Land **Ausgleich zu leisten;** nach S. 2 gilt Entsprechendes, wenn der Bund eine Entschädigung zu leisten hat. 15

Die Regelung – genauer: deren bislang erfolgte Aufrechterhaltung trotz des durch Art. I Nr. 2 des 21. Gesetzes zur Änderung des Grundgesetzes vom 12. 5. 1969 (BGBl I 359) erfolgten Erlasses von Art. 104a GG – ist erstaunlich, weil nach § 24 Abs. 1 S. 1 die nicht in §§ 22–23d aufgelisteten Verwaltungsaufgaben nach dem Zweiten Abschnitt und den hierzu ergehenden Rechtsverordnungen im Auftrage des Bundes durch die Länder ausgeführt werden. Nach Art. 104a Abs. 2 GG hat aber der Bund, wenn die Länder im Auftrage des Bundes handeln, die sich daraus ergebenden Ausgaben zu tragen. Dies betrifft – im Gegensatz zu Verwal- 16

AtG § 18 Zweiter Abschnitt Überwachungsvorschriften

tungsaufgaben nach Art. 104a Abs. 5 S. 1 GG – im Grundsatz sämtliche Zweckausgaben. **Zweckausgaben** sind solche, die durch die Erfüllung der Verwaltungsaufgabe anfallen, wie das BVerwG am Beispiel von Aufwendungen für die Errichtung und den Betrieb einer atomrechtlichen Landessammelstelle entschieden hat (BVerwG Urt. v. 27.1.2010 – 7 A 8/09, BeckRS 2010, 47294 Rn. 19; in diesem Sinne auch Pieroth in Jarass/Pieroth GG Art. 104a Rn. 9 und Sachs GG Art. 104a Rn. 9). Obliegt aber einer Landesbehörde etwa der Widerruf einer Genehmigung nach § 7, so ist Bestandteil der Wahrnehmung dieser Sachaufgabe auch die Gewährung der im Zusammenhang damit festzustellenden Entschädigung. Dabei kann die Frage, wie durch fehlerhaftes Verwaltungshandeln entstandene Mehrkosten bei den Zweckausgaben – also etwa eine Entschädigung für einen rechtswidrigen Eingriff in das Eigentum – im Hinblick auf Art. 104a Abs. 5 GG in besonderer Weise zu behandeln sind, dahinstehen. Denn die Entschädigungen nach § 18 stellen keinen Ausgleich für ein rechtswidriges Verwaltungshandeln dar, sondern sind **Rechtsfolge rechtmäßiger Verwaltungsakte** in Gestalt von Rücknahmen, Widerrufen oder nachträglichen Auflagen. Nach Art. 104a Abs. 2 GG sind die insoweit anfallenden Kosten daher vom Bund zu tragen. Gleiches gilt für Entschädigungen, die der Bund selbst zahlt, wenn es im Rahmen der seinen Behörden nach §§ 22–23d obliegenden Aufgaben zur Erfüllung eines Entschädigungstatbestandes iSv § 18 kommt. Dies folgt schon daraus, dass nach Art. 104a Abs. 1 GG der Bund gesondert diejenigen Ausgaben zu tragen hat, die sich aus der Wahrnehmung seiner Aufgaben ergeben. Da dies nach dem letzten Halbsatz dieser Vorschrift gilt, soweit dieses Grundgesetz nichts anderes bestimmt, kann durch einfaches Gesetz keine abweichende Regelung getroffen werden. Die Regelung in § 18 Abs. 4 dürfte daher in Widerspruch zu Art. 104a Abs. 1 und 2 GG stehen. Auch wenn die Norm ursprünglich verfassungsgemäß gewesen sein dürfte, trifft den Bundesgesetzgeber aus Art. 20 Abs. 3 GG eine allgemeine Beobachtungs- und Nachbesserungspflicht für seine formellen Gesetze (vgl. BVerfGE 15, 337 (350f.) = NJW 1963, 947; BVerfGE 88, 203 (310) = NJW 1993, 1751; BVerfGE 133, 168 (236) = NJW 2013, 1058), in deren Rahmen er seit dem Inkrafttreten des Art. 104a Abs. 2 GG verpflichtet sein dürfte, die Regelung an die nunmehr geltende, vorrangige Verfassungsrechtslage anzupassen, ohne dass er dem bisher nachgekommen wäre. Den sich aus Art. 104a Abs. 1 und 2 GG ergebenden finanzverfassungsrechtlichen Vorgaben muss daher bei Anwendung der Vorschrift jedenfalls im Rahmen der gebotenen verfassungskonformen Auslegung Rechnung getragen werden.

17 Unabhängig davon wäre zumindest eine hälftige Beteiligung des Bundes an sämtlichen Entschädigungslasten geboten. Ausgangspunkt ist die Überlegung, dass Maßstab für den Ausgleich die sich aus der Gesamtlage ergebenden Interessen des Bundes und der beteiligten oder begünstigten Länder an der Rücknahme oder am Widerruf sind. Da die für die Ergreifung entschädigungspflichtiger Maßnahmen maßgeblichen Gesetzeszwecke in § 1 – namentlich von dessen Nr. 2 und 3 – weitestgehend gesamtstaatlichen Interessen dienen, wird im Zweifel zumindest ein interner Ausgleich zu gleichen Teilen angebracht sein. Hierfür spricht auch, dass etwa bei Maßnahmen zur Verhinderung von Rechtsgüter des Einzelnen wie der Allgemeinheit bedrohenden Hochwassergefahren im Rahmen der Gemeinschaftsaufgabe nach Art. 91a Abs. 1 Nr. 2 GG gem. Abs. 3 S. 1 der Verfassungsbestimmung der Bund mindestens die Hälfte der Kosten zu tragen hat. Auch bei anderen im **gesamtstaatlichen Interesse** liegenden Aufgaben, zu deren Bewältigung der Bund und die Länder auf Grundlage von Staatsverträgen oder Verwaltungsvereinbarungen zusammenwirken, ist im Allgemeinen eine mindestens hälftige Beteiligung des

Bundes vorgesehen (vgl. Nr. 6 der Verwaltungsvereinbarung über die Deutsche Richterakademie vom 1.3.1993).

Davon unberührt bleibt das Bestehen eventueller **Amtshaftungsansprüche** 18 **des Bundes** gegen ein Land. Kommt es etwa dadurch zu einem Schaden für ein Land, dass der Bund im Rahmen der Bundesauftragsverwaltung nach § 24 Abs. 1 S. 1 diesem eine rechtswidrige Weisung erteilt, welche zur Entstehung eines Amtshaftungsanspruchs gegen das Land führt oder wird der Bund dadurch geschädigt, dass der Beamter der zuständigen Landesbehörde eine fehlerhafte Verrichtung vornimmt, so kommt bei Vorliegen der Voraussetzungen des § 839 BGB nach dieser Vorschrift iVm Art. 34 GG ein Amtshaftungsanspruches des Bundes gegen das Land oder umgekehrt in Betracht, der nicht durch Art. 104a Abs. 2 und Abs. 5 S. 1 Hs. 2 GG ausgeschlossen wird (BGH NVwZ 2014, 389 (390f.)).

VII. Rechtsweg und Rechtsschutz

Nach § 18 Abs. 1 S. 5 steht wegen der Höhe der Entschädigung der Rechtsweg 19 vor den ordentlichen Gerichten offen. Diese Rechtswegzuweisung ist in der Begründung des Regierungsentwurfs mit der „**inneren Verwandtschaft**" dieser Vorschrift mit der des Art. 14 Abs. 3 GG über die Enteignungsentschädigung begründet worden (BT-Drs. III/759, 31); hierbei ist zu bedenken, dass das AtG noch unter Geltung des „alten" **Enteignungsbegriffs** erlassen wurde. Während § 9e Abs. 4 bezüglich der Enteignung und Enteignungsentschädigung die entsprechende Geltung der §§ 93–103, 106–122 BauGB anordnet, hält das Gesetz für die Entschädigung nach § 18 keine ausdrücklichen Verfahrensregelungen bereit; insbesondere ist nicht vorgesehen, dass eine bestimmte Behörde über die Höhe der Entschädigung durch Verwaltungsakt entscheidet, der – wie dies etwa § 217 BauGB vorsieht – vor den Gerichten der ordentlichen Gerichtsbarkeit angefochten werden kann. Von daher dürfte der Entschädigungsberechtigte die Möglichkeit haben, gegen die entschädigungspflichtige Körperschaft – Bund oder Land – eine unmittelbare Klage auf Zahlung vor den Gerichten der ordentlichen Gerichtsbarkeit zu erheben.

§ 19 Staatliche Aufsicht

(1) ¹Der Umgang und Verkehr mit radioaktiven Stoffen, die Errichtung, der Betrieb und der Besitz von Anlagen der in § 7 bezeichneten Art und die Beförderung dieser Stoffe und Anlagen unterliegen der staatlichen Aufsicht. ²Die Aufsichtsbehörden haben insbesondere darüber zu wachen, daß nicht gegen die Vorschriften dieses Gesetzes und der auf Grund dieses Gesetzes erlassenen Rechtsverordnungen, die hierauf beruhenden Anordnungen und Verfügungen der Aufsichtsbehörden und die Bestimmungen des Bescheides über die Genehmigung oder allgemeine Zulassung verstoßen wird und daß nachträgliche Auflagen eingehalten werden. ³Auf die Befugnisse und Obliegenheiten der Aufsichtsbehörden finden die Vorschriften des § 139b der Gewerbeordnung entsprechende Anwendung. ⁴Das für die kerntechnische Sicherheit und den Strahlenschutz zuständige Bundesministerium kann die ihm von den nach den §§ 22 bis 24 zuständigen Behörden übermittelten Informationen, die auf Verstöße gegen Ein- und Ausfuhrvorschriften dieses Gesetzes oder der auf Grund dieses Gesetzes

erlassenen Rechtsverordnungen, gegen die hierauf beruhenden Anordnungen und Verfügungen der Aufsichtsbehörden oder gegen die Bestimmungen des Bescheids über die Genehmigung hinweisen, an das Bundesministerium des Innern, für Bau und Heimat übermitteln, soweit dies für die Wahrnehmung der Aufgaben des Bundeskriminalamtes bei der Verfolgung von Straftaten im Außenwirtschaftsverkehr erforderlich ist; die übermittelten Informationen dürfen, soweit gesetzlich nichts anderes bestimmt ist, nur für den Zweck verwendet werden, zu dem sie übermittelt worden sind.

(2) ¹Die Beauftragten der Aufsichtsbehörde und die von ihr nach § 20 zugezogenen Sachverständigen oder die Beauftragten anderer zugezogener Behörden sind befugt, Orte, an denen sich radioaktive Stoffe oder Anlagen der in § 7 bezeichneten Art oder Anlagen, Geräte und Vorrichtungen der in § 11 Abs. 1 Nr. 3 bezeichneten Art befinden oder an denen hiervon herrührende Strahlen wirken, oder Orte, für die diese Voraussetzungen den Umständen nach anzunehmen sind, jederzeit zu betreten und dort alle Prüfungen anzustellen, die zur Erfüllung ihrer Aufgaben notwendig sind. ²Sie können hierbei von den verantwortlichen oder dort beschäftigten Personen die erforderlichen Auskünfte verlangen. ³Im übrigen gilt § 36 des Produktsicherheitsgesetzes entsprechend. ⁴Das Grundrecht des Artikels 13 des Grundgesetzes über die Unverletzlichkeit der Wohnung wird eingeschränkt, soweit es diesen Befugnissen entgegensteht.

(3) ¹Die Aufsichtsbehörde kann anordnen, daß ein Zustand beseitigt wird, der den Vorschriften dieses Gesetzes oder der auf Grund dieses Gesetzes erlassenen Rechtsverordnungen, den Bestimmungen des Bescheids über die Genehmigung oder allgemeine Zulassung oder einer nachträglich angeordneten Auflage widerspricht oder aus dem sich durch die Wirkung ionisierender Strahlen Gefahren für Leben, Gesundheit oder Sachgüter ergeben können. ²Sie kann insbesondere anordnen,
1. daß und welche Schutzmaßnahmen zu treffen sind,
2. daß radioaktive Stoffe bei einer von ihr bestimmten Stelle aufbewahrt oder verwahrt werden,
3. dass der Umgang mit radioaktiven Stoffen, die Errichtung und der Betrieb von Anlagen der in § 7 bezeichneten Art einstweilen oder, wenn eine erforderliche Genehmigung nicht erteilt oder rechtskräftig widerrufen ist, endgültig eingestellt wird.

(4) Die Aufsichtsbefugnisse nach anderen Rechtsvorschriften und die sich aus den landesrechtlichen Vorschriften ergebenden allgemeinen Befugnisse bleiben unberührt.

(5) Die Absätze 1 bis 4 gelten entsprechend für Anlagen des Bundes nach § 9a Absatz 3 Satz 1 und für die Schachtanlage Asse II.

Übersicht

	Rn.
I. Entstehungsgeschichte	1
II. Funktion und Struktur der Vorschrift	6
III. Der Aufsicht unterliegende Tätigkeiten (Abs. 1 S. 1)	8
1. Umgang und Verkehr mit radioaktiven Stoffen	9
a) Radioaktive Stoffe	10

Staatliche Aufsicht **§ 19 AtG**

	Rn.
b) Umgang	11
c) Verkehr	12
2. Errichtung, Betrieb und Besitz kerntechnischer Anlagen	13
a) Errichtung	14
b) Betrieb	15
c) Besitz	16
3. Beförderung von radioaktiven Stoffen oder kerntechnischen Anlagen	17
4. Aufsichtspflichtigkeit weiterer Tätigkeiten	18
a) Wesentliche Veränderung kerntechnischer Anlagen	19
b) Stilllegung, sicherer Einschluss, Abbau von Anlagen	22
c) Änderung des Betriebs	24
IV. Maßstäbe der Überwachung (Abs. 1 S. 2)	25
V. Überwachungsbefugnisse (Abs. 2)	36
1. Betretungs- und Prüfungsbefugnisse (Abs. 2 S. 1)	37
2. Auskunftserteilung (Abs. 2 S. 2)	42
a) Auskunft durch verantwortliche oder in der Anlage beschäftigte Personen	42
b) Auskunft durch den Betreiber	43
c) Spezifizierung der Auskunfts- und Vorlageanordnung	44
3. Zuziehung von Sachverständigen (Abs. 2 S. 1)	45
4. Durchsetzung der Überwachungsbefugnisse	47
5. Ordnungsbehördliche Befugnisse (Abs. 1 S. 3)	49
VI. Informationsübermittlungsbefugnisse (Abs. 1 S. 4)	50
VII. Anordnungsbefugnisse (Abs. 3)	51
1. Generalklausel (Abs. 3 S. 1)	51
a) Verstoß gegen Rechtsvorschriften (Var. 1)	52
b) Verstoß gegen Verwaltungsakte (Var. 2)	53
c) Gefahren für Leben, Gesundheit oder Sachgüter (Var. 3)	57
d) Vermeidung zukünftiger Gefahren	61
e) Eingeschränkter passiver Bestandsschutz	62
2. Ausdrücklich vorgesehene Anordnungen (Abs. 3 S. 2)	65
a) Durchführung von Schutzmaßnahmen (Nr. 1)	66
b) Aufbewahrung oder Verwahrung radioaktiver Stoffe (Nr. 2)	67
c) Einstweilige oder endgültige Einstellung des Umgangs mit radioaktiven Stoffen oder der Errichtung und des Betriebs von kerntechnischen Anlagen (Nr. 3)	68
3. Ermessen	75
a) Entschließungsermessen	76
b) Auswahlermessen	77
4. Verhältnis von Aufsichtsmaßnahmen zu genehmigungsbezogenen Verwaltungsakten	86
VIII. Beweislast	88
IX. Verwaltungsverfahren	89
X. Adressat von Anordnungen	91
XI. Kosten	92
XII. Anderweitige Aufsichtsbefugnisse (Abs. 4)	95
XIII. Erstreckung des Anwendungsbereichs (Abs. 5)	97
XIV. Rechtsschutz	98
1. Funktionelle Zuständigkeit	98
2. Rechtsschutz des Betreibers	99
3. Rechtsschutz von Drittbetroffenen	101

	Rn.
a) Klageart	101
b) Klagebefugnis	103
c) Einstweiliger Rechtsschutz	108
4. Rechtsschutz von Umweltvereinigungen	110

Literatur: *Blümel* in Pelzer, Schnittpunkte nationalen und internationalen Atomrechts, Tagungsbericht der AIDN-INLA Regionaltagung, 1996; *Böhm,* Der Ausstieg aus der Kernenergienutzung – rechtliche Probleme und Möglichkeiten, NuR 1999, 661; *Di Fabio,* Vorläufiger Verwaltungsakt bei ungewissem Sachverhalt, DÖV 1991, 629; *Ewer/Behnsen,* Das „Atom-Moratorium" der Bundesregierung und das geltende Atomrecht, NJW 2011, 1182; *Gemmeke,* Nachträgliche Anordnungen im Atomrecht, 1995; *Hartung,* Die Atomaufsicht – zur staatlichen Aufsicht nach § 19 des Atomgesetzes, 1992; *Leiner,* Nachträgliche Auflagen zur Anlagengenehmigung, NVwZ 1991, 844; *Ossenbühl,* Bestandsschutz und Nachrüstung von Kernkraftwerken, 1994; *ders.,* Anmerkung zu OVG NRW, DVBl 1990, 598; *ders.,* Terroristische Angriffe auf Kernkraftwerke – aus rechtlicher Sicht, NVwZ 2002, 290; *Rebentisch,* „Kernkraftwerks-Moratorium" versus Rechtsstaat, NVwZ 2011, 533; *Roller,* Der Gefahrenbegriff im atomrechtlichen Aufsichtsverfahren, DVBl 1993, 20; *ders.,* Genehmigungsaufhebung und Entschädigung im Atomrecht – Einfachgesetzliche Voraussetzungen und verfassungsrechtlicher Ausgleichsanspruch, 1994; *Schneider,* Die Verantwortung des Staates für den sicheren Betrieb kerntechnischer Anlagen, in Schneider/Steinberg, Schadensvorsorge im Atomrecht zwischen Genehmigung, Bestandsschutz und staatlicher Aufsicht, 1991; *Sendler,* Nochmals: Terroristische Angriffe auf Kernkraftwerke, NVwZ 2002, 681; *Struzina/Lindner,* Zum baurechtlichen Bestandsschutz im Verfall begriffener Anlagen, NVwZ 2016, 289; *Wagner,* Ausstieg aus der Kernenergie durch Verwaltungsakt?, DÖV 1987, 524.

I. Entstehungsgeschichte

1 Die heutige Fassung der Vorschrift ist strukturell seit der Neufassung des Atomgesetzes im Jahre 1985 weitgehend unverändert geblieben. Dies betrifft insbesondere die Regelung der eigentlichen Eingriffsbefugnisse in den Abs. 2–4.

2 Eine Änderung von Abs. 1 S. 1 erfolgte durch Art. 1 Nr. 6 des Gesetzes vom 3.5.2000 (BGBl. I 636). Hierbei wurden die Worte „sowie die Beförderung dieser Stoffe, Anlagen, Geräte und Vorrichtungen" durch die Worte „die **Beförderung** dieser Stoffe, Anlagen, Geräte und Vorrichtungen, der **zweckgerichtete Zusatz** radioaktiver Stoffe und die **Aktivierung** von Stoffen, soweit hierfür Anforderungen nach diesem Gesetz oder auf Grund einer Rechtsvorschrift nach diesem Gesetz bestehen, sowie Arbeiten nach § 11 Abs. 1 Nr. 7" ersetzt. Dabei handelte es sich um eine Folgeänderung von § 11 Abs. 1 Nr. 7 sowie von § 12 Abs. 1 S. 1 Nr. 1. Soweit auf Grund dieser Ermächtigungen für den zweckgerichteten Zusatz radioaktiver Stoffe oder der Aktivierung von Stoffen Anforderungen bestehen bzw. für Arbeiten Anforderungen zum Schutz vor der schädlichen Wirkung ionisierender Strahlen natürlichen Ursprungs gestellt werden, sollte die Einhaltung dieser Anforderungen der **staatlichen Aufsicht** unterstellt werden (vgl. Gesetzentwurf der BReg, BT-Drs. 14/2443, 13). Mit Art. 3 Nr. 13 des Gesetzes zur Neuordnung des Rechts zum Schutz vor der schädlichen Wirkung ionisierender Strahlung vom 27.6.2017 (BGBl. I 1966) erhielt § 19 Abs. 1 S. 1 dann die nunmehr geltende Fassung. Durch die Streichung einzelner zuvor vorhandener Passagen ist der Aufhebung der Verordnungsermächtigungen in § 11 Abs. 1 Nr. 2, 3, 7 und 8 Rechnung getragen worden (Gesetzentwurf der Bundesregierung, BT-Drs. 18/11241, 455). In § 19 Abs. 2

Staatliche Aufsicht **§ 19 AtG**

S. 1 und Abs. 3 S. 2 Nr. 3 sind entsprechende Folgeänderungen erfolgt. Gemäß Art. 32 Abs. 1 S. 2 des Gesetzes sind diese Änderungen zum 31. 12. 2018 in Kraft gesetzt worden.

Abs. 1 S. 4 war dem Inhalt nach durch Art. 1 Nr. 1 des Gesetzes zur Verbesserung 3 der Überwachung des Außenwirtschaftsverkehrs und zum Verbot von Atomwaffen, biologischen und chemischen Waffen vom 5. 11. 1990 (BGBl. I 2428) eingefügt worden.

Abs. 3 S. 3 erhielt seine jetzige Fassung durch Art. 4 Nr. 2 des Gesetzes über die 4 Neuordnung des Geräte- und Produktsicherheitsrechts vom 8. 11. 2011 (BGBl. I 2178). Bereits durch Art. 2 Nr. 2 des Gesetzes zur Neuordnung der Sicherheit von technischen Arbeitsmitteln und Verbraucherprodukten vom 6. 1. 2004 (BGBl. I 2) war die Bestimmung an das zwischenzeitlich erlassene **Geräte- und Produktsicherheitsgesetz** angepasst worden. Zuvor hatte die durch Art. 5 Nr. 2 des Zweiten Gesetzes zur Änderung des Gerätesicherheitsgesetzes vom 26. 8. 1992 (BGBl. I 1564) eingeführte Vorschrift die entsprechende Geltung des damaligen Gerätesicherheitsgesetzes vorgeschrieben.

Die jetzige Fassung von Abs. 5 wurde durch Art. 1 Nr. 4 des Gesetzes zur Neu- 5 ordnung der Organisationsstruktur im Bereich der Endlagerung vom 26. 7. 2016 (BGBl. I 1843) eingefügt. Nach der Beschlussempfehlung und dem Bericht des Ausschusses für Umwelt, Naturschutz, Bau und Reaktorsicherheit vom 22. 6. 2016, BT-Drs. 18/8913, 21 dient die Regelung der Umsetzung von Art. 6 Abs. 1 und 3 der RL 2011/70/Euratom. In dieser wird vorgegeben, dass eine **Regulierungsbehörde** für den Bereich der Sicherheit der Entsorgung abgebrannter Brennelemente und radioaktiver Abfälle einzurichten und diese mit den erforderlichen Befugnissen auszustatten ist. Aufgrund dieser Richtlinienvorgabe und der gesetzlichen Verpflichtung für den Bund, sich künftig zur Wahrnehmung seiner Aufgaben eines Dritten zu bedienen, wird mit der Neufassung des § 19 Abs. 5 nunmehr eine **Befugnisnorm** für die **staatliche Aufsicht** über Anlagen des Bundes nach § 9a Abs. 3 S. 1 und die Schachtanlage Asse II geschaffen. Die in § 19 Abs. 1–4 enthaltenen Regelungen gelten über § 19 Abs. 5 entsprechend für die Endlager des Bundes und die Schachtanlage Asse II.

II. Funktion und Struktur der Vorschrift

Während das AtG in einer Vielzahl von Vorschriften – namentlich in §§ 3, 4, 6, 6 7, 7a, 9, 9b – **Präventivkontrollen** in Gestalt von Genehmigungs- und Planfeststellungserfordernissen vorsieht, welche teilweise tätigkeits- und teilweise anlagenbezogen ausgestaltet sind, enthält es in Gestalt von § 19 lediglich eine einzige allgemeine Regelung über die **Repressivkontrolle**.

Die Vorschrift ähnelt zwar hinsichtlich der Aufsichtsinstrumente und -modalitä- 7 ten den Überwachungsvorschriften aus anderen Bereichen des **besonderen Ordnungsrechts**. Dies gilt sowohl für Vorschriften aus dem Umweltrecht, wie etwa § 52 Abs. 2 BImSchG, § 101 Abs. 1 WHG, § 47 KrWG, § 28 Abs. 2 KSpG, als auch für solche aus anderen Rechtsgebieten, wie etwa § 28 Abs. 1 und § 36 ProdSG, § 64 Abs. 4 AMG, § 24 Abs. 5 TierGesG, § 31d Abs. 2 S. 5 LuftVG, § 58 Abs. 2 MessEG, § 3 Abs. 4 BörsG, § 114a SGB XI, § 22 Abs. 1 und 2 ArbSchG, § 102 SeemG. Soweit es den Gegenstand der behördlichen Aufsicht betrifft, weicht § 19 Abs. 1 S. 1 AtG jedoch insoweit von anderen Vorschriften, wie etwa § 52 Abs. 1 S. 1 BImSchG, §§ 101 Abs. 1 iVm 100 Abs. 2 S. 1 WHG oder § 28 Abs. 1 S. 2 und Abs. 2 KSpG, ab,

Ewer 437

als **Überwachungsgegenstand** nicht generell die Einhaltung der Vorschriften des jeweiligen Fachgesetzes und der auf seiner Grundlage erlassenen Verordnungen ist, sondern bestimmte konkret bezeichnete Tätigkeiten zum Bezugspunkt der **staatlichen Aufsicht** erklärt werden.

III. Der Aufsicht unterliegende Tätigkeiten (Abs. 1 S. 1)

8   Gegenstand der Aufsicht sind die im Folgenden genannten Tätigkeiten. Dies gilt unabhängig davon, ob diese durch eine erforderliche Genehmigung zugelassen sind (*Roller*, Der Gefahrenbegriff im atomrechtlichen Aufsichtsverfahren, 115). Dies wird schon an § 19 Abs. 3 S. 2 Nr. 3 Alt. 2 deutlich, der **Aufsichtsmaßnahmen** für den Fall des Fehlens einer erforderlichen Genehmigung vorsieht. Von daher trifft es in dieser Allgemeinheit nicht zu, dass der Gegenstand der atomrechtlichen Aufsicht durch den Inhalt des **Genehmigungsbescheids** bestimmt wird (so aber BHR EnergieR I Rn. 1041).

1. Umgang und Verkehr mit radioaktiven Stoffen

9   Nach § 19 Abs. 1 S. 1 sind Gegenstand der Aufsicht zunächst der **Umgang** und **Verkehr** mit radioaktiven Stoffen.

10 **a) Radioaktive Stoffe.** Radioaktive Stoffe werden in § 2 Abs. 1 legaldefiniert. Sie werden unterschieden in Kernbrennstoffe und sonstige radioaktive Stoffe. Dem **Kernbrennstoffbegriff** unterfällt jedes Uran der natürlichen Isotopenzusammensetzung, das infolge seines Reinheitsgrads zur Aufrechterhaltung einer sich selbst tragenden Kettenreaktion in einem Reaktor verwendbar ist (BVerwG NVwZ 1995, 996, 997). Die Feststellung, ob es sich bei bestimmten Substanzen um radioaktive Stoffe und bejahendenfalls um Kernbrennstoffe oder sonstige radioaktive Stoffe handelt, unterliegt der vollen **gerichtlichen Überprüfbarkeit** (OVG Lüneburg NVwZ-RR 1996, 433, 434).

11 **b) Umgang.** Der Begriff „Umgang" wird in § 2 Abs. 3a Nr. 3 des Gesetzes – im Übrigen gleichlautend mit § 5 Abs. 39 StrlSchG – legaldefiniert.

12 **c) Verkehr.** Als „Verkehr mit radioaktiven Stoffen" ist nach § 11 Abs. 1 Nr. 1 „Erwerb und Abgabe an andere" zu verstehen. Der Begriff **„Abgabe"** erfasst nicht nur eine entgeltliche, sondern auch eine unentgeltliche Besitzverschaffung. Dies folgt schon aus dem Wortsinn des Begriffs. Zudem gebietet auch eine teleologische Auslegung des Wortes ein solches Verständnis, da das eine Überwachung erforderndes Gefährdungspotential nicht davon abhängt, ob eine Abgabe radioaktiver Stoffe gegen Entgelt oder ohne eine solche Gegenleistung erfolgt. Schließlich ist als rechtssystematisches Argument festzuhalten, dass auch an anderen Stellen des Bundesrechts unter „Inverkehrbringen jede entgeltliche oder unentgeltliche Abgabe" zu verstehen ist (§ 2 Nr. 10 SchAusrV; vgl. auch § 3 Abs. 2 Nr. 2 SprengG). Dieses Begriffsverständnis des Wortes „Abgabe" entspricht auch demjenigen des Unionsrechts (vgl. Art. 3 Nr. 12 der Verordnung (EG) Nr. 1907/2006 des Europäischen Parlaments und des Rates vom 18.12.2006, ABl. L 396, 1 vom 30.12.2006). Als Form des **Inverkehrbringens** wird daher sowohl die entgeltliche als auch die unentgeltliche Abgabe an andere von § 19 Abs. 1 S. 1 erfasst.

2. Errichtung, Betrieb und Besitz kerntechnischer Anlagen

Weiter sind nach § 19 Abs. 1 S. 1 Gegenstand der Aufsicht die Errichtung, der Betrieb und Besitz kerntechnischer Anlagen. 13

a) Errichtung. Unter der Errichtung kerntechnischer Anlagen ist zumindest deren **Neubau** zu verstehen. Dies entspricht auch dem Begriffsverständnis des Bundesgesetzgebers in anderen Rechtsgebieten (vgl. etwa § 3 Nr. 3 NABEG). Ob der Begriff über den Neubau hinaus auch andere Tätigkeiten erfasst, ist an späterer Stelle zu erörtern (→ Rn. 18–24). 14

b) Betrieb. Unter dem Betrieb ist das Betreiben der kerntechnischen Anlage zu verstehen. Hierbei ist bereits aus dem Wort „**Leistungsbetrieb**" in § 7 Abs. 1 a, vor allem aber Abs. 3 S. 3 der Vorschrift abzuleiten, dass es auch nach dessen Einstellung und sogar nach dem Nachbetrieb noch bestimmte von der ursprünglichen Genehmigung erfasste Betriebsformen geben kann. Dabei ergibt sich der inhaltliche und zeitliche Umfang, in dem eine für den Leistungsbetrieb erteilte, bestandskräftige Genehmigung nunmehr für Stilllegung und Abbau der jeweiligen kerntechnischen Anlage fort gilt, aus dem geänderten Zweck der Genehmigung: Zulässig sind im Hinblick auf das Verbot weiteren Leistungsbetriebs und die Pflicht zu unverzüglicher Stilllegung nebst Abbau nur noch Maßnahmen, die der Erfüllung dieser Pflicht nicht zuwiderlaufen. Unter „**Maßnahme**" iSd § 7 Abs. 3 S. 3 ist jeder baulicher, nutzungsbezogene und organisatorische Vorgang zu verstehen, der für den Leistungsbetrieb (einschließlich Nachbetrieb) genehmigt worden ist und während der Stilllegung und des Abbaus weiterhin ansteht. Dabei wird die Genehmigung nach § 7 Abs. 1 in dem Maße, in dem der Stilllegungs- und Abbauprozess voranschreitet, nach und nach wirkungslos und zugleich durch die Stilllegungsgenehmigung nach § 7 Abs. 3 S. 1 ersetzt (VGH München Urt. v. 20.12.2018 – 22 A 17.40004, BeckRS 2018, 42327 Rn. 60). 15

c) Besitz. Ebenso wie in anderen Bereichen des öffentlichen Rechts ist auch im Atomrecht nicht auf den Besitzbegriff des BGB abzustellen, der in erster Linie dem Schutz des Besitzers gegen Störung seiner tatsächlichen Sachherrschaft dient, was es sinnvoll erscheinen lässt, für die Begründung des zivilrechtlichen Besitzes einen hierauf gerichteten Willen zu verlangen (BGH NVwZ 1985, 447f.). Dagegen dient der **öffentlich-rechtliche Besitzbegriff** zur Eingrenzung einer Verantwortlichkeit, die im Atomrecht in besonderer Weise in dem Erfordernis einer Besitzberechtigung nach § 5 zum Ausdruck kommt. Hierbei legt die Effektivitätsmaxime des Ordnungsrechts einen weiteren Besitzbegriff nahe, der lediglich ein Mindestmaß an Sachherrschaft voraussetzt (vgl. am Beispiel des Abfallbesitzes BVerwG NVwZ 1989, 1295 (1296)). auf einen **Besitzbegründungswillen** kommt es somit nicht an (vgl. hierzu bereits BVerwG NVwZ 1984, 40 (41)). 16

3. Beförderung von radioaktiven Stoffen oder kerntechnischen Anlagen

Schließlich wird als Gegenstand der Aufsicht in § 19 Abs. 1 S. 1 die Beförderung von radioaktiven Stoffen oder kerntechnischen Anlagen genannt. Der Ausdruck „**Beförderung**" umfasst sowohl die genehmigungspflichtige Beförderung nach § 4 als auch die Beförderung von Kernmaterialien in sonstigen Fällen nach § 4b. Hingegen erfasst er schon dem Wortlaut nach nicht die Einfuhr und Ausfuhr iSv § 3. Für die Überwachung von grenzüberschreitenden Verbringungen enthält § 22 17

Abs. 2 nicht nur in S. 1 eine Zuständigkeitsregelung, nach welcher diese dem Bundesministerium der Finanzen oder den von ihm bestimmten Zolldienststellen obliegt; vielmehr sind in S. 2 und 3 auch die erforderlichen **Eingriffsermächtigungen** enthalten. Die grenzüberschreitende Verbringung radioaktiver Stoffe ist daher der zollamtlichen Überwachung iSv § 1 Abs. 3 ZollVG und Art. 5 Nr. 27 VO (EU) Nr. 952/2013 (Zollkodex) anstelle der Aufsicht durch die atomrechtlichen Aufsichtsbehörden unterworfen (so zutreffend *Thienel* in NK-AtomR § 22 Rn. 2; aA *Leidinger* in NK-AtomR § 19 Rn. 11).

4. Aufsichtspflichtigkeit weiterer Tätigkeiten

18 Wie schon zuvor erwähnt, enthält § 19 im Gegensatz zu anderen umweltrechtlichen Vorschriften – etwa § 52 Abs. 1 S. 1 BImSchG oder § 21 Abs. 1 DepV – keine Regelung, wonach die zuständigen Behörden allgemein die Durchführung des Gesetzes und der auf dessen Grundlage erlassenen Rechtsverordnungen zu überwachen haben. Stattdessen wird in § 19 die **Überwachungsbefugnis** und **-pflicht** der Aufsichtsbehörden auf die vorgenannten, in der Vorschrift aufgelisteten Tätigkeiten bezogen. Hierin ist allerdings keine Beschränkung auf diese **Überwachungsgegenstände** zu erblicken (ebenso im Ergebnis *Winters* Einführung Anm. 4.7.3; BHR EnergieR I Rn. 1050; aA *Haedrich* AtG § 19 Rn. 2).

19 **a) Wesentliche Veränderung kerntechnischer Anlagen.** Insoweit ist zunächst festzuhalten, dass nach § 7 Abs. 1 S. 1 neben der Errichtung und dem Betreiben der dort genannten kerntechnischen Anlagen unter anderem auch deren **wesentliche Veränderung** der Genehmigungspflicht unterworfen ist. Wenn aber auch eine derartige Veränderung ein solches Gefährdungspotential aufwerfen kann, dass der Gesetzgeber sie einer **Präventivkontrolle** unterworfen hat, wäre es ein Wertungswiderspruch, wenn die Aufsichtsbehörde nicht befugt wäre, bei der wesentlichen Veränderung einer entsprechenden Anlage die Einhaltungen des geltenden Atomrechts und insbesondere von Inhalts- und Nebenbestimmungen der erforderlichen Genehmigung zu überwachen. Es stellt sich daher die Frage, ob der Terminus der „Errichtung" auch eine wesentliche Veränderung erfasst. Das AtG gibt hierauf keine eindeutige Antwort. Zwar könnte der Umstand, dass der Gesetzgeber in § 7 Abs. 1 S. 1 die Begriffe „errichtet" und „wesentlich verändert" nebeneinander verwandt hat, bei erstem Hinsehen ein gesetzessystematisches Argument dafür darstellen, dass der Verzicht auf die Begrifflichkeit „wesentliche Veränderung" in § 19 Abs. 1 diese Tätigkeit nicht der staatlichen Aufsicht unterstellt. Indessen darf nicht verkannt werden, dass sich der Begriff der Errichtung seit dem Erlass des AtG in einer stetigen Entwicklung befindet. Hierbei ist im Rahmen einer gesetzessystematischen Auslegung festzustellen, dass dieser Terminus in verschiedenen Rechtsbereichen unterschiedlich zu verstehen ist. Während etwa im Raumordnungsrecht davon ausgegangen wird, dass mit Errichtung nur die erstmalige Herstellung gemeint ist (so etwa zu § 1 S. 3 Nr. 14 RoV BVerwG Beschl. v. 14.2.2017 – 4 VR 18/16, BeckRS 2017, 105008 Rn. 9) und im Grunderwerbssteuerrecht ähnliches anerkannt ist (vgl. BFH Beschl. v. 11.11.1981 – II S 8/81, BeckRS 1981, 04730 Rn. 6), ist in anderem rechtlichen Zusammenhang festgestellt worden, dass unter den Begriff der „Errichtung" nicht nur Neubauten, sondern auch Umbau-, Modernisierungs- und Sanierungsmaßnahmen zu subsumieren sind (so zu § 99 Nr. 4 GWB *Lausen*, jurisPR-VergR 3/2017, Anm. 2) und dass unter „Errichtung" nicht nur die erstmalige Schaffung, sondern auch wesentliche Änderungen zu verstehen

sind (vgl. für Institutionen BVerwG Beschl. v. 24.4.1992 – 6 P 33/90, juris-Rn. 27 = AP LPVG Baden-Württemberg § 78 Nr. 1). Zudem ist zu bedenken, dass etwa in § 4 Abs. 1 Nr. 2a GastG der Begriff „erstmalige Errichtung" verwandt und in § 2 Nr. 23 und 24 KWKG der Terminus „erstmalige Errichtung" als Synonym für „Neubau" legaldefiniert wird, was dafür spricht, dass eine nicht mit dem Zusatz „erstmalige" versehene Verwendung des Begriffs „Errichtung" gerade nicht nur eine erstmalige bauliche Maßnahme erfassen soll. Dass der Bundesgesetzgeber auch bei den im Rahmen der Energiewende erfolgten Änderungen des AtG von einem solchen weitergehenden Verständnis des Begriffs der Errichtung ausgegangen ist, kommt darin zum Ausdruck, dass er durch Art. 1 Nr. 7 lit. b des Gesetzes zur Förderung des Klimaschutzes bei der Entwicklung in den Städten und Gemeinden vom 22.7.2011, BGBl. I 1509, die Privilegierungsvorschrift des § 35 Abs. 1 Nr. 7 BauGB dahingehend modifiziert hat, dass der Vorschrift ein Vorhaben unterfällt, das der Erforschung, Entwicklung oder Nutzung der Kernenergie zu friedlichen Zwecken oder der Entsorgung radioaktiver Abfälle dient „mit Ausnahme der Neuerrichtung von Anlagen zur Spaltung von Kernbrennstoffen zur gewerblichen Erzeugung von Elektrizität". Die Formulierung **„Neuerrichtung"** macht aber deutlich, dass nach dem Verständnis des Gesetzgebers das Wort „Errichtung" mehr als nur den Neubau entsprechender Anlagen erfasst und damit auch andere bauliche Maßnahmen einschließt. Hierfür spricht zudem auch das systematische Verhältnis der durch Art. 1 Nr. 6 lit. a des Gesetzes zur geordneten Beendigung der Kernenergienutzung zur gewerblichen Erzeugung von Elektrizität vom 22.4.2002, BGBl. I 1351 eingefügten S. 2 und 3 von § 7. Denn wenn die wesentliche Veränderung von Anlagen nicht vom Begriff der Errichtung entsprechender Anlagen in S. 2 erfasst wäre, hätte es insoweit keiner Einschränkung durch S. 3 bedurft.

Eine solche weite Auslegung des Wortes „Errichtung" entspricht zudem auch 20 dem gewandelten Begriffsverständnis im Landesrecht. So wird in Gesetzen verschiedener Bundesländer der Begriff „Errichtung" durch Klammerzusätze wie „(Neubau, Erweiterungsbau, Umbau, Sanierung)" (so etwa § 10 Abs. 1 Nr. 1 BremKrhG (Bremisches Krankenhausgesetz vom 12.4.2011, Brem.GBl. 2011, 252) und § 10 Abs. 1 Nr. 1 ThürKHG (Thüringer Krankenhausgesetzes idF der Bekanntmachung vom 30.4.2003, GVBl. 2003, 262)) oder „(Neubau, Umbau, Erweiterungsbau)" (so § 26 Abs. 2 Nr. 1 BWRDG (baden-württembergisches Gesetz über den Rettungsdienst idF vom 8.2.2010, GVBl. 2010, 285)) erläutert. Dies spricht dafür, auch Maßnahmen des Umbaus und damit jedenfalls wesentliche Änderungen der kerntechnischen Anlage als vom Errichtungsbegriff mit umfasst anzusehen.

Ein derartiges Verständnis erscheint auch aufgrund der vorzunehmenden verfas- 21 sungskonformen Auslegung geboten. Insoweit spricht nämlich im Lichte der Interpretation im Licht von Art. 2 Abs. 2 GG und der Schutzpflichten für Leib und Leben dafür, bei einer Fallkonstellation, die – wie die wesentliche Veränderung einer kerntechnischen Anlage – sogar eine **Präventivkontrolle** erfordert, a maiore ad minus erst recht von der Notwendigkeit mitlaufender oder nachträglicher aufsichtsbehördlicher Überwachungsmaßnahmen auszugehen. Im Ergebnis ist daher festzuhalten, dass der Begriff der „Errichtung" in § 19 Abs. 1 S. 1 auch die **„wesentliche Veränderung"** kerntechnischer Anlagen erfasst.

b) Stilllegung, sicherer Einschluss, Abbau von Anlagen. Aus den vorher- 22 gehenden Überlegungen folgt zugleich, dass auch die Stilllegung, der sichere Einschluss und der Abbau kerntechnischer Anlagen von der **Überwachungsbefugnis**

nach § 19 Abs. 1 erfasst werden. Dies lässt sich bereits daraus ableiten, dass in allen diesen Fällen jedenfalls ein Besitz der Anlage durch den Betreiber fortbesteht, der seinerseits nach dieser Vorschrift Aufsichtsgegenstand ist. Demgemäß wird zutreffend im Leitfaden zur Stilllegung, zum sicheren Einschluss und zum Abbau von Anlagen oder Anlagenteilen nach § 7 des Atomgesetzes vom 23.6.2016, BAnz AT 19.7.2016 B7 im Abschnitt „5. Aufsicht" festgestellt: „Im § 19 Abs. 1 ist u. a. festgelegt, dass der Umgang mit radioaktiven Stoffen und der Besitz von Anlagen der in § 7 bezeichneten Art der staatlichen Aufsicht unterliegen. Damit unterliegt auch die Stilllegung kerntechnischer Anlagen und alle weiteren Maßnahmen des sicheren Einschlusses oder des Abbaus der **atomrechtlichen Aufsicht** wie bereits der Betrieb der Anlage vor ihrer Stilllegung."

23 Zum gleichen Ergebnis gelangt man, wenn man – wie zuvor (→ Rn. 21) ausgeführt – davon ausgeht, dass bei einer verfassungskonformen Auslegung im Hinblick auf die aus Art. 2 Abs. 2 GG abzuleitende **Schutzpflicht** der Begriff der Errichtung auch sämtlichen sonstigen mit einem nuklearspezifischen Risiko verbundenen baulichen Maßnahmen umfasst. Auch wenn das Atomrecht zwischen Anlagengenehmigung und Anlagenaufsicht hinsichtlich des Entscheidungsprogramms strikt unterscheidet (BVerwG NVwZ 1998, 623 (624)), konkretisiert § 19 doch ebenso wie § 7 den in § 1 Nr. 2 genannten Zweck des Atomgesetzes, Leben und Gesundheit vor den Gefahren der Kernenergie und der schädlichen Wirkung ionisierender Strahlen zu schützen und durch Kernenergie oder ionisierende Strahlen verursachte Schäden auszugleichen (OVG Schleswig Urt. v. 3.11.1999 – 4 K 26/95, juris-Rn. 156). Damit wäre es aber unvereinbar, eine aufgrund ihres Gefahrenpotentials nach § 7 Abs. 3 S. 1 der atomrechtlichen Genehmigungspflicht unterworfene Tätigkeit von der Aufsicht freizustellen. so dass davon auszugehen ist, dass auch die Stilllegung, der sichere Einschluss oder der Abbau von Anlagen oder Anlagenteilen der **staatlichen Aufsicht** nach § 19 Abs. 1 unterliegen.

24 c) **Änderung des Betriebs.** Änderungen des Betriebs – namentlich der Betriebsarten – sind schon deshalb von § 19 Abs. 1 S. 1 erfasst, weil Gegenstand der Überwachung die jeweils stattfindende Art und Weise des Betriebs ist. Dies führt zugleich dazu, dass die staatliche Aufsicht – anders als die Genehmigungspflicht – nicht nur wesentliche, sondern **jedwede Veränderungen des Betriebs** erfasst.

IV. Maßstäbe der Überwachung (Abs. 1 S. 2)

25 Nach § 19 Abs. 1 S. 2 haben die Aufsichtsbehörden insbesondere darüber zu wachen, dass nicht gegen die Vorschriften des AtG und der auf Grund dieses Gesetzes erlassenen Rechtsverordnungen, die hierauf beruhenden Anordnungen und Verfügungen der Aufsichtsbehörden und die Bestimmungen des Bescheids über die Genehmigung oder allgemeine Zulassung verstoßen wird und dass nachträgliche Auflagen eingehalten werden.

26 Daraus folgt zunächst, dass den Aufsichtsbehörden die Rechtsaufsicht über die Einhaltung der rechtlichen Anforderungen obliegt. Darüber hinaus, wie im Normtext durch das Wort „insbesondere" und durch den Verweis auf die Befugnisse aus § 139b GewO in § 19 Abs. 1 S. 3 AtG sowie durch § 19 Abs. 1 S. 3 AtG angezeigt, haben die Aufsichtsbehörden auch die **Gefahrenüberwachung** bezüglich der in § 19 Abs. 1 S. 1 genannten Tätigkeiten auszuüben.

27 Daneben wirft die Formulierung in § 19 Abs. 1 S. 2 die Frage auf,

– ob die Vorschrift so zu verstehen ist, dass die danach vorzunehmende Konformitätsprüfung auf die in der Genehmigung oder allgemeinen Zulassung oder entsprechenden Anordnungen, Verfügungen oder nachträglichen Auflagen erfolgte Anwendung von Vorschriften des AtG und der auf seiner Grundlage erlassenen Rechtsvorschriften zu beschränken ist,
oder
– ob die Aufsichtsbehörden über die Einhaltung der durch diese Verwaltungsakte erfolgten Anwendung bestimmter Vorschriften des Atomrechts hinaus auch zu überwachen haben, ob gegen Vorschriften des AtG und der auf Grund dieses Gesetzes erlassenen Rechtsverordnungen als solche verstoßen wird, mithin also, ob auch **im Falle vollständiger Konformität** der von § 19 Abs. 1 S. 1 erfassten Tätigkeiten mit den ergangenen zulassungs- und aufsichtsrechtlichen Regelungen **Verstöße gegen Vorschriften des AtG** oder der auf seiner Grundlage erlassenen Rechtsverordnungen gegeben sind.

Der **Wortlaut** von § 19 Abs. 1 S. 2 spricht für die letztere Alternative. Denn 28 wenn sich die Überwachungstätigkeit auf die Frage zu beschränken hätte, ob die Vorschriften des Atomrechts, so wie sie in den zulassungs- und aufsichtsrechtlichen Verwaltungsakten angewandt worden sind, befolgt werden, hätte die gesetzliche Formulierung der Überwachungsaufgabe darauf beschränkt werden können, ob gegen die Anordnungen und Verfügungen der Aufsichtsbehörden und die Bestimmungen des Bescheids über die Genehmigung oder allgemeine Zulassung verstoßen wird und ob nachträgliche Auflagen eingehalten werden.

Diese vorgenannte Frage wurde von Mitte der 80er bis Ende der 90er Jahre des 29 vorigen Jahrhunderts im Schrifttum intensiv diskutiert und von der **weitaus überwiegenden Meinung im ersteren Sinne** beantwortet (zB *Hennenhöfer/Sellner* in Rehbinder/Schink UmweltR § 12 Rn. 249 ff., 253, 271 f.; *Ossenbühl*, Bestandsschutz und Nachrüstung von Kernkraftwerken, 16 f.; *Ossenbühl* DVBl 1990, 600; BHR EnergieR I Rn. 1067; *Hartung*, Die Atomaufsicht – zur staatlichen Aufsicht nach § 19 des Atomgesetzes, 151 f.; im Sinne der zweiten Alternative *Schneider* in Schneider/Steinberg, Schadensvorsorge im Atomrecht zwischen Genehmigung, Bestandsschutz und staatlicher Aufsicht, 128). Von *Leidinger* wird vermittelnd formuliert, dass Inhalt und Reichweite der Aufsicht außer durch Gesetz und Rechtsverordnungen vor allem durch die Genehmigung determiniert werden (*Leidinger* in NK-AtomR § 19 Rn. 2). Für die herrschende Auffassung wird zudem auf die **Obrigheim-Entscheidung** des BVerwG (NVwZ 1998, 623 ff.) aus dem Jahre 1997 verwiesen, in der sich die Feststellung findet, dass im Atomrecht zwischen der **Anlagengenehmigung** und der **Anlagenaufsicht zu unterscheiden** ist und es sich grundsätzlich um **getrennte Verfahren** mit unterschiedlichen Entscheidungsprogrammen handelt.

Der **herrschenden Auffassung** kann zumindest **nicht uneingeschränkt gefolgt** werden. Zum einen beruht diese überwiegend **nicht auf Überlegungen zu Fragen der Überwachung** iSv § 19 Abs. 1, sondern zu Fragen des aufsichtsbehördlichen Einschreitens, das aber mit § 19 Abs. 3 eine eigenständige Rechtsgrundlage hat. Zum anderen ist sie auf das **traditionelle Verständnis** zurückzuführen, dass eine **dynamische Schadensvorsorge nach Erteilung der Genehmigung und über diese hinaus nicht notwendig** sei. Dieses Verständnis ist aber spätestens durch die Einführung der **§§ 7 d und 19a** (zur Einführung unionsrechtlich bedingt, vgl. BT-Drs. 17/3052, 15 f.) jedenfalls in seiner Absolutheit **überholt.** Nach dem ausdrücklich erklärten Willen des Gesetzgebers hat die Behörde nach § 7 d im Einzelfall auch darüber zu entscheiden, ob zur weiteren Risikominimierung jenseits der in der

Genehmigung festgeschriebenen erforderlichen Vorsorge gegen Schäden gegebenenfalls zusätzliche sicherheitsoptimierende Maßnahmen zu treffen sind (BT-Drs. 17/3052, 13). Demgemäß hat die Behörde aber auch zu überwachen, ob diese – sich nicht aus der Genehmigung, sondern unmittelbar aus dem Gesetz ergebenden – Anforderungen eingehalten werden (so ausdrücklich *Frenz/Leidinger* in NK-AtomR § 7 d Rn. 18).

31 Soweit die Vertreter der herrschenden Auffassung auf die Obrigheim-Entscheidung verweisen, ist anzumerken, dass in dieser ausdrücklich daran festgehalten wird, dass aufgrund aufsichtlicher Maßnahmen erkannte materiellrechtliche Rechtsverstöße, die thematisch zum Regelungsgehalt einer früheren Teilerrichtungsgenehmigung gehören, auch dann, wenn sie auf Grund einer veränderten Sachlage erst nach Erlass der vorangegangenen Teilerrichtungsgenehmigung entstanden sind, jedenfalls einen Anlass für einen **Widerruf** früherer Teilgenehmigungen nach § 17 Abs. 3 und 4 oder für den Erlass **nachträglicher Auflagen** gem. § 17 Abs. 1 S. 3 darstellen können (BVerwG NVwZ 1998, 623 (624)). Obliegt der Behörde aber die Pflicht, in einem solchen Falle ggf. ein Verfahren auf Widerruf oder Erlass nachträglicher Auflagen einzuleiten, so muss es auch zu ihren Aufgaben gehören, **im Rahmen der Überwachung zu prüfen, ob die diesbezüglichen Voraussetzungen vorliegen,** wobei Prüfungsmaßstab notwendigerweise nicht die Regelungen der – ggf. zu widerrufenden oder um nachträgliche Auflagen zu ergänzenden – Genehmigung, sondern die Vorschriften des AtG und die auf seiner Grundlage erlassenen Rechtsverordnungen sind. Schließlich sind Konstellationen denkbar, bei denen eine **Genehmigung** – etwa für ein Standort-Zwischenlager – **gerichtlich aufgehoben** worden ist und nach § 19 Abs. 3 angeordnet wird, dass und mit welchen Maßgaben die radioaktiven Abfälle weiterhin im entsprechenden Gebäude auf dem AKW-Gelände aufbewahrt werden. Auch in einem solchen Falle erfolgt die Überwachung nicht anhand der Maßstäbe der ehemaligen und aufgrund der Aufhebung keinerlei Rechtswirkungen mehr entfaltenden Genehmigung, sondern der Vorgaben des AtG und der auf seiner Grundlage erlassenen Rechtsverordnungen sowie der hierauf beruhenden behördlichen Anordnungen und Verfügungen.

32 Für ein derartiges weites Verständnis der Überwachungsbefugnisse des § 19 Abs. 1 S. 1 und 2 spricht auch der in § 1 Nr. 2 normierte Zweck des AtG, Leben, Gesundheit und Sachgüter vor den Gefahren der Kernenergie und der schädlichen Wirkung ionisierender Strahlen zu schützen.

33 Schließlich erscheint dies unter dem Gesichtspunkt einer **verfassungskonformen Auslegung** sogar rechtlich geboten. So wurde bereits in der **Kalkar-Entscheidung** hervorgehoben, dass im technischen Sicherheitsrecht, vor allem bei Anlagen mit außergewöhnlich hohem Gefährdungspotential für einzelne wie für die Allgemeinheit, nur eine laufende Anpassung der für eine Risikoermittlung maßgeblichen Umstände an die jeweils neuesten Erkenntnistand dem Grundsatz einer bestmöglichen Gefahrenabwehr und Risikovorsorge zu genügen vermöge (BVerfGE 49, 89 (139 f.) = NJW 1979, 359). Dem ist das BVerwG gefolgt (BVerwG NVwZ 1989, 864 (865)). Dass die in diesem Kontext relevante **Schutzpflicht** aus Art. 2 Abs. 2 GG eine grundrechtssichernde Verfahrensgestaltung gebietet (BVerfG NJW 1980, 759 (763)), kann aber nicht nur für das Genehmigungsverfahren gelten, sondern muss in gleicher Weise auch für das Aufsichtsverfahren Geltung beanspruchen. Daher folgt aus Art. 2 Abs. 2 GG die Verpflichtung, auch das Überwachungsverfahren so zu gestalten, dass sämtliche für den Grundrechtsschutz maßgeblichen Erkenntnisse ermittelt werden, um auf dieser Grundlage die zur Grundrechtssicherung erforderlichen Maßnahmen ergreifen zu können, unabhängig davon, ob die

Behörde zu diesen nach § 19 Abs. 3 ermächtigt ist oder ob hierzu wegen der vom BVerwG in der **Obrigheim-Entscheidung** (NVwZ 1998, 623 ff.) hervorgehobenen unterschiedlichen Maßstäbe und Verfahren für Genehmigung und Aufsicht der Einleitung von Verfahren zum Widerruf der Genehmigung oder zum Erlass nachträglicher Auflagen bedarf.

Im Ergebnis ist davon auszugehen, dass die Aufsichtsbehörden nicht nur die Einhaltung der auf den Vorschriften des AtG und den auf seiner Grundlage erlassenen Rechtsverordnungen beruhenden Anordnungen und Verfügungen der Aufsichtsbehörden und der Bestimmungen des Bescheids über die Genehmigung oder allgemeine Zulassung sowie nachträglichen Auflagen zu überwachen haben, sondern dass auch die **Einhaltung des normativen Atomrechts** eigenständiger Gegenstand der Überwachung ist. 34

Im Übrigen setzt die bloße Überwachung nach § 19 Abs. 1 und 2 nicht notwendigerweise einen **Gefahrenverdacht** voraus, wenngleich ein solcher in jedem Falle eine detaillierte Überprüfung rechtfertigt. Denn die Überwachung soll unabhängig von Anhaltspunkten für Gründe zum aufsichtlichen Einschreiten gewährleisten, dass sich die Aufsichtsbehörde von dem fehlerlosen Betrieb der Anlage und von der Entbehrlichkeit weiterer Maßnahmen überzeugt (OVG Lüneburg NVwZ 1996, 606 (607)). 35

V. Überwachungsbefugnisse (Abs. 2)

Die Überwachungsbefugnisse – also die Befugnisse der Aufsichtsbehörde zur Überprüfung, ob ein ein Einschreiten iSv § 19 Abs. 3 rechtfertigender Zustand vorliegt – sind in § 19 Abs. 2 normiert. 36

1. Betretungs- und Prüfungsbefugnisse (Abs. 2 S. 1)

Nach § 19 Abs. 2 S. 1 sind die Beauftragten der Aufsichtsbehörde und die von ihr nach § 20 zugezogenen Sachverständigen oder die Beauftragten anderer zugezogener Behörden befugt, Orte, an denen sich radioaktive Stoffe oder Anlagen der in § 7 bezeichneten Art befinden oder an denen hiervon herrührende Strahlen wirken, oder Orte, für die diese Voraussetzungen den Umständen nach anzunehmen sind, jederzeit zu betreten und dort alle Prüfungen anzustellen, die zur Erfüllung ihrer Aufgaben notwendig sind. 37

Beeinträchtigungen des Grundrechts aus **Art. 13 Abs. 1 GG** durch das Betreten und Besichtigen von Geschäftsräumen, die keine Durchsuchung darstellen, sind nur zulässig, wenn eine besondere gesetzliche Vorschrift dazu ermächtigt, die den Zweck des Betretens, den Gegenstand und den Umfang der zugelassenen Besichtigung und Prüfung deutlich erkennen lässt (vgl. BVerfG NJW 1971, 2299, 2300; VGH München Urt. v. 2.10.2012 – 10 BV 09.1860, BeckRS 2012, 60397 Rn. 39). Da § 19 Abs. 2 S. 1 sowohl den Zweck – Überprüfung vorhandener radioaktiver Stoffe oder kerntechnischer Anlagen – als auch den Umfang – Überprüfung an den Maßstäben des § 19 Abs. 1 S. 2 – hinreichend erkennen lässt, stellt § 19 Abs. 2 S. 1 einen den verfassungsrechtlichen Anforderungen genügenden **Gesetzesvorbehalt** iSv Art. 13 Abs. 7 GG dar. 38

Nicht zu bestanden ist, dass insoweit Orte eingeschlossen werden, für welche „den Umständen nach anzunehmen" ist, dass sich dort radioaktive Stoffe oder Anlagen der in § 7 bezeichneten Art befinden. Den Umständen nach anzunehmen 39 wird dies nämlich nur dann sein, wenn Tatsachen diese Annahme rechtfertigen. In diesem Falle erscheint aber ein entsprechender **Gefahrerforschungseingriff** unter Gesichtspunkten des Gefahrenverdachts als zulässig (vgl. am Beispiel des Produktsicherheitsrechts VG Düsseldorf Urt. v. 26.2.2019 – 3 K 9147/18, juris-Rn. 51).

40 Die Befugnis, „jederzeit" zu betreten, ist nicht mit „unangekündigt" zu betreten gleichzusetzen. Hierfür spricht schon, dass es in anderen Fachgesetzen Ermächtigungsgrundlagen gibt, die ausdrücklich vorsehen, dass die entsprechende Überprüfung „unangekündigt" erfolgt (vgl. etwa § 114a Abs. 1 S. 3 SGB 11; § 143 Abs. 1 S. 2 Nr. 1 SeeArbG). Daher ist davon auszugehen, dass eine dem Zutritt und der Prüfung vorgeschaltete **Ankündigung** grundsätzlich erforderlich ist. Etwas anderes gilt nur dann, wenn sie den Zweck des Zutritts- und Prüfungsrechts vereiteln würde (vgl. am Beispiel von § 52 Abs. 2 BImSchG VG Düsseldorf Urt. v. 21.2.2017 – 3 K 3004/15, BeckRS 2017, 124081 Rn. 24).

41 Die Aufsichtsbehörde ist befugt, sämtliche aus ihrer Sicht erforderlichen sicherheitstechnischen Prüfungen einschließlich Messungen durchzuführen. Insoweit besteht ein umfassendes **Prüfungsrecht** (BHR EnergieR I Rn. 1057). Dabei ist die zur Vereinheitlichung der staatlichen Aufsicht erlassene Richtlinie zur Emissions- und Immissionsüberwachung kerntechnischer Anlagen (REI) vom 7.12.2005 (GMBl. 2006, Nr. 14–17, 254) heranzuziehen. Die nach § 19 Abs. 2 Satz 1 erforderliche Notwendigkeit ist im Rahmen der Regelüberwachung schon aufgrund des Betriebs der Anlagen jederzeit als gegeben anzusehen. Bei Maßnahmen, die zu Beeinträchtigungen des Betriebs führen, wird es unter Verhältnismäßigkeitsgesichtspunkten hierzu indessen eines besonderen Anlasses bedürfen. Auf Grundlage von § 19 Abs. 1 S. 1 kann die Aufsichtsbehörde eine **Fernüberwachung** anordnen (vgl. die Rahmenempfehlung für die Fernüberwachung von Kernkraftwerken vom 12.8.2005, GMBl 2005 S. 1049; vgl. zur Zulässigkeit einer entsprechenden Anordnung der immissionsschutzrechtlichen Überwachungsbehörde BVerwG NVwZ 1997, 998). Die Beauftragten der Aufsichtsbehörde können dem Betreiber auch aufgeben, zunächst bestimmte Prüfungen vorzunehmen, etwa Proben ziehen und analysieren zu lassen (OVG Lüneburg NVwZ 1996, 433 (434)).

2. Auskunftserteilung (Abs. 2 S. 2)

42 **a) Auskunft durch verantwortliche oder in der Anlage beschäftigte Personen.** Nach § 19 Abs. 2 S. 2 können die Beauftragten der Aufsichtsbehörde beim Betreten von Orten, an denen sich radioaktive Stoffe oder Anlagen der in § 7 bezeichneten Art befinden oder an denen hiervon herrührende Strahlen wirken, oder von Orten, für die diese Voraussetzungen den Umständen nach anzunehmen sind, von den verantwortlichen oder dort beschäftigten Personen die erforderlichen **Auskünfte** verlangen. Da die auskunftspflichtigen Personen hierdurch hinreichend bestimmt bezeichnet sind, stellt die Vorschrift eine geeignete Grundlage für aufsichtsbehördliche Auskunftsverlangen dar (vgl. zum Erfordernis der gesetzlichen Bezeichnung der Auskunftspflichtigen am Beispiel des Glücksspielrechts VG Mainz Beschl. v. 25.8.2008 – 6 L 640/08.MZ, juris-Rn. 4). Aufgrund der Ausgestaltung von § 19 Abs. 2 Satz 2, wonach nicht der Betreiber auskunftspflichtig ist, sondern eine Auskunftspflicht der verantwortlichen oder in der Anlage beschäftigten Personen besteht, wäre ein Verwaltungsverfahren zur Durchsetzung eines **Auskunftserteilungsverlangens** unmittelbar gegen diese zu richten (zur zwangsweisen Durchsetzbarkeit höchstpersönlicher verwaltungsrechtlicher Auskunftspflichten vgl. VG Bayreuth Beschl. v. 11.1.2005 – B 1 V 04.1328, juris-Rn. 17 = BeckRS 2005, 37774).

Staatliche Aufsicht **§ 19 AtG**

b) Auskunft durch den Betreiber. Ein Auskunfts- oder Vorlageersuchen ge- 43
genüber dem Betreiber könnte auf § 19 Abs. 2 S. 3 AtG iVm § 36 ProdSG gestützt
werden; nach S. 1 dieser Vorschrift sind die Eigentümer überwachungsbedürftiger
Anlagen unter anderem dazu verpflichtet, über diese Angaben zu machen und die
Unterlagen vorzulegen, die zur Durchführung einer vorgeschriebenen oder behördlich angeordneten Prüfung erforderlich sind.

c) Spezifizierung der Auskunfts- und Vorlageanordnung. Erforderlich ist 44
insoweit, dass in der **Auskunfts- und Vorlageanordnung** spezifiziert wird, welche konkreten Auskünfte und Unterlagen zur Erfüllung der aufsichtsbehördlichen
Aufgaben erforderlich sind; eine pauschale Anordnung, der Aufsichtsbehörde die
für ihre Aufgabenerfüllung notwendigen Auskünfte zu erteilen und Unterlagen
vorzulegen, würde dem **Bestimmtheitsgrundsatz** nicht gerecht werden (vgl.
VG Düsseldorf Urt. v. 21.2.2017 – 3 K 3004/15, BeckRS 2017, 124081 Rn. 22).

3. Zuziehung von Sachverständigen (Abs. 2 S. 1)

§ 19 Abs. 2 S. 1 ist ausdrücklich zu entnehmen, dass die Beauftragten der Auf- 45
sichtsbehörde bei Durchführung der nach dieser Vorschrift vorzunehmenden Prüfungen Sachverständige nach § 20 hinzuziehen können. Hierbei handelt es sich um
einen Teil der behördlichen Ermittlungen, der dem pflichtgemäßen **Ermessen** der
Aufsichtsbehörde unterliegt (VG Schleswig RdE 1995, 121).

Die Zuziehung eines Sachverständigen gem. § 20 S. 1 stellt eine gem. § 44a S. 1 46
VwGO nicht selbständig anfechtbare Verfahrenshandlung und keinen vollstreckbaren Verwaltungsakt mit Doppelwirkung dar, denn die Zutritts-, Unterstützungs-
und Auskunftsrechte des § 13 GSG und § 19 Abs. 2 AtG werden dem Sachverständigen dadurch nicht als originär eigene hoheitliche Befugnisse verliehen, sondern
stehen allein der staatlichen Aufsichtsbehörde gegenüber dem Anlagenbetreiber zu;
durch die (privatrechtliche) Beauftragung wird ein zugezogener Sachverständiger
lediglich in den Kreis der für die Behörde tätigen Personen einbezogen, die diese
behördlichen Befugnisse kraft Gesetzes wahrnehmen können (VGH Kassel
NVwZ-RR 1997, 75). Hingegen ist eine mit der Heranziehung eines Sachverständigen verbundene Anordnung, diesem das ungehinderte Betreten der Anlage zu ermöglichen und ihn bei seiner Tätigkeit zu unterstützen, selbständig **anfechtbar,**
da es sich um eine Verfahrenshandlung iSd § 44a S. 2 VwGO handelt, die vollstreckt werden kann (VGH Kassel NVwZ 1992, 391).

4. Durchsetzung der Überwachungsbefugnisse

Verweigert der Betreiber den Zutritt, lässt er die Vornahme der aufsichtsbehörd- 47
lichen Prüfungen nicht zu oder weigert er sich, die geforderten Auskünfte zu erteilen, so kann die Erfüllung dieser gesetzlichen Pflichten durch eine Verfügung der
zuständigen Aufsichtsbehörde durchgesetzt werden (vgl. am Beispiel eines
behördlichen Auskunftsverlangens im Gaststättenrecht VG München Urt. v.
11.11.2010 – M 16 K 10.2563, juris-Rn. 19 ff. = BeckRS 2010, 36399). Eine derartige Anordnung wird in der Regel verhältnismäßig sein, da es insoweit lediglich
um Sachverhaltsermittlungen und noch keine weitergehenden Eingriffsmaßnahmen iSv § 19 Abs. 3 geht (vgl. am Beispiel des Produktsicherheitsrechts VG Düsseldorf Urt. v. 26.2.2019 – 3 K 9147/18, juris-Rn. 56). Gegebenenfalls kann bezüglich
des Betretens durch die Beauftragten der Aufsichtsbehörde eine **Duldungsver-
fügung** erlassen werden, die für alle künftigen Fälle gilt (vgl. zu § 52 Abs. 2

BImSchG VGH München Beschl. v. 31.7.2007 – 22 ZB 07.554, juris-Rn. 8 ff. = BeckRS 2007, 25615).

48 Erforderlichenfalls kann eine Anordnung der sofortigen Vollziehung nach § 80 Abs. 2 Nr. 4 VwGO ergehen; der Gesichtspunkt einer effektiv durchführbaren Überwachung kann ein überwiegendes öffentliches Vollzugsinteresse begründen (siehe OVG Münster Beschl. v. 5.6.2014 – 20 B 1396/13, juris-Rn. 12 = BeckRS 2014, 52512).

5. Ordnungsbehördliche Befugnisse (Abs. 1 S. 3)

49 Nach § 19 Abs. 1 S. 3 finden auf die Befugnisse und Obliegenheiten der Aufsichtsbehörden die Vorschriften des § 139b GewO entsprechende Anwendung. § 139b GewO regelt die Aufgaben und Befugnisse der Gewerbeaufsichtsbehörden im Bereich des Arbeitsschutzes. Da das Arbeitsschutzrecht aus der Gewerbeordnung ausgegliedert worden ist, stellt § 139b GewO an sich fast nur noch ein historisches Relikt dar (*Wiebauer* in Landmann/Rohmer GewO, 77. EL, § 139b Rn. 1). § 19 Abs. 1 S. 3 bedient sich der Norm aber weiterhin als Verweisungsobjekt für die – aus Sicht des historischen Gesetzgebers „für die Durchführung der Aufsicht über Atomanlagen […] nicht zu entbehrenden" (s. BT-Drs. 3/759, 53, 61) – „Befugnisse und Obliegenheiten" der atomrechtlichen Aufsichtsbehörden. Demnach haben die Aufsichtsbehörden die in § 139b Abs. 1 S. 2 GewO angesprochenen „amtlichen Befugnisse der Ortspolizeibehörden, insbesondere das **Recht zur jederzeitigen Besichtigung und Prüfung** der Anlagen", sowie die Befugnis zum Betreten und zur Besichtigung etwaiger Gemeinschaftsunterkünfte nach § 139b Abs. 6 GewO; ebenso gelten die Maßgaben und Berichts- und Informationspflichten nach § 139b Abs. 1 S. 3 und 4, Abs. 3, 7 und 8 GewO (*Leidinger* in NK-AtomR § 19 Rn. 15). Am Wichtigsten ist dabei die Generalklausel über die „amtlichen Befugnisse der Ortspolizeibehörden" (BHR EnergieR I Rn. 1054; *Hartung*, Die Atomaufsicht – zur staatlichen Aufsicht nach § 19 des Atomgesetzes, 126 ff., 148; *Leidinger* in NK-AtomR § 19 Rn. 17). § 139b GewO ergänzt somit die Befugnisse der Aufsichtsbehörden, auch damit die allgemeinen Ordnungsbehörden nur eingeschränkt in Anlagen nach dem Atomrecht tätig werden müssen.

VI. Informationsübermittlungsbefugnisse (Abs. 1 S. 4)

50 Durch Art. 1 Nr. 1 des Gesetzes zur Verbesserung der Überwachung des Außenwirtschaftsverkehrs und des Verbots von Atomwaffen, biologischen und chemischen Waffen vom 5.11.1990 (BGBl. I 2428) ist § 19 Abs. 1 um den S. 4 ergänzt worden. Nach diesem kann das für die kerntechnische Sicherheit und den Strahlenschutz zuständige Bundesministerium die ihm von den nach den §§ 22–24 zuständigen Behörden übermittelten Informationen, die auf Verstöße gegen Ein- und Ausfuhrvorschriften dieses Gesetzes oder der auf Grund dieses Gesetzes erlassenen Rechtsverordnungen, gegen die hierauf beruhenden Anordnungen und Verfügungen der Aufsichtsbehörden oder gegen die Bestimmungen des Bescheids über die Genehmigung hinweisen, an das Bundesministerium des Innern übermitteln, soweit dies für die Wahrnehmung der Aufgaben des Bundeskriminalamtes bei der Verfolgung von Straftaten im Außenwirtschaftsverkehr erforderlich ist; dabei dürfen die übermittelten Informationen, soweit gesetzlich nichts anderes bestimmt ist, nur für den Zweck verwendet werden, zu dem sie übermittelt worden sind. Dass die entsprechenden Informationen auf entsprechende Rechtsverstöße hinweisen, wird man bereits dann annehmen können, wenn hinreichende Anhaltspunkte hierfür vorliegen. Hierfür spricht jedenfalls, dass an diese Annahme keine **materiellrechtlichen Rechtsfolgen** geknüpft sind, welche das Anlegen eines strengeren Maßstabs, etwa das Vorliegen greifbarer Anhaltspunkte, gebieten würden (vgl. BVerwG Beschl. v. 6.1.1999 – 7 B 226/98, juris-Rn. 2), sondern dass sich die Rechtsfolge darauf beschränkt, die zuständigen Strafverfolgungsbehörden in die Lage zu versetzen, eine Entscheidung über eventuelle weitere Ermittlungsmaßnahmen zu treffen.

VII. Anordnungsbefugnisse (Abs. 3)

1. Generalklausel (Abs. 3 S. 1)

§ 19 Abs. 3 S. 1 enthält eine § 24a GewO nachgebildete (*Fischerhof* Dt. AtomG § 19 Rn. 9), generalklauselartig gefasste und auf die Abwehr atomrechtlicher Gefahren gerichtete **allgemeine Eingriffsbefugnis**. Anordnungen nach § 19 Abs. 3 Satz 1 können ein weites Spektrum höchst unterschiedlicher Anordnungen erfassen bis hin zur Durchsetzung einer aus der Betriebsgenehmigung im Zusammenhang mit dem Betriebshandbuch folgenden Instandsetzungspflicht (OVG Lüneburg NVwZ 1989, 1180 (1182); vgl. hierzu auch *Roller*, Genehmigungsaufhebung und Entschädigung im Atomrecht, 118). Die Generalklausel des § 19 Abs. 3 S. 1 ist von ihren tatbestandlichen Voraussetzungen her kaskadenartig gestuft. 51

a) Verstoß gegen Rechtsvorschriften (Var. 1). Zunächst kann die Aufsichtsbehörde anordnen, dass ein Zustand beseitigt wird, der den Vorschriften dieses Gesetzes oder den auf Grund dieses Gesetzes erlassenen Rechtsverordnungen widerspricht und der in der Literatur als „**Gesetzeswiderspruch**" bezeichnet wird (BHR EnergieR I Rn. 1066). Angesichts des klaren Wortlauts, der die Grenzen jeder zulässigen Auslegung markiert, verbietet sich eine erweiternde Auslegung, die auch norminterpretierende Verwaltungsvorschriften einbezieht. Soweit es aber um normkonkretisierende Verwaltungsvorschriften geht, die Außenwirkung haben und die Verwaltungsgerichte binden (BVerwG NVwZ 1986, 208 (213); VGH München NVwZ-RR 2017, 811 (812)), folgt aus diesen im Umfang der Normkonkretisierung, was Inhalt des Gesetzes oder einer Rechtsverordnung ist; in diesem eingeschränkten Sinne kann sich auch aus ihnen ein „Gesetzeswiderspruch" ergeben. Angesichts des Wortlautes der Vorschrift ist daher davon auszugehen, dass ein den Vorschriften des AtG oder der auf seiner Grundlage erlassenen Rechtsverordnungen widersprechender Zustand auch dann vorliegen kann, wenn der Zustand **genehmigungskonform** ist. Daher kann nicht angenommen werden, dass die erste Fallgruppe des Widerspruchs gegen Rechtsvorschriften gegenüber der zweiten des Widerspruchs gegen Regelungen durch Verwaltungsakte, insbesondere solchen genehmigungsrechtlicher Art, keine selbstständige Bedeutung habe (so aber die herrschende Meinung im Schrifttum, vgl. etwa Ossenbühl DVBl. 1990, 600; BHR EnergieR I Rn. 1067), bzw. sich die selbstständige Bedeutung auf genehmigungsfreie Tätigkeiten und den Fall des Fehlens einer ausreichenden Genehmigung beschränke (so aber *Leidinger* in NK-AtomR § 19 Rn. 40; BHR EnergieR I Rn. 1068). Hingegen spricht schon das systematische Verhältnis von 7 Abs. 1 S. 1 und § 17 Abs. 1 S. 3 und Abs. 3–5 auf der einen zu § 19 Abs. 3 auf der anderen Seite dafür, dass Maßnahmen auf Grundlage der letzteren Vorschrift nicht dazu führen dürfen, die Legalisierungswirkung der atomrechtlichen Genehmigung leerlaufen 52 zu lassen. Hierfür lässt sich auch die Feststellung des BVerwG anführen, dass das Atomrecht zwischen Anlagengenehmigung und Anlagenaufsicht strikt unterscheidet und dass für beide Bereiche unterschiedliche Instrumentarien und Entscheidungsprogramme bestehen und dass eine Negierung dieser Unterschiede zur Umgehung der Entschädigungspflicht nach § 18 führen würde (BVerwG NVwZ 1998, 623, 624; → Rn. 29). Aus diesem Grunde ist für auf einen Gesetzeswiderspruch gestützte Maßnahmen nach § 19 Abs. 3 regelmäßig nur dann Raum, wenn diese nicht anstelle eines Vorgehens nach § 17, insbesondere einem Verfahren zum Widerruf der Genehmigung oder dem Erlass einer nachträglichen Auflage, sondern flankierend zu einem solchen ergriffen werden. Die Maßnahmen zielen in diesem Falle darauf ab zu verhindern, dass es in der Zeit bis zum Abschluss des auf § 17 gestützten Verfahrens zu Gefahren für Leben, Gesundheit oder Sachgüter kommt. Im Hinblick darauf, dass es sich bei der Stromerzeugung durch Kernspaltung einerseits um eine mit extremen Schadensfallrisiken verbundene Hochrisikotechnologie handelt und dass andererseits die Schutzwürdigkeit des Eigentums in seiner Bedeutung als individuelles Freiheitsgrundrecht bei Atomanlagen beschränkt ist, da es hier nach seiner Eigenart und Funktion nur in geringem Maße der persönlichen Freiheit des Einzelnen dient, hat das BVerfG in Anknüpfung an die Grundsätze der Kalkar-Rechtsprechung (BVerfGE 49, 89 (127)) = NJW 1979, 359) in seinem Urteil zum Atomausstieg (BVerfGE 143, 246 Rn. 297 f. = NJW 2017, 217) ausgesprochen, dass dem Atomrecht eine Sonderstellung zukommt, die es rechtfertigt, von verfassungsrechtlichen Grundsätzen abzuweichen, die auf anderen Rechtsgebieten anerkannt sind. Vor diesem Hintergrund erscheint es gerechtfertigt, § 19 Abs. 3 – in Übereinstimmung mit seinem Wortlaut – so zu verstehen, dass die Vorschrift zwar im Falle eines **Gesetzeswiderspruchs kein Unterlaufen der Legalisierungswirkung bestandskräftiger Genehmigungen** zulässt, wohl aber die Behörde dazu ermächtigt, bei Vorliegen einer entsprechenden Gefährdung während der Dauer von Verfahren zum Widerruf oder Rücknahme atomrechtlicher Genehmigungen oder zur Beifügung nachträglicher Auflagen **Sicherungsmaßnahmen** zu ergreifen, die zu einer **vorläufigen Einschränkung genehmigungsrechtlicher Befugnisse** führen (vgl. → Rn. 61).

53   **b) Verstoß gegen Verwaltungsakte (Var. 2).** Weiter kann die Aufsichtsbehörde anordnen, dass ein Zustand beseitigt wird, der den Bestimmungen des Bescheids über die Genehmigung oder allgemeine Zulassung oder einer nachträglich angeordneten Auflage widerspricht. In der Literatur wird insoweit von einem „**Genehmigungswiderspruch**" gesprochen (BHR EnergieR I Rn. 1066). Aufgrund der allgemeinen Formulierung „Bestimmungen" ist davon auszugehen, dass insoweit **sowohl Inhalts- als auch Nebenbestimmungen** erfasst sind. Unter einer nachträglich angeordneten Auflage ist eine solche Nebenbestimmung zu verstehen, die nach § 17 Abs. 1 S. 3 ergangen ist. Der Tatbestand eines Genehmigungswiderspruchs ist erfüllt, wenn eine nukleare Tätigkeit nicht im Einklang mit den Regelungen der maßgeblichen Genehmigung einschließlich der darin enthaltenen und der ihr mit Erlass oder nachträglich beigegebenen Nebenbestimmungen erfolgt (vgl. BHR EnergieR I Rn. 1069).

54   Hinsichtlich der Genehmigung der Errichtung einer Anlage (im Unterschied zur Betriebsgenehmigung) ist dagegen zu beachten, dass ein Genehmigungswiderspruch nur vorliegt, wenn die Anlage bei der Errichtung nicht im Einklang mit den Regelungen der Genehmigung steht (BHR EnergieR I Rn. 1069). Bei Änderungen, die sich nachträglich, beispielsweise durch Alterung der Anlage ergeben, stellt

Staatliche Aufsicht **§ 19 AtG**

sich nicht die Frage der Übereinstimmung mit den Regelungen der Anlagengenehmigung, sondern mit denen der Betriebsgenehmigung (OVG Lüneburg Urt. v. 16.2.1989 – 7 A 108/88, NVwZ 1989, 1180 (1182); *Leidinger* in NK-AtomR § 19 Rn. 42).

Wird eine Nebenbestimmung **isoliert angefochten** und kommt es hierdurch 55
zum Eintritt des **Suspensiveffektes** nach § 80 Abs. 1 S. 1 VwGO (hierzu OVG Magdeburg NVwZ-RR 2008, 239 und NVwZ-RR 2010, 381 (382); VGH Mannheim VBlBW 2014, 309 (310f.)), wird die Aufsichtsbehörde die Nichtbeachtung der Nebenbestimmung nur dann zum Anlass für eine Anordnung nach § 19 Abs. 3 S. 1 nehmen können, wenn sie zuvor von der Möglichkeit Gebrauch gemacht hat, gem. § 80 Abs. 2 S. 1 Nr. 4 VwGO im öffentlichen Interesse die sofortige Vollziehung der Nebenbestimmung anzuordnen.

Die Befugnis der Aufsichtsbehörde zum Erlass einer derartigen Anordnung ent- 56
fällt nicht dadurch, dass der Betreiber erklärt, auf die Rechte aus einer atomrechtlichen Genehmigung zu verzichten, sofern ein wirksamer Verzicht eines Genehmigungsinhabers nicht möglich ist, weil der Bestand der Genehmigung auch im **öffentlichen Interesse** oder im **rechtlich geschützten Interesse Dritter** liegt (VG Düsseldorf Urt. v. 6.3.2015 – 7 K 3375/13, juris-Rn. 43 = BeckRS 2015, 52261). Dies wird aber beispielsweise bei Regelungen, die in atomrechtlichen Genehmigungen für die Nachbetriebs- oder Stilllegungsphase getroffen worden sind, regelmäßig der Fall sein.

c) Gefahren für Leben, Gesundheit oder Sachgüter (Var. 3). Schließlich 57
kann die Aufsichtsbehörde anordnen, dass ein Zustand beseitigt wird, aus dem sich durch die Wirkung ionisierender Strahlen Gefahren für Leben, Gesundheit oder Sachgüter ergeben können. Hiervon ist jedenfalls dann auszugehen, wenn „eine Sachlage oder ein Verhalten bei ungehindertem Ablauf des objektiv zu erwartenden Geschehens mit Wahrscheinlichkeit ein **polizeilich geschütztes Rechtsgut** schädigen wird" (BVerwG NJW 1974, 807 (809)). Der Begriff der Gefahr in § 19 Abs. 3 S. 1 beschränkt sich indessen nicht auf die Abwehr einer derartigen Gefahr im polizeirechtlichen Sinne; vielmehr schließt er – wie schon aus dem Wortlaut „ergeben können" abzuleiten ist – auch den Gefahrenverdacht oder ein sogenanntes Besorgnispotential ein (*Roller* DVBl. 1993, 20 (21 ff.); *Hartung,* Die Atomaufsicht – zur staatlichen Aufsicht nach § 19 des Atomgesetzes, 154; *Böhm* NuR 1999, 661 (665); *Blümel* in Pelzer Schnittpunkte nationalen und internationalen Atomrechts, 203 (215, 217); aA *Ossenbühl* DVBl. 1990, 600; *Gemmeke,* Nachträgliche Anordnungen im Atomrecht, 77 ff.). Im Falle eines **Gefahrenverdachts** wird aufgrund objektiver Umstände das Vorhandensein einer Gefahr zwar für möglich, aber nicht für sicher gehalten. Im Atomrecht erscheint eine solche Vorverlagerung aufgrund des erheblichen Schadenspotentials der Nutzung der Kernenergie als gerechtfertigt. Dabei setzt ein Gefahrverdacht im Hinblick auf die Legalisierungswirkung der atomrechtlichen Genehmigung **hinreichend konkrete Anhaltspunkte** voraus (vgl. VGH Kassel ZUR 2013, 367 (372 f.), der aus diesem Grund das Moratorium für Kernkraftwerke für rechtswidrig erachtet hat; so auch bereits *Rebentisch* NVwZ 2011, 533), welche die atomrechtliche Genehmigungsbehörde entweder von vornherein übersehen hat oder die erst nach Genehmigungserteilung erkannt und bekannt geworden sind, also einer Veränderung der Gefahrensituation gleichkommen (*Hennenhöfer/Sellner* in Rehbinder/Schink UmweltR § 12 Rn. 272; *Posser* in EFP BesVerwR II § 52 Rn. 65; *Leidinger* in NK-AtomR § 19 Rn. 44). Daher reicht eine rein theoretische Unausschließbarkeit von Gefahren und damit ein bloßes Restrisiko zur Erfül-

Ewer 451

lung der Voraussetzungen für ein Einschreiten nach § 19 Abs. 3 ebenso wenig aus (*Ewer/Behnsen* NJW 2011, 1182 (1185) mwN), wie eine allgemeine Neubewertung der von Kernkraftwerken ausgehen Gefahren (VGH Kassel ZUR 2013, 367 (373); so bereits *Wagner* DÖV 1987, 524 (531); *Lukes,* 8. AtRS 1989, 63 (78)).

58 Hinsichtlich des Gefahrenbegriffs ist streitig, ob die von § 19 Abs. 3 S. 1 Alt. 2 geforderten Voraussetzungen in diesem Sinne eng zu fassen sind oder ob eine Berücksichtigung des von § 7 Abs. 2 Nr. 3 verwendeten Maßstabs, der im Rahmen der Erteilung einer Genehmigung erforderlichen Vorsorge, allgemein als Risikovorsorge bezeichnet, bei § 19 Abs. 3 S. 1 zulässig ist oder aber zumindest entsprechend im Rahmen der Auslegung mit Berücksichtigung finden muss. Die höchstrichterliche Rechtsprechung hat es für unzulässig gehalten, insoweit das Gebot der Schadensvorsorge nach § 7 Abs. 2 Nr. 3 im Wege einer erweiternden Interpretation auf die aufsichtlichen Fragestellungen zu erstrecken (BVerwG NVwZ 1998, 623 (624); zur Wiedergabe des Streitstandes siehe VGH Kassel ZUR 2013, 367 (372)). Der zuständigen Behörde steht auch im Aufsichtsverfahren nach § 19 eine Einschätzungsprärogative für die Gefahrenermittlung und -bewertung zu (VGH Kassel Urt. v. 27. 2. 2013 – 6 C 824/11.T, juris-Rn. 63; insoweit in ZUR 2013, 367 nicht abgedruckt). Ungeachtet dessen ist für die Tatbestandsmäßigkeit der Gefahrenalternative die Erkennbarkeit bzw. Rechtswidrigkeit des Anlagenbetriebs ohne Bedeutung (BHR EnergieR I Rn. 1077).

59 Im Ergebnis können Gefahren iSd § 19 Abs. 3 S. 1, dritte Fallgruppe, ihrer Art nach alle Gefahren sein, die sich aus einer Veränderung der Gefahrensituation ergeben haben oder die erst nach Genehmigungserteilung erkannt worden oder bekannt geworden sind (*Sendler* NVwZ 2002, 681 (685)). Schon im Hinblick auf die grundrechtliche Schutzpflicht aus Art. 2 Abs. 2 GG verbietet es sich, insoweit davon auszugehen, dass § 19 Abs. 3 S. 1, dritte Fallgruppe nur anlagenbezogen zu verstehen ist und dass lediglich der fortschreitende technische Erkenntniszustand als Grundlage für eine vorläufige Betriebseinstellung in Betracht zu ziehen ist (so aber *Ossenbühl* NVwZ 2002, 290 (294)).

60 Ob die Aufsichtsbehörde im konkreten Fall nicht nur bei Vorliegen einer Gefahr, sondern auch bei einem Gefahrenverdacht oder Zweifeln an einer bislang ausreichenden Risikovorsorge einschreiten darf, hängt im Wesentlichen davon ab, ob sie ausreichend und sachgerecht den Sachverhalt ermittelt, dokumentiert und im Rahmen des bestehenden exekutiven Funktionsvorbehalts die **Möglichkeit eines Schadenseintritts** konkret bejaht hat (VGH Kassel ZUR 2013, 367 (371)).

61 **d) Vermeidung zukünftiger Gefahren.** Vom Gefahrverdacht, bei dem hinreichend konkrete Anhaltspunkte das bereits bestehende Vorliegen einer Gefahr indizieren, ist zu unterscheiden eine mit hinreichender Wahrscheinlichkeit erst in der Zukunft auftretende Gefahrenlage. Da § 19 Abs. 3 S. 1 seinem Wortlaut nach auf die Beseitigung eines Zustands abstellt, der – sei es unter dem Gesichtspunkt eines Verstoßes gegen normatives Recht oder Regelungen aus Verwaltungsakten, sei es wegen Gefährdung von Leben, Gesundheit oder Sachgütern – eine Gefahr darstellt oder indiziert, stellt sich die Frage, ob die Vorschrift die Aufsichtsbehörden auch dazu ermächtigt, den erst noch drohenden Eintritt eines derartigen Zustandes zu verhindern. Dies ist im Hinblick auf den präventiven und vorsorgeorientierten Charakter des Atomrechts, wie er insbesondere in § 1 Nr. 2 zum Ausdruck kommt, zu bejahen. Auch in anderen Bereichen – insbesondere des Umweltrechts – ist anerkannt, dass die Aufsichtsbehörden bereits dann zu einem Einschreiten befugt sind, wenn bei bestimmten Vorgängen aufgrund allgemeiner Erfahrungen oder wissenschaftlicher Erkenntnisse bei ungehindertem weiteren Verlauf typischerweise mit der Entstehung einer Gefahrenlage zu rechnen ist (vgl. etwa am Beispiel des Abfallrechts BVerwG NVwZ 1993, 988 (989)). Zudem wäre es im Einzelfall auch mit **grundrechtlichen Schutzpflichten** unvereinbar, wenn die Aufsichtsbehörde etwa erst abwarten müsste, bis mit einem Transport von Brennstäben oder deren Zwischenlagerung ohne die erforderliche Genehmigung begonnen würde, auch wenn ihr Anhaltspunkte dafür vorliegen, dass es zu derartigen rechtswidrigen und damit eine Gefahr im ordnungsrechtlichen Sinne begründenden Maßnahmen kommen wird. Daher ist § 19 Abs. 3 S. 1 im Wege teleologischer Extension dahingehend auszulegen, dass die Aufsichtsbehörde auch bei einem drohenden Eintritt eines der in der Vorschrift genannten Zustände zu einem **präventiven Einschreiten** ermächtigt ist.

e) Eingeschränkter passiver Bestandsschutz. Im Falle eines Widerspruchs 62 zu den Regelungen des AtG und der auf seiner Grundlage erlassenen Rechtsverordnungen oder bei Gefahren für Leben, Gesundheit oder Sachgüter sind die Aufsichtsbehörden nicht auf solche Anordnungen beschränkt, die weiterhin eine unveränderte Fortführung des Betriebs im genehmigten Umfang ermöglichen. Vielmehr hat die Regelung des § 19 den Zweck, sowohl die Einhaltung der gesetzlichen Anforderungen, als auch die Einhaltung der von der Genehmigungsbehörde erlassenen Einzelregelungen sicherzustellen (*Böhm* NuR 1999, 661 (664)). Daher können die Aufsichtsbehörden auch **während des unveränderten Fortbestandes der Genehmigung** nach § 19 Abs. 3 gegenüber dem Betreiber gegebenenfalls auch solche Anordnungen zur Beseitigung des betreffenden Zustandes erlassen, durch welche **bestimmte genehmigte Tätigkeiten untersagt oder faktisch ausgeschlossen** werden (VGH Mannheim Urt. v. 26.2.2007 – 10 S 643/05, juris-Rn. 38 = BeckRS 2007, 21908). Derartige Anordnungen haben allerdings einen **nur vorläufigen Charakter,** da ein dauerhafter Eingriff in den Genehmigungsbestand eine nachträgliche Modifizierung der Genehmigungslage auf Grundlage von § 17 erforderlich macht. Die Befugnis der Aufsichtsbehörden, auf Grundlage von § 19 Abs. 3 vorläufig auch genehmigte Maßnahmen des Betriebs zu untersagen oder zu beschränken, folgt aus einer auf dem besonderen Gefahrenpotential kerntechnischer Anlagen beruhenden bewussten Entscheidung des Gesetzgebers. Hierzu wird in der Begründung der Ursprungsfassung des AtG ausgeführt: „Sie (die Genehmigungsbehörde) kann insbesondere anordnen, dass vorschriftswidrige Zustände beseitigt werden und dass entsprechende Maßnahmen zum Schutz von Personen und Sachgütern getroffen werden. Diese Anordnungen werden regelmäßig vorläufigen Charakter haben, bis die Genehmigungsbehörde die Angelegenheit im Rahmen des § 17 gewürdigt hat." (Gesetzentwurf der BReg vom 17.12.1958, BT-Drs. 3/759, 32).

Die Möglichkeit eines Eingreifens nach der ersten und dritten Fallgruppe hat zur 63 Folge, dass insoweit ein nur **eingeschränkter passiver Bestandsschutz** gegeben ist. Da dieser seit dem **Nassauskiesungsbeschluss** (BVerfG NJW 1982, 745) nicht mehr unmittelbar aus Art. 14 Abs. 1 GG abzuleiten ist, sondern sich ohne unmittelbaren Rückgriff auf diese Verfassungsvorschrift nach den einfach-rechtlichen Regelungen des Fachrechts und des allgemeinen Verwaltungsrechts als Inhalts- und Schrankenbestimmung bemisst, ist eine nur eingeschränkte Gewährung von passivem Bestandsschutz zulässig, sofern diese mit dem Verhältnismäßigkeitsgrundsatz vereinbar ist (vgl. die Nachweise bei *Struzina/Lindner* NVwZ 2016, 289 (290)). Schon in der **Kalkar I-Entscheidung** hat das Bundesverfassungsgericht festgehal-

ten, dass es angesichts der im Rahmen der friedlichen Nutzung der Kernenergie verbleibenden Ungewissheiten Aufgabe sämtlicher staatlichen Organe (also neben dem dort besonders erwähnten Gesetzgeber auch der Exekutive) ist, alle Anstrengungen zu unternehmen, um mögliche Gefahren frühzeitig zu erkennen und ihnen mit den erforderlichen, verfassungsmäßigen Mitteln zu begegnen (BVerfG NJW 1979, 359 (361)). Angesichts dessen stellt es sich aber als verhältnismäßige Inhalts- und Schrankenbestimmung dar,
– dass die Aufsichtsbehörden nach § 19 Abs. 3 S. 1 unter den Voraussetzungen der ersten oder dritten Fallgruppe befugt sind, auch in einen genehmigten Betrieb kerntechnischer Anlagen vorläufig einzugreifen,
und
– dass derartigen Anlagen hierdurch nur ein – im Verhältnis zu Anlagen außerhalb des Atomrechts – deutlich eingeschränkter passiver Bestandsschutz eingeräumt worden ist (so im Ergebnis auch *Hartung*, Die Atomaufsicht – zur staatlichen Aufsicht nach § 19 des Atomgesetzes, 167; *Leiner* NVwZ 1991, 845 (847)).

Dies führt dazu, dass bei Vorliegen der Voraussetzungen der ersten und dritten Fallgruppe eine rechtmäßige vorläufige Einschränkung des genehmigungskonformen Betriebs als nicht ausgleichspflichtige Inhalts- und Schrankenbestimmung entschädigungslos hinzunehmen ist.

64 Dass bei ordnungsgemäß ermittelter Gefahr oder begründetem Gefahrverdacht und bei Wahrung des Grundsatzes der Verhältnismäßigkeit auf Grundlage von § 19 Abs. 3 grundsätzlich auch Eingriffe in das durch Genehmigungsbescheid konstituierte Recht zum Betrieb einer kerntechnischen Anlage verfügt werden können, ist zuletzt in der Rechtsprechung zum **„Atommoratorium"** anerkannt worden, auch wenn das Vorliegen dieser Voraussetzungen im konkreten Fall verneint wurde (VGH Kassel Urt. v. 27.2.2013 – 6 C 824/11.T, juris-Rn. 91, in ZUR 2013, 367 insoweit nicht abgedruckt).

2. Ausdrücklich vorgesehene Anordnungen (Abs. 3 S. 2)

65 § 19 Abs. 3 S. 2 ermächtigt die Aufsichtsbehörde ausdrücklich zu bestimmten Anordnungen. Dabei folgt aus dem „insbesondere", dass es sich insoweit **nicht um eine abschließende Aufzählung** handelt (*Fischerhof* Dt. AtomG § 19 Rn. 12).

66 **a) Durchführung von Schutzmaßnahmen (Nr. 1).** Nach § 19 Abs. 3 S. 2 Nr. 1 kann die Aufsichtsbehörde anordnen, dass und welche Schutzmaßnahmen zu treffen sind. Dabei kommen in erster Linie – wie in anderen Rechtsgebieten (vgl. etwa § 28 IfSG und § 4 Abs. 2 BetrSichV) – technische und organisatorische Schutzmaßnahmen in Betracht.

67 **b) Aufbewahrung oder Verwahrung radioaktiver Stoffe (Nr. 2).** Nach § 19 Abs. 3 S. 2 Nr. 2 kann die Aufsichtsbehörde anordnen, dass radioaktive Stoffe bei einer von ihr bestimmten Stelle aufbewahrt oder verwahrt werden. Dabei ist hervorzuheben, dass dies im Hinblick auf die **Legaldefinition** in § 2 Abs. 1 S. 1 nicht nur Kernbrennstoffe, sondern auch sonstige radioaktive Stoffe sein können (*Fischerhof* Dt. AtomG § 19 Rn. 12).

68 **c) Einstweilige oder endgültige Einstellung des Umgangs mit radioaktiven Stoffen oder der Errichtung und des Betriebs von kerntechnischen Anlagen (Nr. 3).** Schließlich kann die Aufsichtsbehörde nach § 19 Abs. 3 S. 2 Nr. 3 anordnen, dass der Umgang mit radioaktiven Stoffen, die Errichtung und der

Betrieb von Anlagen der in § 7 bezeichneten Art einstweilen oder, wenn eine erforderliche Genehmigung nicht erteilt oder rechtskräftig widerrufen ist, endgültig eingestellt wird.

Das Fehlen einer Genehmigung kommt auch dann in Betracht, wenn es an einer **69** erforderlichen **Änderungsgenehmigung** fehlt. In diesem Falle ist nicht zu verlangen, dass der Stilllegungsanordnung ein Widerruf der Ausgangsgenehmigung vorangehen muss, da der Betreiber für eine aufgrund einer genehmigungspflichtigen aber nicht genehmigten Änderung formell illegale Anlage keinen Bestandsschutz beanspruchen kann, so dass eine aufsichtlich angeordnete Betriebseinstellung nicht zu einer Umgehung der Entschädigungspflicht aus § 18 führt (BVerwG NVwZ 2001, 567 (568)).

aa) Einstweilige Einstellung. Grundsätzlich entspricht es dem Zweck der Er- **70** messensermächtigung des § 19 Abs. 3 S. 2 Nr. 3, ein Kernkraftwerk stillzulegen, solange die Frage der Genehmigungsfähigkeit noch klärungsbedürftig ist. Daher stellt es keine sachfremde Erwägung dar, wenn die Aufsichtsbehörde von ihrer Befugnis, nach § 19 Abs. 3 S. 2 Nr. 3 die Stilllegung eines Kernkraftwerks anzuordnen, unter Hinweis darauf Gebrauch macht, dass der ungenehmigte Betrieb einer kerntechnischen Anlage der staatlichen Schutzverpflichtung des § 1 Nr. 2 widerspricht und den Straftatbestand des § 327 Abs. 1 StGB erfüllt (VGH Mannheim NVwZ-RR 1990, 542 (543f.)).

Indessen ist zu beachten, dass sich die einstweilige Einstellung der genehmigten **71** Tätigkeit als schärfste vorläufige Maßnahme darstellt und daher eine besondere Prüfung ihrer **Angemessenheit** bedingt (VGH Kassel DVBl. 2013, 726 (731), vgl. auch VGH Mannheim Urt. v. 26.2.2007 – 10 S 643/05, juris Rn. 38 – in ZUR 2007, 380 nicht abgedruckt). Daher kommt dem Verhältnismäßigkeitsgrundsatz im engeren Sinne hier **besondere Bedeutung** zu. Wird etwa unabhängig von der Schwere eines Verstoßes gegen eine genehmigungsrechtliche Regelung und von deren Bedeutung pauschal die sofortige Einstellung des Betriebs einer kerntechnischen Anlage verfügt, ist dies unverhältnismäßig (BVerwG NVwZ 2009, 52 (54)).

bb) Endgültige Einstellung. Nach § 19 Abs. 3 S. 2 Nr. 3 Alt. 2 kann die Auf- **72** sichtsbehörde eine endgültige Betriebseinstellung anordnen, wenn eine erforderliche Genehmigung nicht erteilt oder rechtskräftig widerrufen ist. Auch wenn die Gesetzgebungsmaterialien hierüber keinen Aufschluss geben, dürfte mit „rechtskräftig" wohl „bestandskräftig" gemeint sein; dies gilt jedenfalls für den Fall, dass ein Widerruf nicht durch verwaltungsgerichtliche Klage angefochten wird. Da das Gesetz ausdrücklich die **„Rechtskraft"** der Beseitigung der Genehmigung verlangt, kann daher ein Anspruch auf endgültige Stilllegung nicht aus einem Aufhebungsanspruch nach § 17 Abs. 2–5 hergeleitet werden (VGH Kassel Urt. v. 25.3.1997 – 14 A 3083/89, juris-Rn. 124 = BeckRS 1997, 22815).

Für die Frage, ob eine kerntechnische Anlage ohne Genehmigung betrieben **73** wird, kommt es auf den gestatteten Teil der Genehmigung an (BVerwG NVwZ 1993, 177 (181)). Dabei fehlt die erforderliche Genehmigung iSd § 19 Abs. 3 S. 2 Nr. 3 nicht nur dann, wenn für die genehmigungspflichtige atomrechtliche Anlage von vornherein keine Genehmigung erteilt worden ist, sondern auch dann, wenn die Anlage wesentlich abweichend von den erteilten Genehmigungen errichtet worden ist (BVerwG NVwZ 2001, 567 (568)). Zudem ist der Tatbestand des § 19 Abs. 3 S. 2 Nr. 3 nicht nur dann erfüllt, wenn überhaupt keine Genehmigung erteilt worden ist; vielmehr liegt er auch bei einem Teilgenehmigungsdefizit vor (VGH Mannheim NVwZ-RR 1990, 535 (537)).

74 Da ein Widerspruch zu den Vorschriften des AtG, namentlich § 7, schon dann vorliegt, wenn die Anlage wegen Fehlens der erforderlichen Genehmigung formell rechtswidrig ist, wird der Tatbestand des § 19 Abs. 3 bereits in diesem Falle erfüllt, ohne dass es darauf ankommt, ob die Anlage materiellrechtlich genehmigungsfähig wäre (BVerwG NVwZ 2001, 567 (568)).

3. Ermessen

75 Nach § 19 Abs. 3 S. 1 steht der Aufsichtsbehörde hinsichtlich des „Ob", des „Wie" und des „Wann" einer aufsichtsrechtlichen Anordnung Ermessen zu, dh der Behörde ist ein Entschließungs- und ein instrumentales und temporales Auswahlermessen eingeräumt (vgl. VGH Kassel ZUR 2013, 367 (373)).

76 **a) Entschließungsermessen.** Das Entschließungsermessen wird nicht selten im Sinne einer Verpflichtung zum Einschreiten **auf Null reduziert** sein. Die betroffenen Grundrechte Dritter in diesem Bereich und die in ständiger Rechtsprechung aus bestimmten Grundrechtsverbürgungen abgeleiteten staatlichen Schutzpflichten (seit BVerfG NJW 1975, 573 (575) stRspr, vgl. für das Atomrecht insbesondere BVerfG NJW 1979, 359 (363); NJW 1980, 759 (761 f.)) sprechen dafür, dass bei Vorliegen der Tatbestandsvoraussetzungen die Behörde dem Grunde nach zum Einschreiten **verpflichtet** ist (OVG Schleswig SchlHA 1994, 293 (295); *Hartung,* Die Atomaufsicht – zur staatlichen Aufsicht nach § 19 des Atomgesetzes, 162 f.; vgl. zur identischen Thematik in anderen Rechtsgebieten BVerwG NJW 2011, 246 (249); VGH München Beschl. v. 25.3.2019 – 15 C 18.2324, BeckRS 2019, 5195 Rn. 38).

77 **b) Auswahlermessen. aa) Instrumentales Auswahlermessen.** Die den Gegenstand des instrumentalen Auswahlermessens bildende Wahl des Handlungsmittels wird durch den Grundsatz der **Verhältnismäßigkeit** geleitet und beschränkt. Nach diesem muss die anzuordnende Maßnahme geeignet, erforderlich und verhältnismäßig im engeren Sinne sein.

78 **„Geeignet"** bedeutet, dass die Maßnahme zweckgerecht sein muss. In aller Regel wird es bereits an dieser Voraussetzung fehlen, wenn die Aufsichtsbehörde Störfälle gleich welcher Art mit einem pauschalen Gebot zur Betriebseinstellung beantwortet und hierdurch ein bisher ausdifferenziertes System durch eine Regelung ersetzt, die einen vollständigen Bruch mit dem der Genehmigung zugrundeliegenden deterministischen Konzept der atomrechtlichen Anlagen- und Betriebsgenehmigung bewirkt, ohne dieses Vorgehen aufgrund von Besonderheiten des Einzelfalls zu begründen (vgl. zu dieser Fallkonstellation BVerwG NVwZ 2009, 52 (53)).

79 **„Erforderlich"** meint, dass von mehreren Maßnahmen, die die Beendigung bzw. Verhütung des Verstoßes mit gleicher Sicherheit erwarten lassen, diejenige zu wählen ist, die den einzelnen und die Allgemeinheit voraussichtlich am wenigsten belastet; es darf kein milderes Mittel in Betracht kommen (hierzu *Hartung,* Die Atomaufsicht – zur staatlichen Aufsicht nach § 19 des Atomgesetzes, 164 f.).

80 **„Verhältnismäßigkeit im engeren Sinne"** betrifft die Relation zwischen Nutzen und Schaden: Unverhältnismäßigkeit liegt vor, wenn der Nachteil, den die Anordnung dem Betroffenen auferlegt, schwerer wiegt als der Verstoß, der damit beendet bzw. verhindert werden soll. Soweit sich die Eintrittswahrscheinlichkeit näher abschätzen lässt, ist auch diese in die Angemessenheitsprüfung mit einzubeziehen. Ebenso wie bei der nachträglichen Anordnung nach § 17 Abs. 1 S. 3 muss auch bei Anordnungen nach § 19 Abs. 3 die Aufsichtsbehörde im Rahmen der Prü-

Staatliche Aufsicht **§ 19 AtG**

fung der Verhältnismäßigkeit für jeden Einzelfall die von ihr angenommene Gefahr, den Gefahrverdacht oder die bestehenden Risiken zu den Folgen der beabsichtigten Maßnahme für den Betreiber in Relation setzen (vgl. VGH Kassel ZUR 2013, 367 (374)). Allerdings hat der Betreiber dabei die finanziellen Nachteile, die mit einer rechtmäßig angeordneten einstweiligen Betriebseinstellung zwangsläufig verbunden sind, als eine Folge hinzunehmen, die nicht außer Verhältnis zu dem Zweck der Maßnahme steht (VGH Mannheim NVwZ-RR 1990, 542 (545)).

Stützt sich die Anordnung lediglich auf einen Gefahrenverdacht, so sind auf- 81 grund des Verhältnismäßigkeitsgrundsatzes regelmäßig allein vorläufige Eingriffsmaßnahmen gerechtfertigt (VGH Kassel Urt. v. 25.3.1997 – 14 A 3083/89, juris-Rn. 326 = BeckRS 1997, 22815; vgl. dazu auch *Roller,* Genehmigungsaufhebung und Entschädigung im Atomrecht, 21 und *Di Fabio* DÖV 1991, 629)).

Bei der Anwendung des Verhältnismäßigkeitsgrundsatzes kommen Abweichun- 82 gen von den allgemeinen ordnungsrechtlichen Grundsätzen in Betracht, soweit diese erforderlich sind, um dem **spezifischen Schadenspotential** atomrechtlich relevanter Vorgänge ausreichend Rechnung zu tragen. So entspricht es etwa den allgemeinen Grundsätzen des Ordnungsrechts, dass die Behörde in Fällen eines bloßen Gefahrverdachts aus Gründen der Verhältnismäßigkeit im Regelfall zunächst nur Gefahrerforschungsmaßnahmen anordnet. Im Rahmen von § 19 Abs. 3 kann im Einzelfall Anlass bestehen, hiervon abzuweichen, sofern im Falle einer Realisierung der verdächtigten Gefahr schwere und irreparable Schäden an höchsten Rechtsgütern drohen. Allerdings wird eine vorläufige Betriebseinstellung bei einem bloßen Gefahrverdacht in aller Regel unverhältnismäßig sein (*Leidinger* in NK-AtomR § 19 Rn. 62).

Liegt die Rechtsvoraussetzung des Fehlens einer erforderlichen Genehmigung in 83 § 19 Abs. 3 S. 2 Nr. 3 vor, so ist für die atomrechtliche Aufsichtsbehörde ein Ermessen eröffnet, das im Grundsatz die Befugnis beinhaltet, eine einstweilige oder endgültige Betriebsstilllegung anzuordnen (BVerwG NVwZ 2001, 567 (569)). Dies kann von besonderer Bedeutung in Fällen sein, in denen eine offensichtliche Genehmigungsfähigkeit gegeben ist.

Im Rahmen der Ausübung des durch § 19 Abs. 3 bezüglich vorläufiger Maßnah- 84 men eröffneten Auswahlermessens ist auch von Bedeutung, ob und ggf. welche endgültigen Maßnahmen nach § 17 in Betracht kommen. Dabei führen lediglich die den Widerruf obligatorisch verlangenden Regelungen des § 17 Abs. 4 und 5 zu einer Reduzierung des der Behörde in § 19 Abs. 3 eingeräumten Ermessens bei der Auswahl der zu treffenden Anordnungen und Maßnahmen auf eine Stilllegungsverfügung; alle anderen in § 17 getroffenen Rücknahme- oder Widerrufsregelungen eröffnen der Aufsichtsbehörde dagegen wiederum ein Ermessen und sind somit ungeeignet, schon objektiv das Auswahlermessen iSd § 19 Abs. 3 hinsichtlich der zu treffenden Maßnahmen auf eine bestimmte Verpflichtung zu verdichten (siehe VGH Kassel NVwZ 1989, 1183; OVG Lüneburg UPR 1987, 153). Etwas anderes gilt, wenn eine Gefahr für Leben oder Gesundheit von Menschen iSd § 17 Abs. 5 anzunehmen ist; in diesem Falle ist eine Reduzierung des durch § 19 Abs. 3 S. 1 eingeräumten aufsichtsbehördlichen Ermessens im Sinne einer **Verpflichtung zur einstweiligen Betriebsstilllegung** gegeben (VGH Kassel Urt. v. 25.3.1997 – 14 A 3083/89, juris-Rn. 333 = BeckRS 1997, 22815).

bb) Temporales Auswahlermessen. Neben dem instrumentalen ist auch das 85 temporale Auswahlermessen auszuüben (zur Anerkennung des Begriffs durch die Rechtsprechung vgl. etwa VGH München Beschl. v. 19.11.2003 – 4 CS 03.2466, juris-Rn. 15 = BeckRS 2004, 22622). Denn auch hinsichtlich des Zeitpunkts einer Maßnahme gilt das **Gebot des geringstmöglichen Eingriffs.** Dieses würde aber verletzt, wenn die Behörde etwa die sofortige Beseitigung eines genehmigungswidrigen Zustandes anordnen würde, obwohl diese Maßnahme die Abschaltung des Reaktors erfordert und wegen Fehlens eines gefahrbringenden Zustandes bis zur nächsten turnusmäßigen Abschaltung Zeit hätte (*Hartung,* Die Atomaufsicht – zur staatlichen Aufsicht nach § 19 des Atomgesetzes, 165).

4. Verhältnis von Aufsichtsmaßnahmen zu genehmigungsbezogenen Verwaltungsakten

86 Bereits aus dem Umstand, dass die Überwachung nach § 19 Abs. 1 S. 2 zwar nicht nur, aber auch die Einhaltung der genehmigungsrechtlichen Regelungen zum Gegenstand hat, lässt sich ableiten, dass aufsichtliche Anordnungen weder eine vorhandene Genehmigung modifizieren, noch eine erforderliche, aber nicht vorhandene Genehmigung ersetzen können (vgl. BHR EnergieR I Rn. 1043). Dies folgt auch daraus,
– dass für die Genehmigung in § 7 Abs. 4 S. 3 iVm den Vorschriften der AtVfV ein umfängliches, auf eine Präventivkontrolle ausgerichtetes Verfahren vorgeschrieben ist,
und
– dass auch nur annähernd vergleichbare Verfahrensregelungen für die aufsichtsbehördliche Überwachung nicht bestehen.

Abgesehen von der Sonderregelung für die Stilllegung in § 7 Abs. 3 S. 3 kann daher eine Anordnung nach § 19 Abs. 3 eine erforderliche Genehmigung nicht ersetzen (vgl. → Rn. 52) Hieraus folgt zugleich, dass eine derartige aufsichtliche Anordnung eine atomrechtliche Genehmigung nicht dauerhaft außer Kraft setzen oder modifizieren kann (→ Rn. 52 und 61). Daher kann die **Wiederinbetriebnahme** eines wegen eines Störfalles vorübergehend außer Betrieb gesetzten Kernkraftwerks durch aufsichtsbehördliche Maßnahmen nach § 19 nicht grundsätzlich und generell verhindert werden, wenn und soweit der Betrieb gem. § 7 genehmigt worden ist (BVerwG Buchholz 451.171 AtG Nr. 8)

87 Aus den gleichen Gründen kann eine Anordnung nach § 19 Abs. 3 auch eine Maßnahme nach § 17 nicht ersetzen, weil letztere nicht dem Aufsichts-, sondern dem **Genehmigungsregime** zuzuordnen ist und weil eine derartige Ersetzung objektiv auf eine Umgehung der **Entschädigungspflicht** nach § 18 hinauslaufen würde (BVerwG NVwZ 1998, 623 (624); vgl. hierzu auch *Roller,* Genehmigungsaufhebung und Entschädigung im Atomrecht, 115). Hierbei ist zu bedenken, dass dann, wenn der Gesetzgeber mit § 19 Abs. 3 S. 2 Nr. 3 der Aufsichtsbehörde eine Grundlage dafür zur Verfügung stellt, den Betrieb eines Kernkraftwerks wegen einer wesentlichen Abweichung von der dem Betreiber erteilten Genehmigung vorläufig einzustellen und hierfür den Erlass eines auf den konkreten Einzelfall bezogenen und im Ermessen der Behörde stehenden – belastenden – Verwaltungsakt mit den hierfür typischen Anforderungen und rechtlichen Bindungen – Sachverhaltsklärung, objektive Beweislast, Ermessensausübung und Beachtung des Grundsatzes der Verhältnismäßigkeit – vorsieht, es durchaus zweifelhaft erscheinen muss, ob andere Ermächtigungsgrundlagen dieses Fachgesetzes – durch den behördlichen Erlass einer abstrakten Regelung – so gehandhabt werden dürfen, dass die für einen auf einen konkreten Einzelfall bezogenen Verwaltungsakt geltenden rechtlichen Bindungen zu Lasten des Betroffenen entfallen und durch die Ausübung eines

Vorab-Ermessens ersetzt werden können (so ausdrücklich VGH Mannheim Beschl. v. 2.12.2005 – 10 S 644/05, juris-Rn. 17 = BeckRS 2006, 20414). Gleichwohl kann dem aufsichtlichen Tätigwerden oftmals eine **Hilfs- und Vorbereitungsfunktion** in Bezug auf die von der atomrechtlichen Genehmigungsbehörde zu treffenden Entscheidungen nach § 17 zukommen. Von daher trifft es nicht zu, dass § 17 Abs. 1 S. 3 und § 19 Abs. 3 S. 1 ihrem Wesen nach stets unterschiedliche Regelungsgehalte haben müssen. Vielmehr kann im Einzelfall durch eine Anordnung nach § 19 Abs. 3 S. 1 vorläufig eine Maßnahme angeordnet werden, die nach anschließender weitergehender Prüfung durch eine nachträgliche Auflage nach § 17 Abs. 1 S. 3 verstetigt wird (in diesem Sinne auch *Wagner* DÖV 1987, 524 (531)). Dabei gebietet es das Merkmal der Vorläufigkeit, dass die Behörde mit Anordnung der Maßnahme auch gleichzeitig deren **„Beendigungstatbestand"** bestimmt (VGH Kassel NVwZ-RR 1998, 361 (365)).

VIII. Beweislast

Die objektive Beweislast für aufsichtliche Anordnungen nach § 19 Abs. 3 sowie für die eine rechtmäßige Ermessensausübung begründenden Umstände trägt die **Behörde** (VGH Kassel DVBl. 2013, 726 (728); ZUR 2013, 367 (371); VGH Mannheim Urt. v. 26.2.2007 – 10 S 643/05, juris-Rn. 38, insoweit in ZUR 2007, 380 nicht abgedruckt; Beschl. v. 2.12.2005 – 10 S 644/05, juris-Rn. 15 = BeckRS 2006, 20414; BHR EnergieR I Rn. 1076). Anderes wird regelmäßig dann zu gelten haben, wenn eine Unaufklärbarkeit auf einer Verletzung von dem Betreiber obliegenden **Dokumentationspflichten** beruht (vgl. hierzu OVG Lüneburg NVwZ-RR 1996, 433 (435)).   **88**

IX. Verwaltungsverfahren

Für das Verwaltungsverfahren der Aufsicht gelten keine Besonderheiten. Insbesondere ist vor Erlass von Überwachungsmaßnahmen nach § 19 Abs. 2 oder Anordnungen nach § 19 Abs. 3 eine **Anhörung** des Adressaten geboten, sofern nicht ein Absehen nach § 28 Abs. 2 VwVfG zulässig ist (VGH Kassel ZUR 2013, 367 (369)). Die Anordnung muss hinreichend bestimmt sein. So muss ebenso wie bei einer nachträglichen Auflage, die zur Einstellung des Betriebs einer Kernenergieanlage verpflichtet (hierzu BVerwG NVwZ 2009, 52 (53)), auch bei einer Anordnung nach § 19 Abs. 3 für den Betreiber deutlich erkennbar sein, wann und unter welchen Voraussetzungen diese Pflicht ausgelöst wird. Allerdings führt trotz des Bestimmtheitsgebots eine bloße Falschbezeichnung eines dem Inhalt nach ohne weiteres als Anordnung nach § 19 Abs. 3 erkennbaren Bescheids als „Auflage" nicht zur Rechtswidrigkeit dieses Verwaltungsakts (OVG Lüneburg NVwZ 1989, 1180 (1181)).   **89**

In der Begründung des Verwaltungsakts sind die **Ermessenserwägungen** sowohl bezüglich des Entschließungsermessens als auch des instrumentalen Auswahlermessens und schließlich ggf. auch des temporalen Ermessens gem. § 39 Abs. 1 S. 3 VwVfG darzulegen; ggf. kann im Rahmen der gerichtlichen Kontrolle auch anderweitig aus dem Verwaltungsvorgang ersichtliche Erwägungen zurückgegriffen werden (VGH Kassel ZUR 2013, 367 (373 f.)). Die Zuständigkeit der durch die   **90**

Landesregierungen zu bestimmenden obersten Landesbehörden für Entscheidungen nach § 19 folgt aus § 24 Abs. 1 S. 1 iVm Abs. 2.

X. Adressat von Anordnungen

91 Anordnungen nach § 19 Abs. 3 sind in aller Regel gegenüber dem **Betreiber** der kerntechnischen Anlage oder dem Besitzer radioaktiver Stoffe (OVG Münster Beschl. v. 13.2.2017 – 13 A 933/15, BeckRS 2017, 102290 Rn. 5), ggf. in Gestalt des Insolvenzverwalters (OVG Bautzen ZIP 1995, 856) zu treffen. Sollte die Gewährung hinreichenden Schutzes hierdurch nicht erreichbar sein, so ermächtigt die Vorschrift aber auch zu Maßnahmen gegen andere Personen, sofern die allgemein anerkannten Voraussetzungen für die **Inanspruchnahme eines Nichtstörers** vorliegen, insbesondere sofern eine Gefahr auf andere Weise nicht abgewehrt werden kann. Zwar ist die Inanspruchnahme des Nichtstörers in allgemeiner Form nur im Landesrecht normiert (vgl. etwa § 220 SchlHLVwG oder § 71 SOG M-V). Es handelt sich hierbei aber um eine sowohl vom Bundesgesetzgeber (vgl. etwa § 6 Abs. 5 TierGesG) als auch allgemeiner Rechtsgrundsatz in der Rechtsprechung (BVerwG NVwZ-RR 2007, 641 (642); NVwZ 1999, 991 (992)) als solche anerkannte Rechtsfigur. So ist es etwa vorstellbar, dass zur Durchführung bestimmter Schutzmaßnahmen Grundstücke im Umfeld des Betriebsgrundstücks der kerntechnischen Anlage als Evakuierungsflächen in Anspruch genommen werden müssen.

XI. Kosten

92 Die Kosten für nach § 19 angeordnete Aufsichtsmaßnahmen sind in § 5 der Kostenverordnung zum Atomgesetz und zum Strahlenschutzgesetz (AtSKostV) geregelt. Kosten für Überwachungsmaßnahmen, die nicht zu einer Entscheidung nach § 19 Abs. 3 geführt haben, können nur dann erhoben werden, wenn einer der in § 5 Abs. 1 Nr. 1–5 AtSKostV abschließend geregelten Tatbestände erfüllt ist (VG Wiesbaden Beschl. v. 1.3.1999 – XX –).

93 Bei Überwachungsmaßnahmen nach § 19 können auch die Kosten der Erforschung eines Gefahrenverdachts dem Veranlasser auferlegt werden (VG Schleswig RdE 1995, 121). Die kostenpflichtige Einschaltung eines externen privaten Sachverständigen zur Sachverhaltsermittlung im Rahmen der regelmäßigen Überwachung muss aber im konkreten Fall dem Grundsatz der Erforderlichkeit (Grundsatz des mildesten Mittels) entsprechen (so zu § 52 Abs. 2 BImSchG VGH München UPR 2010, 315).

94 Auch Kosten für ein von der zuständigen Behörde im Rahmen der Atomaufsicht eingeholtes „Zweitgutachten" sind grundsätzlich erstattungsfähig, sofern bei der Auswahl des Gutachters die für eine Heranziehung von Sachverständigen maßgeblichen Voraussetzungen beachtet worden sind. Bei der Entscheidung über die Einholung eines derartigen Zweitgutachtens steht der Behörde ein gerichtlich nur eingeschränkt überprüfbarer Beurteilungsspielraum zu (OVG Lüneburg NVwZ 1996, 606 (607f.)). Erweist sich eine von der Aufsichtsbehörde angeordnete Doppelbegutachtung als rechtlich unzulässig, so besteht keine Pflicht des Betreibers zur Kostentragung (VG Schleswig RdE 1995, 121).

XII. Anderweitige Aufsichtsbefugnisse (Abs. 4)

Nach § 19 Abs. 4 bleiben die Aufsichtsbefugnisse nach anderen Rechtsvorschriften und die sich aus den landesrechtlichen Vorschriften ergebenden allgemeinen Befugnisse unberührt. Dies betrifft vor allem Aufsichtsbefugnisse von Behörden, die für tangierte Sachbereiche zuständig und damit etwa mit dem Vollzug des Wasserrechts, Naturschutzrechts, sonstigen Umweltrechts, Baurechts, Gewerberechts, Arbeitsschutzrechts oder dem allgemeinen Ordnungsrecht betraut sind (*Haedrich* AtG § 19 Rn. 8). 95

Im Zusammenhang damit stellt sich die Frage der einschlägigen **Ermächtigungsgrundlagen** und **Behördenzuständigkeiten**, wenn es auf dem Betriebsgelände eines Kernkraftwerks, aber außerhalb der eigentlichen kerntechnischen Anlage zu einer Gefahrensituation kommt, die nicht unmittelbar die nukleare Sicherheit iSv § 2 Abs. 3a Nr. 2 gefährdet, aber zusammen mit den Abwehrmaßnahmen für diese relevante Abläufe stören kann. Bei einem solchen Szenario kann im Einzelfall davon auszugehen sein, dass mittelbar nuklearspezifische Gefahren für Leben, Gesundheit oder Sachgüter bestehen. In einem solchen Fall wäre die atomrechtliche Aufsichtsbehörde ebenfalls durch § 19 Abs. 3 S. 1 – gewissermaßen als **Annexkompetenz** – zu einem Einschreiten berechtigt. Hierfür spricht auch der Sinn und Zweck der Vorschrift, da ein Nebeneinander von Atomaufsicht, allgemeiner Ordnungsbehörde und möglicherweise mehreren Sonderordnungsbehörden – insbesondere bei Eintritt eines Störfalls oder jedenfalls meldepflichtigen Ereignisses – die Effektivität der Gefahrenabwehr zumeist eher beeinträchtigen dürfte (vgl. bereits → Rn. 49). Hinzu kommt die Anwendbarkeit der Befugnisse nach § 19 Abs. 1 S. 3 AtG iVm § 139b GewO (→ Rn. 49). Eine Lücke verbleibt danach nicht. 96

XIII. Erstreckung des Anwendungsbereichs (Abs. 5)

Nach § 19 Abs. 5 gelten die Abs. 1–4 entsprechend für Anlagen des Bundes nach § 9a Abs. 3 S. 1 und für die Schachtanlage Asse II. Hintergrund der Regelung ist der Umstand, dass der Bund die Wahrnehmung der ihm obliegenden Aufgabe, Anlagen zur Sicherstellung und zur Endlagerung radioaktiver Abfälle einzurichten, auf Grundlage von § 9a Abs. 3 S. 2 der Bundesgesellschaft für Endlagerung mbH (BGE) übertragen und diese durch Bescheid vom 24.4.2017 gem. § 9a Abs. 3 S. 3 mit den hierfür erforderlichen hoheitlichen Befugnissen beliehen hat. Die BGE ist zudem auch Betreiberin der Schachtanlage Asse II. Durch die Vorschrift wird geregelt, dass auch das künftige Endlager und die Schachtanlage Asse II der regulären Atomaufsicht und nicht der Eigenüberwachung des Bundes unterliegen (vgl. zur Eigenüberwachung des Bundes OVG Magdeburg Urt. v. 16.11.1995 – 4 K 2/95, juris-Rn. 39 ff. = BeckRS 2008, 31784; sowie BHR EnergieR I Rn. 1049), um Art. 6 Abs. 1 und 3 RL 2011/70/Euratom umzusetzen (vgl. die Beschlussempfehlung des Ausschusses für Umwelt, Naturschutz, Bau und Reaktorsicherheit vom 22.6.2016, BT-Drs. 18/8913, 21). 97

XIV. Rechtsschutz

1. Funktionelle Zuständigkeit

98 Im Hinblick auf die mit § 48 Abs. 1 S. 1 Nr. 1 VwGO vom Gesetzgeber verfolgte Zielsetzung ist davon auszugehen, dass auch für Rechtsstreite über Anordnungen der atomrechtlichen Aufsichtsbehörde nach § 19 Abs. 3, die in den Betrieb eingreifen, die erstinstanzliche Zuständigkeit der Oberverwaltungsgerichte gegeben ist (VGH Kassel NVwZ 1994, 1125).

2. Rechtsschutz des Betreibers

99 Soweit es sich bei Anordnungen nach § 19 Abs. 2 und 3 um den Betreiber belastende und eventuelle Drittbetroffene begünstigende Verwaltungsakte handelt, gelten für den Rechtsschutz im Wesentlichen die allgemeinen verwaltungsprozessualen Grundsätze. Demgemäß kommt von Seiten des Adressaten einer Anordnung nach § 19 in der Regel in der Hauptsache eine **Anfechtungsklage** und ggf. eine **Fortsetzungsfeststellungsklage** in Betracht (VGH Kassel ZUR 2013, 367 (368)).

100 Für den Rechtsschutz sind jedoch einige Besonderheiten zu beachten. So gibt es Situationen, in denen die Aufsichtsbehörde gestützt auf § 19 Abs. 3 eine Zustimmung verweigert oder unterlässt, die insbesondere aufgrund von Nebenbestimmungen der Genehmigung für bestimmte Verfahrensschritte – wie etwa ein Wiederanfahren der Anlage – erforderlich ist. In diesem Falle würde sich in der Hauptsache eine Verpflichtungs- und ggf. Untätigkeitsklage als die statthafte Rechtsschutzform darstellen; **einstweiliger Rechtsschutz** wäre nach § 123 VwGO zu gewähren. Hierbei kann sich, da eine einstweilige Anordnung gem. § 123 Abs. 1 S. 2 VwGO auch dann zulässig ist, wenn sie „aus anderen Gründen nötig erscheint", ein Anordnungsgrund ausnahmsweise auch aus den Interessen eines Energieversorgungsunternehmens gleichgerichteten öffentlichen Interessen an der Wahrnehmung der Versorgungsaufgabe (§ 2 Abs. 1 EnWG) ergeben (OVG Lüneburg Beschl. v. 8.10.2014 – 7 MS 52/14, juris-Rn. 80 = BeckRS 2014, 57145).

3. Rechtsschutz von Drittbetroffenen

101 **a) Klageart.** Sofern ein Drittbetroffener die Aufsichtsbehörde zu einem Einschreiten – und damit zum Erlass einer Anordnung nach § 19 Abs. 3 – veranlassen will, stellt die **Verpflichtungsklage** die statthafte Klageart dar. Dies gilt im Grundsatz auch, wenn der Kläger die Annahme und Einlagerung radioaktiver Abfallstoffe verhindern will. Allerdings kommt im Falle einer öffentlich-rechtlichen Betreiberschaft des betreffenden Lagers wegen des Grundsatzes der staatlichen Eigenüberwachung stattdessen die Erhebung einer **allgemeinen Leistungsklage** in Gestalt der Unterlassungsklage gegenüber dem öffentlich-rechtlichen Betreiber des betreffenden Lagers als statthafte Rechtsform in Betracht (OVG Magdeburg NVwZ-RR 1996, 75 (76)).

102 Da eine endgültige Betriebseinstellung nach § 19 Abs. 3 S. 2 Nr. 3 Alt. 2 ausdrücklich die „Rechtskraft" der Beseitigung der Genehmigung voraussetzt, kann ein solches Begehren auch bei Vorliegen der Anspruchsvoraussetzungen für eine Aufhebung nicht im Wege der Stufenklage gemeinsam mit dem Aufhebungsbegehren verfolgt werden (VGH Kassel Urt. v. 25.3.1997 – 14 A 3083/89, juris-Rn. 124 = BeckRS 1997, 22815).

b) Klagebefugnis. Die erforderliche Klagebefugnis setzt voraus, dass der Kläger 103 geltend machen kann, ihm stehe aus einer zu seinen Gunsten drittschützenden Rechtsvorschrift ein **Anspruch** auf ein entsprechendes aufsichtsbehördliches Einschreiten zu. Demgemäß sei das aufsichtsbehördliche **Ermessen** im Sinne der begehrten Maßnahme auf Null reduziert. Das ist etwa dann der Fall, wenn der Kläger das Vorliegen der obligatorischen Widerrufsvoraussetzungen nach § 17 Abs. 5 geltend machen kann (BVerwG NVwZ 1989, 1170).

Wer im Einwirkungsbereich einer kerntechnischen Anlage wohnt, ist zu einer 104 Klage auf Einstellung des Betriebs befugt, wenn er geltend machen kann, für den Betrieb der Anlage fehle eine erforderliche Genehmigung und im noch ausstehenden Genehmigungsverfahren sei über Fragen mit Auswirkungen auf seine materiellrechtliche Position zu entscheiden (BVerwG NVwZ 1993, 177 (179)). § 19 Abs. 3 S. 2 Nr. 3 ist insoweit **drittschützende Wirkung** zuzumessen, da bei Erfüllung der tatbestandlichen Voraussetzungen die Aufsichtsbehörde im Rahmen des ihr eröffneten Ermessens nicht nur öffentlichen Interessen, sondern auch den Belangen potentiell betroffener Privater Rechnung zu tragen hat (BVerwG NVwZ 1993, 177 (178); VGH Mannheim NVwZ-RR 1990, 535 (536)).

Ein Dritter, der atomrechtliche (Teil-)Genehmigungen deshalb nicht mit Erfolg 105 anfechten kann, weil die Verfahrens- und die Bestandskraftpräklusion entgegensteht, kann sich dessen ungeachtet dagegen zu Wehr setzen, dass ein Kernkraftwerk ohne eine erforderliche (Teil-) Genehmigung betrieben wird. Von der Ermessensermächtigung des § 19 Abs. 3 S. 2 Nr. 3 ist es gedeckt, wenn die Aufsichtsbehörde die einstweilige Betriebseinstellung auch deshalb anordnet, um den Interessen dieser Dritten Rechnung zu tragen (VGH Mannheim VBlBW 1991, 370).

Der **Betriebsrat** eines Forschungszentrums, in dem eine kerntechnische Anlage 106 betrieben wird, kann durch eine von der Atomaufsichtsbehörde erlassene Anordnung, den Objektsicherungsdienst (Werkschutz) mit Reizstoffsprühgeräten (Gaspistolen) auszurüsten, nicht in seinen Rechten verletzt sein und ist deshalb gem. § 42 Abs. 2 VwGO zur Anfechtung der Anordnung nicht befugt (BVerwG NVwZ 1993, 174).

Nach neuerer Rechtsprechung können auch von einem Vorhaben lediglich 107 **mittelbar Betroffene** eine zu Unrecht unterbliebene Umweltverträglichkeitsprüfung oder eine zu Unrecht unterbliebene Vorprüfung des Einzelfalles über die UVP-Pflichtigkeit rügen können, ohne dass es darauf ankommt, ob sich der Fehler im Ergebnis auf ihre Rechtsposition ausgewirkt haben kann (BVerwG Buchholz 407.4 FStrG § 17 Nr. 220).

c) Einstweiliger Rechtsschutz. Eine mit dem einstweiligen Anordnungsan- 108 trag verfolgte vorläufige Stilllegung eines Kernkraftwerkes auf Grundlage von § 19 Abs. 3 S. 2 Nr. 3 kann nur aus einer für die Aufsichtsbehörde bestehenden **Widerrufsverpflichtung** gem. § 17 Abs. 5 hergeleitet werden. Lediglich die den Widerruf obligatorisch verlangende und bereits aufgrund ihres Wortlauts („Dritten") als drittschützend zu qualifizierende Vorschrift des § 17 Abs. 5 führt zu einer Reduzierung des der Behörde im Aufsichtsverfahren eingeräumten Ermessens bei der Auswahl der zu treffenden Anordnungen und Maßnahmen auf eine Stilllegungsverfügung. Alle anderen in § 17 getroffenen Rücknahme- oder Widerrufsregelungen – mit Ausnahme der in entsprechenden Fällen regelmäßig nicht einschlägigen Widerrufsverpflichtung gem. Abs. 4 der Vorschrift – der Aufsichtsbehörde eröffnen wiederum ein Ermessen und sind somit ungeeignet, schon objektiv das Auswahlermessen iSd § 19 Abs. 3 hinsichtlich der zu treffenden Maßnahmen auf eine bestimmte Verpflichtung zu verdichten (vgl. VGH Kassel NVwZ 1989, 1183; vgl. auch OVG Lüneburg UPR 1987, 153 (154)).

109 Jedenfalls genügt die allgemeine Behauptung, dass von der Anlage für den betreffenden Antragsteller eine Gesundheitsgefahr ausgehe, nicht, um einem Antrag auf Erlass einer einstweiligen Anordnung zur einstweiligen Stilllegung zum Erfolg zu verhelfen. Vielmehr muss der Antragsteller zumindest dartun und glaubhaft machen, dass er einer Strahlenbelastung ausgesetzt ist, welche die **Dosisgrenzwerte des Strahlenschutzrechts** übersteigt (VGH Kassel NVwZ 1985, 765); ein darüberhinausgehender Minimierungsanspruch ist nicht gegeben (VGH Mannheim ZUR 2015, 103 (107); so bereits BVerwG NVwZ 2008, 1012 (1014)).

4. Rechtsschutz von Umweltvereinigungen

110 Die Rechtsschutzmöglichkeiten von Umweltvereinigungen richten sich nach den Vorschriften des **UmwRG**. Besonderheiten sind hier nicht ersichtlich.

§ 19a Überprüfung, Bewertung und kontinuierliche Verbesserung kerntechnischer Anlagen

(1) ¹Wer eine Anlage zur Spaltung von Kernbrennstoffen zur gewerblichen Erzeugung von Elektrizität betreibt, hat eine Sicherheitsüberprüfung und Bewertung der Anlage durchzuführen und auf deren Grundlage die nukleare Sicherheit der Anlage kontinuierlich zu verbessern. ²Die Ergebnisse der Sicherheitsüberprüfung und Bewertung sind bis zu dem in Anlage 4 zu diesem Gesetz genannten Datum, soweit dieses nach dem 27. April 2002 liegt, der Aufsichtsbehörde vorzulegen. ³Jeweils alle zehn Jahre nach dem in Anlage 4 genannten Datum sind die Ergebnisse einer erneuten Sicherheitsüberprüfung und Bewertung vorzulegen.

(2) ¹Die Pflicht zur Vorlage der Ergebnisse einer Sicherheitsüberprüfung und Bewertung entfällt, wenn der Genehmigungsinhaber gegenüber der Aufsichtsbehörde und der Genehmigungsbehörde verbindlich erklärt, dass er den Leistungsbetrieb der Anlage spätestens drei Jahre nach den in Anlage 4 genannten Terminen endgültig einstellen wird. ²Die Berechtigung zum Leistungsbetrieb der Anlage erlischt zu dem Zeitpunkt, den er in seiner Erklärung nach Satz 1 benannt hat. ³Die Sätze 1 und 2 gelten im Falle des Absatzes 1 Satz 3 entsprechend.

(3) ¹Wer eine sonstige kerntechnische Anlage nach § 2 Absatz 3a Nummer 1 betreibt, hat alle zehn Jahre eine Überprüfung und Bewertung der nuklearen Sicherheit der jeweiligen Anlage durchzuführen und die nukleare Sicherheit der Anlage kontinuierlich zu verbessern. ²Die Ergebnisse der Überprüfung und Bewertung sind der Aufsichtsbehörde vorzulegen.

(4) ¹Die Bewertungen nach Absatz 1 oder Absatz 3 umfassen auch die Überprüfung, dass Maßnahmen zur Verhütung von Unfällen und zur Abmilderung von Unfallfolgen getroffen sind, einschließlich der Überprüfung der physischen Barrieren sowie der administrativen Schutzvorkehrungen des Genehmigungsinhabers, die versagen müssen, bevor Leben, Gesundheit und Sachgüter durch die Wirkung ionisierender Strahlen ge-

schädigt würden. ²**Die zuständige Aufsichtsbehörde kann nähere Anordnungen zu dem Umfang der Überprüfung und Bewertung durch den Genehmigungsinhaber treffen.**

Übersicht

	Rn.
I. Entstehungsgeschichte	1
II. Betreiberpflichten (Abs. 1 S. 1)	3
1. Überprüfung	4
2. Kontinuierliche Verbesserung	7
a) Bestehen einer Rechtspflicht	8
b) Anpassung an den aktuellen Stand von Wissenschaft und Technik	9
c) Ausgestaltung als dynamische Betreiberpflicht	12
d) Aufsichtsbehördliche Durchsetzbarkeit	13
III. Fristen (Abs. 1 S. 2)	14
IV. Entfallen der Pflicht (Abs. 2 S. 1)	15
V. Anwendbarkeit auf sonstige Anlagen (Abs. 3)	16
VI. Umfang der Überprüfung und Bewertung (Abs. 4)	18
VII. Kosten	20
VIII. Rechtsschutz	21

Literatur: *Cloosters,* Sicherheitsstandards während der vereinbarten Laufzeiten, in Ossenbühl, Deutscher Atomrechtstag 2000, 39 (zit. AtRT 2000); *Heitsch,* Sicherheitsmaßstäbe in der Beendigungsphase, 11. Deutsches Atomrechtssymposium, 2002, 167 (zit. 11. AtRS 2002); *Huber,* Rechtssicherheit und neues Atomrecht, RdE 2003, 230; *Kühne/Brodowski,* Das neue Atomrecht, NJW 2002, 1458; *Lange,* Zur geplanten Novellierung des Atomgesetzes, ZRP 1992, 306; *Leidinger,* Sicherheitsverantwortung des Betreibers: Sicherheitsmanagement und Sicherheitsüberprüfung, RdE 2002, 29.

I. Entstehungsgeschichte

Bereits auf dem Neunten Deutschen Atomrechts-Symposium im Jahre 1992 **1** wurde durch den damaligen Bundesumweltminister Töpfer eine gesetzliche Regelung über Sicherheitsüberprüfungen in Aussicht gestellt (vgl. *Lange* ZRP 1992 306 (308)). Im Jahre 1994 wurde dann in einem Arbeitsentwurf des BMU eine Pflicht zur Vorlage einer **periodischen Sicherheitsüberprüfung** im 10-Jahres-Rhythmus vorgesehen. Eine solche wurde zudem in den Entwurf eines Umweltgesetzbuches, Besonderer Teil aufgenommen (vgl. *Umweltbundesamt,* Umweltgesetzbuch Besonderer Teil, 1994, 177). In den Folgejahren gab es in dieser Richtung mehrere Vorstöße im politischen Raum, so unter anderem in Gestalt eines von der Hessischen Landesregierung vorgelegten Entwurfs für eine Änderung des Atomgesetzes vom 29.6.1998 (vgl. *Schmans* in PSM § 19a Rn. 324). Gesetzeskraft erlangt haben diese Bestrebungen jedoch erst durch die durch Art. 1 Nr. 19 des Gesetzes zur geordneten Beendigung der Kernenergienutzung zur gewerblichen Erzeugung von Elektrizität vom 22.4.2002 (BGBl. I 1351) vorgenommene Einfügung des § 19a in das AtG. Änderungen und Ergänzungen von Abs. 1 S. 1 der Bestimmung erfolgten durch deren Neufassung, die aufgrund von Art. 1 Nr. 5 des Gesetzes vom 8.12.2010 (BGBl. I 1817) an die Stelle der Ursprungsfassung trat.

Durch die Änderungen der Abs. 1 und 2 wurden die Vorschriften über die Si- **2** cherheitsüberprüfung der Kernkraftwerke an die Bestimmungen des Art. 6 Abs. 2

der Richtlinie 2009/71/Euratom des Rates vom 25.6.2009 (ABl. L 172, 18 vom 2.7.2009) angepasst. Die Neufassung erweitert die zunächst nur auf die **Durchführung einer Sicherheitsüberprüfung** beschränkte Pflicht zudem darauf, auch eine **Bewertung** der Anlage durchzuführen und auf deren Grundlage die **nukleare Sicherheit der Anlage** kontinuierlich zu verbessern. Während Abs. 1 S. 3 in der Ursprungsfassung die Vorlage der Ergebnisse einer erneuten Sicherheitsüberprüfung (einmalig) zehn Jahre nach dem in Anlage 4 genannten Datum vorsah, wurde durch die Neufassung der Bestimmung – im Zusammenhang mit der seinerzeit vorgenommenen Verlängerung der Laufzeiten – geregelt, dass die Ergebnisse einer erneuten Sicherheitsüberprüfung und Bewertung jeweils alle zehn Jahre nach dem in Anlage 4 genannten Datum vorzulegen sind. Zudem wurden mit der Neufassung des § 19a die Abs. 3 und 4 eingefügt.

II. Betreiberpflichten (Abs. 1 S. 1)

3   Wie sich aus dem Wortlaut des § 19a Abs. 1 S. 1 „Wer eine Anlage zur Spaltung von Kernbrennstoffen zur gewerblichen Erzeugung von Elektrizität betreibt, ..." ergibt, treffen die durch diese Bestimmung begründeten Pflichten als **Adressaten** den Betreiber der kerntechnischen Anlage.

1. Überprüfung

4   Während bei Kernkraftwerken zuvor Sicherheitsüberprüfungen entweder auf freiwilliger Basis oder zur Erfüllung von Auflagen in Genehmigungsbescheiden durchgeführt wurden, wurde durch § 19a unabhängig davon erstmals eine gesetzliche Pflicht der Betreiber begründet, ergänzend zur laufenden aufsichtlichen Überprüfung **Sicherheitsüberprüfungen** zur Feststellung des aktuellen Sicherheitsstandes in eigener Verantwortung und auf eigene Kosten durchzuführen (*Kühne/Brodowski* NJW 2002, 1458 (1461)).

5   Gegenstand der Überprüfungspflicht ist maßgeblich eine **Sicherheitsstatusanalyse** (SSA) und eine **probabilistische Sicherheitsanalyse** (PSA), die nach den Leitfäden zur Durchführung von **periodischen Sicherheitsüberprüfungen** von Kernkraftwerken (PSÜ) durchgeführt werden soll (Begründung des Gesetzentwurfs der Bundesregierung, BR-Drs. 705/01, 60). Insoweit waren bereits vor Erlass des § 19a zur Gewährleistung einer bundeseinheitlichen Durchführung der Sicherheitsüberprüfungen vom BMU sowie den zuständigen Aufsichtsbehörden der betroffenen Länder gemeinsame Leitfäden für die periodische Sicherheitsüberprüfung entwickelt worden. Zunächst wurden durch die Bekanntmachung der Leitfäden zur Durchführung von Periodischen Sicherheitsüberprüfungen (PSÜ) für Kernkraftwerke in der Bundesrepublik Deutschland vom 18.8.1997 (BAnz. 1997 Nr. 232a) die Leitfäden
– Grundlagen zur Periodischen Sicherheitsüberprüfung für Kernkraftwerke (Stand Dezember 1996)
– Periodische Sicherheitsüberprüfung für Kernkraftwerke – Leitfaden Sicherheitsstatusanalyse (Stand Dezember 1996)
– Periodische Sicherheitsüberprüfung für Kernkraftwerke – Leitfaden Probabilistische Sicherheitsanalyse (Stand Dezember 1996)
bekanntgegeben. Mit Bekanntmachung vom 25.6.1998 (BAnz. 1998 Nr. 153) wurde der Leitfaden Deterministische Sicherungsanalyse veröffentlicht, der nach

dem Bekanntmachungstext zwar für Anlagen mit geltender Betriebsgenehmigung konzipiert ist, dessen Grundgedanken jedoch im Einzelfall auch während der Nachbetriebs-/Stilllegungsphase anwendbar sein können.

Schließlich erfolgte durch die Verlautbarung vom 30.8.2005 (BAnz. 2005 Nr. 207) die Bekanntgabe des Leitfadens zur Durchführung der Probabilistischen Sicherheitsanalyse mit Stand vom Januar 2005. 6

2. Kontinuierliche Verbesserung

Über die Verpflichtung zur Durchführung einer Sicherheitsüberprüfung und Bewertung hinaus begründet § 19a Abs. 1 S. 1 zudem eine **verbindliche Rechtspflicht,** auf deren Grundlage die nukleare Sicherheit der Anlage kontinuierlich zu verbessern. 7

a) Bestehen einer Rechtspflicht. Dies folgt bereits aus dem **Wortlaut** „hat ... auf deren Grundlage die nukleare Sicherheit der Anlage kontinuierlich zu verbessern". Denn die gesetzliche Formulierung, dass ein Normadressat etwas zu tun hat, ist regelmäßig im Sinne des Bestehens einer hierauf gerichteten Pflicht und nicht nur im Sinne eines bloßen Appells zu verstehen. Hierfür gibt es zahlreiche Beispiele aus den verschiedensten Bereichen des öffentlichen Rechts; insoweit seien exemplarisch § 197 Abs. 1 S. 3 und § 209 Abs. 1 S. 1 BauGB, § 43 Abs. 3 S. 2 WaStrG, § 48 Abs. 5 EBO, § 7a Abs. 4 S. 1 und § 8 Abs. 2 S. 9 EnWG, § 13 Abs. 5 S. 1 PharmBetrV, § 24c Abs. 1 S. 5 KWG, § 19 Abs. 2 S. 1 InvG, § 112 Abs. 1 S. 5 TKG, § 33 Nr. 7 GGVSEB, § 14 Abs. 1 S. 2 GFlHV sowie § 19 Abs. 2 S. 3 TFG genannt. Dass die Formulierung „hat zu ..." oder „haben zu ..." im Sinne des Bestehens einer **strikten Rechtspflicht** zu verstehen ist, gilt in besonderem Maße auch für das Umweltrecht; insoweit sei beispielhaft auf § 30 Abs. 2 S. 1 WHG, § 34 Abs. 1 S. 1 KrWG, § 18 Abs. 2 S. 1 NachwV, § 14 Abs. 1 AwSV sowie § 9 Abs. 4 S. 1 GefStoffV verwiesen. Schließlich ist der genannte Sprachgebrauch des Gesetzgebers auch im Strahlenschutzrecht – vgl. etwa § 13 Abs. 5 S. 2 und § 14 Abs. 5 S. 2 StrlSchG – und sogar an verschiedenen Stellen im AtG selbst vorzufinden. So kann es keinem Zweifel unterliegen, dass etwa durch die „hat ... zu"-Formulierungen in § 4 Abs. 5 S. 2, § 4a Abs. 3 S. 2, § 4b Abs. 1, § 5 Abs. 2 S. 1, § 7 Abs. 1a S. 7, Abs. 1c S. 1 und 2, § 7c Abs. 3 S. 2 und 4, § 7d, § 9a Abs. 1 S. 1, Abs. 2 S. 1 und Abs. 2a S. 1 strikte Rechtspflichten begründet und nicht etwa nur unverbindliche Gebote ausgesprochen werden. 8

b) Anpassung an den aktuellen Stand von Wissenschaft und Technik. Nach einer in der Literatur vertretenen Auffassung gilt die Pflicht zur Ausrichtung der kontinuierlichen Verbesserung am jeweiligen Stand von Wissenschaft und Technik **ohne Rücksicht auf Verhältnismäßigkeitserwägungen,** nachdem durch Art. 1 Nr. 6 lit. b des Gesetzes zur geordneten Beendigung der Kernenergienutzung zur gewerblichen Erzeugung von Elektrizität vom 22.4.2002 (BGBl. I 1351) der frühere Art. 7 Abs. 2 S. 2 aufgehoben worden war, der geregelt hatte, dass bei Veränderungen bestehender Anlagen oder ihres Betriebes, die die betroffene Vorsorge gegen Schäden oder den getroffenen Schutz gegen Störmaßnahmen oder sonstige Einwirkungen Dritter verbessern oder unberührt lassen, u. a. unverhältnismäßige Vorsorge- oder Schutzmaßnahmen nicht erforderlich sind (vgl. *Cloosters* AtRT 2000, 39 (51) unter Hinweis auf die Gesetzgebungshistorie und *Heitsch,* 11. AtRS 2002, 167 (177ff.)). Dem wird entgegengehalten, dass § 7 Abs. 2 S. 2 auch nach Auffassung des Gesetzgebers (vgl. die Begründung des Ent- 9 wurfs der Bundesregierung für ein Gesetz zur Änderung des Atomgesetzes und des Gesetzes über die Errichtung eines Bundesamtes für Strahlenschutz BT-Drs. 13/8641, 11) rein deklaratorischer Natur gewesen sei, so dass die Aufhebung der Vorschrift nichts daran geändert habe, dass Regelungen im Rahmen von Änderungsgenehmigungen oder nachträglichen Anordnungen schon aus verfassungsrechtlichen Gründen den Anforderungen des Verhältnismäßigkeitsgrundsatzes unterlägen (*Huber* RdE 2003, 230 (237f.); *Leidinger,* Sicherheitsverantwortung des Betreibers: Sicherheitsmanagement und Sicherheitsüberprüfung, 2002, 123 (127); *Posser* in PSM § 7 Rn. 171).

10 Die letztere Auffassung überzeugt nicht. Zum einen beruht die ihr zugrundeliegende Annahme, dass eine Pflicht zur Anpassung an die an eine Neuanlage zu stellenden Anforderungen des Standes von Wissenschaft und Technik im Falle des Entstehens unverhältnismäßigen Aufwandes nicht gefordert werden könne, auf einer Auslegung des zuvor geltenden Rechts durch das Bundesverwaltungsgericht – der Regierungsentwurf verweist selbst insoweit auf das Urteil des BVerwG vom 22.1.1997 – 11 C 7.95 (NVwZ 1998, 623) – und nicht auf verfassungsrechtlich zwingenden Vorgaben. Die Grundrechte der Betreiber stehen nämlich keineswegs jedweden Verpflichtungen zur entschädigungslosen nachträglichen Anpassung ihrer Anlagen an einen fortgeschrittenen Stand der Wissenschaft und Technik entgegen. Vielmehr erfordern die in berechtigtem Vertrauen auf eine Gesetzeslage getätigten Investitionen ins Eigentum nach Maßgabe des Verhältnismäßigkeitsgrundsatzes nur dann sowohl hinsichtlich des Ob als auch hinsichtlich des Wie eines Ausgleichs angemessene Berücksichtigung, wenn der Gesetzgeber die weitere Verwertbarkeit des Eigentums direkt unterbindet oder erheblich einschränkt (vgl. BVerfG NJW 2017, 217 (239)). Wird bei einer Anpassung an einen fortgeschrittenen Stand der Wissenschaft und Technik diese Erheblichkeitsschwelle nicht erreicht, so ist der Betreiber verpflichtet, nachträgliche Anpassungen an einen fortgeschrittenen Stand der Wissenschaft und Technik auf eigene Kosten durchzuführen. Denn der Gesetzgeber ist von Verfassungs wegen nicht gehalten, bei der Umstellung von Rechtslagen die Betroffenen von jeder Belastung zu verschonen oder jeglicher Sonderlast mit einer Übergangsregelung zu begegnen (vgl. BVerfGE 131, 47 (57f.) = NJW 2012, 1941; BVerfG NVwZ 2010, 771 (773)). Wird daher etwa im Zusammenhang mit bestimmten aufgrund von Sicherheitsüberprüfungen gewonnenen Erkenntnissen festgestellt, dass bestimmte anlagentechnische Änderungen zur Verbesserung der Schadensvorsorge beitragen und dass diese aufgrund der Fortentwicklung als inzwischen dem Stand der Wissenschaft und Technik entsprechend anzusehen sind, so ist der Betreiber aufgrund von § 19a Abs. 1 S. 1 verpflichtet, die entsprechenden Verbesserungsmaßnahmen auch durchzuführen.

11 Im Übrigen hatte der Gesetzgeber die Schaffung des 2002 wieder aufgehobenen § 7 Abs. 2 S. 2 auch keineswegs als verfassungsrechtlich zwingend angesehen, sondern primär mit umweltpolitischen Erwägungen begründet, indem es annahm, dass dann, wenn für die Veränderung immer der neueste Stand von Wissenschaft und Technik wie für Neuanlagen gefordert werden müsste, es während der Betriebszeit vielfach nicht zu Verbesserungen käme, obwohl die Anlage weiter betrieben werden könnte, da sie nach dem Maßstab des §§ 17 und 19 sicher ist (BT-Drs. 13/8641, 12). Dieser zur früheren Rechtslage angestellten Erwägung ist aber dadurch die Grundlage entzogen worden, dass die Durchführung entsprechender Verbesserungen nicht mehr im Belieben des Betreibers steht, sondern der Gesetzgeber diesem durch § 19a Abs. 1 S. 1 die **zwingende Rechtspflicht** auferlegt hat, auf Grundlage der von ihm vorzunehmenden Sicherheitsüberprüfung und Bewertung der Anlage deren **nukleare Sicherheit** kontinuierlich zu verbessern.

c) Ausgestaltung als dynamische Betreiberpflicht. Dabei folgt bereits aus 12 dem **Wortlaut** des § 19a Abs. 2 S. 1, dass diese Pflicht nicht von einer hergehenden aufsichtsbehördlichen Anordnung abhängt. Zwar bedarf die Umsetzung der erforderlichen Verbesserungsmaßnahmen – sofern sie nicht im Rahmen der bestehenden Genehmigung erfolgt – einer **Änderungsanzeige im Aufsichtsverfahren** oder ggf. einer Änderungsgenehmigung und somit einer behördlichen Mitwirkung. Gleichwohl trifft zunächst einmal den Betreiber die Pflicht, eigeninitiativ auf Grundlage der Ergebnisse der Sicherheitsüberprüfung und der Bewertung der Anlage den aus seiner Sicht notwendigen Verbesserungsbedarf zu identifizieren und der Behörde mitzuteilen. Angesichts dieser auch vom Gesetzgeber anerkannten Abläufe erscheint es nicht nachvollziehbar, dass dieser gleichwohl in der Begründung des Gesetzentwurfs für das 12. AtGÄndG den Charakter dieser Verpflichtung als „dynamische Betreiberpflicht" in Zweifel gezogen hat (vgl. hierzu die Begründung des Gesetzentwurfs für das 12. AtGÄndG, BT-Drs. 17/3052, 16).

d) Aufsichtsbehördliche Durchsetzbarkeit. Das AtG enthält zur Umset- 13 zung der Ergebnisse der Sicherheitsüberprüfung und Bewertung kein **eigenständiges Eingriffsinstrumentarium** (*Leidinger* RdE 2002, 29 (36)). Ergibt sich aus der Sicherheitsüberprüfung und Bewertung die Notwendigkeit, durch bestimmte Maßnahmen die nukleare Sicherheit zu verbessern, und ergreift der Betreiber hierzu keinerlei Schritte, so kann die Aufsichtsbehörde daher nur unter Anwendung des allgemeinen aufsichtsrechtlichen Instrumentariums tätig werden und bei Vorliegen der entsprechenden gesetzlichen Voraussetzungen etwa eine **Anordnung** nach § 19 Abs. 3 oder ggf. auch eine nachträgliche Anordnung nach § 17 Abs. 1 S. 3 erlassen.

III. Fristen (Abs. 1 S. 2)

Nach § 19a Abs. 1 S. 2 sind die Ergebnisse der Sicherheitsüberprüfung und Be- 14 wertung bis zu dem in Anlage 4 zu diesem Gesetz genannten Datum, soweit dieses nach dem 27.4.2002 liegt, der Aufsichtsbehörde vorzulegen. In der genannten Anlage sind tabellarisch diejenigen Kernkraftwerke aufgeführt, bei denen die Daten für die Sicherheitsprüfung nach dem genannten Zeitpunkt liegen. S. 3 der Vorschrift regelt, dass die Ergebnisse einer erneuten Sicherheitsüberprüfung und Bewertung jeweils **alle zehn Jahre** nach dem in Anlage 4 genannten Datum vorzulegen sind; dies betrifft auch diejenigen Kernkraftwerke, bei denen das Datum der ersten Sicherheitsüberprüfung vor dem 27.4.2002 liegt; ansonsten gäbe deren Aufnahme in die Tabelle keinerlei Sinn, weil keine Rechtsfolgen hieran geknüpft wären.

IV. Entfallen der Pflicht (Abs. 2 S. 1)

Dass nach § 19a Abs. 2 S. 1 die Pflicht zur Vorlage der Ergebnisse einer Sicher- 15 heitsüberprüfung und Bewertung entfällt, wenn der Genehmigungsinhaber gegenüber der Aufsichtsbehörde und der Genehmigungsbehörde verbindlich erklärt, dass er den Leistungsbetrieb der Anlage spätestens drei Jahre nach den in Anlage 4 genannten Terminen endgültig einstellen wird, hat seinen Grund darin, dass die Zeitdauer der Sicherheitsüberprüfung und der Umsetzung von deren Ergebnissen in diesem Falle die **rechtliche Betriebszeit** ausschöpfen. S. 2 ist deklaratorischer Natur und stellt klar, dass die verbindliche Erklärung iSv S. 1 zum Erlöschen der Berechtigung zum Leistungsbetrieb führt (Begründung des Gesetzentwurfs der BReg, BR-Drs. 705/01, 61). Erfolgt die endgültige Einstellung des Leistungsbetriebs der Anlage zu dem genannten Zeitpunkt nicht aufgrund einer verbindlichen Erklärung des Betreibers, sondern aufgrund der Erlöschensanordnung in dem durch Art. 1 Nr. 1 lit. a des 13. AtGÄndG vom 31.7.2011 (BGBl. I 1704) eingeführten § 7 Abs. 1a, so wird auch hierdurch die Rechtsfolge aus § 19a Abs. 2 S. 1 ausgelöst.

V. Anwendbarkeit auf sonstige Anlagen (Abs. 3)

16   Nach § 19a Abs. 3 gilt die **Pflicht zur regelmäßigen Überprüfung und Bewertung** der nuklearen Sicherheit und kontinuierlichen Verbesserung der nuklearen Sicherheit der jeweiligen Anlage sowie zur Vorlage der Ergebnisse der Überprüfung und Bewertung an die Aufsichtsbehörde auch für **sonstige kerntechnische Anlagen** nach § 2 Abs. 3a Nr. 1. Hierbei hatte der Gesetzgeber namentlich Zwischenlager im Auge (vgl. die Begründung des Gesetzentwurfs des 12. AtGÄndG, BT-Drs. 17/3052, 9). Dabei richtet sich die Intensität der Überprüfung und Bewertung nach der Art, Menge und Aktivität der in derartigen Anlagen vorhandenen radioaktiven Stoffe, was von Anlage zu Anlage erheblich variieren kann (vgl. die Begründung des vorgenannten Gesetzentwurfs, BT-Drs. 17/3052, 11).

17   Um dem häufig signifikant geringeren Gefährdungspotential sonstiger kerntechnischer Anlagen nach § 2 Abs. 3a Nr. 1 im Rahmen der Verhältnismäßigkeit Rechnung zu tragen, wird die Anwendung der umfangreichen technischen Regelwerke, die für die Sicherheitsüberprüfung von Kernkraftwerken herangezogen werden, für sonstiger, nicht von einer Verpflichtung nach Abs. 1 erfasste kerntechnische Anlagen nicht verbindlich vorgesehen (so ausdrücklich die Begründung des vorgenannten Gesetzentwurfs, BT-Drs. 17/3052, 16).

VI. Umfang der Überprüfung und Bewertung (Abs. 4)

18   § 19a Abs. 4 regelt in wörtlicher Übernahme von Art. 6 Abs. 3 der Richtlinie 2009/71/Euratom des Rates vom 25.6.2009 (ABl. L 172, 18 vom 2.7.2009) über einen Gemeinschaftsrahmen für die nukleare Sicherheit kerntechnischer Anlagen weitere Gegenstände der nach Abs. 1 und 3 vorzunehmenden Bewertung. Hiernach umfassen die Bewertungen nach Abs. 1 oder Abs. 3 auch die Überprüfung, dass Maßnahmen zur Verhütung von Unfällen und zur Abmilderung von Unfallfolgen getroffen sind, einschließlich der Überprüfung der physischen Barrieren sowie der administrativen Schutzvorkehrungen des Genehmigungsinhabers, die versagen müssen, bevor **Leben, Gesundheit und Sachgüter** durch die Wirkung ionisierender Strahlen geschädigt würden. Insoweit ist eine gewisse strukturelle Ähnlichkeit zum **Störfallrecht** (vgl. § 9 Abs. 1 Nr. 3 12. BImSchV) festzustellen.

19   Nach § 19a Abs. 4 S. 2 kann die zuständige Aufsichtsbehörde nähere Anordnungen zu dem Umfang der Überprüfung und Bewertung durch den Genehmigungsinhaber treffen. Dabei spricht bereits das Begriffspaar „Überprüfung und Bewertung" dafür, dass diese Befugnis die **gesamte Sicherheitsüberprüfung und**

Bewertung nach Abs. 1 und 3 umfasst und nicht auf die nach Abs. 4 S. 1 Bewertung vorgeschriebene Bewertung der weiteren dort genannten Gegenstände beschränkt ist.

VII. Kosten

Nach § 5 Abs. 1 Nr. 3 lit. a AtSKostV (Kostenverordnung zum Atomgesetz und zum Strahlenschutzgesetz vom 17.12.1981 (BGBl. I 1457), zul. geändert durch Art. 24 des Gesetzes vom 27.6.2017 (BGBl. I 1966)) werden für „Prüfungen der Ergebnisse der Sicherheitsüberprüfung nach § 19a des Atomgesetzes" als Maßnahmen der staatlichen Aufsicht nach § 19 AtG Kosten erhoben. Nach Abs. 2 beträgt die **Gebühr 25 bis 500.000 Euro.** Hinzukommen können weitere Verwaltungsgebühren für die Zulassung oder Anordnung bestimmter Verbesserungsmaßnahmen, die sich aufgrund der Bewertung nach § 19a als notwendig erweisen. 20

VIII. Rechtsschutz

Da es – wie unter → Rn. 13 ausgeführt – zur Durchsetzung der Pflichten aus § 19a Abs. 1 und 3 **kein eigenständiges Instrumentarium** gibt, sondern sich die Aufsichtsbehörde insoweit erforderlichenfalls auf §§ 17 und 19 stützen muss, kann hinsichtlich des Rechtsschutzes auf die entsprechenden Ausführungen zu diesen Vorschriften verwiesen werden. 21

§ 20 Sachverständige

¹Im Genehmigungs- und Aufsichtsverfahren nach diesem Gesetz und den auf Grund dieses Gesetzes ergangenen Rechtsverordnungen können von den zuständigen Behörden Sachverständige zugezogen werden. ²§ 36 des Produktsicherheitsgesetzes findet entsprechende Anwendung.

Übersicht

	Rn.
I. Entstehungsgeschichte	1
II. Zweck und Ausgestaltung der Regelung	2
III. Hinzuziehung von Sachverständigen (S. 1)	3
1. Genehmigungs- und Aufsichtsverfahren	4
2. Zuständige Behörden	5
3. Sachverständige	6
4. Ermessensentscheidung	11
5. Besorgnis der Befangenheit	13
a) Verfahrensrecht	13
b) Ablehnungsgründe	14
6. Rechtsnatur der Hinzuziehung	18
IV. Entsprechende Anwendbarkeit von § 36 ProdSG (S. 2)	20
V. Rechtsschutz	23
VI. Kosten	24

Literatur: *Lukes* in Lukes/Bischof, Sachverständigentätigkeit im atomrechtlichen Genehmigungs- und Aufsichtsverfahren: Bundesrepublik Deutschland, Frankreich, Großbritannien und Vereinigte Staaten von Amerika, 1980; *Sellner/Hennenhöfer/Schaefer/Sailer,* Die Aufgabe der Sachverständigen bei der Gewährleistung der kerntechnischen Sicherheit und Auswirkungen möglicher Reformen, 2006; *Skouris,* Grundfragen des Sachverständigenbeweises im Verwaltungsverfahren und im Verwaltungsprozess, AöR 1982, 215.

I. Entstehungsgeschichte

1   Die Vorschrift ist seit Erlass der Ursprungsfassung des AtG weitgehend unverändert geblieben. Lediglich in S. 2 wurde seinerzeit § 24b GewO genannt. Durch Art. 5 Nr. 3 des Zweiten Gesetzes zur Änderung des Gerätesicherheitsgesetzes vom 26.8.1992 (BGBl. I 1564) wurde die Angabe „§ 24b der Gewerbeordnung" dann durch „§ 13 des Gerätesicherheitsgesetzes" ersetzt. Durch Art. 8 Nr. 3 des Gesetzes zur Neuordnung der Sicherheit von technischen Arbeitsmitteln und Verbraucherprodukten vom 6.1.2004 (BGBl. I 2) wurde die Angabe „§ 13 des Gerätesicherheitsgesetzes" dann durch „§ 2 Abs. 7 des Geräte- und Produktsicherheitsgesetzes" ersetzt. Schließlich wurde durch Art. 4 Nr. 3 des Gesetzes über die Neuordnung des Geräte- und Produktsicherheitsrechts vom 8.11.2011 (BGBl. I 2178) die Angabe „§ 2 Abs. 7 des Geräte- und Produktsicherheitsgesetzes" durch „§ 36 des Produktsicherheitsgesetzes" ersetzt.

II. Zweck und Ausgestaltung der Regelung

2   Die Hinzuziehungsmöglichkeit wird dem Umstand gerecht, dass in **atomrechtlichen Genehmigungs- und Aufsichtsverfahren** – insbesondere zur Prüfung der Frage, ob die nach dem Stand von Wissenschaft und Technik erforderliche Vorsorge gegen Schäden durch die Errichtung und den Betrieb der Anlage getroffen ist – ein eingehendes Fachwissen erforderlich ist, über das die Behörde häufig nicht verfügen wird (so auch die Gesetzesbegründung, BT-Drs. III/759, 32). Im Hinblick darauf standen dem Gesetzgeber drei Regelungsalternativen zur Verfügung: Zum einen hätte er sich darauf beschränken können, der Behörde die Befugnis einzuräumen, dem Antragsteller oder Betreiber die Vorlage bestimmter Gutachten vorzugeben, wie dies in zahlreichen anderen Gesetzen vorgesehen ist (vgl. etwa § 13 Abs. 2 BBodSchG; § 47 Abs. 2 Hs. 2 BNatSchG; § 24 AMG; § 47 Abs. 1 Nr. 5 Windenergie-auf-See-Gesetz). Zum zweiten hätte er eine Pflicht des Antragstellers oder Betreibers zur Vorlage von Sachverständigengutachten begründen können, die durch einen von der Behörde bestimmten (vgl. hierzu etwa § 21 Abs. 6 S. 1 ChemG) oder jedenfalls im Einvernehmen mit der Behörde auszuwählenden Sachverständigen (vgl. hierzu etwa § 23 Abs. 3 S. 1 DepV) zu erstellen sind. Zum dritten schließlich konnte sich der Gesetzgeber für den letztendlich in § 20 S. 1 gewählten Weg entscheiden. Dass bei diesem keine Vorlage von Sachverständigengutachten durch den Antragsteller bzw. Betreiber angeordnet wird, sondern die Behörde selbst sich der Hilfe von ihr beauftragter Sachverständiger bedient, eröffnet dieser **verstärkte Sachaufklärungsmöglichkeiten,** da sie es in der Hand hat, jederzeit den Untersuchungsauftrag zu konkretisieren oder zu erweitern und sich durch die Sachverständigen über den Stand der Erkenntnisse unterrichten zu lassen. Zudem trägt diese Ausgestaltung dazu bei, jedweden Zweifeln an der Neutralität der beauf-

Sachverständige **§ 20 AtG**

tragten Experten und der Objektivität ihrer gutachterlichen Beurteilungen von vornherein die Grundlage zu entziehen. Die Einräumung einer behördlichen Befugnis, sich durch von der Behörde selbst zu beauftragende Sachverständige fachkundiger Hilfe zu bedienen, ist auch in anderen Bundesgesetzen vorgesehen (vgl. § 4 Abs. 11 WpHG; § 21 Abs. 4 DepV; § 6 Abs. 2 S. 2 Schiffsausrüstungsverordnung).

III. Hinzuziehung von Sachverständigen (S. 1)

Nach § 20 S. 1 können im Genehmigungs- und Aufsichtsverfahren nach diesem 3 Gesetz und den auf Grund dieses Gesetzes ergangenen Rechtsverordnungen von den **zuständigen Behörden** Sachverständige zugezogen werden.

1. Genehmigungs- und Aufsichtsverfahren

Auch wenn das Gesetz mit der Formulierung „im Genehmigungs- und Aufsichtsverfahren" den Singular verwendet, soll dieser Wortlaut ersichtlich nicht ein bestimmtes, sondern sämtliche durch das AtG geregelten Genehmigungs- und Aufsichtsverfahren umfassen. Hinsichtlich des Genehmigungsverfahrens sieht § 1b Abs. 4 S. 3 AtVfV (Atomrechtliche Verfahrensverordnung vom 3.2.1995, BGBl. I 180) ausdrücklich vor, dass zum **Scoping-Termin** Sachverständige hinzugezogen werden können. 4

2. Zuständige Behörden

Welche Behörden für welche Genehmigungs- und Aufsichtsverfahren zuständig 5 ist, ergibt sich aus den §§ 22–24.

3. Sachverständige

Der Begriff des Sachverständigen wird im Gesetz nicht näher eingegrenzt. Daher 6 ist der **allgemeine Sachverständigen-Begriff** zugrunde zu legen. Danach muss eine Person, um Sachverständiger zu sein, über die erforderliche besondere, dh eine erhebliche über dem Durchschnitt liegende, **Sachkunde** verfügen (BVerwGE 45, 235 (238) = BeckRS 1974 30438589); eine öffentliche Bestellung iSd § 36 GewO ist hingegen nicht erforderlich (*Kopp/Ramsauer* VwVfG § 26 Rn. 31; *Kallerhof* in SBS VwVfG § 26 Rn. 68). Anders ausgedrückt sind Sachverständige Personen, die aufgrund besonderer Sachkunde als Gehilfe der Behörde fachspezifische Lehr- und Erfahrungssätze und Schlussfolgerungen zur Verfügung stellen (*Engel/Pfau* in Mann/Sennekamp/Uechtritz VwVfG, 2. Aufl. 2019, § 26 Rn. 33).

Der Sachverständige muss ferner Gewähr dafür bieten, die ihm übertrage Begut- 7 achtung persönlich, gewissenhaft und unparteiisch zu erfüllen (VG Schleswig Gew-Arch 2011, 310). Zudem obliegt es ihm, diese mit der Sorgfalt eines ordentlichen Sachverständigen vorzunehmen (OLG Düsseldorf Beschl. v. 18.4.2017 – III-2 Ws 528–577/16, BeckRS 2017, 110244 Rn. 1619 ff.). Schließlich muss der Sachverständige als **„Behördengehilfe"** sich so verhalten, dass diejenigen, die auf seine Dienste angewiesen sind, ihm persönlich mit **Achtung und Vertrauen** entgegentreten können (vgl. am Beispiel des öffentlich bestellten und vereidigten Sachverständigen VG Braunschweig Urt. v. 20.1.2011 – 1 A 95/10, juris-Rn. 37

= BeckRS 2011, 49642 und VG München Beschl. v. 29.8.2001 – M 16 S 01.1157, BeckRS 2001, 26441 Rn. 42).

8   Die Aufgabe des Sachverständigen besteht darin, einen grundsätzlich von der Behörde abschließend festzustellenden und zu würdigenden Sachverhalt zu **begutachten** (*Kallerhof* in SBS VwVfG § 26 Rn. 68). Sind im Verwaltungsverfahren Prognoseentscheidungen zu treffen, so obliegen diese der Behörde; der Sachverständige kann ihr hierzu nur eine Hilfestellung bieten (vgl. entsprechend am Beispiel des gerichtlichen Sachverständigen BVerwG NVwZ-RR 2009, 977). Erst recht ist die Auslegung des anzuwendenden Rechts und die Subsumtion des Sachverhalts unter diese Norm nicht Sache des Sachverständigen, sondern Aufgabe der Behörde (BVerwG Buchholz 402.10 NÄG § 3 Nr. 65; VGH Kassel NVwZ 1991, 280 (284)).

9   Nach § 12 Nr. 9 kann **durch Rechtsverordnung** zur Erreichung der in § 1 bezeichneten Zwecke bestimmt werden, welche Anforderungen an die Ausbildung, die beruflichen Kenntnisse und Fähigkeiten, insbesondere hinsichtlich Berufserfahrung, Eignung, Einweisung in die Sachverständigentätigkeit, Umfang an Prüftätigkeit und sonstiger Voraussetzungen und Pflichten sowie an die Zuverlässigkeit und Unparteilichkeit der in § 20 genannten Sachverständigen zu stellen sind und welche Voraussetzungen im Hinblick auf die technische Ausstattung und die Zusammenarbeit von Angehörigen verschiedener Fachrichtungen Organisationen erfüllen müssen, die als Sachverständige iSd § 20 hinzugezogen werden sollen.

10   Nach § 12b Abs. 1 Nr. 4 führen die nach § 23d und § 24 zuständigen Genehmigungs- und Aufsichtsbehörden zum Schutz gegen unbefugte Handlungen, die zu einer Entwendung oder Freisetzung radioaktiver Stoffe führen können, eine **Überprüfung der Zuverlässigkeit** der nach § 20 als Sachverständige hinzuziehenden Personen durch.

4. Ermessensentscheidung

11   Ob, unter welchen Voraussetzungen und in welchem Rahmen die zuständige Behörde Sachverständige hinzuzieht, unterliegt ihrem aus § 26 Abs. 1 S. 1 VwVfG folgenden **Verfahrensermessen.** Auch ein Verfahrensermessen kann aber im Einzelfall **auf Null reduziert** sein (VG Würzburg Urt. v. 13.11.2000 – W 8 K 00.413, BeckRS 2001, 20295 Rn. 32). Im hier maßgeblichen Zusammenhang kommt dies etwa in Betracht, wenn durch Verzicht auf die Hinzuziehung eines Sachverständigen Erkenntnisverluste drohen würden, die unter anderem zu – möglicherweise irreversiblen – **Verletzung von Grundrechen,** insbesondere Leben und Gesundheit, führen könnten (zu einer Reduzierung des (sachlich-rechtlichen) Ermessens auf Null wegen anderweitiger bestehender Gefahr von Grundrechtsverletzungen VGH München Urt. v. 3.12.2015 – 13a B 15.50124, BeckRS 2016, 43629 Rn. 22).

12   Auf der anderen Seite kann es eine fehlerhafte Ausübung des Verfahrensermessens darstellen, wenn die Tätigkeit eines von der Behörde herangezogenen privaten Sachverständigen erheblich teurer kommt als die Tätigkeit eines entsprechend fachlich ausgebildeten Mitarbeiters der zuständigen Behörde und wenn die betreffende Prüfung durch letzteren effektiv hätte vorgenommen werden können (vgl. VGH München Urt. v. 12.3.2010 – 22 B 09.1187, BeckRS 2010, 48111 Rn. 32).

5. Besorgnis der Befangenheit

13   **a) Verfahrensrecht.** Der Ausschluss von Sachverständigen wegen zu großer Nähe zum Gegenstand der Begutachtung und wegen Besorgnis der Befangenheit

ist im atomrechtlichen Verfahrensrecht nicht gesondert geregelt. Insoweit gilt gem. § 1 Abs. 1 VwVfG ergänzend das **allgemeine Verwaltungsverfahrensrecht.** Da das VwVfG ausdrückliche Regelungen über den Ausschluss und die Ablehnung von Sachverständigen nur in Bezug auf das förmliche Verwaltungsverfahren enthält und da das atomrechtliche Genehmigungs- und das atomrechtliche Aufsichtsverfahren keine förmlichen Verwaltungsverfahren iSd §§ 63 ff. VwVfG sind, kann § 65 Abs. 1 S. 2 VwVfG nicht zur Anwendung gelangen (aA *Leidinger* in NK-AtomR § 20 Rn. 17 und BHR EnergieR I Rn. 841). Zudem betreffen die für das allgemeine Verwaltungsverfahren geltenden entsprechenden Vorschriften der §§ 20, 21 VwVfG nach ihrem Wortlaut allein die Entscheidungsträger der Behörden, nicht die von ihnen verwendeten Beweismittel, so dass für eine unmittelbare Anwendung auch dieser Vorschriften kein Raum ist. Gleichwohl besteht – trotz unterschiedlicher Begründung – im Ergebnis Einigkeit, dass die Behörde **gehindert** ist, einen wegen persönlicher Verstrickung in den Gegenstand seiner Begutachtung ausgeschlossenen oder der Besorgnis der Befangenheit ausgesetzten Sachverständigen einzusetzen (so insgesamt OVG Lüneburg NVwZ 1996, 606 (608) mwN; VGH Kassel NVwZ 1992, 391 (392); *Lukes* in Lukes/Bischof, Sachverständigentätigkeit im atomrechtlichen Genehmigungs- und Aufsichtsverfahren, 39; *Skouris* AöR 1982, 215 (238 ff.); so auch *Leidinger* in NK-AtomR § 20 Rn. 18 unter Heranziehung des allgemeinen Rechtsgedankens aus § 21 Abs. 1 S. 1 VwVfG und § 42 Abs. 2 ZPO). Die genannten Regelungen unterscheiden im Wesentlichen nur darin, dass die Behörde im förmlichen Verfahren aufgrund eines Ablehnungsgesuchs und im nicht förmlichen Verfahren von Amts wegen über die Befangenheit des Sachverständigen zu entscheiden hat, während die materiellen Ausschlussgründe ebenso wie die Kriterien der Befangenheit im Ergebnis übereinstimmen. Im Hinblick darauf, dass im nicht förmlichen Verfahren die Person des Sachverständigen vielfach erst aus der behördlichen Entscheidung hervorgeht, so dass die Beteiligten daher nicht immer Gelegenheit haben, rechtzeitig ein Ablehnungsgesuch anzubringen, erscheint hier die **analoge Anwendung** der §§ 20, 21 VwVfG am ehesten sachgerecht (so ausdrücklich OVG Lüneburg NVwZ 1996, 606 (608)).

b) Ablehnungsgründe. In der Sache setzt der Ablehnungsgrund der Besorgnis 14 der Befangenheit (vgl. § 54 Abs. 1 VwGO iVm § 42 Abs. 1 und 2 ZPO) voraus, dass **hinreichend objektive Gründe** vorliegen, die bei vernünftiger Würdigung aller Umstände Anlass geben, an der Unbefangenheit, Unvoreingenommenheit oder Unparteilichkeit des Sachverständigen zu zweifeln; die nur subjektive Besorgnis, für die bei Würdigung der Tatsachen vernünftigerweise kein Grund ersichtlich ist, reicht dagegen zur Ablehnung eines Sachverständigen nicht aus (BVerwG NVwZ-RR 1992, 311 (312)).

Ausgehend hiervon ist die **bloße Anstellung** des Sachverständigen bei einer Pro- 15 zesspartei der Öffentlichen Hand als Ablehnungsgrund nicht anerkannt (BVerwG NVwZ 1998, 634 (635) mwN; OVG Berlin NJW 1970, 1390). Die von einer Verwaltungsbehörde bestellten Gutachter sind demgemäß als objektiv urteilende Gehilfen der das öffentliche Interesse verfolgenden Verwaltungsbehörde und nicht als parteiische Sachverständige anzusehen (BVerwGE 18, 216 (218) = BeckRS 1964 30434072). Demgegenüber wird die Angehörigkeit zur bescheiderteilenden Behörde in der Regel einen Ablehnungsgrund darstellen (BVerwG NVwZ 1999, 184 (186)). Zudem kann das Ablehnungsgesuch eines Beteiligten begründet sein, wenn der Sachverständige zuvor für einen am Verwaltungsverfahren nicht beteiligten Dritten tätig geworden ist, dessen Interessen in gleicher Weise wie die der Behörde denen des ablehnenden Beteiligten entgegengesetzt sind, und die Tätigkeit des Sachverständigen denselben Sachverhalt und die gleiche Beweisfrage betrifft (VGH Mannheim Beschl. v. 25.9.1986 – 6 S 2199/86; hierzu *Sellner/Hennenhöfer/Schaefer/Sailer*, Die Aufgabe der Sachverständigen bei der Gewährleistung der kerntechnischen Sicherheit und Auswirkungen möglicher Reformen, 70f.). Die Mitgliedschaft im Deutschen Atomforum soll als solche allein nicht geeignet sein, eine **Besorgnis der Befangenheit** zu begründen (VGH München DVBl. 1984, 882).

16 Umstände, die ihre Ursache in einer Auseinandersetzung mit dem sachlichen Inhalt des Gutachtens haben, begründen grundsätzlich keine Besorgnis der Befangenheit; Mangel an Sachkunde, Unzulänglichkeiten oder Fehlerhaftigkeit mögen das Gutachten entwerten, rechtfertigen für sich allein aber nicht die Ablehnung des Sachverständigen wegen Befangenheit (VGH Kassel Beschl. v. 3.4.2017 – 1 E 229/17, BeckRS 2017, 110635 Rn. 9). Im Rahmen der Beurteilung, ob die Nichterwähnung eines von einem Beteiligten eingereichten Privatgutachtens die Annahme seiner Befangenheit zu begründen vermag, ist zu berücksichtigen, ob dem Sachverständigen durch die Behörde eine Auseinandersetzung mit dem zur Akte gereichten Privatgutachten aufgegeben war oder ob sich dem Sachverständigen ausgehend von der verfahrensrechtlichen Konstellation nicht aufdrängen musste, dass eine solche Auseinandersetzung notwendig ist oder erwartet wurde (vgl. OVG Saarlouis Beschl. v. 7.4.2017 – 1 E 161/17, BeckRS 2017, 107307 Rn. 7). Eine Befürchtung fehlender Unparteilichkeit kann etwa berechtigt sein, wenn der Sachverständige seine gutachterlichen Äußerungen in einer Weise gestaltet, dass sie als Ausdruck einer unsachlichen Grundhaltung gegenüber einem Beteiligten gedeutet werden können (OVG Berlin-Brandenburg Beschl. v. 21.5.2007 – OVG 4 L 17.05, juris-Rn. 2).

17 Allgemein müssen **individuelle Umstände** vorliegen, die bei einem außerhalb der Behörde stehenden Sachverständigen Anlass zur Ablehnung wegen Besorgnis der Befangenheit geben würden (BVerwG BRS 78 Nr. 210).

6. Rechtsnatur der Hinzuziehung

18 Bereits der **Gesetzeswortlaut,** wonach Sachverständige von den zuständigen Behörden hinzugezogen werden können, macht deutlich, dass diesen durch § 20 keine hoheitlichen Befugnisse übertragen werden. Mithin sind sie **keine Beliehenen.** Vielmehr sind dann, wenn mit Hilfe externen Sachverstandes einzelne Tatbestandsvoraussetzungen für eine der Behörde verbleibende Entscheidung ermittelt werden soll, die von der Behörde beauftragten Sachverständigen als Verwaltungshelfer zu qualifizieren, wodurch sie ebenfalls die Stellung von Beamten im haftungsrechtlichen Sinne erlangen (OLG Hamm Urt. v. 22.5.2015 – 11 U 101/14, juris-Rn. 34, 37 = BeckRS 2015, 18027). Dies gilt namentlich auch dann, wenn in einem Teilschritt eines **mehrstufigen Genehmigungsverfahrens** das Gutachten des behördlich beauftragten Sachverständigen nur eine von mehreren Tatbestandsvoraussetzungen betrifft (BGH NJW 1993, 1784).

19 Im Rahmen der Hinzuziehung muss die Verwaltungsbehörde gewährleisten, dass der Sachverständige seine Begutachtung frei von jeden Weisungen vornimmt (zur Weisungsfreiheit als Wesensmerkmal von Sachverständigen vgl. *Rickert* in BeckOK GewO § 36 Rn. 18; bei öffentlich bestellten und vereidigten Sachverständigen BVerwG Urt. v. 26.1.2011 – 8 C 45/09, juris-Rn. 18 = BeckRS 2011, 49489).

IV. Entsprechende Anwendbarkeit von § 36 ProdSG (S. 2)

Nach der durch § 20 S. 2 angeordneten entsprechenden Anwendbarkeit von § 36 S. 1 ProdSG sind die Eigentümer von Anlagen iSd AtG und Personen, die solche Anlagen herstellen oder betreiben, verpflichtet, von der Behörde gem. § 20 S. 1 hinzugezogenen Sachverständigen **auf Verlangen** die Anlagen zugänglich zu machen, die vorgeschriebene oder behördlich angeordnete Prüfung zu gestatten, die hierfür benötigten Arbeitskräfte und Hilfsmittel bereitzustellen sowie die Angaben zu machen und die Unterlagen vorzulegen, die zur Erfüllung ihrer Aufgaben erforderlich sind. Durch den ebenfalls entsprechend anwendbaren § 36 S. 2 ProdSG wird das Grundrecht des Art. 13 GG insoweit eingeschränkt. 20

Die **Zutritts-, Unterstützungs- und Auskunftsrechte** des § 36 ProdSG und § 19 Abs. 2 AtG werden dem Sachverständigen durch seine Hinziehung nicht als originär eigene hoheitliche Befugnisse verliehen, sondern stehen allein der **staatlichen Aufsichtsbehörde** gegenüber dem Anlagenbetreiber zu; durch die (privatrechtliche) Beauftragung wird ein zugezogener Sachverständiger lediglich in den Kreis der für die Behörde tätigen Personen einbezogen, die diese behördlichen Befugnisse kraft Gesetzes wahrnehmen können (VGH Kassel NVwZ-RR 1997, 75 (76)). 21

Verweigert der Betreiber eine entsprechende Mitwirkung, so kann die Behörde zur Durchsetzung der Ermöglichung entsprechender Prüfungen durch den Sachverständigen eine **Duldungs-** und/oder **Vornahmeverfügung** erlassen und ggf. im Wege der **Verwaltungsvollstreckung** durchsetzen (vgl. zur ähnlichen Ausgangslage bei § 52 Abs. 2 BImSchG Jarass BImSchG § 52 Rn. 59f.). 22

V. Rechtsschutz

Die Zuziehung eines Sachverständigen gem. § 20 S. 1 stellt eine gem. § 44a S. 1 VwGO nicht selbständig anfechtbare Verfahrenshandlung dar (VGH Kassel NVwZ-RR 1997, 75 (76)). Sie kann daher nur mit der das Verwaltungsverfahren abschließenden Sachentscheidung **angefochten** werden (*Stelkens* in SSB VwGO § 44a Rn. 13). 23

VI. Kosten

Die Hinzuziehung von Sachverständigen durch die zuständigen Behörden kann zu Kostentragungslasten des Betreibers führen. So sind nach § 21 Abs. 2 Vergütungen für Sachverständige als Auslagen zu erstatten, soweit sie sich auf Beträge beschränken, die unter Berücksichtigung der erforderlichen fachlichen Kenntnisse und besonderer Schwierigkeiten der Begutachtung, Prüfung und Untersuchung als Gegenleistung für die Tätigkeit des Sachverständigen angemessen sind. Nach § 5 Abs. 1 Nr. 5 AtKostV werden für Maßnahmen der staatlichen Aufsicht nach § 19 Kosten für sonstige Überprüfungen und Kontrollen von Anlagen nach § 7 und von Tätigkeiten nach den §§ 4, 6 und 9 erhoben, soweit die Hinzuziehung von Sachverständigen geboten ist. 24

§ 21 Kosten

(1) Kosten (Gebühren und Auslagen) werden erhoben
1. für Entscheidungen über Anträge nach den §§ 4, 6, 7, 7a, 9, 9a und 9b;
2. für Festsetzungen nach § 4b Abs. 1 Satz 2 und § 13 Abs. 1 Satz 2, für Entscheidungen nach § 9b Abs. 3 Satz 2, für Entscheidungen nach § 17 Abs. 1 Satz 3, Abs. 2, 3, 4 und 5, soweit nach § 18 Abs. 2 eine Entschädigungspflicht nicht gegeben ist, und für Entscheidungen nach § 19 Abs. 3;
3. für die staatliche Verwahrung von Kernbrennstoffen nach § 5 Abs. 1;
4. für sonstige Amtshandlungen einschließlich Prüfungen und Untersuchungen des Bundesamtes für Strahlenschutz, soweit es nach § 23 zuständig ist, des Luftfahrt-Bundesamtes, soweit es nach § 23b zuständig ist, und des Bundesamtes für die Sicherheit der nuklearen Entsorgung, soweit es nach § 23d zuständig ist;
4a. für Entscheidungen nach §§ 9d bis 9g;
5. für die in der Rechtsverordnung nach Absatz 3 näher zu bestimmenden sonstigen Aufsichtsmaßnahmen nach § 19;
6. für die Prüfung der Ergebnisse der Sicherheitsüberprüfung und Bewertung nach § 19a Absatz 1 sowie für die Prüfung der Ergebnisse der Überprüfung und Bewertung nach § 19a Absatz 3.

(1a) ¹In den Fällen
1. des Widerrufs oder der Rücknahme einer in Absatz 1 bezeichneten Amtshandlung, sofern der Betroffene dies zu vertreten hat und nicht bereits nach Absatz 1 Kosten erhoben werden,
2. der Ablehnung eines Antrages auf Vornahme einer in Absatz 1 bezeichneten Amtshandlung aus anderen Gründen als wegen Unzuständigkeit der Behörde,
3. der Zurücknahme eines Antrages auf Vornahme einer in Absatz 1 bezeichneten Amtshandlung nach Beginn der sachlichen Bearbeitung, jedoch vor deren Beendigung,
4. der vollständigen oder teilweisen Zurückweisung oder der Zurücknahme eines Widerspruchs gegen
   a) eine in Absatz 1 bezeichnete Amtshandlung oder
   b) eine nach Absatz 1 in Verbindung mit der nach Absatz 3 erlassenen Rechtsverordnung festgesetzte Kostenentscheidung

werden Kosten erhoben. ²Die Gebühr darf in den Fällen des Satzes 1 Nr. 1, 2 und 4 Buchstabe a bis zur Höhe der für eine Amtshandlung festzusetzenden Gebühr, in den Fällen des Satzes 1 Nr. 3 bis zur Höhe von drei Vierteln der für die Amtshandlung festzusetzenden Gebühr und in den Fällen des Satzes 1 Nr. 4 Buchstabe b bis zur Höhe von 10 vom Hundert des streitigen Beitrages festgesetzt werden. ³Für Entscheidungen über Anträge nach § 6, die auf Grund der Verpflichtung nach § 9a Absatz 2a gestellt werden, werden keine Gebühren erhoben.

(2) Vergütungen für Sachverständige sind als Auslagen zu erstatten, soweit sie sich auf Beträge beschränken, die unter Berücksichtigung der erforderlichen fachlichen Kenntnisse und besonderer Schwierigkeiten der Begutachtung, Prüfung und Untersuchung als Gegenleistung für die Tätigkeit des Sachverständigen angemessen sind.

Kosten § 21 AtG

(3) ¹Das Nähere wird durch Rechtsverordnung nach den Grundsätzen des Verwaltungskostengesetzes in der bis zum 14. August 2013 geltenden Fassung geregelt. ²Dabei sind die gebührenpflichtigen Tatbestände näher zu bestimmen und die Gebühren durch feste Sätze, Rahmensätze oder nach dem Wert des Gegenstandes zu bestimmen. ³Die Gebührensätze sind so zu bemessen, daß der mit den Amtshandlungen, Prüfungen oder Untersuchungen verbundene Personal- und Sachaufwand gedeckt wird; bei begünstigenden Amtshandlungen kann daneben die Bedeutung, der wirtschaftliche Wert oder der sonstige Nutzen für den Gebührenschuldner angemessen berücksichtigt werden. ⁴In der Verordnung können die Kostenbefreiung des Bundesamtes für Strahlenschutz und die Verpflichtung zur Zahlung von Gebühren für die Amtshandlungen bestimmter Behörden abweichend von § 8 des Verwaltungskostengesetzes in der bis zum 14. August 2013 geltenden Fassung geregelt werden. ⁵Die Verjährungsfrist der Kostenschuld kann abweichend von § 20 des Verwaltungskostengesetzes in der bis zum 14. August 2013 geltenden Fassung verlängert werden. ⁶Es kann bestimmt werden, daß die Verordnung auch auf die bei ihrem Inkrafttreten anhängigen Verwaltungsverfahren anzuwenden ist, soweit in diesem Zeitpunkt die Kosten nicht bereits festgesetzt sind.

(4) Die Aufwendungen für Schutzmaßnahmen und für ärztliche Untersuchungen, die auf Grund dieses Gesetzes oder einer nach diesem Gesetz erlassenen Rechtsverordnung durchgeführt werden, trägt, wer nach diesem Gesetz oder einer nach diesem Gesetz zu erlassenden Rechtsverordnung einer Genehmigung bedarf oder verpflichtet ist, die Tätigkeit anzuzeigen, zu der die Schutzmaßnahme oder die ärztliche Untersuchung erforderlich wird.

(5) Im übrigen gelten bei der Ausführung dieses Gesetzes und von Rechtsverordnungen, die auf Grund des § 7 Abs. 4 Satz 3 und Abs. 5, des § 7a Abs. 2 und der §§ 10 bis 12 erlassen sind, durch Landesbehörden vorbehaltlich des Absatzes 2 die landesrechtlichen Kostenvorschriften.

Übersicht

	Rn.
I. Allgemeines	1
II. Kostenerhebung (Abs. 1)	2
III. Kostenerhebung in besonderen Fällen (Abs. 1a)	6
IV. Vergütungen für Sachverständige (Abs. 2)	8
V. Verordnungsermächtigung (Abs. 3)	9
1. Rechtsverordnung nach den Grundsätzen des VwKostG	9
2. Allgemeines und Gebührenrahmen nach der AtSKostV	12
3. Maßnahmen der staatlichen Aufsicht (§ 5 AtSKostV)	14
4. Besondere Regelungen nach der AtSKostV	19
VI. Aufwendungen für Schutzmaßnahmen und ärztliche Untersuchungen (Abs. 4)	21
VII. Landesrechtliche Vorschriften (Abs. 5)	22
VIII. Rechtmäßigkeit eines Kostenbescheides	24

Literatur: *Gersch* in Klein, Abgabenordnung, 14. Aufl. 2018, § 3; *Isensee/Kirchhof,* Handbuch des Staatsrechts, Bd. 5, 3. Aufl. 2007, § 119; *Schlabach,* Bundesgebührengesetz – Rückblick und Ausblick, NVwZ 2013, 1443.

AtG § 21   Zweiter Abschnitt Überwachungsvorschriften

I. Allgemeines

1   Bereits die **Ursprungsfassung des AtG** vom 23.12.1959 enthielt mit § 21 eine Kostenvorschrift (BGBl. I 814, 820). Mit dem „Gesetz zur Änderung von Kostenvorschriften des AtG" vom 20.8.1980 (BGBl. I 1556) wurde die frühere Kostenregelung in § 21 durch die §§ 21–21 b ersetzt. Sinn und Zweck der Kostenregelung des jetzigen § 21 ist es, den Antragstellern und Genehmigungsinhabern nach dem **Veranlasserprinzip** (→ Rn. 2) die Verwaltungskosten für Genehmigungsverfahren und Aufsichtsmaßnahmen nach dem AtG aufzuerlegen (BHR EnergieR I Rn. 1255).

II. Kostenerhebung (Abs. 1)

2   Die Regelung des Abs. 1 folgt den **Grundsätzen des VwKostG** vom 23.6.1970 (vgl. ua *Fischerhof* Dt. AtomG § 21 Rn. 1; zur Fortgeltung des außer Kraft getretenen VwKostG → Rn. 9). Entsprechend sind die „Kosten" mit dem Klammerzusatz **„Gebühren und Auslagen"** in Abs. 1 legal definiert. Die Ermächtigung, Kosten zu erheben, entspricht dem verwaltungsrechtlichen Grundsatz, dass die durch eine besondere Inanspruchnahme der Verwaltung verursachten Kosten von demjenigen getragen werden sollen, der die Amtshandlung veranlasst hat (*Fischerhof* Dt. AtomG § 21 Rn. 1). So ist **Kostenschuldner** grundsätzlich derjenige, der die Amtshandlung einschließlich Prüfung oder Untersuchung veranlasst hat, in der Regel also der Antragsteller, der Genehmigungsinhaber oder derjenige, zu dessen Gunsten sie vorgenommen wird (BT-Drs. 8/3195, 5). Abs. 1 listet die auf Antrag oder von Amts wegen erfolgenden kostenpflichtigen Amtshandlungen nach dem AtG auf. Überall dort, wo der Begriff der **Entscheidung** verwendet wird, kann eine Gebühr nur erhoben werden, wenn auch tatsächlich eine Entscheidung getroffen worden ist (BHR EnergieR I Rn. 1260).

3   Die **Gebühren** sind ihrer Natur nach Verwaltungsgebühren, im Gegensatz zu Benutzungsgebühren, die das Entgelt für die Inanspruchnahme einer öffentlichen Einrichtung darstellen (*Kirchhof* in Isensee/Kirchhof, Handbuch des Staatsrechts, Band V, 3. Aufl. 2007, § 119 Rn. 36; *Fischerhof* Dt. AtomG § 21 Rn. 1). Gebühren gehören zu den öffentlichen Abgaben, nicht aber zu den Steuern. Sie sind gesetzlich – oder aufgrund eines Gesetzes – festgelegte Entgelte in Form einer Gegenleistung für die Inanspruchnahme der öffentlichen Verwaltung in einem bestimmten Einzelfall (*Gersch* in Klein Abgabenordnung, 14. Aufl. 2018, § 3 Rn. 19). Gebühren sind demnach **öffentlich-rechtliche Geldleistungen,** die aus Anlass individuell zurechenbarer, öffentlicher Leistungen dem Gebührenschuldner durch eine öffentlich-rechtliche Norm oder sonstige hoheitliche Maßnahmen auferlegt werden und dazu bestimmt sind, in Anknüpfung an diese Leistung deren Kosten ganz oder teilweise zu decken (BVerfG NJW 84, 1871, 1872). Damit wird die Gebühr – im Unterschied zu Steuern – von denjenigen erhoben, denen die öffentliche Leistung individuell zurechenbar ist (*Schlabach* NVwZ 2013, 1443 (1446)).

4   Als **Auslagen,** die vom Gebührenschuldner erhoben werden, sind die **baren Aufwendungen** zu verstehen, die den Behörden erwachsen (vgl. § 10 VwKostG). Die Verpflichtung zur Erstattung von Auslagen entsteht bereits mit der Aufwendung des zu erstattenden Betrages durch die Behörde. Auslagen können auch verlangt werden, wenn Gebührenfreiheit besteht oder von der Gebührenerhebung abgesehen wird (*Fischerhof* Dt. AtomG § 21 Rn. 2).

Kosten **§ 21 AtG**

Abs. 1 **Nr. 4** enthält fehlerhafte Verweisungen aufgrund eines gesetzgeberischen 5
Versehens. Die Änderungen von § 23 mit der erweiterten Zuständigkeit des BfS
und die Einfügung eines § 23b mit einer Aufgabenübertragung an das Luftfahrt-
Bundesamt durch das Gesetz zur Änderung atomrechtlicher Vorschriften für die
Umsetzung von Euratom-Richtlinien zum Strahlenschutz vom 3.5.2000 (BGBl. I
636) brachten eine Ergänzung des Abs. 1 Nr. 4 iVm § 2 Abs. 1 Nr. 6 AtKostV mit
sich (BT-Drs. 14/2443, 13). §§ 23, 23b sind allerdings mit dem Gesetz zur Neuordnung des Rechts zum Schutz vor der schädlichen Wirkung ionisierender Strahlung
vom 27.6.2017 (BGBl. I 1966, 2060) aufgehoben worden. Die nach Inkrafttreten
des „Gesetzes zur Neuordnung der Organisationsstruktur im Bereich der Endlagerung" vom 26.7.2016 (BGBl. I 1843) verbleibenden Zuständigkeiten des BfS
betreffen ausschließlich das Strahlenschutzrecht und werden in § 185 StrlSchG geregelt. Die Zuständigkeitsregelung für das Luftfahrt-Bundesamt hat ebenfalls ausschließlich strahlenschutzrechtliche Relevanz und findet sich nunmehr in § 189
StrlSchG. Die entsprechende **Kostenvorschrift** für Amtshandlungen des BfS und
des Luftfahrt-Bundesamtes ist **§ 183 StrlSchG** (BT-Drs. 86/17, 542).

III. Kostenerhebung in besonderen Fällen (Abs. 1a)

Abs. 1a trägt der Rechtsprechung des BVerwG Rechnung, nach der Abs. 1 S. 1 6
Nr. 1 keine Grundlage für Kostenerhebungen darstellt, wenn das Verwaltungsverfahren nicht mit einer Entscheidung der Behörde, sondern auf andere Weise, insbesondere durch **Antragsrücknahme ohne Sachentscheidung,** abgeschlossen wird
(BVerwGE 108, 364 (365) = NVwZ 2000, 77). Abs. 1a S. 1 zählt die für eine Kostenerhebung in besonderen Fällen in Betracht kommenden Fallkonstellationen im Einzelnen auf und ordnet die Erhebung von Gebühren an. Abs. 1a S. 2 begrenzt je nach
Fallgestaltung die zulässige Gebührenhöhe, gemessen an der für eine Amtshandlung
nach Abs. 1 in Verbindung mit der AtSKostV festzusetzenden Gebührenhöhe. Davon
unberührt bleibt die Möglichkeit der zuständigen Behörde, im Einzelfall nach § 6
AtSKostV ganz oder teilweise von der Erhebung einer Gebühr abzusehen (vgl. BT-
Drs. 14/2443, 14). Die Regelung ist sachgerecht, da insbesondere im Falle der Antragsrücknahme umfangreiche behördliche Prüfungen vorangegangen sein können.

Die negative Bescheidung eines **Antrags eines Dritten auf Widerruf** einer 7
atomrechtlichen Betriebsgenehmigung stellt keine kostenpflichtige Maßnahme
dar. Ansonsten hätten nach der Einfügung des Abs. 1a S. 1 Nr. 2 auch die damalige
AtKostV entsprechend geändert und als gebührenpflichtige Tatbestände auch die
„Entscheidungen über Drittanträge nach § 17" aufgeführt werden müssen. Jedoch
hat der Verordnungsgeber lediglich den Anlagenbetreiber als Kostenschuldner der
gebührenpflichtigen Entscheidung über einen Widerruf nach § 17 ins Auge gefasst,
nicht aber einen Dritten, der einen Antrag auf Widerruf einer atomrechtlichen Betriebsgenehmigung gestellt hat (VG Wiesbaden Urt. v. 27.6.2007 – 1 E 1615/06,
juris-Rn. 22 = BeckRS 2007, 26346).

IV. Vergütungen für Sachverständige (Abs. 2)

Vergütungen für Sachverständige sind gem. Abs. 2 vom Kostenschuldner, 8
der auf die Vereinbarungen der Behörde mit dem Sachverständigen keinen Einfluss
hat, nur in angemessener Höhe zu erstatten. Abs. 2 begründet indes die Haftung für

Stein

Sachverständigenkosten nicht sondern begrenzt diese unter dem Gesichtspunkt der Angemessenheit von Leistung und Gegenleistung und stellt damit eine besondere **Erstattungsschranke** für diejenigen Vergütungen auf, die nach den allgemeinen Vorschriften als Auslagen vom Betreiber überhaupt verlangt werden können (VG Karlsruhe NVwZ 1996, 616 (617)). Abs. 1 und § 5 AtSKostV legen insoweit abschließend fest, bei welchen Aufsichtsmaßnahmen überhaupt Kosten erhoben werden dürfen, Abs. 2 bestimmt, unter welchen Voraussetzungen bei Erfüllung eines dieser Tatbestände Sachverständigenvergütungen als Auslagen zu erstatten sind (OVG Lüneburg Urt. v. 2.12.1994 – 7 K 5895/92, juris-Rn. 4 = NVwZ 1996, 606). Die Erstattungsregelung berührt nicht das Verhältnis zwischen Sachverständigem und zuziehender Behörde (*Haedrich* AtG § 21 Rn. 4; *Fischerhof* Dt. AtomG § 21 Rn. 6). Wird im Rahmen der staatlichen Aufsicht der zu Überwachende selbst zur Heranziehung von Sachverständigen verpflichtet, obliegt ihm die Regelung der Vergütung unmittelbar (*Fischerhof* Dt. AtomG § 21 Rn. 6).

V. Verordnungsermächtigung (Abs. 3)

1. Rechtsverordnung nach den Grundsätzen des VwKostG

9   Nach Abs. 3 S. 1 wird das Nähere durch Rechtsverordnung nach den **Grundsätzen des VwKostG** in der bis zum 14.8.2013 geltenden Fassung geregelt. Mit dem Gesetz zur Strukturreform des Gebührenrechts des Bundes vom 7.8.2013 (BGBl. I 3154) wurde das VwKostG zwar vom BGebG abgelöst. Für bestimmte Rechtsbereiche besteht jedoch ein Bedürfnis nach bundeseinheitlichen Gebührenregelungen (BT-Drs. 17/10422, 81; vgl. *Schlabach* NVwZ 2013, 1443 (1444)). Deshalb sind für einige Rechtsbereiche, so etwa für die Kostenregelungen des AtG und die AtKostV, **bundeseinheitliche Gebührenregelungen** für den Bereich der Landesbehörden aufrechterhalten worden. Die fachrechtlichen Vorschriften bleiben damit bestehen und das VwKostG findet in der bis zum 14.8.2013 geltenden Fassung weiterhin Anwendung. § 21 Abs. 3 S. 1 enthält insofern eine statische Verweisung. Jedoch können auch in diesen Bereichen die Länder im Rahmen ihres Verwaltungsvollzugs ergänzende Regelungen treffen. Eine subsidiäre Anwendung des BGebG kommt insoweit nicht in Betracht, da der Anwendungsbereich des BGebG auf die Erhebung von Gebühren und Auslagen für individuell zurechenbare öffentliche Leistungen der Behörden des Bundes beschränkt ist. Der Bundesgesetzgeber hat daher grundsätzlich keine erschöpfende und damit abschließende Regelung getroffen. Aus dem Fachrecht ergibt sich insofern auch nichts anderes.

10   Auf dieser **Ermächtigungsgrundlage** beruhte die AtKostV vom 24.3.1971 (BGBl. I 266), die durch die AtKostV vom 17.12.1981 (BGBl. I 1457) ersetzt wurde (zum Umfang zulässiger Abweichung der AtKostV vom VwKostG vgl. BVerfGE 20, 257 = NJW 1967, 339). Diese Verordnung stellt nach Änderungen im Rahmen der Neuordnung des Strahlenschutzrechts nun eine gemeinsame Kostenverordnung zum AtG und zum StrlSchG dar. Sie hat die Bezeichnung „**AtS-KostV**" erhalten (BGBl. I 1966, 2065).

11   Nach Abs. 3 S. 2 sind in der AtSKostV die einzelnen Gebühren- und Auslagentatbestände, dem **Gesetzesvorbehalt** entsprechend in Abs. 1 im Grunde nach aufgezählt sind, näher zu bestimmen. Abs. 3 S. 3 Hs. 1 gibt vor, dass die Gebührensätze in der AtSKostV so zu bemessen sind, dass der mit den Amtshandlungen, Prüfungen oder Untersuchungen verbundene **Personal- und Sachaufwand** gedeckt

Kosten § 21 AtG

wird. Das in dieser Regelung enthaltene Prinzip wird als **Kostendeckungsprinzip** bezeichnet. Es besagt, dass Gebühren nur zur Deckung der Kosten, nicht aber zur Erzielung von Überschüssen erhoben werden dürfen (BHR EnergieR I Rn. 1257). Nach Abs. 3 S. 3 Hs. 2 können daneben bei begünstigenden Amtshandlungen die Bedeutung, der wirtschaftliche Wert oder der sonstige Nutzen den Gebührenschuldner angemessen berücksichtigt werden. Dieser Grundsatz wird als **Äquivalenzprinzip** bezeichnet. Danach muss ein angemessenes Verhältnis zwischen der Gebühr und dem Wert der Amtshandlung für den Empfänger bestehen (BHR EnergieR I Rn. 1257). Nach §§ 3, 9 VwKostG sind die Gebühren daher grundsätzlich so zu bemessen, dass dabei sowohl der Verwaltungsaufwand als auch die Bedeutung, der wirtschaftliche Wert oder der sonstige Nutzen der behördlichen Tätigkeit für den Gebührenschuldner sowie dessen wirtschaftliche Verhältnisse berücksichtigt werden (*Fischerhof* Dt. AtomG § 21 Rn. 1).

2. Allgemeines und Gebührenrahmen nach der AtSKostV

§ 1 S. 1, 2 AtSKostV bestimmt, dass die nach dem AtG zuständigen Behörden 12 Kosten (Gebühren und Auslagen) nach § 21 und nach der AtSKostV erheben, die nach dem StrlSchG zuständigen Behörden nach § 183 StrlSchG und nach der AtSKostV. Mit § 1 S. 3 AtSKostV wird ferner die ergänzende Geltung der Vorschriften des VwKostG in der bis zum 14.8.2013 geltenden Fassung bestimmt (→ Rn. 9).

§ 2 AtSKostV enthält hauptsächlich Rahmengebühren, dh innerhalb eines vorgegebenen Rahmens kann die zuständige Behörde Kosten erheben. Teilweise ist 13 die **Rahmengebühr** mit einer sog. **Wertgebühr** kombiniert; die zu erhebende Gebühr orientiert sich dann auch an dem Wert eines Gegenstandes. Gemeint ist dann der Verkehrswert, dh der Kaufpreis, der im Fall des Verkaufs des Gegenstandes unter gewöhnlichen Umständen erzielt werden könnte oder tatsächlich erzielt wird (BHR EnergieR I Rn. 1259). Der **weite Gebührenrahmen** ist aufgrund der Vielfalt der in Betracht kommenden Entscheidungen mit sehr unterschiedlichem Verwaltungsaufwand, der sich etwa bei der Genehmigung wesentlicher Veränderungen zeigt, gerechtfertigt (BR-Drs. 307/81, 9). Die Festlegung eines bestimmten Gebührensatzes in Abhängigkeit allein von dem wirtschaftlichen Wert des Entscheidungsgegenstandes wäre daher nicht sachgerecht. Jedoch darf der Gebührenschuldner freilich keinen unzumutbaren Unsicherheiten ausgesetzt sein (BVerfG NVwZ 2019, 57). Die Gebührenhöhe muss für ihn im Wesentlichen abschätzbar sein und die Festlegung der Gebührenhöhe darf nicht dem vollständigen Verwaltungsermessen überlassen sein. Da § 2 AtSKostV verschiedene Rahmengebühren für unterschiedliche und klar definierte Genehmigungsgegenstände festlegt, welche durch eine langjährige Verwaltungspraxis ausgefüllt werden, dürfte die Gebührenhöhe für den jeweiligen Gebührenschuldner hinreichend abschätzbar sein.

3. Maßnahmen der staatlichen Aufsicht (§ 5 AtSKostV)

Eine besondere Regelung enthält § 5 AtSKostV für **Maßnahmen der staat-** 14 **lichen Aufsicht.** § 21 Abs. 1 Nr. 2, 5 bestimmen, dass für Entscheidungen nach § 19 Abs. 3 und für die in einer Rechtsverordnung näher zu bestimmenden Aufsichtsmaßnahmen nach § 19 Kosten erhoben werden. Mit der Neufassung der AtKostV vom 17.12.1981 (BR-Drs. 307/81) wurde auch bei der Regelung der einzelnen Kostentatbestände für die Aufsicht das **Veranlasserprinzip** zugrunde gelegt (BR-Drs. 307/81, 11). Nach dem bisherigen Recht waren bei staatlichen

Aufsichtsmaßnahmen als Auslagen nur Aufwendungen, die durch die Hinzuziehung von Sachverständigen nach § 20 und durch außergewöhnliche Maßnahmen entstanden, zu erstatten gewesen. Dies war damit begründet worden, dass die staatliche Aufsicht **von Amts wegen** ausgeübt werde und die hierbei erwachsenden Kosten im Allgemeinen als Verwaltungsaufgaben von der Staatskasse getragen würden (BT-Drs. 759, 33).

15 Nach § 5 Abs. 1 Nr. 1 AtSKostV werden bei Anlagen nach § 7 AtG und Tätigkeiten nach den §§ 6, 9 AtG Kosten erhoben für **Messungen und Untersuchungen** zur Überwachung der Ableitung und Ausbreitung radioaktiver Stoffe (Nr. 1 lit. a), zur Überwachung der für die Erkennung eines Störfalls bedeutsamen Betriebszustände (Nr. 1 lit. b) sowie der Radioaktivität in der Umgebung einschließlich der meteorologischen Ausbreitungsverhältnisse (Nr. 1 lit. c), die durch behördlich beauftragte Messstellen oder durch behördeneigene Überwachungseinrichtungen durchgeführt werden. Die Kostenpflicht erstreckt sich auch auf die Übermittlung und Auswertung von Mess- und Untersuchungsergebnissen. Das Aufkommen aus kostenpflichtig ausgestalteten konkreten Amtshandlungen dient zur Deckung des Personal- und Sachaufwands, der sich aus der Überwachung kerntechnischer Einrichtungen und dem Umgang mit radioaktiven Stoffen ergibt (BR-Drs. 307/81, 11). Unter Sachaufwand wird dabei die Einrichtung und Unterhaltung der Messstellen und Überwachungseinrichtungen einschließlich der Übermittlung und Auswertung der Ergebnisse verstanden. Hierzu zählt auch die **Fernüberwachung von Kernkraftwerken** (KFÜ), zu der wiederum auch die Personalkosten gehören, die durch die Rufbereitschaft entstehen.

16 Des Weiteren werden Kosten erhoben für die Prüfung **nicht genehmigungsbedürftiger Änderungen** von Anlagen nach § 7 AtG oder von Tätigkeiten nach den §§ 4, 6 und 9 AtG (Nr. 2). Aufgrund von Änderungsanzeigen prüft die Aufsichtsbehörde, ob Anlass zu einer Anordnung nach § 19 Abs. 3 besteht. Auch der dadurch entstehende Sach- und Personalaufwand bei der Aufsichtsbehörde muss vom Genehmigungsinhaber als Veranlasser durch eine Gebühr gedeckt werden (BR-Drs. 307/81, 12). In der Praxis unterscheidet sich die Prüfung nicht genehmigungsbedürftiger Änderungen von Anlagen oder von Tätigkeiten im Umfang häufig nicht von der Prüfung einer wesentlichen Änderung im Genehmigungsverfahren. Für Maßnahmen der Aufsichtsbehörden aufgrund sicherheitstechnisch bedeutsamer Abweichungen vom bestimmungsgemäßen Betrieb von Anlagen nach § 7 AtG oder bei Tätigkeiten nach den §§ 4, 6 und 9 AtG (Nr. 3) werden ebenfalls Kosten erhoben. Meldepflicht, Meldekriterien und Meldeverfahren bei **meldepflichtigen Ereignissen** sind in der AtSMV geregelt. Kostenerhebungen finden ferner statt für wiederkehrende Prüfungen von Anlagen nach § 7 AtG oder von Tätigkeiten nach den §§ 6 und 9 AtG (Nr. 4) und für sonstige Überprüfungen und Kontrollen von Anlagen nach § 7 AtG und von Tätigkeiten nach §§ 4, 6 und 9 AtG, soweit die Hinzuziehung von **Sachverständigen** geboten ist (Nr. 5). Die Vorschrift der Nr. 5 ist im Hinblick auf die Gebotenheit in erster Linie themen- und nicht personenorientiert.

17 Schließlich sind kostenpflichtig die **Überprüfungen nach § 12b AtG** hinsichtlich der Zuverlässigkeit von Personen, die bei der Errichtung und bei dem Betrieb von Anlagen nach § 7 AtG oder bei Tätigkeiten nach den §§ 4, 6 und 9 AtG tätig sind (Nr. 6).

18 Der in § 5 Abs. 2 AtSKostV festgelegte **Gebührenrahmen** muss im Einzelfall unter Berücksichtigung des § 9 VwKostG **ausgefüllt** werden. Die **Gebührenpflicht entsteht** nach § 5 Abs. 3 AtSKostV grundsätzlich mit der Beendigung der

Kosten **§ 21 AtG**

gebührenpflichtigen Amtshandlung. Um Auslegungsschwierigkeiten bei der Erhebung von Gebühren für Maßnahmen nach Abs. 1 Nr. 1 (Messungen und Untersuchungen) zur Überwachung zu vermeiden, ist bestimmt, dass die Gebühren nach Abs. 1 Nr. 1 am Ende eines Monats erhoben werden können. Nach § 5 Abs. 4 AtSKostV können zur Abgeltung mehrfacher gleichartiger Amtshandlungen nach § 5 Abs. 1 Nr. 1–6 AtSKostV Pauschgebühren festgesetzt werden.

4. Besondere Regelungen nach der AtSKostV

Nach § 6 AtSKostV kann im Einzelfall von der **Erhebung einer Gebühr** ganz 19 oder teilweise **abgesehen** werden, wenn dies aus Gründen des öffentlichen Interesses oder der Billigkeit geboten ist. § 8 AtSKostV schließlich bestimmt, dass Ansprüche auf Zahlung von Kosten in drei Jahren nach Bekanntgabe der Kostenentscheidung spätestens mit Ablauf des 30. Jahres nach der Entstehung verjähren. Denn da nach § 11 VwKostG die Gebührenschuld, soweit ein Antrag notwendig ist, bereits bei Antragstellung entsteht, die Verwirklichung der Vorhaben jedoch häufig einen längeren Zeitraum erfordert und die Kosten der Errichtung als Bemessungsgrundlage erst nach Fertigstellung der Anlage abschließend erfasst werden können, ist eine längere Verjährungsfrist erforderlich. Damit hat der Verordnungsgeber von der Möglichkeit des § 21 Abs. 3 S. 4 Gebrauch gemacht, wonach die **Verjährungsfrist der Kostenschuld** abweichend von § 20 VwKostG in der bis zum 14.8.2013 geltenden Fassung verlängert werden kann. Nach § 9 AtSKostV sind die durch die Zweite Verordnung zur Änderung der Kostenverordnung zum Atomgesetz vom 15.12.2004 (BGBl. I 3463) geänderten Vorschriften auch auf die am 21.12.2004 **anhängigen Verwaltungsverfahren** anzuwenden, soweit in diesem Zeitpunkt die Kosten bereits festgesetzt sind. Damit hat der Verordnungsgeber von der Möglichkeit des § 21 Abs. 3 S. 5 Gebrauch gemacht, wonach bestimmt werden kann, dass die Verordnung auch auf die bei ihrem Inkrafttreten anhängigen Verwaltungsverfahren anzuwenden ist, soweit in diesem Zeitpunkt die Kosten nicht bereits festgesetzt sind. Dass die Vorschrift, die auf im Jahre 2004 anhängige Verwaltungsverfahren abstellt, im Rahmen von Änderungsgesetzgebungsverfahren nicht angepasst worden ist, erklärt sich damit, dass die Gebührenobergrenzen seither nicht mehr geändert worden sind.

Die **Inkrafttretensregelung** des § 11 AtSKostV enthält eine Ausnahme für § 7 20 Abs. 2, dessen Inkrafttreten mit der Verordnung nach § 21b hatte bestimmt werden sollen. § 7 Abs. 2 ist jedoch gestrichen worden.

VI. Aufwendungen für Schutzmaßnahmen und ärztliche Untersuchungen (Abs. 4)

Die Vorschrift gehört **regelungssystematisch** zum **Strahlenschutzrecht** und 21 steht somit nicht in direktem Zusammenhang zu den übrigen Kostenvorschriften des § 21 (*Ruttloff* in NK-AtomR § 21 Rn. 11). Mit dem Gesetz zur Neuordnung des Rechts zum Schutz vor der schädlichen Wirkung ionisierender Strahlung vom 27.6.2017 (BGBl. I 1966) ist die Vorschrift jedoch nicht in § 183 StrlSchG verschoben worden. Stattdessen sieht § 183 Abs. 5 StrlSchG vor, dass § 21 Abs. 4 entsprechend anzuwenden ist. Dies ist insofern regelungssystematisch sinnvoll, als die Kostenvorschrift des § 183 StrlSchG an § 21 angelehnt ist und die dortigen Regelungen teilweise aufgreift.

VII. Landesrechtliche Vorschriften (Abs. 5)

22 Soweit Landesbehörden das AtG oder Rechtsvorordnungen auf dessen Grundlage ausführen, bleibt es nach Abs. 5 – vorbehaltlich der Regelung in Abs. 2 über die Erstattung der Vergütungen für Sachverständige – dem Landesgesetzgeber überlassen, **landesrechtliche Kostenvorschriften** zu schaffen (*Haedrich* AtG § 21 Rn. 9). Ohne die Klarstellung in Abs. 5 könnte der Eindruck entstehen, dass das Bundeskostenrecht die von ihm nicht ausdrücklich geregelten Gebühren und Auslagentatbestände auch der Regelungsbefugnis des Landeskostenrechts entzogen hätte mit der Folge, dass eine Vielzahl von Amtshandlungen bei der Ausführung atomrechtlicher Vorschriften kostenfrei bliebe (BT-Drs. 8/3195, 10). Die Gebührenregelungen können nach den allgemeinen Grundsätzen nicht nur durch Gesetz sondern auch durch Gebührenverordnungen auf Grundlage von Gebührengesetzen der Länder bestimmt werden (BT-Drs. 17/10422, 81; zu den Grenzen vgl. BVerwGE 20, 257 (269f.) = BeckRS 1965, 104302).

23 Beispielhaft für **landesrechtliche Regelungen** sei Tarifstelle 15.g des Allgemeinen Gebührentarifs zur **Allgemeinen Verwaltungsgebührenordnung NRW** vom 3.7.2001 genannt, welche aufgrund des Gebührengesetzes NRW erlassen wurde. Der Gebührentatbestand für atomrechtliche und strahlenschutzrechtliche Angelegenheiten legt mit 15g.1 für die Durchführung von Prüf-, Überwachungs- und Ermittlungstätigkeiten, Fertigung von fachtechnischen Stellungnahmen und Hilfeleistungen im Rahmen von atomrechtlichen Genehmigungs- und Aufsichtsverfahren Gebühren getrennt nach Laufbahngruppen fest. 15g.2 legt Gebühren fest für Radioaktivitätsmessungen in Luft, Boden, Bewuchs, Abwasser und Gewässer (gammaspektrometrische Messungen, Aktivitätsbestimmungen nach radiochemischen Methoden, Bestimmung von Aktivitäten von kernbrennstoffhaltigen Proben). 15g.3 legt Gebühren für Kontaminations- und Ortsdosisleistungsmessungen fest.

VIII. Rechtmäßigkeit eines Kostenbescheides

24 Bei der Prüfung der **Rechtmäßigkeit eines Kostenbescheides** ist generell zu berücksichtigen, dass das Ermessen der Behörde bei der Festsetzung einer konkreten Gebühr grundsätzlich mehrere richtige Gebührenwerte zulässt (zu den Grenzen → Rn. 13). Die Gebühren dürfen sich allerdings nicht zu einem prohibitiven Aspekt entwickeln (vgl. BHR EnergieR I Rn. 1256). Rechtswidrig ist im Übrigen ein Kostenbescheid, in dem die Angaben nicht enthalten sind, welche § 14 Abs. 1 S. 3 Nr. 1–5 VwKostG zwingend vorschreibt, um dem Kostenschuldner eine Überprüfung zu ermöglichen. Gemäß § 14 Abs. 1 S. 3 VwKostG müssen aus der Kostenentscheidung mindestens die Kosten erhebende Behörde (Nr. 1), der Kostenschuldner (Nr. 2), die kostenpflichtige Amtshandlung (Nr. 3), die als Gebühren und Auslagen zu zahlenden Beträge (Nr. 4) sowie wo, wann und wie die Gebühren und Auslagen zu zahlen sind (Nr. 5) hervorgehen.

25 **Streitigkeiten über Kostenbescheide**, die nicht den Bestand und/oder Inhalt der Genehmigung, die die Zuständigkeit nach § 48 Abs. 1 VwGO begründet, berühren, fallen nicht unter die erstinstanzliche Zuständigkeit des OVG nach § 48 VwGO. Dies gilt selbst dann, wenn zB zur Beurteilung der Rechtmäßigkeit der Kostenbescheide inzidenter die Rechtmäßigkeit der Genehmigung geprüft werden

muss, da derartige Streitigkeiten nicht mehr durch den Beschleunigungszweck der Regelung erfasst werden (*Kopp/Schenke* § 48 Rn. 3; BHR EnergieR I Rn. 1267).

§ 21a Kosten (Gebühren und Auslagen) oder Entgelte für die Benutzung von Anlagen nach § 9a Abs. 3

(1) [1]Für die Benutzung von Anlagen nach § 9a Abs. 3 werden von den Ablieferungspflichtigen Kosten (Gebühren und Auslagen) erhoben. [2]Als Auslagen können auch Vergütungen nach § 21 Abs. 2 und Aufwendungen nach § 21 Abs. 4 erhoben werden. [3]Die allgemeinen gebührenrechtlichen Grundsätze über Entstehung der Gebühr, Gebührengläubiger, Gebührenschuldner, Gebührenentscheidung, Vorschußzahlung, Sicherheitsleistung, Fälligkeit, Säumniszuschlag, Stundung, Niederschlagung, Erlaß, Verjährung, Erstattung und Rechtsbehelfe finden nach Maßgabe der §§ 11, 12, 13 Abs. 2, §§ 14 und 16 bis 22 des Verwaltungskostengesetzes in der bis zum 14. August 2013 geltenden Fassung Anwendung, soweit nicht in der Rechtsverordnung nach Absatz 2 Abweichendes bestimmt wird. [4]Im Übrigen gelten bei der Erhebung von Kosten in Ausführung dieses Gesetzes durch Landesbehörden die landesrechtlichen Kostenvorschriften.

(2) [1]Durch Rechtsverordnung können die kostenpflichtigen Tatbestände nach Absatz 1 näher bestimmt und dabei feste Sätze oder Rahmensätze vorgesehen werden. [2]Die Gebührensätze sind so zu bemessen, daß sie die nach betriebswirtschaftlichen Grundsätzen ansatzfähigen Kosten der laufenden Verwaltung und Unterhaltung der Anlagen nach § 9a Abs. 3 decken. [3]Dazu gehören auch die Verzinsung und die Abschreibung des aufgewandten Kapitals. [4]Die Abschreibung ist nach der mutmaßlichen Nutzungsdauer und der Art der Nutzung gleichmäßig zu bemessen. [5]Der aus Beiträgen nach § 21b sowie aus Leistungen und Zuschüssen Dritter aufgebrachte Kapitalanteil bleibt bei der Verzinsung unberücksichtigt. [6]Bei der Gebührenbemessung sind ferner Umfang und Art der jeweiligen Benutzung zu berücksichtigen. [7]Zur Deckung des Investitionsaufwandes für Landessammelstellen kann bei der Benutzung eine Grundgebühr erhoben werden. [8]Bei der Bemessung der Kosten oder Entgelte, die bei der Ablieferung an eine Landessammelstelle erhoben werden, können die Aufwendungen, die bei der anschließenden Abführung an Anlagen des Bundes anfallen, sowie Vorausleistungen nach § 21b Abs. 2 einbezogen werden. [9]Sie sind an den Bund abzuführen.

(3) [1]Die Landessammelstellen können für die Benutzung an Stelle von Kosten ein Entgelt nach Maßgabe einer Benutzungsordnung erheben. [2]Bei der Berechnung des Entgeltes sind die in Absatz 2 enthaltenen Bemessungsgrundsätze zu berücksichtigen.

Literatur: *Däuper/Dietzel*, Gesetzesentwurf zur Neuordnung der Verantwortung der kerntechnischen Entsorgung, EnWZ 2016, 542.

I. Allgemeines

1 § 21 Abs. 3 idF von 1976 hatte für Anlagen im Sinne von § 9a Abs. 3 bereits Benutzungsgebühren vorgesehen (BGBl. I 2573, 2575). § 21a wurde durch das Gesetz zur Änderung von Kostenvorschriften des AtG vom 20.8.1980 (BGBl. I 1556) in das AtG eingefügt.

II. Kostenerhebung für die Benutzung von Anlagen nach § 9a Abs. 3 (Abs. 1)

2 Anknüpfend an den früheren § 21 Abs. 3 bildet § 21a die Grundlage für die Erhebung von Kosten (Gebühren und Auslagen) für die Benutzung von Anlagen nach § 9a Abs. 3. Der **Kostenbegriff** entspricht demjenigen in § 21 und im VwKostG (→ § 21 Rn. 2). **Kostenpflichtig** ist nach dem **Verursacherprinzip** derjenige, der zur Ablieferung radioaktiver Abfälle verpflichtet ist (BT-Drs. 8/3195, 5). Die Aufgabe der Endlagerung liegt insofern zwar beim Bund, die finanziellen Mittel hierfür sind jedoch von den Betreibergesellschaften aufzubringen, so insbesondere über die Gebühren und Beiträge nach §§ 21a, 21b sowie die Umlage nach §§ 28ff. StandAG (*Däuper/Dietzel* EnWZ 2016, 542).

3 Für sämtliche gegenwärtigen und zukünftigen öffentlich-rechtlichen Zahlungsverpflichtungen eines Betreibers von im Inland gelegenen Anlagen zur Spaltung von Kernbrennstoffen zur gewerblichen Erzeugung von Elektrizität, die für die Stilllegung und den Rückbau dieser Anlagen nach § 7 Abs. 3 sowie für die geordnete Beseitigung der radioaktiven Abfälle nach § 9a Abs. 1 S. 1 entstehen (insbesondere für die Verbindlichkeiten aus den §§ 21a, 21b, der EndlagerVlV sowie aus den §§ 28ff. StandAG), haften nach § 1 Abs. 1 NachhG **herrschende Unternehmen** iSd § 2 Abs. 1, 2 NachhG der jeweils anspruchsberechtigten Körperschaft, wenn der Betreiber diese Zahlungsverpflichtungen nicht erfüllt.

4 Die bei den **Betreibern von KKW** für die Entsorgung der radioaktiven Abfälle liegende Finanzierungsverantwortung übernimmt allerdings der **Entsorgungsfonds** (*Däuper/Dietzel* EnWZ 2016, 542 (544)). Mit dem EntsorgFondsG wurde eine mit Finanzmitteln der Betreiber deutscher KKW und Forschungsreaktoren ausgestattete öffentlich-rechtliche Stiftung gegründet. Zweck des Fonds ist es nach § 1 Abs. 2 EntsorgFondsG, die Finanzierung der Kosten für die sichere Entsorgung der entstandenen und zukünftig noch entstehenden radioaktiven Abfälle aus der gewerblichen Nutzung der Kernenergie zur Erzeugung von Elektrizität in Deutschland zu sichern. Hintergrund der Einrichtung des Fonds war die Befürchtung, dass zukünftige Insolvenzen von KKW-Betreibern die Finanzierung der Zwischen- und Endlagerung und damit die Entsorgungssicherheit der Abfallprodukte der kommerziellen Nutzung der Atomenergie gefährden könnten. § 1 EntsÜG regelt, dass Verpflichtungen der Betreiber von Anlagen zur Spaltung von Kernbrennstoffen zur gewerblichen Erzeugung von Elektrizität nach dem EntsorgFondsG an den Fonds übergehen. Die Verpflichtungen sind die Entrichtung von Kosten oder Entgelten aufgrund von § 21a, Entrichtung von Beiträgen und Vorausleistungen aufgrund von § 21b und die Entrichtung von Umlagen aufgrund von § 28 StandAG. Diese Finanzierungslasten korrespondieren mit den Aufgaben, die der Fonds nach dem EntsorgFondsG zu tragen hat (*Frenz* in NK-AtomR EntsÜG § 2 Rn. 5). Sämtliche Betreiber haben sowohl Grundbetrag als auch Risikozuschlag zum Stichtag 1.7.2017 eingezahlt. Damit sind gem. § 1 EntsÜG die Verpflichtungen der KKW-Betreiber aus §§ 21a, 21b sowie § 28 StandAG mit befreiender Wirkung für die Betreiber auf den Fonds übergegangen. Der jeweilige Vorhabensträger kann die entsprechenden Kostenbescheide an den Fonds richten (*Däuper-Dietzel* in NK-AtomR EntsorgFondsG § 7 Rn. 6).

Sofern im Zusammenhang mit der Benutzung der Anlagen Aufwendungen 5 durch die Heranziehung von Sachverständigen entstehen, gilt gem. Abs. 1 S. 2 für die **Auslagenerstattung** die gleiche Regelung wie bei Auslagen für **Sachverständige** im Verwaltungsverfahren. In Abs. 1 S. 3 wird für die allgemeinen gebührenrechtlichen Grundsätze auf die Vorschriften des **VwKostG** verwiesen. Da sich der Regelungsbereich des VwKostG nur auf Verwaltungskosten erstreckt, bedarf es dieser Verweisung (BT-Drs. 8/3195, 6). Dies gilt nun umso mehr, als das VwKostG außer Kraft getreten ist und die Fortgeltung explizit angeordnet werden muss (→ § 21 Rn. 9). Abs. 1 S. 4 stellt klar, dass für die Kostenerhebung nach § 21a **landesrechtliche Kostenvorschriften** bei Ausführung des Gesetzes durch Landesbehörden gelten.

III. Verordnungsermächtigung (Abs. 2)

Gebühren und Auslagen für Anlagen nach § 9a Abs. 3 werden nach Maßgabe 6 einer **Rechtsverordnung** erhoben werden. Diese wird die einzelnen Tatbestände für die Entstehung der Kostenpflicht bestimmen und entweder feste Gebührensätze oder Rahmensätze vorsehen. In der Ermächtigungsgrundlage sind die Grundsätze, nach denen die zu bestimmenden Gebührensätze festzulegen sind, im Einzelnen ausgeführt (BT-Drs. 8/3196, 6; vgl. zu den Grenzen, die der Verordnungsgeber einzuhalten hat: BVerwGE 20, 257 (270) = BeckRS 1965, 104302). Bei der Festlegung der einzelnen Gebührensätze muss eine Differenzierung im Hinblick auf das Abfallvolumen und die Art der radioaktiven Abfälle, die in der Anlage sichergestellt, gelagert oder in anderer Weise beseitigt werden, vorgenommen werden. Da für die Deckung des erforderlichen Planungs-, Errichtungs-, Erweiterungs- und Erneuerungsaufwandes für Landessammelstellen Beiträge nach § 21b nicht vorgesehen sind, können nach § 21a Abs. 2 S. 7 bei der Bemessung der Benutzungsgebühren für Landessammelstellen diese Kosten in der Form einer Grundgebühr kontinuierlich bei der Ablieferung erhoben werden.

Mangels Rechtsverordnung und damit mangels abweichender Regelungen gel- 7 ten die Vorschriften des **VwKostG** (Abs. 1 S. 3). Eine Verordnung existiert deshalb noch nicht, weil es ein vom Bund zu errichtendes Endlager noch nicht gibt, die Gebührensätze aber so zu bemessen sind, dass sie die nach betriebswirtschaftlichen Grundsätzen ansatzfähigen Kosten der laufenden Verwaltung und Unterhaltung der Anlagen nach § 9a Abs. 3 decken und Umfang und Art der jeweiligen Benutzung berücksichtigt werden. Die **Bemessungsgrundsätze** des Abs. 2 dienen aber als Grundlage für die **Landesbenutzungsordnungen**.

IV. Entgelterhebung durch Landessammelstellen (Abs. 3)

8 Abs. 3 enthält eine Ausnahmeregelung von Abs. 1 und 2. Die **Landessammelstellen** können anstelle der Erhebung von öffentlich-rechtlichen Benutzungsgebühren auch die Zahlung **privatrechtlicher Entgelte** durch die Ablieferungspflichtigen zulassen. Bei der Berechnung des Entgelts sind die Berechnungsgrundsätze für die Benutzungsgebühren gem. Abs. 2 zu berücksichtigen. Zwischen den Landessammelstellen und der Anlage des Bundes nach § 9a Abs. 3 findet insoweit eine verwaltungsinterne Abrechnung statt (BT-Drs. 8/3195, 6). Die **Bundesländer** haben für die – teilweise gemeinschaftlich betriebenen – Landessammelstellen **Benutzungsordnungen** und auf deren Grundlage **Kostenordnungen** erlassen.

§ 21b Beiträge

(1) ¹Zur Deckung des notwendigen Aufwandes für die Planung, den Erwerb von Grundstücken und Rechten, die anlagenbezogene Forschung und Entwicklung, die Erkundung, die Unterhaltung von Grundstücken und Einrichtungen sowie die Errichtung, die Erweiterung und die Erneuerung von Anlagen des Bundes nach § 9a Abs. 3 werden von demjenigen, dem sich ein Vorteil durch die Möglichkeit der Inanspruchnahme dieser Anlagen zur geordneten Beseitigung radioaktiver Abfälle nach § 9a Abs. 1 Satz 1 bietet, Beiträge erhoben. ²Der notwendige Aufwand umfaßt auch den Wert der aus dem Vermögen des Trägers der Anlage bereitgestellten Sachen und Rechte im Zeitpunkt der Bereitstellung.

(2) Von demjenigen, der einen Antrag auf Erteilung einer Genehmigung nach den §§ 6, 7 oder 9 oder nach § 12 Absatz 1 Nummer 1 oder 3 des Strahlenschutzgesetzes zum Umgang mit radioaktiven Stoffen oder zur Erzeugung ionisierender Strahlung gestellt hat oder dem eine entsprechende Genehmigung erteilt worden ist, können Vorausleistungen auf den Betrag verlangt werden, wenn mit der Durchführung einer Maßnahme nach Absatz 1 Satz 1 begonnen worden ist.

(3) ¹Das Nähere über Erhebung, Befreiung, Stundung, Erlaß und Erstattung von Beiträgen und von Vorausleistungen kann durch Rechtsverordnung geregelt werden. ²Dabei können die Beitragsberechtigten, die Beitragspflichtigen und der Zeitpunkt der Entstehung der Beitragspflicht bestimmt werden. ³Die Beiträge sind so zu bemessen, daß sie den nach betriebswirtschaftlichen Grundsätzen ansatzfähigen Aufwand nach Absatz 1 decken. ⁴Die Beiträge müssen in einem angemessenen Verhältnis zu den Vorteilen stehen, die der Beitragspflichtige durch die Anlage erlangt. ⁵Vorausleistungen auf Beiträge sind mit angemessener Verzinsung zu erstatten, soweit sie die nach dem tatsächlichen Aufwand ermittelten Beiträge übersteigen.

(4) Bereits erhobene Beiträge oder Vorausleistungen, soweit sie zur Deckung entstandener Aufwendungen erhoben worden sind, werden nicht erstattet, wenn eine Anlage des Bundes nach § 9a Abs. 3 endgültig nicht errichtet oder betrieben wird oder wenn der Beitrags- oder Vorausleistungspflichtige den Vorteil nach Absatz 1 Satz 1 nicht wahrnimmt.

§ 21b AtG

Literatur: *Däuper/Bosch/Ringwald,* Zur Finanzierung des Standortauswahlverfahrens für ein atomares Endlager durch Beiträge der Abfallverursacher, ZUR 2013, 329; *Huck,* Der deutsche „Michel" und die endgültige Aufgabe einer Anlage des Bundes zur Sicherstellung und zur Endlagerung nach § 9a Abs. 3 AtG – Wer zahlt die Zeche?, RdE 2005, 39.

I. Allgemeines

1 Die Vorschrift wurde durch das „Gesetz zur Änderung von Kostenvorschriften des AtG" vom 20.8.1980 (BGBl. I 1556) in das AtG eingefügt. In der Literatur wurde noch gefordert, dass der Bund die Errichtung eines Endlagers vorfinanzieren sollte, wenn schon am Verursacherprinzip festgehalten werde. Es wurde jedoch bereits die Einführung der Abgabenform des Beitrags vorgeschlagen, sollten vorab Abgaben erhoben werden; allerdings mit der Einschränkung, dass die Möglichkeit der Nutzung zeitlich einigermaßen absehbar sein sollte und dass die Abgabe unter dem Vorbehalt der Rückzahlung stehe (*Fischerhof* Dt. AtomG § 21 Rn. 5).

II. Erhebung von Beiträgen (Abs. 1)

2 Die Einrichtung von Anlagen des Bundes zur Sicherstellung und zur Endlagerung radioaktiver Abfälle nach § 9a Abs. 3 erfordert von ihrem Träger erhebliche Aufwendungen. Alle **Verursacher radioaktiver Abfälle,** für die eine Beseitigungspflicht nach § 9a Abs. 1 S. 1 besteht, sind von der **Beitragsfinanzierung** des § 21b für die Endlagerung betroffen. Für Verbindlichkeiten aus § 21b haften **herrschende Unternehmen** im Sinne des § 2 Abs. 1, 2 NachhG der jeweils anspruchsberechtigten Körperschaft, wenn der Betreiber von im Inland gelegenen Anlagen zur Spaltung von Kernbrennstoffen zur gewerblichen Erzeugung von Elektrizität diese Zahlungsverpflichtungen nicht erfüllt (→ § 21a Rn. 3). Zudem sind hinsichtlich § 21b gem. § 1 EntsÜG die Verpflichtungen der KKW-Betreiber mit befreiender Wirkung für die Betreiber auf den **Fonds** übergegangen (→ § 21a Rn. 4).

3 Wegen der Steuerbelastung der Abgabepflichtigen verlangt das BVerfG, dass die Auferlegung nicht-steuerlicher Abgaben nur im Falle einer besonderen sachlichen Rechtfertigung zulässig ist (Däuper/Bosch/Ringwald ZUR 2013 329 (331)). Eine Gebühr kann erhoben werden, wenn ein Einzelner eine staatliche Leistung also einen Vermögensvorteil erhalten oder einen staatlichen Aufwand tatsächlich verursacht hat. **Gebühren** sind demnach öffentlich-rechtliche Geldleistungen, die für die individuell zurechenbaren Leistungen oder Aufwände des Staates erhoben werden und auch der Kostendeckung für die staatliche Leistung dienen, während **Beiträge** nicht an eine individuell zurechenbare, tatsächlich in Anspruch genommene Leistung sondern an das bevorzugte Angebot einer solchen Leistung der öffentlichen Hand anknüpfen und dieses entgelten (*Kirchhof* in Isensee/Kirchhof, Handbuch des Staatsrechts, Band V, 3. Aufl. 2007, § 119 Rn. 62; Däuper/Bosch/Ringwald ZUR 2013 329 (331)). Als Beitrag wird nach der üblichen Begriffsbestimmung die **Beteiligung der Interessenten** an den Kosten einer öffentlichen Einrichtung (Veranstaltung) bezeichnet (*Gersch* in Klein, Abgabenordnung, 14. Aufl. 2018, § 3 Rn. 20; BVerfGE 7, 254 (255)). Abgegolten wird mit dem Beitrag die **mögliche Inanspruchnahme einer staatlichen Einrichtung oder Leistung** (BVerfGE 110, 370 (388) = NVwZ 2004, 1477; BVerfGE 113, 128 (148) = NVwZ 2005, 1171).

AtG § 21b Zweiter Abschnitt Überwachungsvorschriften

Insofern werden nach § 21b Abs. 1 S. 1 Beiträge von demjenigen erhoben, dem sich ein Vorteil durch die Möglichkeit der Inanspruchnahme von Anlagen nach § 9a Abs. 1 S. 1 zur geordneten Beseitigung radioaktiver Abfälle bietet.

4 Ursprünglich sollte § 21b Abs. 1 dahingehend ergänzt werden, dass auch zur Deckung des notwendigen Aufwandes für die Durchführung eines **Standortauswahlverfahrens** nach dem StandAG Beiträge erhoben werden können. Die dem eigentlichen Auswahlverfahren vorhergehenden Tätigkeiten zur Erarbeitung und Festlegung von Entscheidungsgrundlagen allerdings sollten ausweislich der Gesetzesbegründung hingegen nicht zu dem Aufwand gehören, der durch Beiträge nach § 21b finanziert werden soll (vgl. *Däuper/Bosch/Ringwald* ZUR 2013, 329 (330)). Mit § 28ff. StandAG wurde jedoch ein **Umlagesystem** eingeführt, das das bisherige Beitragssystem nach § 21b im Bereich des Regelungsprogramms des StandAG – also für die Suche nach alternativen Standorten – abgelöst hat. § 28 Abs. 1 S. 2 StandAG stellt insofern das Spezialitätsverhältnis zu der gesetzgebungstechnisch ähnlich strukturierten Vorschrift des § 21b iVm § 2 EndlagerVlV klar (*Ruttloff* in NK-AtomR StandAG § 28 Rn. 1). Regelungszweck ist die Überleitung der dem BASE und dem Vorhabenträger für die Endlagersuche entstehenden Kosten auf die Verursacher radioaktiver Abfälle. Begründet wird dies damit, dass dem Vorhabenträger durch die staatliche Übernahme der Entsorgungsaufgabe ein Vorteil erwächst, der auszugleichen ist (vgl. BT-Drs. 17/14181, 25). Durch die Umlage soll die Standortsuche umfassend finanziert werden. Die Rechtsnatur der Umlage bleibe jedoch unklar und ihre Verfassungsmäßigkeit sei ebenfalls ungeklärt (so *Ruttloff* in NK-AtomR § 28 StandAG Rn. 3ff.). Mit dem „Gesetz zur Neuordnung der Verantwortung in der kerntechnischen Entsorgung" vom 27.1.2017 wurde die **Überleitung der Umlageverpflichtung** auf den neu gegründeten **Entsorgungsfonds** geregelt (BGBl. I 114).

III. Vorausleistungen (Abs. 2)

5 Mit dem Gesetz zur Neuordnung des Rechts zum Schutz vor der schädlichen Wirkung ionisierender Strahlung vom 27.6.2017 erhielt Abs. 2 seine aktuelle Fassung (BGBl. I 1966, 2059). Die in Abs. 2 in Bezug genommenen strahlenschutzrechtlichen Genehmigungen für den Umgang mit radioaktiven Stoffen und für den Betrieb einer Anlage zur Erzeugung ionisierender Strahlung sind nunmehr in § 12 Abs. 1 Nr. 1 und 3 StrlSchG enthalten. Eine Abweichung von der bisherigen Rechtslage ist damit nicht verbunden (BT-Drs. 86/17, 542). Um sicherzustellen, dass die erforderlichen Finanzmittel zur Deckung des Investitionsaufwandes bereits frühzeitig zur Verfügung stehen, sieht Abs. 2 die Begründung einer **Vorausleistungspflicht** auf den Beitrag vor. Vorausleistungspflichtig sind die in Abs. 2 genannten Antragsteller, wenn mit der Durchführung einer Maßnahme nach Abs. 1 S. 1 begonnen worden ist. Gemäß § 1 EntsÜG sind die Verpflichtungen von KKW-Betreibern mit befreiender Wirkung für die Betreiber auf den Fonds übergegangen (→ § 21a Rn. 4). Das Verlangen einer Vorausleistung steht nach Abs. 2 im Ermessen der Behörde.

IV. Verordnungsermächtigung (Abs. 3)

In der **Rechtsverordnung** nach Abs. 3 können nähere Vorschriften über die 6
Erhebung, die Befreiung, die Stundung, den Erlass und die Erstattung von Beiträgen und Vorausleistungen erlassen werden. Auch hier ist die Höhe der Beiträge sowohl am **Kostendeckungsprinzip** wie am **Äquivalenzprinzip** auszurichten
(→ § 21 Rn. 11).

Die auf Grundlage dieser Ermächtigung erlassene **EndlagerVlV** enthält im We- 7
sentlichen Regelungen über die Bestimmung der Vorausleistungspflichtigen, die
Festlegung des durch Vorausleistungen zu erhebenden Aufwandes und die Verteilung des Aufwandes. Die abschließende Regelung im Einzelfall soll der künftigen
Verordnung über die Erhebung von Beiträgen vorbehalten bleiben (BR-Drs.
593/81, 9). Die zunächst interimistisch bis zum 31.12.1986 erlassene EndlagerVlV
vom 28. 4.1982 wurde mit der Ersten Verordnung zur Änderung der EndlagerVlV
vom 27.11.1986 (BGBl. I 2094) auf unbestimmte Zeit prolongiert. Die Erhebung
findet seit dem Gesetz zur Fortentwicklung des Gesetzes zur Suche und Auswahl
eines Standortes für ein Endlager für Wärme entwickelnde radioaktive Abfälle und
anderer Gesetze vom 5.5.2017 (BGBl. I 1074) nicht mehr durch die Physikalisch-Technische Bundesanstalt, das Bundesamt für Strahlenschutz oder das Bundesamt
für kerntechnische Entsorgungssicherheit sondern durch das BMU statt (BT-Drs.
18/11398, 41). Bei den Vorausleistungen im Sinne der EndlagerVlV handelt es
sich um Abschläge auf einen späteren Beitrag, der den gesamten Investitionsaufwand einer Anlage zur Endlagerung radioaktiver Abfälle erfasst (BR-Drs. 279/04,
12; vgl. *Huck* RdE 2005, 39 (42)). Die EndlagerVlV folgt dem Gedanken der Beitragsgerechtigkeit und legt als Bezugsobjekt im Rahmen der verwaltungsrechtlichen Schuldverhältnisse eine konkrete Anlage zugrunde (*Huck* RdE 2005, 39
(42)). Erkundungen weiterer Standorte sind unter den Begriff des „notwendigen
Aufwands" iSd § 1 EndlagerVlV für eine konkrete Anlage freilich nicht zu subsumieren. Die Erkundung mehrerer Standorte kann insofern nicht über die EndlagerVlV finanziert werden (vgl. *Huck* RdE 2005, 39 (42)).

Gemäß § 2 Abs. 1 EndlagerVlV werden **Vorausleistungen** von demjenigen er- 8
hoben, dem eine Genehmigung nach den §§ 6, 7 oder 9 AtG oder nach § 12 Abs. 1
Nr. 3 StrlSchG erteilt worden ist, wenn auf Grund der genehmigten Tätigkeit mit
einem Anfall von radioaktiven Abfällen, die an ein Endlager abgeliefert werden
müssen, zu rechnen ist. Damit verwandelt § 2 EndlagerVlV die Ermessensentscheidung des § 21b Abs. 2 in eine **gebundene Entscheidung.** Nach § 2 Abs. 1 S. 4
EndlagerVlV ist der **Fonds** anstelle des Genehmigungsinhabers vorausleistungspflichtig, soweit die Finanzierungspflicht für Anlagen zur Endlagerung radioaktiver Abfälle nach § 1 EntsÜG auf den Fonds nach § 1 Abs. 1 EntsorgFondsG übergegangen ist. Gemäß § 1 EntsÜG sind die Verpflichtungen der KKW-Betreiber mit befreiender Wirkung für die Betreiber auf den Fonds übergegangen (→ § 21a Rn. 4).
Der gesamte notwendige Aufwand wird gem. § 4 Abs. 3 EndlagerVlV nach Ablauf
eines Kalenderjahres ermittelt und durch Bescheid als Vorausleistung von den Vorausleistungspflichtigen erhoben (§ 5 Abs. 1 EndlagerVlV). Gemäß § 9 S. 1 EndlagerVlV werden die nach dieser Verordnung erhobenen Vorausleistungen auf Beiträge und Vorausleistungen, die im Rahmen einer abschließenden Regelung nach
§ 21b AtG erhoben werden, angerechnet.

V. Nichterstattung von Beiträgen und Vorausleistungen (Abs. 4)

9   Diese Norm beschränkt den grundsätzlich anerkannten – und den Vorschriften über die ungerechtfertigte Bereicherung nachgebildeten – allgemeinen **öffentlich-rechtlichen Erstattungsanspruch** in wesentlichen Teilen (*Huck* RdE 2005, 39 (43)). Unproblematisch ist der **Ausschluss der Erstattung** in dem Fall, in dem der Beitragspflichtige die ihm angebotene „Möglichkeit" einer Ablieferung nicht wahrnimmt (so auch *Huck* RdE 2005, 39 (43)). Jedoch wird teilweise gefordert, dass die Norm verfassungskonform dahin ausgelegt werde, dass nicht jede Aufgabe eines Endlagers automatisch zum Verlust des Erstattungsanspruchs führe. Nur dann stehe § 21b Abs. 4 mit der Verfassung in Einklang (vgl. BHR EnergieR I Rn. 1156). Der Bund habe mit § 9a Abs. 3 S. 1 schließlich eine positive Einrichtungsverpflichtung. Es fehle jedoch eine negative Handlungsermächtigung des Bundes, in der Inhalt, Umfang und Grenzen einer Entscheidung zur Aufgabe der Errichtung oder des Betriebs eines Endlagers rechtsstaatskonform zu treffen seien (vgl. *Huck* RdE 2005, 39 (47)).

§ 21c Öffentlich-rechtlicher Vertrag

Zur Ablösung der nach den §§ 21a und 21b zu erhebenden Kosten, Entgelte und Beiträge können im Einzelfall unter Berücksichtigung der in § 21a Absatz 2 Satz 2 bis 6 und § 21b Absatz 3 Satz 3 bis 5 geregelten Grundsätze öffentlich-rechtliche Verträge geschlossen werden.

I. Allgemeines

1   Die Vorschrift wurde durch das Gesetz zur Änderung des Umweltauditgesetzes, des Atomgesetzes, des Standortauswahlgesetzes, der Endlagervorausleistungsverordnung und anderer Gesetze und Verordnungen vom 12.12.2019 (BGBl. I 2510) in das AtG eingefügt.

II. Abschluss öffentlich-rechtlicher Verträge

2   § 21c stellt eine **spezialgesetzliche Zulassung** für den Abschluss öffentlich-rechtlicher Verträge zur Ablösung der nach den §§ 21a, 21b zu erhebenden Kosten, Entgelte und Beiträge dar und gilt entsprechend für Umlagen nach § 28 StandAG. Die grundsätzliche Zulässigkeit für den Abschluss eines öffentlichen-rechtlichen Vertrages ergibt sich bereits aus § 54 VwVfG. §§ 54ff. VwVfG kommen ergänzend zur Anwendung.

3   Kosten und Beiträge können damit nicht nur mittels Bescheid sondern beispielsweise auch durch eine **pauschalierte Zahlung** erhoben werden, die in einem öffentlich-rechtlichen Vertrag festgelegt wird (BT-Drs. 19/13439, 15). Die ansonsten erforderliche Erhebung der Entsorgungskosten nach §§ 21a, 21b entfällt dann für den entsprechenden Ablieferungspflichtigen. Die grundsätzliche **Finanzierungspflicht** bleibt unberührt. Zuständig für den Vertragsschluss ist die Behörde, die für

die Erhebung der Kosten nach § 21a und der Beiträge und Vorausleistungen nach § 21b zuständig ist.

§ 21c betrifft nicht die Betreiber von KKW, da ihre Verpflichtungen aus §§ 21a, 21b sowie § 28 StandAG durch Einzahlung in den Entsorgungsfonds bereits mit befreiender Wirkung auf den Fonds übergegangen sind. Mit den KKW-Betreibern war 2017 ein öffentlich-rechtlicher Vertrag geschlossen und der **Übergang der Finanzierungsverantwortung** auf den Staat beschlossen worden. Eine dem damaligen **Entsorgungskonsens** entsprechende Vereinbarung ist bisher für andere entsorgungspflichtige Unternehmen nicht getroffen worden. Auch ist der Anwendungsbereich des EntsorgFondsG und des EntsorgÜG auf andere entsorgungspflichtige Unternehmen nicht erstreckt worden. Stattdessen kann mit Entsorgungspflichtigen, die nicht Betreiber einer Anlage iSd Anhangs 1 des EntsorgFondsG sind, mit Einfügung des § 21c nun jedoch ebenfalls eine **einmalige Zahlung** zur Ablösung der nach §§ 21a, 21b zu erhebenden Entsorgungskosten in einem öffentlich-rechtlichen Vertrag vereinbart werden. Auch die Festlegung einer fortlaufenden Zahlung ist in dem öffentlich-rechtlichen Vertrag möglich. 4

§ 21c erlaubt den Abschluss eines öffentlich-rechtlichen Vertrages zur Ablösung der nach den §§ 21a, 21b zu erhebenden Kosten, Entgelte und Beiträge und ist damit grundsätzlich auch auf **Landessammelstellen** nach § 9a Abs. 3 anwendbar, auch wenn lediglich die Berücksichtigung der in § 21a Abs. 2 S. 2–6 und nicht der in § 21a Abs. 2 S. 7 und 8 geregelten Grundsätze vorgesehen ist. 5

Dritter Abschnitt Verwaltungsbehörden

Vor §§ 22–24b Vorbemerkung zu den Verwaltungsbehörden

Literatur: *Brandmair,* Kommission zur Bewertung der Finanzierung des Kernenergieausstiegs-Ergebnisse, Bewertung, Umsetzung, atw 2016, 460; *Bull,* Die „völlig unabhängige" Aufsichtsbehörde, EuZW 2010, 488; *Cantelon/Hewlett/Williams,* The American Atom, 2. Aufl. 1991; *Di Fabio,* Demokratie im System des Grundgesetzes, in FS Badura, 2004, 77; *ENSI,* Die Aufsichtsbehörde ENSI, 2020, abrufbar unter https://www.ensi.ch/de/die-aufsichtsbehoerde-ensi/, zul. abgerufen am 23.10.2020; *ders.,* Unabhängigkeit des Eidgen. Nuklearsicherheitsinspektorats, März 2015, abrufbar unter https://www.ensi.ch/wp-content/uploads/sites/6/2015/03/unabhaengigkeit_ensi.pdf, zul. abgerufen am 23.10.2020; *Gaentzsch,* Konkurrenz paralleler Anlagengenehmigungen, NJW 1986, 2787; *Göppner,* Vorgeschichte und Entstehung des Atomgesetzes, 2013; *Grapperhaus,* Die verfassungsrechtlichen Grundlagen der Verwaltungskompetenzen im Atomgesetz, 2002; *Groß,* Unabhängige EU-Agenturen – eine Gefahr für die Demokratie?, JZ 2012, 1087; *Heinrich/Vogt,* Japan in der Ära Abe, 2017, 252ff.; *Heitsch,* Die Ausführung der Bundesgesetze durch die Länder, 2001; *Hellermann,* Unabhängigkeit der Behörden als Ausfluss des Trennungsprinzips oder im Sinne von Weisungsfreiheit?, 14. Deutsches Atomrechtssymposium, 2013, 127ff. (zit. 14. AtRS 2013); *Hoffmann-Riem,* Eigenständigkeit der Verwaltung, in Hoffmann-Riem/Schmidt-Aßmann/Voßkuhle, Grundlagen des Verwaltungsrechts, Band 1, 2006; *Hohmuth,* Die atomrechtspolitische Entwicklung in Deutschland seit 1980, 1914; *IAEA,* Safety Standards General Safety Requirements No. GSR Part 1 (Rev. 1) Governmental, Legal and Regulatory Framework for Safety, 2016; *dies.,* Long Term Structure of the IAEA Safety Standards and Current Status, November 2016; *Isensee/Kirchhof,* Handbuch des Staatsrechts der Bundesrepublik Deutschland, Band 2, 3. Aufl. 2004; *Koch,* Geschichte der japanischen Kernenergiepolitik, 1992; *Kus,* Erweiterte Unabhängigkeit im atomrechtlichen Gesetzesvollzug, 2004; *Lange,* Das Weisungsrecht des Bundes in der atomrechtlichen Auftragsverwaltung, 1990; *Mayen,* Verwaltung durch unabhängige Einrichtungen, DÖV 2004, 45; *Mazuzan/Walker,* Controlling the Atom: The Beginnings of Nuclear Regulation, 1946–1962; *Müller-Dehn,* Deutsches Atomrecht auf dem Prüfstand, atw 2016, 300; *Pellaud,* Die Geschichte der Kernenergie in der Schweiz, 9f., abrufbar unter https://www.yumpa.com/de/document/read/1525228/die-geschichte-der-kernenergie-in-der-schweiz-dr-poweronch, zul. abgerufen am 23.10.2020; *Rodi,* Grundlagen und Entwicklungen des Atomrechts, NJW 2000, 7 (und Erwiderung *Wagner,* „Krumme Entwicklungslinien des Atomrechts?", NJW 2000, 1538); *Schmidt-Preuß,* Konsens und Dissens in der Energiepolitik-rechtliche Aspekte, NJW 1995, 985; *Sendler,* Anwendungsfeindliche Gesetzesanwendung, DÖV 1992, 18; *Sellner/Hennenhöfer,* Kapitel 12. Atom- und Strahlenschutzrecht, in *Rehbinder/Schink,* Grundzüge des Umweltrechts, 5. Aufl. 2018; *Stoll,* Sicherheit als Aufgabe von Staat und Gesellschaft, 2003; *Tschentscher,* Inhalt und Schranken des Weisungsrechts des Bundes aus Art. 85 III GG, 1988.

Übersicht

	Rn.
I. Historische und aktuelle Entwicklungen der Atomaufsicht in ausgewählten Ländern	1
1. USA	2
2. Großbritannien	5
3. Frankreich	6
4. Schweiz	7
5. Japan	8
II. Internationale und europäische Vorgaben zur Atomaufsicht	10
1. IAEA	10
2. OECD/NEA	14
3. Euratom	15
III. Deutschland: Vollzug im behördlichen Funktionsverbund und in herkömmlichen Verwaltungsstrukturen	18
1. Behördlicher Funktionsverbund	18
a) Entwicklung	18
b) Gesellschaftlicher und politischer Rahmen des Gesetzesvollzugs	22
2. Unabhängigkeit der Atomaufsicht	26
3. Verfassungsrechtliche Kompetenzordnung	35

I. Historische und aktuelle Entwicklungen der Atomaufsicht in ausgewählten Ländern

1   Geschichtlich gehen zahlreiche Erfindungen und technische Innovationen auf das Streben nach militärischer Stärke zurück, so auch im Nuklearbereich: Nach den bahnbrechenden Entdeckungen im ausgehenden 19. Jahrhundert und in den ersten Jahrzehnten des 20. Jahrhunderts (wichtige Stationen: 1896 Becquerel: Radioaktivität; 1898 Marie und Pierre Curie: Zerfall von Radium; 1911 und 1913 Rutherford und Niels Bohr: Atommodell; 1938/1939 Hahn, Straßmann, Meitner: Spaltung des Uranatoms; s. *Göppner* AtG-Vorgeschichte 5ff.) stand bereits Anfang des Zweiten Weltkriegs der Gedanke im Raum, die neuen Möglichkeiten der Energiefreisetzung für militärische Zwecke zu nutzen (→ Vor §§ 22–24b Rn. 2ff.).

Vorbemerkung zu den Verwaltungsbehörden **Vor §§ 22–24b AtG**

1. USA

1939 drängte Albert Einstein US-Präsident Roosevelt in einem Brief, schnellstmöglich eine Atombombe zu entwickeln; dabei bewegte Einstein die Sorge, das nationalsozialistische Deutschland könne bei der Erarbeitung einer solchen Waffe einen Vorsprung erringen. Roosevelt berief daraufhin eine Kommission und beauftragte die Streitkräfte mit dem Bau der Bombe, ab 1942 im Rahmen des **„Manhattan-Projekts"** (*Cantelon/Hewlett/Williams*, The American Atom, 42). Im selben Jahr setzte Fermi die erste kontrollierte Kettenreaktion in Gang. Die weitere Entwicklung führte schließlich zu den verheerenden Abwürfen über Hiroshima und Nagasaki am 6. und 9. August 1945. 2

Durch diese militärische Einbindung lagen Kompetenz und Wissen zu Reaktordynamik und Kerntechnik zunächst im staatlichen Bereich, der diese nach dem Ende des Weltkriegs nun auch für friedliche Zwecke einsetzen wollte. Den Ausgangspunkt bildete die Proklamation von US-Präsident Eisenhower vom 8.12.1953 **„Atoms for Peace"** vor den Vereinten Nationen, mit der die Weichen für die zivile Nutzung der Kernkraft, vor allem zur Energiegewinnung, in den meisten Industriestaaten gestellt wurden (*Mazuzan/Walker*, Controlling the Atom: The Beginnings of Nuclear Regulation, 277 ff.). 3

So war vorgezeichnet, dass es zu Beginn staatliche Institutionen als ihre Aufgabe begriffen, die friedliche Nutzung der Kernenergie auf den Weg zu bringen. In den **USA** hatte der Kongress bereits im Jahr 1946 den Atomic Energy Act erlassen und damit der Atomic Energy Commission (AEC) die zentrale Verantwortlichkeit zugewiesen. Mit der Novellierung von 1954 wurde erstmals die Entwicklung der Kernkraft in kommerziellem Rahmen zugelassen; die AEC wurde beauftragt, die Nutzung zu fördern und für die Sicherheit zu sorgen. In den 60er Jahren verstärkte sich die Kritik, dass die AEC angesichts ihrer Doppelaufgabe für Förderung und Kontrolle nicht streng genug agiere und aus den in den 70er Jahren aufkommenden Protestbewegungen wurde die Forderung laut, beide Bereiche zu trennen. Mit dem Energy Reorganization Act 1974 wurde die **Nuclear Regulatory Commission (NRC)** als **unabhängige** Institution gegründet (Sec. 201.a 1) und mit den zuvor bei der AEC liegenden Sicherheitsaufgaben betraut (*Kus*, Erweiterte Unabhängigkeit im atomrechtlichen Gesetzesvollzug, 24 f.). 4

2. Großbritannien

Auf Grund der engen Zusammenarbeit mit den USA im Nuklearbereich verlief die Entwicklung in **Großbritannien** in der Anfangsphase nach dem 2. Weltkrieg ähnlich (s. *World Nuclear Assosiation,* Nuclear Development in the United Kingdom, Oktober 2016, abrufbar unter https://www.world-nuclear.org/information-librar y/country-profiles/countries-t-z/appendices/nuclear-development-in-the-unite d-kingdom.aspx#:~:text=British%20scientists%20were%20preeminent%20in,in% 20the%20UK%20in%201956., zul. abgerufen am 23.10.2020): Der Staat richtete sein Augenmerk auf die militärische Nutzung. Der Atomic Energy Act von 1946 legte dem zuständigen Minister die Pflicht auf, die Kernkraft zu fördern und zu kontrollieren. Mit dem Atomic Energy Authority Act von 1954 wurde die United Kingdom Atomic Energy Authority eingerichtet. 1965 wurden deren Kompetenzen weitgehend entflochten; im Rahmen des Nuclear Installations Act sowie des Health and Safety at Work Act von 1974 wurden die Kompetenzen der Health and Safety Executive (HSE) und der Health and Safety Commission (HSC) geregelt. 5

Nach einer regierungsamtlichen Überprüfung des Aufsichtssystems wurde 2011 als zentrale, **unabhängige** Körperschaft das **Office for Nuclear Regulation** geschaffen und 2013 durch den Energy Act gesetzlich verankert.

3. Frankreich

6 Auch in Frankreich sind Parallelen zu dieser Entwicklung festzustellen (s. *Torres,* Le système nucléaire français des années 1950 à nos jours, acteurs et structure; La Revue de l'Énergie November/Dezembre 2016, 76 ff; *Bertrand Goldschmidt,* Le Complexe atomique,1980, 15 ff.). 1945 wurde das Kommissariat für Atomenergie-CEA (seit 2010: … und alternative Energien) als Zentrum für Kernenergie einschließlich atomarer Bewaffnung gegründet. 1973 wurde die Kontrolle der nuklearen Sicherheit in die Zuständigkeit des Service central de Sûreté des installations nucléaires (SCSIN) gestellt und dem Industrieministerium angegliedert. 1991 wurde diese Dienststelle als Direktionsbereich (DSIN) den Ministerien für Industrie und für Umwelt zugewiesen. Die **Autorité de sûreté nucléaire (ASN)** wurde so auf nationaler Ebene aus der DSIN und auf regionaler Ebene aus den Directions régionales de l'industrie, de la recherche et de l'environnement (DRIRE, heute DREAL) gebildet. 2006 erkannte das Gesetz über „Transparenz und Sicherheit in kerntechnischen Angelegenheiten" der ASN den Status einer **von der Regierung unabhängigen Verwaltungsbehörde** zu.

4. Schweiz

7 Sogar in der **Schweiz** war am Anfang auch der Gedanke an eine militärische Nutzung der Kernenergie vorhanden: Nachdem 1945 das Eidgenössische Militärdepartement die Studienkommission für Atomenergie (SKA) unter Vorsitz von Paul Scherrer eingerichtet hatte, überlegte Bundesrat Karl Kobelt, Leiter des Eidgenössischen Militärdepartements, im Februar 1946 in einer geheimen Richtlinie die Schaffung einer schweizerischen Bombe (*Pellaud,* Die Geschichte der Kernenergie in der Schweiz, 9 f., abrufbar unter https://yumpa.com/de/document/read/1525228/die-geschichte-der-kernenergie-in-der-schweiz-dr-poweronch, zul. abgerufen am 23.10.2020); dieses Thema wurde nicht weiterverfolgt, zeigt aber den engen Bezug der staatlichen Seite zur Kernkraft in der Anfangsphase ihrer Nutzbarmachung (s. Neue Zürcher Zeitung vom 10.8.2008 „Atommacht Schweiz"). Nach dem Erlass des AtG 1959 wurde im darauf folgenden Jahr die Eidgenössische Kommission für Sicherheit der Atomanlagen (KSA) eingesetzt. 1964 beschloss der Bundesrat die Bildung einer Sektion für die Sicherheit von Atomanlagen (SSA), die 1973 in die Abteilung für die Sicherheit der Kernanlagen (ASK) und diese wiederum 1982 zur Hauptabteilung (HSK) umgewandelt wurde. Sie war bis Ende 2008 dem Bundesamt für Energie unterstellt. Dem Bundesamt oblagen auch Energiepolitik und Energieförderung. Diese Unterstellung wurde als unvereinbar mit den Anforderungen des Kernenergiegesetzes von 2005 und dem internationalen Übereinkommen über die nukleare Sicherheit angesehen. Aufgrund des Bundesgesetzes über das **Eidgenössische Nuklearsicherheitsinspektorat (ENSI)** von 2007 wurde Anfang 2009 das ENSI als **unabhängige** öffentlich-rechtliche Anstalt gegründet. Sie ist unmittelbar dem Bundesrat unterstellt und wird vom ENSI-Rat überwacht (s. Die Aufsichtsbehörde ENSI 2020).

5. Japan

In **Japan** befassten sich ab 1940 verschiedene militärische Bereiche mit Vorhaben zur Entwicklung von Nuklearwaffen, die allerdings zu keinen brauchbaren Ergebnissen führten. Den Start für die zivile Nutzung bildeten das Atomenergiegrundgesetz Nr. 186 und das Gesetz über die Errichtung der Kernenergiekommission (KeKo), beide vom Dezember 1955. Die Auslegung ihres gesetzlichen Auftrags war umstritten: Eine Reihe von Parlamentariern sah die KeKo als Verwaltungsausschuss mit eigenen Befugnissen. In der Exekutive wurde sie als Beratungsausschuss für das -dem Premierminister zugeordneten- Amt für Wissenschaft und Technik (AWT) als ausführendes Organ gedeutet; der Vorsitzende der KeKo, die vorwiegend aus Vertretern von Wirtschaft und Wissenschaft bestand, war von Amts wegen Mitglied im Kabinett. Aus dieser Konstellation entstanden viele Kontroversen: Die Regierung wollte ein in ihrem Sinne agierendes Beratungsorgan, während die Opposition für eine **unabhängige** Instanz mit eigenen Befugnissen eintrat. Im Januar 1956 wurde für die Geschäftsführung der KeKo das Büro für Kernenergie (BfK) errichtet und wenig später, dem AWT, das gesetzlich zur Verwaltung nationaler Langzeitprojekte berufen war, angegliedert (s. *Koch,* Geschichte der japanischen Kernenergiepolitik, 17 ff.). 8

Nach einer Neutronenleckage auf dem atomar betriebenen Schiff Mutsu im Jahr 1974 wurde auf Vorschlag des Untersuchungsausschusses gesetzlich 1978 eine Atomsicherheitskommission (ASK) verankert, deren Geschäftsführung ebenfalls beim BfK lag. Damit sollte die Stärkung der Überwachungsinstanz ASK gegenüber der auf Förderung der Kernenergie ausgerichteten KeKo erreicht werden. 2001 wurde im Zuge einer Neuorganisation des Kabinetts im Geschäftsbereich des Wirtschaftsministeriums die Nuclear and Industrial Safety Agency (NISA) gegründet; die behördliche Aufsicht lag bei der ASK. Nach der Reaktorkatastrophe von Fukushima im März 2011 wurde die Einbindung der NISA in das Wirtschaftsressort öffentlich heftig kritisiert, da sich aus dessen Förderaufgaben fatale Interessenkonflikte ergäben (*Koppenborg* in Heinrich/Vogt, Japan in der Ära Abe, 252). Im September 2012 wurden ASK und NISA aufgelöst und durch die **Nuclear Regulation Authority** ersetzt; sie ist mit dem erklärten Ziel, die **Unabhängigkeit der Atomaufsicht** zu stärken, im Geschäftsbereich des Umweltministeriums angesiedelt. 9

II. Internationale und europäische Vorgaben zur Atomaufsicht

1. IAEA

Die **Convention on Nuclear Safety** wurde auf deutsche Initiative nach dem Reaktorunfall von Tschernobyl ausgehandelt und 1994 in Wien verabschiedet. Das Abkommen wird maßgeblich von der IAEA betreut und wurde bisher von über 80 Vertragsparteien unterzeichnet, von Deutschland am 20.9.1994. Euratom ist im Jahr 2000 beigetreten. Art. 8 des Abkommens fordert die Einrichtung eines Aufsichtsorgans, das mit ausreichenden Befugnissen, Kompetenzen sowie finanziellen und personellen Ressourcen auszustatten ist; eine wirksame Trennung zwischen den Funktionen der Aufsicht und den Stellen, die sich mit der Förderung oder Nutzung der Kernenergie befassen, ist zu gewährleisten (*Kus,* Erweiterte Unabhängigkeit im atomrechtlichen Gesetzesvollzug, 38 ff.). Die Vertragsparteien erstellen 10 alle drei Jahre einen nationalen Bericht über die Umsetzung des Übereinkommens (vgl. Bericht der Bundesregierung für die 7. Überprüfungstagung zum Übereinkommen über nukleare Sicherheit, BMU 2016; *Sellner/Hennenhöfer* in Rehbinder/Schink UmweltR Kap. 12 Rn. 72).

11 2010 legte die IAEA ihre **General Safety Requirements (GSR) Part. 1 "Governmental, Legal and Regulatory Framework for Safety"** vor. Unter dem Eindruck der Nuklearkatastrophe von Fukushima leitete die IAEA eine Novellierung in die Wege und brachte 2016 eine Neufassung heraus (Rev. 1), die sich unter anderem auf die Unabhängigkeit des Aufsichtsorgans bezog. Dabei hatte der Vorsitzende des **Safety Standards Committee (CSS)** dem IAEA-Generaldirektor im Januar 2014 mitgeteilt, dass die Überprüfung die Angemessenheit der bestehenden Sicherheitsanforderungen bestätigt und keine signifikanten Schwachstellen gezeigt habe. So werde nur eine kleine Reihe von Änderungen vorgeschlagen; hauptsächlich werde es auf den etablierten Überprüfungs- und Revisionsprozess und auf die Umsetzung der Anforderungen ankommen (Vorwort zu No. 1 GSR Part. 1 Rev. 1).

12 In beiden Fassungen behandelt Abschnitt 2 Verantwortung und Auftrag der Regierung, Abschnitt 4 die des Aufsichtsorgans. Sicherheitsanforderung Nr. 4 fordert von der Regierung, die **Unabhängigkeit des Aufsichtsorgans** bei sicherheitsbezogenen Entscheidungen zu gewährleisten und es funktional von Stellen zu trennen, die die Entscheidungsfindung unsachlich beeinflussen könnten. Nr. 2.7 stellt klar, dass das Aufsichtsorgan nicht völlig von andern Regierungsstellen getrennt sein müsse; die Regierung trage die Letztverantwortung, diejenigen Stellen einzubinden, die legitime und anerkennenswerte Belange einzubringen haben; die Regierung habe aber dafür zu sorgen, dass das Aufsichtsorgan seine Entscheidungen zur Überwachung gesetzmäßig treffen und durchsetzen könne, ohne sachwidrigem Druck oder Zwang ausgesetzt zu sein. Nr. 28 führt sechs Punkte auf, die für die wirksame Unabhängigkeit von Bedeutung sind: ausreichende Befugnisse und kompetentes Personal; hinreichende Finanzausstattung; Fähigkeit zu unabhängigen Beurteilungen und Entscheidungen (angefügt in der Fassung 2016: in allen Phasen der Lebensdauer der Anlage und der Tätigkeitszeiten sowohl im Betriebszustand als auch bei Unfällen); Freiheit von Pressionen in Zusammenhang mit Ministerien, Betreibern oder andern Organisationen; Gelegenheit zur sicherheitsorientierten Beratung und Berichterstattung gegenüber Ministerien und Regierungsstellen einschließlich Zugang zu höchsten Regierungsebenen; mit der Neufassung 2016 wurde die Möglichkeit angefügt, mit Aufsichtsorganen anderer Staaten und mit internationalen Organisationen direkt Verbindung aufzunehmen mit dem Ziel, die Zusammenarbeit zu fördern und Information und Erfahrung auszutauschen. Ferner sollen dem Aufsichtsorgan keine Aufgaben zugewiesen werden, die die Aufsichtsverantwortung beeinträchtigen oder ihr widerstreben könnten (Nr. 2.9). Nr. 2.10 soll Kollisionen von Interessen des Aufsichtspersonals und der Anlagenbetreiber ausschließen. Wenn ein Ministerium oder eine andere Regierungsstelle selbst Betreiberstatus hat, ist das Aufsichtsorgan getrennt und wirksam unabhängig davon zu halten (Nr. 2.11). Nr. 2.12 befasst sich mit der Regelanwendung bei der Beteiligung mehrerer Behörden am Genehmigungsverfahren, Nr. 2.13 mit der Informationsbeschaffung durch das Aufsichtsorgan.

13 Korrespondierend mit Abschnitt 2, in dem Verantwortung und Auftrag der Regierung beschrieben werden, behandelt Abschnitt 4 unmittelbar die Anforderungen an das Aufsichtsorgan. Sicherheitsanforderung Nr. 16 betrifft Organisation und Management, Nr. 17 die eigentliche Unabhängigkeit bei der Erfüllung der Auf-

sichtsaufgaben. Sicherheitsanforderung Nr. 18 verlangt die ausreichende Ausstattung mit qualifiziertem und kompetentem Personal.

2. OECD/NEA

Auf Ebene der OECD befasst sich die **Nuclear Energy Agency (NEA)** mit Fragen der effektiven Aufsicht. Ihr Committee on Nuclear Regulatory Activities (CNRA) erarbeitete 2001 das Papier „Improving Nuclear Regulatory Effeciveness" und gab darin verschiedene Empfehlungen für die künftige internationale Zusammenarbeit. Auf S. 33ff. wird der Stellenwert von Unabhängigkeit und Kompetenz der Atomaufsicht für das Vertrauen der betroffenen Bürger und Institutionen hervorgehoben. Drei Jahre nach dem Einschnitt durch die Katastrophe von Fukushima legte die OECD/NEA 2014 den Bericht „The Characteristics of an Effective NuclearRegulator" vor. Er beschäftigte sich auf S. 14ff. vertieft mit Fragen der Unabhängigkeit, der Kompetenz sowie der Offenheit und Transparenz der Aufsicht. Zur Unabhängigkeit benennt der Bericht drei Elemente: politische Unabhängigkeit (befugt und fähig zu unabhängigen Entscheidungen und deren Durchsetzung, Ermächtigung zur unabhängigen Beratung von Ministerien und anderen Regierungsstellen), finanzielle Unabhängigkeit (Ausstattung mit ausreichenden Mitteln, klar definierter Finanzierungsmechanismus und Budgetzuweisung), technische Unabhängigkeit (technische und wissenschaftliche Kompetenz und Zugang zu unabhängiger technischer und wissenschaftlicher Unterstützung).

3. Euratom

Am. 6.11.2002 beschloss die Europäische Kommission ihr **Gemeinschaftskonzept für die nukleare Sicherheit in der EU** (IP 02/1616). Eines seiner Elemente betraf Gemeinschaftsregelungen zur nuklearen Sicherheit. Umgesetzt wurde dies zunächst durch die RL 2009/71/Euratom vom 25.6.2009 (ABl. L 172, 18) über einen Gemeinschaftsrahmen für die nukleare Sicherheit kerntechnischer Anlagen mit neuen Begriffsbestimmungen und Betreiberpflichten sowie Regelungen zu PSÜ und behördlicher Selbstbewertung. In ihrem Evaluierungsbericht 2015 (COM (2015) 573 final) zur Durchführung dieser Richtlinie kommt die Kommission auf S. 16 zu dem Schluss, dass die Richtlinie von 2009 „im Allgemeinen" eingehalten werde, hat aber auch für bestimmte Themenbereiche ihr besonderes Augenmerk angekündigt (S. 13).

Ausgelöst durch die Katastrophe von Fukushima hat der Europäische Rat im März 2011 die Kommission beauftragt, neben den Stresstests der KKW in den Mitgliedsstaaten die sicherheitsbezogenen Rechts- und Verwaltungsvorschriften zu überprüfen. Die neue **RL 2014/87 Euratom vom 8.7.2014** (ABl. L 219, 42) schreibt vor die Verankerung eines Sicherheitsziels, Regelungen zum Notfallschutz, zur Sicherheitskultur und zur **Unabhängigkeit** und Wirksamkeit des Aufsichtsorgans sowie die Ausdehnung von Peer Reviews und Transparenzregelungen. Gerade die Regelungen zur Unabhängigkeit sind in Art. 5 Abs. 2 und 3 der neuen Richtlinie gegenüber 2009 durch die Aufnahme von fünf Punkten deutlich intensiviert worden: Zuweisung spezifischer Regulierungsaufgaben, wirksame und verhältnismäßige Instrumente zur Durchsetzung, kompetentes Personal in ausreichender Anzahl, ausreichende Finanzausstattung, Gewährleistung der Unabhängigkeit des Aufsichtsorgans und Verfahren zur Vermeidung und Beilegung von Interessenkonflikten. Zum Umsetzungsbedarf in Deutschland → Rn. 31. Zum europarechtlichen

Gebot der Unabhängigkeit der Kontrollstellen im Bereich des Datenschutzes hat der EuGH im Urteil vom 9.3.2010 (NJW 2010, 1266) ausgeführt, dass diese mit einer Unabhängigkeit ausgestattet werden müssen, die die Aufgabenwahrnehmung ohne äußere Einflüsse ermögliche; dies schließe nicht nur Einflussnahme von Seiten der kontrollierten Stellen aus, sondern darüber hinaus jede Anordnung und äußere Einflussnahme, durch die in Frage gestellt werden könnte, dass die Kontrollstellen ihre Aufgabe erfüllen (ebenso EuGH ZD 2012, 563; kritisch *Bull* EuZW 2010, 488).

17 Die **RL 2011/70/Euratom vom 19.7.2011** (ABl. L 199, 48) über einen Gemeinschaftsrahmen für die verantwortungsvolle und sichere Entsorgung abgebrannter Brennelemente und radioaktiver Abfälle stellt in Art. 6 Anforderungen an die Regulierungsbehörde: Sie muss funktional von den anderen Stellen und Organisationen **getrennt** sein, die mit der Förderung oder Nutzung von Kernenergie oder radioaktivem Material, einschließlich der Elektrizitätserzeugung und der Anwendung von Radioisotopen, oder mit der Entsorgung abgebrannter Brennelemente und radioaktiver Abfälle befasst sind; ferner ist sie mit ausreichenden personellen und finanziellen Mitteln auszustatten.

III. Deutschland: Vollzug im behördlichen Funktionsverbund und in herkömmlichen Verwaltungsstrukturen

1. Behördlicher Funktionsverbund

18 a) **Entwicklung.** Deutschland ist einen andern Weg gegangen als die oben aufgeführtem Staaten: Hier stehen die Behörden des Bundes und der Länder beim Vollzug des AtG in einem **Funktionsverbund.** Dieses Konzept war bereits Ergebnis der ersten parlamentarischen Beratungen zum AtG. Zunächst hatte 1956 die FDP in ihrem Fraktionsentwurf zum AtG (BT-Drs. 2/2142) vorgeschlagen, als zentrale Stelle eine „Bundesanstalt für Kernenergie" zu errichten und damit die gesamte Gesetzesausführung in die Hände des Bundes zu legen (*Göppner* AtG-Vorgeschichte 85 ff. und 254 f.). Die Gründung einer zentralen Institution hätte der auch heute gängigen internationalen Praxis entsprochen. Demgegenüber hat sich der Bundestag der Position der Bundesregierung angeschlossen und sich nach anhaltenden Auseinandersetzungen mit dem Bundesrat, aber letztlich doch mit dessen Zustimmung, dafür entschieden, bereits bestehende Behörden des Bundes und der Länder, deren Kompetenz ohnehin vergleichbare Aufgaben und Arbeitsmethoden umfasste, heranzuziehen und so den Vollzug in vorhandene Strukturen einzufügen. Programmatisch dazu die Bundesregierung in BT-Drs. 3/759, 33: „Die Ausführung dieses Gesetzes soll bereits bestehenden Behörden übertragen werden, wobei das **Schwergewicht der Verwaltung bei den Ländern** liegt." (dazu *Göppner* AtG-Vorgeschichte 127 ff.). Vorausgegangen waren auch dieser Entscheidung Kontroversen über die sachgerechte Wahl des Organisationstyps mit dem Ergebnis, dass man letztlich weitreichend der Bundesauftragsverwaltung den Vorzug gab (BT-Drs. 2/3026, 18–20, 34 f.; BT-Drs. 2/3416, 1 f.; BT-Drs. 3/30; BT-Drs. 3/759, 17 f., 34 f.; BT-Drs. 3/896, 1 f.; → § 24 Rn. 3).

19 Die weltweit einmalige weitgehende Einbettung der atomrechtlichen Verantwortung in eine **föderale Struktur** in Deutschland geht auch darauf zurück, dass anders als in den meisten oben aufgeführten Staaten die totale Niederlage 1945 zunächst weiteren kerntechnischen Forschungen und Projekten den Boden entzogen

Vorbemerkung zu den Verwaltungsbehörden **Vor §§ 22–24b AtG**

hatte. Die institutionelle Wissens- und Kompetenzbasis für eine zentrale Einrichtung war erloschen und für die Zukunft betrachtete man eine Zusammenballung von kerntechnischer Kompetenz an einer Stelle nicht als wünschenswert. Das bestärkte das Konzept der föderalen Aufgabenverteilung und ebnete den Weg zu einem behördlichen Funktionsverbund.

Die Verantwortung ist heute im Wesentlichen verteilt auf BMUB, BMF und von 20 ihm bestimmte Zolldienststellen, BMVI, BMVg und das von ihm bezeichnete Bundesamt für Infrastruktur, Umweltschutz und Dienstleistungen der Bundeswehr (BAIUDBw), BMI, BAFA, BVA, BASE, EBA, oberste Landesbehörden und deren nachgeordnete Landesämter; Institutionen und Kommissionen wie GRS, RSK, SSK, ESK, TÜV, Internationale Länderkommission Kerntechnik-ILK (Stellungnahmen abrufbar unter http://www.stmuv.bayern.de/themen/reaktorsicherheit/ilk/stellungnahmen.htm) und KFK (dazu *Brandmair* atw 2016, 460) leisteten und leisten fachliche Hilfe bei der Analyse technischer und administrativer Probleme und ihrer Lösung oder nehmen Beratungsfunktionen im Vorfeld politischer und behördlicher Entscheidungen wahr. Die Hauptlast der Vollzugsarbeit liegt faktisch bei den Ländern (Genehmigungen, Aufsicht nach § 19 AtG), der Bund kann sehr weitgehend die Steuerung des Verwaltungshandelns ausüben oder an sich ziehen (partielle **Bundeseigenverwaltung** mit Aufsicht über Bundesbehörden, Aktualisierung der Sachkompetenz im Rahmen der Bundesauftragsverwaltung nach Art. 85 GG (→ § 24 Rn. 7 ff.), Pflicht der Genehmigungsbehörde zur Weisungseinholung nach § 7 Abs. 4 S 2, ausschließliche Bundesbeteiligung an BGE und BGZ, Beleihungsaufsicht über BGE (§ 9a Abs. 3 S. 5).

Seit geraumer Zeit zeichnet sich ein Trend zur zunehmenden **Zentralisierung** 21 ab (Theobald/Kühling in Danner/Theobald, Energierecht, 89. EL Mai 2016, § 24 Rn. 73). Eine Weichenstellung für rechtliche und faktische Kompetenzverlagerungen auf den Bund war die Gründung des BfS als Bundesoberbehörde im Jahr 1989 (s. das BfS-Papier „Zukünftige Aufgabenschwerpunkte des BfS" vom Dezember 2006). 2014 wurde das BASE, damals BfE, gegründet und übernahm in der Folgezeit die atomrechtlichen Kompetenzen des BfS. 2017 löste das neue Strahlenschutzgesetz den Strahlenschutz aus seinem atomrechtlichen Ursprungsgebiet heraus und regelte ihn als eigenständige Rechtsmaterie.

b) Gesellschaftlicher und politischer Rahmen des Gesetzesvollzugs. Das 22 auf Grundsatz-, Zweckmäßigkeits- und Kostenerwägungen aufbauende Konzept des behördlichen Funktionsverbundes war vormals eingerahmt in eine gesellschaftliche Übereinstimmung und in den **politischen Grundkonsens** von Bund, Ländern und Bundestagsfraktionen über die friedliche Nutzung der Kernenergie und deren Förderung. Das wandelte sich ab Mitte der 70er-Jahre: Aus Protestaktionen gegen den Bau von KKW speiste sich das Potential für Neuerungen in der Parteienlandschaft, die SPD beschloss nach dem Unglück von Tschernobyl auf ihrem Parteitag im August 1986 den Ausstieg innerhalb von zehn Jahren (s. *Sellner/Hennenhöfer* in Rehbinder/Schink UmweltR Kap. 12 Rn. 22 und 26; BHR EnergieR I Rn. 594). Bundesregierung und Regierungsparteien sprachen in der Folgezeit zunehmend von einer „Brückenfunktion" der Kernenergie, die im Grundsatz nur noch den finanziellen und zeitlichen Rahmen gewährleisten sollte, bis sie durch erneuerbare Energien ersetzt werden könne (BHR EnergieR I Rn. 594 f.; *Hennenhöfer* in PSM S. 1; *Hermes* in Dreier GG Art. 85 Rn. 36, *Schmidt-Preuß* NJW 1995, 986; *Göppner* AtG-Vorgeschichte 29 f.). Die Reaktorkatastrophe von Fukushima hat 2011 bei Regierungen und Parlamenten von Bund und Ländern eine „Neubewertung der Risiken der Kernkraft" ausgelöst. Ein neuer gesellschaftlicher Konsens wurde konstatiert, der sich diesmal auf die zeitnahe Beendigung der Kernenergienutzung erstrecken sollte.

23 Die politischen und gesellschaftlichen **Auseinandersetzungen um Kernenergie und Entsorgung** und das damit einher gehende unterschiedliche atompolitische Vorverständnis wirkten auch in die Sichtweisen der Verwaltung hinein. Ihre **Vollzugspraxis** ist naturgemäß von dem Vorverständnis geprägt, ob man die Kernenergie dem Grunde nach für beherrschbar und sicher hält oder sie angesichts von Unfallgefahren, stochastischen Auswirkungen und Endlagerproblemen als zu gefährlich und nicht verantwortbar einstuft. Die verschiedenen Ausgangspositionen und Grundeinstellungen wirkten sich nicht nur auf das Verhältnis der Behörden zu den KKW-Betreibern aus, sondern auch auf das Zusammenwirken von Bund und Ländern, insbesondere wenn es um Fragen der Bundesaufsicht und der Auftragsverwaltung ging, und der Länder untereinander (*Hohmuth,* Die atomrechtspolitische Entwicklung in Deutschland seit 1980, 35). Unabhängig davon ist es aber vor allem im Bund/Länder-Hauptausschuss Atomkernenergie immer wieder gelungen, zur Erhöhung der nuklearen Sicherheit gemeinsam pragmatische Lösungen zu finden und in der dort erforderlichen Einstimmigkeit zu beschließen (→ §§ 11, 12 Rn. 25).

24 In der juristischen Literatur werden die Auswirkungen der unterschiedlichen Sichtweisen der Verwaltung ua unter den Schlagworten „**ausstiegsorientierter Vollzug**" **und „sicherheitsorientierter Vollzug**" erörtert (→ Vor §§ 22–24b Rn. 19; *Rodi* NJW 2000, 11 (13)). *Sendler* (DÖV 1992, 181) sprach von „anwendungsfeindlicher Gesetzesanwendung" und betrachtete sie als rechts- und verfassungswidrig (zust. *Wagner* NJW 2000, 1539, der ein ganzes Arsenal von dafür einsetzbaren Instrumenten aufzählt; *Schmidt-Preuß* NJW 1995, 985; *Sellner/Hennenhöfer* in Rehbinder/Schink UmweltR Kap. 12 Rn. 23). Die Gegenmeinung berief sich darauf, die „konsequente Anwendung" der genehmigungsrechtlichen und aufsichtlichen Mittel nach §§ 17 und 19 führe im Lauf der Zeit zur Abschaltung von immer mehr Anlagen (so „Vorschlag für eine GRÜNE Strategie zum Ausstieg aus der Atomkraft" vom März 1998).

25 **Verwaltungsgerichtliche Schritte oder Schadensersatzklagen** von KKW-Betreibern gegen einzelne Vollzugsmaßnahmen schienen wegen Schwierigkeiten der Beweisführung und auch wegen der Kurzfristigkeit nötiger Entscheidungen kaum geeignet, die erstrebten Ergebnisse zu erbringen (*Sellner/Hennenhöfer* in Rehbinder/Schink UmweltR Kap. 12 Rn. 28). Immerhin sah sich das Land Schleswig-Holstein im Jahr 2003 Zahlungsforderungen in Millionenhöhe ausgesetzt, weil das Ministerium 1992 für zehn Tage den Stillstand des KKW Krümmel angeordnet hatte, um am Reaktordruckbehälter eine Bodenlochfeldprüfung durchzuführen (Die Welt vom 6.2.2003).

2. Unabhängigkeit der Atomaufsicht

26 Auf internationaler und europäischer Ebene und in den oben dargestellten sowie in zahlreichen weiteren Staaten spielt die Frage der Unabhängigkeit der Aufsicht eine bedeutsame Rolle. Wie dargelegt führte die Entwicklung weg von der anfänglichen staatlichen Gesamtsteuerung von Förderung und Sicherheit des nuklearen Bereichs hin zu eigenständigen Organen (**„Kommissionen"**), die in verschiedenartiger Dichte mit Unabhängigkeit in verfahrensmäßiger und inhaltlicher Weise ausgestattet wurden. Ob die nach der Katastrophe von Fukushima ergriffenen organisatorischen Maßnahmen den Anforderungen der Gewährleistung optimaler Sicherheit genügten, wird vor allem in Japan diskutiert.

Vorbemerkung zu den Verwaltungsbehörden **Vor §§ 22–24b AtG**

In Deutschland liegen die maßgeblichen atomrechtlichen Aufgaben und Kompetenzen herkömmlich bei Behörden, die **in die etablierte Struktur und Hierarchie der Exekutive eingefügt** sind (→ Rn. 18). Innerhalb dieser Behörden werden die Zuständigkeiten der Aufsicht und Genehmigung von Fachbereichen, meist von Abteilungen, wahrgenommen. Als „regulatory body" im staatsrechtlichen und internationalen Sinn sind die obersten Behörden, in denen die genannten Fachbereiche eingegliedert sind, anzusehen. Für diese Behörden gilt demgemäß die Forderung nach Unabhängigkeit (vgl. *Kus,* Erweiterte Unabhängigkeit im atomrechtlichen Gesetzesvollzug, 39, 114 f., 120). 27

Die Fachbereiche und ihre Mitarbeiter unterliegen auch beim Thema nukleare Sicherheit voll dem dienst- und arbeitsrechtlichen Direktionsrecht des Behördenleiters und der vorgesetzten Dienstbehörde. Die **Letztverantwortung liegt beim Ressortchef**, meist Minister, unabhängig davon, ob es sich um Fälle nach § 24 Abs. 2 S. 1 und 2 handelt, in denen die Aufsichts- und Genehmigungszuständigkeit ohnehin unmittelbar bei der obersten Landesbehörde (Ministerium) liegen. Daran ändert auch das Institut der Bundesauftragsverwaltung nichts: Auch hier handelt es sich um Landesverwaltung, für deren Ausübung der Leiter des Landesressorts dem Landesparlament verantwortlich ist. Parallel dazu trägt auch der zuständige Bundesminister die Verantwortung gegenüber dem Bundestag für das Tun und Unterlassen seiner Behörde, vor allem bei Bundesaufsicht und Weisungserteilung. 28

Das Direktionsrecht des Ressortchefs gegenüber den mit nuklearer Sicherheit befassten Personen und Fachbereichen wäre insofern nur dann bedenklich, wenn innerhalb seines Geschäftsbereiches anderweitig auch Belange wahrzunehmen wären, die **mit dem Ziel höchstmöglicher Sicherheit kollidieren** könnten. Gegenwärtig ist nicht ersichtlich, dass es zu derartigen Kollisionen kommen könnte. Das war nicht einmal während der Geltung der ursprünglichen Fassung von § 1 Nr. 1 der Fall, wo als einer der Gesetzeszwecke die Förderung von Erforschung, Entwicklung und Nutzung der Kernenergie genannt war. Es handelte sich um ein legislatorisches Bekenntnis, das den Aufsichts- und Genehmigungsbehörden keinerlei Beschränkungen und Vorgaben auferlegte. Bei sachgerechtem verfassungskonformen Verständnis konnte diese Klausel nur bedeuten, dass der Förderzweck im Rahmen höchstmöglicher, kompromisslos zu gewährleistender Sicherheit zu erreichen ist und damit die zentrale Stellung der Schutznorm des § 1 Nr. 2 unberührt lässt (dazu BVerfGE 53, 30 (59) = NJW 1980, 759 – Mülheim-Kärlich; Bericht und Antrag des Bundestags-Innenausschusses, BT-Drs. 7/3298, 2; *Kus,* Erweiterte Unabhängigkeit im atomrechtlichen Gesetzesvollzug, 45). Mit dem Ausstiegsgesetz vom 22.4.2002 (BGBl. I 1351) ist der Förderzweck entfallen. Aufgaben, die sich auf Förderung oder Nutzung der Kernenergie erstrecken, dürfen grundsätzlich nicht in den die Atomaufsicht umfassenden Geschäftsbereich aufgenommen werden. 29

Damit kommt es an auf die **Unabhängigkeit des Ressortleiters:** In Art. 65 S. 2 und 3 GG ist festgehalten, dass jeder Bundesminister seinen Geschäftsbereich **selbständig** und unter eigener Verantwortung leitet; bei Meinungsverschiedenheiten entscheidet das Kabinett. Entsprechende Regelungen finden sich in den Landesverfassungen, zB Art. 37 Abs. 1 S. 2 Niedersächsische Verfassung; Art. 51 Abs. 1 Bayerische Verfassung). In den Geschäftsordnungen der Regierungen von Bund und Ländern ist ausdrücklich oder implizit geregelt, dass Kabinettsbeschlüsse für die Mitglieder und deren Geschäftsbereiche bindend sind (zB § 11 Abs. 8 S. 1 der Geschäftsordnung der Bayerischen Staatsregierung vom 2.11.2006, GVBl. 825). Damit scheint es nicht ausgeschlossen, dass in einen Kabinettsbeschluss, in dem es um 30

Fragen der nuklearen Sicherheit geht, andere – an sich beachtliche-Belange etwa der Energieversorgung, der Arbeitsplatzsicherung oder der wissenschaftlichen Forschung mit einfließen und so Grundsätze der Trennung und der Unabhängigkeit tangieren könnten.

31 *Hellermann* (14. AtRS 2013, 127) sieht die aktuelle Gestaltung der Atomaufsicht in Deutschland in Einklang mit der RL 2011/70/Euratom vom 8.7.2014; allerding lag dieser Erwägung noch die Ausgangsfassung RL 2009/71/Euratom vom 19.7.2011 zu Grunde. Außerdem würden die Ermächtigungsnormen der Art. 31, 32 FAG keine ausreichende Grundlage für derartige administrative Vorgaben liefern, sondern vielmehr die **institutionelle Autonomie der Mitgliedstaaten** respektieren. Mit Blick auf die Neufassung der RL 2011/70/Euratom hält *Müller-Dehn* (atw 2016, 300) das Entfallen von Umsetzungsbedarf für „zumindest ungewiss".

32 Ein Lösungsansatz könnte darin liegen, in den Geschäftsordnungen der Regierungen von Bund und Ländern dem für die nukleare Sicherheit zuständigen Ressortleiter ein **Widerspruchsrecht** gegen Kabinettsbeschlüsse einzuräumen, die sich mit einschlägigen Fragen befassen. In den Geschäftsordnungen der Bundesregierung und verschiedener Landesregierungen ist für bestimmte Fälle den betroffenen Ressortchefs (zB § 26 Geschäftsordnung der Bundesregierung: Finanz, Justiz, Inneres; ebenso §§ 20, 21 NRW-GOLR) ein Widerspruchsrecht eingeräumt. Das könnte auch für Konstellationen erwogen werden, in denen internationale oder europarechtliche Vorgaben eine Trennung der Belange und die Unabhängigkeit der Funktionsträger fordern.

33 Legt man abweichend davon zu Grunde, dass die direkt funktional befassten Fachbereiche (Abteilungen) den „regulatory body" bilden, wäre diesen Stellen im Bereich der Wahrung der nuklearen Sicherheit die Unabhängigkeit von „ungebührlicher Einflussnahme" zuzuerkennen. Damit müsste eine entsprechende **Ausnahme vom Weisungsrecht** des Ressortleiters und damit auch von seiner Ressortverantwortlichkeit korrespondieren, wenn gerade dieses Weisungsrecht die Gefahr des Einfließens von der Sicherheit abträglichen Belangen in sich trüge. Dies ist nach gegenwärtigem Staatsrecht nicht ersichtlich (→ Rn. 29).

34 Nach § 62 Abs. 1 S. 2 BBG und § 35 BeamtStG besteht eine Ausnahme von der Folgepflicht des Beamten gegenüber Anordnungen des Vorgesetzten, soweit besondere gesetzliche Vorschriften vorsehen, dass er an Weisungen nicht gebunden und nur dem Gesetz unterworfen ist. Eine solche Ausgestaltung stünde in einem **Spannungsverhältnis zum Demokratieprinzip** (Art. 20 GG), das grundsätzlich erfordert, dass von den durch Wahlen bestimmten Repräsentationsorganen eine ununterbrochene Legitimationskette bis hin zur einzelnen Verwaltungshandlung erfolgt (*Heitsch,* Die Ausführung der Bundesgesetze durch die Länder, 128f.). Wesentliches Merkmal ist dabei die Ressortverantwortung des Ministers gegenüber dem gewählten Parlament, die mit seinem Weisungsrecht korrespondiert (dazu EuGH NJW 2010,1210 mzustAnm *Roßnagel* EuZE 2010, 296 und kritAnm *Bull* EuZW 2010, 488; BVerfG BeckRS 2002, 30296929; *Hellermann* 14. AtRS 2013, 131ff.; *Di Fabio* FS Badura, 2004, 80f.; *Mayen* DÖV 2004, 45; *Groß* JZ 2012, 1088; *Hoffmann-Riem* in Hoffmann-Riem/Schmidt-Aßmann/Voßkuhle, Grundlagen des Verwaltungsrechts, Band 1, § 10 Rn. 54; *Böckenförde* in Isensee/Kirchhof, Handbuch des Staatsrechts der Bundesrepublik Deutschland, Band 2, § 24 Rn. 14ff.; *Kus,* Erweiterte Unabhängigkeit im atomrechtlichen Gesetzesvollzug, 152ff.).

3. Verfassungsrechtliche Kompetenzordnung

Die ursprünglich konkurrierende Gesetzgebungszuständigkeit des Bundes für 35
die Bereiche Kernenergie und Strahlenschutz wurde durch die Grundgesetzänderung vom 28.8.2006 (BGBl. I 2034) in dessen ausschließliche Kompetenz übergeleitet (Art. 73 Abs. 1 Nr. 14 GG). Auf diese Vorschrift verweist Art. 87c GG, der es dem Bundesgesetzgeber erlaubt, insoweit die **Bundesauftragsverwaltung** vorzusehen; dies ist mit § 24 Abs. 1 S. 1 geschehen.

Die Ordnung der Verwaltungskompetenzen stützt sich vor allem auf Art. 83, 85 36
und 87 Abs. 3 GG. Für die in Art 83 GG grundsätzlich vorgesehene **landeseigene Verwaltung** ist aufgrund von § 24 Abs. 1 iVm Art. 87c GG – mit Ausnahme des in § 35 geregelten Verteilungsverfahrens und der in § 44b S. 3 den Landesbehörden zugewiesenen Empfangszuständigkeit für Meldungen des BSI- kein Raum. Unberührt von der Bundesauftragsverwaltung bleiben auch – soweit nichts Abweichendes bestimmt ist – die mit Kernenergienutzung und Strahlenschutz vielfach faktisch zusammenhängenden Verwaltungsaufgaben der Länder in den Bereichen Bau, Polizei, Brandschutz, Katastrophenschutz, Wasser, Gesundheit (Lange, Das Weisungsrecht des Bundes in der atomrechtlichen Auftragsverwaltung, 53); dies gilt auch dann, wenn das Land für Anlagen, die einer Errichtungsgenehmigung nach dem Atomgesetz bedürfen, vom Erfordernis einer eigenständigen Baugenehmigung absieht und somit die Prüfung des materiellen Baurechts der atomrechtlichen Genehmigungsbehörde überträgt (beispielhaft Art. 56 S. 1 Nr. 9 BayBO). Der Landesgesetzgeber kann zwar die oberste Landesbehörde als Atomgenehmigungsbehörde mit den Befugnissen einer (Sonder-) Baugenehmigungsbehörde ausstatten, aber er kann der allgemeinen Bauaufsichtsbehörde keine atomgenehmigungsrechtlichen Teilaufgaben übertragen, die je nach Rechtsgebiet von obersten Landesbehörden oder von Bundesbehörden wahrzunehmen sind (OVG Lüneburg DVBl 1983, 184; OVG Münster BeckRS 9998, 91109; *Gaentzsch* NJW 1986, 2794).

Die Zuständigkeiten für die **Verfolgung und Ahndung von Ordnungswid-** 37
rigkeiten liegen in der Eigenverwaltung der Länder und bestimmen sich nach Teil 2 1. Abschnitt des OWiG.

§ 22 Zuständigkeit für grenzüberschreitende Verbringungen und deren Überwachung

(1) ¹Über Anträge auf Erteilung einer Genehmigung nach § 3 sowie über die Rücknahme oder den Widerruf einer erteilten Genehmigung entscheidet das Bundesamt für Wirtschaft und Ausfuhrkontrolle (BAFA). ²Das Gleiche gilt, soweit die auf Grund des § 11 ergehenden Rechtsverordnungen das Erfordernis von Genehmigungen und Zustimmungen sowie die Prüfung von Anzeigen für grenzüberschreitende Verbringungen vorsehen.

(2) ¹Die Überwachung von grenzüberschreitenden Verbringungen obliegt dem Bundesministerium der Finanzen oder den von ihm bestimmten Zolldienststellen. ²Die Zolldienststellen können
1. grenzüberschreitend verbrachte Sendungen mit radioaktiven Stoffen sowie deren Beförderungsmittel, Behälter, Lademittel und Verpackungsmittel zur Überwachung anhalten,
2. einen auf Grund tatsächlicher Anhaltspunkte bestehenden Verdacht von Verstößen gegen Verbote und Beschränkungen nach diesem Gesetz

oder einer auf Grund des § 11 ergehenden Rechtsverordnung, der sich bei der Wahrnehmung ihrer Aufgaben ergibt, den zuständigen Behörden mitteilen und

3. in den Fällen der Nummer 2 anordnen, dass Sendungen nach Nummer 1 auf Kosten und Gefahr des Verfügungsberechtigten den zuständigen Behörden vorgeführt werden.

³Das Brief- und Postgeheimnis nach Artikel 10 des Grundgesetzes wird nach Maßgabe der Sätze 1 und 2 eingeschränkt.

(3) Soweit das Bundesamt für Wirtschaft und Ausfuhrkontrolle (BAFA) auf Grund des Absatzes 1 entscheidet, ist es unbeschadet seiner Unterstellung unter das Bundesministerium für Wirtschaft und Energie und dessen auf anderen Rechtsvorschriften beruhender Weisungsbefugnisse an die fachlichen Weisungen des für die kerntechnische Sicherheit und den Strahlenschutz zuständigen Bundesministeriums gebunden.

Literatur: *Bundesamt für Wirtschaft und Außenkontrolle,* Bericht 2016/2017, 2017; *Danner/Theobald,* Energierecht, EL April 2015, Kommentierung zum AtG; *Krenzler/Herrmann/Niestedt,* EU-Außenwirtschafts- und Zollrecht, Oktober 2018; *Wamers,* Der Begriff der zollamtlichen Überwachung, ZfZ 1999, 326; *Witte,* Zollkodex, 5. Aufl. 2009.

I. Grundlagen und Rechtsentwicklung

1   Die Regelung folgt dem Gedanken des **behördlichen Funktionsverbundes,** nämlich die Zuständigkeiten und fachlichen Weisungsbefugnisse auf bestehende Behörden zu übertragen, die dem Grunde nach bereits mit vergleichbaren Aufgaben und Arbeitsmethoden betraut sind (→ Einf. Dritter Abschnitt Rn. 18).

2   Bereits die Erstfassung des AtG enthielt eine derartige Zuständigkeitsregelung. Die frühere Überwachungsbefugnis des Freihafenamtes Hamburg für den dortigen Freihafen (Abs. 2 S. 2 aF) wurde mit Gesetz vom 21.12.1992 (BGBl. I 2150) aufgehoben; aufgrund von Aufgabenübertragungen wurde die Zitierung dieses Amtes überflüssig (BT-Drs. 12/3432, 99). Die Änderungen der Überschrift (urspr. „Einfuhr und Ausfuhr"), des Abs. 1 S. 2 und des Abs. 2 wurden durch Gesetz vom 6.4.1998 (BGBl. I 694) vorgenommen. Es handelte sich um Folgen der Änderungen der §§ 10 und 11 (→ §§ 11, 12 Rn. 17), die ihrerseits auf die damalige RL 92/3/Euratom vom 3.2.1992 zur Überwachung und Kontrolle der Verbringungen radioaktiver Abfälle (ABl. L 35, 24) zurückgingen. Eine Reihe weiterer Änderungen des § 22 bestand lediglich in der Anpassung an geänderte Behördenbezeichnungen oder in redaktionellen Klarstellungen.

II. Entscheidungszuständigkeit (Abs. 1)

1. Das BAFA

3   Die in Abs. 1 genannten Entscheidungen und Prüfungen im Bereich grenzüberschreitender Verbringungen (Einfuhr und Ausfuhr, → § 6 Rn. 2, sowie Durchfuhr, → §§ 11, 12 Rn. 17 f.) liegen beim **BAFA** in Eschborn, einer dem BMWi unterstehenden obersten Bundesbehörde, der auch generell die Erteilung von Genehmigungen zur Einfuhr und Ausfuhr von Waren obliegt (Art. 1 § 2 des Gesetzes über

Zuständigkeit für grenzüberschreitende Verbringungen   **§ 22 AtG**

die Errichtung eines Bundesausfuhramtes vom 28.2.1992, BGBl. I 376); zu Einzelheiten der Wahrnehmung der Aufgabe „Grenzüberschreitende Verbringung radioaktiver Stoffe" s. *Bundesamt für Wirtschaft und Außenkontrolle,* Bericht 2016/2017, 75).

Ursprünglich lag die Zuständigkeit bei dem 1954 gegründeten Bundesamt für 4 gewerbliche Wirtschaft, das auch bereits Zuständigkeiten auf Grund des Gesetzes Nr. 22 der Alliierten Hohen Kommission über die Überwachung von Stoffen, Einrichtungen und Ausrüstungen auf dem Gebiet der Atomenergie vom 2.3.1950 (ABl. 122) hatte (1987 Umbenennung in „Bundesamt für Wirtschaft"; 1992 Ausgründung des „Bundesamtes für Ausfuhr" mit Übertragung der atomrechtlichen Kompetenzen – Anlass waren zunehmende Proliferationsgefahren wegen des zweiten Golfkriegs; 2000 Eingliederung des Bundesamtes für Wirtschaft in das Bundesamt für Ausfuhr und Umbenennung in „Bundesamt für Wirtschaft und Ausfuhrkontrolle"). Abs. 1 S. 1 gilt für die Ein- und Ausfuhr von Kernbrennstoffen iSd § 2. Darüber hinaus kann sich nach § 10a Abs. 1 eine Genehmigung iSd § 3 Abs. 1 auch auf Genehmigungen für Verbringungen radioaktiver Stoffe beziehen, deren Erfordernis sich aus einer nach § 30 StrlSchG erlassenen Verordnung ergibt (→ § 10a Rn. 1); damit wird die ansonsten nach § 24 bestehende Zuständigkeit der Landesbehörden verdrängt (*Fillbrandt/Paul* in Danner/Theobald, 89. EL Mai 2016, § 22 Rn. 21).

Für die Erteilung einer Genehmigung für die **grenzüberschreitende Verbrin-** 5 **gung von Konsumgütern** (§ 42 iVm § 5 Abs. 20 StrlSchG) ist nach § 188 Abs. 1 StrlSchG das BAFA zuständig. Dies gilt auch, soweit Verordnungen nach §§ 24 S. 1 Nr. 7 und 30 StrlSchG das Erfordernis von Genehmigungen und Zustimmungen sowie die Prüfung von Anzeigen oder Anmeldungen für grenzüberschreitende Verbringungen vorsehen.

2. Grenzüberschreitende Verbringung

Die behördlichen Akten nach Abs. 1 beziehen sich allein auf den **Vorgang der** 6 **grenzüberschreitenden Verbringung.** Genehmigungen für anderweitige, mit Verbringungen oftmals zusammenhängende Vorgänge wie Transport oder Lagerung bleiben weiter erforderlich. Als Verordnungen nach Abs. 1 S. 2 sind die **AtAV** und Art. 1 Teil 2 Kapitel 2 Abschnitt 2 „Grenzüberschreitende Verbringung radioaktiver Stoffe" der Verordnung zur weiteren Modernisierung des Strahlenschutzrechts vom 29.11.2918 (BGBl. I 2034; vgl. → §§ 11, 12 Rn. 4) einschlägig, nachdem das StrlSchG die entsprechenden Vorschriften der früheren, vom 31.12.2018 außer Kraft gesetzten StrlSchV übernommen hat. Die AtAV regelt in Umsetzung der RL 92/3/Euratom vom 3.2.1992 (ABl. L 35, 24) die Überwachung und Kontrolle der grenzüberschreitenden Verbringung radioaktiver Abfälle (§ 1 Abs. 1 AtAV). Ausdrücklich bestimmt § 2 S. 2 AtAV für ihren Anwendungsbereich die **Verdrängungswirkung** ihrer Genehmigungserfordernisse gegenüber den entsprechenden Regelungen des AtG und des StrlSchG. Das BAFA entscheidet über die Erteilung einer Genehmigung gem. § 5 Abs. 2 AtAV und die Zustimmung nach § 14 Abs. 1 AtAV im Benehmen mit den zuständigen Landesbehörden (§ 5 Abs. 2 AtAV; § 14 Abs. 1 S. 2 AtAV). Der Begriff der Verbringung ist in § 3 Nr. 4 AtAV definiert; er schließt alle zur grenzüberschreitenden Beförderung radioaktiver Abfälle oder abgebrannter Brennelemente vom Ursprungsland oder Ursprungsmitgliedstaat zum Bestimmungsland oder Bestimmungsmitgliedstaat notwendigen Handlungen ein.

III. Überwachung (Abs. 2)

1. Keine „neue" Aufgabe iSv Art. 87 Abs. 3 S. 2 GG

7 Entsprechend dem Konzept des behördlichen Funktionsverbundes wurde die Überwachung grenzüberschreitender Verbringungen von Beginn an in die Hände des **BMF und der von ihm bestimmten Zolldienststellen** gelegt. Diese ausdrückliche Aufgabenübertragung war laut Gesetzesbegründung (BT-Drs. 3/759, 33) nötig, weil „das geltende Recht hierfür keine ausreichende Grundlage" bot. Vor diesem Hintergrund hat der Bundesrat in Nr. 2 seiner Stellungnahme (BT-Drs. 3/759, 49) vorgeschlagen, im Hinblick auf § 22 Abs. 2 in die Eingangsworte zum AtG einen Satz aufzunehmen, wonach diese Regelung ihre Rechtsgrundlage in Art. 87 Abs. 3 S. 2 GG findet. Diese Bestimmung räumt dem Bund die Möglichkeit ein, bei dringendem Bedarf Behörden mit eigenem Verwaltungsunterbau mit neuen Aufgaben zu betrauen. In ihrer Entgegnung (BT-Drs. 3/759, 58) wies die Bundesregierung darauf hin, dass es sich hier um keine neue Aufgabe für die Finanzverwaltung handele; nach den zollrechtlichen Vorschriften obliege der Zollverwaltung seit jeher die Überwachung des gesamten grenzüberschreitenden Warenverkehrs; hier werde also eine „alte Aufgabe" lediglich „konkretisiert" (ebenso *Fischerhof* Dt. AtomR § 22 Rn. 3).

8 Festzuhalten ist, dass es in der Tat der Zollverwaltung längst vor Inkrafttreten des GG (*Ibler* in Maunz/Dürig, 85. EL November 2018, GG Art. 87 Rn. 274) oblag, generell den grenzüberschreitenden Warenverkehr auch auf die Einhaltung der für Verbringungen geltenden **Verbote und Beschränkungen** zu überwachen; bereits das Vereinszollgesetz vom 1.7.1869 sah in seinem § 2 Ausnahmen von der Aus-, Ein- und Durchfuhrfreiheit aus gesundheits- und sicherheitspolizeilichen Gründen vor. Der Erlass neuer oder die Erweiterung bestehender Verbote und Beschränkungen ändern daran grundsätzlich nichts, solange nicht der eigentliche Überwachungsauftrag damit eine neue Qualität erreicht. Das ist hier nicht der Fall; auch anderweitige neuere Ausprägungen bei Schwarzarbeitsbekämpfung, Artenschutz, Schutz des nationalen Kulturguts und des gewerblichen und geistigen Eigentums, Waffen- und Rauschmittelhandel wurden in der Staats- und Verwaltungspraxis nie in Frage gestellt.

2. Begriff, Wesen und Erstreckungsbereich der Überwachung

9 Die in Abs. 2 vorgesehene zollamtliche Überwachung stellt keinen Spezialfall der atomrechtlichen Aufsicht dar (abw. *Fischerhof* Dt. AtomR § 22 Rn. 3), wie sie in § 19 geregelt ist. Dieser Begriff verweist vielmehr auf den herkömmlichen Generalauftrag der Zollverwaltung mit ihrer **Präsenz und Filterfunktion** an den Grenzen (*Wamers* ZfZ 1999, 326).

10 Auf EU-Ebene bildet den Basisrechtsakt für das Zollwesen der **Unionszollkodex** (UZK), der als VO (EU) Nr. 952/2013 vom 9.10.2013 (ABl. L 269/1) unmittelbar in den Mitgliedstaaten gilt und auch Vorschriften zur **zollamtlichen Überwachung** enthält (*Henke/Rinnert* in Witte, Zollkodex, 5. Aufl. 2009, ZK Art. 58 Rn. 35); Art. 5 Nr. 27 UZK definiert sie als „allgemeine Maßnahmen der Zollbehörden mit dem Ziel, die Einhaltung der zollrechtlichen Vorschriften und gegebenenfalls der sonstigen Vorschriften zu gewährleisten, die für Waren gelten, die solchen Maßnahmen unterliegen." Art. 134 Abs. 1 S. 1 UZK bestimmt dazu,

dass Waren, die in das Zollgebiet der Union verbracht werden, ab dem Zeitpunkt ihres Eingangs der zollamtlichen Überwachung und Zollkontrollen unterzogen werden können; S. 2 stellt klar, dass Waren gegebenenfalls Verboten und Beschränkungen unterliegen, die unter anderem zum Schutz der Gesundheit und des Lebens von Menschen sowie der Umwelt gerechtfertigt sein können. Darunter fallen auch atom- und strahlenschutzrechtliche Bestimmungen. **Zollkontrollen** sind nach Art. 5 Nr. 3 UZK demgegenüber spezifische Handlungen, die die Zollbehörden zur Gewährleistung der Einhaltung der zollrechtlichen und sonstigen Vorschriften vornehmen.

Damit übereinstimmend bestimmt das **Zollverwaltungsgesetz** in § 1 Abs. 3, dass die zollamtliche Überwachung auch die Einhaltung der gemeinschaftlichen oder nationalen Vorschriften sichert, die das grenzüberschreitende Verbringen von Waren verbieten oder beschränken; darunter fallen atom- und strahlenschutzrechtliche Bestimmungen. 11

Die zollamtliche Überwachung erstreckt sich auf jegliche grenzüberschreitende Verbringung von radioaktiven Stoffen nach § 2 unabhängig davon, ob diese im Sinne von § 22 Abs. 1 genehmigungs-, zustimmungs- oder anzeigepflichtig ist oder aber überhaupt keiner derartigen Restriktion unterliegt. Das ergibt sich aus dem umfassenden Auftrag der Zollbehörden in diesem Bereich (*Fischerhof* Dt. AtomR § 22 Rn. 3). 12

3. Befugnisse im Rahmen der zollamtlichen Überwachung

Allgemein sind die Befugnisse im Rahmen der zollamtlichen Überwachung in Teil III des ZollVG geregelt. Art. 3 Nr. 15 StrlSchG hat dem bisherigen Abs. 2 S. 2 **spezielle Befugnisnormen** angefügt; damit werden den Zolldienststellen die auf die Erfordernisse der Kontrolle des grenzüberschreitenden Warenverkehrs mit radioaktiven Stoffen zugeschnittenen Rechte eingeräumt. Sie bilden in ihrer Reihenfolge gleichsam ein Arbeitsprogramm für die Behandlung problematischer Fälle: Anhalten von Sendungen sowie deren Begleitgegenständen; Mitteilung an die zuständigen Behörden wie Landesbehörden oder Eisenbahn-Bundesamt; Vorführung bei den zuständigen Behörden. Diese Abfolge ist Ausfluss des behördlichen Funktionsverbundes, wonach allein für die Überwachung des grenzüberschreitenden Warenverkehrs die besondere Kompetenz der Zollverwaltung im Sinne ihrer Präsenz und Filterfunktion in Anspruch genommen wird, es ansonsten aber bei den allgemeinen behördlichen Zuständigkeiten bleibt. Angesichts der Beteiligung verschiedener Behörden ist in Abs. 2 S. 3 das **Recht zur Datenübermittlung** verankert, ebenso die Einschränkung des Brief- und Postgeheimnisses (Art. 10 GG). Eine gleichartige Regelung enthält § 186 Abs. 2 StrlSchG für die Überwachung der grenzüberschreitenden Verbringungen radioaktiver Stoffe, von Konsumgütern oder Produkten nach § 39 Abs. 1 S. 1 Nr. 1–10 StrlSchG, denen radioaktive Stoffe zugesetzt oder die aktiviert worden sind, sowie von Rückständen. Diese Regelungen gelten nur für die Überwachung der Verbringung radioaktiver Stoffe. Soweit anderweitig zollrechtliche Tatbestände relevant sind, bleibt es bei den allgemeinen bzw. auf entsprechenden Spezialgesetzen beruhenden Befugnissen der Zollbehörden. 13

Die **zollamtlichen Überwachungsbefugnisse und die staatliche Aufsicht nach § 19** stehen eigenständig nebeneinander; bei dem Begriff der Überwachung in Abs. 2 S. 1 handelt es sich nicht um eine Ungenauigkeit in der Weise, dass eigentlich die Aufsicht gemeint sei (zust. *Thienel* in NK-AtomR § 22 Rn. 2). Der Überwachungsauftrag versetzt die Zollbehörden in ihrer Präsenz- und Filterfunktion ge- 14

AtG § 22   Dritter Abschnitt Verwaltungsbehörden

nerell in die Lage, grenzüberschreitende Verbringungen im Auge zu behalten und ggf. von den durch Art. 3 Nr. 15 StrlSchG als S. 2 eingeführten Befugnissen Gebrauch zu machen; diese verweisen mehrfach auf die „zuständigen Behörden", ebenso die Dienstvorschrift „Radioaktive Stoffe" (→ Rn. 15). Die Tatsache, dass Kernbrennstoffe für eine grenzüberschreitende Verbringung vorgesehen sind oder waren, schmälert die aufsichtlichen Befugnisse nach § 19 in keiner Weise (dazu *Thienel* in NK-AtomR § 22 Rn. 2 mwN).

4. Dienstvorschrift „Radioaktive Stoffe"

15   Einzelheiten der „Mitwirkung" der Zollverwaltung beim Vollzug des Atom- und Strahlenschutzrechts regelt die **Dienstvorschrift des BMF „Radioaktive Stoffe"** SV 02 12-5 vom 27.3.2015. Sie mahnt in Abschnitt I zu besonderer Sorgfalt und bestimmt, die Sendungen schnellstmöglich abzufertigen und nach Möglichkeit nicht in die Diensträume zu bringen. Das Öffnen von Packstücken ist gemäß dem Konzept des behördlichen Funktionsverbundes nur in Gegenwart von Beauftragten der zuständigen Behörde oder ihrer Sachverständigen (§ 20) zulässig, die auch über eine Freigabe zur Weiterbeförderung entscheiden. Nach Abschnitt V ist bei Verdacht auf illegale Verbringung für die weiteren Entscheidungen unverzüglich die zuständige Landesbehörde einzuschalten und ggf. das Eisenbahn-Bundesamt zu informieren. In Abschnitt VI wird darauf hingewiesen, dass zollamtliche Kontrollen des innergemeinschaftlichen Warenverkehrs mit Unionswaren innerhalb der EU atomrechtlich nicht vorgesehen sind. Bei Anhaltspunkten für eine illegale Verbringung ist gem. § 12 ZollVG die Sache an die Staatsanwaltschaft oder Bußgeldbehörde weiterzuleiten.

5. Zuständigkeit der Zollstellen

16   Auf Ebene des Gemeinschaftsrechts bildet **Art. 159 UZK** die Ausgangsnorm für die Regelung der Zuständigkeit der Zollstellen. Abs. 1 bestätigt die prinzipielle Kompetenz der Mitgliedstaaten zu deren Regelung. Hilfsweise bestimmt Abs. 3, dass der Ort der Gestellung maßgeblich ist. „Gestellung" bedeutet nach Art. 5 Nr. 33 UZK die Mitteilung an die Zollbehörden, dass Waren bei der Zollstelle oder an einem andern von den Zollbehörden bezeichneten oder zugelassenen Ort eingetroffen sind und für Zollkontrollen zur Verfügung stehen (*Goecke* in Krenzler/Herrmann/Niestedt, EU-Außenwirtschafts- und Zollrecht, 15. EL April 2020, UZK Art. 5 Rn. 5f.). Spezielle Bestimmungen zur Zuständigkeit enthalten die Art. 221, 263, 285, 329 und 338 DVO UZK.

17   Im innerstaatlichen Recht bestimmen sich die Zuständigkeiten im Wesentlichen nach § 17 ZollVG und nach § 7 ZollV mit Regelungen für **Binnenschifffahrts-, See-, Luft-, Eisenbahn-, Postverkehr und den Verkehr durch Rohrleitungen oder andere Beförderungswege**. Nach § 7 Abs. 3 ZollV bleiben Beschränkungen der Zuständigkeit aufgrund von Verboten und Beschränkungen – dazu gehört der Bereich der grenzüberschreitenden Verbringung radioaktiver Stoffe– unberührt. Die Hauptzollamtszuständigkeitsverordnung vom 22.11.2016 (BGBl. I 2642) weist die örtliche Zuständigkeit bestimmten Hauptzollämtern zu. Weitere Regelungen zur Zuständigkeit enthalten die Rn. 200–228 der Dienstvorschrift A 0610 und die Rn. 6 und 19 der Dienstvorschrift SV 0101.

6. Fachliche Weisungen (Abs. 3)

Einfügung in behördlichen Funktionsverbund bedeutet auch Potential für 18 Kompetenzkonflikte: Die Zuständigkeiten nach § 22 Abs. 1 liegen im Geschäftsbereich des BMWi beim BAFA angesichts seiner Kompetenz in außenwirtschaftlichen Angelegenheiten. Oberste Bundesbehörde für atom- und strahlenschutzrechtlichen Fragen ist aber das BMU. Abs. 3 löst den denkbaren Konflikt zwischen umfassender Ressortverantwortung und Fachkompetenz in der Weise, dass das BMU ein sektoral auf Abs. 1 begrenztes Weisungsrecht erhält; es umfasst die Recht- und Zweckmäßigkeit des Verwaltungshandelns.

§ 23 [aufgehoben]

In seiner ursprünglichen Fassung regelte § 23 die atomrechtlichen Zuständigkeiten der Physikalisch-Technischen Bundesanstalt (PTB) und die Möglichkeiten der Erweiterung von dessen Zuständigkeiten durch Verordnung. Danach trat an dessen Stelle durch Gesetz vom 9.10.1989 (BGBl. I 1830) das BfS. Ein Teil seiner Aufgaben ging an das BASE (→ § 23d Rn. 1), ein anderer Teil ist nun in § 185 StrlSchG geregelt. Die jetzigen strahlenschutzrechtlichen Zuständigkeiten der PTB richten sich nach § 187 StrlSchG. Durch Art. 3 Nr. 16 StrlSchG wurde § 23 aufgehoben.

§ 23a Zuständigkeit des Bundesverwaltungsamtes

Das Bundesverwaltungsamt ist für Entscheidungen nach den §§ 9d bis 9g zuständig.

Literatur: *Danner/Theobald,* Energierecht, 2016.

I. Grundlagen und Rechtsentwicklung

Gemäß dem Prinzip des **behördlichen** Funktionsverbunds (→ Einf. Dritter 1 Abschnitt Rn. 18) ging es auch bei der Beauftragung des Bundesverwaltungsamtes (BVA) um den Einbau atomrechtlicher Aufgaben in bereits vorhandene Verwaltungsstrukturen. Im Zuge verstärkter Bemühungen um die Lösung des Endlagerproblems wurden mit Gesetz vom 6.4.1998 (BGBl. I 694) Vorschriften für Erkundung, Errichtung und Betrieb von Endlagern (§§ 9d–9f) sowie zur Veränderungssperre (§ 9g) in das AtG aufgenommen. Die entsprechenden Entscheidungen legte § 23a in die Hände des BVA. Mit der Ausstiegsnovelle vom 22.4.2002 (BGBl. I 1351) wurden die Enteignungsvorschriften ersatzlos mit der Begründung gestrichen, eine auf Akzeptanz gerichtete Vorgehensweise werde für ausreichend erachtet (BT-Drs. 14/6890, 24; dazu *Müller-Dehn* in Possser/Schmans/Müller-Dehn §§ 9d–9f Rn. 289); demgemäß verblieb dem BVA die Entscheidungszuständigkeit nach § 9d Abs. 4. Nach dem Regierungswechsel 2010 wurden mit Gesetz vom 8.12.2010 (BGBl. I 1817) die §§ 9d–9f weitgehend übereinstimmend mit der ursprünglichen Fassung wieder eingefügt und der in § 23a niedergelegte Zuständigkeitsbereich des BVA entsprechend erweitert (*Fillbrandt/Paul* in Danner/Theobald, Energierecht, 89. EL Mai 2016, § 23a Rn. 50 Fn. 1). Das Gesetz zur Fortentwicklung des Gesetzes zur Suche und Auswahl eines Standortes für ein Endlager

AtG § 23b   Dritter Abschnitt Verwaltungsbehörden

vom 5.5.2017 (BGBl. I 1074, 1101) hat mit Art. 2 Nr. 4 in § 9g Abs. 4 die Aufgabenwahrnehmung in der Weise geändert, dass über Ausnahmen von einer Veränderungssperre nicht mehr das BVA, sondern das BASE entscheidet (→ § 9g Rn. 19).

II. Einzelfragen

2   Die Durchführung der **Enteignungsverfahren** nach §§ 9d ff. und die damit zusammenhängenden Prüfungspflichten liegen beim BVA. Diese obere Bundesbehörde mit Hauptsitz in Köln untersteht dem BMI und ist 1960 aus der ehemaligen Bundesausgleichsstelle (bis 1955) und der Bundesstelle für Verwaltungsangelegenheiten hervorgegangen. Es verfügt über einen breiten Bestand unterschiedlichster Aufgaben. Ein Grund für die Heranziehung des BVA lag in dem Bestreben, zur **Vermeidung von Interessenkonflikten** die in die Endlagerthematik bereits befassten Behörden wie BMU und BfS von den Aufgaben nach §§ 9d ff. fernzuhalten (*Fillbrandt/Paul* in Danner/Theobald, Energierecht, 89. EL Mai 2016, § 23a Rn. 50).

§ 23b [aufgehoben]

1   Die Norm wurde durch Gesetz vom 3.5.2000 (BGBl. I 636) zur Umsetzung von Art. 42 RL 96/29/Euratom vom 13.5.1996 (ABl. 1996 L 159, 15) eingefügt; der Überwachungsauftrag des Luftfahrt-Bundesamtes (LBA) bezog sich auf den **Schutz vor kosmischer Strahlung beim Betrieb von Flugzeugen**. Im Geschäftsbereich des BMVg war gem. § 24 Abs. 3 dieses Ministerium oder als von ihm bezeichnete Dienststelle das Bundesamt für Infrastruktur, Umweltschutz und Dienstleistungen der Bundeswehr (BAIUDBw) zuständig. § 23b wurde durch Art. 3 Nr. 16 StrlSchG aufgehoben; die Zuständigkeiten des Luftfahrt-Bundesamtes für den Strahlenschutz sind nunmehr in § 189 StrlSchG geregelt.

§ 23c [aufgehoben]

1   Mit Gesetz vom 31.7.2011 (BGBl. I 1704) wurden die Bestimmungen der § 7 Abs. 1e und § 23c eingefügt, die der Bundesnetzagentur die Befugnis gaben, Anordnungen zu einem maximal bis Ende März 2013 dauernden Reservebetrieb von KKW zu treffen. Nach Verstreichen dieses Datums wurden § 7 Abs. 1e und § 23c durch Art. 73 Nr. 1 und 3 des Bereinigungsgesetzes vom 8.7.2016 (BGBl. I 1594 (1603)) aufgehoben.

§ 23d Zuständigkeit des Bundesamtes für die Sicherheit der nuklearen Entsorgung

¹**Das Bundesamt für die Sicherheit der nuklearen Entsorgung ist zuständig für**
1. **die Planfeststellung und Genehmigung nach § 9b und deren Aufhebung,**
2. **die Aufsicht über Anlagen des Bundes nach § 9a Absatz 3 Satz 1 und die Schachtanlage Asse II nach § 19 Absatz 5,**
3. **die Erteilung der bergrechtlichen Zulassungen und sonstiger erforderlicher bergrechtlicher Erlaubnisse und Genehmigungen bei Zulassungs-**

verfahren nach § 9b für die Errichtung, den Betrieb und die Stilllegung von Anlagen des Bundes zur Sicherstellung und Endlagerung nach § 9a Absatz 3 im Benehmen mit der zuständigen Bergbehörde des jeweiligen Landes,
4. die Bergaufsicht nach den §§ 69 bis 74 des Bundesberggesetzes über Anlagen des Bundes zur Sicherstellung und Endlagerung nach § 9a Absatz 3,
5. die Erteilung von wasserrechtlichen Erlaubnissen oder Bewilligungen bei Zulassungsverfahren nach § 9b für Anlagen des Bundes zur Sicherstellung und Endlagerung nach § 9a Absatz 3 im Benehmen mit der zuständigen Wasserbehörde,
6. die Genehmigung der Beförderung von Kernbrennstoffen sowie deren Rücknahme oder Widerruf,
7. die Genehmigung der Aufbewahrung von Kernbrennstoffen außerhalb der staatlichen Verwahrung, soweit diese nicht Vorbereitung oder Teil einer nach § 7 oder § 9 genehmigungsbedürftigen Tätigkeit ist, sowie deren Rücknahme oder Widerruf,
8. die staatliche Verwahrung von Kernbrennstoffen einschließlich des Erlasses von Entscheidungen nach § 5 Absatz 7 Satz 1 und
9. die Entgegennahme und Bekanntmachung von Informationen nach § 7 Absatz 1c.

²In den Fällen, in denen der Standort nach dem Standortauswahlgesetz durch Bundesgesetz festgelegt wird, gelten die Zuständigkeitsregelungen des Satzes 1 erst nach dieser abschließenden Entscheidung über den Standort.

Übersicht

	Rn.
I. Grundlagen und Rechtsentwicklung	1
1. Einrichtung und Funktion des BASE	1
2. Erfordernis der Zustimmung des Bundesrats	5
II. Einzelfragen	6
1. Planfeststellung und Genehmigung (S. 1 Nr. 1)	6
2. Aufsicht (S. 1 Nr. 2)	7
a) Grundlagen	7
b) Auftrag und Beleihung der BGE	9
c) Verhältnis der hoheitlichen Funktionen von BfE und BGE zueinander	10
d) Europarechtliches Trennungsgebot	17
e) BGZ als Dritte	19
3. Berg- und wasserrechtliche Kompetenzen (S. 1 Nr. 3–5)	20
4. Weitere Genehmigungen, Verwahrung, Informationen (S. 1 Nr. 6–9)	21
5. Geltungsaufschub (S. 2)	22

Literatur: *Albin/Leuschner,* Aufsicht im Endlagerbereich, ZUR 2018, 515; *Gaßner ua,* Zum Verhältnis zwischen BGE und BfE im Standortauswahlverfahren, Rechtsgutachten vom 18.4.2018; *Keienburg,* Veränderte Behördenzuständigkeit im Zusammenhang mit der Endlagerung, atw 2012, 725; *Kiefer,* Regelungsbedarf und Gestaltungsspielräume bei der Beleihung, LKRZ 2009, 441.

I. Grundlagen und Rechtsentwicklung

1. Einrichtung und Funktion des BASE

1 Mit dem Ziel einer möglichst effizienten Endlagerorganisation wurde im Zuge der **Neuordnung der Entsorgung** und der mit ihr verbundenen Zentralisierung durch Art. 3 des StandAG vom 23.7.2013 (BGBl. I 2553) das BASE (damals BfE) als selbständige Bundesoberbehörde im Geschäftsbereich des BMU errichtet (BfEOrgErl vom 5.8.2014). Damit einher ging die Einrichtung einer institutionell eigenständigen atomrechtlichen Aufsicht über die Anlagen des Bundes nach § 9a Abs. 3 S. 1 und die Schachtanlage Asse II (Trennungsgrundsatz) anstelle der bisherigen Eigenüberwachung im damals zuständigen BfS. Verschiedene für das BASE vorgesehene Zuständigkeiten standen undstehen nach Maßgabe von § 58 Abs. 2 und 3 iVm § 24 bis auf Weiteres den obersten Landesbehörden sowie den Berg- und Wasserbehörden der Länder zu (→ § 24 Rn. 6, → § 58 Rn. 7f.). Mit der Änderung des StandAG vom 26.7.2016 (BGBl. I 1843) wurden Nr. 2 sowie die Nrn. 6–9 eingefügt. Vorher oblagen die dort genannten Aufgaben dem BfS, dessen Zuständigkeiten nunmehr in § 185 StrSchG aufgeführt sind (→ § 23 Rn. 1). Durch Art. 5 des Gesetzes vom 12.12.2019 (BGBl. I 2511) wurde die Behörde in „Bundesamt für die Sicherheit der nuklearen Entsorgung" (BASE) umbenannt.

2 Art. 3 § 3 StandAG vom 23.7.2013 (BGBl. I 2553) verankert im Sinne des verfassungsrechtlich vorgegebenen Demokratieprinzips (Art. 20 GG) die **behördliche Aufsicht** des BMU über das BASE. Sie umfasst die Fach,- Rechts- und Dienstaufsicht sowie die Befugnis, Weisungen zu erteilen und erstreckt sich auch auf die Führung der atomrechtlichen Aufsicht durch das BASE nach S. 1 Nr. 2.

3 Das StandAG weist in seiner Fassung vom 5.5.2017 (BGBl. I 1074) für seinen Anwendungsbereich in § 4 dem BASE verschiedene Funktionen zu; anders als in § 7 der ursprünglichen Fassung des StandAG vom 23.7.2013 (BGBl. I 2553) ist nicht mehr von einem „Regulierungsauftrag" des BASE, sondern von seinen „Aufgaben" die Rede; der Begriff der Regulierung ist nämlich in der deutschen atom- und umweltrechtlichen Terminologie nicht gebräuchlich und das StandAG 2013 war hier lediglich der unionsrechtlichen Begrifflichkeit der RL 2011/70/Euratom vom 19.7.2011 (ABl. L 199, 48) über einen **Gemeinschaftsrahmen für die verantwortungsvolle und sichere Entsorgung** gefolgt (so auch *Gaßner ua,* Zum Verhältnis zwischen BGE und BfE im Standortauswahlverfahren, 14). Diese Änderung des StandAG dient der Klarheit und steht in Einklang mit der Entsorgungsrichtlinie: Die Definition in Art. 3 Nr. 2 dieser Richtlinie bezeichnet ausdrücklich auch ein „System von Behörden" als „Regulierungsbehörde" und erlaubt es damit, den „Regulierungs"-Auftrag auf mehrere Stellen zu erstrecken. Der Gesetzgeber hat davon Gebrauch gemacht und klargestellt, dass sich der europarechtliche Regulierungsauftrag nicht allein auf eine der beteiligten Behörden, sondern auf die zuständigen Institutionen wie BMU, BASE und BGE insgesamt erstreckt (→ Rn. 7f.).

4 Vorläufig ist die Zuständigkeit des BASE betreffend die Lagerstätten **Konrad** und **ERAM** (zu Asse II → § 57b Rn. 32) mit Ausnahme der in S. 1 Nr. 2 enthaltenen Aufsichtskompetenz gegenstandslos: Für Schacht Konrad gilt § 23d abgesehen von S. 1 Nr. 2 erst ab der aufsichtlichen Zustimmung zur Inbetriebnahme (→ § 58 Rn. 7). Für ERAM greift diese Anwendbarkeit erst ab Vollziehbarkeit des Planfeststellungsbeschlusses (→ § 58 Rn. 8). Erst danach tritt die § 23d vorgezeichnete Bündelung der Kompetenzen beim BASE ein.

Zuständigkeit des BASE   § 23d AtG

2. Erfordernis der Zustimmung des Bundesrats

Unterschiedliche Auffassungen bestehen zu der Frage, ob der Gesetzgeber den 5
Ländern die Zuständigkeiten für Planfeststellung und Genehmigung (S. 1 Nr. 1) sowie die berg- und wasserrechtlichen Kompetenzen **ohne Zustimmung des Bundesrats** entziehen durfte: Der Streit zur Reichweite des Zustimmungserfordernisses nach Art. 85c, 85 Abs. 1 GG hatte sich bereits zur 8. AtG-Novelle entzündet, durch die in dem – mittlerweile aufgehobenen – § 23 Abs. 1 S. 1 als damals neue Zuständigkeiten des BfS die Planfeststellung und Aufsicht bei Entsorgungsanlagen (für die Zeit ab Übertragung der Einrichtungsaufgabe auf eine Körperschaft des öffentlichen Rechts) eingeführt wurde, den Ländern somit diese zuvor im Rahmen der Bundesauftragsverwaltung nach § 24 Abs. 1 liegenden Aufgaben entzogen wurden. In diesem Parallelfall zu jetzigen Regelungen hatte der Bundesrat in seiner Stellungnahme (BT-Drs. 13/8641, Anlage 2) den Entwurf abgelehnt und in Nr. 5 (S. 23) die Zustimmungsbedürftigkeit des Gesetzes betont. Zur Begründung wurde ausgeführt, es handle sich im Sinne der Rechtsprechung des BVerfG um eine qualitative und unmittelbare Neubestimmung des Aufgabenkreises, mit der der Tätigkeitsbereich der Landesbehörden beschränkt werde. Das Zustimmungserfordernis des Art. 85 Abs. 1 GG sei zu beachten, wenn eine Aufgabe von der Behörde abgezogen werde (so *Di Fabio* und *Roßnagel* in einer Anhörung des Bundestagsumweltausschusses am 29.101997). Dem widersprach die Bundesregierung in ihrer Gegenäußerung (BT-Drs. 13/8641, Anlage 3, S. 27): Ein solches Zustimmungserfordernis bestünde lediglich dann, wenn freiwerdenden Verwaltungskapazitäten des Landes neue Aufgaben im Rahmen der Auftragsverwaltung durch Bundesgesetz zugewiesen würden. Das sei hier nicht der Fall (ebenso *Schmidt-Preuß* und *Rengeling* in der genannten Ausschusssitzung sowie *Remmert* in BeckOK GG, 40. Ed. 15.2.2019, Art. 87c Rn. 4; *Schwarz* in Maunz/Dürig, 79. EL Dezember 2016, GG Art. 87c Rn. 38; aA *Horn* in MKS Art. 87c Rn. 49f.). In der Tat lässt eine Zusammenschau der Bestimmungen des VIII. Abschnitts des GG erkennen, dass nicht generell bundesgesetzliche Eingriffe in die Verwaltungszuständigkeit der Länder unter dem Vorbehalt der Zustimmung des Bundesrats stehen. Der actus contrarius zur Bestimmung der Bundesauftragsverwaltung iSd Art. 87c GG erfordert keine Zustimmung des Bundesrats, denn durch diesen Akt kommt es lediglich zur grundgesetzlich ohnehin prinzipiell vorgesehenen Landeseigenverwaltung oder – wie hier – unter der Voraussetzung des Art. 87 Abs. 3 S. 1 GG zur Bundeseigenverwaltung. Die Zustimmungsvorbehalte in Art. 85 Abs. 1 und 87c GG sind als Barriere gegen die mit den Ingerenzrechten des Bundes einhergehende und die Länder in verschiedenartiger Weise belastende Auftragsverwaltung gedacht und nicht als Schutzinstrument vor Veränderungen ihrer Verwaltungszuständigkeiten (so auch *Keienburg* atw 2012, 728).

II. Einzelfragen

1. Planfeststellung und Genehmigung (S. 1 Nr. 1)

Durch seine Aufsichts- und Genehmigungsfunktionen im Rahmen des Stan- 6
dAG soll das BASE Erkenntnisse und Erfahrungen ansammeln, die auch in das mit der späteren gesetzlichen Standortfestlegung „verzahnte" (BT-Drs. 18/11398, 64) Genehmigungsverfahren einfließen sollen. Dieses Verfahren beginnt **erst nach**

AtG § 23d Dritter Abschnitt Verwaltungsbehörden

der gesetzlichen Standortfestlegung nach § 20 StandAG. Das ergibt sich aus § 23d S. 2. Da es sich um ein nationales, länderübergreifendes Vorhaben handelt, hat sich der Gesetzgeber zur Steigerung der Effizienz dafür entschieden, die Verfahrensführung nicht mehr den einzelnen Standortländern zu überlassen. Da § 9b Abs. 1a für Fälle, in denen der Standort durch Gesetz festgelegt wurde, das Genehmigungsverfahren vorschreibt, ist für Endlagerung hochradioaktiver Abfälle das Planfeststellungsverfahren nicht relevant (*Mann* in *Kühne/v. Mäßenhausen* BBergG, 2. Aufl. 2015, § 126 Rn. 36 Fn. 95). Die Zuständigkeit des BASE erstreckt sich auch auf die Aufhebung der Planfeststellung und der Genehmigung. Die Zuständigkeit ist nicht auf die Aufhebung iSd § 77 VwVfG begrenzt, sondern umschließt auch Widerruf und Rücknahme (BVerwG NVwZ 1998, 281) sowie die einvernehmliche Beseitigung.

2. Aufsicht (S. 1 Nr. 2)

7   a) **Grundlagen.** Gegenstand der atomrechtlichen Aufsicht nach S. 1 Nr. 2 sind die Anlagen des Bundes zur Endlagerung und zur Sicherstellung radioaktiver Abfälle nach § 9a Abs. 3 S. 1. Der am 21.9.2016 gegründeten **BGE** mit Sitz in Peine hat das BMU mit Bescheid vom 24.4.2017 (fortgeschrieben durch Änderungsbescheid vom 27.6.2019) die Wahrnehmung der Aufgaben nach § 9a Abs. 3 S. 2 übertragen; sie ist damit Adressat der atomrechtlichen Aufsicht nach § 23d S. 1 Nr. 2 iVm § 19 Abs. 5.

8   Nach § 9a Abs. 3 S. 5 iVm S. 2 Hs. 2 ist der Bund **alleiniger Gesellschafter** des Dritten, also der BGE; diese Aufgabe wird durch das BMU wahrgenommen. Das BMU bildet so die Gesellschafterversammlung der in der Rechtsform einer GmbH organisierten BGE. Alle Grundlagengeschäfte bedürfen nach dem Gesellschaftsvertrag der Zustimmung der Gesellschafterversammlung. Nach §§ 45ff. GmbHG ist diese „Versammlung" oberstes Willensbildungsorgan der Gesellschaft und hat das Recht zur Definition der eigenen Befugnisse im Sinne einer Kompetenz-Kompetenz. Zudem hat sie grundsätzlich Weisungsmacht gegenüber der Geschäftsführung (*Wicke* in Wicke GmbHG, 3. Aufl. 2016, § 45 Rn. 2). Der Gesellschaftsvertrag der BGE vom Juli 2016 (geändert am 9.1.2018) sieht in § 12 zwei weitere Organe vor, die Geschäftsführung und den Aufsichtsrat (derzeit auch mit zwei Vertretern des BMU). Die Generalkompetenz der Gesellschafterversammlung wird durch die gesellschaftsvertragliche Zuweisung von Zuständigkeiten an die anderen beiden Organe nicht substantiell berührt. Das BMU ist damit in der Lage, seinen Willen im Handeln der Gesellschaft zum Tragen zu bringen (einschränkend *Albin/Leuschner* ZUR 2018, 523).

9   b) **Auftrag und Beleihung der BGE.** Mit **Nr. 1 des genannten Bescheides** vom 24.4.2017 überträgt das BMU der BGE die Wahrnehmung der Aufgaben zu Errichtung, Betrieb und Stilllegung von Endlagern und zur Stilllegung der Schachtanlage Asse II nach § 9a Abs. 3 S. 2 Hs. 2. Die Beleihung der BGE durch das BMU nach § 9a Abs. 3 S. 3 Hs. 1 mit den hierfür erforderlichen Befugnissen **erfolgt in Nr. 2 des Bescheides** (*Albin/Leuschner* ZUR 2018, 516). Diese Befugnisse beinhalten den Erlass von Verwaltungsakten und zwar nach § 3 Abs. 1 S. 2 AtEV (angepasst durch Änderungsbescheid vom 27.6.2019), mit denen die Endlagerfähigkeit von Abfallgebinden bestätigt wird; nach § 2 S. 5 Nr. 1 iVm S. 2 und 3 EntsÜG, mit denen die Abgabefähigkeit von Abfallgebinden mit radioaktiven Abfällen mit vernachlässigbarer Wärmeentwicklung festgestellt wird; nach § 7 Abs. 2

Zuständigkeit des BASE   § 23 d AtG

AtEV (angepasst durch Änderungsbescheid vom 27.6.2019), mit denen die Abfälle zur Einlagerung in ein Endlager abgerufen werden. § 9a Abs. 3 S. 5 iVm S. 3 weist dem BMU „insoweit" die **Beleihungsaufsicht** zu, als der BGE hoheitliche Befugnisse übertragen sind. Dies gebietet das in Art. 20 GG verankerte Demokratieprinzip (*Kiefer* LKRZ 2009, 441).

c) Verhältnis der hoheitlichen Funktionen von BfE und BGE zueinan- 10
der. Die atomrechtliche Anlagenaufsicht des BASE bezieht sich auf die allgemein in Nr. 1 des Übertragungsbescheides vom 24.4.2017 genannten Aufgaben nach § 9a Abs. 3 S. 1 und beschränkt sich auf die ordnungsbehördliche Rechtsaufsicht (*Gaßner ua*, Zum Verhältnis zwischen BGE und BfE im Standortauswahlverfahren, 11). Streng zu unterscheiden von der Aufgabenübertragung nach Nr. 1 dieses Bescheides sind die in seiner Nr. 2 für die Bereiche der **Produktkontrolle** (Nachweis der Einhaltung von Endlagerungsbedingungen von Abfallprodukten) und des Abrufs zur Endlagerung aufgeführten hoheitlichen Befugnisse (*Gaßner ua*, Zum Verhältnis zwischen BGE und BfE im Standortauswahlverfahren, 13 Fn. 21): Die damit verbundenen Entscheidungen (Bestätigung der Endlagerfähigkeit, Feststellung der Abgabefähigkeit, Abruf von Abfällen) sind für die Umsetzung des gesetzlichen Entsorgungskonzepts von zentraler Bedeutung. Auch soweit diese Verwaltungsakte in Errichtung und Betrieb der Anlagen hineinwirken, stehen dem Bundesamt keine aufsichtlichen Kompetenzen im hoheitlichen Bereich der BGE zu. Vielmehr ist in der Anlagenaufsicht dieser Bereich auch bereits im Vorfeld vor dem Erlass entsprechender Verwaltungsakte zu beachten, damit später deren Feststellungs- und Tatbestandswirkung (*Kopp/Ramsauer* VwVfG § 43 Rn. 16 ff.) zum Tragen kommen kann (→ Rn. 15). Die Gesetzesbegründung nimmt zu diesem Thema nicht ausdrücklich Stellung, doch geht sie offenkundig davon aus, dass die Beleihung eine eigenständige hoheitliche Funktion begründet und in ihrer Reichweite, also für die in I. Nr. 2 des Bescheides genannten Befugnisse, keinen Raum für eine neben der vom BMU ausgeübten Beleihungsaufsicht parallele **Aufsicht durch das BASE** zulässt (BT-Drs. 18/8913, 21). Dieser Befund stimmt mit der Rechtsprechung des BVerwG überein: Im Urteil vom 25.7.2002 (NVwZ 2003, 346) ging es ebenfalls um das Nebeneinander zweier Hoheitsträger, nämlich der Immissionsschutzbehörde und einer Gemeinde als hoheitlicher Betreiberin eines Panoramabads, die sich gegen die Anordnung von Lärmschutzmaßnahmen mit dem Argument wandte, die Immissionsschutzbehörde sei zu Eingriffen in den gemeindlichen Hoheitsbereich nicht befugt. Das BVerwG hat dies zwar in jenem konkreten Fall verneint und dargelegt, dass auch hoheitlich betriebene Anlagen der Vollzugskompetenz der Immissionsschutzbehörde unterfallen. Aus den Erwägungen, mit denen das BVerwG seine Entscheidung maßgeblich begründet, ergibt sich aber klar, dass in der Konstellation BASE/BGE dem Bundesamt keine aufsichtlichen Kompetenzen im Bereich der Befugnisse, die der BGE qua Beleihung übertragen sind, zustehen können:

Im Einzelnen führt das Gericht aus, die behördliche Anordnungsbefugnis (nach 11 § 24 BImSchG) diene dem Zweck, die materiellen Anforderungen im Einzelfall durchzusetzen und die entsprechenden Pflichten beim Betrieb einer Anlage zu konkretisieren. Namentlich die Wahrnehmung der Konkretisierungsaufgaben erfordere besondere technische Kenntnisse der Bediensteten sowie eine personelle und sachliche Ausstattung der zuständigen Behörde, die geeignet sei, schädliche Umwelteinwirkungen, deren Vermeidbarkeit nach dem Stand der Technik sowie Mittel und Wege ihrer Beschränkung auf das gebotene Mindestmaß festzustellen

Brandmair   519 und damit einen effektiven Gesetzesvollzug zu gewährleisten. Das rechtfertige die Annahme, dass die Immissionsschutzbehörden in ihrem Zuständigkeitsbereich über eine anderen Verwaltungsbehörden überlegene Sachkunde, Fachkompetenz und Organisation verfügen. Die Rechtsform des Adressaten als Maßstab der Vollzugskompetenz der Immissionsschutzbehörde zu wählen, werde dem Gesetzeszweck auch deswegen nicht gerecht, weil dieselben „Daseinsvorsorge"-Aufgaben in schlicht hoheitlicher und in privatrechtlicher Rechtsform wahrgenommen werden können. Dabei bestehe für eine hieran orientierte Differenzierung beim Gesetzesvollzug angesichts übereinstimmender Immissionsschutzprobleme kein sachlicher Grund. Auch die Regelung der Kommunalaufsicht führe zu keinem anderen Ergebnis; diese verdränge nicht die Vollzugskompetenz der Immissionsschutzbehörde.

12 Aus diesen Erwägungen ist zu schließen, dass im Bereich der Beleihung kein Raum für aufsichtliche Maßnahmen nach S. 1 Nr. 2 bestehen kann: Das BASE verfügt mit seiner Anlagenaufsicht nur über eine generelle Zuständigkeit, die durch die Beleihung der BGE mit besonderen Befugnissen insoweit verdrängt wird. Diese sind mit dem Erlass von Verwaltungsakten verknüpft und damit als genuin, nicht nur „schlicht" hoheitlich einzustufen. Damit ist im Sinne der Urteilgründe die Annahme verbunden, dass die BGE entsprechend über „überlegene Sachkunde, Fachkompetenz und Organisation" verfügt, die sie in die Lage versetzen, einen effektiven Gesetzesvollzug zu gewährleisten. Mit der vom BMU ausgeübten Beleihungsaufsicht ist eine spezielle Aufsichtsregelung eingeführt, die die allgemeine atomrechtliche Aufsicht insoweit entfallen lässt. Sinn und Zweck derartiger Zuständigkeitsregelungen liegen gerade darin, Unklarheiten, Überschneidungen und Doppelungen zu vermeiden und für eindeutige Abgrenzungen und Verantwortlichkeiten zu sorgen (s. auch *Keienburg* atw 2012, 726 vor allem unter Hinweis auf das Urteil BVerwGE 29, 52 (59) = BeckRS 1968, 30428356 mwN). Das wird nur durch eine klare Abschichtung der atomrechtlichen Aufsicht des BASE von der Beleihungsaufsicht des BMU erreicht.

13 Bei der Ausübung der Beleihungsaufsicht kann das BMU erforderlichenfalls die fachliche und wissenschaftliche Unterstützung des BASE in Anspruch nehmen, § 2 Abs. 2 BfkEG (Gesetz über die Errichtung eines Bundesamtes für kerntechnische Entsorgungssicherheit vom 23. Juli 2013, BGBl. I 2553 (2563)).

14 Festzuhalten ist, dass im Rahmen der Beleihung der BGE und der vom BMU ausgeübten Beleihungsaufsicht **kein Raum für eine Parallel-Atomaufsicht** besteht, so dass insoweit auch das Hilfsinstrument der Behördenaufsicht im Verhältnis BMU-BASE gar nicht erforderlich wird. Dieses Ergebnis entspricht dem auf Klarheit, Einheitlichkeit und Konsistenz gerichteten Zweck der Kompetenzregelungen.

15 Im Lichte dieser funktionalen Abgrenzung ist auch der Planfeststellungsbeschluss vom 22.5.2002 zum **Schacht Konrad** zu verstehen: Dieser Beschluss enthält vor allem in seinen Nebenbestimmungen Vorschriften zur Einbeziehung der „atomrechtlichen Aufsicht", insbesondere durch Vorlagepflichten und Zustimmungsvorbehalte (vgl. Kap. A III.1.2 „Nebenbestimmungen betr. Abfälle"). Mit Blick auf die seinerzeit geltende gesetzliche und organisatorische Lage wird in Kap. C 1.3 des Beschlusses ausgeführt, dass die atomrechtliche Aufsicht beim BfS liege; ausgeübt werde sie durch dessen Organisationseinheit „Eigenüberwachung" (EÜ). Die zwischenzeitlich vorgenommenen Änderungen der Zuständigkeiten und der Organisation stellen die Bestandskraft des Planfeststellungsbeschlusses nicht in Frage. Nach den allgemeinen Grundsätzen des Verwaltungsverfahrensrechts sind die entsprechenden Bestimmungen eines VA vielmehr sinngemäß auf die Organisationseinheit

Zuständigkeit des BASE **§ 23d AtG**

zu beziehen, die funktional an die Stelle der im Bescheid genannten Einheit getreten ist. Angesichts des Nebeneinanders zweier hoheitlicher Stellen – BASE und BGE – ist hier zu differenzieren: Allgemeinen ist das BASE als „die" atomrechtliche Aufsichtsbehörde zur Wahrnehmung der im Planfeststellungsbeschluss der „atomrechtlichen Aufsicht" zuerkannten Tätigkeiten (zB Zustimmungsvorbehalte) berufen. Demgegenüber ist die BGE mit der Wahrnehmung der auch für die Umsetzung des Planfeststellungsbeschluss relevanten Aufgaben betraut, die sich mit den ihr übertragenen hoheitlichen Befugnissen (Produktkontrolle und Abruf von Abfällen) decken. Die diesen Befugnissen zugrunde liegenden Aufgaben ergeben sich aus § 5 Abs. 1 S.2 AtEV (Festlegung sicherheitstechnischer Anforderungen an Abfallgebinde), § 3 Abs. 2 S. 1 AtEV (Zustimmung zu Verfahren zur Herstellung endlagerfähiger Gebinde) und § 7 Abs. 2 AtEV (Abruf radioaktiver Abfälle). Die Wahrnehmung dieser Aufgaben ist mit vor allem in Kap. A III.1.2 des Planfeststellungsbeschlusses enthaltenen Vorgaben eng verzahnt. Das BASE hat in seiner Anlagenaufsicht inhaltlich und formell die Grenzen zu den Gebieten zu beachten, die der BGE aufgrund (materiellen) Gesetzes (§ 9a Abs. 3 S. 3 und §§ 3, 7 AtEV) vorbehalten sind, also Produktkontrolle und Abruf von Abfällen (→ Rn. 9). Dies ergibt sich nicht erst aus der Feststellungs- und Bindungswirkung der von der BGE erlassenen VA, vielmehr ist der Raum für die Wahrnehmung der genannten gesetzlichen Aufgaben und hoheitlichen Befugnisse der BGE auch bereits im Vorfeld frei zu halten (→ Rn. 10). Dies gebietet der Vorrang des Gesetzes und die Spezialität der Regelungen, die die BGE in diesem Kernbereich des gesetzlichen Entsorgungskonzepts mit besonderen Funktionen betrauen.

Daraus folgt auch, dass für die **Entscheidung über den Widerspruch** gegen 16 von der BGE erlassene VA nach § 9a Abs. 3 S. 11 nF nicht das BASE, sondern das BMU berufen ist. Dies gilt spätestens seit Einfügung der Zuständigkeit des BMU für die Beleihungsaufsicht durch § 9a Abs. 3 S. 5 (Art. 1 des Gesetzes vom 26.7.2016, BGBl. I 1843). Das ergibt sich aus dem lex posterior-Grundsatz, der Bezugsnähe von S. 11 zu S. 5. und dem Umstand, dass im Bereich der Beleihungsaufsicht kein Raum für die atomrechtliche Aufsicht besteht (aA *John* in NK-AtomR § 9a Rn. 36). Das BMU ist zwar eine oberste Bundesbehörde iSv § 73 Abs. 1 Nr. 2 VwGO; nach dieser Vorschrift würde in einem solchen Fall der Beliehene selbst über den Widerspruch entscheiden (*Kopp/Schenke* VwGO § 73 Rn. 3). Hier greift aber als lex specialis § 9a Abs. 3 S. 11 Platz, der die Widerspruchsentscheidung der „Aufsichtsbehörde" zuweist. Nach dem Sinn dieser Zuweisung kann damit nicht die Anlagenaufsicht, sondern allein die Beleihungsaufsicht gemeint sein. Die Aufsicht über das hoheitliche Handeln der BGE (Erlass von Verwaltungsakten) und die Funktion als Widerspruchsbehörde haben in einer Hand, nämlich des BMU, zu liegen.

d) Europarechtliches Trennungsgebot. Unter dem Aspekt des **europa-** 17 **rechtlichen Gebots der funktionalen Trennung von Regulierungsbehörde und anderen Institutionen,** die mit der atomaren Entsorgung befasst sind (Art. 6 Abs. 2 RL 2011/70/Euratom vom 19.7.2011, ABl. L 149, 48), wurde in der vom Bundestag mit Beschluss vom 10.4.2014 eingesetzten Kommission „Lagerung hoch radioaktiver Abfallstoffe" intensiv diskutiert, welches Ressort die Beteiligungsverwaltung für den „Dritten" übernehmen solle; zur Debatte standen vor allem BMU und BMWi (Protokoll der 21. Sitzung vom 22.1.2016, S. 10). Letztlich hat sich die Bundesregierung dafür entschieden, die Verantwortlichkeit für die Entsorgung weitgehend in einem Ressort, nämlich dem BMU, zu bündeln. Damit sollte der übergreifende Abstimmungsbedarf zurückgeführt und der Projektfortgang forciert werden. Diese Konstellation wirft aber die Frage der Vereinbarkeit mit dem europarechtlichen Trennungsgebot auf. Dieses erfordert keine totale organisatorische Isolation, es genügt die „funktionale" Teilung. Die **atomrechtliche Aufsicht** über Errichtung, Betrieb, Stilllegung von Endlagern (Nr. 1 des Übertragungsbescheides vom 24.4.2017) liegt beim BASE. Dieses unterliegt zwar seinerseits der Aufsicht und Weisungsbefugnis des BMU, das eben auch die maßgebliche Organfunktion bei der BGE inne hat; nach den Grundsätzen ordnungsgemäßer Verwaltung kommt der Einsatz der behördlichen Aufsichtsinstrumente aber regelmäßig nur in Betracht, wenn dafür ein sachlicher Anlass besteht, zB um auf die Durchsetzung der gesetzgeberischen Zielsetzung eines möglichst effizienten Projektfortgangs im Bereich der Endlagerung hinzuwirken. Auch die Ansiedlung der **Beleihungsaufsicht** hinsichtlich der in Nr. 2 des genannten Beleihungsbescheides übertragenen hoheitlichen Befugnisse und der **Gesellschafterfunktion** hinsichtlich der BGE in einem Ressort, nämlich dem BMU, ist mit dem europarechtlichen Trennungsgebot vereinbar, weil Beleihungsaufsicht und gesellschaftsrechtliche Beteiligung unterschiedlichen Arbeitsbereichen zugewiesen sind und damit eine faktische Trennung erfolgt.

18 Die in § 9a Abs. 3 S. 4 enthaltene Verpflichtung des „Dritten", seine Aufgaben grundsätzlich selbst wahrzunehmen, verleiht der BGE keine Eigenständigkeit gegenüber dem BMU und ist für die Frage des europarechtlichen Trennungsgebots insoweit irrelevant. Die Verpflichtung zur **selbständigen Aufgabenwahrnehmung** rekurriert vielmehr auf die frühere Kritik an einer „Sonderstellung" der Deutschen Gesellschaft für den Bau und Betrieb von Endlagern für Abfallstoffe (DBE) als „privilegierter" Verwaltungshelfer (Antwort der Bundesregierung vom 18.12.2008 auf eine parlamentarische Kleine Anfrage BT-Drs. 16/11454; SZ vom 15.5.2017 „Ende einer Atomfirma"; BfS, Stellungnahme zu Bemerkungen des Bundesrechnungshofs zu Schacht Konrad, abrufbar unter http://www.bts.de/SharedDoks/Stellungnahmen/BfS/DE/2017/0425-Konrad.html, zul. abgerufen am 23.10.2020). Die Regelung bezweckt, dass die Weiterübertragung der Aufgaben und der Einsatz von Verwaltungshelfern ausgeschlossen sind; sonstige vertragliche Abreden zur Erledigung spezieller Aufgaben bleiben aber möglich (amtl. Begründung BT-Drs. 18/8913, 21).

19 e) **BGZ als Dritte.** § 2 EntsÜG vom 27.1.2017 (BGBl. I 114, 120) räumt dem vom Bund zu beauftragenden „Dritten" eine zentrale Stellung bei Übernahme und Betrieb der atomaren Zwischenlager ein. Die damit betraute **Bundesgesellschaft für Zwischenlagerung** (BGZ) in Essen wurde am 1.3.2017 gegründet und ist am 1.8.2017 in den alleinigen Besitz des Bundes übergegangen. Die Grundlagen sind im Wesentlichen § 9a Abs. 3 nachgebildet, eine Beleihung ist allerdings nicht vorgesehen. Die Anlagenaufsicht liegt nach § 24 bei den Landesbehörden.

3. Berg- und wasserrechtliche Kompetenzen (S. 1 Nr. 3–5)

20 Die **Konzentrationswirkung** nach § 9b Abs. 1 und Abs. 1a erfasst nicht Entscheidungen über die Zulässigkeit von Vorhaben nach dem Berg- und Tiefspeicherrecht (§ 9b Abs. 1a S. 4, Abs. 5 Nr. 3; → § 9b Rn. 25, 62). Zu beachten ist dabei § 57b Abs. 3 S. 2 BBergG, der Vorhaben betrifft, für die nach verschiedenen Vorschriften Planfeststellungsverfahren vorgesehen sind. Dort ist bestimmt, dass in den Fällen des § 126 Abs. 3 BBergG (Untergrundspeicherung radioaktiver Stoffe) § 9b

Zuständigkeit des BASE **§ 23d AtG**

Vorrang hat. Hieraus wird abgeleitet, dass der bergrechtliche Rahmenbetriebsplan in der atomrechtlichen Planfeststellung konzentriert wird, die bergrechtlichen Haupt- und Sonderbetriebspläne sowie sonstige bergrechtliche Genehmigungen hingegen nicht. Ferner nimmt § 19 Abs. 1 WHG iVm § 9b Abs. 1 wasserrechtliche Erlaubnisse und Bewilligungen von der Konzentrationswirkung aus. Nr. 3–5 bewirken, soweit es sich nicht um Fälle von S. 2 handelt, dass die entsprechenden Aufgaben in der Hand des BASE nach den in § 58 Abs. 2 und 3 bestimmten Zeitpunkten vereinigt werden, wobei es sich in den Fällen der Nr. 3 und 5 mit den Landesbehörden ins Benehmen zu setzen hat (zum Verhältnis des Bergrechts zum Atomrecht s. *Mann* in Kühne/von Mäßenhausen BBergG, 2. Aufl. 2015, § 126 Rn. 36 ff.). Der Bund konnte nach Art. 87 Abs. 3 S. 1 GG das BASE als selbständige Bundesoberbehörde mit Aufgaben im Bereich des **Berg- und Wasserrechts** betrauen, für die ihm nach Art. 74 Abs. 1 Nr. 11 und 32 GG die konkurrierende Gesetzgebung zusteht. Das stimmt mit § 142 S. 1 BBergG überein, der die Zuständigkeit von Bundesbehörden mit Vorrang gegenüber der Länderkompetenz ausstattet.

4. Weitere Genehmigungen, Verwahrung, Informationen (S. 1 Nr. 6–9)

Die Aufgaben nach Nr. 6–9 lagen im Wesentlichen von Beginn an bei einer **21** Bundesstelle, anfangs bei der PTB, dann beim BfS und liegen jetzt beim BASE. Der frühere Hinweis auf **Großquellen** in Nr. 6, die sich auf den Vollzug des § 4 bezog, kam mit dem Gesetz über die Beförderung gefährlicher Güter vom 6.8.1975 (BGBl. I 2125) in das AtG. Damit wurde bezweckt, dass die Führung der verkehrs- und atomrechtlichen Verfahren beim Transport von Großquellen, also bei radioaktiven Stoffen mit hoher Strahlung, in der Hand der PTB vereinigt wurden und dass deren Zuständigkeit auch dann gegeben war, wenn die Großquelle nur sonstige radioaktive Stoffe enthalten sollte; andernfalls hätte die Genehmigungszuständigkeit nach § 24 grundsätzlich bei den Landesbehörden gelegen (BT-Drs 7/2517, 25; *Fischerhof* Dt. AtomG AtG § 23 Rn. 4; *Haedrich* AtG § 23 Rn. 1); die Aufsicht liegt ohnehin den Landesbehörden oder nach Maßgabe von § 24 dem EBA oder dem BAIUDBw. Die Legaldefinition von Großquellen (früher in S. 3) ging ebenfalls auf das oben genannte Gesetz zurück. Sie wurde durch Gesetz vom 6.4.1998 (BGBl. I 694) vereinfacht und enger gefasst und mit Gesetz vom 26.7.2016 (BGBl. I 1843) aus dem – später durch das StrSchG aufgehobenen – § 23 in den neu eingefügten § 23d übernommen. Die entsprechende Zuständigkeit des BASE und die Legaldefinition der Großquellen sind jetzt in § 186 StrSchG enthalten. Nr. 7 betrifft die Genehmigung der **Zwischen- und Interimslager.** Die Aufsicht liegt bei den Ländern (§ 24 Abs. 1). Nr. 8 betrifft die staatliche Verwahrung nach § 5 Nr. 9; sie kam mit der sog. Ausstiegsnovelle vom 22.4.2002 (BGBl. I 1351) und der dortigen **Regelungen zu Strommengenkontingentierung und Übertragung** ins AtG.

5. Geltungsaufschub (S. 2)

S. 2 verschiebt die Geltung des S. 1 für die entsprechenden Fälle auf den Zeit- **22** punkt nach der abschließenden bundesgesetzlichen **Entscheidung über den Endlagerstandort.** Dieser die Suche beendende Schritt ist in § 20 Abs. 2 StandAG vorgesehen und betrifft den Endlagerstandort für hochradioaktive Abfälle (§ 1 StandAG).

§ 24 Zuständigkeit der Landesbehörden

(1) ¹Die übrigen Verwaltungsaufgaben nach dem Zweiten Abschnitt und den hierzu ergehenden Rechtsverordnungen werden im Auftrage des Bundes durch die Länder ausgeführt. ²Die Beaufsichtigung der Beförderung radioaktiver Stoffe im Schienen- und Schiffsverkehr der Eisenbahnen sowie im Magnetschwebebahnverkehr obliegt dem Eisenbahn-Bundesamt; dies gilt nicht für die Beförderung radioaktiver Stoffe durch nicht bundeseigene Eisenbahnen, wenn die Verkehre ausschließlich über Schienenwege dieser Eisenbahnen führen. ³Satz 2 gilt auch für die Genehmigung solcher Beförderungen, soweit eine Zuständigkeit nach § 23 d nicht gegeben ist.

(2) ¹Für Genehmigungen nach den §§ 7, 7a und 9 sowie deren Rücknahme und Widerruf sind die durch die Landesregierungen bestimmten obersten Landesbehörden zuständig. ²Diese Behörden üben die Aufsicht über Anlagen nach § 7 und die Verwendung von Kernbrennstoffen außerhalb dieser Anlagen aus. ³Sie können im Einzelfall nachgeordnete Behörden damit beauftragen. ⁴Über Beschwerden gegen deren Verfügungen entscheidet die oberste Landesbehörde. ⁵Soweit Vorschriften außerhalb dieses Gesetzes anderen Behörden Aufsichtsbefugnisse verleihen, bleiben diese Zuständigkeiten unberührt.

(3) ¹Für den Geschäftsbereich des Bundesministeriums der Verteidigung werden die in den Absätzen 1 und 2 bezeichneten Zuständigkeiten durch dieses Bundesministerium oder die von ihm bezeichneten Dienststellen im Benehmen mit dem für die kerntechnische Sicherheit und den Strahlenschutz zuständigen Bundesministerium wahrgenommen. ²Dies gilt auch für zivile Arbeitskräfte bei sich auf Grund völkerrechtlicher Verträge in der Bundesrepublik Deutschland aufhaltenden Truppen und zivilen Gefolgen.

Übersicht

	Rn.
I. Grundlagen und Rechtsentwicklung	1
II. Einzelfragen	7
1. Bundesauftragsverwaltung (Abs. 1)	7
a) Bezugsrahmen	8
b) Behördeneinrichtung	10
c) Verwaltungsverfahren	11
d) Allgemeine Verwaltungsvorschriften	13
e) Weisungen	17
f) Ausgabentragung nach Art. 104a Abs. 2 GG	32
2. Bundeseigenverwaltung (Abs. 1 S. 2 und 3, Abs. 3)	33
a) Parallelität Bundeseigen- und Bundesauftragsverwaltung	33
b) Eisenbahntransporte	34
c) Streitkräfte	35

Literatur: *Arndt*, Bundesauftragsverwaltung und Sicherheitsanforderungen für Kernkraftwerke – Zum verfassungsrechtlichen Mindeststandard bei der Novellierung des kerntechnischen Regelwerks, 2006; *Cloosters*, Atomaufsicht – Bundesauftragsverwaltung oder Bundeseigenverwaltung?, atw 2005, 30; *Heitsch*, Die Ausführung der Bundesgesetze durch die Länder,

Zuständigkeit der Landesbehörden **§ 24 AtG**

2001; *Hermes,* Länderkompetenz und Bundesaufsicht in der Bundesauftragsverwaltung, Deutscher Atomrechtstag 2002, 49ff. (zit. AtRT 2002); *Hohmuth,* Die atomrechtspolitische Entwicklung in Deutschland seit 1980, 2014; *Isensee,* Das Instrumentarium des Bundes zur Steuerung der Auftragsverwaltung der Länder, in FS Bethge, 2009, 359; *Janz,* Die Länder als ohnmächtige Werkzeuge des Bundeswillens?, JuS 2003,126; *Kus,* Erweiterte Unabhängigkeit im atomrechtlichen Gesetzesvollzug, 2004; *Lange,* Das Weisungsrecht des Bundes in der atomrechtlichen Auftragsverwaltung, 1990; *ders.,* Probleme des Bund-Länder-Verhältnisses im Atomrecht, NVwZ 1990, 928; *Loschelder,* Durchsetzbarkeit von Weisungen in der Bundesauftragsverwaltung, 1998; *Müller/Mayer/Wagner,* Wider die Subjektivierung objektiver Rechtspositionen im Bund-Länder-Verhältnis, VerwArch 2002, 585; *Ossenbühl,* Die Bundesauftragsverwaltung – gelöste und ungelöste Probleme, in FS Badura, 2004, 975; *ders.* Länderkompetenz und Bundesaufsicht in der Bundesauftragsverwaltung, Deutscher Atomrechtstag 2002, 61ff. (zit. AtRT 2002); *ders.,* Rechtsfragen der bundesaufsichtlichen Weisungsbefugnis gemäß Art. 85 Abs. 3 GG, rechtliche Stellungnahme, Mai 2002; *ders.,* Rechtsfragen einer Novellierung des Kerntechnischen Regelwerks, atw 2006, 305; *Steinberg,* Handlungs- und Entscheidungsräume des Landes bei der Bundesauftragsverwaltung, AöR 1985, 433; *Tschentscher,* Bundesaufsicht in der Bundesauftragsverwaltung, 1992; *Viehweg,* Atomrecht und technische Normung, 1992; *Wagner,* „Krumme Entwicklungslinien des Atomrechts?", NJW 2000, 1538.

I. Grundlagen und Rechtsentwicklung

Die Vorschrift verkörpert zentral das Konzept des **behördlichen** Funktionsverbundes (→ Vor §§ 22–24b Rn. 18). Sie statuiert die Auffangzuständigkeit der Länder (*Cloosters* atw 2005, 30), regelt Ausnahmen zu Gunsten von Bundesbehörden und Gegenausnahmen und befasst sich mit Fragen der Verwaltungsorganisation in den Ländern und des Zusammenwirkens von Bundesministerien. 1

Nach Art. 83 GG sind die Länder allgemein zum Gesetzesvollzug berufen, somit auch für das in § 35 geregelte Verteilungsverfahren, für die Entgegennahme von Mitteilungen des BIS nach § 44b sowie für die Verfolgung und Ahndung von Ordnungswidrigkeiten nach § 46. Diese Vorschriften gehören nicht zum Zweiten Abschnitt, weshalb die Länder sie in **Eigenverwaltung** ausführen; für alle Überwachungsaufgaben, für die die §§ 22–24 keine Spezialregelungen treffen, gilt die Bundesauftragsverwaltung iSv Art. 85 GG. 2

Die gesetzliche Anordnung der grundsätzlichen Landeskompetenz und der Bundesauftragsverwaltung stimmt heute noch mit der Ursprungsfassung im Wortlaut überein. Ausschlaggebend waren damals folgende Gesichtspunkte (BT-Drs. 2/3026, 18–20, 34f.; BT-Drs. 2/3416, 1f.; BT-Drs. 3/30; BT-Drs. 3/759, 17f., 34f.; BT-Drs. 3/896, 1f.; *Heitsch,* AtRT 2002, 300ff.): 3
– die Gefährlichkeit und die überörtliche Bedeutung der Verwendung der Kernenergie,
– die Sicherstellung der internationalen und supranationalen Verpflichtungen auf dem Gebiet der Kernenergie,
– die Notwendigkeit, bei der Atomgesetzgebung wegen der Neuheit der Materie und der zahlreichen von vornherein nicht überschaubaren Gefahren mit Generalklauseln für weitgehende Eingriffsrechte zu arbeiten, bei denen es in zahlreichen Einzelfällen zur Wahrung der einheitlichen Durchführung und Steuerung des Vollzugs nötig sei, dass der Bund die zuständigen Verwaltungsbehörden anweise, wie sie die Generalklauseln durch Verfügungen ausfüllen müssen,
– die Erforderlichkeit einer ortsnahen Verwaltung im gesamten Bundesgebiet, die sich entsprechend dem föderativen Aufbau besser bei einer Ausführung durch

Brandmair 525

AtG § 24   Dritter Abschnitt Verwaltungsbehörden

die Länder als durch eine sehr kostspielige Verwaltung durch bundeseigene Mittel- und Unterbehörden realisieren lasse,
- der enge Zusammenhang der atomrechtlichen Anlagengenehmigung mit nach Landesrecht zu erteilenden Genehmigungen und Landesplanungen, insbesondere auf den Gebieten des Bau-, Umweltschutz-, Feuer-, Gesundheits- und Gewerbepolizeirechts.

4   Ursprünglich wies Abs. 1 S. 2 in Übereinstimmung mit dem Prinzip, den **Vollzug in bestehende Behördenstrukturen und -aufgaben einzufügen,** die Beaufsichtigung des Transports allein von Kernbrennstoffen den allgemein für die Überwachung der Beförderung gefährlicher Güter zuständigen Bundes- und Landesbehörden zu. Diese Regel erwies sich als unklar und erschwerte die praktische Anwendung. Außerdem führte die Aufspaltung zwischen der Aufsichtskompetenz bei Kernbrennstoffen und bei sonstigen radioaktiven Stoffen zu Vollzugsproblemen, vor allem wenn Sendungen beide Stoffarten enthielten (BT-Drs. 4/966, 5). Daraus folgte mit Gesetz vom 23. 4.1963 (BGBl. I 201) die Kompetenzübertragung für den Schienen- und Schiffsverkehr der Eisenbahnen an die Bundesbahn und die vom BMV bestimmten Stellen, ansonsten blieben bzw. wurden die Länder für die Transportaufsicht zuständig.

5   Mit der **Strukturreform der Bundeseisenbahnen** 1993 wurde das EBA gegründet und mit der entsprechenden Aufsicht, seit 1996 auch bei den Magnetschwebebahnen (Gesetz vom 19.6.1996, BGBl. I 1019) betraut (Art. 6 Abs. 77 Eisenbahnneuordnungsgesetz vom 27.12.1993, BGBl. I 2378); für die Aufsicht über nicht bundeseigene Bahnen wurden unter engen Voraussetzungen die Landesbehörden zuständig. S. 3 statuierte eine mit der Reichweite der Aufsichtszuständigkeit des EBA deckungsgleiche Genehmigungskompetenz, allerdings nachrangig gegenüber den Zuständigkeiten nach dem damaligen § 23 (jetzt § 23d).

6   Das StandAG vom 23.7.2013 (BGBl. I 2553) hat mit seinem Art. 2 Nr. 8 die Bestimmung des § 23d neu gefasst, die Zuständigkeit für Planfeststellungs- und Plangenehmigungsverfahren zur Errichtung von Endlagern nach Nr. 1 iVm § 9b von der bisherigen Auftragsverwaltung (§ 24 Abs. 1) in die **Bundeseigenverwaltung** (Zuständigkeit des BASE) nach Art. 87 Abs. 1 GG überführt, allerdings in den Fällen der gesetzl. Standortfestlegung nach dem StandAG erst ab diesem Zeitpunkt (§ 23d S. 2; vgl. → § 23d Rn. 22). Auch verbleiben die Planfeststellungszuständigkeiten für die Endläger Konrad und Morsleben zunächst bei den Landesbehörden, bis die aufsichtliche Zustimmung zur Inbetriebnahme vorliegt (§ 58 Abs. 2 Hs. 2) bzw. die Vollziehbarkeit d. Planfeststellungsbeschlusses eingetreten ist (§ 58 Abs. 3 Hs. 1). Der Hinweis in § 24 Abs. 2 S. 1 auf die Planfeststellung nach § 9b wurde deshalb gestrichen, gilt aber in Teilbereichen weiter (§ 58 Abs. 2 und 3; → § 58 Rn. 7 f.; zur Frage der Notwendigkeit der Zustimmung des Bundesrats zu dieser Änderung → § 23d Rn. 5).

II. Einzelfragen

1. Bundesauftragsverwaltung (Abs. 1)

7   Die **zentrale Regelung der Bundesauftragsverwaltung** findet sich in Art. 85 GG.

8   **a) Bezugsrahmen.** Die Anordnung der Bundesauftragsverwaltung bezieht sich allein auf die im Zweiten Abschnitt des AtG aufgeführten Aufgaben sowie auf die

Zuständigkeit der Landesbehörden § 24 AtG

hierzu ergehenden Verordnungen wie Verordnungen zur weiteren Modernisierung des Strahlenschutzrechts, AtVfV, AtSMV, AtZüV, AtDeckV, AtKostV, EndlagerVlV, soweit nicht wie in den Fällen der §§ 22, 23a, 23d, 24 Abs. 1 S. 2 und 3 (teilweise), des Abs. 3 sowie der AtAV (→ §§ 11, 12 Rn. 4; → § 22 Rn. 6) Bundesbehörden damit betraut sind. Voraussetzung für die Einbeziehung von Verordnungen in die Auftragsverwaltung ist, dass sie auf Grund atomrechtlicher Ermächtigungen erlassen sind; allein der sachliche Bezug zum Schutz oder zur Vorsorge gegen nukleare Gefahren, zB bei der Kaliumiodid-Verordnung, genügt nicht.

Auch die UVP nach § 9b Abs. 2 iVm § 2 UVPG und der AtVfV ist als unselbständiger Teil des Planfeststellungsverfahrens von der Auftragsverwaltung umfasst (BVerfG NVwZ 1991, 870). 9

b) Behördeneinrichtung. Art. 85 Abs. 1 GG stellt klar, dass die Einrichtung 10 der Behörden bei den Ländern liegt, soweit nicht Bundesgesetze mit Zustimmung des Bundesrats etwas anderes bestimmen. Das ist durch § 24 Abs. 2 S. 1 geschehen. Die dort genannten bedeutsamen Genehmigungs- und Aufsichtsbefugnisse dürfen ausschließlich oberste Landesbehörden – in der Regel die Umweltministerien – wahrnehmen. Gemildert wird dieser Eingriff in die Organisationshoheit der Länder durch den Vorbehalt in S. 3, wonach nachgeordnete Behörden „im Einzelfall" beauftragt werden können; diese Voraussetzung bedeutet nicht, dass die Delegation bei jeder Maßnahme neu erfolgen müsste. Es genügt, dass **konkret fassbare Fallgruppen** definiert und der nachgeordneten Behörde als Aufgabe übertragen werden. Abs. 2 S. 4 wird in seiner verfahrensregelnden Funktion gem. § 77 VwGO von den §§ 68ff. VwGO verdrängt, nicht aber in seiner zuständigkeitsregelnden; insoweit bleibt es bei der Entscheidungskompetenz der obersten Landesbehörde (ebenso *Thienel* in NK-AtomR § 24 Rn. 3 mwN).

c) Verwaltungsverfahren. Die Tatsache, dass in Art. 85 Abs. 1 GG anders als in 11 Art. 84 Abs. 1 GG das Verwaltungsverfahren nicht erwähnt ist, hat laut *Lerche* (in Maunz/Dürig, 2009, GG Art. 85 Rn. 26 mwN) zu „literarischen Verwerfungen" geführt. Das BVerfG hat in seinem Beschluss vom 15.7.1969 (VerwRspr 1970, 142) eine solche **ungeschriebene Befugnis des Bundes** hauptsächlich mit der Begründung bejaht, es sei nicht ersichtlich, warum die Kompetenz des Bundes bei der ihm näher stehenden Auftragsverwaltung weniger weit gehen sollte als bei der Gesetzesausführung in landeseigener Verwaltung (S. 156; ebenso die hL; vgl. *Kirchhof* in Maunz/Dürig, 2009, GG Art. 85 Rn. 41ff. mwN und *Grapperhaus,* Die verfassungsrechtlichen Grundlagen der Verwaltungskompetenzen im Atomgesetz, 2017, 68ff.; *Lange,* Das Weisungsrecht des Bundes in der atomrechtlichen Auftragsverwaltung, 56f.). Auf dieser Grundlage regelt das AtG an verschiedenen Stellen das Verfahren und enthält Ermächtigungen für Verfahrensvorschriften (zB für AtVfV). § 1 Nr. 2 VwVfG erstreckt seinen Anwendungsbereich auch auf die Bundesauftragsverwaltung, allerdings nach § 1 Abs. 3 VwVfG lediglich subsidiär gegenüber den Verwaltungsverfahrensgesetzen der Länder (*Lerche* in Maunz/Dürig, 2009, GG Art. 85 Rn. 31).

Das Erfordernis der **Zustimmung des Bundesrats** zu Verfahrensregelungen 12 wird vom BVerfG (NVwZ 2010, 1146) und von der hL verneint (Nachweise bei *Lerche* in Maunz/Dürig, 2009, GG Art. 85 Rn. 28; *Kirchhof* in Maunz/Dürig, 2016, GG Art. 85 Rn. 46f., die dieses Erfordernis ablehnen, und bei *Hermes* in Dreier GG Art. 85 Rn. 29 sowie bei *Grapperhaus,* Die verfassungsrechtlichen Grundlagen der Verwaltungskompetenzen im Atomgesetz, 2017, S. 81 Fn. 657 und 658, S. 89, die dieses bejahen; differenzierend *Heitsch,* AtRT 2002, 324). *Grap-*

AtG § 24   Dritter Abschnitt Verwaltungsbehörden

perhaus (aaO S. 82) weist zu Recht darauf hin, dass die Nichterwähnung der Kompetenz für die Regelung des Verwaltungsverfahrens in Art. 85 Abs. 1 GG naturgemäß keinen Anhaltspunkt für das Entfallen der Zustimmungsbedürftigkeit liefern kann. In der Tat läge die Vorstellung, dort zwar die Zustimmungsbedürftigkeit, aber nicht die ihr zu Grunde liegende Kompetenz zu regeln, fern. Wird die Zuständigkeit für die Regelung des Verwaltungsverfahrens – mit unterschiedlichen Begründungen – trotz der Nichterwähnung in Art. 85 Abs. 1 GG angesiedelt, kann man sich folgerichtig für die Ablehnung der Zustimmungsbedürftigkeit nicht auf das Enumerationsprinzip berufen. Vielmehr sind, ebenso wie bei der Anerkennung der ungeschriebenen Ausgangskompetenz in Art. 85 GG, der Systemzusammenhang und die verfassungsrechtlichen Leitmotive zu beachten. Hervorzuheben ist, dass alle in Art. 85 GG genannten Befugnisse des Bundes zu allgemeinen Regelungen – Behördeneinrichtung nach Abs. 1 und allgemeine Verwaltungsvorschriften nach Abs. 2 – unter dem Vorbehalt der Zustimmungsbedürftigkeit stehen. Daraus ist der allgemeine Grundsatz abzuleiten, dass das GG in dem fein austarierten System der Bundesauftragsverwaltung bei allgemeinen Regelungen diesen Vorbehalt statuiert, der somit auch auf Vorschriften zum Verwaltungsverfahren anzuwenden ist.

13 d) **Allgemeine Verwaltungsvorschriften.** Von der in Art. 85 Abs. 2 GG niedergelegten Befugnis, mit Zustimmung des Bundesrats allgemeine Verwaltungsvorschriften zu erlassen, hat der Bund **im Bereich des Atom- und Strahlenschutzrechts nur punktuell** Gebrauch gemacht, nämlich im Wesentlichen zur Ermittlung der Strahlenexposition durch Ableitung radioaktiver Stoffe (BAnz AT 5.9.2012 B1), zum Strahlenpass (BAnz. 2004, Nr. 142a), zum integrierten Mess- und Informationssystem IMIS (BAnz. 2006, Nr. 244a) und zur Überwachung von Lebensmitteln (GMBl. 2000, Nr. 25, S. 490) sowie der Höchstwerte bei Futtermitteln (BAnz. 2000, Nr. 122).

14 Zur Durchsetzung solcher Verwaltungsvorschriften gibt Art. 85 GG dem Bund **keine dienstrechtlichen Instrumente,** wohl aber das Mittel der Weisung an die Hand. Die Frage eines entsprechenden Bund-Länder-Streits hat sich im Bereich des Atomrechts bisher noch nie gestellt; zum einen beschränken sich hier die Verwaltungsvorschriften auf ganz wenige, kaum von grundlegenden Differenzen geprägte Regelungen (→ Rn. 13); zum andern würde der Bund zur Entscheidung über einen konkreten Streitfall ohnehin eine Weisung nach Art. 85 Abs. 3 GG erlassen (*Lange,* Das Weisungsrecht des Bundes in der atomrechtlichen Auftragsverwaltung, 52) und sich auf deren Durchsetzung konzentrieren (zur Außenwirkung von Verwaltungsvorschriften s. *Kirchhof* in Maunz/Dürig, 2017, GG Art. 85 Rn. 48 ff.).

15 In großer Zahl sind inhaltliche, technische und organisatorische Fragen in weitgehend **konsensual erarbeiteten Texten** geregelt. Sie sind aus sich heraus rechtlich nicht bindend, können aber ebenfalls vom Bund im konkreten Konfliktfall einzeln mit dem Instrument der Weisung durchgesetzt werden. Zu nennen sind die Sicherheitsanforderungen an KKW und die entsprechenden Interpretationen (zur Rechtsqualität *Arndt,* Bundesauftragsverwaltung und Sicherheitsanforderungen für Kernkraftwerke – Zum verfassungsrechtlichen Mindeststandard bei der Novellierung des kerntechnischen Regelwerks, 8 ff.; *Ossenbühl* atw 2006, 305 (308 f.); *Viehweg,* Atomrecht und technische Normung, 150 ff.), die ebenso wie viele weitere Bekanntmachungen, Rundschreiben, Richtlinien und gemeinsame Genehmigungsmuster im Bund-Länder-Hauptausschuss „Atomkernenergie" (→ §§ 11, 12 Rn. 25) beschlossen wurden. Hinzu kommen die Leitfäden, Empfehlungen und

Stellungnahmen von RSK, SSK und ESK, des Weiteren das Regelprogramm des Kerntechnischen Ausschusses KTA. Diese zum Teil sehr speziellen Regelungen sind von hoher praktischer Relevanz und bilden im Alltag die Grundlage für die Arbeit in den KKW und für die Prüftätigkeit der Sachverständigen nach § 20. Die verfassungsrechtliche Zulässigkeit solcher Instrumente wird heute kaum mehr bestritten (s. *Lerche* in Maunz/Dürig, 55. EL 2009, GG Art. 85 Rn. 42 mwN; *Heitsch,* AtRT 2002, 134 ff., 221 f.).

Art. 85 Abs. 2 GG versperrt den Weg, ein einzelnes Bundesministerium gesetz- 16 lich zu ermächtigen, unter Begriffen wie **"Leitlinien" ohne Zustimmung des Bundesrats** Regeln zur näheren Bestimmung der Ereignisse zu treffen, die für die Schadensvorsorge bei der Auslegung der Anlagen zugrunde zu legen seien. Das BVerfG hat in seinem Beschluss vom 2. 3. 1999 (NJW 1999, 3621) zu dem mit Gesetz vom 19. 7. 1994 (BGBl. I 1618) eingefügten § 7 Abs. 2a aF ausgeführt, die Gesetzesänderung sei als solche nicht zustimmungsbedürftig, es handle sich der Sache nach aber um eine Ermächtigung zum Erlass Allgemeiner Verwaltungsvorschriften, die den Anforderungen des Art. 85 Abs. 2 GG – Erlass durch Bundesregierung und Zustimmung des Bundesrats – jedoch nicht genügten. Die in dem Gesetz vorgesehene Anhörung der Länder ersetze nicht deren ordnungsmäßige Beteiligung. Vor diesem Hintergrund wäre auch eine Mitteilung des BMU an die Länder verfassungswidrig, dass sich seine künftige Weisungspraxis nach einem bestimmten Regelwerk richten werde.

e) Weisungen. Mit den in den 80er Jahren aufkommenden Konflikten zur Nut- 17 zung der Kernenergie (→ Einf. Rn. 17 ff.; Vor §§ 22–24b Rn. 22 ff.), die sich auch im Verhältnis des Bundes zu Ländern widerspiegelte, wurde auch vom Instrument der Weisung Gebrauch gemacht – je nach atompolitischer Grundposition der jeweiligen Bundesregierung mit unterschiedlichen Zielsetzungen (Lange, Das Weisungsrecht des Bundes in der atomrechtlichen Auftragsverwaltung, 928). Wenn auch in der Verwaltungspraxis nur in Einzelfällen angewandt, wirkt dieses Instrument prägend auf das Bund-Länderverhältnis in der Auftragsverwaltung (*Loschelder,* Durchsetzbarkeit von Weisungen in der Bundesauftragsverwaltung, 23 ff., 139 f.). Ihr Gegenstand kann sowohl eine nach außen hin zu treffende verfahrensabschließende Entscheidung als auch das ihrer Vorbereitung dienende Verwaltungshandeln sein (BVerfG NVwZ 1991, 870; *Isensee* FS Bethge, 2009, 380 f.). Das BMU verfügt bei der Ausübung seiner Weisungskompetenz über einen breiten Ermessensrahmen (→ Rn. 21), trägt aber dafür auch die volle parlamentarische Verantwortung; diese substantiell auszufüllen, fällt nicht leicht, weil entsprechend dem zweigeschossigen Konzept der Bundesauftragsverwaltung nach dem AtG allein das Land über Anlagenkenntnis, Sachnähe und Umgang mit den Sachverständigen verfügt. In atomrechtlichen Genehmigungsverfahren hat sich die Praxis eingebürgert, dass die Landesbehörde dem BMU auf dessen Verlangen zusagt, vor einer abschließenden Entscheidung dessen „bundesaufsichtliche Stellungnahme" einzuholen; dadurch werden insoweit verfahrensbezogene Weisungen entbehrlich (dazu *Hermes* in Dreier GG Art. 85 Rn. 36 Fn. 170; *Lange,* Das Weisungsrecht des Bundes in der atomrechtlichen Auftragsverwaltung, 81 ff.)

aa) Sach- und Wahrnehmungskompetenz. Dem Weisungsrecht liegt die von 18 Literatur und Rechtsprechung des BVerfG entwickelte Vorstellung zugrunde, dass die „Ausführung der Bundesgesetze" – so in der Überschrift zu Kap. VIII GG – die **Sachkompetenz** die **Wahrnehmungskompetenz** beinhaltet (dazu grundlegend BVerfG NVwZ 1990, 955 – Kalkar; NVwZ 1991, 870 – Konrad; BeckRS 2002

30240457 – Biblis; *Lerche* in Maunz/Dürig, 2009, GG Art. 85 Rn. 49–69; *Kirchhof* in Maunz/Dürig, 2017, GG Art. 85 Rn. 62–65; *Hermes* in Dreier GG Art. 85 Rn. 19; *Grapperhaus,* Die verfassungsrechtlichen Grundlagen der Verwaltungskompetenzen im Atomgesetz, 2017, 145 ff.; *Heitsch,* AtRT 2002, 249 ff.; *Isensee* FS Bethge, 2009, 361). Sachkompetenz umschließt die Sachbeurteilung und die Sachentscheidung; Wahrnehmungskompetenz bedeutet das Handeln und die Verantwortlichkeit nach außen im Verhältnis zu Dritten und steht dem Land unteilbar und unentziehbar zu; nach *Isensee* (FS Bethge, 2009, 361.) bildet sie „wenig mehr als eine Fassade der Macht", das „Hausgut, das verbleibt", falle kärglich aus; es beziehe sich wenigstens auf die Einhaltung von Formen, Verfahren und Zuständigkeiten. Auch die Sachkompetenz liegt zunächst beim Land, der Bund verfügt nur über eine „Reservezuständigkeit", die er ausdrücklich oder, so das BVerfG, konkludent aktualisieren und damit von der Wahrnehmungskompetenz abtrennen kann; das müsse „deutlich erkennbar" sein. Danach könne der Bund ein grundsätzlich unbeschränktes Direktions- und Weisungsrecht ausüben.

19   bb) **Überleitung der Sachkompetenz und Reichweite der Wahrnehmungskompetenz.** An die „**deutliche Erkennbarkeit**" einer Erklärung des Bundes zur Inanspruchnahme der Sachkompetenz sind hohe Anforderungen zu stellen. Die Weisungsabsicht muss als solche handfest und ernsthaft mitgeteilt werden. Andeutungen, wonach man sich eine Weisung „vorbehalte", oder Hinweise „auf die Möglichkeit einer bundesaufsichtlichen Weisung" genügen diesem Erfordernis nicht, ebenso wenig die Annahme, das betroffene Land hätte die Weisungsabsicht des Bundes den Umständen entnehmen können. In aller Regel muss um der Klarheit willen das Wort „Weisung" oder ein gleichwertiger Begriff in der Mitteilung des Bundes enthalten sein. Die Formulierung „Bitte" hat grundsätzlich keinen Anordnungscharakter im Bund- Länder-Verhältnis (dazu *Lange,* Das Weisungsrecht des Bundes in der atomrechtlichen Auftragsverwaltung, 28; *ders.* NVwZ 1990, 928 f.; aA *Isensee* FS Bethge, 2009, 369 f. unter Hinweis auf „föderale Courtoisie"). So kann das Schreiben des BMU an die Länder mit KKW-Standorten vom 16. 3. 2011 zum Thema einstweilige Betriebseinstellung älterer Anlagen nach den Ereignissen von Fukushima nicht als Weisung verstanden werden, zumal sich die Bitte des BMU nicht auf den Erlass von Stilllegungsanordnungen bezog – auf diese hatten sich nämlich bereits Bundeskanzlerin und Standortministerpräsidenten am 15. 3. 2011 verständigt (BPA Mitschrift Pressekonferenz vom 15. 4. 2011, abrufbar unter https://www.bundeskanzlerin.de/bkin-de/aktuelles/statements-nach-dem-gespraech-ueber-die-nutzung-der-kernenergie-in-deutschland-844512, zul. abgerufen am 23. 10. 2020) –, sondern lediglich auf die anzuwendende Rechtsgrundlage und die vorzunehmende Begründung.

20   Allerdings hat es das BVerfG in seinem „Biblis"-Urteil vom 19. 2. 2002 (NJW 2002, 2859) trotz seiner Forderung nach „deutlicher Erkennbarkeit" dafür genügen lassen, dass eine Weisung über einen umfassenden Zustimmungsvorbehalt vom klagenden Land dahingehend aufzunehmen war, „dass der Bund die Genehmigungsverfahren maßgeblich im verfassungsrechtlichen Binnenverhältnis zu begleiten gedenkt" (Rn. 84 der Urteilsgründe). Allein die Erkennbarkeit einer derartigen Begleitabsicht kann indes den verfassungsrechtlichen Anforderungen an eine **klare Abgrenzung der Verantwortlichkeiten im Bund-Länder-Verhältnis** nicht gerecht werden (kritisch auch *Hermes* in Dreier GG Art. 85 Rn. 45; *Janz* JuS 2003, 129). Gespräche, Austausch von Informationen und gegenseitige Abstimmungen gehören im Nuklearbereich für Bund und Länder zum Alltag. Darin eine Aktualisierung der Sachkompetenz durch den Bund zu sehen, würde zu Kompetenzverwischungen und zu der nach dem BVerfG in anderem Zusammenhang zu Recht als unzulässig bewerteten „Schattenverwaltung" bzw. „Doppelzuständigkeit" führen (Rn. 78 der Urteilsgründe). Zu Recht wirft Hermes (Länderkompetenz 2002, 49) die Frage auf, ob die für die Verantwortlichkeiten von Bund und Ländern grundlegende Unterscheidung von Sach- und Wahrnehmungskompetenz überhaupt Raum für konkludentes Handeln belasse. *Ossenbühl* (AtRT 2002, 63) hält darüber hinaus eine vorhergehende „Überleitung" der Sachkompetenz überhaupt für entbehrlich und sieht die Inanspruchnahme der Sachkompetenz durch den Bund in der Erteilung von Weisungen; solange diese nicht existierten, seien die Länder entscheidungsbefugt. Auf der gleichen Linie argumentiert Isensee oder „vom BVerfG kreierten Rechtsfigur der Überleitung der Geschäftsleitungsbefugnis" (FS Bethge, 2009, 392 ff.). Diese stehe außerhalb des Repertoires des Art. 85 GG und für ihre Ausfüllung fehle dem Bund die Verwaltungskapazität. Dem ist zuzustimmen. Das BVerfG betrachtet in seinem „Biblis"-Urteil vom 19.2.2002 (NJW 2002, 2859) die Überleitung der Sachkompetenz als Basis für die Aufnahme von Außenkontakten durch den Bund; eine eigenständige Bedeutung kommt ihr im Rahmen des Art. 85 GG nicht zu.

Das Konstrukt der **Trennbarkeit von Sach- und Wahrnehmungskompe-** 21 **tenz** und der Inanspruchnahme der Geschäftsleitungsbefugnis durch den Bund dient vornehmlich der rechtstheoretischen Begründung für die Abgrenzung der verfassungsrechtlichen Kompetenzen von Bund und Land und für die Frage des Rechtsschutzes (*Dreier* in Hermes GG Art. 85 Rn. 25); die Überleitung der Sachkompetenz bedeutet indes nicht, dass das Land in der gegenständlichen Sache insgesamt nur noch als ausführendes Organ für das „geschäftsleitende" Bundesministerium tätig würde oder ihm nach Art einer nachgeordneten Behörde zuzuarbeiten oder als Teil einer „gesamthänderischen Verwaltungsführung" zu agieren hätte (*Dreier* in Hermes GG Art. 85 Rn. 19) Der Bund ist zwar berechtigt, sich jedwede Informationen –auch von den Ländern- zu beschaffen, ohne in deren Wahrnehmungskompetenz einzugreifen (BVerfG BeckRS 2002, 30240457 Rn. 80), damit korrespondiert aber keine automatische Pflicht zur Überlassung von Informationen (zur Möglichkeit der Weisung, Berichte und Akten vorzulegen, vgl. *Lerche* in Maunz/Dürig, 55. EL 2009, GG Art. 85 Rn. 56). Die aus Genehmigungsverfahren, Aufsicht und wiederkehrenden und besonderen Prüfungen gespeiste, grundlegende und aktuelle Anlagenkenntnis liegt bei der Landesbehörde und ihren Sachverständigen (vgl. abw. Meinung zum Urteil BVerfG BeckRS 2002, 30240457 Rn. 110). Die Diskrepanz zwischen vom Bund aktualisierter Sachkompetenz und von Haus aus bei den Ländern liegender realer Anlagenkenntnis (*Wagner* NJW 2000, 1538) kann nur durch die stringente Begrenzung der übergeleiteten Sachkompetenz auf den Gegenstand einer in Inhalt und Tragweite klar definierten beabsichtigten Weisung überbrückt werden. Dafür ist eine eindeutige Abgrenzung der Verantwortlichkeiten unabdingbar, gerade weil Weisungen naturgemäß oft in eine Konfliktlage eingebunden sind. Ankündigung und Erlass einer Weisung werden meist als Mängelrüge am Verwaltungshandeln des betroffenen Landes gedeutet, begleitet von entsprechenden öffentlichen Erklärungen und Auseinandersetzungen im politischen und publizistischen Raum.

Zur Frage, ob **informales Handeln** des Bundes gegenüber Dritten die Wahr- 22 nehmungskompetenz verletzt, hat das BVerfG mit Urteil vom 19.2.2002 (NJW 2002, 2859 – Biblis) grundlegend Stellung genommen (zustimmend *Hermes* in Dreier GG Art. 85 Rn. 18; *Trute* in MKS GG Art. 85 Rn 6, 35; kritisch *Ossenbühl*

AtG § 24   Dritter Abschnitt Verwaltungsbehörden

FS Badura, 2004, 975ff.; *Kus,* Erweiterte Unabhängigkeit im atomrechtlichen Gesetzesvollzug, 70). Es ging in Zusammenhang mit der Atomvereinbarung vom 14.6.2000 um Erklärungen des BMU gegenüber RWE zur Nachrüstung des KKW Biblis A sowie Besprechungen und Korrespondenzen des BMU mit dem Betreiber RWE. Im Ergebnis sah die Senatsmehrheit keinen Eingriff in die Wahrnehmungskompetenz, weil das BMU nicht rechtsverbindlich tätig geworden sei und auch keine Erklärungen abgegeben habe, die einer rechtsverbindlichen Entscheidung gleichkämen (Rn. 80 der Urteilsgründe). Gleichzeitig wurde auf das „Gefahrenpotential" solch informalen Handels und auf die „Besonderheiten" dieses Streitfalls hingewiesen. Überzeugend wird demgegenüber in der abw. Meinung" ausgeführt, die Wahrnehmungskompetenz der Länder werde „ausgehöhlt", wenn dem Bund das informale Handeln mit Vollzugsqualität zugestanden werde (Rn. 102 und 109 der Urteilsgründe). Eine informelle Parallelverwaltung bringe das Institut der Auftragsverwaltung um ihren gewaltenteiligen Sinn.

23   **cc) Voraussetzungen und Grenzen des Weisungsrechts.** Die Weisungen erlässt das Bundesministerium. Allerdings ist es ratsam, die Bundesregierung als Kollegialorgan zuvor damit zu befassen. Denn spätestens wenn es in der weiteren Folge zu einem **Bund-Länder-Streit** (Art. 93 Abs. 1 Nr. 3, § 13 Nr. 7 BVerfGG) kommen sollte, wird von Bedeutung sein, dass nach § 68 BVerfGG für den Bund allein die Bundesregierung als Kollegialorgan den Antrag stellen kann, was einen entsprechenden Kabinettsbeschluss erfordert. So hat sich das Bayerische Umweltministerium zu einer Weisung, die in Zusammenhang mit einer über das KKW Isar 1 zu führenden Gespräch am 10.5.2002 ergangenen war, gegenüber dem BMU auf das Fehlen der verfassungsrechtlichen Grundlagen berufen und die Weisung nur teilweise befolgt (Presseerklärung des BMU vom 22.5.2002). Das BMU bereitete daraufhin einen Bund-Länder-Streit vor dem BVerfG vor; wegen Bedenken anderer Ressorts kam der Antrag in der Halbjahresfrist nach §§ 64 Abs. 3, 69 BVerfGG indes nicht zustande.

24   Der **Raum für Weisungen** ist nur eröffnet, wenn es sich um den **Vollzug** eines Gesetzes handelt, das in Bundesauftragsverwaltung auszuführen ist; davon wird zB ein UVP-Verfahren als unselbständiger Teil des Planfeststellungsverfahrens nach § 9b Abs. 2 erfasst (BVerfG NVwZ 1991, 871). Gegenstand einer Weisung kann sowohl eine nach außen hin wirkende verfahrensabschließende Entscheidung als auch das ihrer Vorbereitung dienende Verwaltungshandeln sein; solche Weisungen können auch auf Art und Umfang der **Sachverhaltsermittlung und -beurteilung** gerichtet sein (BVerfG NVwZ 1991, 870 – Konrad; *Lange,* Das Weisungsrecht des Bundes in der atomrechtlichen Auftragsverwaltung, 16f.). Ausforschungsmaßnahmen aufgrund einer wagen Annahme, irgendetwas werde schon nicht stimmen, können keinen zulässigen Gegenstand einer Weisung bilden (so auch *Ossenbühl,* Rechtsfragen der bundesaufsichtlichen Weisungsbefugnis, 11). Hier könnten allenfalls die Bundesaufsicht und die ihr zur Verfügung stehenden Instrumente nach Art. 85 Abs. 4 GG zum Tragen kommen (→ Rn. 30).

25   Nach *Lange* (Das Weisungsrecht des Bundes in der atomrechtlichen Auftragsverwaltung, 53) sollen auch alle Bereiche, die von der **Konzentrationswirkung eines Planfeststellungsverfahrens** nach § 9b erfasst sind, dem Weisungsrecht des Bundes unterliegen (vgl. *Tschentscher,* Bundesaufsicht in der Bundesauftragsverwaltung, 173; zweifelnd *Sendler* NVwZ 1992, 867).

26   Das BVerfG versagt es in ständiger Rechtsprechung dem Land, sich zur Ablehnung der Vollziehung einer Weisung auf Rechtsverstöße zu berufen; dies gilt sogar

Zuständigkeit der Landesbehörden **§ 24 AtG**

für die **Rüge von Grundgesetzverletzungen** (BVerfG NVwZ 1990, 957 – Kalkar). Das Land könne nur beanstanden, dass gerade die Inanspruchnahme der Weisungsbefugnis – sei es als solche oder in ihren Modalitäten – gegen die Verfassung verstößt. Nun ist es gängige Praxis geworden, sich gerade in der öffentlichen Diskussion zu Kernenergiefragen auf Verfassungsverstöße der jeweiligen Gegenseite zu berufen. Wollte man das für eine zumindest vorläufige Vollzugsverweigerung genügen lassen, würde das Instrument der Weisung weitgehend ausgehöhlt werden können. Auf der anderen Seite ist es mit dem Grundverständnis der Verfassung nicht vereinbar, dass eine Landesbehörde auch einer flagranten Missachtung des GG die Hand reichen sollte; auch wenn die parlamentarische Verantwortung für den Weisungsinhalt beim BMU liegt (BVerfG NVwZ 1990, 957– Kalkar), bleibt die Umsetzung der Weisung Landessache einhergehend mit der Verantwortung der Exekutive gegenüber den Landesparlamenten. Das Land handelt nicht in Vertretung oder im Namen des Bundes (Kirchhof in Maunz/Dürig GG Art. 85 Rn. 13). Das BVerfG hat in dieser „Kalkar"-Entscheidung (NVwZ 1990, 958) die Notwendigkeit einer Grenzziehung gegen eine alleinige Gemeinwohlverantwortlichkeit des Bundes „für den äußersten Fall" anerkannt, dass er unter „grober Missachtung" seiner Obhutspflicht zu einem Verhalten anweist, das zu einer allgemeinen Gefährdung und Verletzung bedeutender Rechtsgüter führt und „schlechterdings" nicht verantwortet werden kann (*Hermes* in Dreier GG Art. 85 Rn. 55, 58; kritisch *Lange*, Das Weisungsrecht des Bundes in der atomrechtlichen Auftragsverwaltung, 141). Diese Grenze folge daraus, dass Bund und Länder eine gemeinsame Verantwortung für den Bestand des Staates, seine Verfassungsordnung und die Abwehr kollektiver Existenzgefährdungen tragen. In der Literatur wird zum Teil erwogen, den Rechtsgedanken des § 44 Abs. 2 Nr. 5 und 6 VwVfG anzuwenden, wonach Verwaltungsakte nichtig sind, die auf eine mit Strafe oder Bußgeld bedrohte Tat oder auf einen Verstoß gegen die guten Sitten gerichtet sind (*Lange,* Das Weisungsrecht des Bundes in der atomrechtlichen Auftragsverwaltung, 91 ff.; Steinberg AöR 1985, 433; *Tschentscher,* Bundesaufsicht in der Bundesauftragsverwaltung, 214). *Kirchhof* (Maunz/Dürig, 2016, GG Art. 85 Rn. 73) sieht derartige Kriterien als unangebracht und bescheinigt gleichzeitig der vom BVerfG versuchten Grenzziehung „materielle Ratlosigkeit". Er zieht die Barriere des Art. 79 Abs. 3 GG heran und hält bei Verstoß gegen die in Art. 1 und 20 niedergelegten Grundsätze eine Weisung für unbeachtlich. Dieser Rechtsgedanke weist in die richtige Richtung. Insgesamt sind sich Rechtsprechung und Literatur im Ergebnis einig, dass das Weisungsrecht, auch wenn es umfassend konzipiert ist, nicht völlig schrankenlos gelten kann. Eine begrifflich klare und dogmatisch befriedigende Abgrenzung erscheint auf der Grundlage der von Rechtsprechung und Lehre geprägten Theorie von der „Reservezuständigkeit" des Bundes und dem „Vorbehalt", unter dem die Sachkompetenz des Landes „von vornherein" stehe, kaum erreichbar. Diese Theorie impliziert, dass der Gegenstand nach Inanspruchnahme der Sachkompetenz durch den Bund de jure das Land insoweit nichts mehr anginge und dem zufolge ein Eingriff in seine Rechte logischer Weise nicht bestehen könne (kritisch *Lange,* Das Weisungsrecht des Bundes in der atomrechtlichen Auftragsverwaltung, 126f.). Dabei wird weithin nicht diskutiert, dass mit der Sachkompetenz die Wahrnehmungskompetent korrespondiert, die dem Land – unteilbar und unentziehbar – eigentlich als Rechtsposition zusteht. Diese Rechtsposition umschließt aber gleichzeitig die Pflicht des Landes, den von seinem eigenen Willen nicht getragenen Akt nach außen aktiv zu vollziehen. Nicht der auf einen konkreten Einzelfall bezogene – nach der Rechtsprechung des BVerfG ohnehin von vorneherein unter Vorbehalt stehende – Entzug der Kompetenz, sondern die mit der Weisung verbundene Inpflichtnahme des Landes zum Handeln und zum „Hinhalten des Kopfes" bildet den eigentlichen substantiellen Eingriff in seinen geschützten Rechtskreis.

27 Soweit eine Weisung darauf gerichtet ist, etwa durch Erlass oder Verweigerung eines Verwaltungsakts in Rechte Dritter zB von Betreibern oder Anwohnern einzugreifen, steht diesen unter den allgemeinen Voraussetzungen der Weg zu den Verwaltungsgerichten offen (*Lange* NVwZ 1990, 929). Der **Rechtsschutz** wird durch die Existenz einer Weisung weder formal noch materiell beschränkt. Da der Weisungslage regelmäßig ein substantieller Konflikt zwischen Bundes- und Landesbehörde zu Grunde liegt, stellt sich allerdings die Frage, wie der Bund seine Position im Verwaltungsprozess wahren kann; denn die Wahrnehmungskompetenz des Landes schließt seine uneingeschränkte Aktiv- und Passivlegitimation mit ein (*Kirchhof* in Maunz/Dürig, 2016, GG Art. 85 Rn. 13). Es erscheint nach der Lebenswirklichkeit nahe liegend, dass sich das Land vor Gericht für ein seiner Überzeugung widersprechendes Vorgehen nicht mit Nachdruck einsetzen wird (*Lange*, Das Weisungsrecht des Bundes in der atomrechtlichen Auftragsverwaltung, 60 f.). Abhilfe könnte hier eine Beiladung des Bundes nach § 65 VwGO schaffen. Eine notwendige Beiladung nach Abs. 2 wird indes mit dem Argument abgelehnt, die Weisungsbefugnis des Bundes begründe kein Recht, das im Wege der notwendigen Beiladung prozessual zur Geltung gebracht werden müsste. Vielmehr obliege es dem allein passivlegitimierten Land, „in einer Art Prozessstandschaft" auch für die Bundesbehörde aufzutreten (BVerwG NVwZ 1999, 296; *Fillbrandt* in Danner/Theobald, Energierecht, 84. EL April 2015, AtG §§ 22–24a Rn. 13). Die einfache Beiladung nach § 65 Abs. 1 VwGO kommt in Betracht, erlaubt aber nicht, abweichende Sachanträge zu stellen (§ 66 S. 2 VwGO). Fraglich erscheint, ob der Bund im Rahmen des Art. 85 GG zur Stellung bestimmter Anträge oder zu anderen Prozesshandlungen anweisen kann. Das würde voraussetzen, auch derartige Handlungen unter „die Ausführung von Bundesgesetzen und die Bundesverwaltung" zu subsumieren. Dies liegt vom Wortlaut her nicht auf der Hand. Auf der anderen Seite kann es nicht angehen, das Weisungsrecht des Bundes durch eine bestimmte Art der Prozessführung zu unterminieren. Natürlich ist der Prozess keine Fortsetzung des Verwaltungsverfahrens mit anderen Mitteln, sondern folgt eigenständigen Maximen und Zielen. Das prozessuale Weisungsrecht des Bundes ist im Prinzip zu bejahen, der Vorsitzende wird im Rahmen der Erörterungspflicht (§ 104 Abs. 1 VwGO) in besonderer Weise gehalten sein, dem der Weisungslage zu Grunde liegenden Konflikt herauszuarbeiten und in die Entscheidungsfindung nach eigener Bewertung einzubeziehen.

28 Aus dem verfassungsrechtlichen Gebot **bundes- und länderfreundlichen Verhaltens** ergibt sich, dass der Bund dem betroffenen Land vor Erlass Gelegenheit zur umfassenden Stellungnahme zu geben hat (BVerfG NVwZ 1990, 958 – Kalkar); der Bund hat dabei die thematische Reichweite einer beabsichtigen Weisung klar darzustellen. Regelmäßig wird sich empfehlen, dem Land den vollen Text des Weisungsentwurfes vorab zu übermitteln. Die Erwägung, dass der Landesbehörde die in der Weisung enthaltenen Themen und Gesichtspunkte aus vorausgehenden Kontakten mit der Bundesbehörde bereits bekannt sein müssten, genügt für eine ordnungsgemäße Anhörung nicht.

29 Zum Thema, inwieweit **generell-abstrakte Weisungen** zulässig sein können, bemerkt *Kirchhof* (Maunz/Dürig, 2016, GG Art. 85 Rn. 58 f.) zu Recht, dass sich die Frage nach der Individualität der Weisung bei maximal sechzehn Adressaten (Zahl der Länder) nicht stellt. Gegen eine Sammelweisung, die mehrere konkrete

Sachverhalte einbezieht, bestehen keine Bedenken. Sobald aber Tatbestandsmerkmale formuliert werden, bei deren Erfüllung bestimmte Folgen eintreten sollen, handelt es sich, ähnlich wie bei den in → Rn. 16 skizzierten Leitlinien, in Wahrheit um Allgemeine Verwaltungsvorschriften die die Voraussetzungen des Art. 85 Abs. 2 GG erfüllen müssen. *Lerche* (Maunz/Dürig GG Art. 85 Rn. 50) weist zu Recht darauf hin, dass die Anerkennung „allgemeiner" Weisungen zu nicht befriedigend lösbaren Abgrenzungsproblemen führe (ebenso *Grapperhaus,* Die verfassungsrechtlichen Grundlagen der Verwaltungskompetenzen im Atomgesetz, 2017, 93 ff. und *Ossenbühl* atw 2006, 305 (310 f.)). Daraus folgt auch, dass es von Verfassung wegen nicht zulässig wäre, das von Bund und Ländern einvernehmlich beschlossene Kerntechnische Regelwerk (KTR, → Einf. Dritter Abschnitt Rn. 25) mit der Weisung zu verknüpfen, dem BMU eine beabsichtigte Abweichung von dem Regelwerk mitzuteilen. Das BMU hatte eine derartige Forderung auf das Gebot bundesfreundlichen Verhaltens gestützt. Zu Recht hält dem *Isensee* (FS Bethge, 2009, 381 ff., 388 f.) entgegen, dass damit eine „normative Kettenreaktion" ausgelöst würde, die eine flächendeckende Bindung der Länder und so eine von Art. 85 Abs. 3 S. 1 GG nicht gedeckte abstrakte Regelung bewirke.

dd) Bundesaufsicht. Der Grundsatz des Art. 85 Abs. 4 S 1 GG, wonach sich 30 die eigentliche Bundesaufsicht auf **Rechtmäßigkeit und Zweckmäßigkeit** erstreckt, dient der Zielorientierung. In der Praxis kam Abs. 4 bisher kaum zum Tragen (*Müller/Mayer/Wagner* VerwArch 2002, 596). Forderungen des Bundes nach Berichten oder Übersendung von Akten oder Aktenauszügen führten entweder zur Einigung, ggf. unter Eingehung von Kompromissen, oder die Kontroversen wurden politisch und publizistisch mit Fragen nach den Gründen für vermeintliche oder wirkliche „Geheimniskrämerei" ausgetragen. Im Übrigen eröffnen in neuerer Zeit die Umweltinformationsgesetze weitreichenden Zugang zu umweltbezogenen Informationen. Die Maßnahmen nach Art. 85 Abs. 4 GG kann allein die Bundesregierung als Kollegialorgan beschließen. Weisungen, die auf eine Umgehung dieser Kompetenzzuweisung gerichtet sind und im Ergebnis dem BMU die Bundesaufsicht zuweisen würden, sind nicht statthaft. Die tiefere Begründung für diese Kompetenzabgrenzung liegt darin, dass die Anordnung von Maßnahmen nach Art. 85 Abs. 4 GG keine Überleitung der Sachkompetenz voraussetzt oder herbeiführt und somit die Eigenverantwortung der Länder unberührt lässt; bundesaufsichtliche Maßnahmen greifen damit in einen bestehenden Rechtskreis ein, anders als aus Sicht des BVerfG bei einer Weisungslage, bei der es um die Beanspruchung einer den Ländern von vorneherein nur unter Vorbehalt verliehenen Kompetenz gehe (*Isensee* FS Bethge, 2009, 384 f.).

Die Befugnisse und Handlungsmöglichkeiten – Zutritt zu Dienstgebäude, An- 31 spruch auf büromäßige Ausstattung und Betreuung, Zugang zur Registratur, Akteneinsicht- eines entsandten Beauftragten sind völlig ungeklärt. Deshalb wurde bisher letztlich von dieser Möglichkeit nie Gebrauch gemacht. Jedenfalls darf die Entsendung allein zum Zweck der Sachaufklärung erfolgen (*Lange,* Das Weisungsrecht des Bundes in der atomrechtlichen Auftragsverwaltung, 16).

f) Ausgabentragung nach Art. 104 a Abs. 2 GG. Nach Art 104a Abs. 2 GG 32 trägt bei Bundesauftragsverwaltung die sich daraus ergebenden Ausgaben der Bund. Dies betrifft allein die Zweckausgaben, also die Ausgaben, die direkt für die Erfüllung der einzelnen Verwaltungsaufgaben (zB für Personal, Dienstgebäude, Dienstausrüstung) anfallen (*Schwarz* in Maunz/Dürig GG Art. 104a Rn. 23; *Heitsch* AtRT 2002, 361 ff.). Die Tragung der Verwaltungsausgaben (Kosten des Verwaltungspersonals und der Verwaltungseinrichtungen; BT-Drs. 5/2861, 301) bestimmt sich nach der Spezialregelung des Art. 104a Abs. 5 GG. Sowohl die allgemeine Abgrenzung der Zweck- von den Verwaltungsausgaben als auch die konkrete Geltungsmachung von Erstattungsansprüchen haben vor allem im Zusammenhang mit der Finanzierung von Landessammelstellen zu schwierigen Diskussionen und Verhandlungen zwischen Bund und Ländern geführt. Das BVerwG hat seine erstinstanzliche Zuständigkeit aus § 50 Abs. 2 Nr. 1 VwGO für Fälle bejaht, in denen es um die Höhe zu erstattender Beträge oder um die Begründetheit von Einreden und Einwendungen geht (BVerwG NVwZ 2009, 599; BVerwG BeckRS 2010, 47294). In beiden Fällen hat das Gericht den in dieser Konstellation gängigen Einwänden des beklagten Bundes, das Land hätte die Ausgaben durch Gebühren decken können und habe außerdem seine Ansprüche verwirkt, eine weitgehende Absage erteilt; Verwirkung hat das BVerwG insbesondere unter Hinweis auf die unterlassene Steuerung der Kostenkontrolle durch Einsatz bundesaufsichtlicher Instrumente verneint.

2. Bundeseigenverwaltung (Abs. 1 S. 2 und 3, Abs. 3)

33 a) **Parallelität Bundeseigen- und Bundesauftragsverwaltung.** § 24 Abs. 1 S. 2 und 3 und Abs. 3 sehen ebenso wie §§ 22, 23a und 23d Ausnahmen von der Landeszuständigkeit zu Gunsten von Bundesbehörden vor. Dass dies auch im Rahmen der Bundesauftragsverwaltung mit dem GG in Einklang steht, wird kaum mehr bestritten. Der früheren Lehre von der **Sperrwirkung des Art. 87c GG** gegenüber Art. 87 Abs. 3 GG sah es als geboten an, nach der gesetzlichen Umsetzung der durch Art. 87c GG eingeräumten Option der Auftragsverwaltung konsequent auf dieser Linie zu bleiben und nicht in ein und derselben Rechtsmaterie Zuständigkeiten von Bund und Ländern parallel zuzulassen. Dem haben die Rechtsprechung des BVerfG (BeckRS 2008, 40870) und die damit übereinstimmende Staatspraxis mittlerweile den Boden entzogen.

34 b) **Eisenbahntransporte.** Das EBA ist eine obere Bundesoberbehörde im Geschäftsbereich des BMV mit Hauptsitz in Bonn und ist im Eisenbahnwesen generell als Aufsichts-, Genehmigungs- und Sicherheitsbehörde tätig. Ihm obliegt die **Beaufsichtigung der Beförderung radioaktiver Stoffe** (§ 6) im Schienen- und Schiffsverkehr der Eisenbahnen sowie im Magnetschwebebahnverkehr. Nach S. 2 gilt dies nicht bei der Beförderung durch nichtbundeseigene Eisenbahnen, wenn sie ausschließlich auf ihrem eigenen Schienennetz unterwegs sind. Die Aufsichtszuständigkeit und damit die Aufgaben nach § 19 wurden dem EBA im Rahmen der Strukturreform 1993 zugewiesen. Mit der Privatisierung der DB entfiel auch die Basis für die bis dahin geltende Genehmigungsfreiheit der Beförderung radioaktiver Stoffe. So wurde dem EBA durch § 24 Abs. 1 S. 3 AtG auch die Genehmigungszuständigkeit zuerkannt, allerdings mit dem Vorrang der Kompetenz des BASE nach § 23d. Dessen Nr. 6 erklärt das BASE für zuständig für die Genehmigung der Beförderung von Kernbrennstoffen, so dass für das EBA die Beförderung sonstiger radioaktiver Stoffe verbleibt. Die Länder sind demnach zuständig für die Aufsicht über die Beförderung radioaktiver Stoffe durch nichtbundeseigene Eisenbahnen auf eigenen Schienen und in diesem Bereich auch die Genehmigung der Beförderung sonstiger radioaktiver Stoffe.

35 c) **Streitkräfte.** Für das Ressort des BMVg weist Abs. 3 diesem Ministerium oder den von ihm bezeichneten Dienststellen die Zuständigkeiten nach Abs. 1 und 2 zu, nach übereinstimmender Ansicht (*Fillbrandt/Paul* in Danner/Theobald, 85. EL

Information der Öffentlichkeit; Informationsübermittlung **§ 24a AtG**

April 2015, § 24 Rn. 56; *Fischerhof* Dt. AtomR § 24 Rn. 8; *Haedrich* AtG § 24 Rn. 9; *Mattern/Raisch* § 24 Rn. 5) allerdings mit dem ungeschriebenen Vorbehalt, dass dies nicht die dort genannten Kompetenzen von Bundesbehörden betrifft. Das BMVg hat diese Aufgaben an das Bundesamt für Infrastruktur, Umweltschutz und Dienstleistungen der Bundeswehr (BAIUDBw) delegiert, eine obere Bundesbehörde mit Sitz auf der Hardthöhe in Bonn. Das Amt wurde 2012 im Zuge der Neuausrichtung der Bundeswehr gegründet und nimmt zentral einen Großteil der Aufgaben wahr, die zuvor auf verschiedene Bundesämter, die Wehrbereichsverwaltungen und andere Dienststellen verteilt waren. Es hat sich bei der Wahrnehmung dieser Zuständigkeiten mit dem BMU ins Benehmen zu setzen.

Einen praktischer Anwendungsfall gibt die Beantwortung einer Kleinen Anfrage 36 durch die niedersächsische Landesregierung vom 2. 7. 1993 (LT-Drs. 12/5104) wieder: Aus der beim BMVg eingeholten Stellungnahme ergab sich, dass das Wehrwissenschaftliche Institut für Schutztechnologien – damals „Wehrwissenschaftliche Dienststelle der Bundeswehr für ABC-Schutz" – in Munster (Örtze) eine Sammelstelle für schwach radioaktive Abfälle aus Wehrmaterial der Bundeswehr und nach der deutschen Wiedervereinigung auch aus Beständen der ehemaligen Nationalen Volksarmee betrieb.

Die mit Gesetz vom 3. 5. 2000 (BGBl. I 636) vorgenommene redaktionelle Än- 37 derung dient der klaren Abgrenzung der Zuständigkeiten von Bund und Land bei Betätigungen von **ausländischen Streitkräften,** die sich auf Grund völkerrechtlicher Verträge in Deutschland aufhalten (BT-Drs. 14/2443, 14 und 17; *Fillbrandt/ Paul* in Danner/Theobald, 85. EL April 2015, § 24 Rn. 56). Unter zivilem Gefolge ist das Zivilpersonal zu verstehen, das die Truppe begleitet und bei ihr beschäftigt ist. Hierzu gehören nicht Staatenlose, Staatsangehörige eines Staates, der nicht der NATO angehört sowie deutsche Staatsangehörige und Personen, die ihren gewöhnlichen Aufenthalt in der Bundesrepublik Deutschland haben (Art. I Abs. 1 lit. b NTrSt).

§ 24a Information der Öffentlichkeit; Informationsübermittlung

(1) ¹Die zuständigen Behörden unterrichten die Öffentlichkeit für den Bereich der nuklearen Sicherheit mindestens über Folgendes:
1. **Informationen über den bestimmungsgemäßen Betrieb der kerntechnischen Anlagen sowie**
2. **Informationen bei meldepflichtigen Ereignissen und bei Unfällen.**

²**Das Umweltinformationsgesetz und die Bestimmungen der Länder über die Verbreitung von Umweltinformationen bleiben unberührt.**

(2) ¹Das für die kerntechnische Sicherheit und den Strahlenschutz zuständige Bundesministerium kann Informationen, die in atomrechtlichen Genehmigungen der nach den §§ 22 bis 24 zuständigen Behörden enthalten sind (Inhaber, Rechtsgrundlagen, wesentlicher Inhalt), an die für den Außenwirtschaftsverkehr zuständigen obersten Bundesbehörden zur Erfüllung ihrer Aufgaben bei Genehmigungen oder der Überwachung des Außenwirtschaftsverkehrs übermitteln. ²Reichen diese Informationen im Einzelfall nicht aus, können weitere Informationen aus der atomrechtlichen Genehmigung übermittelt werden. ³Die Empfänger dürfen die übermittelten Informationen, soweit gesetzlich nichts anderes bestimmt ist, nur zu dem Zweck verwenden, zu dem sie übermittelt worden sind.

I. Information der Öffentlichkeit (Abs. 1)

1. Allgemeines

1 Abs. 1 ist im Rahmen des Fünfzehnten Gesetzes zur Änderung des Atomgesetzes vom 1.6.2017 (BGBl. I 1434) in den § 24a aufgenommen worden. Das Gesetz diente der Umsetzung der Richtlinie 2014/87/Euratom des Rates vom 8.7.2014 zur Änderung der Richtlinie 2009/71/Euratom über einen Gemeinschaftsrahmen für die nukleare Sicherheit kerntechnischer Anlagen (ABl. L 219, 42 vom 25.7.2014).

2. Unterrichtung der Öffentlichkeit

2 Abs. 1 setzt Art. 8 Abs. 1 und 2 RL 2014/87/Euratom in Bezug auf die **Veröffentlichungen bestimmter Informationen** durch die Behörden um. Danach müssen die Mitgliedstaaten sicherstellen, dass den Arbeitskräften der jeweiligen Anlage und der Bevölkerung die notwendigen **Informationen über die nukleare Sicherheit kerntechnischer Anlagen und ihre Regulierung** zur Verfügung gestellt werden. Hierbei sollen die lokalen Behörden, die Bevölkerung und die Interessenträger in der Umgebung einer kerntechnischen Anlage besondere Beachtung erhalten. Der Begriff „Informationen" wurde dem Begriff „Daten" vorgezogen, da er einen umfassenderen Anwendungsbereich ermöglicht (BT-Drs. 11/4609, 12).

3 S. 2 stellt klar, dass das UIG sowie die jeweiligen Umweltinformationsgesetze der Länder von S. 1 unberührt bleiben. Ziel der Einführung des Abs. 1 war es nicht, eine neue Anspruchsgrundlage zu schaffen. Laut Begründung handelt es sich um einen speziellen Auslegungshinweis an die informationspflichtigen Stellen (zum Begriff s. § 2 Abs. 1 UIG) für die jeweils anwendbaren Vorschriften zum Umweltinformationsrecht (BT-Drs. 18/11276, 15). Somit bleibt für den Bund § 10 UIG die rechtliche Grundlage für die Veröffentlichungen, für die Länder die entsprechende Landesnorm. Zudem wird durch die Anwendbarkeit des § 10 UIG klargestellt, dass auch die **Ablehnungsgründe der §§ 8 und 9 UIG,** sowie die **Vorgaben des § 7 Abs. 1 und 3 UIG** Anwendung finden. Hierzu gehört auch die **Pflicht der informationspflichtigen Stellen,** zu gewährleisten, dass alle Umweltinformationen, die von ihnen oder für sie zusammengestellt werden, auf dem gegenwärtigen Stand, exakt und vergleichbar sind (§ 7 Abs. 3 UIG). Anders als bei der Informationsbereitstellung auf Antrag ist die Behörde verpflichtet, vor einer aktiven Unterrichtung der Öffentlichkeit die Richtigkeit der Information zu überprüfen und Zweifel kenntlich zu machen. Veröffentlichte Informationen, die sich nachträglich als falsch herausstellen oder nicht mehr zutreffen, müssen entweder gelöscht oder richtiggestellt werden (OVG NRW Beschl. v. 30.10.2014 – 8 B 721/14, BeckRS 2014, 58556 Rn. 44–45).

4 Bezüglich des Inhalts der Informationen ist auf die **Abgrenzung zum Zuständigkeitsbereich des Genehmigungsinhabers** zu achten (BT-Drs. 18/11276, 15). Dieser hat nach § 7c Abs. 2 Nr. 4 ebenfalls die Pflicht, der Öffentlichkeit bestimmte Informationen bereitzustellen. Informationen über den bestimmungsgemäßen Betrieb kerntechnischer Anlagen (Nr. 1) werden nicht in vollem Umfang bei allen zuständigen Behörden vorhanden sein (BT-Drs. 18/11276, 15). Auch hinsichtlich Nr. 2 bestehen entsprechende Pflichten auf der Seite des Genehmigungsinhabers. Soweit die Aufsichtsbehörde begründete **Zweifel** an der pflichtgemäßen Erfüllung der Informationspflicht des Genehmigungsinhabers hat, kann sie diesen nachgehen und ggf. durch **aufsichtliche Maßnahmen** bestimmte Anforderungen festlegen. Die Mitteilungspflichten nach der **AtSMV** sowie alle sonstigen Informationspflichten des Genehmigungsinhabers, die bereits vor der Einführung des Abs. 1 bestanden, bleiben unberührt (BT-Drs. 18/11276, 14).

Auf Bundesebene erfasst bspw. die Störfallmeldestelle des BASE im Auftrag des 5 BMU alle **meldepflichtigen Ereignisse**, die aus deutschen kerntechnischen Anlagen nach der AtSMV gemeldet werden, und informiert darüber die Öffentlichkeit. In **NRW** informiert die Atomaufsicht die Öffentlichkeit über den **bestimmungsgemäßen Betrieb kerntechnischer Anlagen** durch Veröffentlichung der Messwerte der **Radiologischen Fernüberwachung** kerntechnischer Anlagen in NRW (RFÜ NRW). Darüber hinaus informiert sie mit dem **Strahlenschutzbericht des Monats** über meldepflichtige Ereignisse und Unfälle.

II. Informationsübermittlung (Abs. 2)

1. Allgemeines

Die Regelung des Abs. 2 wurde bereits 1990 im Rahmen eines Maßnahmen- 6 paketes zur Verbesserung der Überwachung des Außenwirtschaftsverkehrs und zum Verbot von Atomwaffen, biologischen und chemischen Waffen in das AtG aufgenommen (BGBl. 1990 I 2428). **Zweck** der Regelung war es, die für den Außenwirtschaftsverkehr zuständigen Behörden mit mehr Hintergrundwissen auszustatten, sodass Kontrollen zielgerichtet durchgeführt werden können (BT-Drs. 11/4609, 6).

2. Informationsübermittlung

Die Vorschrift regelt, dass das für die kerntechnische Sicherheit und den Strah- 7 lenschutz zuständige Bundesministerium, das BMU, Informationen, die in atomrechtlichen Genehmigungen der nach den §§ 22–24 zuständigen Behörden enthalten sind (Inhaber, Rechtsgrundlagen, wesentlicher Inhalt) und im Einzelfall weitere Informationen aus der atomrechtlichen Genehmigung in Form einer **laufend zu aktualisierenden Liste** (BT-Drs. 11/4609, 6) an die für den Außenwirtschaftsverkehr zuständigen obersten Bundesbehörden zur Erfüllung ihrer Aufgaben bei Genehmigungen oder der Überwachung des Außenwirtschaftsverkehrs übermitteln kann. Die Frage, ob die Informationen übermittelt werden, steht also im **Ermessen der Behörde.** Zu übermitteln sind die Informationen ausdrücklich an die obersten, für den Außenverkehr zuständigen Bundesbehörden. Eine Übermittlung unmittelbar an die jeweils zuständigen nachgeordneten Behörden ist somit nicht vorgesehen, vielmehr kann die die Informationen empfangende oberste Bundesbehörde diese ihrem nachgeordneten Bereich zugänglich machen (BT-Drs. 11/4609, 6). S. 3 regelt, dass die Empfänger die Informationen grundsätzlich nur zu dem Zweck verwenden dürfen, zu dem sie übermittelt worden sind. Damit trägt der Gesetzgeber, soweit personenbezogene Daten betroffen sind, dem **datenschutzrechtlichen Zweckbindungsgrundsatz** Rechnung.

§ 24b Selbstbewertung und internationale Prüfung

(1) ¹Mit dem Ziel der kontinuierlichen Verbesserung der nuklearen Sicherheit und der Sicherheit der Entsorgung abgebrannter Brennelemente und radioaktiver Abfälle
1. führt das für die kerntechnische Sicherheit und den Strahlenschutz zuständige Bundesministerium eine Selbstbewertung des Gesetzes-, Vollzugs- und Organisationsrahmens für die nukleare Sicherheit kerntechnischer Anlagen und für die sichere Entsorgung abgebrannter Brennelemente und radioaktiver Abfälle sowie des diesbezüglichen Behördenhandelns durch;
2. lädt das für die kerntechnische Sicherheit und den Strahlenschutz zuständige Bundesministerium internationale Experten zu einer Prüfung passender Segmente des Gesetzes-, Vollzugs- und Organisationsrahmens für die nukleare Sicherheit kerntechnischer Anlagen und für die sichere Entsorgung abgebrannter Brennelemente und radioaktiver Abfälle sowie der jeweils teilnehmenden zuständigen Behörden ein; über die Ergebnisse der Prüfung berichtet das für die kerntechnische Sicherheit und den Strahlenschutz zuständige Bundesministerium den Mitgliedstaaten der Europäischen Union und der Europäischen Kommission, sobald diese Ergebnisse verfügbar sind.

²Die Maßnahmen nach Satz 1 erfolgen mindestens alle zehn Jahre. ³Die Maßnahmen nach Satz 1 können getrennt für die nukleare Sicherheit kerntechnischer Anlagen und für die sichere Entsorgung abgebrannter Brennelemente und radioaktiver Abfälle durchgeführt werden. ⁴Die Selbstbewertung nach Satz 1 Nummer 1 umfasst für die Entsorgung abgebrannter Brennelemente und radioaktiver Abfälle auch das Nationale Entsorgungsprogramm nach § 2c sowie dessen Umsetzung.

(2) ¹Das für die kerntechnische Sicherheit und den Strahlenschutz zuständige Bundesministerium
1. veranlasst im Hinblick auf ein ausgewähltes technisches Thema im Zusammenhang mit der nuklearen Sicherheit eine Selbstbewertung der in Betracht kommenden und sich im Geltungsbereich dieses Gesetzes befindlichen kerntechnischen Anlagen,
2. lädt zu der gegenseitigen Überprüfung der Bewertung nach Nummer 1 alle Mitgliedstaaten der Europäischen Union sowie, als Beobachter, die Europäische Kommission ein,
3. veranlasst angemessene Folgemaßnahmen zu den Erkenntnissen, die aus dieser gegenseitigen Überprüfung gewonnen wurden und
4. veröffentlicht einen Bericht über das Bewertungsverfahren und dessen wichtigste Ergebnisse, sobald diese vorliegen.

²Die erste Selbstbewertung nach Absatz 2 Satz 1 Nummer 1 leitet das für die kerntechnische Sicherheit und den Strahlenschutz zuständige Bundesministerium im Jahr 2017 ein, danach mindestens alle sechs Jahre.

(3) Im Falle eines Unfalls in einer kerntechnischen Anlage, der Maßnahmen des anlagenexternen Notfallschutzes erfordert, lädt das für die kerntechnische Sicherheit und den Strahlenschutz zuständige Bundesministerium unverzüglich zu einer internationalen Überprüfung ein.

Selbstbewertung und internationale Prüfung **§ 24b AtG**

Literatur: *ARTEMIS,* An integrated review service for radioactive waste and spent fuel management, decommissioning and remediation programmes, 2014; *Gering,* Kernkraftwerke in Deutschland – Neue Entwicklungen im anlagenexternen Notfallschutz, UMID 2014, 102; *IAEA,* Integrated Regulatory Review Service (IRRS) Guidelines for the Preparation and Conduct of IRRS Missions, Service Series 23, 2013; *dies.,* Performing Safety Culture Self-assessments, Safety Reports Series No. 83, 2016; *dies.,* SARIS Guidelines, Service Series 27, 2014; *Wissenschaftliche Dienste Deutscher Bundestag,* Zuständigkeitsfragen zum Notfallschutz bei Atomunfällen, 2015.

I. Grundlagen und Rechtsentwicklung

Die Erstfassung von § 24b geht auf das Gesetz zur Änderung des AtG vom 1 8.12.2010 (BGBl. I 1817) zurück. Das Ziel, die **nukleare Sicherheit** (Definition in § 2 Abs. 3a Nr. 2) kontinuierlich zu verbessern, ist in den Eingangsworten zu § 24b vorgegeben. Dem liegt Art. 9 RL 2009/71/Euratom vom 25.6.2009 (ABl. L 172, 18) zugrunde. Die darin enthaltenen Pflichten haben die Selbstbewertung, die Einladung internationaler Experten und die Berichterstattung gegenüber Mitgliedstaaten und Kommission zum Gegenstand. Damit soll ein **System der wechselseitigen Kontrolle und des gegenseitigen Voneinander-Lernens** geschaffen werden.

Die RL 2011/70/Euratom vom 19.7.2011 (ABl. L 199, 48) zeichnete in Art. 14 2 Abs. 3 den Weg vor zu einer qualitativen Erweiterung dieser Pflichten auf die **Sicherheit der Entsorgung** abgebrannter Brennelemente und radioaktiver Abfälle. Das Gesetz zur Änderung des AtG vom 20.11.2015 (BGBl. I 2053) löste diese Vorgabe in der Weise ein, dass die Entsorgung in den bestehenden § 24b integriert wurde. Wie in dem neuen Abs. 1 S. 3 klargestellt schließt dies nicht aus, dass die Maßnahmen nach S. 1 für die Komplexe nukleare Sicherheit und Entsorgungssicherheit getrennt durchgeführt werden. Nach dem ebenfalls neuen S. 4 ist das mit derselben Novelle in § 2c behandelte Nationale Entsorgungsprogramm in die Selbstbewertung mit einzubeziehen.

Mit der RL 2014/87/Euratom vom 8.7.2014 (ABl. L 219, 42) wurden die Ver- 3 pflichtungen der Mitgliedstaaten erneut ausgeweitet. Auslöser war der Nuklearunfall von Fukushima im März 2011 (Erwägungsgründe Nr. 5, 14, 12,15, 20). Den Art. 8e der Richtlinie hat das Gesetz zur Änderung des AtG vom 1.6.2017 (BGBl. I 1434) durch die Anfügung zweier Absätze in § 24b umgesetzt. Mit Abs. 2 wurde zusätzlich zu der alle 10 Jahren stattfindenden Prüfung des Regulierungsrahmens („Periodical Peer Review") eine **themenbezogene technische Selbstbewertung** („Topical Peer Review") eingeführt, die mindestens alle sechs Jahre stattfinden muss (BT-Drs. 18/11276, 15). Dies geht auf Vorschläge der European Nuclear Safety Regulators Group (ENSREG) zurück, die die Richtlinienvorhaben der Kommission eng begleitet hat. Ziel der themenbezogenen Bewertungen soll es insbesondere sein, ein gemeinsames Verständnis in zentralen technischen Sicherheitsfragen als Grundlage für ein zukünftiges europäisches Regelwerk zu erarbeiten. Mit dem System der wechselseitigen Kontrolle sollte zugleich die Rolle der nationalen Regulatoren gestärkt und Bemühungen der EU-Kommission um Erweiterung ihrer Kompetenzen im Sinne eines Inspektionsrechts vorgebeugt werden (*ENSREG,* Ad-hoc-Working Group on EC proposal for new Nuclear Safety Directive, Summary Report, 2013). Abs. 3 betrifft die Pflicht des BMU, nach einem kerntechnischen Unfall, der Maßnahmen des anlagenexternen Notfallschutzes erfordert, zu einer internationalen Überprüfung einzuladen.

II. Einzelfragen

1. Pflichtenadressat

4 Die Pflichten nach § 24b richten sich **ausnahmslos an das zuständige Bundesministerium**, also an das BMU. Dies ergibt sich bereits aus dem Wortlaut des Gesetzes; in der Begründung wird dies nochmals hervorgehoben (BT-Drs. 17/3052, 9). Die Mitwirkung der Länder ist freiwillig (BT-Drs. 17/3052, 17; 18/11276, 15). Für eine Weisung nach Art. 85 Abs. 3 S. 1 GG, mit der Länder zur Mitwirkung angehalten werden könnten, besteht kein Raum, weil diese nicht im Rahmen der Bundesauftragsverwaltung (§ 24 Abs. 1 S. 1) angesiedelt ist (→ § 24 Rn. 24).

2. Selbstbewertung des BMU und internationale Prüfung (Abs. 1)

5 Auf freiwilliger Basis wurden in der Vergangenheit in den Mitgliedstaaten unter Federführung der IAEA Missionen zur Überprüfung des rechtlichen Rahmens (IRRS) und des Integrierten Behördenüberprüfungsdienstes (IRRS) durchgeführt (Erwägungsgrund Nr. 21 der RL/2009/71/Euratom, ABl. L 172, 19). So haben sich wie zuvor die Behörden anderer Staaten 2008 das BMU und als einziges Land BW einer IRRS-Mission unterzogen. 2011 kam es zu einer Folgemission, die nächste Mission ist – dann mit Blick auf die Rechtspflichten nach Abs. 1 – vorgesehen. Der Rat der EU sieht in der Selbstbewertung und der Prüfung durch internationale Experten keine Inspektion und keinen Audit, sondern ein **„System des Voneinander-Lernens"** mit dem Ziel, ein „starkes System" für die nukleare Sicherheit zu gewährleisten (Erwägungsgrund Nr. 21 der RL/2009/71/Euratom, ABl. L 172, 19). Das entspricht auch den Anliegen und Erwartungen der IAEA.

6 Weder die Euratom-Richtlinie noch das AtG enthalten Vorgaben oder Empfehlungen, von dem IAEA-Instrumentarium Gebrauch zu machen. Angesichts der Erfahrung und Kompetenz der IAEA wird es nahe liegen, auf ihre Angebote zurückzugreifen (vgl. Performing Safety Culture Self-assessments, *IAEA* Safety Reports Series No. 83, 2016; Integrated Regulatory Review Service (IRRS) Guidelines for the Preparation and Conduct of IRRS Missions, *IAEA* Service Series 23, 2013). Unbenommen ist es dem BMU, seine Pflichten aus § 24b in Eigenregie zu erfüllen.

7 Die vom BMU zur Verbesserung der nuklearen Sicherheit (Definition in § 2 Abs. 3a Nr. 2) vorzunehmende **Selbstbewertung** (Nr. 1) erstreckt sich umfassend auf den Gesetzes-, Vollzugs- und Organisationsrahmen sowie das diesbezügliche Behördenhandeln. Zur Selbstbewertung hat die **IAEA** mit dem **IRRS** eine Methodik entwickelt, mit der die Teilnehmer Stärken und Entwicklungsmöglichkeiten in der Wissensmanagement-Strategie herausarbeiten sollen. Die dazu aufgestellten Kriterien wurden in sieben organisatorische und funktionale Kategorien untergliedert: Politik/Strategie; Human Resource-Planung und Prozesse; Training und Verbesserung der Leistungsfähigkeit; Methoden, Prozesse und Dokumentation zur Verbesserung des Wissensmanagements; Technische Lösungen; Ansätze zur Erfassung und Nutzung von stillschweigendem Wissen; Wissensmanagement-Kultur; Unterstützung Mitarbeiter. Auf dieser Grundlage hat die IAEA einen Fragebogen entwickelt, dessen Beantwortung den ersten wesentlichen Schritt der Selbstbewertung bildet; im Rahmen der genannten IRRS-Mission 2008 waren 248 Fragen zu beantworten. Dazu gibt die IAEA unter anderem die genannten Schriften heraus

Selbstbewertung und internationale Prüfung **§ 24b AtG**

und stellt als Software das Tool „Selbstbewertung der regulatorischen Infrastruktur die die Sicherheit" (SARIS) zur Verfügung (vgl. *IAEA,* SARIS Guidelines, Service Series 27; IAEA-Web-Seite „Knowledge Management Self-Assessment Tools", November 2015). Für den Gesamtablauf zeichnet die IAEA neun Schritte vor: Vorbereitung der betroffenen Organisation; Vorbereitung des Selbstbewertungsteams; Vorbereitung des Selbstbewertungsplans; Vor-Eröffnung; Durchführung der Selbstbewertung; Analyse der Ergebnisse; Zusammenfassung der Befunde; Kommunikation der Befunde; Entwicklung und Durchführung von Aktionen einschließlich follow-up innerhalb von 6 bis 18 Monaten nach der Selbstbewertung.

Der Erstreckungsbereich der IRRS-Mission ist modular angelegt und bezieht **8** sich in erster Linie auf die Sicherheit kerntechnischer Anlagen; das sind im Sinne des deutschen Rechts ortsfeste Anlagen zur Erzeugung oder zur Bearbeitung oder Verarbeitung oder zur Spaltung von Kernbrennstoffen oder zur Aufarbeitung bestrahlter Kernbrennstoffe nach § 7 Abs. 1, Aufbewahrungen von bestrahlten Kernbrennstoffen nach § 6 Abs. 1 oder 3 und Zwischenlagerungen für radioaktive Abfälle, wenn die Zwischenlagerungen direkt mit der jeweiligen kerntechnischen Anlage im Sinne der beiden vorgenannten Materien in Zusammenhang stehen und sich auf dem Gelände der Anlagen befinden (§ 2 Abs. 3a Nr. 1, ebenso die auf diese Bestimmung verweisende Norm des § 5 Abs. 18 StrlSchG). Die Mission kann auch die Entsorgung miterfassen. Zugeschnitten auf das Thema Entsorgung (neben Überwachung der nuklearen Emissionen, Stilllegung kerntechnischer Anlage und Sanierung kontaminierter Standorte) ist der **ARTEMIS-Review** der IAEA (vgl. *ARTEMIS,* An integrated review service for radioactive waste and spent fuel management, decommissioning and remediation programmes, 2014). Auch dieses Überprüfungsverfahren besteht aus mehreren Schritten und umschließt die formelle Einleitung, die spezifischen Aufgaben, die Überprüfung der Dokumentation, die Überprüfungssitzung und die Erstellung des Berichts.

Wie im Zweiten Bericht der Bundesregierung zur Durchführung der RL **9** 2011/70/Euratom vom August 2018 auf S. 8 angekündigt, wurden 2019 IRRS- und ARTEMIS-Missionen veranstaltet. In die Selbstbewertung zur Entsorgung wurden auch das Nationale Entsorgungsprogramm nach § 2c und dessen Umsetzung einbezogen (Abs. 1 S. 4).

Die **Einladungs- und Berichtspflichten** nach Nr. 2 knüpfen an den in Nr. 1 **10** vorgegebenen Rahmen an, beschränken sich aber in ihrer Zielsetzung auf die Prüfung **„passender Segmente".** Zu deren Auswahl steht dem BMU ein weiter Beurteilungsspielraum zu; wesentlich wird es dabei auf die Frage ankommen, inwieweit sich die Themen für eine Prüfung gerade auf internationaler Ebene eignen (→ Rn. 17 ff.). Der Prüfungsauftrag bezieht sich nach Nr. 2 Hs. 1 auf die geeigneten Segmente „sowie" auf die zuständigen Behörden, auch wenn sich dies nach der Einfügung der Worte „für die sichere Entsorgung … radioaktiver Abfälle" durch das Gesetz zur Änderung des AtG vom 20.11.2015 (BGBl. I 2053) dem Wortlaut nicht mehr ohne Weiteres entnehmen lässt. Trotz des insofern von Nr. 1 abweichenden Wortlauts ist auch Nr. 2 auf das „diesbezügliche Behördenhandeln", nicht auf die „zuständige Behörde" als Ganzes gerichtet. Wegen des engen Bezuges der Nrn. 1 und 2 ist nur eine deckungsgleiche Interpretation sinnvoll.

3. Themenbezogene Selbstbewertung bei Nuklearanlagen und internationale Überprüfung (Abs. 2)

11 Abs. 2 Nr. 1 statuiert eine Veranlassungspflicht des BMU gegenüber kerntechnischen Anlagen (Definition in § 2 Abs. 3a Nr. 1) betreffend die Selbstbewertung zu einem ausgewählten technischen Thema; die in Abs. 1 genannte Entsorgung ist also von Abs. 2 nicht erfasst. Dass mit der Veranlassungspflicht des BMU eine **Befolgungspflicht der Inhaber kerntechnischer Anlagen** korrespondiert, ist dem Wortlaut nicht zu entnehmen. Aus dem systematischen Zusammenhang ist dies ebenfalls nicht abzuleiten; eine auf eine Selbstbewertung gerichtete behördliche Anordnung ist in der gebotenen Rechtsklarheit praktisch nicht denkbar. Jene besteht aus vielerlei rechtsbegrifflich nicht fassbaren Elementen und kann nur wirksam und zielorientiert vollzogen werden, wenn die Betroffenen selbst sie mittragen.

12 Aus dem Gesetzestext geht nicht unmittelbar hervor, wer das bewertungsgegenständliche technische Thema nach welchen Kriterien bestimmen soll. Nahe liegt zunächst das Auswahlrecht des zur Veranlassung verpflichteten BMU, doch widerspricht dem die Begründung (BT-Drs. 18/11276, 15), wonach ein gemeinsamer Beschluss der EU-Mitgliedstaaten herbeizuführen ist. Im Erwägungsgrund Nr. 23 der RL 2014/87/Euratom vom 8.7.2014 heißt es dazu: „Die Mitgliedstaaten sollten über ihre zuständigen Regulierungsbehörden – unter Nutzung der European Nuclear Safety Regulators Group **(ENSREG)**, soweit einschlägig, und aufbauend auf den Fachkenntnissen der Western European Nuclear Regulators Association **(WENRA)** – alle sechs Jahre eine Methode, die Rahmenbedingungen und einen Zeitrahmen für Peer Reviews zu einem gemeinsamen spezifischen technischen Thema im Zusammenhang mit der nuklearen Sicherheit ihrer kerntechnischen Anlagen festlegen. Das zu prüfende **gemeinsame spezifische technische Thema** sollte auf der Grundlage der von WENRA festgelegten Sicherheitsreferenzniveaus oder von Feedback aus Betriebserfahrung, Vorkommnissen und Unfällen sowie technologischen und wissenschaftlichen Entwicklungen ausgewählt werden". Auch aus der in Abs. 2 Nr. 2 festgehaltenen Gegenseitigkeit der Überprüfung durch alle Mitgliedstaaten (nicht nur durch die Länder mit nuklearen Standorten) ist abzuleiten, dass es sich um ein einheitlich beschlossenes Thema handeln muss.

13 Gegenstand des **Peer Review** nach Nr. 2 ist die nationale Selbstbewertung nach Nr. 1, nicht eine Zusammenschau aus den Selbstbewertungen aller Mitgliedstaaten mit kerntechnischen Anlagen; diese haben jeweils unter den zeitlichen Vorgaben von Abs. 2 S. 2 ihre Einladungen auszusprechen. Die nach Abs. 2 Nr. 3 zu veranlassenden **Folgemaßnahmen** können vor allem bestehen in Initiativen zu Änderungen von Gesetzen, Verordnungen und anderer Regelungen, im Einsatz rechtlicher Instrumente vor allem nach §§ 17, 19 und in der Fortentwicklung der Genehmigungs- und Aufsichtspraxis. Aus Transparenzgründen sieht Abs. 2 Nr. 4 eine auf das Bewertungsverfahren und dessen wichtigste Ergebnisse bezogene Veröffentlichungspflicht vor. Das BMU hat für Deutschland seinen Bericht am 28.12.2017 vorgelegt (abrufbar unter https://www.bmu.de/fileadmin/Daten_BMU/Down load_PDF/Nukleare_Sicherheit/topical_peer_review_bericht_bf.pdf, zul. abgerufen am 23.10.2020). Die EU-Mitgliedsstaaten hatten durch die ENSREG für das erste Peer Review das Thema „Alterungsmanagement" ausgewählt.

4. Internationale Überprüfung nach Nuklearunfall (Abs. 3)

Die Einladungspflicht des BMU nach Abs. 3 bezieht sich auf die Zeit nach **nu-** **14**
klearen Unfällen. Zur entsprechenden Einordnung eines Ereignisses kann die von
IAEA und NEA erarbeitete und 1990 eingeführte Internationale Bewertungsskala
für nukleare Ereignisse (INES) herangezogen werden. Diese siebenstufige Skala
reicht von 0 (Ereignis ohne oder mit geringer sicherheitstechnischer Bedeutung)
bis 7 (katastrophaler Unfall); ab Stufe 4 beginnt die Einstufung als Unfall. Die Frage
der Abgrenzung zum „ernsten Störfall" (Stufe 3) kann sich in diesem Kontext in
der Praxis nicht stellen, da letzterer nur bei „sehr geringer Freisetzung, Strahlenexposition der Bevölkerung in Höhe eines Bruchteils der natürlichen Strahlenexposition" anzunehmen ist und deshalb nicht zu Maßnahmen des externen Notfallschutzes führen wird. In der früheren Strahlenschutzverordnung (zuletzt geändert
durch Art. 6 des Gesetzes vom 27. 1. 2017, BGBl. I 114 (1222)) war der Begriff
„Unfall" in § 3 Abs. 2 Nr. 35 definiert als Ereignisablauf, der für eine oder mehrere
Personen eine effektive Dosis von mehr als 50 Millisievert zur Folge haben kann.
Das StrlSchG hat den Unfallbegriff aufgegeben und legt den „Notfall" zu Grunde.
§ 5 Abs. 26 StrlSchG definiert ihn als Ereignis, bei dem sich durch ionisierende
Strahlung erhebliche nachteilige Auswirkungen auf Menschen, die Umwelt oder
Sachgüter ergeben können. Kein Notfall liege vor, wenn abzusehen sei, dass ein Ereignis, das im Rahmen einer geplanten Tätigkeit eingetreten ist, voraussichtlich
durch die für geplante Expositionssituationen geregelten Maßnahmen bewältigt
werden kann. Das Ereignis muss in einer kerntechnischen Anlage iSv § 2 Abs. 3a
stattgefunden haben.

Die Maßnahmen des **anlagenexternen Notfallschutzes** richten sich insgesamt **15**
nach Teil 3 des StrlSchG „Strahlenschutz bei Notfallexpositionssituationen". In
einem Staat wie Deutschland mit den grundgesetzlich geregelten Zuständigkeiten
des Bundes für Kernenergie und Strahlenschutz und der Länder für den Katastrophenschutz (vgl. *Wissenschaftliche Dienste Deutscher Bundestag,* Zuständigkeitsfragen
zum Notfallschutz bei Atomunfällen, 10f.) ist ein reibungsloses Zusammenwirken
beider Ebenen unerlässlich.

Die **Einladung** zu einer internationalen Überprüfung hat nach einem solchen **16**
Unfall **unverzüglich,** also ohne schuldhaftes Zögern (§ 121 Abs. 1 BGB) zu erfolgen. Dabei ist zu berücksichtigen, dass bei einer durch einem Unfall in einer kerntechnischen Anlage ausgelösten Notwendigkeit externen Notfallschutzes die rasche
und gezielte Durchführung der Maßnahmen zum Schutz der Bevölkerung absoluten Vorrang haben muss; derartige Maßnahmen können von der Aufforderung zum
Aufenthalt in Gebäuden über die Verteilung von Jodtabletten und Aufforderung
zur Einnahme bis zur Evakuierung reichen und binden erst einmal alle Kräfte.
Abs. 3 betrifft nicht die in der Regel sofort gebotene nachbarstaatliche Zusammenarbeit und gegenseitige Information im Fall grenzüberschreitender Auswirkungen
eines Reaktorunfalls (dazu *Wissenschaftliche Dienste Deutscher Bundestag,* Zuständigkeitsfragen zum Notfallschutz bei Atomunfällen, 11f.), sondern die rückblickende
Überprüfung. Erst wenn die Lage und ihre Herausforderungen bewältigt sind, ist
dazu einzuladen.

5. Würdigung

Die staatsübergreifend angelegten Prüfungs-, Bewertungs-, Berichts- und Ein- **17**
ladungspflichten entspringen der Erkenntnis, dass die Auswirkungen nuklearer Un-

fälle nicht Landesgrenzen halt machen. Nach den Katastrophen von Tschernobyl und dann – nochmals verstärkt – von Fukushima hat sich auf internationaler Ebene der Wille gefestigt, die Sicherheitslevels der Anlagen weltweit auf ein möglichst hohes Niveau zu bringen. Die IAEA kann jedoch nur Empfehlungen aussprechen und Schemata zur Durchführung anbieten. Euratom hat eng begrenzte regulatorische Kompetenzen und ist Adressat von Berichten nach Abs. 1 S. 1 Nr. 2, verfügt aber ansonsten über keine exekutiven Vollmachten. Daher hat man das Instrumentarium der wechselseitigen Kontrolle und des gegenseitigen Voneinander-Lernens, das schon in den Sicherheitskonventionen der IAEA angelegt ist, auf europäischer Ebene ausgebaut und verbindlich gemacht. Deutschland kann dazu wertvolle Beiträge leisten. Die Einmaligkeit der hier für das Atomrecht festgelegten Bundesauftragsverwaltung mit ihren zwei Kompetenzebenen wird es internationalen Experten jedoch nicht erleichtern, den deutschen Gesetzes-, Vollzugs- und Organisationsrahmen sowie die beteiligten Behörden auf Verbesserungsmöglichkeiten zu untersuchen, einzuschätzen und in Aktionspläne einmünden zu lassen. Dies wird auch für die Gegenrichtung zu gelten haben.

18 Mit der Betriebseinstellung der deutschen KKW wird für Deutschland zwangsläufig ein Rückgang an kerntechnischem Erfahrungswissen verbunden sein. Umso mehr wird es darauf ankommen, mit den Instrumenten des § 24b die internationale Diskussion mitzugestalten und auf Erhöhung des Sicherheitsniveaus hinzuwirken.

19 Für den Bereich der Entsorgung sind die deutschen Konzepte zur Zwischen- und Endlagerung im Gesetz zur Neuordnung der Verantwortung in der kerntechnischen Entsorgung vom 27.1.2017 (BGBl. I 1222) und im Endlagersuchgesetz vom 5.5.2017 (BGBl. I 1074) niedergelegt. Vor allem letzteres mit seinem Programm aus einer Reihe von legislatorischen und administrativen Stationen ist in ausgereifter Weise auf die besonderen Verhältnisse in Deutschland zugeschnitten; praktisch verwertbare Erkenntnisgewinne aus den Planungen und Entwicklungen in anderen Ländern werden nur schwer zu ziehen sein. Umgekehrt wird es sich entsprechend verhalten.

Vierter Abschnitt Haftungsvorschriften

Vor §§ 25–40c Vorbemerkung zu den Haftungsvorschriften

Literatur: *Bette/Didier/Fornasier/Stein,* Compensation of Nuclear Damage in Europe, 1965; *von Busekist,* Haftungsprobleme im Verhältnis zwischen Vertragsstaaten des Pariser und des Wiener Übereinkommens, in Pelzer, Friedliche Kernenergienutzung und Staatsgrenzen in Mitteleuropa: Tagungsbericht der AIDN Regionaltagung in Regenburg 1986, 1987, 271; *ders.,* A Bridge between two Conventions in Civil Liability for Nuclear Damage: The Joint Protocol Relating to the Application of the Vienna Convention and the Paris Convention, NLB 43 (June 1989), 10; *Fuchs/Pauker,* Delikts- und Schadensersatzrecht, 8. Aufl. 2012; *Handrlicka,* Aktuelle Entwicklungen des Atomhaftungsrechts in der Tschechischen Republik und in der Slowakischen Republik, in Pelzer, Europäisches Atomhaftungsrecht im Umbruch. Tagungsbericht der AIDN/INLA-Regionaltagung Berlin 2009, 2010, 123; *ders.,* Harmonisation of Nuclear Liability in the European Union: Challenges, Options and Limits, NLB 84 (2009/2), 35; *ders.,* Reactions to the EC Legal Study from a Legal and Policy Viewpoint, in Brussels Nuclear Law Association (BNLA), Prospects of a Nuclear Liability Regime in the Framework

Vorbemerkung zu den Haftungsvorschriften **Vor §§ 25–40c AtG**

of the European Union, Proceedings 2012, 39; *ders.,* The Brussels I Regulation and Liability for Nuclear Damage, NLB 86 (2010/2), 29; *Herzog,* Keynote address, in OECD/IAEA, Nuclear Third Party Liability and Insurance – Status and Prospects (Munich Symposium 1984), 1985, 13; *Hohmuth,* Die atomrechtspolitische Entwicklung in Deutschland seit 1980, 2014; *IAEA,* The 1988 Joint Protocol Relating to the Application of the Vienna Convention and the Paris Convention – Explanatory Text, IAEA International Law Series No. 5, 2013 (Revised version 2017); Münchener Kommentar zum Bürgerlichen Gesetzbuch. Band 11: Internationales Privatrecht II., 6. Aufl. 2015; *OECD/NEA,* Japan's Compensation System for Nuclear Damage as Related to the TEPCO Fukushima Daiichi Nuclear Accident, 2012; *Palandt,* Bürgerliches Gesetzbuch, 76. Aufl. 2017; *Pelzer,* Conflict of Laws Issues under the International Nuclear Liability Conventions in FS Kühne, 2009, 819; *ders.,* Inadequacies in the Civil Nuclear liability Régime evident after the Chernobyl Accident: The Response in the Joint Protocol of 1988, Nuclear Energy Agency 75 (1993), 155; *ders.,* The 2007 EU-Initiative on Nuclear Liability – A Challenge for Enhancing the Nuclear Liability in Europe, Prospects of a Nuclear Liability Regime in the Framework of the European Union, Proceedings 2012, 91.

I. Spezielles Atomhaftungsregime

Gemäß § 1 Nr. 2 ist es einer der Zwecke des Atomgesetzes „Leben, Gesundheit 1 und Sachgüter vor den Gefahren der Kernenergie und der schädlichen Wirkung ionisierender Strahlen zu schützen und durch Kernenergie oder ionisierende Strahlen verursachte Schäden auszugleichen". Zwar ist dieser sog. **Schutzzweck** des Atomgesetzes bei seiner Umsetzung im Gesetz in dessen präventivem Teil so ausgestaltet, dass Genehmigungen nur erteilt werden dürfen, wenn sichergestellt ist, dass nach dem Stand von Wissenschaft und Technik Schäden nicht eintreten können. Aber es verbleibt ein „Restrisiko" (BVerfGE 49, 89 (137) = NJW 1979, 359), das zu Ereignissen führen kann, die einen Schadensausgleich verlangen (→ Einf. Rn. 55 ff; → § 1 Rn. 17 ff.; *Haedrich* AtG § 1 Rn. 8 ff., Vor §§ 25 ff. Rn. 1; *Raetzke* in NK-AtomR Vor §§ 25 ff. Rn. 2). Tatsächlich erfordern die Besonderheiten solcher nicht vollständig auszuschließender nuklearer Schäden ein **spezielles Haftungsregime.** Hierzu führen die Vertragsstaaten des Pariser Übereinkommens, dem die Bundesrepublik Deutschland angehört (§ 2 Abs. 5; → PÜ Vor Rn. 2) in der amtlichen Begründung dieses Übereinkommens unter anderem folgendes aus (Exposé de Motifs 2004 Nrn. 1, 2): „1. The production and use of nuclear energy for peaceful purposes involve hazards of a special character and potentially far-reaching consequences. Despite the high level of safety achieved in this field, the possibility remains that incidents capable of causing considerable damage can occur. The magnitude of that damage, the fact that an incident occurring in one country can cause significant damage in several neighbouring countries, and the recognition that damage caused by ionising radiation may not manifest itself until many years after the incident which caused it, have led many States to conclude that general tort law is not well suited to deal with the particular risks involved in nuclear energy production and use. 2. These States believe that a special regime for nuclear third party liability is both necessary and desirable […]".

Das „special regime for nuclear third party liability" wird in Deutschland gebil- 2 det aus dem Pariser Übereinkommen, dem Gemeinsamen Protokoll und den Haftungsvorschriften des Atomgesetzes. Hinzu kommt das Brüsseler Zusatzübereinkommen. Hinzuweisen ist auch auf das ergänzende Kernmaterial-Seetransport Übereinkommen (→ PÜ Vor Rn. 12, 13). Das so gebildete haftungsrechtliche Regime ist **zivilrechtlicher** Art. Es ist eigenständiger Teil des privatrechtlichen

Deliktsrechts. Im Hinblick auf die mögliche Größe nuklearer Schäden enthält das zivilrechtliche Haftungsregime aber auch in den §§ 34 und 38 staatliche Eintrittsverpflichtungen, die sich unmittelbar aus der staatlichen Schutzpflicht für seine Bürger ergeben und Ausfluss des Sozialstaatsprinzips sind. Mit dem Inkrafttreten des Protokolls 2004 zum Pariser Übereinkommen setzt § 34 zugleich aber auch den durch das Protokoll neugefassten Art. 10 PÜ um (→ § 34 Rn. 5). Durch die staatlichen Eintrittsverpflichtungen wird der zivilrechtliche Charakter des Haftungsregimes nicht verändert. Die staatliche Freistellung nach § 34 ist eine Art zusätzlicher Vorsorge aus öffentlichen Mitteln zur Deckung der Haftpflicht des Ersatzpflichtigen und sie ist folgerichtig zivilrechtlich konstruiert (→ § 34 Rn. 6). Anderes gilt für den Ausgleichsanspruch nach § 38, der öffentlich-rechtlicher Natur ist (→ § 38 Rn. 9). Aber der Ausgleichsanspruch greift auch nicht in das deliktische Verhältnis Schädiger/Geschädigter ein, sondern betrifft allein in den Geschädigten und gehört damit nicht unmittelbar zu dem Regime nuklearer Dritthaftung.

II. Pariser Übereinkommen

3   Das Pariser Übereinkommen (§ 2 Abs. 5) wird durch das Atomgesetz in innerstaatliches Recht umgesetzt, und seine operativen Bestimmungen **gelten unmittelbar** (self-executing). Durch die unmittelbare Anwendbarkeit der Bestimmungen des Pariser Übereinkommens wird ausgeschlossen, dass durch Umformung der Vertragsbestimmungen in innerstaatliche Rechtsvorschriften, die ja stets zugleich eine Interpretation der Bestimmungen voraussetzt, „Abweichungen vom Vertragsinhalt" entstehen und „eine vertragskonforme Anwendung" der Bestimmungen des Übereinkommens gewährleistet wird (BT-Drs. 7/2183, 13).

4   Die Haftungsvorschriften des Gesetzes sind deshalb geprägt durch ein **Zusammenwirken von Rechtsvorschriften völkerrechtlicher Provenienz und originär innerstaatlichen Rechts.** Gemäß § 25 Abs. 1 gelten für den Inhaber einer Kernanlage zunächst die Bestimmungen des völkerrechtlichen Pariser Übereinkommens und des völkerrechtlichen Gemeinsamen Protokolls (§ 2 Abs. 7; → PÜ Vor Rn. 2, 6 f., 25 ff.) und diese ergänzend die innerstaatlichen Vorschriften des Atomgesetzes. Demgegenüber bestimmt sich die Haftung für Schäden durch Kernspaltungsvorgänge und durch Strahlen radioaktiver Stoffe, auf die das Pariser Übereinkommen und das Gemeinsame Protokoll nicht anwendbar sind, nach der innerstaatlichen Vorschrift des § 26. Als nicht ganz präzise Faustregel kann man das so zusammenfassen: Wo ein Kritikalitätsrisiko besteht, gelten gem. § 25 AtG Pariser Übereinkommen/Gemeinsames Protokoll und ergänzend das Atomgesetz; in allen anderen Fällen einer Schadensverursachung durch ionisierende Strahlen bestimmt sich die Haftung nach § 26 AtG (sog. Isotopenhaftung).

5   Das Haftungssystem des Pariser Übereinkommens baut auf Grundsätzen auf (→ PÜ Vor Rn. 14−24), die aus dem innerstaatlichen **zivilrechtlichen Deliktsrecht** vertraut sind, wie zB Haftung ohne Verschulden (Gefährdungshaftung; → PÜ Vor Rn. 15; → PÜ Art. 3 Rn. 3 f.), summenmäßige und zeitliche Haftungsbegrenzung (→ PÜ Vor Rn. 28 f.; Art. 7, 8 PÜ). Das Übereinkommen enthält aber auch Rechtsfiguren, die nicht ohne weiteres in anderen Haftungsregimen zu finden oder die sogar gänzlich **ohne Beispiel** sind. Letzteres gilt für die sog. rechtliche Kanalisierung der Haftung auf den Inhaber der Kernanlage (→ PÜ Vor Rn. 16 f.; Art. 6 PÜ). Die verbindliche Bestimmung eines einzigen ausschließlichen Gerichts-

stands am Ort des Eintritts des nuklearen Ereignisses (→ PÜ Vor Rn. 23; Art. 13 PÜ) und das Gebot der Nichtdiskriminierung (→ PÜ Art. 14 Rn. 1 f.) sind Elemente, die wegen der Möglichkeit grenzüberschreitender Schäden geboten sind.

III. Gemeinsames Protokoll

Das Gemeinsame Protokoll (§ 2 Abs. 7) stellt eine **Verbindung zum Wiener** 6
Übereinkommen (§ 2 Abs. 8; → PÜ Vor Rn. 5) für diejenigen Vertragsstaaten dieses Übereinkommens her, die zugleich Vertragsstaaten des Pariser Übereinkommens sind (→ PÜ Vor Rn. 6f.). Es stellt sicher, dass in Vertragsgebieten des Pariser und des Wiener Übereinkommens durch ein nukleares Ereignis Geschädigten wechselseitig Schadensersatzansprüche nach dem jeweils auf das Ereignis anwendbaren Übereinkommen zustehen (*von Busekist* in Pelzer, Friedliche Kernenergienutzung und Staatsgrenzen in Mitteleuropa: Tagungsbericht der AIDN Regionaltagung in Regenburg 1986, 271 ff.; *ders.* NLB 43 (June 1989), 10 ff.; *IAEA,* The 1988 Joint Protocol Relating to the Application of the Vienna Convention and the Paris Convention – Explanatory Text, IAEA International Law Series No. 5, 2013, 15 ff.; *Pelzer* Nuclear Energy Agency 75 (1993), 155 ff.). Das Protokoll wird ebenso wie das Pariser Übereinkommen als self-executing übernommen. Diese unmittelbare Anwendbarkeit wird auch erleichtert, weil das Wiener Übereinkommen, zu dem es eine Verbindung herstellt, inhaltlich praktisch identisch mit dem Pariser Übereinkommen ist (zur Anwendung des Protokolls ausführlich *Raetzke* in NK-AtomR § 25 Rn. 162–167).

IV. Internationale Haftungsharmonisierung

Haftungsharmonisierung innerhalb ihrer Vertragsstaaten ist einer der Zwe- 7
cke des Pariser Übereinkommens und des Gemeinsamen Protokolls. Durch das durch § 25 begründete Zusammenspiel von Übereinkommen/Protokoll und nationalem Recht wird auch Letzteres in den Harmonisierungszweck der beiden völkerrechtlichen Instrumente eingebunden (auch § 1 Nr. 4). Da das Pariser Übereinkommen in seinem Art. 11 generell auf das innerstaatliche Recht verweist und so das Recht des Übereinkommens in das nationale Recht eingebettet worden ist (→ PÜ Art. 11 Rn. 1) – das gilt gem. Art. VIII bzw. VIII Abs. 1 auch für die Wiener Übereinkommen 1963 und 1997 –, wird auch dieses insoweit dem Harmonisierungszweck dienstbar gemacht. Das kann jedoch zu Problemen führen (→ PÜ Art. 11 Rn. 3).

V. Brüsseler Zusatzübereinkommen

Das Brüsseler Zusatzübereinkommen (§ 2 Abs. 6) stellt **zusätzliche Entschädi-** 8
gungsmittel für nukleare Schäden aus öffentlichen Mitteln bereit (→ PÜ Vor Rn. 3 f.; Gesamtdarstellung nach dem Stand des Übereinkommens von 1963: *Bette/Didier/Fornasier/Stein,* Compensation of Nuclear Damage in Europe). Vertragsparteien können lediglich Vertragsparteien des Pariser Übereinkommens werden oder bleiben (Art. 19 BZÜ). Das Brüsseler Zusatzübereinkommen wurde nicht als „self-executing" übernommen, sondern es begründet als klassischer völkerrecht-

licher Vertrag nur Rechtsbeziehungen zwischen den Vertragsparteien (BT-Drs. 7/2183, 13). Nur die Vertragsparteien haben Rechte und Verpflichtungen aus dem Übereinkommen. Weder der haftpflichtige Inhaber der Kernanlage noch die Geschädigten werden aus dem Übereinkommen unmittelbar berechtigt oder verpflichtet.

9 Gemäß Art. 10 Abs. b BZÜ ist allein die **Vertragspartei, deren Gerichte zuständig sind,** befugt, die anderen Vertragsparteien um die Bereitstellung der öffentlichen Mittel gem. Art. 3 Abs. b (iii) und Abs. f BZÜ zu ersuchen und diese Mittel zu verteilen. Verwendet diese Vertragspartei die Mittel nicht zur Entschädigung des konkreten nuklearen Schadens, ist das eine **Verletzung des Übereinkommens:** Die betreffende Vertragspartei verletzt den im dritten Präambelabsatz erklärten und insbesondere in Art. 3 BZÜ konkretisierten Zweck des Übereinkommens, den Entschädigungsbetrag für nukleare Schäden zu erhöhen. Die Vertragsverletzung kann von anderen Vertragsparteien gerügt werden und kann zu einem Streitbeilegungsverfahren nach Art. 17 Abs. d BZÜ führen, das auf das Verfahren nach Art. 17 PÜ verweist, so dass, sofern es nicht zu einer gütlichen Einigung kommt, der Europäische Kernenergiegerichtshof den Fall entscheidet. Ob darüber hinaus dem haftpflichtigen Inhaber der Kernanlage oder den Geschädigten ein unmittelbarer Anspruch gegen die die Entschädigungsmittel zurückhaltende Vertragspartei zusteht, bestimmt sich nach nationalem Recht dieser Vertragspartei unter Berücksichtigung der Besonderheiten des Einzelfalles. So könnte eine **Amtshaftungsklage** nach § 839 BGB in Betracht kommen, wenn man die vertragsgemäße Erfüllung des Brüsseler Zusatzübereinkommens als eine drittgerichtete Amtspflicht zur zusätzlichen Entschädigung individueller nuklearer Schäden anerkennt (hierzu ausführlich zB *Fuchs/Pauker,* Delikts- und Schadensersatzrecht, 205 ff.; *Sprau* in Palandt BGB, 76. Aufl. 2017, § 839 Rn. 43 ff.; *Papier/Shirvani* in MüKoBGB § 839 Rn. 234 ff. (260 f.)).

VI. Internationales Privatrecht, Rechtvergleichung

10 Bei von einer in Deutschland gelegenen Kernanlage ausgehendem grenzüberschreitendem nuklearem Unfall stoßen die deutschen Haftungsvorschriften auf andere Rechtsordnungen. Die dadurch entstehenden Konflikte werden gemäß den Regelungen des **Internationalen Privatrechts** gelöst. Soweit nuklearer Schaden nur in Vertragsstaaten des Pariser Übereinkommens oder des Wiener Übereinkommens und des Gemeinsamen Protokolls erlitten wird, enthalten diese Instrumente verbindliche Bestimmungen zur Lösung der wichtigsten Problemkreise, zB betreffend das anwendbare Recht, das zuständige Gericht, die Anerkennung und Vollstreckung von Urteilen. Aber die Übereinkommen lösen nicht alle Konfliktfälle: auch innerhalb des Konventionsrechts bestehen Rechtskonflikte. Dies gilt insbesondere für die sog. Vorfragen (zB wer ist Eigentümer?). Dies folgt daraus, dass die Übereinkommen in die jeweilige nationalen Rechte der Vertragsparteien eingebettet sind und auf diese zurückgreifen, wenn das Konventionsrecht keine eigenen Regelungen vorsieht. Bei Konflikt ist dann wiederum auf die allgemeinen Regeln des Internationalen Privatrechts zurückzugreifen (hierzu ausführlich *Pelzer* FS Kühne, 2009, 819 ff.).

11 Die Entschädigung grenzüberschreitender nuklearer Ereignisse erfordert mindestens Basiskenntnisse der berührten fremden Rechtsordnungen, insbesondere der fremden Atomhaftungsvorschriften. **Rechtsvergleichung** ist erforderlich. Das gilt natürlich in erster Linie, wenn das Ereignis von einem anderen Staat ausgeht

Vorbemerkung zu den Haftungsvorschriften **Vor §§ 25–40c AtG**

und das fremde Recht die Entschädigung für deutsche Geschädigte regelt. Es gilt aber ebenso, wenn das schädigende Ereignis in Deutschland eintritt und deutsches Recht angewendet wird. So setzt etwa die Anwendung der Reziprozitätsvorschiften in § 25 Abs. 3 S. 2, § 25a Abs. 2, § 31 Abs. 2 Kenntnisse der anderen berührten Rechtordnungen voraus.

Eine schnelle **rechtsvergleichende Information** über die Haftungs- und Deckungssummen bietet die Zusammenstellung der OECD Kernenergieagentur „Nuclear operator liability amounts and financial security limits", die regelmäßig auf den neuesten Stand gebracht wird (abrufbar unter: http://www.oecd-nea.org/law/table-liability-coverage-limits.pdf, zul. abgerufen am 24.10.2020). Das zweimal jährlich erscheinende „Nuclear Law Bulletin" (NLB), französische Version: „Bulletin de Droit Nucléaire", der OECD/NEA enthält Berichte über nationale Gesetzgebungen und druckt ausgewählte Gesetze in englischer bzw. französischer Übersetzung ab. Die Zeitschrift ist über die Website der OECD Kernenergieagentur auch elektronisch verfügbar (https://www.oecd-nea.org/law/nlb/). 12

In den unmittelbaren Nachbarstaaten Deutschlands gelten derzeit folgende Atomhaftungsgesetze: 13
- Belgien.
  - Loi du 22 juillet 1985 sur la responsabilité civile dans le domaine de l'énergie nucléaire idF der letzten Änderung vom 7.12.2016; abrufbar unter http://www.ejustice.just.fgov.be/cgi_loi/change_lg.pl?language=fr&la=F&cn=1985072232&table_name=loi, zul. abgerufen am 24.10.2020.
- Dänemark.
  - Lov nr. 332a f 19. juni 1974 om erstatning for atomskader (nukleare skader) idF der Änderung vom 17.6.2008, abrufbar unter http://www.retsinformation.dk/eli/lta/2014/993, zul. abgerufen am 24.10.2020.
- Frankreich.
  - **Loi n° 68-943 du 30 octobre 1968 relative à la responsabilité civile dans le domaine de l'énergie nucléaire.** Dernière modification: 7 janvier 2012; abrufbar unter **https://www.legifrance.gouv.fr/affichTexte.do?cidTexte=JORFTEXT000000501105;**
  - Loi n° 2015-992 du 17 août 2015 relative à la transition énergétique pour la croissance verte; abrufbar unter https://www.legifrance.gouv.fr/affichTexte.do?cidTexte=JORFTEXT000031044385, zul. abgerufen am 24.10.2020;
  - Code de l'environnement – Livre V Titre IX Chapitre VII: Dispositions applicables à la responsabilité civile dans le domaine de l'énergie nucléaire; abrufbar unter https://www.legifrance.gouv.fr/affichCode.do?cidTexte=LEGITEXT000006074220, zul. abgerufen am 24.10.2020;
  - **Décret n° 2016-333 du 21 mars 2016 portant application de l'article L. 597-28 du code de l'environnement et relatif à la responsabilité civile dans le domaine de l'énergie nucléaire;** abrufbar unter https://www.legifrance.gouv.fr/affichTexte.do;jsessionid=E1CDCB114A3D3B5E58162DC4A3184D38.tplgfr34s_2?cidText, zul. abgerufen am 24.10.2020.
- Luxemburg.
  - Loi du 6 juillet 2020 sur la responsabilité civile en matière de dommages en relation avec un accident nucléaire et modifiant
    1) la loi modifiée du 20 avril 2009 relative à la responsabilité environnementale en ce qui concerne la prévention et la réparation des dommages environnementaux

AtG Vor §§ 25–40c

2) la loi modifiée du 21 avril 1989 relative à la responsabilité civile du fait des produits défectueux, abrufbar unter http://legilux.public.lu/eli/etat/leg/loi/2020/07/06/a578/jo, zul. abgerufen am 24.10.2020.
- Niederlande.
  - Wet van 17 maart 1979, houdende regelen inzake aansprakelijkheid voor schade door kernongevallen. Geldend van 01-09-2017; abrufbar unter http://wetten.overheid.nl/BWBR0003234/2017-09-01, zul. abgerufen am 24.10.2020.
- Österreich.
  - Bundesgesetz über die zivilrechtliche Haftung für Schäden durch Radioaktivität (Atomhaftungsgesetz 1999 – AtomHG 1999) (BGBl. I Nr. 170/1998; Nr. 98/2001; Nr. 33/2003); abrufbar unter https://www.ris.bka.gv.at/GeltendeFassung.wxe?Abfrage=Bundesnormen&Gesetzesnummer=10003613, zul. abgerufen am 24.10.2020.
- Polen.
  - Ustawa z dnia 29 listopada 2000r. Prawo atomowe z dnia 17 września 2014r. (Dziennik Ustawa 2014 poz. 1512) (Haftungsvorschriften Art. 100–108); abrufbar unter http://www.ilo.org/dyn/natlex/docs/ELECTRONIC/68307/119050/F-1509961533/POL68307%20Pol.pdf, zul. abgerufen am 24.10.2020.
- Schweiz.
  - Kernenergiehaftpflichtgesetz (KHG) vom 18. März 1983 (Stand am 1. Januar 2011); abrufbar unter https://www.admin.ch/opc/de/classified-compilation/19830065/index.html, zul. abgerufen am 24.10.2020.
- Tschechische Republik.
  - Zákon č. 18/1997 Sb. Zákon, o mírovém využívání jaderné energie a ionizujícího záření (atomový zákon) a o změně a doplnění některých zákonů. Zobrazené znění 1.1.2017 v porovnání k 1.1.2015–31.12.2016 (Haftungsvorschriften: §§ 32–38); abrufbar unter https://www.zakonyprolidi.cz/print/cs/1997-18/zneni-20170101.htm?sil=1, zul. abgerufen am 24.10.2020; erläuternd: *Handrlicka* in Pelzer, Europäisches Atomhaftungsrecht im Umbruch. Tagungsbericht der AIDN/INLA-Regionaltagung Berlin 2009, 123 (125 ff.)

VII. Unionsrecht

14 Eine atomhaftungsrechtlich unbefriedigende Lage besteht in der Europäischen Union. Sie ist noch weit entfernt von der wünschenswerten und erforderlichen Rechtsvereinheitlichung. Zwar hat die Mehrheit der EU-Staaten, ebenso wie die meisten Staaten der Welt, mit spezieller Atomhaftungsgesetzgebung die Prinzipien der Übereinkommen in ihre nationalen Gesetze übernommen. Aber das hat nicht zu einer europäischen Rechtseinheit geführt. Innerhalb der Europäischen Union gibt es PÜ-Staaten, WÜ-Staaten und Staaten, die keinem der Übereinkommen angehören. Rumänien gehört sogar zwei Übereinkommen an: neben dem Wiener Übereinkommen ist das Land auch Mitgliedsstaat der Convention on Supplementary Compensation for Nuclear Damage (CSC) (→ PÜ Vor Rn. 8 ff.; IAEA Doc. Reg. No. 1914). Diese vielfach als **„patchwork"** bezeichnete Situation fand erst ziemlich spät die Aufmerksamkeit der Kommission, obwohl sie in Art. 98 EAGV eine hinreichende Rechtsgrundlage für ein Tätigwerden im Bereich der Nuklearhaftung hatte (*Handrlica* NLB 84 (2009/2), 35 (39 ff.); *Pelzer,* The 2007

Vorbemerkung zu den Haftungsvorschriften **Vor §§ 25–40c AtG**

EU-Initiative on Nuclear Liability – A Challenge for Enhancing the Nuclear Liability in Europe, 92 ff.). In ihrem „Nuclear Illustrative Programme 2007" wies sie darauf hin, dass die Union ein harmonisiertes Atomhaftungsrecht brauche, um sicherzustellen, dass Nuklearunfälle entschädigt werden können. Im Dezember 2007 begann sie ein **„Impact Assessment on the Paris Convention on Nuclear Liability"**, mit deren Durchführung eine spanische Anwaltskanzlei beauftragt wurde (Nachweise bei *Pelzer*, The 2007 EU-Initiative on Nuclear Liability – A Challenge for Enhancing the Nuclear Liability in Europe, Fn. 1–3). In der Folgezeit wurden Arbeitsgruppen eingesetzt, und das Thema Nuklearhaftung wurde eingehend beraten. Es sollte offenbar eine Nuklearhaftungs-Richtlinie vorbereitet werden. Mitte 2010 wurde in Zusammenarbeit mit der Kommission von der Brussels Nuclear Law Association eine Fachtagung „Prospects of a Civil Nuclear Liability Regime in the Framework of the European Union" organisiert, deren Sitzungsberichte 2012 veröffentlicht wurden. Seither ist es still um das Projekt geworden. Der EU-Raum ist weiterhin ein atomhaftungsrechtliches „patchwork". Das ist insbesondere im Hinblick auf die unterschiedlichen Haftungsbeträge nicht nur unter dem Gesichtspunkt des Opferschutzes unbefriedigend, sondern kann im Falle eines größeren Nuklearunfalls im dichtbesiedelten Europa auch schwer absehbare politische Folgen für die Union haben (kritisch zur atomhaftungsrechtlichen Lage in der EU auch *Raetzke* in NK-AtomR Vor §§ 25 ff. Rn. 38–39).

VIII. Völkerrechtliche Haftung

Das Haftungsregime der internationalen Atomhaftungsübereinkommen in Verbindung mit dem Atomgesetz regelt ausschließlich die zivilrechtliche Haftung für nuklearen Schaden. Eine etwaige **völkerrechtliche Haftung** der Staaten und anderer Völkerrechtssubjekte bleibt **unberührt** (Art. 16bis PÜ). Eine völkerrechtliche Haftung kann unabhängig und zusätzlich zu zivilrechtlicher Haftung begründet sein. Die Vertragsstaaten des Pariser Übereinkommens oder des Gemeinsamen Protokolls können daher, wenn sie Inhaber von Kernanlagen sind oder Kernanlagen auf ihrem Territorium zulassen oder dulden, für eine nukleare Schadensverursachung nach zivilrechtlichen Regeln den einzelnen Geschädigten zum Schadensersatz verpflichtet sein – einschränkend jedoch das Prinzip der rechtlichen Kanalisierung der Haftung auf den Anlageninhaber – und daneben auch anderen Staaten auf Grund völkerrechtlicher Regeln Wiedergutmachung schulden. Das wäre zB dann der Fall, wenn unter Verletzung des völkerrechtlichen „principle of good neighbourliness" Emissionen aus Kernanlagen sich nicht unerheblich schädigend auf die Territorien anderer Staaten auswirken (*Trail-Smelter*, Arbitration, Reports of International Arbitral Awards vol. III, 1905 ff.). Völkerrechtliche Ansprüche können auch bestehen, wenn durch den Betrieb von Kernanlagen bestehende Verträge verletzt werden. Beispiele sind Verträge zur Gewässerreinhaltung oder zur vollständigen Denuklearisierung oder zur Abnahme bestimmter Mengen von durch Wasserkraft erzeugter Energie, die durch die eigene Atomstromerzeugung nicht mehr garantiert werden kann. Was für die Staaten gilt, gilt auch für andere Subjekte des Völkerrechts, in Sonderheit für internationale Organisationen mit Völkerrechtssubjektivität, zB Schadensverursachung durch das Institut für Transurane des Gemeinsamen Forschungszentrums der Europäischen Kommission (Art. 8 EAGV; *Fischerhof* Dt. AtomG Vor § 25 Rn. 50–52; zum völkerrechtlichen Delikt generell vgl. die Darstellungen im völkerrechtlichen Schrifttum).

15

IX. Deutsche Entwicklung

16 Eine ausführliche Darstellung der Entwicklung der **deutschen Atomhaftungsgesetzgebung** auf der Grundlage der Diskussionen im Bundestag und im Bundesrat sowie in deren Ausschüssen findet sich bei *Göppner* (AtG-Vorgeschichte 131 ff. und 213 ff.; *Hohmuth,* Die atomrechtspolitische Entwicklung in Deutschland, 97 ff. publiziert eine umfassende Sammlung parlamentarischer Dokumente zur deutschen „atomrechtspolitischen Entwicklung" seit 1980). Da es glücklicherweise bisher in Deutschland keine Atomunfälle gab, gibt es auch keine deutsche Rechtsprechung zum Atomhaftungsrecht, und die Literatur ist ebenfalls begrenzt; insbesondere neueres Schrifttum ist kaum vorhanden (hierzu auch *Raetzke* in NK-AtomR Vor §§ 25 ff. Rn. 16–22).

X. Bewertung

17 Die Besonderheiten nuklearer Schäden erfordern ein spezielles Haftungsregime, wurde eingangs ausgeführt (→ Rn. 1). Der deutsche Gesetzgeber hat dieses Regime im Vierten Abschnitt des Atomgesetzes umgesetzt. Er stützt sich dabei auf bewährte Rechtsfiguren des Rechts der Haftung für gefährliche Tätigkeiten und übernimmt auch neue Rechtsfiguren, die die internationale Rechtsgemeinschaft speziell für die friedliche Kernenergienutzung entwickelt hat. Die einzelnen Normen dieses Sonderregimes sind vielfach ebenso wie der von ihnen zu regelnde Sachverhalt höchst komplex. Man wird resümieren können: Das deutsche Atomhaftungsrecht entspricht dem **internationalen Stand.**

18 Das Resümee beantwortet jedoch nicht die Frage, ob dieser internationale Stand eine Rechtsordnung bereithält, die die Haftungsprobleme eines großen **Nuklearunfalls mit weiträumigen grenzüberschreitenden Schadensauswirkungen** in dicht besiedelten Gebieten befriedigend zu lösen vermag, die prompte Schadensersatzleistungen sicherstellt und die zur Wiederherstellung des sozialen Friedens beiträgt. Die Frage muss vermutlich auch unbeantwortet bleiben, da Erfahrungen mit der Anwendung des Haftungsregimes auf Unfälle der geschilderten Art glücklicherweise fehlen. Weder Tschernobyl noch Fukushima können als Beispiele herangezogen werden. Der Inhaber des Tschernobyl-Reaktors, die Sowjetunion, hat sich der internationalen Ersatzleistung entzogen. Der Rechtsstaat Japan hat in bewunderungswürdiger Weise die haftungsrechtliche Bewältigung des Fukushima-Unfalls in Angriff genommen (zB OECD/NEA, Japan's Compensation System). Jedoch ist Japan ein Insel-Staat und der Unfall hat offenbar keine nennenswerten schädlichen Auswirkungen auf andere Staatsgebiete gehabt. Die Schadenskompensation war auf das eigene Staatsgebiet innerhalb der eigenen Rechtsordnung beschränkt. Schon da zeigte sich, dass das zivile Schadensersatzrecht an seine Grenzen stieß. Dies muss umso mehr gelten, je mehr andere Staaten durch den Unfall betroffen werden. Die Größenordnung solcher Ereignisse überfordert das zuständige Gericht und die Justiz insgesamt. Hier sind andere Entschädigungswege zu beschreiten. Bereits 1984, also vor dem Tschernobyl-Unfall, äußerte sich *Roman Herzog* (Keynote address, 21) hierzu wie folgt: „Let us just imagine for a moment that something which we all deem impossible and which each of us in his own way does his utmost to prevent that it actually happens – a disaster causing damage which exceeds the present maximum level of 1 billion DM by 1000 or even 2000%. Can anyone really

Haftung für Kernanlagen § 25 AtG

believe that in such a contingency somebody would invoke Section 31 o f the Atomic Law or even read it? The *Bundestag* (Parliament) would convene and call for the largest possible ‚unconventional and unbureaucratic' indemnification for damage suffered. The same would take place in the government, and not even the Minister of Finance would protest; he would simply nod his head in sympathy. Just think: this is the very same State which does not refuse its help – and quite rightly so in my opinion – when a hailstorm or a flood occurs."

Diese zutreffende Bewertung gilt weiterhin auch für die Haftungsvorschriften 19 des Atomgesetzes. Hier gilt also „Not kennt kein Gebot". Die in Gesetzen und internationalen Verträgen entwickelten Haftungsregeln gelten uneingeschränkt nur für Schadensereignisse unterhalb der Schwelle einer großen Atomkatastrophe. Im Falle einer Katastrophe muss schnell improvisiert werden (vgl. auch § 35). Hier ist der Staat in der Pflicht, Entschädigungsmittel schnell und auch ohne genaue juristische Prüfung bereitzustellen. Die rechtsförmigen Haftungsregeln kommen allenfalls an zweiter Stelle bei der endgültigen Abwicklung der Katastrophenfolgen zur Anwendung. Hier aber spielen sie dann eine bedeutende Rolle bei der Wiederherstellung des sozialen Friedens. Deshalb wird durch Roman Herzogs realistischen Kommentar die Bedeutung der Atomhaftungsvorschriften nicht geschmälert.

§ 25 Haftung für Kernanlagen

(1) ¹**Beruht ein Schaden *[künftige Fassung: nuklearer Schaden]* auf einem von einer Kernanlage ausgehenden nuklearen Ereignis, so gelten für die Haftung des Inhabers der Kernanlage ergänzend zu den Bestimmungen des Pariser Übereinkommens und des Gemeinsamen Protokolls die Vorschriften dieses Gesetzes. ²Das Pariser Übereinkommen ist unabhängig von seiner völkerrechtlichen Verbindlichkeit für die Bundesrepublik Deutschland innerstaatlich anzuwenden, soweit nicht seine Regeln eine durch das Inkrafttreten des Übereinkommens bewirkte Gegenseitigkeit voraussetzen.**

(2) ¹**Hat im Falle der Beförderung von Kernmaterialien einschließlich der damit zusammenhängenden Lagerung der Beförderer durch Vertrag die Haftung anstelle des Inhabers einer im Geltungsbereich dieses Gesetzes *[künftige Fassung: im Inland]* gelegenen Kernanlage übernommen, gilt er als Inhaber einer Kernanlage vom Zeitpunkt der Haftungsübernahme an. ²Der Vertrag bedarf der Schriftform. ³Die Haftungsübernahme ist nur wirksam, wenn sie vor Beginn der Beförderung oder der damit zusammenhängenden Lagerung von Kernmaterialien durch die für die Genehmigung der Beförderung zuständige Behörde auf Antrag des Beförderers genehmigt worden ist. ⁴Die Genehmigung darf nur erteilt werden, wenn der Beförderer im Geltungsbereich dieses Gesetzes als Frachtführer zugelassen ist oder als Spediteur im Geltungsbereich dieses Gesetzes seine geschäftliche Hauptniederlassung hat und der Inhaber der Kernanlage gegenüber der Behörde seine Zustimmung erklärt hat. *[künftige Fassung: ⁴Die Genehmigung darf nur erteilt werden, wenn der Beförderer im Inland als Frachtführer oder Spediteur zur Beförderung befugt ist und der Inhaber der Kernanlage gegenüber der Behörde seine Zustimmung erklärt hat.]***

(3) ¹**Die Bestimmungen des Artikels 9 des Pariser Übereinkommens über den Haftungsausschluß bei Schäden, die auf nuklearen Ereignissen beruhen, die unmittelbar auf Handlungen eines bewaffneten Konfliktes,**

Pelzer

AtG § 25

von Feindseligkeiten, eines Bürgerkrieges, eines Aufstandes oder auf eine schwere Naturkatastrophe außergewöhnlicher Art zurückzuführen sind, sind nicht anzuwenden. [*künftige Fassung: ¹Die Bestimmungen des Artikels 9 des Pariser Übereinkommens über den Haftungsausschluss bei einem nuklearen Schaden, der auf einem nuklearen Ereignis beruht, das unmittelbar auf Handlungen eines bewaffneten Konfliktes, von Feindseligkeiten, eines Bürgerkrieges oder eines Aufstandes zurückzuführen ist, sind nicht anzuwenden.*] ²Tritt der Schaden [*künftige Fassung: nukleare Schaden*] in einem anderen Staat ein, so gilt Satz 1 nur, soweit der andere Staat zum Zeitpunkt des nuklearen Ereignisses im Verhältnis zur Bundesrepublik Deutschland eine nach Art, Ausmaß und Höhe gleichwertige Regelung sichergestellt hat.

(4) ¹Der Inhaber einer Kernanlage haftet unabhängig vom Ort des Schadenseintritts. ²Artikel 2 des Pariser Übereinkommens findet keine Anwendung.

(5) Der Inhaber einer Kernanlage haftet nicht nach dem Pariser Übereinkommen, sofern der Schaden durch ein nukleares Ereignis verursacht wurde, das auf Kernmaterialien zurückzuführen ist, die in Anlage 2 zu diesem Gesetz bezeichnet sind.

[*künftige Fassung der Abs. 4 und 5:*

(4) Artikel 2 des Pariser Übereinkommens gilt mit der Maßgabe, dass in den Fällen des Absatzes a Ziffer iv der Vorschrift der Inhaber der Kernanlage auch dann haftet, wenn in dem Nichtvertragsstaat eine Gesetzgebung über die Haftung für nuklearen Schaden in Kraft ist, die auf Grundsätzen beruht, die mit denen des Pariser Übereinkommens nicht identisch sind.

(5) Der Inhaber einer Kernanlage haftet nicht nach dem Pariser Übereinkommen, sofern der Schaden durch ein nukleares Ereignis verursacht wurde, das auf Kernanlagen, Kernbrennstoffe und Kernmaterialien zurückzuführen ist, die der Direktionsausschuss auf Grund der Ermächtigung in Artikel 1 Abs. b des Pariser Übereinkommens von der Anwendung des Übereinkommens ausgeschlossen hat und die in einer Rechtsverordnung nach § 12a bezeichnet sind.]

[*Der in kursiv gedruckte Text enthält die Fassung des noch nicht in Kraft getretenen Gesetzes vom 29. 8. 2008 (BGBl. I 1793).*]

Literatur: *Raetzke,* Nuclear Third Party Liability in Germany, NLB 97 (2016/1), 9.

I. Grundsatz (Abs. 1 S. 1)

1 § 25 Abs. 1 S. 1 bestimmt die **Rechtsgrundlagen der Schadensersatzleistung** des Inhabers einer Kernanlage für nuklearen Schaden, der von einer Kernanlage ausgeht: diese sind das Pariser Übereinkommen, das Gemeinsame Protokoll und ergänzend die Vorschriften des Atomgesetzes. Der materielle Schwerpunkt der haftungsbegründenden Bestimmungen findet sich somit in den beiden völkerrechtlichen Übereinkommen, die unmittelbar angewendet werden (→ Vor §§ 25–40c Rn. 2, 5) und die ergänzt werden durch die Vorschriften des Atomgesetzes. Ergänzend anwendbar sind ferner Vorschriften des sonstigen deutschen Rechts, sofern das Pariser Übereinkommen ausdrücklich auf das innerstaatliche Recht der Vertragsparteien verweist (zB Art. 11 PÜ 2004) oder keine für die jeweilige Entscheidung

erforderliche eigene Regelung enthält (zB „zuständige Behörde" gem. Art. 1 Abs. (a) (vi) PÜ 2004).

Haftungsgrundlage für den Ersatz eines nuklearen Schadens, der von einem nu- 2 klearen Ereignis herrührt, das auf eine Kernanlage zurückzuführen ist, ist somit **Art. 3 PÜ**. Wird der nukleare Schaden im Verlauf einer Beförderung von Kernmaterialien verursacht, ist **Art. 4 PÜ** die Haftungsgrundlage (Art. 3 und 4 PÜ). Im Anwendungsbereich des Gemeinsamen Protokolls bestimmt sich die Haftungsgrundlage gemäß der Zuweisung in **Art. II, III, IV GP:** Es gilt also entweder das Pariser Übereinkommen oder das Wiener Übereinkommen mit Ausschluss des jeweils anderen (Art. III GP; → Vor §§ 25–40c Rn. 5; → PÜ Vor Rn. 6f.). Die Rechtslage, die vor dem Inkrafttreten des Protokolls 2004 zum PÜ (BGBl. 2008 II 902) und des Umsetzungsgesetzes vom 29.8.2008 (BGBl. I 1793) galt, stellt *Raetzke* in NK-AtomR § 25 Rn. 1 ff. dar.

Die in § 25 Abs. 1 S. 1 den Haftungstatbestand beschreibenden Tatbestands- 3 merkmale „Inhaber der Kernanlage", „nuklearer Schaden" und „Kernanlage" entsprechen den **Begriffsbestimmungen** in Art. 1 Abs. (a) (ii), (vi), (vii) PÜ 2004. Sofern das Gemeinsame Protokoll auf die Anwendung des Wiener Übereinkommens verweist, gelten dessen – weitgehend identischen – Begriffsbestimmungen (Art. I Abs. 1 c, j, k WÜ 1963 und 1997).

II. Innerstaatliche Anwendbarkeit des Pariser Übereinkommens (Abs. 1 S. 2)

Gemäß § 25 Abs. 1 S. 2 AtG ist das Pariser Übereinkommen **unabhängig von** 4 **seiner völkerrechtlichen Verbindlichkeit** innerstaatlich anzuwenden. Mit dieser Vorschrift wird sichergestellt, dass durch eine Beendigung der völkerrechtlichen Wirksamkeit des Pariser Übereinkommens nicht zugleich auch das innerstaatliche deutsche Atomhaftungsrecht unanwendbar wird, weil seine Hauptelemente entfallen sind. Aus der Gesetzgebungsgeschichte ergibt sich aber auch, dass das Pariser Übereinkommen bereits dann innerstaatlich anwendbar sein soll, wenn zwar Deutschland das Übereinkommen oder ein Änderungsprotokoll zu dem Übereinkommen ratifiziert hat, aber dieses wegen Fehlens des erforderlichen Ratifizierungsquorums völkerrechtlich noch nicht in Kraft getreten ist (BT-Drs. 10/2950, 8).

Die innerstaatliche Anwendbarkeit des Übereinkommens gilt jedoch nur, „so- 5 weit nicht seine Regeln eine durch das Inkrafttreten des Übereinkommens bewirkte **Gegenseitigkeit** voraussetzen". Das bedeutet, dass Geschädigte in den Hoheitsgebieten anderer Vertragsparteien sich nicht als Vertragspartner auf die Anwendbarkeit des Übereinkommens berufen können, um Ersatzleistungen auf der Grundlage des völkerrechtlich nicht anwendbaren Übereinkommens von dem deutschen Kernanlageninhaber zu fordern. Diese werden vielmehr wie Geschädigte in Nicht-Vertragsstaaten behandelt: das innerstaatlich anwendbare Pariser Übereinkommen ist nationales deutsches Recht, und seine Anwendbarkeit bestimmt sich bei Konflikten nach den allgemeinen Regeln des Internationalen Privatrechts. Weisen diese auf die Anwendbarkeit des deutschen Rechts, so gilt wiederum die Gegenseitigkeitsklausel mit der Folge, dass beispielsweise die Regel des Art. 12 PÜ über den freien Geldtranstransfer, die Gerichtsstand- und Vollstreckungsregel des Art. 13 PÜ und der Gleichbehandlungsgrundsatz des Art. 14 PÜ nicht anwendbar sind.

III. Haftung des Beförderers (Abs. 2)

6 § 25 Abs. 2 legt die Bedingungen der in Art. 4 Abs. (e) PÜ vorgesehenen Möglichkeit fest, im Falle einer Beförderung von Kernmaterialien die Haftung anstelle des Inhabers der Kernanlage auf den Beförderer der Materialien zu übertragen (→ PÜ Art. 4 Rn. 17 ff.). Dieser tritt dann im Bereich der Haftung vollständig in die **Rechte und Pflichten des Inhabers** der Kernanlage ein; das gilt auch für eine im Zusammenhang mit der Beförderung stehende Lagerung der Kernmaterialien (Art. 4 PÜ; vgl. auch *Raetzke* in NK-AtomR § 25 Rn. 77).

7 Die Haftung wird durch **schriftlichen Vertrag** zwischen dem Inhaber der Kernanlage und dem Beförderer übertragen. Der Beförderer gilt ab der Haftungsübernahme als Inhaber der Kernanlage. Abs. 2 bestimmt jedoch nicht, mit dem versendenden oder dem empfangenden Inhaber der Kernanlage der Haftungsübernahmevertrag abzuschließen ist. Insoweit ist auf Art. 4 Abs. (e) PÜ zurückzugreifen. Danach kann „ein Beförderer an Stelle des Inhabers einer im Hoheitsgebiet dieser Vertragspartei gelegenen Kernanlage" die Haftung übernehmen, dh der Beförderer kann anstelle des Inhabers einer in Deutschland gelegenen Kernanlage haften. Der Haftungsübernahmevertrag muss somit zwischen dem Beförderer und dem ursprünglich haftpflichtigen Inhaber einer in Deutschland gelegenen Kernanlage geschlossen werden. Hat ein Inhaber in einem anderen Vertragsstaat gelegenen Kernanlage die Haftung für den Transport nach Maßgabe des Art. 4 Abs. (a) oder (b) PÜ übernommen, erlaubt Abs. 2 die Haftungsübertragung auf den Beförderer nicht. Die Haftungsübernahme ist nur wirksam, wenn sie vor dem Beginn der Beförderung bzw. der beförderungsbedingten Lagerung durch die für die Beförderung zuständige Genehmigungsbehörde (→ PÜ Art. 4 Rn. 17) auf Antrag des Beförderers **genehmigt** wurde. Die Haftungsübernahme darf nur genehmigt werden, wenn der Beförderer in Deutschland als **Frachtführer** (§ 407 HGB) oder **Spediteur** (§ 453 HGB) zur Beförderung berechtigt ist und der ursprünglich haftpflichtige Inhaber der Kernanlage gegenüber der Behörde der Haftungsübernahme zugestimmt hat.

IV. Nichtanwendung des Art. 9 PÜ (Abs. 3)

8 § 25 Abs. 3 setzt den genehmigten **Vorbehalt Deutschlands zu Art. 9 PÜ** um, „zu bestimmen, dass hinsichtlich nuklearer Ereignisse, die in der Bundesrepublik Deutschland […] eintreten, der Inhaber einer Kernanlage für einen durch ein nukleares Ereignis verursachten Schaden haftet, das unmittelbar auf Handlungen eines bewaffnetes Konfliktes, von Feindseligkeiten, eines Bürgerkrieges, eines Aufstandes oder auf eine schwere Naturkatastrophe außergewöhnlicher Art zurückzuführen ist" (Anhang I Nr. 4 PÜ). Der Vorbehalt zu der schweren Naturkatastrophe hat sich erledigt, da das Protokoll 2004 zum Pariser Übereinkommen diesen Haftungsausschlussgrund in Art. 9 PÜ gestrichen hat. Abs. 3 bestimmt somit, dass Art. 9 PÜ nicht anzuwenden ist und der Inhaber der Kernanlage auch dann haftet, wenn der nukleare Schaden auf ein nukleares Ereignis zurückzuführen ist, das unmittelbar auf den Handlungen eines bewaffneten Konflikts, von Feindseligkeiten, eines Bürgerkrieges oder eines Aufstandes beruht (zur Schwierigkeit, diese Begriffe voneinander abzugrenzen→ PÜ Art. 9 Rn. 6). Zwischen dem nuklearen Schaden und den Handlungen der genannten Ereignisse muss ein unmittelbarer Zusammenhang be-

stehen. Die Handlungen müssen also unmittelbar den Schaden verursachen, zB die Verletzung oder Tötung von Menschen oder die radioaktive Verseuchung von Sachen (→ PÜ Art. 9 Rn. 4; zu § 25 Abs. 3 AtG*Raetzke* in NK-AtomR § 25 Rn. 80–86).

Tritt ein durch die genannten Ereignisse verursachter nuklearer Schaden in 9 **einem anderen Staat** ein, ist der Inhaber der Kernanlage nur haftpflichtig, wenn der andere Staat zum Zeitpunkt des nuklearen Ereignisses im Verhältnis zu Deutschland eine **reziproke Regelung** vorsieht.

V. Geographischer Geltungsbereich (Abs. 4)

Deutschland hatte im Einklang mit der in Art. 2 PÜ aF vorgesehenen Ermächtigung den bis zum Inkrafttreten des Protokolls 2004 zum Pariser Übereinkommen (BGBl. 2008 II 902, 904) auf die Hoheitsgebiete der Vertragsparteien des Übereinkommens begrenzten geographischen Anwendungsbereich nicht übernommen. Gemäß § 25 Abs. 4 AtG aF haftete der Inhaber einer Kernanlage unabhängig vom Ort des Schadenseintritts, Art. 2 PÜ aF fand keine Anwendung. Nachdem der revidierte Art. 2 PÜ den geographischen Anwendungsbereich des Übereinkommens erheblich ausgeweitet hat, muss die Anwendung dieser Bestimmung nicht mehr vollständig ausgeschlossen werden. **Art. 2 PÜ 2004 wird vielmehr nunmehr unmittelbar angewendet,** allerdings mit der erweiternden Maßgabe, dass der Inhaber auch dann haftet, wenn in den Fällen des Art. 2 Abs. (a) (iv) PÜ in dem Nichtvertragsstaat eine Atomhaftungsgesetzgebung gilt, die **nicht mit den Grundsätzen des Pariser Übereinkommens identisch** ist. Diese Abweichung ist auf Art. 2 Abs. (b) PÜ gestützt (auch BT-Drs. 16/9077, 16). Die Erweiterung stellt sicher, dass etwa im Verhältnis zu den USA oder Österreich für nuklearen Schaden gehaftet wird, obwohl die Nuklearhaftungsgesetze dieser Nichtvertragsstaaten nicht vollständig im Einklang mit den Grundsätzen des Pariser Übereinkommens sind (→ PÜ Art. 2 Rn. 16). 10

VI. Nichtanwendung des Pariser Übereinkommens (Abs. 5)

Gemäß § 25 Abs. 5 ist der Inhaber einer Kernanlage nicht nach dem Pariser Übereinkommen haftpflichtig, wenn nuklearer Schaden durch ein nukleares Ereignis verursacht wurde, das auf Kernanlagen (→ PÜ Art. 1 Rn. 7 ff.), Kernbrennstoffe (→ PÜ Art. 1 Rn. 25) und Kernmaterialien (→ PÜ Art. 1 Rn. 29 f.) zurückzuführen ist, die die **Direktionsausschuss der Kernenergieagentur der OECD** auf Grund des Art. 1 Abs. (b) PÜ von der Anwendung des Pariser Übereinkommens ausgeschlossen hat und die in einer Rechtsverordnung nach § 12a bezeichnet sind. Die Bestimmung hat nur klarstellenden Charakter. Der innerstaatliche Umsetzungsbefehl der völkerrechtlich verbindlichen Direktionsausschuss-Entscheidungen erfolgt bereits durch die Rechtsverordnung nach § 12a AtG (→ § 12a Rn. 1; → PÜ Art. 1 Rn. 52 f.; auch BT-Drs. 16/9077, 16). 11

VII. Sonstiger Haftungsausschluss

12 § 25 AtG enthält keine ausdrückliche Bestimmung über einen möglichen Ausschluss der Haftung durch **Vertrag** oder einen **stillschweigenden Haftungsverzicht** (Handeln auf eigene Gefahr). Dies unterscheidet § 25 von der nach § 26 begründeten Haftung. Gemäß § 26 Abs. 4 Nr. 2 entfällt die Haftung, wenn zwischen dem Haftpflichtigen und dem Verletzten ein Rechtsverhältnis besteht, auf Grund dessen der Verletzte die „Gefahr in Kauf genommen hat". Man wird aber aus diesen unterschiedlichen Regelungen nicht den Umkehrschluss ziehen dürfen, dass das Schweigen in § 25 einen Haftungsausschluss ausschließe. Vielmehr bleibt ein vertraglicher oder stillschweigender Haftungsausschluss grundsätzlich zulässig. Ein Verbot des vertraglichen oder stillschweigenden Haftungsverzichts wäre ein Eingriff in die „private Dispositionsfreiheit", der einer ausdrücklichen Bestimmung durch Gesetz bedürfte (so ebenfalls bereits *Fischerhof* Dt. AtomG § 25 Rn. 7; *Haedrich* AtG § 25 Rn. 21 mwN). Diesen Autoren ist auch insoweit zuzustimmen, dass die Frage, ob ein bestimmtes Verhalten einen Haftungsausschluss bedeutet, restriktiv zu beurteilen sei. Dies wird zutreffend mit der Besonderheit des nuklearen Risikos begründet, die den Betroffenen vielfach gar nicht erkennen lässt, ob er einem nuklearen Risiko ausgesetzt ist, und somit dem Betroffenen nicht ermöglicht, sich für oder gegen einen Haftungsausschluss zu entscheiden.

13 Die deutsche Regelung weicht von den Atomhaftungsgesetzen unserer Nachbarstaaten **Schweiz** und **Österreich** ab. Art. 8 des schweizerischen Kernenergiehaftpflichtgesetzes (KHG) (AS 1983, 1886; SR 732.44) bestimmt: „¹Vereinbarungen, welche die Haftpflicht nach diesem Gesetz wegbedingen oder beschränken, sind nichtig. ²Vereinbarungen, die offensichtlich unzulängliche Entschädigungen festsetzen, sind innert dreier Jahre nach ihrem Abschluss anfechtbar." Nach § 8 des österreichischen Atomhaftpflichtgesetzes (BGBl. Nr. 117/1964; BGBl. I Nr. 170/1998) sind nichtig: „Vereinbarungen, durch die 1. die Haftpflicht nach diesem Abschnitt für die Tötung und die Verletzung von Menschen im vorhinein ausgeschlossen oder beschränkt wird, oder 2. der Haftpflichtige auf die Schadloshaltung durch den Bund verzichtet."

§ 25a Haftung für Reaktorschiffe

(1) **Auf die Haftung des Inhabers eines Reaktorschiffes finden die Vorschriften dieses Abschnitts mit folgender Maßgabe entsprechende Anwendung:**
1. **An die Stelle der Bestimmungen des Pariser Übereinkommens treten die entsprechenden Bestimmungen des Brüsseler Reaktorschiff-Übereinkommens (BGBl. 1975 II S. 977). Dieses ist unabhängig von seiner völkerrechtlichen Verbindlichkeit für die Bundesrepublik Deutschland innerstaatlich anzuwenden, soweit nicht seine Regeln eine durch das Inkrafttreten des Übereinkommens bewirkte Gegenseitigkeit voraussetzen.**
2. **Tritt der Schaden in einem anderen Staat ein, so gilt § 31 Abs. 1 hinsichtlich des den Höchstbetrag des Brüsseler Reaktorschiff-Übereinkommens überschreitenden Betrags nur, soweit das Recht dieses Staates zum Zeitpunkt des nuklearen Ereignisses eine auch im Verhältnis zur**

Bundesrepublik Deutschland anwendbare, nach Art, Ausmaß und Höhe gleichwertige Regelung der Haftung der Inhaber von Reaktorschiffen vorsieht. § 31 Abs. 2, §§ 36, 38 Abs. 1 und § 40 sind nicht anzuwenden.
3. § 34 gilt nur für Reaktorschiffe, die berechtigt sind, die Bundesflagge zu führen. Wird ein Reaktorschiff im Geltungsbereich dieses Gesetzes *[künftige Fassung: im Inland]* für einen anderen Staat oder Personen eines anderen Staates gebaut oder mit einem Reaktor ausgerüstet, so gilt § 34 bis zu dem Zeitpunkt, in dem das Reaktorschiff in dem anderen Staat registriert wird oder das Recht erwirbt, die Flagge eines anderen Staates zu führen. Die sich aus § 34 ergebende Freistellungsverpflichtung ist zu 75 vom Hundert vom Bund und im übrigen von dem für die Genehmigung des Reaktorschiffs nach § 7 zuständigen Land zu tragen.
4. Bei Reaktorschiffen, die nicht berechtigt sind, die Bundesflagge zu führen, gilt dieser Abschnitt nur, wenn durch das Reaktorschiff verursachte nukleare Schäden im Geltungsbereich dieses Gesetzes *[künftige Fassung: verursachte Schäden im Inland]* eingetreten sind.
5. Für Schadensersatzansprüche sind die Gerichte des Staates zuständig, dessen Flagge das Reaktorschiff zu führen berechtigt ist; in den Fällen der Nummer 4 ist auch das Gericht des Ortes im Geltungsbereich dieses Gesetzes *[künftige Fassung: im Inland]* zuständig, an dem der nukleare Schaden eingetreten ist.

(2) Soweit internationale Verträge über die Haftung für Reaktorschiffe zwingend abweichende Bestimmungen enthalten, haben diese Vorrang vor den Bestimmungen dieses Gesetzes.

[Der in kursiv gedruckte Text enthält die Fassung des noch nicht in Kraft getretenen Gesetzes vom 29. 8. 2008 (BGBl. I 1793).]

Literatur: *Bernaerts,* Die Haftung der Inhaber deutscher Reaktorschiffe, 1977; *Hoog,* Die Konvention über die Haftung der Inhaber von Atomschiffen vom 23. Mai 1962, 1970; *Jabel,* Zum Haftungsbeschränkungsfonds der Brüsseler Atomschiffskonvention, in Institutsfestgabe Erler, 1965, 257; *Nordenson,* Legal Problems Arising from the Simultaneous Application of the Paris and Vienna Conventions with regard to Nuclear Incidents in the Course of Carriage of Nuclear Substances, in IAEA/OECD-NEA, Third Party Liability and Insurance in the Field of Maritime Carriage of Nuclear Substances (Monaco Symposium October 1968), 1970, 427; *Pelzer,* Aktuelle internationalrechtliche Probleme der friedlichen Reaktorschiffahrt, in Bernhardt/Rudolf, Die Schiffahrtsfreiheit im gegenwärtigen Völkerrecht, Berichte der Deutschen Gesellschaft für Völkerrecht 15 (1975), 321; *ders.,* Zweifelsfragen in den neueren Otto-Hahn-Abkommen, Atomwirtschaft 1973, 467.

I. Bedeutung der Vorschrift; Vorgeschichte

Das Pariser Übereinkommen findet gemäß der Definition in Art. 1 Abs. (a) (ii) **1** PÜ keine Anwendung auf Reaktoren, die **Teil eines Beförderungsmittels** sind. Die zivilrechtliche Haftung für durch diese Reaktoren verursachte nukleare Schäden ist somit von § 25 nicht erfasst und bedarf einer gesonderten Vorschrift. Derzeit sind solche Reaktoren nur **Schiffsreaktoren,** wenngleich offenbar auch kleine Reaktoren zum Antrieb bestimmter Satelliten genutzt werden. Die Begriffsbestimmung des Pariser Übereinkommens erfordert nicht, dass die Reaktoren dem An-

AtG § 25a Vierter Abschnitt Haftungsvorschriften

trieb des Beförderungsmittels dienen. Sie müssen jedoch ein „Teil eines Beförderungsmittels" sein („comprised in a means of transport", „parte de un medio de transporte", „font partie d'un moyen de transport", „fanno parte di un mezzo di trasporto", „welke deel uitmaken van een vervoermiddel"; → PÜ Art. 1 Rn. 10). Die Ende April 2018 erstmals internationale Gewässer befahrende russische „Akademik Lomonossow" hat einen beweglichen Kernreaktor an Bord, der in bestimmten Regionen zur Stromversorgung an Land genutzt werden soll; dieses Schiff ist kein Reaktorschiff, da der Reaktor nicht im beschriebenen Sinne Teil eines Beförderungsmittel ist (zdf-Nachrichten vom 28.4.2018, 16:11 Uhr; Neue Zürcher Zeitung v. 16.10.2013 und vom 14.8.2019, NZZ Archiv, abrufbar unter https://zeitungsarchiv.nzz.ch/#archive, zul. abgerufen am 25.10.2020; → PÜ Art. 1 Rn. 10).

2 Unter deutscher Flagge lief von 1968 bis zur Stilllegung des Reaktors im Jahre 1979 das nuklear angetriebene Forschungs-/Frachtschiff **N. S. Otto Hahn**. Die Otto-Hahn war nach dem sowjetischen Eisbrecher Lenin (1959–1989) und nach dem US-amerikanischen Frachter N. S. Savannah (1962–1972) das dritte nuklear angetriebene zivile Schiff. Weitere zivile Reaktorschiffe waren die glücklose japanische N. S. Mutsu (1972–1992) und der russische eisbrechende Frachter N. S. Sevmorput (1988–2007, 2016–heute). Außer den zahlreichen nuklearen Kriegsschiffen verschiedener Staaten befahren zurzeit nur sechs russische zivile Atom-Eisbrecher die Meere. Die **praktische Bedeutung** des § 25a ist daher beschränkt. Die Vorschrift ist anwendbar, wenn die russischen Eisbrecher deutsche Gewässer besuchen oder wenn das internationale Konfliktrecht anderweitig auf die Anwendung deutschen Rechts verweist. Die nuklearen Kriegsschiffe sind Staatsschiffe, für die andere Regeln gelten; bei Besuchen in deutschen Häfen werden besondere Vereinbarungen über die Haftung mit den Flaggenstaaten getroffen, über deren Inhalt Näheres nicht bekannt ist (zur völkerrechtlichen Haftung für Schäden durch diese Schiffe vgl. Art. 31 UNCLOS; generell zu den völkerrechtlichen Problemen von Reaktorschiffen *Pelzer* in Bernhardt/Rudolf, Die Schiffahrtsfreiheit im gegenwärtigen Meeresvölkerrecht, 1975, 321 ff.).

3 Die USA hatten für ihre **N. S. Savannah** eine Reihe von **bilateralen Abkommen** über den Hafenanlauf in anderen Ländern geschlossen, auch mit Deutschland: „Vereinbarung zwischen der Regierung der Bundesrepublik Deutschland und der Regierung der Vereinigten Staaten von Amerika über die Benutzung von Hoheitsgewässern und Häfen durch N. S. Savannah" vom 29.11.1962 (460 UNTS 169). Die Vereinbarung enthält in ihrem Artikel VII eine Haftungsregelung, die in Absatz A deutsches Recht bei Schadensfällen für anwendbar erklärt und in Absatz B eine Freistellungserklärung der amerikanischen Regierung bis zur Höhe von 500 Mio. USD enthält, die die Bundesregierung als Freistellung nach § 7 Abs. 2 Nr. 3, § 13 Abs. 2 AtG annahm.

4 Deutschland hat für die **N. S. Otto Hahn** bilaterale sog. **Hafenanlaufsabkommen** mit folgenden fünf Staaten geschlossen: Vertrag mit den Niederlanden vom 28.10.1968 (BGBl. 1969 II 1122), Vertrag mit Liberia vom 27.5.1970 (BGBl. 1971 II 954), Vertrag mit Portugal vom 29.1.1971 (BGBl. 1972 II 58), Vertrag mit Argentinien vom 21.5.1971 (BGBl. 1972 II 69), Vertrag mit Brasilien vom 7.6.1972 (BGBl. 1974 II 686). Alle Abkommen enthalten Bestimmungen über die Haftung für nuklearen Schaden, die weitgehend den internationalen Atomhaftungsprinzipien entsprechen und sich an das Brüsseler Reaktorschiff-Übereinkommen anlehnen. Die Haftung wird auf den Betrag von 400 Mio. DM beschränkt (s. auch *Pelzer* atw 11, 183).

Haftung für Reaktorschiffe § 25a AtG

Neueres Schrifttum zur Haftung für nuklearen Schaden durch Reaktorschiffe 5
gibt es, soweit ersichtlich, nicht. Es kann insoweit auf die recht vollständigen Literaturhinweise bei *Haedrich* AtG § 25a Rn. 3, 10, 11 verwiesen werden. Eine umfassende Darstellung mit Einschluss der Vorgeschichte des Brüsseler Reaktorschiff-Übereinkommens bietet das Buch *Hoog*, Die Konvention über die Haftung der Inhaber von Atomschiffen vom 23. Mai 1962, 1970.

II. Haftungsregeln

§ 25a Abs. 1 überträgt die Haftungsregelung des § 25 gewissermaßen spiegel- 6
gleich auf die Haftung für nukleare Schäden, die durch Reaktorschiffe verursacht werden: Anstelle des Pariser Übereinkommens gilt das **Brüsseler Reaktorschiff-Übereinkommen (BRÜ) unmittelbar,** dessen Bestimmungen ergänzt werden durch die Haftungsvorschriften des Atomgesetzes. Gemäß Art. 1 Nr. 1 BRÜ bedeutet Reaktorschiff „ein Schiff, das mit einer Kernenergieanlage ausgerüstet ist" (zu dem Übereinkommen vgl. insbesondere die Gesamtdarstellung bei *Bernaerts,* Die Haftung der Inhaber deutscher Reaktorschiffe, 1977; und zum Haftungsbeschränkungsfonds gem. Art. XI BRÜ *Jabel* Institutsfestgabe Erler, 1965, 257 ff.).

Das Brüsseler Reaktorschiff-Übereinkommen gilt **innerstaatlich unabhängig** 7
von seiner völkerrechtlichen Verbindlichkeit, soweit nicht seine Regeln eine durch das Inkrafttreten bewirkte Gegenseitigkeit voraussetzen (→ § 25 Rn. 4 f.; § 25a Abs. 1 Nr. 1 AtG). Das Übereinkommen ist niemals völkerrechtlich in Kraft getreten.

Die **summenmäßig unbegrenzte Haftung** des Inhabers einer Kernanlage 8
gem. § 31 Abs. 1 gilt bei Auslandsschäden für den Betreiber eines Reaktorschiffes hinsichtlich des den Höchstbetrag des Brüsseler Reaktorschiff-Übereinkommens überschreitenden Betrags nur, wenn **Gegenseitigkeit** gewährleistet ist. § 31 Abs. 2 (Schaden in einem anderen Staat), § 36 (Aufteilung der staatlichen Freistellung zwischen Bund und Ländern – inzwischen aufgehoben), § 38 Abs. 1 (Anspruch auf Ausgleich im Verhältnis zu Vertragsstaaten des Pariser Übereinkommens oder des Wiener Übereinkommens in Verbindung mit dem Gemeinsamen Protokoll) und § 40 (Klage gegen den Inhaber einer Kernanlage in einem anderen Vertragsstaat) finden keine Anwendung (§ 25a Abs. 1 Nr. 2).

Gemäß Abs. 1 Nr. 3 findet die **staatliche Freistellung nach § 34** nur Anwen- 9
dung auf Reaktorschiffe, die berechtigt sind, die Bundesflagge zu führen. Die Anwendung der Bestimmung wird ausgedehnt auf Reaktorschiffe, die im Inland gebaut oder mit einem Reaktor ausgerüstet werden, und zwar bis zu dem Zeitpunkt, in dem das Schiff in einem anderen Staat registriert ist und das Flaggenführungsrecht eines anderen Staats erwirbt. Die Freistellung ist zu 75 % vom Bund und zu 25 % von dem für die Genehmigung nach § 7 zuständigem Land zu tragen. Diese Bestimmung stellt klar, dass das Schiff während der Bauphase oder während des Einbaus eines Reaktors im Inland einer deutschen atomrechtlichen Genehmigung bedarf. Es ist darauf hinzuweisen, dass die Freistellungsverpflichtung gem. § 34 in allen anderen Fällen vom Bund allein zu tragen ist, da § 36, der die Aufteilung zwischen Bund und Ländern regelte, durch Gesetz vom 8. 12. 2010 (BGBl. I 1814) aufgehoben wurde. Es kann nicht ausgeschlossen werden, dass die Beibehaltung der Aufteilung in § 25a Abs. 1 Nr. 3 einem Redaktionsversehen geschuldet ist (vgl. auch die insoweit unergiebige Begründung in BT-Drs. 17/3051, 9). Für ein gesetz-

Pelzer 563

geberisches Versehen spricht auch die Tatsache, dass die Freistellung für Reaktorschiffe bei der Bestimmung von Gerichtsständen in § 40b offenbar ebenfalls übersehen wurde (→ § 40b Rn. 2).

10 § 25a und der Vierte Abschnitt des Atomgesetzes gelten für Reaktorschiffe, die nicht berechtigt sind, die Bundesflagge zu führen, nur, wenn der nukleare Schaden im Inland eingetreten ist (§ 25a Abs. 1 Nr. 4). Diese Regelung betrifft wohl in erster Linie ausländische Reaktorschiffe, die sich in deutschen Hoheitsgewässern befinden. Allerdings können auch durch Schiffe auf Hoher See Schäden im Inland verursacht werden. Die Bestimmung ist problematisch, wenn nukleare Schäden im Inland durch fremde Reaktorkriegsschiffe oder andere nuklear angetriebene Staatsschiffe verursacht werden. Diese sind grundsätzlich nicht der deutschen Rechtsordnung unterworfen.

11 Abweichend von der Regelung des Pariser Übereinkommens, gemäß dem regelmäßig der Ort des nuklearen Ereignisses den **Gerichtsstand** bestimmt (Art. 13 PÜ), sind für Schadensersatzansprüche, die durch Reaktorschiffe verursacht werden, die Gerichte des Flaggenstaates zuständig (§ 25a Abs. 1 Nr. 5). In den Fällen des Abs. 1 Nr. 4 ist daneben auch das Gericht des Ortes im Inland zuständig, an dem der Schaden eingetreten ist.

12 Gemäß Abs. 2 haben internationale **Verträge** über die Haftung von Reaktorschiffen, die **zwingende Bestimmungen** enthalten, die von den Vorschriften dieses Abschnittes des Atomgesetzes abweichen, **Vorrang** vor diesen. Solche Verträge gibt es derzeit, soweit ersichtlich, nicht.

III. Problematik

13 Da es augenblicklich praktisch keine zivilen Reaktorschiffe gibt, hat § 25a auch wenig juristische Aufmerksamkeit gefunden. Käme es jedoch zu Anwendungsfällen, kann das Nebeneinander von Pariser Übereinkommen und Brüsseler Reaktorschiff-Übereinkommen zu **komplizierten Rechtsproblemen** führen. Das gilt dann, wenn beide Übereinkommen nebeneinander auf die Folgen ein und desselben nuklearen Ereignisses anwendbar sind. Da das Brüsseler Reaktorschiff-Übereinkommen nicht als völkerrechtlicher Vertrag, sondern als nationales deutsches Recht gilt, kompliziert sich der Fall weiter. Beispiel: auf einem ausländischen Reaktorschiff werden Kernmaterialien befördert, für die ein Inhaber einer Kernanlage nach dem Pariser Übereinkommen gem. Art. 4 PÜ haftbar ist. Wird durch ein nukleares Ereignis in Deutschland ein nuklearer Schaden gemeinsam durch den Schiffsreaktor und durch die Kernmaterialien verursacht, wären sowohl das Brüsseler Reaktorschiff-Übereinkommen (§ 25a Abs. 4) als auch das Pariser Übereinkommen anwendbar. Es liegt nahe anzunehmen, dass ein solches Szenario dazu führt, dass der Betreiber des Reaktorschiffs und der Inhaber der Kernanlage jeweils auf der Grundlage des für ihn anwendbaren Übereinkommens haftpflichtig sind. Art. IV S. 2 BRÜ eröffnet diesen Weg. Eine unmittelbar entsprechende Bestimmung gibt es allerdings im Pariser Übereinkommen nicht. Hinzuweisen ist aber auf Art. 5 Abs. (c) (i) Nr. 2 PÜ. Es könnten also sowohl der Betreiber des Reaktorschiffes und der Inhaber der Kernanlage jeweils auf der Grundlage des für ihn geltenden Übereinkommens in Anspruch genommen werden und es fragt sich, wie dann der interne Ausgleich abzuwickeln ist. Hier könnte die Vorrangklausel des Art. XIV BRÜ eine Rolle spielen. Ein Vorrang des Brüsseler Reaktorschiff-Übereinkommens gegenüber dem Pariser Übereinkom-

Haftung in anderen Fällen   § 26 AtG

men wäre aber möglicherweise wegen der unterschiedlichen Haftungssummen ungünstiger für die Geschädigten. Hier ist auch zu fragen, welche Bedeutung der Grundsatz der rechtlichen Kanalisierung spielt, der eine Haftung eines anderen neben dem Inhaber nicht zulässt (Art. 6 PÜ, Art. II Abs. 2 BRÜ). Die Rechtslage würde weiter kompliziert, wenn die Kernmaterialien für Inhaber aus unterschiedlichen Staaten mit unterschiedlichen Nuklearhaftungsbestimmungen befördert werden. Diese Situation erinnert an die Probleme, die eine simultane Anwendung von Pariser und Wiener Übereinkommen wegen ihrer ursprünglich begrenzten geographischen Anwendungsbereiche verursachte (*Nordenson* in IAEA/OECD-NEA, Third Party Liability and Insurance in the Field of Maritime Carriage of Nuclear Substances (Monaco Symposium October 1968), 1970, 427 ff.). Diese Probleme konnten nur durch Abschluss des Gemeinsamen Protokolls beseitigt werden (*von Busekist* NLB 43 (June 1989), 18). Diese Fragen müssen jedoch hier im Hinblick auf die fehlende praktische Relevanz des § 25a nicht näher untersucht werden.

§ 26 Haftung in anderen Fällen

(1) ¹Wird in anderen als den in dem Pariser Übereinkommen in Verbindung mit den in § 25 Abs. 1 bis 4 bezeichneten Fällen durch die Wirkung eines Kernspaltungsvorgangs oder der Strahlen eines radioaktiven Stoffes oder durch die von einer Anlage zur Erzeugung ionisierender Strahlen ausgehende Wirkung ionisierender Strahlen ein Mensch getötet oder der Körper oder die Gesundheit eines anderen verletzt oder eine Sache beschädigt, so ist der Besitzer des von dem Kernspaltung betroffenen Stoffes, des radioaktiven Stoffes oder der Anlage zur Erzeugung ionisierender Strahlen verpflichtet, den daraus entstehenden Schaden nach den §§ 27 bis 30, 31 Abs. 3, § 32 Abs. 1, 4 und 5 und § 33 zu ersetzen. ²Die Ersatzpflicht tritt nicht ein, wenn der Schaden durch ein Ereignis verursacht wird, das der Besitzer und die für ihn im Zusammenhang mit dem Besitz tätigen Personen auch bei Anwendung jeder nach den Umständen gebotenen Sorgfalt nicht vermeiden konnten und das weder auf einen *[künftige Fassung: einem]* Fehler der Beschaffenheit der Schutzeinrichtung noch auf einem Versagen ihrer Verrichtungen beruht.

(1a) Absatz 1 Satz 2 findet keine Anwendung auf Schäden, die durch radioaktive Stoffe entstehen, die bei Anwendung des Pariser Übereinkommens, des Brüsseler Reaktorschiff-Übereinkommens oder des Wiener Übereinkommens in Verbindung mit dem Gemeinsamen Protokoll unter die Begriffsbestimmungen Kernbrennstoffe sowie radioaktive Erzeugnisse und Abfälle dieser Übereinkommen fallen würden.

(2) Absatz 1 gilt entsprechend in Fällen, in denen ein Schaden der in Absatz 1 bezeichneten Art durch die Wirkung eines Kernvereinigungsvorgangs verursacht wird.

(3) In gleicher Weise wie der Besitzer haftet derjenige, der den Besitz des Stoffes verloren hat, ohne ihn auf eine Person zu übertragen, die nach diesem Gesetz oder nach einer auf Grund dieses Gesetzes erlassenen Rechtsverordnung zum Besitz berechtigt ist.

(4) Die Vorschriften der Absätze 1 bis 3 gelten nicht,

1. wenn die radioaktiven Stoffe oder die Anlagen zur Erzeugung ionisierender Strahlen gegenüber dem Verletzten von einem Arzt oder Zahnarzt oder unter der Aufsicht eines Arztes oder Zahnarztes bei der Ausübung der Heilkunde angewendet worden sind und die verwendeten Stoffe oder Anlagen zur Erzeugung ionisierender Strahlen sowie die notwendigen Messgeräte nach den Regelungen einer Rechtsverordnung den jeweils geltenden Anforderungen des Medizinproduktegesetzes oder, soweit solche fehlen, dem jeweiligen Stand von Wissenschaft und Technik entsprochen haben und der Schaden nicht darauf zurückzuführen ist, dass die Stoffe, Anlagen zur Erzeugung ionisierender Strahlen oder Messgeräte nicht ausreichend gewartet worden sind,
2. wenn zwischen dem Besitzer und dem Verletzten ein Rechtsverhältnis besteht, auf Grund dessen dieser die von dem Stoff oder von der Anlage zur Erzeugung ionisierender Strahlen ausgehende Gefahr in Kauf genommen hat.

(5) ¹Absatz 1 Satz 2 und Absatz 4 Nr. 2 gelten nicht für die Anwendung von radioaktiven Stoffen oder ionisierenden Strahlen am Menschen in der medizinischen Forschung. ²Bestreitet der Besitzer des radioaktiven Stoffes oder der Anlage zur Erzeugung ionisierender Strahlen den ursächlichen Zusammenhang zwischen der Anwendung der radioaktiven Stoffe oder der ionisierenden Strahlen und einem aufgetretenen Schaden, so hat er zu beweisen, dass nach dem Stand der medizinischen Wissenschaft keine hinreichende Wahrscheinlichkeit eines ursächlichen Zusammenhangs besteht.

(6) ¹Nach den Vorschriften der Absätze 1 bis 3 ist nicht ersatzpflichtig, wer die Stoffe für einen anderen befördert. ²Die Ersatzpflicht nach diesen Vorschriften trifft, solange nicht der Empfänger die Stoffe übernommen hat, den Absender, ohne Rücksicht darauf, ob er Besitzer der Stoffe ist.

(7) Unberührt bleiben im Anwendungsbereich des Absatzes 1 Satz 1 gesetzliche Vorschriften, nach denen der dort genannte Besitzer und die ihm nach Absatz 3 gleichgestellten Personen in weiterem Umfang haften als nach den Vorschriften dieses Gesetzes oder nach denen ein anderer für den Schaden verantwortlich ist.

[Der in kursiv gedruckte Text enthält die Fassung des noch nicht in Kraft getretenen Gesetzes vom 29.8.2008 (BGBl. I 1793). Die Änderung durch Gesetz vom 28.4.2020 (BGBl. I 960, geänd. durch Gesetz vom 19.5.2020, BGBl. I S. 1018) tritt erst mWv 26.5.2021 in Kraft und ist im Text noch nicht berücksichtigt.]

Übersicht

	Rn.
I. Stellung des § 26 im Haftungssystem des Atomgesetzes	1
II. Gefährdungshaftung	3
III. Haftpflichtiger	5
IV. Kernfusion (Abs. 2)	7
V. Begriffsbestimmung der Schadensursachen	8
VI. Schadensbegriff	13
VII. Schadensumfang	16
VIII. Weitergehende Haftung und Haftungskonkurrenz (Abs. 7)	17
IX. Entlastungsmöglichkeiten (Abs. 1 S. 2)	19

Haftung in anderen Fällen **§ 26 AtG**

	Rn.
X. Haftung des Beförderers (Abs. 6)	27
XI. Haftungsausschlüsse bei Ausübung der Heilkunde und bei Inkaufnahme der Gefahr (Abs. 4)	28
XII. Medizinische Forschung am Menschen (Abs. 5)	33

Literatur: *Boehler,* Reflections on Liability and Radiological or Nuclear Accidents: The Accidents at Goiânia, Forbach, Three Mile Island and Chernobyl, NLB 59 (June1997), 13; *CNEN/IAEA,* Goiânia – 10 Years later. Proceedings of an International Conference Goiânia, Brazil, 26–31 October 1997, 1998; *Deutsch,* Unerlaubte Handlungen und Schadensersatz, 1987; *Elsner,* Die Haftung für Kernenergieschäden nach dem Bundesatomgesetz, 1961; *Fonk,* Gefährdungshaftung für radioaktive Stoffe?, Atom und Strom 3 (1957/6), 45; *Fork/Petersen,* Fusion energy and nuclear liability considerations, NLB 93 (2014/1), 43; *Herrmann,* Forschung mit ionisierenden Strahlen in Deutschland, in Lenk/Duttge/Fangerau, Handbuch Ethik und Recht der Forschung am Menschen, 2014, 27; *IAEA,* The Radiological Accident in Goiânia, 1988; *Schindel,* Die Haftung für Atomschäden, 1964.

I. Stellung des § 26 im Haftungssystem des Atomgesetzes

Die Formulierung des § 26 Abs. 1 beginnt mit einem Haftungsausschluss: Nur 1 wenn in anderen als den im Pariser Übereinkommen iVm mit § 25 bezeichneten Fällen ein nuklearer Schaden verursacht wird, kommt eine Haftung nach § 26 in Betracht (BT-Drs. 3/759, 37). Die Vorschrift ist gegenüber § 25 subsidiär (*Mattern/Raisch* § 26 Rn. 3) und erweist sich als eine **Auffangvorschrift** oder Sammelvorschrift (so *Fischerhof* Dt. AtomG § 26 Rn. 1; *Haedrich* AtG § 26 Rn. 1, 2 jeweils mwN; *Raetzke* in NK-AtomR § 26 Rn. 1; → Rn. 2). Aus dem offensichtlich generellen Auffangcharakter der Vorschrift im System der Haftungsvorschriften des Atomgesetzes dürfte folgen, dass § 26 auch im Verhältnis zu einer Haftung auf Grund des Gemeinsamen Protokolls iVm § 25 und einer Haftung auf Grund des § 25a subsidiär ist und Auffangcharakter hat, obwohl diese Bestimmungen in § 26 nicht ausdrücklich erwähnt sind (so auch *Haedrich* AtG § 26 Rn. 1).

Mattern/Raisch § 25 Rn. 13, 14 weisen unter Hinweis auf *Weitnauer* (DB 1960, 2 263 Fn. 2) und die Rechtsprechung des Reichsgerichts zur Haftung des Inhabers einer Elektrizitätsanlage (RGZ 147, 323) darauf hin, dass § 26 trotz seiner Subsidiarität im Verhältnis zu §§ 25, 25a der **allgemeinere Tatbestand** sei. Demgegenüber sei der Haftungstatbestand nach § 25 – wohl auch nach dem erst später in das Atomgesetz eingefügten § 25a – „wegen seiner Natur als Sondertatbestand eng" auszulegen. Diese Überlegung ist zunächst grundsätzlich zutreffend und dürfte für alle Auffangtatbestände gelten. *Mattern/Raisch* wollten § 26 heranziehen, um bestimmte haftungsrechtliche „Zweifelsfälle zu beurteilen" (*Mattern/Raisch* § 26 Rn. 14). Durch die inzwischen erfolgte Ratifizierung internationaler unmittelbar anwendbarer Bestimmungen, die ein Gesamtsystem bindender Haftungsinstrumente mit eigenständigen Begriffsbestimmungen mit Einschluss des Begriffs „nuklearer Schaden" bilden, hat sich aber die Gewichtung zwischen den §§ 25 und 26 verändert. Das Begriffspaar „allgemeiner Tatbestand" und „Sondertatbestand" wird dieser Veränderung nicht gerecht. Vielmehr regeln die internationalen Haftungsinstrumente iVm den §§ 25 und 25a Haftungstatbestände mit einem grundsätzlichen Kritikalitätsrisiko, während § 26 die Haftung für andere Schäden durch Radioaktivität regelt (vgl. aber § 26 Abs. 1a; → Rn. 23). Die §§ 25–26 decken als jeweils selbständige und gleichrangige Haftungstatbestände den Gesamtbereich „Schadenszufügung durch Kernspaltungsvorgänge und radioaktive Strahlen" ab. Dass § 26 die Funktion zukommt, die in den §§ 25 und 25a nicht erfassten Tatbestände „aufzufangen" (→ Rn. 1), macht diese Vorschrift nicht zum „allgemeinen Tatbestand", der zu einer engen Auslegung der „Sondertatbestände" der internationalen Haftungsübereinkommen iVm §§ 25, 25a führt.

II. Gefährdungshaftung

3   § 26 Abs. 1 begründet eine Haftung ohne Verschulden (**Gefährdungshaftung**). Diese ist **summenmäßig nicht begrenzt**. Die Haftpflicht entsteht, wenn in anderen als den in §§ 25 und 25a genannten Fällen „durch die Wirkung eines Kernspaltungsvorgangs oder der Strahlen eines radioaktiven Stoffes oder durch die von einer Anlage zur Erzeugung ionisierender Strahlen ausgehende Wirkung ionisierender Strahlen ein Mensch getötet oder der Körper oder die Gesundheit eines anderen verletzt oder eine Sache beschädigt" wird. Grundsätzlich genügt also die bloße Schadensverursachung als Folge einer der genannten Ursachen zur Begründung der Schadensersatzpflicht. Eines unfallartigen Ereignisses bedarf es nicht. Auch Schäden, die bei ordnungsgemäßer Nutzung der Stoffe oder der Anlage entstehen, begründen eine Haftung nach § 26. Jedoch tritt die Ersatzpflicht nicht ein, wenn der Ersatzpflichtige einen Entlastungsbeweis nach Maßgabe der in Abs. 1 S. 2 der Vorschrift festgelegten Voraussetzungen führen kann. Für die Haftung nach § 26 hat sich deshalb die Bezeichnung **modifizierte Gefährdungshaftung** durchgesetzt (bereits *Fischerhof* Dt. AtomG § 26 Rn. 1, 3 mit Nachweisen zur Entstehungsgeschichte; *Haedrich* AtG § 26 Rn. 3; und neuerdings auch *Raetzke* in NK-AtomR § 26 Rn. 14). Allerdings weist *Fischerhof* Dt. AtomG § 26 Rn. 2 – zustimmend *Raetzke* in NK-AtomR § 26 Rn. 15 – mit Recht darauf hin, dass es sich eher „um einen der Gefährdungshaftung angenäherten Fall gesetzlicher Vermutung des Verschuldens" handele, der Ähnlichkeit mit § 831 BGB habe.

4   Die Besonderheiten von Strahlenschäden können ebenso wie bei einer Haftung auf Grund des Pariser Übereinkommens iVm § 25 AtG zu Problemen bei dem vom Verletzten zu erbringenden Nachweis des **Kausalzusammenhangs** zwischen schädigendem Ereignis und Schaden führen (mit Nachweisen → PÜ Art. 3 Rn. 8f.).

III. Haftpflichtiger

5   Haftpflichtig gem. § 26 ist der **Besitzer** des radioaktiven Stoffes bzw. der Anlage zur Erzeugung radioaktiver Strahlen, von denen die schädigende Wirkung ausgeht. Besitzer ist derjenige, der zivilrechtlichen Besitz des Stoffes oder der Anlage hat (§§ 854ff. BGB; so bereits die Begründung zum AtG 1959, BT-Drs. 3/759, 37). Das umfasst grundsätzlich alle Besitzformen (hM, Nachweise insbesondere bei *Haedrich* AtG § 26 Rn. 4ff.; *Raetzke* in NK-AtomR § 26 Rn. 9), also den Teilbesitz (§ 865 BGB), den Mitbesitz (§ 866 BGB), den mittelbaren Besitz (§ 868 BGB) sowie den Eigenbesitz (§ 872 BGB) als auch den Fremdbesitz. Haften mehrere Besitzer nebeneinander, so haften sie als Gesamtschuldner gem. § 33 AtG. Es ist für die Begründung der Haftpflicht des Besitzers unerheblich, ob dieser eine nach Atomrecht oder anderen Bestimmungen für den Besitz der Stoffe oder der Anlage einer Genehmigung bedarf oder nicht und ob diese ggfs. erteilt wurde (*Fischerhof* Dt. AtomG § 26

Rn. 9). Der Besitzer muss tatsächliche Gewalt über die Stoffe oder die Anlage ausüben (statt vieler *Herrler* in Palandt BGB, 76. Aufl. 2017, § 854 Rn. 2–4) und das setzt Besitzwille und Besitzbewusstsein voraus. Das schließt Besitzdiener (§ 855 BGB) als Haftpflichtige aus, haftpflichtig ist der Besitzherr (*Fischerhof* Dt. AtomG § 26 Rn. 6). Nicht haftpflichtig ist auch, wer keine Kenntnis von der Radioaktivität des schädigenden Stoffes hat (*Haedrich* AtG § 25 Rn. 4 mwN; *Raetzke* in NK-AtomR § 26 Rn. 9). Das gilt auch, wenn die Schädigung von einer Anlage zur Erzeugung radioaktiver Strahlen ausgeht; vgl. dazu den Goiânia Strahlenunfall vom September 1987 in Brasilien, bei dem eine von einem Arzt derelinquierte Bestrahlungsanlage, ohne als solche erkannt zu werden, von Dieben abgebaut und an einen Schrotthändler verkauft wurde (*IAEA*, The Radiological Accident in Goiânia, 1; *Boehler* NLB 59 (June 1997), 13 (14ff.); *CNEN/IAEA*, Goiânia – 10 Years later, 83–122 (mit juristischen Beiträgen von *Pelzer, Favini, Frois, Yacovenci et al., Frómeta Suárez, Franco*); zur Haftung bei Beförderungen radioaktiver Stoffe → Rn. 25).

In gleicher Weise wie der Besitzer haftet gem. § 26 Abs. 3 derjenige, der den **Be-** **6** **sitz verloren** hat, ohne ihn auf einen nach atomrechtlichen Vorschriften zum Besitz Berechtigten zu übertragen. Mit dieser Vorschrift soll sichergestellt werden, dass beim Besitzverlust kein haftungsrechtliches Vakuum entsteht, ein neuer berechtigter Besitzer nicht vorhanden ist. In diesen Fällen soll der ursprüngliche Besitzer weiterhin haftpflichtig bleiben. Der Abs. 3 ist daher eine sinnvolle Vorschrift, deren Formulierung allerdings in mehrfacher Hinsicht wenig gelungen erscheint. Der Besitzer muss die Stoffe „verloren" haben. Im allgemeinen Sprachgebrauch bedeutet dieses Verb den unbeabsichtigten Verlust der tatsächlichen Gewalt. Es fragt sich deshalb, ob auch eine gewollte Besitzaufgabe von der Vorschrift erfasst ist. Der Gesetzgeber hat dazu in der Begründung des Gesetzentwurfs folgendes ausgeführt (BT-Drs. 3/759, 37): „Die Frage, wann der Besitz im Sinne des Absatzes 3 verloren ist, ist nach § 856 BGB zu beurteilen. Durch Absatz 3 wird erreicht, daß die Haftung eines früheren Besitzers namentlich dann fortdauert, wenn er den Besitz aufgegeben hat, z. B. eine radioaktive Sache weggeworfen hat, und ein anderer diese Sache in Unkenntnis ihrer gefährlichen Eigenschaften in Besitz nimmt." Gemäß § 856 Abs. 1 BGB wird der Besitz dadurch beendet, dass „der Besitzer die tatsächliche Gewalt über die Sache aufgibt oder in anderer Weise verliert." Der Gesetzgeber wollte also mit Abs. 3 ausdrücklich beide Formen des Besitzverlustes erfassen, nämlich die bewusste und die unbewusste **Aufgabe der tatsächlichen Gewalt** (so auch *Fischerhof* Dt. AtomG § 26 Rn. 12; *Haedrich* AtG § 26 Rn. 7 jeweils mwN; *Raetzke* in NK-AtomR § 26 Rn. 10). Alle gem. § 856 BGB zulässigen Formen der Besitzbeendigung gelten auch hier. Das wird aus dem Wortlaut des § 26 Abs. 3 jedoch nicht eindeutig klar. Die Vorschrift spricht darüber hinaus auch nur vom Verlust des Besitzes des Stoffes, nicht aber auch vom Besitzverlust einer Anlage zur Erzeugung ionisierender Strahlen. Auch dieser ist möglich (→ Rn. 5: Goiânia-Fall), und die derzeitige Formulierung des Abs. 3 macht es zweifelhaft, ob die Fortgeltung der Haftung des ursprünglichen Besitzers auch für diesen Fall gelten soll. Im Übrigen endet die Fortgeltung der Haftung des ursprünglichen Besitzers nur dann, wenn die Besitzübertragung auf eine nach Atomrecht zum Besitz berechtigte Person erfolgt ist. Hat also der Folgebesitzer diese Berechtigung nicht, dauert die Haftung des Vorbesitzers fort (dazu *Mattern/Raisch* § 26 Rn. 15, die in Fn. 29 darauf hinweisen, dass § 836 Abs. 2 BGB eine vergleichbare Regelung enthält). Eine atomrechtliche Besitzberechtigung wird dagegen von dem ursprünglichen Besitzer nicht verlangt (→ Rn. 5).

IV. Kernfusion (Abs. 2)

7 Gemäß § 26 Abs. 2 gilt Abs. 1 entsprechend in Fällen, in denen ein Schaden der in Abs. 1 bezeichneten Art durch die Wirkung eines **Kernvereinigungsvorgangs** verursacht wird. Die in Vorwegnahme künftiger technischer Entwicklungen schon in einer verbindlichen Rechtsnorm in die ursprüngliche Fassung des Atomgesetzes aufgenommene Haftungsbestimmung ist naturgemäß nicht gänzlich ausgereift. Soweit ersichtlich ist sie in Europa bisher auch ohne Beispiel. In der Gesetzesbegründung (BT-Drs. 3/759, 35) heißt es dazu: „Eine Haftung für die von Kernvereinigungsvorgängen ausgehenden Wirkungen ist in § 25 nicht vorgesehen, da die technischen Voraussetzungen für Anlagen, in denen Kernvereinigungsvorgänge herbeigeführt werden könnten, noch nicht gegeben sind." Das Pariser Übereinkommen ist auf Fusionsanlagen nicht anwendbar (→ PÜ Art. 1 Rn. 9). Die Verortung der Haftungsregelung für Kernvereinigungsvorgänge in § 26 ist daher sachgerecht. Kernvereinigungsvorgänge dürften wohl regelmäßig in Anlagen stattfinden, die einen Inhaber mit einer Genehmigung haben, der zugleich auch Besitzer der Anlage ist. Dieser Inhaber ist der nach § 26 Abs. 2 Haftpflichtige (generell zu den internationalen Haftungsproblemen der Kernverschmelzung *Fork/Petersen* NLB 93 (2014/1), 43).

V. Begriffsbestimmung der Schadensursachen

8 Die den Schaden auslösenden und damit die **Haftpflicht begründenden Ereignisse** müssen gem. § 26 Abs. 1 ausgehen von der Wirkung eines Kernspaltungsvorgangs, von den Strahlen eines radioaktiven Stoffs oder durch die von einer Anlage zur Erzeugung ionisierender Strahlen ausgehenden Wirkung ionisierender Strahlen. Erfasst werden auch in entsprechender Anwendung die schädlichen Wirkungen einer Kernverschmelzung, § 26 Abs. 2 (→ Rn. 7; → PÜ Art. 1 Rn. 9).

9 Ein **Kernspaltungsvorgang** entsteht durch den Beschuss von Kernbrennstoffen (§ 2 Abs. 1 AtG, § 3 Abs. 1 StrlSchG) durch Neutronen (→ Einf. Rn. 3 ff.). Kernspaltungsvorgänge finden auch in bestimmten kleinen Unterrichtsreaktoren statt, bei denen die Kernspaltung nicht durch Neutronenbeschuss ausgelöst wird.

10 Der **radioaktive Stoff,** von dem die Schädigung ausgeht, entspricht der Begriffsbestimmung des § 2 Abs. 1 AtG bzw. des § 3 Abs. 1 StrlSchG; es handelt sich also um Kernbrennstoffe und sonstige radioaktive Stoffe wie sie in diesen Vorschriften definiert sind. Die Begriffsbestimmungen des § 2 Abs. 4 AtG finden keine Anwendung, da es sich bei der Haftung nach § 26 nicht um eine Haftung nach dem Pariser Übereinkommen in Verbindung mit § 25 Abs. 1–4 AtG handelt. Radioaktive Stoffe senden ionisierende Strahlen spontan aus. Nur durch diese Strahlung verursachte Schäden sind haftungsbegründend für § 26. Ein Schaden, der allein auf den toxischen Wirkungen radioaktiver Stoffe beruht, ist keine eine Haftung nach diesem Abschnitt des Atomgesetzes begründende Wirkung der Stoffe (*Mattern/Raisch* § 25 Rn. 9).

11 **Anlagen zur Erzeugung ionisierender Strahlen** sind Anlagen, die geeignet sind, Photonen oder Teilchenstrahlung gewollt oder ungewollt zu erzeugen (insbesondere Elektronenbeschleuniger, Ionenbeschleuniger, Plasmaanlagen; vgl. § 11 Abs. 1 Nr. 2 AtG; § 5 Abs. 2 StrlSchG). Ihre Errichtung und ihr Betrieb sind in §§ 10 ff., 196 StrlSchG geregelt. Wird durch diese Anlagen infolge der Einwirkung

Haftung in anderen Fällen **§ 26 AtG**

ionisierender Strahlen ein Schaden verursacht, so regelt sich die Haftung nach § 26 unabhängig davon, ob die Anlagen einer Genehmigung bedürfen (§§ 10, 12, 197 StrlSchG), anzeigepflichtig sind (§§ 17, 199 StrlSchG) oder genehmigungs- und anzeigefreie Anlagen (§ 7 StrlSchV) sind.

Die Gefahren durch ionisierende Strahlen, die von kontrollierten **Kernver-** 12 **schmelzungsvorgängen** ausgehen, sind gering und besser beherrschbar als bei Kernspaltungsvorgängen. Insbesondere ist nicht mit weiträumigen und grenzüberschreitenden Gefährdungen zu rechnen (vgl. statt vieler die Erläuterungen zum Begriff „Kernfusionsreaktor", abrufbar unter http://deacademic.com/dic.nsf/dewiki/761963, zul. abgerufen am 25.10.2020).

VI. Schadensbegriff

Wenn durch die Wirkung der von einem Kernspaltungsvorgang oder von den 13 genannten Stoffen oder Anlagen ausgehenden ionisierenden Strahlen „ein Mensch getötet oder der Körper oder die Gesundheit eines anderen verletzt oder eine Sache beschädigt" wird, ist der Besitzer für diesen Schaden gem. § 26 Abs. 1 haftpflichtig. Entschädigt werden somit die **Tötung und Verletzung von Menschen** und die **Beschädigung von Sachen**. Dieser Schadensbegriff ist offensichtlich enger als der für die Haftung nach dem Pariser Übereinkommen iVm § 25 maßgebliche (→ PÜ Art. 1 Rn. 37ff.). Deckungsgleich sind die Tötung und Verletzung von Menschen in beiden Haftungsnormen. Jedoch erfasst die Sachbeschädigung einen wesentlich engeren Schutzbereich als der „Verlust von oder Schaden an Vermögenswerten", der nach Art. 1 Abs. (a) (vii) Nr. 2 PÜ zu ersetzen ist; und das gilt erst recht für die in Art. 1 Abs. (a) (vii) PÜ genannten weiteren Schadenskategorien. Die Beschränkung der Ersatzpflicht auf die „Beschädigung von Sachen" ist auch enger als die nach § 823 Abs. 1 BGB geschützten Rechte.

Es ist zu fragen, ob diese **unterschiedlichen Schadensbegriffe** der §§ 25 und 14 26 gerechtfertigt sind, da sie ja eine Schlechterstellung der nach § 26 Anspruchsberechtigten bedeuten könnte. Auf der Hand liegt, dass der für die Haftung nach dem Pariser Übereinkommen geltende Grundsatz der rechtlichen Kanalisierung auf den Inhaber der Kernanlage (→ PÜ Art. 6 Rn. 1ff.) den Geschädigten ausschließlich auf die nach dem Übereinkommen begründeten Ansprüche beschränkt. Eine Haftungskonkurrenz mit anderen Ersatzansprüchen gibt es nicht. Demgegenüber gilt die rechtliche Kanalisierung für den nach § 26 Haftpflichtigen nicht (§ 26 Abs. 7). Geschädigte können Schadensersatz auch auf Grund anderer Rechtsnormen geltend machen, zB auf Grund der §§ 823ff. BGB, auf Grund des WHG oder anderer Normen. Der enge Schadensbegriff des § 26 könnte dadurch kompensiert werden.

Zum besseren Verständnis der unterschiedlichen Schadensbegriffe in den §§ 25 15 und 26 ist auf die **ursprüngliche Fassung des Atomgesetzes von 1959** zurückzugreifen. Der Schadensbegriff war damals in beiden Vorschriften identisch: Gehaftet wurde sowohl nach § 25 als auch nach § 26 für die Tötung oder Verletzung eines Menschen und für die Beschädigung einer Sache. Den Grundsatz der rechtlichen Kanalisierung gab es damals im deutschen Atomrecht noch nicht. Auch insoweit waren also beide Vorschriften identisch. Im Übrigen wurden beide Vorschriften bestehenden Haftpflichtgesetzen nachgebildet: „Der Natur der Sache entsprechend ist die in § 25 geregelte Haftung für Anlagen schärfer als die in § 26 geregelte Besitzerhaftung, die in ihren Grundzügen mehr der Kraftfahrzeughaftung nachgebildet ist.

Pelzer 571

AtG § 26 Vierter Abschnitt Haftungsvorschriften

[…] Nach dem Vorbild des Reichshaftpflichtgesetzes, des Gesetzes über die Haftpflicht der Eisenbahnen und Straßenbahnen für Sachschaden, des Straßenverkehrsgesetzes und des Luftverkehrsgesetzes ist die Haftung auf bestimmte Schäden beschränkt" (BT-Drs. 3/759, 35). §§ 25 und 26 folgen ursprünglich somit klassischen Vorbildern. Das erklärt jedoch nicht, warum nach der Übernahme des erweiterten Schadensbegriffs des Pariser Übereinkommens für § 25 nicht auch § 26 geändert wurde und weiterhin nur Sachschäden entschädigt werden. Insbesondere Abs. 1a macht deutlich, dass die Vorschrift nicht allein auf die risikoärmere Isotopenhaftung beschränkt ist. Abs. 1a deckt auch Stoffe mit Kritikalitätsrisiko ab, so dass insbesondere Umweltschäden nicht auszuschließen sind (→ Rn. 23). Eine Anpassung des Schadensbegriffs des § 26 an den erweiterten Schutzbereich empfiehlt sich, um jedenfalls teilweise Gleiches nicht ungleich zu behandeln.

VII. Schadensumfang

16 Der Umfang des nach § 26 zu ersetzenden Schadens bestimmt sich gem. Abs. 1 S. 1 der Vorschrift nach den §§ 27–30, § 31 Abs. 3, § 32 Abs. 1, 4 und 5 und § 33. Der so umschriebene Haftungsumfang kann sich erweitern, wenn im Anwendungsbereich des Abs. 1 S. 1 der haftpflichtige Besitzer oder die ihm nach Abs. 3 gleichgestellten Personen nach anderen gesetzlichen Vorschriften haften als nach den Vorschriften des Atomgesetzes oder nach denen ein anderer für den Schaden verantwortlich ist (§ 26 Abs. 7; → Rn. 17).

VIII. Weitergehende Haftung und Haftungskonkurrenz (Abs. 7)

17 Gemäß § 26 Abs. 7 „bleiben im Anwendungsbereich des Absatzes 1 Satz 1 gesetzliche Vorschriften, nach denen der dort genannte Besitzer und die ihm nach Absatz 3 gleichgestellten Personen in weiterem Umfang haften als nach den Vorschriften dieses Gesetzes oder nach denen ein anderer für den Schaden verantwortlich ist." Für die Haftung nach § 26 gilt somit **nicht die rechtliche Kanalisierung,** wie sie in den Fällen einer Haftung auf Grund der §§ 25 und 25a anwendbar ist. Die übliche **Haftungskonkurrenz** bleibt erhalten. Der Ersatzpflichtige kann auch nach anderen deliktischen Ersatzansprüchen, zB §§ 823 ff. BGB, ersatzpflichtig gemacht werden. Auch andere Personen als der Besitzer der radioaktiven Stoffe können haftpflichtig sein (hierzu bereits ausführlich mit Nachweisen *Fischerhof* Dt. AtomG § 26 Rn. 33 ff.; ebenso *Haedrich* AtG § 26 Rn. 12). Das schließt Ansprüche auf Grund ausländischen Rechts ein, soweit das Internationale Privatrecht auf dieses verweist. Allerdings verdrängen bei einer Konkurrenz von Ansprüchen auf Grund des § 26 mit Haftungsansprüchen auf Grund der §§ 25, 25a die Bestimmungen der Haftungsübereinkommen den § 26 Abs. 7 (→ § 33 Rn. 3, 5).

18 **Vertragliche Schadensersatzansprüche** werden durch § 26 nicht berührt (*Fischerhof* Dt. AtomG § 26 Rn. 39; *Haedrich* AtG § 26 Rn. 12).

IX. Entlastungsmöglichkeiten (Abs. 1 S. 2)

§ 26 Abs. 1 S. 2 räumt dem haftpflichtigen Besitzer eine subjektive Entlastungs- 19
möglichkeit ein: Die Ersatzpflicht tritt nicht ein, wenn der Besitzer beweist, dass er
und „die für ihn im Zusammenhang mit dem Besitz tätigen Personen" das Schadensereignis auch bei Anwendung jeder nach den Umständen gebotenen Sorgfalt nicht
verhindern konnten. Diese Möglichkeit zur Haftungsbefreiung macht die Gefährdungshaftung des § 26 zur **„modifizierten"** Gefährdungshaftung (→ Rn. 3).
Der Entlastungsbeweis ist jedoch dann unbeachtlich, wenn der Schaden auf einem
Fehler in der Beschaffenheit der Schutzeinrichtungen oder auf einem Versagen ihrer
Verrichtungen beruht. „In diesem Fall tritt absolute Gefährdungshaftung ein." (*Fischerhof* Dt. AtomG § 26 Rn. 23; *Raetzke* in NK-AtomR § 26 Rn. 14 ff.).

Der Entlastungsbeweis erfordert, dass der Besitzer beweist, dass das schädigende 20
Ereignis für ihn oder für die für ihn im Zusammenhang mit dem Besitz Tätigen
„auch bei Anwendung jeder nach den Umständen gebotenen Sorgfalt"
nicht vermeidbar war. Die aufgewandte Sorgfalt ist nach **objektiven Kriterien** zu
bemessen, die die Besonderheiten und die potentielle Größe der Strahlengefahren
miteinbeziehen. Es besteht Einigkeit, dass diese Anforderungen über die nach
§ 276 Abs. 2 BGB gebotene „im Verkehr erforderliche Sorgfalt" hinausgehen. Der
Besitzer muss sich der besonderen Gefahrenlage bewusst sein, um auch bei unerwarteten Ereignissen rechtzeitig und angemessen reagieren zu können. Dabei hat
er sich von den gesetzlichen Vorgaben, von den anerkannten Regeln von Wissenschaft und Technik und von behördlichen Genehmigungen und Anordnungen leiten zu lassen. Insbesondere die genaue Beachtung der gesetzlichen Bestimmungen,
ggf. konkretisiert durch Genehmigungsbescheide, dürfte im Regelfall zur Entlastung führen. Doch ist auch hier vorausschauende Umsicht gefordert, wenn zB erkennbar wird, dass im konkreten Fall die Beachtung der Bestimmungen zu einem
Schaden führen kann. Das kann insbesondere dann der Fall sein, wenn es sich um
Bereiche handelt, die wissenschaftlich umstritten sind. Auf der anderen Seite dürfen
aber die Anforderungen an die nach den Umständen erforderliche Sorgfalt auch
nicht überspannt werden. Besitzer der in § 26 genannten unterschiedlichen Strahlenquellen haben auch jeweils einen unterschiedlichen Stand der für den Umgang
mit den jeweiligen Strahlenquellen erforderlichen Fachkunde. Wenn auch für die
Beurteilung der gebotenen Sorgfalt objektive Kriterien verlangt werden, so heißt
das nicht, dass jeder Besitzer umfassend mit dem Stand der Forschung oder gar mit
Einzelheiten dieser Forschung vertraut sein muss. Der Besitzer muss beispielsweise
zwar die für die Beurteilung seiner Strahlenquelle erforderliche Kenntnis über die
Strahlendosis, dh über die Auswirkung radioaktiver Strahlen auf Materie haben,
aber generelles Detailwissen etwa über den Dosis- und Dosisleistungs-Effektivitätsfaktor (DDREF) kann im Regelfall nicht verlangt werden (hierzu Bekanntmachung einer Empfehlung mit wissenschaftlicher Begründung der Strahlenschutzkommission – Dosis- und Dosisleistungs-Effektivitätsfaktor (DDREF) vom
17.11.2015, BAnz AT 3.5.2016, 84; zur gebotenen Sorgfalt insbesondere und jeweils mwN *Elsner*, Die Haftung für Kernenergieschäden nach dem Bundesatomgesetz, 131; *Fonk* Atom und Strom 3 (1957/6), 45; *Schindel*, Die Haftung für Atomschäden, 26 ff.; *Mattern/Raisch* § 26 Rn. 16 ff.; *Fischerhof* Dt. AtomG § 26 Rn. 19 ff.;
Haedrich AtG § 26 Rn. 9; *Raetzke* in NK-AtomR § 26 Rn. 15).

Die nach den Umständen gebotene Sorgfalt der für den Besitzer im Zusammen- 21
hang mit dem Besitz tätigen Personen ist grundsätzlich die des **„Verrichtungs-**

AtG § 26
Vierter Abschnitt Haftungsvorschriften

gehilfen" iSd § 831 BGB (BT-Drs. 3/759, 36f.). Es kann deshalb insoweit auf die Rechtsprechung und das Schrifttum zu § 831 BGB verwiesen werden. Allerdings schließt die Einhaltung der gem. § 831 Abs. 1 S. 2 BGB geforderten Sorgfalt bei der Auswahl und Überwachung dieser Gehilfen die Haftung des Besitzers nach § 26 nicht aus (BT-Drs. 3/759, 36f.).

22 Der Entlastungsbeweis führt nicht zur Enthaftung des Besitzers, wenn die Schadensverursachung auf einem **Fehler in der Beschaffenheit der Schutzeinrichtungen** oder auf einem **Versagen ihrer Verrichtungen** beruht. Die Formulierung des § 26 Abs. 1 S. 2 AtG ist eng angelehnt an die bis zum Inkrafttreten der sog. Reform des Schadensersatzrechts am 1.8.2002 geltende Fassung des § 7 Abs. 2 StVG. Insbesondere *Fonk* (Atom und Strom 3 (1957/6), 45) und ausführlich *Schindel,* Die Haftung für Atomschäden, 28 ff. haben diese Formulierung kritisiert. Der Text des § 7 Abs. 2 StVG aF sei in § 26 Abs. 1 übernommen worden und als einzige Änderung sei das Wort „Fahrzeug" durch „Schutzeinrichtungen" ersetzt worden. Damit sei der Gegenstand, von dem die Betriebsgefahr, die die Haftungsform begründet, ausgehe, durch eine Einrichtung ersetzt worden, die die Betriebsgefahr gerade ausschließen soll. Die Bestimmung sei logisch zweifelhaft, ein „Fehler in der Systematik des Gesetzes" (*Elsner,* Die Haftung für Kernenergieschäden nach dem Bundesatomgesetz, 141). Dem kann man zustimmen, und man mag auch fragen, warum 2002 bei der Reform des Schadensersatzrechts nicht auch § 26 modifiziert wurde. Aber auf der anderen Seite ist *Fischerhof* Dt. AtomG § 26 Rn. 23 zuzustimmen, dass die Regelung „bei verständiger Auslegung jedoch praktikabel" sei. Diese Schlussfolgerung dient der Rechtssicherheit, und es wäre für die Anwendung des Gesetzes wenig hilfreich, logische Schwächen dieser Vorschrift weiter zu problematisieren.

23 **Schutzeinrichtungen** gem. § 26 Abs. 1 S. 2 sind **bauliche Einrichtungen und technische Vorkehrungen,** die bestimmt und geeignet sind, die in § 26 bezeichneten schädlichen Wirkungen von Kernspaltungsvorgängen, von Strahlen eines radioaktiven Stoffes oder von einem Beschleuniger ausgehenden ionisierenden Strahlen unmittelbar oder mittelbar zu verhindern. *Haedrich* AtG § 26 Rn. 10 zählt dazu: „Umschließungen, Verpackungen, Abschirmungen, Vorrichtungen zur Abstandshaltung, Anzeige-, Nachweis- und Messgeräte, Warn- und Signaleinrichtungen und -zeichen." Diese Aufzählung ist nicht abschließend, auch weitere technische und bauliche Vorrichtungen können Schutzeinrichtungen iSd § 26 sein. Es ist auch unerheblich, ob die Schutzeinrichtungen dem Besitzer vorgeschrieben waren oder nicht; es kommt allein auf ihr Versagen oder ihre Fehlerhaftigkeit an (*Haedrich* AtG § 26 Rn. 10; *Fischerhof* Dt. AtomG § 26 Rn. 25; *Mattern/Raisch* § 26 Rn. 19f.; teilweise einengend *Fonk* Atom und Strom 3 (1957/6), 46; *Schindel,* Die Haftung für Atomschäden, 30f.). Es liegt nahe, auch organisatorische Maßnahmen, wie zB Zugangsverbote, zu den Schutzeinrichtungen zu zählen. Allerdings wäre eine solche Auslegung mit dem Wortlaut des § 26 Abs. 1 S. 2, der erkennbar auf technisch/ bauliche Maßnahmen (= Schutz*einrichtung*) abstellt, kaum vereinbar (ablehnend bereits *Fischerhof* Dt. AtomG § 26 Rn. 24).

24 **Fehler in der Beschaffenheit** der Schutzeinrichtung oder **Versagen der Schutzeinrichtung** beschreibt alle die Ereignisse, die den bestimmungsgemäßen Gebrauch der Einrichtung ohne konkretes menschliches Zutun verhindern. Es kann sich um Materialfehler oder Konstruktionsfehler oder Materialermüdungserscheinungen und Abnutzungserscheinungen handeln. Auch Einwirkungen von außen können zu einem Versagen von Schutzeinrichtungen führen, zB infolge von unverschuldeten Gebäudeschäden oder unabwendbaren Klimaeinwirkungen (auch

Haftung in anderen Fällen § 26 AtG

Fischerhof Dt. AtomG § 26 Rn. 26). Führt dagegen ein Kurzschluss zu einem Versagen, weil Mäuse eine Isolierung durchgenagt haben, so ist dieses Versagen wohl regelmäßig auf einen Mangel an Umsicht des Besitzers zurückzuführen, der die Kabel nicht mäusesicher verlegt hat. Dieses Beispiel zeigt, dass fehlende Umsicht des haftpflichtigen Besitzers und das Versagen von Schutzeinrichtungen nicht immer klar zu trennen sind.

Gemäß § 26 Abs. 1a entfällt die Entlastungsmöglichkeit nach Abs. 1 S. 2 **25** der Vorschrift, wenn Schäden durch radioaktive Stoffe verursacht werden, die bei Anwendung der internationalen Atomhaftungsübereinkommen (§§ 25 und 25a) Kernbrennstoffe, radioaktive Erzeugnisse oder Abfälle wären. Dies trifft insbesondere auf bestimmte Beförderungen zu, und das Risikopotential dieser Stoffe erfordert eine Gefährdungshaftung ohne Entlastungsmöglichkeit. In der Begründung zu diesem Absatz wird folgendes ausgeführt (BT-Drs. 14/3950, 6 f.): „Tatsächlich findet § 26 aber nicht nur Anwendung auf Fälle mit geringem Risikopotential. Die in § 26 Abs. 1 Satz 2 vorgesehene Entlastungsmöglichkeit kommt auch in Fällen zum Tragen, in denen auf Grund tatsächlich großen Risikopotentials eine solche Entlastungsmöglichkeit nicht gerechtfertigt ist. Dies betrifft vor allem Beförderungen von Kernmaterial über deutsches Gebiet, wenn weder der Ausgangsstaat noch der Zielstaat Vertragsstaaten des Pariser Übereinkommens oder des Wiener Übereinkommens sind. Das Risikopotential ist in solchen Fällen nach Art und Höhe mit dem Risikopotential der im Pariser Übereinkommen und dem Wiener Übereinkommen geregelten Fälle vergleichbar. Die Aufrechterhaltung einer Entlastungsmöglichkeit nach § 26 Abs. 1 Satz 2 ist daher unangemessen und für potentielle Geschädigte nicht zumutbar."

In den hier erfassten Fällen haftet der Besitzer ohne die in Abs. 1 S. 2 vorgesehene **26** Entlastungsmöglichkeit summenmäßig unbegrenzt nach Gefährdungshaftung wie der Inhaber einer Kernanlage nach dem Pariser Übereinkommen. Allerdings ist die Haftung nicht auf den Besitzer kanalisiert (→ PÜ Art. 6 Rn. 1 ff.); dieser kann auch auf Grund anderer Vorschriften ersatzpflichtig gemacht werden (§ 26 Abs. 7). Ebenso können andere Personen, die zur Schadensverursachung beigetragen haben, in Anspruch genommen werden (zur Kritik am engen Schadensbegriff → Rn. 12–14).

X. Haftung des Beförderers (Abs. 6)

Vom Grundsatz des § 26, dass grundsätzlich der Besitzer der Stoffe haftpflichtig **27** ist, wird bei der Beförderung abgewichen: Haftpflichtig nach den Vorschriften der Abs. 1–3 ist nicht der Beförderer, sondern gem. § 26 Abs. 6 derjenige, für den der Beförderer transportiert ohne Rücksicht darauf, wer Besitzer der Stoffe ist. Dies ist der **Absender** und dieser haftet solange, bis der Empfänger die Stoffe übernommen hat (zur Beförderung vgl. §§ 407 ff. HGB). Die Haftung des Absenders bei der Beförderung ist auch deshalb naheliegend, weil dieser für die Verpackung (§ 411 HGB) und damit für die Sicherheit des Transports in erster Linie zuständig ist (BT-Drs. 5/4071, 8; *Fischerhof* Dt. AtomG § 26 Rn. 8; *Haedrich* AtG § 26 Rn. 8; *Raetzke* in NK-AtomR § 26 Rn. 12; zur Beförderungshaftung nach dem Pariser Übereinkommen s. Art. 4 PÜ).

Pelzer

AtG § 26   Vierter Abschnitt Haftungsvorschriften

XI. Haftungsausschlüsse bei Ausübung der Heilkunde und bei Inkaufnahme der Gefahr (Abs. 4)

28   Die Haftung gem. § 26 Abs. 1–3 gilt nicht für Schäden, die Verletzte durch radioaktive Stoffe oder Anlagen zur Erzeugung ionisierender Strahlen im Verlauf einer an ihnen ordnungsgemäß ausgeübten **Heilkunde** erleiden (**§ 26 Abs. 4 Nr. 1**). Die Vorschriften der Abs. 1–3 finden ebenfalls keine Anwendung, wenn zwischen dem Besitzer und dem Verletzten ein Verhältnis besteht, auf Grund dessen der Verletzte die **Strahlengefahr in Kauf genommen** hat (**§ 26 Abs. 4 Nr. 2**). Für die Ersatzleistung gilt also nicht die modifizierte Gefährdungshaftung des § 26, sondern in diesen Fällen bestimmt sich die Haftung für Strahlenschäden nach den allgemeinen deliktischen Bestimmungen (auch *Raetzke* in NK-AtomR § 26 Rn. 19).

29   Der Ausschluss der Haftung nach den Abs. 1–3 gilt nur insoweit die Heilkunde von einem **Arzt oder Zahnarzt** gegenüber dem **Patienten** angewendet wird und bei diesem einen Schaden durch eine Strahleneinwirkung verursacht. Heilkunde umfasst sowohl die Diagnose als auch die Therapie. Werden andere Personen durch von der Heilkundeausübung herrührende Strahlen verletzt, bestimmt sich die Haftung nach § 26 Abs. 1–3. Das gilt uneingeschränkt für unbeteiligte Dritte. Wird dagegen Bedienungs- oder Pflegepersonal verletzt, ist zu prüfen, ob die Anwendung der Abs. 1–3 nicht durch Abs. 4 Nr. 2 AtG ausgeschlossen ist (→ Rn. 30, 31).

30   Der Haftungsausschluss bei Anwendung der Heilkunde erfolgt jedoch dann nicht, wenn die **Stoffe**, die **Anlagen** zur Erzeugung ionisierender Strahlen oder die notwendigen **Messgeräte** nicht „nach den Regelungen einer Rechtsverordnung" den **Anforderungen des Medizinproduktegesetzes** (idF der Bekanntmachung vom 7.8.2002 (BGBl. I 3146) idF der letzten Änderung vom 18.7.2017 (BGBl. I 2757)) entsprechen. Fehlen solche Regelungen, muss der **jeweilige Stand von Wissenschaft und Technik** berücksichtigt worden sein, und der Schaden darf auch nicht auf **fehlende oder unzureichende Wartung** der Stoffe, der Anlagen zur Erzeugung ionisierender Strahlung oder der Messgeräte zurückzuführen sein (§ 26 Abs. 4 Nr. 1). Insoweit ist die Vorschrift § 26 Abs. 1 letzter Satz nachgebildet (→ Rn. 21–23).

31   Die Vorschriften der Abs. 1–3 gelten auch dann nicht, wenn der Verletzte auf Grund eines Rechtsverhältnisses mit dem Besitzer die von dem Stoff oder der Anlage ausgehende **Gefahr in Kauf genommen** hat. Der Begriff „Gefahr in Kauf nehmen" ist ähnlich wie der verwandte Begriff „Handeln auf eigene Gefahr" ein „ungesetzlicher Begriff", der „in Voraussetzungen und Folgen unbestimmt und schillernd ist" (*Deutsch,* Unerlaubte Handlungen und Schadensersatz, 1987, 89). Der Gesetzgeber hat ihn in § 26 Abs. 4 Nr. 2 dadurch präzisiert, dass derjenige, der die Strahlengefahr in Kauf genommen hat, die Gefahr auf Grund eines Rechtsverhältnisses mit dem Besitzer „freiwillig und in Kenntnis der Gefahrenlage" (*Haedrich* AtG § 26 Rn. 15) in Kauf genommen hat. „Im übrigen ist die Frage, ob die Gefahr in Kauf genommen worden ist, auf Grund näherer Untersuchung der Grundlagen des Rechtsverhältnisses zu beantworten" (BT-Drs. 3/759, 37). Damit scheidet der „ungeladene Besucher" der Strahlenquelle von vornherein aus. Es muss ein wie immer gestaltetes Rechtsverhältnis zu dem haftpflichtigen Besitzer bestehen (dazu *Mattern/Raisch* § 26 Rn. 31; *Fischerhof* Dt. AtomG § 26 Rn. 29 ff.). In Rn. 30 schließt *Fischerhof* allerdings „ein normales Arbeitsverhältnis, das Dienstleistungen im Umgang mit radioaktiven Stoffen zum Gegenstand hat", als Rechtsverhältnis iSd Abs. 4 Nr. 2 ausdrücklich aus, da dieses Arbeitsverhältnis eine Einwilligung in Rechtsgutverletzungen nicht einschließe und Schadensersatzansprüche sich im Regelfall nicht nach dem Atomgesetz, sondern nach der RVO regelten, so dass insofern „eine Art gesetzlicher Haftungsausschluss" vorliege (→ Rn. 31). In Betracht kommen aber zB Vertreter der Aufsichtsbehörden, auf Grund eines Werkvertrags für den Besitzer tätige Personen und sonstige mit Zustimmung des Besitzers im Gefahrenbereich des Stoffes oder der Anlage sich aufhaltende Personen.

Grundsätzlich gehören auch die **Arbeitnehmer** des Besitzers zu diesem Personenkreis. Jedoch ist hier jeweils zu prüfen, ob nicht Vorschriften des Arbeitsrechts die Haftungsvorschriften des Atomgesetzes verdrängen (vgl. zB § 104 SGB VII für Personenschäden, § 1 mit Anlage 1 Nr. 2402 ‚Erkrankungen durch ionisierende Strahlen' der Berufskrankheiten-Verordnung vom 31.10.1997 (BGBl. I 2623) idF der letzten Änderung vom 10.7.2017 (BGBl. I 2299)). Im Übrigen kann das Ausmaß der Gefahr, der Arbeitnehmer ausgesetzt sind, durch die Beurteilung des Arbeitgebers zur Gefährdung auf Grund des § 5 ArbSchG (Arbeitsschutzgesetz vom 7.8.1996 (BGBl. I 1246) idF v. 31.8.2015 (BGBl. I 1474)) näher bestimmt werden (zur Stellung der Arbeitnehmer im System des Pariser Übereinkommens → PÜ Art. 6 Rn. 23 ff.). 32

XII. Medizinische Forschung am Menschen (Abs. 5)

Bei der Anwendung von radioaktiven Stoffen oder ionisierender Strahlen am Menschen in der **medizinischen Forschung** schließt § 26 Abs. 5 sowohl den **Entlastungsbeweis** nach § 26 Abs. 1 S. 2 als auch den Ausschluss der Haftung nach § 26 Abs. 1–3 wegen **Inkaufnahme der Gefahr aus.** In diesen Fällen gilt „wegen des erhöhten Risikos[…] die absolute Gefährdungshaftung des Absatzes 1 Satz 1" (*Haedrich* AtG § 26 Rn. 17). Die Vorschrift statuiert überdies eine Umkehrung der Beweislast: Bestreitet der Besitzer des radioaktiven Stoffes oder der Anlage zur Erzeugung ionisierender Strahlen den Kausalzusammenhang zwischen der Anwendung der Stoffe oder der ionisierenden Strahlen und dem Schaden, so muss er beweisen, „dass nach dem Stand der medizinischen Wissenschaft keine hinreichende Wahrscheinlichkeit eines ursächlichen Zusammenhangs besteht." Er muss also nicht die Nichtursächlichkeit beweisen, sondern nur, dass es an der hinreichenden Wahrscheinlichkeit eines Ursachenzusammenhangs fehlt. Absatz 5 wurde durch Gesetz vom 30.8.1976 (BGBl. I 2573) als Abs. 4a in die Vorschrift eingefügt (zur parlamentarischen Vorgeschichte BT-Drs. 7/5293, 7/5294, 7/4911, 7/4954; zu den verwaltungsrechtlichen Voraussetzungen medizinischer Forschung an Menschen s. §§ 31 ff. StrlSchG, §§ 119, 133, 195 StrlSchV; zu den Genehmigungsvoraussetzungen zählt auch die Bereitstellung einer Deckungsvorsorge (§§ 31 Abs. 4 Nr. 7, 32 Abs. 3, 35 StrlSchG); zur Strahlenforschung am Menschen s. den Kurzüberblick bei *Herrmann* in Lenk/Duttge/Fangerau, Handbuch Ethik und Recht der Forschung am Menschen, 2014, 27 ff.). 33

§ 27 Mitwirkendes Verschulden des Verletzten

Hat bei Entstehung des Schadens ein Verschulden des Verletzten mitgewirkt, so gilt § 254 des Bürgerlichen Gesetzbuchs; bei Beschädigung einer Sache steht das Verschulden desjenigen, der die tatsächliche Gewalt über sie ausübt, dem Verschulden des Verletzten gleich.

[künftige Fassung: ¹Hat bei Entstehung des nuklearen Schadens Vorsatz oder grobe Fahrlässigkeit des Verletzten mitgewirkt, so gilt § 254 des Bürgerlichen Gesetzbuchs entsprechend. ²Bei Beschädigung einer Sache steht Vorsatz oder grobe Fahrlässigkeit desjenigen, der die tatsächliche Gewalt über sie ausübt, Vorsatz oder grober Fahrlässigkeit des Verletzten gleich.]

[Der in kursiv gedruckte Text enthält die Fassung des noch nicht in Kraft getretenen Gesetzes vom 29. 8. 2008 (BGBl. I 1793).]

Literatur: *Deutsch/Ahrens*, Deliktsrecht, 5. Aufl. 2009; *Fuchs/Pauker/Baumgärtner*, Delikts- und Schadensersatzrecht, 9. Aufl. 2017; *Oetker* in Münchener Kommentar zum Bürgerlichen Gesetzbuch: BGB, Band 2: Schuldrecht Allgemeiner Teil I (§§ 241–310), 8. Aufl. 2019, § 254 Rn. 1 ff.; *Grüneberg* in Palandt BGB, 76. Aufl. 2017, § 254 Rn. 1 ff.

I. Grundsatz der Mitverschuldensregelung

1   § 27 AtG erklärt, ebenso wie § 9 StVG (vgl. BT-Drs. 3/759, 37) für den Anwendungsbereich des Straßenverkehrs, die Mitverschuldensregelung des **§ 254 BGB** auch für die **Gefährdungshaftungstatbestände** des Atomgesetzes für anwendbar. Nach *Fischerhof* Dt. AtomG S. 634 hatte die 1. Satzhälfte der Vorschrift nur klarstellende Bedeutung, da die Anwendung des § 254 BGB ohnehin anerkannt sei (mit Nachweisen aaO). Insoweit könne also zur Erläuterung des § 27 auch auf die Rechtsprechung und Literatur zu § 254 BGB verwiesen werden. Durch die Neufassung des § 27 durch das Gesetz zur Änderung haftungsrechtlicher Vorschriften des Atomgesetzes und zur Änderung sonstiger Rechtsvorschriften vom 29. 8. 2008 (BGBl. I 1793) hat sich an dieser Bewertung zwar im Grundsatz nichts geändert, aber die Neufassung hat gleichwohl den Anwendungsbereich der Vorschrift und ihre Rechtsfolgen wesentlich verändert.

2   Die bisherige Fassung des § 27 verwies einschränkungslos auf den § 254 BGB und damit zugleich auf das deutsche Zivilrecht: an diesem Maßstab war das Mitverschulden des Verletzten zu messen. Das war mit dem Pariser Übereinkommen vereinbar, da dieses keine vergleichbare Mitverschuldensregelung enthielt. Das Protokoll 2004 zum Pariser Übereinkommen hat jedoch durch den neuen **Art. 6 Abs. (e) PÜ** eine Mitverschuldensregelung als Kann-Vorschrift in das Übereinkommen eingefügt (→ PÜ Art. 6 Rn. 18). Da die Bundesregierung die Übernahme dieser Bestimmung „für erforderlich" hält (BT-Drs. 16/9077, 17), hat der Gesetzgeber diese Qualifikationsmerkmale zutreffend mit den Begriffen „Vorsatz oder grobe Fahrlässigkeit" übernommen: Das Wort „Schädigungsabsicht" meint „Schädigungsvorsatz" (→ PÜ Art. 6 Rn. 11). § 254 BGB gilt somit nunmehr nur mit der Maßgabe, dass bei dem Entstehen des Schadens **Vorsatz** oder **grobe Fahrlässigkeit** des Verletzten mitgewirkt hat (vgl. BT-Drs. 16/9077, 17).

II. Die Mitverschuldensregelung im Einzelnen

§ 254 BGB schreibt eine Abwägung nach dem Grad der von dem Geschädigten 3
gesetzten **Verursachungs- und Verschuldenskomponente** vor (*Mattern/Raisch*
AtG § 27 Rn. 1). Zum mitwirkenden Verschulden des Geschädigten gem. Abs. 1
zählt § 254 BGB zwei weitere Alternativen: Den Verstoß gegen eine Warnobliegenheit (Abs. 2 S. 1 Alt. 1) und die unterlassene Schadensabwendung oder -minderung
(Abs. 2 S. 1 Alt. 2; hierzu Überblick insbesondere bei *Fuchs/Pauker/Baumgärtner*,
Delikts- und Schadensersatzrecht, 455 ff.). Ein Mitverschulden des Verletzten ist
allerdings nur dann relevant, wenn es für den eingetretenen Schaden **adäquat ursächlich** geworden ist (statt vieler BGHZ 3, 46 = BeckRS 1951, 31385941; *Fuchs/
Pauker/Baumgärtner*, Delikts- und Schadensersatzrecht, 458; *Grüneberg* in Palandt
BGB, 76. Aufl. 2017, § 254 Rn. 12). Damit fließt die Ursächlichkeit ebenso wie das
Verschulden in die Abwägung gem. § 254 BGB ein (→ Rn. 3).

§ 27 AtG iVm § 254 BGB verlangen ein qualifiziertes Verschulden, nämlich Vor- 4
satz oder grobe Fahrlässigkeit des Verletzten (→ Rn. 2). Allerdings darf dieses Verschulden nicht ohne weiteres oder vollständig mit dem **Verschulden iSd § 276
BGB** gleichgesetzt werden, „da der Geschädigte Gläubiger des Schadensersatzanspruchs ist und § 276 das Verschulden eines Schuldners regelt." Es gebe keine
Rechtspflicht, sich nicht selbst zu schädigen, und deshalb komme der Geschädigte
als Schuldner iSd § 276 BGB nicht in Betracht; der Geschädigte sei auch nicht
rechtlich verpflichtet, dem Schädiger gegenüber den Schaden abzuwenden. Deshalb hänge die Anwendung des § 254 nicht davon ab, dass der Geschädigte eine
Rechtspflicht verletzt hat. Das Verschulden iSd § 254 bestehe daher in einem „Verschulden gegen sich selbst", dh in (Anmerkung d. Verf.: im Rahmen der Anwendung des § 27: vorsätzlicher oder grobfahrlässiger) Außerachtlassung eigener Interessen. Bei dem Gebot an den Gläubiger, die eigenen Interessen zu wahren, handele
es sich um eine nicht einklagbare Obliegenheit. Werde diese nicht beachtet, müsse
der Geschädigte den Rechtsnachteil in Kauf nehmen, keinen vollständigen Schadensersatz zu erlangen (so mNachw *Oetker* in MüKoBGB § 254 Rn. 3; auch:
Deutsch/Ahrens, Deliktsrecht, 73 ff.; *Fuchs/Pauker/Baumgärtner*, Delikts- und Schadensersatzrecht, 453 ff.). Demgegenüber stellt die hM darauf ab, dass § 254 BGB
ein Sonderfall des Verbots des venire contra factum proprium (§ 242 BGB) sei (zB
BGH NJW 1997, 2234 (2235); *Grüneberg* in Palandt BGB, 76. Aufl. 2017, § 254
Rn. 1 ff.). Die unterschiedlichen Begründungen führen indessen nicht zu unterschiedlichen Ergebnissen, so dass die Streitfrage hier belanglos ist.

Mitverschulden liegt auch dann vor, wenn der Geschädigte **Warnobliegenhei-** 5
ten verletzt. Wenn beispielsweise ein Unternehmer in einem Anhörungsverfahren
für den Bau einer Kernanlage in der Nachbarschaft vorsätzlich oder grob fahrlässig
verschweigt, dass er besonders empfindliche Filme produziert, wäre es ein Fall des
Mitverschuldens, wenn später die Filme durch die Umgebungsstrahlung der Kernanlage unbrauchbar gemacht würden.

Das vorsätzliche oder grob fahrlässige Unterlassen von **Schadensabwendungs-** 6
und -unterlassungsmaßnahmen durch den Geschädigten führt ebenfalls zur
Anwendung des § 254 BGB. Ein solcher Fall läge etwa vor, wenn in dem in
→ Rn. 5 aufgeführten Beispiel die Unbrauchbarmachung der Filme durch eine zumutbare Verlagerung der Produktion in einen anderen Gebäudeteil hätte vermieden werden können.

7 Einem Verschulden des Verletzten ist gleichgestellt eine von diesem zu vertretende **Betriebsgefahr**, unabhängig davon, ob Gefährdungs- oder Verschuldenshaftung anwendbar ist (mit Nachw. der älteren Rechtsprechung und Literatur *Haedrich* AtG S. 509; ausführlich nach neuestem Stand *Oetker* in MüKoBGB § 254 Rn. 5 ff.; *Grüneberg* in Palandt BGB, 76. Aufl. 2017, § 254 Rn. 10).

8 § 27 S. 2 AtG erweitert die Haftung gegenüber § 254 BGB dadurch, dass bei Beschädigung einer Sache auch der Vorsatz und die grobe Fahrlässigkeit desjenigen zugerechnet wird, der die **tatsächliche Gewalt über die geschädigte Sache** ausübt. Das OLG Karlsruhe hat in seinem Urteil vom 2.12.2013 – 1 U 74/13, NJW 2014, 1392 Rn. 37 unter Berufung auf BGHZ 173, 182 (186) = NJW 2007, 3120 und BGH NJW 2013, 3235 in Hinblick auf § 9 StVG ausgeführt, dass diese Erweiterung dem Ausgleich für die schärfere Gefährdungshaftung des Schädigers gegenüber der Verschuldenshaftung nach dem allgemeinen Deliktsrecht diene. Ob diese Erwägungen auch für die atomrechtliche Gefährdungshaftung zutreffen, ist wegen des besonders hohen Risikos der Kernenergienutzung fraglich. Ein „Ausgleich" für die schärfere Gefährdungshaftung ist hier nicht geboten oder vielleicht sogar verfehlt.

III. Anwendungsbereich der Vorschrift

9 § 27 aF sollte grundsätzlich für alle Haftungstatbestände des Atomgesetzes gelten, also für die Haftung nach den §§ 25, 25a und 26 (*Fischerhof* Dt. AtomG § 27 Rn. 3). Die Neufassung der Vorschrift beschränkt ihren Anwendungsbereich auf die **Haftung nach dem Pariser Übereinkommen** (BT-Drs. 16/9077, 17). Dem Wortlaut des § 27 ist diese Auslegung nicht sofort zu entnehmen. Sie folgt aber daraus, dass Anwendungsvoraussetzung die „Entstehung eines nuklearen Schadens" ist. Der Begriff „nuklearer Schaden" entstammt dem Pariser Übereinkommen (Art. 1 Abs. (a) (vii) PÜ). Mit der Verwendung dieses Begriffs wird zugleich auch der Anwendungsbereich der Vorschrift auf den Umfang der Bestimmung „nuklearer Schaden" begrenzt.

IV. Isotopenhaftung

10 § 27 gilt nicht für eine Schadensverursachung, auf die **§ 26** anzuwenden ist. Das folgt aus der ausdrücklichen Bezugnahme auf den Begriff „nuklearer Schaden", der dem Pariser Übereinkommen entnommen ist und somit auf § 25 verweist. Für § 26 gilt die allgemeine Mitverursachungsregelung des BGB.

V. Reaktorschiffe

11 Das gem. § 25a für die Haftung für Reaktorschiffe anwendbare **Brüsseler Reaktorschiff-Übereinkommen (BRÜ)** sieht in Art. II Abs. 5 die folgende Mitverschuldensregelung vor: „If the operator proves that the nuclear damage resulted wholly or partially from an act or omission done with intent to cause damage by the individual who suffered the damage, the competent court may exonerate the operator wholly or partially from his liability to such individual." (s. auch die Übersetzung in BGBl. 1975 II 977). Mitverschulden wird also lediglich bei Vorsatz des Verletzten angenommen.

VI. Abwägungskriterien

Bei den Mitverschuldensregelungen des § 27 AtG, des § 254 BGB und der 12 Atomhaftungsübereinkommen sind bei der Abwägung der jeweils den Beteiligten anzurechnenden Anteile je nach den **Umständen des Einzelfalles** zunächst das Maß der beiderseitigen Verursachung und dann das Maß des beiderseitigen Verschuldens zu berücksichtigen (*Haedrich* AtG § 27 Rn. 7). Trifft den Geschädigten ein Mitverschulden oder ist ihm eine Mitverursachung zuzurechnen, hängt der Umfang der Schadensersatzpflicht von den Umständen des Einzelfalles ab. Bei der Bewertung der Umstände des Einzelfalles ist auch auf Rechtsprechung und Schrifttum zu § 254 BGB zurückzugreifen (Kurzüberblick mit Nachweisen bei *Grüneberg* in Palandt BGB, 76. Aufl. 2017, § 254 Rn. 57 ff.).

Stehen dem Geschädigten **mehrere Schädiger** gegenüber, so ist die Mitverantwortung des Geschädigten grundsätzlich gegenüber jedem gesondert zu bewerten 13 (zB BGHZ 30, 203 (205) = NJW 1959, 1772; *Oetker* in MüKoBGB § 254 Rn. 119 ff. mwN). Dagegen gibt es bei einer **Mehrheit von Geschädigten** keine Gesamtschau, die zu einer Begrenzung der Ersatzpflicht führt (*Oetker* in MüKoBGB § 254 Rn. 124).

§ 28 Umfang des Schadensersatzes bei Tötung

(1) ¹Im Falle der Tötung ist der Schadensersatz durch Ersatz der Kosten einer versuchten Heilung sowie des Vermögensnachteils zu leisten, den der Getötete dadurch erlitten hat, daß während der Krankheit seine Erwerbsfähigkeit aufgehoben oder gemindert, eine Vermehrung seiner Bedürfnisse eingetreten oder sein Fortkommen erschwert war. ²Der Ersatzpflichtige hat außerdem die Kosten der Beerdigung demjenigen zu ersetzen, dem die Verpflichtung obliegt, diese Kosten zu tragen.

(2) ¹Stand der Getötete zur Zeit der Verletzung zu einem Dritten in einem Verhältnis, vermöge dessen er diesem gegenüber kraft Gesetzes unterhaltspflichtig war oder unterhaltspflichtig werden konnte, und ist dem Dritten infolge der Tötung das Recht auf Unterhalt entzogen, so hat der Ersatzpflichtige dem Dritten insoweit Schadensersatz zu leisten, als der Getötete während der mutmaßlichen Dauer seines Lebens zur Gewährung des Unterhalts verpflichtet gewesen wäre. ²Die Ersatzpflicht tritt auch dann ein, wenn der Dritte zur Zeit der Verletzung erzeugt, aber noch nicht geboren war.

(3) ¹Der Ersatzpflichtige hat dem Hinterbliebenen, der zur Zeit der Verletzung zu dem Getöteten in einem besonderen persönlichen Näheverhältnis stand, für das dem Hinterbliebenen zugefügte seelische Leid eine angemessene Entschädigung in Geld zu leisten. ²Ein besonderes persönliches Näheverhältnis wird vermutet, wenn der Hinterbliebene der Ehegatte, der Lebenspartner, ein Elternteil oder ein Kind des Getöteten war.

§ 29 Umfang des Schadensersatzes bei Körperverletzung

(1) Im Falle der Verletzung des Körpers oder der Gesundheit ist der Schadensersatz durch Ersatz der Kosten der Heilung sowie des Vermögensnachteils zu leisten, den der Verletzte dadurch erleidet, daß infolge der Verletzung zeitweise oder dauernd seine Erwerbsfähigkeit aufgehoben oder gemindert, eine Vermehrung seiner Bedürfnisse eingetreten oder sein Fortkommen erschwert ist.

(2) Wegen des Schadens, der nicht Vermögensschaden ist, kann auch eine billige Entschädigung in Geld gefordert werden.

§ 30 Geldrente

(1) Der Schadensersatz wegen Aufhebung oder Minderung der Erwerbsfähigkeit, wegen Vermehrung der Bedürfnisse oder wegen Erschwerung des Fortkommens des Verletzten sowie der nach § 28 Abs. 2 einem Dritten zu gewährende Schadensersatz ist für die Zukunft durch Entrichtung einer Geldrente zu leisten.

(2) Die Vorschriften des § 843 Abs. 2 bis 4 des Bürgerlichen Gesetzbuchs finden entsprechende Anwendung.

(3) Ist bei der Verurteilung des Verpflichteten zur Entrichtung einer Geldrente nicht auf Sicherheitsleistung erkannt worden, so kann der Berechtigte gleichwohl Sicherheitsleistung verlangen, wenn die Vermögensverhältnisse des Verpflichteten sich erheblich verschlechtert haben; unter der gleichen Voraussetzung kann er eine Erhöhung der in dem Urteil bestimmten Sicherheit verlangen.

Literatur: *Hoog*, Die Konvention über die Haftung der Inhaber von Atomschiffen vom 23. Mai 1962, 1970; *Palandt*, Bürgerliches Gesetzbuch, 76. Aufl. 2017.

I. Allgemeines

1 Die §§ 28–30 AtG hat der Gesetzgeber von 1959 den damals geltenden Fassungen der §§ 10, 11 und 13 des **Straßenverkehrsgesetzes** nachgebildet (BT-Drs. 3/759, 37). Diese lehnen sich wiederum an die **§§ 842–845 BGB** an. Von grundsätzlicher Bedeutung für die Schadensersatzleistung sind ferner die **§§ 249 ff. BGB**. Für die Auslegung der atomgesetzlichen Bestimmungen ist daher auch auf Rechtsprechung und Schrifttum zu diesen Vorschriften zurückzugreifen (hierzu bereits *Fischerhof* Dt. AtomG §§ 28–30 Rn. 1). Allerdings muss „die besondere Natur der Atomschäden" (*Haedrich* AtG §§ 28–30 Rn. 4) berücksichtigt werden. Dabei ist insbesondere ein sachgerechter Ausgleich zwischen dem hohen Schadenspotential nuklearer Ereignisse einerseits und den naturgemäß beschränkten Deckungsmitteln andererseits zu finden.

2 Die §§ 28–30 gelten grundsätzlich für **alle Haftungstatbestände des Vierten Abschnitts** des Atomgesetzes. Jedoch ist zu beachten, dass in den Fällen, in denen das Pariser Übereinkommen (§ 25) oder das Brüsseler Reaktorschiff-Übereinkommen (§ 25a) anwendbar ist, die Sonderregeln dieser Übereinkommen möglicher-

weise die §§ 28–30 verdrängen. Uneingeschränkt gelten die §§ 28–30 somit nur für die Fälle, bei denen eine Haftung nach § 26 in Betracht kommt.

Gemäß Art. 11 PÜ bestimmen sich „Art, Form und Umfang des Schadensersatzes sowie dessen gerechte Verteilung" „innerhalb der Grenzen dieses Übereinkommens nach dem innerstaatlichen Recht". Der Begriff „innerstaatliches Recht" ist in Art. 14 Abs. (b) PÜ definiert (→ PÜ Art. 11 Rn. 1 und → PÜ Art. 14 Rn. 3 ff.). Das Übereinkommen räumt somit dem innerstaatlichen Recht für die Ausgestaltung des Umfangs des Schadensersatzes einen **weiten Spielraum** ein. Dieser Spielraum wird allerdings durch die „Grenzen" des Pariser Übereinkommens begrenzt. Eine solche Grenze für das innerstaatliche Recht ist immer dann gegeben, wenn der in Art. 1 Abs. (a) (vii) PÜ definierte Schadensbegriff des Übereinkommens (→ PÜ Art. 1 Rn. 32 ff.) den in den §§ 28–30 bezeichneten Umfang des Schadensersatzes nicht umfasst. 3

Für das **Brüsseler Reaktorschiff-Übereinkommen** gilt Entsprechendes. Auch dieses Übereinkommen überlässt die Regelung des Umfangs der Ersatzleistung weitgehend der nationalen Gesetzgebung der Vertragsstaaten (Art. XI, XII BRÜ; dazu *Hoog,* Die Konvention über die Haftung der Inhaber von Atomschiffen vom 23. Mai 1962, 99 ff., 186), und der Konflikt mit dem Schadensbegriff (Art. I Nr. 7 BRÜ; dazu *Hoog,* Die Konvention über die Haftung der Inhaber von Atomschiffen vom 23. Mai 1962, 36 ff.) begrenzt die nationale Verfügungsgewalt. Da dieses Übereinkommen jedoch nie völkerrechtlich in Kraft getreten ist, wurde sein Inhalt in § 25a als nationales Recht normiert. 4

II. Umfang des Schadensersatzes bei Tötung (§ 28)

Der den **Umfang des Schadensersatzes bei Tötung** regelnde § 28 enthält in seinen Abs. 1 und 2 Bestimmungen, die den Umfang des Ersatzes in dem Rahmen beschreiben, der auch generell im Schadensersatzrecht zugrunde gelegt wird (zB §§ 844, 845 BGB). Auf das allgemeine deliktsrechtliche Schrifttum und die einschlägige Rechtsprechung kann verwiesen werden. Es bestehen insoweit auch keine Konflikte mit dem Pariser Übereinkommen und mit dem Brüsseler Reaktorschiff-Übereinkommen. Der Begriff „nuklearer Schaden" umfasst in beiden Übereinkommen die Tötung eines Menschen (Art. 1 Abs. (a) (vii)(1) PÜ, Art. I Nr. 7 BRÜ). 5

Neu ist Abs. 3, der durch Gesetz vom 17.7.2017 (BGBl. I 2421) in das Atomgesetz eingefügt wurde. Durch den **Anspruch auf Hinterbliebenengeld** soll „Hinterbliebenen, die in einem besonderen persönlichen Näheverhältnis zum Getöteten standen, nun ein Anspruch gegen den Verantwortlichen auf angemessene Entschädigung in Geld für das zugefügte seelische Leid eingeräumt werden" (BT-Drs. 18/11397, 8). 6

Der Hinterbliebene muss **keine eigene Gesundheitsbeschädigung** nachweisen, als deren Folge er den Hinterbliebenengeldanspruch geltend machen könnte („Schockschaden", zB BGHZ 56, 163 = NJW 1971, 1883; BGH NJW 2012, 1730), sondern Hinterbliebene können „im Sinne einer Anerkennung ihres seelischen Leids wegen der Tötung eines ihnen besonders nahestehenden Menschen von dem hierfür Verantwortlichen eine Entschädigung verlangen" (BT-Drs. 18/11397, 1). Der Anspruch wird also einem nur mittelbar Geschädigten, nämlich dem Hinterbliebenen des Getöteten eingeräumt. Das ist eine Ausnahme von dem Grundsatz, dass nur der in seinem Rechtsgut selbst Verletzte einen Schadensersatz- 7

AtG §§ 28–30   Vierter Abschnitt Haftungsvorschriften

anspruch hat; der Anspruch ist also eng auszulegen (*Sprau* in Palandt BGB, 76. Aufl. 2017, § 844 Rn. 1).

8   Soweit der Hinterbliebenenanspruch auf einem Ereignis beruht, für das eine Haftung gem. § 26 in Betracht kommt, ist der Anspruch unproblematisch, denn § 26 ist eine nationale Vorschrift, und der deutsche Gesetzgeber ist frei, die Vorschriften zu erlassen, die er für geboten hält. In den Fällen einer **Haftung nach den §§ 25 und 25a** ist dagegen zu prüfen, ob der Anspruch mit dem in diesen Instrumenten definierten Schadensbegriff vereinbar ist. Beide Übereinkommen würden einen Hinterbliebenenanspruch auf der Grundlage der „Schockschadenrechtsprechung" (→ Rn. 7) erlauben. Ob das auch für den Hinterbliebenengeldanspruch gem. § 28 Abs. 3 im Verhältnis zum Pariser Übereinkommen 2004 gilt, muss dagegen bezweifelt werden. Das Pariser Übereinkommen zählt die zum Ersatz verpflichtenden Arten des nuklearen Schadens in Art. 1 Abs. (a) (vii) PÜ abschließend auf. Der Hinterbliebenengeldanspruch als Anspruch eines mittelbar Geschädigten findet sich dort nicht. Er kann auch nicht über Art. 11 PÜ als nationale Umsetzungsmaßnahme – wie das Schmerzensgeld als Folge einer Körperverletzung – hineininterpretiert werden. Das würde nämlich voraussetzen, dass der Anspruch nach dem Übereinkommen begründet wäre. Aber das ist gerade nicht der Fall. Der Gesetzgeber war sich der Problematik des neuen Anspruchs, möglicherweise aus anderen Gründen (Erhöhung der Anspruchsberechtigten durch § 28 Abs. 3; vgl. BT-Drs. 18/11397, 16), offenbar bewusst. Er versucht, sie elegant zu lösen: Gemäß § 15 Abs. 3 darf „die Deckungsvorsorge […] zur Erfüllung von Ansprüchen nach § 28 Absatz 3 nur herangezogen werden, wenn dadurch nicht die Deckung der Ersatzansprüche sonstiger Geschädigter beeinträchtigt wird." § 15 regelt die Rangfolge der Deckungsvorsorge für die Fälle, in denen das Pariser Übereinkommen anzuwenden ist. Dieses schreibt jedoch in seinem Art. 10 Abs. (e) PÜ vor, dass die Deckungsvorsorge ausschließlich zur Deckung von Ansprüchen auf Grund des Übereinkommens genutzt werden darf. Da der Hinterbliebenenanspruch ein solcher Anspruch nicht ist, wird er von der Deckungsvorsorge nicht erfasst. Der Inhaber hat für den Hinterbliebenenanspruch keine Deckung und § 15 Abs. 3 läuft insoweit leer.

III. Umfang des Schadensersatzes bei Körperverletzung (§ 29)

9   **§ 29 Abs. 1** ist identisch mit dem Wortlaut des § 11 StVG, auf den die Begründung des Gesetzentwurfs ausdrücklich Bezug nimmt (BT-Drs. 3/759, 37). Unter Berücksichtigung der Besonderheiten von nuklearen Schäden kann auf Rechtsprechung und Schrifttum zu § 11 StVG Bezug genommen werden. Die Gesetzesbegründung weist ausdrücklich darauf hin, dass bei Anwendung der vom BGH im Lues-Fall entwickelten Grundsätze (BGHZ 8, 243 = NJW 1953, 417) zu den Körperschäden auch genetische Spätschäden als Folgen der Einwirkung radioaktiver Strahlen gehören können. Begrenzt würden solche Schäden allerdings in jedem Fall durch die 30-jährige Verjährungsfrist gem. § 32. **§ 29 Abs. 2** begründet einen **Schmerzensgeldanspruch** des Beschädigten, der in der ursprünglichen Fassung des Atomgesetzes noch nicht enthalten war, sondern durch Gesetz vom 19.7.2002 (BGBl. I 2674) eingefügt wurde (zur Begründung des Schmerzensgeldanspruchs BT-Drs. 14/7752, 14 ff. und 43 f.). Die Zuerkennung von Schmerzensgeld ist somit

nunmehr auch im Rahmen der atomrechtlichen Gefährdungshaftung möglich (vgl. dazu auch *Schmans* in PSM S. 247 f. (Rn. 350)).

IV. Geldrente (§ 30)

Als **Geldrente** ist gem. § 30 Abs. 1 der Schadensersatz zu leisten, wenn der Schaden verursacht wurde durch Aufhebung oder Minderung der Erwerbsfähigkeit, durch Vermehrung der Bedürfnisse oder durch Erschwerung des Fortkommens des Verletzten oder durch nach § 28 Abs. 2 einem Dritten zu gewährenden Schadensersatz (für die Tatbestandsmerkmale „Aufhebung oder Minderung der Erwerbstätigkeit" sowie „Vermehrung der Bedürfnisse" s. Rechtsprechung und Schrifttum zu § 843 Abs. 1 BGB, zB *Sprau* in Palandt BGB, 76. Aufl. 2017, § 843 Rn. 2, 3; umfassend *Wagner* in MüKoBGB zu §§ 843, 844). Die Geldrente ist **für die Zukunft** zu entrichten. Das bedeutet „eine Zweiteilung des zu leistenden Schadensersatzes [...]: ‚die für die Zukunft' zu entrichtende Geldrente und der Schadensersatz, der für den Zeitraum von der Verletzung bis zum Beginn des Rentenanspruchs [...] zu leisten sei" (*Fischerhof* Dt. AtomG §§ 28–30 Rn. 13). Die Geldrente ist somit ihrer Natur nach Schadensersatz und kein Unterhalt; die für die Unterhaltsrente geltenden Vorschriften sind nicht anwendbar (BGH NJW 1974, 1373; *Sprau* in Palandt BGB, 76. Aufl. 2017, § 843 Rn. 4 und § 844 Rn. 8). 10

§ 31 Haftungshöchstgrenzen

(1) ¹Die Haftung des Inhabers einer Kernanlage nach dem Pariser Übereinkommen in Verbindung mit § 25 Abs. 1, 2 und 4 sowie nach dem Pariser Übereinkommen und dem Gemeinsamen Protokoll in Verbindung mit § 25 Abs. 1, 2 und 4 ist summenmäßig unbegrenzt. ²In den Fällen des § 25 Abs. 3 wird die Haftung des Inhabers auf den Höchstbetrag der staatlichen Freistellungsverpflichtung begrenzt.

(2) ¹Tritt der Schaden in einem anderen Staat ein, so findet Absatz 1 nur dann und insoweit Anwendung, als der andere Staat zum Zeitpunkt des nuklearen Ereignisses im Verhältnis zur Bundesrepublik Deutschland eine dem Absatz 1 nach Art, Ausmaß und Höhe gleichwertige Regelung sichergestellt hat. ²Im Übrigen ist bei Schäden in einem anderen Staat die Haftung des Inhabers einer Kernanlage auf den Betrag begrenzt, den der andere Staat im Zeitpunkt des nuklearen Ereignisses unter Einbeziehung einer zusätzlichen Entschädigung auf Grund internationaler Übereinkommen für den Ersatz von Schäden infolge nuklearer Ereignisse im Verhältnis zur Bundesrepublik Deutschland vorsieht. ³Im Verhältnis zu Staaten, auf deren Hoheitsgebiet sich keine Kernanlagen befinden, ist die Haftung des Inhabers einer Kernanlage auf den Höchstbetrag nach dem Brüsseler Zusatzübereinkommen beschränkt.

[künftige Fassung: (2) ¹Tritt der nukleare Schaden im Hoheitsgebiet oder in den völkerrechtlich festgelegten Meereszonen eines anderen Staates ein, so ist Absatz 1 nur dann und insoweit anzuwenden, als der andere Staat zum Zeitpunkt des nuklearen Ereignisses im Verhältnis zur Bundesrepublik Deutschland eine Regelung sichergestellt hat, die dem Absatz 1 nach Art, Ausmaß und Höhe gleichwertig ist. ²Im Üb-

rigen ist bei einem nuklearen Schaden im Hoheitsgebiet oder in den völkerrechtlich festgelegten Meereszonen eines anderen Staates die Haftung des Inhabers einer Kernanlage auf den Betrag begrenzt, den der andere Staat zum Zeitpunkt des nuklearen Ereignisses unter Einbeziehung einer zusätzlichen Entschädigung auf Grund internationaler Übereinkommen für den Ersatz von nuklearem Schaden infolge eines nuklearen Ereignisses im Verhältnis zur Bundesrepublik Deutschland vorsieht. ³Die Sätze 1 und 2 gelten auch für nuklearen Schaden, der an Bord eines Schiffes oder Luftfahrzeugs, das von einem anderen Staat registriert wurde, entsteht, soweit sich das Schiff oder das Luftfahrzeug auf oder über der Hohen See außerhalb von Hoheitsgebieten oder völkerrechtlich festgelegten Meereszonen von Staaten befindet. ⁴Die Sätze 1 bis 3 sind nicht auf Staaten anzuwenden, die zum Zeitpunkt des nuklearen Ereignisses in ihrem Hoheitsgebiet oder in ihren völkerrechtlich festgelegten Meereszonen keine Kernanlagen besitzen.]

(2a) Absatz 2 gilt auch für die Haftung des Besitzers eines radioaktiven Stoffes in den Fällen des § 26 Abs. 1a.

(3) ¹Der nach dem Pariser Übereinkommen in Verbindung mit § 25 Abs. 1, 2 und 4 sowie nach dem Pariser Übereinkommen und dem Gemeinsamen Protokoll in Verbindung mit § 25 Abs. 1, 2 und 4 oder der nach § 26 Ersatzpflichtige haftet im Falle der Sachbeschädigung nur bis zur Höhe des gemeinen Wertes der beschädigten Sache zuzüglich der Kosten für die Sicherung gegen die von ihr ausgehende Strahlengefahr. ²Bei einer Haftung nach dem Pariser Übereinkommen in Verbindung mit § 25 Abs. 1, 2 und 4 ist Ersatz für Schäden am Beförderungsmittel, auf dem sich die Kernmaterialien zur Zeit des nuklearen Ereignisses befunden haben, nur dann zu leisten, wenn die Befriedigung anderer Schadensersatzansprüche in den Fällen des Absatzes 1 aus dem Höchstbetrag der staatlichen Freistellungsverpflichtung, in den Fällen des Absatzes 2 aus der Haftungshöchstsumme sichergestellt ist. [*Künftige Fassung: ²Bei einer Haftung nach dem Pariser Übereinkommen in Verbindung mit § 25 Abs. 1, 2 und 4 ist Ersatz für einen nuklearen Schaden am Beförderungsmittel, auf dem sich die Kernmaterialien zur Zeit des nuklearen Ereignisses befunden haben, nur dann zu leisten, wenn sich dadurch die für die Befriedigung anderer Schadensersatzansprüche zur Verfügung stehende Summe nicht auf einen Betrag vermindert, der unter 80 Millionen Euro liegt.*]

[*Der in kursiv gedruckte Text enthält die Fassung des noch nicht in Kraft getretenen Gesetzes vom 29. 8. 2008 (BGBl. I 1793).*]

Übersicht

	Rn.
I. Allgemeines	1
1. Entwicklung des Begriffs „Haftungshöchstgrenze"	1
2. Grundsatzfragen der Höchstgrenze	6
II. Grundsatz der Kernanlagenhaftung (Abs. 1)	8
III. Schäden in fremdem Hoheitsgebiet (Abs. 2)	10
IV. Besitzer eines radioaktiven Stoffes (Abs. 2a)	18
V. Sachbeschädigung (Abs. 3)	19

Haftungshöchstgrenzen § 31 AtG

Literatur: *F.-J. Feldmann,* Reciprocity within the Framework of Nuclear Civil Liability Law, in Pelzer, International Harmonization in the Field of Nuclear Energy Law, Proceedings of NUCLEAR INTER JURA'85, 1986, 311; *Pelzer,* Atomhaftungsrecht, in Rengeling, Handbuch zum europäischen und deutschen Umweltrecht, Band II, 2003, 445; *Raetzke,* Haftung deutscher Betreiber für Auslandsschäden: Das Gegenseitigkeitsprinzip des § 31 Abs. 2 AtG, in Raetzke/Feldmann/Frank, Aus der Werkstatt des Nuklearrechts, Tagungsbericht der AIDN/INLA-Regionaltagung 2015 in Nürnberg, 2016, 331.

I. Allgemeines

1. Entwicklung des Begriffs „Haftungshöchstgrenze"

§ 31 legt „**Haftungshöchstgrenzen**" fest. Die Vorschrift galt ursprünglich für 1
alle Haftungstatbestände auf Grund des Atomgesetzes. Sie wurde seit der ursprünglichen Fassung des Gesetzes von 1959 mehrfach geändert. Heute gilt die Vorschrift nur für die Haftung nach dem Pariser Übereinkommen (§ 25) und für die Fälle des § 26 Abs. 1a. Für Reaktorschiffe gilt § 31 nach Maßgabe des § 25a Abs. 2.

In der **Fassung des Gesetzes von 1959** (BGBl. I 814) war der Gesamtbetrag 2
der Haftung für Haftpflichtige auf Grund der §§ 25 und 26 **summenmäßig begrenzt.** Die Vorschrift sah eine Begrenzung der Haftung auf bestimmte Schadensarten vor: der Schadensersatz für die Tötung oder Verletzung eines Menschen, soweit es sich um den in § 30 bezeichneten Schadensersatz handelt, wurde auf eine Jahresrente von 15.000 DM begrenzt; für Sachbeschädigung wurde Schadensersatz nur bis zum gemeinen Wert der Sache zuzüglich der Kosten für die Sicherung gegen die von ihr ausgehende Strahlengefahr geleistet. Für die Haftung nach **§ 25** ist aber auch auf die absolute Höchstgrenze von **500 Mio. DM** hinzuweisen (§ 38 Abs. 1). Die „strengere Haftung soll ihren Ausgleich in einer Begrenzung des Umfangs der Schadensersatzpflicht finden, wie dies auch bei anderen Haftpflichtgesetzen (Straßenverkehrsgesetz, Luftverkehrsgesetz, Reichshaftpflichtgesetz) der Fall ist." (BT-Drs. 3/759, 37; hierzu aus dem Schrifttum mit zahlreichen weiteren Nachweisen *Mattern/Raisch* § 31 Rn. 1 ff. und § 38 Rn. 1 ff.).

Das **Dritte Gesetz zur Änderung des Atomgesetzes vom 15.8.1975 idF** 3
des Änderungsgesetzes vom 19.12.1975 (BGBl. I 1885, 3162) diente vorrangig der innerstaatlichen Umsetzung des 1975 von Deutschland ratifizierten Pariser Übereinkommens 1960 und des Brüsseler Zusatzübereinkommens von 1963. Das Gesetz änderte § 31 und verdoppelte den absoluten Höchstbetrag der Haftung des Inhabers einer Kernanlage von 500 Mio. DM auf **1 Mrd. DM.** Die Begründung des Regierungsentwurfs zu dem Gesetz weist darauf hin, dass sie mit den Pariser und Brüsseler Übereinkommen vereinbar und im Hinblick auf das nukleare Risiko auch geboten sei (BT-Drs. 7/2183, 25 f.). Die bisherige Begrenzung des Umfangs der Haftung für Tötung und Körperschäden von Menschen (→ Rn. 2) wurde gestrichen (auch für § 26); diese Neuregelung folgt damit der Zweiten Empfehlung der Kommission an die Mitgliedstaaten zur Harmonisierung der Durchführungsbestimmungen zum Pariser Übereinkommen vom 29.7.1960 (66/22/Euratom; ABl. 1966, 2553). Bei Auslandsschäden bestimmt sich der Haftungshöchstbetrag im Rahmen der Höchstsumme von 1 Mrd. DM nach dem Grundsatz der Reziprozität (BT-Drs. 10/2231, 6). Durch das Dritte Änderungsgesetz wurde auch § 25a „Haftung für Reaktorschiffe" in das Gesetz eingefügt; für Reaktorschiffe gilt die Höchstgrenzenregelung des § 31 Abs. 1 auf der Grundlage der Reziprozität (§ 25a Abs. 1 Nr. 2; → § 25a Rn. 8).

AtG § 31 Vierter Abschnitt Haftungsvorschriften

4   § 31 wurde erneut durch das Gesetz zur Änderung haftungsrechtlicher Vorschriften des Atomgesetzes **(Haftungsnovelle) vom 22.5.1985** (BGBl. I 781; Begründung zum Gesetzesentwurf: BT-Drs. 10/2200, 10/2231, 10/2950, BR-Drs. 429/84, 144/85) geändert. Das Gesetz hob die bisherige Haftungsbegrenzung bei einer Haftung auf Grund des Pariser Übereinkommens iVm den §§ 25 ff. auf 1 Mrd. DM auf und führte für Deutschland die **summenmäßig unbegrenzte Haftung** des Inhabers einer Kernanlage ein. Im Lichte der damaligen Fassung des Pariser Übereinkommens war diese Entscheidung nicht unproblematisch, sie wurde jedoch von den anderen Vertragsstaaten des Übereinkommens als *fait accompli* akzeptiert (*Pelzer* in Rengeling, Handbuch vom europäischen und deutschen Umweltrecht, Band II, 445 (458 f.)). Das Pariser Übereinkommen idF von 2004 sieht nur noch Mindestsummen vor und erlaubt damit unzweifelhaft eine summenmäßig unbegrenzte Haftung (jeweils mit weiteren Nachweisen → PÜ Vor Rn. 18, 19; → PÜ Art. 7 Rn. 1 ff.). Die summenmäßig unbegrenzte Haftung gem. § 26 bleibt unverändert.

5   Die bisher letzte Änderung des § 31 erfolgte durch das Gesetz zur Änderung haftungsrechtlicher Vorschriften des Atomgesetzes und zur Änderung sonstiger Vorschriften vom 29.8.2008 (BGBl. I 1793). Mit diesem Gesetz wurden die auf der Grundlage der Reziprozität festgesetzten Höchstsummen bei Auslandsschäden an die Anforderungen des Protokolls 2004 zum Pariser Übereinkommen angepasst (dazu ausführliche Begründung in BT-Drs. 16/9077, 17 f.).

2. Grundsatzfragen der Höchstgrenze

6   Der für die Entschädigung zur Verfügung stehende Betrag ist das Kernelement eines jeden Haftungsrechts. Das gilt in Sonderheit für das Atomhaftungsrecht. Deshalb hat § 31 eine besondere Bedeutung und ist eine **„zentrale Bestimmung"** (BT-Drs. 10/2200, 6). In den älteren Fassungen der Vorschrift glaubte der Gesetzgeber, durch eine summenmäßige Haftungsbegrenzung das außergewöhnliche Nuklearrisiko für die Betreiber von Kernanlagen erträglich machen zu müssen. Diese Argumentation mag in der Frühzeit der friedlichen Kernenergienutzung überzeugend gewesen sein, verlor aber im Laufe der Zeit immer mehr an Überzeugungskraft. **Jede Haftungsbegrenzung ist willkürlich** und mit dem Zweck des Haftungsrechts, vollen Ersatz für erlittene Unbill bereitzustellen, kaum vereinbar. Gleichwohl begrenzen auch heute noch die Atomhaftungsgesetze der Mehrheit der Staaten die Haftung für Atomschäden betragsmäßig. Mit der Haftungsnovelle von 1985 hat Deutschland die Haftungsbegrenzung beendet und Deutschland gehört damit zu den wenigen Staaten, die den Inhaber einer Kernanlage **ohne summenmäßige Begrenzung haftpflichtig** machen (Deutschland, Finnland (nur bei Schäden im Inland), Japan, Österreich, Schweiz). Unbegrenzt ist die Haftung regelmäßig auch dann, wenn auf ein nukleares Ereignis das allgemeine zivilrechtliche Deliktsrecht anzuwenden ist. Da jedoch alle Staaten mit friedlichen Nuklearprogrammen spezielle Atomhaftungsgesetze erlassen haben, wäre allgemeines Deliktsrecht nur dann anwendbar, wenn die Regeln des Konfliktrechts auf ein solches Recht eines Nicht-Nuklearstaates verweisen. Ob allerdings ein auf einer solchen Grundlage erlassenes Urteil im Staat des haftpflichtigen Inhabers der Kernanlage vollstreckbar wäre, ist fraglich, sofern in diesem Staat ein Atomhaftungsgesetz mit summenmäßig begrenzter Haftung gilt: das Urteil könnte gegen den *ordre public* des Anlagenstaates verstoßen.

7   Nun ist natürlich auch eine summenmäßig unbegrenzte Haftung kein Garant für vollen Schadensersatz. Dieser hängt vielmehr davon ab, ob auch **Deckung für die**

Haftungshöchstgrenzen **§ 31 AtG**

Haftung vorhanden ist. Hier gerät man jedoch sogleich in ein Dilemma: eine unbegrenzte Haftung kann nicht voll gedeckt werden, denn es gibt keine unbegrenzte Deckung. Die unbegrenzte Haftung erlaubt jedoch, zusätzlich zu der obligatorischen Deckung (§ 13 Abs. 2 S. 3, § 34: 2,5 Mrd. EUR) und zu der dritten Tranche des Brüsseler Zusatzübereinkommens (Art. 3 Abs. b (iii) BZÜ: 300 Mio. EUR; → PÜ Vor Rn. 3, 4), auch auf das **sonstige Vermögen des Betreibers** zu zugreifen. Das schließt in Deutschland den Zugriff auf die Muttergesellschaft ein, sofern ein Beherrschungs- oder Gewinnabführungsvertrag mit dem haftpflichtigen Inhaber der Kernanlage besteht (§ 302 AktG). Es werden also nicht unbeträchtliche Beträge für die Deckung der unbegrenzten Haftung zur Verfügung stehen. Übersteigt der nukleare Schaden diese Beträge, dürfte die Schwelle der **nationalen Katastrophe** erreicht sein, und das zivilrechtliche Schadensersatzrecht stößt an seine Grenzen. Bunderegierung und Gesetzgeber haben ein Verteilungsverfahren gem. § 35 zu erlassen. Weitere Entschädigung hat der Staat zu leisten, da dies Ausfluss seiner Schutzpflicht (Sozialstaatsprinzip) für seine Bürger ist (zum Ganzen: U.S. Supreme Court, Duke Power Co. v. Carolina Environmental Study Group, No. 77-222 (438 U.S. 59 (1978), 86; 6. Deutsches Atomrechts-Symposium 1979, Arbeitssitzung „Reformüberlegungen zur Ausgestaltung der atomrechtlichen Haftung" mit Beiträgen von *Pfaffelhuber, Schmidt, Breining, Pelzer*, 383–430; *Hohlefelder,* Einführung einer unbegrenzten Haftung im Atomrecht, Energiewirtschaftliche Tagesfragen 34 (1984), 877; *Pelzer,* Begrenzte und unbegrenzte Haftung im deutschen Atomrecht, 1982; *Haedrich* AtG § 31 Rn. 7 ff.; *Pelzer,* Nuclear Accidents: Models for Reparation, in Black-Branch/Fleck, Nuclear Non-Proliferation in International Law. Volume III. Legal Aspects of the Use of Nuclear Energy for Peaceful Purposes, 2016, 381 ff. (384 ff.)).

II. Grundsatz der Kernanlagenhaftung (Abs. 1)

Absatz 1 legt den Grundsatz der Kernanlagenhaftung fest: Die Haftung des Inhabers einer Kernanlage ist nach dem Pariser Übereinkommen sowie dem Gemeinsamen Protokoll (→ PÜ Vor Rn. 6, 7; → § 25 Rn. 2, 3) **summenmäßig unbegrenzt.** Der betragsmäßig unbegrenzte Schadensersatzanspruch eines durch ein nukleares Ereignis Verletzten wird durch die obligatorische Deckungsvorsorge, durch das sonstige Vermögen des haftpflichtigen Inhabers der Kernanlage und ggf. durch den Staat abgesichert (→ Rn. 7). 8

Gemäß Abs. 1 S. 2 haftet der Inhaber in den Fällen einer Haftung nach § 25 Abs. 3 (Haftung für **Schäden auf Grund kriegerischer und ähnlicher Ereignisse**) nicht unbegrenzt, sondern nur bis zum Höchstbetrag der staatlichen Freistellungsverpflichtung, also bis **2,5 Mrd. EUR** (§ 34 Abs. 1 S. 2). § 25 Abs. 3 schließt die Haftungsbefreiung des Inhabers bei nuklearen Ereignissen der in Art. 9 PÜ bezeichneten Art aus (→ § 25 Rn. 8; → PÜ Art. 9 Rn. 6). Die Begrenzung der Haftung wird wie folgt begründet: „Denn die Einführung einer unbegrenzten Gefährdungshaftung auch für diese Fälle wäre unter dem Gesichtspunkt der Verhältnismäßigkeit fraglich, zumal der Inhaber einer kerntechnischen Anlage sich gegen die Risiken der Fälle des Artikels 9 des Pariser Übereinkommens kaum wirksam schützen könnte. Dies zeigt sich auch darin, dass mangels privater Versicherbarkeit der Fälle des Artikels 9 des Pariser Übereinkommens nur der Staat in der Lage ist, im Rahmen seiner Freistellungsverpflichtung für Deckung von Schäden in diesem Bereich zu sorgen. Von daher wird zugleich deutlich, dass es inkonsequent wäre, den 9

Pelzer 589

Inhaber der Kernanlage unterhalb des Höchstbetrages der staatlichen Freistellung in den Fällen des Artikels 9 des Pariser Übereinkommens gänzlich freizustellen, oberhalb jedoch einer unbegrenzten nicht absicherbaren Gefährdungshaftung auszusetzen." (BT-Drs. 10/2200, 7).

III. Schäden in fremdem Hoheitsgebiet (Abs. 2)

10 Absatz 2 bestimmt die Haftungshöchstgrenze für nuklearen Schaden, der im Hoheitsgebiet oder in den völkerrechtlichen Meereszonen eines anderen Staates erlitten wird und für den der Inhaber einer im Inland gelegenen Kernanlage nach dem Pariser Übereinkommen iVm dem Atomgesetz oder nach dem Pariser Übereinkommen und dem Gemeinsamen Protokoll iVm dem Atomgesetz haftpflichtig ist. Die Haftungshöhe des Inhabers der Kernanlage bestimmt sich hier nach dem **Reziprozitätsprinzip:** summenmäßig nicht begrenzt haftet der Inhaber nur dann und insoweit, „als der andere Staat zum Zeitpunkt des nuklearen Ereignisses im Verhältnis zur Bundesrepublik Deutschland eine Regelung sichergestellt hat, die dem Absatz 1 nach Art, Ausmaß und Höhe gleichwertig ist." (Zum Reziprozitätsprinzip im Atomgesetz insbesondere *Feldmann* in Pelzer, International Harmonization in the Field of Nuclear Energy Law, Proceedings of NUCLEAR INTER JURA'85, 1986, 311; *Raetzke* in Raetzke/Feldmann/Frank, Aus der Werkstatt des Nuklearrechts, Tagungsbericht der AIDN/INLA-Regionaltagung 2015 in Nürnberg, 2016, 331; zur Vereinbarkeit der Reziprozitätsregelung mit Art. 7 Abs. (g) PÜ vgl. die überzeugenden Ausführungen in BT-Drs 16/9077, 17f.; → PÜ Art. 7 Rn. 12, 13).

11 Zutreffend problematisiert *Raetzke* die Frage, ob sich die Gegenseitigkeit gem. § 31 Abs. 2 lediglich auf die summenmäßig unbegrenzte Haftung beziehe oder ob die in der Vorschrift enthaltenen weiteren Merkmale zusätzlich eine **Gleichartigkeit der Haftungsregeln nach „Art, Höhe und Ausmaß"** verlangten (*Raetzke* in Raetzke/Feldmann/Frank, Aus der Werkstatt des Nuklearrechts, Tagungsbericht der AIDN/INLA-Regionaltagung 2015 in Nürnberg, 2016, 331 (338 ff.)). Für eine solche Auslegung spräche jedenfalls der Wortlaut des Gesetzes. Aber in Übereinstimmung mit der Gesetzesbegründung (BT-Drs. 14/3950, 7) kommt *Raetzke* zu dem Schluss, dass diese Begriffe wohl lediglich ein Überbleibsel aus der Entstehungsgeschichte der Vorschrift sind und ihre Berücksichtigung bei der Gegenseitigkeit zu unbefriedigenden Rechtsfolgen führten. Ihnen komme keine zusätzliche materielle Bedeutung zu. Dem ist zuzustimmen. Im Übrigen gilt § 31 Abs. 2 für Fälle, bei denen sich die Haftung nach dem Pariser Übereinkommen bestimmt. Es stehen sich also die Rechtsordnungen von Vertragsstaaten gegenüber, die für den Anwendungsbereich des Pariser Übereinkommens nach „Art, Höhe und Ausmaß" bereits in erheblichen Teilen vereinheitlicht sind (s. auch *Raetzke* in NK-AtomR § 31 Rn. 3 ff.).

12 Der nukleare Schaden, für den der Inhaber einer in Deutschland gelegenen Kernanlage haftpflichtig ist, muss im Hoheitsgebiet oder in den völkerrechtlichen Meereszonen eines anderen Staates erlitten sein. Das Hoheitsgebiet eines anderen Staates und völkerrechtlich festgelegte Meereszonen sind jene Bereiche, auf die der 2004 revidierte Art. 2 PÜ den Anwendungsbereich des Übereinkommens nunmehr ausdrücklich erstreckt (→ PÜ Art. 2 Rn. 1 ff.). **Hoheitsgebiet** eines Staats ist der umgrenzte Raum der Erdoberfläche, in dem der andere Staat territoriale Souveränität oder Staatsgewalt ausübt. Es ist das Staatsgebiet des anderen Staates. Umfasst sind auch der Luftraum über dem Staatsgebiet sowie die Binnengewässer (Seen und Flüsse) und das Küstenmeer (Hoheitsgewässer oder Territorialgewässer (Art. 2 ff. Seerechtsübereinkommen der Vereinten Nationen (SRÜ) vom 10.12.1982 (BGBl. 1994 II 1798)). **Völkerrechtliche Meereszonen** eines anderen Staates sind dessen Anschlusszone (Art. 23 ff. SRÜ), dessen ausschließliche Wirtschaftszone (Art. 55 ff. SRÜ) und dessen Festlandsockel (Art. 76 ff. SRÜ). Diese Zonen gehören nicht zum Staatsgebiet des Küstenstaates und dieser hat hier nur eingeschränkte definierte Hoheitsrechte. Wegen der Einzelheiten wird auf das völkerrechtliche Schrifttum verwiesen.

Durch Umkehrschluss ist aus der Formulierung des § 31 Abs. 2 S. 1 zu folgern, dass für nuklearen Schaden, der nicht im Hoheitsgebiet oder in völkerrechtlichen Meereszonen eines anderen Staates erlitten wird, die Reziprozitätsregelung nicht anwendbar ist. Das gilt für **Schäden auf Hoher See** (→ PÜ Art. 2 Rn. 13 f.) oder im **Weltraum.** Für den dort erlittenen nuklearen Schaden ist die Haftung wie bei Schäden im Inland summenmäßig nicht begrenzt (bezüglich nuklearen Schadens an Bord von Schiffen und Luftfahrzeugen anderer Staaten → Rn. 16). 13

Maßgebend für die Anwendung des Gegenseitigkeitsprinzips ist das Recht des anderen Staates, das zum **Zeitpunkt des Eintritts des nuklearen Ereignisses** im Verhältnis zu Deutschland gilt. Änderungen des ausländischen Rechts, die während des nuklearen Ereignisses oder als unmittelbare Reaktion auf das nukleare Ereignis vorgenommen werden, begründen die erforderliche Reziprozität nicht. Das gilt auch dann, wenn die schädlichen Folgen des nuklearen Ereignisses erst später evident werden. In diesen Fällen gilt die Regelung des § 31 Abs. 2 S. 2 (→ Rn. 15). Im Verhältnis zur Schweiz hatte Deutschland in einem besonderen bilateralen Abkommen wechselseitige Reziprozität vereinbart (Abkommen zwischen der Bundesrepublik Deutschland und der Schweizerischen Eidgenossenschaft über die Haftung gegenüber Dritten auf dem Gebiet der Kernenergie vom 22.10.1986 (BGBl. 1988 II 598)). Inzwischen ist die Schweiz Vertragsstaat des Pariser Übereinkommens idF von 2004, so dass das bilaterale Übereinkommen bedeutungslos geworden ist. 14

Ist Gegenseitigkeit iSd § 31 Abs. 2 S. 1 (unbegrenzte Haftung) nicht gegeben, ist die Haftung des Inhabers einer in Deutschland gelegenen Kernanlage für einen nuklearen Schaden im Hoheitsgebiet oder in den völkerrechtlich festgelegten Meereszonen eines anderen Staates gem. S. 2 auf den **Betrag begrenzt, den der andere Staat zum Zeitpunkt des nuklearen Ereignisses im Verhältnis zu Deutschland vorsieht.** Einbezogen in die Regelung des anderen Staates ist dabei eine zusätzliche Entschädigung, die auf Grund internationaler Übereinkommen, denen der andere Staat angehört, geleistet wird. Das trifft derzeit für die Vertragsstaaten des Brüsseler Zusatzübereinkommens zu, deren Kernanlageninhaber im Verhältnis zu Deutschland summenmäßig begrenzt haften, aber unter Einbeziehung der Tranchen 2 und 3 des Übereinkommens idF 2004 aus öffentlichen Mitteln (Art. 3 Abs. b (ii) und (iii) BZÜ) den Gesamtbetrag von 1,5 Mrd. EUR im Verhältnis zu Deutschland garantieren. Dieser Betrag begründet die Gegenseitigkeit iSd § 31 Abs. 2 S. 2 für die Vertragsstaaten des Brüsseler Zusatzübereinkommens. Angemerkt sei jedoch, dass Deutschland als Vertragsstaat dieses Übereinkommens gemäß dem Schlüssel des Art. 12 BZÜ zur dritten Entschädigungstranche des Übereinkommens mit öffentlichen Mitteln ebenfalls beiträgt (→ PÜ Vor Rn. 3, 4). 15

Gemäß § 31 Abs. 2 S. 3 gelten die S. 1 und 2 auch für nuklearen Schaden, der **an Bord eines Schiffes oder Luftfahrzeugs,** das in einem anderen Staat registriert ist, entsteht, sofern sich das Schiff oder das Luftfahrzeug außerhalb von Hoheits- 16

AtG § 31   Vierter Abschnitt Haftungsvorschriften

gebieten oder völkerrechtlich festgelegten Meereszonen von Staaten **auf oder über der Hohen See** befindet. Auch in diesen Fällen bestimmt sich der Betrag einer deutschen Schadensersatzleistung nach der reziproken Leistung des Staates, der das Schiff oder Luftfahrzeug registriert hat.

17   Das gem. § 31 Abs. 2 S. 1–3 geltende Prinzip der Gegenseitigkeit gilt gem. S. 4 der Vorschrift nicht im Hinblick auf Staaten, die zum Zeitpunkt des nuklearen Ereignisses **keine Kernanlagen** in ihrem Hoheitsgebiet oder Meereszonen besitzen. Wird in diesen Staaten durch den Inhaber einer in Deutschland gelegenen Kernanlage ein nuklearer Schaden verursacht, so haftet dieser **summenmäßig unbeschränkt**. Gegenseitigkeit wird nicht gefordert. Die Vorschrift ist im Einklang mit dem Konzept des Art. 2 Abs. (a) (iii) PÜ, der den Geltungsbereich des Pariser Übereinkommens ohne Bedingungen auf Nicht-Nuklearstaaten erstreckt (→ PÜ Art. 2 Rn. 6). Die Regelung ist angemessen, da diese Staaten dem nuklearen Risiko der Nuklearstaaten ausgesetzt sind, ohne ihrerseits ein solches Risiko zu erzeugen. Das gilt auch dann, wenn der Nicht-Nuklear-Staat eine Atomhaftungsgesetzgebung besitzt, die die Anwendung des Gegenseitigkeitsgrundsatzes begründen könnte. S. 4 stellt ausschließlich darauf ab, ob in dem Staat eine Kernanlage vorhanden ist oder nicht. Eine mögliche Gesetzgebung bleibt insoweit unberücksichtigt; würde sie berücksichtigt, würde S. 4 gegen Art. 2 Abs. (a) (iii) PÜ verstoßen (für den Nicht-Nuklearstaat Luxemburg vgl. das Gesetz vom 6.7.2020, → Vor §§ 25 c–40 Rn. 13).

IV. Besitzer eines radioaktiven Stoffes (Abs. 2 a)

18   § 31 Abs. 2a AtG erstreckt die Geltung des Abs. 2 der Bestimmung auch auf die Haftung des Besitzers eines radioaktiven Stoffes, der gem. § 26 Abs. 1a AtG nach Gefährdungshaftung ohne die Entlastungsmöglichkeit des § 26 Abs. 1 S. 2 AtG haftet (hierzu → § 26 Rn. 25). Die grundsätzlich summenmäßig unbegrenzte Haftung dieses Besitzers wird bei Schadensverursachung in Hoheitsgebieten und in völkerrechtlichen Meereszonen anderer Staaten auf der Grundlage der Reziprozität begrenzt. Der Besitzer wird wegen des besonderen Risikopotentials der in seinem Besitz befindlichen radioaktiven Stoffe insoweit dem Inhaber eine Kernanlage gleichgestellt.

V. Sachbeschädigung (Abs. 3)

19   § 31 Abs. 3 schreibt vor, dass in den Fällen einer Haftung nach dem Pariser Übereinkommen iVm dem Atomgesetz, nach dem Pariser Übereinkommen und dem Gemeinsamen Protokoll iVm dem Atomgesetz und nach § 26 für **Sachbeschädigung** nur bis zu Höhe des **gemeinen Werts** der beschädigten Sache **zuzüglich der Kosten für die Sicherung gegen die von ihr ausgehende Strahlengefahr** entschädigt wird (auch BT-Drs. 3/759, 38). In der Terminologie des Pariser Übereinkommens handelt es sich bei einer Sachbeschädigung um einen „Verlust von oder Schaden an Vermögenswerten" (Art. 1 Abs. (a) (vii) (2) PÜ; → PÜ Art. 1 Rn. 32 f.; vgl. zu Abs. 3 – teilweise kritisch – *Raetzke* in NK-AtomR § 31 Rn. 28–30).

20   Der **gemeine Wert** wird als ein „vorgegebener wirtschaftlicher Begriff" verwendet (*Mattern/Raisch* S. 285), der im deutschen Recht offenbar nicht „einheitlich mit allgemeiner Verbindlichkeit bestimmt" ist (*Fischerhof* Dt. AtomG S. 659). Der gemeine Wert einer Sache entspricht dem Preis, der im Geschäftsverkehr üblicherweise bei einer Veräußerung der Sache zu erzielen ist (**Verkehrs- oder Marktpreis**). Er ist der im Handelsverkehr erzielte Durchschnittspreis (RGZ 96, 125; BGHZ 39, 40 = NJW 1963, 906. Vgl. auch die Begriffsbestimmung in § 9 Abs. 2 Bewertungsgesetz idF v. 1991 und der letzten Änderung v. 2016 (BGBl. 1991 I 230; 2016 I 2464) sowie § 429 Abs. 3 HGB). Die Begrenzung der Ersatzpflicht eines Vermögensschadens iSd Pariser Übereinkommens auf den gemeinen Wert der Sache durch den innerstaatlichen Gesetzgeber befindet sich im Einklang mit der Ermächtigung in Art. 11 PÜ.

Die zusätzlich zu dem gemeinen Wert der Sache zu erstattenden **Kosten für die** 21 **Sicherung gegen die Strahlengefahr** können erheblich sein. Sie umfassen nicht nur eigene Maßnahmen des Geschädigten, sondern auch sinnvolle Sicherungsmaßnahmen der Behörden und dritter Personen, die diese zu ihrem Schutz ergreifen (Geschäftsführung ohne Auftrag für den Geschädigten; hierzu mit Nachweisen *Fischerhof* Dt. AtomG S. 660 f.; *Haedrich* AtG S. 528 f.). Für den Anwendungsbereich des Pariser Übereinkommens dürfte insbesondere die in Art. 1 Abs. a (vii) No. 4 PÜ bezeichnete Schadensart „Maßnahmen zur Wiederherstellung geschädigter Umwelt" einschlägig sein (→ PÜ Art. 1 Rn. 32, 41–46).

Satz 2 enthält eine Vorrangregel von Ersatzansprüchen auf Grund des Pariser 22 Übereinkommens gegenüber solchen Ansprüchen auf Grund des Pariser Übereinkommens ein, die auf den **Ersatz von Schäden am Beförderungsmittel**, auf dem sich die Schaden verursachenden Kernmaterialien zur Zeit des nuklearen Ereignisses befunden haben, abzielen. Diese Ansprüche durften nur befriedigt werden, wenn andere Ansprüche aus der verbleibenden Haftungssumme befriedigt werden konnten. Diese Regel wurde ursprünglich durch das Dritte Gesetz zur Änderung des Atomgesetzes vom 15.7.1975 (→ Rn. 3) in § 31 eingeführt. Sie setzt Art. 7 Abs. (c) PÜ um. Nachdem diese Bestimmung des Übereinkommens durch das Protokoll 2004 geändert worden war und nunmehr vorsieht, dass nach Befriedigung anderer Ansprüche ein Rest von mindestens **80 Mio. EUR** verbleiben muss, war § 31 Abs. 3 S. 2 AtG entsprechend zu ändern. Dies erfolgte durch Änderungsgesetz von 2008 (→ Rn. 5; s. auch BT-Drs. 16/9077, 18; *Raetzke* in NK-AtomR § 31 Rn. 30, 31).

§ 32 Verjährung

(1) **Die nach diesem Abschnitt begründeten Ansprüche auf Schadensersatz verjähren in drei Jahren von dem Zeitpunkt an, in welchem der Ersatzberechtigte von dem Schaden und von der Person des Ersatzpflichtigen Kenntnis erlangt hat oder hätte erlangen müssen, ohne Rücksicht darauf in dreißig Jahren von dem schädigenden Ereignis an.**

(2) **In den Fällen des Artikels 8 Abs. b des Pariser Übereinkommens tritt an die Stelle der dreißigjährigen Verjährungsfrist des Absatzes 1 eine Verjährungsfrist von zwanzig Jahren ab Diebstahl, Verlust, Überbordwerfen oder Besitzaufgabe.**

[Künftige Fassung: (2) [aufgehoben]]

(3) **Ansprüche auf Grund des Pariser Übereinkommens, die innerhalb von zehn Jahren nach dem nuklearen Ereignis gegen den Inhaber der**

Kernanlage wegen der Tötung oder Verletzung eines Menschen gerichtlich geltend gemacht werden, haben Vorrang vor *[künftige Fassung: nuklearen Schadens, der nicht die Tötung oder Verletzung eines Menschen ist, gerichtlich geltend gemacht werden, haben Vorrang vor solchen]* Ansprüchen, die nach Ablauf dieser Frist erhoben werden.

(4) Schweben zwischen dem Ersatzpflichtigen und dem Ersatzberechtigten Verhandlungen über den zu leistenden Schadensersatz, so ist die Verjährung gehemmt, bis der eine oder der andere Teil die Fortsetzung der Verhandlungen verweigert.

[Künftige Fassung: (4) [aufgehoben]]

(5) Im übrigen finden die Vorschriften des Bürgerlichen Gesetzbuchs über die Verjährung Anwendung.

[Der in kursiv gedruckte Text enthält die Fassung des noch nicht in Kraft getretenen Gesetzes vom 29. 8. 2008 (BGBl. I 1793).]

Übersicht

		Rn.
I.	Allgemeines	1
II.	Verjährungsfristen	3
III.	Beginn der Regelverjährungsfrist (Abs. 1 Hs. 1)	4
	1. Kennen oder Kennenmüssen des Schadens und des Schädigers	4
	2. Schaden	6
	3. Schädiger	9
IV.	Beginn der absoluten Verjährungsfrist (Abs. 1 Hs. 2)	11
V.	Aufgehobener (Abs. 2)	16
VI.	Vorrangregelung (Abs. 3)	17
VII.	Hemmung der Verjährung (Abs. 4)	18
VIII.	Ergänzende Geltung der Verjährungsvorschriften des BGB (Abs. 5)	19
IX.	Verwirkung	20

Literatur: *Brüggemeier,* Haftungsrecht. Struktur, Prinzipien, Schutzbereich, 2006; *Esser,* Schuldrecht. Allgemeiner und Besonderer Teil, 2. Aufl. 1960; *Fuchs/Pauker/Baumgärtner,* Delikts- und Schadensersatzrecht, 9. Aufl. 2017; *Grothe* in Münchener Kommentar zum Bürgerlichen Gesetzbuch: BGB, Band 1: Allgemeiner Teil §§ 1–240, AllgPersönlR, ProstG, AGG, Kommentierung zu § 199 BGB; *Palandt,* Bürgerliches Gesetzbuch, 13. Aufl. 1954/76. Aufl. 2017.

I. Allgemeines

1 § 32 AtG regelt die **zeitliche Befristung** von Schadensersatzansprüchen, die nach dem Vierten Abschnitt „Haftungsvorschriften" des Atomgesetzes begründet sind. Die Vorschrift gilt somit für Ansprüche auf Grund der §§ 25, 25 a und 26. Soweit eine Haftung nach den §§ 25 und 25 a in Betracht kommt, muss die Regelung mit den Bestimmungen über die zeitliche Befristung von Ersatzansprüchen des Pariser Übereinkommens (Art. 8 PÜ) oder des Brüsseler Reaktorschiff-Übereinkommens (Art. V BRÜ) vereinbar sein oder aber auf einer Ermächtigung dieser Übereinkommen zu einer abweichenden innerstaatlichen Regelung beruhen (Art. 11 PÜ, Art. XII Nr. 1 BRÜ; dazu auch → PÜ Art. 8 Rn. 1).

Verjährung **§ 32 AtG**

Während die internationalen Haftungsübereinkommen für die Anspruchsbefristung entweder eine Verjährung oder ein Erlöschen der Ansprüche zulassen, hat sich der deutsche Gesetzgeber für eine Befristung allein durch **Verjährung** entschieden (dazu auch BT-Drs. 7/2183, 26 f.). Das Atomgesetz sieht für Schadensersatzansprüche auf Grund seiner drei Haftungstatbestände für die Befristung jeweils das Institut des Gegenrechts, die Einrede der Verjährung vor. „Nach Eintritt der Verjährung ist der Schuldner berechtigt, die Leistung zu verweigern" (§ 214 Abs. 1 BGB). Nach der Ansicht des Gesetzgebers sichere diese Konstruktion den Einklang mit der „deutschen Rechtstradition" (BT-Drs. 7/2183, 26) eher als das von Amts wegen zu beachtende Erlöschen des Anspruchs. Diese Bewertung des Gesetzgebers von 1975 dürfte auch nach Inkrafttreten des Gesetzes zur Modernisierung des Schuldrechts vom 26.11.2001 (BGBl. I 3138) und des Verjährungsanpassungsgesetzes vom 9.12.2004 (BGBl. I 3214), durch die EU-Richtlinien umgesetzt und das Recht der zeitlichen Anspruchsbefristung (§ 194 BGB) neu gefasst wurden, weiterhin zutreffend sein. 2

II. Verjährungsfristen

Die **Regelverjährungsfrist** beträgt gem. § 32 Abs. 1 Hs. 1 **drei Jahre** ab Kennen oder Kennenmüssen des Schadens und des Schädigers. Diese Vorschrift hat Entsprechungen in der sog. „discovery rule" des Art. 8 Abs. (d) PÜ (→ PÜ Art. 8 Rn. 10) und in Art. V Abs. 3 BRÜ. Die **absolute Verjährungsfrist** beträgt gem. § 32 Abs. 1 Hs. 2 **dreißig Jahre** ab dem schädigenden Ereignis, dh unabhängig von Kennen und Kennenmüssen. Das Pariser Übereinkommen 2004 sieht eine Dreißig-Jahre-Frist nur für Ansprüche wegen Tod oder Verletzung von Menschen vor; für andere Schäden beträgt die Frist zehn Jahre. Jedoch kann die innerstaatliche Gesetzgebung auch für diese anderen Schäden eine längere Frist festsetzen, wenn die Deckung der Ansprüche gesichert ist (Art. 8 Abs. (a), (b) PÜ; → PÜ Art. 8 Rn. 4, 7, 8; vgl. aber die einschränkende Bedingung für die Festsetzung längerer Fristen in Art. 8 Abs. (c) PÜ, → PÜ Art. 8 Rn. 9). Art. V Abs. 1 BRÜ befristet Ansprüche generell auf zehn Jahre; sofern eine finanzielle Sicherheit vorhanden ist, kann diese Frist jedoch auch verlängert werden. In Deutschland ist eine Deckung auch für 30 Jahre vorhanden: die Ansprüche für die Frist des § 32 Abs. 1 Hs. 2 werden durch die Kombination von Deckungsvorsorge gem. § 13, ggf. staatlicher Freistellungsverpflichtung gem. § 34, ggf. Tranche 3 des Brüsseler Zusatzübereinkommens sowie sonstiger Vermögenswerte des Haftpflichtigen gedeckt (→ § 31 Rn. 6–8). 3

III. Beginn der Regelverjährungsfrist (Abs. 1 Hs. 1)

1. Kennen oder Kennenmüssen des Schadens und des Schädigers

Die **Regelverjährungsfrist von drei Jahren** beginnt gem. § 32 Abs. 1 Hs. 1 mit dem **Kennen oder Kennenmüssen des Schadens und des Schädigers** („von dem Schaden und von der Person des Ersatzpflichtigen Kenntnis erlangt hat oder hätte erlangen müssen"). Beide dieser Voraussetzungen müssen vorhanden sein. Kenntnis nur des Schadens oder nur des Schädigers lässt die Verjährungsfrist nicht beginnen. Der Begriff „Kenntnis hätte erlangen müssen", dh Kennenmüssen 4 ist in § 122 Abs. 2 BGB wie folgt definiert: „infolge von Fahrlässigkeit nicht kannte (kennen musste)". Diese Legaldefinition gilt grundsätzlich im gesamten Privatrecht, dh auch im deliktischen Schadensersatzrecht (*Ellenberger* in Palandt BGB, 76. Aufl. 2017, § 122 Rn. 5; *Wendtland* in BeckOK BGB § 122 Rn. 10 mwN). Für das Kennenmüssen soll deshalb einfache Fahrlässigkeit genügen.

5 Zu diesem Ergebnis kommt auch Grothe (*Grothe* in MüKoBGB § 199 Rn. 27). Zugleich attestiert Grothe auch § 32 Abs. 1, neben einigen anderen Vorschriften, „die größte Verwandtschaft zu § 199 Abs. 1 BGB". § 199 BGB verlangt jedoch bei der regelmäßigen und auch bei der absoluten Verjährungsfrist für das Kennenmüssen **grobe Fahrlässigkeit**. Das „verwandtschaftliche Band" zwischen § 32 AtG und § 199 BGB wirft die Frage auf, ob es nicht angemessener wäre, bei der Interpretation des Begriffs Kennenmüssen in § 32 Abs. 1 nicht auf die allgemeine Definition des § 122 BGB zurückzugreifen, sondern die Verjährungsvorschrift des § 199 BGB heranzuziehen und für das Kennenmüssen in § 32 Abs. 1 ebenfalls grobe Fahrlässigkeit des Verletzten zu verlangen. Eine solche Interpretation macht § 199 BGB zur verjährungsrechtlichen Spezialvorschrift, die die allgemeine Regelung des § 122 BGB verdrängt und zugleich die Einheitlichkeit der Verjährungsvorschriften bekräftigt. Zwar gab es den § 199 BGB in der jetzigen Fassung zur Zeit des Erlasses des § 32 noch nicht (§ 198 BGB aF) und der Gesetzgeber konnte diese Vorschrift nicht berücksichtigen. Aber ausdrückliche oder stillschweigende Verweisungen auf das allgemeine Recht, hier auch ausdrücklich durch § 32 Abs. 5, meinen grundsätzlich das jeweils geltende Recht. Überdies und vor allem erscheint das Erfordernis der groben Fahrlässigkeit wegen der Besonderheiten von Strahlenschäden (→ Rn. 7) in der Sache auch angemessener, als wenn für das Kennenmüssen der komplizierten und ggf. lange verzögerten Schadensverursachung schon leichte Fahrlässigkeit als genügend angesehen würde. Wegen der Möglichkeit von Spätschäden ist der Verletzte besonders schutzbedürftig und bereits leichte Fahrlässigkeit sollte nicht die Verjährung seines Anspruchs beginnen lassen. Im wohl verstandenen Interesse des Verletzten bedeutet Kennenmüssen iSd § 32 Abs. 1 somit **„infolge von grober Fahrlässigkeit nicht kannte"**.

2. Schaden

6 Hinsichtlich des Kennens und Kennenmüssens des **Schadens** stellt die Vorschrift auf „den Eintritt des Verletzungstatbestandes ab, nicht auf den Eintritt des schadenstiftenden Ereignisses" (*Haedrich* AtG § 32 Rn. 6). Für den Anwendungsbereich des Pariser Übereinkommens ist dieser Zeitpunkt der der Vollendung des nuklearen Ereignisses. Denn dieses ist ein Geschehnis, das einen nuklearen Schaden verursacht oder anders ausgedrückt: erst durch den Eintritt der Verletzung wird das Geschehnis zu einem nuklearen Ereignis (Art. 1 Abs. (a) (i) PÜ; → PÜ Art. 1 Rn. 3–6; → PÜ Art. 8 Rn. 5).

7 Beim Kennen und Kennenmüssen des Schadens können die **Besonderheiten von Strahlenschäden** für den Geschädigten Probleme aufwerfen. Strahlenschäden können erst längere Zeit nach dem Ereignis, das die Strahleneinwirkung verursacht hat, evident werden. Die „Erstsymptome eines Strahlenschadens" weisen oft nicht auf einen Strahlenschaden hin (*Mattern/Raisch* § 32 Rn. 3). Daraus folgt, „zur Kenntnis des Schadens gehört auch die Erkenntnis des Kausalzusammenhangs" (*Fischerhof* Dt. AtomG § 32 Rn. 9). Das gilt insbesondere für die Bestrahlung lebender Zellen, also für die Bestrahlung von Menschen und Tieren, die erst viel später als Schaden erkennbar werden kann (→ Einf. Rn. 55 ff.). Diese üblicherweise als **Spät-**

Verjährung **§ 32 AtG**

schäden bezeichneten Verletzungen werfen vor allem Probleme für den vom Verletzten zu erbringenden **Nachweis des Ursachenzusammenhangs** zwischen dem schädigenden Ereignis und dem Schaden auf (→ PÜ Art. 3 Rn. 8, 9). Gleiches gilt für die sog. **genetischen Schäden,** bei denen die Bestrahlung des Erbgutes eines Elternteils erst als Schaden bei dem Kind sichtbar wird. Der BGH hat in seinem Urteil vom 20.12.1952 im Lues-Fall (BGHZ 8, 243 = NJW 1953, 417) bei einer Schädigung der Leibesfrucht durch eine Infektion der Mutter dem Kind einen Schadensersatzanspruch zuerkannt, der mit der Geburt entstanden ist. Die Erstbestrahlung kann also zu einem Schaden führen sowohl bei einem Elternteil, dem die Möglichkeit genommen wird, ein gesundes Kind zu bekommen, als auch bei dem Kind, das krank zur Welt kommt. In beiden Fällen wird dieser Schaden regelmäßig erst durch die Geburt des Kindes evident (zur präkonzeptiven/pränatalen Gesundheitsverletzung („prenatal injury") vgl. auch *Brüggemeier,* Haftungsrecht. Struktur, Prinzipien, Schutzbereich, 254 ff.).

Das für den Beginn der Verjährungsfrist erforderliche Kennen oder Kennenmüs- 8 sen des Schadens erfordert nicht, dass der Geschädigte alle Einzelheiten des Schadens überblickt. Es genügt eine **allgemeine Kenntnis über Schadensumfang und -höhe** sowie etwaiger Folgeschäden. Eine Kenntnis der Grundzüge des Hergangs des Schadensereignisses, die es ermöglicht, eine Schadensersatzklage – zumindest eine Feststellungsklage – zu erheben, ist ausreichend. Jedoch sind solche Schadensfolgen nicht umfasst, die bei objektiver Bewertung nicht vorhersehbar waren (jeweils mit Nachweisen *Fischerhof* Dt. AtomG § 32 Rn. 9; *Haedrich* AtG § 32 Rn. 6; *Fuchs/Pauker/Baumgärtner,* Delikts- und Schadensersatzrecht, 103, 384; *Grothe* in MüKoBGB § 199 Rn. 28 ff.).

3. Schädiger

Die zweite Voraussetzung für den Beginn der Verjährungsfrist ist Kennen oder 9 Kennenmüssen des **Schädigers,** dh des Ersatzpflichtigen. Dazu gehören an erster Stelle der Name und die Anschrift des Schädigers. Die Kenntnis des Ersatzpflichtigen muss jedenfalls so konkret sein, dass eine Klage mit hinreichender Aussicht auf Erfolg anhängig gemacht werden könnte (so bereits BGHZ 6, 195 unter Hinweis auf die Rspr. des Reichsgerichts; *Mattern/Raisch* AtG § 32 Rn. 4; neuerdings ausführlich mit Nachweisen *Spindler* in BeckOK BGB § 199 Rn. 30–33). Bei mehreren Ersatzpflichtigen laufen jeweils gesonderte Fristen (*Spindler* in BeckOK BGB § 199 Rn. 32; vgl. auch BGHZ 102, 246 (248) = NJW 1988, 1146; BGH NJW 1999, 2734 (2735); BGH VersR 1963, 285 (286); BGH NJW 2001, 964).

Da Strahlen mit menschlichen Sinnen nicht wahrnehmbar sind, kann es 10 schwierig oder gar unmöglich sein, den Schaden auf eine **bestimmte Strahlenquelle** und damit auf einen **bestimmten Verursacher** zurückzuführen. Das gilt insbesondere dann, wenn der Schaden durch die kumulierende Wirkung von Bestrahlungen verursacht wurde. In diesen Fällen wirken verschiedene Strahlenquellen ein und verursachen erst durch die Kumulation ihrer Wirkungen gemeinsam den Schaden (→ Einf. Rn. 55 ff.). Es gibt somit mehrere mitverursachende Ereignisse und damit möglicherweise auch mehrere Verursacher, zB Strahleneinwirkungen von einer benachbarten Kernanlage und von einer Röntgenuntersuchung eines Arztes. Zweifel über den Ersatzpflichtigen können auch dann bestehen, wenn sich die den Schaden verursachenden radioaktiven Stoffe nacheinander in verschiedenen Anlagen befunden haben (*Haedrich* AtG § 32 Rn. 7; hierzu auch Art. 5 PÜ).

IV. Beginn der absoluten Verjährungsfrist (Abs. 1 Hs. 2)

11 Die absolute Verjährungsfrist von dreißig Jahren beginnt gem. § 32 Abs. 1 Hs. 2 ohne Rücksicht auf Kenntnis oder Kennenmüssen des Schadens und des Schädigers mit dem schädigenden Ereignis. Der Begriff ‚schädigendes Ereignis' wird im Gesetz nicht definiert. Er erinnert an das nukleare Ereignis des Pariser Übereinkommens.

12 Die **Begründung des Regierungsentwurfs** der Vorschrift begnügt sich zur Erläuterung des Abs. 1 mit dem knappen Satz: „Diese Vorschrift entspricht dem § 14 des Straßenverkehrsgesetzes" (BT-Drs. 3/759, 38). § 14 StVG lautet wie folgt: „Auf die Verjährung finden die für unerlaubte Handlungen geltenden Verjährungsvorschriften des Bürgerlichen Gesetzbuchs entsprechende Anwendung." Die für unerlaubte Handlungen geltende Verjährungsvorschrift zum Zeitpunkt der Beratung und der Verabschiedung des Atomgesetzes im Jahre 1959 war § 852 BGB aF. Gemäß Abs. 1 dieser Vorschrift verjährt der Ersatzanspruch unabhängig von Kenntnis in dreißig Jahren **von der Begehung der Handlung an.** Es wurde also, anders als in § 198 BGB aF nicht an die Entstehung des Anspruchs, dh an den Schadenseintritt, angeknüpft, sondern an die Begehung der unerlaubten Handlung und damit ggf. an einen Zeitpunkt vor dem späteren Schadenseintritt (*Esser*, Schuldrecht, Allgemeiner und Besonderer Teil, S. 832 unter Hinweis auf die Motive zu einem Entwurf des BGB („radikale Ausschlussfrist"); *Gramm* in Palandt BGB, 13. Aufl. 1954, § 852 Nr. 3).

13 Die derzeit geltende und maßgebliche Verjährungsvorschrift ist **§ 199 Abs. 2–4 BGB.** Diese Vorschrift enthält für die absolute Verjährung einen nach Schadensarten unterschiedenen (und komplizierten) Verjährungsbeginn. Sofern die Vorschrift eine dreißigjährige Frist vorsieht, beginnt diese mit „der **Begehung der Handlung, der Pflichtverletzung oder dem sonstigen, den Schaden auslösenden Ereignis**" (Hervorhebung v. Verf.). Dabei werden „Begehung der Handlung und Pflichtverletzung vom Gesetz lediglich als Beispielsfälle eines schadensauslösenden Ereignisses genannt, haben also keine eigenständige Bedeutung. Für den Fristbeginn genügt damit, wie nach hM schon bei § 852 aF, dass der Schuldner die Schadensursache setzt, ohne Rücksicht darauf, wann der Schaden selbst wirklich eintritt" (*Grothe* in MüKoBGB § 199 Rn. 51–53). Bei einer Gefährdungshaftung ist der Zeitpunkt maßgeblich, in dem sich die Gefahr verwirklicht (*Grothe* in MüKoBGB § 199 Rn. 51–53; auch: BT-Drs. 14/6040, 109).

14 Das schädigende Ereignis des § 32 Abs. 1 Hs. 2 für den Beginn der absoluten Verjährungsfrist ist somit das den Schaden auslösende Ereignis, also die **Verletzungshandlung.** Die Verjährung kann daher vor dem Schadenseintritt, dh der Anspruchsentstehung, beginnen.

15 Soweit auf einen nuklearen Schadensfall das Pariser Übereinkommen anwendbar ist, scheint diese Definition des schädigenden Ereignisses iSd § 32 Abs. 1 unvereinbar mit Art. 8 Abs. (a) PÜ zu sein. Nach dem strikten Wortlaut dieser Bestimmung sollen Ansprüche „binnen dreißig Jahren nach dem nuklearen Ereignis", also erst mit dem Schadenseintritt, verjähren (vgl. dazu aber die korrigierende Auslegung → PÜ Art. 8 Rn. 7). Die korrigierende Auslegung beseitigt die vermeintliche Unvereinbarkeit: auch für Art. 8 PÜ ist die **auslösende Handlung** der maßgebliche Zeitpunkt für den Verjährungsbeginn.

V. Aufgehobener (Abs. 2)

Der bisherige Abs. 2 wurde **aufgehoben**, da der dort umgesetzte alte Art. 8 **16**
Abs. (b) PÜ (Verjährung von Schäden verursacht durch gestohlene, verlorene oder
über Bord geworfene Kernmaterialien) durch das Protokoll 2004 zum Pariser
Übereinkommen gestrichen wurde (BT-Drs. 16/9077, 18).

VI. Vorrangregelung (Abs. 3)

§ 32 Abs. 3 ist durch das Gesetz zur Änderung haftungsrechtlicher Vorschriften **17**
des Atomgesetzes von 2008 (BGBl. I 1793) geändert worden. Die Änderung passt
die Vorschrift an die neuen Verjährungsfristen des Art. 8 Abs. (a) PÜ von 30 Jahren
für Klagen wegen Tötung oder Verletzung von Menschen und von 10 Jahren für
Klagen wegen anderer Schäden an. Aus dem Wortlaut der Vorschrift folgt, dass
diese nur für die Fälle gilt, auf die das Pariser Übereinkommen anwendbar ist. Die
Neufassung berücksichtigt zugleich die Anforderungen des Art. 8 Abs. (c) PÜ
(→ PÜ Art. 8 Rn. 9). Die **Vorrangregelung** der Vorschrift gilt nunmehr nur noch
für solche Ansprüche, die nicht die Tötung oder Verletzung von Menschen betreffen. Ansprüche wegen anderer Schäden, die innerhalb der 10-Jahresfrist gerichtlich
geltend gemacht werden, haben somit keinen Vorrang gegenüber Ansprüchen wegen Tötung oder Verletzung von Menschen, die nach Ablauf von 10 Jahren, aber
innerhalb der Frist von 30 Jahren geltend gemacht werden (BT-Drs. 16/9077, 19).
Die Vorrangregelung setzt voraus, dass die betroffenen Ansprüche gerichtlich geltend gemacht wurden.

VII. Hemmung der Verjährung (Abs. 4)

§ 32 Abs. 4 (Hemmung der Verjährung für die Dauer von Verhandlungen über **18**
den Schadensersatz) wurde durch das Änderungsgesetz 2008 (→ Rn. 16) aufgehoben. Sein Inhalt wird nunmehr durch **§ 203 Abs. 1 BGB** abgedeckt, der durch das
Gesetz über die Schuldrechtsreform von 2001 (→ Rn. 2) in das BGB eingefügt
wurde. Die Anwendbarkeit des § 203 BGB wird durch § 32 Abs. 5 AtG mit der allgemeinen Verweisung auf die Verjährungsvorschriften des BGB sichergestellt (BT-Drs. 16/9077, 19). Diese Verweisung macht auch die anderen in den §§ 204 ff. BGB
enthaltenen Gründe für eine Hemmung der Verjährung anwendbar. Gemäß § 209
BGB wird der Zeitraum, während dessen die Verjährung gehemmt ist, in die Verjährungsfrist nicht eingerechnet. Die Verjährungsfrist verlängert sich somit um den
Zeitraum der Hemmung.

VIII. Ergänzende Geltung der Verjährungsvorschriften des BGB (Abs. 5)

Die **Verjährungsvorschriften des Atomgesetzes** werden ergänzt durch die **19**
des **BGB**, auf die § 32 Abs. 5 verweist. Diese Verweisung zielt auf die jeweils geltende Fassung der BGB-Verjährungsvorschriften (dynamische Verweisung), so dass
insoweit auf Rechtsprechung und Schrifttum zu den §§ 194 ff. BGB verwiesen wer-

den kann. In den Fällen, in denen eine Haftung nach dem Pariser Übereinkommen in Betracht kommt, ist diese dynamische Verweisung nur wirksam, wenn und solange die BGB-Verjährungsvorschriften nicht im Widerspruch zu den Bestimmungen des Übereinkommens stehen. Würden also die BGB-Vorschriften so geändert, dass Deutschland bei ihrer Anwendung nicht den Verpflichtungen aus dem Pariser Übereinkommen entsprechen könnte, müsste die Verweisung des § 32 Abs. 5 als statische Verweisung gelesen werden, die auf die letzte mit dem Übereinkommen vereinbare BGB-Fassung verweist (vgl. auch Art. 11 PÜ „innerhalb der Grenzen dieses Übereinkommens"; → PÜ Vor Rn. 27; → PÜ Art. 11 Rn. 4).

IX. Verwirkung

20 Der **Regierungsentwurf 1959** eines Atomgesetzes enthielt einen § 33 „Verwirkung" mit folgendem Wortlaut (BT-Drs. 3/759, 11): „Der Ersatzberechtigte verliert die ihm auf Grund der Vorschriften dieses Abschnitts zustehenden Rechte, wenn er nicht innerhalb dreier Monate, nachdem er von dem Schaden und der Person des Ersatzpflichtigen Kenntnis erhalten hat, dem Ersatzpflichtigen den Schaden anzeigt. Der Rechtsverlust tritt nicht ein, wenn die Anzeige infolge eines von dem Ersatzberechtigten nicht zu vertretenden Umstandes unterblieben ist oder der Ersatzpflichtige innerhalb der bezeichneten Frist auf andere Weise von dem Schaden Kenntnis erhalten hat." Diese Vorschrift wurde nach Bedenken des Rechtsausschusses des Bundestages, auch im Hinblick auf das Pariser Übereinkommen, nicht in den endgültigen Text des Gesetzes aufgenommen (*Mattern/Raisch* S. 292 f.; *Fischerhof* Dt. AtomG S. 672 f. mwN). In der Gesetzesbegründung hat die Bundesregierung ausgeführt, dass § 33 sich an entsprechende Vorschriften in anderen Gesetzen anlehne (BT-Drs. 3/759, 38). Spätestens doch mit der Ratifizierung des Pariser Übereinkommens wäre die Verwirkungsvorschrift in Konflikt mit diesem Übereinkommen geraten, das eine solche Regelung nicht vorsieht und diese auch nicht auf Art. 11 PÜ gestützt werden könnte.

21 Dieses Ergebnis des Gesetzgebungsverfahrens schließt nicht aus, dass im Einzelfall sowohl die Geltendmachung von Ersatzansprüchen als auch die Einrede der Verjährung eine **unzulässige Rechtsausübung** sein können und damit verwirkt werden. Jedoch genügt nicht der einfache Zeitablauf, sondern es muss sich aus den jeweiligen Umständen des Falls ein Verstoß gegen Treu und Glauben ergeben. Es kann insoweit auf die Rechtsprechung und das allgemeine zivilrechtliche Schrifttum zur Verwirkung (§ 242 BGB) verwiesen werden (zB BGH NJW 2014, 1230 (1231): „Nach der Rechtsprechung des BGH ist ein Recht verwirkt, wenn seit der Möglichkeit der Geltendmachung längere Zeit verstrichen ist (Zeitmoment) und besondere Umstände hinzutreten, die die verspätete Geltendmachung als Verstoß gegen Treu und Glauben erscheinen lassen (Umstandsmoment)."; ferner: Grüneberg in Palandt BGB, 76. Aufl. 2017, § 242 Rn. 87 ff.; *Engelhardt* in MüKoBGB WEG § 22 Rn. 77).

§ 33 Mehrere Verursacher

(1) Sind für einen Schaden, der durch ein nukleares Ereignis oder in sonstiger Weise durch die Wirkung eines Kernspaltungsvorgangs oder der Strahlen eines radioaktiven Stoffes oder durch die von einem Beschleuniger ausgehende Wirkung ionisierender Strahlen verursacht ist, mehrere einem Dritten kraft Gesetzes zum Schadensersatz verpflichtet, so haften sie, sofern sich nicht aus Artikel 5 Abs. d des Pariser Übereinkommens etwas anderes ergibt, dem Dritten gegenüber als Gesamtschuldner.

(2) ¹In den Fällen des Absatzes 1 hängt im Verhältnis der Ersatzpflichtigen untereinander die Verpflichtung zum Ersatz von den Umständen, insbesondere davon ab, inwieweit der Schaden vorwiegend von dem einen oder anderen Teil verursacht worden ist, sofern sich aus Artikel 5 Abs. d des Pariser Übereinkommens nicht etwas anderes ergibt. ²Der Inhaber einer Kernanlage ist jedoch nicht verpflichtet, über die Haftungshöchstbeträge des § 31 Abs. 1 und 2 hinaus Ersatz zu leisten.

Literatur: *Deutsch/Ahrens*, Deliktsrecht, 5. Aufl. 2009; *Fuchs/Pauker/Baumgärtner*, Delikts- und Schadensersatzrecht, 9. Aufl. 2017.

I. Allgemeines

§ 33 regelt die Haftung von **mehreren Ersatzpflichtigen.** Die Vorschrift gilt 1
für alle Haftungstatbestände des Atomgesetzes, soweit nicht das Pariser Übereinkommen (§ 25) und das Brüsseler Reaktorschiff-Übereinkommen (§ 25a) für ihre Anwendungsbereiche eigene Bestimmungen vorsehen (*Haedrich* AtG § 33 Rn. 1). Ist das Pariser Übereinkommen anwendbar, so gilt die Vorschrift ausdrücklich nicht, sofern sich aus Art. 5 Abs. (d) PÜ etwas anderes ergibt (→ PÜ Art. 5 Rn. 6 ff.; auch *Haedrich* AtG § 33 Rn. 1). § 33 Abs. 1 begründet eine gesamtschuldnerische Haftung der Ersatzpflichtigen im Verhältnis zu den Gläubigern (§ 421 BGB). Abs. 2 regelt den Ausgleich zwischen den Ersatzpflichtigen im Innenverhältnis.

Die Haftung mehrerer Ersatzpflichtiger ist in **zahlreichen Kombinationen** 2
denkbar (nicht abschließende Zusammenstellung der Möglichkeiten bei *Haedrich* § 33 Rn. 2; auch bereits *Fischerhof* Dt. AtomG § 33 Rn. 2). Es können zB mehrere Inhaber ein und derselben Kernanlage oder die Inhaber unterschiedlicher Kernanlagen gemeinsam ersatzpflichtig sein. Die Beförderung von Kernmaterialien auf einem Reaktorschiff kann bei einem durch Schiff und Materialien verursachten nuklearen Ereignis eine Ersatzpflicht des Inhabers des Schiffes und des Inhabers der Kernanlage der beförderten Materialien begründen. Ein Isotopenlabor und ein Arzt sind gem. § 26 für einen gemeinsam verursachten Schaden schadensersatzpflichtig. Auch durch unabhängiges Handeln oder Zusammenwirken selbständiger Ursachen kann eine Gesamtschuld für die unabhängig voneinander handelnden Verursacher (sog. Nebentäter) entstehen, vorausgesetzt für den einzelnen Verursacher ist ein adäquater Ursachenzusammenhang zum Schaden nachweisbar (Nachweise bei *Fischerhof* Dt. AtomG § 33 Rn. 2).

Allerdings kann ein **Gesamtschuldverhältnis nicht entstehen,** wenn ein Er- 3
eignis, das eine Haftung nach dem Pariser Übereinkommen iVm § 25 für den Inhaber einer Kernanlage begründet, und ein Ereignis, das für eine andere Person

eine Haftung nach anderen Rechtsgründen mit Einschluss des § 26 begründet, gemeinsam einen Schaden verursachen. Der Grundsatz der **rechtlichen Kanalisierung der Haftung** auf den Inhaber der Kernanlage gem. Art. 6 PÜ (→ PÜ Art. 6 Rn. 1 ff.) schließt neben der Haftung nach dem Übereinkommen eine Haftung anderer Personen nach anderen Rechtsgründen aus (vgl. aber Art. 3 Abs. (b) S. 1 PÜ sowie S. 2 dieser Bestimmung; → Rn. 5).

II. Mehrere nach § 26 AtG Ersatzpflichtige

4 § 33 AtG ist anwendbar, wenn **mehrere Personen auf Grund des § 26 haftpflichtig** sind (s. dazu den Beispielsfall bei *Raetzke* in NK-AtomR § 33 Rn. 5). Das gilt auch, wenn der nach § 26 Abs. 1 Haftpflichtige oder weitere Personen gem. § 26 Abs. 7 nach anderen Gesetzen in weiterem Umfang haftbar sind als nach § 26. § 33 ist *lex specialis* im Verhältnis zu Bestimmungen anderer Gesetze, die die Verhältnisse von mehreren Haftpflichtigen regeln, zB § 840 BGB, § 13 HaftPflG. Sind der nach § 26 Ersatzpflichtige oder mögliche andere Ersatzpflichtige daneben auch nach ausländischem Recht haftpflichtig, so ist ebenfalls § 33 anwendbar, sofern nicht das Internationale Privatrecht auf eine andere Rechtsordnung verweist.

III. Mehrere nach Atomhaftungsübereinkommen Ersatzpflichtige

5 Sind in Fällen, bei denen eine Haftung nach internationalen Atomhaftungsübereinkommen iVm § 25 oder § 25a AtG in Betracht kommt, mehrere Personen ersatzpflichtig, ist § 33 nur dann anwendbar, wenn sich aus den Übereinkommen nichts anderes ergibt. Es ist also zunächst zu prüfen, ob die Übereinkommen eigene Bestimmungen über die Haftung mehrerer Ersatzpflichtiger enthalten. Im Pariser Übereinkommen regeln Art. 3 Abs. (b) und Art. 5 Abs. (d) die Haftung mehrerer Haftpflichtiger; im Brüsseler Reaktorschiff-Übereinkommen enthalten die Art. IV und Art. VII identische oder ähnliche Regelungen. Die Fälle des Art. 5 Abs. (d) PÜ (→ PÜ Art. 5 Rn. 6ff.) sind gem. § 33 Abs. 1 bereits ausdrücklich aus dem Anwendungsbereich der Norm ausgenommen. Lediglich in den in **Art. 3 Abs. (b) S. 2 PÜ** (→ PÜ Art. 3 Rn. 18 f.) geregelten Fällen kommt § 33 zur Anwendung, nämlich dann, wenn der Schaden gemeinsam durch ein nukleares Ereignis und durch eine nicht von dem Übereinkommen erfasste radioaktive Strahlung verursacht wurde. Das Übereinkommen lässt in diesen Fällen die Haftung des für die sonstige Strahlung Verantwortlichen unberührt, er haftet neben dem nach dem Übereinkommen haftenden Ersatzpflichtigen. Diese Bestimmung ist im Ergebnis eine **Abweichung von dem Grundsatz der rechtlichen Kanalisierung** (→ PÜ Art. 6 Rn. 1 ff.). Weder das Exposé des Motifs 1960 (No. 8 letzter Absatz) noch das Exposé des Motifs 2004 (No. 17) vermögen die *ratio* dieser von einem tragenden Grundsatz des Übereinkommens abweichenden Bestimmung befriedigend zu erklären (→ PÜ Art. 3 Rn. 18, 19).

6 Bei **Alternativtäterschaft** kann auf die Rechtsprechung des BGH zur entsprechenden Anwendung des **§ 830 Abs. 1 S. 2 BGB** auch auf Gefährdungshaftungstatbestände verwiesen werden (zB BGHZ 55, 96 (98ff.) = NJW 1971, 509; BGHZ 142, 227 = NJW 1999, 3633). Die Beweiserleichterung des § 830 Abs. 1 S. 2 BGB gilt danach auch im Rahmen der nuklearen Gefährdungshaftung.

IV. Gesamtschuldnerische Haftung (Abs. 1)

§ 33 Abs. 1 ordnet für die mehreren Ersatzpflichtigen eine **gesamtschuldneri-** 7
sche Haftung iSv § 421 BGB an. Jeder der Ersatzpflichtigen ist danach verpflichtet,
die „ganze Leistung zu bewirken", jedoch kann der Gläubiger diese nur einmal fordern. Diese Rechtskonstruktion verbessert die Position des Verletzten, er hat nunmehr mehrere Anspruchsgegner, die Bonität seines Anspruchs steigt. Das Insolvenz-
risiko des einzelnen Schädigers wird auf die Gesamtheit der Schuldner verlagert. „Der
Gläubiger ist gewissermaßen ein juristischer Pascha" (*Heck, Grundriß des Schuldrechts,*
1929, 234; im Einzelnen hierzu Rechtsprechung und Schrifttum zur Gesamtschuld,
knapp zusammenfassend zB *Deutsch/Ahrens,* Deliktsrecht, Rn. 200 ff.); *Fuchs/Pauker/
Baumgärtner,* Delikts- und Schadensersatzrecht, 267 f.; auch BT-Drs. 7/2183, 27).

Die gem. § 33 begründete gesamtschuldnerische Haftung gilt nur im Bereich des 8
gemeinsamen Haftungsbetrags der Schuldner, jenseits dieses Betrags endet diese
Haftungsform und jeder haftet selbständig im Rahmen seiner Haftungshöchstsumme. Wenn Haftungsbegrenzungen bestehen, ergibt sich der Haftungshöchstbetrag für das jeweilige nukleare Ereignis aus der **Summe der Haftungsbeträge**
der mehreren Haftpflichtigen. Die Haftungshöchstsummen werden somit kumuliert *(Fischerhof* Dt. AtomG § 33 Rn. 3, 13; *Haedrich*
AtG § 33 Rn. 6 mwN). Auch bei den in Art. 5 Abs. (d) PÜ erfassten Fällen einer
Haftung mehrerer Inhaber von Kernanlagen werden die Haftungssummen kumuliert (*Fischerhof* Dt. AtomG § 33 Rn. 13; → PÜ Art. 5 Rn. 6 ff.).

Eine Ausnahme von der Kumulierung sieht jedoch Art. 5 Abs. (d) PÜ für die 9
Fälle einer **Beförderung von Kernmaterialien** vor, die sich auf ein und demselben Beförderungsmittel oder bei einer mit einer Beförderung in Verbindung stehenden Lagerung in ein und derselben Kernanlage befinden: hier bemisst sich der
Gesamthaftungsbetrag nach dem **höchsten Betrag,** der für einen der Ersatzpflichtigen gilt (→ PÜ Art. 5 Rn. 8).

V. Interner Ausgleich der Ersatzpflichtigen (Abs. 2)

§ 33 Abs. 2 regelt den internen Ausgleich zwischen mehreren Ersatzpflichtigen. 10
Ausgeglichen werden die nach Abs. 1 der Vorschrift bestehenden **gesamtschuldnerischen Verpflichtungen.** Dazu zählen auch Ansprüche, die auf § 26 Abs. 7 beruhen. Dagegen gehören etwaige **vertragliche Ersatzansprüche** nicht zu den in
Abs. 1 genannten Ansprüchen („einem Dritten kraft Gesetzes zum Schadensersatz
verpflichtet") und unterliegen somit auch nicht der Ausgleichsregelung gem.
Abs. 2; insoweit ist bei Fehlen ausdrücklicher vertraglicher Ausgleichsregelungen
auf allgemeine zivilrechtliche Ausgleichsgrundsätze zurückzugreifen, zB Ausgleich
zu gleichen Teilen (auch *Haedrich* AtG § 33 Rn. 7; grundsätzlich zum Ausgleich
auch bereits *Mattern/Raisch* § 34 Rn. 3 ff.).

Die Vorschrift stellt als **Ausgleichsgrundregel,** sofern sich nicht aus Art. 5 11
Abs. (d) PÜ etwas anderes ergibt, auf die „Umstände" ab und macht den Ausgleich
insbesondere davon abhängig, „inwieweit der Schaden vorwiegend von dem einen
oder anderen Teil verursacht worden ist". Maßgebend ist somit der jeweilige **Verur-
sachungsanteil** der Ersatzpflichtigen. In Abweichung von der Regel des § 426
BGB, die zu einem Ausgleich zu gleichen Anteilen verpflichtet, soll hier eine Abwägung der Verursachungsanteile erfolgen (§ 426 BGB: „zu gleichen Anteilen [...],

soweit nicht ein anderes bestimmt ist"). Die von der Vorschrift in Anlehnung an § 254 Abs. 1 BGB geforderte Abwägung der Verursachungsanteile ist grundsätzlich durchaus angemessen. Auf der anderen Seite macht der Rekurs auf die Verursachung zugleich aber auch die besondere Problematik von Strahlenschäden zu einem Entscheidungselement (→ PÜ Art. 3 Rn. 5 ff.). Vielfach dürfte es schwierig sein, den Ursachenzusammenhang zwischen Schaden und Ereignis nachzuweisen. Auch können sog. Spätschäden zu langen und vor allem zu unterschiedlich langen Latenzzeiten führen. Das dürfte es erschweren, die jeweiligen Verursachungsanteile zu ermitteln und zum Ausgleichsmaßstab zu machen. Ein Ausgleich zu gleichen Teilen dürfte deshalb wohl in vielen Fällen vorzuziehen sein.

12 Gemäß Abs. 2 S. 2 ist der Inhaber einer Kernanlage im Rahmen des Ausgleichs nicht verpflichtet, über die **Haftungshöchstbeträge des § 31 Abs. 1 und 2** hinaus Ersatz zu leisten. Diese Regelung setzt den Art. 5 Abs. (d) S. 2 PÜ um (BT-Drs. 7/2183, 27; → PÜ Art. 5 Rn. 9). Die Haftung des Inhabers ist gem. § 31 Abs. 1 S. 1 summenmäßig unbegrenzt, in den Fällen des § 31 Abs. 1 S. 2 und Abs. 2 summenmäßig auf Beträge unterschiedlicher Höhe begrenzt (→ § 31 Rn. 9 ff.). Bei der Ermittlung des jeweiligen Ausgleichs wird das zuständige Gericht zu prüfen haben, ob und welche Höchstbeträge im Rahmen der konkreten Ersatzleistung in Betracht kommen. Das dürfte den Ausgleich komplizieren. Da aber wohl davon auszugehen ist, dass jedenfalls bei einem nuklearen Ereignis, das von einer Kernanlage ausgeht, regelmäßig zunächst Inlandschäden entstehen, für die die summenmäßig unbegrenzte Haftung nach § 31 Abs. 1 S. 1 gilt, dürfte diese auch als Haftungshöchstbetrag iSv § 33 Abs. 2 S. 2 festgelegt werden.

13 Das Höchstgrenzenprivileg des § 33 Abs. 2 S. 2 gilt nicht für **Haftungsfälle auf Grund des § 25a und des § 26.** Hier wird das zuständige Gericht unter Berücksichtigung der Besonderheiten des Einzelfalles jeweils eine angemessene Ausgleichslösung finden müssen.

§ 34 Freistellungsverpflichtung

(1) ¹Haben sich infolge von Wirkungen eines nuklearen Ereignisses gesetzliche Schadensersatzverpflichtungen des Inhabers einer im Geltungsbereich dieses Gesetzes *[künftige Fassung: im Inland]* gelegenen Kernanlage nach den Bestimmungen des Pariser Übereinkommens in Verbindung mit § 25 Abs. 1 bis 4 sowie des Pariser Übereinkommens und des Gemeinsamen Protokolls in Verbindung mit § 25 Abs. 1 bis 4 oder auf Grund des auf den Schadensfall anwendbaren Rechts eines fremden Staates oder in den Fällen des § 26 Abs. 1a ergeben, so hat der Bund den Inhaber der Kernanlage oder den Besitzer radioaktiver Stoffe von Schadensersatzverpflichtungen freizustellen, soweit diese von der Deckungsvorsorge nicht gedeckt sind oder aus ihr nicht erfüllt werden können. ²Der Höchstbetrag der Freistellungsverpflichtung beträgt 2,5 Milliarden Euro. ³Die Freistellungsverpflichtung beschränkt sich auf diesen Höchstbetrag abzüglich des Betrages, in dessen Höhe die entstandenen Schadensersatzverpflichtungen von der Deckungsvorsorge gedeckt sind und aus ihr erfüllt werden können.

(2) Ist nach dem Eintritt eines schädigenden Ereignisses mit einer Inanspruchnahme der Freistellungsverpflichtung zu rechnen, so ist der Inhaber der Kernanlage oder der Besitzer eines radioaktiven Stoffes verpflichtet,

Freistellungsverpflichtung § 34 AtG

1. dem von der Bundesregierung bestimmten Bundesministerium dieses unverzüglich anzuzeigen,
2. dem zuständigen Bundesministerium unverzüglich von erhobenen Schadensersatzansprüchen oder eingeleitete Ermittlungsverfahren Mitteilung zu machen und auf Verlangen jede Auskunft zu erteilen, die zur Prüfung des Sachverhalts und seiner rechtlichen Würdigung erforderlich ist,
3. bei außergerichtlichen oder gerichtlichen Verhandlungen über die erhobenen Schadensersatzansprüche die Weisungen des für die kerntechnische Sicherheit und den Strahlenschutz zuständigen Bundesministeriums zu beachten,
4. nicht ohne Zustimmung des für die kerntechnische Sicherheit und den Strahlenschutz zuständigen Bundesministeriums einen Schadensersatzanspruch anzuerkennen oder zu befriedigen, es sei denn, daß er die Anerkennung oder Befriedigung ohne offenbare Unbilligkeit nicht verweigern kann.

(3) Im Übrigen finden auf die Freistellungsverpflichtung die §§ 83 und 87 und die Vorschriften des Teils 2 Kapitel 1 des Versicherungsvertragsgesetzes mit Ausnahme der §§ 103 und 118 entsprechende Anwendung, ohne dass gegen den zur Freistellung Verpflichteten ein Direktanspruch im Sinn von § 115 des Versicherungsvertragsgesetzes begründet wird.

[Der in kursiv gedruckte Text enthält die Fassung des noch nicht in Kraft getretenen Gesetzes vom 29. 8. 2008 (BGBl. I 1793).]

Übersicht

	Rn.
I. Allgemeines	1
1. Entstehungsgeschichte	1
a) Brookhaven Report	1
b) Price-Anderson Gesetzgebung	2
c) Internationale Entwicklung	3
d) Deutsche Gesetzgebung	4
e) Verpflichtung aus dem Pariser Übereinkommen	7
2. Rechtsnatur der Freistellungsverpflichtung	8
3. Freistellungsverpflichtung als staatliche Beihilfe?	9
II. Tatbestand (Abs. 1 S. 1)	15
III. Höchstbetrag der Freistellung; öffentliche Mittel nach dem Brüsseler Zusatzübereinkommen (Abs. 1 S. 2)	20
IV. Verhaltenspflichten des Ersatzpflichtigen (Abs. 2)	21
V. Entsprechende Geltung des Versicherungsvertragsgesetzes (Abs. 3)	24

Literatur: *Cremer* in Calliess/Ruffert, EUV/AEUV, 5. Aufl. 2016, Kommentierung zu Art. 107 AEUV; *Van Dyke*, Liability and Compensation for Harm Caused by Nuclear Activities, Denver Journal of International Law & Policy 35 No. 1 (Winter 2006), 13; *Pelzer*, Nuclear Accidents: Models for Reparation, in Black-Branch/Fleck, Nuclear Non-Proliferation in International Law. Volume III. Legal Aspects of the Use of Nuclear Energy for Peaceful Purposes, 2016, 355; *R. Schmidt*, Zur Versicherung von Kernenergierisiken, Versicherungswirtschaft 1958, 721; *Ziegler*, Die Freistellungsverpflichtung des Bundes im Lichte der Atomgesetznovelle zur Übernahme der europäischen Atomhaftungs-Konventionen, 3. Deutsches Atomrechts-Symposium, 1975, 289 (zit. 3. AtRS 1975).

AtG § 34 Vierter Abschnitt Haftungsvorschriften

I. Allgemeines

1. Entstehungsgeschichte

1 **a) Brookhaven Report.** Die staatliche Freistellungsverpflichtung des § 34 sieht ergänzende Entschädigung durch staatliche Mittel vor, wenn die private Deckungsvorsorge des Haftpflichtigen nicht vorhanden ist oder nicht ausreicht. Sie hat ihre Wurzeln insbesondere in **Risikoabschätzungen** für große Kernkraftwerke, die Ende der 1950er Jahre in den USA durchgeführt wurden. Die U.S. Atomic Energy Commission (USAEC) veröffentlichte im Jahr 1957 den sog. **Brookhaven Report** „Theoretical Possibilities and Consequences of Major Accidents in Large Nuclear Power Plants" (WASH-740; abrufbar als Faksimile auf: https://en.wikipedia.org/wiki/WASH-740, zul. abgerufen am 26.10.2020). Der Report prognostizierte für den „maximum credible accident" 3.400 Tote, 43.000 Verletzte und einen Vermögensschaden von 7 Mrd. USD, was im Jahre 2012 als Folge der Inflation einem Vermögensschaden von 125 Mrd. USD entsprochen hätte. Diese Annahmen wurden durch Nachfolgeberichte als unrealistisch widerlegt, 1975 WASH-1400 „Rasmussen Report"; 1982 CRAC-II; 1991 NUREG-1150 (WASH-1400, abrufbar auf: https://euronuclear.org/Glossary/rasmussen-report/; CRAC II, abrufbar auf https://en.wikipedia.org/wiki/CRAC-II; NUREG-1150, abrufbar auf https://en.wikipedia.org/wiki/NUREG-1150; alle zul. abgerufen am 26.10.2020).

2 **b) Price-Anderson Gesetzgebung.** Der Brookhaven Report erwies sich unabhängig von diesen späteren Bewertungen als einflussreich. Er machte nämlich deutlich, dass nukleare Unfälle Größenordnungen von Schäden verursachen können, die im Rahmen eines zivilrechtlichen Haftungsrechts mit privaten Mitteln, insbesondere auch nicht durch die Versicherungswirtschaft, gedeckt werden konnten. Es bedurfte hierzu staatlicher Hilfe. Der am 2.9.1957 von den Vereinigten Staaten erlassene **Price-Anderson Act** (Public Law 85-256 = 71 Stat. 576 = Section 170 Atomic Energy Act 1954 as amended (US AEA), Public law 83-703 = 68 Stat. 919) war das erste Atomhaftungsgesetz der Welt, und er setzte die Erkenntnisse des Brookhaven Reports um: der Staat übernimmt die Deckung des nicht versicherbaren Risikos. Gemäß Section 170 (c) US AEA gewährt der Staat auf der Grundlage eines abzuschließenden „indemnification agreement" jenseits der privaten sog. „prime tier coverage" von derzeit 375 Mio. USD **weitere Deckung bis zum Betrag von derzeit mehr als 13 Mrd. USD**, und diese Summe begrenzt auch zugleich die Haftung des Betreibers. Siehe dazu als Kurzinformation: *U. S. NRC,* Backgrounder in Nuclear Insurance and Disaster Relief, abrufbar auf: https://www.nrc.gov/reading-rm/doc-collections/fact-sheets/nuclear-insurance.html, zuletzt aufgerufen am 4.11.2020.

3 **c) Internationale Entwicklung.** Der **deutsche Atomgesetzgeber** nahm das amerikanische Konzept des staatlichen Eintritts bei Großschäden auf und ergänzte die Haftungsvorschriften des Atomgesetzes um Vorschriften über eine staatliche Freistellungsverpflichtung (§ 36 AtG 1959). Gleiches gilt für das **schweizerische Bundesgesetz** über die friedliche Verwendung der Atomenergie und den Strahlenschutz vom 23.12.1959 (AS 1960, 541, dort Art. 27, 28 „Großschäden"). Das Pariser Übereinkommen von 1960 wurde bereits 1963 durch das Brüsseler Zusatzübereinkommen ergänzt, das in seinem Art. 3 ein System ergänzende Entschädigung durch öffentliche Mittel vorsieht (→ PÜ Vor Rn. 3 f.). Heute entspricht das Konzept des

Freistellungsverpflichtung **§ 34 AtG**

Price-Anderson Act dem internationalen Standard des Atomhaftungsrechts. Es ist auch in der 1997 Convention on Supplementary Compensation for Nuclear Damage (CSC) enthalten (→ PÜ Vor Rn. 8; rechtsvergleichender Überblick zum Staatseintritt, Stichwort „public funds" abrufbar unter https://www.oecd-nea.org/law/table-liability-coverage-limits.pdf, zul. abgerufen am 26.10.2020).

d) Deutsche Gesetzgebung. Die **ursprüngliche Fassung** der Vorschrift 4 über die staatliche Freistellung (§ 36 AtG 1959) war **zeitlich beschränkt** auf Personen, die bis zum 31.12.1970 die erforderliche Genehmigung erhalten und den Betrieb der Anlage oder die Ausführung der Tätigkeit begonnen haben. Der Gesetzgeber berief sich auf die amerikanische Price-Anderson-Gesetzgebung und führte ergänzend aus (BT-Drs. 3/759, 39): „Ein solches Eintreten des Bundes ist notwendig. Die Möglichkeit, dass sich beim Betrieb von Atomanlagen Großschäden ereignen, ist zwar außerordentlich gering. Sie kann aber nicht mit letzter Sicherheit ausgeschlossen werden. Besteht aber eine, wenn auch sehr entfernte Möglichkeit von Großschäden, so müssen sich die möglicherweise zur Haftung Verpflichteten im Interesse ihrer eigenen wirtschaftlichen Existenz und im Interesse der Geschädigten gegen ein solches Risiko schützen können, Im Augenblick ist es noch nicht möglich, für ein solches Katastrophenrisiko ausreichenden Haftpflichtversicherungsschutz zu erlangen. [...] Zum mindesten für die nächsten Jahre erscheint ein ausreichender Schutz der Atomwirtschaft und der Allgemeinheit gegen die mit dem Betrieb von Atomanlagen verbundenen Risiken ohne Mithilfe des Staates auch in der Bundesrepublik unmöglich. Diese rechtfertigt sich aus der gesetzlichen Zulassung und Förderung einer privatwirtschaftlich nicht völlig abdeckbaren Gefahrenquelle, die aber im Interesse der Wettbewerbsfähigkeit der Bundesrepublik in der Welt und damit im Interesse der Sicherung von Arbeitsplätzen in Kauf genommen werden muß."

Auffällig an dieser Begründung ist, dass sie an erster Stelle auf die „wirtschaftliche 5 Existenz" der Verpflichteten/„Schutz der Atomwirtschaft" und erst an zweiter Stelle auf das „Interesse der Geschädigten/Schutz der Allgemeinheit" abstellt. Die Freistellung wurde ursprünglich offenbar vor allem als **Wirtschaftsförderungsmaßnahme** verstanden (*Haedrich* AtG § 37 Rn. 1; aber auch *Mattern/Raisch* § 36 Rn. 2, die jedoch zugleich auch eine „Ausformung des Sozialstaatsprinzips" erkennen, das den Staat verpflichte, für den Ersatz des Schadens einzutreten). Durch das Dritte Änderungsgesetz zum Atomgesetz vom 15.7.1975 (BGBl. I 1885) wurde der Wortlaut der Vorschrift geändert, und es wurde insbesondere die zeitliche Befristung gestrichen (zur Begründung BT-Drs.7/2183, 27 ff.).

Die **derzeit geltende Fassung** der Vorschrift über die staatliche Freistellungs- 6 verpflichtung, nunmehr § 34 AtG, ist ohne zeitliche Befristung und entstammt dem Änderungsgesetz vom 8.12.2010 (BGBl. I 1814). Seine Begründung geht auf die Grundlagen des Staatseintritts nicht mehr ein, sondern begründet, dass und warum der Bund nunmehr die Freistellung allein trägt und ein Länderbeitrag entfallen könne, darüber hinaus handele es sich nur um redaktionelle Folgeänderungen (BT-Drs. 17/3051, 9; wegen Ausnahmen vgl. § 39 AtG; zur Geschichte der Vorschrift siehe auch *Raetzke* in NK-AtomR § 34 Rn. 1 ff.).

e) Verpflichtung aus dem Pariser Übereinkommen. Mit der Freistellungs- 7 verpflichtung erfüllt der Gesetzgeber zugleich die **völkerrechtliche Verpflichtung Deutschlands aus Art. 10 Abs. (c) PÜ** idF des **Protokolls 2004**. Diese Vertragsbestimmung verpflichtet die Vertragsparteien sicherzustellen, dass Schadensersatzansprüche gegen den Inhaber der Kernanlage befriedigt werden kön-

Pelzer 607

nen, auch wenn die obligatorische private Deckungsvorsorge nicht vorhanden ist oder nicht ausreicht. Zu diesem Zweck hat die Vertragspartei, in deren Hoheitsgebiet die Kernanlage des haftenden Inhabers gelegen ist, die „notwendigen Mittel" bereitzustellen, und zwar bis zu einem Betrag, „der nicht unter dem in Artikel 7 (a) oder Artikel 21 (c) genannten Betrag liegen darf". Der hier in Betracht kommende Betrag ist der des Art. 7 Abs. (a) PÜ und damit mindestens 700 Mio. EUR. Der Freistellungsbetrag von bis zu 2,5 Mrd. EUR erfüllt diese Bedingung.

2. Rechtsnatur der Freistellungsverpflichtung

8   Die Rechtsnatur der staatlichen Freistellung war zunächst Gegenstand lebhafter kontroverser juristischer Diskussionen (mit zahlreichen Nachweisen *Ziegler,* 3. AtRS 1975, 289 ff.; *Fischerhof* Dt. AtomG § 34 Rn. 1 ff.; *Haedrich* AtG § 34 Rn. 4). Es besteht kein Anlass, diese Diskussion erneut aufzunehmen. Es genügt festzuhalten, dass die Freistellungverpflichtung des Bundes ein Rechtsverhältnis umschreibt, das trotz der Bereitstellung öffentlicher Mittel nicht öffentlich-rechtlicher, sondern **zivilrechtlicher Natur** ist. Sie ist dem Modell der Haftpflichtversicherung nachgebildet. Sie ist ein **„versicherungsähnliches Rechtsverhältnis"** (*R. Schmidt* Versicherungswirtschaft 1958, 721 (724); *Raetzke* in NK-AtomR § 34 Rn. 8; vgl. auch § 34 Abs. 3; aber *Haedrich* AtG § 34 Rn. 4: „Eine staatliche Rolle auf dem Gebiet der Versicherung war mit der Freistellungsregelung nicht beabsichtigt.").

3. Freistellungsverpflichtung als staatliche Beihilfe?

9   Dass der Gesetzgeber ursprünglich die Freistellung wohl zuvörderst als eine Wirtschaftsförderungsmaßnahme verstand und den Schutz der Allgemeinheit vor den Risiken der friedlichen Kernenergienutzung erst als zweiten Zweck sah (→ Rn. 4), wirft die Frage auf, ob die Freistellungsverpflichtung des Bundes nicht eine **Beihilfe im Sinne des EU-Rechts** zugunsten der Betreiber ist. Der Begriff „Beihilfe" ist weit auszulegen und umfasst „Maßnahmen, die gleich in welcher Form (Tun oder Unterlassen) die Belastungen verringern, die ein Unternehmen normalerweise zu tragen hat" (*Cremer* in Calliess/Ruffert AEUV Art. 107 Rn. 10). Die Freistellung nach dem Atomgesetz wurde gewährt, weil es nicht möglich war, privatwirtschaftlich für einen „Katastrophenrisiko ausreichenden Haftpflichtversicherungsschutz zu erlangen" (amtliche Begründung, → Rn. 4). Auch wird die Freistellung ohne Gebühr, also ohne Gegenleistung des Begünstigten, vom Bund garantiert. Das alles scheint für die Förderungszweckbestimmung der Freistellungsverpflichtung und daher für die Qualifizierung als Beihilfe zu sprechen. Dann aber könnte § 34 AtG gegen Unionsrecht verstoßen. Denn dieses enthält ein Beihilfeverbot und lässt Beihilfen nur in abschließend aufgezählten Ausnahmen zu (Art. 107 ff. AEUV).

10   Gemäß **Art. 107 Abs. 1 AEUV** (ex-Artikel 87 EGV) sind, soweit in den Verträgen nichts anderes bestimmt ist, „staatliche oder aus staatlichen Mitteln gewährte Beihilfen gleich welcher Art, die durch die Begünstigung bestimmter Unternehmen oder Produktionszweige den Wettbewerb verfälschen oder zu verfälschen drohen, mit dem Binnenmarkt unvereinbar, soweit sie den Handel zwischen Mitgliedstaaten beeinträchtigen." Diese Begriffsbestimmung der Beihilfe wird ausführlich erläutert in einer 50 Seiten umfassenden **Bekanntmachung der Kommission** (ABl. 2016 C 262, 1). Dass die Kommission staatliche Eintrittspflichten zur Erfüllung atomrechtlicher Schadensersatzansprüche durchaus unter dem Blickwinkel

Freistellungsverpflichtung　　　　　　　　　　　　　　　**§ 34 AtG**

der Beihilfe prüft, ist dem Verf. auch aus Diskussionen im Rahmen des Nuclear Law Committee des Kernenergie-Agentur der OECD bekannt. Gleichwohl bestehen begründete Zweifel, ob § 34 ebenfalls als – unerlaubte – Beihilfe qualifiziert werden kann.

Die Diskussionen im Nuclear Law Committee (→ Rn. 8) betrafen nationale **11** Regelungen, die vorsehen, summenmäßig auf relativ niedrigem Niveau begrenzte Haftungsverpflichtungen der Betreiber durch staatliche Ersatzleistungen zu ergänzen. Hier liegt es schon wegen der ebenfalls die Atomwirtschaft fördernden summenmäßigen Haftungsbegrenzung nahe, die Möglichkeit einer Beihilfe zu prüfen (*Van Dyke* Denver Journal of International Law & Policy 35 No. 1 (Winter 2006), 1346; *Pelzer* in Black-Branch/Fleck, Nuclear Non-Proliferation in International Law. Volume III. Legal Aspects of the Use of Nuclear Energy for Peaceful Purposes, 2016, 373 (385 ff.)). Ein zusätzlicher Staatseintritt bei Unzulänglichkeit der privaten Deckung könnte in diesen Fällen als weitere Beihilfemaßnahme angesehen werden. Das jedoch gilt nicht für § 34. Die Haftung nach dem Atomgesetz ist nicht summenmäßig begrenzt, und staatliche Eintrittsverpflichtungen befreien den Ersatzpflichtigen nicht von seiner fortgeltenden Schadensersatzpflicht. § 34 begründet eine subsidiäre Eintrittspflicht des Staates, wenn eine Deckung der Haftung mit privaten Mitteln nicht oder nicht ausreichend zur Verfügung steht. Die in der ursprünglichen Gesetzesbegründung offensichtliche Betonung der Wirtschaftsförderung als Zweck der Vorschrift (→ Rn. 4) hat durch die Einführung der unbegrenzten Haftung und einer obligatorischen Deckungsvorsorge von bis zu 2,5 Mrd. EUR ihre Bedeutung verloren. Die gedeckte Schadenshöhe bewegt sich nunmehr auf der Höhe einer nationalen Katastrophe. Die Freistellung dient deshalb zunächst und vorrangig dem Opferschutz. Sie konkretisiert die Pflicht des Staates zum Schutz seiner Bürger und anderer Personen vor den Folgen eines katastrophalen nuklearen Ereignisses. Der mit der Freistellung auch bezweckte Wirtschaftsförderungszweck (→ § 37 Rn. 1) tritt dahinter zurück. Die Freistellungsverpflichtung gem. § 34 ist sonach **keine Beihilfe** iSv Art. 107 Abs. 1 AEUV (hierzu auch das Hinkley Point-Urteil des EuG v. 12.7.2018 – Rs. T-356/15, BeckRS 2018, 14894, Rechtsmittel anhängig unter C-594/18 P). Der Gerichtshof lässt in diesem Urteil Beihilfen zur Förderung der zivilen Kernenergienutzung unter bestimmten Voraussetzungen zu.

Offensichtlich hält auch die **Kommission** den Staatseintritt gem. § 34 nicht für **12** eine unzulässige Beihilfe. Sie hat gem. Art. 108 Abs. 1 AEUV „fortlaufend in Zusammenarbeit mit den Mitgliedstaaten die in diesen bestehenden Beihilferegelungen" zu überprüfen und ggf. „die zweckdienlichen Maßnahmen" vorzuschlagen, „welche die fortschreitende Entwicklung und das Funktionieren des Binnenmarkts erfordern.". Die Freistellungsverpflichtung gilt in ihrer Grundstruktur unverändert seit 1960. Sie war den Organen der Europäischen Gemeinschaften/Union bekannt und wurde **niemals als mögliche Beihilfe beanstandet**. Die deutsche Freistellungsverpflichtung war nicht Gegenstand kritischer Diskussionen im Rahmen der EU-Aktivitäten zum Atomhaftungsrecht der jüngeren Zeit (→ Vor §§ 25–40c Rn. 134).

Dass die Union die **Freistellungsverpflichtung nicht als unzulässige Bei-** **13** **hilfe** einordnet, folgt aber auch zwingend spätestens aus der Entscheidung des Rates 2004/294/EG (ABl. 2004 L 97, 53), welche die Mitgliedstaaten, die auch Vertragsparteien des Pariser Übereinkommens sind, ermächtigt, das hierzu beschlossene Änderungsprotokoll von 2004 „im Interesse der Gemeinschaft" zu ratifizieren oder diesem beizutreten. Das Änderungsprotokoll fügt eine neue Bestimmung in das Pariser Übereinkommen ein, nämlich den Art. 10 Abs. c, der die Vertragsparteien

Pelzer　　　609

verpflichtet, mit öffentlichen Mitteln einzutreten, wenn Schadensersatzansprüche aus der Deckungsvorsorge des Ersatzpflichtigen nicht erfüllt werden können (→ Rn. 5). Diese Bestimmung ist inhaltlich mit § 34 identisch. Es wäre ein ‚venire contra factum proprium' der Union, wenn sie einerseits ausdrücklich zur Ratifizierung des Art. 10 Abs. (c) PÜ 2004 ermächtigte und andererseits zugleich die damit verbundene Eintrittspflicht des Staates als unzulässige Beihilfe qualifizierte.

14 Würde man die Freistellungsverpflichtung gleichwohl als Beihilfe qualifizieren, so wäre zu prüfen, ob sie nicht als eine **mit dem Binnenmarkt vereinbare Beihilfe** gem. Art. 107 Abs. 2 AEUV (*Cremer* in Calliess/Ruffert AEUV Art. 107 Rn. 42) eingeordnet werden könnte. Sie könnte beispielsweise in direkter oder entsprechender Anwendung als eine Beihilfe „zur Beseitigung von Schäden, die durch Naturkatastrophen oder *sonstige außergewöhnliche Ereignisse* entstanden sind" (Hervorhebung vom Verf.) angesehen werden (Art. 107 Abs. 2 lit. b AEUV; zu den Einzelheiten der Feststellung der Vereinbarkeit einer Beihilfe mit dem Binnenmarkt VO (EU) Nr. 651/2014; ferner VO (EU) 2015/1588; vgl. auch EuG Urt. v. 12.7.2018 – Rs. T-356/15, BeckRS 2018, 14894 – Rechtsmittel anhängig unter C-594/18 P).

II. Tatbestand (Abs. 1 S. 1)

15 § 34 Abs. 1 umschreibt den Tatbestand der Vorschrift. Danach gilt die Freistellungsverpflichtung nur für die **gesetzlichen Schadensersatzverpflichtungen** iSd § 13 Abs. 5 (→ § 13 Rn. 12 ff.). Der Bund hat in folgenden Fällen den Inhaber der Kernanlage oder den Besitzer radioaktiver Stoffe von Schadensersatzverpflichtungen freizustellen, soweit diese von der Deckungsvorsorge nicht gedeckt sind oder aus ihr nicht erfüllt werden können, wenn infolge von Wirkungen eines nuklearen Ereignisses (→ PÜ Art. 1 Rn. 3 ff.) gegenüber dem Inhaber einer im Inland gelegenen Kernanlage
– eine Haftung nach den Bestimmungen des Pariser Übereinkommens iVm § 25 Abs. 1–4 oder
– eine Haftung nach den Bestimmungen des Pariser Übereinkommens und des Gemeinsamen Protokolls (→ PÜ Vor Rn. 6, 7) iVm § 25 Abs. 1–4 oder
– eine Haftung auf Grund des auf den Schadensfall anwendbaren Rechts eines fremden Staates oder
– eine Haftung nach § 26 Abs. 1 iVm Abs. 1 a für den Besitzer radioaktiver Stoffe begründet ist.

16 Der **Ersatzpflichtige** – nur dieser, nicht der Verletzte – hat gegen den Bund einen **Anspruch auf Freistellung,** wenn seine Haftung auf den Wirkungen eines nuklearen Ereignisses beruht. Es muss sich also um ein Geschehnis handeln, das einen nuklearen Schaden iSd Art. 1 Abs. (a) (vii) PÜ verursacht hat. Für die ersten beiden der in → Rn. 15 aufgezählten Fälle ist das offenkundig; es muss sich um eine Ersatzpflicht auf Grund der genannten **internationalen Übereinkommen** handeln. Dies betrifft die in § 25 AtG begründete Haftung. Ein Anspruch auf Freistellung besteht freilich nur, wenn die Haftung nach den Übereinkommen begründet ist; sofern Haftungsausschlüsse greifen, entsteht auch kein Freistellungsanspruch (*Haedrich* AtG § 34 Rn. 6; zur eingeschränkten Haftung für Schäden am Beförderungsmittel und für Sachschäden → § 31 Rn. 19–22; vgl. ferner auch § 39 AtG). Für Reaktorschiffe enthält § 25 a Abs. 1 Nr. 3 eine gesonderte Regelung über die Freistellung (→ § 25 a Rn. 9).

Der dritte der in → Rn. 15 genannten Fälle ist weniger einfach einzuordnen, 17 weil auf das **anzuwendende ausländische Recht** verwiesen wird. Aber auch hier ist erforderlich, dass es sich um die **Haftungsfolgen eines nuklearen Ereignisses** handeln muss („auf Grund des auf den Schadensfall anwendbaren Rechts eines fremden Staates"). Erfasst sind damit sowohl das Recht anderer Vertragsparteien der Haftungsübereinkommen als auch das Recht von Nicht-Vertragsstaaten. Zur Freistellung berechtigen dagegen nicht Ersatzverpflichtungen auf Grund von Strahlenschäden, die nicht auf ein nukleares Ereignis zurückzuführen sind (Strahlen von Radioisotopen, Röntgenstrahlen).

In der Reihung der Fälle der → Rn. 15 nimmt der Einschluss des § 26 Abs. 1 a 18 eine Sonderstellung ein. Hier besteht eine Ersatzpflicht nicht auf Grund der Wirkungen eines nuklearen Ereignisses, sondern auf Grund eines anderen schädigenden Ereignisses (sog. Isotopenhaftung). Die in **§ 26 Abs. 1a** erfassten Fälle haben jedoch ein **Risikopotential,** das mit dem „der im Pariser Übereinkommen und dem Wiener Übereinkommen geregelten Fällen vergleichbar" ist (BT-Drs. 14/3950, 7; → § 26 Rn. 25). Es kann auch ein Kritikalitätsrisiko bestehen. Aus diesem Grund hat der Gesetzgeber dem Ersatzpflichtigen speziell für diese Fallgruppe einen **Anspruch auf Freistellung** eingeräumt. Im Übrigen berechtigt eine Haftung nach § 26 nicht zur Inanspruchnahme der Freistellungsverpflichtung.

Die Freistellungsverpflichtung gilt somit bis zu ihrem Höchstbetrag **für jedes** 19 **nukleare Ereignis** bzw. schädigende Ereignis im Fall des § 26 Abs. 1a (so zutreffend bereits *Fischerhof* Dt. AtomG § 34 Rn. 17).

III. Höchstbetrag der Freistellung; öffentliche Mittel nach dem Brüsseler Zusatzübereinkommen (Abs. 1 S. 2)

Die Freistellung des Bundes ist auf einen **Höchstbetrag von 2,5 Mrd. EUR** 20 begrenzt (§ 34 Abs. 1 S. 2). Von diesem Betrag ist der Betrag abzuziehen, den die Deckungsvorsorge des Ersatzpflichtigen tatsächlich leistet (Abs. 1 S. 3; teilweise kritisch zu der Höchstsumme *Schmans* in PSM S. 249 f.). Da die Haftung nach dem Atomgesetz summenmäßig nicht begrenzt ist, ist die staatliche Intervention durch die Freistellungsverpflichtung Teil der Deckung der Haftung des Ersatzpflichtigen. Sie tritt ein, wenn die vom Ersatzpflichtigen zu erbringende Deckungsvorsorge (§ 13) nicht vorhanden oder verbraucht ist und die Freistellung somit auch greift, wenn der Schaden unterhalb der Höchstgrenze der privaten Deckungsvorsorge eintritt. Dies entspricht im Verhältnis zu dem Geschädigten dem Modell einer „Istdeckung", während im Innenverhältnis Ersatzpflichtiger/Staat eine „Solldeckung" vorliegt (hierzu ausführlich mit Nachweisen *Fischerhof* Dt. AtomG § 34 Rn. 7; *Haedrich* AtG § 34 Rn. 2). Zusätzliche öffentliche Mittel in Höhe von **300 Mio. EUR** können durch die 3. Tranche gem. **Art. 3 BZÜ** zur Deckung der Haftung des Ersatzpflichtigen herangezogen werden; auch diese Mittel sind eine „Istdeckung". Die internationalen Brüssel-Mittel können von der Bundesregierung von den anderen Vertragsparteien abgerufen werden, wenn ein Gesamtersatzbetrag von 1,2 Mrd. EUR erreicht ist, unabhängig davon, ob weitere private Deckungsmittel noch vorhanden sind (Art. 9 Abs. c BZÜ). Der Ersatzpflichtige selbst hat keinen unmittelbaren Zugriff auf die Brüsseler Mittel (→ PÜ Vor Rn. 3 f.; → Vor §§ 25–40c Rn. 8 f.).

AtG § 34   Vierter Abschnitt Haftungsvorschriften

IV. Verhaltenspflichten des Ersatzpflichtigen (Abs. 2)

21   Der **Inhaber der Kernanlage** oder der **Besitzer eines radioaktiven Stoffes** ist nach Eintritt eines schädigenden Ereignisses, bei dem mit der Inanspruchnahme der Freistellungsverpflichtung zu rechnen ist, gem. § 34 Abs. 2 zu folgendem **verpflichtet:**
- unverzügliche Anzeige an das zuständige Bundesministerium;
- Mitteilung von erhobenen Ansprüchen und eingeleiteten Ermittlungsverfahren an das zuständige Bundesministerium, Auskunftspflicht;
- Beachtung von Weisungen des zuständigen Bundesministeriums bei außergerichtlichen und gerichtlichen Verhandlungen über Schadensersatzansprüche;
- keine Anerkennung oder Befriedigung von Schadensersatzansprüchen ohne Zustimmung des zuständigen Bundesministeriums, sofern diese nicht ohne offenbare Unbilligkeit verweigert werden kann.

22   Die Meldepflichten des Abs. 2 sind an die allgemeine Haftpflichtversicherung angelehnt. Es werden weiter ein Weisungsrecht und ein Zustimmungserfordernis des zuständigen Bundesministeriums geschaffen (BT-Drs. 7/2183, 28). Anders als bei Obliegenheitsverletzungen des Versicherungsnehmers berechtigt jedoch eine Verletzung dieser Pflichten durch den Ersatzpflichtigen den Bund nicht, die Freistellung zu verweigern. Der Bund muss vielmehr sogar dann den Ersatzberechtigten freistellen, wenn dieser den Schaden vorsätzlich herbeigeführt hat. Das folgt aus dem Ausschluss der Anwendung des § 103 VVG in § 34 Abs. 3 AtG und aus § 37 Abs. 2 Nr. 2 AtG. Bei einer Verweigerung der Freistellung verstieße der Bund im Übrigen auch gegen seine Schutzverpflichtung gegenüber seinen Bürgern (→ Rn. 9).

23   Das in § 34 Abs. 2 vorgesehene Verfahren ist grundsätzlich richtig und zweckmäßig, da es um die Verteilung von Steuermitteln in möglicherweise beträchtlicher Höhe geht. Es muss jedoch vermieden werden, dass durch die Dauer dieses Verfahrens die **prompte Entschädigung** der Verletzten **verzögert** wird. Hier ist insbesondere das zuständige Bundesministerium in der Pflicht, seine Überwachungsaufgaben unbürokratisch und schnell wahrzunehmen (vgl. auch § 37). Dabei empfiehlt sich eine Zusammenarbeit mit den anderen Deckungsgebern, zumal mit der Versicherungswirtschaft, deren Expertise bei der Abwicklung von Schadensfällen genutzt werden sollte.

V. Entsprechende Geltung des Versicherungsvertragsgesetzes (Abs. 3)

24   § 34 Abs. 3 erklärt definierte Teile des **Versicherungsvertragsgesetzes** vom 23.11.2007 (BGBl. I 2631) in der jeweils geltenden Fassung, dh derzeit idF der Änderung vom 10.7.2020 (BGBl. I 1653) auf die Freistellungsverpflichtung für **entsprechend anwendbar.** Das gilt insonderheit für Teil 2 Kapitel 1 „Haftpflichtversicherung" (§§ 100–124 VVG). Ausgenommen von der entsprechenden Anwendung sind § 103 „Herbeiführung des Versicherungsfalles" und § 118 „Rangfolge mehrerer Ansprüche". Jedoch begründet die Anwendung dieser Vorschriften keinen Direktanspruch gegen den zur Freistellung verpflichteten Bund iSv § 115 VVG. Dem Verletzten wird also kein unmittelbarer Anspruch gegen den Bund auf Freistellung eingeräumt. Ein Anspruch auf Freistellung steht nur dem Inhaber der

Kernanlage oder dem Besitzer des radioaktiven Stoffes auf Grund des § 34 zu (→ Rn. 15 ff.; hierzu auch *Raetzke* in NK-AtomR § 34 Rn. 8).

Bezüglich **der Rechtsnatur** der **Verweisung** auf die Anwendung des VVG gilt 25 das zu § 32 Abs. 5 Ausgeführte (→ § 32 Rn. 19) sinngemäß.

§ 35 Verteilungsverfahren

(1) Ist damit zu rechnen, daß die gesetzlichen Schadensersatzverpflichtungen aus einem Schadensereignis die zur Erfüllung der Schadensersatzverpflichtungen zur Verfügung stehenden Mittel übersteigen, so wird ihre Verteilung sowie das dabei zu beobachtende Verfahren durch Gesetz, bis zum Erlaß eines solchen Gesetzes durch Rechtsverordnung geregelt.

(2) ¹Die in Absatz 1 bezeichnete Rechtsverordnung kann über die Verteilung der zur Erfüllung gesetzlicher Schadensersatzverpflichtungen zur Verfügung stehenden Mittel nur solche Regelungen treffen, die zur Abwendung von Notständen erforderlich sind. ²Sie muß sicherstellen, daß die Befriedigung der Gesamtheit aller Geschädigten nicht durch die Befriedigung einzelner Geschädigter unangemessen beeinträchtigt wird.

Literatur: *Pelzer*, Facing the Challenge of Nuclear Mass Tort Processing, NLB 99 (2017/1), 45.

I. Konzept des Verteilungsverfahrens

§ 35 enthält vorsorgliche Regelungen über die Verteilung der zur Verfügung ste- 1 henden Mittel im Fall eines **katastrophalen nuklearen Schadens,** bei dem die vorhandenen Entschädigungsmittel des Ersatzpflichtigen nicht ausreichend sind. Es geht also darum, die rechtlichen Voraussetzungen für eine Art „nukleares Konkursverfahren" zu schaffen (*Fischerhof* Dt. AtomG § 35 Rn. 1: „konkursähnliches Verteilungsverfahren"; *Raetzke* in NK-AtomR § 35 Rn. 2: „einem Insolvenzverfahren ähnlich"). Die Notwendigkeit dieser bereits in der ursprünglichen Fassung des Atomgesetzes von 1959 enthaltenen Vorschrift (§ 38 mit anderem Wortlaut als der jetzige § 35) hat der Gesetzgeber wie folgt begründet (BT-Drs. 3/759, 40): „Durch Eigenvorsorge und Freistellungsverpflichtung des Bundes steht für die Erfüllung der durch Atomschäden verursachten gesetzlichen Schadensersatzverpflichtungen ein Betrag von 500 Millionen Deutsche Mark je Schadensereignis zur Verfügung. Dieser Betrag ist so hoch, dass nach allen bisherigen Erfahrungen nicht damit gerechnet werden muß, dass er ausgeschöpft werden wird. Trotzdem ist es erforderlich, auch für den unwahrscheinlichen Fall, dass dieser Betrag nicht zur Befriedigung aller Geschädigten ausreichen sollte, eine Regelung vorzusehen. Ein Schadensereignis der genannten Größenordnung würde jedoch eine nationale Katastrophe von solchen Ausmaßen darstellen, dass es heute noch nicht möglich ist, für ihre Abwicklung schon ins einzelne gehende Vorschriften zu erlassen. Es ist vielmehr zweckmäßig, dass eine solche Regelung den besonderen Erfordernissen des Schadensfalles angepasst wird."

Aus diesem Grund beschränkt sich die Vorschrift auf das vorzusehende Verfahren 2 des **Erlasses einer Verteilungsordnung.** Das Verfahren soll zweistufig sein: Verteilungsgesetz und bis zum Erlass des Gesetzes eine vorläufige Verteilungsverordnung zur „Abwendung von Notständen" (zur Vorgeschichte der Vorschrift *Haedrich* AtG § 35 Rn. 2). Diese Vorgaben des § 35 sind nur für die Bundesregierung bezüglich des Erlasses einer vorläufigen Verteilungsverordnung verbindlich. Der Gesetzgeber ist selbstverständlich nicht gebunden, sondern kann abweichen und ein anderes Verteilungsverfahren und -konzept vorschreiben.

II. Anwendungsbereich des Verteilungsverfahrens

3   *Haedrich* AtG § 35 Rn. 6 stellt fest, dass „für nukleare Schäden, die nicht unter das Pariser Übereinkommen fallen (vgl. 26 AtG)", ein Verteilungsverfahren nicht vorgesehen sei. Diese Ansicht ist zutreffend für die älteren Versionen des Atomgesetzes. In der Fassung des Gesetzes von 1959 lautete der maßgebliche Teil der Vorschrift über das Verteilungsverfahren (§ 38 Abs. 1) wie folgt: „Ist damit zu rechnen, dass die gesetzlichen Schadensersatzverpflichtungen aus einem Schadensereignis den Betrag von 500 Millionen Deutsche Mark übersteigen". Der Höchstbetrag von 500 Mio. DM war der Höchstbetrag der staatlichen Freistellung gem. § 37 Abs. 1 S. 2 AtG aF. Freistellung wurde aber nur für Fälle einer Haftung nach dem Pariser Übereinkommen iVm § 25 gewährt (§ 37 Abs. 1 S. 1). Aus diesem Grund war *Haedrichs* Schlussfolgerung, dass ein Verteilungsverfahren für die Fälle des § 26 nicht vorgesehen sei, korrekt. In der derzeit gültigen Fassung des § 35 findet sich jedoch keine Verweisung mehr, die auf eine Haftung allein nach dem Pariser Übereinkommen hinweist. Es heißt dort allgemein „gesetzliche Schadensersatzverpflichtungen aus einem Schadensereignis". Das aber umfasst alle Haftungstatbestände des Atomgesetzes. Das Verteilungsverfahren gilt deshalb **auch für die Fälle des § 26**. Anzumerken ist, dass das Verfahren natürlich auch bei einer Haftung auf Grund des § 25 a Anwendung finden kann.

4   Es fragt sich allerdings, ob ein solches für **Katastrophen gedachtes Verfahren** auch bei einer Haftung nach § 26 **sinnvoll** ist. Das von § 26 erfasste Haftungsrisiko ist im Normalfall so gering (Isotopenhaftung), dass es eines Verteilungsverfahrens wegen Überschreitung des Deckungsvermögens nicht bedarf. Aber das gilt nicht notwendigerweise für die in § 26 Abs. 1 a geregelten Fälle (→ § 26 Rn. 25; auch § 34 Abs. 1 S. 1, der die Fälle des § 26 Abs. 1 a in die Freistellung einbezieht). Darüber hinaus zeigt der Goiania-Fall (→ § 26 Rn. 5), dass eine medizinische Strahlenquelle einen Schaden erheblichen Ausmaßes verursachen kann, der in diesem Fall nicht nur zu Toten und Verletzten, sondern auch zur kostenaufwendigen vorsorglichen medizinischen Untersuchung von 100.000 Menschen führte. So erscheint auch bei einer Haftung nach § 26 ein Verteilungsverfahren im Sinne gesetzgeberischer Vorsorge als sinnvoll. Ob freilich der Gesetzgeber dieses Ergebnis wollte, lässt sich aus den Gesetzesmaterialien nicht mit Sicherheit schließen. Geändert und schließlich getilgt wurden lediglich Haftungshöchstsummen, die den Schluss auf eine Haftung nach dem Pariser Übereinkommen erlaubten (zB BT-Drs. 10/2200, 7). Dass diese Änderungen den Einschluss des § 26 in das Verteilungsverfahren nach § 35 zur Folge hatten, wurde möglicherweise übersehen.

III. Tatbestand des § 35

1. Voraussetzungen des Verteilungsverfahrens

Ein Verteilungsverfahren ist dann anzuwenden, wenn damit zu rechnen ist, dass 5 „die gesetzlichen Schadensersatzverpflichtungen aus einem Schadensereignis die zur Erfüllung der Schadensersatzverpflichtungen zur Verfügung stehenden Mittel übersteigen":
– Es muss sich um ‚**gesetzliche Schadensersatzverpflichtungen**' des Ersatzpflichtigen handeln. Diese sind in § 13 Abs. 5 definiert (→ § 13 Rn. 12–16). Nicht in Betracht kommen vertragliche Schadensersatzansprüche mit Ausnahme von Ersatzansprüchen aus positiver Vertragsverletzung und „culpa in contrahendo", die nicht auf Schadensersatz wegen Wegfalls der vereinbarten Leistung gerichtet sind (→ § 13 Rn. 12).
– Die Ersatzverpflichtungen müssen auf Grund eines ‚**Schadensereignisses**' entstanden sein. Dieser Begriff war bereits bei *Mattern/Raisch* § 37 Rn. 4, § 36 Rn. 16, 17 und bei *Fischerhof* Dt. AtomG § 35 Rn. 4, § 32 Rn. 11, 12 Gegenstand ausführlicher Erörterungen. Er ist heute als ein Begriff, der das nukleare Ereignis der Haftungsübereinkommen (§§ 25, 25a) und das Ereignis, das eine Haftung nach § 26 auslöst, umfasst. Der Begriff meint, wie aus Abs. 1 der Vorschrift zu schließen ist, ein anderweitig im Atomgesetz auch „**schädigendes Ereignis**" genanntes Geschehnis. Es kann insoweit auf die auch hier anwendbaren Erläuterungen dieses Begriffs zu § 32 verwiesen werden (→ § 32 Rn. 11–15). Danach ist das Schadensereignis des § 35 Abs. 1 die **auslösende Handlung**, unabhängig davon, ob zu diesem Zeitpunkt auch der Schaden bereits verwirklicht wird. Dieses Ergebnis ist sachgerecht. § 35 setzt eine Prognose voraus („Ist damit zu rechnen"), die nicht erst auf der Vollendung der Schädigung aufbauen kann. Es kommt vielmehr darauf an, die Verteilungsordnung frühzeitig zu schaffen, sobald eine auf den verfügbaren Tatsachen beruhende Prognose die Überschreitung der Deckungsmittel voraussagt.
– Die dem Ersatzpflichtigen zur Verfügung stehenden **Mittel**, die zum Ersatz nicht ausreichen, sind: die **Deckungsvorsorge** gem. § 13, die aus der **staatlichen Freistellung** gem. § 34 zur Verfügung gestellten Mittel, die **internationalen Mittel** gem. Art. 3 Abs. b Nr. iii BZÜ und wegen der summenmäßig nicht begrenzten Haftung des Ersatzpflichtigen dessen **sonstiges Vermögen,** das auch ggf. das Vermögen der Muttergesellschaft umfasst (→ § 31 Rn. 7). Es ist anzumerken, dass sich die Deckung für eine Haftung auf Grund des § 26 auf die Deckungsvorsorge gem. § 13 und auf das sonstige Vermögen des Ersatzpflichtigen beschränkt. Freistellungsmittel stehen nur in den Fällen des § 26 Abs. 1a zur Verfügung; Mittel des Brüsseler Zusatzübereinkommens können für eine Haftung nach §§ 25a, 26 nicht herangezogen werden (→ Rn. 2 und 3).

2. Gegenstand des Verteilungsverfahrens

§ 35 legt die gesetzlichen Voraussetzungen für die Organisation der gerechten 6 Verteilung einer bestimmten Geldsumme fest. In der Sache geht es also um die Organisation eines konkursähnlichen Verfahrens. Dennoch bestimmt die Vorschrift **keine inhaltlichen Vorgaben** für das Verteilungsverfahren. Diese Zurückhaltung ist eine Folge der gesetzgeberischen Absicht, die konkreten Regelungen der Vertei-

AtG § 35   Vierter Abschnitt Haftungsvorschriften

lungsordnung „den besonderen Erfordernissen" des jeweiligen Falles anzupassen (→ Rn. 1). Dem Gesetzgeber und auch dem Verordnungsgeber wird also ein weiter Ermessensspielraum eingeräumt, den der Gesetzgeber ja ohnehin hat. Von diesem Grundsatz gibt es jedoch für die nach § 35 Abs. 2 zu erlassende Rechtsverordnung eine wesentliche Ausnahme: Diese Verordnung darf nach der Begründung des Gesetzentwurfs „nur vorläufigen Charakter haben" und deshalb könne sie nur solche Regelungen treffen, „die zur Abwendung von Notständen erforderlich sind (BT-Drs. 3/759, 41). Allerdings sind Regelungen zur Abwendung von Notständen nicht notwendigerweise nur vorläufiger Art: wenn sie einen Notstand erfolgreich abgewehrt haben, sind sie vielmehr im Rahmen der begrenzten Zielsetzung eine endgültige Maßnahme. Für das Gewollte ist daher die zweite Hälfte der Begründung entscheidend (BT-Drs. 3/759, 41): Es muss sichergestellt werden, „daß die durch Gesetz zu regelnde Befriedigung der Gesamtheit aller Geschädigten nicht durch die vorherige Befriedigung einzelner Geschädigter unangemessen beeinträchtigt wird." Dieser Satz der Begründung ist wörtlich in § 35 Abs. 2 S. 2 übernommen worden.

7   Es bieten sich zahlreiche Möglichkeiten an, in welcher Weise das angestrebte Ziel der gerechten Verteilung der beschränkten Mittel erreicht werden kann. Die einfachste Lösung wäre eine **quantitative Kürzung aller Ersatzansprüche** um den Prozentsatz, der der Gesamtentschädigungsmasse zur vollen Entschädigung aller Ersatzberechtigten fehlt. Es ist auch möglich, **Prioritäten** für bestimmte Ansprüche vorzusehen, zB für Körperverletzungen. Aber sogleich stellt sich die Frage, ob es gerecht ist, jede unwesentliche Körperverletzung gegenüber etwa einem Vermögensschaden, der zum Konkurs eines Unternehmens und zum Arbeitsplatzverlust führt, prioritär zu befriedigen. Die Aufgabe des Gesetzgebers ist nicht einfach. Deshalb war es vermutlich durchaus weise, dass der Gesetzgeber des Jahres 1959 die endgültige Regelung des für die gerechte Verteilung der Mittel zu beobachtenden Verfahrens aufschob und darauf verzichtete, „für ihre Abwicklung schon ins einzelne gehende Vorschriften zu erlassen" und es für zweckmäßig hielt, „daß eine solche Regelung den besonderen Erfordernissen des Schadensfalles angepasst wird" (BT-Drs. 3/759, 40).

8   Nach *Fischerhof* Dt. AtomG § 35 Rn. 5 beinhalte § 35 ein **Leistungsverweigerungsrecht**. Wenn damit zu rechnen sei, dass die Deckungsmittel für die gesetzlichen Schadensersatzverpflichtungen zur Erfüllung aller Ersatzansprüche nicht ausreichen, ergebe sich ein „Aufschub" für die Erfüllung von Ersatzverpflichtungen für den Ersatzpflichtigen und auch für den Deckung gewährenden Versicherer und andere Deckungsgeber. Das gelte auch für die Erfüllung der Freistellungsverpflichtung. Man muss bezweifeln, ob diese Schlussfolgerung in dieser unkonditionierten Allgemeinheit tatsächlich so gemeint und zutreffend ist. Es wäre nicht akzeptabel, dass jeder Ersatzpflichtige nach seiner eigenen Einschätzung die Unzulänglichkeit der Deckungsmittel behauptet und die Leistung verweigert. Ein Leistungsverweigerungsrecht kann vielmehr nur dann bejaht werden, wenn die Voraussetzungen des § 35 nach allgemeiner Ansicht des Ersatzpflichtigen, des Deckungsgebers und des die Freistellung gewährenden Bundes vorliegen und die Rechtsetzungsakte nach § 35 in Vorbereitung oder bereits in Gang gesetzt worden sind.

IV. Internationale Probleme

§ 35 kündigt Entschädigungsregelungen an, die nicht notwendigerweise voll im 9 Einklang mit den Ersatzleistungen stehen, die die Anwendung der Haftungsvorschriften der §§ 25, 25a und 26 erwarten lässt. Das gilt auch für **ausländische Geschädigte.** Soweit diese Angehörige von Staaten sind, die wie Deutschland Vertragsparteien des Pariser Übereinkommens oder des Pariser Übereinkommens/Gemeinsamen Protokolls sind, besteht eine Rechtsgemeinschaft, die zur Zusammenarbeit verpflichtet, um den Geschädigten den Zugang zu den Vorschriften der anderen Vertragsparteien zu erleichtern (*Pelzer* NLB 99 (2017/1), 45 (50)). Unter diesem Blickwinkel ist die aufschiebende Regelung des § 35 wenig hilfreich, denn sie ist substantiell eine Leerformel. Ausländische Geschädigte können noch weniger als inländische erkennen, welche Art und welcher Umfang der Entschädigung erwartet werden können. Daraus ist zunächst zu folgern, dass sowohl das Gesetz nach Abs. 1 als auch die Verordnung nach Abs. 2 der Vorschrift soweit wie möglich im Einklang mit den Haftungsübereinkommen zu gestalten sind. Das gilt vor allem für die Berücksichtigung des Diskriminierungsverbots des Art. 14 PÜ (→ PÜ Art. 14 Rn. 1, 2). Art. 11 PÜ räumt aber dem innerstaatlichen Recht hinreichende Spielräume ein.

Die für ausländische Geschädigte durch § 35 möglicherweise entstehenden Pro- 10 bleme und Unsicherheiten bei der Entschädigung nuklearen Schadens können umgekehrt ebenso für **deutsche Geschädigte** entstehen, wenn ausländische Ersatzpflichtige Schaden jenseits ihrer Deckung zu ersetzen haben. Der rechtsvergleichende Blick zeigt, dass auch andere Staaten ähnliche aufschiebende Regelungen vorsehen, dass es aber auch Staaten gibt, die für nukleare Großschäden aufwendige Sonderregelungen erlassen haben (Einzelheiten und Nachweise *Pelzer* NLB 99 (2017/1), 45 (51ff.)). Das wirft die Frage auf, ob es nicht sinnvoll ist, für diesen Bereich internationale Vereinbarungen anzustreben, die den Geschädigten mehr vorausschauende Sicherheit ermöglichen.

§36 [aufgehoben]

Die Vorschrift wurde aufgehoben durch Art. 1 Nr. 3 des Elften Gesetzes zur Än- 1 derung des Atomgesetzes vom 8.12.2010 (BGBl. I 1814; vgl. auch BT-Drs. 17/3051, 9).

§37 Rückgriff bei der Freistellung

(1) **Ist der Inhaber einer Kernanlage oder der Besitzer eines radioaktiven Stoffes nach § 34 von Schadensersatzverpflichtungen freigestellt worden, so kann gegen den Inhaber der Kernanlage oder gegen den Besitzer eines radioaktiven Stoffes in Höhe der erbrachten Leistungen Rückgriff genommen werden, soweit**
1. **dieser seine sich aus § 34 Abs. 2 oder 3 ergebenden Verpflichtungen verletzt; der Rückgriff ist jedoch insoweit ausgeschlossen, als die Verletzung weder Einfluß auf die Feststellung des Schadens noch auf die Feststellung oder den Umfang der erbrachten Leistungen gehabt hat;**

AtG § 37 Vierter Abschnitt Haftungsvorschriften

2. dieser oder, falls es sich um eine juristische Person handelt, sein gesetzlicher Vertreter in Ausführung der ihm zustehenden Verrichtungen den Schaden vorsätzlich oder grob fahrlässig herbeigeführt hat;
3. die Leistungen erbracht worden sind, weil die vorhandene Deckungsvorsorge in Umfang und Höhe nicht der behördlichen Festsetzung entsprochen hat.

(2) Gegen den Inhaber der Kernanlage oder den Besitzer eines radioaktiven Stoffes kann ohne Vorliegen der in Absatz 1 genannten Voraussetzungen Rückgriff genommen werden, soweit er kein Deutscher ist und seinen Sitz, Wohnsitz oder ständigen Aufenthalt in einem Staat hat, der weder Vertragsstaat der Verträge über die Europäischen Gemeinschaften noch des Pariser Übereinkommens noch des Wiener Übereinkommens in Verbindung mit dem Gemeinsamen Protokoll noch eines sonstigen, zum Zeitpunkt des schädigenden Ereignisses in Kraft befindlichen Übereinkommens mit der Bundesrepublik Deutschland über die Haftung für nukleare Schäden ist.

I. Konzept der Rückgriffsregelung

1 § 37 wurde durch das Dritte Gesetz zur Änderung des Atomgesetzes vom 15.7.1975 (BGBl. I 1885) in das Atomgesetz eingefügt (damals als § 38a) und erhielt seine jetzt geltende Fassung durch das Neunte Änderungsgesetz vom 5.3.2001 (BGBl. I 326). Nach der Begründung zum Entwurf des Dritten Änderungsgesetzes soll der durch die Vorschrift neu geschaffene Rückgriffsanspruch gegen den nach § 34 Freigestellten die **Normalisierung der Atomwirtschaft** insgesamt fördern: „Zwar ist der Inhaber einer Kernanlage einem ungewöhnlich strengen System des Haftungsrechts unterworfen. Aber dem entsprechen in Anbetracht des Risikos, das er setzt, auch besondere Privilegien. Summenmäßige Haftungsbegrenzung und staatliche Freistellungsverpflichtung sind Vergünstigungen, die anderen gefährlichen Tätigkeiten nicht gewährt werden. [...] Gleichwohl dürfen diese Maßnahmen nicht zu unverhältnismäßigen Vorrechten und zu einer allzu herausgehobenen Sonderstellung führen. Die Begründung der eng umrissenen Voraussetzungen der Rückgriffsansprüche in § 38a des Entwurfs ist demgemäß ein Schritt, der dazu beitragen soll, die Atomwirtschaft insgesamt zu normalisieren. Damit ist gleichzeitig für den Anlageninhaber ein weiterer Anreiz gegeben, seinerseits zu versuchen, von der in Artikel 6 Abs. f Unterabs. ii des Pariser Übereinkommens eröffneten Möglichkeit, vertragliche Rückgriffsrechte gegenüber Zulieferern etc. zu vereinbaren, verstärkt Gebrauch zu machen." (BT-Drs. 7/2183, 29). Diese Begründung verdeutlicht im Übrigen auch, dass die staatliche Freistellung und die damals noch geltende summenmäßige Haftungsbegrenzung Vergünstigungen sind, die dem Förderungszweck des Atomgesetzes gem. § 1 Nr. 1 AtG aF geschuldet sind (→ § 34 Rn. 9 ff.).

2 Der durch das Neunte Änderungsgesetz eingefügte Abs. 2 ist zunächst eine Folgeänderung zur Einfügung des § 26 Abs. 1a (→ § 26 Rn. 25). Zugleich aber werden die Rückgriffsmöglichkeiten gegenüber dem Inhaber der Kernanlage und dem Besitzer radioaktiver Stoffe erweitert, ohne dass die Bedingungen des Abs. 1 vorliegen müssen. Das gilt dann, wenn der Inhaber oder der Besitzer **kein Deutscher** ist und seinen Sitz, Wohnsitz oder ständigen Aufenthalt in einem Staat hat, der weder EU-Mitgliedstaat noch Vertragspartei des Pariser Übereinkommens, des Wiener Über-

Rückgriff bei der Freistellung § 37 AtG

einkommens iVm dem Gemeinsamen Protokoll oder eines sonstigen Atomhaftungsübereinkommens, dem Deutschland angehört, ist. Es besteht dann kein erkennbarer Anknüpfungspunkt zwischen dieser Person und Deutschland (auch *Raetzke* in NK-AtomR § 37 Rn. 3). Wenn diese Person gem. § 34 freigestellt wird, erfolge die Freistellung „ausschließlich im Interesse des Schutzes der Geschädigten". Es sei daher „angemessen, die im Rahmen der staatlichen Freistellung nach § 34 geleisteten Beträge vom Empfänger zurückzuverlangen" (Begründung zum Gesetzentwurf BT-Drs. 14/3950, 7). Mit dieser Begründung hebt der Gesetzgeber bezüglich der Freistellungsverpflichtung erstmals ausschließlich auf deren Schutzfunktion ab (dazu auch die kritische Bewertung → Rn. 5).

§ 37 will verhindern, dass die Begünstigung durch die staatliche Freistellungsver- 3 pflichtung **pflichtwidrig genutzt** wird (*Haedrich* AtG § 37 Rn. 1) oder aber von Personen in Anspruch genommen wird, die **keinen erkennbaren Anknüpfungspunkt** zu Deutschland haben (→ Rn. 2). Die Vorschrift will präventiv pflichtwidriges Handeln verhindern, aber auch begangene Pflichtwidrigkeiten sanktionieren. Zu diesem Zweck begründet sie ein Rückgriffsrecht zugunsten des die Freistellung gewährenden Bundes. Jedoch ist dieses Recht als eine **Kannvorschrift** konstruiert, und es steht im pflichtgemäßen Ermessen des Bundes, ob er das Recht nutzen will oder nicht. Für die Ermessensentscheidung können, insbesondere in den Fällen des Abs. 2, auch fiskalische Gründe bestimmend sein.

II. Die Regelung im Einzelnen

§ 37 Abs. 1 listet **drei Fallgruppen** auf, in denen gegen den nach § 34 frei- 4 gestellten Inhaber einer Kernanlage oder Besitzer eines radioaktiven Stoffes eine **Rückgriffsforderung** geltend gemacht werden kann. Diese Liste der Rückgriffsrechte ist abschließend (*Haedrich* AtG § 37 Rn. 2).
– Abs. 1 Nr. 1: Der Freigestellte hat seine sich aus § 34 Abs. 2 oder 3 ergebenden **Verpflichtungen verletzt.** § 34 Abs. 2 enthält Melde- und andere Verpflichtungen gegenüber dem zuständigen Bundesminister (→ § 34 Rn. 21). Abs. 3 statuiert die Verletzung von Verpflichtungen, die sich aus der partiellen Anwendung des VVG ergeben (→ § 34 Rn. 24). Das Rückgriffsrecht ist in diesen Fällen jedoch dann ausgeschlossen, wenn die Pflichtverletzungen weder Einfluss auf die Schadensfeststellung noch auf die Feststellung oder den Umfang der tatsächlich erbrachten Leistung gehabt hat. Dies hat der Freigestellte zu beweisen.
– Abs. 1 Nr. 2: Der Freigestellte oder, sofern er eine juristische Person ist, dessen gesetzlicher Vertreter in Ausführung der ihm zustehenden Verrichtungen hat den **Schaden vorsätzlich oder grob fahrlässig herbeigeführt.** Ob das der Fall ist, ist auf Grund der allgemeinen Rechtsprechung zu §§ 276, 823ff. BGB zu ermitteln (*Haedrich* AtG § 37 Rn. 3; kritisch zum Rückgriff auf die juristische Person *Fischerhof* Dt. AtomG § 37 Rn. 6 mwN).
– Abs. 1 Nr. 3: Der Freigestellte ist deshalb freigestellt worden, weil seine **Deckungsvorsorge** in Umfang und Höhe **nicht der behördlichen Festsetzung entsprochen** hat.

Das gem. § 37 Abs. 2 begründete Rückgriffsrecht gegen eine **freigestellte Per-** 5 **son,** die **nicht Deutscher** ist und die sich nicht in Deutschland oder in einem gleichgestellten Land dauernd aufhält, wurde unter Hinweis auf die Gesetzesbegründung erläutert (→ Rn. 1). Der „fehlende Anknüpfungspunkt" bei dieser freigestellten Person mache nach Ansicht der Gesetzesverfasser erkennbar, dass die

Freistellung ausschließlich im Interesse der Geschädigten erfolgt sei, also ein zu förderndes wirtschaftliches Interesse zugunsten des Freigestellten nicht vorhanden sei. Es sei deshalb angemessen, die Freistellungsbeträge vom Begünstigten zurückzuverlangen (BT-Drs.14/3950, 7). Diese Argumentationskette ist nicht für alle Fälle ohne weiteres nachvollziehbar. Der Freigestellte dürfte im Regelfall der mit einer deutschen Genehmigung versehene Inhaber einer Kernanlage oder Besitzer radioaktiver Stoffe sein. Er besitzt demgemäß im Regelfall auch eine von der deutschen Genehmigungsbehörde festgesetzte Deckungsvorsorge. Insoweit unterscheidet ihn nichts von einem Genehmigungsinhaber, der Deutscher ist. Warum ist es dann aber „angemessen", von dem nichtdeutschen Begünstigten die Freistellung in jedem Fall zurückzuverlangen? Der alleinige Grund ist offenbar, dass für einen Nichtdeutschen kein Anlass bestehe, ihm die Förderungsmaßnahme zu gewähren. Damit wird die Freistellung wiederum als ein mindestens überwiegend der wirtschaftlichen Förderung dienendes Instrument qualifiziert. Das jedoch überzeugt nach dem oben Gesagten (→ § 34 Rn. 9ff.) nicht und könnte die Freistellung in diesem Fall zur unerlaubten Beihilfe machen.

§ 38 Ausgleich durch den Bund

(1) **Hat ein durch ein nukleares Ereignis Geschädigter seinen Schaden im Geltungsbereich dieses Gesetzes erlitten und kann er nach dem auf den Schadensfall anwendbaren Recht eines anderen Vertragsstaates des Pariser Übereinkommens oder des Wiener Übereinkommens in Verbindung mit dem Gemeinsamen Protokoll keinen Ersatz verlangen, weil**
1. **das nukleare Ereignis im Hoheitsgebiet eines Nichtvertragsstaates des Pariser Übereinkommens oder des Wiener Übereinkommens in Verbindung mit dem Gemeinsamen Protokoll eingetreten ist,**
2. **der Schaden durch ein nukleares Ereignis verursacht worden ist, das unmittelbar auf Handlungen eines bewaffneten Konfliktes, von Feindseligkeiten, eines Bürgerkrieges, eines Aufstandes oder auf eine schwere Naturkatastrophe außergewöhnlicher Art zurückzuführen ist,**
3. **das anzuwendende Recht eine Haftung für Schäden an dem Beförderungsmittel, auf dem sich die Kernmaterialien zur Zeit des Eintritts des nuklearen Ereignisses befunden haben, nicht vorsieht,**
4. **das anzuwendende Recht eine Haftung des Inhabers einer Kernanlage nicht vorsieht, wenn der Schaden durch die ionisierende Strahlung einer sonstigen in der Kernanlage befindlichen Strahlenquelle verursacht worden ist,**
5. **das anzuwendende Recht eine kürzere Verjährung oder Ausschlußfrist als dieses Gesetz vorsieht oder**
6. **die zum Schadensersatz zur Verfügung stehenden Mittel hinter dem Höchstbetrag der staatlichen Freistellungsverpflichtung zurückbleiben,**

so gewährt der Bund bis zum Höchstbetrag der staatlichen Freistellungsverpflichtung einen Ausgleich.

[Künftige Fassung: (1)¹Hat ein durch ein nukleares Ereignis Geschädigter seinen Schaden im Inland erlitten und gewähren ihm das auf den Schadensfall anwendbare Recht eines anderen Staates oder die Bestimmungen eines völkerrechtlichen Vertrages keinen Anspruch auf Schadensersatz oder Ansprüche, die nach Art, Ausmaß und Umfang des Ersatzes wesentlich hinter dem Schadensersatz zurückbleiben, der dem Geschädigten bei Anwendung dieses Gesetzes zugesprochen worden wäre, so gewährt

Ausgleich durch den Bund § 38 AtG

der Bund bis zum Höchstbetrag der staatlichen Freistellungsverpflichtung einen Ausgleich. ²Satz 1 gilt entsprechend, wenn die Rechtsverfolgung in dem Staat, von dessen Hoheitsgebiet das schädigende Ereignis ausgegangen ist, aussichtslos ist.]

(2) Der Bund gewährt ferner bis zum Höchstbetrag der staatlichen Freistellungsverpflichtung einen Ausgleich, wenn das auf einen im Geltungsbereich dieses Gesetzes erlittenen Schaden anwendbare ausländische Recht oder die Bestimmungen eines völkerrechtlichen Vertrages dem Verletzten Ansprüche gewähren, die nach Art, Ausmaß und Umfang des Ersatzes wesentlich hinter dem Schadensersatz zurückbleiben, der dem Geschädigten bei Anwendung dieses Gesetzes zugesprochen worden wäre, oder wenn die Rechtsverfolgung in dem Staat, von dessen Hoheitsgebiet das schädigende Ereignis ausgegangen ist, aussichtslos ist.

[Künftige Fassung (2) [aufgehoben]]

(3) Die Absätze 1 und 2 sind *[künftige Fassung: Absatz 1 ist]* auf Geschädigte, die nicht Deutsche im Sinne des Artikels 116 Abs. 1 des Grundgesetzes sind und ihren gewöhnlichen Aufenthalt nicht im Geltungsbereich dieses Gesetzes *[künftige Fassung: im Inland]* haben, nicht anzuwenden, soweit der Heimatstaat im Zeitpunkt des nuklearen Ereignisses im Verhältnis zur Bundesrepublik Deutschland eine nach Art, Ausmaß und Höhe gleichwertige Regelung nicht sichergestellt hat.

(4) ¹Ansprüche nach den Absätzen 1 und 2 *[künftige Fassung: Absatz 1]* sind bei dem Bundesverwaltungsamt geltend zu machen. ²Sie erlöschen in drei Jahren von dem Zeitpunkt an, in dem die auf Grund ausländischen oder internationalen Rechts ergangene Entscheidung über den Schadensersatz unanfechtbar geworden ist oder erkennbar wird, dass die Rechtsverfolgung im Sinne des Absatzes 2 *[künftige Fassung: Absatzes 2 Satz 2]* aussichtslos ist.

[Der in kursiv gedruckte Text enthält die Fassung des noch nicht in Kraft getretenen Gesetzes vom 29. 8. 2008 (BGBl. I 1793).]

Literatur: *Eich,* The Compensation of Damage in Germany Following the Chernobyl Accident, in OECD, Indemnification of Damage in the Event of a Nuclear Accident, Workshop Proceedings Paris 26–28 November 2001, 2003, 89; *Kühne,* Haftung bei grenzüberschreitenden Schäden aus Kernreaktorunfällen, NJW 1986, 2139; *Pelzer,* Grenzüberschreitende Haftung für nukleare Ereignisse, DVBl. 1986, 875; *Pelzer,* Atomrechtlicher Schadensausgleich bei ausländischen Nuklearunfällen – Der Anspruch auf Ausgleich nach § 38 Atomgesetz, NJW 1986, 1664; The accident at Chernobyl – economic damage and its compensation in Western Europe, NLB 39 (June 1987), 58.

I. Zweck der Vorschrift

§ 38 gewährt einen staatlichen **finanziellen Ausgleich,** wenn **in Deutschland** 1 ein durch ein nukleares Ereignis **Geschädigter** auf Grund des auf den Schadensfall anwendbaren **ausländischen Rechts** eine nach „Art, Ausmaß und Umfang", dh wesentlich **geringere Entschädigung** erhält, als wenn auf den Fall deutsches Recht anwendbar wäre. Der Gesetzgeber trägt damit der Tatsache Rechnung, dass nukleare Ereignisse vielfach grenzüberschreitende schädigende Auswirkungen haben mit der Folge, dass für die Schadensersatzleistung nach den Regeln eines inter-

AtG § 38   Vierter Abschnitt Haftungsvorschriften

nationalen Übereinkommens oder nach den allgemeinen Regeln des Internationalen Privatrechts ausländisches Recht gilt. Ist dieses für den Verletzten wesentlich ungünstiger als das deutsche Recht, zahlt der Bund einen Ausgleich. Es soll dadurch sichergestellt werden, dass alle in Deutschland durch ein nukleares Ereignis Geschädigten stets nach Art, Ausmaß und Umfang gleichen Schadensersatz erhalten. Nach *Raetzke* in NK-AtomR § 38 Rn. 1 schließt der Gesetzgeber mit der Vorschrift „gleichsam eine offene Flanke, indem er ‚einspringt', wenn ausländische Regelungen hinter dem vom AtG gewährten Schutz zurückbleiben." Tatsächlich ist § 38 eine ungewöhnliche Vorschrift, die, soweit ersichtlich, eine ausländische Entsprechung nur in Art. 16 Abs. 1 lit. e des schweizerischen Kernenergiehaftpflichtgesetzes (→ Vor §§ 25–40c Rn. 13) hat (zur Vorschrift auch *Pelzer* DVBl. 1986, 875 (880); *ders.* NJW 1986, 1664; *Kühne* NJW 1986, 2139 (2143 ff.)).

2   Die Vorschrift wurde durch das Dritte Gesetz zur Änderung des Atomgesetzes vom 15.7.1975 (BGBl. I 1885) **ursprünglich als § 39** eingefügt. Sie ist somit eine unmittelbare Reaktion des Gesetzgebers auf die Ratifizierung und Übernahme der Regelungen des Pariser Übereinkommens, die durch ein nukleares Ereignis in Deutschland Geschädigten verbindlich in ein internationales Haftungsregime einbinden. Die Bundesregierung hat die Neuregelung wie folgt begründet (BT-Drs. 7/2183, 29): „Wegen der Besonderheiten von Strahlen und Strahlenwirkungen ist bei nuklearen Ereignissen in verstärktem Umfang mit grenzüberschreitenden Schäden zu rechnen. Das kann nach den Grundsätzen des Internationalen Privatrechts dazu führen, dass Gerichte eines anderen Staates als des Staates, dem der Verletzte angehört, über dessen Schadensersatzansprüche entscheiden. Diese internationale Verzahnung wird vertieft durch das System des Pariser Übereinkommens. Nach Artikel 13 des Übereinkommens sind für Klagen auf Grund des Übereinkommens regelmäßig die Gerichte der Vertragspartei zuständig, in deren Hoheitsgebiet das nukleare Ereignis eingetreten ist. Die Möglichkeit einer Gerichtswahl besteht in diesen Fällen für den Verletzten nicht. Da das zuständige Gericht in der Regel auf den Schadensfall die lex fori anwenden wird, ist es denkbar, daß ein im Inland Geschädigter einem für ihn ungünstigeren Recht als dem eigenen unterworfen wird. Für diese Fälle sieht § 39 des Entwurfes unter bestimmten Voraussetzungen einen Ausgleich durch den Bund vor." (Für einen schnellen Überblick über die möglichen Ausgleichsfälle nach § 38 Abs. 1 siehe *Haedrich* AtG § 38 Rn. 1).

3   Die ursprüngliche Fassung der Vorschrift wurde durch das **Änderungsgesetz vom 29.8.2008** (BGBl. I 1793) aus den nachfolgenden Gründen neugefasst (BT-Drs. 16/9077, 19): „Der Regelungsgehalt der bisherigen Absätze 1 und 2 wird in dem neuen Absatz 1 zusammengefasst, dessen Wortlaut im Wesentlichen mit dem bisherigen Absatz 2 übereinstimmt. Die Vorschrift ist unter den dortigen Voraussetzungen auf alle Vertragsstaaten des Pariser Übereinkommens oder des Wiener Übereinkommens/Gemeinsamen Protokolls oder auf Nichtvertragsstaaten anzuwenden. Die differenzierte Regelung des bisherigen Absatzes 1 ist durch die Änderungsprotokolle zum Pariser Übereinkommen und zum Wiener Übereinkommen teilweise gegenstandslos geworden (dies betrifft die Nummern 1, 5 und 6), sofern die Vertragsstaaten die Änderungsprotokolle ratifiziert haben und diese damit für diese Staaten völkerrechtlich verbindlich geworden sind."

II. § 38 Abs. 1 und 3 AtG

§ 38 Abs. 1 setzt voraus, dass der Ausgleichsberechtigte seinen Schaden durch ein 4
nukleares Ereignis erlitten hat. Das bedeutet, es muss sich um einen nuklearen Schaden handeln, auf den bei Anwendung deutschen Rechts das **Pariser Übereinkommen** oder das **Gemeinsame Protokoll/Wiener Übereinkommen** (§ 25) oder das **Brüsseler Reaktorschiff-Übereinkommen** (§ 25 a) anwendbar ist: Diese Übereinkommen setzen für eine Ersatzpflicht den Eintritt eines nuklearen Ereignisses voraus (Art. 3, 4 PÜ, Art. II BRÜ). Schädigende Ereignisse, für die nach § 26 gehaftet wird, begründen keinen Anspruch auf Ausgleich (so auch *Kühne* NJW 1986, 2139 (2143)). Anderes dürfte jedoch insoweit wohl für die in § 26 Abs. 1 a AtG geregelten Fälle gelten (→ § 26 Rn. 25; vgl. auch die Ausnahmetatbestände in § 39 AtG; ferner auch § 40 b).

Das bedeutet jedoch nicht, dass es für die Begründung des Ausgleichsanspruchs 5 der Anwendung einer der internationalen Übereinkommen und insbesondere des Pariser Übereinkommens bedürfte. Ausgleich wird also **nicht in Anwendung der Übereinkommen** gezahlt (*Haedrich* AtG § 38 Rn. 2). Der Ausgleich wird auf Grund deutschen innerstaatlichen Rechts geleistet und unterliegt nicht den Verpflichtungen aus den Übereinkommen. Aus diesem Grund gilt für den Anspruch auch nicht das Diskriminierungsverbot des Art. 14 PÜ. Jedoch wird auf Grund nationaler Entscheidung und nicht in Erfüllung einer völkervertragsrechtlichen Verpflichtung der Ausgleich grundsätzlich unabhängig von Staatsangehörigkeit, Wohnsitz oder Aufenthalt gewährt (*Fischerhof* Dt. AtomG § 38 Rn. 3; *Haedrich* AtG § 38 Rn. 2). Allerdings wird Ausgleich gem. Abs. 3 an Geschädigte, die **nicht Deutsche** iSd Art. 116 Abs. 1 GG sind und die nicht ihren gewöhnlichen Aufenthalt in Deutschland haben, nur gewährt, wenn der Heimatstaat **Gegenseitigkeit** garantiert.

Der Bund gewährt gem. Abs. 1 S. 1 einem in Deutschland Geschädigten bis zur 6 **Höhe der staatlichen Freistellungsverpflichtung** gem. § 34 (= 2,5 Mrd. EUR) einen Ausgleich, sofern das auf den Schadensfall anwendbare Recht eines anderen Staates oder die Bestimmungen eines völkerrechtlichen Vertrages nur einen Ersatzanspruch zuerkennen, der in Art, Ausmaß und Umfang hinter dem Ersatz zurückbleibt, der bei Anwendung deutschen Rechts dem Geschädigten zugestanden hätte. „Der Saldo ergibt den Ausgleichsanspruch" (*Raetzke* in NK-AtomR § 38 Rn. 2). Der neue Wortlaut des § 38 Abs. 1 fasst die bisherigen Abs. 1 und 2 zusammen und vereinfacht die Rechtsanwendung. Die Regelung gilt für alle Vertragsparteien des Pariser Übereinkommens oder des Wiener Übereinkommens/Gemeinsamen Protokolls und auch für Nichtvertragsstaaten. Sie setzt voraus, dass die Staaten die Änderungsprotokolle der Übereinkommen ratifiziert haben und diese damit völkerrechtlich verbindlich sind. (BT-Drs. 16/9077; → Rn. 2).

Da das deutsche Atomgesetz eine summenmäßig nicht begrenzte Haftung vor- 7 sieht, wird bei **nuklearen Großschäden,** auf die ausländisches Recht angewendet wird, wohl fast immer für im Inland Geschädigte ein Anspruch auf Ausgleich bezüglich des Ausmaßes und des Umfangs der Ersatzleistung entstehen, da in nahezu allen anderen Staaten eine summenmäßig begrenzte und deshalb möglicherweise summenmäßig unzulängliche Haftung gilt. Summenmäßig unbegrenzte Haftung gibt es in Europa derzeit lediglich in den PÜ-Staaten Schweiz und Finnland (→ PÜ Art. 7 Rn. 3). Übersteigen die Ersatzansprüche die Grenzen der limitierten Haftung mit Einschluss etwaiger Mittel aus staatlicher nationaler Ersatzleistung und dem Brüsseler Zusatzübereinkommen, mag noch immer ein negativer Saldo zu Lasten des in Deutschland Geschädigten verbleiben, der einen Anspruch auf Ausgleich begründet.

8   Ein Anspruch auf Ausgleich besteht in entsprechender Anwendung des Abs. 1 S. 1 auch, „wenn die Rechtsverfolgung in dem Staat, von dessen Hoheitsgebiet das schädigende Ereignis ausgegangen ist, aussichtslos ist" (Abs. 1 S. 2). Die **Aussichtslosigkeit der Rechtsverfolgung** als Anspruchsgrund für einen Ausgleichsanspruch war bisher in § 38 Abs. 2 AtG aF geregelt und diese Vorschrift war die Rechtsgrundlage für Ausgleichszahlungen für den durch den Reaktorunfall in Tschernobyl erlittenen Schaden. Die Sowjetunion als Betreiber des Reaktors entzog sich einer internationalen Entschädigungsleistung (zum Tschernobyl-Unfall: AG Bonn NJW 1988, 1394 (Schadensersatzklage gegen die UdSSR wegen des Tschernobyl-Unfalls); bestätigt durch LG Bonn NJW 1989, 1225; auch: AG Ansbach NJW-RR 1987, 497; AG Rendsburg NJW-RR 1987, 1080 (Kündigung einer Ferienwohnung bzw. eines Reisevertrages wegen des Tschernobyl-Unfalls); ferner: BT-Drs. 10/5626 „Schadensersatzansprüche der in der Bundesrepublik Deutschland durch das Reaktorunglück in Tschernobyl Geschädigten").

III. Zuständigkeit; Erlöschen des Ausgleichanspruches (Abs. 4)

9   Gemäß § 38 Abs. 4 sind Ansprüche auf Ausgleich beim **Bundesverwaltungsamt** geltend zu machen. Das Amt prüft die Sach- und Rechtslage und entscheidet über den Anspruch. Der Anspruch erlischt, wenn er nicht in **drei Jahren** von dem Zeitpunkt an geltend gemacht wird, in dem die auf Grund ausländischen oder internationalen Rechts ergangene Entscheidung unanfechtbar geworden ist. Das bedeutet, der Ausgleichsanspruch kann nicht sofort geltend gemacht werden. Es muss zuvor versucht werden, Schadensersatz nach dem anwendbaren ausländischen Recht zu erhalten. Der Rechtsweg muss erschöpft werden (so auch Kühne NJW 1986, 2139 (2143)). Anderes gilt nur, wenn nachweislich erkennbar ist, dass die **ausländische Rechtsverfolgung aussichtslos** ist (Abs. 1 S. 2; *Pelzer* NJW 1986, 1664 (1666)).

IV. Rechtsnatur des Ausgleichsanspruchs

10   Der Ausgleichsanspruch ist Ausfluss des **Sozialstaatsprinzips** und ist **öffentlich-rechtlicher Natur.** Die Entscheidung des Bundesverwaltungsamts über den Anspruch auf Ausgleich ist ein Verwaltungsakt, der vor dem Verwaltungsgericht angefochten werden kann (*Pelzer* NJW 1986, 1664 (1666); VG Köln NJW 1988, 1995; OVG Münster NJW 1990, 3226; das Bundesverwaltungsamt berichtet, es seien bei 313.000 Anträgen auf Ausgleich nur in 116 Fällen gegen Ausgleichsbescheide Klage beim VG Köln erhoben worden (*Bundesverwaltungsamt* in OECD, Indemnification of Damage in the Event of a Nuclear Accident, Workshop Proceedings Paris 26–28 November 2001, 2003, 99 (105); aA allerdings *Fischerhof* Dt. AtomG § 38 Rn. 1; *Haedrich* AtG § 38 Rn. 3: die ordentlichen Gerichte seien zuständig, denn der Anspruch nach § 38 AtG sei „eingebunden in die zivilrechtliche Regelung des Vierten Abschnitts des AtG". Diese Meinung überzeugt nicht und ist auch nicht im Einklang mit der Praxis nach dem Tschernobyl-Unfall).

Ausnahmen von den Leistungen des Bundes § 39 AtG

Das Bundesverwaltungsamt hat für **Tschernobyl-Schäden Ausgleichszah-** 11
lungen gem. § 38 geleistet auf der Grundlage der „Richtlinie vom 21. Mai 1986
zur Abwicklung von Ausgleichsansprüchen nach § 38 Abs. 2 des Atomgesetzes
nach dem Reaktorunfall in Tschernobyl (Ausgleichsrichtlinie)" (BAnz. 1986,
6417; vgl. zu den Ausgleichszahlungen *Eich* in OECD, Indemnification of Damage
in the Event of a Nuclear Accident, Workshop Proceedings Paris 26–28 November
2001, 2003, 89ff. und die Dokumentation des *Bundesverwaltungsamts* in OECD, Indemnification of Damage in the Event of a Nuclear Accident, Workshop Proceedings Paris 26–28 November 2001, 2003, 99ff.).

Weitere Entschädigungsleistungen wurden auf der Grundlage von **Billigkeits-** 12
erwägungen, also auch auf Grund des § 38 und ohne Vorliegen eines Rechtsanspruchs, erbracht durch die Richtlinie vom 2. Juni 1986 für Entschädigungen unter
Billigkeitsgesichtspunkten wegen Einbußen bei bestimmten Gemüsearten – Billigkeitsrichtlinie Gemüse (BAnz. 1986, 7237) und die Richtlinie vom 24. Juli 1986 für
eine allgemeine Entschädigungsregelung unter Billigkeitsgesichtspunkten für Schäden infolge des Unfalls im Kernkraftwerk in Tschernobyl – Allgemeine Billigkeitsrichtlinie (BAnz 1986, 10388; vgl. ferner auch: BT-Drs. 11/755 „Tschernobyl und
die Folgen – Ein Jahr danach"; BT-Drs. 18/7996 „30 Jahre Tschernobyl – Schadensbilanz für die Bundesrepublik Deutschland"; The accident of Chernobyl – Economic
Damage and its Compensation in Western Europe, NLB 39 (June 1987), 58).

§ 39 Ausnahmen von den Leistungen des Bundes

(1) **Bei der Freistellungsverpflichtung nach § 34 und dem Ausgleich
nach § 38 sind die nach § 15 Abs. 1 bis 3 nachrangig zu befriedigenden Ersatzansprüche nicht zu berücksichtigen.**

(2) **Entschädigungen nach § 29 Abs. 2 sind in die Freistellungsverpflichtung nach § 34 und den Ausgleich nach § 38 nur miteinzubeziehen, wenn
die Leistung einer Entschädigung wegen der besonderen Schwere der Verletzung zur Vermeidung einer groben Unbilligkeit erforderlich ist.**

§ 39 schließt die gem. § 15 aus der Deckungsvorsorge **nachrangig zu Befriedi-** 1
genden von dem Anspruch auf Freistellung nach § 34 und von dem Anspruch auf
Ausgleich nach § 38 aus (Abs. 1). Abs. 2 begrenzt die Einbeziehung des Anspruchs
auf **Schmerzensgeld** nach § 29 Abs. 2 in den Freistellungsanspruch und den Ausgleich auf die Fälle, in denen die Leistung einer Entschädigung wegen der besonderen Schwere der Verletzung zur Vermeidung einer groben Unbilligkeit erforderlich
ist. Die Vorschrift ist durch das Dritte Gesetz zur Änderung des Atomgesetzes
(BGBl. 1975 I 1885) als § 39a eingefügt worden. Die Bundesregierung begründet
diese Regelung wie folgt (BT-Drs. 7/2183, 29f.): „Da die §§ 36 und 39 dem Opferschutz im Interesse der Förderung einer friedlichen Nutzung der Kernenergie
dienen, sollen öffentliche Mittel nicht zur Befriedigung von den in § 13 Abs. 1 und
2 bezeichneten Geschädigten verwendet werden, die entweder mit dem Inhaber
der Kernanlage, von der das nukleare Ereignis ausgegangen ist, in einem Konzernverbund stehen oder die bewusst die Nähe zur Kernanlage gesucht haben, um daraus wirtschaftliche Vorteile zu ziehen. Die aus öffentlichen Mitteln zu erbringenden
Leistungen sollen ausschließlich den sonstigen Geschädigten der Umgebungsbevölkerung zur Verfügung stehen (Absatz 1). Absatz 2 bestimmt in Anlehnung an die
Formulierung in § 12 Abs. 2 Satz 1 des Pflichtversicherungsgesetzes vom 5. April

1965, daß Schmerzensgeld nur gezahlt wird, wenn dies wegen der Schwere der Verletzung und zur Vermeidung einer groben Unbilligkeit unvermeidbar ist, weil diese aus öffentlichen Mitteln zu erbringenden Leistungen bei Nichtvermögensschäden auf echte Härtefälle beschränkt bleiben sollen."

2   Die Regelung ist eine folgerichtige Ergänzung des dem § 15 zugrundeliegenden Gedankens, dass es mit der **Schutzfunktion** des Atomgesetzes nur schwer vereinbar ist, wenn Personen, die Konzernunternehmen von Inhabern von Kernanlagen sind oder aus wirtschaftlichen Gründen deren örtliche Nähe suchen, wie jeder andere Geschädigter Zugriff auf die Deckungsmittel des Inhabers der Kernanlage haben. Diese Mittel sind vorrangig für die **Ersatzleistungen an die Allgemeinheit** bestimmt. Die in den §§ 15 und 39 angesprochenen Geschädigten haben sich dem erhöhten Risiko freiwillig ausgesetzt, so dass ihre Zurücksetzung bei dem Zugriff auf die Entschädigungsmittel gerechtfertigt ist (→ § 15 Rn. 4). Die Begründung der Bundesregierung für den § 39 überzeugt deshalb (zustimmend auch *Fischerhof* Dt. AtomG § 39 Rn. 1 und *Haedrich* AtG § 39 Rn. 1).

§ 40 Klagen gegen den Inhaber einer Kernanlage, die in einem anderen Vertragsstaat gelegen ist

(1) **Ist nach den Bestimmungen des Pariser Übereinkommens ein Gericht im Geltungsbereich dieses Gesetzes** *[künftige Fassung: ein Gericht der Bundesrepublik Deutschland]* **für die Entscheidung über die Schadensersatzklage gegen den Inhaber einer in einem anderen Vertragsstaat des Pariser Übereinkommens gelegenen Kernanlage zuständig, so bestimmt sich die Haftung des Inhabers nach den Vorschriften dieses Gesetzes.**

(2) **Abweichend von Absatz 1 bestimmt sich nach dem Recht des Vertragsstaates, in dem die Kernanlage gelegen ist,**
1. **wer als Inhaber anzusehen ist,**
2. **ob sich die Ersatzpflicht des Inhabers auch auf nukleare Schäden** *[künftige Fassung: einen nuklearen Schaden]* **in einem Staat erstreckt, der nicht Vertragsstaat des Pariser Übereinkommens ist,**
3. **ob sich die Haftung des Inhabers auf nukleare Schäden erstreckt, die durch die Strahlen einer sonstigen in einer Kernanlage befindlichen Strahlungsquelle verursacht sind,** *[künftige Fassung: [aufgehoben]]*
4. **ob und inwieweit sich die Haftung des Inhabers auf Schäden an dem Beförderungsmittel erstreckt, auf dem sich die Kernmaterialien zur Zeit des nuklearen Ereignisses befunden haben,** *[künftige Fassung: [aufgehoben]]*
5. **bis zu welchem Höchstbetrag der Inhaber haftet,**
6. **nach welcher Frist der Anspruch gegen den Inhaber verjährt oder ausgeschlossen ist,**
7. **ob und inwieweit ein nuklearer Schaden in den Fällen des Artikels 9 des Pariser Übereinkommens ersetzt wird.**

[Der in kursiv gedruckte Text enthält die Fassung des noch nicht in Kraft getretenen Gesetzes vom 29. 8. 2008 (BGBl. I 1793).]

Literatur: *Kloepfer/Kohler,* Kernkraftwerk und Staatsgrenze, 1981; *Kühne,* Haftung bei grenzüberschreitenden Schäden aus Kernreaktorunfällen, NJW 1986, 2139; *Pelzer,* Conflict of Laws Issues under the International Nuclear Liability Conventions in FS Kühne, 2009, 819.

Klagen gegen in einem anderen Vertragsstaat gelegene Kernanlage **§ 40 AtG**

§ 40 Abs. 1 bestimmt das anwendbare Recht, wenn gem. Art. 13 PÜ ein deut- 1
sches Gericht für Klagen auf Grund des Pariser Übereinkommens gegen den Inhaber einer in einer anderen Vertragspartei gelegenen Kernanlage zuständig ist. Gemäß **Abs. 1** der Vorschrift ist das Atomgesetz, also **deutsches Recht,** anzuwenden. Abweichend davon gilt gem. **Abs. 2** in dort abschließend aufgezählten Fällen das **Recht der Vertragspartei,** in der die Kernanlage gelegen ist. In der Begründung des Gesetzentwurfs der Bundesregierung (BT-Drs. 7/2183, 30) heißt es dazu: „Nach dem Grundsatz des Absatzes 1 bestimmt sich in diesen Fällen die Haftpflicht des ausländischen Inhabers nach den Vorschriften dieses Gesetzes. Dieser Sachverhalt ist insbesondere bei Transportunfällen, für die ein ausländischer Kernanlageinhaber haftet, denkbar. In Abweichung von dem Grundsatz des Absatzes 1 erfolgt in Absatz 2 eine Rückverweisung auf das Recht des Vertragsstaates, in dem die Kernanlage gelegen ist, im Hinblick auf die in den Nummern 1 bis 7 aufgeführten Punkte. Da in diesen Punkten das nationale Recht Unterschiede aufweisen kann, wäre es unbillig und auch mit den Prinzipien des Übereinkommens unvereinbar, dem Inhaber einer in einem anderen Vertragsstaat gelegenen Kernanlage auch insoweit dem möglicherweise strengeren deutschem Recht zu unterwerfen." Durch das Änderungsgesetz vom 29.8.2008 (BGBl. I 1793) wurden im Abs. 2 die Nrn. 3 und 4 aufgehoben, da das Regelungsbedürfnis infolge der Änderung des Pariser Übereinkommens durch das Protokoll 2004 entfallen war (BT-Drs. 16/9077, 19).

Zutreffend weist *Raetzke* in NK-AtomR § 40 Rn. 1 darauf hin, dass es sich bei 2
§ 40 um eine Vorschrift der sog. **Binnen-IPR** handelt, also um eine Norm, die das Internationale Privatrecht innerhalb der Vertragsstaaten des Pariser Übereinkommens zum Gegenstand hat (*Pelzer* FS Kühne, 2009, 822ff.).

§ 40 ergänzt die unmittelbar anwendbare Bestimmung des Pariser Übereinkom- 3
mens über die gerichtliche Zuständigkeit, nämlich den Art. 13 PÜ. Das nach Art. 13 PÜ zuständige Gericht wendet zunächst und zuerst das **harmonisierte Recht des Übereinkommens** an. Soweit dieses jedoch Raum für nationales Recht der Vertragsparteien lässt, verweist Art. 14 Abs. (b) PÜ auf das **nationale Recht des zuständigen Gerichts.** § 40 Abs. 1 nutzt diese Ermächtigung: die Vorschrift bestimmt die Haftung des Inhabers der Kernanlage „nach den Vorschriften dieses Gesetzes". Das gilt freilich nur im Rahmen der von dem Pariser Übereinkommen eingeräumten Zuständigkeit, über die Schadensersatzklage gegen den Inhaber einer in einer anderen Vertragsstaat gelegenen Kernanlage zu entscheiden. *Kühne* NJW 1986, 2139 (2141) sieht zutreffend § 40 Abs. 1 als einen Sonderfall mit einer „eigenen Anknüpfungsregel" (hierzu auch bereits *Kloepfer/Kohler,* Kernkraftwerk und Staatsgrenze, 1981, 142ff.). Praktische Bedeutung hat allerdings § 40 wohl nur, wenn als Folge einer Beförderung von Kernmaterialien in Deutschland oder in der deutschen ausschließlichen Wirtschaftszone ein nukleares Ereignis eintritt (also ein deutsches Gericht gem. Art. 13 PÜ zuständig ist), für das nach Art. 4 PÜ ein Inhaber einer im Ausland gelegenen Kernanlage als Absender oder Empfänger haftet (*Kloepfer/Kohler,* Kernkraftwerk und Staatsgrenze, 1981, 143 Fn. 38).

§ 40 Abs. 2 durchbricht die Verweisung auf das deutsche Recht in folgenden Fäl- 4
len und verweist aus den in der Gesetzesbegründung genannten Gründen (→ Rn. 1) zurück auf das **Recht des Anlagenstaates:**
– wer als Inhaber anzusehen ist. Gemäß Art. 1 Abs. (a) (vi) PÜ wird der Inhaber von der zuständigen nationalen Behörde der Vertragspartei benannt, in die die Kernanlage gelegen ist.
– ob sich die Ersatzpflicht des Inhabers auch auf nuklearen Schaden in Nicht-Vertragsstaaten des Pariser Übereinkommens erstreckt. Art. 2 PÜ legt den geogra-

AtG [§ 40a]   Vierter Abschnitt Haftungsvorschriften

phischen Geltungsbereich des Übereinkommens fest. Maßgeblich ist Abs. (a) (ii)–(iv) der Bestimmung. Jedoch dürfen die Vertragsparteien einen weiteren Geltungsbereich bestimmen (Art. 2 Abs. (b) PÜ);
- bis zu welchem Höchstbetrag der Inhaber haftet. Gemäß Art. 7 PÜ haben die Vertragsparteien eine Mindesthaftungssumme von 700 Mio. EUR festzusetzen. Die Vertragsparteien sind befugt, höhere Haftungssummen oder auch eine summenmäßig nicht begrenzte Haftung vorzusehen;
- nach welcher Frist der Ersatzanspruch verjährt oder erlischt. Art. 8 Abs. (a) PÜ bestimmt für Körperschäden oder Tod von Menschen eine Verjährungs- oder Ausschlussfrist von 30 Jahren, für alle anderen Schäden eine Frist von 10 Jahren. Gemäß Abs. (b) der Bestimmung darf die nationale Gesetzgebung jedoch längere Fristen vorschreiben, sofern eine Deckungsvorsorge für die gesamte Zeit gesichert ist;
- ob und inwieweit Schadensersatz in den Fällen des Art. 9 PÜ vorgesehen ist. Art. 9 PÜ schließt die Haftung des Inhabers der Kernanlage in bestimmten Fällen höherer Gewalt aus. Die Bestimmung ist verbindlich, jedoch hat die Vertragspartei Deutschland die Anwendung des Art. 9 PÜ durch einen Vorbehalt ausgeschlossen (vgl. § 25 Abs. 3 AtG).

[**§ 40a** *Gerichtsstand für Schadensersatzklagen gegen den Inhaber einer Kernanlage*

(1) ¹Für Schadensersatzklagen auf Grund des Pariser Übereinkommens oder auf Grund des Pariser Übereinkommens in Verbindung mit dem Gemeinsamen Protokoll, für die nach den Bestimmungen des Pariser Übereinkommens die Gerichte der Bundesrepublik Deutschland zuständig sind, ist das Landgericht ausschließlich zuständig, in dessen Bezirk das nukleare Ereignis eingetreten ist oder, in den Fällen des Artikels 13 Abs. c des Pariser Übereinkommens, der Sitz des haftpflichtigen Inhabers der Kernanlage gelegen ist. ²Tritt das nukleare Ereignis im Bereich der ausschließlichen Wirtschaftszone der Bundesrepublik Deutschland ein, so ist das Landgericht Hamburg ausschließlich zuständig.

(2) ¹Die Landesregierungen werden ermächtigt, durch Rechtsverordnungen für die Bezirke mehrerer Landgerichte eines dieser Gerichte als Gericht für die in Absatz 1 Satz 1 genannten Klagen zu bestimmen. ²Die Landesregierungen können diese Ermächtigung auf die Landesjustizverwaltungen übertragen.

(3) Durch Staatsverträge zwischen Ländern kann die Zuständigkeit eines Landgerichts für das gesamte Gebiet mehrerer Länder begründet werden.]

[*Der in kursiv gedruckte Text enthält den Gesetzestext des noch nicht in Kraft getretenen Gesetzes vom 29. 8. 2008 (BGBl. I 1793).*]

1   Die §§ 40a–40c bestimmen **ausschließliche Gerichtsstände** für Klagen, die auf das Pariser Übereinkommen oder auf das Pariser Übereinkommen iVm dem Gemeinsamen Protokoll gestützt sind und auf die § 40 nicht anwendbar ist. Die Gerichtsstände gelten nicht für eine Haftung gem. § 25a (§ 25a Abs. 5). Sie gelten auch nicht für eine Haftung nach § 26, jedoch mit Ausnahme der in § 26 Abs. 1a geregelten Fälle.

2   § 40a Abs. 1 S. 1 setzt in Anlehnung an § 32a ZPO (ausschließlicher Gerichtsstand der Umwelteinwirkung) den Art. 13 Abs. (h) PÜ um (→ PÜ Art. 13 Rn. 3).

[Gerichtsstand bei Klagen auf Freistellung nach § 34] **[§ 40b] AtG**

Die Bestimmung eines einzigen Gerichts soll widersprechende Entscheidungen verschiedener Gerichte ausschließen und zugleich auch der Kostendämpfung dienen (auch *Raetzke* in NK-AtomR § 40a Rn. 1). Im Hinblick auf die Komplexität nuklearer Ereignisse hielt es der Gesetzgeber für richtig, die sachliche Zuständigkeit des **Landgerichts** vorzusehen, in dessen Bezirk das nukleare Ereignis eingetreten ist (§ 13 Abs. (a) PÜ) oder „der Sitz des haftpflichtigen Inhabers der Kernanlage gelegen ist" (Art. 13 Abs. (c) PÜ).

Tritt das nukleare Ereignis in der ausschließlichen Wirtschaftszone Deutschlands ein, ist gem. **Abs. 1 S. 2** das **Landgericht Hamburg** ausschließlich zuständig (s. auch BT-Drs. 16/9077, 19). Zur deutschen ausschließlichen Wirtschaftszone siehe „Proklamation der Bundesrepublik Deutschland über die Errichtung einer ausschließlichen Wirtschaftszone der Bundesrepublik Deutschland in der Nordsee und in der Ostsee" vom 25.11.1994 (BGBl. II 3770). 3

In **Abs. 2 und 3** werden die Landesregierungen ermächtigt für die Bezirke mehrerer Landgerichte eines dieser Gerichte als zuständiges Gericht zu bestimmen. Durch Staatsverträge zwischen den Ländern kann einem Landgericht die Zuständigkeit für mehrere Länder zugewiesen werden. Diese **Ermächtigungen** ermöglichen die weitere Konzentrierung der Zuständigkeiten und erleichtern auch die Heranbildung fachspezifischer Kompetenz. 4

[§ 40b *Gerichtsstand bei Klagen auf Freistellung nach § 34*

Für Klagen des Inhabers einer Kernanlage oder des Besitzers eines radioaktiven Stoffes gegen den Bund und das zuständige Land auf Freistellung nach § 34 ist das Landgericht am Sitz der Bundesregierung ausschließlich zuständig.]

[Der in kursiv gedruckte Text enthält den Gesetzestext des noch nicht in Kraft getretenen Gesetzes vom 29.8.2008 (BGBl. I 1793).]

§ 40b bestimmt einen besonderen ausschließlichen Gerichtsstand für „Klagen des Inhabers einer Kernanlage oder des Besitzers eines radioaktiven Stoffes gegen den Bund und das zuständige Land" auf Freistellung nach § 34. Zuständig ist das **Landgericht am Sitz der Bundesregierung.** Die Begründung des Gesetzentwurfs führt dazu aus (BT-Drs. 16/9077, 20): „Die Vorschrift stellt eine Ausnahmeregelung zu § 18 der Zivilprozessordnung dar, der bestimmt, dass sich der allgemeine Gerichtsstand des Fiskus nach dem Sitz der (in der jeweiligen Sache) vertretungsbefugten Behörde richtet. Da es in der Praxis erfahrungsgemäß schwierig ist, den für die Prozessführung des Fiskus zuständigen gesetzlichen Vertreter zu ermitteln, weil die einschlägigen Vertretungsvorschriften des Bundes- und Landesrechts zahlreich und unübersichtlich sind, erscheint in dem besonderen Fall der Klage auf Freistellung eine Ausnahmeregelung gerechtfertigt." 1

Sitz des Verfassungsorgans **Bundesregierung** ist gem. § 3 Abs. 1 Berlin/Bonn-Gesetz vom 26.4.1994 idF vom 21.9.1997 (BGBl. 1994 I 918; 1997 I 2390) die Bundeshauptstadt **Berlin.** Die durch die Vorschrift erfolgte Bestimmung des Landgerichts am Sitz der Bundesregierung als ausschließlichen Gerichtsstand ist nicht nur aus den in der Gesetzesbegründung (→ Rn. 1) genannten Gründen zweckmäßig, sondern auch weil die Bundesländer wegen Streichung des § 36 im Jahre 2010 (→ § 36 Rn. 1) nicht mehr zur Freistellung beitragen und somit nicht Beklagte in Freistellungsprozessen sein können. Beklagter in einem Verfahren wegen Freistellung kann nur noch der Bund sein (vgl. aber auch → § 25a Rn. 9). 2

Pelzer

AtG [§ 40c] Vierter Abschnitt Haftungsvorschriften

[§ 40c *Staatenklagerecht*]

Ein anderer Vertragsstaat des Pariser Übereinkommens oder ein Vertragsstaat des Wiener Übereinkommens in Verbindung mit dem Gemeinsamen Protokoll oder ein sonstiger Nichtvertragsstaat im Sinne des Artikels 2 Abs. a des Pariser Übereinkommens ist befugt, Schadensersatzansprüche für Personen gerichtlich geltend zu machen, die einen nuklearen Schaden erlitten haben und Angehörige dieses Staates sind oder ihren Wohnsitz oder Aufenthalt in dessen Hoheitsgebiet haben und ihr Einverständnis dazu erklärt haben.]

[Der in kursiv gedruckte Text enthält den Text des noch nicht in Kraft getretenen Gesetzes vom 29.8.2008 (BGBl. I 1793).]

1 § 40c soll das in Art. 13 Abs. (g) PÜ begründete **Staatenklagerecht** zugunsten bestimmter geschädigter Personen umsetzen. Dazu wird in der Begründung des Regierungsentwurfs folgendes ausgeführt (BT-Drs. 16/9077, 20): „Diese Vorschrift bestimmt, dass die Vertragspartei, deren Gerichte für Schadensersatzklagen wegen eines nuklearen Schadens zuständig sind, sicherstellt, dass der Staat für die geschädigte Person mit deren Einwilligung Klage erheben kann, wenn die geschädigte Person diesem Staat angehört oder ihren Wohnsitz oder Aufenthalt im Hoheitsgebiet dieses Staates hat. Die Klagebefugnis steht nur solchen Staaten zu, auf die sich der Anwendungsbereich des Pariser Übereinkommens (Artikel 2) erstreckt."

2 Der letzte Satz dieser Begründung und ihm folgend der Wortlaut des § 40c stehen indessen nicht im Einklang mit dem klaren Wortlaut des umzusetzenden Art. 13 Abs. (g) PÜ. Diese Bestimmung enthält nicht die in § 40c AtG enthaltene Beschränkung des Staatenklagerechts auf die Vertragsstaaten des Pariser Übereinkommens, des Wiener Übereinkommens/Gemeinsamen Protokolls oder der anderen im Art. 2 Abs. (a) PÜ genannten Nicht-Vertragsstaaten. Dieses soll vielmehr für **jeden Staat** garantiert werden, unabhängig davon, ob er Partei einer der Übereinkommen ist oder nicht. Diese Auslegung wird bestätigt durch das „Exposé des Motifs of the Paris Convention as revised by the Protocols of 1964, 1982 and 2004". Dort heißt es in No. 98: „An obligation is imposed upon the Contracting Parties whose courts have jurisdiction to hear and determine nuclear damage compensation claims to ensure that **any State** *(Hervorhebung v. Verf.)* may bring an action for compensation on behalf of persons who are its nationals or who are domiciled or resident in that State, as long as those persons have agreed to be represented by that State. In addition, that same Contracting Party is obliged to ensure that for nuclear damage compensation actions, any person can institute an action to enforce rights under the Convention which that person has acquired either by subrogation or by assignment." Das Staatenklagerecht ist somit „any State", dh allen Staaten, zuzubilligen. § 40c setzt die Verpflichtung aus Art. 13 Abs. (g) PÜ unzureichend um.

3 Art. 13 Abs. (g) (ii) PÜ verpflichtet die Vertragsstaaten ferner sicherzustellen, dass „jeder Klage erheben kann, um Rechte gemäß diesem Übereinkommen durchzusetzen, die durch Abtretung oder Übergang erworben wurden." Das heißt, auch Personen, die nicht selbst geschädigt wurden, können Klage erheben, wenn Ersatzansprüche vom Geschädigten an sie abgetreten wurden oder sie diese Ansprüche durch Übergang erworben haben. Eine Umsetzung dieser Verpflichtung ist durch § 40c nicht erfolgt und auch die Gesetzesbegründung schweigt dazu.

§§ 41 bis 44 (weggefallen)

§ 44b Meldewesen für die Sicherheit in der Informationstechnik

¹Genehmigungsinhaber nach den §§ 6, 7 und 9 haben Beeinträchtigungen ihrer informationstechnischen Systeme, Komponenten oder Prozesse, die zu einer Gefährdung oder Störung der nuklearen Sicherheit der betroffenen kerntechnischen Anlage oder Tätigkeit führen können oder bereits geführt haben, unverzüglich an das Bundesamt für Sicherheit in der Informationstechnik als zentrale Meldestelle zu melden. ²§ 8b Absatz 1, 2 Nummer 1 bis 3, Nummer 4 Buchstabe a bis c und Absatz 7 des BSI-Gesetzes sind entsprechend anzuwenden. ³Die Meldung muss Angaben zu der Störung sowie zu den technischen Rahmenbedingungen, insbesondere der vermuteten oder tatsächlichen Ursache, und der betroffenen Informationstechnik enthalten. ⁴Das Bundesamt für Sicherheit in der Informationstechnik leitet diese Meldungen unverzüglich an die für die nukleare Sicherheit und Sicherung zuständigen Genehmigungs- und Aufsichtsbehörden des Bundes und der Länder und an die von diesen bestimmten Sachverständigen nach § 20 weiter.

Literatur: *Bräutigam/Wilmer*, Big brother is watching you? – Meldepflichten im geplanten IT-Sicherheitsgesetz, ZRP 2015, 38; *Freimuth*, Die Gewährleistung der IT-Sicherheit Kritischer Infrastrukturen, 2018; *Guckelberger*, Energie als kritische Infrastruktur, DVBl. 2015, 1213; *Hornung*, Neue Pflichten für Betreiber kritischer Infrastrukturen: Das IT-Sicherheitsgesetz des Bundes, NJW 2015, 3334; *Roos*, Das IT-Sicherheitsgesetz – Wegbereiter oder Tropfen auf den heißen Stein?, MMR 2015, 636; *Roßnagel*, Das IT-Sicherheitsgesetz, DVBl. 2015, 1206.

I. Allgemeines

Die Vorschrift wurde durch Art. 2 des **IT-Sicherheitsgesetzes** v. 17.7.2015 **1** (BGBl. I 1324) in das AtG eingefügt und ist in ihren S. 2 und 4 durch das Gesetz zur Umsetzung der RL (EU) 2016/1148 (NIS-Richtlinie, ABl. 2016 L 194, 1 v. 19.7.2016) vom 23.6.2017 (BGBl. I 1885) geändert worden.

Die Kernenergienutzung gehört zu den sog. **kritischen Infrastrukturen** (dazu **2** allg. *Guckelberger* DVBl. 2015, 1213; ausführl. *Freimuth*, Die Gewährleistung der IT-Sicherheit Kritischer Infrastrukturen, 88 ff.). Allgemein versteht man darunter – in Entsprechung zur Legaldefinition in § 2 Abs. 10 S. 1 BSIG – solche Einrichtungen und Anlagen, die unter anderem dem Sektoren Energie, Informationstechnik und Telekommunikation angehören und von hoher Bedeutung für das Funktionieren des Gemeinwesens sind, weil „durch ihren Ausfall oder ihre Beeinträchtigung erhebliche Versorgungsengpässe oder Gefährdungen für die öffentliche Sicherheit eintreten würden". Der im Atomrecht schon immer zu berücksichtigende erforderliche Schutz gegen Störmaßnahmen oder sonstige Einwirkungen Dritter (sog. SEWD-Ereignisse, dazu *Hennenhöfer/Sellner* in Rehbinder/Schink UmweltR Kap. 12 Rn. 157 ff.; *Posser* in EFP BesVerwR § 52 Rn. 32 ff.; → § 7 Rn. 56 ff.) hat längst den allein physischen Bezugspunkt etwaiger Bedrohungsszenarien (zB Panzerfaustangriffe, Flugzeugabstürze) verloren. Hackerangriffe in Deutschland und dem europäischen Ausland haben die **Vulnerabilität** vermeintlich hochgesicherter **informationstechnischer Systeme** vor Augen geführt und das Bewusstsein dafür geschärft, dass auch die im Kontext der risikobehafteten Kernenergietechnologie eingesetzte informationstechnische Infrastruktur gegenüber solchen Angriffen nicht immun ist. An diesem Punkt setzt § 44b mit seinen Meldepflichten an das Bundesamt für Sicherheit in der Informationstechnik an.

II. Meldepflicht (S. 1)

3   Die in S. 1 statuierte Meldepflicht trifft ausdrücklich nur die **Genehmigungsinhaber nach den §§ 6, 7 und 9**. Nicht erfasst sind daher die Inhaber eines Planfeststellungsbeschlusses oder einer Genehmigung nach § 9b oder die in § 9h Nr. 2 bezeichneten Genehmigungsinhaber. Gegenständlich ist die Meldepflicht durch ein **Relevanzkriterium** beschränkt; meldepflichtig sind nicht sämtliche Beeinträchtigungen informationstechnischer Systeme, Komponenten oder Prozesse, sondern nur solche, die – kausal (*Eckhardt* ZD 2014, 599 (601); *Leidinger* in NK-AtomR § 44b Rn. 4) – zu einer **Gefährdung oder Störung der nuklearen Sicherheit der betroffenen kerntechnischen Anlage** oder Tätigkeit führen können oder bereits geführt haben. Diese Einengung auf potentielle oder tatsächlich eingetretene Beeinträchtigungen der nuklearen Anlagensicherheit resultiert aus der Teleologie der Norm, die keinen an schlichten informationstechnischen Interessen ausgerichteten Zweck verfolgt, sondern den Sinn hat, **nur die sicherheitsrelevanten Störungen** zu erfassen (→ Rn. 2). Welchen genauen Inhalt diese Meldung haben muss, legt S. 3 fest (→ Rn. 7 f.).

4   Die Meldung ist „**unverzüglich**" zu erstatten, was nach allgemein üblicher juristischer Terminologie als „ohne schuldhaftes Zögern" zu lesen ist (vgl. § 121 Abs. 1 BGB). Adressat der Meldung ist das **Bundesamt für Sicherheit in der Informationstechnik (BSI),** eine Bundesoberbehörde im Geschäftsbereich des BMI, die als Cyber-Sicherheitsbehörde des Bundes für die Informationssicherheit auf nationaler Ebene zuständig ist (vgl. § 1 BSIG). Indem S. 1 ausdrücklich betont, die Meldepflicht richte sich an das BSI **als zentrale Meldestelle,** adaptiert es die Terminologie, mit der §§ 4, 8b BSIG einen Kernaufgabe des BSI umschreiben. Zur Wahrnehmung dieser Aufgabe als zentrale Meldestelle hat das BSI insbesondere alle für die Abwehr von Gefahren für die Sicherheit in der Informationstechnik wesentlichen Informationen zu sammeln und auszuwerten, insbesondere Informationen zu Sicherheitslücken, Schadprogrammen, erfolgten oder versuchten Angriffen auf die Sicherheit in der Informationstechnik und der dabei beobachteten Vorgehensweise, sowie die zuständigen Aufsichtsbehörden unverzüglich zu unterrichten (vgl. §§ 4 Abs. 2, 8b Abs. 2 BSIG).

5   Bereits nach der rechtsmethodischen **lex specialis**-Regel kommt der in einem speziellen Gesetz angeordneten Meldepflicht Vorrang vor der in einem allgemeineren Gesetz geregelten Meldepflicht zu. Dieser Befund wird bestätigt durch den begrenzten Anspruch des BISG, Betreibern Kritischer Infrastrukturen ein „Mindestniveau" an IT-Sicherheit aufzuerlegen (Begr. des Regierungsentwurfs, BT-Drs. 18/4096, 2 f., 19, 25) sowie durch die ausdrückliche Subsidiaritätsklausel in § 8d Abs. 3 Nr. 4 und 5 BSIG. Sie erklärt die Meldepflicht nach § 8b Abs. 4 BSIG für Genehmigungsinhaber nach § 7 Abs. 1 AtG und sonstige Betreiber Kritischer Infrastrukturen für unanwendbar, die auf Grund von Rechtsvorschriften Anforderungen erfüllen müssen, die mit den Anforderungen nach § 8b Abs. 4 BSIG

vergleichbar oder weitergehend sind (kritisch zur Vergleichbarkeit der Terminologie zwischen § 44b AtG und § 8b BSIG *Hornung* NJW 2015, 3334 (3337)). Die speziellere **Meldepflicht** des Abs. 1 **geht über** die Anforderungen der allgemeineren Bestimmung in **§ 8b Abs. 4 S. 1 Nr. 1 BSIG hinaus,** indem sie den von ihr erfassten Genehmigungsinhabern (→ Rn. 3) die Meldung an das BSI nicht erst dann zur Pflicht macht, wenn bereits eingetretene Störungen zu einer „erheblichen Beeinträchtigung" der Funktionsfähigkeit der von ihnen betriebenen Kritischen Infrastrukturen geführt haben, sondern bereits dann, wenn sie nur zu einer „**Gefährdung**" der nuklearen Sicherheit der kerntechnischen Anlage „**führen können**". Grund für die damit umfassenderen Meldepflichten nach § 44b dürften die im Vergleich zu sonstigen kritischen Infrastruktureinrichtungen deutlich höheren Risiken der Kernenergienutzung sein (ebenso *Roos* MMR 2015, 636 (643)).

III. Entsprechende Anwendung des BSIG (S. 2)

Soweit S. 2 nur einzelne Bestimmungen der allgemeinen Meldepflicht für kritische Infrastrukturen nach § 8b BISG **für entsprechend anwendbar** erklärt, ist diese Verweisung Ausdruck der Freiheit des Gesetzgebers, bei einer spezialgesetzlichen Normierung (→ Rn. 5) selektive Abweichungen vom Grundtatbestand vorzunehmen. Erfasst von diesem Verweis, der 2017 im Kontext einer Änderung des BSIG angepasst wurde (→ Rn. 1), ist zunächst die in **§ 8b Abs. 1 BSIG** niedergelegte allgemeine Kennzeichnung des BSI als „zentrale Meldestelle für Betreiber Kritischer Infrastrukturen in Angelegenheiten der Sicherheit in der Informationstechnik" (→ Rn. 4). Ebenso wird Bezug genommen auf die in **§ 8b Abs. 2 Nr. 1–3 und Nr. 4 lit. a–c BSIG** enthaltenen Aufgaben und Befugnisse des BSI. Ausgenommen ist damit lediglich die in § 8b Abs. 2 Nr. 4 lit. d BSIG enthaltene Aufgabe einer Unterrichtung von Behörden anderer Mitgliedstaaten der EU über Störungsmeldungen der Betreiber kritischer Infrastrukturen nach § 8b Abs. 4 BISG. Darüber hinaus schreibt S. 2 schließlich die entsprechende Anwendbarkeit des **§ 8b Abs. 7 BSIG** vor, sodass bei Erfassung personenbezogener Daten eine Zweckbindung vorliegen muss und auch die Erfordernisse des § 8b Abs. 7 S. 2 iVm § 5 Abs. 7 S. 3–8 BISG zum Schutz des Kernbereichs privater Lebensgestaltung einzuhalten sind (näher *Buchberger* in Schenke/Graulich/Ruthig, Sicherheitsrecht des Bundes, 2. Aufl. 2019, § 5 Rn. 44 ff.).

IV. Erforderliche Angaben der Meldung (S. 3)

Damit eine sachgerechte Auswertung der Meldungen durch das BSI erfolgen kann, ist es erforderlich, bestimmte Inhalte der Meldung verbindlich im Gesetz vorzuschreiben (vgl. BT-Drs. 18/5121, 16, in Bezug auf § 8b BSIG). Die hierfür enthaltenen Vorgaben des S. 3 orientieren sich an der allgemeinen Regelung für kritische Infrastrukturen in § 8b Abs. 4 S. 2 BSIG, haben jedoch dessen Ergänzungen durch das Gesetz vom 23.6.2017 (BGBl. I 1885) – unter anderem die Angaben zu möglichen grenzübergreifenden Auswirkungen – nicht übernommen. Nach S. 3 **bestehen die erforderlichen Angaben aus drei Elementen:** Angaben zu der Störung, zu den technischen Rahmenbedingungen (insbes. zur vermuteten oder tatsächlichen Ursache) und zu der betroffenen Informationstechnik. Diese gesetzlichen Erfordernisse sind **wenig konturenscharf** und lassen einen unterschiedlichen Detailisierungsrad der tatsächlich erbrachten Meldungen erwarten, was – angesichts einer fehlenden Verordnungsermächtigung zur näheren Bestimmung von Inhalt und Form der Meldungen – einem rechtssicheren Vollzug der Bestimmung nicht gerade zuträglich ist (*Roßnagel* DVBl. 2015, 1206 (1210)). Abhilfe könnte insoweit die Entwicklung von Mustermeldungen durch das BSI bieten (*Roos* MMR 2015, 636 (640)).

8 Anders als § 8b Abs. 4 S. 3 BSIG, der für den Regelfall eine pseudonymisierte Meldung vorsieht und eine Nennung des Betreibers nur dann für erforderlich erklärt, wenn die Störung tatsächlich zu einem Ausfall oder einer Beeinträchtigung der Funktionsfähigkeit der Kritischen Infrastruktur geführt hat, enthält § 44b keinerlei Vorgaben in dieser Hinsicht. Es ist daher davon auszugehen, dass hier stets eine **Identifizierung des Meldenden** erforderlich ist, um angesichts des bei Gefährdungen der nuklearen Sicherheit drohenden Schadenspotenzials eine schnelle Krisenreaktion zu ermöglichen.

V. Weiterleitung der Meldung durch das BSI (S. 4)

9 Den Ablauf dieser Krisenreaktion zeichnet S. 4 vor, indem er das BSI verpflichtet (keine Ermessenseinräumung), die Meldungen unverzüglich an die für die nukleare Sicherheit und Sicherung zuständigen Genehmigungs- und Aufsichtsbehörden des Bundes und der Länder und an die von diesen bestimmten Sachverständigen nach § 20 weiterzuleiten. Im Grunde folgt diese Unterrichtungspflicht auch aus dem über S. 2 in Bezug genommenen § 8b Abs. 2 Nr. 4 lit. c BSIG (→ Rn. 6), doch enthält S. 4 eine auf den Anwendungsbereich des Atomgesetzes bezogene bereichsspezifische Konkretisierung. Die Tatsache, dass die nach Atomrecht zuständigen **Fachbehörden erst über den „Umweg" des BSI benachrichtigt** werden, unterstreicht, dass das BSI nach der Intention des Gesetzgebers als zentrale Aufsichtsbehörde für die IT-Sicherheit agieren soll, die das Informationssystem zur Vorsorge und zur Abwehr von Sicherheitsproblemen und -angriffen koordiniert (*Bräutigam/Wilmer* ZRP 2015, 38 (39); *Roßnagel* DVBl. 2015, 1206 (1209)).

10 Nicht vorgesehen in § 44b ist eine **Benachrichtigung der Öffentlichkeit**, obwohl Art. 14 Abs. 6 NIS-Richtlinie (→ Rn. 1) die Unterrichtung der Öffentlichkeit unter bestimmten Umständen zumindest zulässt.

VI. Verletzung der Meldepflicht

11 Die Erfüllung der Meldepflicht **kann nicht wirkungsvoll durchgesetzt werden.** Falls die meldepflichtigen Genehmigungsinhaber nach den §§ 6, 7 und 9 ihrer Verpflichtung aus § 44b nicht nachkommen, können weder Sanktionen verhängt werden, noch sind Durchsetzungsmöglichkeiten seitens des BSI vorhanden (kritisch auch *Bräutigam/Wilmer* ZRP 2015, 38 (41)). Da auch die Regelung des § 14 Abs. 1 Nr. 4 BSIG auf die spezialgesetzliche Meldepflicht nach § 44b nicht anwendbar ist, wäre es dringend erforderlich, den Katalog des § 46 um einen entsprechenden Ordnungswidrigkeitentatbestand zu erweitern, weil andernfalls eine nicht ordnungsgemäße Umsetzung des Art. 21 NIS-Richtlinie (→ Rn. 1) im Raume steht (zweifelnd insoweit *Gehrmann/Voigt* CR 2017, 93 (96)).

Fünfter Abschnitt Bußgeldvorschriften

§ 45 (weggefallen)

§ 46 Ordnungswidrigkeiten

(1) Ordnungswidrig handelt, wer vorsätzlich oder fahrlässig
1. entgegen § 2c Absatz 4 oder § 9i Satz 2 eine Auskunft nicht, nicht richtig, nicht vollständig oder nicht rechtzeitig erteilt,
1a. Kernmaterialien befördert, ohne die nach § 4b Abs. 1 Satz 1 oder 2 erforderliche Deckungsvorsorge nachgewiesen zu haben,
2. Anlagen zur Erzeugung oder zur Bearbeitung oder Verarbeitung oder zur Spaltung von Kernbrennstoffen oder zur Aufarbeitung bestrahlter Kernbrennstoffe ohne die nach § 7 Abs. 1 Satz 1, auch in Verbindung mit Abs. 5 Satz 1 erforderliche Genehmigung errichtet,
2a. entgegen § 7 Abs. 1a Satz 4 ein Messgerät verwendet,
2b. entgegen § 7 Abs. 1a Satz 5 ein Messgerät nicht, nicht richtig oder nicht rechtzeitig aufstellt, nicht, nicht richtig oder nicht rechtzeitig anschließt, nicht oder nicht richtig handhabt oder nicht oder nicht richtig wartet,
2c. entgegen § 7 Abs. 1a Satz 7 den Zustand des Messgerätes oder die erzeugte Elektrizitätsmenge nicht oder nicht rechtzeitig überprüfen oder nicht oder nicht rechtzeitig testieren lässt,
2d. entgegen § 7 Abs. 1c Satz 1 Nr. 1 oder 2 oder Satz 2 eine Mitteilung nicht, nicht richtig, nicht vollständig oder nicht rechtzeitig macht oder nicht, nicht richtig, nicht vollständig oder nicht rechtzeitig übermittelt oder ein Ergebnis oder ein Testat nicht oder nicht rechtzeitig vorlegt,
2e. entgegen § 7 Abs. 1c Satz 1 Nr. 3 eine Mitteilung nicht, nicht richtig, nicht vollständig oder nicht rechtzeitig macht,
3. einer Festsetzung nach § 13 Abs. 1, einer vollziehbaren Auflage nach § 17 Abs. 1 Satz 2 oder 3 oder einer vollziehbaren Anordnung nach § 19 Abs. 3 zuwiderhandelt,
4. einer Rechtsverordnung nach § 11 Abs. 1, § 12 Abs. 1 Satz 1 Nr. 1 bis 7a, 9 bis 11 oder 12 oder einer auf Grund einer Rechtsverordnung nach § 12 Abs. 1 Satz 1 Nr. 13 ergangenen vollziehbaren Verfügung zuwiderhandelt, soweit die Rechtsverordnung für einen bestimmten Tatbestand auf diese Bußgeldvorschrift verweist,
5. entgegen § 4 Abs. 5 Satz 1 den Genehmigungsbescheid oder entgegen § 4 Abs. 5 Satz 2 die dort bezeichnete Bescheinigung nicht mitführt oder entgegen § 4 Abs. 5 Satz 3 den Bescheid oder die Bescheinigung auf Verlangen nicht vorzeigt,
6. entgegen § 19 Absatz 2 Satz 1 das Betreten der dort beschriebenen Orte nicht duldet oder nicht die dort beschriebene Prüfung nicht duldet oder entgegen § 19 Absatz 2 Satz 2 Auskünfte nicht, nicht richtig, nicht rechtzeitig oder nicht vollständig erteilt oder entgegen § 19 Absatz 2 Satz 3 in Verbindung mit § 36 des Produktsicherheitsgesetzes Anlagen nicht zugänglich macht oder Prüfungen nicht gestattet oder die hier-

AtG § 46   Fünfter Abschnitt Bußgeldvorschriften

für benötigten Arbeitskräfte und Hilfsmittel nicht bereitstellt oder Angaben nicht macht und Unterlagen nicht vorlegt, die zur Erfüllung der Aufgaben der Aufsichtsbehörde erforderlich sind.

(2) Die Ordnungswidrigkeit kann in den Fällen des Absatzes 1 Nummer 1, 1a, 2, 2a, 2b, 2c, 2e, 3, 4 und 6 mit einer Geldbuße bis zu fünfzigtausend Euro, in den übrigen Fällen mit einer Geldbuße bis zu eintausend Euro geahndet werden.

(3) Verwaltungsbehörde im Sinne des § 36 Abs. 1 Nr. 1 des Gesetzes über Ordnungswidrigkeiten ist

1. das Bundesausfuhramt in den Fällen des Absatzes 1 Nr. 4, soweit es sich um Zuwiderhandlungen gegen eine nach § 11 Abs. 1 Nr. 1 oder 6 bestimmte Genehmigungs-, Anzeige- oder sonstige Handlungspflicht bei der grenzüberschreitenden Verbringung radioaktiver Stoffe oder gegen eine damit verbundene Auflage handelt,

2. das Bundesamt für die Sicherheit der nuklearen Entsorgung in den Fällen des Absatzes 1 Nr. 2a bis 2e.

Übersicht

	Rn.
I. Allgemeines	1
II. Verhältnis zum Strafrecht	2
III. Das Bußgeldverfahren nach OWiG	3
IV. Die einzelnen Ordnungswidrigkeitstatbestände	6
1. Auskunftserteilung (Abs. 1 Nr. 1)	7
2. Deckungsvorsorge (Abs. 1 Nr. 1a)	9
3. Errichtung ohne Genehmigung (Abs. 1 Nr. 2)	10
4. Messgeräte (Abs. 1 Nr. 2a–2e)	11
5. Zuwiderhandlungen gegen Verwaltungsakte (Abs. 1 Nr. 3)	13
6. Rechtsverordnungen (Abs. 1 Nr. 4)	14
7. Bescheinigungen (Abs. 1 Nr. 5)	17
8. Duldungspflichten (Abs. 1 Nr. 6)	18
V. Höhe der Geldbuße (Abs. 2)	19
VI. Behördenzuständigkeit (Abs. 3)	21

I. Allgemeines

1   Der Ordnungswidrigkeitenkatalog des § 46 dient dem Schutz der in § 1 Nrn. 2–4 niedergelegten Gesetzeszwecke. Ziel ist die Sanktionierung des Nichteinhaltens bestimmter im AtG niedergelegter Pflichten, wobei hier lediglich Fälle des sog. Verwaltungsunrechts benannt sind, die, wie im Ordnungswidrigkeitenrecht üblich (vgl. § 1 Abs. 1 OWiG), mit einer Geldbuße (→ Rn. 19 f.) sanktioniert werden. Rechtsverstöße mit höherem Unwertgehalt sind als Straftatbestände außerhalb des AtG ausgestaltet (→ Rn. 2).

II. Verhältnis zum Strafrecht

2   Die gesetzliche Grundlage für die Verfolgung sowie die Ahndung der in § 46 aufgeführten Ordnungswidrigkeiten ist das Ordnungswidrigkeitengesetz (OWiG). Infolge der aus § 21 Abs. 1 OWiG folgenden **Subsidiarität von Ordnungswid-**

rigkeiten gegenüber Straftaten wird eine Ordnungswidrigkeit nach § 46 nur verfolgt und geahndet, wenn die Handlung, welche der Ordnungswidrigkeit zugrunde liegt, nicht auch als Straftat verfolgt werden kann. Ursprünglich enthielt das AtG selbst in den §§ 40 ff. eigene atomrechtliche Straftatbestände, doch sind diese teilweise bereits 1974, zum Teil durch Art. 14 des Gesetzes zur Bekämpfung der Umweltkriminalität vom 28.3.1980 (BGBl. I 373) aufgehoben und aus rechtspolitischen Gründen (vgl. BT-Drs. 8/3633, 21 f.) in das Strafgesetzbuch exportiert worden. Dort finden sie sich nun im 28. Abschnitt (gemeingefährliche Straftaten, §§ 306 ff. StGB) und im 29. Abschnitt (Straftaten gegen die Umwelt, §§ 324 ff. StGB). Erfüllt eine Handlung also einen dieser Straftatbestände und gleichzeitig einen Ordnungswidrigkeitentatbestand nach § 46, so wird nur das StGB angewendet. Wenn eine Strafe letztlich nicht verhängt wird, kann die Handlung jedoch als Ordnungswidrigkeit geahndet werden (§ 21 Abs. 2 OWiG).

III. Das Bußgeldverfahren nach OWiG

Dadurch, dass hinsichtlich der konkreten Ausgestaltung des Bußgeldverfahrens 3 spezielle Regelungen im Atomgesetz fehlen, gelten insoweit die allgemeinen Vorschriften der §§ 35 ff. OWiG. Wie bei anderen Ordnungswidrigkeiten gilt auch bei solchen nach § 46 das **Opportunitätsprinzip.** Danach liegt die Verfolgung sowie die Ahndung von Ordnungswidrigkeiten im pflichtgemäßen Ermessen der zuständigen Behörde. Bei der Ausübung des Ermessens sind der Zweck der Ermächtigung und die gesetzlichen Grenzen des Ermessens zu beachten (vgl. § 40 VwVfG, § 114 S. 1 VwGO). Zu Letzteren gehört auch der Grundsatz der Verhältnismäßigkeit.

Das **Ordnungswidrigkeitsverfahren** gliedert sich in drei Abschnitte. Im Rah- 4 men des Vorverfahrens ermittelt die zuständige Behörde bei Vorliegen eines Anfangsverdachts den relevanten Sachverhalt. Sofern das Vorverfahren nach der erforderlichen Anhörung des Betroffenen mit dem Erlass eines Bußgeldbescheids endet (§ 65 OWiG), kann der Betroffene hiergegen innerhalb von zwei Wochen schriftlich Einspruch einlegen (§ 67 OWiG). Im Rahmen des Zwischenverfahrens prüft die zuständige Behörde nun zunächst die Zulässigkeit des eingelegten Einspruchs sowie die Aufrechterhaltung des Bußgeldbescheids. Bei Aufrechterhaltung übersendet die Behörde die Akten an die zuständige **Staatsanwaltschaft,** welche daraufhin ebenfalls die Zulässigkeit des eingelegten Einspruchs sowie die Aufrechterhaltung des Bußgeldbescheids prüft (§ 69 Abs. 3 OWiG). Mit dem Eingang der Akten bei der Staatsanwaltschaft geht die Zuständigkeit nach § 69 Abs. 4 S. 1 OWiG auf sie über. Die Staatsanwaltschaft hat die Möglichkeit das Ordnungswidrigkeitsverfahren einzustellen. Sofern von dieser Möglichkeit kein Gebrauch gemacht wird, hat die Staatsanwaltschaft die Akten an das zuständige **Amtsgericht** zu übersenden (§§ 68, 69 Abs. 4 S. 2 OWiG). Das Zwischenverfahren endet entweder mit der Einspruchsverwerfung durch das Amtsgericht nach § 70 OWiG oder mit der Einleitung des Hauptverfahrens. Der rechtliche Rahmen des Hauptverfahrens, an dessen Ende in der Regel die Entscheidung über den Einspruch durch Urteil nach Durchführung der Hauptverhandlung steht, ergibt sich nach § 71 Abs. 1 OWiG im Wesentlichen aus den Vorschriften der Strafprozessordnung. Gegen das Urteil des Amtsgerichts ist unter den Voraussetzungen des § 79 Abs. 1 S. 1 OWiG die **Rechtsbeschwerde** des Betroffenen möglich, wobei insoweit die für die Revision geltenden Regeln der Strafprozessordnung und des Gerichtsverfassungsgesetzes gelten (§ 79 Abs. 3 OWiG). Die Vollstreckung der rechtskräftigen Bußgeldentscheidungen erfolgt nach näherer Maßgabe der §§ 89 ff. OWiG.

AtG § 46   Fünfter Abschnitt Bußgeldvorschriften

5   Betroffener im Rahmen eines Ordnungsverfahrens kann jeder sein, der einen kausalen Tatbeitrag leistet. Es gilt das sogenannte **Einheitstäterprinzip**, denn das Ordnungswidrigkeitenrecht differenziert im Gegensatz zum Strafrecht nicht nach der jeweiligen Form der Tatbeteiligung (vgl. § 14 Abs. 1 S. 1 OWiG). Jeder, der bei der Tatbestandsverwirklichung mitwirkt, sei er nun funktional Anstifter, Täter oder Gehilfe, wird vom Ordnungswidrigkeitenrecht als Täter behandelt. Zudem ist es nicht erforderlich, dass besondere täterbezogene Merkmale bei sämtlichen Betroffenen vorliegen; nach § 14 Abs. 1 S. 2 OWiG genügt es, wenn diese Merkmale nur bei einem Tatbeteiligten vorliegen. Nach näherer Maßgabe des § 9 OWiG ist dies insbesondere in Fällen, in denen ein gesetzlicher oder ein gewillkürter **Vertreter für eine juristische Person** handelt, von gesteigerter Bedeutung. Zur Geldbuße gegen juristische Personen vgl. § 30 OWiG. Weitere allgemeine Vorschriften über die Modalitäten der Begehung von Ordnungswidrigkeiten – Irrtum, Versuch, Unterlassen, Verletzung von Aufsichtspflichen in Betrieben und Unternehmen, usw – finden sich in den §§ 8–16 und 130 OWiG.

IV. Die einzelnen Ordnungswidrigkeitstatbestände

6   In Abs. 1 sind enumerativ einzelne Tatbestände aufgeführt, nach denen jemand, der diese Tatbestände vorsätzlich oder zumindest fahrlässig verwirklicht, eine Ordnungswidrigkeit begeht, die mit einer Geldbuße in unterschiedlicher Höhe (→ Rn. 19f.) geahndet werden kann. Bei vorsätzlicher Begehung droht in einigen Fällen des § 46 zudem eine Einziehung nach Maßgabe des § 49 (→ § 49 Rn. 2). Bei diesen Tatbeständen handelt es sich regelmäßig um Verhaltensweisen, die gegen solche Rechtsvorschriften und Verwaltungsakte verstoßen, welche der Wahrung wichtiger Rechtsgüter und Belange dienen, aber als sog. **Verwaltungsunrecht** keiner Sanktion durch Strafvorschriften (→ Rn. 2) bedürfen. Dadurch, dass in § 46 eine ausdrückliche gesetzliche Bestimmung hinsichtlich des **Versuchs** einer Ordnungswidrigkeit fehlt, ist der Versuch nicht bußgeldbewehrt, vgl. § 13 Abs. 2 OWiG.

1. Auskunftserteilung (Abs. 1 Nr. 1)

7   Im Rahmen des Abs. 1 Nr. 1 wird die **Verletzung von Auskunftspflichten**, die in § 2c Abs. 4 oder § 9i S. 2 normiert sind, als Ordnungswidrigkeit sanktioniert. In beiden Fällen ist die Verweisungsnorm aufgrund eines **Redaktionsversehens** des Gesetzgebers nicht korrekt ausgestaltet (so auch *Steindorf/Häberle* in Erbs/Kohlhaas § 46 Rn. 1a). § 2c Abs. 4 AtG betrifft die im Rahmen des nationalen Entsorgungsprogramms einzuhaltenden Auskunftspflichten der nach § 9a Abs. 1 S. 1 Entsorgungspflichtigen und der Besitzer abgebrannter Brennelemente oder radioaktiver Abfälle. Die Verweisungsnorm ist ungenau, weil sie sich eigentlich nur auf die **Auskunftspflicht nach § 2c Abs. 4 S. 1** bezieht. Denn § 2c Abs. 4 sollte nach dem ursprünglichen Gesetzentwurf nur einen Satz enthalten (vgl. BT-Drs. 260/15, 3), wurde dann aufgrund der Beschlussempfehlung des Umweltausschusses (BT-Drs. 18/6234, 2) jedoch um einen zweiten Satz über die Übermittlung von Abfalldaten an den Bund durch die Länder erweitert, ohne dass zugleich auch der Verweis in § 46 Abs. 1 Nr. 1 entsprechend konkretisiert wurde.

8   Die zweite Variante in Abs. 1 Nr. 1 betrifft die Auskunftspflichten im Zusammenhang mit der **Bestandsaufnahme aller Brennelemente nach § 9i Abs. 2 S. 1**. Hier ist die Verweisung in der Nr. 1 sachlich nicht korrekt, denn es fehlt nicht

Ordnungswidrigkeiten **§ 46 AtG**

nur eine Absatzangabe, sondern es ist auch die Satzangabe falsch. Weder in § 9i Abs. 1 noch in § 9i Abs. 2 S. 2 sind Auskunftspflichten geregelt. Es handelt sich um ein Versehen des Gesetzgebers, das seinen Grund bereits in dem Gesetzentwurf der Bundesregierung findet, der dem Bundesrat im sog. „ersten Durchgang" nach Art. 76 Abs. 2 GG zugeschickt wurde. Dort ist die Auskunftspflicht in § 9i Abs. 2 geregelt (BT-Drs. 260/15, 5), aber es wird in § 46 fälschlich auf „§ 9i Satz 2" verwiesen (BT-Drs. 260/15, 5), obwohl nach dem Gesetzentwurf in keiner der beiden Absätze des § 9i ein zweiter Satz vorgesehen war. Obwohl der später in den Bundestag eingebrachte Gesetzentwurf der Bundesregierung diesen Fehler nicht mehr enthielt und korrekt auf „Absatz 2" verwies (BT-Drs. 18/5865, 9), findet er sich erneut im Bundesgesetzblatt (BGBl. 2015 I 2053 (2055)). Ein Satz 2 findet sich aufgrund einer Empfehlung des Umweltausschusses (BT-Drs. 18/6234, 2) nun noch zusätzlich in § 9i Abs. 2, doch sind darin keine Auskunftspflichten geregelt, wie sie für Abs. 1 Nr. 1 relevant sein könnten.

2. Deckungsvorsorge (Abs. 1 Nr. 1a)

Nach Abs. 1 Nr. 1a wird die Nichteinhaltung der in § 4b Abs. 1 S. 1 und 2 normierten Pflichten zum **Nachweis der erforderlichen Deckungsvorsorge** bei der Beförderung von Kernmaterialien als Ordnungswidrigkeit ausgestaltet. Der hierbei verwendete Terminus „Kernmaterialien" erschließt sich aus § 2 Abs. 4 iVm Anlage 1 Abs. 1 Nr. 5. Danach sind Kernmaterialien „Kernbrennstoffe (ausgenommen natürliches und abgereichertes Uran) sowie radioaktive Erzeugnisse und Abfälle". Diese Untervarianten sind ihrerseits wiederum in Anlage 1 Abs. 1 Nr. 3 (Kernbrennstoffe) bzw. Nr. 4 (radioaktive Erzeugnisse oder Abfälle) definiert. Im Ordnungswidrigkeitentatbestand mitgelesen werden muss § 4b Abs. 2, der die Nachweispflicht nach Abs. 1 für unanwendbar erklärt, soweit es sich um die Beförderung von Kernmaterialien innerhalb der Deckungsfreigrenzen nach Anlage 2 zum AtG handelt. Sofern diese von der Nachweispflicht nach Abs. 1 ausgenommen sind, kann ihr Nichtnachweis auch keine Ordnungswidrigkeit nach Abs. 1 Nr. 1a begründen.

9

3. Errichtung ohne Genehmigung (Abs. 1 Nr. 2)

Mit Abs. 1 Nr. 2 sanktioniert das AtG die **Errichtung einer** ortsfesten **Anlage ohne** die hierfür nach § 7 Abs. 1 S. 1 – bzw. für ortsveränderliche Anlagen nach § 7 Abs. 5 S. 1 iVm Abs. 1 S. 1 – erforderliche **Genehmigung.** Entsprechend dem Genehmigungstatbestand in § 7 Abs. 1 S. 1 sind hiervon also „Anlagen zur Erzeugung oder zur Bearbeitung oder Verarbeitung oder zur Spaltung von Kernbrennstoffen oder zur Aufarbeitung bestrahlter Kernbrennstoffe" erfasst. Zur Frage, welche Anlagen konkret hierunter zu subsumieren sind siehe → § 7 Rn. 5. Zu beachten ist, dass der Ordnungswidrigkeitentatbestand der Nr. 2 von den in § 7 Abs. 1 genannten drei Handlungsvarianten („errichtet, betreibt oder sonst innehat") nur die genehmigungslose Errichtung erfasst. Wird eine ohne Genehmigung errichtete kerntechnische Anlage darüber hinaus auch noch betrieben, greift der Straftatbestand des § 327 Abs. 1 StGB ein, so dass gem. § 21 Abs. 1 OWiG der Ordnungswidrigkeitentatbestand zurücktritt (→ Rn. 2). Die gem. § 49 bei Verstößen gegen § 46 als Nebenfolge vorgesehene Einziehung (→ § 49 Rn. 2) bleibt aber weiterhin möglich (§ 21 Abs. 1 S. 2 OWiG). Nach § 327 Abs. 1 Nr. 1 StGB ist es ebenfalls strafbar, wenn jemand ohne die erforderliche Genehmigung eine betriebsbereite kerntechnische Anlage „innehat oder ganz oder teilweise abbaut oder eine solche Anlage

10

oder ihren Betrieb wesentlich ändert". Der Straftatbestand ist auch fahrlässig begehbar (§ 327 Abs. 3 Nr. 1 StGB).

4. Messgeräte (Abs. 1 Nrn. 2a–2e)

11 Die Nrn. 2a–2e des § 46 Abs. 1 wurden dem Ordnungswidrigkeitenkatalog durch das Gesetz zur geordneten Beendigung der Kernenergienutzung zur gewerblichen Erzeugung von Elektrizität vom 22. 4. 2002 (BGBl. I 1351) hinzugefügt, um die zuverlässige Einhaltung der damals im Rahmen des Reststrommengenmanagements neu eingeführten Pflichten aus § 7 Abs. 1a S. 4, 5 und 7 sowie aus § 7 Abs. 1c S. 1 und 2 zu sichern (Begr. des Gesetzentwurfs, BT-Drs. 14/6890, 26). Insofern beziehen sich die Nrn. 2a–2c auf die in § 7 Abs. 1a normierte Pflicht zur **Verwendung von Messgeräten** bei der Feststellung des Verbrauchs der den einzelnen Anlagen zugewiesenen Elektrizitätsmengen nach Anlage 3 Spalte 2 zum AtG. Hierbei sanktioniert **Nr. 2a** unter Bezug auf § 7 Abs. 1a S. 4 die **Verwendung** eines nicht zugelassenen und geeichten Messgerätes, **Nr. 2b** unter Bezug auf § 7 Abs. 1a S. 5 eine fehlerhafte **Modalität bei der Verwendung** von Messgeräten, dh die Fälle, in denen die Aufstellung oder der Anschluss der Messgeräte nicht, nicht richtig oder nicht rechtzeitig erfolgt oder sie nicht oder nicht richtig gehandhabt oder gewartet werden und **Nr. 2c** unter Bezug auf § 7 Abs. 1a S. 7 eine nicht oder nicht rechtzeitige **Überprüfung oder Testierung** des Zustands der Messgeräte (durch Sachverständigenorganisationen) oder der erzeugten Elektrizitätsmenge (durch Wirtschaftsprüfer). Anders als bei Nr. 2b, wo sich das „nicht rechtzeitig" auf den Begriff „unverzüglich" (also: ohne schuldhaftes Zögern, § 121 Abs. 1 S. 1 BGB) in § 7 Abs. 1b S. 5 bezieht, rekurriert das „nicht rechtzeitig" in Nr. 2c auf die in § 7 Abs. 1a S. 7 kalendarisch bestimmten „jedes Kalenderjahr", „binnen eines Monats") Fristen.

12 Die **Nr. 2d** rekurriert auf die nach § 7 Abs. 1c Nr. 1 und 2 oder S. 2 bestehenden **Mitteilungspflichten und Testate** im Zusammenhang mit den erzeugten Elektrizitätsmengen nach Anlage 3 Spalte 2 zum AtG und macht deren unterbliebene, falsche, unvollständige oder verspätete Meldung zur Ordnungswidrigkeit. Die gleichen Modalitäten einer Mitteilungspflichtverletzung werden durch **Nr. 2e** zur Ordnungswidrigkeit, soweit sie sich auf die in § 7 Abs. 1c Nr. 3 niedergelegte Pflicht zur Mitteilung über **Elektrizitätsmengenübertragungen** nach § 7 Abs. 1b (→ § 7 Rn. 27) beziehen.

5. Zuwiderhandlungen gegen Verwaltungsakte (Abs. 1 Nr. 3)

13 Mit der Ordnungswidrigkeit nach Abs. 1 Nr. 3 werden drei unterschiedliche Verstöße erfasst, die sich thematisch als Zuwiderhandlungen gegen Handlungen der Genehmigungs- oder Aufsichtsbehörde zusammenfassen lassen. Ordnungswidrig handelt demnach, wer einer im Genehmigungsverfahren getroffenen **Festsetzung der Deckungsvorsorge** nach § 13 Abs. 1 zuwider handelt, wer gegen eine **vollziehbare Auflage** nach § 17 Abs. 1 S. 2 bzw. eine nachträglichen Auflage nach § 17 Abs. 1 S. 3 verstößt oder wer eine vollziehbare **behördliche Anordnung** nach § 19 Abs. 3 nicht befolgt. Weil der Verweis auf § 13 den gesamten ersten Absatz erfasst, umgreift der Ordnungswidrigkeitentatbestand der Nr. 3 in seiner ersten Variante nicht nur den Fall, dass die festgesetzte Deckungsvorsorge nicht getroffen wird (§ 13 Abs. 1 S. 1), sondern auch die Konstellation, dass die Zuwiderhandlung gegen die Festsetzung darin besteht, dass der zur Deckungsvorsorge Verpflichtete bei späteren Neufestsetzungen der Behörde die geänderte Deckungsvorsorge nicht nach-

weist (§ 13 Abs. 1 S. 2). Entsprechend wird in der dritten Variante der Nr. 3 von dem Verweis auf § 19 Abs. 3 sowohl dessen Rechtswidrigkeitsalternative (Anordnungen zur Beseitigung eines nach Atomrecht rechtswidrigen Zustandes, → § 19 Rn. 52 ff.) als auch dessen Gefahrenalternative (Anordnung zur Beseitigung eines gefährlichen, nicht notwendig rechtswidrigen Zustandes → § 19 Rn. 57 ff.) umfasst. "**Vollziehbar**" sind die in Nr. 3 genannten Auflagen und Anordnungen, wenn der zugrunde liegende Verwaltungsakt unanfechtbar geworden oder mit einer Anordnung der sofortigen Vollziehung nach § 80 Abs. 2 Nr. 4 VwGO verbunden worden ist.

6. Rechtsverordnungen (Abs. 1 Nr. 4)

Durch die erste Variante in Abs. 1 Nr. 4 wird auch die vorsätzliche oder zumindest fahrlässige **Zuwiderhandlung gegen bestimmte Rechtsverordnungen,** welche auf der Basis von Ermächtigungen des AtG erlassen werden dürfen, zur Ordnungswidrigkeit. Der Tatbestand in Nr. 4 verweist dafür nicht pauschal auf das untergesetzliche atomrechtliche Regelungswerk, sondern benennt mit § 11 Abs. 1, 12 Abs. 1 S. 1 Nr. 1–7a, 9–11 oder 12 und § 12d Abs. 6 Nr. 2 konkrete Verordnungsermächtigungen, deren Verletzung die Ordnungswidrigkeitsfolge nach sich ziehen soll. Maßgebliche weitere Voraussetzung hierfür ist allerdings, dass die betreffende Rechtsverordnung für einen bestimmten Tatbestand auf die Regelung des Abs. 1 Nr. 4 verweist.

14

Mit seiner zweiten Variante erstreckt Abs. 1 Nr. 4 den Ordnungswidrigkeitentatbestand zudem auf Zuwiderhandlungen gegen die gem. § 12 Abs. 1 Nr. 13 **auf der Basis von Rechtsverordnungen ergangenen vollziehbaren** (→ Rn. 13) **Verfügungen der Aufsichtsbehörde.** Damit eröffnet das Gesetz dem Verordnungsgeber, mithin der Exekutive, die Möglichkeit, Verstöße gegen die von ihm erlassenen untergesetzlichen Regelungen als Ordnungswidrigkeiten zu ahnden. Rechtstechnisch ist dafür auch wiederum erforderlich, dass die Rechtsverordnung für einen bestimmten Tatbestand auf die Bußgeldvorschrift in Abs. 1 Nr. 4 verweist.

15

Drei aktuell geltende **Anwendungsbeispiele** für die erste Variante des Abs. 1 Nr. 4 (→ Rn. 14) sind **§ 11 AtSMV**, die sich ihrerseits unter anderem auf § 12 Abs. 1 Nr. 1 und 7 stützt, **§ 23 AtAV**, die unter anderem auf § 11 Abs. 1 gestützt ist, sowie **§ 10 AtEV**, die ihre Grundlage unter anderem in § 12 Abs. 1 S. 1 Nr. 9 findet. Alle drei Bestimmungen verweisen, wie es die Norm erfordert (→ Rn. 14), auf die Bußgeldvorschrift des Abs. 1 Nr. 4. Demgegenüber waren § 116 der (alten) StrlSchV und § 44 RöV, die ihre gem. Art. 80 Abs. 1 GG erforderlichen Verordnungsermächtigungen im AtG fanden, nur bis zum Jahreswechsel 2018/19 Anwendungsbeispiele dieser Norm. Indem die Regelungsgegenstände beider Verordnungen inzwischen aber im StrlSchG zusammengeführt worden sind, ist eine "Hochzonung" der Regelungsmaterie auf Gesetzesrang erfolgt (näher dazu *Mann/Hundertmark* NVwZ 2019, 825 ff.). Das hat zur Folge, dass nunmehr § 194 Abs. 1 StrlSchG eigene neue Verordnungsermächtigungen enthält, auf die dann die Ordnungswidrigkeitstatbestände des § 184 der (neuen) StrlSchV rekurrieren. Insoweit liegt also kein Fall des Abs. 1 Nr. 4 mehr vor (aA *Leidinger* in NK-AtomR § 46 Rn. 10, der selbst im Jahr 2019 noch auf die bereits außer Kraft getretenen § 116 StrlSchG und § 44 RöV rekurriert).

16

AtG § 46 Fünfter Abschnitt Bußgeldvorschriften

7. Bescheinigungen (Abs. 1 Nr. 5)

17 Weniger Unrechtsgehalt weisen die von Abs. 1 Nr. 5 erfassten **rein formalen Verstöße** gegen die **Pflicht zum Mitführen** einer Ausfertigung oder einer öffentlich beglaubigten Abschrift **des Genehmigungsbescheides** bei der Beförderung von Kernbrennstoffen (vgl. § 4 Abs. 5 S. 1) oder zum Mitführen (vgl. § 4 Abs. 5 S. 2) oder Vorzeigen (vgl. § 4 Abs. 5 S. 3) der **nach Art. 4 Abs. (c) PÜ erforderlichen Deckungsvorsorgebescheinigung** auf. Sie sind daher in Abs. 2 auch mit einer wesentlich geringeren Höchstbuße bedroht (→ Rn. 19). Indem auch das unterlassene Vorzeigen nach Aufforderung vom Ordnungswidrigkeitentatbestand erfasst wird, vermeidet das AtG die ansonsten auftretende Zweifelsfrage, ob das Vorzeigen eine unselbstständige Nebenpflicht des Mitführens sein kann. Über unmittelbare Zuwiderhandlungen gegen § 4 Abs. 5 S. 2 und S. 3 hinaus ist die Pflicht zur Mitführung von Bescheinigungen über die Deckungsvorsorge bei der Beförderung von Kernmaterialien gem. § 4b Abs. 1 S. 3 iVm § 4 Abs. 5 S. 2 und 3 bußgeldrechtlich nicht erfasst, da sie in Abs. 1 Nr. 5 nicht ausdrücklich genannt wird. Für eine solche Bußgeldbewehrung hätte es vielmehr eines Zusatzes wie „auch in Verbindung mit § 4b Abs. 1 S. 3" bedurft (*Steindorf/Häberle* in Erbs/Kohlhaas § 46 Rn. 6).

8. Duldungspflichten (Abs. 1 Nr. 6)

18 Der Ordnungswidrigkeitentatbestand des Abs. 1 Nr. 6 ist durch das 14. Änderungsgesetz von November 2015 (BGBl. I 2053) eingeführt worden. Damit wurden Verstöße gegen die **Mitwirkungs- und Auskunftspflichten im Rahmen der Atomaufsicht** nach § 19 Abs. 2 erstmals bußgeldbewehrt. Hiervon erfasst sind insbesondere Verhaltensweisen, die das den Beauftragten der Aufsichtsbehörde und der von ihr nach § 20 zugezogenen Sachverständigen oder den Beauftragten anderer zugezogener Behörden eingeräumte Zutritts- und Prüfungsrecht nach § 19 Abs. 2 unterbinden. Adressiert ist die Duldungspflicht dieser Handlungen nicht nur an den Anlagenbetreiber bzw. Genehmigungsinhaber, sondern prinzipiell an jedermann, denn „es ist von vornherein nicht bestimmbar, wo die radioaktiven Strahlen wirken oder deren Wirkung anzunehmen ist" (Bericht des Umweltausschusses, BT-Drs. 18/6234, 5). Anders verhält es sich mit Blick auf die Auskunftsverpflichtung nach § 19 Abs. 2 S. 2, die sich nur an die „verantwortlichen oder dort beschäftigten Personen" richtet und insofern auch nur bei diesen eine Ordnungswidrigkeit nach Nr. 5 begründen kann. Ebenfalls personell begrenzt ist die Mitwirkungspflicht aus § 36 ProdSG iVm § 19 Abs. 2 S. 3: Sie trifft Eigentümer von überwachungsbedürftigen Anlagen und Personen, die solche Anlagen herstellen oder betreiben. Insoweit können auch nur diese Personen nach Abs. 1 Nr. 6 bußgeldpflichtig werden.

V. Höhe der Geldbuße (Abs. 2)

19 Abs. 2 räumt der Verwaltungsbehörde bezüglich der Festsetzung einer Geldbuße innerhalb des dort benannten vorgesehenen Höchstbußgeldrahmens einen Ermessensspielraum ein. Insoweit greift also das **Opportunitätsprinzip** des § 47 OWiG. Die maximal zulässige Bußgeldhöhe richtet sich danach, welche der in Abs. 1 benannten Ordnungswidrigkeiten begangen wurde. Für Ordnungswidrigkeiten der

Ordnungswidrigkeiten **§ 46 AtG**

in Abs. 1 Nrn. 1, 1 a, 2, 2 a, 2 b, 2 c, 2 e, 3, 4, und 6 genannten Konstellationen sieht das Gesetz Geldbußen bis zu 50.000 EUR vor, in den übrigen Fällen lediglich eine Geldbuße bis zu 1.000 EUR. Wenn man sich vor Augen führt, dass es sich bei diesen übrigen Fällen nach geltender Rechtslage allein um die Fallgruppen des Abs. 1 Nr. 2d und 5 handelt, wird deutlich, dass der Hintergrund dieser Differenzierung der unterschiedliche Unrechtsgehalt der einzelnen Tatbestände ist. Inwieweit die gesetzliche Entscheidung für eine Obergrenze von 50.000 EUR in Anbetracht des von kerntechnischen Anlagen ausgehenden Gefahrenpotenzials und im Vergleich zu den Höchstgrenzen in anderen Gesetzen aus dem Bereich des Umweltschutzes angemessen erscheint, ist immer wieder bezweifelt worden (*Steindorf/Häberle* in Erbs/Kohlhaas § 46 Rn. 7).

Nähere Anhaltspunkte für die **Ausübung des Ermessens** bei der Zumessung 20 der Geldbuße ergeben sich aus § 17 OWiG. Danach bilden die Bedeutung der Ordnungswidrigkeit und der Vorwurf, der den Täter trifft, die Grundlage für die Zumessung der Geldbuße (§ 17 Abs. 3 S. 1), wobei auch die wirtschaftlichen Verhältnisse des Täters Berücksichtigung finden sollen (§ 17 Abs. 3 S. 2 OWiG) und die Geldbuße den wirtschaftlichen Vorteil, den der Täter aus der Ordnungswidrigkeit gezogen hat, übersteigen soll (§ 17 Abs. 4). Droht das Gesetz, wie hier (vgl. § 46 Abs. 1), für vorsätzliches und fahrlässiges Handeln eine Geldbuße an, ohne im Höchstmaß zu unterscheiden, so kann gem. § 17 Abs. 2 OWiG fahrlässiges Handeln im Höchstmaß nur mit der Hälfte des angedrohten Höchstbetrages der Geldbuße, hier also eine Geldbuße in Höhe von 25.000 EUR bzw. 500 EUR, geahndet werden.

VI. Behördenzuständigkeit (Abs. 3)

Die für die Verfolgung von Ordnungswidrigkeiten **zuständige Behörde** ist 21 nach den Grundregeln der §§ 36–39 OWiG in der Regel die fachlich zuständige Behörde. Dieses Prinzip adressierte im Atomrecht eigentlich die jeweils sachlich zuständige Aufsichts- oder Genehmigungsbehörde, jedoch trifft § 46 Abs. 3 zwei hiervon abweichende Sonderzuweisungen, die gem. § 36 Abs. 1 Nr. 1 OWiG Vorrang vor der allgemeinen Zuständigkeitsregel genießen. Diese Sonderzuweisungen beziehen sich aber nur auf bestimmte Ordnungswidrigkeitentatbestände innerhalb des § 46 Abs. 1. So betrifft die Sonderzuweisung nach § 46 Abs. 3 Nr. 2 die Zuständigkeit des Bundesamtes für kerntechnische Entsorgungssicherheit nur für die durch das Beendigungsgesetz vom 22.4.2002 (BGBl. I 1351) neu eingeführten Tatbestände des Abs. 1 Nr. 2a–2e. Zum anderen begründet die Sonderzuweisung in § 46 Abs. 3 Nr. 1 eine Zuständigkeit des Bundesausfuhramtes nur für einen engen Ausschnitt der nach Abs. 1 Nr. 4 möglichen Ordnungswidrigkeiten im Zusammenhang mit der grenzüberschreitenden Verbringung radioaktiver Stoffe. Im Übrigen bleibt es also bei der allgemeinen Zuständigkeitsregel nach OWiG.

§§ 47 und 48 (weggefallen)

§ 49 Einziehung

Ist eine vorsätzliche Ordnungswidrigkeit nach § 46 Absatz 1 Nummer 1a, 2, 3 oder 4 begangen worden, so können Gegenstände,
1. auf die sich die Ordnungswidrigkeit bezieht oder
2. die zur Begehung oder Vorbereitung gebraucht wurden oder bestimmt gewesen sind,

eingezogen werden.

Literatur: *Graf,* Beck'scher Onlinekommentar zum OWiG, 22. Edition März 2019; *Mitsch,* Karlsruher Kommentar zum Gesetz über Ordnungswidrigkeiten, 5. Aufl. 2018.

I. Überblick, Einordnung

1   Im Gegensatz zum Strafrecht (vgl. § 74 StGB) ist im Ordnungswidrigkeitenrecht für die Einziehung als Deliktsfolge eine spezialgesetzliche Normierung erforderlich, denn gem. § 22 Abs. 1 OWiG dürfen Gegenstände als Nebenfolge einer Ordnungswidrigkeit nur eingezogen werden, „soweit das Gesetz es ausdrücklich zulässt". Diese **Funktion als „Androhungsgesetz"** (*Mitsch* in Karlsruher Kommentar zum Gesetz über Ordnungswidrigkeiten OWiG § 22 Rn. 1) übernimmt für das Atomgesetz § 49 AtG. Das „soweit" in § 22 Abs. 1 OWiG stellt darüber hinaus klar, dass das in Bezug genommene Androhungsgesetz auch dafür maßgeblich ist, unter welchen weiteren Voraussetzungen welche einziehungsfähigen Gegenstände ausdrücklich erfasst sind. Die in § 49 benannten einziehungsfähigen Gegenstände unterfallen dann aber im Übrigen dem normativen Rahmen, den die Bestimmungen des fünften Abschnitts des OWiG (§§ 22–29 OWiG) setzen. Erst wenn auch dessen Maßgaben erfüllt sind, kann ein Gegenstand eingezogen werden.

II. Allgemeine Einziehungsvoraussetzungen

2   Eine Einziehung ist als Nebenfolge des Ordnungswidrigkeitenrechts **akzessorisch,** dh sie setzt grundsätzlich (Ausnahme → Rn. 8) einen Ordnungswidrigkeitentatbestand mit Geldbuße als Hauptfolge voraus (*Mitsch* in Karlsruher Kommentar zum Gesetz über Ordnungswidrigkeiten OWiG § 22 Rn. 8). In § 49 wird insoweit nur auf **§ 46 Abs. 1 Nr. 1a, 2, 3 oder 4** verwiesen. Darin liegt zugleich eine Einschränkung dahingehend, dass umgekehrt bei den in § 46 Abs. 1 Nrn. 1, 2a, 2b, 2c, 2d, 2e, 5 und 6 aufgelisteten Ordnungswidrigkeiten gerade keine Einziehung möglich sein soll. Hierbei handelt es sich nicht etwa um ein redaktionelles Versehen, was sich schon allein daran zeigt, dass der Verweis auf § 46 Abs. 1 Nr. 1a erst durch das 14. Änderungsgesetz vom 20.11.2015 (BGBl. I 2053) eingefügt wurde. Vielmehr handelt es sich um sachlich bedingte Einschränkungen, da bei den von § 49 nicht erfassten Ordnungswidrigkeitstatbeständen des § 46 eine Einziehung nach der Natur der Sache (Auskunftspflichtverletzungen, Unterlassenstatbestände) nicht in Betracht kommt.

3   Eine weitere Einziehungsvoraussetzung ist, dass die in § 49 genannten Ordnungswidrigkeiten nach § 46 **vorsätzlich** begangen worden sind. Die Ordnungswidrigkeitentatbestände des § 46 selbst sind zwar auch fahrlässig begehbar, doch

Einziehung **§ 49 AtG**

soll die zusätzliche Nebenfolge einer Einziehung nach § 49 nach dem Willen des Gesetzgebers nur bei vorsätzlichem Tun möglich sein. Handlungen vertretungsberechtigter Organe juristischer Personen werden hierbei der juristischen Person zugerechnet (§ 29 OWiG). Durchbrochen wird dieses Vorsatzprinzip durch § 22 Abs. 3 OWiG, der unabhängig von einer besonderen Verweisung im Androhungsgesetz Anwendung findet (*Mitsch* in Karlsruher Kommentar zum Gesetz über Ordnungswidrigkeiten OWiG § 22 Rn. 44). Danach ist Einziehung der Gegenstände in den Fällen des § 22 Abs. 2 Nr. 2 OWiG (→ Rn. 4) auch zulässig, „wenn der Täter **nicht vorwerfbar** gehandelt hat". Gemeint ist damit eine Tat, die zwar tatbestandsmäßig und rechtswidrig ist, dem Täter aber nicht vorgeworfen werden kann, weil ihm die Verantwortlichkeit fehlt (§ 12 OWiG), er einem unvermeidbaren Verbotsirrtum unterlag (§ 11 OWiG) oder wenn zu seinen Gunsten ein Entschuldigungsgrund (§ 15 Abs. 3 OWiG, § 35 StGB entsprechend) eingreift. Diese Ausdehnung der Einziehungsmöglichkeit resultiert daraus, dass § 22 Abs. 2 Nr. 2 OWiG gemeingefährliche Gegenstände betrifft und insoweit anders als Nr. 1 keine Ahndungsfunktion besitzt.

Als weitere allgemeine Einziehungsvoraussetzung verlangt **§ 22 Abs. 2 OWiG**, 4 dass die Gegenstände im Zeitpunkt der Einziehung entweder dem Täter gehören oder ihm als Rechteinhaber, zB Mieter, zustehen (Nr. 1) oder „nach ihrer Art und den Umständen die Allgemeinheit gefährden oder die Gefahr besteht, daß sie der Begehung von Handlungen dienen werden, die mit Strafe oder mit Geldbuße bedroht sind" (Nr. 2). Während sich die gegen den Täter richtende Einziehung der Nr. 1 primär als repressive schuldausgleichende Ahndungsmaßnahme darstellt, die als Nebenfolge neben die Geldbuße tritt, hat die Einziehung wegen Gemeingefährlichkeit nach Nr. 2 einen präventiven Charakter und besitzt einen ausschließlichen Sicherungszweck und keine Ahndungsfunktion. Darum ist hier gem. § 22 Abs. 3 OWiG auch eine Einziehung bei nicht vorwerfbarem Handeln möglich (→ Rn. 3). Von der zusätzlich in **§ 23 OWiG** eröffneten Möglichkeit, in Erweiterung des § 22 Abs. 2 Nr. 1 OWiG eine Einziehung ausdrücklich auch zu Lasten von Personen vorzusehen, die nicht Täter oder Beteiligte der Ordnungswidrigkeit waren, hat das Atomgesetz keinen Gebrauch gemacht.

III. Taugliche Einziehungsobjekte

Soweit § 49 mit Blick auf das Einziehungsobjekt zunächst davon spricht, dass 5 „**Gegenstände**" eingezogen werden können, so knüpft diese Formulierung an den Gegenstandsbegriff des OWiG-Einziehungsrechts an, der grundsätzlich weit zu verstehen ist und sowohl körperliche Sachen, als auch Rechte wie Bankguthaben oder Forderungen erfasst (*Sackreuther* in BeckOK OWiG § 22 Rn. 9 mwN). Das erschließt sich aus § 22 Abs. 2 Nr. 1 OWiG, der formuliert, dass Gegenstände einem Täter nicht nur „gehören", sondern auch „zustehen" können (→ Rn. 4) sowie aus § 26 Abs. 1 OWiG, der ausdrücklich auf „das eingezogene Recht" abhebt.

Welche Gegenstände nun genau Einziehungsobjekte nach Atomrecht sein kön- 6 nen, erschließt sich aus den beiden Varianten des § 49. Nach dessen Nr. 1 sind zunächst Gegenstände erfasst „auf die sich die Ordnungswidrigkeit bezieht". Gemeint mit diesen Beziehungsgegenständen sind also die **Objekte der Ordnungswidrigkeit,** nicht deren Mittel. Bei einer Ordnungswidrigkeit nach § 46 Abs. 1 Nr. 1 a – Beförderung von Kernmaterialien ohne Deckungsvorsorge – wären das mithin die beförderten Kernmaterialien selbst. Die Mittel, mit denen die Ordnungswidrigkeit begangen wurde, also die **Tatwerkzeuge** (instrumenta sceleris), werden hingegen durch Nr. 2 erfasst, der Gegenstände, „die zur Begehung oder Vorbereitung gebraucht wurden oder bestimmt gewesen sind" zu Einziehungsobjekten erklärt. Im vorgenannten Beispiel wären dies folglich die Fahrzeuge, die zur Beförderung der Kernmaterialien im Sinne des Ordungswidrigkeitentatbestandes in § 46 Abs. 1 Nr. 1a eingesetzt worden sind (Beispiele nach *Haedrich* AtG § 49 Rn. 3). Hervorzuheben ist, dass der Gesetzeswortlaut über die zum Einsatz gekommenen Tatwerkzeuge hinaus noch zwei weitere Gruppen von Gegenständen erfasst: Es können auch die lediglich zur Vorbereitung der Tat benutzten Gegenstände eingezogen werden. Das meint solche, die die Ordnungswidrigkeit gefördert, erleichtert oder ermöglicht haben (*Mitsch* in Karlsruher Kommentar zum Gesetz über Ordnungswidrigkeiten OWiG § 23 Rn. 8). Darüber hinaus können sogar solche Gegenstände, die weder bei der Vorbereitung noch bei der Durchführung der Tat tatsächlich zum Einsatz gekommen sind, aber dazu „bestimmt gewesen sind" eingezogen werden. Im oben genannten Beispiel können es etwa bereitgestellte Ersatzfahrzeuge sein, auf die bei der Ausführung der Tat aber nicht zurückgegriffen werden musste.

IV. Ermessensentscheidung

7   Die Formulierung, dass Gegenstände eingezogen werden „können", indiziert ein **Ermessen** der zuständigen Behörde. Bei der Ausübung des Ermessens sind der Zweck der Ermächtigung und die gesetzlichen Grenzen des Ermessens zu beachten (vgl. § 40 VwVfG, § 114 S. 1 VwGO). Zu letzteren gehört auch der Grundsatz der **Verhältnismäßigkeit,** der zur Prüfung nötigt, ob die Einziehung geeignet, erforderlich und verhältnismäßig im engeren Sinn ist (zu Einzelheiten nur *Sachs* in Sachs GG Art. 20 Rn. 145 ff.). Hierbei werden die Bedeutung und die Schwere des Tatvorwurfs in Relation zu den Sicherungszweck und Ahndungsfunktion der Einziehung (→ Rn. 4) gesetzt werden müssen (vgl. § 24 Abs. 1 OWiG).

8   Ebenfalls im Ermessen der Behörde steht es, eine **Einziehung selbständig anzuordnen,** wenn aus tatsächlichen Gründen (zB Tod) keine bestimmte Person wegen der Ordnungswidrigkeit verfolgt werden kann, aber die übrigen Voraussetzungen für eine Einziehung vorliegen (§ 27 Abs. 1 OWiG). Diese Abweichung von der Akzessorietät der Einziehung (→ Rn. 2) betrifft insbesondere die präventiven Sicherungszwecke der von § 22 Abs. 2 Nr. 2 OWiG erfassten Fallgruppen (→ Rn. 4), in denen eine Einziehungsanordnung zusätzlich auch möglich ist, wenn einer Verfolgung der Ordnungswidrigkeit rechtliche Gründe (zB eine Verjährung) entgegenstehen (vgl. § 27 Abs. 2 OWiG). Entsprechendes gilt in Fällen des Absehens von der Verfolgung der Ordnungswidrigkeit oder einer Einstellung des Verfahrens durch das Gericht (§ 27 Abs. 3 OWiG).

V. Wirkung der Einziehung

9   Hinsichtlich der Wirkung der Einziehung fehlen im Atomgesetz spezielle Regelungen, sodass die **allgemeinen Vorschriften des OWiG** herangezogen werden müssen. Wird ein Gegenstand eingezogen, so hat die Anordnung der Einziehung eine unmittelbar dingliche Wirkung: Das Eigentum an der Sache oder das eingezogene Recht geht mit der Rechtskraft der Entscheidung auf den Staat über (§ 26 Abs. 1 OWiG). Für den weiteren Umgang mit den eingezogenen Gegenständen

sind, sofern es sich um radioaktive Stoffe handelt, selbstverständlich alle hierfür maßgeblichen Vorschriften des AtG und seiner Nebengesetze zu beachten (*Haedrich* AtG § 49 Rn. 6). Wird die Einziehung auf den Gemeingefährlichkeitsgrund des § 22 Abs. 2 Nr. 2 OWiG (→ Rn. 4) gestützt, was in den Fällen des § 49 Nr. 1 immer der Fall sein dürfte, sofern es um Kernmaterialien geht (→ Rn. 4), kann auch das Erlöschen des Rechtes eines Dritten an dem Gegenstand angeordnet werden (§ 26 Abs. 2 OWiG), wobei der Dritte dann nach näherer Maßgabe des § 28 OWiG zu entschädigen ist.

§§ 50–52 (weggefallen)

Sechster Abschnitt Schlußvorschriften

§ 53 Erfassung von Schäden aus ungeklärter Ursache

Schäden, die nach dem Stand der wissenschaftlichen Erkenntnis aus der Einwirkung von Strahlen radioaktiver Stoffe herrühren und deren Verursacher nicht festgestellt werden kann, sind bei dem für die kerntechnische Sicherheit und den Strahlenschutz zuständigen Bundesministerium zu registrieren und zu untersuchen.

Die **Begründung** des § 54 des Regierungsentwurfs des Atomgesetzes 1959 **1** (BT-Drs. 3/759, 47) – § 54 des Entwurfs entspricht wortgleich, bis auf die Bundesministerbezeichnung, dem derzeitigen **§ 53 AtG** – lautet wie folgt: „§ 54 berührt ein mit den bisherigen Erfahrungen nicht lösbares und auch im Auslande noch nicht gelöstes Problem, nämlich die Frage des Kausalitätsnachweises bei Strahlenschäden. Dieser Frage kommt eine sehr große Bedeutung zu, da ein noch unbekannter, sicher aber nicht ganz geringer Teil der Strahlenschäden sich jeder individuellen Beweisbarkeit entziehen wird. Soweit Strahlenschäden Körperschäden sind, treten sie häufig als sog. Spätschäden auf, d. h. sie werden erst Jahre nach Eintritt des schädigenden Ereignisses bekannt. In diesem Zeitpunkt dürfte es häufig sehr schwierig sein, den nach unserem Haftungssystem notwendigen Kausalitätsnachweis zwischen einem schädigenden Ereignis und dem eingetretenen Schaden zu beweisen. Es ist dringend erforderlich, daß möglichst bald ein Überblick über den Umfang solcher Schäden gewonnen wird. Insbesondere wird es sich auch als notwendig erweisen, dass die wirklichen Strahlenspätschäden von den nur neurotischen Fällen abgesondert werden. Ferner wird es unerlässlich sein, Methoden zu finden, die es den Betroffenen ermöglichen oder erleichtern, den nach dem heutigen Stand der Kenntnisse sehr schwer zu führenden Kausalitätsnachweis zu erbringen. Zu diesem Zweck ist es erforderlich, dass die auftretenden Spätschäden an einer zentralen Stelle registriert und untersucht werden. § 54 enthält allerdings keine Norm, auf Grund derer die von Strahlenschäden Betroffenen verpflichtet sind, diese Schäden registrieren und untersuchen zu lassen, sondern schafft lediglich die Möglichkeit hierzu. Es kann davon ausgegangen werden, dass die Betroffenen auch ohne ausdrückliche Verpflichtung von dieser Möglichkeit Gebrauch machen werden. Sollten die angestellten Untersuchungen ergeben, dass Strahlenschäden, deren Verursacher nicht festgestellt werden kann, sehr häufig auftreten, so müsste geprüft werden, inwieweit die Gesamtheit aller möglichen Verursacher solcher Strahlenschäden für diese Schäden verantwortlich gemacht werden sollte."

2   Der **Nachweis des Kausalzusammenhangs** bei Schäden durch ionisierende Strahlen kann schwierig, wenn nicht sogar unmöglich sein (→ PÜ Art. 3 Rn. 5–9). Die vom Gesetzgeber vorgesehene amtliche Registrierung und Untersuchung von Schäden, deren Verursacher nicht festgestellt werden kann, ist daher sinnvoll. Die Vorschrift setzt darauf, dass der Fortschritt bei der Erforschung dieser Fragen Lösungen erbringen wird, die das sog. Kausalitätsproblem bei Strahlenschäden beseitigen. Dies kann hilfreich für Geschädigte sein, die dann möglicherweise Schadensersatzansprüche durchsetzen können oder aber zur Vermeidung von Härten anderweitigen staatlichen Ausgleich erwarten dürfen. Das Verfahren der Meldung und Untersuchung nach § 53 hat somit **„Beweissicherungscharakter"** (*Haedrich* AtG § 53 Rn. 4 mwN).

3   Jeder ist zur Meldung von Schäden aus ungeklärter Ursache berechtigt, jedoch besteht dazu **keine Verpflichtung** (so zutreffend *John* in NK-AtomR § 53 Rn. 2). Das bedeutet, wer Schäden unbekannter Ursache nicht dem zuständigen Bundesminister meldet, verliert dadurch nicht mögliche Ersatzansprüche. Der zuständige **Bundesminister** ist zur Annahme und Registrierung der Meldungen und zu ihrer Untersuchung verpflichtet, sofern die Meldung nicht offensichtlich unsinnig ist. Die Ablehnung der Registrierung und Untersuchung gemeldeter Schäden ist ein gerichtlich nachprüfbarer **Verwaltungsakt** (so bereits *Mattern/Raisch* § 53 Rn. 2; *Fischerhof* Dt. AtomG § 53 Rn. 3; *Haedrich* AtG § 53 Rn. 4).

4   Soweit ersichtlich liegen dem zuständigen Bundesministerium bis heute **keine Meldungen** über Schäden aus ungeklärten Ereignissen vor. Es gibt bisher keinen Anwendungsfall der Vorschrift.

§ 54 Erlaß von Rechtsverordnungen

(1) ¹**Rechtsverordnungen auf Grund der §§ 2, 9g, 11, 12, 12b, 13, 21 Abs. 3, § 21a Abs. 2 und § 21b Abs. 3 erläßt die Bundesregierung.** ²**Das gleiche gilt für Rechtsverordnungen auf Grund des § 10, soweit Ausnahmen von dem Erfordernis einer Genehmigung nach § 7 zugelassen werden.** ³**Die übrigen in diesem Gesetz vorgesehenen Rechtsverordnungen erläßt das für die kerntechnische Sicherheit und den Strahlenschutz zuständige Bundesministerium.**

(2) ¹**Die Rechtsverordnungen bedürfen der Zustimmung des Bundesrates.** ²**Dies gilt nicht für Rechtsverordnungen, die sich darauf beschränken, die in Rechtsverordnungen nach §§ 11 und 12 festgelegten physikalischen, technischen und strahlenbiologischen Werte durch andere Werte zu ersetzen.**

(3) **Die Bundesregierung kann durch Rechtsverordnung die in den §§ 11 und 12 bezeichneten Ermächtigungen ganz oder teilweise auf das für die kerntechnische Sicherheit und den Strahlenschutz zuständige Bundesministerium übertragen.**

(Aufhebung von Rechtsvorschriften) **§ 55 AtG**

I. Grundlagen

§ 54 greift die atomgesetzlichen Verordnungsermächtigungen auf und **stuft dif- 1 ferenziert ab** nach enumerativ aufgeführten Verordnungen, die nur die Bundesregierung erlassen kann, einzelnen Ermächtigungen, die die Bundesregierung durch Verordnung auf das zuständige Fachministerium übertragen kann, und den übrigen Verordnungen, deren Erlass beim Fachministerium liegt. Auch das Bedürfnis der **Zustimmung des Bundesrats** ist abgestuft geregelt. Seiner Struktur nach war § 54 so bereits in der Erstfassung des AtG 1959 enthalten. Spätere Änderungen betrafen lediglich Ministeriumsbezeichnungen und Anpassungen an Paragrafen, auf die in dieser Bestimmung verwiesen wird.

II. Einzelfragen

1. Zuständigkeit (Abs. 1)

Abs. 1 orientiert sich an dem Grundsatz, dass Verordnungen, die **von besonde- 2 rer Bedeutung sind oder mehrere Geschäftsbereiche** berühren, durch die Bundesregierung erlassen werden. Hinzu kommt deren Zuständigkeit für den Erlass einer Verordnung nach § 10, soweit eine Ausnahme vom Genehmigungserfordernis nach § 7 zugelassen wird (BT-Drs. 3/759, 47; *Haedrich* AtG § 54 Rn. 1); sie ist bisher in keinem Fall zum Tragen gekommen.

2. Zustimmungsbedürfnis (Abs. 2)

Abs. 2 S. 1 hat angesichts Art. 80 Abs. 2 GG nur deklaratorische Bedeutung (*Mat- 3 tern/Raisch* § 54 Rn. 2). Das **Zustimmungsbedürfnis** gilt nach S. 2 nicht für eine Ersetzung der dort genannten Werte (Art. 80 Abs. 2 GG). Damit soll die Anpassung an die Entwicklung von Wissenschaft und Technik sowie an die Fortschreibung von Werten im internationalen Bereich erleichtert werden.

3. Delegation (Abs. 3)

Abs. 3 eröffnet in Übereinstimmung mit Art. 80 Abs. 1 S. 4 GG die Möglichkeit, 4 Ermächtigungen weiter zu **delegieren,** allerdings nur für Verordnungen nach §§ 11 und 12; angesichts deren Detailregelungsgrades bestand nach Einschätzung des historischen Gesetzgebers das besondere Bedürfnis, „der rasch fortschreitenden Entwicklung der wissenschaftlichen Erkenntnisse und praktischen Erfahrungen" beweglich Rechnung zu tragen (BT-Drs. 3/759, 47). Zum Beispiel ermächtigt § 22 AtV das BMU zum Erlass von Verordnungen nach Maßgabe des § 11 Abs. 1 Nr. 6 und Abs. 2 zur Änderung des einheitlichen Begleitscheins.

§ 55 (Aufhebung von Rechtsvorschriften)

Mit dem Inkrafttreten des Atomgesetzes am 1.1.1960 wurden die vorlaufenden 1 atom- und stahlenschutzrechtlichen **Vorschriften** der Alliierten Hohen Kommission und der Länder Baden-Württemberg, Bayern, Berlin, Hamburg, Hesssen, NRW und Schleswig-Holstein (→ § 56 Rn. 1 f.) **aufgehoben** (dazu *Fischerhof*

AtG § 56 Sechster Abschnitt Schlußvorschriften

DÖV 1958, 16); die Berlinklausel war damals in § 58 enthalten. Entsprechend traten die zuvor geltenden Strahlenschutzbestimmungen mit Inkrafttreten der StrSchV am 1.9.1960 außer Kraft. Auch die Verordnungsermächtigung in § 24 GewO in der Fassung vom 29.9.1953 (BGBl. I 1459) wurde durch entsprechende atomrechtliche Bestimmungen ersetzt (*Göppner* AtG-Vorgeschichte 157 ff.). § 55 ist heute nur noch von **rechtshistorischem Interesse**. Förmlich aufgehoben wurde die Vorschrift allerdings nicht. In der Bekanntmachung der Neufassung des AtG vom 31.10.1976 (BGBl. I 3053 (3070)) wurde vom Abdruck mit der Bemerkung „überholt, daher nicht mehr neu bekanntgemacht" abgesehen.

§ 56 Genehmigungen auf Grund Landesrechts

(1) **¹Die auf Grund Landesrechts erteilten Genehmigungen, Befreiungen und Zustimmungen für die Errichtung und den Betrieb von Anlagen im Sinne des § 7 bleiben wirksam. ²Sie stehen einer nach § 7 erteilten Genehmigung, die mit ihnen verbundenen Auflagen den gemäß § 17 Abs. 1 angeordneten Auflagen gleich. ³Soweit mit der landesrechtlichen Genehmigung Bestimmungen über die vom Inhaber der Anlage zu treffende Vorsorge für die Erfüllung gesetzlicher Schadensersatzverpflichtungen verbunden sind, gelten diese vorbehaltlich des Absatzes 2 als Festsetzung im Sinne des § 13 Abs. 1.**

(2) **¹Die vom Inhaber der Anlage zu treffende Deckungsvorsorge wird von der Verwaltungsbehörde (§ 24 Abs. 2) innerhalb von drei Monaten nach Inkrafttreten des Gesetzes festgesetzt; § 13 Abs. 1 Satz 2 letzter Halbsatz gilt entsprechend. ²Wird gemäß § 13 Abs. 4 eine Einstandspflicht festgesetzt, so wirkt diese auf den Zeitpunkt des Inkrafttretens dieses Gesetzes zurück.**

[Künftige Fassung: § 56 [aufgehoben]]

[Der in kursiv gedruckte Text enthält die Fassung des noch nicht in Kraft getretenen Gesetzes vom 29.8.2008 (BGBl. I 1793).]

1   In der Zeit vor Inkrafttreten des AtG hatte eine Reihe von Ländern von ihrer damaligen Gesetzgebungskompetenz zur Regelung dieser Materie Gebrauch gemacht. Die entsprechenden Gesetze und Verordnungen wurden durch § 55 aufgehoben (→ § 55 Rn. 1). Die Fortgeltung der auf Grundlage **des damaligen Landesrechts** erlassenen Rechtsakte und die damit zusammenhängenden Modalitäten wurden in § 56 geregelt (*Göppner* AtG-Vorgeschichte 256).

2   Abs. 1 könnte allenfalls noch für den **FRG-1,** einen im Oktober 1958 in Betrieb genommenen 5 MW-Schwimmbadreaktor, damals der Gesellschaft für Kernenergieverwertung in Schiffbau und Schifffahrt, der Universitäten HH und Kiel sowie der TH Hannover (heute Helmholtz-Zentrum Geesthacht) in Geesthacht eine Rolle spielen, nämlich wenn es um das Verhältnis der bestandskräftigen Bestimmungen der nach Abs. 1 wirksam gebliebenen Errichtungs- und Betriebsgenehmigung zur Reichweite einer künftigen Stillegungs- und Abbaugenehmigung gehen sollte (→ § 7 Rn. 90 ff.); der Antrag auf diese Genehmigung wurde am 21.3.2013 gestellt. Für die andern Alt-Reaktoren (*Mattern/Raisch* AtG § 56 Rn. 1) ist die Vorschrift nur noch von historischem Interesse:

Abgrenzungen **§ 57 AtG**

- BER I, 50 kW-Homogenreaktor im Hahn-Meitner-Institut Berlin (heute Helmholtz-Zentrum Berlin); Widerruf der Genehmigung am 15.2.1974; am 23.4.1974 Entlassung aus dem Atomrecht.
- 50 kW-Homogenreaktor im Universitätsinstitut für Kernphysik in Frankfurt am Main; Abbau bis 31.10.2006.
- FRM, 4 MW-Schwimmbadreaktor der TU München in Garching; Abbaugenehmigung am 3.4.2014.
- Argonaut, 1 kW- Reaktor der TU München in Garching; am 8.1.1992 Entlassung aus dem AtG.

Das Gesetz vom 29.8.2008 (BGBl. I 1793) hat zwar § 56 aufgehoben, doch verzögert sich das Inkrafttreten wegen des in Art. 5 Abs. 1 S. 1 dieses Gesetzes enthaltenen Vorbehalts, dass auch das Protokoll vom 12.2.2004 zur Änderung des Übereinkommens über die Haftung gegenüber Dritten auf dem Gebiet der Kernenergie in Kraft tritt. Unabhängig davon sind die Bestimmungen zur Deckungsvorsorge in Abs. 1 und 2 durch Zeitablauf überholt (*Haedrich* AtG § 56 Rn. 2). 3

§ 57 Abgrenzungen

Auf den Umgang mit Kernbrennstoffen finden das Sprengstoffgesetz und die auf Grund dieses Gesetzes erlassenen Rechtsvorschriften sowie landesrechtliche Vorschriften auf dem Gebiet des Sprengstoffwesens keine Anwendung.

Kernbrennstoffe (Definition in § 2 Abs. 1) können bei bestimmten Anordnungen, Mengen und Anreicherungsgraden von Uran oder Plutonium als **Sprengstoffe** einzuordnen sein (Mattern/Raisch AtG § 57). In der amtl. Begründung zur Erstfassung des AtG (BT-Drs. 3/759, 48) wird darauf hingewiesen, die sprengstoffrechtlichen Vorschriften würden den Bedürfnissen der Kontrolle des Umgangs mit Kernbrennstoffen nicht gerecht. Der Begriff des Umgangs ist in § 2 Abs. 3a Nr. 3 definiert. 1

Diese Abgrenzung gegenüber dem Sprengstoffrecht greift auch Platz, wenn es sich um eine **radiologische Waffe ("schmutzige Bombe)** handelt; sie besteht aus einem konventionellen Sprengsatz, der bei seiner Explosion durch deren Druckwelle radioaktives Material in der Umgebung verteilt. Der historische Gesetzgeber hatte zwar primär die Sprengwirkung einer echten Nuklearwaffe vor Augen, doch ist die Vorschrift mit ihrem Bezug auf den Umgang weit gefasst und auf das Ziel gerichtet, die anzuwendenden Rechtsmaterien klar voneinander abzugrenzen. 2

Die **Strafbarkeit** der Herbeiführung einer Explosion durch Kernenergie und entsprechender Vorbereitungshandlungen bestimmt sich nach §§ 307 und 310 StGB. 3

§ 57a Überleitungsregelung aus Anlaß der Herstellung der Einheit Deutschlands

Für bis zum 30. Juni 1990 in dem in Artikel 3 des Einigungsvertrages genannten Gebiet erteilte Genehmigungen, Erlaubnisse und Zulassungen gilt folgendes:
1. (weggefallen)
2. (weggefallen)
3. (weggefallen)

[künftige Fassung: 1.–3. (aufgehoben)]

4. Die in Genehmigungen, Erlaubnissen und Zulassungen zur Annahme von weiteren radioaktiven Abfällen oder zu deren Einlagerung zum Zwecke der Endlagerung oder zur Annahme von weiteren Kernbrennstoffen oder sonstigen radioaktiven Stoffen zum Zwecke der Aufbewahrung oder Lagerung enthaltenen Gestattungen
   a) zur Annahme von weiteren radioaktiven Abfällen oder zu deren Einlagerung zum Zwecke der Endlagerung oder
   b) zur Annahme von weiteren Kernbrennstoffen oder sonstigen radioaktiven Stoffen zum Zwecke der Aufbewahrung oder Lagerung

werden mit dem 27. April 2002 unwirksam; im Übrigen bestehen diese Genehmigungen, Erlaubnisse oder Zulassungen als Genehmigungen nach den Vorschriften dieses Gesetzes fort. Die nach Satz 1 fortbestehenden Genehmigungen können nach den Vorschriften dieses Gesetzes geändert oder mit Anordnungen versehen werden.

[Der in kursiv gedruckte Text enthält die Fassung des noch nicht in Kraft getretenen Gesetzes vom 29. 8. 2008 (BGBl. I 1793).]

Literatur: *BfS*, Endlager Morsleben-Hintergründe, Maßnahmen und Perspektiven der Stilllegung, 2015; *Göppner*, Vorgeschichte und Entstehung des Atomgesetzes, 2013; *Hohmuth*, Die atomrechtspolitische Entwicklung in Deutschland seit 1980, 2014; *Kloepfer*, Das Umweltrecht in der deutschen Einigung, 1991; *Roßnagel*, Die Rechtslage der Kernkraftwerke in der ehemaligen DDR LKV 1991, 90.

I. Grundlagen und Rechtsentwicklung

1   Die Herstellung der deutschen Einheit warf auch die Frage nach der Zukunft der in der alten DDR bestehenden atom- und strahlenschutzrechtlichen Berechtigungen auf. Aufgrund von Anhang. III Nr. 2 zu Art. 4 Abs. 1 S.2 des Vertrages über die Schaffung einer Währungs-, Wirtschafts- und Sozialunion vom 18.5.1990 (BGBl. II 537) ordnete § 15 des damaligen Gesetzes über die Inkraftsetzung von Rechtsvorschriften der BRD in der DDR (InkrG) vom 21.6.1990 (GBl. DDR I 357) an, dass das AtG in der DDR iVm den im Umweltrahmengesetz (URG) der DDR vom 29.6.1990 (GBl. DDR I 649) enthaltenen Festlegungen Anwendung findet (vgl. *Hohmuth*, Die atomrechtspolitische Entwicklung in Deutschland seit 1980, 47; *Kloepfer*, Das Umweltrecht in der deutschen Einigung, 124ff.; *Roßnagel* LKV 1991, 91); InkrG und URG sind beide am 1.7.1090 in Kraft getreten. Das URG enthielt in seinem damaligen Art. 2 § 3 bereits Bestimmungen zur **Fortgeltung von Genehmigungen, Erlaubnissen und Zulassungen und zu ihren**

unterschiedlichen **Befristungen** auch zu Genehmigungsfreiheit der Beförderung radioaktiver Stoffe; zur Tragweite der Fortgeltung BVerwG vom 25.6.1992 (BeckRS 9998, 41213). In Anlehnung an diese Vorschrift wurde nach grundlegenden Debatten (BT-Drs. 11/226, 17872 und 11/7920, 88ff.) mit Gesetz vom 23.9.1990 (BGBl. II 1116) § 57a in das AtG eingefügt. Danach sollten die Genehmigungen und Erlaubnisse für KKW spätestens am 30.6.1995, für Beförderungen radioaktiver Stoffe spätestens am 30.6.1992 und für alle sonstigen Genehmigungen, Erlaubnisse und Zulassungen, also auch die Dauerbetriebsgenehmigung für das Endlager Morsleben, spätestens am 30.6.2000 unwirksam werden. Der Zweck dieser Befristungen war darauf gerichtet sicherzustellen, dass die Anlagen einem atomrechtlichen Genehmigungsverfahren unterworfen werden, wenn sie auch nach Fristablauf weiterbetrieben werden sollen (Erläuterungen zu den Anlagen zum Einigungsvertrag, BT-Drs. 11/7817, 167). Um einen genehmigungsfreien Zustand insbes. für diese Anlage (vgl. BfS, 12ff.) und vorsorglich für das Zwischenlager Lubmin sowie auch für die Unterrichtsreaktoren Dresden und Zittau zu vermeiden, wurde diese Jahreszahl –gegen deutliche, auch verfassungsrechtliche Einwände des Bundesrats- mit Gesetz vom 6.4.1998 durch 2005 ersetzt (BT-Drs. 13/8641, 19ff.); das Land Hess hat mit Entwurf vom 29.6.1998 versucht, diese Verlängerung rückgängig zu machen. Dies wurde so in den Koalitionsvertrag vom 20.10.1998 und in die Vereinbarung von Bundesregierung und EVU vom 11.6.2001 übernommen (*Müller-Dehn* in PSM § 57a AtG Rn. 360ff. und Anhänge 2, 5 und 6). Zuvor hatte das OVG LSA mit Beschl. vom 25.9.1998 (BeckRS 2005, 30592; *Hohmuth,* Die atomrechtspolitische Entwicklung in Deutschland seit 1980, 51) die weitere Einlagerung in einen Teil des ERAM untersagt, nachdem das BVerwG mit Urteil vom 21.5.1997 (BVerwG 105, 6) eine Klage auf Aufhebung der Betriebsgenehmigung für ERAM für zulässig erklärt und die Sache an das OVG zurückverwiesen hatte. Am 29.9.1998 setzte das BfS als Genehmigungsinhaber die weitere Einlagerung ganz aus (siehe *Göppner* AtG-Vorgeschichte 268f.; *John* in NK-AtomR § 57a Rn. 7).

II. Einzelfragen

Mit Gesetz vom 22.4.2002 (BGBl. I 1351, 1356) wurden der Koalitionsvertrag 2 von 1998 und die Energievereinbarung von 2001 dann aber nur teilweise umgesetzt: Zum einen wurde die Fristverlängerung erst ex nunc, nämlich für die Zeit ab Inkrafttreten dieses Gesetzes am 27.4.2002 aufgehoben; zum andern wurden die in Nr. 4 genannten Berechtigungen nur insoweit gestrichen, als sie sich auf die Neuannahme von radioaktiven Abfällen, Kernbrennstoffen oder sonstigen radioaktiven Stoffen bezogen. Die weiteren **Regelungen zu (End-) Lagerung und Aufbewahrung** blieben also erhalten; für sie gibt es keine Befristung (so auch *Müller-Dehn* in PSM § 57a Rn. 36f.).

Nr. 4 bedeutet, dass die Dauerbetriebsgenehmigung vom 22.4.1986 des früheren Staatlichen Amts für Atomsicherheit und Strahlenschutz (SAAS) der DDR für das Endlager Morsleben als **Planfeststellungsbeschluss** iSd § 9b AtG fortgilt (BVerwG BeckRS 9998, 41213). Das BfS hat mit Änderungsantrag vom 9.5.1997 das laufende Planfeststellungsverfahren auf die Stilllegung beschränkt.

Zu Recht führt *Müller-Dehn* in PSM § 57a Rn. 369ff. aus, dass die Fristverlän- 4 gerungen in Nr. 4 keine **Reservatsrechte** nach Art. 44 des Einigungsvertrages berühren – das hatte der Bundesrat in seiner Entgegnung zum Gesetzentwurf der

Bundesregierung eingewandt (BT-Drs. 13/8641, 23); soweit § 57a Berechtigungen aufhebt, verstößt dies nicht gegen den Vertrag der Bundesregierung mit den Betreibern zur umfassenden Regelung der Benutzung und der Kosten des ERAM.

5 Die Nrn. 1–3 sowie Abs. 2 wurden nach Ablauf aller darin enthaltenen Befristungen obsolet und mit Bereinigungsgesetz vom 8.7.2016 (BGBl. I 1594, 1603) auch formell aufgehoben. Bereits mit Gesetz vom 29.8.2008 (BGBl. I 1793) waren Abs. 1 Nrn. 1–3 gestrichen worden, doch verzögert sich das Inkrafttreten wegen des in Art. 5 Abs. 1 S. 1 dieses Gesetzes enthaltenen Vorbehalts, dass auch das Protokoll vom 12.2.2004 zur Änderung des Übereinkommens über die Haftung gegenüber Dritten auf dem Gebiet der Kernenergie in Kraft tritt.

§ 57b Betrieb und Stilllegung der Schachtanlage Asse II

(1) **Für den Betrieb und die Stilllegung der Schachtanlage Asse II gelten die für die Anlagen des Bundes nach § 9a Absatz 3 geltenden Vorschriften nach Maßgabe der Absätze 2 bis 7.**

(2) **¹Die Schachtanlage ist unverzüglich stillzulegen. ²Für den Weiterbetrieb, einschließlich einer Rückholung radioaktiver Abfälle und hiermit im Zusammenhang stehender Maßnahmen, bis zur Stilllegung bedarf es keiner Planfeststellung nach § 9b. ³Die Stilllegung soll nach Rückholung der radioaktiven Abfälle erfolgen. ⁴Die Rückholung ist abzubrechen, wenn deren Durchführung für die Bevölkerung und die Beschäftigten aus radiologischen oder sonstigen sicherheitsrelevanten Gründen nicht vertretbar ist. ⁵Dies ist insbesondere der Fall, wenn die Dosisbegrenzung nach § 5 der Strahlenschutzverordnung vom 20. Juli 2001 (BGBl. I S. 1714; 2002 I S. 1459), die zuletzt durch Artikel 5 Absatz 7 des Gesetzes vom 24. Februar 2012 (BGBl. I S. 212) geändert worden ist, nicht eingehalten oder die bergtechnische Sicherheit nicht mehr gewährleistet werden kann. ⁶Sind die Rückholung sowie alle Optionen zur Stilllegung nur unter Abweichung von gesetzlichen Anforderungen möglich, ist die Schachtanlage Asse II mit der nach einer Abwägung der Vor- und Nachteile bestmöglichen Option stillzulegen. ⁷Vor einer Entscheidung nach Satz 4 oder Satz 6 ist der Deutsche Bundestag von dem für die kerntechnische Sicherheit und den Strahlenschutz zuständigen Bundesministerium zu unterrichten sowie von dem Bundesamt für die Sicherheit der nuklearen Entsorgung der Öffentlichkeit Gelegenheit zur Stellungnahme zu geben, sofern kein sofortiges Handeln erforderlich ist. ⁸Die Dosisgrenzwerte der Strahlenschutzverordnung vom 20. Juli 2001 (BGBl. I S. 1714; 2002 I S. 1459), die zuletzt durch Artikel 5 Absatz 7 des Gesetzes vom 24. Februar 2012 (BGBl. I S. 212) geändert worden ist, für die Bevölkerung und für die beruflich strahlenexponierten Personen dürfen unbeschadet der Regelung in Satz 6 nicht überschritten werden.**

(3) **¹Bis zur Bestandskraft eines Planfeststellungsbeschlusses zur Stilllegung bedarf der Umgang mit radioaktiven Stoffen einer Genehmigung nach den Vorschriften dieses Gesetzes oder des Strahlenschutzgesetzes; § 19 Absatz 1 bis 4 in Verbindung mit § 24 findet insoweit keine Anwendung. ²Die Genehmigungsbehörde kann in einem Genehmigungsverfahren für die Rückholung radioaktiver Abfälle und für damit zusammenhängende Maßnahmen auf Antrag zulassen, dass mit zulassungsbedürftigen**

Vorbereitungsmaßnahmen bereits vor Erteilung der Genehmigung begonnen wird, wenn mit einer Entscheidung zugunsten des Antragstellers gerechnet werden kann und ein berechtigtes Interesse des Antragstellers an dem vorzeitigen Beginn besteht; die vorläufige Zulassung kann jederzeit widerrufen, beschränkt oder mit Auflagen versehen werden. ³Bedürfen die Errichtung und der Betrieb einer Anlage oder Einrichtung der Genehmigung nach diesem Gesetz, können auf Antrag Teilgenehmigungen erteilt werden, wenn eine vorläufige Prüfung ergibt, dass die Genehmigungsvoraussetzungen im Hinblick auf die gesamte jeweils beantragte Maßnahme vorliegen werden und ein berechtigtes Interesse an der Erteilung einer Teilgenehmigung besteht. ⁴§ 7b dieses Gesetzes und § 18 der Rechtsverordnung nach § 7 Absatz 4 Satz 3 finden auf die Teilgenehmigungen entsprechende Anwendung. ⁵Ist neben der Genehmigung nach diesem Gesetz, des Strahlenschutzgesetzes[1] oder den auf Grund dieser Gesetze erlassenen Rechtsverordnungen eine Zulassung nach anderen Rechtsvorschriften erforderlich, schließt die Genehmigung nach diesem Gesetz, des Strahlenschutzgesetzes[2] oder den auf Grund dieser Gesetze erlassenen Rechtsverordnungen die Zulassung ein, soweit dies beantragt wird; die Entscheidung über die Genehmigung ist im Benehmen mit den nach den anderen Rechtsvorschriften zuständigen Behörde zu treffen. ⁶Über einen Antrag auf Genehmigung nach Satz 1 oder Satz 3 soll nach Eingang des Antrags und der vollständigen Antragsunterlagen unverzüglich, spätestens innerhalb einer Frist von sechs Monaten, entschieden werden.

(4) Soweit für mehrere Genehmigungen nach Absatz 3 Satz 1 für die Rückholung und hiermit im Zusammenhang stehende Maßnahmen der Entsorgung eine Umweltverträglichkeitsprüfung nach dem Gesetz über die Umweltverträglichkeitsprüfung erforderlich ist, können Verfahrensschritte der Umweltverträglichkeitsprüfungen zusammengefasst werden, sofern dies sachdienlich ist.

(5) ¹§ 114 der Strahlenschutzverordnung vom 20. Juli 2001 (BGBl. I S. 1714; 2002 I S. 1459), die zuletzt durch Artikel 5 Absatz 7 des Gesetzes vom 24. Februar 2012 (BGBl. I S. 212) geändert worden ist, findet Anwendung. ²Wer radioaktive Stoffe, die nicht als radioaktive Abfälle in die Schachtanlage Asse II eingebracht wurden, untertage in der Schachtanlage Asse II bearbeitet, verarbeitet, lagert oder sonst verwendet, bedarf hierfür keiner Genehmigung nach § 9 dieses Gesetzes oder nach § 12 Absatz 1 Nummer 3 des Strahlenschutzgesetzes, wenn
1. die Aktivität der Stoffe das Zehnfache der Freigrenzen der Anlage III Tabelle 1 Spalte 3 der Strahlenschutzverordnung nicht überschreitet und
2. er den Beginn der Bearbeitung, Verarbeitung, Lagerung oder sonstigen Verwendung der zuständigen Genehmigungsbehörde vorher anzeigt.

³Der Störfallplanungswert für die Planung von Rückholungs- und Stilllegungsmaßnahmen bei der Schachtanlage Asse II ist abweichend von § 117 Absatz 16 der Strahlenschutzverordnung bis zum Inkrafttreten allgemeiner Verwaltungsvorschriften zur Störfallvorsorge nach § 50 Absatz 4 der

---

[1] Richtig wohl: „dem Strahlenschutzgesetz".
[2] Richtig wohl: „dem Strahlenschutzgesetz".

Strahlenschutzverordnung von der Genehmigungsbehörde im Einzelfall festzulegen.

(6) Die Kosten für den Weiterbetrieb und die Stilllegung trägt der Bund.

(7) Die Erteilung von Genehmigungen zur Annahme von radioaktiven Abfällen und deren Einlagerung ist unzulässig.

(8) ¹Zur umfassenden Unterrichtung der Öffentlichkeit werden auf einer Internetplattform die die Schachtanlage Asse II betreffenden wesentlichen Unterlagen nach § 10 des Umweltinformationsgesetzes vom 22. Dezember 2004 (BGBl. I S. 3704) verbreitet. ²Die wesentlichen Unterlagen umfassen insbesondere auch Weisungen, Empfehlungen und Verwaltungsvorschriften.

(9) § 24 Absatz 2 in der bis zum Inkrafttreten dieses Gesetzes geltenden Fassung gilt für die Schachtanlage Asse II fort; § 23 d Satz 1 findet mit Ausnahme von Nummer 2 keine Anwendung.

Übersicht

	Rn.
I. Vorbemerkung/Historie	1
II. Modifizierte Anwendbarkeit der nach § 9a Abs. 3 geltenden Vorschriften (Abs. 1)	4
III. Rückholung und Stilllegung (Abs. 2 S. 1–3)	5
1. Abbruch der Rückholung (Abs. 2 S. 4 und 5)	6
2. Stilllegung unter anderen Randbedingungen (Abs. 2 S. 6–8)	10
IV. Umgangsgenehmigungserfordernis (Abs. 3)	14
V. Umweltverträglichkeitsprüfung (Abs. 4)	21
VI. Ausnahmen von der Genehmigungspflicht (Abs. 5)	24
1. Betrieblich anfallende radioaktive Stoffe (Abs. 5 S. 2)	25
2. Störfallplanungswert (Abs. 5 S. 3)	28
VII. Kostentragung (Abs. 6)	29
VIII. Annahmeverbot (Abs. 7)	30
IX. Verweis auf § 10 UIG (Abs. 8 S. 1 und 2)	31
X. Anwendbare Vorschriften (Abs. 9)	32

Literatur: *König/Hoffmann,* Asse II: Der lange Weg vom „Forschungsbergwerk" zum „Endlager für radioaktive Abfälle", ZUR 2009, 353; *Gaßner/Buchholz,* Lex Asse – Gesetz zur Beschleunigung der Rückholung radioaktiver Abfälle und der Stilllegung der Schachtanlage Asse II, ZUR 2013, 336; *Albin/Leuschner,* Aufsicht im Endlagerbereich, ZUR 2018, 515; *Ziehm,* Endlagerung radioaktiver Abfälle, ZNER 2015, 208.

I. Vorbemerkung/Historie

1   1965 beauftragte das Bundesforschungsministerium die Gesellschaft für Strahlen- und Umweltforschung (das heutige Helmholtz-Zentrum München) damit, die Endlagerung radioaktiver Abfälle in der Schachtanlage Asse II zu erforschen (eine ausführliche historische Darstellung der Geschichte der Schachtanlage Asse ist abrufbar unter https://www.bge.de/de/asse/, zul. abgerufen am 23.10.2020). In den Jahren 1967 bis 1978 wurden im Auftrag des Bundes schwach- und mittelradioaktive Abfälle eingelagert. Allerdings sah das Atomgesetz idF vom 23.12.1959

(BGBl. I 814) keine Regelungen für die Endlagerung radioaktiver Abfälle vor. Die Einlagerung in der Schachtanlage Asse II erfolgte daher auf Grund von Umgangsgenehmigungen nach § 3 der damaligen Strahlenschutzverordnung iVm § 12 Abs. 1 Nr. 7 AtG aF und – für Kernbrennstoffe – nach § 6 AtG aF (vgl. BT-Drs. 16/11609, 13) sowie nach bergrechtliche Betriebsplänen im Zuständigkeitsbereich der damaligen Bergämter (s. Ausführungen des 21. Parlamentarischen Untersuchungsausschusses des Niedersächsischen Landtags zur Schachtanlage Asse II; LT-Drs. 16/5300, 4f.). Nachweise zur Langzeitsicherheit waren seinerzeit gesetzlich nicht gefordert und wurden dementsprechend nicht geführt. Mit Inkrafttreten des 4. Gesetzes zur Änderung des Atomgesetzes vom 30.8.1976 (sog. Entsorgungsnovelle) am 5.9.1976 übernahm der Bund die Entsorgung radioaktiver Abfälle als öffentliche Aufgabe. Fortan bedurften die Errichtung, der Betrieb und die Stilllegung von Anlagen zur Endlagerung nach § 9a Abs. 3 zwar der Planfeststellung (→ § 9b Rn. 1). Der Gesetzgeber hatte jedoch auf eine Überleitungsregelung für die Schachtanlage Asse II verzichtet, mit der Folge, dass die §§ 9a und 9b keine Anwendung auf die Schachtanlage Asse II fanden. Ansätze der damals zuständigen Physikalisch-Technische Bundesanstalt (PTB) die Schachtanlage Asse II als ein atomares Endlager, auf Rechtsgrundlage des § 9b AtG aF einzurichten, wurden nicht weiter verfolgt, da der Bund und das Land Niedersachsen 1981 dahingehend verständigten, die Schachtanlage (weiterhin) vorrangig für **Forschungs- und Entwicklungsarbeiten** und nicht als Endlager nutzen zu wollen (so die Antwort der Bundesregierung BT-Drs. 16/5223, 1 auf eine Kleine Anfrage der Linken BT-Drs. 16/5060). Erst 2008 beschlossen das Bundesforschungsministerium und die Umweltministerien des Bundes und des Landes Niedersachsen, die Schachtanlage Asse II verfahrensrechtlich einem Endlager gleichzustellen (vgl. Pressemitteilung Nr. 185/08 des BMU vom 4.9.2008). Mit den Bestimmungen der Art. 1 der 10. Novelle des Atomgesetzes vom 17.3.2009 (BGBl. I 556) führte der Gesetzgeber § 23 Abs. 1 Nr. 2 und § 57a ein und unterstellte die Schachtanlage Asse – nunmehr im Zuständigkeitsbereich des BfS – erstmalig den atomrechtlichen Vorschriften für Anlagen des Bundes zur Endlagerung radioaktiver Abfälle nach § 9a Abs. 3; nahm jedoch aus Gründen der Beschleunigung der avisierten Stilllegung Abstand vom Planfeststellungserfordernis für den Weiterbetrieb (vgl. BT-Drs. 16/11609, 13). Rechtliche Grundlage des Weiterbetriebs der Schachtanlage Asse II bilden daher weiterhin insbesondere Genehmigungen zum Umgang mit radioaktiven Stoffen, einschließlich Kernbrennstoffen.

Nach dem Vergleich verschiedener Stilllegungsoptionen entschied sich der 2 Gesetzgeber letztlich für die Rückholung der radioaktiven Abfälle aus der Schachtanlage Asse II und verabschiedete – vor dem Hintergrund des sich verschlechternden gebirgsmechanischen Zustandes und des damit einhergehenden nicht auszuschließenden Risikos nicht mehr beherrschbarer Lösungszutritte – das Gesetz zur Beschleunigung der Rückholung radioaktiver Abfälle und der Stilllegung der Schachtanlage Asse II vom 20.4.2013, die sogenannte **Lex Asse** (BGBl. I 921; BT-Drs. 17/11822). Mit der Neufassung des § 57b wurden die rechtlichen Rahmenbedingungen für Stilllegung unter Berücksichtigung der vorherigen Rückholung der Abfälle geschaffen. Hierbei handelt es sich um ein Einzelfallgesetz, mit dem der Gesetzgeber dem Betreiber vor dem Hintergrund der Eilbedürftigkeit der Stilllegung der Schachtanlage Asse II zahlreiche Erleichterungen gegenüber anderen Standorten eröffnet. Nach der Rechtsprechung des BVerfG darf der Gesetzgeber eine – wie hier – grundsätzlich der Verwaltung vorbehaltene Entscheidung ausnahmsweise an sich ziehen, wenn „hierfür im Einzelfall gute Gründe bestehen, etwa weil die schnelle Verwirklichung des Vorhabens von besonderer Bedeutung für das Gemeinwohl ist" und letztlich „die Durchführung einer behördlichen Planfeststellung mit erheblichen Nachteilen für das Gemeinwohl verbunden wäre, denen nur durch eine gesetzliche Regelung begegnet werden kann" (BVerfGE 95, 1 (17 und 22) = NJW 1997, 383). Dabei hat der Gesetzgeber all jene Prüfungsmaßstäbe – hier insbesondere die strahlenschutzrechtliche Rechtfertigung – zugrunde zu legen, die ansonsten die eigentlich zuständige Verwaltung hätte ansetzen müssen. Stimmen in der Literatur gehen davon aus, dass der Gesetzgeber die Rückholung insgesamt nicht mehr unter den Vorbehalt einer Rechtfertigungsprüfung stelle, sondern bereits durch die Fassung der Lex Asse die Entscheidung abschließend getroffen habe, dass die Rückholung nach derzeitigem Kenntnisstand gerechtfertigt sei (*Gaßner/Buchholz* ZUR 2013, 336, ohne vertiefte inhaltliche Auseinandersetzung mit den vorgenannten (verfassungs)rechtlichen Anforderungen).

3   Mit Bescheid vom 24.4.2017 hat das BMU der Bundesgesellschaft für Endlagerung im Rahmen der **Neustrukturierung im Endlagerbereich** die Aufgaben der Errichtung, des Betriebes und der Stilllegung von Endlagern sowie den Betrieb und die Stilllegung der Schachtanlage Asse II übertragen (der Bescheid ist abrufbar unter http://www.bmu.de/fileadmin/Daten_BMU/Download_PDF/Endlagerprojekte/aufgabenuebertragung_BGE_bf.pdf, zul. abgerufen am 23.10.2020 – weitergehend zur Aufgabenübertragung → § 23 d Rn. 7 und 9).

II. Modifizierte Anwendbarkeit der nach § 9a Abs. 3 geltenden Vorschriften (Abs. 1)

4   Durch Abs. 1 wird die Schachtanlage Asse den Regelungen des Atomrechts für den Betrieb und die Stilllegung von Anlagen des Bundes zur Endlagerung mit der Modifikation der nachstehenden Abs. 2–7 unterstellt. Im Ergebnis verweist der Absatz damit auf das grundsätzliche Erfordernis der atomrechtlichen Planfeststellung, löst die Schachtanlage Asse II jedoch an all jenen Punkten aus dem umfangreichen und zeitlich aufwändigen Planfeststellungsverfahren heraus, wo die Einhaltung des Verfahrens zu zeitlichen Verzögerungen für die Stilllegung führen würde.

III. Rückholung und Stilllegung (Abs. 2 S. 1–3)

5   Ausgangspunkt der Lex Asse ist die gesetzgeberische Intention, die Schachtanlage Asse II unverzüglich stillzulegen. Hierzu verzichtet der Gesetzgeber in Abs. 2 S. 2 darauf, den Weiterbetrieb inklusive der Rückholung der eingelagerten radioaktiven Abfälle vor der Stilllegung der Planfeststellungspflicht zu unterwerfen. Für eine Rückholung selbst wie auch hiermit im Zusammenhang stehende Maßnahmen der Vorbereitung bedarf es daher nur einer Umgangsgenehmigung nach § 12 StrlSchG für sonstige radioaktive Stoffe bzw. § 9 AtG für Kernbrennstoffe. Durch die Ausgestaltung der Rückholung als Soll-Regelung legt der Gesetzgeber in Abs. 2 S. 3 lediglich eine Vorzugsoption fest. Damit eröffnet er die Möglichkeit, sowohl neue Erkenntnisse hinsichtlich der Rückholung zu berücksichtigen, als auch Vor- und Nachteile anderer Optionen beim weiteren Vorgehen in den Blick nehmen zu können. Faktisch einschränkend ist jedoch zu beachten, dass der sich verschlechternde gebirgsmechanische Zustand der Schachtanlage ein zügiges, teilweise paralleles Vorgehen erfordert. So sollen beispielsweise die Arbeiten zum Ab-

teufen des Schachtes 5 vor der abschließenden Klärung der Machbarkeit der Rückholung im Rahmen der Faktenerhebung aufgenommen werden (so ausdrücklich BT-Drs. 17/11822, 6f.).

1. Abbruch der Rückholung (Abs. 2 S. 4 und 5)

Ist die Durchführung der Rückholung für die Bevölkerung oder die Beschäftigten aus radiologischen und sonstigen sicherheitsrelevanten Gründen nicht mehr vertretbar, ist die Rückholung **abzubrechen.** Gründe eines Abbruches sieht der Gesetzgeber insbesondere in den Fällen, in denen die Dosisgrenzwerte nach § 5 StrlSchV aF nicht mehr eingehalten (Dosisüberschreitung) oder die bergtechnische Sicherheit in der Schachtanlage nicht mehr gewährleistet werden können. 6

Nicht aus sich heraus erkennbar ist, ob es sich bei der Verweisung auf Teil 2 Kapitel 1 der StrlSchV „in der Fassung der Bekanntmachung vom 20. Juli 2001 (BGBl. I S. 1714; 2002 I S. 1459), die zuletzt durch Artikel 5 Absatz 7 des Gesetzes vom 24. Februar 2012 (BGBl. I S. 212) geändert" worden ist, um eine starre oder dynamische **Verweisung** handelt. Der Wortlaut selbst lässt keine eindeutige Zuordnung zu, da die Formulierung weder auf eine eindeutig statische („in der Fassung vom ...") noch auf eine eindeutige dynamische Verweisung („in der jeweils geltenden Fassung ...") hinweist. Auch die rechtsdogmatische Betrachtung der übrigen Absätze des § 57b hilft in Anbetracht der uneinheitlichen Formulierungen der Verweisungen nicht weiter. Da § 5 StrlSchV aF im Ergebnis inhaltlich jedoch dem jetzigen § 9 StrlSchG entspricht und auch die innerhalb der Regelung aufgenommenen, für die Schachtanlage Asse II relevanten, Inbezugnahmen weiterer Grenzwerte im Wesentlichen inhaltlich unverändert geblieben sind, wirkt sich die Einordnung des Verweises als statisch oder dynamisch hier in der Praxis nicht aus. 7

Der Gesetzgeber hatte in seiner ursprünglichen Entwurfsfassung des Gesetzes zur Beschleunigung der Rückholung radioaktiver Abfälle und der Stilllegung der Schachtanlage Asse II nicht auf einen konkreten Dosisgrenzwert, sondern allgemein auf die **Grundsätze des Strahlenschutzes** gem. Teil 2 Kapitel 1 der StrlSchV als Maßstab für einen Abbruch abgestellt (s. Beschlussempfehlung BT-Drs. 17/12537, 3). Damit hatte der Gesetzgeber insbesondere das strahlenschutzrechtliche Minimierungsgebot und die strahlenschutzrechtlichen Grundsätze als Anknüpfungspunkt für einen Abbruch der Rückholung herangezogen. Durch die gesetzgeberische Abkehr von allgemeinen Verweis auf die strahlenschutzrechtlichen Grundsätze hin zum Einzelgrenzwert könnte der Eindruck entstehen, das Minimierungsgebot böte für sich genommen keine Grundlage, die Vorzugsoption Rückholung abzubrechen. Insoweit wird in der Literatur der Ansatz vertreten, die festgelegte Rückholung als solche sei bereits gesetzlich gerechtfertigt, lediglich im Rahmen der Rückholung müsse das Minimierungsgebot beachtet werden. Dieser Ansatz ist jedoch im Lichte der Beschlussempfehlung und des Berichts (BT-Drs. 17/12537, 13) zu reflektieren. Hier heißt es, „der Verweis auf das Minimierungsgebot nach StrlSchV [werde] aufgehoben, da es nach § 57b Abs. 1 des Gesetzentwurfs ohnehin gilt." Ferner führt der Gesetzgeber aus, dass durch die Änderung in S. 5 die Dosisbegrenzung nach § 5 StrlSchV „als ein möglicherweise praktisch relevantes Beispiel für ein Abbruchkriterium" genannt werde (BT-Drs. 17/12537, 9). Dies erweckt den Eindruck, der Gesetzgeber habe den Betrachtungsrahmen gerade nicht auf die Dosisbegrenzung nach § 5 StrlSchV („Beispiel") reduzieren wollen. In der Tat muss man sich die Frage gefallen lassen, ob einer Rückholung im Vergleich zum untertägigen Verbleib der Abfälle die strahlenschutzrechtlichen Grundsätze, insbesondere 8 das **Minimierungsgebot,** zuwiderlaufen. Schließlich ist davon auszugehen, dass die mit der Rückholung der Abfälle verbundene reale Strahlenexposition deutlich höher ausfallen wird als die potentielle, rechnerische, Strahlenexposition im Falle des untertägigen Verbleibes in der Schachtanlage Asse II. Vor diesem Hintergrund müsste insbesondere die Frage diskutiert werden, ob die Rückholung auch dann abgebrochen werden dürfte, wenn sich herausstellte, dass die Langzeitsicherheit auch im Falle einer **Vollverfüllung** nachgewiesen werden könnte, wenngleich eine Rückholung ohne Überschreitung von Dosisgrenzwerten möglich wäre. Dafür spräche, dass der Gesetzgeber die Rückholung lediglich als Vorzugsoption festgelegt hat und parallel neugewonnene Erkenntnisse über die Machbarkeit berücksichtigt werden müssten (dagegen wohl: *Gaßner/Buchholz* ZUR 2013, 336 (340)).

9 Da die **Abbruchkriterien nicht abschließend** sind, stellt sich die Frage, unter welchen weiteren Voraussetzungen die Rückholung abgebrochen werden könnte. Vor Augen hatte der Gesetzgeber neben radiologischen Gesichtspunkten „sonstige sicherheitsrelevanten Gründe", die er mit Blick auf die bergtechnische Sicherheit konkretisiert. Rein monetäre, wie auch sozioökonomische Aspekte bleiben folglich außer Betracht.

2. Stilllegung unter anderen Randbedingungen (Abs. 2 S. 6–8)

10 S. 6 regelt das Spannungsverhältnis zwischen der Stilllegungspflicht auf der einen Seite und der Vorsorgepflicht auf der anderen Seite für den Fall, dass letztlich keine Option zur Stilllegung rechtmäßig, dh ohne Verletzung der atomrechtlichen Anforderungen durchgeführt werden kann. Eine solche **Pflichtenkollision** tritt ein, wenn ein Abbruchkriterium der Rückholung entgegensteht und zugleich eine andere Stilllegungsoption nicht verfolgt werden kann, weil die erforderliche Schadensvorsorge jedenfalls im Hinblick auf die Langzeitsicherheit nicht nachgewiesen werden kann. In diesem worst-case Szenario verlangt der Gesetzgeber, für die Schachtanlage Asse II die „bestmögliche" Stilllegungsoption unter Abwägung der jeweiligen Vor- und Nachteile der möglichen Alternativen zu wählen.

11 S. 7 der Regelung beinhaltet zunächst eine **Unterrichtungspflicht** des für die kerntechnische Sicherheit und den Strahlenschutz zuständigen Bundesministeriums gegenüber dem Deutschen Bundestag im Vorfeld einer Entscheidung über einen Abbruch der Rückholung oder im Falle einer Pflichtenkollision. Der Begriff „Entscheidung" irritiert mit Blick auf den Rückholungsabbruch, da er suggeriert, der Betreiber hätte eine Entscheidungswahl. Vielmehr handelt es sich um eine bloße Feststellung, da bereits der Gesetzgeber normiert hat, dass die Rückholung abzubrechen „ist", wenn ein Abbruchkriterium eingetreten ist. Die Entscheidung über den Abbruch selbst ist daher in diesem Fall bereits vorweggenommen.

12 Ferner hat das BASE der Öffentlichkeit Gelegenheit zur Stellungnahme zu geben, sofern kein sofortiges Handeln erforderlich ist. Hier avisiert der Gesetzgeber die **Beteiligung der Öffentlichkeit** im Vorfeld eines späteren Planfeststellungsverfahrens für die Stilllegung der Schachtanlage Asse II. Wie die Beteiligung konkret erfolgen soll, hat der Gesetzgeber ebenso offengelassen wie auch weitergehende Regelungen konkreter Maßnahmen oder Pflichten im Falle eines Abbruches oder einer Pflichtenkollision. Ein solcher Verzicht ermögliche es, „flexibel auf den noch verfügbaren Zeitrahmen für die Entscheidung reagieren zu können" (BT-Drs. 17/11822, 7). Umso zeitkritischer ein Handeln mithin erforderlich ist, desto geringer sind die Anforderungen an eine (vorzeitige) Beteiligung bzw. parallele Unterrichtung. Ein derart offener Ansatz erscheint sachgerecht, da mit Blick

auf den sich stetig verschlechternden Gebirgszustand letztlich kein Szenario im Vorfeld ausgeschlossen werden kann. Durch die hier gewählte Regelungssystematik stellt der Gesetzgeber sicher, auf der einen Seite handlungsfähig zu bleiben und auf der anderen Seite – je nach Ausgangslage – die frühestmögliche und weitreichendste Beteiligung zu gewährleisten.

Eigentlich selbstverständlich, in S. 8 jedoch nochmals herausgestellt, wird die 13
Pflicht zur **Einhaltung der Dosisgrenzwerte** der StrlSchV zum Schutz der Bevölkerung und der Beschäftigten unbeschadet der Pflichtenkollision.

IV. Umgangsgenehmigungserfordernis (Abs. 3)

Bis zur Bestandskraft eines Planfeststellungsbeschlusses zur Stilllegung der 14
Schachtanlage Asse II bedarf der Umgang mit radioaktiven Stoffen einschließlich Kernbrennstoffen einer Genehmigung nach Atom- und Strahlenschutzrecht. Hiervon ausgenommen sind die Umgangstatbestände nach Abs. 5 S. 2, für die – bei Unterschreitung der Freigrenzen – allein eine Anzeigepflicht besteht.

Nach § 57b Abs. 3 S. 1 Hs. 2 finden die §§ 19 Abs. 1–4, 24 bis zur Bestandskraft 15
eines Planfeststellungsbeschlusses für die Stilllegung keine Anwendung. Dies entspricht inhaltlich dem durch die 10. Atomrechtsnovelle eingeführten § 57b Abs. 1 S. 5. Die Intention der Regelung war es, die Aufsicht durch die nach § 24 Abs. 2 eigentlich zuständigen obersten Landesbehörden zugunsten des BfS auszuschließen. Ergänzt durch Abs. 8 (in der durch Gesetz vom 20. 4. 2013 (BGBl. I 921) eingeführten Fassung) war das BfS im Rahmen seiner Eigenaufsicht für die Schachtanlage Asse II zudem zu Maßnahmen der Gefahrenabwehr iSd § 19 Abs. 3 befugt (ausführlich zur Historie der Zuständigkeit → § 23 d Rn. 1).

Im Rahmen der **Neuordnung der Organisationsstruktur im Bereich der** 16
Endlagerung wurde § 19 um Abs. 5 ergänzt und damit die Anlagen des Bundes nach § 9a Abs. 3 S. 1 und die Schachtanlage Asse II der atomrechtlichen Aufsicht unterstellt. Zeitgleich wurde der in § 57b Abs. 3 S. 1 enthaltene Verweis auf § 19 auf die Abs. 1–4 beschränkt und Abs. 8 (Gefahrenabwehrregelung) aufgehoben. Dies führt zu der zunächst irritierenden Regelungsdogmatik, dass über § 57 Abs. 3 S. 1 Hs. 2 die aufsichtsrechtlichen Regelungen (§ 19 Abs. 1 – 4) einerseits keine Anwendung finden sollen, während der neu eingeführte Abs. 5 die Geltung dieser Regelungen für Anlagen des Bundes nach § 9a Abs. 3 S. 1 und für die Schachtanlage Asse II gerade normiert. Diese Änderung ist letztlich die Folge der Einrichtung einer unabhängigen atomrechtlichen Aufsicht im Kontext der Neuorganisation. Nach Maßgabe des Art. 6 Abs. 1 und 3 RL 2011/70/Euratom wurde nunmehr das BASE als Regulierungsbehörde und damit als atomrechtliche Aufsicht anstelle des BfS für den Bereich der Sicherheit der Entsorgung abgebrannter Brennelemente und radioaktiver Abfälle etabliert (BT-Drs. 18/8913, 21 (23)). Damit weist § 57b Abs. 3 die Aufsicht für den genehmigten Umgang mit radioaktiven Stoffen dem BASE zu und schließt konsequenterweise die Vorschriften der § 19 Abs. 1–4 iVm § 24 zur Aufsicht durch das an sich zuständige Land Niedersachsen aus. Zugleich findet § 19 Abs. 5 zugunsten des BASE Anwendung. Hierdurch wurde dem in Art. 6 Abs. 2 RL 2011/70/Euratom niedergelegten funktionalen Trennungserfordernis zwischen zuständiger Regulierungsbehörde und anderen Organisationseinheiten, die im weitesten Sinne mit der Nutzung von radioaktivem Material, einschließlich mit der Entsorgung abgebrannter Brennelemente und radioaktiver Abfälle befasst sind, Rechnung getragen. Das BASE als atomrechtliche (Zulas-

sungs-) und Aufsichtsbehörde (§§ 19, 23 und 23 d S. 1 Nr. 2) agiert nunmehr unabhängig vom Endlagerbetreiber. Eine gesonderte Ermächtigung, Gefahrenabwehrmaßnahmen treffen zu können, ist infolge der Neuregelung insoweit obsolet geworden, so dass Abs. 8 ersatzlos gestrichen werden konnte (ausführlich auch → § 23 d Rn. 10 ff.). Für die Schachtanlage Asse II bleibt das Land Niedersachsen Zulassungsbehörde (s. Abs. 9 Hs. 2).

17   Abs. 3 S. 2 ist Ausdruck des Beschleunigungsgedankens. Dieser Ansatz eröffnet der Genehmigungsbehörde die Möglichkeit, auf Antrag parallel zum laufenden (Umgangs-)Genehmigungsverfahren für die Rückholung radioaktiver Abfälle und damit zusammenhängende Maßnahmen bereits Ausführungstätigkeiten zuzulassen. Voraussetzung hierfür ist, dass mit einer Entscheidung zugunsten des Antragstellers gerechnet werden kann und ein berechtigtes Interesse des Antragstellers an den vorzeitigen Beginn besteht (zum vorzeitigen Beginn siehe die vor dem Hintergrund von § 8a BImSchG, § 17 WHG und § 57b BBergG ergangenen Rechtsprechung, insbesondere BVerwG NVwZ 1991, 994; OVG Magdeburg NVwZ-RR 2017, 23; VG Gießen NVwZ-RR 2001, 304). Hierbei handelt es sich um eine Ermessensentscheidung, die erfordert, dass die Erteilung der Genehmigung überwiegend wahrscheinlich ist (Prognoseentscheidung) und ein berechtigtes Interesse des Antragstellers – hier voraussichtlich die mit der Lex Asse verfolgte zeitliche Beschleunigung in Anbetracht der geologischen Ausgangslage – begründet werden kann.

18   Ferner können – unter Einhaltung von § 7b AtG und § 18 AtVfV – auch **Teilgenehmigungen** erlassen werden, die eine schrittweise Ausführung der Errichtung einer Anlage oder Einrichtung ermöglichen. Voraussetzung hierfür ist, dass – neben dem darzulegenden berechtigten Interesse – nach vorläufiger Prüfung die Genehmigungsvoraussetzungen der beantragten Gesamtmaßnahme vorliegen (werden). Maßstab hierfür ist nach dem Wortlaut die „gesamte **jeweils** beauftragte Maßnahme" und damit gerade nicht die Rückholung als solche.

19   Abs. 3 S. 5 ist eine weitere Privilegierung des Betreibers im Rahmen der Stilllegung vor dem Hintergrund der avisierten Vereinfachung und Beschleunigung. Hiernach ist die im Verwaltungsverfahren grundsätzlich nur für den Planfeststellungsbeschluss vorgesehene **Konzentrationswirkung** auch für die Genehmigungen für die Maßnahmen zur Rückholung und Entsorgung der radioaktiven Abfälle herstellbar. Die Regelung erlaubt es dem Betreiber entweder – wie üblich – separate Fachgenehmigungen zu beantragen oder eine Genehmigung mit formeller und materieller Konzentrationswirkung, wenngleich § 57b inhaltlich keine eigenen materiellen Anforderungen erkennen lässt, die das materielle Recht der ersetzten Entscheidungen überschreiben (ausführlich zur materiellen Konzentrationswirkung → § 9b Rn. 25). Dabei kann die Konzentrationswirkung auch auf das Berg- und Tiefspeicherrecht (BT-Drs. 17/11822, 8) und gestützt auf den Wortlaut sogar auf die sonst über § 19 WHG ausgenommen wasserrechtlichen Erlaubnisse und Bewilligungen erstreckt werden, wenngleich dies für Planfeststellungen nach § 9b gerade nicht so gesehen wird (→ § 9b Rn. 62).

20   Die Entscheidung erfolgt im Benehmen mit der an sich zuständigen Fachbehörde. Dem Beschleunigungsgedanken Rechnung tragend verlangt Abs. 3 S. 6, dass die beantragte Genehmigung unverzüglich, spätestens innerhalb von sechs Monaten nach Eingang des Antrags und der vollständigen Antragsunterlagen bei der Genehmigungsbehörde, erteilt wird. In der Praxis kann es jedoch vorkommen, dass der an sich kurz gefasste Entscheidungsrahmen zeitlich ausgedehnt wird, da die Behörde weitere Unterlagen nachfordert.

V. Umweltverträglichkeitsprüfung (Abs. 4)

Ausgangslage des Abs. 4 ist das Erfordernis mehrerer Genehmigungen zum einen 21
nach Abs. 3 S. 1, zum anderen für hiermit im Zusammenhang stehende Maßnahmen, bei denen jeweils die Pflicht zur Durchführung einer Umweltverträglichkeitsprüfung besteht. Für diesen Fall wird dem Betreiber die Möglichkeit eröffnet, **Verfahrensschritte der Umweltverträglichkeitsprüfungen** – bei vergleichbaren Planungsständen, vergleichbar betroffener Öffentlichkeit und Sachdienlichkeit – in einem Genehmigungsverfahren zusammenzufassen. Ob eine Umweltverträglichkeitsprüfung zu verlangen ist, richtet sich nach dem UVPG bzw. für bergbauliche Vorhaben vorrangig nach der Verordnung UVP-V Bergbau. Dabei ist die Formulierung „Zusammenfassung von Verfahrensschritten der UVP" unter praktischen Gesichtspunkten nicht ohne Weiteres zugänglich. In der amtlichen Begründung wird zwar allein auf die zusammengefasste Durchführung der förmlichen Öffentlichkeitsbeteiligung abgestellt (BT-Drs. 17/11822, 8), der Wortlaut legt jedoch nahe, dass sämtliche Verfahrensschritte der Umweltverträglichkeitsprüfung (Beteiligungen, Bekanntmachungen, Unterrichtungen etc), die für jedes Genehmigungsverfahren gesondert durchzuführen wären, zusammengefasst werden dürfen, wenn und soweit die Vergleichbarkeit und Sachdienlichkeit vorliegt. Praktisch schwierig erscheint eine Zusammenfassung von Verfahrensschritten der UVP jedoch bei Sachverhalten, die unterschiedlichen Fachgenehmigungserfordernissen – im Zuständigkeitsbereich unterschiedlicher Behörden – unterliegen. So ist es zwar theoretisch denkbar, dass beispielsweise zwei Behörden einen gemeinsamen Erörterungstermin abhalten, allerdings werden sich mit Blick auf die Rückholung kaum im zeitlich nahen Zusammenhang stehende, UVP-pflichtige Genehmigungsverhalte mit vergleichbaren Planungsständen und vergleichbar betroffener Öffentlichkeit finden lassen, die sachdienlich zusammengefasst werden können. So könnten zB zwar die Errichtung eines Rückholungslagers oder das Abteufen eines neuen Schachtes als grundsätzlich UVP-relevante Vorhaben eingestuft werden, allerdings erscheint hier weder der Planungsstand noch die betroffene Öffentlichkeit hinreichend vergleichbar.

In diesem Kontext ist zu beachten, dass für bergbauliche Vorhaben, die einer 22
Umweltverträglichkeitsprüfung bedürfen (§ 57c BBergG), ein Rahmenbetriebsplan nach § 52 Abs. 2a S. 1 BBergG aufzustellen ist, für dessen Zulassung ein Planfeststellungsverfahren nach Maßgabe der §§ 57a und 57b BBergG durchzuführen ist. Der Verzicht des Gesetzgebers auf das Erfordernis einer Planfeststellung bis zur Stilllegung der Schachtanlage bezieht sich nur auf § 9b. Anderweitig begründete Planfeststellungserfordernisse werden hiervon nicht erfasst, wenngleich sich auch hier dieselben Fragen der Notwendigkeit verfahrensrechtlicher Beschleunigungsofferten vor dem Hintergrund des instabilen Gebirgszustandes für den Betreiber stellen.

Für **Teilgenehmigungen** ist mit Blick auf § 18 Abs. 3 iVm § 1a AtVfV zu ver- 23
langen, dass sich die Prüfung auf die erkennbaren Auswirkungen des gesamten Vorhabens erstreckt; dh auf in § 1a AtVfV genannte Schutzgüter und abschließend auf die Auswirkungen, deren Ermittlung, Beschreibung und Bewertung, die Gegenstand der ersten Teilgenehmigung sind. Für weitere Teilgenehmigungen beschränkt sich der Prüfrahmen nach Maßgabe des § 18 AtVfV iVm § 57b.

VI. Ausnahmen von der Genehmigungspflicht (Abs. 5)

24 Abs. 5 S. 1 verweist auf § 114 StrSchV (Strahlenschutzverordnung vom 20.7.2001, zul. geändert durch Art. 5 Abs. 7 des Gesetzes vom 24.2.2012) und wirft damit erneut die Frage nach dem statischen oder dynamischen Verweisungscharakter auf. Letztlich kann aber auch hier eine nähere Bestimmung des Verweisungscharakters im Ergebnis dahinstehen, da im Zuge der Neufassung der Strahlenschutzverordnung § 114 StrlSchV idF vom 20.7.2001 zwar gestrichen, die hierin enthaltenen inhaltlichen Befugnisse der Behörde, Maßnahmen anzuordnen oder Ausnahmen von Strahlenschutzvorschriften zu gestatten, jedoch in zahlreichen Vorschriften der neuen StrlSchV bzw. StrlSchG verortet wurden.

1. Betrieblich anfallende radioaktive Stoffe (Abs. 5 S. 2)

25 Abs. 5 S. 2 nimmt die untertägige Be- und Verarbeitung, Lagerung und sonstige Verwendung radioaktiver Stoffe, die nicht als radioaktive Abfälle in die Schachtanlage Asse II eingebracht wurden, von der Genehmigungspflicht nach § 9 und nach § 12 Abs. 1 Nr. 3 des StrlSchG aus und unterwirft diese Umgangstatbestände – bei Unterschreitung der in Nr. 1 genannten Freigrenzen – lediglich einer Anzeigepflicht (BT-Drs. 18/11241, 239, 452; inhaltlich zu den Begriffen Be- und Verarbeitung, Lagerung und sonstige Verwendung → § 9 Rn. 1). Die Anzeigepflicht lässt das Erfordernis unberührt, Nachweise für die erforderliche Schadensvorsorge im Hinblick auf die Langzeitsicherheit zu erbringen. Ferner ist der Umgang mit den Abfällen über (Sonder-)Betriebspläne nach Maßgabe der bergbaurechtlichen Vorgaben – im Vorfeld – zuzulassen.

26 Der Anwendungsbereich des lediglich anzeigepflichtigen Umgangs ist daher sehr restriktiv und letztlich auf solche (radioaktiven) Abfälle beschränkt, die erst durch untertägige **Kontaminationen** entstanden sind. Dies gilt insbesondere für zutretende Lösungen aus dem Gebirge. Soweit bergrechtlich im Einzelfall zulassungsfähig ließen sich unter Umständen auch Arbeitskleidung, Arbeitsmaterialen oder auch Salzgrus hierunter fassen. Weder die Verbringung nach über Tage noch der eigentliche Umgang mit den eingelagerten radioaktiven Abfällen selbst fallen in den Anwendungsbereich. Gleiches gilt für natürlich vorkommende radioaktive Stoffe, die nicht zielgerichtet genutzt werden.

27 Voraussetzung für die Privilegierung ist nach Maßgabe des Abs. 5 S. 2 Nr. 1, dass die Aktivität der Stoffe das **Zehnfache der Freigrenzen** der Anlage III Tabelle 1 Spalte 3 der StrlSchV nicht überschreitet. Abermals stellt sich hier die Frage des Verweisungscharakters, deren Beantwortung an dieser Stelle jedoch von erheblicher Bedeutung ist, da sich im Zuge der Novellierung der StrlSchV die in Bezug genommenen Freigrenzen verschärft haben. Wie gesehen lassen sich dem Wortlaut und der systematischen Stellung der Absätze keine belastbaren Argumente für eine Zuordnung herleiten (→ Rn. 7). Sinn und Zweck der Regelung war die Schaffung einer Erleichterung für den Umgang (radioaktiver) Abfälle, die durch untertägige Kontaminationen entstanden sind. Die Intention des Gesetzgebers war es, mit Blick auf einen eng gefassten und abgrenzbaren Teilbereich, dem Betreiber die Möglichkeit zu eröffnen, innerhalb der Grube den Umgang mit den unter → Rn. 26 genannten Abfällen – insbesondere mit anfallenden Zutrittslösungen – ohne lange Verwaltungswege handhabbarer zu machen. Dies spricht für eine statische Verweisung auf die Freigrenzen. Ginge man von einer dynamischen Verweisung auf die Freigrenzen aus, könnte dies im Ergebnis der gesetzlich intendierten Beschleunigungsmöglich-

keit zuwiderlaufen, da im Falle einer dynamischen Verweisung die neuen Grenzwerte nicht eingehalten werden könnten und die Zutrittslösungen – mit zeitlichem Aufwand – der Landessammelstelle angedient werden müssten.

2. Störfallplanungswert (Abs. 5 S. 3)

Abs. 5 S. 3 räumt der Genehmigungsbehörde bis zum Inkrafttreten allgemeiner 28
Verwaltungsvorschriften zur Störfallvorsorge nach § 50 Abs. 4 StrlSchV aF die Möglichkeit ein, abweichend von § 117 Abs. 16 StrlSchV aF den **Störfallplanungswert** für die Planung von Rückholungs- und Stilllegungsmaßnahmen im Einzelfall festzulegen. Der Wert bestimmt die zulässige radioaktive Belastung bei Störfällen in Kraftwerken sowie Zwischen- und Endlagern. Nach Maßgabe des § 50 StrlSchV aF iVm § 117 Abs. 16 StrlSchV darf die durch die Freisetzung radioaktiver Stoffe in die Umgebung verursachte effektive Dosis im Ergebnis 50 mSv nicht überschreiten. Die Regelungen finden sich inhaltsgleich in § 194 StrlSchV und § 104 StrlSchG wieder. Durch Umgangsgenehmigungsbescheid für die Schachtanlage Asse II – Bescheid 1/2011, Az. 43 – 40326/8/19 (abrufbar unter https://www.bge.de/de/asse/wesentliche-unterlagen/genehmigungsunterlagen/; zul. abgerufen am 23.10.2020) hat die Behörde vor dem Hintergrund der fehlenden Verwaltungsvorschrift gem. § 50 Abs. 4 StrSchV (heute § 104 Abs. 6 StrlSchG) § 117 Abs. 18 (nummerisch später Abs. 16) StrlSchV herangezogen und die Strahlenexposition auf 50 mSv begrenzt. Hierbei ist jedoch zeitlich zu berücksichtigen, dass § 57b Abs. 5 S. 3 zum Zeitpunkt der Genehmigungserteilung noch nicht existierte. Ungeachtet dessen käme eine 50 mSv übersteigende, behördliche Einzelfallfestsetzung des Planungswertes unter Ausnutzung des Abs. 5 S. 3 allenfalls nur in Betracht, wenn sie bei Ausschöpfung aller technischen Möglichkeiten unausweichlich wäre.

VII. Kostentragung (Abs. 6)

Abweichend von der grundsätzlichen Pflicht der Ablieferungspflichtigen für die 29
Kosten des Betriebs einschließlich der Stilllegung von Endlagern nach § 9a Abs. 3 S. 1 nach Maßgabe der §§ 21a und 21b aufzukommen **(Verursacherprinzip)**, adressiert § 57b Abs. 6 den Bund als Kostenträger für den Weiterbetrieb und die Stilllegung der Schachtanlage Asse II (ablehnend wegen Verstoßes gegen den verursachergerechten Kostentragungsgrundsatz: *Ziehm* ZNER 2015, 208 (214, 217)). Begründet wurde die allgemeine Kostentragung durch den Bund (Art. 104a Abs. 1 GG) zum einen mit dem Forschungscharakter der Schachtanlage Asse II, zum anderen damit, dass die Kosten während der Betreiberzeit des Helmholtz Zentrum München bereits durch den Bund getragen wurden (Beschlussempfehlung und Bericht BT-Drs. 16/11782, 7; BT-Drs. 16/11609, 16).

VIII. Annahmeverbot (Abs. 7)

Abs. 7 enthält ein – inhaltlich zuvor in Abs. 2 geregeltes – Verbot, Genehmigun- 30
gen zur Annahme und Einlagerung von radioaktiven Abfällen zu erteilen. Die Regelung ist Ausdruck der intendierten schnellstmöglichen Stilllegung der Schachtanlage und insoweit selbsterklärend, als eine weitere Einlagerung der Rückholung der Abfälle diametral zuwiderliefe.

IX. Verweis auf § 10 UIG (Abs. 8 S. 1 und 2)

31 Die Regelung sieht unter Verweis auf § 10 UIG (Umweltinformationsgesetz vom 22.12.2004, BGBl. I 3704) die Veröffentlichung von **wesentlichen Unterlagen** auf einer Internetplattform der Schachtanlage Asse II vor (abrufbar unter: https://www.bge.de/de/asse/wesentliche-unterlagen/; zul. abgerufen am 23.10.2020). Dieser erst vor dem Hintergrund der Beschlussempfehlung aufgenommene Absatz dient der Transparenz des gesamten Prozesses der Rückholung sowie der Stilllegung und damit der Partizipation der Öffentlichkeit (Beschlussempfehlung und Bericht BT-Drs. 17/12537, 9 und 12). Als wesentliche Unterlagen benennt der Gesetzgeber insbesondere Weisungen, Empfehlungen und Verwaltungsvorschriften (zu den nicht abschließenden Auswahlkriterien für die wesentlichen Asse-Unterlagen s.: https://archiv.bge.de/de/asse-archivseiten/ mit weiteren Verlinkungen; zul. abgerufen am 23.10.2020).

X. Anwendbare Vorschriften (Abs. 9)

32 Durch Abs. 9 wird die Anwendbarkeit des § 23d auf dessen Nr. 2 reduziert; damit übernimmt das BASE im Wege bundeseigener Verwaltung nicht nur die Aufsicht über Anlagen des Bundes nach § 9a Abs. 3 S. 1, sondern auch über die Schachtanlage Asse II (§ 19 Abs. 5). Die Zuständigkeit zur Erteilung von Genehmigungen nach dem Atomrecht und der Strahlenschutzverordnung sowie für einen Planfeststellungsbeschluss nach § 9b verbleibt indes beim Land Niedersachsen (Bundesauftragsverwaltung). Auch die bergrechtliche Zuständigkeit (Genehmigung und Aufsicht) geht im Fall der Schachtanlage Asse II nicht auf den Bund über; § 23d S. 1 Nr. 4 findet ausdrücklich keine Anwendung (BT-Drs. 17/13471, 33; umfassend zur Aufsicht im Endlagerbereich → § 23d Rn. 7ff.).

§ 58 Übergangsvorschriften

(1) § 21 Abs. 1a ist auch auf die am 11. Mai 2000 anhängigen Verwaltungsverfahren anzuwenden, soweit zu diesem Zeitpunkt die Kosten nicht bereits festgesetzt sind.

(2) § 23d Satz 1 gilt mit Ausnahme von Nummer 2 nicht für das Endlager Schacht Konrad bis zur Erteilung der Zustimmung zur Inbetriebnahme durch die atomrechtliche Aufsicht; § 24 Absatz 2 in der bis zum Inkrafttreten dieses Gesetzes geltenden Fassung gilt bis zur Erteilung der Zustimmung zur Inbetriebnahme durch die atomrechtliche Aufsicht.

(3) § 24 Absatz 2 in der bis zum 26. Juli 2013 geltenden Fassung ist auf das zu diesem Zeitpunkt anhängige Verwaltungsverfahren zur Stilllegung des Endlagers für radioaktive Abfälle Morsleben bis zur Vollziehbarkeit des Planfeststellungsbeschlusses und auf bis zu diesem Zeitpunkt erforderliche Verwaltungsverfahren zur Änderung der Dauerbetriebsgenehmigung vom 22. April 1986 weiter anzuwenden; § 23d Satz 1 findet mit Ausnahme von Nummer 2 keine Anwendung.

[künftige Fassung: (3) aufgehoben]

Übergangsvorschriften **§ 58 AtG**

(4) Bei Übertragung der Aufgabenwahrnehmung durch den Bund auf einen Dritten nach § 9a Absatz 3 Satz 2 zweiter Halbsatz gelten die in Bezug auf den bisherigen Betreiber erteilten Genehmigungen, Erlaubnisse und Zulassungen in Bezug auf die bestehenden Anlagen nach § 9a Absatz 3 Satz 1 auch für und gegen den Dritten; die zuständige Behörde hat in angemessener Zeit zu prüfen, ob der Dritte durch organisatorische Maßnahmen und durch die Bereitstellung von sachlichen und persönlichen Mitteln die Fortführung der Errichtung, des Betriebs und der Stilllegung der Anlage gewährleistet.

(5) ¹§ 9a Absatz 3 Satz 4 wird für das Endlager für radioaktive Abfälle Morsleben, das Endlager Schacht Konrad und die Schachtanlage Asse II erst ab dem 1. Januar 2018 angewendet. ²Gleiches gilt für das nach § 36 Absatz 2 des Standortauswahlgesetzes offenzuhaltende Bergwerk.

[Der in kursiv gedruckte Text enthält die Fassung des noch nicht in Kraft getretenen Gesetzes vom 29. 8. 2008 (BGBl. I 1793).]

I. Grundlagen und Rechtsentwicklung

Die Vorschrift und ihre Historie sind ein Spiegelbild der zum Teil tiefen Einschnitte in das Atomrecht, ausgelöst vor allem durch die Ausstiegspolitik, die Regelungen zum Schutz vor Terrorangriffen und die Neukonzeption der Endlagersuche. Für gewisse Übergangszeiten soll die Vorschrift das **überkommene Erfahrungswissen** der Behörden weiterhin nutzbar halten und die **Kontinuität des Verwaltungshandelns** gewährleisten. 1

Ursprünglich enthielt § 58 die übliche Berlin-Klausel. Diese war bereits gegenstandslos, als die Bundesregierung in ihrem Gesetzentwurf vom 23.12.1999 (BT-Drs. 14/2443, 8) zur Umsetzung der Richtlinie 96/29/Euratom vom 13.5.1996 (ABl. 1996 L 159, 1) einen völlig neu gefassten Inhalt einbrachte: Abs. 1 beschäftigte sich mit der Fortgeltung von Genehmigungen zur Freigabe von Stoffen iSd § 11 Abs. 1 Nr. 1; Abs. 2 (jetzt Abs. 1) betraf mit Blick auf die Neufassung der Kostenregelung in § 21 Abs. 1a die Anwendbarkeit dieser Bestimmung auf anhängige Verwaltungsverfahren (BT-Drs. 14/2443, 8 und 15). Auf Vorschlag des Bundesrats und des Bundestagsausschusses für Umwelt, Naturschutz und Reaktorsicherheit wurde Abs. 1 aus dem Gesetzesentwurf mit der Begründung herausgenommen, eine kommende Novelle zur StrSchV werde auf der Basis des noch zu ändernden AtG das Freigabeverfahren detailliert neu regeln (BT-Drs. 14/2799, 19). So wurde die heute als Abs. 1 bestehende Regelung damals alleiniger Inhalt des § 58. 2

Mit der sog. Ausstiegsnovelle vom 22.4.2002 (BGBl. I 1351) wurden dem bisherigen Text drei neue Absätze vorangestellt; sie betrafen die Anwendbarkeit verschiedener geänderter Vorschriften. 3

Veranlasst durch die generelle **Anspannung der Sicherheitslage** wurde mit Gesetz vom 17.3.2009 (BGBl. I 556) § 12b verschärft, allerdings in § 58 ein Abs. 5 aF eingefügt, der die Anwendung der Neufassung auf bereits anhängige Überprüfungsverfahren ausschloss. Mit dem StandAG vom 23.7.2013 (BGBl. I 2553) wurden die damaligen Abs. 6 und 7, die die Zuständigkeiten für die Endlager Konrad und Morsleben betrafen, eingefügt. Das Gesetz zur Neuordnung der Organisationsstruktur im Bereich der Endlagerung vom 26.7.2016 (BGBl. I 1843) hat diese beiden Absätze an die Neufassung des § 23d angepasst. 4

5 Das Zweite Gesetz zur weiteren Bereinigung von Bundesrecht vom 8.7.2016 (BGBl. I 1594) hat die Abs. 1–3 und 5 mit der Begründung gestrichen, dass keine Anwendungsfälle mehr vorliegen und auch für die Zukunft nicht mehr denkbar sind (BT-Drs. 18/7989, 67). Die Aufhebung dieses Abs. 3 hatte zwar bereits das Gesetz vom 29.8.2008 (BGBl. I 1793) geregelt, doch verzögert sich das Inkrafttreten wegen des in Art. 5 Abs. 5 S. 1 dieses Gesetzes enthaltenen Vorbehalts, dass auch das Protokoll vom 12.2.2004 zur Änderung des Übereinkommens über die Haftung gegenüber Dritten auf dem Gebiet der Kernenergie in Kraft tritt. Schließlich wurden durch das Gesetz zur Neuordnung der Organisationsstruktur im Bereich der Endlagerung vom 26.7.2016 (BGBl. I 1843) die Abs. 4 und 5 (damals Abs. 8 und 9) angefügt. Der in letzterem Absatz angeordnete Aufschub der Pflicht zur selbständigen Aufgabenwahrnehmung ist durch Zeitablauf obsolet.

II. Einzelfragen

1. Kostenerhebung (Abs. 1)

6 Abs. 1 ist § 9 AtKostV nachgebildet und betrifft das Verwaltungshandeln nach der Kostenvorschrift des § 21 Abs. 1a, die mit Gesetz vom 3.5.2000 (BGBl. I 636) neu eingefügt wurde. Der Begriff des Verwaltungsverfahrens bestimmt sich nach § 9 VwVfG. Die Anhängigkeit tritt ein mit dem Eingang des entsprechenden Antrags bei der Behörde, bei Handeln von Amts wegen mit dem Ergreifen von Maßnahmen, die auf einen Verwaltungsakt oder öffentlich-rechtlichen Vertrag gerichtet sind (*Gerstner-Heck* in BeckOK VwVfG, 42. Ed. 2019, § 9 Rn. 1). Die lediglich abschlagsweise Erhebung von Kosten ist keine Festsetzung im Sinne der Vorschrift (BT-Drs. 14/2443, 15).

2. Schacht Konrad (Abs. 2)

7 Für das Endlager Schacht Konrad liegen die atomrechtliche Genehmigungszuständigkeiten beim Umweltministerium Niedersachsen und die atomrechtliche Aufsicht gem. § 23d S. 1 Nr. 2 beim BAFA. Abs. 2 bewirkt, dass die anderen atomrechtlichen sowie die berg- und wasserrechtlichen Zuständigkeiten bis zur Zustimmung der atomrechtlichen Aufsichtsbehörde zur Inbetriebnahme beim niedersächsischen Umweltministerium und den anderen betroffenen Landesbehörden in der bisherigen Weise verbleiben und dann erst auf das BAFA übergehen. Der Vorbehalt, wonach die Inbetriebnahme erst nach Zustimmung durch die atomrechtliche Aufsicht erfolgen darf, ist als Nebenbestimmung in Abschnitt A III 1. 1–4 zum Planfeststellungsbeschluss Konrad vom 22.5.2002 enthalten (BT-Drs. 17/13471, 33). Dem Abs. 2 liegt der Gedanke zu Grunde, dass bis zu dieser verfahrensrechtlichen Zäsur **Kontinuität des Verwaltungshandelns und Verwertbarkeit des landesbehördlichen Erfahrungswissens** erhalten bleiben sollen. So versteht es sich, dass für diese Zwischenzeit § 24 Abs. 2 in der bis zum Inkrafttreten „dieses Gesetzes" geltenden Fassung gilt; damit ist offenkundig nicht das ursprüngliche Inkrafttreten des Atomgesetzes insgesamt gemeint, sondern das Inkrafttreten des Änderungsgesetzes, mit dem diese Klausel eingefügt wurde, also das Artikelgesetz zum StandAG vom 23.7.2013, dessen Art. 2 Nr. 11 gem. Art. 6 Abs. 1 am Tag nach der Verkündigung, also am 27.7.2013 in Kraft getreten ist (→ § 24 Rn. 6). Im Übrigen ist der Hinweis in Abs. 2 Hs. 2 auf „Nummer 2" inhaltsgleich wie in Hs. 1 zu verste-

Übergangsvorschriften **§ 58 AtG**

hen, also iSv § 23d S.1 Nr. 2. Nur so ergibt sich eine sinnvolle, vom Gesetzgeber offenbar beabsichtigte, wenn auch missverständlich ausgedrückte Symmetrie der beiden Halbsätze.

3. Endlager Morsleben (Abs. 3)

Entsprechend verhält es sich mit der Übergangsbestimmung in Abs. 3 zum Endlager Morsleben (ERAM): Hier wird sichergestellt, dass die einschlägigen **Verwaltungsverfahren einschließlich berg- und wasserrechtlicher Zuständigkeiten** bis zur Vollziehbarkeit eines Planfeststellungsbeschlusses beim Land Sachsen-Anhalt verbleiben. Das gilt auch für Verwaltungsverfahren zur Änderung der Betriebsgenehmigung vom 22.4.1986, die gem. § 57a Nr. 4 S. 1 Hs. 2 als Planfeststellungsbeschluss weitergilt (→ § 57a Rn. 3). Deshalb verweist Abs. 3 Hs. 1 auf die frühere Fassung des § 24 Abs. 2, in dessen S. 1 die Zuständigkeit der obersten Landesbehörden auch für die Planfeststellung nach § 9b (Anlagen des Bundes nach § 9a Abs. 3 zur Sicherstellung und Endlagerung radioaktiver Abfälle) niedergelegt war. Folgerichtig erklärt Hs. 2 die Regelung der Zuständigkeiten des BAFA nach § 23d S. 1 hier für nicht anwendbar mit Ausnahme dessen Nr. 2. 8

Die Vollziehbarkeit des Planfeststellungsbeschlusses tritt ein mit Anordnung des Sofortvollzugs oder mit Unanfechtbarkeit. 9

4. Genehmigungsübergang an Dritten (Abs. 4)

Mit dem in Abs. 4 Hs. 1 angeordneten Übergang der dort genannten Berechtigungen auf einen Dritten als neuen Betreiber nach § 9a Abs. 3 S. 2 Hs. 2 wird erreicht, dass dieser die Rechte und Pflichten des bisherigen Betreibers übernimmt und **kein genehmigungsloser Zustand** eintritt (BT-Drs. 18/8913, 23). 10

Als Dritter ist die am 21.9.2016 gegründete **BGE** eingesetzt (→ § 23d Rn. 7f.). Angesichts der Ansprüche des AtG an höchste Sicherheitsstandards sollte mit Blick auf die an den neuen Betreiber automatisch übergehenden Genehmigungen, Erlaubnisse und Zulassungen die angemessene Zeit, in der die nachträgliche Prüfung durchzuführen ist, möglichst knapp bemessen werden. 11

Für den „Dritten" nach dem EntsÜG, der von der **BGZ** verkörpert wird, besteht in § 3 Abs. 2 S. 2 EntsÜG eine entsprechende Regelung. 12

5. Selbständige Aufgabenwahrnehmung durch Dritten (Abs. 5)

Abs. 5 ist mit Erreichen des Datums 1.1.2018 obsolet. Es war bis dahin der **BGE als Dritter** zur Ermöglichung eines strukturierten Betriebsübergangs erlaubt, für die Übergangszeit weiterhin die DBE im Rahmen des Kooperationsvertrages (KoV) aus dem Jahr 1984 und die Asse GmbH als „Verwaltungshelfer" einzusetzen (BT-Drs. 18/8913, 23). Vor allem die enge und unkündbare Bindung durch den Kooperationsvertrag hatte zu Kontroversen – s. Kleine Anfrage von Bündnis 90/Die Grünen vom 27.11.2008 (BT-Drs. 16/11121) und Antwort der Bundesregierung vom 18.12.2008 (BT-Drs. 16/11454) geführt. Eine vergleichbare Konstellation soll durch § 9a Abs. 3 S. 4 für die Zukunft ausgeschlossen sein (→ § 9a Rn. 40). 13

Für die BGZ als „Dritte" enthält § 3 Abs. 3 EntsÜG eine vergleichbare Bestimmung, allerdings wegen der Erforderlichkeit, mit den bisherigen Betreibern verantwortungsvoll zusammenzuwirken, mit erheblich längeren Fristen. 14

Brandmair

§ 58a [aufgehoben]

§ 59 (Inkrafttreten)

1   Das AtG trat in seiner Ursprungsfassung vom 23.12.1959 am Tag nach seiner am 31.12.1959 erfolgten Verkündung (BGBl. I 814) in Kraft, also am 1.1.1960. Der Zeitpunkt des Inkrafttretens späterer Änderungen bestimmt sich nach dem jeweiligen ÄndG.

Anlage 1

Begriffsbestimmungen nach § 2 Abs. 4

(1) Es bedeuten die Begriffe:
1. „nukleares Ereignis": jedes einen Schaden verursachende Geschehnis oder jede Reihe solcher aufeinander folgender Geschehnisse desselben Ursprungs, sofern das Geschehnis oder die Reihe von Geschehnissen oder der Schaden von den radioaktiven Eigenschaften oder einer Verbindung der radioaktiven Eigenschaften mit giftigen, explosiven oder sonstigen gefährlichen Eigenschaften von Kernbrennstoffen oder radioaktiven Erzeugnissen oder Abfällen oder von den von einer anderen Strahlenquelle innerhalb der Kernanlage ausgehenden ionisierenden Strahlungen herrührt oder sich daraus ergibt;
2. „Kernanlage": Reaktoren, ausgenommen solche, die Teil eines Beförderungsmittels sind; Fabriken für die Erzeugung oder Bearbeitung von Kernmaterialien, Fabriken zur Trennung der Isotope von Kernbrennstoffen, Fabriken für die Aufarbeitung bestrahlter Kernbrennstoffe; Anlagen für die endgültigen Beseitigung von Kernmaterialien; Einrichtungen für die Lagerung von Kernmaterialien, ausgenommen die Lagerung solcher Materialien während der Beförderung; eine Kernanlage kann auch bestehen aus zwei oder mehr Kernanlagen eines einzigen Inhabers, die sich auf demselben Gelände befinden, zusammen mit anderen Anlagen auf diesem Gelände, in denen sich radioaktive Materialien befinden;
3. „Kernbrennstoffe": spaltbare Materialien in Form von Uran als Metall, Legierung oder chemischer Verbindung (einschließlich natürlichen Urans), Plutonium als Metall, Legierung oder chemischer Verbindung;
4. „radioaktive Erzeugnisse oder Abfälle": radioaktive Materialien, die dadurch hergestellt oder radioaktiv gemacht werden, daß sie einer mit dem Vorgang der Herstellung oder Verwendung von Kernbrennstoffen verbundenen Bestrahlung ausgesetzt werden, ausgenommen
   a) Kernbrennstoffe,
   b) Radioisotope außerhalb einer Kernanlage, die das Endstadium der Herstellung erreicht haben, so daß sie für industrielle, kommerzielle, landwirtschaftliche, medizinische, wissenschaftliche Zwecke oder zum Zweck der Ausbildung verwendet werden können;
5. „Kernmaterialien": Kernbrennstoffe (ausgenommen natürliches und abgereichertes Uran) sowie radioaktive Erzeugnisse und Abfälle;
6. „Inhaber einer Kernanlage": derjenige, der von der zuständigen Behörde als Inhaber einer solchen bezeichnet oder angesehen wird.

(2) Sonderziehungsrechte im Sinne dieses Gesetzes sind Sonderziehungsrechte des Internationalen Währungsfonds (BGBl. 1978 II S. 13), wie er sie für seine eigenen Operationen und Transaktionen verwendet.

[Anlage 1 wird durch das noch nicht in Kraft getretene Gesetz vom 29.8.2008 (BGBl. I 1793) aufgehoben]

Die Begriffsbestimmungen der Anlage 1 werden durch das Gesetz zur Änderung haftungsrechtlicher Vorschriften des Atomgesetzes und zur Änderung sonstiger Rechtsvorschriften vom 29.8.2008 aufgehoben (BGBl. I 1793). § 2 Abs. 4 verweist für die Begriffsbestimmungen zu den haftungs- und deckungsrechtlichen Vorschriften direkt in das PÜ (→ § 2 Rn. 47ff.).

AtG Anlage 2

Anlage 2

Haftungs- und Deckungsfreigrenzen

§ 4 Abs. 3, § 4b Abs. 2 und § 25 Abs. 5 erfassen Kernbrennstoffe oder Kernmaterialien, deren Aktivität oder Menge
1. in dem einzelnen Beförderungs- oder Versandstück oder
2. in dem einzelnen Betrieb oder selbständigen Zweigbetrieb, bei Nichtgewerbetreibenden an dem Ort der Ausübung der Tätigkeit des Antragstellers

das 10^5fache der Freigrenze nicht überschreitet und die bei angereichertem Uran nicht mehr als 350 Gramm Uran 235 enthalten. Freigrenze ist die Aktivität oder Menge, bis zu der es für den Umgang einer Genehmigung oder Anzeige nach diesem Gesetz, dem Strahlenschutzgesetz oder einer auf Grund dieser Gesetze erlassenen Rechtsverordnung nicht bedarf.

[Anlage 2 wird durch das noch nicht in Kraft getretene Gesetz vom 29. 8. 2008 (BGBl. I 1793) aufgehoben]

1   Aus der Begründung zum Entwurf eines Gesetzes zur Änderung haftungsrechtlicher Vorschriften des Atomgesetzes und zur Änderung sonstiger Rechtsvorschriften (BT-Drs. 16/9077, 14): „Anlage 2 zum Atomgesetz wird aufgehoben. Maßgeblich ist künftig die Entscheidung des Direktionsausschusses vom 18. Oktober 2007, die bestimmt, dass Kernbrennstoffe und Kernmaterialien während einer Beförderung und bei der Verwendung außerhalb einer Kernanlage unter bestimmten Voraussetzungen nicht in den Anwendungsbereich des Pariser Übereinkommens fallen (vgl. auch die Ausführungen zu Nummer 9 Buchstabe e). Die Übernahme dieser Entscheidung erfolgt auf der Grundlage des § 12a durch Rechtsverordnung." Zur Neufassung der AtDeckV → § 13 Rn. 3.

Anlage 3 (zu § 7 Absatz 1a)

Anlage 3 AtG

Anlage 3
(zu § 7 Absatz 1a)

Elektrizitätsmengen nach § 7 Absatz 1a

Anlage	Elektrizitätsmengen ab 1.1.2000 (TWh netto)	Beginn des kommerziellen Leistungsbetriebs
Obrigheim	8,70	01.04.1969
Stade	23,18	19.05.1972
Biblis A	62,00	26.02.1975
Neckarwestheim 1	57,35	01.12.1976
Biblis B	81,46	31.01.1977
Brunsbüttel	47,67	09.02.1977
Isar 1	78,35	21.03.1979
Unterweser	117,98	06.09.1979
Philippsburg 1	87,14	26.03.1980
Grafenrheinfeld	150,03	17.06.1982
Krümmel	158,22	28.03.1984
Gundremmingen B	160,92	19.07.1984
Philippsburg 2	198,61	18.04.1985
Grohnde	200,90	01.02.1985
Gundremmingen C	168,35	18.01.1985
Brokdorf	217,88	22.12.1986
Isar 2	231,21	09.04.1988
Emsland	230,07	20.06.1988
Neckarwestheim 2	236,04	15.04.1989
Summe	2 516,06	
Mühlheim-Kärlich[1]	107,25	
Gesamtsumme	2 623,31	

Anlage 3 ist zentraler Bestandteil der Ausstiegsarchitektur, indem sie kraftwerks- **1** scharf die noch zur Verstromung zur Verfügung stehenden Elektrizitätsmengen festlegt. Sie ist nur im Gesamtkontext der Regelungen in § 7 Abs. 1 a und den vom BVerfG in seiner Entscheidung vom 6.12.2016 (BVerfGE 143, 246 = NJW 2017, 217) konturierten verfassungsrechtlichen Anforderungen zu verstehen. Für die Kommentierung wird deshalb auf die ausführliche Darstellung in → § 7 Rn. 18 ff. verwiesen.

---

[1] **Amtl. Anm.:** Die für das Kernkraftwerk Mülheim-Kärlich aufgeführte Elektrizitätsmenge von 107,25 TWh kann auf die Kernkraftwerke Emsland, Neckarwestheim 2, Isar 2, Brokdorf sowie Gundremmingen B und C übertragen werden.

AtG Anlage 4

Anlage 4

Sicherheitsüberprüfung nach § 19a Abs. 1

Anlage	Termin
Obrigheim	31.12.1998
Stade	31.12.2000
Biblis A	31.12.2001
Biblis B	31.12.2000
Neckarwestheim 1	31.12.2007
Brunsbüttel	30.06.2001
Isar 1	31.12.2004
Unterweser	31.12.2001
Philippsburg 1	31.08.2005
Grafenrheinfeld	31.10.2008
Krümmel	30.06.2008
Gundremmingen B/C	31.12.2007
Grohnde	31.12.2000
Philippsburg 2	31.10.2008
Brokdorf	31.10.2006
Isar 2	31.12.2009
Emsland	31.12.2009
Neckarwestheim 2	31.12.2009

Übereinkommen vom 29. Juli 1960 über die Haftung gegenüber Dritten auf dem Gebiet der Kernenergie in der Fassung des Zusatzprotokolls vom 28. Januar 1964, des Protokolls vom 16. November 1982 und des Änderungsprotokolls vom 12. Februar 2004

In der Fassung der Bekanntmachung vom 15. Juli 1985
(BGBl. II S. 964)
geändert durch Änderungsprotokoll vom 12. Februar 2004
(BGBl. 2008 II S. 902)

Der Tag des Inkrafttretens der Änderungen des Übereinkommens durch das Änderungsprotokoll vom 12. Februar 2004 (BGBl. 2008 II S. 902) wurde bisher nicht im BGBl. bekannt gegeben; das Übereinkommen ist aber bereits in dieser Fassung abgedruckt.

Vorbemerkung zum Pariser Übereinkommen

Übersicht

	Rn.
I. Internationale Atomhaftungsübereinkommen	1
II. Haftungsprinzipien	15
III. Rechtsnatur der Atomhaftungsübereinkommen	26

Literatur: *Bette/Didier/Fornasier/Stein,* Compensation of Nuclear Damage in Europe, 1965; *von Busekist,* A Bridge between two Conventions in Civil Liability for Nuclear Damage: The Joint Protocol Relating to the Application of the Vienna Convention and the Paris Convention, NLB 43 (June 1989), 10; *Dussart Desart,* The Reform of the Paris Convention on Third Party Liability in the Field of Nuclear Energy and of the Brussels Supplementary Convention, NLB 75 (2005/1), 7; *Fischinger,* Haftungsbeschränkung im Bürgerlichen Recht, 2015; *Fillbrandt,* Entwicklung des internationalen Atomhaftungsrechts in der Post-Tschernobyl-Zeit – unter Einbeziehung des Beispiels Japan, NVwZ-Extra 2011 Heft 9, 1; *Gruendel/Reynaers Kini,* Through the looking glass: placing India's new civil liability regime for nuclear damage in context, NLB 89 (2012/1), 45; *IAEA,* The 1997 Vienna Convention on Civil Liability for Nuclear Damage and the 1997 Convention on Supplementary Compensation for Nuclear Damage – Explanatory Texts, IAEA International Law Series No. 3 (Rev. 2/2020); *dies.,* The 1988 Joint Protocol Relating to the Application of the Vienna Convention and the Paris Convention – Explanatory Text, IAEA International Law Series No. 5, 2013; *Kissich,* Internationales Atomhaftungsrecht: Anwendungsbereich und Haftungsprinzipien, 2004, 61 ff. und passim; *McRae,* The Compensation Convention: Path to a Global Regime for Dealing with Legal Liability and Compensation for Nuclear Damage, NLB 51 (June 1998), 25; *ders.,* The Convention on Supplementary Compensation for Nuclear Damage: Catalyst for a Global Nuclear Liability Regime, NLB 79 (2007/1), 17; *OECD/IAEA,* Budapest Symposium 1999; *Pelzer,* Atomhaftungsrecht, in Rengeling, Handbuch zum europäischen und deutschen Umweltrecht, Band II, 2003, 445; *ders.,* Begrenzte und unbegrenzte Haftung im deutschen Atomrecht, 1982; *ders.,* Europäisches Atomhaftungsrecht im Umbruch, Tagungsbericht der AIDN/INLA Regionaltagung in Berlin 2009, 2010; *ders.,* Inadequacies in the Civil Nuclear liability Régime evident after the Chernobyl Accident: The Response in the Joint Protocol of 1988, Proceedings in the Helsinki Symposium 1992,

1993, 155; *ders.*, Nuclear Accidents: Models for Reparation, in Black-Branch/Fleck, Nuclear Non-Proliferation in International Law. Volume III. Legal Aspects of the Use of Nuclear Energy for Peaceful Purposes, 2016, 355; *ders.*, Main Features of the Revised International Regime Governing Nuclear Liability – Progress and Standstill, in 10th Anniversary of the International School of Nuclear Law (2010), 355; *ders.*, Theses on a Globally Harmonised Nuclear Liability Regime, in Raetzke, Nuclear Law in the EU and Beyond. Proceedings of the AIDN/INLA Regional Conference 2013 in Leipzig, 2014, 341; *ders.*, The Convention on Supplementary Compensation for Nuclear Damage (CSC) – A Cornerstone of a Global Nuclear Liability Regime?, atw 60 (2015), 394; Progress to a global nuclear liability regime, NLB 93 (2014/1), 9; *Schwartz*, Liability and Compensation for Third Party Damage resulting from a Nuclear Incident, in OECD/NEA, 10th Anniversary of the International School of Nuclear Law, 2010, 307; *Weitnauer*, Das Atomhaftungsrecht in nationaler und internationaler Sicht, 1964. Nachweise des älteren Schrifttums finden sich bei *Fischerhof* Dt. AtomG S. 816 Rn. 4.

Exposé des Motifs 1960 abrufbar unter http://www.oecd-nea.org/law/nlparis_motif.html
Konsolidierte Fassung des Exposé des Motifs des PÜ 1960, 1964, 1982, 2004, abgedruckt in NLB 104 (2020/1), 37; Exposé des Motifs des BZÜ 1963, 1964, 1982, 2004, abgedruckt in NLB 104 (2020/1), 67.

I. Internationale Atomhaftungsübereinkommen

1   Als Folge der berühmten „Atoms-for-Peace"-Rede des US Präsidenten Eisenhower im Jahre 1953 (abrufbar unter https://www.iaea.org/about/history/atoms-for-peace-speech, zul. abgerufen am 27.10.2020) begann in zahlreichen Industriestaaten in der zweiten Hälfte der 1950er Jahre der Aufbau einer Nuklearindustrie zu friedlichen Zwecken. Da man sich des januskö̈pfigen Charakters der neuen Energiequelle durchaus bewusst war, wurden bereits zu dieser Zeit erste Überlegungen angestellt, wie man den **Besonderheiten eines nuklearen Schadens** und insbesondere der potentiellen immensen Schadenshöhe durch ein **angemessenes Schadensersatzrecht** begegnen könnte. Die Abschätzungen der möglichen Schadenshöhe großer Nuklearunfälle durch den sog. Brookhaven Report der US Atomic Energy Commision vom März 1957 „Theoretical Possibilities and Consequences of Major Accidents in Large Nuclear Power Plants" (WASH-740) hat ohne Frage dazu beigetragen, politisches Momentum für die Entwicklung eines risikoadäquaten Haftungsrechts schon frühzeitig zu schaffen (→ AtG § 34 Rn. 1, 2).

2   Das erste nationale Atomhaftungsgesetz war der Price-Anderson Act der USA von 1957 (Public Law 85-256, 71 Stat. 576). Im Rahmen der Organisation für Europäische Wirtschaftliche Zusammenarbeit (OEEC) wurden etwa gleichzeitig mit dem US Gesetz Verhandlungen über den Abschluss eines europäischen Übereinkommens über die Haftung für nukleare Schäden aufgenommen, die am 29.7.1960 in Paris zur Unterzeichnung des „Übereinkommens über die Haftung gegenüber Dritten auf dem Gebiet der Kernenergie", dem sog. **Pariser Übereinkommen (PÜ),** führten. Das PÜ trat international 1968 in Kraft. Es wurde 1964 durch ein Zusatzprotokoll und 1982 und 2004 durch weitere Protokolle geändert (zu den Protokollen 1964 und 1982 *Haedrich* AtG, PÜ Einf. Rn. 3). Das Protokoll 2004 hat das ursprüngliche Übereinkommen wohl am nachhaltigsten verändert; hierauf wird bei der Kommentierung der Einzelbestimmungen hingewiesen. Das Übereinkommen hat derzeit folgende Mitgliedstaaten: Belgien, Dänemark, Deutschland, Finnland, Frankreich, Griechenland, Großbritannien, Italien, Niederlande, Norwegen, Portugal, Schweden, Schweiz, Slowenien, Spanien, Türkei (Stand abrufbar unter http://www.oecd-nea.org/law/paris-convention-ratification.html). **Deutschland ist seit 1975 Ver-**

tragsstaat (BGBl. 1975 II 957; 1976 II 310; 1985 II 690; 2008 II 902). Das Pariser Übereinkommen begrenzte die Haftung auf 15 Mio. SZR (Fassung 1960); die Fassung 2004 des Übereinkommens hob die summenmäßige Begrenzung auf und sieht eine Mindesthaftungssumme von 700 Mio. EUR vor.

Da der nach dem PÜ zu leistende Schadensersatz summenmäßig erkennbar unzulänglich war, wurde bereits am 13.1.1963 in Brüssel ein „Zusatzübereinkommen zum Pariser Übereinkommen vom 29. Juli 1960 über die Haftung gegenüber Dritten auf dem Gebiet der Kernenergie", das sog. **Brüsseler Zusatzübereinkommen (BZÜ)**, zur Zeichnung aufgelegt. Dieses soll die Entschädigungssumme, die nach dem PÜ von dem Haftpflichtigen aufzubringen ist, durch zusätzliche staatliche Mittel ergänzen. Das BZÜ trat international 1974 in Kraft. Es hat derzeit folgende Mitgliedstaaten: Belgien, Dänemark, Deutschland, Finnland, Frankreich, Großbritannien, Italien, Niederlande, Norwegen, Schweden, Slowenien, Spanien. Das Übereinkommen ist ausschließlich offen für Mitgliedstaaten des PÜ. Es wurde durch ein Zusatzprotokoll von 1964 und weitere Protokolle von 1982 und 2004 abgeändert (Stand abrufbar unter http://www.oecd-nea.org/law/brussels-convention-ratification.html). **Deutschland ist seit 1976 Vertragsstaat** (BGBl. 1976 II 310; 1985 II 690; 2008 II 902). 3

Das Übereinkommen sieht ein **Entschädigungssystem in drei Tranchen** vor (Art. 3 BZÜ): 4
– erste Tranche: Entschädigung durch den Inhaber der schädigenden Kernanlage gemäß dem PÜ. Fassung 1963/1964/1982: 15 Mio. SZR, Fassung 2004: mindestens 700 Mio. EUR;
– zweite Tranche: Entschädigung durch öffentliche Mittel des Anlagenstaats zwischen dem Betrag der ersten Tranche und 175 Mio. SZR (Fassung 1963/1964/1982) bzw. 1.200 Mio. EUR (Fassung 2004);
– dritte Tranche: Entschädigung aus öffentlichen Mitteln aller Vertragsstaaten nach einem bestimmten Aufbringungsschlüssel zwischen dem Betrag der zweiten Tranche und 300 Mio. SZR (Fassung 1963/1964/1982) bzw. 1.500 Mio. EUR (Fassung 2004).

Das **BZÜ** garantiert somit den durch ein nukleares Ereignis Geschädigten **Schadensersatz** bis zu 300 Mio. SZR gemäß der ursprünglichen Fassung des Übereinkommens und **bis zu 1.500 Mio. EUR** gemäß der Fassung 2004.

Da das Pariser/Brüsseler Haftungssystem grundsätzlich auf OEEC/OECD-Mitgliedstaaten und ihnen gleichgestellte Staaten begrenzt ist, fehlte eine weltweite internationale Regelung der Nuklearhaftung. Diese wurde im Rahmen der IAEA durch die „Vienna Convention on Civil Liability for Nuclear Damage" vom 21.5.1963 (IAEA Doc. INFCIRC/500) geschaffen. Das **Wiener Übereinkommen (WÜ)** ist offen für alle Mitgliedstaaten der Vereinten Nationen, ihrer Sonderorganisationen und der IAEA. Es trat 1977 in Kraft. Ihm gehören zurzeit 40 Staaten an; Deutschland ist Nichtvertragsstaat (Stand: IAEA Doc. Registration No. 1277; deutsche Übersetzung des WÜ in BGBl. 2001 II 207). Das WÜ wurde am 12.9.1997 durch ein Protokoll geändert, und die geänderte Fassung trägt den Namen „1997 Vienna Convention on Civil Liability for Nuclear Damage" (IAEA Doc. INFCIRC/566; Inkrafttreten 2003). Dem revidierten Übereinkommen gehören 13 Vertragsstaaten an (Stand: IAEA Doc. Registration No. 1759). Das PÜ und das WÜ sind inhaltlich nahezu identisch. Das gilt auch für ihre revidierten Versionen. Das WÜ begrenzt die Haftung nicht betragsmäßig, sondern erlaubt dem Anlagenstaat, die Haftung auf 5 Mio. USD (Fassung 1963) bzw. auf nicht weniger als 300 Mio. SZR (Fassung 1997) zu begrenzen. 5

6 Das PÜ und das WÜ gelten in ihren ursprünglichen Fassungen jeweils nur für ihre Vertragsstaaten. Sie standen also unverbunden nebeneinander mit der Folge, dass ein nuklearer Schaden, der durch eine in einem WÜ-Staat gelegene Kernanlage in einem PÜ-Staat erlitten wird, nicht nach dem WÜ entschädigt wird. Auch nach dem PÜ wird in diesem Fall keine Entschädigung geleistet. Gleiches gilt, wenn umgekehrt eine PÜ-Kernanlage in einem WÜ-Staat nuklearen Schaden verursacht. Auch in diesem Fall wird nach keinem der beiden Übereinkommen Schadensersatz geschuldet. Diese Rechtslage war insbesondere für europäische Staaten nachteilig, da dort PÜ- und WÜ-Staaten unmittelbar benachbart sind. Um diese Situation zu verbessern, wurde am 21.9.1988 das „Joint Protocol Relating to the Application of the Vienna Convention and the Paris Convention" (IAEA Doc. INFCIRC/402; „**Gemeinsames Protokoll** über die Anwendung des Wiener Übereinkommens und des Pariser Übereinkommens" (GP), BGBl. 2001 II 202) zur Zeichnung aufgelegt. Das Protokoll bildet eine „Brücke" zwischen dem Wiener und dem Pariser Übereinkommen: Es räumt die Rechte, die das eine Übereinkommen den durch ein nukleares Ereignis Verletzten einräumt, auch den Verletzten in dem Anwendungsbereich des anderen Übereinkommens ein, sofern beide betroffenen Staaten auch dem Gemeinsamen Protokoll angehören (Art. I–IV GP; s. *von Busekist* NLB 43 (June 1989), 10; *IAEA*, The 1988 Joint Protocol Relating to the Application of the Vienna Convention and the Paris Convention – Explanatory Text, IAEA International Law Series No. 5, 2013, 11; *Pelzer* Inadequacies in the Civil Nuclear Liability Régime evident after the Chernobyl Accident: The response by the Joint Protocol 1988, Proceedings of the Helsinki Symposium 1992, 1993, 155).

7 Das GP trat international 1992 in Kraft und hat 28 Vertragsstaaten (IAEA Doc. Registration No. 1623). Zu den Vertragsstaaten zählen auch alle östlichen Nachbarstaaten Deutschlands, die dem WÜ angehören. Deutschland ist **Vertragsstaat seit 2001** (BGBl. 2001 II 786; → Vor AtG §§ 25–40 c Rn. 6 mwN).

8 Außer dem WÜ gibt es ein weiteres weltweites Nuklearhaftungsübereinkommen: die „Convention on Supplementary Compensation for Nuclear Damage" vom 29.9.1997 (IAEA Doc. INFCIRC/567). Gemäß Nr. 1 und 2 der Präambel der **Convention on Supplementary Compensation (CSC)** sind die Vertragschließenden „desirous of establishing a worldwide liability regime to supplement and enhance the measures" des WÜ, des PÜ und nationaler Atomhaftungsgesetzgebung, die sich im Einklang mit den Prinzipien dieser Übereinkommen befinden, „with the view to increasing the amount of compensation for nuclear damage". Das Übereinkommen trat 2015 in Kraft und hat 10 Vertragsparteien (IAEA Doc. Registration No. 1914). Deutschland gehört dem Übereinkommen nicht an; mit der Ausnahme von Montenegro und Rumänien ist auch kein anderer europäischer Staat Vertragsstaat der CSC.

9 Das Übereinkommen sieht ein **zweistufiges Haftungssystem** vor: der Anlagenstaat muss sicherstellen, dass die Haftung des Betreibers mindestens 300 Mio. SZR beträgt; übersteigen die Schäden diesen Betrag, stellen alle Vertragsparteien auf der Grundlage eines Schlüssels **öffentliche Mittel zur weiteren Entschädigung** zur Verfügung (Art. III CSC). Der Verteilungsschlüssel stellt sicher, dass die Hauptlast dieser Entschädigungstranche von den Nuklearstaaten zu tragen ist (Art. IV CSC). Die Höhe dieser Tranche ist offen und hängt von der Anzahl der Vertragsstaaten ab. Sie beträgt zurzeit etwa 330 Mio. SZR (siehe dazu auch den ‚Online Calculator' der IAEA, abrufbar unter https://ola.iaea.org/ola/CSCND/index.html, zul. abgerufen am 27.10.2020). Die Mittel dieser zweiten Tranche werden zu 50% verwendet „to compensate claims for nuclear damage suffered in or outside the Installation State" (Art. XI Abs. 1 lit. a CSC). Die anderen 50% „shall be available to compensate claims for nuclear damage suffered outside the territory of the Installation State to the extent that such claims are uncompensated under sub-paragraph (a)" (Art. XI Abs. 1 lit. b CSC). Mit dieser Regelung soll erreicht werden, dass die internationalen Mittel überwiegend für die Entschädigung von internationalem nuklearem Schaden, dh für nuklearen Schaden außerhalb des Anlagenstaates verwendet werden. Diese differenzierende Regelung gilt jedoch nicht, wenn der Anlagenstaat Schadensersatz in Höhe von mindestens 600 Mio. SZR „without discrimination" (Art. III Abs. 2 CSC) sicherstellt (Art. XI Abs. 2 CSC).

Anders als das PÜ/BZÜ-Regime erfordert die CSC nicht die Zugehörigkeit der Vertragsstaaten zu einem bestimmten Haftungsübereinkommen. Neben den Vertragsstaaten des Wiener und des Pariser Übereinkommens können auch Staaten der CSC angehören, die, ohne einem dieser Übereinkommen anzugehören, nationale Atomhaftungsgesetze erlassen haben, die im Einklang mit den Bestimmungen des Annex zu der CSC stehen und die im Wesentlichen den Prinzipien der internationalen Atomhaftungsübereinkommen entsprechen (**„free standing instrument"**). Insoweit ist die CSC auch ein „overarching instrument", das WÜ-Staaten, PÜ-Staaten und sog. Annex-Staaten unter einem Dach verbinden kann (*IAEA,* The 1997 Vienna Convention on Civil Liability for Nuclear Damage and the 1997 Convention on Supplementary Compensation for Nuclear Damage – Explanatory Texts, IAEA International Law Series No. 3, 2007). 10

Zu den Annex-Vertragsstaaten gehören die USA. Diese vertreten die Ansicht, dass sie nur dieser und keiner anderen Konvention angehören könnten. Der Hauptgrund dafür dürfte sein, dass die CSC auf der Grundlage der sog **„grandfather clause"** (Art. 2 Annex CSC; *IAEA,* The 1988 Joint Protocol Relating to the Application of the Vienna Convention and the Paris Convention – Explanatory Text, IAEA International Law Series No. 5, 2013, 67 f.) den USA gestattet, ihr nationales Atomhaftungsrecht unverändert beizubehalten, ohne dieses an die in dem CSC-Annex vorgesehenen Prinzipien anpassen zu müssen. Es mag zweifelhaft sein, ob diese Sonderbehandlung eines führenden Nuklearstaates vereinbar ist mit dem in der Präambel erklärten Ziel der CSC, ein weltweites (= weltweit harmonisiertes) Haftungsregime zu etablieren. 11

Eine die internationalen Atomhaftungsübereinkommen materiell ergänzende Funktion hat das „Übereinkommen vom 17. Dezember 1971 über die zivilrechtliche Haftung bei der Beförderung von Kernmaterial auf See" (BGBl. 1975 II 957, 1026). Dieses **Brüsseler Kernmaterial-Seetransport Übereinkommen** befreit gemäß seinem Art. 1 denjenigen, der auf Grund einer für die Beförderung auf See geltenden internationalen Übereinkunft oder eines entsprechendes nationalen Gesetzes für nuklearen Schaden haftpflichtig ist, von dieser Haftung, „a) wenn der Inhaber einer Kernenergieanlage auf Grund des Pariser oder des Wiener Übereinkommens für den Schaden haftet oder b) wenn der Inhaber einer Kernenergieanlage auf Grund eines innerstaatlichen Gesetzes über die Haftung für solche Schäden für den Schaden haftet, vorausgesetzt, dass dieses Gesetz für die Geschädigten in jeder Hinsicht ebenso günstig ist wie das Pariser oder das Wiener Übereinkommen." 12

Das Übereinkommen stellt damit die ausschließliche Haftung des Inhabers der Kernanlage für nuklearen Schaden (rechtliche Kanalisierung) für den Bereich der Seebeförderung wieder her. Die Haftung des Reeders wird ausgeschlossen. Das Übereinkommen hat 17 Vertragsstaaten (Stand abrufbar unter www://imo.org/includes/blastDataOnly.asp/data_id%3D921/status.xls, zul. abgerufen am 27.10.2020) und **gilt für Deutschland seit 1975** (BGBl. II 307). 13

14 Der Vollständigkeit halber ist auch hinzuweisen auf **bilaterale Atomhaftungsabkommen,** die Deutschland abgeschlossen hat. Dabei handelt es sich zunächst um die sog. Hafenanlaufabkommen für das deutsche Reaktorschiff „Otto Hahn" und das US-Reaktorschiff „N. S. Savannah" (→ AtG § 25a Rn. 3–5). Ferner sind zu nennen das „Abkommen zwischen der Bundesrepublik Deutschland und der Schweizerischen Eidgenossenschaft über die Haftung gegenüber Dritten auf dem Gebiet der Kernenergie" vom 22.10.1986 (BGBl. 1988 II 598; hierzu → AtG § 31 Rn. 16; *Raetzke* in NK-AtomR § 25 Rn. 168) sowie ein Abkommen mit Russland: „Abkommen zwischen der Regierung der Bundesrepublik Deutschland und der Regierung der Russischen Föderation über nukleare Haftung im Zusammenhang mit Lieferungen aus der Bundesrepublik Deutschland für Kernanlagen in der Russische Föderation" vom 23.6.1998 (BGBl. II 2364).

II. Haftungsprinzipien

15 Der atomrechtliche Haftungstatbestand der internationalen Übereinkommen baut auf **wenigen Hauptelementen** auf, die in den Verträgen definiert sind: „nukleares Ereignis", „Kernanlage", „Inhaber einer Kernanlage", „nuklearer Schaden" und die verschiedenen Spielarten radioaktiver Stoffe: „Kernbrennstoffe", „radioaktive Erzeugnisse oder Abfälle" und „Kernmaterialien" (Art. 1 PÜ). Der Inhaber einer Kernanlage ist haftpflichtig, wenn ein nukleares Ereignis in seiner Kernanlage oder ein nukleares Ereignis, das auf radioaktive Stoffe aus seiner Kernanlage zurückzuführen ist, einen nuklearen Schaden verursacht (Art. 3 PÜ). Materiell baut die Haftung auf einer Reihe tragender Prinzipien auf. Sie sind wohlbekannt aus dem allgemeinen außervertraglichen Deliktsrecht für gefährliche Tätigkeiten, aber es wurden im Hinblick auf die Besonderheiten des nuklearen Risikos auch neue entwickelt. Sie werden in den folgenden Randnummern eingeführt. Heute sind diese Prinzipien weltweit anerkannt und finden sich auch in den nationalen Atomhaftungsgesetzen von Staaten, die den Übereinkommen nicht angehören. Ihre Übernahme gilt als Indiz dafür, dass das Haftungsrecht dem nuklearen Risiko angemessen ist. Nur in wenigen Staaten gibt es Atomhaftungsgesetze, die nicht vollständig im Einklang mit diesen Prinzipien sind. Hierzu zählen Indien („The Civil Liability for Nuclear Damage Act, 2010", No. 38 of 2010 (The Gazette of India, Extraordinary, Part II Sec. 1 No. 47, September 22, 2010)), Österreich („Atomhaftungsgesetz 1999", BGBl. Österreich I 1998/170; I 2001/98; I 2003/33) und die USA (Sec. 170 Atomic Energy Act 1954 as amended, 42 U.S. Code § 2210). Es ist allerdings auch darauf hinzuweisen, dass die Mehrheit der Staaten bisher überhaupt keine speziellen Atomhaftungsregeln besitzen, sondern weiterhin auch für den nuklearen Schadensersatz allein auf das allgemeine zivilrechtliche Deliktsrecht bauen (zu den Haftungsprinzipien grundlegend *Weitnauer,* Das Atomhaftungsrecht in nationaler und internationaler Sicht, 102ff.).

16 **Haftung ohne Verschulden** (Gefährdungshaftung) ist gemeinhin weltweit die juristische Technik, die genutzt wird, um die Haftpflicht für die erlaubte Nutzung gefährlicher Tätigkeiten zu begründen (vgl. hierzu grundlegend bereits *Esser,* Grundlagen und Entwicklung der Gefährdungshaftung, 1941/1969). Die bloße Verursachung eines Schadens begründet die Haftung, ein Verschulden muss zur Haftungsbegründung nicht nachgewiesen werden. Dieses Haftungsprinzip gilt auch für das Atomhaftungsrecht auf der Grundlage der Haftungsübereinkommen sowie grundsätzlich für alle nationalen Atomhaftungsgesetze. Befreiungen von die-

Vorbemerkung zum Pariser Übereinkommen **Vor PÜ**

ser Haftung sind nur möglich bei Vorliegen ausgewählter und abschließend aufgezählter Fälle von *force majeure*. Weist der haftpflichtige Inhaber der Kernanlage nach, dass der Verletzte vorsätzlich oder mit grober Fahrlässigkeit den Schaden verursacht hat, kann der zuständige Richter den Haftpflichtigen ganz oder teilweise von seiner Schadensersatzpflicht befreien, sofern das nationale Recht dies vorsieht (für das Pariser Übereinkommen vgl. Art. 3, 9, 6 Abs. e PÜ).

Für einen nuklearen Schaden haftet ausschließlich der Inhaber der Kernanlage, 17 sofern das schädigende Ereignis in seiner Kernanlage stattfindet oder auf Kernmaterialien zurückzuführen ist, die aus seiner Kernanlage stammen. Das gilt auch für die Beförderung von Kernmaterialien, für die entweder der absendende oder der empfangende Inhaber haftet. Niemand sonst haftet für nuklearen Schaden und der Inhaber kann nur auf Grund des Übereinkommens in Anspruch genommen werden; mögliche Ansprüche gegen den Inhaber auf Grund anderer Rechtsgrundlagen sind ausgeschlossen (Art. 6 PÜ). Die ausschließliche Konzentration auf den Inhaber der Kernanlage – die sog. **rechtliche Kanalisierung der Haftung auf den Kernanlageninhaber** – ist ein Novum, das es in dieser Form in anderen Rechtsbereichen nicht gibt. Der Ausschluss einer Anspruchskonkurrenz soll die Verfahren vereinfachen und es dem Geschädigten ermöglichen, sogleich den richtigen Schuldner zu finden. Überdies soll die Konzentration auf nur einen Haftpflichtigen die Versicherung des nuklearen Risikos erleichtern, insbesondere im Hinblick auf die naturgemäß begrenzten Deckungskapazitäten (Exposé des Motifs 1960 No. 15 (Konsolidierte Fassung Nos. 24, 25, 5.43)).

Die rechtliche Kanalisierung ist umstritten. Man mag sie schlicht als ungerecht 18 bezeichnen. Sie befreit auch jene Personen, die möglicherweise schuldhaft den Schaden herbeigeführt haben von einer unmittelbaren Einstandspflicht gegenüber dem Geschädigten. Das gilt zB für Zulieferer, die durch die Lieferung schadhafter Teile den Schaden verursacht haben. Nur wenn der Schaden mit Schädigungsvorsatz verursacht wurde, hat der haftpflichtige Inhaber der Kernanlage – also kein Direktanspruch des Geschädigten – ein **Rückgriffsrecht** gegenüber dieser Person. Dieses Rückgriffsrecht besteht allerdings nur gegenüber der natürlichen Person, die den Schaden vorsätzlich verursachte; der Grundsatz *respondeat superior* findet keine Anwendung. Die rechtliche Kanalisierung hat sich international durchgesetzt, so dass sie heute auch ein Beitrag zur wünschenswerten internationalen Rechtsharmonisierung ist. Drei nationale Gesetzgebungen haben die rechtliche Kanalisierung nicht oder jedenfalls nicht vollständig übernommen: Indien, Österreich und die USA.

Die ursprüngliche Fassung des PÜ sah eine **summenmäßige Haftungs-** 19 **begrenzung** der Inhaberhaftung auf 15 Mio. Rechnungseinheiten des Europäischen Währungsabkommens (ab dem Protokoll 1982: SZR) vor, die erhöht werden konnte, wenn für die Erhöhung Deckung vorhanden war; die Höchstsumme konnte auch herabgesetzt werden, jedoch auf keinen Fall auf weniger als 5 Mio. SZR (Art. 7 PÜ aF). Das PÜ 2004 hat die Höchstsumme gestrichen und durch eine **Mindestsumme von 700 Mio. EUR** ersetzt. Haftungsbegrenzung und unbegrenzte Haftung sind somit nunmehr erlaubte Möglichkeiten der Umsetzung des Übereinkommens. Mit der Ausnahme von Deutschland, Finnland (nur für Inlandsschäden), Japan, Österreich und der Schweiz sehen alle Atomhaftungsgesetze der Welt betragsmäßige Haftungsbeschränkungen vor. Zur Begründung wird dazu gelegentlich angeführt, dass die summenmäßige Haftungsbegrenzung den Ausgleich für die strenge Haftungsform der Gefährdungshaftung und der ausschließlichen Haftung des Inhabers bilde (hierzu ausführlich *Fischinger*, Haftungsbeschränkung im Bürgerlichen Recht, 42 ff.).

Pelzer 681

PÜ Vor Vorbemerkung zum Pariser Übereinkommen

20 Schadensersatz zielt auf **vollen Ersatz der erduldeten Nachteile** ab. Mit diesem Zweck ist eine summenmäßige Haftungsbeschränkung grundsätzlich nur schwer vereinbar, insbesondere da jede zahlenmäßige Begrenzung willkürlich ist. Auch die Überlegung, dass eine summenmäßige Haftungsbegrenzung der Wiederherstellung des sozialen Friedens dienen kann, da sie die Lasten unter den Beteiligten gleichmäßiger verteilt, ist nicht unbedingt zwingend. Der Oberste Gerichtshof der USA hat in einer Entscheidung vom 26.6.1978 geurteilt, dass die im amerikanischen Atomgesetz festgesetzte Haftungshöchstsumme willkürlich sei und die Verfassung verletze, sie sei aber deshalb zu tolerieren, weil das Gesetz ausdrücklich vorsehe, dass bei einem Schaden jenseits der Höchstsumme der Kongress Maßnahmen zu ergreifen habe, um eine Entschädigung sicherzustellen (US Supreme Court, Duke Power Co. v. Carolina Environmental Study Group, 438 U.S. 59 (1978)). Tatsächlich hat offenbar die Mehrheit der Staaten mit summenmäßig begrenzter Haftung die Haftungssumme so gewählt, dass sie dem Betrag entspricht, der versicherbar ist. Auch das ist eine gesetzgeberische Entscheidung, die kaum überzeugt. Die vom deutschen Gesetzgeber getroffene Entscheidung für eine **summenmäßig unbegrenzte Haftung** des Inhabers einer Kernanlage war deshalb richtig. Summenmäßig unbegrenzte Haftung ist die einzige Haftungsform, die dem nuklearen Risiko gerecht wird (hierzu ausführlich *Pelzer,* Begrenzte und unbegrenzte Haftung im deutschen Atomrecht, 1982; *ders.* in Black-Branch/Fleck, Nuclear Non-Proliferation in International Law. Volume III. Legal Aspects of the Use of Nuclear Energy for Peaceful Purposes, 2016, 384 ff.).

21 Die Haftung des Inhabers der Kernanlage ist durch eine **Versicherung oder eine andere finanzielle Sicherheit** (Deckungsvorsorge) abzudecken (Art. 10 PÜ). Soweit die Haftung summenmäßig begrenzt ist, muss die Sicherheit den gesamten Betrag decken (Kongruenzprinzip). Bei unbegrenzter Haftung ist eine kongruente Deckung nicht möglich. Das PÜ 2004 schreibt in diesen Fällen eine Mindestdeckung von 700 Mio. EUR vor.

22 Die **Pflicht zur Bereithaltung finanzieller Sicherheit** stellt sicher, dass der Haftpflichtige zur Entschädigung auch tatsächlich in der Lage ist. Sie dient also dem Geschädigten und zugleich auch dem Haftpflichtigen, weil sie ihn vor dem Bankrott schützen kann. Sie hat jedoch auch eine negative Seite. Die Pflicht zur Deckungsvorsorge macht den Haftpflichtigen abhängig vom Deckungsgeber, also im Regelfall dem Versicherer. Wenn dieser keine hinreichenden Kapazitäten hat oder gewisse Risiken vom Schutz ausschließt, kommt der Inhaber in ernste Schwierigkeiten. Hier liegt wohl auch die Ursache für das schon in → Rn. 19 erwähnte Phänomen, dass Gesetzgeber das Deckungsprinzip gewissermaßen auf den Kopf stellen und sagen, wo keine Deckung sei, könne es auch keine Haftung geben, und folgerichtig den Haftungsbetrag am Deckungsbetrag ausrichten.

23 Die Pflicht zur Deckungsvorsorge (→ Rn. 20–21) hat auch Auswirkungen auf die **zeitliche Begrenzung von nuklearen Schadensersatzansprüchen.** Verjährungs- und Ausschlussfristen gibt es im allgemeinen Deliktsrecht, und das Atomhaftungsrecht könnte schlicht auf diese verweisen. Das geschah jedoch nicht, da die Versicherungswirtschaft einen längeren Zeitraum als 10 Jahre nicht abdeckt. Art. 8 PÜ 1960 sah deshalb eine Regelverjährungsfrist oder Regelausschlussfrist von 10 Jahren vor. Im Hinblick auf sog. Spätschäden war diese Frist zu kurz. Erst das Protokoll 2004 hat zu einer Änderung des Art. 8 PÜ geführt: für Körperschäden beträgt die Frist nunmehr 30 Jahre, für alle sonstigen Schäden 10 Jahre. Soweit die Versicherung oder die sonstige Deckungsvorsorge des Inhabers diesen Zeitraum nicht abdeckt, hat der Staat einzutreten (vgl. Art. 10 Abs. (c) PÜ 2004).

Nukleare Ereignisse können zu weiträumigen und insbesondere auch grenz- 24
überschreitenden Schäden führen. Das hätte die Zuständigkeit vieler Gerichte sowohl im Anlagenstaat als auch in anderen betroffenen Staaten zur Folge. Das aber wäre weder für die Geschädigten noch für den Haftpflichtigen eine akzeptable Lösung, da der Überblick über die zur Verfügung stehenden Entschädigungsmittel notwendig verloren ginge. Auch die Vollstreckung von Urteilen wäre erschwert. Aus diesem Grund ist der Grundsatz der Übereinkommen, einen **einzigen ausschließlichen Gerichtsstand** zu bestimmen, eine wesentliche und unverzichtbare Säule des nuklearen Schadensersatzrechts. Grundsätzlich zuständig sind danach die Gerichte des Vertragsstaates, in dem das nukleare Ereignis eingetreten ist. Urteile des zuständigen Gerichts sind in allen Vertragsstaaten anzuerkennen und zu vollstrecken (Art. 13 PÜ). Die revidierten Übereinkommen schreiben zusätzlich vor, dass die Vertragsstaaten jeweils nur ein einziges Gericht ihres Landes für zuständig erklären (Art. 13 Abs. (h) PÜ 2004). Nukleare Schadensersatzklagen werden somit auf ein einziges Gericht konzentriert. Man spricht deshalb zutreffend auch von prozessualer Kanalisierung, die die rechtliche Kanalisierung der Haftung (→ Rn. 17) ergänzt.

Eine weitere entscheidende Voraussetzung für ein internationales Atomhaf- 25
tungsregime ist das **Gebot der Nichtdiskriminierung**: es muss gesichert sein, dass Geschädigte von dem zuständigen Gericht ohne Diskriminierung behandelt werden (Art. 14 Abs. a PÜ: „Dieses Übereinkommen ist ohne Rücksicht auf die Staatsangehörigkeit, den Wohnsitz oder den Aufenthalt anzuwenden."). Da bei grenzüberschreitenden nuklearen Schäden die Geschädigten aus Nicht-Anlagenstaaten im Regelfall vor dem Gericht des Ereignisstaates (= des Anlagenstaates; → Rn. 23), also vor einem ausländischen Gericht klagen müssen, kommt diesem Grundsatz entscheidende Bedeutung für die Effektivität des Gesamtsystems zu.

III. Rechtsnatur der Atomhaftungsübereinkommen

Die internationalen Atomhaftungsübereinkommen sind **völkerrechtliche Ver-** 26
träge, die die Errichtung eines zivilrechtlichen Haftungsregimes zum Ziel haben. Das so geschaffene zivile Haftungsrecht ist somit völkerrechtlicher Provenienz. In Deutschland gilt gem. § 25 AtG das PÜ unmittelbar **(„self-executing")**. Das Übereinkommen bildet „für Kernanlagen das geltende deutsche materielle Atomhaftungsrecht" (*Fischerhof* Dt. AtomG Vor Präambel Rn. 1).

Das PÜ enthält für die Vertragsparteien **verbindliche Normen,** aber es weist 27
diesen auch ausdrücklich Bereiche zu, die durch **nationales Recht** zu regeln sind. Soweit das Übereinkommensrecht für Fragen, die für die Begründung von Ersatzansprüchen wesentlich sind, keine Bestimmungen enthält, ist das nationale Recht der jeweiligen Vertragspartei anzuwenden. Das Übereinkommensrecht ist somit in das nationale Recht „eingebettet" und ist auch insoweit Teil des deutschen Rechts.

Bei der Auslegung des völkerrechtlichen Vertrags „Pariser Übereinkommen" 28
sind **völkerrechtliche Auslegungsregeln** anzuwenden. Diese sind insbesondere den Art. 31 ff. WVK zu entnehmen.

Das Pariser Übereinkommen ist in **sechs authentischen Vertragssprachen** 29
abgefasst: deutsch, englisch, französisch, italienisch, niederländisch und spanisch. Die Vertragsanwendung kann daher auf der Auslegung des deutschen Texts aufbauen, jedoch sind bei Zweifelsfragen auch die übrigen authentischen Fassungen

PÜ Präambel

heranzuziehen. Dabei kommt der Hauptverhandlungssprache (= englisch) ein praktischer, jedoch kein rechtlicher Vorrang zu. Im Übrigen sind die weiteren in Art. 31–33 WVK genannten Auslegungsmittel zu nutzen.

30 Eine von den Vertragsparteien gebilligte, also „offizielle", **Auslegungshilfe** des PÜ ist das **„Exposé des Motifs"**, das das PÜ 1960 (Exposé des Motifs 1960) und in einer revidierten Version das PÜ 2004 (Exposé des Motifs 2004 (Konsolidierte Fassung der Exposé, 37)) erläutert. Eine weitere „offizielle" Auslegungshilfe ist der „Explanatory Report by the Representatives of the Contracting Parties on the Revision of the Paris Convention and the Brussels Supplementary Convention" (Annex IV to the Final Act of the Conference, Paris 12 February 2004; abrufbar unter https://www.oecd-nea.org/law/final-act-conference-revision-pc-bc.pdf, 69 ff., zul. abgerufen am 28.10.2020). Ferner sind bei der Auslegung die Entscheidungen und Empfehlungen des Direktionsausschusses für Kernenergie der OECD zu beachten (abgedruckt in Paris Convention, Decisions). Schließlich beschäftigen sich das Nuclear Law Committee der OECD-Kernenergieagentur (Vorgängergremium: Group of Governmental Experts on Third Party Liability in the Field of Nuclear Energy, 1958–2001), dem die Mitgliedsstaaten der OECD Nuclear Energy Agency angehören (https://www.oecd-nea.org/law/legcom.html), und bei Bedarf abgehaltene Treffen der Contracting Parties to the Paris Convention (CPPC) in ihren Sitzungen mit jeweils aktuellen Problemen des Übereinkommens und des internationalen Atomhaftungsrechts insgesamt.

31 Da das PÜ und das WÜ nahezu identische Regelungen enthalten und da auch beachtliche Gemeinsamkeiten mit der CSC bestehen, können die **offiziösen Erläuterungen zum Wiener Übereinkommen** und zur **CSC** ebenfalls als Hilfe zur Auslegung des Pariser Übereinkommens herangezogen werden (*IAEA,* The 1997 Vienna Convention on Civil Liability for Nuclear Damage and the 1997 Convention on Supplementary Compensation for Nuclear Damage – Explanatory Texts, IAEA International Law Series No. 3, 2007).

32 Die Websites der OECD/NEA (http://www.oecd-nea.org/law/) und der IAEA (https://www.iaea.org/resources/treaties/treaties-under-IAEA-auspices) vermitteln weitere Informationen, die für die Anwendung der internationalen Atomhaftungsübereinkommen nützlich sein können. Das seit 1968 zweimal jährlich in englischer und in französischer Fassung erscheinende **Nuclear Law Bulletin** (NLB)/Bulletin de droit nucléaire (BDN) der OECD Nuclear Energy Agency publiziert atomrechtliche Aufsätze und enthält Berichte über nationale Gesetzgebungen und internationale Entwicklungen mit Einschluss ausgewählter Gesetzes- und Vertragstexte.

Präambel

Die Regierungen der Bundesrepublik Deutschland, der Republik Österreich, des Königreichs Belgien, des Königreichs Dänemark, Spaniens, der Französischen Republik, des Königreichs Griechenland, der Italienischen Republik, des Großherzogtums Luxemburg, des Königreichs Norwegen, des Königreichs der Niederlande, der Portugiesischen Republik, des Vereinigten Königreichs von Großbritannien und Nordirland, des Königreichs Schweden, der Schweizerischen Eidgenossenschaft und der Türkischen Republik –

Präambel PÜ

in der Erwägung, dass die OECD-Kernenergie-Agentur, die im Rahmen der Organisation für Wirtschaftliche Zusammenarbeit und Entwicklung (im folgenden „Organisation" genannt) errichtet worden ist, damit betraut ist, die Ausarbeitung und gegenseitige Abstimmung von Rechtsvorschriften in den Teilnehmerstaaten auf dem Gebiet der Kernenergie, insbesondere im Hinblick auf die Haftpflicht und die Versicherung gegen nukleare Risiken, zu fördern;

in dem Wunsche, den Personen, die durch ein nukleares Ereignis Schaden erleiden, eine angemessene und gerechte Entschädigung zu gewährleisten und gleichzeitig die notwendigen Maßnahmen zu treffen, um sicherzustellen, daß dadurch die Entwicklung der Erzeugung und Verwendung der Kernenergie für friedliche Zwecke nicht behindert wird;

in der Überzeugung, daß es notwendig ist, die in den verschiedenen Staaten geltenden Grundsätze für die Haftung für solche Schäden zu vereinheitlichen, gleichzeitig aber diesen Staaten die Möglichkeit zu belassen, auf nationaler Ebene die von ihnen für angemessen erachteten zusätzlichen Maßnahmen zu ergreifen;

sind wie folgt übereingekommen:

Literatur: *Dahm/Delbrück/Wolfrum*, Völkerrecht, Bd. I/1, 2002, 631; *Doehring*, Völkerrecht, 2. Aufl. 2004, 168; *Graf Vitzthum*, Völkerrecht, 4. Aufl. 2007, 62; *Heintschel von Heinegg* in Ipsen, Völkerrecht, 7. Aufl. 2018, 477; *Ipsen*, Völkerrecht, 6. Aufl. 2014, 409; *Naumann*, Eine religiöse Referenz in einem Europäischen Verfassungsvertrag, 2008, 85; *Pelzer*, Überlegungen zur Novellierung des atomrechtlichen Haftungs- und Deckungsrechts in den 90er Jahren, in Lukes, Reformüberlegungen zum Atomrecht, 1991, 455; *Shaw*, International Law, 5. Aufl. 2003, 383.

Das Pariser Übereinkommen als völkerrechtlicher Vertrag (→ Vor Rn. 26, 28) ist 1 gem. Art. 31 Abs. 1 WVK auszulegen „nach Treu und Glauben in Übereinstimmung mit der gewöhnlichen, seinen Bestimmungen in ihrem Zusammenhang zukommenden Bedeutung und im Lichte seines Zieles und Zweckes" – „in good faith in accordance with the ordinary meaning to be given to the terms of the treaty in their context and in the light of its object and purpose". Für die Auslegung bedeutet der „Zusammenhang" („context") in erster Linie den „Vertragswortlaut samt Präambel und Anlagen" – „The context for the purpose of the interpretation of a treaty shall comprise, in addition to the text, including its preamble and annexes: […]" (Art. 31 Abs. 2 WVK). Da vielfach in den **Präambeln die Regelungsziele** des Vertrags aufgezählt werden, sind sie ein wichtiges Hilfsmittel zur Ermittlung des Vertragszwecks. Das gilt auch für das PÜ (ausführlich zur Bedeutung der Präambel für völkerrechtliche Verträge siehe neben den anderen oben zitierten Autoren insbesondere *Naumann*, Eine religiöse Referenz in einem Europäischen Verfassungsvertrag, 2008, 85 ff.).

Abs. 1 der Präambel zählt die Unterzeichnerstaaten des PÜ auf. Von diesen ha- 2 ben alle bis auf Luxemburg und Österreich das Übereinkommen auch ratifiziert. Die Vertragsstaaten sind geographisch Nachbarn, und nukleare Ereignisse als Folgen nuklearer Programme können zu unmittelbaren wechselseitigen Beeinträchtigungen führen. Die westeuropäischen Vertragsstaaten sind auch durch eine gemeinsame Geschichte verbunden und gehören demselben Kulturkreis an. Es sind sog. **„like-minded States"**, die gemeinsam den nuklearen Risiken in ihrer Region ausgesetzt sind. Das mag Hinweise für den Hintergrund, die Zielrichtung und die Intensität der vertraglichen Zusammenarbeit geben.

PÜ Präambel

3   Abs. 2 enthält den Erwägungsgrund, dass die im Rahmen der OECD errichtete Kernenergie-Agentur damit betraut ist, die **Entwicklung und Harmonisierung von atomrechtlichen Vorschriften** innerhalb der OECD-Staaten zu fördern, und zwar insonderheit im Bereich der nuklearen Haftung. Diese Erwägung der Vertragsstaaten des PÜ unterstreicht die Zielrichtung, die die Zusammenarbeit innerhalb der OECD im Bereich des Atomrechts haben soll: Fortentwicklung des geltenden Rechts und internationale Rechtsangleichung innerhalb der Vertragsstaaten.

4   Die Vertragsstaaten drücken in Abs. 3 der Präambel den Wunsch aus, dass einerseits den durch ein nukleares Ereignis Geschädigten angemessene und **gerechte Entschädigung** zukommt, und sie betonen andererseits, dass dies die **Entwicklung** der Kernenergienutzung für friedliche Zwecke **nicht behindern** dürfe.

5   Seitdem der sog. Förderzweck des Atomgesetzes in § 1 Nr. 1 AtG im Jahre 2002 gestrichen und durch den Ausstiegszweck ersetzt wurde, könnte man hier möglicherweise einen Widerspruch zwischen Übereinkommen und Gesetz sehen. Der Zweck des PÜ, die Kernenergienutzung nicht zu behindern, ist jedoch nur im Zusammenhang mit dem zweiten Zweck des Übereinkommens zu sehen, nämlich **Ersatzleistung für Schaden sicherzustellen.** Er ist somit eng auszulegen. Wenn ein Staat die Kernenergienutzung beenden will, wird er daran nicht durch das Übereinkommen gehindert. Das PÜ wäre allerdings dann betroffen, wenn Ausstiegsmaßnahmen zur Behinderung der Ersatzleistung für nuklearen Schaden führten. Das ist jedoch nicht ersichtlich.

6   Die Präambel formuliert in ihrem Abs. 4 die Überzeugung der Vertragsstaaten, dass die Regelung der Haftung für nukleare Schäden international zu vereinheitlichen ist. Diese erneute Hervorhebung der **Rechtsharmonisierung** betont ihren hohen Stellenwert. Jedoch soll den Vertragsstaaten dadurch nicht die Möglichkeit genommen werden, **national zusätzliche Regelungen** zu treffen. Das Übereinkommen sieht also ein international vereinheitlichtes Atomhaftungsrecht vor, das durch nationale Rechtsvorschriften ergänzt werden kann und auch zu ergänzen ist. Die internationale Rechtsvereinheitlichung ist daher grundsätzlich auf den Teil beschränkt, der in dem Übereinkommen selbst geregelt wird. Darüber hinausgehende Regelungen bleiben den möglicherweise unterschiedlichen jeweiligen nationalen Gesetzen überlassen. Das Übereinkommensrecht ist in das bestehende nationale Recht eingebettet. „The Convention provides an exceptional regime and its scope is limited to risks of an exceptional character for which common law rules and practice are not suitable. Whenever risks, even those associated with nuclear activities, can properly be dealt with through existing legal processes, they are left outside the scope of the Convention" (Exposé des Motifs 1960 No. 7).

7   Aus der Präambel folgt, dass das PÜ nur für die **friedliche Kernenergienutzung** gilt. Das wird freilich an eher versteckter Stelle und in einem Nebensatz zum Ausdruck gebracht. Wie oben in → Rn. 4 ausgeführt, erklären die Vertragsparteien in Abs. 3 der Präambel ihren Wunsch, den durch ein nukleares Ereignis Geschädigten eine angemessene Entschädigung zu gewährleisten und „gleichzeitig die notwendigen Maßnahmen zu treffen, um sicherzustellen, dass dadurch die Entwicklung der Erzeugung und Verwendung der Kernenergie für friedliche Zweck nicht behindert wird". Die friedliche Zweckbestimmung des WÜ 1963 und des WÜ 1997 wird in der Präambel jeweils hervorgehobener und deutlicher formuliert: „The Contracting Parties having recognized the desirability of establishing some minimum standards to provide financial protection against damage resulting from certain peaceful uses of nuclear energy;[…]"; das WÜ 1997 enthält zudem in seinem Art. I B nunmehr eine ausdrückliche Regelung: „This Convention shall not

[Begriffsbestimmungen] **Art. 1 PÜ**

apply to nuclear installations used for non-peaceful purposes". Die sprachliche Zurückhaltung des PÜ erklärt sich wohl aus dem Kontext seiner Entstehungsgeschichte. Die Verhandlungen über das PÜ begannen alsbald nach der „Atomsfor-Peace"-Rede (→ Vor Rn. 1) und es war selbstverständlich und bedurfte keiner zusätzlichen Erwähnung, dass es nur um die friedliche Kernenergienutzung ging. Die Verhandlungen fanden im Rahmen der ENEA/NEA der OEEC/OECD statt, die ebenfalls satzungsgemäß nur der friedlichen Nutzung verpflichtet ist (vgl. Art. 1 Abs. b OECD/NEA Statute, abrufbar unter http://www.oecd-nea.org/general/about/statute.html, zul. abgerufen am 28.10.2020; ebenso bereits Art. 1 Abs. b OEEC/ENEA Statute (OEEC-Doc. C(57) 255)). Das Exposé des Motifs 2004 (Konsolidierte Fassung, 41) enthält in No. 18 (d) zur Anwendung des Übereinkommens für friedliche Zwecke folgende Erläuterung: „The Convention contains no specific provision regarding its application to nuclear installations used for military purposes, apart from a reference in the preamble to the Convention to the development of production and uses of nuclear energy for peaceful uses." (Hierzu auch *Pelzer* in Lukes, Reformüberlegungen zum Atomrecht, 1991, 455 (468 ff.); der Verfasser hat in dieser Veröffentlichung die Frage, ob das Übereinkommen nur für friedliche Kernenergienutzung gilt, noch nicht für abschließend geklärt gehalten. Diese Zweifel bestehen heute nicht mehr. Auch die etwas unklare Erläuterung des Exposé des Motifs 2004 widerspricht nicht der Auslegung, dass das Übereinkommen nur für die friedliche Kernenergienutzung gilt.)

Folgerichtig enthält das BZÜ, das ja auf der Haftung nach dem PÜ aufbaut, sowohl in seiner Präambel (Abs. 3: „um den Betrag für den Ersatz von Schäden aus der Nutzung der Kernenergie für friedliche Zwecke zu erhöhen") als auch in der Liste der Kernanlagen gem. Art. 13 Abs. a („Liste alle in ihrem Hoheitsgebiet gelegenen und für friedliche Zwecke bestimmten Kernanlagen") eine ausdrückliche Beschränkung der Ersatzleistung auf Schäden durch friedliche Nutzung. Diese Auslegung wird unterstützt durch den Anhang zum BZÜ. Dort ist vorgesehen, dass die Vertragsstaaten für solche Anlagen, die nicht in der Liste nach Art. 13 Abs. a enthalten sind (zB Anlagen für nicht friedliche Zwecke), national eine Entschädigung in gleicher Höhe wie nach dem Zusatzübereinkommen sicherstellen. Die Anwendung der Übereinkommen wird also nicht stipuliert. Siehe auch Exposé des Motifs BZÜ Nos. 8 (b), 30, S. 68, 74. **8**

Artikel 1 [Begriffsbestimmungen]

(a) Im Sinne dieses Übereinkommens bedeuten
(i) „nukleares Ereignis" jedes einen nuklearen Schaden verursachende Geschehnis oder jede Reihe solcher aufeinander folgender Geschehnisse desselben Ursprungs;
(ii) „Kernanlage" Reaktoren, ausgenommen solche, die Teil eines Beförderungsmittels sind; Fabriken für die Erzeugung oder Bearbeitung von Kernmaterialien; Fabriken zur Trennung der Isotope von Kernbrennstoffen; Fabriken für die Aufarbeitung bestrahlter Kernbrennstoffe; Einrichtungen für die Lagerung von Kernmaterialien, ausgenommen die Lagerung solcher Materialien während der Beförderung; Anlagen zur Entsorgung von Kernmaterialien; alle Reaktoren, Fabriken, Einrichtungen oder Anlagen, die außer Betrieb genommen werden, sowie sonstige Anlagen, in denen sich Kern-

brennstoffe oder radioaktive Erzeugnisse oder Abfälle befinden und die vom Direktionsausschuss für Kernenergie der Organisation (im Folgenden „Direktionsausschuss" genannt) jeweils bestimmt werden; jede Vertragspartei kann bestimmen, dass zwei oder mehr Kernanlagen eines einzigen Inhabers, die sich auf demselben Gelände befinden, zusammen mit anderen Anlagen auf diesem Gelände, in denen sich Kernbrennstoffe oder radioaktive Erzeugnisse oder Abfälle befinden, als eine einzige Kernanlage behandelt werden;

(iii) „Kernbrennstoffe" spaltbare Materialien in Form von Uran als Metall, Legierung oder chemischer Verbindung (einschließlich natürlichen Urans), Plutonium als Metall, Legierung oder chemischer Verbindung sowie sonstiges vom Direktionsausschuss jeweils bestimmtes spaltbares Material;

(iv) „radioaktive Erzeugnisse oder Abfälle" radioaktive Materialien, die dadurch hergestellt oder radioaktiv gemacht werden, dass sie einer mit dem Vorgang der Herstellung oder Verwendung von Kernbrennstoffen verbundenen Bestrahlung ausgesetzt werden, ausgenommen (1) Kernbrennstoffe und (2) Radioisotope außerhalb einer Kernanlage, die das Endstadium der Herstellung erreicht haben, so daß sie für industrielle, kommerzielle, landwirtschaftliche, medizinische, wissenschaftliche Zwecke oder zum Zweck der Ausbildung verwendet werden können;

(v) „Kernmaterialien" Kernbrennstoffe (ausgenommen natürliches und abgereichertes Uran) sowie radioaktive Erzeugnisse und Abfälle;

(vi) „Inhaber einer Kernanlage" derjenige, der von der zuständigen Behörde als Inhaber einer solchen bezeichnet oder angesehen wird.

(vii) „nuklearer Schaden"
1. Tötung oder Verletzung eines Menschen;
2. Verlust von oder Schaden an Vermögenswerten
sowie folgender Schaden in dem durch das Recht des zuständigen Gerichts festgelegten Ausmaß:
3. wirtschaftlicher Verlust auf Grund des unter Nummer 1 oder 2 aufgeführten Verlusts oder Schadens, soweit er unter diesen Nummern nicht erfasst ist, wenn davon jemand betroffen ist, der hinsichtlich eines solchen Verlusts oder Schadens anspruchsberechtigt ist;
4. die Kosten von Maßnahmen zur Wiederherstellung geschädigter Umwelt, sofern diese Schädigung nicht unbeträchtlich ist, wenn solche Maßnahmen tatsächlich ergriffen werden oder ergriffen werden sollen, und soweit diese Kosten nicht durch Nummer 2 erfasst werden;
5. Einkommensverlust aus einem unmittelbaren wirtschaftlichen Interesse an der Nutzung oder dem Genuss der Umwelt, der infolge einer beträchtlichen Umweltschädigung eingetreten ist, soweit dieser Einkommensverlust nicht durch Nummer 2 erfasst wird;
6. die Kosten von Vorsorgemaßnahmen und anderer Verlust oder Schaden infolge solcher Maßnahmen,
und zwar hinsichtlich der Nummern 1 bis 5 in dem Ausmaß, in dem der Verlust oder Schaden von ionisierender Strahlung herrührt oder

[Begriffsbestimmungen] **Art. 1 PÜ**

sich daraus ergibt, die von einer Strahlenquelle innerhalb einer Kernanlage oder von Kernbrennstoffen oder radioaktiven Erzeugnissen oder Abfällen in einer Kernanlage oder von Kernmaterialien, die von einer Kernanlage kommen, dort ihren Ursprung haben oder an sie gesandt werden, ausgeht, unabhängig davon, ob der Verlust oder Schaden von den radioaktiven Eigenschaften solcher Materialien oder einer Verbindung der radioaktiven Eigenschaften mit giftigen, explosiven oder sonstigen gefährlichen Eigenschaften des betreffenden Materials herrührt;

(viii) „Maßnahmen zur Wiederherstellung" angemessene Maßnahmen, die von den zuständigen Behörden des Staates genehmigt wurden, in dem sie ergriffen wurden, und die auf eine Wiederherstellung oder Erneuerung geschädigter oder zerstörter Teile der Umwelt, oder, sofern angemessen, auf ein Einbringen eines entsprechenden Ersatzes dieser Teile der Umwelt gerichtet sind. Die Gesetzgebung des Staates, in dem der Schaden eingetreten ist, legt fest, wer befugt ist, solche Maßnahmen zu ergreifen;

(ix) „Vorsorgemaßnahmen" angemessene Maßnahmen, die von jemandem nach einem nuklearen Ereignis oder einem Geschehnis, das zu einer ernsten und unmittelbaren Gefahr eines nuklearen Schadens führt, ergriffen werden, um nuklearen Schaden im Sinne des Absatzes (a) (vii) Nummern 1 bis 5 zu verhindern oder auf ein Mindestmaß zu beschränken, vorbehaltlich der Genehmigung der zuständigen Behörden, wenn es das Recht des Staates, in dem die Maßnahmen ergriffen wurden, vorsieht;

(x) „angemessene Maßnahmen" solche Maßnahmen, die nach dem Recht des zuständigen Gerichts als geeignet und verhältnismäßig gelten, wobei alle Umstände berücksichtigt werden, wie beispielsweise

1. Art und Umfang des eingetretenen nuklearen Schadens oder, im Fall von Vorsorgemaßnahmen, Art und Ausmaß des Schadensrisikos;
2. die im Zeitpunkt der Ergreifung solcher Maßnahmen bestehende Erfolgsaussicht und
3. das zweckdienliche wissenschaftliche und technische Fachwissen.

(b) Der Direktionsausschuss kann Kernanlagen, Kernbrennstoffe und Kernmaterialien von der Anwendung dieses Übereinkommens ausschließen, wenn er dies wegen des geringen Ausmaßes der damit verbundenen Gefahren für gerechtfertigt erachtet.

Übersicht

	Rn.
I. Allgemeines	1
II. Die Begriffsbestimmungen im Einzelnen (Abs. a)	3
1. Nukleares Ereignis (UAbs. i)	3
2. Kernanlage (UAbs. ii)	7
a) Allgemeines	7
b) Reaktoren	11
c) Fabriken	14
d) Einrichtungen für die Lagerung	19

PÜ Art. 1 [Begriffsbestimmungen]

	Rn.
e) Anlagen zur Entsorgung von Kernmaterialien	20
f) Anlagen, die außer Betrieb genommen werden	24
g) Anlagen, die vom Direktionsausschuss bestimmt werden	25
h) Eine einzige Kernanlage	26
3. Kernbrennstoffe (UAbs. iii)	27
4. Radioaktive Erzeugnisse oder Abfälle (UAbs. iv)	28
5. Kernmaterialien (UAbs. v)	31
6. Inhaber einer Kernanlage (UAbs. vi)	33
7. Nuklearer Schaden (UAbs. vii)	34
a) Allgemeines	34
b) Ursächlichkeit	38
c) Die einzelnen Schadenskategorien	40
III. Befugnisse des Direktionsausschusses (Abs. b)	56

Literatur: *Fork/Peterson,* Fusion Energy and Nuclear Liability Considerations, NLB 93 (2014/1), 43; *Kaiser,* Haftung für Gefahrguttransporte in Europa, 2010, 125; *IAEA,* The 1997 Vienna Convention on Civil Liability for Nuclear Damage and the 1997 Convention on Supplementary Compensation for Nuclear Damage – Explanatory Texts, IAEA International Law Series No. 3, 2007 (Revised version 2017); *Marchthaler,* Grundsätze für ein europäisches außervertragliches Umwelthaftungsrecht, 2009, 75; *Pelzer,* Regime of Liability and Compensation for Damage Arising out of Non-retrievable Waste Disposal (Disposal into the Sea, under the Seabed or in Deep Geological Formations), in OECD/NEA-IAEA, Nuclear Third Party Liability and Insurance. Status and Prospects, Proceedings of the Munich Symposium 1984, 1985, 332; *Virole,* Déclassement des installations nucléaire au sens de la Convention de Paris sur la responsabilité civile dans le domaine de l'énergie nucléaire et problèmes de responsabilité et d'assurance, in OECD/NEA-IAEA, Nuclear Third Party Liability and Insurance. Status and Prospects, Proceedings of the Munich Symposium 1984, 1985, 302.
Explanatory Report by the Representatives of the Contracting Parties on the Revision of the Paris Convention and the Brussels Supplementary Convention (Annex IV to the Final Act of the Conference, Paris 12 February 2004), abrufbar unter https://www.oecd-nea.org/law/final-act-conference-revision-pc-bc.pdf, 69 ff., zul. abgerufen am 28.10.2020.

I. Allgemeines

1   Die in Art. 1 Abs. (a) PÜ 2004 enthaltenen Begriffsbestimmungen formen und definieren die Elemente, die benötigt werden, um die nuklearen Haftungstatbestände des Übereinkommens zu bilden. Sie sind die **„tragenden Begriffsbestimmungen"** (*Fischerhof* Dt. AtomG Art. 1 Rn. 1), die gewissermaßen das Skelett der Verpflichtung zum Schadensersatz sind.

2   Die Bestimmung wurde durch das Änderungsprotokoll 2004 geändert und ergänzt. Von herausragender Bedeutung ist insbesondere der neue Schadensbegriff. Der in der ursprünglichen Übereinkommensfassung in Art. 3 Abs. a enthaltene Schadensbegriff war enger oder aber jedenfalls wegen seiner Rückbindung zu dem jeweiligen nationalen Recht weniger transparent als der nunmehr in die Definitionen des Art. 1 Abs. a eingefügte Begriff **„nuklearer Schaden"**. Die Neufassung ergänzt den bisherigen Schadensbegriff um neue Elemente, die bisher nur, wenn überhaupt, durch Rückgriff auf das nationale Recht abgedeckt waren. Der neue Schadensbegriff ist damit zugleich ein wesentlicher Baustein zur internationalen Rechtsvereinheitlichung.

[Begriffsbestimmungen] **Art. 1 PÜ**

II. Die Begriffsbestimmungen im Einzelnen (Abs. a)

1. Nukleares Ereignis (UAbs. i)

Das **nukleare Ereignis** ist der Vorgang oder das „Geschehnis", das den zu ersetzenden Schaden verursacht. Es ist gem. Art. 1 Abs. (a) (i) PÜ „jedes einen nuklearen Schaden verursachende Geschehnis oder jede Reihe solcher aufeinanderfolgender Geschehnisse desselben Ursprungs" („,a nuclear incident' means any occurrence or series of ocurrences having the same origin which causes nuclear damage", „,accidente nuclear' significa todo hecho o sucesión de hechos del mismo origen que hayan causado daños nucleares", „,un accident nucléaire' signifie tout fait ou succession de faits de même origine ayant causé des dommages nucléaires", „,incidente nucleare' significa qualsiasi fatto o successione di fatti aventi la stessa origine che abbiano causato danni nucleari", „,kernongeval': een kernschade brengend feit of een reeks van zulke feiten met dezelfde oorzaak"). Das nukleare Ereignis wird somit durch zwei Elemente definiert: ein „Geschehnis" und durch dieses die „Verursachung eines nuklearen Schadens" (→ Art. 13 Rn. 3; → AtG § 32 Rn. 15). 3

Das Geschehnis muss einen „nuklearen Schaden" iSd Definition in Art. 1 Abs. (a) (vii) PÜ verursachen. Die nukleare Schadensverursachung, und erst diese, macht das Geschehnis zu einem nuklearen Ereignis. Es muss, wie sich klar aus dem Wortlaut ergibt, ein **Kausalzusammenhang zwischen Geschehnis und Schaden** vorhanden sein. Ein einen nuklearen Schaden verursachender Unfall, eine unfallartige oder eine sonstige ungewöhnliche Situation, die zum nuklearen Schaden führt, sind natürlich nukleare Ereignisse. Aber eine solche Qualifizierung des Geschehnisses ist nicht einmal erforderlich. Es genügt **jede beliebige und bestimmbare Ursache, die zu einer nuklearen Schadensverursachung** führt. Auch die genehmigte und im Rahmen der Genehmigung erfolgte Strahlenemission ist ein nukleares Ereignis, wenn sie, auch entgegen den wissenschaftlichen und behördlichen Annahmen, einen nuklearen Schaden verursacht. Die Einhaltung von behördlich angeordneten Grenzwerten ist zwar ein starkes Indiz für Schadensfreiheit. Tritt gleichwohl ein nuklearer Schaden ein, so ist das auslösende Geschehnis ein nukleares Ereignis iSd Definition des PÜ. Somit sind der ordnungsgemäße Betrieb von Anlagen („Normalbetrieb"), der ordnungsgemäße Umgang mit oder die den Bestimmungen entsprechende Beförderung von radioaktiven Stoffen, sofern sie einen nuklearen Schaden verursachen, ein nukleares Ereignis (so Explanatory Report by the Representatives No. 14, 75; Exposé des Motifs 2004 No. 15 (Konsolidierte Fassung, 40); zustimmend *Raetzke* in NK-AtomR AtG § 25 Rn. 25). 4

Das nukleare Ereignis kann auch aus einer aufeinanderfolgenden Reihe von Geschehnissen desselben Ursprungs bestehen. Nach dem Exposé des Motifs 2004 „a series is understood as occurrences which happen within a certain period of time". Danach ist eine ein nukleares Ereignis bildende Reihe zB dann gegeben, wenn sich eine unkontrollierte Strahlung über einen gewissen Zeitraum erstreckt, nuklearen Schaden verursacht und ihre Ursache auf „one single phenomenon" beruht, auch wenn es während des Zeitraums Unterbrechungen der Strahlenemission gab (Exposé des Motifs 2004 No. 15 (a) (Konsolidierte Fassung, 40)). Auch aufeinander folgende Strahleneinwirkungen, von denen jede für sich genommen unschädlich ist, die aber wegen des kumulierenden Effekts von Strahleneinwirkungen einen nuklearen Schaden verursachen, bilden ein nukleares Ereignis. 5

Pelzer

PÜ Art. 1 [Begriffsbestimmungen]

6   Die Definition des PÜ 2004 unterscheidet sich von der des WÜ 1997. Nach dem Wiener Übereinkommen ist ein nukleares Ereignis auch „any occurrence which creates a grave and imminent threat of causing such (= nuclear) damage". Eine solche Ausdehnung des Begriffs auf den nur **drohenden Eintritt eines nuklearen Schadens** enthält das Pariser Übereinkommen nicht. Im PÜ ist der drohende Schadenseintritt in der Definition des Begriffs „Vorsorgemaßnahmen" (Art. 1 Abs. (a) (ix) PÜ 2004) enthalten. Durch diese andere Verortung der drohenden Gefahr soll vermieden werden „any possible interpretation of the term nuclear incident as assimilating a nuclear incident and a threat of nuclear damage" (Exposé des Motifs 2004 No. 15 (b) (Konsolidierte Fassung, 40)). Das haftungsrechtliche Ergebnis beider Übereinkommen ist gleich, denn die Unterschiede sind „purely a drafting matter and not an issue of substance" (Exposé des Motifs 2004 No. 15 (b) Fn. 2 (Konsolidierte Fassung, 40)).

2. Kernanlage (UAbs. ii)

7   **a) Allgemeines.** Der Begriff „Kernanlage" ist dem allgemeinen Sprachgebrauch entsprechend zu verstehen als eine **abgegrenzte oder abgrenzbare räumliche Einheit, die für die Zwecke der Kernenergienutzung genutzt wird.** Es handelt sich also um ein Grundstück, auf dem sich Gebäude und Einrichtungen befinden, die „mit der eigentlichen nuklearen Komponente zu einer wirtschaftlichen Einheit zusammengefasst sind und die ihrer Natur nach dem eigentlichen Zweck der Anlage unmittelbar dienen" (so zutreffend *Haedrich* AtG Art. 1 Rn. 3 mwN). Aus dieser offensichtlich weiten Definition des Begriffs „Kernanlage" darf aber nicht gefolgert werden, dass auch das Gelände, auf dem sich die Anlage befindet, ebenfalls Teil der Kernanlage ist. Dass dieses nicht Teil der Kernanlage ist, folgt aus Art. 3 Abs. (a) (i) PÜ 2004. In dieser Bestimmung wird unterschieden zwischen der „Kernanlage selbst" („the nuclear installation itself") und dem „Gelände, auf dem sich die Anlage befindet" („the site where that installation is located").

8   Die **Anlagen nach § 7 AtG** überschneiden sich mit den Kernanlagen nach dem PÜ; sie sind jedoch nicht identisch (vgl. dazu die tabellarische Gegenüberstellung bei *Fischerhof* Dt. AtomG Art. 1 Rn. 3). Für die Qualifizierung als Kernanlage ist es unerheblich, ob für diese eine Genehmigung erforderlich, vorhanden oder nicht vorhanden ist.

9   **Fusionsreaktoren** sind keine Kernanlagen iSd Definition des PÜ. Das Übereinkommen schafft ein zivilrechtliches Haftungsregime für die schädigenden Folgen der Nutzung der auf der Spaltung von Atomkernen beruhenden Energie. Das ergibt sich bereits aus den Definitionen des Übereinkommens, zB Kernbrennstoffe (= spaltbare Materialien) oder Reaktor (→ Rn. 12). Dieses Haftungsregime ist den besonderen Risiken der Kernspaltung angepasst und entsprechend ausgestaltet. Die friedlich genutzte Kernfusion besitzt demgegenüber kein vergleichbar hohes Schädigungspotential, so dass die Anwendung des System des PÜ auf die Fusionsrisiken eine unverhältnismäßige rechtliche Überreaktion wäre. Das Exposé des Motifs 2004 führt dazu in No. 18 (e) (Konsolidierte Fassung, 42) aus: „Neither does the Paris Convention make any reference to its application to nuclear installations that produce energy by nuclear fusion. Based upon available technical information concerning the development of such installations, the application of the Convention's special nuclear liability regime to such installations does not seem to be warranted for the time being. However, in view of the evolution of research in this field, the Steering Committee for Nuclear Energy could extend the scope of application

[Begriffsbestimmungen] **Art. 1 PÜ**

of the Convention to such installations in accordance with the provisions of Article 1(a) (ii) and 16."

Nicht zugestimmt werden kann der Feststellung des Exposé, dass der **Direktionsausschuss** durch eine Entscheidung **Fusionsanlagen** in den **Anwendungsbereich des Übereinkommens einbeziehen könne.** Die herangezogenen Rechtsgrundlagen für eine mögliche Entscheidung des Direktionsausschusses sind Bestimmungen des PÜ. Da das PÜ jedoch nur für die Kernspaltungsenergie gilt, können Bestimmungen des Übereinkommens dem Direktionsausschuss nicht die Rechtsmacht verleihen, den Anwendungsbereich auf Fusionsanlagen auszudehnen. Dessen Entscheidungsbefugnis erstreckt sich auf den materiellen Anwendungsbereich des Übereinkommens und wird durch diesen begrenzt. So ist beispielsweise die in Frankreich gelegene Versuchsanlage ITER keine Kernanlage iSd Übereinkommens und kann auch nicht durch eine Entscheidung des Direktionsausschusses zu einer solchen gemacht werden. Hinzuweisen ist darauf, dass auch das WÜ und die CSC (→ Vor Rn. 5, 8) auf Fusionsreaktoren nicht anwendbar sind (*IAEA,* The 1997 Vienna Convention on Civil Liability for Nuclear Damage and the 1997 Convention on Supplementary Compensation for Nuclear Damage – Explanatory Texts. IAEA International Law Series No. 3, 2007, 9, 66; Zu den Haftungsproblemen von Fusionsanlagen allgemein *Fork/Peterson* NLB 93 (2014/1), 43 ff. und zu den Problemen im Verhältnis zum PÜ insbesondere 51 ff.). 10

b) Reaktoren. Zu den Kernanlagen zählen an erster Stelle **Reaktoren.** Ausgeschlossen sind jedoch solche Reaktoren, „die Teil eines Beförderungsmittels sind" (→ AtG § 25 a Rn. 1). Zu diesen gehören insbesondere Antriebsreaktoren, zB bei Schiffen, aber auch sonstige Reaktoren, die mit dem Beförderungsmittel eine technische und funktionelle Einheit bilden. Von der Anwendung des Übereinkommens ausgeschlossen sind deshalb zB auch Reaktoren, die dem Transportmittel als Energiequelle für seine Beleuchtung dienen. Bewegliche Reaktoren, die auf ein Beförderungsmittel geladen werden, um befördert zu werden, sind nicht Teil des Beförderungsmittels, auch wenn sie dauerhaft auf dem Beförderungsmittel verbleiben, zB als bewegliche Energiequelle an unterschiedlichen Orten für Dritte (siehe auch Exposé des Motifs 1960 No. 11 (Konsolidierte Fassung, 39)). Das gilt insbesondere für sog. Kleine Modulare Reaktoren – Small Modular Reactors (SMRs) (*World Nuclear Association,* Small Nuclear Power Reactors (updated 14 June 2017), abrufbar unter http://www.world-nuclear.org/information-library/nuclear-fuel-cycle/nuclear-power-reactors/small-nuclear-power-reactors.aspx, zul. abgerufen am 28.10.2020; vgl. dazu auch die „IAEA ARIS (= Advanced Reactors Information System) related publications", abrufbar unter https://aris.iaea.org/sites/Publications.html, zul. abgerufen am 28.10.2020; → AtG § 25 a Rn. 1). 11

Das PÜ enthält **keine Definition** des Begriffs **Reaktoren.** Jedoch hat der Direktionsausschuss in einer Interpretation vom 8.6.1967 (OECD-Doc. NE/M(67)1) durch Ausschluss bestimmter Anlagen eine „Teildefinition" vorgenommen: „Subcritical assemblies should not be included in the term reactor within the meaning of Article 1 (a) (ii) of the Paris Convention". Diese Interpretation gilt für das Übereinkommen in der Fassung des Protokolls 2004 fort (Exposé des Motifs 2004 No. 18 (a) Fn. 4 (Konsolidierte Fassung, 40)). 12

Das **WÜ** definiert „**Reaktoren**" wie folgt: „,Nuclear Reactor' means any structure containing nuclear fuel in such an arrangement that a self-sustaining chain process of nuclear fission can occur therein without an additional source of neutrons" (Art. I Abs. 1 lit. i WÜ 1963 und WÜ 1997). Da Wiener und Pariser Übereinkom- 13

PÜ Art. 1 [Begriffsbestimmungen]

men inhaltlich weitgehend identisch sind, darf diese Definition auch auf das PÜ angewendet werden. Im Übrigen findet sich auch in Art. I Nr. 10 des nicht in Kraft getretenen Brüsseler Reaktorschiff-Übereinkommens vom 25.5.1962 (BGBl. 1975 II 977) eine inhaltlich identische Definition des Begriffs „nuclear reactor".

14 c) **Fabriken.** Kernanlagen sind ferner „**Fabriken** für die Erzeugung und Bearbeitung von Kernmaterialien", „Fabriken zur Trennung der Isotope von Kernbrennstoffen" und „Fabriken für die Aufarbeitung bestrahlter Kernbrennstoffe". Das Wort „Fabriken" lautet in den andern authentischen Vertragsfassungen „factories", „fábricas", „usines", „impianti", „fabrieken".

15 Die üblicherweise im Übereinkommen verwendeten Begriffe **Anlage** oder **Einrichtung** treffen natürlich auch auf die „Fabriken" zu. Die andere Wortwahl für diese Anlagen und Einrichtungen verdeutlicht jedoch, dass zusätzliche Elemente vorhanden sein müssen. Im üblichen Sprachgebrauch ist eine Fabrik ein „Betrieb, in dem auf industriellem Wege be- und Verarbeitung von Werkstoffen unter Einsatz mechanischer und maschineller Hilfsmittel bestimmte Waren, Produkte (oder Teile davon) in großer Stückzahl hergestellt werden" (Duden, http://www.duden.de/rechtschreibung/Fabrik, zul. abgeufen am 28.10.2020). Ähnlich ist die Bedeutung in den anderen authentischen Sprachen: englisch „factories": „a building or a set of buildings where large amounts of goods are made using machines" (Cambridge Dictionary, http://dictionary.cambridge.org/dictionary/english/factory, zul. abgeufen am 28.10.2020); französisch „usines" (https://fr.wikipedia.org/wiki/Usine, zul. abgeufen am 28.10.2020); spanisch „fábricas" (https://es.wikipedia.org/wiki/F%C3%A1brica, zul. abgeufen am 28.10.2020); italienisch „impianti" (https://it.wikipedia.org/wiki/Impianto, zul. abgeufen am 28.10.2020); niederländisch „fabrieken" (https://nl.wikipedia.org/wiki/Fabriek, zul. abgeufen am 28.10.2020).

16 Eine Fabrik ist somit eine **Einrichtung mit industrieller Fertigung von einer bestimmten Größe und einem der Größe angemessenes radioaktives Inventar.** Sie ist kein „handwerklicher" Kleinbetrieb. Bei Einrichtungen, auf die die Fabrik-Kriterien nicht zutreffen, kann unterstellt werden, dass das nukleare Risiko wegen der sich dort befindlichen nur geringeren Mengen von Kernmaterialien nicht so groß ist, dass es des speziellen Haftungsregimes des PÜ bedarf und es deshalb von dessen Anwendungsbereich ausgenommen werden kann. Das folgt auch aus No. 9 des Exposé des Motifs 1960: „Some activities, as for example, mining, milling and the physical concentration of uranium ores, do not involve high levels of radioactivity and such hazard as there is concerns persons immediately involved in those activities rather than the public at large ... Installations where small amounts of fissionable materials are to be found, such as research laboratories, are likewise outside the Convention. Particle accelerators, too, are excluded." Siehe auch Konsolidierte Fassung No. 21, 43.

17 In den Anlagen, die als „Fabriken" qualifiziert werden können, wird dagegen routinemäßig mit spaltbaren und nicht-spaltbaren Stoffen in einem Umfang umgegangen, dass sie besondere technische, organisatorische und personelle Vorsorge- und Schutzmaßnahmen gegen die radiologischen Gefahren erfordern.

18 Zu den in Deutschland zurzeit noch betriebenen „Fabriken" gehören beispielsweise die **URENCO** Urananreicherungsanlage in Gronau, die **AREVA** BE/BS Fertigungsanlage in Lingen und die in der Stilllegung befindliche Versuchs-Wiederaufarbeitungsanlage **WAK** in Karlsruhe. Sofern eine Einrichtung nicht als Fabrik bezeichnet werden kann und nicht unter einem anderen Gesichtspunkt eine Kernanlage ist, gelten für einen durch eine solche Anlage verursachten Schaden § 26 AtG und das allgemeine außervertragliche Deliktsrecht.

[Begriffsbestimmungen] **Art. 1 PÜ**

d) Einrichtungen für die Lagerung. Einrichtungen für die Lagerung von 19
Kernmaterialien sind **Kernanlagen.** Diese umfassen alle Gebäude oder andere
Einrichtungen, zB Behälter (dauerhaft aufgestellte Castor-Behälter), aber auch natürliche Lagerstätten wie Höhlen oder unterirdische Räume mit Einschluss von
Bergwerken, in denen Kernmaterialien aufbewahrt werden, ohne sie zu nutzen.
Ausgenommen ist die Lagerung der Stoffe während der Beförderung, also die vorübergehende Lagerung während einer Unterbrechung der Beförderung, die zu
einem späteren Zeitpunkt fortgesetzt werden soll. Wird die Beförderung nicht fortgesetzt, wird die Lagereinrichtung zu einer Kernanlage.

e) Anlagen zur Entsorgung von Kernmaterialien. Anlagen zur Entsorgung 20
von Kernmaterialien sind **Anlagen für die Sicherstellung und Beseitigung radioaktiver Abfälle** gem. § 9a Abs. 3 S. 1 AtG, also sog. **Endlager** von radioaktiven
Abfällen. Zwar ist der deutsche Ausdruck „Entsorgung" mehrdeutig und kann Endlagerung und Zwischenlagerung erfassen. Aber die Endlagereigenschaft ergibt sich
aus dem Vergleich mit dem Wortlaut der übrigen authentischen Fassungen des
Übereinkommens: „installations for the disposal of nuclear substances", „las instalaciones destinadas al almacenamiento definitivo", „les installations destinées au stockage définitif". Diese Fassungen stellen eindeutig auf die Endlagerung ab. Allerdings verwenden die italienische und die niederländische Fassung – ebenso wie die
deutsche – ebenfalls mehrdeutige Begriffe: „gli impianti destinati allo smaltimento",
„installaties voor de verwijdering". Hier kommt jedoch der Hauptverhandlungssprache Englisch entscheidende Bedeutung zu (→ Vor Rn. 28) und diese qualifiziert die
Anlage als „disposal installation", als Endlager. Das gilt ebenfalls für die weiteren Verhandlungssprachen Französisch und Spanisch. Deutsch, Italienisch und Niederländisch waren keine Verhandlungssprachen.

Zwischenlagersammelstellen für radioaktive Abfälle sind keine Entsorgungsanla- 21
gen iS dieser Begriffsbestimmung. Auch Einrichtungen und Behälter, in denen
nicht mehr zur weiteren Verwendung vorgesehene abgebrannte Brennelemente
zum Abklingen oder wegen Fehlen eines Endlagers auch langfristig gelagert werden
(„**ortsnahe Zwischenlager**"), sind keine Anlagen zur Entsorgung von Kernmaterialien, sondern Anlagen zur Lagerung von Kernmaterialien.

Die Anlage zur Entsorgung von Kernmaterialien muss eine **umgrenzte oder** 22
umgrenzbare Einrichtung sein. Die Verklappung von radioaktivem Abfall
schafft auf dem Meeresgrund kein Endlager iSd PÜ-Begriffsbestimmung (vgl.
hierzu *Haedrich* AtG Art. 1 Rn. 3 S. 603). Auch die endgültig geschlossene und
nicht mehr zugängliche Entsorgungsanlage in einer geologischen Formation/Bergwerk ist nicht länger eine Kernanlage, selbst wenn sie sich in einem räumlich abgegrenzten ehemaligen Bergwerk befindet.

Der Begriff **„Anlage zur Entsorgung von Kernmaterialien"** wurde durch 23
das Protokoll 2004 in das Übereinkommen zur Klarstellung eingefügt. In dem ursprünglichen Wortlaut war es zweifelhaft, ob Endlager überhaupt erfasst waren
(hierzu *Pelzer* in OECD/NEA-IAEA, Nuclear Third Party Liability and Insurance.
Status and Prospects, Proceedings of the Munich Symposium 1984, 1985, 332;
Virole in OECD/NEA-IAEA, Nuclear Third Party Liability and Insurance. Status
and Prospects, Proceedings of the Munich Symposium 1984, 1985, 302).

f) Anlagen, die außer Betrieb genommen werden. Kernanlagen sind auch 24
„alle Reaktoren, Fabriken, Einrichtungen oder Anlagen, die außer Betrieb genommen werden", dh alle in Art. 1 Abs. (a) (ii) PÜ 2004 genannten Kernanlagentypen
bleiben auch in der Stilllegungsphase Kernanlagen (ebenso *Raetzke* in NK-AtomR

PÜ Art. 1 [Begriffsbestimmungen]

AtG § 25 Rn. 42). Die haftungsrechtliche Stilllegungsphase beginnt mit der Abschaltung der Anlage, um sie endgültig stillzulegen, unabhängig davon, ob eine Stilllegungsgenehmigung vorliegt oder nicht. Sie endet grundsätzlich mit dem Ende des Rückbaus der Anlage; bis zu diesem Augenblick bleibt also das PÜ anwendbar (vgl hierzu jedoch → Rn. 56f.).

25 **g) Anlagen, die vom Direktionsausschuss bestimmt werden.** Der Direktionsausschuss kann „sonstige Anlagen, in denen sich Kernbrennstoffe oder radioaktive Erzeugnisse oder Abfälle befinden" jeweils zu Kernanlagen bestimmen. Diese Ermächtigung soll es ermöglichen, im Hinblick auf künftige Entwicklungen und neue Tätigkeitsbereiche, die nukleare Risiken außergewöhnlicher Art verursachen, den Anwendungsbereich des PÜ zu erweitern (Exposé des Motifs 2004 No. 22). Von dieser Ermächtigung wurde bisher kein Gebrauch gemacht.

26 **h) Eine einzige Kernanlage.** Die Vertragsparteien können bestimmen, dass mehrere Kernanlagen eines einzigen Inhabers, die sich auf demselben Gelände befinden, zusammen mit anderen Anlagen auf diesem Gelände, in denen sich Kernbrennstoffe oder radioaktive Erzeugnisse oder Abfälle befinden, als eine einzige Kernanlage behandelt werden. Diese sonstigen Anlagen müssen nicht Kernanlagen iSd PÜ sei (so zutreffend *Haedrich* AtG Art. 1 Rn. 3; auch zu den Auswirkungen der Bestimmung als eine einzige Kernanlage, ebenfalls und unter Hinweis auf die deutsche Praxis *Raetzke* in NK-AtomR AtG § 25 Rn. 39f.).

3. Kernbrennstoffe (UAbs. iii)

27 Der in Art. 1 Abs. (a) (iii) PÜ 2004 definierte Begriff „**Kernbrennstoffe**" ist weiter als der in § 2 Abs. 1 S. 2 AtG für den verwaltungsrechtlichen Teil des Atomgesetzes definierte Begriff dieser Stoffe. Eine weitere Definition der Kernbrennstoffe (= besondere spaltbare Stoffe) findet sich Art. 197 EAG. Unterschiedliche Definitionen für den gleichen Begriff in unmittelbar anwendbaren Rechtsnormen erschweren die Rechtsanwendung. Dies wurde bereits kritisch in der Begründung zum Entwurf des Dritten Änderungsgesetzes zum Atomgesetz angemerkt. Es wurde jedoch auch – zutreffend – darauf hingewiesen, dass die Übernahme des Übereinkommensbegriffs für das Haftungsrecht (§ 2 Abs. 4 AtG) die gebotene Erfüllung einer völkerrechtlichen Verpflichtung sei (BT-Drs. 7/2183, 17).

4. Radioaktive Erzeugnisse oder Abfälle (UAbs. iv)

28 Dieser **Sammelbegriff** umfasst alle jene radioaktiven Stoffe, die ohne Kernbrennstoffe oder bestimmte definierte Radioisotope zu sein, dadurch entstanden sind, dass sie einer im Zusammenhang mit der Herstellung oder Nutzung von Kernbrennstoffen verbundenen Strahlung ausgesetzt wurden. Es handelt sich somit um Isotopengemische oder um künstlich hergestellte und nicht um natürliche radioaktive Stoffe. Auch kontaminierte Anlagenteile gehören zu diesen Stoffen, mit der Folge, dass etwa ein stillgelegter Reaktor nach Entfernung aller Brennelemente zu einer Anlage zur Lagerung von radioaktiven Erzeugnissen oder Abfällen wird.

29 Ausgenommen von diesem Begriff sind außer den Kernbrennstoffen (→ Rn. 25) „**Radioisotope außerhalb einer Kernanlage,** die das Endstadium der Herstellung erreicht haben, so dass sie für industrielle, kommerzielle, landwirtschaftliche, medizinische, wissenschaftliche Zwecke oder zum Zweck der Ausbildung verwendet werden können". Diese Begriffsbestimmung ist eindeutig: Es handelt sich um

[Begriffsbestimmungen] **Art. 1 PÜ**

Radioisotope, die sich außerhalb einer Kernanlage befinden und geeignet sind, den genannten Zwecken zu dienen. Dabei ist es unerheblich, ob die Stoffe sich außerhalb der Kernanlage befinden, aus der sie stammen, oder außerhalb einer anderen Kernanlage. Es kann sich auch um Radioisotope natürlicher radioaktiver Stoffe handeln. Der Ausschluss dieser Isotopen von der Anwendung des Übereinkommens erscheint gerechtfertigt, weil ihr Risiko „not of an exceptional nature" ist (Exposé des Motifs 2004 No. 20) (Konsolidierte Fassung, 42).

In der ursprünglichen Version des PÜ warfen die von der Anwendung des Übereinkommens ausgeschlossenen Radioisotope wegen der unscharfen Formulierung der Definition **Abgrenzungsprobleme** auf, die nach der Änderung des Wortlauts durch das Änderungsprotokoll 1982 behoben worden sind (vgl. zur alten Rechtslage Fischerhof Dt. AtomG Art. 1 Rn. 5; *Haedrich* AtG Art. 1 Rn. 5). Es muss jedoch angemerkt werden, dass auch der derzeit geltende Wortlaut in jüngerer Zeit zu Diskussionen im OECD/NEA Nuclear Law Committee geführt hat, weil die englische und die französische Version des Übereinkommens unterschiedlich ausgelegt werden könnten (vgl. OECD/NEA Doc. NEA/NLC/DOC(2015)1 vom 10.6.2015). 30

5. Kernmaterialien (UAbs. v)

Der Begriff **Kernmaterialien** ist ein **Sammelbegriff**, der Kernbrennstoffe mit Ausnahme von natürlichem und abgereichertem Uran sowie radioaktive Erzeugnisse und Abfälle zusammenfasst. Er wird im Übereinkommen in der Bestimmung über die Haftung für den Transport verwendet (Art. 4 PÜ 2004). Da natürliches und abgereichertes Uran nicht zu den Kernmaterialien zählen, ist ihre Beförderung nicht von der Haftung nach dem PÜ erfasst. Ihr vergleichsweise geringes Strahlenrisiko ist Grund für die Nichtanwendung des strengen Haftungsregimes des Übereinkommens; bei Transportschäden gelten § 26 AtG und andere mögliche Rechtsgrundlagen. *Raetzke* in NK-AtomR AtG § 25 Rn. 34 weist auf „eine Unklarheit bei der Einordnung von abgereichertem Uran" hin. Wie hier kommt er zu dem Ergebnis, dass abgereichertes Uran „im Ergebnis aus dem Anwendungsbereich des PÜ" herausfalle. 31

Es ist auf eine **Divergenz** zwischen der **authentischen deutschen Fassung** der Begriffe einerseits und den Fassungen der **übrigen authentischen Versionen** andererseits hinzuweisen. Art. 1 Abs. (a) (iv) PÜ 2004 spricht in der deutschen Fassung von „radioaktiven Erzeugnissen **oder** Abfällen", während es in (v) „radioaktive Erzeugnisse **und** Abfälle" (Hervorhebung vom Verf.) heißt. Dieser Text findet sich so im Bundesgesetzblatt und ist daher der für Deutschland maßgebliche Wortlaut. Demgegenüber verwenden alle anderen Fassungen in beiden Fällen in ihrer jeweiligen Sprache das Bindewort „oder". Dieser sprachliche Unterschied hat indessen keine Auswirkung auf die Bedeutung. Bekanntlich kann in der deutschen Sprache das Wort „und" auch die Bedeutung von „oder" haben. Das gilt umso mehr, als die anderen authentischen Fassungen diese Bedeutung unterstützen. Im Übrigen wird in der deutschen Fassung von Art. 5 Abs. (a) PÜ 2004 ebenfalls das Wort „oder" verwendet. 32

6. Inhaber einer Kernanlage (UAbs. vi)

Das PÜ weist der nationalen zuständigen Behörde des Vertragsstaates, in dem sich die Kernanlage befindet, die **Bestimmung des Inhabers dieser Kernanlage** zu. Der Inhaber einer Kernanlage ist „Zentralgestalt der Haftung nach dem PÜ" (*Raetzke* in NK-AtomR AtG § 25 Rn. 47). Das Übereinkommen macht zur Inhaberbestimmung keine inhaltlichen Vorgaben. Die zuständige Behörde hat somit 33

PÜ Art. 1 [Begriffsbestimmungen]

einen weiten Ermessensspielraum. Jedoch darf sie natürlich nicht jeden beliebigen Dritten als Inhaber bezeichnen oder ansehen. Der Inhaber ist der einzige nach dem Übereinkommen vorgesehene Haftpflichtige für nuklearen Schaden, der durch die Anlage oder durch radioaktive Stoffe aus dieser Anlage verursacht wird. Er muss daher einen erkennbaren Einfluss auf die Anlage und ihren Betrieb haben. Deshalb wird die Behörde im Regelfall den Genehmigungsinhaber – so die Empfehlung der EAG vom 28.10.1965 (ABl. 1965, 2995) – oder den Eigentümer zum Inhaber bestimmen. Aber auch andere Personen kommen in Betracht. In den meisten Fällen wird der Inhaber eine juristische Person sein, jedoch sind auch natürliche Personen nicht von der Inhaberschaft ausgeschlossen. Es können auch mehr als ein Inhaber für eine einzige Anlage bezeichnet werden. Das zuständige Gericht ist bei nuklearen Schadensersatzprozessen an die Inhaberbestimmung der zuständigen Behörde gebunden (Exposé des Motifs 2004 No. 24 (Konsolidierte Fassung, 43)). Die Bestimmung des Kernanlageninhabers wurde in Deutschland durch § 17 Abs. 6 AtG umgesetzt. Diese Vorschrift bildet die notwendige innerstaatliche Konkretisierung der generellen völkerrechtlichen Kompetenzzuweisung in Art. 1 Abs. (a) (vi) PÜ. Sie ist also nicht nur eine „eher formale Verweisung", die „lediglich deklaratorischer Natur" sei (*Raetzke* in NK-AtomR AtG § 25 Rn. 62). Die nationale Umsetzung kann jedoch auch durch konkludentes Handeln der zuständigen Behörde erfolgen: „Unterbleibt die ausdrückliche Bezeichnung als Inhaber einer Kernanlage, so hat das keine Auswirkung auf die Eigenschaft als Inhaber, wenn die zuständige Behörde ihn gleichwohl als Inhaber ansieht" (BT-Drs. 7/2185, 22).

7. Nuklearer Schaden (UAbs. vii)

34 **a) Allgemeines.** Das **PÜ 1960** enthält **keine Definition des Begriffs nuklearer Schaden.** Der zu ersetzende Schaden war dem zentralen Haftungstatbestand in Art. 3 Abs. (a) PÜ 1960 zu entnehmen und entspricht den „traditional categories" (Exposé des Motifs 2004 No. 54 (Konsolidierte Fassung, 51)): „Der Inhaber einer Kernanlage haftet gemäß diesem Übereinkommen für (i) Schaden oder Leben oder Gesundheit von Menschen und (ii) Schaden oder Verlust von Vermögenswerten, ausgenommen […], wenn bewiesen wird, dass dieser Schaden oder Verlust (im Folgenden 'Schaden' genannt) durch eine nukleares Ereignis verursacht worden ist, das in der Kernanlage eingetreten oder auf aus der Kernanlage stammende Kernmaterialien zurückzuführen ist, soweit Artikel 4 nichts anderes bestimmt."

35 Der Grund für den Verzicht auf eine Legaldefinition des nuklearen Schadens wird im Exposé des Motifs 1960 No. 39 mit der „very wide divergence of legal principles and jurisprudence in the law of torts in European countries" begründet. Die Auslegung des Begriffs und die Bestimmung des Umfangs des Schadens seien daher dem zuständigen (= nationalen) Gericht zu überlassen. In Deutschland ging die herrschende Meinung dabei davon aus, dass der **Schadensbegriff des Übereinkommens** zusätzlich zu den Präzisierungen in §§ 27 ff. AtG **weitgehend mit dem nach § 823 Abs. 1 BGB zu ersetzenden Schaden identisch** sei. Diese Auslegung ist schon deshalb überzeugend, weil sonst der durch einen nuklearen Schaden Verletzte schlechter gestellt wäre als sonstige Geschädigte. Im allgemeinen außervertraglichen Schadensersatzrecht gilt der Grundsatz der Haftungskonkurrenz und dem Verletzten stehen neben speziellen Schadensersatzansprüchen regelmäßig auch Ansprüche aus den §§ 823 ff. BGB zu. Das gilt jedoch wegen des Grundsatzes der rechtlichen Kanalisierung (→ Vor Rn. 17 f.) im Atomhaftungsrecht nicht (dazu ausführlich mwN *Fischerhof* Dt. AtomG Art. 3 Rn. 6 ff.; *Haedrich* AtG Art. 3 Rn. 10).

[Begriffsbestimmungen] **Art. 1 PÜ**

Insbesondere durch den Nuklearunfall in Tschernobyl wurde deutlich, dass der 36
Schadensbegriff des Übereinkommens zu eng war. Das galt auch für den mit dem
PÜ weitgehend identischen Schadensbegriff des WÜ 1963 (Art. I Abs. 1 lit. k).
Auch war Schadensersatz für sog. **Umweltschäden** nur dann zu leisten, wenn das
nationale Recht diesen unter den Begriff „Schaden und Verlust von Vermögens-
werten" erfasste. Hier jedoch zeigte sich, dass sich die nationalen Rechte erheblich
voneinander unterscheiden. Der Harmonisierungsbedarf war offensichtlich. Diese
Harmonisierung erfolgte für das WÜ durch das Protokoll von 1997 und für das
PÜ durch das Protokoll von 2004, die den Begriff „nuklearer Schaden" für beide
Übereinkommen nahezu identisch definieren. Aus diesem Grund kann auch als
Hilfsmittel für die Interpretation der Begriffsbestimmung des Pariser Überein-
kommens die ausführliche und materialreiche Darstellung der Entstehungsgeschichte
des Wiener Protokolls 1997 in *IAEA*, The 1997 Vienna Convention on Civil
Liability for Nuclear Damage and the 1997 Convention on Supplementary Com-
pensation for Nuclear Damage – Explanatory Texts, IAEA International Law Series
No. 3, 2007, 33 ff. herangezogen werden.

Der **neue Schadensbegriff** umfasst nun für das PÜ 2004 **sechs Schadens-** 37
kategorien: Art: 1 Abs. (a) (vii) Nrn. 1–6 PÜ 2004 und für das WÜ 1997 sieben
Kategorien: Art. I Abs. 1 lit. k Nr. i–vii WÜ 1997. Die in UAbs. k Nr. vii WÜ
1997 enthaltene Schadenskategorie „any other economic loss, other than any caused by the impairment of the environment, if permitted by the general law on civil
liability of the competent court" ist im Pariser Übereinkommen nicht enthalten, da
sie offensichtlich bereits von den übrigen Schadenskategorien abgedeckt ist (Exposé
des Motifs 2004 No. 56 (b)).

b) Ursächlichkeit. Bei den in Art. 1 Abs. (a) (vii) Nrn. 1–5 PÜ 2004 genann- 38
ten fünf nuklearen Schadenskategorien – also nicht bei der Schadenskategorie 6
‚Vorsorgemaßnahmen' – muss gem. (vii) Hs. 2 ein **ursächlicher Zusammenhang**
zu bestimmten Aktivitäten bestehen: der Verlust oder Schaden muss von ionisierender Strahlung ausgehen oder sich daraus ergeben, die von einer Strahlenquelle innerhalb einer Kernanlage – hierzu zählen außer dem radioaktiven Inventar auch
Strahlenquellen, die nicht unmittelbar für den Betrieb der Kernanlage verwendet
werden, wie zB Röntgengeräte oder Messinstrumente – oder von Kernbrennstoffen oder radioaktiven Erzeugnissen oder Abfällen in einer Kernanlage oder von
Kernmaterialien, die von einer Kernanlage kommen, dort ihren Ursprung haben
oder an sie gesandt werden, ausgeht. Das gilt unabhängig davon, ob der Verlust
oder Schaden von den radioaktiven Eigenschaften solcher Materialien oder von
einer Verbindung der radioaktiven Eigenschaften mit giftigen, explosiven oder
sonstigen gefährlichen Eigenschaften des Materials herrührt. Die in den ersten fünf
Ziffern aufgezählten Schadenskategorien müssen somit verursacht werden durch
radioaktive Strahlung, die auf den Betrieb einer Kernanlage oder einer mit diesem
unmittelbar zusammenhängenden Tätigkeit oder auf den Transport von Kernmaterialien zurückzuführen ist. Sofern bei der Schadensverursachung auch sonstige gefährliche Eigenschaften der Materialien mitwirken, ist das für die Qualifizierung des
Schadens als nuklearer Schaden unerheblich (auch Exposé des Motifs 2004 No. 61).

Bei den in Art. 1 Abs. (a) (vii) Nr. 6 PÜ 2004 genannten ‚**Vorsorgemaßnahmen'** 39
kann es nach Ansicht der Vertragsverfasser einen Zusammenhang mit den für die andern Schadenskategorien als ursächlich aufgezählten Aktivitäten nicht geben, da zum
Zeitpunkt der Vorsorgemaßnahmen ein nuklearer Schaden als Folge dieser Aktivitäten noch gar nicht eingetreten sein kann. Für Vorsorgemaßnahmen kann also die für

Pelzer 699

PÜ Art. 1 [Begriffsbestimmungen]

die übrigen Schadenskategorien geforderte Ursächlichkeit nicht verlangt werden. Diese Schlussfolgerung deckt sich jedoch nicht gänzlich mit der Definition des Begriffs Vorsorgemaßnahmen in Art. 1 Abs. (a) (ix) PÜ 2004. Diese umfassen nämlich neben Vorsorgemaßnahmen vor einem nuklearen Ereignis auch solche nach einem nuklearen Ereignis, also nach dem Eintritt eines nuklearen Schadens. Insoweit kommt es also doch auf den ursächlichen Zusammenhang an (→ Rn. 53).

40 **c) Die einzelnen Schadenskategorien. aa) Tötung und Verletzung eines Menschen; Verlust von oder Schaden an Vermögenswerten.** Der Umfang des Schadensersatzes der in Art. 1 Abs. (a) (vii) Nrn. 1 und 2 PÜ genannten nuklearen Schäden wird zunächst durch die §§ 27 ff. AtG präzisiert. Es gilt aber weiterhin, was für diese Schäden nach der unrevidierten Fassung des Übereinkommens galt (→ Rn. 35): der Schadensbegriff ‚Tötung und Verletzung eines Menschen' und ‚Verlust von oder Schaden an Vermögenswerten' deckt sich im deutschen Recht mit dem für § 823 Abs. 1 BGB geltenden Schadensbegriff. Es kann insoweit auf die Rechtsprechung und das Schrifttum zum Schadensbegriff in § 823 Abs. 1 BGB verwiesen werden. Das gilt in Sonderheit auch für die Auslegung des Begriffs „Vermögenswerte", „property", „bienes", „biens", „beni", „zaken", zB ob und in welchem Umfang außer dem Eigentum die „sonstigen Rechte" iSd § 823 Abs. 1 BGB wie etwa das Recht am eingerichteten Gewerbebetrieb geschützt sind. Dabei sind die Besonderheiten von Schädigungen durch Radioaktivität jeweils zu berücksichtigen, die außer zu unmittelbaren Schäden auch zu Umsatzverlusten und wirtschaftlichem Schaden infolge nur vermuteter Strahleneinwirkung führen können („rumor damage"). Derartige vermutete Schäden werden jedoch nicht entschädigt. „Those losses will not be subject of compensation because there was no emission of ionizing radiation" (Exposé des Motifs 2004 No. 61 aE (Konsolidierte Fassung, 53); vgl. auch *Raetzke* in NK-AtomR AtG § 25 Rn. 106 mwN).

41 **bb) Recht des zuständigen Gerichts.** Die in Art. 1 Abs. (a) (vii) Nrn. 3–6 PÜ 2004 enthaltenen Schadenskategorien sind nur, wie sich aus dem Obersatz ergibt, in dem Ausmaß „nuklearer Schaden" iSd Übereinkommens, wie das Recht des zuständigen Gerichts es festlegt – „to the extent determined by the law of the competent court". Die Schadenskategorien 3 bis 6 stehen somit unter dem Vorbehalt des nationalen Rechts des Gerichts. Dieser Vorbehalt bezieht sich jedoch lediglich auf das „Ausmaß", „extent", „medida", „mesure", „misura", „mate". Das nationale Recht darf daher nicht eine der Schadenskategorien gänzlich ausschließen, sondern „its body of national law and legislation must address all of these heads of damage, although it has discretion to determine the nature, form and extent of compensation to be granted under those heads" (Exposé des Motifs 2004 No. 56 (a) (Konsolidierte Fassung, 51)).

42 **cc) Wirtschaftlicher Verlust.** Sofern die Tötung oder Verletzung eines Menschen oder der Verlust von oder Schaden an Vermögenswerten zu einem wirtschaftlichen Verlust führen, der nicht bereits durch die Schadenskategorien in Art. 1 Abs. (a) (vii) Nrn. 1 und 2 PÜ gedeckt ist, greift die in Art. 1 Abs. (a) (vii) Nr. 3 PÜ enthaltene Schadenskategorie ein: „wirtschaftlicher Verlust". Diese ist somit ein Auffangtatbestand. Da die nationalen Rechte der Vertragsstaaten des PÜ insbesondere bezüglich des Umfangs der Ersatzpflicht bei Schäden an Vermögenswerten zu unterschiedlichen Lösungen kommen dürften, ist der Auffangtatbestand des Übereinkommens ein wichtiges Element für die Rechtsvereinheitlichung innerhalb der Vertragsparteien.

[Begriffsbestimmungen] **Art. 1 PÜ**

Anspruchsberechtigt ist nur derjenige, der den Körperschaden oder den Ver- 43
mögensschaden erlitten hat. Den im Fall der Tötung Anspruchsberechtigten benennt das Übereinkommen nicht. Es ist insoweit auf das nationale Recht zurückzugreifen, vgl. § 28 AtG. Das Exposé des Motifs 2004 No. 58 führt für diese Schadenskategorie folgendes Beispiel an: der Einkommensverlust eines Fabrikbesitzers, der von einem Produktionsstopp herrührt, der eine unmittelbare Folge einer Beschädigung der Fabrikgebäude durch ein nukleares Ereignis ist.

dd) Wiederherstellung geschädigter Umwelt. Der in Art. 1 Abs. (a) (vii) 44
Nr. 4 PÜ 2004 umschriebene Schadensbegriff zielt auf die **Entschädigung von Umweltschäden** ab. Die Norm ist somit eine Schlüsselregelung der Neufassung des Übereinkommens (→ Rn. 36). Die Bestimmung vermeidet es, den Schadensbegriff unmittelbar mit dem rechtlich schwer zu fassenden allgemeinen Begriff „geschädigte Umwelt" zu verknüpfen. Die „Umwelt" ist eine *res communis omnium*, deren Beschädigung nicht einen individuellen Schadensersatzanspruch begründen kann. Das Übereinkommen drückt deshalb den erlittenen Schaden in Geld aus: „the extent of the nuclear damage suffered can be assessed in monetary terms" (Exposé des Motifs 2004 No. 59 (a) (Konsolidierte Fassung, 52)), indem es auf die Kosten für die Wiederherstellung der beschädigten Umwelt abstellt. Derjenige, der die Wiederherstellung bezahlt, erhält einen Anspruch auf Ersatz der Kosten der Wiederherstellung (auch *Raetzke* in NK-AtomR AtG § 25 Rn. 116).

Ein Ersatz der Kosten kommt dann in Betracht, wenn die **Umweltschädigung** 45
„nicht unbeträchtlich ist" („unless such impairment is insignificant", „excepto si dicha degradación es insignificante", „sauf si la dégradation est insignifiante", „salvo che tale degrado sia irrisorio", „tenzij de aantasting onbetekenend is"). Ob dieses mit einem unbestimmten Rechtsbegriff beschriebene Merkmal vorliegt, hat im Streitfall das zuständige Gericht zu entscheiden (auch → Rn. 51).

Die Ersatzpflicht besteht, wenn Wiederherstellungsmaßnahmen **„tatsächlich** 46
ergriffen werden oder ergriffen werden sollen". Die erste Alternative dieses Tatbestandsmerkmals ist selbstverständlich, während die zweite problematisch ist. Wenn Maßnahmen erst ergriffen werden sollen, ohne dass sie schon vollendet sind, dann muss die Vorbereitung jedenfalls soweit gediehen sein, dass objektiv der Wille zum Handeln erkennbar ist. Das könnte etwa belegbar sein durch vorbereitende Anschaffung von erforderlichen technischen Mitteln.

Auch diese Schadenskategorie ist ein **Auffangtatbestand:** er greift nur, wenn 47
„dieser Einkommensverlust nicht durch Nummer 2 erfasst wird", dh wenn er nicht eingeschlossen ist in einen Ersatzanspruch wegen „Verlust von oder Schaden an Vermögenswerten" (Art. 1 Abs. (a) (vii) Nr. 2 PÜ 2004). Ob das der Fall ist, ergibt sich aus dem jeweils anwendbaren nationalen Recht.

Die Kosten werden nur erstattet, wenn die **‚Maßnahmen zur Wiederherstel-** 48
lung' der geschädigten Umwelt den Anforderungen der Definition dieses Begriffes in Art. 1 Abs. (a) (viii) PÜ 2004 entsprechen. Die Wiederherstellungsmaßnahmen müssen danach ‚angemessene Maßnahmen' (→ Rn. 50) sein, die von den zuständigen Behörden des Staates genehmigt wurden, in dem sie ergriffen wurden. Die Gesetzgebung des Staates, in dessen Hoheitsgebiet der Schaden eingetreten ist, legt auch fest, wer Wiederherstellungsmaßnahmen ergreifen darf. Die Zuweisung dieser Kompetenzen an staatliche Organe wird im Exposé des Motifs 2004 No. 59 (c) (Konsolidierte Fassung, 52) wie folgt erläutert: „However, since measures of reinstatement mostly cover components of the environment which are not owned by anyone, but rather are available for the benefit of the general public, it will nor-

PÜ Art. 1 [Begriffsbestimmungen]

mally be the competent public authorities who are entitled to take such measures and claim compensation therefor."

49 Diese **doppelte staatliche Genehmigungspflicht** dürfte wohl auch die nachträgliche staatliche Zustimmung umfassen, falls von nicht vorab Befugten geeignete Wiederherstellungsmaßnahmen aus Gründen der Dringlichkeit vorgenommen werden. Die Wiederherstellungsmaßnahmen müssen abzielen auf eine Wiederherstellung oder Erneuerung geschädigter oder zerstörter Teile der Umwelt; sie kann auch ggf. durch Einbringen eines entsprechenden Ersatzes dieser Teile der Umwelt erfolgen. Darunter fiele zB das Beschaffen und Wiederaussetzen von regional verschwundenen Tierarten.

50 Die Wiederherstellungsmaßnahmen sind ‚**angemessene Maßnahmen**', ‚reasonable measures', ‚mesures raisonnables', ‚medidas razonables', wenn sie der in Art. 1 Abs. (a) (x) PÜ 2004 enthaltenen Begriffsbestimmung entsprechen. Das trifft zu für solche Maßnahmen, die nach dem Recht des zuständigen Gerichts geeignet und verhältnismäßig sind. Es sind dabei die jeweiligen Umstände zu berücksichtigen, wie zB Art und Umfang des nuklearen Schadens, die Erfolgsaussicht der getroffenen Maßnahmen sowie entsprechendes Fachwissen.

51 **ee) Wirtschaftliches Interesse an der Nutzung der Umwelt.** Diese Schadenskategorie erfasst einen **Einkommensverlust, der aus einem unmittelbaren wirtschaftlichen Interesse an der Nutzung oder an dem Genuss der Umwelt** besteht, der infolge einer beträchtlichen Umweltschädigung eingetreten ist (Art. 1 Abs. (a) (vii) Nr. 5 PÜ 2004). Der erlittene Einkommensverlust muss die Folge einer ‚beträchtlichen Umweltbeschädigung' sein (‚significant impairment of that environment' – ‚degradación significativa del mismo (= medio ambiente)' – ‚dégradation importante de cet environnement' – ‚importante degrado di tale ambiente' – ‚aanmerkelijke aantasting van dat milieu'). Das hier verwendete Adjektiv ‚beträchtlich' und die Entsprechungen in den anderen authentischen Sprachen unterscheiden sich von dem in der Schadenskategorie 4 genutzten Adjektiven. Dort muss die Umweltbeschädigung ‚nicht unbeträchtlich' – ‚insignificant' – ‚insignificante' – ‚insignificante' – ‚irrisorio' – ‚onbetekenend' sein (→ Rn. 45). Kategorie 5 verlangt offenbar eine schwerere Umweltbeschädigung als die Kategorie Nr. 4. Die Schadenskategorie 5 läge zB in dem folgenden Fall vor, den das Exposé des Motifs 2004 No. 60 (a) und (b) (Konsolidierte Fassung, 53) beispielhaft zugrunde legt: Der Eigentümer eines an einem öffentlichen Strand liegenden Hotels hat einen Einkommensverlust, weil nach einem nuklearen Ereignis der Strand radioaktiv verseucht ist und deshalb seine Gäste fernbleiben. Da der Strand nicht Eigentum des Hoteliers ist, hat er keinen Vermögensschaden. Er kann aber wohl ein unmittelbares wirtschaftliches Interesse an der Nutzung des Strands nachweisen. Dieser ist durch die radioaktive Verseuchung für Gäste unbenutzbar geworden und kann deshalb auch vom Hotelier nicht genutzt werden. Sofern das zuständige Gericht in der Verseuchung des Strandes eine „beträchtliche Umweltschädigung" sieht, hat der Hotelier einen Anspruch auf Schadensersatz. Auch diese Kategorie ist ein Auffangtatbestand, falls der Schaden nicht durch Schadenskategorie 2 erfasst wird.

52 Die Schadenskategorie erfordert ein **„unmittelbares" wirtschaftliches Interesse an der Nutzung der Umwelt.** Durch das qualifizierende Adjektiv „unmittelbar" soll sichergestellt werden, dass nicht Entschädigung geleistet wird „for nuclear damage that is too remote" (Exposé des Motifs 2004 No. 60 (b) (Konsolidierte Fassung, 53)). Das unmittelbare wirtschaftliche Interesse ist im Falle des Hoteliers gegeben. Es ist indessen nicht gegeben für den Kellner des Hotels, der wegen

[Begriffsbestimmungen] **Art. 1 PÜ**

des Fernbleibens der Hotelgäste seinen Arbeitsplatz verliert. Sein Interesse an der Nutzung des Strandes ist nur mittelbar und ihm steht kein Ersatzanspruch auf dieser Rechtsgrundlage zu (mit einem weiteren Beispielsfall Exposé des Motifs 2004 No. 60 (a) und (b) (Konsolidierte Fassung, 53); vgl. ferner die Problematisierung des Merkmals „unmittelbares wirtschaftliches Interesse an der Nutzung der Natur" im Verhältnis zu dem von § 823 BGB gezogenen Rahmen bei *Raetzke* in NK-AtomR AtG § 25 Rn. 117–119). *Raetzke* bezweifelt insbesondere, ob eine Schadensersatzklage darauf gestützt werden könne, dass „Unternehmer ihr Geschäft auf die Nutzung eines Naturbestandteils als Allgemeingut" stützen. Es könnten beispielsweise die von einem Unternehmer angebotenen Schlauchbootfahrten auf einem Fluss deshalb ausfallen, weil der Fluss aus natürlichen Gründen zu viel oder zu wenig Wasser führe. Hier sei eine Versagung von Schadensersatzansprüchen „inhaltlich nicht unangemessen" (*Raetzke* in NK-AtomR AtG § 25 Rn. 119). Diese Schlussfolgerung überzeugt indessen schon deshalb nicht, weil im Beispielsfall der Fluss ein definierter und abgrenzbarer Bestandteil der Natur ist, der einem rechtlichen Regime unterliegt und damit gerade nicht ein „Allgemeingut" ist. Man muss wohl auch unterscheiden, ob die Veränderung des „Naturbestandteils" natürliche Ursachen hat oder Folge einer menschlichen Einwirkung ist. Wäre der Fluss als Folge eines nuklearen Ereignisses radioaktiv verseucht und könnte deshalb nicht zum Bootfahren genutzt werden, ist die Gewährung eines Schadensersatzanspruchs auf der Grundlage der Schadenskategorie des Art. 1 Abs. (a) (vii) Nr. 5 PÜ sehr wohl angemessen und auch erfolgversprechend.

ff) Vorsorgemaßnahmen. Gemäß Art. 1 Abs. (a) (vii) Nr. 6 PÜ 2004 sind nuklearer Schaden auch „die Kosten von Vorsorgemaßnahmen und anderer Verlust oder Schaden infolge solcher Maßnahmen". Der Begriff „Vorsorgemaßnahmen" wird in Art. 1 Abs. (a) (ix) PÜ 2004 definiert. Die Definition unterscheidet solche Maßnahmen, die **nach dem Eintritt eines nuklearen Ereignisses,** also nach dem Eintritt eines nuklearen Schadens iSv Schadenskategorien 1 bis 5, ergriffen werden, und solche Maßnahmen, die ergriffen werden, um einen **nuklearen Schaden** iSv Schadenskategorien 1 bis 5 zu **verhindern** oder auf ein Mindestmaß zu beschränken. In der ersten Alternative geht es also um Schadensminderung, in der zweiten um Schadensverhinderung und auch um Schadensminderung. 53

Das Exposé des Motifs 2004 No. 62 (a) (Konsolidierte Fassung, 54) weist darauf hin, dass in den meisten Rechtssystemen die Geschädigten zur **Schadensminderung** und, wenn möglich, zur Schadensverhinderung verpflichtet seien. Unterließen sie dies, könne der ihnen zustehende Schadensersatz gemindert werden. Es sei aber auch angemessen, dass die Geschädigten für ihre Aufwendungen zur Schadensminderung entschädigt würden. Das ist zutreffend. Die Entschädigungspflicht kommt jedoch nicht nur den Geschädigten zugute. Aus der Definition des Begriffs „Vorsorgemaßnahmen" ergibt sich, dass solche Maßnahmen „von jemandem" – „by any person" – „por cualquier persona" – „par quiconque" getroffen werden können. Auch andere Personen als die Geschädigten, die Vorsorgemaßnahmen ergriffen haben, können einen Anspruch auf den Ersatz der Kosten. Im Übrigen kann aber das Recht des Staates, in dem die Maßnahmen getroffen werden, eine Genehmigungspflicht der zuständigen Behörden für diese Maßnahmen vorsehen. 54

Vorsorgemaßnahmen müssen „**angemessene Maßnahmen**" iSv Art. 1 Abs. (a) (x) PÜ 2004 sein (→ Rn. 46). Ihre Bandbreite reicht von der Ausgabe von Jodtabletten bis zur Evakuierung (vgl. auch Exposé des Motifs 2004 No. 62 (b) (Konsolidierte Fassung, 54)). 55

III. Befugnisse des Direktionsausschusses (Abs. b)

56 Gemäß Art. 1 Abs. (b) PÜ 2004 kann der **Direktionsausschuss** (vgl. § 12a AtG) bestimmte Kernanlagen und Stoffe von der Anwendung des Pariser Übereinkommens ausschließen, wenn er das wegen des damit verbundenen geringen Ausmaßes der Gefahren für gerechtfertigt hält. Der Direktionsausschuss hat von dieser Ermächtigung wiederholt Gebrauch gemacht (vgl. *OECD/NEA*, Paris Convention – Decisions, Recommendations, Interpretations, 1990, abrufbar unter https://www.oecd-nea.org/jcms/pl_13058, zul. abgerufen am 29.10.2020). Für die von der Anwendung des PÜ ausgeschlossenen Anlagen und Stoffe richtet sich dann die zivilrechtliche Haftung für Schäden durch Radioaktivität nach § 26 AtG, nach weiteren möglichen Spezialvorschriften (zB WHG, UmweltHG) und nach §§ 823 ff. BGB.

57 Wichtige neue **Ausschlussentscheidungen** des Direktionsausschusses sind:
– Decision and Recommendation of the Steering Committee concerning the Application of the Paris Convention to Nuclear Installations in the Process of Being Decommissioned of 30 October 2014 (OECD-NEA Doc. NEA/SUM(2014)2);
– Decision and Recommendation Concerning the Application of the Paris Convention on Third Party Liability in the Field of Nuclear Energy to Nuclear Installations for the Disposal of Certain Types of Low-level Radioactive Waste of 16 January 2017 (OECD-NEA Doc. NEA/NE(2016)7/FINAL);
– Decision on the Exclusion of Small Quantities of Nuclear Substances outside a Nuclear Installation from the Application of the Convention on Third Party Liability in the Field of Nuclear Energy of 16 January 2017 (OECD-NEA Doc. NEA/NE(2016)8/FINAL).

58 Diese Entscheidungen legen die **Bedingungen** fest, bei deren Vorhandensein das **Haftungsregime des PÜ beendet** werden kann. Das verbleibende Haftungsrisiko kann angemessen durch das allgemeine Deliktsrecht und in Deutschland insbesondere durch § 26 AtG abgedeckt werden; es entfällt dann auch die rechtliche Haftungskanalisierung (→ Vor Rn. 17 f.). Die Entscheidung vom 30.10.2014 über stillzulegende Kernanlagen und die Entscheidung vom 16.1.2017 über kleine Mengen werden als Anlagen zur AtDeckV in deutsches Recht übernommen. Der Entscheidung vom 2014 über den Ausschluss von Kernanlagen in der Stilllegung aus dem Anwendungsbereich des PÜ kommt dabei besondere praktische und wirtschaftliche Bedeutung zu, da sie es ermöglicht, stillgelegte Anlagen schon vor dem gänzlichen Rückbau aus der strengen Haftung des Übereinkommens herauszunehmen (→ Rn. 24).

Artikel 2 [Geographischer Geltungsbereich]

(a) **Dieses Übereinkommen gilt für nuklearen Schaden, der eintritt im Hoheitsgebiet oder in nach dem Völkerrecht festgelegten Meereszonen**
(i) **einer Vertragspartei;**
(ii) **eines Nichtvertragsstaats, der im Zeitpunkt des nuklearen Ereignisses Vertragspartei des Wiener Übereinkommens vom 21. Mai 1963 über die zivilrechtliche Haftung für nukleare Schäden sowie der für diese Vertragspartei in Kraft befindlichen Änderungen und des Gemeinsamen Protokolls vom 21. September 1988 über die Anwendung des**

[Geographischer Geltungsbereich] **Art. 2 PÜ**

Wiener Übereinkommens und des Pariser Übereinkommens ist, vorausgesetzt jedoch, dass die Vertragspartei des Pariser Übereinkommens, in deren Hoheitsgebiet die Anlage des haftenden Inhabers gelegen ist, eine Vertragspartei des Gemeinsamen Protokolls ist;
(iii) eines Nichtvertragsstaats, der im Zeitpunkt des nuklearen Ereignisses in seinem Hoheitsgebiet oder in seinen nach dem Völkerrecht festgelegten Meereszonen keine Kernanlage besitzt;
(iv) eines sonstigen Nichtvertragsstaats, in dem im Zeitpunkt des nuklearen Ereignisses Gesetzgebung über die Haftung für nuklearen Schaden in Kraft ist, die entsprechende Leistungen auf der Grundlage der Gegenseitigkeit bieten und die auf Grundsätzen beruht, die mit denen dieses Übereinkommens identisch sind, darunter Haftung ohne Verschulden des haftenden Inhabers, ausschließliche Haftung des Inhabers oder eine Vorschrift mit derselben Wirkung, ausschließliche Zuständigkeit des zuständigen Gerichts, gleiche Behandlung aller Opfer eines nuklearen Ereignisses, Anerkennung und Vollstreckung von Urteilen, freier Transfer von Schadensersatzleistungen, Zinsen und Kosten,

oder, außer im Hoheitsgebiet von Nichtvertragsstaaten, die nicht unter den Ziffern (ii) bis (iv) genannten sind, an Bord eines Schiffes oder Luftfahrzeugs, das von einer Vertragspartei oder einem der unter den Ziffern (ii) bis (iv) genannten Nichtvertragsstaaten registriert wurde.

(b) Dieser Artikel hindert eine Vertragspartei, in deren Hoheitsgebiet die Kernanlage des haftenden Inhabers gelegen ist, nicht daran, in ihrer Gesetzgebung einen größeren Anwendungsbereich dieses Übereinkommens vorzusehen.

Literatur: *Kissich,* Internationales Atomhaftungsrecht: Anwendungsbereich und Haftungsprinzipien, 2004, 173; *IAEA,* The 1997 Vienna Convention on Civil Liability for Nuclear Damage and the 1997 Convention on Supplementary Compensation for Nuclear Damage – Explanatory Texts, IAEA International Law Series No. 3, 2007; *IAEA,* The 1988 Joint Protocol Relating to the Application of the Vienna Convention and the Paris Convention – Explanatory Text. IAEA International Law Series No. 5, 2013; *Waldner,* Die Haftung der Betreiber von Kernanlagen für Nuklearschäden nach neuem schweizerischen Recht, Aktuelle Juristische Praxis/Pratique Juridique Actuelle 21 (2012) No. 8, 1103; Pelzer, Conflict of Laws Issues under the International Nuclear Liability Conventions, in FS Kühne, 2009, 819; *Gioia,* Maritime Zones and the New Provisions on Jurisdiction in the 1997 Vienna Protocol and in the 1997 Convention on Supplementary Compensation, NLB 63 (June 1999), 25.

I. Allgemeines

Der jeweils auf ihre Vertragsparteien **beschränkte geographische Anwen-** 1
dungsbereich des PÜ 1960/1982 (hierzu *Raetzke* in NK-AtomR § 25 Rn. 149ff.) und des WÜ 1963 war wegen des grenzüberschreitenden Gefährdungspotentials nuklearer Ereignisse zweifellos einer der Hauptschwachpunkte dieser Verträge. Ihn zu beseitigen, gehörte damit zu den wichtigsten Anliegen der nach dem Tschernobyl Unfall begonnenen Vertragsrevisionen (dazu siehe insbesondere *IAEA,* The 1997 Vienna Convention on Civil Liability for Nuclear Damage and the 1997 Convention on Supplementary Compensation for Nuclear Damage – Ex-

PÜ Art. 2 [Geographischer Geltungsbereich]

planatory Texts, IAEA International Law Series No. 3, 2007, 28 ff.). Die Neufassung beider Übereinkommen zielte darauf ab, diese für anwendbar zu erklären „to nuclear damage wherever suffered". Dies wurde im WÜ 1997 auch genauso formuliert, den Vertragsstaaten wurde jedoch das Recht eingeräumt, den geographischen Anwendungsbereich zu beschränken (Art. I A WÜ 1997). Das PÜ 2004 wählte bei gleicher Zielsetzung eine andere Rechtstechnik. Das Übereinkommen enthält keine Generalklausel für die Festlegung des geographischen Geltungsbereichs, sondern Art. 2 Abs. (a) PÜ 2004 zählt die Gebiete auf, in denen das Übereinkommen Anwendung findet (zur Bedeutung des geographischen Anwendungsbereichs für die Atomhaftungsübereinkommen grundlegend mit reichen Nachweisen und auch für die nachfolgenden → Rn. 2 ff. *Kissich*, Internationales Atomhaftungsrecht: Anwendungsbereich und Haftungsprinzipien, 173–289).

2   Mit dem neuen geographischen Anwendungsbereich wird das **PÜ gegenüber Nichtvertragsstaaten geöffnet:** der nach dem Übereinkommen Haftpflichtige ist auch dem Geschädigten in einem Nichtvertragsstaat ersatzpflichtig und er ist auch haftpflichtig, wenn das nukleare Ereignis in einem Nichtvertragsstaat eintritt. Die tatsächliche Anwendung des Übereinkommens folgt jedoch aus dem neuen geographischen Anwendungsbereich nicht zwingend. Im Verhältnis zu einem Nichtvertragsstaat gelten vielmehr die allgemeinen Konfliktregeln des Internationalen Privatrechts, wenn unterschiedliche Rechtsordnungen aufeinander stoßen. Das bedeutet, das Übereinkommensrecht steht in Konkurrenz zu dem nationalen Recht des Nichtvertragsstaates und möglicherweise auch zu anderen Rechten. Der Richter hat die allgemeinen Regeln des Internationalen Privatrechts zu berücksichtigen, die möglicherweise auf ein anderes als das Recht des Übereinkommens verweisen, so dass dieses andere Recht anzuwenden ist (vgl. dazu auch *Waldner*, Aktuelle Juristische Praxis/Pratique Juridique Actuelle 21 (2012) No. 8, 1103 (1116); *Pelzer* FS Kühne, 2009, 819). Die Bestimmung des zuständigen Gerichts sowie die Anerkennung und Vollstreckung von Urteilen werden durch den erweiterten geographischen Geltungsbereich des Übereinkommens ebenfalls nicht verbindlich geklärt, auch wenn das Übereinkommen in Art. 13 eine Gerichtsstandsklausel enthält.

3   Der neue Anwendungsbereich löst teilweise die Probleme, die im Verhältnis zwischen dem Pariser und dem Wiener Übereinkommen bei dem ursprünglichen geographischem Geltungsbereich beider Übereinkommen bestanden und die zum Abschluss des Gemeinsamen Protokolls führten (→ Vor Rn. 6, 7). Er macht das GP jedoch nicht überflüssig. Das Protokoll schafft zwischen den Vertragsstaaten des WÜ und des PÜ vertragliche Beziehungen, die die internationalprivatrechtlichen Probleme zwischen den beiden Rechtskreisen beseitigen oder jedenfalls wesentlich verringern. Das Protokoll bestimmt insbesondere verbindlich das anwendbare Recht und den Gerichtsstand (Art. III, IV GP; *IAEA*, The 1988 Joint Protocol Relating to the Application of the Vienna Convention and the Paris Convention – Explanatory Text. IAEA International Law Series No. 5, 2013, 22–24).

II. Hoheitsgebiet und Meereszonen der Staaten (Abs. a)

4   Das PÜ 2004 gilt gemäß seinem Art. 2 Abs. (a) für nuklearen Schaden, der im Hoheitsgebiet oder in nach dem Völkerrecht festgelegten **Meereszonen** der Staaten eintritt. Zu dem Hoheitsgebiet zählt auch der über diesem befindliche **Luftraum**. Das folgt insbesondere aus dem auch gewohnheitsrechtlich geltenden Art. 1 des Chicagoer Abkommens über die Internationale Zivilluftfahrt vom 7.12.1944

[Geographischer Geltungsbereich] **Art. 2 PÜ**

(BGBl. 1956 II 411): "The contracting parties recognize that every State has complete and exclusive sovereignty over the airspace above its territory". Das schließt den Luftraum über den Territorialgewässern ein (Art. 2 Chicagoer Abkommen). Das gilt nicht in gleicher Weise für den Luftraum über festgelegten Meereszonen. Hier sind die Hoheitsrechte der Staaten über den Luftraum beschränkt, und es gilt der Grundsatz der Freiheit der Meere (vgl. Art. 58 Abs. 1, 87 SRÜ). Die staatliche Lufthoheit endet an der vertikalen Grenze zum Weltraum; diese ist jedoch bisher nicht genau bestimmbar. Der Weltraum selbst ist eine *res communis omnium*, die nationaler Hoheitsgewalt grundsätzlich nicht unterliegt (hierzu im Einzelnen die allgemeine völkerrechtliche Literatur, zB *Ipsen* Völkerrecht § 55 Rn. 10 ff., § 56 Rn. 6 ff.; *Doehring*, Völkerrecht, 2. Aufl. 2004, § 10 Rn. 544 ff.; ausführlich: *Graf Vitzthum*, Völkerrecht, 4. Aufl. 2007, 396 ff.). Das Pariser Übereinkommen gilt gemäß seinem Art. 2 Abs. (a) für die in den nachfolgenden Randnummern (→ Rn. 5–15) näher beschriebenen Gebiete.

1. Vertragsstaaten

Es bedarf keiner näheren Begründung, dass das Übereinkommen für nuklearen 5 Schaden gilt, der im **Hoheitsgebiet** und in den Meereszonen einer der **Vertragsparteien des PÜ** erlitten wird (Art. 2 Abs. (a) (i) PÜ 2004).

2. Nichtvertragsstaaten

Das Übereinkommen ist anwendbar auf nuklearen Schaden, der erlitten wird in 6 einem Nichtvertragsstaat und dessen Meereszonen, der zum Zeitpunkt des nuklearen Ereignisses **Vertragspartei des WÜ** in der für diese geltenden Fassung sowie des GP ist, und wenn die Vertragspartei des PÜ ebenfalls Partei des GP ist (Art. 2 Abs. (a) (ii) PÜ 2004). Da das GP eine Brücke zwischen dem Wiener und dem Pariser Übereinkommen herstellt, bestätigt die in dieser Bestimmung stipulierte Anwendbarkeit des PÜ lediglich, was das GP erreichen will (Exposé des Motifs 2004 No. 8 (Konsolidierte Fassung, 38)).

3. Nicht-Nuklearstaaten

Für Nichtvertragsstaaten, die zum Zeitpunkt des nuklearen Ereignisses **keine** 7 **Kernanlage** in ihrem Hoheitsgebiet oder in ihren Meereszonen besitzen (Art. 2 Abs. (a) (iii) PÜ 2004), gilt das Übereinkommen ebenfalls. Diese Staaten erzeugen selbst keine nuklearen Risiken, sind ihnen aber durch andere Staaten ausgesetzt, so dass ihre Einbeziehung in den Schutz des PÜ gerechtfertigt ist. Sollte es streitig sein, ob der Staat tatsächlich keine Kernanlage besitzt, entscheidet darüber das nach Art. 13 PÜ 2004 zuständige Gericht (Exposé des Motifs 2004 No. 9 (Konsolidierte Fassung, 38); vgl. auch § 31 Abs. 2 S. 4 AtG).

4. Sonstige Nichtvertragsstaaten

Das PÜ gilt für solche Nichtvertragsstaaten, in denen zum Zeitpunkt des nuklea- 8 ren Ereignisses eine **nationale Atomhaftungsgesetzgebung** in Kraft ist, die im Verhältnis zu dem PÜ-Vertragsstaat **Gegenseitigkeit** gewährt und die auf den **anerkannten Haftungsgrundsätzen** des internationalen Atomhaftungsrechts beruht. Zu diesen Grundsätzen zählt das Übereinkommen: Haftung ohne Verschulden des haftpflichtigen Inhabers der Kernanlage, ausschließliche Haftung des In-

PÜ Art. 2 [Geographischer Geltungsbereich]

habers oder eine im Ergebnis gleichartige Haftungsform, ausschließliche Zuständigkeit des zuständigen Gerichts, Nichtdiskriminierung aller Geschädigter, Anerkennung und Vollstreckung von Urteilen, freier Transfer von Ersatzleistungen, Zinsen und Kosten (Art. 2 Abs. (a) (iv) PÜ 2004). Der ausdrückliche Bezug auf diese Prinzipien „transforms the principle of reciprocity into concrete terms" (Exposé des Motifs 2004 No. 10 (Konsolidierte Fassung, 39)). Bei Auslegungsstreitigkeiten entscheidet das gem. Art. 13 PÜ 2004 zuständige Gericht.

9   Das PÜ gilt auch auf für nuklearen Schaden, der an Bord eines **Schiffes** oder **Luftfahrzeugs** erlitten wird, das in einem Vertragsstaat des Übereinkommens registriert ist, unabhängig davon, wo der Schaden erlitten wird. Das schließt nuklearen Schaden ein, der erlitten wird an Bord von Schiffen oder Luftfahrzeugen, die sich auf oder über der Hohen See befinden.

10 Das Übereinkommen ist jedoch nicht anwendbar auf nuklearen Schaden, der an **Bord eines Schiffes oder eines Luftfahrzeugs** erlitten wird, das von einer Vertragspartei oder einem der in Art. 2 Abs. (a) (ii)–(iv) PÜ 2004 aufgezählten Nichtvertragsstaaten registriert ist, sofern sich das Schiff oder das Luftfahrzeug im **Hoheitsgebiet eines Nichtvertragsstaates** befindet, der in der Aufzählung der (ii)–(iv) nicht enthalten ist. Das träfe zB zu auf ein im Hoheitsgebiet einer Vertragspartei registriertes Schiff, das sich in den Hoheitsgewässern eines nicht in der Aufzählung genannten Nichtvertragsstaates befindet (Exposé des Motifs 2004 No. 11).

11 Die **Nichtanwendung des PÜ** ist in einigen dieser Fälle nicht gänzlich problemlos. Schiffe und Luftfahrzeuge unterliegen grundsätzlich der Hoheit des Flaggen- bzw. des Registrierungsstaates. Das gilt jedoch uneingeschränkt nur, soweit sie sich in hoheitsfreien Bereichen, also in oder über der Hohen See befinden. Befinden sich diese Verkehrsmittel in Hoheitsbereichen anderer Staaten, so ist zwischen **zivilen Fahrzeugen** (zB Handelsschiffen, Verkehrsflugzeugen) und **Staatsfahrzeugen** (zB Kriegsschiffen oder offiziellen Transportmitteln für Staatoberhäupter) zu unterscheiden. Während die erste Gruppe in fremden Hoheitsgewässern grundsätzlich der Hoheit und damit der Rechtsordnung des fremden Staates unterworfen ist, gilt das für Staatsschiffe nicht. Diese bleiben weiterhin unter dem Flaggen- bzw. Registrierungsrecht. Art. 2 Abs. (a) PÜ 2004 unterscheidet nicht zwischen Staats- und Handelsfahrzeugen, sondern spricht von Schiffen und Luftfahrzeugen. Der Begriff ist also offenbar ein Oberbegriff, der alle Arten umfasst. Während der Ausschluss von der Anwendung des PÜ, dh des Registrierungsrechts, für zivile Schiffe und Luftfahrzeuge im Einklang mit der Rechtslage ist, gilt das für Staatsschiffe und Staatsluftfahrzeuge nicht. Diese bleiben auch in den Hoheitsgewässern eines nicht in der Aufzählung gem. Art. 2 Abs. (a) (ii)–(iv) PÜ 2004 genannten Nichtvertragsstaates dem Registrierungsrecht unterworfen. Damit gilt für diese Fahrzeuge auch das PÜ für nukleare Schäden an Bord fort. Dieser Status wird durch die spezielle Vertragsbestimmung des Art. 2 Abs. (a) PÜ 2004 und seine allgemeine und nicht differenzierende Formulierung den Staatsfahrzeugen entzogen. Es ist fraglich, ob das so gewollt ist.

12 Die Anwendung des PÜ erstreckt sich auch auf die nach Völkerrecht festgelegten **Meereszonen.** Es handelt sich dabei um Bereiche des Meeres, die im Einklang mit dem Völkerrecht, insbesondere im Einklang mit dem Seerechtsübereinkommen der Vereinten Nationen von 1982 (SRÜ; BGBl. 1994 II 1798; United Nations Convention on the Law of the Sea, UNCLOS, 1833 UNTS 3), durch ausdrückliche Erklärung oder in anderer Weise international erkennbar einem bestimmten Staat zugerechnet werden: das Küstenmeer – Territorial Sea (Art. 3 SRÜ), die Anschlusszone – Contiguous Zone (Art. 33 SRÜ), die Ausschließliche Wirtschafts-

[Geographischer Geltungsbereich] **Art. 2 PÜ**

zone – Exclusive Economic Zone (Art. 55 SRÜ) und der Festlandsockel – Continental Shelf (Art. 76 SRÜ) (Exposé des Motifs 2004 No. 12 (Konsolidierte Fassung, 39)); zur räumlichen Ausdehnung des WÜ → Vor Rn. 5 und des Übereinkommens über ergänzende Entschädigung für nuklearen Schaden → Vor Rn. 8; vgl. auch *Gioia* NLB 63 (June 1999), 25; → AtG § 31 Rn. 12).

Der **Direktionsausschuss** hat am 25.4.1968 eine **Empfehlung** beschlossen, 13 dass die Vertragsparteien das PÜ so interpretieren sollten, dass es nukleare Schäden abdeckt, die **in und über der Hohen See** erlitten werden (OECD-NEA Doc. NE/M(68)1). Das NEA-Sekretariat erläutert die Empfehlung wie folgt: „The Recommendation is intended to ensure that damage incurred by a person on the high seas where he/she is not on board a ship or aircraft registered by a State referred to in article 2 (a) (i) to (iv) (e. g. shipwrecked) will be covered by the Convention. It is also intended to cover damage to cargo that is on the high seas but not on board a ship or aircraft registered by a State referred to in article 2(a) (i) to (iv)." (*OECD/NEA*, Paris Convention – Decisions, Recommendations, Interpretations, 1990, abrufbar unter https://www.oecd-nea.org/jcms/pl_13058, zul. abgerufen am 29.10.2020). Das Exposé des Motifs 2004 (No. 12 Fn. 1 (Konsolidierte Fassung, 39)) merkt dazu an, dass diese Empfehlung fortgelte, aber zu ändern sei.

Die Empfehlung des Direktionsausschusses betrifft einen wichtigen Punkt. Tat- 14 sächlich ist dem Wortlaut des Art. 2 Abs. (a) PÜ 2004 nicht zu entnehmen, ob die Bestimmung auch **Schäden** erfasst, die in oder über der Hohen See **außerhalb von Schiffen oder Luftfahrzeugen** erlitten werden. Der Artikel scheint den Anwendungsbereich des Übereinkommens auf Hoheitsgebiete sowie auf Schiffe und Luftfahrzeuge zu beschränken. Das aber war sicher nicht die Absicht der vertragsschließenden Staaten. Der Empfehlung kommt daher weiterhin eine bedeutende Rolle bei der Auslegung und Anwendung des Übereinkommens zu. Sie muss aber in der Tat überarbeitet werden, da sie nur Schäden an Menschen (zB Schiffsbrüchige) und Fracht erwähnt. Nicht genannt sind etwa nuklearer Schaden auf und an Bohrinseln oder anderen künstlichen Inseln sowie an Seezeichen, Bojen, Fischernetzen auf der Hohen See, der auch von der Haftung nach dem Übereinkommen erfasst werden sollte.

Es ist auf eine **sprachliche Besonderheit der deutschen Fassung** des Art. 2 15 Abs. (a) PÜ 2004 hinzuweisen. Die in den → Rn. 4 und 9 beschriebenen Rechtsfolgen des Abs. (a) ergeben sich in der deutschen Fassung aus zwei Satzteilen, die sich getrennt am Anfang und am Ende der Liste der aufgezählten vier Staatengruppen (i)–(iv) befinden. Alle übrigen authentischen Versionen des Übereinkommens ziehen diese beiden Satzteile in einem einzigen Obersatz vor der Listung der Staaten zusammen. Dieser Unterschied hat keine inhaltlich unterschiedlichen Folgen, sondern dient lediglich der besseren Verständlichkeit. Ob dieses Ziel erreicht wird, mag fraglich sein. Alle Versionen sind in sehr verdichteter und damit komplizierter Sprache abgefasst.

III. Erweiternde nationale Bestimmungen (Abs. b)

Abs. (b) gestattet den Vertragsparteien, für die Haftung der Inhaber der in ihren 16 Hoheitsgebieten jeweils gelegenen Kernanlagen einen **größeren geographischen Anwendungsbereich** des PÜ als den unter Abs. (a) beschriebenen vorzusehen. Deutschland hat von dieser Möglichkeit Gebrauch gemacht: Art. 2 des Übereinkommens in seiner ursprünglichen Fassung wurde generell für nicht anwendbar erklärt und der Inhaber der Kernanlage haftete unabhängig vom Ort des Schadenseinritt (§ 25 Abs. 4 AtG aF). Da Art. 2 idF des Protokolls 2004 den engen Anwendungsbereich des ursprünglichen Übereinkommens aufgibt und einen weiteren Anwendungsbereich stipuliert, erschien dem deutschen Gesetzgeber eine generelle Nichtanwendung des Art. 2 nicht mehr erforderlich. Gemäß dem neu gefassten § 25 Abs. 4 AtG gilt nunmehr Art. 2 PÜ „mit der Maßgabe, dass in den Fällen des Absatzes a Ziffer iv der Vorschrift der Inhaber der Kernanlage auch dann haftet, wenn in dem Nichtvertragsstaat eine Gesetzgebung über die Haftung für nuklearen Schaden in Kraft ist, die auf Grundsätzen beruht, die mit denen des Pariser Übereinkommens nicht identisch sind" (→ AtG § 25 Rn. 10).

Artikel 3 [Grund, Art und Umfang der Haftung]

(a) **Der Inhaber einer Kernanlage haftet gemäß diesem Übereinkommen für nuklearen Schaden, ausgenommen**
(i) **Schaden an der Kernanlage selbst und anderen Kernanlagen, einschließlich einer Kernanlage während der Errichtung, auf dem Gelände, auf dem sich die Anlage befindet, und**
(ii) **Schaden an jeglichen Vermögenswerten auf demselben Gelände, die im Zusammenhang mit einer solchen Anlage verwendet werden oder verwendet werden sollen,**

wenn bewiesen wird, dass dieser Schaden durch ein nukleares Ereignis verursacht worden ist, das in der Kernanlage eingetreten oder auf aus der Kernanlage stammende Kernmaterialien zurückzuführen ist, soweit Artikel 4 nichts anderes bestimmt.

(b) **[1]Wird der nukleare Schaden gemeinsam durch ein nukleares und ein nichtnukleares Ereignis verursacht, so gilt der Teil des Schadens, der durch das nichtnukleare Ereignis verursacht worden ist, soweit er sich von dem durch das nukleare Ereignis verursachten nuklearen Schaden nicht hinreichend sicher trennen lässt, als durch das nukleare Ereignis verursacht. [2]Ist der nukleare Schaden gemeinsam durch ein nukleares Ereignis und eine nicht unter dieses Übereinkommen fallende ionisierende Strahlung verursacht worden, so wird durch dieses Übereinkommen die Haftung von Personen hinsichtlich dieser ionisierenden Strahlung weder eingeschränkt noch anderweitig berührt.**

Literatur: *Esser,* Grundlagen und Entwicklung der Gefährdungshaftung, 1969; *Fuchs/Pauker/ Baumgärtner,* Delikts- und Schadensersatzrecht, 9. Aufl. 2017; *Moser,* Proof of damage from ionizing radiation, NLB 38 (December 1986), 70; *Palandt,* Bürgerliches Gesetzbuch, 76. Aufl. 2017; *Pelzer,* Problèmes posés par l'établissement du lien de causalité entre l'accident et le dommage nucléaire. Le problème de la causalité dans le droit de la responsabilité civile nucléaire, 1968, 41; *ders.,* Revisited: Euratomeigentum an besonderen spaltbaren Stoffen, atw 2015, 101; *Schülli,* Rechtsprobleme beim Kausalitätsnachweis von Strahlenschäden, 1963; *Ståhlberg,* Causation and the problem of evidence in cases of nuclear damage, NLB 53 (June 1994), 22; *Weitnauer,* Das Atomhaftungsrecht in nationaler und internationaler Sicht, 1964.

[Grund, Art und Umfang der Haftung] **Art. 3 PÜ**

I. Allgemeines

Art. 3 ist die zentrale Haftungsnorm des PÜ 2004. Die Bestimmung regelt 1
„**Grund, Art und Umfang**" (*Haedrich* AtG Art. 3 Rn. 1) **der Haftung** des Inhabers der Kernanlage für nuklearen Schaden. Sie wird für den Teilbereich der Beförderung von Kernmaterialien ergänzt durch Art. 4 PÜ 2004 (so auch *Raetzke* in NK-AtomR AtG § 25 Rn. 16).

II. Haftung für nuklearen Schaden (Abs. a)

1. Zurechenbarkeit des Schadens

Der Inhaber einer Kernanlage haftet gem. Art. 3 Abs. (a) PÜ 2004 für den einem 2
anderen in zurechenbarer Weise zugefügten nuklearen Schaden iSd Definition des Art. 1 Abs. (a) (vii) PÜ 2004 (→ Art. 1 Rn. 34 ff.). Der nukleare Schaden ist einem anderen von dem Inhaber der Kernanlage zurechenbar zugefügt, wenn bewiesen wird, dass er durch ein nukleares Ereignis verursacht wurde, das entweder in der Kernanlage des Inhabers eingetreten ist oder auf aus dieser Kernanlage stammende Kernmaterialien zurückzuführen ist, sofern Art. 4 PÜ 2004 nichts anderes bestimmt.

2. Gefährdungshaftung

Art. 3 PÜ 2004 verlangt kein schuldhaftes Verhalten des haftpflichtigen Inhabers. 3
Zur Begründung der Haftung genügt die **bloße Schadensverursachung.** Das ergibt sich einerseits aus der Formulierung der Bestimmung, in der von Verschulden des Inhabers nicht die Rede ist, sondern allein auf die Ursächlichkeit der Schadensherbeiführung abgestellt wird („wenn bewiesen wird"). Das folgt andererseits aber auch bereits daraus, dass das Eintreten eines nuklearen Ereignisses vorausgesetzt und bereits dieses allein auf die Schadensverursachung abhebt (→ Art. 1 Rn. 3–6). Der Inhaber ist also haftpflichtig nach **Gefährdungshaftung** („strict liability"; Exposé des Motifs 2004 No. 23; vgl. auch *Raetzke* in NK-AtomR AtG § 25 Rn. 78, 79).

Die Gefährdungshaftung nach dem PÜ ist eine reine **Verursachungshaftung** 4
(„objective liability") mit nur wenigen abschließend aufgezählten Ausschlussgründen (→ Art. 9 Rn. 1 ff.). Es bedarf nicht nur keines Nachweises eines Verschuldens des Haftpflichtigen, sondern es wird auch gehaftet für Schäden, die aus rechtmäßiger Nutzung der Kernenergie entstehen, zB nuklearer Schaden verursacht durch genehmigte Strahlenemissionen. Rechtswidrigkeit der schädigenden Handlung wird also nicht vorausgesetzt. Die Verpflichtung zum Schadensersatz entsteht auch dann, wenn „die Gefährdung mit an sich nicht rechtmäßigen Schädigungen" (*Esser,* Grundlagen und Entwicklung der Gefährdungshaftung, 91) erlaubt ist (→ Art. 1 Rn. 3–6).

3. Kausalzusammenhang

a) Grundsatz. Zur Begründung der Haftung des Inhabers der Kernanlage muss 5
ein **ursächlicher Zusammenhang** zwischen dem erlittenen Schaden und einem nuklearen Ereignis nachgewiesen werden, das sich in einer Kernanlage des Inhabers

PÜ Art. 3 [Grund, Art und Umfang der Haftung]

ereignet hat oder das auf aus der Kernanlage stammende Kernmaterialien zurückzuführen ist, sofern Art. 4 PÜ 2004 nichts anderes bestimmt. Der Nachweis des Kausalzusammenhangs ist vom Geschädigten (Kläger) zu erbringen. Damit stellt sich die Frage, welche Kausallehre dem Nachweis zugrundezulegen ist, damit der Anspruch gegen den Inhaber der Kernanlage begründet ist.

6   b) **Kausallehren.** Das Übereinkommen schweigt zu dieser Frage und formuliert lediglich „wenn bewiesen wird, ...". Das insbesondere bei *Fischerhof* Dt. AtomG Art. 3 Rn. 3–5 erörterte Problem, ob das PÜ als völkerrechtlicher Vertrag nicht die Anwendung völkerrechtlicher Kausallehren erfordere, muss nicht erneut diskutiert werden. Zum einen dürften die Unterschiede zwischen völkerrechtlichen und nationalen Kausallehren im Ergebnis gering sein und zum anderen kommt *Fischerhof* zutreffend zu dem Ergebnis, dass wegen der Einbettung des Übereinkommens in das nationale Recht der Vertragsparteien **nationale Kausallehren** anzuwenden seien (→ Art. 11 Rn. 1ff.). Um diesbezügliche Unterschiede der nationalen Rechtsordnungen auszugleichen, schlägt er vor, dass „die im Völkerrecht zu findende Kombination von Adäquanztheorie und causa-proxima-Lehre oder jedenfalls die damit zu erreichenden Ergebnisse Leitlinie für den nationalen Richter bei der Anwendung des Art. 3 PÜ sein könnten" (*Fischerhof* Dt. AtomG Art. 3 Rn. 5). Es kommt also im Ergebnis darauf an, eine Kausallehre anzuwenden, die „eine uferlose Haftung infolge Einbeziehung jeder condicio sine qua non durch entsprechende Korrektive" ausschließt (*Fischerhof* Dt. AtomG Art. 3 Rn. 5). Das aber ist ohnehin die Funktion juristischer Kausallehren, so dass die Anwendung unterschiedlicher nationaler Kausallehren nicht zu inakzeptablen Ergebnissen führen dürfte. Im deutschen Recht ist die adäquate Verursachung maßgeblich (BGH NJW 1998, 138 (140) mwN unter II.3.a)); *Grüneberg* in Palandt BGB, 76. Aufl. 2017, Vor § 249 Rn. 26ff.; *Fuchs/Pauker/Baumgärtner*, Delikts- und Schadensersatzrecht, 400f.). Diese Kausallehre ist somit bei der Anwendung des Art. 3 Abs. (a) PÜ 2004 in Deutschland zugrunde zu legen.

7   Allerdings weist *Haedrich* AtG Art. 3 Rn. 4 mwN zu Recht darauf hin, dass bei der Gefährdungshaftung für Atomschäden die Adäquanztheorie nur mit Einschränkung anwendbar ist. Für die haftungsbegründende Kausalität reiche nämlich die naturwissenschaftliche Kausalität aus, denn das Übereinkommen grenze die zurechenbaren Folgen auf das nukleare Risiko ein. In der Tat hat die Begrenzung auf das nukleare Risiko zur Folge, dass die Adäquanz einer Ursache nachrangige Bedeutung erlangt. Da konventionelle Schäden außer Betracht bleiben, ist jede condicio sine qua non für den nuklearen Schaden zugleich auch regelmäßig eine adäquate Ursache (vgl. hierzu *Haedrich* AtG Art. 3 Rn. 4; *Mattern/Raisch* AtG Vor § 25 Rn. 5 jeweils mwN).

8   c) **Nachweis der Ursächlichkeit.** Die **Besonderheiten von Strahlenschäden** machen es oftmals für den Geschädigten schwer oder sogar unmöglich, den Kausalzusammenhang zwischen nuklearem Ereignis und Schaden nachzuweisen. Radioaktive Strahlen sind mit menschlichen Sinnen nicht wahrnehmbar. Sie können an lebenden Zellen sowohl Sofortschäden und als auch für lange Zeit latente Schäden verursachen (Spätschäden und genetische Schäden). Es ist nicht erkennbar, ob zB eine Krebserkrankung auf einer radioaktiven Bestrahlung oder einer anderen Ursache beruht. Da jedoch das deliktische Schadensersatzrecht auf den Nachweis eines ursächlichen Zusammenhangs zwischen Schaden und Schadensgrund nicht verzichten kann – es würde sonst zu einer allgemeinen Unglücksversicherung mutieren –, können hier für den Geschädigten schwierige Probleme bei der Geltend-

[Grund, Art und Umfang der Haftung] **Art. 3 PÜ**

machung von Schadensersatzansprüchen entstehen. Diese sind mit rechtlichen Mitteln und Methoden nicht vollständig und befriedigend lösbar, solange es den Naturwissenschaften nicht gelingt, den nuklearen Schaden zu seinem Ursprung zuverlässig und erkennbar zurückzuverfolgen.

Das Übereinkommen enthält Bestimmungen, die dem Geschädigten den **Kau-** 9 **salnachweis** in bestimmten Fällen **erleichtern:** Art. 3 Abs. (b) S. 1, Art. 5 Abs. (d) PÜ 2004. Auch bieten sich im allgemeinen Recht Hilfslösungen wie beispielsweise Umkehr der Beweislast, gesetzliche Vermutungen, *prima-facie*-Beweis oder auch die freie Überzeugung des Gerichts gem. §§ 286, 287 ZPO an, aber das sind nur Annäherungen für Einzelfälle (vgl. hierzu mit Nachweisen *Haedrich* AtG Art. 3 Rn. 7 ff.). Die Schwierigkeiten beim Nachweis des Kausalzusammenhangs bei körperlichen Strahlenschäden sind generell juristisch ein ungelöstes und mit rechtlichen Mitteln allein auch ein kaum lösbares Problem. Das kennzeichnet eine Schwäche des Atomhaftungsrechts zu Lasten des Geschädigten. Diese Problematik war zu Beginn der Kernenergienutzung ein unter Juristen häufig erörtertes Thema. Neuere Untersuchungen fehlen dagegen, da es offenbar keinen naturwissenschaftlichen Fortschritt in dieser Frage gibt (zur juristischen Kausalitätsproblematik jeweils mit Nachweisen zB *Schülli,* Rechtsprobleme beim Kausalitätsnachweis von Strahlenschäden; *Weitnauer,* Das Atomhaftungsrecht in nationaler und internationaler Sicht, 114 ff.; *Pelzer,* Problèmes posés par l'établissement du lien de causalité entre l'accident et le dommage nucléaire. Le problème de la causalité dans le droit de la responsabilité civile nucléaire; *Moser* NLB 38 (December 1986), 70; *Ståhlberg* NLB 53 (June 1994), 22).

4. Eintritt des nuklearen Ereignisses

Es muss bewiesen werden, dass das **nukleare Ereignis** entweder **in der Kern-** 10 **anlage** des Inhabers eingetreten oder auf **aus der Kernanlage stammende Kernmaterialien** zurückzuführen ist. „In der Kernanlage" bezeichnet örtlich zunächst den Bereich, der von der Definition „Kernanlage" in Art. 1 Abs. (a) (ii) PÜ 2004 erfasst wird (→ Art. 1 Rn. 7). Art. 3 Abs. (a) (i) und (ii) PÜ 2004 präzisiert diese Begriffsbestimmung: sie unterscheidet zwischen der „Kernanlage selbst" und dem „Gelände", auf dem sie sich befindet. Die Ortsbezeichnung „in der Kernanlage" bezieht sich somit allein auf die Kernanlage selbst. In dieser muss das nukleare Ereignis, dh das Geschehnis, das den nuklearen Schaden verursacht, eintreten.

Der zweite Fall, der eine Haftpflicht des Inhabers begründen kann, setzt voraus, 11 dass das nukleare Ereignis auf **aus der Kernanlage stammende Kernmaterialien** iSv Art. 1 Abs. (a) (v) PÜ 2004 zurückzuführen ist. Es muss sich also um Kernmaterialien handeln, die sich nicht mehr in der Kernanlage befinden, aus der sie kommen. Diese Fälle betreffen jedoch nicht die Beförderung von Kernmaterialien, da der Artikel ausdrücklich sagt, soweit die Transportbestimmung des Art. 4 PÜ 2004 „nichts anderes bestimmt". Die Kernmaterialien müssen aus der Kernanlage des Inhabers stammen, aber dürfen sich nicht mehr in dieser befinden, ohne iSd Art. 4 befördert zu werden, und sie dürfen auch nicht in eine andere Kernanlage verbracht worden sein. Diese Haftungsgrundlage ist zB dann anwendbar, wenn das nukleare Ereignis außerhalb der Kernanlage, aber noch auf deren Gelände eintritt. Zu denken ist ferner etwa an die Verwendung der Materialien in Forschungseinrichtungen, die nicht Kernanlagen sind, mit Einschluss der Beförderung zu und von diesen Einrichtungen. Auch aus der Kernanlage entwendete oder anderweitig abhanden gekommene Kernmaterialien fallen unter diese Bestimmung. Sie gilt auch für derelin-

PÜ Art. 3 [Grund, Art und Umfang der Haftung]

quierte Kernmaterialien, zB durch nicht rückholbare Abfallbeseitigung in geologische Schichten oder in das Meer.

5. Ausschluss der Haftung

12   Die Haftung des Inhabers der Kernanlage ist ausgeschlossen für nuklearen Schaden an bestimmten **Vermögensgegenständen, die sich auf dem Gelände der Kernanlage** befinden (Art. 3 Abs. (a) (ii) PÜ 2004). Das gilt zunächst für die Kernanlage selbst und andere Kernanlagen, einschließlich solcher während der Errichtung, die Eigentum des Inhabers sind. Diese Schäden sind Eigenschäden des Haftpflichtigen und das Übereinkommen regelt ausschließlich die Dritthaftpflicht. Ausgenommen von der Haftung des Inhabers sind aber auch Kernanlagen, einschließlich solcher während ihrer Errichtung, die sich auf dem Gelände befinden und die einem anderen als dem Inhaber gehören. Der Eigentümer dieser Einrichtungen steht regelmäßig in vertraglichen Beziehungen zum Inhaber der Kernanlage und ist sich der Risiken des Standortes bewusst; er bildet mit dem Inhaber eine „Risikogemeinschaft", so dass man seine Schäden als „Quasi-Eigenschäden" bezeichnen kann (*Fischerhof* Dt. AtomG Art. 3 Rn. 12).

13   Von der Haftung des Inhabers ausgenommen ist ferner nuklearer Schaden an jeglichen **Vermögenswerten auf dem Gelände, die im Zusammenhang mit der Kernanlage verwendet werden** oder verwendet werden sollen (Art. 3 Abs. (a) (ii) (2) PÜ 2004). Das ist selbstverständlich, sofern der Inhaber Eigentümer dieser Vermögenswerte ist, und es gilt auch für solche Vermögenswerte des Inhabers, die nicht für die Kernanlage verwendet werden oder werden sollen. Der Ausschluss gilt aber auch im Hinblick auf der Kernanlage dienende oder zu dienende Vermögenswerte auf dem Gelände, die dritten Personen gehören. Hierzu zählen zB Gerätschaften von Zulieferern und Reparaturfirmen. *Fischerhof* Dt. AtomG Art. 3 Rn. 13 weist zutreffend darauf hin, dass auch gepachtete Kernbrennstoffe zu diesen von der Haftung ausgeschlossenen Vermögenswerten gehören. Darüber hinaus sind alle auf dem Gelände befindlichen Kernbrennstoffe, die in der Kernanlage verwendet werden oder verwendet werden sollen und die gem. Art. 86 Abs. 1 EAGV Eigentum der Europäischen Atomgemeinschaft sind, von der Haftung des Inhabers der Kernanlage nach dem Übereinkommen ausgenommen (*Pelzer* atw 2015, 101).

14   Die Regelung des Art. 3 Abs. (a) (ii) PÜ 2004 kann zu **willkürlichen Ergebnissen** führen. Lagert etwa ein Reparaturunternehmen seine **Geräte innerhalb und außerhalb des Geländes,** so finden unterschiedliche Haftungsnormen Anwendung. Während nuklearer Schaden an den Geräten außerhalb des Geländes vom Inhaber nach dem Übereinkommen zu ersetzen ist, gibt es keinen Schadensersatz für nuklearen Schaden an den Geräten innerhalb des Geländes. „Dies mag im Einzelfall unbefriedigend sein, kann aber in Kauf genommen werden." (*Fischerhof* Dt. AtomG Art. 3 Rn. 13). *Fischerhof* weist auch auf die Sonderprobleme sog. ‚Nuklearparks' hin, bei denen Kernanlagen verschiedener Inhaber sich auf einem Gelände befinden (*Fischerhof* Dt. AtomG Art. 3 Rn. 14). Sofern hier ein nukleares Ereignis in einer der auf dem Gelände befindlichen Kernanlage eine andere Kernanlage auf dem Gelände schädigt, handelt es sich grundsätzlich um einen Drittschaden, für den nach dem Übereinkommen gehaftet wird. Soweit ersichtlich, gibt es in Deutschland derzeit jedoch keine Nuklearparks, so dass ihre atomhaftungsrechtliche Problematik für Deutschland keine praktische Relevanz hat.

[Grund, Art und Umfang der Haftung] **Art. 3 PÜ**

In den Fällen, in denen die Haftung des Inhabers der Kernanlage für nuklearen 15
Schaden an Anlagen und Vermögenswerten auf dem Gelände seiner Kernanlage
gem. Art. 3 Abs. (a) (i) und (ii) PÜ 2004 ausgeschlossen ist, kann eine andere Person
als der Inhaber nach dem allgemeinen Deliktsrecht oder auch vertraglich für diesen
Schaden haftbar sein: „The Convention leaves it to the ordinary rules of law to
determine the liability of that individual for such damage" (Exposé des Motifs
2004 No. 27 (a) (i) (Konsolidierte Fassung, 44); → Art. 6 Rn. 8).

III. Gemeinsam verursachte Schäden (Abs. b)

1. Gesetzliche Vermutung

Art. 3 Abs. (b) S. 1 PÜ 2004 ist eine der oben in → Rn. 9 genannten Bestim- 16
mungen des Übereinkommens, die es dem Geschädigten erleichtern, den erforderlichen Kausalnachweis zwischen nuklearem Ereignis und nuklearen Schaden zu
führen. Wenn ein nuklearer Schaden gemeinsam durch ein nukleares und ein nichtnukleares Ereignis verursacht wird, dann gilt der Schaden als durch das nukleare Ereignis verursacht, wenn sich der Teil des Schadens, der auf das nichtnukleare Ereignis zurückzuführen ist, sich nicht „hinreichend sicher" von dem durch das nukleare
Ereignis verursachten Schaden trennen lässt („reasonably separable" – „séparer avec
certitude" – „separarlo con certeza" – „separato con certezza" – „redelijkerwijze
niet te scheiden"). Lassen sich dagegen die beiden Ursachen trennen, dann werden
beide Schadensverursachungen auch getrennt bewertet: es gelten das PÜ für den
nuklearen Schaden und für den konventionellen Schaden das allgemeine außervertragliche Schadensersatzrecht. Die **gesetzliche Vermutung** für die nicht trennbare
Schadensverursachung ist eine begünstigende Sonderregelung für den Geschädigten. Sie will nur den durch ein nukleares Ereignis Geschädigten, nicht aber den
konventionell Geschädigten schützen. Sie ist eng auszulegen (*Haedrich* AtG Art. 3
Rn. 6).

Beispiel: Wird jemand durch die Radioaktivität und durch die Giftwirkung 17
von Uranhexafluorid verletzt und lassen sich die unterschiedlichen Einwirkungen
nicht trennen, gilt die Vermutung des Art. 3 Abs. (b) S. 1 PÜ 2004. Die Haftung regelt sich ausschließlich nach dem PÜ. Stirbt aber der Verletzte durch die Gifteinwir-
kung, bevor sich die Radioaktivität schädigend auswirken kann, beruht der Schaden nicht „auf einer Verbindung der radioaktiven Eigenschaften mit giftigen,
explosiven und sonstigen gefährlichen Eigenschaften des betreffenden Materials".
Es liegt kein nuklearer Schaden vor (Art. 1 Abs. (a) (vii) PÜ 2004). Die Vermutung
ist nicht anwendbar und die Haftung bestimmt sich nach dem allgemeinen Deliktsrecht.

2. Nukleares Ereignis und andere Strahlenschädigung

Verursachen ein nukleares Ereignis und eine nicht unter das Übereinkommen 18
fallende ionisierende Strahlung gemeinsam einen nuklearen Schaden, so wird dieser
nicht insgesamt dem Inhaber der Kernanlage zugerechnet. Das Übereinkommen
lässt vielmehr gem. Art. 3 Abs. (b) S. 2 PÜ die Haftung von Personen hinsichtlich
dieser ionisierenden Strahlung unberührt. Der Verletzte kann somit auf Grund des
Übereinkommens Schadensersetz von dem haftpflichtigen Inhaber Kernanlage verlangen und daneben auch den für ionisierende Strahlung Haftpflichtigen auf Ersatz

verklagen, zB auf Grund des § 26 AtG und des allgemeinen Deliktsrechts. Der Inhaber und der andere Haftpflichtige haften gesamtschuldnerisch (→ AtG § 33 Rn. 5).

19 Die **gesamtschuldnerische Haftung** des Inhabers und des für die ionisierende Strahlung Haftpflichtigen ist nicht unproblematisch. Nimmt der Verletzte den Inhaber der Kernanlage auf den Gesamtbetrag seines Schadens in Anspruch, darf dieser nach Art. 10 Abs. (e) PÜ 2004 seine finanzielle Sicherheit nur für den Ersatz des Schadens heranziehen, der durch das nukleare Ereignis verursacht wurde. Eine möglicherweise weitergehende Haftung des für die ionisierende Strahlung Haftpflichtigen wäre von der Deckungsvorsorge des Inhabers der Kernanlage nicht gedeckt. Darüber hinaus erlaubt Art. 3 Abs. (b) S. 2 PÜ auch eine Abweichung vom Grundsatz der rechtlichen Kanalisierung (Art. 6 Abs. (b) PÜ).

Artikel 4 [Beförderung von Kernmaterialien]

Für den Fall der Beförderung von Kernmaterialien einschließlich der damit im Zusammenhang stehenden Lagerung gilt, unbeschadet des Artikels 2, folgendes:

(a) **Der Inhaber einer Kernanlage haftet gemäß diesem Übereinkommen für einen nuklearen Schaden, wenn bewiesen wird, dass dieser durch ein nukleares Ereignis außerhalb der Anlage verursacht worden und auf Kernmaterialien zurückzuführen ist, die von der Anlage aus befördert worden sind, jedoch nur falls das Ereignis eintritt:**
(i) **bevor der Inhaber einer anderen Kernanlage die Haftung für die auf die Kernmaterialien zurückzuführenden nuklearen Ereignisse nach den ausdrücklichen Bestimmungen eines schriftlichen Vertrages übernommen hat;**
(ii) **mangels solcher ausdrücklicher Bestimmungen, bevor der Inhaber einer anderen Kernanlage die Kernmaterialien übernommen hat;**
(iii) **wenn die Kernmaterialien in einem Reaktor, der Teil eines Beförderungsmittels ist, verwendet werden sollen, bevor sie der zum Betrieb dieses Reaktors ordnungsgemäß Befugte übernommen hat;**
(iv) **wenn die Kernmaterialien an einen Empfänger im Hoheitsgebiet eines Nichtvertragsstaates versandt worden sind, bevor sie aus dem Beförderungsmittel, mit dem sie im Hoheitsgebiet dieses Nichtvertragsstaates angekommen sind, ausgeladen worden sind.**

(b) **Der Inhaber einer Kernanlage haftet gemäß diesem Übereinkommen für einen nuklearen Schaden, wenn bewiesen wird, dass dieser durch ein nukleares Ereignis außerhalb der Anlage im Verlauf einer Beförderung von Kernmaterialien zu der Anlage verursacht worden ist, jedoch nur falls das Ereignis eintritt:**
(i) **nachdem er die Haftung für die auf die Kernmaterialien zurückzuführenden nuklearen Ereignisse nach den ausdrücklichen Bestimmungen eines schriftlichen Vertrages vom Inhaber einer anderen Kernanlage übernommen hat;**
(ii) **mangels solcher ausdrücklicher Bestimmungen, nachdem er die Kernmaterialien übernommen hat;**
(iii) **nachdem er die Kernmaterialien vom Inhaber eines Reaktors, der Teil eines Beförderungsmittels ist, übernommen hat;**

[Beförderung von Kernmaterialien] **Art. 4 PÜ**

(iv) wenn die Kernmaterialien mit schriftlicher Zustimmung des Inhabers einer Kernanlage von einer Person im Hoheitsgebiet eines Nichtvertragsstaates versandt worden sind, nachdem sie auf das Beförderungsmittel verladen worden sind, mit dem sie aus dem Hoheitsgebiet dieses Staates befördert werden sollen.

(c) Die Übertragung der Haftung auf den Inhaber einer anderen Kernanlage in Übereinstimmung mit den Absätzen (a) (i) und (ii) und (b) (i) und (ii) ist nur möglich, wenn dieser Inhaber ein unmittelbares wirtschaftliches Interesse an den beförderten Kernmaterialien hat.

(d) ¹Der gemäß diesem Übereinkommen haftende Inhaber einer Kernanlage hat den Beförderer mit einer Bescheinigung zu versehen, die vom Versicherer oder von demjenigen, der eine sonstige finanzielle Sicherheit gemäß Artikel 10 erbracht hat, oder für ihn ausgestellt ist. ²Jedoch kann eine Vertragspartei diese Verpflichtung in bezug auf eine Beförderung ausschließen, die ganz in ihrem eigenen Hoheitsgebiet stattfindet. ³Die Bescheinigung muß Namen und Anschrift dieses Inhabers sowie den Betrag, die Art und die Dauer der Sicherheit enthalten. ⁴Diese Angaben können von demjenigen, von dem oder für den die Bescheinigung ausgestellt worden ist, nicht bestritten werden. ⁵In der Bescheinigung sind überdies die Kernmaterialien und der Beförderungsweg zu bezeichnen, auf die sich die Sicherheit bezieht; sie muß ferner eine Erklärung der zuständigen Behörde enthalten, dass der bezeichnete Inhaber einer Kernanlage ein solcher im Sinne dieses Übereinkommens ist.

(e) ¹Die Gesetzgebung einer Vertragspartei kann vorsehen, dass nach den darin festgesetzten Bedingungen ein Beförderer an Stelle des Inhabers einer im Hoheitsgebiet dieser Vertragspartei gelegenen Kernanlage auf Grund einer Entscheidung der zuständigen Behörde gemäß diesem Übereinkommen haftet. ²Eine solche Entscheidung ergeht auf Antrag des Beförderers mit Zustimmung des betreffenden Inhabers der Kernanlage unter der Voraussetzung, dass die Erfordernisse des Artikels 10 (a) erfüllt sind. ³In diesem Falle gilt der Beförderer hinsichtlich nuklearer Ereignisse, die im Verlauf der Beförderung von Kernmaterialien eintreten, im Sinne dieses Übereinkommens als Inhaber einer im Hoheitsgebiet der betreffenden Vertragspartei gelegenen Kernanlage.

Übersicht

	Rn.
I. Grundsätze der Beförderungshaftung	1
II. Haftung des absendenden Inhabers (Abs. a)	6
1. Schriftlicher Vertrag (UAbs. i)	6
2. Tatsächliche Übernahme (UAbs. ii)	7
3. Beförderungsmittel (UAbs. iii)	8
a) Grundsatz	8
b) Militärische Beförderungsmittel	9
4. Sendung in einen Nichtvertragsstaat (UAbs. iv)	10
5. Beweislast	11
III. Haftung des empfangenden Inhabers (Abs. b)	12
IV. Beschränkte Haftungsübertragung (Abs. c)	13
1. Zweck der Übertragungsbeschränkung	13
2. Unmittelbares wirtschaftliches Interesse	14

PÜ Art. 4 [Beförderung von Kernmaterialien]

	Rn.
V. Bescheinigung über finanzielle Sicherheit (Abs. d)	15
VI. Haftung des Beförderers (Abs. e)	17
1. Haftungsübertragung	17
2. Beförderer	19

Literatur: *Dussart Desart,* The Reform of the Paris Convention on Third Party Liability in the Field of Nuclear Energy and of the Brussels Supplementary Convention, NLB 75 (2005/1), 7; *Mahieu,* The Impact of the New Nuclear Liability Regime on Nuclear Transport, in Pelzer, Europäisches Atomhaftungsrecht im Umbruch, Tagungsbericht der AIDN/INLA Regionaltagung in Berlin 2009, 2010, 87; *OECD/NEA,* Paris Convention – Decisions, Recommendations, Interpretations, 1990, abrufbar unter https://www.oecd-nea.org/jcms/pl_13058, zul. abgerufen am 30.10.2020; *Weitnauer,* Das Atomhaftungsrecht in nationaler und internationaler Sicht, 1964.

I. Grundsätze der Beförderungshaftung

1   Die Lösung, die das PÜ in seinem Art. 4 zur Regelung der Haftung für nuklearen Schaden, der im Verlauf der Beförderung von Kernmaterialien (Art. 1 Abs. (a) (v) PÜ 2004; → Art. 1 Rn. 31, 32) verursacht wird, gefunden hat, ist einfach, überzeugend und elegant, „ein großer Wurf" (*Fischerhof* Dt. AtomG Art. 4 Rn. 1), „einfache und übersichtliche Regelung" (*Haedrich* AtG Art. 4 Rn. 1): **Allein haftpflichtig** ist entweder der **absendende** oder der **empfangende Inhaber einer Kernanlage.** Der Beförderer („carrier" – „transporteur") ist regelmäßig nicht haftpflichtig. Eine nach dem PÜ haftungsrechtlich relevante Beförderung findet somit immer nur zwischen Inhabern von Kernanlagen statt. Dabei muss es sich um Kernanlagen handeln, die in den Hoheitsgebieten von Vertragsstaaten des PÜ gelegen sind (so auch *Raetzke* in NK-AtomR AtG § 25 Rn. 54).

2   Mit dieser einfachen rechtlichen Konstruktion wird „nahtlos an die Anlagenhaftung nach Art. 3" angeknüpft (*Fischerhof* Dt. AtomG Art. 4 Rn. 1) und werden Haftungslücken vermieden. Insbesondere werden so die schwierigen **internationalrechtlichen Probleme** internationaler Transporte ausgeschlossen, die entstehen können, wenn möglicherweise jeweils unterschiedliche Beförderer haftpflichtig wären. Die Konzentration auch der Beförderungshaftung auf den Inhaber der Kernanlage vervollständigt die auch in den übrigen Anwendungsbereichen des Übereinkommens verwirklichte ausschließliche Haftungskonzentrierung auf den Kernanlageninhaber. Das Modell ist Vorbild für alle anderen internationalen Atomhaftungsübereinkommen (→ Vor Rn. 5 ff.) und auch für die nationale Gesetzgebung zahlreicher Nichtvertragsstaaten geworden.

3   Die Haftungsregelung gem. Art. 4 PÜ 2004 ist nur anwendbar, wenn der nukleare Schaden durch ein nukleares Ereignis **„außerhalb der Anlage"** des haftpflichtigen Inhabers verursacht worden ist und auf Kernmaterialien dieser Anlage zurückzuführen ist. Durch diese örtliche Bestimmung wird der Beginn der Beförderungshaftung präzisiert. Der Begriff „außerhalb der Anlage" (= Kernanlage) legt einen engen Anlagenbegriff zugrunde: gemeint ist „außerhalb der Kernanlage selbst" (→ Art. 1 Rn. 7; → Art. 3 Rn. 10; so auch bereits *Fischerhof* Dt. AtomG Art. 4 Rn. 3; *Haedrich* AtG Art. 4 Rn. 4). Tritt das nukleare Ereignis auf dem Gelände der Kernanlage auf, dann ist das ein Ereignis außerhalb der Anlage. Die Haftung gem. Art. 4 beginnt also nicht erst mit dem Verlassen des Anlagengeländes, sondern bereits mit dem Verlassen der Anlage selbst.

[Beförderung von Kernmaterialien] **Art. 4 PÜ**

Art. 4 PÜ 2004 gilt „unbeschadet des Artikels 2" des Übereinkommens. Das 4
heißt, die Bestimmung findet nur dann Anwendung, wenn der nukleare Schaden
in dem in Art. 2 PÜ 2004 bestimmten **geographischen Geltungsbereich** des
Übereinkommens eintritt. Dies ist vorab zu prüfen. Der Vorbehalt des Art. 2 hat besondere
Bedeutung für grenzüberschreitende Beförderungen. Deutschland hatte
die Anwendung des Art. 2 aF ausgeschlossen (→ Art. 2 Rn. 16) und Inhaber von in
Deutschland gelegenen Kernanlagen waren unabhängig vom Ort des Schadenseintritts
nach dem PÜ haftpflichtig (§ 25 Abs. 4 AtG). Zur heutigen Rechtslage
→ Art. 2 Rn. 16.

Art 4 PÜ 2004 gilt für **alle Arten der Beförderung** von Kernmaterialien und 5
umfasst Land-, See- und Lufttransporte, siehe Exposé des Motifs 2004 No. 35.

II. Haftung des absendenden Inhabers (Abs. a)

1. Schriftlicher Vertrag (UAbs. i)

Der absendende Inhaber der Kernanlage haftet gem. Art. 4 Abs. (a) (i) PÜ 2004, 6
wenn das den nuklearen Schaden verursachende nukleare Ereignis auf Kernmaterialien
zurückzuführen ist, die von der Anlage aus befördert werden, bevor
ein anderer Inhaber die Haftung nach den ausdrücklichen Bestimmungen **eines
schriftlichen Vertrages** übernommen hat. Um den Augenblick der Haftungsübernahme
vom absendenden Inhaber an einen anderen Inhaber zweifelsfrei zu
bestimmen, setzt das PÜ insoweit qualifizierte Voraussetzungen fest: eine ausdrückliche
Bestimmung in einem schriftlichen Vertrag. Was jedoch damit konkret
gemeint ist, lässt sich dem Übereinkommen nicht entnehmen. Insoweit ist auf das
nationale Recht der Vertragsparteien zurückzugreifen. Ist deutsches Recht auf den
Vertrag anzuwenden, gelten für das Erfordernis der Schriftlichkeit des Vertrags die
§§ 126 und 126a BGB, nicht aber § 126b BGB, da die Textform nicht den Anforderungen
des Übereinkommens entspricht. Gehören absendender und übernehmender
Inhaber unterschiedlichen Vertragsparteien an, so ist zunächst zu prüfen,
ob der Vertrag ausdrückliche oder konkludente Hinweise auf das anwendbare
Recht gibt. Fehlen solche Hinweise, ist die Frage nach den Grundsätzen des Internationalen
Privatrechts zu beantworten. Tatsächlich dürften diese Fragen jedoch
keine große Rolle spielen, da ein schriftlicher Vertrag wohl in allen Rechtsordnungen
leicht bestimmbar ist; fraglich könnte allenfalls sein, ob auch elektronische
Formen als „schriftlich" akzeptiert werden. Unproblematisch dürfte auch das weitere
Erfordernis „ausdrückliche Bestimmung" des Haftungsübergangs sein. Aus
dieser Bestimmung muss sich ausdrücklich und mit Eindeutigkeit der Zeitpunkt
des Übergangs ergeben.

2. Tatsächliche Übernahme (UAbs. ii)

Fehlt ein schriftlicher Vertrag mit einer ausdrücklichen Bestimmung des Über- 7
gangs ist der Zeitpunkt des Haftungsübergangs von dem absendenden zu dem
empfangenden Kernanlageninhaber die **Übernahme der Kernmaterialien**
(Art. 4 Abs. (a) (ii) PÜ 2004). Es muss sich um eine tatsächliche Übernahme (= regelmäßig
Besitzübergang) der Kernmaterialien durch den anderen Inhaber handeln.
Mit dem Augenblick des Besitzübergangs wechselt auch der haftpflichtige Inhaber
der Kernanlage. Dass das Übereinkommen die tatsächliche Übernahme

PÜ Art. 4 [Beförderung von Kernmaterialien]

meint, folgt bereits daraus, dass diese Bestimmung nur gelten soll, wenn es keine vertragliche Regelung gibt, und ergibt sich auch aus der auf den tatsächlichen Wechsel der Obhut abstellenden Formulierung: „übernommen hat" – „taken charge" – „pris en charge" – „hecho cargo" – „preso in consegna" – „heeft overgenomen". Die Regelung dient dazu, die Haftungsübernahme bei Fehlen einer schriftlichen Vereinbarung erkennbar zu machen. Sie gilt auch dann, wenn ein ursprünglich vorhandener Übergangsvertrag aus rechtlichen oder tatsächlichen Gründen unanwendbar ist (ebenso *Fischerhof* Dt. AtomG Art. 4 Rn. 4; *Haedrich* AtG Art. 4 Rn. 5; zur Vorgeschichte *Weitnauer,* Das Atomhaftungsrecht in nationaler und internationaler Sicht, 135 ff.).

3. Beförderungsmittel (UAbs. iii)

8 a) **Grundsatz.** Die Haftung des absendenden Inhabers endet auch, wenn die Kernmaterialien von dem zum Betrieb eines **Reaktors,** der **Teil eines Beförderungsmittels** ist, ordnungsgemäß Befugten übernommen worden sind und die Materialien in diesem Reaktor verwendet werden sollen (Art. 4 Abs. (a) (iii) PÜ 2004). Diese Sondervorschrift ist nötig, da die UAbs. (i) und (ii) nicht anwendbar auf den hier geregelten Fall sind. Reaktoren, die Teil eines Beförderungsmittels sind, sind keine Kernanlagen iSd Übereinkommens und ihre Betreiber mithin auch keine Inhaber einer Kernanlage (→ Art. 1 Rn. 11). Wenn also etwa der Inhaber einer Brennelementefabrik Brennelemente an den Betreiber eines Reaktorschiffes liefert, geht die Haftung auf den zum Betrieb des Schiffes Befugten über, wenn dieser die Materialien tatsächlich übernommen hat; dieser haftet dann nach den für Reaktorschiffe geltenden Bestimmungen.

9 b) **Militärische Beförderungsmittel.** Diese Regelung gilt für zivile wie für militärische Reaktorschiffe in gleicher Weise. Das könnte bei militärischen Reaktorschiffen fraglich sein, da das Übereinkommen nur für friedliche Kernenergienutzung anwendbar ist (→ Präambel Rn. 7). Würde man indessen die Anwendbarkeit dieser Bestimmung für militärische Beförderungsmittel ausschließen, hätte das zur Folge, dass der absendende Inhaber der Kernanlage weiterhin haftbar bliebe, wenn durch die Kernmaterialien ein nukleares Ereignis während ihrer Verwendung auf dem militärischen Beförderungsmittel verursacht würde. Der Inhaber haftet gem. Art. 3 Abs. (a) PÜ 2004 auch für nuklearen Schaden, der durch ein nukleares Ereignis verursacht wurde, das auf aus seiner Kernanlage stammende Kernmaterialien zurückzuführen ist (→ Art. 3 Rn. 11). Dies gilt nur dann nicht, wenn Art. 4 PÜ 2004 anderes bestimmt. Abs. (a) (iii) ist eine solche anderweitige Regelung. Die fortbestehende Haftung des versendenden Inhabers endet, wenn der für das Beförderungsmittel Zuständige die Kernmaterialien übernimmt.

4. Sendung in einen Nichtvertragsstaat (UAbs. iv)

10 Die Haftung des absendenden Inhabers endet gem. Art. 4 Abs. (a) (iv) PÜ 2004 auch, wenn die Kernmaterialien an einen **Empfänger in einem Nichtvertragsstaat** versandt werden sollen und das nukleare Ereignis eintritt, nachdem die Materialien aus dem Beförderungsmittel, mit dem sie im Hoheitsgebiet des Nichtvertragsstaat angekommen sind, ausgeladen worden sind. Die Exposés des Motifs 1960 (No. 25) und 2004 (No. 38 (a) (Konsolidierte Fassung, 47)) begründen diese Regelung wie folgt: „The Convention clearly cannot impose liability upon persons not subject to the jurisdiction of the Contracting Parties." Das ist zutreffend, übersieht

[Beförderung von Kernmaterialien] **Art. 4 PÜ**

aber, dass das, soweit das Beförderungsmittel nicht ein Staatsschiff ist, bereits gilt, wenn das Beförderungsmittel, auf dem sich die Materialien befinden, das Hoheitsgebiet des Nichtvertragsstaates erreicht hat. Bereits dann ist das Beförderungsmittel nicht mehr innerhalb der Jurisdiktion einer Vertragspartei. Auf das Entladen kommt es insoweit nicht an. Natürlich kann das Übereinkommen auch für diese Fälle seine Anwendbarkeit erklären. Jedoch entscheidet im Verhältnis zu dem Nichtvertragsstaat das Internationale Privatrecht, ob das Übereinkommen, das Recht des Empfängerstaates oder ein anderes Recht anzuwenden ist.

5. Beweislast

Für den Geschädigten dürfte es oftmals schwierig sein zu erkennen, wann die 11
Haftung von dem einen auf den anderen Inhaber übergeht. Die Vertragsparteien des PÜ wollen daher den Art. 4 so verstanden wissen, dass er eine **Umkehr der Beweislast** vorsieht (Exposés des Motifs 1960 No. 24 und 2004 No. 37 (Konsolidierte Fassung, 47)): Die Beweislast, dass die Haftung des versendenden Inhabers geendet und ein anderer Inhaber oder Person die Haftung übernommen hat, liegt bei dem versendenden Inhaber der Kernanlage (zustimmend *Fischerhof* Dt. AtomG Art. 4 Rn. 6; *Haedrich* AtG Art. 4 Rn. 5).

III. Haftung des empfangenden Inhabers (Abs. b)

Die Haftung des Inhabers einer Kernanlage, dem Kernmaterialien zugesandt 12
werden und diese empfängt, ist in Art. 4 Abs. (b) PÜ 2004 geregelt. Sie wird üblicherweise als **„spiegelbildlich"** zu der Regelung der Haftung des absendenden Inhabers bezeichnet:
- Übernahmezeitpunkt auf Grund ausdrücklicher schriftlicher Vereinbarung (UAbs. i);
- tatsächliche Übernahme der Kernmaterialien (UAbs. ii);
- tatsächliche Übernahme der Kernmaterialien vom Inhaber eines Reaktors, der Teil eines Beförderungsmittels ist (UAbs. iii);
- bei Beförderung von einem Nichtvertragsstaat zu einem Inhaber in einer Vertragspartei: Haftung des empfangenden Inhabers ab dem Augenblick, an dem die Kernmaterialien auf das Beförderungsmittel geladen worden sind, mit dem sie aus dem Hoheitsgebiet des Nichtvertragsstaates mit der schriftlichen Zustimmung des Inhabers einer Kernanlage in einer Vertragspartei versandt werden sollen (UAbs. iv) (Exposé das Motifs 2004 No. 38 (b) (Konsolidierte Fassung, 47)).

IV. Beschränkte Haftungsübertragung (Abs. c)

1. Zweck der Übertragungsbeschränkung

Art. 4 Abs. (c) PÜ 2004 ist die wesentlichste Änderung, die durch das Protokoll 13
2004 in die Beförderungsbestimmungen des Übereinkommens eingeführt wurde. Der Absatz ist eine „novel measure", die auch keine Entsprechung im WÜ 1997 hat (*Dussart Desart* NLB 75 (2005/1), 7 (17)). Die Regelung bestimmt, dass eine Übertragung der Haftung auf den Inhaber einer anderen Kernanlage gemäß schriftlicher ausdrücklicher Vereinbarung oder durch tatsächliche Übernahme der Kern-

PÜ Art. 4 [Beförderung von Kernmaterialien]

materialien (Abs. (a) (i) und (ii) und Abs. (b) (i) und (ii)) „nur möglich" ist („may only take place" – „solo podrá efectuarse" – „ne peut être réalisé" – „essere effettuato solo" – „kan uitsluitend plaatsfinden"), „wenn dieser Inhaber ein unmittelbares wirtschaftliches Interesse an den beförderten Kernmaterialien hat". Im Exposé des Motifs 2004 No. 39 (Konsolidierte Fassung, 47) wird der **Zweck der neuen Bestimmung** wie folgt beschrieben: „The purpose of Article 4(c) is to prevent an operator in a Paris Convention State which imposes a comparatively low liability amount for transport activities from assuming liability for damage occurring during the transport of nuclear substances between two other nuclear operators, for the sole purpose of reducing the cost of the transport by virtue of that operator's less expensive liability insurance premiums".

13a Es geht also darum zu verhindern, dass Kernmaterialientransporte über Vertragsparteien, die niedrige Haftungssummen festgesetzt haben, abgewickelt werden, nur um **Versicherungskosten** für die finanzielle Sicherheit zu **sparen.** Die Bestimmung soll insbesondere auch ausschließen, dass wegen der niedrigen privaten Deckung der Transporte bereits frühzeitig staatliche Mittel zur ergänzenden Deckung herangezogen werden müssen (Art. 10 Abs. (c) PÜ 2004). Sie verfolgt somit auch fiskalische Interessen.

2. Unmittelbares wirtschaftliches Interesse

14 Das Mittel, mit dem dieses Ziel erreicht werden soll, ist das **„unmittelbare wirtschaftliche Interesse"** des Inhabers an den beförderten Kernmaterialien („direct economic interest" – „interés económico directo" – „intérêt économique direct" – „interesse economico diretto" – „rechtstreeks economisch belang"). Dieser Begriff findet sich bereits in Art. 1 Abs. (a) (vii) Nr. 5 PÜ 2004 (→ Art. 1 Rn. 51, 52). Es liegt also nahe, die dort zugrunde gelegte Bestimmung auch für Art. 4 Abs. (c) PÜ 2004 nutzbar zu machen. Das ist indessen nicht unproblematisch, weil abweichend von den übrigen authentischen Versionen die französische und die spanische Vertragsversionen jeweils in Art. 1 und Art. 4 unterschiedliche Ausdrücke verwenden (Art. 1: „tout manque à gagner directement" – „el lucro cesante directamente"), so dass auch das jeweils Gemeinte unterschiedlich sein könnte. Das Exposé 2004 No. 39 (Konsolidierte Fassung, 47) erläutert den Begriff wie folgt: „A direct economic interest does not necessarily mean that the operator assuming liability must be the sender or the receiver of the nuclear substances; it may be the owner of nuclear substances which, in the course of their treatment, are transported between several nuclear installations, each with its own operator." Die beiden Beispiele dürften die Hauptfälle für ein unmittelbares wirtschaftliches Interesse des Inhabers sein. Es mag in der Praxis weitere Fälle geben. Die Beweislast für das unmittelbare wirtschaftliche Interesse trägt der Inhaber.

V. Bescheinigung über finanzielle Sicherheit (Abs. d)

15 Gemäß Art. 4 Abs. (d) PÜ 2004 hat der Inhaber dem Beförderer eine **Bescheinigung** über die in Übereinstimmung mit Art. 10 PÜ 2004 erbrachte **Versicherung** oder sonstige finanzielle Sicherheit auszuhändigen (S. 1). Für Beförderungen innerhalb seines Hoheitsgebiets kann eine Vertragspartei auf die Bescheinigung verzichten (S. 2). Die Regelung soll demnach insbesondere internationale Transporte von Kernmaterialien erleichtern. Die Anforderungen an die Bescheinigung er-

[Beförderung von Kernmaterialien] **Art. 4 PÜ**

geben sich aus den Sätzen 3–5 (Exposé des Motifs 2004 Nos. 43, 44 (Konsolidierte Fassung, 48f.)).

Der Direktionsausschuss für Kernenergie hat am 8.6.1967 eine Empfehlung über 16 eine **Muster-Bescheinigung** über finanzielle Sicherheit beschlossen (Doc. NE/M(67)1). Diese Empfehlung gilt auch nach Inkrafttreten des Protokolls 2004 zum PÜ fort (Exposé des Motifs 2004 No. 43 Fn. 16 (Konsolidierte Fassung, 49)). Die Muster-Bescheinigung ist abgedruckt in *OECD/NEA*, Paris Convention – Decisions, Recommendations, Interpretations, 1990, 51: „Certificate of the Financial Security for the Carriage of Nuclear Substances", kurz auch genannt: „Certificate of Financial Security (COFS)".

VI. Haftung des Beförderers (Abs. e)

1. Haftungsübertragung

Art. 4 Abs. (e) PÜ 2004 ermächtigt die Vertragsparteien, in ihrer nationalen Ge- 17 setzgebung vorzusehen, dass ein **Beförderer anstelle des Inhabers** einer im Hoheitsgebiet dieser Vertragspartei gelegenen Kernanlage nach dem Übereinkommen haftet. Die Bedingungen für diese Haftungsübernahme sind in der nationalen Gesetzgebung festzulegen und die Übernahme bedarf einer behördlichen Entscheidung (S. 1). Diese ergeht auf Antrag des Beförderers, der der Zustimmung des Inhabers der Kernanlage bedarf, und wird erteilt unter der Voraussetzung, dass die nach Art. 10 Abs. (a) PÜ 2004 erforderliche finanzielle Sicherheit vorhanden ist (S. 2). Sind diese Voraussetzungen erfüllt, so gilt der Beförderer bezüglich nuklearer Ereignisse, die während einer Beförderung eintreten, als Inhaber einer im Hoheitsgebiet dieser Vertragspartei gelegenen Kernanlage (S. 3).

Die in Deutschland zuständige Behörde für die **Genehmigung der Haftungs-** 18 **übernahme** durch den Beförderer ist die für „die Genehmigung der Beförderung zuständige Behörde" (§ 25 Abs. 2 S. 3 AtG). Diese ist bei der Beförderung von Kernbrennstoffen das Bundesamt für kerntechnische Entsorgungssicherheit (§ 23d Nr. 6 AtG). Der haftungsrechtliche Begriff „Kernmaterialien" ist jedoch verwaltungsrechtlich ein „Mischbegriff", der aus Kernbrennstoffen und sonstigen radioaktiven Stoffen besteht (§ 2 Abs. 1 AtG). Es gibt keine spezielle Genehmigungsvorschrift für die Beförderung von Kernmaterialien. Deshalb sind ggf. auch die für die Genehmigung der Beförderung von sonstigen radioaktiven Stoffen zuständigen Behörden Genehmigungsbehörde iSd Art. 4 Abs. (e) PÜ 2004 (vgl. § 24 AtG; §§ 27ff., 184ff. StrlSchG). Dies kennzeichnet eine insbesondere für Ausländer unübersichtliche Rechtslage.

2. Beförderer

Der in dem Übereinkommen verwendete Begriff **„Beförderer"** („carrier" – 19 „transportista" – „transporteur" – „vettore" – „vervoerder") bezeichnet keine genau zu umschreibende Rechtsfigur, sondern kennzeichnet im allgemeinen Sprachgebrauch jemanden, der Menschen oder Waren befördert. Im deutschen Recht könnte ein Beförderer sowohl der Frachtführer (§ 407 HGB) als auch der Spediteur (§ 453 HGB) sein. Der englische Begriff „carrier" kann meinen „forwarder", „shipper", „carrier", „consignee", „notify party" (noch weiter reichend *Mahieu* in Pelzer, Europäisches Atomhaftungsrecht im Umbruch, Tagungsbericht der AIDN/INLA Regionaltagung in Berlin 2009, 87). Die begriffliche Unschärfe des Übereinkom-

PÜ Art. 5 [Kernmaterialien in verschiedenen Kernanlagen]

mens deutet darauf hin, dass der nationalen Gesetzgebung – ebenso wie bei der Bestimmung des Begriffs „Inhaber einer Kernanlage" (→ Art. 1 Rn. 33) – Freiraum eingeräumt werden soll. Dennoch wird man aber ebenso wie beim Inhaber verlangen müssen, dass der „Beförderer" tatsächliche Einflussmöglichkeiten auf die zu befördernden Kernmaterialien hat. Im Regelfall wird daher nach deutschem Recht der Frachtführer, der zugleich auch der Inhaber der Beförderungsgenehmigung ist, der „Beförderer" iSd Art. 4 Abs. (e) PÜ 2004 sein. Für diese Auslegung sprechen auch die in den anderen authentischen Versionen verwendeten Bezeichnungen. Der deutsche Gesetzgeber lässt in § 25 Abs. 2 S. 4 AtG jedoch neben dem Frachtführer auch den Spediteur unter bestimmten Voraussetzungen als Haftpflichtigen zu (→ AtG § 25 Rn. 7).

20 Der Direktionsausschuss für Kernenergie hat am 22.4.1971 eine **Interpretation** verabschiedet (NE/M(71)1), gemäß derer die Vertragsparteien, unabhängig davon, ob sie selbst von der Ermächtigung in Art. 4 Abs. (e) Gebrauch machen oder nicht, die Stellung des Beförderers als Inhaber einer Kernanlage anerkennen: „... all Contracting Parties must legally recognize a carrier, who is properly substituted for the operator of a nuclear installation situated in one of the Contracting Parties countries, as an operator for all purposes of the Convention, even if they do not themselves provide for such substitution for their own operators" (*OECD/NEA*, Paris Convention – Decisions, Recommendations, Interpretations, 1990, S. 8 No. 8). Diese Auslegung gilt auch nach Inkrafttreten des Protokolls 2004 zum Übereinkommen fort (Exposé des Motifs 2004 No. 41 Fn. 15 (Konsolidierte Fassung, 48)).

Artikel 5 [Kernmaterialien in verschiedenen Kernanlagen]

(a) **Haben sich die mit einem nuklearen Ereignis im Zusammenhang stehenden Kernbrennstoffe oder radioaktiven Erzeugnisse oder Abfälle nacheinander in mehr als einer Kernanlage befunden und befinden sie sich zur Zeit der Schadensverursachung in einer Kernanlage, so haftet der Inhaber einer Kernanlage, in der sie sich früher befunden haben, nicht für diesen nuklearen Schaden.**

(b) **Wird jedoch ein nuklearer Schaden durch ein nukleares Ereignis verursacht, das in einer Kernanlage eintritt und nur mit Kernmaterialien im Zusammenhang steht, die dort in Verbindung mit ihrer Beförderung gelagert werden, so haftet der Inhaber dieser Kernanlage nicht, sofern gemäß Artikel 4 ein anderer Inhaber oder ein Dritter haftet.**

(c) **Haben sich mit einem nuklearen Ereignis im Zusammenhang stehende Kernbrennstoffe oder radioaktive Erzeugnisse oder Abfälle in mehr als einer Kernanlage befunden und befinden sie sich zur Zeit der Schadensverursachung nicht in einer Kernanlage, so haftet für den nuklearen Schaden nur der Inhaber derjenigen Kernanlage, in der sie sich zuletzt befunden haben, bevor der nukleare Schaden verursacht wurde, oder ein Inhaber, der sie in der Folgezeit übernommen oder die Haftung dafür nach den ausdrücklichen Bestimmungen eines schriftlichen Vertrags übernommen hat.**

(d) ¹**Haften gemäß diesem Übereinkommen mehrere Inhaber von Kernanlagen für einen nuklearen Schaden, so können sie gemeinsam und einzeln nebeneinander für den gesamten Schaden in Anspruch genommen**

[Kernmaterialien in verschiedenen Kernanlagen] **Art. 5 PÜ**

werden; ergibt sich jedoch die Haftung als Folge eines nuklearen Schadens, der durch ein nukleares Ereignis im Zusammenhang mit Kernmaterialien im Verlauf einer Beförderung auf ein und demselben Beförderungsmittel oder bei einer mit der Beförderung in Verbindung stehenden Lagerung in ein und derselben Kernanlage verursacht worden ist, so bemisst sich der Gesamtbetrag, bis zu dem die Inhaber haften, nach dem höchsten Betrag, der gemäß Artikel 7 für einen von ihnen festgesetzt ist. ²Keinesfalls ist ein einzelner Inhaber verpflichtet, in Bezug auf ein nukleares Ereignis Leistungen zu erbringen, die über den für ihn gemäß Artikel 7 festgesetzten Betrag hinausgehen.

Literatur: Weitnauer, Das Atomhaftungsrecht in nationaler und internationaler Sicht, 1964.

I. Zweck der Bestimmung

Art. 5 PÜ 2004 ergänzt die Art. 3 und 4 des Übereinkommens für die Fälle, bei 1 denen mehrere Inhaber als Haftpflichtige in Betracht kommen können. *Fischerhof* Dt. AtomG Art. 5 Rn. 2 und zustimmend *Raetzke* in NK-AtomR AtG § 25 Rn. 58 weisen darauf hin, dass die Abs. (a)–(c) nur klarstellenden Charakter haben, da ihr Ergebnis auch im Wege der Auslegung erreicht werden könne. Das ist grundsätzlich zutreffend, dennoch haben aber die Absätze in einem internationalen Übereinkommen eine über die Klarstellung hinausgehende Funktion: Sie stellen sicher, dass die nationalen Umsetzungen und die nationalen Interpretationen der Vertragsparteien zu identischen Ergebnissen kommen. Die Absätze sind Elemente der Harmonisierungsfunktion des Übereinkommens. Art. 5 Abs. (d) hat eigenständige Bedeutung. In den Abs. (b) und (d) wurden durch das Protokoll 2004 die Worte „Schaden" durch „nuklearer Schaden" ersetzt. Diese beiden Änderungen dienen der Verdeutlichung des auch vor der Änderung bereits Gemeinten.

II. Art. 5 Abs. (a) PÜ 2004

Sofern sich die mit einem nuklearen Ereignis im Zusammenhang stehenden 2 Kernbrennstoffe oder radioaktive Erzeugnisse oder Abfälle nacheinander in mehreren Kernanlagen befunden haben, ist nach dieser Bestimmung nur der Inhaber haftpflichtig, in dessen Kernanlage sich die Stoffe „zur Zeit der Schadensverursachung" befanden. Die Inhaber der anderen Kernanlagen, in denen die Stoffe vor der Zeit der Schadensverursachung nacheinander waren, sind nicht haftpflichtig. Haftpflichtig ist somit allein der Inhaber der Kernanlage, in dem das nukleare Ereignis eintrat, denn ein nukleares Ereignis ist gemäß seiner Definition „jedes einen nuklearen Schaden verursachendes Geschehnis" (→ Art. 1 Rn. 3–6), und somit ist sein Eintritt identisch mit der „Zeit der Schadensverursachung" iSd Art. 5 Abs. (a) PÜ 2004 (so auch *Fischerhof* Dt. AtomG Art. 5 Rn. 2 und *Haedrich* AtG Art. 5 Rn. 2).

III. Art. 5 Abs. (b) PÜ 2004

Der Abs. (b) des Art. 5 PÜ 2004 ergänzt die die Bestimmungen des Art. 4 PÜ 3 2004 über die Beförderung von Kernmaterialien. Werden Kernmaterialien im Ver-

PÜ Art. 5 [Kernmaterialien in verschiedenen Kernanlagen]

lauf einer Beförderung in einer Kernanlage vorübergehend gelagert und tritt während dieser Zeit in der Anlage ein nukleares Ereignis ein, das „nur mit den Kernmaterialien im Zusammenhang steht", also durch diese verursacht wird, haftet der Inhaber der Kernanlage nicht für den dadurch verursachten nuklearen Schaden, sofern gem. Art. 4 PÜ 2004 ein anderer Inhaber oder ein Dritter für den Schaden haftpflichtig ist (Exposé des Motifs 2004 No. 40 (Konsolidierte Fassung, 48)).

4   Diese grundsätzlich sinnvolle Regelung des Art. 5 Abs. (b) PÜ 2004 wirft jedoch Zweifelsfragen auf. Das von den Kernmaterialien verursachte nukleare Ereignis muss **„in einer Kernanlage"** eintreten. Da jedoch das Übereinkommen zwischen der Kernanlage selbst und ihrem Gelände unterscheidet, wie aus der Bestimmung des Begriffs Kernanlage in Art. 1 Abs. (a) (ii) iVm Art. 3 Abs. (a) (i) PÜ 2004 folgt, ist der Begriff Kernanlage eng auszulegen. Er umfasst nicht zugleich auch das Gelände, auf dem sich die Anlage befindet (→ Art. 1 Rn. 7, → Art. 3 Rn. 10). Die Formulierung in Art. 5 Abs. (b) PÜ 2004 „in der Kernanlage" meint also allein die Kernanlage selbst. In dieser muss das nukleare Ereignis eintreten und „dort", dh in der Anlage selbst, müssen auch die Kernmaterialien gelagert worden sein. Nur dann ist der Absatz anwendbar. Werden Kernmaterialien während einer Beförderung vorübergehend auf dem Gelände der Anlage abgestellt, dann findet Art. 5 Abs. (b) PÜ 2004 keine Anwendung. Diese Einschränkung schmälert die praktische Bedeutung der Bestimmung, und möglicherweise ist die Formulierung des Absatzes einem Redaktionsversehen geschuldet.

IV. Art. 5 Abs. (c) PÜ 2004

5   Der Abs. (c) des Art. 5 PÜ 2004 ist die Entsprechung zu Abs. (a) für jene Fälle, in denen sich die Kernbrennstoffe oder radioaktiven Erzeugnisse oder Abfälle in mehreren Kernanlagen befunden haben, sich jedoch zum Zeitpunkt der Schadensverursachung (= nukleares Ereignis, → Rn. 2) **nicht in einer Kernanlage befinden.** Haftpflichtig ist hier der Inhaber der Kernanlage, in der die Materialien zuletzt vor dem nuklearen Ereignis waren, oder der Inhaber, der sie in der Folgezeit (tatsächlich) übernommen oder die Haftung für die Materialien nach den ausdrücklichen Bestimmungen eines schriftlichen Vertrags übernommen hat.

V. Art. 5 Abs. (d) PÜ 2004

6   Art. 5 Abs. (d) PÜ 2004 regelt die Fälle, in denen **mehrere Inhaber** in Übereinstimmung mit dem Übereinkommen für denselben nuklearen Schaden **haftpflichtig** sind. Die Fälle kommen wohl in erster Linie bei der Beförderung von Kernmaterialien vor, wenn zB das nukleare Ereignis im Verlauf einer Beförderung von Kernmaterialien verursacht wird und es sich um Kernmaterialien unterschiedlicher Inhaber handelt. Mehrere Inhaber können aber auch bei der Wiederaufarbeitung von abgebrannten Brennelementen gemeinsam einen nuklearen Schaden verursachen, für den der Inhaber der Wiederaufarbeitungsanlage und die Inhaber, die seine Kunden sind, gemeinsam nach Abs. (d) haften. Schließlich können auch mehrere Inhaber für ein und dieselbe Kernanlage bestellt werden; *Raetzke* in NK-AtomR AtG § 25 Rn. 63 weist darauf hin, dass dies in Deutschland „in der Praxis durchaus geläufig" sei.

[Kernmaterialien in verschiedenen Kernanlagen] **Art. 5 PÜ**

Wenn mehrere Inhaber nach dem Pariser Übereinkommen für einen nuklearen 7
Schaden haften, können sie „gemeinsam und einzeln nebeneinander für den gesamten Schaden in Anspruch genommen werden" – „the liability of these operators shall be joint and several" – „su resonsabilidad será solidaria" – „leur responsabilité est solidaire" – „la loro responsabilità è solidale" – „hoofdelijk en jeder voor het geheel aansprakelijk" (Abs. (d) S. 1 Hs. 1). Die Inhaber haften somit **gesamtschuldnerisch** (§ 421 BGB). Der Geschädigte kann die Ersatzleistung selbstverständlich nur einmal fordern, aber er kann sie von jedem der Inhaber ganz oder zum Teil verlangen.

Da für mehrere haftende Inhaber von Kernanlagen auch jeweils mehrere Haf- 8
tungshöchstsummen gelten können, ist zu fragen, welcher Gesamtbetrag für die Entschädigung zur Verfügung steht. Aus der nicht sehr gelungenen Formulierung der ersten Hälfte des Satzes 1 des Art. 5 Abs. (d) PÜ 2004 lässt sich nicht entnehmen, ob sich die gesamtschuldnerische Haftung nur auf eine der Haftungshöchstsummen oder auf eine **Kumulierung aller Höchstsummen** bezieht. Erst auf Grund eines Rückschlusses aus der zweiten Satzhälfte ist zu folgern, dass die erste Satzhälfte von einer Kumulierung aller Höchstsummen (= „Zusammenrechnung der für den einzelnen beteiligten Anlageninhaber maßgebenden Höchstbeträge", *Haedrich* AtG Art. 5 Rn. 5) ausgeht. Die zweite Satzhälfte lautet:

„...; ergibt sich jedoch die Haftung als Folge eines nuklearen Schadens, der durch ein nukleares Ereignis im Zusammenhang mit Kernmaterialien im Verlauf einer Beförderung auf ein und demselben Beförderungsmittel oder bei einer mit der Beförderung in Verbindung stehenden Lagerung in ein und derselben Kernanlage verursacht worden ist, so bemisst sich der Gesamtbetrag, bis zu dem die Inhaber haften, nach dem höchsten Betrag, der gemäß Artikel 7 für einen von ihnen festgesetzt ist."

Die gesamtschuldnerische Haftung der mehreren Inhaber von Kernanlagen gemäß der ersten Satzhälfte erstreckt sich also auf die kumulierten Haftungssummen aller Inhaber. Nur bei den in der zweiten Satzhälfte bezeichneten Beförderungsvorgängen gilt das nicht, sondern die Höchstsumme ist der Höchstbetrag der Haftung, der für einen der Inhaber festgelegt ist (Exposé des Motifs 1960 No. 20; Exposé des Motifs 2004 No. 33 (a) und (b) (Konsolidierte Fassung, 46), und auch *Weitnauer*, Das Atomhaftungsrecht in nationaler und internationaler Sicht, 126 ff. (der auf die Besonderheit der Haftungskumulierung für das deutsche Recht hinweist, die zu Ergebnissen führen könne, die „in der Mitte zwischen einer individuellen Haftung und einer gesamtschuldnerischen Haftung" stehe (S. 127)); *Fischerhof* Dt. AtomG AtG § 33 Rn. 13 f.; *Haedrich* AtG Art. 5 Rn. 5).

In keinem Fall ist jedoch ein einzelner Inhaber einer Kernanlage zu einer Leis- 9
tung verpflichtet, die seinen gem. Art. 7 PÜ 2004 **festgesetzten nationalen Haftungshöchstbetrag übersteigt** (Art. 5 Abs. (d) S. 2). Wird er von einem Geschädigten für einen höheren Betrag in Anspruch genommen, bestimmt sich der Ausgleich zwischen den Inhabern nach dem allgemeinen Recht (Exposé des Motifs 2004 No. 34 (a) (Konsolidierte Fassung, 46); vgl. auch § 33 Abs. 2 AtG, → AtG § 33 Rn. 11). Ist der Ausgleich zwischen Inhabern, die unterschiedlichen Vertragsparteien angehören, durchzuführen, bestimmt sich das anzuwendende Recht nach den Grundsätzen des internationalen Privatrechts.

Artikel 6 [Haftungskanalisierung]

(a) Ein Anspruch auf Ersatz eines durch ein nukleares Ereignis verursachten nuklearen Schadens kann nur gegen den Inhaber einer Kernanlage geltend gemacht werden, der gemäß diesem Übereinkommen haftet; besteht gemäß innerstaatlichem Recht ein unmittelbarer Anspruch gegen den Versicherer oder gegen denjenigen, der eine sonstige finanzielle Sicherheit gemäß Artikel 10 erbracht hat, so kann der Anspruch auch gegen ihn geltend gemacht werden.

(b) Soweit in diesem Artikel nichts anderes bestimmt wird, haftet niemand sonst für einen durch ein nukleares Ereignis verursachten nuklearen Schaden; durch diese Bestimmung wird jedoch die Anwendung internationaler Übereinkommen auf dem Gebiet der Beförderung nicht berührt, die am Tage dieses Übereinkommens in Kraft sind oder für die Unterzeichnung, die Ratifizierung oder den Beitritt aufliegen.

(c)
(i) Nicht berührt durch dieses Übereinkommen wird die Haftung
1. einer natürlichen Person, die durch eine in Schädigungsabsicht begangene Handlung oder Unterlassung einen durch ein nukleares Ereignis entstandenen nuklearen Schaden verursacht hat, für den der Inhaber einer Kernanlage gemäß Artikel 3 (a) oder Artikel 9 nicht nach diesem Übereinkommen haftet;
2. eines zum Betrieb eines Reaktors, der Teil eines Beförderungsmittels ist, ordnungsgemäß Befugten für einen durch ein nukleares Ereignis verursachten nuklearen Schaden, sofern nicht ein Inhaber einer Kernanlage für diesen Schaden gemäß Artikel 4 (a) (iii) oder (b) (iii) haftet.
(ii) Außerhalb dieses Übereinkommens haftet der Inhaber einer Kernanlage nicht für einen durch ein nukleares Ereignis verursachten nuklearen Schaden.

(d) Wer einen durch ein nukleares Ereignis verursachten nuklearen Schaden gemäß einem internationalen Übereinkommen im Sinne des Absatzes (b) oder der Gesetzgebung eines Nichtvertragsstaates ersetzt hat, tritt bis zur Höhe seiner Leistung in die durch dieses Übereinkommen festgesetzten Rechte des von ihm Entschädigten ein.

(e) Weist der Inhaber nach, dass sich der nukleare Schaden ganz oder teilweise entweder aus grober Fahrlässigkeit der den Schaden erleidenden Person oder aus einer in Schädigungsabsicht begangenen Handlung oder Unterlassung dieser Person ergibt, so kann das zuständige Gericht, wenn das innerstaatliche Recht dies vorsieht, den Inhaber ganz oder teilweise von seiner Schadensersatzpflicht in Bezug auf den von dieser Person erlittenen Schaden befreien.

(f) Der Inhaber einer Kernanlage hat ein Rückgriffsrecht nur,
(i) wenn der durch ein nukleares Ereignis verursachte nukleare Schaden die Folge einer in Schädigungsabsicht begangenen Handlung oder Unterlassung ist, und zwar gegen die natürliche Person, die die Handlung oder Unterlassung in dieser Absicht begangen hat;
(ii) wenn und soweit dies ausdrücklich durch Vertrag vorgesehen ist.

[Haftungskanalisierung] Art. 6 PÜ

(g) Soweit der Inhaber einer Kernanlage ein Rückgriffsrecht gemäß Absatz (f) gegen einen anderen hat, steht diesem kein Recht gemäß Absatz (d) gegen den Inhaber zu.

(h) Soweit Bestimmungen über die innerstaatlichen oder die öffentlichen Kranken-, Sozial-, Arbeitsunfall- oder Berufskrankheitenversicherungs- oder -fürsorgeeinrichtungen eine Entschädigung für einen durch ein nukleares Ereignis verursachten nuklearen Schaden vorsehen, bestimmen sich die Rechte der Leistungsempfänger und die Rückgriffsrechte gegen den Inhaber einer Kernanlage nach dem Rechte der Vertragspartei oder nach den Vorschriften der zwischenstaatlichen Organisation, die diese Einrichtungen geschaffen hat.

Übersicht

	Rn.
I. Grundsatz der rechtlichen Kanalisierung	1
II. Ausnahmen vom Grundsatz	6
1. Internationale Beförderungsübereinkommen	6
2. Haftung dritter Personen	8
a) Nuklearer Schaden	9
b) Natürliche Person	10
c) Schädigungsabsicht	11
3. Beförderungsmittel	12
4. Nicht-Haftung des Inhabers der Kernanlage	13
III. Eintrittsrecht	16
IV. Mitverschulden des Geschädigten	18
V. Rückgriffsrecht des Inhabers der Kernanlage	19
VI. Vorrang des Rückgriffsrechts des Inhabers der Kernanlage	22
VII. Sozialversicherungssysteme	23

Literatur: *Ameye,* Channelling of Nuclear Third Party Liability towards the operator: Is it sustainable in a developing nuclear world or is there a need for liability of nuclear architects-engineers?, European Energy and Environmental Law Review 19 (2010) No. 1, 33; *Fischerhof,* Das Problem einer dogmatischen Begründung der rechtlichen Kanalisierung der Haftung auf den Betreiber einer Kernanlage, VersR 17 (1966) No. 25, 601; *Harvard Law School and Atomic Industrial Forum,* International Problems of Financial Protection against Nuclear Risk, 1959; *Kanno,* Gefährdungshaftung und rechtliche Kanalisierung im Atomrecht, 1967; *Pelzer,* Die rechtliche Kanalisierung der Haftung auf den Inhaber einer Atomanlage – ein juristischer und wirtschaftlicher Fehlgriff?, VersR 17 (1966) No. 41, 1010; *Vedel,* Un problème difficile: la responsabilité des fournisseurs envers les exploitants d'installations nucléaires en cas de dommage nucléaire imputable au fait de ceux-ci, Cahiers juridiques de l'électricité et du gaz 1973, 249; *Weitnauer,* Das Atomhaftungsrecht in nationaler und internationaler Sicht, 1964.

I. Grundsatz der rechtlichen Kanalisierung

Art. 6 Abs. (a) Hs. 1 PÜ 2004 stipuliert „das berühmteste Problem, das das 1 Atomrecht zur Rechtsentwicklung beigetragen hat" (*Weitnauer,* Das Atomhaftungsrecht in nationaler und internationaler Sicht, 146), nämlich die sog. **rechtliche Kanalisierung der Haftung auf den Inhaber der Kernanlage:** Ein Anspruch auf Ersatz eines nuklearen Schadens kann nur und ausschließlich gegen einen nach dem Pariser Übereinkommen haftpflichtigen Inhaber einer Kernanlage geltend gemacht werden. Der Inhaber ist mithin nicht nur der alleinige Haftpflicht-

PÜ Art. 6 [Haftungskanalisierung]

tige, sondern er kann auch nur auf Grund des Übereinkommens in Anspruch genommen werden. Etwaige sonstige Ersatzansprüche gegen den Inhaber, zB nach dem allgemeinen Deliktsrecht, ProdHaftG, WHG oder anderen Rechtsgrundlagen, sind ausgeschlossen. Außerhalb des Übereinkommens haftet der Inhaber nicht für ein durch ein nukleares Ereignis verursachten nuklearen Schaden (Art. 6 Abs. (c) (ii) PÜ 2004).

2 Wenn das nationale Recht der betreffenden Vertragspartei einen unmittelbaren Anspruch gegen den Deckungsvorsorge gewährenden Versicherer oder sonstigen Deckungsgeber des Inhabers der Kernanlage zulässt (**„action directe"**), kann dieser auch gegen den Versicherer oder sonstigen Deckungsgeber geltend gemacht werden (Art. 6 Abs. (a) Hs. 2 PÜ 2004). Im deutschen Recht gibt es diese Möglichkeit nicht, denn § 14 AtG schließt einen Direktanspruch iSd § 115 VVG gegen die Deckungsgeber aus. Für die staatliche Freistellung vgl. auch § 34 Abs. 3 AtG.

3 Art. 6 Abs. (b) Hs. 1 PÜ 2004 ergänzt die Konzentrierung der Haftung allein auf den Kernanlageninhaber durch den ausdrücklichen **Ausschluss der Haftung anderer Personen:** der Geschädigte kann einen Anspruch auf Ersatz nuklearen Schadens nur gegen den nach dem Pariser Übereinkommen haftenden Inhaber einer Kernanlage geltend gemacht machen. Gesetzliche Schadensersatzansprüche des Geschädigten gegen sonstige Personen, die den nuklearen Schaden mit- oder allein, schuldhaft oder nicht schuldhaft verursacht haben, sind ausgeschlossen. Weder das Pariser Übereinkommen noch sonstige zivilrechtliche Haftungsgrundlagen können zur Anspruchsbegründung gegen sonstige Personen herangezogen werden. Sämtliche Zulieferer des Kernanlageninhabers sind von der Dritthaftung befreit: Baufirmen mit Einschluss der Architekten der Kernanlage, Brennelementhersteller, Wartungs- und Reparaturfirmen. Freigestellt von der Haftung sind ferner Sachverständige und Gutachter, zB die TÜV, sowie jeder Dritte, der zum Schaden beiträgt, wie etwa Verkehrsteilnehmer, die einen nuklearen Schaden verursachenden Unfall einer Kernmaterialientransports herbeiführen. Gleichfalls ausgeschlossen sind Amtshaftungsansprüche (§ 839 BGB) wegen Fehler der Genehmigungs- und Aufsichtsbehörden. Das Exposé des Motifs 2004 No. 29 (Konsolidierte Fassung, 45) beschreibt die Rechtsfolgen der rechtlichen Haftungskanalisierung auf den Inhaber der Kernanlage wie folgt: „It is essential to the notion of channelling liability onto the operator that no action may lie against any other person and in particular, any person who has supplied any services, materials or equipment in connection with planning, construction, modification, maintenance, repair, operation or decommissioning of a nuclear installation."

4 Da das Pariser Übereinkommen lediglich die gesetzliche Dritthaftung regelt, bleiben **vertragliche Schadensersatzansprüche** vom Grundsatz der rechtlichen Kanalisierung unberührt. Das gilt in gleicher Weise für vertragliche Ansprüche zwischen Geschädigtem und dem Schädiger so wie auch für auf Grund Vertrags bestehende Ersatzansprüche zwischen dem Inhaber und seinen Zulieferern. Hierzu noch immer grundlegend *Vedel* Cahiers juridiques de l'électricité et du gaz 1973, 249, s. auch Exposé des Motifs 2004 No, 27 (c) S. 3. Zur Deckung möglicher vertraglicher Ersatzansprüche gegen den Inhaber der Kernanlage darf dieser seine finanzielle Sicherheit nicht heranziehen, da diese ausschließlich zur Deckung der Ansprüche aus dem Übereinkommen zur Verfügung steht (Art. 10 Abs. (e) PÜ 2004).

5 Das Prinzip der **rechtlichen Kanalisierung** ist nicht nur das „berühmteste Problem" (→ Rn. 1) des Atomrechts, sondern auch das **umstrittenste Problem.** Es wurde im Jahre 1959 in einer gemeinsamen Studie der Harvard Law School und des US Atomic Industrial Forum entwickelt, um amerikanische Zulieferer vor Schadens-

[Haftungskanalisierung] **Art. 6 PÜ**

ersatzansprüchen bei Lieferungen in das Ausland zu schützen (s. *Harvard Law School and Atomic Industrial Forum*, International Problems of Financial Protection against Nuclear Risk, 1959, 56ff. und passim). Deutschland hatte bei der Zeichnung des Übereinkommens gemeinsam mit Österreich und Griechenland einen ausdrücklichen Vorbehalt gemacht, die rechtliche Kanalisierung nicht übernehmen zu müssen (Anhang I Nr. 1 „Artikel 6 (a) und (c) (i)" PÜ 1960). Der Vorbehalt wurde bei der Ratifizierung jedoch nicht genutzt. Immerhin hat die innerstaatliche Diskussion die deutsche Ratifizierung erheblich verzögert. Diese Diskussion muss hier nicht erneut belebt werden, sondern es kann insoweit auf das ältere Schrifttum verwiesen werden: *Fischerhof* Dt. AtomG AtG Vor § 25 Rn. 3f.; *Kanno,* Gefährdungshaftung und rechtliche Kanalisierung im Atomrecht, 37ff.; *Lukes,* Erstes Deutsches Atomrechts-Symposium 1972, 1973 (mit Beiträgen von *Pelzer, W. Müller, von Moock, Sieveking), Fischerhof* VersR 17 (1966) No. 25, 601; *Fischerhof* Dt. AtomG II, 1. Aufl. 1966, Haftungskonventionen Rn. 24–31; *Pelzer* VersR 17 (1966) No. 41, 1010; neuerdings *Raetzke* in NK-AtomR AtG § 25 Rn. 67ff., der die rechtliche Kanalisierung nur milde kritisiert und sie „in der Gesamtabwägung weiterhin für eine sinnvolle Regelung" hält. Man kann jedoch das Kanalisierungsprinzip durchaus als ungerecht und mit anderen Prinzipien des Rechts als unvereinbar bezeichnen, weil es Personen von der Haftung befreit, die möglicherweise schuldhaft den Schaden herbeigeführt haben. Auf der anderen Seite hat sich aber der Grundsatz der rechtlichen Kanalisierung in fast allen Atomhaftungsgesetzen der Welt durchgesetzt. Er trägt damit zur weltweiten Rechtsharmonisierung bei und vereinfacht für die Geschädigten die Durchsetzung von Schadensersatzansprüchen (s. dazu auch die Begründung des Prinzips in den Exposés des Motifs 1960 Nos. 15ff. und 2004 Nos. 24ff. (Konsolidierte Fassung, 43ff.)). Dennoch ist auch heute noch das Kanalisierungsprinzip umstritten und dient als Argument dafür, dass das zivile Nuklearhaftungsrecht die Atomwirtschaft zu Lasten möglicher Geschädigter begünstige (s. dazu die gründliche Untersuchung mit weiteren Nachweisen von *Ameye* European Energy and Environmental Law Review 19 (2010) No. 1, 33: „Channelling is an oddness of nuclear liability law").

II. Ausnahmen vom Grundsatz

1. Internationale Beförderungsübereinkommen

Das Prinzip der Haftungskanalisierung auf den Inhaber der Kernanlage schließt **6** nicht die **Anwendung internationaler Übereinkommen auf dem Gebiet der Beförderung** aus, die am Tag des Pariser Übereinkommens (29.7.1960) in Kraft waren oder für Unterzeichnung, Ratifizierung oder Beitritt auflagen (Art. 6 Abs. (b) Hs. 2 PÜ 2004). Diese Sonderregelung wurde getroffen, um nicht in das komplexe System internationaler Beförderungsverträge einzugreifen (s. Exposé des Motifs 1960 No. 35; 2004 No. 48 (Konsolidierte Fassung, 49f.)). Bei der Beförderung von Kernmaterialien kann daher der Inhaber neben der Haftung nach dem Pariser Übereinkommen auch auf Grund ggfs. anwendbarer anderer internationaler Verträge haftpflichtig sein, sofern diese am Tage des Pariser Übereinkommens in Kraft oder aufgelegt sind. Das Brüsseler Kernmaterial-Seetransport Übereinkommen (→ Vor Rn. 12, 13) stellt jedoch für den Bereich des Seetransports von Kernmaterialien die ausschließliche Haftung des Inhabers der Kernanlage allein auf Grund des Pariser Übereinkommens wieder her, so dass eine Zweigleisigkeit der Haftung ausgeschlossen wird. Das gilt auch für jene Beförderungen, für die interna-

PÜ Art. 6 [Haftungskanalisierung]

tionale Übereinkommen gelten, die eine sog. Nuklearklausel enthalten, durch die die Haftung für nukleare Schäden ausgeschlossen wird, vgl. zB Art. 49 CIM Übereinkommen (BGBl. 1985 II 144, 224; 1992 II 1182), Art. 50 CIV Übereinkommen (BGBl. 2002 II 2190).

7   Die Fortgeltungsklausel für Beförderungsübereinkommen führt für Vertragsparteien des Pariser Übereinkommens zu **widersprechenden völkerrechtlichen Verpflichtungen,** wenn die Beförderungsübereinkommen keine Nuklearklausel enthalten. Das gilt in gleicher Weise für neue Beförderungsübereinkommen ohne Nuklearklausel, die nach dem 29.7.1960 in Kraft traten oder aufgelegt wurden, und zu diesen gehören auch Revisionen oder Nachfolger bestehender Übereinkommen, wie zB das Montrealer Übereinkommen vom 28.5.1999 (BGBl. 2004 II 458). In diesen Fällen hat der durch ein nukleares Ereignis Geschädigte zwei selbständige Haftungsgrundlagen: auf Grund des Pariser Übereinkommens und auf Grund des Beförderungsübereinkommens, wobei die letztere Haftungsgrundlage dem völkerrechtlich verbindlichen Kanalisierungsprinzip des Pariser Übereinkommens widerspricht. Dieser Konflikt kann nur gelöst werden, wenn man annimmt, dass durch die Fortgeltungsklausel des Art. 6 Abs. (b) PÜ 2004 für den Bereich der Beförderung das Prinzip der rechtlichen Kanalisierung im Hinblick auf die vor Juli 1960 bestehenden Übereinkommen aufgegeben wird (so schon Weitnauer, Das Atomhaftungsrecht in nationaler und internationaler Sicht, 152). Diese Auslegung trägt aber nicht für nach 1960 entstandene Übereinkommen. Sie würde ein tragendes Element des Pariser Übereinkommens für einen bedeutenden Anwendungsbereich des Pariser Übereinkommens außer Kraft setzen. Das ist jedoch ist mit Sicherheit nicht gewollt. Eine solche Auslegung stände auch im Widerspruch zu der Tatsache, dass die Staaten eine Nuklearklausel für nötig halten und für den Seeverkehr ein besonderes Übereinkommen abgeschlossen haben (→ Rn. 6). Die Staaten werden deshalb beim Beitritt zu oder beim Abschluss von neuen Beförderungsübereinkommen diese Problematik zu prüfen haben. Da die Paris-Staaten kaum auf die Teilnahme an den internationalen Beförderungsübereinkommen verzichten können, muss eine Nuklearklausel für das Beförderungsübereinkommen angestrebt werden. Kann dieses Ziel nicht erreicht werden, sollte jeweils im konkreten Einzelfall nach einer anderen vertretbaren Lösung gesucht werden, um widersprechende völkerrechtliche Verpflichtungen auszuschließen (s. hierzu bereits *Weitnauer,* Das Atomhaftungsrecht in nationaler und internationaler Sicht, 151 ff.; *Fischerhof* Dt. AtomG Art. 6 Rn. 4; *Haedrich* AtG Art. 6 Rn. 5). Wird der Kernanlageninhaber auf Grund eines Beförderungsübereinkommens in Anspruch genommen, so darf er zur Befriedigung dieses Anspruchs nicht die atomrechtliche Deckungsvorsorge in Anspruch nehmen (Art. 10 Abs. (e) PÜ 2004).

2. Haftung dritter Personen

8   Art. 6 Abs. (c) (i) PÜ 2004 listet die Fälle auf, in denen abweichend vom Grundsatz der ausschließlichen Haftung des Inhabers einer Kernanlage die **Haftung dritter Personen** unberührt bleibt.

9   **a) Nuklearer Schaden.** Gemäß Art. 6 Abs. (c) (i) Nr. 1 PÜ 2004 bleibt die **Haftung einer natürlichen Person unberührt,** „die durch eine in einer Schädigungsabsicht begangene Handlung oder Unterlassung einen durch ein nukleares Ereignis entstandenen nuklearen Schaden verursacht hat, für den der Inhaber einer Kernanlage gemäß Artikel 3 (a) oder Artikel 9 nicht nach diesem Übereinkommen haf-

[Haftungskanalisierung] **Art. 6 PÜ**

tet." Die Haftpflicht des Dritten erstreckt sich nicht auf jeden nuklearen Schaden, sondern nur auf bestimmte Schadensgruppen, für die der Inhaber der Kernanlage nicht haftet: Eigenschäden des Inhabers und Schäden an definierten Vermögenswerten auf dem Gelände seiner Kernanlage (Art. 3 Abs. (a) (i) und (ii) PÜ 2004; → Art. 3 Rn. 12–15) sowie Schäden, die auf die in Art. 9 aufgezählten Fällen höherer Gewalt zurückzuführen sind (→ Art. 9 Rn. 2, 3). Da § 25 Abs. 3 S. 1 AtG den Art. 9 PÜ 2004 nicht für anwendbar erklärt, hat diese Schadensgruppe nur dann für das deutsche Recht Bedeutung, wenn es gem. § 25 Abs. 3 S. 2 AtG bei Auslandsschäden um die Ermittlung der Reziprozität geht.

b) Natürliche Person. Der Haftpflichtige muss eine **natürliche Person** sein. 10 Der Grundsatz 'respondeat superior' findet keine Anwendung (vgl. Exposé des Motifs 2004 No. 31 (a) (Konsolidierte Fassung, 45)). Haftpflichtig ist die natürliche Person, die die schädigende Handlung unmittelbar ausführt oder es unterlässt, die Schädigung zu verhindern. Juristische Personen haften nicht, auch wenn sie zB Geschäftsherren oder Aufsichtspflichtige iSd §§ 831, 832 BGB der natürlichen Person sind. Die Beschränkung der Haftung auf natürliche Personen schmälert die wirtschaftliche Bedeutung dieser Haftung, da natürliche Personen regelmäßig nicht die finanziellen Mittel haben, die der möglichen Höhe der Ersatzansprüche entsprechen.

c) Schädigungsabsicht. Die schädigende Handlung muss in „**Schädigungs-** 11 **absicht**" erfolgen. Der dem Begriff Schädigungsabsicht entsprechende Ausdruck heißt in den anderen authentischen Vertragssprachen: „with intent to cause damage" – „con la intención de causar daño" – „procédant de l'intention de causer un dommage" – „con l'intenzione di provocare un danno" – „met het opzet schade te veoorzaken". *Kanno,* Gefährdungshaftung und rechtliche Kanalisierung im Atomrecht, 15 ff. hat in einer gründlichen, auch rechtsvergleichenden Untersuchung überzeugend dargelegt, dass der Ausdruck Schädigungsabsicht „irreführend" und eine „Fehlbezeichnung" sei (S. 30) und „vielmehr die gleiche Bedeutung wie der Begriff Schädigungsvorsatz" habe (S. 31). – In den deutschsprachigen Rechtsordnungen werden die Begriffe Absicht und Vorsatz nicht immer klar getrennt oder unterschiedlich verwendet. So entspricht in der schweizerischen Rechtssprache das Wort „Absicht" dem, was im deutschen Recht mit „Vorsatz" bezeichnet wird. Beispiel: „Wer einem andern widerrechtlich Schaden zufügt, sei es mit Absicht, sei es aus Fahrlässigkeit, wird ihm zum Ersatze verpflichtet" – „Celui qui cause, d'une manière illicite, un dommage à autrui, soit intentionnellement, soit par négligence ou imprudence, est tenu de le réparer" – „Chiunque è tenuto a riparare il danno illecitamente cagionato ad altri sia con intenzione, sia per negligenza od imprudenza" (Art. 41 Abs. 1 OR, SR 220). Die sprachlichen Unterschiede mögen sich auch in den Fassungen eines multilateralen Übereinkommens widerspiegeln, an dem Vertreter zahlreicher Rechtssysteme mitverhandelt haben. Diese Überlegungen stützen *Kannos* Interpretation. Der Begriff „Schädigungsabsicht" des Pariser Übereinkommens meint somit in der Sprache des deutschen Rechts „Schädigungsvorsatz". Insoweit kann auf Rechtsprechung und Lehre zu § 276 BGB verwiesen werden.

3. Beförderungsmittel

Unberührt bleibt gem. Art. 6 Abs. (c) (i) Nr. 2 PÜ 2004 die Haftung für einen durch 12 ein nukleares Ereignis verursachten nuklearen Schaden eines zum Betrieb eines **Reaktors, der Teil eines Beförderungsmittels** ist, ordnungsgemäß Befugten, sofern nicht ein Inhaber einer Kernanlage für diesen Schaden gem. Art. 4 Abs. (a) (iii) oder

PÜ Art. 6 [Haftungskanalisierung]

Abs. (b) (iii) PÜ 2004 haftet. Diese Bestimmung stellt klar, was sich bereits aus Art. 4 ergibt: die Haftung für Reaktoren, die Teil eines Beförderungsmittels sind, ist in dem Übereinkommen nicht geregelt, und folglich ist der Inhaber des Beförderungsmittel haftpflichtig (→ Art. 4 Rn. 8, 9). *Fischerhof* Dt. AtomG Art. 6 Rn. 5 weist darauf hin, dass sich bei dieser Bestimmung „in Wahrheit nicht um eine ‚Ausnahme' vom Grundsatz der Kanalisierung" handle. Das Exposé des Motifs 2004 No. 27 (b) (Konsolidierte Fassung, 44) führt aus, dass „the Convention ... leaves it to the ordinary rules of law to determine the liability of a person duly authorized to operate a reactor comprised in a means of transport ...".

4. Nicht-Haftung des Inhabers der Kernanlage

13   Art. 6 Abs. (c) (ii) PÜ 2004 bestimmt, dass der **Inhaber einer Kernanlage** außerhalb des Pariser Übereinkommens **nicht** für einen durch ein nukleares Ereignis verursachten nuklearen Schaden **haftet.** „The third party liability regime established by the Convention is intended to be exclusive and exhaustive in nature compared to the general tort law" (siehe Exposé des Motifs 2004 No. 27 (c) (Konsolidierte Fassung, 44)).

14   Die Bestimmung soll auch sicherstellen, dass kein Inhaber einer Kernanlage außerhalb des Übereinkommens und auf Grund des allgemeinen Deliktsrechts für einen Schaden haftpflichtig gemacht wird, der kein nuklearer Schaden iSd Begriffsbestimmung des Übereinkommens ist, der aber durch die innerstaatliche Gesetzgebung der betreffenden Vertragspartei in diesen Schaden eingeschlossen wird. Das **allgemeine Deliktsrecht** ist insoweit **nicht anwendbar,** und der Inhaber ist für diesen Schaden nicht haftbar (vgl. Exposé des Motifs 2004 No. 27 (c) (Konsolidierte Fassung, 44)).

15   Art. 6 Abs. (c) (ii) PÜ 2004 regelt materiell Ausmaß und Umfang des **Grundsatzes der rechtlichen Kanalisierung** (→ Rn. 1–4). Dieser Regelungsgegenstand ist in Art. 6 Abs. (c), der Ausnahmen vom Kanalisierungsgrundsatz vorsieht, **systematisch falsch zugeordnet.**

III. Eintrittsrecht

16   Art. 6 Abs. (d) PÜ 2004 begründet ein **Eintrittsrecht** oder einen **Forderungsübergang** für denjenigen, der einen durch ein nukleares Ereignis verursachten Schaden gemäß einem Beförderungsübereinkommen iSd Abs. (b) (→ Rn. 6, 7) oder gemäß der Gesetzgebung eines Nichtvertragsstaates ersetzt hat. Danach gehen die Ansprüche des Geschädigten gegen den Inhaber der Kernanlage auf den Ersatzleistenden über „bis zur Höhe seiner Leistung in die durch das Pariser Übereinkommen festgesetzten Rechte des von ihm Entschädigten". Die übergangenen Ansprüche bestimmen sich somit nach Begründung sowie Art und Ausmaß nach dem Pariser Übereinkommen in Verbindung mit dem dieses implementierenden nationalen Recht. Das bedeutet, dass sich das übergegangene Recht nicht notwendigerweise mit der erbrachten Ersatzleistung deckt, da diese weitergehende oder geringere Leistungen als die nach dem Pariser Übereinkommen vorsehen kann (*Fischerhof* Dt. AtomG Art. 6 Rn. 6; Exposé des Motifs 2004 No. 51 (Konsolidierte Fassung, 50)). Dem Ersatzleistenden steht jedoch kein Eintrittsrecht zu, wenn der Kernanlageninhaber gegen ihn einen Rückgriffsanspruch gem. Abs. (f) hat (Art. 6 Abs. (g) PÜ 2004).

[Haftungskanalisierung] **Art. 6 PÜ**

Wird der nukleare Schaden auf Grund der **Gesetzgebung eines Nichtver-** 17
tragsstaates ersetzt, so bestimmen die allgemeinen Regeln des Internationalen
Privatrechts, ob für einen möglichen Forderungsübergang Art. 6 Abs. (d) PÜ 2004
oder das Recht des Nichtvertragsstaates oder eine dritte Rechtsordnung insoweit
anzuwenden ist. Gleiches gilt, wenn der auf Grund von internationalen Beförderungsverträgen
Ersatzleistende Angehöriger eines Nichtvertragsstaates ist und seinen
Wohnsitz, Sitz oder gewöhnlichen Aufenthalt nicht im Hoheitsgebiet der Vertragspartei
des Inhabers der Kernanlage hat.

IV. Mitverschulden des Geschädigten

Gelingt dem haftpflichtigen Inhaber der Kernanlage der Nachweis, dass der nu- 18
kleare Schaden von dem Geschädigten ganz oder teilweise grob fahrlässig oder in
Schädigungsabsicht (= Schädigungsvorsatz, → Rn. 11) verursacht worden ist, so
kann das zuständige Gericht den Inhaber ganz oder teilweise von seiner **Schadensersatzpflicht**
gegenüber diesem Geschädigten befreien, sofern das nationale Recht
diese Möglichkeit vorsieht (Art. 6 Abs. (e) PÜ 2004). Mitwirkendes Verschulden
des Verletzten ist im deutschen Recht in § 27 AtG geregelt. Gemäß § 27 AtG gilt
bei Fällen eines Mitverschulden des Geschädigten § 254 BGB. Diese Vorschrift setzt
ein „Verschulden des Beschädigten" voraus. Das schließt grundsätzlich leichte Fahrlässigkeit
ein. Das gilt jedoch nicht für das Mitverschulden bei der Entstehung des
Ersatzanspruches nach dem Pariser Übereinkommen. Bei diesem sind „grobe Fahrlässigkeit"
(„gross negligence" – „negligencia grave" – „négligence grave" – „grave
negligenza" – „grove nalatigheid") oder Schädigungsvorsatz gefordert. Insoweit
verdrängt die Sonderbestimmung des Pariser Übereinkommens den § 27 AtG
(→ AtG § 27 Rn. 3 ff.). Zu der Auslegung der Begriffe grobe Fahrlässigkeit und
Schädigungsvorsatz ist auf Rechtsprechung und Lehre zu § 254 BGB zurückzugreifen.
– Das „zuständige Gericht" ist das nach Art. 13 PÜ 2004 bestimmte Gericht.

V. Rückgriffsrecht des Inhabers der Kernanlage

Dem haftpflichtigen Inhaber der Kernanlage steht gem. Art. 6 Abs. (f) PÜ 2004 19
in zwei Fällen ein **Rückgriffsrecht** wegen von ihm befriedigter Ersatzleistungen
zu: gegen die natürliche Person, die den nuklearen Schaden durch eine in Schädigungsabsicht
begangene Handlung oder Unterlassung verursacht hat und, wenn
und soweit der Rückgriff ausdrücklich durch Vertrag vorgesehen ist.
Der **gesetzliche Rückgriff** ist auf natürliche Personen beschränkt und setzt 20
voraus, dass diese in Schädigungsabsicht (= Schädigungsvorsatz, → Rn. 11) gehandelt
oder zu handeln unterlassen hat. „This right of recourse lies only against that
individual (= who acted with intent to cause damage), not against that individual's
employer" (s. Exposé des Motifs 2004 No. 31 (a) (Konsolidierte Fassung, 45)). Für
den vertraglich vereinbarten Rückgriff legt das Übereinkommen keine Voraussetzungen
fest. Die Vertragsparteien haben insoweit volle Vertragsfreiheit. Der Vertrag
kann auch vorsehen, dass der Versicherer oder der sonstige Deckungsgeber im
Wege des Forderungsübergangs das Rückgriffsrecht wahrnimmt (vgl. Exposé des
Motifs 2004 No. 31 (a) (Konsolidierte Fassung, 45)). Das schließt den Bund, der
gem. § 34 AtG den Inhaber einer Kernanlage freigestellt hat, ein. – Das Rückgriffsrecht
nach Art. 6 Abs. (f) PÜ 2004 lässt mögliche Ausgleichsansprüche zwischen

PÜ Art. 6 [Haftungskanalisierung]

mehreren haftpflichtigen Inhabern einer Kernanlage unberührt (vgl. Exposé des Motifs 2004 No. 31 (b) (Konsolidierte Fassung, 45)).

21 Das Rückgriffsrecht ist mit dem Wesen der rechtlichen Kanalisierung der Haftung allein auf den Kernanlageninhaber nicht vereinbar. Es ist eine **Abweichung vom Prinzip der Haftungskonzentrierung.** Die beiden Möglichkeiten, Rückgriff zu nehmen, sind daher abschließend, und Art 6 Abs. (f) PÜ 2004 ist eng auszulegen (so bereits *Fischerhof* Dt. AtomG Art. 6 Rn. 8).

VI. Vorrang des Rückgriffsrechts des Inhabers der Kernanlage

22 Hat der Inhaber einer Kernanlage gem. Abs. (f) einen Rückgriffsanspruch gegen einen anderen, so steht dem anderen gem. Art. 6 Abs. (g) PÜ 2004 **kein Eintrittsrecht** gem. Abs. (d) gegen dem Inhaber zu, sofern er Schadensersatz auf Grund eines internationalen Beförderungsübereinkommens oder auf Grund des Rechts eines Nichtvertragsstaates geleistet hat (→ Rn. 16, 17; Exposé des Motifs 2004 No. 51 (Konsolidierte Fassung, 50)).

VII. Sozialversicherungssysteme

23 Die Rechte der durch ein nukleares Ereignis geschädigten Leistungsempfänger des nationalen **Sozialversicherungsrechts** und die Rückgriffsrechte gegen den Inhaber einer Kernanlage bestimmen sich gem. Art. 6 Abs. (h) PÜ 2004 nicht nach dem Pariser Übereinkommen, sofern die Bestimmungen über die innerstaatlichen oder die öffentlichen Kranken-, Sozial-, Arbeitsunfall- oder Berufskrankheitenversicherungs- oder -fürsorgeeinrichtungen eine Entschädigung für einen durch ein nukleares Ereignis verursachten nuklearen Schaden vorsehen. In diesen Fällen gelten für die Ersatzleistung das Recht der Vertragspartei oder die Vorschriften der zwischenstaatlichen Organisation, die diese Einrichtungen geschaffen hat (Exposé des Motifs 2004 No. 63 (Konsolidierte Fassung, 54); *Raetzke* in NK-AtomR AtG § 25 Rn. 100). – Zur Rechtsstellung der Arbeitnehmer bei einer Haftung nach § 26 AtG → AtG § 26 Rn. 32.

24 Der Grundsatz der rechtlichen Kanalisierung der Haftung auf den Inhaber der Kernanlage wirkt grundsätzlich auch auf die **Sozialhaftungssysteme** der Vertragsparteien des Pariser Übereinkommens ein, wenn mögliche Ersatzansprüche für nuklearen Schaden von Arbeitnehmern betroffen sind und die Haftung allein auf den Inhaber der Kernanlage kanalisiert wird. Um die damit auf die Sozialversicherungssysteme verbundenen möglicherweise weitreichenden Folgen für die „die innerstaatlichen oder die öffentlichen Kranken-, Sozial-, Arbeitsunfall- oder Berufskrankheitenversicherungs- oder -fürsorgeeinrichtungen" der Vertragsparteien auszuschließen, trifft Art. 6 Abs. (h) PÜ 2004 für diese Einrichtungen Sonderregelungen und schließt sie von der Anwendung des Übereinkommens insoweit aus, als sie eine Entschädigung für durch ein nukleares Ereignis verursachten nuklearen Schaden vorsehen. In diesem Fall bestimmen sich die Rechte der Geschädigten und die Rückgriffsrechte gegen den Inhaber einer Kernanlage nach dem Recht der jeweiligen Vertragspartei bzw. nach den Bestimmungen der zwischenstaatlichen Organisation, die diese Einrichtungen geschaffen hat. Das bestehende System des sozialen Schutzes der Vertragsparteien bleibt so unberührt.

[Haftungsbetrag] Art. 7 PÜ

Erleidet ein **Arbeitnehmer,** sei es des Inhabers der Kernanlage oder eines anderen Arbeitgebers, einen **nuklearen Schaden,** so sind zunächst die innerstaatlichen Arbeitsunfall- oder Berufskrankheitenversicherungs- oder -fürsorgeeinrichtungen für eine mögliche Entschädigung zuständig. Haben diese Stellen nukleare Schäden von ihrer Eintrittspflicht ausgeschlossen, kann der Arbeitnehmer seinen Ersatzanspruch gegen den Inhaber der Kernanlage auf Grund des Pariser Übereinkommens geltend machen. Ist dagegen nuklearer Schaden durch die Sozialversicherungssysteme abgedeckt, ist die Ersatzleistung nach nationalem Recht über diese Systeme zu verfolgen. Das nationale Recht entscheidet auch darüber, ob und in welchem Umfang ein Rückgriffsrecht der Sozialversicherungseinrichtungen gegen den Inhaber der schädigenden Kernanlage besteht.

Artikel 7 [Haftungsbetrag]

(a) **Jede Vertragspartei sieht in ihrer Gesetzgebung vor, dass die Haftung des Inhabers für einen durch ein nukleares Ereignis verursachten nuklearen Schaden mindestens 700 Millionen Euro beträgt.**

(b) **Ungeachtet des Absatzes (a) dieses Artikels sowie des Artikels 21 Absatz (c) kann jede Vertragspartei**
(i) **unter Berücksichtigung der Art der betreffenden Kernanlage sowie der wahrscheinlichen Folgen eines von dieser ausgehenden nuklearen Ereignisses einen niedrigeren Haftungsbetrag für diese Anlage festsetzen, unter der Voraussetzung jedoch, dass auf keinen Fall ein so festgesetzter Betrag weniger als 70 Millionen Euro betragen darf, und**
(ii) **unter Berücksichtigung der Art der betreffenden Kernmaterialien sowie der wahrscheinlichen Folgen eines von diesen ausgehenden nuklearen Ereignisses einen niedrigeren Haftungsbetrag für die Beförderung von Kernmaterialien festsetzen, unter der Voraussetzung jedoch, dass auf keinen Fall ein so festgesetzter Betrag weniger als 80 Millionen Euro betragen darf.**

(c) **Der Ersatz für nuklearen Schaden an den Beförderungsmitteln, auf denen sich die betreffenden Kernmaterialien zurzeit des nuklearen Ereignisses befanden, darf nicht bewirken, dass die Haftung des Inhabers einer Kernanlage für anderen nuklearen Schaden auf einen Betrag vermindert wird, der entweder unter 80 Millionen Euro oder unter einem durch die Gesetzgebung einer Vertragspartei festgesetzten höheren Betrag liegt.**

(d) **Der gemäß Absatz (a) oder (b) dieses Artikels oder Artikel 21 (c) für Inhaber von Kernanlagen im Hoheitsgebiet einer Vertragspartei festgesetzte Haftungsbetrag sowie die Bestimmungen der Gesetzgebung einer Vertragspartei gemäß Absatz (c) dieses Artikels gelten für die Haftung dieser Inhaber, wo immer das nukleare Ereignis eintritt.**

(e) **Eine Vertragspartei kann die Durchfuhr von Kernmaterialien durch ihr Hoheitsgebiet davon abhängig machen, dass der Höchstbetrag der Haftung des betreffenden ausländischen Inhabers einer Kernanlage hinaufgesetzt wird, wenn sie der Auffassung ist, dass dieser Betrag die Risiken eines nuklearen Ereignisses im Verlauf dieser Durchfuhr nicht angemessen deckt; jedoch darf der so hinaufgesetzte Höchstbetrag den Höchstbetrag der Haftung der Inhaber der in ihrem Hoheitsgebiet gelegenen Kernanlagen nicht übersteigen.**

PÜ Art. 7 [Haftungsbetrag]

(f) Absatz (e) gilt nicht
(i) für die Beförderung auf dem Seeweg, wenn auf Grund des Völkerrechts ein Recht, in dringenden Notfällen in die Häfen der betreffenden Vertragspartei einzulaufen, oder ein Recht der friedlichen Durchfahrt durch ihr Hoheitsgebiet besteht;
(ii) für die Beförderung auf dem Luftweg, wenn auf Grund von Staatsverträgen oder des Völkerrechts ein Recht besteht, das Hoheitsgebiet der betreffenden Vertragspartei zu überfliegen oder darin zu landen.

(g) Sofern das Übereinkommen auf Nichtvertragsstaaten gemäß Artikel 2 (a) (iv) anwendbar ist, kann eine Vertragspartei für nuklearen Schaden Haftungsbeträge festsetzen, die niedriger als die nach diesem Artikel oder Artikel 21 (c) festgesetzten Mindestbeträge sind, soweit dieser Staat keine Leistungen in entsprechender Höhe auf der Grundlage der Gegenseitigkeit gewährt.

(h) Zinsen und Kosten, die von einem Gericht in einem Schadensersatzprozess gemäß diesem Übereinkommen zugesprochen werden, gelten nicht als Schadensersatz im Sinne dieses Übereinkommens und sind vom Inhaber einer Kernanlage zusätzlich zu dem Betrag zu zahlen, für den er gemäß diesem Artikel haftet.

(i) Die in diesem Artikel genannten Beträge können in runden Zahlen in die nationalen Währungen umgerechnet werden.

(j) Jede Vertragspartei stellt sicher, dass diejenigen, die Schaden erlitten haben, ihre Schadensersatzansprüche geltend machen können, ohne verschiedene Verfahren je nach Herkunft der für den Schadensersatz zur Verfügung gestellten Mittel einleiten zu müssen.

I. Regelhaftungssumme

1. Höchstbetrag

1 Das Pariser Übereinkommen 1960 sah in seinem Art. 7 Abs. (a) eine **Haftungshöchstsumme** vor: „Die gesamte Entschädigung, die für einen durch ein nukleares Ereignis verursachten Schaden zu leisten ist, darf den gemäß diesem Artikel festgesetzten Haftungshöchstbetrag nicht übersteigen." Dieser Höchstbetrag war in Abs. (b) auf **15 Mio. Rechnungseinheiten** des Europäischen Währungsabkommens festgesetzt worden. Der Betrag entsprach offensichtlich dem Betrag, der damals versicherbar war. Art. 12 Abs. 6 iVm Art. 21 Abs. 2 des schweizerischen Atomgesetzes vom 23.12.1959 (AS 1960 S. 541) begrenzte die Haftung des Inhabers der Atomanlage in vergleichbarer Höhe auf 40 Mio. SFr. und bezog sich dabei ausdrücklich auf die verbindlich vorgeschriebene Versicherungsdeckung in dieser Höhe. Demgegenüber begrenzte das deutsche Atomgesetz in seiner ursprünglichen Fassung vom 23.12.1959 (BGBl. I 814) die Haftung auf einen Betrag von 500 Mio. DM, unter Einbeziehung der die private Deckungsvorsorge ergänzenden staatlichen Freistellung (§§ 25 Abs. 1, 38 Abs. 1 AtG; dazu *Fischerhof* Dt. AtomG I, 1. Aufl. 1962, AtG § 25 Rn. 2; § 38 Rn. 1 ff.; *Mattern/Raisch* AtG § 38 Rn. 2 ff.). Die deutsche Höchstsumme wurde durch das 3. Änderungsgesetz zum AtG vom 15.7.1975 (BGBl. I 1885) auf 1 Mrd. DM angehoben (§ 31 Abs. 1 AtG 1975; dazu *Fischerhof* Dt. AtomG AtG § 31 Rn. 1 ff.).

[Haftungsbetrag]　　　　　　　　　　　　　　　　　　　　　**Art. 7 PÜ**

Der Höchstbetrag des Pariser Übereinkommens blieb unverändert bis zu dem In- 2
krafttreten des Protokolls 2004. Allerdings hat der Direktionsausschuss der Europäischen Kernenergieagentur in einer **Empfehlung vom 20.4.1990** (Doc. NE/(M (90)1) den Vertragsparteien empfohlen, nach Möglichkeit die Haftungshöchstsumme auf einen Betrag von nicht weniger als **150 Mio. Sonderziehungsrechte** des Internationalen Währungsfonds (SZR) (ca. 186 Mio. EUR) anzuheben. Einige der Vertragsparteien folgten dieser Empfehlung und setzten Haftungsbeträge in dieser Größenordnung fest, aber es bestehen noch immer erhebliche Unterschiede zwischen den einzelnen Vertragsparteien; die Höchstsummen liegen zwischen 15 Mio. und 1,2 Mrd. EUR. Als die Vertragspartei Deutschland am 1.8.1985 durch Gesetz vom 22.5.1985 (BGBl. I 781; Neubekanntmachung des AtG vom 15.7.1985, BGBl. I 1565) die summenmäßig unbegrenzte Haftung einführte, widersprachen die anderen Vertragsparteien diesem Haftungskonzept als nicht vertragskonform, akzeptierten es dann aber doch als einen fait accompli, der sich nicht mehr ändern lasse.

Eine Liste der derzeitigen Haftungs- und Deckungssummen der Staaten findet 3
sich auf der Wenseite der OECD/NEA: Nuclear operator liability amounts and financial limits (last updated February 2019), abrufbar unter: https://www.google.com/search?client=firebox-b-d&q=OECD%2FNEA%3A+Nuclear+operator+liability+amounts+and+financial+limits, zul. abgerufen am 31.10.2020.

2. Mindestbetrag

Die wohl auch für die kritische Öffentlichkeit bedeutsamste Änderung des 4
Übereinkommens durch das Protokoll 2004 war der Ersatz der Haftungshöchstsumme durch eine **Mindestsumme.** Diese Mindestsumme beträgt gem. Art. 7 Abs. (a) PÜ 2004 „**wenigstens 700 Millionen Euro**". Die Neuregelung bedeutet zweierlei: Das Konzept der Mindestsumme erlaubt nunmehr auch eine summenmäßig nicht begrenzte Haftung, und sie erhöht bei Beibehaltung des Konzepts der summenmäßigen Haftungsbegrenzung die Höchstsumme auf mindestens 700 Mio. EUR. Einige der Pariser Vertragsparteien haben inzwischen auch 700 Mio. EUR übersteigende Höchstsummen festgesetzt (→ Rn. 3). Unbegrenzte Haftung gilt außer in Deutschland in der Schweiz (Art. 3 Abs. 1 KHG, AS 1983 S. 1886; 2010, S 1739) und, auf Inlandschäden beschränkt, in Finnland (Sect. 18 (1) Nuclear Liability Act, 484/1972, 493/2005). Zu der grundsätzlichen Frage, ob die Haftung des Inhabers einer Kernanlage summenmäßig beschränkt oder summenmäßig unbeschränkt sein sollte, → Vor Rn. 19, 20.

3. Übergangsbetrag

Art. 21 Abs. (c) PÜ 2004 erlaubt es Beitrittsstaaten, die nach dem 1.1.1999 5
dem Pariser Übereinkommen beitreten, in ihrer Gesetzgebung eine Mindesthaftungssumme von 350 Mio. EUR festzusetzen. Dieser Betrag ist ein Übergangsbetrag für einen Zeitraum von höchstens fünf Jahren vom Zeitpunkt der Annahme des Änderungs-Protokolls vom 12.2.2004 zum Pariser Übereinkommen für innerhalb dieses Zeitraums eintretende nukleare Ereignisse. Nach dem Ablauf der Fünf-Jahres-Frist (= Februar 2009) gilt der Mindestbetrag nach Art. 7 Abs. (a) PÜ 2004. Mit dieser Regelung sollte Beitrittsstaaten, die den vollen Betrag nicht sofort aufzubringen in der Lage waren, der Beitritt zum Übereinkommen erleichtert werden (Exposé des Motifs 2004 No. 66, 109 (Konsolidierte Fassung, 55, 65)). Slowenien ist der einzige Staat, der nach dem 1.1.1999, nämlich am 16.10.2001, beigetreten

PÜ Art. 7 [Haftungsbetrag]

ist, hat aber die Übergangsbestimmung nicht in Anspruch genommen (700 Mio. EUR, Art. 4 Act on Liability for Nuclear Damage, Official Gazette No. 77/2010). Art. 21 Abs. (c) PÜ 2004 hat daher niemals praktische Bedeutung erlangt.

II. Betrag für geringere Risiken

6 Das Übereinkommen räumt den Vertragsparteien die Möglichkeit ein, für Kernanlagen und Kernmaterialienbeförderungen **Haftungssummen** festzusetzen, die geringer sind als die in Abs. (a) oder in Art. 21 Abs. (c) vorgesehen, wenn unter Berücksichtigung der Art der betreffenden Kernanlage oder der betreffenden Kernmaterialien und der wahrscheinlichen Folgen eines von diesen ausgehenden nuklearen Ereignisses dieses gerechtfertigt erscheint **(Art. 7 Abs. (b) (i) und (ii))**. Der so herabgesetzte Betrag darf jedoch für **Kernanlagen** nicht weniger als **70 Mio. EUR** und für die **Beförderung von Kernmaterialien** nicht weniger als **80 Mio. EUR** betragen. Die Herabsetzung der Referenzsumme des Abs. (a) bzw. des Art. 21 Abs. (c) auf die vorgesehenen Mindestsummen ist somit zulässig, wenn die betreffende Vertragspartei der Ansicht ist, dass die betreffenden Kernanlagen oder die betreffenden Kernmaterialientransporte „are not considered ... as likely to cause significant damage compared to other nuclear installations and transports referred to in the Convention ... The aim of the option is to avoid burdening the nuclear operators concerned with unjustified insurance or financial security costs" (Exposé des Motifs 2004 No. 68 (Konsolidierte Fassung, 55)).

7 Der Rat der OECD hat am 16.11.1982 eine Empfehlung beschlossen (Doc. C(82) 181, abrufbar unter https://www.google.com/search?client=firebox-b-d&q=OECD +Recommendation+of+16+November+1982+C+%2882%29181, zul. abgerufen am 31.10.2020), durch die die Vertragsparteien, die von der Möglichkeit Gebrauch machen, die Referenzhaftungssumme bei geringem Risiko herabzusetzen, aufgefordert werden, durch die Bereitstellung öffentlicher Mittel weitere Entschädigung bis zur Höhe des Referenzbetrages des Art. 7 Abs. (a) bzw. Art. 21 Abs. (c) PÜ 2004 sicherzustellen. Es lag im Ermessen der Vertragsparteien, der Empfehlung zu folgen oder nicht. Diese Empfehlung sei mit dem Inkrafttreten des Protokolls 2004 hinfällig geworden und sei aufzuheben (vgl. Exposé des Motifs 2004 No. 69 mit Fn. 23 (Konsolidierte Fassung, 56)). Denn nunmehr sei der staatliche Eintritt in diesen Fällen eine sich aus dem Pariser Übereinkommen ergebende Verpflichtung. Eine Begründung gibt das Exposé für diese Aussage nicht. Offenbar wird aus dem Rechtsgedanken des Art. 10 Abs. (c) PÜ 2004 der verallgemeinernde Schluss gezogen, dass die Einstandspflicht des Anlagenstaates nicht nur dann gilt, wenn fehlende oder unzureichende Deckungsvorsorge bis zur Referenzsumme des Art. 7 Abs. (a) oder Art. 21 Abs. (c) PÜ 2004 aufzustocken ist, sondern auch dann, wenn die Haftung unterhalb der Referenzsummen endet und mithin eine aufzustockende Deckungssumme überhaupt nicht vorhanden sein kann. Das wäre eine erweiternde Auslegung des Art. 10 Abs. (c) PÜ 2004, die, im Einklang mit den völkerrechtlichen Auslegungsregeln (→ Vor Rn. 25, 27), in Anlehnung an den Wortlaut der Bestimmung, auf „Ziel und Zweck" des Pariser Übereinkommens abstellt (Art. 31 Abs. 1 WRKV). Ziel und Zweck des Übereinkommens ist es gem. Abs. 4 der Präambel, den durch ein nukleares Ereignis Geschädigten „eine angemessene und gerechte Entschädigung zu gewährleisten". Die erweiternde Auslegung des Exposé des Motifs des Art. 10 Abs. (c) PÜ 2004 dient diesem Zweck. Ihr dürfte deshalb zuzustimmen sein.

[Haftungsbetrag] Art. 7 PÜ

III. Schaden an Beförderungsmitteln

Das Pariser Übereinkommen 1960/1964 schloss in seinem Art. 3 Abs. b (ii) 8
Schäden an Beförderungsmitteln, auf denen sich die das nukleare Ereignis verursachenden Kernmaterialien befanden, von der Haftung des Inhabers der Kernanlage aus. Durch das Änderungsprotokoll 1982 wurde der Haftungsausschluss aufgehoben mit der Maßgabe, dass die Entschädigung für nuklearen Schaden an dem Beförderungsmittel die Entschädigungsmittel für andere Schäden nicht auf einen Betrag von weniger als 5 Mio. SZR oder einen höheren von der Vertragspartei festgesetzten Betrag vermindern durfte. Das Protokoll 2004 hat die Bestimmung von 1982 unverändert belassen, jedoch den obligatorisch verbleibenden Mindestbetrag auf 80 Mio. EUR oder einen durch die Gesetzgebung einer Vertragspartei festgesetzten höheren Betrag angehoben (Art. 7 Abs. (c) PÜ 2004; s. auch Exposé des Motifs 2004, No. 70 (Konsolidierte Fassung, 56)). Zur deutschen Umsetzung dieser Bestimmung s. § 31 Abs. 3 S. 2 AtG.

IV. Geographische Geltung der Regelhaftungssumme

Gemäß **Art. 7 Abs. (d) PÜ 2004** gelten die Haftungssummen nach Abs. (a) und 9
(b) sowie nach Art. 21 Abs. (c) und die nationalen Bestimmungen über die Haftung an Beförderungsmitteln (Abs. (c)), **„wo immer das nukleare Ereignis eintritt".**
Innerhalb der Hoheitsgebiete der Vertragsparteien des Pariser Übereinkommens sowie auf und über der Hohen See an Bord von Fahrzeugen, die in einer Vertragspartei zugelassen sind, gilt diese Regelung uneingeschränkt. In den Hoheitsgebieten von Nichtvertragsstaaten sowie auf und über der Hohen See an Bord von Fahrzeugen, die in Nichtvertragsstaaten zugelassen sind, gilt die Bestimmung mit der Maßgabe, dass Art. 2 PÜ 2004 die Anwendung des Übereinkommens vorsieht (→ Art. 2 Rn. 4 ff., insbesondere auch 13, 14) und dass die Regeln des Internationalen Privatrechts die Anwendung des Übereinkommens erlauben.

V. Durchfuhr von Kernmaterialien

1. Erhöhung der Regelhaftungssumme

Zur Erleichterung internationaler Transporte von Kernmaterialien sieht Art. 4 10
Abs. (d) PÜ 2004 vor, dass der Inhaber der Kernanlage den Beförderer mit einer Bescheinigung über die bereit gehaltene Deckungsvorsorge ausstattet (→ Art. 4 Rn. 15, 16). Diese Bescheinigung verleiht jedoch kein Recht, das Hoheitsgebiet einer anderen Vertragspartei zu betreten. Die andere Vertragspartei kann vielmehr nach ihrem innerstaatlichen Recht die Bedingungen für den Zutritt, den Aufenthalt und die Durchfuhr bestimmen. Soweit das nationale Recht Fragen der Haftung für nuklearen Schaden berührt, ergeben sich seine Grenzen insbesondere aus den Verpflichtungen des Pariser Übereinkommens. Diese sind zu beachten, und das betrifft in diesem Zusammenhang vorrangig die Bestimmung über die geographische Geltung der Regelhaftungssumme in Abs. (d) (→ Art. 7 Rn. 9). In Abweichung von dieser Bestimmung erlaubt **Art. 7 Abs. (e) PÜ 2004** einer Vertragspartei, die **Durchfuhr von Kernmaterialien** durch ihr Hoheitsgebiet davon abhängig zu

PÜ Art. 7 [Haftungsbetrag]

machen, dass der **Höchstbetrag der Haftung des ausländischen Kernanlageninhabers** für die Dauer der Durchfuhr erhöht wird, wenn sie der Ansicht ist, dass der vorhandene Haftungsbetrag im Hinblick auf die Risiken der Durchfuhr nicht angemessen ist. Der so erhöhte Durchfuhrbetrag darf jedoch den Höchstbetrag der Haftung der Inhaber des Durchfuhrstaates nicht übersteigen (vgl. Exposé des Motifs No. 45 (Konsolidierte Fassung, 49)). Bei einer Durchfuhr durch Deutschland könnte also summenmäßig unbegrenzte Haftung bzw., in den Fällen des Art. 9 PÜ 2004, eine Haftung von 2,5 Mrd. EUR verlangt werden (§ 31 Abs. 1 AtG). Vgl. aber § 4a Abs. 3 AtG.

2. Ausnahmen von Art. 7 Abs. (e)

11   Art. 7 Abs. (f) **PÜ 2004** sieht für bestimmte Fälle Ausnahmen von der Regelung des Absatzes e vor: bei **Seebeförderungen,** wenn auf Grund des Völkerrechts ein **Nothafenrecht** oder ein **Recht auf friedliche Durchfahrt** besteht; bei **Luftbeförderungen,** wenn auf Grund von Staatsverträgen oder des Völkerrechts ein **Lande- und Überflugrecht** in Bezug auf die betreffende Vertragspartei besteht. In den genannten Fällen ist dem Transitstaat die Erhöhung der Haftungssumme versagt. Die Ausnahmefälle beruhen auf völkerrechtlichen Ansprüchen, und ihr Vorhandensein und ihr Umfang sind somit anhand anwendbarer völkerrechtlicher Verträge (zB des Seerechtübereinkommens der Vereinten Nationen, BGBl. 1994 II 1798 oder des Abkommens über die Internationale Zivilluftfahrt, sog. Chicagoer Abkommen, BGBl. 1956 II 411) und des Völkergewohnheitsrecht zu prüfen. Zum Nothafenrecht ausführlich *v. Gadow-Stephani,* Der Zugang zu Nothäfen und sonstigen Nothafenplätze für Schiffe in Seenot, 2006.

VI. Gegenseitigkeit

12   Wenn das Pariser Übereinkommen auf Nichtvertragsstaaten gem. seinem Art. 2 Abs. (a) (iv) angewendet wird, ist eine Vertragspartei berechtigt, Haftungssummen festzusetzen, die **unterhalb der Regelhaftungssumme** des Art. 7 Abs. (a) oder des Art. 21 Abs. (c) liegen, sofern der betreffende Staat in Bezug auf die Haftungshöhe keine Gegenseitigkeit gewährt (Art. 7 Abs. (g) PÜ 2004).

13   Aus Art 7 Abs. (g) PÜ 2004 folgt, dass ein Recht, **Haftungssummen unterhalb der Regelsummen festzusetzen,** nur im Verhältnis zu den in Art. 2 Abs. (a) (iv) PÜ 2004 genannten Nichtvertragsstaaten besteht. In allen anderen Fällen der Unterabsätze des Art. 2 Abs. (a) und (b) hat der haftpflichtige Inhaber die volle Regelhaftungssumme zu erbringen. Das ist unproblematisch, soweit der Unterabsatz (iii) (= Nichtnuklearstaaten) betroffen ist. Probleme können sich jedoch bei den Staaten der anderen Unterabsätze ergeben, weil vielfach die Haftungssummen der betreffenden Staaten erheblich niedriger sind als die Regelhaftungssummen nach dem Pariser Übereinkommen 2004. Hier kann eine beachtliche Ungleichgewichtigkeit zu Lasten möglicher Geschädigter in Paris-Staaten bestehen, wenn ein dort erlittener Schaden nach dem Recht des anderen Staates entschädigt wird. Auf eine deutsche Initiative haben die Vertragsparteien des Pariser Übereinkommens deshalb am 23.11.2004 die sich aus dem Missverhältnis der unterschiedlichen Summen ergebende Problematik besprochen und eine sog. „**Joint Declaration**" beschlossen, die den Text eines **Vorbehalts** enthält, der bei der Ratifizierung

[Haftungsbetrag] **Art. 7 PÜ**

des Protokolls 2004 eingelegt werden kann. Der Text dieser Gemeinsamen Erklärung lautet:
„Joint Declaration
Joint Declaration by the Signatories to the Protocol of 12 February 2004 to amend the Convention on Third Party Liability in the Field of Nuclear Energy of 29 July 1960, as amended by the Additional Protocol of 28 January 1964 and by the Protocol of 16 November 1982 (the „Paris Convention")
The Signatories to the Protocol of 12 February 2004 to amend the Paris Convention hereby declare that if the following reservation is made in accordance with Article 18 of the Paris Convention, such a reservation is accepted:
„[Name of State making the reservation], without prejudice to Article 2(a)(iii), reserves the right to establish in respect of nuclear damage suffered in the territory of, or in any maritime zones established in accordance with international law of, or on board a ship or aircraft registered by, a State other than [name of State making the reservation], amounts of liability lower than the minimum amount established under Article 7(a) to the extent that such other State does not afford reciprocal benefits of an equivalent amount." „
Vgl. hierzu auch die Begründung zu § 31 AtG in BT-Drs. 16/9077, 18. Deutschland hat diesen Vorbehalt bei der Ratifizierung des Protokolls 2004 eingelegt.

VII. Zinsen und Kosten

Art. 7 Abs. (h) PÜ 2004 stellt klar, das gerichtlich zuerkannte **Zinsen und Kos-** 14
ten nicht Teil der Schadensersatzleistung sind. Der Haftpflichtige hat sie zusätzlich zu der im Übrigen nach Art. 7 PÜ 2004 geschuldeten Summen zu zahlen (vgl. Exposé des Motifs 2004 No. 73). Zur Deckung der Zinsen und Kosten darf die finanzielle Sicherheit gem. Art. 10 PÜ nicht herangezogen werden (Art. 10 Abs. (e) PÜ 2004).

VIII. Runde Zahlen

Die nach Art. 7 PÜ 2004 in EUR zu erbringenden Beträge können **in runden** 15
Zahlen in die nationalen Währungen umgerechnet werden (Art. 7 Abs. (i) PÜ 2004). Für die Vertragsstaaten, die dem Euro-Raum angehören, hat diese Bestimmung keine Bedeutung. Hierzu zählen: Belgien, Deutschland, Finnland, Frankreich, Griechenland, Italien, Niederlande, Portugal, Slowenien und Spanien. Zur Frage, warum der Euro als Währungseinheit des Übereinkommens gewählt wurde vgl. Exposé des Motifs 2004 No. 71 (a) (Konsolidierte Fassung, 56).

IX. Ein einziges Verfahren

Art. 7 Abs. (j) PÜ 2004 stellt sicher, dass Geschädigte in einem **einzigen Verfah-** 16
ren ihre Ersatzansprüche geltend machen können, ohne je nach Herkunft der Mittel verschiedene Verfahren einleiten zu müssen. Vgl. dazu den Beispielsfall in Exposé des Motifs No. 71 (b) (Konsolidierte Fassung, 57).

Artikel 8 [Zeitliche Befristung von Ersatzansprüchen]

(a) Der Anspruch auf Schadensersatz gemäß diesem Übereinkommen unterliegt der Verjährung oder dem Erlöschen, wenn eine Klage
(i) wegen Tötung oder Verletzung eines Menschen nicht binnen dreißig Jahren nach dem nuklearen Ereignis;
(ii) wegen anderen nuklearen Schadens nicht binnen zehn Jahren nach dem nuklearen Ereignis
erhoben wird.

(b) Die innerstaatliche Gesetzgebung kann jedoch eine längere als die in Absatz (a) (i) oder (ii) genannte Frist festsetzen, wenn die Vertragspartei, in deren Hoheitsgebiet die Kernanlage des haftenden Inhabers gelegen ist, Maßnahmen für die Deckung der Haftpflicht dieses Inhabers für Schadensersatzklagen getroffen hat, die nach Ablauf der in Absatz (a) (i) oder (ii) genannten Frist während der Zeit der Verlängerung erhoben werden.

(c) Wenn jedoch eine längere Frist gemäß Absatz (b) festgesetzt wird, darf auf keinen Fall der Anspruch desjenigen auf Schadensersatz gemäß diesem Übereinkommen beeinträchtigt werden, der gegen den Inhaber einer Kernanlage Klage erhoben hat
(i) binnen dreißig Jahren wegen Tötung oder Verletzung eines Menschen;
(ii) binnen zehn Jahren wegen anderen nuklearen Schadens.

(d) Die innerstaatliche Gesetzgebung kann für das Erlöschen oder die Verjährung des Schadensersatzanspruchs gemäß diesem Übereinkommen eine Frist von mindestens drei Jahren von dem Zeitpunkt an festsetzen, in dem der Geschädigte von dem nuklearen Schaden und dem haftenden Inhaber Kenntnis hatte oder hätte haben müssen; jedoch dürfen die nach den Absätzen (a) und (b) festgesetzten Fristen nicht überschritten werden.

(e) In den Fällen des Artikels 13 (f) (ii) unterliegt der Schadensersatzanspruch nicht der Verjährung oder dem Erlöschen, wenn binnen der in den Absätzen (a), (b) und (d) vorgesehenen Frist
(i) vor der Entscheidung des in Artikel 17 genannten Gerichtshofs eine Klage bei einem der Gerichte erhoben worden ist, unter denen der Gerichtshof wählen kann; erklärt der Gerichtshof ein anderes Gericht als dasjenige, bei dem diese Klage bereits erhoben worden ist, für zuständig, so kann er eine Frist bestimmen, binnen deren die Klage bei dem für zuständig erklärten Gericht zu erheben ist, oder
(ii) bei einer Vertragspartei der Antrag gestellt worden ist, die Bestimmung des zuständigen Gerichts durch den Gerichtshof gemäß Artikel 13 (f) (ii) einzuleiten, und nach dieser Bestimmung binnen einer vom Gerichtshof festgesetzten Frist Klage erhoben wird.

(f) Soweit das innerstaatliche Recht nichts Gegenteiliges bestimmt, kann derjenige, der einen durch ein nukleares Ereignis verursachten nuklearen Schaden erlitten und binnen der in diesem Artikel vorgesehenen Frist Schadensersatzklage erhoben hat, zusätzliche Ansprüche wegen einer etwaigen Vergrößerung des nuklearen Schadens nach Ablauf dieser Frist geltend machen, solange das zuständige Gericht noch kein endgültiges Urteil gefällt hat.

[Zeitliche Befristung von Ersatzansprüchen] **Art. 8 PÜ**

Literatur: *Reitsma/Tetley,* Insurance of Nuclear Risks in OECD/NEA, International Nuclear Law: History, Evolution and Outlook. 10th Anniversary of the International School of Nuclear Law, 2010, 387; *Tetley,* Revised Paris and Vienna Nuclear Liability Conventions – Challenges for Nuclear Insurers, NLB 77 (2006/1), 27.

I. Allgemeines

Die **Beendigung materiellrechtlicher Ansprüche durch Zeitablauf** erfolgt 1 durch Verjährung oder Erlöschen. Diese Rechtinstitute finden sich mit nationalen Abwandlungen wohl in den Rechtsordnungen aller Staaten. Das Pariser Übereinkommen hätte deshalb auf eigene Bestimmungen verzichten und auf das jeweilige Recht der Vertragsparteien verweisen können. Das Übereinkommen enthält jedoch stets dann eigene Bestimmungen, wenn „the ordinary common law is not well suited to deal with the particular problems in this field" (Exposé des Motifs 1960 No. 2). Das ist hier der Fall. Eine Verweisung auf die mit erheblicher Wahrscheinlichkeit unterschiedlichen nationalen Anspruchsbefristungen würde die Ersatzleistung für nukleären Schaden in einem wesentlichen Bereich der **internationalen Harmonisierung** entziehen. Es könnte auch nicht garantiert werden, dass die nationalen Vorschriften jeweils dem nuklearen Risiko angemessene Verjährung- oder Ausschlussfristen vorsehen. Würde die zeitliche Befristung von nuklearen Schadensersatzansprüchen gänzlich dem innerstaatlichen Recht überlassen, würde das reibungslose harmonisierte Funktionieren des gesamten Entschädigungssystems des Übereinkommens in Frage gestellt werden. Das Pariser Übereinkommen gibt deshalb Regelbefristungen vor, von denen unter bestimmten Voraussetzungen das innerstaatliche Recht der Vertragsparteien abweichen kann.

Geschädigte haben grundsätzlich ein Interesse an einer möglichst **langen Ver-** 2 **jährungs- oder Ausschlussfrist**. Das gilt insbesondere bei latenten Strahlenschäden. Allerdings verringert sich bei langen Fristen die Wahrscheinlichkeit, dass der Kausalnachweis zur Schadensersatzbegründung gelingt (→ Art. 3 Rn. 5–9). Lange Fristen führen auch zu unterschiedlichen Interessenlagen der Geschädigten untereinander. Da die Ersatzmittel summenmäßig beschränkt sind, müssen Geschädigte mit sofort evidenten Schäden möglicherweise lange auf die Ersatzleistung warten, da Geld für noch nicht evidente Spätschäden zurückbehalten werden muss. Das Pariser Übereinkommen 1960 sah in seinem Art. 8 Abs. (a) eine Regelausschlussfrist von 10 Jahren nach dem nuklearen Ereignis vor. Diese Frist konnte allerdings innerstaatlich verlängert werden, wenn auch insoweit Deckungsvorsorge vorhanden war. Die 10-Jahresfrist stand im Einklang mit den Möglichkeiten des Versicherungsmarktes, war aber im Hinblick auf Spätschäden gewiss nicht ideal (s. auch Exposé des Motifs 2004 No. 74 (Konsolidierte Fassung, 57)). Zur früheren Rechtslage auch *Raetzke* in NK-AtomR AtG § 32 Rn. 4 ff.

Das Protokoll 2004 zum Pariser Übereinkommen hat die zeitliche Befristung 3 von Ersatzansprüchen neu geregelt. Die Neuregelung hält das grundsätzliche Konzept der ursprünglichen Regelung bei, differenziert die Fristen jedoch im Hinblick auf **Tötung sowie Verletzung von Menschen** einerseits und **sonstigen nuklearen Schäden** andererseits. Damit kann die Neuregelung besser auf die Besonderheiten von Personenschäden reagieren. Diesen Personen kann eine längere Anspruchsbefristung gewährt werden als Personen, die andere Schäden erleiden. Bei anderen Schäden kann davon ausgegangen werden, dass sie innerhalb von 10 Jahren offenkundig werden.

PÜ Art. 8 [Zeitliche Befristung von Ersatzansprüchen]

II. Absolute und subjektive Anspruchsbefristung

4 Gemäß Art. 8 Abs. (a) PÜ 2004 verjähren oder erlöschen ein Anspruch auf Ersatz wegen Tötung oder **Verletzung eines Menschen** nach **dreißig Jahren** und ein Anspruch auf Ersatz wegen **„anderen nuklearen Schadens"** nach **zehn Jahren** nach dem nuklearen Ereignis, wenn nicht innerhalb dieser Fristen Klage vor dem gem. Art. 13 PÜ 2004 zuständigen Gericht (vgl. Exposé des Motifs 2004 No. 75 (Konsolidierte Fassung, 57)) erhoben wird. Die Fristen des Abs. (a) sind absolute Fristen, während die Frist des Art. 8 Abs. (d) eine subjektive Frist ist (→ Rn. 13).

5 Die 30-Jahresfrist für **Körperschäden** trägt den Besonderheiten von Spätschäden als Folge einer Bestrahlung lebender Zellen und von genetischen Schäden Rechnung, die sehr lange latent bleiben können. Eine noch längere Befristung oder eine gänzliche Aufhebung der Anspruchsbefristung wäre ohne praktische Bedeutung, da nach dreißig Jahren der Ursachenzusammenhang zwischen Ereignis und Schaden kaum noch zu beweisen wäre. Bei den **anderen nuklearen Schäden** wird davon ausgegangen, dass diese innerhalb von zehn Jahren erkennbar werden (vgl. Exposé des Motifs 2004 Nos. 74, 75 (Konsolidierte Fassung, 57)).

III. Fristbeginn

6 Die genannten Fristen beginnen **„nach dem nuklearen Ereignis"** − „from the date of the nuclear incident" − „desde el accidente nuclear" − „à compter de la date de l'accident nucléaire" − „dalla data dell'incidente nucleare" − „de datum van het kernongeval" (Art. 8 Abs. (a) (i) und (ii) PÜ 2004). Der maßgebliche Zeitpunkt ist also jener, in dem das in Art. 1 Abs. (a) (i) PÜ 2004 definierte „nukleare Ereignis" (→ Art. 1 Rn. 3−6) vollendet ist. Das ist dann der Fall, wenn das Geschehnis oder jede Reihe solcher aufeinander folgenden Geschehnisse desselben Ursprungs einen nuklearen Schaden (→ Art. 1 Rn. 34−55) verursacht hat. Fristbeginn wäre somit der Zeitpunkt der Entstehung des Anspruchs auf Schadensersatz. Die Regelung wäre so im Einklang mit § 199 Abs. 1 Nr. 1 BGB.

7 Es stellt sich allerdings die Frage, ob der **Eintritt des nuklearen Schadens als Anknüpfungspunkt,** also der Zeitpunkt der Entstehung des Anspruchs, für den Fristbeginn einer absoluten Verjährungs- oder Ausschlussfrist bei den Besonderheiten nuklearer Schäden angemessen ist. An den Schadenseintritt anzuknüpfen, bedeutet, dass die Zeitpunkte für den Verjährungs- bzw. Erlöschensbeginn von Geschädigten zu Geschädigten unterschiedlich sein können. Auch können sog. Spätschäden zu einer unverhältnismäßigen und auch individuellen Verlängerung der Fristen führen. Diese Folgen sind jedoch besonders bei nuklearen Massenschäden mit dem Zweck der zeitlichen Anspruchsbefristung nicht vereinbar, die in erster Linie dem Wiederherstellen des Rechtsfriedens dient. Ansprüche sollen nicht für alle Zeiten verfolgt werden können. Eine Anknüpfung des Beginns der Ablauffrist der Anspruchsberechtigung an den Schadenseintritt läuft dieser Zielsetzung zuwider. Sie schafft überdies Rechtsunsicherheit.

8 Diese Nachteile können vermieden werden, wenn die Frist nicht an das nukleare Ereignis, sondern an die **auslösende Handlung,** also an das Geschehnis, das den nuklearen Schaden verursacht, anknüpft. Warum die vertragsschließenden Staaten dies nicht taten, lässt sich weder dem Exposé des Motifs noch der Entstehungsgeschichte des Pariser Übereinkommens entnehmen. Möglicherweise wurde das

[Zeitliche Befristung von Ersatzansprüchen] **Art. 8 PÜ**

Problem in den Verhandlungen schlicht übersehen. Da das Pariser Übereinkommen jedoch ein sog. traité loi régional (regional law-making treaty) ist, das ein regionales zivilrechtliches Haftungssystem schaffen will, ist es so auszulegen, dass sein Vertragszweck bestmöglich erfüllt werden kann. Diese Qualifizierung gestattet es, Art. 8 Abs. (a) PÜ so zu interpretieren, dass für den Beginn der Frist das Geschehnis, das den nuklearen Schaden verursacht, maßgeblich ist und nicht erst der Zeitpunkt des Schadenseintritts. Diese Interpretation bringt Art. 8 PÜ in Einklang mit § 199 Abs. 2 BGB: „verjähren ... in 30 Jahren von der Begehung der Handlung, der Pflichtverletzung oder dem sonstigen, den Schaden auslösenden Ereignis an". – Zu einer identischen Problemlage → Art. 13 Rn. 3.

IV. Wahlrecht der Vertragsparteien

Das Übereinkommen gestattet der innerstaatlichen Gesetzgebung, die zeitliche 9
Befristung der Schadensersatzansprüche durch das Gegenrecht der **Verjährung** oder durch automatisches **Erlöschen** zu bewirken. Zum deutschen Recht vgl. § 32 AtG.

V. Abweichungen von der Regelanspruchsbefristung

Die Gesetzgebung der Vertragsparteien kann die **Regelanspruchsbefristung** 10
des Art. 8 Abs. (a) PÜ 2004 gem. Abs. (b) des Artikels verlängern, wenn die Vertragspartei Maßnahmen getroffen hat, dass dem haftpflichtigen Inhaber der Kernanlage auch für die Zeit jenseits der Regelbefristung eine **Deckungvorsorge** zur Verfügung steht.

Während die 30-Jahresfrist für Körperschäden wohl regelmäßig nicht verlängert 11
werden dürfte, finden sich für die **Verlängerung der 10-Jahresfrist** für andere nukleare Schäden Beispiele unter den Vertragsparteien des Übereinkommens, zB § 32 AtG, Art. 10 schweizerisches KHG (AS 1983 S. 1886; 2010 S. 1739: SR 732.44). Die Versicherung deckt jedoch weltweit nur Schäden innerhalb der 10-Jahresfrist (*Tetley* NLB 77 (2006/1), 27 (29, 34 f.); *Reitsma/Tetley* in OECD/NEA, International Nuclear Law: History, Evolution and Outlook. 10th Anniversary of the International School of Nuclear Law, 2010, 387 (398 f.)). Daraus folgt, dass bei Verjährungs- oder Ausschlussfristen, die länger als zehn Jahre sind, die finanzielle Sicherheit durch den Staat zu erbringen ist. Für Vertragsparteien, die Mitgliedsstaat der EU sind, könnte dieser Staatseintritt zu Konflikten mit den EU-Wettbewerbsvorschriften führen, wenn man den Staatseintritt als Beihilfe zugunsten des Inhabers der Kernanlage sieht (Art. 107 AEUV, ABl. 2012 C 326, 49). Vgl. dazu auch → AtG § 34 Rn. 9 ff.

VI. Vorrang für schwebende Klagen

Wird die Befristung gem. Art. 8 Abs. (b) PÜ 2004 verlängert, darf dadurch auf 12
keinen Fall der Anspruch derjenigen beeinträchtigt werden, die innerhalb der Regelbefristung den haftpflichtigen Inhaber der Kernanlage auf Schadensersatz verklagt haben (Art. 8 Abs. (c) PÜ 2004). Das Übereinkommen räumt diesen Klägern einen Vorrang ein. Es soll dadurch sichergestellt werden, dass die betragsmäßig begrenzten Entschädigungsmittel des Haftpflichtigen durch die infolge der Verlängerung der Fristen vermehrte Anzahl der Kläger nicht soweit geschmälert werden,

PÜ Art. 8 [Zeitliche Befristung von Ersatzansprüchen]

dass die Erstkläger nicht oder nicht vollständig befriedigt werden können. Die Erstkläger behalten ihren Anspruch auf vollen Schadensersatz, eine Quotelung der Entschädigungsmittel unter Erst- und anderen Klägern bei unzureichenden Entschädigungsmitteln lässt die Bestimmung nicht zu. Um die volle Ersatzleistung für die Erstkläger zu erreichen, dürfte es genügen, den Vorrang auf die Vollstreckung der Urteile zu begrenzen, wenn erkennbar wird, dass die finanzielle Sicherheit und bei unbegrenzter Haftung auch das sonstige Vermögen des Inhabers nicht zur Befriedigung aller Ansprüche ausreicht. Eines Ruhenlassens eingebrachter Klagen bedarf es nicht. – Siehe zum deutschen Recht § 32 Abs. 3 AtG (→ AtG § 32 Rn. 17).

VII. Frist bei Kennen und Kennenmüssen von Schaden und Haftpflichtigen

13   Die nationale Gesetzgebung kann gem. Art. 8 Abs. (d) PÜ 2004 für Erlöschen oder Verjährung des Ersatzanspruchs eine Frist von mindestens drei Jahren festsetzen von dem Zeitpunkt an, an dem der Geschädigte von dem nuklearen Schaden und dem haftpflichtigen Inhaber der Kernanlage Kenntnis hatte oder Kenntnis hätte haben müssen. (sog. **discovery rule**). Das darf jedoch nicht dazu führen, dass dadurch die Fristen nach Abs. (a) überschritten werden, weil die Kenntnis oder das Kenntnis-Haben-Müssen erst zu einem späten Zeitpunkt vorlag (vgl. Exposé des Motifs 2004 No. 76 (Konsolidierte Fassung, 57 f.)). Die Dreijahresfrist der Bestimmung ersetzt die Zweijahresfrist des Art. 2 Abs. (c) PÜ 1960 und beseitigt dadurch Probleme im Verhältnis zu Art. 7 des Brüsseler Zusatzübereinkommens (→ Vor Rn. 3, 4), der ebenfalls eine Frist von drei Jahren vorsieht. – Zu den praktischen Schwierigkeiten der discovery rule, insbesondere beim Nachweis des Kausalzusammenhangs bei sog. Spätschäden → AtG § 32 Rn. 7 ff.

VIII. Anspruchsbefristung bei mehreren zuständigen Gerichten

14   Wenn gem. Art. 13 Abs. (a)–(c) PÜ 2004 die **Gerichte mehrerer Staaten** zuständig sind, bestimmt in den in Art. 13 Abs. (f) (ii) PÜ 2004 genannten Fällen das **Europäische Kernenergie-Gericht** (Art. 17 Abs. (c) PÜ 2004) das zuständige Gericht. Der Geschädigte kann jedoch nicht eher Klage erheben, bis das Europäische Kernenergie-Gericht seine Entscheidung getroffen hat. Es besteht dann die die Gefahr, dass die Verjährungs- oder Ausschlussfristen überschritten werden. Um das zu vermeiden, legt Art. 8 Abs. (e) PÜ 2004 in seinen UAbs. (i) und (ii) die Voraussetzungen fest, die zu erfüllen sind, um dem Geschädigten die Möglichkeit einzuräumen, auch nach Ablauf der normalen Anspruchsbefristungen Klage zu erheben (s. Exposé des Motifs 2004 No. 78 (Konsolidierte Fassung, 58); dazu auch → Art. 13 Rn. 13, 14).

IX. Klageerweiterung

15   Wer innerhalb der in Art. 8 PÜ 2004 festgelegten Fristen Klage auf Ersatz eines nuklearen Schadens erhoben hat, kann gem. Art 8 Abs. (f) PÜ 2004 **zusätzliche Ansprüche** wegen einer etwaigen **Vergrößerung seines Schadens** nach Ablauf der Verjährungs- oder Ausschlussfrist geltend machen, soweit das innerstaatliche

[Haftungsausschluss bei Ereignissen qualifizierter höherer Gewalt] **Art. 9 PÜ**

Recht nichts Gegenteiliges bestimmt und solange das zuständige Gericht noch kein endgültiges Urteil erlassen hat (vgl. Exposé des Motifs 2004 No. 77 aE (Konsolidierte Fassung, 58)).

Die Geltendmachung von Ersatz für eine mögliche Vergrößerung des bereits 16 rechtshängigen nuklearen Schadens ist nach dem innerstaatlichen Recht, hier: deutschem Recht, eine zulässige **Klageerweiterung** und keine Klageänderung (§ 264 Nr. 2 ZPO). Das Erweiterungsbegehren muß jedoch vor dem Erlass eines „endgültigen Urteils" erfolgen („final judgement" – „sentencia definitiva" – „jugement définitive" – „sentenza definitiva" – „einduitspraak"). Der Terminus „endgültiges Urteil" ist auch unter Berücksichtigung der Begriffe in den anderen authentischen Sprachen als ein das Verfahren abschließendes rechtskräftiges Urteil zu verstehen, so bereits *Fischerhof* Dt. AtomG Art. 8 Rn. 6; *Haedrich* AtG Art. 8 Rn. 10.

Artikel 9 [Haftungsausschluss bei Ereignissen qualifizierter höherer Gewalt]

Der Inhaber einer Kernanlage haftet nicht für einen durch ein nukleares Ereignis verursachten nuklearen Schaden, wenn dieses Ereignis unmittelbar auf Handlungen eines bewaffneten Konflikts, von Feindseligkeiten, eines Bürgerkriegs oder eines Aufstands zurückzuführen ist.

Literatur: *IAEA,* The 1997 Vienna Convention on Civil Liability for Nuclear Damage and the 1997 Convention on Supplementary Compensation for Nuclear Damage – Explanatory Texts, IAEA International Law Series No. 3, 2007; *Harbrücker,* Versicherung gegen nukleare Schäden durch terroristische Angriffe, in Pelzer, Die Internationalisierung des Atomrechts, Tagungsbericht der AIDN/INLA Regionaltagung in Celle 2004, 2005, 187; *Pelzer,* Die internationalen Atomhaftungsübereinkommen und das deutsche Recht, in Lukes, Erstes Deutsches Atomrechts-Symposium 1972, 1973, 183.

I. Haftungsausschlüsse

Das Pariser Übereinkommen sieht in zwei Gruppen von Fällen einen **Haf-** 1 **tungsausschluss** zugunsten des Inhabers der Kernanlage vor: Gemäß Art. 6 Abs. (e) PÜ 2004 bei Mitverschulden des Geschädigten, sofern das innerstaatliche Recht dies vorsieht (→ Art. 6 Rn. 18) und gem. Art. 9 PÜ 2004, wenn das nukleare Ereignis unmittelbar beruht auf den Handlungen eines bewaffneten Konflikts, von Feindseligkeiten, eines Bürgerkriegs oder eines Aufstands. Die Ausschlussgründe sind abschließend, das gilt insonderheit für die Ausschlüsse gem. Art. 9.

Das Exposé des Motifs 2004 No. 79, 80.(a) (Konsolidierte Fassung, 58 f.) begrün- 2 det die **Ausschlussgründe** des Art. 9 PÜ 2004 wie folgt:

„79. The strict liability of the operator is not subject to the classic exonerations such as force majeure, Acts of God or intervening acts of third persons, whether or not such acts were reasonably foreseeable and avoidable. Insofar as any precautions can be taken, those in charge of a nuclear installation are in a position to take them, whereas potential victims have no way of protecting themselves. There are, however, two situations in which the operators will be exonerated from liability.

80.(a) First, an operator will be exonerated from liability for damage caused by a nuclear incident due to certain disturbances of an international character, namely acts of armed conflict and hostilities, or of a political nature, namely civil law and

PÜ Art. 9 [Haftungsausschluss bei Ereignissen qualifizierter höherer Gewalt]

insurrection, on the grounds that all such matters are the responsibility of the State as a whole. An operator is not, however, exonerated from nuclear damage caused by a nuclear incident directly due to an act of terrorism, whatever its scale, since terrorist acts are not covered by the events enumerated in Article 9."

3   Art. 9 PÜ 2004 schränkt somit die die Haftung des Inhabers der Kernanlage ausschließende höhere Gewalt auf jene Fälle ein, die **internationale und politische Störungen und Unruhen erheblicher Art** sind, nämlich auf bewaffnete Konflikte, Feindseligkeiten, Bürgerkrieg oder Aufstand. Für die Folgen dieser Ereignisse kann der Inhaber der Kernanlage keine Verantwortung und keine Haftung übernehmen, sondern hier besteht eine gesamtstaatliche Verantwortung. Die zum Haftungsausschluss führende auf wenige Ursachen reduzierte höhere Gewalt unterstützt die Haftungskonzentrierung auf den Inhaber, weil alle anderen Fälle unabwendbarer Ereignisse nicht zu einem Ausschluss der Haftung führen. Das gilt seit dem Inkrafttreten des Protokolls 2004 auch für nukleare Ereignisse, die auf ein „schwere Naturkatastrophe außergewöhnlicher Art" zurückzuführen ist; die schwere Naturkatastrophe war in dem Pariser Übereinkommen 1960 noch ein weiteres Tatbestandsmerkmal des Art. 9, das jedoch zur Disposition der innerstaatlichen Gesetzgebung der Vertragsparteien stand.

4   Das den nuklearen Schaden verursachende nukleare Ereignis muss **unmittelbar** auf die genannten Ausschlussgründe zurückzuführen sein. Das ist etwa dann der Fall, wenn durch eine kriegerische Handlung ein Mensch verletzt oder eine Sache beschädigt wird. In diesen Fällen ist die Haftung des Inhabers der Kernanlage ausgeschlossen. Dagegen führt eine Schadensverursachung, die nur mittelbar auf einen der Ausschlussgründe zurückzuführen ist, nicht zum Haftungsausschluss nach Art. 9 PÜ. Wenn also eine unmittelbar verursachte Körperverletzung oder Sachbeschädigung bei einem Dritten zu einem Umsatzrückgang führt, weil die von ihm zu liefernden Gegenstände nicht mehr benötigt werden, so schließt Art. 9 PÜ diesen Vermögensschaden nicht von der Haftung des Inhabers aus.

5   Nukleare Ereignisse, die als Folgen von **terroristischen Akten** oder sonstigen kriminellen Eingriffen in die friedliche Kernenergienutzung verursacht werden, führen nicht zum Ausschluss der Haftung des Inhabers der Kernanlage. Diese Vorkommnisse sind in der Listung des Art. 9 PÜ 2004 nicht enthalten. Darüber hinaus kann sich der Inhaber gegen terroristische Akte und andere unerlaubte Eingriffe Dritter im Regelfall auch schützen. Bei den in Art. 9 gennannten Vorkommnissen ist das regelmäßig nicht der Fall (zu Art. 9 auch *Raetzke* in NK-AtomR AtG § 25 Rn. 84). *Harbrücker* in Pelzer, Die Internationalisierung des Atomrechts, Tagungsbericht der AIDN/INLA Regionaltagung in Celle 2004, 187 (190) und *Raetzke* aaO untersuchen auch und verneinen zutreffend, dass die terroristischen Anschläge auf das World Trade Center am 11.9.2001 nicht als „bewaffneter Konflikt" oder „Feindseligkeiten" isd Art. 9 einzuordnen wären.

II. Bewertung

6   Art. 9 PÜ 2004 ist eine **problematische Bestimmung.** Es ist natürlich zutreffend, dass auf die in dem Artikel zugrundegelegten Szenarien mit privatrechtlichen Haftungsinstrumentarien nicht angemessen reagiert werden kann. „All such matters are the responsibility of the State as a whole" (→ Rn. 2). Der Ausschluss der Haftung des Inhabers der Kernanlage ist daher grundsätzlich angemessen. Jedoch muss bezweifelt werden, ob die Formulierung der die Haftung ausschließenden Ereig-

[Pflicht zur Deckungsvorsorge] **Art. 10 PÜ**

nisse hinreichend scharf und praktisch umsetzbar ist. Es dürfte für das zuständige Gericht nicht einfach sein zu bestimmen, was im konkreten Fall als „Handlungen eines bewaffneten Konflikts", „Feindseligkeiten", „Bürgerkrieg" oder „Aufstand" einzuordnen ist (s. die Kritik bereits in der Begründung zum 3. Änderungsgesetz zum AtG, BT-Drs. 7/2183, 23). Insbesondere in den Zeiten asymmetrischer Kriegsführung („asymmetric warfare") dürfte es schwierig sein, die genannten Ereignisse von terroristischen Akten, die die Haftung nicht ausschließen (→ Rn. 5), abzugrenzen (kritisch *Pelzer*, 1. AtRS 1972, 183 (193), *Fischerhof* Dt. AtomG Art. 9 Rn. 2; *Haedrich* AtG Art. 9 Rn. 1). – Die Wiener Übereinkommen 1963 und 1997 enthalten eine gleichlautende Haftungsausschluss-Bestimmung (Art. IV Abs. 3); hierzu siehe die Bewertung der Tatbestandsmerkmale in *IAEA,* The 1997 Vienna Convention on Civil Liability for Nuclear Damage and the 1997 Convention on Supplementary Compensation for Nuclear Damage – Explanatory Texts, IAEA International Law Series No. 3, 2007, 48 f.

Der deutsche Gesetzgeber bewertet die Ausschlüsse des Art. 9 PÜ etwas anders 7 und sieht keinen Grund, den Inhaber der Kernanlage gänzlich von seiner Haftung zu befreien. Infolgedessen hat **Deutschland** auf der Grundlage eines Vorbehalts den **Art. 9 PÜ nicht übernommen.** Der Inhaber ist auch in diesen Fällen haftpflichtig. Jedoch ist die Haftung auf 2,5 Mrd. EUR begrenzt (→ AtG § 31 Rn. 9) und gilt bei Auslandsschäden nur, wenn Gegenseitigkeit gewährt wird (§ 25 Abs. 3, § 31 Abs. 1 S. 2, Abs. 2, § 34 Abs. 1 S. 2 AtG). Die Haftpflicht des Inhabers für nukleare Schäden durch diese Ereignisse ist nicht versicherbar. Sofern der Inhaber keine anderweitige Deckung nachweisen kann, tritt der Staat gem. § 34 AtG ein. Das aber bedeutet, dass auch in Deutschland letzten Endes der Staat diese Risiken trägt. – Zur Zulässigkeit der Bestätigung des deutschen Vorbehalts bei der Annahme des Protokolls 2004 vgl. „Explanatory Report by the Representatives of the Contracting Parties on the Revision of the Paris Convention and the Brussels Supplementary Convention" (Annex IV to the Final Act of the Conference, Paris 12 February 2004) No. 33.

Artikel 10 [Pflicht zur Deckungsvorsorge]

(a) **Zur Deckung der in diesem Übereinkommen vorgesehenen Haftung ist der Inhaber einer Kernanlage gehalten, eine Versicherung oder eine sonstige finanzielle Sicherheit in der gemäß Artikel 7 (a) oder 7 (b) oder Artikel 21 (c) festgesetzten Höhe einzugehen und aufrechtzuerhalten; ihre Art und Bedingungen werden von der zuständigen Behörde bestimmt.**

(b) **Sofern die Haftung des Inhabers einer Kernanlage nicht betragsmäßig beschränkt ist, legt die Vertragspartei, in deren Hoheitsgebiet die Kernanlage des haftenden Inhabers gelegen ist, einen Höchstbetrag für die finanzielle Sicherheit des haftenden Inhabers fest, unter der Voraussetzung. dass auf keinen Fall ein so festgesetzter Betrag unter dem in Artikel 7 (a) oder 7 (b) genannten Betrag liegen darf.**

(c) **Die Vertragspartei, in deren Hoheitsgebiet die Kernanlage des haftenden Inhabers gelegen ist, stellt die Leistung des Schadensersatzes, zu dem der Inhaber einer Kernanlage wegen eines nuklearen Schadens verpflichtet wurde, durch Bereitstellung der notwendigen Mittel in dem Maß sicher, wie die Versicherung oder sonstige finanzielle Sicherheit hierzu nicht zur Verfügung steht oder nicht ausreicht, und zwar bis zu einem Betrag, der nicht unter dem in Artikel 7 (a) oder Artikel 21 (c) genannten Betrag liegen darf.**

PÜ Art. 10 [Pflicht zur Deckungsvorsorge]

(d) ¹Kein Versicherer und kein anderer, der eine finanzielle Sicherheit erbringt, darf die in den Absätzen (a) oder (b) vorgesehene Versicherung oder sonstige finanzielle Sicherheit aussetzen oder beenden, ohne dies der zuständigen Behörde mindestens zwei Monate vorher schriftlich anzuzeigen. ²Soweit sich diese Versicherung oder sonstige finanzielle Sicherheit auf die Beförderung von Kernmaterialien bezieht, ist ihre Aussetzung oder Beendigung für die Dauer der Beförderung ausgeschlossen.

(e) Die aus Versicherung, Rückversicherung oder sonstiger finanzieller Sicherheit herrührenden Beträge dürfen nur für den Ersatz eines Schadens herangezogen werden, der durch ein nukleares Ereignis verursacht worden ist.

Literatur: *IAEA*, The 1997 Vienna Convention on Civil Liability for Nuclear Damage and the 1997 Convention on Supplementary Compensation for Nuclear Damage – Explanatory Texts, IAEA International Law Series No. 3, 2007; *Pelzer*, International Pooling of Operators' Funds: An Option to Increase the Amount of Financial Security to Cover Nuclear Liability?, NLB 79 (2007/1), 37; *Schwartz*, Liability and Compensation for Third Party Damage resulting from a Nuclear Incident, in OECD/NEA, 10th Anniversary of the International School of Nuclear Law, 2010, 307.

I. Grundverpflichtung

1 Art. 10 Abs. (a) PÜ 2004 verpflichtet den Inhaber der Kernanlage, zur Deckung seiner Haftpflicht nach dem Pariser Übereinkommen „eine **Versicherung** oder **sonstige finanzielle Sicherheit**" „einzugehen und aufrechtzuerhalten". Die finanzielle Sicherheit hat mit dem Entstehen des nuklearen Risikos vorhanden zu sein, dh ab dem Beladen der Kernanlage mit dem nuklearen Inventar und muss für die gesamte Dauer ihres Betriebs mit Einschluss ihrer Stilllegung aufrechterhalten werden, solange auf die Anlage das Pariser Übereinkommen anwendbar ist (s. hierzu die Entscheidung des OECD Direktionsausschusses vom 30.10.2014, Rn. 57 zu Art. 1). Die Deckungsvorsorge ist in der Höhe zu erbringen, in der die Haftung des Inhabers gem. Art. 7 Abs. (a) (= mindestens 700 Mio. EUR, → Art. 7 Rn. 4), Art. 7 Abs. (b) (= mindestens 70 bzw. 80 Mio. EUR, → Art. 7 Rn. 6) oder Art. 21 Abs. (c) PÜ 2004 (= 350 Mio. EUR, → Art. 7 Rn. 5) festgesetzt worden ist. Es handelt sich in den Fällen des Abs. (a) somit um eine betragsmäßig begrenzte Haftung, die in voller Höhe durch eine Deckung abzusichern ist (Kongruenzprinzip), vgl. auch *Raetzke* in NK-AtomR AtG § 25 Rn. 126.

2 Ist die **Haftung** des Inhabers der Kernanlage **nicht betragsmäßig beschränkt**, so schreibt Art. 10 Abs. (b) PÜ 2004 eine Versicherung oder sonstige finanzielle Sicherheit des Inhabers der Kernanlage mindestens in der Höhe der Mindesthaftungssumme nach Art. 7 Abs. (a) oder (b) PÜ 2004 vor. Die Regelmindestdeckungssumme beträgt somit 700 Mio. EUR. Dieser Betrag kann für Kernanlagen und Beförderungen mindern Risiken auf 70 Mio. EUR für Kernanlagen und auf 80 Mio. EUR für Beförderungen von Kernmaterialien herabgesetzt werden. Das Kongruenzprinzip findet in den Fällen einer summenmäßig unbegrenzten Haftung keine Anwendung, da es eine summenmäßig unbegrenzte finanzielle Deckung nicht gibt. Es ist deshalb sachgerecht und entspricht dem Gleichbehandlungsgebot, die Deckungssummen an den Haftungs- und Deckungssummen bei begrenzter Haftung auszurichten: die Höchstsumme der Deckung darf nicht unter den Mindesthaf-

[Pflicht zur Deckungsvorsorge] **Art. 10 PÜ**

tungssummen bei begrenzter Haftung liegen: 700 Mio. EUR – 70 Mio. EUR – 80 Mio. EUR, vgl. auch *Raetzke* in NK-AtomR AtG § 25 Rn. 126.

Art. 10 PÜ 2004 enthält **völkerrechtliche Verpflichtungen,** die Deutschland 3 als Staat verpflichten. Die Bundesrepublik Deutschland muss sicherstellen, dass innerstaatlich eine Pflicht zur Bereitstellung einer Deckungsvorsorge gewährleistet ist, und sie muss ihre Art und Bedingungen bestimmen (Art. 10 Abs. (a) und (b)). Sie muss ebenfalls die Einhaltung der in den Absätzen (c)–(e) enthaltenen Verpflichtungen sicherstellen. Da das Pariser Übereinkommen in Deutschland als unmittelbar geltend übernommen wurde (§ 25 AtG), enthält Art. 10 aber auch **unmittelbare Verpflichtungen für den Inhaber der Kernanlage:** die Absätze a und d begründen unmittelbare Pflichten für den Inhaber der Kernanlage, die ergänzt werden durch die §§ 13–15 AtG und die AtDeckV.

Art. 10 PÜ 2004 schreibt nicht im einzelnen vor, **wie die Deckungsvorsorge** 4 **zu erbringen** ist, sondern begnügt sich mit den allgemeinen Begriffen „Versicherung" und „sonstige finanzielle Sicherheit". Dieses Problem wird dem nationalen Recht überlassen: „Art und Bedingungen werden von der zuständigen Behörde bestimmt". Das innerstaatliche Recht hat hier einen weiten Spielraum, der wohl auch erforderlich ist, um hinreichende Deckungsmittel zu aktivieren. Insbesondere erlaubt das Übereinkommen eine Kombination unterschiedlicher Deckungsvarianten mit Einschluss der Eigendeckung (Exposé des Motifs 2004 No. 82 (Konsolidierte Fassung, 59 f.); *Pelzer* NLB 79 (2007/1), 37; *Schwartz* in OECD/NEA, 10th Anniversary of the International School of Nuclear Law, 2010, 307 (312); *Tetley* NLB 77 (2006/1), 27; *Quéré* NLB 94 (2014/2), 77).

Zu der **Interpretation** des Art. 10 durch die **Vertragsparteien** s. Exposé des 5 Motifs 2004 Nos. 80–88 (Konsolidierte Fassung, 59 f.). Vgl. auch zu der inhaltlich gleichlautenden Bestimmung des Art. VII WÜ 1963 und 1997: *IAEA,* The 1997 Vienna Convention on Civil Liability for Nuclear Damage and the 1997 Convention on Supplementary Compensation for Nuclear Damage – Explanatory Texts, IAEA International Law Series No. 3, 2007, 13.

II. Im Einzelnen

Art. 10 Abs. (a) PÜ 2004 verpflichtet die Vertragspartei, in deren Hoheitsgebiet 6 die Kernanlage des haftenden Inhabers gelegen ist, **„Art und Bedingungen"** der Deckungsvorsorge zu bestimmen. Die zuständige Behörde dieser Vertragspartei setzt gem. Abs. (b) bei unbegrenzter Haftung auch den Höchstbetrag der Deckungsvorsorge fest. Zur deutschen Umsetzung siehe §§ 13–15 AtG, AtDeckV-neu.

Steht die finanzielle Sicherheit nicht zur Schadensersatzleistung zur Verfügung, 7 weil zB der Sicherungsgeber zahlungsunfähig ist, oder können aus ihr nicht alle Schadensersatzansprüche vollständig ersetzt werde, wie sich nicht ausreicht, hat der Anlagenstaat gem. Art 10 Abs. (c) PÜ 2004 einzutreten und die notwendigen Mittel zur Ersatzleistung zur Verfügung zu stellen. Die staatliche Eintrittspflicht ist begrenzt auf einen Betrag, der nicht unter dem in Art. 7 Abs. (a) (= 700 Mio. EUR) oder unter dem in Art. 21 Abs. (c) (= obsolet, → Art. 7 Rn. 5) liegen darf. Vgl. dazu auch → Art. 7 Rn. 7. – Diese Bestimmung ist durch das Protokoll 2004 in das Pariser Übereinkommen eingefügt worden und wurde Art. VII Abs. 1 WÜ 1963 und 1997 nachgebildet, siehe *IAEA,* The 1997 Vienna Convention on Civil Liability for Nuclear Damage and the 1997 Convention on Supplementary Compensation for Nuclear Damage – Explanatory Texts, IAEA International Law Series No. 3, 2007, 13.

PÜ Art. 11 [Haftungsausfüllung durch innerstaatliches Recht]

8 Art. 10 Abs. (d) PÜ 2004 stellt sicher, dass der Versicherer oder ein anderer Deckungsgeber die **Deckung** gemäß den Absätzen (a) und (b) der Bestimmung **weder aussetzen noch beenden darf,** sofern er dies nicht der zuständigen Behörde mindestens zwei Monate vorher angezeigt hat (S. 1). Die Aussetzung oder Beendigung der Deckung einer Beförderung von Kernmaterialien ist gänzlich ausgeschlossen (S. 2). Die Bestimmung gilt unmittelbar für den Deckungsgeber und den Inhaber der Kernanlage. Sie schafft ein auflösend bedingtes bzw. ein absolutes gesetzliches Verbot der Aussetzung oder Beendigung der Deckungszusage. Rechtsgeschäfte, die auf die Aussetzung oder Beendigung von Deckungszusagen abzielen, sind gem. § 134 BGB nichtig. Dass das Verbot in einem völkerrechtlichen Vertrag enthalten ist, schließt die Anwendung des § 134 BGB nicht aus, wenn der Vertrag – wie im Falle des Pariser Übereinkommens – unmittelbar für den einzelnen anwendbar ist und nicht nur die Beziehungen zwischen Staaten regelt (BGHZ 69, 296).

9 Die aus der **Deckungsvorsorge herrührenden Beträge** dürfen gem. **Art. 10 Abs. (e)** PÜ 2004 nur zum **Ersatz von nuklearem Schaden** auf Grund des Pariser Übereinkommens verwendet werden. Auch diese Bestimmung enthält ein gesetzliches Verbot, das Rechtsgeschäfte, die diese finanziellen Mittel zu anderen Zwecken heranzuziehen vorsehen, nach § 134 BGB nichtig macht.

Artikel 11 [Haftungsausfüllung durch innerstaatliches Recht]

Art, Form und Umfang des Schadensersatzes sowie dessen gerechte Verteilung bestimmen sich innerhalb der Grenzen dieses Übereinkommens nach dem innerstaatlichen Rechte.

Literatur: *Pelzer*, Conflict of Laws Issues under the International Nuclear Liability Conventions, in FS Kühne, 2009, 819; *Junker* in Münchener Kommentar zum Bürgerlichen Gesetzbuch. Band 11: Internationales Privatrecht II, 6. Aufl. 2015, Kommentierung zu Art. 40 EGBGB.

I. Grundsatz

1 Art. 11 PÜ 2004 (ebenso bereits Art. 11 PÜ 1960) weist nach Maßgabe der Grenzen des Pariser Übereinkommens die **Art,** die **Form** und den **Umfang des Ersatzes** für nuklearen Schaden und dessen **gerechte Verteilung** dem **nationalen Recht der Vertragsparteien** zu. Diese Bestimmung ist eine klarstellende Folge des Grundprinzips des Pariser Übereinkommens, dass das Übereinkommensrecht nur dort anwendbar sein soll, wo „general tort law rules and practice are not suitable", aber dass stets dann auf innerstaatliches Recht zurückzugreifen sei, wo nukleare Tätigkeiten „can properly be dealt with through existing legal processes" (Exposé des Motifs 2004 No. 13 (Konsolidierte Fassung, 39)). Während der Anspruchsvoraussetzungen (Haftungsbegründung) dem Übereinkommen zu entnehmen sind, bleibt die Haftungsausfüllung nahezu vollständig Gegenstand innerstaatlicher Gesetzgebung und Praxis (vgl. auch *Raetzke* in NK-AtomR AtG § 25 Rn. 88). Das deckt einen weiten Bereich ab, und dürfte dazu führen, dass dem innerstaatlichen Recht eine weitaus bedeutsamere Rolle zukommt als dem Übereinkommensrecht. Zutreffend bezeichnet *Fischerhof* (Dt. AtomG Art. 11 Rn. 1) den Art. 11 als „gewissermaßen die ‚magna charta' des nationalen Rechts". Der Artikel bettet das Übereinkommensrecht in das innerstaatliche Recht ein.

[Haftungsausfüllung durch innerstaatliches Recht] **Art. 11 PÜ**

II. Exkurs

Art. VIII WÜ 1963, Art. VIII Abs. 1 WÜ 1997 und Art. 11 Annex CSC enthalten Bestimmungen, die auf eine inhaltliche Identität mit Art. 11 PÜ 2004 hinweisen. Die **Einbettung des Rechts der internationalen Atomhaftungsübereinkommen in das nationale Recht** wäre dann ein gemeinsames Charakteristikum des internationalen Atomhaftungsrechts. Allerdings unterscheidet sich die Formulierung des Art. 11 PÜ 2004 in Teilen von denen der anderen Konventionen, so dass zu fragen ist, ob nicht doch Unterschiede bestehen. Während Art. 11 PÜ 2004 formuliert „... bestimmen sich ... nach dem innerstaatlichem Rechte", heißt es in den übrigen Übereinkommen „governed by the law of the competent court". Der Begriff „law of the competent court" ist in allen drei Übereinkommen definiert als das für das zuständige Gericht geltende Recht „including any rules of such law relating to the conflict of laws" (Art. I Abs. 1 (e) WÜ 1963 und 1997, Art. I (k) CSC). Demgegenüber heißt es in Art. 14 Abs. (b) PÜ 2004, das innerstaatliche Recht sei das für das zuständige Gericht geltende Recht „... mit **Ausnahme des Kollisionsrechts,** das sich auf solche Ansprüche bezieht" – „**excluding the rules on conflict of laws** relating to such claims" (Hervorhebung v. Verf.). Das innerstaatliche Recht versteht sich also in der einen Fallgruppe mit Einschluss des Kollisionsrechts, in der anderen ohne das Kollisionsrecht. Es gibt Gründe, die dafür sprechen, dass beide Formulierungen dasselbe meinen und es sich um eine Gesamtverweisung (wie noch unzweifelhaft in Art. 14 Abs. (b) PÜ 1960, s. *Junker* in MüKoBGB EGBGB Art. 40 Rn. 95) auch auf das Konfliktsrecht handelt (so *Pelzer* FS Kühne, 2009, 819 (823f.)). Andererseits gibt es mindestens ebenso gute Gründe, die der Formulierung in Art. 11, 14 Abs. (b) PÜ 2004, unter Berücksichtigung des modernen Trends im Internationalen Privatrecht zu Sachnormverweisungen, einen von den Formulierungen der anderen Verträge abweichende Bedeutung (= keine Gesamtverweisung) zumessen. Für diese Auslegung würde insbesondere der Wortlaut des Art. 14 Abs. (b) PÜ in der 2004 geänderten Fassung sprechen. Diese Abweichung von den Definitionen in den beiden Wiener Übereinkommen und in dem Übereinkommen über ergänzende Entschädigung für nuklearen Schaden mag also für das Gesamtsystem der internationalen Nuklearhaftung durchaus relevant sein (dazu näher → Art. 14 Rn. 3ff.).

III. Probleme

Die **starke Rolle des nationalen Rechts** beeinträchtigt naturgemäß die vom Übereinkommen angestrebte **internationale Rechtsharmonisierung,** weil die nationalen Rechte bei der Haftungsausfüllung jeweils unterschiedliche Lösungen vorsehen dürften. Das aber müsse man in Kauf nehmen, da sonst das Übereinkommen zu einer selbständigen Zivilrechtsordnung hätte gemacht werden müssen, so bereits *Fischerhof* Dt. AtomG Art. 11 Rn. 2; *Haedrich* AtG Rn. 1 ff. Wenngleich diese Feststellung richtig ist, ändert sie nichts daran, dass unterschiedliche Formen der Haftungsausfüllung innerhalb der Vertragsparteien den Entschädigungsprozess erschweren. Es kann auch nicht ausgeschlossen werden, dass durch die nationalen Unterschiede bei der Haftungsausfüllung die Unwägbarkeiten des internationalen Privatrechts, die durch den Abschluss des Übereinkommens so weit wie möglich beseitigt werden sollten, erneut Bedeutung erlangen (dazu *Pelzer* FS Kühne, 2009,

PÜ Art. 12 [Freier Geldtransfer]

819 (822 ff.)). Die nationalen Unterschiede können auch zu individuellen Ersatzleistungen, die auf Grund des Rechts anderer Vertragsparteien geschuldet werden, führen, die unterhalb dem nach deutschem Recht zu leistenden Ersatz liegen und so für in Deutschland Geschädigte einen Anspruch auf Ausgleich gem. § 38 Abs. 1 AtG entstehen lassen.

IV. Inhalt und Grenzen innerstaatlicher Regelung

4   Das Übereinkommen schreibt dem **innerstaatlichen Gesetzgeber** nicht vor, in welcher Weise er Art, Form und Umfang des Schadensersatzes sowie seine gerechte Verteilung regelt. Die jeweilige Verfassung, die nationale Rechtsprechung und nationale Rechtstraditionen sind hier die Leitbilder. Ersatz für immateriellen Schaden, summenmäßige Begrenzungen für Sach- und Körperschäden, Prioritätsregelungen, Grundsätze für die Verteilung der Mittel bei Großschäden, die die vorhandenen Ersatzmittel übersteigen, können beispielsweise innerstaatlich geregelt werden (hierzu auch *Fischerhof* Dt. AtomG Art. 11 Rn. 3, 4). Jedoch müssen diese Regelungen innerhalb der Grenzen des Übereinkommens bleiben, seine leitenden Grundsätze dürfen nicht verletzt werden. So wäre zB eine Ersatzregelung, die einen Vorrang der eigenen Staatsbürger im Verhältnis zu den Staatsbürgern anderer Vertragsparteien vorsieht, mit dem Gleichbehandlungsgrundsatz des Art. 14 Abs. a des Übereinkommens unvereinbar und damit unzulässig. – Für das deutsche Recht ist auf §§ 27 ff. AtG und ergänzend auf §§ 842 ff. und 249 ff. BGB zu verweisen.

Artikel 12 [Freier Geldtransfer]

Der gemäß diesem Übereinkommen zu leistende Schadensersatz, die Versicherungs- und Rückversicherungsprämien sowie die gemäß Artikel 10 aus Versicherung, Rückversicherung oder sonstiger finanzieller Sicherheit herrührenden Beträge und die in Artikel 7 (h) angeführten Zinsen und Kosten sind zwischen den Währungsgebieten der Vertragsparteien frei transferierbar.

1   Art. 12 begründet eine **völkerrechtliche Pflicht** der Vertragsparteien, durch entsprechende Regelungen sicherzustellen, dass zwischen den Währungsgebieten der Vertragsparteien Schadensersatz, Versicherungsprämien, Versicherungsleistungen sowie Zinsen und Kosten **frei transferiert** werden können. Diese Verpflichtung ist eine notwendige Ergänzung der substantiellen Bestimmungen des Übereinkommens, um das internationale Entschädigungssystem für nuklearen Schaden für den Geschädigten praktisch wirksam umzusetzen. Das PÜ 1960 enthielt bereits einen gleichlautenden Art. 12 (vgl. Exposé des Motifs 1960 No. 53).

2   Das Exposé des Motifs 2004 No. 91 (Konsolidierte Fassung, 61) weist darauf hin, dass die mit Art. 12 PÜ erstrebte Freizügigkeit **innerstaatliche Versicherungsregelungen** unberührt lässt, zB Regelungen betreffend technische Reserven.

3   Die freie (= unbehinderte) Transferierbarkeit muss garantiert werden **zwischen den Währungsgebieten der Vertragsparteien** – monetary areas – zonas monetarias – zones monétaires – zone monetarie – monetaire gebieden. Währungsgebiete sind nicht notwendigerweise identisch mit den Hoheitsgebieten der Vertragsparteien. Das Währungsgebiet Euro-Zone umfasst beispielsweise nicht nur

[Ausschließlicher Gerichtsstand] **Art. 13 PÜ**

Paris-Staaten, sondern auch Wien-Staaten und Nichtvertragsstaaten. Innerhalb der Euro-Zone besteht ein freier Kapitalverkehr (vgl. Art. 63–66 AEUV, ABl. 2012 C 326, 47). Ob sich aus dieser Verflechtung unterschiedlicher Rechtsgrundlagen für den freien grenzüberschreitenden Kapitalverkehr Probleme bei der Entschädigung nuklearer Schäden ergeben könnten, lässt sich derzeit nicht voraussehen. Probleme könnten sich aber etwa dann ergeben, wenn im Rahmen eines anderen Währungsgebietes Ausführungsvorschriften erlassen würden, zB für die Euro-Zone auf Grund der Art. 136 ff. AEUV, die den Vollzug des Art. 12 PÜ 2004 behindern oder verhindern. Hier könnte ein Rekurs auf den lex-specialis-Charakter des Art. 12 eine Lösung anbieten.

Artikel 13 [Ausschließlicher Gerichtsstand]

(a) Sofern dieser Artikel nichts anderes bestimmt, sind für Klagen gemäß den Artikeln 3, 4 und 6 (a) nur die Gerichte derjenigen Vertragspartei zuständig, in deren Hoheitsgebiet das nukleare Ereignis eingetreten ist.

(b) ¹Tritt ein nukleares Ereignis innerhalb der ausschließlichen Wirtschaftszone einer Vertragspartei ein oder, wenn eine solche Zone nicht festgelegt wurde, in einem nicht über die Grenzen einer ausschließlichen Wirtschaftszone hinausgehenden Gebiet, würde eine solche festgelegt, so sind für Klagen wegen nuklearen Schadens aus diesem nuklearen Ereignis für die Zwecke dieses Übereinkommens ausschließlich die Gerichte dieser Vertragspartei zuständig, unter der Voraussetzung, dass die betroffene Vertragspartei dem Generalsekretär der Organisation vor Eintreten des nuklearen Ereignisses ein solches Gebiet notifiziert hat. ²Dieser Absatz darf nicht so ausgelegt werden, als erlaube er die Ausübung der Zuständigkeit oder die Abgrenzung einer Meereszone auf eine dem internationalen Seerecht entgegenstehende Weise.

(c) Tritt ein nukleares Ereignis außerhalb der Hoheitsgebiete der Vertragsparteien ein, oder tritt es innerhalb eines Gebiets ein, hinsichtlich dessen keine Notifikation gemäß Absatz (b) erfolgte, oder kann der Ort des nuklearen Ereignisses nicht mit Sicherheit festgestellt werden, so sind für solche Klagen die Gerichte derjenigen Vertragspartei zuständig, in deren Hoheitsgebiet die Kernanlage des haftenden Inhabers gelegen ist.

(d) Tritt ein nukleares Ereignis in einem Gebiet ein, auf das die in Artikel 17 (d) genannten Umstände zutreffen, liegt die Zuständigkeit bei den Gerichten, die auf Antrag einer betroffenen Vertragspartei von dem in Artikel 17 genannten Gerichtshof als die Gerichte derjenigen Vertragspartei bestimmt werden, die zu dem Ereignis die engste Beziehung hat und am meisten von den Folgen betroffen ist.

(e) Aus der Ausübung der Zuständigkeit nach diesem Artikel sowie aus der Notifikation eines Gebiets gemäß Absatz (b) dieses Artikels ergibt sich kein Recht oder keine Verpflichtung und auch kein Präzedenzfall im Hinblick auf die Abgrenzung von Meeresgebieten zwischen Staaten mit gegenüberliegenden oder aneinander angrenzenden Küsten.

(f) Ergäbe sich aus Absatz (a), (b) oder (c) die Zuständigkeit der Gerichte von mehr als einer Vertragspartei, so sind zuständig,

PÜ Art. 13 [Ausschließlicher Gerichtsstand]

(i) wenn das nukleare Ereignis zum Teil außerhalb der Hoheitsgebiete der Vertragsparteien und zum Teil im Hoheitsgebiet nur einer Vertragspartei eingetreten ist, die Gerichte dieser Vertragspartei;

(ii) in allen sonstigen Fällen die Gerichte, die auf Antrag einer betroffenen Vertragspartei von dem in Artikel 17 genannten Gerichtshof als die Gerichte derjenigen Vertragspartei bestimmt werden, die zu dem Ereignis die engste Beziehung hat und am meisten von den Folgen betroffen ist.

(g) Die Vertragspartei, deren Gerichte zuständig sind, stellt sicher, dass hinsichtlich Schadensersatzklagen wegen nuklearen Schadens

(i) ein Staat für Personen, die nuklearen Schaden erlitten haben und Angehörige dieses Staates sind oder ihren Wohnsitz oder Aufenthalt in seinem Hoheitsgebiet haben und ihr Einverständnis dazu erklärt haben, Klage erheben kann;

(ii) jeder Klage erheben kann, um Rechte gemäß diesem Übereinkommen durchzusetzen, die durch Abtretung oder Übergang erworben wurden.

(h) Die Vertragspartei, deren Gerichte gemäß diesem Übereinkommen zuständig sind, stellt sicher, dass nur eines ihrer Gerichte für Entscheidungen über den Ersatz von nuklearem Schaden, der durch nukleare Ereignisse verursacht wurde, zuständig ist, wobei die Auswahlkriterien durch die innerstaatliche Gesetzgebung dieser Vertragspartei festgelegt werden.

(i) Hat ein gemäß diesem Artikel zuständiges Gericht nach einer streitigen Verhandlung oder im Säumnisverfahren ein Urteil gefällt und ist dieses nach dem von diesem Gericht angewandten Recht vollstreckbar geworden, so ist es im Hoheitsgebiet jeder anderen Vertragspartei vollstreckbar, sobald die von dieser anderen Vertragspartei vorgeschriebenen Förmlichkeiten erfüllt worden sind; eine sachliche Nachprüfung ist nicht zulässig. Dies gilt nicht für vorläufig vollstreckbare Urteile.

(j) Wird eine Klage gemäß diesem Übereinkommen gegen eine Vertragspartei erhoben, so kann sich diese vor dem gemäß diesem Artikel zuständigen Gericht nicht auf Immunität von der Gerichtsbarkeit berufen, ausgenommen bei der Zwangsvollstreckung.

Übersicht

	Rn.
I. Verfahrensrechtliche Kanalisierung der Haftung	1
II. Das Gericht des Ortes des nuklearen Ereignisses	2
III. Sachliche Zuständigkeit des Gerichts	5
IV. Sonderfälle	6
1. Maritime Sonderzonen	6
2. Nukleares Ereignis in anderen Gebieten	10
V. Abgrenzung von Meeresgebieten	12
VI. Zuständigkeit mehrerer Gerichte	13
VII. Klagerecht	15
VIII. Ein einziges Gericht	21
IX. Anerkennung und Vollstreckbarkeit von Urteilen	22
1. Grundsatz	22
2. Vollstreckung nach streitiger Verhandlung oder Säumnisverfahren	25
3. Innerstaatliche Vollstreckbarkeit des Urteils	26

[Ausschließlicher Gerichtsstand] **Art. 13 PÜ**

	Rn.
4. Vorgeschriebene Förmlichkeiten	27
5. Verhältnis zu EU-Recht	28
X. Staatenimmunität	30

Literatur: *IAEA,* The 1997 Vienna Convention on Civil Liability for Nuclear Damage and the 1997 Convention on Supplementary Compensation for Nuclear Damage – Explanatory Texts, IAEA International Law Series No. 3, 2007; *Magnus,* Jurisdiction and Enforcement of Judgments under the current nuclear liability regimes within the EU Member States, in Pelzer, Europäisches Atomhaftungsrecht im Umbruch, Tagungsbericht der AIDN/INLA Regionaltagung Berlin 2009, 2010, 105; *Pelzer,* Facing the Challenge of Nuclear Mass Tort Processing, NLB 99 (2017/1), 45.

I. Verfahrensrechtliche Kanalisierung der Haftung

Art. 13 PÜ 2004 **ergänzt** die **materiellrechtliche Kanalisierung der Ansprüche** allein auf den **Inhaber** der Kernanlage (→ Art. 6 Rn. 1 ff.) verfahrensrechtlich durch die Bestimmung eines einzigen ausschließlich zuständigen Gerichts. Die potentiell großräumige schädliche Auswirkung nuklearer Ereignisse und insonderheit ihr grenzüberschreitender Charakter samt Massenverfahren (hierzu Pelzer NLB 99 (2017/1), 45) bedürfen einer verbindlichen ausschließlichen Gerichtsstandsregelung, um zu verhindern, dass auf Grund des allgemeinen nationalen und des internationalen Zivilverfahrensrechts zahlreiche Gerichte im Unfallstaat und in anderen von dem Ereignis betroffenen Staaten für Schadensersatzansprüche sich für zuständig erklären. Eine solche Zersplitterung gerichtlicher Zuständigkeiten würde die Abwicklung der nuklearen Ersatzansprüche nicht nur erschweren und verzögern, sondern vermutlich sogar praktisch unmöglich machen. Sie würde auch zu forum shopping ermuntern und die Verfahrenskosten erhöhen. Deshalb ist die durch die Regelung des Art. 13 PÜ 2004 bewirkte prozessrechtliche Kanalisierung auf ein Gericht ein tragendes Element des internationalen Atomhaftungsrechts. Vgl. auch Exposé des Motifs 2004 No. 92 (Konsolidierte Fassung, 61); *Fischerhof* Dt. AtomG Art. 13 Rn. 1. 1

II. Das Gericht des Ortes des nuklearen Ereignisses

Gemäß Art 13 Abs. (a) PÜ 2004 sind für Klagen nach den Art. 3, 4 und 6 Abs. (a) „nur die **Gerichte derjenigen Vertragspartei zuständig,** in deren **Hoheitsgebiet das nukleare Ereignis eingetreten** ist", soweit Art. 13 nichts anderes bestimmt. Abs. (a) bestimmt somit die Vertragspartei, deren Gerichte zuständig sind. Das nationale Recht dieser „Ereignis-Vertragspartei" bestimmt dann im Rahmen des Übereinkommens (→ Rn. 4) das sachlich und örtlich zuständige Gericht (hierzu *Haedrich* AtG Art. 13 Rn. 5; *Raetzke* in NK-AtomR AtG § 25 Rn. 142). 2

Die Bestimmung stellt also auf den **Ort des Eintritts des nuklearen Ereignisses** ab. Ein nukleares Ereignis ist gemäß seiner Definition (→ Art. 1 Rn. 3 ff.) ein Geschehnis oder eine Reihe von Geschehnissen desselben Ursprungs, durch die ein nuklearer Schaden verursacht wird. Geschehnis und Schadensverursachung sind die Elemente des nuklearen Ereignisses. Erst durch die Schadensverursachung wird das Geschehnis zu einem nuklearen Ereignis. Dieses ist also erst dann eingetreten, wenn auch der Schaden verursacht worden ist. Vorher kann man nicht vom Eintritt eines 3

PÜ Art. 13 [Ausschließlicher Gerichtsstand]

nuklearen Ereignisses sprechen. Wenn somit Art. 13 Abs. (a) auf den Eintritt des nuklearen Ereignisses abstellt, wird damit auch die Schadensverursachung erfasst, dh es wird der Ort des Schadenseintritts (Erfolgsort) für den Gerichtsstand maßgebend oder jedenfalls neben dem Ort des Geschehnisses mit maßgebend. Wäre das aber richtig, würde der prozessuale Kanalisierungseffekt der Bestimmung beseitigt, weil der Schaden an vielen Orten erlitten werden kann und es folglich viele Gerichtsstandsorte gäbe. Eine auf die Erreichung des Zwecks der Bestimmung abgestellte Auslegung kann daher nicht an den Eintritt des vollendeten nuklearen Ereignisses, sondern muss an den Eintritt des oder der Geschehnisse, die zu dem nuklearen Schaden führen, anknüpfen. Maßgeblich für die Bestimmung des zuständigen Gerichts ist der Handlungsort bzw., da es sich um Gefährdungshaftung handelt, der Ort der risikoreichen Tätigkeit. Art. 13 Abs. (a) PÜ 2004 muss somit wie folgt gelesen werden: Zuständig sind die Gerichte der Vertragspartei, in deren Hoheitsgebiet das Geschehnis eingetreten ist, das den nuklearen Schaden verursacht hat. Der Wortlaut des Art. 13 Abs. (a) PÜ 2004 bringt das nicht zum Ausdruck und ist irreführend. Zur näheren Begründung dieser Auslegung → Art. 8 Rn. 7–8.

4   Das Protokoll 2004 zum Pariser Übereinkommen verpflichtet in einer Bestimmung, die in den früheren Fassungen des Übereinkommens noch nicht vorhanden war, die Vertragspartei, deren Gerichte nach Art 13 zuständig sind, sicherzustellen, dass nur **eines ihrer Gerichte** für Entscheidungen über den Ersatz für nuklearen Schaden, **zuständig** ist (Art. 13 Abs. (h) PÜ 2004). Da nach allgemeinen Vorschriften auch innerstaatlich mehrere Gerichte zuständig sein können (vgl. §§ 12ff. ZPO), entsteht die angestrebte umfassende prozessuale Kanalisierung erst durch diese zusätzliche Konzentrierung auf ein einziges Gericht. Die Auswahlkriterien für die Bestimmung des einzigen Gerichts bestimmt das nationale Recht. Die Verpflichtung zur Bestimmung eines einzigen zuständigen Gerichts wird in Deutschland durch § 40a AtG umgesetzt.

III. Sachliche Zuständigkeit des Gerichts

5   Das Gericht ist ausschließlich zuständig für Klagen gem. Art. 3, 4 und 6 Abs. (a) PÜ 2004. Art. 3 ist die „zentrale Haftungsnorm" des Übereinkommens (→ Art. 3 Rn. 1 ff.). Art. 4 regelt die Haftung für nukleare Schäden im Verlauf der Beförderung von Kernmaterialien, und Art. 6 Abs. (a) ergänzt im 1. Hs. die Art. 3 und 4 und gestattet im 2. Hs. den direkten Durchgriff des Geschädigten auf den Deckungsgeber. Zu den Ansprüchen, für die das Gericht ausschließlich zuständig ist, zählen auch solche der Personen, die gem. Art. 6 Abs. (d) PÜ 2004 Ansprüche gegen den Inhaber erworben haben, weil sie entweder Schadensersatz auf Grund eines internationalen Beförderungsübereinkommens oder auf Grund der Gesetzgebung eines Nichtvertragsstaates geleistet haben. Diese Gruppen von Ersatzansprüchen können nur und ausschließlich bei dem nach Art. 13 PÜ 2004 bestimmten Gericht geltend gemacht werden. Die Liste der Ansprüche ist abschließend. Das bedeutet, für andere Ansprüche, die auf dem Pariser Übereinkommen beruhen oder auf dieses zurückzuführen sind, ist das Gericht nicht zuständig. Das gilt zB für die Rückgriffsansprüche des Inhabers gem. Art. 6 Abs. (f) PÜ 2004 und für Ansprüche gegen die in Art. 6 Abs. (c) (i) PÜ 2004 genannten Personen. Es gilt ferner für Ansprüche zum internen Ausgleich bei gesamtschuldnerischer Haftung mehrerer Inhaber. Für diese Fälle wird das zuständige Gericht durch das allgemeine innerstaatliche Verfahrensrecht bestimmt (vgl. Exposé des Motifs 2004 No. 97 (Konsolidierte Fassung, 62f.)).

[Ausschließlicher Gerichtsstand] Art. 13 PÜ

IV. Sonderfälle

1. Maritime Sonderzonen

Durch das Protokoll 2004 zum Pariser Übereinkommen wurde eine Sonder- 6
regel für Küstenstaaten geschaffen: Gemäß Art. 13 Abs. (b) S. 1 PÜ 2004 sind für Klagen wegen nuklearen Schadens, der auf ein nukleares Ereignis zurückzuführen ist, das in der **ausschließlichen Wirtschaftszone einer Vertragspartei** eingetreten ist, ausschließlich die **Gerichte dieser Vertragspartei** zuständig. Diese Zuständigkeit besteht auch dann, wenn zwar keine ausschließliche Wirtschaftszone festgelegt wurde, aber wenn das nukleare Ereignis in einem nicht über die Grenzen einer ausschließlichen Wirtschaftszone hinausgehenden Gebiets eintritt. Voraussetzung – in beiden Fällen – ist, dass die betreffende Vertragspartei den Depositar des Pariser Übereinkommens (= Generalsekretär der OECD) vor dem Eintreten des nuklearen Ereignisses ein solches Gebiet notifiziert hat.

Art. 13 Abs. (b) S. 2 PÜ 2004 stellt klar, dass die Zuweisung des zuständigen Ge- 7
richts an den Küstenstaat nicht so ausgelegt werden darf, als erlaube diese „die Ausübung der Zuständigkeit oder die Abgrenzung einer Meereszone auf eine **dem internationalen Seerecht entgegenstehende Weise**." (Hervorhebung vom Verfasser) Dem Küstenstaat wachsen durch die Neuregelung keine weiteren souveränen Rechte oder Hoheitsbefugnisse über die ausschließliche Wirtschaftszone zu, die über das hinausgehen, was das internationale Seerecht erlaubt. Unberührt bleibt insbesondere die Freiheit der Schifffahrt. Vgl. ferner Exposé des Motifs 2004 No. 94 (a) (Konsolidierte Fassung, 61 f.).

Das **Wiener Übereinkommen 1997** enthält in Art. XI Abs. 1bis WÜ 1997 eine 8
gleichartige Regelung zur Begründung eines ausschließlichen Gerichtsstands für den Küstenstaat. Zur Erläuterung unter Bezugnahme auf die Entstehungsgeschichte siehe *IAEA*, The 1997 Vienna Convention on Civil Liability for Nuclear Damage and the 1997 Convention on Supplementary Compensation for Nuclear Damage – Explanatory Texts, IAEA International Law Series No. 3, 2007, 55 ff.

Die **rechtliche Stellung der ausschließlichen Wirtschaftszone** („exclu- 9
sive economic zone") und die Rechte der Küstenstaaten sind in erster Linie dem Teil V (Art. 55–75) des **Seerechtsübereinkommens der Vereinten Nationen** (SRÜ) vom 10.12.1982 (BGBl. 1994 II 1799) zu entnehmen. Die Wirtschaftszone ist danach „ein jenseits des Küstenmeeres und an dieses angrenzendes Gebiet" der Hohen See, in welchem dem Küstenstaat begrenzte souveräne Rechte und Hoheitsbefugnisse eingeräumt werden und das sich nicht weiter als 200 Seemeilen von den Basislinien erstrecken darf, was als die Breite des Küstenmeers gemessen wird (Art. 55, 56, 57 SRÜ). Im Einzelfall kann auch partikuläres Völkerrecht ergänzend oder verdrängend zu berücksichtigen sein. – Für Deutschland s. Proklamation vom 25.11.1994 über die Errichtung einer ausschließlichen Wirtschaftszone in der Nordsee und in der Ostsee (BGBl. 1994 II 3770).

2. Nukleares Ereignis in anderen Gebieten

Die **Gerichte** der Vertragspartei, **in deren Hoheitsgebiet die Kernanlage des** 10
haftenden Inhabers gelegen ist, sind gem. Art. 13 Abs. (c) PÜ 2004 in drei Fällen zuständig:

Pelzer

PÜ Art. 13 [Ausschließlicher Gerichtsstand]

- wenn das nukleare Ereignis außerhalb der Hoheitsgebiete der Vertragsparteien eintritt, also zB auf oder über der Hohen See;
- wenn das nukleare Ereignis in einer Meereszone eintritt, hinsichtlich derer keine Notifikation gem. Art. 13 Abs. (b) an den Generalsekretär der OECD erfolgt ist (→ Rn. 6);
- wenn der Ort des nuklearen Ereignisses nicht mit Sicherheit festgestellt werden kann. Das Exposé des Motifs 2004 No. 95 (Konsolidierte Fassung, 62) erläutert diesen Fall mit folgendem Beispiel: „Where an incident is due to continuous radioactive contamination in the course of transport, it may not be possible to determine the place of such incident. In such cases, the competent courts are the courts of the place where the liable operator's installation is situated." Das Beispiel ist zutreffend gewählt, zeigt bei einer leichten Abwandlung zugleich aber auch die Schwäche der Regelung. Wenn nämlich die fortdauernde Bestrahlung von Kernmaterialien mehrerer Inhaber aus unterschiedlichen Vertragsstaaten herrührt, für die diese als Gesamtschuldner gem. Art. 5 Abs. (d) PÜ 2004 haftpflichtig sind, führt Art. 13 Abs. (c) PÜ 2004 zur Zuständigkeit mehrerer Gerichte (vgl. auch → Rn. 13).

11 Art. 13 Abs. (d) PÜ 2004 bestimmt das **zuständige Gericht** für jene – wohl seltenen – Fälle, wenn das nukleare Ereignis in einem Gebiet eintritt, auf das die in Art. 17 Abs. (d) PÜ 2004 genannten Umstände zutreffen. Das sind jene Gebiete, bezüglich denen Streitigkeiten über die Festlegung der Seegrenzen bestehen. Solche Streitigkeiten fallen gem. Art. 17 Abs. (d) nicht in den Geltungsbereich des Übereinkommens. Art. 13 Abs. (d) schreibt vor, dass in diesen Fällen auf Antrag einer betroffenen Vertragspartei das zuständige Gericht von dem in Art. 17 genannten Gericht (= Europäisches Kernenergie-Gericht, → Art. 17 Rn. 3) zu bestimmen ist. Dieses bestimmt die Gerichte der Vertragspartei, „die zu dem Ereignis die engste Beziehung hat und am meisten von den Folgen betroffen ist" („most closely related to and affected by the consequences" – „la plus directement liée à l'accident et affectée par ses conséquences"). Aus dieser Formulierung ergibt sich, dass die beiden Kriterien „engste Beziehung" und „größte Betroffenheit" für eine einzige Vertragspartei zutreffen müssen. Die Bestimmung findet somit in dem folgenden Fall keine Anwendung: In der Vertragspartei A befindet sich die schädigende Kernanlage („engste Beziehung"), und der Schaden wird überwiegend in Vertragspartei B erlitten („größte Betroffenheit").

V. Abgrenzung von Meeresgebieten

12 Art. 13 Abs. (e) PÜ 2004 stellt klar, dass sich **weder** aus der **„Ausübung der Zuständigkeit nach diesem Artikel"** („exercise of jurisdiction", „exercice de la compétence juridictionnelle", „ejercicio de la competencia jurisdiccional", „uitoefening van rechtsbevoegdheid", „esercizio della competenza giurisdizionale" = Ausübung der Gerichtsbarkeit) **noch** aus der **Notifikation eines Seegebiets** (→ Rn. 5) ein Recht oder eine **Verpflichtung** oder ein **Präzedenzfall** in Bezug auf die **Abgrenzung von Meeresgebieten** zwischen Staaten mit gegenüberliegenden oder aneinander angrenzenden Küsten ergibt. Vgl. auch Abs. (b) S. 2 sowie Art. 17 Abs. (d). Zur Abgrenzung von Meereszonen zwischen Staaten mit gegenüberliegenden oder aneinander angrenzenden Küsten vgl. Art. 15 SRÜ (Küstenmeer) und Art. 74 SRÜ (Wirtschaftszone).

[Ausschließlicher Gerichtsstand] **Art. 13 PÜ**

VI. Zuständigkeit mehrerer Gerichte

Für den Fall, dass sich aus Art. 13 Abs. (a)–(c) PÜ 2004 die Zuständigkeit von **Ge-** 13
richten mehrerer Vertragsparteien ergibt, bestimmt Art. 13 Abs. (f) PÜ 2004 folgendes: Tritt das nukleare Ereignis teilweise außerhalb der Hoheitsgebiete der Vertragsparteien und teilweise im Hoheitsgebiet nur einer Vertragspartei ein, so sind die Gerichte dieser Vertragspartei zuständig (UAbs. i). In allen anderen Fällen bestimmt das Europäische Kernenergie-Gericht auf Antrag einer betroffenen Vertragspartei die Gerichte der Vertragspartei als zuständig, die zu dem Ereignis die engste Beziehung hat und am meisten von den Folgen betroffen ist (UAbs. ii). Dazu → Rn. 11.
Das **Europäische Kernenergie-Gericht** kann in den Fällen des Unterabsat- 14
zes ii nur **von einer Vertragspartei** zur Bestimmung des zuständigen Gerichts **angerufen werden.** *Fischerhof* Dt. AtomG Art. 13 Rn. 3 weist zutreffend darauf hin, dass diese Regelung den Parteien des Schadensersatzprozesses oder einem sich für unzuständig haltendes nationales Gericht der Anruf des Europäischen Kernenergie-Gerichts nicht zugestanden wird. Es sei zu fragen, welche Rechte insbesondere der Geschädigte hat, wenn die Vertragspartei es ablehnt, das Europäische Kernenergie-Gericht anzurufen. Diese Fragen werden durch Art. 13 Abs. (f) PÜ 2004 nicht beantwortet. Der Hinweis von *Fischerhof* auf die jeweiligen nationalen Rechtsordnungen ist richtig. Aber damit wird zugleich auch eingeräumt, dass deren Lösungen unterschiedlich sein können, so dass in diesem Punkt das Übereinkommen zu einer Harmonisierung und Gleichbehandlung aller Verfahrensbeteiligten nicht beiträgt. Vgl. hierzu bei drohender Verjährung oder Erlöschen des Schadensersatzanspruchs auch Art. 8 Abs. (e) PÜ 2004 (→ Art. 8 Rn. 13) und insbesondere dessen UAbs. (ii).

VII. Klagerecht

Art. 13 Abs. (g) PÜ 2004 verpflichtet die Vertragspartei, deren Gerichte zustän- 15
dig sind, sicherzustellen, dass **jeder Staat** – also nicht nur Vertragsparteien – **im Namen seiner Staatsangehörigen** und solcher Personen, die in diesem Staat ihren Wohnsitz oder Aufenthalt haben, vor dem Gericht auf Ersatz für nuklearen Schaden Klage erheben kann, sofern diese Personen dazu ihr Einverständnis erklärt haben (UAbs. i). Die Bestimmung verpflichtet diese Vertragspartei ferner, sicherzustellen, dass jeder klagen kann, um Rechte „gemäß diesem Übereinkommen" durchzusetzen, die er durch Abtretung oder Forderungsübergang erworben hat (UAbs. ii). Vgl. auch Exposé des Motifs 2004 No. 98 (Konsolidierte Fassung, 63).
Die Anknüpfung des Gerichtsstands an den Ort des Eintritts des nuklearen Ereignis- 16
ses (→ Rn. 2, 3) hat zur Folge, dass bei grenzüberschreitenden Schadensauswirkungen **Geschädigte** außerhalb des Ereignisstaates **vor einem ausländischen Gericht ihre Ersatzansprüche geltend machen müssen,** das auf Grund einer fremden Rechtsordnung und zumeist auch in einer fremden Sprache den Fall beurteilt (s. hierzu auch *Raetzke* in NK-AtomR AtG § 25 Rn. 156). Das mag viele Geschädigte davon abhalten, ihre Ersatzansprüche gerichtlich geltend zu machen. Wenn in dieser Situation der eigene Staat die Vertretung seiner Bürger und der ihnen gleichgestellten Personen übernimmt, ist das ein wesentliches Element, gerechten Ersatz für alle Geschädigten zu erlangen. Der Eintritt des eigenen Staates setzt jedoch voraus, dass das zuständige Gericht diese Verfahrensweise akzeptiert. Art. 13 Abs. (g) (i) begründet dazu eine völkerrechtliche Verpflichtung der Vertragspartei, deren Gerichte zuständig sind.

PÜ Art. 13 [Ausschließlicher Gerichtsstand]

17 Der vor dem fremden Gericht klagende **Heimatstaat des Geschädigten** handelt als dessen Vertreter. Der Artikel begründet keine gesetzliche oder gewillkürte Prozessstandschaft. Dem Heimatstaat steht als Vertreter seiner Bürger in Schadensersatzprozess grundsätzlich auch keine Staatenimmunität zu (dazu auch → Rn. 30, 31).

18 Personen, die Schadensersatzansprüche auf Grund des Übereinkommens durch **Abtretung oder Übergang** erworben haben (Unterabsatz ii), befinden sich in der gleichen Situation wie die in Unterabsatz (i) genannten Geschädigten: Auch sie müssen ihre Rechte vor einem fremden Gericht durchsetzen. Auch hier bedarf es also einer Anerkennung der „Abtretung" und des „Übergangs" der Rechte durch das zuständige Gericht. Art. 13 Abs. g (ii) verpflichtet die Vertragspartei, deren Gericht zuständig sind, diese Rechte anzuerkennen.

19 Die in der **deutschen Version** des Unterabsatzes (ii) verwendeten **Begriffe „Abtretung oder Übergang"** werden in den anderen Vertragsfassungen wie folgt bezeichnet: „subrogation or assignment" – „subrogación o cesión" – „subrogation ou cession" – „surroga o cessione" – „subrogatie of overdracht". Ob diese Begriffe einander inhaltlich tatsächlich vollständig oder jedenfalls weitgehend entsprechen, kann nur durch eine rechtsvergleichende Untersuchung geklärt werden. Dieser bedarf es hier jedoch nicht. Es kommt vielmehr darauf an, dass die Person, die sich auf abgetretene oder übergangene Rechte beruft, diese Rechte im Einklang mit der für ihn geltenden Rechtsordnung erworben hat. Die Vertragspartei, deren Gerichte zuständig sind, hat sicherzustellen, dass das Gericht die auf Grund Abtretung und Übergang erworbenen Ansprüche zur Verhandlung annimmt. Es wäre deshalb etwa dem Gericht nicht gestattet, den Anspruch deshalb abzuweisen, weil er nach dem Recht des Gerichts nicht abgetreten werden könne. Das Gericht hat lediglich zu prüfen, ob der geltend gemachte Anspruch nach dem Pariser Übereinkommen begründet ist oder nicht.

20 **Klageberechtigt** nach Art. 13 Abs. (g) (ii) PÜ 2004 ist „jeder" („any person", „toute personne"), der Rechte gemäß dem Übereinkommen geltend machen will. Das gilt auch für Angehörige von Nichtvertragsstaaten.

VIII. Ein einziges Gericht

21 Die in Art. 13 Abs. (h) PÜ 2004 enthaltene Verpflichtung der Vertragsparteien, nur ein einziges ihrer nationalen Gerichte für zuständig zu erklären, ist eines der **Kernstücke der 2004 Revision des Pariser Übereinkommens** (vgl. dazu im einzelnen → Rn. 4).

IX. Anerkennung und Vollstreckbarkeit von Urteilen

1. Grundsatz

22 Gemäß Art. 13 Abs. (i) PÜ 2004 sind Urteile, die von dem nach Art. 13 zuständigen Gericht nach einer streitigen Verhandlung oder in einem Säumnisverfahren gefällt und die nach dem innerstaatlichen Recht des Gerichts vollstreckbar geworden sind, **in allen Hoheitsgebieten der Vertragsparteien vollstreckbar.** Die Vollstreckbarkeit setzt stillschweigend die Anerkennung der Urteile voraus. Die anderen Vertragsparteien dürfen lediglich die von ihnen für vollstreckbare Urteile vor-

[Ausschließlicher Gerichtsstand] **Art. 13 PÜ**

geschriebenen Förmlichkeiten nachprüfen. Eine sachliche Nachprüfung des Urteils ist nicht zulässig. Dies gilt nicht für vorläufig vollstreckbare Urteile.

Die Vollstreckbarkeit der Urteile betrifft lediglich **Urteile gegen den Inhaber einer Kernanlage** auf der Grundlage des Pariser Übereinkommens wegen Ersatzes nuklearen Schadens. Sie gilt weder für Urteile über den Ausgleich zwischen als Gesamtschuldner haftenden Inhabern noch für Urteile zur Durchsetzung von Rückgriffsrechten des Inhabers und auch nicht für andere Urteile, die auf das Übereinkommen zurückgeführt werden, zB gegen die in Art. 6 Abs. (c) (i) PÜ 2004 genannten Personen. 23

Der einfach erscheinende **Grundsatz** wirft bei näherer Betrachtung eine Reihe von Fragen auf, die in der Praxis nicht immer schnell beantwortet werden können (dazu → Rn. 25–28). Weder das nur knappe Exposé des Motifs 2004 No. 99 noch der „Explanatory Report by the Representatives of the Contracting Parties on the Revision of the Paris Convention and the Brussels Supplementary Convention" (Annex IV to the Final Act of the Conference, Paris 12 February 2004) Nos. 36, 37 tragen zur Beantwortung dieser Fragen bei. Da es glücklicherweise bisher keine Anwendungsfälle des Pariser Übereinkommens gibt, kann auch nicht auf Rechtsprechung zurückgegriffen werden. Das Schrifttum ist spärlich und beschränkt sich im Wesentlichen auf die Wiedergabe des Textes des Art. 13 Abs. (i) (*Fischerhof* Dt. AtomG Art. 13 Rn. 4–6; *Haedrich* AtG Art. 13 Rn. 7; weiterführendes ausländisches Schrifttum ist nicht ersichtlich). 24

2. Vollstreckung nach streitiger Verhandlung oder Säumnisverfahren

Die **Vollstreckbarkeit des Urteils** innerhalb der Vertragsparteien des Pariser Übereinkommens setzt eine **streitige Gerichtsverhandlung** (im deutschen Recht: §§ 279 ff. ZPO) oder ein **Säumnisverfahren** (im deutschen Recht: §§ 330 ff. ZPO) voraus. Außergerichtliche Streitbeilegung, die zu einem vollstreckbaren Vergleich führt, bewirkt nicht die Vollstreckbarkeit gem. Art. 13 Abs. (i). Das dürfte wohl auch für den Prozessvergleich nach streitiger Verhandlung gelten, da Art. 13 Abs. (i) ausdrücklich von einem „Urteil" spricht. Jedoch ist dieses Ergebnis nicht überzeugend, so dass zu fragen ist, ob der Prozessvergleich, mit dem ein Rechtsstreit abgeschlossen wird, nicht einem (End-)Urteil gleichzustellen ist; vgl. zum deutschen Recht auch § 794 Abs. 1 Nr. 1 ZPO. 25

3. Innerstaatliche Vollstreckbarkeit des Urteils

Das Urteil muss nach dem von dem Gericht angewandten Recht **vollstreckbar** geworden sein. Nach deutschem Recht muss es sich also um ein rechtskräftiges Endurteil handeln (§ 704 ZPO; aber auch → Rn. 25). Allerdings ist eine nur vorläufige Vollstreckbarkeit des Urteils nicht ausreichend. 26

4. Vorgeschriebene Förmlichkeiten

Die **„vorgeschriebenen Förmlichkeiten"** („formalities required", „formalités prescrites") sind die förmlichen Voraussetzungen, die die Vertragspartei, in deren Hoheitsgebiet das Urteil vollstreckt werden soll, für die Vollstreckung ausländischer Urteile verlangt, zum deutschen Recht s. §§ 313, 328, 704, 722, 713 ZPO; für Titel aus EU-Staaten vgl. auch § 1112 ZPO. 27

Pelzer

PÜ Art. 13 [Ausschließlicher Gerichtsstand]

5. Verhältnis zu EU-Recht

28 Die Verordnung (EU) Nr. 1215 des Europäischen Parlaments und des Rates vom 12. Dezember 2012 über die gerichtliche Zuständigkeit und die Anerkennung und Vollstreckung von Entscheidungen in Zivil- und Handelssachen (sog. **Brüssel-Ia-Verordnung, ABl**. 2012 L 351, 1) regelt für die Vertragsparteien des Pariser Übereinkommens, die zugleich Mitgliedsstaaten der EU sind, Fragen der gerichtlichen Zuständigkeit sowie der Anerkennung und Vollstreckung von Urteilen in Zivilsachen. Sie ist grundsätzlich auch auf nukleare zivilrechtliche Schadensersatzansprüche anwendbar und konkurriert damit mit Art. 13 PÜ 2004. Art. 71 der Verordnung bestimmt jedoch folgendes: „Diese Verordnung lässt Übereinkünfte unberührt, denen die Mitgliedsstaaten angehören und die für besondere Rechtsgebiete die gerichtliche Zuständigkeit, die Anerkennung oder die Vollstreckung von Entscheidungen regeln." Art. 13 PÜ 2004 regelt ein „besonderes Rechtsgebiet" in einer bestehenden Übereinkunft und wird somit durch die Brüssel-Ia-Verordnung nicht berührt und verdrängt. Die Bestimmung ist weiterhin innerhalb der Hoheitsgebiete der Paris/EU-Mitgliedsstaaten anwendbar. Hinzuweisen ist auch auf die „Entscheidung des Rates vom 8. März 2004 zur Ermächtigung der Mitgliedsstaaten, die Vertragsparteien des Pariser Übereinkommens vom 29. Juli 1960 über die Haftung gegenüber Dritten auf dem Gebiet der Kernenergie sind, das Änderungsprotokoll zu diesem Übereinkommen im Interesse der Gemeinschaft zu ratifizieren oder diesem beizutreten" (ABl. 2004 L 97, 53). Diese faktische Einbindung des Pariser Übereinkommens 2004 in das EU-Rechtssystem könnte auch zu einer sinngemäßen Anwendung des Art. 67 der Verordnung führen, die ebenfalls den Vorrang des Art. 13 PÜ 2004 stützt. Zur Gesamtproblematik des Verhältnisses EU-Recht und Atomhaftungsregime, auch zu den Problemen im Hinblick auf EU-Staaten, die dem Pariser Übereinkommen nicht angehören *Magnus* in Pelzer, Europäisches Atomhaftungsrecht im Umbruch, Tagungsbericht der AIDN/INLA Regionaltagung Berlin 2009, 2010, 105 ff.; *Handrlica* NLB 86 (2010/2), 29 jeweils mwN).

29 Die in Art. 13 Abs. (d) und Abs. (f) (ii) PÜ dem **Europäischen Kernenergiegerichtshof** zugewiesene Zuständigkeit ist jedoch möglicherweise nicht im Einklang mit der Rechtsprechung des EuGH. Dieser hat bekanntlich, hauptsächlich gestützt auf Art. 344 AEUV, seine Monopolstellung zur alleinigen Entscheidung über Anwendung und Auslegung des Gemeinschaftsrechts immer wieder betont, zuletzt in der sog. Achmea-Entscheidung (EuGH EuZW 2018, 239 = JZ 2018, 511 – Slowakische Republik/Achmea BV mAnm *Ohler*). Begreift man das Pariser Übereinkommen 2004 als in das EU-Recht eingebunden (→ Rn. 27), könnte das Anlass für den EuGH sein, auch in den Fällen des Art. 13 Abs. (d) und Abs. (f) (ii) PÜ Zuständigkeit zu beanspruchen.

X. Staatenimmunität

30 Ist eine **Vertragspartei Inhaber** einer Kernanlage oder ein Beförderer von Kernmaterialien, der gem. Art. 4 Abs. (e) PÜ 2004 haftet, und wird gegen sie wegen Verursachung eines nuklearen Schadens Klage auf Schadensersatzleistung gemäß dem Pariser Übereinkommen erhoben, so kann sie sich vor dem gem. Art. 13 PÜ 2004 zuständigen Gericht **nicht auf Immunität** von der Gerichtsbarkeit **berufen;** das gilt freilich nicht bei der Zwangsvollstreckung (Art. 13 Abs. (j) PÜ 2004).

[Diskriminierungsverbot] **Art. 14 PÜ**

Art. 13 Abs. (j) PÜ 2004 ist eine **völkerrechtliche Sondervereinbarung**, die 31 den Vertragsparteien den Einwand der Staatenimmunität nicht nur bei nicht-hoheitlichem Handeln (acta iure gestionis), sondern auch dann verwehrt, wenn sie als Inhaber einer Kernanlage hoheitlich tätig sind (acta iure imperii), zB als Kraftwerkbetreiber im Rahmen definierter Fälle der Daseinsvorsorge oder als gesetzlich beauftragter Inhaber eines Endlagers für radioaktive Abfälle. Die Regelung ist allerdings nur dann anwendbar, soweit es sich um Klagen durch ein nukleares Ereignis geschädigter Personen handelt, die vor dem nach Art. 13 PÜ 2004 zuständigen Gericht anhängig sind. Für auf dem Übereinkommen beruhende Klagen vor anderen Gerichten gelten die üblichen Regelungen über Staatenimmunität. Zur Staatenimmunität vgl. eingehend mit zahlreichen Rechtsprechungsnachweisen BGH Urt. v. 24.3.2016 – VII ZR 150/15, NJOZ 2017, 582 Rn. 19ff., zur Vollstreckungsimmunität → Rn. 44ff.

Artikel 14 [Diskriminierungsverbot]

(a) Dieses Übereinkommen ist ohne Rücksicht auf die Staatsangehörigkeit, den Wohnsitz oder den Aufenthalt anzuwenden.

(b) ¹Die Ausdrücke „innerstaatliches Recht" und „innerstaatliche Gesetzgebung" bedeuten das Recht oder die innerstaatliche Gesetzgebung des Gerichts, das gemäß diesem Übereinkommen für die Entscheidung über Ansprüche zuständig ist, die sich aus einem nuklearen Ereignis ergeben, mit Ausnahme des Kollisionsrechts, das sich auf solche Ansprüche bezieht. ²Dieses Recht oder diese Gesetzgebung ist auf alle materiell- und verfahrensrechtlichen Fragen anzuwenden, die durch das vorliegende Übereinkommen nicht besonders geregelt sind.

(c) Das innerstaatliche Recht und die innerstaatliche Gesetzgebung sind ohne Rücksicht auf die Staatsangehörigkeit, den Wohnsitz oder den Aufenthalt anzuwenden.

Literatur: *Hillgenberg,* Das Internationalprivatrecht der Gefährdungshaftung für Atomschäden, 1963.

Art. 14 PÜ 2004 statuiert ein weiteres tragendes Element für das durch das Pariser Übereinkommen angestrebte international harmonisierte zivile Atomhaftungsregime: das **Gebot der Gleichbehandlung** oder das **Verbot der Diskriminierung.** Bei einem System der Schadensersatzleistung für grenzüberschreitende Schäden ist die Gleichbehandlung der an den Schadensersatzverfahren beteiligten Personen in den Hoheitsgebieten aller Vertragsparteien von herausragender Bedeutung. Tatsächlich ist die Garantie der Gleichbehandlung einer der wichtigsten Zwecke für den Abschluss eines Übereinkommens: ohne vertragliche Bindung sind die Geschädigten und auch die Haftpflichtigen den unterschiedlichen Systemen nationaler Rechte ausgesetzt, auch Willkür kann nicht zuverlässig ausgeschlossen werden (vgl. auch *Fischerhof* Dt. AtomG Art. 14 Rn. 1).

Art. 14 Abs. (a) stipuliert das Gleichbehandlungsgebot für die **Anwendung des** 2 **Übereinkommens:** dieses ist „ohne Rücksicht auf die Staatsangehörigkeit, den Wohnsitz oder den Aufenthalt anzuwenden" – „shall be applied without any discrimination based upon nationality, domicile, or residence" – „doit être appliquée sans aucune discrimination fondée sur la nationalité, le domicile ou la résidence". Be-

PÜ Art. 14 [Diskriminierungsverbot]

treffend das innerstaatliche Recht und die innerstaatliche Gesetzgebung formuliert Art. 14 Abs. (c) das Diskriminierungsverbot in identischer Weise: Auch das nationale Recht der Vertragsparteien ist „ohne Rücksicht auf die Staatsangehörigkeit, den Wohnsitz oder den Aufenthalt anzuwenden". Das Gleichbehandlungsgebot gilt für alle „substantial and procedural matters" (Exposé des Motifs 2004 No. 102 (Konsolidierte Fassung, 63)) der Schadensersatzleistung und hat natürlich in erster Linie für den Geschädigten Bedeutung. Sie gilt aber auch für den Haftpflichtigen (*Hillgenberg,* Das Internationalprivatrecht der Gefährdungshaftung für Atomschäden, 1963, 181; *Haedrich* AtG Art. 14 Rn. 1).

3   Das **innerstaatliche Recht** und die **innerstaatliche Gesetzgebung** werden in Art. 14 Abs. (b) PÜ 2004 definiert. Sie bedeuten „das Recht oder die innerstaatliche Gesetzgebung des Gerichts, das gemäß diesem Übereinkommen für die Entscheidung über Ansprüche zuständig ist, die sich aus einem nuklearen Ereignis ergeben." Insoweit ist der Wortlaut des Abs. (b) identisch mit dem Art 14 Abs. (b) PÜ 1960. Die Bestimmung enthält also in beiden Versionen des Übereinkommens eine Gesamtverweisung auf das Recht des zuständigen Gerichts. Das Protokolle 2004 fügte dem Text folgenden Zusatz bei: „..., mit Ausnahme des Kollisionsrechts, das sich auf solche Ansprüche bezieht". Die Gesamtverweisung auf das gesamte Recht des Gerichts wurde in eine engere Sachnormverweisung umgewandelt (hierzu bereits → Art. 11 Rn. 2). Mit dieser Ergänzung weicht das Übereinkommen 2004 nicht nur von der Fassung des Übereinkommens 1960, sondern auch von den entsprechenden Bestimmungen der beiden Wiener Übereinkommen und des Übereinkommens über ergänzende Entschädigung für nuklearen Schaden ab. Da gemäß dem letzten Satz des Abs. (b) das innerstaatliche Recht und die innerstaatliche Gesetzgebung „auf alle materiell- und verfahrensrechtlichen Fragen anzuwenden (ist), die durch das vorliegende Übereinkommen nicht besonders geregelt sind", kann der Ausschluss des Kollisionsrechts ohne Frage nachhaltige Bedeutung haben. Das gilt insbesondere für die internationale Harmonisierung des Haftungsregimes. So könnte zB das reibungslose Funktionieren des Gemeinsamen Protokolls (→ Vor Rn. 6f.) beeinträchtigt werden, wenn Paris-Staaten und Wien-Staaten das innerstaatliche Recht unterschiedlich definieren und das Internationale Privatrecht ausklammern.

4   Das **Exposé des Motifs** 2004 No. 103 (Konsolidierte Fassung, 63) erläutert den Ausschluss des Kollisionsrecht aus dem innerstaatlichen Recht wie folgt:

„The exclusion of the rules on conflict of laws does not deprive the competent court of the right to determine questions of private international law. However, the exclusion clearly confirms and emphasizes that the court is only entitled to apply its rules of private international law to questions which are not governed by the provisions of the Convention."

Der „**Explanatory Report by the Representatives of the Contracting Parties** on the Revision of the Paris Convention and the Brussels Supplementary Convention" (Annex IV to the Final Act of the Conference, Paris 12 February 2004) sagt zu der Änderung des Art. 14 Abs. b folgendes:

„38. The Contracting Parties have agreed to amend Article 14 (b) by excluding conflict of laws rules from the definition of ‚national law' and ‚national legislation'. Such exclusion reflects modern trends in private international law without, however, depriving the competent court of the right to determine questions of private international law which are not determined by the choice of law rules under the Convention."

5   Es ist zu folgern, dass die **neue Definition** des Begriffs „innerstaatliches Recht" und „innerstaatliche Gesetzgebung" in Art. 14 Abs. (b) PÜ 2004 sich in der Sache

[Erhöhung des Entschädigungsbetrags]   **Art. 15 PÜ**

von den Begriffsbestimmungen in den anderen internationalen Haftungsübereinkommen nicht unterscheidet. Das zuständige Gericht kann in allen Übereinkommen über Fragen des Internationalen Privatrechts befinden, soweit diese nicht durch die Übereinkommen selbst geregelt werden. Die Formulierung des Pariser Übereinkommens 2004 ist aus dem Blickwinkel des Konfliktsrechts wohl genauer. Aber es ist dennoch zu fragen, ob diese Änderung **tatsächlich erforderlich** war. Sie trägt nicht zum leichteren Verständnis des Vertragstextes bei.

Artikel 15 [Erhöhung des Entschädigungsbetrags]

(a) **Jede Vertragspartei kann die von ihr für notwendig erachteten Maßnahmen treffen, um den in diesem Übereinkommen vorgesehenen Entschädigungsbetrag zu erhöhen.**

(b) **Soweit die Zahlung von Schadensersatz den in Artikel 7 (a) genannten Betrag von 700 Millionen Euro übersteigt, können diese Maßnahmen, unabhängig von ihrer Form, unter Bedingungen angewandt werden, die von den Vorschriften dieses Übereinkommens abweichen.**

Art. 15 Abs. (a) PÜ 2004 ist ein Überbleibsel aus der Fassung des Übereinkommens 1960/1982, als Art. 7 noch eine Haftungshöchstgrenze vorschrieb. Nachdem jedoch das Protokoll 2004 „den nach diesem Übereinkommen vorgesehenen Entschädigungsbetrag" von einem Höchstbetrag in einen Mindestbetrag umwandelte, bedarf es der Ermächtigung zur Erhöhung gem. Art. 15 Abs. (a) nicht mehr. Die Vertragsparteien können den Mindesthaftungsbetrag gem. Art. 7 PÜ 2004 jederzeit erhöhen. Das gilt ebenso für Entschädigung aus öffentlichen Mitteln unabhängig von der Inhaberhaftung (zB für staatliche Katastrophenhilfe, *Fischerhof* Dt. AtomG Art. 15 Rn. 1), da diese nicht Gegenstand des Übereinkommens ist. Vgl. auch Exposé des Motifs 1960 No. 62. Der Absatz ist für das Pariser Übereinkommen 2004 überflüssig. 1

Das gilt nicht für **Art. 15 Abs. (b) PÜ 2004.** Diese Bestimmung gestattet den Vertragsparteien, bei Zahlung von Schadensersatz, der den Mindestbetrag von 700 Mio. EUR übersteigt, „diese Maßnahmen, unabhängig von ihrer Form, unter Bedingungen" anzuwenden, „die von den Vorschriften dieses Übereinkommens abweichen". Das bedeutet insbesondere, die Maßnahmen „need not be applied without discrimination to all victims" (Exposé des Motifs 2004 No. 104 (Konsolidierte Fassung, 64)). 2

In der Fassung 1960/1982 des Art. 15 Abs. (b) war das Vorrecht der abweichenden Bedingungen allein auf Schadensersatzleistung aus öffentlichen Mitteln, die die Mindestsumme von 5 Mio. SZR überstieg, beschränkt. In der Fassung 2004 gilt das Vorrecht unabhängig davon, ob der Ersatz aus öffentlichen oder privaten Mitteln geleistet wird (Exposé des Motifs 2004 No. 105 (Konsolidierte Fassung, 64)). Das Exposé des Motifs weist zur Begründung dieser Änderung zutreffend darauf hin, dass in den Fällen einer betragsmäßig unbegrenzten Haftung oder bei einer Haftungsbegrenzung auf einen Betrag, der 700 Mio. EUR übersteigt, die in Art. 15 Abs. (b) geregelten zusätzlichen Ersatzleistungen „operator funds" sind und somit ohne Diskriminierung verwendet werden müssten. Das aber sei eine an die Herkunft der zusätzlichen Ersatzleistungen anknüpfende Ungleichbehandlung, die durch die Neufassung des Absatzes, der öffentliche und private Ersatzleistung gleichstelle, beseitigt geworden. 3

PÜ Art. 15 [Erhöhung des Entschädigungsbetrags]

4   Für die Vertragsparteien des Pariser Übereinkommens, die zugleich Vertragsparteien des **Brüsseler Zusatzübereinkommens** (→ Vor Rn. 3 f.) sind, ist Art. 3 Abs. f BZÜ zu beachten. Abs. f lautet:

„f) Die Vertragsparteien verpflichten sich, bei der Durchführung dieses Übereinkommens von der in Artikel 15 (b) des Pariser Übereinkommens vorgesehenen Befugnis zur Festsetzung besonderer Bedingungen über die in diesem Übereinkommen festgesetzten Bedingungen hinaus bei dem Schadensersatz für nuklearen Schaden, der aus den in Absatz a) genannten Mitteln geleistet wird, keinen Gebrauch zu machen."

Das bedeutet, sofern Mittel nach dem Brüsseler Zusatzübereinkommen zur Entschädigung verwendet werden, sind abweichende Maßnahmen nach Art 15 Abs. (b) PÜ 2004 erst dann zulässig, wenn der Schadensersatz den in Art. 3 Abs. a BZÜ festgesetzten Betrag von 1.500 Mio. EUR übersteigt.

5   In Ergänzung dieser Verpflichtung aus dem Brüsseler Zusatzübereinkommen haben die Teilnehmer der Revisionskonferenz zum Pariser Übereinkommen und zum Brüsseler Zusatzübereinkommen eine weitergehende **„Recommendation on the Application of the Reciprocity Principle to Nuclear Damage Compensation Funds"** verabschiedet (Annex III zum Final Act of the Conference. Paris, 12 February 2004). Darin empfehlen sie folgendes: Wenn eine Vertragspartei des Brüsseler Zusatzübereinkommens seine Verpflichtungen aus diesem Übereinkommen bis zur Höhe des in Art. 3 Abs. a festgesetzten Betrags erfüllt hat, wenn der nukleare Schaden diesen Betrag übersteigt und wenn private oder öffentliche finanzielle Mittel gemäß den Bestimmungen des innerstaatlichen Rechts zur Entschädigung weiterhin zur Verfügung stehen, soll diese Vertragspartei unter Berufung auf Art. 15 Abs. (b) PÜ 2004 nicht abweichende Maßnahmen für die Entschädigung anwenden, und zwar gegenüber den in Art. 2 Abs. (a) (i), (ii) oder (iv) PÜ 2004 genannten Staaten, die zur Zeit des nuklearen Ereignisses Kernanlagen in ihren Hoheitsgebieten oder anerkannten Meereszonen haben, sofern sie Gegenseitigkeit im Hinblick auf Entschädigungssumme gewähren, und gegenüber Staaten, die zur Zeit des nuklearen Ereignisses keine Kernanlagen in ihrem Hoheitsgebiet und in ihren anerkannten Meereszonen haben. Dies ist eine rechtlich unverbindliche Empfehlung, die aber „is considered as a strong policy commitment on the part of those States" (Exposé des Motifs 2004 No. 106 (Konsolidierte Fassung, 64)).

6   Bei Staaten mit **hohen Haftungssummen** und insonderheit bei Staaten mit summenmäßig **unbegrenzter Haftung** des Inhabers der Kernanlage kommt zu der obligatorischen finanziellen Sicherheit mögliches sonstiges Vermögen des Inhabers als weitere Deckungsmasse hinzu, so dass die Höchstsumme des Brüsseler Übereinkommens überschritten wird. In Deutschland ist der Höchstbetrag der Deckungsvorsorge 2,5 Mrd. EUR (§ 13 Abs. 3 S. 2 AtG); die staatliche Freistellung tritt bei Unzulänglichkeit der Deckungsvorsorge bis zu dem gleichen Betrag ein (§ 34 Abs. 1 S. 2 AtG). Hinzu kommt mögliches weiteres Vermögen des Haftpflichtigen, das im Einzelfall auch das Vermögen der Muttergesellschaft umfassen kann (§ 302 AktG). Diese Beträge können den Höchstbetrag des Brüsseler Zusatzübereinkommens übersteigen. Zur Umsetzung der Reziprozitätsempfehlung (→ Rn. 5) vgl. § 31 Abs. 2 AtG, Fassung durch Gesetz von 2008).

[Völkerrechtliche Haftung] **Art. 16bis PÜ**

Artikel 16 [Entscheidungen des Direktionsausschusses]
Entscheidungen des Direktionsausschusses gemäß Artikel 1 (a) (ii), 1 (a) (iii) und 1 (b) werden von den die Vertragsparteien vertretenden Mitgliedern im gegenseitigen Einvernehmen getroffen.

Die Art. 1 Abs. (a) (ii) und (iii), Abs. (b) PÜ 2004 übertragen dem „Direktions- 1 ausschuss" Befugnisse zur Ergänzung der **Begriffsbestimmungen** der „Kernanlage" und der „Kernbrennstoffe" sowie zum Ausschluss von bestimmten „Kernanlagen", „Kernbrennstoffen" und „Kernmaterialien" von der Anwendung des Pariser Übereinkommens wegen ihres geringen Gefährdungspotentials. Diese Beschlüsse fasst der Direktionsausschuss im gegenseitigen Einvernehmen der die Vertragsparteien vertretenden Mitglieder; vgl. auch Art. 11 Abs. b der Satzung des Direktionsausschusses (→ Rn. 2).

Der Direktionsausschuss ist der in Art. 2 der **„Satzung der OECD-Kernener- 2 gie-Agentur** (in der durch Beschluss des Rates vom 5. April 1978 geänderten Fassung)" definierte „Direktionsausschuss für Kernenergie" – „Steering Committee for Nuclear Energy" (BGBl. 1978 II 909). Zu den Aufgaben und zur Organisation des Direktionsausschusses vgl. Art. 2 ff. und 9 ff. der Satzung.

Die Entscheidungen des Direktionsausschusses werden in Deutschland durch 3 Verordnung der Bundesregierung mit Zustimmung des Bundesrates umgesetzt, § 12a AtG. Ein Verzeichnis der Entscheidungen, Empfehlungen und Interpretationen des Direktionsausschusses nach dem Stand von 1990 ist abrufbar unter https://www.oecd-nea.org/jcms/pl_13058, zul. abgerufen am 2.11.2020. Zu wichtigen neueren Entscheidungen des Direktionsausschusses → Art. 1 Rn. 57.

Artikel 16bis [Völkerrechtliche Haftung]
Durch dieses Übereinkommen werden die Rechte und Pflichten einer Vertragspartei auf Grund der allgemeinen Regeln des Völkerrechts nicht berührt.

Literatur: *Kloepfer/Kohler*, Kernkraftwerk und Staatsgrenze, 1981.

Das Pariser Übereinkommen regelt **ausschließlich die zivilrechtliche Haf- 1 tung** für durch nukleare Ereignisse verursachte nukleare Schäden. Dadurch wird die **völkerrechtliche Haftung** der Vertragsparteien nicht berührt. Dies wird durch Art 16bis PÜ 2004 klargestellt. Beispiele und weitere Literaturhinweise bei *Fischerhof* Dt. AtomG AtG Vor § 25 Rn. 50 ff.; *Kloepfer/Kohler*, Kernkraftwerk und Staatsgrenze, 175 ff.; *Haedrich* AtG zu Anhang II, S. 655 sowie die Kapitel über die völkerrechtliche Haftung in den Lehr- und Handbüchern des Völkerrechts und insbesondere auch: „Draft principles on the allocation of loss in the case of transboundary harm arising out of hazardous activities", in UN General Assembly (2006), Report of the International Law Commission, UN Doc. A/61/10, S. 106 und 110.

Eine inhaltlich **identische Klarstellung** bezüglich der völkerrechtlichen Haf- 2 tung befand ich bereits in **Anhang II zum Pariser Übereinkommen 1960**. Die durch das Protokoll 2004 erfolgte Verschiebung der Klarstellung von einem Anhang in das Übereinkommen selbst hat keine materielle Bedeutung. Das Pariser Überein-

PÜ Art. 17 [Streitbeilegung]

kommen wird dadurch lediglich hinsichtlich Formulierung und Rechtstechnik an das Wiener Übereinkommen 1997 (Art. XVIII; → Vor Rn. 5) und das Übereinkommen über ergänzende Entschädigung für nuklearen Schaden (Art. XV; → Vor Rn. 8 ff.) angepasst; das Wiener Übereinkommen 1963 enthält in seinem Art. XVIII eine inhaltlich identische Klarstellung, die aber geringfügig anders formuliert ist, siehe den „Explanatory Report by the Representatives of the Contracting Parties on the Revision of the Paris Convention and the Brussels Supplementary Convention" (Annex IV to the Final Act of the Conference, Paris 12 February 2004) No. 40.

Artikel 17 [Streitbeilegung]

(a) Ergeben sich Streitigkeiten zwischen zwei oder mehr Vertragsparteien über die Auslegung oder Anwendung dieses Übereinkommens, so beraten die Streitparteien gemeinsam im Hinblick auf eine Beilegung der Streitigkeit durch Verhandlungen oder auf anderem gütlichen Weg.

(b) Ist eine in Absatz (a) genannte Streitigkeit nicht binnen sechs Monaten ab dem Zeitpunkt, in dem sie von einer der Streitparteien als bestehend bestätigt wurde, beigelegt worden, so treffen sich die Vertragsparteien, um die Streitparteien bei einer gütlichen Einigung zu unterstützen.

(c) Ist eine Beilegung der Streitigkeit nicht binnen drei Monaten nach dem in Absatz (b) genannten Treffen erreicht worden, so wird sie auf Antrag einer der Streitparteien dem Europäischen Kernenergie-Gericht vorgelegt, das durch das Übereinkommen vom 20. Dezember 1957 zur Einrichtung einer Sicherheitskontrolle auf dem Gebiet der Kernenergie errichtet worden ist.

(d) Streitigkeiten über die Festlegung von Seegrenzen liegen nicht im Geltungsbereich dieses Übereinkommens.

1   Das in Art 17 PÜ 2004 geregelte Streitbeilegungsverfahren gilt nur für **völkerrechtliche Streitigkeiten** zwischen den Vertragsparteien des Übereinkommens, soweit sie die Auslegung und Anwendung des Übereinkommens betreffen. Das Verfahren gilt nicht für Streitigkeiten zwischen Inhabern von Kernanlagen und Geschädigten. Will ein nationales Gericht von der Entscheidung des Gerichts einer anderen Vertragspartei abweichen, so ist das Streitbeilegungsverfahren des Art. 17 nur dann anwendbar, wenn die betroffenen Vertragsparteien diesen Fall zu einer grundsätzlichen Frage der Auslegung und Anwendung des Vertrages machen und darüber Streit entsteht. Wegen völkerrechtlicher Schadensersatzansprüche vgl. Art. 16bis. Wie hier auch *Fischerhof* Dt. AtomG AtG Vor § 25 Rn. 35; *Haedrich* AtG Art. 17 Rn. 1.

2   Die **Streitbeilegungsklausel** des Art. 17 PÜ 2004 wurde durch das Protokoll 2004 gegenüber der Fassung 1960 geändert. Der gütlichen Einigung unter den Vertragsparteien wird größere Bedeutung zugemessen, und es wird ein **verbindlicher Zeitplan in drei Stufen** für das Verfahren festgelegt:
- Phase 1: Ergeben sich Streitigkeiten zwischen zwei oder mehr Vertragsparteien „über die Auslegung und Anwendung dieses Übereinkommens, so beraten die Streitparteien gemeinsam im Hinblick auf eine Beilegung der Streitigkeit durch Verhandlungen oder auf anderem gütlichen Weg" (Abs. a).
- Phase 2: Sofern die Streitigkeit „nicht binnen sechs Monaten ab dem Zeitpunkt, in dem sie von einer der Streitparteien als bestehend bestätigt wurde, beigelegt

[Vorbehalte] **Art. 18 PÜ**

worden" ist, werden sich alle Vertragsparteien treffen, um die Streitparteien bei einer gütlichen Einigung zu unterstützen (Abs. b).
- Phase 3: Kann eine Beilegung der Streitigkeit nicht binnen drei Monaten nach dem Treffen aller Vertragsparteien erreicht werden, so wird die Streitigkeit auf Antrag einer der Streitparteien dem Europäischen Kernenergie-Gericht vorgelegt (Abs. c).

Das **Europäische Kernenergie-Gericht** ist auf Grund des Art. 12 Abs. a des 3 „Übereinkommens zur Errichtung einer Sicherheitskontrolle auf dem Gebiet der Kernenergie" vom 20.12.1957 (BGBl. 1959 II 586) begründet worden; dazu ergänzend das „Protokoll über das durch das Übereinkommen zur Errichtung einer Sicherheitskontrolle auf dem Gebiet der Kernenergie errichtete Gericht" vom 20.12.1957 (BGBl. 1959 II 610). Das Gericht entscheidet auf der Grundlage einer eigenen Verfahrensordnung: „Verfahrensordnung des Europäischen Kernenergie-Gerichts" vom 11.12.1962 (BGBl. 1965 II 1335). Die OECD und damit auch das Gericht haben inzwischen keine Kompetenzen mehr im Bereich der Sicherheitskontrolle. Die dem Gericht durch das Pariser Übereinkommen zugewiesenen Aufgaben (Art. 13, 17 PÜ 2004) gelten jedoch fort (vgl. Art. 14 des Sicherheitskontrollübereinkommens). Hierzu bestimmt Art. 57 der Verfahrensordnung:

„Wird das Gericht gemäß Artikel 14 des Übereinkommens oder auf Grund eines anderen Übereinkommens zur Entscheidung angerufen, so hat es diese Verfahrensordnung anzuwenden, soweit sie dem Übereinkommen nicht entgegensteht, auf Grund dessen das Gericht angerufen wird."

Die Verfahrensordnung darf also nur insoweit angewendet werden, als sie dem Pariser Übereinkommen nicht entgegensteht.

Das neue **Streitbeilegungsverfahren ist zeitaufwendig.** Das mag irrelevant 4 sein, wenn der Streit um Fragen entsteht, die keinen unmittelbaren Bezug zu einem konkreten nuklearen Ereignis haben. Wenn aber der Gegenstand des Streites eine Vorfrage zur Klärung von Fragen nach dem Eintritt eines nuklearen Ereignisses ist, kann durch ein Verfahren, dessen Fahrplan auf neun Monate angesetzt ist, die Entschädigung der Verletzten erheblich verzögert werden. Es ist auch ungeklärt, was geschieht, wenn in der Phase 3 keine der Streitparteien den erforderlichen Antrag stellt, um den Streit dem Europäischen Kernenergie-Gericht vorzulegen.

Art. 17 Abs. (d) PÜ 2004 stellt klar, dass **Streitigkeiten über die Festlegung von** 5 **Seegrenzen** nicht vom Geltungsbereich des Pariser Übereinkommens erfasst werden. Für solche Streitigkeiten ist somit die Streitbeilegungsklausel des Art. 17 nicht anwendbar. Auch das Europäische Kernenergie-Gericht ist jedenfalls auf der Grundlage des Pariser Übereinkommens insoweit nicht zu Entscheidungen berechtigt.

Artikel 18 [Vorbehalte]

(a) ¹Vorbehalte zu einer oder mehreren Bestimmungen dieses Übereinkommens können jederzeit vor der Ratifikation, Annahme oder Genehmigung des Übereinkommens oder vor dem Beitritt zu ihm oder vor der Notifikation gemäß Artikel 23 hinsichtlich des oder der darin genannten Hoheitsgebiete gemacht werden. ²Vorbehalte sind nur zulässig, wenn die Unterzeichnerstaaten ihnen ausdrücklich zugestimmt haben.

(b) **Die Zustimmung eines Unterzeichnerstaates ist nicht erforderlich,** wenn er dieses Übereinkommen nicht selbst binnen zwölf Monaten, nachdem ihm der Vorbehalt durch den Generalsekretär der Organisation ge-

PÜ Art. 19 [Ratifikation, Inkrafttreten]

mäß Artikel 24 mitgeteilt worden ist, ratifiziert, angenommen oder genehmigt hat.

(c) **Jeder gemäß diesem Artikel zugelassene Vorbehalt kann jederzeit durch Notifikation an den Generalsekretär der Organisation zurückgezogen werden.**

1   Art. 18 PÜ 2004 regelt Zulässigkeit und Verfahren von **Vorbehalten:** Sie können jederzeit vor der Ratifikation, Annahme oder Genehmigung des Übereinkommens oder vor dem Beitritt oder der Notifikation gem. Art. 23 gemacht werden und bedürfen der ausdrücklichen Zustimmung der Unterzeichnerstaaten. Der Zustimmung eines Unterzeichnerstaates bedarf es jedoch dann nicht, wenn dieser nicht selbst binnen zwölf Monaten nach Mitteilung des Vorbehalts das Übereinkommen ratifiziert, angenommen oder genehmigt hat. Vorbehalte können jederzeit durch Notifikation an den Generalsekretär der OECD zurückgezogen werden.

2   Art. 2 Abs. 1 lit. d der **Wiener Vertragsrechtskonvention** (BGBl. 1985 II 926 = 1155 UNTS 331) definiert den Begriff Vorbehalt („reservation") wie folgt:
„ ‚Reservation' means a unilateral statement, however phrased or named, made by a State, when signing, ratifying, accepting, approving or acceding to a treaty, whereby it purports to exclude or to modify the legal effect of certain provisions of the treaty in their application to that State."
Die Einzelheiten sind in Art. 19–23 WVK geregelt.

3   Die **genehmigten Vorbehalte** zum Pariser Übereinkommen 2004 sind im Anhang zum Übereinkommen aufgelistet (Anhang 1 zum Pariser Übereinkommen 1960). Sie betreffen Vorbehalte zu Art. 6 (a) und (c) (i) (Deutschland, Österreich, Griechenland), Art. 6 (b) und (d) (Österreich, Griechenland, Norwegen, Schweden), Art. 8 (a) (Deutschland, Österreich), Art. 9 (Deutschland, Österreich), Art. 19 (Deutschland, Österreich, Griechenland). Deutschland hat jedoch nur die Vorbehalte zu Art. 8 Abs. (a) und zu Art. 9 genutzt (§§ 32, 25 Abs. 3 AtG).

Artikel 19 [Ratifikation, Inkrafttreten]

(a) ¹**Dieses Übereinkommen bedarf der Ratifikation, Annahme oder Genehmigung.** ²**Die Ratifikations-, Annahme- oder Genehmigungsurkunden werden beim Generalsekretär der Organisation hinterlegt.**

(b) ¹**Dieses Übereinkommen tritt mit Hinterlegung der Ratifikations-, Annahme- oder Genehmigungsurkunden durch mindestens fünf Unterzeichnerstaaten in Kraft.** ²**Für jeden Unterzeichnerstaat, der es später ratifiziert, annimmt oder genehmigt, tritt es mit Hinterlegung seiner Ratifikations-, Annahme- oder Genehmigungsurkunde in Kraft.**

1   Art. 19 Abs. (a) S. 1 PÜ 2004 bestimmt, dass das Übereinkommen der Ratifikation, der Annahme oder Genehmigung bedarf. Die Bestimmung besagt somit, dass erst durch einen dieser drei Akte die Zustimmung eines Staates erklärt wird, durch das **Pariser Übereinkommen gebunden** zu sein (Art. 14 WVK). Zum Beitritt vgl. Art. 21 PÜ 2004 (Art. 15 WVK). Gemäß Abs. (a) S. 2 sind die Urkunden, die die entweder durch Ratifikation oder Annahme oder Genehmigung ausgedrückte Zustimmung enthalten, bei dem Generalsekretär der OECD zu hinterlegen.

2   Gemäß Art. 19 Abs. (b) PÜ 2004 tritt das Übereinkommen mit der Hinterlegung der Zustimmungsurkunden durch mindestens **fünf Unterzeichnerstaaten**

[Beitritt von Nichtunterzeichnerstaaten] **Art. 21 PÜ**

in Kraft. Für Unterzeichnersaaten, die nach diesem Datum ihre Urkunden hinterlegen, wird das Übereinkommen mit dem Tag der Hinterlegung wirksam.

Das Pariser Übereinkommen vom 29.7.1960 und das Zusatzprotokoll vom 29.1.1964 sind am 1.4.1968, das Protokoll vom 16.11.1982 am 7.10.1988 in Kraft getreten. Das Inkrafttreten des Protokolls vom 12.2.2004 steht noch aus. Finnland ist am 16.6.1972 und Slowenien am 16.10.2001 beigetreten. Das Übereinkommen hat derzeit 16 Vertragsparteien (s. Paris Convention: Latest status of ratifications or accessions, abrufbar unter http://www.oecd-nea.org/jcms/pl_31798, zul. abgerufen am 2.11.2020). 3

Artikel 20 [Änderungen des Übereinkommens]

¹**Änderungen dieses Übereinkommens werden im gegenseitigen Einvernehmen aller Vertragsparteien angenommen.** ²**Sie treten in Kraft, wenn sie von zwei Dritteln der Vertragsparteien ratifiziert, angenommen oder genehmigt sind.** ³**Für jede Vertragspartei, die sie später ratifiziert, annimmt oder genehmigt, treten sie mit der Ratifikation, Annahme oder Genehmigung in Kraft.**

Artikel 20 legt die Bedingungen für **Änderungen** des Pariser Übereinkommens fest. Sie bedürfen des Einvernehmens aller Vertragsparteien und treten in Kraft, wenn zwei Drittel der Vertragsparteien sie ratifizieren, annehmen oder genehmigen (S. 1 und 2). Für Vertragsparteien, die die Vertragsänderungen später (= nach Inkrafttreten der Änderungen) ratifizieren, annehmen oder genehmigen, treten diese mit der Ratifizierung, Annahme oder Genehmigung durch diese Vertragsparteien in Kraft (S. 3). 1

Artikel 21 [Beitritt von Nichtunterzeichnerstaaten]

(a) **Die Regierung eines Mitglied- oder assoziierten Staates der Organisation, der nicht Unterzeichnerstaat dieses Übereinkommens ist, kann ihm durch eine an den Generalsekretär der Organisation zu richtende Notifikation beitreten.**

(b) ¹**Die Regierung eines anderen Staates, der nicht Unterzeichnerstaat dieses Übereinkommens ist, kann ihm durch eine an den Generalsekretär der Organisation zu richtende Notifikation und mit Zustimmung sämtlicher Vertragsparteien beitreten.** ²**Der Beitritt wird mit der Erteilung der Zustimmung wirksam.**

(c) **Ungeachtet des Artikels 7 (a) kann eine Regierung, die nicht Unterzeichnerstaat dieses Übereinkommens ist, diesem aber nach dem 1. Januar 1999 beitritt, in ihrer Gesetzgebung festlegen, dass die Haftung des Inhabers einer Kernanlage in Bezug auf einen durch ein nukleares Ereignis hervorgerufenen nuklearen Schaden für einen Zeitraum von höchstens fünf Jahren vom Zeitpunkt der Annahme des Protokolls vom 12. Februar 2004 zur Änderung dieses Übereinkommens auf einen Übergangsbetrag von mindestens 350 Millionen Euro für ein innerhalb dieses Zeitraums liegendes nukleares Ereignis begrenzt sein kann.**

PÜ Art. 22 [Geltungsdauer]

1   Art. 21 Abs. (a) und (b) PÜ 2004 legt fest, zu welchen Bedingungen **Nicht-Unterzeichner-Staaten** dem Übereinkommen **beitreten** dürfen: Mitglieds- und assoziierte Staaten der OECD ohne weitere Vorbedingung durch Notifikation an den Generalsekretär der OECD (Abs. a), und der Beitritt wird mit der Notifikation wirksam (Umkehrschluss aus Abs. (b) S. 2); andere Nicht-Unterzeichner-Staaten durch Notifikation an den Generalsekretär und mit Zustimmung aller Vertragsparteien, und deren Beitritt wird wirksam mit der Erteilung der Zustimmung (Abs. b).

2   Art. 21 Abs. (c) erlaubt eine auf fünf Jahre befristete **Übergangsfrist** bezüglich der Höhe der Mindesthaftungssumme gem. Art. 7 Abs. (a) für Nicht-Unterzeichnerstaaten, die dem Übereinkommen nach dem 1.1.1999 beitreten (→ Art. 7 Rn. 5 und Exposé des Motifs 2004 No. 109 (Konsolidierte Fassung, 65)).

Artikel 22 [Geltungsdauer]

(a) ¹Dieses Übereinkommen wird für die Dauer von zehn Jahren, gerechnet von seinem Inkrafttreten an, geschlossen. ²Jede Vertragspartei kann es, soweit es sie betrifft, auf das Ende dieses Zeitraums unter Einhaltung einer Frist von zwölf Monaten durch ein an den Generalsekretär der Organisation zu richtendes Schreiben kündigen.

(b) ¹Dieses Übereinkommen bleibt nach Ablauf von zehn Jahren für die Dauer von weiteren fünf Jahren für diejenigen Vertragsparteien in Kraft, die nicht gemäß Absatz (a) gekündigt haben. ²Danach bleibt es für jeweils weitere fünf Jahre für diejenigen Vertragsparteien in Kraft, die nicht auf das Ende eines solchen Zeitraums von fünf Jahren unter Einhaltung einer Frist von zwölf Monaten durch ein an den Generalsekretär der Organisation zu richtendes Schreiben gekündigt haben.

(c) Die Vertragsparteien beraten nach Ablauf jeder Fünfjahresfrist ab dem Zeitpunkt, in dem dieses Übereinkommen in Kraft tritt, gemeinsam über alle Fragen von gemeinsamem Interesse, die durch die Anwendung dieses Übereinkommens aufgeworfen werden; insbesondere um zu prüfen, ob Erhöhungen der Beträge für die Haftung und für die finanzielle Sicherheit gemäß diesem Übereinkommen wünschenswert sind.

(d) Der Generalsekretär der Organisation hat fünf Jahre nach Inkrafttreten dieses Übereinkommens oder binnen sechs Monaten, nachdem eine Vertragspartei dies beantragt hat, eine Konferenz zur Beratung über eine Revision dieses Übereinkommens einzuberufen.

1   Art. 22 trifft in seinen Abs. (a) und (b) Bestimmungen über **Laufzeit** des Übereinkommens und über die **Kündigung** durch die Vertragsparteien. Bis jetzt hat keine Vertragspartei das Übereinkommen gekündigt oder es anderweitig verlassen. Das Pariser Übereinkommen bleibt also gem. Abs. (b) 10 Jahre nach seinem Inkrafttreten, also ab 1978, fortlaufend für jeweils weitere fünf Jahre in Kraft, bis Parteien es fristgemäß kündigen.

2   Gemäß Art. 22 Abs. (c) werden die Vertragsparteien nach Ablauf jeder der Fünfjahresfristen über **Fragen gemeinsamen Interesses** im Hinblick auf die Anwendung des Übereinkommens **beraten** und werden insbesondere prüfen, ob eine Anhebung der Haftungs- und Deckungssummen „wünschenswert" (desirable – oportunidad – opportunité – opportunità – wenselijk) erscheint. Mit dieser Rege-

[geographischer Geltungsbereich] **Art. 23 PÜ**

lung weicht das Übereinkommen bewusst von der Regelung in Art. V D des Wiener Übereinkommens 1997 ab, die ein spezielles Verfahren zur erleichterten Änderung der Haftungssummen vorsieht. Nach Ansicht der Vertragsparteien des Pariser Übereinkommens ist das Verfahren des Wiener Übereinkommens „too formal and time-consuming, given the relatively small number of Contracting Parties to the Convention" („Explanatory Report by the Representatives of the Contracting Parties on the Revision of the Paris Convention and the Brussels Supplementary Convention" (Annex IV to the Final Act of the Conference, Paris 12 February 2004) No. 43). Die Vertragsparteien haben sich stattdessen auf das Konsultationsverfahren gem. Art. 22 Abs. (c) verständigt. Vgl. auch Exposé des Motifs 2004 No. 110.

Artikel 23 [Geltung im Mutterland und in abhängigen Gebieten der Vertragsparteien]

(a) **Dieses Übereinkommen gilt im Mutterland der Vertragsparteien.**

(b) [1]**Jeder Unterzeichnerstaat oder jede Vertragspartei kann anlässlich der Unterzeichnung, Ratifikation, Annahme oder Genehmigung dieses Übereinkommens oder dem Beitritt zu ihm oder zu jedem späteren Zeitpunkt dem Generalsekretär der Organisation notifizieren, dass dieses Übereinkommen auch in den nicht unter Absatz (a) fallenden Gebieten der Vertragsparteien gilt, die in der Notifikation angeführt werden; dies gilt auch für Gebiete, für deren internationale Beziehungen der Unterzeichnerstaat oder die Vertragspartei verantwortlich ist.** [2]**Jede derartige Notifikation kann bezüglich der darin angeführten Gebiete unter Einhaltung einer Frist von zwölf Monaten durch ein an den Generalsekretär der Organisation zu richtendes Schreiben zurückgezogen werden.**

(c) **Die Gebiete einer Vertragspartei, für die dieses Übereinkommen nicht gilt, einschließlich solcher, für deren internationale Beziehungen sie verantwortlich ist, gelten im Sinne dieses Übereinkommens als Hoheitsgebiet eines Nichtvertragsstaates.**

Art. 23 PÜ 2004 bestimmt den geographischen Geltungsbereich des Übereinkommens für jene Vertragsstaaten, die ein „Mutterland" – „metropolitan territory" – „territorios metropolitanos" – „territoire métropolitain" – „territori metropolitani" – „moederland" haben. Das „Mutterland' ist im Duden definiert als „Land, Staat im Verhältnis zu seinen Kolonien" (Definition abrufbar unter http://www.duden.de/rechtschreibung/Mutterland, zul. abgerufen am 3.12.2020); Der Begriff „metropolitan territory" wird bei Oxford Reference wie folgt definiert: „This term refers to the territory of the parent State of a colony or any other type of dependent territory" (abrufbar unter http://www.oxfordreference.com/view/10.1093/acref/97801953 89777.001.0001/acref-9780195389777-e-1440, zul. abgerufen am 3.12.2020). Das Übereinkommen gilt gem. Abs. (a) des Art. 23 PÜ 2004 im Mutterland. 1

Gemäß Art. 23 Abs. (b) PÜ 2004 kann jeder Unterzeichnerstaat oder jede Vertragspartei bei der Erklärung, durch das Übereinkommen gebunden zu sein, dem Generalsekretär der OECD notifizieren, dass das Übereinkommen auch in den zu benennenden Gebieten gilt, die nicht Teil des Mutterlandes sind, und auch für die Gebiete gilt, für deren internationale Beziehungen der Unterzeichner- oder Vertragsstaat verantwortlich ist. Die Notifikation kann mit einer Frist von zwölf Monaten zurückgezogen werden. Ein von der OECD Kernenergie-Agentur herausgege- 2

PÜ Anhang I [Liste der genehmigten Vorbehalte]

benes offiziöses Verzeichnis der nach Art. 23 Abs. (b) notifizierten Gebiete ist abrufbar auf: https://www.google.com/search?client=firefox-b-d&q=Art.+23%28b%20+Paris+Convention+list+of+non-metropolitan+territories, zul. abgerufen am 2.11.2020.

3 Die abhängigen Gebiete einer Vertragspartei, für die das Übereinkommen nicht gilt, dh die Gebiete, die dem Generalsekretär nicht nach Abs. (b) notifiziert wurden, gelten als Nichtvertragsstaaten (Art. 23 Abs. (c) PÜ 2004).

Artikel 24 [Pflichten des Generalsekretär]

[1]Der Generalsekretär der Organisation zeigt allen Unterzeichner- und beitretenden Staaten den Eingang jeder Ratifikations-, Annahme-, Genehmigungs-, Beitritts- oder Kündigungsurkunde, jeder Notifikation gemäß Artikel 13 (b) und 23 und jeder Entscheidung des Direktionsausschusses gemäß Artikel 1 (a) (ii), 1 (a) (iii) und 1 (b) an. [2]Er notifiziert ihnen auch den Zeitpunkt, in dem dieses Übereinkommen in Kraft tritt, den Wortlaut aller Änderungen, den Zeitpunkt, in dem sie in Kraft treten, sowie jeden gemäß Artikel 18 gemachten Vorbehalt.

1 Art. 24 PÜ 2004 legt die **Informations- und Notifizierungspflichten** des Generalsekretärs der OECD fest.

Anhang I [Liste der genehmigten Vorbehalte]

Bei der Unterzeichnung dieses Übereinkommens oder des Zusatzprotokolls ist folgenden Vorbehalten zugestimmt worden:
1. Artikel 6 (a) und (c) (i):
   Vorbehalt der Regierung der Bundesrepublik Deutschland, der Regierung der Republik Österreich und der Regierung des Königreichs Griechenland
   Vorbehalt des Rechts, im innerstaatlichen Rechte vorzusehen, daß die Haftung eines anderen als des Inhabers einer Kernanlage für einen durch ein nukleares Ereignis verursachten Schaden bestehen bleibt, wenn die Haftpflicht des anderen einschließlich der Verteidigung gegen unbegründete Ansprüche voll gedeckt ist, sei es durch eine vom Inhaber beschaffte Versicherung oder sonstige finanzielle Sicherheit, sei es durch staatliche Mittel.
2. Artikel 6 (b) und (d):
   Vorbehalt der Regierung der Republik Österreich, der Regierung des Königreichs Griechenland, der Regierung des Königreichs Norwegen und der Regierung des Königreichs Schweden
   Vorbehalt des Rechts, ihre innerstaatliche Gesetzgebung, die den in Artikel 6 (b) angeführten internationalen Übereinkommen entsprechende Bestimmungen enthält, als internationale Übereinkommen im Sinne des Artikels 6 (b) und (d) anzusehen.
3. Artikel 8 (a):
   Vorbehalt der Regierung der Bundesrepublik Deutschland und der Regierung der Republik Österreich

(aufgehoben) **Anhang II PÜ**

Vorbehalt des Rechts, hinsichtlich nuklearer Ereignisse, die in der Bundesrepublik Deutschland beziehungsweise in der Republik Österreich eintreten, eine mehr als zehnjährige Frist festzusetzen, wenn Maßnahmen für die Deckung der Haftpflicht des Inhabers einer Kernanlage bezüglich Schadensersatzklagen getroffen worden sind, die nach Ablauf der zehnjährigen Frist während der Zeit der Verlängerung erhoben werden.

4. Artikel 9:
Vorbehalt der Regierung der Bundesrepublik Deutschland und der Regierung der Republik Österreich
Vorbehalt des Rechts zu bestimmen, daß hinsichtlich nuklearer Ereignisse, die in der Bundesrepublik Deutschland beziehungsweise in der Republik Österreich eintreten, der Inhaber einer Kernanlage für einen durch ein nukleares Ereignis verursachten Schaden haftet, das unmittelbar auf Handlungen eines bewaffneten Konfliktes, von Feindseligkeiten, eines Bürgerkrieges, eines Aufstandes oder auf eine schwere Naturkatastrophe außergewöhnlicher Art zurückzuführen ist.

5. Artikel 19:
Vorbehalt der Regierung der Bundesrepublik Deutschland, der Regierung der Republik Österreich und der Regierung des Königreichs Griechenland
Vorbehalt des Rechts, die Ratifizierung dieses Übereinkommens als Übernahme der völkerrechtlichen Verpflichtung anzusehen, in der innerstaatlichen Gesetzgebung die Haftung gegenüber Dritten auf dem Gebiet der Kernenergie in Übereinstimmung mit den Bestimmungen dieses Übereinkommens zu regeln.

Der Anhang I listet die **genehmigten Vorbehalte** auf. Vgl. auch → Art. 18 **1** Rn. 1–3.

Anhang II *(aufgehoben)*

Sachverzeichnis

Die fetten Zahlen beziehen sich auf die Paragrafen,
die mageren Zahlen auf die Randnummern.
Fette Zahlen ohne die Angabe PÜ kennzeichnen das Atomgesetz.

15-Gramm-Grenze 2 4, 5, 29

Abbau von Anlagen 7 88, 97
Abfälle, radioaktive 2 12, 28, 44;
5 16; **6** 3, 4, 24; **9a** 12ff., 29, 34, 36, 46;
22 2, 6
– hochradioaktive **Einf.** 44
– sonstige radioaktive Abfälle **6** 3
– WA-Abfälle **6** 24
Abfallverursacher 9a 38
Abgrenzungen 57 1ff.
– schmutzige Bombe **57** 2
– Sprengstoff **57** 1
Ableitung Einf. 191, 231
Ablieferungspflicht 5 10; **9a** 14, 29, 37, 38
Abschaltfristen Einf. 42, 264
Absolute Sicherheit Einf. 250
Ahaus 9a 4, 21, 23, 31, 35
Aktivität Einf. 54; **2** 15
– spezifische Aktivität **2** 15
– vernachlässigbare Aktivität **2** 31ff.
Altlasten, radioaktive 2 13
Amtshandlung
– Entscheidung **21** 2
– Maßnahmen der staatlichen Aufsicht
21 14ff.
Amtspflichtverletzung 9a 50
Änderungsgegenstand 7 9
**Änderungsgenehmigung betreffend
Anlage und Betrieb 7** 93, 127
Anfechtungsklage 6 24; **7a** 2
Anhörung des Betroffenen 12b 3
Anlage 2 42; **7** 3; **7d** 11; **9b** 12
Anlagen zur Sicherstellung 9a 38, 46
Anlageninterner Notfallschutz 7c 16, 19
Anlagensicherung 7 59; **9b** 48
Annahmepflicht 9a 14, 29
Anordnung 19 51ff.
– Adressat **19** 91
– ausdrückliche Anordnung **19** 64ff.
– Beweislast **19** 88
– Ermessen **19** 74ff.
– Gefahr für Leben, Gesundheit und
Rechtsgüter **19** 56ff, **19a** 22
– Gefahrenverdacht **19** 56

– Gefahrenvermeidung **19** 60ff.
– Generalklausel **19** 51
– Passiver Bestandsschutz **19** 61ff.
– Rechtsschutz des Betreibers **19** 99f.
– Rechtsschutz von Dritten **19** 101ff.
– Rechtsverstoß **19** 52
– Verstoß gegen Verwaltungsakte **19** 53ff.
Anreicherung Einf. 54, 71, 200; **7** 15
– Anreicherungsanlagen, Urananreiche-
rungsfabriken **2** 42; **7** 3
**Anspruch auf Genehmigungserteilung
3** 1; **6** 7
Anwendungsvorrang Einf. 181
Äquivalenzprinzip 21 11
Argentinien Einf. 160
ARTEMIS-Mission 2c 6, 22
Arzneimittel 2 8, 39
Asse II Einf. 10, 38, 45; **9a** 2 43; **23d** 1, 9
Asse GmbH 9a 10, 41
**AtAV (Atomrechtliche Abfallverbrin-
gungsverordnung) 11/12** 4, 18
**AtEV (Atomrechtliche Entsorgungs-
verordnung) 9a** 29
Atom-Ei Einf. 5
**Atomrechtliche Anlagensicherheits-
verordnung 11/12** 22, 24
Atoms for Peace Einf. 157; **Vor 22–24b** 3
Atomgemeinschaft 1 9
Atomwaffen Einf. 3, 157, 162ff.
**AtSKostV (Atomrechtliche Kosten-
verordnung) 11/12** 27; **21** 10ff.
**AtSMV (Atomrechtliche Sicherheits-
und Meldeverordnung) 7c** 15; **23d** 4ff.,
15, 20
**AtVfV (Atomrechtliche Verfahrens-
verordnung) 2a** 2; **6** 16; **7** 100, 108, 109,
110; **7a** 2; **7b** 1, 3
**AtZüV (Atomrechtliche Zuverlässig-
keitsprüfungsverordnung) 7** 42; **12b** 1
**Aufbewahrung von Kernbrennstoffen
2** 43; **5** 11, 13; **6** 1, 2, 4, 9, 11, 19, 23, 27
Aufhebung von Rechtsvorschriften 55 1
Auflagen
– Entschädigung **18** 6

781

Sachverzeichnis

Fette Zahlen = Paragrafen

- nachträgliche Auflagen **9b** 33, 35; **17** 12 ff.; **18** 6
- Planfeststellungsbeschluss **9b** 33, 35
- vollziehbare Auflage **46** 13

Aufschiebende Wirkung von Rechtsbehelfen 6 24, 28

Aufsicht Einf. 215; **9a** 42; **19** 2 ff.; **20** 21; **21** 14 ff.; **Vor 22–24b** 1 ff.; **23d** 14, 17
- Aufsichtsbehörde **9a** 47, 48
- Aufsichtspflicht weiterer Tätigkeiten **19** 18 ff.
- Beförderung radioaktiver Stoffe und kerntechnischer Anlagen **19** 17
- Besitz kerntechnischer Anlagen **19** 16
- Betrieb kerntechnischer Anlagen **19** 15
- Betriebsveränderung **19** 24
- Bundesaufsicht **24** 24, 30 ff.
- Errichtung kerntechnischer Anlagen **19** 14
- Repressivkontrolle **19** 6
- Stilllegung, Einschluss und Abbau von Anlagen **19** 22 f.
- Umgang mit radioaktiven Stoffen **19** 9 ff.
- Unabhängigkeit **Vor 22–24b** 4 ff., 26 ff.
- Verkehr mit radioaktiven Stoffen **19** 12
- Wesentliche Veränderung **19** 19 ff.

Aufsichtsrechtliches Zustimmungsverfahren 17 21

Aufsuchung von radioaktiven Stoffen 11/12 7 f.

Aufstand *s. Haftungsausschluss – Ausschlussgründe*

Ausfuhr von Kernbrennstoffen Einf. 24, 208 ff.; **3** 1 ff., 8 ff.; **11/12** 7 f.; **22** 2 ff.
- Beschränkung **3** 10

Ausgangsstoffe 2 2, 3, 28

Ausgleich durch den Bund 38 1 ff.
- Ausgleichs- und Billigkeitsrichtlinien **38** 10 f.
- Ausnahmen von Bundesleistungen nach §§ 34 und 38 **39** 1 f.
- Aussichtslosigkeit der Rechtsverfolgung **38** 7 f.
- Bundesverwaltungsamt **38** 8, 10
- Höhe des Ausgleichs **38** 4 ff.
- Rechtsnatur **38** 9
- Voraussetzung des Ausgleichanspruchs **38** 3 f.

Ausgleich für Investitionen 7e 1 ff.; **7f** 1 ff.
- Berechtigung **7e** 8; **7f** 4
- Europarechtskonformität **7e** 21 f.; **7f** 22 f.
- Inhalt **7e** 15; **7f** 11 ff.
- Kausalitätskriterium **7e** 8 ff.
- Verfassungsmäßigkeit **7e** 19 f.; **7f** 17 ff.
- Voraussetzungen **7e** 8 ff.; **7f** 4 ff.

Auslagen 21 4

- Sachverständige **21** 8; **21a** 5

Auslegungsbestimmende Ereignisse 7 72 ff., 83

Auslegungsprinzipien Einf. 99

Auslegungsstörfälle 7 74

Auslegungsüberschreitende Ereignisse 7 72 ff., 83, 86

Ausstieg aus der Nutzung der Kernenergie Einf. 26 ff., 232 f., 234; **9a** 10 f.
- Änderung des Ausstiegsgesetzes **Einf.** 35 ff.
- Ausstiegsgesetz **Einf.** 29; **1** 2
- Ausstiegsvereinbarung **Einf.** 28; **9a** 4 17

Ausstiegsorientierter Gesetzesvollzug Einf. 19; **7** 37

Auskunftspflicht 2d 3 f.; **9i** 7 ff.

AWG 3 2

BAFA (Bundesamt für Wirtschaft und Ausfuhrkontrolle) 3 16; **22** 3 ff.

Barrierenkonzept Einf. 85 ff., 118 ff.

BASE (Bundesamt für Sicherheit der nuklearen Entsorgung) 9a 10, 41, 42, 47; **9b** 2, 26
- Zuständigkeit **23d** 1 ff.
- Zustimmung Bundesrat **23d** 5

Bedarf 6 9

Bedürfnis für Aufbewahrung von Kernbrennstoffen 6 8

Beförderung Einf. 169, 211 ff.; **4** 1 ff.; **4b** 1 ff.; **11/12** 1, 8, 20 f., 27, 32; **24** 34
- Kernmaterialien laut PÜ **4b** 3
- Strahlenschutzgesetz (StrlSchG) **4b** 6 ff.
- Verdrängung **4b** 7 f.

Beförderungsgenehmigung 4 1 ff.
- Bauartprüfungs- und Zulassungsverfahren **4** 23 ff.
- Bauartzulassung Inzidentprüfung **4** 49
- Drittschutz **Einf.** 262; **4** 39 ff., 45 ff.
- Entgegenstehen öffentlicher Interessen **4** 32 ff.
- Kernbrennstoffe **4** 4
- notwendige Kenntnisse **4** 16
- Rechtsschutz **4** 36 ff.
- Reichweite **4** 8
- Schutzkonzept Gefahrgutrecht **4** 19 ff.
- SEWD **4** 29 ff.
- sichere Versandstücke **4** 21 ff.
- standortnahes Zwischenlager **4** 34 ff.
- Verfahren und Zuständigkeit **4** 5 ff.
- Vorsorge gegen Beförderungsschäden **4** 17 ff.
- Vorsorge gesetzliche Schadensersatzpflichten, PÜ **4** 25 ff.
- Zuverlässigkeit und Fachkunde **4** 11 ff.

Befristung 6 26; **7** 25

magere Zahlen = Randnummern

Sachverzeichnis

Begriffsbestimmungen
- zum AtG **2** 1 ff.
- zum PÜ **PÜ 1** 3 ff.

Behälter für abgebrannte Brennelemente **6** 11; **9a** 31, 35, 46
Beihilfen, Beihilfenrecht Einf. 179, 192 ff.
Beiträge **9a** 14; **21b** 2 ff.
Beleihung **9a** 9, 10, 36, 43
Berechnungsgrundlagen **7** 63, 69, 83, 86
Berechtigung zum Leistungsbetrieb **7** 2, 22, 23, 89
- Erlöschen **7** 25

Bergbauberechtigung **9e** 8
Bergrecht **9a** 39; **9b** 2; **9d** 2, 11
Berufsfreiheit Einf. 263 ff.
Beseitigung **9a** 2, 3, 4, 21, 25, 29; **11/12** 5, 10, 14 f., 19, 28
Besitz von Kernbrennstoffen **3** 1; **5** 8, 12, 14; **7** 39
Besondere spaltbare Stoffe **2** 16 f.
Besorgnispotential Einf. 251; **7** 46, 48, 49, 54
Bestandskraftpräklusion **7** 120; **7b** 3
Bestandsschutz, eingeschränkter **17** 12
Bestimmungsgemäßer Betrieb **24a** 5
Betreiber **7d** 13
Betreiberpflichten **19a** 3 ff.
- Durchsetzbarkeit **19a** 17
- Entfallen der Pflicht **19a** 19
- Frist **19a** 18
- kontinuierliche Verbesserung **19a** 11 ff.
- periodische Sicherheitsüberprüfung **19a** 1 f.; 3 ff.; 23
- Rechtsschutz **19a** 25
- Sicherheitsstatusanalyse **19a** 5

Betreiberwechsel **7** 43
Betrieb **7** 1, 3, 5, 7, 28; **7c** 8, 15, 18
Betriebsgenehmigung **6** 4; **7** 89, 90, 91, 96
Beurteilungsspielraum der Exekutive **7** 28, 76, 81, 85
Bewaffneter Konflikt s. *Haftungsausschluss – Ausschlussgründe*
BfE (Bundesamt für Entsorgungssicherheit) Einf. 244; **2c** 17; **9a** 11, 41
BfS (Bundesamt für Strahlenschutz) Einf. 244; **6** 12; **9a** 8 ff., 10, 40, 41; **23** 1
BGE (Bundesgesellschaft für Endlagerung mbH) Einf. 49; **9a** 10, 41, 42 ff.; **23d** 3, 7 ff.; **58** 11 ff.
- Anlagenaufsicht **9a** 43; **23d** 10, 12, 15 f.
- Atomaufsicht **9a** 47; **23d** 14, 17
- Beleihung **9a** 43; **23d** 9 ff.
- Entscheidung über Widerspruch **9a** 48; **23d** 16
- Produktkontrolle **23d** 10, 15

BGZ (Gesellschaft für Zwischenlagerung mbH) Einf. 49; **9a** 11, 21; **23d** 4 ff., 15, 20; **58** 12, 14
BHO **9a** 39
Bindungswirkung **7** 125; **7a** 2, 3; **9b** 23
Binnenmarkt Einf. 204 f., 73
BMU (Bundesministerium für Umwelt, Naturschutz und nukleare Sicherheit) **7** 80; **9a** 8, 31, 40 ff.; **24** 17 ff.
BMVg (Bundesministerium für Verteidigung) **24** 35 f.
Brasilien Einf. 160
Brennelemente **6** 11, 24; **7** 5, 90, 102; **9a** 2 ff., 11 ff., 20 ff., 30, 32
- Fabriken **7** 3
- Fertigung **7** 15
- Lagerung, Lagerbecken **6** 17; **7** 102

Brexit Einf. 236
Brookhaven Report **34** 1; **PÜ Vor** 1
Brückentechnologie Einf. 35
Brüsseler Kernmaterial-Seetransportübereinkommen s. *Internationale Übereinkommen – Haftung*
Brüsseler Reaktorschiff-Übereinkommen (BRÜ) **25a** 7 ff.; **PÜ 1** 11
Brüsseler Zusatzübereinkommen (BZÜ) Einf. 33; **2** 52; **PÜ Vor** 3 f.
Brutreaktor **9a** 3
Bund-Länder-Hauptausschuss **6**, 12; **7**, 83; **24** 15
Bundesamt für Sicherheit in der Informationstechnik **44b** 4
Bundesaufsicht **24**, 24, 30 ff.
- Entsendung eines Beauftragten **24** 31

Bundesauftragsverwaltung Einf. 242 f.; **7** 107; **9a** 36; **Vor 22–24b** 18, 20, 28, 35 f.; **23d** 5; **24** 2 f., 7 ff., 33
- Einrichtung der Behörden **24** 10, 12
- UVP **24** 9, 24
- Verwaltungsvorschriften **24** 12 ff., 29

Bundeseigenverwaltung Einf. 244 ff.; **Vor 22–24b** 20; **24** 6, 33 ff.
Bundesgebührengesetz **21** 9
Bundesnetzagentur **23c** 1
Bundesverwaltungsamt (BVA) Einf. 244; **23a** 1; **38** 8, 10
Bundeswehr Einf. 165
Bürgerbeteiligung Einf. 46
Bürgerkrieg s. *Haftungsausschluss – Ausschlussgründe*

Castor-Behälter **9a** 31
Convention on Nuclear Safety Einf. 166; **Vor 22–24b** 10
Convention on Physical Protection Einf. 169

Sachverzeichnis

Fette Zahlen = Paragrafen

Convention on Supplementary Compensation (CSC) PÜ Vor 8 ff.
CTBTO Einf. 164

Daten, personenbezogene 12b 9
Datenschutz 12b 3
Dauerverwaltungsakt 2b 11
DBE (Deutsche Gesellschaft zum Bau und Betrieb von Endlagern) 9a 8 ff., 41; 23d 18
DDR-Recht Einf. 30
Deckungsvorsorge 13 1 ff.; PÜ 10 1 ff.
– Begriff und Bedeutung der Deckungsvorsorge 13 1; PÜ 10 1
– Deckungspflicht des Bundes und der Länder 13 10
– Formen der Deckungsvorsorge 13 1 ff.; 14; PÜ 10 1, 4
– Gegenstand der Deckungsvorsorge 13 3 f.; 11
– Gesetzliche Schadensersatzverpflichtungen 13 12 ff.
– Höhe der Deckungsvorsorge 13 5 ff.; PÜ 10 2
– Kongruenzprinzip PÜ 10 1
– Rangfolge der Befriedigung 15 1 ff.; 39 1 f.
– Verordnungsermächtigung 13 9
– Verpflichtung zur Erbringung einer Deckungsvorsorge 9a 49; 13; PÜ 10 1, 6 ff.
Dekontaminationsmaßnahmen 7c 19
Delegationsverbot 7c 3
Direktionsausschuss für Kernenergie der OECD 12a 1 ff.; PÜ 1 56 f.; PÜ 16 1 ff.
Diskriminierungsverbot PÜ 14 1 ff., 5; PÜ 15 2 f.
Dominoeffekt 7c 18
Dosis, Strahlendosis Einf. 56 ff.; 11/12 4, 26 f.
– Dosisgrenzwerte 7 52
– Dosiskriterium 2 36
Drittklagen auf Auflagen und Widerruf 17 51 ff.
– Antragserfordernis 17 51, 55
– Beiladung 17 58
– Klage auf Erlass nachträglicher Auflagen 17 51 ff.
– Klage auf Widerruf der Genehmigung 17 54 ff.
– Schutz Dritter 17 56 f.
– Zulässigkeit 17 52
Drittschutz Einf. 257 ff.; 3 17; 6 9, 28; 7 51, 72, 86, 116 f.; 7d 7, 10, 12, 17, 18
Durchfuhr Einf. 165; 3 14
Dynamischer Grundrechtsschutz Einf. 249; 7 42

Eigentum Einf. 203; 2 19; 9a 17, 33
Eigentumsgarantie Einf. 263 ff.; 9d 6
Ein-Endlager-Konzept Einf. 26
Einfuhr Einf. 24, 208 ff.; 3 1 ff.; 11/12 7 f.; 22 2 f.
Einführung der friedlichen Nutzung der Kernenergie Einf. 6
Eingreifrichtwert (Strahlenexposition) 7 79, 83, 86
Einlagerung 6 25
Einschätzungsprärogative 7 50, 125; 7d 9
Eintrittswahrscheinlichkeit 7 50, 63, 75, 81
Einvernehmen mit Immissionsschutzbehörden 8 3
Einwendungen 7 110; 7b 1, 2
Einwendungsausschluss 7b 1
Einwirkungen Dritter 4 29; 7 57; 9b 48
Einwirkungen von außen 7 57
Einziehung von Gegenständen 49 1 ff.
– Ermessensentscheidung 49 7 f.
– taugliche Einziehungsobjekte 49 5 f.
– Wirkung der Einziehung 49 9
Einziehungsvoraussetzungen 49 2 ff.
– Akzessorietät 49 2
– Täterzugehörigkeit 49 4
– vorsätzliche Begehung 49 3
Eisenbahn-Bundesamt 24 5, 34
Eisenhower Einf. 157; Vor 22–24b 3
Elektrizitätsmengen Einf. 263; 7 19, 22, 28, 31, 32; Anlage 3 1
Elektronische Antragstellung 2b 3, 6, 12
Elektronische Kommunikation 2b 5 ff.
– Ausschluss 2b 8
– Informationspflichten 2b 7
– technische Inkompatibilität 2b 7
– Treu und Glauben 2b 7
Elektronische Signatur 2b 5, 9 ff.
Elektronischer Rechtsverkehr 2b 5
Elektronischer Verwaltungsakt 2b 3, 10 f.
Enddatum der Berechtigung zum Leistungsbetrieb 7 15
Endlager Einf. 44, 74, 123 ff.; 2 41; 2c 10, 12 ff., 2d 4, 5, 7; 9b 1, 3, 5, 11, 13 ff., 16 ff., 22, 24, 30; 23d 1, 4, 6 f., 9 f., 17, 22
– Anlagebegriff des § 9b AtG 9b 11 f.
– Betrieb 9b 5, 11, 14, 19 f., 24
– Errichtung 9a 38, 39; 9b 5, 11, 13, 19, 24
– Reparatur und Instandhaltungsmaßnahmen 9b 16
– Standort 9a 10; 23d 6, 22
– Stilllegung 9b 1, 5, 15, 19, 24
– unwesentliche Veränderung 9b 30
– wesentliche Veränderung 9b 1, 5, 16 ff., 22
– Zulassung 9a 38 f., 45
Endlagerkommission Einf. 46; 9a 10

magere Zahlen = Randnummern

Sachverzeichnis

Endlagerung, Endlagersuche Einf. 10, 46, 226 ff., 267 ff.; **2d** 9; **6** 24, 25
- Auswahlprozess **Einf.** 129
- direkte Endlagerung **Einf.** 23; **9a** 4
- Gemeinsame Entsorgungspolitik **Einf.** 228
- Langzeit-Sicherheitsanalyse **Einf.** 132
- Rückholbarkeit **Einf.** 136
- Standorterkundung **9d** 10 ff.

Endlager VlV (Verordnung über die Vorausleistungen für die Einrichtung von Anlagen des Bundes zur Sicherstellung und zur Endlagerung radioaktiver Abfälle) 21b 7 f.
Energie- und Klimafonds Einf. 37
Energiekonsensgespräche 9a 4, 9, 25
Energiemix 7 1
Energierecht 2 9
ENSREG (Europäische Arbeitsgruppe für nukleare Sicherheit) Einf. 41, 216; **24b** 12
Enteignung Einf. 30, 39; **7** 19; **9d** 1 ff.; **9e** 1 ff.; **18** 2
- Allgemeinwohl **9d** 12; **9e** 11 f.
- Enteignungsbegriff **9d** 6
- Enteignungsgegenstand **9e** 5 ff.
- Enteignungsverfahren **9e** 13; **23a** 2
- Enteignungszweck **9d** 9 ff
- Entschädigung **9e** 17; **18** 2, 12, 19
- Erforderlichkeit **9e** 5, 12
- Planfeststellung **9d** 9; **9e** 13 f.
- Rechtsschutz **9e** 18
- Teilenteignung **9e** 6, 16
- Zulässigkeit **9e** 10 ff.
- Zuständigkeit **9d** 15

Entgelte für Nutzung der Landessammelstellen 9a 37; **21a** 8
Entschädigung 18 1 ff.
- Amtshaftungsanspruch **18** 18
- Berechtigter **18** 13
- Bund-Länder-Ausgleich **18** 15 ff.
- Enteignung **9e** 17; **18** 2, 12, 19
- Entfallen des Anspruchs **18** 7 ff.
- generelle Ausgleichspflicht **18** 6; **19** 86
- Höhe des Anspruchs **18** 11 f.
- Interessenabwägung **18** 11
- nachträgliche Auflagen **18** 6
- Nachrüstungsrisiko **18** 6
- Präventivkontrolle **19** 6; **19** 19, 21
- Rechtsschutz **18** 19
- Rücknahme und Widerruf **18** 4 f.
- Schutzwürdiges Vertrauen **18** 8, 9
- Verpflichteter **18** 14

Entsorgung Einf. 10, 44 ff., 73 ff.; 222; **2c** 1 ff.; **2d** 1, 3 ff.; **7** 1; **7c** 8; **9a** 1 ff.
- abgestuftes Entsorgungskonzept **2d** 3

- Entsorgungsfonds **Einf.** 49, 194, 116; **9a** 11; **21a** 4; **21b** 2
- Entsorgungsfondsgesetz **Einf.** 49; **2d** 1, 7
- Entsorgungsübergangsgesetz **Einf.** 49; **9a** 12 32 43
- Entscheidungsprozess **2d** 9
- Entsorgungskommission (ESK) **2d** 5
- Finanzierung **Einf.** 48 f., 271; **9a** 11
- Kostentragung **Einf.** 225; **2d** 7
- Nachhaftungsgesetz **Einf.** 49
- Transparenzgesetz **Einf.** 49

Entsorgungsanlagen PÜ 1 20 ff.
Entsorgungskonsens 21c 4
Entsorgungsverband 9a 9
Entsorgungsvorsorge
- Entsorgungsvorsorgenachweis **Einf.** 30; **9a** 5, 19, 28
- Grundsätze **9a** 5, 19

Erforderlicher Schutz 4 29; **7** 56 ff., 71 f., 86; **9b** 48
Erhöhung des Entschädigungsbetrags PÜ 15 1 ff.
Erkenntnisse, nachträgliche 12b 8
Ermessen 1 5; **9b** 53; **17** 26; **19** 74 ff.; **20** 11 f.; **49** 7 f.
- Versagensermessen **6** 7; **7** 28, 37, 41, 50, 99; **8** 4; **9a** 5

Ermittlungs- und Bewertungsdefizit 7 126, 127
Errichtungsgenehmigung 6 4, 11, 23; **7** 1, 3, 24
ESK (Entsorgungskommission) 24 15
Ethikkommission Einf. 41
Ethische Bewertung Einf. 41
EURATOM, EAG Einf. 162 f., 177 ff., 234 f.; **1** 9, 30; **2** 19; **5** 7, 11; **Vor 22–24b** 10, 15 ff., 31; **24b** 1 ff., 9, 12, 17
- Außenbeziehungen **Einf.** 206
- Ausstieg/Kündigung des Vertrages **Einf.** 235 ff.
- Versorgung **Einf.** 199 f.
- Vertragsverstoßverfahren **Einf.** 202

EURATOM-Grundnormen-Richtlinie (RL 2013/59/Euratom) Einf. 27, 178
EURATOM-Richtlinie 2009/71 Einf. 215, 217
EURATOM-Richtline 2011/70 Einf. 223 ff.; **2c** 1 ff., 6, 8 ff., 14, 16 f., 19 ff.; **2d** 1, 3 ff.; **9i** 2
- nationale Umsetzung **2c** 1 f.
- Effet utile **2c** 4

EURATOM-Richtlinie 2014/87 Einf. 217 ff.
Europäische Wissens- und Verwertungsgemeinschaft Einf. 184

Sachverzeichnis

Fette Zahlen = Paragrafen

Europäisches Kernenergie-Gericht PÜ **13** 11, 14; **PÜ 17** 3
Europäisches Parlament Einf. 234
EVU (Energieversorgungsunternehmen), Entsorgungspflichten **9a** 4, 17, 19, 23, 25, 30, 31, 34
Ewigkeitslasten **2c** 14f.
Export Einf. 160
- Exportverbot Einf. 227

F4E (Fusion for Energy) Einf. 196
Fachkunde **7** 42, 43; **11/12** 8, 34f.
Fehlerverzeihendes Sicherheitskonzept Einf. 83ff.
Feindseligkeiten *s. Haftungsausschluss*
- *Ausschlussgründe*
Flexibilitätsklausel Einf. 207
Flugzeugabsturz, gezielter; Flugzeugangriff, gezielter; Flugzeugangriff, terroristischer Einf. 253; **6** 12; **7** 58, 69, 83ff.
Forschung, Kernforschung Einf. 4, 159, 183, 267; **1** 13
- Forschungsfreiheit Einf. 267
- Forschungsreaktor **2** 42; **3** 15; **7** 15; **9a** 6, 16, 18, 28, 32
Forschungspflicht **7d** 5
Fortgeltung landesrechtlicher Genehmigungen **56** 1ff.
Frankreich Vor **22–24b** 6
Freigabe **2** 34ff.; **7** 103; **11/12** 9f., 19
Freigrenze **2** 33
Freihändiger Erwerb **9e** 15
Freisetzung radioaktiver Stoffe **7c** 16
- frühe oder große Freisetzungen Einf. 108
Freistellungsverpflichtung **34** 1ff.
- Anspruch auf Freistellung **34** 14ff.
- Brookhaven Report **34** 1; **PÜ Vor** 1
- Entsprechende Geltung des VVG **34** 21f.
- Entstehungsgeschichte **34** 1ff.
- Höchstbetrag der Freistellung **34** 18
- Price-Anderson Gesetzgebung **34** 2
- Rechtsnatur **34** 6
- Rückgriff bei der Freistellung **37** 1ff.
- Staatliche Beihilfe **34** 7ff.
- Tatbestand **34** 13
- Verhaltenspflichten des Ersatzpflichtigen **34** 19f.
- Verpflichtung nach dem PÜ **34** 5
Fukushima Einf. 40, 111ff., 167, 168, 216; Vor **22–24b** 9, 11, 14, 16, 22, 26
- Schadensersatzleistung Vor **25–40c** 17
Funktionsverbund Vor **22–24b** 18f., 19, 22; **22** 3ff.; **23a** 1; **24** 1

Funktionsvorbehalt der Exekutive Einf. 16, 254ff., 105; **7** 1, 38, 54, 63ff., 69, 76, 126, 127; **7d** 8

Gebühren **9a** 14, 35; **21** 2, 3; **21b** 3
- Absehen von Gebühren **21** 6
- bundeseinheitliche Gebühren **21** 9
- Gebührenhöhe **21** 13
- Rahmengebühren **21** 13
- Wertgebühren **21** 13
Geesthacht, Großforschungseinrichtung Einf. 159
Gefährdungshaftung **9a** 49; **25** 1ff.; **25a** 6ff.; **26** 3f.; PÜ Vor 16; **PÜ 3** 3f.
Gefahr Einf. 241
Gefahrenabwehr Einf. 248; **7** 42, 48
Gefahrenverdacht Einf. 251; **7** 48
Gegenseitiges Vertrauen **3** 10
Geheimschutz Einf. 184; **4** 30; **7** 65ff.
Gemeinsame Kernanlage **6** 22
Gemeinsame Unternehmen Einf. 195ff., 228
Gemeinsames Protokoll (GP) Einf. 27; **2** 52; PÜ Vor 6f.
Gemeinschaftsrahmen Entsorgung **23d** 3
Genehmigung von Anlagen **2b** 8f.; **6** 18, 26; **7** 5, 28, 37, 41, 98; **7c** 2
- Abwehranspruch Einf. 259
- Annahmeverbot von radioaktiven Abfällen **57b** 30
- Anspruch **3** 1
- Auflage **17** 5, 11
- Auflage, nachträgliche **17** 12ff.; **18** 6
- Auflageverfahren **17** 16
- Ausnahmen Rückholung/Stilllegung Schachtanlage Asse II **57b** 24ff.
- Befristung **17** 9f.
- Bestimmtheit **17** 19
- elektronische Form **2b** 9; **17** 4
- Freigabevorbehalt **17** 11
- Inhaltsbeschränkung **17** 5, 11
- Inhaltsbestimmung **17** 5ff.
- Nebenbestimmungen **2** 37; **3** 3; **17** 5ff., 12
- Rücknahme **3** 3
- Schriftformerfordernis **17** 3
- Teilgenehmigung Rückholung/Stilllegung Schachtanlage Asse II **57b** 18; 23
- Umgang mit radioaktiven Stoffen in der Schachtanlage Asse II **57b** 1, 5, 14ff., 25ff.
- Unbefristete Genehmigung **17** 10
- Verfassungsrechtliche Vorgaben für Genehmigungsvoraussetzungen Einf. 266
- Versagung **3** 17
- Vollziehung **17** 21
- Widerruf **2** 37; **3** 3
- Zuwiderhandlung **3** 18

magere Zahlen = Randnummern

Sachverzeichnis

Genehmigung für 10a 1 ff.
- Ausfuhr **10a** 1 f., 5
- Beförderung **10a** 1 f., 7
- Einfuhr **10a** 1 f., 5
- Umgang **10a** 1 f., 6, 8

Genehmigung für Endlager 9b 1 ff., 7 ff., 23 ff.
- Konzentrierte Rechtsgebiete **9b** 28

Genehmigungserfordernis 10a 9 ff.
- Beschäftigte **10a** 9 f.

Genehmigungsinhaber 7c 12; **7d** 15; **12b** 1, 6
- Bewertungs- und Optimierungspflichten **Einf.** 220
- Finanzielle Gewährleistungen **Einf.** 221

Genehmigungsübergang 58 10 ff.

General Safety Requirements Vor 22–24b 11

Genetische Spätschäden 1 17

Geologische Formationen 9a 2, 45

Gerichtsstand PÜ 13 1 ff.
- Abgrenzung von Meeresgebieten **PÜ 13** 12
- Anerkennung und Vollstreckbarkeit von Urteilen **PÜ 13** 2 ff.
- ein einziges nationales Gericht **PÜ 13** 4, 21
- Ersatzklagen gegen Inhaber einer Kernanlage **4a** 1 ff.
- Europäisches Kernenergie-Gericht **PÜ 13** 11, 14
- Klagen auf Freistellung **40b** 1 f.
- Klagerecht **PÜ 13** 15 ff.
- maritime Sonderzonen **PÜ 13** 6
- Ort des Eintritts des nuklearen Ereignisses **PÜ 13** 2 ff., 10 f., 21
- sachliche Zuständigkeit des Gerichts **PÜ 13** 5 ff.
- Staatenimmunität **PÜ 13** 30 f.
- verfahrensrechtliche Kanalisierung **PÜ 13** 1, 4
- Verhältnis zum EU-Recht **PÜ 13** 28 f.
- Zuständigkeit mehrerer Gerichte **PÜ 13** 13 f.

Gesamtschuldnerische Haftung 33 1, 7 ff.; **PÜ 3** 18 f.

Gesetzgebungskompetenz Einf. 6, 237, 240 f.

Gestaffeltes Schutzkonzept 7 53, 72 f., 83

Gestattungswirkung 7a 3; **9b** 25

Gestuftes Genehmigungsverfahren 7 1; **7a** 2; **7b** 1, 2

Gesundheitsschutz Einf. 185 ff.

Gewährleistungsverantwortung 7c 3

Glaskokillen 9a 34 f.

Gleichbehandlungsgebot PÜ 14 1 ff.
- innerstaatliches Recht und innerstaatliche Gesetzgebung **PÜ 14** 2 f., 5; **PÜ 15** 2 f.
- Kollisionsrecht **PÜ 14** 3 ff.

Goiânia Strahlenunfall 26 5

Gorleben Einf. 10, 30, 44, 46, 270; **9a** 3, 19, 21, 23, 31 ff., 45; **9b** 13; **9g** 8

Gouverneursrat Einf. 172

Grenzüberschreitende Beförderung 4a 1 ff.
- Durchfuhr **4a** 9 f.
- Ein- und Ausfuhr **4a** 11
- Konkretisierung der Deckungsvorsorge für PÜ-Beförderungen **4a** 1 ff.
- sonstige finanzielle Sicherheit **4a** 8
- Versicherung **4a** 5 ff.

Grenzüberschreitende Verbringung Einf. 213; **11/12** 4, 14 ff., 17 f.; **22** 1 ff.
- hochradioaktiver Strahlenquellen **3** 12
- radioaktiver Abfälle und abgebrannter Brennelemente **3** 13; **9a** 16
- sonstiger radioaktiver Stoffe **3** 12
- sonstige Verbringungen **3** 14
- Zuständigkeit **3,** 16; **22** 1 f., 4 ff., 13 ff.

Großbritannien Vor 22–24b 5

Großquellen 12b 2; **23d** 21

Grundabtretung 9d 17

Grundfreiheiten Einf. 179, 204 f., 229, 233

Grundnormen Einf. 186 ff.
- Dynamisierung der Grundnormen **Einf.** 189
- Mitteilungspflicht **Einf.** 191
- Überwachung der Anwendung **Einf.** 190

Grundrechte Einf. 247 ff.

Hafenanlaufabkommen PÜ Vor 14

Haftpflichtversicherung 9a 50; **13** 18 f.

Haftung Einf. 33, 158, 170, 176; **9a** 50
- herrschende Unternehmen **21a** 3; **21b** 2

Haftung für Beförderung 25 01; **26** 26; **PÜ 4** 1 ff.
- Begriff ,Beförderer' **PÜ 4** 19 f.
- Bescheinigung über die Deckungsvorsorge **PÜ 4** 15 f.
- Grundsätze der Beförderungshaftung nach dem PÜ **PÜ 4** 1 ff.
- Haftung des absendenden Inhabers **PÜ 4** 6 ff.
- Haftung des Beförderers **PÜ 4** 17 ff.
- Haftung der empfangenden Inhabers **PÜ 4** 12

Haftung für Kernanlagen 25 1 ff.; **PÜ 3** 1 ff.
- Ausschluss der Haftung des Inhabers **PÜ 3** 12 ff.

787

Sachverzeichnis

Fette Zahlen = Paragrafen

- Eintritt des nuklearen Ereignisses **PÜ 3** 10f.
- ergänzende Geltung des Atomgesetzes **25** 1
- Geltung des PÜ und des GP **25** 1ff.
- geographischer Geltungsbereich **25** 10
- gesetzliche Vermutung der Schadensverursachung **PÜ 3** 16f.
- Haftung des Beförderers **25** 6f.
- Haftungsausschlüsse **25** 11f.
- Haftungsumfang **PÜ 3** 2
- innerstaatliche Anwendbarkeit des PÜ **25** 4f.
- Kausalzusammenhang **PÜ 3** 5ff.
- Nichtanwendung des Art. 9 PÜ **25** 8f.
- nukleares Ereignis und andere Strahlenschädigung **PÜ 3** 18f.
- Verursachungshaftung **PÜ 3** 3f.

Haftung für Reaktorschiffe 25a 1ff.
- Geltung des Brüsseler Reaktorschiff-Übereinkommens (BRÜ) **25a** 4, 6
- Gerichtsstand, zwingende Vertragsbestimmungen **25a** 11f.
- Haftungssumme und staatliche Freistellung **25a** 8f.
- Nichtanwendung des PÜ auf Reaktorschiffe **25a** 1
- Problematik der Reaktorschiffshaftung **25a** 13
- Reaktorschiffe unter ausländischer Flagge **25a** 10
- Stand und internationale Rechtsregelungen der zivilen Reaktorschifffahrt **25a** 2ff.

Haftung in anderen Fällen („Isotopenhaftung") 26 1ff.; **34** 16
- Auffangvorschrift **26** 1f.
- Befördererhaftung **26** 26
- Entlastungsmöglichkeiten **26** 19ff.
- Gefährdungshaftung **26** 3f.
- Haftpflichtiger **26** 5f.
- Haftungskonkurrenz **26** 17f.
- Heilkunde und Inkaufnahme der Gefahr **26** 27ff.
- Kernvereinigungsvorgänge **26** 7
- Medizinische Forschung am Menschen **26** 32
- Schadensursache **26** 8ff.
- Schadensbegriff **26** 13f.
- Schadensumfang **26** 16

Haftungsausschluss 25 8f.; **PÜ 9** 1ff.
- Ausschlussgründe **PÜ 9** 1ff., 6
- Deutsche Regelung **25** 8f.; **PÜ 9** 7
- Terroristische Akte **PÜ 9** 5

Haftungsbeträge 31 1ff.; **PÜ 7** 1ff.
- Betrag für geringere Risiken **PÜ 7** 6f.

- Durchfuhr von Kernmaterialien **PÜ 7** 10f.
- ein einziges Ersatzverfahren **PÜ 7** 6
- Entstehungsgeschichte: Höchstbeträge **PÜ 7** 1ff.
- geographischer Geltungsbereich **PÜ 7** 9
- Mindestbeträge, Übergangsbeträge **PÜ 7** 4f.
- Reziprozität iVz Nichtvertragsstaaten **PÜ 7** 12f.
- runde Zahlen der nationalen Beträge **PÜ 7** 15
- Schaden an Beförderungsmitteln **PÜ 7** 8
- Summenmäßig nicht begrenzte Haftung **PÜ Vor** 19f.; **PÜ 7** 4
- Zinsen und Kosten **PÜ 7** 14

Haftungshöchstgrenzen 31 1ff.; **PÜ 7** 1ff.
- Ersatz des gemeinen Wertes **31** 21ff.
- Gegenseitigkeitsgrundsatz **31** 11ff.
- Geltungsbereich **31** 1ff.
- Grundsatzfragen einer betragsmäßigen Haftungsbegrenzung **31** 6ff.
- Haftung des Inhabers einer Kernanlage **31** 9f.
- Vorrangregel **31** 24

Haftungskonzentration PÜ 6 1ff.
- Abweichungen vom Grundsatz der ausschließlichen Haftung bei der Haftung bestimmter natürlicher Personen **PÜ 6** 8ff., 16
- Forderungsübergang **PÜ 6** 16f.
- Grundsatz der rechtlichen Kanalisierung auf den Inhaber der Kernanlage **PÜ 6** 1ff.
- Haftung ausschließlich auf Grund des PÜ **PÜ 6** 1, 13ff.
- Haftung für Reaktoren, die Teil eines Beförderungsmittels sind **PÜ 6** 12
- Mitverschulden des Geschädigten **PÜ 6** 18
- Problematik **PÜ 6** 5
- Rückgriffsrecht des Inhabers der Kernanlage **PÜ 6** 19ff.
- Unberührtheit internationaler Beförderungsverträge **PÜ 6** 6f.
- vertragliche Ansprüche **PÜ 6** 4
- Vorrang des nationalen Sozialversicherungsrechts **PÜ 6** 23ff.

Haftungsprinzipien PÜ Vor 15ff.
Halbwertszeit (HWZ) Einf. 54
Handlungspflicht 5 9; **7c** 4
Hinterbliebenengeld 28–30 6ff.
Hiroshima Einf. 3
Hochrisikotechnologie Einf. 239
Höhere Gewalt s. *Haftungsausschluss – Ausschlussgründe*
Hoheitliche Befugnisse 9a 10, 40, 43

magere Zahlen = Randnummern

Sachverzeichnis

IAEO/IAEA (Internationale Atomenergie Organisation/International Atomic Energy Agency) Einf. 4, 158, 162f., 166ff., 172ff.; **1** 29; **Vor 22–24b** 10f.; **24b** 5ff., 14, 17
In-camera-Verfahren 7 67ff., 126
Industrielle Anlage in der Nähe der Kernanlage 15 7; **Vor 25–40c** 1ff.; **PÜ Vor** 1ff.
Information der Öffentlichkeit 24a 1
Informationen
– Übermittlung **24a** 6, 7
– Übermittlungsbefugnis **19** 50
– Veröffentlichung **24a** 1ff.
Informationstechnische Systeme 44b 2
Inhaber 7 7; **7c** 2
– einer kerntechnischen Anlage **7** 8; **7c** 2; **PÜ 1** 33
Inhaberbezeichnung 17 45
Inhärente Stabilität des Reaktorkerns Einf. 94
Inkrafttreten 59 1
Inlandsentsorgung 3 15
Innehaben von Anlagen 7 6
Integriertes Notfallschutzkonzept 7c 20
Integriertes Sicherungs- und Schutzkonzept 7 62, 75, 78
Interimslager 9a 21, 32
Internationale Prüfung 24b 1ff.
– Peer Review Einf. 218; **24b** 1ff.
Internationale Übereinkommen Einf. 157ff.; **2** 10, 48ff., 52; **Vor 25–40c** 2ff.; **PÜ Vor** 1ff.
– grenznahe Zusammenarbeit Einf. 171
– Haftung Einf. 170; **Vor 25–40c** 2ff.; **PÜ Vor** 1ff.
– Nichtverbreitung von Kernwaffen Einf. 163f.
– Nichtverbreitung von Kernmaterialien Einf. 169
– Physischer Schutz Einf. 169
– Sicherheit von Kernkraftwerken Einf. 166ff.
Inverkehrbringen 11/12 13ff.
Investitionen
– frustrierte Investitionen Einf. 264f.; **7e** 3f., 6, 9ff.; **7g** 1
– Investitionsvorhaben Einf. 192ff.
– Investitionszeitraum **7e** 12f.
Investitionsschutz Einf. 264f.; **7** 19
Ionisierende Strahlen 1 19
Iran Einf. 160
IRRS (Integrated Regulatory Review Service) 2c 6, 22; **24b** 5ff.
IRRT (International Regulatory Review Team) 24b 5

Isotopenhaftung 26 1ff.; **27** 11

Japan Vor 22–24b 8f., 26
Joint Convention Einf. 166
Jülich, Großforschungseinrichtung Einf. 159

Kalkar-Beschluss Einf. 11, 239, 254
Karlsruhe, Großforschungseinrichtung Einf. 159
Katastrophenschutz 7c 19
Kausalzusammenhang 26 4, 33; **32** 7; **54** 2; **PÜ 1** 4, 38f.; **PÜ 3** 5ff.; **PÜ 8** 13
Kenntnisse
– Verbreitung von Kenntnissen Einf. 184
Kernanlage PÜ 1 1ff.
Kernbrennstoffe 2 16ff.; **5** 3, 6; **6** 3, 20, 27; **8** 1; **9a** 12; **PÜ 1** 27
– Bestrahlte Kernbrennstoffe **2** 4, 16, 18, 28
Kernbrennstoffkreislauf Einf. 160
Kernbrennstoffsteuer Einf. 38
Kernenergie Einf. 157ff.
– Förderzweck Einf. 182f., 234, 267; **1** 2, 6f., 9, 11; **10** 1
– friedliche Nutzung Einf. 5, 7; **7** 1
– geordnete Beendigung Einf. 29; **1** 9ff.
Kernfusion 26 7
Kernkraftwerk 2 42; **7** 3, 6, 15, 22, 39; **9a** 5, 12, 18
Kernmaterialien 2 48; **PÜ 1** 19ff.; **31** f.; **PÜ 7** 8, 10; **PÜ 10** 2, 8; **PÜ 13** 5, 10, 30; **PÜ 16** 1
Kernmaterialkontrolle Einf. 172
Kerntechnische Anlage Einf. 174; **2** 7, 41ff.; **6** 4; **7** 4, 15; **7c** 16; **8** 2
Kerntechnisches Regelwerk 7c 6
Kernwaffen Einf. 3, 157, 162ff.
Kernwaffensperrvertrag Einf. 163
Kettenreaktion, nukleare Einf. 3, 54, 63; **2** 17, 24, 27
KFK (Kommission zur Überprüfung der Finanzierung des Kernenergieausstiegs) Einf. 48; **9a** 11, 45
KKW Brokdorf Einf. 13
KKW Brunsbüttel Einf. 265
KKW Grafenrheinfeld Einf. 12
KKW Greifswald Einf. 8, 22
KKW Kahl Einf. 8
KKW Kalkar 9a 3
KKW Krümmel Einf. 265
KKW Mülheim-Kärlich Einf. 265
KKW Rheinsberg Einf. 8, 22
KKW Wyhl Einf. 11
Kommerzieller Betrieb Einf. 8
Kommunale Selbstverwaltung 7 121

Sachverzeichnis

Fette Zahlen = Paragrafen

Konrad Einf. 10, 32, 44; **9a** 45; **9b** 3; **23d** 4, 15, 18; **24** 6, 18, 24; **58** 4, 7
Kontaminationen, radioaktive 2 13; **9a** 31
Kontinuierliche Verbesserung der Anlage Einf. 39
Kontrolldichte, verwaltungsgerichtliche 7 125
Konvention, nukleare Sicherheit Einf. 166, 168
Konzentrationswirkung 6 14; **7** 40; **8** 1; **9b** 2, 12, 25
- Genehmigung für Endlager **9b** 2, 25
- materielle Konzentrationswirkung **9b** 25
- Planfeststellung für Endlager **9b** 2, 25

Konzernunternehmen-Deckungsvorsorge 15 6
Kosten 9a 11, 27, 37; **21** 1 ff.; **21a** 1 ff.
- -bescheid, Rechtmäßigkeit **21** 21; 24 f.
- -deckungsprinzip **21** 11
- -erhebung **58** 2, 6
- -schuldner **21** 2
- -schuld, Verjährung **21** 19
- -vorschriften, landesrechtliche **21** 22; **21a** 5

Kostenpflicht 21a 2
- Antrag eines Dritten auf Widerruf **21** 7
- Antragsrücknahme **21** 6

Kraftwerksprozess, Kernkraftwerk Einf. 64
- Dampferzeuger **Einf.** 64
- Reaktordruckbehälter **Einf.** 64, 85
- Reaktorkühlsystem **Einf.** 64

Kriegsfall Einf. 165; **7**, 58
Kritikalitätsrisiko 1 19
Kritische Anordnung 2 17, 29
Kritische Infrastruktur 44b 2
KTA 2000 (Kerntechnischer Ausschuss) 11/12 22

Lagerbehälter 6 11
Lagergebäude 6 19, 20
Lagerung 6 4, 13; **7** 39; **8** 2
Lagerung von Atomwaffen Einf. 165
Länderausschuss für Atomkernenergie 6 12; **7** 83
Landeseigenverwaltung 24 11
Landessammelstellen 9a 29, 36 f.; **9c** 1 ff.; **21a** 8; **24** 32
- Anwendbarkeit **21c** 5
- Benutzungsordnung/Kostenordnung **21a** 8
- Entgelt **21a** 8
- Errichtung **9c** 4
- Lagern **9c** 7
- Standorte **9c** 10
- Umgangsgenehmigungen **9c** 3, 5

Langzeitsicherheit 9b 46 f., 58
- Drittschutz **9b** 58
- Nachweis **9b** 46 f.

Lastannahmen 7 63, 75, 80, 83
Laufzeitbegrenzung Einf. 264; **7** 28
Laufzeitverlängerung Einf. 35 ff., 264; **7** 19
Leistungsbetrieb 7 31, 95, 96
Leuchtfarben 11/12 13, 15
Lex Asse 57b 2, 5, 17,
- Beschleunigung **57b** 1 f., 8, 17, 19
- Konzentrationswirkung **57b** 19
- Verfahrensschritte der Umweltverträglichkeitsprüfung **57b** 21 f.
- Verzicht auf Planfeststellungserfordernis **57b** 4 f., 22

Luftfahrt-Bundesamt Einf. 244; **23b** 1

Managementsystem 7c 5
Manhattan-Project Vor 22–24b 2
Maßstab praktischer Vernunft Einf. 138 ff., 154 f., 252; **7** 49, 98
Mehrere Verursacher 33 1 ff.; **PÜ 5** 1 ff.
- Alternativtäterschaft **33** 6
- Gesamtschuldnerische Haftung **33** 1, 7 ff.; **PÜ 3** 18 f.
- Höchstgrenzenprivileg **33** 12 f.
- Interner Ausgleich der Haftpflichtigen **33** 10 ff.
- mehrere Haftpflichtige nach § 26 **33** 4
- Nachrangigkeit in Verbindung zum PÜ **33** 5

Meldepflichten 7c 15; **44b** 3 ff.
- Adressat **44b** 4
- Benachrichtigung der Öffentlichkeit **44b** 10
- Beförderung **Einf.** 212
- Ein- und Ausfuhr **Einf.** 210
- erforderliche Angaben **44b** 7
- Gefährdung **44b** 5
- Genehmigungsinhaber **44b** 3
- Identifizierung des Meldenden **44b** 8
- Lex specialis **44b** 5
- Meldepflichtige Ereignisse **24a** 5
- Sicherheitsrelevante Störung **44b** 3
- unverzüglich **44b** 4
- Verletzung der Meldepflicht **44b** 11
- Weiterleitung **44b** 9
- Zentrale Meldestelle **44b** 4, 6

Militärischer Bereich Einf. 188
Mischkonzession 7 1, 4, 7
Mischoxid 9a 3, 24
Mischverwaltung Einf. 245
Missbrauchsklausel 7 120
Missionen, IAEA Einf. 175

magere Zahlen = Randnummern

Sachverzeichnis

Mitteilungspflicht, wiederaufgearbeitetes Uran 9a 26
Mitverschulden 7e 17; **27** 1 ff., 5 ff.; **PÜ 6** 18
– Anwendungsbereich **27** 10 ff.
– Umstände des Einzelfalles **27** 13 f.
Moratorium Einf. 40, 42; **7** 22
Morsleben Einf. 10, 22, 30, 44; **23d** 4; **24** 6; **58** 4, 8
Mülheim-Kärlich-Entscheidung Einf. 256; **7** 30

Nachrangigkeit 15 1 ff.; **39** 1 f.
Nachrichtendienste 12b 1, 7
Nachträgliche Anordnung 7d 15, 17
Nachweispflicht für Abfälle 9a 18 ff., 28
Nachzerfallsleistung Einf. 54
Nagasaki Einf. 3
NaPro (Nationales Entsorgungsprogramm) Einf. 47, 224; **2c** 3 ff.; **2d** 2, 4; **9i** 2 ff.
– Anlagen zur NaPro **2c** 5, 8, 16 f., 21; **2d** 4; **9i** 3 f.
– Auskunftspflicht **2c** 23 f.
– Ausschluss internationaler Abkommen **2c** 20
– Bestandteile **2c** 8 f., 18
– Durchführungsbericht RL 2011/70 **9i** 4
– Evaluation **2c** 6, 22
– Finanzierung **2c** 18
– keine Rechtsnormqualität **2c** 4
– Überprüfung **2c** 21
– Verzeichnis radioaktiver Abfälle **2c** 5, 8, 11 ff., 21; **9i** 5
– Ziele **2c** 9 f.
– Zuständigkeit **2c** 17
– Zuweisung an Bundesregierung **2c** 5, 6
Nassauskiesungsbeschluss des BVerfG 9d 6
Nationale Entsorgungsstrategie 2c 2, 8, 10
Nationales Begleitgremium Einf. 46
Natürliche Stoffe 2 38
Naturkatastrophe 34 14; **PÜ 9** 3
NEA (Nuclear Energy Agency) Einf. 158, 170, 176; **1** 29; **Vor 22–24b** 14
Nebenbestimmungen 9b 8, 33 ff.
– Auflagen **9b** 35
– Befristungen **9b** 34
– Befristungsverbot für Planfeststellungen **9b** 37
– inhaltliche Beschränkungen **9b** 34
– nachträgliche Auflagen **9b** 33, 35
– nachträgliche Befristungen **9b** 36
– Widerrufsvorbehalt **9b** 34
– Verhältnis zu § 17 AtG **9b** 8, 33 f.

Neubauverbot 7 2, 3, 15
Nichtleistungsbetrieb 7 23, 89
Nichtverbreitung, Non-Proliferation Einf. 162 ff., 169, 172
Normative Grundsatzentscheidung des Gesetzgebers Einf. 238
Normkonkretisierende Verwaltungsvorschriften 7 1, 125
Notfallhandbuch 7c 16
Notfallmanagementsystem 7c 19
Notfallmaßnahmen Einf. 101
Notfallschutz Einf. 218; **24b** 3, 14 ff.
Nothafenrecht PÜ 7 11
Notwendige Folgemaßnahmen 9b 9, 12
NTBT (Nuclear Test Ban Treaty) Einf. 164
Nukleare Sicherheit Einf. 39; **2** 45; **7c** 2, 4; **7d** 2
Nuklearer Schaden PÜ 1 34 ff.
– Angemessene Maßnahmen **PÜ 1** 50, 55
– Anspruchsberechtigter **25** 1; **PÜ 1** 43
– Kausaler Zusammenhang **PÜ 1** 38 f.
– Schadensminderung durch Vorsorgemaßnahmen **PÜ 1** 54
– Tötung und Verletzung eines Menschen **PÜ 1** 40
– unmittelbares wirtschaftliches Interesse an der Nutzung der Umwelt **PÜ 1** 51 f.
– Verlust von oder Schaden an Vermögenswerten **PÜ 1** 34 f., 40
– Vorbehalt des nationalen Rechts **PÜ 1** 41
– Vorsorgemaßnahmen **PÜ 1** 53 ff.
– Wiederherstellung beschädigter Umwelt **PÜ 1** 44 ff.
– Wirtschaftlicher Verlust **PÜ 1** 42
Nukleares Ereignis 25 2; **PÜ 1** 3 ff.; **PÜ 3** 10 ff.

OECD Einf. 158, 170, 176; **PÜ 24** 1
Öffentlich-rechtlicher Vertrag Einf. 49; **7** 27; **7c** 13; **21c** 2
Öffentliche Bekanntmachung 17 17
Öffentlichkeitsbeteiligung 2c 2, 5, 19; **7** 110
Ölpreiskrise Einf. 9
Ordnungsrecht 2 8
Ordnungswidrigkeiten 3, 19; **46** 1 ff.
– Auskunftspflichten **46** 18
– Behördliche Anordnung **46** 13
– Festsetzung der Deckungsvorsorge **46** 13
– Genehmigungslose Errichtung **46** 10
– Höhe der Geldbuße **46** 19 f.
– Kernmaterialien **46** 9
– Mitführungspflichten **46** 17
– Mitwirkungspflichten **46** 18
– Mitteilungspflichten **46** 12

Sachverzeichnis

Fette Zahlen = Paragrafen

- Nachweis der Deckungsvorsorge **46** 9
- Verhältnis zum Strafrecht **46** 2
- Verletzung von Auskunftspflichten **46** 7f.
- Verwendung von Messgeräten **46** 11
- vollziehbare Auflage **46** 13
- Zuwiderhandlungen gegen Rechtsverordnungen **46** 14ff.

Ordnungswidrigkeitsverfahren 46 4
- Behördenzuständigkeit **46** 21
- Einheitstäterprinzip **46** 5
- Hauptverfahren **46** 4
- Rechtsbeschwerde **46** 4
- Vorverfahren **46** 4
- Zwischenverfahren **46** 4
- Zweckbestimmung **1** 5

Organisation der Entsorgung 9a 7, 10, 36, 38, 40f.

Ortsveränderliche Anlagen 7 112

Pariser Übereinkommen (PÜ) Einf. 33; **1** 20, 28; **2** 48ff.; **Vor 25–40c** 1ff.; **PÜ Vor** 2
- Änderungen **PÜ 20** 1
- Begriffsbestimmungen **PÜ 1** 1ff.; **PÜ 16** 1ff.
- Beitritt **PÜ 21** 1f.
- Geltungsdauer **PÜ 22** 1f.
- Geographischer Geltungsbereich **PÜ 23** 1ff.; **PÜ 2** 1ff.; **PÜ 7** 9
- Inkrafttreten **PÜ 19** 1ff.
- Regelungsziele **PÜ Präambel** 1ff.
- Vorbehalte **PÜ 18** 1ff.; **PÜ Anhang 1** 1

Peer Review Einf. 166; **24b** 3, 13

Pflichtwiderruf von Genehmigungen 17 41ff.
- Beweislast **17** 44
- Deckungsvorsorge **17** 41
- dynamischer Grundrechtsschutz **17** 43
- erhebliche Gefährdung **17** 42

Physikalisch-Technische Bundesanstalt (PTB) 9a 8; **23** 1; **23d** 21;

Physikalische Eigenschaft 2 11, 18

Physischer Schutz Einf. 165f.; **7** 59

Planfeststellung für Endlager 9a 46; **9b** 1ff., 10ff.; **23d** 4ff., 15, 20
- AtVfV **9b** 60, 63
- Berg- und Tiefenspeicherrecht **9b** 2, 62
- gebundene Entscheidung **9b** 52
- konzentrierte Entscheidungen **9b** 2
- Konzentration Rahmenbetriebsplan **9b** 62
- Öffentlichkeitsbeteiligung **9b** 6
- Planänderung **9b** 22
- Teilbarkeit **9b** 18
- Teilplanfeststellungsbeschluss **9b** 19
- Transportrisiken **9b** 57
- Verfahren **9b** 3, 5ff., 12, 59ff.

- VwVfG **9b** 59ff.

Planfeststellungsvoraussetzungen für Endlager 9b 38ff.
- Abwägungsentscheidung **9b** 52
- Allgemeinwohl **9b** 50
- Alternativenprüfung **9b** 53
- Endlagersicherheitsanforderungsverordnung (EndlSiAnfV) **9b** 15, 45f.
- Endlagersicherheitsuntersuchungsverordnung (EndlSiUntV) **9b** 46
- Fachkunde **9b** 39f.
- Fachkundenachweis **9b** 40
- Konzept nicht rückholbare Endlagerung **9b** 55
- notwendige Kenntnisse der sonst tätigen Personen **9b** 42
- Planrechtfertigung **9b** 56
- RSK Sicherheitskriterien **9b** 44ff.
- Rückholbarkeit/Bergung der Abfälle **9b** 47
- Schadensvorsorge **9b** 43ff.
- Schutz gegen Störmaßnahmen oder sonstige Einwirkungen Dritter **9b** 48
- Sicherheitsanforderungen BMU **9b** 44ff.
- Stand von Wissenschaft und Technik **9b** 17, 43
- Versagungsermessen **9b** 52
- Versagungsgründe **9b** 49ff.
- Zuverlässigkeit **9b** 39, 41
- Zuverlässigkeitsprüfung **9b** 41

Plangenehmigung 9b 6, 21

Planungen, realistische für Zwischenlager 9a 6, 22, 24

Plutonium 2 20; **9a** 2, 4, 6, 16, 18, 24f.

Polizeivollzugsbehörden 7 61, 79; **12b** 7

Präklusion 7 110, 113, 120, 124; **7b** 4

Praktischer Ausschluss von Gefahren und Risiken, Ausschluss eines Versagens Einf. 81, 147ff.; **4** 30; **7** 71, 77f.

Praktische Vernunft, Abschätzungen anhand praktischer Vernunft Einf. 154

Präventive Kontrollerlaubnis 7 36, 115

Präventives Verbot mit Erlaubnisvorbehalt 3 1

Price-Anderson Act PÜ Vor 2

Privatrechtsgestaltende Wirkung 7 25

Prognose 6 26; **7** 42, 63, 81

Prüfgegenstand 7 10

Radioaktive Erzeugnisse und Abfälle PÜ 1 28f.

Radioaktive Stoffe 2 14ff.

Radioaktivität 6 3

Radiologische Fernüberwachung 24a 5

Radionuklid 2 15

magere Zahlen = Randnummern

Sachverzeichnis

Rangfolge der Befriedigung aus der Deckungsvorsorge 15 1 ff.; **39** 2
Reaktoren PÜ 1 11 ff.
Reaktorschiffe 25a 1 ff.
Rechts- und Fachaufsicht über BASE 9a 42, 47
Rechtsgrundverweisung 2a 2
Rechtsschutz 6 28; **7** 115 ff.
– Klagen gegen Inhaber ausländischer Kernanlage **40** 1 ff.
Rechtsverordnungen 54 1 ff.
– Delegation **54** 4
– Zuständigkeit **54** 1 f.
– Zustimmungsbedürfnis **54** 1, 3
Regelwerk 11/12 22 ff., 29
Register über hochradioaktive Strahlenquellen Einf. 31
Regulierungssystem Einf. 175
Restlaufzeit 7 13, 18, 54; **7d** 5
Restrisiko Einf. 250 ff., 260; **1** 12, 16; **7** 49, 50, 51, 54, 72, 86; **7d** 6, 10, 12; **9a** 38
– -bereich **7** 54, 72, 83, 116; **7c** 18; **7d** 16
– -minderung, -minimierung **Einf.** 100 ff., 110, 260; **7** 51, 54; **7c** 16; **7d** 5, 6, 9, 12
Reststoffe, radioaktive 2 12, 28; **9a** 3, 14
Reststrommengen Einf. 29, 36, 263; **7** 19, 28; **7e** 1, 3 f., 8 ff.; **7f** 12 ff.
Revision 7 23
Reziprozität 31 11 ff.
Risiko 7 50
– -ermittlung und -bewertung **Einf.** 254 ff.
– -minimierung **7c** 4
– -potential **6** 7
– -wahrnehmung **Einf.** 139 ff.
– -vorsorge **Einf.** 23, 39; **7d** 10; **17** 13
RSK (Reaktorsicherheitskommission) Einf. 41; **24** 15
Rückbau von Anlagen 7 1; **7b** 1; **9a** 11
Rückholung radioaktiver Stoffe 57b 5 f., 8 ff., 17, 19, 21, 28, 30 f.
– Abbruchkriterien **57b** 6, 8 ff.
– Verweisung **57b** 7
Rücknahme von Genehmigungen und Zulassungen 17 22 ff.
– Beweislast **17** 28
– Ermessen **17** 26
– Nichtvorliegen von Voraussetzungen **17** 22 f.
– Rücknahme von Planfeststellungsbeschlüssen **17** 22
– schutzwürdiges Vertrauen **17** 24, 26
– teilweise Rücknahme **17** 25
– Verfahren **17** 27
Rückstellungen 9a 11
Rückwirkungsfreiheit 7 101, 102, 104; **7d** 12

Sachkompetenz 7 107
Sachkonzession 7 38, 41
Sachverständige 11/12 5, 33; **20** 6 ff.
– Ablehnung **20** 14 ff.
– Befangenheit **20** 13, 15
– Begriff **20** 6 f.
– Ermessen **20** 11 f.
Safeguards Einf. 163, 201
Sasbach-Entscheidung des BVerfG Einf. 14
Schadensersatz 9a 49; **25–40c**; **PÜ 3**, 11
– Art, Form, Umfang, gerechte Verteilung **PÜ 11** 1 ff.
– freie Transferierbarkeit **PÜ 12** 1 ff.
– Geldrente **28–30** 10
– innerstaatliches Recht **PÜ 11** 4
– Kollisionsrecht **PÜ 11** 2
– Rechtsvereinheitlichung und nationales Recht **PÜ 11** 3
– Tötung und Körperverletzung **28–30** 1 ff.
– Verwirkung **32** 20 f.
Schadensminderungsobliegenheit 7f 19 ff.
Schadensvorsorge Einf. 110, 250 ff.; **6** 11, 19; **7** 28, 46, 48, 49, 50, 51, 54, 71 f., 78, 83, 86, 116; **7d** 6, 11
Schätzung 9i 1 f.
Schiffe, nuklear betriebene Einf. 169
Schriftform 2b 1, 8 f., 12
Schutz gegen Störmaßnahmen, Sicherungsmaßnahmen 4 31; **6** 12; **7** 61 f., 71, 78 f., 83 ff.; **9b** 48; **11/12** 30 ff.
Schutz natürlicher Lebensgrundlagen Einf. 268
Schutzmaßnahmen, Sicherungsmaßnahmen 4 31; **6** 12; **7** 61 f., 71, 78 ff., 83 ff.
Schutzpflicht des Staates Einf. 248 ff.; **1** 16; **7** 60, 76; **9a** 38
Schutzstandard Einf. 219; **6** 13
Schutzziele der Reaktorsicherheit Einf. 88; **7** 42, 48
Schutzzweck Einf. 248; **7** 48; **10** 2
Schweiz Vor 22–24b 7
Selbstbewertung Einf. 50, 166, 175; **24b** 1 ff.
– Peer Review **Einf.** 50, 166; **24b** 3, 12 f.
SEWD-Richtlinien 4 31; **6** 12; **7** 79, 84
Sicherer Einschluss 7 88, 97
Sicherheit Einf. 41
– Anlagensicherheit **Einf.** 214
– innere und äußere **Einf.** 201; **3** 8
Sicherheitsanforderungen 9a 45; **11/12** 24 f.; **24** 15
– an Kernkraftwerke **7** 57, 72; **7c** 18
– an Endlager **9b** 43 ff.
– Interpretationen **11/12** 24 f.

Sachverzeichnis

Fette Zahlen = Paragrafen

Sicherheitsbehälter, Containment Einf. 85
Sicherheitsbehörden Einf. 161, 166, 169
Sicherheitsebenen Einf. 89ff.; **7** 53; **7c** 16; **7d** 9
– Erweiterte Schadensvorsorge **Einf.** 110
– Schadensvorsorge **Einf.** 110, 250ff.
– Verbleibendes Restrisiko **Einf.** 110, 250ff.
– Weitere Vorsorge **Einf.** 110; **7** 54
Sicherheitsniveau 7 11; **9b** 17
Sicherheitsstandards Einf. 174f.
Sicherheitsüberprüfung Einf. 29, 224; **19a** 1ff.
Sicherheitsverantwortung 7c 2
– der Zulassungsinhaber **9h** 4
Sicherheitsziel Einf. 168
Solidarvereinbarung 7 55; **7c** 9
Sonstige Einwirkungen Dritter Einf. 253, 260; **4** 29; **7** 57; **9b** 48
Sorgepflicht 5 9; **5,** 11, 15, 18; **6** 1, 24; **7d** 2, 3, 5, 13, 17; **9a** 12f., 15, 20, 30
Spätschäden 29 9; **32** 5, 7; **34** 11; **53** 1; **PÜ Vor** 23; **PÜ 3** 8; **PÜ 8** 5, 7, 13
Spaltproduktlösungen 2 30; **9a** 6
SSK (Strahlenschutzkommission) 24 15
Staatenklagerecht 40c 1f.
Staatliche Freistellungsverpflichtung 34 1ff.
Stand von Wissenschaft und Technik Einf. 255f.; **2c** 16, 21; **7** 13, 14, 46, 47, 54, 71f., 75, 94, 113, 125; **7c** 14; **7d** 12
StandAG (Standortauswahlgesetz) Einf. 46, 230, 270; **2c** 10; **6** 25; **9a** 44; **9b** 1; **23d** 4ff., 15, 20; **24** 6
Standortauswahl 2c 17, 19; **9b** 1, 23ff.
– Standort durch Bundesgesetz **9b** 1, 7
– -verfahren **Einf.** 230; **9a** 45; **9b** 1, 23; **9d** 12
– Standortentscheidung **9b** 23
Standortlager 9a 21, 30, 32ff., 35
Standortsuchverfahren 9b 53
Stilllegung 7 1, 88, 97; **7b** 1
– Stilllegungs- und Abbaugenehmigung **7** 89, 91, 97, 98, 118
Stilllegung der Schachtanlage Asse II Einf. 34; **57b** 1ff., 8, 10, 12, 14f., 19, 22, 28ff.
– Öffentlichkeitsbeteiligung **57b** 12
– Pflichtenkollision **57b** 10ff.
– Unterrichtungspflicht **57b** 11
Störfälle 7 50, 52, 53
Störfallplanungswert 7 52, 74, 79, 86; **11/12** 25; **57b** 28
– statische Verweisung **11/12** 25
Störmaßnahme 4 29; **7** 56; **9b** 48
Strafverfolgungsbehörden 12b 7

Strahlenminimierungsgebot 7 116
Strahlenschutzrecht Einf. 241; **2** 7, 26, 32ff., 41
– Loslösung vom Atomrecht **Einf.** 51
Strahlenschutzvorsorge 7c 19
Strahlung, radioaktive Einf. 54ff; **2** 36
– akute Schäden **Einf.** 58
– Arten **Einf.** 54
– biologische Wirkungen **Einf.** 55ff.
– effektive Dosis **Einf.** 56
– lineare Dosis-Wirkungs-Beziehung **Einf.** 60
– Spätschäden **Einf.** 59
Streitbeilegungsverfahren PÜ 17 1ff.
– Europäisches Kernenergie-Gericht **PÜ 17** 3
– Geltungsbereich **PÜ 17** 1, 5
– Seegrenzen **PÜ 17** 5
– Zeitplan für gütliche Einigung **PÜ 17** 2, 4
Streitkräfte 24 35ff.
Stresstests Einf. 41, 216
StrlSchG (Strahlenschutzgesetz) Einf. 51; **11/12** 3, 5, 8ff., 15, 18f., 21, 27, 30
StrlSchV (Strahlenschutzverordnung) Einf. 51; **11/12** 3f., 9f., 15, 20, 25
StrlSchV 1960 9a 2, 43
StrVG (Strahlenschutzvorsorgegesetz) Einf. 21
Suspensiveffekt 17 49; **19** 54

Teilgenehmigung 7a 1, 2; **7b** 1
Terrorangriff Einf. 34, 253; **6** 2, 12; **7** 58, 76ff., 83ff.; **7c** 15; **12b** 4
Terroristische Anschläge 7 58, 76ff., 83ff.
Testat 7 32; **7c** 11
Teststopp Einf. 164
Three Mile Island – Harrisburg Einf. 17
Transparenz 7 32
Transport Einf. 158, 169; **4** 1ff.; **9a** 4, 31, 32
Transportbehälter 9a 31
Transportminimierung 9a 32
Trennungsgrundsatz 9a 41, 47
Trinity-Test Einf. 3
Tschernobyl Einf. 21, 111ff., 166f.; **Vor 22–24b** 10, 22
– Schadensersatzleistung **Vor 25–40c** 17

Übergangsvorschriften 58 1ff.
Überleitungsregelungen deutsche Einheit Einf. 22; **57a** 1ff.
– Befristungen **57a** 1f., 5
– DDR **57a** 1, 3
– Einigungsvertrag **57a** 1, 4
– Endlager Morsleben **57a** 1, 3

magere Zahlen = Randnummern

Sachverzeichnis

- Fortgeltung Berechtigungen **57a** 1
- Unterrichtsreaktoren **57a** 1
- Zwischenlager Lubmin **57a** 1

Übernahmeanspruch 9e 16
Überprüfungstagung Einf. 166
Übertragung 7 18, 26, 27, 28, 29, 41
Überwachungsbefugnis 19 36 ff.
- Ankündigung **19** 40
- Auskunftserteilung **19** 42 ff.
- Betretungs- und Prüfungsbefugnis **19** 37 ff.
- Durchsetzung **19** 47 f.
- Fernüberwachung **19** 41
- Zuziehung von Sachverständigen **19** 45

Überwachungspflicht 19 25 ff.
- Gefahrenüberwachung **19** 25
- Konformitätsprüfung **19** 25

UIG (Umweltinformationsgesetz) 24a 3
Umgang 2 7, 46; **6** 4; **7** 39, 105; **8** 2; **11/12** 7 f., 20, 26, 28
Umgehung von Ablieferungsvorschriften 9a 29
Umlage von Kosten 21b 4
- im Standortauswahlverfahren **21b** 4

Umsiedlung 7c 19
Umweltschäden PÜ 1 44 ff.
Umweltschutz Einf. 187
Umweltverträglichkeit 9b 29 ff.
- erhebliche nachteilige Auswirkungen **9b** 6, 21
- Umweltverträglichkeitsprüfung (UVP) **Einf.** 230; **2b** 5; **2c** 21; **9b** 6; **24** 9, 24
- UVP-Pflicht **2a** 2; **6** 16; **7** 13, 105, 109, 120
- zusätzliche oder andere erhebliche Umweltauswirkungen **9b** 31

UmwRG (Umwelt- Rechtsbehelfsgesetz) 7 119, 120
Unfall Einf. 158, 167 f., 170, 174; **7** 50; **7c** 15; **24b** 3, 14 ff.
Unionsrecht Einf. 177 ff.; **1** 30
- Kompetenztitel AEUV **Einf.** 180

Unionszollkodex (UZK) 22 10, 16
Untergesetzliches Regelwerk Einf. 7
Unterweser, Standortzwischenlager Einf. 16
Uran 9a 6, 18, 26 f.
- angereichertes Uran **2** 21 f., 29
- natürliches Uran **2** 2, 25
- wiederaufgearbeitetes Uran **9a** 18, 26 f.

USA Vor 22–24b 2 ff.

Veränderungssperre 9g 1 ff., 11 ff.
- Anhörung **9g** 10
- Ausnahmen **9g** 19
- Bestandsschutz **9g** 17

- BfE **9g** 9
- Entschädigung **9g** 20 f.
- Geltungsbereich **9g** 11 ff.
- Gesetzliche Anordnung **9g** 16 ff.
- GorlebenVSpV **9g** 8
- Planakzessorisch **9g** 16 ff.
- Veränderungen **9g** 11
- Verordnung **9g** 8 f.
- Verordnungsermächtigung **9g** 10

Veranlasserprinzip 21 2, 14
Vereinte Nationen Einf. 172
Verfahren zur Genehmigung der Aufbewahrung von Kernbrennstoffen 6 16
Verfahrensfehler 7 119
Verfassungsauftrag Einf. 237
Verfassungsbeschwerde Einf. 263 ff.
Verfassungsschutzbehörden 12b 7
Verhältnismäßigkeit 6 12; **7** 13; **7d** 5, 13; **17** 11, 13, **19** 76 ff.
Verjährung von Schadensersatzansprüchen 32 1 ff.; **PÜ 8** 1 ff.
- absolute Verjährungsfrist **32** 3, 11 ff.; **PÜ 8** 4 f., 10 f.
- Befristung bei mehreren zuständigen Gerichten **PÜ 8** 14
- Beginn der Verjährung **32** 4 ff.; **PÜ 8** 6 ff.
- Hemmung der Verjährung **32** 18
- Klageerweiterung **32** 15 f.
- Verjährung nach BGB **32** 19
- Verjährungsfristen **32** 3 ff.; **PÜ 8** 4 f., 13
- Vorrangregelung **32** 17; **PÜ 8** 12

Verkehr mit radioaktiven Stoffen Einf. 213; **11/12** 8, 20 f.
Vermarktungsobliegenheit 7f 7 ff., 17 f.
Vermögensnachteile 9e 17
Veröffentlichung wesentlicher Unterlagen 57b 31
Verordnung zur weiteren Modernisierung des Strahlenschutzrechts 11/12 4, 5, 10, 15, 29
- Zitiergebot **11/12** 5 f.

Verordnungsermächtigungen 11/12 1 ff.
Verpflichtungsklage 2b 5; **3** 17; **4** 36; **7** 118; **17** 50; **19** 101
Versenkung auf See 9a 2
Verteilungsverfahren 35 1 ff.
- Entschädigung mit Auslandsbezug **35** 8 f.
- Gegenstand des Verfahrens **35** 5 f.
- Konzept und Anwendungsbereich **35** 1 ff.
- Leistungsverweigerungsrecht **35** 7
- Verteilungsverfahren bei einer Haftung nach § 26 **35** 2 f.
- Voraussetzungen **35** 4

Vertragsstaaten Einf. 166, 168, 174
Vertrauensschutz 7e 10

Sachverzeichnis

Fette Zahlen = Paragrafen

Verursacher 9a 12, 14, 38
Verursacherprinzip Einf. 225, 226; **2c** 10; **2d** 7f.; **5** 5, 11; **7c** 3; **21a** 2
Verwahrung 5 4; **5** 10, 11, 12, 13, 16; **6** 1, 4
– Verwahrungsverhältnis **5** 11
Verwaltungsakte der BGE 9a 42f., 48
Verwaltungsausgaben 24 32
Verwaltungsbehörden Vor 22–24b 1ff.
Verwaltungshelfer 9a 7, 40
Verwaltungskostengesetz 21 2, 9
Verwaltungsverfahren 2b 1, 4f., 12; **7g** 2ff., 6ff.
– Formfreiheit **2b** 5
– Frist **7g** 3, 7, 13
– inhaltliche Anforderungen **7g** 4, 8
– Kompetenzzuordnung **2b** 4f.
– Rechtsschutz **7g** 14
– Zuständigkeit **2b** 4; **7g** 2, 6
Verwendung 2 11, 39; **8** 2; **11/12** 10, 13ff.
– Gewährleistung rechtmäßiger **3** 6
Verweisung 57b 7, 24, 27
Verwertung bestrahlter Kernbrennstoffe 6 17; **9a** 3f., 13f., 18, 24, 27, 31; **11/12** 5, 19, 30f.
Verwirkungspräklusion 7b 3
Verzeichnis radioaktiver Abfälle 2c 5, 8, 11f., 21, 23, **9i** 5
Vienna Declaration Einf. 168
Völkergewohnheitsrecht 1 27
Völkerrechtliche Haftung PÜ 16bis 1f.
Völkervertragliche Abkommen 1 27f.
– bilaterale Abkommen **Einf.** 157, 169, 171
– frühzeitige Benachrichtigung **Einf.** 167
– Gemeinsames Übereinkommen über nukleare Entsorgung **Einf.** 166; **1** 28
– Hilfeleistung bei nuklearen Unfällen **Einf.** 167
– Nukleare Sicherheit **Einf.** 166; **1** 28
– Pariser Übereinkommen **Einf.** 33; **1** 28; **2** 48ff.
– Physischer Schutz von Kernmaterial **Einf.** 169; **1** 28
Vollgenehmigung von Anlagen 7a 2
Vollüberprüfungsanspruch 7 122
Vorarbeiten am Grundstück 9f 4ff.
– Duldungspflicht **9f** 3f., 7
– Entschädigungspflicht **9f** 12
– Informationspflicht **9f** 7f.
– Wiederherstellungspflicht **9f** 9ff.
Vorausleistungen 21b 5ff.
– Erstattung **21b** 9
Vorbescheid 7a 1, 3; **7b** 1
Vorhabenträger 9a 44, 47
Vorläufig positives Gesamturteil 7 1, 100; **7a** 2

Vorsorge, erforderliche
– gegen Schäden **11/12** 1, 11, 18, 22
– gegen Dosisüberschreitung **11/12** 26
– gegen Störfälle **11/12** 25
– weitere Vorsorge **Einf.** 110; **7** 54
Vorteilsanrechnung 7e 16, 18; **7f** 14f., 16
Vorverfahren 2a 5

WA-Abfälle 6 24; **9a** 21ff.
Wackersdorf 9a 3
Wahrnehmungskompetenz 7 107; **24** 18ff.
Währungsgebiete der Vertragsparteien PÜ 12 3
Warenverkehrsfreiheit Einf. 211; **3** 11
Wasserrechtliche Erlaubnisse und Bewilligungen 9a 39; **9b** 2, 12, 37
Weisung Einf. 19, 243; **9a** 5; **24** 14ff.
– Beiladung **24** 27
– Bund-Länder-Streit **24** 14, 23
– generell-abstrakt **24** 29
– informales Handeln **Einf.** 243; **24** 22
– länderfreundliches Verhalten **24** 28
– Rechtsschutz **24** 21, 26f.
– Sachkompetenz **Einf.** 243; **24** 18ff., 26, 30
– Schattenverwaltung **24** 20
– Wahrnehmungskompetenz **Einf.** 243; **24** 18, 20ff., 26f.
– Weisungsbefugnis **7** 107
WENRA (Western European Nuclear Regulators Association) 24b 12
Wesentliche Änderung 6 5, 26; **7** 3, 9; **7d** 11; **8** 3
Widerspruch 9a 48; **23d** 16
Widerruf 2 37; **3** 3; **17** 29ff.
– Drittklagen **17** 51ff.
– Entschädigung **18** 4f.
– Kostenpflicht **21** 7
– Planfeststellungsbeschluss **9b** 34
Widerruf einer Ermessensentscheidung 17 29ff.
– Abhilfe **17** 32, 34
– angemessene Nachfrist **17** 38
– erheblicher oder wiederholter Rechtsverstoß **17** 34ff.
– Genehmigungskonformität **17** 35
– fristgerechtes Gebrauchmachen **17** 31
– Nichteinhaltung einer nachträglichen Auflage **17** 34, 37
– Wegfall einer Voraussetzung **17** 32f.
Widmung
– bei elektronischer Kommunikation **2b** 6
Wiederaufarbeitung Einf. 10, 30, 74ff.; **6** 17; **9a** 3f., 6, 14ff., 21ff., 30ff.
– Wiederaufarbeitungsanlagen **2** 42; **7** 3, 15, 22
Wiedereinstieg Einf. 232f.

magere Zahlen = Randnummern

Sachverzeichnis

Wiederinbetriebnahme 19 85
Wiener Übereinkommen (WÜ) 2 52; **PÜ Vor** 5f.
Willkürkontrolle Einf. 255f.; **7** 125
Wyhl-Entscheidung Einf. 15

Zeitliche Anspruchsbefristung s. *Verjährung von Schadensersatzansprüchen*
Zoll 22 7ff.
- Datenübermittlung **22** 13
- Dienststellen **22** 7, 13
- Dienstvorschrift „radioaktive Überwachung" **22** 14f.
- Kontrollen **22** 10, 13 15f.
- Überwachung **22** 6ff.
- Verbote und Beschränkungen **22** 8, 10, 17
- Zollstellen **22** 16f.

Zollverwaltungsgesetz (ZollVG) 22 11, 13, 17
Zulassungsinhaber 9h 8ff.
- Mehrheit **9h** 13
- Notfallschutz **9h** 6
- Pflichtenkatalog **9h** 5
- Sicherungsverantwortung **9h** 4
- Überprüfungspflicht **9h** 7

Zuständigkeit
- BASE **9a** 47; **23d** 1ff.
- Beförderungsgenehmigung **4** 5ff.
- Bundesamt für Sicherheit in der Informationstechnik (BSI) **44b** 4
- Enteignung **9d** 15
- Gerichtsstand **PÜ 13** 1ff.
- Grenzüberschreitende Verbringung **22** 1f., 4ff., 13ff.
- Landesbehörden **24** 1ff.
- NaPro **2c** 17
- Ordnungswidrigkeiten **46** 21
- Rechtsverordnungen **54** 1f.
- Verwaltungsverfahren **2b** 4; **7g** 2, 6

Zustimmung Bundesrat 23d 5; **24** 6, 10, 12f., 16
Zuverlässigkeit (und Fachkunde)
Einf. 34; **3** 5, 8; **7** 42; **9b** 39, 41; **11/12** 4, 18; **12b** 1ff., 7
- Zuverlässigkeitsüberprüfung **11/12** 30

Zweckausgaben 9a 37; **24** 32
- Zweckausgabenerstattung **9a** 37; **24** 32
- Verwirkung der Zweckausgabenerstattung **24** 32

Zweckbestimmung Einf. 29; **1** 3ff.,
- Ausgleichszweck **1** 15f., 20
- Beendigungszweck **1** 2, 6, 10, 12f.
- Erfüllung internationaler Verpflichtungen **1** 26ff.
- Förderungszweck **Einf.** 182f., 234, 267; **1** 2, 6f., 9, 11; **10** 1
- innere und äußere Sicherheit **1** 21ff.
- Rangverhältnis **1** 7f., 10
- Schutzzweck **Einf.** 248; **1** 7f., 15ff.; **7** 48; **10** 2
- Sicherstellungszweck **1** 2, 6, 10, 14
- Verhinderungszweck **1** 23

Zwischenlager Einf. 77, 120ff.; **2** 43; **2c** 10, 13, 17; **2d** 4; **6** 12; **7** 84; **9h** 9ff.; **9a** 17, 19ff., 26, 30ff.; **23d** 4ff., 15, 20
Zwischenlagerung 2 44; **6** 1, 2, 8, 9, 18, 22, 24, 27; **7** 5; **8** 4; **9a** 6, 11, 12